L'OFFICIEL
du jeu
SCRABBLE™

LAROUSSE

21 Rue du Montparnasse 75283 Paris Cedex 06

PRINCIPAUX COLLABORATEURS

Direction de l'ouvrage	Florian LÉVY (France)
Comité de rédaction	Hervé BOHBOT (France) Michel CHARLEMAGNE (France) Yvon DUVAL (Belgique) Christian FALISE (Belgique) Michèle GINGRAS (Québec) Camille MARTINEZ (France) Luc MAURIN (France) Francis Antoine NIQUILLE (Suisse) Olivier PAPLEUX (Belgique)
Ont participé à la rédaction de la première édition	Yvonne BRULÉ (France) Eddy CLAUWAERT (Belgique) Agnès LEMPEREUR (Belgique) Philippe LORMANT (France) Renée REY (Suisse) Michel REY-BELLET (Suisse) André VAN BUGGENHOUT (Belgique) Maurice-André VAN GYSEL (Belgique)
Maître d'œuvre	Fédération Internationale de Scrabble Francophone

Pour les Éditions Larousse, le principe est d'utiliser des papiers composés de fibres naturelles, renouvelables, recyclables et fabriquées à partir de bois issus de forêts qui adoptent un système d'aménagement durable. En outre, les Éditions Larousse attendent de ses fournisseurs de papier qu'ils s'inscrivent dans une démarche de certification environnementale reconnue.

ISBN 978-2-03-586349-2

PRÉFACE

de la sixième édition

Selon l'adage, « c'est dans les vieilles marmites qu'on fait les meilleures soupes ». Se basant sur ce principe ancestral, les membres du comité de rédaction de cette sixième édition de l'**Officiel du Scrabble** ont coiffé leur plus belle toque pour se muer en maîtres queux, artisans du plus complet des dictionnaires de référence des scrabbleurs et autres passionnés de jeux de lettres.

Au menu, la langue française et ses ingrédients en provenance de la francophonie. Les épices, les mets, la façon de les apprêter, que ce soit en France ou partout ailleurs, conduisent à un constant renouvellement de notre parler et de nos écrits. Ce millésime se veut à la fois gouleyant comme un vin frais et léger, mais aussi mature comme un grand cru qui, pendant plusieurs années, a vieilli en fûts de chêne. Ces arômes subtils sauront, à n'en point douter, titiller vos papilles. Passez à table et découvrez, au détour de chaque page, la constante évolution de notre façon de nous exprimer.

De papille à pupille, il n'y a qu'une lettre à franchir. Tour à tour, votre regard se fera interrogatif, dubitatif, admiratif ou pensif... Pensif pour être confronté au français des autres, celui de vos coreligionnaires linguistiques ; admiratif face à cette richesse culturelle si largement exposée ; dubitatif quant à l'usage de tel ou tel mot, quant à la variabilité de tel ou tel participe passé ; interrogatif lorsqu'à votre grande surprise, ce mot dont l'existence ne fait aucun doute pour vous, ne figure pas, mais vraiment pas, dans cet ouvrage réputé être le plus complet et le plus progressiste du genre. Pour couronner le tout, vos pupilles s'écarquilleront probablement lorsque vous découvrirez de nouvelles graphies applicables à des mots dont vous ne doutiez pas un seul instant qu'ils pussent s'écrire autrement.

Et pourtant, c'est bien sur la base d'attestations tangibles de l'usage que nos lexicographes ont tranché. Compétents, disponibles et passionnés, ils ont aussi permis aux internautes, via un module en ligne sur le site de la Fédération Internationale de Scrabble Francophone (FISF), de proposer de nouveaux mots, parmi lesquels ont été retenus de « grands oubliés » des dictionnaires traditionnels. Un tel exercice a finalement abouti à cet ouvrage, qui arrive sur vos tables de jeux en tant qu'arbitre unique de vos duels de bons mots.

Au nom de la Fédération Internationale de Scrabble Francophone et de tous les passionnés de la langue française, j'adresse mes sincères remerciements à tous ceux qui ont œuvré, par leur engagement et leur expertise, à ce que cette sixième édition constitue un millésime de grande qualité, alliant tradition et savoir-faire nouveau. À déguster sans modération.

Patrice JEANNERET
Président de la Fédération
Internationale de Scrabble Francophone

PRÉFACE

de la première édition

Nous éprouvons tous – quelque part – un besoin plus ou moins fort de jouer.

En jouant, l'homme prend une certaine distance avec sa vie sociale. Il se donne un certain, sinon un autre sentiment de liberté.

Liberté de choisir : le jeu qui lui convient, les gens qui le pratiquent, les règles qui le régissent.

C'est ainsi qu'en jouant, l'homme s'invente un nouvel espace social, celui-ci plus librement accepté que l'originel.

Le Scrabble, comme bien d'autres jeux, souscrit à cette définition. Jeu complet, il présente comme particularité de pouvoir se jouer seul ou en famille. Par une autre démarche, le joueur de Scrabble peut s'intégrer dans un club (il en existe des centaines), participer à des tournois, tenter comme aboutissement les championnats du monde...

Si son fondement reste la langue, la pratique du Scrabble sollicite des facultés de concentration et de maîtrise de soi.

À défaut de les posséder, on peut espérer les acquérir.

C'est un jeu aux multiples saveurs, où chacun peut recevoir selon son dû, et donner selon son vécu.

Jeu de communication exemplaire, le Scrabble circonscrit cependant sa sphère d'influence selon les zones linguistiques où il est présent. C'est un jeu aux règles uniques multilingues, mais d'application absolument unilingue !

La passion, j'imagine, reste la même dans toutes les langues !

Alfred Butts, l'homme qui inventa le Scrabble en 1931, aurait-il pu prévoir que ce jeu, à l'origine américain, puisse aujourd'hui être une passion pour des millions de joueurs dans le monde ?

La multiplication des clubs, des championnats, des rencontres entre pays francophones imposait peu à peu la nécessité d'avoir un ouvrage riche en nomenclature et adapté par sa conception aux besoins réels des scrabbleurs et des arbitres : les éléments de définition de mots peu connus du grand public, les possibilités de variations d'un mot (pluriel, féminin, participe passé invariable) données de façon claire et précise afin d'éviter toute ambiguïté.

L'Officiel du Scrabble est né de ces réflexions et de bien d'autres.

Nous le souhaitons un ouvrage indiscutable, et nous l'espérons incontournable. Chaque mot contenu dans **l'Officiel du Scrabble** est attesté.

Notre conviction est qu'aucun des mots que vous connaissez n'est ignoré de lui. De plus, il vous enrichira si certains mots connus de lui sont ignorés de vous. Seuls les mots à caractère très technique ou très scientifique ont été rejetés.

Enfin, le Scrabble se jouant partout dans la francophonie, on trouvera dans **l'Officiel du Scrabble** des mots du langage authentiquement francophone, qu'il soit africain, québécois, suisse ou belge.

L'Officiel du Scrabble est donc en outre un ouvrage de référence francophone.

Ce nouvel arbitre n'a d'autre but – finalement – que d'assurer le meilleur confort possible, tant pour ceux qui contrôlent que pour ceux qui jouent, afin de leur permettre d'adhérer – sereinement – à la phrase de Schiller : l'homme n'est vraiment lui-même que lorsqu'il joue.

Jean ZENGERS
Président de la Fédération Internationale
de Scrabble Francophone de 1984 à 1990

SOMMAIRE

MODE D'EMPLOI

L'Officiel du Scrabble (ODS) dresse la liste alphabétique de tous les mots admis au Scrabble (aussi bien au Scrabble Duplicate qu'au Scrabble classique). Cette liste est fondée sur la nomenclature du Petit Larousse illustré (éditions 1981 à 2011) et d'autres dictionnaires de grande diffusion. Elle inclut également bon nombre de mots propres à la francophonie hors de France (Belgique, Luxembourg, Québec, Suisse, pays d'Afrique).

L'ODS recense tous les mots de deux à quinze lettres (seize lettres pour les verbes) admis par le règlement de la Fédération Internationale de Scrabble Francophone).

Pour des raisons d'ordre pratique, certaines modifications ont été apportées aux règles traditionnelles de la lexicographie :

– de nombreux regroupements ont été opérés : par exemple, le mot **MINE** n.f. n'apparaît qu'une fois dans l'ODS, bien que la plupart des dictionnaires lui consacrent quatre entrées en raison de ses différences de sens et d'étymologie ;

– certaines entrées ont été purement et simplement éliminées. Tel est le cas pour certains noms et/ou adjectifs homographes du participe passé d'un verbe de même sens. Par exemple, **GUILLOTINÉ, E** adj. et n. n'est pas repris en entrée en raison de l'évidente filiation de sens avec le verbe **GUILLOTINER**. Par contre, l'adjectif et nom **ILLUMINÉ, E** (Visionnaire) coexiste avec le verbe **ILLUMINER** ;

– pour certains mots d'origine étrangère possédant plusieurs graphies, seule l'orthographe francisée a été retenue, et il n'a pas été tenu compte des signes diacritiques originels ;

– comme la plupart des dictionnaires de langue française, l'ODS ne précise pas le pays dont il s'agit dans les définitions des noms d'habitants de villes, régions et départements français.

Les quelque 65 000 mots recensés par l'ODS sont présentés de la manière suivante :

1. Le mot en entrée.
2. Sa transcription phonétique, si nécessaire.
3. Sa nature grammaticale.
4. Les indications relatives à sa conjugaison, si c'est un verbe.
5. Ses éventuelles variantes orthographiques.
6. Sa définition, s'il s'agit d'un mot peu courant.

1. Le mot en entrée

Le mot en entrée peut éventuellement être accompagné d'indications diverses telles que :

1.1 Le féminin.
1.2 Le pluriel.
1.3 Un butoir « **|** ».
1.4 Le pronom **(SE)** ou **(S')**.
1.5 Un ou plusieurs éléments de locution.

1.1. Notation du féminin

Dans la plupart des cas, le féminin apparaît sous forme d'une finale (**E, ENNE, ÈRE, EUSE, ONNE,** etc.). Toutefois, pour certains mots, il a paru utile d'indiquer le féminin en totalité. Tel est le cas pour :

– les féminins atypiques comme **ANDALOU, ANDALOUSE** ; **LONG, LONGUE,** etc. ;

– certains féminins entraînant une modification du radical comme **BÉNIN, BÉNIGNE; FRANC, FRANQUE,** etc. ;

– les féminins de noms et d'adjectifs monosyllabiques comme **BOT, BOTE** ; **BON, BONNE,** etc. ;

– les mots possédant plusieurs féminins comme **ACQUÉREUR** (f. ACQUÉRESSE ou ACQUÉREUSE).

En outre, tous les féminins irréguliers bénéficient d'une entrée distincte qui renvoie le lecteur à l'entrée principale : **BÉNIGNE** → **bénin.**

1.2. Notation du pluriel

Le pluriel en **-S** est mentionné chaque fois qu'il s'agit d'un pluriel anormal **(BAL, S ; LANDAU, S)**. Par contre, il n'est pas fait état du pluriel régulier en **-S,** celui-ci devant être considéré, en l'absence d'indication, comme implicite. Tel est le cas, notamment, pour tous les adjectifs en **-AL, E** où seul le masculin pluriel en **-AUX** est mentionné. Par exemple, **ANORMAL, E, AUX** adj. et n. implique les formes **ANORMAL, ANORMAUX, ANORMALE** et **ANORMALES.** Tel est le cas aussi pour d'autres adjectifs où il n'a pas paru utile de mentionner le féminin pluriel. Par exemple, **BLEU, BLEUE, BLEUS** autorise bien entendu la forme **BLEUES.**

Le pluriel en **-X** est toujours mentionné, soit sous la forme « **, X** » pour les mots en **-AU (BURGAU, X)**, en **-EAU (BALEINEAU, X)** et en **-EU (AVEU, X),** soit sous la forme « **, AUX** » pour les mots en **-AL (ASTRAL, E, AUX).**

Certains pluriels sont indiqués en totalité. Tel est le cas pour :

– les pluriels anormaux autres qu'en **-S** comme **BIJOU, BIJOUX** ; **SOUPIRAIL, SOUPIRAUX** ; **AUQUEL, AUXQUELS,** etc. ;

– les mots possédant deux ou plusieurs pluriels comme **ALEM** (pl. OULÉMA, ULÉMA ou ALEMS) ou **JOVIAL, E** (pl. JOVIALS ou JOVIAUX).

Dans ce cas, les formes sont classées par ordre alphabétique sauf pour les mots étrangers où on mentionne d'abord le pluriel d'origine.

Les pluriels irréguliers bénéficient également d'une entrée distincte qui renvoie le lecteur à l'entrée principale : **AUXQUELS** → **auquel.**

1.3. Signification du butoir

Certains mots sont suivis d'un signe typographique appelé butoir **(ARCHAL ❙** ; **ALDERMEN ❙).** Ce butoir attire l'attention du lecteur sur le fait que ces mots sont invariables.

Les mots qui sont invariables par nature (adverbes, conjonctions, interjections, etc.) et les mots en **-S, -X** et **-Z** ne sont pas accompagnés de ce butoir. Celui-ci figure toutefois après les éléments de locutions comme **ANTAN ❙ (D')** ; **AVEUGLETTE ❙ (À L'),** etc.

Enfin, les mots invariables possédant un homographe variable ne sont pas suivis de butoir, mais, si nécessaire, d'un court commentaire indiquant l'existence de cet homographe. Par exemple : **BÊTA** n.m. (inv. mais **bêta** adj. et n.).

1.4. Emploi du pronom (SE) ou (S')

Le pronom personnel réfléchi ou réciproque **(SE)** ou **(S')** figure entre parenthèses après les verbes exclusivement pronominaux comme **ABSTENIR (S')** ou **BITURER (SE).**

Par contre, ce pronom n'est pas mentionné après les verbes qui ne sont qu'accidentellement pronominaux, sauf lorsque cette mention s'avère indispensable pour justifier la variabilité de leur participe passé. Dans ce cas, la présentation suivante a été adoptée : **ACHOPPER** ou **S'ACHOPPER.**

1.5. Notation des locutions

Pour les locutions, le mot admis figure toujours en tête d'article à son ordre alphabétique propre et est suivi entre parenthèses du ou des autres éléments de la locution. Par exemple : **AFFILÉE (D')** ; **IMPROVISTE | (À L').**

2. *La transcription phonétique*

Tous les mots dont la prononciation risque de poser un problème au lecteur sont suivis d'une transcription phonétique. Celle-ci apparaît entre crochets, immédiatement après le mot en entrée. La transcription peut être complète (**AMICT** [ami]) ou partielle (**ACHILLÉE** [k]).

Il a été décidé d'employer un système de transcription simplifié n'utilisant que des signes typographiques traditionnels, dans le but de ne pas pénaliser ceux qui ne seraient pas au fait des subtilités de l'alphabet phonétique international (voir tableau de transcription phonétique, pp. VII et VIII).

3. *La nature grammaticale*

Pour noter la ou les natures grammaticales du mot en entrée, on a utilisé les abréviations traditionnelles : n.m., n.f., adj., adv., v., etc. (voir tableau des abréviations et signes conventionnels, pp. VIII et IX).

Certaines natures méritent cependant quelques commentaires :

3.1 Les noms.
3.2 Les verbes.
3.3 Les locutions.
3.4 Les mots sans nature.
3.5 Les mots à plusieurs natures.

3.1. Les noms

La mention « n. » indique qu'un nom possède les deux genres et que le masculin et le féminin ont le même sens (**ACROBATE** n. ; **ACTEUR, TRICE** n. ; **ALEVINIER, ÈRE** n.).

La mention « n.m. et n.f. » indique qu'un nom possède les deux genres, mais que le masculin et le féminin ont des sens différents (**LIVRE** n.m. et n.f. ; **BASKET** n.m. et n.f.).

La mention « n.m. ou f. » indique qu'un nom est considéré par l'usage comme un masculin ou un féminin (**PAMPLEMOUSSE** n.m. ou f. ; **ARNICA** n.m. ou f.).

3.2. Les verbes

Tous les verbes dont le participe passé peut varier en genre et en nombre sont notés « v. ». Cette mention ne constitue en aucun cas une prise de position sur la transitivité du verbe. Elle signifie simplement que la forme du participe passé du verbe peut – pour quelque raison que ce soit – se mettre au féminin et au pluriel. Ce peut être :

– parce que le verbe possède au moins un sens transitif, sans que cela soit nécessairement le premier cité (**PIVOTER** v.) ;
– parce qu'il possède un sens pronominal, même non défini (**DOUTER** v.) ;
– parce qu'il se conjugue avec l'auxiliaire être (**VENIR** v.) ;
– ou parce qu'il existe un adjectif ou un nom homographe du participe passé (**GIGOTER** v. ou **ENQUÊTER** v.).

Les verbes dont le participe passé est invariable sont notés « v. **(p.p.inv.)** ». Dans certains cas, la mention **(p.p.inv.)** peut être suivie d'un court commentaire signalant la présence d'une forme homographe ou quasiment homographe du participe passé invariable. Par exemple : **AGNELER** v. (**p.p.inv.** mais **agnelée** n.f.) ; **BÂILLER** v. (**p.p.inv.** mais **bailler** v.).

Les verbes ayant une conjugaison incomplète sont notés « v. déf. ». Cette mention recouvre aussi bien les verbes défectifs que les verbes impersonnels ou les verbes pronominaux réciproques.

3.3. Les locutions

Toutes les locutions, qu'elles soient adjectives, adverbiales, conjonctives ou autres, ont été regroupées sous la mention « loc. ».

3.4. Les mots sans nature

Un petit nombre de mots ne sont accompagnés d'aucune nature grammaticale. Il s'agit généralement de formes déjà présentes sous une autre entrée et pour lesquelles il a été jugé utile de prévoir une entrée distincte renvoyant à l'entrée principale. Ce procédé est utilisé systématiquement pour tous les pluriels et féminins irréguliers.
Par exemple : **ACINI** | → **acinus** ; **AULX** → **ail** ; **DOUCE** → **doux** ; **PUCELLE** → **puceau.**

De tels renvois sont également utilisés pour de nombreuses formes verbales dites « atypiques », c'est-à-dire qui diffèrent sensiblement de l'infinitif dont elles sont issues. Par exemple : BÛMES → **boire 125**. Dans ce cas, les formes en entrée apparaissent en capitales maigres pour bien montrer qu'il s'agit de simples indications destinées à aider le lecteur dans ses recherches et non d'une énumération exhaustive des formes admises.

Certaines de ces formes verbales atypiques sont suivies de points de suspension. Ceux-ci signifient :

– ou bien que le mot en entrée se retrouve tel quel dans d'autres formes dérivées. Par exemple, MEUVE... → **mouvoir 77** implique les formes MEUVES et MEUVENT et renvoie à la conjugaison **77** du verbe **MOUVOIR** où toutes les formes jouables sont mentionnées.

– ou bien que le radical du mot en entrée se retrouve dans des formes apparentées. Par exemple, CEIGNE... → **ceindre 92** implique les formes CEIGNES, CEIGNEZ, etc., mais aussi CEIGNAIS, CEIGNIS, etc., et renvoie à la conjugaison **92** du verbe **CEINDRE** où toutes les formes jouables sont mentionnées.

3.5. Les mots à plusieurs natures

D'une manière générale, toutes les natures existantes ont été prises en compte et énumérées (**BIEN** adj., n.m. et adv.). Toutefois, dans un petit nombre de cas, certaines natures rares ou vieillies ont été éliminées.

Pour ne pas risquer d'induire le lecteur en erreur, il n'a pas été fait état de l'invariabilité de certaines natures lorsque celles-ci coexistent avec une ou plusieurs autres natures variables. Ainsi, **ÉMERAUDE** est noté adj., n.m. et n.f., bien que l'adjectif soit, en fait, invariable.

Pour les mots dérivés de noms géographiques ou de noms de groupes humains, il a été décidé de ne tenir compte que de la nature « adj. » et non de la nature « n. » lorsque celle-ci désigne les habitants d'un pays, d'une région, d'une ville, etc. En effet, dans tous les cas, ces noms s'écrivent avec une majuscule. Par contre, si la nature substantive désigne autre chose qu'un habitant (par exemple une langue), elle est mentionnée (**ESPAGNOL, E** adj. et n.m. ; **AMÉRICAIN** adj., n.m. et n.f.).

4. *Les indications relatives à la conjugaison*

Ces indications peuvent être de trois ordres :

4.1 Le numéro de conjugaison.
4.2 La première personne du singulier de l'indicatif présent.
4.3 L'énumération exhaustive des formes admises.

4.1. Le numéro de conjugaison

La plupart des verbes sont accompagnés d'un numéro de conjugaison renvoyant aux tableaux figurant aux pages X à XLVI : **AFFRONTER** v. **10** ; **ACCOURIR** v. **51**. Ces tableaux dressent la nomenclature des formes admises pour plus de 100 verbes types.

4.2. La première personne du singulier de l'indicatif présent

Les verbes en **-ETER** et **-ELER** posent un problème particulier dans la mesure où certains d'entre eux redoublent le **T** ou le **L** devant un **E** muet et d'autres pas. Pour éviter au lecteur de devoir se reporter chaque fois aux tableaux types, la première personne du singulier de l'indicatif présent de ces verbes est toujours mentionnée immédiatement après le numéro de conjugaison. Par exemple :

AIGUILLETER v. **20 (j'aiguillette...)**
ACHETER v. **21 (j'achète...)**
MOUFETER [mouflé] v. **(p.p.inv.) 10 (je moufete...)**
AMONCELER v. **22 (j'amoncelle...)**
GELER v. **23 (je gèle...).**

4.3. L'énumération exhaustive des formes admises

Des numéros de conjugaison ont été attribués aux verbes défectifs chaque fois que c'était possible : **ABSTRAIRE** v. déf. **121** ; mais pour beaucoup d'entre eux, il a été jugé préférable d'énumérer l'ensemble des formes admises. Celles-ci apparaissent entre parenthèses immédiatement après la nature. Elles sont classées dans l'ordre alphabétique. Par exemple : **BRUMER** v. déf. **(bruma, brumait, brumât, brume, brumé, brumera, brumerait).**

5. *Les variantes orthographiques*

Lorsqu'un mot possède une ou plusieurs variantes orthographiques, celles-ci sont mentionnées entre parenthèses juste après la nature. Par exemple :

AGA n.m. **(= agha)** Dignitaire musulman.
BARNACHE n.f. **(= barnacle, bernache, bernacle)** Oie sauvage. – Crustacé.

Toutefois, dans le but de ne pas surcharger l'ouvrage et d'en préserver la lisibilité, les règles suivantes ont été respectées :

– seules les variantes orthographiques des mots de deux à neuf lettres ont été mentionnées ;

– il n'a été tenu compte que des variantes susceptibles de présenter un intérêt mnémotechnique pour les scrabbleurs. C'est pourquoi des mots graphiquement très éloignés comme, par exemple, **BOSNIAQUE** et **BOSNIEN** ou **ADO** et **ADOLESCENT** n'ont pas été considérés comme variantes orthographiques ;

– l'énumération des variantes orthographiques apparaît uniquement à la première occurrence alphabétique du mot, considérée comme mot-pivot. Pour toutes les autres graphies, on se contente d'un renvoi fléché vers le mot-pivot : **AGHA** n.m. → **aga** ; **BARNACLE** n.f. → **barnache** ; **BERNACHE** n.f. → **barnache** ; **BERNACLE** n.f. → **barnache** ;

– dans un petit nombre de cas, le choix du mot-pivot a été inversé, notamment lorsque la première occurrence alphabétique est un mot vieilli ou peu usuel :

ABATAGE n.m. *Vx.* → **abattage.**
ABATTAGE n.m. **(= abatage).**

6. *La définition*

6.1. La définition proprement dite

Les mots ne faisant pas partie du vocabulaire courant sont accompagnés de courtes définitions dont le seul but est de donner au lecteur un aperçu du ou des sens du mot.

Certains mots ne sont accompagnés que d'une seule définition bien qu'ils possèdent plusieurs sens. Dans ce cas, c'est en principe le sens le plus courant ou le plus moderne qui a été choisi. Exceptionnellement, pour justifier la transitivité ou le féminin de certaines entrées, seule la définition du sens le plus rare est donnée, le sens courant étant supposé connu. Par exemple : **AGIR** v. **40.** *Litt.* Animer.

6.2. Les indications accompagnant la définition

La définition peut éventuellement être précédée des éléments suivants :

– La mention « (Nom déposé) ». Par exemple :

AÉROTRAIN n.m. (Nom déposé) Train sur coussin d'air.

– Une ou plusieurs abréviations indiquant soit le domaine de connaissance (*Bot., Féod., Zool.,* etc.), soit le niveau de langue (*Arg., Fam.,* etc.), soit l'origine régionale d'un mot (*Belg., Helv., Québ.,* etc.). Par exemple :

ALLEU, X n.m. *Féod.* Terre libre de toute redevance.
BOURRIN n.m. *Fam.* Cheval.
BRANTE n.f. *Helv.* Hotte en bois pour les vendanges.

On pourra se reporter au tableau des abréviations et signes conventionnels utilisés dans cet ouvrage, pp. VIII et IX.

6.3. Les mots non définis

Un certain nombre de mots ne sont suivis d'aucune définition. Ce sont :

– Les mots du vocabulaire courant.

– Certains mots suffixés ayant un lien sémantique évident avec un mot de base défini. Par exemple :

ALGOLOGIE n.f. Étude scientifique des algues.
ALGOLOGIQUE adj.
ALGOLOGUE n.

Parfois, la définition a été remplacée par un simple renvoi symbolisé par une flèche « → ». Cette flèche signifie selon les cas « voir », « synonyme de » ou « autre orthographe de ». Par exemple :

BRÈVE → **bref** signifie que la forme **BRÈVE** est présente à l'entrée **BREF.**

BICAMÉRALISME n.m. → **bicamérisme** signifie que **BICAMÉRALISME** est synonyme de **BICAMÉRISME.**

BALUCHON n.m. → **balluchon** signifie que **BALUCHON** est une autre orthographe de **BALLUCHON.**

TRANSCRIPTION PHONÉTIQUE

Pour noter la prononciation des mots susceptibles de poser un problème au lecteur, un système de transcription simplifié a été utilisé. Dans ce système, chaque signe a la valeur conventionnelle fixée ci-dessous.

1. Voyelles orales

[a]	**PAPA**	[papa]
[é]	**ÉTÉ**	[été]
[è]	**BEC**	[bèk]
[ö]	**FEU**	[fö]
[eu]	**PEUR**	[peur]
[e]	**LE**	[le]
[i]	**ICI**	[isi]
[ï]	**ÉBAHI**	[ébaï]
	ABBAYE	[abéï]
[o]	**DONNER**	[doné]
[ô]	**CHÂTEAU**	[chatô]
[u]	**CUMUL**	[kumul]
[ou]	**OUTIL**	[outi]

2. Voyelles nasales

Les deux signes correspondant à chacune des quatre voyelles nasales sont séparés des autres signes de la transcription par des tirets.

[-an-]	**PENDANT**	[p-an-d-an]
[-in-]	**VIN**	[v-in]
[-on-]	**ONDE**	[on-d]
[-un-]	**BRUN**	[br-un]

En revanche, l'absence de tirets implique que la voyelle n'est pas nasalisée.

[an]	**VANNE**	[van]
[in]	**MINE**	[min]
[on]	**BONNE**	[bon]
[un]	**BRUNE**	[brun]

3. Semi-voyelles

[w]	**MOI**	[mwa]
[y]	**RAYER**	[rèyé]

4. Consonnes

Les consonnes suivantes gardent leur valeur habituelle :
b, d, f, j, k, l, m, n, p, r, s, t, v, z, ch.

La lettre G est notée [g] lorsqu'il s'agir d'un G dur :

GARE	[gar]
GUIDON	[gid-on]
JOGGING	[djoging]
GNOME	[gnôm]

Elle est notée [j] lorsqu'il s'agit d'un G doux :

GIRAFE	[jiraf]

Le GN mouillé est noté [ny] :

PIGNON	[piny-on]

5. H aspiré

Une apostrophe figure au début de la transcription phonétique de tous les mots dont le H initial est dit aspiré. Ce phénomène d'aspiration du H implique que ni l'élision ni la liaison ne peuvent se faire. Par exemple, le haricot. L'apostrophe signalant ce phénomène peut être employée seule entre crochets : **HERNIE** ['], ou en association avec d'autres phonèmes : **HANDBALL** ['an-dbal].

6. Notation phonétique partielle

Souvent, seul un son du mot pose problème. Dans ce cas, une transcription partielle suffit : **ACHOLIE** [k].

ABRÉVIATIONS ET

adj.	adjectif	*Ch. de f.*	chemin de fer
adj.dém.	adjectif démonstratif	*Chim.*	chimie
adj.f.	adjectif féminin	*Chir.*	chirurgie
adj.indéf.	adjectif indéfini	*Chor.*	chorégraphie
adj.m.	adjectif masculin	*Cin.*	cinéma
adj.num.card.	adjectif numéral cardinal	*conj.*	conjonction
adj.num.ord.	adjectif numéral ordinal	*Dr.*	droit
adj.poss.	adjectif possessif	*Dr. anc.*	droit ancien
adv.	adverbe	*Dr. rom.*	droit romain
Aéron.	aéronautique ; astronautique ; aviation	*Écon.*	économie
		Électr.	électricité
Afr.	en Afrique ; africanisme	*Électron.*	électronique
Agr.	agriculture	*Ethn.*	ethnologie
Anat.	anatomie	f.	féminin
Anc.	ancien ; anciennement	*Fam.*	familier
Anthr.	anthropologie	*Féod.*	féodalité
Antiq.	Antiquité	*Fin.*	finances
Antiq. gr.	Antiquité grecque	*Géogr.*	géographie
Antiq. rom.	Antiquité romaine	*Géol.*	géologie
Arch.	architecture	*Helv.*	helvétisme
Archéol.	archéologie	*Hér.*	héraldique
Arg.	argot ; argotique	*Hipp.*	hippisme
art.	article	*Hist.*	histoire
Astr.	astronomie	*Impr.*	imprimerie
av. J.-C.	avant Jésus-Christ	*Inf.*	informatique
Belg.	belgicisme	interj.	interjection
Biochim.	biochimie	inv.	invariable
Biol.	biologie	*Iron.*	ironique
Bot.	botanique	*Ling.*	linguistique
Bx-arts	beaux-arts	*Litt.*	littérature ; littéraire
Cam.	mot camerounais	loc.	locution

Si ce son est au début d'un mot, il est suivi d'un tiret : **CHOLURIE** [k-].
S'il est en fin de mot, il est précédé d'un tiret : **BARBECUE** [-kyou].

7. Notation phonétique double

Si un mot se prononce de deux façons, une double transcription peut être indiquée : **ICEBERG** [aysbèrg] ou [isbèrg].

Si les deux transcriptions diffèrent d'une seule lettre, elles fusionnent et la lettre facultative est mise entre parenthèses : **GAUCHO** [gô(t)chô] équivaut à [gôchô] ou [gôtchô].

SIGNES CONVENTIONNELS

Log.	logique	p.p.inv.	participe passé invariable
Luxemb.	mot luxembourgeois	pr.dém.	pronom démonstratif
Mar.	marine	prép.	préposition
Math.	mathématiques	pr.indéf.	pronom indéfini
Méc.	mécanique	pr.int.	pronom interrogatif
Méd.	médecine	pr.pers.	pronom personnel
Médiév.	Moyen Âge	pr.poss.	pronom possessif
Mét.	métallurgie	pr.relat.	pronom relatif
Météor.	météorologie	*Psych.*	psychologie ; psychanalyse
Mil.	militaire	*Québ.*	québécisme
Min.	mines	*Rel.*	religion
Mus.	musique	*Rhét.*	rhétorique
n.	nom	s.	siècle
n.f.	nom féminin	*Sén.*	mot sénégalais
n.f.pl.	nom féminin pluriel	*Sp.*	sport
n.m.	nom masculin	*Stat.*	statistique
n.m.pl.	nom masculin pluriel	*Taur.*	tauromachie
Opt.	optique	*Techn.*	technique ; technologie
Péj.	péjoratif	*Text.*	textile
Pharm.	pharmacie	v.	verbe
Philos.	philosophie	v. déf.	verbe défectif
Phon.	phonétique	*Vén.*	vénerie
Phot.	photographie	*Vét.*	art vétérinaire
Phys.	physique	*Vx*	vieux ; vieilli
Physiol.	physiologie	*Zool.*	zoologie
pl.	pluriel	→	voir ; synonyme de ; autre orthographe de
Poét.	poétique	**|**	invariable
Pol.	politique		

TABLEAUX DES CONJUGAISONS

La conjugaison est l'ensemble des formes que peut prendre un verbe en fonction :

- des personnes (1res, 2es et 3es du singulier et du pluriel)

- des temps (présent, passé, futur)

- des modes (indicatif, subjonctif, conditionnel, impératif, participe).

Les formes engendrées par ces variations et autorisées par la grammaire et le bon usage sont présentées dans des tableaux de conjugaison auxquels on peut se référer pour l'ensemble des verbes, à l'exception des verbes très défectifs pour lesquels les formes admises figurent dans le corps de l'ouvrage à côté de la forme infinitive.

Les temps composés ne sont pas repris vu qu'ils ne comportent aucune graphie qui ne soit déjà mentionnée dans les temps simples.

01 ÊTRE

Indicatif / **Participe** / **Infinitif**

Présent	*Imparfait*	*Futur simple*	*Passé simple*	**Participe** *Présent*	**Infinitif** *Présent*
je suis	j'étais	je serai	je fus	étant	être
tu es	tu étais	tu seras	tu fus	*Passé*	
il est	il était	il sera	il fut		
ns sommes	ns étions	ns serons	ns fûmes	été	
vs êtes	vs étiez	vs serez	vs fûtes		
ils sont	ils étaient	ils seront	ils furent		

Subjonctif / **Conditionnel** / **Impératif**

Subjonctif *Présent*	*Imparfait*	**Conditionnel** *Présent*	**Impératif** *Présent*
que je sois	que je fusse	je serais	
que tu sois	que tu fusses	tu serais	sois
qu'il soit	qu'il fût	il serait	
que ns soyons	que ns fussions	ns serions	soyons
que vs soyez	que vs fussiez	vs seriez	soyez
qu'ils soient	qu'ils fussent	ils seraient	

02 AVOIR

Indicatif / **Participe** / **Infinitif**

Présent	*Imparfait*	*Futur simple*	*Passé simple*	**Participe** *Présent*	**Infinitif** *Présent*
j'ai	j'avais	j'aurai	j'eus	ayant	avoir
tu as	tu avais	tu auras	tu eus	*Passé*	
il a	il avait	il aura	il eut		
ns avons	ns avions	ns aurons	ns eûmes	eu, eue	
vs avez	vs aviez	vs aurez	vs eûtes		
ils ont	ils avaient	ils auront	ils eurent		

Subjonctif / **Conditionnel** / **Impératif**

Subjonctif *Présent*	*Imparfait*	**Conditionnel** *Présent*	**Impératif** *Présent*
que j'aie	que j'eusse	j'aurais	
que tu aies	que tu eusses	tu aurais	aie
qu'il ait	qu'il eût	il aurait	
que ns ayons	que ns eussions	ns aurions	ayons
que vs ayez	que vs eussiez	vs auriez	ayez
qu'ils aient	qu'ils eussent	ils auraient	

10 AIMER

Indicatif / **Participe** / **Infinitif**

Présent	*Imparfait*	*Futur simple*	*Passé simple*	**Participe** *Présent*	**Infinitif** *Présent*
j'aime	j'aimais	j'aimerai	j'aimai	aimant	aimer
tu aimes	tu aimais	tu aimeras	tu aimas	*Passé*	
il aime	il aimait	il aimera	il aima		
ns aimons	ns aimions	ns aimerons	ns aimâmes	aimé, e	
vs aimez	vs aimiez	vs aimerez	vs aimâtes		
ils aiment	ils aimaient	ils aimeront	ils aimèrent		

Subjonctif / **Conditionnel** / **Impératif**

Subjonctif *Présent*	*Imparfait*	**Conditionnel** *Présent*	**Impératif** *Présent*
que j'aime	que j'aimasse	j'aimerais	
que tu aimes	que tu aimasses	tu aimerais	aime
qu'il aime	qu'il aimât	il aimerait	
que ns aimions	que ns aimassions	ns aimerions	aimons
que vs aimiez	que vs aimassiez	vs aimeriez	aimez
qu'ils aiment	qu'ils aimassent	ils aimeraient	

11 SEMER

Indicatif				Participe	Infinitif
Présent	*Imparfait*	*Futur simple*	*Passé simple*	*Présent*	*Présent*
je sème	je semais	je sèmerai	je semai	semant	semer
tu sèmes	tu semais	tu sèmeras	tu semas	*Passé*	
il sème	il semait	il sèmera	il sema		
ns semons	ns semions	ns sèmerons	ns semâmes	semé, e	
vs semez	vs semiez	vs sèmerez	vs semâtes		
ils sèment	ils semaient	ils sèmeront	ils semèrent		

Subjonctif		Conditionnel	Impératif
Présent	*Imparfait*	*Présent*	*Présent*
que je sème	que je semasse	je sèmerais	
que tu sèmes	que tu semasses	tu sèmerais	sème
qu'il sème	qu'il semât	il sèmerait	
que ns semions	que ns semassions	ns sèmerions	semons
que vs semiez	que vs semassiez	vs sèmeriez	semez
qu'ils sèment	qu'ils semassent	ils sèmeraient	

12 CÉDER

Indicatif				Participe	Infinitif
Présent	*Imparfait*	*Futur simple*	*Passé simple*	*Présent*	*Présent*
je cède	je cédais	je céderai	je cédai	cédant	céder
tu cèdes	tu cédais	tu céderas	tu cédas	*Passé*	
il cède	il cédait	il cédera	il céda		
ns cédons	ns cédions	ns céderons	ns cédâmes	cédé, e	
vs cédez	vs cédiez	vs céderez	vs cédâtes		
ils cèdent	ils cédaient	ils céderont	ils cédèrent		

Subjonctif		Conditionnel	Impératif
Présent	*Imparfait*	*Présent*	*Présent*
que je cède	que je cédasse	je céderais	
que tu cèdes	que tu cédasses	tu céderais	cède
qu'il cède	qu'il cédât	il céderait	
que ns cédions	que ns cédassions	ns céderions	cédons
que vs cédiez	que vs cédassiez	vs céderiez	cédez
qu'ils cèdent	qu'ils cédassent	ils céderaient	

13 PLACER

Indicatif				Participe	Infinitif
Présent	*Imparfait*	*Futur simple*	*Passé simple*	*Présent*	*Présent*
je place	je plaçais	je placerai	je plaçai	plaçant	placer
tu places	tu plaçais	tu placeras	tu plaças	*Passé*	
il place	il plaçait	il placera	il plaça		
ns plaçons	ns placions	ns placerons	ns plaçâmes	placé, e	
vs placez	vs placiez	vs placerez	vs plaçâtes		
ils placent	ils plaçaient	ils placeront	ils placèrent		

Subjonctif		Conditionnel	Impératif
Présent	*Imparfait*	*Présent*	*Présent*
que je place	que je plaçasse	je placerais	
que tu places	que tu plaçasses	tu placerais	place
qu'il place	qu'il plaçât	il placerait	
que ns placions	que ns plaçassions	ns placerions	plaçons
que vs placiez	que vs plaçassiez	vs placeriez	placez
qu'ils placent	qu'ils plaçassent	ils placeraient	

14 RAPIÉCER

Indicatif

Présent	*Imparfait*	*Futur simple*	*Passé simple*
je rapièce	je rapiéçais	je rapiécerai	je rapiéçai
tu rapièces	tu rapiéçais	tu rapiéceras	tu rapiéças
il rapièce	il rapiéçait	il rapiécera	il rapiéça
ns rapiéçons	ns rapiécions	ns rapiécerons	ns rapiéçâmes
vs rapiécez	vs rapiéciez	vs rapiécerez	vs rapiéçâtes
ils rapiècent	ils rapiéçaient	ils rapiéceront	ils rapiécèrent

Participe

Présent

rapiéçant

Passé

rapiécé, e

Infinitif

Présent

rapiécer

Subjonctif

Présent	*Imparfait*
que je rapièce	que je rapiéçasse
que tu rapièces	que tu rapiéçasses
qu'il rapièce	qu'il rapiéçât
que ns rapiécions	que ns rapiéçassions
que vs rapiéciez	que vs rapiéçassiez
qu'ils rapiècent	qu'ils rapiéçassent

Conditionnel

Présent

je rapiécerais
tu rapiécerais
il rapiécerait
ns rapiécerions
vs rapiéceriez
ils rapiéceraient

Impératif

Présent

rapièce
rapiéçons
rapiécez

15 NIER

Indicatif

Présent	*Imparfait*	*Futur simple*	*Passé simple*
je nie	je niais	je nierai	je niai
tu nies	tu niais	tu nieras	tu nias
il nie	il niait	il niera	il nia
ns nions	ns niions	ns nierons	ns niâmes
vs niez	vs niiez	vs nierez	vs niâtes
ils nient	ils niaient	ils nieront	ils nièrent

Participe

Présent

niant

Passé

nié, e

Infinitif

Présent

nier

Subjonctif

Présent	*Imparfait*
que je nie	que je niasse
que tu nies	que tu niasses
qu'il nie	qu'il niât
que ns niions	que ns niassions
que vs niiez	que vs niassiez
qu'ils nient	qu'ils niassent

Conditionnel

Présent

je nierais
tu nierais
il nierait
ns nierions
vs nieriez
ils nieraient

Impératif

Présent

nie
nions
niez

16 CRÉER

Indicatif

Présent	*Imparfait*	*Futur simple*	*Passé simple*
je crée	je créais	je créerai	je créai
tu crées	tu créais	tu créeras	tu créas
il crée	il créait	il créera	il créa
ns créons	ns créions	ns créerons	ns créâmes
vs créez	vs créiez	vs créerez	vs créâtes
ils créent	ils créaient	ils créeront	ils créèrent

Participe

Présent

créant

Passé

créé, e

Infinitif

Présent

créer

Subjonctif

Présent	*Imparfait*
que je crée	que je créasse
que tu crées	que tu créasses
qu'il crée	qu'il créât
que ns créions	que ns créassions
que vs créiez	que vs créassiez
qu'ils créent	qu'ils créassent

Conditionnel

Présent

je créerais
tu créerais
il créerait
ns créerions
vs créeriez
ils créeraient

Impératif

Présent

crée
créons
créez

17 NAGER

Indicatif				Participe	Infinitif
Présent	*Imparfait*	*Futur simple*	*Passé simple*	*Présent*	*Présent*
je nage	je nageais	je nagerai	je nageai	nageant	nager
tu nages	tu nageais	tu nageras	tu nageas	*Passé*	
il nage	il nageait	il nagera	il nagea		
ns nageons	ns nagions	ns nagerons	ns nageâmes	nagé, e	
vs nagez	vs nagiez	vs nagerez	vs nageâtes		
ils nagent	ils nageaient	ils nageront	ils nagèrent		

Subjonctif		Conditionnel	Impératif
Présent	*Imparfait*	*Présent*	*Présent*
que je nage	que je nageasse	je nagerais	
que tu nages	que tu nageasses	tu nagerais	nage
qu'il nage	qu'il nageât	il nagerait	
que ns nagions	que ns nageassions	ns nagerions	nageons
que vs nagiez	que vs nageassiez	vs nageriez	nagez
qu'ils nagent	qu'ils nageassent	ils nageraient	

18 PIÉGER

Indicatif				Participe	Infinitif
Présent	*Imparfait*	*Futur simple*	*Passé simple*	*Présent*	*Présent*
je piège	je piégeais	je piégerai	je piégeai	piégeant	piéger
tu pièges	tu piégeais	tu piégeras	tu piégeas	*Passé*	
il piège	il piégeait	il piégera	il piégea		
ns piégeons	ns piégions	ns piégerons	ns piégeâmes	piégé, e	
vs piégez	vs piégiez	vs piégerez	vs piégeâtes		
ils piègent	ils piégeaient	ils piégeront	ils piégèrent		

Subjonctif		Conditionnel	Impératif
Présent	*Imparfait*	*Présent*	*Présent*
que je piège	que je piégeasse	je piégerais	
que tu pièges	que tu piégeasses	tu piégerais	piège
qu'il piège	qu'il piégeât	il piégerait	
que ns piégions	que ns piégeassions	ns piégerions	piégeons
que vs piégiez	que vs piégeassiez	vs piégeriez	piégez
qu'ils piègent	qu'ils piégeassent	ils piégeraient	

19 DÉPECER

Indicatif				Participe	Infinitif
Présent	*Imparfait*	*Futur simple*	*Passé simple*	*Présent*	*Présent*
je dépèce	je dépeçais	je dépècerai	je dépeçai	dépeçant	dépecer
tu dépèces	tu dépeçais	tu dépèceras	tu dépeças	*Passé*	
il dépèce	il dépeçait	il dépècera	il dépeça		
ns dépeçons	ns dépecions	ns dépècerons	ns dépeçâmes	dépecé, e	
vs dépecez	vs dépeciez	vs dépècerez	vs dépeçâtes		
ils dépècent	ils dépeçaient	ils dépèceront	ils dépecèrent		

Subjonctif		Conditionnel	Impératif
Présent	*Imparfait*	*Présent*	*Présent*
que je dépèce	que je dépeçasse	je dépècerais	
que tu dépèces	que tu dépeçasses	tu dépècerais	dépèce
qu'il dépèce	qu'il dépeçât	il dépècerait	
que ns dépecions	que ns dépeçassions	ns dépècerions	dépeçons
que vs dépeciez	que vs dépeçassiez	vs dépèceriez	dépecez
qu'ils dépècent	qu'ils dépeçassent	ils dépèceraient	

20 JETER

Indicatif				Participe	Infinitif
Présent	*Imparfait*	*Futur simple*	*Passé simple*	*Présent*	*Présent*
je jette	je jetais	je jetterai	je jetai	jetant	jeter
tu jettes	tu jetais	tu jetteras	tu jetas	*Passé*	
il jette	il jetait	il jettera	il jeta		
ns jetons	ns jetions	ns jetterons	ns jetâmes	jeté, e	
vs jetez	vs jetiez	vs jetterez	vs jetâtes		
ils jettent	ils jetaient	ils jetteront	ils jetèrent		

Subjonctif		Conditionnel	Impératif
Présent	*Imparfait*	*Présent*	*Présent*
que je jette	que je jetasse	je jetterais	
que tu jettes	que tu jetasses	tu jetterais	jette
qu'il jette	qu'il jetât	il jetterait	
que ns jetions	que ns jetassions	ns jetterions	jetons
que vs jetiez	que vs jetassiez	vs jetteriez	jetez
qu'ils jettent	qu'ils jetassent	ils jetteraient	

21 ACHETER

Indicatif				Participe	Infinitif
Présent	*Imparfait*	*Futur simple*	*Passé simple*	*Présent*	*Présent*
j'achète	j'achetais	j'achèterai	j'achetai	achetant	acheter
tu achètes	tu achetais	tu achèteras	tu achetas	*Passé*	
il achète	il achetait	il achètera	il acheta		
ns achetons	ns achetions	ns achèterons	ns achetâmes	acheté, e	
vs achetez	vs achetiez	vs achèterez	vs achetâtes		
ils achètent	ils achetaient	ils achèteront	ils achetèrent		

Subjonctif		Conditionnel	Impératif
Présent	*Imparfait*	*Présent*	*Présent*
que j'achète	que j'achetasse	j'achèterais	
que tu achètes	que tu achetasses	tu achèterais	achète
qu'il achète	qu'il achetât	il achèterait	
que ns achetions	que ns achetassions	ns achèterions	achetons
que vs achetiez	que vs achetassiez	vs achèteriez	achetez
qu'ils achètent	qu'ils achetassent	ils achèteraient	

22 APPELER

Indicatif				Participe	Infinitif
Présent	*Imparfait*	*Futur simple*	*Passé simple*	*Présent*	*Présent*
j'appelle	j'appelais	j'appellerai	j'appelai	appelant	appeler
tu appelles	tu appelais	tu appelleras	tu appelas	*Passé*	
il appelle	il appelait	il appellera	il appela		
ns appelons	ns appelions	ns appellerons	ns appelâmes	appelé, e	
vs appelez	vs appeliez	vs appellerez	vs appelâtes		
ils appellent	ils appelaient	ils appelleront	ils appelèrent		

Subjonctif		Conditionnel	Impératif
Présent	*Imparfait*	*Présent*	*Présent*
que j'appelle	que j'appelasse	j'appellerais	
que tu appelles	que tu appelasses	tu appellerais	appelle
qu'il appelle	qu'il appelât	il appellerait	
que ns appelions	que ns appelassions	ns appellerions	appelons
que vs appeliez	que vs appelassiez	vs appelleriez	appelez
qu'ils appellent	qu'ils appelassent	ils appelleraient	

23 PELER

Indicatif

Présent	*Imparfait*	*Futur simple*	*Passé simple*
je pèle	je pelais	je pèlerai	je pelai
tu pèles	tu pelais	tu pèleras	tu pelas
il pèle	il pelait	il pèlera	il pela
ns pelons	ns pelions	ns pèlerons	ns pelâmes
vs pelez	vs peliez	vs pèlerez	vs pelâtes
ils pèlent	ils pelaient	ils pèleront	ils pelèrent

Participe

Présent pelant

Passé pelé, e

Infinitif

Présent peler

Subjonctif

Présent	*Imparfait*
que je pèle	que je pelasse
que tu pèles	que tu pelasses
qu'il pèle	qu'il pelât
que ns pelions	que ns pelassions
que vs peliez	que vs pelassiez
qu'ils pèlent	qu'ils pelassent

Conditionnel

Présent

je pèlerais
tu pèlerais
il pèlerait
ns pèlerions
vs pèleriez
ils pèleraient

Impératif

Présent

pèle
pelons
pelez

24 PAYER

Indicatif

Présent		*Imparfait*	*Futur simple*		*Passé simple*
je paie ou	paye	je payais	je paierai ou	payerai	je payai
tu paies	payes	tu payais	tu paieras	payeras	tu payas
il paie	paye	il payait	il paiera	payera	il paya
ns payons		ns payions	ns paierons	payerons	ns payâmes
vs payez		vs payiez	vs paierez	payerez	vs payâtes
ils paient	payent	ils payaient	ils paieront	payeront	ils payèrent

Subjonctif

Présent		*Imparfait*
que je paie ou	paye	que je payasse
que tu paies	payes	que tu payasses
qu'il paie	paye	qu'il payât
que ns payions		que ns payassions
que vs payiez		que vs payassiez
qu'ils paient	payent	qu'ils payassent

Conditionnel

Présent	
je paierais ou	payerais
tu paierais	payerais
il paierait	payerait
ns paierions	payerions
vs paieriez	payeriez
ils paieraient	payeraient

Impératif

Présent paie ou paye
payons
payez

Infinitif

Présent payer

Participe

Présent payant
Passé payé, e

25 LANGUEYER

Indicatif

Présent	*Imparfait*	*Futur simple*	*Passé simple*
je langueye	je langueyais	je langueyerai	je langueyai
tu langueyes	tu langueyais	tu langueyeras	tu langueyas
il langueye	il langueyait	il langueyera	il langueya
ns langueyons	ns langueyions	ns langueyerons	ns langueyâmes
vs langueyez	vs langueyiez	vs langueyerez	vs langueyâtes
ils langueyent	ils langueyaient	ils langueyeront	ils langueyèrent

Participe

Présent langueyant

Passé langueyé, e

Infinitif

Présent langueyer

Subjonctif

Présent	*Imparfait*
que je langueye	que je langueyasse
que tu langueyes	que tu langueyasses
qu'il langueye	qu'il langueyât
que ns langueyions	que ns langueyassions
que vs langueyiez	que vs langueyassiez
qu'ils langueyent	qu'ils langueyassent

Conditionnel

Présent

je langueyerais
tu langueyerais
il langueyerait
ns langueyerions
vs langueyeriez
ils langueyeraient

Impératif

Présent

langueye
langueyons
langueyez

27 NETTOYER

Indicatif

Présent	*Imparfait*	*Futur simple*	*Passé simple*
je nettoie	je nettoyais	je nettoierai	je nettoyai
tu nettoies	tu nettoyais	tu nettoieras	tu nettoyas
il nettoie	il nettoyait	il nettoiera	il nettoya
ns nettoyons	ns nettoyions	ns nettoierons	ns nettoyâmes
vs nettoyez	vs nettoyiez	vs nettoierez	vs nettoyâtes
ils nettoient	ils nettoyaient	ils nettoieront	ils nettoyèrent

Participe

Présent

nettoyant

Passé

nettoyé, e

Infinitif

Présent

nettoyer

Subjonctif

Présent	*Imparfait*
que je nettoie	que je nettoyasse
que tu nettoies	que tu nettoyasses
qu'il nettoie	qu'il nettoyât
que ns nettoyions	que ns nettoyassions
que vs nettoyiez	que vs nettoyassiez
qu'ils nettoient	qu'ils nettoyassent

Conditionnel

Présent
je nettoierais
tu nettoierais
il nettoierait
ns nettoierions
vs nettoieriez
ils nettoieraient

Impératif

Présent

nettoie

nettoyons
nettoyez

28 ESSUYER

Indicatif

Présent	*Imparfait*	*Futur simple*	*Passé simple*
j'essuie	j'essuyais	j'essuierai	j'essuyai
tu essuies	tu essuyais	tu essuieras	tu essuyas
il essuie	il essuyait	il essuiera	il essuya
ns essuyons	ns essuyions	ns essuierons	ns essuyâmes
vs essuyez	vs essuyiez	vs essuierez	vs essuyâtes
ils essuient	ils essuyaient	ils essuieront	ils essuyèrent

Participe

Présent

essuyant

Passé

essuyé, e

Infinitif

Présent

essuyer

Subjonctif

Présent	*Imparfait*
que j'essuie	que j'essuyasse
que tu essuies	que tu essuyasses
qu'il essuie	qu'il essuyât
que ns essuyions	que ns essuyassions
que vs essuyiez	que vs essuyassiez
qu'ils essuient	qu'ils essuyassent

Conditionnel

Présent
j'essuierais
tu essuierais
il essuierait
ns essuierions
vs essuieriez
ils essuieraient

Impératif

Présent

essuie

essuyons
essuyez

29 S'ENTRAIDER

Indicatif

Présent	*Imparfait*	*Futur simple*	*Passé simple*
–	–	–	–
–	–	–	–
on s'entraide	on s'entraidait	on s'entraidera	on s'entraida
ns ns entraidons	ns ns entraidions	ns ns entraiderons	ns ns entraidâmes
vs vs entraidez	vs vs entraidiez	vs vs entraiderez	vs vs entraidâtes
ils s'entraident	ils s'entraidaient	ils s'entraideront	ils s'entraidèrent

Participe

Présent

s'entraidant

Passé

entraidé, e

Infinitif

Présent

s'entraider

Subjonctif

Présent	*Imparfait*
–	–
–	–
qu'on s'entraide	qu'on s'entraidât
que ns ns entraidions	que ns ns entraidassions
que vs vs entraidiez	que vs vs entraidassiez
qu'ils s'entraident	qu'ils s'entraidassent

Conditionnel

Présent
–
–
on s'entraiderait
ns ns entraiderions
vs vs entraideriez
ils s'entraideraient

Impératif

Présent

–

entraidons-nous
entraidez-vous

30 S'ENTROBLIGER

Indicatif

Présent	*Imparfait*	*Futur simple*	*Passé simple*
–	–	–	–
–	–	–	–
on s'entroblige	on s'entrobligeait	on s'entrobligera	on s'entrobligea
ns ns entrobligeons	ns ns entrobligions	ns ns entrobligerons	ns ns entrobligeâmes
vs vs entrobligez	vs vs entrobligiez	vs vs entrobligerez	vs vs entrobligeâtes
ils s'entrobligent	ils s'entrobligeaient	ils s'entrobligeront	ils s'entrobligèrent

Subjonctif / **Conditionnel**

Présent	*Imparfait*	*Présent* (Conditionnel)
–	–	–
–	–	–
qu'on s'entroblige	qu'on s'entrobligeât	on s'entrobligerait
que ns ns entrobligions	que ns ns entrobligeassions	ns ns entrobligerions
que vs vs entrobligiez	que vs vs entrobligeassiez	vs vs entrobligeriez
qu'ils s'entrobligent	qu'ils s'entrobligeassent	ils s'entrobligeraient

Impératif

Présent –
entrobligeons-nous
entrobligez-vous

Infinitif

Présent s'entrobliger

Participe

Présent s'entrobligeant
Passé entrobligé, e

31 S'INTERPÉNÉTRER

Indicatif

Présent	*Imparfait*	*Futur simple*	*Passé simple*
–	–	–	–
–	–	–	–
on s'interpénètre	on s'interpénétrait	on s'interpénétrera	on s'interpénétra
ns ns interpénétrons	ns ns interpénétrions	ns ns interpénétrerons	ns ns interpénétrâmes
vs vs interpénétrez	vs vs interpénétriez	vs vs interpénétrerez	vs vs interpénétrâtes
ils s'interpénètrent	ils s'interpénétraient	ils s'interpénétreront	ils s'interpénétrèrent

Subjonctif / **Conditionnel**

Présent	*Imparfait*	*Présent* (Conditionnel)
–	–	–
–	–	–
qu'on s'interpénètre	qu'on s'interpénétrât	on s'interpénétrerait
que ns ns interpénétrions	que ns ns interpénétrassions	ns ns interpénétrerions
que vs vs interpénétriez	que vs vs interpénétrassiez	vs vs interpénétreriez
qu'ils s'interpénètrent	qu'ils s'interpénétrassent	ils s'interpénétreraient

Impératif

Présent –
interpénétrons-nous
interpénétrez-vous

Infinitif

Présent s'interpénétrer

Participe

Présent s'interpénétrant
Passé interpénétré, e

35 ALLER

Indicatif

Présent	*Imparfait*	*Futur simple*	*Passé simple*
je vais	j'allais	j'irai	j'allai
tu vas	tu allais	tu iras	tu allas
il va	il allait	il ira	il alla
ns allons	ns allions	ns irons	ns allâmes
vs allez	vs alliez	vs irez	vs allâtes
ils vont	ils allaient	ils iront	ils allèrent

Participe

Présent
allant
Passé
allé, e

Infinitif

Présent
aller

Subjonctif / **Conditionnel** / **Impératif**

Présent	*Imparfait*	*Présent* (Conditionnel)	*Présent* (Impératif)
que j'aille	que j'allasse	j'irais	
que tu ailles	que tu allasses	tu irais	va
qu'il aille	qu'il allât	il irait	
que ns allions	que ns allassions	ns irions	allons
que vs alliez	que vs allassiez	vs iriez	allez
qu'ils aillent	qu'ils allassent	ils iraient	

36 ENVOYER

Indicatif				**Participe**	**Infinitif**
Présent	*Imparfait*	*Futur simple*	*Passé simple*	*Présent*	*Présent*
j'envoie	j'envoyais	j'enverrai	j'envoyai	envoyant	envoyer
tu envoies	tu envoyais	tu enverras	tu envoyas	*Passé*	
il envoie	il envoyait	il enverra	il envoya	envoyé, e	
ns envoyons	ns envoyions	ns enverrons	ns envoyâmes		
vs envoyez	vs envoyiez	vs enverrez	vs envoyâtes		
ils envoient	ils envoyaient	ils enverront	ils envoyèrent		

Subjonctif		**Conditionnel**	**Impératif**
Présent	*Imparfait*	*Présent*	*Présent*
que j'envoie	que j'envoyasse	j'enverrais	
que tu envoies	que tu envoyasses	tu enverrais	envoie
qu'il envoie	qu'il envoyât	il enverrait	
que ns envoyions	que ns envoyassions	ns enverrions	envoyons
que vs envoyiez	que vs envoyassiez	vs enverriez	envoyez
qu'ils envoient	qu'ils envoyassent	ils enverraient	

37 FICHE ou FICHER

Indicatif				**Participe**	**Infinitif**
Présent	*Imparfait*	*Futur simple*	*Passé simple*	*Présent*	*Présent*
je fiche	je fichais	je ficherai	je fichai	fichant	fiche ou ficher
tu fiches	tu fichais	tu ficheras	tu fichas	*Passé*	
il fiche	il fichait	il fichera	il ficha		
ns fichons	ns fichions	ns ficherons	ns fichâmes	fiché, e	
vs fichez	vs fichiez	vs ficherez	vs fichâtes	fichu, e	
ils fichent	ils fichaient	ils ficheront	ils fichèrent		

Subjonctif		**Conditionnel**	**Impératif**
Présent	*Imparfait*	*Présent*	*Présent*
que je fiche	que je fichasse	je ficherais	
que tu fiches	que tu fichasses	tu ficherais	fiche
qu'il fiche	qu'il fichât	il ficherait	
que ns fichions	que ns fichassions	ns ficherions	fichons
que vs fichiez	que vs fichassiez	vs ficheriez	fichez
qu'ils fichent	qu'ils fichassent	ils ficheraient	

40 FINIR

Indicatif				**Participe**	**Infinitif**
Présent	*Imparfait*	*Futur simple*	*Passé simple*	*Présent*	*Présent*
je finis	je finissais	je finirai	je finis	finissant	finir
tu finis	tu finissais	tu finiras	tu finis	*Passé*	
il finit	il finissait	il finira	il finit	fini, e	
ns finissons	ns finissions	ns finirons	ns finîmes		
vs finissez	vs finissiez	vs finirez	vs finîtes		
ils finissent	ils finissaient	ils finiront	ils finirent		

Subjonctif		**Conditionnel**	**Impératif**
Présent	*Imparfait*	*Présent*	*Présent*
que je finisse	que je finisse	je finirais	
que tu finisses	que tu finisses	tu finirais	finis
qu'il finisse	qu'il finît	il finirait	
que ns finissions	que ns finissions	ns finirions	finissons
que vs finissiez	que vs finissiez	vs finiriez	finissez
qu'ils finissent	qu'ils finissent	ils finiraient	

41 HAÏR

Indicatif				Participe	Infinitif
Présent	*Imparfait*	*Futur simple*	*Passé simple*	*Présent*	*Présent*
je hais	je haïssais	je haïrai	je haïs	haïssant	haïr
tu hais	tu haïssais	tu haïras	tu haïs	*Passé*	
il hait	il haïssait	il haïra	il haït		
ns haïssons	ns haïssions	ns haïrons	ns haïmes	haï, e	
vs haïssez	vs haïssiez	vs haïrez	vs haïtes		
ils haïssent	ils haïssaient	ils haïront	ils haïrent		

Subjonctif		Conditionnel	Impératif
Présent	*Imparfait*	*Présent*	*Présent*
que je haïsse	que je haïsse	je haïrais	
que tu haïsses	que tu haïsses	tu haïrais	hais
qu'il haïsse	qu'il haït	il haïrait	
que ns haïssions	que ns haïssions	ns haïrions	haïssons
que vs haïssiez	que vs haïssiez	vs haïriez	haïssez
qu'ils haïssent	qu'ils haïssent	ils haïraient	

42 VENIR

Indicatif				Participe	Infinitif
Présent	*Imparfait*	*Futur simple*	*Passé simple*	*Présent*	*Présent*
je viens	je venais	je viendrai	je vins	venant	venir
tu viens	tu venais	tu viendras	tu vins	*Passé*	
il vient	il venait	il viendra	il vint		
ns venons	ns venions	ns viendrons	ns vînmes	venu, e	
vs venez	vs veniez	vs viendrez	vs vîntes		
ils viennent	ils venaient	ils viendront	ils vinrent		

Subjonctif		Conditionnel	Impératif
Présent	*Imparfait*	*Présent*	*Présent*
que je vienne	que je vinsse	je viendrais	
que tu viennes	que tu vinsses	tu viendrais	viens
qu'il vienne	qu'il vînt	il viendrait	
que ns venions	que ns vinssions	ns viendrions	venons
que vs veniez	que vs vinssiez	vs viendriez	venez
qu'ils viennent	qu'ils vinssent	ils viendraient	

43 ACQUÉRIR

Indicatif				Participe	Infinitif
Présent	*Imparfait*	*Futur simple*	*Passé simple*	*Présent*	*Présent*
j'acquiers	j'acquérais	j'acquerrai	j'acquis	acquérant	acquérir
tu acquiers	tu acquérais	tu acquerras	tu acquis	*Passé*	
il acquiert	il acquérait	il acquerra	il acquit		
ns acquérons	ns acquérions	ns acquerrons	ns acquîmes	acquis, e	
vs acquérez	vs acquériez	vs acquerrez	vs acquîtes		
ils acquièrent	ils acquéraient	ils acquerront	ils acquirent		

Subjonctif		Conditionnel	Impératif
Présent	*Imparfait*	*Présent*	*Présent*
que j'acquière	que j'acquisse	j'acquerrais	
que tu acquières	que tu acquisses	tu acquerrais	acquiers
qu'il acquière	qu'il acquît	il acquerrait	
que ns acquérions	que ns acquissions	ns acquerrions	acquérons
que vs acquériez	que vs acquissiez	vs acquerriez	acquérez
qu'ils acquièrent	qu'ils acquissent	ils acquerraient	

44 SENTIR

Indicatif				**Participe**	**Infinitif**
Présent	*Imparfait*	*Futur simple*	*Passé simple*	*Présent*	*Présent*
je sens	je sentais	je sentirai	je sentis	sentant	sentir
tu sens	tu sentais	tu sentiras	tu sentis		
il sent	il sentait	il sentira	il sentit	*Passé*	
ns sentons	ns sentions	ns sentirons	ns sentîmes	senti, e	
vs sentez	vs sentiez	vs sentirez	vs sentîtes		
ils sentent	ils sentaient	ils sentiront	ils sentirent		

Subjonctif		**Conditionnel**	**Impératif**
Présent	*Imparfait*	*Présent*	*Présent*
que je sente	que je sentisse	je sentirais	
que tu sentes	que tu sentisses	tu sentirais	sens
qu'il sente	qu'il sentît	il sentirait	
que ns sentions	que ns sentissions	ns sentirions	sentons
que vs sentiez	que vs sentissiez	vs sentiriez	sentez
qu'ils sentent	qu'ils sentissent	ils sentiraient	

45 VÊTIR

Indicatif				**Participe**	**Infinitif**
Présent	*Imparfait*	*Futur simple*	*Passé simple*	*Présent*	*Présent*
je vêts	je vêtais	je vêtirai	je vêtis	vêtant	vêtir
tu vêts	tu vêtais	tu vêtiras	tu vêtis		
il vêt	il vêtait	il vêtira	il vêtit	*Passé*	
ns vêtons	ns vêtions	ns vêtirons	ns vêtîmes	vêtu, e	
vs vêtez	vs vêtiez	vs vêtirez	vs vêtîtes		
ils vêtent	ils vêtaient	ils vêtiront	ils vêtirent		

Subjonctif		**Conditionnel**	**Impératif**
Présent	*Imparfait*	*Présent*	*Présent*
que je vête	que je vêtisse	je vêtirais	
que tu vêtes	que tu vêtisses	tu vêtirais	vêts
qu'il vête	qu'il vêtît	il vêtirait	
que ns vêtions	que ns vêtissions	ns vêtirions	vêtons
que vs vêtiez	que vs vêtissiez	vs vêtiriez	vêtez
qu'ils vêtent	qu'ils vêtissent	ils vêtiraient	

46 COUVRIR

Indicatif				**Participe**	**Infinitif**
Présent	*Imparfait*	*Futur simple*	*Passé simple*	*Présent*	*Présent*
je couvre	je couvrais	je couvrirai	je couvris	couvrant	couvrir
tu couvres	tu couvrais	tu couvriras	tu couvris		
il couvre	il couvrait	il couvrira	il couvrit	*Passé*	
ns couvrons	ns couvrions	ns couvrirons	ns couvrîmes	couvert, e	
vs couvrez	vs couvriez	vs couvrirez	vs couvrîtes		
ils couvrent	ils couvraient	ils couvriront	ils couvrirent		

Subjonctif		**Conditionnel**	**Impératif**
Présent	*Imparfait*	*Présent*	*Présent*
que je couvre	que je couvrisse	je couvrirais	
que tu couvres	que tu couvrisses	tu couvrirais	couvre
qu'il couvre	qu'il couvrît	il couvrirait	
que ns couvrions	que ns couvrissions	ns couvririons	couvrons
que vs couvriez	que vs couvrissiez	vs couvririez	couvrez
qu'ils couvrent	qu'ils couvrissent	ils couvriraient	

47 CUEILLIR

Indicatif				**Participe**	**Infinitif**
Présent	*Imparfait*	*Futur simple*	*Passé simple*	*Présent*	*Présent*
je cueille	je cueillais	je cueillerai	je cueillis	cueillant	cueillir
tu cueilles	tu cueillais	tu cueilleras	tu cueillis	*Passé*	
il cueille	il cueillait	il cueillera	il cueillit		
ns cueillons	ns cueillions	ns cueillerons	ns cueillîmes	cueilli, e	
vs cueillez	vs cueilliez	vs cueillerez	vs cueillîtes		
ils cueillent	ils cueillaient	ils cueilleront	ils cueillirent		

Subjonctif		**Conditionnel**	**Impératif**
Présent	*Imparfait*	*Présent*	*Présent*
que je cueille	que je cueillisse	je cueillerais	
que tu cueilles	que tu cueillisses	tu cueillerais	cueille
qu'il cueille	qu'il cueillît	il cueillerait	
que ns cueillions	que ns cueillissions	ns cueillerions	cueillons
que vs cueilliez	que vs cueillissiez	vs cueilleriez	cueillez
qu'ils cueillent	qu'ils cueillissent	ils cueilleraient	

48 ASSAILLIR

Indicatif				**Participe**	**Infinitif**
Présent	*Imparfait*	*Futur simple*	*Passé simple*	*Présent*	*Présent*
j'assaille	j'assaillais	j'assaillirai	j'assaillis	assaillant	assaillir
tu assailles	tu assaillais	tu assailliras	tu assaillis	*Passé*	
il assaille	il assaillait	il assaillira	il assaillit		
ns assaillons	ns assaillions	ns assaillirons	ns assaillîmes	assailli, e	
vs assaillez	vs assailliez	vs assaillirez	vs assaillîtes		
ils assaillent	ils assaillaient	ils assailliront	ils assaillirent		

Subjonctif		**Conditionnel**	**Impératif**
Présent	*Imparfait*	*Présent*	*Présent*
que j'assaille	que j'assaillisse	j'assaillirais	
que tu assailles	que tu assaillisses	tu assaillirais	assaille
qu'il assaille	qu'il assaillît	il assaillirait	
que ns assaillions	que ns assaillissions	ns assaillirions	assaillons
que vs assailliez	que vs assaillissiez	vs assailliriez	assaillez
qu'ils assaillent	qu'ils assaillissent	ils assailliraient	

49 BOUILLIR

Indicatif				**Participe**	**Infinitif**
Présent	*Imparfait*	*Futur simple*	*Passé simple*	*Présent*	*Présent*
je bous	je bouillais	je bouillirai	je bouillis	bouillant	bouillir
tu bous	tu bouillais	tu bouilliras	tu bouillis	*Passé*	
il bout	il bouillait	il bouillira	il bouillit		
ns bouillons	ns bouillions	ns bouillirons	ns bouillîmes	bouilli, e	
vs bouillez	vs bouilliez	vs bouillirez	vs bouillîtes		
ils bouillent	ils bouillaient	ils bouilliront	ils bouillirent		

Subjonctif		**Conditionnel**	**Impératif**
Présent	*Imparfait*	*Présent*	*Présent*
que je bouille	que je bouillisse	je bouillirais	
que tu bouilles	que tu bouillisses	tu bouillirais	bous
qu'il bouille	qu'il bouillît	il bouillirait	
que ns bouillions	que ns bouillissions	ns bouillirions	bouillons
que vs bouilliez	que vs bouillissiez	vs bouilliriez	bouillez
qu'ils bouillent	qu'ils bouillissent	ils bouilliraient	

50 DORMIR

Indicatif				Participe	Infinitif
Présent	*Imparfait*	*Futur simple*	*Passé simple*	*Présent*	*Présent*
je dors	je dormais	je dormirai	je dormis	dormant	dormir
tu dors	tu dormais	tu dormiras	tu dormis	*Passé*	
il dort	il dormait	il dormira	il dormit		
ns dormons	ns dormions	ns dormirons	ns dormîmes	dormi, e	
vs dormez	vs dormiez	vs dormirez	vs dormîtes		
ils dorment	ils dormaient	ils dormiront	ils dormirent		

Subjonctif		Conditionnel	Impératif
Présent	*Imparfait*	*Présent*	*Présent*
que je dorme	que je dormisse	je dormirais	
que tu dormes	que tu dormisses	tu dormirais	dors
qu'il dorme	qu'il dormît	il dormirait	
que ns dormions	que ns dormissions	ns dormirions	dormons
que vs dormiez	que vs dormissiez	vs dormiriez	dormez
qu'ils dorment	qu'ils dormissent	ils dormiraient	

51 COURIR

Indicatif				Participe	Infinitif
Présent	*Imparfait*	*Futur simple*	*Passé simple*	*Présent*	*Présent*
je cours	je courais	je courrai	je courus	courant	courir
tu cours	tu courais	tu courras	tu courus	*Passé*	
il court	il courait	il courra	il courut		
ns courons	ns courions	ns courrons	ns courûmes	couru, e	
vs courez	vs couriez	vs courrez	vs courûtes		
ils courent	ils couraient	ils courront	ils coururent		

Subjonctif		Conditionnel	Impératif
Présent	*Imparfait*	*Présent*	*Présent*
que je coure	que je courusse	je courrais	
que tu coures	que tu courusses	tu courrais	cours
qu'il coure	qu'il courût	il courrait	
que ns courions	que ns courussions	ns courrions	courons
que vs couriez	que vs courussiez	vs courriez	courez
qu'ils courent	qu'ils courussent	ils courraient	

52 SERVIR

Indicatif				Participe	Infinitif
Présent	*Imparfait*	*Futur simple*	*Passé simple*	*Présent*	*Présent*
je sers	je servais	je servirai	je servis	servant	servir
tu sers	tu servais	tu serviras	tu servis	*Passé*	
il sert	il servait	il servira	il servit		
ns servons	ns servions	ns servirons	ns servîmes	servi, e	
vs servez	vs serviez	vs servirez	vs servîtes		
ils servent	ils servaient	ils serviront	ils servirent		

Subjonctif		Conditionnel	Impératif
Présent	*Imparfait*	*Présent*	*Présent*
que je serve	que je servisse	je servirais	
que tu serves	que tu servisses	tu servirais	sers
qu'il serve	qu'il servît	il servirait	
que ns servions	que ns servissions	ns servirions	servons
que vs serviez	que vs servissiez	vs serviriez	servez
qu'ils servent	qu'ils servissent	ils serviraient	

53 FUIR

Indicatif

Présent	*Imparfait*	*Futur simple*	*Passé simple*
je fuis	je fuyais	je fuirai	je fuis
tu fuis	tu fuyais	tu fuiras	tu fuis
il fuit	il fuyait	il fuira	il fuit
ns fuyons	ns fuyions	ns fuirons	ns fuîmes
vs fuyez	vs fuyiez	vs fuirez	vs fuîtes
ils fuient	ils fuyaient	ils fuiront	ils fuirent

Participe

Présent fuyant

Passé fui, fuie

Infinitif

Présent fuir

Subjonctif

Présent	*Imparfait*
que je fuie	que je fuisse
que tu fuies	que tu fuisses
qu'il fuie	qu'il fuît
que ns fuyions	que ns fuissions
que vs fuyiez	que vs fuissiez
qu'ils fuient	qu'ils fuissent

Conditionnel

Présent

je fuirais
tu fuirais
il fuirait
ns fuirions
vs fuiriez
ils fuiraient

Impératif

Présent

fuis
fuyons
fuyez

54 CHAUVIR

Indicatif

Présent	*Imparfait*	*Futur simple*	*Passé simple*
je chauvis	je chauvais	je chauvirai	je chauvis
tu chauvis	tu chauvais	tu chauviras	tu chauvis
il chauvit	il chauvait	il chauvira	il chauvit
ns chauvons	ns chauvions	ns chauvirons	ns chauvîmes
vs chauvez	vs chauviez	vs chauvirez	vs chauvîtes
ils chauvent	ils chauvaient	ils chauviront	ils chauvirent

Participe

Présent chauvant

Passé chauvi

Infinitif

Présent chauvir

Subjonctif

Présent	*Imparfait*
que je chauve	que je chauvisse
que tu chauves	que tu chauvisses
qu'il chauve	qu'il chauvît
que ns chauvions	que ns chauvissions
que vs chauviez	que vs chauvissiez
qu'ils chauvent	qu'ils chauvissent

Conditionnel

Présent

je chauvirais
tu chauvirais
il chauvirait
ns chauvirions
vs chauviriez
ils chauviraient

Impératif

Présent

chauvis
chauvons
chauvez

60 FLEURIR

Indicatif

Présent	*Imparfait*		*Futur simple*	*Passé simple*
je fleuris	je fleurissais ou	florissais	je fleurirai	je fleuris
tu fleuris	tu fleurissais	florissais	tu fleuriras	tu fleuris
il fleurit	il fleurissait	florissait	il fleurira	il fleurit
ns fleurissons	ns fleurissions	florissions	ns fleurirons	ns fleurîmes
vs fleurissez	vs fleurissiez	florissiez	vs fleurirez	vs fleurîtes
ils fleurissent	ils fleurissaient	florissaient	ils fleuriront	ils fleurirent

Subjonctif

Présent	*Imparfait*
que je fleurisse	que je fleurisse
que tu fleurisses	que tu fleurisses
qu'il fleurisse	qu'il fleurît
que ns fleurissions	que ns fleurissions
que vs fleurissiez	que vs fleurissiez
qu'ils fleurissent	qu'ils fleurissent

Conditionnel

Présent

je fleurirais
tu fleurirais
il fleurirait
ns fleuririons
vs fleuririez
ils fleuriraient

Impératif

Présent fleuris
fleurissons
fleurissez

Infinitif

Présent fleurir

Participe

Présent fleurissant ou florissant

Passé fleuri, e

61 FAILLIR

Indicatif				**Participe**	**Infinitif**
Présent	*Imparfait*	*Futur simple*	*Passé simple*	*Présent*	*Présent*
je faillis	je faillissais	je faillirai	je faillis	faillant	faillir
tu faillis	tu faillissais	tu failliras	tu faillis	*Passé*	
il faillit ou faut	il faillissait	il faillira	il faillit		
ns faillissons	ns faillissions	ns faillirons	ns faillîmes	failli	
vs faillissez	vs faillissiez	vs faillirez	vs faillîtes		
ils faillissent	ils faillissaient	ils failliront	ils faillirent		

Subjonctif		**Conditionnel**	**Impératif**
Présent	*Imparfait*	*Présent*	*Présent*
que je faillisse	que je faillisse	je faillirais	
que tu faillisses	que tu faillisses	tu faillirais	faillis
qu'il faillisse	qu'il faillît	il faillirait	
que ns faillissions	que ns faillissions	ns faillirions	faillissons
que vs faillissiez	que vs faillissiez	vs failliriez	faillissez
qu'ils faillissent	qu'ils faillissent	ils failliraient	

62 MOURIR

Indicatif				**Participe**	**Infinitif**
Présent	*Imparfait*	*Futur simple*	*Passé simple*	*Présent*	*Présent*
je meurs	je mourais	je mourrai	je mourus	mourant	mourir
tu meurs	tu mourais	tu mourras	tu mourus	*Passé*	
il meurt	il mourait	il mourra	il mourut		
ns mourons	ns mourions	ns mourrons	ns mourûmes	mort, morte	
vs mourez	vs mouriez	vs mourrez	vs mourûtes		
ils meurent	ils mouraient	ils mourront	ils moururent		

Subjonctif		**Conditionnel**	**Impératif**
Présent	*Imparfait*	*Présent*	*Présent*
que je meure	que je mourusse	je mourrais	
que tu meures	que tu mourusses	tu mourrais	meurs
qu'il meure	qu'il mourût	il mourrait	
que ns mourions	que ns mourussions	ns mourrions	mourons
que vs mouriez	que vs mourussiez	vs mourriez	mourez
qu'ils meurent	qu'ils mourussent	ils mourraient	

63 S'AMUÏR

Indicatif				**Participe**	**Infinitif**
Présent	*Imparfait*	*Futur simple*	*Passé simple*	*Présent*	*Présent*
je m'amuïs	je m'amuïssais	je m'amuïrai	je m'amuïs	s'amuïssant	s'amuïr
tu t'amuïs	tu t'amuïssais	tu t'amuïras	tu t'amuïs	*Passé*	
il s'amuït	il s'amuïssait	il s'amuïra	il s'amuït		
ns ns amuïssons	ns ns amuïssions	ns ns amuïrons	ns ns amuïmes	amuï, e	
vs vs amuïssez	vs vs amuïssiez	vs vs amuïrez	vs vs amuïtes		
ils s'amuïssent	ils s'amuïssaient	ils s'amuïront	ils s'amuïrent		

Subjonctif		**Conditionnel**	**Impératif**
Présent	*Imparfait*	*Présent*	*Présent*
que je m'amuïsse	que je m'amuïsse	je m'amuïrais	
que tu t'amuïsses	que tu t'amuïsses	tu t'amuïrais	amuïs-toi
qu'il s'amuïsse	qu'il s'amuït	il s'amuïrait	
que ns ns amuïssions	que ns ns amuïssions	ns ns amuïrions	amuïssons-nous
que vs vs amuïssiez	que vs vs amuïssiez	vs vs amuïriez	amuïssez-vous
qu'ils s'amuïssent	qu'ils s'amuïssent	ils s'amuïraient	

70 RECEVOIR

Indicatif Présent	Imparfait	Futur simple	Passé simple	Participe	Infinitif Présent
je reçois	je recevais	je recevrai	je reçus	*Présent*	recevoir
tu reçois	tu recevais	tu recevras	tu reçus	recevant	
il reçoit	il recevait	il recevra	il reçut	*Passé*	
ns recevons	ns recevions	ns recevrons	ns reçûmes	reçu, e	
vs recevez	vs receviez	vs recevrez	vs reçûtes		
ils reçoivent	ils recevaient	ils recevront	ils reçurent		

Subjonctif Présent	Imparfait	Conditionnel Présent	Impératif Présent
que je reçoive	que je reçusse	je recevrais	
que tu reçoives	que tu reçusses	tu recevrais	reçois
qu'il reçoive	qu'il reçût	il recevrait	
que ns recevions	que ns reçussions	ns recevrions	recevons
que vs receviez	que vs reçussiez	vs recevriez	recevez
qu'ils reçoivent	qu'ils reçussent	ils recevraient	

71 VOIR

Indicatif Présent	Imparfait	Futur simple	Passé simple	Participe	Infinitif Présent
je vois	je voyais	je verrai	je vis	*Présent*	voir
tu vois	tu voyais	tu verras	tu vis	voyant	
il voit	il voyait	il verra	il vit	*Passé*	
ns voyons	ns voyions	ns verrons	ns vîmes	vu, vue	
vs voyez	vs voyiez	vs verrez	vs vîtes		
ils voient	ils voyaient	ils verront	ils virent		

Subjonctif Présent	Imparfait	Conditionnel Présent	Impératif Présent
que je voie	que je visse	je verrais	
que tu voies	que tu visses	tu verrais	vois
qu'il voie	qu'il vît	il verrait	
que ns voyions	que ns vissions	ns verrions	voyons
que vs voyiez	que vs vissiez	vs verriez	voyez
qu'ils voient	qu'ils vissent	ils verraient	

72 PRÉVOIR

Indicatif Présent	Imparfait	Futur simple	Passé simple	Participe	Infinitif Présent
je prévois	je prévoyais	je prévoirai	je prévis	*Présent*	prévoir
tu prévois	tu prévoyais	tu prévoiras	tu prévis	prévoyant	
il prévoit	il prévoyait	il prévoira	il prévit	*Passé*	
ns prévoyons	ns prévoyions	ns prévoirons	ns prévîmes	prévu, e	
vs prévoyez	vs prévoyiez	vs prévoirez	vs prévîtes		
ils prévoient	ils prévoyaient	ils prévoiront	ils prévirent		

Subjonctif Présent	Imparfait	Conditionnel Présent	Impératif Présent
que je prévoie	que je prévisse	je prévoirais	
que tu prévoies	que tu prévisses	tu prévoirais	prévois
qu'il prévoie	qu'il prévît	il prévoirait	
que ns prévoyions	que ns prévissions	ns prévoirions	prévoyons
que vs prévoyiez	que vs prévissiez	vs prévoiriez	prévoyez
qu'ils prévoient	qu'ils prévissent	ils prévoiraient	

73 POURVOIR

Indicatif				Participe	Infinitif
Présent	*Imparfait*	*Futur simple*	*Passé simple*	*Présent*	*Présent*
je pourvois	je pourvoyais	je pourvoirai	je pourvus	pourvoyant	pourvoir
tu pourvois	tu pourvoyais	tu pourvoiras	tu pourvus	*Passé*	
il pourvoit	il pourvoyait	il pourvoira	il pourvut		
ns pourvoyons	ns pourvoyions	ns pourvoirons	ns pourvûmes	pourvu, e	
vs pourvoyez	vs pourvoyiez	vs pourvoirez	vs pourvûtes		
ils pourvoient	ils pourvoyaient	ils pourvoiront	ils pourvurent		

Subjonctif		Conditionnel	Impératif
Présent	*Imparfait*	*Présent*	*Présent*
que je pourvoie	que je pourvusse	je pourvoirais	
que tu pourvoies	que tu pourvusses	tu pourvoirais	pourvois
qu'il pourvoie	qu'il pourvût	il pourvoirait	
que ns pourvoyions	que ns pourvussions	ns pourvoirions	pourvoyons
que vs pourvoyiez	que vs pourvussiez	vs pourvoiriez	pourvoyez
qu'ils pourvoient	qu'ils pourvussent	ils pourvoiraient	

74 SAVOIR

Indicatif				Participe	Infinitif
Présent	*Imparfait*	*Futur simple*	*Passé simple*	*Présent*	*Présent*
je sais	je savais	je saurai	je sus	sachant	savoir
tu sais	tu savais	tu sauras	tu sus	*Passé*	
il sait	il savait	il saura	il sut		
ns savons	ns savions	ns saurons	ns sûmes	su, sue	
vs savez	vs saviez	vs saurez	vs sûtes		
ils savent	ils savaient	ils sauront	ils surent		

Subjonctif		Conditionnel	Impératif
Présent	*Imparfait*	*Présent*	*Présent*
que je sache	que je susse	je saurais	
que tu saches	que tu susses	tu saurais	sache
qu'il sache	qu'il sût	il saurait	
que ns sachions	que ns sussions	ns saurions	sachons
que vs sachiez	que vs sussiez	vs sauriez	sachez
qu'ils sachent	qu'ils sussent	ils sauraient	

75 DEVOIR

Indicatif				Participe	Infinitif
Présent	*Imparfait*	*Futur simple*	*Passé simple*	*Présent*	*Présent*
je dois	je devais	je devrai	je dus	devant	devoir
tu dois	tu devais	tu devras	tu dus	*Passé*	
il doit	il devait	il devra	il dut		
ns devons	ns devions	ns devrons	ns dûmes	dû, due,	
vs devez	vs deviez	vs devrez	vs dûtes	dus, dues	
ils doivent	ils devaient	ils devront	ils durent		

Subjonctif		Conditionnel	Impératif
Présent	*Imparfait*	*Présent*	*Présent*
que je doive	que je dusse	je devrais	
que tu doives	que tu dusses	tu devrais	dois
qu'il doive	qu'il dût	il devrait	
que ns devions	que ns dussions	ns devrions	devons
que vs deviez	que vs dussiez	vs devriez	devez
qu'ils doivent	qu'ils dussent	ils devraient	

76 POUVOIR

Indicatif				**Participe**	**Infinitif**
Présent	*Imparfait*	*Futur simple*	*Passé simple*	*Présent*	*Présent*
je peux ou puis	je pouvais	je pourrai	je pus	pouvant	pouvoir
tu peux	tu pouvais	tu pourras	tu pus		
il peut	il pouvait	il pourra	il put	*Passé*	
ns pouvons	ns pouvions	ns pourrons	ns pûmes	pu	
vs pouvez	vs pouviez	vs pourrez	vs pûtes		
ils peuvent	ils pouvaient	ils pourront	ils purent		

Subjonctif		**Conditionnel**	**Impératif**
Présent	*Imparfait*	*Présent*	*Présent*
que je puisse	que je pusse	je pourrais	
que tu puisses	que tu pusses	tu pourrais	–
qu'il puisse	qu'il pût	il pourrait	
que ns puissions	que ns pussions	ns pourrions	–
que vs puissiez	que vs pussiez	vs pourriez	–
qu'ils puissent	qu'ils pussent	ils pourraient	

77 MOUVOIR

Indicatif				**Participe**	**Infinitif**
Présent	*Imparfait*	*Futur simple*	*Passé simple*	*Présent*	*Présent*
je meus	je mouvais	je mouvrai	je mus	mouvant	mouvoir
tu meus	tu mouvais	tu mouvras	tu mus		
il meut	il mouvait	il mouvra	il mut	*Passé*	
ns mouvons	ns mouvions	ns mouvrons	ns mûmes	mû, mue,	
vs mouvez	vs mouviez	vs mouvrez	vs mûtes	mus, mues	
ils meuvent	ils mouvaient	ils mouvront	ils murent		

Subjonctif		**Conditionnel**	**Impératif**
Présent	*Imparfait*	*Présent*	*Présent*
que je meuve	que je musse	je mouvrais	
que tu meuves	que tu musses	tu mouvrais	meus
qu'il meuve	qu'il mût	il mouvrait	
que ns mouvions	que ns mussions	ns mouvrions	mouvons
que vs mouviez	que vs mussiez	vs mouvriez	mouvez
qu'ils meuvent	qu'ils mussent	ils mouvraient	

78 VALOIR

Indicatif				**Participe**	**Infinitif**
Présent	*Imparfait*	*Futur simple*	*Passé simple*	*Présent*	*Présent*
je vaux	je valais	je vaudrai	je valus	valant	valoir
tu vaux	tu valais	tu vaudras	tu valus		
il vaut	il valait	il vaudra	il valut	*Passé*	
ns valons	ns valions	ns vaudrons	ns valûmes	valu, e	
vs valez	vs valiez	vs vaudrez	vs valûtes		
ils valent	ils valaient	ils vaudront	ils valurent		

Subjonctif		**Conditionnel**	**Impératif**
Présent	*Imparfait*	*Présent*	*Présent*
que je vaille	que je valusse	je vaudrais	
que tu vailles	que tu valusses	tu vaudrais	vaux
qu'il vaille	qu'il valût	il vaudrait	
que ns valions	que ns valussions	ns vaudrions	valons
que vs valiez	que vs valussiez	vs vaudriez	valez
qu'ils vaillent	qu'ils valussent	ils vaudraient	

79 PRÉVALOIR

Indicatif

Présent	*Imparfait*	*Futur simple*	*Passé simple*
je prévaux	je prévalais	je prévaudrai	je prévalus
tu prévaux	tu prévalais	tu prévaudras	tu prévalus
il prévaut	il prévalait	il prévaudra	il prévalut
ns prévalons	ns prévalions	ns prévaudrons	ns prévalûmes
vs prévalez	vs prévaliez	vs prévaudrez	vs prévalûtes
ils prévalent	ils prévalaient	ils prévaudront	ils prévalurent

Participe

Présent prévalant

Passé prévalu, e

Infinitif

Présent prévaloir

Subjonctif

Présent	*Imparfait*
que je prévale	que je prévalusse
que tu prévales	que tu prévalusses
qu'il prévale	qu'il prévalût
que ns prévalions	que ns prévalussions
que vs prévaliez	que vs prévalussiez
qu'ils prévalent	qu'ils prévalussent

Conditionnel

Présent
je prévaudrais
tu prévaudrais
il prévaudrait
ns prévaudrions
vs prévaudriez
ils prévaudraient

Impératif

Présent

prévaux

prévalons
prévalez

80 VOULOIR

Indicatif

Présent	*Imparfait*	*Futur simple*	*Passé simple*
je veux	je voulais	je voudrai	je voulus
tu veux	tu voulais	tu voudras	tu voulus
il veut	il voulait	il voudra	il voulut
ns voulons	ns voulions	ns voudrons	ns voulûmes
vs voulez	vs vouliez	vs voudrez	vs voulûtes
ils veulent	ils voulaient	ils voudront	ils voulurent

Participe

Présent voulant

Passé voulu, e

Infinitif

Présent vouloir

Subjonctif

Présent	*Imparfait*
que je veuille	que je voulusse
que tu veuilles	que tu voulusses
qu'il veuille	qu'il voulût
que ns voulions	que ns voulussions
que vs vouliez	que vs voulussiez
qu'ils veuillent	qu'ils voulussent

Conditionnel

Présent
je voudrais
tu voudrais
il voudrait
ns voudrions
vs voudriez
ils voudraient

Impératif

Présent

veux ou veuille

voulons, veuillons
voulez, veuillez

81 ASSEOIR

Indicatif

Présent		*Imparfait*		*Futur simple*		*Passé simple*
j'assieds ou	assois	j'asseyais ou	assoyais	j'assiérai ou	assoirai	j'assis
tu assieds	assois	tu asseyais	assoyais	tu assiéras	assoiras	tu assis
il assied	assoit	il asseyait	assoyait	il assiéra	assoira	il assit
ns asseyons	assoyons	ns asseyions	assoyions	ns assiérons	assoirons	ns assîmes
vs asseyez	assoyez	vs asseyiez	assoyiez	vs assiérez	assoirez	vs assîtes
ils asseyent	assoient	ils asseyaient	assoyaient	ils assiéront	assoiront	ils assirent

Subjonctif

Présent		*Imparfait*
que j'asseye ou	assoie	que j'assisse
que tu asseyes	assoies	que tu assisses
qu'il asseye	assoie	qu'il assît
que ns asseyions	assoyions	que ns assissions
que vs asseyiez	assoyiez	que vs assissiez
qu'ils asseyent	assoient	qu'ils assissent

Conditionnel

Présent	
j'assiérais ou	assoirais
tu assiérais	assoirais
il assiérait	assoirait
ns assiérions	assoirions
vs assiériez	assoiriez
ils assiéraient	assoiraient

Impératif

Présent assieds ou assois
asseyons ou assoyons
asseyez ou assoyez

Infinitif

Présent asseoir

Participe

Présent asseyant ou assoyant

Passé assis, e

82 SURSEOIR

Indicatif

Présent	*Imparfait*	*Futur simple*	*Passé simple*
je sursois	je sursoyais	je surseoirai	je sursis
tu sursois	tu sursoyais	tu surseoiras	tu sursis
il sursoit	il sursoyait	il surseoira	il sursit
ns sursoyons	ns sursoyions	ns surseoirons	ns sursîmes
vs sursoyez	vs sursoyiez	vs surseoirez	vs sursîtes
ils sursoient	ils sursoyaient	ils surseoiront	ils sursirent

Participe

Présent: sursoyant

Passé: sursis, e

Infinitif

Présent: surseoir

Subjonctif

Présent	*Imparfait*
que je sursoie	que je sursisse
que tu sursoies	que tu sursisses
qu'il sursoie	qu'il sursît
que ns sursoyions	que ns sursissions
que vs sursoyiez	que vs sursissiez
qu'ils sursoient	qu'ils sursissent

Conditionnel

Présent
je surseoirais
tu surseoirais
il surseoirait
ns surseoirions
vs surseoiriez
ils surseoiraient

Impératif

Présent

sursois

sursoyons
sursoyez

83 CHOIR

Indicatif

Présent	*Imparfait*	*Futur simple*	*Passé simple*
je chois	–	je choirai	je chus
tu chois	–	tu choiras	tu chus
il choit	–	il choira	il chut
–	–	ns choirons	ns chûmes
–	–	vs choirez	vs chûtes
ils choient	–	ils choiront	ils churent

Participe

Présent: –

Passé: chu, chue

Infinitif

Présent: choir

Subjonctif

Présent	*Imparfait*
–	–
–	–
–	qu'il chût
–	–
–	–
–	–

Conditionnel

Présent
je choirais
tu choirais
il choirait
ns choirions
vs choiriez
ils choiraient

Impératif

Présent

–

–
–

84 DÉCHOIR

Indicatif

Présent	*Imparfait*	*Futur simple*	*Passé simple*
je déchois	–	je déchoirai	je déchus
tu déchois	–	tu déchoiras	tu déchus
il déchoit	–	il déchoira	il déchut
ns déchoyons	–	ns déchoirons	ns déchûmes
vs déchoyez	–	vs déchoirez	vs déchûtes
ils déchoient	–	ils déchoiront	ils déchurent

Participe

Présent: –

Passé: déchu, e

Infinitif

Présent: déchoir

Subjonctif

Présent	*Imparfait*
que je déchoie	que je déchusse
que tu déchoies	que tu déchusses
qu'il déchoie	qu'il déchût
que ns déchoyions	que ns déchussions
que vs déchoyiez	que vs déchussiez
qu'ils déchoient	qu'ils déchussent

Conditionnel

Présent
je déchoirais
tu déchoirais
il déchoirait
ns déchoirions
vs déchoiriez
ils déchoiraient

Impératif

Présent

–

–
–

85 ÉMOUVOIR

Indicatif				**Participe**	**Infinitif**
Présent	*Imparfait*	*Futur simple*	*Passé simple*	*Présent*	*Présent*
j'émeus	j'émouvais	j'émouvrai	j'émus	émouvant	émouvoir
tu émeus	tu émouvais	tu émouvras	tu émus	*Passé*	
il émeut	il émouvait	il émouvra	il émut		
ns émouvons	ns émouvions	ns émouvrons	ns émûmes	ému, e	
vs émouvez	vs émouviez	vs émouvrez	vs émûtes		
ils émeuvent	ils émouvaient	ils émouvront	ils émurent		

Subjonctif		**Conditionnel**	**Impératif**
Présent	*Imparfait*	*Présent*	*Présent*
que j'émeuve	que j'émusse	j'émouvrais	
que tu émeuves	que tu émusses	tu émouvrais	émeus
qu'il émeuve	qu'il émût	il émouvrait	
que ns émouvions	que ns émussions	ns émouvrions	émouvons
que vs émouviez	que vs émussiez	vs émouvriez	émouvez
qu'ils émeuvent	qu'ils émussent	ils émouvraient	

90 TENDRE

Indicatif				**Participe**	**Infinitif**
Présent	*Imparfait*	*Futur simple*	*Passé simple*	*Présent*	*Présent*
je tends	je tendais	je tendrai	je tendis	tendant	tendre
tu tends	tu tendais	tu tendras	tu tendis	*Passé*	
il tend	il tendait	il tendra	il tendit		
ns tendons	ns tendions	ns tendrons	ns tendîmes	tendu, e	
vs tendez	vs tendiez	vs tendrez	vs tendîtes		
ils tendent	ils tendaient	ils tendront	ils tendirent		

Subjonctif		**Conditionnel**	**Impératif**
Présent	*Imparfait*	*Présent*	*Présent*
que je tende	que je tendisse	je tendrais	
que tu tendes	que tu tendisses	tu tendrais	tends
qu'il tende	qu'il tendît	il tendrait	
que ns tendions	que ns tendissions	ns tendrions	tendons
que vs tendiez	que vs tendissiez	vs tendriez	tendez
qu'ils tendent	qu'ils tendissent	ils tendraient	

91 PRENDRE

Indicatif				**Participe**	**Infinitif**
Présent	*Imparfait*	*Futur simple*	*Passé simple*	*Présent*	*Présent*
je prends	je prenais	je prendrai	je pris	prenant	prendre
tu prends	tu prenais	tu prendras	tu pris	*Passé*	
il prend	il prenait	il prendra	il prit		
ns prenons	ns prenions	ns prendrons	ns prîmes	pris, prise	
vs prenez	vs preniez	vs prendrez	vs prîtes		
ils prennent	ils prenaient	ils prendront	ils prirent		

Subjonctif		**Conditionnel**	**Impératif**
Présent	*Imparfait*	*Présent*	*Présent*
que je prenne	que je prisse	je prendrais	
que tu prennes	que tu prisses	tu prendrais	prends
qu'il prenne	qu'il prît	il prendrait	
que ns prenions	que ns prissions	ns prendrions	prenons
que vs preniez	que vs prissiez	vs prendriez	prenez
qu'ils prennent	qu'ils prissent	ils prendraient	

92 PEINDRE

Indicatif

Présent	*Imparfait*	*Futur simple*	*Passé simple*
je peins	je peignais	je peindrai	je peignis
tu peins	tu peignais	tu peindras	tu peignis
il peint	il peignait	il peindra	il peignit
ns peignons	ns peignions	ns peindrons	ns peignîmes
vs peignez	vs peigniez	vs peindrez	vs peignîtes
ils peignent	ils peignaient	ils peindront	ils peignirent

Participe

Présent peignant

Passé peint, peinte

Infinitif

Présent peindre

Subjonctif / **Conditionnel** / **Impératif**

Subjonctif *Présent*	Subjonctif *Imparfait*	Conditionnel *Présent*	Impératif *Présent*
que je peigne	que je peignisse	je peindrais	
que tu peignes	que tu peignisses	tu peindrais	peins
qu'il peigne	qu'il peignît	il peindrait	
que ns peignions	que ns peignissions	ns peindrions	peignons
que vs peigniez	que vs peignissiez	vs peindriez	peignez
qu'ils peignent	qu'ils peignissent	ils peindraient	

93 JOINDRE

Indicatif

Présent	*Imparfait*	*Futur simple*	*Passé simple*
je joins	je joignais	je joindrai	je joignis
tu joins	tu joignais	tu joindras	tu joignis
il joint	il joignait	il joindra	il joignit
ns joignons	ns joignions	ns joindrons	ns joignîmes
vs joignez	vs joigniez	vs joindrez	vs joignîtes
ils joignent	ils joignaient	ils joindront	ils joignirent

Participe

Présent joignant

Passé joint, jointe

Infinitif

Présent joindre

Subjonctif / **Conditionnel** / **Impératif**

Subjonctif *Présent*	Subjonctif *Imparfait*	Conditionnel *Présent*	Impératif *Présent*
que je joigne	que je joignisse	je joindrais	
que tu joignes	que tu joignisses	tu joindrais	joins
qu'il joigne	qu'il joignît	il joindrait	
que ns joignions	que ns joignissions	ns joindrions	joignons
que vs joigniez	que vs joignissiez	vs joindriez	joignez
qu'ils joignent	qu'ils joignissent	ils joindraient	

94 PLAINDRE

Indicatif

Présent	*Imparfait*	*Futur simple*	*Passé simple*
je plains	je plaignais	je plaindrai	je plaignis
tu plains	tu plaignais	tu plaindras	tu plaignis
il plaint	il plaignait	il plaindra	il plaignit
ns plaignons	ns plaignions	ns plaindrons	ns plaignîmes
vs plaignez	vs plaigniez	vs plaindrez	vs plaignîtes
ils plaignent	ils plaignaient	ils plaindront	ils plaignirent

Participe

Présent plaignant

Passé plaint, plainte

Infinitif

Présent plaindre

Subjonctif / **Conditionnel** / **Impératif**

Subjonctif *Présent*	Subjonctif *Imparfait*	Conditionnel *Présent*	Impératif *Présent*
que je plaigne	que je plaignisse	je plaindrais	
que tu plaignes	que tu plaignisses	tu plaindrais	plains
qu'il plaigne	qu'il plaignît	il plaindrait	
que ns plaignions	que ns plaignissions	ns plaindrions	plaignons
que vs plaigniez	que vs plaignissiez	vs plaindriez	plaignez
qu'ils plaignent	qu'ils plaignissent	ils plaindraient	

95 RÉSOUDRE

Indicatif				**Participe**	**Infinitif**
Présent	*Imparfait*	*Futur simple*	*Passé simple*	*Présent*	*Présent*
je résous	je résolvais	je résoudrai	je résolus	résolvant	résoudre
tu résous	tu résolvais	tu résoudras	tu résolus	*Passé*	
il résout	il résolvait	il résoudra	il résolut		
ns résolvons	ns résolvions	ns résoudrons	ns résolûmes	résolu, e	
vs résolvez	vs résolviez	vs résoudrez	vs résolûtes	résous, oute	
ils résolvent	ils résolvaient	ils résoudront	ils résolurent		

Subjonctif		**Conditionnel**	**Impératif**
Présent	*Imparfait*	*Présent*	*Présent*
que je résolve	que je résolusse	je résoudrais	
que tu résolves	que tu résolusses	tu résoudrais	résous
qu'il résolve	qu'il résolût	il résoudrait	
que ns résolvions	que ns résolussions	ns résoudrions	résolvons
que vs résolviez	que vs résolussiez	vs résoudriez	résolvez
qu'ils résolvent	qu'ils résolussent	ils résoudraient	

96 ABSOUDRE

Indicatif				**Participe**	**Infinitif**
Présent	*Imparfait*	*Futur simple*	*Passé simple*	*Présent*	*Présent*
j'absous	j'absolvais	j'absoudrai	j'absolus	absolvant	absoudre
tu absous	tu absolvais	tu absoudras	tu absolus	*Passé*	
il absout	il absolvait	il absoudra	il absolut		
ns absolvons	ns absolvions	ns absoudrons	ns absolûmes	absous, oute	
vs absolvez	vs absolviez	vs absoudrez	vs absolûtes		
ils absolvent	ils absolvaient	ils absoudront	ils absolurent		

Subjonctif		**Conditionnel**	**Impératif**
Présent	*Imparfait*	*Présent*	*Présent*
que j'absolve	que j'absolusse	j'absoudrais	
que tu absolves	que tu absolusses	tu absoudrais	absous
qu'il absolve	qu'il absolût	il absoudrait	
que ns absolvions	que ns absolussions	ns absoudrions	absolvons
que vs absolviez	que vs absolussiez	vs absoudriez	absolvez
qu'ils absolvent	qu'ils absolussent	ils absoudraient	

97 COUDRE

Indicatif				**Participe**	**Infinitif**
Présent	*Imparfait*	*Futur simple*	*Passé simple*	*Présent*	*Présent*
je couds	je cousais	je coudrai	je cousis	cousant	coudre
tu couds	tu cousais	tu coudras	tu cousis	*Passé*	
il coud	il cousait	il coudra	il cousit		
ns cousons	ns cousions	ns coudrons	ns cousîmes	cousu, e	
vs cousez	vs cousiez	vs coudrez	vs cousîtes		
ils cousent	ils cousaient	ils coudront	ils cousirent		

Subjonctif		**Conditionnel**	**Impératif**
Présent	*Imparfait*	*Présent*	*Présent*
que je couse	que je cousisse	je coudrais	
que tu couses	que tu cousisses	tu coudrais	couds
qu'il couse	qu'il cousît	il coudrait	
que ns cousions	que ns cousissions	ns coudrions	cousons
que vs cousiez	que vs cousissiez	vs coudriez	cousez
qu'ils cousent	qu'ils cousissent	ils coudraient	

98 MOUDRE

Indicatif Présent	Imparfait	Futur simple	Passé simple	Participe	Infinitif Présent
je mouds	je moulais	je moudrai	je moulus	*Présent*	moudre
tu mouds	tu moulais	tu moudras	tu moulus	moulant	
il moud	il moulait	il moudra	il moulut	*Passé*	
ns moulons	ns moulions	ns moudrons	ns moulûmes	moulu, e	
vs moulez	vs mouliez	vs moudrez	vs moulûtes		
ils moulent	ils moulaient	ils moudront	ils moulurent		

Subjonctif Présent	Imparfait	Conditionnel Présent	Impératif Présent
que je moule	que je moulusse	je moudrais	
que tu moules	que tu moulusses	tu moudrais	mouds
qu'il moule	qu'il moulût	il moudrait	
que ns moulions	que ns moulussions	ns moudrions	moulons
que vs mouliez	que vs moulussiez	vs moudriez	moulez
qu'ils moulent	qu'ils moulussent	ils moudraient	

100 BATTRE

Indicatif Présent	Imparfait	Futur simple	Passé simple	Participe	Infinitif Présent
je bats	je battais	je battrai	je battis	*Présent*	battre
tu bats	tu battais	tu battras	tu battis	battant	
il bat	il battait	il battra	il battit	*Passé*	
ns battons	ns battions	ns battrons	ns battîmes	battu, e	
vs battez	vs battiez	vs battrez	vs battîtes		
ils battent	ils battaient	ils battront	ils battirent		

Subjonctif Présent	Imparfait	Conditionnel Présent	Impératif Présent
que je batte	que je battisse	je battrais	
que tu battes	que tu battisses	tu battrais	bats
qu'il batte	qu'il battît	il battrait	
que ns battions	que ns battissions	ns battrions	battons
que vs battiez	que vs battissiez	vs battriez	battez
qu'ils battent	qu'ils battissent	ils battraient	

101 METTRE

Indicatif Présent	Imparfait	Futur simple	Passé simple	Participe	Infinitif Présent
je mets	je mettais	je mettrai	je mis	*Présent*	mettre
tu mets	tu mettais	tu mettras	tu mis	mettant	
il met	il mettait	il mettra	il mit	*Passé*	
ns mettons	ns mettions	ns mettrons	ns mîmes	mis, mise	
vs mettez	vs mettiez	vs mettrez	vs mîtes		
ils mettent	ils mettaient	ils mettront	ils mirent		

Subjonctif Présent	Imparfait	Conditionnel Présent	Impératif Présent
que je mette	que je misse	je mettrais	
que tu mettes	que tu misses	tu mettrais	mets
qu'il mette	qu'il mît	il mettrait	
que ns mettions	que ns missions	ns mettrions	mettons
que vs mettiez	que vs missiez	vs mettriez	mettez
qu'ils mettent	qu'ils missent	ils mettraient	

102 PARAÎTRE

Indicatif				**Participe**	**Infinitif**
Présent	*Imparfait*	*Futur simple*	*Passé simple*	*Présent*	*Présent*
je parais	je paraissais	je paraîtrai	je parus	paraissant	paraître
tu parais	tu paraissais	tu paraîtras	tu parus	*Passé*	
il paraît	il paraissait	il paraîtra	il parut		
ns paraissons	ns paraissions	ns paraîtrons	ns parûmes	paru, e	
vs paraissez	vs paraissiez	vs paraîtrez	vs parûtes		
ils paraissent	ils paraissaient	ils paraîtront	ils parurent		

Subjonctif		**Conditionnel**	**Impératif**
Présent	*Imparfait*	*Présent*	*Présent*
que je paraisse	que je parusse	je paraîtrais	
que tu paraisses	que tu parusses	tu paraîtrais	parais
qu'il paraisse	qu'il parût	il paraîtrait	
que ns paraissions	que ns parussions	ns paraîtrions	paraissons
que vs paraissiez	que vs parussiez	vs paraîtriez	paraissez
qu'ils paraissent	qu'ils parussent	ils paraîtraient	

103 NAÎTRE

Indicatif				**Participe**	**Infinitif**
Présent	*Imparfait*	*Futur simple*	*Passé simple*	*Présent*	*Présent*
je nais	je naissais	je naîtrai	je naquis	naissant	naître
tu nais	tu naissais	tu naîtras	tu naquis	*Passé*	
il naît	il naissait	il naîtra	il naquit		
ns naissons	ns naissions	ns naîtrons	ns naquîmes	né, née	
vs naissez	vs naissiez	vs naîtrez	vs naquîtes		
ils naissent	ils naissaient	ils naîtront	ils naquirent		

Subjonctif		**Conditionnel**	**Impératif**
Présent	*Imparfait*	*Présent*	*Présent*
que je naisse	que je naquisse	je naîtrais	
que tu naisses	que tu naquisses	tu naîtrais	nais
qu'il naisse	qu'il naquît	il naîtrait	
que ns naissions	que ns naquissions	ns naîtrions	naissons
que vs naissiez	que vs naquissiez	vs naîtriez	naissez
qu'ils naissent	qu'ils naquissent	ils naîtraient	

104 PAÎTRE

Indicatif				**Participe**	**Infinitif**
Présent	*Imparfait*	*Futur simple*	*Passé simple*	*Présent*	*Présent*
je pais	je paissais	je paîtrai	–	paissant	paître
tu pais	tu paissais	tu paîtras	–	*Passé*	
il paît	il paissait	il paîtra	–		
ns paissons	ns paissions	ns paîtrons	–	pu	
vs paissez	vs paissiez	vs paîtrez	–		
ils paissent	ils paissaient	ils paîtront	–		

Subjonctif		**Conditionnel**	**Impératif**
Présent	*Imparfait*	*Présent*	*Présent*
que je paisse	–	je paîtrais	
que tu paisses	–	tu paîtrais	pais
qu'il paisse	–	il paîtrait	
que ns paissions	–	ns paîtrions	paissons
que vs paissiez	–	vs paîtriez	paissez
qu'ils paissent	–	ils paîtraient	

105 RENAÎTRE

Indicatif

Présent	*Imparfait*	*Futur simple*	*Passé simple*
je renais	je renaissais	je renaîtrai	je renaquis
tu renais	tu renaissais	tu renaîtras	tu renaquis
il renaît	il renaissait	il renaîtra	il renaquit
ns renaissons	ns renaissions	ns renaîtrons	ns renaquîmes
vs renaissez	vs renaissiez	vs renaîtrez	vs renaquîtes
ils renaissent	ils renaissaient	ils renaîtront	ils renaquirent

Participe

Présent

renaissant

Passé

–

Infinitif

Présent

renaître

Subjonctif

Présent	*Imparfait*
que je renaisse	que je renaquisse
que tu renaisses	que tu renaquisses
qu'il renaisse	qu'il renaquît
que ns renaissions	que ns renaquissions
que vs renaissiez	que vs renaquissiez
qu'ils renaissent	qu'ils renaquissent

Conditionnel

Présent
je renaîtrais
tu renaîtrais
il renaîtrait
ns renaîtrions
vs renaîtriez
ils renaîtraient

Impératif

Présent

renais

renaissons

renaissez

106 CROÎTRE

Indicatif

Présent	*Imparfait*	*Futur simple*	*Passé simple*
je croîs	je croissais	je croîtrai	je crûs
tu croîs	tu croissais	tu croîtras	tu crûs
il croît	il croissait	il croîtra	il crût
ns croissons	ns croissions	ns croîtrons	ns crûmes
vs croissez	vs croissiez	vs croîtrez	vs crûtes
ils croissent	ils croissaient	ils croîtront	ils crûrent

Participe

Présent

croissant

Passé

crû, crue,
crus, crues

Infinitif

Présent

croître

Subjonctif

Présent	*Imparfait*
que je croisse	que je crûsse
que tu croisses	que tu crûsses
qu'il croisse	qu'il crût
que ns croissions	que ns crûssions
que vs croissiez	que vs crûssiez
qu'ils croissent	qu'ils crûssent

Conditionnel

Présent
je croîtrais
tu croîtrais
il croîtrait
ns croîtrions
vs croîtriez
ils croîtraient

Impératif

Présent

croîs

croissons

croissez

107 ACCROÎTRE

Indicatif

Présent	*Imparfait*	*Futur simple*	*Passé simple*
j'accrois	j'accroissais	j'accroîtrai	j'accrus
tu accrois	tu accroissais	tu accroîtras	tu accrus
il accroît	il accroissait	il accroîtra	il accrut
ns accroissons	ns accroissions	ns accroîtrons	ns accrûmes
vs accroissez	vs accroissiez	vs accroîtrez	vs accrûtes
ils accroissent	ils accroissaient	ils accroîtront	ils accrurent

Participe

Présent

accroissant

Passé

accru, e

Infinitif

Présent

accroître

Subjonctif

Présent	*Imparfait*
que j'accroisse	que j'accrusse
que tu accroisses	que tu accrusses
qu'il accroisse	qu'il accrût
que ns accroissions	que ns accrussions
que vs accroissiez	que vs accrussiez
qu'ils accroissent	qu'ils accrussent

Conditionnel

Présent
j'accroîtrais
tu accroîtrais
il accroîtrait
ns accroîtrions
vs accroîtriez
ils accroîtraient

Impératif

Présent

accrois

accroissons

accroissez

108 EMBATRE

Indicatif

Présent	*Imparfait*	*Futur simple*	*Passé simple*
j'embats	j'embatais	j'embatrai	j'embatis
tu embats	tu embatais	tu embatras	tu embatis
il embat	il embatait	il embatra	il embatit
ns embatons	ns embations	ns embatrons	ns embatîmes
vs embatez	vs embatiez	vs embatrez	vs embatîtes
ils embatent	ils embataient	ils embatront	ils embatirent

Participe

Présent embatant

Passé embatu, e

Infinitif

Présent embatre

Subjonctif

Présent	*Imparfait*
que j'embate	que j'embatisse
que tu embates	que tu embatisses
qu'il embate	qu'il embatît
que ns embations	que ns embatissions
que vs embatiez	que vs embatissiez
qu'ils embatent	qu'ils embatissent

Conditionnel

Présent

j'embatrais
tu embatrais
il embatrait
ns embatrions
vs embatriez
ils embatraient

Impératif

Présent

embats
embatons
embatez

109 FOUTRE

Indicatif

Présent	*Imparfait*	*Futur simple*	*Passé simple*
je fous	je foutais	je foutrai	–
tu fous	tu foutais	tu foutras	–
il fout	il foutait	il foutra	–
ns foutons	ns foutions	ns foutrons	–
vs foutez	vs foutiez	vs foutrez	–
ils foutent	ils foutaient	ils foutront	–

Participe

Présent foutant

Passé foutu, e

Infinitif

Présent foutre

Subjonctif

Présent	*Imparfait*
que je foute	–
que tu foutes	–
qu'il foute	–
que ns foutions	–
que vs foutiez	–
qu'ils foutent	–

Conditionnel

Présent

je foutrais
tu foutrais
il foutrait
ns foutrions
vs foutriez
ils foutraient

Impératif

Présent

fous
foutons
foutez

110 S'ENTREBATTRE

Indicatif

Présent	*Imparfait*	*Futur simple*	*Passé simple*
–	–	–	–
–	–	–	–
on s'entrebat	on s'entrebattait	on s'entrebattra	on s'entrebattit
ns ns entrebattons	ns ns entrebattions	ns ns entrebattrons	ns ns entrebattîmes
vs vs entrebattez	vs vs entrebattiez	vs vs entrebattrez	vs vs entrebattîtes
ils s'entrebattent	ils s'entrebattaient	ils s'entrebattront	ils s'entrebattirent

Subjonctif

Présent	*Imparfait*
–	–
–	–
qu'on s'entrebatte	qu'on s'entrebattît
que ns ns entrebattions	que ns ns entrebattissions
que vs vs entrebattiez	que vs vs entrebattissiez
qu'ils s'entrebattent	qu'ils s'entrebattissent

Conditionnel

Présent

–
–
on s'entrebattrait
ns ns entrebattrions
vs vs entrebattriez
ils s'entrebattraient

Impératif

Présent –
entrebattons-nous
entrebattez-vous

Infinitif

Présent s'entrebattre

Participe

Présent s'entrebattant
Passé entrebattu, e

111 S'ENTREDÉTRUIRE

Indicatif

Présent	*Imparfait*	*Futur simple*	*Passé simple*
–	–	–	–
–	–	–	–
on s'entredétruit	on s'entredétruisait	on s'entredétruira	on s'entredétruisit
ns ns entredétruisons	ns ns entredétruisions	ns ns entredétruirons	ns ns entredétruisîmes
vs vs entredétruisez	vs vs entredétruisiez	vs vs entredétruirez	vs vs entredétruisîtes
ils s'entredétruisent	ils s'entredétruisaient	ils s'entredétruiront	ils s'entredétruisirent

Subjonctif / **Conditionnel**

Présent	*Imparfait*	*Présent*
–	–	–
–	–	–
qu'on s'entredétruise	qu'on s'entredétruisît	on s'entredétruirait
que ns ns entredétruisions	que ns ns entredétruisissions	ns ns entredétruirions
que vs vs entredétruisiez	que vs vs entredétruisissiez	vs vs entredétruiriez
qu'ils s'entredétruisent	qu'ils s'entredétruisissent	ils s'entredétruiraient

Impératif
Présent –
entredétruisons-nous
entredétruisez-vous

Infinitif
Présent s'entredétruire

Participe
Présent s'entredétruisant
Passé entredétruit, e

112 S'ENTRENUIRE

Indicatif

Présent	*Imparfait*	*Futur simple*	*Passé simple*
–	–	–	–
–	–	–	–
on s'entrenuit	on s'entrenuisait	on s'entrenuira	on s'entrenuisit
ns ns entrenuisons	ns ns entrenuisions	ns ns entrenuirons	ns ns entrenuisîmes
vs vs entrenuisez	vs vs entrenuisiez	vs vs entrenuirez	vs vs entrenuisîtes
ils s'entrenuisent	ils s'entrenuisaient	ils s'entrenuiront	ils s'entrenuisirent

Subjonctif / **Conditionnel**

Présent	*Imparfait*	*Présent*
–	–	–
–	–	–
qu'on s'entrenuise	qu'on s'entrenuisît	on s'entrenuirait
que ns ns entrenuisions	que ns ns entrenuisissions	ns ns entrenuirions
que vs vs entrenuisiez	que vs vs entrenuisissiez	vs vs entrenuiriez
qu'ils s'entrenuisent	qu'ils s'entrenuisissent	ils s'entrenuiraient

Impératif
Présent –
entrenuisons-nous
entrenuisez-vous

Infinitif
Présent s'entrenuire

Participe
Présent s'entrenuisant
Passé entrenui

120 ROMPRE

Indicatif

Présent	*Imparfait*	*Futur simple*	*Passé simple*
je romps	je rompais	je romprai	je rompis
tu romps	tu rompais	tu rompras	tu rompis
il rompt	il rompait	il rompra	il rompit
ns rompons	ns rompions	ns romprons	ns rompîmes
vs rompez	vs rompiez	vs romprez	vs rompîtes
ils rompent	ils rompaient	ils rompront	ils rompirent

Participe
Présent
rompant
Passé
rompu, e

Infinitif
Présent
rompre

Subjonctif / **Conditionnel** / **Impératif**

Présent	*Imparfait*	*Présent*	*Présent*
que je rompe	que je rompisse	je romprais	
que tu rompes	que tu rompisses	tu romprais	romps
qu'il rompe	qu'il rompît	il romprait	
que ns rompions	que ns rompissions	ns romprions	rompons
que vs rompiez	que vs rompissiez	vs rompriez	rompez
qu'ils rompent	qu'ils rompissent	ils rompraient	

121 TRAIRE

Indicatif				Participe	Infinitif
Présent	*Imparfait*	*Futur simple*	*Passé simple*	*Présent*	*Présent*
je trais	je trayais	je trairai	–	trayant	traire
tu trais	tu trayais	tu trairas	–	*Passé*	
il trait	il trayait	il traira	–	trait, traite	
ns trayons	ns trayions	ns trairons	–		
vs trayez	vs trayiez	vs trairez	–		
ils traient	ils trayaient	ils trairont	–		

Subjonctif		Conditionnel	Impératif
Présent	*Imparfait*	*Présent*	*Présent*
que je traie	–	je trairais	
que tu traies	–	tu trairais	trais
qu'il traie	–	il trairait	
que ns trayions	–	ns trairions	trayons
que vs trayiez	–	vs trairiez	trayez
qu'ils traient	–	ils trairaient	

122 FAIRE

Indicatif				Participe	Infinitif
Présent	*Imparfait*	*Futur simple*	*Passé simple*	*Présent*	*Présent*
je fais	je faisais	je ferai	je fis	faisant	faire
tu fais	tu faisais	tu feras	tu fis	*Passé*	
il fait	il faisait	il fera	il fit	fait, faite	
ns faisons	ns faisions	ns ferons	ns fîmes		
vs faites	vs faisiez	vs ferez	vs fîtes		
ils font	ils faisaient	ils feront	ils firent		

Subjonctif		Conditionnel	Impératif
Présent	*Imparfait*	*Présent*	*Présent*
que je fasse	que je fisse	je ferais	
que tu fasses	que tu fisses	tu ferais	fais
qu'il fasse	qu'il fît	il ferait	
que ns fassions	que ns fissions	ns ferions	faisons
que vs fassiez	que vs fissiez	vs feriez	faites
qu'ils fassent	qu'ils fissent	ils feraient	

123 TAIRE

Indicatif				Participe	Infinitif
Présent	*Imparfait*	*Futur simple*	*Passé simple*	*Présent*	*Présent*
je tais	je taisais	je tairai	je tus	taisant	taire
tu tais	tu taisais	tu tairas	tu tus	*Passé*	
il tait	il taisait	il taira	il tut	tu, tue	
ns taisons	ns taisions	ns tairons	ns tûmes		
vs taisez	vs taisiez	vs tairez	vs tûtes		
ils taisent	ils taisaient	ils tairont	ils turent		

Subjonctif		Conditionnel	Impératif
Présent	*Imparfait*	*Présent*	*Présent*
que je taise	que je tusse	je tairais	
que tu taises	que tu tusses	tu tairais	tais
qu'il taise	qu'il tût	il tairait	
que ns taisions	que ns tussions	ns tairions	taisons
que vs taisiez	que vs tussiez	vs tairiez	taisez
qu'ils taisent	qu'ils tussent	ils tairaient	

124 CROIRE

Indicatif				Participe	Infinitif
Présent	*Imparfait*	*Futur simple*	*Passé simple*	*Présent*	*Présent*
je crois	je croyais	je croirai	je crus	croyant	croire
tu crois	tu croyais	tu croiras	tu crus	*Passé*	
il croit	il croyait	il croira	il crut		
ns croyons	ns croyions	ns croirons	ns crûmes	cru, crue	
vs croyez	vs croyiez	vs croirez	vs crûtes		
ils croient	ils croyaient	ils croiront	ils crurent		

Subjonctif		Conditionnel	Impératif
Présent	*Imparfait*	*Présent*	*Présent*
que je croie	que je crusse	je croirais	
que tu croies	que tu crusses	tu croirais	crois
qu'il croie	qu'il crût	il croirait	
que ns croyions	que ns crussions	ns croirions	croyons
que vs croyiez	que vs crussiez	vs croiriez	croyez
qu'ils croient	qu'ils crussent	ils croiraient	

125 BOIRE

Indicatif				Participe	Infinitif
Présent	*Imparfait*	*Futur simple*	*Passé simple*	*Présent*	*Présent*
je bois	je buvais	je boirai	je bus	buvant	boire
tu bois	tu buvais	tu boiras	tu bus	*Passé*	
il boit	il buvait	il boira	il but		
ns buvons	ns buvions	ns boirons	ns bûmes	bu, bue	
vs buvez	vs buviez	vs boirez	vs bûtes		
ils boivent	ils buvaient	ils boiront	ils burent		

Subjonctif		Conditionnel	Impératif
Présent	*Imparfait*	*Présent*	*Présent*
que je boive	que je busse	je boirais	
que tu boives	que tu busses	tu boirais	bois
qu'il boive	qu'il bût	il boirait	
que ns buvions	que ns bussions	ns boirions	buvons
que vs buviez	que vs bussiez	vs boiriez	buvez
qu'ils boivent	qu'ils bussent	ils boiraient	

126 LIRE

Indicatif				Participe	Infinitif
Présent	*Imparfait*	*Futur simple*	*Passé simple*	*Présent*	*Présent*
je lis	je lisais	je lirai	je lus	lisant	lire
tu lis	tu lisais	tu liras	tu lus	*Passé*	
il lit	il lisait	il lira	il lut		
ns lisons	ns lisions	ns lirons	ns lûmes	lu, lue	
vs lisez	vs lisiez	vs lirez	vs lûtes		
ils lisent	ils lisaient	ils liront	ils lurent		

Subjonctif		Conditionnel	Impératif
Présent	*Imparfait*	*Présent*	*Présent*
que je lise	que je lusse	je lirais	
que tu lises	que tu lusses	tu lirais	lis
qu'il lise	qu'il lût	il lirait	
que ns lisions	que ns lussions	ns lirions	lisons
que vs lisiez	que vs lussiez	vs liriez	lisez
qu'ils lisent	qu'ils lussent	ils liraient	

127 DIRE

Indicatif				Participe	Infinitif
Présent	*Imparfait*	*Futur simple*	*Passé simple*	*Présent*	*Présent*
je dis	je disais	je dirai	je dis	disant	dire
tu dis	tu disais	tu diras	tu dis	*Passé*	
il dit	il disait	il dira	il dit	dit, dite	
ns disons	ns disions	ns dirons	ns dîmes		
vs dites	vs disiez	vs direz	vs dîtes		
ils disent	ils disaient	ils diront	ils dirent		

Subjonctif		Conditionnel	Impératif
Présent	*Imparfait*	*Présent*	*Présent*
que je dise	que je disse	je dirais	
que tu dises	que tu disses	tu dirais	dis
qu'il dise	qu'il dît	il dirait	
que ns disions	que ns dissions	ns dirions	disons
que vs disiez	que vs dissiez	vs diriez	dites
qu'ils disent	qu'ils dissent	ils diraient	

128 PRÉDIRE

Indicatif				Participe	Infinitif
Présent	*Imparfait*	*Futur simple*	*Passé simple*	*Présent*	*Présent*
je prédis	je prédisais	je prédirai	je prédis	prédisant	prédire
tu prédis	tu prédisais	tu prédiras	tu prédis	*Passé*	
il prédit	il prédisait	il prédira	il prédit	prédit, e	
ns prédisons	ns prédisions	ns prédirons	ns prédîmes		
vs prédisez	vs prédisiez	vs prédirez	vs prédîtes		
ils prédisent	ils prédisaient	ils prédiront	ils prédirent		

Subjonctif		Conditionnel	Impératif
Présent	*Imparfait*	*Présent*	*Présent*
que je prédise	que je prédisse	je prédirais	
que tu prédises	que tu prédisses	tu prédirais	prédis
qu'il prédise	qu'il prédît	il prédirait	
que ns prédisions	que ns prédissions	ns prédirions	prédisons
que vs prédisiez	que vs prédissiez	vs prédiriez	prédisez
qu'ils prédisent	qu'ils prédissent	ils prédiraient	

129 RIRE

Indicatif				Participe	Infinitif
Présent	*Imparfait*	*Futur simple*	*Passé simple*	*Présent*	*Présent*
je ris	je riais	je rirai	je ris	riant	rire
tu ris	tu riais	tu riras	tu ris	*Passé*	
il rit	il riait	il rira	il rit	ri	
ns rions	ns riions	ns rirons	ns rîmes		
vs riez	vs riiez	vs rirez	vs rîtes		
ils rient	ils riaient	ils riront	ils rirent		

Subjonctif		Conditionnel	Impératif
Présent	*Imparfait*	*Présent*	*Présent*
que je rie	que je risse	je rirais	
que tu ries	que tu risses	tu rirais	ris
qu'il rie	qu'il rît	il rirait	
que ns riions	que ns rissions	ns ririons	rions
que vs riiez	que vs rissiez	vs ririez	riez
qu'ils rient	qu'ils rissent	ils riraient	

130 ÉCRIRE

Indicatif				**Participe**	**Infinitif**
Présent	*Imparfait*	*Futur simple*	*Passé simple*	*Présent*	*Présent*
j'écris	j'écrivais	j'écrirai	j'écrivis	écrivant	écrire
tu écris	tu écrivais	tu écriras	tu écrivis	*Passé*	
il écrit	il écrivait	il écrira	il écrivit		
ns écrivons	ns écrivions	ns écrirons	ns écrivîmes	écrit, e	
vs écrivez	vs écriviez	vs écrirez	vs écrivîtes		
ils écrivent	ils écrivaient	ils écriront	ils écrivirent		

Subjonctif		**Conditionnel**	**Impératif**
Présent	*Imparfait*	*Présent*	*Présent*
que j'écrive	que j'écrivisse	j'écrirais	
que tu écrives	que tu écrivisses	tu écrirais	écris
qu'il écrive	qu'il écrivît	il écrirait	
que ns écrivions	que ns écrivissions	ns écririons	écrivons
que vs écriviez	que vs écrivissiez	vs écririez	écrivez
qu'ils écrivent	qu'ils écrivissent	ils écriraient	

132 CIRCONCIRE

Indicatif				**Participe**	**Infinitif**
Présent	*Imparfait*	*Futur simple*	*Passé simple*	*Présent*	*Présent*
je circoncis	je circoncisais	je circoncirai	je circoncis	circoncisant	circoncire
tu circoncis	tu circoncisais	tu circonciras	tu circoncis	*Passé*	
il circoncit	il circoncisait	il circoncira	il circoncit		
ns circoncisons	ns circoncisions	ns circoncirons	ns circoncîmes	circoncis, e	
vs circoncisez	vs circoncisiez	vs circoncirez	vs circoncîtes		
ils circoncisent	ils circoncisaient	ils circonciront	ils circoncirent		

Subjonctif		**Conditionnel**	**Impératif**
Présent	*Imparfait*	*Présent*	*Présent*
que je circoncise	que je circoncisse	je circoncirais	
que tu circoncises	que tu circoncisses	tu circoncirais	circoncis
qu'il circoncise	qu'il circoncît	il circoncirait	
que ns circoncisions	que ns circoncissions	ns circoncirions	circoncisons
que vs circoncisiez	que vs circoncissiez	vs circonciriez	circoncisez
qu'ils circoncisent	qu'ils circoncissent	ils circonciraient	

133 SUFFIRE

Indicatif				**Participe**	**Infinitif**
Présent	*Imparfait*	*Futur simple*	*Passé simple*	*Présent*	*Présent*
je suffis	je suffisais	je suffirai	je suffis	suffisant	suffire
tu suffis	tu suffisais	tu suffiras	tu suffis	*Passé*	
il suffit	il suffisait	il suffira	il suffit		
ns suffisons	ns suffisions	ns suffirons	ns suffîmes	suffi	
vs suffisez	vs suffisiez	vs suffirez	vs suffîtes		
ils suffisent	ils suffisaient	ils suffiront	ils suffirent		

Subjonctif		**Conditionnel**	**Impératif**
Présent	*Imparfait*	*Présent*	*Présent*
que je suffise	que je suffisse	je suffirais	
que tu suffises	que tu suffisses	tu suffirais	suffis
qu'il suffise	qu'il suffît	il suffirait	
que ns suffisions	que ns suffissions	ns suffirions	suffisons
que vs suffisiez	que vs suffissiez	vs suffiriez	suffisez
qu'ils suffisent	qu'ils suffissent	ils suffiraient	

134 FRIRE

Indicatif				**Participe**	**Infinitif**
Présent	*Imparfait*	*Futur simple*	*Passé simple*	*Présent*	*Présent*
je fris	–	je frirai	–	–	frire
tu fris	–	tu friras	–	*Passé*	
il frit	–	il frira	–	frit, frite	
–	–	ns frirons	–		
–	–	vs frirez	–		
–	–	ils friront	–		

Subjonctif		**Conditionnel**	**Impératif**
Présent	*Imparfait*	*Présent*	*Présent*
–	–	je frirais	
–	–	tu frirais	fris
–	–	il frirait	
–	–	ns maririons	–
–	–	vs fririez	–
–	–	ils friraient	

135 CONDUIRE

Indicatif				**Participe**	**Infinitif**
Présent	*Imparfait*	*Futur simple*	*Passé simple*	*Présent*	*Présent*
je conduis	je conduisais	je conduirai	je conduisis	conduisant	conduire
tu conduis	tu conduisais	tu conduiras	tu conduisis	*Passé*	
il conduit	il conduisait	il conduira	il conduisit	conduit, e	
ns conduisons	ns conduisions	ns conduirons	ns conduisîmes		
vs conduisez	vs conduisiez	vs conduirez	vs conduisîtes		
ils conduisent	ils conduisaient	ils conduiront	ils conduisirent		

Subjonctif		**Conditionnel**	**Impératif**
Présent	*Imparfait*	*Présent*	*Présent*
que je conduise	que je conduisisse	je conduirais	
que tu conduises	que tu conduisisses	tu conduirais	conduis
qu'il conduise	qu'il conduisît	il conduirait	
que ns conduisions	que ns conduisissions	ns conduirions	conduisons
que vs conduisiez	que vs conduisissiez	vs conduiriez	conduisez
qu'ils conduisent	qu'ils conduisissent	ils conduiraient	

136 NUIRE

Indicatif				**Participe**	**Infinitif**
Présent	*Imparfait*	*Futur simple*	*Passé simple*	*Présent*	*Présent*
je nuis	je nuisais	je nuirai	je nuisis	nuisant	nuire
tu nuis	tu nuisais	tu nuiras	tu nuisis	*Passé*	
il nuit	il nuisait	il nuira	il nuisit	nui	
ns nuisons	ns nuisions	ns nuirons	ns nuisîmes		
vs nuisez	vs nuisiez	vs nuirez	vs nuisîtes		
ils nuisent	ils nuisaient	ils nuiront	ils nuisirent		

Subjonctif		**Conditionnel**	**Impératif**
Présent	*Imparfait*	*Présent*	*Présent*
que je nuise	que je nuisisse	je nuirais	
que tu nuises	que tu nuisisses	tu nuirais	nuis
qu'il nuise	qu'il nuisît	il nuirait	
que ns nuisions	que ns nuisissions	ns nuirions	nuisons
que vs nuisiez	que vs nuisissiez	vs nuiriez	nuisez
qu'ils nuisent	qu'ils nuisissent	ils nuiraient	

137 LUIRE

Indicatif				Participe	Infinitif
Présent	*Imparfait*	*Futur simple*	*Passé simple*	*Présent*	*Présent*
je luis	je luisais	je luirai	je luis ou luisis	luisant	luire
tu luis	tu luisais	tu luiras	tu luis luisis	*Passé*	
il luit	il luisait	il luira	il luit luisit		
ns luisons	ns luisions	ns luirons	ns luîmes luisîmes	lui	
vs luisez	vs luisiez	vs luirez	vs luîtes luisîtes		
ils luisent	ils luisaient	ils luiront	ils luirent luisirent		

Subjonctif		Conditionnel	Impératif
Présent	*Imparfait*	*Présent*	*Présent*
que je luise	que je luisisse	je luirais	
que tu luises	que tu luisisses	tu luirais	luis
qu'il luise	qu'il luisît	il luirait	
que ns luisions	que ns luisissions	ns luirions	luisons
que vs luisiez	que vs luisissiez	vs luiriez	luisez
qu'ils luisent	qu'ils luisissent	ils luiraient	

138 MAUDIRE

Indicatif				Participe	Infinitif
Présent	*Imparfait*	*Futur simple*	*Passé simple*	*Présent*	*Présent*
je maudis	je maudissais	je maudirai	je maudis	maudissant	maudire
tu maudis	tu maudissais	tu maudiras	tu maudis	*Passé*	
il maudit	il maudissait	il maudira	il maudit		
ns maudissons	ns maudissions	ns maudirons	ns maudîmes	maudit, e	
vs maudissez	vs maudissiez	vs maudirez	vs maudîtes		
ils maudissent	ils maudissaient	ils maudiront	ils maudirent		

Subjonctif		Conditionnel	Impératif
Présent	*Imparfait*	*Présent*	*Présent*
que je maudisse	que je maudisse	je maudirais	
que tu maudisses	que tu maudisses	tu maudirais	maudis
qu'il maudisse	qu'il maudît	il maudirait	
que ns maudissions	que ns maudissions	ns maudirions	maudissons
que vs maudissiez	que vs maudissiez	vs maudiriez	maudissez
qu'ils maudissent	qu'ils maudissent	ils maudiraient	

139 PLAIRE

Indicatif				Participe	Infinitif
Présent	*Imparfait*	*Futur simple*	*Passé simple*	*Présent*	*Présent*
je plais	je plaisais	je plairai	je plus	plaisant	plaire
tu plais	tu plaisais	tu plairas	tu plus	*Passé*	
il plaît	il plaisait	il plaira	il plut		
ns plaisons	ns plaisions	ns plairons	ns plûmes	plu	
vs plaisez	vs plaisiez	vs plairez	vs plûtes		
ils plaisent	ils plaisaient	ils plairont	ils plurent		

Subjonctif		Conditionnel	Impératif
Présent	*Imparfait*	*Présent*	*Présent*
que je plaise	que je plusse	je plairais	
que tu plaises	que tu plusses	tu plairais	plais
qu'il plaise	qu'il plût	il plairait	
que ns plaisions	que ns plussions	ns plairions	plaisons
que vs plaisiez	que vs plussiez	vs plairiez	plaisez
qu'ils plaisent	qu'ils plussent	ils plairaient	

140 VAINCRE

Indicatif — **Participe** — **Infinitif**

Présent	*Imparfait*	*Futur simple*	*Passé simple*	*Participe Présent*	*Infinitif Présent*
je vaincs	je vainquais	je vaincrai	je vainquis	vainquant	vaincre
tu vaincs	tu vainquais	tu vaincras	tu vainquis	*Passé*	
il vainc	il vainquait	il vaincra	il vainquit		
ns vainquons	ns vainquions	ns vaincrons	ns vainquîmes	vaincu, e	
vs vainquez	vs vainquiez	vs vaincrez	vs vainquîtes		
ils vainquent	ils vainquaient	ils vaincront	ils vainquirent		

Subjonctif — **Conditionnel** — **Impératif**

Subjonctif Présent	*Subjonctif Imparfait*	*Conditionnel Présent*	*Impératif Présent*
que je vainque	que je vainquisse	je vaincrais	
que tu vainques	que tu vainquisses	tu vaincrais	vaincs
qu'il vainque	qu'il vainquît	il vaincrait	
que ns vainquions	que ns vainquissions	ns vaincrions	vainquons
que vs vainquiez	que vs vainquissiez	vs vaincriez	vainquez
qu'ils vainquent	qu'ils vainquissent	ils vaincraient	

141 CLORE

Indicatif — **Participe** — **Infinitif**

Présent	*Imparfait*	*Futur simple*	*Passé simple*	*Participe Présent*	*Infinitif Présent*
je clos	–	je clorai	–	closant	clore
tu clos	–	tu cloras	–	*Passé*	
il clôt	–	il clora	–		
ns closons	–	ns clorons	–	clos, close	
vs closez	–	vs clorez	–		
ils closent	–	ils cloront	–		

Subjonctif — **Conditionnel** — **Impératif**

Subjonctif Présent	*Subjonctif Imparfait*	*Conditionnel Présent*	*Impératif Présent*
que je close	–	je clorais	
que tu closes	–	tu clorais	clos
qu'il close	–	il clorait	
que ns closions	–	ns clorions	closons
que vs closiez	–	vs cloriez	closez
qu'ils closent	–	ils cloraient	

143 CONCLURE

Indicatif — **Participe** — **Infinitif**

Présent	*Imparfait*	*Futur simple*	*Passé simple*	*Participe Présent*	*Infinitif Présent*
je conclus	je concluais	je conclurai	je conclus	concluant	conclure
tu conclus	tu concluais	tu concluras	tu conclus	*Passé*	
il conclut	il concluait	il conclura	il conclut		
ns concluons	ns concluions	ns conclurons	ns conclûmes	conclu, e	
vs concluez	vs concluiez	vs conclurez	vs conclûtes		
ils concluent	ils concluaient	ils concluront	ils conclurent		

Subjonctif — **Conditionnel** — **Impératif**

Subjonctif Présent	*Subjonctif Imparfait*	*Conditionnel Présent*	*Impératif Présent*
que je conclue	que je conclusse	je conclurais	
que tu conclues	que tu conclusses	tu conclurais	conclus
qu'il conclue	qu'il conclût	il conclurait	
que ns concluions	que ns conclussions	ns conclurions	concluons
que vs concluiez	que vs conclussiez	vs concluriez	concluez
qu'ils concluent	qu'ils conclussent	ils concluraient	

144 INCLURE

Indicatif

Présent	*Imparfait*	*Futur simple*	*Passé simple*
j'inclus	j'incluais	j'inclurai	j'inclus
tu inclus	tu incluais	tu incluras	tu inclus
il inclut	il incluait	il inclura	il inclut
ns incluons	ns incluions	ns inclurons	ns inclûmes
vs incluez	vs incluiez	vs inclurez	vs inclûtes
ils incluent	ils incluaient	ils incluront	ils inclurent

Participe

Présent
incluant

Passé
inclus, e

Infinitif

Présent
inclure

Subjonctif

Présent	*Imparfait*
que j'inclue	que j'inclusse
que tu inclues	que tu inclusses
qu'il inclue	qu'il inclût
que ns incluions	que ns inclussions
que vs incluiez	que vs inclussiez
qu'ils incluent	qu'ils inclussent

Conditionnel

Présent
j'inclurais
tu inclurais
il inclurait
ns inclurions
vs incluriez
ils incluraient

Impératif

Présent
inclus
incluons
incluez

145 SUIVRE

Indicatif

Présent	*Imparfait*	*Futur simple*	*Passé simple*
je suis	je suivais	je suivrai	je suivis
tu suis	tu suivais	tu suivras	tu suivis
il suit	il suivait	il suivra	il suivit
ns suivons	ns suivions	ns suivrons	ns suivîmes
vs suivez	vs suiviez	vs suivrez	vs suivîtes
ils suivent	ils suivaient	ils suivront	ils suivirent

Participe

Présent
suivant

Passé
suivi, e

Infinitif

Présent
suivre

Subjonctif

Présent	*Imparfait*
que je suive	que je suivisse
que tu suives	que tu suivisses
qu'il suive	qu'il suivît
que ns suivions	que ns suivissions
que vs suiviez	que vs suivissiez
qu'ils suivent	qu'ils suivissent

Conditionnel

Présent
je suivrais
tu suivrais
il suivrait
ns suivrions
vs suivriez
ils suivraient

Impératif

Présent
suis
suivons
suivez

146 VIVRE

Indicatif

Présent	*Imparfait*	*Futur simple*	*Passé simple*
je vis	je vivais	je vivrai	je vécus
tu vis	tu vivais	tu vivras	tu vécus
il vit	il vivait	il vivra	il vécut
ns vivons	ns vivions	ns vivrons	ns vécûmes
vs vivez	vs viviez	vs vivrez	vs vécûtes
ils vivent	ils vivaient	ils vivront	ils vécurent

Participe

Présent
vivant

Passé
vécu, e

Infinitif

Présent
vivre

Subjonctif

Présent	*Imparfait*
que je vive	que je vécusse
que tu vives	que tu vécusses
qu'il vive	qu'il vécût
que ns vivions	que ns vécussions
que vs viviez	que vs vécussiez
qu'ils vivent	qu'ils vécussent

Conditionnel

Présent
je vivrais
tu vivrais
il vivrait
ns vivrions
vs vivriez
ils vivraient

Impératif

Présent
vis
vivons
vivez

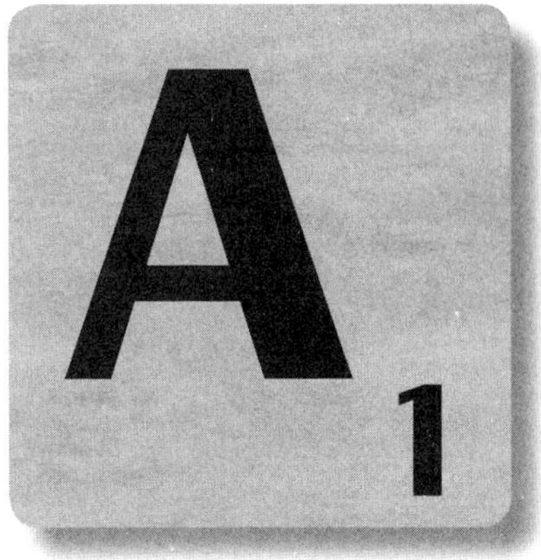

AA [aa] n.m. *Géol.* Coulée de lave à surface rugueuse.

AALÉNIEN, ENNE n.m. et adj. *Géol.* Étage du jurassique moyen.

ABACA n.m. Bananier des Philippines.

ABACOST n.m. Dans l'ex-Zaïre, tenue pour homme.

ABACULE n.m. Élément de mosaïque.

ABAISSABLE adj.

ABAISSANT, E adj. Qui abaisse moralement.

ABAISSEMENT n.m.

ABAISSER v. **10.**

ABAISSEUR, EUSE adj. et n.m. (Muscle) qui abaisse.

ABAJOUE n.f. *Zool.* Poche entre la joue et la mâchoire.

ABALONE n.m. Mollusque gastéropode.

ABANDON n.m.

ABANDONNATAIRE n. Personne à qui on abandonne ses biens.

ABANDONNATEUR, TRICE n. Personne qui abandonne ses biens.

ABANDONNEMENT n.m.

ABANDONNER v. **10.**

ABANDONNIQUE adj. et n. *Psych.* Qui vit dans la crainte d'être abandonné.

ABAQUE n.m. Tableau servant à calculer. – Tablette couronnant un chapiteau.

ABASIE n.f. Impossibilité de marcher.

ABASOURDIR v. **40.**

ABASOURDISSANT, E adj.

ABAT 1. n.m. *Vx.* Action d'abattre. 2. n.m.pl. → **abattis.**

ABATAGE n.m. *Vx.* → **abattage.**

ABATANT n.m. *Vx.* → **abattant.**

ABÂTARDIR v. **40.** Faire dégénérer.

ABÂTARDISSEMENT n.m.

ABATÉE n.f. *Vx.* → **abattée.**

ABATIS n.m. *Québ.* Terrain partiellement dessouché.

ABATTABLE adj.

ABATTAGE n.m. **(= abatage).**

ABATTANT n.m. **(= abatant)** Partie mobile d'un meuble.

ABATTÉE n.f. **(= abatée)** Mouvement d'un navire qui change de route.

ABATTEMENT n.m.

ABATTEUR, EUSE n.

ABATTIS 1. n.m. Coupe dans une forêt. 2. n.m.pl. Parties d'une volaille.

ABATTOIR n.m.

ABATTRE v. **100.**

ABATTURE n.f. → **abattage.**

ABBASSIDE adj. D'une dynastie musulmane (du VIIIe au XIIIe s.).

ABBATIAL, E, AUX adj. et n.f. Relatif à l'abbé, l'abbesse ou l'abbaye.

ABBAYE [abéï] n.f.

ABBÉ n.m.

ABBESSE n.f.

ABBEVILLIEN, ENNE adj. et n.m. Se dit d'un stade du paléolithique inférieur.

ABCÉDER ou **S'ABCÉDER** v. **12.** Se transformer en abcès.

ABCÈS n.m.

ABDICATAIRE adj. et n. Qui a abdiqué.

ABDICATION n.f.

ABDIQUER v. **10.** Abandonner (une fonction, un pouvoir).

ABDOMEN n.m.

ABDOMINAL, E, AUX adj. et n.m.pl.

ABDOS n.m.pl. *Fam.* Abdominaux.

ABDUCTEUR, TRICE adj. et n.m. (Muscle) qui produit l'abduction.

ABDUCTION n.f. Mouvement qui écarte un membre du corps.

ABÉCÉDAIRE n.m. et adj. Livre pour apprendre l'alphabet.

ABÉE n.f. Ouverture par laquelle l'eau tombe sur la roue d'un moulin.

ABEILLE n.f.

ABEILLER, ÈRE 1. adj. Relatif aux abeilles. 2. n.m. Rucher.

ABÉLIA n.m. **(= abélie)** Arbuste ornemental.

ABÉLIE n.f. → **abélia.**

ABÉLIEN, ENNE adj. (Fonction) introduite par le mathématicien Abel, en analyse.

ABÉNAQUIS, E adj. D'un peuple amérindien.

ABER [abèr] n.m. Estuaire profond.

ABERRANCE n.f. Caractère d'une grandeur qui s'écarte de la valeur moyenne.

ABERRANT, E adj.

ABERRATION n.f.

ABERRER v. **(p.p.inv.) 10.** Se tromper.

ABESSIF n.m. *Ling.* Cas indiquant la privation.

ABÊTIR v. **40.**

ABÊTISSANT, E adj.

ABÊTISSEMENT n.m.

ABHORRER v. **10.**

ABIDJANAIS, E adj. D'Abidjan (Côte d'Ivoire).

ABIES [abyès] n.m. Sapin.

ABIÉTACÉE n.f. Conifère, type sapin.

ABIÉTIN, E adj. Relatif au sapin.

ABIÉTINÉE n.f. *Vx.* → **abiétacée.**

ABÎME n.m.

ABÎMER v. **10.**

ABIOGENÈSE n.f. Apparition de la vie à partir de la matière inanimée.

ABIOTIQUE adj. Où la vie est impossible.

ABITIBIEN, ENNE adj. De l'Abitibi (Québec).

ABJECT, E adj.

ABJECTEMENT adv.

ABJECTION n.f. Abaissement moral.

ABJURATION n.f.

ABJURATOIRE adj.

ABJURER v. **10.** Renier solennellement (une opinion religieuse).

ABKHAZE adj. D'Abkhazie (Géorgie).

ABLACTATION n.f. Cessation de l'allaitement maternel.

ABLASTINE n.f. Anticorps.

ABLATER v. **10.** Détruire (le matériau de revêtement d'un engin spatial) par sublimation.

ABLATIF, IVE 1. adj. Qui peut subir l'ablation. 2. n.m. *Ling.* Cas indiquant l'éloignement, l'instrument, l'origine.

ABLATION n.f. Action d'enlever un organe, une tumeur. – Action d'ablater un revêtement.

ABLE n.m. Poisson d'eau douce.

ABLÉGAT n.m. Envoyé du pape.

ABLÉGATION n.f.

ABLERET n.m. Filet de pêche carré.

ABLETTE n.f. Petit poisson d'eau douce.

ABLIER n.m. → **ableret.**

ABLUTION n.f. Lavage du corps comme purification religieuse.

ABNÉGATION n.f.

ABOI n.m. *Vx.* Aboiement.

ABOIEMENT n.m.

ABOITEAU, X n.m. **(= aboteau)** Digue entre deux claies à huîtres.

ABOLIR v. **40.**

ABOLITIF, IVE adj.

ABOLITION n.f.

ABOLITIONNISME n.m. Attitude des partisans de l'abolition d'une loi.

ABOLITIONNISTE adj. et n.

ABOMASUM [-zom] n.m. Partie de l'estomac des ruminants (caillette).

ABOMINABLE adj.

ABOMINABLEMENT adv.

ABOMINATION n.f.

ABOMINER v. **10.** Détester.

ABONDAMMENT adv.

ABONDANCE n.f.

ABONDANCISTE n. et adj. Partisan de la doctrine de l'abondance.

ABONDANT, E adj.

ABONDEMENT n.m.

ABONDER v. **10.** Contribuer à financer (le plan d'épargne de salariés).

ABONNEMENT n.m.

ABONNER v. **10.**

ABONNIR v. **40.** *Vx.* Rendre meilleur.

ABONNISSEMENT n.m.

ABORD n.m.

ABORDABLE adj.

ABORDAGE n.m.

ABORDER v. **10.**

ABORDEUR n.m. Navire responsable d'un abordage.

ABORIGÈNE adj. et n. Originaire du pays où il vit.

ABORNEMENT n.m.

ABORNER v. **10.** *Vx.* Délimiter (un terrain) par des bornes.

ABORTIF, IVE adj. et n.m. Qui fait avorter.

ABOT n.m. *Techn.* Entrave aux pieds d'un cheval.

ABOTEAU, X n.m. → **aboiteau.**

ABOUCHEMENT n.m.

ABOUCHER v. **10.** Mettre en contact.

ABOULER v. **10.** *Fam.* Donner.

ABOULIE n.f. Diminution de la volonté.

ABOULIQUE adj. et n.

ABOUT n.m. Extrémité d'une pièce de bois ou de métal.

ABOUTAGE n.m. Assemblage de courtes pièces de bois.

ABOUTEMENT n.m.

ABOUTER v. **10.** Joindre bout à bout.

ABOUTI, E adj.

ABOUTIR v. **40.**

ABOUTISSANT n.m. Aboutissement.

ABOUTISSEMENT n.m.

ABOYER v. **27.** Crier, proférer.

ABOYEUR, EUSE adj. et n.

ABRACADABRA n.m. Mot kabbalistique.

ABRACADABRANT, E adj.

ABRAS [-a] n.m. Garniture métallique du manche d'un outil.

ABRASER v. **10.** User par frottement.

ABRASIF, IVE adj. et n.m. Qui polit.

ABRASIMÈTRE n.m. Appareil mesurant la résistance d'une étoffe au frottement.

ABRASION n.f.

ABRAXAS [-s] n.m. Papillon dont la chenille est nuisible aux groseilliers.

ABRÉACTION n.f.

ABRÉAGIR v. **(p.p.inv.) 40.** Se libérer d'un refoulement affectif.

ABRÉGÉ n.m.

ABRÉGEMENT ou **ABRÈGEMENT** n.m.

ABRÉGER v. **18.**

ABREUVAGE n.m.

ABREUVEMENT n.m.

ABREUVER v. **10.**

ABREUVOIR n.m.

ABRÉVIATEUR, TRICE adj. et n. Qui abrège.

ABRÉVIATIF, IVE adj. Qui sert à abréger.

ABRÉVIATION n.f.

ABRÉVIATIVEMENT adv. Sous forme abrégée.

ABRI n.m.

ABRIBUS n.m. (Nom déposé).

ABRICOT n.m.

ABRICOTÉ, E adj.

ABRICOTIER n.m.

ABRICOTINE n.f. *Helv.* Eau-de-vie d'abricot.

ABRIER v. **15.** *Québ.* Couvrir (un enfant).

ABRITER v. **10.**

ABRIVADO n.m. ou f. Lâcher de taureaux, dans les villes du sud de la France.

ABRIVENT n.m. Palissade protégeant du vent.

ABROGATIF, IVE adj. *Dr.* Qui abroge.

ABROGATION n.f.

ABROGATOIRE adj. *Dr.* Qui a pour but d'abroger.

ABROGEABLE adj.

ABROGER v. **17.**

ABROUTIR v. **40.** Brouter (les jeunes pousses d'un arbre).

ABROUTISSEMENT n.m.

ABRUPT, E adj. et n.m.

ABRUPTEMENT adv.

ABRUTIR v. **40.**

ABRUTISSANT, E adj.

ABRUTISSEMENT n.m.

ABRUTISSEUR, EUSE adj. et n.

ABRUZZAIS, E [z] adj. Des Abruzzes (Italie).

ABSCISSE n.f. Coordonnée horizontale.

ABSCONS, E [apsk-on] adj. *Litt.* Difficile à comprendre.

ABSENCE n.f.

ABSENT, E adj. et n.

ABSENTÉISME n.m.

ABSENTÉISTE adj. et n.

ABSENTER (S') v. **10.**

ABSIDAL, E, AUX adj. **(= absidial)** Relatif à une abside.

ABSIDE n.f. Extrémité d'une église, derrière le chœur.

ABSIDIAL, E, AUX adj. → **absidal.**

ABSIDIOLE n.f. Petite chapelle arrondie de l'abside.

ABSINTHE n.f. Plante aromatique. – Liqueur.

ABSINTHÉ, E adj.

ABSINTHISME n.m. Intoxication par l'absinthe.

ABSOLU, E adj. et n.m.

ABSOLUITÉ n.f. Qualité de ce qui est absolu.

ABSOLUMENT adv.

ABSOLUTION n.f.

ABSOLUTISME n.m. *Pol.* Régime où le pouvoir du chef de l'État est absolu.

ABSOLUTISTE adj. et n.

ABSOLUTOIRE adj. *Dr.* Qui absout.

ABSORBABLE adj.

ABSORBANCE n.f. *Opt.* Grandeur mesurant le pouvoir absorbant d'une substance.

ABSORBANT, E adj.

ABSORBER v. **10.**

ABSORBEUR, EUSE adj. et n.m.

ABSORPTIOMÉTRIE n.f. Examen radiologique.

ABSORPTION n.f.

ABSORPTIVITÉ n.f. Propriété d'absorber les liquides ou les gaz.

ABSOUDRE v. **96.**

ABSOUTE n.f. Prières dites auprès du cercueil.

ABSTÈME adj. et n. Qui s'abstient de boire de l'alcool.

ABSTENIR (S') v. **42.**

ABSTENTION n.f.

ABSTENTIONNISME n.m.

ABSTENTIONNISTE adj. et n.

ABSTINENCE n.f.

ABSTINENT, E adj. et n.

ABSTRACT n.m. Résumé d'un article.

ABSTRACTEUR adj.m. et n.m. Qui aime les abstractions.

ABSTRACTIF, IVE adj. *Log.* Formé par abstraction.

ABSTRACTION n.f. Idée abstraite.

ABSTRACTIVEMENT adv.

ABSTRAIRE v. déf. **121.** Isoler par la pensée.

ABSTRAIT, E adj. et n.m.

ABSTRAITEMENT adv.

ABSTRUS, E adj. *Litt.* Difficile à comprendre.

ABSURDE adj. et n.m.

ABSURDEMENT adv.

ABSURDITÉ n.f.

ABUS n.m.

ABUSER v. **10.**

ABUSEUR, EUSE n. Personne qui abuse sexuellement d'une autre.

ABUSIF, IVE adj.

ABUSIVEMENT adv.

ABUSUS n.m. *Dr.* Droit de disposer de la chose possédée.

ABUTER v. **10.** Prendre pour but. – Joindre.

ABUTILON n.m. Arbuste ornemental.

ABYME | (EN) loc. (Œuvre littéraire, artistique) incluse dans une œuvre de même nature.

ABYSSAL, E, AUX adj. Situé à de grandes profondeurs.

ABYSSE n.m. Zone très profonde des océans.

ABYSSIN, E 1. adj. De l'Abyssinie (Afrique). 2. n.m. Chat au pelage fauve.

ABYSSINIEN, ENNE adj. → **abyssin.**

ABZYME n.f. *Biochim.* Anticorps aux propriétés d'une enzyme.

ACABIT [-bi] n.m. *Péj.* Manière d'être, genre, caractère, nature.

ACACIA n.m.

ACADÉMICIEN, ENNE n.

ACADÉMIE n.f.

ACADÉMIQUE adj.

ACADÉMIQUEMENT adv.

ACADÉMISABLE adj. Susceptible d'être élu à l'Académie française.

ACADÉMISME n.m. Observation étroite des traditions et des règles.

ACADIANISME n.m. Tournure propre aux Acadiens.

ACADIEN, ENNE adj. et n.m. D'Acadie (Canada).

ACAGNARDER v. **10.** Habituer à une vie oisive.

ACAJOU n.m.

ACALCULIE n.f. Impossibilité pathologique de compter.

ACALÈPHE n.m. Méduse de grande taille.

ACALORIQUE adj. Sans calories.

ACANTHACÉE n.f. Plante dicotylédone des régions chaudes.

ACANTHAIRE n.m. *Zool.* Protozoaire marin.

ACANTHE n.f. Plante à feuilles découpées.

ACANTHOCÉPHALE n.m. Parasite intestinal.

ACANTHOSE n.f. *Méd.* Épaississement de la peau, notamment dans les verrues.

ACARIÂTRE adj.

ACARIÂTRETÉ n.f.

ACARICIDE adj. et n.m. (Produit) qui détruit les acariens.

ACARIEN n.m. Arachnide de très petite taille.

ACARIOSE n.f. Maladie causée par les acariens.

ACARPE adj. (Plante) ne produisant pas de fruits.

ACARUS n.m. *Zool.* Parasite provoquant la gale.

ACATALECTIQUE adj. *Antiq.* (Vers) auquel il ne manque aucun pied.

ACATALEPSIE n.f. *Philos.* Impossibilité de connaître avec certitude.

ACATÈNE adj. *Techn.* (Transmission) sans chaîne.

ACATHISIE n.f. (= **akathisie**) *Méd.* Impossibilité pathologique de rester immobile.

ACATHISIQUE adj.

ACAULE adj. *Bot.* Sans tige apparente.

ACCABLANT, E adj.

ACCABLEMENT n.m.

ACCABLER v. **10.**

ACCALMIE n.f.

ACCAPARANT, E adj.

ACCAPAREMENT n.m.

ACCAPARER v. **10.**

ACCAPAREUR, EUSE adj. et n.

ACCASTILLAGE n.m. Ensemble des dispositifs situés sur le pont d'un navire.

ACCASTILLER v. **10.** Garnir (un navire) de son accastillage.

ACCÉDANT, E n. Personne en train d'accéder à la propriété.

ACCÉDER v. **(p.p.inv.) 12.**

ACCELERANDO adv.

ACCÉLÉRANDO n.m. *Mus.* Mouvement accéléré.

ACCÉLÉRATEUR, TRICE adj. et n.m.

ACCÉLÉRATION n.f.

ACCÉLÉRÉ n.m. *Cin.* Procédé permettant de rendre les mouvements plus rapides.

ACCÉLÉRER v. **12.**

ACCÉLÉRINE n.f. Substance qui accélère la coagulation sanguine.

ACCÉLÉROGRAPHE n.m. Appareil enregistrant une accélération par un graphique.

ACCÉLÉROMÈTRE n.m. Appareil qui mesure l'accélération d'un mouvement.

ACCENT n.m.

ACCENTEUR n.m. Passereau chanteur.

ACCENTUABLE adj.

ACCENTUATION n.f.

ACCENTUEL, ELLE adj. *Ling.* Qui porte l'accent.

ACCENTUER v. **10.**

ACCEPTABILITÉ n.f. *Ling.* Caractère d'une phrase acceptable.

ACCEPTABLE adj.

ACCEPTANT, E adj. et n. *Dr.* Qui accepte une convention.

ACCEPTATION n.f.

ACCEPTER v. **10.**

ACCEPTEUR, EUSE n. *Dr.* Personne qui accepte une traite.

ACCEPTION n.f. Sens dans lequel un mot est employé.

ACCÈS n.m.

ACCESSIBILITÉ n.f.

ACCESSIBLE adj.

ACCESSION n.f.

ACCESSIT [-t] n.m. Distinction honorifique.

ACCESSOIRE adj. et n.m.

ACCESSOIREMENT adv.

ACCESSOIRISER v. **10.** Garnir d'accessoires.

ACCESSOIRISTE n. Personne qui a la charge des accessoires, au théâtre ou au cinéma.

ACCIDENT n.m.

ACCIDENTÉ, E adj. et n.

ACCIDENTEL, ELLE adj.

ACCIDENTER v. **10.**

ACCIDENTOGÈNE adj. Susceptible de provoquer de nombreux accidents.

ACCIDENTOLOGIE n.f. Étude scientifique des accidents.

ACCIDENTOLOGUE n.

ACCIPITRIDÉ n.m. Rapace diurne, type buse, vautour.

ACCIPITRIFORME n.m. Oiseau, type accipitridé.

ACCISE n.f. *Belg.*, *Québ.* Impôt indirect.

ACCISIEN n.m. *Belg.* Agent du service des accises.

ACCLAMATEUR, TRICE n.

ACCLAMATION n.f.

ACCLAMER v. **10.**

ACCLIMATABLE adj.

ACCLIMATATION n.f.

ACCLIMATEMENT n.m.

ACCLIMATER v. **10.**

ACCOINTANCE n.f.

ACCOINTER (S') v. **10.** Se lier intimement.

ACCOLADE n.f. Action d'embrasser. – Signe typographique.

ACCOLAGE n.m. Fixation des sarments à des espaliers.

ACCOLEMENT n.m. Action de réunir.

ACCOLER v. **10.** Réunir.

ACCOMBANT, E adj. (Plante) couchée sur le bord d'une autre.

ACCOMMODANT, E adj.

ACCOMMODAT n.m. Modification biologique permettant de s'adapter hors du milieu habituel.

ACCOMMODATEUR, TRICE adj.

ACCOMMODATION n.f. Mise au point de l'œil ou d'un système optique.

ACCOMMODEMENT n.m. Arrangement amiable.

ACCOMMODER v. **10.**

ACCOMPAGNANT, E n. Personne qui apporte son soutien à un malade.

ACCOMPAGNATEUR, TRICE n.

ACCOMPAGNEMENT n.m.

ACCOMPAGNER v. **10.**

ACCOMPLI, E 1. adj. 2. n.m. *Ling.* Forme verbale indiquant une action achevée.

ACCOMPLIR v. **40.**

ACCOMPLISSEMENT n.m.

ACCON n.m. (= **acon**) Petit bateau servant à charger ou à décharger les navires.

ACCONAGE n.m. (= **aconage**) Chargement ou déchargement d'un navire à l'aide d'un accon.

ACCONIER n.m. (= **aconier**) Entrepreneur qui fait de l'acconage.

ACCORAGE n.m.

ACCORD n.m.

ACCORDABLE adj.

ACCORDAGE n.m. Action d'accorder des instruments à cordes.

ACCORDAILLES n.f.pl. *Vx.* Fiançailles.

ACCORDANT, E adj.

ACCORDEMENT n.m. → **accordage.**

ACCORDÉON n.m.

ACCORDÉONISTE n.

ACCORDER v. **10.**

ACCORDEUR, EUSE n.

ACCORDOIR n.m. Outil pour accorder les instruments de musique.

ACCORE 1. adj. *Mar.* Escarpé. 2. n.m. ou f. Étai.

ACCORER v. **10.** Maintenir (un navire) par des accores.

ACCORNÉ, E adj. *Hér.* Orné de cornes.

ACCORT, E [akor] adj. *Litt.* Enjoué, gracieux.

ACCORTEMENT adv.

ACCORTISE n.f. *Vx.* Complaisance.

ACCOSTABLE adj.

ACCOSTAGE n.m.

ACCOSTER v. **10.**

ACCOT n.m. Écran de protection pour les jeunes plants.

ACCOTEMENT n.m. Espace entre le fossé et la chaussée.

ACCOTER v. **10.** Appuyer d'un côté.

ACCOTOIR n.m. Accoudoir, dossier.

ACCOUCHÉE n.f. Femme qui vient d'accoucher.

ACCOUCHEMENT n.m.

ACCOUCHER v. **10.**

ACCOUCHEUR, EUSE adj. et n.

ACCOUDEMENT n.m.

ACCOUDER (S') v. **10.**

ACCOUDOIR n.m.

ACCOUER v. **10.** Attacher (des chevaux) l'un à la queue de l'autre.

ACCOUPLAGE n.m. Accouplement de deux véhicules.

ACCOUPLEMENT n.m.

ACCOUPLER v. **10.**

ACCOURCIR v. **40.** *Vx.* Rendre plus court.

ACCOURCISSEMENT n.m.

ACCOURIR v. **51.**

ACCOUTREMENT n.m.

ACCOUTRER v. **10.**

ACCOUTUMANCE n.f.

ACCOUTUMER v. **10.**

ACCOUVAGE n.m.

ACCOUVER v. **10.** Faire éclore (des œufs) en couveuse artificielle.

ACCOUVEUR, EUSE n.

ACCRÉDITATION n.f. Reconnaissance d'un diplomate par un État étranger.

ACCRÉDITER v. **10.** Rendre croyable. – Faire reconnaître par un État étranger.

ACCRÉDITEUR (f. **ACCRÉDITEUSE** ou **ACCRÉDITRICE**) n. Personne qui donne sa garantie en faveur d'un tiers.

ACCRÉDITIF, IVE adj. et n.m. (Lettre) qui accrédite auprès d'une banque.

ACCRÉEN, ENNE adj. D'Accra (Ghana).

ACCRESCENT, E adj. *Bot.* (Partie de la fleur) qui s'accroît après la fécondation.

ACCRÉTER v. **12.** Pour un astre, capter (de la matière) sous l'effet de la gravitation.

ACCRÉTION n.f. Processus d'agglomération. – Capture de matière par un astre.

ACCRO adj. et n. *Fam.* Dépendant d'une drogue.

ACCROBRANCHE n.m. ou f. (Nom déposé) Sport pratiqué en forêt.

ACCROC n.m.

ACCROCHAGE n.m.

ACCROCHANT, E adj.

ACCROCHE n.f. Partie accrocheuse d'une annonce publicitaire.

ACCROCHEMENT n.m.

ACCROCHER v. **10.**

ACCROCHEUR, EUSE adj. et n.

ACCROIRE v. déf. (Ne s'emploie qu'à l'infinitif) *Faire accroire :* abuser de la crédulité de quelqu'un.

ACCROISSEMENT n.m.

ACCROÎTRE v. **107.**

ACCROUPIR (S') v. **40.**

ACCROUPISSEMENT n.m.

ACCRU, E 1. adj. 2. n.m. Rejeton produit par les racines. 3. n.f. Extension d'un terrain.

ACCU n.m. *Fam.* Accumulateur électrique.

ACCUEIL n.m.

ACCUEILLANT, E adj.

ACCUEILLIR v. **47.**

ACCUL [aku] n.m. Lieu sans issue.

ACCULEMENT n.m.

ACCULER v. **10.**

ACCULTURATION n.f.

ACCULTURER v. **10.** Adapter à une nouvelle culture, à une nouvelle civilisation.

ACCUMULATEUR n.m.

ACCUMULATION n.f.

ACCUMULER v. **10.**

ACCUSABLE adj.

ACCUSATEUR, TRICE adj. et n.

ACCUSATIF n.m. *Ling.* Cas indiquant le complément d'objet direct ou la destination.

ACCUSATION n.f.

ACCUSATOIRE adj. Qui a rapport à une accusation, ou qui la motive.

ACCUSER v. **10.**

ACE [è(y)s] n.m. Au tennis, balle de service que l'adversaire ne peut toucher.

ACÉDIE n.f. *Litt.* Dégoût de la vie.

ACELLULAIRE adj. Qui n'est pas constitué de cellules.

ACENSER v. **10.** *Féod.* Donner (une terre) moyennant un fermage.

ACÉPHALE 1. adj. Dépourvu de tête. 2. n.m. Mollusque.

ACÉPHALIE n.f. Absence pathologique de tête.

ACÉRACÉE n.f. Plante dicotylédone, type érable.

ACERBE adj. Mordant.

ACERBITÉ n.f.

ACÉRER v. **12.** Aiguiser.

ACÉRICOLE adj. *Québ.* Relatif à l'exploitation d'une érablière pour la production de sirop.

ACÉRICULTEUR, TRICE n.

ACÉRICULTURE n.f.

ACESCENCE n.f. Tendance à s'acidifier.

ACESCENT, E adj. Qui devient acide.

ACÉTABULAIRE n.f. Petite algue verte.

ACÉTABULE n.f. *Antiq. rom.* Vase à vinaigre.

ACETABULUM [é] n.m. Cavité de l'os iliaque.

ACÉTAL, S n.m. Corps obtenu par l'action d'un aldéhyde sur un alcool.

ACÉTALDÉHYDE n.m. *Chim.* Éthanal.

ACÉTAMIDE n.m. Amide de l'acide acétique.

ACÉTATE n.m. Sel de l'acide acétique. – Fibre artificielle.

ACÉTEUX, EUSE adj. Qui a le goût du vinaigre.

ACÉTIFICATION n.f.

ACÉTIFIER v. **15.** Convertir en acide acétique.

ACÉTIMÈTRE n.m. Instrument mesurant la concentration d'un vinaigre.

ACÉTIQUE adj. (Acide) contenu dans le vinaigre.

ACÉTOBACTER [-tèr] n.m. Bactérie transformant l'alcool en acide acétique.

ACÉTOCELLULOSE n.f. Acétate de cellulose.

ACÉTOMÈTRE n.m. → **acétimètre.**

ACÉTONE n.f. Solvant incolore et volatil.

ACÉTONÉMIE n.f. Présence anormale d'acétone dans le sang.

ACÉTONÉMIQUE adj.

ACÉTONURIE n.f. Présence d'acétone dans les urines.

ACÉTYLCELLULOSE n.f. Ester acétique de la cellulose.

ACÉTYLCHOLINE [k] n.f. Médiateur chimique servant à la transmission de l'influx nerveux.

ACÉTYLE n.m. Radical dérivant de l'acide acétique.

ACÉTYLÈNE n.m. Hydrocarbure.

ACÉTYLÉNIQUE adj.

ACÉTYLURE n.m. Dérivé métallique de l'acétylène.

ACHAINE [akèn] n.m. → **akène.**

ACHALANDAGE n.m. Clientèle attirée par un fonds de commerce.

ACHALANDER v. **10.** Approvisionner.

ACHALANT, E adj. et n. *Québ.* Importun, ennuyeux.

ACHALASIE [k] n.f. Perte de la coordination des mouvements du tube digestif.

ACHALER v. **10.** *Québ.* Importuner, ennuyer.

ACHANTI, E adj. **(= ashanti)** D'un peuple du Ghana.

ACHAR n.m. → **achard.**

ACHARD n.m. **(= achar)** Condiment au vinaigre.

ACHARISME [k] n.m. Doctrine religieuse de l'islam.

ACHARNEMENT n.m.

ACHARNER (S') v. **10.**

ACHAT n.m.

ACHATINE [k] n.f. Mollusque gastéropode.

ACHE n.f. Plante ombellifère à feuilles découpées.

ACHEB [akèb] n.m. Au Sahara, végétation qui pousse après une averse.

ACHÉEN, ENNE [k] adj. De l'Achaïe (Grèce antique).

ACHÉMÉNIDE [k] adj. *Antiq.* Relatif à une dynastie perse.

ACHEMINEMENT n.m.

ACHEMINER v. **10.**

ACHÈNE [akèn] n.m. → **akène.**

ACHETABLE adj.

ACHETER v. **21** (j'achète...).

ACHETEUR, EUSE n.

ACHEULÉEN, ENNE adj. et n. Se dit d'un stade du paléolithique inférieur.

ACHEVAGE n.m. Finissage d'un ouvrage de poterie.

ACHÈVEMENT n.m.

ACHEVER v. **11.**

ACHGABATAIS, E adj. D'Achgabat (Turkménistan).

ACHIGAN n.m. Poisson de l'Amérique du Nord.

ACHILLÉE [k] n.f. Plante à feuilles très découpées.

ACHOLIE [k] n.f. *Méd.* Suppression de la sécrétion biliaire.

ACHONDROPLASE [k] n. Personne dont les os n'ont pas atteint leur développement en longueur.

ACHONDROPLASIE [k] n.f.

ACHOPPEMENT n.m. Obstacle.

ACHOPPER ou **S'ACHOPPER** v. **10.** Se heurter.

ACHOURA n.f. Fête musulmane.

ACHROMAT [k] n.m. *Opt.* Objectif achromatique.

ACHROMATIQUE [k] adj. Qui donne des images sans franges colorées.

ACHROMATISER [k] v. **10.** Rendre (un système optique) achromatique.

ACHROMATISME [k] n.m. Suppression des irisations de l'image d'un objet.

ACHROMATOPE [k] adj. et n. Incapable de distinguer les couleurs.

ACHROMATOPSIE [k] n.f. Absence de la perception des couleurs.

ACHROMATOPSIQUE [k] adj. Daltonien.

ACHROME [k] adj. *Méd.* (Lésion) qui n'est pas pigmentée. – (Photo) en noir et blanc.

ACHROMIE [k] n.f. Absence de coloration normale de la peau.

ACHROMIQUE [k] adj. *Méd.* (Lésion) sans couleur.

ACHYLIE n.f. Anomalie du suc gastrique.

ACICULAIRE adj. En forme d'aiguille.

ACIDAGE n.m. Acidification des fibres textiles.

ACIDALIE n.f. Papillon nocturne.

ACIDE adj. et n.m.

ACIDIFIABLE adj. Qui peut être converti en acide.

ACIDIFIANT, E adj. et n.m.

ACIDIFICATION n.f.

ACIDIFIER v. **15.**

ACIDIMÈTRE n.m. Instrument qui mesure une solution acide.

ACIDIMÉTRIE n.f.

ACIDIMÉTRIQUE adj.

ACIDIPHILE adj. *Bot.* Qui aime les sols acides.

ACIDITÉ n.f.

ACIDOCÉTOSE n.f. Acidose accompagnée de cétones dans le sang.

ACIDOPHILE adj. *Biol.* Qui fixe les colorants acides.

ACIDOSE n.f. État du sang présentant une réaction acide.

ACIDULER v. **10.** Rendre légèrement acide.

ACIDURIE n.f. Présence d'acides dans l'urine.

ACIER n.m.

ACIÉRAGE n.m. Opération donnant à un métal la dureté de l'acier.

ACIÉRATION n.f. → **aciérage.**

ACIÉRER v. **12.** Convertir (du fer) en acier.

ACIÉREUX, EUSE adj. Qui se rapporte à l'acier.

ACIÉRIE n.f.

ACIÉRISTE n. Spécialiste de la fabrication de l'acier.

ACINÉSIE n.f. **(= akinésie)** Absence pathologique de mouvement.

ACINÉTIEN [-sy-in] n.m. *Zool.* Protozoaire.

ACINÉTIQUE adj. Relatif à l'acinésie.

ACINEUX, EUSE adj. (Glande) dont les parties sécrétrices sont des acini.

ACINI | → **acinus.**

ACINUS (pl. **ACINI**) n.m. Ensemble de cellules sécrétrices s'ouvrant dans un canal excréteur commun.

ACIPENSÉRIFORME n.m. Poisson, type esturgeon.

ACLINIQUE adj. *Phys.* Où l'inclinaison magnétique est nulle.

ACMÉ n.m. ou f. Point culminant, apogée.

ACMÉISME n.m. Mouvement littéraire russe (début du XXe s.).

ACMÉISTE adj. et n.

ACNÉ n.f.

ACNÉIQUE adj. et n.

ACŒLOMATE [asé-] n.m. Animal sans cœlome.

ACOLYTAT n.m. Ordre mineur catholique.

ACOLYTE n.m. Servant du prêtre à l'autel. – Complice.

ACOMPTE n.m.

ACON n.m. → **accon.**

ACONAGE n.m. → **acconage.**

ACONIER n.m. → **acconier.**

ACONIT [-t] n.m. Plante vénéneuse.

ACONITINE n.f. Alcaloïde extrait de l'aconit.

ACOQUINEMENT n.m.

ACOQUINER (S') v. **10.**

ACORE n.m. Plante des marais.

ACOSMISME n.m. *Philos.* Théorie qui nie l'existence du monde sensible.

ACOTYLÉDONE adj. et n. *Bot.* Dont les cotylédons sont peu visibles.

ACOTYLÉDONÉ, E adj. → **acotylédone.**

ACOUMÈTRE n.m. Instrument mesurant l'acuité auditive.

ACOUMÉTRIE n.f.

ACOUMÉTRIQUE adj.

ACOUPHÈNE n.m. Bourdonnement d'oreilles.

ACOUSMATIQUE adj. et n.f. (Musique) dont on ne voit pas la source qui la produit.

ACOUSMIE n.f. Hallucination auditive.

ACOUSTICIEN, ENNE n. Spécialiste de l'acoustique.

ACOUSTIQUE adj. et n.f. Qui concerne l'ouïe, les sons.

ACQUÉRESSE → **acquéreur.**

ACQUÉREUR (f. ACQUÉRESSE ou ACQUÉREUSE) n.

ACQUÉRIR v. **43.**

ACQUÊT n.m. Bien acquis pendant le mariage.

ACQUIESCEMENT n.m.

ACQUIESCER v. **(p.p.inv.) 13.**

ACQUIS, E adj. et n.m.

ACQUISITIF, IVE adj. *Dr.* Qui équivaut à l'acquisition.

ACQUISITION n.f.

ACQUIT n.m. *Dr.* Reconnaissance écrite d'un paiement.

ACQUITTABLE adj.

ACQUITTEMENT n.m.

ACQUITTER v. **10.**

ACRA n.m. Beignet de morue.

ACRE n.f. Ancienne mesure de superficie.

ÂCRE adj.

ÂCREMENT adv.

ÂCRETÉ n.f.

ACRIDIDÉ n.m. → **acridien.**

ACRIDIEN, ENNE n.m. et adj. Insecte, type criquet.

ACRIDINE n.f. *Chim.* Composé azoté.

ACRIMONIE n.f. Disposition à la mauvaise humeur.

ACRIMONIEUX, EUSE adj.

ACROBATE n.

ACROBATIE n.f.

ACROBATIQUE adj.

ACROBATIQUEMENT adv.

ACROBATISME n.m.

ACROCÉPHALE adj. et n. Qui a le crâne haut et terminé en pointe.

ACROCÉPHALIE n.f. Malformation du crâne.

ACROCYANOSE n.f. *Méd.* Cyanose des extrémités.

ACRODYNIE n.f. Maladie des extrémités.

ACROLÉINE n.f. Liquide obtenu par la déshydratation de la glycérine.

ACROMÉGALIE n.f. *Méd.* Hypertrophie de la tête et des extrémités.

ACROMÉGALIQUE adj.

ACROMIAL, E, AUX adj.

ACROMION n.m. Apophyse de l'omoplate.

ACRONYME n.m. Sigle qui peut être prononcé comme un mot ordinaire (exemple : *Cedex).*

ACROPARESTHÉSIE n.f. *Méd.* Sensation de fourmillement dans les doigts.

ACROPHOBIE n.f. Crainte des endroits élevés.

ACROPOLE n.f. Partie la plus élevée d'une cité grecque.

ACROSOME n.m. Partie apicale du spermatozoïde.

ACROSPORT n.m. Sport acrobatique pratiqué sur fond musical.

ACROSTICHE n.m. Strophe où les initiales de chaque vers composent un nom.

ACROTÈRE n.m. Socle de statue placé aux extrémités d'un fronton.

ACRYLIQUE adj. et n.m. (Acide) utilisé dans la fabrication de peintures ou de textiles.

ACRYLONITRILE n.m. Composé du propène.

ACTANCIEL, ELLE adj. *Litt.* Relatif aux actants d'un récit.

ACTANT n.m. *Ling.* Sujet du verbe. – *Litt.* Élément récurrent d'un récit.

ACTE n.m.

ACTÉE n.f. Plante malodorante.

ACTER v. **10.** *Dr.* Noter.

ACTEUR, TRICE n.

ACTIF, IVE adj., n.m. et n.f.

ACTINE n.f. Protéine.

ACTINIDE n.m. Élément chimique radioactif.

ACTINIDIA n.m. **(= actinidie)** Arbuste dont une espèce donne le kiwi.

ACTINIDIE n.m. → **actinidia.**

ACTINIE n.f. Anémone de mer.

ACTINIFÈRE adj. Radioactif.

ACTINIQUE adj. (Radiation) qui provoque une action chimique.

ACTINISME n.m. *Phys.* Action chimique de certains rayons.

ACTINITE n.f. *Méd.* Inflammation due aux rayons solaires.

ACTINIUM n.m. Métal radioactif.

ACTINOLOGIE n.f. Science qui étudie l'effet des radiations.

ACTINOMÈTRE n.m. Appareil mesurant l'intensité des radiations.

ACTINOMÉTRIE n.f.

ACTINOMÉTRIQUE adj.

ACTINOMORPHE adj. (Fleur) étoilée.

ACTINOMYCÈTE n.m. Bactérie filamenteuse.

ACTINOMYCOSE n.f. *Méd.* Infection causée par les actinomycètes.

ACTINOPODE n.m. *Zool.* Protozoaire.

ACTINOPTÉRYGIEN n.m. Poisson osseux.

ACTINOTE n.f. Pierre de couleur verte.

ACTINOTHÉRAPIE n.f. *Méd.* Traitement par les rayons.

ACTION n.f.

ACTIONNABLE adj. Contre qui on peut intenter une action judiciaire.

ACTIONNAIRE n.

ACTIONNARIAL, E, AUX adj.

ACTIONNARIAT n.m.

ACTIONNEMENT n.m.

ACTIONNER v. **10.**

ACTIONNEUR n.m. *Méc.* Dispositif qui assure une mise en mouvement.

ACTIONNISME n.m. Courant de la sociologie qui privilégie les actions des individus.

ACTIVANT, E adj. et n.m.

ACTIVATEUR, TRICE adj. et n.m. *Chim.* (Substance) qui augmente l'activité.

ACTIVATION n.f. Opération qui augmente les propriétés d'une substance.

ACTIVEMENT adv.

ACTIVER v. **10.**

ACTIVEUR n.m. *Chim.* Corps augmentant l'activité d'un catalyseur.

ACTIVISME n.m. Doctrine qui préconise l'action violente.

ACTIVISTE adj. et n.

ACTIVITÉ n.f.

ACTU n.f. *Fam.* Actualité.

ACTUAIRE n. Spécialiste de la statistique appliquée aux problèmes d'assurances.

ACTUALISATEUR, TRICE adj. et n.m. *Ling.* (Opération) permettant d'insérer un code dans un discours.

ACTUALISATION n.f.

ACTUALISER v. **10.**

ACTUALISME n.m. *Géol.* Doctrine qui explique les phénomènes du passé comme ceux du présent.

ACTUALITÉ n.f.

ACTUARIAT n.m. Fonction d'actuaire.

ACTUARIEL, ELLE adj. (Calcul) effectué par les actuaires.

ACTUATEUR n.m. → **actionneur.**

ACTUATION n.f. *Philos.* Passage d'un état virtuel à un état réel.

ACTUEL, ELLE adj.

ACTUELLEMENT adv.

ACUITÉ n.f. Qualité de ce qui est aigu. – Finesse de perception.

ACUL [aku] n.m. Fond d'un parc à huîtres.

ACULÉATE n.m. Insecte hyménoptère portant un aiguillon.

ACULÉIFORME adj. *Bot., Zool.* (Organe) en forme d'aiguillon.

ACUMINÉ, E adj. *Bot.* Dont l'extrémité se termine en pointe.

ACUPONCTEUR, TRICE n.

ACUPONCTURE n.f.

ACUPRESSION n.f. Variété d'acupuncture, où le massage remplace l'utilisation d'aiguilles.

ACUPUNCTEUR, TRICE n.

ACUPUNCTURE n.f.

ACUTANGLE adj. **(= acutangulé)** (Triangle) à trois angles aigus.

ACUTANGULÉ, E adj. → **acutangle.**

ACYCLIQUE adj. Qui n'est pas soumis à un cycle.

ACYLATION n.f. Fixation d'un acyle sur une molécule.

ACYLE n.m. Radical organique.

ADA n.m. *Inf.* Langage de programmation.

ADAC n.m. Avion à décollage et atterrissage courts.

ADAGE n.m.

ADAGIO [-djyô] n.m. et adv. Morceau de musique exécuté dans un tempo lent.

ADAMANTIN, E adj. Qui a la dureté, l'éclat du diamant.

ADAMIEN, ENNE n. Hérétique du IIe s. pratiquant le nudisme.

ADAMIQUE adj. Relatif à Adam.

ADAMISME n.m. Hérésie des adamiens.

ADAMITE n. → **adamien.**

ADAPTABILITÉ n.f.

ADAPTABLE adj.

ADAPTATEUR, TRICE n.

ADAPTATIF, IVE adj. *Biol.* Qui réalise une adaptation.

ADAPTATION n.f.

ADAPTER v. **10.**

ADAV n.m. Avion à décollage et atterrissage verticaux.

ADDAX n.m. Antilope du Sahara.

ADDENDA [-in-da] 1. n.m. Liste des addendums. 2. → **addendum.**

ADDENDUM [-in-dom] (pl. **ADDENDA** ou **ADDENDUMS**) n.m. Note additionnelle à la fin d'un ouvrage.

ADDICT, E adj. et n. Drogué.

ADDICTIF, IVE adj. Qui crée une dépendance.

ADDICTION n.f. Dépendance vis-à-vis d'une drogue.

ADDICTOLOGIE n.f. *Méd.* Étude de l'addiction.

ADDICTOLOGUE n.

ADDITIF, IVE adj. et n.m.

ADDITION n.f.

ADDITIONNABLE adj.

ADDITIONNEL, ELLE adj.

ADDITIONNER v. **10.**

ADDITIONNEUR, EUSE 1. n.m. *Inf.* Organe de calcul. 2. n.f. Machine à additionner.

ADDITIVÉ, E adj. (Carburant) contenant des additifs.

ADDITIVEMENT adv.

ADDITIVITÉ n.f. Propriété d'une grandeur mesurable.

ADDUCTEUR adj.m. et n.m. (Muscle) qui produit une adduction.

ADDUCTION n.f. Mouvement qui rapproche un membre du corps. – Dérivation (d'eau).

ADDUIT n.m. *Chim.* Produit issu d'une réaction d'addition.

ADÉNINE n.f. *Biochim.* Base azotée des acides nucléiques.

ADÉNITE n.f. Inflammation des ganglions lymphatiques.

ADÉNOCARCINOME n.m. Tumeur maligne d'une glande.

ADÉNOGRAMME n.m. Examen des cellules d'un ganglion lymphatique.

ADÉNOÏDE adj. Qui a l'aspect du tissu glandulaire.

ADÉNOÏDECTOMIE n.f. Ablation des végétations adénoïdes.

ADÉNOÏDIEN, ENNE adj. Relatif aux végétations adénoïdes.

ADÉNOME n.m. Tumeur bénigne des glandes.

ADÉNOPATHIE n.f. Affection des glandes lymphatiques.

ADÉNOSINE n.f. *Biochim.* Nucléoside à base d'adénine.

ADÉNOVIRUS n.m. Virus à ADN.

ADENT n.m. Entaille servant à assembler deux pièces de bois.

ADEPTE n.

ADÉQUAT, E adj.

ADÉQUATEMENT adv.

ADÉQUATION n.f. Adaptation parfaite.

ADERMINE n.f. Vitamine B6.

ADESSIF n.m. *Ling.* Cas indiquant la proximité.

ADEXTRÉ, E adj. *Hér.* Accompagné d'une pièce secondaire du côté droit de l'écu.

ADHÉRENCE n.f.

ADHÉRENT, E adj. et n.

ADHÉRER v. **(p.p.inv.) 12.**

ADHÉSIF, IVE adj. et n.m.

ADHÉSION n.f.

ADHÉSIVITÉ n.f.

ADIABATIQUE adj. *Phys.* (Transformation) sans échange de chaleur avec l'extérieur.

ADIABATISME n.m.

ADIANTE n.m. Variété de fougère.

ADIANTUM n.m. → **adiante.**

ADIAPHORÈSE n.f. Diminution ou absence de transpiration.

ADIEU, X n.m. et interj.

ADIPEUX, EUSE adj.

ADIPIQUE adj. (Acide) entrant dans la synthèse du Nylon.

ADIPOCYTE n.m. Cellule du tissu graisseux.

ADIPOLYSE n.f. Dissolution des graisses par hydrolyse.

ADIPOPEXIE n.f. Fixation des graisses dans les tissus adipeux.

ADIPOSE n.f. Excès de graisse dans l'organisme.

ADIPOSITÉ n.f.

ADIPSIE n.f. *Méd.* Diminution ou perte de la soif.

ADIRÉ, E adj. *Dr.* Perdu, égaré.

ADITION n.f. *Dr.* Acceptation (d'une succession).

ADIVASI n. En Inde, membre d'une ethnie organisée en tribus et non en castes.

ADJACENT, E adj. Voisin, attenant.

ADJAR, E adj. D'Adjarie (Géorgie).

ADJECTIF, IVE adj. et n.m.

ADJECTIVAL, E, AUX adj.

ADJECTIVATION n.f.

ADJECTIVEMENT adv.

ADJECTIVER v. **10.** Employer comme adjectif.

ADJECTIVISATION n.f.

ADJECTIVISER v. **10.** → **adjectiver.**

ADJOINDRE v. **93.**

ADJONCTION n.f. Action d'adjoindre.

ADJUDANT, E n.

ADJUDICATAIRE n.

ADJUDICATEUR, TRICE n.

ADJUDICATIF, IVE adj.

ADJUDICATION n.f. *Dr.* Vente aux enchères.

ADJUGER v. **17.**

ADJURATION n.f.

ADJURER v. **10.** Supplier.

ADJUVANT, E adj. et n.m. (Médicament) qui renforce l'action d'un médicament principal.

ADJUVAT n.m. Fonction d'aide, en médecine.

ADMETTRE v. **101.**

ADMINICULE n.m. *Dr.* Commencement de preuve.

ADMINISTRABLE adj.

ADMINISTRATEUR, TRICE n.

ADMINISTRATIF, IVE adj.

ADMINISTRATION n.f.

ADMINISTRER v. **10.**

ADMIRABLE adj.

ADMIRABLEMENT adv.

ADMIRATEUR, TRICE adj. et n.

ADMIRATIF, IVE adj.

ADMIRATION n.f.

ADMIRATIVEMENT adv.

ADMIRER v. **10.**

ADMISSIBILITÉ n.f. Qualité d'une personne admissible à un examen.

ADMISSIBLE adj. et n.

ADMISSION n.f.

ADMITTANCE n.f. Mesure de la facilité avec laquelle un courant alternatif traverse un circuit.

ADMIXTION n.f. Addition avec mélange.

ADMONESTATION n.f.

ADMONESTER v. **10.** Réprimander sévèrement.

ADMONITION n.f. *Litt.* Avertissement.

ADNÉ, E adj. *Bot.* (Organe) soudé à un autre organe.

ADNOMINAL, E, AUX adj. (Fonction d'un adjectif) qui modifie le nom.

ADO n. *Fam.* Adolescent.

ADOBE n.m. Brique séchée au soleil.

ADOLESCENCE n.f.

ADOLESCENT, E adj. et n.

ADON n.m. *Québ.* Coïncidence, hasard.

ADONC adv. *Vx.* Alors, puis.

ADONIDE n.f. → **adonis** 2.

ADONIEN, ENNE adj. et n.m. (Vers) composé d'un dactyle et d'un spondée.

ADONIES n.f.pl. *Antiq.* Fêtes en l'honneur d'Adonis.

ADONIS [-s] 1. n.m. Jeune homme d'une grande beauté. 2. n.f. Plante à fleurs rouges.

ADONNER (S') v. **10.**

ADOPTABLE adj.

ADOPTANT, E adj. et n.

ADOPTER v. **10.**

ADOPTIANISME n.m.

ADOPTIEN, ENNE [-sy-in] n. Hérétique soutenant que le Christ n'est que le fils adoptif de Dieu.

ADOPTIF, IVE adj.

ADOPTION n.f.

ADORABLE adj.

ADORABLEMENT adv.

ADORATEUR, TRICE n.

ADORATION n.f.

ADORER v. **10.**

ADORNER v. **10.** *Litt.* Orner.

ADOS n.m. Talus qui protège les plantes des intempéries.

ADOSSEMENT n.m.

ADOSSER v. **10.**

ADOUBEMENT n.m.

ADOUBER v. **10.** *Médiév.* Armer chevalier.

ADOUCIR v. **40.**

ADOUCISSAGE n.m. Polissage. – Éclaircissement d'une couleur.

ADOUCISSANT, E adj. et n.m.

ADOUCISSEMENT n.m.

ADOUCISSEUR n.m. Appareil pour adoucir l'eau.

ADRAGANT, E adj. *Gomme adragante :* gomme qui exsude d'arbrisseaux.

ADRAR n.m. Montagne d'Afrique du Nord.

ADRÉNALINE n.f. Hormone des glandes surrénales.

ADRÉNERGIQUE adj. (Nerf) qui libère l'adrénaline.

ADRÉNOLYTIQUE adj. et n.m. *Biol.* (Substance) qui s'oppose à l'action de l'adrénaline.

ADRESSABLE adj. *Inf.* (Mémoire) conçue pour atteindre la seule information recherchée.

ADRESSAGE n.m. *Inf.* Action de créer ou d'exploiter une adresse.

ADRESSE n.f.

ADRESSER v. **10.**

ADRET n.m. Versant d'une montagne exposé au soleil.

ADRIATIQUE adj.

ADROIT, E adj.

ADROITEMENT adv.

ADSCRIT, E adj. Écrit à côté.

ADSORBANT, E adj. et n.m.

ADSORBER v. **10.** *Phys.* Retenir (des substances dissoutes) à la surface d'un solide.

ADSORPTION n.f.

ADSTRAT n.m. *Ling.* Langue qui a marqué les langues géographiquement voisines.

ADULAIRE n.f. Pierre fine, dite *pierre de lune.*

ADULATEUR, TRICE adj. et n.

ADULATION n.f.

ADULER v. **10.** Flatter bassement.

ADULESCENT, E n. et adj. Adulte au comportement d'adolescent.

ADULTE adj. et n.

ADULTÉRATION n.f. *Vx.* Falsification.

ADULTÈRE adj. et n.m.

ADULTÉRER v. **12.** *Vx.* Falsifier.

ADULTÉRIN, E adj. et n. *Dr.* Né d'un adultère.

ADULTISME n.m. *Psych.* Caractère du comportement adulte.

ADVECTION n.f. Déplacement d'une masse d'air dans le sens horizontal.

ADVENIR v. déf. (**advenaient, advenait, advenant, advenu, advenue, advenues, advenus, adviendra, adviendraient, adviendrait, adviendront, advienne, adviennent, advient, advinrent, advinssent, advint, advînt**).

ADVENTICE adj. Qui s'ajoute accessoirement.

ADVENTIF, IVE adj. *Bot.* Qui pousse hors de la place normale de développement.

ADVENTISTE n. et adj. Membre d'une secte religieuse attendant un second avènement du Messie.

ADVERBAL, E, AUX adj. (Terme) en rapport avec un verbe.

ADVERBE n.m.

ADVERBIAL, E, AUX adj.

ADVERBIALEMENT adv.

ADVERBIALISER v. **10.**

ADVERSAIRE n.

ADVERSATIF, IVE adj. *Ling.* Qui marque une opposition.

ADVERSE adj.

ADVERSITÉ n.f.

ADYNAMIE n.f. *Méd.* Grande faiblesse musculaire.

ADYNAMIQUE adj.

ADYTON n.m. *Antiq.* Chambre secrète des temples grecs.

AÈDE n.m. Poète grec antique.

ÆGAGROPILE [é-] n.m. Concrétion de poils dans l'estomac des ruminants.

ÆGOPODIUM [é-] n.m. Plante à souche rampante.

ÆGOSOME [égôzôm] n.m. (**= égosome**) Coléoptère longicorne.

ÆGYRINE [é-] n.f. Silicate de fer et de sodium.

ÆPYORNIS [épyornis] n.m. (**= épyornis**) Grand oiseau fossile de Madagascar.

AÉRAGE n.m. Circulation forcée de l'air dans une mine.

AÉRATEUR n.m.

AÉRATION n.f.

AÉRAULIQUE n.f. et adj. Étude de l'écoulement des gaz dans un conduit.

AÉRER v. **12.**

AÉRICOLE adj. (Plante) qui pousse sur une autre plante.

AÉRIEN, ENNE adj. et n.m.

AÉRIFÈRE adj. Qui conduit l'air.

AÉRIFORME adj. Qui a l'apparence de l'air.

AÉRIUM n.m. Établissement de repos au grand air.

AÉROBIC n.m. ou f. (**= aérobique**) Gymnastique rapide sur musique disco.

AÉROBIE adj. et n.m. Qui ne peut vivre sans air.

AÉROBIOLOGIE n.f. Science des êtres vivant dans l'atmosphère.

AÉROBIOLOGIQUE adj.

AÉROBIOSE n.f. Mode de vie des organismes aérobies.

AÉROBIQUE n.m. ou f. *Québ.* → **aérobic.**

AÉROBUS n.m. *Vx.* Grand avion.

AÉROCÂBLE n.m. Transporteur aérien utilisé sur un chantier.

AÉROCLUB n.m.

AÉROCOLIE n.f. Excès d'air dans l'intestin.

AÉROCONDENSEUR n.m. Échangeur de chaleur par condensation.

AÉRODIGESTIF, IVE adj. Qui concerne la digestion et la respiration.

AÉRODROME n.m.

AÉRODYNAMICIEN, ENNE n.

AÉRODYNAMIQUE adj. et n.f. Dont la forme réduit la résistance de l'air.

AÉRODYNAMISME n.m.

AÉRODYNE n.m. Tout appareil volant plus lourd que l'air.

AÉROFREIN n.m. Frein qui utilise la résistance de l'air.

AÉROGARE n.f.

AÉROGASTRIE n.f. Excès d'air dans l'estomac.

AÉROGEL n.m. *Chim.* Substance colloïdale composée de particules solides suspendues dans l'air.

AÉROGÉNÉRATEUR n.m. *Électr.* Générateur utilisant l'énergie du vent.

AÉROGLISSEUR n.m.

AÉROGRAMME n.m. Lettre envoyée par avion, spécialement timbrée par impression.

AÉROGRAPHE n.m. Pistolet à air comprimé pour pulvériser des couleurs.

AÉROLITE n.m. (**= aérolithe**) *Vx.* Météorite.

AÉROLITHE n.m. → **aérolite.**

AÉROLOGIE n.f. Science des hautes couches de l'atmosphère.

AÉROLOGIQUE adj.

AÉROMOBILE adj. *Mil.* Transporté par voie aérienne.

AÉROMOBILITÉ n.f.

AÉROMODÉLISME n.m. Construction de modèles réduits d'avions.

AÉROMODÉLISTE n.

AÉROMONAS [-s] n.m. Bactérie.

AÉROMOTEUR n.m. Moteur actionné par le vent.

AÉRONAUTE n. Personne qui pratique la navigation aérienne.

AÉRONAUTIQUE adj. et n.f.

AÉRONAVAL, E, ALS adj. et n.f.

AÉRONEF n.m. Tout appareil volant.

AÉRONOMIE n.f. Étude des couches supérieures de l'atmosphère.

AÉROPATHIE n.f. Affection provoquée par un changement de pression atmosphérique.

AÉROPHAGIE n.f. Déglutition d'air.

AÉROPHOBIE n.f. Peur maladive des courants d'air.

AÉROPHONE n.m. *Mus.* Instrument dont le son est produit par la vibration de l'air.

AÉROPLANE n.m.

AÉROPORT n.m.

AÉROPORTÉ, E adj.

AÉROPORTUAIRE adj. Relatif à un aéroport.

AÉROPOSTAL, E, AUX adj.

AÉRORÉFRIGÉRANT, E adj. et n.m. (Dispositif) qui refroidit l'eau d'un système frigorifique.

AÉROSCOPE n.m. Appareil de mesure des poussières de l'air.

AÉROSOL n.m.

AÉROSONDAGE n.m. Sondage par ballon de l'atmosphère.

AÉROSPATIAL, E, AUX adj. et n.f.

AÉROSTAT n.m. Appareil rempli d'un gaz plus léger que l'air.

AÉROSTATION n.f. Art de construire et de manœuvrer les aérostats.

AÉROSTATIQUE n.f. et adj. Théorie de l'équilibre des gaz.

AÉROSTIER n.m. Pilote d'un aérostat.

AÉROTECHNIQUE adj. et n.f.

AÉROTERRESTRE adj. Qui concerne le combat à terre et dans les airs.

AÉROTHÉRAPIE n.f. Traitement par des cures au grand air.

AÉROTHERME n.m. Appareil qui insuffle de l'air chaud.

AÉROTHERMIQUE adj. Relatif aux effets thermiques et aérodynamiques de la vitesse.

AÉROTRAIN n.m. (Nom déposé) Train sur coussin d'air.

AÉROTRANSPORTÉ, E adj.

ÆSCHNE [èskn] n.f. Grande libellule.

ÆTHUSA [é-] n.f. **(= æthuse, éthuse)** Plante très toxique.

ÆTHUSE [é-] n.f. → **æthusa.**

AÉTITE n.f. Oxyde ferrique.

AFAR, E adj. D'un peuple d'Afrique orientale.

AFAT [afat] n.f. Auxiliaire féminine de l'armée de terre.

AFFABILITÉ n.f.

AFFABLE adj.

AFFABLEMENT adv.

AFFABULATEUR, TRICE adj. et n.

AFFABULATION n.f.

AFFABULER v. **10.** Composer (une œuvre de fiction).

AFFACTURAGE n.m. Encaissement des factures pour des tiers.

AFFADIR v. **40.**

AFFADISSANT, E adj.

AFFADISSEMENT n.m.

AFFAIBLIR v. **40.**

AFFAIBLISSANT, E adj.

AFFAIBLISSEMENT n.m.

AFFAIBLISSEUR n.m. Produit diminuant l'opacité d'un cliché.

AFFAIRE n.f.

AFFAIREMENT n.m.

AFFAIRER (S') v. **10.**

AFFAIRISME n.m.

AFFAIRISTE n. Homme d'affaires sans scrupules.

AFFAISSEMENT n.m.

AFFAISSER v. **10.**

AFFAITAGE n.m.

AFFAITEMENT n.m.

AFFAITER v. **10.** Dresser (un oiseau de proie).

AFFALEMENT n.m.

AFFALER v. **10.** *Mar.* Faire descendre.

AFFAMER v. **10.**

AFFAMEUR, EUSE n.

AFFÉAGER v. **17.** *Hist.* Aliéner (une partie de son fief) contre redevance.

AFFECT n.m. *Psych.* État affectif élémentaire.

AFFECTABLE adj. Qui peut être hypothéqué.

AFFECTATION n.f.

AFFECTER v. **10.**

AFFECTIF, IVE adj.

AFFECTION n.f.

AFFECTIONNER v. **10.**

AFFECTIVEMENT adv.

AFFECTIVITÉ n.f.

AFFECTUEUSEMENT adv.

AFFECTUEUX, EUSE adj.

AFFENAGE n.m. Alimentation du bétail en fourrage.

AFFÉRENT, E adj. Qui revient à chacun. – Qui se rattache à.

AFFÉRER v. **(p.p.inv.) 12.** *Dr.* Revenir à quelqu'un.

AFFERMABLE adj.

AFFERMAGE n.m.

AFFERMATAIRE n. Personne qui prend à bail.

AFFERMER v. **10.** Donner ou prendre à bail.

AFFERMIR v. **40.** Consolider.

AFFERMISSEMENT n.m.

AFFÉTÉ, E adj. *Vx.* Maniéré.

AFFÉTERIE ou **AFFÈTERIE** n.f.

AFFIANT, E n. *Québ.* Personne qui fait une déclaration sous serment.

AFFICHABLE adj.

AFFICHAGE n.m.

AFFICHE n.f.

AFFICHER v. **10.**

AFFICHETTE n.f.

AFFICHEUR, EUSE n.

AFFICHISTE n. Créateur d'affiches.

AFFICIONADO n.m. → **aficionado.**

AFFIDAVIT [-t] n.m. Déclaration d'imposition faite sous serment.

AFFIDÉ, E adj. et n. *Litt.* À qui on se fie pour un mauvais coup.

AFFILAGE n.m.

AFFILÉE (D') loc.

AFFILEMENT n.m.

AFFILER v. **10.** Aiguiser.

AFFILEUR n.m.

AFFILIATION n.f.

AFFILIER v. **15.**

AFFILOIR n.m. Instrument servant à affiler.

AFFIN, E adj. Qui présente une affinité avec.

AFFINAGE n.m.

AFFINEMENT n.m.

AFFINER v. **10.**

AFFINERIE n.f. Lieu où l'on affine les métaux.

AFFINEUR, EUSE n.

AFFINITÉ n.f. Conformité naturelle de goûts, de caractères.

AFFINOIR n.m. Peigne servant à affiner le lin et le chanvre.

AFFIQUET n.m. Petite parure.

AFFIRMATEUR, TRICE adj. et n.m.

AFFIRMATIF, IVE adj., n.f. et adv.

AFFIRMATION n.f.

AFFIRMATIVEMENT adv.

AFFIRMER v. **10.**

AFFIXAL, E, AUX adj.

AFFIXE 1. n.m. *Ling.* Particule qui modifie le sens d'un mot. 2. n.f. *Math.* Nombre complexe représentant un point du plan.

AFFIXÉ, E adj. *Ling.* Ajouté comme affixe.

AFFLEURAGE n.m. Raffinage modéré de la pâte à papier.

AFFLEUREMENT n.m.

AFFLEURER v. **10.** Mettre de niveau.

AFFLICTIF, IVE adj. *Dr.* (Châtiment) corporel.

AFFLICTION n.f.

AFFLIGEANT, E adj.

AFFLIGER v. **17.**

AFFLOUAGE n.m.

AFFLOUER v. **10.** Renflouer.

AFFLUENCE n.f.

AFFLUENT, E adj. et n.m. (Cours d'eau) qui se jette dans un autre.

AFFLUER v. **(p.p.inv.) 10.**

AFFLUX n.m.

AFFOLANT, E adj.

AFFOLEMENT n.m.

AFFOLER v. **10.**

AFFORESTAGE n.m. → **affouage.**

AFFOUAGE n.m. *Dr.* Droit de prendre du bois dans les forêts.

AFFOUAGER v. **17.** Lister (les ayants droit à l'affouage).

AFFOUAGER, ÈRE adj. et n. Qui concerne l'affouage.

AFFOUAGISTE n. Personne qui jouit du droit d'affouage.

AFFOUILLEMENT n.m.

AFFOUILLER v. **10.** Creuser, en parlant des eaux.

AFFOURAGEMENT n.m.

AFFOURAGER v. **17 (= affourrager)** Approvisionner en fourrage.

AFFOURCHER v. **10.** *Mar.* Mettre au mouillage sur deux ancres.

AFFOURRAGEMENT n.m.

AFFOURRAGER v. **17.** → **affourager.**

AFFRANCHIR v. **40.**

AFFRANCHISSABLE adj.

AFFRANCHISSEUR, EUSE adj. et n.

AFFRES n.f.pl.

AFFRÈTEMENT n.m.

AFFRÉTER v. **12.** Prendre (un navire, un avion) en location.

AFFRÉTEUR n.m.

AFFREUSEMENT adv.

AFFREUX, EUSE adj.

AFFRIANDER v. **10.** *Litt.* Allécher.

AFFRICHER v. **10.** Laisser (un terrain) en friche.

AFFRIOLANT, E adj.

AFFRIOLER v. **10.** Allécher.

AFFRIQUÉE n.f. et adj.f. *Ling.* Consonne explosive en début d'émission et constrictive à la fin.

AFFRONT n.m.

AFFRONTEMENT n.m.

AFFRONTER v. **10.**

AFFRONTEUR, EUSE adj. et n. Qui ose affronter.

AFFRUITER v. **10.** Pourvoir d'arbres fruitiers.

AFFUBLEMENT n.m.

AFFUBLER v. **10.**

AFFUSION n.f. Aspersion d'eau.

AFFÛT n.m.

AFFÛTAGE n.m.

AFFÛTER v. **10.**

AFFÛTEUR, EUSE n.m. et n.f.

AFFÛTIAU, X n.m. Petit objet sans valeur.

AFGHAN, E adj. et n.m.

AFGHANI n.m. Unité monétaire de l'Afghanistan.

AFIBRINOGÉNÉMIE n.f. Absence de fibrinogène dans le sang.

AFICION [afisyon] n.f. Passion pour la tauromachie.

AFICIONADO n.m. Amateur de courses de taureaux.

AFIN | (DE, QUE) loc.

AFLATOXINE n.f. *Biol.* Substance toxique.

AFOCAL, E, AUX adj. *Opt.* Dont les foyers sont à l'infini.

AFRICAIN, E adj.

AFRICANISATION n.f.

AFRICANISER v. **10.**

AFRICANISME n.m. Particularité du français parlé en Afrique.

AFRICANISTE n. Spécialiste de l'Afrique.

AFRICANITÉ n.f.

AFRICANTHROPE n.m. Fossile d'un préhominien de l'Afrique orientale.

AFRIKAANDER [-èr] adj. **(= afrikander, afrikaner)** Relatif aux Néerlandais de l'Afrique du Sud.

AFRIKAANS [afrik-an-s] n.m. et adj. Néerlandais parlé en Afrique du Sud.

AFRIKANDER [-èr] adj. → **afrikaander.**

AFRIKANER [-èr] adj. → **afrikaander.**

AFRO | adj. (Coupe de cheveux) à l'africaine.

AFROBEAT [-bit] n.m. Courant musical africain.

AFTER [afteur] n.m. ou f. Réunion festive après un spectacle, une soirée.

AGA n.m. **(= agha)** Dignitaire musulman.

AGAÇANT, E adj.

AGACE n.f. **(= agasse)** *Vx.* Pie.

AGACEMENT n.m.

AGACER v. **13.**

AGACERIE n.f.

AGADA n.f. **(= aggadah)** *Rel.* Partie non juridique du Talmud.

AGALACTIE n.f. **(= agalaxie)** Absence de sécrétion lactée.

AGALAXIE n.f. → **agalactie.**

AGAME n.m. Lézard des pays chauds.

AGAMÈTE n.m. Cellule asexuée.

AGAMI n.m. Oiseau de l'Amérique du Sud.

AGAMIDÉ n.m. Reptile, type agame.

AGAMIE n.f. Reproduction asexuée.

AGAPANTHE n.f. Plante à belles fleurs bleues.

AGAPE n.f. Repas des premiers chrétiens.

AGAPÈTE n.f. Vierge s'occupant de la vie matérielle d'un apôtre.

AGARIC n.m. Champignon comestible.

AGARICACÉE n.f. Champignon, type agaric.

AGARICALE n.f. Champignon.

AGASSE n.f. → **agace.**

AGASSIN n.m. Bourgeon de vigne qui ne donne pas de fruit.

AGATE n.f. Roche siliceuse aux couleurs variées.

AGATHOIS, E adj. D'Agde.

AGATISÉ, E adj. Qui a le poli de l'agate.

AGAVACÉE n.f. Plante, type agave.

AGAVE n.m. Plante d'origine mexicaine.

AGE n.m. Partie de la charrue.

ÂGE n.m.

ÂGÉ, E adj.

AGENAIS, E adj. **(= agenois)** D'Agen.

AGENCE n.f.

AGENCEMENT n.m.

AGENCER v. **13.** Arranger, combiner.

AGENCIER, ÈRE n. Journaliste d'une agence de presse.

AGENDA [aj-in-da] n.m.

AGENDER [aj-in-dé] v. **10.** *Helv.* Noter sur un agenda.

AGÉNÉSIE n.f. Absence de développement d'un organe.

AGÉNÉSIQUE adj.

AGENOIS, E adj. *Vx.* → **agenais.**

AGENOUILLEMENT n.m.

AGENOUILLER (S') v. **10.**

AGENOUILLOIR n.m. Petit prie-Dieu.

AGENT, E n.

AGENTIF n.m. *Ling.* Cas exprimant le complément d'agent.

AGÉRATE n.m. Plante à fleurs bleues.

AGERATUM [ajératom] n.m. → **agérate.**

AGÉTAC n.m. Accord international sur les tarifs douaniers.

AGGADAH n.f. → **agada.**

AGGIORNAMENTO n.m. Adaptation à l'évolution du monde actuel.

AGGLO n.m. *Fam.* Aggloméré.

AGGLOMÉRANT n.m.

AGGLOMÉRAT n.m.

AGGLOMÉRATION n.f.

AGGLOMÉRÉ n.m.

AGGLOMÉRER v. **12.**

AGGLUTINABLE adj.

AGGLUTINANT, E adj. et n.m.

AGGLUTINATION n.f.

AGGLUTINER v. **10.**

AGGLUTININE n.f. Anticorps du sérum.

AGGLUTINOGÈNE n.m. *Physiol.* Substance qui provoque l'agglutination des globules rouges.

AGGRAVANT, E adj.

AGGRAVATION n.f.

AGGRAVER v. **10.**

AGHA n.m. → **aga.**

AGHLABIDE [agla-] ou [arla-] adj. D'une dynastie musulmane de Tunisie.

AGILE adj.

AGILEMENT adv.

AGILITÉ n.f.

AGIO n.m. Ensemble des sommes prélevées par les banques à titre de frais.

AGIOTAGE n.m.

AGIOTER v. **(p.p.inv.) 10.** Spéculer.

AGIOTEUR, EUSE n.

AGIR v. **40.** *Litt.* Animer.

ÂGISME n.m. Discrimination à l'égard des personnes âgées.

AGISSANT, E adj.

AGISSEMENT n.m.

AGITATEUR, TRICE n.

AGITATION n.f.

AGITATO n.m. et adv. *Mus.* Mouvement agité.

AGITER v. **10.**

AGLOSSA n.m. **(= aglosse)** Papillon.

AGLOSSE n.f. → **aglossa.**

AGLYCONE n.m. ou f. *Biochim.* Partie non glucidique d'un hétéroside.

AGLYPHE adj. et n.m. (Serpent) non venimeux.

AGNAT, E [agna] n. et adj. *Dr. rom.* Descendant d'un même ancêtre masculin.

AGNATHE [agn-] n.m. et adj. Vertébré aquatique.

AGNATION [agn-] n.f. *Dr. rom.* Parenté légitime.

AGNATIQUE [agn-] adj.

AGNEAU, X n.m.

AGNEL n.m. **(= aignel)** *Anc.* Monnaie d'or à l'effigie de l'agneau pascal.

AGNELAGE n.m. Action d'agneler.

AGNELÉE n.f. Portée d'une brebis.

AGNÈLEMENT n.m. → **agnelage.**

AGNELER v. (**p.p.inv.** mais **agnelée** n.f.) **22** ou **23** (j'agnelle... ou j'agnèle...) Mettre bas, en parlant de la brebis.

AGNELET n.m.

AGNELIN, E 1. n.m. Peau d'agneau tannée avec sa laine. 2. n.f. et adj.f. Laine d'agneau.

AGNELLE n.f.

AGNOSIE [gn] n.f. *Psych.* Incapacité de reconnaître ce qui est perçu.

AGNOSIQUE [gn] adj. et n.

AGNOSTICISME [gn] n.m. Doctrine d'après laquelle tout ce qui est métaphysique est inconnaissable.

AGNOSTIQUE [gn] adj. et n. Qui pense que l'absolu est inaccessible à l'esprit humain.

AGOGIQUE adj. *Mus.* Qui modifie passagèrement le tempo.

AGONAL, E, AUX adj. *Antiq.* Relatif aux jeux publics.

AGONIE n.f.

AGONIR v. **40.** Accabler d'injures.

AGONISANT, E adj. et n.

AGONISER v. **(p.p.inv.) 10.** Être à l'agonie.

AGONISTE adj. (Groupe musculaire) concourant au même mouvement.

AGONISTIQUE adj. Qui concerne la lutte.

AGORA n.f. *Antiq.* Place publique.

AGORAPHOBE adj. et n. Qui craint les grands espaces.

AGORAPHOBIE n.f.

AGOUTI n.m. Rongeur de l'Amérique du Sud.

AGRAFAGE n.m.

AGRAFE n.f.

AGRAFER v. **10.**

AGRAFEUSE n.f.

AGRAINAGE n.m.

AGRAINER v. **10.** Nourrir (du gibier, des oiseaux) avec du grain.

AGRAIRE adj. Relatif au partage des terres.

AGRAMMATICAL, E, AUX adj. Non conforme à la grammaire.

AGRAMMATICALITÉ n.f.

AGRAMMATIQUE adj.

AGRAMMATISME n.m. *Psych.* Trouble pathologique de l'agencement des mots.

AGRANDIR v. **40.**

AGRANDISSEMENT n.m.

AGRANDISSEUR n.m.

AGRANULOCYTOSE n.f. *Méd.* Disparition des globules blancs.

AGRAPHIE n.f. Incapacité pathologique d'écrire.

AGRAPHIQUE adj.

AGRARIEN, ENNE adj. et n. *Hist.* Partisan du partage des terres entre ceux qui les cultivent.

AGRÉABLE adj.

AGRÉABLEMENT adv.

AGRÉAGE n.m. Droit de diffuser un produit.

AGRÉATION n.f. *Belg.* Homologation, agrément d'un acte.

AGRÉER v. **16.**

AGRÉEUR, EUSE n. Personne qui agrée un produit après avoir constaté qu'il est conforme aux normes.

AGRÈG n.f. *Fam.* Agrégation.

AGRÉGAT n.m. Réunion d'éléments divers formant un tout.

AGRÉGATEUR n.m. *Inf.* Logiciel qui détecte et rassemble les mises à jour de sites web.

AGRÉGATIF, IVE n. et adj. Étudiant qui prépare l'agrégation.

AGRÉGATION n.f.

AGRÉGÉ, E adj. et n.

AGRÉGER v. **18.** Réunir en un tout.

AGRÉMENT n.m.

AGRÉMENTER v. **10.**

AGRÈS n.m. Appareil de gymnastique.

AGRESSER v. **10.**

AGRESSEUR, EUSE adj. et n.

AGRESSIF, IVE adj.

AGRESSION n.f.

AGRESSIVEMENT adv.

AGRESSIVITÉ n.f.

AGRESTE adj. *Vx.* Champêtre.

AGRESTEMENT adv.

AGRICOLE adj.

AGRICULTEUR, TRICE n.

AGRICULTURE n.f.

AGRIFFER (S') v. **10.** S'attacher avec les griffes.

AGRILE n.m. Insecte coléoptère.

AGRION n.m. Petite libellule bleue.

AGRIOTE n.m. Coléoptère nuisible.

AGRIPAUME n.f. Plante à fleurs roses.

AGRIPPEMENT n.m.

AGRIPPER v. **10.**

AGRITOURISME n.m. Tourisme rural.

AGROALIMENTAIRE adj. et n.m.

AGROBIOLOGIE n.f. Biologie appliquée à l'agriculture.

AGROBIOLOGIQUE adj.

AGROBIOLOGISTE n.

AGROCARBURANT n.m. Biocarburant.

AGROCHIMIE n.f. Chimie agronomique.

AGROCHIMIQUE adj.

AGROCHIMISTE n.

AGROFORESTERIE n.f. Technique qui combine l'agriculture et l'exploitation forestière.

AGROFORESTIER, ÈRE adj.

AGROLOGIE n.f. Science des terres cultivables.

AGROLOGIQUE adj.

AGRONOME n.

AGRONOMIE n.f.

AGRONOMIQUE adj.

AGROPASTORAL, E, AUX adj. Qui concerne à la fois l'agriculture et l'élevage.

AGROSTIDE n.f. → **agrostis.**

AGROSTIS [-s] n.f. Graminée des prés.

AGROSYSTÈME n.m. Écosystème exploité par l'homme.

AGROTIS [-s] n.m. Papillon nocturne.

AGROTOURISME n.m. → **agritourisme.**

AGRUME n.m.

AGRUMICULTURE n.f.

AGUARDIENTE [agwardyènté] n.f. Eau-de-vie d'origine espagnole.

AGUERRIR v. **40.**

AGUERRISSEMENT n.m.

AGUETS n.m.pl. *Aux aguets :* en position de guetteur.

AGUEUSIE n.f. Absence du sens gustatif.

AGUI n.m. *Mar.* Nœud à l'extrémité d'une corde.

AGUICHAGE n.m.

AGUICHANT, E adj.

AGUICHE n.f. Énigme qui sert à lancer une campagne publicitaire.

AGUICHER v. **10.**

AGUICHEUR, EUSE adj. et n.

AGUILLER v. **10.** *Helv.* Jucher de manière dangereuse ou précaire.

AH interj.

AHAN n.m. Onomatopée qui exprime l'effort.

AHANER v. **(p.p.inv.) 10.** *Litt.* Faire entendre des ahans.

AHEURTEMENT n.m.

AHEURTER (S') v. **10.** S'obstiner.

AHURIR v. **40.**

AHURISSANT, E adj.

AHURISSEMENT n.m.

AÏ n.m. Petit mammifère de l'Amérique du Sud.

AICHE n.f. **(= èche, esche)** Appât sur l'hameçon.

AICHER v. **10 (= écher, escher)** Garnir d'une aiche.

AÏD n.m. Toute fête religieuse musulmane.

AIDANT, E n. Assistant.

AIDE n.

AIDEAU, X n.m. Pièce de bois passée dans les ridelles d'une charrette.

AIDER v. **10.**

AÏE interj.

AÏEUL, E n. *Litt.* Grand-père, grand-mère.

AÏEUX n.m.pl. *Litt.* Ancêtres.

AIGAGE n.m. **(= aiguage)** Droit d'amener de l'eau sur son terrain.

AIGLE n.m. et n.f.

AIGLEFIN n.m. **(= églefin)** Poisson marin voisin de la morue.

AIGLETTE n.f. → **alérion.**

AIGLON, ONNE n. Petit de l'aigle.

AIGNEL n.m. → **agnel.**

AIGRE adj. et n.m.

AIGREFIN n.m. Escroc.

AIGRELET, ETTE adj.

AIGREMENT adv.

AIGREMOINE n.f. Plante herbacée des prés et des bois.

AIGRETTE n.f. Héron. – Faisceau de plumes sur la tête de certains oiseaux.

AIGRETTÉ, E adj.

AIGREUR n.f.

AIGRIN n.m. Poirier, pommier jeune.

AIGRIR v. **40.**

AIGRISSEMENT n.m.

AIGU, AIGUË adj. et n.m.

AIGUADE [ga] n.f. Lieu où un navire s'approvisionne en eau douce.

AIGUAGE [ga] n.m. → **aigage.**

AIGUAIL [ga] n.m. *Litt.* Rosée.

AIGUERIE n.f. → **aigage.**

AIGUIÈRE [ègyèr] n.f. Vase à anse et à bec.

AIGUILLAGE n.m.

AIGUILLAT [gwi] n.m. Requin.

AIGUILLE n.f.

AIGUILLER v. **10.**

AIGUILLETAGE n.m.

AIGUILLETER v. **20** (j'aiguillette...) Lier à l'aide d'aiguillettes.

AIGUILLETTE n.f. Cordon ferré aux deux extrémités.

AIGUILLEUR, EUSE n.

AIGUILLIER n.m. Étui à aiguilles.

AIGUILLON n.m.

AIGUILLONNEMENT n.m.

AIGUILLONNER v. **10.**

AIGUILLOT [gwi] n.m. *Mar.* Ferrure du gouvernail.

AIGUISABLE adj.

AIGUISAGE n.m.

AIGUISEMENT n.m.

AIGUISER v. **10.**

AIGUISEUR, EUSE n.

AIGUISOIR n.m.

AÏKIDO n.m. Art martial d'origine japonaise.

AÏKIDOKA n. Personne qui pratique l'aïkido.

AIL (pl. **AILS** ou **AULX**) n.m.

AILANTE n.m. Arbre originaire des régions tropicales.

AILE n.f.

AILÉ, E adj.

AILERON n.m.

AILETTE n.f. Lame métallique qui augmente l'efficacité d'un projectile, d'un moteur.

AILIER, ÈRE n. *Sp.* Joueur placé à chacune des extrémités de la ligne d'attaque d'une équipe.

AILLADE n.f. Croûton de pain frotté d'ail et arrosé d'huile d'olive.

AILLER v. **10.**

AILLET n.m. Pousse verte de l'ail jeune.

AILLEURS adv. et n.m.

AILLOLI n.m. **(= aïoli)** Mayonnaise à l'ail.

AIMABLE adj.

AIMABLEMENT adv.

AIMANT n.m.

AIMANT, E adj.

AIMANTATION n.f.

AIMANTER v. **10.**

AIMER v. **10.**

AINE n.f. Partie du corps entre la cuisse et le bas-ventre.

AÎNÉ, E adj. et n.

AÎNESSE n.f.

AÏNOU n.m. Langue japonaise ancienne.

AINSI adv.

AÏOLI n.m. → **ailloli.**

AIR n.m.

AIRAIN n.m. Ancien alliage à base de cuivre.

AIRBAG n.m.

AIRBUS n.m. (Nom déposé).

AIRCO n.m. *Belg., Fam.* Air conditionné.

AIRE n.f. Surface de terrain. – Nid des oiseaux de proie. – Lieu où l'on bat le grain.

AIREDALE [èrdèl] n.m. Race de terriers anglais.

AIRÉE n.f. Quantité de gerbes que contient une aire.

AIRELLE n.f. Arbrisseau à baies comestibles.

AIRER v. (**p.p.inv.** mais **airée** n.f.) **10.** Nicher.

AIRURE n.f. *Min.* Extrémité d'une veine de métal.

AIS [è] n.m. Planche de bois menuisé.

AISANCE n.f.

AISE n.f.

AISÉ, E adj.

AISÉMENT adv.

AISSEAU, X n.m. Planchette mince utilisée dans la couverture des toits.

AISSELLE n.f.

AISSETTE n.f. (**= assette**) Marteau de couvreur.

AISY [èzi] n.m. Ferment lactique.

AÎTRES n.m.pl. Disposition d'une habitation.

AIXOIS, E adj. D'Aix-en-Provence ou d'Aix-les-Bains.

AJACCIEN, ENNE adj. D'Ajaccio.

AJISTE n. et adj. Membre des Auberges de la jeunesse.

AJOINTER v. **10.** Joindre bout à bout.

AJONC n.m.

AJOUPA n.m. Petite hutte antillaise.

AJOUR n.m. Jour dans un motif de broderie.

AJOURER v. **10.**

AJOURNABLE adj.

AJOURNEMENT n.m.

AJOURNER v. **10.**

AJOUT, E n.

AJOUTER v. **10.**

AJUSTABLE adj.

AJUSTAGE n.m.

AJUSTEMENT n.m.

AJUSTER v. **10.**

AJUSTEUR, EUSE n.

AJUSTOIR n.m. Petite balance de précision.

AJUSTURE n.f. *Techn.* Concavité donnée à un fer à cheval.

AJUT [-t] n.m. *Mar.* Fait de réunir deux cordes.

AJUTAGE n.m. Tuyau qui règle le débit d'un liquide.

AKAN n.m. Langue du groupe kwa parlée au Ghana.

AKASSA n.m. Au Togo et au Bénin, pâte de farine de maïs fermentée.

AKATHISIE n.f. → **acathisie.**

AKATHISIQUE adj.

AKÈNE n.m. (**= achaine, achène**) *Bot.* Fruit sec à une seule graine.

AKINÉSIE n.f. → **acinésie.**

AKINÉTIQUE adj.

AKKADIEN, ENNE adj. et n.m. *Antiq.* D'Akkad (Mésopotamie).

AKUAVIT [akwavit] n.m. (**= akvavit, aquavit**) Eau-de-vie scandinave.

AKVAVIT [akwavit] n.m. → **akuavit.**

ALABANDINE n.f. Sulfure naturel de manganèse.

ALABANDITE n.f. → **alabandine.**

ALABASTRIN, E adj. De la nature de l'albâtre.

ALABASTRITE n.f. Albâtre gypseux.

ALACRITÉ n.f. Enjouement.

ALAIRE adj. Relatif aux ailes.

ALAISE n.f. (**= alèse**) Tissu imperméable protégeant un matelas.

ALAISÉ, E adj. (**= alésé, alézé**) *Hér.* Qui ne touche pas les bords de l'écu.

ALAMBIC n.m. Appareil pour distiller.

ALAMBIQUAGE n.m.

ALAMBIQUER v. **10.** Compliquer par des subtilités.

ALANDIER n.m. Foyer placé à la base d'un four.

ALANGUIR v. **40.**

ALANGUISSEMENT n.m.

ALANINE n.f. Acide aminé naturel.

ALAOUITE adj. (**= alawite**) De la dynastie régnant au Maroc.

ALARMANT, E adj.

ALARME n.f.

ALARMER v. **10.**

ALARMISME n.m.

ALARMISTE adj. et n.

ALASKIEN, ENNE adj. De l'Alaska (États-Unis).

ALASTRIM n.m. Forme atténuée de variole.

ALATERNE n.m. Arbuste toujours vert, à fruits purgatifs.

ALAUDIDÉ n.m. Oiseau, type alouette.

ALAWITE [w] adj. → **alaouite.**

ALBACORE n.m. Thon blanc.

ALBANAIS, E adj. et n.m. D'Albanie.

ALBANOPHONE adj. et n. Qui parle l'albanais.

ALBARELLE n.f. Champignon comestible.

ALBÂTRE n.m. Variété de gypse translucide.

ALBÂTRIER n.m. Ouvrier qui travaille l'albâtre.

ALBATROS n.m. Grand oiseau des mers australes.

ALBÉDO n.m. Fraction de la lumière diffusée par un corps non lumineux.

ALBERGE n.f. Sorte de pêche ou d'abricot.

ALBERGIER n.m.

ALBERTAIN, E adj. De l'Alberta (Canada).

ALBIEN, ENNE n.m. et adj. *Géol.* Étage du crétacé inférieur.

ALBIGEOIS, E adj. et n. D'Albi. – Cathare.

ALBINISME n.m.

ALBINOS adj. et n. Dont la peau, les poils, les yeux manquent de pigment.

ALBITE n.f. Feldspath de teinte pâle.

ALBIZZIA [-tsya] n.m. Arbre tropical.

ALBRAQUE n.f. *Min.* Galerie servant de réservoir d'eau.

ALBUGINÉ, E 1. adj. Blanchâtre. 2. n.f. Enveloppe du testicule.

ALBUGO n.m. Tache blanche de la cornée.

ALBUM n.m.

ALBUMEN n.m. Réserve nutritive de la graine.

ALBUMINATE n.m. Combinaison d'une albumine avec un métal.

ALBUMINE n.f. Substance organique azotée.

ALBUMINÉ, E adj. *Bot.* Qui contient de l'albumen.

ALBUMINÉMIE n.f. Taux d'albumine dans le sang.

ALBUMINEUX, EUSE adj. Qui contient de l'albumine.

ALBUMINOÏDE adj. et n.m. De la nature de l'albumine.

ALBUMINURIE n.f. Présence d'albumine dans l'urine.

ALBUMINURIQUE adj.

ALBUMOSE n.f. Composé protéique.

ALCADE n.m. Officier de justice en Espagne.

ALCAÏQUE adj. Se dit d'un type de vers grecs ou latins.

ALCALESCENCE n.f.

ALCALESCENT, E adj. Qui a des propriétés alcalines.

ALCALI n.m. Hydroxyde d'un métal du groupe sodium.

ALCALIFIANT, E adj. Qui alcalinise.

ALCALIMÈTRE n.m. Instrument qui détermine la concentration des alcalis.

ALCALIMÉTRIE n.f.

ALCALIMÉTRIQUE adj.

ALCALIN, E adj. et n.m. *Chim.* Qui a les propriétés d'une base.

ALCALINISATION n.f.

ALCALINISER v. **10.** Rendre alcalin.

ALCALINITÉ n.f.

ALCALINOTERREUX, EUSE adj. (Métal), type calcium, strontium, baryum et radium.

ALCALOÏDE n.m. Composé organique azoté et basique tiré d'un végétal.

ALCALOSE n.f. Alcalinité excessive du sang.

ALCANE n.m. Hydrocarbure (paraffine).

ALCANTARA n.m. Tissu composite servant à recouvrir.

ALCANTARIN n.m. Membre de l'ordre religieux d'Alcántara.

ALCAPTONE n.f. *Méd.* Produit de la dégradation incomplète de certains acides aminés.

ALCAPTONURIE n.f. *Méd.* Présence d'alcaptone dans les urines.

ALCARAZAS [-s] n.m. Cruche de terre poreuse pour rafraîchir l'eau.

ALCAZAR n.m. Palais maure fortifié.

ALCÉDINIDÉ n.m. Oiseau, type martin-pêcheur.

ALCÈNE n.m. Hydrocarbure.

ALCHÉMILLE [alkémiy] n.f. Plante herbacée.

ALCHIMIE n.f.

ALCHIMIQUE adj.

ALCHIMISTE n.

ALCIDÉ n.m. Oiseau marin plongeur, type pingouin.

ALCIFORME n.m. Oiseau marin, type alcidé.

ALCOOL n.m.

ALCOOLAT n.m. Alcool distillé sur une substance aromatique.

ALCOOLATE n.m. Sel résultant de la substitution d'un métal à l'hydrogène dans la fonction alcool.

ALCOOLATURE n.f. Produit de la macération d'une plante dans l'alcool.

ALCOOLÉ n.m. Médicament à base d'alcool.

ALCOOLÉMIE n.f. Taux d'alcool dans le sang.

ALCOOLIER, ÈRE n. et adj. Industriel fabriquant des boissons alcoolisées.

ALCOOLIFICATION n.f. Transformation d'une substance en alcool.

ALCOOLIQUE adj. et n.

ALCOOLISABLE adj.

ALCOOLISATION n.f.

ALCOOLISER v. **10.**

ALCOOLISME n.m.

ALCOOLO adj. et n.

ALCOOLOGIE n.f. Étude de l'alcoolisme et de sa prévention.

ALCOOLOGUE n.

ALCOOLOMANIE n.f.

ALCOOMANIE n.f. → **alcoolomanie.**

ALCOOMÈTRE n.m.

ALCOOMÉTRIE n.f.

ALCOOTEST n.m. **(= Alcotest)** (Nom déposé) Appareil servant à mesurer l'alcoolémie.

ALCORAN n.m. Coran.

ALCOTEST n.m. (Nom déposé) → **Alcootest.**

ALCÔVE n.f.

ALCOYLATION [koï] n.f. Fixation d'un alcoyle sur une molécule.

ALCOYLE [koï] n.m. **(= alkyle)** Radical chimique.

ALCYNE n.m. Hydrocarbure à triple liaison.

ALCYON n.m. Oiseau de mer mythique présageant une mer calme.

ALCYONAIRE n.m. Animal marin muni de tentacules.

ALCYONIEN, ENNE adj. Calme.

ALDÉHYDE n.m. Composé organique obtenu par l'oxydation d'un alcool.

ALDÉHYDIQUE adj.

ALDERMAN (pl. **ALDERMEN** ou **ALDERMANS**) n.m. Magistrat en Grande-Bretagne et aux États-Unis.

ALDERMEN **|** → **alderman.**

ALDIN, E adj. (Caractère d'imprimerie) créé par les Aldes, imprimeurs vénitiens.

ALDOL n.m. Aldéhyde-alcool.

ALDOLISATION n.f.

ALDOSE n.m. Ose à fonction aldéhyde.

ALDOSTÉRONE n.f. Hormone corticosurrénale.

ALE [èl] n.f. Bière anglaise légère.

ALÉA n.m.

ALÉATOIRE adj. Hasardeux.

ALÉATOIREMENT adv.

ALEM (pl. **OULÉMA, ULÉMA** ou **ALEMS**) n.m. Docteur de la loi musulmane.

ALÉMANIQUE adj. et n.m. Propre à la Suisse de langue allemande.

ALENÇONNAIS, E adj. D'Alençon.

ALÊNE n.f. Poinçon servant à percer le cuir.

ALÉNOIS adj.m. Se dit d'une variété de cresson.

ALENTIR v. **40.** *Vx.* Ralentir.

ALENTOUR adv.

ALENTOURS n.m.pl.

ALÉOUTE n.m. et adj. Langue de l'Alaska et des îles Aléoutiennes.

ALÉOUTIEN, ENNE [-sy-in] adj. Des îles Aléoutiennes.

ALEPH n.m. *Math.* Symbole utilisé pour noter la puissance des ensembles infinis. – Première lettre de l'alphabet hébreu.

ALÉPINE n.f. Tissu de soie et de laine.

ALEPPIN, E adj. D'Alep (Syrie).

ALÉRION n.m. *Hér.* Petite aigle sans bec ni pattes.

ALERTE adj., n.f. et interj.

ALERTEMENT adv.

ALERTER v. **10.**

ALÉSAGE n.m.

ALÈSE n.f. → **alaise.**

ALÉSÉ, E adj. → **alaisé.**

ALÉSER v. **12.** Mettre (l'intérieur d'un tube) au diamètre exact.

ALÉSEUR, EUSE n.

ALÉSIEN, ENNE adj. D'Alès.

ALÉSOIR n.m.

ALÉSURE n.f. Parcelle métallique provenant de l'alésage.

ALÉTHIQUE adj. *Log.* (Proposition) ne concernant que le vrai, le faux et l'indéterminé.

ALEURITE n.m. Arbre d'Extrême-Orient.

ALEURODE n.m. Puceron.

ALEURONE n.f. Réserve protéique de certaines graines.

ALÉVI, E adj. D'une communauté turque, à la fois laïque et mystique.

ALEVIN n.m. Jeune poisson servant au peuplement des rivières et des étangs.

ALEVINAGE n.m.

ALEVINER v. **10.** Peupler d'alevins.

ALEVINIER, ÈRE n. Étang où l'on élève des alevins.

ALÉVISME n.m. Doctrine alévie.

ALEXANDRA n.m. Cocktail composé de cognac, de crème fraîche et de crème de cacao.

ALEXANDRIN, E 1. adj. D'Alexandrie (Égypte). 2. n.m. Vers de douze syllabes.

ALEXANDRINISME n.m. *Antiq.* Civilisation hellénistique d'Alexandrie.

ALEXANDRITE n.f. Pierre fine.

ALEXIE n.f. Incapacité pathologique de lire.

ALEXINE n.f. Albuminoïde bactéricide du sérum.

ALEXIQUE adj. et n. *Méd.* Atteint d'alexie.

ALEXITHYMIE n.f. *Psych.* Incapacité d'exprimer ses émotions.

ALEZAN, E adj. et n. (Cheval) dont la robe est jaune rougeâtre.

ALÉZÉ, E adj. → **alaisé.**

ALFA n.m. Plante herbacée servant à la fabrication des cordages, du papier, etc.

ALFANGE n.f. *Vx.* Cimeterre.

ALFATIER, ÈRE adj. Relatif à l'alfa.

ALFÉNIDE n.m. Alliage imitant l'argent.

ALGAL, E, AUX adj. Relatif aux algues.

ALGARADE n.f. Dispute.

ALGAZELLE n.f. Antilope du Sahara.

ALGÈBRE n.f.

ALGÉBRIQUE adj.

ALGÉBRIQUEMENT adv.

ALGÉBRISTE n. Spécialiste d'algèbre.

ALGÉRIEN, ENNE adj. De l'Algérie.

ALGÉROIS, E adj. D'Alger (Algérie).

ALGICIDE adj. et n.m. Qui détruit les algues.

ALGIDE adj. *Méd.* Qui se caractérise par une sensation de froid.

ALGIDITÉ n.f.

ALGIE n.f. Douleur.

ALGINATE n.m. Sel de l'acide alginique.

ALGINE n.f. Substance azotée visqueuse que l'on trouve dans certaines algues.

ALGINIQUE adj. (Acide) dont le sel de sodium se trouve dans les algues.

ALGIQUE adj. Relatif à la douleur.

ALGOCULTURE n.f. Culture d'algues.

ALGODYSTROPHIE n.f. *Méd.* Syndrome articulaire.

ALGOL n.m. *Inf.* Langage de programmation.

ALGOLAGNIE n.f. Masochisme.

ALGOLOGIE n.f. Étude scientifique des algues.

ALGOLOGIQUE adj.

ALGOLOGUE n.

ALGONKIEN, ENNE n.m. et adj. *Géol., Vx.* Subdivision du précambrien.

ALGONKIN, E adj. et n.m. **(= algonquien, algonquin)** D'un peuple amérindien.

ALGONQUIEN, ENNE adj. et n.m. → **algonkin.**

ALGONQUIN, E adj. et n.m. → **algonkin.**

ALGORITHME n.m. Suite logique permettant de résoudre un problème.

ALGORITHMIQUE adj. et n.f.

ALGOTHÉRAPIE n.f. *Méd.* Traitement par les algues.

ALGUAZIL [algwazil] n.m. *Anc.* Agent de police, en Espagne.

ALGUE n.f.

ALIAS 1. n.m. Nom d'emprunt. 2. adv. Autrement dit.

ALIBI n.m.

ALIBORON n.m. Âne.

ALIBOUFIER n.m. Arbrisseau exotique fournissant le benjoin.

ALICAMENT n.m. Aliment sain.

ALICANTE n.m. Vin liquoreux d'Espagne.

ALICYCLIQUE adj. *Chim.* Qualifie un composé organique.

ALIDADE n.f. Règle de topographe permettant de mesurer les angles.

ALIEN [alyèn] n.m. Extraterrestre.

ALIÉNABILITÉ n.f.

ALIÉNABLE adj. *Dr.* Qui peut être aliéné.

ALIÉNANT, E adj. Qui soumet à des contraintes.

ALIÉNATAIRE n. et adj. *Dr.* Personne en faveur de qui se fait une aliénation.

ALIÉNATEUR, TRICE n. *Dr.* Personne qui aliène.

ALIÉNATION n.f. Fait de céder ou de perdre (un droit, un bien). – Trouble mental.

ALIÉNÉ, E n.

ALIÉNER v. **12.** *Dr.* Vendre, céder. – Éloigner, détourner.

ALIÉNISTE n. et adj. *Vx.* Psychiatre.

ALIFÈRE adj. (Insecte) pourvu d'ailes.

ALIFORME adj. En forme d'aile.

ALIGNEMENT n.m.

ALIGNER v. **10.**

ALIGOT n.m. Purée auvergnate.

ALIGOTÉ n.m. et adj.m. Cépage blanc de Bourgogne.

ALIMENT n.m.

ALIMENTAIRE adj.

ALIMENTATEUR, TRICE adj.

ALIMENTATION n.f.

ALIMENTER v. **10.**

ALINÉA n.m.

ALINÉAIRE adj. Qui marque un alinéa.

ALIOS [-s] n.m. Grès ferrugineux.

ALIOTIQUE adj. Relatif à l'alios.

ALIPHATIQUE adj. *Chim.* Qualifie un composé organique.

ALIQUANTE [alik-an-t] adj.f. (Partie) qui n'est pas contenue un nombre exact de fois dans un tout.

ALIQUOTE [alikot] adj.f. (Partie) qui est contenue un nombre entier de fois dans un tout.

ALISE n.f. **(= alize)** Petit fruit rouge.

ALISIER n.m. **(= alizier)** Arbre du groupe des sorbiers.

ALISMA n.m. **(= alisme)** Plantain d'eau.

ALISMACÉE n.f. Plante aquatique.

ALISMATACÉE n.f. → **alismacée.**

ALISME n.m. → **alisma.**

ALITEMENT n.m.

ALITER v. **10.**

ALIZARI n.m. Racine de la garance.

ALIZARINE n.f. Colorant rouge extrait de l'alizari.

ALIZE n.f. → **alise.**

ALIZÉ n.m. et adj.m. Vent régulier soufflant du nord-est.

ALIZÉEN, ENNE adj. Relatif aux alizés.

ALIZIER n.m. → **alisier.**

ALKÉKENGE [alkék-an-j] n.f. Plante vivace à baies comestibles.

ALKERMÈS n.m. Liqueur aromatique colorée en rouge.

ALKYLATION n.f. → **alcoylation.**

ALKYLE n.m. → **alcoyle.**

ALLACHE n.f. Sardine de la Méditerranée.

ALLAITANT, E adj.

ALLAITEMENT n.m.

ALLAITER v. **10.**

ALLAMANDA n.f. Arbuste ornemental.

ALLANT, E adj. et n.m.

ALLANTOÏDE n.f. Une des membranes de l'embryon.

ALLANTOÏDIEN, ENNE n.m. et adj. Vertébré dont l'embryon est enveloppé d'un amnios.

ALLANTOÏNE n.f. *Biol.* Forme d'élimination des déchets azotés.

ALLATIF n.m. *Ling.* Cas indiquant la direction.

ALLÉCHANT, E adj.

ALLÈCHEMENT n.m. Attrait.

ALLÉCHER v. **12.**

ALLÉE n.f.

ALLÉGATION n.f. Citation d'un fait.

ALLÉGEABLE adj.

ALLÉGEANCE n.f. Obligation de fidélité et d'obéissance.

ALLÉGEMENT ou **ALLÈGEMENT** n.m.

ALLÉGER v. **18.**

ALLÉGIR v. **40.** Amincir (une poutre).

ALLÉGORIE n.f. Représentation d'une idée abstraite par une image.

ALLÉGORIQUE adj.

ALLÉGORIQUEMENT adv.

ALLÉGORISER v. **10.** Expliquer par des allégories.

ALLÉGORISTE n.m.

ALLÈGRE adj. Plein d'entrain.

ALLÈGREMENT adv.

ALLÉGRESSE n.f.

ALLEGRETTO adv.

ALLÉGRETTO n.m. Morceau de musique exécuté dans un tempo un peu vif.

ALLEGRO adv.

ALLÉGRO n.m. Morceau de musique exécuté dans un tempo vif et gai.

ALLÉGUER v. **12.**

ALLÈLE n.m. et adj. Caractère héréditaire qui s'oppose à un autre.

ALLÉLIQUE adj.

ALLÉLOMORPHE n.m. et adj. → **allèle.**

ALLÉLUIA n.m. et interj.

ALLEMAND, E adj., n.m. et n.f.

ALLÈNE n.m. Hydrocarbure.

ALLER n.m.

ALLER v. **35.**

ALLERGÈNE n.m. Substance responsable d'une allergie.

ALLERGÉNIQUE adj.

ALLERGIDE n.f. Lésion cutanée d'origine allergique.

ALLERGIE n.f.

ALLERGIQUE adj.

ALLERGISANT, E adj.

ALLERGOLOGIE n.f. Partie de la médecine qui traite l'allergie.

ALLERGOLOGIQUE adj.

ALLERGOLOGISTE n.

ALLERGOLOGUE n.

ALLEU, X n.m. *Féod.* Terre libre de toute redevance.

ALLEUTIER n.m. Propriétaire d'un alleu.

ALLIACÉ, E adj. Propre à l'ail.

ALLIAGE n.m.

ALLIAIRE n.f. Plante à odeur d'ail.

ALLIANCE n.f.

ALLICINE n.f. Principal composant de l'ail, odorant et antibactérien.

ALLIER v. **15.**

ALLIGATOR n.m.

ALLIGATORIDÉ n.m. Reptile, type alligator ou caïman.

ALLITÉRATIF, IVE adj.

ALLITÉRATION n.f. Répétition délibérée des mêmes sons dans une phrase ou un vers.

ALLÔ interj.

ALLOC n.f. *Fam.* Allocation.

ALLOCATAIRE n. Personne qui reçoit une allocation.

ALLOCATION n.f.

ALLOCENTRISME n.m. *Psych.* Tendance à s'intéresser aux autres.

ALLOCENTRISTE adj. et n.

ALLOCHTONE [k] adj. et n.m. Qui n'est pas originaire du pays où il vit.

ALLOCUTAIRE n. *Ling.* Personne à qui on s'adresse.

ALLOCUTION n.f.

ALLODIAL, E, AUX adj. *Hist.* Qui appartient à un alleu.

ALLOGAME adj. *Biol.* Qui se reproduit par union de gamètes provenant de deux individus distincts.

ALLOGAMIE n.f.

ALLOGÈNE adj. et n. D'une autre origine que les autochtones.

ALLOGREFFE n.f. *Méd.* Greffe où le greffon est prélevé sur un donneur de la même espèce.

ALLOGREFFON n.m. *Méd.* Greffon utilisé dans l'allogreffe.

ALLOMÉTRIE n.f. *Biol.* Croissance d'un organe par rapport à l'ensemble du corps.

ALLOMÉTRIQUE adj.

ALLONGE n.f. Longueur des bras d'un boxeur.

ALLONGEMENT n.m.

ALLONGER v. **17.**

ALLOPATHE n. et adj. Médecin qui traite de façon classique.

ALLOPATHIE n.f.

ALLOPATHIQUE adj.

ALLOPHANE n.f. Silicate d'aluminium hydraté.

ALLOPHONE adj. et n. Dont la langue maternelle n'est pas celle du milieu où il vit.

ALLOPURINOL n.m. Médicament contre la formation d'acide urique.

ALLOSAURE n.m. Reptile dinosaurien.

ALLOSOME [-zôm] n.m. Chromosome sexuel.

ALLOSTÉRIE n.f. Déformation d'une enzyme sous l'effet d'une molécule qui se fixe sur elle.

ALLOSTÉRIQUE adj.

ALLOTIR v. **40.** Répartir en lots.

ALLOTISSEMENT n.m.

ALLOTROPIE n.f. Présentation physique diversifiée d'un même corps chimique.

ALLOTROPIQUE adj.

ALLOUCHIER n.m. **(= alouchier)** Alisier.

ALLOUER v. **10.**

ALLUCHON n.m. Dent d'engrenage.

ALLUMAGE n.m.

ALLUMER v. **10.**

ALLUMETTE n.f.

ALLUMETTIER, ÈRE n.

ALLUMEUR, EUSE 1. n.m. Dispositif d'allumage. 2. n.f. Aguicheuse.

ALLUMOIR n.m.

ALLURE n.f.

ALLURÉ, E adj. Qui a du chic.

ALLUSIF, IVE adj.

ALLUSION n.f.

ALLUSIVEMENT adv.

ALLUVIAL, E, AUX adj. Produit par des alluvions.

ALLUVION n.f. Dépôt laissé par un cours d'eau.

ALLUVIONNAIRE adj.

ALLUVIONNEMENT n.m.

ALLUVIONNER v. **10.** Accroître (un terrain) en déposant des alluvions.

ALLYLE n.m. Radical chimique.

ALLYLÈNE n.m. Hydrocarbure.

ALLYLIQUE adj.

ALMAGESTE n.m. Recueil d'observations astronomiques.

ALMANACH [-a] n.m.

ALMANDIN, E n. Grenat.

ALMASILICIUM n.m. → **almasilium.**

ALMASILIUM n.m. Alliage léger.

ALMÉE n.f. Danseuse orientale.

ALMÉLEC n.m. (Nom déposé) Alliage léger.

ALMICANTARAT n.m. *Astr.* Cercle imaginé sur la sphère céleste, parallèle à l'horizon.

ALMOHADE adj. D'une dynastie musulmane (XIIe et XIIIe s.).

ALMORAVIDE adj. D'une dynastie musulmane (XIe et XIIe s.).

ALOÈS n.m. Plante des régions désertiques.

ALOÉTIQUE adj. *Pharm.* Qui contient du suc d'aloès.

ALOGIE n.f. *Psych.* Incapacité de s'exprimer par la parole.

ALOGIQUE adj. Contraire aux lois de la logique.

ALOI n.m. Titre d'un alliage.

ALOPÉCIE n.f. Chute des cheveux.

ALOPÉCIQUE adj.

ALORS adv.

ALOSE n.f. Poisson de mer.

ALOUATE n.m. Singe hurleur.

ALOUCHIER n.m. → **allouchier.**

ALOUETTE n.f.

ALOURDIR v. **40.**

ALOURDISSEMENT n.m.

ALOYAU, X n.m. Pièce de bœuf.

ALPACA n.m. **(= alpaga)** Ruminant voisin du lama. – Étoffe faite avec le poil de cet animal.

ALPAGA n.m. → **alpaca.**

ALPAGE n.m.

ALPAGISTE n. Éleveur qui utilise un alpage.

ALPAGUER v. **10.** *Arg.* Appréhender.

ALPAX n.m. (Nom déposé) Alliage d'aluminium et de silicium.

ALPE n.f. → **alpage.**

ALPENSTOCK [pèn] n.m. *Vx.* Bâton ferré pour les excursions en montagne.

ALPESTRE adj.

ALPHA **I** n.m. Première lettre de l'alphabet grec.

ALPHABET n.m.

ALPHABÈTE adj. et n. (Personne) sachant lire et écrire.

ALPHABÉTIQUE adj.

ALPHABÉTISATION n.f.

ALPHABÉTISER v. **10.**

ALPHABÉTISEUR, EUSE n.

ALPHABÉTISME n.m. Système d'écriture reposant sur un alphabet.

ALPHABLOQUANT, E adj. et n.m. *Méd.* (Substance) qui inhibe certains récepteurs du système sympathique.

ALPHANUMÉRIQUE adj. Comprenant à la fois des chiffres et des caractères alphabétiques.

ALPHAPAGE n.m. (Nom déposé) Petit récepteur de messages téléphoniques.

ALPHONSINES adj.f.pl. (Tables) astronomiques dressées sur ordre d'Alphonse X, roi de Castille.

ALPIN, E adj.

ALPINIA n.m. Plante d'Asie tropicale.

ALPINISME n.m.

ALPINISTE n.

ALPISTE n.m. Graminée.

ALQUIFOUX [alkifou] n.m. Sulfure de plomb.

ALSACE n.m. Vin.

ALSACIEN, ENNE adj. et n.m.

ALTAÏQUE adj. Des monts Altaï (Asie centrale).

ALTÉA n.m. **(= althæa, althéa, althée)** Plante, type guimauve.

ALTER [-tèr] adj. et n. *Fam.* Altermondialiste.

ALTÉRABILITÉ n.f.

ALTÉRABLE adj.

ALTÉRAGÈNE adj. *Biol.* Qui peut altérer des cellules vivantes.

ALTÉRANT, E adj.

ALTÉRATION n.f.

ALTERCATION n.f.

ALTÉRER v. **12.** Changer en mal. – Exciter la soif.

ALTÉRITÉ n.f. *Philos.* Caractère de ce qui est autre.

ALTERNANCE n.f.

ALTERNANT, E adj.

ALTERNAT n.m. Rotation.

ALTERNATEUR n.m. Générateur de courant électrique alternatif.

ALTERNATIF, IVE adj. et n.f.

ALTERNATIVEMENT adv.

ALTERNER v. **10.**

ALTESSE n.f.

ALTHÆA [altéa] n.m. → **altéa.**

ALTHÉA n.m. → **altéa.**

ALTHÉE n.m. → **altéa.**

ALTI **I** → **alto.**

ALTIER, ÈRE adj.

ALTIÈREMENT adv.

ALTILIGÉRIEN, ENNE adj. De la Haute-Loire.

ALTIMÈTRE n.m.

ALTIMÉTRIE n.f.

ALTIMÉTRIQUE adj.

ALTIPLANO n.m. Haut plateau.

ALTIPORT n.m. Aire d'atterrissage en montagne.

ALTISE n.f. Insecte coléoptère nuisible.

ALTISTE n. Personne qui joue de l'alto.

ALTITUDE n.f.

ALTO (pl. **ALTI** ou **ALTOS**) 1. n. La plus grave des voix de femme. 2. n.m. et adj. Instrument très proche du violon.

ALTOCUMULUS n.m. Nuage moutonné.

ALTOSÉQUANAIS, E [k] adj. Des Hauts-de-Seine.

ALTOSTRATUS n.m. Nuage gris foncé.

ALTRUISME n.m.

ALTRUISTE adj. et n.

ALTUGLAS [-glas] n.m. (Nom déposé) Matière synthétique translucide.

ALU n.m. *Fam.* Aluminium.

ALUCITE n.f. Papillon.

ALUETTE n.f. Jeu de cartes.

ALULE n.f. Petite aile formée par des plumes insérées sur le pouce des oiseaux.

ALUMINAGE n.m. Mordançage par alumine.

ALUMINAIRE adj. (Pierre) contenant de l'alun.

ALUMINATE n.m. Sel d'aluminium.

ALUMINE n.f. Oxyde d'aluminium constituant un certain nombre de pierres précieuses.

ALUMINER v. **10.** Combiner avec l'alumine. – Recouvrir d'aluminium.

ALUMINERIE n.f. Usine où l'on fabrique l'aluminium.

ALUMINEUX, EUSE adj. Qui contient de l'alumine.

ALUMINIAGE n.m. Protection par couche d'aluminium.

ALUMINIER n.m. Spécialiste de l'aluminium.

ALUMINIFÈRE adj. Qui contient de l'alumine.

ALUMINISATION n.f. → **aluminiage.**

ALUMINITE n.f. Porcelaine très réfractaire.

ALUMINIUM n.m.

ALUMINOSILICATE n.m. Sel de silice et d'alumine.

ALUMINOTHERMIE n.f. Chaleur produite par la réaction de l'aluminium sur un oxyde métallique.

ALUMINURE n.f. → **aluminiage.**

ALUMNAT n.m. Établissement secondaire dans certaines congrégations.

ALUN n.m. Sulfate d'aluminium et de potassium.

ALUNAGE n.m.

ALUNER v. **10.** Imprégner (une étoffe) d'alun.

ALUNERIE n.f. Fabrique d'alun.

ALUNIFÈRE adj. Qui contient de l'alun.

ALUNIR v. **40.** *Être aluni :* s'être posé sur la Lune.

ALUNISSAGE n.m.

ALUNITE n.f. Sulfate hydraté d'aluminium et de potassium.

ALVÉOLAIRE adj.

ALVÉOLE n.f.

ALVÉOLÉ, E adj.

ALVÉOLITE n.f. Inflammation des alvéoles pulmonaires ou dentaires.

ALVIN, E adj. *Méd.* Relatif au bas-ventre.

ALYA n.f. Émigration vers Israël des Juifs de la Diaspora.

ALYSSE n.f. Plante ornementale.

ALYSSON n.m. → **alysse.**

ALYSSUM n.m. → **alysse.**

ALYTE n.m. Batracien, dit *crapaud accoucheur.*

ALZHEIMER [alzaymèr] n.m. Maladie neurologique.

AMABILITÉ n.f.

AMADINE n.f. Petit passereau africain.

AMADOU n.m. Substance très facilement inflammable.

AMADOUEMENT n.m.

AMADOUER v. **10.**

AMADOUVIER n.m. Champignon des arbres feuillus, produisant l'amadou.

AMAGNÉTIQUE adj. Dépourvu de qualités magnétiques.

AMAIGRIR v. **40.**

AMAIGRISSANT, E adj.

AMAIGRISSEMENT n.m.

AMALGAMATION n.f. Extraction d'or ou d'argent par combinaison avec le mercure.

AMALGAME n.m.

AMALGAMER v. **10.**

AMAN n.m. Pardon, en pays musulman.

AMANCHER v. **10.** *Québ.* Tromper, duper.

AMANDAIE n.f. Lieu planté d'amandiers.

AMANDE n.f.

AMANDÉ, E adj. Qui contient un suc extrait de l'amande.

AMANDERAIE n.f. → **amandaie.**

AMANDIER n.m.

AMANDINE n.f. Tartelette aux amandes.

AMANITE n.f. Champignon à lamelles.

AMANT, E n.

AMARANTACÉE n.f. Plante, type amarante.

AMARANTE n.f. et adj. Plante ornementale à fleurs rouges.

AMAREYEUR, EUSE n. Personne qui s'occupe des parcs à huîtres.

AMARIL, E adj. *Méd.* Qui a rapport à la fièvre jaune.

AMARINAGE n.m.

AMARINER v. **10.** Habituer (un équipage) à la mer.

AMARNIEN, ENNE adj. D'Amarna (Égypte ancienne).

AMARRAGE n.m.

AMARRE n.f.

AMARRER v. **10.**

AMARYLLIDACÉE n.f. Plante, type amaryllis.

AMARYLLIS [-s] n.f. Plante bulbeuse à grandes fleurs éclatantes.

AMAS n.m.

AMASSER v. **10.**

AMASSETTE n.f. Couteau flexible utilisé par les peintres.

AMASSEUR, EUSE n.

AMATEUR, TRICE adj. et n.

AMATEURE adj.f. et n.f. *Québ.* Féminin de *amateur.*

AMATEURISME n.m.

AMATHIE n.f. Crustacé méditerranéen.

AMATIR v. **40.** Rendre mat (un métal précieux).

AMAUROSE n.f. Cécité plus ou moins complète.

AMAUROTIQUE adj. et n.

AMAZIGH, E [-zir] adj. Berbère.

AMAZIGHITÉ [-rité] n.f.

AMAZONE n.f.

AMAZONIEN, ENNE adj. De l'Amazone ou de l'Amazonie (Amérique du Sud).

AMAZONITE n.f. Pierre fine verte.

AMBAGES n.f.pl. *Sans ambages :* sans détour.

AMBASSADE n.f.

AMBASSADEUR, DRICE n.

AMBIANCE n.f.

AMBIANCER v. **(p.p.inv.) 13.** Mettre de l'ambiance.

AMBIANCEUR, EUSE n. *Afr.* Fêtard.

AMBIANT, E adj. Qui entoure le milieu dans lequel on vit.

AMBIDEXTRE adj. et n. Qui se sert également de ses deux mains.

AMBIDEXTRIE n.f.

AMBIFIER (S') v. **15.** Éclaircir la couleur de sa peau.

AMBIGU, AMBIGUË adj.

AMBIGUÏTÉ n.f.

AMBIGUMENT adv.

AMBIOPHONIE n.f. Ambiance sonore.

AMBISEXUÉ, E adj. *Psych.* (Comportement) de type à la fois masculin et féminin.

AMBITIEUSEMENT adv.

AMBITIEUX, EUSE adj. et n.

AMBITION n.f.

AMBITIONNER v. **10.**

AMBITUS n.m. Étendue d'une mélodie, du plus grave au plus aigu.

AMBIVALENCE n.f.

AMBIVALENT, E adj. Qui a deux valeurs différentes.

AMBLE n.m. Allure de certains quadrupèdes.

AMBLER v. **(p.p.inv.) 10.** Aller l'amble.

AMBLEUR, EUSE adj.

AMBLYOPE adj. et n. Dont l'acuité visuelle est très diminuée.

AMBLYOPIE n.f.

AMBLYOSCOPE n.m. Appareil servant à évaluer une amblyopie.

AMBLYRHYNQUE n.m. Sorte d'iguane.

AMBLYSTOME n.m. **(= ambystome)** Salamandre du Mexique.

AMBOINE n.m. Bois précieux.

AMBON n.m. Tribune surélevée, dans certaines églises anciennes.

AMBRE n.m. *Ambre gris :* concrétion du cachalot. - *Ambre jaune :* résine fossile.

AMBRÉINE n.f. Alcool de l'ambre gris.

AMBRER v. **10.** Parfumer à l'ambre gris.

AMBRETTE n.f. Arbrisseau des Antilles à odeur de musc.

AMBREVADE n.f. Arbrisseau tropical aux graines comestibles.

AMBROISIE n.f. *Antiq.* Nourriture des dieux.

AMBROISIEN, ENNE adj. Exquis.

AMBROSIAQUE adj. Comparable à l'ambroisie.

AMBROSIEN, ENNE adj. Relatif à saint Ambroise.

AMBULACRAIRE adj.

AMBULACRE n.m. Sorte de ventouse locomotrice chez certains animaux marins.

AMBULANCE n.f.

AMBULANCIER, ÈRE n.

AMBULANT, E adj. et n.

AMBULATOIRE adj. *Dr.* Qui n'a pas de siège fixe.

AMBYSTOME n.m. → **amblystome.**

ÂME n.f.

AMÉBÉE adj. *Antiq.* (Chant) où deux interlocuteurs se répondent.

AMÉLANCHIER n.m. Arbuste des montagnes.

AMÉLIORABLE adj.

AMÉLIORANT, E adj.

AMÉLIORATEUR, TRICE adj.

AMÉLIORATION n.f.

AMÉLIORER v. **10.**

AMEN ❙ n.m.

AMÉNAGEABLE adj.

AMÉNAGEMENT n.m.

AMÉNAGER v. **17.**

AMÉNAGEUR, EUSE n.

AMÉNAGISTE n. Personne qui organise l'exploitation d'une forêt.

AMENDABLE adj.

AMENDE n.f.

AMENDEMENT n.m.

AMENDER v. **10.** Modifier pour améliorer.

AMÈNE adj. *Litt.* Courtois.

AMENER v. **11.**

AMÉNITÉ n.f. Amabilité.

AMÉNOKAL, S n.m. Chef touareg.

AMÉNORRHÉE n.f. *Méd.* Absence de menstruation.

AMENSAL, E, AUX adj. (Végétal) inhibé par les sécrétions d'une autre plante.

AMENSALISME n.m.

AMENTALE n.f. Arbre à chatons, type saule, noyer.

AMENTIFÈRE n.f. → **amentale.**

AMENUISEMENT n.m.

AMENUISER v. **10.** Rendre plus petit.

AMER, ÈRE adj. et n.m.

AMÉRASIEN, ENNE adj. Métis d'Américain et d'Asiatique.

AMÈREMENT adv.

AMÉRICAIN, E adj., n.m. et n.f.

AMÉRICANISATION n.f.

AMÉRICANISER v. **10.**

AMÉRICANISME n.m. Ensemble des études consacrées au continent américain.

AMÉRICANISTE adj. et n.

AMERICANO [amé-] n.m. Cocktail à base de bitter et de vermout.

AMÉRICIUM n.m. Élément chimique.

AMÉRINDIANISME n.m. Tournure propre aux Amérindiens.

AMÉRINDIEN, ENNE adj. Relatif aux Indiens d'Amérique.

AMERLO n. (= **amerlot**) *Péj.* Américain des États-Unis.

AMERLOQUE n. → **amerlo.**

AMERLOT n. → **amerlo.**

AMERRIR v. **40.** *Être amerri :* s'être posé sur l'eau.

AMERRISSAGE n.m.

AMERTUME n.f.

AMÉTABOLE adj. (Insecte) qui se développe sans métamorphoses.

AMÉTALLIQUE adj. *Écon.* (Système monétaire) dont l'étalon n'est pas un métal précieux.

AMÉTHYSTE n.f. Pierre fine de couleur violette.

AMÉTROPE adj. et n. Qui voit mal par suite de l'insuffisance de réfraction de l'œil.

AMÉTROPIE n.f.

AMEUBLEMENT n.m.

AMEUBLIR v. **40.** Rendre (une terre) plus meuble.

AMEUBLISSEMENT n.m.

AMEULONNER v. **10.** Mettre (du foin) en meule.

AMEUTEMENT n.m.

AMEUTER v. **10.** Rassembler pour exciter.

AMHARA adj. D'un peuple de l'Éthiopie.

AMHARIQUE n.m. Langue parlée en Éthiopie.

AMI, E adj. et n.

AMIABLE adj. Conciliant des intérêts opposés.

AMIABLEMENT adv.

AMIANTE n.m. Silicate incombustible de calcium et de magnésium.

AMIANTÉ, E adj.

AMIANTIFÈRE adj. Qui contient de l'amiante.

AMIANTOSE n.f. Affection des poumons due à la poussière d'amiante.

AMIBE n.f. Animal unicellulaire aquatique.

AMIBIASE n.f. Affection parasitaire due aux amibes.

AMIBIEN, ENNE adj. et n.

AMIBOÏDE adj. Qui ressemble aux amibes.

AMICAL, E, AUX adj. et n.f.

AMICALEMENT adv.

AMICALISTE adj. et n. Relatif à une amicale.

AMICT [ami] n.m. Vêtement liturgique.

AMIDE n.m. Composé organique dérivant de l'ammoniac.

AMIDINE n.f. Composé dérivant des amides.

AMIDON n.m.

AMIDONNAGE n.m.

AMIDONNER v. **10.**

AMIDONNERIE n.f.

AMIDONNIER, ÈRE adj. Qui concerne l'amidon.

AMIDOPYRINE n.f. Médicament analgésique.

AMIÉNOIS, E adj. D'Amiens.

AMIGNE n.f. Vin blanc valaisan.

AMIGO n.m. *Belg.* Cachot de police.

AMIMIE n.f. Impossibilité pathologique de communiquer par gestes.

AMIMIQUE adj. et n.

AMINCIR v. **40.**

AMINCISSANT, E adj.

AMINCISSEMENT n.m.

AMINE n.f. Composé organique dérivant de l'ammoniac.

AMINÉ, E adj.

AMINOACIDE n.m. Acide aminé.

AMINOGÈNE n.m. Radical univalent existant dans les amines.

AMINOPHYLLINE n.f. Médicament stimulant du cœur et de la respiration.

AMINOPLASTE n.m. Résine synthétique.

AMINOSIDE n.m. Antibiotique.

AMIRAL, E, AUX adj. et n.

AMIRALAT n.m. Grade, dignité d'amiral.

AMIRAUTÉ n.f.

AMISH adj. et n. D'une secte américaine opposée au progrès.

AMITALOCAL, E, AUX adj. *Ethn.* (Type de résidence) où les couples habitent près de la sœur du père de l'épouse.

AMITIÉ n.f.

AMITIEUX, EUSE [t] adj. *Belg.* Affectueux.

AMITOSE n.f. *Biol.* Division directe du noyau d'une cellule vivante.

AMIXIE n.f. *Biol.* Impossibilité de croisement entre deux espèces voisines.

AMMAN n.m. *Helv.* Titre donné à certains magistrats locaux.

AMMANIEN, ENNE adj. D'Amman (Jordanie).

AMMI n.m. *Bot.* Ombellifère.

AMMOCÈTE n.f. Larve de lamproie.

AMMODYTE n.f. Grande vipère des Balkans et du Proche-Orient.

AMMONAL, S n.m. Mélange de nitrate d'ammonium et d'aluminium.

AMMONIAC, AMMONIAQUE 1. n.m. Mélange d'azote et d'hydrogène à odeur piquante. 2. n.f.

Solution aqueuse de gaz ammoniac. 3. adj. Relatif à l'ammoniac.

AMMONIACAL, E, AUX adj.

AMMONIAQUE → **ammoniac.**

AMMONIAQUÉ, E adj.

AMMONIFICATION n.f. Transformation de l'azote organique en azote ammoniacal.

AMMONIOTÉLIQUE adj. (Animal) dont l'acide urique contient des sels ammoniacaux.

AMMONISATION n.f. → **ammonification.**

AMMONITE n.f. Mollusque fossile.

AMMONITIDÉ n.m. Céphalopode, type ammonite.

AMMONITRATE n.m. Nitrate d'ammonium.

AMMONIUM n.m. Radical des sels ammoniacaux.

AMMONIURIE n.f. Élimination d'ammoniaque par les urines.

AMMOPHILE 1. n.f. Guêpe. 2. adj. Qui aime le sable.

AMNÉSIE n.f.

AMNÉSIQUE adj. et n.

AMNIOCENTÈSE [-s-in-tèz] n.f. *Méd.* Ponction de liquide amniotique.

AMNIOS [-s] n.m. Une des membranes qui entourent le fœtus.

AMNIOSCOPIE n.f. Examen endoscopique du liquide amniotique.

AMNIOTE n.m. Vertébré dont l'embryon est enveloppé d'un amnios.

AMNIOTIQUE adj. Qui appartient à l'amnios.

AMNISTIABLE adj.

AMNISTIANT, E adj.

AMNISTIE n.f. Acte législatif qui efface une infraction.

AMNISTIER v. **15.**

AMOCHER v. **10.**

AMODAL, E, AUX adj. *Stat.* (Distribution) qui ne comporte aucune valeur dominante.

AMODIATAIRE n. Personne qui prend une terre à bail.

AMODIATEUR, TRICE n. Personne qui cède une terre à bail.

AMODIATION n.f.

AMODIER v. **15.** Donner (une terre) en location.

AMOINDRIR v. **40.**

AMOINDRISSEMENT n.m.

AMOK n.m. Folie meurtrière chez les Malais.

AMOLLIR v. **40.**

AMOLLISSANT, E adj.

AMOLLISSEMENT n.m.

AMOME n.m. Plante de l'Afrique tropicale.

AMONCELER v. **22** (j'amoncelle...) Amasser.

AMONCELLEMENT n.m.

AMONT adj. et n.m.

AMONTILLADO n.m. Vin de Xérès.

AMORAL, E, AUX adj.

AMORALISME n.m.

AMORALISTE adj. et n.

AMORALITÉ n.f.

AMORÇAGE n.m.

AMORCE n.f.

AMORCER v. **13.**

AMORCEUR, EUSE n.

AMORÇOIR n.m. Ustensile de pêche pour amorcer.

AMORDANCER v. **13.** Traiter (une étoffe) avec un mordant.

AMOROSO adv. *Mus.* Avec tendresse.

AMORPHE adj. Non cristallisé. – Qui manque de vivacité.

AMORTI, E n.m. et n.f.

AMORTIR v. **40.**

AMORTISSABLE adj. Remboursable.

AMORTISSEMENT n.m. Extinction graduelle d'une dette.

AMORTISSEUR, EUSE adj. et n.m.

AMOUILLANTE adj.f. et n.f.

AMOUILLER v. **(p.p.inv.) 10.** Être près de vêler.

AMOUR n.m.

AMOURACHER (S') v. **10.**

AMOURETTE n.f.

AMOUREUSEMENT adv.

AMOUREUX, EUSE adj. et n.

AMOVIBILITÉ n.f.

AMOVIBLE adj.

AMOXICILLINE n.f. Antibiotique.

AMPÉLIDACÉE n.f. Plante, type vigne.

AMPÉLITE n.f. Schiste noir argileux.

AMPÉLOGRAPHIE n.f. Science de la vigne.

AMPÉLOGRAPHIQUE adj.

AMPÉLOLOGIE n.f. → **ampélographie.**

AMPÉLOPSIS [-s] n.m. Vigne vierge.

AMPÉRAGE n.m. Intensité d'un courant électrique.

AMPÈRE n.m. Unité d'intensité électrique.

AMPÈREMÈTRE n.m. Appareil mesurant l'intensité électrique.

AMPÉRIEN, ENNE adj. Relatif au physicien Ampère ou à certains courants électriques.

AMPHÉTAMINE n.f. Drogue stimulante.

AMPHÉTAMINIQUE adj. et n.m.

AMPHI n.m. *Fam.* Amphithéâtre.

AMPHIARTHROSE n.f. *Anat.* Type d'articulation semi-mobile.

AMPHIBIE adj. et n.m. Qui peut vivre sur terre et dans l'eau.

AMPHIBIEN n.m. Vertébré à larve aquatique.

AMPHIBIOSE n.f. Mode de vie des amphibies.

AMPHIBOLE 1. n.f. Pierre volcanique. 2. adj. *Méd.* Qui n'a pas de caractères bien définis.

AMPHIBOLIQUE adj.

AMPHIBOLITE n.f. Roche constituée d'amphiboles.

AMPHIBOLOGIE n.f. Ambiguïté.

AMPHIBOLOGIQUE adj.

AMPHIBRAQUE n.m. *Poét., Antiq.* Pied formé de trois syllabes.

AMPHICTYON n.m. *Antiq. gr.* Député à une amphictyonie.

AMPHICTYONIE n.f. *Antiq. gr.* Fédération de villes autour d'un sanctuaire.

AMPHICTYONIQUE adj.

AMPHIGÈNE adj. *Bot.* Qui s'accroît dans tous les sens.

AMPHIGOURI n.m. Discours ou écrit inintelligible.

AMPHIGOURIQUE adj.

AMPHIMIXIE n.f. Fusion des deux noyaux mâle et femelle dans la fécondation.

AMPHINEURE n.m. Mollusque marin.

AMPHIOXUS n.m. Petit animal marin.

AMPHIPHILE adj. (Molécule) mi-hydrophile, mi-hydrophobe.

AMPHIPODE n.m. Crustacé de petite taille.

AMPHIPRION n.m. Petit poisson corallien aux couleurs vives (poisson-clown).

AMPHIPTÈRE n.m. *Hér.* Serpent ou dragon ailé.

AMPHISBÈNE n.m. Reptile de l'Amérique tropicale.

AMPHITHÉÂTRE n.m.

AMPHITRYON, ONNE n. Hôte qui offre à dîner.

AMPHIUME n.m. Amphibien urodèle.

AMPHOLYTE n.m. Substance qui agit tantôt comme acide, tantôt comme base.

AMPHORE n.f.

AMPHOTÈRE adj. Qui possède à la fois les propriétés des acides et des bases.

AMPICILLINE n.f. Variété de pénicilline.

AMPLE adj.

AMPLECTIF, IVE adj. *Bot.* (Organe) qui enveloppe d'autres organes.

AMPLEMENT adv.

AMPLEUR n.f.

AMPLEXICAULE adj. *Bot.* (Feuille, pétiole) qui embrasse la tige.

AMPLI n.m.

AMPLIATEUR, TRICE n. *Dr.* Personne qui fait une ampliation.

AMPLIATIF, IVE adj.

AMPLIATION n.f. *Dr.* Double authentique d'un acte officiel.

AMPLIFIANT, E adj.

AMPLIFICATEUR, TRICE adj. et n.

AMPLIFICATION n.f.

AMPLIFIER v. **15.**

AMPLIFORME adj. et n.m. (Soutien-gorge) qui grossit la poitrine.

AMPLITUDE n.f.

AMPOULE n.f.

AMPOULÉ, E adj. Pompeux.

AMPULLAIRE n.f. Mollusque en forme d'ampoule.

AMPUTATION n.f.

AMPUTER v. **10.**

AMSTELLODAMIEN, ENNE adj. → **amstellodamois.**

AMSTELLODAMOIS, E adj. D'Amsterdam (Pays-Bas).

AMUÏR (S') v. **63.** *Phon.* Devenir muet.

AMUÏSSEMENT n.m.

AMULETTE n.f. Petit objet qu'on porte sur soi pour se protéger du mauvais sort.

AMURER v. **10.** *Mar.* Tendre (une voile) en l'orientant selon le vent.

AMUSANT, E adj.

AMUSEMENT n.m.

AMUSER v. **10.**

AMUSETTE n.f. Distraction sans importance.

AMUSEUR, EUSE n.

AMUSIE n.f. Absence du sens musical.

AMYGDALE n.f.

AMYGDALECTOMIE n.f. Ablation des amygdales.

AMYGDALIEN, ENNE adj.

AMYGDALINE n.f. Glucose des amandes amères.

AMYGDALITE n.f. Inflammation des amygdales.

AMYGDALOÏDE adj. (Gneiss) qui contient des grains en forme d'amande.

AMYGDALOTOME n.m. Instrument pour enlever les amygdales.

AMYLACÉ, E adj. De la nature de l'amidon.

AMYLASE n.f. Enzyme provoquant l'hydrolyse de l'amidon.

AMYLE n.m. Radical hydrocarboné.

AMYLÈNE n.m. Hydrocarbure.

AMYLIQUE adj. (Alcool) de la fécule de pomme de terre.

AMYLOBACTER [-tèr] n.m. Bactérie anaérobie intervenant dans la fermentation butyrique.

AMYLOÏDE adj. Ressemblant à l'amidon.

AMYLOÏDOSE n.f. → **amylose.**

AMYLOPLASTE n.m. *Bot.* Plaste qui stocke de l'amidon.

AMYLOSE n.f. Infiltration des tissus par une substance amyloïde.

AMYOTROPHIE n.f. Atrophie des muscles.

AMYOTROPHIQUE adj.

AN n.m.

ANA n.m. Recueil de bons mots.

ANABAPTISME n.m. Doctrine chrétienne dissidente du XVIe s.

ANABAPTISTE adj. et n.

ANABAS [-s] n.m. Poisson amphibie du Sud-Est asiatique.

ANABIOSE n.f. Retour à la vie active après hibernation.

ANABLEPS [-s] n.m. Poisson de l'Amérique tropicale.

ANABOLIQUE adj.

ANABOLISANT, E n.m. et adj. Stimulant musculaire.

ANABOLISÉ, E adj. (Animal d'élevage) traité aux anabolisants.

ANABOLISME n.m. Transformation de substances nutritives en tissu vivant.

ANABOLITE n.m. Substance produite lors de l'anabolisme.

ANACARDE n.m. Noix de cajou.

ANACARDIACÉE n.f. Arbre des régions tropicales.

ANACARDIER n.m. Arbre produisant la noix de cajou.

ANACHORÈTE [k] n.m. Ermite contemplatif.

ANACHORÉTIQUE [k] adj.

ANACHORÉTISME [k] n.m.

ANACHRONIQUE adj.

ANACHRONISME n.m.

ANACLINAL, E, AUX adj. (Cours d'eau) qui coule en sens inverse des strates du terrain.

ANACLITIQUE adj. *Psych.* Se dit de la dépression d'un enfant privé de sa mère.

ANACOLUTHE n.f. Rupture de construction grammaticale.

ANACONDA n.m. Grand serpent de l'Amérique du Sud.

ANACRÉONTIQUE adj. Qui rappelle l'œuvre du poète grec Anacréon.

ANACRÉONTISME n.m.

ANACROISÉS n.m.pl. (Nom déposé) Jeu de mots croisés où les définitions sont remplacées par des lettres en désordre.

ANACROUSE n.f. (= **anacruse**) *Mus.* Note faible précédant un temps fort.

ANACRUSE n.f. → **anacrouse.**

ANACYCLIQUE adj. et n.m. (Mot ou vers) dont la signification est différente selon le sens de lecture.

ANADROME adj. (Poisson) qui remonte les fleuves pour pondre.

ANAÉROBIE adj. et n.m. Qui peut vivre sans air.

ANAÉROBIOSE n.f. Mode de vie des organismes anaérobies.

ANAGALLIS [-s] n.m. *Bot.* Mouron.

ANAGÈNE adj. *Biol.* Se dit de la phase de croissance active d'un tissu.

ANAGLYPHE n.m. (= **anaglypte**) *Arch.* Ouvrage sculpté ou ciselé en bas-relief.

ANAGLYPTE n.m. → **anaglyphe.**

ANAGLYPTIQUE adj. et n.f. (Impression en relief) à l'usage des aveugles.

ANAGNOSTE [gn] n.m. *Antiq.* Personne chargée de lire à haute voix pour une assemblée.

ANAGOGIE n.f. Interprétation mystique des Écritures.

ANAGOGIQUE adj.

ANAGRAMMATIQUE adj.

ANAGRAMMATISME n.m. Divination fondée sur l'anagramme.

ANAGRAMMATISTE n.

ANAGRAMME n.f. Mot formé des lettres d'un autre mot disposées dans un ordre différent.

ANAGRAMMEUR n.m. *Inf.* Logiciel d'anagrammes.

ANAL, E, AUX adj. Qui se rapporte à l'anus.

ANALECTA **I** n.m.pl. (= **analectes**) Anthologies savantes.

ANALECTES n.m.pl. → **analecta.**

ANALEPSE n.f. *Rhét.* Retour en arrière (flash-back).

ANALEPSIE n.f. Retour des forces après une maladie.

ANALEPTIQUE adj. et n.m. (Substance) fortifiante.

ANALGÉSIE n.f. Perte de la sensibilité à la douleur.

ANALGÉSIQUE adj. et n.m.

ANALITÉ n.f. Psychisme lié au stade sadique-anal.

ANALLERGIQUE adj. Qui ne provoque pas de réaction allergique.

ANALOGIE n.f.

ANALOGIQUE adj.

ANALOGIQUEMENT adv.

ANALOGISME n.m. Raisonnement par analogie.

ANALOGON n.m. Élément d'une analogie.

ANALOGUE adj.

ANALPHABÈTE adj. et n.

ANALPHABÉTISME n.m.

ANALYCITÉ n.f. Caractère d'un jugement analytique.

ANALYSABLE adj.

ANALYSANT, E n. Personne qui se soumet à une cure psychanalytique.

ANALYSE n.f.

ANALYSER v. **10.**

ANALYSEUR, EUSE 1. n. *Psych.* Personne qui pratique l'analyse. 2. n.m. Appareil permettant de faire une analyse.

ANALYSTE n. Spécialiste d'un type d'analyse. - Psychanalyste.

ANALYTICITÉ n.f. → **analycité.**

ANALYTIQUE adj. et n.f.

ANALYTIQUEMENT adv.

ANAMNÈSE n.f. Ensemble d'informations concernant un malade.

ANAMNESTIQUE adj.

ANAMNIOTE n.m. Vertébré sans amnios.

ANAMORPHOSE n.f. *Opt.* Déformation.

ANANAS [-a(s)] n.m.

ANANERAIE n.f. Plantation d'ananas.

ANAPESTE n.m. Pied de vers grec ou latin composé de deux brèves et d'une longue.

ANAPESTIQUE adj.

ANAPHASE n.f. Troisième phase de la division cellulaire.

ANAPHORE n.f. *Ling.* Répétition d'un mot en tête de plusieurs propositions.

ANAPHORÈSE n.f. *Phys.* Déplacement des particules vers l'anode.

ANAPHORIQUE adj.

ANAPHRODISIAQUE adj. et n.m.

ANAPHRODISIE n.f. Absence de désir sexuel.

ANAPHYLACTIQUE adj.

ANAPHYLAXIE n.f. Allergie.

ANAPLASIE n.f. Altération des cellules.

ANAPLASIQUE adj.

ANAPLASTIE n.f. *Méd.* Réparation d'une partie mutilée par autogreffe.

ANAR n. et adj. *Fam.* Anarchiste.

ANARCHIE n.f.

ANARCHIQUE adj.

ANARCHIQUEMENT adv.

ANARCHISANT, E adj. et n.

ANARCHISME n.m.

ANARCHISTE adj. et n.

ANARTHRIE n.f. Trouble de l'articulation des sons.

ANASARQUE n.f. Œdème généralisé.

ANASTATIQUE adj. (Réimpression) par photographie.

ANASTIGMAT [-t] adj. et n.m. *Opt.* (Objectif) dépourvu d'astigmatisme.

ANASTIGMATE adj. et n.m. → **anastigmat.**

ANASTIGMATIQUE adj. → **anastigmat.**

ANASTIGMATISME n.m. Propriété qu'a une lentille de donner une image réelle.

ANASTOMOSE n.f. Communication entre deux vaisseaux ou deux nerfs.

ANASTOMOSER v. **10.** Réunir par anastomose.

ANASTOMOTIQUE adj.

ANASTROPHE n.f. Renversement de l'ordre habituel des mots.

ANASTYLOSE n.f. *Bx-arts.* Reconstruction d'un monument en ruine.

ANATEXIE n.f. Fusion de la croûte continentale.

ANATEXITE n.f. Roche résultant d'une anatexie.

ANATHÉMATISER v. **10.** Frapper d'anathème.

ANATHÈME n.m. Excommunication.

ANATHÉMISER v. **10.** → **anathématiser.**

ANATIDÉ n.m. Oiseau palmipède.

ANATIFE n.m. Crustacé marin.

ANATOCISME n.m. Capitalisation des intérêts d'un prêt.

ANATOLIEN, ENNE adj. et n.m. De l'Anatolie (Asie Mineure).

ANATOMIE n.f.

ANATOMIQUE adj.

ANATOMIQUEMENT adv.

ANATOMISER v. **10.** Disséquer.

ANATOMISTE n.

ANATOXINE n.f. Toxine microbienne atténuée.

ANATROPE adj. *Bot.* (Ovule) complètement renversé.

ANAVENIN n.m. Vaccin contre le venin.

ANCESTRAL, E, AUX adj.

ANCÊTRE n.

ANCHE n.f. Languette dont les vibrations produisent le son dans les instruments à vent.

ANCHOÏADE [an-choyad] n.f. (= **anchoyade**) Pâte d'anchois.

ANCHOIS n.m.

ANCHOYADE [an-choyad] n.f. → **anchoïade.**

ANCIEN, ENNE adj. et n.

ANCIENNEMENT adv.

ANCIENNETÉ n.f.

ANCILLAIRE [l] adj. Relatif aux servantes.

ANCOLIE n.f. Plante de la famille des renonculacées.

ANCONITAIN, E adj. D'Ancône (Italie).

ANCRAGE n.m.

ANCRE n.f.

ANCRER v. **10.**

ANCRURE n.f. Pli d'un drap mal tendu.

ANDAIN n.m. Rangée de foin fauché.

ANDAINAGE n.m.

ANDAINER v. **10.** Disposer (le foin) en andains.

ANDAINEUR n.m. Machine servant à andainer.

ANDALOU, ANDALOUSE adj. et n.m. D'Andalousie (Espagne).

ANDALOUSE → **andalou.**

ANDALOUSITE n.f. Silicate d'alumine.

ANDANTE [an-d-an-t(é)] n.m. et adv. Morceau de musique joué dans un tempo modéré.

ANDANTINO n.m. et adv. Morceau joué dans un mouvement plus vif que l'andante.

ANDERLECHTOIS, E [an-derlèktwa] adj. D'Anderlecht (Belgique).

ANDÉSINE n.f. Feldspath.

ANDÉSITE n.f. Roche volcanique.

ANDÉSITIQUE adj.

ANDIN, E adj. Des Andes (Amérique du Sud).

ANDORRAN, E adj. D'Andorre.

ANDOSOL [s] n.m. Sol issu de cendres volcaniques.

ANDOUILLE n.f. Charcuterie.

ANDOUILLER n.m. Ramification des bois d'un cerf.

ANDOUILLETTE n.f. Petite andouille qui se mange chaude.

ANDRÈNE n.m. Insecte hyménoptère.

ANDRINOPLE n.f. Étoffe de coton rouge.

ANDROCÉE n.m. Ensemble des étamines d'une fleur.

ANDROCÉPHALE adj. À tête humaine.

ANDROGÈNE adj. et n.m. (Hormone) mâle.

ANDROGENÈSE n.f. Développement d'un embryon à partir du gamète mâle uniquement.

ANDROGÉNÉTIQUE adj.

ANDROGÉNIE n.f. → **androgenèse.**

ANDROGÉNIQUE adj. Relatif aux hormones androgènes.

ANDROGYNE adj. et n. Qui tient des deux sexes.

ANDROGYNIE n.f.

ANDROÏDE n. Automate à forme humaine.

ANDROLÂTRIE n.f. Culte divin rendu à un homme.

ANDROLOGIE n.f. Étude des maladies spécifiquement masculines.

ANDROLOGIQUE adj.

ANDROLOGUE n.

ANDROMÈDE n.f. Bruyère ornementale.

ANDROPAUSE n.f. Diminution de la fonction sexuelle chez l'homme âgé.

ANDROPOGON n.m. Grande plante herbacée.

ANDROSACE n.f. Petite plante des montagnes que l'on peut cultiver dans les rocailles.

ANDROSTÉRONE n.f. Hormone sexuelle mâle.

ÂNE n.m.

ANÉANTIR v. **40.**

ANÉANTISSEMENT n.m.

ANECDOTE n.f.

ANECDOTIER, ÈRE n.

ANECDOTIQUE adj.

ANECDOTISER v. **(p.p.inv.) 10.** Conter des anecdotes.

ÂNÉE n.f. Charge d'un âne.

ANEL n.m. Anneau qui maintient les deux branches d'une tenaille de forge.

ANÉLASTICITÉ n.f.

ANÉLASTIQUE adj. (Métal) non élastique.

ANÉMIANT, E adj.

ANÉMIE n.f.

ANÉMIER v. **15.**

ANÉMIQUE adj. et n.

ANÉMOGRAPHE n.m. → **anémomètre.**

ANÉMOMÈTRE n.m. Instrument mesurant la vitesse du vent.

ANÉMOMÉTRIE n.f.

ANÉMOMÉTRIQUE adj.

ANÉMONE n.f.

ANÉMOPHILE adj. (Plante) dont la pollinisation est effectuée par le vent.

ANÉMOPHILIE n.f.

ANÉMOSCOPE n.m. *Techn.* Girouette.

ANENCÉPHALE adj. et n. Qui n'a pas de cerveau.

ANENCÉPHALIE n.f.

ANÉPIGRAPHE adj. (Monument) dépourvu d'inscription.

ANÉRECTION n.f. Absence d'érection.

ANERGIE n.f. Absence de réaction.

ANERGIQUE adj.

ANERGISANT, E adj. Qui entraîne une anergie.

ÂNERIE n.f.

ANÉROÏDE adj. (Baromètre) métallique dont une des parois se déforme sous l'effet de la pression atmosphérique.

ÂNESSE n.f.

ANESTHÉSIANT, E adj. et n.m.

ANESTHÉSIE n.f.

ANESTHÉSIER v. **15.**

ANESTHÉSIOLOGIE n.f.

ANESTHÉSIQUE adj. et n.m.

ANESTHÉSISTE n.

ANESTHÉTIQUE adj. Qui n'est pas esthétique.

ANETH n.m. Plante aromatique.

ANEURINE n.f. Vitamine B1.

ANÉVRISMAL, E, AUX adj.

ANÉVRISME n.m. (= **anévrysme**) Dilatation d'une artère ou du cœur.

ANÉVRYSMAL, E, AUX adj.

ANÉVRYSME n.m. → **anévrisme.**

ANFRACTUOSITÉ n.f. Cavité profonde et irrégulière.

ANGARIE n.f. Réquisition d'un navire neutre, en temps de guerre.

ANGE n.m.

ANGÉIOLOGIE n.f. → **angiologie.**

ANGÉITE n.f. (= **angiite**) *Méd.* Inflammation des vaisseaux.

ANGÉLIQUE 1. adj. De la nature de l'ange. 2. n.f. Plante aromatique.

ANGÉLIQUEMENT adv.

ANGÉLISER v. **10.** Idéaliser.

ANGÉLISME n.m. Souci excessif de se conformer à un idéal.

ANGELOT n.m.

ANGÉLUS n.m. Son de cloche annonçant une prière.

ANGEVIN, E adj. D'Angers ou de l'Anjou.

ANGIECTASIE n.f. *Méd.* Dilatation permanente d'un vaisseau.

ANGIITE n.f. → **angéite.**

ANGINE n.f.

ANGINEUX, EUSE adj. et n.

ANGIOCHOLITE [k] n.f. Inflammation des voies biliaires.

ANGIOGENÈSE n.f. *Méd.* Développement de vaisseaux sanguins nouveaux.

ANGIOGRAPHIE n.f. Radiographie des vaisseaux.

ANGIOGRAPHIQUE adj.

ANGIOLOGIE n.f. Partie de l'anatomie traitant des vaisseaux.

ANGIOLOGUE n.

ANGIOMATOSE n.f. Formation d'angiomes.

ANGIOME n.m. Tumeur des vaisseaux.

ANGIONEUROTIQUE adj. Se dit d'un œdème facial d'origine allergique.

ANGIOPATHIE n.f. *Méd.* Maladie des vaisseaux.

ANGIOPLASTIE n.f. *Méd.* Traitement des sténoses artérielles.

ANGIOSCOPIE n.f. Examen endoscopique des vaisseaux sanguins.

ANGIOSPASME n.m. *Méd.* Contraction d'une artère.

ANGIOSPERME adj. et n.f. (Plante) dont les graines sont enfermées dans des fruits.

ANGIOTENSINE n.f. Peptide vasoconstricteur.

ANGKORIEN, ENNE adj. D'Angkor (Cambodge).

ANGLAIS, E adj., n.m. et n.f.

ANGLAISAGE n.m.

ANGLAISER v. **10.** *Vét.* Opérer (un cheval) en lui sectionnant les muscles abaisseurs de la queue.

ANGLE n.m.

ANGLEDOZER [-eur] n.m. Engin de travaux publics.

ANGLET n.m. *Arch.* Cavité à angle droit qui sépare les bossages.

ANGLICAN, E adj. et n.

ANGLICANISME n.m. Église officielle de l'Angleterre.

ANGLICHE n. *Vx., Fam.* Anglais.

ANGLICISANT, E adj. et n.

ANGLICISATION n.f.

ANGLICISER v. **10.**

ANGLICISME n.m.

ANGLICISTE n.

ANGLOMANE adj. et n. Qui imite et admire excessivement les Anglais.

ANGLOMANIE n.f.

ANGLOPHILE adj. et n.

ANGLOPHILIE n.f.

ANGLOPHOBE adj. et n.

ANGLOPHOBIE n.f.

ANGLOPHONE adj. et n.

ANGOISSANT, E adj.

ANGOISSE n.f.

ANGOISSER v. **10.**

ANGOLAIS, E adj. De l'Angola (Afrique australe).

ANGON n.m. Javelot muni de crocs, utilisé chez les Francs.

ANGOR n.m. Angine de poitrine.

ANGORA adj. et n. (Chèvre, chat ou lapin) aux poils longs. – (Laine) faite de ces poils.

ANGOUMOISIN, E adj. D'Angoulême.

ANGRÆCUM [-ékom] n.m. Orchidée.

ANGROIS n.m. (= **engrois**) Coin servant à faire tenir un manche d'outil.

ANGSTRŒM n.m. (= **angström**) Unité de longueur employée en microphysique.

ANGSTRÖM n.m. → **angstrœm.**

ANGUIFORME adj. Qui a la forme d'un serpent.

ANGUILLE n.f.

ANGUILLÈRE n.f. Vivier à anguilles.

ANGUILLIDÉ [l] n.m. Poisson, type anguille.

ANGUILLIÈRE n.f. → **anguillère.**

ANGUILLIFORME [l] n.m. Poisson, type anguillidé.

ANGUILLULE [l] n.f. Petit ver parasite.

ANGUILLULOSE [l] n.f. Maladie provoquée par l'anguillule.

ANGULAIRE adj.

ANGULEUX, EUSE adj.

ANGUSTICLAVE n.m. Tunique de chevalier romain.

ANGUSTIFOLIÉ, E adj. À feuilles très étroites.

ANGUSTURA n.f. **(= angusture)** Arbuste d'Amérique du Sud.

ANGUSTURE n.f. → **angustura.**

ANHARMONIQUE adj. *Math.* Se dit d'un type de rapport de quatre points d'une droite.

ANHÉLATION n.f.

ANHÉLER v. **(p.p.inv.) 12.** Respirer péniblement.

ANHÉPATIE n.f. Maladie du foie.

ANHIDROSE n.f. **(= anidrose)** Absence de transpiration.

ANHIDROTIQUE adj. et n.m.

ANHINGA n.m. Oiseau tropical, voisin du cormoran.

ANHISTORIQUE adj. Qui néglige le point de vue historique.

ANHYDRE adj. Qui ne contient pas d'eau.

ANHYDRIDE n.m. Corps qui, combiné à l'eau, donne un acide.

ANHYDRITE n.f. Sulfate de calcium.

ANHYDROBIOSE n.f. Vie latente en période de sécheresse.

ANHYPOTHÉTIQUE adj. *Philos.* (Modèle) primitif idéal.

ANI n.m. Grand coucou noir d'Amérique du Sud.

ANICIEN, ENNE adj. Du Puy-en-Velay.

ANICROCHE n.f.

ANIDROSE n.f. → **anhidrose.**

ÂNIER, ÈRE n. Personne qui conduit les ânes.

ANIL n.m. Petit arbre dont on tire l'indigo.

ANILIDE n.m. Amide dérivé de l'aniline.

ANILINE n.f. Substance employée dans la fabrication des colorants.

ANILISME n.m. Intoxication par l'aniline.

ANILLE [aniy] n.f. *Hér.* Motif composé de deux C.

ANIMADVERSION n.f. *Litt.* Antipathie.

ANIMAL, E, AUX adj. et n.m.

ANIMALCULE n.m. Animal microscopique.

ANIMALERIE n.f. Lieu où l'on élève des animaux pour l'expérimentation.

ANIMALIER, ÈRE adj. et n.

ANIMALISER v. **10.** Ravaler au rang de la bête.

ANIMALITÉ n.f. Ensemble des caractères propres à l'animal.

ANIMATEUR, TRICE n.

ANIMATION n.f.

ANIMATO adv. *Mus.* Avec animation.

ANIMELLE n.f. Testicule d'animal utilisé pour certains plats.

ANIMER v. **10.**

ANIMISME n.m. Croyance selon laquelle toute chose possède une âme.

ANIMISTE adj. et n.

ANIMOSITÉ n.f.

ANION n.m. Ion chargé négativement.

ANIONIQUE adj.

ANIS [ani(s)] n.m.

ANISAKI n.m. Ver parasite des poissons qui, mangés crus, peuvent contaminer l'homme.

ANISAKIASE n.f. Affection parasitaire gastro-intestinale.

ANISER v. **10.**

ANISETTE n.f.

ANISIEN, ENNE n.m. et adj. *Géol.* Étage du trias moyen.

ANISOCORIE n.f. *Méd.* Inégalité du diamètre des deux pupilles.

ANISOGAMIE n.f. *Biol.* Fusion de deux gamètes dissemblables.

ANISOLE n.m. Solvant.

ANISOTROPE adj. *Phys.* Dont les propriétés varient selon la direction considérée.

ANISOTROPIE n.f.

ANITE n.f. Inflammation de l'anus.

ANJOU n.m. Vin de la Loire.

ANKARIEN, ENNE adj. D'Ankara (Turquie).

ANKH n.f. et adj. Croix dont le sommet est une boucle, dans l'Égypte ancienne.

ANKYLOSANT, E adj.

ANKYLOSAURE n.m. Reptile fossile.

ANKYLOSE n.f.

ANKYLOSER v. **10.**

ANKYLOSTOME n.m. Ver parasite de l'intestin.

ANKYLOSTOMIASE n.f. Anémie produite par l'ankylostome.

ANNABI, E adj. D'Annaba (Algérie).

ANNAL, E, AUX 1. adj. Qui dure un an. 2. n.f.pl. Chronique.

ANNALISTE n. Chroniqueur.

ANNALITÉ n.f. *Dr.* État de ce qui dure un an.

ANNAMITE adj. De l'Annam (Vietnam).

ANNATE n.f. *Anc.* Redevance équivalant à un an de revenus, payée au Saint-Siège par certains ecclésiastiques.

ANNEAU, X n.m.

ANNECIEN, ENNE adj. D'Annecy.

ANNÉE n.f.

ANNELER v. **22** (j'annelle...) Disposer en anneaux.

ANNELET n.m. Petit anneau.

ANNÉLIDE n.f. Ver annelé.

ANNELURE n.f. Ondulation des cheveux.

ANNEXE adj. et n.f.

ANNEXER v. **10.**

ANNEXION n.f.

ANNEXIONNISME n.m. Politique visant à l'annexion de nouveaux territoires.

ANNEXIONNISTE adj. et n.

ANNEXITE n.f. Inflammation des annexes de l'utérus.

ANNIHILATION n.f.

ANNIHILER v. **10.**

ANNIVERSAIRE adj. et n.m.

ANNONACÉE n.f. (= **anonacée**) Arbrisseau des pays chauds.

ANNONAIRE adj. *Antiq.* Relatif à l'approvisionnement de Rome en blé.

ANNONCE n.f.

ANNONCER v. **13.**

ANNONCEUR, EUSE n.

ANNONCIATEUR, TRICE adj. et n.m.

ANNONCIATION n.f. Message de l'ange Gabriel à la Vierge.

ANNONCIER, ÈRE n. Personne qui est chargée des annonces publicitaires.

ANNONE n.f. 1. Taxe annuelle dans l'ancienne Rome. 2. (= **annonier, anona, anone, anonier**) Arbre fruitier d'Amérique tropicale.

ANNONÉEN, ENNE adj. D'Annonay.

ANNONIER n.m. → **annone** 2.

ANNOTATEUR, TRICE n.

ANNOTATION n.f.

ANNOTER v. **10.**

ANNUAIRE n.m.

ANNUALISATION n.f.

ANNUALISER v. **10.** Rendre annuel.

ANNUALITÉ n.f. Qualité de ce qui est annuel.

ANNUEL, ELLE adj.

ANNUELLEMENT adv.

ANNUITÉ n.f. Somme payée annuellement.

ANNULABILITÉ n.f.

ANNULABLE adj.

ANNULAIRE n.m. et adj. Quatrième doigt de la main.

ANNULATIF, IVE adj.

ANNULATION n.f.

ANNULER v. **10.**

ANOBIE n.f. Coléoptère parasite du bois.

ANOBIIDÉ n.m. Coléoptère, type vrillette.

ANOBLIR v. **40.**

ANOBLISSEMENT n.m.

ANODE n.f. Électrode positive.

ANODIN, E adj.

ANODIQUE adj.

ANODISATION n.f.

ANODISER v. **10.** Soumettre (un métal) à une oxydation anodique.

ANODONTE n.m. et adj. Mollusque d'eau douce.

ANODONTIE [-si] n.f. Absence de dents.

ANOLI n.m. Lézard des Antilles.

ANOMAL, E, AUX adj. Non conforme au modèle général.

ANOMALA n.m. Scarabée nuisible à la vigne.

ANOMALIE n.f.

ANOMALISTIQUE adj. Se dit du temps que met une planète à accomplir sa révolution.

ANOMALON n.m. Fragment d'un noyau atomique au comportement anormal.

ANOMALURE n.m. Rongeur arboricole africain capable de planer.

ANOMALURIDÉ n.m. Rongeur, type anomalure.

ANOMIE n.f. Désorganisation d'un groupe, d'une société.

ANOMIQUE adj.

ANOMOURE n.m. Crustacé décapode.

ÂNON n.m.

ANONA n.f. → **annone** 2.

ANONACÉE n.f. → **annonacée.**

ANONE n.f. → **annone** 2.

ANONIER n.m. → **annone** 2.

ÂNONNEMENT n.m.

ÂNONNER v. **10.** Bredouiller.

ANONYMAT n.m.

ANONYME adj. et n.

ANONYMEMENT adv.

ANONYMISATION n.f.

ANONYMISER v. **10.** Rendre anonyme.

ANONYMOGRAPHE n. Auteur de lettres anonymes.

ANOPHÈLE n.m. Moustique qui peut transmettre le paludisme.

ANOPLOTHÉRIUM n.m. Mammifère fossile de l'éocène.

ANOPLOURE n.m. Insecte, type pou.

ANOPSIE n.f. *Méd.* Privation de la vue.

ANORAK n.m.

ANORCHIDIE [k] n.f. *Méd.* Absence de testicules.

ANORDIR v. **(p.p.inv.) 40 (= nordir)** Tourner au nord, en parlant du vent.

ANOREXIE n.f. Perte de l'appétit.

ANOREXIGÈNE adj. et n.m. Qui provoque l'anorexie.

ANOREXIQUE adj. et n.

ANORGANIQUE adj. Dépourvu de vie.

ANORGASMIE n.f. Absence d'orgasme.

ANORGASMIQUE adj.

ANORMAL, E, AUX adj. et n.

ANORMALEMENT adv.

ANORMALITÉ n.f.

ANOSMIE n.f. Perte de l'odorat.

ANOSMIQUE adj.

ANOURE n.m. et adj. Amphibien, type grenouille.

ANOVULANT, E adj. et n.m. *Québ.* Contraceptif.

ANOVULATION n.f. *Méd.* Absence d'ovulation.

ANOVULATOIRE adj.

ANOXÉMIE n.f. Diminution de la quantité d'oxygène contenue dans le sang.

ANOXIE n.f. Diminution de la quantité d'oxygène que le sang distribue aux tissus.

ANOXIQUE adj.

ANSE n.f.

ANSÉ, E adj. Qui porte une anse.

ANSÉRIFORME n.m. Oiseau palmipède.

ANSÉRINE n.f. *Bot.* Nom vulgaire de la potentille.

ANSPECT [an-spèk] n.m. *Anc.* Levier pour manœuvrer des pièces d'artillerie de marine.

ANSPESSADE n.m. Fantassin du XVIe s.

ANTABUSE n.m. et adj. (Nom déposé) Substance qui provoque le dégoût de l'alcool.

ANTAGONIQUE adj.

ANTAGONISER v. **10.** Dresser (les gens) les uns contre les autres.

ANTAGONISME n.m.

ANTAGONISTE adj. et n.

ANTALGIE n.f. Abolition ou atténuation de la douleur.

ANTALGIQUE adj. et n.m.

ANTAMANIDE n.m. Antibiotique.

ANTAN | (D') loc.

ANTANACLASE n.f. *Rhét.* Répétition d'un même mot dans des sens différents.

ANTARCTIQUE adj. (Région) polaire australe.

ANTE n.f. Pilastre d'encoignure.

ANTÉBOIS n.m. **(= antibois)** Baguette de bois fixée sur le parquet, le long d'un mur.

ANTÉCAMBRIEN, ENNE n.m. et adj. *Géol.* Ensemble des premières ères de l'histoire de la Terre.

ANTÉCÉDENCE n.f. Maintien du tracé d'un cours d'eau malgré les déformations tectoniques.

ANTÉCÉDENT, E adj. et n.m.

ANTÉCHRIST n.m. Ennemi du Christ qui, selon l'Apocalypse, viendra avant la fin du monde.

ANTÉCIME n.f. Sommet secondaire précédant le sommet principal d'une montagne.

ANTÉDILUVIEN, ENNE adj. Qui a précédé le déluge.

ANTÉFIXE n.f. Pièce ornementale d'un toit.

ANTÉHYPOPHYSE n.f. Lobe antérieur de l'hypophyse.

ANTÉISLAMIQUE adj. Antérieur à l'islam.

ANTENAIS, E adj. (Ovin) de dix à dix-huit mois.

ANTÉNATAL, E (pl. **ANTÉNATALS** ou **ANTÉNATAUX**) adj. *Méd.* Relatif à la vie utérine.

ANTENNAIRE adj. Relatif aux antennes des insectes.

ANTENNATE n.m. Animal muni d'antennes et de mandibules.

ANTENNE n.f.

ANTENNISTE n. Ouvrier qui pose des antennes de télévision.

ANTENNULE n.f. Petite antenne des crustacés.

ANTÉPÉNULTIÈME adj. et n.f. Qui précède l'avant-dernier.

ANTÉPOSER v. **10.** *Ling.* Poser devant.

ANTÉPOSITION n.f.

ANTÉPRÉDICATIF, IVE adj. *Philos.* Antérieur au jugement.

ANTÉPULSION n.f. *Méd.* Mouvement d'un membre vers l'avant.

ANTÉRIEUR, E adj. et n.m.

ANTÉRIEUREMENT adv.

ANTÉRIORITÉ n.f.

ANTÉROGRADE adj. (Amnésie) relative aux événements postérieurs à une certaine date.

ANTÉVERSION n.f. *Méd.* Déviation d'un organe.

ANTHÉLIE n.f. Image diffuse se produisant à l'opposé du Soleil.

ANTHÉLIX n.m. Saillie du pavillon de l'oreille.

ANTHELMINTHIQUE adj. et n.m. Vermifuge.

ANTHÉMIS [-s] n.f. Plante herbacée.

ANTHÈRE n.f. Partie de l'étamine contenant le pollen.

ANTHÉRIDIE n.f. *Bot.* Cellule mère des anthérozoïdes.

ANTHÉROZOÏDE n.m. *Bot.* Gamète mâle.

ANTHÈSE n.f. *Bot.* Épanouissement de la fleur.

ANTHOCÉROS [-s] n.m. Petite plante.

ANTHOCYANE n.f. Pigment de nombreuses feuilles ou fleurs.

ANTHOLOGIE n.f. Recueil de morceaux choisis.

ANTHOLOGIQUE adj.

ANTHONOME n.m. Charançon nuisible.

ANTHOPHAGE adj. *Zool.* Qui mange des fleurs.

ANTHOZOAIRE n.m. Cnidaire.

ANTHRACÈNE n.m. Hydrocarbure.

ANTHRACIFÈRE adj. Qui contient de l'anthracite.

ANTHRACITE n.m. Charbon très pur.

ANTHRACITEUX, EUSE adj.

ANTHRACNOSE n.f. Maladie de la vigne due à un champignon.

ANTHRACOSE n.f. Présence de poussières de charbon dans les poumons.

ANTHRAQUINONE n.f. Dérivé de l'anthracène.

ANTHRAX n.m. Amas de furoncles.

ANTHRÈNE n.m. Insecte nuisible aux fourrures.

ANTHRISQUE n.f. Plante herbacée.

ANTHROPIEN, ENNE adj. et n. Propre au type humain.

ANTHROPIQUE adj. Dû à l'action humaine.

ANTHROPISATION n.f. Processus par lequel les populations transforment l'environnement.

ANTHROPISER v. **10.**

ANTHROPOGENÈSE n.f. Étude de l'origine et de l'évolution de l'homme.

ANTHROPOGÉNIE n.f. → **anthropogenèse.**

ANTHROPOGRAPHIE n.f. Description de l'anatomie selon les races.

ANTHROPOÏDE adj. et n. (Animal) qui ressemble à l'homme.

ANTHROPOLOGIE n.f. Étude de l'homme.

ANTHROPOLOGIQUE adj.

ANTHROPOLOGISTE n.

ANTHROPOLOGUE n.

ANTHROPOMÉTRIE n.f. Méthode d'identification des individus par leurs mensurations.

ANTHROPOMORPHE adj. Qui a l'apparence humaine.

ANTHROPONYME n.m. Nom de personne.

ANTHROPONYMIE n.f. Étude des noms de personnes.

ANTHROPOPHAGE adj. et n.

ANTHROPOPHAGIE n.f.

ANTHROPOPHILE adj. *Zool., Bot.* (Organisme) vivant au contact de l'homme.

ANTHROPOSOPHIE n.f. Système philosophique chrétien donnant une grande place à la nature.

ANTHROPOZOÏQUE adj. et n.m. *Géol.* Se dit maintenant du quaternaire.

ANTHUME adj. Qui a lieu avant la mort de quelqu'un.

ANTHURIUM n.m. Plante ornementale.

ANTHYLLIDE n.f. → **anthyllis.**

ANTHYLLIS [-s] n.f. *Bot.* Légumineuse.

ANTIACARIEN, ENNE adj. et n.m.

ANTIACIDE adj. Qui résiste aux acides.

ANTIACNÉIQUE adj. et n.m.

ANTIACRIDIEN, ENNE adj.

ANTIADHÉSIF, IVE adj. et n.m.

ANTIAÉRIEN, ENNE adj.

ANTIAGRÉGANT n.m. Substance qui s'oppose à l'agrégation des plaquettes du sang.

ANTIALCOOLIQUE adj.

ANTIALCOOLISME n.m.

ANTIALLERGIQUE adj.

ANTIAMARIL, E adj. Qui combat la fièvre jaune.

ANTIAMÉRICAIN, E adj.

ANTIANGINEUX, EUSE adj. et n.m.

ANTIANGOREUX, EUSE adj. et n.m. Antiangineux.

ANTIARABE adj.

ANTIART n.m. Courant tendant à nier la notion traditionnelle d'art.

ANTIARYTHMIQUE adj. et n.m. Qui régule le rythme cardiaque.

ANTIASTHMATIQUE adj. et n.m.

ANTIATOME n.m. *Phys.* Antiparticule de l'atome.

ANTIATOMIQUE adj.

ANTIAUTORITAIRE adj.

ANTIAVORTEMENT adj. et n.

ANTIBACTÉRIEN, ENNE adj.

ANTIBÉLIER n.m. Dispositif amortissant les ondes de choc dans une canalisation.

ANTIBIOGRAMME n.m. Analyse permettant de déterminer l'action d'un antibiotique.

ANTIBIOSE n.f. Action des antibiotiques.

ANTIBIOTHÉRAPIE n.f. Traitement par les antibiotiques.

ANTIBIOTIQUE n.m. et adj. Substance qui arrête la multiplication de microbes.

ANTIBLOCAGE adj. et n.m. (Système) qui empêche le blocage des roues d'un véhicule.

ANTIBOIS n.m. → **antébois.**

ANTIBOIS, E adj. D'Antibes.

ANTIBOURGEOIS, E adj.

ANTIBROUILLAGE n.m. Procédé empêchant le brouillage des émissions.

ANTIBROUILLARD adj. et n.m.

ANTIBROUILLÉ, E adj. (Radio) protégée contre le brouillage.

ANTIBRUIT ▌adj.

ANTICABRAGE adj. et n.m. (Dispositif) qui empêche un véhicule de se cabrer.

ANTICABREUR adj.m. → **anticabrage.**

ANTICALCAIRE adj. et n.m.

ANTICALCIQUE n.m. et adj. Médicament utilisé en cardiologie.

ANTICANCÉREUX, EUSE adj.

ANTICAPILLAIRE adj. (Couche de chaussée) qui arrête la remontée par capillarité de l'eau du sol.

ANTICAPITALISTE adj. et n.

ANTICASSEUR adj. (Loi) réprimant la violence.

ANTICATHODE n.f. Partie de tube électronique.

ANTICELLULITE ▌adj.

ANTICERNE adj. et n.m.

ANTICHAMBRE n.f.

ANTICHAR adj.

ANTICHOC adj.

ANTICHÔMAGE ▌adj.

ANTICHRÈSE n.f. Garantie de créance sur un bien immobilier.

ANTICHRÉSISTE n.m. et adj. Bénéficiaire d'une antichrèse.

ANTICHRÉTIEN, ENNE adj.

ANTICIPANT, E adj. *Méd.* Se dit de phénomènes de plus en plus rapprochés.

ANTICIPATION n.f.

ANTICIPATOIRE adj.

ANTICIPER v. **10.**

ANTICLÉRICAL, E, AUX adj. et n. Opposé au clergé.

ANTICLINAL, E, AUX n.m. et adj. *Géol.* Pli convexe.

ANTICOAGULANT, E adj. et n.m.

ANTICODON n.m. *Biol.* Élément du code génétique.

ANTICOMMUNISME n.m.

ANTICOMMUNISTE adj. et n.

ANTICOMMUTATIF, IVE adj. *Math.* (Opération) dont l'échange de composants conduit à un changement de signe ou de sens.

ANTICONFORMISME n.m.

ANTICONFORMISTE adj. et n.

ANTICOPIE adj. Destiné à empêcher la duplication abusive.

ANTICORPS n.m. Substance qui concourt à l'immunité.

ANTICORPUSCULE n.m.

ANTICORROSION ▌adj.

ANTICORRUPTION ▌adj.

ANTICRIMINALITÉ ▌adj.

ANTICRISE ▌adj.

ANTICYCLIQUE adj. Destiné à combattre les effets du cycle économique.

ANTICYCLONAL, E, AUX adj.

ANTICYCLONE n.m. Centre de hautes pressions atmosphériques.

ANTICYCLONIQUE adj.

ANTIDATER v. **10.**

ANTIDÉFLAGRANT, E adj.

ANTIDÉMARRAGE adj. et n.m.

ANTIDÉPLACEMENT n.m. *Math.* Type de transformation ponctuelle du plan ou de l'espace.

ANTIDÉPRESSEUR adj.m. et n.m. Qui combat les états dépressifs.

ANTIDÉRAPANT, E adj. et n.m.

ANTIDÉTONANT, E adj. et n.m.

ANTIDIABÉTIQUE adj. et n.m.

ANTIDIARRHÉIQUE adj. et n.m.

ANTIDIPHTÉRIQUE adj.

ANTIDIURÉTIQUE adj. et n.m. Qui diminue la sécrétion d'urine.

ANTIDOPAGE adj.

ANTIDOPING adj.

ANTIDOTE n.m.

ANTIDOULEUR adj. et n.m.

ANTIDREYFUSARD, E adj. et n.

ANTIDROGUE ▌adj.

ANTIDUMPING ▌[-deumping] adj. Qui lutte contre le dumping.

ANTIÉCONOMIQUE adj.

ANTIEFFRACTION adj.

ANTIÉMÉTIQUE adj. et n.m. Qui combat les vomissements.

ANTIÉMÉTISANT, E adj. et n.m. → **antiémétique.**

ANTIÉMEUTE adj.

ANTIENGIN adj. *Vx.* Antimissile.

ANTIENNE [an-tyèn] n.f. Verset chanté avant et après un psaume. – Chose que l'on ressasse.

ANTIENZYME n.m. ou f. *Biochim.* Substance qui neutralise une enzyme.

ANTIÉPILEPTIQUE adj. et n.m.

ANTIÉTATIQUE adj.

ANTIÉTATISME n.m. *Pol.* Système opposé à l'étatisme.

ANTIEUROPÉEN, ENNE adj. et n.

ANTIFADING n.m. Dispositif électronique favorisant une bonne écoute.

ANTIFASCISME n.m.

ANTIFASCISTE adj. et n.

ANTIFÉBRILE adj. et n.m. Qui fait baisser la fièvre.

ANTIFÉMINISME n.m.

ANTIFÉMINISTE adj. et n.

ANTIFERMENT n.m. Corps qui empêche la fermentation.

ANTIFEU ❙ adj.

ANTIFISCAL, E, AUX adj.

ANTIFONGIQUE adj. et n.m. *Méd.* Qui empêche le développement des champignons.

ANTIFORME n.f. et adj. → **anticlinal.**

ANTIFOULING adj. et n.m. (Peinture) empêchant la fixation des algues sur la coque d'un bateau.

ANTIFRICTION n.m. et adj. Alliage d'antimoine qui diminue le frottement dans une machine.

ANTIFUMÉE n.m. et adj. Substance qui diminue les fumées dans la combustion des produits pétroliers.

ANTIGANG n.f. et adj. *Anc.* Brigade qui luttait contre la grande criminalité.

ANTIGEL n.m.

ANTIGÉLIF n.m. Protecteur du béton contre le gel.

ANTIGÈNE n.m. Substance qui provoque la formation d'anticorps.

ANTIGÉNIQUE adj.

ANTIGIVRANT, E adj. et n.m.

ANTIGIVRE ❙ adj. et n.m.

ANTIGIVREUR, EUSE adj. et n.m.

ANTIGLISSE ❙ adj. (Vêtement de ski) conçu pour accrocher la neige.

ANTIGRAVITATION n.f.

ANTIGRÈVE adj.

ANTIGRIPPAL, E, AUX adj.

ANTIGRIPPE adj. et n.m.

ANTIGUAIS, E [-gwè] adj. D'Antigua (Antilles).

ANTIGUERRE adj. et n.

ANTIHALO adj. et n.m. *Phot.* Qui supprime l'effet de halo.

ANTIHAUSSE ❙ adj.

ANTIHÉROS n.m. Personnage non conforme au héros traditionnel.

ANTIHYGIÉNIQUE adj.

ANTIJEU, X n.m. *Sp.* Jeu contraire à l'esprit sportif.

ANTIJUIF, IVE adj.

ANTILACET n.m. *Ch. de f.* Dispositif mécanique sur les bogies.

ANTILEPTON n.m. Antiparticule du lepton.

ANTILIBÉRAL, E, AUX adj.

ANTILITHIQUE adj. et n.m. *Méd.* Qui s'oppose à la formation de calculs.

ANTILLAIS, E adj.

ANTILLANISME n.m. Tournure propre à une des langues des Antilles.

ANTILOGARITHME n.m. *Math.* Nombre correspondant à un logarithme donné.

ANTILOGIE n.f. *Rhét.* Contradiction entre les idées d'un discours.

ANTILOPE n.f.

ANTIMAÇONNIQUE adj. Opposé à la franc-maçonnerie.

ANTIMAFIA ❙ adj.

ANTIMATIÈRE n.f. Matière constituée d'antiparticules.

ANTIMÉRIDIEN n.m. Demi-méridien opposé à un point.

ANTIMICROBIEN, ENNE adj. et n.m.

ANTIMIGRAINEUX, EUSE adj.

ANTIMILITARISME n.m.

ANTIMILITARISTE adj. et n.

ANTIMINISTÉRIEL, ELLE adj.

ANTIMISSILE adj.

ANTIMITE adj. et n.m.

ANTIMITOTIQUE n.m. et adj. Substance qui s'oppose à la mitose dans le traitement des tumeurs.

ANTIMOINE n.m. Corps simple solide proche de l'arsenic.

ANTIMONARCHIQUE adj.

ANTIMONARCHISTE adj. et n.

ANTIMONDIALISTE adj. et n.

ANTIMONIAL, E, AUX adj. Qui contient de l'antimoine.

ANTIMONIATE n.m. Sel dérivé de l'antimoine.

ANTIMONIÉ, E adj. Qui contient de l'antimoine.

ANTIMONIQUE adj. (Composé) renfermant de l'antimoine.

ANTIMONIURE n.m. Combinaison d'antimoine avec un corps simple.

ANTIMYCOSIQUE adj. et n.m. Qui détruit les champignons.

ANTIMYCOTIQUE adj. et n.m. → **antimycosique.**

ANTINATALISTE adj. Partisan d'une limitation des naissances.

ANTINATIONAL, E, AUX adj.

ANTINAUPATHIQUE adj. et n.m. *Méd.* Qui combat le mal de mer.

ANTINAZI, E adj. et n.

ANTINAZISME n.m.

ANTINEUTRINO n.m. *Phys.* Antiparticule du neutrino.

ANTINEUTRON n.m. *Phys.* Antiparticule du neutron.

ANTINÉVRALGIQUE adj. et n.m.

ANTINOMIE n.f. Contradiction.

ANTINOMIQUE adj.

ANTINUCLÉAIRE adj. et n.

ANTIONCOGÈNE n.m. Gène suppresseur de tumeur.

ANTIOPE n.m. (Nom déposé) Système français de télétexte.

ANTIOXYDANT, E adj. et n.m.

ANTIPALUDÉEN, ENNE adj. et n.m. → **antipaludique.**

ANTIPALUDIQUE adj. et n.m. (Médicament) qui agit sur le paludisme.

ANTIPANIQUE ▌ adj.

ANTIPAPE n.m. Pape non reconnu par l'Église romaine.

ANTIPARALLÈLE adj. *Math.* Se dit de droites non parallèles formant avec une troisième des angles égaux.

ANTIPARASITAIRE adj. et n.m.

ANTIPARASITE adj. et n.m.

ANTIPARASITER v. **10.**

ANTIPARTI ▌ adj. Qui s'oppose à la ligne de son propre parti.

ANTIPARTICULE n.f. Particule symétrique d'une particule élémentaire.

ANTIPASTI n.m. Assortiment de hors-d'œuvre froids italiens.

ANTIPATHIE n.f.

ANTIPATHIQUE adj.

ANTIPATINAGE adj. et n.m.

ANTIPATRIOTE n.

ANTIPATRIOTIQUE adj.

ANTIPATRIOTISME n.m.

ANTIPERNICIEUX, EUSE adj. Qui combat l'anémie pernicieuse.

ANTIPERSONNEL, ELLE adj. (Mine) visant les personnes.

ANTIPERSPIRANT, E adj. et n.m. *Physiol.* Antisudoral.

ANTIPHERNAL, E, AUX adj. Cédé par un mari à sa femme par contrat.

ANTIPHONAIRE n.m. Recueil de chants liturgiques.

ANTIPHONE n.m. Appareil assourdissant les bruits.

ANTIPHRASE n.f. Manière de s'exprimer consistant à dire le contraire de ce qu'on pense.

ANTIPIRATAGE ▌ adj.

ANTIPODAL, E, AUX adj.

ANTIPODE n.m.

ANTIPODISME n.m. Acrobatie exécutée avec les pieds, en position couchée.

ANTIPODISTE n.

ANTIPOÉTIQUE adj.

ANTIPOISON adj.

ANTIPOLIO adj.

ANTIPOLLUTION ▌ adj.

ANTIPROTÉASE n.f. *Méd.* Molécule.

ANTIPROTON n.m. *Phys.* Antiparticule du proton.

ANTIPRURIGINEUX, EUSE adj. et n.m. Qui combat le prurit.

ANTIPSORIQUE adj. et n.m. Qui combat la gale.

ANTIPSYCHIATRE n. et adj. Psychiatre qui remet en question la psychiatrie classique.

ANTIPSYCHIATRIE n.f.

ANTIPSYCHOTIQUE adj. et n.m. (Médicament) qui combat la psychose.

ANTIPUB adj. et n.

ANTIPUTRIDE adj. Qui empêche la putréfaction.

ANTIPYRÉTIQUE adj. et n.m. (Médicament) qui fait tomber la fièvre.

ANTIPYRINE n.f. Médicament fébrifuge et analgésique.

ANTIQUAILLE n.f. *Péj.* Antiquité.

ANTIQUAIRE n.

ANTIQUARK [-kwark] n.m. Antiparticule du quark.

ANTIQUE adj., n.m. et n.f.

ANTIQUEMENT adv.

ANTIQUISANT, E adj. Qui s'inspire de l'antique.

ANTIQUITÉ n.f.

ANTIRABIQUE adj. Qui combat la rage.

ANTIRACHITIQUE adj.

ANTIRACISME n.m.

ANTIRACISTE adj. et n.

ANTIRADAR adj. et n.m.

ANTIRADIATION adj.

ANTIRATIONNEL, ELLE adj.

ANTIREFLET adj. *Opt.* (Film transparent) destiné à supprimer la lumière réfléchie.

ANTIRÉFLEXIF, IVE adj. *Math.* (Relation) telle qu'aucun élément n'est en relation avec lui-même.

ANTIREJET ▌ adj. *Méd.* Qui combat le rejet d'une greffe.

ANTIRELIGIEUX, EUSE adj.

ANTIRÉPUBLICAIN, E adj. et n.

ANTIRETOUR adj. (Clapet) qui, dans une tuyauterie, empêche le retour d'un fluide.

ANTIRÉTROVIRAL, E, AUX adj. et n.m. (Médicament) actif contre un rétrovirus.

ANTIRIDE adj. et n.m.

ANTIROI n.m. *Hist.* Dans le Saint Empire, roi élu en période de crise.

ANTIROMAN n.m. Ouvrage romanesque qui prend le contrepied du roman traditionnel.

ANTIROUILLE adj. et n.m.

ANTIROULIS adj.

ANTISALISSURE adj.

ANTISATELLITE adj. (Moyen de défense) qui neutralise les satellites ennemis.

ANTISCORBUTIQUE adj.

ANTISÈCHE n.f. Notes utilisées en fraude pendant un examen.

ANTISÉMITE adj. et n.

ANTISÉMITISME n.m.

ANTISENS adj. et n.m. *Biol.* Qui agit en bloquant l'action des gènes indésirables.

ANTISEPSIE n.f. Lutte contre les infections causées par les microbes.

ANTISEPTIQUE adj. et n.m.

ANTISÉRUM n.m. Sérum d'un sujet immunisé.

ANTISEXISTE adj. Opposé au sexisme.

ANTISIDA ▌adj.

ANTISIGMA n.m. *Impr.* Signe d'interversion. – Antiparticule.

ANTISIONISME n.m. Hostilité à l'égard de l'État d'Israël.

ANTISIONISTE adj. et n.

ANTISISMIQUE adj. Qui résiste aux séismes.

ANTISKATING [-skèting] n.m. Dispositif qui évite le glissement d'un bras de lecture.

ANTISLASH (pl. ANTISLASHES ou ANTISLASHS) n.m. Barre oblique inversée (\).

ANTISLASHES → **antislash.**

ANTISOCIABLE adj. Qui ne peut ou ne veut vivre en société.

ANTISOCIAL, E, AUX adj.

ANTISOLAIRE adj. Qui protège du soleil.

ANTISOLEIL ▌n.m.pl. ou f.pl. *Afr.* Lunettes de soleil.

ANTISOVIÉTIQUE adj.

ANTISPAM adj. et n.m. *Inf.* (Logiciel) qui bloque les spams.

ANTISPASMODIQUE adj. et n.m. Qui combat les spasmes et les convulsions.

ANTISPORTIF, IVE adj.

ANTISTATIQUE adj. et n.m. Qui empêche la formation d'électricité statique.

ANTISTRESS adj.

ANTISTROPHE n.f. Seconde strophe des stances, dans la poésie grecque.

ANTISUDORAL, E, AUX adj. et n.m. Qui empêche la transpiration.

ANTISYMÉTRIQUE adj. *Math.* Se dit d'un type de relations binaires.

ANTISYNDICAL, E, AUX adj.

ANTITABAC ▌adj.

ANTITACHE adj.

ANTITARTRE adj. et n.m.

ANTITERRORISME n.m.

ANTITERRORISTE adj.

ANTITÉTANIQUE adj.

ANTITHERMIQUE adj. Qui combat la fièvre.

ANTITHÈSE n.f.

ANTITHÉTIQUE adj.

ANTITHROMBINE n.f. *Biochim.* Protéine qui inactive la thrombine.

ANTITHYROÏDIEN, ENNE adj. et n.m. Qui combat l'hyperthyroïdie.

ANTITOUT ▌adj.

ANTITOXINE n.f. Anticorps sécrété par l'organisme contre une toxine.

ANTITOXIQUE adj.

ANTITRUST adj.

ANTITRYPSINE n.f. *Biochim.* Protéine.

ANTITUBERCULEUX, EUSE adj.

ANTITUMORAL, E, AUX adj. et n.m. Anticancéreux.

ANTITUSSIF, IVE adj. et n.m. Qui calme la toux.

ANTIULCÉREUX, EUSE adj. et n.m.

ANTIUNITAIRE adj. Qui nuit à l'unité d'un syndicat, d'un parti.

ANTIVARIOLIQUE adj.

ANTIVÉNÉNEUX, EUSE adj.

ANTIVÉNÉRIEN, ENNE adj.

ANTIVENIMEUX, EUSE adj.

ANTIVIRAL, E, AUX adj. et n.m.

ANTIVIRUS adj. et n.m.

ANTIVITAMINE n.f. Substance qui s'oppose aux effets d'une vitamine.

ANTIVOL adj. et n.m.

ANTOINISME n.m. Culte religieux fondé par Louis Antoine (fin du XIXᵉ s.).

ANTONIEN, ENNE adj. D'Antony.

ANTONOMASE n.f. *Rhét.* Désignation d'un personnage par un nom commun, ou l'inverse.

ANTONYME n.m. Contraire.

ANTONYMIE n.f.

ANTONYMIQUE adj.

ANTRAL, E, AUX adj. D'une cavité de l'estomac.

ANTRE n.m.

ANTRITE n.f. *Méd.* Inflammation d'une cavité naturelle.

ANTRUSTION n.m. *Hist.* Vassal de la suite d'un roi mérovingien.

ANURIE n.f. Arrêt de la sécrétion rénale.

ANURIQUE adj. et n.

ANUS n.m.

ANUSCOPIE n.f. Examen endoscopique de l'anus.

ANVERSOIS, E adj. D'Anvers (Belgique).

ANXIÉTÉ n.f.

ANXIEUSEMENT adv.

ANXIEUX, EUSE adj. et n.

ANXIOGÈNE adj. Qui suscite l'anxiété.

ANXIOLYTIQUE adj. et n.m. Qui calme l'anxiété.

AORISTE n.m. *Ling.* Passé indéterminé.

AORTE n.f.

AORTIQUE adj.

AORTITE n.f. Inflammation de l'aorte.

AORTOGRAPHIE n.f. *Méd.* Radiographie de l'aorte.

AOÛT [ou(t)] n.m.

AOÛTAT [aouta] n.m. Larve d'acarien dont la piqûre provoque des démangeaisons.

AOÛTEMENT [(a)outm-an] n.m. Lignification des jeunes rameaux en fin d'été.

AOÛTER [(a)outé] v. **10.** Rendre mûr.

AOÛTERON [(a)outr-on] n.m. Ouvrier engagé pour les travaux d'août.

AOÛTIEN, ENNE [aousy-in] n. Vacancier du mois d'août.

APACHE adj. D'un peuple amérindien.

APADANA n.f. Salle du trône des palais persans.

APAGOGIE n.f. Raisonnement par l'absurde.

APAGOGIQUE adj.

APAISANT, E adj.

APAISEMENT n.m.

APAISER v. **10.**

APANAGE n.m. Bien exclusif, inhérent à quelqu'un.

APANAGER v. **17.** Gratifier (un prince) d'une portion de domaine royal.

APANAGER, ÈRE adj. Donné en apanage.

APANAGISTE adj. et n. Qui possède un apanage.

APARTÉ n.m.

APARTHEID n.m.

APATAM n.m. *Afr.* Grand panneau de végétaux tressés, qui protège du soleil.

APATHIE n.f. Absence d'énergie.

APATHIQUE adj.

APATHIQUEMENT adv.

APATITE n.f. Pierre d'origine volcanique.

APATOSAURE n.m. Grand reptile fossile.

APATRIDE adj. et n.

APATRIDIE n.f.

APAX n.m. **(= hapax)** Terme d'une langue dont on ne trouve qu'un exemple.

APEPSIE n.f. Trouble de la digestion.

APERCEPTIBILITÉ n.f.

APERCEPTIBLE adj. Qui peut être perçu clairement.

APERCEPTIF, IVE adj. Qui a la faculté d'aperception.

APERCEPTION n.f. *Psych.* Prise de conscience immédiate de l'objet de la perception.

APERCEPTIVITÉ n.f. Faculté d'aperception.

APERCEVABLE adj.

APERCEVOIR v. **70.**

APERÇU n.m.

APÉRIODIQUE adj. *Phys.* Dont les oscillations ne sont pas périodiques.

APÉRITEUR, TRICE n.m. et adj. Assureur principal dans une assurance multiple.

APÉRITIF, IVE adj. et n.m.

APÉRO n.m.

APERTURE n.f. *Phon.* Ouverture des organes vocaux pendant l'articulation d'un phonème.

APESANTEUR n.f.

APÉTALE 1. adj. Qui n'a pas de pétales. 2. n.f. Plante dont les fleurs sont dépourvues de corolle.

APETISSER v. **10.** Rendre plus petit.

APEURER v. **10.**

APEX n.m. Pointe, sommet.

APHASIE n.f. Perte de la parole.

APHASIQUE adj. et n.

APHÉLANDRA n.m. Plante ornementale des régions tropicales.

APHÉLIE n.m. Point de l'orbite d'une planète qui est le plus éloigné du Soleil.

APHÉRÈSE n.f. *Phon.* Chute d'un ou de plusieurs phonèmes au début d'un mot.

APHIDÉ n.m. **(= aphididé, aphidien, aphidoïde)** Puceron.

APHIDIDÉ n.m. → **aphidé.**

APHIDIEN n.m. → **aphidé.**

APHIDOÏDE n.m. → **aphidé.**

APHONE adj.

APHONIE n.f.

APHORISME n.m. Maxime très concise.

APHORISTIQUE adj. Qui abonde en aphorismes.

APHRODISIAQUE adj. et n.m.

APHRODITE n.f. Ver marin.

APHTE n.m. Ulcération de certaines muqueuses.

APHTEUX, EUSE adj.

APHTOSE n.f. Maladie caractérisée par des aphtes.

APHYLLE adj. *Bot.* Dépourvu de feuilles.

API n.m. (inv. mais **apis** n.f.) *Pomme d'api :* variété de pomme.

APIACÉE n.f. Ombellifère.

APICAL, E, AUX 1. adj. *Biol.* Qui concerne le sommet. 2. adj. et n.f. *Phon.* Prononcé avec la pointe de la langue.

APICOLE adj. Qui concerne l'apiculture.

APICULTEUR, TRICE n.

APICULTURE n.f. Art d'élever les abeilles.

APIDÉ n.m. Insecte hyménoptère, type abeille.

APIÉCEUR, EUSE n. Personne effectuant du travail à la pièce, en confection.

APIFUGE adj. (Produit) qui éloigne les abeilles.

APIGEONNER v. **10.** *Helv.* Appâter, leurrer.

APIOL n.m. Principe actif des graines de persil.

APION n.m. Charançon nuisible aux légumineuses.

APIQUAGE n.m.

APIQUER v. **10.** *Mar.* Incliner (une vergue) de haut en bas.

APIS [api] n.f. Abeille.

APITOIEMENT n.m.

APITOYER v. **27.**

APIVORE adj. Qui mange des abeilles.

APLACENTAIRE adj. et n.m. (Mammifère) dépourvu de placenta.

APLACOPHORE n.m. Mollusque primitif sans coquille.

APLANAT n.m. et adj. *Opt.* Objectif qui ne déforme pas les images.

APLANÉTIQUE adj. (Image) donnée par un aplanat.

APLANÉTISME n.m.

APLANIR v. **40.**

APLANISSEMENT n.m.

APLANISSEUSE n.f. Engin utilisé pour aplanir les routes.

APLASIE n.f. *Méd.* Développement insuffisant d'un tissu ou d'un organe.

APLASIQUE adj.

APLAT n.m. Teinte plate uniforme.

APLATIR v. **40.**

APLATISSAGE n.m. Laminage.

APLATISSEMENT n.m.

APLATISSEUR n.m. Appareil servant à écraser les graines.

APLATISSOIR n.m. Laminoir à métaux.

APLATISSOIRE n.f. → **aplatissoir.**

APLITE n.f. Roche à grains fins.

APLOMB n.m.

APLOMBER v. **10.** *Québ.* Mettre d'aplomb.

APNÉE n.f. Arrêt momentané de la respiration.

APNÉIQUE adj. Relatif à l'apnée.

APNÉISTE n. Plongeur pratiquant l'apnée.

APOASTRE n.m. Point de l'orbite d'un astre le plus éloigné de l'astre autour duquel il gravite.

APOCALYPSE n.f.

APOCALYPTIQUE adj.

APOCOPE n.f. *Phon.* Chute d'un ou de plusieurs phonèmes à la fin d'un mot.

APOCOPÉ, E adj.

APOCRINE adj. *Physiol.* (Glande) dont la sécrétion est issue de la partie supérieure de la cellule qui la contient.

APOCRISIAIRE n.m. *Antiq. gr.* Messager de l'empereur.

APOCRYPHE adj. D'une authenticité douteuse.

APOCYNACÉE n.f. Plante, type laurier-rose.

APODE 1. adj. Dépourvu de pieds, de pattes, de nageoires. 2. n.m. Batracien. – Poisson.

APODICTIQUE adj. *Philos.* Qui répond à une nécessité.

APODIDÉ n.m. Oiseau à petites pattes, type martinet.

APODIFORME n.m. Oiseau, type apodidé.

APODOSE n.f. *Ling.* Proposition principale précédée d'une subordonnée.

APOENZYME n.m. ou f. *Biochim.* Partie protéique de certaines enzymes.

APOGAMIE n.f. *Bot.* Développement d'un embryon à partir d'une cellule végétative.

APOGÉE n.m. Point de l'orbite d'un astre le plus éloigné de la Terre. – Point culminant.

APOLIPOPROTÉINE n.f. *Biol.* Protéine.

APOLITIQUE adj. et n.

APOLITISME n.m.

APOLLINAIRE adj. En l'honneur d'Apollon.

APOLLINIEN, ENNE adj. Relatif à Apollon.

APOLLO n.m. *Afr.* Conjonctivite.

APOLLON n.m.

APOLOGÉTIQUE 1. adj. Qui contient une apologie. 2. n.f. Apologie de la religion chrétienne.

APOLOGIE n.f. Justification ou défense d'une personne ou d'une chose.

APOLOGIQUE adj. Qui a le caractère de l'apologie.

APOLOGISTE n. Défenseur du christianisme.

APOLOGUE n.m. Petite fable moralisatrice.

APOMIXIE n.f. *Bot.* Reproduction sexuée sans fécondation.

APOMORPHE adj. *Biol.* Se dit d'un type de caractère ancestral.

APOMORPHIE n.f.

APOMORPHINE n.f. Dérivé de la morphine, utilisé comme vomitif.

APONÉVROSE n.f. Membrane qui enveloppe les muscles.

APONÉVROTIQUE adj.

APOPHANTIQUE adj. *Philos.* (Énoncé) qui peut être dit vrai ou faux.

APOPHONIE n.f. *Ling.* Variation de la voyelle du radical d'un mot.

APOPHTEGME n.m. Parole mémorable d'un personnage illustre.

APOPHYSAIRE adj. Qui concerne l'apophyse.

APOPHYSE n.f. *Anat.* Excroissance à la surface d'un os.

APOPLECTIQUE adj. et n.

APOPLEXIE n.f. Perte de connaissance due à une hémorragie cérébrale.

APOPROTÉINE n.f. *Biol.* Protéine.

APOPTOSE n.f. Mécanisme de mort cellulaire programmée dans l'embryon.

APOPTOTIQUE adj.

APORÉTIQUE adj. Douteux.

APORIE n.f. *Log.* Problème paraissant insoluble.

APOSÉLÈNE n.m. Apoastre d'un satellite de la Lune.

APOSIOPÈSE n.f. *Rhét.* Interruption brusque d'une construction.

APOSTASIE n.f. Abandon d'une religion.

APOSTASIER v. **15.**

APOSTAT, E adj. et n. Qui a apostasié.

APOSTER v. **10.** Placer en position de guetteur.

APOSTÉRIORITÉ n.f.

APOSTILLE n.f. *Dr.* Addition en marge d'un écrit.

APOSTILLER v. **10.**

APOSTOLAT n.m. Mission d'un apôtre.

APOSTOLICITÉ n.f. Conformité avec la doctrine des apôtres.

APOSTOLIQUE adj. Relatif aux apôtres. – Qui émane du Saint-Siège.

APOSTOLIQUEMENT adv.

APOSTROPHE n.f.

APOSTROPHER v. **10.**

APOTHÉCIE n.f. *Bot.* Organe reproducteur des lichens.

APOTHÈME n.m. *Math.* Perpendiculaire menée du centre d'un polygone régulier ou du sommet d'une pyramide sur un côté.

APOTHÉOSE n.f. Triomphe.

APOTHÈQUE n.f. → **apothécie.**

APOTHICAIRE n.m.

APÔTRE n.m.

APOTROPAÏQUE adj. *Litt.* Qui détourne le mauvais sort.

APPAIRAGE n.m.

APPAIRER v. **10.** Grouper par paires.

APPALACHIEN, ENNE adj. Relatif aux Appalaches, massif montagneux de l'est des États-Unis.

APPAMÉEN, ENNE adj. De Pamiers.

APPARAÎTRE v. **102.**

APPARAT n.m. Pompe, éclat.

APPARATCHIK (pl. **APPARATCHIKI** ou **APPARATCHIKS**) n.m. Membre de l'appareil d'un parti communiste.

APPARATCHIKI | → **apparatchik.**

APPARAUX n.m.pl. Ensemble des agrès d'un navire.

APPAREIL n.m.

APPAREILLABLE adj. Qui peut porter une prothèse.

APPAREILLADE n.f. Appariement des perdrix pour la reproduction.

APPAREILLAGE n.m.

APPAREILLEMENT n.m. Réunion de deux animaux domestiques pour le travail ou la reproduction.

APPAREILLER v. **10.**

APPAREILLEUR, EUSE n. Maître maçon qui surveille la coupe et la pose des pierres.

APPAREMMENT adv.

APPARENCE n.f.

APPARENT, E adj.

APPARENTEMENT n.m. Alliance électorale entre deux listes de candidats.

APPARENTER v. **10.**

APPARIEMENT n.m.

APPARIER v. **15.**

APPARITEUR, TRICE n. Huissier d'une université.

APPARITION n.f.

APPAROIR v. déf. (Seule autre forme : **appert**) *Dr.* Être évident.

APPART [-t] n.m. *Fam.* Appartement.

APPARTEMENT n.m.

APPARTENANCE n.f.

APPARTENANT, E adj.

APPARTENIR v. **(p.p.inv.) 42.**

APPAS n.m.pl. Attraits, charmes.

APPASSIONATO adv. *Mus.* Avec fougue et passion.

APPÂT n.m.

APPÂTER v. **10.**

APPAUVRIR v. **40.**

APPAUVRISSEMENT n.m.

APPEAU, X n.m. Sifflet imitant le cri des oiseaux pour les attirer.

APPEL n.m.

APPELABLE adj. (Capital) qui peut faire l'objet d'un appel.

APPELANT, E adj. et n.

APPELER v. **22** (j'appelle...).

APPELETTE n.f. **(= applet)** *Inf.* Petit programme interactif.

APPELLATIF, IVE adj. et n.m. *Ling.* (Terme) qui interpelle l'interlocuteur.

APPELLATION n.f.

APPENDICE n.m.

APPENDICECTOMIE n.f. Ablation de l'appendice iléocæcal.

APPENDICITE n.f. Inflammation de l'appendice.

APPENDICULAIRE 1. n.m. Animal marin de la sous-classe des tuniciers. 2. adj. Relatif aux appendices.

APPENDICULÉ, E adj. Muni d'un appendice.

APPENDRE v. **90.** *Litt.* Suspendre.

APPENTIS n.m. Petite remise couverte d'un toit à une seule pente.

APPENZELL [apènzèl] n.m. Fromage suisse.

APPENZELLOIS, E [apènzèlwa] adj. Du canton d'Appenzell (Suisse).

APPERT → **apparoir.**

APPERTISATION n.f.

APPERTISER v. **10.** Conserver (des aliments) par stérilisation.

APPESANTIR v. **40.**

APPÉTENCE n.f. Désir instinctif.

APPÉTISSANT, E adj.

APPÉTIT n.m.

APPÉTITION n.f. Désir ardent.

APPLAUDIMÈTRE n.m.

APPLAUDIR v. **40.**

APPLAUDISSEMENT n.m.

APPLAUDISSEUR, EUSE n.

APPLET [aplè] n.m. *Québ.* → **appelette.**

APPLICABILITÉ n.f.

APPLICABLE adj.

APPLICAGE n.m.

APPLICATEUR, TRICE adj. et n.

APPLICATIF, IVE adj. D'une application informatique.

APPLICATION n.f.

APPLIQUE n.f.

APPLIQUER v. **10.**

APPLIQUETTE n.f. → **appelette.**

APPOGGIATURE [(d)jya] n.f. *Mus.* Petite note ornementale, étrangère à l'accord sur lequel elle s'appuie.

APPOGIATURE [(d)jya] n.f. → **appoggiature.**

APPOINT n.m.

APPOINTAGE n.m. Action de rendre pointu.

APPOINTEMENTS n.m.pl.

APPOINTER v. **10.**

APPOINTIR v. **40.** Aiguiser.

APPONDRE v. **90.** *Helv.* Mettre bout à bout.

APPONSE n.f. *Helv.* Pièce ajoutée, appondue.

APPONTAGE n.m.

APPONTEMENT n.m. Plateforme fixe d'amarrage d'un navire.

APPONTER v. **(p.p.inv.) 10.** Se poser sur un porte-avions.

APPONTEUR n.m. Celui qui dirige les manœuvres d'appontage.

APPORT n.m.

APPORTER v. **10.**

APPORTEUR, EUSE n. Personne qui apporte une part de capital.

APPOSER v. **10.**

APPOSITION n.f. *Ling.* Mot ou groupe de mots qualifiant un nom ou un pronom.

APPRÉCIABILITÉ n.f.

APPRÉCIABLE adj.

APPRÉCIATEUR, TRICE adj. et n. Qui apprécie.

APPRÉCIATIF, IVE adj. Qui marque l'appréciation.

APPRÉCIATION n.f.

APPRÉCIER v. **15.**

APPRÉHENDER v. **10.**

APPRÉHENSIF, IVE adj. Qui a tendance à craindre.

APPRÉHENSION n.f. Crainte vague.

APPRENANT, E n. Personne qui suit un enseignement.

APPRENDRE v. **91.**

APPRENTI, E n.

APPRENTISSAGE n.m.

APPRÊT n.m.

APPRÊTAGE n.m.

APPRÊTER v. **10.**

APPRÊTEUR, EUSE 1. n.m. Ouvrier qui apprête une étoffe, du cuir. 2. n.f. Ouvrière qui travaille dans la finition des chapeaux ou de la lingerie.

APPRIVOISABLE adj.

APPRIVOISEMENT n.m.

APPRIVOISER v. **10.**

APPRIVOISEUR, EUSE adj. et n.

APPROBATEUR, TRICE adj. et n.

APPROBATIF, IVE adj.

APPROBATION n.f.

APPROBATIVEMENT adv.

APPROBATIVITÉ n.f. Tendance pathologique à tout approuver.

APPROCHABLE adj.

APPROCHANT, E adj.

APPROCHE n.f.

APPROCHER v. **10.**

APPROFONDIR v. **40.**

APPROPRIATION n.f.

APPROPRIER v. **15.**

APPROUVABLE adj.

APPROUVER v. **10.**

APPROVISIONNER v. **10.**

APPROVISIONNEUR, EUSE n.

APPROXIMATIF, IVE adj.

APPROXIMATION n.f.

APPUI n.m.

APPUYER v. **28.**

APPUYOIR n.m. Instrument de ferblantier.

APRAGMATIQUE adj. et n.

APRAGMATISME n.m. Incapacité d'effectuer les activités concrètes et pratiques du quotidien.

APRAXIE n.f. Trouble de la coordination des mouvements.

APRAXIQUE adj. et n.

ÂPRE adj.

APRÈM n.m. ou f. *Fam.* Après-midi.

ÂPREMENT adv.

APREMONT n.m. Vin de Savoie.

APRÈS adv., prép. et n.m.

ÂPRETÉ n.f.

APRIORIQUE adj.

APRIORISME n.m. Raisonnement fondé sur des principes et non sur le réel.

APRIORISTE adj. et n.

APRIORITÉ n.f.

APRIORITIQUE adj.

APSARA n.f. Déesse secondaire dans la mythologie indienne.

APSIDE n.f. Chacune des deux extrémités du grand axe de l'orbite d'un astre.

APTE adj.

APTÈRE adj. Dépourvu d'ailes.

APTÉRYGOTE n.m. Insecte dépourvu d'ailes.

APTÉRYX n.m. Oiseau de Nouvelle-Zélande aux ailes rudimentaires (kiwi).

APTIEN, ENNE n.m. et adj. *Géol.* Étage du crétacé inférieur.

APTITUDE n.f.

APTONYME n.m. Nom de famille prédestiné.

APUREMENT n.m.

APURER v. **10.** *Dr.* Arrêter définitivement (un compte) et en donner quitus.

APYRE adj. Qui résiste à l'action du feu.

APYRÈNE adj. Se dit d'un raisin sans pépins.

APYRÉTIQUE adj. Sans fièvre.

APYREXIE n.f. Absence de fièvre.

APYROGÈNE adj. Qui ne provoque pas la fièvre.

AQUACOLE adj. **(= aquicole)** Qui vit dans l'eau. – Relatif à l'aquaculture.

AQUACULTEUR, TRICE n.

AQUACULTURE n.f. Élevage de plantes ou d'animaux aquatiques.

AQUAFORTISTE n. Graveur à l'eau-forte.

AQUAGYM [akwajim] n.f. (Nom déposé) Gymnastique aquatique.

AQUAMANILE n.m. *Médiév.* Petit bassin pour se laver les mains.

AQUANAUTE n. Spécialiste des expéditions sous-marines.

AQUAPLANAGE n.m. Dérapage d'une voiture sur une pellicule d'eau.

AQUAPLANE n.m. Planche tirée par un canot et sur laquelle on se tient debout.

AQUAPLANING n.m. → **aquaplanage.**

AQUARELLE n.f.

AQUARELLER v. **10.** Rehausser à l'aquarelle.

AQUARELLISTE n.

AQUARIOPHILE n. Personne qui élève des poissons en aquarium.

AQUARIOPHILIE n.f.

AQUARIUM n.m.

AQUATINTE n.f. Gravure à l'eau-forte imitant le lavis.

AQUATINTISTE n.

AQUATIQUE adj.

AQUATUBULAIRE adj. (Appareil de chauffage) constitué de tubes dans lesquels l'eau circule.

AQUAVIT [akwavit] n.m. → **akuavit.**

AQUAZOLE n.m. (Nom déposé) Carburant composé d'eau et de gazole.

AQUEDUC n.m.

AQUEUX, EUSE adj. Qui contient de l'eau.

AQUICOLE [kwi] adj. → **aquacole.**

AQUICULTEUR, TRICE [kwi] n.

AQUICULTURE [kwi] n.f. → **aquaculture.**

AQUIFÈRE [kwi] adj. Qui contient de l'eau.

AQUIFOLIACÉE [kwi] n.f. Arbre ou arbuste, type houx.

AQUILAIN [ki] adj.m. et n.m. (Cheval) fauve.

AQUILIN [ki] adj.m. En bec d'aigle.

AQUILON [ki] n.m. *Poét.* Vent du nord.

AQUITAIN, E [ki] adj. De l'Aquitaine.

AQUITANIEN, ENNE [ki] n.m. et adj. *Géol.* Étage inférieur du miocène.

AQUOSITÉ [kô] n.f. *Vx.* Qualité de ce qui est aqueux.

ARA n.m. Grand perroquet de l'Amérique du Sud.

ARABE adj. et n.m.

ARABESQUE n.f. Ligne sinueuse. – Figure chorégraphique.

ARABETTE n.f. Petite plante (corbeille-d'argent).

ARABICA n.m. Variété de café.

ARABIQUE adj. De l'Arabie.

ARABISANT, E n. et adj. Spécialiste de la culture arabe.

ARABISATION n.f.

ARABISER v. **10.**

ARABISME n.m. Locution propre à la langue arabe.

ARABITÉ n.f. Caractère de ce qui est arabe.

ARABLE adj. Qui peut être labouré.

ARABOPHONE adj. et n.

ARABUSTA n.m. Café alliant les qualités de l'arabica à celles du robusta.

ARAC n.m. (= **arack, arak**) Eau-de-vie des pays arabes.

ARACÉE n.f. Plante monocotylédone, type arum.

ARACHIDE n.f.

ARACHIDIER, ÈRE adj. Relatif à l'arachide.

ARACHNÉEN, ENNE adj. Propre à l'araignée.

ARACHNIDE n.m. Arthropode, type araignée.

ARACHNOÏDE n.f. *Anat.* Une des trois méninges.

ARACHNOÏDIEN, ENNE adj.

ARACHNOLOGIE n.f. Étude des araignées.

ARACHNOPHOBE adj. et n.

ARACHNOPHOBIE n.f. Phobie des araignées.

ARACK n.m. → **arac.**

ARAGONAIS, E adj. De l'Aragon (Espagne).

ARAGONITE n.f. Variété cristalline de carbonate de calcium.

ARAIGNÉE n.f.

ARAIRE n.m. Charrue rudimentaire.

ARAK n.m. → **arac.**

ARALDITE n.f. (Nom déposé) Colle.

ARALIA n.m. Arbuste ornemental.

ARALIACÉE n.f. Arbuste, type lierre.

ARAMÉEN, ENNE adj. et n.m. Relatif aux Araméens (peuples de Syrie et de Mésopotamie).

ARAMIDE adj. (Fil synthétique) très résistant.

ARAMON n.m. Cépage du Midi.

ARANÉIDE n.m. Araignée.

ARANTÈLE n.f. *Vx.* Toile d'araignée.

ARAPAÏMA n.m. Grand poisson d'eau douce d'Amérique du Sud.

ARAPÈDE n.m. Mollusque à coquille conique.

ARASEMENT n.m.

ARASER v. **10.** Mettre de niveau.

ARATOIRE adj. Relatif au labourage.

ARAUCAN adj. D'un peuple du Chili.

ARAUCARIA n.m. Conifère exotique.

ARAUCARIACÉE n.f. Arbre ou arbuste, type araucaria.

ARAWAK adj. et n.m. D'un peuple amérindien.

ARBALÈTE n.f.

ARBALÉTRIER, ÈRE 1. n.m. Soldat armé d'une arbalète. 2. n.f. Meurtrière pour arbalètes.

ARBITRABLE adj.

ARBITRAGE n.m.

ARBITRAGISTE n. Personne qui s'occupe d'arbitrage en Bourse.

ARBITRAIRE adj. et n.m. Qui dépend de la seule volonté.

ARBITRAIREMENT adv.

ARBITRAL, E, AUX adj. *Dr.* Rendu par arbitre.

ARBITRALEMENT adv.

ARBITRE n.

ARBITRER v. **10.**

ARBOIS n.m. Vin du Jura.

ARBORER v. **10.**

ARBORESCENCE n.f.

ARBORESCENT, E adj. Dont la forme ramifiée rappelle celle d'un arbre.

ARBORETUM [-étom] n.m. Plantation d'arbres variés, dans un but expérimental.

ARBORICOLE adj. Qui vit dans les arbres. – Qui concerne l'arboriculture.

ARBORICULTEUR, TRICE n.

ARBORICULTURE n.f.

ARBORISATION n.f.

ARBORISÉ, E adj. (= **herborisé**) (Dessin) présentant l'apparence de ramifications.

ARBORISER v. **10.** Cultiver des arbres.

ARBOUSE n.f. Fruit de l'arbousier.

ARBOUSIER n.m. Arbre du Midi.

ARBOVIROSE n.f.

ARBOVIRUS n.m. Virus transmis par piqûre d'insecte.

ARBRE n.m.

ARBRIER n.m. Fût de l'arbalète.

ARBRISSEAU, X n.m.

ARBUSCULE n.m. Petit arbre.

ARBUSTE n.m.

ARBUSTIF, IVE adj.

ARC n.m.

ARCADE n.f.

ARCADIE n.f. Pays imaginaire où règne un bonheur simple et innocent.

ARCADIEN, ENNE adj. et n.m. D'Arcadie (Grèce).

ARCANE n.m. Mystère.

ARCANNE n.f. Craie rouge de charpentier.

ARCANSON n.m. Résine obtenue par distillation de la térébenthine.

ARCASSE n.f. *Mar.* Charpente de la voûte d'un navire.

ARCATURE n.f. *Arch.* Série de petites arcades, réelles ou simulées.

ARCBOUTANT n.m. Maçonnerie en forme d'arc.

ARCBOUTER v. **10.**

ARCDOUBLEAU, X n.m. *Arch.* Arc de soutien.

ARCEAU, X n.m.

ARCH n.m. En Algérie, comité représentatif d'un village kabyle.

ARCHAÏQUE adj.

ARCHAÏSANT, E adj. et n.

ARCHAÏSME n.m.

ARCHAL **I** [ch] ou [k] n.m. *Fil d'archal :* fil de laiton.

ARCHANGE n.m. Ange d'un ordre supérieur.

ARCHANGÉLIQUE adj.

ARCHANTHROPIEN, ENNE [k] adj. et n.m. (Anthropien) du pléistocène moyen.

ARCHE n.f.

ARCHÉE [ch] n.f. Principe de vie, chez les alchimistes.

ARCHÉEN, ENNE [k] n.m. et adj. *Géol.* Deuxième éon.

ARCHÉGONE [k] n.m. *Bot.* Organe de reproduction chez les mousses.

ARCHELLE [ch] n.f. *Belg.* Étagère de salle à manger.

ARCHÉO [k] adj. et n. *Fam.* Archaïque.

ARCHÉOBACTÉRIE n.f. Bactérie d'origine très ancienne.

ARCHÉOLOGIE n.f.

ARCHÉOLOGIQUE adj.

ARCHÉOLOGUE n.

ARCHÉOMÉTRIE n.f. Discipline fondée sur l'application de méthodes scientifiques à l'archéologie.

ARCHÉOPTÉRYX n.m. Oiseau fossile du jurassique.

ARCHÉOZOÏQUE adj. → **archéen.**

ARCHER, ÈRE 1. n.m. 2. n.f. **(= archière)** Meurtrière d'où l'on tirait à l'arc.

ARCHERIE n.f. Art du tir à l'arc.

ARCHET n.m.

ARCHÈTERIE n.f. Commerce de l'archetier.

ARCHETIER, ÈRE n. Fabricant d'archets.

ARCHÉTYPAL, E, AUX [k] adj.

ARCHÉTYPE [k] n.m. Modèle idéal ou primitif.

ARCHÉTYPIQUE [k] adj.

ARCHEVÊCHÉ n.m.

ARCHEVÊQUE n.m.

ARCHI n.f. *Fam.* Architecture.

ARCHIATRE [k] n.m. *Vx.* Médecin en chef.

ARCHICHAMBELLAN n.m. Titre de l'Électeur de Brandebourg dans l'Empire germanique.

ARCHICHANCELIER n.m. Chef de la justice et de l'administration en France sous l'Empire.

ARCHICHLAMYDÉE [kla] n.f. Plante dicotylédone.

ARCHICOMBLE adj.

ARCHICONFRÉRIE n.f. Confrérie d'associations charitables.

ARCHICONNU, E adj.

ARCHICUBE n.m. Ancien élève de l'École normale supérieure.

ARCHIDIACONAT n.m. Dignité d'archidiacre.

ARCHIDIACONÉ n.m. Partie d'un diocèse sous la juridiction d'un archidiacre.

ARCHIDIACRE n.m. Ecclésiastique investi d'un pouvoir sur les curés d'un diocèse.

ARCHIDIOCÉSAIN, E adj.

ARCHIDIOCÈSE n.m. Diocèse d'un archevêque.

ARCHIDUC n.m. Titre des princes de la Maison d'Autriche.

ARCHIDUCAL, E, AUX adj.

ARCHIDUCHÉ n.m.

ARCHIDUCHESSE n.f.

ARCHIÉPISCOPAL, E, AUX adj.

ARCHIÉPISCOPAT n.m. Dignité d'archevêque.

ARCHIÈRE n.f. → **archer** 2.

ARCHIFAUSSE → **archifaux.**

ARCHIFAUX, ARCHIFAUSSE adj.

ARCHIFAVORI, ARCHIFAVORITE adj.

ARCHIFAVORITE → **archifavori.**

ARCHILUTH n.m. Luth à long manche (téorbe).

ARCHIMANDRITAT n.m. Dignité d'archimandrite.

ARCHIMANDRITE n.m. Supérieur de certains monastères grecs.

ARCHIMÉDIEN, ENNE adj. *Math.* Qui concerne l'axiome d'Archimède.

ARCHINE n.f. Ancienne mesure de longueur russe.

ARCHIPEL n.m. Groupe d'îles.

ARCHIPHONÈME n.m. *Phon.* Ensemble des caractéristiques communes à deux phonèmes.

ARCHIPLEIN, E adj.

ARCHIPRÊTRE n.m. Titre honorifique de certains curés.

ARCHIPTÈRE n.m. Insecte aux ailes membraneuses très fines, type libellule.

ARCHITECTE n.

ARCHITECTONIE n.f. Organisation architecturale d'un espace.

ARCHITECTONIQUE adj. et n.f.

ARCHITECTURAL, E, AUX adj.

ARCHITECTURE n.f.

ARCHITECTURER v. **10.** Construire avec rigueur.

ARCHITEUTHIS [-s] n.m. Calmar gigantesque.

ARCHITRAVE n.f. *Arch.* Partie inférieure d'un entablement.

ARCHITRAVÉ, E adj. et n.f.

ARCHIVABLE adj.

ARCHIVAGE n.m.

ARCHIVER v. **10.**

ARCHIVES n.f.pl.

ARCHIVISTE n.

ARCHIVISTIQUE adj. et n.f.

ARCHIVOLTE n.f. *Arch.* Moulure d'un arc.

ARCHONTAT [k] n.m. Dignité d'archonte.

ARCHONTE [k] n.m. Haut magistrat dans la Grèce antique.

ARÇON n.m. Une des pièces de la selle. – Sarment de vigne que l'on courbe pour le faire fructifier.

ARÇONNER v. **10.** Courber (un rameau de vigne) pour le faire fructifier.

ARCTIQUE adj. Des régions polaires du Nord.

ARCURE [k] n.f. Courbure effectuée sur des branches pour les faire fructifier.

ARDÉCHOIS, E adj. De l'Ardèche.

ARDÉIDÉ n.m. Oiseau, type aigrette, héron, butor.

ARDÉIFORME n.m. *Vx.* Ciconiiforme.

ARDEMMENT adv.

ARDENNAIS, E adj. Des Ardennes.

ARDENT, E adj.

ARDEUR n.f.

ARDILLON n.m. Pointe de métal qui fait partie d'une boucle de courroie.

ARDITI **I** n.m.pl. Corps francs italiens (Première Guerre mondiale).

ARDOISE n.f.

ARDOISÉ, E adj. Qui a la couleur de l'ardoise.

ARDOISER v. **10.** Couvrir d'ardoises.

ARDOISERIE n.f.

ARDOISIER, ÈRE 1. adj. De la nature de l'ardoise. 2. n.m. Ouvrier qui travaille l'ardoise. 3. n.f. Carrière d'ardoise.

ARDU, E adj.

ARE n.m.

ARÉAGE n.m. Mesure en ares de la surface d'un terrain.

AREC n.m. Palmier des régions chaudes.

ARÉCACÉE n.f. Plante, type palmier.

ARÉFLEXIE n.f. Abolition des réflexes.

AREG **I** → **erg.**

ARÉIQUE adj. *Géol.* Sans écoulement permanent des eaux.

ARÉISME n.m. État d'une région aréique.

ARELIGIEUX, EUSE adj.

ARÉNA n.m. *Québ.* Établissement où se trouve une piste de patinage.

ARÉNACÉ, E adj. De la nature du sable.

ARÉNAIRE adj. *Bot.* Qui croît dans le sable.

ARÉNATION n.f. *Méd.* Bain de sable chaud.

ARÉNAVIRUS n.m. Virus causant des fièvres hémorragiques.

ARÈNE n.f.

ARÉNEUX, EUSE adj. Sablonneux.

ARÉNICOLE 1. adj. Qui vit dans le sable. 2. n.f. Ver qui vit dans les sables marins.

ARÉNISATION n.f. *Géol.* Transformation en sable.

ARÉNITE n.f. Roche sédimentaire meuble.

ARÉNOPHILE adj. (Plante) se développant dans les sols sableux.

ARÉOGRAPHIE n.f. Étude de la surface de la planète Mars.

ARÉOLAIRE adj.

ARÉOLE n.f. Cercle qui entoure le mamelon du sein.

ARÉOMÈTRE n.m. Instrument mesurant la densité des liquides.

ARÉOMÉTRIE n.f.

ARÉOMÉTRIQUE adj.

ARÉOPAGE n.m. Ancien tribunal d'Athènes. – Assemblée de personnes compétentes.

ARÉOPAGITE n.m. Membre de l'Aréopage.

ARÉOSTYLE n.m. Colonnade dont les colonnes sont très espacées.

ARÉQUIER n.m. → **arec.**

ARÊTE n.f.

ARÊTIER n.m. Pièce de charpente formant l'arête d'un toit.

ARÊTIÈRE n.f. et adj.f. Tuile formant l'arête d'un toit.

ARÉTIN, E adj. D'Arezzo (Italie).

AREU interj.

ARGAN n.m. Fruit de l'arganier.

ARGANERAIE n.f. Plantation d'arganiers.

ARGANIER n.m. Arbre épineux du sud du Maroc.

ARGAS [-s] n.m. Parasite externe des volailles.

ARGELÉSIEN, ENNE adj. D'Argelès-Gazost.

ARGÉMONE n.f. Plante qui ressemble au pavot.

ARGENT n.m.

ARGENTAGE n.m.

ARGENTAN n.m. **(= argenton)** Alliage de cuivre, de nickel et de zinc.

ARGENTATION n.f.

ARGENTER v. **10.**

ARGENTERIE n.f.

ARGENTEUILLAIS, E adj. D'Argenteuil.

ARGENTEUR, EUSE n. Ouvrier qui argente du métal non précieux.

ARGENTIER n.m. Surintendant des Finances dans l'Ancien Régime.

ARGENTIFÈRE adj. Qui contient de l'argent.

ARGENTIN, E adj. De l'Argentine. – Qui rend le son clair de l'argent.

ARGENTIQUE adj. *Chim.* Qui contient de l'argent.

ARGENTITE n.f. Minerai d'argent.

ARGENTON n.m. → **argentan.**

ARGENTURE n.f. Dépôt d'argent à la surface d'un objet.

ARGIEN, ENNE adj. D'Argos (Grèce).

ARGILACÉ, E adj. De la nature de l'argile.

ARGILE n.f. Terre glaise.

ARGILEUX, EUSE adj.

ARGILIÈRE n.f. Lieu d'où l'on extrait de l'argile.

ARGININE n.f. Acide aminé.

ARGIOPE n.f. Grande araignée.

ARGOL n.m. Fiente servant de combustible.

ARGON n.m. Gaz rare de l'air.

ARGONAUTE n.m. Mollusque des mers tropicales.

ARGONIDE n.m. Gaz inerte de l'air.

ARGONNAIS, E adj. De l'Argonne.

ARGOT n.m.

ARGOTIER, ÈRE n. Personne qui connaît, parle l'argot.

ARGOTIQUE adj.

ARGOTISME n.m. Tournure argotique.

ARGOTISTE n. Linguiste spécialiste de l'argot.

ARGOULET n.m. Arquebusier à cheval au XVIe s.

ARGOUSIER n.m. Arbrisseau épineux.

ARGOUSIN n.m. *Péj.* Agent de police.

ARGOVIEN, ENNE adj. Du canton d'Argovie (Suisse).

ARGUER [-(u)é] v. **10.** Déduire. – Prétexter.

ARGUMENT n.m.

ARGUMENTAIRE n.m. Liste d'arguments de vente.

ARGUMENTANT n.m. Celui qui argumentait dans la soutenance d'une thèse.

ARGUMENTATEUR, TRICE adj. et n.

ARGUMENTATIF, IVE adj.

ARGUMENTATION n.f.

ARGUMENTER v. **10.**

ARGUS n.m. Publication qui fournit des renseignements spécialisés.

ARGUTIE [-si] n.f. Raisonnement subtil.

ARGYRASPIDE n.m. Fantassin d'élite de l'armée d'Alexandre le Grand.

ARGYRIE n.f. Coloration pathologique de la peau.

ARGYRISME n.m. Intoxication par les sels d'argent.

ARGYROL n.m. Antiseptique.

ARGYRONÈTE n.f. Araignée aquatique.

ARGYROSE n.f. Minerai d'argent.

ARHAT [-t] n. Dans le bouddhisme, disciple parvenu au plus haut niveau de la sagesse.

ARIA 1. n.m. *Vx.* Souci, tracas. 2. n.f. *Mus.* Mélodie.

ARIANISME n.m. Hérésie des ariens (IVe s.).

ARIARY n.m. Unité monétaire de Madagascar.

ARIDE adj.

ARIDITÉ n.f.

ARIÉGEOIS, E adj. De l'Ariège.

ARIEN, ENNE n. et adj. Hérétique partisan de la doctrine d'Arius (IVe s.).

ARIETTE n.f. Petite mélodie.

ARILLE n.m. Enveloppe de certaines graines.

ARILLÉ, E adj. Pourvu d'un arille.

ARIOSO n.m. Air mélodique déclamé.

ARISER v. **10 (= arriser)** *Mar.* Rendre (une voile) plus petite.

ARISTARQUE n.m. *Litt., Vx.* Critique éclairé.

ARISTO adj. et n.

ARISTOCRATE n.

ARISTOCRATIE n.f.

ARISTOCRATIQUE adj.

ARISTOCRATISME n.m.

ARISTOLOCHE n.f. Plante grimpante.

ARISTOLOCHIACÉE n.f. Plante grimpante, type aristoloche.

ARISTOPHANESQUE adj. Digne d'Aristophane.

ARISTOTÉLICIEN, ENNE adj. et n.

ARISTOTÉLIQUE adj.

ARISTOTÉLISME n.m. Doctrine d'Aristote.

ARITHMÉTICIEN, ENNE n.

ARITHMÉTIQUE adj. et n.f.

ARITHMOGRAPHE n.m. Appareil à calculer.

ARITHMOLOGIE n.f. Science des nombres.

ARITHMOMANCIE n.f. Divination au moyen des nombres.

ARITHMOMANIE n.f. *Psych.* Obsession pathologique des nombres.

ARITHMOMÈTRE n.m. Machine à calculer.

ARKOSE n.f. Variété de grès.

ARLEQUIN, E n. Bouffon dont le costume est fait de pièces disparates.

ARLEQUINADE n.f. Pitrerie.

ARLÉSIEN, ENNE adj. D'Arles.

ARLONAIS, E adj. D'Arlon (Belgique).

ARMADA n.f. Grand rassemblement de véhicules, de personnes.

ARMAGNAC n.m.

ARMAILLI n.m. *Helv.* Pâtre des alpages.

ARMATEUR n.m.

ARMATOLE n.m. *Hist.* Gendarme grec.

ARMATURE n.f.

ARME n.f.

ARMÉE n.f.

ARMELINE n.f. Peau d'hermine.

ARMEMENT n.m.

ARMÉNIEN, ENNE adj. et n.m. D'Arménie.

ARMER v. **10.**

ARMÉRIE n.f. Plante herbacée.

ARMET n.m. Casque en usage du XVe au XVIIe s.

ARMEUSE n.f. Machine disposant l'armure de protection des câbles électriques.

ARMILLAIRE [l] 1. adj. (Sphère) représentant le ciel dans l'ancienne astronomie. 2. n.m. Champignon.

ARMILLE n.f. *Arch.* Annelet.

ARMINIANISME n.m.

ARMINIEN, ENNE adj. et n. (Partisan) de la secte protestante d'Arminius (XVIIe s.).

ARMISTICE n.m.

ARMOIRE n.f.

ARMOIRIES n.f.pl. Emblèmes distinctifs d'une famille, d'une ville, d'un État.

ARMOISE n.f. Plante aromatique.

ARMON n.m. Pièce de fixation du timon d'une voiture à cheval.

ARMORIAL, E, AUX adj. et n.m. Relatif aux armoiries.

ARMORICAIN, E adj. De l'Armorique, ancienne Bretagne.

ARMORIER v. **15.** Orner d'armoiries.

ARMORISTE n. et adj. Spécialiste de l'héraldique.

ARMURE n.f.

ARMURERIE n.f.

ARMURIER n.m.

ARNAQUE n.f.

ARNAQUER v. **10.**

ARNAQUEUR, EUSE n.

ARNICA n.m. ou f. Plante dont on extrait une teinture utilisée contre les contusions.

AROBAS [-s] n.f. **(= arobase, arrobas, arrobase)** *Impr., Inf.* Signe @ signifiant *à, chez.*

AROBASE n.f. → **arobas.**

AROBE n.f. **(= arrobe)** Mesure espagnole de poids et de capacité.

AROÏDACÉE n.f. → **aroïdée.**

AROÏDÉE n.f. Plante monocotylédone, type arum.

AROL n.m. ou f. **(= arole, arolle)** *Helv.* Pin montagnard.

AROLE n.m. ou f. → **arol.**

AROLLE n.m. ou f. → **arol.**

AROMATE n.m. Parfum d'origine végétale.

AROMATHÉRAPEUTE n.

AROMATHÉRAPIE n.f. Thérapie par les huiles essentielles des plantes.

AROMATICIEN, ENNE n. Spécialiste des arômes.

AROMATICITÉ n.f.

AROMATIQUE 1. adj. Odoriférant. 2. n.m. Carbure cyclique.

AROMATISANT, E adj. et n.m.

AROMATISATION n.f.

AROMATISER v. **10.** Parfumer.

ARÔME n.m.

ARONDE n.f. *Vx.* Hirondelle.

AROUMAIN, E adj. et n.m. D'un peuple des Balkans.

ARPÈGE n.m. Exécution successive des notes d'un accord.

ARPÉGER v. **18.** *Mus.* Exécuter en arpège.

ARPENT n.m. Ancienne mesure agraire.

ARPENTAGE n.m.

ARPENTER v. **10.** Faire l'arpentage d'un terrain. – Parcourir rapidement et à grands pas.

ARPENTEUR, EUSE 1. n.m. Personne chargée de l'arpentage d'un terrain. 2. n.f. et adj.f. Chenille des papillons géomètres.

ARPÈTE n. **(= arpette)** *Fam.* Jeune apprenti.

ARPETTE n. → **arpète.**

ARPION n.m. *Fam.* Pied.

ARQUEBUSADE n.f. Coup d'arquebuse.

ARQUEBUSE n.f.

ARQUEBUSERIE n.f. Atelier de l'arquebusier.

ARQUEBUSIER n.m.

ARQUER v. **10.** Courber en arc.

ARRACHAGE n.m.

ARRACHÉ n.m.

ARRACHEMENT n.m.

ARRACHER v. **10.**

ARRACHEUR, EUSE n.

ARRACHIS n.m. Arrachage des arbres. – Plant arraché.

ARRACHOIR n.m. Outil servant à arracher les végétaux.

ARRAGEOIS, E adj. D'Arras.

ARRAISONNEMENT n.m.

ARRAISONNER v. **10.** Arrêter (un navire) en pleine mer pour l'inspecter.

ARRANGEABLE adj.

ARRANGEANT, E adj.

ARRANGEMENT n.m.

ARRANGER v. **17.**

ARRANGEUR, EUSE n.

ARRENTER v. **10.** Donner ou prendre (un domaine) à rente.

ARRÉRAGER (S') v. **17.** Rester dû.

ARRÉRAGES n.m.pl. Montant échu d'une redevance périodique.

ARRESTATION n.f.

ARRÊT n.m.

ARRÊTAGE n.m. Dispositif d'arrêt d'un mécanisme d'horlogerie.

ARRÊTÉ n.m.

ARRÊTER v. **10.**

ARRÊTISTE n. Juriste qui commente les arrêts de la cour.

ARRÊTOIR n.m. Butée.

ARRHÉNOTOQUE adj. *Biol.* (Parthénogenèse) n'engendrant que des mâles.

ARRHES n.f.pl.

ARRIÉRATION n.f. Fonctionnement intellectuel inférieur à la moyenne.

ARRIÈRE adj., n., adv. et interj.

ARRIÉRÉ, E adj. et n.

ARRIÉRER v. **12.** Différer.

ARRIMAGE n.m.

ARRIMER v. **10.** Fixer solidement.

ARRIMEUR, EUSE n.

ARRISER v. **10.** → **ariser.**

ARRIVAGE n.m.

ARRIVANT, E n.

ARRIVÉE n.f.

ARRIVER v. **10.**

ARRIVISME n.m. Désir de réussir à tout prix.

ARRIVISTE adj. et n.

ARROBAS [-s] n.f. → **arobas.**

ARROBASE n.f. → **arobas.**

ARROBE n.f. → **arobe.**

ARROCHE n.f. Plante à feuilles triangulaires.

ARROGAMMENT adv.

ARROGANCE n.f.

ARROGANT, E adj. et n.

ARROGER (S') v. **17.** S'attribuer indûment.

ARROI n.m. *Vx.* Équipage, appareil.

ARRONDI, E adj., n.m. et n.f.

ARRONDIR v. **40.**

ARRONDISSAGE n.m.

ARRONDISSEMENT n.m.

ARRONDISSEUR n.m. Outil, ouvrier qui arrondit.

ARRONDISSURE n.f. Arrondissage du dos d'un livre à relier.

ARROSABLE adj.

ARROSAGE n.m.

ARROSEMENT n.m.

ARROSER v. **10.**

ARROSEUR, EUSE n.

ARROSOIR n.m.

ARROYO [-oyô] n.m. Dans les pays tropicaux, canal reliant deux cours d'eau.

ARS [ar(s)] n.m. Point d'union du poitrail et des membres antérieurs du cheval.

ARSENAL, AUX n.m.

ARSÉNIATE n.m. Sel de l'acide arsénique.

ARSENIC n.m.

ARSENICAL, E, AUX adj. → **arsénié.**

ARSÉNIÉ, E adj. *Chim.* Qui contient de l'arsenic.

ARSÉNIEUX, EUSE adj. Se dit de certains composés de l'arsenic.

ARSÉNIOSULFURE n.m. Combinaison d'arsenic, de soufre et d'un métal.

ARSÉNIQUE adj. → **arsénieux.**

ARSÉNITE n.m. Sel de l'acide arsénieux.

ARSÉNIURE n.m. Composé de l'arsenic avec un autre corps simple.

ARSIN, E 1. adj. (Bois sur pied) détérioré par le feu. 2. n.f. Hydrogène arsénié.

ARSIS [-s] n.f. En poésie grecque, syllabe non accentuée.

ARSONVALISATION n.f. *Méd.* Utilisation des courants de haute fréquence.

ARSOUILLE n. et adj. *Fam.* Voyou, canaille.

ART n.m.

ARTÉFACT n.m. *Biol.* Phénomène artificiel dû à la main de l'homme.

ARTEL n.m. ou f. *Hist.* Coopérative de travailleurs en URSS.

ARTÉMIA n.f. Crustacé des étangs salés.

ARTÉMISE n.f. Nom courant de diverses armoises.

ARTÉMISININE n.f. *Pharm.* Substance antipaludéenne extraite de l'armoise.

ARTÈRE n.f.

ARTÉRIECTOMIE n.f. Ablation d'une artère.

ARTÉRIEL, ELLE adj.

ARTÉRIOGRAPHIE n.f. Radiographie des artères.

ARTÉRIOLE n.f. Petite artère.

ARTÉRIOPATHIE n.f. Affection d'une artère.

ARTÉRIOSCLÉREUX, EUSE adj. et n.

ARTÉRIOSCLÉROSE n.f. Durcissement des artères.

ARTÉRIOTOMIE n.f. Incision d'une artère.

ARTÉRITE n.f. Inflammation d'une artère.

ARTÉRITIQUE adj. et n.

ARTÉSIEN, ENNE adj. De l'Artois.

ARTHRALGIE n.f. Douleur articulaire.

ARTHRALGIQUE adj. et n.

ARTHRITE n.f.

ARTHRITIQUE adj. et n.

ARTHRITISME n.m. *Vx.* Ensemble de maladies provoquant des douleurs.

ARTHRODÈSE n.f. Blocage chirurgical d'une articulation malade.

ARTHRODIE n.f. *Anat.* Type d'articulation plane.

ARTHROGRAPHIE n.f. Radiographie d'une articulation.

ARTHROGRYPOSE n.f. Déformation congénitale des articulations.

ARTHROPATHIE n.f. Affection d'une articulation.

ARTHROPLASTIE n.f. Réparation d'une articulation.

ARTHROPODE n.m. Animal invertébré dont le corps articulé est recouvert de chitine.

ARTHROSCOPIE n.f. Examen d'une cavité articulaire.

ARTHROSE n.f. Altération dégénérative des articulations.

ARTHROSIQUE adj. et n. Qui souffre d'arthrose.

ARTHURIEN, ENNE adj. Relatif au roi Arthur ou à sa légende.

ARTICHAUT n.m.

ARTICHAUTIÈRE n.f. Terrain planté d'artichauts.

ARTICHE n.m. *Arg.* Argent.

ARTICLE n.m.

ARTICULAIRE adj. Relatif aux articulations.

ARTICULATEUR n.m. *Phon.* Organe participant à l'émission des sons.

ARTICULATION n.f.

ARTICULATOIRE adj. Relatif à l'articulation des sons.

ARTICULER v. **10.**

ARTICULET n.m. Petit article de journal.

ARTIFICE n.m.

ARTIFICIALISER v. **10.** Modifier (un milieu naturel) pour lui donner une autre vocation.

ARTIFICIALITÉ n.f.

ARTIFICIEL, ELLE adj.

ARTIFICIER n.m. Celui qui tire les feux d'artifice. – Militaire chargé de la mise en œuvre des munitions.

ARTIFICIEUX, EUSE adj. Rusé.

ARTILLERIE n.f.

ARTILLEUR n.m.

ARTIMON n.m. Mât arrière d'un voilier.

ARTIODACTYLE n.m. Ongulé ayant un nombre pair de doigts.

ARTIOZOAIRE n.m. Animal à symétrie bilatérale.

ARTISAN, E n.

ARTISANAL, E, AUX adj.

ARTISANALEMENT adv.

ARTISANAT n.m.

ARTISON n.m. Insecte qui ronge le bois, les étoffes.

ARTISTE adj. et n.

ARTISTEMENT adv.

ARTISTIQUE adj.

ARTISTIQUEMENT adv.

ARTOCARPE n.m. Arbre tropical, appelé *arbre à pain* à cause de ses fruits.

ARTOCARPUS n.m. → **artocarpe.**

ARTOTHÈQUE n.f. Organisme prêtant des œuvres d'art.

ARUM n.m. Plante à fleurs.

ARUSPICE n.m. (= **haruspice**) *Antiq. rom.* Prêtre qui prédisait l'avenir en examinant les entrailles des victimes.

ARVALE n.m. et adj. *Antiq. rom.* Prêtre.

ARVERNE adj. D'un peuple de la Gaule.

ARVICOLE adj. *Zool.* Qui vit dans les champs.

ARVINE n.f. Vin blanc valaisan.

ARYANISATION n.f. *Hist.* Sous le régime nazi, spoliation des biens appartenant à des Juifs.

ARYANISER v. **10.**

ARYEN, ENNE adj. Relatif aux Aryens (peuple indo-européen de l'Antiquité).

ARYLAMINE n.f. Amine dérivée d'un carbure benzénique.

ARYLE n.m. Radical dérivé des composés benzéniques.

ARYTÉNOÏDE n.m. et adj. Cartilage du larynx.

ARYTÉNOÏDIEN, ENNE adj.

ARYTHMIE n.f. Irrégularité du rythme cardiaque.

ARYTHMIQUE adj.

ARZEL n.m. Cheval qui a les pieds de derrière blancs.

AS n.m.

ASA | n.m. *Phot.* Ancienne échelle de sensibilité.

ASADO [s] n.m. Cuisson au gril, en Amérique latine.

ASANA n.f. Posture de yoga.

ASARET n.m. Herbe vivace vomitive.

ASBESTE n.m. Amiante.

ASBESTOSE n.f. Affection des poumons due à la poussière d'amiante.

ASCARIDE n.m. Ver parasite de l'intestin.

ASCARIDIASE n.f. Maladie parasitaire provoquée par les ascarides.

ASCARIDIOSE n.f. → **ascaridiase.**

ASCARIS [-s] n.m. → **ascaride.**

ASCENDANCE n.f. Courant aérien ascendant. - Ensemble des générations précédentes.

ASCENDANT, E adj. et n.m.

ASCENDEUR n.m. Dispositif utilisé en alpinisme.

ASCENSEUR n.m.

ASCENSION n.f.

ASCENSIONNEL, ELLE adj.

ASCENSIONNER v. **10.**

ASCENSIONNISTE n. Alpiniste.

ASCENSORISTE n. Spécialiste des ascenseurs.

ASCÈSE n.f. Pratique tendant au perfectionnement spirituel par le mépris du corps.

ASCÈTE n.

ASCÉTIQUE adj.

ASCÉTISME n.m.

ASCIDIE n.f. Animal marin vivant sur les rochers.

ASCITE n.f. *Méd.* Accumulation de liquide dans le péritoine.

ASCITIQUE adj. Relatif à l'ascite.

ASCLÉPIADACÉE n.f. Plante dicotylédone gamopétale.

ASCLÉPIADE n.f. Plante à fleurs roses.

ASCLÉPIAS [-s] n.m. → **asclépiade.**

ASCOMYCÈTE n.m. Champignon dont les spores se forment dans des asques.

ASCORBIQUE adj. *Acide ascorbique :* vitamine C, antiscorbutique.

ASCOSPORE n.f. *Bot.* Spore formée à l'intérieur d'un asque.

ASDIC n.m. Appareil de détection sous-marine par ultrasons.

ASE n.f. *Ase fétide :* résine extraite de la férule.

ASÉISMIQUE adj. **(= asismique)** (Zone) sans activité sismique.

ASELLE n.m. Crustacé d'eau douce.

ASÉMANTICITÉ n.f.

ASÉMANTIQUE adj. Dépourvu de sens bien que correct grammaticalement.

ASEPSIE n.f. Destruction des microbes par stérilisation.

ASEPTIQUE adj.

ASEPTISATION n.f.

ASEPTISER v. **10.**

ASEXUALITÉ n.f.

ASEXUÉ, E adj.

ASEXUEL, ELLE adj.

ASHANTI, E adj. → **achanti.**

ASHKÉNAZE n. et adj. **(= ashkenazi)** Juif d'Europe (par opposition à séfarade).

ASHKENAZI (pl. **ASHKENAZIM** ou **ASHKENAZIS**) [ké] n. et adj. → **ashkénaze.**

ASHKENAZIM ❙ → **ashkenazi.**

ASHRAM n.m. **(= asram)** En Inde, communauté de disciples autour d'un gourou.

ASIADOLLAR n.m. Dollar déposé dans une banque d'Asie.

ASIAGO [s] n.m. Fromage italien.

ASIALIE [s] n.f. *Méd.* Absence de salive.

ASIARQUE n.m. *Antiq.* Magistrat de la province romaine d'Asie.

ASIATE n. Personne originaire d'Asie.

ASIATIQUE adj.

ASIC n.m. *Électron.* Circuit intégré.

ASIENTO [s] n.m. *Hist.* Contrat de monopole pour la traite des Noirs, accordé par l'Espagne.

ASILAIRE adj. Relatif à l'asile ou à l'hôpital psychiatrique.

ASILE n.m.

ASIN, E adj. De l'âne.

ASINIEN, ENNE adj. → **asin.**

ASISMIQUE adj. → **aséismique.**

ASKARI n.m. Soldat indigène des anciennes colonies allemandes et italiennes.

ASNIÉROIS, E [anyé-] adj. D'Asnières-sur-Seine.

ASOCIABILITÉ n.f.

ASOCIAL, E, AUX adj. et n.

ASOCIALITÉ n.f.

ASOMATOGNOSIE [gn] n.f. *Psych.* Trouble du schéma corporel.

ASPARAGINE n.f. Acide aminé présent dans les jeunes pousses d'asperges.

ASPARAGUS n.m. Plante au feuillage très léger, voisine de l'asperge.

ASPARTAM n.m. **(= aspartame)** Succédané du sucre.

ASPARTAME n.m. → **aspartam.**

ASPARTIQUE adj. (Acide aminé) présent dans presque toutes les protéines.

ASPE n.m. **(= asple)** Dévidoir pour tirer la soie des cocons.

ASPECT n.m.

ASPECTUEL, ELLE adj.

ASPERGE n.f.

ASPERGER v. **17.**

ASPERGERAIE n.f. Plantation d'asperges.

ASPERGÈS n.m. Aspersion d'eau bénite au début de la messe.

ASPERGILLE [-jil] n.m. ou f. Champignon qui se développe sur les substances en décomposition.

ASPERGILLOSE [-jilôz] n.f. Affection causée par des champignons parasites.

ASPERGILLUS [-jilus] n.m. ou f. → **aspergille.**

ASPÉRITÉ n.f.

ASPERMATISME n.m. → **aspermie.**

ASPERME adj. *Bot.* Qui ne produit pas de graines.

ASPERMIE n.f. Absence d'émission de sperme.

ASPERSEUR n.m. Petit arroseur rotatif.

ASPERSION n.f. Action d'asperger.

ASPERSOIR n.m. Goupillon servant à asperger d'eau bénite.

ASPÉRULE n.f. Plante des sols rocailleux.

ASPHALTAGE n.m.

ASPHALTE n.m.

ASPHALTER v. **10.**

ASPHALTIER n.m. Navire spécialisé dans le transport de l'asphalte.

ASPHALTIQUE adj. Qui contient de l'asphalte.

ASPHALTITE n.m. Mélange de bitume et de matières organiques.

ASPHÉRIQUE adj. (Surface) courbe, mais non sphérique.

ASPHODÈLE n.m. Plante bulbeuse à fleurs blanches.

ASPHYXIANT, E adj.

ASPHYXIE n.f.

ASPHYXIER v. **15.**

ASPHYXIQUE adj. Relatif à l'asphyxie.

ASPI n.m. *Fam.* Aspirant.

ASPIC n.m. 1. Sorte de vipère. 2. **(= spic)** Lavande mâle. 3. Mets enrobé de gelée.

ASPIDISTRA n.m. Plante verte d'appartement.

ASPIDIUM n.m. Fougère.

ASPIRAIL, ASPIRAUX n.m. Ouverture d'un fourneau par où passe l'air.

ASPIRANT, E 1. adj. 2. n. Élève-officier.

ASPIRATEUR, TRICE adj. et n.m.

ASPIRATIF, IVE adj. Qui a le caractère de l'aspiration.

ASPIRATION n.f.

ASPIRATOIRE adj.

ASPIRAUX → **aspirail.**

ASPIRER v. **10.**

ASPIRINE n.f. (Nom déposé dans certains pays).

ASPLE n.m. → **aspe.**

ASPLÉNIUM n.m. Fougère.

ASPRE n.f. Colline pierreuse, dans le Roussillon.

ASQUE n.m. Cellule reproductrice de certains champignons.

ASRAM [achram] n.m. → **ashram.**

ASSAGIR v. **40.**

ASSAGISSEMENT n.m.

ASSAI [asay] adv. *Mus.* Très.

ASSAILLANT, E adj. et n.

ASSAILLIR v. **48.**

ASSAINIR v. **40.**

ASSAINISSEMENT n.m.

ASSAINISSEUR n.m. Désodorisant.

ASSAISONNEMENT n.m.

ASSAISONNER v. **10.**

ASSAMAIS, E adj. et n.m. De l'Assam (Inde).

ASSAMELA [mé] n.m. *Afr.* Arbre au bois jaune.

ASSARMENTER v. **10.** Élaguer (une vigne).

ASSASSIN, E adj. et n.m.

ASSASSINAT n.m.

ASSASSINER v. **10.**

ASSAUT n.m.

ASSAVOIR v. déf. (Ne s'emploie qu'à l'infinitif) *Vx.* Savoir.

ASSE n.f. Outil à creuser le bois.

ASSEAU, X n.m. Marteau de couvreur.

ASSEC n.m. Période de culture sur un étang à sec.

ASSÈCHEMENT n.m.

ASSÉCHER v. **12.**

ASSEMBLAGE n.m.

ASSEMBLAGISTE n. Artiste qui pratique l'assemblage de pièces disparates.

ASSEMBLÉE n.f.

ASSEMBLEMENT n.m.

ASSEMBLER v. **10.**

ASSEMBLEUR, EUSE 1. n.m. *Inf.* Programme de traduction vers le langage machine. 2. n.f. Machine qui assemble les feuilles imprimées.

ASSÉNER v. **12.** Porter, appliquer (un coup).

ASSENTIMENT n.m. Consentement.

ASSEOIR v. **81.**

ASSERMENTATION n.f. *Helv.* Prestation de serment.

ASSERMENTER v. **10.** Obliger sous la foi du serment.

ASSERTIF, IVE adj. Qui affirme.

ASSERTION n.f. Affirmation.

ASSERTORIQUE adj. *Philos.* (Jugement) qui énonce une simple assertion portant sur une vérité de fait.

ASSERVIR v. **40.**

ASSERVISSANT, E adj.

ASSERVISSEMENT n.m.

ASSERVISSEUR, EUSE 1. adj. Qui asservit. 2. n.m. *Techn.* Dispositif qui impose ses lois de variation.

ASSESSEUR n.m.

ASSESSEURE n.f. *Québ.* Féminin de *assesseur.*

ASSESSORAL, E, AUX adj.

ASSESSORAT n.m. Charge d'assesseur.

ASSETTE n.f. → **aissette.**

ASSEZ adv.

ASSIBILATION n.f.

ASSIBILER v. **10.** *Ling.* Prononcer (un son) comme s'il avait la valeur d'un *s.*

ASSIDU, E adj.

ASSIDUITÉ n.f.

ASSIDÛMENT adv.

ASSIÉGEANT, E adj. et n.

ASSIÉGER v. **18.**

ASSIETTE n.f.

ASSIETTÉE n.f.

ASSIGNABLE adj.

ASSIGNAT n.m. Papier-monnaie émis sous la Révolution française et gagé sur les biens nationaux.

ASSIGNATION n.f.

ASSIGNER v. **10.**

ASSIMILABLE adj.

ASSIMILANT, E adj.

ASSIMILATEUR, TRICE adj. et n.

ASSIMILATION n.f.

ASSIMILATOIRE adj. Relatif à l'assimilation phonétique.

ASSIMILER v. **10.**

ASSIS, E adj., n.f. et n.f.pl.

ASSIST n.m. Dans les sports d'équipe, passe décisive avant un but.

ASSISTANAT n.m. Fonction d'assistant.

ASSISTANCE n.f.

ASSISTANT, E adj. et n.

ASSISTER v. **10.**

ASSOCIATIF, IVE adj.

ASSOCIATION n.f.

ASSOCIATIVITÉ n.f. *Math.* Propriété de certaines opérations dans la théorie des ensembles.

ASSOCIER v. **15.**

ASSOIFFER v. **10.**

ASSOLEMENT n.m.

ASSOLER v. **10.** Diviser (une exploitation) pour y alterner les cultures.

ASSOMBRIR v. **40.**

ASSOMBRISSEMENT n.m.

ASSOMMANT, E adj.

ASSOMMER v. **10.**

ASSOMMEUR, EUSE n.

ASSOMMOIR n.m. Instrument qui sert à assommer. – Cabaret.

ASSOMPTIF, IVE adj. *Log.* Auxiliaire.

ASSOMPTION n.f. *Rel.* Élévation de la Sainte Vierge au ciel.

ASSOMPTIONNISTE n.m. Membre d'une congrégation religieuse.

ASSONANCE n.f. Répétition du même son.

ASSONANCÉ, E adj.

ASSONANT, E adj.

ASSONER v. **(p.p.inv.) 10.** Produire une assonance.

ASSORTIMENT n.m.

ASSORTIR v. **40.**

ASSOUPIR v. **40.**

ASSOUPISSANT, E adj.

ASSOUPISSEMENT n.m.

ASSOUPLIR v. **40.**

ASSOUPLISSAGE n.m.

ASSOUPLISSANT, E adj. et n.m.

ASSOUPLISSEMENT n.m.

ASSOUPLISSEUR n.m.

ASSOURDIR v. **40.**

ASSOURDISSANT, E adj.

ASSOURDISSEMENT n.m.

ASSOUVIR v. **40.**

ASSOUVISSEMENT n.m.

ASSUÉTUDE n.f. Accoutumance, dépendance vis-à-vis d'une drogue.

ASSUJETTIR v. **40.**

ASSUJETTISSANT, E adj.

ASSUMER v. **10.**

ASSURABLE adj.

ASSURAGE n.m. En alpinisme, technique pour empêcher la chute.

ASSURANCE n.f.

ASSURANCIEL, ELLE adj. Relatif aux assurances.

ASSURANTIEL, ELLE adj. → **assuranciel.**

ASSURÉMENT adv.

ASSURER v. **10.**

ASSUREUR n.m.

ASSYRIEN, ENNE adj. et n.m. De l'Assyrie (Mésopotamie ancienne, en Asie occidentale).

ASSYRIOLOGIE n.f. Étude de l'Antiquité assyrienne.

ASSYRIOLOGUE n.

ASTABLE adj. et n.m. Se dit d'un montage électronique instable.

ASTACICOLE adj.

ASTACICULTEUR, TRICE n.

ASTACICULTURE n.f. Élevage des écrevisses.

ASTANAIS, E adj. D'Astana (Kazakhstan).

ASTARTÉ n.f. Mollusque bivalve.

ASTASIE n.f. *Méd.* Incapacité de se tenir debout.

ASTATE n.m. Élément instable radioactif.

ASTATIQUE adj. *Phys.* Qui présente un état d'équilibre dans toutes ses positions.

ASTER [astèr] n.m. Plante à petites fleurs en forme d'étoiles.

ASTÉRACÉE n.f. Plante, type aster.

ASTÉRÉOGNOSIE [gn] n.f. Incapacité de reconnaître les objets par le toucher.

ASTÉRIDE n.m. (**= astérie**) Étoile de mer.

ASTÉRIE n.f. → **astéride.**

ASTÉRISME n.m. Propriété qu'ont certaines pierres précieuses de diffracter la lumière réfléchie.

ASTÉRISQUE n.m. Signe typographique en forme d'étoile.

ASTÉRIXIS [-s] n.m. *Méd.* Chute brutale du tonus des muscles du poignet.

ASTÉROÏDE n.m. Petite planète.

ASTHÉNIE n.f. État d'épuisement sans cause organique.

ASTHÉNIQUE adj. et n.

ASTHÉNOSPHÈRE n.f. Couche visqueuse sur laquelle repose la croûte terrestre.

ASTHMATIQUE adj. et n.

ASTHME n.m. Difficulté respiratoire.

ASTI n.m. Vin blanc mousseux d'Asti (Italie).

ASTIC n.m. Outil de cordonnier pour lisser le cuir.

ASTICOT n.m.

ASTICOTER v. **10.**

ASTICOTEUR, EUSE n.

ASTIGMATE adj. et n. Qui ne voit pas nettement dans toutes les directions.

ASTIGMATIQUE adj.

ASTIGMATISME n.m.

ASTILBE n.f. Plante ornementale.

ASTIQUAGE n.m.

ASTIQUER v. **10.**

ASTRAGALE n.m. Un des os du pied.

ASTRAKAN n.m. Fourrure de jeune agneau frisé.

ASTRAL, E, AUX adj.

ASTRANCE n.f. (**= astrantia**) Herbe aromatique de montagne.

ASTRANTIA [-sya] n.f. → **astrance.**

ASTRE n.m.

ASTREIGNANT, E adj.

ASTREINDRE v. **92.**

ASTREINTE n.f. *Dr.* Pénalité en cas de non-exécution d'une obligation.

ASTRILD n.m. Petit oiseau tropical.

ASTRINGENCE n.f.

ASTRINGENT, E adj. et n.m. *Méd.* Qui resserre les tissus.

ASTROBIOLOGIE n.f. Étude de la possibilité de vie dans l'Univers.

ASTROBLÈME n.m. Trace d'impact d'une grosse météorite.

ASTROCYTAIRE adj.

ASTROCYTE n.m. Cellule nerveuse.

ASTROCYTOME n.m. Tumeur bénigne qui affecte les astrocytes.

ASTROÏDE n.f. *Math.* Type de courbe.

ASTROLABE n.m. *Anc.* Instrument qui déterminait la hauteur des astres au-dessus de l'horizon.

ASTROLÂTRIE n.f. Adoration des astres.

ASTROLOGIE n.f.

ASTROLOGIQUE adj.

ASTROLOGUE n.

ASTROMANCIE n.f. Divination par les astres.

ASTROMÉTRIE n.f. Détermination de la position des astres sur la voûte céleste.

ASTROMÉTRIQUE adj.

ASTROMÉTRISTE n.

ASTRONAUTE n.

ASTRONAUTICIEN, ENNE n.

ASTRONAUTIQUE n.f. et adj. Science de la navigation spatiale.

ASTRONEF n.m. Véhicule spatial.

ASTRONOME n.

ASTRONOMIE n.f.

ASTRONOMIQUE adj.

ASTROPARTICULE n.f. Domaine de recherche sur l'infiniment grand et l'infiniment petit.

ASTROPHYSICIEN, ENNE n.

ASTROPHYSIQUE n.f. Étude physique des astres.

ASTROPORT n.m. Aéroport destiné aux vols spatiaux.

ASTUCE n.f.

ASTUCIEUSEMENT adv.

ASTUCIEUX, EUSE adj.

ASTURIEN, ENNE adj. Des Asturies (Espagne).

ASYMBOLIE n.f. Incapacité de comprendre les symboles, les signes.

ASYMÉTRIE n.f.

ASYMÉTRIQUE adj.

ASYMPTOMATIQUE adj. (Malade) qui ne présente pas de symptômes cliniques.

ASYMPTOTE n.f. et adj. Droite qui s'approche d'une courbe sans jamais la rencontrer.

ASYMPTOTIQUE adj.

ASYNARTÈTE adj. et n.m. *Poét.* (Vers) composé de deux parties indépendantes.

ASYNCHRONE adj. Non synchrone.

ASYNCHRONISME n.m.

ASYNDÈTE n.f. *Ling.* Absence de liaison entre deux termes.

ASYNERGIE n.f. Manque de coordination des mouvements.

ASYSTOLE n.f. Forme d'arrêt cardiaque.

ASYSTOLIE n.f. Insuffisance des contractions du cœur.

ATACA n.m. **(= atoca)** *Québ.* Baie de l'atocatier.

ATAMAN n.m. *Hist.* Chef des armées de Pologne. – *Hist.* Chef des cosaques en Ukraine.

ATARAXIE n.f. Quiétude absolue de l'âme.

ATARAXIQUE adj.

ATAVIQUE adj.

ATAVISME n.m. Réapparition de caractères ancestraux.

ATAXIE n.f. Incoordination des mouvements.

ATAXIQUE adj. et n.

ATCHOUM interj.

ATÈLE n.m. Singe de l'Amérique du Sud.

ATÉLECTASIE n.f. Affaissement des alvéoles pulmonaires ne contenant pas d'air.

ATELIER n.m.

ATELLANE n.f. *Antiq. rom.* Pièce bouffonne.

ATÉMI n.m. Coup porté, dans les arts martiaux japonais.

ATEMPORALITÉ n.f.

ATEMPOREL, ELLE adj. Qui n'est pas concerné par le temps.

ATÉRIEN, ENNE adj. et n.m. Se dit d'un stade du paléolithique supérieur, dont on trouve des traces au Maghreb.

ATERMOIEMENT n.m.

ATERMOYER v. **27.** Différer (un paiement). – Gagner du temps.

ATHANÉE n.m. Lieu de réunion avant des obsèques.

ATHANOR n.m. Grand alambic.

ATHÉE adj. et n.

ATHÉISME n.m.

ATHÉISTIQUE adj.

ATHÉMATIQUE adj. Qui n'intercale pas de lettre de liaison entre le radical et le suffixe.

ATHÉNÉE n.m. *Belg.* Lycée.

ATHÉNIEN, ENNE adj.

ATHERMANE adj. Qui n'est pas conducteur de la chaleur.

ATHERMIQUE adj. *Phys.* (Transformation) qui ne dégage ni n'absorbe de chaleur.

ATHÉROMATEUX, EUSE adj.

ATHÉROME n.m. Lésion de la surface interne d'une artère.

ATHÉROSCLÉREUX, EUSE adj.

ATHÉROSCLÉROSE n.f. Affection dégénérative des artères.

ATHÉTOSE n.f. Maladie caractérisée par des mouvements involontaires lents et ondulatoires.

ATHÉTOSIQUE adj. et n.

ATHLÈTE n.

ATHLÉTIQUE adj.

ATHLÉTIQUEMENT adv.

ATHLÉTISME n.m.

ATHREPSIE n.f. *Méd.* Dénutrition des nouveau-nés.

ATHREPSIQUE adj. et n.

ATHYMHORMIE n.f. → **athymie.**

ATHYMIE n.f. Indifférence affective apparente.

ATHYMIQUE adj.

ATHYROÏDIE n.f. Arrêt de sécrétion de la glande thyroïde.

ATIÉKÉ n.m. **(= attiéké)** *Afr.* Semoule de manioc.

ATIMIE n.f. *Antiq. gr.* Privation des droits.

ATIPA n.m. Poisson d'eau douce de la Guyane.

ATLANTE n.m. *Arch.* Statue d'homme servant de support.

ATLANTHROPE n.m. Hominien fossile d'Afrique du Nord.

ATLANTIQUE adj.

ATLANTISME n.m. Doctrine des partisans du pacte de l'Atlantique Nord.

ATLANTISTE adj. et n.

ATLANTOSAURE n.m. Grand reptile fossile.

ATLAS n.m.

ATMAN [atman] n.m. Souffle vital, dans l'hindouisme.

ATMOLYSE n.f. Séparation des constituants d'un mélange gazeux.

ATMOSPHÈRE n.f.

ATMOSPHÉRIQUE adj.

ATOCA n.m. → **ataca.**

ATOCATIER, ÈRE 1. n.m. *Québ.* Variété d'airelle. 2. n.f. *Québ.* Terrain planté d'atocatiers.

ATOLL n.m. Île corallienne entourant une lagune centrale.

ATOME n.m.

ATOMICITÉ n.f. Nombre d'atomes contenus dans une molécule.

ATOMIQUE adj.

ATOMISATION n.f. Action d'atomiser. – Dispersion.

ATOMISER v. **10.** Vaporiser. – Détruire au moyen d'armes atomiques.

ATOMISEUR n.m. Vaporisateur.

ATOMISME n.m. Doctrine qui considère l'Univers comme une combinaison fortuite d'atomes.

ATOMISTE n. et adj. Savant qui s'occupe de physique atomique. – Adepte de l'atomisme.

ATOMISTIQUE adj. et n.f. Qui concerne l'atomisme.

ATONAL, E (pl. **ATONALS** ou **ATONAUX**) adj. *Mus.* Sans tonalité.

ATONALISME n.m. *Mus.* Mouvement qui prône l'atonalité.

ATONALITÉ n.f. Système musical qui s'affranchit de la tonalité.

ATONE adj. Sans force. – Sans accent tonique.

ATONIE n.f. Manque de force.

ATONIQUE adj.

ATOPIE n.f. Prédisposition aux allergies.

ATOPIQUE adj.

ATOUR n.m. Toilette, ornement.

ATOUT n.m.

ATOXIQUE adj.

ATRABILAIRE adj. et n. *Litt.* D'humeur chagrine.

ATRABILE n.f. *Vx.* Bile noire qui passait pour causer la mélancolie.

ATRACTYLIGÉNINE n.f. Hydrocarbure.

ATRAZINE n.f. Herbicide de synthèse.

ÂTRE n.m.

ATRÉSIE n.f. *Méd.* Occlusion d'un canal naturel.

ATRIAU, X n.m. *Helv.* Crépinette ronde.

ATRIUM n.m. Salle principale d'une maison romaine.

ATROCE adj.

ATROCEMENT adv.

ATROCITÉ n.f.

ATROPHIANT, E adj.

ATROPHIE n.f.

ATROPHIER v. **15.**

ATROPHIQUE adj.

ATROPINE n.f. Alcaloïde extrait de la belladone.

ATROPINIQUE adj. et n.m. (Médicament) qui agit comme l'atropine.

ATROPISME n.m. *Méd.* Intoxication par l'atropine.

ATROPOS [-s] n.m. Papillon crépusculaire.

ATTABLER v. **10.**

ATTACHANT, E adj.

ATTACHE n.f.

ATTACHÉ, E adj. et n.

ATTACHEMENT n.m.

ATTACHER v. **10.**

ATTACUS n.m. Papillon dont la chenille fournit de la soie.

ATTAGÈNE n.m. Coléoptère dont la larve s'attaque aux fourrures.

ATTAQUABLE adj.

ATTAQUANT, E adj. et n.

ATTAQUE n.f.

ATTAQUER v. **10.**

ATTARDÉ, E adj. et n.

ATTARDER v. **10.**

ATTEIGNABLE adj.

ATTEINDRE v. **92.**

ATTEINTE n.f.

ATTÉLABE n.m. Charançon parasite des chênes.

ATTELAGE n.m.

ATTELER v. **22** (j'attelle...).

ATTELET n.m. (= **hâtelet**) Petite broche à rôtir.

ATTELLE n.f. Planchette qui maintient un os fracturé.

ATTELLOIRE n.f. (= **atteloire**) Cheville fixant les traits du cheval au timon.

ATTELOIRE n.f. → **attelloire.**

ATTENANCE n.f. Dépendance.

ATTENANT, E adj. Qui touche à.

ATTENDRE v. **90.**

ATTENDRIR v. **40.**

ATTENDRISSANT, E adj.

ATTENDRISSEMENT n.m.

ATTENDRISSEUR n.m. Appareil de boucherie qui attendrit la viande.

ATTENDU n.m. et prép.

ATTENTAT n.m.

ATTENTATOIRE adj.

ATTENTE n.f.

ATTENTER v. (**p.p.inv.**) **10.**

ATTENTIF, IVE adj.

ATTENTION n.f. et interj.

ATTENTIONNÉ, E adj.

ATTENTIONNEL, ELLE adj. *Psych.* De l'attention.

ATTENTISME n.m. Politique d'attente et d'opportunisme.

ATTENTISTE adj. et n.

ATTENTIVEMENT adv.

ATTÉNUANT, E adj.

ATTÉNUATEUR n.m. Dispositif qui diminue la puissance d'un signal.

ATTÉNUATION n.f.

ATTÉNUER v. **10.**

ATTERRAGE n.m. *Mar.* Voisinage de la terre.

ATTERRANT, E adj.

ATTERREMENT n.m.

ATTERRER v. **10.**

ATTERRIR v. **40.** *Être atterri :* s'être posé sur terre.

ATTERRISSAGE n.m.

ATTERRISSEMENT n.m. Alluvion.

ATTERRISSEUR n.m. Engin destiné à se poser à la surface d'un corps céleste.

ATTESTATION n.f.

ATTESTER v. **10.**

ATTICISME n.m. Style pur et élégant des écrivains athéniens des Ve et IVe s. av. J.-C.

ATTICISTE adj. et n.m.

ATTIÉDIR v. **40.**

ATTIÉDISSEMENT n.m.

ATTIÉKÉ n.m. → **atiéké.**

ATTIER n.m. Arbre produisant la pomme-cannelle.

ATTIFEMENT n.m.

ATTIFER v. **10.**

ATTIFET n.m. *Vx.* Parure de femme.

ATTIGER v. **17.** *Vx., Arg.* Meurtrir. – *Fam.* Exagérer.

ATTIGNOLE n.f. Sorte de saucisse.

ATTIKAMEK, ATTIKAMÈQUE adj. D'un peuple amérindien.

ATTIKAMÈQUE → **attikamek.**

ATTIQUE 1. adj. Relatif aux Athéniens. 2. n.m. *Arch.* Petit étage supérieur.

ATTIRABLE adj.

ATTIRAIL n.m.

ATTIRANCE n.f.

ATTIRANT, E adj.

ATTIRER v. **10.**

ATTISEMENT n.m.

ATTISER v. **10.**

ATTISOIR n.m.

ATTITRER v. **10.** Nommer officiellement à une fonction.

ATTITUDE n.f.

ATTITUDINAL, E, AUX adj. *Psych.* Qui concerne l'attitude.

ATTORNEY [atornè] n.m. Homme de loi, dans les pays anglo-saxons.

ATTOUCHEMENT n.m.

ATTRACTEUR, TRICE adj.

ATTRACTIF, IVE adj.

ATTRACTION n.f.

ATTRACTIVITÉ n.f.

ATTRAIRE v. déf. **121.** Attirer. – Poursuivre en justice.

ATTRAIT n.m.

ATTRAPADE n.f. (= **attrapage**) Réprimande.

ATTRAPAGE n.m. → **attrapade.**

ATTRAPE n.f.

ATTRAPER v. **10.**

ATTRAPEUR, EUSE n.

ATTRAYANT, E adj.

ATTREMPAGE n.m.

ATTREMPER v. **10.** Chauffer progressivement (un four de verrerie).

ATTRIBUABLE adj.

ATTRIBUER v. **10.**

ATTRIBUT n.m.

ATTRIBUTAIRE n. Bénéficiaire.

ATTRIBUTIF, IVE adj. *Log.* Qui indique un attribut.

ATTRIBUTION n.f.

ATTRIQUER (S') v. **10.** *Québ.* S'attifer.

ATTRISTANT, E adj.

ATTRISTER v. **10.**

ATTRITION n.f. Regret d'avoir offensé Dieu.

ATTROUPEMENT n.m.

ATTROUPER v. **10.** Rassembler.

ATYPIE n.f. Manque de conformité.

ATYPIQUE adj.

ATYPISME n.m. → **atypie.**

AU, AUX art.

AUBADE n.f. Concert donné à l'aube.

AUBAGE n.m. Ensemble des aubes d'une roue.

AUBAIN n.m. *Dr. anc.* Étranger non naturalisé.

AUBAINE n.f.

AUBE n.f.

AUBÉPINE n.f.

AUBÈRE adj. et n.m. (Cheval) dont la robe a des poils blancs et des poils rouges.

AUBERGE n.f.

AUBERGINE n.f.

AUBERGISTE n.

AUBERON n.m. Petite pièce métallique d'un couvercle de coffre.

AUBERONNIÈRE n.f. Plaque de fer dans laquelle pénètre l'auberon.

AUBETTE n.f. *Belg.* Abri.

AUBIER n.m. Partie jeune du bois d'un arbre.

AUBIFOIN n.m. Bleuet.

AUBIN n.m. Allure d'un cheval qui galope et trotte à la fois.

AUBINE n.f. *Ch. de f.* Dispositif permettant d'aubiner.

AUBINER v. **10.** *Hipp.* Aller l'aubin. – *Ch. de f.* Fermer automatiquement (un signal) au moyen de l'aubine.

AUBOIS, E adj. De l'Aube.

AUBRAC n. Bovin du Massif central, à robe fauve.

AUBRIÈTE n.f. **(= aubrietia)** Plante à fleurs violettes.

AUBRIETIA [-ésya] n.f. → **aubriète.**

AUBURN I [ôbeurn] adj. (Cheveux) châtain roux.

AUBURNIEN, ENNE [ôbeurn-] adj. (Système pénitentiaire) combinant le travail en commun et l'isolement.

AUCUBA n.m. Arbuste à feuilles persistantes.

AUCUN, E adj. et pr.indéf.

AUCUNEMENT adv.

AUDACE n.f.

AUDACIEUSEMENT adv.

AUDACIEUX, EUSE adj. et n.

AUDIBILITÉ n.f.

AUDIBLE adj. Perceptible par l'oreille.

AUDIENCE n.f.

AUDIENCEMENT n.m.

AUDIENCER v. **13.** Faire juger (une affaire) par un tribunal.

AUDIENCIA [ôdyènsya] n.f. *Hist.* Cour de justice espagnole.

AUDIENCIER adj.m. et n.m. (Huissier) chargé du service de l'audience.

AUDIMAT [-t] n.m. (Nom déposé) Type d'audimètre.

AUDIMÈTRE n.m. Dispositif qui permet de mesurer l'audience d'une émission.

AUDIMÉTRIE n.f.

AUDIMÉTRIQUE adj.

AUDIMUTITÉ n.f. Non-acquisition du langage oral.

AUDIO I adj.

AUDIOCONFÉRENCE n.f. Téléconférence transmettant la parole.

AUDIODISQUE n.m. Disque où sont enregistrés des sons (par opposition à vidéodisque).

AUDIOFRÉQUENCE n.f. Fréquence des sons audibles.

AUDIOGRAMME n.m. Courbe de la sensibilité d'une oreille aux sons.

AUDIOGUIDAGE n.m.

AUDIOGUIDE n.m. (Nom déposé) Appareil portatif qui guide le visiteur d'une exposition.

AUDIOGUIDER v. **10.**

AUDIOLIVRE n.m. Enregistrement sonore d'un livre.

AUDIOLOGIE n.f. Étude de l'audition.

AUDIOMÈTRE n.m. Instrument mesurant l'acuité auditive.

AUDIOMÉTRIE n.f.

AUDIOMÉTRIQUE adj.

AUDIONUMÉRIQUE adj. Dont les sons sont enregistrés sous forme de signaux numériques.

AUDIOPHILE n. Amateur de haute-fidélité.

AUDIOPHONE n.m. Appareil acoustique renforçant les sons.

AUDIOTEX n.m. (Nom déposé) Service d'informations téléphoniques.

AUDIOVISUEL, ELLE adj. et n.m.

AUDIT [-t] n.m. Contrôle de la comptabilité et de la gestion. – Contrôleur.

AUDIT, AUXDITS adj.

AUDITER v. **10.** Soumettre à un audit.

AUDITEUR, TRICE n.

AUDITIF, IVE adj.

AUDITION n.f. Fonction du sens de l'ouïe.

AUDITIONNER v. **10.** Écouter (un artiste). – Présenter son numéro.

AUDITOIRE n.m. Ensemble des auditeurs. – *Belg., Helv.* Salle de conférences.

AUDITORAT n.m. *Dr.* Fonction d'auditeur.

AUDITORIAT n.m. Grade ou fonction d'auditeur au Conseil d'État.

AUDITORIUM n.m. Salle aménagée pour les auditions radiodiffusées.

AUDOIS, E adj. De l'Aude.

AUDOMAROIS, E adj. De Saint-Omer.

AUDONIEN, ENNE adj. De Saint-Ouen.

AUGE n.f.

AUGÉE n.f. Contenu d'une auge.

AUGERON, ONNE adj. Du pays d'Auge.

AUGET, ETTE n. Petite auge.

AUGITE n.f. Pyroxène noir ou vert.

AUGMENT n.m. En grec, élément placé avant le verbe à certaines formes du passé.

AUGMENTABLE adj.

AUGMENTATEUR, TRICE n.

AUGMENTATIF, IVE adj. et n.m. (Préfixe ou suffixe) renforçant le sens d'un mot.

AUGMENTATION n.f.

AUGMENTER v. **10.**

AUGURAL, E, AUX adj.

AUGURAT n.m. Dignité d'augure.

AUGURE n.m. Présage. – Prêtre romain.

AUGURER v. **10.** Prédire.

AUGUSTE adj. et n.m.

AUGUSTÉEN, ENNE adj. De l'empereur Auguste.

AUGUSTIN, E n. Religieux suivant la règle de saint Augustin.

AUGUSTINIEN, ENNE adj. et n. Qui concerne saint Augustin.

AUGUSTINISME n.m.

AULA n.f. *Antiq. rom.* Vestibule. – *Helv.* Grande salle d'une université, d'un musée.

AULACODE n.m. Rongeur d'Afrique tropicale, recherché comme gibier.

AULIQUE adj. *Hist.* Qui concerne la cour d'un souverain.

AULNAIE [ô(l)nè] n.f. **(= aunaie)** Lieu planté d'aulnes.

AULNAISIEN, ENNE adj. D'Aulnay-sous-Bois.

AULNE [ô(l)n] n.m. **(= aune)** Arbre des lieux humides.

AULOFÉE n.f. **(= auloffée)** Mouvement du bateau qui lofe, qui vient au vent.

AULOFFÉE n.f. → **aulofée.**

AULX → **ail.**

AUMAILLE n.f. Bétail.

AUMÔNE n.f.

AUMÔNERIE n.f.

AUMÔNIER n.m.

AUMÔNIÈRE n.f. *Anc.* Bourse portée à la ceinture.

AUMUSSE n.f. *Anc.* Fourrure que les chanoines portaient sur le bras.

AUNAGE n.m. Action de mesurer.

AUNAIE n.f. → **aulnaie.**

AUNE 1. n.m. → **aulne.** 2. n.f. *Anc.* Mesure de longueur.

AUNÉE n.f. Plante à fleurs jaunes.

AUNER v. **10.** Mesurer à l'aune.

AUNISIEN, ENNE adj. De l'Aunis.

AUPARAVANT adv.

AUPRÈS adv.

AUQUEL, AUXQUELS pr.relat. et int.

AURA n.f. Atmosphère immatérielle.

AURANTIACÉE n.f. Plante dicotylédone, type citronnier.

AURÉLIACÉ n.m. Méduse à ombrelle, type aurélie.

AURÉLIE n.f. Grande méduse.

AURÉOLAIRE adj. En forme d'auréole.

AURÉOLE n.f.

AURÉOLER v. **10.**

AURÉOMYCINE n.f. (Nom déposé) Antibiotique.

AUREUS [ôréus] n.m. *Antiq. rom.* Monnaie d'or.

AURICULAIRE 1. adj. Relatif à l'oreille. 2. n.m. Petit doigt.

AURICULE n.f. Lobe de l'oreille. – Prolongation des oreillettes du cœur.

AURICULÉ, E adj.

AURIFÈRE adj. Qui contient de l'or.

AURIFICATION n.f.

AURIFIER v. **15.** Obturer (une dent) avec de l'or.

AURIGE n.m. *Antiq.* Conducteur de char.

AURIGNACIEN, ENNE adj. et n.m. Se dit d'un stade du paléolithique supérieur, caractérisé par les premières œuvres d'art.

AURILLACOIS, E adj. D'Aurillac.

AURIQUE adj. *Mar.* (Voile) trapézoïdale.

AURISTE n.m. *Méd., Vx.* Spécialiste des oreilles.

AUROCHS [orok] n.m. Grand bœuf sauvage.

AURORAL, E, AUX adj.

AURORE n.f.

AUSCITAIN, E adj. D'Auch.

AUSCULTATEUR n.m.

AUSCULTATION n.f.

AUSCULTATOIRE adj.

AUSCULTER v. **10.**

AUSPICE n.m. Présage.

AUSSI adv.

AUSSIÈRE n.f. **(= haussière)** Cordage pour amarrer.

AUSSITÔT adv.

AUSTÉNITE n.f. Constituant micrographique des aciers.

AUSTÉNITIQUE adj.

AUSTÈRE adj.

AUSTÈREMENT adv.

AUSTÉRITÉ n.f.

AUSTRAL (pl. **AUSTRALES** [-lès] ou **AUSTRALS**) n.m. Ancienne unité monétaire de l'Argentine.

AUSTRAL, E (pl. **AUSTRALS** ou **AUSTRAUX**) adj. Qui est au sud du globe.

AUSTRALIEN, ENNE adj.

AUSTRASIEN, ENNE adj. D'Austrasie (ancien royaume franc).

AUSTRONÉSIEN, ENNE adj. et n.m. (Langue) de l'océan Indien.

AUTAN n.m. Vent chaud et sec, soufflant du sud-est sur le Toulousain.

AUTANT adv.

AUTARCIE n.f. Économie d'un pays qui se suffit à lui-même.

AUTARCIQUE adj.

AUTEL n.m.

AUTEUR (f. **AUTEURE** ou **AUTRICE**) n.

AUTHENTICITÉ n.f.

AUTHENTIFIER v. **15.**

AUTHENTIQUE adj.

AUTHENTIQUEMENT adv.

AUTHENTIQUER v. **10.** *Vx.* Certifier authentique.

AUTISME n.m. Repliement pathologique sur soi-même.

AUTISTE adj. et n.

AUTISTIQUE adj.

AUTO n.f.

AUTOACCUSATEUR, TRICE adj. et n.

AUTOACCUSATION n.f.

AUTOADHÉSIF, IVE adj.

AUTOALARME n.m. *Mar.* Appareil d'alarme automatique.

AUTOALLUMAGE n.m. Allumage spontané d'un mélange détonant.

AUTOAMORÇAGE n.m.

AUTOANALYSE n.f. *Psych.* Analyse du sujet par lui-même.

AUTOANALYSER (S') v. **10.**

AUTOANTICORPS n.m. Anticorps qui apparaît spontanément dans l'organisme.

AUTOANTIGÈNE n.m. Antigène présent dans les cellules d'un individu et pouvant être la cible d'un autoanticorps.

AUTOASSURANCE n.f.

AUTOBERGE n.f. Voie sur berge.

AUTOBIOGRAPHE n.

AUTOBIOGRAPHIE n.f.

AUTOBLOQUANT, E adj.

AUTOBLOQUEUR n.m. Appareil utilisé en alpinisme.

AUTOBRONZANT, E adj. et n.m. (Produit) permettant de bronzer sans soleil.

AUTOBUS n.m.

AUTOCANON n.m. Canon automobile.

AUTOCAR n.m.

AUTOCARAVANE n.f. Camping-car.

AUTOCARISTE n.

AUTOCASSABLE adj. *Pharm.* (Ampoule) qui se casse sans lime.

AUTOCASTRATION n.f.

AUTOCATALYSE n.f.

AUTOCÉLÉBRATION n.f.

AUTOCENSURE n.f.

AUTOCENSURER (S') v. **10.**

AUTOCENTRÉ, E adj. Centré sur soi-même.

AUTOCÉPHALE adj. (Église) qui refuse l'autorité d'un chef unique.

AUTOCHENILLE n.f. Véhicule dont le train arrière est équipé de chenilles.

AUTOCHROME adj. *Techn.* Qui enregistre les couleurs.

AUTOCHROMIE n.f.

AUTOCHTONE [k] adj. et n. Indigène.

AUTOCHTONIE [k] n.f. Formation d'une roche sur place.

AUTOCINÉTIQUE adj. Capable de se mouvoir sans impulsion extérieure.

AUTOCINÉTISME n.m. *Psych.* Illusion de mouvement.

AUTOCITATION n.f. Fait, pour un auteur, de se citer lui-même.

AUTOCLAVAGE n.m. Stérilisation par autoclave.

AUTOCLAVE n.m. et adj. Récipient qui se ferme hermétiquement.

AUTOCOAT [-ôt] n.m. Manteau trois-quarts.

AUTOCOLLANT, E adj. et n.m.

AUTOCOMMUTATEUR n.m. Dispositif connectant automatiquement deux abonnés au téléphone.

AUTOCONCURRENCE n.f.

AUTOCONDUCTION n.f. *Techn.* Production de courants dans un corps isolé placé dans un solénoïde.

AUTOCONTRÔLE n.m. *Fin.* Prise de participation indirecte d'une société dans son propre capital.

AUTOCOPIANT, E adj. (Papier) permettant l'autocopie.

AUTOCOPIE n.f. Procédé de reproduction d'un document.

AUTOCORRECTIF, IVE adj.

AUTOCORRECTION n.f.

AUTOCOUCHETTE adj.

AUTOCRATE n.m. Monarque absolu.

AUTOCRATIE n.f.

AUTOCRATIQUE adj.

AUTOCRATISME n.m.

AUTOCRITIQUE n.f.

AUTOCRITIQUER (S') v. **10.**

AUTOCROSS n.m. Course automobile pratiquée sur un circuit de terre.

AUTOCUISEUR n.m. Récipient hermétique cuisant les aliments sous pression.

AUTOCULTURE n.f. En sociologie, culture ne devant son développement qu'à elle-même.

AUTODAFÉ n.m. Exécution, destruction par le feu.

AUTODÉFENSE n.f.

AUTODÉRISION n.f.

AUTODESTRUCTEUR, TRICE adj.

AUTODESTRUCTION n.f.

AUTODÉTERMINER (S') v. **10.**

AUTODÉTRUIRE (S') v. **135.**

AUTODICTÉE n.f. Retranscription, de mémoire, d'un texte courant.

AUTODIDACTE adj. et n.

AUTODIDACTISME n.m.

AUTODIDAXIE n.f.

AUTODIRECTEUR, TRICE adj. et n.m. (Système) qui permet à un missile de se diriger de lui-même vers son but.

AUTODISCIPLINE n.f.

AUTODISSOLUTION n.f.

AUTODISSOUDRE (S') v. **96.**

AUTODROME n.m. Circuit automobile.

AUTOÉCOLE n.f.

AUTOÉDITION n.f. Édition effectuée par l'auteur.

AUTOÉLÉVATEUR, TRICE adj.

AUTOÉPURATION n.f. Propriété des eaux d'éliminer elles-mêmes une partie de leurs bactéries pathogènes.

AUTOÉROTIQUE adj.

AUTOÉROTISME n.m.

AUTOÉVALUATION n.f.

AUTOÉVALUER (S') v. **10.**

AUTOEXCITATEUR, TRICE adj. (Machine électrique) dont le courant est fourni par l'induit.

AUTOFÉCONDATION n.f. Fécondation des ovules d'une fleur par son propre pollen.

AUTOFICTION n.f. Roman autobiographique.

AUTOFINANCEMENT n.m.

AUTOFINANCER (S') v. **13.**

AUTOFLAGELLER (S') v. **10.**

AUTOFOCUS adj. et n.m. (Appareil photo, caméra) qui se met au point automatiquement.

AUTOFORMATION n.f. Formation individuelle par des outils pédagogiques multimédias.

AUTOGAME adj. *Biol.* Qui se reproduit par union de ses propres gamètes.

AUTOGAMIE n.f.

AUTOGARE n.f. *Afr.* Gare routière.

AUTOGÈNE adj. (Soudure) sans apport de métal étranger.

AUTOGÉRER (S') v. **12.**

AUTOGESTION n.f.

AUTOGIRE n.m. Ancêtre de l'hélicoptère.

AUTOGOAL, S n.m. *Sp., Belg., Helv.* But marqué contre son camp.

AUTOGRAPHE adj. et n.m.

AUTOGRAPHIE n.f. Impression par double décalque.

AUTOGRAPHIER v. **15.** Reproduire par autographie.

AUTOGRAPHIQUE adj.

AUTOGREFFE n.f. Greffe dans laquelle le greffon provient du sujet lui-même.

AUTOGREFFON n.m. *Méd.* Greffon utilisé dans l'autogreffe.

AUTOGUIDAGE n.m.

AUTOGUIDÉ, E adj. (Véhicule ou missile) qui se dirige de lui-même vers son but.

AUTOLIMITATION n.f.

AUTOLOGUE adj. *Méd.* Se dit d'une greffe pratiquée à l'aide d'un greffon prélevé sur le sujet lui-même.

AUTOLUBRIFIANT, E adj.

AUTOLYSAT n.m. Produit de l'autolyse.

AUTOLYSE n.f. *Biol.* Destruction d'un tissu par ses propres enzymes.

AUTOLYTIQUE adj.

AUTOMATE n.m.

AUTOMATICIEN, ENNE n. Spécialiste de l'automatisme et de l'automatisation.

AUTOMATICITÉ n.f.

AUTOMATION n.f. Automatisation.

AUTOMATIQUE adj. et n.

AUTOMATIQUEMENT adv.

AUTOMATISATION n.f.

AUTOMATISER v. **10.**

AUTOMATISME n.m.

AUTOMÉDICATION n.f.

AUTOMÉDIQUER (S') v. **10.**

AUTOMÉDON n.m. *Poét.* Cocher (nom du conducteur du char d'Achille).

AUTOMNAL, E, AUX adj.

AUTOMNE n.m.

AUTOMOBILE adj. et n.f.

AUTOMOBILISABLE adj. Carrossable.

AUTOMOBILISME n.m.

AUTOMOBILISTE n.

AUTOMORPHISME n.m. *Math.* Type de relation entre deux ensembles identiques.

AUTOMOTEUR, TRICE adj. et n.

AUTOMOUVANT, E adj. (Canon) monté sur chenilles, mais sans protection.

AUTOMUTILATION n.f.

AUTOMUTILER (S') v. **10.**

AUTONEIGE n.f. Véhicule sur chenilles équipé pour rouler sur la neige.

AUTONETTOYANT, E adj.

AUTONOME adj.

AUTONOMIE n.f.

AUTONOMISATION n.f.

AUTONOMISER v. **10.**

AUTONOMISME n.m.

AUTONOMISTE adj. et n.

AUTONYME adj. et n.m. (Mot) qui se réfère à lui-même et non à l'objet qu'il représente.

AUTONYMIE n.f.

AUTONYMIQUE adj.

AUTOPALPATION n.f.

AUTOPARTAGE n.m. Système de location de voitures en libre-service.

AUTOPERSUASION n.f.

AUTOPHAGIE n.f. Moyen de survie d'un être vivant qui consomme ses organes les moins utiles.

AUTOPLASTIE n.f. *Méd.* Autogreffe.

AUTOPLASTIQUE adj.

AUTOPOLAIRE adj. *Math.* Se dit d'un type de tétraèdre.

AUTOPOMPE n.f. Véhicule à incendie.

AUTOPONT n.m. Toboggan routier.

AUTOPORT n.m. Parking pour camions.

AUTOPORTANT, E adj. Dont la stabilité résulte de sa rigidité.

AUTOPORTEUR, EUSE adj. → **autoportant.**

AUTOPORTRAIT n.m.

AUTOPROCLAMER (S') v. **10.**

AUTOPRODUCTION n.f. *Écon.* Production d'un bien par le consommateur lui-même.

AUTOPRODUIRE v. **135.**

AUTOPROMOTION n.f.

AUTOPROPULSÉ, E adj.

AUTOPROPULSEUR n.m. et adj.m. Dispositif qui permet de se propulser par ses propres moyens.

AUTOPROPULSION n.f.

AUTOPROTOLYSE n.f. *Chim.* Transfert d'un proton entre deux molécules identiques.

AUTOPSIE n.f.

AUTOPSIER v. **15.**

AUTOPUNITIF, IVE adj.

AUTOPUNITION n.f.

AUTORADIO n.m.

AUTORAIL n.m.

AUTORÉFÉRENCE n.f. *Log.* Propriété d'un énoncé indissociable de son contenu sémantique.

AUTORÉGLAGE n.m.

AUTORÉGULATEUR, TRICE adj.

AUTORÉGULATION n.f.

AUTORÉGULER (S') v. **10.**

AUTORÉPARABLE adj.

AUTORÉPARATION n.f. Réparation automatique d'un barrage sous la pression de l'eau.

AUTORÉPLIQUER (S') v. **10.** Se reproduire à l'identique.

AUTOREVERSE [-riveurs] adj. et n.m. (Magnétophone) pouvant fonctionner dans les deux sens.

AUTORISABLE adj.

AUTORISATION n.f.

AUTORISER v. **10.**

AUTORITAIRE adj. et n.

AUTORITAIREMENT adv.

AUTORITARISME n.m.

AUTORITARISTE adj.

AUTORITÉ n.f.

AUTOROUTE n.f.

AUTOROUTIER, ÈRE adj.

AUTOSATISFAIT, E adj.

AUTOSCOPIE n.f. Hallucination qui consiste à se voir soi-même.

AUTOSEXABLE adj. (Oiseau) dont le sexe est facilement reconnaissable à la naissance.

AUTOSOME n.m. Chromosome non sexuel.

AUTOSOMIQUE adj.

AUTOSTABLE adj. (Structure) qui assure sa propre stabilité.

AUTOSTART [-t] n.m. Véhicule derrière lequel prennent place les sulkys d'une course de trot.

AUTOSTOP n.m.

AUTOSTOPPEUR, EUSE n.

AUTOSTRADE n.f. Autoroute.

AUTOSUBSISTANCE n.f.

AUTOSUFFISANCE n.f.

AUTOSUFFISANT, E adj.

AUTOSUGGESTION n.f.

AUTOTEST n.m. Produit de parapharmacie pour se tester soi-même. – *Psych.* Test pour s'autoévaluer.

AUTOTOMIE n.f. Automutilation d'un animal en danger.

AUTOTOUR n.m. Circuit touristique avec location de voiture.

AUTOTRACTÉ, E adj. À traction autonome.

AUTOTRANSFUSION n.f. Injection à un malade de son propre sang.

AUTOTREMPANT, E adj. (Alliage) qui se trempe par refroidissement naturel.

AUTOTROPHE adj. (Être vivant) capable d'assimiler un élément sous une forme minérale.

AUTOTROPHIE n.f.

AUTOUR 1. n.m. Oiseau de proie. 2. adv.

AUTOURSERIE n.f.

AUTOURSIER n.m. Dresseur d'autours pour la chasse.

AUTOVACCIN n.m. Vaccin obtenu à partir d'un germe prélevé sur le malade lui-même.

AUTOVACCINATION n.f.

AUTRE adj., n.m. et pr.indéf.

AUTREFOIS adv.

AUTREMENT adv.

AUTRICHIEN, ENNE adj.

AUTRUCHE n.f.

AUTRUCHERIE n.f. Lieu où l'on élève les autruches.

AUTRUCHON n.m. Petit de l'autruche.

AUTRUI ❙ pr.indéf.

AUTUNITE n.f. Phosphate naturel que l'on trouve près d'Autun.

AUVENT n.m. Petit toit incliné au-dessus d'une porte.

AUVERGNAT, E adj. et n.m.

AUVERNAT n.m. Vigne du Loiret.

AUXDITES adj.f.pl. Pluriel de *à ladite.*

AUXDITS → **audit** adj.

AUXERROIS, E [ôsèrwa] adj. D'Auxerre.

AUXILIAIRE adj. et n.

AUXILIAIREMENT adv.

AUXILIARIAT n.m. Dans l'enseignement, fonction des maîtres auxiliaires.

AUXILIATEUR, TRICE adj. et n. Qui donne du secours.

AUXINE n.f. Hormone végétale.

AUXOTROPHE n.m. *Biol.* Organisme auquel il faut fournir un facteur de croissance qu'il ne peut plus synthétiser.

AUXQUELLES pr.relat. et int. Pluriel de *à laquelle.*

AUXQUELS → **auquel.**

AVACHIR v. **40.** Rendre mou.

AVACHISSEMENT n.m.

AVAL, S n.m. Garantie offerte par un tiers en cas de non-paiement. – Partie inférieure d'un cours d'eau.

AVALAISON n.f. Cours d'eau torrentiel.

AVALANCHE n.f.

AVALANCHEUX, EUSE adj.

AVALANT, E adj. et n.m. *Mar.* Qui descend un cours d'eau.

AVALEMENT n.m. À skis, technique d'absorption des bosses.

AVALER v. **10.**

AVALEUR, EUSE n. Personne qui avale des sabres.

AVALISER v. **10.** Cautionner par un aval.

AVALISEUR, EUSE adj. et n. → **avaliste.**

AVALISTE adj. et n. Qui donne son aval.

AVALOIR n.m. (= **avaloire**) Sangle arrière qui permet à un cheval de retenir une voiture.

AVALOIRE n.f. → **avaloir.**

AVANCE n.f.

AVANCÉE n.f.

AVANCEMENT n.m.

AVANCER v. **13.**

AVANIE n.f. Vexation publique.

AVANT n.m., prép. et adv.

AVANTAGE n.m.

AVANTAGER v. **17.**

AVANTAGEUSEMENT adv.

AVANTAGEUX, EUSE adj.

AVARE adj. et n.

AVAREMENT adv.

AVARICE n.f.

AVARICIEUX, EUSE adj. et n.

AVARIE n.f. Dommage causé à un navire ou à sa cargaison.

AVARIER v. **15.**

AVATAR n.m. Incarnation d'un dieu. – Métamorphose. – Accident.

AVE ❙ n.m. Prière à la Vierge.

AVEC prép. et adv.

AVELINE n.f. Grosse noisette.

AVELINIER n.m. Variété de noisetier.

AVEN [avèn] n.m. Puits naturel.

AVENANT, E 1. adj. Aimable, affable. 2. n.m. *Dr.* Acte constatant des modifications.

AVÈNEMENT n.m. Accession au trône. – Venue.

AVENIR n.m.

AVENT n.m. Période précédant Noël.

AVENTURE n.f.

AVENTURER v. **10.**

AVENTUREUSEMENT adv.

AVENTUREUX, EUSE adj.

AVENTURIER, ÈRE adj. et n.

AVENTURINE n.f. Pierre fine d'aspect pailleté.

AVENTURISME n.m. Tendance à prendre des risques.

AVENTURISTE adj. et n.

AVENU, E adj. *Non avenu :* inexistant.

AVENUE n.f.

AVÉRER v. **12.**

AVERROÏSME n.m. Doctrine d'Averroès, philosophe arabe du Moyen Âge.

AVERROÏSTE adj. et n.

AVERS n.m. Côté face d'une monnaie.

AVERSE n.f.

AVERSION n.f. Violente antipathie.

AVERTIR v. **40.**

AVERTISSEMENT n.m.

AVERTISSEUR, EUSE adj. et n.m.

AVESTIQUE n.m. Langue iranienne.

AVEU, X n.m.

AVEUGLANT, E adj.

AVEUGLE adj. et n.

AVEUGLEMENT n.m.

AVEUGLÉMENT adv. (inv. mais **aveuglement** n.m.).

AVEUGLER v. **10.**

AVEUGLETTE | (À L') loc.

AVEULIR v. **40.** Rendre veule, sans volonté.

AVEULISSEMENT n.m.

AVEYRONNAIS, E adj. De l'Aveyron.

AVIAIRE adj. Relatif aux oiseaux.

AVIATEUR, TRICE n.

AVIATION n.f.

AVICOLE adj. Relatif à l'élevage des oiseaux, des volailles.

AVICULAIRE adj. Qui se nourrit d'oiseaux.

AVICULE n.f. Mollusque lamellibranche.

AVICULTEUR, TRICE n. Éleveur d'oiseaux.

AVICULTURE n.f.

AVIDE adj.

AVIDEMENT adv.

AVIDITÉ n.f.

AVIEN, ENNE adj. Qui concerne les oiseaux.

AVIFAUNE n.f. Ensemble des oiseaux.

AVIGNONNAIS, E adj. D'Avignon.

AVILIR v. **40.** Rendre méprisable.

AVILISSANT, E adj.

AVILISSEMENT n.m.

AVINAGE n.m.

AVINER v. **10.** Imbiber de vin.

AVION n.m.

AVIONIQUE n.f. Application de l'électronique à l'aviation.

AVIONNERIE n.f. *Québ.* Usine d'avions.

AVIONNETTE n.f. Petit avion.

AVIONNEUR n.m. Constructeur de cellules d'avion.

AVIPELVIEN n.m. Dinosaure dont le bassin était semblable à celui des oiseaux.

AVIRON n.m.

AVIRONNER v. **(p.p.inv.) 10.** *Québ.* Pagayer.

AVIRULENT, E adj. *Biol.* Se dit de la forme non virulente d'un germe pathogène.

AVIS n.m.

AVISER v. **10.**

AVISEUR n.m. Indicateur qui informe les douanes.

AVISO n.m. *Mar.* Escorteur.

AVITAILLEMENT n.m.

AVITAILLER v. **10.** Ravitailler (un navire, un avion).

AVITAILLEUR n.m.

AVITAMINOSE n.f. *Méd.* Carence en vitamines.

AVIVAGE n.m. Action de donner de l'éclat.

AVIVEMENT n.m. Mise à nu des bords sains d'une plaie avant suture.

AVIVER v. **10.**

AVOCAILLON n.m. *Péj.* Piètre avocat.

AVOCASSER v. **(p.p.inv.) 10.** Se montrer un avocat médiocre.

AVOCASSERIE n.f. *Péj.* Chicanerie d'avocat.

AVOCASSIER, ÈRE adj. *Péj.* Relatif aux avocats.

AVOCAT, E n.

AVOCATIER n.m. Arbre du Mexique.

AVOCETTE n.f. Échassier à long bec recourbé vers le haut.

AVODIRÉ n.m. Arbre d'Afrique.

AVOINE n.f.

AVOINÉE n.f. *Arg.* Raclée.

AVOINER v. **10.** *Arg.* Corriger sévèrement.

AVOIR n.m.

AVOIR v. **02.**

AVOIRDUPOIDS n.m. → **avoirdupois.**

AVOIRDUPOIS n.m. Système de poids anglo-saxon.

AVOISINANT, E adj.

AVOISINER v. **10.**

AVORTEMENT n.m.

AVORTER v. **10.**

AVORTEUR, EUSE n.

AVORTON n.m.

AVOUABLE adj.

AVOUÉ n.m.

AVOUER v. **10.**

AVOYER v. **27.** Régler (une scie) de façon à élargir le trait fait dans le bois.

AVRIL n.m.

AVULSION n.f. *Méd.* Extraction.

AVUNCULAIRE [-on-] adj. Relatif à l'oncle, à la tante.

AVUNCULAT [-on-] n.m. Prééminence de l'autorité de l'oncle.

AWACS [awaks] n.m. *Mil.* Système de surveillance par radar aéroporté.

AWALÉ [awalé] n.m. **(= awélé, walé)** Jeu africain.

AWÉLÉ [awélé] n.m. → **awalé.**

AXE n.m.

AXEL n.m. Saut d'un patineur artistique avec rotation sur lui-même.

AXÈNE adj. Qui se développe dans un milieu stérile.

AXÉNIQUE adj. → **axène.**

AXÉNISATION n.f. Purification par élimination d'éléments étrangers.

AXER v. **10.**

AXÉROPHTOL n.m. Vitamine A.

AXIAL, E, AUX adj.

AXILE adj. Qui forme un axe.

AXILLAIRE [l] adj. Relatif à l'aisselle.

AXIOLOGIE n.f. Théorie des valeurs morales.

AXIOLOGIQUE adj.

AXIOMATIQUE adj. et n.f. Qui concerne les axiomes.

AXIOMATISATION n.f.

AXIOMATISER v. **10.** Transformer en axiome.

AXIOME n.m. Vérité évidente, mais non démontrable.

AXIOMÈTRE n.m. *Mar.* Mécanisme qui indique la position de la barre.

AXIS [aksis] n.m. Deuxième vertèbre cervicale.

AXISYMÉTRIQUE adj. Symétrique par rapport à l'axe.

AXOA [achoa] n.m. Hachis de veau, spécialité basque.

AXOLOTL n.m. Vertébré amphibien.

AXONAIS, E adj. De l'Aisne.

AXONE n.m. Prolongement principal de la cellule nerveuse.

AXONGE n.f. Saindoux.

AXONOMÉTRIE n.f. Représentation graphique d'une figure à trois dimensions.

AXONOMÉTRIQUE adj.

AY [aï] n.m. Vin d'Ay, en Champagne.

AYANT, S participe présent du v. **avoir.** *Ayant droit :* personne qui a des droits à quelque chose.

AYATOLLAH n.m. Chef religieux chiite.

AYMARA [aïmara] n.m. Langue indienne de l'Amérique du Sud.

AYUNTAMIENTO [ayountamyèntô] n.m. Conseil municipal espagnol.

AYURVÉDA n.m. Médecine traditionnelle indienne.

AYURVÉDIQUE adj.

AZALÉE n.f. Arbuste à fleurs.

AZÉOTROPE n.m. Mélange de deux liquides dont la distillation se fait à température constante.

AZÉOTROPIQUE adj.

AZERBAÏDJANAIS, E adj. et n.m. → **azéri.**

AZÉRI, E adj. et n.m. De l'Azerbaïdjan.

AZEROLE n.f. Fruit de l'azerolier.

AZEROLIER n.m. Variété d'aubépine.

AZERTY **I** adj. (Clavier) français.

AZIDOTHYMIDINE n.f. Médicament (AZT).

AZILIEN, ENNE adj. et n.m. (Âge mésolithique) caractérisé par de petits outils en silex.

AZIMUT [-t] n.m. Angle formé par le plan vertical d'un astre et le plan méridien du point d'observation.

AZIMUTAL, E, AUX adj.

AZIMUTÉ, E adj. *Péj.* Fou.

AZOBÉ n.m. Arbre au bois dur et lourd.

AZOÏQUE adj. et n.m. Sans vie animale. – Azoté.

AZOLLA n.f. Fougère aquatique.

AZONAL, E, AUX adj. Qui concerne n'importe quel point du globe.

AZOOSPERMIE n.f. Absence de spermatozoïdes dans le sperme.

AZORER v. **10.** *Helv.* Réprimander.

AZOTATE n.m. Nitrate.

AZOTE n.m. Corps simple gazeux.

AZOTÉMIE n.f. Taux d'azote dans le sang.

AZOTÉMIQUE adj.

AZOTER v. **10.**

AZOTEUX, EUSE adj.

AZOTHYDRIQUE adj. (Acide) toxique à odeur suffocante.

AZOTIQUE adj.

AZOTITE n.m. Nitrite, sel de l'acide nitreux.

AZOTOBACTER [-tèr] n.m. Bactérie fixant l'azote de l'atmosphère.

AZOTURE n.m. Sel de l'acide azothydrique.

AZOTURIE n.f. Quantité d'azote éliminée dans les urines.

AZOTYLE n.m. Radical monovalent que l'on trouve dans l'acide nitrique.

AZTÈQUE adj. Relatif aux Aztèques, ancien peuple du Mexique.

AZULEJO [azouléhrô] n.m. Carreau de faïence émaillé, souvent bleu.

AZULÈNE n.m. Hydrocarbure.

AZUR n.m.

AZURAGE n.m. Traitement d'un linge, d'un papier, pour en aviver l'éclat.

AZURANT, E n.m. et adj. Produit permettant l'azurage.

AZURÉEN, ENNE adj. Relatif à la Côte d'Azur.

AZURER v. **10.** Teindre en bleu. – Traiter par azurage.

AZURITE n.f. Carbonate naturel de cuivre, de couleur bleue.

AZYGOS [-s] adj. et n.f. *Méd.* (Veine) faisant communiquer les deux veines caves.

AZYME adj. et n.m. (Pain) sans levain utilisé pour la Pâque juive.

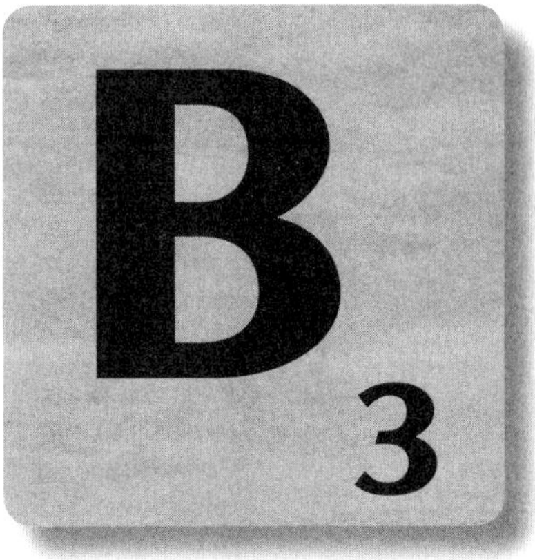

BA n.m. *Antiq.* Dans la religion égyptienne, élément de la personnalité.

BAASISME [baas-] n.m. Doctrine du Baas, parti socialiste arabe du Proche-Orient.

BAASISTE [baas-] adj. et n.

BABA 1. n.m. Gâteau. 2. adj. Stupéfait.

BABALLE n.f.

BABÉLIQUE adj. Gigantesque.

BABÉLISME n.m. Jargon.

BABELUTE n.f. (= **babelutte**) *Belg.* Friandise.

BABELUTTE n.f. → **babelute.**

BABEURRE n.m. Résidu de la fabrication du beurre.

BABICHE n.f. *Québ.* Lanière de peau traitée à la manière amérindienne.

BABIES → **baby.**

BABIL n.m.

BABILLAGE n.m.

BABILLARD, E adj. et n.

BABILLEMENT n.m.

BABILLER v. **(p.p.inv.) 10.**

BABINE n.f. Lèvre pendante de certains animaux.

BABIOLE n.f.

BABIROUSSA n.m. Sanglier de Malaisie.

BABISME n.m. Doctrine islamique enseignée par Bab et prônant la tolérance.

BABOLER v. **(p.p.inv.) 10.** *Helv.* Buter sur les mots.

BÂBORD n.m. Côté gauche du navire, en regardant vers l'avant.

BÂBORDAIS n.m. Marin de la bordée de bâbord.

BABOUCHE n.f. Pantoufle en cuir sans talon.

BABOUCHIER n.m. Fabricant de babouches.

BABOUCHKA n.f. Vieille femme russe.

BABOUIN, E n.

BABOUK n.f. Araignée des régions tropicales.

BABOUNE n.f. *Québ.* Lèvre inférieure, moue.

BABOUVISME n.m. Doctrine de Babeuf (1760-1797), proche du communisme.

BABOUVISTE adj.

BABY (pl. **BABIES** ou **BABYS**) [babi] ou [bébi] n.m. Demi-dose de whisky.

BABYLONIEN, ENNE adj.

BABYSITTER [babisiteur] ou [bébisiteur] n.

BABYSITTING [babi-] ou [bébi-] n.m.

BAC n.m.

BACANTE n.f. **(= bacchante)** Moustache.

BACCALAURÉAT n.m.

BACCARA n.m. Jeu de cartes.

BACCARAT n.m. Cristal de Baccarat (Meurthe-et-Moselle).

BACCHANAL | n.m. *Vx.* Tapage.

BACCHANALE 1. n.f. Débauche bruyante. 2. n.f.pl. Fêtes de Bacchus.

BACCHANTE n.f. 1. *Antiq. gr.* Prêtresse de Bacchus. 2. → **bacante.**

BACCIFÈRE [ksi] adj. *Bot.* Qui porte des baies.

BACCIFORME [ksi] adj. *Bot.* Qui ressemble à une baie.

BACCIVORE [ksi] adj. *Zool.* Qui se nourrit de baies.

BÂCHAGE n.m.

BACHAT n.m. Bassin, abreuvoir.

BÂCHE n.f.

BACHELIER, ÈRE n.

BACHELOR [bach(e)lor] n.m. Diplôme international d'études supérieures.

BÂCHER v. **10.**

BACHIQUE adj. Relatif à Bacchus.

BACHKIR, E adj. De Bachkirie (Russie).

BACHOLLE n.f. Grand seau en bois.

BACHOT n.m. Baccalauréat. – Petite barque.

BACHOTAGE n.m.

BACHOTER v. **10.** Préparer hâtivement (un examen).

BACHOTEUR, EUSE adj. et n.

BACHOTTE n.f. Tonneau pour transporter les poissons vivants.

BACILLAIRE 1. adj. Relatif aux bacilles. 2. n. Malade atteint de bacillose.

BACILLE n.m. Bactérie en forme de bâtonnet.

BACILLIFÈRE n. et adj. Porteur de bacilles.

BACILLIFORME adj.

BACILLOSE n.f. Toute maladie due à un bacille.

BACILLURIE n.f. Présence de bacilles de Koch dans les urines.

BÄCKEOFE [bèkeof] n.m. **(= baeckeofe, baeckeoffe, bäkeofe)** Plat alsacien, à base de viande et de pommes de terre.

BACKGAMMON [-mon] n.m. Jeu voisin du jacquet.

BACKGROUND [bakgraound] n.m. Arrière-plan, contexte.

BACKROOM n.f. Arrière-salle de certains bars gays, destinée à des relations sexuelles.

BACKSTAGE [-èdj] n.m. Ce qui se passe en coulisse d'un spectacle.

BÂCLAGE n.m.

BÂCLER v. **10.**

BÂCLEUR, EUSE n.

BACON [békon] n.m. Lard fumé maigre. – Filet de porc fumé.

BACONIEN, ENNE adj. De Francis Bacon, philosophe anglais.

BACTÉRIACÉE n.f. Toute bactérie.

BACTÉRICIDE adj. et n.m. Qui tue les bactéries.

BACTÉRIDIE n.f. Grosse bactérie.

BACTÉRIE n.f.

BACTÉRIÉMIE n.f. *Méd.* Présence de bactéries dans le sang.

BACTÉRIÉMIQUE adj.

BACTÉRIEN, ENNE adj.

BACTÉRIOCINE n.f. Substance antibactérienne excrétée par certaines bactéries.

BACTÉRIOLOGIE n.f.

BACTÉRIOLOGIQUE adj.

BACTÉRIOLOGISTE n.

BACTÉRIOLYSE n.f. Destruction des bactéries.

BACTÉRIOLYSINE n.f. Anticorps susceptible de provoquer la lyse d'une bactérie.

BACTÉRIOPHAGE n.m. Virus qui détruit les bactéries.

BACTÉRIOSE n.f. *Bot.* Maladie bactérienne.

BACTRIOLES n.f.pl. Débris d'or.

BACUL [baku] n.m. Croupière.

BACULA n.m. Grillage servant d'armature au plâtre d'un plafond.

BADABOUM interj. Onomatopée évoquant une chute.

BADAMIER n.m. Arbre exotique.

BADAUD, E adj. et n.

BADAUDER v. **(p.p.inv.) 10.**

BADAUDERIE n.f. Niaiserie.

BADÈCHE n.f. Poisson voisin du mérou.

BADEGOULIEN, ENNE adj. et n.m. Se dit d'un stade du paléolithique supérieur.

BADELAIRE n.m. *Anc.* Sabre court et recourbé.

BADER v. **10.** Regarder bouche bée.

BADERNE n.f. Personne bornée.

BADGE n.m.

BADGER v. **17.** Identifier à l'aide d'un badge.

BADGEUSE n.f. Lecteur de badge.

BADIANE n.f. Arbuste asiatique produisant une essence anisée.

BADIGEON n.m. Lait de chaux coloré.

BADIGEONNAGE n.m.

BADIGEONNER v. **10.**

BADIGEONNEUR, EUSE n.

BADIGOINCES n.f.pl. *Vx., Fam.* Lèvres.

BADIN, E 1. adj. et n. Qui aime plaisanter. 2. n.m. *Aéron.* Indicateur de vitesse relative. 3. n.f. Baguette mince.

BADINAGE n.m.

BADINER v. **(p.p.inv.) 10.**

BADINERIE n.f.

BADLANDS [badl-an-ds] n.f.pl. Terrains argileux ravinés.

BADMINTON [badminton] n.m.

BADOIS, E adj. Du Bade (Allemagne).

BAECKEOFE [bèkeof] n.m. → **bäckeofe.**

BAECKEOFFE [bèkeof] n.m. → **bäckeofe.**

BAES [bas] (f. **BAESINE** [bazin]) n. *Belg.* Patron de café.

BAESINE [bazin] → **baes.**

BAFFE n.f.

BAFFER v. **10.** *Arg.* Gifler.

BAFFLE n.m. Caisse contenant un haut-parleur.

BAFOUER v. **10.**

BAFOUILLAGE n.m.

BAFOUILLE n.f. *Fam.* Lettre.

BAFOUILLER v. **10.**

BAFOUILLEUR, EUSE adj. et n.

BAFOUILLIS n.m.

BÂFRER v. **10.**

BÂFREUR, EUSE n.

BAGAD (pl. **BAGADOU** ou **BAGADS**) n.m. Formation musicale bretonne.

BAGADOU | → **bagad.**

BAGAGE n.m.

BAGAGISTE n.

BAGARRE n.f.

BAGARRER v. **10.**

BAGARREUR, EUSE adj. et n.

BAGASSE n.f. Tige de la canne à sucre.

BAGATELLE n.f.

BAGAUDE n.m. Paysan gaulois révolté contre Rome.

BAGAYOU n.m. En Nouvelle-Calédonie, étui pénien.

BAGDADI, E adj. (= **bagdadien**) De Bagdad (Irak).

BAGDADIEN, ENNE adj. → **bagdadi.**

BAGEL [bagèl] n.m. (= **baguel**) Petit pain en anneau.

BAGGIES → **baggy.**

BAGGY (pl. **BAGGIES** ou **BAGGYS**) [-gi] n.m. et adj. Pantalon d'adolescent, très ample.

BAGNARD, E n.

BAGNE n.m.

BAGNOLE n.f.

BAGOU n.m. (= **bagout**).

BAGOUSE n.f. (= **bagouze**) *Fam.* Bague.

BAGOUT n.m. → **bagou.**

BAGOUZE n.f. → **bagouse.**

BAGUAGE n.m. Action de baguer un oiseau.

BAGUE n.f.

BAGUEL n.m. → **bagel.**

BAGUENAUDER (SE) v. **10.** Flâner.

BAGUENAUDERIE n.f.

BAGUENAUDIER n.m. Arbrisseau.

BAGUER v. **10.**

BAGUETTE n.f.

BAGUETTISANT n.m. Sourcier.

BAGUIER n.m. Coffret à bagues.

BAGUIO n.m. Typhon des Philippines.

BAH interj.

BAHAÏ adj. et n. (= **béhaï**) Relatif au bahaïsme.

BAHAÏSME n.m. (= **béhaïsme**) Mouvement œcuménique persan.

BAHAMÉEN, ENNE adj. (= **bahamien**) Des Bahamas (Antilles).

BAHAMIEN, ENNE adj. → **bahaméen.**

BAHREÏNI, E adj. (= **bahreïnien**) De Bahreïn, archipel du golfe Persique.

BAHREÏNIEN, ENNE adj. → **bahreïni.**

BAHT n.m. Unité monétaire de la Thaïlande.

BAHUT n.m.

BAHUTAGE n.m. *Vx.* Tapage. – Brimade.

BAI, BAIE adj. et n.m. (Cheval) rouge-brun.

BAIE n.f.

BAIGNADE n.f.

BAIGNER v. **10.**

BAIGNEUR, EUSE n.

BAIGNOIRE n.f.

BAIL, BAUX n.m.

BAILE [baylé] n.m. *Médiév.* Prévôt, dans le Midi.

BÂILLEMENT n.m.

BAILLER v. **10.** *Vx.* Donner.

BÂILLER v. (**p.p.inv.** mais **bailler** v.) **10.**

BAILLERESSE → **bailleur.**

BAILLEUR, ERESSE n. Personne qui donne à bail.

BÂILLEUR, EUSE n.

BAILLI (f. **BAILLIE** ou **BAILLIVE**) n. Officier judiciaire, agent du roi.

BAILLIAGE n.m. Tribunal présidé par un bailli. – Juridiction du bailli.

BAILLIVE → **bailli.**

BÂILLON n.m.

BÂILLONNEMENT n.m.

BÂILLONNER v. **10.**

BAIN n.m.

BAÏNE n.f. Poche d'eau en bord de plage provoquant un courant marin vers le large.

BAÏONNETTE n.f.

BAÏOQUE n.f. Ancienne monnaie pontificale.

BAÏRAM [baïram] n.m. (= **bayram, beïram**) Fête musulmane.

BAISABLE adj.

BAISE n.f.

BAISEMAIN n.m.

BAISEMENT n.m.

BAISER n.m.

BAISER v. **10.**

BAISEUR, EUSE n.

BAISODROME n.m. *Fam.* Lieu réservé aux rencontres érotiques.

BAISOTER v. **10.** Couvrir de petits baisers répétés.

BAISSE n.f.

BAISSER v. **10.**

BAISSIER, ÈRE adj. et n. *Fin.* Qui spécule à la baisse.

BAISURE n.f. Contact d'un pain avec un autre dans un four.

BAJOCIEN, ENNE n.m. et adj. *Géol.* Étage du jurassique moyen.

BAJOUE n.f.

BAJOYER n.m. Mur consolidant les berges d'une rivière.

BAKCHICH n.m. *Fam.* Pourboire.

BAKÉLITE n.f. (Nom déposé) Résine synthétique.

BÄKEOFE [bèkeof] n.m. → **bäckeofe.**

BAKLAVA n.m. Gâteau oriental.

BAKUFU [bakoufou] n.m. *Hist.* Gouvernement militaire, au Japon.

BAL, S n.m.

BALADE n.f. Promenade.

BALADER v. **10.**

BALADEUR, EUSE adj., n.m. et n.f.

BALADIN, E n. *Vx.* Comédien ambulant.

BALADODIFFUSION n.f. *Québ.* Podcasting.

BALAFON n.m. Xylophone africain.

BALAFONISTE n. Joueur de balafon.

BALAFRE n.f.

BALAFRER v. **10.**

BALAI n.m.

BALAISE adj. et n. **(= balèse, balèze)** *Fam.* Grand et fort.

BALALAÏKA n.f. Luth triangulaire à trois cordes.

BALAN | n.m. **(= balant)** *Helv. Être sur le balan :* hésiter.

BALANCE n.f.

BALANCÉ, E 1. adj. 2. n.m. Pas de danse.

BALANCELLE n.f. Fauteuil balançoire de jardin.

BALANCEMENT n.m.

BALANCER v. **13.**

BALANCIER n.m.

BALANCINE n.f. *Mar.* Cordage qui soutient une vergue.

BALANÇOIRE n.f.

BALANDRE n.f. **(= bélandre)** Embarcation à fond plat.

BALANE n.f. Petit crustacé fixé sur les rochers.

BALANIN n.m. Charançon qui ronge les noisettes.

BALANITE n.f. *Méd.* Inflammation du gland.

BALANOGLOSSE n.m. Ver marin des plages.

BALANT | n.m. → **balan.**

BALAOU n.m. Poisson des mers tempérées.

BALATA n.m. ou f. Gomme tirée d'un arbre tropical.

BALATUM n.m. (Nom déposé) *Belg.* Linoléum.

BALAYAGE n.m.

BALAYER v. **24.**

BALAYETTE n.f.

BALAYEUR, EUSE n.

BALAYURES n.f.pl. Déchets ramassés avec un balai.

BALBOA n.m. Unité monétaire du Panamá.

BALBUTIANT, E adj.

BALBUTIEMENT n.m.

BALBUTIER v. **15.**

BALBUZARD n.m. Rapace diurne.

BALBYNIEN, ENNE adj. De Bobigny.

BALCON n.m.

BALCONNET n.m. Soutien-gorge découvrant le haut de la poitrine.

BALCONNIÈRE n.f. Jardinière de balcon.

BALDAQUIN n.m. Dais au-dessus d'un lit, d'un trône.

BALE n.f. Enveloppe du grain des céréales.

BALÉARE adj. Des îles Baléares (Espagne).

BALEINAGE n.m.

BALEINE n.f. Mammifère. – Lamelle flexible.

BALEINÉ, E adj.

BALEINEAU, X n.m. Petit de la baleine.

BALEINIER, ÈRE 1. adj. Relatif à la baleine. 2. n.m. Navire équipé pour la chasse à la baleine. 3. n.f. Embarcation légère.

BALEINOPTÈRE n.m. Rorqual.

BALÉNIDÉ n.m. Cétacé.

BALÉNOPTÈRE n.m. → **baleinoptère.**

BALÈSE adj. et n. → **balaise.**

BALESTRON n.m. *Mar.* Petite pièce de bois placée le long de la bordure d'un foc.

BALÈVRE n.f. Saillie d'une pierre dans un mur.

BALÈZE adj. et n. → **balaise.**

BALINAIS, E adj. De Bali (Indonésie).

BALISAGE n.m.

BALISE n.f. Dispositif de signalisation. – Fruit du balisier.

BALISER v. **10.**

BALISEUR, EUSE n. Responsable des balises.

BALISIER n.m. Plante ornementale exotique.

BALISTE 1. n.f. *Antiq. rom.* Machine de guerre. 2. n.m. Poisson des récifs coralliens.

BALISTICIEN, ENNE n. Spécialiste en balistique.

BALISTIQUE 1. adj. Relatif à l'art de lancer des projectiles. 2. n.f. Étude du mouvement des corps dans l'espace.

BALISTITE n.f. Poudre utilisée dans les armes à feu.

BALIVAGE n.m.

BALIVEAU, X n.m. Jeune arbre réservé dans la coupe d'un taillis.

BALIVER v. **10.** Marquer (des arbres) pour les préserver de la coupe.

BALIVERNE n.f.

BALKANIQUE adj.

BALKANISATION n.f.

BALKANISER v. **10.** Fragmenter (un pays) en de nombreux États.

BALLADE n.f. Poème lyrique, chanson et danse du Moyen Âge.

BALLANT, E 1. adj. Qui pend, en parlant d'une partie du corps. 2. n.m. Mouvement d'oscillation.

BALLAST n.m. Couche de pierres concassées tassées sous les voies ferrées.

BALLASTAGE n.m.

BALLASTER v. **10.**

BALLASTIÈRE n.f. Carrière à ballast.

BALLE n.f.

BALLER v. **(p.p.inv.) 10.** Osciller.

BALLERINE n.f.

BALLET n.m.

BALLETOMANE n. Amateur de ballet.

BALLETTOMANE n. → **balletomane.**

BALLON n.m.

BALLONNEMENT n.m.

BALLONNER v. **10.**

BALLONNET n.m. Petit ballon.

BALLOT adj.m. et n.m.

BALLOTE n.f. Plante à odeur fétide.

BALLOTIN n.m. Emballage pour confiseries.

BALLOTTADE n.f. Saut d'un cheval, les quatre fers en l'air.

BALLOTTAGE n.m.

BALLOTTEMENT n.m.

BALLOTTER v. **10.**

BALLOTTINE n.f. Roulade de viande désossée.

BALLOUNE n.f. **(= baloune)** *Québ., Fam.* Petit ballon gonflable. – *Québ., Fam.* Éthylotest.

BALLTRAP n.m. Tir au pigeon.

BALLUCHON n.m. **(= baluchon)** Paquet de vêtements.

BALNÉAIRE adj.

BALNÉATION n.f. Thérapie par les bains.

BALNÉO n.f. *Fam.* Balnéothérapie.

BALNÉOTHÉRAPIE n.f.

BÂLOIS, E adj. De Bâle (Suisse).

BALOUBA adj. **(= baluba)** D'une ethnie du Congo.

BALOUNE n.f. → **balloune.**

BALOURD, E adj. et n.

BALOURDISE n.f.

BALOUTCHE adj. Du Baloutchistan (Iran et Pakistan).

BALOUTCHI n.m. Langue iranienne.

BALSA [z] n.m. Bois léger utilisé pour la confection des modèles réduits.

BALSAMIER [z] n.m. Arbre des régions chaudes, sécrétant un baume.

BALSAMINACÉE [z] n.f. Plante herbacée, type balsamine.

BALSAMINE [z] n.f. Plante à fleurs jaunes.

BALSAMIQUE [z] adj. Qui a les propriétés du baume.

BALTE adj. et n.m. De la Baltique.

BALTHASAR n.m. **(= balthazar)** Festin. – Bouteille de champagne de douze litres.

BALTHAZAR n.m. → **balthasar.**

BALTIQUE adj. et n.m.

BALUBA [ou] adj. → **balouba.**

BALUCHITHÉRIUM n.m. Mammifère fossile, proche du rhinocéros.

BALUCHON n.m. → **balluchon.**

BALUSTRADE n.f.

BALUSTRE n.m. Courte colonnette moulurée.

BALZACIEN, ENNE adj.

BALZAN, E 1. n.f. Tache au pied d'un cheval. 2. adj. (Cheval) ayant des balzanes.

BAMAKOIS, E adj. De Bamako (Mali).

BAMBA n.f. Danse.

BAMBARA n.m. Langue africaine.

BAMBIN, E n.

BAMBOCHADE n.f. Petit tableau de mœurs pittoresque.

BAMBOCHARD, E adj. et n.

BAMBOCHE n.f. *Vx.* Débauche, ripaille.

BAMBOCHER v. **(p.p.inv.) 10.**

BAMBOCHEUR, EUSE adj. et n.

BAMBOU n.m.

BAMBOULA 1. n.m. Tam-tam. 2. n.f. Bamboche.

BAMBOUSAIE n.f. Lieu planté de bambous.

BAMBOUSERAIE n.f. → **bambousaie.**

BAMILÉKÉ, E adj. D'un peuple du Cameroun.

BAMOUM adj. **(= bamoun)** D'un peuple du Cameroun.

BAMOUN adj. → **bamoum.**

BAN n.m. Proclamation officielle. – Exil. – Applaudissements rythmés.

BAN (pl. **BANI** ou **BANS**) n.m. Unité monétaire divisionnaire de la Roumanie.

BANAL, E, ALS adj. Commun, ordinaire.

BANAL, E, AUX adj. *Féod.* Dont l'usage est obligatoire ou autorisé.

BANALEMENT adv.

BANALISATION n.f.

BANALISER v. **10.**

BANALITÉ n.f.

BANANE n.f.

BANANER (SE) v. **10.** *Fam.* Échouer, se planter.

BANANERAIE n.f.

BANANIER, ÈRE adj. et n.m.

BANASTE n.f. Corbeille.

BANAT n.m. Province dans l'ancienne Croatie.

BANBAN adj. et n. *Fam.* Qui boite.

BANC n.m.

BANCABLE adj. **(= banquable)** *Fin.* Qui peut être escompté. – Facilement négociable.

BANCAIRE adj.

BANCAL, E, ALS adj. et n.

BANCARISATION n.f.

BANCARISER v. **10.** Doter d'un secteur bancaire développé. – Exécuter par l'intermédiaire d'une banque.

BANCASSURANCE n.f. (Nom déposé) Distribution de produits d'assurance par les banques.

BANCASSUREUR n.m.

BANCHAGE n.m.

BANCHE n.f. Moule à béton.

BANCHER v. **10.** Couler (du béton).

BANCO n.m. et adj. Pari tenu contre la banque.

BANCOUL n.m. Fruit du bancoulier.

BANCOULIER n.m. Grand arbre d'Extrême-Orient.

BANCROCHE adj. *Vx.* Bancal.

BANDAGE n.m.

BANDAGISTE n. Fabricant, vendeur de bandages.

BANDANA n.m. Petit foulard.

BANDANT, E adj. *Fam.* Excitant.

BANDE n.f.

BANDEAU, X n.m.

BANDELETTE n.f.

BANDER v. **10.**

BANDERA [b-an-déra] n.f. Compagnie d'infanterie espagnole.

BANDERILLE n.f. *Taur.* Dard orné de rubans.

BANDERILLERO n.m. Torero qui pose les banderilles.

BANDEROLAGE n.m. Protection par ruban adhésif.

BANDEROLE n.f. Bande d'étoffe, longue et étroite, fixée à un mât.

BANDICOOT [-kout] n.m. Mammifère marsupial d'Australie.

BANDIÈRE n.f. Bannière.

BANDIT n.m.

BANDITISME n.m.

BANDOL n.m. Vin du Var.

BANDONÉON n.m. Petit accordéon hexagonal.

BANDONÉONISTE n.

BANDOTHÈQUE n.f. *Inf.* Bibliothèque de bandes magnétiques.

BANDOULIÈRE n.f.

BANG n.m. et interj. Bruit d'un avion qui franchit le mur du son.

BANGIÉE n.f. Algue rouge.

BANGIOPHYCÉE n.f. → **bangiée.**

BANGKOKIEN, ENNE adj. De Bangkok (Thaïlande).

BANGLADAIS, E adj. Du Bangladesh (Asie).

BANGLADESHI, E adj. → **bangladais.**

BANGUISSOIS, E adj. De Bangui (République centrafricaine).

BANI | → **ban.**

BANIAN n.m. Hindou d'une secte brahmanique. – Figuier de l'Inde.

BANJO n.m.

BANJOÏSTE n.

BANJULAIS, E adj. De Banjul (Gambie).

BANLIEUE n.f.

BANLIEUSARD, E n.

BANLON n.m. Fibre synthétique.

BANNE n.f. Bâche. – Panier. – Tombereau.

BANNERET n.m. et adj. *Féod.* Seigneur ayant assez de vassaux pour former une troupe.

BANNETON n.m. Panier sans anse où l'on fait lever le pain.

BANNETTE n.f. Petite banne en osier.

BANNIÈRE n.f.

BANNIR v. **40.**

BANNISSABLE adj.

BANNISSEMENT n.m.

BANON n.m. Fromage présenté dans une feuille de châtaignier.

BANQUABLE adj. → **bancable.**

BANQUE n.f.

BANQUER v. **10.** *Fam.* Payer.

BANQUEROUTE n.f.

BANQUEROUTIER, ÈRE n.

BANQUET n.m.

BANQUETER v. **(p.p.inv.) 20** (je banquette...) Faire bonne chère.

BANQUETEUR, EUSE n.

BANQUETTE n.f.

BANQUIER, ÈRE n.

BANQUISE n.f.

BANQUISTE n.m. Bonimenteur.

BANTOU, E adj. et n.m. **(= bantu)** Relatif aux Bantous, peuples africains.

BANTOUSTAN n.m. Territoire bantou, en Afrique du Sud.

BANTU [b-an-tou] adj. et n.m. → **bantou.**

BANVIN n.m. *Féod.* Monopole ou autorisation de la vente du vin.

BANYULS [banyouls] n.m. Vin doux du Roussillon.

BANZAÏ interj. Cri de guerre japonais.

BAOBAB n.m. Arbre tropical au tronc énorme.

BAOULÉ, E adj. et n.m. D'un peuple de Côte d'Ivoire.

BAPTÊME n.m.

BAPTISER v. **10.**

BAPTISMAL, E, AUX adj.

BAPTISME n.m. Doctrine protestante selon laquelle le baptême ne doit être administré qu'aux adultes.

BAPTISTAIRE 1. adj. Qui constate le baptême. 2. n.m. Extrait de baptême.

BAPTISTE n. et adj. Adepte du baptisme.

BAPTISTÈRE n.m. Annexe d'une église, où l'on baptise.

BAQUER (SE) v. **10.** *Fam.* Se baigner.

BAQUET n.m.

BAQUETER v. **20** (je baquette...) Puiser (de l'eau) d'un baquet.

BAQUETURES n.f.pl. Vin qui tombe d'un tonneau dans un baquet placé sous le robinet.

BAR n.m.

BARACHOIS n.m. Au Québec, petite baie peu profonde.

BARAGOUIN n.m. Langage incompréhensible.

BARAGOUINAGE n.m.

BARAGOUINER v. **10.**

BARAGOUINEUR, EUSE n.

BARAKA n.f. *Fam.* Chance.

BARAQUE n.f.

BARAQUÉ, E adj.

BARAQUEMENT n.m.

BARAQUER v. **10.** Installer (des troupes) dans un baraquement. – S'agenouiller, en parlant d'un chameau.

BARATERIE n.f. *Mar.* Préjudice causé volontairement à l'armateur par le capitaine.

BARATIN n.m.

BARATINER v. **10.**

BARATINEUR, EUSE adj. et n.

BARATTAGE n.m.

BARATTE n.f. Machine à battre le lait pour en extraire le beurre.

BARATTER v. **10.**

BARBACANE n.f. Ouverture étroite dans un mur.

BARBADIEN, ENNE adj. De la Barbade (Antilles).

BARBADINE n.f. Fruit tropical.

BARBANT, E adj.

BARBAQUE n.f. *Fam.* Viande.

BARBARE adj. et n.

BARBARÉE n.f. Plante herbacée.

BARBAREMENT adv.

BARBARESQUE adj. et n. Relatif à l'ancienne Barbarie (Afrique du Nord).

BARBARIE n.f.

BARBARISER v. **10.**

BARBARISME n.m. Forme d'un mot, qui n'existe pas et dont l'emploi est jugé fautif.

BARBE 1. n.f. Poil. 2. adj. et n.m. (Cheval) arabe.

BARBEAU, X n.m. Poisson d'eau douce. – *Fam.* Souteneur.

BARBECUE [-kyou] n.m.

BARBELÉ, E adj. et n.m.

BARBELURE n.f. Aspérité disposée en barbe d'épi.

BARBER v. **10.**

BARBET, ETTE 1. n.m. Brigand. 2. n. et adj. Chien griffon à longs poils. 3. n.f. Guimpe.

BARBICHE n.f.

BARBICHETTE n.f.

BARBICHU, E adj. et n.

BARBIER, ÈRE n.

BARBIFIANT, E adj.

BARBIFIER v. **15.** *Fam.* Ennuyer.

BARBILLE n.f. Bavure sur une pièce de monnaie.

BARBILLON n.m. Filament à la bouche de certains poissons.

BARBITAL, S n.m. Barbiturique à action lente.

BARBITURIQUE adj. et n.m. Sédatif.

BARBITURISME n.m. Intoxication par les barbituriques.

BARBITUROMANIE n.f. → **barbiturisme.**

BARBON n.m. *Vx.* Vieillard.

BARBOT n.m. (= **barbote, barbotte**) Poisson d'eau douce.

BARBOTAGE n.m.

BARBOTE n.f. → **barbot.**

BARBOTER v. **10.** Patauger. – *Fam.* Voler.

BARBOTEUR, EUSE 1. n. Personne qui barbote. 2. n.f. Vêtement d'enfant.

BARBOTIÈRE n.f. Mare à canards.

BARBOTIN n.m. Roue dentée entraînant la chenille d'un véhicule.

BARBOTINE n.f. Pâte délayée utilisée en céramique.

BARBOTTE n.f. → **barbot.**

BARBOUILLAGE n.m.

BARBOUILLER v. **10.**

BARBOUILLEUR, EUSE n.

BARBOUILLIS n.m.

BARBOUZE 1. n.f. Barbe. 2. n.m. ou f. Agent secret.

BARBOUZERIE n.f. *Fam.* Univers de la police parallèle.

BARBU, E 1. adj. et n.m. 2. n.f. Sorte de turbot.

BARBUDIEN, ENNE adj. De Barbuda (Antilles).

BARBULE n.f. *Zool.* Petit crochet reliant les barbes des plumes.

BARCAROLLE n.f. Pièce de musique.

BARCASSE n.f. Grosse barque.

BARCELONAIS, E adj. De Barcelone (Espagne).

BARCELONNETTE n.f. Berceau léger.

BARD n.m. Civière pour le transport de fardeaux.

BARDA n.m. *Fam.* Bagage encombrant.

BARDAF interj. *Belg.* Patatras !

BARDAGE n.m. Transport de fardeaux.

BARDANE n.f. Plante des décombres.

BARDASSER v. **10.** *Québ.* Bousculer, secouer.

BARDE 1. n.m. Poète celte. 2. n.f. Tranche de lard dont on enveloppe une pièce de viande.

BARDEAU, X n.m. 1. Planchette. 2. (= **bardot**) Hybride d'un cheval et d'une ânesse.

BARDELLE n.f. Selle en toile.

BARDER v. **10.** Couvrir d'une armure. – Envelopper d'une barde.

BARDIS n.m. Cloison dans la cale d'un navire.

BARDIT [-i] n.m. Ancien chant de guerre germanique.

BARDOLINO n.m. Vin italien.

BARDOT n.m. → **bardeau** 2.

BAREFOOT [bèrfout] n.m. Ski nautique pratiqué pieds nus.

BARÈGE n.m. *Vx.* Étoffe de laine légère.

BARÈME n.m.

BARÉMIQUE adj. *Belg.* Échelonné selon un barème.

BARESTHÉSIE n.f. *Méd.* Sensibilité des muscles à la pression.

BARÉTER v. **(p.p.inv.) 12.** Barrir.

BARGE n.f. Barque à fond plat. – Oiseau échassier.

BARGUIGNAGE n.m.

BARGUIGNER v. **(p.p.inv.) 10.** *Vx.* Hésiter.

BARGUIGNEUR, EUSE n.

BARIBAL, S n.m. Ours noir d'Amérique.

BARIGOULE ❙ n.f. Manière d'assaisonner les artichauts.

BARIL n.m.

BARILLET n.m. *Méc.* Pièce cylindrique.

BARINE n.m. *Hist.* Seigneur russe.

BARIOLAGE n.m.

BARIOLER v. **10.**

BARIOLURE n.f.

BARISIEN, ENNE adj. De Bar-le-Duc.

BARJAQUER v. **(p.p.inv.) 10.** *Helv.* Bavarder pour ne rien dire.

BARJO adj. et n. (= **barjot**) *Fam.* Fou.

BARJOT adj. et n. → **barjo.**

BARKHANE n.f. Dune en forme de croissant.

BARLONG, BARLONGUE adj. Plus long d'un côté que de l'autre.

BARLONGUE → **barlong.**

BARLOTIÈRE n.f. Traverse d'un châssis de vitrail.

BARMAID [-mèd] n.f. Serveuse de bar.

BARMAN (pl. **BARMEN** ou **BARMANS**) n.m.

BARMEN ❙ → **barman.**

BARN n.m. Unité de surface en physique nucléaire.

BARNABITE n.m. Religieux de l'ordre des clercs de Saint-Paul.

BARNACHE n.f. (= **barnacle, bernache, bernacle**) Oie sauvage. – Crustacé.

BARNACLE n.f. → **barnache.**

BARNUM n.m. Chapiteau abritant des manifestations.

BAROCENTRIQUE adj. Se dit d'une courbe formée à partir d'un méridien terrestre.

BARODET n.m. Recueil des programmes électoraux des parlementaires qui viennent d'être élus.

BAROGRAPHE n.m. Baromètre qui enregistre l'altitude d'un avion.

BAROLO n.m. Vin rouge du Piémont.

BAROMÈTRE n.m.

BAROMÉTRIE n.f. Mesure de la pression atmosphérique.

BAROMÉTRIQUE adj.

BARON, ONNE n.

BARONET n.m. **(= baronnet)** Titre de noblesse anglais entre celui de baron et celui de chevalier.

BARONNAGE n.m. Qualité de baron.

BARONNET n.m. → **baronet.**

BARONNIAL, E, AUX adj.

BARONNIE n.f. Terre d'un baron.

BAROQUE adj. et n.m. Qui s'écarte des formes artistiques classiques.

BAROQUEMENT adv.

BAROQUEUX, EUSE n. *Mus.* Amateur de style et d'instruments baroques.

BAROQUISANT, E adj.

BAROQUISME n.m. Caractère baroque d'une œuvre d'art.

BAROSCOPE n.m. Sorte de balance.

BAROTRAUMATIQUE adj.

BAROTRAUMATISME n.m. Traumatisme causé par une variation de pression.

BAROUD n.m. Combat.

BAROUDER v. **(p.p.inv.) 10.** Se battre.

BAROUDEUR, EUSE n.

BAROUF n.m. **(= baroufe, barouf le)** *Fam.* Vacarme.

BAROUFE n.m. → **barouf.**

BAROUFLE n.m. → **barouf.**

BAROULER v. **10 (= baruler)** *Fam.* Descendre en roulant.

BARQUE n.f.

BARQUEROLLE n.f. Petite barque pour la navigation côtière.

BARQUETTE n.f.

BARRACUDA [ou] n.m. Grand poisson vorace.

BARRAGE n.m.

BARRAGISTE n. Personne qui manœuvre les vannes d'un barrage. – Personne qui dispute un match de barrage.

BARRANCO n.m. Ravin sur les pentes d'un volcan.

BARRE n.f.

BARREAU, X n.m.

BARREL n.m. Unité de mesure du pétrole.

BARREMENT n.m. Action de barrer un chèque.

BARRÉMIEN, ENNE n.m. et adj. *Géol.* Étage du crétacé inférieur.

BARRENS [barens] n.m.pl. Terres dénudées.

BARRER v. **10.**

BARRÉSIEN, ENNE adj. De Barrès (écrivain français).

BARRETTE n.f.

BARREUR, EUSE n.

BARRICADE n.f.

BARRICADER v. **10.**

BARRICOT n.m. Barrique.

BARRIÈRE n.f.

BARRIQUE n.f.

BARRIR v. **(p.p.inv.) 40.** Crier, en parlant de l'éléphant.

BARRISSEMENT n.m.

BARRIT [-i] n.m. Barrissement.

BARROT n.m. *Mar.* Poutre transversale.

BARRURE n.f. *Québ.* Verrou.

BARSAC n.m. Vin liquoreux du Bordelais.

BARTAVELLE n.f. Perdrix.

BARTHOLINITE n.f. Inflammation des glandes de la vulve.

BARTONELLE n.f. Bactérie transmise par des insectes.

BARTONELLOSE n.f.

BARTONIEN, ENNE n.m. et adj. *Géol.* Étage de l'éocène.

BARULER v. **10.** → **barouler.**

BARYCENTRE n.m. Centre de gravité.

BARYCENTRIQUE adj.

BARYE n.f. Ancienne unité de pression.

BARYMÉTRIE n.f. Détermination du poids des animaux à partir de leurs mensurations.

BARYON n.m. *Phys.* Particule.

BARYONIQUE adj.

BARYSPHÈRE n.f. Noyau hypothétique de la Terre.

BARYTE n.f. Oxyde de baryum.

BARYTÉ, E adj. Qui contient du baryum.

BARYTINE n.f. **(= barytite)** Sulfate de baryum.

BARYTITE n.f. → **barytine.**

BARYTON n.m. et adj. Voix d'homme entre le ténor et la basse.

BARYUM n.m. Métal alcalinoterreux.

BARZA n.f. *Afr.* Terrasse couverte à l'entrée d'un bâtiment.

BARZOÏ n.m. Lévrier russe à poil long.

BAS, BASSE adj., n.m. et n.f.

BASAL, E, AUX adj. Relatif à la base.

BASALTE n.m. Roche volcanique.

BASALTIQUE adj.

BASANER v. **10.** Brunir (la peau).

BASANITE n.f. Roche volcanique.

BASCOPHONE adj. et n. Qui parle basque.

BASCULANT, E adj.

BASCULE n.f.

BASCULEMENT n.m.

BASCULER v. **10.**

BASCULEUR n.m. Relais électrique à deux positions seulement.

BASE n.f.

BASEBALL [bèzbôl] n.m.

BASEBALLEUR, EUSE [bèzbôl-] n.

BASELLE n.f. Plante alimentaire des pays tropicaux.

BASER v. **10.**

BASIC n.m. *Inf.* Langage de programmation.

BASICITÉ n.f. *Chim.* Qualité de base.

BASIDE n.f. Cellule reproductrice des champignons.

BASIDIOMYCÈTE n.m. Champignon, type amanite, lactaire.

BASIDIOSPORE n.f. Spore portée par une baside.

BASILAIRE adj. *Anat.* Qui sert de base.

BASILEUS [bazilös] n.m. Empereur byzantin.

BASILIC n.m. Reptile d'Amérique. – Plante aromatique.

BASILICAL, E, AUX adj. *Arch.* Relatif à la basilique.

BASILIQUE 1. n.f. Édifice rectangulaire romain. – Église chrétienne. 2. n.f. et adj. Veine du bras.

BASIN n.m. **(= bazin)** Étoffe de coton.

BASIPHILE adj. *Bot.* Qui aime les sols basiques.

BASIQUE adj. *Chim.* Qui a les propriétés d'une base.

BASIQUEMENT adv.

BÂSIR v. **40.** En Acadie, disparaître, cacher.

BASISME n.m. *Pol.* Position émanant des militants de base.

BASISTE adj.

BASKET n.m. et n.f.

BASKETBALL n.m.

BASKETTEUR, EUSE n.

BASMATI n.m. Riz indien de qualité.

BASOCELLULAIRE adj. *Méd.* (Cancer de la peau) qui ne donne pas de métastases.

BASOCHE n.f. *Vx.* Ensemble des gens de justice.

BASOCHIEN, ENNE adj. et n.

BASOPHILE adj. *Biol.* Qui fixe les colorants basiques.

BASOPHILIE n.f.

BASQUAIS, E adj. et n.f. (Garniture) à base de tomates, poivrons et jambon cru.

BASQUE adj., n.m. et n.f.

BASQUET [-kè] n.m. Cageot emboîtable.

BASQUINE n.f. Jupe régionale des femmes basques.

BASSECOUR n.f.

BASSEMENT adv.

BASSESSE n.f.

BASSET n.m.

BASSETERRIEN, ENNE adj. De Basseterre (Saint-Kitts-et-Nevis).

BASSETTE n.f. Ancien jeu de cartes.

BASSIDJI n.m. Membre d'une force paramilitaire iranienne.

BASSIER, ÈRE n. Personne qui pêche à marée basse, à pied.

BASSIN n.m.

BASSINAGE n.m.

BASSINANT, E adj. *Fam.* Ennuyeux.

BASSINE n.f.

BASSINER v. **10.** Humecter. – *Fam.* Ennuyer.

BASSINET n.m. Petit bassin.

BASSINETTE n.f. *Québ.* Lit d'enfant, à barreaux.

BASSINOIRE n.f. Bassin servant à chauffer un lit.

BASSISTE n. Joueur de contrebasse.

BASSON n.m. Instrument à vent en bois.

BASSONISTE n.

BASTA interj. Assez !

BASTAGUE n.m. **(= bastaque)** *Mar.* Hauban mobile.

BASTAING [bast-in] n.m. **(= basting)** Madrier.

BASTAQUE n.f. → **bastague.**

BASTE 1. n.m. As de trèfle dans certains jeux. 2. n.f. Récipient en bois pour transporter le raisin. 3. interj. Marque l'indifférence ou le dédain.

BASTER v. **(p.p.inv.) 10.** *Helv.* Céder devant la force ou la menace.

BASTERNE n.f. *Anc.* Litière portée par des mulets.

BASTIAIS, E adj. De Bastia.

BASTIDE n.f. Maison de campagne, dans le Midi.

BASTIDON n.m. Petite bastide.

BASTILLE n.f. Château fort.

BASTILLÉ, E adj. *Hér.* Garni de créneaux renversés.

BASTILLON n.m. Petite bastille.

BASTIN n.m. Cordage capable de flotter.

BASTING [bast-in] n.m. → **bastaing.**

BASTINGAGE n.m. Garde-corps sur un navire.

BASTION n.m. Ouvrage de fortification.

BASTIONNER v. **10.**

BASTON n.m. ou f. *Arg.* Bagarre.

BASTONNADE n.f. Volée de coups de bâton.

BASTONNER (SE) v. **10.** Se battre.

BASTOS [-s] n.f. *Arg.* Balle d'arme à feu.

BASTRINGUE n.m. *Fam.* Désordre bruyant.

BÂT n.m. Selle grossière des bêtes de somme.

BATACLAN n.m. *Fam.* Attirail embarrassant.

BATAILLE n.f.

BATAILLER v. **(p.p.inv.) 10.**

BATAILLEUR, EUSE adj. et n.

BATAILLON n.m.

BÂTARD, E adj. et n.

BATARDEAU, X n.m. Digue provisoire.

BÂTARDISE n.f. État du bâtard.

BATAVE adj. Hollandais.

BATAVIA n.f. Sorte de laitue.

BATAVIQUE adj. *Larme batavique :* goutte de verre effilée.

BATAYOLE [ta] n.f. *Mar.* Montant vertical d'une rambarde.

BATCH (pl. **BATCHES** ou **BATCHS**) 1. n.m. Container. 2. adj. et n.m. *Inf.* (Traitement de données) par lots.

BATCHES → batch.

BATEAU, X n.m.

BATELAGE n.m. Droit payé à un batelier.

BATELÉE n.f. *Vx.* Charge d'un bateau.

BATELER v. **22** (je batelle...) Faire des tours d'adresse. – Transporter sur un bateau.

BATELET n.m. Petit bateau.

BATELEUR, EUSE n. *Vx.* Amuseur, acrobate.

BATELIER, ÈRE n. Personne qui conduit un bateau sur un cours d'eau.

BATELLERIE n.f.

BÂTER v. **10.** Charger d'un bât.

BATH adj. *Fam., Vx.* Très beau.

BATHOLITE n.m. Masse de roches cristallines.

BATHONIEN, ENNE n.m. et adj. *Géol.* Étage du jurassique moyen.

BATHYAL, E, AUX adj. Relatif à la zone sous-marine entre 200 et 2 000 m de profondeur.

BATHYMÈTRE n.m. Instrument pour mesurer la profondeur des mers.

BATHYMÉTRIE n.f.

BATHYMÉTRIQUE adj.

BATHYPÉLAGIQUE adj. Relatif à la zone sous-marine entre 2 000 et 6 000 m de profondeur.

BATHYSCAPHE n.m. Engin d'exploration des mers de grande profondeur.

BATHYSPHÈRE n.f. Sphère d'exploration des profondeurs marines, reliée à un câble.

BÂTI n.m. Charpente d'une machine.

BATIDA n.f. (Nom déposé) Cocktail à base de noix de coco.

BÂTIÈRE n.f. Toit à deux versants.

BATIFOLAGE n.m.

BATIFOLER v. **(p.p.inv.) 10.**

BATIFOLEUR, EUSE n.

BATIK n.m. Tissu décoré par teinture.

BATILLAGE n.m. Succession de vagues sur les berges d'un cours d'eau.

BÂTIMENT n.m.

BÂTIR v. **40.**

BÂTISSABLE adj.

BÂTISSE n.f.

BÂTISSEUR, EUSE n.

BATISTE n.f. Toile de lin très fine.

BATNÉEN, ENNE adj. De Batna (Algérie).

BATOILLER [-oyé] v. **(p.p.inv.) 10.** *Helv., Fam.* Bavarder, jacasser.

BÂTON n.m.

BÂTONNABLE adj. Qui peut être élu bâtonnier.

BÂTONNAGE n.m. Remise en suspension des lies d'un vin gardé dans un fût.

BÂTONNAT n.m. Dignité de bâtonnier.

BÂTONNER v. **10.**

BÂTONNET n.m.

BÂTONNIER, ÈRE n. Chef élu de l'ordre des avocats.

BÂTONNISTE n. Jongleur qui fait des tours d'adresse avec des bâtons.

BATOUDE n.f. Tremplin des acrobates de cirque.

BATRACIEN n.m. Vertébré amphibie.

BATTABLE adj.

BATTAGE n.m.

BATTANCE n.f. Dégradation d'un sol sur lequel se forme une croûte, sous l'influence de la pluie.

BATTANT, E adj. et n.

BATTE n.f. Maillet de bois.

BATTÉE n.f. Surface où bat une porte qui se referme.

BATTELLEMENT n.m. Double rang de tuiles au bas d'un toit.

BATTEMENT n.m.

BATTERIE n.f.

BATTEUR, EUSE n.

BATTITURE n.f. Parcelle de métal produite par le travail du fer.

BATTOIR n.m. Palette de bois des lavandières.

BATTOLOGIE n.f. Répétition fastidieuse.

BATTRE v. **100.**

BATTUE n.f.

BATTURE n.f. *Québ.* Partie du rivage découverte à marée basse.

BATUCADA [ou] n.f. Musique inspirée de la samba.

BAU, X n.m. *Mar.* Poutre transversale.

BAUD n.m. Unité de vitesse de transmission en télégraphie.

BAUDELAIRIEN, ENNE adj.

BAUDET n.m.

BAUDRIER n.m. Bande de cuir portée en écharpe.

BAUDROIE n.f. Lotte de mer.

BAUDRUCHE n.f. Membrane extensible provenant du péritoine du bœuf ou du mouton.

BAUGE n.f. Gîte du sanglier.

BAUGER (SE) v. **17.** Se retirer dans sa bauge.

BAUHINIA n.m. **(= bauhinie)** Arbrisseau tropical à grandes fleurs.

BAUHINIE n.f. → **bauhinia.**

BAUME n.m. Résine odoriférante.

BAUMIER n.m. Arbre des régions chaudes, sécrétant un baume.

BAUQUIÈRE n.f. *Mar.* Ceinture intérieure supportant les baux.

BAUX → **bail** et **bau.**

BAUXITE n.f. Minerai d'aluminium.

BAVARD, E adj. et n.

BAVARDAGE n.m.

BAVARDER v. **(p.p.inv.) 10.**

BAVAROIS, E 1. adj. De Bavière, au sud de l'Allemagne. 2. n. Entremets.

BAVASSER v. **(p.p.inv.) 10.** *Fam.* Bavarder.

BAVE n.f.

BAVER v. **10.** Dire, exprimer (quelque chose de désagréable).

BAVETTE n.f.

BAVEUR, EUSE adj.

BAVEUX, EUSE adj.

BAVOCHER v. **10.** Imprimer d'une façon peu nette.

BAVOCHURE n.f.

BAVOIR n.m.

BAVOLET n.m. *Anc.* Coiffure paysanne.

BAVURE n.f.

BAYADÈRE [ba-] 1. n.f. Danseuse de l'Inde. 2. adj. (Tissu) à rayures multicolores.

BAYER [bayé] v. **(p.p.inv.) 24.** *Bayer aux corneilles :* rêvasser.

BAYLE [bèl] n.m. Berger.

BAYONNAIS, E [ba-] adj.

BAYOU [ba-] n.m. Bras secondaire du Mississippi.

BAYOUD [bayoud] n.m. Maladie des palmiers.

BAYRAM [baïram] n.m. → **baïram.**

BAZADAIS, E n. et adj. Race bovine du Sud-Ouest.

BAZAR n.m.

BAZARDER v. **10.** *Fam.* Liquider (des objets).

BAZARI n.m. En Orient, commerçant d'un bazar.

BAZIN n.m. → **basin.**

BAZOOKA n.m. Lance-roquettes antichar.

BAZOU n.m. *Québ.* Vieille automobile.

BÊ interj. Onomatopée qui imite le bêlement.

BEAGLE [big(e)l] n.m. Chien courant anglais.

BÉANCE n.f. État de ce qui est béant.

BÉANT, E adj.

BÉARNAIS, E adj. et n.f. Du Béarn.

BEAT [bit] 1. adj. Relatif aux beatniks. 2. n.m. *Mus.* Temps fort de la mesure, dans le jazz, le rock.

BÉAT, E adj. Heureux.

BÉATEMENT adv.

BÉATIFICATION n.f.

BÉATIFIER v. **15.** *Rel.* Mettre au rang des bienheureux.

BÉATIFIQUE adj.

BÉATITUDE n.f.

BEATNIK [bitnik] n. Jeune marginal, dans les années 1950.

BEAU ou **BEL, BELLE, BEAUX** adj. et n.

BEAUCERON, ONNE adj. De la Beauce.

BEAUCOUP adv.

BEAUF n.m. *Fam.* Beau-frère. – *Péj.* Type de Français moyen aux idées étroites, bornées.

BEAUFORT n.m. Fromage de Savoie.

BEAUJOLAIS, E 1. adj. Du Beaujolais. 2. n.m.

BEAUPRÉ n.m. *Mar.* Mât placé obliquement à l'avant d'un voilier.

BEAUTÉ n.f.

BEAUVAISIEN, ENNE adj. De Beauvais.

BÉBÉ n.m.

BÉBELLE n.f. *Québ., Fam.* Jouet. – *Québ., Fam.* Babiole.

BÉBÊTE adj. *Fam.* Un peu bête.

BÉBITE n.f. **(= bibite, bibitte)** *Québ.* Insecte.

BEC n.m.

BÉCANE n.f.

BÉCARD n.m. **(= beccard)** Saumon mâle âgé.

BÉCARRE n.m. *Mus.* Signe qui annule le bémol ou le dièse qui précède.

BÉCASSE n.f. Échassier.

BÉCASSEAU, X n.m.

BÉCASSINE n.f. Échassier.

BECAUSE [bikôz] conj. et prép. *Fam.* Parce que, à cause de.

BECCARD n.m. → **bécard.**

BECFIGUE n.m. Passereau du Midi.

BÊCHAGE n.m.

BÉCHAMEL n.f.

BÊCHE n.f.

BECHER [béchèr] n.m. *Chim.* Petit récipient.

BÊCHER v. **10.**

BÊCHEUR, EUSE n. Prétentieux.

BÊCHEVETER v. **20** ou **21** (je bêchevette... ou je bêchevète...) Placer tête-bêche.

BÉCHIQUE adj. *Vx.* (Remède) contre la toux.

BÊCHOIR n.m. Houe carrée.

BÉCOSSES n.f.pl. *Québ.* Toilettes.

BÉCOT n.m.

BÉCOTER v. **10.**

BECQUÉE n.f. **(= béquée).**

BECQUEREL n.m. Unité d'activité radioactive.

BECQUET n.m. **(= béquet)** *Impr.* Languette signalant une correction.

BECQUETAGE n.m.

BECQUETANCE n.f. **(= bectance)** *Fam.* Nourriture.

BECQUETER v. **10** ou **20** (je becquete... ou je becquette...) 1. **(= becter, béqueter)** *Fam.* Manger. 2. **(= béqueter)** Donner un coup de bec.

BECTANCE n.f. → **becquetance.**

BECTER v. **10.** → **becqueter** 1.

BEDAINE n.f. *Fam.* Gros ventre.

BÉDANE n.m. Burin étroit.

BÉDÉ n.f. *Fam.* Bande dessinée.

BEDEAU, X n.m. Employé laïque d'une église.

BÉDÉGAR n.m. Galle de l'églantier.

BÉDÉISTE n. Auteur de bandes dessinées.

BÉDÉPHILE n. Amateur de bandes dessinées.

BÉDÉTHÈQUE n.f. Bibliothèque de bandes dessinées.

BEDON n.m. → **bedaine.**

BEDONNANT, E adj.

BEDONNER v. **(p.p.inv.) 10.**

BÉDOUIN, E adj. et n.

BEDOUME [be-] n.f. *Helv., Fam.* Femme stupide.

BÉE adj.f.

BEEFSTEAK [biftèk] n.m. **(= bifteck).**

BÉER v. **(p.p.inv.) 16.** Avoir la bouche ouverte.

BEETHOVENIEN, ENNE adj.

BEFFROI n.m. Tour de guet.

BÉGAIEMENT n.m.

BÉGARD n.m. **(= beggard, béguard)** *Médiév.* Hérétique.

BÉGAYANT, E adj.

BÉGAYEMENT n.m.

BÉGAYER v. **24.**

BÉGAYEUR, EUSE adj. et n.

BEGGARD n.m. → **bégard.**

BÉGONIA n.m.

BÉGONIACÉE n.f. Plante, type bégonia.

BÉGU, BÉGUË adj. (Cheval) qui conserve le creux des incisives après l'âge de dix ans.

BÉGUARD n.m. → **bégard.**

BÈGUE adj. et n.

BÉGUÈTEMENT n.m.

BÉGUETER v. **(p.p.inv.) 21** (je béguète...) Crier, en parlant de la chèvre.

BÉGUEULE adj. et n. D'une pudeur exagérée.

BÉGUEULERIE n.f.

BÉGUIN n.m. Coiffe de béguine. – Passion passagère.

BÉGUINAGE n.m. Communauté des béguines.

BÉGUINE n.f. Religieuse belge.

BÉGUM [bégom] n.f. Titre donné aux princesses indiennes.

BÉHAÏ adj. et n. → **bahaï.**

BÉHAÏSME n.m. → **bahaïsme.**

BÉHAVIORISME n.m. Théorie qui limite la psychologie au comportement.

BÉHAVIORISTE adj. et n.

BEHAVIOURISME n.m. → **béhaviorisme.**

BEHAVIOURISTE adj. et n.

BEIGE adj. et n.m.

BEIGEASSE adj. D'un vilain beige.

BEIGEÂTRE adj.

BEIGNE 1. n.f. *Fam.* Gifle. 2. n.m. *Québ.* Rondelle de pâte frite saupoudrée de sucre.

BEIGNERIE n.f. *Québ.* Fabrique de beignets.

BEIGNET n.m.

BEÏRAM [béïram] n.m. → **baïram.**

BÉJAUNE n.m. Très jeune oiseau. – *Vx.* Jeune niais.

BÉKÉ n. Créole antillais.

BEL 1. n.m. Unité mesurant les rapports d'intensité sonore. 2. adj.m. → **beau.**

BÉLANDRE n.f. → **balandre.**

BÊLANT, E adj.

BELCANTISTE n. Chanteur de bel canto.

BÊLEMENT n.m.

BÉLEMNITE n.f. Mollusque céphalopode fossile.

BÊLER v. **10.** Chanter d'une voix tremblante.

BELETTE n.f. Petit carnassier.

BELFORTAIN, E adj. De Belfort.

BELGA n.m. Ancienne monnaie belge.

BELGE adj.

BELGEOISANT, E n. et adj. Nationaliste belge.

BELGICISME n.m.

BELGRADOIS, E adj. De Belgrade (Serbie).

BÉLIER n.m.

BÉLIÈRE n.f. Anneau de suspension. – Clochette.

BÉLINO n.m. → **bélinogramme.**

BÉLINOGRAMME n.m. Photographie transmise par fil.

BÉLINOGRAPHE n.m.

BÉLÎTRE n.m. *Vx.* Sot, importun.

BÉLIZIEN, ENNE adj. Du Belize, ex-Honduras britannique (Amérique centrale).

BELLADONE n.f. Plante vénéneuse.

BELLÂTRE n.m. Bel homme vaniteux et niais.

BELLE → beau.

BELLEMENT adv. De belle façon.

BELLÉTRIEN, ENNE n. et adj. *Helv.* Étudiant de belles-lettres.

BELLETTRIEN, ENNE n. et adj. → **bellétrien.**

BELLICISME n.m. Amour de la guerre.

BELLICISTE adj. et n.

BELLIFONTAIN, E adj. De Fontainebleau.

BELLIGÈNE adj. Susceptible de créer un conflit.

BELLIGÉRANCE n.f.

BELLIGÉRANT, E adj. et n. Qui participe à une guerre.

BELLINZONAIS, E [bèlinz-] adj. De Bellinzona (Suisse).

BELLIQUEUX, EUSE adj.

BELLOT, OTTE adj. et n. Mignon.

BELLUAIRE n.m. *Antiq.* Gladiateur combattant les bêtes féroces.

BELON n.f. Huître plate et ronde.

BELOTE n.f. et interj.

BELOTÉ, E adj. (Combinaison) qui inclut une belote (roi et dame).

BELOTEUR, EUSE n.

BÉLOUGA n.m. **(= béluga)** Sorte de dauphin. - Caviar.

BÉLUGA n.m. → **bélouga.**

BELVÉDÈRE n.m.

BEMBA [bèmba] n.m. et adj. Langue bantoue de la Zambie.

BÉMOL n.m. et adj. *Mus.* Signe qui baisse d'un demi-ton la note qui le suit.

BÉMOLISER v. **10.** *Mus.* Baisser (une note) d'un demi-ton.

BEN [b-in] adv. *Fam.* Bien.

BEN [bèn] (pl. **BENI** ou **BENS**) n.m. Mot arabe signifiant *fils.*

BÉNARD, E adj. et n.f. (Serrure) s'ouvrant des deux côtés avec une clé à tige pleine.

BENDIR [bèndir] n.m. Grand tambour du Maghreb.

BENE [béné] adv. Bien.

BÉNÉDICITÉ n.m. Prière avant le repas.

BÉNÉDICTIN, E n. Religieux de l'ordre de Saint-Benoît.

BÉNÉDICTION n.f.

BÉNEF n.m.

BÉNÉFICE n.m.

BÉNÉFICIAIRE adj. et n.

BÉNÉFICIER n.m. *Hist.* Possesseur d'un bénéfice d'Église.

BÉNÉFICIER v. **(p.p.inv.) 15.**

BÉNÉFIQUE adj.

BENÊT adj.m. et n.m.

BÉNÉVOLAT n.m.

BÉNÉVOLE adj. et n.

BÉNÉVOLEMENT adv.

BENGALE ❙ n.m. *Feu de Bengale :* pièce d'artifice.

BENGALI, E 1. adj. et n.m. Du Bengale. 2. n.m. Petit passereau.

BENI → ben n.m.

BÉNICHON n.f. *Helv.* Réjouissances qui suivent les récoltes dans le canton de Fribourg.

BÉNIGNE → bénin.

BÉNIGNEMENT adv. Avec bienveillance.

BÉNIGNITÉ n.f. Caractère de ce qui est bénin.

BÉNIN, BÉNIGNE adj. Peu grave.

BÉNINCASE n.f. Cucurbitacée d'Asie orientale.

BÉNINOIS, E adj. Du Bénin (Afrique occidentale).

BÉNIR v. **40.**

BÉNISSEUR, EUSE adj. et n.

BÉNIT, E adj.

BÉNITIER n.m.

BENJAMIN, E n.

BENJI [bènji] n.m. Saut à l'élastique.

BENJOIN n.m. Résine aromatique.

BENNE n.f.

BENOÎT, E 1. adj. Doucereux. 2. n.f. Plante des bois.

BENOÎTEMENT adv.

BENTHIQUE [b-in-tik] adj. Relatif au benthos.

BENTHOS [b-in-tôs] n.m. Ensemble des organismes vivant dans les fonds marins.

BENTONITE n.f. Argile qui gonfle au contact de l'eau.

BENZALDÉHYDE n.m. Aldéhyde existant dans l'amande amère.

BENZÉDRINE n.f. (Nom déposé) Amphétamine, stimulant du système nerveux.

BENZÈNE n.m. Hydrocarbure.

BENZÉNIQUE adj.

BENZIDINE n.f. Dérivé du benzène.

BENZINE n.f. Mélange d'hydrocarbures.

BENZOATE n.m. Sel de l'acide benzoïque.

BENZODIAZÉPINE n.f. *Pharm.* Tranquillisant.

BENZOÏQUE adj. Se dit de certains dérivés du benzène.

BENZOL n.m. Mélange de benzène, toluène et xylène.

BENZOLÉ, E adj.

BENZOLISME n.m. Intoxication par le benzol.

BENZONAPHTOL n.m. Antiseptique intestinal.

BENZOPHÉNONE n.f. Cétone.

BENZOPYRÈNE n.m. Hydrocarbure.

BENZOYLE n.m. Radical dérivé de l'acide benzoïque.

BENZYLE n.m. Radical dérivé du toluène.

BENZYLIQUE adj.

BÉOTHUK, BÉOTHUQUE adj. D'un peuple amérindien.

BÉOTHUQUE → **béothuk.**

BÉOTIEN, ENNE [-sy-in] adj. et n. Grossier, ignorant.

BÉOTISME n.m. Lourdeur, grossièreté.

BÉQUÉE n.f. → **becquée.**

BÉQUET n.m. → **becquet.**

BÉQUETER v. **10** ou **20** (je béquete... ou je béquette...) → **becqueter** 1. et 2.

BÉQUILLAGE n.m.

BÉQUILLARD, E adj. et n. Qui marche avec des béquilles.

BÉQUILLE n.f.

BÉQUILLER v. **10.** Étayer (un navire échoué).

BÉQUILLON n.m. Petite béquille.

BER n.m. Charpente qui supporte un navire en construction.

BERBÈRE adj. et n.m. D'un peuple d'Afrique du Nord.

BERBÉRIDACÉE n.f. → **berbéridée.**

BERBÉRIDÉE n.f. Plante, type mahonia.

BERBÉRIS [-s] n.m. Arbuste.

BERBÉRISME n.m. Mouvement d'affirmation de l'identité berbère.

BERBÉRISTE adj.

BERBÉROPHONE adj. et n.

BERCAIL ❙ n.m. Famille, maison.

BERÇANT, E 1. adj. 2. n.f. *Québ.* Fauteuil à bascule.

BERCEAU, X n.m.

BERCELONNETTE n.f. Berceau léger.

BERCEMENT n.m.

BERCER v. **13.**

BERCEUR, EUSE adj. et n.f.

BERDIN, E adj. et n. **(= bredin)** *Fam.* Niais.

BÉRET n.m.

BÉRÉZINA n.f. Déroute.

BERGAMASQUE 1. adj. De Bergame (Italie). 2. n.f. Danse originaire de Bergame.

BERGAMOTE n.f. Fruit du bergamotier.

BERGAMOTIER n.m. Sorte d'oranger.

BERGE n.f.

BERGÉNIA [g] n.m. Plante vivace de Sibérie.

BERGER, ÈRE n.

BERGERAC n.m. Vin de Dordogne.

BERGERETTE n.f. Jeune bergère.

BERGERIE n.f.

BERGERONNETTE n.f. Passereau.

BERGINISATION n.f. Transformation de houille en pétrole.

BERGSONIEN, ENNE adj.

BERGSONISME n.m. Philosophie de l'intuition propre à Bergson.

BÉRIBÉRI n.m. Maladie due à une carence en vitamine B.

BÉRIMBAU, S [bérimbô] n.m. Instrument de musique à corde unique.

BERK interj. **(= beurk)** Expression de dégoût.

BERKÉLIUM n.m. Élément chimique radioactif.

BERLAUD, E adj. et n. *Fam.* Nigaud.

BERLINE n.f. Automobile carrossée en conduite intérieure.

BERLINETTE n.f. Type de voiture de sport.

BERLINGOT n.m. Bonbon. – Emballage pour les liquides.

BERLINOIS, E adj. De Berlin (Allemagne).

BERLUE n.f. *Fam.* Éblouissement passager.

BERME n.f. Chemin entre une levée et le bord d'un canal.

BERMUDA n.m.

BERMUDIEN, ENNE adj. *Mar.* (Gréement) originaire des Bermudes.

BERNACHE n.f. → **barnache.**

BERNACLE n.f. → **barnache.**

BERNARDIN, E n. Religieux de l'ordre de Saint-Bernard.

BERNE n.f. *Drapeau en berne :* drapeau hissé à mi-mât. – Brimade.

BERNEMENT n.m.

BERNER v. **10.**

BERNEUR, EUSE adj. et n.

BERNICLE n.f. **(= bernique)** Patelle.

BERNIQUE 1. n.f. → **bernicle.** 2. interj. Marque la déception.

BERNOIS, E adj. De Berne (Suisse).

BÉROT n.m. *Helv.* Petit chariot à deux roues.

BERQUINADE n.f. *Litt.* Œuvre fade.

BERRIASIEN, ENNE n.m. et adj. *Géol.* Étage du crétacé inférieur.

BERRICHON, ONNE adj. Du Berry.

BERRUYER, ÈRE adj. De Bourges.

BERSAGLIER [bèrsalyé] (pl. **BERSAGLIERI** ou **BERSAGLIERS**) n.m. Soldat italien d'infanterie légère.

BERSAGLIERI ❙ [bèrsalyéri] → **bersaglier.**

BERTHE n.f. Large col arrondi. – Bidon à lait.

BERTHON n.m. Canot pliant.

BERTILLONNAGE n.m. Système d'identification des criminels.

BÉRYL n.m. Pierre précieuse.

BÉRYLLIOSE n.f. Maladie due aux poussières de béryllium.

BÉRYLLIUM n.m. Métal gris dur et léger.

BÉRYX n.m. Poisson osseux des grands fonds.

BERZINGUE ❙ (À TOUT, À TOUTE) loc. À toute vitesse.

BESACE n.f. Long sac ouvert en son milieu.

BESACIER, ÈRE n. Porteur de besace.

BESAIGUË [-gu] n.f. **(= bisaiguë)** Outil de charpentier.

BESANT n.m. Ancienne monnaie byzantine.

BESAS [bezas] n.m. Coup de dés donnant deux as.

BÉSEF [bézèf] adv. **(= bézef)** *Fam.* Beaucoup.

BESET [bezè] n.m. → **besas.**

BÉSICLES n.f.pl. Anciennes lunettes.

BÉSIGUE n.m. Jeu de cartes.

BESOGNE n.f.

BESOGNER v. **10.** *Fam. Besogner une femme :* la posséder sexuellement.

BESOGNEUX, EUSE adj. et n.

BESOIN n.m.

BESSEMER [bèsmèr] n.m. Convertisseur pour transformer la fonte en acier.

BESSON, ONNE n. *Vx.* Jumeau, jumelle.

BESSONNIÈRE n.f. *Vx.* Brebis ayant mis bas des jumeaux.

BESTIAIRE n.m. Recueil d'images sur les animaux.

BESTIAL, E, AUX adj.

BESTIALEMENT adv.

BESTIALITÉ n.f.

BESTIAU, X n.m. *Vx.* Animal de gros bétail.

BESTIOLE n.f.

BÊTA n.m. (inv. mais **bêta** adj. et n.) Lettre grecque.

BÊTA, BÊTASSE adj. et n.

BÊTABLOQUANT, E adj. et n.m. *Méd.* (Substance) qui inhibe certains récepteurs du système sympathique.

BÊTACAROTÈNE n.m. Pigment végétal qui, dans le corps, peut se transformer en vitamine A.

BÉTAIL ❙ n.m.

BÉTAILLÈRE n.f. Véhicule transportant le bétail.

BÉTAÏNE n.f. Alcaloïde extrait de la betterave.

BÊTALACTAMINE n.f. Antibiotique, type pénicilline.

BÊTASSE → **bêta** adj. et n.

BÊTASTIMULANT, E adj. et n.m. *Méd.* (Substance) qui stimule certains récepteurs du système sympathique.

BÊTATHÉRAPIE n.f. Emploi thérapeutique de rayons bêta.

BÊTATRON n.m. *Phys.* Accélérateur de particules.

BÊTE adj. et n.f.

BÉTÉ, E adj. D'un peuple de Côte d'Ivoire.

BÉTEL n.m. Poivrier grimpant dont on mastique les feuilles.

BÊTEMENT adv.

BÊTIFIANT, E adj.

BÊTIFIER v. **15.** Rendre bête. – Faire la bête.

BÊTISE n.f.

BÊTISER v. **(p.p.inv.) 10.** Dire des bêtises.

BÊTISIER n.m. Recueil de sottises.

BÉTOINE n.f. Plante des bois à fleurs mauves.

BÉTOIRE n.f. Gouffre dans des roches calcaires.

BÉTON n.m.

BÉTONNAGE n.m.

BÉTONNER v. **10.**

BÉTONNEUR, EUSE 1. n.m. *Péj.* Promoteur qui bâtit sans souci de l'environnement. 2. n.f.

BÉTONNIÈRE n.f.

BETTE n.f. **(= blette)** Plante voisine de la betterave.

BETTERAVE n.f.

BETTERAVIER, ÈRE adj. et n.m.

BETTING n.m. *Hipp.* Cote des paris.

BÉTULACÉE n.f. Arbre, type bouleau.

BÉTULINÉE n.f. *Vx.* → **bétulacée.**

BÉTYLE n.m. Pierre sacrée.

BEUGLANT, E 1. n.m. *Vx.* Café-concert. 2. n.f. Chanson. – Protestation.

BEUGLEMENT n.m.

BEUGLER v. **10.** Hurler.

BEUGNER v. **10 (= bugner)** *Fam.* Battre. – *Fam.* Cabosser.

BEUR (f. **BEURE** ou **BEURETTE**) n. Enfant d'immigrés maghrébins.

BEURETTE → **beur.**

BEURK interj. → **berk.**

BEURRAGE n.m.

BEURRE n.m.

BEURRÉ, E 1. adj. *Fam.* Ivre. 2. n.m. Variété de poire.

BEURRER v. **10.**

BEURRERIE n.f.

BEURRIER, ÈRE adj. et n.

BEUVERIE n.f.

BÉVATRON n.m. *Phys.* Accélérateur de particules.

BÉVUE n.f.

BEY n.m. Souverain vassal du sultan. – Haut fonctionnaire turc.

BEYLICAL, E, AUX adj. Relatif au bey.

BEYLICAT n.m. Pouvoir d'un bey.

BEYLISME n.m. Attitude morale propre aux héros de Stendhal.

BEYROUTHIN, E adj. De Beyrouth (Liban).

BÉZEF [bézèf] adv. → **bésef.**

BÉZOARD n.m. *Zool.* Concrétion gastrique.

BHAKTI n.f. Dans l'hindouisme, pratique religieuse qui unit le fidèle à une divinité.

BHARATANATYAM n.f. La plus ancienne des danses traditionnelles du sud de l'Inde.

BHOJPURI [bôdjpouri] n.m. Dialecte indien.

BHOUTANAIS, E adj. Du Bhoutan (Asie centrale).

BI 1. adj. et n. *Fam.* Bisexuel. 2. n.m. Ancêtre de la bicyclette.

BIACIDE adj. et n.m. **(= diacide)** *Chim.* Qui a deux fonctions acide.

BIACUMINÉ, E adj. *Bot.* Qui se termine par deux pointes.

BIAFRAIS, E adj. Du Biafra (Nigeria).

BIAIS, E adj. et n.m.

BIAISÉ, E adj. Déformé.

BIAISEMENT n.m.

BIAISER v. **10.** Fausser intentionnellement. – Être de biais.

BIARROT, E adj. De Biarritz.

BIATHLÈTE n. Sportif qui pratique le biathlon.

BIATHLON n.m. Épreuve de ski de fond et de tir.

BIATOMIQUE adj. Dont la molécule est formée de deux atomes.

BIAUDE n.f. **(= blaude)** Blouse bleue de paysan.

BIAURAL, E, AUX adj. **(= binaural)** Qui concerne l'audition par les deux oreilles.

BIAURICULAIRE adj. Relatif aux deux oreilles.

BIAXE adj. (Cristal) à deux directions.

BIBACE n.m. **(= bibasse)** Fruit du bibacier.

BIBACIER n.m. **(= bibassier)** Arbre fruitier ou ornemental.

BIBANDE n.m. et adj. Téléphone portable fonctionnant sur deux bandes de fréquences.

BIBASIQUE adj. **(= dibasique)** *Chim.* Qui a deux fonctions base.

BIBASSE n.m. → **bibace.**

BIBASSIER n.m. → **bibacier.**

BIBELOT n.m.

BIBELOTER v. **(p.p.inv.) 10.** Collectionner des bibelots.

BIBELOTEUR, EUSE n.

BIBENDUM [bib-in-dom] n.m. Homme corpulent et poussif.

BIBERON n.m.

BIBERONNER v. **10.** *Fam.* Boire avec excès.

BIBI 1. n.m. *Fam.* Petit chapeau. 2. pr.pers.

BIBICHE n.f. *Fam.* Terme d'affection, en parlant d'une femme.

BIBINE n.f. *Fam.* Mauvaise boisson.

BIBION n.m. Insecte diptère.

BIBITE n.f. → **bébite.**

BIBITTE n.f. → **bébite.**

BIBLE n.f.

BIBLIOBUS n.m. Bibliothèque itinérante.

BIBLIOGRAPHE n. Spécialiste de la science des livres.

BIBLIOGRAPHIE n.f.

BIBLIOGRAPHIQUE adj.

BIBLIOLOGIE n.f.

BIBLIOMANE n. Personne qui a la manie des livres.

BIBLIOMANIE n.f.

BIBLIOMÉTRIE n.f. Statistique appliquée à la bibliographie.

BIBLIOMÉTRIQUE adj.

BIBLIOPHILE n. Amateur de livres rares.

BIBLIOPHILIE n.f.

BIBLIOPHILIQUE adj.

BIBLIOTHÉCAIRE n.

BIBLIOTHÈQUE n.f.

BIBLIQUE adj.

BIBLIQUEMENT adv.

BIBLISTE n. Spécialiste des études bibliques.

BIBUS n.m. *Vx.* Petit objet sans valeur, gadget.

BIC n.m. et adj. (Nom déposé) Stylo à bille.

BICAMÉRAL, E, AUX adj.

BICAMÉRALISME n.m. → **bicamérisme.**

BICAMÉRISME n.m. Système politique à deux assemblées.

BICARBONATE n.m. Carbonate acide.

BICARBONATÉ, E adj.

BICARBURATION n.f.

BICARRÉ, E adj. *Math.* Élevé au carré du carré.

BICATÉNAIRE adj. *Biochim.* Se dit d'un type de macromolécule.

BICENTENAIRE adj. et n.m.

BICÉPHALE adj. et n.m. Qui a deux têtes, deux chefs.

BICÉPHALISME n.m. Caractère bicéphale d'un pouvoir.

BICEPS adj. et n.m.

BICHE n.f.

BICHELAMAR n.m. **(= bichlamar)** Langue mixte à base d'anglais et de malais.

BICHER v. **(p.p.inv.) 10.** *Fam.* Être satisfait.

BICHETTE n.f. Petite biche.

BICHIQUE n.m. À la Réunion, alevin qui entre dans la composition d'un mets recherché.

BICHKÉKOIS, E adj. De Bichkek (Kirghizistan).

BICHLAMAR [ch] n.m. → **bichelamar.**

BICHLORURE n.m. Sel renfermant deux atomes de chlorure par molécule.

BICHOF n.m. **(= bischof, bishop)** Vin chaud épicé.

BICHON, ONNE n. Petit chien à poil long.

BICHONNAGE n.m.

BICHONNER v. **10.**

BICHROMATE n.m. Sel de l'acide chromique.

BICHROMATÉ, E adj.

BICHROMIE n.f. Impression en deux couleurs.

BICIPITAL, E, AUX adj. Qui se rapporte au biceps.

BICKFORD n.m. Cordon pour mettre à feu des explosifs à distance.

BICLOU n.m. *Fam.* Bicyclette.

BICOLORE adj.

BICONCAVE adj. Qui a deux faces concaves opposées.

BICONVEXE adj. Qui a deux faces convexes opposées.

BICOQUE n.f.

BICORNE n.m. Chapeau à deux pointes.

BICORPS adj. et n.m. (Voiture) à deux volumes : moteur et habitacle.

BICOT n.m. *Fam.* Chevreau.

BICOUCHE adj. Qualifie un revêtement de chaussée.

BICOURANT ▌ adj. Qui fonctionne sur deux types de courant.

BICROSS n.m. Vélo tout terrain. – Sport pratiqué avec ce vélo.

BICULTURALISME n.m.

BICULTUREL, ELLE adj. Qui possède deux cultures.

BICUSPIDE adj. Qui a deux pointes.

BICYCLE n.m. Véhicule à deux roues différentes.

BICYCLETTE n.f.

BIDASSE n.m. *Fam.* Soldat.

BIDE n.m.

BIDENS [bid-in-s] n.m. Plante à fleurs jaunes.

BIDENT n.m. Fourche à deux dents.

BIDET n.m.

BIDIMENSIONNEL, ELLE adj.

BIDIRECTIONNEL, ELLE adj. Qui fonctionne dans les deux sens.

BIDOCHE n.f. *Fam.* Viande.

BIDON adj. et n.m.

BIDONNAGE n.m.

BIDONNANT, E adj. *Fam.* Très amusant.

BIDONNER v. **10.** *Fam.* Truquer.

BIDONNEUR, EUSE n.

BIDONVILLE n.m.

BIDOUILLAGE n.m.

BIDOUILLER v. **10.** *Fam.* Bricoler.

BIDOUILLEUR, EUSE n.

BIDULE n.m.

BIEDERMEIER ▌ n.m. Style artistique autrichien et allemand.

BIEF n.m. Portion d'un cours d'eau entre deux écluses.

BIELLE n.f. Barre reliant deux pièces mobiles.

BIELLETTE n.f.

BIÉLORUSSE adj. et n.m. De Biélorussie.

BIEN adj., n.m. et adv.

BIÉNERGIE n.f. Système de chauffage à deux énergies.

BIENFACTURE n.f. *Helv.* Bonne qualité.

BIENFAISANCE n.f.

BIENFAISANT, E adj.

BIENFAIT n.m.

BIENFAITEUR, TRICE n.

BIENHEUREUX, EUSE adj. et n. Très heureux. – Personne dont l'Église a reconnu la vertu.

BIENNAL, E, AUX adj. et n.f. Qui a lieu tous les deux ans.

BIENNOIS, E adj. De Bienne (Suisse).

BIENSÉANCE n.f.

BIENSÉANT, E adj. Qu'il convient de faire.

BIENTÔT adv.

BIENTRAITANCE n.f. Traitements décents réservés à un enfant, un handicapé, etc.

BIENVEILLAMMENT adv.

BIENVEILLANCE n.f.

BIENVEILLANT, E adj.

BIENVENIR v. déf. (Ne s'emploie qu'à l'infinitif) *Se faire bienvenir :* se faire accueillir favorablement.

BIENVENU, E adj. et n.

BIÈRE n.f.

BIERGOL n.m. **(= diergol)** *Chim.* Propergol composé de deux ergols.

BIÈVRE n.m. *Vx.* Castor.

BIFACE n.m. *Hist.* Outil de pierre taillé sur les deux faces.

BIFACIAL, E, AUX adj. Qui a deux faces.

BIFFAGE n.m.

BIFFEMENT n.m.

BIFFER v. **10.**

BIFFETON n.m. **(= bifton)** *Fam.* Billet de banque.

BIFFIN n.m. *Arg.* Fantassin.

BIFFURE n.f.

BIFIDE adj. *Biol.* Fendu en deux.

BIFIDUS n.m. Bactérie servant de ferment lactique.

BIFILAIRE adj. Constitué de deux fils.

BIFLÈCHE adj. (Affût) formé de deux flèches.

BIFOCAL, E, AUX adj. *Opt.* Qui a deux foyers.

BIFOLIÉ, E adj. *Bot.* Qui porte deux feuilles.

BIFOLIOLÉ, E adj. *Bot.* (Feuille) composée seulement de deux folioles.

BIFTECK n.m. → **beefsteak.**

BIFTON n.m. → **biffeton.**

BIFURCATION n.f.

BIFURQUER v. **(p.p.inv.) 10.**

BIGAME adj. et n.

BIGAMIE n.f.

BIGARADE n.f. Orange amère.

BIGARADIER n.m.

BIGARREAU, X n.m. Cerise rouge et blanche.

BIGARREAUTIER n.m.

BIGARRER v. **10.** Diversifier par des couleurs variées.

BIGARRURE n.f.

BIGE n.m. *Antiq.* Char attelé à deux chevaux.

BIGÉMINÉ, E adj. *Arch.* (Baie) subdivisée en quatre parties verticales.

BIGHORN n.m. Mouton sauvage d'Amérique du Nord.

BIGLER v. **10.** Loucher. – Regarder du coin de l'œil.

BIGLEUX, EUSE adj. et n.

BIGNOLE n.f. **(= bignolle)** *Fam.* Concierge.

BIGNOLLE n.f. → **bignole.**

BIGNONE n.f. **(= bignonia)** Arbrisseau d'ornement.

BIGNONIA n.m. → **bignone.**

BIGNONIACÉE n.f. Arbuste tropical, type bignone.

BIGOPHONE n.m. *Fam.* Téléphone.

BIGOPHONER v. **10.**

BIGOR n.m. *Arg.* Militaire de l'artillerie de marine.

BIGORNAGE n.m. Bagarre.

BIGORNEAU, X n.m. Petit coquillage comestible.

BIGORNER v. **10.** Endommager.

BIGOT, E adj. et n.

BIGOTERIE n.f.

BIGOTISME n.m.

BIGOUDEN [-d-in], **BIGOUDÈNE** adj. De la région de Pont-l'Abbé.

BIGOUDI n.m.

BIGOURDAN, E adj. De la Bigorre.

BIGRE 1. n.m. *Vx.* Bougre. 2. interj. Marque l'étonnement.

BIGREMENT adv.

BIGRILLE adj. et n.f. (Lampe) à double grille.

BIGUANIDE [gw] n.m. Médicament contre le diabète.

BIGUE n.f. Grue très puissante.

BIGUINE n.f. Danse antillaise.

BIHARI n.m. Langue indo-iranienne.

BIHEBDOMADAIRE adj.

BIHOREAU, X n.m. Sorte de petit héron.

BIJECTIF, IVE adj. *Math.* (Application) qui établit une relation telle que tout élément d'un ensemble soit l'image d'un seul élément d'un autre.

BIJECTION n.f. Application bijective.

BIJOU, BIJOUX n.m.

BIJOUTERIE n.f.

BIJOUTIER, ÈRE n.

BIJUMEAU, X adj.m. *Anat.* Qualifie un tubercule du mésencéphale de certains vertébrés.

BIKER [baykeur] n.m. Motard chevauchant une grosse cylindrée.

BIKINI n.m. (Nom déposé).

BILABIAL, E, AUX adj. et n.f. *Phon.* (Consonne) prononcée avec les deux lèvres.

BILABIÉ, E adj. *Bot.* (Corolle ou calice) divisé en deux.

BILAME n.m. Bande formée de deux métaux inégalement dilatables.

BILAN n.m.

BILANTAIRE adj. Relatif au bilan d'une entreprise.

BILATÉRAL, E, AUX adj. Qui engage deux parties contractantes.

BILATÉRALEMENT adv.

BILATÉRALISME n.m. Commerce international fondé sur des accords bilatéraux.

BILATÉRALITÉ n.f.

BILBOQUET n.m. Jouet formé d'une boule percée et d'un bâtonnet.

BILE n.f.

BILER (SE) v. **10.** S'inquiéter.

BILEUX, EUSE adj.

BILHARZIA n.f. **(= bilharzie)** Ver parasite du système veineux.

BILHARZIE n.f. → **bilharzia.**

BILHARZIOSE n.f.

BILIAIRE adj. Qui concerne la bile.

BILIÉ, E adj. Qui contient de la bile.

BILIEUX, EUSE adj. Qui abonde en bile. - Enclin à la colère.

BILIGENÈSE n.f. Sécrétion de la bile.

BILINÉAIRE adj. *Math.* (Application) linéaire et homogène par rapport à deux groupes de variables.

BILINGUE adj. et n.

BILINGUISME n.m.

BILIRUBINE n.f. Pigment de la bile.

BILIRUBINÉMIE n.f. Taux de bilirubine dans le sang.

BILIVERDINE n.f. Produit d'oxydation de la bilirubine.

BILL n.m. Projet de loi, en Grande-Bretagne.

BILLAGE n.m.

BILLARD n.m.

BILLBERGIA [bilbèrjya] n.m. Plante ornementale d'intérieur.

BILLE n.f.

BILLEBAUDE n.f. *Vx.* Confusion.

BILLER v. **10.** Décaper (une pièce métallique) par projection de billes.

BILLET n.m.

BILLETÉ, E adj. *Hér.* Semé de billettes.

BILLETTE n.f. Morceau de bois fendu. - *Hér.* Petit rectangle.

BILLETTERIE n.f. Lieu où sont délivrés des billets.

BILLETTISTE n.

BILLEVESÉE [bilvezé] n.f. *Litt.* Parole vide de sens.

BILLION n.m. Un million de millions.

BILLON n.m. Talus fait en labourant. - Monnaie de cuivre.

BILLONNAGE n.m.

BILLONNER v. **10.** Labourer en billons.

BILLOT n.m. Tronçon de bois court et plat.

BILOBÉ, E adj. Partagé en deux lobes.

BILOCAL, E, AUX adj. *Ethn.* (Type de résidence) où les époux habitent alternativement près des parents du mari et de la femme.

BILOCATION n.f. *Rel.* Don d'ubiquité.

BILOCULAIRE adj. *Bot.* Divisé en deux loges.

BILOQUER v. **10.** Labourer profondément.

BIMANE adj. et n. Qui a deux mains à pouces opposables.

BIMBELOT n.m. *Vx.* Bagatelle, chose sans valeur.

BIMBELOTERIE n.f. Commerce de bibelots.

BIMBELOTIER, ÈRE n.

BIMBO [bimbô] n.f. *Péj.* Jeune femme sexy, un peu niaise.

BIMENSUEL, ELLE adj. et n.m. Qui a lieu deux fois par mois.

BIMESTRE n.m. Durée de deux mois.

BIMESTRIEL, ELLE adj. et n.m. Qui a lieu tous les deux mois.

BIMÉTAL, AUX n.m. (Nom déposé) Métal recouvert d'une couche d'un métal différent.

BIMÉTALLIQUE adj.

BIMÉTALLISME n.m. Système monétaire à double étalon (or et argent).

BIMÉTALLISTE adj. et n.

BIMILLÉNAIRE adj. et n.m. (Période) de deux mille ans.

BIMODAL, E, AUX adj. *Stat.* (Distribution) qui comporte deux valeurs dominantes.

BIMODE adj. (Autobus) ayant un moteur électrique et un moteur Diesel.

BIMOLÉCULAIRE adj. (Réaction chimique) concernant deux molécules.

BIMOTEUR adj. et n.m.

BINAGE n.m.

BINAIRE adj. Qui a pour base le nombre deux.

BINARD n.m. (= **binart**) Chariot pour le transport de pierres.

BINART n.m. → **binard.**

BINATIONAL, E, AUX adj. Qui a deux nationalités.

BINATIONALITÉ n.f.

BINAURAL, E, AUX adj. → **biaural.**

BINAURICULAIRE adj. Relatif aux deux oreilles.

BINCHOIS, E adj. De Binche (Belgique).

BINER v. **10.**

BINERIE n.f. *Québ.* Établissement commercial de peu d'importance.

BINETTE n.f. Outil de jardinier. - *Fam.* Visage.

BINEUR, EUSE n.

BING interj.

BINGO n.m. et interj. Sorte de loto.

BINIOU n.m. Cornemuse bretonne.

BINOCLARD, E adj. et n.

BINOCLE n.m. Lunettes sans branches.

BINOCULAIRE adj. Qui concerne les deux yeux.

BINÔME n.m. Somme de deux monômes.

BINOMIAL, E, AUX adj.

BINOMINAL, E, AUX adj. *Biol.* (Nomenclature) qui désigne chaque espèce par deux noms.

BINON n.m. *Inf.* Élément binaire.

BINTJE [bintch] ou [binj] n.f. Variété de pomme de terre.

BINZ [binz] n.m. *Fam.* Désordre.

BIO adj., n.m. et n.f.

BIOACOUSTIQUE n.f. Étude des sons émis par les animaux.

BIOAMINE n.f. *Physiol.* Neuromédiateur.

BIOASTRONOMIE n.f. Étude des possibilités de vie en dehors de la Terre.

BIOCARBURANT n.m. Carburant d'origine végétale.

BIOCATALYSE n.f. *Biochim.* Utilisation d'enzymes pour réaliser des synthèses.

BIOCATALYSEUR adj.m. et n.m. *Biochim.* (Enzyme) qui provoque une biocatalyse.

BIOCÉNOSE n.f. (= **biocœnose**) Association végétale et animale équilibrée.

BIOCÉNOTIQUE adj.

BIOCHIMIE n.f. Étude des constituants de la matière vivante.

BIOCHIMIQUE adj.

BIOCHIMISTE n.

BIOCIDE n.m. et adj. Produit qui détruit les microorganismes.

BIOCLIMAT n.m. Climat qui influence la faune et la flore.

BIOCLIMATIQUE adj.

BIOCLIMATOLOGIE n.f.

BIOCŒNOSE [sé] n.f. → **biocénose.**

BIOCŒNOTIQUE [sé] adj.

BIOCOMBUSTIBLE n.m. Combustible issu de la biomasse.

BIOCOMPATIBLE adj. Compatible avec un organisme vivant.

BIOCONVERSION n.f. Transformation de substances par des microorganismes.

BIODÉCHET n.m. Déchet biodégradable.

BIODÉGRADABLE adj.

BIODÉGRADATION n.f.

BIODÉGRADER v. **10.** Décomposer par un processus biologique.

BIODESIGN [-dizayn] n.m. Design qui s'inspire du corps humain.

BIODIESEL n.m. Biocarburant produit à partir de plantes oléagineuses.

BIODIVERSITÉ n.f. Diversité des espèces vivantes.

BIODYNAMIE n.f. Type d'agriculture ou de viticulture biologique.

BIODYNAMIQUE adj.

BIOÉLECTRICITÉ n.f. Électricité produite par des êtres vivants.

BIOÉLECTRIQUE adj.

BIOÉLECTRONIQUE n.f. et adj. Science qui associe l'électronique et la biologie.

BIOÉLÉMENT n.m. Élément chimique indispensable à la vie.

BIOÉNERGÉTIQUE n.f. et adj. Science qui étudie les transformations d'énergie dans les tissus vivants.

BIOÉNERGIE n.f. Énergie physiologique. – Thérapie consistant à libérer cette énergie.

BIOÉTHANOL n.m. Biocarburant produit à partir de plantes sucrières ou de céréales.

BIOÉTHICIEN, ENNE n.

BIOÉTHIQUE n.f. Éthique médicale.

BIOFEEDBACK n.m. *Psych.* Thérapie de contrôle des fonctions physiologiques.

BIOGAZ n.m. Gaz combustible produit par la décomposition de la matière organique.

BIOGÈNE adj. D'origine animale ou végétale.

BIOGENÈSE n.f. Théorie sur l'apparition de la vie sur la Terre.

BIOGÉNÉTIQUE adj. et n.f.

BIOGÉNIE n.f. Évolution des organismes vivants.

BIOGÉOCHIMIE n.f. Chimie de la biosphère.

BIOGÉOCHIMIQUE adj.

BIOGÉOGRAPHE n.

BIOGÉOGRAPHIE n.f. Étude de la répartition de la flore et de la faune.

BIOGÉOGRAPHIQUE adj.

BIOGRAPHE n.

BIOGRAPHIE n.f.

BIOGRAPHIQUE adj.

BIOLLE n.m. *Helv., Vx.* Bouleau.

BIOLOGIE n.f.

BIOLOGIQUE adj.

BIOLOGIQUEMENT adv.

BIOLOGISANT, E adj.

BIOLOGISER v. **10.** Expliquer (un phénomène psychologique ou social) par la biologie.

BIOLOGISME n.m. Doctrine qui s'appuie sur la biologie.

BIOLOGISTE n.

BIOLUMINESCENCE n.f.

BIOLUMINESCENT, E adj. (Être vivant) qui émet de la lumière.

BIOMAGNÉTISME n.m. Influence des champs magnétiques sur les êtres vivants.

BIOMARQUEUR n.m. Indicateur biologique d'une pollution, d'une pathologie.

BIOMASSE n.f. Masse de matière vivante en un lieu donné.

BIOMATÉRIAU, X n.m. Matériau toléré par l'organisme.

BIOME n.m. Unité écologique homogène (savane, toundra, etc.).

BIOMÉCANIQUE n.f. Étude de l'influence des agents extérieurs sur les êtres vivants.

BIOMÉDECINE n.f. Médecine fondée sur la biologie.

BIOMÉDICAL, E, AUX adj. Relatif à la biologie et à la médecine.

BIOMÉTRICIEN, ENNE n.

BIOMÉTRIE n.f. Étude statistique des variations biologiques.

BIOMÉTRIQUE adj.

BIOMOLÉCULAIRE adj.

BIOMOLÉCULE n.f. Molécule de la matière vivante.

BIOMORPHIQUE adj. Dont l'aspect évoque les formes de la vie.

BIOMORPHISME n.m. Caractère biomorphique d'une œuvre d'art.

BIONGULÉ, E adj. (Mammifère) à sabots fourchus.

BIONIQUE n.f. et adj. Étude de l'application des phénomènes biologiques à des processus techniques.

BIOPESTICIDE n.m. *Agr.* Microorganisme utilisé pour lutter contre les insectes nuisibles.

BIOPHYSICIEN, ENNE n.

BIOPHYSIQUE n.f. Étude des mécanismes biologiques par des méthodes physiques.

BIOPIC n.m. Film biographique.

BIOPIRATAGE n.m. Piratage de ressources biologiques ou génétiques.

BIOPIRATERIE n.f. → **biopiratage.**

BIOPLASTIQUE n.m. Matière plastique biodégradable, d'origine végétale.

BIOPÔLE n.m. Complexe universitaire et industriel tourné vers les sciences de la vie.

BIOPSIE n.f. Prélèvement d'un fragment de tissu vivant pour examen microscopique.

BIOPSIQUE adj.

BIOPUCE n.f. *Biochim.* Puce à ADN.

BIORÉACTEUR n.m. Enceinte confinée où ont lieu des réactions biologiques.

BIORYTHME n.m. Variation périodique d'un phénomène physiologique.

BIOSCIENCE n.f. Science de la vie.

BIOSÉCURITÉ n.f. Gestion des risques biotechniques.

BIOSPÉLÉOLOGIE n.f. Étude des êtres vivant dans les grottes.

BIOSPHÈRE n.f. Ensemble des organismes vivant à la surface de la Terre.

BIOSTASIE n.f. Phase de stabilité dans l'évolution du relief.

BIOSTATISTICIEN, ENNE n.

BIOSTATISTIQUE n.f. et adj. Statistique appliquée à la biologie.

BIOSYNTHÈSE n.f. Formation d'une substance au sein d'un être vivant.

BIOSYNTHÉTIQUE adj.

BIOTE n.m. Ensemble des êtres vivants d'un endroit donné.

BIOTECHNIQUE n.f. et adj. Technique de manipulation génétique.

BIOTECHNOLOGIE n.f. → **biotechnique.**

BIOTERRORISME n.m. Terrorisme biologique.

BIOTERRORISTE adj. et n.

BIOTHÉRAPIE n.f. Traitement par des substances vivantes.

BIOTINE n.f. Vitamine B8 ou H.

BIOTIQUE adj. Qui concerne les êtres vivants.

BIOTITE n.f. Mica noir.

BIOTOPE n.m. Milieu biologique déterminé.

BIOTRAITEMENT n.m. Traitement biologique des polluants.

BIOTYPE n.m. Groupe d'individus du même type.

BIOTYPOLOGIE n.f. Classification du physique des êtres humains.

BIOTYPOLOGIQUE adj.

BIOVIGILANCE n.f. Surveillance sanitaire des organes prélevés sur l'homme ou l'animal.

BIOXYDE n.m. **(= dioxyde)** Oxyde possédant deux atomes d'oxygène.

BIP n.m. Signal acoustique.

BIPALE adj. Qui a deux pales.

BIPARE adj. *Bot.* (Inflorescence) disposée en paires symétriques.

BIPARTI, E adj. **(= bipartite)** Qui est divisé en deux parties ou en deux partis.

BIPARTISAN, E adj. Qui relève du bipartisme.

BIPARTISME n.m. Association de deux partis politiques au pouvoir.

BIPARTITE adj. → **biparti.**

BIPARTITION n.f. Division en deux parties.

BIPASSER v. **10.** Contourner.

BIPÈDE adj. et n.

BIPÉDIE n.f. État d'un être bipède.

BIPENNE n.f. Hache romaine à double tranchant.

BIPENNÉ, E adj. Qui a deux ailes.

BIPER [-eur] n.m. **(= bipeur)** Petit appareil émettant un bip.

BIPER v. **10.** Appeler à l'aide d'un biper.

BIPEUR n.m. → **biper** n.m.

BIPHASÉ, E adj. **(= diphasé)** *Électr.* Qui possède deux phases.

BIPHÉNYLE n.m. **(= diphényle)** Hydrocarbure.

BIPIED n.m. Support d'une arme en V renversé.

BIPLACE adj. et n.

BIPLAN n.m. et adj. Avion à deux plans de sustentation.

BIPOINT n.m. *Math.* Couple de points d'un espace.

BIPOLAIRE adj. **(= dipolaire)** *Phys.* Qui a deux pôles.

BIPOLARISATION n.f.

BIPOLARISÉ, E adj. *Pol.* Regroupé en deux forces opposées.

BIPOLARISME n.m. Opposition entre deux partis, deux politiques.

BIPOLARITÉ n.f.

BIPÔLE n.m. **(= dipôle)** Ensemble de deux charges électriques voisines, égales et de signes opposés.

BIPOUTRE adj. Qui comporte deux poutres parallèles.

BIQUADRATIQUE adj. et n.f. *Math.* (Équation) du quatrième degré.

BIQUE n.f.

BIQUET, ETTE n.

BIQUOTIDIEN, ENNE adj.

BIRAPPORT n.m. *Math.* Rapport anharmonique.

BIRBE n.m. *Péj. Vieux birbe* : vieillard rétrograde.

BIRCHER [-èr] n.m. *Helv.* Mélange de céréales et de fruits.

BIRDIE [beurdi] n.m. Au golf, coup qui, pour un trou, améliore le par d'un point.

BIRÉACTEUR n.m.

BIRÉFRINGENCE n.f.

BIRÉFRINGENT, E adj. Qui divise en deux le rayon lumineux.

BIRÈME n.f. Galère à deux rangs de rames.

BIRIBI n.m. *Arg., Mil.* Compagnie disciplinaire d'Afrique du Nord.

BIRMAN, E adj. et n.m. De la Birmanie (Asie du Sud-Est).

BIROTOR n.m. et adj. Appareil qui fonctionne avec deux rotors.

BIROUTE n.f. *Aéron.* Manche à air indiquant la direction du vent. – *Fam.* Pénis.

BIRR n.m. Unité monétaire de l'Éthiopie.

BIS [bis] n.m., adv. et interj

BIS, BISE [bi, biz] adj. Gris-brun.

BISAÏEUL, E n. Père, mère d'un aïeul.

BISAIGUË [-gu] n.f. → **besaiguë.**

BISANNUEL, ELLE adj. Qui a lieu tous les deux ans.

BISBILLE n.f. Petite querelle.

BISBROUILLE n.f. *Belg.* → **bisbille.**

BISCAÏEN, ENNE adj. **(= biscayen)** De la Biscaye, province basque d'Espagne.

BISCAYEN, ENNE adj. → **biscaïen.**

BISCHOF n.m. → **bichof.**

BISCÔME n.m. *Helv.* Sorte de pain d'épice.

BISCORNU, E adj. De forme irrégulière.

BISCOTEAU, X n.m. **(= biscoto)** *Fam.* Biceps.

BISCOTIN n.m. Petit biscuit ferme.

BISCOTO n.m. → **biscoteau.**

BISCOTTE n.f.

BISCOTTERIE n.f.

BISCUIT n.m.

BISCUITER v. **10.** Cuire au four (une pièce de poterie).

BISCUITERIE n.f.

BISCUITIER n.m. Fabricant de biscuits.

BISE n.f.

BISEAU, X n.m. Bord taillé obliquement.

BISEAUTAGE n.m.

BISEAUTER v. **10.**

BISER v. **10.** Embrasser. – Dégénérer, en parlant de céréales.

BISET n.m. Pigeon sauvage.

BISETTE n.f. Canard.

BISEXUALITÉ n.f.

BISEXUÉ, E adj. **(= bissexué)** Qui possède les deux sexes.

BISEXUEL, ELLE adj. et n. **(= bissexuel)** Qui concerne les deux sexes.

BISHOP n.m. → **bichof.**

BISINGUE | (DE) loc. **(= bizingue)** *Helv., Fam.* De travers.

BISMARCKIEN, ENNE adj. De Bismarck (homme politique prussien).

BISMUTH n.m. Métal brillant à reflets rouges.

BISMUTHÉ, E adj. Qui contient du bismuth.

BISMUTHINE n.f. Sulfure naturel de bismuth.

BISOC adj. et n.m. (Charrue) à deux socs.

BISON n.m.

BISONNE n.f. Femelle du bison.

BISONTIN, E adj. De Besançon.

BISOU n.m. **(= bizou).**

BISPHÉNOL n.m. *Chim.* Composé issu du phénol.

BISQUE n.f. Potage de crustacés.

BISQUER v. **(p.p.inv.) 10.** Éprouver du dépit.

BISQUINE n.f. Bateau de pêche breton.

BISSAC n.m. Besace.

BISSALIEN, ENNE adj. De Bissau (Guinée-Bissau).

BISSAP n.m. *Afr.* Variété d'hibiscus. – *Afr.* Boisson tirée de cette plante.

BISSE n.m. *Helv.* Long canal d'irrigation.

BISSECTEUR, TRICE adj. et n.f. *Math.* Qui divise en deux parties égales.

BISSECTION n.f. *Math.* Division en deux parties égales.

BISSEL n.m. Essieu porteur de locomotive.

BISSER v. **10.** Répéter ou faire répéter.

BISSEUR, EUSE n. *Belg.* Redoublant.

BISSEXTE n.m. 29e jour du mois de février.

BISSEXTIL, E adj.

BISSEXUALITÉ n.f.

BISSEXUÉ, E adj. → **bisexué.**

BISSEXUEL, ELLE adj. et n. → **bisexuel.**

BISTABLE adj. Qualifie certains montages électroniques.

BISTORTE n.f. Plante de montagne à fleurs roses.

BISTOUILLE n.f. Mauvais alcool.

BISTOUQUETTE n.f. *Fam.* Pénis.

BISTOURI n.m.

BISTOURNAGE n.m. Procédé de castration.

BISTOURNER v. **10.** Tourner en sens contraire. - Castrer (un animal).

BISTRE n.m. et adj. Brun jaunâtre.

BISTRER v. **10.**

BISTRO n.m. **(= bistrot)** Débit de boissons.

BISTROQUET n.m. → **bistro.**

BISTROT, E 1. n. Tenancier de café. 2. n.m. → **bistro.**

BISTROTIER, ÈRE adj. et n.

BISULFATE n.m. Sel de l'acide sulfurique.

BISULFITE n.m. Sel de l'acide sulfureux.

BISULFURE n.m. **(= disulfure)** Sulfure à deux atomes de soufre.

BIT [-t] n.m. *Inf.* Unité élémentaire.

BITANGENT, E adj. Tangent en deux points distincts.

BITE n.f. **(= bitte)** *Fam.* Pénis.

BITEMPORAL, E, AUX adj. Qui va d'une tempe à l'autre.

BITENSION n.f. Caractère d'un appareil qui peut être utilisé sous deux tensions.

BITER v. **10 (= bitter)** *Fam.* Comprendre.

BITERROIS, E adj. De Béziers.

BITONAL, E (pl. **BITONALS** ou **BITONAUX**) adj. *Mus.* Qui comporte deux tons.

BITONIAU, X n.m. *Fam.* Petit objet, petite partie d'un mécanisme.

BITORD n.m. Petit cordage.

BITOS [-s] n.m. *Arg.* Chapeau.

BITTE n.f. 1. Borne d'amarrage. 2. → **bite.**

BITTER v. **10.** 1. Amarrer. 2. → **biter.**

BITTER [-èr] n.m. Liqueur amère.

BITTU, E adj. **(= bitu)** *Belg.* Ivre.

BITTURE n.f. **(= biture)** *Fam.* Ivresse.

BITTURER (SE) v. **10 (= biturer).**

BITU, E adj. → **bittu.**

BITUBE adj. et n.m. (Arme) ayant deux bouches à feu jumelées.

BITUMAGE n.m.

BITUME n.m. Mélange d'hydrocarbures.

BITUMER v. **10.** Goudronner.

BITUMEUX, EUSE adj.

BITUMINER v. **10.** → **bitumer.**

BITUMINEUX, EUSE adj.

BITURBINE adj. Mû par deux turbines.

BITURE n.f. → **bitture.**

BITURER (SE) v. **10.** → **bitturer.**

BIUNIVOQUE adj. *Math.* (Correspondance) entre deux ensembles.

BIVALENCE n.f. **(= divalence).**

BIVALENT, E adj. **(= divalent)** Relatif à un type de liaison chimique.

BIVALVE adj. et n.m. (Mollusque) ayant une coquille à deux valves.

BIVEAU, X n.m. Équerre du tailleur de pierre.

BIVITELLIN, E adj. *Biol.* Se dit de jumeaux provenant de deux œufs différents (faux jumeaux).

BIVOLTAGE n.m.

BIVOUAC n.m. Campement en plein air.

BIVOUAQUER v. **(p.p.inv.) 10.**

BIWA n.m. Luth japonais.

BIZARDE adj.f. (Tête de cervidé) aux bois mal formés.

BIZARRE adj.

BIZARREMENT adv.

BIZARRERIE n.f.

BIZARROÏDE adj.

BIZERTIN, E adj. De Bizerte (Tunisie).

BIZET n.m. Mouton du Massif central.

BIZINGUE ❙ (DE) loc. → **bisingue (de).**

BIZNESS n.m. **(= business).**

BIZNESSMAN (pl. **BIZNESSMEN** ou **BIZNESSMANS**) n.m. *Fam.* Homme qui fait du bizness, des affaires.

BIZNESSMEN ❙ → **biznessman.**

BIZNESSWOMAN (pl. **BIZNESSWOMEN** ou **BIZNESSWOMANS**) n.f.

BIZNESSWOMEN ❙ → **biznesswoman.**

BIZOU n.m. → **bisou.**

BIZUT [bizu] n.m. **(= bizuth)** Élève de première année.

BIZUTAGE n.m.

BIZUTER v. **10.** Brimer.

BIZUTEUR, EUSE n.

BIZUTH [bizu] n.m. → **bizut.**

BLABLA n.m. *Fam.* Verbiage.

BLABLABLA n.m. → **blabla.**

BLABLATER v. **(p.p.inv.) 10.**

BLACK n. et adj. *Fam.* Noir.

BLACKBOULAGE n.m.

BLACKBOULER v. **10.** Évincer.

BLACKLISTER v. **10.** Inscrire (quelqu'un) sur une liste noire.

BLAFARD, E adj.

BLAFF n.m. Ragoût antillais très épicé.

BLAGUE n.f.

BLAGUER v. **10.** Railler sans méchanceté.

BLAGUEUR, EUSE adj. et n.

BLAIR n.m. *Fam.* Nez.

BLAIREAU, X n.m.

BLAIRER v. **10.**

BLAISOIS, E adj. **(= blésois)** De Blois.

BLÂMABLE adj.

BLÂMAGE n.m. ou f. *Luxemb.* Gaffe, impair.

BLÂME n.m.

BLÂMER v. **10.**

BLANC, BLANCHE adj. et n.

BLANCHAILLE n.f. Menus poissons blancs.

BLANCHÂTRE adj.

BLANCHE → **blanc.**

BLANCHET n.m. *Impr.* Cylindre encreur d'une offset.

BLANCHEUR n.f.

BLANCHIMENT n.m.

BLANCHIR v. **40.**

BLANCHISSAGE n.m.

BLANCHISSANT, E adj.

BLANCHISSEMENT n.m.

BLANCHISSERIE n.f.

BLANCHISSEUR, EUSE n.

BLANCHON n.m. *Québ.* Petit du phoque.

BLANDICE n.f. *Litt.* Séduction.

BLANQUETTE n.f. Vin blanc mousseux. – Ragoût de viande blanche.

BLANQUISME n.m. Théorie du socialiste utopique Blanqui.

BLANQUISTE adj.

BLAPS n.m. Coléoptère des lieux obscurs.

BLASE n.m. **(= blaze)** *Arg.* Nom. – *Arg.* Nez.

BLASEMENT n.m.

BLASER v. **10.** Rendre incapable d'émotions.

BLASON n.m.

BLASONNER v. **10.** *Hér.* Décrire, interpréter (des armoiries).

BLASPHÉMATEUR, TRICE adj. et n.

BLASPHÉMATOIRE adj.

BLASPHÈME n.m.

BLASPHÉMER v. **12.** Proférer des blasphèmes. – Injurier.

BLAST n.m. *Méd.* Ensemble des lésions dues à l'onde de choc d'une explosion.

BLASTE n.m. *Bot.* Partie de l'embryon qui se développe à la germination.

BLASTODERME n.m. Membrane primitive de l'embryon.

BLASTOGENÈSE n.f. Formation du blastoderme.

BLASTOMÈRE n.m. Première cellule issue de la segmentation de l'œuf.

BLASTOMYCÈTE n.m. Champignon se reproduisant par bourgeonnement.

BLASTOMYCOSE n.f. Affection causée par un blastomycète.

BLASTOPORE n.m. Orifice de l'intestin embryonnaire primitif.

BLASTULA n.f. *Biol.* Stade embryonnaire des vertébrés.

BLATÉRER v. **(p.p.inv.) 12.** Crier, en parlant du chameau, du bélier.

BLATTE n.f. Insecte nocturne au corps aplati.

BLAUDE n.f. → **biaude.**

BLAZE n.m. → **blase.**

BLAZER [blazeur] ou [blazèr] n.m. Veste en tissu bleu marine.

BLÉ n.m.

BLÈCHE adj. *Arg.* Mauvais, laid.

BLED n.m.

BLÉDARD, E adj. et n. Originaire du bled.

BLÊME adj.

BLÊMI, E adj.

BLÊMIR v. **40.**

BLÊMISSANT, E adj.

BLÊMISSEMENT n.m.

BLENDE [bl-in-d] n.f. Sulfure de zinc.

BLENNIE n.f. Petit poisson d'eau douce.

BLENNORRAGIE n.f. Maladie vénérienne.

BLENNORRAGIQUE adj.

BLENNORRHÉE n.f. *Méd.* Écoulement de pus par un conduit naturel.

BLÉPHARITE n.f. Inflammation des paupières.

BLÉPHAROPLASTIE n.f. Greffe des paupières.

BLÉPHAROSPASME n.m. *Méd.* Contraction répétée et involontaire des muscles des paupières.

BLÈSEMENT n.m.

BLÉSER v. **(p.p.inv.) 12.** Zézayer.

BLÉSITÉ n.f. Zézaiement.

BLÉSOIS, E adj. → **blaisois.**

BLESSANT, E adj.

BLESSER v. **10.**

BLESSURE n.f.

BLET, BLETTE adj. Trop mûr.

BLETSER v. **10.** *Helv.* Rapiécer.

BLETTE n.f. → **bette.**

BLETTI, E adj.

BLETTIR v. **40.**

BLETTISSEMENT n.m.

BLETTISSURE n.f.

BLETZ n.m. *Helv.* Rustine.

BLEU, BLEUE, BLEUS adj. et n.m.

BLEUÂTRE adj.

BLEUET n.m. Plante à fleurs bleues. – *Québ.* Baie du bleuetier.

BLEUETERIE n.f. *Québ.* Usine de conditionnement des bleuets.

BLEUETIER, ÈRE 1. n.m. *Québ.* Variété d'airelle. 2. n.f. *Québ.* Terrain planté de bleuetiers.

BLEUIR v. **40.**

BLEUISSAGE n.m.

BLEUISSANT, E adj.

BLEUISSEMENT n.m.

BLEUSAILLE n.f. *Arg.* Jeune conscrit.

BLEUTER v. **10.** Azurer.

BLIAUD n.m. **(= bliaut)** *Médiév.* Longue tunique.

BLIAUT n.m. → **bliaud.**

BLIBLIS [-i] n.m.pl. En Algérie, pois chiches grillés.

BLIDÉEN, ENNE adj. De Blida (Algérie).

BLIND [bl-in-d] n.m. Au poker, mise fournie avant d'avoir pris connaissance de ses cartes.

BLINDAGE n.m.

BLINDER v. **10.**

BLINI n.m. Petite crêpe de sarrasin.

BLINQUANT, E adj. *Belg.* Reluisant.

BLINQUER v. **10.** *Belg.* Astiquer, faire briller.

BLISTER [blistèr] n.m. Emballage plastique.

BLISTÉRISER v. **10.** Mettre sous blister.

BLITZ n.m. *Partie blitz :* aux échecs, partie éclair.

BLITZKRIEG [blitskrig] n.m. Guerre éclair.

BLIZZARD n.m. Vent glacial.

BLOC n.m.

BLOCAGE n.m.

BLOCAILLE n.f. Pierres réunies en un bloc.

BLOCAUX n.m.pl. *Argile à blocaux :* argile mêlée de graviers.

BLOCHET n.m. Pièce de charpente.

BLOCK n.m. *Ch. de f.* Signalisation destinée à empêcher les collisions.

BLOCKBUSTER [-beusteur] n.m. Film à très grand succès.

BLOCKHAUS n.m. Ouvrage défensif.

BLOCUS n.m.

BLOG n.m. **(= blogue)** Site web sur lequel un internaute tient un journal personnel.

BLOGOSPHÈRE n.f. Ensemble des blogs ou de leurs rédacteurs.

BLOGUE n.m. → **blog.**

BLOGUER v. **(p.p.inv.) 10.** Tenir un blog en ligne.

BLOGUEUR, EUSE n.

BLOND, BLONDE adj. et n.

BLONDASSE adj. D'un blond fade.

BLONDEL n.m. Ancienne unité d'optique.

BLONDEUR n.f.

BLONDIN, E adj. et n.

BLONDINET, ETTE adj. et n.

BLONDIR v. **40.**

BLONDOYER v. **(p.p.inv.) 27.** Avoir un reflet blond.

BLONGIOS [-s] n.m. Petit héron des marais.

BLOOM [bloum] n.m. Lingot d'acier dégrossi.

BLOOMER [bloumeur] n.m. Culotte bouffante pour enfant.

BLOQUANT, E adj. *Psych.* Qui provoque un blocage.

BLOQUER v. **10.**

BLOQUEUR, EUSE adj.

BLOQUISTE adj. et n. *Pol.* Partisan du Bloc québécois, parti fédéral canadien.

BLOT [blô] n.m. *Arg.* Affaire avantageuse.

BLOTTIR (SE) v. **40.**

BLOTTISSEMENT n.m.

BLOUSANT, E adj. Bouffant.

BLOUSE n.f.

BLOUSER v. **10.** *Fam.* Tromper. – Bouffer, en parlant d'un vêtement.

BLOUSON n.m.

BLOUSSE n.f. Déchets de laine.

BLUES [blouz] n.m.

BLUESMAN (pl. **BLUESMEN** ou **BLUESMANS**) [blouz-] n.m. Chanteur de blues.

BLUESMEN ❙ → **bluesman.**

BLUET n.m. Bleuet.

BLUETOOTH [bloutous] n.m. (Nom déposé) *Inf.* Type de connexion sans fil.

BLUETTE n.f. *Litt.* Petit ouvrage sans prétention.

BLUFF n.m.

BLUFFANT, E adj. *Fam.* Très étonnant.

BLUFFER v. **10.**

BLUFFEUR, EUSE adj. et n.

BLUSH (pl. **BLUSHES** ou **BLUSHS**) [bleuch] n.m. Fard à joues.

BLUSHES → **blush.**

BLUTAGE n.m.

BLUTER v. **10.** Tamiser (de la farine).

BLUTERIE n.f. Lieu où l'on pratique le blutage.

BLUTOIR n.m.

BOA n.m.

BOB n.m. Chapeau cloche. – *Fam.* Bobsleigh.

BOBARD n.m.

BOBBIES → **bobby.**

BOBBY (pl. **BOBBIES** ou **BOBBYS**) n.m. *Fam.* Policier anglais.

BOBÈCHE n.f. Disque recueillant la cire d'une bougie.

BOBET, ETTE n. et adj. *Helv.* Nigaud.

BOBEUR, EUSE n. Sportif qui pratique le bobsleigh.

BOBINAGE n.m.

BOBINARD n.m. *Arg.* Bordel.

BOBINE n.f.

BOBINEAU, X n.m. **(= bobinot)** Bobine de métier à filer.

BOBINER v. **10.** Enrouler autour d'une bobine.

BOBINETTE n.f. *Vx.* Loquet mobile.

BOBINEUR, EUSE n.

BOBINIER, ÈRE n. *Électr.* Personne employée au bobinage.

BOBINOIR n.m. Bobineuse mécanique.

BOBINOT n.m. → **bobineau.**

BOBO n.m.

BOBOLAIS, E adj. De Bobo-Dioulasso (Burkina).

BOBONNE n.f.

BOBSLEIGH [bobslèg] n.m. Traîneau articulé pour pistes de glace.

BOBTAIL [-èl] n.m. Chien de berger.

BOCAGE n.m. Paysage où les prés sont clos.

BOCAGER, ÈRE adj.

BOCAIN, E adj. Du bocage normand ou vendéen.

BOCAL, AUX n.m.

BOCARD n.m. Broyeur de minerai.

BOCARDAGE n.m.

BOCARDER v. **10.**

BOCHE adj. et n. *Vx., Péj.* Allemand.

BOCHIMAN, E adj. et n.m. **(= boschiman)** Des Bochimans (peuple d'Afrique du Sud).

BOCK n.m. Verre à bière.

BODEGA [é] n.f. Petit bistrot, dans le Midi ou en Espagne.

BODHI n.f. Stade final de la méditation bouddhique.

BODHISATTVA [s] n.m. Individu destiné à devenir bouddha.

BODIES → **body.**

BODY (pl. **BODIES** ou **BODYS**) n.m. Sous-vêtement féminin, justaucorps.

BODYBOARD [bodibord] n.m. (Nom déposé) Courte planche de surf.

BODYBUILDEUR, EUSE [bodibild-] n. Adepte du bodybuilding.

BODYBUILDING [bodibilding] n.m. Musculation.

BOEING n.m. (Nom déposé).

BOER [bour] adj. D'un peuple de colons néerlandais de l'Afrique du Sud.

BOËSSE [bwès] n.f. Outil de sculpteur ou de doreur.

BOËTE [bwèt] n.f. **(= boette, boitte, bouette)** Appât pour attirer le poisson.

BOETTE [bwèt] n.f. → **boëte.**

BŒUF adj. et n.m.

BOF interj.

BOG n.m. Jeu de cartes.

BOGE n.f. Grand sac de jute.

BOGEY [bôgé] n.m. Au golf, coup qui, pour un trou, égale le par plus un.

BOGGIE [g] n.m. **(= bogie)** *Ch. de f.* Chariot à deux essieux.

BOGHEAD [bogèd] n.m. Houille.

BOGHEI [bogè] n.m. **(= boghey, boguet, buggy)** Cabriolet.

BOGHEY [bogè] n.m. → **boghei.**

BOGIE [boji] n.m. → **boggie.**

BOGOLAN n.m. *Afr.* Teinture à base de boues.

BOGOMILE n. *Hist.* Membre d'une secte religieuse bulgare.

BOGOTANAIS, E adj. De Bogota (Colombie).

BOGUE 1. n.f. Enveloppe de la châtaigne. 2. n.m. **(= bug)** *Inf.* Anomalie dans un programme.

BOGUÉ, E adj. **(= buggé)** *Inf.* Qui présente un bogue.

BOGUER v. **10 (= bugger)** *Inf.* Présenter un bogue. – *Inf.* Tomber en panne.

BOGUET n.m. 1. → **boghei.** 2. *Helv.* Cyclomoteur.

BOHÈME 1. adj. et n. Qui vit au jour le jour. 2. n.f. Milieu d'artistes.

BOHÉMIEN, ENNE adj. et n.

BOHRIUM n.m. Élément chimique artificiel.

BOÏAR n.m. **(= boyard)** Ancien noble russe.

BOÏDÉ n.m. Serpent, type boa.

BOILER [bwalèr] n.m. *Belg., Helv.* Chauffe-eau.

BOILLE [boy] n.f. *Helv.* Récipient à lait.

BOIRE n.m. *Québ.* Tétée.

BOIRE v. **125.**

BOIS n.m.

BOISAGE n.m. Renforcement avec du bois.

BOISEMENT n.m. Plantation.

BOISER v. **10.** Planter (un terrain) d'arbres.

BOISERIE n.f.

BOISEUR n.m. Ouvrier qui renforce les galeries de mine.

BOISSEAU, X n.m. Mesure de capacité. – Boîte cylindrique, tuyau.

BOISSELÉE n.f. Contenu d'un boisseau.

BOISSELIER n.m. Fabricant de boisseaux.

BOISSELLERIE n.f.

BOISSON n.f.

BOÎTE n.f.

BOITEMENT n.m.

BOITER v. **(p.p.inv.) 10.**

BOITERIE n.f.

BOITEUX, EUSE adj. et n.

BOÎTIER n.m.

BOITILLANT, E adj.

BOITILLEMENT n.m.

BOITILLER v. **(p.p.inv.) 10.**

BOITON ou **BOÎTON** n.m. *Helv.* Porcherie.

BOITTE n.f. → **boëte.**

BOKIT [-t] n.f. Pâtisserie antillaise salée.

BOL n.m.

BOLCHEVIK adj. et n. **(= bolchevique)** Communiste.

BOLCHEVIQUE adj. et n. → **bolchevik.**

BOLCHEVISME n.m.

BOLCHEVISTE adj. et n. → **bolchevik.**

BOLCHO adj. et n. *Fam.* Communiste.

BOLDO n.m. Arbre du Chili.

BOLDUC n.m. Ruban.

BOLÉE n.f. Contenu d'un bol.

BOLÉRO n.m. Danse espagnole. – Veste courte.

BOLET n.m. Champignon charnu.

BOLETALE [bolètal] n.f. Bolet.

BOLIDE n.m.

BOLIER n.m. Filet de pêche.

BOLIVAR n.m. Large chapeau haut de forme.

BOLIVAR (pl. **BOLIVARES** [-rès] ou **BOLIVARS**) n.m. Unité monétaire du Venezuela.

BOLIVARES [-rès] → **bolivar.**

BOLIVIANO n.m. Unité monétaire de Bolivie.

BOLIVIEN, ENNE adj. De Bolivie.

BOLLANDISTE n.m. Continuateur de Jean Bolland, hagiographe.

BOLLARD n.m. Bitte d'amarrage.

BOLOGNAIS, E 1. adj. **(= bolonais)** De Bologne (Italie). 2. n.f. et adj.f. Sauce à base de tomates et de viande hachée.

BOLOMÈTRE n.m. Appareil mesurant l'énergie rayonnante.

BOLONAIS, E adj. → **bolognais** 1.

BOLUS [-s] n.m. Forte dose d'un médicament injectée par voie intraveineuse.

BOMBACACÉE n.f. Arbre tropical, type baobab.

BOMBAGE n.m. Écriture de slogans avec de la peinture en bombe.

BOMBAGISTE n.m. Ouvrier qui cintre des plaques de verre à chaud.

BOMBANCE n.f.

BOMBARDE n.f. Bouche à feu primitive. – *Mus.* Instrument à vent.

BOMBARDEMENT n.m.

BOMBARDER v. **10.**

BOMBARDIER n.m.

BOMBARDON n.m. Contrebasse à vent.

BOMBASIN n.m. *Vx.* Étoffe de soie.

BOMBE n.f.

BOMBEMENT n.m.

BOMBER v. **10.**

BOMBEUR, EUSE n. Tagueur.

BOMBINETTE n.f. *Fam.* Bombe nucléaire de faible puissance.

BOMBONNE n.f. **(= bonbonne).**

BOMBYX n.m. Papillon.

BÔME n.f. *Mar.* Pièce de gréement à laquelle est assujettie la partie basse d'une voile triangulaire.

BÔMÉ, E adj.

BON, BONNE adj., n.m., n.f. et adv.

BONACE n.f. Mer calme avant la tempête.

BONAMIA n.m. Parasite de l'huître.

BONAPARTISME n.m.

BONAPARTISTE adj. et n.

BONARD, E adj. **(= bonnard)** Qui présente bien.

BONASSE adj. Bon jusqu'à la naïveté.

BONASSERIE n.f.

BONBEC n.m. *Fam.* Bonbon.

BONBON n.m.

BONBONNE n.f. → **bombonne.**

BONBONNIÈRE n.f.

BOND n.m.

BONDAGE n.m. Pratique sexuelle sadomasochiste.

BONDE n.f. Ouverture permettant l'écoulement. – Bouchon.

BONDELLE n.f. Poisson du lac de Neuchâtel.

BONDER v. **10.** Remplir.

BONDÉRISATION n.f.

BONDÉRISER v. **10.** Traiter (un métal) contre la rouille.

BONDIEUSARD, E adj. et n.

BONDIEUSERIE n.f. *Péj.* Dévotion outrée.

BONDIR v. **(p.p.inv.) 40.**

BONDISSANT, E adj.

BONDISSEMENT n.m.

BONDON n.m. Morceau de bois bouchant la bonde.

BONDONNER v. **10.** Boucher par un bondon.

BONDRÉE n.f. Rapace diurne.

BONELLIE n.f. Ver marin dont le mâle est minuscule.

BONGARE n.m. Serpent venimeux d'Asie.

BONGO n.m. *Mus.* Instrument constitué par deux petits tambours fixés l'un à l'autre.

BONHEUR n.m.

BONHOMIE n.f. **(= bonhommie).**

BONHOMME (pl. **BONHOMMES**) adj.

BONHOMME (pl. **BONSHOMMES**) n.m.

BONHOMMIE n.f. → **bonhomie.**

BONI n.m. Bénéfice.

BONICHE n.f. **(= bonniche)** *Péj.* Bonne.

BONICHON n.m. Petit bonnet.

BONIF n.f. *Fam.* Bonification.

BONIFACE n.m. Personnage simplet.

BONIFICATION n.f. Avantage supplémentaire.

BONIFIER v. **15.**

BONIMENT n.m.

BONIMENTER v. **(p.p.inv.) 10.**

BONIMENTEUR, EUSE n.

BONISSEUR n.m. Bonimenteur.

BONITE n.f. Thon de la Méditerranée.

BONJOUR n.m. et interj.

BONNARD, E adj. → **bonard.**

BONNEMENT adv. *Tout bonnement :* tout simplement.

BONNET n.m.

BONNETEAU, X n.m. Jeu d'escamotage à trois cartes.

BONNETERIE n.f.

BONNETEUR n.m. Joueur de bonneteau.

BONNETIER, ÈRE n. Vendeur, fabricant de lingerie et sous-vêtements.

BONNETTE n.f. Petit ouvrage de fortification avancé. – Petite voile supplémentaire.

BONNICHE n.f. → **boniche.**

BONNOIS, E adj. De Bonn (Allemagne).

BONNOTTE n.f. Variété de pomme de terre primeur.

BONOBO n.m. Chimpanzé nain du Congo.

BONSAÏ [b-on-zay] n.m. **(= bonzaï)** Arbre miniaturisé.

BONSHOMMES → **bonhomme** n.m.

BONSOIR n.m. et interj.

BONTÉ n.f.

BONUS n.m.

BONZAÏ [b-on-zay] n.m. → **bonsaï.**

BONZE, BONZESSE n. Religieux bouddhiste.

BONZERIE n.f. Monastère de bonzes.

BONZESSE → **bonze.**

BOOGIE [bougi] n.m. Style de jazz.

BOOK [bouk] n.m. Press-book. – *Fam.* Bookmaker.

BOOKMAKER [boukmèkeur] n.m. **(= bookmakeur)** Personne qui reçoit les paris sur les champs de courses.

BOOKMAKEUR, EUSE [boukmè-] n. → **bookmaker.**

BOOLÉEN, ENNE [boulé-in] adj. **(= boolien)** Relatif à l'algèbre de Boole.

BOOLIEN, ENNE [bouly-in] adj. → **booléen.**

BOOM n.m.

BOOMER [boumeur] n.m. **(= boumeur)** Haut-parleur de basses.

BOOMERANG n.m. **(= boumerang).**

BOOSTER [bousteur] n.m. Fusée d'appoint.

BOOSTER [bousté] v. **10.** *Fam.* Stimuler, renforcer.

BOOT n.m. Botte courte.

BOOTLEGGER [boutlégeur] n.m. Contrebandier d'alcool pendant la prohibition aux États-Unis.

BOP n.m. Style de jazz.

BOQUETEAU, X n.m. Petit bois.

BORA n.f. Vent froid et sec.

BORACITE n.f. Minerai contenant du bore et du magnésium.

BORAGINACÉE n.f. → **borraginacée.**

BORAIN, E adj. **(= borin)** Du Borinage (Belgique).

BORANE n.m. Composé de bore et d'hydrogène.

BORASSE n.m. Palmier.

BORASSUS n.m. → **borasse.**

BORATE n.m. Sel de l'acide borique.

BORATÉ, E adj.

BORAX n.m. Borate de sodium hydraté.

BORAZON n.m. (Nom déposé) Cristal artificiel, voisin du diamant.

BORBORYGME n.m. Gargouillement intestinal.

BORCHTCH [bortch] n.m. **(= bortch, bortsch)** Potage russe.

BORD n.m.

BORDAGE n.m.

BORDEAUX adj. et n.m.

BORDÉE n.f. *Mar.* Distance parcourue entre deux virements de bord.

BORDEL n.m. et interj.

BORDELAIS, E adj. De Bordeaux.

BORDÉLIQUE adj.

BORDÉLISER v. **10.**

BORDELLE n.f. *Cam.* Femme volage, prostituée.

BORDER v. **10.**

BORDEREAU, X n.m. Relevé détaillé d'un compte.

BORDERIE n.f. Petite métairie.

BORDERLINE [bordeurlayn] n.m. *Psych.* Cas limite.

BORDIER, ÈRE 1. adj. Qui borde. 2. n. Métayer.

BORDIGUE n.f. **(= bourdigue)** Enceinte de claies pour prendre ou retenir le poisson.

BORDJ n.m. Petit fort arabe.

BORDURE n.f.

BORDURER v. **10.** *Fam.* Tenir à l'écart, marginaliser. – Limiter.

BORDURETTE n.f. Muret qui protège un couloir d'autobus.

BORE n.m. Corps simple solide et noir.

BORÉAL, E (pl. **BORÉALS** ou **BORÉAUX**) adj. Du nord.

BORÉE n.m. *Antiq. gr.* Vent du nord.

BORGNE adj. et n.

BORIE n.f. Maison de pierres sèches, dans le Midi.

BORIN, E adj. → **borain.**

BORIQUE adj. (Acide) dérivé du bore.

BORIQUÉ, E adj.

BORNAGE n.m. Délimitation de deux terrains contigus. – Navigation côtière.

BORNE n.f.

BORNER v. **10.**

BORNIER n.m. Dispositif servant au raccordement de câbles électriques.

BORNOYER v. **27.** Viser d'un œil. – Poser des jalons pour aligner.

BORORO adj. D'un peuple indien du Brésil.

BOROSILICATE n.m. *Chim.* Verre.

BOROSILICATÉ, E adj.

BOROUGH [bôrô] n.m. Circonscription d'une ville anglo-saxonne.

BORRAGINACÉE n.f. Plante velue, type myosotis.

BORRAGINÉE n.f. → **borraginacée.**

BORRELIA [é] n.f. *Méd.* Bactérie provoquant la borréliose.

BORRÉLIOSE n.f. Maladie infectieuse.

BORSALINO n.m. (Nom déposé) Chapeau masculin à larges bords.

BORT [bor] n.m. Diamant industriel.

BORTCH n.m. → **borchtch.**

BORTSCH n.m. → **borchtch.**

BORURATION n.f. Cémentation par le bore.

BORURE n.m. Combinaison du bore avec un métal.

BOSCHIMAN, E adj. et n.m. → **bochiman.**

BOSCO n.m. *Mar.* Maître de manœuvre.

BOSCOT, OTTE adj. et n. *Fam., Vx.* Bossu.

BOSCOYO [-oyô] n.m. Racine aérienne d'un cyprès de Louisiane.

BOSKOOP [boskop] n.f. Pomme à chair ferme.

BOSNIAQUE adj. et n.m. De la Bosnie.

BOSNIEN, ENNE adj. → **bosniaque.**

BOSON n.m. *Phys.* Particule.

BOSQUET n.m.

BOSS n.m. *Fam.* Patron.

BOSSAGE n.m. Partie saillante d'un mur.

BOSSE n.f.

BOSSELAGE n.m. En orfèvrerie, travail en relief.

BOSSELER v. **22** (je bosselle...) Déformer par des bosses.

BOSSELLEMENT n.m.

BOSSELURE n.f. Ensemble des bosses d'une surface.

BOSSER v. **10.** *Mar.* Fixer avec des cordages. – *Fam.* Travailler.

BOSSETTE n.f. Ornement du mors d'un cheval. – Renflement de la détente d'une arme à feu.

BOSSEUR, EUSE adj. et n.

BOSSOIR n.m. *Mar.* Appareil de levage d'un bateau.

BOSSU, E adj. et n.

BOSSUER v. **10.** Bosseler.

BOSTON n.m. Valse lente.

BOSTONIEN, ENNE adj. De Boston (États-Unis).

BOSTONNER v. **(p.p.inv.) 10.**

BOSTRYCHE n.m. Insecte qui attaque le chêne.

BOT, BOTE adj. (Pied, main) affecté(e) d'une déformation congénitale.

BOTANIQUE adj. et n.f.

BOTANISER v. **(p.p.inv.) 10.** Recueillir des plantes pour les étudier.

BOTANISTE n.

BOTHRIOCÉPHALE n.m. Sorte de tænia.

BOTRYTIS [-s] n.m. Champignon parasite de la vigne et des vers à soie.

BOTSWANAIS, E adj. Du Botswana (Afrique australe).

BOTTE n.f.

BOTTELAGE n.m.

BOTTELER v. **22** (je bottelle...) Lier en bottes.

BOTTELEUR, EUSE adj. et n.

BOTTER v. **10.**

BOTTERIE n.f. Fabrication ou commerce de bottes.

BOTTEUR n.m. Rugbyman qui transforme les essais, marque les pénalités.

BOTTIER, ÈRE n.

BOTTILLON n.m. Petite botte fourrée.

BOTTIN n.m. (Nom déposé).

BOTTINE n.f.

BOTULINIQUE adj. → **botulique.**

BOTULIQUE adj. (Bacille) qui provoque le botulisme.

BOTULISME n.m. Intoxication due à des aliments avariés.

BOUAKÉEN, ENNE adj. De Bouaké (Côte d'Ivoire).

BOUBOU n.m. *Afr.* Longue tunique flottante.

BOUBOULER v. **(p.p.inv.) 10.** Crier, en parlant du hibou.

BOUC n.m.

BOUCAGE n.m. Plante voisine de l'anis.

BOUCAN n.m. Viande fumée. – Vacarme.

BOUCANAGE n.m.

BOUCANER v. **10.** Fumer (de la viande).

BOUCANIER n.m. Aventurier.

BOUCAU, X n.m. Entrée d'un port.

BOUCAUD n.m. **(= boucot)** Crevette grise.

BOUCAUT n.m. Futaille pour marchandises sèches.

BOUCHAGE n.m.

BOUCHAIN n.m. *Mar.* Partie arrondie de la carène.

BOUCHARDE n.f. Marteau de tailleur de pierre.

BOUCHARDER v. **10.**

BOUCHE n.f.

BOUCHÉ, E adj. et n.f.

BOUCHER, ÈRE n.

BOUCHER v. **10.**

BOUCHERIE n.f.

BOUCHETON | (À) loc. Se dit de la position de poteries dans un four.

BOUCHEUR, EUSE n. Ouvrier qui bouche les bouteilles.

BOUCHOLEUR n.m. → **bouchoteur.**

BOUCHON n.m.

BOUCHONNAGE n.m.

BOUCHONNEMENT n.m.

BOUCHONNER v. **10.** Frotter (un cheval) avec une poignée de paille.

BOUCHONNIER, ÈRE n. Fabricant, vendeur de bouchons.

BOUCHOT n.m. Parc à moules.

BOUCHOTEUR n.m. Personne qui s'occupe d'un bouchot.

BOUCHOYER v. **27.** *Helv.* Abattre et dépecer (un porc).

BOUCHURE n.f. Haie vive.

BOUCLAGE n.m.

BOUCLE n.f.

BOUCLEMENT n.m. *Helv.* Clôture des comptes.

BOUCLER v. **10.**

BOUCLETTE n.f.

BOUCLIER n.m.

BOUCOT n.m. → **boucaud.**

BOUDDHA n.m. Celui qui s'éveille à la connaissance de la vérité, dans le bouddhisme.

BOUDDHIQUE adj.

BOUDDHISME n.m.

BOUDDHISTE adj. et n.

BOUDER v. **10.**

BOUDERIE n.f.

BOUDEUR, EUSE adj. et n.

BOUDI interj. **(= boudiou, boudu)** *Fam.* Bon Dieu !

BOUDIN n.m.

BOUDINAGE n.m.

BOUDINER v. **10.** Tordre (des écheveaux, un fil métallique). – Serrer dans des vêtements étroits.

BOUDINEUSE n.f. Machine à boudiner.

BOUDIOU interj. → **boudi.**

BOUDOIR n.m. Petit salon. – Biscuit.

BOUDU interj. → **boudi.**

BOUE n.f.

BOUÉE n.f.

BOUÉLER v. **(p.p.inv.) 12.** *Helv., Fam.* Pousser des cris.

BOUETTE n.f. → **boëte.**

BOUEUR n.m. *Vx.* Éboueur.

BOUEUX, EUSE adj. et n.m.

BOUFFANT, E adj.

BOUFFARDE n.f. Grosse pipe.

BOUFFE adj. et n.f.

BOUFFÉE n.f.

BOUFFER v. **10.**

BOUFFETANCE n.f. *Fam.* Nourriture.

BOUFFETTE n.f. Petit nœud bouffant.

BOUFFEUR, EUSE n.

BOUFFIR v. **40.** Gonfler.

BOUFFISSAGE n.m. Préparation des harengs saurs peu fumés.

BOUFFISSURE n.f.

BOUFFON, ONNE adj. et n.m.

BOUFFONNEMENT adv.

BOUFFONNER v. **(p.p.inv.) 10.** Plaisanter.

BOUFFONNERIE n.f.

BOUGAINVILLÉE [l] n.f. Plante grimpante ornementale.

BOUGAINVILLIER n.m. → **bougainvillée.**

BOUGE n.m. Café mal fréquenté.

BOUGEOIR n.m.

BOUGEOTTE n.f.

BOUGER v. **17.**

BOUGIE n.f.

BOUGILLON, ONNE adj. et n. *Helv.* Qui a la bougeotte.

BOUGNA n.m. Plat de Nouvelle-Calédonie.

BOUGNAT n.m. Marchand de charbon.

BOUGNETTE n.f. Beignet sucré.

BOUGON, ONNE adj. et n.

BOUGONNEMENT n.m.

BOUGONNER v. **10.**

BOUGONNERIE n.f.

BOUGONNEUR, EUSE adj. et n.

BOUGONNEUX, EUSE adj. *Québ.* Bougonneur.

BOUGRAN n.m. Toile forte employée dans la doublure des vêtements.

BOUGRE, BOUGRESSE n.

BOUGREMENT adv.

BOUGRESSE → **bougre.**

BOUGRINE n.f. *Québ.* Veste doublée.

BOUH interj. Onomatopée qui évoque le chagrin.

BOUIBOUI n.m. Gargote.

BOUIF n.m. *Arg.* Cordonnier.

BOUILLABAISSE n.f.

BOUILLANT, E adj.

BOUILLARD n.m. Bouleau. – Averse.

BOUILLASSE n.f. *Fam.* Boue.

BOUILLE n.f.

BOUILLÉE n.f. Bosquet.

BOUILLERIE n.f. Distillerie.

BOUILLEUR, EUSE n. Distillateur.

BOUILLI, E adj., n.m. et n.f.

BOUILLIR v. **49.**

BOUILLISSAGE n.m. Préparation de la pâte de chiffon pour en faire de la pâte à papier.

BOUILLOIRE n.f.

BOUILLON n.m.

BOUILLONNANT, E adj.

BOUILLONNEMENT n.m.

BOUILLONNER v. **10.** Produire des bouillons. – Froncer (une étoffe).

BOUILLOTTE n.f.

BOUILLOTTER v. **(p.p.inv.) 10.** Bouillir doucement.

BOUINER v. **10.** Bricoler. – Lambiner.

BOUJARON n.m. *Vx.* Mesure pour la distribution de liquides aux marins.

BOUKAROU n.m. *Afr.* Case ronde à toit conique.

BOUKHA [bouhra] n.f. Eau-de-vie de figue, en Tunisie.

BOULAIE n.f. Lieu planté de bouleaux.

BOULANGE n.f. Métier ou commerce de boulanger.

BOULANGER, ÈRE adj. et n.

BOULANGER v. **17.** Pétrir (de la pâte à pain).

BOULANGERIE n.f.

BOULANGISME n.m. Mouvement politique de droite lancé par le général Boulanger.

BOULANGISTE adj. et n.

BOULAOUANE n.m. Vin du Maroc.

BOULBÈNE n.f. Sol composé de sables et de limons.

BOULDER [bouldeur] n.m. Bloc de pierre arrondi.

BOULDOZEUR n.m. **(= bulldozer).**

BOULE n.f.

BOULEAU, X n.m.

BOULEDOGUE n.m.

BOULÉGUER v. **12.** Dans le Midi, agiter, secouer.

BOULER v. **10.** Rouler. – Garnir de boules (les cornes d'un taureau).

BOULET n.m. Projectile. – Jointure du cheval au-dessus du paturon.

BOULETAGE n.m. Mise en boulettes d'un minerai pulvérisé.

BOULETÉ, E adj. (Cheval) ayant le boulet en avant.

BOULETTE n.f.

BOULEUX, EUSE n. et adj. Cheval court et trapu.

BOULEVARD n.m.

BOULEVARDIER, ÈRE adj. D'un comique facile.

BOULEVERSANT, E adj.

BOULEVERSEMENT n.m.

BOULEVERSER v. **10.**

BOULGOUR n.m. Blé concassé, spécialité orientale.

BOULIER n.m.

BOULIMIE n.f.

BOULIMIQUE adj. et n.

BOULIN n.m. Trou dans un mur pour un support d'échafaudage.

BOULINE n.f. *Vx.* Cordage amarré à une voile.

BOULINGRIN n.m. Gazon.

BOULINIER, ÈRE adj. et n. *Vx.* (Navire) qui remonte au vent.

BOULISME n.m. Sport du jeu de boules.

BOULISTE n.

BOULLE ❙ n.m. Meuble incrusté.

BOULOCHAGE n.m.

BOULOCHER v. **(p.p.inv.) 10.** En parlant d'un tissu, former de petites boules pelucheuses.

BOULODROME n.m. Terrain pour jeu de boules.

BOULOIR n.m. Instrument servant à pétrir le mortier.

BOULOMANE n. Amateur du jeu de boules.

BOULON n.m.

BOULONNAGE n.m.

BOULONNAIS, E adj. De Boulogne-Billancourt ou de Boulogne-sur-Mer.

BOULONNER v. **10.**

BOULONNERIE n.f.

BOULOT, OTTE 1. adj. et n. Gros et court. 2. n.m. *Fam.* Travail.

BOULOTTER v. **10.** *Fam.* Manger.

BOUM n.m., n.f. et interj.

BOUMER v. déf. (**bouma, boumait, boumât, boume, boumé, boumera, boumerait**) Ça boume ! : ça va !

BOUMERANG n.m. → **boomerang.**

BOUMEUR n.m. → **boomer.**

BOUQUET n.m.

BOUQUETÉ, E adj. (Vin) parfumé.

BOUQUETIER, ÈRE n. Fleuriste.

BOUQUETIN n.m. Chèvre sauvage.

BOUQUIN n.m.

BOUQUINER v. **10.** *Fam.* Lire.

BOUQUINERIE n.f. Commerce de livres d'occasion.

BOUQUINEUR, EUSE n.

BOUQUINISTE n.

BOUR n.m. (**= boure**) *Helv.* Valet d'atout, au jass.

BOURACAN n.m. Étoffe en poil de chameau.

BOURBE n.f. Boue noire des étangs.

BOURBEUX, EUSE adj.

BOURBIER n.m.

BOURBILLON n.m. Amas de tissu nécrosé et de pus au centre d'un furoncle.

BOURBON n.m. Whisky américain à base de maïs.

BOURBONIEN, ENNE adj. Relatif aux Bourbons. – (Nez) arqué.

BOURBONNAIS, E adj. Du Bourbonnais.

BOURBOUILLE n.f. Éruption cutanée due à la chaleur humide.

BOURDAINE n.f. Arbuste à écorce laxative.

BOURDALOU n.m. (**= bourdaloue**) Ruban utilisé par les modistes. – Vase de nuit.

BOURDALOUE n.m. → **bourdalou.**

BOURDE n.f. Gaffe.

BOURDIGUE n.f. → **bordigue.**

BOURDON n.m.

BOURDONNANT, E adj.

BOURDONNEMENT n.m.

BOURDONNER v. **(p.p.inv.) 10.**

BOURDONNEUR, EUSE adj. et n.

BOURDONNIÈRE n.f. Piège à bourdons.

BOURE n.m. → **bour.**

BOURG n.m.

BOURGADE n.f.

BOURGE n. *Fam.* Bourgeois.

BOURGEOIS, E adj. et n.

BOURGEOISEMENT adv.

BOURGEOISIAL, E, AUX adj. *Helv.* De la bourgeoisie.

BOURGEOISIE n.f.

BOURGEOISISME n.m. Accentuation des caractères de la bourgeoisie.

BOURGEON n.m.

BOURGEONNANT, E adj.

BOURGEONNEMENT n.m.

BOURGEONNER v. **(p.p.inv.) 10.**

BOURGERON n.m. *Vx.* Courte blouse de toile.

BOURGMESTRE n.m. Maire, en Belgique, en Suisse.

BOURGOGNE n.m.

BOURGUEIL n.m. Vin de Touraine.

BOURGUIGNON, ONNE adj. De la Bourgogne.

BOURGUIGNOTTE n.f. Casque léger.

BOURIATE adj. De Bouriatie (Russie).

BOURILLON n.m. *Helv., Fam.* Nombril.

BOURLINGUER v. **(p.p.inv.) 10.** *Mar.* Rouler. – Voyager beaucoup.

BOURLINGUEUR, EUSE adj. et n.

BOURONNER v. **(p.p.inv.) 10.** *Helv.* Se consumer lentement, couver sous la cendre.

BOURRACHE n.f. Plante sudorifique et diurétique.

BOURRADE n.f. Poussée, souvent amicale.

BOURRAGE n.m.

BOURRASQUE n.f.

BOURRASSER v. **10.** *Québ.* Rudoyer, bousculer.

BOURRATIF, IVE adj.

BOURRE n.f. Amas de poils pour garnir.

BOURRÉ, E 1. adj. 2. n.f. Danse auvergnate.

BOURREAU, X n.m.

BOURRÈLEMENT n.m.

BOURRELER v. **22** (je bourrelle...) Tourmenter.

BOURRELET n.m.

BOURRELIER, ÈRE n. Personne qui fabrique ou vend des harnais, des courroies.

BOURRELLERIE n.f.

BOURRER v. **10.**

BOURRETTE n.f. Soie grossière qui entoure le cocon.

BOURREUR, EUSE n. Personne qui bourre.

BOURRICHE n.f. Panier pour expédier des huîtres.

BOURRICHON n.m. *Fam.* Tête.

BOURRICOT n.m. Petit âne.

BOURRIDE n.f. Sorte de bouillabaisse à l'ail.

BOURRIER n.m. Éboueur.

BOURRIN n.m. *Fam.* Cheval.

BOURRINE n.f. Maison du marais vendéen.

BOURRIQUE n.f.

BOURRIQUET n.m. Ânon. – Treuil.

BOURROIR n.m. Pilon servant à bourrer.

BOURRU, E adj. et n.

BOURSE n.f.

BOURSETTE n.f. Mâche.

BOURSICOTAGE n.m.

BOURSICOTER v. **(p.p.inv.) 10.** Faire de petites opérations en Bourse.

BOURSICOTEUR, EUSE adj. et n.

BOURSICOTIER, ÈRE adj. et n.

BOURSIER, ÈRE adj. et n.

BOURSOUFFLAGE n.m.

BOURSOUFFLEMENT n.m.

BOURSOUFFLER v. **10.**

BOURSOUFFLURE n.f.

BOURSOUFLAGE n.m.

BOURSOUFLEMENT n.m.

BOURSOUFLER v. **10.**

BOURSOUFLURE n.f.

BOUS → **bouillir 49.**

BOUSCUEIL n.m. *Québ.* Amoncellement chaotique de glaces.

BOUSCULADE n.f.

BOUSCULER v. **10.**

BOUSE n.f. Fiente de bovin.

BOUSER v. **10.** Préparer (l'aire d'une grange) avec de la terre et de la bouse.

BOUSEUX, EUSE n. *Fam.*, *Péj.* Paysan.

BOUSIER n.m. Scarabée mangeur d'excréments.

BOUSILLAGE n.m.

BOUSILLER v. **10.**

BOUSILLEUR, EUSE n. Personne qui bâcle un travail.

BOUSIN n.m. Mauvaise tourbe.

BOUSINGOT n.m. Jeune romantique anarchisant, après 1830.

BOUSSOLE n.f.

BOUSTIFAILLE n.f. *Fam.* Nourriture.

BOUSTIFAILLER v. **(p.p.inv.) 10.**

BOUSTROPHÉDON n.m. Écriture primitive ininterrompue de gauche à droite puis de droite à gauche.

BOUT n.m.

BOUTADE n.f.

BOUTANCHE n.f. *Fam.* Bouteille.

BOUTARGUE n.f. **(= poutargue)** Saucisse plate faite d'œufs de poisson.

BOUTEFAS [-a] n.m. *Helv.* Saucisson de porc.

BOUTEFEU, X n.m. *Anc.* Mèche au bout d'un bâton pour mettre un canon à feu. – Fauteur de troubles.

BOUTEILLE n.f.

BOUTEILLER n.m. Maître échanson.

BOUTEILLERIE n.f. Usine à bouteilles.

BOUTEILLON n.m. Marmite des troupes en campagne.

BOUTER v. **10.** *Vx.* Pousser.

BOUTEROLLE n.f. Garniture métallique au bout d'un fourreau d'épée.

BOUTEROUE n.f. Borne protégeant le mur d'angle d'un portail.

BOUTEUR n.m. Bulldozer.

BOUTILLIER n.m. → **bouteiller.**

BOUTIQUE n.f.

BOUTIQUIER, ÈRE adj. et n.

BOUTIS [-i(s)] n.m. Ouvrage dont les broderies ont un relief prononcé.

BOUTISSE n.f. Pierre placée dans un mur et ne montrant que sa largeur.

BOUTOIR n.m. Extrémité du groin d'un sanglier.

BOUTON n.m.

BOUTONNAGE n.m.

BOUTONNEMENT n.m. Apparition de boutons.

BOUTONNER v. **10.**

BOUTONNEUX, EUSE adj.

BOUTONNIER, ÈRE n.

BOUTRE n.m. Petit navire arabe à voiles.

BOUTURAGE n.m.

BOUTURE n.f. Jeune pousse prélevée sur une plante.

BOUTURER v. **10.** Reproduire par boutures.

BOUVERIE n.f. Étable à bœufs.

BOUVET n.m. Rabot faisant des rainures.

BOUVETAGE n.m.

BOUVETER v. **20** (je bouvette...) Rainurer.

BOUVETEUSE n.f. Machine faisant des rainures.

BOUVIER, ÈRE n. Personne qui garde et conduit les bœufs.

BOUVILLON n.m. Jeune bovin châtré.

BOUVINE n.f. Milieu taurin de Camargue.

BOUVREUIL n.m. Passereau.

BOUVRIL n.m. Lieu où on loge les bœufs dans les abattoirs.

BOUZOUKI n.m. (= **buzuki**) Sorte de mandoline grecque.

BOUZY n.m. Vin de Champagne issu du pinot noir.

BOVARYSME n.m. Insatisfaction devant la vie se traduisant par des rêveries romanesques.

BOVIDÉ n.m. Mammifère ongulé, type bovin, ovin, caprin et antilope.

BOVIN, E 1. adj. Relatif au bœuf. 2. n.m. Mammifère, type bœuf.

BOWAL, S [bowal] n.m. *Géol.* Carapace de latérite, fréquente en Afrique.

BOWETTE [bovèt] n.f. Galerie de mine transversale.

BOWLING [bouling] ou [bôling] n.m.

BOX (pl. **BOXES**) n.m.

BOXE n.f.

BOXER [boksèr] n.m. Chien voisin du dogue.

BOXER v. **10.**

BOXEUR, EUSE n.

BOXON n.m. *Fam.* Bordel.

BOY n.m.

BOYARD [bo-] n.m. → **boïar.**

BOYAU, X n.m.

BOYAUDERIE n.f. Préparation ou lieu de préparation des boyaux avant usage.

BOYAUDIER, ÈRE n. et adj. Personne employée à la boyauderie.

BOYAUTER (SE) v. **10.** *Fam.* Rire en se tenant les côtes.

BOYCOTT n.m.

BOYCOTTAGE n.m.

BOYCOTTER v. **10.**

BOYCOTTEUR, EUSE adj. et n.

BOYERIE [boyri] n.f. *Afr.* Local où les domestiques logent ou travaillent. – *Afr.* Domesticité.

BOYOMAIS, E [bo-] adj. De Kisangani (République démocratique du Congo).

BRABANÇON, ONNE adj. Du Brabant (Belgique).

BRABANT n.m. Charrue.

BRACELET n.m.

BRACERO [é] n.m. Coupeur de canne haïtien, travaillant en République dominicaine.

BRACHIAL, E, AUX [k] adj. Relatif au bras.

BRACHIALGIE [k] n.f. Douleur dans le bras.

BRACHIATION [k] n.f. Mode de déplacement des singes à l'aide des bras.

BRACHIOPODE [k] n.m. Animal marin à coquille bivalve.

BRACHIOSAURE [k] n.m. Grand reptile fossile.

BRACHYCÉPHALE [k] adj. et n. Au crâne presque aussi large que long.

BRACHYCÉPHALIE [k] n.f.

BRACHYCÈRE [k] n.m. Insecte diptère, type mouche.

BRACHYDACTYLE [k] adj. et n. Dont les doigts sont courts.

BRACHYLOGIE [k] n.f. Extrême concision.

BRACHYOURE [k] n.m. Crustacé, type crabe.

BRACONNAGE n.m.

BRACONNER v. **10.** Chasser illégalement.

BRACONNIER, ÈRE n.

BRACTÉAL, E, AUX adj.

BRACTÉE n.f. Petite feuille colorée qui accompagne la fleur.

BRACTÉOLE n.f. Petite bractée.

BRADAGE n.m.

BRADEL n.m. ou f. Reliure légère.

BRADER v. **10.**

BRADERIE n.f.

BRADEUR, EUSE n.

BRADYCARDIE n.f. Rythme cardiaque lent.

BRADYKINÉSIE n.f. Ralentissement des mouvements.

BRADYKININE n.f. Substance diffusée dans le plasma en cas d'inflammation ou d'allergie.

BRADYPE n.m. *Zool.* Petit mammifère arboricole (paresseux).

BRADYPEPSIE n.f. Digestion lente et difficile.

BRADYPNÉE n.f. Rythme respiratoire lent.

BRADYPSYCHIE n.f. Ralentissement de la pensée.

BRAGARD, E adj. De Saint-Dizier.

BRAGUE n.f. Cordage destiné à freiner le recul d'un canon.

BRAGUETTE n.f.

BRAHMAN [braman] n.m. Dans le brahmanisme, savoir contenu dans les textes. – Être universel.

BRAHMANE n.m. Membre de la première caste hindoue (prêtre).

BRAHMANIQUE adj.

BRAHMANISME n.m. Système religieux et social de l'Inde fondé sur les castes.

BRAHMI n.f. Ancienne écriture de l'Inde.

BRAHMINE n.f. Femme de brahmane.

BRAI n.m. Résidu pâteux de la distillation de la houille.

BRAIE → **brayer 24** et **braire 121.**

BRAIES n.f.pl. Pantalon ample gaulois ou germanique.

BRAILLARD, E adj. et n.

BRAILLE n.m. Alphabet à l'usage des aveugles.

BRAILLEMENT n.m.

BRAILLER v. **10.**

BRAILLEUR, EUSE adj. et n.

BRAIMENT n.m. Cri de l'âne.

BRAINSTORMING n.m. Recherche collective d'idées ou de solutions nouvelles.

BRAIRE v. déf. **(p.p.inv.) 121.**

BRAISAGE n.m.

BRAISE n.f.

BRAISER v. **10.** Faire cuire à feu doux à l'abri de l'air.

BRAISETTE n.f. Menue braise.

BRAISIÈRE n.f. Récipient servant à braiser.

BRAME 1. n.m. Action de bramer. 2. n.f. Ébauche d'acier.

BRAMEMENT n.m.

BRAMER v. **10.** Crier, en parlant du cerf en rut. - Chanter désagréablement.

BRAN n.m. **(= bren)** Partie la plus grossière du son. - Excrément.

BRANCARD n.m.

BRANCARDAGE n.m.

BRANCARDER v. **10.** Transporter (un blessé) sur un brancard.

BRANCARDIER, ÈRE n.

BRANCHAGE n.m.

BRANCHE n.f.

BRANCHÉ, E adj. et n.

BRANCHEMENT n.m.

BRANCHER v. **10.**

BRANCHETTE n.f.

BRANCHIAL, E, AUX [ch] adj.

BRANCHIE n.f.

BRANCHIOPODE [k] n.m. Crustacé primitif.

BRANCHU, E adj. Qui a beaucoup de branches.

BRAND [br-an] n.m. *Féod.* Grosse épée.

BRANDADE n.f. Plat à base de morue.

BRANDE n.f. Végétation de sous-bois.

BRANDEBOURG n.m. Galon ou broderie entourant une boutonnière.

BRANDEBOURGEOIS, E adj. De Brandebourg (Allemagne).

BRANDEVIN n.m. Eau-de-vie de vin.

BRANDEVINIER, ÈRE n. Distillateur allant chez les particuliers.

BRANDIES → **brandy.**

BRANDILLER v. **10.** Agiter.

BRANDIR v. **40.**

BRANDON n.m. Débris enflammé.

BRANDY (pl. **BRANDIES** ou **BRANDYS**) [br-an-di] n.m. Eau-de-vie anglaise.

BRANLANT, E adj.

BRANLE n.m. Secousse.

BRANLEMENT n.m.

BRANLER v. **10.**

BRANLETTE n.f. *Fam.* Masturbation.

BRANLEUR, EUSE n.

BRANLEUX, EUSE n. et adj. *Québ.* Personne qui tergiverse.

BRANQUE n.m. Sot.

BRANQUIGNOL adj.m. et n.m. Un peu fou.

BRANTE n.f. *Helv.* Hotte en bois pour les vendanges.

BRAQUAGE n.m.

BRAQUE 1. n.m. Chien de chasse. 2. adj. et n. Un peu fou.

BRAQUEMART n.m. Épée courte et large.

BRAQUEMENT n.m.

BRAQUER v. **10.**

BRAQUET n.m. Développement d'une bicyclette.

BRAQUEUR, EUSE n. Auteur d'un hold-up.

BRAS n.m.

BRASAGE n.m.

BRASER v. **10.** Souder à l'aide d'un métal d'apport fusible.

BRASERO [zé] n.m. Récipient destiné au chauffage en plein air.

BRASIER n.m.

BRASILIEN, ENNE adj. De Brasília (Brésil).

BRASILLEMENT n.m.

BRASILLER v. **(p.p.inv.) 10.** Scintiller.

BRASQUE n.f. Revêtement intérieur d'un creuset.

BRASQUER v. **10.** Enduire de brasque.

BRASSAGE n.m.

BRASSARD n.m.

BRASSE n.f.

BRASSÉE n.f.

BRASSER v. **10.**

BRASSERIE n.f.

BRASSEUR, EUSE n.

BRASSEYER v. **25.** *Mar.* Orienter (un espar).

BRASSICACÉE n.f. Cruciféracée.

BRASSICOLE adj. Relatif à la brasserie.

BRASSICOURT n.m. et adj. Cheval aux genoux arqués.

BRASSIÈRE n.f. Vêtement de bébé.

BRASSIN n.m. Cuve où l'on fabrique la bière.

BRASURE n.f. Brasage. – Matière d'apport fusible.

BRATISLAVIEN, ENNE adj. De Bratislava (Slovaquie).

BRAVACHE adj. et n.m. Fanfaron.

BRAVADE n.f. Bravoure ostentatoire ou provocatrice.

BRAVE adj. et n.

BRAVEMENT adv.

BRAVER v. **10.**

BRAVERIE n.f. Bravade, fanfaronnade.

BRAVI **|** → **bravo** n.m.

BRAVISSIMO interj.

BRAVO n.m. et interj.

BRAVO (pl. **BRAVI** ou **BRAVOS**) n.m. Tueur à gages, dans l'Italie ancienne.

BRAVOURE n.f.

BRAYE [brè] n.f. Terre grasse.

BRAYER [brèyé] n.m. Bande soutenant le battant d'une cloche.

BRAYER v. **24.** *Mar.* Enduire de brai.

BRAYON [brèy-on] n.m. En Acadie, chiffon.

BRAZZAVILLOIS, E adj. De Brazzaville (Congo).

BREAK [brèk] n.m. Voiture fourgonnette. – Interruption musicale en jazz.

BREAKDANCE [brèkdèns] n.f. Style de danse acrobatique.

BREAKER [brèkeur] n.m. Danseur de breakdance.

BREAKER [brèké] v. **10.** Au tennis, distancer (un adversaire) en prenant son service.

BREAKFAST [brèkfest] n.m. Petit déjeuner à l'anglaise.

BRÉANT n.m. *Vx.* → **bruant.**

BREBIS n.f.

BRÈCHE n.f.

BRÉCHET n.m. Crête médiane du sternum des oiseaux.

BRÈDE n.f. Feuille comestible cuite et servie avec du riz.

BREDIN, E adj. et n. → **berdin.**

BREDOUILLAGE n.m.

BREDOUILLANT, E adj.

BREDOUILLE adj.

BREDOUILLEMENT n.m.

BREDOUILLER v. **10.**

BREDOUILLEUR, EUSE adj. et n.

BREDOUILLIS n.m.

BREDZON [bredz-on] n.m. *Helv.* Veste traditionnelle d'armailli.

BREEDER [brideur] n.m. Réacteur nucléaire surgénérateur.

BREF, BRÈVE adj., n.f. et adv.

BREGMA n.m. *Anat.* Fontanelle antérieure du crâne.

BREGMATIQUE adj.

BRÉHAIGNE adj.f. (Jument) stérile.

BREITSCHWANZ [brètchv-an-ts] n.m. Variété d'astrakan.

BRÊLAGE n.m.

BRELAN n.m. Ensemble de trois cartes de même valeur.

BRÊLER v. **10.** Fixer par des cordages.

BRELOQUE n.f. Petit bijou fixé à un bracelet ou une chaîne.

BRÈME n.f. Poisson. – *Fam.* Carte à jouer.

BREN [br-an] ou [br-in] n.m. → **bran.**

BRENT [è] n.m. Prix d'un baril de pétrole de la mer du Nord.

BRESAOLA [bréz-] n.f. Plat de viande de bœuf, spécialité italienne.

BRÉSIL n.m. Arbre exotique dont le bois fournit une teinture rouge.

BRÉSILIEN, ENNE adj. et n.m.

BRÉSILINE n.f. Substance extraite du brésil.

BRÉSILLER v. **10.** Réduire en morceaux.

BRÉSILLET n.m. → **brésil.**

BRESSAN, E adj. De la Bresse. – De Bourg-en-Bresse.

BRESTOIS, E adj. De Brest.

BRETAILLER v. **(p.p.inv.) 10.** *Vx.* Aimer tirer l'épée.

BRETAILLEUR n.m.

BRETAUDER v. **10.** Castrer.

BRETÈCHE n.f. **(= bretesse)** *Anc.* Logette en saillie renforçant un bâtiment.

BRETELLE n.f.

BRETESSE n.f. → **bretèche.**

BRETESSÉ, E adj. *Hér.* Crénelé des deux côtés.

BRETON, ONNE adj. et n.m.

BRETONNANT, E adj. (Breton) parlant sa langue.

BRETTELER v. **22** (je brettelle...) Rayer avec un outil dentelé.

BRETTER v. **10.** → **bretteler.**

BRETTEUR, EUSE n. Personne qui aimait se battre à l'épée.

BRETZEL n.m. ou f. Pâtisserie salée.

BREUIL n.m. Taillis servant de retraite au gibier.

BREUVAGE n.m.

BRÈVE → **bref.**

BREVET n.m.

BREVETABILITÉ n.f.

BREVETABLE adj.

BREVETAGE n.m.

BREVETER v. **20** ou **21** (je brevette... ou je brevète...).

BRÉVÉTOXINE n.f. Neurotoxine.

BRÉVIAIRE n.m. Livre de prières.

BRÉVILIGNE adj. et n. Trapu.

BRÉVITÉ n.f. Caractère d'une voyelle ou d'une syllabe brève.

BRIARD, E 1. adj. De la Brie. 2. n.m. Gros chien de berger.

BRIBE n.f.

BRICELET n.m. *Helv.* Gaufre mince et croustillante.

BRICHETON n.m. *Fam.* Pain.

BRICK n.m. 1. Navire à deux mâts à voiles carrées. 2. (= **brik**) Galette tunisienne.

BRICOLAGE n.m.

BRICOLE n.f.

BRICOLER v. **10.**

BRICOLEUR, EUSE n.

BRICOLIER n.m. Cheval attelé à côté d'un cheval de brancard.

BRICOLO n.m. *Fam.* Bricoleur.

BRIDAGE n.m.

BRIDE n.f.

BRIDER v. **10.**

BRIDGE n.m.

BRIDGÉ, E adj. (Belote) qui s'inspire du bridge.

BRIDGER v. **17.** Jouer au bridge.

BRIDGEUR, EUSE n.

BRIDON n.m. Bride légère.

BRIE n.m.

BRIEF [brif] n.m. Présentation des informations nécessaires à la bonne réalisation d'un travail.

BRIEFER [brifé] v. **10.** Renseigner avec précision.

BRIEFING n.m. *Aéron.* Réunion d'information des équipages.

BRIÈVEMENT adv.

BRIÈVETÉ n.f.

BRIFFER v. **10.** *Fam.* Manger gloutonnement.

BRIGADE n.f.

BRIGADIER, ÈRE n.

BRIGADISTE n. Membre des Brigades internationales ou des Brigades rouges.

BRIGAND n.m.

BRIGANDAGE n.m.

BRIGANDER v. **10.** *Helv.* Malmener.

BRIGANDINE n.f. Petite cotte de mailles.

BRIGANTIN n.m. Navire à deux mâts.

BRIGANTINE n.f. *Mar.* Voile trapézoïdale de l'arrière.

BRIGHTIQUE [braytik] adj.

BRIGHTISME [braytism] n.m. Néphrite chronique.

BRIGNOLET n.m. *Arg.* Pain.

BRIGUE n.f. *Vx.* Intrigue pour obtenir un avantage.

BRIGUER v. **10.** Tenter d'obtenir.

BRIK n.m. → **brick** 2.

BRILLAMMENT adv.

BRILLANCE n.f.

BRILLANT, E adj. et n.m.

BRILLANTAGE n.m.

BRILLANTER v. **10.** Rendre brillant.

BRILLANTEUR n.m. Substance augmentant la brillance d'un bain électrolytique.

BRILLANTINE n.f.

BRILLANTINER v. **10.**

BRILLANTISSIME adj.

BRILLER v. **(p.p.inv.) 10.**

BRIMADE n.f.

BRIMBALANT, E adj.

BRIMBALEMENT n.m.

BRIMBALER v. **10.** Secouer.

BRIMBELLE n.f. Myrtille.

BRIMBORION n.m. *Fam.* Petit objet sans valeur.

BRIMER v. **10.**

BRIN n.m.

BRINDE n.f. *Vx.* Action de porter un toast.

BRINDEZINGUE [br-in-dz-in-g] adj. Ivre. – Un peu fou.

BRINDILLE n.f.

BRINELL n.m. Machine mesurant la dureté des métaux.

BRINGÉ, E adj. (Pelage) rayé ou taché de noir.

BRINGEURE [br-in-jur] n.f. Bande noire sur fond rouge d'un pelage.

BRINGUE n.f. Grande fille gauche. – Ripaille.

BRINGUEBALANT, E adj.

BRINGUEBALEMENT n.m.

BRINGUEBALER v. **10.** → **brimbaler.**

BRINGUER v. **10.** *Helv.* Importuner, ennuyer.

BRINQUEBALANT, E adj.

BRINQUEBALEMENT n.m.

BRINQUEBALER v. 10. → **brimbaler.**

BRIO n.m. Virtuosité.

BRIOCHE n.f.

BRIOCHÉ, E adj.

BRIOCHIN, E adj. De Saint-Brieuc.

BRION n.m. Partie arrondie de l'étrave.

BRIOUATE n.m. Pâtisserie marocaine.

BRIQUE n.f.

BRIQUER v. **10.**

BRIQUET n.m.

BRIQUETAGE n.m.

BRIQUETER v. **20** (je briquette...) Paver avec des briques, imiter la brique.

BRIQUETERIE n.f.

BRIQUETEUR n.m. Ouvrier qui construit avec des briques.

BRIQUETIER n.m. Ouvrier d'une briqueterie.

BRIQUETTE n.f. Brique de charbon.

BRIS n.m. Destruction.

BRISANCE n.f. Capacité d'un explosif à fragmenter.

BRISANT, E 1. adj. (Explosif) à combustion rapide. 2. n.m. Écueil.

BRISCARD n.m. **(= brisquard)** Soldat chevronné.

BRISE n.f.

BRISÉ, E 1. adj. 2. n.m. Pas de danse. 3. n.f.pl. *Vén.* Branches rompues par le veneur.

BRISEMENT n.m.

BRISER v. **10.**

BRISEUR, EUSE n.

BRISIS [brizi] n.m. Versant inférieur d'un toit ayant deux pentes différentes.

BRISKA n.m. Chariot transformable en traîneau.

BRISOLÉE n.f. *Helv.* Repas valaisan composé de châtaignes et de fromages.

BRISQUARD n.m. → **briscard.**

BRISQUE n.f. *Mil.* Chevron d'ancienneté.

BRISSOTIN n.m. Ami du Girondin Brissot.

BRISTOL n.m. Carton blanc satiné.

BRISURE n.f. Cassure.

BRITANNIQUE adj.

BRITISH ❙ adj. Typiquement britannique.

BRITTONIQUE n.m. et adj. Langue celte.

BRIVISTE adj. De Brive-la-Gaillarde.

BRIZE n.f. Plante herbacée des prés et des bois.

BROC [brô] n.m.

BROCANTAGE n.m.

BROCANTE n.f.

BROCANTER v. **10.** Vendre, acheter en tant que brocanteur.

BROCANTEUR, EUSE n.

BROCARD n.m. 1. Raillerie. 2. **(= broquard, broquart)** Chevreuil, cerf dont les bois ne sont pas encore ramifiés.

BROCARDER v. **10.** Railler.

BROCART n.m. Étoffe brochée de soie, d'or ou d'argent.

BROCATELLE n.f. Tissu imitant le brocart.

BROCCIO [brotchyô] n.m. **(= brocciu, bruccio)** Fromage corse au lait de chèvre ou de brebis.

BROCCIU [brotchyou] n.m. → **broccio.**

BROCHAGE n.m.

BROCHANT, E adj. *Hér.* (Pièce) figurée par-dessus d'autres.

BROCHE n.f.

BROCHER v. **10.** Relier sommairement.

BROCHET n.m.

BROCHETON n.m. Jeune brochet.

BROCHETTE n.f.

BROCHEUR, EUSE 1. adj. et n. Qui broche des livres. 2. n.f. Machine.

BROCHOIR n.m. Marteau pour ferrer les chevaux.

BROCHURE n.f.

BROCOLI n.m. Chou-fleur vert.

BRODEQUIN n.m. Grosse chaussure montante.

BRODER v. **10.**

BRODERIE n.f.

BRODEUR, EUSE n.

BROIE n.f. Instrument pour broyer la tige du chanvre.

BROIEMENT n.m. Broyage.

BROIGNE n.f. *Anc.* Tunique épaisse, haubert.

BROKER [brokeur] n.m. Courtier.

BROL n.m. *Belg.* Ensemble d'objets disparates en désordre, souvent de peu de valeur.

BROMATE n.m. Sel de l'acide bromique.

BROME n.m. Corps simple liquide rouge foncé.

BROMÉ, E adj.

BROMÉLIA n.m. Plante ornementale d'Amérique tropicale.

BROMÉLIACÉE n.f. Plante tropicale, type ananas.

BROMHYDRIQUE adj. (Acide) produit par la combinaison du brome et de l'hydrogène.

BROMIQUE adj. Relatif au brome.

BROMISME n.m. Intoxication par le brome.

BROMOCRIPTINE n.f. Médiateur neurochimique.

BROMOFORME n.m. Liquide possédant des propriétés antispasmodiques.

BROMOTHYMOL n.m. *Chim.* Composé qui permet de savoir si un milieu est acide ou basique.

BROMURE n.m. Composé du brome avec un corps simple.

BROMURÉ, E adj.

BRONCA n.f. Protestation collective, tollé.

BRONCHE n.f.

BRONCHECTASIE n.f. Dilatation des bronches.

BRONCHER v. **(p.p.inv.) 10.** Manifester son désaccord. – Faire un faux pas.

BRONCHIECTASIE n.f. → **bronchectasie.**

BRONCHIOLE n.f. Ramification des bronches.

BRONCHIOLITE n.f. Inflammation des bronchioles.

BRONCHIQUE adj.

BRONCHITE n.f.

BRONCHITEUX, EUSE adj. et n.

BRONCHITIQUE adj. et n.

BRONCHOGRAPHIE [k] n.f. Radiographie des bronches.

BRONCHOPATHIE [k] n.f. Maladie des bronches.

BRONCHORRHÉE [k] n.f. Expectoration, dans la bronchite chronique.

BRONCHOSCOPE [k] n.m. Endoscope pour pratiquer la bronchoscopie.

BRONCHOSCOPIE [k] n.f. Exploration visuelle de l'intérieur des bronches.

BRONCHOSPASME [k] n.m. Contracture des bronches, caractéristique de l'asthme.

BRONCHOTOMIE [k] n.f. Trachéotomie.

BRONTOSAURE n.m. Grand reptile fossile.

BRONZAGE n.m.

BRONZANT, E adj.

BRONZE n.m.

BRONZER v. **10.** Brunir. – Donner l'aspect du bronze.

BRONZETTE n.f. *Fam.* Exposition au soleil.

BRONZEUR, EUSE n. Personne qui bronze du plâtre, un métal.

BRONZIER, ÈRE n. Artiste ou fabricant travaillant avec du bronze.

BROOK [brouk] n.m. *Hipp.* Rivière.

BROQUARD n.m. → **brocard** 2.

BROQUART n.m. → **brocard** 2.

BROQUELIN n.m. Débris de feuilles de tabac.

BROQUETTE n.f. Petit clou.

BROSSAGE n.m.

BROSSE n.f.

BROSSER v. **10.**

BROSSERIE n.f.

BROSSIER, ÈRE n. Fabricant, vendeur de brosses.

BROU n.m. Enveloppe verte de la noix.

BROUE n.f. *Québ.* Mousse, écume.

BROUET n.m. *Vx.* Potage.

BROUETTAGE n.m.

BROUETTE n.f.

BROUETTER v. **10.**

BROUETTEUR n.m.

BROUETTIER n.m.

BROUHAHA n.m.

BROUILLADE n.f. Plat à base d'œufs brouillés.

BROUILLAGE n.m.

BROUILLAMINI n.m. Affaire embrouillée.

BROUILLARD n.m.

BROUILLASSE n.f. Pluie fine.

BROUILLASSER v. déf. (**brouillassa, brouillassait, brouillassât, brouillasse, brouillassé, brouillassera, brouillasserait**).

BROUILLE n.f.

BROUILLEMENT n.m.

BROUILLER v. **10.**

BROUILLERIE n.f.

BROUILLEUR adj.m. et n.m.

BROUILLON, ONNE adj. et n.

BROUILLONNER v. **10.** Écrire rapidement.

BROUILLY n.m. Vin du Beaujolais.

BROUM interj. Onomatopée imitant le bruit d'un moteur.

BROUSSAILLE n.f.

BROUSSAILLEUX, EUSE adj.

BROUSSARD, E n. Personne vivant dans la brousse.

BROUSSE n.f.

BROUSSIN n.m. *Bot.* Excroissance sur le tronc.

BROUT n.m. Pousse de printemps.

BROUTAGE n.m.

BROUTARD n.m. **(= broutart)** Veau qui a brouté de l'herbe.

BROUTART n.m. → **broutard.**

BROUTEMENT n.m.

BROUTER v. **10.**

BROUTILLE n.f.

BROWNIE [brôni] ou [braouni] n.m. Petit gâteau américain au chocolat.

BROWNIEN, ENNE [brôn-] ou [braoun-] adj. (Mouvement) désordonné de particules dans les fluides.

BROWNING [brôning] ou [braouning] n.m. Pistolet automatique.

BROYAGE n.m.

BROYAT n.m. Produit obtenu par broyage.

BROYER v. **27.**

BROYEUR, EUSE adj. et n.

BRRR interj.

BRU n.f. Femme du fils.

BRUANT n.m. (= **bréant**) Passereau.

BRUCCIO [broutchyô] n.m. → **broccio.**

BRUCELLA n.f. Bactérie pathogène.

BRUCELLES n.f.pl. Pinces très fines.

BRUCELLOSE n.f. Maladie du bétail transmissible à l'homme.

BRUCHE n.f. Coléoptère.

BRUCHON n.m. *Helv.* Poussière, débris.

BRUCINE n.f. Alcaloïde de la noix vomique.

BRUGEOIS, E adj. De Bruges (Belgique).

BRUGNON n.m. Pêche à peau lisse, à noyau adhérent.

BRUGNONIER n.m.

BRUINE n.f.

BRUINER v. déf. (**bruina, bruinait, bruinât, bruine, bruiné, bruinera, bruinerait**).

BRUINEUX, EUSE adj.

BRUIR v. **40.** Assouplir (une étoffe) avec de la vapeur.

BRUIRE v. déf. (**bruissaient, bruissait, bruissant, bruisse, bruissent, bruit**) Rendre un son confus.

BRUISSAGE n.m. Action de bruir.

BRUISSANT, E adj.

BRUISSEMENT n.m. Bruit faible et confus.

BRUISSER v. **(p.p.inv.) 10.** Bruire.

BRUIT n.m.

BRUITAGE n.m.

BRUITER v. **10.** Sonoriser (un spectacle) par des bruits artificiels.

BRUITEUR, EUSE n.

BRUITISTE adj. (Musique) qui privilégie le bruit

BRÛLAGE n.m.

BRÛLANT, E adj.

BRÛLEMENT n.m.

BRÛLER v. **10.**

BRÛLERIE n.f. Lieu où l'on torréfie le café.

BRÛLEUR, EUSE 1. n.m. Appareil. 2. n. *Vx.* Incendiaire.

BRÛLIS n.m. Terrain défriché par le feu.

BRÛLOIR n.m. Ustensile pour torréfier le café.

BRÛLON n.m. *Helv.* Odeur de roussi.

BRÛLOT n.m. Petit bateau incendiaire. – Journal polémique.

BRÛLURE n.f.

BRUMAIRE n.m. Mois du calendrier républicain.

BRUMASSE n.f. Petite brume.

BRUMASSER v. déf. (**brumassa, brumassait, brumassât, brumasse, brumassé, brumassera, brumasserait**).

BRUME n.f.

BRUMER v. déf. (**bruma, brumait, brumât, brume, brumé, brumera, brumerait**).

BRUMEUX, EUSE adj.

BRUMISATEUR n.m. (Nom déposé) Atomiseur qui projette de l'eau d'Évian.

BRUMISATION n.f.

BRUMISER v. **10.** Vaporiser.

BRUN, BRUNE 1. adj. et n. 2. n.f. Crépuscule.

BRUNANTE n.f. *Québ.* Crépuscule.

BRUNÂTRE adj.

BRUNCH (pl. **BRUNCHES** ou **BRUNCHS**) n.m. Repas servant de petit déjeuner et de déjeuner.

BRUNCHER v. **(p.p.inv.) 10.**

BRUNCHES → **brunch.**

BRUNÉIEN, ENNE adj. De Brunei (Asie du Sud-Est).

BRUNELLE n.f. *Bot.* Labiacée.

BRUNET, ETTE adj. et n. Brun.

BRUNIR v. **40.** Rendre brun. – Polir des métaux.

BRUNISSAGE n.m. Action de polir un métal.

BRUNISSEMENT n.m.

BRUNISSEUR, EUSE n. Polisseur de métaux.

BRUNISSOIR n.m. Outil d'orfèvre.

BRUNISSURE n.f. Poli d'un ouvrage qui a été bruni.

BRUNOISE n.f. Légume coupé en petits dés.

BRUSCHETTA [brouskèta] n.f. Tranche de pain grillé frottée d'ail et arrosée d'huile d'olive.

BRUSHING [breuching] n.m. (Nom déposé).

BRUSQUE adj.

BRUSQUEMENT adv.

BRUSQUER v. **10.**

BRUSQUERIE n.f.

BRUT, BRUTE adj., n.m., n.f. et adv.

BRUTAL, E, AUX adj. et n.

BRUTALEMENT adv.

BRUTALISATION n.f.

BRUTALISER v. **10.**

BRUTALISME n.m. *Arch.* Emploi de matériaux bruts.

BRUTALITÉ n.f.

BRUTION [bruty-on] n.m. (Ancien) élève du Prytanée de La Flèche.

BRUXELLOIS, E [s] adj.

BRUXISME n.m. → **bruxomanie.**

BRUXOMANIE n.f. Grincement des dents pendant le sommeil.

BRUYAMMENT adv.

BRUYANT, E adj.

BRUYÈRE n.f. Plante à fleurs roses ou violettes.

BRYOLOGIE n.f. *Bot.* Étude des mousses.

BRYOLOGIQUE adj.

BRYONE n.f. Plante grimpante.

BRYOPHYTE n.f. Plante à feuilles, sans racines ni vaisseaux.

BRYOZOAIRE n.m. Invertébré marin vivant en colonies.

BUANDERIE n.f. Lieu où l'on fait la lessive.

BUANDIER, ÈRE n. *Vx.* Ouvrier qui lave le linge.

BUBALE n.m. Antilope africaine.

BUBINGA n.m. Arbre africain au bois rougeâtre et dur.

BUBON n.m. Inflammation d'un ganglion.

BUBONIQUE adj.

BUCAILLE n.f. Sarrasin, blé noir.

BUCARESTOIS, E adj.

BUCCAL, E, AUX adj. De la bouche.

BUCCIN [ks] n.m. *Antiq.* Trompette romaine.

BUCCINATEUR [ks] n.m. et adj.m. Muscle de la joue.

BUCCODENTAIRE adj. Relatif à la bouche et aux dents.

BUCCOGÉNITAL, E, AUX adj. Relatif à la bouche et aux parties génitales.

BUCCORHODANIEN, ENNE adj. Des Bouches-du-Rhône.

BUCENTAURE n.m. Centaure ayant le corps d'un taureau.

BUCÉPHALE n.m. *Vx.* Cheval de parade ou de bataille.

BÛCHE n.f.

BÛCHER n.m.

BÛCHER v. **10.** Dégrossir (du bois, une pierre). – Travailler durement.

BÛCHERON, ONNE n.

BÛCHERONNAGE n.m.

BÛCHERONNER v. **(p.p.inv.) 10.** Abattre des arbres.

BÛCHETTE n.f.

BÛCHEUR, EUSE adj. et n.

BUCOLIQUE adj. et n.f. Pastoral.

BUCRANE n.m. Ornement représentant une tête de bœuf.

BUDAPESTOIS, E adj. De Budapest (Hongrie).

BUDDLEIA [budléya] n.m. Arbuste des régions chaudes.

BUDGET n.m.

BUDGÉTAIRE adj.

BUDGÉTAIREMENT adv.

BUDGÉTER v. **12.** → **budgétiser.**

BUDGÉTISATION n.f.

BUDGÉTISER v. **10.** Inscrire (une dépense) au budget.

BUDGÉTIVORE adj. et n. Qui vit aux dépens de l'État.

BUÉE n.f.

BUFFALO n.m. Bison ou buffle d'Amérique du Nord.

BUFFER [beufeur] n.m. Zone de mémoire d'un ordinateur.

BUFFET n.m.

BUFFETIER, ÈRE n. Tenancier d'un buffet de gare.

BUFFLAGE n.m.

BUFFLE n.m. Bovidé. – Disque de polissage.

BUFFLER v. **10.** Polir.

BUFFLESSE n.f. Femelle du buffle.

BUFFLETERIE n.f. Partie en cuir de l'équipement militaire.

BUFFLETIN n.m. → **bufflon.**

BUFFLON n.m. Jeune buffle.

BUFFLONNE n.f. → **bufflesse.**

BUFONIDÉ n.m. Amphibien, type crapaud.

BUG [beug] n.m. → **bogue** 2.

BUGAKU [bougakou] n.m. Spectacle chorégraphique japonais.

BUGGÉ, E [beugé] adj. → **bogué.**

BUGGER [beugé] v. **10.** → **boguer.**

BUGGIES → **buggy.**

BUGGY (pl. BUGGIES ou BUGGYS) [beugi] n.m. 1. Voiture tout terrain. 2. → **boghei.**

BUGLE 1. n.m. Instrument à vent. 2. n.f. Plante herbacée.

BUGLOSSE n.f. Plante herbacée à fleurs bleues.

BUGNE n.f. Pâtisserie lyonnaise.

BUGNER v. **10.** → **beugner.**

BUGRANE n.f. Plante commune des champs.

BUILDING [bilding] n.m.

BUIRE n.f. Vase médiéval.

BUIS n.m. Arbuste au bois très dur.

BUISSAIE n.f. Lieu planté de buis.

BUISSIÈRE n.f. → **buissaie.**

BUISSON n.m.

BUISSONNANT, E adj.

BUISSONNER v. **(p.p.inv.) 10.** Pousser en buissons.

BUISSONNEUX, EUSE adj.

BUISSONNIER, ÈRE adj. Qui habite les buissons.

BUJUMBURIEN, ENNE [boujoumbou-] adj. De Bujumbura (Burundi).

BUKAVIEN, ENNE adj. De Bukavu (République démocratique du Congo).

BULB [beulb] n.m. *Mar.* Renflement du bas de la quille.

BULBAIRE adj. Relatif au bulbe rachidien.

BULBE n.m.

BULBEUX, EUSE adj.

BULBICULTEUR, TRICE n.

BULBICULTURE n.f. Culture des bulbes à fleurs.

BULBILLE n.f. Bourgeon pouvant s'enraciner.

BULBUL n.m. Rossignol des régions chaudes.

BULGARE adj. et n.m.

BULGE [beuldj] n.m. *Mar.* Renflement à la partie inférieure d'une étrave.

BULGOMME n.m. (Nom déposé) Sous-nappe imperméable.

BULL n.m. *Fam.* Bulldozer.

BULLAIRE n.m. Recueil des bulles du pape.

BULLDOG [bouldog] n.m. Bouledogue anglais.

BULLDOZER [buldozèr] ou [bouldôzeur] n.m. → **bouldozeur.**

BULLE 1. n.f. 2. n.m. Papier grossier jaunâtre.

BULLER v. **10.** Marquer d'un sceau. – Ne rien faire.

BULLETIN n.m.

BULLEUX, EUSE adj. *Méd.* (Dermatose) présentant des bulles.

BULLIONISME n.m. Système monétaire fondé sur l'encaisse métallique.

BULOT n.m. Coquillage comestible.

BÛMES → **boire 125.**

BUMPER [beumpeur] n.m. Plot sur lequel rebondit la bille d'un billard électrique.

BUN [beun] n.m. Pâtisserie anglaise pour le thé.

BUNA n.m. (Nom déposé) Caoutchouc synthétique.

BUNGALOW [b-un-galô] n.m. Petite maison sans étage.

BUNKER [bounkeur] n.m. Casemate.

BUNKÉRISER [bounk] v. **10.** Isoler (quelqu'un, quelque chose) pour les protéger.

BUNRAKU [bounrakou] n.m. Au Japon, spectacle traditionnel de marionnettes.

BUPRESTE n.m. Coléoptère nuisible aux arbres.

BUQUER v. **10.** *Vx.* Frapper.

BURALISTE n.

BURAT n.m. Étoffe de laine grossière.

BURATIN, E n. Étoffe dont la chaîne est de soie et la trame de laine.

BURDIGALIEN, ENNE n.m. et adj. *Géol.* Étage inférieur du miocène.

BURE 1. n.f. Grosse étoffe de laine brune. 2. n.m. Puits de mine.

BUREAU, X n.m.

BUREAUCRATE n.

BUREAUCRATIE n.f.

BUREAUCRATIQUE adj.

BUREAUCRATISER v. **10.**

BUREAUCRATISME n.m.

BUREAUTICIEN, ENNE n.

BUREAUTIQUE n.f. (Nom déposé) Ensemble des techniques d'automatisation des travaux de bureau.

BURÈLE n.f. **(= burelle)** *Hér.* Fasce diminuée de largeur.

BURELÉ, E adj. (Timbre) dont le fond rayé est destiné à une surimpression.

BURELLE n.f. → **burèle.**

BURENT → **boire 125.**

BURETTE n.f. Petit flacon à goulot.

BURG [bourg] n.m. Château fort allemand.

BURGAU, X n.m. Grosse coquille nacrée.

BURGAUDINE n.f. Nacre verte.

BURGER [beurgeur] n.m. Sandwich rond.

BURGIEN, ENNE adj. De Bourg-en-Bresse.

BURGONDE adj. D'un peuple germanique d'origine scandinave.

BURGRAVE n.m. Seigneur du Saint Empire.

BURGRAVIAT n.m. Dignité, territoire du burgrave.

BURIN n.m.

BURINAGE n.m.

BURINER v. **10.** Graver. – Rider.

BURINEUR n.m. Ouvrier qui enlève des bavures.

BURINISTE n.m. Graveur au burin.

BURKA [ou] n.m. ou f. **(= burqa)** Voile intégral, muni d'un grillage dissimulant les yeux, que portent certaines musulmanes.

BURKINABÉ, E adj. Du Burkina (Afrique occidentale).

BURKINAIS, E adj. → **burkinabé.**

BURLAT n.f. Bigarreau.

BURLE n.f. Vent du nord, soufflant sur le Massif central.

BURLESQUE adj. et n.m.

BURLESQUEMENT adv.

BURLINGUE n.m. *Fam.* Bureau.

BURMESE [beurmiz] n.m. Chat à la fourrure fine et satinée.

BURNE n.f. *Arg.* Testicule.

BURNÉ, E adj. *Fam.* Courageux, hardi.

BURNOUS n.m. Manteau à capuchon.

BURON n.m. Petite fromagerie.

BURQA [ou] n.m. ou f. → **burka.**

BURRITO [ou] n.m. Galette fourrée, spécialité mexicaine.

BURSÉRACÉE n.f. Arbre, type balsamier.

BURSITE n.f. *Méd.* Inflammation au niveau des articulations.

BURUNDAIS, E [bourou-] adj. Du Burundi (Afrique centrale).

BUS n.m.

BUSAIGLE n.f. Buse aux tarses emplumés.

BUSARD n.m. Rapace.

BUSC n.m. Lame maintenant le devant d'un corset.

BUSE n.f. Rapace. - Conduit.

BUSER v. **10.** *Belg.* Recaler à un examen.

BUSETTE n.f. *Mét.* Garnissage en matières réfractaires.

BUSH (pl. **BUSHES** ou **BUSHS**) [bouch] n.m. Formation végétale des pays secs.

BUSHES → **bush.**

BUSHIDO [bouchidô] n.m. Code d'honneur du samouraï.

BUSHMAN (pl. **BUSHMEN** ou **BUSHMANS**) [bouch-] n.m. Aborigène qui vit dans le bush.

BUSHMEN ❙ → **bushman.**

BUSINESS [biznès] n.m. → **bizness.**

BUSINESSMAN (pl. **BUSINESSMEN** ou **BUSINESSMANS**) n.m. → **biznessman.**

BUSINESSMEN ❙ → **businessman.**

BUSINESSWOMAN (pl. **BUSINESSWOMEN** ou **BUSINESSWOMANS**) n.f.

BUSINESSWOMEN ❙ → **businesswoman.**

BUSQUÉ, E adj. Arqué.

BUSQUER v. **10.** Garnir d'un busc.

BUSSE... → **boire 125.**

BUSSEROLE n.f. Arbrisseau des montagnes.

BUSSIEZ, BUSSIONS → **boire 125.**

BUSTE n.m.

BUSTIER, ÈRE 1. n.m. Corsage ajusté sans bretelles. 2. n. Artiste qui sculpte des bustes.

BUT n.m.

BUTADIÈNE n.m. Hydrocarbure utilisé dans la fabrication du caoutchouc synthétique.

BUTANE n.m. Hydrocarbure utilisé comme combustible.

BUTANIER n.m. Navire équipé pour le transport du butane.

BUTANOL n.m. Alcool dérivé du butane.

BUTÉ, E adj. et n.f.

BUTÈNE n.m. Hydrocarbure.

BUTER v. **10.**

BUTEUR, EUSE n. Joueur qui marque des buts.

BUTIN n.m.

BUTINAGE n.m.

BUTINER v. **10.**

BUTINEUR, EUSE adj.

BUTÔ [bou-] n.m. Chorégraphie japonaise.

BUTOIR n.m.

BUTOMACÉE n.f. Plante monocotylédone, type butome.

BUTOME n.m. Jonc fleuri.

BUTOR, BUTORDE 1. n.m. Héron dont le cri évoque un mugissement. 2. n. Grossier personnage.

BUTORDE → **butor** 2.

BUTTAGE n.m.

BUTTE n.f.

BUTTER v. **10.** Entourer (une plante) d'une butte de terre.

BUTTEUR n.m. → **buttoir.**

BUTTOIR n.m. Petite charrue.

BUTYLE n.m. *Chim.* Radical dérivé du butane.

BUTYLÈNE n.m. → **butène.**

BUTYLIQUE adj. (Alcool ou ester) contenant le radical butyle.

BUTYRATE n.m. Sel de l'acide butyrique.

BUTYREUX, EUSE adj. Qui a la nature ou l'apparence du beurre.

BUTYRINE n.f. Matière grasse du beurre.

BUTYRIQUE adj. (Acide) présent dans de nombreuses substances grasses.

BUTYROMÈTRE n.m. Instrument mesurant la richesse du lait en matières grasses.

BUTYROPHÉNONE n.f. Radical chimique neuroleptique.

BUVABLE adj.

BUVANT n.m. Bord aminci d'un verre.

BUVARD n.m.

BUVÉE n.f. Breuvage pour animaux, à base de son et de farine.

BUVETIER, ÈRE n.

BUVETTE n.f.

BUVEUR, EUSE adj. et n.

BUXACÉE n.f. Plante, type buis.

BUZUKI [bouzouki] n.m. → **bouzouki.**

BUZZ [beuz] n.m. Forme de publicité où le consommateur contribue à lancer un produit.

BUZZER [beuzeur] n.m. Petit vibreur.

BUZZER [beuzé] v. **10.** Stimuler, renforcer (une offre) sur internet à l'aide d'un buzz.

BYE [bay] interj. Au revoir !

BYLINE n.f. Épopée populaire russe.

BYRONIEN, ENNE [bay-] adj. Relatif au poète romantique anglais Byron.

BYSSINOSE n.f. Maladie due à l'inhalation des poussières de coton.

BYSSUS n.m. Faisceau de filaments fixant un mollusque à son support.

BYTE [bayt] n.m. *Inf.* Élément d'information de huit bits.

BYZANTIN, E adj. De Byzance. – (Propos) trop subtil.

BYZANTINISME n.m. Tendance aux discussions byzantines.

BYZANTINISTE n. Spécialiste de la civilisation byzantine.

BYZANTINOLOGIE n.f. Étude de la civilisation byzantine.

BYZANTINOLOGUE n. → **byzantiniste.**

ÇA pr.dém. et n.m. (inv. mais **cas** n.m.).

ÇÀ adv. et interj.

CAATINGA [kaatinga] n.f. Formation végétale du nord-est du Brésil.

CAB n.m. Cabriolet où le cocher était assis derrière.

CABALE n.f. 1. Manœuvres occultes. 2. *Vx.* → **kabbale.**

CABALER v. **10.** *Québ., Helv.* Tenter de gagner (quelqu'un) à une cause. – Organiser une manœuvre secrète contre quelqu'un.

CABALEUR, EUSE n.

CABALISTE n. *Vx.* → **kabbaliste.**

CABALISTIQUE adj. *Vx.* → **kabbalistique.**

CABAN n.m. Manteau court en gros drap.

CABANE n.f.

CABANEMENT n.m. Basculement accidentel d'un navire vers l'arrière, lors de son lancement.

CABANER v. **10.** Mettre (un bateau) la quille en l'air pour le réparer.

CABANON n.m.

CABARET n.m.

CABARETIER, ÈRE n.

CABAS n.m. Sac à provisions.

CABASSET n.m. Casque du XVIe s.

CABÈCHE n.f. *Vx.* Tête.

CABÉCOU n.m. Fromage de chèvre.

CABERNET n.m. Cépage du Sud-Ouest et des pays de la Loire.

CABESTAN n.m. Treuil à axe vertical.

CABIAI n.m. Gros rongeur d'Amérique du Sud.

CABILLAU, X n.m. (= **cabillaud**) Morue fraîche.

CABILLAUD n.m. → **cabillau.**

CABILLOT n.m. *Mar.* Cheville d'amarrage.

CABINE n.f.

CABINET n.m.

CABINIER n.m. *Belg.* Responsable d'une cabine à haute tension.

CABINOTIER n.m. Horloger genevois du XVIIIe s.

CÂBLAGE n.m.

CÂBLE n.m.

CÂBLEAU, X n.m. (= **câblot**) Petit câble.

CÂBLER v. **10.**

CÂBLERIE n.f. Usine où l'on fabrique des câbles.

CÂBLEUR, EUSE n.

CÂBLIER n.m. Navire qui pose les câbles sous-marins.

CÂBLISTE n. Agent qui manipule les câbles d'une caméra.

CÂBLOGRAMME n.m. *Vx.* Télégramme transmis par câble.

CÂBLOT n.m. → **câbleau.**

CABOCHARD, E adj. et n. Entêté.

CABOCHE n.f. *Fam.* Tête.

CABOCHIEN n.m. Membre d'une faction bourguignonne, sous le règne de Charles VI.

CABOCHON n.m. Pierre fine polie.

CABOSSE n.f. Fruit du cacaotier.

CABOSSER v. **10.**

CABOT n.m.

CABOTAGE n.m.

CABOTER v. **(p.p.inv.) 10.** Naviguer près des côtes.

CABOTEUR adj.m. et n.m.

CABOTIN, E n. et adj. Acteur médiocre et prétentieux.

CABOTINAGE n.m.

CABOTINER v. **(p.p.inv.) 10.** Se conduire en cabotin.

CABOUILLAT n.m. Aux Antilles, agave.

CABOULOT n.m. Petit café mal famé.

CABRAGE n.m.

CABREMENT n.m.

CABRER v. **10.**

CABRETTE n.f. Cornemuse à soufflet en peau de chèvre.

CABRI n.m.

CABRIOLE n.f.

CABRIOLER v. **(p.p.inv.) 10.**

CABRIOLET n.m.

CABROUET n.m. Aux Antilles, charrette.

CABUS [-u] adj.m. et n.m. (Chou) à tête pommée.

CACA n.m.

CACABER v. **(p.p.inv.) 10.** Crier, en parlant de la perdrix.

CACAHOUÈTE n.f. **(= cacahuète).**

CACAHUÈTE n.f. → **cacahouète.**

CACAILLE n.f. *Belg., Fam.* Objet sans valeur.

CACAO n.m.

CACAOTÉ, E adj.

CACAOTIER, ÈRE 1. n.m. **(= cacaoyer)** Arbre à cacao. 2. n.f. **(= cacaoyère)** Plantation de cacaotiers.

CACAOUI n.m. **(= kakawi)** Canard sauvage de l'Arctique.

CACAOYER, ÈRE n.m. et n.f. → **cacaotier.**

CACARDER v. **(p.p.inv.) 10.** Crier, en parlant de l'oie.

CACATOÈS n.m. **(= kakatoès)** Perroquet aux couleurs brillantes.

CACATOIS n.m. *Mar.* Petite voile carrée.

CACHAÇA n.f. Eau-de-vie brésilienne.

CACHALOT n.m.

CACHE n.m. et n.f.

CACHECTIQUE adj. et n. *Méd.* Atteint de cachexie.

CACHEMIRE n.m. **(= cashmere)** Tissu en laine de chèvre.

CACHER **|** [-èr] adj. **(= cachère, cascher, casher, cawcher, kascher, kasher)** (Aliment) conforme aux prescriptions rituelles du judaïsme.

CACHER v. **10.**

CACHÈRE **|** adj. → **cacher** adj.

CACHET n.m.

CACHETAGE n.m.

CACHETER v. **20** (je cachette...).

CACHETIER n.m. Personne qui est payée au cachet.

CACHETON n.m. *Fam.* Cachet, honoraires.

CACHETONNER v. **(p.p.inv.) 10.** *Fam.* Courir le cacheton.

CACHETTE n.f.

CACHEXIE n.f. État d'amaigrissement extrême.

CACHOT n.m.

CACHOTTERIE n.f.

CACHOTTIER, ÈRE adj. et n.

CACHOU n.m. et adj. Extrait de la noix d'arec.

CACHUCHA [katchoutcha] n.f. Danse andalouse.

CACIQUE n.m. *Hist.* Chef de certaines tribus indiennes d'Amérique. – Élève reçu premier à un concours.

CACOCHYME adj. et n. Faible et en mauvaise santé.

CACODYLATE n.m. Sel de l'acide cacodylique.

CACODYLE n.m. *Chim.* Composé organique à odeur fétide.

CACODYLIQUE adj.

CACOGRAPHE n.

CACOGRAPHIE n.f. Orthographe fautive.

CACOLET n.m. *Hist.* Siège double à dossier servant au transport des blessés.

CACOLOGIE n.f. *Ling.* Construction fautive.

CACOPHONIE n.f.

CACOPHONIQUE adj.

CACOSMIE n.f. *Méd.* Perception illusoire d'une mauvaise odeur.

CACOU n.m. Frimeur. – Petit voyou.

CACTACÉE n.f. Plante dicotylédone, type cactus.

CACTÉE n.f. → **cactacée.**

CACTIER n.m. Cactus.

CACTUS n.m.

CACUMINAL, E, AUX adj. et n.f. *Phon.* (Consonne) articulée avec la langue tournée vers l'arrière de la bouche.

CADASTRAL, E, AUX adj.

CADASTRE n.m. Plan des propriétés foncières.

CADASTRER v. **10.**

CADAVÉREUX, EUSE adj.

CADAVÉRIQUE adj.

CADAVRE n.m.

CADDIE n.m. 1. **(= caddy)** Personne qui porte les clubs d'un joueur de golf. 2. (Nom déposé) Petit chariot métallique.

CADDY (pl. **CADDIES** ou **CADDYS**) n.m. → **caddie** 1.

CADE n.m. Genévrier méditerranéen.

CADEAU, X n.m.

CADEAUTER v. **10.** *Afr.* Gratifier d'un cadeau.

CADENAS n.m.

CADENASSAGE n.m.

CADENASSER v. **10.**

CADENCE n.f.

CADENCER v. **13.**

CADÈNE n.f. *Mar.* Pièce métallique à laquelle sont fixés les haubans.

CADENETTE n.f. Tresse de cheveux portée par les militaires au XVIIIe s.

CADET, ETTE adj. et n.

CADI n.m. **(= kadi)** Juge musulman.

CADIEN, ENNE adj. et n.m. → **cajun.**

CADMÉEN, ENNE adj. et n. *Hist.* Qualifie un ancien alphabet grec de seize lettres.

CADMIAGE n.m.

CADMIER v. **15.** Recouvrir de cadmium.

CADMIUM n.m. Métal blanc utilisé en alliage.

CADOGAN n.m. **(= catogan)** Nœud attachant les cheveux sur la nuque.

CADOR n.m. *Arg.* Chien. – *Arg.* Chef, caïd.

CADRAGE n.m.

CADRAN n.m.

CADRAT n.m. *Impr.* Petit lingot de métal utilisé pour marquer les blancs.

CADRATIN n.m. Cadrat de même épaisseur que le caractère employé.

CADRATURE n.f. Assemblage qui entraîne les aiguilles d'une montre.

CADRE n.

CADRER v. **10.**

CADREUR, EUSE n.

CADUC, CADUQUE adj. Périmé. – *Bot., Zool.* Qui tombe.

CADUCÉE n.m. Baguette entourée de deux serpents, attribut de Mercure.

CADUCIFOLIÉ, E adj. *Bot.* Qui perd ses feuilles en hiver.

CADUCITÉ n.f.

CADUQUE → **caduc.**

CADURCIEN, ENNE adj. De Cahors.

CÆCAL, E, AUX [sékal] adj. Relatif au cæcum.

CÆCUM [sékom] n.m. *Anat.* Segment initial du gros intestin.

CAENNAIS, E [kanè] adj. De Caen.

CÆSALPINÉE [sé-] n.f. Légumineuse des pays chauds.

CÆSALPINIÉE [sé-] n.f. → **cæsalpinée.**

CÆSIUM [sézyom] n.m. **(= césium)** Métal alcalin.

CAF | adj. et adv. **(= cif)** *Mar.* (Prix) incluant le coût, l'assurance et le fret.

CAFARD, E adj. et n.

CAFARDAGE n.m.

CAFARDER v. **10.** Dénoncer.

CAFARDEUR, EUSE adj. et n.

CAFARDEUX, EUSE adj. et n.

CAFARDISE n.f. Hypocrisie.

CAFÉ adj. et n.m.

CAFÉICULTEUR, TRICE n.

CAFÉICULTURE n.f.

CAFÉIER, ÈRE 1. n.m. Arbuste à café. 2. n.f. Plantation de caféiers.

CAFÉINE n.f.

CAFÉINÉ, E adj.

CAFÉISME n.m. Consommation excessive de café.

CAFETAN n.m. **(= caftan)** Robe ample des Orientaux.

CAFETER [kafté] v. **10** (je cafete...) **(= cafter)** *Fam.* Dénoncer.

CAFÉTÉRIA n.f.

CAFETEUR, EUSE [kafteur] n. **(= cafteur).**

CAFETIER, ÈRE n.

CAFOUILLAGE n.m.

CAFOUILLER v. **(p.p.inv.) 10.**

CAFOUILLEUR, EUSE adj.

CAFOUILLEUX, EUSE adj.

CAFOUILLIS n.m.

CAFRE adj. (Noir) de l'Afrique australe.

CAFTAN n.m. → **cafetan.**

CAFTER v. **10.** → **cafeter.**

CAFTEUR, EUSE n. → **cafeteur.**

CAGADE n.f. *Fam.* Bêtise. – *Fam.* Ennui, tracas.

CAGE n.f.

CAGÉE n.f. Ensemble des oiseaux d'une cage.

CAGEOT n.m. Emballage à claire-voie.

CAGEROTTE n.f. → **caget.**

CAGET n.m. **(= cajet)** Égouttoir à fromages.

CAGETTE n.f. Petit cageot.

CAGIBI n.m.

CAGNA n.f. *Arg.* Maison.

CAGNARD, E 1. adj. Fainéant. 2. n.m. Soleil ardent.

CAGNE n.f. **(= khâgne)** *Arg.* Classe qui prépare à l'École normale supérieure (lettres).

CAGNEUX, EUSE 1. adj. et n. Dont les genoux sont très rapprochés. 2. n. **(= khâgneux)** Élève de cagne.

CAGNOTTE n.f.

CAGOT, E n. et adj. *Litt.* Faux dévot.

CAGOTERIE n.f.

CAGOTISME n.m. Esprit de cagot.

CAGOU n.m. **(= kagou)** Oiseau de Nouvelle-Calédonie, en voie d'extinction.

CAGOUILLE n.f. Escargot.

CAGOULARD, E n. *Hist.* Membre de la Cagoule, société secrète d'extrême droite.

CAGOULE n.f.

CAGOULÉ, E adj.

CAGUER v. **(p.p.inv.) 10.** *Fam.* Aller à la selle.

CAHIER n.m.

CAHORS n.m. Vin rouge de la région de Cahors.

CAHOT n.m.

CAHOTANT, E adj.

CAHOTEMENT n.m.

CAHOTER v. **10.** Secouer.

CAHOTEUX, EUSE adj.

CAHUTE n.f. **(= cahutte)** Petite cabane, hutte.

CAHUTTE n.f. → **cahute.**

CAÏD n.m. *Anc.* Fonctionnaire musulman en Afrique du Nord. – *Fam.* Chef de bande.

CAÏDAT n.m. Dignité, fonction de caïd.

CAÏEU, X n.m. **(= cayeu)** *Bot.* Bulbe secondaire se développant sur le bulbe principal.

CAÏLCÉDRAT n.m. *Afr.* Arbre au bois rouge.

CAILLAGE n.m.

CAILLANT, E adj. *Belg., Fam.* Très froid, en parlant du temps.

CAILLASSAGE n.m.

CAILLASSE n.f.

CAILLASSER v. **10.** *Fam.* Lapider.

CAILLE n.f.

CAILLÉ, E adj. et n.m.

CAILLEBOTIS n.m. Treillis de bois.

CAILLEBOTTE n.f. Masse de lait caillé.

CAILLEBOTTER v. **10.** Réduire en caillots.

CAILLEMENT n.m.

CAILLER v. **10.**

CAILLETAGE n.m.

CAILLETEAU, X n.m. Jeune caille.

CAILLETER v. **(p.p.inv.) 20** (je caillette...) *Vx.* Bavarder.

CAILLETTE n.f. Partie de l'estomac des ruminants.

CAILLOT n.m.

CAILLOU, CAILLOUX n.m.

CAILLOUTAGE n.m.

CAILLOUTER v. **10.** Garnir de cailloux.

CAILLOUTEUX, EUSE adj.

CAILLOUTIS n.m. Amas de cailloux concassés.

CAÏMAN n.m.

CAÏON n.m. **(= cayon)** *Fam.* Cochon.

CAIPIRINHA [kaïpirinya] n.f. Cocktail brésilien.

CAÏQUE n.m. Embarcation légère du Moyen-Orient.

CAIRN [kèrn] n.m. Tumulus celte. – Repère en montagne pour les alpinistes.

CAIROTE adj. Du Caire (Égypte).

CAISSE n.f.

CAISSERIE n.f. Fabrique de caisses.

CAISSETTE n.f.

CAISSIER, ÈRE n.

CAISSON n.m.

CAITYA [chaïtya] n.m. Édifice religieux bouddhiste.

CAJAN adj. et n.m. (Pois) qui est la graine comestible de l'ambrevade.

CAJEPUT [kajput] n.m. Plante de l'Inde. – Huile extraite de cette plante.

CAJEPUTIER n.m. Plante de l'Inde.

CAJET n.m. → **caget.**

CAJOLER v. **10.**

CAJOLERIE n.f.

CAJOLEUR, EUSE adj. et n.

CAJOU n.m. Fruit de l'anacardier.

CAJUN [-j-un] adj. et n.m. De la Louisiane francophone.

CAKE n.m.

CAKILE n.m. Plante qui pousse dans les dunes.

ÇAKTA [chakta] n.m. Adepte du çaktisme.

ÇAKTI [chakti] n.f. **(= sakti, shakti)** Divinité hindoue de l'énergie.

ÇAKTISME [chaktism] n.m. **(= saktisme, shaktisme)** Culte de la çakti.

CAL, S n.m.

CALABRAIS, E adj. De Calabre (Italie méridionale).

CALABRIEN, ENNE n.m. et adj. *Géol.* Étage du pléistocène.

CALADION n.m. Plante ornementale d'intérieur.

CALADIUM n.m. → **caladion.**

CALADOIS, E adj. De Villefranche-sur-Saône.

CALAGE n.m.

CALAISIEN, ENNE adj. De Calais.

CALAISON n.f. Enfoncement d'un navire suivant le poids de sa cargaison.

CALALOU n.m. Plat antillais à base de fruits de mer.

CALAMAR n.m. **(= calmar).**

CALAMBAC n.m. Bois odorant utilisé en tabletterie.

CALAMBOUR n.m. → **calambac.**

CALAME n.m. *Antiq.* Roseau taillé servant à écrire.

CALAMENT n.m. Herbe des terrains incultes.

CALAMINAGE n.m.

CALAMINAIRE adj.

CALAMINE n.f. Résidu charbonneux qui encrasse les moteurs à explosion.

CALAMINER (SE) v. **10.**

CALAMISTRER v. **10.** Friser (les cheveux).

CALAMITE n.f. Arbre fossile.

CALAMITÉ n.f.

CALAMITEUX, EUSE adj.

CALAMUS n.m. Roseau, tuyau.

CALANCHER v. **(p.p.inv.) 10.** *Fam.* Mourir.

CALANDRAGE n.m.

CALANDRE n.f.

CALANDRER v. **10.** Lisser, lustrer (une étoffe, du papier).

CALANDREUR, EUSE n.

CALANQUE n.f. Crique profonde en Méditerranée.

CALAO n.m. Oiseau des pays chauds, à gros bec.

CALATHÉA n.m. Plante ornementale.

CALBOMBE n.f. **(= calebombe)** *Vx.* Bougie.

CALCAIRE adj. et n.m.

CALCANÉEN, ENNE adj.

CALCANÉUM n.m. Os du talon.

CALCAREUX, EUSE adj. *Belg.* Qui contient du calcaire.

CALCARONE [-é] n.m. Four utilisé pour l'extraction et la fusion du soufre.

CALCÉDOINE n.f. Pierre fine utilisée en joaillerie.

CALCÉDONIEUX, EUSE adj. (Pierre) tachée de blanc laiteux.

CALCÉMIE n.f. Taux de calcium dans le sang.

CALCÉOLAIRE n.f. Plante ornementale.

CALCICOLE adj. (Végétal) qui prospère en sol calcaire.

CALCIF n.m. **(= calecif)** *Fam.* Caleçon.

CALCIFÉROL n.m. Vitamine D2.

CALCIFICATION n.f.

CALCIFIER v. **15.** Transformer en calcaire.

CALCIFUGE adj. (Végétal) qui se développe mal en terrain calcaire.

CALCIN n.m. Dépôt formé sur les pierres calcaires par l'eau de pluie.

CALCINATION n.f.

CALCINER v. **10.**

CALCIO n.m. Championnat italien de football.

CALCIOTHERMIE n.f. Obtention de certains métaux par l'action du calcium.

CALCIPHOBE adj. → **calcifuge.**

CALCIQUE adj. Qui se rapporte au calcium ou à la chaux.

CALCITE n.f. Carbonate de calcium cristallisé.

CALCITONINE n.f. Hormone de la thyroïde.

CALCIUM n.m.

CALCIURIE n.f. Taux de calcium dans les urines.

CALCSCHISTE n.m. Schiste calcaire micacé.

CALCUL n.m.

CALCULABILITÉ n.f.

CALCULABLE adj.

CALCULATEUR, TRICE adj. et n.

CALCULATOIRE adj. *Math.* Relatif au calcul.

CALCULER v. **10.**

CALCULETTE n.f.

CALCULEUX, EUSE adj. Qui a rapport aux calculs (des reins, de la vessie, etc.).

CALDARIUM n.m. *Antiq. rom.* Salle des thermes où l'eau était très chaude.

CALDEIRA [kaldèra] n.f. Dépression volcanique en forme de cône.

CALDOCHE n. et adj. Blanc de Nouvelle-Calédonie.

CALE n.f.

CALÉ, E adj.

CALEBASSE n.f. Courge qui, séchée, sert de récipient.

CALEBASSIER n.m. Arbre des Antilles.

CALEBOMBE n.f. → **calbombe.**

CALÈCHE n.f.

CALECIF n.m. → **calcif.**

CALEÇON n.m.

CALEÇONNADE n.f. Spectacle contenant des scènes scabreuses.

CALÉDONIEN, ENNE adj. De Calédonie (aujourd'hui Écosse) ou de Nouvelle-Calédonie (Océanie). – (Plissement) de l'ère primaire.

CALÉFACTION n.f. *Phys.* Phénomène par lequel une goutte d'eau jetée sur une plaque très chaude reste soutenue par la vapeur qu'elle émet.

CALÉIDOSCOPE n.m. Cylindre à miroirs donnant des images symétriques et changeantes.

CALÉIDOSCOPIQUE adj.

CALEMBOUR n.m.

CALEMBREDAINE n.f. Propos extravagant.

CALENDAIRE adj. Relatif au calendrier.

CALENDES n.f.pl. Premier jour du mois chez les Romains.

CALENDO ou **CALENDOS** [-s] n.m. *Fam.* Camembert.

CALENDRIER n.m.

CALENDULA [kal-an-dula] n.m. Souci (plante).

CALEPIN n.m.

CALER v. **10.**

CALETER ou **SE CALETER** [kalté] v. **10** (je calete...) **(= calter)** *Fam.* Fuir.

CALF n.m. Box-calf, cuir de veau.

CALFAT [-fa] n.m. et adj.m. Ouvrier qui calfate les bateaux.

CALFATAGE n.m.

CALFATER v. **10.** Rendre étanche (la coque d'un navire) avec de l'étoupe goudronnée.

CALFEUTRAGE n.m.

CALFEUTREMENT n.m.

CALFEUTRER v. **10.**

CALGARIEN, ENNE adj. De Calgary (Canada).

CALIBRAGE n.m.

CALIBRATION n.f. *Archéol.* Procédé de datation.

CALIBRE n.m.

CALIBRER v. **10.**

CALIBREUR, EUSE n.

CALICE n.m. Vase sacré. – Ensemble des sépales d'une fleur.

CALICHE n.m. Minerai dont on extrait le nitrate de sodium.

CALICIFORME adj. Qui a la forme d'un calice.

CALICOT n.m. Toile de coton.

CALICULE n.m. Calice supplémentaire extérieur au vrai calice, chez certaines fleurs.

CALIER n.m. Matelot affecté aux travaux de la cale.

CALIFAT n.m. **(= khalifat)** Dignité de calife.

CALIFE n.m. **(= khalife)** Titre des souverains musulmans.

CALIFORNIEN, ENNE adj.

CALIFORNIUM n.m. Élément chimique radioactif.

CALIFOURCHON | (À) loc.

CÂLIN, E adj. et n.

CÂLINEMENT adv.

CÂLINER v. **10.**

CÂLINERIE n.f.

CÂLINEUR, EUSE n.

CALIORNE n.f. *Mar.* Gros palan.

CALISSON n.m. Confiserie d'Aix-en-Provence.

CALL [kôl] n.m. *Fin.* Option d'achat.

CALLA n.f. Plante des marais.

CALLER v. **10.** *Québ.* Diriger (une danse folklorique) en appelant les figures.

CALLEUR, EUSE n. *Québ.* Meneur de danses folkloriques.

CALLEUX, EUSE adj. (Main) qui a des cals.

CALLIGRAMME n.m. Poème dont les vers sont disposés de manière à figurer un objet.

CALLIGRAPHE n. Artiste spécialisé dans la calligraphie.

CALLIGRAPHIE n.f.

CALLIGRAPHIER v. **15.**

CALLIGRAPHIQUE adj.

CALLIPYGE adj. et n.f. Qui a de belles fesses.

CALLITHRICIDÉ n.m. Singe, type ouistiti.

CALLOSITÉ n.f. Épaississement de l'épiderme dû au frottement.

CALLOVIEN, ENNE n.m. et adj. *Géol.* Étage du jurassique moyen.

CALLUNE n.m. ou f. Sorte de bruyère.

CALMAGE n.m. *Mét.* Affinage de l'acier fondu.

CALMANT, E adj. et n.m.

CALMAR n.m. → **calamar.**

CALME adj. et n.m.

CALMEMENT adv.

CALMER v. **10.**

CALMIR v. **(p.p.inv.) 40.** Se calmer, en parlant de la mer, des vents.

CALMODULINE n.f. *Biochim.* Protéine.

CALMOS [-s] adv. et interj. *Arg.* Doucement.

CALO n.m. Argot gitan.

CALOMEL n.m. Chlorure mercureux utilisé comme purgatif.

CALOMNIATEUR, TRICE n.

CALOMNIE n.f.

CALOMNIER v. **15.**

CALOMNIEUSEMENT adv.

CALOMNIEUX, EUSE adj.

CALOPORTEUR adj.m. (Fluide) qui évacue la chaleur dans un appareil thermique.

CALORESCENCE n.f. *Phys.* Transformation de la lumière en chaleur.

CALORIE n.f.

CALORIFÈRE adj. et n.m.

CALORIFICATION n.f. Production de chaleur dans un organisme vivant.

CALORIFIQUE adj.

CALORIFUGE adj. et n.m. Qui empêche la déperdition de chaleur.

CALORIFUGEAGE n.m.

CALORIFUGER v. **17.**

CALORIMÈTRE n.m. Appareil de mesure d'une quantité de chaleur.

CALORIMÉTRIE n.f.

CALORIMÉTRIQUE adj.

CALORIPORTEUR adj.m. → **caloporteur.**

CALORIQUE adj. Qui concerne la chaleur.

CALORISATION n.f. Cémentation par l'aluminium.

CALOT n.m. Coiffure militaire à deux pointes.

CALOTIN, E adj. et n. *Péj.* Dévot.

CALOTTE n.f.

CALOTTER v. **10.**

CALOYER, ÈRE [kaloyé] n. Religieux grec de l'ordre de Saint-Basile.

CALQUAGE n.m.

CALQUE n.m.

CALQUER v. **10.**

CALQUEUR, EUSE n.

CALTER ou **SE CALTER** v. **10. → caleter.**

CALUGER v. **(p.p.inv.) 17.** *Helv.* Se renverser avec une luge. – *Helv.* Échouer à un examen.

CALUMET n.m.

CALURE n.f. *Helv.* Personne savante.

CALUS [-s] n.m. Durillon.

CALVA n.m. *Fam.* Calvados.

CALVADOS n.m.

CALVADOSIEN, ENNE adj. Du Calvados.

CALVAIRE n.m.

CALVAIRIENNE n.f. Religieuse.

CALVILLE [-vil] n.f. Variété de pomme.

CALVINISME n.m.

CALVINISTE adj. et n.

CALVITIE n.f.

CALYCANTHE n.m. Arbuste ornemental odorant.

CALYPSO n.m. Danse originaire de la Jamaïque.

CALZONE n.f. Pizza en forme de chausson.

CAMAÏEU (pl. **CAMAÏEUS** ou **CAMAÏEUX**) n.m. Peinture où l'on emploie une seule couleur dans des tons différents.

CAMAIL n.m. Vêtement ecclésiastique.

CAMALDULE n. Religieux de l'ordre de Saint-Romuald.

CAMARADE n.

CAMARADERIE n.f.

CAMARD, E adj. et n. Qui a le nez plat et écrasé.

CAMARGUAIS, E adj. De Camargue.

CAMARILLA [-riya] n.f. *Litt.* Groupe d'intrigants qui influencent le gouvernement d'un État.

CAMBALER v. **10 (= cambouler)** Dans le Midi, transporter (quelqu'un) sur le porte-bagages d'un deux-roues.

CAMBER v. **10.** *Helv.* Enjamber.

CAMBIAIRE adj. **→ cambial.**

CAMBIAL, E, AUX adj. Relatif au change.

CAMBISME n.m.

CAMBISTE adj. et n. Qui effectue des opérations de change.

CAMBIUM n.m. *Bot.* Tissu générateur qui donne naissance au bois et au liber.

CAMBODGIEN, ENNE adj. et n.m. Du Cambodge (Asie du Sud-Est).

CAMBOUIS n.m.

CAMBOULER v. **10. → cambaler.**

CAMBRAGE n.m.

CAMBREMENT n.m.

CAMBRER v. **10.**

CAMBRÉSIEN, ENNE adj. De Cambrai ou du Cambrésis.

CAMBREUR n.m. Ouvrier qui cambre le cuir des chaussures.

CAMBRIEN, ENNE n.m. et adj. *Géol.* Première période du paléozoïque.

CAMBRIOLAGE n.m.

CAMBRIOLER v. **10.**

CAMBRIOLEUR, EUSE n.

CAMBROUSARD, E n.

CAMBROUSE n.f. **(= cambrousse)** *Fam.* Campagne.

CAMBROUSSARD, E n.

CAMBROUSSE n.f. **→ cambrouse.**

CAMBRURE n.f.

CAMBUSE n.f. Réserve de vivres sur un navire. – *Péj.* Maison mal tenue.

CAMBUSIER n.m. Matelot chargé de la cambuse.

CAME n.f. *Méc.* Roue transformant une rotation en une translation. – *Fam.* Drogue.

CAMÉE n.m. Pierre fine taillée en relief.

CAMÉLÉON n.m.

CAMÉLÉONESQUE adj.

CAMÉLIA n.m. **(= camellia).**

CAMÉLIDÉ n.m. Mammifère ruminant, type chameau.

CAMELINE ou **CAMÉLINE** n.f. Plante herbacée à petites fleurs jaunes.

CAMELLE n.f. Tas de sel dans un marais salant.

CAMELLIA n.m. **→ camélia.**

CAMELOT n.m.

CAMELOTE n.f.

CAMEMBERT n.m.

CAMÉO n.m. *Cin.* Apparition fugace d'une grande vedette.

CAMER (SE) v. **10.**

CAMÉRA n.f.

CAMÉRAL, E, AUX adj. Relatif à la chambre pulpaire de la dent.

CAMERAMAN (pl. **CAMERAMEN** ou **CAMERAMANS**) n.m.

CAMERAMEN **I → cameraman.**

CAMÉRIER n.m. Officier de la chambre du pape.

CAMÉRIÈRE n.f. **→ camériste.**

CAMÉRISTE n.f. *Litt.* Femme de chambre.

CAMERLINGAT n.m. Dignité de camerlingue.

CAMERLINGUE n.m. Haut dignitaire du Vatican.

CAMEROUNAIS, E adj. Du Cameroun (Afrique centrale).

CAMÉSCOPE n.m. (Nom déposé) Caméra à magnétoscope incorporé.

CAMION n.m.

CAMIONNAGE n.m.

CAMIONNER v. **10.** Transporter par camion.

CAMIONNETTE n.f.

CAMIONNEUR, EUSE n.

CAMISARD n.m. et adj.m. Protestant des Cévennes insurgé sous Louis XIV.

CAMISOLE n.f.

CAMOMILLE n.f.

CAMORRA n.f. Équivalent napolitain de la Mafia sicilienne.

CAMOUFLAGE n.m.

CAMOUFLER v. **10.**

CAMOUFLET n.m. Affront, humiliation.

CAMP n.m.

CAMPAGNARD, E adj. et n.

CAMPAGNE n.f.

CAMPAGNOL n.m. Mammifère rongeur vivant dans les champs.

CAMPANAIRE adj. Relatif aux cloches.

CAMPANE n.f. Cloche.

CAMPANELLE n.f. Sonnaille qu'on mettait aux harnais des chevaux.

CAMPANIEN, ENNE adj. De la Campanie (Italie du Sud).

CAMPANIFORME adj. En forme de cloche.

CAMPANILE n.m. Clocher.

CAMPANISTE n. Spécialiste des cloches.

CAMPANULACÉE n.f. Plante dicotylédone à fleurs en clochettes, type campanule.

CAMPANULE n.f.

CAMPANULÉ, E adj. En forme de cloche.

CAMPÊCHE n.m. Arbre de l'Amérique tropicale, qui fournit une matière colorante.

CAMPEMENT n.m.

CAMPÉPHAGE n.m. Passereau mangeur de chenilles.

CAMPÉPHAGIDÉ n.m. Passereau, type campéphage.

CAMPER v. **10.**

CAMPEUR, EUSE n.

CAMPHRE n.m. Substance aromatique.

CAMPHRER v. **10.**

CAMPHRIER n.m. Arbre d'Asie qui produit le camphre.

CAMPIGNIEN, ENNE adj. et n.m. (Stade du néolithique) caractérisé par de gros outils en silex.

CAMPING n.m.

CAMPINOIS, E adj. De la Campine (Belgique). – De Champigny-sur-Marne.

CAMPO n.m. Congé donné à des écoliers.

CAMPUS n.m.

CAMUS, E adj. Qui a le nez court et plat.

CAMUSIEN, ENNE adj. De Camus.

CANADA n.f. Variété de pomme.

CANADAIR n.m. (Nom déposé) Avion équipé pour la lutte contre les incendies de forêt.

CANADIANISER v. **10.**

CANADIANISME n.m.

CANADIEN, ENNE adj. et n.f.

CANAILLE adj. et n.f.

CANAILLERIE n.f.

CANAILLOU n.m. *Fam.* Fripon.

CANAL, AUX n.m.

CANALICULAIRE adj.

CANALICULE n.m. *Anat.* Petit canal.

CANALISABLE adj.

CANALISATEUR, TRICE adj. et n.

CANALISATION n.f.

CANALISER v. **10.**

CANAMELLE n.f. Canne à sucre.

CANANÉEN, ENNE adj. et n.m. Du pays de Canaan (aujourd'hui Israël).

CANAPÉ n.m.

CANAQUE n. et adj. **(= kanak)** Mélanésien de Nouvelle-Calédonie.

CANAR n.m. Tube de grand diamètre pour l'aération.

CANARA n.m. **(= kannara)** Langue du sud de l'Inde.

CANARD n.m.

CANARDAGE n.m.

CANARDEAU, X n.m.

CANARDER v. **10.**

CANARDIÈRE n.f. Lieu pour la chasse aux canards.

CANARI n.m.

CANARIEN, ENNE adj. Des îles Canaries (Espagne).

CANASSON n.m.

CANASTA n.f. Jeu de cartes.

CANCALE n.f. Huître de Cancale (Ille-et-Vilaine).

CANCAN n.m.

CANCANER v. **(p.p.inv.) 10.**

CANCANIER, ÈRE adj. et n.

CANCEL n.m. Lieu, fermé d'une grille, où l'on déposait le grand sceau de l'État.

CANCELLARIAT n.m. Dignité de chancelier.

CANCELLER v. **10.** Annuler (un acte).

CANCER n.m.

CANCÉREUX, EUSE adj. et n.

CANCÉRIFORME adj. Qui ressemble à un cancer, mais n'en est pas un.

CANCÉRIGÈNE adj.

CANCÉRISATION n.f.

CANCÉRISER (SE) v. **10.**

CANCÉROGÈNE adj.

CANCÉROGENÈSE n.f. Processus de formation du cancer.

CANCÉROLOGIE n.f.

CANCÉROLOGIQUE adj.

CANCÉROLOGUE n.

CANCÉROPHOBE adj. et n.

CANCÉROPHOBIE n.f.

CANCÉROPÔLE n.m. Centre régional de cancérologie.

CANCHE n.f. Graminée utilisée comme fourrage.

CANCOILLOTTE n.f. Fromage à pâte molle et fermentée.

CANCRE n.m.

CANCRELAT n.m. Insecte nocturne au corps aplati.

CANCROÏDE n.m. *Vx.* Cancer de la peau et des muqueuses.

CANDACE n.f. *Hist.* Titre des reines de Méroé (Soudan).

CANDELA [k-an-déla] n.f. Unité de mesure d'intensité lumineuse.

CANDÉLABRE n.m. Chandelier à plusieurs branches.

CANDEUR n.f.

CANDI adj.m. et n.m. (Sucre) purifié et cristallisé.

CANDIDA n.m. Levure responsable de diverses mycoses.

CANDIDAT, E n.

CANDIDATER v. **(p.p.inv.) 10.** Poser sa candidature à un poste.

CANDIDATURE n.f.

CANDIDE adj.

CANDIDEMENT adv.

CANDIDOSE n.f. Mycose causée par le candida.

CANDIR v. **40.** Cristalliser (du sucre).

CANDISATION n.f.

CANDOMBLÉ n.m. Culte vaudou pratiqué au Brésil.

CANE n.f.

CANEBIÈRE n.f. **(= cannebière)** Lieu planté de chanvre.

CANÉFICIER n.m. Arbre des Antilles.

CANEPETIÈRE n.f. Petite outarde.

CANÉPHORE n.f. *Antiq. gr.* Jeune fille portant une corbeille sacrée.

CANEPIN n.m. Cuir.

CANER v. **10.** *Fam.* S'enfuir. – Mourir. – *Être cané :* être mort.

CANETAGE n.m. **(= cannetage)** Enroulement du fil sur une canette.

CANETIÈRE n.f. **(= cannetière)** Machine à enrouler le fil.

CANETON n.m.

CANETTE n.f. 1. Petite cane. 2. **(= cannette)** Récipient.

CANEVAS n.m.

CANEZOU n.m. Corsage sans manches.

CANGE n.f. *Vx.* Barque à voiles naviguant sur le Nil.

CANGUE n.f. Carcan imposé aux condamnés, dans la Chine ancienne.

CANICHE n.m.

CANICHON n.m. Jeune canard.

CANICULAIRE adj.

CANICULE n.f.

CANIDÉ n.m. Mammifère carnivore, type chien.

CANIER n.m. Lieu où poussent les roseaux.

CANIF n.m.

CANIN, E adj. et n.f.

CANINETTE n.f. (Nom déposé) Moto équipée pour le ramassage des excréments canins.

CANISSE n.f. **(= cannisse)** Tige de roseau dont l'assemblage en claies sert notamment de coupe-vent, en Provence.

CANISSIER n.m. **(= cannissier)** Vannier.

CANITIE [-si] n.f. État de blancheur des cheveux.

CANIVEAU, X n.m.

CANNA n.m. Plante ornementale.

CANNABACÉE n.f. → **cannabinacée.**

CANNABINACÉE n.f. Plante dicotylédone, type chanvre.

CANNABIQUE adj. Relatif au cannabis.

CANNABIS [-s] n.m. Chanvre indien, plante dont on tire le haschisch et la marijuana.

CANNABISME n.m. Intoxication par le cannabis.

CANNAGE n.m.

CANNAIE n.f. Plantation de roseaux, de cannes à sucre.

CANNE n.f.

CANNEBERGE n.f. Arbuste des régions froides, à baies comestibles.

CANNEBIÈRE n.f. → **canebière.**

CANNELER v. **22** (je cannelle...) Orner de cannelures.

CANNELIER n.m. Arbre dont l'écorce fournit la cannelle.

CANNELLE n.f. Écorce aromatique utilisée en alimentation.

CANNELLONI n.m. Petit cylindre de pâte farci.

CANNELURE n.f. Sillon longitudinal.

CANNER v. **10.** Garnir (le fond, le dossier d'un siège) de rotin.

CANNETAGE n.m. → **canetage.**

CANNETIÈRE n.f. → **canetière.**

CANNETILLE [kantiy] n.f. Fil de métal précieux.

CANNETTE n.f. → **canette** 2.

CANNEUR, EUSE n. Personne qui canne les sièges.

CANNIBALE adj. et n.

CANNIBALESQUE adj.

CANNIBALIQUE adj. Relatif au cannibalisme.

CANNIBALISATION n.f.

CANNIBALISER v. **10.** Démonter (un appareil) pour récupérer des pièces de rechange.

CANNIBALISME n.m.

CANNIER, ÈRE n. → **canneur.**

CANNISSE n.f. → **canisse.**

CANNISSIER n.m. → **canissier.**

CANNOIS, E adj. De Cannes.

CANOË n.m.

CANOÉISME n.m.

CANOÉISTE n.

CANOLA n.m. Variété de colza.

CANON adj. et n.m.

CAÑON [kanyon] ou [kany-on] n.m. **(= canyon).**

CANONIAL, E, AUX adj. Réglé par les canons, les règles de l'Église.

CANONICAT n.m. Dignité de chanoine.

CANONICITÉ n.f. Caractère de ce qui est canonique.

CANONIQUE adj. et n.f. Conforme aux canons de l'Église. – (Âge) respectable.

CANONIQUEMENT adv.

CANONISABLE adj. et n.

CANONISATION n.f.

CANONISER v. **10.**

CANONISTE n.m. Spécialiste de la loi ecclésiastique.

CANONNADE n.f.

CANONNAGE n.m.

CANONNER v. **10.**

CANONNIER n.m.

CANONNIÈRE n.f. *Mar.* Bâtiment léger armé de canons.

CANOPE n.m. Vase funéraire de l'ancienne Égypte.

CANOPÉE n.f. Sommet de la forêt tropicale.

CANOT n.m.

CANOTABLE adj. *Québ.* Propice au canotage.

CANOTAGE n.m.

CANOTER v. **(p.p.inv.) 10.**

CANOTEUR, EUSE n.

CANOTIER, ÈRE 1. n. Canoteur. 2. n.m.

CANOUN n.m. **(= kanoun, qanoun)** Au Maghreb, fourneau bas.

CANT [k-an-t] n.m. Affectation de pruderie.

CANTABILE [-é] n.m. et adj. Mouvement musical lent et mélancolique.

CANTAL, S n.m. Fromage fabriqué en Auvergne.

CANTALIEN, ENNE adj. Du Cantal.

CANTALOU, E adj. → **cantalien.**

CANTALOUP n.m. Melon à côtes rugueuses.

CANTATE n.f.

CANTATILLE [k-an-tatiy] n.f. Petite cantate à une seule voix.

CANTATRICE n.f.

CANTER v. **10.** *Québ.* Pencher, incliner (un objet).

CANTER [-èr] n.m. Galop d'essai d'un cheval de course.

CANTHARE n.m. Vase à deux anses.

CANTHARELLALE n.f. Champignon.

CANTHARIDE n.f. Insecte coléoptère avec lequel on fabriquait un aphrodisiaque.

CANTHARIDINE n.f. Alcaloïde toxique extrait de la poudre de cantharide.

CANTILÈNE n.f. Chant épique et lyrique moyenâgeux.

CANTILEVER [-levèr] ou [-leveur] adj. et n.m. Suspendu en porte-à-faux.

CANTINE n.f.

CANTINER v. **10.** Acheter à la cantine d'une prison.

CANTINIER, ÈRE n. Personne qui tient une cantine.

CANTIQUE n.m.

CANTOCHE n.f. *Fam.* Cantine.

CANTON n.m.

CANTONADE n.f. Coulisses d'un théâtre.

CANTONAIS, E adj. et n.m. De Canton (Chine)

CANTONAL, E, AUX adj.

CANTONALISATION n.f.

CANTONALISER v. **10.** *Helv.* Faire dépendre (une institution) de l'administration cantonale.

CANTONALISME n.m.

CANTONALISTE adj. et n.

CANTONNEMENT n.m.

CANTONNER v. **10.**

CANTONNIER n.m.

CANTONNIÈRE n.f. Bandeau qui orne l'encadrement d'une ouverture.

CANTOR n.m. *Hist.* Maître de chapelle, dans l'ancienne Allemagne.

CANTRE n.m. Partie d'une machine à tisser.

CANULANT, E adj. *Fam.* Ennuyeux.

CANULAR n.m.

CANULARESQUE adj.

CANULE n.f. Petit tuyau.

CANULER v. **10.** *Fam.* Ennuyer, importuner.

CANUS, E adj. Relatif aux canuts.

CANUT, CANUSE n. Ouvrier de la soie, à Lyon.

CANYON [kanyon] ou [kany-on] n.m. → **cañon.**

CANYONING n.m. *Sp.* Descente de cours d'eau accidentés.

CANYONISME n.m. → **canyoning.**

CANYONISTE n.

CANZONE [k-an-tsoné] (pl. **CANZONI** ou **CANZONES**) n.f. Petit poème italien divisé en strophes.

CANZONETTE [k-an-tsonèt] n.f. Petite canzone à une voix.

CANZONI ‖ → **canzone.**

CAODAÏSME n.m. Religion pratiquée au Vietnam.

CAOUA n.m. *Fam.* Café.

CAOUANE n.f. **(= caouanne)** Grande tortue des mers chaudes.

CAOUANNE n.f. → **caouane.**

CAOUTCHOUC n.m.

CAOUTCHOUTAGE n.m.

CAOUTCHOUTER v. **10.**

CAOUTCHOUTEUX, EUSE adj.

CAP n.m.

CAPABLE adj.

CAPACIMÈTRE n.m. Appareil de mesure des capacités électriques.

CAPACITAIRE 1. n. Titulaire du diplôme de la capacité en droit. 2. adj. Relatif à une capacité.

CAPACITANCE n.f. Impédance d'une capacité électrique.

CAPACITATION n.f. Transformation du spermatozoïde qui lui permet de féconder l'ovule.

CAPACITÉ n.f.

CAPACITIF, IVE adj. Doué de capacité électrique.

CAPARAÇON n.m. Housse ornementale que l'on met sur le dos d'un cheval.

CAPARAÇONNER v. **10.**

CAPE n.f.

CAPÉER v. **(p.p.inv.) 16 (= capeyer)** *Mar.* Réduire la voilure pour donner moins de prise au vent.

CAPELAGE n.m. *Mar.* Ensemble des boucles de certains cordages.

CAPELAN n.m. Poisson voisin de la morue.

CAPELER v. **22** (je capelle...) *Mar.* Fixer.

CAPELET n.m. *Vét.* Tumeur au jarret d'un cheval.

CAPELINE n.f. Chapeau de femme à grands bords souples.

CAPELLA ‖ **(A)** loc. **(= cappella)** Sans accompagnement instrumental.

CAPER v. **10.** Envelopper (un cigare) d'une feuille de tabac.

CAPÉSIEN, ENNE [-sy-in] n. Titulaire du certificat d'aptitude pédagogique à l'enseignement secondaire.

CAPET n.m. *Helv.* Petit bonnet d'un armailli.

CAPÉTIEN, ENNE [-sy-in] adj. Relatif à la dynastie d'Hugues Capet.

CAPÉTONIEN, ENNE adj. Du Cap (Afrique du Sud).

CAPEYER v. **(p.p.inv.) 25.** → **capéer.**

CAPHARNAÜM n.m. Lieu où des objets sont entassés en désordre.

CAPILLAIRE adj. et n.m.

CAPILLARITE n.f. Inflammation des petits vaisseaux cutanés.

CAPILLARITÉ n.f. Ensemble des phénomènes se produisant à la surface d'un liquide.

CAPILLAROSCOPIE n.f. Examen de la circulation dans les vaisseaux sanguins superficiels.

CAPILLICULTEUR, TRICE n.

CAPILLICULTURE n.f. Soins de la chevelure.

CAPILOTADE n.f. Ragoût de viandes déjà cuites. – *En capilotade :* en bouillie, en piteux état.

CAPISCOL n.m. *Médiév.* Maître de chapelle.

CAPISTON n.m. *Arg., Mil.* Capitaine.

CAPITAINE n.

CAPITAINERIE n.f. Bureau du capitaine du port.

CAPITAL, E, AUX adj., n.m. et n.f.

CAPITALISABLE adj.

CAPITALISATION n.f.

CAPITALISER v. **10.**

CAPITALISME n.m.

CAPITALISTE adj. et n.

CAPITALISTIQUE adj.

CAPITAN n.m. Fanfaron.

CAPITANAT n.m. *Sp.* Fonction de capitaine.

CAPITANE adj.f. et n.f. (Galère) où se tenait le commandant des galères.

CAPITATION n.f. Taxe par tête, sous l'Ancien Régime.

CAPITÉ, E adj. *Bot.* Terminé en tête arrondie.

CAPITEUX, EUSE adj. Enivrant.

CAPITOLE n.m. Édifice public de certaines villes.

CAPITOLIN, E adj. Du Capitole, colline de Rome.

CAPITON n.m. Bourre de soie, rembourrage.

CAPITONNAGE n.m.

CAPITONNER v. **10.**

CAPITOUL n.m. Ancien magistrat municipal de Toulouse.

CAPITOULAT n.m. Dignité ou fonction de capitoul.

CAPITULAIRE 1. adj. Relatif à un chapitre de religieux. 2. n.m. *Médiév.* Ordonnance royale.

CAPITULAIREMENT adv. *Rel.* En chapitre.

CAPITULANT, E adj. et n. Qui a voix au chapitre.

CAPITULARD, E adj. et n.

CAPITULATION n.f.

CAPITULE n.m. Inflorescence formée de petites fleurs serrées les unes contre les autres.

CAPITULER v. **(p.p.inv.) 10.**

CAPO n.m. **(= kapo)** *Hist.* Dans les camps nazis, détenu de droit commun surveillant les autres détenus.

CAPODASTRE n.m. Dispositif qui modifie la tonalité d'une guitare par pression sur les cordes.

CAPOEIRA [kapwèra] n.f. Danse martiale brésilienne.

CAPOEIRISTE [kapwèrist] n. Danseur de capoeira.

CAPON, ONNE adj. et n. Poltron.

CAPONNER v. **(p.p.inv.) 10.** *Vx.* Céder à la peur.

CAPONNIÈRE n.f. Chemin protégé dans le fossé d'une place forte.

CAPORAL, E, AUX n.

CAPORALISER v. **10.** Soumettre à un régime autoritaire.

CAPORALISME n.m. Régime politique où les militaires ont une influence prépondérante.

CAPOT adj. et n.m.

CAPOTAGE n.m. Disposition de la capote d'une voiture.

CAPOTE n.f.

CAPOTER v. **10.** Garnir d'une capote. – Se retourner, en parlant d'un véhicule.

CAPOUAN, E adj. De Capoue (Italie).

CAPPA n.f. Vêtement religieux de cérémonie.

CAPPADOCIEN, ENNE adj. De Cappadoce (Turquie).

CAPPARIDACÉE n.f. Plante dicotylédone, type câprier.

CAPPELLA | (A) loc. → **capella (a).**

CAPPELLETTI n.m. Pâte alimentaire farcie.

CAPPUCCINO [kapoutchinô] n.m. **(= cappucino, capucino)** Café au lait mousseux.

CAPPUCINO [kapoutchinô] n.m. → **cappuccino.**

CÂPRE n.f.

CÂPRE, CÂPRESSE n. et adj. Aux Antilles, métis de Noir et de mulâtre.

CÂPRESSE → **câpre** n. et adj.

CAPRICANT, E adj. *Méd.* (Pouls) inégal.

CAPRICCIO [-tchyô] n.m. *Mus.* Morceau instrumental de forme libre.

CAPRICE n.m.

CAPRICIEUSEMENT adv.

CAPRICIEUX, EUSE adj. et n.

CAPRICORNE n.m. Coléoptère à longues antennes.

CÂPRIER n.m. Arbuste méditerranéen.

CAPRIFICATION n.f. Fécondation d'un figuier cultivé, par le pollen d'un figuier sauvage.

CAPRIFOLIACÉE n.f. Plante dicotylédone, type chèvrefeuille.

CAPRIMULGIFORME n.m. Oiseau, type engoulevent.

CAPRIN, E 1. adj. Relatif à la chèvre. 2. n.m. Mammifère, type chèvre.

CAPRIPÈDE adj. et n. Qui a des pieds de chèvre.

CAPRIQUE adj. *Acide caprique :* acide décanoïque.

CAPROÏQUE adj. *Acide caproïque :* acide hexanoïque.

CAPROLACTAME n.m. Composé chimique servant à la fabrication des polyamides.

CAPRON n.m. Variété de fraise.

CAPRONIER n.m. **(= capronnier).**

CAPRONNIER n.m. → **capronier.**

CAPRYLIQUE adj. *Acide caprylique :* acide octanoïque.

CAPSAGE n.m. Alignement de feuilles de tabac devant être hachées.

CAPSELLE n.f. Plante des chemins.

CAPSIDE n.f. Enveloppe des virus.

CAPSIEN, ENNE adj. et n.m. Se dit d'un stade du paléolithique supérieur caractérisé par des outils retrouvés en Afrique du Nord.

CAPSULAGE n.m.

CAPSULAIRE adj. (Fruit) s'ouvrant de lui-même à la maturité.

CAPSULE n.f.

CAPSULER v. **10.**

CAPSULERIE n.f.

CAPSULEUSE n.f.

CAPSULITE n.f. *Méd.* Inflammation de la capsule d'une articulation.

CAPTABLE adj.

CAPTAGE n.m.

CAPTAL, S n.m. *Médiév.* Chef militaire gascon.

CAPTATEUR, TRICE n. *Dr.* Personne qui use de captation.

CAPTATIF, IVE adj. *Psych.* Possessif.

CAPTATION n.f. *Dr.* Manœuvre pour susciter une donation.

CAPTATIVITÉ n.f. *Psych.* Fait de se montrer possessif.

CAPTATOIRE adj. Ayant pour but la captation.

CAPTER v. **10.**

CAPTEUR n.m. Dispositif de détection d'un phénomène physique.

CAPTIEUSEMENT adv.

CAPTIEUX, EUSE adj. Qui cherche à tromper.

CAPTIF, IVE adj. et n.

CAPTIVANT, E adj.

CAPTIVER v. **10.**

CAPTIVITÉ n.f.

CAPTURE n.f.

CAPTURER v. **10.**

CAPUCE n.m. Capuchon de moine.

CAPUCHE n.f.

CAPUCHON n.m.

CAPUCHONNER v. **10.**

CAPUCIN, E n.

CAPUCINADE n.f. Tirade moralisatrice.

CAPUCINO [kapoutchinô] n.m. → **cappuccino.**

CAPULET n.m. *Anc.* Petit capuchon de femme.

CAPVERDIEN, ENNE adj. Du Cap-Vert (à l'ouest du Sénégal).

CAPYBARA n.m. *Zool.* Cabiai (rongeur).

CAQUAGE n.m.

CAQUE n.f. Barrique à harengs.

CAQUELON n.m. Poêlon.

CAQUER v. **10.** Mettre (des harengs) en caque.

CAQUET n.m.

CAQUETAGE n.m.

CAQUETANT, E adj.

CAQUÈTEMENT n.m.

CAQUETER v. **(p.p.inv.) 20** ou **21** (je caquette... ou je caquète...).

CAQUETEUR, EUSE n.

CAQUETOIRE n.f. *Hist.* Fauteuil bas à dossier haut.

CAQUEUR, EUSE n.

CAR n.m. et conj.

CARABE n.m. Insecte coléoptère.

CARABIDÉ n.m. Insecte coléoptère, type carabe.

CARABIN n.m. *Fam.* Étudiant en médecine.

CARABINE n.f.

CARABINÉ, E adj.

CARABINIER n.m.

CARABIQUE n.m. → **carabidé.**

CARABISTOUILLE n.f. *Belg.*, *Fam.* Blague.

CARACAL, S n.m. Lynx à oreilles noires et à robe fauve.

CARACASSIEN, ENNE adj. De Caracas (Venezuela).

CARACIN n.m. **(= carassin)** Poisson voisin de la carpe.

CARACO n.m. *Anc.* Blouse ample de femme.

CARACOLADE n.f. Fait de caracoler.

CARACOLE n.f. *Hipp.* Demi-tour.

CARACOLER v. **(p.p.inv.) 10.** Exécuter des caracoles, des sauts.

CARACTÈRE n.m.

CARACTÉRIEL, ELLE adj. et n.

CARACTÉRISATION n.f.

CARACTÉRISER v. **10.**

CARACTÉRISTIQUE adj. et n.f.

CARACTÉROLOGIE n.f. Science des caractères.

CARACUL [-l] n.m. **(= karakul)** Mouton asiatique à longue toison.

CARAFAGE n.m.

CARAFE n.f.

CARAFER v. **10.** Placer (un vin) dans une carafe pour l'oxygéner.

CARAFON n.m.

CARAÏBE adj. Antillais.

CARAÏTE adj. et n. **(= karaïte, qaraïte)** (Secte issue du judaïsme) qui ne reconnaît que la seule autorité de la Thora.

CARAMBA interj. *Anc.* Juron espagnol.

CARAMBOLAGE n.m.

CARAMBOLE n.f. Au billard, la boule rouge.

CARAMBOLER v. **10.** Heurter.

CARAMBOLIER n.m. Arbuste asiatique.

CARAMBOUILLAGE n.m. → **carambouille.**

CARAMBOUILLE n.f. Escroquerie consistant à revendre une marchandise impayée.

CARAMBOUILLER v. **(p.p.inv.) 10.**

CARAMBOUILLEUR, EUSE n.

CARAMEL n.m.

CARAMÉLÉ, E adj. Qui a le goût ou l'apparence du caramel.

CARAMÉLISATION n.f.

CARAMÉLISER v. **10.**

CARANGIDÉ n.m. Poisson, type carangue.

CARANGUE n.f. Grand poisson de mer.

CARAPACE n.f.

CARAPATER (SE) v. **10.** *Fam.* S'enfuir.

CARAQUE n.f. Ancien navire très haut sur l'eau.

CARASSE n.f. Empilage de colis de tabac.

CARASSIN n.m. → **caracin.**

CARAT n.m.

CARATE n.m. Maladie de peau, dans les régions tropicales.

CARAVAGESQUE adj. et n.

CARAVAGISME n.m. Conception et techniques artistiques inspirées du Caravage (peintre italien du XVIe s.).

CARAVAGISTE adj. et n.

CARAVANAGE n.m. Caravaning.

CARAVANE n.f.

CARAVANIER, ÈRE n.

CARAVANING n.m.

CARAVANNING n.m.

CARAVANSÉRAIL n.m. Hôtellerie servant d'abri aux caravanes, en Orient.

CARAVELLE n.f.

CARBAMATE n.m. Sel de l'acide carbamique.

CARBAMIQUE adj. *Acide carbamique :* le plus simple des acides aminés.

CARBET n.m. Case ouverte servant d'abri, aux Antilles.

CARBHÉMOGLOBINE n.f. Combinaison d'hémoglobine et de gaz carbonique.

CARBOCATION [t] n.m. *Chim.* Type de cation.

CARBOCHIMIE n.f. Chimie industrielle des dérivés du charbon.

CARBOCHIMIQUE adj.

CARBOGÈNE n.m. Mélange d'oxygène et de gaz carbonique.

CARBOGLACE n.f. (Nom déposé) Neige carbonique.

CARBONADE n.f. **(= carbonnade)** Viande grillée sur des charbons. – Ragoût de viande.

CARBONADO n.m. Diamant noir utilisé pour le forage.

CARBONARA | (À LA) loc. Façon de préparer les pâtes.

CARBONARI | → **carbonaro.**

CARBONARISME n.m. Société secrète libérale du XIXe s., en Italie.

CARBONARO (pl. **CARBONARI** ou **CARBONAROS**) n.m. Adepte du carbonarisme.

CARBONATATION n.f. Transformation en carbonate.

CARBONATE n.m. Sel ou ester de l'acide carbonique.

CARBONATER v. **10.**

CARBONATITE n.f. Roche magmatique constituée de carbonates.

CARBONE n.m.

CARBONÉ, E adj.

CARBONIFÈRE 1. adj. Qui contient du charbon. 2. n.m. *Géol.* Cinquième période du paléozoïque.

CARBONIQUE adj.

CARBONISAGE n.m. Élimination des impuretés de la laine à l'aide d'un acide.

CARBONISATEUR n.m. Appareil pour faire du charbon de bois.

CARBONISATION n.f.

CARBONISER v. **10.**

CARBONITRURER v. **10.** Durcir (un acier) par le carbone et l'azote.

CARBONNADE n.f. → **carbonade.**

CARBONYLE n.m. *Chim.* Radical carboné bivalent.

CARBONYLÉ, E adj.

CARBORANE n.m. Composé de bore, de carbone et d'hydrogène.

CARBORUNDUM [-r-on-dom] n.m. (Nom déposé) Carbure de silicium, utilisé comme abrasif.

CARBOXYLASE n.f. Enzyme contenue dans la levure.

CARBOXYLE n.m. *Chim.* Radical univalent.

CARBOXYLIQUE adj. (Acide) contenant le carboxyle.

CARBURANT, E adj. et n.m.

CARBURATEUR, TRICE adj. et n.m.

CARBURATION n.f.

CARBURE n.m. Combinaison de carbone et d'un autre corps simple.

CARBURÉACTEUR n.m. Combustible pour moteurs d'avions à réaction.

CARBURER v. **10.** Soumettre à l'action du carbone.

CARBUROL n.m. Carburant de substitution à l'essence.

CARCAILLER v. **(p.p.inv.) 10.** Crier, en parlant de la caille.

CARCAJOU n.m. Blaireau d'Amérique du Nord.

CARCAN n.m.

CARCASSE n.f.

CARCASSONNAIS, E adj. De Carcassonne.

CARCEL n.m. Lampe à huile inventée par Carcel en 1800.

CARCÉRAL, E, AUX adj. Relatif aux prisons.

CARCINOGÈNE adj. Cancérigène.

CARCINOGENÈSE n.f. → **cancérogenèse.**

CARCINOÏDE adj. Relatif au cancer.

CARCINOLOGIE n.f. Cancérologie.

CARCINOLOGIQUE adj.

CARCINOMATEUX, EUSE adj.

CARCINOME n.m. Variété de cancer.

CARCINOSE n.f. Dissémination d'un carcinome.

CARDAGE n.m.

CARDAMINE n.f. Plante des lieux humides.

CARDAMOME n.f. Plante aromatique d'Extrême-Orient.

CARDAN n.m. Articulation mécanique transmettant un mouvement.

CARDE n.f. Machine à peigner la laine.

CARDER v. **10.**

CARDÈRE n.f. Plante épineuse des lieux incultes.

CARDERIE n.f.

CARDEUR, EUSE n.

CARDIA n.m. Orifice de l'estomac qui le fait communiquer avec l'œsophage.

CARDIAL, E, AUX adj. Relatif au cardia.

CARDIALGIE n.f. Douleur de la région cardiaque.

CARDIALGIQUE adj. et n.

CARDIAQUE adj. et n.

CARDIATOMIE n.f. *Chir.* Incision des cavités cardiaques.

CARDIGAN n.m. Veste de tricot à manches longues.

CARDINAL, E, AUX adj. et n.m.

CARDINALAT n.m.

CARDINALICE adj. Propre aux cardinaux.

CARDINALISTE n.m. et adj. *Hist.* Partisan de Richelieu ou de Mazarin.

CARDINE n.f. Poisson marin plat.

CARDIO n.f. *Fam.* Cardiologie.

CARDIOGRAMME n.m.

CARDIOGRAPHE n.m. Appareil enregistrant les mouvements du cœur.

CARDIOGRAPHIE n.f.

CARDIOÏDE adj. En forme de cœur.

CARDIOLOGIE n.f.

CARDIOLOGIQUE adj.

CARDIOLOGUE n.

CARDIOMÉGALIE n.f. Augmentation du volume du cœur.

CARDIOMYOPATHIE n.f. Affection du muscle cardiaque.

CARDIOPATHIE n.f. Affection du cœur, en général.

CARDIOTHYRÉOSE n.f. Trouble cardiaque provoqué par une activité exagérée de la thyroïde.

CARDIOTOMIE n.f. Incision du cœur.

CARDIOTONIQUE n.m. et adj. Stimulant du cœur.

CARDITE n.f. Inflammation de la paroi du cœur.

CARDIUM n.m. Coquillage.

CARDON n.m. Plante comestible voisine de l'artichaut.

CARÉLIEN, ENNE adj. De Carélie (Russie).

CARÊME n.m. *Rel.* Période de privation précédant Pâques.

CARÉNAGE n.m. Nettoyage de la carène d'un navire.

CARENCE n.f.

CARENCER v. **13.** Priver d'éléments nutritifs.

CARÈNE n.f. Partie immergée de la coque d'un navire.

CARÉNER v. **12.**

CARENTIEL, ELLE adj. Relatif à une carence.

CARESSANT, E adj.

CARESSE n.f.

CARESSER v. **10.**

CARESSEUR, EUSE adj. et n.

CARET n.m. Tortue marine. – *Text.* Dévidoir.

CAREX n.m. Plante des régions humides (laîche).

CARGAISON n.f.

CARGNEULE n.f. *Géol.* Dolomie impure.

CARGO n.m.

CARGUER v. **10.** Serrer (une voile) autour de la vergue.

CARI n.m. **(= carry, cary, curry)** Mélange d'épices indiennes.

CARIACOU n.m. Cerf de certaines régions d'Amérique.

CARIANT, E adj. Qui provoque des caries.

CARIATIDE n.f. **(= caryatide)** Statue de femme supportant une corniche.

CARIBE adj. et n.m. (Langue indienne) d'Amérique latine.

CARIBÉEN, ENNE adj. De la Caraïbe.

CARIBOU n.m. Renne du Canada.

CARICATURAL, E, AUX adj.

CARICATURE n.f.

CARICATURER v. **10.**

CARICATURISTE n.

CARICOLE n.f. *Belg.* Bigorneau.

CARIE n.f.

CARIER v. **15.**

CARIEUX, EUSE adj. De la carie dentaire.

CARIGNAN, E n. Cépage du Midi.

CARILLON n.m.

CARILLONNEMENT n.m.

CARILLONNER v. **10.** Annoncer par un carillon.

CARILLONNEUR, EUSE n.

CARINATE n.m. Oiseau dont le sternum est muni d'un bréchet.

CARIOCA adj. De Rio de Janeiro (Brésil).

CARIOGÈNE adj. → **cariant.**

CARIOGENÈSE n.f. Processus de formation d'une carie.

CARISTE n.m. Conducteur de chariots motorisés.

CARITATIF, IVE adj. Qui a pour but l'aide matérielle ou morale.

CARLIN n.m. Ancienne monnaie d'Italie. – Chien au museau aplati.

CARLINE n.f. Espèce de chardon.

CARLINGUE n.f.

CARLINGUIER n.m. Ouvrier qui monte les carlingues.

CARLISME n.m. Attachement à la politique de don Carlos, prétendant au trône d'Espagne (XIXe s.).

CARLISTE adj. et n.

CARMAGNOLE n.f. Chanson populaire révolutionnaire sous la Terreur.

CARME n.m. Religieux de l'ordre du Carmel.

CARMEL n.m. Couvent des Carmes.

CARMELINE adj.f. et n.f. (Laine) de vigogne.

CARMÉLITE n.f. Religieuse de l'ordre du Carmel.

CARMIN adj. et n.m.

CARMINATIF, IVE adj. Qui expulse les gaz du tube digestif.

CARMINER v. **10.** Teindre avec du carmin.

CARNAGE n.m.

CARNASSIER, ÈRE adj., n.m. et n.f.

CARNATION n.f. Teint de la peau.

CARNAU, X n.m. **(= carneau)** Conduit d'un four allant du foyer à la cheminée.

CARNAUBA n.m. Palmier brésilien dont les feuilles sécrètent une cire utilisée dans l'industrie.

CARNAVAL, S n.m.

CARNAVALESQUE adj.

CARNE n.f. *Fam.* Viande dure.

CARNÉ, E adj. Composé de viande.

CARNEAU, X n.m. → **carnau.**

CARNÈLE n.f. Bordure qui entoure la légende, dans certaines monnaies.

CARNET n.m.

CARNETTISTE n. Personne qui tient un carnet de voyage.

CARNIEN, ENNE n.m. et adj. *Géol.* Étage du trias supérieur.

CARNIER n.m. Sac pour le gibier.

CARNIFICATION n.f.

CARNIFIER (SE) v. **15.** Prendre l'apparence du tissu musculaire.

CARNISATION n.f. Carnification.

CARNIVORE adj. et n.

CARNOTSET [karnotsè] n.m. **(= carnotzet)** *Helv.* Lieu aménagé pour boire entre amis.

CARNOTZET [karnotsè] n.m. → **carnotset.**

CAROGNE n.f. Mauvais cheval. – Mégère.

CAROLIN, E adj. De Charlemagne.

CAROLINGIEN, ENNE adj. De la dynastie de Charlemagne.

CAROLO adj. → **carolorégien.**

CAROLOMACÉRIEN, ENNE adj. De Charleville-Mézières.

CAROLORÉGIEN, ENNE adj. De Charleroi (Belgique).

CAROLUS n.m. Ancienne monnaie.

CARONADE n.f. Ancien canon de marine.

CARONCULE n.f. *Anat.* Excroissance charnue.

CARONCULÉ, E adj.

CAROTÈNE n.m. Pigment jaune orangé que l'on trouve chez certains animaux et végétaux.

CAROTÉNOÏDE n.m. *Biol.* Composé apparenté aux carotènes.

CAROTIDE n.f. et adj. Artère qui conduit le sang du cœur à la tête.

CAROTIDIEN, ENNE adj.

CAROTTAGE n.m. Extraction d'un échantillon cylindrique d'un terrain.

CAROTTE n.f.

CAROTTER v. **10.** *Fam.* Extorquer par la ruse ou le mensonge.

CAROTTEUR, EUSE adj. et n.

CAROTTIER, ÈRE adj. et n.

CAROUBE n.f. **(= carouge)** Fruit du caroubier.

CAROUBIER n.m. Arbre méditerranéen à feuilles persistantes.

CAROUGE n.f. → **caroube.**

CARPACCIO [-tchyô] n.m. Préparation de viande crue marinée.

CARPATIQUE adj. Relatif aux Carpates (Europe centrale).

CARPE 1. n.f. 2. n.m. Ensemble des os du poignet.

CARPÉ, E adj. (Poisson) ayant certains caractères de la carpe.

CARPEAU, X n.m. Jeune carpe.

CARPELLAIRE adj.

CARPELLE n.m. Chacun des éléments du pistil d'une fleur.

CARPETBAGGER [karpètbageur] n.m. *Hist., Péj.* Nordiste venu s'installer dans le sud des États-Unis après la guerre de Sécession.

CARPETTE n.f.

CARPETTIER n.m. Tisseur de tapis.

CARPHOLOGIE n.f. *Méd.* Mouvements incontrôlés des mains.

CARPHOLOGIQUE adj.

CARPICULTEUR, TRICE n.

CARPICULTURE n.f. Élevage de la carpe.

CARPIEN, ENNE adj. Relatif au carpe.

CARPILLON n.m. Très petite carpe.

CARPISTE n. Pêcheur de carpes.

CARPOCAPSE n.m. ou f. Papillon dont la chenille se développe dans les fruits.

CARPOLOGIE n.f. Étude des fruits.

CARPOPHORE n.m. Chapeau et pied d'un champignon.

CARQUOIS n.m.

CARRAGHEEN [-gèn] n.m. Algue comestible.

CARRARE n.m. Marbre blanc de Carrare (Italie).

CARRE n.f. Baguette d'acier sur les bords d'un ski.

CARRÉ, E adj., n.m. et n.f.

CARREAU, X n.m.

CARREAUTÉ, E adj. *Québ.* Se dit d'un tissu ou d'une étoffe à carreaux.

CARREFOUR n.m.

CARRELAGE n.m.

CARRELER v. **22** (je carrelle...) Paver avec des carreaux.

CARRELET n.m. Poisson. – Filet de pêche carré.

CARRELEUR, EUSE n.

CARRÉMENT adv.

CARRER (SE) v. **10.** S'installer confortablement.

CARRICK n.m. Redingote à plusieurs collets.

CARRIER n.m. Exploitant ou ouvrier d'une carrière.

CARRIÈRE n.f.

CARRIÉRISME n.m. Arrivisme.

CARRIÉRISTE n.

CARRIOLE n.f.

CARROM n.m. Billard indien.

CARRON n.m. *Helv.* Grosse brique.

CARROSSABLE adj.

CARROSSAGE n.m.

CARROSSE n.m.

CARROSSER v. **10.**

CARROSSERIE n.f.

CARROSSIER n.m.

CARROUSEL [-zèl] n.m. Parade hippique. – *Belg., Helv.* Manège forain.

CARROYAGE n.m.

CARROYER v. **27.** Quadriller (un plan, une carte).

CARRURE n.f.

CARRY n.m. → **cari.**

CARTABLE n.m.

CARTAYER v. **(p.p.inv.) 24.** Conduire une voiture de manière à éviter les ornières.

CARTE n.f.

CARTEL n.m. *Écon., Pol.* Entente.

CARTELETTE n.f. Petite ardoise.

CARTELLISATION n.f.

CARTELLISER v. **10.** Grouper (des entreprises) en cartels.

CARTER [kartèr] n.m. *Méc.* Protection métallique.

CARTER v. **10.** Enrouler (du fil) sur un rectangle de carton.

CARTERIE n.f. (Nom déposé) Établissement qui vend des cartes postales.

CARTÉSIANISME n.m.

CARTÉSIEN, ENNE adj. et n. Relatif à Descartes. – Rationnel.

CARTHAGÈNE n.f. Vin cuit additionné d'alcool.

CARTHAGINOIS, E adj. *Antiq.* De Carthage (Afrique du Nord).

CARTHAME n.m. Plante autrefois employée en teinturerie.

CARTIER n.m. Fabricant de cartes à jouer.

CARTILAGE n.m.

CARTILAGINEUX, EUSE adj.

CARTISANE n.f. Morceau de carton couvert de fil d'or ou d'argent, utilisé dans la dentelle.

CARTOGRAMME n.m. Schéma cartographique.

CARTOGRAPHE n. Personne qui réalise des cartes de géographie.

CARTOGRAPHIE n.f.

CARTOGRAPHIER v. **15.**

CARTOGRAPHIQUE adj.

CARTOMANCIE n.f.

CARTOMANCIEN, ENNE n.

CARTON n.m.

CARTONNAGE n.m.

CARTONNER v. **10.**

CARTONNERIE n.f.

CARTONNETTE n.f. Petit emballage en carton.

CARTONNEUX, EUSE adj.

CARTONNIER, ÈRE n.

CARTOON [ou] n.m. Dessin animé. – Bande dessinée.

CARTOONESQUE [ou] adj.

CARTOONISTE [ou] n. Personne qui dessine des cartoons.

CARTOPHILE n. Collectionneur de cartes postales.

CARTOPHILIE n.f.

CARTOPHILISTE n. → **cartophile.**

CARTOTHÈQUE n.f. Local où sont conservées les cartes de géographie.

CARTOUCHARD, E n. *Sén.* Étudiant qui a cartouché.

CARTOUCHE n.m. et n.f.

CARTOUCHER v. **(p.p.inv.) 10.** *Sén.* Échouer à un examen sans pouvoir s'y représenter.

CARTOUCHERIE n.f.

CARTOUCHIÈRE n.f.

CARTULAIRE n.m. Recueil de titres de propriété d'un monastère.

CARVA n.m. L'École polytechnique. – Polytechnicien.

CARVI n.m. Plante dont les graines sont utilisées comme condiment.

CARY n.m. → **cari.**

CARYATIDE n.f. → **cariatide.**

CARYER n.m. Noyer d'Amérique.

CARYOCINÈSE n.f. Mode usuel de division de la cellule vivante.

CARYOGAMIE n.f. Fusion des noyaux du gamète mâle et du gamète femelle.

CARYOLYSE n.f. *Biol.* Destruction du noyau d'une cellule.

CARYOLYTIQUE adj. et n.m. (Médicament) anticancéreux.

CARYOPHYLLACÉE n.f. Plante dicotylédone, type œillet.

CARYOPHYLLÉ, E adj. et n.f. (Fleur) à cinq pétales.

CARYOPSE n.m. Fruit sec dont le péricarpe adhère à la graine.

CARYOTYPE n.m. Arrangement des chromosomes d'une cellule.

CAS n.m.

CASABLANCAIS, E adj. De Casablanca (Maroc).

CASAMANÇAIS, E adj. De Casamance (Sénégal).

CASANIER, ÈRE adj. et n.

CASANOVA n.m. Séducteur.

CASAQUE n.f.

CASAQUIN n.m. *Vx.* Corsage de femme.

CASBAH n.f. En Afrique du Nord, citadelle ou palais d'un souverain. – Quartier qui entoure ce palais.

CASCABELLE n.f. Ensemble des plaques de la queue d'un serpent à sonnette.

CASCADE n.f.

CASCADER v. **(p.p.inv.) 10.** Faire le cascadeur.

CASCADEUR, EUSE adj. et n.

CASCARA n.f. Purgatif provenant de l'écorce d'un arbre de l'Amérique du Nord.

CASCATELLE n.f. Petite cascade.

CASCHER ❙ [-èr] adj. → **cacher** adj.

CASCO n.f. *Helv.* Assurance tous risques.

CASE n.f.

CASÉATION n.f. Transformation en fromage.

CASÉEUX, EUSE adj. De la nature du fromage. – Qui a l'aspect du fromage.

CASÉIFICATION n.f. → **caséation.**

CASÉIFIER v. **15.** Transformer (du lait) en fromage.

CASÉINE n.f. Substance protéique, constituant principal du fromage.

CASEMATE n.f. Abri enterré d'un fort.

CASEMATER v. **10.** Garnir de casemates.

CASER v. **10.**

CASERET, ETTE n. Moule à fromage.

CASERNE n.f.

CASERNEMENT n.m. Ensemble des constructions d'une caserne.

CASERNER v. **10.** Loger dans une caserne.

CASERNIER n.m. Militaire chargé du matériel d'un casernement.

CASETTE n.f. **(= cazette)** Dispositif protégeant les poteries en cours de cuisson.

CASEYEUR n.m. Bateau équipé pour la pêche à l'aide de casiers.

CASH 1. n.m. Argent liquide. 2. adv.

CASHER ❙ [-èr] adj. → **cacher** adj.

CASHMERE [kachmir] n.m. → **cachemire.**

CASIER n.m.

CASILLEUX, EUSE adj. (Verre) qui se casse au lieu de se couper sous le diamant.

CASIMIR n.m. *Vx.* Étoffe de laine légère.

CASING [kézing] n.m. Caisson calorifuge étanche d'une chaudière.

CASINO n.m.

CASINOTIER, ÈRE n. Propriétaire, exploitant d'un casino.

CASOAR n.m. Oiseau coureur d'Australie. – Plumet ornant le schako des saint-cyriens.

CASQUE n.m.

CASQUER v. **10.** Coiffer d'un casque. – *Fam.* Payer.

CASQUETTE n.f.

CASQUETTERIE n.f.

CASQUETTIER, ÈRE n.

CASSABLE adj.

CASSAGE n.m.

CASSANDRE n.f. *Vx.* Personnage proférant de sombres prédictions auxquelles personne ne croit.

CASSANT, E adj.

CASSATE n.f. Glace aux fruits confits.

CASSATION n.f.

CASSAVE n.f. Galette de manioc.

CASSE n.m. et n.f.

CASSEAU, X n.m. *Impr.* Compartiment contenant des caractères spéciaux.

CASSEMENT n.m.

CASSER v. **10.**

CASSERIE n.f. Atelier où l'on cassait le sucre en morceaux réguliers.

CASSEROLE n.f.

CASSEROLÉE n.f.

CASSETIN n.m. *Impr.* Compartiment contenant des caractères.

CASSETTE n.f.

CASSETTOTHÈQUE n.f.

CASSEUR, EUSE adj. et n.

CASSIE n.f. **(= cassier)** Arbre des Antilles.

CASSIER n.m. → **cassie.**

CASSIN n.m. *Helv.* Cloque, durillon.

CASSINE n.f. *Vx.* Petite maison.

CASSIS n.m.

CASSISSIER n.m.

CASSITÉRITE n.f. Principal minerai d'étain.

CASSOLETTE n.f. Brûle-parfums. – Petit récipient pour la cuisson au four des aliments.

CASSON n.m. Pain de sucre informe.

CASSONADE n.f. Sucre non raffiné.

CASSOT n.m. *Québ.* Petit cageot.

CASSOULET n.m.

CASSURE n.f.

CASTAGNE n.f. *Arg.* Bagarre.

CASTAGNER v. **10.** Rosser.

CASTAGNETTES n.f.pl.

CASTAR, CASTARDE adj. et n. **(= castard)** *Belg.* Formidable, costaud.

CASTARD, E adj. et n. → **castar.**

CASTE n.f.

CASTEL n.m. Petit manoir.

CASTELET n.m. Petit théâtre de marionnettes.

CASTELPERRONIEN, ENNE adj. et n.m. → **châtelperronien.**

CASTELROUSSIN, E adj. De Châteauroux.

CASTER v. **10.** Sélectionner (des acteurs) pour un spectacle, un film.

CASTEUR, EUSE n. Responsable d'un casting.

CASTILLAN, E adj. et n.m. De Castille (Espagne).

CASTILLE n.f. Groseille.

CASTINE n.f. Calcaire utilisé dans la fabrication de la fonte.

CASTING n.m.

CASTOR n.m.

CASTORETTE n.f. Imitation de peau de castor.

CASTORÉUM n.m. Sécrétion du castor, utilisée en pharmacie.

CASTORINE n.f. Étoffe de laine et de poils de castor.

CASTRA → **castrum.**

CASTRAIS, E adj. De Castres.

CASTRAMÉTATION n.f. *Antiq.* Art de choisir et d'installer un camp.

CASTRAT n.m.

CASTRATEUR, TRICE adj.

CASTRATION n.f.

CASTRER v. **10.**

CASTRISME n.m. Doctrine de Fidel Castro.

CASTRISTE adj. et n.

CASTRUM (pl. **CASTRA** ou **CASTRUMS**) n.m. *Hist.* Petite ville fortifiée.

CASUAL, S [kazwal] adj. et n.m. (Vêtement) décontracté.

CASUARINA [zu] n.m. Grand arbre d'Australie au bois très dur.

CASUEL, ELLE 1. adj. Soumis au hasard. 2. n.m. Revenu aléatoire.

CASUISTE n.m. Théologien qui s'occupe des cas de conscience.

CASUISTIQUE n.f.

CATA n.f. *Fam.* Catastrophe.

CATABATIQUE adj. (Vent) descendant des glaciers.

CATABOLIQUE adj.

CATABOLISME n.m. Transformation des matières organiques en énergie.

CATABOLITE n.m. Substance formée au cours du catabolisme.

CATACHRÈSE n.f. Sorte de métaphore.

CATACLYSMAL, E, AUX adj.

CATACLYSME n.m.

CATACLYSMIQUE adj.

CATACOMBE n.f.

CATADIOPTRE n.m. Dispositif réfléchissant la lumière.

CATADIOPTRIQUE adj. et n.f.

CATADROME adj. (Poisson fluvial) qui descend en mer pour frayer.

CATAFALQUE n.m. Estrade funéraire.

CATAGÈNE adj. *Biol.* Se dit de la phase de régression d'un tissu.

CATAGENÈSE n.f. *Biol.* Évolution marquée par la perte d'organes ou de fonctions.

CATAIRE n.f. **(= chataire)** Plante des décombres, dont l'odeur attire les chats.

CATALAN, E adj. et n.m. De Catalogne (Espagne).

CATALASE n.f. *Chim.* Enzyme.

CATALECTIQUE adj. (Vers) qui se termine par un pied incomplet.

CATALEPSIE n.f. Altération du tonus musculaire avec conservation de mouvements passifs.

CATALEPTIQUE adj. et n.

CATALOGAGE n.m.

CATALOGNE n.f. *Québ.* Étoffe tissée d'une façon artisanale.

CATALOGUE n.m.

CATALOGUER v. **10.**

CATALOGUEUR n.m. Personne qui fait des catalogues.

CATALPA n.m. Arbre à larges feuilles et à fleurs en grappes.

CATALYSE n.f. *Chim.* Action d'un agent qui déclenche ou accélère une réaction.

CATALYSER v. **10.**

CATALYSEUR n.m. et adj.m. Substance qui provoque la catalyse.

CATALYTIQUE adj.

CATAMARAN n.m. Bateau à deux coques accouplées.

CATAMÉNIAL, E, AUX adj. Relatif à la menstruation.

CATAPHORÈSE n.f. Déplacement d'ions par l'action d'un courant électrique.

CATAPHOTE n.m. (Nom déposé) Catadioptre.

CATAPHRACTE n.f. *Antiq.* Armure faite d'une peau où étaient cousues des écailles de métal.

CATAPLASME n.m. Emplâtre médicinal destiné à combattre une inflammation.

CATAPLECTIQUE adj. et n.

CATAPLEXIE n.f. Perte du tonus musculaire sous l'effet d'une forte émotion.

CATAPULTAGE n.m.

CATAPULTE n.f.

CATAPULTER v. **10.**

CATARACTE n.f.

CATARHINIEN n.m. Singe, type babouin.

CATARRHAL, E, AUX adj. Relatif au catarrhe.

CATARRHE n.m. Inflammation des muqueuses accompagnée d'hypersécrétion.

CATARRHEUX, EUSE adj. et n. Sujet au catarrhe.

CATARRHINIEN n.m. → **catarhinien.**

CATASTASE n.f. *Antiq.* Troisième partie de la tragédie, où se prépare la catastrophe.

CATASTROPHE n.f.

CATASTROPHER v. **10.**

CATASTROPHIQUE adj.

CATASTROPHISME n.m. Tendance à prévoir toujours le pire.

CATASTROPHISTE adj.

CATATONIE n.f. *Psych.* État d'inertie et de négativisme.

CATATONIQUE adj. et n.

CATCH n.m.

CATCHER v. **(p.p.inv.) 10.**

CATCHEUR, EUSE n.

CATÉ n.m. *Fam.* Catéchisme.

CATÉCHÈSE n.f. Instruction religieuse.

CATÉCHÈTE n. Personne qui enseigne la catéchèse.

CATÉCHÉTIQUE adj. et n.f.

CATÉCHINE n.f. *Chim.* Composé extrait du cachou.

CATÉCHISATION n.f.

CATÉCHISER v. **10.**

CATÉCHISME n.m.

CATÉCHISTE n. Personne qui enseigne le catéchisme.

CATÉCHISTIQUE adj.

CATÉCHOL [-chol] ou [-kol] n.m. → **catéchine.**

CATÉCHOLAMINE [k] n.f. *Physiol.* Neuromédiateur.

CATÉCHUMÉNAT [ku] n.m.

CATÉCHUMÈNE [ku] n. Néophyte que l'on instruit en vue du baptême.

CATÉGORÈME n.m. *Philos.* Notion universelle.

CATÉGORICITÉ n.f. Qualité de ce qui est ou peut être catégorique.

CATÉGORIE n.f.

CATÉGORIEL, ELLE adj. Propre à une catégorie de personnes.

CATÉGORIQUE adj.

CATÉGORIQUEMENT adv.

CATÉGORISABLE adj.

CATÉGORISATION n.f.

CATÉGORISER v. **10.** Ranger dans une catégorie.

CATELLE n.f. *Helv.* Carreau vernissé.

CATÉNAIRE adj. et n.f.

CATÉNANE n.f. *Biol.* Assemblage de molécules liées comme les anneaux d'une chaîne.

CATERGOL n.m. Propergol pouvant libérer beaucoup d'énergie par catalyse.

CATGUT [katgut] n.m. *Chir.* Fil qui se résorbe spontanément.

CATHARE n. et adj. *Rel.* Adepte d'une secte prêchant la pureté.

CATHARISME n.m.

CATHARSIS [-s] n.f. *Philos.* Purgation des passions par le théâtre. – *Psych.* Libération de sentiments refoulés.

CATHARTIQUE adj.

CATHÉDRAL, E, AUX 1. adj. Épiscopal. 2. n.f.

CATHÈDRE n.f. Siège liturgique.

CATHEPSINE [katè-] n.f. *Biochim.* Enzyme qui dégrade les protéines.

CATHERINETTE n.f. Jeune fille qui fête la Sainte-Catherine.

CATHÈTE n.f. Dans un triangle rectangle, côté adjacent à l'angle droit.

CATHÉTER [katétèr] n.m. *Méd.* Sonde creuse introduite dans un canal naturel.

CATHÉTÉRISER v. **10.** *Méd.* Sonder (un canal naturel) à l'aide d'un cathéter.

CATHÉTÉRISME n.m. Exploration d'un canal à l'aide d'un cathéter.

CATHÉTOMÈTRE n.m. *Phys.* Instrument mesurant la distance verticale de deux points.

CATHO n. *Fam.* Catholique.

CATHODE n.f. Électrode négative.

CATHODIQUE adj.

CATHOLICISANT, E adj.

CATHOLICISER v. **10.**

CATHOLICISME n.m.

CATHOLICITÉ n.f.

CATHOLICOS [-s] n.m. Chef religieux d'une Église orientale.

CATHOLIQUE adj. et n.

CATHOLIQUEMENT adv.

CATILINAIRE n.f. Violent réquisitoire.

CATILLAC n.m. Poire d'hiver, bonne à cuire.

CATIMINI | (EN) loc. En cachette.

CATIN n.f. *Vx.* Femme de mauvaises mœurs.

CATINER v. **10.** *Québ.* Jouer à la poupée, dorloter.

CATION [katy-on] n.m. Ion chargé positivement.

CATIONIQUE adj.

CATIR v. **40.** Lustrer (une étoffe).

CATISSAGE n.m.

CATISSEUR, EUSE adj. et n.

CATLEYA n.m. **(= cattleya)** Sorte d'orchidée.

CATOBLÉPAS [-s] n.m. Animal fabuleux.

CATOGAN n.m. → **cadogan.**

CATOPTRIQUE adj. et n.f. (Partie de l'optique) qui traite de la réflexion de la lumière.

CATTLEYA n.m. → **catleya.**

CAUCASIEN, ENNE adj. Du Caucase.

CAUCASIQUE adj. De la chaîne du Caucase.

CAUCHEMAR n.m.

CAUCHEMARDER v. **(p.p.inv.) 10.**

CAUCHEMARDESQUE adj.

CAUCHEMARDEUX, EUSE adj.

CAUCHEMARESQUE adj.

CAUCHOIS, E adj. Du pays de Caux.

CAUCUS n.m. *Québ.* Réunion de stratégie des parlementaires d'un même parti.

CAUDAL, E, AUX adj. et n.f. Relatif à la queue.

CAUDATAIRE n.m. Celui qui porte la queue de la robe d'un prélat. – Flatteur.

CAUDÉ, E adj. *Anat.* En forme de queue.

CAUDILLO [k(a)ôdiyô] n.m. Chef militaire, en Espagne.

CAUDINES adj.f.pl. *Fourches caudines :* situation très humiliante.

CAUDRETTE n.f. Filet à crustacés en forme de poche.

CAULERPE n.f. Algue verte proliférant en Méditerranée.

CAULESCENT, E adj. *Bot.* Qui a une tige apparente.

CAULICOLE n.f. *Arch.* Sur un chapiteau corinthien, tige s'enroulant en volute.

CAULINAIRE adj. *Bot.* Relatif à la tige.

CAURI n.m. Coquillage.

CAUSAL, E (pl. **CAUSALS** ou **CAUSAUX**) 1. adj. Qui indique un rapport de cause à effet. 2. n.f.

CAUSALGIE n.f. Douleur donnant une impression de brûlure.

CAUSALISME n.m. Théorie de la causalité.

CAUSALITÉ n.f. Rapport d'une cause à un effet.

CAUSANT, E adj.

CAUSATIF, IVE adj. *Ling.* (Verbe) qui indique que le sujet fait faire une action.

CAUSE n.f.

CAUSER v. **10.**

CAUSERIE n.f.

CAUSETTE n.f.

CAUSEUR, EUSE adj. et n.

CAUSSE n.m. Plateau calcaire du centre et du sud de la France.

CAUSSENARD, E adj. Des Causses.

CAUSTICITÉ n.f.

CAUSTIFICATION n.f. Transformation d'une solution de carbonate alcalin par l'action de la chaux vive.

CAUSTIQUE adj. et n.m.

CAUSTIQUEMENT adv.

CAUTÈLE n.f. *Litt.* Prudence mêlée de ruse.

CAUTELEUSEMENT adv.

CAUTELEUX, EUSE adj.

CAUTÈRE n.m. *Méd.* Instrument pour brûler les tissus.

CAUTÉRISATION n.f.

CAUTÉRISER v. **10.**

CAUTION n.f.

CAUTIONNEMENT n.m.

CAUTIONNER v. **10.**

CAVAGE n.m. Excavation.

CAVAILLON n.m. Variété de melon.

CAVALCADE n.f.

CAVALCADER v. **(p.p.inv.) 10.**

CAVALCADOUR adj.m. (Écuyer) s'occupant des chevaux du roi.

CAVALE n.f.

CAVALER v. **10.** Courir. – Ennuyer.

CAVALERIE n.f.

CAVALEUR, EUSE adj. et n.

CAVALIER, ÈRE adj. et n.

CAVALIÈREMENT adv.

CAVATINE n.f. Pièce vocale à une seule voix, dans un opéra.

CAVE adj., n.m. et n.f.

CAVEAU, X n.m.

CAVEÇON n.m. Demi-cercle de métal fixé sur le nez d'un cheval pour le dressage.

CAVER v. **10.** Creuser.

CAVERNE n.f.

CAVERNEUX, EUSE adj.

CAVERNICOLE adj. et n.m. Qui vit dans les cavernes.

CAVET n.m. Moulure concave.

CAVIAR n.m.

CAVIARDAGE n.m.

CAVIARDER v. **10.** Censurer.

CAVICOLE adj. (Parasite) vivant dans les cavités naturelles des animaux.

CAVICORNE adj. et n.m. (Ruminant) à cornes creuses.

CAVISTE n. Spécialiste des vins en cave.

CAVITAIRE adj. Relatif à une caverne pulmonaire.

CAVITATION n.f. Formation de cavités de gaz dans un liquide en mouvement.

CAVITÉ n.f.

CAVUM n.m. Rhinopharynx.

CAWCHER **|** [-èr] adj. → **cacher** adj.

CAYE [kè] n.f. Îlot corallien.

CAYENNAIS, E adj. De Cayenne (Guyane).

CAYENNE n.m. Poivre de Cayenne.

CAYEU, X n.m. → **caïeu.**

CAYON [kay-on] n.m. → **caïon.**

CAZETTE n.f. → **casette.**

CE adj.dém. et pr.dém.

CÉANS adv. *Vx.* Ici, dedans.

CÈBE n.f. Oignon.

CÉBETTE n.f. Oignon encore vert.

CÉBIDÉ n.m. Singe d'Amérique à queue prenante.

CÉBISTE n. **(= cibiste)** Utilisateur de la *citizen band.*

CEBUANO [sébwanô] n.m. Langue indonésienne des Philippines.

CECI **|** pr.dém.

CÉCIDIE n.f. Galle des végétaux.

CÉCIDOMYIE n.f. Moucheron nuisible aux plantes.

CÉCILIE n.f. Batracien aveugle de l'Amérique du Sud.

CÉCITÉ n.f.

CÉDANT, E adj. et n. *Dr.* Qui cède son droit.

CÉDER v. **12.**

CÉDÉROM n.m.

CÉDÉTISTE adj. et n. De la Confédération française démocratique du travail.

CEDEX n.m. Courrier d'entreprise à distribution exceptionnelle.

CEDI [é] n.m. Unité monétaire du Ghana.

CÉDILLE n.f.

CÉDRAIE n.f. Lieu planté de cèdres.

CÉDRAT n.m. Fruit du cédratier.

CÉDRATIER n.m. Sorte de citronnier.

CÈDRE n.m.

CÉDRIÈRE n.f. *Québ.* Lieu planté de cèdres.

CÉDULAIRE adj.

CÉDULE n.f. Catégorie de revenus résultant de la classification opérée par le fisc.

CÉGEP n.m. *Québ.* Collège d'enseignement général et professionnel.

CÉGÉPIEN, ENNE n. *Québ.* Élève fréquentant un cégep.

CÉGÉSIMAL, E, AUX adj. Relatif à un système physique qui utilise le centimètre, le gramme et la seconde comme unités de base.

CÉGÉTISTE adj. et n. De la Confédération générale du travail.

CEIGNE... → **ceindre 92.**

CEINDRE v. **92.**

CEINTURAGE n.m.

CEINTURE n.f.

CEINTURER v. **10.**

CEINTURON n.m.

CELA pr.dém. (inv. mais **celer** v.).

CÉLADON n.m. et adj. Porcelaine d'Extrême-Orient de couleur vert pâle.

CÉLASTRACÉE n.f. Plante dicotylédone, type fusain.

CÉLÉBRANT n.m. Prêtre qui dit la messe.

CÉLÉBRATION n.f.

CÉLÈBRE adj.

CÉLÉBRER v. **12.**

CELEBRET **|** [sélébrèt] n.m. Autorisation pour un prêtre de dire la messe en tout lieu.

CÉLÉBRISSIME adj.

CÉLÉBRITÉ n.f.

CELER v. **23** (je cèle...) Cacher.

CÉLERI n.m.

CÉLÉRIFÈRE n.m. Véhicule à deux roues, ancêtre de la bicyclette.

CÉLÉRITÉ n.f.

CÉLESTA n.m. Instrument de musique à percussion.

CÉLESTE adj.

CÉLESTIN n.m. Religieux d'un ordre fondé au XIIIe s.

CÉLESTINE n.f. Sulfate naturel de strontium.

CÉLIBAT n.m.

CÉLIBATAIRE adj. et n.

CÉLIBATTANT, E n. et adj. *Fam.* Célibataire dynamique.

CÉLINIEN, ENNE adj. De Céline (écrivain français).

CÉLIOSCOPIE n.f. → **cœlioscopie.**

CÉLIOSCOPIQUE adj.

CELLA (pl. **CELLAE** [-é] ou **CELLAS**) n.f. *Antiq.* Salle centrale du temple.

CELLAE ❙ [-é] → **cella.**

CELLE, CELLES pr.dém.

CELLÉRERIE n.f. Office de cellérier.

CELLÉRIER, ÈRE n. Économe dans un couvent.

CELLIER n.m.

CELLISTE n. Violoncelliste.

CELLOPHANE n.f. (Nom déposé).

CELLULAIRE adj.

CELLULAR n.m. Tissu à grandes mailles.

CELLULASE n.f. Enzyme qui hydrolyse la cellulose.

CELLULE n.f.

CELLULEUX, EUSE adj. Divisé en cellules.

CELLULITE n.f.

CELLULITIQUE adj.

CELLULOÏD n.m. (Nom déposé) Matière plastique très inflammable.

CELLULOSE n.f. Constituant des parois cellulaires végétales.

CELLULOSIQUE adj.

CÉLOSIE n.f. Plante proche de l'amarante.

CELSIUS adj. *Degré Celsius :* unité de mesure de température.

CELTE adj. et n.m.

CELTIBÈRE adj. D'un ancien peuple d'Espagne.

CELTIQUE adj. et n.m.

CELTISANT, E n. et adj. Spécialiste de l'histoire et de la langue celtiques.

CELTISME n.m. Adhésion aux traditions celtes.

CELTISTE n. et adj. → **celtisant.**

CELTIUM [sèltyom] n.m. *Vx.* Hafnium (métal rare).

CELUI (pl. **CEUX**) pr.dém.

CEMBRO [sèmbro] n.m. Pin aux graines comestibles.

CÉMENT n.m. Tissu dur recouvrant les racines des dents. – Substance utilisée pour durcir la surface d'un métal par traitement à chaud.

CÉMENTATION n.f.

CÉMENTER v. **10.** Chauffer (une pièce métallique) au contact d'un cément.

CÉMENTEUX, EUSE adj.

CÉMENTITE n.f. Carbure de fer.

CÉNACLE n.m. Lieu où se déroula la Cène. – Cercle restreint d'écrivains ou d'artistes.

CENDRE n.f.

CENDRÉ, E adj. et n.f.

CENDRER v. **10.** Donner la couleur de la cendre. – Couvrir de cendre.

CENDREUX, EUSE adj.

CENDRIER n.m.

CENDRILLON n.f. *Vx.* Femme reléguée aux travaux ménagers pénibles.

CÈNE n.f. Dernier repas du Christ et de ses apôtres, la veille de la Passion.

CENELLE n.f. Fruit de l'aubépine.

CENELLIER n.m. (= **senellier**) *Québ.* Aubépine.

CÉNESTHÉSIE n.f. Impression globale résultant de l'ensemble des sensations internes.

CÉNESTHÉSIQUE adj.

CÉNESTHOPATHIE n.f. Malaise d'origine psychique.

CENNE n.f. *Québ.* Pièce de monnaie.

CÉNOBITE n.m. Moine qui vivait en communauté.

CÉNOBITIQUE adj.

CÉNOBITISME n.m.

CÉNOMANIEN, ENNE n.m. et adj. *Géol.* Étage du crétacé supérieur.

CÉNOTAPHE n.m. Monument élevé à la mémoire d'un mort et qui ne contient pas son corps.

CÉNOZOÏQUE n.m. et adj. *Géol.* Ère actuelle.

CENS n.m. *Féod.* Redevance au seigneur. – *Hist.* Impôt nécessaire pour être électeur ou éligible.

CENSÉ, E adj.

CENSÉMENT adv.

CENSEUR n.m.

CENSEURE n.f. *Québ.* Féminin de *censeur.*

CENSIER, ÈRE adj. et n. *Féod.* Qui recevait ou payait le cens.

CENSITAIRE adj. et n.m. *Hist.* Qui payait le cens.

CENSIVE n.f. Terre pour laquelle on payait un cens annuel.

CENSORAT n.m. Fonction de censeur.

CENSORIAL, E, AUX adj. Relatif à la censure.

CENSUEL, ELLE adj. Relatif au cens.

CENSURABLE adj.

CENSURE n.f.

CENSURER v. **10.**

CENT adj.num.card.

CENT [sènt] n.m.

CENTAINE n.f.

CENTAURE n.m. Être fabuleux, mi-homme, mi-cheval.

CENTAURÉE n.f. Plante, type bleuet.

CENTAVO [sèntavô] n.m. Centième partie de l'unité monétaire, dans divers pays d'Amérique du Sud.

CENTENAIRE adj. et n.

CENTENIER n.m. *Antiq. rom.* Commandant d'une troupe de cent hommes.

CENTENNAL, E, AUX adj. Qui a lieu tous les cent ans.

CENTÉSIMAL, E, AUX adj. Divisé en cent parties.

CENTIARE n.m. Centième partie de l'are.

CENTIBAR n.m. Centième partie du bar, ancienne unité de mesure de pression.

CENTIÈME adj.num.ord.

CENTIÈMEMENT adv.

CENTIGRADE adj. et n.m. Divisé en cent degrés.

CENTIGRAMME n.m.

CENTILAGE n.m. *Stat.* Division en cent classes de même effectif.

CENTILE n.m. *Stat.* Chacune des 99 valeurs qui divisent une distribution en 100 parties égales.

CENTILITRE n.m.

CENTIME n.m.

CENTIMÈTRE n.m.

CENTIMÉTRIQUE adj.

CENTON n.m. Ensemble de vers empruntés à divers auteurs.

CENTRAFRICAIN, E adj. De la République centrafricaine.

CENTRAGE n.m.

CENTRAL, E, AUX adj., n.m. et n.f.

CENTRALIEN, ENNE n. Élève de l'École centrale des arts et manufactures.

CENTRALISATEUR, TRICE adj. et n.

CENTRALISATION n.f.

CENTRALISER v. **10.**

CENTRALISME n.m.

CENTRALISTE n.

CENTRALITÉ n.f.

CENTRAMÉRICAIN, E adj. De l'Amérique centrale.

CENTRANTHE n.m. Plante ornementale.

CENTRATION n.f. *Psych.* Focalisation de l'attention sur un objet.

CENTRE n.m.

CENTRER v. **10.**

CENTREUR n.m. Dispositif de centrage.

CENTRIFUGATION n.f.

CENTRIFUGE adj.

CENTRIFUGER v. **17.**

CENTRIFUGEUR, EUSE n.

CENTRIOLE n.m. Granule central du centrosome.

CENTRIPÈTE adj. Qui tend à rapprocher du centre.

CENTRISME n.m.

CENTRISTE adj. et n.

CENTROMÈRE n.m. Granule présent dans chaque chromosome et intervenant lors de la mitose.

CENTROPHYLLE n.f. Gros chardon.

CENTROSOME n.m. Corpuscule situé près du noyau d'une cellule vivante.

CENTROSPHÈRE n.f. Partie du centrosome.

CENTUMVIR [s-an-tomvir] n.m. *Antiq. rom.* Membre d'un tribunal civil composé de 105 personnes.

CENTUMVIRAT n.m.

CENTUPLE adj. et n.m.

CENTUPLER v. **10.**

CENTURIATE adj. Relatif aux centuries.

CENTURIE n.f. *Antiq. rom.* Unité administrative et militaire composée de cent citoyens.

CENTURION n.m.

CÉNURE n.m. **(= cœnure)** Tænia parasite du chien.

CEP n.m.

CÉPAGE n.m.

CÈPE n.m.

CÉPÉE n.f. *Bot.* Touffe de rejets provenant d'une même souche.

CEPENDANT conj.

CÉPHALALGIE n.f. → **céphalée.**

CÉPHALALGIQUE adj.

CÉPHALÉE n.f. Mal de tête.

CÉPHALIQUE adj. Relatif à la tête.

CÉPHALOCORDÉ n.m. Petit animal marin.

CÉPHALOPODE n.m. Mollusque à tentacules.

CÉPHALOSPORINE n.f. Antibiotique.

CÉPHALOTHORAX n.m. Partie antérieure du corps chez certains invertébrés.

CÉPHÉIDE n.f. Étoile variable à période courte.

CÉRAISTE [sérèst] n.m. Petite plante herbacée.

CÉRAMBYCIDÉ n.m. Coléoptère à longues antennes.

CÉRAMBYX n.m. Nom scientifique du capricorne.

CÉRAME n.m. et adj. Vase grec en terre cuite.

CÉRAMIDE n.m. *Biochim.* Molécule organique.

CÉRAMIQUE adj. et n.f.

CÉRAMISTE adj. et n.

CÉRAMOGRAPHIE n.f. Science de l'art céramique.

CÉRAMOLOGUE n. Spécialiste de l'étude de la céramique.

CÉRASTE n.m. Vipère à cornes.

CÉRAT [séra] n.m. Onguent fait de cire et d'huile.

CÉRATOPSIEN n.m. Reptile dinosaurien.

CÉRAUNIE n.f. *Vx.* Outil préhistorique en pierre polie.

CERBÈRE n.m. Gardien impitoyable.

CERCAIRE n.f. Larve de certains vers.

CERCE n.f. (= **cerche**) Calibre servant à exécuter une construction bombée.

CERCEAU, X n.m.

CERCHE n.f. → **cerce.**

CERCLAGE n.m.

CERCLE n.m.

CERCLER v. **10.**

CERCOPITHÉCIDÉ n.m. Singe, type macaque.

CERCOPITHÈQUE n.m. Singe d'Afrique.

CERCUEIL n.m.

CERDAGNOL, E adj. → **cerdan.**

CERDAN, E adj. De Cerdagne (Pyrénées).

CÉRÉALE n.f.

CÉRÉALICULTURE n.f.

CÉRÉALIER, ÈRE adj. et n.m.

CÉRÉBELLEUX, EUSE adj. Relatif au cervelet.

CÉRÉBELLITE n.f. Inflammation du cervelet.

CÉRÉBRAL, E, AUX adj. et n.

CÉRÉBRALITÉ n.f. Activité du cerveau.

CÉRÉBROSIDE n.m. *Biochim.* Constituant des neurones.

CÉRÉBROSPINAL, E, AUX adj. Relatif au cerveau et à la moelle épinière.

CÉRÉMONIAIRE n.m. Prêtre qui dirige les cérémonies importantes.

CÉRÉMONIAL, E (pl. **CÉRÉMONIALS** ou **CÉRÉMONIAUX**) n.m. et adj. Ensemble des règles qui régissent une cérémonie.

CÉRÉMONIALISME n.m. Attachement aux cérémonies du culte.

CÉRÉMONIE n.f.

CÉRÉMONIEL, ELLE adj. Relatif aux cérémonies.

CÉRÉMONIEUX, EUSE adj.

CÉREUX, EUSE adj. *Chim.* Se dit des composés du cérium trivalent.

CERF n.m.

CERFEUIL n.m.

CÉRIFÈRE adj. Qui produit de la cire.

CÉRIFICATEUR n.m. Appareil qui fait fondre la cire, utilisé en apiculture.

CÉRIGÈNE adj. → **cérifère.**

CÉRIQUE adj. *Chim.* Se dit des composés du cérium tétravalent.

CERISAIE n.f.

CERISE n.f.

CERISETTE n.f. Boisson à base de jus de cerise.

CERISIER n.m.

CÉRITE n.f. Silicate de cérium.

CÉRITHE n.m. Mollusque.

CÉRIUM n.m. Métal.

CERMET n.m. Matériau formé de céramique et de métal.

CERNABLE adj. Définissable.

CERNE n.m.

CERNEAU, X n.m. Chair de noix fraîche.

CERNER v. **10.**

CERNURE n.f. Cerne qui entoure les yeux fatigués.

CÉROPLASTIQUE n.f. Modelage d'objets en cire.

CERQUE n.m. Appendice sensoriel de certains insectes.

CERS [sèrs] n.m. Vent du bas Languedoc.

CERTAIN, E adj. et pr.indéf.

CERTAINEMENT adv.

CERTES adv.

CERTIF n.m. *Fam.* Certificat d'études.

CERTIFIANT, E adj. Qui permet d'obtenir un certificat.

CERTIFICAT n.m.

CERTIFICATEUR, TRICE adj. et n. *Dr.* Garant d'une caution.

CERTIFICATIF, IVE adj. *Dr.* Qui certifie.

CERTIFICATION n.f. Assurance par écrit.

CERTIFIER v. **15.**

CERTITUDE n.f.

CÉRULÉ, E adj. *Litt.* Bleu azur.

CÉRULÉEN, ENNE adj. *Litt.* Bleuâtre.

CÉRUMEN n.m. Sécrétion du conduit auditif.

CÉRUMINEUX, EUSE adj. Relatif au cérumen.

CÉRUSE n.f. Colorant blanc à base de cérusite.

CÉRUSÉ, E adj. (Bois) dont on a souligné le dessin naturel.

CÉRUSITE n.f. Carbonate naturel de plomb.

CERVAISON n.f. Époque où le cerf est bon à chasser.

CERVEAU, X n.m.

CERVELAS n.m. Saucisson cuit.

CERVELET n.m.

CERVELLE n.f.

CERVICAL, E, AUX adj. Relatif au cou.

CERVICALGIE n.f. Douleur au cou.

CERVICARTHROSE n.f. Arthrose de la colonne cervicale.

CERVICITE n.f. Inflammation du col de l'utérus.

CERVIDÉ n.m. Ruminant qui porte des cornes caduques.

CERVIER adj.m. *Loup-cervier :* lynx.

CERVOISE n.f. Bière consommée dans l'Antiquité et au Moyen Âge.

CERVOLISTE n. et adj. Adepte du cerf-volant.

CES adj.dém.

CÉSALPINÉE n.f. Légumineuse des pays chauds.

CÉSALPINIACÉE n.f. → **césalpinée.**

CÉSALPINIÉE n.f. → **césalpinée.**

CÉSALPINIOÏDÉE n.f. → **césalpinée.**

CÉSAR n.m. Despote. – Récompense cinématographique.

CÉSARIEN, ENNE adj. et n.f.

CÉSARISER v. **10.** *Méd.* Accoucher (une femme) par césarienne.

CÉSARISME n.m. Dictature qui s'appuie sur le peuple.

CÉSIUM n.m. → **cæsium.**

CESPITEUX, EUSE adj. (Plante) croissant en touffes serrées.

CESSANT, E adj.

CESSATION n.f.

CESSE n.f. (inv. mais **cesser** v.).

CESSER v. **10.**

CESSIBILITÉ n.f.

CESSIBLE adj. *Dr.* Qui peut être cédé.

CESSION n.f.

CESSIONNAIRE n. Bénéficiaire d'une cession.

CESTE n.m. *Antiq.* Gantelet de cuir utilisé dans le pugilat.

CESTODE n.m. Ver parasite.

CESTODOSE n.f. Maladie parasitaire due à un cestode.

CÉSURE n.f. Coupure à l'intérieur d'un vers.

CET (pl. **CES**) adj.dém.

CÉTACÉ, E n.m. et adj. Mammifère marin.

CÉTANE n.m. Hydrocarbure saturé.

CÉTEAU, X n.m. *Zool.* Petite sole allongée.

CÉTÈNE n.m. *Chim.* Composé éthylénique.

CÉTÉRAC n.m. **(= cétérach)** Fougère.

CÉTÉRACH [-k] n.m. → **cétérac.**

CÉTOGÈNE adj. Susceptible de former des cétones dans l'organisme.

CÉTOINE n.f. Insecte coléoptère.

CÉTOLOGIE n.f. Étude scientifique des cétacés.

CÉTOLOGUE n.

CÉTONE n.f. Composé chimique, type acétone.

CÉTONÉMIE n.f. Taux de cétones dans le sang.

CÉTONIQUE adj. Relatif aux cétones.

CÉTONURIE n.f. Présence de cétones dans les urines.

CÉTOSE n.m. Ose à fonction cétone.

CÉTOSTÉROÏDE n.m. Stéroïde ayant une fonction cétone.

CETTE (pl. **CES**) adj.dém.

CEUX pr.dém.

CÉVADILLE n.f. Liliacée du Mexique.

CÉVENOL, E adj. Des Cévennes.

CEVICHE [sévitché] n.m. Plat à base de poissons crus.

CEYLANAIS, E adj. De Ceylan (Sri Lanka).

CÉZANNIEN, ENNE adj. Relatif au peintre Cézanne.

CÉZIG **I** pr.pers. **(= cézigue, sézig, sézigue)** *Arg.* Soi, lui.

CÉZIGUE **I** pr.pers. → **cézig.**

CHAABI [chaabi] n.m. Genre musical vocal algérien.

CHABANOU n.f. *Hist.* Femme du chah.

CHABICHOU n.m. Fromage de chèvre.

CHABIN, E n. Aux Antilles, personne noire, blonde, à la peau claire.

CHABLER v. **10.** Gauler (les noix).

CHABLIS n.m. Vin blanc de Chablis (Yonne). – Arbre renversé par le vent.

CHABLON n.m. *Helv.* Pochoir.

CHABOT n.m. Poisson à grosse tête.

CHABRAQUE n.f. **(= schabraque)** Couverture pour cheval. – *Péj.* Femme laide, stupide.

CHABROL n.m. **(= chabrot)** Mélange de bouillon et de vin.

CHABROT n.m. → **chabrol.**

CHACAL, S n.m.

CHACHLIK n.m. Brochette d'agneau.

CHACONE n.f. **(= chaconne)** *Anc.* Danse espagnole à trois temps.

CHACONNE n.f. → **chacone.**

CHACUN **I** pr.indéf.

CHACUNE **I** pr.indéf.

CHADBURN [tchadbeurn] n.m. *Mar.* Appareil transmetteur d'ordres.

CHADOUF n.m. Appareil servant à tirer l'eau d'un puits.

CHAEBOL [tché-] n.m. *Écon.* En Corée, conglomérat.

CHÆNICHTHYS [kéniktis] n.m. → **chænichtys.**

CHÆNICHTYS [kéniktis] n.m. Poisson des mers froides.

CHAFII n.m. **(= chafiite)** Adepte du chafiisme.

CHAFIISME n.m. École juridique islamique.

CHAFIITE n. et adj. → **chafii.**

CHAFOUIN, E adj. et n. Sournois.

CHAGRIN, E adj. et n.m.

CHAGRINANT, E adj.

CHAGRINER v. **10.**

CHAH n.m. (= **schah, shah**) *Hist.* Titre des souverains d'Iran.

CHAHADA n.f. Profession de foi musulmane.

CHAHUT n.m.

CHAHUTER v. **10.**

CHAHUTEUR, EUSE adj. et n.

CHAI n.m. Entrepôt de vins.

CHAILLE n.f. Concrétion siliceuse. – *Arg.* Dent.

CHAÎNAGE n.m.

CHAÎNARD, E n. En Algérie, personne qui fait la queue.

CHAÎNE n.f.

CHAÎNER v. **10.** Renforcer (un mur) par une armature. – Arpenter.

CHAÎNETIER, ÈRE n. Bijoutier spécialiste de chaînes.

CHAÎNETTE n.f.

CHAÎNEUR, EUSE n. Arpenteur.

CHAÎNIER n.m. Ouvrier qui fabrique des chaînes.

CHAÎNISTE n. → **chaînetier.**

CHAÎNON n.m.

CHAINTRE n.m. ou f. Espace où tourne la charrue à l'extrémité d'un champ.

CHAÏOTE [chayot] n.f. (= **chayote, chayotte**) Plante grimpante antillaise. – Son fruit en forme de poire.

CHAIR n.f.

CHAIRE n.f.

CHAISE n.f.

CHAISIER, ÈRE n.

CHAKRA n.m. En occultisme, centre énergétique du corps humain.

CHALAND, E n.

CHALANDAGE n.m. Lèche-vitrines.

CHALANDISE n.f. *Vx.* Clientèle.

CHALAZE [k-] ou [ch-] n.f. *Bot.* Attache du nucelle à l'ovule. – *Biol.* Filament d'albumine qui fixe le jaune de l'œuf au blanc.

CHALAZION [k-] ou [ch-] n.m. Petit kyste au bord de la paupière.

CHALCOCITE [k-] n.f. Sulfure naturel de cuivre.

CHALCOGRAPHE [k-] n.m. Graveur sur cuivre, sur métaux.

CHALCOGRAPHIE [k-] n.f.

CHALCOGRAPHIQUE [k-] adj.

CHALCOLITHIQUE [k-] adj. et n.m. (Période) entre le néolithique et l'âge du bronze.

CHALCOPYRITE [k-] n.f. Sulfure naturel de fer et de cuivre.

CHALCOSINE [k-] n.f. → **chalcocite.**

CHALCOSITE [k-] n.f. → **chalcocite.**

CHALDAÏQUE [k-] adj. → **chaldéen.**

CHALDAÏSME [k-] n.m. Caractère de l'akkadien de Chaldée.

CHALDÉEN, ENNE [k-] adj. De la Chaldée (Babylonie).

CHÂLE n.m.

CHALET n.m.

CHALEUR n.f.

CHALEUREUSEMENT adv.

CHALEUREUX, EUSE adj.

CHALIN n.m. *Québ.* Éclair de chaleur.

CHÂLIT n.m. Cadre de lit.

CHALLENGE n.m. Compétition. – Défi.

CHALLENGER [tchalèndjeur] ou [chal-an-jeur] n.m. Compétiteur, rival.

CHALLENGER v. **17.** Défier.

CHALLENGEUR, EUSE n. → **challenger** n.m.

CHALOIR v. déf. (Seule autre forme : **chaut**) *Peu m'en chaut :* peu importe.

CHALONE n.f. *Vx.* Hormone inhibitrice.

CHALONNAIS, E adj. De Chalon-sur-Saône.

CHÂLONNAIS, E adj. De Châlons-en-Champagne.

CHALOUPE n.f.

CHALOUPÉ, E adj. (Danse ou marche) où l'on remue les épaules et les hanches.

CHALOUPER v. **10.** Marcher en remuant les épaules et les hanches.

CHALOUPIER n.m. Matelot d'une chaloupe.

CHALUMEAU, X n.m.

CHALUT n.m. Filet de pêche en forme d'entonnoir.

CHALUTAGE n.m.

CHALUTER v. **(p.p.inv.) 10.** Pêcher au chalut.

CHALUTIER n.m.

CHAMADE n.f. Batterie de tambours indiquant la capitulation.

CHAMÆROPS [kamérops] n.m. (= **chamérops**) Variété de palmier.

CHAMAILLE n.f.

CHAMAILLER (SE) v. **10.** Se quereller.

CHAMAILLERIE n.f.

CHAMAILLEUR, EUSE adj. et n.

CHAMAN, E [-man] n. (= **shaman**) Prêtre magicien.

CHAMANIQUE adj.

CHAMANISME n.m. Culte religieux centré sur la personne du chaman.

CHAMANISTE adj. et n.

CHAMARRER v. **10.** Charger d'ornements.

CHAMARRURE n.f.

CHAMBARD n.m. *Fam.* Vacarme.

CHAMBARDEMENT n.m.

CHAMBARDER v. **10.**

CHAMBELLAN n.m. Officier de la chambre d'un souverain.

CHAMBELLANIE n.f. Dignité de chambellan.

CHAMBÉRIEN, ENNE adj. De Chambéry.

CHAMBERTIN n.m. Vin de Bourgogne.

CHAMBOULEMENT n.m.

CHAMBOULER v. **10.**

CHAMBRANLANT, E adj. *Québ.* Branlant.

CHAMBRANLE n.m. Encadrement d'une porte, d'une fenêtre ou d'une cheminée.

CHAMBRANLER v. **(p.p.inv.) 10.** *Québ.* Chanceler.

CHAMBRAY n.m. *Text.* Sorte de fil-à-fil dont le fil de chaîne est bleu.

CHAMBRE n.f.

CHAMBRÉE n.f.

CHAMBRER v. **10.**

CHAMBRETTE n.f.

CHAMBREUR, EUSE n. *Québ.* Locataire d'une chambre chez un particulier.

CHAMBRIER, ÈRE 1. n.m. *Hist.* Officier de la chambre du roi. 2. n.f. Femme de chambre.

CHAMBRISTE n. Musicien d'un orchestre de musique de chambre.

CHAMEAU, X n.m.

CHAMELIER n.m.

CHAMELLE n.f.

CHAMELON n.m. Petit du chameau.

CHAMÉROPS [kamérops] n.m. → **chamærops.**

CHAMITE [k-] adj. D'anciens peuples d'Afrique.

CHAMITIQUE [k-] adj. → **chamite.**

CHAMOIS n.m.

CHAMOISAGE n.m.

CHAMOISER v. **10.** Assouplir par un tannage approprié.

CHAMOISERIE n.f. Lieu où l'on pratique le chamoisage.

CHAMOISETTE n.f. *Belg.* Chamoisine.

CHAMOISEUR, EUSE n.

CHAMOISINE n.f. Pièce de coton duveteux jaune.

CHAMONIARD, E adj. De Chamonix ou de sa vallée.

CHAMOTTE n.f. Argile cuite utilisée en céramique.

CHAMP n.m.

CHAMPAGNE adj., n.m. et n.f.

CHAMPAGNISATION n.f.

CHAMPAGNISER v. **10.**

CHAMPARDENNAIS, E adj. De Champagne-Ardenne.

CHAMPART n.m. Mélange de froment, d'orge et de seigle.

CHAMPENOIS, E 1. adj. De la Champagne. 2. n.f. Bouteille de champagne.

CHAMPÊTRE adj.

CHAMPI, CHAMPISSE n. et adj. *Vx.* Enfant trouvé dans les champs.

CHAMPIGNON n.m.

CHAMPIGNONNEUR, EUSE n. *Helv.* Cueilleur de champignons.

CHAMPIGNONNIÈRE n.f.

CHAMPIGNONNISTE n. Personne qui cultive les champignons.

CHAMPION, ONNE adj. et n.

CHAMPIONNAT n.m.

CHAMPISSE → **champi.**

CHAMPLEURE n.f. **(= champlure)** *Québ.* Robinet.

CHAMPLEVER [ch-an-lvé] v. **11.** Creuser (une surface unie) dans un but décoratif.

CHAMPLURE n.f. → **champleure.**

CHAMSIN [hramsin] n.m. **(= khamsin)** Vent de sable, en Égypte.

CHAN [tchan] adj. **(= shan, tchan)** D'un peuple de Birmanie.

CHANÇARD, E adj. et n. *Fam.* Qui a de la chance.

CHANCE n.f.

CHANCEL n.m. Balustrade du chœur, dans une église.

CHANCELANT, E adj.

CHANCELER v. **(p.p.inv.) 22** (je chancelle...).

CHANCELIER, ÈRE n.

CHANCELLERIE n.f.

CHANCEUX, EUSE adj. et n.

CHANCIR ou **SE CHANCIR** v. **40.** Moisir.

CHANCISSURE n.f. Moisissure.

CHANCRE n.m. Ulcère qui ronge la chair.

CHANCRELLE n.f. *Méd.* Chancre mou.

CHANCREUX, EUSE adj.

CHANDAIL n.m.

CHANDELEUR n.f. Fête catholique.

CHANDELIER, ÈRE 1. n.m. Support pour chandelles. 2. n. Personne qui fabrique ou vend des chandelles.

CHANDELLE n.f.

CHANFREIN n.m. Surface obtenue en abattant l'arête d'une pièce de bois, de métal, etc.

CHANFREINER v. **10.** Tailler en chanfrein.

CHANGE n.m.

CHANGEABLE adj.

CHANGEANT, E adj.

CHANGEMENT n.m.

CHANGER v. **17.**

CHANGEUR, EUSE n.

CHANLATE n.f. **(= chanlatte)** Latte qui soutient les dernières tuiles d'un toit.

CHANLATTE n.f. → **chanlate.**

CHANNE n.f. *Helv.* Broc d'étain.

CHANOINE n.m.

CHANOINESSE n.f.

CHANOINIE n.f. Dignité de chanoine.

CHANSON n.f.

CHANSONNER v. **10.** Railler par des chansons.

CHANSONNETTE n.f.

CHANSONNIER, ÈRE n.

CHANT n.m.

CHANTABLE adj.

CHANTAGE n.m.

CHANTANT, E adj.

CHANTEAU, X n.m. Pièce ajoutée au fond d'un violon pour en augmenter la largeur.

CHANTEFABLE n.f. Récit médiéval composé de prose et de chants.

CHANTEPLEURE n.f. Entonnoir à long tuyau.

CHANTER v. **10.**

CHANTERELLE n.f. Champignon comestible.

CHANTEUR, EUSE adj. et n.

CHANTIER n.m.

CHANTIGNOLE n.f. Pièce d'une charpente.

CHANTIGNOLLE n.f. → **chantignole.**

CHANTILLY n.f. Crème fouettée.

CHANTOIR n.m. *Belg.* Gouffre dans des roches calcaires.

CHANTONNEMENT n.m.

CHANTONNER v. **10.**

CHANTOUNG n.m. **(= shantoung, shantung)** Étoffe de soie au grain très prononcé.

CHANTOURNEMENT n.m.

CHANTOURNER v. **10.** Découper suivant un profil tracé.

CHANTRE n.m. Homme qui chante aux offices religieux.

CHANTRERIE n.f. École de chant d'église.

CHANVRE n.m.

CHANVRIER, ÈRE adj. et n.

CHAOS [k-] n.m.

CHAOTIQUE [k-] adj.

CHAOUCH [chaouch] n.m. Huissier, en Afrique du Nord.

CHAOUI (f. **CHAOUIA** [-wiya] ou **CHAOUIE**) adj. et n.m. Des Aurès (Algérie).

CHAOUIA [-wiya] → **chaoui.**

CHAOURCE n.m. Fromage de la Champagne.

CHAPARDAGE n.m.

CHAPARDER v. **10.**

CHAPARDEUR, EUSE adj. et n.

CHAPATI [tcha-] n.m. Galette sans levain, spécialité indienne.

CHAPE n.f. Cape, enveloppe.

CHAPÉ, E adj. Revêtu d'une chape ecclésiastique.

CHAPEAU, X n.m. et interj.

CHAPEAUTAGE n.m.

CHAPEAUTER v. **10.** Contrôler.

CHAPELAIN n.m. Prêtre d'une chapelle privée.

CHAPELER v. **22** (je chapelle...) Broyer (du pain rassis) en chapelure.

CHAPELET n.m.

CHAPELIER, ÈRE adj. et n.

CHAPELLE n.f.

CHAPELLENIE n.f. Dignité de chapelain.

CHAPELLERIE n.f. Industrie du chapeau.

CHAPELURE n.f.

CHAPERON n.m.

CHAPERONNER v. **10.**

CHAPITEAU, X n.m.

CHAPITRAL, E, AUX adj. Relatif à un chapitre de religieux.

CHAPITRE n.m.

CHAPITRER v. **10.** Réprimander.

CHAPKA n.f. Bonnet de fourrure.

CHAPLINESQUE adj.

CHAPÔ n.m. Texte qui introduit un article de journal.

CHAPON n.m. Coq castré.

CHAPONNAGE n.m.

CHAPONNEAU, X n.m. Jeune chapon.

CHAPONNER v. **10.** Castrer.

CHAPONNEUR, EUSE n.

CHAPSKA n.m. **(= schapska)** Coiffure militaire des lanciers, au XIXe s.

CHAPTALISATION n.f.

CHAPTALISER v. **10.** Sucrer (un vin) pour augmenter sa teneur en alcool.

CHAQUE ❙ adj.indéf.

CHAR n.m.

CHARABIA n.m.

CHARADE n.f.

CHARADRIIDÉ [k-] n.m. Oiseau échassier, type vanneau.

CHARADRIIFORME [k-] n.m. Oiseau, type mouette, vanneau.

CHARALE [k-] n.f. Plante aquatique.

CHARANÇON n.m. Insecte coléoptère nuisible.

CHARANÇONNÉ, E adj.

CHARANGO [tchar-an-gô] n.m. Petit luth andin.

CHARBON n.m.

CHARBONNAGE n.m.

CHARBONNER v. **10.** Noircir avec du charbon.

CHARBONNERIE n.f. *Anc.* Société politique secrète.

CHARBONNETTE n.f. *Vx.* Bois coupé pour faire du charbon.

CHARBONNEUX, EUSE adj.

CHARBONNIER, ÈRE adj., n.m. et n.f.

CHARCUTAGE n.m.

CHARCUTAILLE n.f.

CHARCUTER v. **10.**

CHARCUTERIE n.f.

CHARCUTIER, ÈRE n.

CHARDON n.m.

CHARDONAY n.m. (= **chardonnay**) Cépage.

CHARDONNAY n.m. → **chardonay.**

CHARDONNER v. **10.** *Vx.* Carder (une étoffe) avec des chardons.

CHARDONNERET n.m. Petit passereau chanteur.

CHARENTAIS, E 1. adj. De la Charente. 2. n.f. Pantoufle.

CHARGE n.f.

CHARGÉ, E adj. et n.

CHARGEMENT n.m.

CHARGER v. **17.**

CHARGETTE n.f. Petit récipient utilisé pour le remplissage manuel des cartouches de tir.

CHARGEUR, EUSE 1. n.m. 2. n.f. Engin destiné au chargement du minerai.

CHARIA [chariya] n.f. Loi canonique musulmane.

CHARIOT n.m. (= **charriot**).

CHARIOTAGE n.m.

CHARIOTER v. **10** (= **charrioter**) Usiner (une pièce) sur un tour à chariot.

CHARISMATIQUE [k-] adj.

CHARISME [k-] n.m. Grand ascendant qu'exerce sur autrui une personnalité exceptionnelle.

CHARITABLE adj.

CHARITABLEMENT adv.

CHARITÉ n.f.

CHARIVARI n.m. Bruit assourdissant.

CHARLATAN n.m.

CHARLATANERIE n.f.

CHARLATANESQUE adj.

CHARLATANISME n.m.

CHARLEMAGNE **|** n.m. *Faire charlemagne :* quitter le jeu après avoir gagné.

CHARLESTON [-ton] n.m. Danse très rapide.

CHARLEVOISIEN, ENNE adj. De Charlevoix (Québec).

CHARLOT n.m. *Fam.* Individu peu sérieux.

CHARLOTTE n.f. Entremets à base de biscuits et de crème.

CHARMANT, E adj.

CHARME n.m.

CHARMER v. **10.**

CHARMEUR, EUSE adj. et n.

CHARMILLE n.f. Allée plantée de charmes ou d'autres arbustes.

CHARNEL, ELLE adj.

CHARNELLEMENT adv.

CHARNIER n.m. Fosse où sont entassés des cadavres.

CHARNIÈRE n.f.

CHARNU, E adj.

CHARNURE n.f. Ensemble des chairs du corps humain.

CHAROGNAGE n.m. Fait de se nourrir de charognes.

CHAROGNARD, E 1. adj. et n. Qui tire profit du malheur des autres. 2. n.m. Vautour.

CHAROGNE n.f.

CHAROLAIS, E adj. et n. Du Charolais. – Race de bovins très appréciée.

CHAROPHYTE [k-] n.m. → **charale.**

CHARPENTAGE n.m.

CHARPENTE n.f.

CHARPENTER v. **10.**

CHARPENTERIE n.f.

CHARPENTIER, ÈRE 1. n. 2. adj. (Insecte voisin de l'abeille) qui creuse son nid dans le bois.

CHARPIE n.f. Amas de fils tirés d'un linge usé et servant de pansement.

CHARRE n.m. *Arg.* Bluff.

CHARRÉE n.f. Cendre de bois.

CHARRET n.m. *Helv.* Jeu de pions.

CHARRETÉE n.f.

CHARRETIER, ÈRE adj. et n.

CHARRETIN n.m. (= **charreton**) Petite charrette.

CHARRETON n.m. → **charretin.**

CHARRETTE n.f.

CHARRIABLE adj. Transportable.

CHARRIAGE n.m. *Géol.* Déplacement latéral de masses de terrain.

CHARRIER v. **15.**

CHARRIEUR, EUSE adj. et n. *Fam.* Qui exagère.

CHARRIOT n.m. → **chariot.**

CHARRIOTAGE n.m.

CHARRIOTER v. **10.** → **charioter.**

CHARROI n.m. Transport par chariot.

CHARRON n.m. Ouvrier spécialiste des chariots, charrettes, etc.

CHARRONNAGE n.m.

CHARRONNERIE n.f.

CHARROYER v. **27.** Transporter par chariot.

CHARROYEUR n.m.

CHARRUAGE n.m. Labour à la charrue.

CHARRUE n.f.

CHARRUER v. **10.** Labourer.

CHARTE n.f. **(= chartre)** Ensemble de lois, de règles constitutionnelles.

CHARTER [-èr] n.m.

CHARTÉRISER v. **10.** Affréter.

CHARTIL [-i] n.m. Charrette transportant des gerbes.

CHARTISME n.m. Mouvement réformiste anglais du XIXe s.

CHARTISTE n. et adj. Élève ou ancien élève de l'École des chartes.

CHARTRAIN, E adj. De Chartres.

CHARTRE n.f. *Vx.* → **charte.**

CHARTREUX, EUSE n. Religieux de l'ordre de Saint-Bruno.

CHARTRIER n.m. Recueil de chartes.

CHAS n.m. Trou d'une aiguille.

CHASEMENT [z] n.m. *Hist.* Jouissance d'une terre par un vassal.

CHASSABLE adj. (Gibier) que l'on peut chasser.

CHASSAGE n.m. *Min.* Action de s'éloigner de la galerie principale.

CHASSANT, E adj. *Min.* Qui s'éloigne de la galerie principale.

CHASSE n.f.

CHÂSSE n.f. Coffre contenant les reliques d'un saint.

CHASSÉEN, ENNE adj. et n.m. Se dit d'un stade du néolithique caractérisé par un type de céramique.

CHASSELAS n.m. Variété de raisin.

CHASSEPOT n.m. Ancien fusil de guerre français.

CHASSER v. **10.**

CHASSERESSE n.f. et adj.f. *Poét.* Chasseuse.

CHASSEUR, EUSE n.

CHASSIE n.f. Sécrétion gluante et jaunâtre provenant de glandes des paupières.

CHASSIEUX, EUSE adj. et n.

CHÂSSIS n.m.

CHASSOIR n.m. Outil servant à enfoncer les cercles d'un tonneau.

CHASTE adj.

CHASTEMENT adv.

CHASTETÉ n.f.

CHASUBLE n.f. Vêtement liturgique.

CHASUBLERIE n.f.

CHASUBLIER, ÈRE n. Personne qui vend ou fabrique des chasubles.

CHAT [tchat] n.m. **(= tchat)** Dialogue sur internet.

CHAT, CHATTE n.

CHÂTAIGNE n.f.

CHÂTAIGNER v. **10.** *Fam.* Battre, frapper violemment.

CHÂTAIGNERAIE n.f.

CHÂTAIGNIER n.m.

CHÂTAIN, E adj. et n. Brun clair.

CHATAIRE n.f. → **cataire.**

CHÂTEAU, X n.m.

CHATEAUBRIAND n.m. Épaisse tranche de filet de bœuf grillé.

CHÂTEAUBRIANT n.m. → **chateaubriand.**

CHÂTELAIN, E n.

CHÂTELET n.m. Petit château fort.

CHÂTELLENIE n.f. Seigneurie et juridiction d'un châtelain.

CHÂTELLERAUDAIS, E adj. De Châtellerault.

CHÂTELPERRONIEN, ENNE adj. et n.m. Se dit d'un stade du paléolithique caractérisé par des outils en silex et en os.

CHÂTIER v. **15.**

CHATIÈRE n.f. Trou pour laisser passer les chats.

CHÂTIMENT n.m.

CHATOIEMENT n.m.

CHATON, ONNE n.

CHATONNER v. **(p.p.inv.) 10.** Mettre bas, en parlant de la chatte.

CHATOU n.m. **(= chatrou)** Aux Antilles, petite pieuvre comestible.

CHATOUILLANT, E adj.

CHATOUILLE n.f.

CHATOUILLEMENT n.m.

CHATOUILLER v. **10.**

CHATOUILLEUX, EUSE adj.

CHATOUILLIS n.m. Petit chatouillement.

CHATOYANT, E adj.

CHATOYER v. **(p.p.inv.) 27.** Briller avec des reflets changeants.

CHÂTRER v. **10.**

CHÂTREUR, EUSE n.

CHÂTRON n.m. Bœuf de boucherie.

CHATROU n.m. → **chatou.**

CHATTE → **chat.**

CHATTEMITE n.f. Personne qui affecte un air doux et modeste.

CHATTER [tchaté] v. **(p.p.inv.) 10** (= **tchatter**) Dialoguer sur internet.

CHATTERIE n.f. Câlinerie. – Friandise.

CHATTERTON [chatèrton] n.m. Ruban isolant adhésif.

CHATTEUR, EUSE [tchat-] n. (= **tchatteur**) Internaute qui participe à un chat.

CHATTIEN, ENNE n.m. et adj. *Géol.* Étage de l'oligocène.

CHAUD, CHAUDE adj., n.m., n.f. et adv.

CHAUDASSE adj. *Québ.* Qui est légèrement ivre.

CHAUDEAU, X n.m. Bouillon chaud.

CHAUDEMENT adv.

CHAUDERIE n.f. *Vx.* Auberge gratuite, en Inde.

CHAUDIÈRE n.f.

CHAUDIERÉE [chôdièré] n.f. *Québ.* Contenu d'un seau.

CHAUDIN n.m. Gros intestin de porc utilisé en charcuterie.

CHAUDRÉE n.f. Soupe de poissons.

CHAUDRON n.m.

CHAUDRONNÉE n.f.

CHAUDRONNERIE n.f. Façonnage industriel des métaux en feuilles.

CHAUDRONNIER, ÈRE n.

CHAUFFAGE n.m.

CHAUFFAGISTE n.m. Spécialiste du chauffage central.

CHAUFFANT, E adj.

CHAUFFARD n.m.

CHAUFFE n.f.

CHAUFFER v. **10.**

CHAUFFERETTE n.f. Petit réchaud.

CHAUFFERIE n.f.

CHAUFFEUR, EUSE 1. n. 2. n.f. Siège bas, sans accoudoirs.

CHAUFFOIR n.m. Salle où l'on se réunit pour se chauffer.

CHAUFOUR n.m. Four à chaux.

CHAUFOURNIER n.m. Ouvrier travaillant à un four à chaux.

CHAULAGE n.m.

CHAULER v. **10.** Traiter par la chaux.

CHAULEUSE n.f. Appareil à chauler.

CHAULMOOGRA [chôlmougra] n.m. Huile de graines d'arbres indiens.

CHAUMAGE n.m.

CHAUMARD n.m. *Mar.* Pièce servant à guider les amarres.

CHAUME n.m.

CHAUMER v. **10** (= **échaumer**) Débarrasser (un champ) de son chaume.

CHAUMIER n.m. Ouvrier qui coupe le chaume.

CHAUMIÈRE n.f.

CHAUMINE n.f. *Vx.* Chaumière.

CHAUMONTAIS, E adj. De Chaumont.

CHAUSSANT, E adj. Qui chausse bien.

CHAUSSE 1. n.f. Poche en tissu pour filtrer certains liquides. 2. n.f.pl. *Médiév.* Partie du vêtement masculin.

CHAUSSÉE n.f.

CHAUSSER v. **10.**

CHAUSSETTE n.f.

CHAUSSEUR n.m.

CHAUSSON n.m.

CHAUSSONNIER n.m. Fabricant de chaussons de danse.

CHAUSSURE n.f.

CHAUT → **chaloir.**

CHAUVE adj. et n.

CHAUVIN, E adj. et n.

CHAUVINISME n.m.

CHAUVINISTE adj.

CHAUVIR v. **(p.p.inv.) 54.** Dresser les oreilles, en parlant du cheval, de l'âne.

CHAUX n.f.

CHAVANDE n.f. Feu de la Saint-Jean, dans l'est de la France.

CHAVIRABLE adj.

CHAVIRAGE n.m.

CHAVIREMENT n.m.

CHAVIRER v. **10.** Renverser.

CHAWARMA [w] n.m. Plat libanais à base de viande grillée.

CHAYOTE [chayot] n.f. → **chaïote.**

CHAYOTTE [chayot] n.f. → **chaïote.**

CHEAP ▌ [tchip] adj. *Fam.* Bon marché, ordinaire.

CHEB [chèb] (f. **CHEBA** [chèba]) n. et adj. Jeune chanteur de raï.

CHEBA [chèba] → **cheb.**

CHEBEC n.m. (= **chebek**) *Mar.* Petit trois-mâts à voiles et à rames.

CHEBEK n.m. → **chebec.**

CHÈCHE n.m. Longue écharpe arabe.

CHÉCHIA n.f. Coiffure arabe.

CHÉDAIL n.m. *Helv.* Matériel de ferme.

CHEDDAR n.m. Fromage à pâte dure.

CHEDDITE n.f. Explosif.

CHEESEBURGER [tchizbeurgeur] n.m. Hamburger au fromage.

CHEESECAKE [tchizkèk] n.m. Gâteau sucré à base de fromage blanc.

CHEF n.m.

CHEFAILLON n.m. *Fam.* Petit chef imbu de lui-même.

CHÉFESSE n.f. (= **cheffesse).**

CHEFFE n.f. *Helv.* Dirigeante.

CHEFFERIE n.f. *Anc.* Circonscription territoriale du génie militaire. – *Anthr.* Autorité politique du chef.

CHEFFESSE n.f. → **chéfesse.**

CHEFTAINE n.f.

CHEIK [chèk] n.m. (= **cheikh, scheik, scheikh)** Chef de tribu arabe.

CHEIKH [chèk] n.m. → **cheik.**

CHÉILITE [kéïlit] n.f. Inflammation des lèvres.

CHEIRE [chèr] n.f. *Géol.* En Auvergne, coulée de lave à surface rugueuse.

CHÉIROPTÈRE [kéïro-] n.m. → **chiroptère.**

CHÉLATE [k-] n.m. *Chim.* Composé formé d'un corps organique et d'un ion métallique.

CHÉLATER [k-] v. **10.** *Méd.* Fixer (un métal toxique pour l'organisme) afin de l'éliminer.

CHÉLATEUR [k-] n.m. et adj.m. Agent chimique permettant de chélater.

CHÉLATION [k-] n.f.

CHELEM [chlèm] n.m. (= **schelem, schlem).**

CHÉLEUTOPTÈRE [k-] n.m. Insecte, type phasme.

CHÉLICÉRATE [k-] n.m. Invertébré muni de chélicères.

CHÉLICÈRE [k-] n.m. ou f. *Zool.* Crochet céphalique des arachnides.

CHÉLIDOINE [k-] n.f. Plante à fleurs jaunes.

CHELLÉEN, ENNE [ch-] adj. et n.m. Se dit d'un stade du paléolithique inférieur.

CHÉLOÏDE [k-] n.f. et adj. *Méd.* Cicatrice formant un bourrelet fibreux.

CHÉLONIEN [k-] n.m. Tortue.

CHEMIN n.m.

CHEMINEAU, X n.m. *Vx.* Vagabond.

CHEMINÉE n.f.

CHEMINEMENT n.m.

CHEMINER v. (**p.p.inv.** mais **cheminée** n.f.) **10.**

CHEMINOT, E n.

CHEMISAGE n.m.

CHEMISE n.f.

CHEMISER v. **10.** Pourvoir d'un revêtement.

CHEMISERIE n.f.

CHEMISETTE n.f.

CHEMISIER, ÈRE n.

CHÉMOCEPTEUR, TRICE [k-] n.m. et adj. → **chémorécepteur.**

CHÉMORÉCEPTEUR, TRICE [k-] n.m. et adj. Récepteur sensible aux stimulations chimiques.

CHÉMOSIS [kémozis] n.m. *Méd.* Œdème de la conjonctive.

CHÊNAIE n.f. Lieu planté de chênes.

CHENAL, AUX n.m.

CHENALER v. (**p.p.inv.**) **10.** Naviguer en suivant un chenal.

CHENAPAN n.m.

CHÉNAS [-s] n.m. Vin du Beaujolais.

CHÊNE n.m.

CHÊNEAU, X n.m. Jeune chêne.

CHÉNEAU, X n.m. Gouttière de toit.

CHENET n.m. Support soutenant l'extrémité d'une bûche.

CHÈNEVIÈRE n.f. Lieu planté de chanvre.

CHÈNEVIS [chènvi] n.m. Graine de chanvre.

CHÈNEVOTTE [chènvot] n.f. Partie ligneuse du chanvre.

CHENI [chni] n.m. (= **chenit)** *Helv.* Désordre.

CHENIL [cheni(l)] n.m.

CHENILLE n.f.

CHENILLÉ, E adj. (Véhicule) muni de chenilles.

CHENILLETTE n.f. Petit véhicule chenillé.

CHENIN n.m. Cépage blanc qui fournit le vouvray.

CHENIT [chni] n.m. → **cheni.**

CHENOILLE [chnoy] n.f. *Helv., Fam.* Canaille, chenapan.

CHÉNOPODE [k-] n.m. Plante herbacée commune.

CHÉNOPODIACÉE [k-] n.f. Plante dicotylédone apétale, type épinard.

CHENU, E adj. *Litt.* Blanchi par l'âge.

CHEPTEL n.m.

CHÉQUABLE adj. (Compte) sur lequel on peut tirer des chèques.

CHÈQUE n.m.

CHÉQUIER n.m.

CHER, CHÈRE adj. et adv.

CHÈRANT, E adj. *Québ.* Qui vend trop cher.

CHERCHER v. **10.**

CHERCHEUR, EUSE adj. et n.

CHÈRE n.f.

CHÈREMENT adv.

CHÉRER v. (**p.p.inv.**) **12** (= **cherrer)** *Arg.* Exagérer.

CHERGUI n.m. Sirocco, au Maroc.

CHÉRI, E adj. et n.

CHÉRIF n.m. Chef arabe.

CHÉRIFAT n.m.

CHÉRIFIEN, ENNE adj. Relatif au chérif. – Relatif au Maroc.

CHÉRIMOLE n.f. Fruit d'une annone.

CHÉRIMOLIER n.m. Annone dont le fruit est la chérimole.

CHÉRIR v. **40.**

CHÉRISSABLE adj.

CHERMÈS [k-] n.m. Insecte s'attaquant aux résineux.

CHEROKEE [tchéroki] adj. D'un peuple amérindien.

CHÉROT adj.m. *Fam.* Coûteux.

CHERRER v. **(p.p.inv.) 10. → chérer.**

CHERRIES → cherry.

CHERRY (pl. **CHERRIES** ou **CHERRYS**) n.m. Liqueur de cerise.

CHERTÉ n.f. Fait d'être cher, coûteux.

CHÉRUBIN n.m. Ange. – Enfant charmant.

CHERVIS [-i] n.m. Plante à racine comestible.

CHESTER [chèstèr] n.m. Fromage anglais.

CHÉTIF, IVE adj.

CHÉTIVEMENT adv.

CHÉTIVETÉ n.f. **(= chétivité).**

CHÉTIVITÉ n.f. **→ chétiveté.**

CHÉTODON [k-] n.m. Poisson osseux tropical aux couleurs vives.

CHÉTOGNATHE [k-] n.m. Petit invertébré marin.

CHEVAGE n.m. *Anc.* Impôt féodal.

CHEVAINE n.m. **(= chevenne, chevesne)** Poisson d'eau douce.

CHEVAL, AUX n.m.

CHEVALEMENT n.m. Assemblage de poutres pour étayer un mur.

CHEVALER v. **10.** Étayer avec un chevalement.

CHEVALERESQUE adj.

CHEVALERIE n.f.

CHEVALET n.m.

CHEVALIER n.m.

CHEVALIÈRE n.f.

CHEVALIN, E adj.

CHEVAUCHANT, E adj. Se dit des parties qui empiètent l'une sur l'autre.

CHEVAUCHÉE n.f.

CHEVAUCHEMENT n.m.

CHEVAUCHER v. **10.**

CHEVÊCHE n.f. Chouette.

CHEVÊCHETTE n.f. Petite chouette.

CHEVELU, E adj. et n.

CHEVELURE n.f.

CHEVENNE n.m. **→ chevaine.**

CHEVER v. **11.** *Techn.* Creuser (une pierre précieuse, une pièce de métal).

CHEVESNE [-èn] n.m. **→ chevaine.**

CHEVET n.m.

CHEVÊTRE n.m. Pièce de charpente horizontale, qui réunit des éléments porteurs.

CHEVEU, X n.m.

CHEVILLAGE n.m.

CHEVILLARD n.m. Boucher en gros.

CHEVILLE n.f.

CHEVILLER v. **10.** Assembler avec des chevilles.

CHEVILLÈRE n.f. Bandage qui maintient la cheville.

CHEVILLETTE n.f. Petite cheville.

CHEVILLEUR n.m. **→ chevillard.**

CHEVILLIER n.m. Emplacement pour les chevilles dans un instrument de musique.

CHEVILLURE n.f. *Vén.* Troisième andouiller.

CHEVIOTTE n.f. Laine du mouton d'Écosse.

CHÈVRE n.f.

CHEVREAU, X n.m.

CHÈVREFEUILLE n.m. Plante grimpante.

CHEVRER v. déf. (Ne s'emploie qu'à l'infinitif) *Helv. Faire chevrer :* faire enrager.

CHEVRETER v. **(p.p.inv.) 20** (je chevrette...) **(= chevretter, chevroter)** Mettre bas, en parlant de la chèvre.

CHÈVRETON n.m. Petit fromage de chèvre.

CHEVRETTE n.f.

CHEVRETTER v. **(p.p.inv.) 10. → chevreter.**

CHEVREUIL n.m.

CHEVRIER, ÈRE n. Berger d'un troupeau de chèvres.

CHEVRILLARD n.m. Jeune chevreuil.

CHEVRON n.m. Pièce de bois pour toiture. – Galon militaire.

CHEVRONNAGE n.m.

CHEVRONNÉ, E adj.

CHEVRONNER v. **10.** Garnir de chevrons.

CHEVROTAGE n.m.

CHEVROTAIN n.m. Petit mammifère ruminant.

CHEVROTANT, E adj.

CHEVROTEMENT n.m.

CHEVROTER v. **10.** 1. Chanter d'une voix tremblotante. 2. **→ chevreter.**

CHEVROTIN n.m. Peau de chevreau. – Petit du chevreuil.

CHEVROTINE n.f. Gros plomb pour fusil de chasse.

CHEYENNE adj. D'un peuple amérindien.

CHEZ prép.

CHIAC n.m. Parler populaire des Acadiens.

CHIADER v. **10.** *Fam.* Exécuter avec un soin minutieux.

CHIADEUR, EUSE adj. et n.

CHIALER v. **(p.p.inv.) 10.**

CHIALEUR, EUSE adj. et n.

CHIANT, E adj.

CHIANTI [k-] n.m. Vin rouge d'Italie.

CHIARD n.m. *Fam.* Enfant.

CHIASMA [k-] n.m. *Anat.* Croisement en forme de X.

CHIASMATIQUE [k-] adj.

CHIASME [k-] n.m. *Rhét.* Figure formée de deux groupes de mots dont l'ordre est inversé.

CHIASSE n.f.

CHIATIQUE adj. *Fam.* Ennuyeux.

CHIBCHA adj. D'un ancien peuple andin.

CHIBOUGAMOIS, E adj. De Chibougamau (Québec).

CHIBOUK n.m. **(= chibouque)** Pipe turque à long tuyau.

CHIBOUQUE n.f. → **chibouk.**

CHIBRE n.m. *Helv.* Variante du jeu de jass. – *Arg.* Pénis.

CHIBRER v. **(p.p.inv.) 10.** *Helv.* Au jass, demander à son partenaire quelle sera la couleur d'atout.

CHIC adj., n.m. et interj.

CHICANE n.f.

CHICANER v. **10.** Ergoter. – Contester.

CHICANERIE n.f.

CHICANEUR, EUSE adj. et n.

CHICANIER, ÈRE adj. et n.

CHICANO [tch-] n. et adj. Mexicain fixé aux États-Unis.

CHICHA n.f. **(= shisha)** Au Maghreb, narghilé.

CHICHE adj. et interj.

CHICHEMENT adv.

CHICHETÉ n.f. *Vx.* Avarice.

CHICHI n.m. *Fam.* Simagrée.

CHICHITEUX, EUSE adj. et n.

CHICHON n.m. *Fam.* Haschich.

CHICLÉ [chiklé] n.m. Latex.

CHICLETTE n.f. *Belg., Helv.* Chewing-gum.

CHICON n.m. Variété de laitue. – *Belg.* Endive.

CHICORACÉE n.f. Plante, type chicorée.

CHICORÉE n.f.

CHICOS [-s] adj. *Fam.* Chic.

CHICOT n.m. Reste de dent cariée.

CHICOTE n.f. **(= chicotte)** *Afr.* Fouet servant aux châtiments corporels.

CHICOTER v. **10.** 1. **(= chicotter)** *Afr., Fam.* Frapper à coups de chicote. 2. Crier, en parlant de la souris.

CHICOTIN n.m. Suc amer extrait de l'aloès.

CHICOTTE n.f. → **chicote.**

CHICOTTER v. **10.** → **chicoter** 1.

CHICOUANGUE [chikw-an-g] n.f. *Afr.* Pâte de manioc fermentée, cuite à l'étuvée.

CHICOUTIMIEN, ENNE adj. De Chicoutimi (Québec).

CHIÉE n.f.

CHIEN, CHIENNE n.

CHIENDENT n.m.

CHIENLIT n.f. Désordre.

CHIENNERIE n.f. *Fam.* Vilenie.

CHIER v. **15.**

CHIERIE n.f. *Fam.* Chose très ennuyeuse.

CHIEUR, EUSE n.

CHIFFE n.f. Mauvaise étoffe. – Personne sans énergie.

CHIFFON n.m.

CHIFFONNADE n.f. Préparation culinaire à base de salade, d'herbes coupées.

CHIFFONNAGE n.m.

CHIFFONNEMENT n.m.

CHIFFONNER v. **10.**

CHIFFONNIER, ÈRE 1. n. Ramasseur de vieux chiffons. 2. n.m. Petit meuble.

CHIFFRABLE adj.

CHIFFRAGE n.m.

CHIFFRE n.m.

CHIFFREMENT n.m. Codage d'un texte.

CHIFFRER v. **10.**

CHIFFREUR, EUSE n. Personne qui pratique le chiffrement.

CHIFFRIER n.m. Registre comptable.

CHIGNER v. **(p.p.inv.) 10.** *Vx.* Pleurnicher.

CHIGNOLE n.f. Perceuse à main.

CHIGNON n.m.

CHIHUAHUA n.m. Petit chien à poil ras.

CHIISME n.m. Doctrine musulmane.

CHIITE adj. et n.

CHIKUNGUNYA [chikoungounya] n.m. Maladie épidémique.

CHIKWANGUE [chikw-an-g] n.f. → **chicouangue.**

CHILE [(t)chilé] n.m. **(= chili)** Piment mexicain.

CHILI [(t)chili] n.m. → **chile.**

CHILIEN, ENNE adj.

CHILOM n.m. **(= shilom)** Pipe à haschisch.

CHIMÈRE n.f.

CHIMÉRIQUE adj.

CHIMÉRIQUEMENT adv.

CHIMIATRIE n.f. *Anc.* Théorie selon laquelle la physiologie est liée à des réactions chimiques.

CHIMIE n.f.

CHIMIO n.f. Chimiothérapie.

CHIMIORÉCEPTEUR n.m. → **chémorécepteur.**

CHIMIOSYNTHÈSE n.f. Synthèse de substances organiques par des bactéries.

CHIMIOTACTISME n.m. Attraction ou répulsion engendrée par une substance.

CHIMIOTHÈQUE n.f. *Chim.* Ensemble de substances synthétisées en vue d'essais biologiques.

CHIMIOTHÉRAPIE n.f. Traitement par des substances chimiques.

CHIMIOTROPISME n.m. *Bot.* Réaction d'orientation due à une substance chimique.

CHIMIQUE adj.

CHIMIQUEMENT adv.

CHIMIQUIER n.m. Navire transportant des produits chimiques.

CHIMISME n.m. Ensemble de phénomènes organiques régis par les lois de la chimie.

CHIMISTE n.

CHIMIURGIE n.f. Industrie chimique utilisant les végétaux.

CHIMPANZÉ n.m.

CHINAGE n.m.

CHINCHARD n.m. Poisson voisin du maquereau.

CHINCHILLA n.m. Rongeur d'Amérique du Sud.

CHINDER v. **(p.p.inv.) 10 (= schinder)** *Helv.* Tricher.

CHINE 1. n.m. Objet en porcelaine de Chine. 2. n.f. Brocante.

CHINER v. **10.** Railler. – Brocanter.

CHINETOQUE n. et adj. *Péj. et raciste.* Chinois.

CHINEUR, EUSE n.

CHINOIS, E adj. et n.m.

CHINOISER v. **(p.p.inv.) 10.**

CHINOISERIE n.f.

CHINON n.m. Vin de la Loire.

CHINOOK [ou] n.m. Vent chaud des montagnes Rocheuses.

CHINTZ [chints] n.m. Tissu de coton imprimé.

CHINURE n.f. Aspect d'une étoffe de couleurs mélangées.

CHIONIS [kyonis] n.m. Oiseau de l'Antarctique.

CHIOT n.m.

CHIOTTE 1. n.f. *Fam.* Automobile. 2. n.f.pl.

CHIOURME n.f. Ensemble des galériens, des forçats.

CHIP [tchip] n.m. *Inf.* Puce.

CHIPAGE n.m.

CHIPER v. **10.**

CHIPETTE ❙ n.f. *Ça ne vaut pas chipette :* ça ne vaut rien.

CHIPEUR, EUSE adj. et n.

CHIPIE n.f.

CHIPIRON n.m. Petite seiche comestible.

CHIPMUNK [tchipm-un-k] n.m. Petit écureuil d'Amérique du Nord.

CHIPOLATA n.f. Saucisse longue et mince.

CHIPOTAGE n.m.

CHIPOTER v. **10.** Faire des difficultés. – Donner à regret. – Tracasser.

CHIPOTERIE n.f. Discussion stérile.

CHIPOTEUR, EUSE adj. et n.

CHIPPENDALE ❙ [chipèndal] n.m. et adj. Style de mobilier anglais (XVIIIe s.).

CHIPPEWA [tchipéwa] adj. D'un peuple amérindien.

CHIPS n.f.

CHIQUE n.f.

CHIQUÉ n.m.

CHIQUEMENT adv.

CHIQUENAUDE n.f. Coup donné du doigt.

CHIQUER v. **10.**

CHIQUEUR, EUSE n.

CHIRAGRE [k-] n.f. Atteinte goutteuse de la main.

CHIRAL, E, AUX [k-] adj. *Chim.* Qualifie la symétrie de certaines molécules.

CHIRALITÉ [k-] n.f.

CHIRO [k-] n.m. *Québ.* Chiropraticien.

CHIROGNOMONIE [k-] n.f. → **chiromancie.**

CHIROGRAPHAIRE [k-] adj. (Créance) non garantie par hypothèque.

CHIROGRAPHE [k-] n.m. *Médiév.* Écrit quelconque.

CHIROGRAPHIE [k-] n.f. Étude des lignes de la main.

CHIROGRAPHIER [k-] v. **15.** *Médiév.* Recopier (un chirographe).

CHIROLOGIE [k-] n.f. → **chiromancie.**

CHIROLOGIQUE [k-] adj.

CHIROMANCIE [k-] n.f. Art prétendu de deviner l'avenir à partir de la main.

CHIROMANCIEN, ENNE [k-] n.

CHIRONOME [k-] n.m. Moucheron.

CHIROPRACTEUR, TRICE [k-] n.

CHIROPRACTIE [k-] n.f. → **chiropraxie.**

CHIROPRATICIEN, ENNE [k-] n.

CHIROPRATIQUE [k-] n.f. *Québ.* → **chiropraxie.**

CHIROPRAXIE [k-] n.f. Thérapie par manipulation des vertèbres.

CHIROPTÈRE [k-] n.m. Mammifère insectivore, type chauve-souris.

CHIROTONIE [k-] n.f. *Rel.* Imposition des mains.

CHIROUBLES n.m. Cru du Beaujolais.

CHIRURGICAL, E, AUX adj.

CHIRURGIE n.f.

CHIRURGIEN, ENNE n.

CHISEL n.m. Grosse charrue.

CHISINOVIEN, ENNE [k-] adj. De Chisinau (Moldavie).

CHISTERA [chistéra] n.m. ou f. Panier utilisé dans la pelote basque.

CHITINE [k-] n.f. Substance organique.

CHITINEUX, EUSE [k-] adj.

CHITON [k-] n.m. *Zool.* Mollusque marin. – *Antiq.* Tunique grecque.

CHIURE n.f.

CHLAMYDE [k-] n.f. *Antiq. gr.* Manteau agrafé sur l'épaule.

CHLAMYDIA [k-] (pl. **CHLAMYDIAE** [-dyé] ou **CHLAMYDIAS**) n.f. Bactérie.

CHLAMYDIAE ❙ [klamidyé] → **chlamydia.**

CHLAMYDOMONAS [klamidomonas] n.f. Algue verte capable de se déplacer.

CHLEUH, CHLEUHE 1. adj. D'un peuple du Maroc. 2. adj. et n. **(= schleu)** *Péj.* Allemand.

CHLINGUER v. **(p.p.inv.) 10 (= schelinguer, schlinguer)** *Fam.* Sentir mauvais.

CHLOASMA [k-] n.m. Pigmentation du visage sous forme de taches brunes, apparaissant notamment pendant la grossesse.

CHLORACÉTIQUE adj. (Acide) résultant de l'action du chlore sur l'acide acétique.

CHLORACNÉ n.f. Acné due à des produits chlorés.

CHLORAGE n.m.

CHLORAL, S n.m. Produit de la réaction du chlore sur l'alcool.

CHLORAMPHÉNICOL n.m. Antibiotique.

CHLORATE n.m. Sel de l'acide chlorique.

CHLORATÉ, E adj.

CHLORATION n.f. Traitement par le chlore.

CHLORE n.m.

CHLORELLE n.f. Algue verte unicellulaire.

CHLORÉMIE n.f. Taux de chlore dans le sang.

CHLORER v. **10.** *Text.* Traiter par le chlore.

CHLOREUX, EUSE adj.

CHLORHYDRATE n.m. Sel de l'acide chlorhydrique.

CHLORHYDRIQUE adj. (Acide) formé d'hydrogène et de chlore.

CHLORIQUE adj. Se dit d'un monoacide du chlore.

CHLORITE n.m. Sel de l'acide chloreux.

CHLOROBENZÈNE n.m. Dérivé chloré du benzène.

CHLOROFIBRE n.f. Fibre synthétique.

CHLOROFORME n.m.

CHLOROFORMER v. **10.**

CHLOROMÉTRIE n.f. Dosage du chlore.

CHLOROMÉTRIQUE adj.

CHLOROPHÈNE n.m. Produit chloré désinfectant.

CHLOROPHYCÉE n.f. Algue verte.

CHLOROPHYLLE n.f. Pigment vert des végétaux.

CHLOROPHYLLIEN, ENNE adj.

CHLOROPHYTUM n.m. Plante ornementale.

CHLOROPICRINE n.f. Liquide toxique dérivé du chloroforme.

CHLOROPLASTE n.m. *Bot.* Corpuscule des cellules végétales, siège de la photosynthèse.

CHLOROQUINE n.f. Antipaludique.

CHLOROSE n.f. *Bot., Méd.* Anémie.

CHLOROTIQUE adj. et n. Atteint de chlorose.

CHLORPROMAZINE n.f. Neuroleptique.

CHLORURATION n.f.

CHLORURE n.m. Composé du chlore.

CHLORURER v. **10.** Transformer en chlorure.

CHNOQUE adj. et n. **(= schnock, schnoque)** *Fam.* Fou.

CHNOUF n.f. **(= schnouf, schnouff)** *Fam.* Drogue.

CHOANE [koan] n.m. Orifice postérieur des fosses nasales.

CHOC n.m.

CHOCARD n.m. **(= choquard)** Oiseau voisin de la corneille.

CHOCHOTTE adj. et n.f. (Femme) maniérée.

CHOCO n.m. *Fam.* Chocolat.

CHOCOLAT adj. et n.m.

CHOCOLATÉ, E adj.

CHOCOLATERIE n.f.

CHOCOLATIER, ÈRE adj. et n.

CHOCOLATINE n.f. Pain au chocolat.

CHOCOTTES n.f.pl. *Avoir les chocottes :* avoir peur.

CHOÉPHORE [koéfor] n. *Antiq. gr.* Personne qui porte les offrandes aux morts.

CHŒUR n.m.

CHOFAR n.m. **(= schofar)** Instrument à vent utilisé dans le rituel israélite.

CHOIR v. déf. **83.**

CHOISIR v. **40.**

CHOIX n.m.

CHOKE [(t)chok] n.m. Étranglement du canon de certains fusils.

CHOLAGOGUE [k-] adj. et n.m. (Substance) facilitant l'excrétion biliaire.

CHOLÉCALCIFÉROL [k-] n.m. Vitamine D.

CHOLÉCYSTITE [k-] n.f. Inflammation de la vésicule biliaire.

CHOLÉCYSTOTOMIE [k-] n.f. Incision de la vésicule biliaire.

CHOLÉDOQUE [k-] adj.m. (Canal) amenant la bile au duodénum.

CHOLÉMIE [k-] n.f. Taux de la bile dans le sang.

CHOLÉRA [k-] n.m.

CHOLÉRÉTIQUE [k-] adj. et n.m. (Substance) accélérant la sécrétion biliaire.

CHOLÉRIFORME [k-] adj. Qui ressemble au choléra.

CHOLÉRINE [k-] n.f. Forme bénigne du choléra.

CHOLÉRIQUE [k-] adj. et n. Atteint du choléra.

CHOLESTASE [k-] n.f. *Méd.* Diminution ou arrêt du flux biliaire.

CHOLESTÉATOME [k-] n.m. *Méd.* Tumeur bénigne de l'oreille interne.

CHOLESTÉRINE [k-] n.f. *Anc.* Cholestérol.

CHOLESTÉROL [k-] n.m. Substance grasse présente dans l'organisme.

CHOLESTÉROLÉMIE [k-] n.f. Taux de cholestérol dans le sang.

CHOLETAIS, E adj. De Cholet.

CHOLIAMBE [k-] n.m. *Poét.* Type de vers iambique.

CHOLINE [k-] n.f. Corps azoté de la matière vivante.

CHOLINERGIQUE [k-] adj. (Nerf) qui agit par diffusion d'acétylcholine.

CHOLINESTÉRASE [k-] n.f. Enzyme.

CHOLIQUE [k-] adj. (Acide) qui est le principal constituant de la bile.

CHOLOSTASE [k-] n.f. → **cholestase.**

CHOLURIE [k-] n.f. Présence de bile dans l'urine.

CHÔMABLE adj.

CHÔMAGE n.m.

CHÔMEDU n.m. *Fam.* Chômage.

CHÔMER v. **10.**

CHÔMEUR, EUSE n.

CHONDRE [k-] n.m. Petit corps constitutif de certaines météorites.

CHONDRICHTHYEN [k-on-drikty-in] n.m. → **chondrichtyen.**

CHONDRICHTYEN [k-on-drikty-in] n.m. Poisson cartilagineux.

CHONDRIOME [k-] n.m. *Biol.* Ensemble des chondriosomes.

CHONDRIOMITE [k-] n.m. Élément du chondriome.

CHONDRIOSOME [k-] n.m. *Biol.* Composant de la cellule.

CHONDRITE [k-] n.f. Météorite constituée de chondres.

CHONDROBLASTE [k-] n.m. Cellule cartilagineuse.

CHONDROLOGIE [k-] n.f. Étude des cartilages.

CHONDROMATOSE [k-] n.f. *Méd.* Absence de calcification.

CHONDROME [k-] n.m. Tumeur bénigne du cartilage.

CHONDROSARCOME [k-] n.m. Tumeur maligne du cartilage.

CHONDROSTÉEN [k-] n.m. Poisson, type esturgeon.

CHONDROSTOME [k-] n.m. Poisson osseux.

CHOP [(t)chop] n.m. → **chopper** 2.

CHOPE n.f.

CHOPER v. **10.** *Fam.* Attraper. - Voler.

CHOPIN n.m. *Fam., Vx.* Aubaine.

CHOPINE n.f. Bouteille. - *Québ.* Mesure de capacité.

CHOPINER v. **(p.p.inv.) 10.** Boire avec excès.

CHOPPER [(t)chopeur] n.m. 1. Outil préhistorique. 2. Moto.

CHOPPER v. **(p.p.inv.) 10.** Trébucher.

CHOQUANT, E adj.

CHOQUARD n.m. → **chocard.**

CHOQUER v. **10.**

CHORAL, E (pl. **CHORALS** ou **CHORAUX**) [k-] adj., n.m. et n.f.

CHORBA n.f. Soupe marocaine.

CHORDE [k-] n.f. Ébauche de la colonne vertébrale chez l'embryon.

CHORDÉ [k-] n.m. **(= cordé)** Animal pourvu d'une chorde dorsale.

CHORÉDRAME [k-] n.m. Drame représenté sous forme de ballet.

CHORÉE [k-] n.f. *Méd.* Danse de Saint-Guy.

CHORÈGE [k-] n.m. *Antiq. gr.* Citoyen qui payait l'organisation de chœurs.

CHORÉGIE [k-] n.f. *Antiq. gr.* Fonction de chorège.

CHORÉGIQUE [k-] adj.

CHORÉGRAPHE [k-] n.

CHORÉGRAPHIE [k-] n.f.

CHORÉGRAPHIER [k-] v. **15.**

CHORÉGRAPHIQUE [k-] adj.

CHORÉIQUE [k-] adj. et n. Qui souffre de chorée.

CHOREUTE [k-] n.m. *Antiq. gr.* Choriste.

CHORIAL, E, AUX [k-] adj. Relatif au chorion.

CHORIAMBE [k-] n.m. *Poét.* Pied de quatre syllabes.

CHORION [k-] n.m. *Biol.* Membrane la plus externe de l'œuf.

CHORIONIQUE [k-] adj.

CHORISTE [k-] n.

CHORIZO [(t)ch-] n.m. Saucisse espagnole épicée.

CHOROGRAPHIE [k-] n.f. *Anc.* Description générale d'un pays.

CHOROGRAPHIQUE [k-] adj.

CHOROÏDE [k-] n.f. Membrane pigmentée de l'œil.

CHOROÏDIEN, ENNE [k-] adj.

CHOROÏDITE [k-] n.f. Inflammation de la choroïde.

CHOROLOGIE [k-] n.f. Étude de la répartition des êtres vivants sur la Terre.

CHORON adj. (Sauce béarnaise) à la tomate.

CHORTEN [chortèn] n.m. Monument bouddhiste.

CHORUS [k-] n.m. Improvisation sur un thème, en jazz.

CHOSE n.f.

CHOSIFICATION n.f.

CHOSIFIER v. **15.** Réduire à l'état de chose.

CHOTT n.m. Lac salé, en Afrique du Nord.

CHOTTE n.f. *Helv.* Abri.

CHOU, CHOUTE, CHOUX adj. et n.

CHOUAN n.m. *Hist.* Insurgé royaliste de l'ouest de la France.

CHOUANNER v. **(p.p.inv.) 10.** Faire la guerre à la façon des chouans.

CHOUANNERIE n.f.

CHOUCAS [-a] n.m. Sorte de corneille.

CHOUCHEMENT n.m. Cri de la chouette.

CHOUCHEN [-èn] n.m. Hydromel, en Bretagne.

CHOUCHOU, CHOUCHOUTE n.

CHOUCHOUTAGE n.m.

CHOUCHOUTE → **chouchou.**

CHOUCHOUTER v. **10.**

CHOUCROUTE n.f.

CHOUETTE adj., n.f. et interj.

CHOUETTEMENT adv.

CHOUGNER v. **(p.p.inv.) 10 (= chouiner)** *Fam.* Pleurnicher.

CHOUIA [chouya] n.m. **(= chouya)** *Arg.* Petite quantité.

CHOUINER v. **(p.p.inv.) 10.** → **chougner.**

CHOULEUR n.m. Véhicule à benne qui charrie des matériaux.

CHOUPETTE n.f. *Fam.* Houppette de cheveux.

CHOUQUE n.m. **(= chouquet)** *Mar.* Pièce de bois servant à assembler deux pièces de mâture.

CHOUQUET n.m. → **chouque.**

CHOUQUETTE n.f. Petit chou pâtissier recouvert de sucre en grains.

CHOURAVER v. **10.** → **chourer.**

CHOURER v. **10.** *Arg.* Voler.

CHOURIN n.m. *Arg., Vx.* Couteau.

CHOURINER v. **10.** *Arg.* Poignarder.

CHOURINEUR n.m.

CHOUTE → **chou.**

CHOUYA n.m. → **chouia.**

CHOYER v. **27.**

CHRÉMATISTIQUE adj. Qui concerne la production des richesses.

CHRÊME n.m. Huile sainte.

CHRÉMEAU, X n.m. Bonnet d'enfant baptisé.

CHRESTOMATHIE [-si] ou [-ti] n.f. Choix de textes.

CHRÉTIEN, ENNE adj. et n.

CHRÉTIENNEMENT adv.

CHRÉTIENTÉ n.f.

CHRISCRAFT [k-] n.m. (Nom déposé) Canot à moteur.

CHRISME n.m. Monogramme du Christ.

CHRIST n.m.

CHRISTIANIA n.m. Virage pris avec les skis parallèles.

CHRISTIANISER v. **10.**

CHRISTIANISME n.m.

CHRISTIQUE adj. Relatif au Christ.

CHRISTMAS [krismas] n.m. Noël, dans les pays de langue anglaise.

CHRISTOLOGIE n.f. Théologie relative au Christ.

CHRISTOLOGIQUE adj.

CHRISTOPHINE n.f. Cucurbitacée comestible des Antilles.

CHROMAGE n.m.

CHROMATE n.m. Sel de l'acide chromique.

CHROMATIDE n.f. Chacune des deux parties d'un chromosome.

CHROMATINE n.f. *Biol.* Substance constitutive des chromosomes.

CHROMATIQUE adj. Relatif aux couleurs ou aux chromosomes. – *Mus.* Qui procède par demi-tons consécutifs.

CHROMATIQUEMENT adv.

CHROMATISER v. **10.** Iriser.

CHROMATISME n.m. Coloration.

CHROMATOGRAMME n.m. Image obtenue par chromatographie.

CHROMATOGRAPHE n.m. Appareil servant à la chromatographie.

CHROMATOGRAPHIE n.f. Méthode d'analyse chimique.

CHROMATOPHORE n.m. Cellule pigmentée de la peau.

CHROMATOPSIE n.f. Vision des couleurs.

CHROME n.m.

CHROMER v. **10.**

CHROMEUR n.m.

CHROMEUX, EUSE adj.

CHROMINANCE n.f. Signal coloré en télévision.

CHROMIQUE adj. (Composé oxygéné) du chrome.

CHROMISATION n.f.

CHROMISER v. **10.** Durcir par le chrome.

CHROMISTE n. *Impr.* Spécialiste de l'impression polychrome.

CHROMITE n.f. Minerai de chrome.

CHROMO n.m. Image populaire.

CHROMODYNAMIQUE n.f. *Phys.* Étude des interactions entre quarks.

CHROMOGÈNE adj. Générateur de couleur.

CHROMOPROTÉINE n.f. *Biochim.* Protéine colorée.

CHROMOSOME n.m.

CHROMOSOMIQUE adj.

CHROMOSPHÈRE n.f. Couche de l'atmosphère.

CHROMOSPHÉRIQUE adj.

CHROMOTHÉRAPIE n.f. *Méd.* Traitement de maladies mentales par des radiations colorées.

CHROMOTYPIE n.f. Technique d'imprimerie.

CHRONAXIE n.f. *Physiol.* Durée minimale d'une stimulation.

CHRONAXIQUE adj.

CHRONICISER (SE) v. **10.** *Méd.* Devenir chronique.

CHRONICITÉ n.f.

CHRONIQUE adj. et n.f.

CHRONIQUEMENT adv.

CHRONIQUER v. **10.** Écrire sous forme de chronique.

CHRONIQUEUR, EUSE n.

CHRONO n.m.

CHRONOBIOLOGIE n.f. Étude des rythmes biologiques.

CHRONOGRAMME n.m. Représentation graphique du temps.

CHRONOGRAPHE n.m. Appareil enregistrant des durées.

CHRONOGRAPHIE n.f. *Anc.* Chronologie.

CHRONOGRAPHIQUE adj.

CHRONOLOGIE n.f.

CHRONOLOGIQUE adj.

CHRONOMÉTRAGE n.m.

CHRONOMÈTRE n.m.

CHRONOMÉTRER v. **12.**

CHRONOMÉTREUR, EUSE n.

CHRONOMÉTRIE n.f. *Phys.* Mesure du temps.

CHRONOMÉTRIQUE adj.

CHRONOPHAGE adj. Qui demande ou fait perdre beaucoup de temps.

CHRYSALIDE n.f. Stade nymphal entre la chenille et le papillon.

CHRYSANTHÈME n.m.

CHRYSANTHÉMIQUE adj. (Insecticide) naturel.

CHRYSÉLÉPHANTIN, E adj. *Antiq.* (Objet) fait d'ivoire et d'or.

CHRYSIS [krizis] n.f. Guêpe dorée.

CHRYSOBÉRYL n.m. Pierre précieuse de couleur jaune ou verte.

CHRYSOCAL, S n.m. **(= chrysocale)** Alliage de zinc, d'étain et de cuivre ressemblant à de l'or.

CHRYSOCALE n.m. → **chrysocal.**

CHRYSOCHALQUE [-kalk] n.m. → **chrysocal.**

CHRYSOCOLLE n.f. Silicate de cuivre.

CHRYSOGRAPHIE n.f. Écriture en lettres dorées.

CHRYSOLITE n.f. Pierre précieuse de couleur dorée ou verte.

CHRYSOLITHE n.f. → **chrysolite.**

CHRYSOMÈLE n.f. Coléoptère coloré.

CHRYSOMÉLIDÉ n.m. Coléoptère, type doryphore.

CHRYSOMONADALE n.f. → **chrysophycée.**

CHRYSOPE n.f. Insecte qui se nourrit de pucerons.

CHRYSOPHYCÉE n.f. Algue aquatique dorée.

CHRYSOPRASE n.f. Sorte de calcédoine.

CHRYSOTHÉRAPIE n.f. *Méd.* Traitement par des sels d'or.

CHRYSOTILE n.m. Amiante blanc.

CHTARBÉ, E adj. *Arg.* Fou.

CHTHONIEN, ENNE [kt-] adj. **(= chtonien)** *Antiq.* Qualifie les divinités d'origine souterraine.

CHTI adj. et n. *Fam.* Chtimi.

CHTIMI adj. et n. *Fam.* Du nord de la France.

CHTONIEN, ENNE [kt-] adj. → **chthonien.**

CHTOUILLE n.f. *Fam.* Blennorragie.

CHU, CHUE → **choir 83.**

CHUCHOTEMENT n.m.

CHUCHOTER v. **10.**

CHUCHOTERIE n.f.

CHUCHOTEUR, EUSE adj. et n.

CHUCHOTIS n.m.

CHUINTANT, E 1. adj. 2. n.f. *Phon.* Consonne fricative sourde ou sonore.

CHUINTEMENT n.m.

CHUINTER v. **10.** Crier, en parlant de la chouette. - Prononcer (les *s* et les *z*) comme des *ch* et des *j*.

CHUM [tchom] n. *Québ.* Ami, amoureux, conjoint.

CHÛMES, CHURENT → **choir 83.**

CHURINGA [chur-in-ga] n.m. *Anthr.* Objet recevant l'âme des morts.

CHURRIGUERESQUE [chourigé-] adj. Qualifie l'architecture baroque espagnole (XVIIIe s.).

CHURRO [(t)chouro] n.m. Beignet sucré espagnol.

CHUT interj.

CHUTE n.f.

CHUTER v. **10.** Faire taire. – Tomber.

CHUTEUR n.m. Parachutiste.

CHUTNEY [cheutnè] n.m. Condiment aigre-doux.

CHVA n.m. **(= schwa)** *Ling.* Voyelle non accentuée.

CHYLE n.m. Contenu de l'intestin grêle à l'issue de la digestion.

CHYLEUX, EUSE adj.

CHYLIFÈRE adj. et n.m. Qui transporte le chyle.

CHYME n.m. Résultat de la digestion dans l'estomac.

CHYMIFICATION n.f. Transformation des aliments en chyme.

CHYMOSINE n.f. Enzyme contenue dans la présure.

CHYMOTRYPSINE n.f. *Biochim.* Enzyme.

CHYPRE n.m. Parfum à base de bergamote et de santal.

CHYPRÉ, E adj.

CHYPRIOTE adj. **(= cypriote)** De Chypre.

CI adv. et pr.dém. (inv. mais **cis** adj.).

CIAO [tchaô] interj. **(= tchao)** Au revoir !

CIBARE n.m. *Helv.* Soldat qui marque à la cible.

CIBICHE n.f. *Fam.* Cigarette.

CIBISTE n. → **cébiste.**

CIBLAGE n.m.

CIBLE n.f.

CIBLER v. **10.** Définir (le public) auquel un produit est destiné.

CIBOIRE n.m. *Rel.* Vase sacré.

CIBORIUM n.m. *Rel.* Dais au-dessus d'un autel.

CIBOULE n.f. Plante servant de condiment.

CIBOULETTE n.f.

CIBOULOT n.m. *Fam.* Tête.

CICADELLE n.f. Insecte sauteur.

CICADIDÉ n.m. Insecte, type cigale.

CICATRICE n.f.

CICATRICIEL, ELLE adj.

CICATRICULE n.f. *Biol.* Élément contenant le noyau femelle de l'œuf.

CICATRISABLE adj.

CICATRISANT, E adj. et n.m.

CICATRISATION n.f.

CICATRISER v. **10.**

CICÉRO n.m. Unité de mesure typographique.

CICÉRONE n.m. Personne qui en guide une autre dans un lieu inconnu.

CICÉRONIEN, ENNE adj. Qui rappelle Cicéron.

CICHLIDÉ [k] n.m. Poisson tropical, type discus.

CICINDÈLE n.f. Coléoptère.

CICLÉE n.f. **(= siclée)** *Helv.* Cri strident.

CICLER v. (**p.p.inv.** mais **ciclée** n.f.) **10 (= sicler)** *Helv.* Pousser des cris stridents.

CICLOSPORINE n.f. Médicament immunodépresseur.

CICONIIDÉ n.m. Oiseau échassier, type cigogne.

CICONIIFORME n.m. → **ciconiidé.**

CICUTINE n.f. Alcaloïde de la ciguë.

CIDRE n.m.

CIDRERIE n.f.

CIDRICOLE adj. Qui concerne le cidre.

CIDRIER, ÈRE n. et adj. Producteur de cidre.

CIEL (pl. **CIELS** ou **CIEUX**) n.m. et interj.

CIERGE n.m.

CIEUX → **ciel.**

CIF ❙ adj. et adv. → **caf.**

CIGALE n.f.

CIGALIÈRE n.f. Terrain où abondent les cigales.

CIGARE n.m.

CIGARETTE n.f.

CIGARETTIER, ÈRE n. et adj. Fabricant de cigarettes.

CIGARIER, ÈRE n. Personne qui confectionne des cigares.

CIGARILLO n.m.

CIGOGNE n.f.

CIGOGNEAU, X n.m.

CIGUATERA [gwaté] n.f. Maladie due à la consommation de poissons des récifs coralliens.

CIGUË n.f.

CIL n.m.

CILIAIRE adj. Relatif au cil.

CILIATURE n.f. *Biol.* Ensemble des cils d'une cellule.

CILICE n.m. *Anc.* Vêtement de crin porté par mortification.

CILIÉ, E 1. adj. Pourvu de cils. 2. n.m. *Zool.* Protozoaire.

CILLEMENT n.m.

CILLER v. **10.** Agiter rapidement (les paupières).

CIMAISE n.f. **(= cymaise)** Moulure.

CIME n.f.

CIMENT n.m.

CIMENTAGE n.m. Action de cimenter une pierre précieuse pour la travailler.

CIMENTAIRE adj.

CIMENTATION n.f.

CIMENTER v. **10.**

CIMENTERIE n.f.

CIMENTIER, ÈRE adj. et n.m.

CIMETERRE n.m. Sabre turc recourbé.

CIMETIÈRE n.m.

CIMICAIRE n.f. Plante dont l'odeur passe pour chasser les punaises.

CIMIER n.m. Ornement sur le haut d'un casque.

CIMMÉRIEN, ENNE adj. *Antiq.* Relatif aux Cimmériens, peuple du sud-est de l'Europe.

CINABRE n.m. Sulfure rouge naturel de mercure.

CINCHONA [k] n.m. Arbre tropical (quinquina).

CINCHONINE [k] n.f. Alcaloïde du quinquina.

CINCLE n.m. Passereau plongeur.

CINDYNIQUE n.f. Ensemble des techniques qui étudient les risques naturels et technologiques.

CINÉ n.m.

CINÉASTE n.

CINÉCLUB n.m.

CINÉGRAPHIE n.f. *Vx.* Art cinématographique.

CINÉGRAPHIQUE adj.

CINÉMA n.m.

CINÉMASCOPE n.m. (Nom déposé).

CINÉMATHÈQUE n.f.

CINÉMATIQUE n.f. *Math.* Étude du mouvement.

CINÉMATOGRAPHE n.m.

CINÉMATOGRAPHIE n.f. Technique du cinéma.

CINÉMATOGRAPHIER v. **15.**

CINÉMOGRAPHE n.m. Enregistreur de vitesses.

CINÉMOMÈTRE n.m. Indicateur de vitesse.

CINÉPARC n.m. *Québ.* Cinéma en plein air.

CINÉPHAGE adj. Qui va voir de nombreux films.

CINÉPHILE adj. et n.

CINÉPHILIE n.f.

CINÉPHILIQUE adj.

CINÉRAIRE 1. adj. (Urne) contenant les cendres d'un mort. 2. n.f. Plante ornementale au feuillage cendré.

CINÉRAMA n.m. (Nom déposé).

CINÉRITE n.f. Cendre volcanique.

CINÉROMAN n.m. Roman-photo.

CINÈSE n.f. *Biol.* Mouvement qui répond à une stimulation.

CINÉSHOP n.m. Boutique d'articles relatifs au cinéma.

CINESTHÉSIE n.f. Sensation interne des mouvements du corps.

CINESTHÉSIQUE adj.

CINÉTHÉODOLITE n.m. *Mil.* Instrument de visée.

CINÉTIQUE adj. et n.f. Relatif au mouvement.

CINÉTIR n.m. Tir sur une cible mobile.

CINÉTISME n.m. Art relatif à ce qui est en mouvement.

CINGALAIS, E adj. et n.m. **(= cinghalais)** De Sri Lanka (anciennement Ceylan).

CINGHALAIS, E adj. et n.m. → **cingalais.**

CINGLAGE n.m. *Mét.* Élimination des scories.

CINGLANT, E adj.

CINGLÉ, E adj. et n.

CINGLER v. **10.**

CINNAMIQUE adj. (Alcool, acide) extrait du baume du Pérou.

CINNAMOME n.m. *Bot.* Cannelier.

CINOCHE n.m.

CINOQUE adj. et n. **(= sinoc, sinoque)** *Fam.* Fou.

CINQ **I** adj.num.card.

CINQUANTAINE n.f.

CINQUANTE **I** adj.num.card.

CINQUANTENAIRE adj. et n.

CINQUANTENIER n.m. *Hist.* Commandant de cinquante hommes, dans une milice.

CINQUANTIÈME adj.num.ord.

CINQUIÈME adj.num.ord.

CINQUIÈMEMENT adv.

CINSAULT [-sô] n.m. **(= cinsaut)** Cépage noir.

CINSAUT n.m. → **cinsault.**

CINTRAGE n.m.

CINTRE n.m.

CINTRER v. **10.** Courber. – Ajuster (un vêtement) à la taille.

CINTREUSE n.f. Machine pour cintrer des tubes.

CIPAILLE n.m. *Québ.* Mélange de gibier et de pommes de terre.

CIPAL, E, AUX 1. n.m. *Hist.* Garde municipal. 2. n.f. *Vx.* Vélodrome municipal, à Paris.

CIPAYE [sipay] n.m. *Hist.* Soldat indien de l'armée anglaise.

CIPOLIN n.m. Marbre impur.

CIPPE n.m. *Archéol.* Monument funéraire.

CIPRE n.m. Cyprès chauve de Louisiane.

CIPRIÈRE n.f. Marécage où poussent les cipres.

CIRAGE n.m.

CIRCADIEN, ENNE adj. *Biol.* (Rythme) d'environ 24 heures.

CIRCAÈTE n.m. Rapace diurne.

CIRCASSIEN, ENNE adj. et n. Relatif au cirque.

CIRCINÉ, E adj. *Bot., Méd.* Disposé en cercle ou en arc de cercle.

CIRCONCIRE v. **132.**

CIRCONCISEUR n.m.

CIRCONCISION n.f.

CIRCONFÉRENCE n.f.

CIRCONFÉRENTIEL, ELLE adj.

CIRCONFLEXE adj.

CIRCONLOCUTION n.f. Périphrase.

CIRCONSCRIPTION n.f.

CIRCONSCRIRE v. **130.**

CIRCONSPECT, E adj. Prudent, méfiant.

CIRCONSPECTION n.f.

CIRCONSTANCE n.f.

CIRCONSTANCIEL, ELLE adj.

CIRCONSTANCIER v. **15.** Exposer dans le détail.

CIRCONVALLATION n.f. Tranchée entourant un lieu assiégé.

CIRCONVENIR v. **42.** Séduire par la ruse.

CIRCONVOISIN, E adj. Entourant, proche.

CIRCONVOLUTIF, IVE adj. Relatif aux circonvolutions du cerveau.

CIRCONVOLUTION n.f. Cercle autour d'un point central.

CIRCUIT n.m.

CIRCUITERIE n.f. *Techn.* Ensemble de circuits.

CIRCULAIRE adj. et n.f.

CIRCULAIREMENT adv.

CIRCULANT, E adj.

CIRCULARISER v. **10.** Rendre circulaire.

CIRCULARITÉ n.f.

CIRCULATEUR n.m. *Phys.* Accélérateur.

CIRCULATION n.f.

CIRCULATOIRE adj.

CIRCULER v. **(p.p.inv.) 10.**

CIRCUMDUCTION n.f. Mouvement de rotation.

CIRCUMLUNAIRE adj. Qui est autour de la Lune.

CIRCUMPOLAIRE adj. Qui est autour du pôle.

CIRCUMSTELLAIRE adj. Qui entoure une étoile.

CIRCUMTERRESTRE adj. Qui entoure la Terre.

CIRE n.f.

CIRÉ, E adj. et n.m.

CIRER v. **10.**

CIREUR, EUSE n.

CIREUX, EUSE adj.

CIRIER, ÈRE adj. et n. Qui produit ou travaille la cire.

CIRON n.m. *Zool.* Arachnide minuscule.

CIRONNÉ, E adj. *Helv.* Vermoulu.

CIRQUE n.m.

CIRRE n.m. **(= cirrhe)** *Bot., Zool.* Appendice ciliaire, vrille.

CIRRHE n.m. → **cirre.**

CIRRHOSE n.f.

CIRRHOTIQUE adj. et n.

CIRRIPÈDE n.m. Crustacé marin.

CIRROCUMULUS n.m. Nuage de la famille des cirrus.

CIRROSTRATUS n.m. Nuage de la famille des cirrus.

CIRRUS n.m. Nuage à l'aspect effiloché.

CIRSE n.m. Chardon.

CIS [sis] adj. *Chim.* Relatif à la configuration spatiale d'un isomère.

CISAILLAGE n.m.

CISAILLE n.f.

CISAILLEMENT n.m.

CISAILLER v. **10.**

CISALPIN, E adj. Situé en deçà des Alpes.

CISEAU, X n.m.

CISELAGE n.m.

CISÈLEMENT n.m.

CISELER v. **23** (je cisèle...).

CISELET n.m. Petit ciseau d'orfèvre.

CISELEUR, EUSE n.

CISELLEMENT n.m.

CISELURE n.f. Art du ciseleur.

CISJORDANIEN, ENNE adj. De Cisjordanie (Proche-Orient).

CISJURAN, E adj. Situé en deçà du Jura.

CISLEITHAN, E adj. Situé en deçà de la Leitha, rivière entre l'Autriche et la Hongrie.

CISOIRES n.f.pl. Cisailles de tôlier.

CISPADAN, E adj. Situé en deçà du Pô (Italie).

CISRHÉNAN, E adj. Situé en deçà du Rhin.

CISSOÏDE n.f. *Math.* Type de courbe.

CISSOMÈTRE n.m. Instrument mesurant la cohésion du sol.

CISTACÉE n.f. Plante dicotylédone, type ciste.

CISTE 1. n.m. Arbuste méditerranéen. 2. n.f. *Antiq.* Coffret à usage religieux.

CISTERCIEN, ENNE adj. et n. *Rel.* De l'ordre de Cîteaux.

CISTICOLE n.f. Petite fauvette.

CISTICOLIDÉ n.m. Oiseau, type cisticole.

CISTOPHORE n.m. *Hist.* Monnaie d'Asie Mineure.

CISTRE n.m. Instrument de musique à cordes.

CISTRON n.m. *Biol.* Unité fonctionnelle du gène.

CISTUDE n.f. Tortue aquatique.

CITADELLE n.f.

CITADIN, E adj. et n.

CITATEUR, TRICE adj. et n.

CITATION n.f.

CITÉ n.f.

CITER v. **10.**

CITÉRIEUR, E adj. *Anc.* Qui est situé du côté de la personne qui parle.

CITERNE n.f.

CITERNEAU, X n.m. Chambre précédant une citerne où les eaux s'épurent.

CITHARE n.f. Instrument de musique à cordes.

CITHARÈDE n. *Antiq. gr.* Chanteur s'accompagnant à la cithare.

CITHARISTE n. Joueur de cithare.

CITOYEN, ENNE adj. et n.

CITOYENNETÉ n.f.

CITRATE n.m. Sel de l'acide citrique.

CITRIN, E 1. adj. Qui a la couleur du citron. 2. n.f. Pierre fine.

CITRIQUE adj. (Acide) extrait du jus de citron.

CITRON adj. et n.m.

CITRONNADE n.f.

CITRONNELLE n.f. Plante dégageant une odeur de citron.

CITRONNER v. **10.** Parfumer au citron.

CITRONNIER n.m.

CITROUILLE n.f.

CITRUS n.m. Arbre producteur d'agrumes, type oranger, citronnier.

CIVADIÈRE n.f. Voile carrée du mât de beaupré.

ÇIVAÏSME [ch-] n.m. **(= shivaïsme, sivaïsme)** Religion hindouiste.

ÇIVAÏTE [ch-] n. et adj. **(= shivaïte, sivaïte)** Adepte du çivaïsme.

CIVE n.f. Ciboule.

CIVELLE n.f. Jeune anguille.

CIVET n.m.

CIVETTE n.f. Ciboulette. – Mammifère carnassier.

CIVIÈRE n.f.

CIVIL, E adj. et n.m.

CIVILEMENT adv.

CIVILISABLE adj.

CIVILISATEUR, TRICE adj. et n.

CIVILISATION n.f.

CIVILISATIONNEL, ELLE adj.

CIVILISER v. **10.**

CIVILISTE n. Spécialiste du droit civil.

CIVILITÉ n.f.

CIVIQUE adj.

CIVIQUEMENT adv.

CIVISME n.m.

CLABAUD n.m. Chien de chasse.

CLABAUDAGE n.m.

CLABAUDER v. **(p.p.inv.) 10.** Aboyer. – Crier sans raison.

CLABAUDERIE n.f. Médisance.

CLABAUDEUR, EUSE n.

CLABOT n.m. **(= crabot)** *Méc.* Dispositif d'accouplement.

CLABOTAGE n.m. **(= crabotage)** *Méc.* Accouplement.

CLABOTER v. **10.** 1. **(= craboter)** *Méc.* Accoupler par un clabot. 2. *Fam.* Mourir.

CLAC interj.

CLACTONIEN, ENNE adj. et n.m. Se dit d'un stade du paléolithique ancien.

CLADE n.m. Groupement d'embranchements d'animaux ou de plantes.

CLADISME n.m. Étude des parentés par clades.

CLADISTIQUE n.f. → **cladisme.**

CLADOCÈRE n.m. Petit crustacé d'eau douce.

CLADOGRAMME n.m. Diagramme arborescent utilisé dans le cladisme.

CLADONIE n.f. Lichen.

CLAFOUTIS n.m. Gâteau aux fruits.

CLAIE n.f. Treillis d'osier à claire-voie.

CLAIM [klèm] n.m. Concession minière.

CLAIR, CLAIRE adj., n.m. et n.f.

CLAIRANCE n.f. **(= clearance)** *Biol.* Coefficient d'épuration.

CLAIRÇAGE n.m. Extraction des impuretés du sucre.

CLAIREMENT adv.

CLAIRET, ETTE 1. adj. 2. n.m. Vin rouge léger. 3. n.f. Cépage blanc du Midi.

CLAIRIÈRE n.f.

CLAIRON n.m.

CLAIRONNANT, E adj.

CLAIRONNER v. **10.**

CLAIRSEMER (SE) v. **11.**

CLAIRURE n.f. Défaut d'une étoffe.

CLAIRVOYANCE n.f.

CLAIRVOYANT, E adj.

CLAM n.m. Mollusque marin.

CLAMEAU, X n.m. Crampon à deux pointes coudées.

CLAMECER [klamsé] v. **13 (= clampser, clamser)** *Fam.* Mourir. – *Être clamecé :* être mort.

CLAMER v. **10.**

CLAMEUR n.f.

CLAMP [kl-an-p] n.m. Pince de chirurgien.

CLAMPAGE n.m.

CLAMPER v. **10.** *Méd.* Comprimer (un vaisseau) à l'aide d'un clamp.

CLAMPIN n.m. *Fam., Vx.* Paresseux. – *Fam.* Individu quelconque.

CLAMPSER v. **10. → clamecer.**

CLAMSER v. **10. → clamecer.**

CLAN n.m.

CLANDÉ n.m. *Fam.* Maison de prostitution clandestine.

CLANDESTIN, E adj. et n.

CLANDESTINEMENT adv.

CLANDESTINITÉ n.f.

CLANGOR n.m. *Méd.* Bruit éclatant et métallique du cœur, dans certaines affections.

CLANIQUE adj. Relatif au clanisme.

CLANISME n.m. Organisation en clans.

CLANISTE adj.

CLAP n.m. *Cin.* Claquette.

CLAPET n.m. Soupape.

CLAPIER n.m. Terrier du lapin.

CLAPIR v. **40.** Crier, en parlant du lapin. – *Se clapir :* se blottir.

CLAPMAN [-man] n.m. *Cin.* Personne qui manœuvre le clap.

CLAPOT n.m. Appareil faisant dégorger les étoffes trop chargées en teinture.

CLAPOTAGE n.m.

CLAPOTANT, E adj.

CLAPOTEMENT n.m.

CLAPOTER v. **(p.p.inv.) 10.**

CLAPOTEUX, EUSE adj.

CLAPOTIS n.m.

CLAPPEMENT n.m.

CLAPPER v. **(p.p.inv.) 10.** Claquer la langue.

CLAQUAGE n.m.

CLAQUANT, E adj.

CLAQUE 1. n.m. Chapeau haut de forme. 2. n.f.

CLAQUEDENT n.m. *Fam., Vx.* Gueux.

CLAQUEMENT n.m.

CLAQUEMURER v. **10.** Enfermer.

CLAQUER v. **10.**

CLAQUET n.m. Latte sur la trémie d'un moulin.

CLAQUETER v. **(p.p.inv.) 20** (je claquette...) Crier, en parlant de la cigogne.

CLAQUETTE n.f.

CLAQUEUR n.m. *Anc.* Applaudisseur à gages.

CLAQUOIR n.m. *Cin.* Claquette.

CLARAIN n.m. Constituant du charbon.

CLARIAS [-s] n.m. Poisson pouvant respirer hors de l'eau.

CLARIFIANT, E adj. et n.m.

CLARIFICATION n.f.

CLARIFIER v. **15.**

CLARINE n.f. Clochette pour bestiaux.

CLARINETTE n.f.

CLARINETTISTE n.

CLARISSE n.f. Religieuse de l'ordre de Sainte-Claire.

CLARK n.m. (Nom déposé) Engin de levage ou de traction.

CLARTÉ n.f.

CLASH (pl. **CLASHES** ou **CLASHS**) n.m. Désaccord brutal.

CLASHES → clash.

CLASSABLE adj.

CLASSAGE n.m. Tri des fibres de cellulose.

CLASSARD, E n. *Fam., Vx.* Conscrit de la même année.

CLASSE n.f.

CLASSEMENT n.m.

CLASSER v. **10.**

CLASSEUR, EUSE n.m. et n.f.

CLASSICISME n.m.

CLASSICO n.m. *Sp.* Rencontre attendue entre deux équipes rivales.

CLASSIEUX, EUSE adj. et n. *Fam.* Qui a de la classe.

CLASSIFICATEUR, TRICE adj. et n.

CLASSIFICATION n.f.

CLASSIFICATOIRE adj.

CLASSIFIER v. **15.**

CLASSIQUE adj., n.m. et n.f.

CLASSIQUEMENT adv.

CLASTIQUE adj. *Géol.* Qui présente des traces de fracture dues à l'érosion. – (Prothèse) démontable.

CLATHRATE n.m. Composé chimique qui enferme une molécule hôte.

CLATHRE n.m. Champignon en forme de lanterne grillagée.

CLAUDÉLIEN, ENNE adj. De Claudel (écrivain français).

CLAUDICANT, E adj.

CLAUDICATION n.f.

CLAUDIQUER v. **(p.p.inv.) 10.** Boiter.

CLAUSE n.f.

CLAUSTRA n.m. *Arch.* Paroi ajourée.

CLAUSTRAL, E, AUX adj. Relatif au cloître.

CLAUSTRATION n.f.

CLAUSTRER v. **10.** Enfermer dans un lieu clos.

CLAUSTRO adj. et n. *Fam.* Claustrophobe.

CLAUSTROMANIE n.f. Manie de s'enfermer.

CLAUSTROPHOBE adj. et n.

CLAUSTROPHOBIE n.f.

CLAUSULE n.f. Dernier membre d'une période oratoire, d'une strophe, d'un vers.

CLAVAGE n.m. Mise en place d'une clé de voûte.

CLAVAIRE n.f. Champignon des bois.

CLAVARDAGE n.m.

CLAVARDER v. **(p.p.inv.) 10.** *Québ.* Dialoguer sur internet.

CLAVEAU, X n.m. *Arch.* Pierre taillée en coin. – *Vét.* Clavelée.

CLAVECIN n.m.

CLAVECINISTE n.

CLAVELÉ, E n.f. et adj. Variole du mouton.

CLAVELEUX, EUSE adj. → **clavelé.**

CLAVELIN n.m. Bouteille de 62 centilitres.

CLAVER v. **10.** *Min.* Remblayer, boucher les trous.

CLAVETAGE n.m.

CLAVETER v. **20** (je clavette...).

CLAVETTE n.f. Cheville qui assemble deux pièces.

CLAVICORDE n.m. Instrument à cordes frappées, ancêtre du pianoforte.

CLAVICORNE n.m. *Anc.* Coléoptère dont les antennes sont épaissies à l'extrémité.

CLAVICULAIRE adj.

CLAVICULE n.f.

CLAVIER n.m.

CLAVIÉRISTE n. Musicien utilisant des claviers électroniques.

CLAVISTE n. Personne travaillant sur un clavier de saisie informatique, de photocomposeuse, etc.

CLAY [-é] n.m. *Belg.* Pigeon d'argile utilisé pour le tir.

CLAYÈRE n.f. Parc à huîtres.

CLAYETTE n.f. Petite claie. – Cageot.

CLAYMORE n.f. Grande épée écossaise.

CLAYON n.m. Petite claie.

CLAYONNAGE n.m.

CLAYONNER v. **10.** Soutenir (des terres) avec des claies.

CLAYTONIE n.f. Plante herbacée vivace.

CLÉ n.f. **(= clef).**

CLEAN ❙ [i] adj. Soigné.

CLEARANCE [i] n.f. → **clairance.**

CLEARING [i] n.m. *Écon.* Compensation, en commerce.

CLÉBARD n.m. *Fam.* Chien.

CLEBS [klèps] n.m. → **clébard.**

CLÉDAR n.m. *Helv.* Porte de jardin.

CLEF n.f. → **clé.**

CLÉMATITE n.f. Plante grimpante.

CLÉMENCE n.f.

CLÉMENT, E adj.

CLÉMENTIN, E 1. adj. Relatif à l'un des papes appelés Clément. 2. n.f. Fruit.

CLÉMENTINIER n.m. Arbre voisin de l'oranger.

CLÉMENVILLA [-la] n.f. Hybride de clémentine et de tangelo.

CLENCHE n.f. Partie de loquet.

CLENCHER v. **10.** Ouvrir ou fermer (une porte) avec une clenche.

CLENCHETTE n.f. → **clenche.**

CLÉOME n.m. Arbrisseau ornemental.

CLEPHTE n.m. **(= klephte)** *Hist.* Brigand des montagnes grecques.

CLEPSYDRE n.f. *Antiq.* Horloge à eau.

CLEPTOMANE adj. et n. Qui ne peut s'empêcher de commettre des vols.

CLEPTOMANIE n.f.

CLERC n.m. Ecclésiastique. – Employé.

CLERGÉ n.m.

CLERGEON n.m. *Fam.* Enfant de chœur.

CLERGIE n.f. *Dr.* État de clerc.

CLERGYMAN (pl. **CLERGYMEN** ou **CLERGYMANS**) [klèrdji-] n.m. Pasteur protestant anglo-saxon.

CLERGYMEN ❙ → **clergyman.**

CLÉRICAL, E, AUX adj. et n. Relatif au clergé. – Partisan du cléricalisme.

CLÉRICALISER v. **10.**

CLÉRICALISME n.m. Tendance favorable à l'intervention du clergé dans les affaires publiques.

CLÉRICATURE n.f. Condition des clercs.

CLERMONTOIS, E adj. De Clermont-Ferrand.

CLÉROUCHIE n.f. → **clérouquie.**

CLÉROUQUE n.m. *Antiq.* Colon grec.

CLÉROUQUIE n.f. *Antiq.* Colonie grecque.

CLIC 1. n.m. **(= click)** *Phon.* Son claquant. 2. interj.

CLICHAGE n.m.

CLICHÉ n.m.

CLICHER v. **10.** *Impr.* Reproduire.

CLICHERIE n.f. Atelier de clichage.

CLICHEUR, EUSE n.

CLICK n.m. → **clic** 1.

CLIENT, E n.

CLIENTÈLE n.f.

CLIENTÉLISME n.m. Fait de chercher à accroître son influence par des procédés démagogiques.

CLIENTÉLISTE adj.

CLIGNEMENT n.m.

CLIGNER v. **10.**

CLIGNOTANT, E adj. et n.m.

CLIGNOTEMENT n.m.

CLIGNOTER v. **(p.p.inv.) 10.**

CLIGNOTEUR n.m. *Belg.* Clignotant.

CLIM n.f. *Fam.* Climatisation.

CLIMAT n.m.

CLIMATÈRE n.m. Ménopause, andropause.

CLIMATÉRIQUE adj. et n.f. (Année) critique.

CLIMATICIEN, ENNE n. Spécialiste des systèmes de climatisation.

CLIMATIQUE adj.

CLIMATISATION n.f.

CLIMATISER v. **10.**

CLIMATISEUR n.m.

CLIMATISME n.m. Ensemble de ce qui a trait aux stations climatiques.

CLIMATOLOGIE n.f. Étude des climats.

CLIMATOLOGIQUE adj.

CLIMATOLOGISTE n.

CLIMATOLOGUE n.

CLIMATOTHÉRAPIE n.f.

CLIMAX n.m. Point culminant d'une progression.

CLIN n.m.

CLINAMEN [-mèn] n.m. Selon Épicure, forme de liberté des atomes, qui rappelle la liberté humaine.

CLINDAMYCINE n.f. Antibiotique.

CLINFOC n.m. Petite voile triangulaire à l'avant d'un navire.

CLINICAT n.m. *Méd.* Fonction de chef de clinique.

CLINICIEN, ENNE adj. et n.

CLINIQUE adj. et n.f.

CLINIQUEMENT adv.

CLINKER [klinkeur] n.m. Ciment avant broyage.

CLINOMÈTRE n.m. Appareil pour mesurer la pente d'un terrain.

CLINORHOMBIQUE adj. (Prisme) de forme oblique dont la base est un losange.

CLINQUANT, E adj. et n.m.

CLIP n.m. Petite pince à ressort. – Bijou monté sur cette pince. – *Cin.* Court-métrage.

CLIPART [-t] n.m. *Inf.* Collection d'images numériques.

CLIPPER [klipeur] n.m. *Anc.* Voilier rapide.

CLIPPER v. **10 (= clipser)** Fixer avec un clip.

CLIPSER v. **10.** → **clipper** v.

CLIQUABLE adj. *Inf.* (Élément) sur lequel on peut cliquer.

CLIQUART n.m. Pierre à bâtir.

CLIQUE n.f.

CLIQUER v. **10.** *Inf.* Enclencher (un dispositif de sélection).

CLIQUET n.m. Levier forçant une roue dentée à tourner dans un seul sens.

CLIQUETANT, E adj.

CLIQUÈTEMENT n.m.

CLIQUETER v. **(p.p.inv.) 20** (je cliquette...).

CLIQUETIS n.m.

CLIQUETTEMENT n.m.

CLISSAGE n.m.

CLISSE n.f. Petite claie.

CLISSER v. **10.** Garnir de clisses.

CLITO n.m. *Fam.* Clitoris.

CLITOCYBE n.m. Champignon.

CLITORIDECTOMIE n.f. Ablation du clitoris.

CLITORIDIEN, ENNE adj.

CLITORIS n.m.

CLITORISME n.m. Érection pathologique du clitoris.

CLIVABLE adj.

CLIVAGE n.m.

CLIVER v. **10.** Fendre (un minéral) dans le sens des couches.

CLIVIA n.m. Plante ornementale d'Afrique du Sud.

CLOACAL, E, AUX adj.

CLOAQUE n.m. Bourbier. – *Zool.* Orifice d'excrétion.

CLOCHARD, E n.

CLOCHARDISATION n.f.

CLOCHARDISER v. **10.**

CLOCHE adj. et n.f.

CLOCHER n.m.

CLOCHER v. **10.** Mettre sous cloche. – Être défectueux.

CLOCHETON n.m. *Arch.* Tourelle.

CLOCHETTE n.f.

CLODO n.

CLOFIBRATE n.m. Substance diminuant le taux de cholestérol.

CLOISON n.f.

CLOISONNAGE n.m.

CLOISONNEMENT n.m.

CLOISONNER v. **10.**

CLOISONNISME n.m. Technique picturale.

CLOÎTRE n.m.

CLOÎTRER v. **10.**

CLOMIFÈNE n.m. Substance provoquant l'ovulation.

CLONAGE n.m.

CLONAL, E, AUX adj. Qui concerne un clone.

CLONE n.m. *Biol.* Ensemble de cellules identiques.

CLONER v. **10.** *Biol.* Reproduire (un organisme) à partir de ses cellules.

CLONIE n.f. Brève secousse musculaire réflexe.

CLONIQUE adj. Qui concerne le clonus.

CLONUS n.m. Succession de réflexes musculaires.

CLOPE n.m. ou f. *Fam.* Cigarette.

CLOPER v. **10.** *Fam.* Fumer.

CLOPET n.m. *Helv.* Petit somme.

CLOPINER v. **(p.p.inv.) 10.** Marcher avec peine.

CLOPINETTES n.f.pl. *Fam. Des clopinettes :* rien.

CLOPORTE n.m. Crustacé terrestre.

CLOPPER v. **(p.p.inv.) 10.** *Belg.* Concorder, correspondre.

CLOQUAGE n.m. Boursouflure.

CLOQUE n.f.

CLOQUÉ, E adj. et n.m. (Tissu) gaufré.

CLOQUER v. **10.** Se boursoufler.

CLORE v. déf. **141.**

CLOS, CLOSE adj. et n.m.

CLOSEAU, X n.m. → **closerie.**

CLOSERIE n.f. Petit clos.

CLOSTRIDIE n.f. *Biol.* Bactérie anaérobie.

CLOSTRIDIUM n.m. *Biol.* Bactérie toxique.

CLÔTURE n.f.

CLÔTURER v. **10.**

CLOU n.m.

CLOUAGE n.m.

CLOUEMENT n.m.

CLOUER v. **10.**

CLOUEUSE n.f. Machine à clouer.

CLOUP [-p] n.m. *Géol.* Grande dépression fermée.

CLOUQUE n.f. Dans le Sud-Ouest, poule couveuse.

CLOUTAGE n.m.

CLOUTARD n.m. Élève de l'École normale supérieure de Saint-Cloud.

CLOUTER v. **10.**

CLOUTERIE n.f.

CLOUTIER, ÈRE n. Personne qui fabrique ou vend des clous.

CLOVISSE n.f. Palourde.

CLOWN, CLOWNESSE n.

CLOWNERIE n.f.

CLOWNESQUE adj.

CLOWNESSE → **clown.**

CLOYÈRE [klwayèr] n.f. Panier à huîtres.

CLUB n.m.

CLUBARD, E n. et adj. Supporter fanatique d'un club de sport.

CLUBBER [-eur] n.m. **(= clubbeur)** Habitué des boîtes de nuit.

CLUBBEUR, EUSE n. → **clubber.**

CLUBBING n.m.

CLUBISTE n. Sous la Révolution, membre d'un club politique.

CLUNISIEN, ENNE adj. Relatif à l'ordre de Cluny.

CLUPÉIDÉ n.m. Poisson, type sardine.

CLUPÉIFORME n.m. Poisson, type clupéidé.

CLUSE n.f. Gorge transversale, dans le Jura.

CLUSIACÉE n.f. Plante tropicale.

CLUSTER [kleusteur] n.m. *Mus.* Ensemble de sons simultanés.

CLYSTÈRE n.m. *Vx.* Lavement.

CNÉMIDE n.f. *Antiq. gr.* Jambière.

CNIDAIRE n.m. Animal marin, type méduse.

CNIDOBLASTE n.m. Cellule des cnidaires.

CNIDOCYSTE n.m. Organe urticant des cnidaires.

COACCUSATION n.f.

COACCUSÉ, E n.

COACERVAT n.m. *Biol.* Structure macromoléculaire.

COACH (pl. **COACHES** ou **COACHS**) [kôtch] n.m. Automobile à deux portes et quatre glaces. – Entraîneur sportif.

COACHER [kôtché] v. **10.** *Sp.* Entraîner, manager.

COACHES → **coach.**

COACHING [kôtching] n.m. Action de coacher.

COACQUÉREUR, EUSE n.

COACTIF, IVE adj. Contraignant.

COACTION n.f. Contrainte.

COADAPTATEUR, TRICE n.

COADAPTATION n.f. Adaptation par plusieurs personnes d'un texte pour le cinéma.

COADJUTEUR, TRICE n. Évêque ou religieuse auxiliaire.

COADJUTORERIE n.f.

COAGULABILITÉ n.f.

COAGULABLE adj.

COAGULANT, E adj. et n.m.

COAGULATEUR, TRICE adj.

COAGULATION n.f.

COAGULER v. **10.** Transformer en une masse solide.

COAGULUM [koagulom] n.m. Masse coagulée.

COALESCENCE n.f.

COALESCENT, E adj.

COALESCER v. **13.** Traiter (un acier) pour le rendre plus facile à usiner.

COALISER v. **10.** Unir pour une action commune.

COALITION n.f.

COALTAR [koltar] ou [kôltar] n.m. *Vx.* Goudron de houille.

COAPTATION n.f. Réduction d'une fracture.

COAPTEUR n.m. *Méd.* Appareil employé pour la coaptation.

COARCTATION n.f. *Méd.* Rétrécissement de l'aorte.

COARTICULATION n.f. *Phon.* Variabilité de l'articulation d'un phonème.

COASSEMENT n.m.

COASSER v. **(p.p.inv.) 10.** Crier, en parlant du crapaud et de la grenouille.

COASSOCIÉ, E n.

COASSURANCE n.f. Assurance par plusieurs compagnies.

COASSURER v. **10.**

COASSUREUR n.m.

COATI n.m. Mammifère carnivore d'Amérique du Sud.

COAUTEUR, E n.

COAXIAL, E, AUX adj. Qui a le même axe.

COB n.m. 1. **(= kob)** Antilope d'Afrique. 2. *Hipp.* Demi-sang.

COBÆA [é] n.m. **(= cobéa, cobée)** Arbuste grimpant à fleurs bleues.

COBALAMINE n.f. Composé dont dérive la vitamine B12.

COBALT n.m. Métal dur, mais malléable.

COBALTAGE n.m. Revêtement de cobalt.

COBALTEUX, EUSE adj. Relatif aux composés du cobalt bivalent.

COBALTHÉRAPIE n.f. Utilisation thérapeutique du rayonnement émis par le cobalt.

COBALTINE n.f. **(= cobaltite)** Minerai de cobalt.

COBALTIQUE adj. Relatif aux composés du cobalt trivalent.

COBALTITE n.f. → **cobaltine.**

COBALTOTHÉRAPIE n.f. → **cobalthérapie.**

COBAYE [kobay] n.m.

COBÉA n.m. → **cobæa.**

COBÉE n.m. → **cobæa.**

COBELLIGÉRANT, E adj. et n. Allié pour combattre un ennemi commun.

COBIER n.m. Réservoir à compartiments, dans les marais salants.

COBOL n.m. *Inf.* Langage de programmation.

COBRA n.m. Serpent venimeux.

COBZA n.f. Luth roumain.

COCA 1. n.m. Arbuste d'Amérique. 2. n.f. Substance extraite de ses feuilles.

COCAGNE **I** n.f. *Pays de cocagne :* pays de rêve.

COCAÏER n.m. Coca (arbuste).

COCAÏNE n.f.

COCAÏNISATION n.f. Administration de cocaïne.

COCAÏNISME n.m.

COCAÏNOMANE n.

COCAÏNOMANIE n.f.

COCARCINOGÈNE adj. et n.m. *Méd.* Se dit d'un ensemble de facteurs cancérigènes.

COCARDE n.f. Insigne rond.

COCARDIER, ÈRE adj. et n. Qui manifeste un patriotisme chauvin.

COCASSE adj.

COCASSERIE n.f.

COCCI **I** [koksi] → **coccus.**

COCCIDÉ [koksidé] n.m. Insecte, type cochenille.

COCCIDIE [koksidi] n.f. Parasite interne de l'animal et de l'homme.

COCCIDIOSE [koksidyôz] n.f. Affection produite par une coccidie.

COCCINELLE n.f.

COCCOLITE n.f. **(= coccolithe)** Écaille fossile.

COCCOLITHE n.f. → **coccolite.**

COCCOLITHOPHORE n.m. → **coccolitophore.**

COCCOLITOPHORE n.m. Être unicellulaire recouvert de coccolites.

COCCUS [kokus] (pl. **COCCI** [koksi]) n.m. Bactérie de forme arrondie.

COCCYGIEN, ENNE adj. Relatif au coccyx.

COCCYX [-s] n.m. Os à la base de la colonne vertébrale.

COCHE 1. n.m. *Anc.* Voiture ou bateau de transport en commun. 2. n.f. Encoche. - Truie.

COCHELET n.m. Petit coq.

COCHENILLE n.f. Puceron.

COCHER n.m.

COCHER v. **10.**

CÔCHER v. **10.** Couvrir (une femelle), en parlant des oiseaux.

COCHÈRE adj.f. (Porte) permettant le passage d'une voiture.

COCHET n.m. Jeune coq.

COCHETTE n.f. Jeune truie.

COCHEVIS [kochvi] n.m. Alouette huppée.

COCHINCHINOIS, E adj. De Cochinchine (Vietnam).

COCHLÉAIRE [k] 1. adj. Relatif à la cochlée. 2. n.f. → **cochléaria.**

COCHLÉARIA [k] n.m. Plante des lieux humides.

COCHLÉE [k] n.f. Partie de l'oreille interne.

COCHON, ONNE adj. et n.

COCHONCETÉ n.f. *Fam.* Obscénité.

COCHONNAILLE n.f.

COCHONNÉE n.f. Portée de porcelets.

COCHONNER v. **10.** Réaliser salement. – Mettre bas, en parlant de la truie.

COCHONNERIE n.f.

COCHONNET n.m.

COCHYLIS [kokilis] n.m. ou f. **(= conchylis)** Papillon dont la larve est nuisible aux vignes.

COCKER n.m. Chien à grandes oreilles tombantes.

COCKNEY n. et adj. Londonien à l'accent populaire.

COCKPIT n.m. *Mar.* Réduit. – *Aéron.* Habitacle du pilote.

COCKTAIL n.m.

COCO n.m. et n.f.

COCOLER v. **10.** *Helv.* Cajoler, dorloter.

COCON n.m. Enveloppe de chrysalides.

COCONISATION n.f. Enrobage thermoplastique de marchandises.

COCONNAGE n.m. Travail du ver à soie.

COCONNER v. **(p.p.inv.) 10.** Faire un cocon.

COCONNIÈRE n.f. Lieu de stockage des cocons de ver à soie.

COCONTRACTANT, E n.

COCOON [ou] n.m. Cocon, chez-soi.

COCOONER [ou] v. **10.** Réconforter.

COCOONING [ou] n.m.

COCORICO n.m. **(= coquerico).**

COCOTER v. **(p.p.inv.) 10 (= cocotter)** *Fam.* Sentir mauvais.

COCOTERAIE n.f. Lieu planté de cocotiers.

COCOTIER n.m.

COCOTTE n.f.

COCOTTER v. **(p.p.inv.) 10. → cocoter.**

COCRÉANCIER, ÈRE n.

COCTION n.f. Cuisson.

COCU, E adj. et n.

COCUAGE n.m.

COCUFIAGE n.m.

COCUFIER v. **15.**

COCYCLIQUE adj. *Math.* Situé sur un même cercle.

CODA n.f. Partie qui termine un morceau musical.

CODAGE n.m.

CODANT, E adj. *Biochim.* (Gène) programmé pour fabriquer une protéine donnée.

CODE n.m.

CODÉBITEUR, TRICE n.

CODEC n.m. *Inf.* Programme qui permet d'utiliser un format audio ou vidéo.

CODÉCIDER v. **10.** Décider à plusieurs.

CODÉCISION n.f.

CODÉINE n.f. Alcaloïde de l'opium.

CODÉINÉ, E adj.

CODEMANDERESSE → codemandeur.

CODEMANDEUR, ERESSE adj. et n.

CODER v. **10.**

CODÉTENIR v. **42.**

CODÉTENTEUR, TRICE n.

CODÉTENU, E n.

CODEUR, EUSE adj. et n.

CODÉVELOPPEMENT n.m. Coopération économique entre pays riches et pays pauvres.

CODEX n.m. *Anc.* Répertoire officiel des médicaments.

CODICILLAIRE adj.

CODICILLE n.m. Amendement d'un testament.

CODICOLOGIE n.f. Étude des manuscrits en tant que supports de texte.

CODICOLOGIQUE adj.

CODICOLOGUE n.

CODIFICATEUR, TRICE adj. et n.

CODIFICATION n.f.

CODIFIER v. **15.**

CODIRECTEUR, TRICE n.

CODIRECTION n.f.

CODIRIGER v. **17.**

CODOMINANCE n.f.

CODOMINANT, E adj. *Biol.* Se dit de deux gènes dont aucun ne domine.

CODON n.m. *Biol.* Élément de code génétique.

CODONATAIRE adj. et n. Qui reçoit une donation conjointement avec un autre.

CODONATEUR, TRICE adj. et n. Qui fait une donation conjointement avec un autre.

COÉCHANGISTE n. et adj. Partenaire d'un échange.

COÉDITER v. **10.**

COÉDITEUR, TRICE adj. et n.

COÉDITION n.f.

COÉDUCATION n.f. Éducation en commun.

COEF [keuf] n.m. Conduit d'écoulement des marais salants.

COEFFICIENT n.m.

CŒLACANTHE [sé-] n.m. Gros poisson osseux marin.

CŒLENTÉRÉ [sé-] n.m. Animal marin, type méduse.

CŒLIAQUE [sé-] adj. *Anat.* Relatif aux viscères abdominaux.

COÉLIGIBLE adj.

CŒLIOSCOPIE [sé-] n.f. *Méd.* Examen de l'abdomen.

CŒLIOSCOPIQUE [sé-] adj.

CŒLOMATE [sé-] n.m. Animal possédant un cœlome.

CŒLOME [sé-] n.m. *Zool.* Cavité interne.

CŒLOMIQUE [sé-] adj.

CŒLOSTAT [sé-] n.m. Instrument utilisé en astronomie.

COEMPTION n.f. *Antiq. rom.* Achat fictif de la femme par le mari.

CŒNESTHÉSIE [sé-] n.f. Impression globale résultant de l'ensemble des sensations internes.

COENTREPRISE n.f.

CŒNURE [sé-] n.m. → **cénure.**

COENZYME n.m. ou f. *Biochim.* Partie non protéique de certaines enzymes.

COÉPOUSE n.f.

COÉQUATION n.f. Répartition proportionnelle de l'impôt.

COÉQUIPIER, ÈRE n.

COERCIBILITÉ n.f.

COERCIBLE adj. Compressible.

COERCITIF, IVE adj. Qui contraint.

COERCITION n.f.

COÉTERNEL, ELLE adj. Qui coexiste éternellement.

CŒUR n.m.

COÉVOLUTION n.f. *Biol.* Évolution parallèle de deux espèces complémentaires.

COEXISTENCE n.f.

COEXISTER v. **(p.p.inv.) 10.**

COEXTENSIF, IVE adj. *Log.* Qui a la même extension.

COFACTEUR n.m. *Math.* Multiplicateur.

COFFIN n.m. Étui de pierre à faux rempli d'eau.

COFFRAGE n.m. Charpente maintenant des terres, du béton.

COFFRE n.m.

COFFRER v. **10.**

COFFRET n.m.

COFFREUR n.m. Ouvrier faisant des coffrages.

COFIDÉJUSSEUR n.m. *Dr.* Chacun de ceux qui se portent garants pour une même dette.

COFINANCEMENT n.m.

COFINANCER v. **13.**

COFONDATEUR, TRICE n.

COGÉNÉRATION n.f. Production simultanée de chaleur et d'énergie mécanique.

COGÉRANCE n.f.

COGÉRANT, E n.

COGÉRER v. **12.**

COGESTION n.f.

COGESTIONNAIRE adj. et n.

COGITATION n.f.

COGITER v. **10.**

COGITO n.m. *Philos.* Argument sur lequel le système de Descartes est fondé.

COGNAC n.m.

COGNASSIER n.m. Arbre dont le fruit est le coing.

COGNAT [gn] n.m. Parent par consanguinité.

COGNATION [gn] n.f. Consanguinité.

COGNATIQUE [gn] adj. *Dr.* Échéant à des cognats.

COGNÉE n.f.

COGNEMENT n.m.

COGNER v. **10.**

COGNEUR, EUSE n.

COGNITICIEN, ENNE [gn] n. Spécialiste de l'intelligence artificielle.

COGNITIF, IVE [gn] adj. Capable de connaître.

COGNITION [gn] n.f. *Philos.* Connaissance.

COGNITIVISME n.m. *Psych.* Étude du processus de la formation et du fonctionnement des connaissances.

COGNITIVISTE adj. et n.

COGNOSCIBILITÉ [gn] n.f. Qualité de ce qui est accessible à l'intelligence.

COHABITANT, E adj. et n.

COHABITATION n.f.

COHABITER v. **(p.p.inv.) 10.**

COHÉRENCE n.f.

COHÉRENT, E adj.

COHÉREUR n.m. Récepteur d'ondes hertziennes.

COHÉRITER v. **(p.p.inv.) 10.**

COHÉRITIER, ÈRE adj. et n.

COHÉSIF, IVE adj. Qui unit.

COHÉSIFÈRE adj. et n.m. Qui assure la cohésion.

COHÉSION n.f.

COHOBATION n.f.

COHOBER v. **10.** Distiller plusieurs fois.

COHORTE n.f.

COHUE n.f.

COI, COITE adj. *Vx.* Silencieux.

COIFFAGE n.m.

COIFFANT, E adj. Qui coiffe bien.

COIFFE n.f.

COIFFER v. **10.**

COIFFEUR, EUSE n.

COIFFURE n.f.

COIN n.m.

COINÇAGE n.m.

COINCEMENT n.m.

COINCER v. **13.**

COINCEUR n.m. Dispositif utilisé en alpinisme.

COINCHER v. **10.** Contrer, à certains jeux de cartes.

COÏNCIDENCE n.f.

COÏNCIDENT, E adj.

COÏNCIDER v. **(p.p.inv.) 10.**

COÏNCULPÉ, E n.

COING n.m. Fruit du cognassier.

COIR n.m. Fibre textile de noix de coco.

COÏT n.m.

COITE → **coi.**

COÏTER v. **(p.p.inv.) 10.** S'accoupler.

COITRON n.m. *Helv.* Petite limace.

COITTE n.f. Édredon de plumes.

COJUMEAU, COJUMELLE, COJUMEAUX n. L'un des jumeaux par rapport à l'autre.

COJUMELLE → **cojumeau.**

COKAGE n.m. → **coking.**

COKE n.m. et n.f.

COKÉFACTION n.f.

COKÉFIABLE adj.

COKÉFIANT, E adj.

COKÉFIER v. **15.** Transformer (de la houille) en coke.

COKERIE n.f. Usine de production du coke.

COKEUR n.m. Installation de raffinage pour le coke.

COKING n.m. Transformation du pétrole en coke et en huile légère.

COL n.m.

COLA n.m. **(= kola)** Produit tonique extrait du colatier.

COLATEUR n.m. *Agr.* Canal recueillant le trop-plein d'eau.

COLATIER n.m. **(= kolatier)** Arbre d'Afrique.

COLATURE n.f. *Pharm.* Liquide obtenu par infusion.

COLBACK n.m. Bonnet à longs poils. – *Fam.* Col.

COLBERTISME n.m. Doctrine économique de Colbert.

COLBERTISTE adj. et n.

COLCHICINE n.f. Alcaloïde des graines de colchique.

COLCHIQUE n.m. Plante vénéneuse.

COLCOTAR n.m. Oxyde ferrique.

COLCRETE [kolkrèt] n.m. et adj.m. Sorte de béton.

COLEADER n.m.

COLECTOMIE n.f. *Chir.* Ablation du côlon.

COLÉE n.f. *Médiév.* Coup du plat de l'épée donné à un chevalier que l'on adoubait.

COLÉGATAIRE n.

COLÉOPTÈRE n.m. Insecte à élytres cornés.

COLÉOPTILE n.m. *Bot.* Enveloppe sécrétant l'hormone de croissance.

COLÈRE n.f.

COLÉREUX, EUSE adj. et n.

COLÉRIQUE adj. et n.

COLESLAW [kolslô] n.f. Salade de chou cru et de carottes râpées.

COLÉUS n.m. Plante ornementale.

COLIBACILLE n.m. Bactérie très répandue chez l'homme et l'animal.

COLIBACILLOSE n.f. *Méd.* Affection provoquée par le colibacille.

COLIBRI n.m. Petit oiseau très coloré à long bec.

COLICHEMARDE adj.f. et n.f. (Lame d'épée) qui s'élargit vers la garde.

COLICINE n.f. *Biol.* Substance antibiotique.

COLICITANT, E adj. et n. *Dr.* Bénéficiaire d'une vente par licitation.

COLIFICHET n.m. Objet de fantaisie sans valeur.

COLIFORME n.m. *Méd.* Bacille d'origine fécale.

COLIMAÇON n.m. Escargot.

COLIN n.m. Poisson marin. – Merlu.

COLINÉAIRE adj. *Math.* Situé sur une même droite.

COLINÉARITÉ n.f.

COLINEAU, X n.m. **(= colinot)** Jeune colin.

COLINOT n.m. → **colineau.**

COLIQUE adj. et n.f.

COLIS n.m.

COLISAGE n.m. Conditionnement d'un produit avant son expédition.

COLISER v. **10.**

COLISTIER, ÈRE n.

COLISTINE n.f. Antibiotique.

COLITE n.f. Inflammation du côlon.

COLITIGANT, E adj. Qui plaide dans une même affaire.

COLLABO n.

COLLABORATEUR, TRICE n.

COLLABORATIF, IVE adj.

COLLABORATION n.f.

COLLABORER v. **(p.p.inv.) 10.**

COLLAGE n.m.

COLLAGÈNE n.m. *Biol.* Protéine fibreuse.

COLLAGÉNOSE n.f. *Méd.* Excès de collagène.

COLLAGISTE n. Artiste qui s'exprime par le collage.

COLLANT, E adj., n.m. et n.f.

COLLAPSER v. **(p.p.inv.) 10.** *Fam.* S'évanouir.

COLLAPSUS n.m. *Méd.* Diminution rapide des forces, sans syncope.

COLLARGOL n.m. (Nom déposé) *Pharm.* Argent colloïdal.

COLLATÉRAL, E, AUX 1. adj. Qui est à côté. 2. n.m. *Dr.* Parent non direct.

COLLATÉRALEMENT adv.

COLLATÉRALITÉ n.f.

COLLATEUR n.m. Celui qui confère un bénéfice ecclésiastique.

COLLATIF, IVE adj. *Dr.* (Bénéfice) qui se confère.

COLLATION n.f. Action de conférer. – Repas léger.

COLLATIONNEMENT n.m.

COLLATIONNER v. **10.** Comparer (des textes).

COLLATIONNURE n.f. Vérification de l'ordre des cahiers d'un livre.

COLLE n.f.

COLLECTAGE n.m.

COLLECTE n.f.

COLLECTER v. **10.**

COLLECTEUR, TRICE adj. et n.

COLLECTIF, IVE adj. et n.m.

COLLECTION n.f.

COLLECTIONNER v. **10.**

COLLECTIONNEUR, EUSE n.

COLLECTIONNISME n.m. Manie de l'accumulation.

COLLECTIONNITE n.f.

COLLECTIVEMENT adv.

COLLECTIVISER v. **10.**

COLLECTIVISME n.m. Communisme.

COLLECTIVISTE adj. et n.

COLLECTIVITÉ n.f.

COLLECTOR n.m. Objet recherché par les collectionneurs.

COLLÈGE n.m.

COLLÉGIAL, E, AUX 1. adj. Collectif. 2. n.f.

COLLÉGIALEMENT adv.

COLLÉGIALITÉ n.f.

COLLÉGIEN, ENNE n.

COLLÈGUE n.

COLLEMBOLE n.m. Petit insecte sans ailes.

COLLENCHYME n.m. *Bot.* Cellulose.

COLLER v. **10.**

COLLERETTE n.f. Petit col plissé rond.

COLLET n.m.

COLLETAILLER (SE) v. **10.** *Québ.* Se chamailler.

COLLETER v. **20** (je collette...) Saisir au collet.

COLLETEUR n.m. Personne qui pose des collets à gibier.

COLLETIN n.m. Partie supérieure de l'armure.

COLLEUR, EUSE n.

COLLEY n.m. Chien de berger écossais.

COLLIER n.m.

COLLIGER v. **17.** Rassembler (des textes).

COLLIMATEUR n.m.

COLLIMATION n.f. *Astr.* Orientation de la vue.

COLLINAIRE adj. Où il y a de nombreuses collines.

COLLINE n.f.

COLLISION n.f.

COLLISIONNEUR n.m. *Phys.* Appareil réalisant la collision de deux faisceaux de particules.

COLLOCATION n.f. *Dr.* Classement judiciaire des créanciers dans l'ordre où ils doivent être payés.

COLLODION n.m. *Chim.* Solution de nitrocellulose.

COLLOÏDAL, E, AUX adj.

COLLOÏDE n.m. *Chim.* Substance qui a l'apparence de la gelée, de la colle.

COLLOQUE n.m.

COLLOQUER v. **10.** *Dr.* Inscrire (des créanciers) dans l'ordre où il faut les payer.

COLLURE n.f. Endroit du collage.

COLLUSION n.f. Entente secrète au détriment d'un tiers.

COLLUSOIRE adj.

COLLUTOIRE n.m. Médicament pour la gorge.

COLLUVION n.f. *Géol.* Dépôt.

COLLYBIE n.f. Champignon poussant sur les souches.

COLLYRE n.m. Médicament liquide pour l'œil.

COLMARIEN, ENNE adj. De Colmar.

COLMATAGE n.m.

COLMATER v. **10.** Boucher (un orifice). – Combler (un manque).

COLO n.f. *Fam.* Colonie de vacances.

COLOBE n.m. Singe d'Afrique.

COLOC 1. n. *Fam.* Colocataire. 2. n.f. *Fam.* Colocation.

COLOCALISATION n.f. Regroupement de satellites sur une même trajectoire orbitale.

COLOCASE n.f. Plante tropicale à racine comestible.

COLOCATAIRE n.

COLOCATION n.f.

COLOGARITHME n.m. *Math.* Logarithme de l'inverse d'un nombre.

COLOMBAGE n.m. Charpente en pan de mur.

COLOMBARD n.m. Cépage blanc.

COLOMBE n.f.

COLOMBIDÉ n.m. (= **columbidé**) Oiseau, type pigeon.

COLOMBIEN, ENNE adj. De la Colombie. – De Colombes.

COLOMBIER n.m.

COLOMBIFORME n.m. Oiseau, type colombidé.

COLOMBIN, E 1. adj. Relatif au pigeon. 2. n.m. → **colombidé.** 3. n.f. Fiente.

COLOMBITE n.f. Minerai dont on tire le niobium.

COLOMBIUM n.m. (= **columbium**) *Vx.* Niobium.

COLOMBO n.m. Plante exotique à racine médicinale. – Ragoût antillais.

COLOMBOPHILE adj. et n. Qui élève des pigeons voyageurs.

COLOMBOPHILIE n.f.

COLON n.m.

COLON [kolon] (pl. **COLONES** [-ès] ou **COLONS**) n.m. Unité monétaire du Costa Rica et du Salvador.

CÔLON n.m. Partie du gros intestin.

COLONAGE n.m. *Dr.* Métayage.

COLONAT n.m. État du colon.

COLONEL, ELLE n.

COLONES [-ès] → **colon** [kolon].

COLONIAL, E, AUX adj. et n.

COLONIALISME n.m.

COLONIALISTE adj. et n.

COLONIE n.f.

COLONISABLE adj.

COLONISATEUR, TRICE adj. et n.

COLONISATION n.f.

COLONISER v. **10.**

COLONNADE n.f.

COLONNE n.f.

COLONNETTE n.f.

COLONOSCOPIE n.f. → **coloscopie.**

COLOPATHIE n.f. Affection du côlon.

COLOPHANE n.f. Résine provenant de la distillation de la térébenthine.

COLOPHON n.m. *Anc.* Marque distinctive d'un imprimeur, mise à la fin d'un livre.

COLOQUINTE n.f. Plante voisine de la pastèque, dont les fruits sont purgatifs.

COLORAGE n.m. Ajout d'un colorant alimentaire.

COLORANT, E adj. et n.m.

COLORATION n.f.

COLORATUR, E adj. et n.f. (Chanteur) qui pratique la vocalise.

COLORECTAL, E, AUX adj. *Méd.* Relatif au côlon et au rectum.

COLORER v. **10.**

COLORIAGE n.m.

COLORIER v. **15.**

COLORIMÈTRE n.m. Appareil qui mesure l'intensité des couleurs.

COLORIMÉTRIE n.f.

COLORIMÉTRIQUE adj.

COLORIS n.m.

COLORISATION n.f.

COLORISER v. **10.** Transformer (un film en noir et blanc) en film en couleurs.

COLORISTE n. Peintre qui privilégie l'expression par la couleur.

COLOSCOPE n.m. Appareil qui permet la coloscopie.

COLOSCOPIE n.f. Examen endoscopique du côlon.

COLOSSAL, E, AUX adj.

COLOSSALEMENT adv.

COLOSSE n.m.

COLOSTOMIE n.f. *Chir.* Réalisation d'un anus artificiel.

COLOSTRUM n.m. Sécrétion mammaire suivant l'accouchement.

COLOURED [kolord] n. Sud-Africain à ascendance mixte.

COLPOCÈLE n.f. *Méd.* Affaissement des parois du vagin.

COLPOPLASTIE n.f. Création chirurgicale d'un vagin artificiel.

COLPORTAGE n.m.

COLPORTER v. **10.**

COLPORTEUR, EUSE n.

COLPOSCOPIE n.f. *Méd.* Examen du col de l'utérus.

COLPOTOMIE n.f. Incision du vagin.

COLT n.m. Revolver.

COLTAN n.m. Minerai de niobium et de tantale.

COLTIN n.m. Chapeau de portefaix.

COLTINAGE n.m.

COLTINER (SE) v. **10.**

COLTINEUR n.m. *Vx.* Portefaix (ouvrier).

COLUBRIDÉ n.m. Reptile, type couleuvre.

COLUMBARIUM [kol-on-] n.m. Bâtiment pourvu de niches destinées à recevoir des urnes funéraires.

COLUMBIDÉ [kol-on-] n.m. → **colombidé.**

COLUMBIFORME [kol-on-] n.m. → **colombiforme.**

COLUMBIUM [kol-on-] n.m. → **colombium.**

COLUMELLE n.f. *Zool.* Axe de la coquille des gastéropodes.

COLURE n.m. Chacun des deux grands cercles de la sphère céleste.

COLVERT n.m. Canard sauvage.

COLYMBIFORME n.m. Oiseau aquatique, type plongeon.

COLZA n.m.

COLZATIER n.m. Personne cultivant le colza.

COM n.f. *Fam.* Communication.

COMA n.m.

COMANCHE adj. D'un peuple amérindien.

COMANDANT n.m. Une des personnes donnant mandat.

COMANDATAIRE n. *Dr.* Une des personnes chargées d'un mandat.

COMATER v. **(p.p.inv.) 10.** *Fam.* Rester prostré, apathique.

COMATEUX, EUSE adj. et n.

COMATULE n.f. Échinoderme qui, à l'âge adulte, se libère du fond de la mer.

COMBASSOU n.m. Petit passereau africain.

COMBAT n.m.

COMBATIF, IVE adj. et n. **(= combattif).**

COMBATIVITÉ n.f.

COMBATTANT, E adj. et n.

COMBATTIF, IVE adj. et n. → **combatif.**

COMBATTIVITÉ n.f.

COMBATTRE v. **100.**

COMBAVA n.m. Citron de la Réunion.

COMBE n.f. Vallée profonde.

COMBI n.m. *Belg.* Camionnette.

COMBIEN **|** adv. et n.m.

COMBIENTIÈME adj. et n.

COMBINABLE adj.

COMBINAISON n.f.

COMBINARD, E adj. et n.

COMBINAT n.m. Complexe industriel intégré.

COMBINATEUR n.m. Appareil qui combine des circuits électriques.

COMBINATOIRE adj. et n.f. Relatif aux combinaisons.

COMBINE n.f.

COMBINÉ, E adj. et n.m.

COMBINER v. **10.**

COMBINETTE n.f. Sous-vêtement féminin.

COMBISHORT n.m. Maillot de bain féminin d'une seule pièce dont le bas a la forme d'un short.

COMBLANCHIEN n.m. Sorte de calcaire utilisé comme revêtement.

COMBLE adj. et n.m.

COMBLEMENT n.m.

COMBLER v. **10.**

COMBO n.m. Petit orchestre de jazz.

COMBRIÈRE n.f. Filet pour pêcher le thon.

COMBURANT, E adj. et n.m. (Corps) qui, en se combinant avec un autre, en provoque la combustion.

COMBUSTIBILITÉ n.f.

COMBUSTIBLE n.m. et adj. Corps utilisé pour produire de la chaleur.

COMBUSTION n.f.

COMÉDIE n.f.

COMÉDIEN, ENNE adj. et n.

COMÉDOGÈNE adj. Qui provoque des comédons.

COMÉDON n.m. Point noir de la peau.

COMESTIBILITÉ n.f.

COMESTIBLE adj. et n.m.

COMÉTAIRE adj. Relatif à une comète.

COMÈTE n.f.

COMÉTIQUE n.m. *Québ.* Traîneau tiré par des chiens.

COMICE 1. n.m. Assemblée. 2. n.f. Variété de poire.

COMICIAL, E, AUX adj. Relatif aux comices.

COMICS [-ks] n.m.pl. Bandes dessinées.

COMIQUE adj. et n.m.

COMIQUEMENT adv.

COMITADJI n.m. *Hist.* Macédonien luttant contre les Turcs (XXe s.).

COMITARD, E n. *Péj.* Membre d'un comité.

COMITAT n.m. Division administrative en Hongrie.

COMITATIF, IVE adj. et n.m. *Ling.* (Cas) indiquant l'accompagnement.

COMITÉ n.m.

COMITIAL, E, AUX [s] adj. Relatif à l'épilepsie.

COMITIALITÉ [s] n.f. *Méd.* Épilepsie.

COMITOLOGIE n.f. Mise en œuvre de la législation européenne par des comités formés de représentants des États membres.

COMMA n.m. Très court intervalle musical.

COMMAND n.m. *Dr.* Personne au nom de laquelle on se porte acquéreur d'un bien.

COMMANDANT, E adj. et n.

COMMANDE n.f.

COMMANDEMENT n.m.

COMMANDER v. **10.**

COMMANDERIE n.f. *Hist.* Bénéfice de certains dignitaires.

COMMANDEUR, EUSE n. Dignitaire.

COMMANDITAIRE n.m. et adj. Bailleur de fonds.

COMMANDITE n.f. Société avec commanditaires.

COMMANDITÉ, E n. Associé d'une société en commandite.

COMMANDITER v. **10.** Financer.

COMMANDO n.m.

COMME conj. et adv.

COMMÉMORAISON n.f. *Rel.* Mention de la fête d'un saint lors d'un office.

COMMÉMORATIF, IVE adj.

COMMÉMORATION n.f.

COMMÉMORER v. **10.** *Commémorer un événement, une personne :* en rappeler le souvenir par une cérémonie.

COMMENÇANT, E adj. et n.

COMMENCEMENT n.m.

COMMENCER v. **13.**

COMMENDATAIRE adj. et n. Qui détient une commende.

COMMENDE n.f. *Hist.* Cession temporaire d'un bénéfice ecclésiastique à un laïc.

COMMENSAL, E, AUX adj. et n. Qui mange avec.

COMMENSALISME n.m. *Biol.* Association d'animaux d'espèces différentes dont l'un profite de l'autre sans lui nuire.

COMMENSURABLE adj. Qui a une commune mesure.

COMMENT ❙ adv., interj. et n.m.

COMMENTAIRE n.m.

COMMENTATEUR, TRICE n.

COMMENTER v. **10.**

COMMÉRAGE n.m.

COMMERÇANT, E adj. et n.

COMMERCE n.m.

COMMERCER v. **(p.p.inv.) 13.**

COMMERCIAL, E, AUX adj. et n.

COMMERCIALEMENT adv.

COMMERCIALISER v. **10.**

COMMERCIALITÉ n.f. *Dr.* Fait d'être régi par le droit commercial.

COMMÈRE n.f.

COMMÉRER v. **(p.p.inv.) 12.**

COMMETTAGE n.m. *Mar.* Confection d'un cordage.

COMMETTANT, E n. *Dr.* Personne qui charge un tiers d'effectuer certaines opérations.

COMMETTRE v. **101.**

COMMINATOIRE adj. *Dr.* Qui a valeur de menace.

COMMINUTIF, IVE adj. *Méd.* (Fracture) qui présente de multiples fragments.

COMMIS n.m. Employé de bureau, de commerce, de ferme.

COMMISE n.f. Confiscation.

COMMISÉRATION n.f. Compassion.

COMMISSAIRE n.

COMMISSARIAT n.m.

COMMISSION n.f.

COMMISSIONNAIRE n.

COMMISSIONNER v. **10.** Mandater.

COMMISSOIRE adj. (Clause) qui prévoit l'annulation d'un contrat.

COMMISSURAL, E, AUX adj.

COMMISSURE n.f. *Méd.* Point de jonction.

COMMISSUROTOMIE n.f. *Chir.* Agrandissement d'une commissure.

COMMODAT n.m. *Dr.* Prêt gratuit d'une chose, sous réserve qu'elle soit rendue sans dommage.

COMMODATAIRE n. Bénéficiaire d'un commodat.

COMMODE adj. et n.f.

COMMODÉMENT adv.

COMMODITÉ n.f.

COMMODORE n.m. Officier de haut rang de la marine britannique ou américaine.

COMMOTION n.f.

COMMOTIONNER v. **10.**

COMMUABLE adj.

COMMUER v. **10.** *Dr.* Changer en une peine moindre.

COMMUN, E adj., n.m. et n.f.

COMMUNAL, E, AUX adj., n.f. et n.m.pl.

COMMUNALISATION n.f.

COMMUNALISER v. **10.** *Dr.* Mettre sous la dépendance d'une commune.

COMMUNALISTE adj. *Hist.* Partisan de l'indépendance de la Commune de Paris et des communes en général.

COMMUNARD, E n. et adj. Partisan de la Commune de Paris, en 1871.

COMMUNAUTAIRE adj.

COMMUNAUTARISER v. **10.** *Pol.* Faire relever de la compétence d'une communauté.

COMMUNAUTARISME n.m. Repli d'une communauté sur elle-même.

COMMUNAUTARISTE adj. et n.

COMMUNAUTÉ n.f.

COMMUNÉMENT adv.

COMMUNIANT, E n.

COMMUNICABILITÉ n.f.

COMMUNICABLE adj.

COMMUNICANT, E adj.

COMMUNICATEUR, TRICE adj. et n.

COMMUNICATIF, IVE adj.

COMMUNICATION n.f.

COMMUNIER v. **15.** *Communier un fidèle :* lui administrer la communion.

COMMUNION n.f.

COMMUNIQUÉ n.m.

COMMUNIQUER v. **10.**

COMMUNISANT, E adj. et n.

COMMUNISME n.m.

COMMUNISTE adj. et n.

COMMUTABLE adj.

COMMUTATEUR n.m. *Techn.* Interrupteur.

COMMUTATIF, IVE adj. *Dr.* Relatif à l'échange.

COMMUTATION n.f.

COMMUTATIVITÉ n.f.

COMMUTATRICE n.f. *Techn.* Transformateur de courant électrique.

COMMUTER v. **10.** Changer, substituer.

COMORIEN, ENNE adj. Des îles Comores (océan Indien).

COMOURANTS n.m.pl. *Dr.* Personnes parentes décédées en même temps.

COMPACITÉ n.f.

COMPACT, E adj., n.m. et n.f.

COMPACTABLE adj.

COMPACTAGE n.m.

COMPACTER v. **10.** Rendre plus compact.

COMPACTEUR n.m.

COMPAGNE → **compagnon.**

COMPAGNIE n.f.

COMPAGNON, COMPAGNE n.

COMPAGNONNAGE n.m. Organisation ouvrière fondée sur l'aide mutuelle.

COMPAGNONNIQUE adj. Relatif au compagnonnage.

COMPARABILITÉ n.f.

COMPARABLE adj.

COMPARAISON n.f.

COMPARAÎTRE v. **(p.p.inv.) 102.**

COMPARANT, E adj. et n. *Dr.* Qui comparaît.

COMPARATEUR, TRICE adj. et n.m.

COMPARATIF, IVE adj. et n.m.

COMPARATISME n.m. Ensemble des études comparées.

COMPARATISTE n.

COMPARATIVEMENT adv.

COMPARER v. **10.**

COMPAROIR v. déf. (Seule autre forme : **comparant**) *Vx.* Comparaître en justice.

COMPARSE n. Personne, complice au rôle effacé.

COMPARTIMENT n.m.

COMPARTIMENTAGE n.m.

COMPARTIMENTER v. **10.**

COMPARUTION n.f.

COMPAS n.m.

COMPASSÉ, E adj. Affecté, guindé.

COMPASSEMENT n.m. Affectation.

COMPASSER v. **10.** Mesurer avec un compas.

COMPASSION n.f.

COMPASSIONNEL, ELLE adj. Qui produit un sentiment de compassion.

COMPATIBILITÉ n.f.

COMPATIBLE 1. adj. 2. n.m. Type d'ordinateur.

COMPATIR v. **(p.p.inv.) 40.**

COMPATISSANT, E adj.

COMPATRIOTE n.

COMPENDIEUX, EUSE adj. Concis.

COMPENDIUM n.m. Abrégé. – Meuble de rangement des objets pédagogiques du système métrique.

COMPÉNÉTRATION n.f.

COMPÉNÉTRER (SE) v. déf. **31.** Se pénétrer mutuellement.

COMPENSABLE adj.

COMPENSATEUR, TRICE adj.

COMPENSATIF, IVE adj.

COMPENSATION n.f.

COMPENSATOIRE adj.

COMPENSER v. **10.**

COMPÉRAGE n.m. Complicité d'un spectateur avec un camelot, un charlatan.

COMPÈRE n.m.

COMPÉTENCE n.f.

COMPÉTENT, E adj.

COMPÉTER v. **(p.p.inv.) 12.** *Dr.* Être de la compétence. – Appartenir.

COMPÉTIR v. **(p.p.inv.) 40.** *Afr.* Participer à un concours, une compétition. – *Afr.* Être compétitif.

COMPÉTITEUR, TRICE n.

COMPÉTITIF, IVE adj.

COMPÉTITION n.f.

COMPÉTITIONNER v. **(p.p.inv.) 10.** *Québ.* Être en compétition.

COMPÉTITIVITÉ n.f.

COMPIÉGNOIS, E adj. De Compiègne.

COMPIL n.f. *Fam., Mus.* Compilation.

COMPILATEUR, TRICE n.

COMPILATION n.f.

COMPILER v. **10.** Rassembler (des documents) pour constituer un recueil.

COMPISSER v. **10.** *Vx.* Arroser de son urine.

COMPLAINTE n.f.

COMPLAIRE v. **(p.p.inv.) 139.**

COMPLAISAMMENT adv.

COMPLAISANCE n.f.

COMPLAISANT, E adj. et n.

COMPLANT I n.m. *Bail à complant :* bail par lequel le preneur s'engage à planter.

COMPLANTER v. **10.** *Agr.* Planter (un terrain) d'espèces différentes.

COMPLÉMENT n.m.

COMPLÉMENTAIRE adj. et n.m.

COMPLÉMENTARITÉ n.f.

COMPLÉMENTATION n.f.

COMPLÉMENTER v. **10.** *Inf.* Compléter (un nombre) pour obtenir la valeur de sa base de numération.

COMPLET, ÈTE adj. et n.m.

COMPLÈTEMENT n.m. et adv.

COMPLÉTER v. **12.**

COMPLÉTIF, IVE adj. et n.f. *Ling.* Qui joue le rôle de complément.

COMPLÉTION n.f. Ensemble des opérations permettant l'exploitation d'un puits de pétrole.

COMPLÉTUDE n.f. Caractère de ce qui est achevé.

COMPLEXANT, E adj.

COMPLEXE adj. et n.m.

COMPLEXER v. **10.**

COMPLEXIFIER v. **15.**

COMPLEXION n.f. Constitution physique. – Tempérament.

COMPLEXITÉ n.f.

COMPLEXUS n.m. Muscle de la nuque.

COMPLICATION n.f.

COMPLICE adj. et n.

COMPLICITÉ n.f.

COMPLIES n.f.pl. *Rel.* Dernière partie de l'office, après les vêpres.

COMPLIMENT n.m.

COMPLIMENTER v. **10.**

COMPLIMENTEUR, EUSE adj. et n.

COMPLIQUER v. **10.**

COMPLOT n.m.

COMPLOTER v. **10.** Préparer secrètement.

COMPLOTEUR, EUSE n.

COMPLÛMES, COMPLUSSE..., COMPLUT... → **complaire 139.**

COMPLUVIUM n.m. *Antiq. rom.* Ouverture carrée dans le toit de l'atrium.

COMPO n.f. *Anc., Fam.* Composition française.

COMPOGRAVEUR, EUSE n.

COMPOGRAVURE n.f. *Impr.* Activité regroupant la composition et la photogravure.

COMPON n.m. *Hér.* Partie du componé.

COMPONCTION n.f. Gravité affectée.

COMPONÉ, E adj. et n.m. *Hér.* Divisé en fragments de couleurs alternées.

COMPONENTIEL, ELLE adj. *Ling.* (Analyse) qui décompose les mots en unités minimales de sens.

COMPORTEMENT n.m.

COMPORTEMENTAL, E, AUX adj.

COMPORTER v. **10.**

COMPOSACÉE n.f. Plante, type pissenlit.

COMPOSANT, E adj. et n.

COMPOSÉ, E 1. adj. 2. n.m. 3. n.f. → **composacée.**

COMPOSER v. **10.**

COMPOSEUR, EUSE 1. n.m. Dispositif composant automatiquement les numéros de téléphone. 2. n.f. *Impr.* Machine à composer.

COMPOSITE adj. et n.m. Formé d'éléments divers.

COMPOSITEUR, TRICE n.

COMPOSITION n.f.

COMPOST n.m. Engrais d'origine organique.

COMPOSTABLE adj.

COMPOSTAGE n.m. Application de compost. – Passage au composteur.

COMPOSTER v. **10.** Valider. – Amender (un sol) avec du compost.

COMPOSTEUR n.m. Appareil servant à valider.

COMPOTE n.f.

COMPOTER v. **10.** Cuire longuement à feu doux.

COMPOTIER n.m.

COMPOUND [k-on-pound] 1. adj. (Machine à vapeur) à plusieurs étages de cylindres. 2. n.m. Composition isolante pour machines électriques.

COMPOUNDAGE [k-on-poundaj] n.m.

COMPOUNDER [k-on-poundé] v. **10.** Équiper (une machine à vapeur) de plusieurs étages de détente.

COMPRADOR (pl. **COMPRADORES** [-rès] ou **COMPRADORS**) n.m. Dans le tiers-monde, personne enrichie dans le commerce avec les étrangers.

COMPRADOR, E adj. Relatif au comprador.

COMPRÉHENSIBLE adj.

COMPRÉHENSIF, IVE adj.

COMPRÉHENSION n.f.

COMPRENDRE v. **91.**

COMPRENETTE n.f. *Fam.* Faculté de comprendre.

COMPRESSE n.f.

COMPRESSER v. **10.**

COMPRESSEUR adj.m. et n.m.

COMPRESSIBILITÉ n.f.

COMPRESSIBLE adj.

COMPRESSIF, IVE adj.

COMPRESSION n.f.

COMPRIMABLE adj.

COMPRIMÉ, E adj. et n.m.

COMPRIMER v. **10.**

COMPROMETTANT, E adj.

COMPROMETTRE v. **101.**

COMPROMIS n.m.

COMPROMISSION n.f. Action de compromettre.

COMPROMISSOIRE adj. *Dr.* Relatif à un compromis.

COMPTABILISABLE adj.

COMPTABILISER v. **10.**

COMPTABILITÉ n.f.

COMPTABLE adj. et n.

COMPTAGE n.m.

COMPTANT adj.m., n.m. et adv.

COMPTE n.m.

COMPTER v. **10.**

COMPTEUR, EUSE adj. et n.

COMPTINE n.f. Chansonnette enfantine.

COMPTOIR n.m.

COMPULSATION n.f.

COMPULSER v. **10.** Consulter (un livre, des notes).

COMPULSIF, IVE adj. *Psych.* Qui contraint.

COMPULSION n.f. *Psych.* Tendance irrésistible à accomplir un acte.

COMPULSIONNEL, ELLE adj.

COMPULSIVEMENT adv.

COMPULSOIRE n.m. *Dr.* Droit de prendre connaissance d'un acte légal.

COMPUT [k-on-put] n.m. *Rel.* Calcul des fêtes mobiles du calendrier ecclésiastique.

COMPUTATION n.f. *Rel.* Action d'établir le comput.

COMPUTER [k-on-puteur] ou [kompyouteur] n.m. **(= computeur)** *Vx.* Ordinateur.

COMPUTEUR n.m. → **computer.**

COMPUTISTE n.m. *Rel.* Responsable du comput.

COMTADIN, E adj. Du Comtat Venaissin, dans le Vaucluse.

COMTAL, E, AUX adj. Relatif au comte.

COMTAT n.m. Comté.

COMTE n.m.

COMTÉ n.m.

COMTESSE n.f.

COMTOIS, E adj. De la Franche-Comté.

CON, CONNE adj. et n.

CONAKRYKA adj. De Conakry (Guinée).

CONARD, E adj. et n. **(= connard).**

CONASSE n.f. **(= connasse).**

CONATIF, IVE adj. Relatif à l'effort.

CONATION n.f. *Psych.* Impulsion menant à l'effort.

CONATUS n.m. *Philos.* Effort, impulsion.

CONCASSAGE n.m.

CONCASSER v. **10.** Réduire en morceaux.

CONCASSEUR n.m. et adj.m. Appareil à concasser.

CONCATÉNATION n.f.

CONCATÉNER v. **12.** *Philos.*, *Ling.* Enchaîner.

CONCAVE adj. Creux.

CONCAVITÉ n.f.

CONCÉDER v. **12.**

CONCÉLÉBRATION n.f.

CONCÉLÉBRER v. **12.** *Rel.* Célébrer à plusieurs.

CONCENTRATEUR n.m. *Inf.* Appareil qui concentre et distribue les communications de données.

CONCENTRATION n.f.

CONCENTRÉ, E adj. et n.m.

CONCENTRER v. **10.**

CONCENTRIQUE adj.

CONCEPT n.m. Représentation mentale.

CONCEPTACLE n.m. *Bot.* Cavité contenant les organes reproducteurs.

CONCEPTEUR, TRICE n. Personne chargée de la conception de projets, de produits.

CONCEPTION n.f.

CONCEPTISME n.m. Style raffiné, dans la littérature espagnole.

CONCEPTISTE adj. et n.

CONCEPTUALISER v. **10.** Traduire en concepts.

CONCEPTUALISME n.m. *Philos.* Doctrine selon laquelle les concepts sont construits par l'esprit.

CONCEPTUALISTE adj. et n.

CONCEPTUEL, ELLE adj. Qui concerne le concept.

CONCERNANT prép.

CONCERNER v. **10.**

CONCERT n.m.

CONCERTANT, E adj. *Mus.* À plusieurs solistes.

CONCERTATION n.f.

CONCERTER v. **10.** Organiser ensemble.

CONCERTI ‖ → **concerto.**

CONCERTINA n.m. Sorte d'accordéon.

CONCERTINI ‖ → **concertino.**

CONCERTINO (pl. **CONCERTINI** ou **CONCERTINOS**) n.m. Concerto court.

CONCERTISTE n. Artiste qui joue dans des concerts.

CONCERTO (pl. **CONCERTI** ou **CONCERTOS**) n.m. *Mus.* Composition où un orchestre dialogue avec un ou plusieurs solistes.

CONCESSIBLE adj. Qui peut être accordé.

CONCESSIF, IVE adj. *Ling.* (Proposition) marquée par une restriction.

CONCESSION n.f.

CONCESSIONNAIRE adj. et n.

CONCETTI [kontchèti] n.m. *Vx.* Trait d'esprit.

CONCEVABLE adj.

CONCEVOIR v. **70.**

CONCHAGE n.m. Malaxage de la pâte de cacao qui donnera le chocolat.

CONCHE n.f. Petite crique sablonneuse.

CONCHIER v. **15.** *Fam.* Souiller d'excréments. – Salir (au figuré).

CONCHOÏDAL, E, AUX [k] adj.

CONCHOÏDE [k] n.f. *Math.* Type de courbe.

CONCHYLICOLE [k] adj.

CONCHYLICULTEUR, TRICE [k] n.

CONCHYLICULTURE [k] n.f. Élevage d'huîtres et de moules.

CONCHYLIEN, ENNE [k] adj. *Géol.* Qui contient des coquilles.

CONCHYLIOLOGIE [k] n.f. Étude des coquillages.

CONCHYLIS [k-on-kilis] n.m. ou f. → **cochylis.**

CONCIERGE n.

CONCIERGERIE n.f.

CONCILE n.m. *Rel.* Assemblée des évêques.

CONCILIABLE adj.

CONCILIABULE n.m. Réunion secrète.

CONCILIAIRE adj. Relatif à un concile.

CONCILIANT, E adj.

CONCILIATEUR, TRICE adj. et n.

CONCILIATION n.f. Accord.

CONCILIATOIRE adj. Propre à concilier.

CONCILIER v. **15.**

CONCIS, E adj.

CONCISION n.f.

CONCITOYEN, ENNE n.

CONCITOYENNETÉ n.f.

CONCLAVE n.m. Réunion des cardinaux pour l'élection d'un pape.

CONCLAVISTE n.m. Ecclésiastique au service des cardinaux pendant un conclave.

CONCLUANT, E adj.

CONCLURE v. **143.**

CONCLUSIF, IVE adj. Qui conclut.

CONCLUSION n.f.

CONCOCTER v. **10.** Préparer avec soin.

CONCOMBRE n.m.

CONCOMITAMMENT adv.

CONCOMITANCE n.f.

CONCOMITANT, E adj. Qui accompagne.

CONCORDANCE n.f.

CONCORDANT, E adj.

CONCORDAT n.m. *Dr.* Accord. – Convention entre le Saint-Siège et un État souverain.

CONCORDATAIRE adj.

CONCORDE n.f.

CONCORDER v. **(p.p.inv.) 10.**

CONCOURANT, E adj. Qui converge.

CONCOURIR v. **(p.p.inv.) 51.** Tendre vers un même but. – Participer à un concours.

CONCOURISTE n. Personne qui participe à des concours.

CONCOURS n.m.

CONCRESCENCE n.f.

CONCRESCENT, E adj. *Bot.* (Pièces florales) qui poussent ensemble et restent ensuite soudées.

CONCRET, ÈTE adj. et n.m.

CONCRÈTEMENT adv.

CONCRÉTER v. **12.** Amener à l'état solide.

CONCRÉTION n.f. Solidification. – Agrégat.

CONCRÉTIONNER (SE) v. **10.**

CONCRÉTISATION n.f.

CONCRÉTISER v. **10.**

CONCRÉTUDE n.f. Caractère concret.

CONCUBIN, E n.

CONCUBINAGE n.m.

CONCUBINAT n.m.

CONÇÛMES → **concevoir 70.**

CONCUPISCENCE n.f. Désir sensuel.

CONCUPISCENT, E adj. et n.m.

CONCUPISCIBLE adj. Qui pousse à désirer.

CONÇURENT → **concevoir 70.**

CONCURREMMENT adv.

CONCURRENCE n.f.

CONCURRENCER v. **13.**

CONCURRENT, E adj. et n.

CONCURRENTIEL, ELLE adj.

CONÇUSSE... → **concevoir 70.**

CONCUSSION n.f. Détournement de fonds par un agent de l'État.

CONCUSSIONNAIRE adj. et n.

CONÇUT... → **concevoir 70.**

CONDAMNABLE adj.

CONDAMNATEUR, TRICE adj. et n.

CONDAMNATION n.f.

CONDAMNATOIRE adj.

CONDAMNER v. **10.**

CONDÉ n.m. *Arg.* Policier. – Entente avec la police.

CONDENSABLE adj.

CONDENSAT n.m. Produit liquéfié par condensation à partir de sa vapeur.

CONDENSATEUR n.m. *Techn.* Appareil qui emmagasine des charges électriques.

CONDENSATION n.f. *Phys.* Liquéfaction d'un gaz, d'une vapeur.

CONDENSÉ, E adj. et n.m.

CONDENSER v. **10.**

CONDENSEUR n.m. *Techn.* Appareil servant à condenser la vapeur.

CONDESCENDANCE n.f.

CONDESCENDANT, E adj. D'une bienveillance quelque peu méprisante.

CONDESCENDRE v. **(p.p.inv.) 90.** Daigner accorder.

CONDIMENT n.m.

CONDIMENTAIRE adj. Utilisé comme condiment.

CONDISCIPLE n. Compagnon d'études.

CONDITION n.f.

CONDITIONNALITÉ n.f.

CONDITIONNEL, ELLE adj. et n.m.

CONDITIONNEMENT n.m.

CONDITIONNER v. **10.**

CONDITIONNEUR, EUSE n. Personne qui conditionne les marchandises.

CONDO n.m. *Québ.* Appartement dans un immeuble en copropriété.

CONDOLÉANCES n.f.pl.

CONDOM [k-on-dom] ou [k-on-d-on] n.m. Préservatif.

CONDOMINIUM n.m. Pouvoir exercé par plusieurs pays sur un même État.

CONDOR n.m. Vautour des Andes.

CONDOTTIERE [-èr] (pl. **CONDOTTIERI** ou **CONDOTTIERES**) n.m. *Hist.* Chef de mercenaires, en Italie.

CONDOTTIERI **|** → **condottiere.**

CONDRIEU, X n.m. Vin blanc des Côtes du Rhône.

CONDRUSIEN, ENNE adj. Du Condroz (Belgique).

CONDUCTANCE n.f. Propriété des conducteurs électriques.

CONDUCTEUR, TRICE adj. et n.

CONDUCTIBILITÉ n.f.

CONDUCTIBLE adj. (Corps) qui transmet la chaleur ou l'électricité.

CONDUCTIMÈTRE n.m. *Chim.* Appareil mesurant la conductivité électrique d'une solution.

CONDUCTION n.f. Transmission de la chaleur, de l'électricité.

CONDUCTIVITÉ n.f. Capacité d'un corps à conduire la chaleur ou l'électricité.

CONDUIRE v. **135.**

CONDUIT, E n.m. et n.f.

CONDYLE n.m. *Méd.* Extrémité arrondie d'un os.

CONDYLIEN, ENNE adj.

CONDYLOME n.m. Tumeur bénigne de la muqueuse génitale ou anale.

CÔNE n.m.

CONFABULATION n.f. Récit imaginaire.

CONFECTION n.f.

CONFECTIONNER v. **10.**

CONFECTIONNEUR, EUSE n.

CONFÉDÉRAL, E, AUX adj.

CONFÉDÉRALISME n.m.

CONFÉDÉRALISTE adj. et n.

CONFÉDÉRATION n.f.

CONFÉDÉRER v. **12.** Associer.

CONFER **|** [k-on-fèr] Impératif latin signifiant *référez-vous à.*

CONFÉRENCE n.f.

CONFÉRENCIER, ÈRE n.

CONFÉRER v. **12.** Attribuer.

CONFERVE n.f. *Bot.* Algue verte filamenteuse.

CONFESSE n.f. (inv. mais **confesser** v.).

CONFESSER v. **10.**

CONFESSEUR n.m.

CONFESSION n.f.

CONFESSIONNAL, AUX n.m.

CONFESSIONNEL, ELLE adj. Relatif à une religion.

CONFESSOIRE adj. (Action en justice) destinée à faire reconnaître la propriété d'un droit.

CONFETTI n.m.

CONFIANCE n.f.

CONFIANT, E adj.

CONFIDEMMENT adv. En confidence.

CONFIDENCE n.f.

CONFIDENT, E n.

CONFIDENTIALITÉ n.f.

CONFIDENTIEL, ELLE adj.

CONFIER v. **15.**

CONFIGURATION n.f.

CONFIGURER v. **10.** *Inf.* Paramétrer (un logiciel ou un matériel).

CONFINEMENT n.m.

CONFINER v. **10.** Enfermer. – Toucher aux limites.

CONFINS n.m.pl. Frontières, limites.

CONFIOTE n.f. *Fam.* Confiture.

CONFIRE v. **128.** Conserver au moyen de sucre, de vinaigre, etc.

CONFIRMAND, E n. *Rel.* Personne qui va être confirmée.

CONFIRMATIF, IVE adj.

CONFIRMATION n.f.

CONFIRMER v. **10.**

CONFISCABLE adj.

CONFISCATION n.f.

CONFISCATOIRE adj.

CONFISERIE n.f.

CONFISEUR, EUSE n.

CONFISQUER v. **10.**

CONFIT, E adj. et n.m.

CONFITEOR I n.m. Prière par laquelle on se reconnaît pécheur.

CONFITURE n.f.

CONFITURERIE n.f.

CONFITURIER, ÈRE n.

CONFLAGRATION n.f. Conflit international pouvant aboutir à une guerre.

CONFLICTUALITÉ n.f. Caractère conflictuel.

CONFLICTUEL, ELLE adj.

CONFLIT n.m.

CONFLUENCE n.f.

CONFLUENT, E 1. adj. *Méd.* Se dit de lésions cutanées qui se touchent. 2. n.m.

CONFLUER v. **(p.p.inv.) 10.** Se rejoindre, en parlant de deux cours d'eau.

CONFONDANT, E adj. Stupéfiant.

CONFONDRE v. **90.**

CONFORMATEUR n.m. Instrument de chapelier qui permet de mesurer la tête.

CONFORMATION n.f.

CONFORMATIONNEL, ELLE adj. *Chim.* Relatif à la conformation des molécules.

CONFORME adj.

CONFORMÉMENT adv.

CONFORMER v. **10.**

CONFORMISME n.m.

CONFORMISTE adj. et n.

CONFORMITÉ n.f.

CONFORT n.m.

CONFORTABLE adj.

CONFORTABLEMENT adv.

CONFORTER v. **10.** Renforcer.

CONFORTIQUE n.f. Étude du confort dans les bureaux.

CONFRATERNEL, ELLE adj.

CONFRATERNITÉ n.f. Bonne entente entre confrères.

CONFRÈRE n.m.

CONFRÉRIE n.f. Association, généralement pieuse.

CONFRÉRIQUE adj. Organisé en confréries.

CONFRONTATION n.f.

CONFRONTER v. **10.**

CONFUCÉEN, ENNE n. et adj. Adepte de Confucius.

CONFUCIANISME n.m.

CONFUCIANISTE n. et adj. → **confucéen.**

CONFUS, E adj.

CONFUSÉMENT adv.

CONFUSION n.f.

CONFUSIONNEL, ELLE adj. *Psych.* Propre à la confusion mentale.

CONFUSIONNISME n.m. Fait d'entretenir la confusion dans les esprits.

CONGA [k-on-ga] n.f. Danse cubaine.

CONGAÏ [k-on-gay] n.f. **(= congaye)** Femme, au Vietnam.

CONGAYE [k-on-gay] n.f. → **congaï.**

CONGE n.m. *Antiq. rom.* Mesure de capacité.

CONGÉ n.m.

CONGÉABLE adj. Que le propriétaire peut résilier.

CONGÉDIABLE adj.

CONGÉDIEMENT n.m.

CONGÉDIER v. **15.**

CONGELABLE adj.

CONGÉLATEUR n.m.

CONGÉLATION n.f.

CONGELER v. **23** (je congèle...).

CONGÉLO n.m. *Fam.* Congélateur.

CONGÉNÈRE adj. et n. (Plante ou animal) qui appartient à la même espèce.

CONGÉNITAL, E, AUX adj. Qui existe à la naissance.

CONGÉNITALEMENT adv.

CONGÈRE n.f. Amas de neige.

CONGESTIF, IVE adj. Relatif à la congestion.

CONGESTION n.f. Accumulation anormale de sang.

CONGESTIONNER v. **10.**

CONGIAIRE n.m. *Antiq. rom.* Distribution d'huile ou de vin, en certaines occasions.

CONGLOMÉRAL, E, AUX adj. *Écon.* Relatif à un conglomérat.

CONGLOMÉRAT n.m. Roche sédimentaire. – *Écon.* Groupe d'entreprises.

CONGLOMÉRATION n.f.

CONGLOMÉRER v. **12.** Réunir en une masse.

CONGLUTINANT, E adj. et n.m.

CONGLUTINATIF, IVE adj.

CONGLUTINATION n.f.

CONGLUTINER v. **10.** Assembler au moyen d'une matière visqueuse.

CONGOLAIS, E adj. Du Congo (Afrique centrale).

CONGRATULATION n.f.

CONGRATULER v. **10.** Féliciter.

CONGRE n.m. Poisson marin (anguille de mer).

CONGRÉER v. **16.** *Mar.* Entourer (un cordage) de fil plus fin.

CONGRÉGANISME n.m. Esprit religieux et politique de la Congrégation, sous la Restauration.

CONGRÉGANISTE adj. et n. Qui est membre d'une congrégation.

CONGRÉGATION n.f. Réunion de religieux pratiquant la même règle.

CONGRÈS n.m.

CONGRESSISTE n.

CONGRU, E adj. Qui convient. – (Portion) à peine suffisante.

CONGRUENCE n.f. *Math.* Type de relation d'équivalence.

CONGRUENT, E adj. Qui convient.

CONGRUITÉ n.f. Convenance.

CONGRÛMENT adv. Convenablement.

CONIACIEN, ENNE n.m. et adj. *Géol.* Étage du crétacé supérieur.

CONICINE n.f. Alcaloïde de la ciguë.

CONICITÉ n.f. Caractère d'une forme conique.

CONIDIE n.f. Spore de certains champignons.

CONIFÈRE n.m.

CONIQUE adj. et n.f.

CONIROSTRE adj. et n.m. (Passereau) au bec conique et court.

CONJECTURAL, E, AUX adj.

CONJECTURE n.f. Supposition.

CONJECTURER v. **10.**

CONJOINDRE v. **93.** *Vx.* Unir.

CONJOINT, E adj. et n.

CONJOINTEMENT adv. Ensemble.

CONJONCTEUR n.m. *Électr.* Interrupteur automatique.

CONJONCTIF, IVE 1. adj. Qui sert à unir des parties. 2. n.f. Muqueuse de l'œil.

CONJONCTION n.f.

CONJONCTIVAL, E, AUX adj.

CONJONCTIVITE n.f. *Méd.* Inflammation de la conjonctive.

CONJONCTURE n.f. Situation qui résulte d'un ensemble de circonstances.

CONJONCTUREL, ELLE adj.

CONJONCTURISTE n.

CONJUGABLE adj.

CONJUGAISON n.f.

CONJUGAL, E, AUX adj.

CONJUGALEMENT adv.

CONJUGALITÉ n.f. État de conjoint.

CONJUGATEUR n.m. *Inf.* Logiciel qui permet de conjuguer.

CONJUGUER v. **10.**

CONJUNGO [k-on-j-on-gô] n.m. *Vx.* Mariage.

CONJURATEUR, TRICE n. Personne qui participe à une conjuration.

CONJURATION n.f.

CONJURATOIRE adj. Qui conjure le mauvais sort.

CONJURÉ, E n.

CONJURER v. **10.**

CONNAISSABLE adj.

CONNAISSANCE n.f.

CONNAISSEMENT n.m. *Mar.* Contrat de transport d'une marchandise.

CONNAISSEUR, EUSE adj. et n.

CONNAÎTRE v. **102.**

CONNARD, E adj. et n. → **conard.**

CONNASSE n.f. → **conasse.**

CONNEAU, X n.m. *Fam.* Imbécile.

CONNECTABILITÉ n.f.

CONNECTABLE adj.

CONNECTER v. **10.** Relier.

CONNECTEUR n.m.

CONNECTICIEN, ENNE n. Spécialiste de la connectique.

CONNECTIF, IVE adj. et n.m.

CONNECTIQUE n.f. Industrie des connecteurs électriques.

CONNECTIVITE n.f. *Méd.* Excès de collagène.

CONNEMENT adv.

CONNERIE n.f.

CONNÉTABLE n.m. *Hist.* Chef supérieur de l'armée.

CONNÉTABLIE n.f. Juridiction du connétable.

CONNEXE adj. Qui est en rapport étroit avec quelque chose.

CONNEXION n.f. Liaison.

CONNEXIONNISME n.m. Branche de l'intelligence artificielle.

CONNEXIONNISTE adj. et n.

CONNEXITÉ n.f.

CONNIVENCE n.f. Complicité.

CONNIVENT, E adj. *Biol.* Qui tend à se rapprocher.

CONNOTATIF, IVE adj.

CONNOTATION n.f.

CONNOTER v. **10.** *Ling.* Doter (un mot) d'une valeur affective autre que sa signification première.

CONNU, E adj. et n.m.

CONOÏDE adj. et n.m. Qui a la forme d'un cône.

CONOPÉE n.m. *Rel.* Voile enveloppant le tabernacle.

CONQUE n.f. Grande coquille concave.

CONQUÉRANT, E adj. et n.

CONQUÉRIR v. **43.**

CONQUÊT n.m. Bien acquis pendant le mariage.

CONQUÊTE n.f.

CONQUIS, E adj.

CONQUISTADOR (pl. CONQUISTADORES [-rès] ou CONQUISTADORS) n.m. Conquérant espagnol du Nouveau Monde.

CONQUISTADORES [-rès] → **conquistador.**

CONSACRANT adj.m. et n.m. (Évêque) qui en sacre un autre.

CONSACRER v. **10.**

CONSANGUIN, E adj. et n. Qui a un lien de parenté.

CONSANGUINITÉ [g(w)i] n.f. Parenté.

CONSCIEMMENT adv.

CONSCIENCE n.f.

CONSCIENCIEUX, EUSE adj.

CONSCIENT, E adj. et n.m.

CONSCIENTISER v. **10.** Rendre plus conscient de la réalité.

CONSCRIPTION n.f. Recrutement militaire annuel.

CONSCRIT n.m. et adj.m. Soldat nouvellement recruté.

CONSÉCRATEUR adj.m. et n.m. → **consacrant.**

CONSÉCRATION n.f.

CONSÉCUTIF, IVE adj.

CONSÉCUTION n.f. Suite, enchaînement.

CONSÉCUTIVEMENT adv.

CONSEIL n.m.

CONSEILLABLE adj.

CONSEILLER, ÈRE n.

CONSEILLER v. **10.**

CONSEILLEUR, EUSE n.

CONSENSUEL, ELLE [k-on-s-an-] adj. *Dr.* Formé par le seul consentement des parties.

CONSENSUS [k-on-s-in-sus] n.m. Accord général.

CONSENTANT, E adj.

CONSENTEMENT n.m.

CONSENTIR v. **44.** Accorder (un prêt, un délai).

CONSÉQUEMMENT adv.

CONSÉQUENCE n.f.

CONSÉQUENT, E adj. et n.m. Qui agit avec logique.

CONSERVATEUR, TRICE adj. et n.

CONSERVATION n.f.

CONSERVATISME n.m.

CONSERVATOIRE 1. adj. *Dr.* Qui a pour but de conserver. 2. n.m. Établissement d'enseignement artistique.

CONSERVE n.f.

CONSERVER v. **10.**

CONSERVERIE n.f.

CONSERVEUR, EUSE n. Industriel de la conserverie.

CONSIDÉRABLE adj.

CONSIDÉRANT n.m. *Dr.* Motif d'un décret.

CONSIDÉRATIF, IVE adj. *Rel.* (Âme) qui observe et réfléchit.

CONSIDÉRATION n.f.

CONSIDÉRÉMENT adv. *Vx.* Avec circonspection.

CONSIDÉRER v. **12.**

CONSIGNATAIRE n. Dépositaire d'une somme consignée.

CONSIGNATEUR, TRICE n. Personne qui fait un dépôt.

CONSIGNATION n.f. *Dr.* Dépôt dans une caisse publique.

CONSIGNE n.f.

CONSIGNER v. **10.** Mettre en dépôt.

CONSISTANCE n.f.

CONSISTANT, E adj.

CONSISTER v. **(p.p.inv.) 10.**

CONSISTOIRE n.m. Assemblée de cardinaux.

CONSISTORIAL, E, AUX adj. et n.m.

CONSO n.f. *Fam.* Consommation.

CONSŒUR n.f.

CONSOL n.m. *Mar.* Procédé radioélectrique d'aide à la navigation.

CONSOLABLE adj.

CONSOLANT, E adj.

CONSOLATEUR, TRICE adj. et n.

CONSOLATION n.f.

CONSOLE n.f.

CONSOLER v. **10.**

CONSOLIDABLE adj. (Emprunt à court terme) auquel on substitue un emprunt à plus long terme.

CONSOLIDATION n.f.

CONSOLIDER v. **10.**

CONSOMMABILITÉ n.f.

CONSOMMABLE adj.

CONSOMMATEUR, TRICE adj. et n.

CONSOMMATION n.f.

CONSOMMATOIRE adj. Relatif à la consommation.

CONSOMMÉ, E adj. et n.m.

CONSOMMER v. **10.**

CONSOMPTIBLE adj. *Dr.* Dont on ne peut se servir sans le détruire.

CONSOMPTIF, IVE adj. Qui provoque l'amaigrissement.

CONSOMPTION n.f. Amaigrissement et dépérissement progressifs.

CONSONANCE n.f. Uniformité du son final. – Harmonie.

CONSONANT, E adj. Qui produit une consonance.

CONSONANTIQUE adj. Relatif aux consonnes.

CONSONANTISME n.m. Système des consonnes d'une langue.

CONSONER v. **(p.p.inv.) 10.** *Mus.* S'harmoniser.

CONSONNE n.f.

CONSORT 1. adj.m. Mari de la reine. 2. n.m.pl. Ceux qui sont engagés dans la même affaire.

CONSORTAGE n.m. *Helv.* Association de copropriétaires.

CONSORTIAL, E, AUX adj. Relatif à un consortium.

CONSORTIUM n.m. Association d'entreprises.

CONSOUDE n.f. Plante des lieux humides.

CONSPIRANT, E adj. Qui tend à produire le même effet mécanique.

CONSPIRATEUR, TRICE adj. et n.

CONSPIRATIF, IVE adj.

CONSPIRATION n.f.

CONSPIRER v. **10.** *Litt.* Organiser.

CONSPUER v. **10.** Bafouer, huer.

CONSTABLE n.m. Officier de police, en Grande-Bretagne.

CONSTAMMENT adv.

CONSTANCE n.f.

CONSTANT, E adj. et n.f.

CONSTANTAN n.m. Alliage de cuivre et de nickel.

CONSTANTINIEN, ENNE adj. *Antiq. rom.* Relatif à l'empereur Constantin Ier.

CONSTANTINOIS, E adj. De Constantine (Algérie).

CONSTAT n.m.

CONSTATABLE adj.

CONSTATATION n.f.

CONSTATER v. **10.**

CONSTELLATION n.f.

CONSTELLER v. **10.** Couvrir d'étoiles, de points brillants.

CONSTERNANT, E adj.

CONSTERNATION n.f.

CONSTERNER v. **10.**

CONSTIPANT, E adj.

CONSTIPATION n.f.

CONSTIPER v. **10.**

CONSTITUANT, E adj. et n.m.

CONSTITUER v. **10.**

CONSTITUTIF, IVE adj.

CONSTITUTION n.f.

CONSTITUTIONNEL, ELLE adj.

CONSTRICTEUR adj.m. et n.m. (Muscle) qui resserre un organe. – (Animal) qui étreint sa proie.

CONSTRICTIF, IVE adj. (Muscle) qui resserre un organe.

CONSTRICTION n.f. Action de resserrer.

CONSTRICTOR adj.m. (Boa) qui étouffe sa proie.

CONSTRINGENT, E adj. Qui resserre.

CONSTRUCTEUR, TRICE adj. et n.

CONSTRUCTIBLE adj. Où l'on peut construire.

CONSTRUCTIF, IVE adj. Capable de construire. – Positif.

CONSTRUCTION n.f.

CONSTRUCTIVISME n.m. Doctrine artistique qui privilégie une construction géométrique des formes.

CONSTRUCTIVISTE adj. et n.

CONSTRUIRE v. **135.**

CONSUBSTANTIEL, ELLE adj. *Rel.* Qui est un par la substance.

CONSUL, E n.

CONSULAIRE adj.

CONSULAT n.m.

CONSULTABLE adj.

CONSULTANT, E adj. et n. Qui donne des conseils.

CONSULTATIF, IVE adj. Habilité à donner des avis.

CONSULTATION n.f.

CONSULTE n.f. *Hist.* Assemblée administrative, en Italie.

CONSULTER v. **10.**

CONSULTEUR, TRICE n. et adj. *Rel.* Personne chargée de juger des questions de foi.

CONSUMABLE adj. Qui peut être brûlé.

CONSUMER v. **10.**

CONSUMÉRISME n.m. Mouvement de défense des consommateurs.

CONSUMÉRISTE adj. et n.

CONTACT n.m.

CONTACTABLE adj.

CONTACTER v. **10.**

CONTACTEUR n.m. *Électr.* Appareil destiné à déterminer l'ouverture ou la fermeture d'un ou plusieurs circuits.

CONTACTOLOGIE n.f. Spécialité qui traite des lentilles de contact.

CONTACTOLOGISTE n.

CONTACTOLOGUE n.

CONTAGE n.m. *Méd.* Contagion.

CONTAGIEUX, EUSE adj. et n.

CONTAGION n.f.

CONTAGIONNER v. **10.** Contaminer.

CONTAGIOSITÉ n.f. Nature de ce qui est contagieux.

CONTAINER [k-on-tènèr] n.m. (= **conteneur**) Caisse pour le transport.

CONTAINÉRISER v. **10.** Mettre dans des containers.

CONTAMINANT, E adj.

CONTAMINATEUR, TRICE adj. et n.

CONTAMINATION n.f.

CONTAMINER v. **10.**

CONTE n.m.

CONTEMPLATEUR, TRICE n.

CONTEMPLATIF, IVE adj. et n.

CONTEMPLATION n.f.

CONTEMPLER v. **10.**

CONTEMPORAIN, E adj. et n.

CONTEMPORANÉITÉ n.f.

CONTEMPTEUR, TRICE n. Personne qui méprise.

CONTENANCE n.f.

CONTENANT, E adj. et n.m.

CONTENEUR n.m. → **container.**

CONTENEURISER v. **10.** → **containériser.**

CONTENIR v. **42.**

CONTENT, E adj. et n.m.

CONTENTEMENT n.m.

CONTENTER v. **10.**

CONTENTIEUX, EUSE adj. et n.m. *Dr.* Qui est contesté.

CONTENTIF, IVE adj. *Méd.* Qui maintient.

CONTENTION n.f. *Méd.* Action de maintenir des organes déplacés.

CONTENU, E adj. et n.m.

CONTER v. **10.**

CONTESTABLE adj.

CONTESTANT, E adj. et n.

CONTESTATAIRE adj. et n. Qui conteste l'ordre social.

CONTESTATEUR, TRICE adj.

CONTESTATION n.f.

CONTESTE (SANS) loc.

CONTESTER v. **10.**

CONTEUR, EUSE n.

CONTEXTE n.m.

CONTEXTUALISER v. **10.** Replacer (un fait) dans son contexte.

CONTEXTUEL, ELLE adj.

CONTEXTURE n.f. Agencement des parties d'un tout.

CONTIGU, CONTIGUË adj. Qui touche à autre chose.

CONTIGUÏTÉ n.f.

CONTINENCE n.f.

CONTINENT, E 1. adj. Chaste. 2. n.m.

CONTINENTAL, E, AUX adj. et n.

CONTINENTALITÉ n.f. Ensemble de caractères climatiques continentaux.

CONTINGENCE n.f.

CONTINGENT, E 1. adj. *Philos.* Qui peut se produire ou non. 2. n.m.

CONTINGENTEMENT n.m.

CONTINGENTER v. **10.** Partager, répartir.

CONTINU, E adj. et n.m.

CONTINUATEUR, TRICE n.

CONTINUATION n.f.

CONTINUEL, ELLE adj.

CONTINUELLEMENT adv.

CONTINUER v. **10.**

CONTINUISTE n. Musicien qui joue de la basse continue.

CONTINUITÉ n.f.

CONTINÛMENT adv.

CONTINUO n.m. *Mus.* Basse instrumentale se continuant pendant toute la durée d'un morceau.

CONTINUUM [-nuom] n.m. *Phys.* Ensemble d'éléments homogènes.

CONTONDANT, E adj. Qui blesse sans couper, par écrasement.

CONTORSION n.f.

CONTORSIONNER (SE) v. **10.**

CONTORSIONNISTE n. Acrobate spécialisé dans les contorsions.

CONTOUR n.m.

CONTOURNEMENT n.m.

CONTOURNER v. **10.**

CONTRACEPTIF, IVE adj. et n.m.

CONTRACEPTION n.f.

CONTRACTANT, E adj. et n. *Dr.* Qui s'engage par contrat.

CONTRACTER v. **10.** Réduire le volume. – S'engager par contrat.

CONTRACTILE adj. Qui peut être contracté.

CONTRACTILITÉ n.f. Propriété de pouvoir réduire de volume.

CONTRACTION n.f.

CONTRACTUALISER v. **10.** Engager (un fonctionnaire) sous contrat.

CONTRACTUEL, ELLE adj. et n.

CONTRACTURE n.f. Contraction prolongée et involontaire d'un muscle.

CONTRACTURER v. **10.** Amener (un muscle) à se contracter involontairement de façon prolongée.

CONTRADICTEUR, TRICE n.

CONTRADICTION n.f.

CONTRADICTOIRE adj. Où il y a débat.

CONTRAGESTIF, IVE adj. Abortif.

CONTRAGESTION n.f. Ensemble des moyens qui empêchent la gestation.

CONTRAIGNABLE adj. *Dr.* Qui peut être contraint.

CONTRAIGNANT, E adj. Qui contraint.

CONTRAINDRE v. **94.**

CONTRAINT, E adj. et n.f.

CONTRAIRE adj. et n.m.

CONTRAIREMENT adv.

CONTRALTI | → **contralto.**

CONTRALTO (pl. **CONTRALTI** ou **CONTRALTOS**) n. La plus grave des voix de femme.

CONTRAPONTIQUE adj. *Mus.* Qui utilise le contrepoint.

CONTRAPONTISTE n. *Mus.* Compositeur qui utilise le contrepoint.

CONTRAPOSITION n.f. *Log.* Raisonnement par preuve indirecte.

CONTRAPUNTIQUE adj. → **contrapontique.**

CONTRAPUNTISTE n. → **contrapontiste.**

CONTRARIANT, E adj.

CONTRARIER v. **15.**

CONTRARIÉTÉ n.f.

CONTRARIO | **(A)** loc. (Raisonnement) identique à un autre, mais fondé sur l'hypothèse inverse.

CONTRAROTATIF, IVE adj. *Techn.* Se dit d'organes tournant en sens inverse.

CONTRASTANT, E adj.

CONTRASTE n.m.

CONTRASTER v. **10.**

CONTRASTIF, IVE adj. Qui établit un contraste.

CONTRAT n.m.

CONTRAVENTION n.f.

CONTRAVIS n.m. Avis contraire à un autre.

CONTRE n.m., prép. et adv.

CONTREBALANCER v. **13.** Mettre en équilibre.

CONTREBANDE n.f.

CONTREBANDIER, ÈRE n.

CONTREBAS (EN) loc. À un niveau inférieur.

CONTREBASSE n.f. *Mus.* Grand instrument à cordes.

CONTREBASSISTE n. Musicien qui joue de la contrebasse.

CONTREBASSON n.m. *Mus.* Instrument à vent en bois.

CONTREBATTERIE n.f. Tir contre les batteries ennemies.

CONTREBATTRE v. **100.** S'opposer violemment à.

CONTREBOUTER v. **10.** → **contrebuter.**

CONTREBRAQUER v. **10.**

CONTREBUTEMENT n.m.

CONTREBUTER v. **10.** Soutenir par un pilier, un contrefort.

CONTRECARRER v. **10.**

CONTRECHAMP n.m. *Cin.* Prise de vue effectuée dans le sens opposé au sens précédent.

CONTRECHANT n.m. *Mus.* Second thème opposé ou associé au thème principal.

CONTRECHÂSSIS n.m. Châssis appliqué contre un autre châssis.

CONTRECHOC n.m. Contrecoup.

CONTRECLÉ n.f. **(= contreclef)** *Arch.* Pierre taillée qui touche la clef de voûte.

CONTRECLEF n.f. → **contreclé.**

CONTRECŒUR 1. n.m. Fond d'une cheminée. 2. loc. *À contrecœur :* de mauvais gré, malgré soi.

CONTRECOLLAGE n.m.

CONTRECOLLER v. **10.** Coller (deux feuilles, deux plaques) l'une sur l'autre.

CONTRECOUP n.m.

CONTRECULTURE n.f. Mouvement culturel contestataire.

CONTREDANSE n.f. Danse à quatre couples. - *Fam.* Contravention.

CONTREDIRE v. **128.**

CONTREDISANT, E adj.

CONTREDIT n.m. Contestation.

CONTRÉE n.f.

CONTREFAÇON n.f.

CONTREFACTEUR, TRICE n. *Dr.* Personne qui est coupable de contrefaçon.

CONTREFAIRE v. **122.** Imiter frauduleusement. - Feindre.

CONTREFICHE (SE) ou **CONTREFICHER (SE)** v. **37.** Se moquer.

CONTREFIL n.m. Sens contraire à la normale.

CONTREFORT n.m. Massif de maçonnerie épaulant un mur.

CONTREFOUTRE (SE) v. déf. **109.**

CONTREMAÎTRE, CONTREMAÎTRESSE n.

CONTREMAÎTRESSE → **contremaître.**

CONTREMANDER v. **10.** *Vx.* Décommander.

CONTREMARCHE n.f. Partie verticale d'une marche d'escalier.

CONTREMARQUE n.f.

CONTREMARQUER v. **10.** Doter (un produit) d'une seconde marque.

CONTREPAREMENT n.m. Face cachée d'une pièce de bois.

CONTREPARTIE n.f.

CONTREPARTISTE n. *Fin.* En Bourse, intermédiaire qui spécule sur les valeurs de ses clients.

CONTREPENTE n.f. Pente opposée à une autre pente.

CONTREPET n.m. → **contrepèterie.**

CONTREPÈTERIE n.f. Interversion plaisante de lettres ou de syllabes dans un groupe de mots.

CONTREPETTERIE n.f. → **contrepèterie.**

CONTREPIED n.m.

CONTREPLACAGE n.m.

CONTREPLAQUE n.f. Couche inférieure dans un double placage.

CONTREPLAQUÉ n.m. Matériau composé de minces feuilles de bois collées.

CONTREPLAQUER v. **10.**

CONTREPOIDS n.m.

CONTREPOINT n.m. *Mus.* Technique de composition consistant à superposer plusieurs lignes mélodiques.

CONTREPOINTISTE n. → **contrapontiste.**

CONTREPOISON n.m.

CONTREPROJET n.m.

CONTREPUBLICITÉ n.f.

CONTRER v. **10.**

CONTRESCARPE n.f. Talus extérieur d'un fossé.

CONTRESEING n.m. *Dr.* Deuxième signature pour authentifier la première.

CONTRESENS n.m.

CONTRESIGNER v. **10.** Authentifier par une deuxième signature.

CONTRESUJET n.m. *Mus.* Second ou troisième sujet d'une fugue.

CONTRETEMPS n.m.

CONTRETYPE n.m. Copie d'un cliché négatif ou positif.

CONTRETYPER v. **10.**

CONTREUR, EUSE n.

CONTREVALLATION n.f. Retranchement autour d'une place assiégée.

CONTREVENANT, E adj. et n. Qui enfreint un règlement.

CONTREVENIR v. **(p.p.inv.) 42.** Agir contrairement à.

CONTREVENT n.m. Grand volet extérieur.

CONTREVENTEMENT n.m. Élément de renfort d'une construction destiné à éviter les déformations dans le sens horizontal.

CONTREVENTER v. **10.** Renforcer par un contreventement.

CONTREVÉRITÉ n.f. Affirmation contraire à la vérité.

CONTRIBUABLE n.

CONTRIBUER v. **(p.p.inv.) 10.**

CONTRIBUTEUR, TRICE n. Personne qui contribue à la réalisation d'un projet.

CONTRIBUTIF, IVE adj. *Dr.* Qui concerne une contribution.

CONTRIBUTION n.f.

CONTRISTER v. **10.** *Litt.* Attrister.

CONTRIT, E adj. Qui a le regret de ses actes.

CONTRITION n.f.

CONTRÔLABILITÉ n.f.

CONTRÔLABLE adj.

CONTROLATÉRAL, E, AUX adj. *Méd.* Situé du côté opposé.

CONTRÔLE n.m.

CONTRÔLER v. **10.**

CONTRÔLEUR, EUSE n.

CONTRORDRE n.m.

CONTROUVER v. **10.** *Vx.* Inventer de toutes pièces.

CONTROVERSABLE adj. Qui peut être discuté.

CONTROVERSE n.f.

CONTROVERSER v. **10.** Débattre.

CONTROVERSISTE n. *Rel.* Personne qui traite des contestations.

CONTUMACE n.f. et adj. Refus de comparaître en justice.

CONTUMAX adj. et n. (Accusé) en état de contumace.

CONTUS, E adj. Qui a subi une contusion.

CONTUSIF, IVE adj. *Méd.* Qui produit une contusion.

CONTUSION n.f. Lésion par choc, sans déchirure.

CONTUSIONNER v. **10.**

CONURBATION n.f. Groupement de centres urbains proches.

CONVAINCANT, E adj.

CONVAINCRE v. **140.**

CONVALESCENCE n.f.

CONVALESCENT, E adj. et n.

CONVECTEUR n.m. Appareil de chauffage par convection.

CONVECTIF, IVE adj. Dû à un phénomène de convection.

CONVECTION n.f. **(= convexion)** Mouvement d'un fluide par variation de température.

CONVENABLE adj.

CONVENABLEMENT adv.

CONVENANCE n.f.

CONVENANT ❙ n.m. *Bail à convenant :* bail selon lequel le propriétaire peut congédier le preneur.

CONVENIAT [-ényat] n.m. *Luxemb.* Retrouvailles.

CONVENIR v. **42.** *Être convenu :* être d'accord.

CONVENT n.m. Assemblée générale de francs-maçons.

CONVENTICULE n.m. Petite assemblée secrète.

CONVENTION n.f.

CONVENTIONNEL, ELLE adj. et n.m.

CONVENTIONNER v. **10.** Lier par un système de conventions.

CONVENTUALITÉ n.f. État des membres d'une communauté religieuse.

CONVENTUEL, ELLE adj. Relatif à une communauté religieuse.

CONVENTUM n.m. *Québ.* Réunion d'anciens élèves d'une même promotion.

CONVERGENCE n.f.

CONVERGENT, E adj.

CONVERGER v. **(p.p.inv.) 17.** Aboutir au même point ou au même résultat.

CONVERS, E adj. (Religieux) chargé des tâches manuelles.

CONVERSATION n.f.

CONVERSATIONNEL, ELLE adj. *Inf.* Qui permet un dialogue avec la machine.

CONVERSER v. **(p.p.inv.) 10.**

CONVERSIBLE adj. Qui peut être retourné.

CONVERSION n.f.

CONVERTIBILITÉ n.f.

CONVERTIBLE adj. et n.m.

CONVERTIR v. **40.**

CONVERTISSABLE adj.

CONVERTISSAGE n.m. Transformation de la fonte en acier.

CONVERTISSEMENT n.m. *Fin.* Action de convertir.

CONVERTISSEUR n.m.

CONVEXE adj. Courbé en dehors.

CONVEXION n.f. → **convection.**

CONVEXITÉ n.f.

CONVICT n.m. *Vx.* Criminel déporté, dans les pays de langue anglaise.

CONVICTION n.f.

CONVIER v. **15.**

CONVIVE n.

CONVIVIAL, E, AUX adj. *Inf.* (Matériel) facile à utiliser.

CONVIVIALISER v. **10.**

CONVIVIALISTE n. Informaticien chargé de la convivialité.

CONVIVIALITÉ n.f.

CONVOCABLE adj.

CONVOCATION n.f.

CONVOI n.m.

CONVOIEMENT n.m.

CONVOITABLE adj.

CONVOITER v. **10.**

CONVOITEUR, EUSE adj. et n.

CONVOITISE n.f.

CONVOLER v. **(p.p.inv.) 10.** *Vx.* Se marier.

CONVOLUTÉ, E adj. *Bot.* Enroulé sur soi-même.

CONVOLUTION n.f. Opération mathématique.

CONVOLVULACÉE n.f. Plante volubile à pétales soudés, type liseron.

CONVOLVULUS n.m. Liseron.

CONVOQUER v. **10.**

CONVOYAGE n.m.

CONVOYER v. **27.** Accompagner pour protéger.

CONVOYEUR, EUSE adj. et n.

CONVULSER v. **10.** Tordre, agiter.

CONVULSIF, IVE adj.

CONVULSION n.f. Contraction des muscles.

CONVULSIONNAIRE n. *Hist.* Mystique illuminé, sujet à des convulsions.

CONVULSIONNER v. **10.** Déformer par des convulsions.

CONVULSIVANT, E adj. *Méd.* Qui provoque des convulsions.

CONVULSIVEMENT adv.

COOBLIGÉ, E adj. et n. Qui est solidaire avec d'autres dans un contrat.

COOCCUPANT, E adj. et n.

COOCCURRENCE n.f.

COOCCURRENT, E adj. et n.m. (Élément linguistique) apparaissant en même temps qu'un autre.

COOKIE [ou] n.m. Gâteau sec.

COOL ❙ adj. Calme, décontracté.

COOLIE [kouli] n.m. Travailleur, porteur asiatique.

COOPÉRANT, E n.

COOPÉRATEUR, TRICE adj. et n.

COOPÉRATIF, IVE adj. et n.f.

COOPÉRATION n.f.

COOPÉRATISME n.m. *Écon.* Théorie prônant les coopératives.

COOPÉRER v. **(p.p.inv.) 12.**

COOPTATION n.f.

COOPTER v. **10.** Faire élire (un nouveau membre) par des membres déjà élus.

COORDINAT n.m. Molécule ou ion unis à un atome central.

COORDINATEUR, TRICE adj. et n.

COORDINATION n.f.

COORDINENCE n.f. Liaison chimique particulière.

COORDONNANT, E adj. et n.m. *Ling.* Qui exprime une coordination.

COORDONNATEUR, TRICE adj. et n.

COORDONNÉE n.f.

COORDONNER v. **10.**

COORGANISER v. **10.**

COPAHU n.m. Sécrétion du copaïer.

COPAÏER n.m. **(= copayer)** Arbre résineux d'Amérique tropicale.

COPAIN, COPINE n.

COPAL, S n.m. Résine utilisée pour des vernis.

COPALIER n.m. Arbre fournissant le copal.

COPARENT n.m. Personne exerçant l'autorité parentale conjointement avec une autre.

COPARENTAL, E, AUX adj.

COPARENTALITÉ n.f. Exercice de l'autorité parentale partagé entre le père et la mère.

COPARTAGE n.m.

COPARTAGEANT, E adj. et n.

COPARTAGER v. **17.**

COPARTICIPANT, E adj. et n.

COPARTICIPATION n.f.

COPATERNITÉ n.f. *Dr.* Paternité assumée par plusieurs personnes.

COPAYER [pa] n.m. → **copaïer.**

COPEAU, X n.m.

COPENHAGOIS, E adj. De Copenhague (Danemark).

COPENHAGUOIS, E adj. → **copenhagois.**

COPÉPODE n.m. Petit crustacé abondant dans le plancton.

COPERMUTER v. **10.** Échanger.

COPERNICIEN, ENNE adj. et n. Relatif à Copernic, astronome du XVIe s.

COPIABLE adj.

COPIAGE n.m.

COPIE n.f.

COPIER v. **15.**

COPIEUR, EUSE n.

COPIEUSEMENT adv.

COPIEUX, EUSE adj.

COPILOTAGE n.m.

COPILOTE n.

COPILOTER v. **10.**

COPINAGE n.m. *Fam.* Échange intéressé de petits services.

COPINE → **copain.**

COPINER v. **(p.p.inv.) 10.**

COPINERIE n.f.

COPING n.m. *Psych.* Défense contre le stress.

COPION n.m. *Belg.* Document permettant de copier à un examen.

COPISTE n. Personne qui copiait des manuscrits.

COPLA n.f. Strophe du flamenco.

COPLANAIRE adj. *Math.* Qui est dans un même plan.

COPOLYMÈRE n.m. *Chim.* Grosse molécule obtenue à partir de monomères.

COPOSSÉDER v. **12.**

COPOSSESSEUR n.m.

COPOSSESSION n.f.

COPPA n.f. Charcuterie italienne.

COPRA n.m. **(= coprah)** Amande de certains cocotiers.

COPRAH n.m. → **copra.**

COPRÉSIDENCE n.f.

COPRÉSIDENT, E n.

COPRÉSIDER v. **10.**

COPRÉVENU, E n. *Dr.* Prévenu qui comparaît en même temps qu'un autre.

COPRIN n.m. Champignon comestible.

COPRINCE n.m. Titre porté par le président de la République française et l'évêque d'Urgel, en tant que souverains d'Andorre.

COPROCESSEUR n.m. *Inf.* Processeur associé à un autre.

COPROCULTURE n.f. Technique de laboratoire permettant la culture des germes présents dans les selles.

COPRODUCTEUR, TRICE adj. et n.

COPRODUCTION n.f.

COPRODUIRE v. **135.**

COPROLALIE n.f. *Psych.* Tendance pathologique à utiliser un vocabulaire ordurier.

COPROLITHE n.m. Excrément fossile.

COPROLOGIE n.f. Étude biologique des excréments.

COPROLOGIQUE adj.

COPROMANIE n.f. *Méd.* Attirance pour les excréments.

COPROPHAGE adj. et n.m. Qui se nourrit d'excréments.

COPROPHAGIE n.f.

COPROPHILE adj. Qui aime manipuler les excréments.

COPROPHILIE n.f.

COPROPRIÉTAIRE n.

COPROPRIÉTÉ n.f.

COPROSTÉROL n.m. *Biochim.* Stérol des selles.

COPS [kops] n.m. Support en bois pour le fil de tissage.

COPSAGE n.m. Enroulement d'un fil sur un cops.

COPTE n. et adj. Chrétien d'Égypte.

COPULATEUR, TRICE adj.

COPULATIF, IVE adj. *Ling.* Qui marque une liaison entre des termes.

COPULATION n.f.

COPULE n.f. *Ling.* Mot qui lie le sujet à l'attribut.

COPULER v. **(p.p.inv.) 10.** *Fam.* S'accoupler.

COPYRIGHT [kopirayt] n.m. Droit d'exclusivité d'un auteur sur une œuvre.

COQ n.m.

COQUARD n.m. **(= coquart)** *Fam.* Coup sur l'œil.

COQUART n.m. → **coquard.**

COQUÂTRE n.m. Coq à demi castré.

COQUE n.f.

COQUEBIN, E adj. et n. *Vx.* Niais, naïf.

COQUECIGRUE n.f. Animal fantastique.

COQUELET n.m.

COQUELEUX, EUSE n. Personne qui élève des coqs de combat.

COQUELICOT n.m.

COQUELLE n.f. Cocotte en fonte.

COQUELOURDE n.f. Nom courant de plusieurs plantes (anémone, lychnis).

COQUELUCHE n.f.

COQUELUCHEUX, EUSE adj. et n.

COQUELUCHON n.m. *Vx.* Capuchon.

COQUEMAR n.m. Bouilloire à anse.

COQUERELLE n.f. *Québ.* Blatte.

COQUERET n.m. Plante à baie comestible.

COQUERICO n.m. → **cocorico.**

COQUERIE n.f. *Mar.* Cuisine à bord ou à quai.

COQUERON n.m. Compartiment de la coque, à l'extrême avant ou à l'extrême arrière d'un navire.

COQUET, ETTE adj. et n.

COQUETEL n.m. *Québ.* Cocktail.

COQUETER v. **(p.p.inv.) 20** (je coquette...) Se pavaner.

COQUETIER, ÈRE 1. n.m. 2. n. *Anc.* Marchand d'œufs et de volaille en gros.

COQUETTEMENT adv.

COQUETTERIE n.f.

COQUILLAGE n.m.

COQUILLARD n.m. *Hist.* Malfaiteur qui portait une coquille au collet.

COQUILLART n.m. *Géol.* Calcaire renfermant des coquilles.

COQUILLE n.f.

COQUILLÉ, E adj. *Géol.* Qui contient des coquilles fossiles.

COQUILLER v. **10.** Se boursoufler, en parlant du pain.

COQUILLETTE n.f.

COQUILLIER, ÈRE adj. et n.m. *Géol.* Formé de débris de coquilles.

COQUIN, E adj. et n.

COQUINERIE n.f.

COQUINET, ETTE n. et adj. Petit coquin.

COR n.m.

CORACIADIFORME n.m. Oiseau, type martin-pêcheur, rollier.

CORACIIFORME n.m. → **coraciadiforme.**

CORACOÏDE adj. et n.f. Se dit d'une apophyse de l'omoplate.

CORAIL, CORAUX adj. et n.m.

CORAILLEUR, EUSE n. Personne qui pêche le corail.

CORALLIAIRE n.m. Animal marin, type polype, corail.

CORALLIEN, ENNE adj. Formé de coraux.

CORALLIFÈRE adj. Qui porte des coraux.

CORALLIFORME adj. En forme de corail.

CORALLIGÈNE adj. Qui produit la substance calcaire des coraux.

CORALLIN, E 1. adj. Rouge comme du corail. 2. n.f. Algue marine calcaire.

CORAN n.m.

CORANIQUE adj.

CORANISER v. **10.** *Cam.* Apprendre par cœur.

CORAUX → **corail.**

CORBEAU, X n.m.

CORBEILLE n.f.

CORBIÈRES n.m. Vin rouge de la région des Corbières (Languedoc).

CORBILLARD n.m.

CORBILLAT n.m. Petit du corbeau.

CORBILLON n.m. *Vx.* Petite corbeille.

CORBIN n.m. *Vx.* Corbeau.

CORBLEU interj. Ancien juron.

CORDAGE n.m.

CORDAT n.m. Grosse serge.

CORDE n.f.

CORDÉ, E 1. adj. En forme de cœur. 2. n.m. → **chordé.** 3. n.f. Groupe d'alpinistes.

CORDEAU, X n.m. Corde tendue pour aligner.

CORDELER v. **22** (je cordelle...) Tordre en forme de corde.

CORDELETTE n.f.

CORDELIER, ÈRE 1. n. Religieux de l'ordre de Saint-François d'Assise. 2. n.f. Gros cordon.

CORDELLE n.f. Petite corde.

CORDER v. **10.** Garnir de cordes.

CORDERIE n.f.

CORDEUR, EUSE n. Personne qui corde les raquettes de tennis.

CORDIAL, E, AUX adj. et n.m.

CORDIALEMENT adv.

CORDIALITÉ n.f.

CORDIER, ÈRE adj. et n. Qui fabrique ou vend de la corde.

CORDIÉRITE n.f. *Géol.* Silicate naturel.

CORDIFORME adj. Qui a la forme d'un cœur.

CORDILLÈRE n.f.

CORDITE n.f. Explosif sans fumée.

CORDOBA n.m. Unité monétaire du Nicaragua.

CORDON n.m.

CORDONAL, E, AUX adj. Relatif aux cordons de la moelle épinière.

CORDONNAGE n.m. L'une des opérations de la fabrication des monnaies.

CORDONNER v. **10.** Pourvoir d'un cordon.

CORDONNERIE n.f.

CORDONNET n.m. Petit cordon.

CORDONNIER, ÈRE n.

CORDOPHONE n.m. *Mus.* Instrument qui produit un son par vibration de ses cordes.

CORDOUAN, E adj. et n.m. De Cordoue (Espagne).

CORDYLINE n.f. Plante ornementale.

CORÉ n.f. (= **korê**) Statue de jeune fille, dans l'art grec.

CORÉALISATEUR, TRICE n.

CORÉEN, ENNE adj. et n.m. De Corée.

CORÉFÉRENCE n.f. *Ling.* Relation entre deux termes ayant le même référent.

CORÉGENCE n.f.

CORÉGENT, E n. Personne qui partage la régence.

CORÉGONE n.m. Poisson des lacs.

CORELIGIONNAIRE n. Personne de la même religion.

CORÉOPSIS [-s] n.m. Fleur ornementale.

CORÉPRESSEUR n.m. *Biochim.* Molécule pouvant bloquer la biosynthèse.

CORESPONSABLE adj. et n.

CORFIOTE adj. De Corfou (Grèce).

CORGI [g] n.m. Race de chiens du pays de Galles.

CORIACE adj.

CORIACITÉ n.f.

CORIANDRE n.f. Plante méditerranéenne, dont le fruit sert d'épice.

CORICIDE n.m. Substance qui détruit les cors aux pieds.

CORINDON n.m. Pierre précieuse très claire.

CORINTHE n.m. Cépage grec dont les raisins sont consommés séchés.

CORINTHIEN, ENNE adj. *Antiq. gr.* (Ordre d'architecture) caractérisé par un chapiteau orné de feuilles d'acanthe. – De Corinthe (Grèce).

CORME n.f. Fruit du cormier.

CORMIER n.m. Sorbier.

CORMOPHYTE n.m. Plante ayant une tige (par opposition aux mousses, champignons).

CORMORAN n.m. Oiseau palmipède plongeur.

CORMUS [-s] n.m. Organe souterrain de certaines fleurs.

CORNAC n.m. Personne qui conduit et soigne un éléphant.

CORNACÉE n.f. Plante dialypétale arborescente, type aucuba.

CORNAGE n.m. *Vét.* Respiration bruyante d'équidés malades.

CORNALINE n.f. Pierre précieuse de teinte rouge.

CORNAQUER v. **10.** *Fam.* Guider.

CORNARD, E 1. n.m. *Fam.* Cocu. 2. adj. et n. (Cheval) atteint de cornage.

CORNE n.f.

CORNÉ, E adj. et n.f.

CORNÉEN, ENNE adj. et n.f. Relatif à la cornée.

CORNEILLARD n.m. Petit de la corneille.

CORNEILLE n.f.

CORNEILLON n.m. → **corneillard.**

CORNÉLIEN, ENNE adj. Qui oppose le devoir et la passion.

CORNEMENT n.m. Bourdonnement d'oreilles.

CORNEMUSE n.f.

CORNEMUSEUR, EUSE n.

CORNEMUSEUX, EUSE n.

CORNER [-èr] n.m. *Sp.* Coup franc tiré de l'angle du terrain.

CORNER v. **10.** Sonner de la corne, du cor.

CORNET n.m.

CORNETTE 1. n.f. Coiffure de certaines religieuses. 2. n.m. *Anc.* Porte-étendard.

CORNETTISTE n. Joueur de cornet à piston.

CORNEUR, EUSE n. et adj. *Mus.* Joueur de corne.

CORNFLAKES [-flèks] n.m.pl. Flocons de maïs grillés.

CORNIAUD n.m. (= **corniot).**

CORNICHE n.f.

CORNICHON n.m.

CORNICULE n.f. *Antiq. rom.* Signe honorifique porté sur le casque.

CORNIER, ÈRE 1. adj. Qui est à l'angle de quelque chose. 2. n.f.

CORNILLON n.m. Partie osseuse d'une corne.

CORNIOT n.m. → **corniaud.**

CORNIQUE adj. et n.m. De Cornouailles (Angleterre).

CORNISTE n. *Mus.* Joueur de cor.

CORNOUAILLAIS, E adj. De la Cornouaille.

CORNOUILLE n.f. Fruit du cornouiller.

CORNOUILLER n.m. Petit arbre au bois dur.

CORNU, E adj. et n.f.

COROLLAIRE n.m. *Log.* Conséquence.

COROLLE n.f. Ensemble des pétales d'une fleur.

CORON n.m. Groupe d'habitations en pays minier.

CORONAIRE adj. (Vaisseau) irriguant la paroi du cœur.

CORONAL, E, AUX adj. Qui concerne la couronne solaire.

CORONARIEN, ENNE adj.

CORONARITE n.f. Lésion des artères coronaires.

CORONAROGRAPHIE n.f. → **coronographie.**

CORONAROPATHIE n.f.

CORONAVIRUS n.m. Virus en forme de couronne.

CORONELLE n.f. Serpent, type couleuvre.

CORONER [-èr] n.m. Officier de police judiciaire, dans les pays de langue anglaise.

CORONILLE n.f. Plante à fleurs en ombelles.

CORONOGRAPHE n.m. Instrument pour observer la couronne solaire.

CORONOGRAPHIE n.f. Radiographie des artères coronaires.

CORONOÏDE adj. *Anat.* Qui ressemble à un bec de corneille.

CORONOÏDIEN, ENNE adj. → **coronoïde.**

COROPLASTE n.m. *Antiq.* Modeleur de figurines en argile.

COROSSOL n.m. Fruit du corossolier.

COROSSOLIER n.m. Arbre tropical.

COROZO n.m. *Bot.* Matière blanche et dure (ivoire végétal).

CORPO 1. adj. *Fam.* Corporatif. 2. n.f. *Fam.* Corporation.

CORPORAL, AUX n.m. Linge sacré placé sur l'autel.

CORPORATIF, IVE adj.

CORPORATION n.f.

CORPORATISME n.m. Doctrine favorable au pouvoir des corporations.

CORPORATISTE adj. et n.

CORPORÉITÉ n.f. *Philos.* Caractère de ce qui est corporel.

CORPOREL, ELLE adj.

CORPORELLEMENT adv.

CORPS n.m.

CORPSARD [korsar] n.m. *Fam.* Polytechnicien entré dans un corps de l'État.

CORPULENCE n.f.

CORPULENT, E adj.

CORPUS n.m. Recueil de documents sur un sujet.

CORPUSCULAIRE adj.

CORPUSCULE n.m.

CORRAL, S n.m. Enclos pour le bétail.

CORRASION n.f. Érosion par le vent chargé de sable.

CORRECT, E adj.

CORRECTEMENT adv.

CORRECTEUR, TRICE adj. et n.

CORRECTIF, IVE adj. et n.m.

CORRECTION n.f.

CORRECTIONNEL, ELLE adj. et n.f.

CORRÉGIDOR n.m. *Hist.* Premier magistrat d'une ville espagnole.

CORRÉLAT n.m. Objet corrélé avec un autre.

CORRÉLATEUR n.m. *Math.* Organe de calcul analogique.

CORRÉLATIF, IVE adj. et n.m.

CORRÉLATION n.f. Relation réciproque entre deux choses.

CORRÉLATIONNEL, ELLE adj.

CORRÉLATIVEMENT adv.

CORRÉLER v. **12.** Mettre en corrélation.

CORRESPONDANCE n.f.

CORRESPONDANT, E adj. et n.

CORRESPONDRE v. **(p.p.inv.) 90.**

CORRÉZIEN, ENNE adj. De la Corrèze.

CORRIDA n.f.

CORRIDOR n.m.

CORRIGÉ n.m.

CORRIGEABLE adj.

CORRIGER v. **17.**

CORRIGEUR, EUSE n. Typographe chargé des corrections.

CORRIGIBLE adj.

CORROBORANT, E adj.

CORROBORATIF, IVE adj.

CORROBORATION n.f.

CORROBORER v. **10.** Confirmer.

CORRODANT, E adj. et n.m.

CORRODER v. **10.** Ronger par action chimique.

CORROI n.m. Façon de traiter le cuir.

CORROIERIE n.f. Préparation du cuir après le tannage.

CORROMPRE v. **120.**

CORROSIF, IVE adj. et n.m. Qui ronge.

CORROSION n.f.

CORROYAGE n.m.

CORROYER v. **27.** Apprêter (du cuir).

CORROYÈRE n.f. Arbre exotique dont la gomme-résine est utilisée dans l'industrie (sumac).

CORROYEUR, EUSE n.

CORRUPTEUR, TRICE adj. et n.

CORRUPTIBILITÉ n.f.

CORRUPTIBLE adj.

CORRUPTIF, IVE adj. Qui corrompt.

CORRUPTION n.f.

CORSAGE n.m.

CORSAIRE n.m.

CORSE adj. et n.m.

CORSELET n.m. Cuirasse légère. – Corsage court.

CORSER v. **10.**

CORSET n.m.

CORSETER v. **21** (je corsète...) Serrer dans un corset.

CORSETERIE [-sètri] n.f.

CORSETIER, ÈRE adj. et n.

CORSO n.m. Défilé de chars pour une fête.

CORSOPHONE adj. et n. Qui parle le corse.

CORTÈGE n.m.

CORTES [-ès] n.f.pl. Assemblée représentative, en Espagne et au Portugal.

CORTEX n.m. Partie externe d'un organe, formant enveloppe.

CORTICAL, E, AUX 1. adj. Relatif au cortex, à l'écorce. 2. n.f. Cortex cérébral.

CORTICOÏDE n.m. et adj. Hormone stéroïde.

CORTICOSTÉROÏDE n.m. et adj. → **corticoïde.**

CORTICOSTÉRONE n.f. Hormone.

CORTICOSURRÉNAL, E, AUX adj. et n.f. Relatif au cortex de la glande surrénale.

CORTICOTHÉRAPIE n.f. *Méd.* Traitement par les corticoïdes.

CORTICOTROPE adj. Qui a des affinités avec le cortex surrénal.

CORTINAIRE n.m. Genre de champignons.

CORTINE n.f. Hormone corticosurrénale.

CORTISOL [s] n.m. Hormone (hydrocortisone).

CORTISONE n.f. Hormone corticosurrénale.

CORTISONIQUE adj.

CORTON n.m. Vin de Bourgogne.

CORUSCANT, E adj. *Vx.* Brillant.

CORUSCATION n.f. Éclat produit par une matière incandescente.

CORVÉABLE adj. et n. Soumis à la corvée.

CORVÉE n.f.

CORVETTE n.f. Ancien navire de guerre.

CORVICIDE n.m. Substance qui tue les corbeaux.

CORVIDÉ n.m. Oiseau, type corbeau.

CORYBANTE n.m. *Antiq. gr.* Prêtre de la déesse Cybèle.

CORYDALIS [-s] n.m. Plante ornementale à fleurs jaunes.

CORYMBE n.m. *Bot.* Type d'inflorescence.

CORYPHÉE n.m. Chef du chœur, dans le théâtre antique.

CORYPHÈNE n.m. Daurade.

CORYZA n.m. Rhume de cerveau.

COSAQUE n.m. *Hist.* Cavalier de l'armée russe.

COSÉCANTE n.f. *Math.* Ligne trigonométrique.

COSIES → **cosy.**

COSIGNATAIRE adj. et n.

COSIGNATURE n.f.

COSIGNER v. **10.**

COSINUS n.m. *Math.* Sinus du complément d'un angle.

COSMÉTIQUE adj. et n.m.

COSMÉTIQUER v. **10.** *Vx.* Enduire de lotion capillaire.

COSMÉTOLOGIE n.f.

COSMÉTOLOGIQUE adj.

COSMÉTOLOGUE n.

COSMIQUE adj.

COSMOCHIMIE n.f. Étude de la composition chimique des corps célestes.

COSMODROME n.m. Base de lancement d'engins spatiaux.

COSMOGONIE n.f. Théorie expliquant la formation de l'Univers.

COSMOGONIQUE adj.

COSMOGRAPHE n.

COSMOGRAPHIE n.f.

COSMOGRAPHIQUE adj.

COSMOLOGIE n.f. Étude des lois d'évolution de l'Univers.

COSMOLOGIQUE adj.

COSMOLOGISTE n.

COSMOLOGUE n.

COSMONAUTE n.

COSMONAUTIQUE n.f.

COSMOPHYSIQUE n.f. Étude de la structure physique des corps célestes.

COSMOPOLITE adj.

COSMOPOLITISME n.m.

COSMOS n.m.

COSMOTRON n.m. *Phys.* Accélérateur de particules.

COSSARD, E adj. et n. *Fam.* Paresseux.

COSSE n.f.

COSSER v. **(p.p.inv.) 10.** Se heurter de la tête, en parlant des béliers.

COSSETTE n.f. Fragment de betterave.

COSSIDÉ n.m. Papillon nocturne, type cossus.

COSSON n.m. Larve vivant dans les pois, les fèves.

COSSU, E adj.

COSSUS [-s] n.m. Papillon dont la chenille ronge le bois.

COSTAL, E, AUX adj. *Méd.* Relatif aux côtes.

COSTAR n.m. **(= costard).**

COSTARD n.m. → **costar.**

COSTARICAIN, E adj. → **costaricien.**

COSTARICIEN, ENNE adj. Du Costa Rica (Amérique centrale).

COSTARMORICAIN, E adj. Des Côtes-d'Armor.

COSTAUD, E adj. et n. **(= costeau).**

COSTEAU, X adj. et n.m. → **costaud.**

COSTIÈRE n.f. Rainure pour déplacer les décors de théâtre.

COSTUME n.m.

COSTUMER v. **10.**

COSTUMIER, ÈRE n. Personne qui fait ou vend des costumes.

COSY (pl. **COSIES** ou **COSYS**) n.m. Divan d'angle.

COTABLE adj. Susceptible d'être coté en Bourse.

COTANGENTE n.f. *Math.* Rapport du cosinus au sinus.

COTATION n.f.

COTE n.f.

CÔTE n.f.

CÔTÉ n.m.

COTEAU, X n.m.

CÔTELÉ, E adj.

CÔTELETTE n.f.

COTER v. **10.**

COTERIE n.f. Clique.

COTEUR n.m. Employé qui inscrit les cours à la Bourse.

COTHURNE n.m. *Antiq.* Chaussure à semelle épaisse.

COTICE n.f. *Hér.* Bande étroite en diagonale.

COTICÉ, E adj. *Hér.* Garni de cotices.

COTICULE n.m. Schiste très dur utilisé comme pierre d'aiguisage.

COTIDAL, E, AUX adj. (Courbe) indiquant les marées de même hauteur.

CÔTIER, ÈRE adj.

COTIGNAC n.m. Confiture de coings.

COTILLON n.m. *Vx.* Jupon. – Réunion accompagnée de danses et de jeux.

COTINGA n.m. Oiseau exotique coloré.

COTINGIDÉ n.m. Oiseau, type cotinga.

COTIR v. **40.** Meurtrir (un fruit).

COTISANT, E adj. et n.

COTISATION n.f.

COTISER v. **10.**

COTISSURE n.f. Meurtrissure des fruits.

CÔTOIEMENT n.m. Action de côtoyer.

COTON n.m.

COTONÉASTER [-èr] n.m. Arbrisseau utilisé pour former des haies.

COTONNADE n.f.

COTONNER (SE) v. **10.** Se couvrir de duvet, en parlant de tissu.

COTONNERIE n.f. Culture de coton.

COTONNEUX, EUSE adj.

COTONNIER, ÈRE adj. et n.

COTONOIS, E adj. De Cotonou (Bénin).

CÔTOYER v. **27.**

COTRE n.m. Petit bateau à un mât.

COTRET n.m. Petit fagot de bois.

COTRIADE n.f. Soupe de poissons.

COTTAGE [kotèdj] ou [kotaj] n.m. Maison de campagne.

COTTE n.f. *Vx.* Jupe.

COTTER v. **10.** *Helv.* Étayer, caler (une porte).

COTTIDÉ n.m. Poisson, type chabot.

COTUTELLE n.f. *Dr.* Fonction du mari d'une tutrice.

COTUTEUR, TRICE n. *Dr.* Personne chargée de tutelle avec une autre.

COTYLE n.m. ou f. Cavité d'articulation d'un os.

COTYLÉDON n.m. Feuille qui s'insère sur l'embryon de la graine.

COTYLÉDONÉ, E adj.

COTYLOÏDE adj. En forme de cotyle.

COTYLOÏDIEN, ENNE adj. Relatif à la cavité cotyloïde de l'os iliaque.

COU n.m.

COUAC n.m. Son discordant.

COUAGGA n.m. Zèbre, aujourd'hui disparu, dont l'arrière-train n'était pas rayé.

COUARD, E adj. et n. *Litt.* Peureux.

COUARDISE n.f.

COUCHAGE n.m.

COUCHAILLER v. **(p.p.inv.) 10.** Avoir des aventures sexuelles épisodiques.

COUCHANT, E adj. et n.m.

COUCHE n.f.

COUCHER n.m.

COUCHER v. **10.**

COUCHERIE n.f.

COUCHETTE n.f.

COUCHEUR, EUSE n.

COUCHIS n.m. Lit d'un matériau.

COUCHITIQUE adj. et n.m. (Langue) parlée en Afrique orientale.

COUCHOIR n.m. Palette de doreur.

COUCHURE n.f. Application d'or en feuilles sur la couverture ou les tranches d'un livre relié.

COUCOU n.m. et interj.

COUCOUGNETTE n.f. *Fam.* Testicule.

COUCOUMELLE n.f. Champignon comestible.

COUDAGE n.m.

COUDE n.m.

COUDÉE n.f. *Anc.* Mesure de longueur.

COUDER v. **10.**

COUDIÈRE n.f. *Sp.* Protection du coude.

COUDOIEMENT n.m.

COUDOU n.m. **(= koudou)** Antilope africaine.

COUDOYER v. **27.** Côtoyer.

COUDRAIE n.f. Lieu planté de coudriers.

COUDRE n.m. → **coudrier.**

COUDRE v. **97.**

COUDRETTE n.f. → **coudraie.**

COUDRIER n.m. Noisetier.

COUENNE [kwan] n.f.

COUENNEUX, EUSE [kwan-] adj. Qui ressemble à la couenne.

COUETTE n.f.

COUETTÉ, E adj. *Québ.* Ébouriffé.

COUFFA n.m. **(= kouffa)** Bateau rond naviguant sur le Tigre.

COUFFE n.f. → **couffin.**

COUFFIN n.m. Grand panier en osier.

COUFIQUE n.m. et adj. **(= kufique)** Ancienne forme d'écriture arabe.

COUFLE adj. *Fam.* Ballonné, ivre.

COUGNOU n.m. *Belg.* Brioche de Noël.

COUGOUAR [kougwar] n.m. **(= couguar)** Autre nom du puma.

COUGUAR n.m. → **cougouar.**

COUIC interj.

COUILLE n.f.

COUILLON, ONNE n.

COUILLONNADE n.f.

COUILLONNER v. **10.**

COUILLU, E adj. *Fam.* Courageux, hardi.

COUINEMENT n.m.

COUINER v. **(p.p.inv.) 10.** Émettre un cri aigu, un grincement.

COULABILITÉ n.f. Qualité d'un métal qui remplit bien un moule.

COULAGE n.m.

COULANT, E adj. et n.m.

COULÉ n.m. *Mus.* Passage lié d'une note à une autre. – Coup particulier, au billard.

COULÉE n.f.

COULEMELLE n.f. Champignon comestible.

COULER v. **10.**

COULEUR n.f.

COULEUVRE n.f.

COULEUVREAU, X n.m.

COULEUVRINE n.f. Ancien canon mince et long.

COULEUVRINIER n.m. Soldat armé d'une couleuvrine à main.

COULEVRINE n.f. → **couleuvrine.**

COULIS 1. adj.m. (Vent) qui se glisse par les fentes. 2. n.m. Purée.

COULISSANT, E adj.

COULISSE n.f.

COULISSEAU, X n.m. Petite coulisse.

COULISSEMENT n.m.

COULISSER v. **10.** Munir de coulisses. – Glisser.

COULISSIER n.m. *Vx.* Courtier en valeurs mobilières.

COULOIR n.m.

COULOIRE n.f. Égouttoir.

COULOMB n.m. Unité de quantité d'électricité.

COULOMBMÈTRE n.m. Appareil mesurant une quantité d'électricité.

COULOMMIERS n.m. Fromage.

COULON n.m. Pigeon.

COULONNEUX n.m. Éleveur de pigeons voyageurs.

COULPE n.f. *Vx.* Aveu d'une faute.

COULURE n.f. Trace laissée par un liquide qui a coulé.

COUMARINE n.f. Extrait de la fève tonca.

COUMAROU n.m. Arbre qui produit la fève tonca.

COUNTRY [kountri] n.m. ou f. et adj. Style de musique populaire américaine.

COUP n.m.

COUPABLE adj. et n.

COUPABLEMENT adv.

COUPAGE n.m. Action de mélanger des liquides.

COUPAILLER v. **10.** Couper de façon irrégulière.

COUPANT, E adj. et n.m.

COUPASSER v. **10.** → **coupailler.**

COUPE n.f.

COUPÉ n.m.

COUPÉE n.f. Ouverture dans le flanc d'un navire.

COUPELLATION n.f.

COUPELLE n.f. Petite coupe. – Petit creuset.

COUPELLER v. **10.** Séparer (un métal précieux) d'un métal auquel il est allié.

COUPEMENT n.m.

COUPER v. **10.**

COUPERET n.m. Couteau à large lame.

COUPEROSE n.f. *Méd.* Dilatation des vaisseaux.

COUPEROSER v. **10.**

COUPÉSPACE n.m. (Nom déposé) Monospace sportif à deux portes.

COUPEUR, EUSE n.

COUPLAGE n.m. Assemblage de pièces mécaniques.

COUPLE n.m. et n.f.

COUPLEMENT n.m.

COUPLER v. **10.**

COUPLET n.m.

COUPLEUR n.m. *Techn.* Dispositif de couplage.

COUPOIR n.m.

COUPOLE n.f.

COUPON n.m.

COUPONING n.m. → **couponnage.**

COUPONNAGE n.m. Vente par correspondance au moyen de coupons-réponse.

COUPURE n.f.

COUQUE n.f. Sorte de brioche.

COUR n.f.

COURAGE n.m.

COURAGEUSEMENT adv.

COURAGEUX, EUSE adj.

COURAILLAGE n.m. *Québ.* Action de courailler.

COURAILLER v. **(p.p.inv.) 10.** Avoir de multiples aventures galantes.

COURAILLEUR, EUSE adj. et n. *Québ.* Qui couraille.

COURAILLEUX, EUSE adj. et n. → **courailleur.**

COURAMMENT adv.

COURANT, E adj., n.m. et n.f.

COURANTOMÈTRE n.m. Appareil de mesure des courants marins.

COURATER v. **(p.p.inv.) 10.** *Helv.* Courir de-ci de-là.

COURBAGE n.m.

COURBARIL n.m. Arbre tropical dont le bois est utilisé en ébénisterie.

COURBARINE n.f. Résine de courbaril.

COURBATTU, E adj. → **courbatu.**

COURBATTURE n.f.

COURBATTURER v. **10.**

COURBATU, E adj. **(= courbattu)** Courbaturé.

COURBATURE n.f.

COURBATURER v. **10.**

COURBE adj. et n.f.

COURBEMENT n.m.

COURBER v. **10.**

COURBETTE n.f.

COURBEVOISIEN, ENNE adj. De Courbevoie.

COURBINE n.f. Poisson de mer.

COURBURE n.f.

COURCAILLER v. **(p.p.inv.) 10.** → **carcailler.**

COURCAILLET n.m. Cri de la caille.

COURÇON n.m. **(= courson)** Branche taillée d'arbre fruitier.

COURÉE n.f. Cour commune à plusieurs habitations, dans le nord de la France.

COURETTE n.f. Petite cour intérieure.

COUREUR, EUSE n.

COURGE n.f.

COURGETTE n.f.

COURIR v. **51.**

COURLAN n.m. Oiseau des marécages.

COURLIEU, X n.m. → **courlis.**

COURLIS n.m. Oiseau échassier à long bec.

COUROI **|** [-roy] → **couros.**

COURONNE n.f.

COURONNEMENT n.m.

COURONNER v. **10.**

COUROS (pl. **COUROI** [-roy]) n.m. **(= kouros)** Statue de jeune homme, dans l'art grec.

COUROUCOU n.m. Oiseau tropical très coloré.

COURRE v. déf. (Ne s'emploie qu'à l'infinitif) *Vén.* Poursuivre une bête.

COURRERIES n.f.pl. *Belg.* Allées et venues.

COURRIEL n.m. Courrier électronique.

COURRIER n.m.

COURRIÉRISTE n. Chroniqueur.

COURROIE n.f.

COURROUCER v. **13.**

COURROUX n.m. *Litt.* Vive colère.

COURS n.m.

COURSE n.f.

COURSER v. **10.** Poursuivre à la course.

COURSIE n.f. *Mar.* Passage entre les bancs des galériens.

COURSIER, ÈRE n.

COURSIVE n.f. *Mar.* Couloir intérieur.

COURSON, ONNE n. → **courçon.**

COURT, COURTE adj., n.m. et adv.

COURTAGE n.m. Profession, commission de courtier.

COURTAUD, E adj. et n. Petit et gros, trapu.

COURTAUDER v. **10.** Amputer (un animal) de la queue et des oreilles.

COURTELINESQUE adj. Digne de Courteline.

COURTEPOINTE n.f. Couverture de lit.

COURTIER, ÈRE n. Intermédiaire.

COURTIL [-i] n.m. **(= courtille)** *Vx.* Petit jardin proche d'une habitation.

COURTILIÈRE n.f. Insecte fouisseur.

COURTILLE n.f. → **courtil.**

COURTINE n.f. Rideau de lit, tenture de porte.

COURTISAN, E adj. et n.

COURTISANERIE n.f. Conduite de courtisan.

COURTISER v. **10.**

COURTOIS, E adj.

COURTOISEMENT adv.

COURTOISIE n.f.

COURTRAISIEN, ENNE adj. De Courtrai (Belgique).

COUSCOUS n.m.

COUSCOUSSIER, ÈRE n. Casserole pour le couscous.

COUSETTE n.f. *Fam.* Jeune couturière.

COUSEUR, EUSE n.

COUSÎMES → **coudre 97.**

COUSIN, E n.

COUSINADE n.f. Réunion festive de personnes ayant un ancêtre commun ou portant le même patronyme.

COUSINAGE n.m.

COUSINER v. **10.** Traiter familièrement.

COUSIRENT, COUSIS..., COUSIT... → **coudre 97.**

COUSOIR n.m. Métier pour la couture des livres.

COUSSIN n.m.

COUSSINET n.m.

COUSU, E adj.

COÛT n.m.

COÛTANT adj.m.

COUTEAU, X n.m.

COUTELAS n.m. Grand couteau de cuisine.

COUTELIER, ÈRE n.

COUTELLERIE n.f.

COÛTER v. **10.**

COÛTEUSEMENT adv.

COÛTEUX, EUSE adj.

COUTIL [-ti] n.m. Tissu serré.

COUTRE n.m. Fer tranchant de la charrue.

COUTUME n.f.

COUTUMIER, ÈRE adj. et n.m.

COUTUMIÈREMENT adv.

COUTURE n.f.

COUTURER v. **10.** Couvrir de cicatrices.

COUTURIER, ÈRE adj. et n.

COUVADE n.f. *Ethn.* Coutume par laquelle le père feint de couver son nouveau-né.

COUVAIN n.m. Ensemble des œufs, larves et nymphes d'insectes.

COUVAISON n.f. Action de couver, incubation.

COUVÉE n.f.

COUVENT n.m.

COUVENTINE n.f. Religieuse qui vit dans un couvent.

COUVER v. **10.**

COUVERCLE n.m.

COUVERT, E adj. et n.m.

COUVERTURE n.f.

COUVEUSE n.f.

COUVI adj.m. (Œuf) à moitié couvé.

COUVOIR n.m.

COUVRANT, E adj.

COUVREMENT n.m. Partie de construction qui recouvre.

COUVREUR, EUSE n.

COUVRIR v. **46.**

COUVRURE n.f. Application de la couverture d'un livre à relier.

COUYON n.m. *Belg.* Jeu de cartes wallon.

COVALENCE n.f.

COVALENT, E adj. *Chim.* Relatif à un type de liaison entre deux atomes.

COVARIANCE n.f. Terme de statistique.

COVARIANT, E adj. *Math.* Relatif à un type de composante vectorielle.

COVELLINE n.f. Sulfure naturel de cuivre.

COVENANT n.m. *Hist.* Ligue formée par les Écossais (XVIe et XVIIe s.).

COVENDEUR, EUSE n. Personne qui vend conjointement avec une autre.

COVOITURAGE n.m. Utilisation commune d'une seule voiture par plusieurs personnes.

COVOITURER v. **10.** Transporter par covoiturage.

COVOLUME n.m. *Phys.* Volume minimal occupé par un gaz sous une pression maximale.

COWPER [kôpeur] n.m. Appareil utilisé en sidérurgie pour récupérer la chaleur des hauts fourneaux.

COX n.f. Pomme à chair juteuse.

COXAL, E, AUX adj. Relatif à la hanche.

COXALGIE n.f. Douleur à la hanche.

COXALGIQUE adj. et n.

COXARTHRIE n.f. → **coxarthrose.**

COXARTHROSE n.f. Arthrose de la hanche.

COXER v. **10.** *Afr.* Appréhender, arrêter.

COXEUR n.m. *Afr.* Homme qui rabat des clients vers un taxi ou un car.

COYAU, X [koyô] n.m. Pièce de la charpente d'un comble.

COYER [koyé] n.m. → **coyau.**

COYOTE n.m. Mammifère carnivore d'Amérique.

CRABE n.m.

CRABIER, ÈRE adj. et n.m. (Héron, phoque) mangeur de crabes.

CRABOT n.m. → **clabot.**

CRABOTAGE n.m. → **clabotage.**

CRABOTER v. **10.** → **claboter** 1.

CRAC 1. n.m. (= **krak**) *Hist.* Château fort construit par les croisés. 2. interj.

CRACHAT n.m.

CRACHEMENT n.m.

CRACHER v. **10.**

CRACHEUR, EUSE adj. et n.

CRACHIN n.m. Petite pluie fine.

CRACHINER v. déf. (**crachina, crachinait, crachinât, crachine, crachiné, crachinera, crachinerait**).

CRACHOIR n.m.

CRACHOTANT, E adj.

CRACHOTEMENT n.m.

CRACHOTER v. **10.**

CRACHOUILLER v. **10.**

CRACK n.m. Cheval ou sportif qui se distingue. – Cocaïne cristallisée fumable.

CRACKER [-eur] n.m. Petit biscuit salé. – Pirate informatique.

CRACKING n.m. Procédé de raffinage du pétrole.

CRACOVIEN, ENNE 1. adj. De Cracovie (Pologne). 2. n.f. Danse populaire polonaise.

CRACRA **|** adj. → **crade.**

CRADE adj. (= **crado, cradot**) Très sale, crasseux.

CRADINGUE adj. → **crade.**

CRADO adj. → **crade.**

CRADOQUE adj. → **crade.**

CRADOT adj. → **crade.**

CRAIE n.f.

CRAIGNOS [-s] adj. *Fam.* Laid, douteux, inquiétant.

CRAILLEMENT n.m.

CRAILLER v. **(p.p.inv.) 10.** Crier, en parlant de la corneille.

CRAINDRE v. **94.**

CRAINTE n.f.

CRAINTIF, IVE adj. et n.

CRAINTIVEMENT adv.

CRAMBE n.m. 1. Plante aux pétioles comestibles. 2. (= **crambus**) Petit papillon des prés.

CRAMBUS n.m. → **crambe** 2.

CRAMCRAM n.m. *Afr.* Graminée épineuse.

CRAMER v. **10.**

CRAMINE n.f. *Helv.* Froid intense.

CRAMIQUE n.m. *Belg.* Pain au lait, au sucre et aux raisins de Corinthe.

CRAMOISI, E adj.

CRAMPE n.f.

CRAMPER v. **10.** *Québ.* Braquer (les roues d'une voiture).

CRAMPILLON n.m. Clou courbé en forme d'U.

CRAMPON n.m.

CRAMPONNANT, E adj. Collant.

CRAMPONNEMENT n.m.

CRAMPONNER v. **10.**

CRAMPONNET n.m. Pièce d'une serrure où glisse le pêne.

CRAN n.m.

CRÂNE adj. et n.m.

CRÂNEMENT adv.

CRANER v. **10** (= **cranter**) Entailler.

CRÂNER v. (**p.p.inv.** mais **craner** v.) **10.**

CRÂNERIE n.f. Courage un peu fier.

CRÂNEUR, EUSE adj. et n.

CRANIECTOMIE n.f. → **craniotomie.**

CRÂNIEN, ENNE adj.

CRANIOLOGIE n.f. Étude du crâne humain.

CRANIOLOGIQUE adj.

CRANIOLOGISTE n.

CRANIOMÉTRIE n.f. Étude des mensurations des os du crâne.

CRANIOSCOPIE n.f.

CRANIOSTÉNOSE n.f. Fermeture prématurée des sutures crâniennes.

CRANIOTOMIE n.f. *Méd.* Section du crâne.

CRANSON n.m. Plante des lieux humides.

CRANTAGE n.m.

CRANTER v. **10.** → **craner.**

CRANTEUR, EUSE adj. (Couteau) muni de crans.

CRAPAHUTER ou **SE CRAPAHUTER** v. **10 (= crapaüter)** *Arg.* Marcher sur un terrain difficile.

CRAPAUD n.m.

CRAPAUDIÈRE n.f. Lieu où vivent les crapauds.

CRAPAUDINE n.f. Filtre placé à l'entrée d'un tuyau.

CRAPAUDUC n.m. Conduit permettant aux batraciens de passer sous une route.

CRAPAÜTER ou **SE CRAPAÜTER** v. **10.** → **crapahuter.**

CRAPET n.m. *Québ.* Poisson d'eau douce au corps très coloré.

CRAPETTE n.f. Jeu de cartes.

CRAPOTER v. **(p.p.inv.) 10.** *Fam.* Tirer sur une cigarette sans vraiment fumer.

CRAPOTEUX, EUSE adj. *Fam.* Très sale.

CRAPOUILLOT n.m. Petit canon de tranchée.

CRAPOUSSIN, E n. *Vx.* Personne de petite taille et contrefaite.

CRAPS n.m. Jeu de dés.

CRAPULE adj. et n.f.

CRAPULERIE n.f.

CRAPULEUSEMENT adv.

CRAPULEUX, EUSE adj.

CRAQUAGE n.m. → **cracking.**

CRAQUANT, E adj.

CRAQUE n.f. *Fam.* Mensonge, vantardise.

CRAQUÉE n.f. *Helv., Fam.* Grande quantité.

CRAQUELAGE n.m. Méthode de fabrication de porcelaine craquelée.

CRAQUÈLEMENT n.m.

CRAQUELER v. **22** (je craquelle...).

CRAQUELIN n.m. *Belg.* Biscuit craquant. - Pain sucré.

CRAQUELLEMENT n.m.

CRAQUELURE n.f.

CRAQUEMENT n.m.

CRAQUER v. **10.**

CRAQUÈTEMENT n.m.

CRAQUETER v. **(p.p.inv.) 20** (je craquette...) Craquer. - Crier, en parlant de la cigogne et de la grue.

CRAQUETTEMENT n.m.

CRAQUEUR n.m. Installation de raffinage.

CRASE n.f. En grec, contraction de syllabes.

CRASH (pl. **CRASHES** ou **CRASHS**) n.m. Atterrissage forcé d'un avion, train rentré.

CRASHER (SE) v. **10.** *Aéron., Fam.* Faire un atterrissage de fortune. - S'écraser.

CRASHES → **crash.**

CRASPEC adj. *Fam.* Crasseux.

CRASSANE n.f. Variété de poire.

CRASSE adj.f. et n.f.

CRASSER v. **10.** Couvrir de crasse.

CRASSEUX, EUSE adj.

CRASSIER n.m. Amas de déchets d'usines.

CRASSULA n.f. Plante grasse ornementale.

CRASSULACÉE n.f. Plante des rocailles, type joubarbe.

CRATÆGUS [-égus] n.m. Aubépine.

CRATÈRE n.m.

CRATERELLE n.f. Champignon comestible en forme de cratère.

CRATÉRIFORME adj. En forme de cratère.

CRATÉRISÉ, E adj. Qui présente des cratères.

CRATON n.m. Partie de l'écorce terrestre.

CRAU (pl. **CRAUS** ou **CRAUX**) n.f. Région couverte de cailloux, en Provence.

CRAVACHE n.f.

CRAVACHER v. **10.**

CRAVATE n.f.

CRAVATER v. **10.** Entourer d'une cravate. - *Fam.* Attraper (quelqu'un).

CRAVE n.m. Corbeau des montagnes.

CRAWL n.m.

CRAWLÉ, E adj.

CRAWLER v. **10.**

CRAWLEUR, EUSE n.

CRAYÈRE n.f. Carrière de craie.

CRAYEUX, EUSE adj.

CRAYON n.m.

CRAYONNAGE n.m.

CRAYONNER v. **10.**

CRAYONNEUR, EUSE n. Piètre dessinateur.

CRÉ interj. *Fam.* Sacré !

CRÉANCE n.f. Droit d'exiger de l'argent.

CRÉANCIER, ÈRE adj. et n.

CRÉATEUR, TRICE adj. et n.

CRÉATIF, IVE adj. et n.

CRÉATINE n.f. Substance azotée présente surtout dans les muscles.

CRÉATININE n.f. Dérivé de la créatine.

CRÉATION n.f.

CRÉATIONNISME n.m. Théorie fixiste de l'origine des êtres vivants.

CRÉATIONNISTE adj. et n.

CRÉATIQUE n.f. Méthode éducative développant la créativité.

CRÉATIVITÉ n.f.

CRÉATURE n.f.

CRÉCELLE n.f. Moulinet de bois très bruyant.

CRÉCERELLE n.f. Petit rapace voisin du faucon.

CRÈCHE n.f.

CRÉCHER v. **(p.p.inv.) 12.**

CRÉDENCE n.f. Buffet, dressoir.

CRÉDIBILISER v. **10.**

CRÉDIBILITÉ n.f.

CRÉDIBLE adj. Qui mérite d'être cru.

CRÉDIRENTIER, ÈRE n. Titulaire d'une rente.

CRÉDIT n.m.

CRÉDITER v. **10.**

CRÉDITEUR, TRICE adj. et n.

CRÉDITISTE n. *Québ.* Partisan de la doctrine du crédit social.

CREDO [é] n.m. Principe fondateur.

CRÉDULE adj.

CRÉDULEMENT adv.

CRÉDULITÉ n.f.

CREEK [krik] n.m. Rivière, en Nouvelle-Calédonie.

CRÉER v. **16.**

CRÉMAGE n.m. Séparation des particules dans un liquide.

CRÉMAILLÈRE n.f. *Méc.* Pièce munie de crans.

CRÉMANT n.m. et adj.m. Champagne à mousse peu abondante.

CRÉMASTER [-èr] n.m. Muscle suspenseur du testicule.

CRÉMATION n.f. Incinération des morts.

CRÉMATISTE n. et adj. Partisan de la crémation.

CRÉMATOIRE adj. et n.m.

CRÉMATORIUM n.m. Bâtiment où se pratique la crémation.

CRÈME adj. et n.f.

CRÉMER v. **12.** Additionner (une sauce) de crème.

CRÉMERIE n.f.

CRÉMEUX, EUSE adj.

CRÉMIER, ÈRE n.

CRÉMONE n.f. Mécanisme à poignée pour fermer une fenêtre.

CRÉNAGE n.m. *Impr.* Action de créner.

CRÉNEAU, X n.m.

CRÉNELAGE n.m. Moulure sur l'épaisseur d'une pièce de monnaie.

CRÉNELER v. **22** (je crénelle...) Denteler.

CRÉNELURE n.f.

CRÉNER v. **12.** *Anc.* Marquer d'un cran (un caractère d'imprimerie).

CRÉNOM interj. Juron familier.

CRÉNOTHÉRAPIE n.f. *Méd.* Traitement par les eaux minérales.

CRÉODONTE n.m. Mammifère du tertiaire, ancêtre des carnivores actuels.

CRÉOLE n. et adj. *Anc.* Européen né dans une colonie d'outre-mer. – Langue.

CRÉOLISANT, E adj. et n. Qui est favorable à l'emploi de la langue créole.

CRÉOLISATION n.f.

CRÉOLISER (SE) v. **10.** Emprunter des caractères de la langue créole.

CRÉOLISME n.m. Tournure propre au créole.

CRÉOLISTE n. Spécialiste de la langue créole.

CRÉOLITÉ n.f. Mouvement de défense des valeurs propres aux Créoles.

CRÉOLOPHONE adj. et n. Qui parle un créole.

CRÉOSOL [z] n.m. Huile de créosote de hêtre.

CRÉOSOTAGE n.m.

CRÉOSOTE n.f. Liquide caustique à base de phénol.

CRÉOSOTER v. **10.** Protéger (du bois) par injection de créosote.

CRÊPAGE n.m.

CRÊPE n.m. et n.f.

CRÊPELÉ, E adj. **(= crêpelu)** Très frisé.

CRÊPELINE n.f. Étoffe en tissu de soie.

CRÊPELU, E adj. → **crêpelé.**

CRÊPELURE n.f.

CRÊPER v. **10.** Gonfler (les cheveux).

CRÊPERIE n.f.

CRÉPI n.m.

CRÉPIDULE n.f. Mollusque gastéropode.

CRÊPIER, ÈRE n.

CRÉPINE n.f. *Zool.* Membrane de la panse. – *Techn.* Filtre.

CRÉPINETTE n.f. Saucisse plate entourée de crépine.

CRÉPINS n.m.pl. Matériel de cordonnier.

CRÉPIR v. **40.** Enduire d'un revêtement en plâtre, en ciment.

CRÉPISSAGE n.m.

CRÉPISSURE n.f.

CRÉPITANT, E adj.

CRÉPITATION n.f.

CRÉPITEMENT n.m.

CRÉPITER v. **(p.p.inv.) 10.**

CRÉPON n.m. Tissu de crêpe épais.

CRÉPU, E adj. (Cheveu) frisé naturellement.

CRÊPURE n.f. État d'une chose crêpée.

CRÉPUSCULAIRE adj.

CRÉPUSCULE n.m.

CRESCENDO n.m. et adv.

CRÉSOL [z] n.m. *Chim.* Phénol dérivé du toluène.

CRESSICULTEUR, TRICE n.

CRESSICULTURE n.f. Culture du cresson.

CRESSON [kré-] ou [kre-] n.m.

CRESSONNETTE n.f. Cresson des prés.

CRESSONNIÈRE n.f. Lieu où pousse le cresson.

CRÉSUS n.m. Homme très riche.

CRÉSYL n.m. (Nom déposé) Produit désinfectant extrait des goudrons.

CRÊT n.m. Escarpement rocheux.

CRÉTACÉ, E n.m. et adj. *Géol.* Troisième période du mésozoïque.

CRÊTE n.f.

CRÉTELLE n.f. Graminée fourragère.

CRÊTER v. **10.** Garnir d'une crête.

CRÉTIN, E adj. et n.

CRÉTINERIE n.f.

CRÉTINISANT, E adj.

CRÉTINISATION n.f.

CRÉTINISER v. **10.**

CRÉTINISME n.m. Forme de débilité mentale.

CRÉTIQUE adj. et n.m. *Poét.* (Pied) formé d'une brève entre deux longues.

CRÉTOIS, E adj. De la Crète.

CRETON n.m. Tranche de lard.

CRETONNE n.f. Toile de coton, souvent imprimée.

CREUSAGE n.m.

CREUSEMENT n.m.

CREUSER v. **10.**

CREUSET n.m.

CREUSOIS, E adj. De la Creuse.

CREUSURE n.f. *Techn.* Cavité.

CREUX, CREUSE adj. et n.m.

CREVAILLE n.f. Ripaille.

CREVAISON n.f.

CREVANT, E adj.

CREVARD, E n. et adj. *Fam.* Personne malingre.

CREVASSE n.f.

CREVASSER v. **10.** Fissurer.

CRÈVE n.f.

CREVER v. **11.**

CREVETTE n.f.

CREVETTIER n.m.

CREVOTER v. **(p.p.inv.) 10.** *Helv.* Dépérir, végéter.

CREVURE n.f. *Fam.* Personne qui mériterait de crever.

CRI n.m.

CRIAILLEMENT n.m.

CRIAILLER v. **(p.p.inv.) 10.**

CRIAILLERIE n.f.

CRIAILLEUR, EUSE adj. et n.

CRIANT, E adj.

CRIARD, E adj.

CRIB n.m. Cellule en grillage pour sécher le maïs.

CRIBLAGE n.m.

CRIBLE n.m. Tamis.

CRIBLER v. **10.**

CRIBLEUR, EUSE n.

CRIBLURE n.f. Résidu du criblage des grains.

CRIC n.m. et interj.

CRICKET [-èt] n.m. Sport britannique.

CRICOÏDE adj. *Anat.* En forme d'anneau.

CRICRI n.m. Grillon domestique.

CRIÉE n.f.

CRIER v. **15.**

CRIEUR, EUSE n. Marchand qui crie ce qu'il vend.

CRIME n.m.

CRIMINALISATION n.f.

CRIMINALISER v. **10.** Faire passer de la juridiction correctionnelle ou civile à la juridiction criminelle.

CRIMINALISTE n. Spécialiste du droit criminel.

CRIMINALISTIQUE n.f. Ensemble des techniques utilisées en police criminelle.

CRIMINALITÉ n.f.

CRIMINEL, ELLE adj. et n.

CRIMINELLEMENT adv.

CRIMINOGÈNE adj. Qui engendre des actes criminels.

CRIMINOLOGIE n.f.

CRIMINOLOGIQUE adj.

CRIMINOLOGISTE n.

CRIMINOLOGUE n.

CRIN n.m.

CRINCRIN n.m. *Fam.* Mauvais violon.

CRINIER n.m. Ouvrier qui travaille le crin.

CRINIÈRE n.f.

CRINOÏDE n.m. Animal fixé au fond de la mer.

CRINOLINE n.f. Large jupon pour soutenir une robe.

CRIOCÈRE n.m. Petit coléoptère parasite des plantes.

CRIQUE n.f.

CRIQUER v. **(p.p.inv.) 10.** *Mét.* Se fendiller.

CRIQUET n.m.

CRISE n.f.

CRISER v. **(p.p.inv.) 10.** Rager.

CRISEUX, EUSE n. *Helv.* Coléreux.

CRISPANT, E adj.

CRISPATION n.f.

CRISPER v. **10.**

CRISPIN n.m. *Sp.* Manchette de gant.

CRISS n.m. **(= kriss)** Poignard malais.

CRISSEMENT n.m.

CRISSER v. **(p.p.inv.) 10.**

CRISTAL, AUX n.m.

CRISTALLERIE n.f.

CRISTALLIER, ÈRE n. Graveur en cristaux.

CRISTALLIFÈRE adj.

CRISTALLIN, E 1. adj. De la nature d'un cristal. 2. n.m. Milieu transparent de l'œil.

CRISTALLINIEN, ENNE adj. Relatif au cristallin.

CRISTALLISABLE adj.

CRISTALLISANT, E adj.

CRISTALLISATION n.f.

CRISTALLISER v. **10.** Transformer en cristaux.

CRISTALLISOIR n.m. Récipient pour cristalliser.

CRISTALLITE n.f. Élément des roches éruptives.

CRISTALLOCHIMIE n.f. Étude des milieux cristallisés.

CRISTALLOGENÈSE n.f. Formation des cristaux.

CRISTALLOGÉNIE n.f. Étude de la formation des cristaux.

CRISTALLOGRAPHE n. Personne qui étudie les cristaux et leur formation.

CRISTALLOÏDE adj. et n.m. (Substance) qui, dissoute, peut traverser une membrane.

CRISTALLOMANCIE n.f. Procédé de divination à l'aide d'objets en cristal.

CRISTALLOMÉTRIE n.f. Science des formes géométriques des cristaux.

CRISTOBALITE n.f. Variété de silice cristallisée.

CRISTOLIEN, ENNE adj. De Créteil.

CRISTOPHINE n.f. → **christophine.**

CRITÈRE n.m.

CRITÉRIUM n.m. Épreuve sportive.

CRITHME n.m. Plante qui croît sur le littoral.

CRITHMUM n.m. → **crithme.**

CRITICAILLER v. **10.** Critiquer sans raison.

CRITICISME n.m. *Philos.* Doctrine fondée sur la critique de la connaissance.

CRITICISTE adj. et n.

CRITICITÉ n.f. *Phys.* Seuil à partir duquel se déclenche une réaction nucléaire en chaîne.

CRITIQUABLE adj.

CRITIQUE adj. et n.

CRITIQUER v. **10.**

CRITIQUEUR, EUSE n.

CROASSEMENT n.m.

CROASSER v. **(p.p.inv.) 10.** Crier, en parlant du corbeau et de la corneille.

CROATE adj. De Croatie.

CROBAR n.m. **(= crobard)** *Fam.* Croquis.

CROBARD n.m. → **crobar.**

CROC n.m.

CROCHE n.f. *Mus.* Note valant la moitié d'une noire.

CROCHER v. **10.** Accrocher, saisir avec un croc.

CROCHET n.m.

CROCHETABLE adj.

CROCHETAGE n.m.

CROCHETER v. **21** (je crochète...) Ouvrir (une serrure) avec un crochet.

CROCHETEUR, EUSE n.

CROCHEUR, EUSE adj. et n. *Helv.* Tenace, travailleur.

CROCHIR v. **40.** *Québ.* Courber, tordre.

CROCHON n.m. **(= crotchon)** *Helv.* Croûton, entame du pain.

CROCHU, E adj.

CROCO n.m. *Fam.* Peau tannée du crocodile.

CROCODILE n.m.

CROCODILIEN n.m. Reptile, type crocodile.

CROCOSMIA n.m. Plante à fleurs ornementales.

CROCUS n.m. Petite plante bulbeuse.

CROIRE v. **124.**

CROISADE n.f.

CROISÉ n.m.

CROISÉE n.f.

CROISEMENT n.m.

CROISER v. **10.**

CROISETTE n.f. Petite croix.

CROISEUR n.m. Grand navire de guerre.

CROISIÈRE n.f.

CROISIÉRISTE n. Personne qui fait une croisière.

CROISILLON n.m. Traverse d'une croix, d'une fenêtre.

CROISSANCE n.f.

CROISSANT, E adj. et n.m.

CROISSANTERIE n.f.

CROISURE n.f. *Text.* Croisement de deux faisceaux de brins de soie.

CROÎT n.m. Augmentation d'un troupeau par les naissances.

CROÎTRE v. **106.** Augmenter.

CROIX n.f.

CROLLE n.f. *Belg.* Boucle de cheveux.

CROLLÉ, E adj. et n. *Belg.* Qui a la tête couverte de boucles.

CROLLER v. **10.** *Belg.* Boucler, en parlant des cheveux.

CROMALIN n.m. (Nom déposé) *Impr.* Type d'épreuve en couleurs.

CROMESQUI [ès] n.m. Sorte de croquette.

CROMLECH [-k] n.m. Ensemble de menhirs disposés en cercle.

CROMORNE n.m. *Mus.* Ancien instrument à vent.

CROONER [krouneur] n.m. Chanteur de charme.

CROQUANT, E adj. et n.m.

CROQUEMBOUCHE n.m. Pièce montée formée de petits choux.

CROQUEMITAINE n.m. Personnage imaginaire évoqué pour effrayer les enfants et les assagir.

CROQUEMORT n.m.

CROQUENOT n.m. *Fam.* Gros soulier.

CROQUENOTE n.m. Musicien sans talent.

CROQUER v. **10.**

CROQUET n.m. Jeu pratiqué avec des boules et un maillet.

CROQUETTE n.f. Boulette frite dans l'huile.

CROQUEUR, EUSE adj. et n.

CROQUIGNOLE n.f. Petit biscuit croquant.

CROQUIGNOLESQUE adj. → **croquignolet.**

CROQUIGNOLET, ETTE adj. Petit et mignon.

CROQUIS n.m.

CROSKILL n.m. Rouleau pour briser les mottes de terre.

CROSNE [krôn] n.m. Plante à tubercules comestibles.

CROSS n.m.

CROSSE n.f.

CROSSER v. **10.** *Sp.* Pousser avec une crosse.

CROSSETTE n.f. Rameau de vigne pour faire une bouture.

CROSSMAN (pl. **CROSSMEN** ou **CROSSMANS**) n.m. Coureur de cross.

CROSSMEN | → **crossman.**

CROSSOPTÉRYGIEN n.m. Poisson fossile.

CROSSWOMAN (pl. **CROSSWOMEN** ou **CROSSWOMANS**) n.f.

CROSSWOMEN | → **crosswoman.**

CROTALE n.m. Serpent à sonnette.

CROTCHON n.m. → **crochon.**

CROTON n.m. Arbuste.

CROTTE n.f.

CROTTÉ, E adj.

CROTTER v. **10.**

CROTTIN n.m.

CROUILLE adj. *Helv.* Petit, chétif.

CROULANT, E adj. et n.

CROULEMENT n.m.

CROULER v. **10.** *Vx.* Secouer.

CROUP [-p] n.m. *Vx.* Diphtérie.

CROUPADE n.f. Saut du cheval qui relève les membres postérieurs.

CROUPAL, E, AUX adj. Qui a le caractère du croup.

CROUPE n.f.

CROUPETONS (À) loc. En position accroupie.

CROUPI, E adj.

CROUPIER, ÈRE 1. n. Employé de casino. 2. n.f. Partie du harnais du cheval.

CROUPION n.m. Base de la queue des oiseaux.

CROUPIONNER v. **(p.p.inv.) 10.** Lever la croupe, en parlant d'un cheval.

CROUPIR v. **40.** Stagner et se corrompre.

CROUPISSANT, E adj.

CROUPISSEMENT n.m.

CROUPON n.m. Cuir de bœuf à l'emplacement de la croupe.

CROUSILLE n.f. *Helv.* Tirelire.

CROUSTADE n.f. Pâté chaud en croûte.

CROUSTILLANT, E adj.

CROUSTILLER v. **(p.p.inv.) 10.**

CROUSTILLEUX, EUSE adj.

CROUSTILLON n.m. *Belg.* Beignet sphérique.

CROÛTE n.f.

CROÛTER v. **10.** *Fam.* Manger.

CROÛTEUX, EUSE adj. Qui a des croûtes sur la peau.

CROÛTON n.m.

CROW adj. D'un peuple amérindien.

CROWN [krôn] n.m. Verre spécial utilisé en optique.

CROYABLE adj.

CROYANCE n.f.

CROYANT, E adj. et n.

CROZET n.m. Pâte alimentaire en forme de petit carré.

CRU, CRUE adj., n.m. et n.f.

CRUAUTÉ n.f.

CRUCHADE n.f. Bouillie de maïs, spécialité du Sud-Ouest.

CRUCHE n.f.

CRUCHÉE n.f.

CRUCHON n.m.

CRUCIAL, E, AUX adj.

CRUCIFÉRACÉE n.f. Plante herbacée, type cresson.

CRUCIFÈRE 1. adj. Qui porte une croix, en forme de croix. 2. n.f. → **cruciféracée.**

CRUCIFIEMENT n.m.

CRUCIFIER v. **15.**

CRUCIFIX n.m.

CRUCIFIXION n.f.

CRUCIFORME adj. En forme de croix.

CRUCIVERBISTE n. Amateur de mots croisés.

CRUDITÉ n.f.

CRUDIVORE adj. Qui ne mange que des crudités.

CRUEL, ELLE adj.

CRUELLEMENT adv.

CRUENTÉ, E adj. *Méd.* À vif, imprégné de sang.

CRUISER [krouzeur] n.m. Petit yacht.

CRUMBLE [kreumbeul] n.m. Entremets aux fruits.

CRÛMENT adv.

CRUOR n.m. Partie du sang qui se coagule.

CRURAL, E, AUX adj. Relatif à la cuisse.

CRURALGIE n.f. Douleur de la cuisse.

CRUSTACÉ, E adj. et n.m. (Animal) aquatique ayant une carapace.

CRUSTAL, E, AUX adj. Relatif à la croûte terrestre.

CRUZADO [krouzadô] n.m. Ancienne unité monétaire du Brésil.

CRUZEIRO [krouzèrô] n.m. Ancienne unité monétaire du Brésil.

CRYOALTERNATEUR n.m. Alternateur dont le bobinage inducteur est supraconducteur.

CRYOBIOLOGIE n.f. Étude des effets du froid sur les êtres vivants.

CRYOCHIMIE n.f. Chimie pratiquée à très basse température.

CRYOCHIRURGIE n.f. Technique de congélation locale lors d'opérations.

CRYOCLASTIE n.f. Fractionnement des roches par alternance de gel et de dégel.

CRYOCONDUCTEUR, TRICE adj. (Conducteur) porté à basse température.

CRYOFRACTURE n.f. *Biol.* Préparation d'échantillons par congélation et fracture.

CRYOGÈNE adj. Qui produit du froid.

CRYOGÉNIE n.f.

CRYOGÉNIQUE adj.

CRYOGÉNISATION n.f.

CRYOGÉNISER v. **10.** *Méd.* Congeler (un être qui vient de mourir) pour le conserver.

CRYOLITE n.f. (= **cryolithe**) Fluorure d'aluminium et de sodium.

CRYOLITHE n.f. → **cryolite.**

CRYOLOGIE n.f. *Phys.* Étude du froid.

CRYOMÉTRIE n.f. Mesure des températures de congélation.

CRYOMÉTRIQUE adj.

CRYOPHYSIQUE n.f. Étude des phénomènes propres aux basses températures.

CRYOPROTECTEUR, TRICE adj. et n.m. Qui protège les cellules de la congélation.

CRYOSCOPIE n.f. Étude des lois de la congélation.

CRYOSCOPIQUE adj.

CRYOSPHÈRE n.f. Ensemble des glaces de la Terre.

CRYOSTAT n.m. Appareil pour maintenir le froid.

CRYOTECHNIQUE n.f. et adj. Production et utilisation des cryotempératures.

CRYOTEMPÉRATURE n.f. Température inférieure à 120 kelvins.

CRYOTHÉRAPIE n.f. Traitement par le froid.

CRYOTRON n.m. Dispositif utilisant des métaux à très basse température.

CRYOTURBATION n.f. Modification du sol sous l'effet du gel.

CRYPTAGE n.m.

CRYPTANALYSE n.f. Tentative de déchiffrement d'un texte sans avoir la clé.

CRYPTE n.f. Chapelle souterraine d'une église.

CRYPTER v. **10.** Coder (un message).

CRYPTIE n.f. *Antiq. gr.* Chasse aux hilotes chez les Spartiates.

CRYPTIQUE adj. Secret.

CRYPTOBIOSE n.f. *Biol.* Vie latente en période sèche.

CRYPTOBIOTIQUE adj.

CRYPTOCOCCOSE n.f. Infection due à un champignon.

CRYPTOGAME adj. et n. (Plante) dont les organes de reproduction sont cachés.

CRYPTOGAMIE n.f.

CRYPTOGAMIQUE adj.

CRYPTOGÉNÉTIQUE adj. *Méd.* Dont l'origine est inconnue.

CRYPTOGRAMME n.m. Message chiffré.

CRYPTOGRAPHE n.

CRYPTOGRAPHIE n.f.

CRYPTOGRAPHIER v. **15.** Coder (un texte).

CRYPTOGRAPHIQUE adj.

CRYPTOLOGIE n.f. Science du chiffrement.

CRYPTOLOGIQUE adj.

CRYPTOMÈRE n.m. → **cryptomeria.**

CRYPTOMERIA [mé] n.m. Conifère d'ornement.

CRYPTOPHYTE n.f. Plante dont ne subsistent que des organes souterrains pendant l'hiver.

CRYPTOPROCTE n.m. *Zool.* Autre nom du fossa.

CRYPTORCHIDIE [ki] n.f. *Méd.* Anomalie de position des testicules.

CSARDAS [-s] n.f. (= **czardas**) Danse populaire hongroise.

CTÉNAIRE n.m. Petit animal marin transparent.

CTÉNOPHORE n.m. → **cténaire.**

CUADRILLA [kwadriya] n.f. *Taur.* Équipe du matador.

CUADRO n.m. Groupe d'artistes flamencos.

CUBAGE n.m.

CUBAIN, E adj. De Cuba.

CUBATURE n.f. Calcul d'un volume.

CUBE adj. et n.m.

CUBÈBE n.m. Sorte de poivrier.

CUBER v. **10.** Évaluer (un volume) en unités cubiques.

CUBERDON n.m. *Belg.* Confiserie conique.

CUBI n.m. *Fam.* Cubitainer.

CUBILOT n.m. Four utilisé en fonderie.

CUBIQUE adj. et n.f.

CUBISME n.m. École artistique du début du siècle.

CUBISTE adj. et n.

CUBITAINER [kubiténèr] n.m. (Nom déposé) Container en forme de cube, servant à transporter des liquides.

CUBITAL, E, AUX adj. *Méd.* Qui a rapport au coude.

CUBITIÈRE n.f. Pièce d'armure protégeant le coude.

CUBITUS n.m. Un des deux os de l'avant-bras.

CUBOÏDE 1. adj. Qui a la forme d'un cube. 2. n.m. Os du tarse.

CUBOMÉDUSE n.f. Méduse à quatre tentacules.

CUCHAULE n.f. *Helv.* Variété de pain au lait sucré.

CUCU adj. (= **cucul**) Niais et naïf.

CUCUL adj. → **cucu.**

CUCULIDÉ n.m. Oiseau, type coucou.

CUCULIFORME n.m. Oiseau, type cuculidé.

CUCULLE n.f. Capuchon de moine.

CUCURBITACÉE n.f. Plante, type citrouille.

CUCURBITAIN n.m. Chacun des derniers anneaux du tænia.

CUCURBITE n.f. Partie renflée d'un alambic.

CUCURBITIN n.m. → **cucurbitain.**

CUCUTERIE n.f. *Fam.* Niaiserie.

CUEILLAGE n.m. Prélèvement de verre fondu.

CUEILLAISON n.f. Cueillette.

CUEILLETTE n.f.

CUEILLEUR, EUSE n.

CUEILLIR v. **47.**

CUEILLOIR n.m. Cisaille à long manche pour cueillir les fruits.

CUESTA [kwèsta] n.f. Relief de côte.

CUEVA [kwéva] n.f. Cabaret de chants flamencos.

CUFAT n.m. (= **cuffat**) *Vx.*, *Min.* Appareil en forme de tonneau permettant de descendre des hommes, du matériel.

CUFFAT n.m. → **cufat.**

CUICUI n.m. et interj. *Fam.* Pépiement d'oiseau.

CUILLER n.f. (= **cuillère**).

CUILLÈRE n.f. → **cuiller.**

CUILLERÉE n.f.

CUILLERON n.m. Partie creuse d'une cuillère.

CUIR n.m.

CUIRASSE n.f.

CUIRASSÉ, E adj. et n.m.

CUIRASSEMENT n.m.

CUIRASSER v. **10.**

CUIRASSIER n.m. Soldat de cavalerie portant une cuirasse.

CUIRE v. **135.**

CUIRETTE n.f. *Québ.* Similicuir.

CUISANT, E adj.

CUISEUR n.m.

CUISINE n.f.

CUISINER v. **10.**

CUISINETTE n.f.

CUISINIER, ÈRE n.

CUISINISTE n.m. Installateur de mobilier de cuisine.

CUISSAGE **|** n.m. *Féod. Droit de cuissage :* droit légendaire du seigneur sur les femmes des serfs.

CUISSARD n.m. Pièce d'armure protégeant les cuisses.

CUISSARDE n.f. Botte montant jusqu'en haut des cuisses.

CUISSE n.f.

CUISSEAU, X n.m. Partie du veau entre la queue et le rognon.

CUISSETTES n.f.pl. *Helv.* Culotte de sport.

CUISSON n.f.

CUISSOT n.m. Cuisse de gros gibier.

CUISTANCE n.f. *Fam.* Cuisine.

CUISTAX n.m. *Belg.* Kart à pédales.

CUISTOT n.m. *Fam.* Cuisinier.

CUISTRE n.m. Pédant, vaniteux.

CUISTRERIE n.f.

CUIT, CUITE adj. et n.f.

CUITER (SE) v. **10.** *Fam.* S'enivrer.

CUIVRAGE n.m.

CUIVRE n.m.

CUIVRER v. **10.**

CUIVRERIE n.f. Fabrique d'objets en cuivre.

CUIVREUX, EUSE adj. *Chim.* Qui contient du cuivre univalent.

CUIVRIQUE adj. *Chim.* Qui contient du cuivre bivalent.

CUL n.m.

CULARD n.m. Animal de boucherie recherché pour son arrière-train hypertrophié.

CULASSE n.f. Pièce de canon ou de moteur à explosion.

CULBUTAGE n.m.

CULBUTE n.f.

CULBUTEMENT n.m.

CULBUTER v. **10.**

CULBUTEUR n.m. Pièce qui commande les soupapes d'un moteur.

CULDOSCOPIE n.f. Examen gynécologique.

CULÉE n.f. Massif en maçonnerie qui reçoit la poussée d'une construction.

CULER v. (**p.p.inv.** mais **culée** n.f.) **10.** *Mar.* Aller en arrière.

CULERON n.m. Dans un harnais, partie de la croupière.

CULEX n.m. Moustique.

CULICIDÉ n.m. Insecte diptère, type cousin.

CULIÈRE n.f. Partie de la croupière attachée à la queue du cheval.

CULINAIRE adj.

CULINAIREMENT adv.

CULMINANT, E adj.

CULMINATION n.f. Passage d'un astre à son point le plus élevé.

CULMINER v. (**p.p.inv.**) **10.**

CULOT n.m.

CULOTTAGE n.m. Action de culotter une pipe.

CULOTTE n.f.

CULOTTÉ, E adj.

CULOTTER v. **10.** Vêtir d'une culotte. – Noircir le fourneau d'une pipe à force de la fumer.

CULOTTIER, ÈRE n. Personne qui confectionne des pantalons, des culottes.

CULPABILISANT, E adj.

CULPABILISATEUR, TRICE adj.

CULPABILISATION n.f.

CULPABILISER v. **10.**

CULPABILITÉ n.f.

CULTE n.m.

CULTÉRANISME n.m. → **cultisme.**

CULTIPACKER [-pakeur] n.m. Rouleau brise-mottes.

CULTISME n.m. Style affecté, dans la littérature espagnole.

CULTIVABLE adj.

CULTIVAR n.m. Variété végétale obtenue artificiellement.

CULTIVATEUR, TRICE n.

CULTIVER v. **10.**

CULTUEL, ELLE adj. Relatif à un culte religieux.

CULTURAL, E, AUX adj. Relatif à la culture du sol.

CULTURALISME n.m. Doctrine sociologique américaine.

CULTURALISTE adj. et n.

CULTURE n.f.

CULTUREL, ELLE adj.

CULTURELLEMENT adv.

CULTUREUX, EUSE adj. et n. *Péj.* Culturel, cultivé.

CULTURISME n.m. Culture physique pour développer la musculature.

CULTURISTE adj. et n.

CULTUROLOGIE n.f. *Anthr.* Étude scientifique des cultures.

CUMBIA [ou] n.f. Danse, musique de la Colombie.

CUMIN n.m. Plante à graines aromatiques.

CUMUL n.m.

CUMULABLE adj.

CUMULARD, E n.

CUMULATIF, IVE adj.

CUMULATIVEMENT adv.

CUMULER v. **10.**

CUMULET n.m. *Belg.* Culbute, galipette.

CUMULONIMBUS n.m. Gros nuage sombre.

CUMULOSTRATUS n.m. Ensemble de nuages minces et d'épaisseur régulière.

CUMULOVOLCAN n.m. Volcan dont la lave se solidifie en dôme.

CUMULUS n.m. Gros nuage blanc arrondi.

CUNÉIFORME adj. et n.m. (Os ou écriture) en forme de coin.

CUNETTE n.f. Petit canal.

CUNICOLE adj. Relatif à la cuniculture.

CUNICULICULTURE n.f. → **cuniculture.**

CUNICULTURE n.f. Élevage des lapins.

CUNNILINCTUS n.m. → **cunnilingus.**

CUNNILINGUS n.m. Excitation buccale des organes génitaux féminins.

CUPESSE n.f. *Helv.* Culbute. – Faillite. – Désordre.

CUPIDE adj. Avide d'argent.

CUPIDEMENT adv.

CUPIDITÉ n.f.

CUPIDON n.m. *Antiq. rom.* Génie ailé voltigeant autour de Vénus.

CUPRATE n.m. Sel de l'oxyde cuivrique, utilisé dans la fabrication des supraconducteurs.

CUPRESSACÉE n.f. Conifère, type cyprès.

CUPRIFÈRE adj. Qui contient du cuivre.

CUPRIQUE adj. Relatif au cuivre.

CUPRITE n.f. Minerai de cuivre.

CUPROALLIAGE n.m. Alliage riche en cuivre.

CUPROALUMINIUM n.m. Alliage de cuivre et d'aluminium.

CUPROAMMONIACAL, E, AUX adj.

CUPROAMMONIAQUE n.f. Solution ammoniacale d'oxyde de cuivre.

CUPROLITHIQUE adj. et n.m. (Période) entre le néolithique et l'âge du bronze.

CUPRONICKEL n.m. Alliage de cuivre et de nickel.

CUPROPLOMB n.m. Pseudo-alliage de cuivre et de plomb.

CUPULE n.f. Organe enveloppant certains fruits.

CUPULIFÉRACÉE n.f. → **cupulifère.**

CUPULIFÈRE n.f. Plante à cupules, type chêne, hêtre.

CURABILITÉ n.f.

CURABLE adj. Qui peut être guéri.

CURAÇAO [kurasô] n.m. Liqueur à base d'écorces d'oranges.

CURAGE n.m. Action de curer (un égout, un bassin).

CURAILLON n.m. → **cureton.**

CURARE n.m. Poison végétal paralysant.

CURARINE n.f. Alcaloïde du curare.

CURARISANT, E adj. et n.m.

CURARISATION n.f.

CURARISER v. **10.** Anesthésier au curare.

CURATELLE n.f. *Dr.* Fonction du curateur.

CURATEUR, TRICE n. *Dr.* Personne chargée d'assister un mineur ou une entreprise en difficulté.

CURATIF, IVE adj. Destiné à la guérison.

CURCULIONIDÉ n.m. Coléoptère, type charançon.

CURCUMA n.m. Plante à rhizome entrant dans la composition du cari.

CURE n.f.

CURÉ n.m.

CURÉE n.f.

CURER v. **10.** Nettoyer.

CURETAGE n.m. **(= curettage).**

CURETER v. **20** (je curette...) *Méd.* Nettoyer (une cavité) à la curette.

CURETON n.m. *Péj.* Prêtre.

CURETTAGE n.m. → **curetage.**

CURETTE n.f. Instrument de chirurgie en forme de cuiller à bords tranchants.

CUREUR, EUSE 1. n. Personne qui cure. 2. n.f. Machine servant à creuser des fossés.

CURIAL, E, AUX adj. Relatif à une cure, à un curé.

CURIATE adj. *Antiq. rom.* Relatif aux curies.

CURIDE n.m. Catégorie d'éléments chimiques incluant le curium et les éléments ayant un numéro atomique supérieur à celui-ci.

CURIE 1. n.f. *Antiq. rom.* Division de la tribu. – Gouvernement pontifical. 2. n.m. Ancienne unité de radioactivité.

CURIETHÉRAPIE n.f. Traitement par corps radioactifs.

CURIEUSEMENT adv.

CURIEUX, EUSE adj. et n.

CURION n.m. *Antiq. rom.* Commandant d'une curie.

CURIOSITÉ n.f.

CURISTE n.

CURIUM n.m. *Chim.* Élément radioactif.

CURLEUR, EUSE [keur-] n. Joueur de curling.

CURLING [keur-] n.m. Sport qui consiste à faire glisser un palet sur la glace.

CUROPALATE n.m. *Hist.* Dignitaire byzantin, chef de la garde du palais.

CURRICULUM n.m.

CURRY n.m. → **cari.**

CURSEUR n.m.

CURSIF, IVE adj. Exécuté rapidement.

CURSIVEMENT adv.

CURSUS n.m. Ensemble d'une carrière professionnelle.

CURULE adj. *Antiq. rom.* (Siège) réservé à certains magistrats.

CURURE n.f. Dépôt retiré d'un étang.

CURVILIGNE adj. *Math.* Formé de lignes courbes.

CURVIMÈTRE n.m. Instrument pour mesurer les lignes courbes.

CUSCUTACÉE n.f. Plante, type cuscute.

CUSCUTE n.f. Plante volubile parasite.

CUSPIDE n.f. *Bot.* Pointe acérée et allongée.

CUSPIDÉ, E adj.

CUSSONNÉ, E adj. Vermoulu.

CUSTODE n.f. Boîte pour transporter l'hostie. – Panneau latéral arrière d'une carrosserie.

CUSTOM [keustom] n.m. Véhicule personnalisé extérieurement.

CUSTOMISATION [keus-] n.f.

CUSTOMISER [keus-] v. **10.** Transformer en custom.

CUT [keut] n.m. Au golf, score permettant de se qualifier.

CUTANÉ, E adj. Relatif à la peau.

CUTI n.f. → **cutiréaction.**

CUTICULAIRE adj.

CUTICULE n.f. *Biol.* Membrane mince.

CUTINE n.f. Substance contenue dans la cuticule.

CUTIRÉACTION n.f. *Méd.* Test cutané.

CUTTER [keuteur] ou [kutèr] n.m. Instrument tranchant.

CUVAGE n.m. Fermentation du raisin dans des cuves.

CUVAISON n.f. → **cuvage.**

CUVE n.f.

CUVEAU, X n.m. Petite cuve.

CUVÉE n.f.

CUVELAGE n.m.

CUVELER v. **22** (je cuvelle...) *Min.* Garnir (un puits) d'un revêtement intérieur.

CUVER v. **10.**

CUVERIE n.f. Ensemble de cuves. – Local où elles se trouvent.

CUVETTE n.f.

CUVIER n.m. Cuve pour lessiver.

CYAN adj. et n.m. *Phot.* Bleu-vert.

CYANAMIDE n.m. Substance dérivée de l'ammoniac.

CYANATE n.m. Gaz toxique.

CYANEA n.f. **(= cyanée)** Très grande méduse.

CYANÉE n.f. → **cyanea.**

CYANELLE n.f. Algue bleue.

CYANHYDRIQUE adj. (Acide) formé à partir de cyanogène.

CYANIQUE adj. *Acide cyanique :* isomère de l'acide fulminique.

CYANOACRYLATE n.m. Colle très adhésive.

CYANOBACTÉRIE n.f. Algue bleue.

CYANOCOBALAMINE n.f. Vitamine B12.

CYANOGÈNE n.m. Gaz toxique.

CYANOPHYCÉE n.f. → **cyanobactérie.**

CYANOPHYTE n.f. → **cyanobactérie.**

CYANOSE n.f. Coloration bleue due à un trouble circulatoire.

CYANOSER v. **10.**

CYANURATION n.f.

CYANURE n.m.

CYANURER v. **10.** Traiter (un métal) par une solution de cyanure.

CYBERATTAQUE n.f. Acte malveillant envers un dispositif informatique.

CYBERCAFÉ n.m. Café équipé d'ordinateurs permettant l'accès au réseau internet.

CYBERCAMÉRA n.f. Webcam.

CYBERCULTURE n.f. Culture propre aux internautes.

CYBERDÉPENDANCE n.f. Dépendance pathologique à internet.

CYBERDÉPENDANT, E n.

CYBERESPACE n.m. Ensemble des réseaux télématiques internationaux.

CYBERGUERRE n.f. Agression contre des systèmes informatiques.

CYBERMONDE n.m. Cyberespace.

CYBERNAUTE n. Utilisateur du cyberespace.

CYBERNÉTICIEN, ENNE adj. et n.

CYBERNÉTIQUE n.f. et adj. Science des communications.

CYBERSPATIAL, E, AUX adj.

CYBORG n. Dans la science-fiction, créature mi-homme, mi-robot.

CYCADALE n.f. Plante, type cycas.

CYCAS [sikas] n.m. Sorte de palmier.

CYCLABLE adj.

CYCLADIQUE adj. Relatif aux Cyclades, dans la mer Égée.

CYCLAMATE n.m. Sucre hypocalorique de synthèse.

CYCLAMEN n.m. Plante à fleurs.

CYCLANE n.m. Hydrocarbure.

CYCLANIQUE adj.

CYCLE n.m.

CYCLECAR n.m. *Anc.* Voiture automobile légère.

CYCLÈNE n.m. Hydrocarbure.

CYCLICITÉ n.f.

CYCLINE n.f. Antibiotique.

CYCLIQUE adj.

CYCLIQUEMENT adv.

CYCLISATION n.f.

CYCLISER v. **10.** *Chim.* Fermer (une chaîne ouverte).

CYCLISME n.m.

CYCLISTE adj. et n.

CYCLO n.m. *Fam.* Cyclomoteur.

CYCLOALCANE n.m. Hydrocarbure.

CYCLOALCÈNE n.m. Hydrocarbure.

CYCLOCROSS n.m.

CYCLOGENÈSE n.f. Processus de formation d'un cyclone.

CYCLOHEXANE n.m. Hydrocarbure cyclique.

CYCLOHEXANOL n.m. Alcool dérivé du cyclohexane.

CYCLOHEXANONE n.f. Cétone dérivée du cyclohexanol.

CYCLOÏDAL, E, AUX adj.

CYCLOÏDE n.f. Courbe mathématique.

CYCLOMOTEUR n.m.

CYCLOMOTORISTE n.

CYCLONAL, E, AUX adj.

CYCLONE n.m.

CYCLONIQUE adj. Qui accompagne un cyclone.

CYCLOPE n.m. *Antiq. gr.* Géant mythique n'ayant qu'un œil. – Petit crustacé.

CYCLOPÉEN, ENNE adj. Gigantesque.

CYCLOPENTANE n.m. Cyclane utilisé dans certains siccatifs.

CYCLOPIE n.f. *Méd.* Malformation caractérisée par l'existence d'un seul œil.

CYCLOPIEN, ENNE adj. et n.

CYCLOPOUSSE n.m. Voiturette tirée par un cycliste.

CYCLOPROPANE n.m. Cyclane gazeux utilisé comme anesthésique.

CYCLOPTÈRE n.m. Poisson osseux, type lompe.

CYCLORAMA n.m. Au théâtre, toile de fond semi-circulaire destinée à obtenir des effets spéciaux.

CYCLORAMEUR n.m. Tricycle d'enfant mû par les bras.

CYCLOSE n.f. *Biol.* Mouvement circulaire du cytoplasme d'une cellule.

CYCLOSPORINE n.f. Médicament immunodépresseur.

CYCLOSPORTIF, IVE adj. et n. Relatif au cyclisme amateur.

CYCLOSTOME n.m. Vertébré aquatique.

CYCLOTHYME n.

CYCLOTHYMIE n.f. *Psych.* Instabilité.

CYCLOTHYMIQUE adj. et n.

CYCLOTOURISME n.m.

CYCLOTOURISTE n.

CYCLOTRON n.m. *Phys.* Accélérateur de particules.

CYGNE n.m.

CYLINDRAGE n.m.

CYLINDRAXE n.m. *Vx.* Axone.

CYLINDRE n.m.

CYLINDRÉE n.f.

CYLINDRER v. **10.** *Techn.* Faire passer sous un rouleau.

CYLINDREUR, EUSE n.

CYLINDRIQUE adj.

CYLINDROÏDE adj. Qui ressemble à un cylindre.

CYLINDRURIE n.f. Présence d'éléments protéiques cylindriques dans l'urine.

CYMAISE n.f. → **cimaise.**

CYMBALAIRE n.f. Plante poussant sur les vieux murs.

CYMBALE n.f. *Mus.* Chacun des deux disques d'un instrument à percussion.

CYMBALIER, ÈRE n. Musicien qui joue des cymbales.

CYMBALISTE n. → **cymbalier.**

CYMBALUM [s-in-balom] n.m. **(= czimbalum)** *Mus.* Instrument à cordes frappées.

CYMBIDIUM n.m. Orchidée d'Extrême-Orient.

CYME n.f. *Bot.* Inflorescence.

CYMOMÈTRE n.m. Appareil qui mesure les longueurs d'onde.

CYMRIQUE adj. et n.m. **(= kymrique)** Relatif au pays de Galles.

CYNÉGÉTIQUE n.f. et adj. Art de la chasse.

CYNHYÈNE n.f. *Zool.* Autre nom du lycaon.

CYNIPIDÉ n.m. Insecte, type cynips.

CYNIPS n.m. Insecte parasite des végétaux.

CYNIQUE adj. et n.

CYNIQUEMENT adv.

CYNISME n.m.

CYNOCÉPHALE n.m. Singe d'Afrique à museau allongé.

CYNODROME n.m. Piste pour les courses de lévriers.

CYNOGLOSSE n.f. Plante ornementale.

CYNOLOGIE n.f. Étude et connaissance du chien.

CYNOPHILE adj. et n. Qui aime les chiens.

CYNORHODON n.m. Fruit de l'églantier ou du rosier.

CYNORRHODON n.m. → **cynorhodon.**

CYNOTECHNIQUE adj. Qui concerne l'utilisation des chiens.

CYON n.m. Chien sauvage d'Asie.

CYPÉRACÉE n.f. Graminée des lieux humides, type carex.

CYPHOSCOLIOSE n.f. Déviation de la colonne vertébrale.

CYPHOSE n.f. Déformation de la colonne vertébrale.

CYPHOTIQUE adj. et n.

CYPRÈS n.m. Arbre droit et élancé.

CYPRIÈRE n.f. Bois planté de cyprès.

CYPRIN n.m. Poisson voisin de la carpe.

CYPRINE n.f. Sécrétion vaginale qui précède le coït.

CYPRINICULTURE n.f. Élevage des carpes.

CYPRINIDÉ n.m. Poisson d'eau douce, type carpe.

CYPRINIFORME n.m. Poisson, type cyprinidé.

CYPRIOTE adj. → **chypriote.**

CYPRIS [-s] n.f. Petit crustacé à longues antennes.

CYRARD n.m. *Fam.* Élève de l'École militaire de Saint-Cyr.

CYRÉNAÏQUE adj. De Cyrène (Libye).

CYRILLIQUE adj. (Alphabet) qui transcrit le russe, le serbe et le bulgare.

CYSTALGIE n.f. Douleur de la vessie.

CYSTECTOMIE n.f. Ablation de la vessie.

CYSTÉINE n.f. Acide aminé.

CYSTICERCOSE n.f. *Méd.* Développement de cysticerques dans l'organisme.

CYSTICERQUE n.m. Larve du tænia.

CYSTIDÉ n.m. Invertébré marin fossile.

CYSTINE n.f. Forme oxydée de la cystéine.

CYSTIQUE adj. Relatif à la vésicule ou à la vessie.

CYSTITE n.f. Inflammation de la vessie.

CYSTOGRAPHIE n.f. Radiographie de la vessie.

CYSTOPLASTIE n.f. *Méd.* Intervention ayant pour but de fermer une fistule vésico-vaginale.

CYSTOSCOPE n.m. Instrument qui permet d'examiner la vessie.

CYSTOSCOPIE n.f.

CYSTOSCOPIQUE adj.

CYSTOSTOMIE n.f. Opération qui dérive les urines.

CYSTOTOMIE n.f. *Méd.* Incision de la vessie.

CYTAPHÉRÈSE n.f. Technique permettant d'obtenir uniquement les globules blancs et les plaquettes d'un donneur de sang.

CYTHÉRÉEN, ENNE adj. De Cythère (Grèce).

CYTISE n.m. Arbuste ornemental à fleurs jaunes.

CYTOBIOLOGIE n.f. Étude biologique des cellules.

CYTOCHIMIE n.f. Branche de la cytologie.

CYTOCHIMIQUE adj.

CYTOCHROME n.m. Pigment respiratoire des cellules vivantes.

CYTODIAGNOSTIC n.m. Diagnostic fondé sur l'examen de cellules.

CYTOGÉNÉTICIEN, ENNE adj. et n.

CYTOGÉNÉTIQUE n.f. *Biol.* Science qui étudie les chromosomes.

CYTOKINE n.f. Facteur d'origine cellulaire agissant sur une autre cellule.

CYTOLOGIE n.f. *Biol.* Science qui étudie la cellule.

CYTOLOGIQUE adj.

CYTOLOGISTE n.

CYTOLYSE n.f. *Biol.* Destruction d'éléments cellulaires.

CYTOLYTIQUE adj. et n.m. Qui produit la cytolyse.

CYTOMÉGALOVIRUS n.m. Virus responsable d'infections graves.

CYTOPATHOLOGIE n.f. *Biol.* Étude des affections de la cellule.

CYTOPÉNIE n.f. Diminution du nombre des cellules d'une formation organique.

CYTOPLASME n.m. Partie fondamentale de la cellule.

CYTOPLASMIQUE adj.

CYTOSINE n.f. *Biochim.* Base azotée des acides nucléiques.

CYTOSOL [z] n.m. Suc cellulaire.

CYTOSQUELETTE n.m. Charpente interne de la cellule.

CYTOSTATIQUE adj. et n.m. (Substance) qui inhibe les divisions cellulaires.

CYTOTOXICITÉ n.f.

CYTOTOXINE n.f. Toxine d'origine cellulaire.

CYTOTOXIQUE adj. Qui détruit les cellules.

CYTOTROPISME n.m. Attraction qu'exerce une cellule sur des virus.

CZAR [tsar] n.m. → **tsar.**

CZARDAS [ksardas] n.f. → **csardas.**

CZIMBALUM [tchimbalom] n.m. → **cymbalum.**

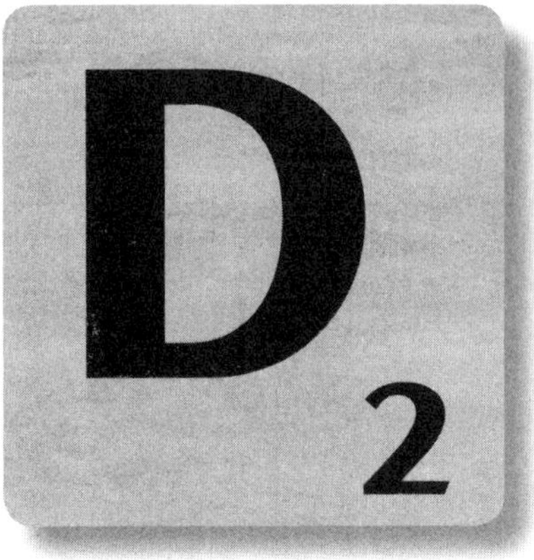

DA interj. *Oui-da ! :* oui bien sûr.

DAB n.m. **(= dabe)** *Arg.* Père.

DABA n.f. *Afr.* Houe à manche court.

DABE n.m. → **dab.**

DABISTE n. Employé de transport de fonds.

DACE adj. *Antiq.* De la Dacie (Europe centrale).

DACHE | (À) loc. *Fam.* Très loin.

DACITE n.f. Roche volcanique.

DACITIQUE adj.

DACOÏT n. En Inde, bandit de grand chemin.

DACQUOIS, E adj. De Dax.

DACRON n.m. (Nom déposé) Textile synthétique.

DACRYADÉNITE n.f. Inflammation de la glande lacrymale.

DACRYOCYSTITE n.f. Inflammation du sac lacrymal.

DACTYLE n.m. Pied formé d'une longue et de deux brèves, en poésie grecque ou latine.

DACTYLÉ, E adj. En forme de doigt.

DACTYLIQUE adj.

DACTYLO n.

DACTYLOGRAMME n.m. Identification par empreintes digitales.

DACTYLOGRAPHE n.

DACTYLOGRAPHIE n.f.

DACTYLOGRAPHIER v. **15.**

DACTYLOLOGIE n.f. *Vx.* Langage à l'usage des sourds-muets.

DACTYLOLOGIQUE adj.

DACTYLOPTÈRE n.m. Poisson volant.

DACTYLOSCOPIE n.f. → **dactylogramme.**

DADA adj. et n.m.

DADAIS n.m.

DADAÏSME n.m. Mouvement artistique et littéraire (1916-1925).

DADAÏSTE adj. et n.

DAGUE n.f. Épée courte. – Bois de jeune cerf.

DAGUER v. **10.** *Vx.* Frapper à coups de dague.

DAGUERRÉOTYPE n.m. Appareil primitif de photographie. – Image obtenue par cet appareil.

DAGUERRÉOTYPIE n.f.

DAGUESTANAIS, E adj. Du Daguestan (Russie).

DAGUET n.m. Jeune cerf.

DAH n.m. Bissap. – Chanvre de Guinée.

DAHABIEH n.f. Barque à voiles naviguant sur le Nil.

DAHIR n.m. Décret du roi du Maroc.

DAHLIA n.m.

DAHOMÉEN, ENNE adj. Du Dahomey (aujourd'hui Bénin).

DAHU n.m. Animal imaginaire.

DAIGNER v. **(p.p.inv.) 10.**

DAÏKIRI [day-] n.m. **(= daïquiri)** Cocktail à base de rhum.

DAIKON [daykon] n.m. Gros radis asiatique.

DAIL n.m. **(= daille)** Faux.

DAILLE n.f. → **dail.**

DAIM n.m.

DAÏMIO [daïmyo] n.m. **(= daimyo)** Aristocrate de l'ancien Japon.

DAIMYO [daymyo] n.m. → **daïmio.**

DAINE n.f. Femelle du daim.

DAÏQUIRI [day-] n.m. → **daïkiri.**

DAÏRA n.f. Subdivision territoriale, en Algérie.

DAIS n.m. Ouvrage de bois ou de tissu placé au-dessus d'un autel, d'une statue, etc.

DAKAROIS, E adj. De Dakar (Sénégal).

DAKIN [dak-in] n.m. Solution désinfectante.

DAL | (QUE) loc. *Arg.* Rien.

DALASI n.m. Unité monétaire de la Gambie.

DALEAU, X n.m. (= **dalot**) Petit canal d'écoulement des eaux.

DALLAGE n.m.

DALLE n.f.

DALLER v. **10.**

DALLEUR n.m.

DALMATE adj. De Dalmatie.

DALMATIEN, ENNE n. Race de chiens.

DALMATIQUE n.f. Vêtement d'apparat.

DALOT n.m. → **daleau.**

DALTON [-ton] n.m. *Phys.* Unité de masse.

DALTONIEN, ENNE adj. et n.

DALTONISME n.m. Confusion dans la perception des couleurs.

DAM [dam] ou [d-an] n.m. *Vx.* Préjudice, châtiment.

DAMAGE n.m.

DAMALISQUE n.m. Antilope d'Afrique.

DAMAN n.m. Petit mammifère herbivore.

DAMAS [dama(s)] n.m. Étoffe à dessins brillants sur fond mat, ou inversement.

DAMASCÈNE adj. De Damas (Syrie).

DAMASQUINAGE n.m.

DAMASQUINER v. **10.** Garnir (une surface métallique) d'incrustations de fils d'or ou d'argent.

DAMASQUINERIE n.f. Art de damasquiner.

DAMASQUINEUR n.m.

DAMASQUINURE n.f.

DAMASSER v. **10.** Tisser (une étoffe) à la façon du damas.

DAMASSERIE n.f. Fabrique de damas.

DAMASSINE n.f. *Helv.* Prune dont on fait une eau-de-vie.

DAMASSURE n.f.

DAME n.f. et interj.

DAMER v. **10.**

DAMEUR, EUSE adj. et n.f.

DAMIER n.m.

DAMNABLE adj.

DAMNATION n.f.

DAMNÉ, E adj. et n.

DAMNER v. **10.**

DAMOISEAU, X n.m. *Médiév.* Jeune gentilhomme.

DAMOISELLE n.f.

DAMPER [dampeur] n.m. Petit amortisseur.

DAN n.m. Degré de qualification dans les arts martiaux.

DANAÏDE n.f. Papillon d'Afrique.

DANCE [dèns] n.f. Musique de danse rythmée.

DANCING n.m.

DANDIES → **dandy.**

DANDIN n.m. *Vx.* Homme niais.

DANDINANT, E adj.

DANDINEMENT n.m.

DANDINER (SE) v. **10.**

DANDINETTE n.f. Leurre utilisé dans la pêche à la ligne.

DANDY (pl. **DANDIES** ou **DANDYS**) n.m. Homme élégant et raffiné.

DANDYSME n.m. Attitude, manières du dandy.

DANGER n.m.

DANGEREUSEMENT adv.

DANGEREUX, EUSE adj.

DANGEROSITÉ n.f. *Psych.* État dangereux.

DANIEN, ENNE n.m. et adj. *Géol.* Étage du paléocène.

DANIO n.m. Petit poisson osseux.

DANOIS, E adj. et n.m.

DANS prép.

DANSABLE adj.

DANSANT, E adj.

DANSE n.f.

DANSER v. **10.**

DANSEUR, EUSE n.

DANSOTER v. **(p.p.inv.) 10 (= dansotter).**

DANSOTTER v. **(p.p.inv.) 10.** → **dansoter.**

DANTESQUE adj. Grandiose, terrifiant.

DANTONISTE n. et adj. Partisan de Danton (homme politique français).

DANUBIEN, ENNE adj. Du Danube.

DAO n.m. (= **tao**) *Anc.* Principe suprême de la pensée chinoise.

DAPHNÉ n.m. Arbrisseau à fleurs odorantes rouges ou blanches.

DAPHNIE n.f. Petit crustacé d'eau douce.

DARAISE n.f. Déversoir d'un étang.

DARBON n.m. Taupe.

DARBOUKA n.f. (= **derbouka**) *Mus.* Instrument à percussion d'origine arabe.

DARBYSME n.m. Secte protestante du XIXe s., dont les membres croient en la prédestination.

DARBYSTE adj. et n.

DARCE n.f. (= **darse**) Bassin dans un port.

DARD n.m.

DARDER v. **10.** Piquer avec un dard.

DARDILLON n.m. Petit dard.

DARI n.m. Langue persane parlée en Afghanistan.

DARIOLE n.f. Sorte de pâtisserie légère.

DARIQUE n.f. Monnaie d'or des anciens Perses.

DARJEELING [dar(d)jiling] n.m. Thé noir d'Inde.

DARMSTADTIUM [-statyom] n.m. Élément chimique artificiel.

DARNE n.f. Tranche de gros poisson.

DARON, ONNE n. *Fam.* Père, mère.

DARSANA [ch] n.m. **(= darshan, darshana)** Chacun des systèmes philosophiques de l'hindouisme.

DARSE n.f. → **darce.**

DARSHAN [darchan] n.m. → **darsana.**

DARSHANA n.m. → **darsana.**

DARTOIS n.m. Gâteau feuilleté à la frangipane ou à la confiture.

DARTRE n.f. *Méd.* Croûte cutanée.

DARTREUX, EUSE adj.

DARTROSE n.f. Maladie de la pomme de terre.

DARWINIEN, ENNE adj.

DARWINISME n.m. Théorie de Darwin, fondée sur l'évolution et la sélection naturelle.

DARWINISTE adj. et n.

DASEIN [dazayn] n.m. *Philos.* Présence existentielle de l'homme dans le monde, d'après Heidegger.

DASYURE n.m. Mammifère marsupial d'Australie.

DATABLE adj.

DATAGE n.m.

DATAIRE n.m. Officier du Vatican chargé des dispenses.

DATATION n.f.

DATCHA n.f. Maison de campagne russe.

DATE n.f.

DATER v. **10.**

DATERIE n.f. Ancien organisme de la curie romaine.

DATEUR, EUSE adj. et n.m. Qui sert à dater.

DATIF, IVE 1. adj. *Dr.* (Tuteur) nommé par le juge. 2. n.m. *Ling.* Cas indiquant l'attribution.

DATION n.f. *Dr.* Action de donner.

DATTE n.f.

DATTIER n.m.

DATURA n.m. Plante toxique.

DAUBE n.f. Préparation de viande braisée en sauce.

DAUBER v. **10.** Dénigrer.

DAUBEUR, EUSE adj. et n.

DAUBIÈRE n.f. Récipient pour cuire la daube.

DAUMONT | (À LA) loc. (Attelage) à quatre chevaux et deux postillons.

DAUPHIN n.m.

DAUPHINE n.f.

DAUPHINELLE n.f. Plante renonculacée (pied-d'alouette).

DAUPHINOIS, E adj. et n.m. Du Dauphiné.

DAURADE n.f. **(= dorade)** Poisson marin.

DAUW [dô] n.m. **(= daw)** Zèbre.

DAVANTAGE adv.

DAVIDIEN, ENNE adj. et n. *Bx-arts.* Relatif à David (peintre français du XVIIIe s.).

DAVIER n.m. Instrument de dentiste en forme de pince.

DAW [dô] n.m. → **dauw.**

DAYAK n.m. Langue indonésienne.

DAZIBAO n.m. En Chine, inscription murale manuscrite sur des sujets d'actualité.

DE prép. et art.

DÉ n.m.

DEADLINE [dèdlayn] n.f. *Fam.* Date limite avant laquelle un travail doit être terminé.

DEAL, S [dil] n.m. Affaire. – *Arg.* Vente de drogue.

DEALER [dileur] n.m. **(= dealeur)** *Fam.* Revendeur de drogue.

DEALER [dilé] v. **10.** Revendre (de la drogue).

DEALEUR, EUSE [dileur] n. → **dealer** n.m.

DÉAMBULATEUR n.m. Appareil d'aide à la marche.

DÉAMBULATION n.f.

DÉAMBULATOIRE 1. adj. Qui marche çà et là sans but précis. 2. n.m. Galerie contournant le chœur dans une église.

DÉAMBULER v. **(p.p.inv.) 10.** Marcher sans but précis.

DEB n.f. *Fam.* Jeune fille de la haute société qui fait ses débuts dans le monde.

DÉBÂCHAGE n.m.

DÉBÂCHER v. **10.**

DÉBÂCLE n.f.

DÉBÂCLEMENT n.m. Dislocation de la glace à la surface d'un fleuve.

DÉBÂCLER v. **10.** *Vx.* Libérer (une porte) de sa barre. – Dégeler, en parlant d'un cours d'eau.

DÉBADGER v. **17.** Priver (quelqu'un) de la validation de son badge.

DÉBAGOULAGE n.m. Flot de paroles.

DÉBAGOULER v. **10.** *Fam., Vx.* Vomir. – Proférer.

DÉBAGUER v. **10.**

DÉBÂILLONNER v. **10.**

DÉBALLAGE n.m.

DÉBALLASTAGE n.m. *Mar.* Vidange des ballasts.

DÉBALLER v. **10.**

DÉBALLEUR, EUSE n.

DÉBALLONNER (SE) v. **10.**

DÉBALOURDER v. **10.** *Techn.* Rééquilibrer (une pièce qui tourne autour d'un axe).

DÉBANALISATION n.f.

DÉBANALISER v. **10.**

DÉBANDADE n.f.

DÉBANDER v. **10.**

DÉBAPTISER v. **10.**

DÉBARBOUILLAGE n.m.

DÉBARBOUILLER v. **10.**

DÉBARBOUILLETTE n.f. *Québ.* Pièce de tissu-éponge pour la toilette.

DÉBARCADÈRE n.m.

DÉBARDAGE n.m.

DÉBARDER v. **10.** Décharger ou transporter (des marchandises).

DÉBARDEUR, EUSE n.

DÉBAROULER v. **10 (= débaruler)** *Fam.* Dévaler.

DÉBARQUEMENT n.m.

DÉBARQUER v. **10.**

DÉBARRAS n.m.

DÉBARRASSER v. **10.**

DÉBARRER v. **10.** Libérer (une porte) de sa barre.

DÉBARULER v. **10.** → **débarouler.**

DÉBAT n.m.

DEBATER [débateur] n.m. **(= débatteur)** Orateur habile dans les débats.

DÉBÂTER v. **10.** Libérer (une bête de somme) de son bât.

DÉBÂTIR v. **40.** Défaufiler.

DÉBATTEMENT n.m. Variation de l'intervalle entre la carrosserie d'une voiture et l'essieu.

DÉBATTEUR, EUSE n. → **debater.**

DÉBATTRE v. **100.**

DÉBAUCHAGE n.m.

DÉBAUCHE n.f.

DÉBAUCHER v. **10.**

DÉBECQUETER [débèkté] v. **10** (je débecquete...) **(= débecter, débéqueter)** *Fam.* Dégoûter.

DÉBECTER v. **10.** → **débecqueter.**

DÉBENTURE n.f. *Québ., Fin.* Obligation non garantie.

DÉBENZOLAGE n.m.

DÉBENZOLER v. **10.** Traiter (un gaz) pour en enlever le benzol.

DÉBÉQUETER [débèkté] v. **10** (je débéquete...) → **débecqueter.**

DÉBET [débè] n.m. Somme qui reste due à l'arrêt d'un compte.

DÉBILE adj. et n.

DÉBILEMENT adv.

DÉBILISATION n.f. Processus d'évolution vers la débilité mentale.

DÉBILITANT, E adj.

DÉBILITATION n.f.

DÉBILITÉ n.f.

DÉBILITER v. **10.** Affaiblir.

DÉBILLARDER v. **10.** Couper (une pièce de bois) en diagonale.

DÉBINAGE n.m.

DÉBINER v. **10.** *Fam.* Dénigrer. – *Se débiner :* s'enfuir.

DÉBINEUR, EUSE n.

DÉBIRENTIER, ÈRE n. Débiteur d'une rente.

DÉBIT n.m.

DÉBITABLE adj.

DÉBITAGE n.m.

DÉBITANT, E adj. et n. Qui tient un débit de boissons, de tabac, etc.

DÉBITER v. **10.**

DÉBITEUR (f. **DÉBITEUSE** ou **DÉBITRICE**) n.

DÉBITMÈTRE [débimètr] n.m. Instrument mesurant le débit d'un liquide.

DÉBLAI n.m.

DÉBLAIEMENT n.m.

DÉBLATÉRER v. **12.** Proférer. – Médire.

DÉBLAYAGE n.m.

DÉBLAYER v. **24.**

DÉBLOCAGE n.m.

DÉBLOQUANT, E adj. *Fam.* (Personne) qui débloque, qui divague.

DÉBLOQUER v. **10.**

DÉBOBINER v. **10.**

DÉBOGAGE n.m.

DÉBOGUER v. **10 (= debugger)** *Inf.* Examiner (un programme) pour en supprimer les bogues.

DÉBOGUEUR n.m. **(= debugger)** *Inf.* Logiciel utilisé pour déboguer.

DÉBOIRE n.m.

DÉBOISAGE n.m.

DÉBOISEMENT n.m.

DÉBOISER v. **10.**

DÉBOÎTAGE n.m.

DÉBOÎTEMENT n.m.

DÉBOÎTER v. **10.**

DÉBONDER v. **10.** Ouvrir (un tonneau) en retirant sa bonde.

DÉBONNAIRE adj. Bon jusqu'à la faiblesse.

DÉBONNAIREMENT adv.

DÉBONNAIRETÉ n.f.

DÉBORD n.m. Excédent.

DÉBORDANT, E adj.

DÉBORDEMENT n.m.

DÉBORDER v. **10.**

DÉBOSSAGE n.m. *Québ.* Action de débosseler.

DÉBOSSELAGE n.m.

DÉBOSSELER v. **22** (je débosselle...) Aplanir (un objet, un sol).

DÉBOSSELEUR, EUSE n. *Québ.* Carrossier, tôlier.

DÉBOSSER v. **10.** *Québ.* Débosseler.

DÉBOSSEUR, EUSE n. → **débosseleur.**

DÉBOTTÉ n.m. (inv. mais **débotter** v.) *Au débotté :* à l'improviste.

DÉBOTTER v. **10.** Débarrasser (quelqu'un) de ses bottes.

DÉBOUCHAGE n.m.

DÉBOUCHÉ n.m.

DÉBOUCHEMENT n.m.

DÉBOUCHER v. **10.**

DÉBOUCHEUR n.m. Appareil ou produit servant à déboucher.

DÉBOUCHOIR n.m. Instrument qui sert à déboucher.

DÉBOUCLER v. **10.** Ouvrir en défaisant une boucle. - Défriser (les cheveux).

DÉBOUILLIR v. **49.** *Text.* Faire bouillir (un échantillon, une étoffe).

DÉBOUILLISSAGE n.m.

DÉBOULÉ n.m. Mouvement rapide d'un animal sortant d'un terrier. - *Chor.* Pivotement sur les pointes.

DÉBOULER v. **10.** *Fam.* Descendre rapidement.

DÉBOULONNAGE n.m.

DÉBOULONNEMENT n.m.

DÉBOULONNER v. **10.**

DÉBOUQUEMENT n.m.

DÉBOUQUER v. **(p.p.inv.) 10.** *Mar.* Sortir de l'embouchure d'un canal.

DÉBOURBAGE n.m.

DÉBOURBER v. **10.** Ôter la bourbe. - Retirer de la bourbe.

DÉBOURBEUR n.m. Appareil qui enlève la bourbe d'un minerai, d'une racine.

DÉBOURGEOISÉ, E adj. Qui a perdu ses habitudes bourgeoises.

DÉBOURRAGE n.m.

DÉBOURREMENT n.m. Éclosion des bourgeons sur les végétaux.

DÉBOURRER v. **10.** Débarrasser (un cuir) de sa bourre.

DÉBOURREUR, EUSE n. Personne qui débourre les garnitures de carde.

DÉBOURS n.m. Somme déboursée.

DÉBOURSEMENT n.m.

DÉBOURSER v. **10.**

DÉBOUS → **débouillir 49.**

DÉBOUSSOLER v. **10.**

DEBOUT ❙ adj., adv. et interj.

DÉBOUTEMENT n.m.

DÉBOUTER v. **10.** *Dr.* Éconduire par jugement.

DÉBOUTONNAGE n.m.

DÉBOUTONNER v. **10.**

DÉBRAGUETTER v. **10.**

DÉBRAILLÉ, E adj. et n.m.

DÉBRAILLER (SE) v. **10.** Se dénuder la poitrine.

DÉBRANCHEMENT n.m.

DÉBRANCHER v. **10.**

DÉBRASAGE n.m.

DÉBRASER v. **10.** *Techn.* Séparer (deux pièces brasées).

DÉBRAYABLE adj.

DÉBRAYAGE n.m.

DÉBRAYER v. **24.**

DÉBREAKER [débrèké] v. **10.** Au tennis, contrer (un adversaire) en reprenant son service.

DÉBRIDAGE n.m.

DÉBRIDEMENT n.m.

DÉBRIDER v. **10.**

DÉBRIEFER v. **10.** *Mil.* Interroger pour faire le bilan d'une opération.

DÉBRIEFING n.m.

DÉBRIS n.m.

DÉBROCHAGE n.m.

DÉBROCHER v. **10.** Retirer (une viande, une volaille) de la broche. - Découdre (un livre broché).

DÉBRONZER v. **10.**

DÉBROUILLAGE n.m.

DÉBROUILLARD, E adj. et n.

DÉBROUILLARDISE n.f.

DÉBROUILLE n.f.

DÉBROUILLEMENT n.m.

DÉBROUILLER v. **10.**

DÉBROUSSAGE n.m.

DÉBROUSSAILLAGE n.m.

DÉBROUSSAILLER v. **10.**

DÉBROUSSEMENT n.m.

DÉBROUSSER v. **10.** Défricher.

DÉBRUTIR v. **40.** Dégrossir.

DÉBUCHÉ n.m. Moment où le gibier débuche.

DÉBUCHER n.m. → **débuché.**

DÉBUCHER v. **10.** Sortir du bois, en parlant du gibier. – Faire sortir (du gibier) du bois.

DÉBUDGÉTISATION n.f.

DÉBUDGÉTISER v. **10.** Inscrire (une dépense publique) hors du budget de l'État.

DEBUGGER [débeugeur] n.m. → **débogueur.**

DEBUGGER [débeugé] v. **10.** → **déboguer.**

DÉBUREAUCRATISER v. **10.**

DÉBUSQUAGE n.m.

DÉBUSQUEMENT n.m.

DÉBUSQUER v. **10.** Faire sortir du bois, de son gîte, de son refuge.

DÉBUT n.m.

DÉBUTANISER v. **10.** Débarrasser (ie pétrole) de son butane.

DÉBUTANT, E adj. et n.

DÉBUTER v. **10.**

DEBYE [debay] n.m. Unité de moment dipolaire électrique.

DÉCA n.m. *Fam.* Café décaféiné.

DEÇÀ adv.

DÉCABRISTE n.m. En Russie, membre de la conspiration de décembre 1825 contre le tsar.

DÉCACHETABLE adj.

DÉCACHETAGE n.m.

DÉCACHETER v. **20** (je décachette...).

DÉCADAIRE adj. Relatif aux décades.

DÉCADE n.f. Période de dix jours.

DÉCADENASSER v. **10.**

DÉCADENCE n.f.

DÉCADENT, E adj. et n.

DÉCADENTISME n.m. École des poètes français décadents (fin du XIXe s.).

DÉCADI n.m. Dixième jour de la décade, dans le calendrier républicain.

DÉCADRAGE n.m.

DÉCADRER v. **10.** *Cin.* Sortir du champ. – *Min.* Enlever le cadre d'une galerie.

DÉCAÈDRE adj. et n.m. *Math.* Qui a dix faces.

DÉCAFÉINÉ, E adj. et n.m.

DÉCAFÉINER v. **10.**

DÉCAGONAL, E, AUX adj.

DÉCAGONE n.m. *Math.* Polygone qui a dix angles et dix côtés.

DÉCAGRAMME n.m. Masse valant dix grammes.

DÉCAISSEMENT n.m.

DÉCAISSER v. **10.** Sortir d'une caisse. – Débourser.

DÉCALAGE n.m.

DÉCALAMINAGE n.m.

DÉCALAMINER v. **10.** Débarrasser (une surface métallique) de sa calamine.

DÉCALCIFIANT, E adj.

DÉCALCIFICATION n.f.

DÉCALCIFIER v. **15.** Priver de calcium.

DÉCALCOMANIE n.f. Procédé de transfert de dessins coloriés.

DÉCALER v. **10.**

DÉCALITRE n.m. Mesure de capacité de dix litres.

DÉCALOGUE n.m. Les dix commandements des tables de la loi, données par Dieu à Moïse.

DÉCALOTTER v. **10.** Dégager (le gland) de la verge.

DÉCALQUAGE n.m.

DÉCALQUE n.m.

DÉCALQUER v. **10.**

DÉCALVANT, E adj. Qui rend chauve.

DÉCAMÈTRE n.m. Mesure de longueur valant dix mètres.

DÉCAMÉTRIQUE adj.

DÉCAMPER v. **10.** *Être décampé :* s'être enfui.

DÉCAN n.m. *Astr.* Chacune des trois dizaines de degrés dans chaque signe du zodiaque.

DÉCANAL, E, AUX adj. Qui se rapporte au doyen.

DÉCANAT n.m. Dignité de doyen.

DÉCANILLER v. **(p.p.inv.) 10.** *Fam.* Déguerpir.

DÉCANOÏQUE adj. (Acide gras) à dix atomes de carbone.

DÉCANTAGE n.m.

DÉCANTATION n.f.

DÉCANTER v. **10.** Clarifier (un liquide) en laissant se déposer ses impuretés.

DÉCANTEUR, EUSE adj. et n.m.

DÉCAPAGE n.m.

DÉCAPANT, E adj. et n.m. Qui décape.

DÉCAPELER v. **22** (je décapelle...) *Mar.* Dégarnir (une vergue) de ses cordages.

DÉCAPEMENT n.m.

DÉCAPER v. **10.** Nettoyer (une surface) de ses impuretés.

DÉCAPEUR, EUSE n.

DÉCAPITALISER v. **10.** Priver (une entreprise) d'une partie de son capital.

DÉCAPITATION n.f.

DÉCAPITER v. **10.**

DÉCAPODE n.m. Crustacé muni de cinq paires de pattes.

DÉCAPOLE n.f. Association de dix villes.

DÉCAPOTABLE adj. et n.f.

DÉCAPOTER v. **10.**

DÉCAPSULAGE n.m.

DÉCAPSULATION n.f. *Chir.* Ablation de la capsule du rein.

DÉCAPSULER v. **10.**

DÉCAPSULEUR n.m.

DÉCAPUCHONNER v. **10.**

DÉCARBONATATION n.f.

DÉCARBONATER v. **10.** Débarrasser (une substance) de son anhydride carbonique.

DÉCARBOXYLASE n.f. *Biochim.* Enzyme.

DÉCARBOXYLATION n.f. *Chim.* Réaction libérant du gaz carbonique à partir d'un acide organique.

DÉCARBURANT, E adj.

DÉCARBURATION n.f.

DÉCARBURER v. **10.** Débarrasser (un métal) du carbone.

DÉCARCASSER (SE) v. **10.**

DÉCARCÉRATION n.f. Dégagement des personnes bloquées dans un véhicule accidenté.

DÉCAROTTAGE n.m. Démoulage d'un échantillon cylindrique prélevé dans un terrain.

DÉCARRELAGE n.m.

DÉCARRELER v. **22** (je décarrelle...).

DÉCASTÈRE n.m. Mesure de volume valant dix stères.

DÉCASTYLE adj. *Arch.* Qui a dix colonnes de front.

DÉCASYLLABE adj. et n.m. Qui a dix syllabes.

DÉCASYLLABIQUE adj. → **décasyllabe.**

DÉCATHLÈTE n.m. Sportif qui pratique le décathlon.

DÉCATHLON n.m. Épreuve masculine d'athlétisme comportant dix spécialités.

DÉCATHLONIEN n.m. → **décathlète.**

DÉCATI, E adj. Qui a perdu sa fraîcheur.

DÉCATIR v. **40.** Débarrasser (une étoffe) de son apprêt.

DÉCATISSAGE n.m.

DÉCATISSEUR, EUSE adj. et n.

DÉCAUSER v. **10.** *Belg.* Dénigrer.

DECAUVILLE [-vil] n.m. Chemin de fer à voie étroite.

DÉCAVAILLONNER v. **10.** Labourer (les espaces entre les pieds de vigne).

DÉCAVER v. **10.** Ruiner (un adversaire) au jeu.

DECCA n.m. Système de radionavigation.

DÉCÉDER v. **12.**

DÉCELABLE adj.

DÉCÈLEMENT n.m.

DÉCELER v. **23** (je décèle...) Découvrir.

DÉCÉLÉRATION n.f.

DÉCÉLÉRER v. **(p.p.inv.) 12.** Ralentir.

DÉCEMBRE n.m.

DÉCEMBRISTE n.m. → **décabriste.**

DÉCEMMENT adv.

DÉCEMVIR n.m. *Antiq. rom.* Membre d'un collège de dix magistrats.

DÉCEMVIRAL, E, AUX adj.

DÉCEMVIRAT n.m.

DÉCENCE n.f.

DÉCENNAIRE adj. Qui procède par dix.

DÉCENNAL, E, AUX adj. Qui dure dix ans. – Qui revient tous les dix ans.

DÉCENNIE n.f. Période de dix ans.

DÉCENT, E adj.

DÉCENTRAGE n.m.

DÉCENTRALISER v. **10.**

DÉCENTRATION n.f. *Opt.* Non-alignement des centres des lentilles.

DÉCENTREMENT n.m. → **décentration.**

DÉCENTRER v. **10.**

DÉCEPTIF, IVE adj. Trompeur.

DÉCEPTION n.f.

DÉCERCLER v. **10.**

DÉCÉRÉBRATION n.f.

DÉCÉRÉBRER v. **12.** Amputer (un animal) de son encéphale.

DÉCERNER v. **10.**

DÉCERVELAGE n.m.

DÉCERVELER v. **22** (je décervelle...) Faire sauter la cervelle. – Abêtir.

DÉCÈS n.m.

DÉCEVANT, E adj.

DÉCEVOIR v. **70.**

DÉCHAÎNEMENT n.m.

DÉCHAÎNER v. **10.**

DÉCHANT n.m. *Mus.* Contrepoint au-dessus du plain-chant.

DÉCHANTER v. **(p.p.inv.) 10.**

DÉCHAPERONNER v. **10.** *Vén.* Débarrasser (un faucon) de son capuchon.

DÉCHARGE n.f.

DÉCHARGEMENT n.m.

DÉCHARGEOIR n.m. Écoulement d'un trop-plein.

DÉCHARGER v. **17.**

DÉCHARGEUR n.m.

DÉCHARNEMENT n.m.

DÉCHARNER v. **10.** Rendre très maigre.

DÉCHAUMAGE n.m.

DÉCHAUMER v. **10.** Travailler (un sol) en mélangeant le chaume à la terre.

DÉCHAUMEUSE n.f. Charrue à déchaumer.

DÉCHAUSSAGE n.m.

DÉCHAUSSEMENT n.m. Mise à nu du collet d'une dent.

DÉCHAUSSER v. **10.**

DÉCHAUSSEUSE n.f. Charrue pour déchausser la vigne.

DÉCHAUSSOIR n.m. Outil pour dégager la base d'un arbre.

DÉCHAUX adj.m. (Moine) allant nu-pieds dans des sandales.

DÈCHE n.f. *Fam.* Misère.

DÉCHÉANCE n.f.

DÉCHET n.m.

DÉCHETTERIE n.f. (Nom déposé) Centre où l'on peut déposer des déchets.

DÉCHEVÊTRER v. **10.** Débarrasser de ses chevêtres.

DÉCHIFFONNER v. **10.**

DÉCHIFFRABLE adj.

DÉCHIFFRAGE n.m.

DÉCHIFFREMENT n.m.

DÉCHIFFRER v. **10.**

DÉCHIFFREUR, EUSE n.

DÉCHIQUETAGE n.m.

DÉCHIQUETER v. **20** (je déchiquette...).

DÉCHIQUETEUR, EUSE n. Appareil qui détruit des documents.

DÉCHIQUETURE n.f.

DÉCHIRAGE n.m. Dislocation (d'un vieux bateau).

DÉCHIRANT, E adj.

DÉCHIREMENT n.m.

DÉCHIRER v. **10.**

DÉCHIRURE n.f.

DÉCHLORURER v. **10.** Dessaler.

DÉCHOCAGE n.m. **(= déchoquage).**

DÉCHOIR v. déf. **84.**

DÉCHOQUAGE n.m. → **déchocage.**

DÉCHOQUER v. **10.** Traiter (un patient en état de choc).

DÉCHRISTIANISER v. **10.**

DÉCHRONOLOGIE n.f. Présentation qui ne tient pas compte de la chronologie.

DÉCHU, E adj.

DÉCHÛMES, DÉCHURENT, DÉCHUSSE..., DÉCHUT... → **déchoir 84.**

DÉCI n.m. *Helv.* Décilitre.

DÉCIBEL n.m. Unité d'acoustique.

DÉCIDABILITÉ n.f. *Log.* Propriété d'une formule décidable.

DÉCIDABLE adj. *Log.* (Système) dont une proposition quelconque est démontrable.

DÉCIDÉMENT adv.

DÉCIDER v. **10.**

DÉCIDEUR, EUSE n.

DÉCIDU, E adj. *Bot.* Caduc.

DÉCIDUAL, E, AUX adj. et n.f. *Méd.* (Membrane de l'utérus) expulsée lors de l'accouchement.

DÉCIGRADE n.m. Dixième partie d'un grade.

DÉCIGRAMME n.m. Dixième partie d'un gramme.

DÉCILAGE n.m. *Stat.* Division en dix classes de même effectif.

DÉCILE n.m. *Stat.* Chacune des neuf valeurs qui divisent une distribution en dix parties égales.

DÉCILITRE n.m. Dixième partie d'un litre.

DÉCILLER v. **10 (= dessiller)** Ouvrir (les yeux) de quelqu'un.

DÉCIMAL, E, AUX adj. et n.f.

DÉCIMALISATION n.f.

DÉCIMALISER v. **10.** Normaliser (une mesure) en appliquant le système décimal.

DÉCIMALITÉ n.f. Caractère décimal.

DÉCIMATEUR n.m. *Hist.* Personne qui percevait les dîmes ecclésiastiques.

DÉCIMATION n.f. Extermination.

DÉCIME n.m. *Anc.* Un dixième de franc.

DÉCIMER v. **10.** Faire périr en grand nombre.

DÉCIMÈTRE n.m. Dixième partie d'un mètre.

DÉCIMÉTRIQUE adj.

DECIMO adv. Dixièmement.

DÉCINTRAGE n.m.

DÉCINTREMENT n.m.

DÉCINTRER v. **10.** *Arch.* Dégarnir (une voûte) des cintres qui ont servi à sa construction.

DÉCISIF, IVE adj.

DÉCISION n.f.

DÉCISIONNAIRE n. et adj. Décideur.

DÉCISIONNEL, ELLE adj.

DÉCISIVEMENT adv.

DÉCISOIRE adj. *Dr.* Qui entraîne la décision.

DÉCITEX n.m. Unité de mesure de masse linéique des fibres textiles.

DÉCLAMATEUR, TRICE adj. et n.

DÉCLAMATION n.f.

DÉCLAMATOIRE adj.

DÉCLAMER v. **10.**

DÉCLARABLE adj.

DÉCLARANT, E adj. et n.

DÉCLARATIF, IVE adj. Qui contient une déclaration.

DÉCLARATION n.f.

DÉCLARATOIRE adj. *Dr.* Qui déclare juridiquement.

DÉCLARER v. **10.**

DÉCLASSEMENT n.m.

DÉCLASSER v. **10.**

DÉCLASSIFIER v. **15.** Rendre accessibles (des informations secrètes).

DÉCLAVETER v. **20** (je déclavette...) *Techn.* Libérer (une pièce) en enlevant une clavette.

DÉCLENCHANT, E adj.

DÉCLENCHEMENT n.m.

DÉCLENCHER v. **10.**

DÉCLENCHEUR, EUSE adj. et n.m.

DÉCLÉRICALISER v. **10.** Transférer (des services de l'Église) à des laïcs.

DÉCLIC n.m.

DÉCLIN n.m.

DÉCLINABLE adj.

DÉCLINAISON n.f.

DÉCLINANT, E adj.

DÉCLINATION n.f. *Astr.* Action de décliner.

DÉCLINATOIRE 1. adj. Qui conteste la compétence d'une juridiction. 2. n.m. Sorte de boussole.

DÉCLINEMENT n.m. → **déclination.**

DÉCLINER v. **10.**

DÉCLINOMÈTRE n.m. Appareil mesurant la déclinaison magnétique.

DÉCLINQUER v. **10.** Dégarnir (un bateau) de son bordage.

DÉCLIQUETAGE n.m.

DÉCLIQUETER v. **20** (je décliquette...) Débloquer (un mécanisme) en dégageant son cliquet.

DÉCLIVE adj. et n.f. En pente.

DÉCLIVITÉ n.f. Pente.

DÉCLOISONNEMENT n.m.

DÉCLOISONNER v. **10.**

DÉCLORE v. déf. **141.** *Vx.* Ouvrir.

DÉCLOUAGE n.m.

DÉCLOUER v. **10.**

DÉCO n.f. *Fam.* Décoration.

DÉCOCHAGE n.m. Démoulage d'une pièce de fonderie.

DÉCOCHEMENT n.m.

DÉCOCHER v. **10.** Lancer avec un arc.

DÉCOCTÉ n.m. Produit obtenu par décoction.

DÉCOCTION n.f. Action de faire bouillir des plantes dans un liquide. – Tisane ainsi obtenue.

DÉCODAGE n.m.

DÉCODER v. **10.**

DÉCODEUR, EUSE adj. et n.

DÉCOFFRAGE n.m.

DÉCOFFRER v. **10.** Débarrasser (un ouvrage en béton) de son coffrage.

DÉCOHABITATION n.f. Cessation de la cohabitation entre parents et enfants.

DÉCOHABITER v. **(p.p.inv.) 10.** Quitter le domicile de quelqu'un.

DÉCOHÉSION n.f. Séparation d'un matériau en deux parties.

DÉCOIFFAGE n.m.

DÉCOIFFANT, E adj. *Fam.* Renversant.

DÉCOIFFEMENT n.m.

DÉCOIFFER v. **10.**

DÉCOINÇAGE n.m.

DÉCOINCEMENT n.m.

DÉCOINCER v. **13.**

DÉCOLÉRER v. **(p.p.inv.) 12.**

DÉCOLLABLE adj.

DÉCOLLAGE n.m.

DÉCOLLATION n.f. Action de couper la tête.

DÉCOLLECTIVISER v. **10.** Privatiser.

DÉCOLLEMENT n.m.

DÉCOLLER v. **10.**

DÉCOLLETAGE n.m.

DÉCOLLETÉ, E adj. et n.m.

DÉCOLLETER v. **20** (je décollette...) Couper (un vêtement) pour dégager le cou. – *Mét.* Usiner (des pièces de faible diamètre).

DÉCOLLETEUR, EUSE n.

DÉCOLLEUSE n.f.

DÉCOLONISATION n.f.

DÉCOLONISER v. **10.**

DÉCOLORANT, E adj. et n.m.

DÉCOLORATION n.f.

DÉCOLORER v. **10.**

DÉCOMBRES n.m.pl.

DÉCOMMANDER v. **10.**

DÉCOMMETTRE v. **101.** Détordre (un cordage).

DÉCOMMUNISATION n.f.

DÉCOMMUNISER v. **10.** Débarrasser du communisme.

DÉCOMPACTAGE n.m.

DÉCOMPACTER v. **10.** *Inf.* Rétablir (un fichier) dans sa taille d'origine.

DÉCOMPENSATION n.f.

DÉCOMPENSER v. **10.** *Méd.* Pour des mécanismes régulateurs, ne plus compenser (les troubles dus à une maladie).

DÉCOMPLEXER v. **10.**

DÉCOMPOSABLE adj.

DÉCOMPOSER v. **10.**

DÉCOMPOSEUR n.m. Bactérie qui décompose la matière organique morte.

DÉCOMPOSITION n.f.

DÉCOMPRESSER v. **10.**

DÉCOMPRESSEUR n.m. Appareil réduisant la pression d'un gaz comprimé.

DÉCOMPRESSION n.f.

DÉCOMPRIMER v. **10.** Détendre (un gaz).

DÉCOMPTE n.m. Décomposition d'une somme. – Réduction.

DÉCOMPTER v. **10.** Retrancher.

DÉCONCENTRATION n.f.

DÉCONCENTRER v. **10.**

DÉCONCERTANT, E adj.

DÉCONCERTER v. **10.** Faire perdre contenance, embarrasser.

DÉCONDITIONNER v. **10.** Libérer d'un conditionnement psychologique.

DÉCONFIRE v. **128.** *Vx.* Vaincre, mettre en déroute.

DÉCONFIT, E adj. Dépité, décontenancé.

DÉCONFITURE n.f. Échec, faillite.

DÉCONGÉLATION n.f.

DÉCONGELER v. **23** (je décongèle...).

DÉCONGESTIF, IVE adj. et n.m. *Méd.* Qui fait cesser la congestion.

DÉCONGESTION n.f.

DÉCONGESTIONNER v. **10.**

DÉCONNADE n.f. **(= déconnage).**

DÉCONNAGE n.m. → **déconnade.**

DÉCONNANT, E adj.

DÉCONNECTER v. **10.** Supprimer une connexion électrique. – Séparer.

DÉCONNER v. **(p.p.inv.) 10.**

DÉCONNEUR, EUSE adj. et n.

DÉCONNEXION n.f.

DÉCONSEILLER v. **10.**

DÉCONSIDÉRATION n.f.

DÉCONSIDÉRER v. **12.** Discréditer.

DÉCONSIGNER v. **10.** Affranchir (des troupes) de la consigne. – Retirer (des bagages) de la consigne.

DÉCONSTIPER v. **10.**

DÉCONSTRUCTION n.f.

DÉCONSTRUIRE v. **135.** *Litt.* Décomposer pour analyser.

DÉCONTAMINATION n.f.

DÉCONTAMINER v. **10.**

DÉCONTENANCER v. **13.** Faire perdre contenance, embarrasser, troubler.

DÉCONTRACTANT, E adj.

DÉCONTRACTER v. **10.**

DÉCONTRACTION n.f.

DÉCONVENTIONNER v. **10.** Dans le régime de la Sécurité sociale, classer (un médecin) hors convention.

DÉCONVENUE n.f. Désappointement, déception.

DÉCOR n.m.

DÉCORATEUR, TRICE n.

DÉCORATIF, IVE adj.

DÉCORATION n.f.

DÉCORDER (SE) v. **10.**

DÉCORER v. **10.**

DÉCORNER v. **10.** Priver (un animal) de ses cornes.

DÉCORRÉLATION n.f.

DÉCORRÉLER v. **12.**

DÉCORTICAGE n.m.

DÉCORTICATION n.f.

DÉCORTIQUER v. **10.**

DÉCORTIQUERIE n.f. *Afr.* Usine de décorticage (arachide, café, riz...).

DÉCORTIQUEUR, EUSE n.

DÉCORUM n.m. Ensemble des convenances, étiquette, cérémonial.

DÉCOTE n.f. *Fin.* Perte de valeur.

DÉCOTER v. **10.**

DÉCOUCHER v. **(p.p.inv.) 10.**

DÉCOUDRE v. **97.**

DÉCOUENNER [kwa] v. **10.** Débarrasser (un jambon) de sa couenne.

DÉCOULER v. **(p.p.inv.) 10.**

DÉCOUPAGE n.m.

DÉCOUPE n.f.

DÉCOUPER v. **10.**

DÉCOUPEUR, EUSE n.

DÉCOUPLAGE n.m.

DÉCOUPLER v. **10.** *Électr.* Empêcher (deux circuits) de réagir l'un sur l'autre. – *Vén.* Détacher (des chiens couplés).

DÉCOUPOIR n.m. Instrument à découper.

DÉCOUPURE n.f.

DÉCOURAGEANT, E adj.

DÉCOURAGEMENT n.m.

DÉCOURAGER v. **17.**

DÉCOURONNEMENT n.m.

DÉCOURONNER v. **10.**

DÉCOURS n.m. Décroissance de la Lune. – Déclin d'une maladie.

DÉCOUSE... → **découdre 97.**

DÉCOUSU, E adj.

DÉCOUSURE n.f. *Vén.* Blessure faite à un chien par un sanglier, un cerf.

DÉCOUVERT, E adj., n.m. et n.f.

DÉCOUVERTURE n.f. *Min.* Enlèvement de la roche qui recouvre un gisement.

DÉCOUVREUR, EUSE n.

DÉCOUVRIR v. **46.**

DÉCRAMPONNER v. **10.**

DÉCRASSAGE n.m.

DÉCRASSEMENT n.m.

DÉCRASSER v. **10.**

DÉCRASSOIR n.m. Peigne pour décrasser le cuir chevelu.

DÉCRÉDIBILISER v. **10.**

DÉCRÉDITER v. **10.** Discréditer.

DÉCRÉMENT n.m. *Math., Inf.* Diminution.

DÉCRÉMENTER v. **10.** *Inf.* Diminuer (une variable) d'une valeur constante à chaque cycle d'opérations.

DÉCRÊPAGE n.m.

DÉCRÊPER v. **10.** Lisser (des cheveux crépus).

DÉCRÉPIR v. **40.** Dégarnir (un mur) du crépi.

DÉCRÉPISSAGE n.m.

DÉCRÉPIT, E adj. Usé, affaibli par l'âge.

DÉCRÉPITATION n.f.

DÉCRÉPITER v. **10.** Calciner (un sel) jusqu'à ce qu'il ne crépite plus.

DÉCRÉPITUDE n.f. Extrême déchéance.

DECRESCENDO n.m. et adv.

DÉCRET n.m.

DÉCRÉTALE n.f. Décret papal.

DÉCRÉTER v. **12.**

DÉCREUSAGE n.m. **(= décruage, décrusage).**

DÉCREUSEMENT n.m.

DÉCREUSER v. **10 (= décruer, décruser)** Lessiver (un fil textile brut) pour le débarrasser de sa gomme.

DÉCRI n.m. *Litt.* Discrédit, perte d'estime.

DÉCRIER v. **15.** Critiquer, calomnier.

DÉCRIMINALISER v. **10.** *Dr.* Soustraire (une infraction) à la juridiction criminelle.

DÉCRIRE v. **130.**

DÉCRISPATION n.f.

DÉCRISPER v. **10.**

DÉCROCHAGE n.m.

DÉCROCHEMENT n.m.

DÉCROCHER v. **10.**

DÉCROCHEUR, EUSE n. *Québ.* Élève qui abandonne ses études.

DÉCROISEMENT n.m.

DÉCROISER v. **10.**

DÉCROISSANCE n.f.

DÉCROISSANT, E adj.

DÉCROISSEMENT n.m.

DÉCROÎT n.m. *Astr.* Décroissement de la Lune.

DÉCROÎTRE v. (**p.p.inv.** mais **décrue** n.f.) **107.**

DÉCROTTAGE n.m.

DÉCROTTER v. **10.**

DÉCROTTEUR, EUSE n. Machine qui décrotte.

DÉCROTTOIR n.m. Lame métallique pour décrotter les chaussures.

DÉCROTTOIRE n.f. Tapis-brosse pour décrotter les chaussures.

DÉCRUAGE n.m. → **décreusage.**

DÉCRUE n.f.

DÉCRUER v. **10.** → **décreuser.**

DÉCRUSAGE n.m. → **décreusage.**

DÉCRUSER v. **10.** → **décreuser.**

DÉCRYPTAGE n.m.

DÉCRYPTEMENT n.m.

DÉCRYPTER v. **10.** Décoder (un texte chiffré).

DÉÇU, E adj.

DÉCUBITUS n.m. Position du corps couché.

DÉCUIRE v. **135.** Rectifier (une préparation) en corrigeant un excès de cuisson par un ajout d'eau.

DÉCUIVRAGE n.m.

DÉCUIVRER v. **10.** Débarrasser (une surface) d'un revêtement de cuivre par électrolyse.

DÉCULASSER v. **10.** Libérer (une arme à feu) de sa culasse.

DÉCULOTTAGE n.m.

DÉCULOTTÉE n.f. Défaite honteuse.

DÉCULOTTER v. **10.**

DÉCULPABILISER v. **10.**

DÉCULTURATION n.f. *Anthr.* Perte ou dégradation de la culture d'un groupe ethnique.

DÉÇÛMES → **décevoir 70.**

DÉCUMUL n.m. *Belg.* Séparation fiscale des revenus d'un ménage.

DÉCUPLE adj. et n.m. Dix fois plus grand.

DÉCUPLEMENT n.m.

DÉCUPLER v. **10.**

DÉÇURENT → **décevoir 70.**

DÉCURIE n.f. *Antiq. rom.* Groupe de dix soldats.

DÉCURION n.m. *Antiq. rom.* Chef d'une décurie.

DÉCURRENT, E adj. (Feuille) dont le limbe se prolonge sur la tige.

DÉCUSCUTEUSE n.f. Machine servant à séparer les graines de cuscute des bonnes semences.

DÉÇUSSE... → **décevoir 70.**

DÉCUSSÉ, E adj. *Bot.* Dont les feuilles opposées se croisent à angle droit.

DÉÇUT... → **décevoir 70.**

DÉCUVAGE n.m.

DÉCUVAISON n.f.

DÉCUVER v. **10.** Ôter (du vin, du raisin) de la cuve.

DÉCYLIQUE adj. (Alcool saturé) à dix atomes de carbone.

DÉDAIGNABLE adj.

DÉDAIGNER v. **10.**

DÉDAIGNEUSEMENT adv.

DÉDAIGNEUX, EUSE adj. et n.

DÉDAIN n.m. Mépris.

DÉDALE n.m. Labyrinthe. – Ensemble compliqué et embrouillé.

DÉDALÉEN, ENNE adj.

DEDANS adv. et n.m.

DÉDICACE n.f.

DÉDICACER v. **13.**

DÉDICATAIRE n. Personne à qui s'adresse une dédicace.

DÉDICATOIRE adj. Qui contient une dédicace.

DÉDIÉ, E adj. (Ordinateur) dont le programme est fixé à l'avance.

DÉDIER v. **15.** Offrir, consacrer à quelqu'un.

DÉDIFFÉRENCIER (SE) v. **15.** *Biol.* Perdre partiellement ou totalement ses caractères spécifiques.

DÉDIRE (SE) v. **128.** Se rétracter. – Ne pas tenir parole.

DÉDIT n.m. *Litt.* Action de se dédire. – *Dr.* Somme à payer en cas de non-exécution d'un contrat.

DÉDOMMAGEMENT n.m.

DÉDOMMAGER v. **17.**

DÉDORAGE n.m.

DÉDORER v. **10.**

DÉDORURE n.f.

DÉDOUANAGE n.m.

DÉDOUANEMENT n.m.

DÉDOUANER v. **10.**

DÉDOUBLAGE n.m.

DÉDOUBLEMENT n.m.

DÉDOUBLER v. **10.**

DÉDRAMATISATION n.f.

DÉDRAMATISER v. **10.**

DÉDUCTIBILITÉ n.f.

DÉDUCTIBLE adj.

DÉDUCTIF, IVE adj. (Raisonnement) qui procède par déduction.

DÉDUCTION n.f.

DÉDUIRE v. **135.**

DÉESSE n.f.

DÉFAILLANCE n.f.

DÉFAILLANT, E adj.

DÉFAILLIR v. **(p.p.inv.) 48.** S'affaiblir. – Faire défaut.

DÉFAIRE v. **122.**

DÉFAISANCE n.f. Liquidation des actifs douteux d'une entreprise pour en améliorer le bilan.

DÉFAIT, E adj. et n.f.

DÉFAITISME n.m.

DÉFAITISTE adj. et n.

DÉFALCATION n.f.

DÉFALQUER v. **10.** Retrancher d'une somme.

DÉFANANT n.m. *Agr.* Herbicide détruisant les fanes de pommes de terre.

DÉFATIGANT, E adj. et n.m.

DÉFATIGUER v. **10.**

DÉFAUFILER v. **10.** En couture, enlever le fil qui a servi à faufiler.

DÉFAUSSE n.f.

DÉFAUSSER v. **10.** Jouer (une carte d'une couleur autre que celle demandée).

DÉFAUT n.m.

DÉFAVEUR n.f. Disgrâce.

DÉFAVORABLE adj.

DÉFAVORABLEMENT adv.

DÉFAVORISER v. **10.**

DÉFÉCATION n.f.

DÉFECTIF, IVE adj. (Verbe) qui ne se conjugue pas à tous les temps ou à toutes les personnes.

DÉFECTION n.f. Abandon d'un parti, d'une cause.

DÉFECTIVITÉ n.f. Caractéristique d'un verbe défectif.

DÉFECTUEUSEMENT adv.

DÉFECTUEUX, EUSE adj.

DÉFECTUOSITÉ n.f.

DÉFENDABLE adj.

DÉFENDERESSE → **défendeur.**

DÉFENDEUR, ERESSE n. Personne contre qui est intentée une action en justice.

DÉFENDRE v. **90.**

DÉFENDS n.m. **(= défens)** *Dr.* Défense faite au propriétaire d'un bois d'y pratiquer des coupes.

DÉFENESTRATION n.f.

DÉFENESTRER v. **10.** Jeter (quelqu'un) par la fenêtre.

DÉFENS n.m. → **défends.**

DÉFENSE n.f.

DÉFENSEUR, E n.

DÉFENSIF, IVE adj. et n.f.

DÉFENSIVEMENT adv.

DÉFÉQUER v. **12.** Aller à la selle. – Clarifier (un liquide).

DÉFÈREMENT n.m.

DÉFÉRENCE n.f.

DÉFÉRENT, E adj. Respectueux.

DÉFÉRER v. **12.** Traduire en justice.

DÉFERLAGE n.m.

DÉFERLANT, E adj. et n.f.

DÉFERLEMENT n.m.

DÉFERLER v. **10.** Déployer (les voiles d'un bateau). - Se briser avec impétuosité, en parlant des vagues.

DÉFERRAGE n.m.

DÉFERREMENT n.m.

DÉFERRER v. **10.**

DÉFERRURE n.f. Fait d'être déferré.

DÉFERVESCENCE n.f. Diminution de la fièvre.

DÉFET [défè] n.m. Feuille dépareillée d'un livre.

DÉFEUILLAISON n.f.

DÉFEUILLER v. **10.** Dépouiller de ses feuilles.

DÉFEUTRAGE n.m.

DÉFEUTRER v. **10.** Traiter (de la laine) pour qu'elle puisse être étirée.

DÉFI n.m.

DÉFIANCE n.f.

DÉFIANT, E adj. Qui se méfie.

DÉFIBRAGE n.m.

DÉFIBRER v. **10.** Dépouiller de ses fibres.

DÉFIBREUR, EUSE n.

DÉFIBRILLATEUR n.m. Appareil électrique utilisé pour la défibrillation.

DÉFIBRILLATION n.f. Rétablissement du rythme normal d'un cœur atteint de fibrillation.

DÉFICELER v. **22** (je déficelle...).

DÉFICIENCE n.f. Insuffisance organique ou mentale.

DÉFICIENT, E adj.

DÉFICIT n.m.

DÉFICITAIRE adj.

DÉFIER v. **15.**

DÉFIGER v. **17.** Liquéfier (un corps figé).

DÉFIGURATION n.f.

DÉFIGUREMENT n.m.

DÉFIGURER v. **10.**

DÉFILAGE n.m. Action d'effilocher des chiffons pour fabriquer du papier.

DÉFILÉ, E adj. et n.m.

DÉFILEMENT n.m.

DÉFILER v. **10.**

DÉFILEUR, EUSE n. Machine pour effectuer le défilage.

DÉFINIR v. **40.**

DÉFINISSABLE adj.

DÉFINISSANT n.m. Mot faisant partie d'une définition.

DÉFINITEUR n.m. Moine chargé des affaires administratives de l'ordre.

DÉFINITIF, IVE adj.

DÉFINITION n.f.

DÉFINITIONNEL, ELLE adj. Relatif à une définition.

DÉFINITIVEMENT adv.

DÉFINITOIRE adj. → **définitionnel.**

DÉFISCALISABLE adj.

DÉFISCALISATION n.f.

DÉFISCALISER v. **10.** Ne plus soumettre à l'impôt.

DÉFLAGRANT, E adj.

DÉFLAGRATEUR n.m. Appareil servant à mettre le feu à un explosif.

DÉFLAGRATION n.f.

DÉFLAGRER v. **(p.p.inv.) 10.** Faire explosion.

DÉFLATER v. **10.** Diminuer (un prix).

DÉFLATION n.f. Réduction de la masse monétaire.

DÉFLATIONNISTE adj. et n.m.

DÉFLÉCHIR v. **40.** Dévier.

DÉFLECTEUR, TRICE adj. et n.m. (Appareil) servant à changer la direction d'un fluide.

DÉFLEURAISON n.f. Chute des fleurs.

DÉFLEURIR v. **40.** Dépouiller (une plante) de ses fleurs.

DÉFLEXION n.f. Changement de direction.

DÉFLOCAGE n.m.

DÉFLOQUER v. **10.** Débarrasser (un bâtiment) de son flocage.

DÉFLORAISON n.f. → **défleuraison.**

DÉFLORATION n.f. Action de déflorer.

DÉFLORER v. **10.** Dépuceler.

DÉFLUENT n.m. Bras formé par la division d'un cours d'eau.

DÉFLUVIATION n.f. Changement du lit d'un cours d'eau.

DÉFOLIANT, E adj. et n.m.

DÉFOLIATION n.f.

DÉFOLIER v. **15.** Détruire (une végétation) de façon artificielle.

DÉFONÇAGE n.m.

DÉFONCE n.f. *Fam.* État provoqué par les hallucinogènes.

DÉFONCEMENT n.m.

DÉFONCER v. **13.**

DÉFONCEUSE n.f. Engin de terrassement.

DÉFORCER v. **13.** *Belg.* Affaiblir.

DÉFORESTAGE n.m.

DÉFORESTATION n.f.

DÉFORESTER v. **10.** Déboiser.

DÉFORMABLE adj.

DÉFORMANT, E adj.

DÉFORMATEUR, TRICE adj.

DÉFORMATION n.f.

DÉFORMER v. **10.**

DÉFOULANT, E adj.

DÉFOULEMENT n.m.

DÉFOULER v. **10.**

DÉFOULOIR n.m. Ce qui permet de se défouler.

DÉFOURAILLER v. **10.** *Arg.* Dégainer (une arme à feu).

DÉFOURNAGE n.m.

DÉFOURNEMENT n.m.

DÉFOURNER v. **10.** Sortir du four.

DÉFOURNEUR, EUSE n.m. et n.f.

DÉFRAGMENTATION n.f.

DÉFRAGMENTER v. **10.** *Inf.* Réorganiser (les données d'un support) pour optimiser son utilisation.

DÉFRAÎCHIR v. **40.** Priver de sa fraîcheur.

DÉFRAIEMENT n.m.

DÉFRANCHIR v. **40.** *Belg.* Ébranler (quelqu'un) en lui faisant perdre son assurance.

DÉFRAYER v. **24.**

DÉFRICHABLE adj.

DÉFRICHAGE n.m.

DÉFRICHE n.f. Terre défrichée.

DÉFRICHEMENT n.m.

DÉFRICHER v. **10.**

DÉFRICHEUR, EUSE n.

DÉFRIPER v. **10.**

DÉFRISAGE n.m.

DÉFRISEMENT n.m.

DÉFRISER v. **10.** Défaire la frisure. – Contrarier, décevoir.

DÉFROISSABLE adj.

DÉFROISSER v. **10.**

DÉFRONCER v. **13.**

DÉFROQUE n.f. Vieux vêtement.

DÉFROQUER v. **10.** (Faire) abandonner l'état religieux.

DÉFRUITER v. **10.** Priver (une huile) de son goût de fruit.

DÉFUNT, E adj. et n.

DÉFUNTER v. **(p.p.inv.) 10.** *Vx.* Mourir.

DÉFUSION n.f. Séparation de communes ayant fusionné.

DÉFUSIONNER v. **10.**

DÉGAGEMENT n.m.

DÉGAGER v. **17.**

DÉGAINE n.f.

DÉGAINER v. **10.**

DÉGALONNER v. **10.**

DÉGAMMER v. **(p.p.inv.) 10.** *Cam.* Dire des sottises.

DÉGANTER v. **10.**

DÉGARNIR v. **40.**

DÉGARNISSAGE n.m.

DÉGARNISSEUSE n.f. *Ch. de f.* Appareil servant à retirer le ballast.

DÉGASOLINAGE n.m.

DÉGASOLINER v. **10.** Traiter (un gaz naturel) pour en récupérer les hydrocarbures liquides.

DÉGÂT n.m.

DÉGAUCHIR v. **40.** Aplanir (une surface). – Redresser (une pièce déformée).

DÉGAUCHISSAGE n.m.

DÉGAUCHISSEMENT n.m.

DÉGAUCHISSEUSE n.f. Raboteuse mécanique.

DÉGAZAGE n.m.

DÉGAZER v. **10.** Débarrasser (une substance) de ses gaz dissous. – Nettoyer les soutes d'un pétrolier.

DÉGAZOLINAGE n.m.

DÉGAZOLINER v. **10.** → **dégasoliner.**

DÉGAZONNAGE n.m.

DÉGAZONNEMENT n.m.

DÉGAZONNER v. **10.**

DÉGEL n.m.

DÉGELÉE n.f.

DÉGELER v. **23** (je dégèle…).

DÉGÊNER v. **10.** *Québ.* Mettre à l'aise.

DÉGÉNÉRATIF, IVE adj. Relatif à la dégénérescence.

DÉGÉNÉRATION n.f. *Vx.* Dégénérescence.

DÉGÉNÉRER v. **12.** Perdre ses qualités. – Changer en mal.

DÉGÉNÉRESCENCE n.f.

DÉGÉNÉRESCENT, E adj.

DÉGERMER v. **10 (= égermer)** Débarrasser de ses germes.

DÉGINGANDER v. **10.** Donner un air disloqué.

DÉGIVRAGE n.m.

DÉGIVRER v. **10.**

DÉGIVREUR n.m.

DÉGLAÇAGE n.m.

DÉGLACEMENT n.m.

DÉGLACER v. **13.** Traiter (du papier) pour en enlever le lustre. – Mouiller (le fond d'une casserole) pour dissoudre les jus de cuisson.

DÉGLACIATION n.f. Recul d'une période glaciaire.

DÉGLAISAGE n.m. Nettoyage de la boue sur une chaussée.

DÉGLINGUER v. **10.** Disloquer.

DÉGLOBULISATION n.f. *Méd.* Diminution des globules rouges.

DÉGLUER v. **10.** Débarrasser de la glu.

DÉGLUTINATION n.f. *Ling.* Séparation des éléments d'un mot unique (ma mie remplace m'amie).

DÉGLUTIR v. **40.** Avaler.

DÉGLUTITION n.f.

DÉGOBILLAGE n.m.

DÉGOBILLER v. **10.** *Fam.* Vomir.

DÉGOISEMENT n.m.

DÉGOISER v. **10.** *Fam.* Débiter (de longs discours) avec volubilité.

DÉGOMMAGE n.m.

DÉGOMMER v. **10.**

DÉGONDER v. **10.** Faire sortir (une porte) de ses gonds.

DÉGONFLABLE adj.

DÉGONFLAGE n.m.

DÉGONFLARD, E n. *Fam.* Froussard.

DÉGONFLEMENT n.m.

DÉGONFLER v. **10.**

DÉGORGEAGE n.m.

DÉGORGEMENT n.m.

DÉGORGEOIR n.m. Trop-plein d'un réservoir.

DÉGORGER v. **17.** Déverser, vider.

DÉGOTER v. **10 (= dégotter).**

DÉGOTTER v. **10. → dégoter.**

DÉGOUDRONNER v. **10.**

DÉGOULINADE n.f.

DÉGOULINANT, E adj.

DÉGOULINEMENT n.m.

DÉGOULINER v. **(p.p.inv.) 10.**

DÉGOUPILLER v. **10.**

DÉGOURBIFIER v. **15.** Rénover (un quartier) en remplaçant les gourbis par des logements décents.

DÉGOURDIR v. **40.**

DÉGOURDISSAGE n.m.

DÉGOURDISSEMENT n.m.

DÉGOÛT n.m.

DÉGOÛTAMMENT adv. D'une façon dégoûtante.

DÉGOÛTANT, E adj. et n.

DÉGOÛTATION n.f. *Fam.* Chose répugnante.

DÉGOÛTER v. **10.**

DÉGOUTTANT, E adj.

DÉGOUTTER v. **(p.p.inv.) 10.** Tomber goutte à goutte.

DÉGRADANT, E adj.

DÉGRADATEUR n.m. *Phot.* Cache permettant d'obtenir des images dégradées.

DÉGRADATION n.f.

DÉGRADÉ n.m. Affaiblissement progressif d'une couleur.

DÉGRADER v. **10.** Priver de son grade, détériorer. – Affaiblir progressivement.

DÉGRAFER v. **10.**

DÉGRAFEUR, EUSE n.

DÉGRAFFITAGE n.m.

DÉGRAFFITER v. **10.**

DÉGRAISSAGE n.m.

DÉGRAISSANT, E adj. et n.m.

DÉGRAISSER v. **10.** Débarrasser de la graisse ou d'un excédent.

DÉGRAISSEUR, EUSE n. Personne qui dégraisse les tissus, les vêtements.

DÉGRAS [-a] n.m. Produit utilisé pour assouplir les cuirs.

DÉGRAVOIEMENT n.m.

DÉGRAVOYER v. **27.** Saper, en parlant de l'eau.

DEGRÉ n.m.

DÉGRÉEMENT n.m.

DÉGRÉER v. **16.** Dégarnir (un navire) de ses gréements.

DÉGRESSIF, IVE adj. Qui va en diminuant.

DÉGRESSION n.f. Diminution graduelle.

DÉGRESSIVITÉ n.f.

DÉGRÈVEMENT n.m.

DÉGREVER v. **11.** Décharger d'une partie des impôts.

DÉGRIFFER v. **10.** Solder (un vêtement) sans la griffe d'origine.

DÉGRILLAGE n.m. Filtrage d'une eau polluée à travers une grille.

DÉGRINGOLADE n.f.

DÉGRINGOLER v. **10.**

DÉGRIPPANT n.m.

DÉGRIPPER v. **10.** *Méc.* Débloquer (des pièces).

DÉGRISEMENT n.m.

DÉGRISER v. **10.**

DÉGROSSER v. **10.** Étirer (un lingot d'or ou d'argent).

DÉGROSSIR v. **40.** Rendre moins grossier.

DÉGROSSISSAGE n.m.

DÉGROSSISSEMENT n.m.

DÉGROSSISSEUR n.m. *Mét.* Laminoir.

DÉGROUILLER (SE) v. **10.** *Fam.* Se hâter.

DÉGROUPAGE n.m. Ouverture d'un réseau téléphonique local à l'ensemble des opérateurs.

DÉGROUPEMENT n.m.

DÉGROUPER v. **10.**

DÈGUE n.m. *Dègue du Chili :* octodon.

DÉGUENILLÉ, E adj. et n.

DÉGUERPIR v. **40.** *Dr. anc.* Abandonner (un héritage). – Fuir précipitamment.

DÉGUERPISSEMENT n.m.

DÉGUEU, S adj. *Fam.* Dégueulasse.

DÉGUEULASSE adj. et n.

DÉGUEULASSER v. **10.** *Fam.* Salir.

DÉGUEULASSERIE n.f.

DÉGUEULATOIRE adj. *Fam.* Répugnant.

DÉGUEULER v. **10.** *Arg.* Vomir.

DÉGUEULIS n.m.

DÉGUILLER v. **10.** *Helv.* Abattre. – *Helv.* Dégringoler.

DÉGUISEMENT n.m.

DÉGUISER v. **10.**

DÉGURGITATION n.f.

DÉGURGITER v. **10.** Restituer tel quel (ce qu'on avait ingurgité).

DÉGUSTATEUR, TRICE n.

DÉGUSTATION n.f.

DÉGUSTER v. **10.**

DÉHALAGE n.m.

DÉHALER v. **10.** Tirer (un navire) par ses amarres.

DÉHANCHEMENT n.m.

DÉHANCHER (SE) v. **10.**

DÉHARNACHER v. **10.**

DÉHISCENCE n.f.

DÉHISCENT, E adj. *Bot.* (Fruit ou graine) qui s'ouvre spontanément à maturité.

DEHORS adv. et n.m.

DÉHOTTER v. **(p.p.inv.) 10.** *Fam.* Partir.

DÉHOUILLER v. **10.** *Min.* Épuiser (un gisement de houille).

DÉHOUSSABLE adj.

DÉHOUSSER v. **10.**

DÉICIDE n. et adj. Meurtre, meurtrier de Dieu.

DÉICTIQUE adj. et n.m. *Ling.* Qui sert à désigner.

DÉIFICATION n.f.

DÉIFIER v. **15.** Élever au rang des dieux.

DÉISME n.m. Croyance à l'existence de Dieu en dehors de toute religion.

DÉISTE adj. et n.

DÉITÉ n.f. Divinité.

DÉJÀ adv.

DÉJANTER v. **10.**

DÉJAUGEAGE n.m.

DÉJAUGER v. **17.** Soulever (un bateau) hors de l'eau.

DÉJAUNIR v. **40.** Priver de sa couleur jaune.

DÉJECTION n.f. Évacuation des matières fécales. – Ces matières elles-mêmes.

DÉJETER v. **20** (je déjette...) Déformer, faire dévier.

DÉJEUNER v. **(p.p.inv.) 10.**

DÉJEUNER n.m.

DÉJOUER v. **10.**

DÉJUCHER v. **10.** (Faire) quitter le juchoir, en parlant d'une poule.

DÉJUGER v. **17.** *Dr.* Annuler par un jugement opposé.

DELÀ adv. et prép.

DÉLABIALISATION n.f.

DÉLABIALISER v. **10.** *Phon.* Priver (un phonème) de son caractère labial.

DÉLABREMENT n.m.

DÉLABRER v. **10.**

DÉLABYRINTHER v. **10.** Éclaircir, élucider.

DÉLACER v. **13.**

DÉLAI n.m.

DÉLAINAGE n.m.

DÉLAINER v. **10.** Débarrasser (la peau d'un mouton mort) de sa laine.

DÉLAISSEMENT n.m.

DÉLAISSER v. **10.**

DÉLAITAGE n.m.

DÉLAITEMENT n.m.

DÉLAITER v. **10.** Débarrasser (le beurre) du petit-lait qu'il contient.

DÉLAITEUSE n.f. Machine utilisée pour le délaitage.

DÉLAMINAGE n.m. Séparation en lamelles.

DÉLARDEMENT n.m.

DÉLARDER v. **10.** *Arch.* Amincir (une pierre).

DÉLASSANT, E adj.

DÉLASSEMENT n.m.

DÉLASSER v. **10.** Détendre, divertir.

DÉLATEUR, TRICE n. Personne qui dénonce.

DÉLATION n.f.

DÉLATTER v. **10.** Dégarnir (un toit) de ses lattes.

DÉLAVAGE n.m.

DÉLAVER v. **10.** Enlever ou éclaircir (une couleur) avec de l'eau.

DÉLAYAGE n.m.

DÉLAYER v. **24.**

DELCO n.m. (Nom déposé) Dispositif d'allumage d'un moteur à explosion.

DELEATUR I n.m. *Impr.* Signe de suppression en typographie.

DÉLÉATURER v. **10.** *Impr.* Supprimer par deleatur.

DÉLÉBILE adj. Qui peut être effacé.

DÉLECTABLE adj. Très agréable.

DÉLECTATION n.f.

DÉLECTER (SE) v. **10.**

DÉLÉGANT, E n. *Dr.* Personne qui délègue.

DÉLÉGATAIRE n. *Dr.* Personne à qui l'on délègue quelque chose.

DÉLÉGATEUR, TRICE n. → **délégant.**

DÉLÉGATION n.f.

DÉLÉGITIMATION n.f.

DÉLÉGITIMER v. **10.**

DÉLÉGUÉ, E adj. et n.

DÉLÉGUER v. **12.**

DELÉMONTAIN, E adj. De Delémont (Suisse).

DÉLESTAGE n.m.

DÉLESTER v. **10.** Décharger de son lest.

DÉLÉTÈRE adj. Qui attaque la santé. – Nuisible.

DÉLÉTION n.f. *Biol.* Déficience chromosomique.

DÉLIAQUE adj. → **délien.**

DÉLIASSAGE n.m.

DÉLIASSER v. **10.** *Inf.* Découper (un listing continu) en feuilles séparées.

DÉLIASSEUSE n.f. Machine pour déliasser.

DÉLIBÉRANT, E adj.

DÉLIBÉRATIF, IVE adj. Qui a le droit de voter.

DÉLIBÉRATION n.f.

DÉLIBÉRATOIRE adj. Relatif à la délibération.

DÉLIBÉRÉ, E 1. adj. Libre, conscient. 2. n.m. Discussion entre magistrats avant le jugement.

DÉLIBÉRÉMENT adv.

DÉLIBÉRER v. **12.**

DÉLICAT, E adj. et n.

DÉLICATEMENT adv.

DÉLICATESSE n.f.

DELICATESSEN [-èn] n.m. Épicerie fine.

DÉLICE n.m.

DÉLICIEUSEMENT adv.

DÉLICIEUX, EUSE adj.

DÉLICTUEL, ELLE adj. → **délictueux.**

DÉLICTUEUX, EUSE adj. Qui constitue un délit.

DÉLIÉ, E 1. adj. Mince, fin. 2. n.m. Partie fine des lettres.

DÉLIEMENT n.m.

DÉLIEN, ENNE adj. De l'île de Délos (mer Égée).

DÉLIER v. **15.**

DÉLIGNAGE n.m.

DÉLIGNER v. **10.** Scier à plat.

DÉLIGNEUSE n.f. Scie spéciale pour découper le bois ou le plastique.

DÉLIGNIFICATION n.f.

DÉLIGNIFIER v. **15.** Débarrasser (du bois) de sa lignine.

DÉLIGNURE n.f. Déchet d'un bois déligné.

DÉLIMITATION n.f.

DÉLIMITER v. **10.**

DÉLIMITEUR n.m. *Inf.* Caractère qui limite.

DÉLINÉAMENT n.m. Contour.

DÉLINÉAMENTER v. **10.**

DÉLINÉARISÉ, E adj. *Ling.* Dont les lettres ne sont pas alignées.

DÉLINÉATEUR n.m. Balise lumineuse le long d'une route.

DELINEAVIT [délinéavit] n.m. Mot placé sous une gravure, signifiant *dessiné par.*

DÉLINÉER v. **16.** Esquisser en dessinant les contours.

DÉLINQUANCE n.f.

DÉLINQUANT, E adj. et n.

DÉLIQUESCENCE n.f.

DÉLIQUESCENT, E adj. Qui se liquéfie.

DÉLIRANT, E adj. et n.

DÉLIRE n.m.

DÉLIRER v. **(p.p.inv.) 10.**

DELIRIUM n.m.

DÉLISSAGE n.m.

DÉLISSER v. **10.** Découper (des chiffons) pour la fabrication du papier.

DÉLISTER v. **10.** Retirer (un produit) d'une liste.

DÉLIT n.m.

DÉLITAGE n.m.

DÉLITATION n.f.

DÉLITEMENT n.m.

DÉLITER v. **10.** Découper dans le sens des strates.

DÉLITESCENCE n.f. Disparition rapide d'une tumeur.

DÉLITESCENT, E adj. Qui a la propriété de se déliter.

DÉLIVRANCE n.f.

DÉLIVRER v. **10.**

DÉLIVREUR n.m. Appareil distributeur, dans l'industrie textile.

DÉLOCALISABLE adj.

DÉLOCALISATION n.f.

DÉLOCALISER v. **10.** Décentraliser.

DÉLOGEMENT n.m.

DÉLOGER v. **17.**

DÉLOGUER (SE) v. **10.** *Inf.* Se déconnecter.

DÉLOQUER (SE) v. **10.** *Fam.* Se déshabiller.

DÉLOT n.m. Doigtier de cuir.

DÉLOVER v. **10.** Dérouler (un câble).

DÉLOYAL, E, AUX adj.

DÉLOYALEMENT adv.

DÉLOYAUTÉ n.f.

DELPHIEN, ENNE adj. *Hist.* De Delphes (Grèce).

DELPHINARIUM n.m. Aquarium pour dauphins.

DELPHINIDÉ n.m. Cétacé, type dauphin.

DELPHINIUM n.m. Plante renonculacée (pied-d'alouette).

DELPHINOLOGIE n.f. Étude scientifique du dauphin.

DELPHIQUE adj. → **delphien.**

DELTA n.m.

DELTACISME n.m. *Phon.* Défaut de prononciation des dentales.

DELTAÏQUE adj. Relatif à un delta.

DELTAPLANE n.m. Planeur très léger.

DELTISTE n. Adepte du deltaplane.

DELTOÏDE n.m. et adj. Muscle de l'épaule.

DELTOÏDIEN, ENNE adj.

DÉLUGE n.m.

DÉLURER v. **10.** Rendre vif, dégourdi.

DÉLUSTRAGE n.m.

DÉLUSTRER v. **10.** Rafraîchir (une étoffe) en enlevant son brillant.

DÉLUTAGE n.m.

DÉLUTER v. **10.** Débarrasser (un joint) du lut. – *Mét.* Vider (une cornue) de son contenu de coke.

DÉMAGNÉTISATION n.f.

DÉMAGNÉTISER v. **10.**

DÉMAGO adj. et n. *Fam.* Démagogue.

DÉMAGOGIE n.f.

DÉMAGOGIQUE adj.

DÉMAGOGUE adj. et n.

DÉMAIGRIR v. **40.** *Techn.* Rendre moins épais.

DÉMAIGRISSEMENT n.m.

DÉMAILLAGE n.m.

DÉMAILLER v. **10.** Détricoter.

DÉMAILLOTER v. **10.**

DEMAIN adv.

DÉMANCHEMENT n.m.

DÉMANCHER v. **10.**

DEMANDE n.f.

DEMANDER v. **10.**

DEMANDERESSE → **demandeur.**

DEMANDEUR (f. DEMANDERESSE ou DEMANDEUSE) n.

DÉMANGEAISON n.f.

DÉMANGER v. **17.**

DÉMANTÈLEMENT n.m.

DÉMANTELER v. **23** (je démantèle...).

DÉMANTIBULER v. **10.** Disloquer, mettre en pièces.

DÉMAOÏSATION n.f. *Hist.* Contestation de la politique de Mao Tsé-toung.

DÉMAQUILLAGE n.m.

DÉMAQUILLANT, E adj. et n.m.

DÉMAQUILLER v. **10.**

DÉMARCAGE n.m. **(= démarquage).**

DÉMARCATIF, IVE adj. Qui sert à démarquer.

DÉMARCATION n.f. Limite de séparation.

DÉMARCHAGE n.m.

DÉMARCHE n.f.

DÉMARCHER v. **10.** Solliciter (un acheteur) à domicile.

DÉMARCHEUR, EUSE n.

DÉMARIAGE n.m.

DÉMARIER v. **15.** *Agr.* Éclaircir (une plantation).

DÉMARQUAGE n.m. → **démarcage.**

DÉMARQUE n.f. Fait d'effacer la marque de certains articles pour les solder.

DÉMARQUER v. **10.**

DÉMARQUEUR, EUSE n. Personne qui copie ou plagie.

DÉMARRAGE n.m.

DÉMARRER v. **10.**

DÉMARREUR n.m.

DÉMASCLAGE n.m.

DÉMASCLER v. **10.** Dépouiller (un chêne-liège) de sa première écorce.

DÉMASQUER v. **10.**

DÉMASTICAGE n.m.

DÉMASTIQUAGE n.m.

DÉMASTIQUER v. **10.** Débarrasser (un joint) du mastic.

DÉMÂTAGE n.m.

DÉMÂTER v. **10.** Priver (un navire) de ses mâts. – Perdre ses mâts.

DÉMATÉRIALISER v. **10.** *Phys.* Annihiler (des particules) pour qu'elles se transforment en énergie.

DÉMATINER (SE) v. **10.** *Helv.* Se lever très tôt.

DÉMAZOUTAGE n.m.

DÉMAZOUTER v. **10.**

DÈME n.m. *Antiq. gr.* Division administrative.

DÉMÉCHAGE n.m. *Méd.* Enlèvement de la pièce de gaze servant à drainer une plaie.

DÉMÉDICALISER v. **10.**

DÉMÊLAGE n.m.

DÉMÊLANT, E adj. et n.m.

DÉMÊLÉ n.m.

DÉMÊLEMENT n.m.

DÉMÊLER v. **10.**

DÉMÊLEUR, EUSE n. Personne qui démêle une matière textile.

DÉMÊLOIR n.m. Peigne à larges dents.

DÉMÊLURE n.f. Touffe de cheveux arrachée par le peigne.

DÉMEMBREMENT n.m.

DÉMEMBRER v. **10.**

DÉMÉNAGEMENT n.m.

DÉMÉNAGER v. **17.**

DÉMÉNAGEUR, EUSE 1. n.m. 2. n.f. *Helv.* Camion de déménagement.

DÉMENCE n.f.

DÉMENER (SE) v. **11.**

DÉMENS → **démentir 44.**

DÉMENT, E adj. et n. Fou.

DÉMENTI n.m.

DÉMENTIEL, ELLE adj.

DÉMENTIR v. **44.**

DÉMERDARD, E adj. et n.

DÉMERDER (SE) v. **10.**

DÉMERDEUR, EUSE n.

DÉMÉRITE n.m. Ce qui attire le blâme, la réprobation.

DÉMÉRITER v. **(p.p.inv.) 10.** Perdre par ses actes l'estime, la confiance de quelqu'un.

DÉMERSAL, E, AUX adj. Qui concerne les espèces qui vivent au fond, ou près du fond de la mer.

DÉMESURE n.f.

DÉMESURÉ, E adj.

DÉMESURÉMENT adv.

DÉMETTRE v. **101.**

DÉMEUBLER v. **10.**

DEMEURANT | (AU) loc.

DEMEURE n.f.

DEMEURÉ, E adj. et n.

DEMEURER v. **10.**

DEMI, E adj., n.m., n.f. et adv.

DEMIARD n.m. Mesure de capacité canadienne.

DÉMIELLER v. **10.** *Démieller la cire :* en extraire le miel.

DÉMILITARISER v. **10.**

DÉMINAGE n.m.

DÉMINER v. **10.**

DÉMINÉRALISER v. **10.** Faire perdre ses sels minéraux.

DÉMINEUR n.m.

DÉMISSION n.f.

DÉMISSIONNAIRE adj. et n.

DÉMISSIONNER v. **10.**

DÉMIURGE n.m. Dieu créateur, dans la philosophie de Platon.

DÉMIURGIQUE adj.

DÉMIXTION n.f. Séparation d'un ensemble de liquides insolubles l'un dans l'autre.

DÉMO n.f. *Fam.* Démonstration.

DÉMOBILISABLE adj.

DÉMOBILISATEUR, TRICE adj.

DÉMOBILISATION n.f.

DÉMOBILISER v. **10.**

DÉMOCRATE adj. et n.

DÉMOCRATIE n.f.

DÉMOCRATIQUE adj.

DÉMOCRATISATION n.f.

DÉMOCRATISER v. **10.**

DÉMODER v. **10.**

DEMODEX [dé-] n.m. Acarien parasite.

DÉMODULATEUR n.m.

DÉMODULATION n.f.

DÉMODULER v. **10.** *Techn.* Isoler (un signal) de son onde porteuse.

DÉMODULOMÈTRE n.m. Appareil mesurant les qualités des modulations de fréquence.

DÉMOGRAPHE adj. et n.

DÉMOGRAPHIE n.f.

DÉMOGRAPHIQUE adj.

DEMOISELLE n.f. Jeune fille. – Libellule bleue.

DÉMOLIR v. **40.**

DÉMOLISSAGE n.m.

DÉMOLISSEUR, EUSE n.

DÉMOLITION n.f.

DÉMON n.m.

DÉMONE n.f. *Litt.* Démon femelle.

DÉMONÉTISATION n.f.

DÉMONÉTISER v. **10.** Supprimer la valeur légale d'une monnaie. – Déprécier.

DÉMONIAQUE adj. et n.

DÉMONISER v. **10.** Diaboliser, stigmatiser.

DÉMONISME n.m. Croyance aux démons.

DÉMONOLOGIE n.f. Étude des démons.

DÉMONOMANIE n.f. Aliénation mentale par laquelle on se croit possédé du démon.

DÉMONSTRATEUR, TRICE n.

DÉMONSTRATIF, IVE adj. et n.m.

DÉMONSTRATION n.f.

DÉMONTABLE adj.

DÉMONTAGE n.m.

DÉMONTANT, E adj. Qui fait perdre contenance.

DÉMONTER v. **10.**

DÉMONTEUR, EUSE n.

DÉMONTRABILITÉ n.f.

DÉMONTRABLE adj.

DÉMONTRER v. **10.**

DÉMORALISANT, E adj.

DÉMORALISATEUR, TRICE adj. et n.

DÉMORALISATION n.f.

DÉMORALISER v. **10.**

DÉMORDRE v. **(p.p.inv.) 90.**

DÉMOTIQUE adj. et n.m. *Ling.* Se dit d'une ancienne écriture égyptienne.

DÉMOTIVANT, E adj.

DÉMOTIVATION n.f.

DÉMOTIVER v. **10.** Démoraliser.

DÉMOUCHETER v. **20** (je démouchette...) Dégarnir (un fleuret) de sa mouche.

DÉMOULAGE n.m.

DÉMOULER v. **10.**

DÉMOULEUR n.m. Système facilitant le démoulage.

DÉMOUSTICATION n.f.

DÉMOUSTIQUER v. **10.**

DÉMULTIPLEXAGE n.m.

DÉMULTIPLEXER v. **10.** *Inf.* Séparer (les voies de transmission) d'un dispositif multiplex.

DÉMULTIPLIER v. **15.** Ralentir (un mouvement transmis).

DÉMUNIR v. **40.**

DÉMUSELER v. **22** (je démuselle...) Libérer (un animal) de sa muselière.

DÉMUTISATION n.f.

DÉMUTISER v. **10.** Initier (un sourd) à l'usage de la parole.

DÉMYÉLINISATION n.f.

DÉMYÉLINISER v. **10.** Endommager (une fibre nerveuse) en détruisant la myéline.

DÉMYSTIFIANT, E adj.

DÉMYSTIFICATEUR, TRICE adj. et n.

DÉMYSTIFICATION n.f.

DÉMYSTIFIER v. **15.** Détromper (la victime d'une mystification).

DÉMYTHIFICATION n.f.

DÉMYTHIFIER v. **15.** Priver de tout caractère mythique.

DÉNANTIR v. **40.** *Dr.* Priver d'une garantie.

DENAR n.m. Unité monétaire de la Macédoine.

DÉNASALISATION n.f.

DÉNASALISER v. **10.** *Phon.* Priver (un phonème) de son caractère nasal.

DÉNATALITÉ n.f.

DÉNATIONALISER v. **10.**

DÉNATTER v. **10.**

DÉNATURALISER v. **10.** Priver des droits acquis par naturalisation.

DÉNATURANT, E adj. et n.m.

DÉNATURATION n.f.

DÉNATURER v. **10.**

DÉNAZIFICATION n.f.

DÉNAZIFIER v. **15.**

DENDRITE n.f. Arborisation de certains cristaux. – Prolongement d'une cellule nerveuse.

DENDRITIQUE adj.

DENDROBATE n.m. Petite grenouille venimeuse.

DENDROBIUM [d-in-drôbyom] n.m. Orchidée d'Asie du Sud-Est.

DENDROCTONE n.m. Coléoptère qui ravage les forêts d'épicéas.

DENDROCYGNE n.m. Canard des régions chaudes.

DENDROLAGUE [d-in-] ou [d-an-] n.m. Petit kangourou arboricole.

DENDROLOGIE n.f. Étude des arbres.

DENDROLOGIQUE adj.

DENDROLOGISTE n.

DENDROLOGUE n.

DENDROMÈTRE n.m. Instrument qui mesure les dimensions des arbres.

DENDROMÉTRIE n.f.

DENDROMÉTRIQUE adj.

DÉNÉBULATEUR n.m.

DÉNÉBULATION n.f.

DÉNÉBULER v. **10.** Débarrasser (un aéroport) du brouillard.

DÉNÉBULISATION n.f.

DÉNÉBULISER v. **10.** → **dénébuler.**

DÉNÉGATION n.f. Action de nier.

DÉNÉGATOIRE adj. *Dr.* Qui dénie.

DÉNEIGEMENT n.m.

DÉNEIGER v. **17.** Débarrasser (une route) de la neige.

DÉNEIGEUSE n.f. Petit appareil servant à déneiger.

DÉNERVATION n.f. Ablation d'un nerf.

DÉNERVER v. **10.** Apprêter (une viande) en enlevant les parties nerveuses.

DENGUE [d-in-g] n.f. Maladie infectieuse des pays chauds.

DÉNI n.m. Refus.

DÉNIAISEMENT n.m.

DÉNIAISER v. **10.** Rendre moins niais.

DÉNICHAGE n.m.

DÉNICHER v. **10.**

DÉNICHEUR, EUSE n.

DÉNICOTINISER v. **10.**

DÉNICOTINISEUR n.m. Filtre.

DENIER n.m. Ancienne monnaie.

DÉNIER v. **15.**

DÉNIGRANT, E adj.

DÉNIGREMENT n.m.

DÉNIGRER v. **10.** Discréditer.

DÉNIGREUR, EUSE adj. et n.

DENIM [de-] n.m. Tissu de coton pour jeans.

DÉNITRATATION n.f. Action de dénitrer.

DÉNITRER v. **10.** Débarrasser de l'azote ou de ses composés.

DÉNITRIFIANT, E adj.

DÉNITRIFICATION n.f.

DÉNITRIFIER v. **15.** → **dénitrer.**

DÉNIVELÉ, E n.

DÉNIVELER v. **22** (je dénivelle...) Rendre moins plat.

DÉNIVELLATION n.f.

DÉNIVELLEMENT n.m.

DÉNOMBRABLE adj.

DÉNOMBREMENT n.m.

DÉNOMBRER v. **10.**

DÉNOMINATEUR n.m.

DÉNOMINATIF, IVE 1. adj. Qui sert à désigner. 2. n.m. Mot dérivé d'un nom.

DÉNOMINATION n.f.

DÉNOMMÉ, E adj. et n.

DÉNOMMER v. **10.**

DÉNONCER v. **13.**

DÉNONCIATEUR, TRICE adj. et n.

DÉNONCIATION n.f.

DÉNOTATIF, IVE adj. *Ling.* Relatif à la dénotation.

DÉNOTATION n.f. *Ling.* Sens précis et permanent d'un mot.

DÉNOTER v. **10.**

DÉNOUEMENT n.m.

DÉNOUER v. **10.**

DÉNOYAGE n.m.

DÉNOYAUTAGE n.m.

DÉNOYAUTER v. **10.**

DÉNOYAUTEUR n.m.

DÉNOYER v. **27.** Assécher (une mine inondée).

DENRÉE n.f.

DENSE adj.

DENSÉMENT adv.

DENSIFICATION n.f.

DENSIFIER v. **15.** Rendre plus dense.

DENSIMÈTRE n.m. Instrument de mesure de la densité des liquides.

DENSIMÉTRIE n.f.

DENSIMÉTRIQUE adj.

DENSITÉ n.f.

DENSITOMÈTRE n.m. *Phot.* Appareil mesurant l'opacité.

DENSITOMÉTRIE n.f.

DENT n.f.

DENTAIRE adj.

DENTAL, E, AUX adj. et n.f.

DENTELAIRE n.f. Plante du Midi.

DENTELÉ, E 1. adj. 2. n.m. Muscle du tronc.

DENTELER v. **22** (je dentelle...) Découper en forme de dents.

DENTELIER, ÈRE adj. et n.f. (= **dentellier**) Relatif à la dentelle.

DENTELLE n.f.

DENTELLERIE n.f.

DENTELLIER, ÈRE adj. et n.f. → **dentelier.**

DENTELURE n.f. Découpure en forme de dents.

DENTER v. **10.** Munir de dents.

DENTICULE n.m. Petite dent. – *Arch.* Ligne ornementale en forme de dents.

DENTICULÉ, E adj.

DENTIER n.m.

DENTIFRICE adj. et n.m.

DENTINAIRE adj.

DENTINE n.f. Ivoire des dents.

DENTIROSTRE adj. et n.m. (Passereau) à mandibule supérieure échancrée en forme de dent.

DENTISTE n.

DENTISTERIE n.f.

DENTITION n.f.

DENTU, E adj.

DENTURE n.f. Ensemble des dents d'une personne, d'un animal.

DENTUROLOGIE n.f. *Québ.* Technique de la prothèse dentaire.

DENTUROLOGIQUE adj.

DENTUROLOGISTE n. *Québ.* Prothésiste dentaire.

DÉNUCLÉARISER v. **10.**

DÉNUDATION n.f.

DÉNUDER v. **10.**

DÉNUÉ, E adj.

DÉNUEMENT n.m.

DÉNUER (SE) v. **10.** Se priver.

DÉNUTRI, E adj. et n. Qui souffre de dénutrition.

DÉNUTRITION n.f. Trouble résultant d'une insuffisance nutritionnelle.

DÉO n.m. *Fam.* Déodorant.

DÉODORANT, E adj. et n.m.

DÉONTIQUE adj. *Log. Logique déontique :* étude des propriétés formelles vérifiées par des notions juridiques.

DÉONTOLOGIE n.f. Ensemble des règles d'une profession donnée.

DÉONTOLOGIQUE adj.

DÉONTOLOGUE n.

DÉPACSER (SE) v. **10.**

DÉPAILLAGE n.m.

DÉPAILLER v. **10.** Dégarnir (un siège) de sa paille.

DÉPALISSAGE n.m.

DÉPALISSER v. **10.** Détacher (un arbre en espalier) de son support.

DÉPANNAGE n.m.

DÉPANNER v. **10.**

DÉPANNEUR, EUSE adj. et n.

DÉPAQUETAGE n.m.

DÉPAQUETER v. **20** (je dépaquette...).

DÉPARAFFINAGE n.m. Extraction de la paraffine du pétrole.

DÉPARASITAGE n.m.

DÉPARASITER v. **10.**

DÉPAREILLER v. **10.**

DÉPARER v. **10.** Enlaidir, gâter.

DÉPARIER v. **15.** Séparer (les deux éléments d'une paire).

DÉPARLER v. **(p.p.inv.) 10.** *Vx.* Parler à tort et à travers.

DÉPART n.m.

DÉPARTAGER v. **17.**

DÉPARTEMENT n.m.

DÉPARTEMENTAL, E, AUX adj.

DÉPARTIR v. **40** ou **44.** Attribuer en partage. – *Se départir :* abandonner.

DÉPARTITEUR adj.m. et n.m. *Dr.* Qui fait cesser le partage.

DÉPASSABLE adj.

DÉPASSANT n.m. Garniture qui dépasse d'un vêtement.

DÉPASSEMENT n.m.

DÉPASSER v. **10.**

DÉPASSIONNER v. **10.**

DÉPATOUILLER (SE) v. **10.** Se débrouiller.

DÉPATRIER v. **15.** *Litt.* Priver de patrie.

DÉPAVAGE n.m.

DÉPAVER v. **10.**

DÉPAYSANT, E adj.

DÉPAYSEMENT n.m.

DÉPAYSER v. **10.**

DÉPEÇAGE n.m.

DÉPÈCEMENT n.m.

DÉPECER v. **19.** Mettre en pièces.

DÉPECEUR, EUSE n.

DÉPÊCHE n.f.

DÉPÊCHER v. **10.**

DÉPEIGNER v. **10.**

DÉPEINDRE v. **92.**

DÉPENAILLÉ, E adj. En lambeaux, en loques.

DÉPÉNALISATION n.f.

DÉPÉNALISER v. **10.** *Dr.* Ôter son caractère pénal à (une infraction).

DÉPENDAGE n.m.

DÉPENDAMMENT adv. *Québ.* Selon.

DÉPENDANCE n.f.

DÉPENDANT, E adj.

DÉPENDEUR, EUSE n. *Fam. Grand dépendeur d'andouilles :* homme grand et niais.

DÉPENDRE v. **90.** Décrocher.

DÉPENS n.m.pl. *Dr.* Frais d'un procès.

DÉPENSE n.f.

DÉPENSER v. **10.**

DÉPENSIER, ÈRE adj. et n.

DÉPERDITION n.f. Perte progressive.

DÉPÉRIR v. **(p.p.inv.) 40.**

DÉPÉRISSANT, E adj.

DÉPÉRISSEMENT n.m.

DÉPERLANCE n.f.

DÉPERLANT, E adj. (Surface) sur laquelle l'eau glisse sans pénétrer.

DÉPERSONNALISER v. **10.**

DÉPÊTRER v. **10.**

DÉPEUPLEMENT n.m.

DÉPEUPLER v. **10.**

DÉPHASAGE n.m.

DÉPHASER v. **10.** *Électr.* Établir une différence de phase entre (deux phénomènes alternatifs de même fréquence).

DÉPHASEUR n.m. Dispositif produisant un déphasage.

DÉPHOSPHATATION n.f.

DÉPHOSPHATER v. **10.**

DÉPHOSPHORATION n.f.

DÉPHOSPHORER v. **10.** Débarrasser (la fonte, l'acier) du phosphore.

DÉPIAUTAGE n.m.

DÉPIAUTER v. **10.** Dépouiller (un animal) de sa peau.

DÉPICAGE n.m. **(= dépiquage)** *Agr.* Égrainage des épis de céréales.

DÉPIGEONNAGE n.m. Opération d'élimination des pigeons dans les villes.

DÉPIGMENTATION n.f.

DÉPIGMENTER v. **10.** Éclaircir (la peau) en détruisant son pigment.

DÉPILAGE n.m.

DÉPILATION n.f.

DÉPILATOIRE adj. et n.m. (Cosmétique) qui fait tomber les poils.

DÉPILEMENT n.m. *Min.* Action de dépiler.

DÉPILER v. **10.** Rendre glabre ou chauve. – *Min.* Exploiter (un gisement).

DÉPIQUAGE n.m. → **dépicage.**

DÉPIQUER v. **10.** Dégarnir (une étoffe) de ses piqûres. – Battre (des céréales) pour égrainer les épis.

DÉPISTABLE adj.

DÉPISTAGE n.m.

DÉPISTER v. **10.**

DÉPISTEUR n.m. *Sp.* Découvreur de talents.

DÉPIT n.m.

DÉPITER v. **10.**

DÉPLACEMENT n.m.

DÉPLACER v. **13.**

DÉPLAFONNEMENT n.m. Suppression de la limite supérieure d'un crédit, d'une cotisation, etc.

DÉPLAFONNER v. **10.**

DÉPLAIRE v. **(p.p.inv.) 139.**

DÉPLAISAMMENT adv.

DÉPLAISANT, E adj.

DÉPLAISIR n.m.

DÉPLANER v. **10.** *Sén.* Perturber, décourager.

DÉPLANIFICATION n.f.

DÉPLANTAGE n.m.

DÉPLANTATION n.f.

DÉPLANTER v. **10.**

DÉPLANTINER v. **10.** Débarrasser (les semences) des graines de plantain.

DÉPLANTOIR n.m. Instrument servant à déplanter.

DÉPLÂTRAGE n.m.

DÉPLÂTRER v. **10.**

DÉPLÉTION n.f. Diminution.

DÉPLIAGE n.m.

DÉPLIANT, E adj. et n.m.

DÉPLIEMENT n.m.

DÉPLIER v. **15.**

DÉPLISSAGE n.m.

DÉPLISSER v. **10.**

DÉPLOIEMENT n.m.

DÉPLOMBAGE n.m.

DÉPLOMBER v. **10.**

DÉPLORABLE adj.

DÉPLORABLEMENT adv.

DÉPLORATION n.f. Manifestation de douleur.

DÉPLORER v. **10.**

DÉPLOYABLE adj.

DÉPLOYER v. **27.**

DÉPLUMER v. **10.**

DÉPLURENT, DÉPLUSSE..., DÉPLUT... → **déplaire 139.**

DÉPOÉTISER v. **10.**

DÉPOINTAGE n.m.

DÉPOINTER v. **10.** Déplacer (une arme) de sa position de pointage.

DÉPOITRAILLER (SE) v. **10.** Se découvrir la poitrine.

DÉPOLARISANT, E adj. et n.m.

DÉPOLARISATION n.f.

DÉPOLARISER v. **10.** Priver (un objet) de sa polarisation.

DÉPOLIR v. **40.**

DÉPOLISSAGE n.m.

DÉPOLISSEMENT n.m.

DÉPOLITISATION n.f.

DÉPOLITISER v. **10.**

DÉPOLLUANT, E adj. et n.m.

DÉPOLLUER v. **10.**

DÉPOLLUEUR adj.m. et n.m.

DÉPOLLUTION n.f.

DÉPOLYMÉRISER v. **10.** Transformer (un polymère) en un composé plus simple.

DÉPONENT, E adj. et n.m. (Verbe latin) de forme passive mais de sens actif.

DÉPOPULATION n.f. État d'un pays dépeuplé.

DÉPORT n.m. *Dr.* Acte par lequel on se récuse. – *Fin.* Somme payée par un vendeur à découvert à celui qui lui prête les titres.

DÉPORTANCE n.f. *Aéron.* Portance négative.

DÉPORTATION n.f.

DÉPORTEMENT n.m. Fait pour un véhicule d'être déporté.

DÉPORTER v. **10.**

DÉPOSANT, E adj. et n. Qui fait un dépôt. – Qui fait une déposition en justice.

DÉPOSE n.f. Action d'enlever ce qui était fixé.

DÉPOSER v. **10.**

DÉPOSITAIRE n. Personne à qui un dépôt a été confié.

DÉPOSITION n.f.

DÉPOSITOIRE n.m. Lieu où l'on dépose les cadavres avant l'inhumation.

DÉPOSSÉDER v. **12.**

DÉPOSSESSION n.f.

DÉPÔT n.m.

DÉPOTAGE n.m.

DÉPOTEMENT n.m.

DÉPOTER v. **10.**

DÉPOTOIR n.m.

DÉPOUDRER v. **10.**

DÉPOUILLAGE n.m.

DÉPOUILLE n.f.

DÉPOUILLEMENT n.m.

DÉPOUILLER v. **10.**

DÉPOURVU, E adj.

DÉPOUSSIÉRAGE n.m.

DÉPOUSSIÉRANT n.m.

DÉPOUSSIÉRER v. **12.**

DÉPOUSSIÉREUR adj.m. et n.m.

DÉPRAVANT, E adj.

DÉPRAVATEUR, TRICE adj. et n.

DÉPRAVATION n.f.

DÉPRAVER v. **10.** Altérer, pervertir.

DÉPRÉCATIF, IVE adj. (Formule) en forme de prière.

DÉPRÉCATION n.f. Prière pour détourner un malheur.

DÉPRÉCIATEUR, TRICE adj. et n. Qui déprécie.

DÉPRÉCIATIF, IVE adj. Péjoratif.

DÉPRÉCIATION n.f.

DÉPRÉCIER v. **15.**

DÉPRÉDATEUR, TRICE adj. et n.

DÉPRÉDATION n.f. Dégât causé aux biens d'autrui.

DÉPRENDRE (SE) v. **91.** Se dégager.

DÉPRESSEUR n.m. et adj.m. *Pharm.* Produit qui diminue l'activité mentale.

DÉPRESSIF, IVE adj. et n.

DÉPRESSION n.f.

DÉPRESSIONNAIRE adj. Qui est le siège d'une dépression atmosphérique.

DÉPRESSURISER v. **10.** Priver (la cabine d'un avion) de sa pression normale.

DÉPRIMANT, E adj.

DÉPRIME n.f.

DÉPRIMER v. **10.**

DÉPRIRENT → **déprendre 91.**

DÉPRISE n.f. Fait de se déprendre.

DÉPRISER v. **10.** *Litt.* Déprécier.

DÉPRISSE..., DÉPRIT... → **déprendre 91.**

DÉPROGRAMMATION n.f.

DÉPROGRAMMER v. **10.**

DÉPROLÉTARISER v. **10.**

DÉPROTÉGER v. **17.** *Inf.* Déverrouiller (une disquette).

DÉPUCELAGE n.m.

DÉPUCELER v. **22** (je dépucelle...).

DEPUIS prép. et adv.

DÉPULPAGE n.m.

DÉPULPER v. **10.** Débarrasser (un fruit, une dent) de sa pulpe.

DÉPURATIF, IVE adj. et n.m. Qui purifie l'organisme.

DÉPURATION n.f.

DÉPURER v. **10.** Rendre plus pur.

DÉPUTATION n.f. Envoi de députés. – Fonction de député.

DÉPUTÉ, E n.

DÉPUTER v. **10.** Envoyer en mission.

DÉQUALIFICATION n.f.

DÉQUALIFIER v. **15.** Affecter (quelqu'un) à un poste inférieur à sa qualification professionnelle.

DÉQUILLER v. **10.** *Arg.* Abattre.

DER n.m. ou f. *Fam.* Dernière fois.

DÉRACINABLE adj.

DÉRACINEMENT n.m.

DÉRACINER v. **10.**

DÉRADER v. **(p.p.inv.) 10.** *Mar.* Quitter une rade.

DÉRAGER v. **(p.p.inv.) 17.** Cesser d'être furieux.

DÉRAIDIR v. **40.** Assouplir.

DÉRAILLEMENT n.m.

DÉRAILLER v. **(p.p.inv.) 10.**

DÉRAILLEUR n.m.

DÉRAISON n.f. Manque de bon sens.

DÉRAISONNABLE adj.

DÉRAISONNEMENT n.m.

DÉRAISONNER v. **(p.p.inv.) 10.** Divaguer.

DÉRAMER v. **10.** Manipuler (une rame de papier) pour en séparer les feuilles.

DÉRANGEANT, E adj.

DÉRANGEMENT n.m.

DÉRANGER v. **17.**

DÉRAPAGE n.m.

DÉRAPER v. **(p.p.inv.) 10.**

DÉRASEMENT n.m.

DÉRASER v. **10.** Abaisser (un mur).

DÉRATÉ, E n. *Courir comme un dératé :* courir très vite.

DÉRATER v. **10.** Priver (un animal) de sa rate.

DÉRATISATION n.f.

DÉRATISER v. **10.** Débarrasser (un lieu) des rats.

DÉRATISEUR, EUSE n.

DÉRAYAGE n.m. (= **drayage**) Amincissement d'un cuir.

DÉRAYER v. **24.** 1. *Agr.* Borner (un champ) en l'entourant d'un sillon. 2. (= **drayer**) Amincir (du cuir).

DÉRAYEUSE n.f. Machine qui amincit le cuir.

DÉRAYURE n.f. Sillon séparant deux champs.

DERBIES → **derby.**

DERBOUKA n.f. → **darbouka.**

DERBY (pl. **DERBIES** ou **DERBYS**) n.m. Grande course de chevaux. – *Sp.* Rencontre entre deux villes voisines.

DERCHE n.m. *Arg.* Postérieur.

DÉRÉALISANT, E adj.

DÉRÉALISATION n.f. *Psych.* Impression d'irréalité du monde extérieur.

DÉRÉALISER v. **10.** *Psych.* Priver des rapports avec la réalité.

DERECHEF adv. De nouveau, une fois de plus.

DÉRÉEL, ELLE adj. *Psych.* Qui est en désaccord avec la réalité manifeste.

DÉRÉFÉRENCEMENT n.m.

DÉRÉFÉRENCER v. **13.** Pour un magasin, cesser de vendre (un produit).

DÉRÈGLEMENT n.m.

DÉRÉGLEMENTER v. **10.**

DÉRÉGLER v. **12.**

DÉRÉGULATION n.f.

DÉRÉGULER v. **10.** Supprimer les règles régissant (une activité économique).

DÉRÉISTIQUE adj. *Psych.* (Pensée) déréelle.

DÉRÉLICTION n.f. État de solitude morale complète.

DÉREMBOURSEMENT n.m. Cessation du remboursement d'un médicament par la Sécurité sociale.

DÉREMBOURSER v. **10.**

DÉRIDAGE n.m. Traitement esthétique chirurgical.

DÉRIDER v. **10.**

DÉRISION n.f.

DÉRISOIRE adj. Qui porte à rire par son caractère insignifiant ou ridicule.

DÉRISOIREMENT adv.

DÉRIVABILITÉ n.f.

DÉRIVABLE adj. *Math.* (Fonction) qui admet une dérivée.

DÉRIVANT, E adj.

DÉRIVATIF, IVE adj. et n.m.

DÉRIVATION n.f.

DÉRIVE n.f. *Mar., Aéron.* Déviation due à un courant ou un vent.

DÉRIVÉ, E adj., n.m. et n.f.

DÉRIVER v. **10.**

DÉRIVETER v. **20** (je dérivette...) Dégarnir de ses rivets.

DÉRIVEUR n.m. Bateau muni d'une dérive.

DERMABRASION n.f. Traitement de la peau par abrasion.

DERMAPTÈRE n.m. Insecte, type perce-oreille.

DERMATITE n.f. Inflammation de la peau.

DERMATO n. *Fam.* Dermatologue.

DERMATOGLYPHE n.m. Dessin de la peau (aux extrémités des doigts, en particulier).

DERMATOLOGIE n.f. Partie de la médecine qui traite de la peau.

DERMATOLOGIQUE adj.

DERMATOLOGISTE n.

DERMATOLOGUE n.

DERMATOMYCOSE n.f. → **dermatophytose.**

DERMATOMYOSITE n.f. Maladie de la peau et des muscles striés.

DERMATOPHYTE n.m. Champignon microscopique, responsable de mycoses.

DERMATOPHYTOSE n.f. Maladie de la peau causée par des champignons parasites.

DERMATOPTIQUE adj. Se dit de la sensibilité cutanée à la lumière, chez les animaux aveugles.

DERMATOSE n.f. Affection de la peau.

DERME n.m. Couche profonde de la peau.

DERMESTE n.m. Coléoptère parasite des fourrures et des cuirs.

DERMESTIDÉ n.m. Coléoptère, type dermeste.

DERMIQUE adj. Relatif au derme.

DERMITE n.f. → **dermatite.**

DERMOGRAPHE n.m. Instrument électrique qui permet de tatouer.

DERMOGRAPHIE n.f. → **dermographisme.**

DERMOGRAPHISME n.m. *Méd.* Tuméfaction de la peau après frottement.

DERMOPHARMACIE n.f. Ensemble des produits cosmétiques et hygiéniques vendus en pharmacie.

DERMOPONCTURE n.f. Acupuncture à la surface de la peau.

DERMOPROTECTEUR, TRICE adj. et n.m. (Produit) qui protège la peau.

DERMOPTÈRE n.m. Mammifère, type galéopithèque.

DERMOPUNCTURE n.f. → **dermoponcture.**

DERMOTROPE adj. (Médicament, virus) attiré par la peau.

DERNIER, ÈRE adj. et n.

DERNIÈREMENT adv.

DERNY n.m. Cyclomoteur qui entraîne les coureurs cyclistes.

DÉROBADE n.f.

DÉROBÉE (À LA) loc.

DÉROBEMENT n.m. *Méd.* Sentiment que les jambes sont incapables de porter le corps.

DÉROBER v. **10.**

DÉROBEUR, EUSE adj. et n.

DÉROCHAGE n.m. Décapage d'une surface métallique.

DÉROCHEMENT n.m. Enlèvement des roches d'un cours d'eau, d'un terrain.

DÉROCHER v. **10.** Enlever des roches. - Décaper. - Tomber d'un rocher.

DÉROCTAGE n.m. Dérochement en profondeur à l'aide d'explosifs.

DÉRODER v. **10.** Éclaircir (une forêt).

DÉROGATION n.f.

DÉROGATOIRE adj. *Dr.* Qui contient une dérogation.

DÉROGEANCE n.f. *Hist.* Activité faisant perdre la qualité de noble.

DÉROGER v. **(p.p.inv.) 17.** S'écarter de l'observation d'une loi. - Manquer à sa dignité.

DÉROQUER v. **10.** Aux échecs, empêcher (l'adversaire) de déplacer en même temps le roi et la tour.

DÉROUGIR v. **40.** Ôter ou perdre la couleur rouge.

DÉROUILLAGE n.m.

DÉROUILLÉE n.f.

DÉROUILLER v. **10.**

DÉROULAGE n.m. *Techn.* Transformation d'une pièce de bois en une feuille continue.

DÉROULANT, E adj. *Inf.* (Menu) se déployant sur l'écran.

DÉROULEMENT n.m.

DÉROULER v. **10.**

DÉROULEUR n.m. *Inf.* Dispositif de déroulement et d'enroulement d'une bande magnétique.

DÉROULEUSE n.f. Machine utilisée pour le déroulage.

DÉROUTAGE n.m.

DÉROUTANT, E adj.

DÉROUTE n.f.

DÉROUTEMENT n.m.

DÉROUTER v. **10.**

DERRICK n.m. Tour de forage d'un puits de pétrole.

DERRIÈRE n.m., prép. et adv.

DÉRUPE n.f. *Helv.* Pente très raide.

DÉRUPITER v. **(p.p.inv.) 10.** *Helv.* Tomber ou glisser en montagne.

DÉRURALISATION n.f. Exode rural.

DERVICHE n.m. Membre d'une confrérie religieuse musulmane.

DES art.

DÈS prép.

DÉSABONNEMENT n.m.

DÉSABONNER v. **10.**

DÉSABUSEMENT n.m.

DÉSABUSER v. **10.** Désillusionner.

DÉSACCENTUATION n.f.

DÉSACCENTUER v. **10.** *Électron.* Rétablir (un signal) dont les composantes ont été modifiées pour sa transmission.

DÉSACCLIMATER v. **10.**

DÉSACCORD n.m.

DÉSACCORDER v. **10.**

DÉSACCOUPLEMENT n.m.

DÉSACCOUPLER v. **10.**

DÉSACCOUTUMANCE n.f.

DÉSACCOUTUMER v. **10.**

DÉSACIDIFIER v. **15.**

DÉSACIÉRER v. **12.** Priver (un produit) de son caractère aciéré.

DÉSACRALISATION n.f.

DÉSACRALISER v. **10.** Priver de tout caractère sacré.

DÉSACTIVATION n.f.

DÉSACTIVER v. **10.**

DÉSADAPTATION n.f.

DÉSADAPTER v. **10.**

DÉSAÉRAGE n.m.

DÉSAÉRATION n.f.

DÉSAÉRER v. **12.** Débarrasser (une substance) de l'air qu'elle contient.

DÉSAFFECTATION n.f.

DÉSAFFECTER v. **10.** Affecter (un édifice) à un autre usage.

DÉSAFFECTION n.f. Perte de l'attachement.

DÉSAFFECTIONNER (SE) v. **10.**

DÉSAFFILIATION n.f.

DÉSAFFILIER v. **15.**

DÉSAGRAFER v. **10.**

DÉSAGRÉABLE adj.

DÉSAGRÉABLEMENT adv.

DÉSAGRÉGATION n.f.

DÉSAGRÉGER v. **18.** Désintégrer.

DÉSAGRÉMENT n.m.

DÉSAIMANTATION n.f.

DÉSAIMANTER v. **10.**

DÉSAISONNALISER v. **10.** Corriger (des statistiques) pour éliminer les distorsions dues aux variations saisonnières.

DÉSAJUSTEMENT n.m.

DÉSAJUSTER v. **10.**

DÉSALIÉNATION n.f.

DÉSALIÉNER v. **12.** Faire cesser l'aliénation. – Libérer.

DÉSALIGNEMENT n.m.

DÉSALIGNER v. **10.**

DÉSALINISATION [dés-] n.f.

DÉSALINISER [dés-] v. **10.** Dessaler (l'eau de mer).

DÉSALPE n.f. *Helv.* Descente de l'alpage.

DÉSALPER v. **(p.p.inv.) 10.** *Helv.* Descendre de l'alpage.

DÉSALTÉRANT, E adj.

DÉSALTÉRER v. **12.**

DÉSAMBIGUÏSER v. **10.**

DÉSÂMER (SE) v. **10.** *Québ.* Se donner beaucoup de mal.

DÉSAMIANTAGE n.m.

DÉSAMIANTER v. **10.**

DÉSAMIDONNAGE n.m.

DÉSAMIDONNER v. **10.**

DÉSAMINASE n.f. *Biochim.* Enzyme.

DÉSAMINATION n.f.

DÉSAMINER v. **10.** *Biochim.* Priver (une molécule) de son groupe amine.

DÉSAMORÇAGE n.m.

DÉSAMORCER v. **13.**

DÉSAMOUR n.m. *Litt.* Cessation de l'amour.

DÉSANGOISSER v. **10.**

DÉSANNEXER v. **10.**

DÉSANNEXION n.f.

DÉSANNONCER v. **13.** Citer (le titre et l'interprète d'une œuvre qui vient d'être diffusée).

DÉSAPER [s] v. **10 (= dessaper)** *Fam.* Déshabiller.

DÉSAPPARIER v. **15.** → **déparier.**

DÉSAPPOINTEMENT n.m.

DÉSAPPOINTER v. **10.** Décevoir.

DÉSAPPRENDRE v. **91.**

DÉSAPPROBATEUR, TRICE adj.

DÉSAPPROBATION n.f.

DÉSAPPROUVER v. **10.**

DÉSARÇONNANT, E adj.

DÉSARÇONNER v. **10.** Faire tomber de cheval. – Décontenancer.

DÉSARÊTER v. **10.** Débarrasser (un poisson) de son arête principale.

DÉSARGENTER v. **10.**

DÉSARMANT, E adj.

DÉSARMEMENT n.m.

DÉSARMER v. **10.**

DÉSARRIMAGE n.m.

DÉSARRIMER v. **10.** *Mar.* Déplacer (des marchandises arrimées dans la cale).

DÉSARROI n.m.

DÉSARTICULATION n.f.

DÉSARTICULER v. **10.**

DÉSASSEMBLAGE n.m.

DÉSASSEMBLER v. **10.**

DÉSASSIMILATION n.f.

DÉSASSIMILER v. **10.** Transformer (des substances complexes) en substances simples, puis les éliminer.

DÉSASSORTIMENT n.m.

DÉSASSORTIR v. **40.** Séparer des choses assorties. – Dégarnir de marchandises.

DÉSASTRE n.m.

DÉSASTREUSEMENT adv.

DÉSASTREUX, EUSE adj.

DÉSATELLISATION n.f.

DÉSATELLISER v. **10.** Écarter (un engin spatial) de sa trajectoire autour d'un astre.

DÉSATOMISATION n.f.

DÉSATOMISER v. **10.** Priver d'armement atomique.

DÉSAVANTAGE n.m.

DÉSAVANTAGER v. **17.**

DÉSAVANTAGEUX, EUSE adj.

DÉSAVEU, X n.m. Fait de désavouer.

DÉSAVOUER v. **10.** Revenir sur ses déclarations ou ses actes. – Désapprouver.

DÉSAXÉ, E adj. et n. Déséquilibré.

DÉSAXER v. **10.** Faire sortir de son axe, déséquilibrer.

DESCELLEMENT n.m.

DESCELLER v. **10.** Arracher de son scellement. – Ôter le sceau, le cachet.

DESCENDANCE n.f.

DESCENDANT, E adj. et n.

DESCENDERIE n.f. *Min.* Galerie de mine en pente.

DESCENDEUR, EUSE n. *Sp.* Spécialiste de la descente.

DESCENDRE v. **90.**

DESCENSEUR n.m. *Anc.* Ascenseur qui peut être utilisé à la descente.

DESCENTE n.f.

DÉSCHISTEUR n.m. Appareil utilisé pour éliminer le schiste du charbon.

DÉSCOLARISATION n.f.

DÉSCOLARISER v. **10.** Retirer (un enfant) de l'école.

DESCRIPTEUR, TRICE n. Personne qui décrit.

DESCRIPTIBLE adj.

DESCRIPTIF, IVE adj. et n.m.

DESCRIPTION n.f.

DESCRIPTIVISME n.m. Linguistique descriptive.

DESDITES adj.f.pl. Pluriel de *de ladite.*

DESDITS → **dudit.**

DÉSÉCHOUAGE n.m.

DÉSÉCHOUER v. **10.** Remettre à flot (un navire échoué).

DÉSÉCONOMIES n.f.pl. Dommages ou inconvénients dus à une activité économique.

DÉSECTORISATION n.f.

DÉSECTORISER v. **10.** Cesser de répartir en secteurs.

DÉSÉGRÉGATION n.f. Suppression de la ségrégation raciale.

DÉSEMBALLER v. **10.**

DÉSEMBOBINER v. **10.**

DÉSEMBOURBER v. **10.**

DÉSEMBOURGEOISER v. **10.**

DÉSEMBOUTEILLER v. **10.**

DÉSEMBUAGE n.m.

DÉSEMBUER v. **10.** Débarrasser (une vitre) de sa buée.

DÉSEMPARER v. **10.** *Mar.* Mettre hors d'état de servir. – *Sans désemparer :* sans s'arrêter.

DÉSEMPESER v. **11.**

DÉSEMPLIR v. **40.**

DÉSEMPRISONNER v. **10.**

DÉSENCADREMENT n.m.

DÉSENCADRER v. **10.**

DÉSENCHAÎNER v. **10.**

DÉSENCHANTEMENT n.m.

DÉSENCHANTER v. **10.** Décevoir.

DÉSENCLAVEMENT n.m.

DÉSENCLAVER v. **10.** Sortir (une région) de son isolement.

DÉSENCOLLAGE n.m.

DÉSENCOLLER v. **10.** Débarrasser (un tissu) de l'enduit déposé sur ses fils avant le tissage.

DÉSENCOMBREMENT n.m.

DÉSENCOMBRER v. **10.**

DÉSENCRAGE n.m.

DÉSENCRASSER v. **10.**

DÉSENCRER v. **10.** Débarrasser (du papier à recycler) de son encre.

DÉSENDETTEMENT n.m.

DÉSENDETTER (SE) v. **10.**

DÉSÉNERVER v. **10.** Calmer.

DÉSENFILER v. **10.**

DÉSENFLAMMER v. **10.** *Méd.* Traiter (un tissu organique) pour faire cesser une inflammation.

DÉSENFLER v. **10.**

DÉSENFLURE n.f.

DÉSENFOURNER v. **10.**

DÉSENFUMAGE n.m.

DÉSENFUMER v. **10.** Débarrasser de la fumée.

DÉSENGAGEMENT n.m.

DÉSENGAGER v. **17.**

DÉSENGLUER v. **10.**

DÉSENGORGEMENT n.m.

DÉSENGORGER v. **17.**

DÉSENGOURDIR v. **40.**

DÉSENGRENAGE n.m.

DÉSENGRENER v. **11.** *Méc.* Désolidariser (les deux roues) d'un engrenage.

DÉSENIVRER v. **10.**

DÉSENLACER v. **13.**

DÉSENLAIDIR v. **40.**

DÉSENNUYER v. **28.**

DÉSENRAYER v. **24.** *Techn.* Remettre en état de fonctionner.

DÉSENSABLEMENT n.m.

DÉSENSABLER v. **10.**

DÉSENSIBILISANT, E adj.

DÉSENSIBILISER v. **10.**

DÉSENSIMAGE n.m.

DÉSENSIMER v. **10.** Débarrasser (un tissu) des corps gras déposés avant le tissage.

DÉSENSORCELER v. **22** (je désensorcelle...).

DÉSENTOILAGE n.m.

DÉSENTOILER v. **10.** Débarrasser de sa toile.

DÉSENTORTILLER v. **10.**

DÉSENTRAVER v. **10.**

DÉSENVASER v. **10.**

DÉSENVELOPPER v. **10.**

DÉSENVENIMER v. **10.**

DÉSENVERGUER v. **10.** Ôter (une voile) de sa vergue.

DÉSENVOÛTEMENT n.m.

DÉSENVOÛTER v. **10.**

DÉSÉPAISSIR v. **40.**

DÉSÉPARGNE n.f. Dépense de l'argent épargné.

DÉSÉQUILIBRANT, E adj.

DÉSÉQUILIBRE n.m.

DÉSÉQUILIBRER v. **10.**

DÉSÉQUIPER v. **10.** *Mil.* Débarrasser de son équipement.

DÉSERT, E adj. et n.m.

DÉSERTER v. **10.**

DÉSERTEUR n.m.

DÉSERTIFICATION n.f.

DÉSERTIFIER (SE) v. **15.** Se changer en désert.

DÉSERTION n.f. Fait de quitter l'armée sans autorisation.

DÉSERTIQUE adj.

DÉSERTISATION n.f.

DÉSESCALADE n.f. Diminution progressive de ce qui n'avait cessé de monter.

DÉSESPÉRAMMENT adv.

DÉSESPÉRANCE n.f.

DÉSESPÉRANT, E adj.

DÉSESPÉRÉMENT adv.

DÉSESPÉRER v. **12.**

DÉSESPOIR n.m.

DÉSÉTAMAGE n.m.

DÉSÉTAMER v. **10.**

DÉSÉTATISATION n.f.

DÉSÉTATISER v. **10.**

DÉSEXCITATION n.f.

DÉSEXCITER v. **10.** Ramener (une molécule) à son état d'énergie minimale.

DÉSEXUALISATION n.f.

DÉSEXUALISER v. **10.**

DÉSHABILLAGE n.m.

DÉSHABILLÉ n.m.

DÉSHABILLER v. **10.**

DÉSHABITUER v. **10.**

DÉSHERBAGE n.m.

DÉSHERBANT, E adj. et n.m.

DÉSHERBER v. **10.**

DÉSHÉRENCE n.f. *Dr.* Absence d'héritiers pour recueillir une succession.

DÉSHÉRITÉ, E adj. et n.

DÉSHÉRITEMENT n.m.

DÉSHÉRITER v. **10.**

DÉSHONNÊTE adj. Contraire à la pudeur.

DÉSHONNÊTEMENT adv.

DÉSHONNÊTETÉ n.f.

DÉSHONNEUR n.m.

DÉSHONORANT, E adj.

DÉSHONORER v. **10.**

DÉSHUILAGE n.m.

DÉSHUILER v. **10.**

DÉSHUILEUR n.m.

DÉSHUMANISANT, E adj.

DÉSHUMANISATION n.f.

DÉSHUMANISER v. **10.**

DÉSHUMIDIFIER v. **15.**

DÉSHYDRATANT, E adj.

DÉSHYDRATATION n.f.

DÉSHYDRATER v. **10.**

DÉSHYDROGÉNER v. **12.**

DÉSHYPOTHÉQUER v. **12.**

DÉSIDÉOLOGISER v. **10.** Dépouiller (un système) de toute référence à une idéologie.

DÉSIDÉRABILITÉ n.f. *Écon.* Utilité économique.

DÉSIDÉRATA n.m. Ce qui fait défaut. – Ce que l'on désire.

DÉSIDÉRATIF, IVE adj. (Verbe) qui exprime le désir.

DESIDERATUM (pl. **DESIDERATA** ou **DESIDERATUMS**) n.m. → **désidérata.**

DESIGN [dizayn] 1. n.m. Esthétique industrielle. 2. adj. D'une esthétique moderne et fonctionnelle.

DÉSIGNATIF, IVE adj. Qui sert à désigner.

DÉSIGNATION n.f.

DESIGNER [dizayneur] n. (= **désigneur**) Spécialiste du design.

DÉSIGNER v. **10.**

DÉSIGNEUR, EUSE n. → **designer.**

DÉSILER [s] v. **10.** Retirer d'un silo.

DÉSILICIAGE n.m. Élimination de la silice.

DÉSILLUSION n.f.

DÉSILLUSIONNER v. **10.**

DÉSINCARCÉRER v. **12.** Dégager (des personnes bloquées dans un véhicule accidenté).

DÉSINCARNATION n.f.

DÉSINCARNER v. **10.** Dégager de son enveloppe charnelle.

DÉSINCORPORER v. **10.**

DÉSINCRUSTANT, E adj. et n.m. (Produit) qui empêche la formation de dépôts dans les chaudières.

DÉSINCRUSTATION n.f.

DÉSINCRUSTER v. **10.** Nettoyer en profondeur.

DÉSINDEXATION n.f.

DÉSINDEXER v. **10.**

DÉSINENCE n.f. *Ling.* Terminaison des mots qui indique une fonction.

DÉSINENTIEL, ELLE adj. Relatif à la désinence.

DÉSINFECTANT, E adj. et n.m.

DÉSINFECTER v. **10.**

DÉSINFECTEUR adj.m. et n.m.

DÉSINFECTION n.f.

DÉSINFLATION n.f.

DÉSINFORMATEUR, TRICE adj. et n.

DÉSINFORMATION n.f.

DÉSINFORMER v. **10.**

DÉSINHIBANT, E adj.

DÉSINHIBER v. **10.**

DÉSINHIBITEUR, TRICE adj.

DÉSINHIBITION n.f.

DÉSINSCRIPTION n.f.

DÉSINSCRIRE v. **130.** Rayer d'une liste d'inscription.

DÉSINSECTISER v. **10.**

DÉSINSÉRER v. **12.** Marginaliser.

DÉSINSERTION n.f.

DÉSINSTALLATION n.f.

DÉSINSTALLER v. **10.**

DÉSINTÉGRATION n.f.

DÉSINTÉGRER v. **12.**

DÉSINTÉRESSÉ, E adj.

DÉSINTÉRESSER v. **10.**

DÉSINTÉRÊT n.m.

DÉSINTOXICATION n.f.

DÉSINTOXIQUER v. **10.**

DÉSINVESTIR v. **40.**

DÉSINVITER v. **10.**

DÉSINVOLTE adj. D'allure dégagée, libre.

DÉSINVOLTURE n.f.

DÉSIR n.m.

DÉSIRABLE adj.

DÉSIRANT, E adj. Qui manifeste ou implique un désir.

DÉSIRER v. **10.**

DÉSIREUX, EUSE adj.

DÉSISTEMENT n.m.

DÉSISTER (SE) v. **10.** Renoncer à une action en justice. – Retirer sa candidature.

DESK n.m. Bureau de presse.

DESMAN [dèsm-an] n.m. Petit mammifère vivant près des cours d'eau.

DESMODROMIQUE adj. *Méc.* (Liaison entre deux pièces) telle que la vitesse de l'une a un rapport constant avec la vitesse de l'autre.

DESMOLASE n.f. Enzyme.

DESMOSOME n.m. *Biol.* Zone d'attache entre des cellules adjacentes dans les tissus animaux.

DESMOTROPIE n.f. *Chim.* Propriété d'une substance qui existe sous plusieurs formes en équilibre.

DÉSOBÉIR v. **40.** *Être désobéi :* ne pas être écouté, respecté.

DÉSOBÉISSANCE n.f.

DÉSOBÉISSANT, E adj.

DÉSOBLIGEAMMENT adv.

DÉSOBLIGEANCE n.f.

DÉSOBLIGEANT, E adj.

DÉSOBLIGER v. **17.** Peiner, vexer.

DÉSOBLITÉRATION n.f. Désobstruction.

DÉSOBSTRUCTION n.f.

DÉSOBSTRUER v. **10.**

DÉSOCCUPÉ, E adj.

DÉSOCIALISATION n.f.

DÉSOCIALISER v. **10.**

DÉSODÉ, E adj. (Régime) dont on a enlevé le sel.

DÉSODORISANT, E adj. et n.m.

DÉSODORISATION n.f.

DÉSODORISER v. **10.**

DÉSŒUVRÉ, E adj. et n. Inactif.

DÉSŒUVREMENT n.m.

DÉSOLANT, E adj.

DÉSOLATION n.f.

DÉSOLER v. **10.**

DÉSOLIDARISER v. **10.**

DÉSOPERCULATEUR n.m. Couteau pour désoperculer.

DÉSOPERCULER v. **10.** Débarrasser (les rayons d'une ruche) de leur couvercle de cire.

DÉSOPILANT, E adj.

DÉSOPILER v. **10.** Réjouir.

DÉSORBITATION n.f.

DÉSORBITER v. **10.** Faire sortir (un engin spatial) de son orbite.

DÉSORDONNER v. **10.** Mettre en désordre.

DÉSORDRE n.m.

DÉSORGANISATEUR, TRICE adj. et n.

DÉSORGANISATION n.f.

DÉSORGANISER v. **10.**

DÉSORIENTATION n.f.

DÉSORIENTER v. **10.**

DÉSORMAIS adv.

DÉSORPTION n.f. Rejet de gaz absorbés.

DÉSOSSAGE n.m.

DÉSOSSEMENT n.m.

DÉSOSSER v. **10.**

DÉSOXYDANT, E adj. et n.m.

DÉSOXYDATION n.f.

DÉSOXYDER v. **10.**

DÉSOXYGÉNATION n.f.

DÉSOXYGÉNER v. **12.**

DÉSOXYRIBOSE n.m. *Chim.* Ose.

DESPERADO n.m. Hors-la-loi.

DESPOTAT n.m. *Hist.* État byzantin.

DESPOTE n.m. et adj. Tyran.

DESPOTIQUE adj.

DESPOTIQUEMENT adv.

DESPOTISME n.m.

DESQUAMANT, E [skw] adj.

DESQUAMATION [skw] n.f.

DESQUAMER (SE) [skw] v. **10.** Perdre ses écailles.

DESQUELLES pr.relat. et int. Pluriel de *de laquelle.*

DESQUELS → **duquel.**

DESSABLAGE n.m.

DESSABLEMENT n.m.

DESSABLER v. **10.**

DESSAISIR v. **40.**

DESSAISISSEMENT n.m.

DESSAISONALISER v. **10.** → **désaisonnaliser.**

DESSALAGE n.m.

DESSALAISON n.f.

DESSALEMENT n.m.

DESSALER v. **10.**

DESSALEUR n.m. Appareil qui dessale le pétrole brut.

DESSALINISATION n.f. → **désalinisation.**

DESSALURE n.f. Dessalage de l'eau de mer.

DESSANGLER v. **10.**

DESSAOULER v. **10 (= dessoûler).**

DESSAPER v. **10.** → **désaper.**

DESSÉCHANT, E adj.

DESSÈCHEMENT n.m.

DESSÉCHER v. **12.**

DESSEIN n.m.

DESSELLER v. **10.**

DESSERRAGE n.m.

DESSERREMENT n.m.

DESSERRER v. **10.**

DESSERT n.m.

DESSERTE n.f. Action de desservir un lieu par un moyen de transport.

DESSERTIR v. **40.**

DESSERTISSAGE n.m.

DESSERVANT n.m. Prêtre chargé d'une paroisse.

DESSERVIR v. **52.**

DESSÉVAGE n.m. Élimination de la sève de bois fraîchement scié.

DESSICCATEUR n.m.

DESSICCATIF, IVE adj. et n.m. Qui dessèche.

DESSICCATION n.f.

DESSILLER v. **10.** → **déciller.**

DESSIN n.m.

DESSINATEUR, TRICE n.

DESSINER v. **10.**

DESSOLEMENT n.m.

DESSOLER v. **10.** Débarrasser (un cheval) de la sole de son sabot.

DESSOUCHAGE n.m.

DESSOUCHER v. **10 (= essoucher)** Débarrasser (un terrain) de ses souches.

DESSOUDER v. **10.**

DESSOUDURE n.f.

DESSOÛLER v. **10.** → **dessaouler.**

DESSOUS adv., prép. et n.m.

DESSUINTAGE n.m.

DESSUINTER v. **10.** Débarrasser (la laine) de son suint.

DESSUS adv., prép. et n.m.

DÉSTABILISANT, E adj.

DÉSTABILISATEUR, TRICE adj.

DÉSTABILISATION n.f.

DÉSTABILISER v. **10.**

DÉSTALINISATION n.f. *Pol., Hist.* Abolition des méthodes autoritaires en vigueur pendant l'époque stalinienne.

DÉSTALINISER v. **10.**

DESTIN n.m.

DESTINATAIRE n.

DESTINATEUR n.m. *Ling.* Auteur d'un message.

DESTINATION n.f.

DESTINÉE n.f.

DESTINER v. **10.**

DESTITUABLE adj.

DESTITUER v. **10.** Priver d'une charge, d'une fonction.

DESTITUTION n.f.

DÉSTOCKAGE n.m.

DÉSTOCKER v. **10.**

DÉSTOCKEUR n.m.

DESTOURIEN, ENNE adj. Du Destour (parti tunisien).

DÉSTRESSANT, E adj.

DÉSTRESSER v. **10.**

DESTRIER n.m. *Médiév.* Cheval de bataille.

DESTROY **I** [dèstroy] adj. *Fam.* Destructeur, provocateur.

DESTROYER n.m. *Mar.* Escorteur.

DESTRUCTEUR, TRICE adj. et n.

DESTRUCTIBLE adj.

DESTRUCTIF, IVE adj.

DESTRUCTION n.f.

DESTRUCTIVITÉ n.f. Propriété de pouvoir détruire.

DÉSTRUCTURANT, E adj.

DÉSTRUCTURATION n.f.

DÉSTRUCTURER v. **10.**

DÉSUBJECTIVISER v. **10.** Faire accéder à l'objectivité.

DÉSUET, ÈTE adj. Archaïque.

DÉSUÉTUDE n.f.

DÉSULFITAGE n.m.

DÉSULFITER v. **10.** Débarrasser (le vin) de son anhydride sulfureux.

DÉSULFURATION n.f.

DÉSULFURER v. **10.** Débarrasser du soufre.

DÉSUNION n.f.

DÉSUNIR v. **40.**

DÉSURCHAUFFE n.f.

DÉSURCHAUFFER v. **10.** Ramener (une vapeur surchauffée) à une température normale.

DÉSURCHAUFFEUR n.m.

DÉSYNCHRONISER v. **10.**

DÉSYNDICALISER v. **10.**

DÉTACHABLE adj.

DÉTACHAGE n.m.

DÉTACHANT, E adj. et n.m.

DÉTACHEMENT n.m.

DÉTACHER v. **10.**

DÉTACHEUR, EUSE adj. et n.

DÉTAIL n.m.

DÉTAILLANT, E adj. et n.

DÉTAILLER v. **10.**

DÉTALER v. **(p.p.inv.) 10.**

DÉTALONNAGE n.m.

DÉTALONNER v. **10.** Affûter (un foret) afin qu'il ne talonne pas contre la surface façonnée.

DÉTAPISSER v. **10.**

DÉTARTRAGE n.m.

DÉTARTRANT, E adj. et n.m.

DÉTARTRER v. **10.**

DÉTARTREUR n.m.

DÉTASSER v. **10.** Desserrer (ce qui est tassé).

DÉTATOUAGE n.m.

DÉTATOUER v. **10.**

DÉTAXATION n.f.

DÉTAXE n.f.

DÉTAXER v. **10.**

DÉTECTABLE adj.

DÉTECTER v. **10.**

DÉTECTEUR, TRICE adj. et n.m.

DÉTECTION n.f.

DÉTECTIVE n.

DÉTEINDRE v. **92.**

DÉTELAGE n.m.

DÉTELER v. **22** (je dételle...).

DÉTENDEUR n.m. Appareil réduisant la pression d'un fluide.

DÉTENDRE v. **90.**

DÉTENIR v. **42.**

DÉTENTE n.f.

DÉTENTEUR, TRICE adj. et n.

DÉTENTION n.f.

DÉTENU, E adj. et n.

DÉTERGENCE n.f. Propriété des produits détergents.

DÉTERGENT, E adj. et n.m.

DÉTERGER v. **17.** *Techn.* Nettoyer avec un détersif.

DÉTÉRIORATION n.f.

DÉTÉRIORER v. **10.**

DÉTERMINABLE adj.

DÉTERMINANT, E adj. et n.m. (Facteur) qui détermine.

DÉTERMINATIF, IVE adj. et n.m. *Ling.* Qui détermine le sens d'un mot.

DÉTERMINATION n.f.

DÉTERMINER v. **10.**

DÉTERMINISME n.m. *Philos.* Théorie selon laquelle tous les événements sont causés par des phénomènes antérieurs.

DÉTERMINISTE adj. et n.

DÉTERRAGE n.m.

DÉTERREMENT n.m.

DÉTERRER v. **10.**

DÉTERREUR, EUSE n.

DÉTERSIF, IVE adj. et n.m. Détergent.

DÉTERSION n.f. Effet des détergents.

DÉTESTABLE adj.

DÉTESTABLEMENT adv.

DÉTESTATION n.f.

DÉTESTER v. **10.**

DÉTHÉINER v. **10.** Débarrasser de sa théine.

DÉTIRER v. **10.** Étendre en tirant.

DÉTIREUSE n.f. Machine qui élargit les tissus.

DÉTONANT, E adj.

DÉTONATEUR n.m.

DÉTONATION n.f.

DÉTONER v. **(p.p.inv.) 10.** Produire le bruit d'une explosion.

DÉTONIQUE n.f. Science des explosifs.

DÉTONNER v. **(p.p.inv.) 10.** *Mus.* Sortir du ton. – Ne pas être en harmonie.

DÉTORDRE v. **90.**

DÉTORS, E adj. Détordu.

DÉTORSION n.f. Action de détordre.

DÉTORTILLER v. **10.**

DÉTOUR n.m.

DÉTOURAGE n.m.

DÉTOURER v. **10.** *Techn.* Façonner (une pièce) pour lui donner son contour exact.

DÉTOURNEMENT n.m.

DÉTOURNER v. **10.**

DÉTOXICATION n.f.

DÉTOXIFICATION n.f.

DÉTOXIFIER v. **15.** → **détoxiquer.**

DÉTOXIQUER v. **10.** Débarrasser (une substance) de ses effets toxiques.

DÉTRACTER v. **10.** Dénigrer.

DÉTRACTEUR, TRICE adj. et n.

DÉTRACTION n.f.

DÉTRAQUÉ, E adj. et n.

DÉTRAQUEMENT n.m.

DÉTRAQUER v. **10.**

DÉTREMPE n.f.

DÉTREMPER v. **10.** Amollir. – *Mét.* Faire perdre sa trempe.

DÉTRESSE n.f.

DÉTRICOTAGE n.m.

DÉTRICOTER v. **10.**

DÉTRIMENT n.m. Dommage, tort.

DÉTRITIQUE adj. Qui résulte de la désagrégation de roches préexistantes.

DÉTRITIVORE adj. et n.m. Qui se nourrit de détritus.

DÉTRITUS [-u(s)] n.m.

DÉTROIT n.m. Bras de mer resserré.

DÉTROMPER v. **10.** Tirer d'erreur.

DÉTROMPEUR n.m. *Techn.* Appareil évitant les fausses manœuvres.

DÉTRÔNER v. **10.**

DÉTROQUAGE n.m.

DÉTROQUER v. **10.** Séparer (de jeunes huîtres) les unes des autres.

DÉTROUSSEMENT n.m.

DÉTROUSSER v. **10.** Voler.

DÉTROUSSEUR, EUSE n.

DÉTRUIRE v. **135.**

DETTE n.f.

DÉTUMESCENCE n.f. Diminution de volume d'une tumeur, d'un organe.

DEUG n.m. Diplôme d'études universitaires générales.

DEUIL n.m.

DEUSIO adv. **(= deuzio)** *Fam.* Deuxièmement.

DEUST n.m. Diplôme d'études universitaires scientifiques et techniques.

DEUTÉRÉ, E adj. *Chim.* Qui contient du deutérium.

DEUTÉRIUM n.m. Isotope de l'hydrogène.

DEUTÉRON n.m. Noyau de l'atome de deutérium.

DEUTÉROSTOMIEN n.m. Animal dont la bouche ne se forme qu'au deuxième stade embryonnaire.

DEUTON n.m. → **deutéron.**

DEUTZIA [-sya] n.m. Arbuste ornemental.

DEUX adj.num.card.

DEUXIÈME adj.num.ord.

DEUXIÈMEMENT adv.

DEUZIO adv. → **deusio.**

DEVADASI [dé-] n.f. Danseuse sacrée brahmanique.

DÉVALER v. **10.**

DÉVALISER v. **10.**

DÉVALISEUR, EUSE n.

DÉVALOIR n.m. *Helv.* Couloir d'une forêt de montagne par où descendent des billes de bois.

DÉVALORISANT, E adj.

DÉVALORISATION n.f.

DÉVALORISER v. **10.**

DÉVALUATION n.f.

DÉVALUER v. **10.**

DEVANAGARI n.f. Écriture moderne du sanscrit.

DEVANCEMENT n.m.

DEVANCER v. **13.**

DEVANCIER, ÈRE n. Prédécesseur.

DEVANT n.m., prép. et adv.

DEVANTURE n.f.

DÉVARIER v. **15.** Dans le Midi, rendre fou, bouleverser.

DÉVASEMENT n.m.

DÉVASER v. **10.** Débarrasser de la vase.

DÉVASTATEUR, TRICE adj. et n.

DÉVASTATION n.f.

DÉVASTER v. **10.**

DÉVEINE n.f.

DÉVELOPPABLE adj. *Math.* (Surface) qui peut être projetée sur un plan.

DÉVELOPPANTE n.f. *Math.* Type de courbe.

DÉVELOPPATEUR n.m. *Phot.* Produit servant au développement.

DÉVELOPPÉ, E 1. n.m. Mouvement d'haltérophilie. 2. n.f. *Math.* Type de courbe.

DÉVELOPPEMENT n.m.

DÉVELOPPEMENTAL, E, AUX adj. *Psych.* Qui concerne le développement de l'individu.

DÉVELOPPER v. **10.**

DÉVELOPPEUR, EUSE n. Informaticien qui conçoit des logiciels.

DEVENIR n.m.

DEVENIR v. **42.**

DÉVENTER v. **10.** *Mar., Sp.* Empêcher (un concurrent) de profiter du vent.

DÉVERBAL, E, AUX n.m. et adj. Nom sans suffixe, dérivé d'un verbe.

DÉVERBATIF, IVE adj. et n.m. *Ling.* (Mot) dérivé d'un verbe.

DÉVERDIR v. **40.** Priver de sa couleur verte.

DÉVERGONDAGE n.m.

DÉVERGONDER (SE) v. **10.** Mener une vie dissolue.

DÉVERGUER v. **10.** Ôter (une voile) de sa vergue.

DÉVERNIR v. **40.**

DÉVERNISSAGE n.m.

DÉVERROUILLAGE n.m.

DÉVERROUILLER v. **10.**

DEVERS prép. *Par-devers :* par-devant.

DÉVERS n.m. Inclinaison.

DÉVERSEMENT n.m.

DÉVERSER v. **10.**

DÉVERSOIR n.m. Orifice d'évacuation.

DÉVESTITURE n.f. *Helv.* Desserte d'un lieu.

DÉVÊTIR v. **45.**

DÉVI n.f. Divinité féminine de l'Inde.

DÉVIANCE n.f.

DÉVIANT, E adj. et n. Qui ne se conduit pas selon les normes.

DÉVIATEUR, TRICE adj. et n.m. Qui produit une déviation.

DÉVIATION n.f.

DÉVIATIONNISME n.m. Position qui s'écarte de l'orthodoxie politique.

DÉVIATIONNISTE adj. et n.

DÉVIDAGE n.m.

DÉVIDER v. **10.** Mettre en écheveau. – Dérouler.

DÉVIDEUR, EUSE n.

DÉVIDOIR n.m. Instrument servant à dérouler.

DÉVIER v. **15.**

DÉVIERGER v. **17.** *Afr., Québ., Fam.* Déflorer.

DEVIN, DEVINERESSE n.

DEVINABLE adj.

DEVINER v. **10.**

DEVINERESSE → **devin.**

DEVINETTE n.f.

DEVINEUR, EUSE n.

DÉVIRER v. **10.** *Mar.* Tourner en sens contraire.

DÉVIRGINISER v. **10.** *Litt.* Déflorer.

DÉVIRILISATION n.f.

DÉVIRILISER v. **10.** Efféminer.

DEVIS n.m.

DÉVISAGER v. **17.**

DEVISE n.f.

DEVISER v. **10.** Converser. – *Helv.* Estimer (des travaux) en vue d'un devis.

DÉVISSABLE adj.

DÉVISSAGE n.m.

DÉVISSER v. **10.**

DÉVITALISATION n.f.

DÉVITALISER v. **10.** Priver (une dent) de sa pulpe.

DÉVITAMINÉ, E adj.

DÉVITRIFICATION n.f.

DÉVITRIFIER v. **15.** Traiter (du verre) pour lui enlever sa transparence.

DÉVOIEMENT n.m. Détournement.

DÉVOILEMENT n.m.

DÉVOILER v. **10.**

DEVOIR v. **75.**

DEVOIR n.m.

DÉVOISÉ, E adj. *Phon.* (Consonne) ayant perdu sa sonorité.

DÉVOLTAGE n.m. *Électr.* Diminution du voltage.

DÉVOLTER v. **10.**

DÉVOLTEUR n.m.

DÉVOLU, E 1. adj. *Dr.* Acquis, réservé. 2. n.m. *Jeter son dévolu :* fixer son choix.

DÉVOLUTIF, IVE adj. *Dr.* Qui transmet un bien.

DÉVOLUTION n.f. *Dr.* Transmission d'un bien.

DEVON n.m. Poisson artificiel servant d'appât.

DÉVONIEN, ENNE n.m. et adj. *Géol.* Quatrième période du paléozoïque.

DÉVORANT, E adj.

DÉVORATEUR, TRICE adj.

DÉVORER v. **10.**

DÉVOREUR, EUSE adj. et n.

DÉVOT, E adj. et n.

DÉVOTEMENT adv.

DÉVOTIEUX, EUSE [s] adj. *Litt.* Dévot.

DÉVOTION n.f.

DÉVOTIONNEL, ELLE adj.

DÉVOUEMENT n.m.

DÉVOUER v. **10.**

DÉVOYÉ, E n. et adj. Délinquant.

DÉVOYER v. **27.** Détourner du droit chemin.

DÉVRILLAGE n.m.

DÉVRILLER v. **10.** Détordre.

DEWAR [diwar] n.m. *Phys.* Récipient permettant de conserver le froid.

DÉWATTÉ, E adj. *Électr.* (Courant) déphasé et dont la puissance est nulle.

DEXTÉRITÉ n.f. Adresse, habileté.

DEXTRALITÉ n.f. Fait d'être droitier.

DEXTRE n.f. Main droite. – Côté droit.

DEXTREMENT adv. Avec dextérité.

DEXTRINE n.f. Matière gommeuse provenant de l'amidon.

DEXTRINISATION n.f. Transformation en dextrine.

DEXTROCARDIE n.f. Position du cœur à droite.

DEXTROCHÈRE [ch] ou [k] n.m. *Hér.* Bras droit représenté sur un écu.

DEXTROGYRE adj. Qui dévie à droite le plan de polarisation de la lumière.

DEXTROMORAMIDE n.m. Analgésique.

DEXTRORSE ❙ adj. et adv. → **dextrorsum.**

DEXTRORSUM ❙ adj. et adv. Qui va dans le sens des aiguilles d'une montre.

DEXTROSE n.m. Glucose.

DEY n.m. *Hist.* Chef du gouvernement d'Alger.

DÉZINGAGE n.m.

DÉZINGUER v. **10.** *Arg.* Démolir, tuer.

DÉZIPPER v. **10.** *Inf.* Décompresser (un fichier).

DÉZONAGE n.m.

DÉZONER v. **10.** *Québ., Pol.* Changer (un territoire) de zone.

DÉZOOMER v. **10.** Filmer en effectuant un zoom arrière.

DHARMA n.m. Loi universelle, dans l'hindouisme.

DHIMMA n.f. *Hist.* Statut inférieur, mais assorti de garanties, accordé par l'islam aux non-musulmans.

DHIMMI n. *Hist.* Non-musulman soumis à la dhimma.

DHOLE n.m. Canidé sauvage d'Asie.

DIA 1. n.f. *Belg.* Diapositive. 2. interj. Cri du charretier pour faire aller son cheval à gauche.

DIABÈTE n.m.

DIABÉTIQUE adj. et n.

DIABÉTOLOGIE n.f.

DIABÉTOLOGIQUE adj.

DIABÉTOLOGUE n.

DIABLE n.m. et interj.

DIABLEMENT adv.

DIABLERIE n.f. Machination. – Espièglerie.

DIABLESSE n.f. Femme méchante.

DIABLOTIN, E n. Petit diable.

DIABOLIQUE adj.

DIABOLIQUEMENT adv.

DIABOLISATION n.f.

DIABOLISER v. **10.** Présenter comme le diable.

DIABOLO n.m. Bobine creuse que l'on projette en l'air et que l'on rattrape.

DIACHROMIE n.f. Procédé utilisé en photographie.

DIACHRONIE n.f. Évolution des phénomènes linguistiques.

DIACHRONIQUE adj.

DIACHYLON [k] n.m. *Pharm.* Emplâtre.

DIACHYLUM [k] n.m. → **diachylon.**

DIACIDE adj. et n.m. → **biacide.**

DIACLASE n.f. *Géol.* Fissure.

DIACODE adj. (Sirop) à base d'opium.

DIACONAL, E, AUX adj. Relatif au diacre.

DIACONAT n.m. Ordre de l'Église, au-dessous de la prêtrise.

DIACONESSE n.f. Religieuse protestante.

DIACOUSTIQUE n.f. Étude de la réfraction des sons.

DIACRE n.m. Celui qui a reçu le diaconat.

DIACRITIQUE adj. (Signe) qui empêche la confusion entre des homographes.

DIADÈME n.m.

DIADOQUE n.m. *Hist.* Général briguant la succession d'Alexandre.

DIAGENÈSE n.f. *Géol.* Durcissement d'un sédiment.

DIAGNOSE n.f. Connaissance d'une maladie. – Description abrégée d'une plante.

DIAGNOSTIC n.m.

DIAGNOSTICIEN, ENNE n.

DIAGNOSTIQUE adj. Relatif au diagnostic.

DIAGNOSTIQUER v. **10.**

DIAGNOSTIQUEUR, EUSE n.

DIAGONAL, E, AUX adj. et n.f.

DIAGONALEMENT adv.

DIAGONALISABLE adj.

DIAGONALISATION n.f.

DIAGONALISER v. **10.** *Math.* Transformer (une matrice) en une matrice diagonale équivalente.

DIAGRAMME n.m. Courbe. – Croquis.

DIAGRAPHE n.m. *Opt.* Instrument permettant de reproduire l'image d'un objet.

DIAGRAPHIE n.f.

DIAKÈNE adj. et n.m. (Fruit) formé de deux akènes.

DIAL, S n.m. *Chim.* Corps qui a deux fonctions aldéhyde.

DIALCOOL n.m. → **diol.**

DIALDÉHYDE n.m. → **dial.**

DIALECTAL, E, AUX adj.

DIALECTALISME n.m. *Ling.* Régionalisme.

DIALECTE n.m.

DIALECTICIEN, ENNE n. et adj. Personne qui pratique la dialectique.

DIALECTIQUE adj. et n.f. (Raisonnement) logique.

DIALECTIQUEMENT adv.

DIALECTISANT, E adj. et n. Qui parle un dialecte.

DIALECTISER v. **10.** Interpréter dialectiquement.

DIALECTOLOGIE n.f. Étude des dialectes.

DIALECTOLOGIQUE adj.

DIALECTOLOGUE n.

DIALECTOPHONE adj. et n. → **dialectisant.**

DIALLÈLE n.m. *Log.* Cercle vicieux.

DIALOGIQUE adj. En forme de dialogue.

DIALOGUE n.m.

DIALOGUER v. **10.** Mettre (un texte) en dialogue.

DIALOGUISTE n.

DIALYPÉTALE adj. et n.f. (Fleur) dont les pétales sont séparés.

DIALYSE n.f. *Chim.* Séparation des constituants d'un mélange. – *Méd.* Purification du sang.

DIALYSÉPALE adj. (Calice) dont les sépales sont indépendants les uns des autres.

DIALYSER v. **10.**

DIALYSEUR n.m.

DIAM n.m. *Fam.* Diamant.

DIAMAGNÉTIQUE adj. Qui est repoussé par un aimant.

DIAMAGNÉTISME n.m.

DIAMANT n.m.

DIAMANTAIRE adj. et n.

DIAMANTÉ, E adj. Garni d'une pointe de diamant.

DIAMANTER v. **10.** Orner de diamants. – Faire briller comme un diamant.

DIAMANTIFÈRE adj.

DIAMANTIN, E adj. Qui a l'éclat ou la dureté du diamant.

DIAMÉTRAL, E, AUX adj.

DIAMÉTRALEMENT adv. Tout à fait.

DIAMÈTRE n.m.

DIAMIDE n.m. *Chim.* Corps qui a deux fonctions amide.

DIAMIDOPHÉNOL n.m. *Phot.* Corps servant de révélateur.

DIAMINE n.f. *Chim.* Corps qui a deux fonctions amine.

DIAMINOPHÉNOL n.m. → **diamidophénol.**

DIAMORPHINE n.f. *Chim.* Héroïne.

DIANE n.f. *Mil.* Batterie de tambour ou sonnerie de clairon qui réveille.

DIANTRE interj. Diable !

DIANTREMENT adv. Extrêmement.

DIAPASON n.m. *Mus.* Instrument qui donne le *la.*

DIAPAUSE n.f. *Zool.* Arrêt temporaire du développement.

DIAPÉDÈSE n.f. Migration des globules blancs hors des vaisseaux.

DIAPHANE adj. Translucide.

DIAPHANÉITÉ n.f.

DIAPHANOSCOPIE n.f. → **diascopie.**

DIAPHONIE n.f. Interférence qui nuit à la transmission d'un son.

DIAPHORÈSE n.f. *Méd.* Transpiration abondante.

DIAPHORÉTIQUE adj. et n.m. *Méd.* Qui active la transpiration.

DIAPHRAGMATIQUE adj.

DIAPHRAGME n.m.

DIAPHRAGMER v. **10.** *Phot.*, *Opt.* Munir d'un diaphragme.

DIAPHYSAIRE adj.

DIAPHYSE n.f. Partie moyenne d'un os long.

DIAPIR n.m. *Géol.* Montée de roches plastiques à travers des roches plus denses.

DIAPO n.f.

DIAPORAMA n.m. Spectacle de projection de diapositives.

DIAPOSITIVE n.f.

DIAPRER v. **10.** Parer de couleurs variées.

DIAPRURE n.f.

DIARISTE n. *Litt.* Auteur d'un journal intime.

DIARRHÉE n.f.

DIARRHÉIQUE adj. et n.

DIARTHROSE n.f. *Anat.* Articulation permettant des mouvements étendus.

DIASCOPE n.m. Appareil de projection par transparence. – Périscope pour blindés.

DIASCOPIE n.f. *Méd.* Procédé d'examen qui consiste à éclairer certains organes par transparence.

DIASPORA n.f. Dispersion d'un peuple, particulièrement du peuple juif.

DIASPORE 1. n.m. Hydroxyde d'aluminium. 2. n.f. Toute partie d'un végétal susceptible de le reconstituer entièrement.

DIASPORIQUE adj. Relatif à une diaspora.

DIASTASE n.f. *Vx.* Enzyme.

DIASTASIQUE adj.

DIASTOLE n.f. *Physiol.* Décontraction du cœur.

DIASTOLIQUE adj.

DIATHÈQUE n.f. Collection de diapositives.

DIATHERMANE adj. → **diatherme.**

DIATHERMANÉITÉ n.f. Propriété des corps diathermes.

DIATHERMANSIE n.f. → **diathermanéité.**

DIATHERME adj. Qui transmet la chaleur.

DIATHERMIE n.f. *Méd.* Échauffement des tissus par un courant électrique.

DIATHERMIQUE adj. → **diatherme.**

DIATHÈSE n.f. *Méd.* Disposition à être atteint par une affection aux manifestations variées.

DIATHÉSIQUE adj.

DIATOMÉE n.f. Algue unicellulaire.

DIATOMIQUE adj. Dont la molécule est formée de deux atomes.

DIATOMITE n.f. Roche formée de débris de diatomées.

DIATONIQUE adj. *Mus.* (Gamme) procédant par tons et demi-tons consécutifs.

DIATONIQUEMENT adv.

DIATONISME n.m. *Mus.* Système fondé sur une gamme diatonique.

DIATRIBE n.f. Critique violente.

DIAULE n.f. et adj. *Antiq. gr.* Flûte double.

DIAZÉPAM n.m. *Pharm.* Tranquillisant.

DIAZOCOPIE n.f. Procédé de reproduction de documents translucides.

DIAZOÏQUE adj. et n.m. (Composé) deux fois azoté utilisé dans les colorants.

DIAZOTE n.m. Molécule formée de deux atomes d'azote.

DIBASIQUE adj. → **bibasique.**

DIBI n.m. *Sén.* Viande grillée.

DIBITERIE n.f. *Sén.* Rôtisserie.

DIBROME n.m. Liquide toxique dont les molécules ont deux atomes de brome.

DICARBONYLÉ, E adj. et n.m. *Chim.* Qui a deux fonctions carbonyle.

DICARYON n.m. Cellule des champignons à deux noyaux.

DICARYOTIQUE adj.

DICASTÈRE n.m. *Helv.* Subdivision d'une administration communale.

DICENTRA [dis-in-tra] n.f. Plante ornementale.

DICÉTONE n.f. *Chim.* Corps qui a deux fonctions cétone.

DICHLORE n.m. Molécule formée de deux atomes de chlore.

DICHLORURE n.m. Molécule à deux atomes de chlore.

DICHOGAME [k] adj. (Fleur hermaphrodite) dont les étamines et les pistils ne sont pas mûrs en même temps.

DICHOGAMIE [k] n.f.

DICHOTOME adj. *Bot.* Qui se divise par bifurcation.

DICHOTOMIE n.f. Division en deux.

DICHOTOMIQUE adj.

DICHROÏQUE adj.

DICHROÏSME n.m. *Phys.* Propriété de certains corps de prendre deux colorations différentes selon l'angle d'observation.

DICHROMATE n.m. Sel de l'acide chromique.

DICHROMATIQUE adj. Qui peut présenter deux couleurs.

DICHROMIE n.f. Procédé de synthèse de deux couleurs.

DICIBLE adj. *Litt.* Qui peut être exprimé.

DICLINE adj. (Fleur) unisexuée.

DICO n.m. *Fam.* Dictionnaire.

DICOTYLÉDONE adj. et n.f. (Plante) dont l'embryon renferme deux cotylédons.

DICOUMAROL n.m. *Biochim.* Anticoagulant.

DICROTE adj. (Pouls) qui présente deux pulsations par battement de cœur.

DICTAME n.m. Plante herbacée à fleurs blanches ou roses.

DICTAPHONE n.m. (Nom déposé) Magnétophone servant à dicter.

DICTATEUR, TRICE n.

DICTATORIAL, E, AUX adj.

DICTATURE n.f.

DICTÉE n.f.

DICTER v. **10.**

DICTION n.f. Manière de réciter, d'articuler.

DICTIONNAIRE n.m.

DICTIONNAIRIQUE adj.

DICTIONNARISTE n. Auteur de dictionnaires.

DICTON n.m.

DICTYOPTÈRE n.m. Insecte aux métamorphoses incomplètes.

DICTYOSOME n.m. *Biol.* Organite cellulaire.

DIDACTHÈQUE n.f. Bibliothèque de didacticiels.

DIDACTICIEL n.m. *Inf.* Logiciel pédagogique.

DIDACTICIEN, ENNE n. Spécialiste de didactique.

DIDACTIQUE adj. et n.f. (Science) de l'enseignement.

DIDACTIQUEMENT adv.

DIDACTISME n.m. Caractère de ce qui est didactique.

DIDACTYLE adj. *Zool.* Qui a deux doigts.

DIDASCALIE n.f. *Antiq. gr.* Indication scénique.

DIDGERIDOO [didjèridou] n.m. → **didjeridoo.**

DIDJERIDOO [didjèridou] n.m. Instrument à vent des Aborigènes d'Australie.

DIDUCTION n.f. Mouvement latéral de la mâchoire inférieure.

DIDYME 1. adj. *Bot.* Formé de deux parties arrondies. 2. n.m. Mélange de deux métaux rares.

DIÈDRE adj. et n.m. *Math.* (Figure) déterminée par deux demi-plans.

DIEFFENBACHIA [difènbakya] n.m. Plante ornementale.

DIÉGÈSE n.f. Univers spatiotemporel d'une œuvre de fiction.

DIÉGÉTIQUE adj.

DIELDRINE n.f. Insecticide chloré.

DIÉLECTRIQUE adj. et n.m. Isolant.

DIENCÉPHALE n.m. Partie du cerveau.

DIENCÉPHALIQUE adj.

DIÈNE n.m. Hydrocarbure.

DIÉNIQUE adj. Relatif aux diènes.

DIEPPOIS, E adj. De Dieppe.

DIÉRÈSE n.f. *Phon.* Dissociation des éléments d'une diphtongue. – *Méd.* Séparation de tissus.

DIERGOL n.m. → **biergol.**

DIÈSE n.m. et adj. *Mus.* Signe qui hausse d'un demi-ton la note qui le suit.

DIESEL n.m.

DIÉSÉLISATION n.f.

DIÉSÉLISER v. **10.** Équiper d'un moteur Diesel.

DIÉSÉLISTE n. Mécanicien spécialiste des diesels.

DIÉSER v. **12.** *Mus.* Hausser (une note) d'un demi-ton.

DIESTER [dièstèr] n.m. (Nom déposé) Biocarburant pour moteurs Diesel.

DIÈTE n.f.

DIÉTÉTICIEN, ENNE n.

DIÉTÉTIQUE adj. et n.f.

DIÉTÉTIQUEMENT adv.

DIÉTÉTISTE n. *Québ.* Diététicien.

DIÉTHYLÉNIQUE adj. *Chim.* Qui a deux fonctions éthylène.

DIEU, X n.m.

DIFFA n.f. En Afrique du Nord, réception accompagnée d'un festin.

DIFFAMANT, E adj.

DIFFAMATEUR, TRICE adj. et n.

DIFFAMATION n.f.

DIFFAMATOIRE adj.

DIFFAMER v. **10.**

DIFFÉRÉ, E adj. et n.m.

DIFFÉREMMENT adv.

DIFFÉRENCE n.f.

DIFFÉRENCIATEUR, TRICE adj.

DIFFÉRENCIATION n.f.

DIFFÉRENCIER v. **15.**

DIFFÉREND n.m. Désaccord.

DIFFÉRENT, E adj.

DIFFÉRENTIABLE adj. *Math.* Se dit d'un type de fonction.

DIFFÉRENTIATEUR n.m.

DIFFÉRENTIATION n.f.

DIFFÉRENTIEL, ELLE 1. adj. et n.f. *Math.* Relatif aux variations infiniment petites des fonctions. 2. n.m. *Méc.* Dispositif de découplage des roues d'un essieu.

DIFFÉRENTIER v. **15.** *Math.* Dériver (une fonction) et calculer sa différentielle.

DIFFÉRER v. **12.** Remettre à plus tard.

DIFFICILE adj. et n.

DIFFICILEMENT adv.

DIFFICULTÉ n.f.

DIFFICULTUEUX, EUSE adj.

DIFFLUENCE n.f. Division d'un cours d'eau.

DIFFLUENT, E adj. Qui diverge.

DIFFLUER v. **(p.p.inv.) 10.** Se répandre de tous côtés.

DIFFORME adj.

DIFFORMITÉ n.f.

DIFFRACTER v. **10.** Faire dévier (des ondes).

DIFFRACTION n.f.

DIFFRINGENT, E adj. Qui opère la diffraction.

DIFFUS, E adj. Disséminé. – Atténué.

DIFFUSABLE adj. Qui peut être diffusé.

DIFFUSANT, E adj.

DIFFUSÉMENT adv.

DIFFUSER v. **10.**

DIFFUSEUR, EUSE n.

DIFFUSIBLE adj. Qui peut se répandre.

DIFFUSION n.f.

DIFFUSIONNISME n.m. *Anthr.* Théorie selon laquelle une culture se diffuse au détriment des autres.

DIFFUSIONNISTE adj. et n.

DIFLUOR n.m. Gaz irritant dont les molécules ont deux atomes de fluor.

DIGAMMA ❙ n.m. Ancienne lettre grecque.

DIGASTRIQUE adj. (Muscle) formé de deux faisceaux de fibres reliés par un tendon.

DIGÉRER v. **12.**

DIGEST [daydjest] ou [dijèst] n.m. Condensé d'un livre.

DIGESTE 1. adj. 2. n.m. Recueil de droit.

DIGESTEUR n.m. Autoclave.

DIGESTIBILITÉ n.f.

DIGESTIBLE adj.

DIGESTIF, IVE adj. et n.m.

DIGESTION n.f.

DIGICODE n.m. (Nom déposé) Appareil sur lequel on tape un code pour ouvrir une porte d'immeuble.

DIGIT [dijit] n.m. *Inf.* Chiffre, symbole graphique.

DIGITAL, E, AUX 1. adj. Qui appartient aux doigts. - Numérique. 2. n.f. Plante vénéneuse.

DIGITALINE n.f. *Pharm.* Extrait de la digitale.

DIGITALIQUE adj. et n.m. (Substance) apparentée à la digitaline.

DIGITALISATION n.f.

DIGITALISER v. **10.** *Inf.* Exprimer sous forme numérique.

DIGITALISEUR n.m. Appareil qui digitalise.

DIGITÉ, E adj. *Bot., Zool.* Découpé en forme de doigts.

DIGITIFORME adj.

DIGITIGRADE adj. et n.m. *Zool.* Qui marche sur les doigts.

DIGITOPLASTIE n.f. Réfection chirurgicale d'un doigt.

DIGITOPUNCTURE [-on-] n.f. *Méd.* Traitement utilisant la compression des doigts.

DIGITOXINE n.f. → **digitaline.**

DIGLOSSIE n.f. Coexistence d'une langue savante et d'une langue populaire.

DIGNE adj.

DIGNEMENT adv.

DIGNITAIRE n.m.

DIGNITÉ n.f.

DIGNOIS, E adj. De Digne.

DIGON n.m. Sorte de harpon.

DIGRAMME n.m. Groupe de deux lettres représentant un seul son.

DIGRAPHIE n.f. Comptabilité en partie double.

DIGRESSER v. **(p.p.inv.) 10.** S'écarter du sujet.

DIGRESSIF, IVE adj.

DIGRESSION n.f.

DIGUE n.f.

DIHOLOSIDE n.m. *Biochim.* Glucide composé de deux oses.

DIHYDROGÈNE n.m. Molécule formée de deux atomes d'hydrogène.

DIIODE n.m. Molécule formée de deux atomes d'iode.

DIJONNAIS, E adj. De Dijon.

DIKTAT [-t] n.m. Exigence dure et pénible.

DILACÉRATION n.f.

DILACÉRER v. **12.** Déchirer.

DILAPIDATEUR, TRICE adj. et n.

DILAPIDATION n.f.

DILAPIDER v. **10.**

DILATABILITÉ n.f.

DILATABLE adj.

DILATANT, E adj. et n.m.

DILATATEUR, TRICE adj. et n.m.

DILATATION n.f.

DILATER v. **10.**

DILATION n.f. *Phon.* Transfert des qualités d'un phonème à un phonème non contigu.

DILATOIRE adj. Qui vise à gagner du temps.

DILATOIREMENT adv.

DILATOMÈTRE n.m. *Phys.* Instrument qui mesure la dilatation.

DILECTION n.f. *Litt., Rel.* Amour tendre et pur.

DILEMME n.m. Obligation de choisir entre deux possibilités.

DILETTANTE n. Personne qui travaille en amateur.

DILETTANTISME n.m.

DILIGEMMENT adv.

DILIGENCE n.f.

DILIGENT, E adj. Rapide et efficace.

DILIGENTER v. **10.** *Dr.* Hâter (une affaire).

DILUANT, E adj. et n.m.

DILUER v. **10.**

DILUEUR n.m. Appareil qui dilue.

DILUTIF, IVE adj. *Fin.* Qui diminue le rendement d'une action.

DILUTION n.f.

DILUVIAL, E, AUX adj. *Géol.* Relatif au diluvium.

DILUVIEN, ENNE adj. Relatif au déluge. - (Pluie) abondante.

DILUVIUM n.m. *Géol.* Ensemble des dépôts quaternaires.

DIMANCHE n.m.

DÎME n.f.

DIMENSION n.f.

DIMENSIONNEL, ELLE adj.

DIMENSIONNEMENT n.m.

DIMENSIONNER v. **10.** Proportionner.

DIMÈRE adj. et n.m. *Chim.* (Molécule) résultant de la combinaison de deux molécules identiques.

DIMÉTRODON n.m. Reptile fossile ayant une grande crête dorsale arrondie.

DIMINUENDO n.m. et adv. *Mus.* Decrescendo.

DIMINUER v. **10.**

DIMINUTIF, IVE adj. et n.m.

DIMINUTION n.f.

DIMISSOIRE n.m. Autorisation donnée à un clerc d'être ordonné dans un autre diocèse.

DIMISSORIAL, E, AUX adj.

DIMORPHE adj. Qui peut prendre deux formes différentes.

DIMORPHISME n.m.

DIN I [din] n.m. *Phot.* Échelle de sensibilité.

DINANDERIE n.f. Objet de cuivre jaune.

DINANDIER, ÈRE n. Fabricant de dinanderie.

DINAR n.m. Unité monétaire (Algérie, Tunisie, etc.).

DÎNATOIRE adj. Qui tient lieu de dîner.

DINDE n.f.

DINDON n.m.

DINDONNEAU, X n.m.

DINDONNER v. **10.** *Vx.* Duper.

DINDONNIER, ÈRE n. Personne qui garde les dindons.

DÎNER v. **(p.p.inv.) 10.**

DÎNER n.m.

DÎNETTE n.f.

DÎNEUR, EUSE n.

DING interj.

DINGBAT [dingbat] n.m. (Nom déposé) Devinette visuelle.

DINGHIE [dingi] n.m. **(= dinghy)** Canot pneumatique.

DINGHY [dingi] n.m. → **dinghie.**

DINGO 1. adj. et n. Fou. 2. n.m. Chien sauvage.

DINGUE adj. et n.

DINGUER v. **(p.p.inv.) 10.** *Fam.* Tomber brutalement. – *Envoyer dinguer :* envoyer promener.

DINGUERIE n.f. Folie.

DINITROTOLUÈNE n.m. Dérivé deux fois nitré du toluène.

DINKA [dinka] adj. Relatif à une population du sud du Soudan.

DINOFLAGELLÉ n.m. Organisme unicellulaire aquatique à flagelles.

DINOPHYSIS [-zis] n.m. Algue microscopique.

DINORNIS [-s] n.m. Grand oiseau fossile.

DINOSAURE n.m.

DINOSAURIEN, ENNE [s] adj. et n.m.

DINOTHÉRIUM n.m. Sorte d'éléphant fossile.

DIOCÉSAIN, E adj. et n.

DIOCÈSE n.m. Circonscription d'un évêque.

DIODE n.f. Composant électronique à deux électrodes.

DIODON n.m. Poisson des mers chaudes.

DIŒCIE [dyési] n.f. État d'une plante dioïque.

DIOÏQUE adj. et n.m. Dont les fleurs mâles et femelles sont sur deux pieds distincts.

DIOL n.m. *Chim.* Corps qui a deux fonctions alcool.

DIOLA adj. D'un peuple de Gambie et du Sénégal.

DIOLÉFINE n.f. Hydrocarbure.

DIONÉE n.f. Plante carnivore d'Amérique.

DIONYSIAQUE adj. Relatif à Dionysos, dieu grec.

DIONYSIEN, ENNE adj. De Saint-Denis.

DIONYSIES n.f.pl. Fêtes en l'honneur de Dionysos.

DIOPTRE n.m. Surface optique séparant deux milieux de réfringence inégale.

DIOPTRIE n.f. *Opt.* Unité de puissance des lentilles.

DIOPTRIQUE n.f. et adj. Étude de la réfraction de la lumière.

DIORAMA n.m. *Anc.* Tableau permettant des effets d'optique par des variations d'éclairage.

DIORITE n.f. Roche éruptive.

DIOSCORÉACÉE n.f. Plante monocotylédone.

DIOT [dyô] n.m. Saucisse savoyarde.

DIOULA n.m. *Afr.* Marchand ambulant.

DIOXINE n.f. Sous-produit toxique d'un dérivé du phénol.

DIOXYDE n.m. → **bioxyde.**

DIOXYGÈNE n.m. Molécule formée de deux atomes d'oxygène.

DIPÉTALE adj. Qui a deux pétales.

DIPHASÉ, E adj. → **biphasé.**

DIPHÉNOL n.m. *Chim.* Corps qui a deux fonctions phénol.

DIPHÉNYLE n.m. → **biphényle.**

DIPHTÉRIE n.f. Maladie microbienne contagieuse.

DIPHTÉRIQUE adj. et n.

DIPHTONGAISON n.f.

DIPHTONGUE n.f. *Phon.* Voyelle comportant un changement de timbre.

DIPHTONGUER v. **10.** Convertir (une voyelle) en diphtongue.

DIPLOBLASTIQUE adj. *Zool.* Qui a deux membranes embryonnaires au lieu de trois.

DIPLOCOQUE n.m. Bactérie pathogène.

DIPLODOCUS n.m. Grand saurien fossile.

DIPLOÉ n.m. Tissu spongieux entre les lames des os de la voûte du crâne.

DIPLOÏDE adj. (Noyau) ayant un nombre pair de chromosomes.

DIPLOÏDIE n.f.

DIPLÔMANT, E adj. Qui mène à l'obtention d'un diplôme.

DIPLOMATE adj. et n.

DIPLOMATIE n.f.

DIPLOMATIQUE adj. et n.f.

DIPLÔME n.m.

DIPLÔMER v. **10.**

DIPLOPHASE n.f. *Biol.* Phase du cycle de reproduction où les cellules sont diploïdes.

DIPLOPIE n.f. *Méd.* Fait de voir double.

DIPLOPODE n.m. Invertébré, type iule.

DIPLOURE n.m. Insecte primitif.

DIPNEUMONE adj. *Zool.* Qui a deux poumons.

DIPNEUMONÉ, E adj. → **dipneumone.**

DIPNEUSTE n.m. Poisson ayant à la fois des branchies et des poumons.

DIPODE adj. et n.m. *Zool.* Qui a deux membres analogues à des pieds.

DIPOLAIRE adj. → **bipolaire.**

DIPÔLE n.m. → **bipôle.**

DIPSACACÉE n.f. → **dipsacée.**

DIPSACÉE n.f. Plante, type chardon.

DIPSOMANE adj. et n. Alcoolique par périodes.

DIPSOMANIAQUE adj. et n. → **dipsomane.**

DIPSOMANIE n.f.

DIPTÈRE adj. et n.m. *Zool., Arch.* Qui a deux ailes.

DIPTYQUE n.m. *Bx-arts.* Œuvre en deux parties.

DIRCOM n.f. Direction de la communication d'une entreprise.

DIRE v. **127.**

DIRE n.m.

DIRECT, E adj. et n.m.

DIRECTEMENT adv.

DIRECTEUR, TRICE adj. et n.

DIRECTIF, IVE adj. et n.f.

DIRECTION n.f.

DIRECTIONNEL, ELLE adj. Qui émet ou reçoit dans une seule direction.

DIRECTIVISME n.m. Autoritarisme.

DIRECTIVITÉ n.f. Caractère d'un récepteur ou d'un émetteur directionnel.

DIRECTOIRE n.m. Organe gouvernemental collégial.

DIRECTORAT n.m. Fonction de directeur.

DIRECTORIAL, E, AUX adj.

DIRHAM n.m. **(= dirhem)** Unité monétaire du Maroc.

DIRHEM n.m. → **dirham.**

DIRIGEABLE adj. et n.m.

DIRIGEANT, E adj. et n.

DIRIGER v. **17.**

DIRIGISME n.m. Système où l'État intervient dans le domaine économique.

DIRIGISTE adj. et n.

DIRIMANT, E adj. *Dr.* Qui annule ou fait obstacle.

DIRLO n.m. *Arg.* Directeur.

DISABLE adj. *Québ. N'être pas disable :* être indescriptible, excessif.

DISACCHARIDE n.m. *Biochim.* Diholoside.

DISAMARE [s] n.f. Fruit constitué de deux samares groupées.

DISCAL, E, AUX adj. *Méd.* Relatif à un disque.

DISCARTHROSE n.f. *Méd.* Arthrose atteignant les disques intervertébraux.

DISCERNABLE adj.

DISCERNEMENT n.m.

DISCERNER v. **10.**

DISCIPLE n.

DISCIPLINABLE adj.

DISCIPLINAIRE adj. et n.m.

DISCIPLINE n.f.

DISCIPLINER v. **10.**

DISCO n.m. et adj. Musique violemment rythmée.

DISCOBOLE n.m. *Antiq. gr.* Athlète qui lançait le disque.

DISCOGRAPHIE n.f. Répertoire de disques.

DISCOGRAPHIQUE adj.

DISCOÏDAL, E, AUX adj. Qui à la forme d'un disque.

DISCOÏDE adj. → **discoïdal.**

DISCOMPTE n.m. → **discount.**

DISCOMPTER v. **10.** → **discounter v.**

DISCOMPTEUR n.m. → **discounter** n.m.

DISCOMYCÈTE n.m. Champignon.

DISCONTACTEUR n.m. *Électr.* Disjoncteur et contacteur réunis.

DISCONTINU, E adj. et n.m.

DISCONTINUATION n.f.

DISCONTINUER v. **10.** Interrompre.

DISCONTINUITÉ n.f.

DISCONVENANCE n.f. Disproportion.

DISCONVENIR v. **42.** *Être disconvenu :* ne pas être d'accord.

DISCOPATHIE n.f. *Méd.* Affection d'un disque intervertébral.

DISCOPHILE n. Amateur de disques.

DISCOPHILIE n.f.

DISCORD [-r] adj.m. *Mus.* Qui n'est pas accordé.

DISCORDANCE n.f.

DISCORDANT, E adj.

DISCORDE n.f.

DISCORDER v. **(p.p.inv.) 10.** *Mus.* Être discordant.

DISCOTHÉCAIRE n. Personne qui s'occupe d'une discothèque de prêt.

DISCOTHÈQUE n.f. Organisme de prêt de disques. – Lieu de réunions dansantes.

DISCOUNT [disk(a)ount] n.m. Réduction.

DISCOUNTER [disk(a)ounteur] n.m. Commerçant qui pratique le discount.

DISCOUNTER [disk(a)ounté] v. **10.** Vendre en discount.

DISCOUNTEUR n.m. → **discounter** n.m.

DISCOUREUR, EUSE n.

DISCOURIR v. **(p.p.inv.) 51.**

DISCOURS n.m.

DISCOURTOIS, E adj.

DISCOURTOISIE n.f.

DISCRÉDIT n.m. Perte d'influence.

DISCRÉDITER v. **10.** Déconsidérer.

DISCRET, ÈTE adj.

DISCRÈTEMENT adv.

DISCRÉTION n.f.

DISCRÉTIONNAIRE adj. *Dr.* (Pouvoir) laissé à l'appréciation du juge.

DISCRÉTISATION n.f.

DISCRÉTISER v. **10.** Réduire (un ensemble de données complexes) à quelques valeurs significatives.

DISCRÉTOIRE n.m. Assemblée constituant le conseil d'un couvent.

DISCRIMINANT, E 1. adj. Qui établit une séparation. 2. n.m. *Math.* Nombre dont dépend l'existence des racines d'une équation.

DISCRIMINATEUR n.m. Démodulateur pour les émissions en modulation de fréquence.

DISCRIMINATIF, IVE adj.

DISCRIMINATION n.f. Exclusion d'un groupe social.

DISCRIMINATOIRE adj.

DISCRIMINER v. **10.**

DISCULPATION n.f.

DISCULPER v. **10.**

DISCURSIF, IVE adj. Fondé sur le raisonnement.

DISCUS n.m. Poisson d'ornement.

DISCUSSION n.f.

DISCUTABLE adj.

DISCUTAILLER v. **(p.p.inv.) 10.** Discuter interminablement.

DISCUTAILLERIE n.f.

DISCUTAILLEUR, EUSE adj. et n.

DISCUTER v. **10.**

DISCUTEUR, EUSE adj. et n.

DISERT, E adj. Qui parle avec facilité et élégance.

DISERTEMENT adv.

DISETTE n.f.

DISETTEUX, EUSE adj. et n. *Vx.* Indigent.

DISEUR, EUSE n.

DISGRÂCE n.f.

DISGRACIÉ, E adj. et n.

DISGRACIER v. **15.**

DISGRACIEUX, EUSE adj.

DISHARMONIE n.f. Absence d'harmonie.

DISJOINDRE v. **93.**

DISJONCTER v. **10.** *Électr.* Interrompre (le courant).

DISJONCTEUR n.m.

DISJONCTIF, IVE adj. et n. *Ling.* (Particule) qui distingue deux termes qu'elle coordonne.

DISJONCTION n.f. Action de disjoindre.

DISLOCATION n.f.

DISLOQUER v. **10.**

DISMUTATION n.f. Réaction dans laquelle le même composé chimique est à la fois oxydant et réducteur.

DISPARAÎTRE v. **102.**

DISPARATE adj., n.m. ou f. Dont la diversité est choquante.

DISPARATION n.f. Différence entre les images rétiniennes d'un même objet.

DISPARITÉ n.f. Manque d'égalité.

DISPARITION n.f.

DISPARU, E adj. et n.

DISPATCHER [-eur] ou [-èr] n.m. Régulateur.

DISPATCHER v. **10.** Distribuer.

DISPATCHEUR, EUSE n. → **dispatcher** n.m.

DISPATCHING n.m. Distribution.

DISPENDIEUX, EUSE adj. Coûteux.

DISPENSABLE adj. *Dr.* Pour lequel on peut apporter une dispense.

DISPENSAIRE n.m.

DISPENSATEUR, TRICE n. Personne qui distribue.

DISPENSATION n.f.

DISPENSE n.f.

DISPENSER v. **10.**

DISPERSAL (pl. **DISPERSALS** ou **DISPERSAUX**) n.m. Aire cimentée d'une base aérienne.

DISPERSANT, E adj. et n.m. (Produit) qui dissout le pétrole répandu sur l'eau.

DISPERSEMENT n.m.

DISPERSER v. **10.**

DISPERSIF, IVE adj. Qui provoque la dispersion de la lumière.

DISPERSION n.f.

DISPLAY [displè] n.m. Présentoir publicitaire.

DISPO 1. adj. *Fam.* Disponible. 2. n.f. *Fam.* Disponibilité.

DISPONIBILITÉ n.f.

DISPONIBLE adj. et n.

DISPOS, E adj. Qui se sent en bonne forme.

DISPOSANT, E n. *Dr.* Personne qui donne ou qui lègue.

DISPOSER v. **10.**

DISPOSITIF n.m.

DISPOSITION n.f.

DISPROPORTION n.f.

DISPROPORTIONNÉ, E adj.

DISPUTABLE adj.

DISPUTAILLER v. **(p.p.inv.) 10.**

DISPUTE n.f.

DISPUTER v. **10.**

DISQUAIRE n.

DISQUALIFIER v. **15.**

DISQUE n.m.

DISQUER v. **10.** *Belg.* Découper à la disqueuse.

DISQUETTE n.f.

DISQUEUSE n.f. *Belg.* Scie circulaire portable.

DISRUPTIF, IVE adj. *Électr.* Qui éclate.

DISRUPTION n.f. *Électr.* Brusque rupture de courant.

DISSÉCABLE adj.

DISSECTEUR, EUSE n.

DISSECTION n.f. Action de disséquer.

DISSEMBLABLE adj.

DISSEMBLANCE n.f.

DISSÉMINATION n.f.

DISSÉMINER v. **10.**

DISSENSION n.f. Vive opposition.

DISSENTIMENT n.m.

DISSÉQUER v. **12.** Découper, analyser minutieusement.

DISSÉQUEUR, EUSE n.

DISSERT [-èrt] n.f. *Fam.* Dissertation.

DISSERTATION n.f.

DISSERTER v. **(p.p.inv.) 10.**

DISSIDENCE n.f.

DISSIDENT, E adj. et n. Qui est en désaccord.

DISSIMILATION n.f. *Phon.* Tendance de deux phonèmes à se différencier.

DISSIMILITUDE n.f. Manque de similitude.

DISSIMULATEUR, TRICE adj. et n.

DISSIMULATION n.f.

DISSIMULER v. **10.**

DISSIPATEUR, TRICE adj. et n.

DISSIPATIF, IVE adj. *Phys.* Qui produit une dissipation d'énergie.

DISSIPATION n.f.

DISSIPÉ, E adj. et n.

DISSIPER v. **10.**

DISSOCIABILITÉ n.f.

DISSOCIABLE adj.

DISSOCIATION n.f.

DISSOCIER v. **15.**

DISSOLU, E adj. et n. Qui vit dans la débauche.

DISSOLUBILITÉ n.f.

DISSOLUBLE adj. Soluble.

DISSOLUTIF, IVE adj. Qui dissout.

DISSOLUTION n.f.

DISSOLVANT, E adj. et n.m.

DISSONANCE n.f.

DISSONANT, E adj.

DISSONER v. **(p.p.inv.) 10.** *Mus.* Former une succession de sons désagréable.

DISSOUDRE v. **96.**

DISSUADER v. **10.**

DISSUASIF, IVE adj.

DISSUASION n.f.

DISSYLLABE adj. et n.m. Qui a deux syllabes.

DISSYLLABIQUE adj. et n.m. → **dissyllabe.**

DISSYMÉTRIE n.f.

DISSYMÉTRIQUE adj.

DISTAL, E, AUX adj. (Partie d'une structure) la plus éloignée d'un point de référence.

DISTANCE n.f.

DISTANCEMENT n.m.

DISTANCEMÈTRE n.m. Appareil de mesure électronique des distances.

DISTANCER v. **13.**

DISTANCIATION n.f. Recul pris par rapport à quelque chose.

DISTANCIER v. **15.** Considérer avec du recul, de la distance.

DISTANT, E adj.

DISTENDRE v. **90.** Augmenter les dimensions par la tension.

DISTENSION n.f.

DISTHÈNE n.m. Silicate d'alumine.

DISTILLAT n.m. Produit d'une distillation.

DISTILLATEUR, TRICE n.

DISTILLATION n.f.

DISTILLER [-lé] v. **10.** Vaporiser partiellement (un liquide), puis condenser les vapeurs formées.

DISTILLERIE n.f.

DISTINCT, E adj.

DISTINCTEMENT adv.

DISTINCTIF, IVE adj.

DISTINCTION n.f.

DISTINGUABLE adj.

DISTINGUER v. **10.**

DISTINGUO [dist-in-gô] n.m. Distinction subtile.

DISTIQUE n.m. et adj. *Poét.* Groupe de deux vers.

DISTOMATOSE n.f. *Zool.* Maladie du foie.

DISTOME n.m. Ver plat parasite.

DISTORDRE v. **90.** Déformer en tordant.

DISTORS, E adj. Tordu.

DISTORSION n.f.

DISTRACTIF, IVE adj.

DISTRACTION n.f.

DISTRACTIVITÉ n.f. Incapacité à fixer son attention.

DISTRAIRE v. déf. **121.**

DISTRAIT, E adj. et n.

DISTRAITEMENT adv.

DISTRAYANT, E adj.

DISTRIBUABLE adj.

DISTRIBUER v. **10.**

DISTRIBUTAIRE adj. et n. *Dr.* Qui a reçu une part.

DISTRIBUTEUR, TRICE n.

DISTRIBUTIF, IVE adj. Qui exprime la distribution.

DISTRIBUTION n.f.

DISTRIBUTIONNEL, ELLE adj. *Ling.* Relatif à la répartition des éléments d'un énoncé.

DISTRIBUTIVITÉ n.f. *Math.* Caractère d'une opération distributive par rapport à une autre.

DISTRICT n.m.

DISTYLE adj. *Arch.* Qui a deux colonnes de front.

DISULFIRAME n.m. Produit qui provoque le dégoût de l'alcool.

DISULFURE n.m. → **bisulfure.**

DIT, DITE adj. et n.m.

DITHYRAMBE n.m. Éloge enthousiaste.

DITHYRAMBIQUE adj.

DITO adv. Comme ci-dessus.

DIURÈSE n.f. Excrétion d'urine.

DIURÉTIQUE adj. et n.m. Qui fait uriner.

DIURNAL, AUX n.m. Partie du bréviaire qui contient l'office du jour.

DIURNE adj. Qui se fait pendant le jour.

DIVA n.f. Cantatrice célèbre.

DIVAGATEUR, TRICE adj.

DIVAGATION n.f.

DIVAGUER v. **(p.p.inv.) 10.**

DIVALENCE n.f. → **bivalence.**

DIVALENT, E adj. → **bivalent.**

DIVAN n.m.

DIVE adj.f. Divine.

DIVERGENCE n.f.

DIVERGENT, E adj.

DIVERGER v. **(p.p.inv.) 17.**

DIVERS, E adj.

DIVERSEMENT adv.

DIVERSIFICATION n.f.

DIVERSIFIER v. **15.**

DIVERSIFORME adj. Dont la forme est variable.

DIVERSION n.f.

DIVERSITÉ n.f.

DIVERTICULE n.m. *Méd.* Cavité anormale communiquant avec un organe creux.

DIVERTICULOSE n.f. *Méd.* Maladie caractérisée par la présence de nombreux diverticules.

DIVERTIMENTI | → **divertimento.**

DIVERTIMENTO (pl. DIVERTIMENTI ou DIVERTIMENTOS) n.m. *Mus.* Divertissement.

DIVERTIR v. **40.**

DIVERTISSANT, E adj.

DIVERTISSEMENT n.m.

DIVETTE n.f. Chanteuse d'opérette.

DIVIDENDE n.m. Nombre à diviser par un autre. – Part des bénéfices attribuée aux actionnaires.

DIVIN, E adj. et n.

DIVINATEUR, TRICE adj. et n. Qui prévoit.

DIVINATION n.f. Art de deviner, de prévoir.

DIVINATOIRE adj.

DIVINEMENT adv.

DIVINISATION n.f.

DIVINISER v. **10.** Mettre au rang des dieux.

DIVINITÉ n.f.

DIVIS, E adj. et n.m. *Dr.* Partagé.

DIVISER v. **10.**

DIVISEUR, EUSE n.

DIVISIBILITÉ n.f.

DIVISIBLE adj.

DIVISION n.f.

DIVISIONNAIRE adj. et n. Qui appartient à une division administrative ou militaire.

DIVISIONNISME n.m. Technique des peintres néo-impressionnistes.

DIVISIONNISTE adj. et n.

DIVORCE n.m.

DIVORCÉ, E adj. et n.

DIVORCER v. **13.**

DIVORTIALITÉ n.f. Proportion de divorces.

DIVULGATEUR, TRICE adj. et n.

DIVULGATION n.f.

DIVULGUER v. **10.** Rendre public.

DIVULSION n.f. *Chir.* Dilatation forcée d'un canal.

DIWAN [diwan] n.m. Recueil de poèmes arabe ou persan.

DIX adj.num.card.

DIXIE n.m. Style de jazz New Orleans.

DIXIELAND [diksil-an-d] n.m. → **dixie.**

DIXIÈME adj.num.ord.

DIXIÈMEMENT adv.

DIXIT [-t] prép. *Litt.* S'emploie pour rapporter les propos exacts de quelqu'un.

DIZAIN n.m. Poème, strophe de dix vers.

DIZAINE n.f.

DIZAINIER n.m. **(= dizenier)** *Hist.* Titre de certains magistrats municipaux de Paris.

DIZENIER n.m. → **dizainier.**

DIZYGOTE adj. et n. *Biol.* Se dit de jumeaux provenant de deux œufs différents (faux jumeaux).

DJAÏN, E [djaïn] n. et adj. **(= djaïna, jaïn, jaïna)** Adepte du djaïnisme.

DJAÏNA [djaïna] n. et adj. → **djaïn.**

DJAÏNISME [djaïnism] n.m. **(= jaïnisme, jinisme)** Religion de l'Inde visant à conduire l'homme au nirvana.

DJAMAA n.f. **(= djemaa)** Réunion de notables, en Afrique du Nord.

DJEBEL [djébèl] n.m. Montagne d'Afrique du Nord.

DJELLABA n.f. Longue robe africaine.

DJEMAA n.f. → **djamaa.**

DJEMBÉ [djèmbé] n.m. Tambour africain.

DJERBIEN, ENNE adj. De Djerba (Tunisie).

DJEUN [djeun] n. **(= djeune)** *Fam.* Jeune.

DJEUNE n. → **djeun.**

DJIBOUTIEN, ENNE [-sy-in] adj. De Djibouti (Afrique orientale).

DJIHAD n.m. **(= jihad)** Guerre sainte des musulmans.

DJIHADISME n.m. **(= jihadisme)** Attitude des partisans du djihad.

DJIHADISTE adj. et n. **(= jihadiste).**

DJINN n.m. Bon ou mauvais génie musulman.

DJOBEUR n.m. Aux Antilles, bricoleur non déclaré.

DO n.m. (inv. mais **dos** n.m.).

DOBERMAN n.m. Chien de garde.

DOBRA n.f. Unité monétaire de São Tomé et Príncipe.

DOC n.f. *Fam.* Documentation.

DOCÉTISME n.m. Hérésie selon laquelle le corps du Christ n'a été qu'une apparence.

DOCILE adj.

DOCILEMENT adv.

DOCILITÉ n.f.

DOCIMASIE n.f. *Antiq.* Enquête sur les futurs fonctionnaires.

DOCIMOLOGIE n.f. *Psych.* Science de l'évaluation des examens scolaires.

DOCIMOLOGUE n.

DOCK n.m. *Mar.* Bassin entouré de quais.

DOCKER n.m.

DOCTE adj. et n. Savant.

DOCTEMENT adv.

DOCTEUR, E n.

DOCTORAL, E, AUX adj. *Péj.* Solennel.

DOCTORALEMENT adv.

DOCTORANT, E n. Personne qui prépare un doctorat.

DOCTORAT n.m.

DOCTORESSE n.f.

DOCTRINAIRE adj. et n. Qui est attaché à une doctrine.

DOCTRINAIREMENT adv.

DOCTRINAL, E, AUX adj.

DOCTRINALEMENT adv.

DOCTRINARISME n.m. Système doctrinaire.

DOCTRINE n.f.

DOCU n.m. et adj. *Fam.* Documentaire.

DOCUDRAME n.m. Film de fiction inspiré par des événements réels.

DOCUFICTION n.f. → **docudrame.**

DOCUMENT n.m.

DOCUMENTAIRE adj. et n.m.

DOCUMENTALISTE n.

DOCUMENTARISTE n. et adj. Auteur de films documentaires.

DOCUMENTATION n.f.

DOCUMENTER v. **10.**

DODÉCAÈDRE n.m. *Math.* Solide à douze faces.

DODÉCAÉDRIQUE adj.

DODÉCAGONAL, E, AUX adj.

DODÉCAGONE n.m. *Math.* Polygone qui a douze angles et douze côtés.

DODÉCAPHONIQUE adj.

DODÉCAPHONISME n.m. Système musical fondé sur l'emploi de douze sons.

DODÉCAPHONISTE n.

DODÉCASTYLE adj. *Arch.* Qui a douze colonnes de front.

DODÉCASYLLABE adj. et n.m. Qui a douze syllabes.

DODELINEMENT n.m.

DODELINER v. **10.** Balancer doucement.

DODINAGE n.m. Oscillation.

DODINE n.f. Sauce.

DODINER v. **10.** → **dodeliner.**

DODO n.m.

DODOMAIS, E adj. De Dodoma (Tanzanie).

DODU, E adj.

DOGARESSE n.f. *Hist.* Femme de doge.

DOGAT n.m. Dignité de doge.

DOGE n.m.

DOGGER [dogeur] n.m. *Géol.* Jurassique moyen.

DOGMATIQUE adj. et n.

DOGMATIQUEMENT adv.

DOGMATISER v. **(p.p.inv.) 10.** S'exprimer de façon catégorique.

DOGMATISEUR n.m. *Péj.* Celui qui prend un ton dogmatique.

DOGMATISME n.m. *Philos.* Doctrine qui rejette le doute et la critique.

DOGMATISTE adj. et n.

DOGME n.m. Principe incontestable.

DOGON adj. D'un peuple du Mali.

DOGUE n.m. Chien de garde à grosse tête.

DOGUIN, E n. Jeune dogue.

DOIGT n.m.

DOIGTÉ n.m.

DOIGTER v. **10.** *Mus.* Marquer (une partition) en indiquant la position des doigts.

DOIGTIER n.m. Étui de protection pour un doigt.

DOINA [doyna] n.f. Chant lyrique roumain.

DOIT n.m. Dette.

DOJO n.m. Salle pour les arts martiaux.

DOL n.m. *Dr.* Tromperie.

DOLAGE n.m.

DOLBY n.m. (Nom déposé) Procédé de réduction des bruits de fond dans un enregistrement.

DOLCE [doltché] adv. *Mus.* Avec douceur.

DOLCISSIMO [doltchisimô] adv. *Mus.* Très doucement.

DOLDRUMS [-dreums] n.m.pl. *Météor.* Zone de basse pression.

DÔLE n.f. Vin rouge suisse.

DOLÉANCE n.f. Plainte.

DOLEAU, X n.m. Petite hache.

DOLENT, E adj. Plaintif.

DOLER v. **10.** Amincir (du bois ou une peau).

DOLIC n.m. **(= dolique)** Plante tropicale, voisine du haricot.

DOLICHOCÉPHALE [doliko-] adj. et n. *Méd.* Qui a un crâne allongé.

DOLICHOCÔLON [doliko-] n.m. *Méd.* Allongement du gros intestin.

DOLINE n.f. *Géol.* Petite cuvette en région calcaire.

DOLIQUE n.m. → **dolic.**

DOLLAR n.m.

DOLLARISATION n.f.

DOLLARISER v. **10.** Remplacer (une monnaie) par le dollar.

DOLMAN [dolm-an] n.m. *Anc.* Veste militaire à brandebourgs.

DOLMEN n.m.

DOLO n.m. *Afr.* Bière de mil ou de sorgho.

DOLOIRE n.f. Outil servant à doler.

DOLOIS, E [ô] adj. De Dole.

DOLOMÈDE n.m. Araignée qui vit en colonie au bord de l'eau.

DOLOMIE n.f. Roche sédimentaire.

DOLOMITE n.f. *Géol.* Carbonate de calcium et de magnésium.

DOLOMITIQUE adj.

DOLOMITISATION n.f. Transformation d'un calcaire en dolomie.

DOLORISME n.m. Doctrine prônant l'utilité de la douleur.

DOLORISTE adj. et n.

DOLOSIF, IVE adj. *Dr.* Relatif à un dol.

DOLOTIÈRE n.f. Fabricante et marchande de dolo.

DOM [d-on] n.m. Titre honorifique.

DOMAINE n.m.

DOMANIAL, E, AUX adj. *Dr.* Relatif au domaine public.

DOMANIALITÉ n.f.

DOMBRÉ n.m. Mets antillais épicé.

DÔME n.m.

DOMESTICABLE adj.

DOMESTICATION n.f.

DOMESTICITÉ n.f.

DOMESTIQUE adj. et n.

DOMESTIQUER v. **10.**

DOMICILE n.m.

DOMICILIAIRE adj.

DOMICILIATAIRE n. *Dr.* Banquier au domicile duquel une traite est payable.

DOMICILIATION n.f.

DOMICILIER v. **15.**

DOMIEN, ENNE adj. Des départements d'outre-mer.

DOMINANCE n.f. *Biol.* Prépondérance d'un gène ou d'un caractère.

DOMINANT, E adj. et n.f.

DOMINATEUR, TRICE adj. et n.

DOMINATION n.f.

DOMINER v. **10.**

DOMINGUOIS, E adj. De Saint-Domingue (République dominicaine).

DOMINICAIN, E 1. adj. et n. (Religieux) de l'ordre de Saint-Dominique. 2. adj. De la République dominicaine (Amérique centrale).

DOMINICAL, E, AUX adj. Relatif au dimanche.

DOMINION n.m. *Hist.* État indépendant faisant allégeance à la Couronne britannique.

DOMINIQUAIS, E adj. De la Dominique (Antilles).

DOMINO n.m.

DOMINOTERIE n.f. *Anc.* Fabrication de papier colorié utilisé dans certains jeux.

DOMINOTIER, ÈRE n. Fabricant de dominos.

DOMISME n.m. Étude de l'habitation.

DOMMAGE n.m.

DOMMAGEABLE adj.

DOMOTIQUE n.f. Ensemble des techniques d'automatisation dans l'habitat.

DOMPTABLE adj.

DOMPTAGE n.m.

DOMPTER [d-on-(p)té] v. **10.**

DOMPTEUR, EUSE n.

DON n.m.

DON, DOÑA [donya] n. Titre espagnol.

DOÑA → **don.**

DONACIE n.f. Insecte vivant sur les plantes aquatiques.

DONATAIRE n. *Dr.* Personne qui reçoit une donation.

DONATEUR, TRICE n. *Dr.* Personne qui fait une donation.

DONATION n.f. *Dr.* Don.

DONATISME n.m. Schisme du IVe s.

DONATISTE n. et adj. Adepte du donatisme.

DONAU, S n.m. *Géol.* Glaciation alpine de la fin du tertiaire et du début du quaternaire.

DONAX n.m. Petit mollusque bivalve.

DONC conj.

DONDAINE n.f. *Médiév.* Sorte de cornemuse.

DONDON n.f. *Fam.* Grosse femme.

DONF I (À) loc. *Fam.* À fond.

DÔNG n.m. Unité monétaire du Vietnam.

DONGLE [d-on-geul] n.m. Clé de protection informatique.

DONJON n.m.

DONJUANESQUE adj.

DONJUANISER v. **(p.p.inv.) 10.** *Fam.* Faire le don Juan.

DONJUANISME n.m.

DONNANT, E adj.

DONNE n.f.

DONNÉ, E adj., n.m. et n.f.

DONNER v. **10.**

DONNEUR, EUSE n.

DONQUICHOTTISME n.m. Tendance à se poser en redresseur de torts.

DONT I pr.relat.

DONUT [doneut] n.m. Beignet américain.

DONZELLE n.f. *Péj.* Demoiselle.

DOP n.m. Tenaille qui permet de tailler un diamant.

DOPAGE n.m.

DOPAMINE n.f. *Physiol.* Neuromédiateur.

DOPAMINERGIQUE adj. Relatif à la dopamine.

DOPANT, E adj. et n.m.

DOPER v. **10.**

DOPEUR, EUSE n. Personne qui fournit des produits dopants.

DOPING n.m.

DOPPLER [-èr] n.m. *Méd.* Mesure de la vitesse de circulation du sang.

DORADE n.f. → **daurade.**

DORAGE n.m.

DORDOGNAIS, E adj. De la Dordogne.

DORÉNAVANT adv.

DORER v. **10.**

DOREUR, EUSE adj. et n.

DORIEN, ENNE adj. et n.m. *Antiq. gr.* Relatif aux Doriens.

DORIN n.m. *Helv.* Vin blanc vaudois.

DORIQUE adj. *Antiq. gr.* (Ordre d'architecture) caractérisé par une colonne cannelée à arêtes vives.

DORIS [-s] 1. n.m. Bateau. 2. n.f. Mollusque.

DORLOTEMENT n.m.

DORLOTER v. **10.**

DORMANCE n.f. *Bot.* Arrêt provisoire du développement.

DORMANT, E adj. et n.m.

DORMEUR, EUSE adj. et n.

DORMIR v. **50.** *Dormir sa nuit :* ne pas se réveiller.

DORMITIF, IVE adj. Qui endort.

DORMITION n.f. *Rel.* Mort de la Vierge Marie.

DORONIC n.m. Fleur ornementale.

DORSAL, E, AUX 1. adj. 2. n.f. Relief sous-marin.

DORSALGIE n.f. Douleur au dos.

DORSOLOMBAIRE adj. Relatif au dos et à la région lombaire.

DORTOIR n.m.

DORURE n.f.

DORYPHORE n.m. Coléoptère parasite de la pomme de terre.

DOS n.m.

DOSABLE adj.

DOSAGE n.m.

DOSE n.f.

DOSER v. **10.**

DOSETTE n.f. Petite dose.

DOSEUR, EUSE adj. et n.m.

DOSIMÈTRE n.m. Appareil pour mesurer les radiations.

DOSIMÉTRIE n.f.

DOSIMÉTRIQUE adj.

DOSSARD n.m.

DOSSE n.f. Planche.

DOSSERET n.m. *Arch.* Pilastre qui en supporte un autre.

DOSSIER n.m.

DOSSIÈRE n.f. Partie de harnais ou de cuirasse.

DOSSISTE n. *Sp.* Nageur de dos crawlé.

DOT n.f.

DOTAL, E, AUX adj. *Dr.* Relatif à la dot.

DOTALITÉ n.f. *Dr.* Caractère d'une dot.

DOTATION n.f.

DOTER v. **10.**

DOUAIRE n.m. *Dr. anc.* Droit d'une veuve sur les biens de son mari.

DOUAIRIÈRE n.f. Vieille dame.

DOUAISIEN, ENNE adj. De Douai.

DOUALA adj. D'un peuple du Cameroun.

DOUALAIS, E adj. De Douala (Cameroun).

DOUANCE n.f. *Québ.* Qualité d'une personne douée.

DOUANE n.f.

DOUANIER, ÈRE adj. et n.

DOUAR n.m. Village de tentes, en Afrique du Nord.

DOUBIEN, ENNE adj. Du Doubs.

DOUBISTE adj. → **doubien.**

DOUBLAGE n.m.

DOUBLANT, E n. *Afr.* Redoublant.

DOUBLE adj., n.m. et adv.

DOUBLÉ, E adj. et n.m.

DOUBLEAU, X n.m. *Arch.* Arc de soutien.

DOUBLEMENT n.m. et adv.

DOUBLER n.m. Aller et retour dans un manège d'équitation.

DOUBLER v. **10.**

DOUBLET n.m. Ensemble de deux éléments.

DOUBLETTE n.f. *Sp.* Équipe de deux joueurs.

DOUBLEUR, EUSE n. *Belg., Québ.* Redoublant.

DOUBLIER n.m. *Vx.* Grande nappe.

DOUBLIS [-i] n.m. Double rang de tuiles au bas d'un toit.

DOUBLON n.m. Ancienne monnaie espagnole. – *Impr.* Faute consistant à répéter un élément d'un manuscrit.

DOUBLONNER v. **(p.p.inv.) 10.** Faire double emploi.

DOUBLURE n.f.

DOUÇAIN n.m. **(= doucin)** Pommier sauvage.

DOUÇÂTRE adj. → **douceâtre.**

DOUCE → **doux.**

DOUCEÂTRE adj. **(= douçâtre).**

DOUCEMENT adv. et interj.

DOUCEREUSEMENT adv.

DOUCEREUX, EUSE adj. et n.m.

DOUCET, ETTE 1. adj. *Anc.* Très doux. 2. n.f. Mâche.

DOUCETTEMENT adv.

DOUCEUR n.f.

DOUCHANBÉEN, ENNE adj. De Douchanbe (Tadjikistan).

DOUCHE n.f.

DOUCHER v. **10.**

DOUCHETTE n.f. Petite douche mobile.

DOUCHEUR, EUSE n. Préposé aux douches.

DOUCHIÈRE n.f. *Afr.* Cabinet de toilette.

DOUCIN n.m. → **douçain.**

DOUCINE n.f. *Arch.* Moulure.

DOUCIR v. **40.** Polir (une glace).

DOUCISSAGE n.m.

DOUDOU 1. n.f. *Fam.* Jeune femme aimée, aux Antilles. 2. n.m. Objet fétiche.

DOUDOUISME n.m. Vision folklorique et convenue des Antilles.

DOUDOUNE n.f. *Fam.* Veste fourrée.

DOUÉ, E adj.

DOUELLE n.f. Parement d'une pierre. – Douve de tonneau.

DOUER v. **10.**

DOUFE n.f. *Belg., Fam.* Cuite.

DOUGLAS [-s] n.m. Conifère d'Amérique du Nord.

DOUILLE n.f.

DOUILLER v. **10.** *Arg.* Payer.

DOUILLET, ETTE 1. adj. 2. n.f. Vêtement d'intérieur.

DOUILLETTEMENT adv.

DOUILLETTERIE n.f. Caractère d'une personne douillette.

DOUILLON n.m. Poire ou pomme garnie, spécialité normande.

DOULEUR n.f.

DOULOUREUSEMENT adv.

DOULOUREUX, EUSE adj. et n.f.

DOUM n.m. Palmier d'Afrique.

DOUMA n.f. *Hist.* Assemblée politique russe.

DOUPION n.m. *Text.* Fil de grosseur irrégulière.

DOURINE n.f. Maladie contagieuse des chevaux.

DOURO n.m. Ancienne monnaie espagnole.

DOUSSIÉ n.m. Arbre africain au bois dur et lourd.

DOUTE n.m.

DOUTER v. **10.**

DOUTEUR, EUSE adj. et n.

DOUTEUSEMENT adv.

DOUTEUX, EUSE adj.

DOUVAIN n.m. Bois pour faire des tonneaux.

DOUVE n.f. Fossé. – Partie d'un tonneau. – Ver parasite.

DOUVELLE n.f. Petite douve de tonneau.

DOUX, DOUCE adj., n. et adv.

DOUZAIN n.m. Ancienne monnaie. – Poème, strophe de douze vers.

DOUZAINE n.f.

DOUZE | adj.num.card.

DOUZIÈME adj.num.ord.

DOUZIÈMEMENT adv.

DOXA n.f. Ensemble des croyances d'une communauté.

DOXOLOGIE n.f. Formule de prière chrétienne.

DOYEN, ENNE n.

DOYENNÉ 1. n.m. Circonscription d'un doyen. 2. n.f. Variété de poire.

DOYENNETÉ n.f. Qualité de doyen d'âge.

DRACÆNA n.m. **(= dracéna)** Arbuste tropical.

DRACÉNA n.m. → **dracæna.**

DRACÉNOIS, E adj. De Draguignan.

DRACHE n.f. *Belg.* Forte averse.

DRACHER v. déf. (**dracha, drachait, drachât, drache, draché, drachera, dracherait**) *Belg.* Pleuvoir à verse.

DRACHME [k] n.f. Ancienne unité monétaire de la Grèce.

DRACONIEN, ENNE adj.

DRACUNCULOSE [-on-] n.f. Maladie parasitaire tropicale.

DRAG n.m. Travesti masculin.

DRAGAGE n.m.

DRAGÉE n.f. Confiserie. – Fourrage.

DRAGÉIFIER v. **15.** Mettre sous forme de dragée.

DRAGEOIR n.m. Boîte à dragées.

DRAGEON n.m. Rejet né d'une racine.

DRAGEONNAGE n.m.

DRAGEONNEMENT n.m.

DRAGEONNER v. **(p.p.inv.) 10.** Pousser des drageons.

DRAGLINE [draglayn] n.f. Appareil de terrassement.

DRAGON n.m.

DRAGONNADE n.f. Persécution des protestants sous Louis XIV.

DRAGONNE n.f. Courroie à la poignée d'un parapluie, d'un sabre.

DRAGONNIER n.m. Arbre tropical.

DRAGSTER [-èr] n.m. *Sp.* Véhicule conçu pour accélérer brutalement.

DRAGUE n.f.

DRAGUER v. **10.**

DRAGUEUR, EUSE n.

DRAILLE n.f. Sentier de troupeaux. – Cordage tendu.

DRAIN n.m. *Méd.* Tube souple percé de trous.

DRAINAGE n.m.

DRAINANT, E adj. Qui draine.

DRAINE n.f. **(= drenne)** Grande grive.

DRAINER v. **10.** Assécher.

DRAINEUR, EUSE adj. et n.m.

DRAISIENNE n.f. Ancienne bicyclette.

DRAISINE n.f. Petit wagon de chemin de fer.

DRAKKAR n.m. *Hist.* Bateau des Vikings.

DRALON n.m. (Nom déposé) Fibre synthétique.

DRAM n.m. Unité monétaire de l'Arménie.

DRAMATIQUE adj. et n.f.

DRAMATIQUEMENT adv.

DRAMATISANT, E adj.

DRAMATISATION n.f.

DRAMATISER v. **10.**

DRAMATURGE n. Auteur de théâtre.

DRAMATURGIE n.f.

DRAMATURGIQUE adj.

DRAME n.m.

DRAP n.m.

DRAPÉ, E adj. et n.m.

DRAPEAU, X n.m.

DRAPEMENT n.m.

DRAPER v. **10.**

DRAPERIE n.f. Commerce du drap.

DRAPIER, ÈRE adj. et n.

DRASTIQUE adj. et n.m. Énergique. – Rigoureux.

DRASTIQUEMENT adv.

DRAVE n.f. Plante herbacée. – Flottage du bois.

DRAVER v. **10.** *Québ.* Transporter (du bois) par flottage.

DRAVEUR, EUSE n.

DRAVIDIEN, ENNE adj. et n.m. Relatif au sud de l'Inde et à son art.

DRAWBACK [drôbak] n.m. Remboursement des droits de douane.

DRAYAGE n.m. → **dérayage.**

DRAYER v. **24.** *Vx.* → **dérayer** 2.

DRAYOIR n.m. (= **drayoire)** Couteau de tanneur.

DRAYOIRE n.f. → **drayoir.**

DREADLOCKS [drèdloks] n.f.pl. Coiffure formée d'une multitude de petites nattes.

DREADNOUGHT [drèdnot] n.m. *Mar.* Ancien cuirassé.

DRÊCHE n.f. Résidu solide de l'orge.

DRÈGE n.f. 1. (= **dreige)** Filet de pêche. 2. Peigne pour le lin.

DREIGE n.f. → **drège** 1.

DRELIN interj. Bruit de clochette.

DRENNE n.f. → **draine.**

DRÉPANOCYTOSE n.f. *Méd.* Anomalie de l'hémoglobine.

DRÉPANORNIS [-s] n.m. Oiseau exotique.

DRESSAGE n.m.

DRESSANT n.m. *Min.* Couche de forte pente.

DRESSER v. **10.**

DRESSEUR, EUSE n.

DRESSING n.m. Pièce où l'on range les vêtements.

DRESSOIR n.m. Meuble.

DRÈVE n.f. *Belg.* Allée bordée d'arbres.

DREYFUSARD, E adj. et n.

DREYFUSISME n.m.

DRIBBLE n.m.

DRIBBLER v. **10.** *Sp.* Passer (un adversaire) en conduisant le ballon.

DRIBBLEUR, EUSE n.

DRIFT n.m. *Géol.* Dépôt d'un glacier.

DRIFTER [-eur] n.m. *Mar.* Bateau de pêche utilisant des filets qui dérivent.

DRILL [driy] n.m. Singe africain.

DRILL [dril] n.m. Exercice militaire.

DRILLE [driy] 1. n.m. Homme jovial. 2. n.f. Instrument d'horlogerie.

DRILLER [driyé] v. **10.** Percer avec une drille.

DRING interj. Bruit de sonnette.

DRINGUELLE n.f. *Belg.* Pourboire.

DRINK n.m. Boisson.

DRISSE n.f. *Mar.* Cordage.

DRIVE [drayv] n.m. Au golf, coup long.

DRIVER [drayvé] ou [drivé] v. **10.** Exécuter un drive. – Conduire (un sulky).

DRIVER [drayveur] ou [driveur] n.m. (= **driveur)** Club de golf. – Jockey de trot attelé.

DRIVEUR [drayveur] ou [driveur] n.m. → **driver** n.m.

DROGMAN [drogm-an] n.m. *Hist.* Interprète à Constantinople.

DROGUE n.f.

DROGUER v. **10.**

DROGUERIE n.f.

DROGUET n.m. Étoffe décorée.

DROGUISTE n.

DROÏDE n.m. Robot de science-fiction.

DROIT, DROITE adj., n.m., n.f. et adv.

DROITEMENT adv.

DROITIER, ÈRE adj. et n.

DROITISATION n.f.

DROITISER v. **10.** *Pol.* Infléchir vers la droite.

DROITISME n.m. *Pol.* Attitude de la droite.

DROITISTE n. et adj. *Pol.* Partisan de la droite.

DROITURE n.f.

DROLATIQUE adj. Bouffon.

DRÔLE adj. et n.

DRÔLEMENT adv.

DRÔLERIE n.f.

DRÔLESSE n.f. Effrontée, gamine.

DRÔLET, ETTE adj. Amusant.

DROMADAIRE n.m.

DROME n.f. Dans un voilier, ensemble des espars de rechange.

DRÔMOIS, E adj. De la Drôme.

DROMON n.m. *Médiév.* Navire à rames.

DRONE n.m. Avion sans pilote.

DRONTE n.m. Oiseau disparu.

DROP n.m. Coup de pied en demi-volée, au rugby.

DROPER v. **10 (= dropper)** Abandonner, négliger.

DROPPAGE n.m. Parachutage.

DROPPER v. **10.** → **droper.**

DROSERA [é] n.m. (= **drosère)** Plante carnivore.

DROSÉRACÉE n.f. Plante dicotylédone, type drosera.

DROSÈRE n.m. → **drosera.**

DROSOPHILE n.f. Mouche.

DROSSE n.f. *Mar.* Cordage de transmission.

DROSSER v. **10.** *Mar.* Entraîner.

DROUAIS, E adj. De Dreux.

DROUILLE n.f. *Fam.* Marchandise de second choix.

DRU, DRUE adj. et adv.

DRUGSTORE [dreug-] n.m. Ensemble de commerces.

DRUIDE n.m.

DRUIDESSE n.f.

DRUIDIQUE adj.

DRUIDISME n.m.

DRÛMENT adv.

DRUMLIN [dreumlin] n.m. *Géogr.* Colline formée par des débris de roche.

DRUMMER [dreumeur] n.m. (= **drummeur**) *Mus.* Joueur de batterie.

DRUMMEUR, EUSE [dreum-] n. → **drummer.**

DRUMMONDVILLOIS, E [dromond-] adj. De Drummondville (Québec).

DRUMS [dreums] n.m.pl. *Mus.* Batterie dans un orchestre de jazz.

DRUPACÉ, E adj. *Bot.* Relatif à une drupe.

DRUPE n.f. *Bot.* Fruit charnu à noyau.

DRUPÉOLE n.m. Petite drupe agglomérée.

DRUSE adj. (= **druze**) D'un peuple du Proche-Orient.

DRUZE adj. → **druse.**

DRY n.m. et adj. Cocktail à base de gin et de vermout.

DRYADE n.f. *Antiq. gr.* Nymphe des forêts.

DRYOPITHÈQUE n.m. Primate fossile.

DU art.

DÛ, DUE adj. et n.m.

DUAL, E (pl. **DUALS** ou **DUAUX**) adj. *Log.* Se dit de deux propriétés présentant un caractère réciproque.

DUALISATION n.f. Division en deux groupes.

DUALISER (SE) v. **10.** Se scinder en deux parties antagonistes.

DUALISME n.m. *Philos.* Doctrine fondée sur deux principes de base opposés.

DUALISTE adj. et n.

DUALITÉ n.f.

DUATHLÈTE n. Sportif qui pratique le duathlon.

DUATHLON n.m. Épreuve combinant course à pied et cyclisme.

DUB [deub] n.m. Style musical issu du reggae.

DUBITATIF, IVE adj.

DUBITATION n.f. Doute feint d'un orateur.

DUBITATIVEMENT adv.

DUBLINOIS, E adj. De Dublin (Irlande).

DUBNIUM [doubnyom] n.m. Élément chimique artificiel.

DUC n.m.

DUCAL, E, AUX adj.

DUCASSE n.f. *Belg.* Fête villageoise.

DUCAT n.m. Ancienne monnaie.

DUCATON n.m. Ancienne monnaie.

DUCE [doutché] n.m. *Hist.* Titre de Mussolini.

DUCHÉ n.m.

DUCHESSE n.f.

DUCROIRE n.m. *Dr.* Convention par laquelle un commissionnaire se porte garant à l'égard du commettant.

DUCTILE adj. *Mét.* Qui peut être étiré.

DUCTILITÉ n.f.

DUDGEON [d(e)ud-] n.m. Outil de chaudronnier.

DUDGEONNAGE [d(e)ud-] n.m.

DUDGEONNER [d(e)ud-] v. **10.** *Techn.* Travailler (une pièce tubulaire) à l'aide d'un dudgeon.

DUDIT, DESDITS adj.

DUÈGNE n.f. *Hist.* En Espagne, femme âgée qui veille sur une jeune fille.

DUEL n.m. Combat singulier.

DUEL, ELLE adj. et n.m. *Ling.* (Nombre) désignant deux choses ou deux personnes.

DUELLISTE n. Personne qui se bat en duel.

DUETTISTE n. Personne qui chante ou joue en duo.

DUETTO n.m. *Mus.* Duo.

DUGAZON n.f. Rôle d'amoureuse, dans les opéras-comiques.

DUGON n.m. (= **dugong**) Mammifère marin.

DUGONG [dug-on-(g)] n.m. → **dugon.**

DUIT n.m. Petite digue.

DUITAGE n.m.

DUITE n.f. *Text.* Longueur de trame entre deux lisières.

DUITER v. **10.** *Text.* Passer (le fil de trame) entre les fils de chaîne.

DULÇAQUICOLE [kwi] adj. → **dulcicole.**

DULCICOLE adj. *Zool.* Qui vit en eau douce.

DULCIFICATION n.f. Adoucissement.

DULCIFIER v. **15.** Adoucir.

DULCINÉE n.f. *Fam.* Bien-aimée.

DULCITE n.f. *Chim.* Matière sucrée.

DULCITOL n.m. → **dulcite.**

DULIE **|** n.f. *Culte de dulie :* culte des anges et des saints.

DÛMENT adv.

DUMPER [deumpeur] n.m. Engin de terrassement.

DUMPING [deumping] n.m. *Écon.* Exportation à bas prix ou à perte.

DUNAIRE adj. Relatif aux dunes.

DUNDEE [deundi] n.m. Petit deux-mâts.

DUNE n.f.

DUNETTE n.f. Superstructure arrière d'un navire.

DUNK [deunk] n.m. Au basketball, smash.

DUNKERQUOIS, E adj. De Dunkerque.

DUO n.m.

DUODÉCIMAIN, E adj. Relatif à un mouvement religieux chiite.

DUODÉCIMAL, E, AUX adj. Divisible par douze. – À base douze.

DUODÉNAL, E, AUX adj.

DUODÉNITE n.f. *Méd.* Inflammation du duodénum.

DUODÉNUM n.m. Première portion de l'intestin.

DUODI n.m. Deuxième jour de la décade, dans le calendrier républicain.

DUOPOLE n.m. *Écon.* Situation d'un marché à deux vendeurs seulement.

DUPE adj. et n.f.

DUPER v. **10.**

DUPERIE n.f.

DUPEUR, EUSE n.

DUPLEX n.m. et adj. Système permettant simultanément l'envoi et la réception de messages.

DUPLEXAGE n.m.

DUPLEXER v. **10.** Transmettre en duplex.

DUPLICABLE adj.

DUPLICATA n.m.

DUPLICATE [-kèt] n.m. Forme de jeu où les joueurs reçoivent les mêmes cartes, les mêmes lettres.

DUPLICATEUR n.m. Machine de reproduction.

DUPLICATIF, IVE adj. Qui double.

DUPLICATION n.f. Action de doubler, d'obtenir des doubles.

DUPLICITÉ n.f. Mauvaise foi.

DUPLIQUER v. **10.** Reproduire.

DUQUEL, DESQUELS pr.relat. et int.

DUQUER v. **10.** Au bridge, ne pas prendre (une carte).

DUR, DURE adj., n. et adv.

DURABILITÉ n.f.

DURABLE adj.

DURABLEMENT adv.

DURAILLE adj. *Arg.* Difficile.

DURAIN n.m. Constituant du charbon.

DURAL, E, AUX adj. *Anat.* Relatif à la dure-mère, méninge externe.

DURAL, S n.m. Alliage d'aluminium.

DURALUMIN n.m. (Nom déposé) Alliage d'aluminium.

DURAMEN [-mèn] n.m. *Bot.* Partie lignifiée d'un tronc d'arbre.

DURANT prép.

DURATIF, IVE adj. et n.m. *Ling.* Considéré dans sa durée.

DURCIR v. **40.**

DURCISSEMENT n.m.

DURCISSEUR n.m.

DURÉE n.f.

DUREMENT adv.

DURER v. (**p.p.inv.** mais **durée** n.f.) **10.**

DURETÉ n.f.

DURHAM n. et adj. Race bovine.

DURIAN [dury-an] ou [duryan] n.m. **(= durion)** Arbre de Malaisie.

DURILLON n.m.

DURION n.m. → **durian.**

DURIT [-t] n.f. (Nom déposé) Tuyau en caoutchouc servant de raccord.

DUSE n.f. Orifice limitant le débit dans un tuyau sous pression.

DUUMVIR [duom-] n.m. *Antiq. rom.* Magistrat exerçant sa charge conjointement avec un autre.

DUUMVIRAL, E, AUX [duom-] adj.

DUUMVIRAT [duom-] n.m.

DUVET n.m.

DUVETER (SE) v. **20** ou **21** (je me duvette... ou je me duvète...) Se couvrir de duvet.

DUVETEUX, EUSE adj.

DUXELLES n.f. Farce à base de champignons.

DYADE n.f. *Litt.* Ensemble de deux choses, de deux idées.

DYADIQUE adj.

DYARCHIE n.f. *Pol.* Gouvernement par deux hommes ou deux pouvoirs.

DYARQUE n.m. Chacun des deux dirigeants d'une dyarchie.

DYKE [dik] ou [dayk] n.m. *Géol.* Filon de roche éruptive.

DYNAMICIEN, ENNE n. *Psych.* Spécialiste des relations sociales.

DYNAMIQUE adj. et n.f.

DYNAMIQUEMENT adv.

DYNAMISANT, E adj.

DYNAMISATION n.f.

DYNAMISER v. **10.** Rendre plus énergique.

DYNAMISME n.m.

DYNAMISTE adj. et n. *Philos.* Qui pense que la matière est animée par une force immanente.

DYNAMITAGE n.m.

DYNAMITE n.f.

DYNAMITER v. **10.**

DYNAMITERIE n.f. Fabrique de dynamite.

DYNAMITEUR, EUSE n.

DYNAMO n.f.

DYNAMOGÈNE adj.

DYNAMOGÉNIE n.f. *Physiol.* Stimulation du fonctionnement.

DYNAMOGÉNIQUE adj.

DYNAMOGRAPHE n.m. *Physiol.* Enregistreur de force musculaire.

DYNAMOMÈTRE n.m. Appareil de mesure d'une force.

DYNAMOMÉTRIE n.f.

DYNAMOMÉTRIQUE adj.

DYNASTE n.m. *Antiq.* Petit souverain. – Coléoptère.

DYNASTIE n.f.

DYNASTIQUE adj.

DYNE n.f. *Phys.* Unité de force.

DYNODE n.f. Électrode servant à amplifier un courant électrique.

DYSACOUSIE n.f. Trouble de l'audition.

DYSACROMÉLIE n.f. Malformation des membres.

DYSACROMÉLIQUE adj.

DYSARTHRIE n.f. Trouble de l'élocution.

DYSARTHRIQUE adj.

DYSBARISME n.m. Trouble dû à la baisse de la pression barométrique.

DYSBASIE n.f. Trouble de la marche.

DYSBASIQUE adj.

DYSBOULIE n.f. Trouble de la volonté.

DYSBOULIQUE adj.

DYSCALCULIE n.f. Trouble de l'apprentissage du calcul.

DYSCHROMATOPSIE n.f. Trouble de la perception des couleurs.

DYSCHROMIE n.f. Trouble de la pigmentation de la peau.

DYSCINÉSIE n.f. → **dyskinésie.**

DYSCINÉTIQUE adj.

DYSCRASIE n.f. Trouble de la coagulation.

DYSCRASIQUE adj.

DYSEMBRYOME n.m. Tumeur embryonnaire.

DYSEMBRYOPLASIE n.f. Trouble du développement.

DYSENDOCRINIE n.f. Trouble des glandes endocrines.

DYSENDOCRINIEN, ENNE adj.

DYSENTERIE [s] n.f. Maladie provoquant la diarrhée.

DYSENTÉRIQUE [s] adj. et n.

DYSESTHÉSIE n.f. Trouble de la sensibilité.

DYSESTHÉSIQUE adj.

DYSFONCTION n.f. Fonctionnement irrégulier.

DYSFONCTIONNEL, ELLE adj.

DYSFONCTIONNER v. **(p.p.inv.) 10.** Fonctionner mal, en parlant d'un système.

DYSGÉNÉSIE n.f. Trouble du développement de l'embryon.

DYSGÉNÉSIQUE adj. → **dysgénique.**

DYSGÉNIQUE adj. Opposé à l'amélioration de la race.

DYSGRAPHIE n.f. Trouble de l'écriture.

DYSGRAPHIQUE adj. et n.

DYSHARMONIE n.f. Absence d'harmonie.

DYSHARMONIQUE adj.

DYSHIDROSE n.f. **(= dysidrose)** Trouble de la sécrétion de la sueur.

DYSIDROSE n.f. → **dyshidrose.**

DYSKÉRATOSE n.f. Maladie de la peau.

DYSKINÉSIE n.f. Trouble des mouvements.

DYSKINÉTIQUE adj.

DYSLALIE n.f. Trouble de la parole.

DYSLEPTIQUE adj. *Pharm.* Qui perturbe.

DYSLEXIE n.f. Trouble de l'apprentissage de la lecture.

DYSLEXIQUE adj. et n.

DYSLOGIE n.f. Trouble du langage.

DYSMATURE adj. (Nouveau-né) de faible poids.

DYSMÉLIE n.f. Développement anormal d'un membre.

DYSMÉLIQUE adj. et n.

DYSMÉNORRHÉE n.f. Trouble du flux menstruel.

DYSMÉNORRHÉIQUE adj.

DYSMNÉSIE n.f. Trouble de la mémoire.

DYSMNÉSIQUE adj.

DYSMORPHIE n.f. Difformité.

DYSMORPHOSE n.f. → **dysmorphie.**

DYSOREXIE n.f. Trouble de l'appétit.

DYSORTHOGRAPHIE n.f. Trouble de l'apprentissage de l'orthographe.

DYSOSMIE n.f. Trouble de l'olfaction.

DYSPAREUNIE n.f. Douleur provoquée par les rapports sexuels.

DYSPEPSIE n.f. Trouble de la digestion.

DYSPEPSIQUE adj. et n.

DYSPEPTIQUE adj. et n. → **dyspepsique.**

DYSPHAGIE n.f. Difficulté à avaler.

DYSPHAGIQUE adj.

DYSPHASIE n.f. Trouble du langage.

DYSPHASIQUE adj. et n.

DYSPHONIE n.f. Trouble de la phonation.

DYSPHONIQUE adj. et n.

DYSPHORIE n.f. État de malaise.

DYSPHORIQUE adj.

DYSPLASIE n.f. Trouble du développement.

DYSPLASIQUE adj.

DYSPNÉE n.f. Trouble de la respiration.

DYSPNÉIQUE adj. et n.

DYSPRAXIE n.f. Trouble psychomoteur.

DYSPROSIUM [-zyom] n.m. Métal rare.

DYSPROSODIE n.f. Dans certaines aphasies, modification du timbre et du rythme de la voix.

DYSSOCIAL, E, AUX adj. Qui n'est pas conforme aux codes sociaux.

DYSSOCIALITÉ n.f.

DYSTASIE n.f. Difficulté à se tenir debout.

DYSTHYMIE n.f. Trouble de l'humeur.

DYSTOCIE n.f. Difficulté d'accouchement.

DYSTOCIQUE adj.

DYSTOMIE n.f. Trouble de la prononciation.

DYSTONIE n.f. Trouble du tonus musculaire.

DYSTONIQUE adj.

DYSTOPIE n.f. *Méd.* Situation anormale d'un organe.

DYSTOPIQUE adj.

DYSTROPHIE n.f. Trouble de la nutrition.

DYSTROPHINE n.f. Protéine musculaire dont le déficit engendre des dystrophies.

DYSTROPHIQUE adj.

DYSTROPHISATION n.f. Enrichissement excessif des eaux d'un lac en matières nutritives d'origine industrielle.

DYSURIE n.f. Difficulté d'uriner.

DYSURIQUE adj. et n.

DYTIQUE n.m. Coléoptère aquatique.

DZAQUILLON n.m. *Helv.* Costume féminin traditionnel du canton de Fribourg.

DZÊTA | n.m. **(= zêta)** Lettre grecque.

DZO n.m. Hybride de vache et de yack, au Tibet.

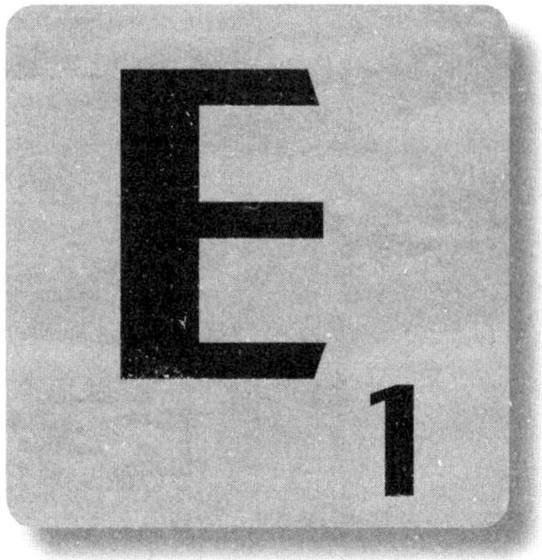

EAGLE [igeul] n.m. Au golf, coup qui, pour un trou, améliore le par de deux points.

EAU, X n.f.

ÉBAHIR v. **40.**

ÉBAHISSEMENT n.m.

ÉBARBAGE n.m.

ÉBARBER v. **10.** *Mét.* Débarrasser (une surface) des bavures.

ÉBARBEUR, EUSE n. Machine à ébarber.

ÉBARBOIR n.m. Outil pour ébarber.

ÉBARBURE n.f. Partie enlevée par ébarbage.

ÉBAT n.m. Action de s'ébattre.

ÉBATTRE (S') v. **100.**

ÉBAUBIR (S') v. **40.** S'étonner grandement.

ÉBAUCHAGE n.m.

ÉBAUCHE n.f.

ÉBAUCHER v. **10.**

ÉBAUCHEUR n.m.

ÉBAUCHOIR n.m. Outil de sculpteur.

ÉBAUCHON n.m. Ébauche de pipe en racine de bruyère.

ÉBAUDIR (S') v. **40 (= esbaudir)** *Vx.* Se réjouir.

ÉBAVURAGE n.m.

ÉBAVURER v. **10.** → **ébarber.**

ÉBÉNACÉE n.f. Arbre ou arbuste des régions tropicales, type ébénier.

ÉBÈNE n.f.

ÉBÉNIER n.m. Arbre tropical.

ÉBÉNISTE n. Menuisier.

ÉBÉNISTERIE n.f.

ÉBERLUER v. **10.** *Vx.* Étonner.

ÉBIONITE n.m. Membre d'une secte judéo-chrétienne (IIe et IIIe s.).

ÉBISELER v. **22** (j'ébiselle...) Tailler en biseau.

ÉBLOUIR v. **40.**

ÉBLOUISSANT, E adj.

ÉBLOUISSEMENT n.m.

ÉBONITE n.f. Caoutchouc durci.

ÉBORGNAGE n.m.

ÉBORGNEMENT n.m.

ÉBORGNER v. **10.**

ÉBOUAGE n.m.

ÉBOUER v. **10.** Débarrasser (une rue) de la boue.

ÉBOUEUR, EUSE n.

ÉBOUILLANTAGE n.m.

ÉBOUILLANTER v. **10.**

ÉBOULEMENT n.m.

ÉBOULER (S') v. **10.** S'écrouler.

ÉBOULEUX, EUSE adj. Qui a tendance à s'ébouler.

ÉBOULIS n.m. Amas de matières éboulées.

ÉBOURGEONNAGE n.m.

ÉBOURGEONNEMENT n.m.

ÉBOURGEONNER v. **10.**

ÉBOURGEONNOIR n.m.

ÉBOURIFFAGE n.m.

ÉBOURIFFANT, E adj.

ÉBOURIFFER v. **10.**

ÉBOURRER v. **10.** *Techn.* Débarrasser (une peau) des amas de poils.

ÉBOURROIR n.m.

ÉBOUTAGE n.m.

ÉBOUTER v. **10.** *Techn.* Raccourcir en coupant le bout.

ÉBRANCHAGE n.m.

ÉBRANCHEMENT n.m.

ÉBRANCHER v. **10.** Élaguer.

ÉBRANCHOIR n.m. Serpe à long manche.

ÉBRANLEMENT n.m.

ÉBRANLER v. **10.**

ÉBRASEMENT n.m.

ÉBRASER v. **10.** Élargir obliquement (l'ouverture d'une porte, d'une fenêtre).

ÉBRASURE n.f. Biais donné aux côtés de l'embrasure d'une fenêtre.

ÉBRÈCHEMENT n.m.

ÉBRÉCHER v. **12.**

ÉBRÉCHURE n.f.

ÉBRIÉTÉ n.f.

ÉBRIEUX, EUSE adj. (Comportement) d'une personne en état d'ébriété.

ÉBRIQUER v. **10.** *Helv.* Casser en morceaux.

ÉBROÏCIEN, ENNE adj. D'Évreux.

ÉBROUEMENT n.m.

ÉBROUER (S') v. **10.**

ÉBRUITEMENT n.m.

ÉBRUITER v. **10.**

ÉBULLIOMÈTRE n.m. Appareil de mesure des températures d'ébullition.

ÉBULLIOMÉTRIE n.f.

ÉBULLIOMÉTRIQUE adj.

ÉBULLIOSCOPE n.m. → **ébulliomètre.**

ÉBULLIOSCOPIE n.f.

ÉBULLIOSCOPIQUE adj.

ÉBULLITION n.f.

ÉBURNÉ, E adj. **(= éburnéen)** Qui a les caractères de l'ivoire.

ÉBURNÉEN, ENNE adj. → **éburné.**

ÉCACHER v. **10.** *Vx.* Aplatir.

ÉCAILLAGE n.m.

ÉCAILLE n.f.

ÉCAILLER v. **10.** Dépouiller de ses écailles.

ÉCAILLER, ÈRE n. Ouvreur, vendeur d'huîtres.

ÉCAILLEUR n.m. Instrument pour écailler.

ÉCAILLEUX, EUSE adj. Qui a des écailles.

ÉCAILLURE n.f. Partie écaillée d'une surface.

ÉCALE n.f. Enveloppe de certains fruits.

ÉCALER v. **10.** Dépouiller de son écale.

ÉCALURE n.f. Pellicule de certaines graines.

ÉCANG [ék-an] n.m. **(= écangue)** Instrument pour écanguer.

ÉCANGAGE n.m.

ÉCANGUE n.f. → **écang.**

ÉCANGUER v. **10.** Broyer (du lin).

ÉCANGUEUR, EUSE n.

ÉCARLATE adj. et n.f.

ÉCARQUILLER v. **10.**

ÉCART n.m.

ÉCARTÉ, E 1. adj. 2. n.m. Jeu de cartes.

ÉCARTÈLEMENT n.m.

ÉCARTELER v. **23** (j'écartèle...).

ÉCARTELURE n.f. *Hér.* Division de l'écu.

ÉCARTEMENT n.m.

ÉCARTER v. **10.**

ÉCARTEUR n.m. Instrument de chirurgie.

ECBALLIUM n.m. Plante des terrains vagues.

ECCÉITÉ [èks-] n.f. *Philos.* Ce qui fait qu'un individu est lui-même et non un autre.

ECCHYMOSE [k] n.f. *Méd.* Tache cutanée due à un choc.

ECCHYMOTIQUE [k] adj.

ECCLÉSIA n.f. *Antiq. gr.* Assemblée du peuple.

ECCLÉSIAL, E, AUX adj. Relatif à l'Église.

ECCLÉSIASTIQUE adj. et n.m. Relatif au clergé.

ECCLÉSIOLOGIE n.f. Partie de la théologie qui concerne l'Église.

ECCLÉSIOLOGIQUE adj.

ECDYSONE [z] n.f. Hormone des insectes.

ÉCERVELÉ, E adj. et n.

ÉCHAFAUD n.m.

ÉCHAFAUDAGE n.m.

ÉCHAFAUDER v. **10.**

ÉCHALAS n.m. Pieu. – Personne grande et maigre.

ÉCHALASSAGE n.m.

ÉCHALASSEMENT n.m.

ÉCHALASSER v. **10.** Soutenir avec des pieux.

ÉCHALIER n.m. Sorte d'échelle.

ÉCHALOTE n.f.

ÉCHALOTÉ, E adj.

ÉCHANCRER v. **10.**

ÉCHANCRURE n.f.

ÉCHANGE n.m.

ÉCHANGEABLE adj.

ÉCHANGER v. **17.**

ÉCHANGEUR, EUSE adj. et n.

ÉCHANGISME n.m. Échange de partenaires sexuels entre couples.

ÉCHANGISTE n. *Dr.* Qui effectue un échange.

ÉCHANSON n.m. Officier qui versait à boire à un prince.

ÉCHANSONNERIE n.f. *Hist.* Corps des échansons. – Salle où l'on distribuait le vin.

ÉCHANTIGNOLE n.f. → **échantignolle.**

ÉCHANTIGNOLLE n.f. Pièce d'une charpente.

ÉCHANTILLON n.m.

ÉCHANTILLONNAGE n.m.

ÉCHANTILLONNER v. **10.**

ÉCHANTILLONNEUR, EUSE n.

ÉCHAPPADE n.f. Coup de burin involontaire donné par un graveur.

ÉCHAPPATOIRE n.f. Moyen de se tirer d'embarras.

ÉCHAPPÉ, E n.m. et n.f.

ÉCHAPPEMENT n.m.

ÉCHAPPER v. **10.**

ÉCHARDE n.f. Petit éclat d'un corps étranger entré dans la chair.

ÉCHARDONNAGE n.m.

ÉCHARDONNER v. **10.** Débarrasser (un champ) des chardons.

ÉCHARNAGE n.m.

ÉCHARNEMENT n.m.

ÉCHARNER v. **10.** Débarrasser (une peau) des lambeaux de chair avant le tannage.

ÉCHARNEUSE n.f. Machine pour écharner.

ÉCHARNOIR n.m. Couteau pour écharner.

ÉCHARNURE n.f. Résidu de l'écharnage.

ÉCHAROGNER v. **10.** *Québ.* Couper maladroitement.

ÉCHARPE n.f.

ÉCHARPER v. **10.**

ÉCHARS, E adj. *Vx.* (Monnaie) qui n'a pas la proportion légale de métal précieux.

ÉCHASSE n.f.

ÉCHASSIER, ÈRE 1. n.m. 2. n.f. *Arg.* Prostituée travaillant dans un bar.

ÉCHAUBOULURE n.f. Urticaire animale.

ÉCHAUDAGE n.m.

ÉCHAUDEMENT n.m. État du blé flétri par la chaleur.

ÉCHAUDER v. **10.** Ébouillanter, brûler.

ÉCHAUDOIR n.m. Récipient pour échauder. – Salle d'abattoir.

ÉCHAUFFANT, E adj.

ÉCHAUFFEMENT n.m.

ÉCHAUFFER v. **10.**

ÉCHAUFFOURÉE n.f. Bagarre de courte durée.

ÉCHAUFFURE n.f. Fermentation légère des grains.

ÉCHAUGUETTE n.f. *Mil.* Guérite en pierre.

ÉCHAUMER v. **10.** → **chaumer.**

ÈCHE n.f. → **aiche.**

ÉCHÉANCE n.f.

ÉCHÉANCIER n.m. Registre des échéances.

ÉCHÉANT, E adj. Qui échoit, qui arrive à échéance.

ÉCHEC n.m.

ÉCHELETTE n.f. Oiseau de montagne.

ÉCHELIER n.m. Échelle à un seul montant.

ÉCHELLE n.f.

ÉCHELON n.m.

ÉCHELONNEMENT n.m.

ÉCHELONNER v. **10.**

ÉCHENILLAGE n.m.

ÉCHENILLER v. **10.** Débarrasser des chenilles.

ÉCHENILLEUR, EUSE n.

ÉCHENILLOIR n.m. Cisaille pour écheniller.

ÉCHER v. **12.** → **aicher.**

ÉCHET → **échoir.**

ÉCHEVEAU, X n.m. Assemblage de fils textiles.

ÉCHEVELER v. **22** (j'échevelle...) Dépeigner.

ÉCHEVELLEMENT n.m.

ÉCHEVETTE n.f. *Text.* Longueur donnée de fil dévidé.

ÉCHEVIN, E n. *Belg.* Adjoint au bourgmestre.

ÉCHEVINAGE n.m.

ÉCHEVINAL, E, AUX adj.

ÉCHEVINAT n.m. *Belg.* Charge d'échevin.

ÉCHIDNÉ [k] n.m. Hérisson d'Australie.

ÉCHIFFER v. **10.** *Québ.* Effilocher.

ÉCHIFFRE n.m. *Mur d'échiffre* ou *échiffre :* charpente d'escalier.

ÉCHINE n.f. Colonne vertébrale. – Moulure de chapiteau.

ÉCHINER (S') v. **10.**

ÉCHINIDE [k] n.m. Échinoderme, type oursin.

ÉCHINOCACTUS [k] n.m. Plante grasse.

ÉCHINOCOCCOSE [k] n.f. *Méd.* Maladie provoquée par l'échinocoque.

ÉCHINOCOQUE [k] n.m. Sorte de tænia.

ÉCHINODERME [k] n.m. Animal marin, type oursin.

ÉCHIQUÉEN, ENNE adj. Relatif au jeu d'échecs.

ÉCHIQUETÉ, E adj. *Hér.* Divisé en carrés.

ÉCHIQUIER n.m.

ÉCHIURIEN [k] n.m. Animal marin vermiforme.

ÉCHO [k] n.m.

ÉCHOGRAPHIE [k] n.f. Exploration des organes par ultrasons.

ÉCHOGRAPHIER [k] v. **15.**

ÉCHOGRAPHIQUE [k] adj.

ÉCHOGRAPHISTE [k] n.

ÉCHOIR v. déf. (**échéant, échet, échoie, échoient, échoira, échoiraient, échoirait, échoiront, échoit, échu, échue, échues, échurent, échus, échussent, échut, échût**).

ÉCHOLALIE [k] n.f. *Psych.* Répétition machinale de propos entendus.

ÉCHOLALIQUE [k] adj.

ÉCHOLOCATION [k] n.f. Mode d'orientation animale.

ÉCHOPPE n.f. Petite boutique. – Outil de graveur.

ÉCHOPPER v. **10.** Tailler avec une échoppe.

ÉCHOSONDAGE [k] n.m. Sondage des profondeurs par ondes acoustiques.

ÉCHOSONDEUR [k] n.m. Appareil qui mesure la profondeur des fonds marins.

ÉCHOTIER, ÈRE [k] n. Rédacteur chargé des échos dans un journal.

ÉCHOTOMOGRAPHIE [k] n.f. → **échographie.**

ÉCHOUAGE n.m.

ÉCHOUEMENT n.m.

ÉCHOUER v. **10.**

ÉCHU, ÉCHUE, ÉCHURENT, ÉCHUSSENT, ÉCHUT → **échoir.**

ÉCIDIE n.f. *Bot.* Champignon parasite.

ÉCIMAGE n.m.

ÉCIMER v. **10.** Étêter.

ÉCLABOUSSEMENT n.m.

ÉCLABOUSSER v. **10.**

ÉCLABOUSSURE n.f.

ÉCLADE n.f. Préparation de moules au barbecue, spécialité charentaise.

ÉCLAFER v. **10.** *Helv.* Écraser, faire éclater.

ÉCLAIR adj. et n.m.

ÉCLAIRAGE n.m.

ÉCLAIRAGISME n.m. Ensemble des techniques d'éclairage.

ÉCLAIRAGISTE n.

ÉCLAIRANT, E adj.

ÉCLAIRCIE n.f.

ÉCLAIRCIR v. **40.**

ÉCLAIRCISSAGE n.m.

ÉCLAIRCISSANT, E adj.

ÉCLAIRCISSEMENT n.m.

ÉCLAIREMENT n.m.

ÉCLAIRER v. **10.**

ÉCLAIREUR, EUSE n.

ÉCLAMPSIE n.f. Convulsion de femme enceinte.

ÉCLAMPTIQUE adj. et n.f.

ÉCLANCHE n.f. *Vx.* Épaule de mouton.

ÉCLAT n.m.

ÉCLATANT, E adj.

ÉCLATEMENT n.m.

ÉCLATER v. **10.**

ÉCLATEUR n.m. *Électr.* Appareil produisant des étincelles.

ÉCLECTIQUE adj. et n. Qui choisit ce qui lui plaît, sans exclusive.

ÉCLECTISME n.m.

ÉCLIMÈTRE n.m. Instrument d'arpenteur.

ÉCLIPSE n.f.

ÉCLIPSER v. **10.**

ÉCLIPTIQUE n.m. et adj. Plan de déplacement des astres.

ÉCLISSAGE n.m.

ÉCLISSE n.f. Éclat de bois. – Attelle.

ÉCLISSER v. **10.** Fixer par des éclisses.

ÉCLOGITE n.f. Roche métamorphique.

ÉCLOPÉ, E adj. et n.

ÉCLORE v. déf. **141.**

ÉCLOSERIE n.f. Établissement d'aquaculture.

ÉCLOSION n.f.

ÉCLOSOIR n.m. Endroit où les poussins éclosent.

ÉCLUSAGE n.m.

ÉCLUSE n.f.

ÉCLUSÉE n.f. Quantité d'eau coulant dans l'écluse.

ÉCLUSER v. **10.** *Mar.* Utiliser une écluse. – *Fam.* Boire.

ÉCLUSIER, ÈRE adj. et n.

ECMNÉSIE n.f. *Psych.* Rappel intense de souvenirs.

ÉCO 1. n.f. *Fam.* Économie. 2. adj. *Fam.* Économique.

ÉCOBILAN n.m. Bilan de l'impact écologique d'un produit industriel.

ÉCOBUAGE n.m.

ÉCOBUER v. **10.** Fertiliser (le sol) en arrachant et en brûlant la végétation.

ÉCOCIDE n.m. Destruction de la faune et de la flore.

ÉCOCITOYEN, ENNE adj. et n. Qui veille à la préservation de l'environnement.

ÉCOCITOYENNETÉ n.f.

ÉCOCONCEPTION n.f. Prise en compte de l'impact écologique d'un produit lors de sa conception.

ÉCOEMBALLAGE n.m. Emballage recyclable.

ÉCŒURANT, E adj.

ÉCŒURANTERIE n.f. *Québ.* Parole, action répugnante.

ÉCŒUREMENT n.m.

ÉCŒURER v. **10.**

ÉCOGARDE n. Employé d'une collectivité locale affecté à la surveillance de l'environnement.

ÉCOGRAPHIE n.f. Étude de l'évolution d'un milieu.

ÉCOHABITAT n.m. Type d'habitat qui respecte l'environnement.

ÉCOIN n.m. *Min.* Planche de soutien.

ÉCOINÇON n.m. *Arch.* Ouvrage établi dans un angle.

ÉCOLABEL n.m. Label écologique européen.

ÉCOLAGE n.m. *Helv.* Frais de scolarité.

ÉCOLÂTRE n.m. *Médiév.* Ecclésiastique dirigeant une école.

ÉCOLE n.f.

ÉCOLIER, ÈRE n.

ÉCOLO n. *Fam.* Écologiste.

ÉCOLOGIE n.f. Science de l'environnement.

ÉCOLOGIQUE adj.

ÉCOLOGIQUEMENT adv.

ÉCOLOGISME n.m. Défense du milieu naturel.

ÉCOLOGISTE n.

ÉCOLOGUE n.

ÉCOMUSÉE n.m. Musée présentant un écosystème.

ÉCONDUIRE v. **135.** Repousser, congédier.

ÉCONOMAT n.m. Charge d'économe. – Magasin.

ÉCONOME adj. et n.

ÉCONOMÈTRE n. Personne qui analyse mathématiquement les processus économiques.

ÉCONOMÉTRICIEN, ENNE n. → **économètre.**

ÉCONOMÉTRIE n.f.

ÉCONOMÉTRIQUE adj.

ÉCONOMIE n.f.

ÉCONOMIQUE adj.

ÉCONOMIQUEMENT adv.

ÉCONOMISER v. **10.**

ÉCONOMISEUR n.m. Dispositif pour économiser de l'énergie.

ÉCONOMISME n.m. Doctrine privilégiant l'économie.

ÉCONOMISTE n.

ÉCOPAGE n.m.

ÉCOPASTILLE n.f. Bonus ou malus appliqué sur le prix d'achat d'une voiture neuve selon le montant de ses émissions de dioxyde de carbone.

ÉCOPE n.f. *Mar.* Pelle pour vider l'eau.

ÉCOPER v. **10.**

ÉCOPERCHE n.f. Perche d'échafaudage.

ÉCOPHASE n.f. Phase de la vie d'un animal.

ÉCOPHYSIOLOGIE n.f. Étude des processus physiologiques en fonction de l'environnement.

ÉCOPRODUIT n.m. Produit écologique.

ÉCOQUARTIER n.m. Quartier construit et géré dans le respect de l'environnement.

ÉCORÇAGE n.m.

ÉCORCE n.f.

ÉCORCER v. **13.**

ÉCORCEUR, EUSE n.

ÉCORCHAGE n.m.

ÉCORCHEMENT n.m.

ÉCORCHER v. **10.**

ÉCORCHERIE n.f. Partie d'abattoir où l'on écorche les animaux.

ÉCORCHEUR, EUSE n.

ÉCORCHURE n.f.

ÉCORÇOIR n.m.

ÉCORECHARGE n.f. Conditionnement sommaire d'un produit.

ÉCORNER v. **10.** Priver (un animal) de ses cornes. – Ébrécher.

ÉCORNIFLER v. **10.** *Fam.* Se procurer (quelque chose) aux dépens d'autrui.

ÉCORNIFLEUR, EUSE n. *Fam.* Pique-assiette.

ÉCORNURE n.f. Éclat détaché d'un objet.

ÉCOSPHÈRE n.f. *Biol.* Biosphère.

ÉCOSSAGE n.m.

ÉCOSSAIS, E adj. et n.m.

ÉCOSSER v. **10.**

ÉCOSSEUR, EUSE n.

ÉCOSYSTÈME n.m. Ensemble écologique où les êtres vivants sont en interaction avec leur milieu.

ÉCOT n.m. Participation financière. – Tronc d'arbre.

ÉCÔTAGE n.m.

ÉCOTAXE n.f. Taxe sur les produits polluants.

ÉCÔTER v. **10.** Débarrasser (des feuilles de tabac) de leurs côtes.

ÉCÔTEUR, EUSE n.

ÉCOTONE n.m. Zone entre deux milieux naturels.

ÉCOTOURISME n.m. Tourisme qui respecte l'environnement.

ÉCOTOXICITÉ n.f. Toxicité pour l'environnement.

ÉCOTOXICOLOGIE n.f. Science qui étudie les conséquences écologiques de la pollution.

ÉCOTOXIQUE adj.

ÉCOTYPE n.m. *Biol.* Forme que prend une espèce dans un milieu donné.

ÉCOUFLE n.m. Oiseau de proie (milan).

ÉCOULEMENT n.m.

ÉCOULER v. **10.**

ÉCOUMÈNE n.m. **(= œkoumène)** Espace terrestre habitable.

ÉCOURGEON n.m. **(= escourgeon)** Variété d'orge.

ÉCOURTER v. **10.**

ÉCOURTICHER v. **10.** *Québ.* Couper (un vêtement) trop court.

ÉCOUTABLE adj.

ÉCOUTANT, E n. Personne qui est à l'écoute d'appels téléphoniques de détresse.

ÉCOUTE n.f.

ÉCOUTER v. **10.**

ÉCOUTEUR, EUSE n.

ÉCOUTILLE n.f. *Mar.* Ouverture dans le pont.

ÉCOUVILLON n.m. Petite brosse à long manche.

ÉCOUVILLONNAGE n.m.

ÉCOUVILLONNER v. **10.** Nettoyer à l'écouvillon.

ÉCOVOLONTARIAT n.m. Volontariat au service de la protection de l'environnement.

ÉCRABOUILLAGE n.m.

ÉCRABOUILLEMENT n.m.

ÉCRABOUILLER v. **10.**

ÉCRAN n.m.

ÉCRAPOUTIR v. **40.** *Québ.* Écraser.

ÉCRASANT, E adj.

ÉCRASEMENT n.m.

ÉCRASER v. **10.**

ÉCRASEUR, EUSE n. *Fam.* Chauffard.

ÉCRÉMAGE n.m.

ÉCRÉMER v. **12.**

ÉCRÉMEUR, EUSE n. Dispositif qui écrème.

ÉCRÉMOIR n.m. Appareil pour écrémer le lait.

ÉCRÊTAGE n.m. *Électr.* Limitation d'un signal trop puissant.

ÉCRÊTEMENT n.m.

ÉCRÊTER v. **10.** Couper la crête. – Niveler.

ÉCRÊTEUR n.m. *Électr.* Dispositif permettant l'écrêtage.

ÉCREVISSE n.f.

ÉCRIER (S') v. **15.**

ÉCRIN n.m.

ÉCRIRE v. **130.**

ÉCRIT, E adj. et n.m.

ÉCRITEAU, X n.m.

ÉCRITOIRE n.f. Matériel pour écrire.

ÉCRITURE n.f.

ÉCRIVAILLER v. **(p.p.inv.) 10.** Écrire des œuvres de qualité médiocre.

ÉCRIVAILLEUR, EUSE n.

ÉCRIVAILLON n.m.

ÉCRIVAIN, E n.

ÉCRIVASSER v. **(p.p.inv.) 10.** → **écrivailler.**

ÉCRIVASSIER, ÈRE n.

ÉCROU n.m.

ÉCROUELLES n.f.pl. *Méd.* Inflammation tuberculeuse, provoquant des abcès.

ÉCROUER v. **10.**

ÉCROUIR v. **40.** Étirer (un métal) à froid.

ÉCROUISSAGE n.m.

ÉCROULEMENT n.m.

ÉCROULER (S') v. **10.**

ÉCROÛTAGE n.m.

ÉCROÛTER v. **10.** Labourer superficiellement.

ÉCROÛTEUSE n.f. Herse pour écroûter.

ÉCRU, E adj. *Techn.* Brut, à l'état naturel.

ECSTASIÉ, E adj. Drogué à l'ecstasy.

ECSTASY n.m. ou f. Drogue aphrodisiaque.

ECTASE n.f. **(= ectasie)** Allongement d'une syllabe en prosodie grecque.

ECTASIE n.f. 1. *Méd.* Dilatation. 2. → **ectase.**

ECTHYMA n.m. *Méd.* Infection cutanée croûteuse.

ECTINITE n.f. *Vx.* Roche métamorphique.

ECTOBLASTE n.m. *Biol.* Feuillet externe de l'embryon.

ECTOBLASTIQUE adj.

ECTODERME n.m. → **ectoblaste.**

ECTODERMIQUE adj.

ECTOPARASITE n.m. et adj. *Biol.* Parasite externe.

ECTOPIE n.f. *Anat.* Anomalie de position d'un organe.

ECTOPIQUE adj.

ECTOPLASME n.m. En spiritisme, émanation visible du médium. – *Biol.* Couche superficielle de la cellule.

ECTOPROCTE n.m. *Zool.* Invertébré marin.

ECTOTHERME adj. (Animal) qui ne produit pas de chaleur interne.

ECTROPION n.m. *Méd.* Retournement de la paupière en dehors.

ECTYPE n.m. *Philos.* Idée provenant de la représentation, par opposition à l'archétype.

ÉCU n.m.

ÉCUBIER n.m. *Mar.* Orifice pour la chaîne d'ancre.

ÉCUEIL n.m.

ÉCUELLE n.f.

ÉCUELLÉE n.f.

ÉCUISSER v. **10.** Fendre (un arbre) en l'abattant.

ÉCULER v. **10.** User (une chaussure) au talon.

ÉCUMAGE n.m.

ÉCUMANT, E adj.

ÉCUME n.f.

ÉCUMER v. **10.**

ÉCUMEUR, EUSE n. *Mar.* Pirate.

ÉCUMEUX, EUSE adj.

ÉCUMOIRE n.f.

ÉCURAGE n.m.

ÉCURER v. **10.** *Vx.* Nettoyer.

ÉCUREUIL n.m.

ÉCUREUR, EUSE n.

ÉCURIE n.f.

ÉCUSSON n.m.

ÉCUSSONNAGE n.m. *Agr.* Type de greffe.

ÉCUSSONNER v. **10.** *Agr.* Greffer.

ÉCUSSONNOIR n.m. *Agr.* Petit couteau servant à greffer.

ÉCUYER, ÈRE n.

ECZÉMA n.m.

ECZÉMATEUX, EUSE adj. et n.

ÉDAM n.m. Fromage hollandais.

ÉDAPHIQUE adj. (Facteur écologique) lié au sol.

EDELWEISS [édèlvès] n.m. Fleur des montagnes.

ÉDEN n.m. Paradis.

ÉDÉNIQUE adj.

ÉDENTÉ, E adj. et n.

ÉDENTER v. **10.** Priver (un objet) de ses dents en les cassant.

ÉDICTER v. **10.** Décréter.

ÉDICTION n.f. Action d'édicter.

ÉDICULE n.m. Petit édifice.

ÉDIFIANT, E adj.

ÉDIFICATEUR, TRICE adj. et n.

ÉDIFICATION n.f.

ÉDIFICE n.m.

ÉDIFIER v. **15.**

ÉDILE n.m. *Antiq. rom.* Magistrat. – Conseiller municipal.

ÉDILITAIRE adj.

ÉDILITÉ n.f. Charge d'édile.

ÉDIMBOURGEOIS, E adj. D'Édimbourg (Écosse).

ÉDIT n.m.

ÉDITER v. **10.**

ÉDITEUR, TRICE adj. et n.

ÉDITION n.f.

ÉDITIONNER v. **10.** Marquer (un ouvrage) du tirage de l'édition.

ÉDITIQUE n.f. Création de logiciels destinés à l'édition de documents.

ÉDITO n.m. *Fam.* Éditorial.

ÉDITORIAL, E, AUX adj. et n.m.

ÉDITORIALISTE n.

EDMONTONIEN, ENNE adj. D'Edmonton (Canada).

EDMONTONNIEN, ENNE adj. → **edmontonien.**

ÉDREDON n.m.

ÉDUCABLE adj.

ÉDUCATEUR, TRICE adj. et n.

ÉDUCATIF, IVE adj.

ÉDUCATION n.f.

ÉDUCATIONNEL, ELLE adj.

ÉDULCORANT, E adj. et n.m.

ÉDULCORATION n.f.

ÉDULCORER v. **10.** Adoucir.

ÉDUQUER v. **10.**

ÉFAUFILER v. **10.** Défaire (un tissu) en tirant les fils.

ÉFENDI [éfèndi] n.m. **(= effendi)** Titre civil ou religieux (Turquie).

EFFAÇABLE adj.

EFFAÇAGE n.m.

EFFACEMENT n.m.

EFFACER v. **13.**

EFFACEUR n.m.

EFFAÇURE n.f. Ce qui est effacé.

EFFANAGE n.m.

EFFANER v. **10.** *Agr.* Débarrasser de ses fanes.

EFFANEUSE n.f. *Agr.* Machine à effaner les pommes de terre.

EFFANURE n.f. *Agr.* Ce qu'on a enlevé en effanant.

EFFARANT, E adj.

EFFAREMENT n.m.

EFFARER v. **10.** Effrayer.

EFFAROUCHEMENT n.m.

EFFAROUCHER v. **10.**

EFFARVATE n.f. **(= effarvatte)** Petite fauvette des marais.

EFFARVATTE n.f. → **effarvate.**

EFFECTEUR, TRICE adj. et n.m. *Physiol.* Qui répond à un stimulus donné.

EFFECTIF, IVE adj. et n.m.

EFFECTIVEMENT adv.

EFFECTIVITÉ n.f. *Dr.* Qualité de ce qui est effectif.

EFFECTUER v. **10.**

EFFÉMINEMENT n.m.

EFFÉMINER v. **10.** Rendre semblable à une femme.

EFFENDI [éfèndi] n.m. → **éfendi.**

EFFÉRENT, E adj. *Anat.* (Conduit) qui sort d'un organe.

EFFERVESCENCE n.f. Bouillonnement d'un gaz dans un liquide. – Agitation.

EFFERVESCENT, E adj.

EFFET n.m.

EFFEUILLAGE n.m. *Agr.* Suppression de certaines feuilles.

EFFEUILLAISON n.f. Chute naturelle des feuilles.

EFFEUILLEMENT n.m. → **effeuillaison.**

EFFEUILLER v. **10.**

EFFEUILLEUSE n.f. *Fam.* Stripteaseuse.

EFFICACE adj.

EFFICACEMENT adv.

EFFICACITÉ n.f.

EFFICIENCE n.f. Capacité de rendement.

EFFICIENT, E adj.

EFFIGIE n.f.

EFFILAGE n.m.

EFFILÉ, E adj. et n.m.

EFFILEMENT n.m.

EFFILER v. **10.** Défaire fil à fil. – Amincir.

EFFILEUR, EUSE n.

EFFILOCHAGE n.m.

EFFILOCHE n.f. Soie légère mise au rebut.

EFFILOCHEMENT n.m.

EFFILOCHER v. **10.** Déchiqueter (un tissu).

EFFILOCHEUR, EUSE n.

EFFILOCHURE n.f. → **effilure.**

EFFILURE n.f. Produit de l'effilochage.

EFFLANQUER v. **10.** Amaigrir.

EFFLEURAGE n.m. *Méd.* Massage léger.

EFFLEUREMENT n.m.

EFFLEURER v. **10.**

EFFLEURIR v. **40.** *Chim.* Devenir efflorescent. – *S'effleurir :* commencer la floraison.

EFFLORAISON n.f. Début de floraison.

EFFLORESCENCE n.f.

EFFLORESCENT, E adj. *Chim.* Couvert d'un dépôt de sel. – *Bot.* Épanoui.

EFFLUENCE n.f.

EFFLUENT, E adj. et n.m. (Fluide) qui émane d'une source.

EFFLUVE n.m. Émanation, parfum. – Décharge électrique faible et peu lumineuse.

EFFLUVER v. **(p.p.inv.) 10.** *Électr.* Émettre des effluves.

EFFONDREMENT n.m.

EFFONDRER v. **10.**

EFFONDRILLES n.f.pl. Dépôt au fond d'un récipient après ébullition ou infusion.

EFFORCER (S') v. **13.**

EFFORT n.m.

EFFRACTION n.f.

EFFRAIE n.f. Chouette.

EFFRANGEMENT n.m.

EFFRANGER v. **17.** Effiler (un tissu) pour former des sortes de franges.

EFFRAYANT, E adj.

EFFRAYER v. **24.**

EFFRÉNÉ, E adj. Excessif.

EFFRITEMENT n.m.

EFFRITER v. **10.**

EFFROI n.m.

EFFRONTÉ, E adj. et n.

EFFRONTÉMENT adv.

EFFRONTERIE n.f.

EFFROYABLE adj.

EFFROYABLEMENT adv.

EFFUSIF, IVE adj. (Roche) résultant du refroidissement d'un magma.

EFFUSION n.f.

ÉFOURCEAU, X n.m. Chariot à deux roues.

ÉFRIT [éfrit] n.m. Génie malfaisant arabe.

ÉGAGROPILE n.m. Concrétion de poils dans l'estomac des ruminants.

ÉGAIEMENT n.m. **(= égayement).**

ÉGAILLER (S') v. **10.** Se disperser.

ÉGAL, E, AUX adj. et n.

ÉGALABLE adj.

ÉGALEMENT adv.

ÉGALER v. **10.**

ÉGALISATEUR, TRICE adj.

ÉGALISATION n.f.

ÉGALISER v. **10.**

ÉGALISEUR n.m. Dispositif électroacoustique.

ÉGALITAIRE adj. et n.

ÉGALITARISME n.m.

ÉGALITARISTE adj. et n.

ÉGALITÉ n.f.

ÉGARD n.m.

ÉGAREMENT n.m.

ÉGARER v. **10.**

ÉGAYANT, E adj. Amusant.

ÉGAYEMENT n.m. → **égaiement.**

ÉGAYER v. **24.**

ÉGÉEN, ENNE adj. Qui concerne les peuples de la mer Égée.

ÉGÉRIE n.f. *Litt.* Inspiratrice.

ÉGERMER v. **10.** → **dégermer.**

ÉGIDE n.f. Bouclier de Zeus. – Protection.

ÉGLANTIER n.m. Arbuste épineux.

ÉGLANTINE n.f. Fleur de l'églantier.

ÉGLEFIN n.m. → **aiglefin.**

ÉGLISE n.f.

ÉGLOGUE n.f. Petit poème.

ÉGLOMISATION n.f.

ÉGLOMISER v. **10.** Décorer (un objet en verre) d'une dorure intérieure.

EGO ❙ n.m. *Philos., Psych.* Désigne le *moi.*

ÉGOCENTRIQUE adj. et n.

ÉGOCENTRISME n.m. Tendance à se considérer comme le centre de tout.

ÉGOCENTRISTE adj. et n.

ÉGOHINE n.f. *Vx.* → **égoïne.**

ÉGOÏNE n.f. **(= égohine)** Scie munie d'une poignée à une extrémité.

ÉGOÏSME n.m.

ÉGOÏSTE adj. et n.

ÉGOÏSTEMENT adv.

ÉGORGEMENT n.m.

ÉGORGER v. **17.**

ÉGORGEUR, EUSE n.

ÉGOSILLER (S') v. **10.** Crier fort.

ÉGOSOME n.m. → **ægosome.**

ÉGOTIQUE adj. Relatif à l'égotisme.

ÉGOTISME n.m. *Litt.* Culte du *moi.*

ÉGOTISTE adj. et n.

ÉGOUT n.m.

ÉGOUTIER, ÈRE n.

ÉGOUTTAGE n.m.

ÉGOUTTEMENT n.m.

ÉGOUTTER v. **10.**

ÉGOUTTOIR n.m.

ÉGOUTTURE n.f. Liquide produit par égouttage.

ÉGRAINAGE n.m. **(= égrenage).**

ÉGRAINEMENT n.m.

ÉGRAINER v. **10 (= égrener)** Dégarnir de ses grains.

ÉGRAPPAGE n.m.

ÉGRAPPER v. **10.** Détacher de la grappe.

ÉGRAPPOIR n.m. Appareil à égrapper.

ÉGRATIGNER v. **10.**

ÉGRATIGNEUR, EUSE adj. et n.

ÉGRATIGNURE n.f.

ÉGRAVILLONNER v. **10.** Débarrasser (un arbre qu'on transplante) de la terre entre ses racines.

ÉGRENAGE n.m. → **égrainage.**

ÉGRÈNEMENT n.m.

ÉGRENER v. **11.** → **égrainer.**

ÉGRENEUSE n.f.

ÉGRESSION n.f. *Méd.* Déplacement d'une dent dû à l'absence de la dent opposée.

ÉGRILLARD, E adj. et n. Qui aime les propos grivois.

ÉGRISAGE n.m.

ÉGRISÉ, E n. Poudre de diamant.

ÉGRISER v. **10.** Polir par frottement.

ÉGROTANT, E adj. *Litt.* Maladif.

ÉGRUGEAGE n.m.

ÉGRUGEOIR n.m.

ÉGRUGER v. **17.** Réduire en poudre.

ÉGUEULEMENT n.m.

ÉGUEULER v. **10.** Ébrécher (un goulot, un pot).

ÉGYPTIEN, ENNE adj. et n.m.

ÉGYPTOLOGIE n.f.

ÉGYPTOLOGUE n.

EH interj.

ÉHONTÉ, E adj. Scandaleux.

ÉHONTÉMENT adv.

EIDER [édèr] n.m. Canard marin.

EIDÉTIQUE [èy-] adj. et n. *Philos.* Relatif à l'essence des choses.

EIDÉTISME [èy-] n.m. *Psych.* Faculté de revoir des objets disparus.

EIGHTIES [èytiz] n.f.pl. Années 1980.

EINSTEINIEN, ENNE adj. Relatif à Einstein.

EINSTEINIUM n.m. *Chim.* Élément radioactif.

ÉJACULAT n.m. Quantité de sperme produit par une éjaculation.

ÉJACULATEUR, TRICE adj.

ÉJACULATION n.f.

ÉJACULATOIRE adj.

ÉJACULER v. **10.**

ÉJECT n.m. **(= éjet)** *Psych.* Objet de connaissance conçu comme une essence immatérielle.

ÉJECTABLE adj.

ÉJECTER v. **10.** Expulser.

ÉJECTEUR n.m.

ÉJECTIF, IVE adj. et n. *Phon.* (Consonne) produite indépendamment de la respiration.

ÉJECTION n.f.

ÉJET n.m. → **éject.**

ÉJOINTAGE n.m.

ÉJOINTER v. **10.** Amputer (un oiseau) d'une partie de ses ailes.

EKTACHROME n.m. (Nom déposé) *Phot.* Film en couleurs inversible.

ÉLABORATION n.f.

ÉLABORER v. **10.**

ÉLÆIS [éléïs] n.m. **(= éléis)** Palmier à huile.

ÉLAGAGE n.m.

ÉLAGUER v. **10.** Dépouiller des branches inutiles.

ÉLAGUEUR, EUSE n.

ÉLAIOMÈTRE [éléo-] n.m. **(= éléomètre, oléomètre)** Appareil de mesure de la densité des huiles.

ÉLAMITE adj. *Hist.* De l'Élam (sud de l'Iran actuel).

ÉLAN n.m.

ÉLANCÉ, E adj.

ÉLANCEMENT n.m.

ÉLANCER v. **13.**

ÉLAND n.m. Antilope africaine.

ÉLAPHE n.m. Cerf commun d'Europe.

ÉLAPIDÉ n.m. Serpent venimeux tropical, type cobra.

ÉLARGIR v. **40.**

ÉLARGISSEMENT n.m.

ÉLARGISSEUR adj.m. et n.m. (Trépan) qui élargit un puits en forage.

ÉLARGISSURE n.f. Ce qu'on ajoute à un objet pour l'élargir.

ÉLASMOBRANCHE n.m. *Zool.* Sélacien.

ÉLASTHANNE n.m. *Text.* Fibre d'une grande élasticité.

ÉLASTICIMÉTRIE n.f. *Techn.* Mesure des déformations des matériaux.

ÉLASTICITÉ n.f.

ÉLASTINE n.f. *Biol.* Protéine constituant les fibres du tissu élastique.

ÉLASTIQUE adj. et n.m.

ÉLASTIQUÉ, E adj. Muni d'un élastique.

ÉLASTOMÈRE n.m. *Chim.* Caoutchouc synthétique.

ÉLATÉRIDÉ n.m. Coléoptère.

ÉLATIF n.m. *Ling.* Cas indiquant la sortie d'un lieu.

ÉLAVÉ, E adj. *Vén.* Dont la robe est de couleur pâle.

ELBEUF n.m. *Text.* Drap fin.

ELBOT n.m. *Belg.* Poisson marin (flétan).

ELDORADO n.m. Pays de rêve.

ÉLÉAGNACÉE [gn] n.f. Arbrisseau, type argousier.

ÉLÉATE adj. Relatif aux philosophes de l'école d'Élée (ancienne ville d'Italie).

ÉLÉATIQUE adj. → **éléate.**

ÉLÉATISME n.m. Doctrine des philosophes de l'école d'Élée.

ÉLECTEUR, TRICE adj. et n.

ÉLECTIF, IVE adj. Nommé par élection. – Qui choisit.

ÉLECTION n.f.

ÉLECTIVEMENT adv. Par voie d'élection.

ÉLECTIVITÉ n.f.

ÉLECTORAL, E, AUX adj.

ÉLECTORALEMENT adv.

ÉLECTORALISME n.m. Tendance à rechercher, avant tout, les succès électoraux.

ÉLECTORALISTE adj. et n.

ÉLECTORAT n.m. Ensemble des électeurs.

ÉLECTRET n.m. *Phys.* Corps dont les molécules ont une orientation particulière.

ÉLECTRICIEN, ENNE n.

ÉLECTRICITÉ n.f.

ÉLECTRIFICATION n.f. Installation de l'électricité.

ÉLECTRIFIER v. **15.**

ÉLECTRIQUE adj.

ÉLECTRIQUEMENT adv.

ÉLECTRISABLE adj.

ÉLECTRISANT, E adj.

ÉLECTRISATION n.f.

ÉLECTRISER v. **10.** Doter (un corps) de propriétés électriques. – Exciter.

ÉLECTRO 1. n.m. *Méd.* Électrocardiogramme. 2. n.f. Musique électronique.

ÉLECTROAFFINITÉ n.f. *Chim.* Aptitude à se transformer en ion.

ÉLECTROAIMANT n.m. Aimant artificiel.

ÉLECTROBIOLOGIE n.f. Emploi de l'électricité en biologie.

ÉLECTROCAUTÈRE n.m. *Méd.* Cautère électrique.

ÉLECTROCHIMIE n.f.

ÉLECTROCHIMIQUE adj.

ÉLECTROCHOC n.m. *Méd.* Passage d'un courant électrique dans le cerveau.

ÉLECTROCINÈSE n.f. *Biol.* Déplacement d'un animal dû à un champ électrique.

ÉLECTROCOPIE n.f. Procédé de reproduction.

ÉLECTROCUTER v. **10.**

ÉLECTROCUTION n.f.

ÉLECTRODE n.f. Conducteur électrique.

ÉLECTRODERMAL, E, AUX adj. (Réaction émotive) mesurée sur la peau.

ÉLECTRODIALYSE n.f. Purification d'un liquide.

ÉLECTROÉROSION n.f. Procédé de traitement des métaux.

ÉLECTROFAIBLE adj. *Phys.* Se dit de l'interaction qui s'exerce entre certaines particules élémentaires.

ÉLECTROFORMAGE n.m. *Mét.* Procédé d'usinage de pièces.

ÉLECTROFUNK [-feunk] n.m. et adj. Musique funk qui recourt aux instruments électroniques.

ÉLECTROGÈNE adj. Qui produit de l'électricité.

ÉLECTROLOCATION n.f. *Zool.* Localisation électrique des proies et des obstacles par certains poissons.

ÉLECTROLOGIE n.f. Partie de la physique concernant l'électricité.

ÉLECTROLYSABLE adj.

ÉLECTROLYSE n.f. *Chim.* Dissociation par courant électrique.

ÉLECTROLYSER v. **10.**

ÉLECTROLYSEUR n.m.

ÉLECTROLYTE n.m. Corps qui peut être électrolysé.

ÉLECTROLYTIQUE adj.

ÉLECTROMÉNAGER, ÈRE adj. et n.m.

ÉLECTROMÈTRE n.m. Appareil de mesure électrique.

ÉLECTROMÉTRIE n.f.

ÉLECTROMÉTRIQUE adj.

ÉLECTROMOTEUR, TRICE adj. et n.m. Qui transforme l'énergie électrique en énergie mécanique.

ÉLECTRON n.m. *Phys.* Particule de charge électrique négative.

ÉLECTRONARCOSE n.f. *Méd.* Court sommeil provoqué par électrochoc.

ÉLECTRONÉGATIF, IVE adj. (Élément) dont les atomes ont une affinité pour les électrons.

ÉLECTRONICIEN, ENNE n.

ÉLECTRONIQUE adj. et n.f.

ÉLECTRONOGRAMME n.m. Image obtenue à l'aide d'une caméra ou d'un microscope électronique.

ÉLECTRONVOLT n.m. Unité d'énergie en physique nucléaire.

ÉLECTROPHILE adj. (Particule chimique) qui accepte une paire d'électrons.

ÉLECTROPHONE n.m.

ÉLECTROPHORE n.m. *Anc.* Appareil permettant d'obtenir de petites quantités d'électricité statique.

ÉLECTROPHORÈSE n.f. Migration de molécules par champ électrique.

ÉLECTROPLAQUE n.f. Organe des poissons électriques.

ÉLECTROPOMPE n.f. Pompe électrique.

ÉLECTROPONCTURE n.f. *Méd.* Traitement par des aiguilles où passe un courant électrique.

ÉLECTROPORTATIF, IVE adj. (Petit outillage) électrique portatif.

ÉLECTROPOSITIF, IVE adj. (Élément) dont les atomes peuvent céder facilement des électrons.

ÉLECTROPUNCTURE n.f. → **électroponcture.**

ÉLECTROSCOPE n.m. Instrument pour détecter les charges électriques.

ÉLECTROSTATIQUE n.f. et adj. Étude des charges électriques au repos.

ÉLECTROTHÉRAPIE n.f. Utilisation thérapeutique de la chaleur électrique.

ÉLECTROTHERMIE n.f. Étude de la transformation de l'énergie électrique en chaleur.

ÉLECTROTROPISME n.m. *Biol.* Orientation des animaux dans un champ électrique.

ÉLECTROVALENCE n.f. Valence d'un ion.

ÉLECTROVALVE n.f. Valve commandée par un électroaimant.

ÉLECTROVANNE n.f. Vanne commandée par un électroaimant.

ÉLECTRUM n.m. Alliage naturel d'or et d'argent.

ÉLECTUAIRE n.m. *Pharm., Vx.* Mélange de poudres et de miel.

ÉLÉGAMMENT adv.

ÉLÉGANCE n.f.

ÉLÉGANT, E adj. et n.

ÉLÉGIAQUE adj. et n.

ÉLÉGIE n.f. Poème lyrique.

ÉLÉGIR v. **40.** Amincir (une pièce de bois).

ÉLÉIS [éléïs] n.m. → **élæis.**

ÉLÉMENT n.m.

ÉLÉMENTAIRE adj.

ÉLÉMI n.m. Résine servant à fabriquer des vernis.

ÉLÉOMÈTRE n.m. → **élaiomètre.**

ÉLÉPHANT n.m.

ÉLÉPHANTE n.f. Femelle de l'éléphant.

ÉLÉPHANTEAU, X n.m.

ÉLÉPHANTESQUE adj.

ÉLÉPHANTIASIQUE adj. et n.

ÉLÉPHANTIASIS [-tyazis] n.m. *Méd.* Augmentation considérable du volume d'un membre ou d'un organe.

ÉLÉPHANTIN, E adj. Qui ressemble à un éléphant.

ÉLEUSINE n.f. Céréale d'Afrique.

ÉLEVAGE n.m.

ÉLÉVATEUR, TRICE adj. et n.m.

ÉLÉVATION n.f.

ÉLÉVATOIRE adj. Qui sert à élever.

ÉLÈVE n.

ÉLEVER v. **11.**

ÉLEVEUR, EUSE n.

ÉLEVON n.m. Gouvernail d'avion léger.

ELFE n.m. Génie de la mythologie scandinave.

ÉLIDER v. **10.** *Ling.* Supprimer (la voyelle finale d'un mot).

ÉLIER v. **15.** Soutirer (du vin) pour en ôter la lie.

ÉLIGIBILITÉ n.f.

ÉLIGIBLE adj. et n.

ÉLIMER v. **10.** User.

ÉLIMINATEUR, TRICE adj.

ÉLIMINATION n.f.

ÉLIMINATOIRE adj. et n.f.

ÉLIMINER v. **10.**

ÉLINDE n.f. *Techn.* Bras articulé.

ÉLINGAGE n.m.

ÉLINGUE n.f. *Mar.* Gros cordage.

ÉLINGUER v. **10.** *Mar.* Entourer (un fardeau) d'une élingue.

ÉLINVAR n.m. (Nom déposé) Acier au nickel insensible aux variations de température.

ÉLIRE v. **126.**

ÉLISABÉTHAIN, E adj. Relatif au règne d'Élisabeth Ire d'Angleterre.

ÉLISION n.f. Effacement d'une voyelle finale.

ÉLITAIRE adj. Relatif à une élite.

ÉLITE n.f.

ÉLITISME n.m. Système favorisant les meilleurs.

ÉLITISTE adj. et n.

ÉLIXIR n.m.

ELLE, ELLES pr.pers.

ELLÉBORE n.m. **(= hellébore)** Plante à fleurs qui passait pour guérir la folie.

ELLIPSE n.f.

ELLIPSOGRAPHE n.m. Compas à ellipse.

ELLIPSOÏDAL, E, AUX adj.

ELLIPSOÏDE n.m. et adj. *Math.* Surface convexe.

ELLIPTIQUE adj.

ELLIPTIQUEMENT adv.

ÉLOCUTION n.f.

ÉLODÉE n.f. **(= hélodée)** Plante d'eau douce.

ÉLOGE n.m.

ÉLOGIEUSEMENT adv.

ÉLOGIEUX, EUSE adj.

ÉLOIGNEMENT n.m.

ÉLOIGNER v. **10.**

ÉLOISE [élwaz] n.f. En Acadie, éclair d'orage.

ÉLONGATION n.f.

ÉLONGER v. **17.** *Mar.* Allonger, étirer.

ÉLOQUEMMENT adv.

ÉLOQUENCE n.f.

ÉLOQUENT, E adj.

ÉLOXÉ, E adj. En aluminium anodisé.

ELSTAR n.f. Variété de pomme.

ÉLU, E adj. et n.

ÉLUANT n.m. *Chim.* Solvant.

ÉLUCIDATION n.f.

ÉLUCIDER v. **10.**

ÉLUCUBRATION n.f.

ÉLUCUBRER v. **10.** Composer en divaguant.

ÉLUDER v. **10.**

ÉLUER v. **10.** *Chim.* Séparer par élution.

ÉLÛMES, ÉLURENT → **élire 126.**

ÉLUSIF, IVE adj. Qui élude, qui esquive.

ÉLUSSE..., ÉLUT... → **élire 126.**

ÉLUTION n.f. *Chim.* Séparation de corps par lavage.

ÉLUVIAL, E, AUX adj. Relatif aux éluvions.

ÉLUVION n.f. Produit de décomposition des roches.

ÉLYME n.m. Plante qui pousse dans les dunes, dont elle fixe les sables.

ÉLYSÉEN, ENNE adj. Relatif à l'Élysée.

ÉLYTRE n.m. *Biol.* Aile dure de certains insectes.

ELZÉVIR n.m. Livre imprimé par les Elzévir. – Caractère d'imprimerie.

ELZÉVIRIEN, ENNE adj.

ÉMACIATION n.f.

ÉMACIEMENT n.m.

ÉMACIER v. **15.** Amaigrir.

ÉMAIL (pl. **ÉMAILS** ou **ÉMAUX**) n.m.

ÉMAILLAGE n.m.

ÉMAILLER v. **10.**

ÉMAILLERIE n.f. Art de fabriquer des émaux.

ÉMAILLEUR, EUSE n.

ÉMAILLURE n.f. Travail d'émailleur.

ÉMANATION n.f.

ÉMANCHE n.f. *Hér.* Pièce de l'écu en forme de pointe.

ÉMANCIPATEUR, TRICE adj. et n.

ÉMANCIPATION n.f.

ÉMANCIPER v. **10.** Rendre libre.

ÉMANÉ, E adj.

ÉMANER v. **10.** Se dégager, provenir.

ÉMARGEMENT n.m.

ÉMARGER v. **17.** Signer. – Toucher un traitement.

ÉMASCULATION n.f.

ÉMASCULER v. **10.** Châtrer.

ÉMAUX → **email.**

EMBÂCLE n.m. Obstruction d'un cours d'eau par des glaçons.

EMBÂCLER v. **10.** *Québ.* Embarrasser.

EMBALLAGE n.m.

EMBALLAGISTE n.

EMBALLANT, E adj.

EMBALLEMENT n.m.

EMBALLER v. **10.**

EMBALLEUR, EUSE n.

EMBARBOUILLER v. **10.** Embrouiller.

EMBARCADÈRE n.m.

EMBARCATION n.f.

EMBARDÉE n.f.

EMBARDOUFLER v. **10.** *Helv.* Barbouiller.

EMBARGO n.m. Interdiction de quitter le port ou d'exporter certaines marchandises.

EMBARQUEMENT n.m.

EMBARQUER v. **10.**

EMBARRAS n.m.

EMBARRASSANT, E adj.

EMBARRASSER v. **10.**

EMBARRER v. **10.** Placer un levier sous un fardeau. – *S'embarrer :* passer une jambe de l'autre côté du bat-flanc, en parlant d'un cheval.

EMBARRURE n.f. *Méd.* Fracture du crâne.

EMBASE n.f. *Techn.* Partie servant d'appui.

EMBASEMENT n.m. *Arch.* Base formant saillie.

EMBASTILLEMENT n.m.

EMBASTILLER v. **10.** Incarcérer.

EMBÂTAGE n.m.

EMBÂTER v. **10.** Équiper (une bête de somme) d'un bât.

EMBATRE v. **108.** → **embattre.**

EMBATTAGE n.m.

EMBATTRE v. **100 (= embatre)** Cercler (une roue) à chaud.

EMBAUCHAGE n.m.

EMBAUCHE n.f.

EMBAUCHER v. **10.**

EMBAUCHEUR, EUSE n.

EMBAUCHOIR n.m. Forme pour tendre une chaussure.

EMBAUMEMENT n.m.

EMBAUMER v. **10.**

EMBAUMEUR, EUSE n.

EMBECQUER v. **10.** Nourrir en donnant la becquée.

EMBÉGUINER v. **10.** *Vx.* Coiffer d'un béguin.

EMBELLIE n.f. *Mar.* Accalmie.

EMBELLIR v. **40.**

EMBELLISSEMENT n.m.

EMBELLISSEUR, EUSE adj. et n.

EMBÉRIZIDÉ n.m. Oiseau, type bruant.

EMBERLIFICOTER v. **10.** Embrouiller.

EMBERLIFICOTEUR, EUSE adj. et n.

EMBÊTANT, E adj.

EMBÊTEMENT n.m.

EMBÊTER v. **10.**

EMBEURRÉE n.f. Plat mijoté au beurre.

EMBEURRER v. **10.** Couvrir de beurre.

EMBIELLAGE n.m. Opération de montage des bielles d'un moteur.

EMBLAVAGE n.m.

EMBLAVE n.f. Terre qu'on vient d'emblaver.

EMBLAVEMENT n.m.

EMBLAVER v. **10.** Ensemencer (une terre).

EMBLAVURE n.f. Terre ensemencée.

EMBLÉE | (D') loc. Aussitôt.

EMBLÉMATIQUE adj.

EMBLÈME n.m.

EMBOBELINER v. **10.** Embobiner.

EMBOBINER v. **10.**

EMBOIRE (S') v. **125.** Se ternir, en parlant des couleurs d'un tableau.

EMBOÎTABLE adj.

EMBOÎTAGE n.m.

EMBOÎTEMENT n.m.

EMBOÎTER v. **10.**

EMBOÎTURE n.f. Emboîtement. – Endroit où deux choses s'emboîtent.

EMBOLE n.m. *Méd.* Corps étranger provoquant une embolie.

EMBOLIE n.f. *Méd.* Obstruction d'un vaisseau par un caillot.

EMBOLIQUE adj.

EMBOLISATION n.f. *Méd.* Injection d'un embole synthétique.

EMBOLISME n.m. *Antiq. gr.* Mois lunaire intercalaire.

EMBOLISMIQUE adj.

EMBOLUS n.m. → **embole.**

EMBONPOINT n.m.

EMBOSSAGE n.m.

EMBOSSER v. **10.** *Mar.* Amarrer dans une direction précise.

EMBOSSURE n.f. *Mar.* Amarre servant à embosser un navire.

EMBOUAGE n.m.

EMBOUCANER v. **10.** *Québ.* Enfumer. – En Nouvelle-Calédonie, ensorceler.

EMBOUCHE n.f. Engraissement du bétail.

EMBOUCHER v. **10.** Porter à la bouche.

EMBOUCHOIR n.m. Pièce entre le canon et le fût d'une arme à feu.

EMBOUCHURE n.f.

EMBOUER v. **10.** Enduire de boue. – Étouffer un feu de mine.

EMBOUQUEMENT n.m. *Mar.* Entrée d'une passe.

EMBOUQUER v. **10.** *Mar.* Emprunter (un canal étroit).

EMBOURBER v. **10.**

EMBOURGEOISER v. **10.**

EMBOURRER v. **10.** *Text.* Garnir de bourre. – Être obstrué.

EMBOURRURE n.f. Toile pour entourer le rembourrage.

EMBOUT n.m. Protection au bout d'un objet.

EMBOUTEILLAGE n.m.

EMBOUTEILLER v. **10.**

EMBOUTEILLEUR, EUSE n.

EMBOUTER v. **10.** *Vx.* → **emboutir** 2.

EMBOUTIR v. **40.** 1. Heurter. 2. **(= embouter)** Garnir d'un embout. 3. Marteler.

EMBOUTISSAGE n.m.

EMBOUTISSEUR, EUSE n.

EMBOUTISSOIR n.m. Marteau pour emboutir.

EMBRANCHEMENT n.m.

EMBRANCHER v. **10.** Raccorder.

EMBRAQUER v. **10.** *Mar.* Tendre (un cordage).

EMBRASEMENT n.m.

EMBRASER v. **10.**

EMBRASSADE n.f.

EMBRASSANT, E adj. *Bot.* (Organe) qui entoure son support naturel.

EMBRASSEMENT n.m.

EMBRASSER v. **10.**

EMBRASSEUR, EUSE n. Personne qui embrasse volontiers.

EMBRASURE n.f. Ouverture dans un mur.

EMBRAYAGE n.m.

EMBRAYER v. **24.** Mettre (une pièce mécanique) en liaison avec le moteur.

EMBRAYEUR n.m.

EMBRÈVEMENT n.m.

EMBREVER v. **11.** Joindre (des pièces de bois).

EMBRIGADEMENT n.m.

EMBRIGADER v. **10.** Enrégimenter.

EMBRINGUER v. **10.** *Fam.* Enrôler.

EMBROCATION n.f. *Méd.* Onguent.

EMBROCHAGE n.m. Dispositif raccordant plusieurs bureaux télégraphiques par une seule ligne.

EMBROCHEMENT n.m.

EMBROCHER v. **10.** Enfiler sur une broche.

EMBRONCHEMENT n.m.

EMBRONCHER v. **10.** Ajuster (des tuiles, des ardoises).

EMBROUILLAGE n.m.

EMBROUILLAMINI n.m. Grande confusion.

EMBROUILLE n.f.

EMBROUILLEMENT n.m.

EMBROUILLER v. **10.**

EMBROUSSAILLER v. **10.** Couvrir de broussailles.

EMBRUINÉ, E adj. Couvert de bruine.

EMBRUMER v. **10.** Couvrir de brume. – Attrister.

EMBRUN n.m. Pluie fine formée par les vagues.

EMBRYOCARDIE n.f. *Méd.* Rythme cardiaque ressemblant à celui du fœtus.

EMBRYOGENÈSE n.f. Développement de l'embryon.

EMBRYOGÉNIE n.f. → **embryogenèse.**

EMBRYOGÉNIQUE adj.

EMBRYOLOGIE n.f. Science de l'embryon.

EMBRYOLOGIQUE adj.

EMBRYOLOGISTE n.

EMBRYOLOGUE n.

EMBRYON n.m.

EMBRYONNAIRE adj.

EMBRYONNÉ, E adj. (Œuf) fécondé.

EMBRYOPATHIE n.f. Maladie de l'embryon.

EMBRYOSCOPIE n.f. Endoscopie de l'embryon.

EMBRYOTOME n.m. *Méd.* Instrument utilisé pour l'embryotomie.

EMBRYOTOMIE n.f. *Méd.* Découpage du fœtus mort.

EMBU, E adj. Dont les couleurs sont ternes.

EMBÛCHE n.f.

EMBÛCHER (S') v. **10.** Rentrer dans le bois, en parlant d'un cerf.

EMBUER v. **10.** Couvrir de buée.

EMBUGNER v. **10.** *Fam.* Dans le Midi, cabosser.

EMBÛMES, EMBURENT → **emboire 125.**

EMBUSCADE n.f.

EMBUSQUÉ n.m. et adj.m. Soldat éloigné du feu.

EMBUSQUER v. **10.** Mettre en embuscade.

EMBUSSE..., EMBUT... → **emboire 125.**

EMBUVAGE n.m. *Text.* Raccourcissement des fils dû au tissage.

ÉMÉCHER v. **12.** Rendre ivre.

ÉMENDATION n.f.

ÉMENDER v. **10.** *Dr.* Amender (un jugement).

ÉMERAUDE adj., n.m. et n.f.

ÉMERGÉ, E adj.

ÉMERGEMENT n.m.

ÉMERGENCE n.f. Apparition brusque.

ÉMERGENT, E adj. *Opt.* Qui sort d'un milieu.

ÉMERGER v. **17.**

ÉMERI n.m. Roche dont la poudre est utilisée comme abrasif.

ÉMERILLON n.m. Petit faucon. – Anneau au bout d'une chaîne.

ÉMERILLONNÉ, E adj. Vif, éveillé.

ÉMERISER v. **10.** Couvrir de poudre d'émeri.

ÉMÉRITAT n.m. *Belg.* Honorariat.

ÉMÉRITE adj. Très compétent.

ÉMERSION n.f. Mouvement d'un corps sortant d'un liquide. – Réapparition d'un astre.

ÉMERVEILLEMENT n.m.

ÉMERVEILLER v. **10.**

ÉMÉTINE n.f. *Pharm.* Alcaloïde utilisé comme vomitif.

ÉMÉTIQUE adj. et n.m. Qui fait vomir.

ÉMÉTISANT, E adj. Qui fait vomir.

ÉMETTEUR, TRICE adj. et n.

ÉMETTRE v. **101.**

ÉMEU, S n.m. (= **émou**) Grand oiseau d'Australie, incapable de voler.

ÉMEUT → **émouvoir 85.**

ÉMEUTE n.f.

ÉMEUTIER, ÈRE n.

ÉMEUVE... → **émouvoir 85.**

ÉMIER v. **15.** *Vx.* Réduire en miettes.

ÉMIETTEMENT n.m.

ÉMIETTER v. **10.**

ÉMIETTEUR n.m. → **émotteur** 1.

ÉMIGRANT, E adj. et n.

ÉMIGRATION n.f.

ÉMIGRÉ, E adj. et n.

ÉMIGRER v. **10.**

ÉMIGRETTE n.f. Yo-Yo en vogue au moment de la Révolution française.

ÉMILIEN, ENNE adj. De l'Émilie (Italie).

ÉMINCÉ n.m. Fine tranche de viande.

ÉMINCER v. **13.** Couper en fines tranches.

ÉMINEMMENT adv.

ÉMINENCE n.f.

ÉMINENT, E adj.

ÉMINENTISSIME adj. Titre honorifique.

ÉMIR n.m. Titre musulman.

ÉMIRAT n.m. État gouverné par un émir.

ÉMIRATI, E adj. Des Émirats arabes unis (péninsule Arabique).

ÉMIRIEN, ENNE adj. → **émirati.**

ÉMISSAIRE adj.m. et n.m.

ÉMISSIF, IVE adj. Qui peut émettre une radiation.

ÉMISSION n.f.

ÉMISSOLE n.f. Poisson comestible.

EMMAGASINAGE n.m.

EMMAGASINEMENT n.m.

EMMAGASINER v. **10.**

EMMAILLER (S') v. **10.** Se prendre dans les mailles d'un filet.

EMMAILLOTEMENT n.m.

EMMAILLOTER v. **10.**

EMMANCHEMENT n.m.

EMMANCHER v. **10.**

EMMANCHURE n.f.

EMMARCHEMENT n.m. Disposition des marches d'un escalier.

EMMÊLEMENT n.m.

EMMÊLER v. **10.**

EMMÉNAGEMENT n.m.

EMMÉNAGER v. **17.**

EMMÉNAGOGUE [èm-] adj. et n.m. *Méd.* Qui régularise la menstruation.

EMMENER v. **11.**

EMMENTAL, S [ém-in-tal] n.m. (= **emmenthal**) Fromage suisse.

EMMENTHAL, S [ém-in-tal] n.m. → **emmental.**

EMMERDANT, E adj.

EMMERDE n.f.

EMMERDEMENT n.m.

EMMERDER v. **10.** *Fam.* Ennuyer.

EMMERDEUR, EUSE adj. et n.

EMMÉTRER v. **12.** Disposer pour mesurer.

EMMÉTROPE [èm-] adj. et n. Qui a une vision normale.

EMMÉTROPIE [èm-] n.f.

EMMIELLER v. **10.** Enduire de miel. – *Fam.* Ennuyer.

EMMITONNER v. **10.** Envelopper dans quelque chose de moelleux.

EMMITOUFLER v. **10.** Envelopper de vêtements.

EMMOTTÉ, E adj. *Agr.* Dont les racines sont entourées de terre en motte.

EMMOUSCAILLER v. **10.** *Fam.* Ennuyer.

EMMUREMENT n.m.

EMMURER v. **10.**

ÉMOI n.m.

ÉMOLLIENT, E adj. et n.m. *Méd.* Qui amollit les tissus.

ÉMOLUMENT 1. n.m. *Dr.* Part d'une succession. 2. n.m.pl. Rétribution.

ÉMONCTION n.f. Évacuation des déchets de l'organisme.

ÉMONCTOIRE n.m. *Physiol.* Organe d'élimination des sécrétions.

ÉMONDAGE n.m.

ÉMONDER v. **10.** Élaguer.

ÉMONDEUR, EUSE n.

ÉMONDOIR n.m.

ÉMORFILAGE n.m.

ÉMORFILER v. **10** (= **morfiler**) Débarrasser (une lame) de ses barbes métalliques.

ÉMOTICÔNE n.f. Association de caractères typographiques évoquant une émotion, un personnage, un objet.

ÉMOTIF, IVE adj. et n.

ÉMOTION n.f.

ÉMOTIONNABLE adj.

ÉMOTIONNANT, E adj.

ÉMOTIONNEL, ELLE adj. *Psych.* Du domaine de l'émotion.

ÉMOTIONNER v. **10.**

ÉMOTIVITÉ n.f.

ÉMOTTAGE n.m.

ÉMOTTEMENT n.m.

ÉMOTTER v. **10.** Débarrasser (un champ) de ses mottes.

ÉMOTTEUR, EUSE 1. n.m. Rouleau pour émotter. 2. n.f. Herse.

ÉMOU n.m. → **émeu.**

ÉMOUCHER v. **10.** Débarrasser (un animal) des mouches.

ÉMOUCHET n.m. Petit rapace.

ÉMOUCHETAGE n.m.

ÉMOUCHETER v. **20** (j'émouchette...) Épointer (une lame).

ÉMOUCHETTE n.f. Filet pour écarter les mouches des chevaux.

ÉMOUCHOIR n.m. Chasse-mouches.

ÉMOUDRE v. **98.** Aiguiser sur une meule.

ÉMOULAGE n.m.

ÉMOULE... → **émoudre 98.**

ÉMOULEUR, EUSE n. Ouvrier qui aiguise.

ÉMOULU, E adj. *Frais émoulu :* qui vient d'obtenir un diplôme.

ÉMOULÛMES, ÉMOULURENT, ÉMOULUSSE..., ÉMOULUT... → **émoudre 98.**

ÉMOUSSAGE n.m. Destruction des mousses.

ÉMOUSSEMENT n.m. Action d'émousser.

ÉMOUSSER v. **10.** Rendre moins tranchant.

ÉMOUSTILLANT, E adj.

ÉMOUSTILLER v. **10.** Exciter.

ÉMOUVANT, E adj.

ÉMOUVOIR v. **85.**

EMPAFFÉ, E n. *Fam.* Imbécile, salaud.

EMPAILLAGE n.m.

EMPAILLÉ, E adj. et n. *Fam.* Indolent, empoté.

EMPAILLEMENT n.m.

EMPAILLER v. **10.** Garnir de paille.

EMPAILLEUR, EUSE n.

EMPALEMENT n.m.

EMPALER v. **10.** Transpercer (le corps) d'un pieu.

EMPALMAGE n.m.

EMPALMER v. **10 (= empaumer)** Cacher dans la paume de la main.

EMPAN n.m. Distance entre le pouce et le petit doigt écartés.

EMPANACHER v. **10.** Orner d'un panache.

EMPANADA [èm-] n.f. En Amérique du Sud, petit chausson fourré à la viande.

EMPANNAGE n.m.

EMPANNER v. **10.** *Mar.* Mettre en panne, arrêter. - Virer vent arrière.

EMPAQUETAGE n.m.

EMPAQUETER v. **20** (j'empaquette...) Mettre en paquet.

EMPAQUETEUR, EUSE n.

EMPARER (S') v. **10.**

EMPÂTEMENT n.m.

EMPÂTER v. **10.** Couvrir de pâte. - Alourdir.

EMPATHIE n.f. *Psych.* Faculté de s'identifier à quelqu'un.

EMPATHIQUE adj.

EMPATTEMENT n.m. *Arch.* Base élargie d'un mur. - *Méc.* Distance entre essieux. - *Impr.* Trait sur les jambages.

EMPATTER v. **10.** *Techn.* Joindre avec des pattes.

EMPATTURE n.f. Assemblage de deux pièces de bois à l'aide de pattes.

EMPAUMER v. **10.** 1. Recevoir (une balle) sur la paume. 2. → **empalmer.**

EMPAUMURE n.f. Partie supérieure des bois d'un cerf.

EMPÊCHEMENT n.m.

EMPÊCHER v. **10.**

EMPÊCHEUR, EUSE n. Gêneur.

EMPÉGUER v. **12.** Poisser. - *Fam.* Réprimander.

EMPEIGNE n.f. Dessus d'une chaussure.

EMPÊNAGE n.m. Mortaise qui reçoit le pêne d'une serrure.

EMPENNAGE n.m. *Aéron.* Ensemble des gouvernes de stabilité.

EMPENNE n.f. Garniture de plumes sur une flèche.

EMPENNELAGE n.m.

EMPENNELER v. **22** (j'empennelle...) Mouiller ensemble (deux ancres d'inégale grosseur).

EMPENNELLE n.f. Petite ancre de renfort.

EMPENNER v. **10.** Garnir de plumes.

EMPEREUR n.m.

EMPERLER v. **10.** *Litt.* Couvrir de gouttelettes.

EMPESAGE n.m.

EMPESER v. **11.** Apprêter avec de l'amidon.

EMPESTER v. **10.** Dégager (une mauvaise odeur).

EMPÊTREMENT n.m. Obstacle.

EMPÊTRER v. **10.** Entraver, embarrasser.

EMPHASE n.f. Exagération de style, d'expression.

EMPHATIQUE adj.

EMPHATIQUEMENT adv.

EMPHYSÉMATEUX, EUSE adj. et n.

EMPHYSÈME n.m. *Méd.* Gonflement des tissus par infiltration gazeuse.

EMPHYTÉOSE n.f. *Dr.* Bail à long terme.

EMPHYTÉOTE n. *Dr.* Personne qui jouit d'une emphytéose.

EMPHYTÉOTIQUE adj.

EMPIÈCEMENT n.m.

EMPIÉGER v. **18.** Prendre au piège.

EMPIERREMENT n.m.

EMPIERRER v. **10.** Couvrir de pierres.

EMPIÉTEMENT ou **EMPIÈTEMENT** n.m.

EMPIÉTER v. **(p.p.inv.) 12.**

EMPIFFRER (S') v. **10.**

EMPILABLE adj.

EMPILADE n.f. *Québ., Sp.* Entassement pêle-mêle.

EMPILAGE n.m. Action d'attacher un hameçon.

EMPILEMENT n.m.

EMPILER v. **10.**

EMPILEUR, EUSE n.

EMPIRE n.m.

EMPIRER v. **10.** Devenir pire. – Rendre pire.

EMPIRIQUE adj. Qui repose sur l'expérience.

EMPIRIQUEMENT adv.

EMPIRISME n.m. Méthode fondée sur l'expérience.

EMPIRISTE adj. et n.

EMPLACEMENT n.m.

EMPLAFONNER v. **10.** *Fam.* Heurter violemment.

EMPLANTURE n.f. *Mar.* Pièce portant le mât. – *Aéron.* Raccord entre l'aile et le fuselage.

EMPLÂTRE n.m. Onguent.

EMPLETTE n.f. Achat.

EMPLIR v. **40.**

EMPLISSAGE n.m.

EMPLOI n.m.

EMPLOYABILITÉ n.f.

EMPLOYABLE adj.

EMPLOYÉ, E n.

EMPLOYER v. **27.**

EMPLOYEUR, EUSE n.

EMPLUMER v. **10.** Garnir de plumes.

EMPOCHER v. **10.**

EMPOIGNADE n.f.

EMPOIGNANT, E adj. Émouvant.

EMPOIGNE n.f. Action d'empoigner. – *Foire d'empoigne :* affrontement entre des gens cherchant à obtenir des avantages.

EMPOIGNER v. **10.**

EMPOINTURE n.f. Angle supérieur d'une voile carrée.

EMPOIS n.m. Apprêt servant à empeser.

EMPOISE n.f. Pièce d'un laminoir.

EMPOISONNANT, E adj.

EMPOISONNEMENT n.m.

EMPOISONNER v. **10.**

EMPOISONNEUR, EUSE adj. et n.

EMPOISSER v. **10.** Enduire de poix. – Salir.

EMPOISSONNEMENT n.m.

EMPOISSONNER v. **10.** Peupler de poissons.

EMPORIA **|** → **emporium.**

EMPORIUM (pl. **EMPORIA** ou **EMPORIUMS**) n.m. *Antiq.* Comptoir commercial à l'étranger.

EMPORT **|** n.m. *Capacité d'emport :* charge possible d'un avion.

EMPORTEMENT n.m.

EMPORTER v. **10.**

EMPOSIEU (pl. **EMPOSIEUS** ou **EMPOSIEUX**) n.m. Puits naturel.

EMPOTAGE n.m.

EMPOTÉ, E adj. et n.

EMPOTEMENT n.m.

EMPOTER v. **10.** Mettre en pot.

EMPOURPRER v. **10.** Colorer de pourpre.

EMPOUSSIÈREMENT n.m.

EMPOUSSIÉRER v. **12.**

EMPREINDRE v. **92.** Marquer profondément.

EMPREINTE n.f.

EMPRESSEMENT n.m.

EMPRESSER (S') v. **10.**

EMPRÉSURAGE n.m.

EMPRÉSURER v. **10.** Additionner (le lait) de présure.

EMPRISE n.f.

EMPRISONNEMENT n.m.

EMPRISONNER v. **10.**

EMPRUNT n.m.

EMPRUNTER v. **10.**

EMPRUNTEUR, EUSE adj. et n.

EMPUANTIR v. **40.** Remplir d'une mauvaise odeur.

EMPUANTISSEMENT n.m.

EMPUSE n.f. *Zool.* Insecte marcheur. – *Bot.* Moisissure parasite de certains insectes.

EMPYÈME n.m. *Méd.* Amas de pus.

EMPYRÉE n.m. *Antiq.* Séjour des dieux.

EMPYREUMATIQUE adj.

EMPYREUME n.m. *Chim.* Saveur et odeur âcres de substances organiques soumises au feu.

ÉMU, E adj.

ÉMULATEUR n.m. *Inf.* Dispositif permettant la simulation d'un logiciel.

ÉMULATION n.f.

ÉMULE n. Personne qui cherche à surpasser les autres.

ÉMULER v. **10.** *Inf.* Simuler (le fonctionnement d'un ordinateur) au moyen d'un autre.

ÉMULSEUR n.m. Appareil pour préparer les émulsions.

ÉMULSIF, IVE adj. et n.m. Qui facilite l'émulsion.

ÉMULSIFIABLE adj. Qui peut être mis en émulsion.

ÉMULSIFIANT, E adj. et n.m. → **émulsif.**

ÉMULSIFIER v. **15.** → **émulsionner.**

ÉMULSINE n.f. *Chim.* Enzyme contenue dans certaines amandes.

ÉMULSION n.f. *Chim.* Dispersion d'une substance non soluble dans un liquide.

ÉMULSIONNABLE adj.

ÉMULSIONNANT, E adj. et n.m. → **émulsif.**

ÉMULSIONNER v. **10.** Transformer en émulsion.

ÉMÛMES, ÉMURENT, ÉMUSSE..., ÉMUT... → **émouvoir 85.**

ÉMYDE n.f. Grande tortue d'eau douce.

EN I prép., adv. et pr.pers.

ÉNALLAGE n.f. *Rhét.* Procédé consistant à employer une forme grammaticale inattendue.

ENAMOURER (S') ou **ÉNAMOURER (S')** v. **10.** S'éprendre.

ÉNANTHÈME n.m. *Méd.* Éruption sur les muqueuses de la bouche.

ÉNANTIOMÈRE n.m. Isomère énantiomorphe.

ÉNANTIOMORPHE adj. Formé de parties symétriques inversées.

ÉNANTIOTROPE adj. *Chim.* Qui existe sous deux formes différentes.

ÉNARCHIE n.f. Ensemble des énarques.

ÉNARCHIQUE adj. Relatif à l'énarchie.

ÉNARQUE n. Ancien élève de l'École nationale d'administration.

ÉNARQUIEN, ENNE adj. Relatif aux énarques.

ÉNARTHROSE n.f. *Anat.* Articulation osseuse.

ENCABANAGE n.m.

ENCABANER v. **10.** Installer (des vers à soie) sur des claies.

ENCABLURE n.f. *Mar., Anc.* Mesure de longueur.

ENCADRANT, E adj. et n. Qui encadre un groupe, une personne.

ENCADRÉ n.m.

ENCADREMENT n.m.

ENCADRER v. **10.**

ENCADREUR, EUSE n.

ENCAGEMENT n.m.

ENCAGER v. **17.** Mettre en cage.

ENCAGOULER v. **10.**

ENCAISSABLE adj.

ENCAISSAGE n.m. Mise en caisse.

ENCAISSANT, E adj. Qui encaisse, entoure.

ENCAISSE n.f. Somme en caisse.

ENCAISSEMENT n.m.

ENCAISSER v. **10.**

ENCAISSEUR n.m.

ENCALMINÉ, E adj. *Mar.* Immobilisé par manque de vent.

ENCAN n.m. Vente aux enchères.

ENCANAILLEMENT n.m.

ENCANAILLER (S') v. **10.** Fréquenter des canailles.

ENCANTER v. **10.** *Québ.* Vendre aux enchères.

ENCANTEUR, EUSE n. *Québ.* Commissaire-priseur.

ENCAPSULAGE n.m.

ENCAPSULATION n.f.

ENCAPSULER v. **10.** Enfermer dans une capsule.

ENCAPUCHONNER v. **10.** Couvrir d'un capuchon.

ENCAQUEMENT n.m.

ENCAQUER v. **10.** Mettre dans une caque. – Entasser.

ENCART n.m. Feuillet intercalé.

ENCARTAGE n.m.

ENCARTER v. **10.** Insérer entre les pages. – Fixer sur des cartons.

ENCARTEUSE n.f. Machine qui fixe sur des cartons.

ENCARTONNER v. **10.** → **encarter.**

ENCARTOUCHÉ, E adj. (Munition) sous forme de cartouche.

ENCAS n.m. Repas léger préparé en cas d'imprévu.

ENCASERNER v. **10.** Loger dans une caserne.

ENCASTELER (S') v. **23** (je m'encastèle...) *Vét.* Avoir une maladie du pied, en parlant d'un cheval.

ENCASTELURE n.f.

ENCASTRABLE adj.

ENCASTREMENT n.m.

ENCASTRER v. **10.**

ENCAUSTIQUAGE n.m.

ENCAUSTIQUE n.f. Produit d'entretien à base de cire.

ENCAUSTIQUER v. **10.**

ENCAVAGE n.m. *Helv.* Action de mettre des aliments en cave.

ENCAVEMENT n.m.

ENCAVER v. **10.** Mettre en cave.

ENCAVEUR, EUSE n.

ENCEIGNE... → **enceindre 92.**

ENCEINDRE v. **92.** Entourer d'une enceinte.

ENCEINTE adj.f. et n.f.

ENCEINTER v. **10.** *Afr.* Rendre enceinte.

ENCELLULEMENT n.m.

ENCELLULER v. **10.** Emprisonner.

ENCENS n.m.

ENCENSEMENT n.m.

ENCENSER v. **10.** Flatter avec excès.

ENCENSEUR, EUSE n. Personne chargée de l'encensoir.

ENCENSOIR n.m. Récipient pour brûler l'encens.

ENCÉPAGEMENT n.m. Ensemble des cépages d'un vignoble.

ENCÉPHALE n.m. *Anat.* Ensemble des centres nerveux du crâne.

ENCÉPHALINE n.f. → **enképhaline.**

ENCÉPHALIQUE adj.

ENCÉPHALITE n.f. *Méd.* Inflammation de l'encéphale.

ENCÉPHALITIQUE adj.

ENCÉPHALOGRAMME n.m.

ENCÉPHALOÏDE adj. (Tumeur) qui a l'aspect de l'encéphale.

ENCÉPHALOPATHIE n.f. *Méd.* Affection du cerveau, non inflammatoire.

ENCERCLEMENT n.m.

ENCERCLER v. **10.**

ENCHAÎNEMENT n.m.

ENCHAÎNER v. **10.**

ENCHANTEMENT n.m.

ENCHANTER v. **10.**

ENCHANTERESSE → **enchanteur.**

ENCHANTEUR, ERESSE adj. et n.

ENCHAPERONNER v. **10.** Coiffer d'un chaperon.

ENCHÂSSEMENT n.m.

ENCHÂSSER v. **10.** Mettre dans une châsse. – Insérer.

ENCHÂSSURE n.f. Support pour enchâsser.

ENCHÂTELER v. **23** (j'enchâtèle...) *Helv.* Remplir au-delà du bord.

ENCHATONNEMENT n.m.

ENCHATONNER v. **10.** *Techn.* Insérer (une pierre) dans un chaton de bague.

ENCHAUSSER v. **10.** *Agr.* Couvrir de paille.

ENCHEMISAGE n.m.

ENCHEMISER v. **10.** *Techn.* Munir d'une chemise protectrice.

ENCHÈRE n.f.

ENCHÉRIR v. **40.** Faire une enchère. – Rendre plus cher.

ENCHÉRISSEMENT n.m. *Vx.* Augmentation du prix.

ENCHÉRISSEUR, EUSE n. Personne qui fait une enchère.

ENCHEVALEMENT n.m. Chevalement.

ENCHEVAUCHER v. **10.** *Techn.* Faire se chevaucher (des tuiles).

ENCHEVAUCHURE n.f.

ENCHEVÊTREMENT n.m.

ENCHEVÊTRER v. **10.**

ENCHEVÊTRURE n.f. Assemblage de pièces de charpente.

ENCHIFRÈNEMENT n.m.

ENCHIFRENER v. **11.** *Vx.* Enrhumer.

ENCHILADA [èn(t)chi-] n.f. Crêpe fourrée, spécialité mexicaine.

ENCIERRO [ènsyèro] n.m. *Taur.* Lâcher de taureaux.

ENCLAVE n.f.

ENCLAVEMENT n.m.

ENCLAVER v. **10.** Enclore (un terrain) dans un autre. – Insérer.

ENCLENCHEMENT n.m.

ENCLENCHER v. **10.**

ENCLENCHEUR n.m. *Helv.* Aiguilleur.

ENCLIN, E adj.

ENCLIQUETAGE n.m. *Techn.* Dispositif pour la rotation dans un seul sens.

ENCLIQUETER v. **20** (j'encliquette...) Bloquer par encliquetage.

ENCLISE n.f. *Ling.* Fusion d'une particule avec le mot qui précède.

ENCLITIQUE adj. et n.m. *Ling.* (Mot) qui s'unit au précédent.

ENCLORE v. déf. **141.** Entourer de murs, de haies.

ENCLOS n.m.

ENCLOSURE n.f. *Hist.* Clôture des champs, en Angleterre.

ENCLOUAGE n.m. *Chir.* Fixation d'une prothèse par un clou.

ENCLOUER v. **10.** Fixer (un os fracturé) avec un clou.

ENCLOUURE n.f. *Vét.* Blessure d'un cheval.

ENCLUME n.f.

ENCLUMEAU, X n.m. Enclume portative.

ENCLUMETTE n.f. → **enclumeau.**

ENCOCHAGE n.m.

ENCOCHE n.f.

ENCOCHEMENT n.m.

ENCOCHER v. **10.** Entailler.

ENCODAGE n.m.

ENCODER v. **10.** Coder (une information).

ENCODEUR, EUSE adj. et n.

ENCOFFRER v. **10.** Enfermer (de l'argent) dans un coffre.

ENCOIGNURE [an-konyur] n.f. Meuble de coin. - Angle formé par deux murs.

ENCOLLAGE n.m.

ENCOLLER v. **10.** Enduire de colle.

ENCOLLEUR, EUSE n.

ENCOLURE n.f.

ENCOMBRANT, E adj.

ENCOMBRE n.m. *Vx.* Empêchement.

ENCOMBREMENT n.m.

ENCOMBRER v. **10.**

ENCOMIENDA [ènkomyènda] n.f. *Hist.* Division territoriale dans l'Amérique espagnole.

ENCONTRE | (À L') loc. En opposition à.

ENCOPRÉSIE n.f. Défécation involontaire.

ENCOPRÉTIQUE adj. et n.

ENCOR adv. *Vx.* → **encore.**

ENCORBELLEMENT n.m. *Arch.* Construction en surplomb.

ENCORDAGE n.m. Ensemble des cordes servant à monter un métier à tisser.

ENCORDER (S') v. **10.**

ENCORE adv. **(= encor).**

ENCORNER v. **10.** Blesser à coups de cornes.

ENCORNET n.m. Calmar.

ENCORNURE n.f. *Zool.* Disposition des cornes.

ENCOUBLER (S') v. **10.** *Helv.* Trébucher sur quelque chose.

ENCOURAGEANT, E adj.

ENCOURAGEMENT n.m.

ENCOURAGER v. **17.**

ENCOURIR v. **51.** S'exposer à subir (une sanction).

ENCOURS n.m. *Fin.* Ensemble des effets remis à une banque avant échéance.

ENCRAGE n.m.

ENCRASSEMENT n.m.

ENCRASSER v. **10.** Salir.

ENCRE n.f.

ENCRER v. **10.**

ENCREUR, EUSE adj. et n.m.

ENCRIER n.m.

ENCRINE n.m. *Zool., Géol.* Échinoderme généralement fossile.

ENCRIVORE adj. et n.m. Qui efface l'encre.

ENCROUÉ, E adj. (Arbre) emmêlé dans un autre en tombant.

ENCROÛTEMENT n.m.

ENCROÛTER v. **10.** Recouvrir d'une croûte. - Se cantonner dans ses habitudes.

ENCRYPTAGE n.m.

ENCRYPTER v. **10.** *Inf.* Coder (des données).

ENCULAGE n.m.

ENCULÉ, E n.

ENCULER v. **10.**

ENCULEUR, EUSE n.

ENCUVAGE n.m.

ENCUVEMENT n.m.

ENCUVER v. **10.** Mettre en cuve.

ENCYCLIQUE n.f. et adj. *Rel.* Lettre du pape aux évêques.

ENCYCLOPÉDIE n.f.

ENCYCLOPÉDIQUE adj.

ENCYCLOPÉDISME n.m. Tendance à l'accumulation de connaissances.

ENCYCLOPÉDISTE n. Auteur d'une encyclopédie.

ENDÉANS prép. *Belg.* Dans la limite, l'intervalle de.

ENDÉCAGONE [in-dé-] n.m. *Math.* Polygone qui a onze angles et onze côtés.

ENDÉMICITÉ n.f.

ENDÉMIE n.f. Maladie permanente localisée.

ENDÉMIQUE adj.

ENDÉMISME n.m. Caractère de ce qui est endémique.

ENDÉMOÉPIDÉMIE n.f. Endémie avec poussées d'épidémie.

ENDENTEMENT n.m. Ensemble des dents d'une roue.

ENDENTER v. **10.** *Techn.* Garnir de dents. - *Techn.* Assembler par des dents.

ENDETTEMENT n.m.

ENDETTER v. **10.**

ENDEUILLER v. **10.**

ENDÊVER v. **(p.p.inv.) 10.** *Fam., Vx.* Rager.

ENDIABLÉ, E adj.

ENDIABLER v. **10.** Rendre diabolique. - Enrager.

ENDIAMANTÉ, E adj.

ENDIGAGE n.m.

ENDIGUEMENT n.m.

ENDIGUER v. **10.** Contenir par des digues. - Réprimer.

ENDIMANCHER v. **10.**

ENDISQUER v. **10.** *Québ.* Enregistrer sur un disque.

ENDIVE n.f.

ENDIVISIONNER v. **10.** *Mil.* Organiser en divisions.

ENDOBLASTE n.m. *Biol.* Feuillet embryonnaire.

ENDOBLASTIQUE adj.

ENDOCARDE n.m. Membrane interne du cœur.

ENDOCARDITE n.f. Inflammation de l'endocarde.

ENDOCARPE n.m. *Bot.* Partie interne du fruit.

ENDOCRÂNIEN, ENNE adj. Situé dans le crâne.

ENDOCRINE adj. *Physiol.* (Glande) sécrétant à l'intérieur d'un organisme.

ENDOCRINIEN, ENNE adj.

ENDOCRINOLOGIE n.f. Science qui étudie les glandes endocrines.

ENDOCRINOLOGUE n.

ENDOCTRINEMENT n.m.

ENDOCTRINER v. **10.**

ENDODERME n.m. → **endoblaste.**

ENDODERMIQUE adj.

ENDODONTIE [-si] n.f. *Méd.* Partie de la dentisterie.

ENDOGAME adj. et n. *Ethn.* Qui est obligé de se marier dans sa propre tribu.

ENDOGAMIE n.f.

ENDOGAMIQUE adj.

ENDOGÉ, E adj. *Zool.* Qui vit dans le sol.

ENDOGÈNE adj. Qui se forme à l'intérieur.

ENDOLORIR v. **40.** Rendre douloureux.

ENDOLORISSEMENT n.m.

ENDOMÈTRE n.m. Muqueuse de l'utérus.

ENDOMÉTRIOME n.m. *Méd.* Tumeur extra-utérine bénigne.

ENDOMÉTRIOSE n.f. Affection gynécologique.

ENDOMÉTRITE n.f. Inflammation de l'endomètre.

ENDOMMAGEMENT n.m.

ENDOMMAGER v. **17.** Abîmer.

ENDOMORPHINE n.f. → **endorphine.**

ENDOMORPHISME n.m. *Math.* Type de morphisme.

ENDOPARASITE n.m. et adj. *Biol.* Parasite interne.

ENDOPHASIE n.f. Langage intérieur.

ENDOPLASME n.m. *Biol.* Partie de la cellule.

ENDOPLASMIQUE adj.

ENDOPROTHÈSE n.f. Prothèse introduite dans une artère pour la maintenir ouverte.

ENDORÉIQUE adj.

ENDORÉISME n.m. Caractère d'une région où les eaux n'atteignent pas la mer.

ENDORMANT, E adj.

ENDORMEUR, EUSE n.

ENDORMIR v. **50.**

ENDORMISSEMENT n.m.

ENDORPHINE n.f. Hormone.

ENDOS n.m. *Fin.* Transmission d'effets de commerce par une signature apposée au verso.

ENDOSCOPE n.m. *Méd.* Instrument d'examen des cavités profondes.

ENDOSCOPIE n.f.

ENDOSCOPIQUE adj.

ENDOSMOMÈTRE n.m. *Phys.* Instrument de mesure de l'endosmose.

ENDOSMOSE n.f. *Phys.* Courant de diffusion à travers une membrane.

ENDOSPERME n.m. *Bot.* Tissu contenant des réserves.

ENDOSSABLE adj.

ENDOSSATAIRE n. *Fin.* Personne qui bénéficie d'un endos.

ENDOSSEMENT n.m. → **endos.**

ENDOSSER v. **10.**

ENDOSSEUR n.m.

ENDOSSURE n.f. Opération qui a pour but d'arrondir le dos d'un livre.

ENDOTHÉLIAL, E, AUX adj.

ENDOTHÉLIUM n.m. *Biol.* Tissu qui tapisse les vaisseaux et le cœur.

ENDOTHERME adj. (Animal) qui produit de la chaleur interne.

ENDOTHERMIQUE adj. Qui absorbe de la chaleur.

ENDOTOXINE n.f. Toxine liée à certaines bactéries.

ENDROIT n.m.

ENDUCTION n.f. Action d'enduire un textile.

ENDUIRE v. **135.**

ENDUISAGE n.m.

ENDUIT n.m.

ENDURABLE adj.

ENDURANCE n.f.

ENDURANT, E adj.

ENDURCIR v. **40.**

ENDURCISSEMENT n.m.

ENDURER v. **10.**

ENDURISTE n. Sportif qui pratique l'enduro.

ENDURO n.m. Épreuve motocycliste tout terrain.

ENDYMION n.m. Jacinthe des bois.

ÉNÉMA n.m. *Méd.* Poire pour laver le conduit auditif.

ÉNÉOLITHIQUE n.m. et adj. Période entre le néolithique et l'âge du bronze.

ÉNERGÉTICIEN, ENNE n.

ÉNERGÉTIQUE adj. et n.f. Relatif à l'énergie.

ÉNERGIE n.f.

ÉNERGIQUE adj.

ÉNERGIQUEMENT adv.

ÉNERGISANT, E adj. et n.m. *Pharm.* Qui stimule.

ÉNERGIVORE adj.

ÉNERGUMÈNE n. Exalté.

ÉNERVANT, E adj.

ÉNERVATION n.f. *Chir.* Section d'un nerf.

ÉNERVEMENT n.m.

ÉNERVER v. **10.**

ENFAÎTEAU, X n.m. Tuile faîtière.

ENFAÎTEMENT n.m. Pièce de charpente.

ENFAÎTER v. **10.** Couvrir (un toit) de tuiles faîtières.

ENFANCE n.f.

ENFANT adj. et n.

ENFANTEMENT n.m.

ENFANTER v. **10.**

ENFANTILLAGE n.m.

ENFANTIN, E adj.

ENFARGER v. **17.** *Québ.* Faire trébucher.

ENFARINER v. **10.**

ENFER n.m.

ENFERMEMENT n.m.

ENFERMER v. **10.**

ENFERRER v. **10.** Percer d'une épée.

ENFEU (pl. **ENFEUS** ou **ENFEUX**) n.m. Niche funéraire.

ENFICHABLE adj.

ENFICHAGE n.m.

ENFICHER v. **10.** *Électr.* Introduire (une fiche) dans une prise.

ENFIELLER v. **10.** Rendre amer.

ENFIÈVREMENT n.m.

ENFIÉVRER v. **12.**

ENFILADE n.f.

ENFILAGE n.m.

ENFILEMENT n.m.

ENFILER v. **10.**

ENFILEUR, EUSE n.

ENFIN adv.

ENFIROUAPER v. **10.** *Québ.* Emberlificoter, tromper.

ENFLAMMER v. **10.**

ENFLÉCHURE n.f. *Mar.* Échelon de cordage.

ENFLER v. **10.**

ENFLEURAGE n.m.

ENFLEURER v. **10.** Imprégner (un corps gras) du parfum d'une fleur.

ENFLURE n.f.

ENFOIRÉ, E n. *Fam.* Imbécile, salaud.

ENFONCEMENT n.m.

ENFONCER v. **13.**

ENFONCEUR, EUSE n.

ENFONÇURE n.f. Dépression, creux.

ENFORCIR v. **40.** Rendre plus fort.

ENFOUIR v. **40.**

ENFOUISSEMENT n.m.

ENFOUISSEUR n.m. Machine agricole.

ENFOURCHEMENT n.m. *Arch.* Type d'assemblage.

ENFOURCHER v. **10.**

ENFOURCHURE n.f. Couture médiane d'un pantalon.

ENFOURNAGE n.m.

ENFOURNEMENT n.m.

ENFOURNER v. **10.** Mettre au four. – *Fam.* Avaler gloutonnement.

ENFOURNEUR, EUSE n.

ENFREINDRE v. **92.**

ENFUIR (S') v. **53.**

ENFUMAGE n.m.

ENFUMER v. **10.**

ENFUMOIR n.m. Appareil qui enfume les abeilles.

ENFÛTAGE n.m.

ENFUTAILLER v. **10.** → **enfûter.**

ENFÛTER v. **10.** Mettre en fût.

ENGADINOIS, E adj. De l'Engadine (Suisse).

ENGAGÉ, E adj. et n.

ENGAGEANT, E adj.

ENGAGEMENT n.m.

ENGAGER v. **17.**

ENGAINANT, E adj. Qui enveloppe comme le ferait une gaine.

ENGAINER v. **10.** Mettre dans une gaine, enserrer.

ENGAMER v. **10.** Avaler (l'hameçon et son appât), en parlant d'un poisson.

ENGANE n.f. Prairie camarguaise.

ENGAZONNEMENT n.m.

ENGAZONNER v. **10.**

ENGEANCE n.f. Catégorie de gens méprisables.

ENGELURE n.f.

ENGENDREMENT n.m.

ENGENDRER v. **10.**

ENGERBAGE n.m.

ENGERBER v. **10.** Mettre en gerbes.

ENGIN n.m.

ENGINEERING [èn(d)jiniring] n.m. Ensemble des études relatives à un projet industriel.

ENGLACÉ, E adj. (Sol) recouvert de glace.

ENGLOBER v. **10.**

ENGLOUTIR v. **40.**

ENGLOUTISSEMENT n.m.

ENGLUAGE n.m.

ENGLUEMENT n.m.

ENGLUER v. **10.** Couvrir de glu. – Prendre (un oiseau) à la glu.

ENGOBAGE n.m.

ENGOBE n.m.

ENGOBER v. **10.** Revêtir (une pièce de céramique) d'un enduit terreux.

ENGOMMAGE n.m.

ENGOMMER v. **10.** Couvrir de gomme.

ENGONCEMENT n.m.

ENGONCER v. **13.** Déformer (la silhouette) en faisant paraître le cou enfoncé dans les épaules.

ENGORGEMENT n.m.

ENGORGER v. **17.**

ENGOUEMENT n.m.

ENGOUER (S') v. **10.** S'enthousiasmer, s'enticher.

ENGOUFFREMENT n.m.

ENGOUFFRER v. **10.**

ENGOULEVENT n.m. Passereau brun-roux.

ENGOURDIR v. **40.**

ENGOURDISSEMENT n.m.

ENGRAIN n.m. Blé rustique.

ENGRAIS n.m.

ENGRAISSAGE n.m.

ENGRAISSEMENT n.m.

ENGRAISSER v. **10.**

ENGRAISSEUR, EUSE n. Personne qui engraisse les bestiaux.

ENGRAMME n.m. *Psych.* Trace laissée dans le cerveau par un événement.

ENGRANGEMENT n.m.

ENGRANGER v. **17.**

ENGRAVER v. **10.** Recouvrir de gravier.

ENGRAVURE n.f. Entaille dans une maçonnerie.

ENGRÊLÉ, E adj. *Hér.* Dentelé.

ENGRÊLURE n.f. Bord dentelé.

ENGRENAGE n.m.

ENGRÈNEMENT n.m.

ENGRENER v. **11.** Emplir de grains. – Réaliser un engrenage.

ENGRENEUR, EUSE n. Personne, appareil qui alimente une batteuse.

ENGRENURE n.f. Partie d'un engrenage.

ENGROIS n.m. → **angrois.**

ENGROSSER v. **10.** *Fam.* Rendre enceinte.

ENGRUMELER v. **22** (j'engrumelle...) Rendre grumeleux.

ENGUEULADE n.f.

ENGUEULEMENT n.m.

ENGUEULER v. **10.**

ENGUICHURE n.f. Courroie.

ENGUIRLANDER v. **10.**

ENHARDIR v. **40.**

ENHARMONIE n.f. *Mus.* Rapport entre deux notes consécutives pratiquement confondues.

ENHARMONIQUE adj.

ENHARNACHER v. **10.** Équiper d'un harnais.

ENHERBEMENT n.m.

ENHERBER v. **10.** Ensemencer d'herbe.

ÉNIÈME adj. et n. **(= nième).**

ÉNIGMATIQUE adj.

ÉNIGMATIQUEMENT adv.

ÉNIGME n.f.

ENIVRANT, E adj.

ENIVREMENT n.m.

ENIVRER v. **10.**

ENJAMBÉE n.f.

ENJAMBEMENT n.m. *Poét.* Renvoi d'une partie de la phrase au vers suivant.

ENJAMBER v. **10.**

ENJAMBEUR, EUSE adj. (Tracteur) adapté aux vignes.

ENJAVELER v. **22** (j'enjavelle...) Mettre en javelles, en brassées.

ENJEU, X n.m.

ENJOINDRE v. **93.** Ordonner.

ENJÔLEMENT n.m.

ENJÔLER v. **10.**

ENJÔLEUR, EUSE adj. et n.

ENJOLIVEMENT n.m.

ENJOLIVER v. **10.**

ENJOLIVEUR, EUSE n.

ENJOLIVURE n.f.

ENJOUÉ, E adj.

ENJOUEMENT n.m.

ENJUGUER v. **10.** Attacher au joug.

ENJUIVER v. **10.** *Péj.* Pénétrer de l'influence juive.

ENJUPONNER v. **10.** Vêtir d'un jupon. – S'éprendre.

ENKÉPHALINE n.f. *Physiol.* Neuromédiateur sécrété par le cerveau.

ENKIKINANT, E adj.

ENKIKINER v. **10 (= enquiquiner).**

ENKYSTEMENT n.m.

ENKYSTER (S') v. **10.** S'envelopper d'un kyste.

ENLACEMENT n.m.

ENLACER v. **13.**

ENLAÇURE n.f. *Techn.* Assemblage d'un tenon et d'une mortaise avec une cheville.

ENLAIDIR v. **40.**

ENLAIDISSEMENT n.m.

ENLEVAGE n.m. *Text.* Opération de teinturerie.

ENLÈVEMENT n.m.

ENLEVER v. **11.**

ENLEVURE n.f. Relief d'une sculpture.

ENLIASSER v. **10.** Mettre en liasses.

ENLIER v. **15.** Assembler (des pierres, des briques).

ENLIGNEMENT n.m.

ENLIGNER v. **10.** Placer bout à bout.

ENLISEMENT n.m.

ENLISER v. **10.**

ENLOGEMENT n.m.

ENLOGER v. **17.** *Belg.* En colombophilie, mettre (un pigeon) dans un panier pour le transporter.

ENLUMINER v. **10.** Décorer et colorier.

ENLUMINEUR, EUSE n.

ENLUMINURE n.f.

ENNÉADE [èné-] n.f. Groupe de neuf.

ENNÉAGONAL, E, AUX [èné-] adj. Qui a neuf angles.

ENNÉAGONE [èné-] n.m. *Math.* Polygone qui a neuf angles et neuf côtés.

ENNÉASYLLABE [èné-] adj. et n.m. Qui a neuf syllabes.

ENNEIGEMENT n.m.

ENNEIGER v. **17.**

ENNEIGEUR n.m. Canon à neige.

ENNEMI, E adj. et n.

ENNOBLIR v. **40.** Élever moralement.

ENNOBLISSEMENT n.m.

ENNOIEMENT n.m. → **ennoyage.**

ENNOYAGE n.m. *Géol.* Disparition d'une structure sous les sédiments ou sous la mer.

ENNOYER v. **27.** Submerger (une région continentale).

ENNUAGEMENT n.m.

ENNUAGER v. **17.**

ENNUI n.m.

ENNUYANT, E adj.

ENNUYER v. **28.**

ENNUYEUSEMENT adv.

ENNUYEUX, EUSE adj.

ÉNOL n.m. *Chim.* Composé instable.

ÉNOLATE n.m. *Chim.* Dérivé d'énol.

ÉNONCÉ n.m.

ÉNONCER v. **13.**

ÉNONCIATIF, IVE adj.

ÉNONCIATION n.f.

ÉNOPHTALMIE n.f. *Méd.* Enfoncement de l'œil.

ENORGUEILLIR v. **40.** Rendre orgueilleux.

ÉNORME adj.

ÉNORMÉMENT adv.

ÉNORMITÉ n.f.

ÉNOSTOSE n.f. Formation osseuse pathologique.

ÉNOUAGE n.m.

ÉNOUER v. **10.** Débarrasser (une étoffe) des nœuds et des impuretés.

ENQUÉRIR (S') v. **43.** S'informer.

ENQUERRE v. déf. (Ne s'emploie qu'à l'infinitif) *Hér. Armes à enquerre :* armes présentant une irrégularité.

ENQUÊTE n.f.

ENQUÊTÉ, E n. Personne qui est soumise à un sondage.

ENQUÊTER v. **10.**

ENQUÊTEUR (f. **ENQUÊTEUSE** ou **ENQUÊTRICE**) adj. et n.

ENQUILLER v. **10.** *Fam.* Enchaîner, accumuler.

ENQUIQUINANT, E adj.

ENQUIQUINEMENT n.m.

ENQUIQUINER v. **10.** → **enkikiner.**

ENQUIQUINEUR, EUSE adj. et n.

ENRACINEMENT n.m.

ENRACINER v. **10.**

ENRAGÉ, E adj. et n.

ENRAGEANT, E adj.

ENRAGER v. **17.**

ENRAIEMENT n.m. Arrêt.

ENRAYAGE n.m. Fixation des rayons d'une roue.

ENRAYEMENT n.m. → **enraiement.**

ENRAYER v. **24.**

ENRAYOIR n.m. Dispositif pour garnir une roue de ses rayons.

ENRAYURE n.f. *Agr.* Premier sillon tracé.

ENRÉGIMENTEMENT n.m.

ENRÉGIMENTER v. **10.**

ENREGISTRABLE adj.

ENREGISTREMENT n.m.

ENREGISTRER v. **10.**

ENREGISTREUR, EUSE adj. et n.m.

ENRÊNEMENT n.m.

ENRÊNER v. **10.** Munir de rênes.

ENRÉSINEMENT n.m.

ENRÉSINER v. **10.** Reboiser (une plantation) en résineux.

ENRHUMER v. **10.**

ENRICHIR v. **40.**

ENRICHISSANT, E adj.

ENRICHISSEMENT n.m.

ENROBAGE n.m.

ENROBANT, E adj. et n.m.

ENROBEMENT n.m.

ENROBER v. **10.**

ENROBEUSE n.f. Appareil utilisé en confiserie.

ENROCHEMENT n.m.

ENROCHER v. **10.** *Arch.* Consolider (un ouvrage immergé).

ENRÔLEMENT n.m.

ENRÔLER v. **10.**

ENRÔLEUR n.m. *Vx.* Recruteur de soldats.

ENROUEMENT n.m.

ENROUER v. **10.**

ENROUILLER v. **10.** Rendre rouillé.

ENROULABLE adj.

ENROULEMENT n.m.

ENROULER v. **10.**

ENROULEUR, EUSE adj. et n.m.

ENRUBANNAGE n.m. Façon de stocker des fourrages.

ENRUBANNER v. **10.**

ENSABLEMENT n.m.

ENSABLER v. **10.**

ENSACHAGE n.m.

ENSACHER v. **10.** Mettre en sac.

ENSACHEUR, EUSE n.

ENSAISINEMENT n.m.

ENSAISINER v. **10.** *Médiév.* Mettre officiellement en possession d'un fief.

ENSANGLANTER v. **10.**

ENSAUVAGEMENT n.m.

ENSAUVAGER v. **17.** Rendre sauvage.

ENSEIGNABLE adj.

ENSEIGNANT, E adj. et n.

ENSEIGNE n.m. et n.f.

ENSEIGNEMENT n.m.

ENSEIGNER v. **10.**

ENSELLÉ, E adj. (Cheval) au dos cambré.

ENSELLEMENT n.m. *Géol.* Abaissement d'un relief.

ENSELLURE n.f. *Anat.* Courbure de la région lombaire.

ENSEMBLE n.m. et adv.

ENSEMBLIER, ÈRE n. Spécialiste de la décoration.

ENSEMBLISTE adj. *Math.* Relatif à la théorie des ensembles.

ENSEMENCEMENT n.m.

ENSEMENCER v. **13.**

ENSERRER v. **10.**

ENSEUILLEMENT n.m. Hauteur séparant une fenêtre du sol.

ENSEVELIR v. **40.**

ENSEVELISSEMENT n.m.

ENSEVELISSEUR, EUSE n.

ENSIFORME adj. En forme d'épée.

ENSILAGE n.m.

ENSILER v. **10.** Mettre en silo.

ENSILEUSE n.f. Machine agricole.

ENSIMAGE n.m.

ENSIMER v. **10.** Lubrifier (une fibre textile) pour faciliter la filature.

ENSOLEILLEMENT n.m.

ENSOLEILLER v. **10.**

ENSOMMEILLÉ, E adj.

ENSORCELANT, E adj.

ENSORCELER v. **22** (j'ensorcelle...).

ENSORCELEUR, EUSE adj. et n.

ENSORCELLEMENT n.m.

ENSOUFRER v. **10.** Enduire de soufre.

ENSOUPLE n.f. Cylindre de métier à tisser.

ENSOUTANER v. **10.** *Vx., Péj.* Faire devenir prêtre.

ENSTATITE n.f. *Géol.* Silicate de magnésium.

ENSUIFER v. **10.** Enduire de suif.

ENSUITE adv.

ENSUIVRE (S') v. déf. (**ensuit, ensuivaient, ensuivait, ensuivant, ensuive, ensuivent, ensuivi, ensuivie, ensuivies, ensuivirent, ensuivis, ensuivissent, ensuivit, ensuivît, ensuivra, ensuivraient, ensuivrait, ensuivront**).

ENSUQUER v. **10.** *Fam.* Abrutir, fatiguer.

ENTABLEMENT n.m. *Arch.* Partie d'édifice.

ENTABLER v. **10.** *Techn.* Ajuster (deux pièces) à demi-épaisseur, par exemple deux lames de ciseaux.

ENTABLURE n.f. Point de jonction de pièces entablées.

ENTACHER v. **10.** Salir moralement.

ENTAILLAGE n.m.

ENTAILLE n.f.

ENTAILLER v. **10.**

ENTAME n.f.

ENTAMER v. **10.**

ENTAMURE n.f. Petite entaille.

ENTARTAGE n.m.

ENTARTER v. **10.** Agresser (quelqu'un) en lui plaquant une tarte à la crème sur le visage.

ENTARTEUR, EUSE n.

ENTARTRAGE n.m.

ENTARTREMENT n.m.

ENTARTRER v. **10.**

ENTASSEMENT n.m.

ENTASSER v. **10.**

ENTE n.f. Greffon.

ENTÉLÉCHIE n.f. *Philos.* État de perfection.

ENTELLE n.m. Grand singe d'Asie.

ENTENDANT, E adj. et n.

ENTENDEMENT n.m. *Philos.* Faculté de comprendre.

ENTENDEUR n.m.

ENTENDRE v. **90.**

ENTENDU, E adj.

ENTÉNÉBRER v. **12.** Assombrir.

ENTENTE n.f.

ENTER v. **10.** Greffer.

ENTÉRALGIE n.f. Douleur intestinale.

ENTÉRINEMENT n.m.

ENTÉRINER v. **10.** Ratifier.

ENTÉRIQUE adj. Relatif aux intestins.

ENTÉRITE n.f. Inflammation intestinale.

ENTÉROBACTÉRIE n.f. Bactérie du tube digestif.

ENTÉROCOLITE n.f. Inflammation intestinale.

ENTÉROCOQUE n.m. Bactérie pathogène.

ENTÉROKINASE n.f. Enzyme.

ENTÉROPATHIE n.f. Affection de l'intestin.

ENTÉROPNEUSTE n.m. Animal marin vermiforme.

ENTÉRORÉNAL, E, AUX adj. Relatif à l'intestin et au rein.

ENTÉROSTOMIE n.f. Création d'une ouverture externe artificielle dans les intestins.

ENTÉROTOXINE n.f. Toxine présente dans l'intestin d'un sujet infecté.

ENTÉROVACCIN n.m. Vaccin à ingérer.

ENTÉROVIRUS n.m. Virus du tube digestif.

ENTERRAGE n.m. Fait de tasser la terre autour d'un moule de fonderie.

ENTERREMENT n.m.

ENTERRER v. **10.**

ENTÊTANT, E adj. (Parfum) qui étourdit.

ENTÊTEMENT n.m.

ENTÊTER v. **10.**

ENTHALPIE n.f. *Phys.* Fonction thermodynamique.

ENTHÈSE n.f. Zone d'insertion des tendons et des ligaments sur un os.

ENTHÉSOPATHIE n.f. Maladie qui altère les enthèses.

ENTHOUSIASMANT, E adj.

ENTHOUSIASME n.m.

ENTHOUSIASMER v. **10.**

ENTHOUSIASTE adj. et n.

ENTHYMÈME n.m. *Log.* Forme abrégée de syllogisme.

ENTICHEMENT n.m.

ENTICHER (S') v. **10.** S'amouracher.

ENTIER, ÈRE adj. et n.m.

ENTIÈREMENT adv.

ENTIÈRETÉ n.f.

ENTITÉ n.f. Chose considérée comme un tout.

ENTOILAGE n.m.

ENTOILER v. **10.** Fixer sur une toile.

ENTOIR n.m. Couteau à greffer.

ENTÔLAGE n.m.

ENTÔLER v. **10.** Voler (son client), en parlant d'une prostituée.

ENTÔLEUR, EUSE n.

ENTOLOME n.m. Champignon des bois, à lames roses.

ENTOMOLOGIE n.f. Science des insectes.

ENTOMOLOGIQUE adj.

ENTOMOLOGISTE n.

ENTOMOPHAGE adj. Insectivore.

ENTOMOPHILE adj. *Bot.* Dont la pollinisation est assurée par les insectes.

ENTOMOSTRACÉ n.m. Crustacé inférieur.

ENTONNAGE n.m. Mise en tonneau.

ENTONNAISON n.f. → **entonnage.**

ENTONNEMENT n.m. → **entonnage.**

ENTONNER v. **10.** Mettre en tonneau. – Commencer (un chant).

ENTONNOIR n.m.

ENTOPTIQUE adj. (Sensation visuelle) ayant son origine à l'intérieur de l'œil.

ENTORSE n.f.

ENTORTILLAGE n.m.

ENTORTILLEMENT n.m.

ENTORTILLER v. **10.**

ENTOUR n.m. Housse pour meuble.

ENTOURAGE n.m.

ENTOURER v. **10.**

ENTOURLOUPE n.f. Mauvais tour.

ENTOURLOUPER v. **10.** *Fam.* Tromper.

ENTOURLOUPETTE n.f.

ENTOURNURE n.f. Emmanchure.

ENTOZOAIRE n.m. Ver parasite.

ENTRACCUSER (S') v. déf. **29.**

ENTRACTE n.m.

ENTRADMIRER (S') v. déf. **29.**

ENTRAIDE n.f.

ENTRAIDER (S') v. déf. **29.**

ENTRAILLES n.f.pl.

ENTRAIN n.m.

ENTRAÎNABLE adj.

ENTRAÎNANT, E adj.

ENTRAÎNEMENT n.m.

ENTRAÎNER v. **10.**

ENTRAÎNEUR, EUSE n.

ENTRAIT n.m. Poutre de charpente.

ENTRANT, E adj. et n.

ENTRAPERCEVOIR v. **70.** Apercevoir à peine.

ENTRAVE n.f.

ENTRAVER v. **10.**

ENTRAXE n.m. *Techn.* Distance entre deux axes.

ENTRE prép.

ENTREBÂILLEMENT n.m.

ENTREBÂILLER v. **10.**

ENTREBÂILLEUR n.m. Dispositif de sécurité qui permet d'entrebâiller une porte.

ENTREBATTRE (S') v. déf. **110.**

ENTRECHAT n.m. *Chor.* Saut léger.

ENTRECHOQUEMENT n.m.

ENTRECHOQUER v. **10.**

ENTRECOLONNE n.m. *Arch.* Espace entre colonnes.

ENTRECÔTE n.f.

ENTRECOUPER v. **10.** Interrompre par intervalles.

ENTRECROISEMENT n.m.

ENTRECROISER v. **10.**

ENTRECUISSE n.m. Espace entre les cuisses.

ENTREDÉCHIRER (S') v. déf. **29.**

ENTREDÉTRUIRE (S') v. déf. **111.**

ENTREDEUX n.m. Espace entre deux choses.

ENTREDÉVORER (S') v. déf. **29.**

ENTRÉE n.f.

ENTREFAITE n.f. Intervalle de temps.

ENTREFENÊTRE n.m. Espace entre deux fenêtres.

ENTREFER n.m. *Électr.* Partie de circuit magnétique où le flux ne circule pas dans le fer.

ENTREFILET n.m. Court article de journal.

ENTREGENT n.m. Habileté à se conduire en société.

ENTRÉGORGER (S') v. déf. **30.**

ENTREJAMBE n.m. Partie de la culotte située entre les jambes.

ENTREJEU, X n.m. *Sp.* Ensemble des joueurs du milieu de terrain.

ENTRELACEMENT n.m.

ENTRELACER v. **13.**

ENTRELACS [-la] n.m. Ornement à motifs entrelacés.

ENTRELARDER v. **10.** Piquer de lard.

ENTREMANGER (S') v. déf. **30.**

ENTREMÊLEMENT n.m.

ENTREMÊLER v. **10.**

ENTREMETS n.m.

ENTREMETTEUR, EUSE n.

ENTREMETTRE (S') v. **101.** Intervenir comme médiateur.

ENTREMISE n.f.

ENTRENERF n.m. Au dos d'un livre relié, espace entre deux nervures transversales.

ENTRENŒUD n.m. *Bot.* Espace entre deux nœuds d'une tige.

ENTRENUIRE (S') v. déf. **(p.p.inv.) 112.**

ENTREPONT n.m. *Mar.* Espace entre deux ponts.

ENTREPOSAGE n.m.

ENTREPOSER v. **10.** Déposer provisoirement.

ENTREPOSEUR n.m. Personne qui tient un entrepôt.

ENTREPOSITAIRE adj. et n. Qui reçoit ou dépose des marchandises à entreposer.

ENTREPÔT n.m.

ENTREPRENANT, E adj.

ENTREPRENAUTE n. Créateur d'entreprise sur internet.

ENTREPRENDRE v. **91.**

ENTREPRENEUR, EUSE n.

ENTREPRENEURIAL, E, AUX adj.

ENTREPRENEURIAT n.m. Fonction d'entrepreneur.

ENTREPRISE n.f.

ENTRER v. **10.**

ENTREREGARDER (S') v. déf. **29.**

ENTRESOL n.m. Espace entre le rez-de-chaussée et le premier étage.

ENTRESOLÉ, E adj. Transformé en demi-étage.

ENTRETAILLE n.f. Procédé de gravure.

ENTRETAILLER (S') v. **10.** Se heurter les jambes l'une contre l'autre, en parlant d'un cheval.

ENTRETEMPS n.m.

ENTRETENEUR, EUSE n. Personne qui entretient.

ENTRETENIR v. **42.**

ENTRETENU, E adj.

ENTRETIEN n.m.

ENTRETOILE n.f. Dentelle.

ENTRETOISE n.f. *Techn.* Pièce qui maintient un écartement fixe entre deux poutres, deux éléments.

ENTRETOISEMENT n.m.

ENTRETOISER v. **10.** *Techn.* Maintenir avec des entretoises.

ENTRETUER (S') v. déf. **29.**

ENTREVOIE n.f. *Ch. de f.* Espace entre les voies.

ENTREVOIR v. **71.**

ENTREVOUS n.m. *Techn.* Espace entre deux solives.

ENTREVOÛTER v. **10.** *Techn.* Plâtrer (des entrevous).

ENTREVUE n.f.

ENTRISME n.m. *Pol.* Noyautage.

ENTRISTE adj. et n.

ENTROBLIGER (S') v. déf. **30.** Se rendre service réciproquement.

ENTROPIE n.f. *Phys.* Mesure de la dégradation de l'énergie d'un système.

ENTROPION n.m. *Méd.* Renversement des paupières vers le globe de l'œil.

ENTROPIQUE adj.

ENTROQUE n.m. *Géol.* Substance fossile de certains calcaires.

ENTROUVRIR v. **46.**

ENTUBAGE n.m.

ENTUBER v. **10.** *Fam.* Duper.

ENTURBANNÉ, E adj.

ENTURE n.f. *Techn.* Cheville, assemblage.

ÉNUCLÉATION n.f.

ÉNUCLÉER v. **16.** Extirper (un noyau, une tumeur).

ÉNUMÉRABLE adj.

ÉNUMÉRATIF, IVE adj.

ÉNUMÉRATION n.f.

ÉNUMÉRER v. **12.**

ÉNUQUER (S') v. **10.** *Helv.* Se casser la nuque.

ÉNURÉSIE n.f. *Méd.* Incontinence d'urine.

ÉNURÉTIQUE adj. et n.

ENVAHIR v. **40.**

ENVAHISSANT, E adj.

ENVAHISSEMENT n.m.

ENVAHISSEUR, EUSE adj. et n.

ENVASEMENT n.m.

ENVASER v. **10.** Enfoncer dans la vase.

ENVELOPPANT, E adj.

ENVELOPPE n.f.

ENVELOPPEMENT n.m.

ENVELOPPER v. **10.**

ENVENIMATION n.f. Introduction de venin.

ENVENIMEMENT n.m.

ENVENIMER v. **10.**

ENVERGER v. **17.** *Text.* Croiser (les fils de chaîne).

ENVERGEURE [-jur] n.f. (= **enverjure**) *Text.* Action d'enverger.

ENVERGUER v. **10.** *Mar.* Fixer (une voile) à une vergue.

ENVERGURE n.f.

ENVERJURE n.f. → **envergeure.**

ENVERS n.m. et prép.

ENVI | (À L') loc. À qui mieux mieux.

ENVIABLE adj.

ENVIDAGE n.m.

ENVIDER v. **10.** *Techn.* Bobiner.

ENVIE n.f.

ENVIER v. **15.**

ENVIEUSEMENT adv.

ENVIEUX, EUSE adj. et n.

ENVINÉ, E adj. (Récipient) qui sent le vin.

ENVIRON adv. et prép.

ENVIRONNANT, E adj.

ENVIRONNEMENT n.m.

ENVIRONNEMENTAL, E, AUX adj.

ENVIRONNER v. **10.**

ENVIRONS n.m.pl.

ENVISAGEABLE adj.

ENVISAGER v. **17.**

ENVOI n.m.

ENVOILER (S') v. **10.** *Techn.* Se courber, en parlant d'une pièce de métal.

ENVOL n.m.

ENVOLÉE n.f.

ENVOLEMENT n.m.

ENVOLER (S') v. **10.**

ENVOÛTANT, E adj.

ENVOÛTEMENT n.m.

ENVOÛTER v. **10.**

ENVOÛTEUR, EUSE n.

ENVOYER v. **36.**

ENVOYEUR, EUSE n.

ENZOOTIE [an-zooti] n.f. Maladie épidémique animale.

ENZYMATIQUE adj.

ENZYME n.m. ou f. *Biochim.* Substance protéique catalysant une réaction chimique spécifique.

ENZYMOLOGIE n.f. Étude des enzymes.

ENZYMOLOGIQUE adj.

ENZYMOPATHIE n.f. Pathologie résultant d'un mauvais fonctionnement enzymatique.

ÉOCÈNE n.m. et adj. *Géol.* Deuxième époque du paléogène.

ÉOGÈNE n.m. *Géol.* Paléogène.

ÉOHIPPUS [-s] n.m. Petit équidé fossile.

ÉOLIEN, ENNE 1. adj. Mû par le vent. – De l'Éolie (Asie Mineure). 2. n.f.

ÉOLIPILE n.m. **(= éolipyle)** Appareil montrant la force motrice de la vapeur d'eau.

ÉOLIPYLE n.m. → **éolipile.**

ÉOLIQUE adj. De l'Éolie (Asie Mineure).

ÉOLITHE n.m. *Géol.* Silex tertiaire.

ÉON n.m. *Géol.* Chacune des quatre grandes étapes de l'histoire de la Terre.

ÉONISME n.m. Travestisme.

ÉOSINE n.f. Matière colorante rouge.

ÉOSINOPHILE adj. et n.m. Sensible à l'éosine.

ÉOSINOPHILIE n.f. *Méd.* Excès de cellules éosinophiles.

ÉPACTAL, E, AUX adj.

ÉPACTE n.f. Au premier janvier, nombre de jours écoulés depuis la nouvelle lune précédente.

ÉPAGNEUL, E n.

ÉPAILLAGE n.m.

ÉPAILLER v. **10.** Nettoyer, purifier.

ÉPAIR n.m. *Techn.* Aspect du papier observé par transparence.

ÉPAIS, AISSE adj.

ÉPAISSEUR n.f.

ÉPAISSIR v. **40.**

ÉPAISSISSANT, E adj. et n.m.

ÉPAISSISSEMENT n.m.

ÉPAISSISSEUR n.m.

ÉPAMPRAGE n.m.

ÉPAMPREMENT n.m.

ÉPAMPRER v. **10.** Débarrasser (un cep de vigne) des pousses inutiles.

ÉPANALEPSE n.f. *Rhét.* Répétition.

ÉPANCHEMENT n.m. Écoulement.

ÉPANCHER v. **10.**

ÉPANCHOIR n.m. Canal où se déverse le trop-plein d'un étang.

ÉPANDAGE n.m.

ÉPANDEUR, EUSE n.m. et n.f.

ÉPANDRE v. **90.** Étendre en dispersant.

ÉPANNELAGE n.m. En urbanisme, plan définissant les volumes à construire.

ÉPANNELER v. **22** (j'épannelle...) Dégrossir (une pierre) avant de la sculpter.

ÉPANNER v. **10.** Aplanir (une pierre meulière).

ÉPANOUIR v. **40.**

ÉPANOUISSANT, E adj.

ÉPANOUISSEMENT n.m.

ÉPAR n.m. **(= épart)** Barre servant à fermer une porte.

ÉPARCHIE [ch] n.f. *Hist.* Division territoriale orientale.

ÉPARGNANT, E n.

ÉPARGNE n.f.

ÉPARGNER v. **10.**

ÉPARPILLEMENT n.m.

ÉPARPILLER v. **10.**

ÉPARPILLEUR n.m. Machine agricole servant à éparpiller sur le sol du fumier, de la paille.

ÉPARQUE n.m. *Hist.* Gouverneur d'une éparchie.

ÉPARS, E adj. Éparpillé.

ÉPART n.m. → **épar.**

ÉPARVIN n.m. **(= épervin)** *Vét.* Tumeur au jarret d'un cheval.

ÉPATAMMENT adv.

ÉPATANT, E adj.

ÉPATE n.f.

ÉPATEMENT n.m.

ÉPATER v. **10.**

ÉPATEUR, EUSE adj.

ÉPAUFRER v. **10.** Écorner (un bloc de pierre) d'un coup mal appliqué.

ÉPAUFRURE n.f. Éclat fait en épaufrant.

ÉPAULARD n.m. *Zool.* Grand mammifère cétacé.

ÉPAULE n.f.

ÉPAULÉ n.m. Mouvement pratiqué en haltérophilie.

ÉPAULEMENT n.m. Mur de soutènement.

ÉPAULER v. **10.**

ÉPAULETTE n.f.

ÉPAULIÈRE n.f. Partie d'armure.

ÉPAVE n.f.

ÉPAVISTE n. Professionnel spécialisé dans la récupération des épaves automobiles.

ÉPEAUTRE n.m. Blé rustique.

ÉPÉCLER v. **12.** *Helv.* Briser.

ÉPECTASE n.f. Décès pendant l'orgasme.

ÉPÉE n.f.

ÉPEICHE [épèch] n.f. Pic au plumage noir, blanc et rouge.

ÉPEICHETTE [épè-] n.f. Petit pic au plumage noir et blanc.

ÉPEIRE [épèr] n.f. Araignée colorée.

ÉPEIROGENÈSE [épè-] n.f. → **épirogenèse.**

ÉPEIROGÉNIQUE [épè-] adj. → **épirogénique.**

ÉPÉISME n.m. Escrime pratiquée à l'épée.

ÉPÉISTE n.

ÉPELER v. **22** (j'épelle...).

ÉPELLATION n.f.

ÉPENDYME n.m. *Anat.* Membrane du système nerveux.

ÉPENTHÈSE n.f. *Ling.* Insertion non étymologique d'une lettre ou d'une syllabe.

ÉPENTHÉTIQUE adj.

ÉPÉPINER v. **10.** Débarrasser de ses pépins.

ÉPERDU, E adj.

ÉPERDUMENT adv.

ÉPERLAN n.m. Poisson marin, voisin du saumon.

ÉPERON n.m.

ÉPERONNER v. **10.**

ÉPERVIER n.m. Rapace.

ÉPERVIÈRE n.f. Plante herbacée.

ÉPERVIN n.m. → **éparvin.**

ÉPEURANT, E adj. *Québ.* Qui fait peur.

ÉPEURER v. **10.** Effrayer.

ÉPHÈBE n.m. *Antiq. gr.* Adolescent de dix-huit à vingt ans. – Beau jeune homme.

ÉPHÉBIE n.f. *Antiq. gr.* Formation civique et militaire des éphèbes.

ÉPHÉDRA n.m. Arbrisseau à fleurs jaunes et baies rouges.

ÉPHÉDRINE n.f. Alcaloïde de l'éphédra.

ÉPHÉLIDE n.f. Tache de rousseur.

ÉPHÉMÈRE 1. adj. De courte durée. 2. n.m. Insecte.

ÉPHÉMÉRIDE n.f. Recueil d'événements. – Calendrier.

ÉPHÉMÉROPTÈRE n.m. Insecte, type éphémère.

ÉPHÉSIEN, ENNE adj. *Hist.* D'Éphèse (Asie Mineure).

ÉPHOD n.m. Vêtement des prêtres hébreux.

ÉPHORAT n.m. *Antiq. gr.* Charge, dignité d'éphore.

ÉPHORE n.m. *Antiq. gr.* Magistrat de Sparte.

ÉPHORIE n.f. → **éphorat.**

ÉPI n.m.

ÉPIAGE n.m. *Agr.* Développement de l'épi.

ÉPIAIRE n.m. Plante dont l'inflorescence ressemble à un épi.

ÉPIAISON n.f. → **épiage.**

ÉPIBLASTE n.m. Couche de cellules représentant le revêtement de l'embryon.

ÉPIBOLIE n.f. *Biol.* Mode de développement de la gastrula.

ÉPICANTHUS n.m. *Anat.* Repli de la peau au coin interne de l'œil.

ÉPICARDE n.m. Couche externe du tissu cardiaque.

ÉPICARPE n.m. *Bot.* Peau du fruit.

ÉPICE n.f.

ÉPICÉA n.m. Conifère proche du sapin.

ÉPICÈNE adj. *Ling.* (Mot) qui désigne aussi bien le masculin que le féminin (*enfant,* par exemple).

ÉPICENTRAL, E, AUX adj.

ÉPICENTRE n.m. Point où un tremblement de terre est le plus intense.

ÉPICER v. **13.**

ÉPICERIE n.f.

ÉPICHÉRÈME [k] n.m. Forme de syllogisme.

ÉPICIER, ÈRE n.

ÉPICLÈSE n.f. *Rel.* Appel au Saint-Esprit.

ÉPICONDYLE n.m. *Anat.* Apophyse de l'extrémité inférieure de l'humérus.

ÉPICONDYLIEN, ENNE adj.

ÉPICONDYLITE n.f. Inflammation des tendons du coude.

ÉPICONTINENTAL, E, AUX adj. (Mer) qui recouvre la plateforme continentale.

ÉPICOTYLE n.m. *Bot.* Partie de la tige située au-dessus des cotylédons.

ÉPICRÂNE n.m. *Anat.* Membrane qui recouvre le crâne.

ÉPICRÂNIEN, ENNE adj.

ÉPICURÉISME n.m. → **épicurisme.**

ÉPICURIEN, ENNE adj. et n. *Philos.* Qui recherche le plaisir.

ÉPICURISME n.m.

ÉPICYCLE n.m. Cercle décrit par un astre.

ÉPICYCLOÏDAL, E, AUX adj.

ÉPICYCLOÏDE n.f. *Math.* Type de courbe.

ÉPIDÉMICITÉ n.f.

ÉPIDÉMIE n.f.

ÉPIDÉMIOLOGIE n.f. Étude des épidémies.

ÉPIDÉMIOLOGIQUE adj.

ÉPIDÉMIOLOGISTE n.

ÉPIDÉMIQUE adj.

ÉPIDERME n.m.

ÉPIDERMIQUE adj.

ÉPIDERMOMYCOSE n.f. Affection de la peau.

ÉPIDIASCOPE n.m. Appareil de projection.

ÉPIDIDYME n.m. Organe situé sur le bord supérieur du testicule.

ÉPIDIDYMITE n.f. Inflammation de l'épididyme.

ÉPIDOTE n.f. *Géol.* Silicate.

ÉPIDURAL, E, AUX adj. *Anat.* Situé au niveau du canal rachidien.

ÉPIER v. **15.**

ÉPIERRAGE n.m.

ÉPIERREMENT n.m.

ÉPIERRER v. **10.** Débarrasser (un terrain) de ses pierres.

ÉPIERREUR, EUSE n.

ÉPIEU, X n.m. Gros bâton ferré.

ÉPIEUR, EUSE n. Personne qui épie.

ÉPIGAMIQUE adj. (Détermination du sexe) intervenant après la fécondation.

ÉPIGASTRE n.m. *Anat.* Partie supérieure de l'abdomen.

ÉPIGASTRIQUE adj.

ÉPIGÉ, E adj. *Biol.* Qui se développe au-dessus du sol.

ÉPIGENÈSE n.f. Théorie relative à la formation de l'embryon.

ÉPIGÉNÉTIQUE n.f. et adj. Modification du programme génétique d'un être vivant par des facteurs extérieurs.

ÉPIGÉNIE n.f. Remplacement progressif, au sein d'une roche, d'un minéral par un autre.

ÉPIGÉNIQUE adj.

ÉPIGLOTTE n.f. Cartilage situé près du larynx.

ÉPIGLOTTIQUE adj.

ÉPIGLOTTITE n.f. *Méd.* Inflammation de l'épiglotte.

ÉPIGONE n.m. Disciple sans génie.

ÉPIGRAMMATIQUE adj.

ÉPIGRAMMATISTE n.

ÉPIGRAMME 1. n.f. *Poét.* Petite pièce satirique. 2. n.m. Haut de côtelettes d'agneau.

ÉPIGRAPHE n.f. Inscription sur un édifice. - Citation en début de chapitre.

ÉPIGRAPHIE n.f. *Hist.* Science des inscriptions.

ÉPIGRAPHIQUE adj.

ÉPIGRAPHISTE n.

ÉPIGYNE adj. et n.f. (Partie de la fleur) située au-dessus de l'ovaire.

ÉPILATEUR n.m. Appareil pour l'épilation.

ÉPILATION n.f.

ÉPILATOIRE adj.

ÉPILEPSIE n.f. Maladie nerveuse chronique.

ÉPILEPTIFORME adj. *Méd.* Qui ressemble à une crise épileptique.

ÉPILEPTIQUE adj. et n.

ÉPILEPTOGÈNE adj. Qui peut provoquer une crise d'épilepsie.

ÉPILEPTOÏDE adj. et n. Violent, impulsif.

ÉPILEPTOLOGUE n. Médecin spécialiste de l'épilepsie.

ÉPILER v. **10.**

ÉPILEUR, EUSE n.

ÉPILLET n.m. Épi secondaire.

ÉPILOBE n.m. Plante à fleurs pourpres.

ÉPILOGUE n.m. Conclusion.

ÉPILOGUER v. **10.** *Vx.* Récapituler. - Critiquer. - Commenter.

ÉPIMAQUE n.m. Oiseau paradisier.

ÉPINAIE n.f. Lieu couvert d'épineux.

ÉPINARD n.m.

ÉPINÇAGE n.m.

ÉPINCELER v. **22** ou **23** (j'épincelle... ou j'épincèle...) **(= épincer, épinceter)** Débarrasser (une étoffe) de ses nœuds.

ÉPINCER v. **13.** → **épinceler.**

ÉPINCETAGE n.m.

ÉPINCETER v. **20** (j'épincette...) → **épinceler.**

ÉPINCETEUR, EUSE n.

ÉPINCEUR, EUSE n.

ÉPINE n.f.

ÉPINER v. **10.** *Agr.* Protéger par des épineux.

ÉPINETTE n.f. *Mus.* Petit clavecin. - *Québ.* Épicéa.

ÉPINEURIEN, ENNE adj. et n.m. *Zool.* (Animal) à système nerveux dorsal.

ÉPINEUX, EUSE adj. et n.m.

ÉPINGLAGE n.m.

ÉPINGLE n.f.

ÉPINGLER v. **10.**

ÉPINGLERIE n.f. Fabrique, industrie d'épingles.

ÉPINGLETTE n.f. Longue aiguille.

ÉPINGLIER, ÈRE n. Personne qui fabrique des épingles.

ÉPINICIES n.f.pl. *Antiq.* Fêtes en l'honneur d'une victoire.

ÉPINIER n.m. Fourré d'épines.

ÉPINIÈRE adj.f. *Anat.* Relatif à l'épine dorsale.

ÉPINOCHE n.f. Petit poisson portant des épines sur le dos.

ÉPINOCHETTE n.f. Petite épinoche.

ÉPIPACTIS [-s] n.m. Variété d'orchidée.

ÉPIPÉLAGIQUE adj. Qualifie la zone océanique jusqu'à 250 m de profondeur.

ÉPIPHANE adj. Surnom de certains dieux grecs ou de rois d'Orient.

ÉPIPHANIE n.f. Fête des Rois.

ÉPIPHÉNOMÈNE n.m. Phénomène accessoire.

ÉPIPHÉNOMÉNISME n.m. *Philos.* Théorie selon laquelle la conscience est un épiphénomène.

ÉPIPHÉNOMÉNISTE adj. et n.

ÉPIPHONÈME n.m. *Rhét.* Exclamation sentencieuse qui termine un discours.

ÉPIPHYLLE adj. et n.m. *Bot.* Qui croît sur la feuille.

ÉPIPHYLLUM n.m. Cactacée aux fleurs colorées.

ÉPIPHYSAIRE adj.

ÉPIPHYSE n.f. Extrémité renflée d'un os long.

ÉPIPHYSITE n.f. Inflammation osseuse.

ÉPIPHYTE adj. et n.m. Qui croît sur une autre plante.

ÉPIPHYTIE [-ti] n.f. Maladie qui se généralise sur une espèce végétale.

ÉPIPLOON [-o-on] n.m. *Anat.* Repli du péritoine.

ÉPIQUE adj.

ÉPIROGENÈSE n.f. Mouvement de l'écorce terrestre.

ÉPIROGÉNIQUE adj.

ÉPIROTE adj. De l'Épire (Grèce).

ÉPISCLÉRITE n.f. Inflammation oculaire.

ÉPISCOPAL, E, AUX adj.

ÉPISCOPALIEN, ENNE n. et adj. Adepte de l'épiscopalisme.

ÉPISCOPALISME n.m. Théorie prônant la supériorité des évêques sur le pape.

ÉPISCOPAT n.m.

ÉPISCOPE n.m. *Mil.* Instrument permettant d'observer à partir d'un char.

ÉPISIOTOMIE n.f. *Chir.* Incision du périnée.

ÉPISODE n.m.

ÉPISODIQUE adj.

ÉPISODIQUEMENT adv.

ÉPISOME n.m. *Biol.* Particule cytoplasmique.

ÉPISPADIAS [-s] n.m. Malformation de l'urètre.

ÉPISSER v. **10.** *Mar.* Assembler (deux cordages).

ÉPISSOIR n.m. **(= épissoire)** Outil pour épisser.

ÉPISSOIRE n.f. → **épissoir.**

ÉPISSURE n.f.

ÉPISTASIE n.f. *Biol.* Dominance d'un gène sur d'autres.

ÉPISTATE n.m. *Antiq. gr.* Fonctionnaire.

ÉPISTATIQUE adj. Relatif à l'épistasie.

ÉPISTAXIS [-s] n.f. Saignement de nez.

ÉPISTÉMÊ n.f. Somme des connaissances à une époque donnée.

ÉPISTÉMIQUE adj.

ÉPISTÉMOLOGIE n.f. *Philos.* Étude critique des sciences.

ÉPISTÉMOLOGIQUE adj.

ÉPISTÉMOLOGISTE n.

ÉPISTÉMOLOGUE n.

ÉPISTOLAIRE adj.

ÉPISTOLIER, ÈRE n. *Vx.* Auteur de lettres.

ÉPISTYLE n.m. *Arch.* Linteau, architrave.

ÉPITAPHE n.f. Inscription funéraire.

ÉPITAXIE n.f. *Phys.* Orientation de cristaux.

ÉPITE n.f. *Mar.* Cheville de bois.

ÉPITEXTE n.m. Ensemble de commentaires, de critiques, portant sur un ouvrage écrit.

ÉPITHALAME n.m. Poème lyrique nuptial.

ÉPITHÉLIAL, E, AUX adj. Qui se rapporte à l'épithélium.

ÉPITHÉLIOMA n.m. *Méd.* Tumeur du tissu épithélial.

ÉPITHÉLIOME n.m. → **épithélioma.**

ÉPITHÉLIUM n.m. *Anat.* Tissu recouvrant le corps et les organes.

ÉPITHÈME n.m. Médicament topique mou.

ÉPITHÈTE n.f. Qualificatif.

ÉPITOGE n.f. Bande d'étoffe sur l'épaule d'une robe de magistrat, de professeur.

ÉPITOMÉ n.m. Abrégé d'un livre.

ÉPÎTRE n.f. *Litt.* Lettre.

ÉPITROCHLÉE [k] n.f. Saillie osseuse de l'humérus.

ÉPIVARDER (S') v. **10.** *Québ.* S'agiter, faire le fou.

ÉPIZOOTIE [-zooti] n.f. *Zool.* Maladie épidémique.

ÉPIZOOTIQUE adj.

ÉPLORÉ, E adj. En pleurs.

ÉPLOYER v. **27.** Déployer.

ÉPLUCHAGE n.m.

ÉPLUCHER v. **10.**

ÉPLUCHETTE n.f. *Québ.* Réunion, fête.

ÉPLUCHEUR, EUSE adj. et n.

ÉPLUCHOIR n.m. Couteau de vannier.

ÉPLUCHURE n.f.

ÉPOCHÊ [k] n.m. *Philos.* Suspension du jugement.

ÉPODE n.f. Partie de l'ode. – Poème lyrique.

ÉPOI n.m. Andouiller de l'empaumure d'un cerf.

ÉPOINTAGE n.m.

ÉPOINTEMENT n.m.

ÉPOINTER v. **10.** Émousser.

ÉPOISSES n.m. Fromage bourguignon.

ÉPONGE n.f.

ÉPONGEAGE n.m.

ÉPONGER v. **17.**

ÉPONTE n.f. Paroi d'un filon de minerai.

ÉPONTILLAGE n.m.

ÉPONTILLE n.f. *Mar.* Étai soutenant un navire en construction.

ÉPONTILLER v. **10.**

ÉPONYME adj. *Antiq. gr.* Qui donne son nom (à un lieu). – (Magistrat) qui donne son nom à une année.

ÉPONYMIE n.f. *Antiq. gr.* Fonction de magistrat éponyme.

ÉPOPÉE n.f.

ÉPOQUE n.f.

ÉPOUILLAGE n.m.

ÉPOUILLER v. **10.** Débarrasser de ses poux.

ÉPOULARDAGE n.m.

ÉPOULARDER v. **10.** Secouer (des manoques de tabac).

ÉPOUMONER (S') v. **10.**

ÉPOUSAILLES n.f.pl.

ÉPOUSE → **époux.**

ÉPOUSÉE n.f.

ÉPOUSER v. **10.**

ÉPOUSEUR n.m.

ÉPOUSSETAGE n.m.

ÉPOUSSETER v. **20** (j'époussette...).

ÉPOUSSETTE n.f. Petit balai.

ÉPOUSTOUFLANT, E adj.

ÉPOUSTOUFLER v. **10.**

ÉPOUTIER v. **15 (= époutir)** Débarrasser (une étoffe) de ses impuretés.

ÉPOUTIR v. **40.** → **époutier.**

ÉPOUVANTABLE adj.

ÉPOUVANTAIL n.m.

ÉPOUVANTE n.f.

ÉPOUVANTEMENT n.m.

ÉPOUVANTER v. **10.**

ÉPOUX, ÉPOUSE n.

ÉPOXY n.m. et adj. Substance formée à partir d'un époxyde.

ÉPOXYDE 1. n.m. Fonction chimique. 2. adj. *Résine époxyde :* résine plastique.

ÉPOXYDIQUE adj.

ÉPREINDRE v. **92.** *Vx.* Presser.

ÉPREINTE n.f. Fiente de la loutre. – Colique.

ÉPRENDRE (S') v. **91.**

ÉPREUVE n.f.

EPROM ▌ [éprom] n.f. *Inf.* Mémoire que l'on peut reprogrammer.

ÉPROUVANT, E adj.

ÉPROUVER v. **10.**

ÉPROUVETTE n.f.

EPSILON ▌ [-lon] n.m. Lettre grecque.

EPSOMITE n.f. Sulfate de magnésium.

ÉPUCER v. **13.** Débarrasser de ses puces.

ÉPUISABLE adj.

ÉPUISANT, E adj.

ÉPUISEMENT n.m.

ÉPUISER v. **10.**

ÉPUISETTE n.f.

ÉPULIDE n.f. **(= épulie, épulis)** Tumeur de la gencive.

ÉPULIE n.f. → **épulide.**

ÉPULIS [-s] n.m. → **épulide.**

ÉPULON n.m. *Antiq. rom.* Prêtre.

ÉPULPEUR n.m. Appareil de sucrerie.

ÉPURAGE n.m.

ÉPURATEUR adj.m. et n.m.

ÉPURATIF, IVE adj.

ÉPURATION n.f.

ÉPURATOIRE adj.

ÉPURE n.f. Dessin.

ÉPUREMENT n.m.

ÉPURER v. **10.** Rendre pur.

ÉPURGE n.f. *Bot.* Variété d'euphorbe.

ÉPYORNIS [-s] n.m. → **æpyornis.**

ÉQUANIMITÉ [ékwa-] n.f. Sérénité.

ÉQUARRIR [éka-] v. **40.** Tailler à angles droits. – Dépecer (des animaux).

ÉQUARRISSAGE n.m.

ÉQUARRISSEMENT n.m.

ÉQUARRISSEUR n.m.

ÉQUARRISSOIR n.m.

ÉQUATEUR n.m.

ÉQUATION n.f.

ÉQUATORIAL, E, AUX adj. et n.m.

ÉQUATORIEN, ENNE adj. De l'Équateur (Amérique du Sud).

ÉQUERRAGE n.m.

ÉQUERRE n.f.

ÉQUERRER v. **10.** *Techn.* Assembler (deux surfaces adjacentes) selon un certain angle.

ÉQUESTRE adj.

ÉQUEUTAGE n.m.

ÉQUEUTER v. **10.** Dépouiller (un fruit) de sa queue.

ÉQUIANGLE [ékwi-] adj. Dont les angles sont égaux.

ÉQUIDÉ [ék(w)i-] n.m. Mammifère ongulé, type cheval.

ÉQUIDISTANCE [ékwi-] n.f.

ÉQUIDISTANT, E [ékwi-] adj. Situé à une égale distance.

ÉQUILATÉRAL, E, AUX [ékwi-] adj.

ÉQUILATÈRE [ékwi-] adj. *Math.* (Hyperbole) dont les deux asymptotes sont perpendiculaires.

ÉQUILIBRAGE n.m.

ÉQUILIBRANT, E adj.

ÉQUILIBRATION n.f.

ÉQUILIBRE n.m.

ÉQUILIBRER v. **10.**

ÉQUILIBREUR, EUSE adj. et n.m.

ÉQUILIBRISME n.m. Habileté dans une situation difficile.

ÉQUILIBRISTE n.

ÉQUILLE n.f. Poisson marin long et mince.

ÉQUIMOLAIRE [ékwi-] adj. *Chim.* Qui contient un nombre égal de moles de différents constituants.

ÉQUIMOLÉCULAIRE [ékwi-] adj. *Chim.* Qui contient en nombre égal des molécules de différents corps.

ÉQUIMULTIPLE [ékwi-] adj. et n.m. *Math.* Se dit de nombres qui ont été chacun multipliés par un même nombre.

ÉQUIMUSCLE [ékwi-] n.m. *Hipp.* Tapis roulant pour l'entraînement des chevaux.

ÉQUIN, E adj. Relatif au cheval.

ÉQUINISME [éki-] n.m. Difformité qui caractérise le pied bot.

ÉQUINOXE n.m. Époque où le Soleil passe par l'équateur.

ÉQUINOXIAL, E, AUX adj.

ÉQUIPAGE n.m.

ÉQUIPARTITION [ékwi-] n.f. Répartition égale des diverses parties d'un tout.

ÉQUIPE n.f.

ÉQUIPÉE n.f.

ÉQUIPEMENT n.m.

ÉQUIPEMENTIER n.m. Fabricant d'équipements (autos, avions).

ÉQUIPER v. **10.**

ÉQUIPIER, ÈRE n.

ÉQUIPOLÉ [ék(w)i-] adj.m. **(= équipollé)** *Hér. Points équipolés :* carrés d'émaux alternés.

ÉQUIPOLLÉ [ék(w)i-] adj.m. → **équipolé.**

ÉQUIPOLLENCE [ék(w)i-] n.f.

ÉQUIPOLLENT, E [ék(w)i-] adj. *Math.* Se dit de vecteurs égaux, parallèles et de même sens.

ÉQUIPOTENCE [ékwi-] n.f.

ÉQUIPOTENT [ékwi-] adj.m. *Math.* De même puissance.

ÉQUIPOTENTIEL, ELLE [ékwi-] adj. *Électr.* De même potentiel.

ÉQUIPROBABLE [ékwi-] adj. *Math.* Se dit d'événements ayant la même probabilité.

ÉQUISÉTALE [ékwisé-] n.f. Plante sans fleur, type prêle.

ÉQUISÉTINÉE [ékwisé-] n.f. → **équisétale.**

ÉQUISÉTOPHYTE [ékwisé-] n.m. Équisétale.

ÉQUITABLE adj.

ÉQUITABLEMENT adv.

ÉQUITANT, E [éki-] adj. *Bot.* Se dit de feuilles emboîtées et pliées longitudinalement.

ÉQUITATION n.f.

ÉQUITÉ n.f.

ÉQUIVALENCE n.f.

ÉQUIVALENT, E adj. et n.m.

ÉQUIVALOIR v. **78.**

ÉQUIVOQUE adj. et n.f.

ÉQUIVOQUER v. **(p.p.inv.) 10.** Pratiquer l'équivoque, le calembour.

ÉRABLE n.m.

ÉRABLIÈRE n.f. Plantation d'érables.

ÉRADICABLE adj.

ÉRADICATEUR, TRICE n. Partisan d'éliminations radicales.

ÉRADICATION n.f.

ÉRADIQUER v. **10.** Extirper.

ÉRAFLEMENT n.m.

ÉRAFLER v. **10.**

ÉRAFLURE n.f.

ÉRAILLEMENT n.m.

ÉRAILLER v. **10.** Déchirer. – Devenir rauque.

ÉRAILLURE n.f.

ÉRASMIEN, ENNE adj. Relatif à Érasme.

ÉRATHÈME n.m. *Géol.* Ère.

ERBINE n.f. Oxyde de l'erbium.

ERBIUM n.m. Métal rare.

ERBUE n.f. Terre légère pour pâturages.

ÈRE n.f.

ÉRECTEUR, TRICE adj.

ÉRECTILE adj.

ÉRECTILITÉ n.f.

ÉRECTION n.f. *Physiol.* Gonflement du pénis.

ÉREINTAGE n.m.

ÉREINTANT, E adj.

ÉREINTEMENT n.m.

ÉREINTER v. **10.**

ÉREINTEUR, EUSE adj. et n. Qui critique durement.

ÉRÉMISTE n. Bénéficiaire du RMI (revenu minimum d'insertion).

ÉRÉMITIQUE adj. Relatif aux ermites.

ÉRÉMITISME n.m.

ÉREPSINE n.f. *Physiol.* Enzyme intestinale.

ÉRÉSIPÉLATEUX, EUSE adj. et n.

ÉRÉSIPÈLE n.m. **(= érysipèle)** Maladie de la peau.

ÉRÉTHISME n.m. *Méd.* Excitation anormale d'un organe.

ÉREUTHOPHOBIE n.f. → **éreutophobie.**

ÉREUTOPHOBIE n.f. Crainte maladive de rougir.

ÉRÉVANAIS, E adj. D'Erevan (Arménie).

ERG n.m. Unité d'énergie.

ERG (pl. **AREG** ou **ERGS**) n.m. Étendue désertique.

ERGASTOPLASME n.m. *Biol.* Tissu formant un réseau de canaux.

ERGASTULE n.m. *Antiq. rom.* Prison.

ERGATIF n.m. *Ling.* Cas indiquant l'agent.

ERGOCALCIFÉROL n.m. Vitamine D2.

ERGOGRAPHE n.m. Appareil mesurant le travail musculaire.

ERGOL n.m. *Chim.* Toute substance pouvant composer un mélange fusant.

ERGOLOGIE n.f. *Physiol.* Étude de l'activité musculaire.

ERGOMÈTRE n.m.

ERGOMÉTRIE n.f. *Physiol.* Mesure du travail fourni par l'organisme.

ERGOMÉTRIQUE adj.

ERGONOME n.

ERGONOMIE n.f. Science de l'adaptation du travail à l'homme.

ERGONOMIQUE adj.

ERGONOMISTE n.

ERGOSTÉROL n.m. *Biol.* Substance organique.

ERGOT n.m. Pointe de corne derrière la patte de certains animaux. – Maladie des céréales.

ERGOTAGE n.m.

ERGOTAMINE n.f. Base azotée extraite de l'ergot du seigle.

ERGOTÉ, E adj. (Seigle) atteint de l'ergot.

ERGOTER v. **10.**

ERGOTERIE n.f.

ERGOTEUR, EUSE adj. et n.

ERGOTHÉRAPEUTE n.

ERGOTHÉRAPIE n.f. Thérapeutique par l'activité physique.

ERGOTINE n.f. *Pharm.* Extrait d'ergot de seigle.

ERGOTININE n.f. *Pharm.* Alcaloïde de l'ergotine.

ERGOTISME n.m. Intoxication due à l'ergot du seigle.

ÉRICACÉE n.f. Plante, type bruyère.

ÉRIGER v. **17.**

ÉRIGÉRON n.m. Plante herbacée.

ÉRIGNE n.f. **(= érine)** *Chir.* Instrument écarteur.

ÉRINE n.f. → **érigne.**

ÉRISMATURE n.f. Nom courant pouvant désigner plusieurs espèces de canards.

ÉRISTALE n.m. Grosse mouche.

ÉRISTIQUE adj. et n.f. Relatif à la controverse.

ERLENMEYER [èrlènmèyeur] n.m. *Chim.* Récipient conique à fond plat.

ERMINETTE n.f. **(= herminette)** Hache de charpentier.

ERMITAGE n.m. Lieu habité par un ermite.

ERMITE n.m.

ÉRODER v. **10.** User par frottement, ronger.

ÉRODIUM n.m. Plante voisine du géranium.

ÉROGÈNE adj. Susceptible de provoquer un plaisir sexuel.

ÉROS [-s] n.m. Pulsion de vie, dans la théorie freudienne.

ÉROSIF, IVE adj.

ÉROSION n.f. *Géol.* Usure du relief.

ÉROTIQUE adj.

ÉROTIQUEMENT adv.

ÉROTISANT, E adj.

ÉROTISATION n.f.

ÉROTISER v. **10.** Rendre érotique.

ÉROTISME n.m.

ÉROTOGÈNE adj. → **érogène.**

ÉROTOLOGIE n.f. Étude de l'amour physique.

ÉROTOLOGIQUE adj.

ÉROTOLOGUE adj. et n.

ÉROTOMANE adj. et n. *Psych.* Qui a l'illusion délirante d'être aimé.

ÉROTOMANIAQUE adj. et n.

ÉROTOMANIE n.f.

ERPÉTOLOGIE n.f. *Zool.* Étude des reptiles.

ERPÉTOLOGIQUE adj.

ERPÉTOLOGISTE n.

ERRANCE n.f.

ERRANT, E adj.

ERRATA 1. n.m. Liste des erratums d'un ouvrage. 2. → **erratum.**

ERRATIQUE adj. Intermittent. – Non fixé.

ERRATUM (pl. **ERRATA** ou **ERRATUMS**) n.m. Faute d'impression.

ERRE n.f. *Mar.* Allure, vitesse.

ERREMENTS n.m.pl. Erreurs, égarements.

ERRER v. **(p.p.inv.) 10.**

ERREUR n.f.

ERRONÉ, E adj.

ERRONÉMENT adv.

ERS [èr] n.m. *Bot.* Légumineuse, type lentille.

ERSATZ [èrzats] n.m. Succédané.

ERSE 1. n.f. *Mar.* Anneau de cordage. 2. adj. De la haute Écosse.

ERSEAU, X n.m. *Mar.* Petite erse.

ÉRUBESCENCE n.f.

ÉRUBESCENT, E adj. *Litt.* Qui rougit.

ÉRUCIFORME adj. *Zool.* Qui rappelle la chenille.

ÉRUCIQUE adj. *Acide érucique :* acide présent dans certains oléagineux.

ÉRUCTATION n.f.

ÉRUCTER v. **10.** Roter. – Proférer.

ÉRUDIT, E adj. et n.

ÉRUDITION n.f.

ÉRUGINEUX, EUSE adj. Qui ressemble à la rouille.

ÉRUPTIF, IVE adj.

ÉRUPTION n.f.

ÉRYSIPÉLATEUX, EUSE adj. et n.

ÉRYSIPÈLE n.m. → **érésipèle.**

ÉRYTHÉMATEUX, EUSE adj.

ÉRYTHÈME n.m. *Méd.* Rougeur de la peau.

ÉRYTHRASMA n.m. Maladie de la peau.

ÉRYTHRÉEN, ENNE adj. D'Érythrée (Afrique orientale).

ÉRYTHRINE n.f. Légumineuse ornementale.

ÉRYTHROBLASTE n.m. *Biol.* Cellule de la moelle osseuse.

ÉRYTHROBLASTOSE n.f. Présence anormale d'érythroblastes dans le sang.

ÉRYTHROCYTAIRE adj.

ÉRYTHROCYTE n.m. Globule rouge.

ÉRYTHRODERMIE n.f. Maladie de la peau.

ÉRYTHROMYCINE n.f. Antibiotique.

ÉRYTHROPHOBIE n.f. → **éreutophobie.**

ÉRYTHROPOÏÈSE n.f. *Physiol.* Formation des globules rouges.

ÉRYTHROPOÏÉTINE n.f. Hormone favorisant l'érythropoïèse.

ÉRYTHROSE n.f. *Méd.* Rougeur de la peau.

ÉRYTHROSINE n.f. *Chim.* Matière colorante.

ÈS [ès] prép.

ESBAUDIR (S') v. **40.** → **ébaudir.**

ESBIGNER (S') v. **10.** *Vx.* S'enfuir.

ESBROUFE n.f.

ESBROUFER v. **10.** *Fam.* Impressionner.

ESBROUFEUR, EUSE n.

ESCABEAU, X n.m.

ESCABÈCHE n.f. **(= escavèche)** Préparation culinaire à base de poisson et d'aromates.

ESCABELLE n.f. *Belg.* Escabeau.

ESCADRE n.f. *Mil.* Force navale ou aérienne.

ESCADRILLE n.f. *Mil.* Petite escadre aérienne.

ESCADRON n.m. *Mil.* Unité de cavalerie.

ESCADRONNER v. **(p.p.inv.) 10.** Évoluer, en parlant de la cavalerie.

ESCAGASSER v. **10.** Détériorer, abîmer. – Agacer.

ESCALADE n.f.

ESCALADER v. **10.**

ESCALATOR n.m. (Nom déposé).

ESCALE n.f.

ESCALIER n.m.

ESCALOPE n.f.

ESCALOPER v. **10.** Couper en tranches fines.

ESCAMOTABLE adj.

ESCAMOTAGE n.m.

ESCAMOTER v. **10.**

ESCAMOTEUR, EUSE n.

ESCAMPETTE n.f. *Vx.* Fuite.

ESCAPADE n.f.

ESCAPE n.f. *Arch.* Fût d'une colonne.

ESCARBILLE n.f. Résidu de charbon incomplètement brûlé.

ESCARBOT n.m. Coléoptère.

ESCARBOUCLE n.f. Pierre précieuse.

ESCARCELLE n.f. Bourse.

ESCARGOT n.m.

ESCARGOTIÈRE n.f. Élevage d'escargots.

ESCARMOUCHE n.f.

ESCARMOUCHER v. **(p.p.inv.) 10.**

ESCAROLE n.f. **(= scarole)** Chicorée à larges feuilles.

ESCARPE 1. n.m. *Vx.* Bandit. 2. n.f. Talus.

ESCARPÉ, E adj.

ESCARPEMENT n.m.

ESCARPIN n.m. Soulier élégant à semelle mince.

ESCARPOLETTE n.f. Balançoire.

ESCARRE n.f. 1. **(= eschare)** *Méd.* Nécrose cutanée. 2. **(= esquarre)** *Hér.* Pièce en forme d'équerre.

ESCARRIFICATION n.f. *Méd.* Formation d'une escarre.

ESCARRIFIER v. **15.** *Méd.* Marquer (une partie du corps) d'une escarre.

ESCAVÈCHE n.f. *Belg.* → **escabèche.**

ESCHARE [k] n.f. → **escarre** 1.

ESCHATOLOGIE [k] n.f. Théorie sur les fins dernières de l'homme et du monde.

ESCHATOLOGIQUE [k] adj.

ESCHE n.f. → **aiche.**

ESCHER v. **10.** → **aicher.**

ESCHSCHOLTZIA [èchskoltsya] n.m. Plante herbacée à grandes fleurs.

ESCIENT ❙ n.m. *À bon escient :* avec discernement. – *À mauvais escient :* à tort.

ESCLAFFER (S') v. **10.**

ESCLANDRE n.m. Scandale, tapage.

ESCLAVAGE n.m.

ESCLAVAGER v. **17.** Réduire en esclavage.

ESCLAVAGISME n.m.

ESCLAVAGISTE adj. et n.

ESCLAVE adj. et n.

ESCLAVON, ONNE adj. De l'Esclavonie (aujourd'hui Slavonie).

ESCOBAR n.m. *Vx.* Hypocrite.

ESCOBARDERIE n.f. *Vx.* Hypocrisie.

ESCOFFIER v. **15.** *Arg., Anc.* Tuer.

ESCOFFION n.m. *Anc.* Coiffure à bourrelet formée de rubans.

ESCOGRIFFE n.m. Grand homme dégingandé.

ESCOMPTABLE adj.

ESCOMPTE n.m.

ESCOMPTER v. **10.** Payer avant l'échéance. – Espérer.

ESCOMPTEUR, EUSE adj. et n.

ESCOPETTE n.f. *Anc.* Arme à feu à bouche évasée.

ESCORTE n.f.

ESCORTER v. **10.**

ESCORTEUR n.m. et adj.m. *Mar.* Bâtiment de guerre.

ESCOT n.m. *Anc.* Étoffe de laine.

ESCOUADE n.f. Petit groupe.

ESCOUPE n.f. Pelle métallique arrondie, utilisée pour les fours à chaux.

ESCOURGEON n.m. → **écourgeon.**

ESCRIME n.f.

ESCRIMER (S') v. **10.**

ESCRIMEUR, EUSE n.

ESCROC n.m.

ESCROQUER v. **10.**

ESCROQUERIE n.f.

ESCUDO [èsk(o)udô] n.m. Ancienne unité monétaire du Portugal.

ESCULAPE n.m. *Vx.* Médecin.

ESCULINE n.f. *Pharm.* Glucoside extrait du marron d'Inde.

ÉSÉRINE n.f. *Pharm.* Alcaloïde extrait d'une fève.

ESGOURDE n.f. *Arg.* Oreille.

ESGOURDER v. **10.** *Arg.* Écouter.

ESKER [èskèr] n.m. *Géogr.* Dépôt glaciaire allongé.

ESKIMO adj. **(= esquimau).**

ESKUARA [èskwa-] n.m. **(= euscara, euskara, euskera)** Langue basque.

ESKUARIEN, ENNE [èskwa-] adj. **(= euscarien, euskarien, euskérien)** Du Pays basque.

ÉSOPIQUE adj. D'Ésope (fabuliste grec).

ÉSOTÉRIQUE adj. Réservé aux initiés.

ÉSOTÉRISME n.m.

ESPACE n.m.

ESPACEMENT n.m.

ESPACER v. **13.**

ESPADA n.f. Matador.

ESPADON n.m. Grande épée. – Poisson-épée.

ESPADRILLE n.f.

ESPAGNOL, E adj. et n.m.

ESPAGNOLETTE n.f. Mécanisme de fermeture d'une fenêtre.

ESPAGNOLISME n.m. Caractère spécifiquement espagnol.

ESPALIER n.m. Mur sur lequel s'appuie une rangée d'arbres fruitiers. – *Sp.* Sorte d'échelle.

ESPAR n.m. *Mar.* Pièce de bois à usages multiples.

ESPARCET, ETTE n. Sainfoin.

ESPARGOUTE n.f. **(= spargoute)** Petite plante à feuilles en lanières (spergule).

ESPÈCE n.f.

ESPÉRANCE n.f.

ESPÉRANTISME n.m.

ESPÉRANTISTE adj. et n. Relatif à l'espéranto.

ESPÉRANTO n.m.

ESPÉRER v. **12.**

ESPERLUETTE n.f. Signe typographique représentant le mot *et (&).*

ESPIÈGLE adj. et n.

ESPIÈGLERIE n.f.

ESPINGOLE n.f. *Vx.* Gros fusil court.

ESPION, ONNE n.

ESPIONITE n.f. **(= espionnite).**

ESPIONNAGE n.m.

ESPIONNER v. **10.**

ESPIONNITE n.f. → **espionite.**

ESPLANADE n.f. Terrasse devant un édifice.

ESPOIR n.m.

ESPONTON n.m. *Anc.* Pique d'officier d'infanterie.

ESPOUTIR v. **40.** *Fam.* Écrabouiller.

ESPRESSIONE | (CON) loc. *Mus.* Avec expression.

ESPRESSIVO adj. et adv. *Mus.* Expressif.

ESPRESSO n.m. **(= expresso)** Café très corsé.

ESPRINGALE n.f. *Médiév.* Machine lançant des boulets de plomb.

ESPRIT n.m.

ESQUARRE n.f. → **escarre** 2.

ESQUICHER v. **10.** Presser, comprimer.

ESQUIF n.m. Embarcation.

ESQUILLE n.f. Fragment d'os.

ESQUILLEUX, EUSE adj. Qui présente des esquilles.

ESQUIMAU, ESQUIMAUDE, ESQUIMAUX adj. et n.m. → **eskimo.**

ESQUIMAUDE → **esquimau.**

ESQUIMAUTAGE n.m.

ESQUIMAUTER v. **(p.p.inv.) 10.** *Sp.* En kayak, se rétablir après avoir chaviré.

ESQUINTANT, E adj.

ESQUINTER v. **10.**

ESQUIRE [èskwayeur] n.m. En Grande-Bretagne, terme honorifique.

ESQUISSE n.f.

ESQUISSER v. **10.**

ESQUIVE n.f.

ESQUIVER v. **10.**

ESSAI n.m.

ESSAIM n.m.

ESSAIMAGE n.m.

ESSAIMER v. **10.** Envoyer au loin.

ESSANGEAGE n.m.

ESSANGER v. **17.** Décrasser (du linge) avant la lessive.

ESSANVAGE n.m. *Agr.* Destruction des moutardes sauvages.

ESSART n.m. Terre déboisée pour être défrichée.

ESSARTAGE n.m.

ESSARTEMENT n.m.

ESSARTER v. **10.** Défricher.

ESSAYAGE n.m.

ESSAYER v. **24.**

ESSAYEUR, EUSE n.

ESSAYISTE n. Auteur d'essais littéraires.

ESSE n.f. Crochet en S.

ESSENCE n.f.

ESSENCERIE n.f. *Sén.* Poste d'essence.

ESSÉNIEN, ENNE adj. *Hist.* Relatif à une secte juive du IIe s. av. J.-C.

ESSÉNISME n.m. Doctrine essénienne.

ESSENTIALISME n.m. *Philos.* Théorie selon laquelle l'essence précède l'existence.

ESSENTIALISTE adj. et n.

ESSENTIALITÉ n.f.

ESSENTIEL, ELLE adj. et n.m.

ESSENTIELLEMENT adv.

ESSEULÉ, E adj.

ESSIEU, X n.m.

ESSONNIEN, ENNE adj. De l'Essonne.

ESSOR n.m.

ESSORAGE n.m.

ESSORER v. **10.**

ESSOREUSE n.f.

ESSORILLEMENT n.m.

ESSORILLER v. **10.** Amputer (un animal) de ses oreilles.

ESSOUCHAGE n.m.

ESSOUCHEMENT n.m.

ESSOUCHER v. **10.** → **dessoucher.**

ESSOUFFLEMENT n.m.

ESSOUFFLER v. **10.**

ESSUIE n.m. *Belg.* Serviette.

ESSUYAGE n.m.

ESSUYER v. **28.**

ESSUYEUR, EUSE n.

EST **I** adj. et n.m.

ESTABLISHMENT [-mènt] n.m. Groupe de personnes représentant l'ordre établi.

ESTACADE n.f. Digue, jetée.

ESTAFETTE n.f. *Mil.* Porteur d'un courrier.

ESTAFIER n.m. *Vx.* Valet armé.

ESTAFILADE n.f. Coupure au visage.

ESTAGNON n.m. Récipient.

ESTAMINET n.m. Débit de boissons.

ESTAMPAGE n.m.

ESTAMPE n.f. Image imprimée au moyen d'une planche gravée.

ESTAMPER v. **10.** Imprimer en relief ou en creux.

ESTAMPEUR, EUSE adj. et n.

ESTAMPIE n.f. Danse du Moyen Âge.

ESTAMPILLAGE n.m.

ESTAMPILLE n.f. Marque d'authenticité.

ESTAMPILLER v. **10.**

ESTAMPILLEUSE n.f.

ESTANCIA n.f. Propriété rurale en Amérique du Sud.

ESTARIE n.f. **(= starie)** Délai fixé pour charger ou décharger un navire.

ESTE n.m. Langue parlée en Estonie.

ESTER [-èr] n.m. *Chim.* Corps gras.

ESTER v. déf. (Ne s'emploie qu'à l'infinitif) Intenter (en justice).

ESTÉRASE n.f. *Biol.* Enzyme.

ESTÉRIFICATION n.f.

ESTÉRIFIER v. **15.** Transformer en ester.

ESTERLIN n.m. Ancienne monnaie européenne.

ESTHÉSIE n.f. *Physiol.* Sensibilité des organes des sens.

ESTHÉSIOGÈNE adj. *Physiol.* Qui produit ou augmente la sensibilité.

ESTHÉSIOLOGIE n.f. *Physiol.* Étude de la sensibilité.

ESTHÉSIOMÈTRE n.m. *Physiol.* Appareil de mesure de la sensibilité tactile.

ESTHÈTE adj. et n. Qui prône ou affecte de prôner le culte de la beauté.

ESTHÉTICIEN, ENNE n.

ESTHÉTIQUE adj. et n.f.

ESTHÉTIQUEMENT adv.

ESTHÉTISANT, E adj.

ESTHÉTISATION n.f.

ESTHÉTISER v. **10.** Rendre esthétique.

ESTHÉTISME n.m. Doctrine qui accorde la priorité à la beauté formelle.

ESTIMABLE adj.

ESTIMATEUR n.m.

ESTIMATIF, IVE adj.

ESTIMATION n.f.

ESTIMATOIRE adj.

ESTIME n.f.

ESTIMER v. **10.**

ESTIVAGE n.m. Mise en pâturage d'été.

ESTIVAL, E, AUX adj.

ESTIVANT, E n.

ESTIVATION n.f. *Zool.* Engourdissement pendant l'été.

ESTIVER v. **10.** Passer l'été, en parlant des troupeaux. – Mettre en pâturage pour l'été.

ESTOC n.m. Grande épée.

ESTOCADE n.f. Coup d'épée.

ESTOMAC n.m.

ESTOMAQUER v. **10.**

ESTOMPAGE n.m.

ESTOMPEMENT n.m.

ESTOMPER v. **10.**

ESTONIEN, ENNE adj. et n.m. De l'Estonie.

ESTOPPEL n.m. *Dr.* Interdiction de soutenir, en cours d'instance, des positions contradictoires.

ESTOQUER v. **10.**

ESTOUFFADE n.f. **(= étouffade)** Cuisson à l'étuvée.

ESTOURBIR v. **40.** *Fam.* Assommer.

ESTRADE n.f.

ESTRADIOL n.m. **(= œstradiol)** Œstrogène de l'ovaire.

ESTRADIOT n.m. **(= stradiot, stradiote)** *Hist.* Soldat de cavalerie légère.

ESTRAGON n.m. Plante aromatique.

ESTRAMAÇON n.m. Longue épée.

ESTRAN n.m. Partie littorale comprise entre marées haute et basse.

ESTRAPADE n.f. *Anc.* Supplice consistant à laisser tomber un condamné de haut.

ESTRAPADER v. **10.**

ESTRAPASSER v. **10.** *Sp.* Harasser (un cheval).

ESTRIEN, ENNE adj. De l'Estrie (Québec).

ESTRILDIDÉ n.m. Petit oiseau tropical, type astrild.

ESTRIOL n.m. **(= œstriol)** Hormone présente dans l'urine des femmes enceintes.

ESTROGÈNE adj. et n.m. **(= œstrogène)** (Hormone) qui provoque l'œstrus.

ESTROGÉNIQUE adj.

ESTRONE n.f. **(= œstrone)** Hormone sécrétée par l'ovaire (folliculine).

ESTROPE n.f. *Mar.* Cordage ou filin s'ajustant sur une poulie.

ESTROPIER v. **15.**

ESTUAIRE n.m.

ESTUARIEN, ENNE adj. Relatif aux estuaires.

ESTUDIANTIN, E adj.

ESTURGEON n.m. Grand poisson.

ET conj.

ÊTA I n.m. Lettre grecque.

ÉTABLE n.f.

ÉTABLER v. **10.** Mettre à l'étable.

ÉTABLI, E adj. et n.m.

ÉTABLIR v. **40.**

ÉTABLISSEMENT n.m.

ÉTAGE n.m.

ÉTAGEMENT n.m.

ÉTAGER v. **17.**

ÉTAGÈRE n.f.

ÉTAGISTE n.m. Firme chargée de l'intégration d'un étage de lanceur spatial.

ÉTAI n.m. Soutien.

ÉTAIEMENT n.m. **(= étayement).**

ÉTAIN n.m.

ÉTAL, S n.m.

ÉTALAGE n.m.

ÉTALAGER v. **17.**

ÉTALAGISTE n.

ÉTALE 1. adj. Immobile. 2. n.m. ou f. Période où la mer est stationnaire.

ÉTALEMENT n.m.

ÉTALER v. **10.**

ÉTALEUSE n.f. *Techn.* Machine servant à étaler.

ÉTALIER, ÈRE adj. et n. Qui tient un étal de boucher.

ÉTALINGUER v. **10.** *Mar.* Amarrer (un câble) à une ancre.

ÉTALINGURE n.f.

ÉTALON n.m.

ÉTALONNAGE n.m.

ÉTALONNEMENT n.m.

ÉTALONNER v. **10.** Vérifier (une mesure). – Graduer.

ÉTALONNEUR, EUSE adj. et n. Qui étalonne.

ÉTAMAGE n.m.

ÉTAMBOT n.m. *Mar.* Pièce soutenant le gouvernail.

ÉTAMBRAI n.m. *Mar.* Pièce soutenant un mât.

ÉTAMER v. **10.** Recouvrir d'étain.

ÉTAMEUR, EUSE n.

ÉTAMINE n.f. Organe sexuel mâle des végétaux. – Tissu lâche servant de tamis.

ÉTAMPAGE n.m.

ÉTAMPE n.f. *Techn.* Matrice servant à produire des empreintes sur des métaux.

ÉTAMPER v. **10.**

ÉTAMPERCHE n.f. Perche d'échafaudage.

ÉTAMPEUR, EUSE n.

ÉTAMPURE n.f. *Techn.* Trou dans un fer à cheval.

ÉTAMURE n.f. *Techn.* Matière servant à étamer.

ÉTANCHE adj.

ÉTANCHÉIFIER v. **15.**

ÉTANCHÉITÉ n.f.

ÉTANCHEMENT n.m.

ÉTANCHER v. **10.**

ÉTANÇON n.m. Pièce de bois servant à étayer.

ÉTANÇONNEMENT n.m.

ÉTANÇONNER v. **10.** Étayer, consolider.

ÉTANG n.m.

ÉTANT n.m. *Philos.* Être qui a conscience d'exister.

ÉTAPE n.f.

ÉTAPISME n.m. Processus d'accession, par étapes, à la souveraineté du Québec.

ÉTAPISTE adj. et n.

ÉTARQUER v. **10.** Tendre (une voile).

ÉTASUNIEN, ENNE adj. Des États-Unis.

ÉTAT n.m.

ÉTATIQUE adj.

ÉTATISATION n.f.

ÉTATISER v. **10.**

ÉTATISME n.m. *Pol.* Doctrine prônant l'intervention de l'État dans les domaines économique et social.

ÉTATISTE adj. et n.

ÉTAU, X n.m.

ÉTAYAGE n.m.

ÉTAYEMENT n.m. → **étaiement.**

ÉTAYER v. **24.**

ÉTÉ n.m.

ÉTEIGNOIR n.m. Cône pour éteindre une bougie.

ÉTEINDRE v. **92.**

ÉTEMPERCHE n.f. → **étamperche.**

ÉTENDAGE n.m. Action d'étendre pour faire sécher.

ÉTENDARD n.m.

ÉTENDERIE n.f. Four à verre.

ÉTENDOIR n.m. Corde à linge.

ÉTENDRE v. **90.**

ÉTENDU, E adj. et n.f.

ÉTERNEL, ELLE adj. et n.m.

ÉTERNELLEMENT adv.

ÉTERNISER v. **10.**

ÉTERNITÉ n.f.

ÉTERNUEMENT n.m.

ÉTERNUER v. **(p.p.inv.) 10.**

ÉTÉSIEN adj.m. (Vent) méditerranéen.

ÉTÊTAGE n.m.

ÉTÊTEMENT n.m.

ÉTÊTER v. **10.** Tailler (un arbre) en lui coupant la tête.

ÉTEUF n.m. *Anc.* Balle utilisée au jeu de paume.

ÉTEULE n.f. Chaume restant après la moisson.

ÉTHANAL, S n.m. *Chim.* Dérivé de l'éthanol.

ÉTHANE n.m. Hydrocarbure saturé.

ÉTHANOATE n.m. *Chim.* Acétate.

ÉTHANOÏQUE adj. *Acide éthanoïque :* acide acétique.

ÉTHANOL n.m. Alcool éthylique.

ÉTHÈNE n.m. *Chim.* Éthylène.

ÉTHER n.m.

ÉTHÉRÉ, E adj.

ÉTHÉRIFICATION n.f.

ÉTHÉRIFIER v. **15.** *Chim.* Transformer en éther.

ÉTHÉRISATION n.f.

ÉTHÉRISER v. **10.** *Méd.* Anesthésier à l'éther.

ÉTHÉRISME n.m. Intoxication par l'éther.

ETHERNET [étèrnèt] n.m. Protocole de transmission de données via un réseau filaire.

ÉTHÉROMANE n.

ÉTHÉROMANIE n.f.

ÉTHICIEN, ENNE n. Spécialiste des problèmes d'éthique.

ÉTHIONAMIDE n.m. Antibiotique.

ÉTHIOPIEN, ENNE adj. et n.m. De l'Éthiopie (Afrique orientale).

ÉTHIQUE adj. et n.f. Qui concerne la morale.

ÉTHIQUEMENT adv.

ETHMOÏDAL, E, AUX adj.

ETHMOÏDE n.m. et adj. *Anat.* Os de la tête.

ETHMOÏDITE n.f. Inflammation de l'ethmoïde.

ETHNARCHIE n.f. *Antiq. rom.* Province vassale. – Dignité d'ethnarque.

ETHNARQUE n.m. *Antiq. rom.* Gouverneur d'une province.

ETHNICISATION n.f.

ETHNICISER v. **10.** Doter d'un caractère ethnique.

ETHNICITÉ n.f.

ETHNIE n.f. Groupement humain de même culture.

ETHNIQUE adj.

ETHNIQUEMENT adv.

ETHNISME n.m. Attachement à des considérations ethniques.

ETHNOBIOLOGIE n.f. Étude des rapports entre l'homme et son environnement animal et végétal.

ETHNOBIOLOGISTE n.

ETHNOBOTANIQUE n.f. Partie de l'ethnobiologie traitant des rapports entre l'homme et le végétal.

ETHNOBOTANISTE n.

ETHNOCENTRIQUE adj.

ETHNOCENTRISME n.m. Tendance à considérer son propre groupe comme modèle de référence.

ETHNOCENTRISTE adj.

ETHNOCIDE n.m. Destruction d'une ethnie.

ETHNOGENÈSE n.f. Processus menant à la formation d'un groupe ethnique.

ETHNOGRAPHE n.

ETHNOGRAPHIE n.f. Étude descriptive d'une population déterminée.

ETHNOGRAPHIQUE adj.

ETHNOLOGIE n.f. Science qui synthétise les données de l'ethnographie.

ETHNOLOGIQUE adj.

ETHNOLOGUE n.

ETHNONYME n.m. *Ling.* Nom ou adjectif ethnique.

ETHNOZOOLOGIE n.f. Partie de l'ethnobiologie traitant des rapports entre l'homme et l'animal.

ÉTHOGRAMME n.m. Inventaire des comportements propres à une espèce animale.

ÉTHOGRAPHIE n.f. → **éthologie.**

ÉTHOLOGIE n.f. Science du comportement animal.

ÉTHOLOGIQUE adj.

ÉTHOLOGISTE n.

ÉTHOLOGUE n.

ETHOS [étos] n.m. *Anthr.* Caractère commun à un groupe ethnique.

ÉTHUSE n.f. → **æthusa.**

ÉTHYLAMINE n.f. *Chim.* Substance provenant de l'action de l'ammoniac sur l'éthanol.

ÉTHYLE n.m. Radical dérivé de l'éthane.

ÉTHYLÈNE n.m. Gaz incolore.

ÉTHYLÉNIQUE adj.

ÉTHYLIQUE adj. et n.

ÉTHYLISME n.m. Alcoolisme.

ÉTHYLOMÈTRE n.m. → **éthylotest.**

ÉTHYLOTEST n.m. Appareil mesurant l'alcoolémie.

ÉTHYLSULFURIQUE adj. (Acide) résultant de l'action de l'acide sulfurique sur un alcool.

ÉTHYNE n.m. *Chim.* Acétylène.

ÉTIAGE n.m. Niveau le plus bas d'un cours d'eau.

ÉTIER n.m. Canal côtier.

ÉTIGER v. **17.** Tailler (une plante) en coupant sa tige.

ÉTINCELAGE n.m. Procédé d'usinage. – Procédé chirurgical.

ÉTINCELANT, E adj.

ÉTINCELER v. **(p.p.inv.) 22** (j'étincelle...).

ÉTINCELLE n.f.

ÉTINCELLEMENT n.m.

ÉTIOLEMENT n.m. Affaiblissement.

ÉTIOLER v. **10.**

ÉTIOLOGIE n.f. Recherche des causes des maladies.

ÉTIOLOGIQUE adj.

ÉTIOPATHE n.

ÉTIOPATHIE n.f. Thérapie manuelle.

ÉTIQUE adj. Squelettique.

ÉTIQUETAGE n.m.

ÉTIQUETER v. **20** (j'étiquette...).

ÉTIQUETEUR, EUSE n.

ÉTIQUETTE n.f.

ÉTIRABLE adj.

ÉTIRAGE n.m.

ÉTIREMENT n.m.

ÉTIRER v. **10.**

ÉTIREUR, EUSE n. *Mét.* Personne qui étire.

ÉTISIE n.f. **(= hectisie)** Extrême maigreur.

ÉTOC n.m. *Mar.* Rocher côtier.

ÉTOFFE n.f.

ÉTOFFER v. **10.**

ÉTOILE n.f.

ÉTOILEMENT n.m.

ÉTOILER v. **10.**

ÉTOLE n.f. Vêtement en forme d'écharpe.

ÉTOLIEN, ENNE adj. De l'Étolie (Grèce).

ÉTONNAMMENT adv.

ÉTONNANT, E adj. et n.m.

ÉTONNEMENT n.m.

ÉTONNER v. **10.**

ÉTOUFFADE n.f. → **estouffade.**

ÉTOUFFAGE n.m. Action de tuer la chrysalide des vers à soie.

ÉTOUFFANT, E adj.

ÉTOUFFÉE n.f. Sauce préparée en Louisiane.

ÉTOUFFEMENT n.m.

ÉTOUFFER v. **10.**

ÉTOUFFEUR, EUSE n.

ÉTOUFFOIR n.m. *Mus.* Mécanisme qui arrête les vibrations des cordes d'un piano. - Local surchauffé.

ÉTOUPE n.f. Rebut du chanvre ou du lin.

ÉTOUPER v. **10.** Boucher avec de l'étoupe.

ÉTOUPILLE n.f. Détonateur.

ÉTOUPILLER v. **10.** Munir d'une étoupille.

ÉTOURDERIE n.f.

ÉTOURDI, E adj. et n.

ÉTOURDIMENT adv.

ÉTOURDIR v. **40.**

ÉTOURDISSANT, E adj.

ÉTOURDISSEMENT n.m.

ÉTOURNEAU, X n.m. Passereau.

ÉTRANGE adj.

ÉTRANGEMENT adv.

ÉTRANGER, ÈRE adj. et n.

ÉTRANGETÉ n.f.

ÉTRANGLEMENT n.m.

ÉTRANGLER v. **10.**

ÉTRANGLEUR, EUSE n.

ÉTRANGLOIR n.m. *Mar.* Dispositif pour ralentir une chaîne d'ancre.

ÉTRAVE n.f. *Mar.* Avant de la coque.

ÊTRE n.m.

ÊTRE v. **(p.p.inv.) 01.**

ÉTRÉCIR v. **40.** Rendre étroit.

ÉTREINDRE v. **92.**

ÉTREINTE n.f.

ÉTRENNE n.f.

ÉTRENNER v. **10.**

ÉTRÉSILLON n.m. Poutre qui maintient un écartement.

ÉTRÉSILLONNER v. **10.**

ÉTRIER n.m.

ÉTRILLE n.f. Brosse pour cheval. - Crabe.

ÉTRILLER v. **10.**

ÉTRIPAGE n.m.

ÉTRIPER v. **10.**

ÉTRIQUER v. **10.**

ÉTRIVE n.f. *Mar.* Amarrage fait sur un ou deux cordages.

ÉTRIVER v. **10.** *Québ.* Taquiner.

ÉTRIVIÈRE n.f. Courroie soutenant les étriers.

ÉTROIT, E adj.

ÉTROITEMENT adv.

ÉTROITESSE n.f.

ÉTROITURE n.f. En spéléologie, passage étroit.

ÉTRON n.m. Crotte.

ÉTRONÇONNER v. **10.** Tailler (un arbre) en ne laissant que les branches hautes.

ÉTRUSQUE adj. et n.m. De l'Étrurie ancienne (Italie).

ÉTUDE n.f.

ÉTUDIANT, E adj. et n.

ÉTUDIER v. **15.**

ÉTUI n.m.

ÉTUVAGE n.m.

ÉTUVE n.f.

ÉTUVÉE (À L') loc.

ÉTUVEMENT n.m.

ÉTUVER v. **10.**

ÉTUVEUR, EUSE n. Appareil à étuver.

ÉTYMOLOGIE n.f. Origine d'un mot.

ÉTYMOLOGIQUE adj.

ÉTYMOLOGISTE n.

ÉTYMON n.m. *Ling.* Mot qui donne l'étymologie d'un autre.

EUBACTÉRIE n.f. Bactérie.

EUBAGE n.m. *Hist.* Prêtre celte.

EUCALYPTOL n.m. Huile de l'eucalyptus.

EUCALYPTUS n.m. Arbre des régions chaudes.

EUCARIDE n.m. Crustacé décapode, type homard.

EUCARYOTE adj. et n.m. *Biol.* (Organisme vivant) dont le noyau cellulaire est séparé du cytoplasme.

EUCHARISTIE [k] n.f. *Rel.* Sacrement qui commémore le sacrifice du Christ.

EUCHARISTIQUE [k] adj.

EUCLIDIEN, ENNE adj. Relatif à Euclide et à sa géométrie.

EUCOLOGE n.m. Livre de prières.

EUDÉMIS [-s] n.m. Papillon dont la chenille attaque la vigne.

EUDÉMONIQUE adj.

EUDÉMONISME n.m. *Philos.* Doctrine morale axée sur le bonheur.

EUDÉMONISTE adj. et n.

EUDIOMÈTRE n.m. *Chim.* Appareil qui sert à l'analyse quantitative des mélanges gazeux.

EUDIOMÉTRIE n.f.

EUDIOMÉTRIQUE adj.

EUDISTE n.m. *Rel.* Membre d'une congrégation fondée par saint Jean Eudes (XVIIe s.).

EUGÉNATE n.m. Pâte employée en dentisterie.

EUGÉNIQUE adj. et n.f.

EUGÉNISME n.m. *Biol.* Étude des moyens susceptibles d'améliorer l'espèce humaine.

EUGÉNISTE n.

EUGÉNOL n.m. Constituant de l'essence de girofle.

EUGLÈNE n.f. Algue.

EUH interj.

EULÉRIEN, ENNE adj. Relatif au mathématicien Euler.

EUMÈNE n.m. Guêpe solitaire des régions chaudes.

EUMYCÈTE n.m. Champignon proprement dit, à reproduction sexuée.

EUNECTE n.m. Grand serpent de l'Amérique du Sud (anaconda).

EUNUQUE n.m.

EUPATOIRE n.f. Plante herbacée.

EUPATRIDE n. *Antiq. gr.* Noble, en Attique.

EUPENOIS, E [è] adj. D'Eupen (Belgique).

EUPEPSIE n.f. Bonne digestion.

EUPEPTIQUE adj. et n.m. *Pharm.* Qui facilite la digestion.

EUPHAUSIACÉ n.m. Crustacé marin.

EUPHÉMIQUE adj.

EUPHÉMIQUEMENT adv.

EUPHÉMISER v. **10.** Atténuer.

EUPHÉMISME n.m. Expression adoucie d'une notion déplaisante ou choquante.

EUPHONIE n.f. Harmonie de sons.

EUPHONIQUE adj.

EUPHONIQUEMENT adv.

EUPHORBE n.f. Plante commune.

EUPHORBIACÉE n.f. Plante, type euphorbe.

EUPHORBIALE n.f. Plante, type euphorbiacée.

EUPHORIE n.f.

EUPHORIQUE adj.

EUPHORISANT, E adj. et n.m.

EUPHORISATION n.f.

EUPHORISER v. **10.**

EUPHOTIQUE adj. (Zone du globe) éclairée par le Soleil.

EUPHRAISE n.f. Plante parasite.

EUPHUISME n.m. *Litt.* Style précieux anglais.

EUPLECTE n.m. Oiseau tropical qui tisse un nid suspendu.

EUPLECTELLE n.f. *Zool.* Éponge.

EUPLOÏDE adj. *Biol.* (Cellule) ayant un nombre normal de chromosomes.

EUPLOÏDIE n.f.

EUPNÉE n.f. *Méd.* Respiration normale.

EUPNÉIQUE adj.

EUPRAXIQUE adj. *Psych.* Bien adapté.

EUPROCTE n.m. Triton lacustre.

EURAFRICAIN, E adj.

EURASIATIQUE adj.

EURASIEN, ENNE adj. et n.

EURÊKA interj.

EURÉLIEN, ENNE adj. D'Eure-et-Loir.

EURISTIQUE adj. et n.f. *Philos.* Susceptible de servir à la découverte de faits vérifiables.

EURO n.m. Unité monétaire de l'Union européenne.

EUROBANQUE n.f. Banque dont l'activité repose sur les eurodevises.

EUROCENTRISME n.m. *Pol.* Point de vue exclusivement européen.

EUROCHÈQUE n.m. (Nom déposé).

EUROCITY n.m. Train rapide international.

EUROCOMMUNISME n.m.

EUROCOMMUNISTE adj. et n.

EUROCRATE n. Fonctionnaire des institutions européennes.

EUROCRATIE n.f.

EUROCRÉDIT n.m. *Fin.* Prêt libellé en eurodevises.

EURODÉPUTÉ, E n. Député au Parlement européen.

EURODEVISE n.f. Devise placée, en Europe, dans une banque d'un pays différent du pays d'origine.

EURODOLLAR n.m. Dollar placé en Europe.

EURODROITE n.f. Union européenne des partis d'extrême droite.

EUROFRANC n.m. *Anc.* Franc déposé dans une banque hors de France.

EUROIS, E adj. De l'Eure.

EUROMARCHÉ n.m. Marché financier européen.

EUROMISSILE n.m. Missile nucléaire basé en Europe.

EUROMONNAIE n.f. → **eurodevise.**

EUROPÉANISATION n.f.

EUROPÉANISER v. **10.**

EUROPÉANISME n.m.

EUROPÉEN, ENNE adj.

EUROPÉISME n.m.

EUROPIUM n.m. Métal rare.

EURORÉGION n.f. Région transfrontalière européenne.

EUROSCEPTICISME n.m.

EUROSCEPTIQUE adj. et n. Qui doute de l'utilité de l'Union européenne.

EUROSIGNAL, S n.m. Système d'appel à distance.

EUROSTRATÉGIE n.f.

EUROSTRATÉGIQUE adj.

EUROTERRORISME n.m.

EUROVISION n.f. Organisme européen qui coordonne l'échange de programmes télévisés.

EURYÈCE adj. (Organisme) qui peut s'adapter à des conditions écologiques très variées.

EURYHALIN, E adj. *Biol.* Capable de supporter de grandes différences de salinité.

EURYHALINITÉ n.f.

EURYTHERME adj. *Biol.* Capable de supporter de grandes différences de température.

EURYTHERMIE n.f.

EURYTHMIE n.f. Harmonie.

EURYTHMIQUE adj.

EUSCARA n.m. → **eskuara.**

EUSCARIEN, ENNE adj. → **eskuarien.**

EUSKARA n.m. → **eskuara.**

EUSKARIEN, ENNE adj. → **eskuarien.**

EUSKERA [-èra] n.m. → **eskuara.**

EUSKÉRIEN, ENNE adj. → **eskuarien.**

EUSTACHE n.m. *Vx.* Couteau de poche.

EUSTASIE n.f. Variation du niveau des océans.

EUSTATIQUE adj.

EUSTATISME n.m. → **eustasie.**

EUSTHENOPTERON n.m. Poisson fossile.

EUTECTIQUE adj.

EUTEXIE n.f. *Phys.* Capacité d'un mélange à fondre à température constante.

EUTHANASIE n.f. Mort provoquée, douce et sans souffrance.

EUTHANASIER v. **15.**

EUTHANASIQUE adj.

EUTHÉRIEN n.m. *Biol.* Placentaire.

EUTOCIE n.f. Accouchement normal.

EUTOCIQUE adj.

EUTROPHE adj. (Plan d'eau) où existe une prolifération végétale et bactérienne.

EUTROPHICATION n.f. Enrichissement artificiel d'une eau en matières nutritives.

EUTROPHIQUE adj. → **eutrophe.**

EUTROPHISATION n.f. Enrichissement naturel d'une eau en matières nutritives.

EUX pr.pers.

ÉVACUANT, E adj. et n.m.

ÉVACUATEUR, TRICE adj. et n.m.

ÉVACUATION n.f.

ÉVACUÉ, E adj. et n.

ÉVACUER v. **10.**

ÉVADER (S') v. **10.**

ÉVAGINATION n.f. Sortie d'un organe hors de sa gaine.

ÉVALUABLE adj.

ÉVALUATEUR, TRICE n. *Québ.* Personne qui évalue un bien.

ÉVALUATIF, IVE adj.

ÉVALUATION n.f.

ÉVALUER v. **10.**

ÉVANESCENCE n.f.

ÉVANESCENT, E adj. Fugitif, flou.

ÉVANGÉLIAIRE n.m. *Rel.* Livre liturgique.

ÉVANGÉLIQUE adj.

ÉVANGÉLIQUEMENT adv.

ÉVANGÉLISATEUR, TRICE adj. et n.

ÉVANGÉLISATION n.f.

ÉVANGÉLISER v. **10.**

ÉVANGÉLISME n.m.

ÉVANGÉLISTE n.m.

ÉVANGILE n.m.

ÉVANOUIR (S') v. **40.**

ÉVANOUISSEMENT n.m.

ÉVAPORABLE adj.

ÉVAPORATEUR n.m.

ÉVAPORATION n.f.

ÉVAPORATOIRE adj.

ÉVAPORÉ, E adj. et n. Étourdi, léger.

ÉVAPORER v. **10.**

ÉVAPORITE n.f. Formation sédimentaire par évaporation.

ÉVASEMENT n.m.

ÉVASER v. **10.**

ÉVASIF, IVE adj.

ÉVASION n.f.

ÉVASIVEMENT adv.

ÉVASURE n.f. Ouverture d'un orifice.

ÉVÊCHÉ n.m.

ÉVECTION n.f. *Astr.* Inégalité périodique dans le mouvement de la Lune.

ÉVEIL n.m.

ÉVEILLER v. **10.**

ÉVEILLEUR, EUSE n. Personne qui éveille l'esprit, la personnalité.

ÉVEINAGE n.m. *Méd.* Ablation des varices.

ÉVÉNEMENT ou **ÉVÈNEMENT** n.m.

ÉVÉNEMENTIEL, ELLE ou **ÉVÈNEMENTIEL, ELLE** adj.

ÉVENT n.m. Narine de cétacé. – Conduit d'aération.

ÉVENTAIL n.m.

ÉVENTAILLERIE n.f. Industrie ou commerce des éventails.

ÉVENTAILLISTE n. Personne qui fabrique, vend des éventails.

ÉVENTAIRE n.m. Étalage extérieur.

ÉVENTEMENT n.m.

ÉVENTER v. **10.**

ÉVENTRATION n.f.

ÉVENTRER v. **10.**

ÉVENTREUR n.m.

ÉVENTUALITÉ n.f.

ÉVENTUEL, ELLE adj.

ÉVENTUELLEMENT adv.

ÉVÊQUE n.m.

ÉVERGÈTE n.m. *Antiq. gr.* Bienfaiteur public.

ÉVERSION n.f. *Méd.* Retournement vers l'extérieur.

ÉVERTUER (S') v. **10.**

ÉVHÉMÉRISME n.m. *Hist.* Théorie sur l'origine des religions.

ÉVHÉMÉRISTE adj. et n.

ÉVICTION n.f. Expulsion.

ÉVIDAGE n.m.

ÉVIDEMENT n.m.

ÉVIDEMMENT adv.

ÉVIDENCE n.f.

ÉVIDENT, E adj.

ÉVIDER v. **10.** Creuser intérieurement.

ÉVIDOIR n.m.

ÉVIDURE n.f. Creux d'un objet évidé.

ÉVIER n.m.

ÉVINCEMENT n.m.

ÉVINCER v. **13.**

ÉVISCÉRATION n.f.

ÉVISCÉRER v. **12.** Vider de ses viscères.

ÉVITABLE adj.

ÉVITAGE n.m. *Mar.* Changement de direction autour de l'ancre.

ÉVITEMENT n.m. *Belg.* Déviation de la circulation routière.

ÉVITER v. **10.**

ÉVOCABLE adj.

ÉVOCATEUR, TRICE adj.

ÉVOCATION n.f.

ÉVOCATOIRE adj.

ÉVOÉ interj. (= **évohé**) *Antiq. gr.* Cri des bacchantes.

ÉVOHÉ interj. → **évoé.**

ÉVOLUÉ, E adj.

ÉVOLUER v. **10.**

ÉVOLUTIF, IVE adj.

ÉVOLUTION n.f.

ÉVOLUTIONNISME n.m. *Biol.* Théorie explicative du mécanisme de l'évolution.

ÉVOLUTIONNISTE adj. et n.

ÉVOLUTIVITÉ n.f. *Méd.* Possibilité d'évolution d'une maladie.

ÉVOQUER v. **10.**

ÉVRYEN, ENNE adj. D'Évry.

ÉVULSION n.f. *Vx.* Extraction.

EVZONE n.m. Fantassin grec.

ÉWÉ [évé] ou [éwé] adj. et n.m. D'un peuple du Togo.

EX n. Ex-conjoint.

EXACERBATION n.f.

EXACERBER v. **10.** Porter à un très haut degré.

EXACT, E adj.

EXACTEMENT adv.

EXACTEUR n.m. Celui qui commet une exaction.

EXACTION n.f. Action d'exiger ce qui n'est pas dû.

EXACTITUDE n.f.

EXAGÉRATEUR, TRICE adj. et n.

EXAGÉRATION n.f.

EXAGÉRÉMENT adv.

EXAGÉRER v. **12.**

EXALTANT, E adj.

EXALTATION n.f.

EXALTER v. **10.**

EXAM n.m.

EXAMEN n.m.

EXAMINATEUR, TRICE n.

EXAMINER v. **10.**

EXANTHÉMATEUX, EUSE adj.

EXANTHÉMATIQUE adj.

EXANTHÈME n.m. *Méd.* Éruption cutanée.

EXARCHAT [k] n.m. *Hist.* Circonscription, dignité d'exarque.

EXARQUE n.m. Titre oriental, civil ou religieux.

EXASPÉRANT, E adj.

EXASPÉRATION n.f.

EXASPÉRER v. **12.**

EXAUCEMENT n.m.

EXAUCER v. **13.**

EXCAVATEUR, TRICE n.

EXCAVATION n.f.

EXCAVER v. **10.** Creuser.

EXCÉDANT, E adj. Exaspérant.

EXCÉDENT n.m.

EXCÉDENTAIRE adj.

EXCÉDER v. **12.**

EXCELLEMMENT adv.

EXCELLENCE n.f.

EXCELLENT, E adj.

EXCELLENTISSIME adj.

EXCELLER v. **(p.p.inv.) 10.**

EXCENTRATION n.f.

EXCENTRER v. **10.**

EXCENTRICITÉ n.f.

EXCENTRIQUE adj. et n.

EXCENTRIQUEMENT adv.

EXCEPTÉ prép.

EXCEPTER v. **10.**

EXCEPTION n.f.

EXCEPTIONNEL, ELLE adj. et n.m.

EXCÈS n.m.

EXCESSIF, IVE adj.

EXCESSIVEMENT adv.

EXCIPER v. **(p.p.inv.) 10.** Invoquer un argument, une excuse.

EXCIPIENT n.m. Substance dans laquelle on incorpore un médicament.

EXCISE n.f. En Grande-Bretagne, impôt indirect.

EXCISER v. **10.** Enlever en coupant.

EXCISEUR, EUSE n.

EXCISION n.f.

EXCITABILITÉ n.f.

EXCITABLE adj.

EXCITANT, E adj. et n.m.

EXCITATEUR, TRICE adj. et n.

EXCITATIF, IVE adj. et n.

EXCITATION n.f.

EXCITER v. **10.**

EXCITOMOTEUR, TRICE adj. *Physiol.* Qui stimule la motricité d'un muscle.

EXCITON n.m. *Phys.* Excitation d'un semi-conducteur.

EXCLAMATIF, IVE adj.

EXCLAMATION n.f.

EXCLAMER (S') v. **10.**

EXCLU, E adj. et n.

EXCLURE v. **143.**

EXCLUSIF, IVE adj. et n.f.

EXCLUSION n.f.

EXCLUSIVEMENT adv.

EXCLUSIVISME n.m. Caractère des gens exclusifs.

EXCLUSIVISTE adj.

EXCLUSIVITÉ n.f.

EXCOMMUNICATION n.f.

EXCOMMUNIER v. **15.**

EXCORIATION n.f.

EXCORIER v. **15.** Écorcher légèrement.

EXCRÉMENT n.m.

EXCRÉMENTEUX, EUSE adj. *Vx.* Excrémentiel.

EXCRÉMENTIEL, ELLE adj.

EXCRÉTER v. **12.** *Physiol.* Éliminer.

EXCRÉTEUR, TRICE adj.

EXCRÉTION n.f.

EXCRÉTOIRE adj.

EXCROISSANCE n.f.

EXCURSION n.f.

EXCURSIONNER v. **(p.p.inv.) 10.**

EXCURSIONNISTE n.

EXCURSUS n.m. Digression commentant un passage d'un auteur ancien.

EXCUSABLE adj.

EXCUSE n.f.

EXCUSER v. **10.**

EXEAT **I** [ègzéat] n.m. Permis de sortie.

EXÉCRABLE adj.

EXÉCRABLEMENT adv.

EXÉCRATION n.f.

EXÉCRER v. **12.** Avoir en horreur.

EXÉCUTABLE adj.

EXÉCUTANT, E n.

EXÉCUTER v. **10.**

EXÉCUTEUR, TRICE adj. et n.

EXÉCUTIF, IVE adj. et n.m. Chargé d'appliquer les lois.

EXÉCUTION n.f.

EXÉCUTOIRE adj. et n.m.

EXÉCUTOIREMENT adv.

EXÈDRE n.f. *Antiq.* Salle de conversation. – Banc garnissant l'abside d'une basilique.

EXÉGÈSE n.f. Interprétation de la Bible, d'un texte.

EXÉGÈTE n.

EXÉGÉTIQUE adj.

EXEMPLAIRE adj. et n.m.

EXEMPLAIREMENT adv.

EXEMPLARITÉ n.f.

EXEMPLATIF, IVE adj. *Belg.* Donné comme exemple.

EXEMPLE n.m.

EXEMPLIFICATION n.f.

EXEMPLIFIER v. **15.** Illustrer par l'exemple.

EXEMPT, E adj. et n.m.

EXEMPTER v. **10.**

EXEMPTION n.f.

EXEQUATUR **I** [ègzékwatur] n.m. *Dr.* Décision rendant exécutoire un jugement étranger.

EXERÇANT, E adj. Qui exerce (la médecine).

EXERCER v. **13.**

EXERCICE n.m.

EXERCISEUR n.m. *Sp.* Appareil de musculation.

EXÉRÈSE n.f. *Chir.* Excision, ablation.

EXERGUE n.m. Espace au bas d'une médaille. – Inscription sur une médaille ou en tête d'un ouvrage.

EXEUNT ❙ [ègzé-on-t] Indication scénique de la sortie de plusieurs acteurs.

EXFILTRATION n.f.

EXFILTRER v. **10.** Rapatrier (un agent secret).

EXFOLIANT, E adj. et n.m.

EXFOLIATION n.f.

EXFOLIER v. **15.** Séparer (une ardoise, une roche) par lamelles.

EXHALAISON n.f.

EXHALATION n.f.

EXHALER v. **10.**

EXHAURE n.f. Épuisement des eaux d'infiltration.

EXHAUSSEMENT n.m.

EXHAUSSER v. **10.** Rendre plus élevé.

EXHAUSTEUR n.m. Substance qui renforce le goût d'un produit alimentaire.

EXHAUSTIF, IVE adj. Qui traite à fond un sujet.

EXHAUSTION n.f. *Log.* Méthode qui énumère toutes les hypothèses possibles.

EXHAUSTIVEMENT adv.

EXHAUSTIVITÉ n.f.

EXHÉRÉDATION n.f.

EXHÉRÉDER v. **12.** Déshériter.

EXHIBER v. **10.**

EXHIBITION n.f.

EXHIBITIONNISME n.m.

EXHIBITIONNISTE adj. et n.

EXHILARANT, E adj. *Vx.* Hilarant.

EXHORTATION n.f.

EXHORTER v. **10.**

EXHUMATION n.f.

EXHUMER v. **10.**

EXIGEANT, E adj.

EXIGENCE n.f.

EXIGER v. **17.**

EXIGIBILITÉ n.f.

EXIGIBLE adj.

EXIGU, EXIGUË adj.

EXIGUÏTÉ n.f.

EXIL n.m.

EXILER v. **10.**

EXINE n.f. Couche externe du grain de pollen.

EXINSCRIT, E adj. (Cercle) tangent à un côté d'un triangle et aux prolongements des deux autres.

EXISTANT, E adj.

EXISTENCE n.f.

EXISTENTIALISME n.m. *Philos.* Doctrine axée sur l'existence individuelle.

EXISTENTIALISTE adj. et n.

EXISTENTIEL, ELLE adj. Relatif à l'existence.

EXISTER v. **(p.p.inv.) 10.**

EXIT ❙ Indication scénique de la sortie d'un acteur.

EXO n.m. *Fam.* Exercice.

EXOBASE n.f. Limite inférieure de l'exosphère.

EXOBIOLOGIE n.f. Étude des possibilités de vie en dehors de la Terre.

EXOBIOLOGIQUE adj.

EXOBIOLOGISTE n.

EXOCET [-sè] n.m. Poisson volant.

EXOCRINE adj. *Physiol.* (Glande) sécrétant à l'extérieur d'un organisme.

EXODANT n.m. Au Niger, travailleur migrant.

EXODE n.m.

EXOGAME adj. et n. *Ethn.* Qui choisit son conjoint hors de son propre groupe.

EXOGAMIE n.f.

EXOGAMIQUE adj.

EXOGÈNE adj. Qui se forme à l'extérieur.

EXOGÉNOSE n.f. Alcoolisme chronique.

EXON n.m. *Biochim.* Séquence codante d'un gène.

EXONDATION n.f. Retrait des eaux après une inondation.

EXONDEMENT n.m. → **exondation.**

EXONDER (S') v. **10.** *Géol.* Émerger.

EXONÉRATION n.f.

EXONÉRER v. **12.** Dispenser d'une obligation.

EXOPHTALMIE n.f. *Méd.* Saillie du globe oculaire hors de l'orbite.

EXOPHTALMIQUE adj.

EXOPLANÈTE n.f. Planète extrasolaire.

EXORBITANT, E adj.

EXORBITER (S') v. **10.** Sortir des orbites.

EXORCISATION n.f.

EXORCISER v. **10.** Délivrer des démons.

EXORCISEUR, EUSE n.

EXORCISME n.m.

EXORCISTAT n.m. *Rel.* Ordre mineur permettant aux clercs d'exorciser.

EXORCISTE n.m.

EXORDE n.m. Première partie d'un discours.

EXORÉIQUE adj.

EXORÉISME n.m. *Géogr.* Écoulement des eaux courantes vers la mer.

EXOSMOSE n.f. *Phys.* Osmose dirigée vers l'extérieur.

EXOSPHÈRE n.f. Partie de l'atmosphère.

EXOSQUELETTE n.m. *Zool.* Formation squelettique externe (coquille, carapace).

EXOSTOSE n.f. *Méd.* Tumeur osseuse.

EXOTÉRIQUE adj. (Doctrine) enseignée au public.

EXOTHERMIQUE adj. Qui dégage de la chaleur.

EXOTIQUE adj.

EXOTISME n.m.

EXOTOXINE n.f. Toxine diffusée dans le milieu extérieur.

EXPANSÉ, E adj. (Résine synthétique) qui a subi une expansion.

EXPANSIBILITÉ n.f.

EXPANSIBLE adj.

EXPANSIF, IVE adj.

EXPANSION n.f.

EXPANSIONNISME n.m.

EXPANSIONNISTE adj. et n.

EXPANSIVITÉ n.f.

EXPASSE n.f. Au bridge, procédé d'affranchissement d'une ou plusieurs cartes.

EXPASSER v. **10.**

EXPAT [-t] adj. et n. *Fam.* Expatrié.

EXPATRIATION n.f.

EXPATRIER v. **15.**

EXPECTANT, E adj. Qui reste dans l'attente.

EXPECTATION n.f. *Méd.* Abstention de tout traitement.

EXPECTATIVE n.f.

EXPECTORANT, E adj. et n.m.

EXPECTORATION n.f.

EXPECTORER v. **10.** Cracher.

EXPÉDIENT, E 1. adj. Commode. 2. n.m. Moyen pour se tirer d'embarras.

EXPÉDIER v. **15.**

EXPÉDITEUR, TRICE adj. et n.

EXPÉDITIF, IVE adj.

EXPÉDITION n.f.

EXPÉDITIONNAIRE adj. et n.

EXPÉDITIVEMENT adv.

EXPÉRIENCE n.f.

EXPÉRIMENTAL, E, AUX adj.

EXPÉRIMENTATEUR, TRICE adj. et n.

EXPÉRIMENTATION n.f.

EXPÉRIMENTER v. **10.**

EXPERT, E adj. et n.m.

EXPERTEMENT adv.

EXPERTISE n.f.

EXPERTISER v. **10.**

EXPIABLE adj.

EXPIATEUR, TRICE adj.

EXPIATION n.f.

EXPIATOIRE adj.

EXPIER v. **15.**

EXPIRANT, E adj.

EXPIRATEUR, TRICE adj. et n.m. (Muscle) dont la contraction produit une expiration.

EXPIRATION n.f.

EXPIRATOIRE adj.

EXPIRER v. **10.**

EXPLANT n.m. *Biol.* Fragment d'organisme cultivé in vitro.

EXPLÉTIF, IVE adj. et n.m. *Ling.* (Mot) présent dans la phrase sans être nécessaire au sens.

EXPLICABLE adj.

EXPLICATIF, IVE adj.

EXPLICATION n.f.

EXPLICITATION n.f.

EXPLICITE adj.

EXPLICITEMENT adv.

EXPLICITER v. **10.** Rendre clair et précis.

EXPLIQUER v. **10.**

EXPLOIT n.m.

EXPLOITABILITÉ n.f.

EXPLOITABLE adj.

EXPLOITANT, E adj. et n.

EXPLOITATION n.f.

EXPLOITER v. **10.**

EXPLOITEUR, EUSE n.

EXPLORATEUR, TRICE adj. et n.

EXPLORATION n.f.

EXPLORATOIRE adj.

EXPLORER v. **10.**

EXPLOSER v. **10.** Désintégrer.

EXPLOSEUR n.m.

EXPLOSIBILITÉ n.f.

EXPLOSIBLE adj.

EXPLOSIF, IVE adj. et n.m.

EXPLOSIMÈTRE n.m. Appareil qui mesure la teneur en gaz inflammable d'une atmosphère.

EXPLOSION n.f.

EXPLOSIVITÉ n.f.

EXPO n.f. *Fam.* Exposition.

EXPONENTIATION n.f. *Math.* Opération qui attribue à un nombre le rôle d'exposant.

EXPONENTIEL, ELLE 1. adj. (Croissance) rapide et continue. 2. n.f. Fonction mathématique.

EXPORT n.m.

EXPORTABLE adj.

EXPORTATEUR, TRICE adj. et n.

EXPORTATION n.f.

EXPORTER v. **10.**

EXPOSANT, E n.

EXPOSÉ n.m.

EXPOSEMÈTRE n.m. *Phot.* Appareil pour mesurer le temps de pose.

EXPOSER v. **10.**

EXPOSIMÈTRE n.m. → **exposemètre.**

EXPOSITION n.f.

EXPRÈS, EXPRESSE [-près] adj. et n.m.

EXPRÈS [-prè] adv.

EXPRESS adj. et n.m.

EXPRESSÉMENT adv.

EXPRESSIF, IVE adj.

EXPRESSION n.f.

EXPRESSIONNISME n.m. Tendance artistique fondée sur l'intensité de l'expression.

EXPRESSIONNISTE adj. et n.

EXPRESSISTE n.m. Entreprise de messagerie express.

EXPRESSIVEMENT adv.

EXPRESSIVITÉ n.f.

EXPRESSO n.m. → **espresso.**

EXPRIMABLE adj.

EXPRIMAGE n.m. Pression exercée sur un textile pour en faire sortir l'excès de colorant.

EXPRIMER v. **10.**

EXPROMISSION n.f. *Dr. rom.* Substitution de débiteurs.

EXPROPRIANT, E adj. et n.

EXPROPRIATEUR, TRICE adj. et n.

EXPROPRIATION n.f.

EXPROPRIER v. **15.**

EXPULSABLE adj. et n.

EXPULSER v. **10.**

EXPULSIF, IVE adj. *Méd.* Qui favorise l'expulsion.

EXPULSION n.f.

EXPURGATION n.f.

EXPURGATOIRE adj.

EXPURGER v. **17.** Débarrasser (un texte) de ce qui est jugé contraire à la morale.

EXQUIS, E adj.

EXQUISÉMENT adv.

EXQUISITÉ n.f. Qualité de ce qui est exquis.

EXSANGUE [èks-] ou [ègz-] adj. Vidé de son sang, de sa substance.

EXSANGUINATION [èks-an-gi-] n.f. Soustraction du sang d'un sujet pour le remplacer par un sang étranger.

EXSTROPHIE n.f. *Méd.* Malformation d'un organe membraneux.

EXSUDAT n.m. *Méd.* Liquide suintant au niveau d'une zone enflammée.

EXSUDATION n.f.

EXSUDER v. **10.** Suinter. – Émettre par suintement.

EXTASE n.f.

EXTASIER (S') v. **15.**

EXTATIQUE adj. et n.

EXTEMPORANÉ, E adj. *Pharm., Méd.* Non préparé d'avance.

EXTEMPORANÉMENT adv.

EXTENDEUR n.m. Substance d'appoint ajoutée à un produit.

EXTENSEUR n.m. et adj.m. *Sp.* Appareil développant les muscles.

EXTENSIBILITÉ n.f.

EXTENSIBLE adj.

EXTENSIF, IVE adj. Qui produit l'extension. – (Culture) pratiquée sur une grande superficie.

EXTENSION n.f.

EXTENSIONALITÉ n.f.

EXTENSIONNEL, ELLE adj. *Log.* (Énoncé) satisfaisant à toutes les propriétés définies dans un champ conceptuel.

EXTENSO | (IN) loc.

EXTENSOMÈTRE n.m. *Techn.* Appareil pour mesurer les déformations d'un corps.

EXTÉNUANT, E adj.

EXTÉNUATION n.f.

EXTÉNUER v. **10.**

EXTÉRIEUR, E adj. et n.m.

EXTÉRIEUREMENT adv.

EXTÉRIORISATION n.f.

EXTÉRIORISER v. **10.**

EXTÉRIORITÉ n.f.

EXTERMINATEUR, TRICE adj. et n.

EXTERMINATION n.f.

EXTERMINER v. **10.**

EXTERNALISATION n.f.

EXTERNALISER v. **10.** Confier (une activité) à une entreprise extérieure.

EXTERNALITÉ n.f. Effet économique, bénéfique ou néfaste pour l'environnement, de l'activité d'une entreprise.

EXTERNAT n.m.

EXTERNE adj. et n.

EXTÉROCEPTEUR, TRICE n.m. et adj. *Physiol.* Récepteur sensoriel.

EXTÉROCEPTIF, IVE adj. *Physiol.* (Sensibilité) qui reçoit ses informations du milieu extérieur.

EXTÉROCEPTIVITÉ n.f.

EXTINCTEUR, TRICE adj. et n.m.

EXTINCTIF, IVE adj. Qui entraîne l'extinction d'un droit.

EXTINCTION n.f.

EXTINGUIBLE adj. Qui peut être éteint.

EXTIRPABLE adj.

EXTIRPATEUR, TRICE n.

EXTIRPATION n.f.

EXTIRPER v. **10.**

EXTORQUER v. **10.**

EXTORQUEUR, EUSE n.

EXTORSION n.f.

EXTOURNE n.f. Annulation d'une écriture comptable.

EXTOURNER v. **10.**

EXTRA adj. et n.m.

EXTRABUDGÉTAIRE adj.

EXTRACELLULAIRE adj. *Biol.* Qui se trouve à l'extérieur d'une cellule.

EXTRACONJUGAL, E, AUX adj.

EXTRACORPOREL, ELLE adj.

EXTRACOURANT n.m. Courant produit lors de l'ouverture ou de la fermeture d'un circuit.

EXTRACOUTUMIER, ÈRE adj. *Afr., Hist.* Qui n'était pas régi par le droit coutumier.

EXTRACTEUR, TRICE n.

EXTRACTIBLE adj.

EXTRACTIF, IVE adj.

EXTRACTION n.f.

EXTRADABLE adj.

EXTRADER v. **10.** *Dr.* Livrer (un détenu) à un gouvernement étranger.

EXTRADITION n.f.

EXTRADOS [-dô] n.m. Surface extérieure convexe d'une voûte, d'une aile d'avion.

EXTRADOUCE → **extradoux.**

EXTRADOUX, EXTRADOUCE adj.

EXTRADUR, E adj.

EXTRAFIN, E adj.

EXTRAFORT, E adj. et n.m.

EXTRAFRAÎCHE → **extrafrais.**

EXTRAFRAIS, EXTRAFRAÎCHE adj.

EXTRAGALACTIQUE adj. (Espace) hors de la Galaxie.

EXTRAIRE v. déf. **121.**

EXTRAIT n.m.

EXTRAJUDICIAIRE adj.

EXTRALÉGAL, E, AUX adj.

EXTRALUCIDE adj. et n.

EXTRANÉITÉ n.f. *Dr.* Qualité d'étranger dans un pays donné.

EXTRANET n.m. *Inf.* Extension du réseau intranet d'une entreprise.

EXTRANT n.m. *Québ., Inf.* Donnée en sortie.

EXTRAORDINAIRE adj. et n.m.

EXTRAPLAT, E adj.

EXTRAPOLABLE adj.

EXTRAPOLATION n.f.

EXTRAPOLER v. **10.** Calculer à partir de données partielles.

EXTRAPYRAMIDAL, E, AUX adj. *Physiol.* Relatif à une certaine partie du système nerveux.

EXTRARÉNAL, E, AUX adj. Relatif à l'épuration du sang par dialyse.

EXTRASCOLAIRE adj.

EXTRASENSIBLE adj. Qui n'est pas perçu directement par les sens.

EXTRASENSORIEL, ELLE adj. *Psych.* (Sensibilité) qui est sans rapport avec les récepteurs sensoriels.

EXTRASOLAIRE adj. Situé à l'extérieur du système solaire.

EXTRASPORTIF, IVE adj.

EXTRASTATUTAIRE adj.

EXTRASYSTOLE n.f. *Physiol.* Contraction prématurée du cœur.

EXTRATERRESTRE adj. et n.

EXTRAVAGANCE n.f.

EXTRAVAGANT, E adj. et n.

EXTRAVAGUER v. **(p.p.inv.) 10.** Déraisonner.

EXTRAVASATION n.f.

EXTRAVASER (S') v. **10.** *Physiol.* Se répandre hors de son canal.

EXTRAVASION n.f.

EXTRAVERSION n.f. *Psych.* Tendance à s'extérioriser facilement.

EXTRAVERTI, E adj. et n. *Psych.* Porté à l'extraversion.

EXTREMA | → **extremum.**

EXTRÉMAL, E, AUX adj. Qui a atteint l'une de ses valeurs extrêmes.

EXTRÊME adj. et n.m.

EXTRÊMEMENT adv.

EXTREMIS (IN) loc.

EXTRÉMISME n.m.

EXTRÉMISTE adj. et n.

EXTRÉMITÉ n.f.

EXTREMUM (pl. **EXTREMA** ou **EXTREMUMS**) n.m. *Math.* Limite inférieure ou supérieure.

EXTRINSÈQUE adj. Qui vient du dehors. – (Valeur d'une monnaie) conventionnelle.

EXTRINSÈQUEMENT adv.

EXTRORSE adj. *Bot.* (Étamine) dont l'anthère s'ouvre vers l'extérieur.

EXTROVERSION n.f. → **extraversion.**

EXTROVERTI, E adj. et n. → **extraverti.**

EXTRUDER v. **10.** *Mét.* Fabriquer en poussant du métal dans une filière profilée.

EXTRUDEUSE n.f.

EXTRUSIF, IVE adj. *Géol.* Relatif à une éruption volcanique formant une aiguille ou un cône.

EXTRUSION n.f.

EXTUBER v. **10.** *Méd.* Débarrasser (un patient) du tube placé dans sa trachée.

EXUBÉRANCE n.f.

EXUBÉRANT, E adj.

EXULCÉRATION n.f. *Méd.* Ulcération superficielle.

EXULCÉRER v. **12.** Ulcérer superficiellement.

EXULTATION n.f.

EXULTER v. **(p.p.inv.) 10.**

EXUTOIRE n.m. Moyen de se libérer.

EXUVIATION n.f. *Zool.* Rejet de l'enveloppe externe lors de la mue.

EXUVIE n.f. *Zool.* Enveloppe rejetée lors de la mue.

EYALET [éyalé] n.m. *Hist.* Division administrative de l'Empire ottoman.

EYRA n.m. Chat sauvage, type puma.

FA | n.m.

FABACÉE n.f. Plante, type fève.

FABALE n.f. Légumineuse.

FABLE n.f.

FABLIAU, X n.m. Conte en vers.

FABLIER n.m. Recueil de fables.

FABOPHILE n. Collectionneur de fèves de galette des rois.

FABRICANT, E n.

FABRICATEUR, TRICE n.

FABRICATION n.f.

FABRICIEN n.m. *Vx.* Membre du conseil d'administration d'une église.

FABRIQUE n.f.

FABRIQUER v. **10.**

FABULATEUR, TRICE adj. et n.

FABULATION n.f. Récit imaginaire.

FABULER v. **10.** Inventer.

FABULEUSEMENT adv.

FABULEUX, EUSE adj.

FABULISTE n. Auteur de fables.

FAC n.f. *Fam.* Faculté.

FAÇADE n.f.

FAÇADIER, ÈRE n. Ravaleur de façades.

FAÇADISME n.m. Technique consistant à démolir un immeuble tout en préservant sa façade.

FACE n.f.

FACÉTIE n.f. Plaisanterie.

FACÉTIEUSEMENT adv.

FACÉTIEUX, EUSE adj. et n.

FACETTE n.f.

FACETTER v. **10.** *Techn.* Tailler à facettes.

FÂCHER v. **10.**

FÂCHERIE n.f.

FÂCHEUSEMENT adv.

FÂCHEUX, EUSE adj. et n.

FACHO adj. et n. *Fam.* Fasciste.

FACIAL, E (pl. **FACIALS** ou **FACIAUX**) adj.

FACIÈS n.m. Aspect général du visage.

FACILE adj.

FACILEMENT adv.

FACILITANT, E adj. Qui facilite, simplifie.

FACILITATEUR, TRICE adj. et n.

FACILITATION n.f.

FACILITÉ n.f.

FACILITER v. **10.**

FAÇON n.f.

FACONDE n.f. Facilité à parler.

FAÇONNAGE n.m.

FAÇONNEMENT n.m.

FAÇONNER v. **10.**

FAÇONNEUR, EUSE n.

FAÇONNIER, ÈRE adj. et n. Qui travaille à façon.

FACTAGE n.m. Transport de marchandises à domicile.

FACTEUR, TRICE n.

FACTICE adj. Faux, imité.

FACTICEMENT adv.

FACTICITÉ n.f.

FACTIEUX, EUSE adj. et n. Séditieux.

FACTION n.f. Garde, surveillance.

FACTIONNAIRE n.m. Militaire en faction.

FACTITIF, IVE adj. et n.m. *Ling.* (Verbe) qui indique que le sujet fait faire une action.

FACTORAGE n.m. *Anc.* Fonction de mandataire aux Halles.

FACTORERIE n.f. Bureau d'une compagnie de commerce à l'étranger.

FACTORIEL, ELLE adj. et n.f. *Math.* Relatif à un facteur.

FACTORING n.m. Encaissement des factures pour des tiers.

FACTORISATION n.f.

FACTORISER v. **10.** Transformer (une expression mathématique) en produits de facteurs.

FACTOTUM n.m. Auxiliaire qui s'occupe de tout.

FACTUEL, ELLE adj. Relatif aux faits.

FACTUELLEMENT adv.

FACTUM n.m. Écrit polémique.

FACTURATION n.f.

FACTURE n.f.

FACTURER v. **10.**

FACTURETTE n.f. Reçu délivré en cas de paiement avec une carte de crédit.

FACTURIER, ÈRE adj. et n. Qui établit les factures.

FACULAIRE adj.

FACULE n.f. *Astr.* Zone très brillante du Soleil.

FACULTAIRE adj. *Belg.* Relatif à une faculté universitaire.

FACULTATIF, IVE adj.

FACULTATIVEMENT adv.

FACULTÉ n.f.

FADA adj. et n.

FADAISE n.f. Plaisanterie fade.

FADASSE adj.

FADASSERIE n.f. Caractère fade.

FADE adj.

FADÉ, E adj. *Fam., Iron.* Plutôt réussi en son genre.

FADEMENT adv.

FADER (SE) v. **10.** *Fam.* Se coltiner.

FADET, ETTE adj. et n. Qui a des pouvoirs de fée.

FADEUR n.f.

FADING n.m. *Électr.* Évanouissement des signaux.

FADO n.m. Chanson populaire portugaise.

FAENA [faéna] n.f. *Taur.* Travail à la muleta.

FAF n. *Fam.* Fasciste.

FAFIOT n.m. *Arg.* Billet de banque.

FAGACÉE n.f. Arbre, type hêtre.

FAGALE n.f. Arbre, type hêtre, bouleau.

FAGNARD, E adj. Relatif à la fagne.

FAGNE n.f. Marais des Ardennes belges.

FAGOT n.m.

FAGOTAGE n.m. Accoutrement.

FAGOTER v. **10.**

FAGOTEUR, EUSE n. → **fagotier.**

FAGOTIER, ÈRE n. Personne qui fait des fagots.

FAGOTIN n.m. Petit fagot.

FAGOUE n.f. *Zool.* Ris de veau. – Pancréas.

FAHRENHEIT ❙ [farènayt] adj. *Degré Fahrenheit :* unité de mesure anglo-saxonne de température.

FAIBLARD, E adj.

FAIBLE adj. et n.

FAIBLEMENT adv.

FAIBLESSE n.f.

FAIBLIR v. **(p.p.inv.) 40.**

FAIBLISSANT, E adj.

FAÏENÇAGE n.m. Fissuration d'une faïence.

FAÏENCE n.f. Poterie vernissée ou émaillée.

FAÏENCÉ, E adj. Qui imite la faïence.

FAÏENCERIE n.f.

FAÏENCIER, ÈRE adj. et n.

FAIGNANT, E adj. et n. **(= fainéant, feignant).**

FAILLE n.f.

FAILLER (SE) v. **10.** *Géol.* Se disloquer.

FAILLI, E adj. et n. Déclaré en faillite.

FAILLIBILITÉ n.f.

FAILLIBLE adj. Qui peut se tromper.

FAILLIR v. **61.**

FAILLITE n.f.

FAIM n.f.

FAINE n.f. Fruit du hêtre.

FAINÉANT, E adj. et n. → **faignant.**

FAINÉANTER v. **(p.p.inv.) 10.**

FAINÉANTISE n.f.

FAIRE ❙ n.m.

FAIRE v. **122.**

FAIRWAY [fèrwè] n.m. Partie entretenue d'un parcours de golf.

FAISABILITÉ n.f.

FAISABLE adj.

FAISAN, E adj.f. et n.

FAISANDAGE n.m.

FAISANDEAU, X n.m. Jeune faisan.

FAISANDER v. **10.** Laisser (du gibier) se décomposer pour lui donner du goût.

FAISANDERIE n.f. Élevage de faisans.

FAISANDIER n.m. Éleveur de faisans.

FAISANNEAU, X n.m. → **faisandeau.**

FAISCEAU, X n.m.

FAISEUR, EUSE n.

FAISSELLE n.f. Récipient perforé pour égoutter le fromage.

FAIT, FAITE adj. et n.m.

FAÎTAGE n.m. Sommet d'une charpente.

FAÎTE n.m. Sommet.

FAÎTEAU, X n.m. Ornement de faîtage.

FAÎTIER, ÈRE 1. adj. *Helv.* Central. 2. adj.f. et n.f. (Tuile, lucarne) placée au faîte d'un toit.

FAITOUT n.m. Marmite.

FAIX [fè] n.m. *Litt.* Fardeau.

FAJITA [fahrita] n.m. Spécialité culinaire mexicaine.

FAKIR n.m.

FAKIRISME n.m. Ensemble des phénomènes attribués au pouvoir surnaturel des fakirs.

FALACHA n. et adj. Juif noir d'Éthiopie.

FALAFEL n.m. Boulette aux pois chiches, spécialité du Moyen-Orient.

FALAISE n.f.

FALARIQUE n.f. *Antiq., Médiév.* Arme de jet incendiaire.

FALBALA n.m. Ornement de tissu d'une toilette féminine.

FALCIFORME adj. En forme de faux.

FALCONIDÉ n.m. Oiseau, type faucon.

FALCONIFORME n.m. Oiseau, type falconidé.

FALDISTOIRE n.m. *Rel.* Fauteuil d'évêque.

FALERNE n.m. *Antiq. rom.* Vin italien.

FALLACIEUSEMENT adv.

FALLACIEUX, EUSE adj. Trompeur.

FALLE | n.f. *Québ. Avoir la falle basse :* avoir grand-faim.

FALLOIR v. déf. (**faille, fallait, fallu, fallut, fallût, faudra, faudrait, faut**).

FALOT, E 1. adj. Insignifiant. 2. n.m. Grosse lanterne.

FALOURDE n.f. Gros fagot.

FALSAFA n.f. Philosophie islamique intégrant des fondements de source grecque.

FALSETTO n.m. Chanteur ayant une voix de fausset.

FALSIFIABILITÉ n.f.

FALSIFIABLE adj.

FALSIFICATEUR, TRICE n.

FALSIFICATION n.f.

FALSIFIER v. **15.** Altérer dans le but de tromper.

FALUCHE n.f. Béret d'étudiant.

FALUN n.m. Dépôt calcaire utilisé comme engrais.

FALUNAGE n.m.

FALUNER v. **10.** *Agr.* Amender (un sol) avec du falun.

FALUNIÈRE n.f. Carrière de falun.

FALZAR n.m. *Arg.* Pantalon.

FAMAS [-s] n.m. *Mil.* Fusil.

FAMÉ, E adj.

FAMÉLIQUE adj.

FAMENNOIS, E adj. De la Famenne (Belgique).

FAMEUSEMENT adv.

FAMEUX, EUSE adj.

FAMILIAL, E, AUX adj. et n.f.

FAMILIALEMENT adv.

FAMILIALISME n.m. Accent mis sur l'importance sociale de la famille.

FAMILIALISTE adj. et n.

FAMILIARISATION n.f.

FAMILIARISER v. **10.**

FAMILIARITÉ n.f.

FAMILIER, ÈRE adj. et n.m.

FAMILIÈREMENT adv.

FAMILISTÈRE n.m. *Hist.* Établissement coopératif.

FAMILLE n.f.

FAMINE n.f.

FAN [fan] n.

FANA adj. et n.

FANAGE n.m.

FANAISON n.f. Amollissement des plantes par manque d'eau.

FANAL, AUX n.m. Lanterne.

FANATIQUE adj. et n.

FANATIQUEMENT adv.

FANATISATION n.f.

FANATISER v. **10.**

FANATISEUR, EUSE n.

FANATISME n.m.

FANCHON n.f. *Vx.* Fichu pour la tête.

FANCY n.m. *Afr.* Tissu de coton imprimé.

FANDANGO n.m. Danse espagnole.

FANE n.f. Feuille de certaines plantes.

FANER v. **10.**

FANEUR, EUSE n. Personne, machine qui fane.

FANFAN n. *Fam.* Petit enfant.

FANFARE n.f.

FANFARON, ONNE adj. et n. Vantard.

FANFARONNADE n.f.

FANFARONNER v. **(p.p.inv.) 10.**

FANFRELUCHE n.f. *Péj.* Ornement d'une toilette féminine.

FANG [f-an-g] adj. D'un peuple de l'Afrique équatoriale.

FANGE n.f.

FANGEUX, EUSE adj.

FANGOTHÉRAPIE n.f. *Méd.* Traitement par bains de boue.

FANION n.m.

FANNY I adj. *Sp., Fam.* Qui n'a marqué aucun point.

FANON n.m. Pendant de peau, de mitre ou de voile. – Lame cornée de la bouche d'une baleine.

FANTAISIE n.f.

FANTAISISTE adj. et n.

FANTASIA n.f. Manifestation équestre chez les Arabes.

FANTASIES → fantasy.

FANTASMAGORIE n.f. Production de phénomènes fantastiques.

FANTASMAGORIQUE adj.

FANTASMATIQUE adj.

FANTASME n.m. **(= phantasme)** Production de l'imagination.

FANTASMER v. **10 (= phantasmer)** Imaginer.

FANTASQUE adj. et n. Bizarre, lunatique.

FANTASSIN n.m. Soldat d'infanterie.

FANTASTIQUE adj. et n.m.

FANTASTIQUEMENT adv.

FANTASY (pl. **FANTASIES** ou **FANTASYS**) [f-an-tazi] n.f. Genre littéraire qui mêle le fantastique et le merveilleux.

FANTOCHE n.m. Marionnette. – Personne qu'on ne prend pas au sérieux.

FANTOMAL, E, AUX adj. et n. Qui ressemble à un fantôme.

FANTOMATIQUE adj.

FANTÔME n.m.

FANTON n.m. **(= fenton)** Tige de fer servant d'armature à un ouvrage en plâtre.

FANUM n.m. *Antiq. rom.* Temple.

FANURE n.f. État de ce qui est fané.

FANZINE n.m. Petite revue de bandes dessinées, de science-fiction.

FAON [f-an] n.m. Petit du chevreuil, du cerf ou du daim.

FAQ n.f. *Inf.* Foire aux questions.

FAQUIN n.m. Individu vil et impertinent.

FAR n.m. Flan breton.

FARAD [-d] n.m. Unité de capacité électrique.

FARADAY n.m. Unité électrique utilisée en électrolyse.

FARADIQUE adj. Relatif aux théories de Faraday.

FARADISATION n.f. *Méd.* Utilisation des courants de haute tension.

FARAMINEUX, EUSE adj.

FARANDOLE n.f.

FARANDOLER v. **(p.p.inv.) 10.** Danser la farandole.

FARANDOLEUR, EUSE adj. et n.

FARANI n. et adj. En Polynésie, Français de la métropole.

FARAUD, E adj. et n. Prétentieux.

FARCE n.f.

FARCER v. **13.** *Afr.* Mystifier.

FARCEUR, EUSE n.

FARCIN n.m. *Vét.* Forme cutanée de la morve (maladie des équidés).

FARCIR v. **40.**

FARD n.m.

FARDAGE n.m. Fraude sur l'aspect d'une marchandise.

FARDE n.f. *Belg.* Cahier de copies, dossier.

FARDEAU, X n.m.

FARDELAGE n.m. Groupage de paquets préremplis sous un emballage unique.

FARDER v. **10.**

FARDIER n.m. Chariot pour le transport des charges lourdes.

FARDOCHES n.f.pl. *Québ.* Broussailles.

FARÉ n.m. Maison traditionnelle, en Polynésie.

FARFADET n.m. Lutin.

FARFALLE [-lé] n.f. Pâte alimentaire en forme de papillon.

FARFELU, E adj.

FARFOUILLAGE n.m.

FARFOUILLER v. **10.** Fouiller sans méthode.

FARFOUILLEUR, EUSE adj. et n.

FARGUE n.f. *Mar.* Bordage d'une embarcation.

FARIBOLE n.f. Propos frivole.

FARIGOULE n.f. Thym.

FARINACÉ, E adj. Qui a l'apparence de la farine.

FARINAGE n.m.

FARINE n.f.

FARINER v. **10.** Saupoudrer de farine.

FARINEUX, EUSE adj. et n.m.

FARINIER, ÈRE n. Personne qui fait le commerce des farines.

FARIO n.f. Truite d'eau douce à points rouges.

FARLOUCHE n.f. **(= ferlouche)** *Québ.* Garniture pour tarte.

FARLOUSE n.f. Passereau.

FARNIENTE n.m.

FARO n.m. Bière belge.

FAROUCH [-ch] n.m. **(= farouche)** Trèfle pour bétail.

FAROUCHE 1. adj. 2. n.m. → **farouch.**

FAROUCHEMENT adv.

FARRAGO n.m. Mélange de graines à fourrage.

FARSI n.m. Langue persane.

FART [-t] n.m. Enduit améliorant la glisse des skis.

FARTAGE n.m.

FARTER v. **10.**

FASCE n.f. *Hér.* Tiers central horizontal de l'écu.

FASCÉ, E adj.

FASCIA [fasya] n.m. *Anat.* Membrane de tissu conjonctif.

FASCIATION n.f. *Bot.* Anomalie des tiges et des rameaux.

FASCICULE n.m.

FASCICULÉ, E adj. Réuni en faisceau.

FASCIÉ, E adj. *Biol.* Marqué de bandes.

FASCIITE n.f. *Méd.* Inflammation des fascias.

FASCINAGE n.m. Action de garnir de fascines.

FASCINANT, E adj.

FASCINATEUR, TRICE adj. et n.

FASCINATION n.f.

FASCINE n.f. Fagot utilisé pour les travaux de terrassement.

FASCINER v. **10.**

FASCISANT, E adj.

FASCISATION n.f.

FASCISER v. **10.**

FASCISME n.m.

FASCISTE adj. et n.

FASEILLER v. **(p.p.inv.) 10 (= faseyer)** *Mar.* Battre au vent, en parlant d'une voile.

FASÉOLE n.f. Fève ou haricot.

FASEYER v. **(p.p.inv.) 25.** → **faseiller.**

FASHIONISTA n.f. Femme toujours à la dernière mode.

FASSI, E adj. De Fès (Maroc).

FASTE adj. et n.m.

FASTIDIEUSEMENT adv.

FASTIDIEUX, EUSE adj.

FASTIGIÉ, E adj. *Bot.* Dont les rameaux s'élèvent le long du tronc.

FASTOCHE adj. *Fam.* Facile.

FASTUEUSEMENT adv.

FASTUEUX, EUSE adj.

FAT, FATE [fa(t), fat] adj. et n. Vaniteux.

FATAL, E, ALS adj.

FATALEMENT adv.

FATALISME n.m.

FATALISTE adj. et n.

FATALITÉ n.f.

FATIDIQUE adj. Marqué par le destin.

FATIDIQUEMENT adv.

FATIGABILITÉ n.f.

FATIGABLE adj.

FATIGANT, E adj.

FATIGUE n.f.

FATIGUER v. **10.**

FATIHA n.f. Première sourate du Coran.

FATIMIDE adj. D'une dynastie musulmane (du Xe au XIIe s.).

FATMA n.f. Femme musulmane.

FATRAS n.m. Amas confus.

FATRASIE n.f. *Médiév.* Composition poétique formée de pièces hétéroclites satiriques.

FATSIA n.m. Arbuste ornemental asiatique.

FATUITÉ n.f. Suffisance.

FATUM n.m. Destin.

FATWA n.f. Opinion donnée par une autorité judiciaire musulmane. - Condamnation à mort.

FAUBER [-èr] n.m. **(= faubert)** *Mar.* Balai fait de vieux cordages.

FAUBERT n.m. → **fauber.**

FAUBOURG n.m.

FAUBOURIEN, ENNE adj. et n.

FAUCARD n.m. Grande faux.

FAUCARDAGE n.m.

FAUCARDEMENT n.m.

FAUCARDER v. **10.** Couper avec un faucard.

FAUCARDEUR, EUSE n.

FAUCHAGE n.m.

FAUCHAILLES n.f.pl. Époque de la fauchaison.

FAUCHAISON n.f. Fauchage. - Moment où l'on fauche.

FAUCHARD n.m. Serpe à deux tranchants.

FAUCHE n.f.

FAUCHÉ, E adj. et n.

FAUCHER v. **10.**

FAUCHET n.m. Râteau en bois.

FAUCHETTE n.f. Serpe.

FAUCHEUR, EUSE n. Personne, machine qui fauche.

FAUCHEUX n.m. Sorte d'araignée aux longues pattes.

FAUCHON n.m. Faux munie d'un râteau.

FAUCILLE n.f.

FAUCILLON n.m. Petite faucille.

FAUCON n.m.

FAUCONNEAU, X n.m.

FAUCONNERIE n.f.

FAUCONNIER, ÈRE 1. n.m. Celui qui dresse les oiseaux de proie. 2. n.f. Gibecière du fauconnier.

FAUCRE n.m. Sur une armure, support pour la lance.

FAUFIL n.m. Fil passé en faufilant.

FAUFILAGE n.m.

FAUFILER v. **10.** Coudre provisoirement, à grands points.

FAUFILURE n.f.

FAUNE 1. n.m. *Antiq. rom.* Divinité champêtre. 2. n.f.

FAUNESQUE adj. Relatif, ressemblant à un faune.

FAUNESSE n.f. *Antiq. rom.* Nymphe champêtre.

FAUNIQUE adj. Relatif à la faune.

FAUNISTIQUE n.f. Étude de la faune.

FAUNULE n.f. Faune de petits animaux.

FAUSSAIRE n.

FAUSSE → **faux** adj. et n.m.

FAUSSEMENT adv.

FAUSSER v. **10.**

FAUSSET n.m. Voix aiguë. - Cheville de bois pour tonneau.

FAUSSETÉ n.f.

FAUSTIEN, ENNE adj. Relatif à Faust ou à sa légende.

FAUT → **falloir.**

FAUTE n.f.

FAUTER v. **(p.p.inv.) 10.**

FAUTEUIL n.m.

FAUTEUR, TRICE n.

FAUTIF, IVE adj. et n.

FAUTIVEMENT adv.

FAUVE adj. et n.m.

FAUVERIE n.f. Ménagerie pour les fauves.

FAUVETTE n.f. Passereau au plumage fauve.

FAUVISME n.m. Courant pictural du XXe s. qui privilégie des couleurs vives juxtaposées.

FAUVISTE adj. et n. Relatif au fauvisme.

FAUX, FAUSSE adj. et n.m.

FAUX n.f.

FAVELA [vé] n.f. Bidonville brésilien.

FAVEROLE n.f. **(= féverole)** Variété de fève.

FAVEUR n.f.

FAVISME n.m. Intoxication due à l'ingestion de fèves.

FAVORABLE adj.

FAVORABLEMENT adv.

FAVORI, FAVORITE adj. et n.

FAVORISANT, E adj.

FAVORISER v. **10.**

FAVORITE → **favori.**

FAVORITISME n.m.

FAVOUILLE n.f. Petit crabe de la Méditerranée.

FAVUS n.m. Maladie de la peau.

FAX n.m.

FAXER v. **10.**

FAYARD [fa-] n.m. **(= foyard)** *Helv.* Hêtre.

FAYOT, OTTE 1. n. *Fam.* Personne qui fayote. 2. n.m. *Fam.* Haricot sec.

FAYOTAGE n.m.

FAYOTER v. **10.** *Fam.* Flatter.

FAZENDA [zèn] n.f. Au Brésil, grande propriété.

FÉAL, E, AUX adj. et n.m. *Litt.* Loyal.

FÉBRICULE n.f. *Méd., Vx.* Petite fièvre.

FÉBRIFUGE adj. et n.m. Qui fait baisser la fièvre.

FÉBRILE adj.

FÉBRILEMENT adv.

FÉBRILITÉ n.f.

FÉCAL, E, AUX adj. Relatif aux excréments.

FÉCALOÏDE adj. Qui a l'aspect et l'odeur des excréments.

FÉCALOME n.m. *Méd.* Masse durcie de matières fécales faisant obstruction.

FÈCES [fès] ou [fèsès] n.f.pl. Matières fécales.

FÉCIAL, E, AUX adj. et n.m. **(= fétial)** Relatif aux féciaux, prêtres de la Rome antique.

FÉCOND, E adj.

FÉCONDABILITÉ n.f.

FÉCONDABLE adj.

FÉCONDANT, E adj.

FÉCONDATEUR, TRICE adj. et n.

FÉCONDATION n.f.

FÉCONDER v. **10.**

FÉCONDITÉ n.f.

FÉCULE n.f. Substance farineuse végétale.

FÉCULENCE n.f.

FÉCULENT, E adj. et n.m. Qui contient de la fécule.

FÉCULER v. **10.** Réduire en fécule.

FÉCULERIE n.f. Industrie de la fécule.

FÉCULEUX, EUSE adj. Qui contient de la fécule.

FÉCULIER, ÈRE adj. Relatif à la féculerie.

FEDAYIN [fédayin] n.m. **(= feddayin)** Résistant palestinien.

FEDDAYIN [fédayin] n.m. → **fedayin.**

FÉDÉ n.f. *Fam.* Fédération.

FÉDÉRAL, E, AUX adj.

FÉDÉRALISATION n.f.

FÉDÉRALISER v. **10.** Organiser en fédération.

FÉDÉRALISME n.m.

FÉDÉRALISTE adj. et n.

FÉDÉRATEUR, TRICE adj. et n. Qui organise une fédération.

FÉDÉRATIF, IVE adj. Constitué en fédération.

FÉDÉRATION n.f.

FÉDÉRER v. **12.**

FÉE n.f.

FEEDBACK [fid-] n.m. Retour d'information.

FEEDER [fideur] n.m. *Électr.* Canalisation directe entre une station et un point de distribution.

FEELING n.m. Sensibilité musicale. – Intuition.

FÉERIE n.f.

FÉERIQUE adj.

FÉERIQUEMENT adv.

FEIGNANT, E adj. et n. → **faignant.**

FEIGNASSE n.f.

FEIJOA [fèyjoa] n.m. Arbre ou fruit tropical.

FEIJOADA [fèyjoada] n.f. Ragoût brésilien.

FEINDRE v. **92.**

FEINT, FEINTE adj. et n.f.

FEINTER v. **10.** *Sp.* Tromper par une feinte.

FEINTEUR, EUSE n.

FEINTISE n.f. *Vx.* Tromperie.

FELDSPATH n.m. Silicate naturel.

FELDSPATHIQUE adj.

FELDSPATHOÏDE n.m. Silicate naturel.

FELDWEBEL [fèldvébel] n.m. Sous-officier de l'armée allemande.

FÊLE n.f. **(= felle)** Tube de verrier.

FÊLER v. **10.**

FÉLIBRE n.m. Poète occitan.

FÉLIBRIGE n.m. École littéraire provençale (XIXe s.).

FÉLICITATION n.f.

FÉLICITÉ n.f. Bonheur.

FÉLICITER v. **10.**

FÉLIDÉ n.m. Mammifère carnivore, type lion.

FÉLIN, E adj. et n.m.

FÉLINITÉ n.f.

FELLAGA n.m. **(= fellagha)** *Hist.* Partisan nord-africain opposé à l'autorité française.

FELLAGHA n.m. → **fellaga.**

FELLAH n.m. Paysan arabe.

FELLATIO n.f. → **fellation.**

FELLATION n.f. **(= fellatio)** Excitation buccale du sexe de l'homme.

FELLE n.f. → **fêle.**

FELLINIEN, ENNE adj. Relatif au cinéaste italien Fellini.

FÉLON, ONNE adj. et n. Traître.

FÉLONIE n.f.

FELOUQUE n.f. *Mar.* Petit bâtiment à voiles ou à rames.

FELQUISTE adj. et n. Du Front de libération du Québec.

FÊLURE n.f.

FEMELLE adj. et n.f.

FÉMELOT n.m. *Mar.* Ferrure de l'étambot.

FÉMININ, E adj. et n.m.

FÉMINISANT, E adj.

FÉMINISATION n.f.

FÉMINISER v. **10.**

FÉMINISME n.m.

FÉMINISTE adj. et n.

FÉMINITÉ n.f.

FÉMINITUDE n.f.

FEMME n.f.

FEMMELETTE n.f.

FÉMORAL, E, AUX adj. Relatif au fémur.

FÉMUR n.m. Os de la cuisse.

FENAISON n.f. Récolte des foins.

FENDAGE n.m.

FENDANT n.m. Vin blanc valaisan.

FENDANT, E adj. Amusant, très drôle.

FENDARD, E adj. → **fendant.**

FENDART n.m. *Arg.* Pantalon.

FENDERIE n.f. Action de fendre. – Machine pour fendre.

FENDEUR, EUSE n.

FENDILLEMENT n.m.

FENDILLER v. **10.**

FENDOIR n.m. Outil qui sert à fendre.

FENDRE v. **90.**

FENESTRAGE n.m. **(= fenêtrage)** Disposition des fenêtres.

FENESTRATION n.f. Ouverture dans une paroi.

FENESTRER v. **10 (= fenêtrer)** Munir de fenêtres.

FENESTRON n.m. (Nom déposé) Hélice verticale arrière d'un hélicoptère.

FENÊTRAGE n.m. → **fenestrage.**

FENÊTRE n.f.

FENÊTRER v. **10.** → **fenestrer.**

FENIAN, E [fé-] adj. et n. *Hist.* Relatif à un mouvement de libération irlandais.

FENIL [feni(l)] n.m. Grange à foin.

FENNEC n.m. Renard du désert.

FENOUIL n.m. Plante aromatique.

FENOUILLET n.m. Petite pomme sentant le fenouil.

FENOUILLETTE n.f. → **fenouillet.**

FENTE n.f.

FENTON n.m. → **fanton.**

FENUGREC n.m. Plante à odeur forte.

FÉODAL, E, AUX adj. et n.m.

FÉODALEMENT adv.

FÉODALISME n.m.

FÉODALITÉ n.f.

FER n.m.

FÉRA n.f. Poisson des lacs alpins.

FÉRAL, E (pl. **FÉRALS** ou **FÉRAUX**) adj. (Espèce domestique) retournée à l'état sauvage.

FÉRALIES n.f.pl. *Antiq. rom.* Fêtes en l'honneur des morts.

FERBLANTERIE n.f. Industrie des objets en fer-blanc.

FERBLANTIER n.m.

FERIA [é] n.f. Dans le Midi, grande fête annuelle.

FÉRIAL, E, AUX adj. *Rel.* Relatif à la férie.

FÉRIE n.f. *Antiq. rom.* Jour férié. – *Rel.* Jour de la semaine.

FÉRIÉ, E adj.

FÉRINGIEN, ENNE adj. et n.m. → **féroïen.**

FÉRIR v. déf. (Ne s'emploie qu'à l'infinitif) Frapper.

FERLAGE n.m.

FERLER v. **10.** *Mar.* Relever (une voile) sur la vergue.

FERLOUCHE n.f. → **farlouche.**

FERMAGE n.m. Loyer d'une ferme, d'une terre.

FERMAIL, FERMAUX n.m. Agrafe, fermoir.

FERMANT, E adj. Qui se ferme.

FERMAUX → **fermail.**

FERME adj., n.f. et adv.

FERMEMENT adv.

FERMENT n.m.

FERMENTABLE adj.

FERMENTAIRE adj. Relatif à un ferment.

FERMENTATIF, IVE adj. Qui produit une fermentation.

FERMENTATION n.f.

FERMENTÉ, E adj.

FERMENTER v. **10.**

FERMENTESCIBLE adj. Fermentable.

FERMENTEUR n.m. Appareil pour la fermentation.

FERMER v. **10.**

FERMETÉ n.f.

FERMETTE n.f.

FERMETURE n.f.

FERMI n.m. *Phys.* Unité de longueur.

FERMIER, ÈRE adj. et n.

FERMION n.m. *Phys.* Particule.

FERMIUM n.m. Élément chimique.

FERMOIR n.m.

FÉROCE adj.

FÉROCEMENT adv.

FÉROCITÉ n.f.

FÉROÏEN, ENNE adj. et n.m. Des îles Féroé (nord de l'Écosse).

FERRADE n.f. Marquage des bestiaux.

FERRAGE n.m.

FERRAILLAGE n.m. Ensemble des fers d'un béton armé.

FERRAILLE n.f.

FERRAILLEMENT n.m.

FERRAILLER v. **10.** Se battre à l'épée. – Faire du bruit. – Armer (du béton).

FERRAILLEUR, EUSE n.

FERRALITIQUE adj. (Sol) riche en fer et en alumine.

FERRALLITIQUE adj. → **ferralitique.**

FERRANT adj.m. Qui ferre.

FERRARAIS, E adj. De Ferrare (Italie).

FERRATE n.m. *Chim.* Composé du fer.

FERRATIER n.m. **(= ferretier)** Marteau de maréchal-ferrant.

FERRATISME n.m. Escalade d'une paroi rocheuse aménagée.

FERRÉDOXINE n.f. *Biol.* Protéine simple contenant du fer et du soufre.

FERREMENT n.m. Objet ou garniture en fer.

FERRER v. **10.**

FERRET n.m. Bout métallique d'un lacet.

FERRETIER n.m. → **ferratier.**

FERREUR n.m. Ouvrier qui ferre.

FERREUX, EUSE adj.

FERRICYANURE n.m. *Chim.* Sel complexe.

FERRIÈRE n.f. Sac à outils.

FERRIES → **ferry.**

FERRIMAGNÉTIQUE adj.

FERRIMAGNÉTISME n.m. Magnétisme des ferrites.

FERRIQUE adj. *Chim.* Relatif aux composés du fer trivalent.

FERRITE n.m. ou f. *Électron.* Céramique ferromagnétique.

FERRITINE n.f. *Biochim.* Molécule protéique qui assure le stockage du fer dans l'organisme.

FERROALLIAGE n.m. Alliage contenant du fer.

FERROCÉRIUM n.m. Alliage de fer et de cérium.

FERROCHROME n.m. Alliage de fer et de chrome.

FERROCIMENT n.m. Ciment armé.

FERROCYANURE n.m. *Chim.* Sel complexe.

FERROÉLECTRIQUE adj. *Phys.* (Corps isolant) sensible à un champ électrique.

FERROMAGNÉSIEN, ENNE adj. (Minéral) riche en fer et en magnésium.

FERROMAGNÉTIQUE adj.

FERROMAGNÉTISME n.m. *Phys.* Propriété de certains métaux.

FERROMANGANÈSE n.m. Alliage de fer à haute teneur en manganèse.

FERROMOLYBDÈNE n.m. Alliage de fer et de molybdène.

FERRONICKEL n.m. Alliage de fer et de nickel.

FERRONNERIE n.f. Travail du fer.

FERRONNIER, ÈRE 1. n. Spécialiste en ferronnerie. 2. n.f. Joyau porté au milieu du front.

FERROPROTÉINE n.f. *Biochim.* Protéine contenant du fer.

FERROPRUSSIATE n.m. Ferrocyanure.

FERROSILICIUM n.m. Alliage de fer et de silicium.

FERROTYPIE n.f. *Techn.* Procédé de photographie.

FERROUTAGE n.m.

FERROUTER v. **10.** Transporter par le rail et par la route.

FERROUTIER, ÈRE adj. Se dit des engins de ferroutage.

FERROVIAIRE adj. Relatif aux chemins de fer.

FERRUGINEUX, EUSE adj. Qui contient du fer ou l'un de ses composés.

FERRURE n.f.

FERRY (pl. **FERRIES** ou **FERRYS**) n.m. Navire permettant le transport de véhicules.

FERTÉ n.f. *Médiév.* Place forte.

FERTILE adj.

FERTILEMENT adv.

FERTILISABLE adj.

FERTILISANT, E adj. et n.m.

FERTILISATEUR, TRICE adj.

FERTILISATION n.f.

FERTILISER v. **10.**

FERTILITÉ n.f.

FÉRU, E adj.

FÉRULE n.f. Plante ombellifère. – Instrument avec lequel on frappait les mains des écoliers.

FERVEMMENT adv.

FERVENT, E adj. et n.

FERVEUR n.f.

FESSE n.f.

FESSÉE n.f.

FESSER v. **10.**

FESSIER, ÈRE adj. et n.m.

FESSU, E adj.

FESTIF, IVE adj. Qui constitue une fête.

FESTIN n.m.

FESTINER v. **10.** *Vx.* → **festoyer.**

FESTIVAL, S n.m.

FESTIVALIER, ÈRE adj. et n.

FESTIVITÉ n.f.

FESTOIEMENT n.m.

FESTON n.m. Ornement en forme de guirlande.

FESTONNER v. **10.**

FESTOYER v. **27.** *Vx.* Accueillir par un festin.

FESTOYEUR, EUSE n.

FETA [é] n.f. Fromage grec.

FÊTARD, E n.

FÊTE n.f.

FÊTER v. **10.**

FÉTIAL, E, AUX [fésyal] adj. et n.m. → **fécial.**

FÉTICHE adj. et n.m.

FÉTICHEUR, EUSE n. Sorcier.

FÉTICHIQUE adj. Relatif à un fétiche.

FÉTICHISATION n.f.

FÉTICHISER v. **10.** Admirer exagérément.

FÉTICHISME n.m.

FÉTICHISTE adj. et n.

FÉTIDE adj.

FÉTIDITÉ n.f.

FETTUCCINE [fétoutchiné] n.f. **(= fettucine)** Pâte alimentaire en forme de lanière.

FETTUCINE [fétoutchiné] n.f. → **fettuccine.**

FÉTU n.m. Brin de paille.

FÉTUQUE n.m. ou f. Graminée fourragère.

FEU, FEUE, FEUS adj. *Litt.* Défunt depuis peu.

FEU, X n.m.

FEUDATAIRE n. Possesseur d'un fief.

FEUDISTE n. Spécialiste du droit féodal.

FEUIL n.m. *Techn.* Revêtement mince.

FEUILLAGE n.m.

FEUILLAGÉ, E adj. *Bx-arts.* En forme de feuillage.

FEUILLAGISTE n. Fabricant de feuillage artificiel.

FEUILLAISON n.f. Renouvellement annuel des feuilles.

FEUILLANT, FEUILLANTINE 1. n. Religieux. 2. n.m.pl. *Hist.* Au XVIIIe s., royalistes constitutionnels.

FEUILLANTINE → **feuillant.**

FEUILLARD 1. n.m. Branche flexible pour cercler des tonneaux. 2. adj.m. (Fer) débité en feuilles.

FEUILLE n.f.

FEUILLÉE n.f. Abri fait de branches.

FEUILLER v. **10.** *Techn.* Entailler.

FEUILLERET n.m. Rabot.

FEUILLET n.m.

FEUILLETAGE n.m.

FEUILLETÉ, E adj. et n.m.

FEUILLETER v. **20** (je feuillette…).

FEUILLETIS n.m. Angle tranchant d'une pierre fine.

FEUILLETON n.m.

FEUILLETONESQUE adj.

FEUILLETONISTE n. Auteur de feuilletons.

FEUILLETTE n.f. Tonneau.

FEUILLU, E adj. et n.m.

FEUILLURE n.f. Entaille pratiquée dans un élément de construction.

FEUJ n. *Fam.* Juif.

FEULEMENT n.m.

FEULER v. **(p.p.inv.) 10.** Crier, en parlant du tigre. – Grogner, en parlant du chat.

FEUTRABLE adj. (Étoffe) qui peut se feutrer.

FEUTRAGE n.m.

FEUTRANT, E adj. *Text.* Qui a la propriété de feutrer.

FEUTRE n.m.

FEUTRER v. **10.** Transformer (du poil, de la laine) en feutre.

FEUTRINE n.f. Étoffe de feutre.

FÈVE n.f.

FÉVEROLE n.f. → **faverole.**

FÉVETTE n.f. Petite fève.

FÉVIER n.m. Arbre ornemental dont les graines ressemblent à des fèves.

FÉVRIER n.m.

FEZ [fèz] n.m. Coiffure de laine.

FI interj.

FIABILISER v. **10.**

FIABILISTE adj. et n. Relatif aux études de fiabilité.

FIABILITÉ n.f.

FIABLE adj.

FIACRE n.m. *Anc.* Voiture de location à cheval.

FIANÇAILLES n.f.pl.

FIANCER v. **13.**

FIASCO n.m. Échec.

FIASQUE n.f. Bouteille à long goulot.

FIAT **|** [fyat] n.m. *Philos.* Décision volontaire.

FIBRANNE n.f. Fibre textile artificielle.

FIBRE n.f.

FIBREUX, EUSE adj.

FIBRILLAIRE adj.

FIBRILLATION n.f. *Méd.* Série de contractions désordonnées des fibres musculaires.

FIBRILLE n.f. Petite fibre.

FIBRINE n.f. Substance protéique du sang.

FIBRINEUX, EUSE adj.

FIBRINOGÈNE n.m. Protéine qui se transforme en fibrine.

FIBRINOLYSE n.f. *Physiol.* Dégradation de la fibrine.

FIBRINOLYTIQUE adj.

FIBROBLASTE n.m. *Biol.* Cellule génératrice du tissu fibreux.

FIBROCIMENT n.m. (Nom déposé) Matériau de construction.

FIBROCYTE n.m. Cellule du tissu conjonctif.

FIBROÏNE n.f. Constituant de la soie.

FIBROMATEUX, EUSE adj. Relatif au fibrome.

FIBROMATOSE n.f. *Méd.* Existence de fibromes.

FIBROME n.m. Tumeur bénigne constituée par du tissu fibreux.

FIBROMYALGIE n.f. Maladie dont les symptômes sont des douleurs musculaires.

FIBROMYALGIQUE adj. et n.

FIBROMYOME n.m. Tumeur bénigne formée de noyaux fibreux.

FIBROSCOPE n.m. *Méd.* Endoscope flexible.

FIBROSCOPIE n.f.

FIBROSE n.f. *Méd.* Transformation fibreuse d'un tissu.

FIBULA n.f. *Zool.* Péroné.

FIBULE n.f. *Antiq.* Agrafe pour vêtement.

FIC n.m. Verrue des équidés ou des bovins.

FICAIRE n.f. Petite plante à fleurs jaunes.

FICELAGE n.m.

FICELER v. **22** (je ficelle…).

FICELIER n.m. Dévidoir à ficelle.

FICELLE n.f.

FICELLERIE n.f.

FICHAGE n.m.

FICHAISE n.f. *Vx.* Foutaise.

FICHANT, E adj. *Mil.* (Tir) qui frappe un objectif perpendiculairement.

FICHE n.f.

FICHE ou **FICHER** v. **37.** *Fam.* Jeter. – Se moquer.

FICHER v. **10.** Enfoncer par la pointe. – Inscrire sur une fiche.

FICHET n.m. Petite fiche.

FICHIER n.m.

FICHISTE n. Personne qui établit des fiches de documentation.

FICHOIR n.m. Morceau de bois fendu servant à fixer des objets.

FICHTRE interj.

FICHTREMENT adv.

FICHU, E adj. et n.m.

FICOÏDE n.f. Plante potagère.

FICTIF, IVE adj.

FICTION n.f.

FICTIONNEL, ELLE adj.

FICTIVEMENT adv.

FICUS n.m. Plante d'appartement.

FIDÉEN, ENNE adj. De Sainte-Foy (Québec).

FIDÉICOMMIS n.m. *Dr.* Legs qui doit ultérieurement être transmis à un tiers.

FIDÉISME n.m. Doctrine axée sur la foi comme fondement de la vérité première.

FIDÉISTE adj. et n.

FIDÉJUSSEUR n.m. *Dr.* Celui qui se porte garant d'une dette.

FIDÉJUSSION n.f. *Dr.* Garantie fournie par un fidéjusseur.

FIDÉJUSSOIRE adj.

FIDÈLE adj. et n.

FIDÈLEMENT adv.

FIDÉLISATION n.f.

FIDÉLISER v. **10.** Rendre fidèle (une clientèle).

FIDÉLITÉ n.f.

FIDJIEN, ENNE adj. et n.m. Des îles Fidji (archipel d'Océanie).

FIDUCIAIRE 1. adj. (Monnaie) de papier. 2. n. Intermédiaire à qui l'on confie une opération de fiducie.

FIDUCIAIREMENT adv.

FIDUCIANT n.m. Commanditaire d'une opération de fiducie.

FIDUCIE n.f. Technique de placement financier.

FIEF n.m.

FIEFFÉ, E adj.

FIEFFER v. **10.** *Médiév.* Pourvoir (quelqu'un) d'un fief.

FIEL n.m.

FIELLEUX, EUSE adj.

FIENTE n.f.

FIENTER v. **(p.p.inv.) 10.**

FIER, FIÈRE adj.

FIER (SE) v. **15.**

FIÈREMENT adv.

FIÉROT, E adj. et n.

FIERTÉ n.f.

FIESTA n.f.

FIEU, X n.m. Fils.

FIÈVRE n.f.

FIÉVREUSEMENT adv.

FIÉVREUX, EUSE adj.

FIFI n.m. *Québ.* Homosexuel.

FIFILLE n.f.

FIFRE n.m. Petite flûte. – Musicien qui en joue.

FIFRELIN n.m. Chose sans valeur.

FIFTIES [-iz] n.f.pl. Années 1950.

FIGARO n.m. *Fam.* Coiffeur.

FIGATELLI n.m. Saucisse de porc, spécialité corse.

FIGEMENT n.m.

FIGER v. **17.**

FIGNOLAGE n.m.

FIGNOLER v. **10.**

FIGNOLEUR, EUSE adj. et n.

FIGUE n.f.

FIGUERAIE n.f. **(= figuerie)** Lieu planté de figuiers.

FIGUERIE n.f. → **figueraie.**

FIGUIER n.m.

FIGULIN, E 1. adj. Relatif à la poterie. 2. n.f. Vase en terre cuite.

FIGURANT, E n.

FIGURATIF, IVE adj. et n.m.

FIGURATION n.f.

FIGURATIVEMENT adv.

FIGURE n.f.

FIGURÉ, E adj. et n.m.

FIGURÉMENT adv.

FIGURER v. **10.**

FIGURINE n.f. Statuette.

FIGURINISTE n. Fabricant de figurines.

FIGURISME n.m. *Rel.* Doctrine selon laquelle l'Ancien Testament préfigure le Nouveau.

FIGURISTE n. Mouleur de figurines.

FIL n.m.

FILABLE adj.

FILAGE n.m.

FILAIRE 1. adj. (Appareil de transmission) par fil. 2. n.f. Ver parasite.

FILAMENT n.m.

FILAMENTEUX, EUSE adj.

FILANDIER, ÈRE adj. et n.f. *Vx.* Fileur.

FILANDRE n.f. Fil sécrété par diverses araignées. – Fibre de certains légumes ou viandes.

FILANDREUX, EUSE adj.

FILANT, E adj.

FILANZANE n.m. Chaise à porteurs malgache.

FILAO n.m. Grand arbre tropical au bois très dur.

FILARIOSE n.f. *Méd.* Affection causée par une filaire.

FILASSE adj. et n.f.

FILATEUR, TRICE n. Exploitant d'une filature.

FILATURE n.f.

FILDEFÉRISTE n. Équilibriste.

FILE n.f.

FILER v. **10.**

FILERIE n.f. Ensemble de fils électriques.

FILET n.m.

FILETAGE n.m.

FILETÉ n.m. Étoffe de coton.

FILETER v. **21** (je filète...) Pourvoir (une vis) d'un filet.

FILEUR, EUSE n. *Text.* Personne qui file.

FILEYEUR n.m. Bateau équipé pour la pêche au filet.

FILIAL, E, AUX adj. et n.f.

FILIALEMENT adv.

FILIALISATION n.f.

FILIALISER v. **10.** Diviser en filiales.

FILIATION n.f.

FILIBEG n.m. **(= philibeg)** Kilt.

FILICALE n.f. Fougère.

FILICINÉE n.f. Plante, type fougère.

FILICOPHYTE n.m. Plante, type fougère.

FILICOPSIDE n.f. → **filicinée.**

FILIÈRE n.f.

FILIFORME adj.

FILIGRANE n.m. Dessin que l'on voit par transparence dans le papier.

FILIGRANER v. **10.**

FILIN n.m.

FILIOQUE **I** [-kwé] *Rel.* Terme indiquant que le Saint-Esprit procède du Père *et du Fils.*

FILIPENDULE n.f. Plante ornementale à fleurs.

FILIPINO n.m. **(= pilipino)** Langue des Philippines.

FILLASSE n.f. *Péj.* Fille.

FILLE n.f.

FILLER [filèr] n.m. Unité monétaire divisionnaire de la Hongrie.

FILLER [fileur] n.m. *Techn.* Roche broyée qu'on ajoute à certains matériaux.

FILLETTE n.f.

FILLEUL, E n.

FILM n.m.

FILMABLE adj.

FILMAGE n.m.

FILMER v. **10.**

FILMEUR, EUSE n.

FILMIQUE adj.

FILMOGÈNE adj. (Peinture) qui peut se mettre en couches très fines.

FILMOGRAPHIE n.f. Liste des films réalisés par quelqu'un.

FILMOGRAPHIQUE adj.

FILMOLOGIE n.f.

FILMOLOGIQUE adj.

FILMOTHÈQUE n.f. Collection de microfilms.

FILO n.m. Pâte feuilletée, dans la cuisine orientale.

FILOCHE n.f. Filet. – Épuisette.

FILOCHER v. **10.** *Fam.* Prendre en filature.

FILOGUIDÉ, E adj. *Mil.* (Missile) relié au poste de tir par un fil.

FILON n.m.

FILONIEN, ENNE adj. *Min.* Qui contient des filons.

FILOSELLE [z] n.f. Fil grossier filé à partir de la bourre du cocon de soie.

FILOU n.m.

FILOUTAGE n.m.

FILOUTER v. **10.** Voler. – Tricher.

FILOUTERIE n.f.

FILOVIRUS n.m. Virus à ARN.

FILS n.m.

FILTERIE n.f. Filature de fil à coudre.

FILTRABLE adj.

FILTRAGE n.m.

FILTRANT, E adj.

FILTRAT n.m. *Chim.* Liquide filtré.

FILTRATION n.f.

FILTRE n.m.

FILTRER v. **10.**

FIN n.f.

FIN, FINE adj., n.m., n.f. et adv.

FINAGE n.m. *Vx.* Étendue d'une circonscription.

FINAL, E (pl. **FINALS** ou **FINAUX**) adj., n.m. et n.f.

FINALEMENT adv.

FINALISATION n.f.

FINALISER v. **10.** Mettre au point.

FINALISME n.m. *Philos.* Doctrine qui explique l'Univers par la finalité.

FINALISTE adj. et n.

FINALITAIRE adj. Caractérisé par une finalité.

FINALITÉ n.f. Caractère de ce qui tend vers un but.

FINANÇABLE adj.

FINANCE n.f.

FINANCEMENT n.m.

FINANCER v. **13.**

FINANCEUR, EUSE n.

FINANCIARISER v. **10.** Rendre financier.

FINANCIER, ÈRE adj., n.m. et n.f.

FINANCIÈREMENT adv.

FINASSER v. **(p.p.inv.) 10.** Ruser.

FINASSERIE n.f.

FINASSEUR, EUSE n.

FINASSIER, ÈRE n.

FINAUD, E adj. et n.

FINAUDERIE n.f.

FINEMENT adv.

FINERIE n.f. Usine d'affinage.

FINESSE n.f.

FINETTE n.f. Tissu de coton rendu pelucheux à l'envers.

FINIR v. **40.**

FINISH n.m. *Sp.* Dernier effort.

FINISSAGE n.m.

FINISSANT, E adj.

FINISSEUR, EUSE n.

FINISSURE n.f. Ensemble des opérations terminant la reliure.

FINISTÉRIEN, ENNE adj. Du Finistère.

FINITION n.f.

FINITISME n.m. *Philos.* Doctrine qui nie l'infini.

FINITUDE n.f. *Philos.* Caractère fini de l'existence humaine.

FINLANDAIS, E adj. et n.m.

FINLANDISATION n.f. *Pol.* Neutralisation d'un pays par un autre plus puissant.

FINLANDISER v. **10.**

FINN n.m. Petit yacht pour régates.

FINNOIS, E adj. et n.m. De la Finlande et des régions limitrophes.

FIOLE n.f. Petit flacon de verre.

FION n.m. *Fam.* Dernière main. – *Helv.* Moquerie.

FIORITURE n.f. Ornement.

FIOTE n.f. **(= fiotte)** *Arg.* Homosexuel.

FIOTTE n.f. → **fiote.**

FIOUL n.m. **(= fuel)** Combustible dérivé du pétrole.

FIQH [fik] n.m. Science du droit islamique.

FIREWALL [fayeurwôl] n.m. *Inf.* Pare-feu.

FIREWIRE [fayeurwayeur] n.m. (Nom déposé) *Inf.* Norme de transmission de données à haut débit.

FIRMAMENT n.m.

FIRMAN n.m. *Hist.* Édit d'un souverain musulman.

FIRME n.f.

FISC n.m.

FISCAL, E, AUX adj.

FISCALEMENT adv.

FISCALISATION n.f.

FISCALISER v. **10.** Financer par l'impôt.

FISCALISTE n. Spécialiste des questions fiscales.

FISCALITÉ n.f.

FISSA adv. *Faire fissa :* se dépêcher.

FISSIBLE adj. **(= fissile)** *Phys.* Susceptible de fission.

FISSILE adj. 1. Qui tend à se fendre. 2. → **fissible.**

FISSION n.f. *Phys.* Éclatement d'un noyau d'atome.

FISSIONNER v. **10.** Soumettre à la fission nucléaire.

FISSIPARE adj. (Être unicellulaire) qui se reproduit en se divisant.

FISSIPARITÉ n.f.

FISSIPÈDE n.m. Mammifère carnivore à doigts séparés.

FISSURATION n.f.

FISSURE n.f.

FISSURER v. **10.**

FISTON n.m.

FISTOT n.m. *Arg.* Élève officier de l'École navale.

FISTULAIRE adj.

FISTULE n.f. *Méd.* Canal pathologique.

FISTULEUX, EUSE adj. De la nature d'une fistule.

FISTULINE n.f. Champignon rouge sang.

FIT [-t] n.m. Au bridge, couleur commune détenue par deux partenaires.

FITNESS n.m. *Sp.* Mise en forme.

FITOU n.m. Vin du Languedoc.

FITTER v. **10.** Au bridge, soutenir (son partenaire) par un fit.

FIVETE [-èt] n.f. Fécondation in vitro.

FIXABLE adj.

FIXAGE n.m.

FIXANT, E adj.

FIXATEUR, TRICE adj. et n.m.

FIXATIF, IVE adj. et n.m. Qui fixe.

FIXATION n.f.

FIXE adj., n.m. et interj.

FIXEMENT adv.

FIXER v. **10.**

FIXETTE n.f. *Fam.* Idée fixe.

FIXEUR, EUSE n. Intermédiaire qui facilite le travail d'un journaliste, sur le terrain.

FIXIN n.m. Bourgogne rouge.

FIXING n.m. Prix de l'or sur le marché du métal.

FIXISME n.m. *Biol.* Théorie selon laquelle les espèces vivantes n'ont pas évolué.

FIXISTE adj. et n.

FIXITÉ n.f.

FIZZ adj. (Gin) accompagné d'eau gazeuse et de jus de citron.

FJELD [fyèld] n.m. Plateau rocheux usé par un glacier.

FJORD n.m.

FLA ▌n.m. Coup de baguette sur un tambour.

FLABELLIFORME adj. *Bot.* (Organe) dont la forme rappelle celle d'un éventail.

FLAC interj.

FLACCIDE [ks] adj. (Organe) flasque.

FLACCIDITÉ [ks] n.f.

FLACHE n.f. Endroit d'un tronc où le bois est sans écorce.

FLACHERIE n.f. Maladie du ver à soie.

FLACHEUX, EUSE adj. Qui a des flaches.

FLACON n.m.

FLACONNAGE n.m. Mise en flacon. – Ensemble de flacons.

FLACONNERIE n.f. → **flaconnage.**

FLACONNIER n.m. Fabricant de flacons. – Étui à flacons.

FLAFLA n.m. *Fam.* Recherche de l'effet.

FLAG n.m. *Fam.* Flagrant délit.

FLAGADA adj. *Fam.* Sans force, fatigué.

FLAGELLAIRE adj. *Biol.* Relatif au flagelle.

FLAGELLANT n.m. Membre d'une secte qui pratiquait la flagellation.

FLAGELLATEUR, TRICE adj. et n.

FLAGELLATION n.f.

FLAGELLE n.m. *Biol.* Appendice moteur de certains protozoaires.

FLAGELLÉ, E adj. et n.m. *Biol.* (Cellule) munie d'un ou plusieurs flagelles.

FLAGELLER v. **10.** Fouetter.

FLAGELLUM n.m. → **flagelle.**

FLAGEOLANT, E adj.

FLAGEOLEMENT n.m.

FLAGEOLER v. **(p.p.inv.) 10.** Chanceler.

FLAGEOLET n.m. Petit haricot sec vert.

FLAGORNER v. **10.** Flatter bassement.

FLAGORNERIE n.f.

FLAGORNEUR, EUSE adj. et n.

FLAGRANCE n.f. Caractère flagrant.

FLAGRANT, E adj.

FLAIR n.m.

FLAIRER v. **10.**

FLAIREUR, EUSE adj.

FLAMAND, E adj. et n.m.

FLAMANT n.m. Oiseau échassier.

FLAMBAGE n.m.

FLAMBANT, E adj.

FLAMBARD, E adj. et n.m. (= **flambart**) Fanfaron, vaniteux.

FLAMBART n.m. → **flambard.**

FLAMBEAU, X n.m.

FLAMBÉE n.f.

FLAMBEMENT n.m.

FLAMBER v. **10.**

FLAMBERGE n.f. Longue épée de duel.

FLAMBEUR, EUSE n.

FLAMBOIEMENT n.m.

FLAMBOYANCE n.f.

FLAMBOYANT, E adj. et n.m.

FLAMBOYER v. **(p.p.inv.) 27.**

FLAMENCA → **flamenco.**

FLAMENCO (f. **FLAMENCA**) adj. et n.m.

FLAMICHE n.f. Tarte aux poireaux.

FLAMINAT n.m. *Antiq. rom.* Dignité de flamine.

FLAMINE n.m. *Antiq. rom.* Prêtre.

FLAMINGANT, E n. et adj. *Belg.* Partisan de l'autonomie de la Flandre.

FLAMINGANTISME n.m.

FLAMME n.f.

FLAMMÉ, E adj. (Céramique) colorée par la cuisson.

FLAMMÈCHE n.f.

FLAMMEKUECHE [flamkuch] n.m. ou f. Tarte alsacienne salée.

FLAMMEROLE n.f. Feu follet.

FLAMMETTE n.f. Petite flamme. – Petite banderole.

FLAN n.m.

FLÂNAGE n.m. *Québ.* Flânerie.

FLANC n.m.

FLANCHER v. **(p.p.inv.) 10.**

FLANCHET n.m. Morceau de bœuf.

FLANCONADE n.f. Figure d'escrime.

FLANDRE n.f. Rondin plaqué contre le toit d'une galerie de mine.

FLANDRICISME n.m. Tournure de phrase ou terme empruntés au flamand.

FLANDRIEN, ENNE adj. Des Flandres (France et Belgique).

FLANDRIN n.m. Homme mince, grand et gauche.

FLANELLE n.f. Étoffe de laine ou de coton.

FLANELLETTE n.f. *Québ.* Finette.

FLÂNER v. **(p.p.inv.) 10.**

FLÂNERIE n.f.

FLÂNEUR, EUSE adj. et n.

FLANKER [fl-an-keur] n.m. Joueur de rugby évoluant sur les ailes.

FLANQUANT, E adj. *Mil.* (Bastion), qui en défend un autre.

FLANQUEMENT n.m.

FLANQUER v. **10.**

FLAPI, E adj. *Fam.* Abattu, épuisé.

FLAQUE n.f.

FLASH (pl. **FLASHES** ou **FLASHS**) n.m.

FLASHAGE n.m. Procédé utilisé en publication assistée par ordinateur.

FLASHANT, E adj. *Fam.* Éblouissant, séduisant.

FLASHER v. **10.** Photographier. – Pratiquer le flashage.

FLASHES → **flash.**

FLASHEUSE n.f. Photocomposeuse permettant le flashage.

FLASHY | adj. *Fam.* (Couleur) criarde.

FLASQUE adj., n.m. et n.f.

FLAT [flat] n.m. *Belg.* Petit appartement.

FLATTE n.f. *Belg.* Bouse de vache.

FLATTER v. **10.**

FLATTERIE n.f.

FLATTEUR, EUSE adj. et n.

FLATTEUSEMENT adv.

FLATULENCE n.f. *Méd.* Accumulation de gaz dans les intestins ou l'estomac.

FLATULENT, E adj.

FLATUOSITÉ n.f. → **flatulence.**

FLAUBERTIEN, ENNE adj. De Flaubert (écrivain français).

FLAUGNARDE n.f. **(= flognarde)** Sorte de clafoutis.

FLAVESCENT, E adj. Qui tire sur le jaune.

FLAVEUR n.f. Sensation gustative.

FLAVIEN, ENNE adj. Relatif à deux familles d'empereurs romains.

FLAVINE n.f. *Biol.* Pigment jaune.

FLAVONOÏDE n.m. *Pharm.* Substance employée comme veinotonique.

FLÉAU, X n.m.

FLÉCHAGE n.m.

FLÈCHE n.f.

FLÉCHER v. **12.**

FLÉCHETTE n.f.

FLÉCHIR v. **40.**

FLÉCHISSEMENT n.m.

FLÉCHISSEUR adj.m. et n.m.

FLEGMATIQUE adj. et n.

FLEGMATIQUEMENT adv.

FLEGMATISANT n.m. Substance qui diminue la sensibilité d'un explosif aux chocs et aux frictions.

FLEGME n.m.

FLEGMON n.m. **(= phlegmon)** Inflammation purulente du tissu sous-cutané.

FLEGMONEUX, EUSE adj.

FLEIN n.m. Petit panier.

FLÉMARD, E adj. et n. → **flemmard.**

FLEMMARD, E adj. et n. **(= flémard).**

FLEMMARDER v. **(p.p.inv.) 10.**

FLEMMARDISE n.f.

FLEMME n.f.

FLÉNU, E adj. (Charbon) flambant.

FLÉOLE n.f. **(= phléole)** Graminée fourragère.

FLET [flè] n.m. Poisson marin plat.

FLÉTAN n.m. Grand poisson plat des mers froides.

FLÉTRIR v. **40.**

FLÉTRISSEMENT n.m. *Bot.* Maladie des plantes.

FLÉTRISSURE n.f.

FLETTE n.f. Bateau plat accompagnant un chaland.

FLEUR n.f.

FLEURAGE n.m. Décoration florale sur un tissu.

FLEURAISON n.f. Floraison.

FLEURDELISER v. **10.** Orner de fleurs de lis.

FLEURER v. **10.** Saupoudrer de farine. – Répandre une odeur.

FLEURET n.m. Épée fine.

FLEURETER v. **(p.p.inv.) 20** (je fleurette...) *Vx.* Conter fleurette.

FLEURETTE n.f. Petite fleur.

FLEURETTISTE n. Escrimeur au fleuret.

FLEURINE n.f. Fissure assurant la ventilation de cavités souterraines.

FLEURIR v. **60.**

FLEURISSANT, E adj.

FLEURISSEMENT n.m. Ornementation florale.

FLEURISTE n.

FLEURON n.m. Ornement en forme de fleur.

FLEURONNÉ, E adj. Orné de fleurons.

FLEUVE n.m.

FLEXIBILISER v. **10.**

FLEXIBILITÉ n.f.

FLEXIBLE adj. et n.m.

FLEXICURITÉ n.f. → **flexisécurité.**

FLEXION n.f.

FLEXIONNEL, ELLE adj. *Ling.* Dont les mots varient selon leur fonction grammaticale.

FLEXISÉCURITÉ n.f. Système qui facilite le licenciement des salariés tout en favorisant leur indemnisation.

FLEXOGRAPHIE n.f. Procédé d'impression.

FLEXUEUX, EUSE adj. Qui ondule.

FLEXUM n.m. *Méd.* Limitation permanente de l'amplitude d'une articulation.

FLEXUOSITÉ n.f.

FLEXURE n.f. *Géol.* Déformation du relief.

FLIBUSTE n.f. Piraterie.

FLIBUSTER v. **10.** *Fam.* Escroquer.

FLIBUSTIER n.m.

FLIC n.

FLICAGE n.m. *Arg.* Surveillance policière renforcée.

FLICAILLE n.f. *Fam.* Police.

FLICARD, E n. *Fam.* Flic.

FLINGOT n.m. *Fam., Vx.* Fusil de guerre.

FLINGUE n.m. *Arg.* Fusil.

FLINGUER v. **10.**

FLINGUEUR, EUSE n.

FLINT [flint] n.m. *Opt.* Verre à base de plomb.

FLIP n.m. *Fam.* Déprime.

FLIPOT n.m. Petite pièce de bois pour cacher une fente.

FLIPPANT, E adj. *Fam.* Déprimant. – *Fam.* Angoissant.

FLIPPÉ, E adj. *Fam.* Déprimé.

FLIPPER [-eur] n.m. Billard électrique.

FLIPPER v. **10.** *Fam.* Être déprimé. – *Fam.* Être angoissé.

FLIQUER v. **10.** *Arg.* Soumettre à une surveillance policière renforcée.

FLIQUESSE n.f. **(= fliquette)** *Fam.* Femme flic.

FLIQUETTE n.f. → **fliquesse.**

FLIRT n.m.

FLIRTER v. **(p.p.inv.) 10.**

FLIRTEUR, EUSE adj. et n.

FLOBERT n.m. *Luxemb., Helv.* Fusil de petit calibre.

FLOC 1. n.m. Fibre destinée au flocage. 2. interj. Bruit d'un plongeon.

FLOCAGE n.m. **(= flockage)** *Techn.* Application de fibres sur un support.

FLOCHE 1. adj. (Soie) dont la torsion est faible. 2. n.f. Petite houppe.

FLOCKAGE n.m. → **flocage.**

FLOCON n.m.

FLOCONNEMENT n.m.

FLOCONNER v. **(p.p.inv.) 10.** Former des flocons.

FLOCONNEUX, EUSE adj.

FLOCULANT n.m.

FLOCULATION n.f.

FLOCULER v. **(p.p.inv.) 10.** *Chim.* Précipiter sous forme de flocons, en parlant de certains colloïdes.

FLOE [flô] n.m. Plaque de glace flottante.

FLOGNARDE n.f. → **flaugnarde.**

FLONFLON n.m. *Fam.* Refrain populaire.

FLOOD ❙ [fleud] adj. *Phot. Lampe flood :* lampe survoltée.

FLOP 1. n.m. Échec. 2. interj. Bruit de chute.

FLOPÉE n.f.

FLOPS [flops] n.m. Unité de mesure de la puissance d'un ordinateur.

FLOQUER v. **10.** Garnir (une surface adhésive) de fibres.

FLORAISON n.f.

FLORAL, E, AUX adj.

FLORALIES n.f.pl. Exposition de fleurs.

FLORE n.f.

FLORÉAL, S n.m. Mois du calendrier républicain.

FLORENCE n.f. Crin pour la pêche.

FLORENTIN, E adj. De Florence (Italie).

FLORÈS (FAIRE) loc. Avoir du succès.

FLORIBOND, E adj. Qui porte beaucoup de fleurs.

FLORIBONDITÉ n.f.

FLORICOLE adj. Qui vit sur les fleurs.

FLORICULTEUR, TRICE n.

FLORICULTURE n.f. Culture des fleurs.

FLORIDÉE n.f. *Bot.* Algue rouge.

FLORIDIEN, ENNE adj. De la Floride (États-Unis).

FLORIFÈRE adj. Qui porte des fleurs.

FLORILÈGE n.m. Recueil d'œuvres choisies.

FLORIN n.m. Ancienne unité monétaire des Pays-Bas.

FLORISSAIS, FLORISSAIT → **fleurir 60.**

FLORISSANT, E adj.

FLORISSIEZ, FLORISSIONS → **fleurir 60.**

FLORISTIQUE adj. Qui concerne la flore.

FLOSCULEUX, EUSE adj. *Bot.* Composé seulement de petites fleurs.

FLOT n.m.

FLOTTABILITÉ n.f. Qualité des corps qui flottent.

FLOTTABLE adj.

FLOTTAGE n.m. Transport de bois sur un cours d'eau.

FLOTTAISON n.f. Plan délimitant les parties immergée et émergée d'un navire.

FLOTTANT, E adj.

FLOTTARD, E 1. adj. Trop liquide. 2. n.m. *Arg.* Étudiant qui prépare l'École navale.

FLOTTATION n.f. Procédé pour séparer des substances broyées.

FLOTTE n.f.

FLOTTEMENT n.m.

FLOTTER v. **10.** Être porté sur l'eau. – Acheminer (du bois) sur un fleuve.

FLOTTEUR n.m.

FLOTTILLE n.f.

FLOU, FLOUE adj. et n.m.

FLOUER v. **10.** *Fam.*, *Vx.* Duper.

FLOUSE n.m. **(= flousse, flouze)** *Fam.* Argent.

FLOUSSE n.m. → **flouse.**

FLOUTAGE n.m.

FLOUTER v. **10.** *Phot.* Rendre flou, méconnaissable.

FLOUVE n.f. Plante fourragère odorante.

FLOUZE n.m. → **flouse.**

FLUAGE n.m. Déformation d'un métal par pression.

FLUATATION n.f. *Techn.* Procédé pour durcir le béton.

FLUATE n.m. *Chim.* Combinaison de silice et de fluor.

FLUCTUANT, E adj.

FLUCTUATION n.f.

FLUCTUER v. **(p.p.inv.) 10.** Varier.

FLUENCE n.f. Qualité d'un discours fluent.

FLUENT, E adj. *Méd.* Qui suinte. – (Discours) aisé.

FLUER v. **(p.p.inv.) 10.** *Méd.* Couler.

FLUET, ETTE adj. Mince et délicat.

FLUIDE adj. et n.m.

FLUIDIFIANT, E adj. et n.m.

FLUIDIFICATION n.f.

FLUIDIFIER v. **15.** Rendre fluide.

FLUIDIQUE 1. adj. Relatif au fluide occulte de quelqu'un. 2. n.f. Technologie des fluides.

FLUIDISATION n.f.

FLUIDISER v. **10.** *Techn.* Injecter (des particules) dans un courant fluide ascendant.

FLUIDITÉ n.f.

FLUO adj. *Fam.* Fluorescent.

FLUOCOMPACT, E adj. Se dit d'une lampe fluorescente compacte à basse consommation.

FLUOGRAPHIE n.f. *Phot.* Procédé de mise en valeur des détails.

FLUOR n.m. *Chim.* Corps simple gazeux.

FLUORATION n.f. Adjonction de fluor à l'eau potable.

FLUORÉ, E adj.

FLUORESCÉINE n.f. Matière colorante jaune.

FLUORESCENCE n.f.

FLUORESCENT, E adj. (Corps, lampe) qui transforme un rayonnement en lumière.

FLUORHYDRIQUE adj. (Acide) formé de fluor et d'hydrogène.

FLUORINE n.f. **(= fluorite)** *Chim.* Fluorure de calcium.

FLUORITE n.f. → **fluorine.**

FLUOROSCOPIE n.f. *Méd.* Examen radiologique rendant les tissus fluorescents.

FLUOROSE n.f. Intoxication par le fluor.

FLUORURATION n.f. → **fluoration.**

FLUORURE n.m. *Chim.* Sel dérivé du fluor.

FLUOTOURNAGE n.m. *Techn.* Procédé d'usinage de la tôle.

FLUSH (pl. **FLUSHES** ou **FLUSHS**) [fleuch] ou [floch] n.m. Au poker, réunion de cinq cartes de même couleur.

FLUSHES → **flush.**

FLUSTRE n.f. Invertébré marin.

FLUTA n.m. Poisson d'Asie.

FLÛTE n.f. et interj.

FLÛTÉ, E adj. Qui a un son doux.

FLÛTEAU, X n.m. 1. **(= flûtiau)** Petite flûte. 2. Plantain d'eau.

FLÛTER v. **10.** Dire avec un son analogue à celui de la flûte.

FLÛTIAU, X n.m. → **flûteau** 1.

FLÛTISTE n.

FLUTTER [fleuteur] n.m. *Aéron.* Vibration des surfaces portantes.

FLUVIAL, E, AUX adj.

FLUVIATILE adj. Qui vit ou se dépose dans les cours d'eau.

FLUVIOGLACIAIRE adj. Qui résulte de l'action des cours d'eau et des glaciers.

FLUVIOGRAPHE n.m. Appareil de mesure du niveau d'un fleuve.

FLUVIOMÈTRE n.m. → **fluviographe.**

FLUVIOMÉTRIQUE adj.

FLUX n.m.

FLUXAGE n.m.

FLUXER v. **10.** Diluer (un hydrocarbure).

FLUXION n.f. *Méd.* Afflux de liquide dans un tissu.

FLUXIONNAIRE adj. Qui a une fluxion de poitrine.

FLUXMÈTRE [flumètr] n.m. Appareil de mesure du flux magnétique.

FLYER [flayeur] n.m. Tract qui annonce un événement.

FLYSCH [flich] n.m. *Géol.* Formation par désagrégation mécanique.

FLYSURF [flay-] n.m. Surf pratiqué avec un cerf-volant.

FOB **|** adj. et adv. *Mar.* Franco à bord.

FOC n.m. *Mar.* Voile triangulaire à l'avant.

FOCAL, E, AUX adj. et n.f. *Opt.* Qui concerne le foyer d'une lentille.

FOCALISATION n.f.

FOCALISER v. **10.** Concentrer en un point.

FOCOMÈTRE n.m. *Opt.* Instrument de mesure des distances focales des lentilles.

FOCUS n.m. *Phot.* Foyer.

FŒHN [fön] n.m. **(= föhn)** Vent chaud et sec. – *Helv.* Sèche-cheveux.

FŒHNER (SE) v. **10 (= föhner)** *Helv.* Se sécher les cheveux.

FOËNE ou **FOÈNE** [fwèn] n.f. **(= fouëne)** Gros harpon.

FŒTAL, E, AUX [fé-] adj. Relatif au fœtus.

FŒTICIDE [fé-] n.m. Destruction d'un fœtus.

FŒTOLOGIE [fé-] n.f. Étude du fœtus.

FŒTOPATHIE [fé-] n.f. Maladie du fœtus.

FŒTOSCOPIE [fé-] n.f. Endoscopie du fœtus.

FŒTOSCOPIQUE [fé-] adj.

FŒTUS [fétus] n.m.

FOFOLLE → **foufou.**

FOG n.m. Brouillard.

FOGGARA n.f. Galerie d'irrigation au Sahara.

FÖHN [fön] n.m. → **fœhn.**

FÖHNER (SE) v. **10.** → **fœhner.**

FOI n.f.

FOIE n.m.

FOIL [foyl] n.m. *Mar.* Plan inclinable pour les navires qui déjaugent.

FOIN n.m. et interj.

FOIRADE n.f. Diarrhée. – Échec.

FOIRAIL n.m. **(= foiral)** Champ de foire.

FOIRAL, S n.m. → **foirail.**

FOIRE n.f.

FOIRÉ, E adj. (Vis) usée, qui ne prend plus.

FOIRER v. **10.** Avoir la diarrhée. – Rater, échouer.

FOIREUX, EUSE adj. et n. *Fam.* Qui a la diarrhée. – Raté.

FOIROLLE n.f. Plante purgative.

FOIS n.f.

FOISON n.f. Grande quantité.

FOISONNANT, E adj. Abondant.

FOISONNEMENT n.m.

FOISONNER v. **(p.p.inv.) 10.** Abonder, pulluler.

FOL I → **fou.**

FOLACHE n.f. *Helv.* Écervelée.

FOLASSE adj.f. et n.f. *Fam.* Un peu folle.

FOLATE n.m. Vitamine dérivée de l'acide folique.

FOLÂTRE adj. Gai, espiègle.

FOLÂTRER v. **(p.p.inv.) 10.** S'amuser, badiner.

FOLÂTRERIE n.f.

FOLDER [-èr] n.m. Dépliant publicitaire.

FOLDINGUE (f. **FOLLEDINGUE**) adj. et n. **(= folingue)** *Fam.* Fou.

FOLIACÉ, E adj. Qui a l'aspect d'une feuille.

FOLIAIRE adj. *Bot.* Relatif aux feuilles.

FOLIATION n.f. *Bot.* Disposition des feuilles sur la tige.

FOLICHON, ONNE adj. *Fam.* Amusant.

FOLICHONNER v. **(p.p.inv.) 10.** *Vx.* S'amuser, faire des folies.

FOLIE n.f.

FOLIÉ, E adj. *Bot.* Garni de feuilles. – *Chim.* Disposé en fines lames.

FOLINGUE adj. et n. → **foldingue.**

FOLIO n.m. Feuillet numéroté d'un livre.

FOLIOLE n.f. *Bot.* Division d'une feuille composée.

FOLIOSCOPE n.m. Petit livre d'images qui, feuilleté rapidement, donne l'illusion d'une animation.

FOLIOT n.m. Balancier des premières horloges.

FOLIOTAGE n.m.

FOLIOTATION n.f.

FOLIOTER v. **10.** Paginer.

FOLIOTEUR, EUSE n. Machine à numéroter ou à imprimer les folios.

FOLIQUE adj. *Acide folique :* vitamine B9.

FOLK adj. et n.m. Se dit de la musique traditionnelle américaine.

FOLKEUX, EUSE 1. adj. Relatif au folk. 2. n. Adepte du folk.

FOLKLO adj. *Fam.* Folklorique.

FOLKLORE n.m.

FOLKLORIQUE adj.

FOLKLORISATION n.f.

FOLKLORISER v. **10.** Traiter comme un folklore.

FOLKLORISTE n. Spécialiste du folklore.

FOLKSONG n.m. Chanson traditionnelle américaine interprétée de façon moderne.

FOLLE → **fou.**

FOLLEDINGUE → **foldingue.**

FOLLEMENT adv.

FOLLET, ETTE adj. et n. Un peu fou. – Irrégulier.

FOLLICULAIRE 1. adj. Qui se rapporte à un follicule. 2. n.m. Mauvais journaliste.

FOLLICULE n.m. *Bot.* Fruit sec. – *Anat.* Petit organe en forme de sac.

FOLLICULEUX, EUSE adj. *Anat.* Qui présente des follicules.

FOLLICULINE n.f. Hormone sécrétée par l'ovaire.

FOLLICULITE n.f. Furoncle.

FOMENTATEUR, TRICE n.

FOMENTATION n.f.

FOMENTER v. **10.** Susciter ou préparer secrètement (une action néfaste).

FOMENTEUR, EUSE n.

FON adj. D'un peuple du Bénin.

FONÇAGE n.m. Forage d'un puits de mine.

FONÇAILLE n.f. Chacune des planches qui forment le fond d'un tonneau.

FONCEMENT n.m. Forage d'un puits.

FONCER v. **13.**

FONCEUR, EUSE adj. et n.

FONCIER, ÈRE adj. et n.m. Qui se rapporte aux biens immeubles.

FONCIÈREMENT adv.

FONCTEUR n.m. *Math.* Relation par laquelle à tout objet d'une catégorie correspond un objet d'une autre catégorie.

FONCTION n.f.

FONCTIONNAIRE n.

FONCTIONNALISER v. **10.** Rendre pratique.

FONCTIONNALISME n.m. Doctrine insistant sur le caractère fonctionnel d'une œuvre.

FONCTIONNALISTE adj. et n.

FONCTIONNALITÉ n.f. Caractère de ce qui est pratique.

FONCTIONNARIAT n.m. État de fonctionnaire.

FONCTIONNARISER v. **10.** Assimiler aux fonctionnaires.

FONCTIONNARISME n.m. *Péj.* Prépondérance des fonctionnaires dans un État.

FONCTIONNEL, ELLE adj. Bien adapté à son but.

FONCTIONNEMENT n.m.

FONCTIONNER v. **(p.p.inv.) 10.**

FOND n.m.

FONDAMENTAL, E, AUX adj.

FONDAMENTALISME n.m. *Rel.* Tendance qui maintient une interprétation littérale de l'Écriture.

FONDAMENTALISTE adj. et n. Qui pratique la recherche fondamentale.

FONDANT, E adj. et n.m.

FONDATEUR, TRICE n.

FONDATION n.f.

FONDÉ, E adj. et n.

FONDEMENT n.m.

FONDER v. **10.**

FONDERIE n.f. Usine où l'on fond du métal.

FONDEUR, EUSE n. Personne travaillant dans une fonderie. – Skieur de fond.

FONDIS [-di] n.m. **(= fontis)** Affaissement du sol par éboulement.

FONDOIR n.m. Partie d'un abattoir où l'on prépare les suifs.

FONDOUK n.m. Dans les pays arabes, entrepôt et auberge pour les marchands.

FONDRE v. **90.**

FONDRIÈRE n.f. Affaissement dans un chemin.

FONDS n.m.

FONDU, E adj., n.m. et n.f.

FONGIBILITÉ n.f.

FONGIBLE adj. *Dr.* Consommable et remplaçable.

FONGICIDE adj. et n.m. Qui détruit les champignons parasites.

FONGIFORME adj. Qui a la forme d'un champignon.

FONGIQUE adj. Relatif à un champignon.

FONGISTATIQUE adj. et n.m. *Méd.* Qui arrête le développement des champignons.

FONGOÏDE adj. Qui ressemble à un champignon.

FONGOSITÉ n.f. État de ce qui est fongueux.

FONGUEUX, EUSE adj. Qui a l'aspect d'un champignon, d'une éponge.

FONGUS n.m. *Méd., Vx.* Excroissance charnue d'aspect fongueux.

FONIO n.m. Céréale d'Afrique occidentale.

FONTAINE n.f.

FONTAINEBLEAU, X n.m. Fromage frais.

FONTAINIER n.m. Personne responsable de la distribution d'eau.

FONTANELLE n.f. Espace entre les os du crâne avant ossification.

FONTANGE n.f. Coiffure féminine du XVIIe s.

FONTANILI **I** n.m.pl. Sources de la plaine du Pô.

FONTE n.f.

FONTINE n.f. Fromage du Val d'Aoste (Italie).

FONTIS [-ti] n.m. → **fondis.**

FONTS n.m.pl. *Fonts baptismaux :* bassin pour l'eau du baptême.

FOOT n.m.

FOOTBALL n.m.

FOOTBALLEUR, EUSE n.

FOOTBALLISTIQUE adj.

FOOTEUX, EUSE adj. et n. *Fam.* Amateur de football. – Joueur de football.

FOOTING n.m. Marche à pied.

FOR n.m. *Vx.* Juridiction. – *For intérieur :* conscience.

FORABLE adj.

FORAGE n.m.

FORAIN, E adj. et n.

FORAMINÉ, E adj. Percé de petits trous.

FORAMINIFÈRE n.m. *Zool.* Protozoaire marin.

FORBAN n.m. Pirate. – Bandit.

FORÇAGE n.m. Culture d'une plante hors saison.

FORÇAIL | (AU) loc. *Québ.* À la rigueur.

FORÇAT n.m.

FORCE n.f.

FORCEMENT n.m. Action de forcer.

FORCÉMENT adv. (inv. mais **forcement** n.m.).

FORCENÉ, E adj. et n. Furieux. – Passionné.

FORCEPS n.m. Instrument de chirurgie.

FORCER v. **13.**

FORCERIE n.f. Serre chaude pour le forçage.

FORCEUR n.m. Personne qui dirige une forcerie.

FORCI, E adj.

FORCING n.m. *Sp.* Attaque sans relâche.

FORCIPRESSURE n.f. *Chir.* Application d'une pince sur un vaisseau sanguin.

FORCIR v. **40.** *Fam.* Grossir.

FORCLORE v. déf. (**forclos, forclose, forcloses**) Priver du recours en justice.

FORCLUSION n.f. *Dr.* Déchéance d'un droit. – Exclusion forcée.

FORDISME n.m. Système de production imaginé par Henry Ford.

FORDISTE adj.

FORER v. **10.**

FORESTAGE n.m. Travail en forêt.

FORESTERIE n.f. Exploitation des forêts.

FORESTIER, ÈRE adj. et n.

FORET n.m. Instrument pour forer.

FORÊT n.f.

FORETAGE n.m. (**= fortage**) Redevance payée par l'exploitant d'une carrière.

FOREUR, EUSE n.m., n.f. et adj.m. Ouvrier, machine qui fore.

FORÉZIEN, ENNE adj. Du Forez (Massif central).

FORFAIRE v. déf. (**forfais, forfait**) *Vx.* Agir contre le devoir.

FORFAIT n.m.

FORFAITAIRE adj.

FORFAITAIREMENT adv.

FORFAITISATION n.f.

FORFAITISER v. **10.** Vendre à forfait.

FORFAITISTE n. Voyagiste proposant des forfaits.

FORFAITURE n.f. *Dr.* Crime commis par un fonctionnaire dans l'exercice de ses fonctions.

FORFANTERIE n.f. Vantardise.

FORFICULE n.f. Insecte coureur (perce-oreille).

FORGE n.f.

FORGEABLE adj.

FORGEAGE n.m.

FORGER v. **17.**

FORGERON n.m.

FORGEUR, EUSE n. *Litt.* Personne qui invente.

FORINT [forint] n.m. Unité monétaire de la Hongrie.

FORJET n.m. *Arch.* Saillie.

FORJETER v. **20** (je forjette...) *Techn.* Construire en saillie.

FORLANCER v. **13.** *Vén.* Faire sortir (une bête) de son gîte.

FORLANE n.f. Ancienne danse italienne.

FORLIGNER v. **(p.p.inv.) 10.** *Vx.* Dégénérer, déchoir.

FORLONGER v. **17.** *Vén.* Distancer.

FORMAGE n.m. *Techn.* Action de former.

FORMALDÉHYDE n.m. Formol.

FORMALISABLE adj.

FORMALISATION n.f.

FORMALISER v. **10.** *Log.* Réduire à des structures formelles.

FORMALISME n.m. Attachement excessif aux formes.

FORMALISTE adj. et n.

FORMALITÉ n.f.

FORMANT n.m. *Phon.* Fréquence de résonance du conduit vocal correspondant à une voyelle. – *Ling.* Morphème.

FORMARIAGE n.m. *Féod.* Mariage d'un serf hors de la seigneurie ou avec une femme libre.

FORMAT n.m.

FORMATAGE n.m.

FORMATER v. **10.** *Inf.* Mettre (un support, des données) en forme.

FORMATEUR, TRICE adj. et n.

FORMATIF, IVE adj. Qui sert à former.

FORMATION n.f.

FORME n.f.

FORMEL, ELLE adj. Formulé avec précision. – Qui s'attache à la forme.

FORMELLEMENT adv.

FORMÈNE n.m. *Vx.* Méthane.

FORMER v. **10.**

FORMERET n.m. *Arch.* Partie d'une voûte.

FORMIATE n.m. *Chim.* Sel de l'acide formique.

FORMICA n.m. (Nom déposé) Matériau de recouvrement.

FORMICANT, E adj. *Méd.* Qui picote.

FORMICATION n.f. *Vx.* Fourmillement.

FORMICIDÉ n.m. Insecte, type fourmi.

FORMIDABLE adj.

FORMIDABLEMENT adv.

FORMIER n.m. Ouvrier qui fabrique des formes pour la confection de chaussures.

FORMIQUE adj. *Acide formique :* acide qui existe dans les fourmis et les orties.

FORMOL n.m. Solution antiseptique.

FORMOLAGE n.m.

FORMOLER v. **10.** Soumettre à l'action du formol.

FORMOSAN, E adj. De Formose (aujourd'hui Taïwan).

FORMULABLE adj.

FORMULAIRE n.m.

FORMULATION n.f.

FORMULE n.f.

FORMULER v. **10.**

FORMYLE n.m. Radical chimique.

FORNICATEUR, TRICE n.

FORNICATION n.f.

FORNIQUER v. **(p.p.inv.) 10.** Avoir des relations sexuelles.

FORS [for] prép. Excepté.

FORSYTHIA [forsisya] n.m. Arbrisseau à fleurs jaunes.

FORT, FORTE adj., n.m. et adv.

FORTAGE n.m. → **foretage.**

FORTE [forté] n.m. et adv. *Mus.* Passage joué fort.

FORTEMENT adv.

FORTERESSE n.f.

FORTICHE adj. *Fam.* Habile.

FORTIFIANT, E adj. et n.m.

FORTIFICATION n.f.

FORTIFIER v. **15.**

FORTIFS n.f.pl. Fortifications.

FORTIN n.m. Petit fort.

FORTIORI | (A) loc. À plus forte raison.

FORTISSIMO n.m. et adv. *Mus.* Passage joué très fort.

FORTRAIT, E adj. *Vx.* (Cheval) excédé de fatigue.

FORTRAITURE n.f.

FORTRAN n.m. *Inf.* Langage de programmation.

FORTUIT, E adj. et n.m. Imprévu.

FORTUITEMENT adv.

FORTUNE n.f.

FORTUNÉ, E adj.

FORTUNELLA n.f. Nom générique du kumquat.

FORUM n.m. *Antiq. rom.* Place du marché. - Colloque.

FORURE n.f. *Techn.* Trou fait avec un foret.

FOSBURY [fosbeuri] n.m. *Sp.* Technique de saut en hauteur.

FOSSA n.m. Carnivore malgache.

FOSSANE n.f. Petit carnivore malgache.

FOSSE n.f.

FOSSÉ n.m.

FOSSETTE n.f. Petit creux.

FOSSILE adj. et n.m.

FOSSILIFÈRE adj.

FOSSILISATION n.f.

FOSSILISER v. **10.** Amener à l'état fossile.

FOSSOIR n.m. *Agr.* Charrue de vigneron.

FOSSORIER n.m. *Helv.* Unité de mesure de surface des vignes.

FOSSOYAGE n.m. Travail du fossoyeur.

FOSSOYER v. **27.** Creuser (une tombe).

FOSSOYEUR, EUSE n.

FOU ou **FOL |, FOLLE** adj. et n.

FOUACE n.f. **(= fougasse)** Galette de froment.

FOUACIER n.m. *Vx.* Celui qui fait des fouaces.

FOUAGE n.m. *Féod.* Redevance par foyer.

FOUAILLER v. **10.** *Vx.* Fouetter.

FOUCADE n.f. *Vx.* Emportement capricieux et passager.

FOUCHTRA interj. Juron auvergnat.

FOUDRE n.m. et n.f.

FOUDRIER n.m. Tonnelier.

FOUDROIEMENT n.m.

FOUDROYAGE n.m. *Min.* Éboulement volontaire.

FOUDROYANT, E adj.

FOUDROYER v. **27.**

FOUÉE n.f. *Vx.* Feu pour la chasse aux oiseaux.

FOUËNE n.f. → **foëne.**

FOUET n.m.

FOUETTARD, E adj.

FOUETTEMENT n.m.

FOUETTER v. **10.**

FOUETTEUR adj.m. *Anc.* (Religieux) qui fouettait les écoliers.

FOUFOU, FOFOLLE adj. Un peu fou.

FOUFOUNE n.f. *Fam.* Sexe féminin.

FOUGASSE n.f. → **fouace.**

FOUGER v. **17.** *Vén.* Fouiller (le sol), en parlant du sanglier.

FOUGERAIE n.f. Lieu planté de fougères.

FOUGÈRE n.f.

FOUGEROLE n.f. Petite fougère.

FOUGUE n.f.

FOUGUEUSEMENT adv.

FOUGUEUX, EUSE adj.

FOUILLAGE n.m. *Agr.* Façon de travailler le sol.

FOUILLE n.f.

FOUILLER v. **10.**

FOUILLEUR, EUSE n.

FOUILLIS n.m.

FOUINARD, E adj. et n.

FOUINE n.f.

FOUINER v. **(p.p.inv.) 10.**

FOUINEUR, EUSE adj. et n.

FOUIR v. **40.** Creuser (le sol).

FOUISSAGE n.m.

FOUISSEMENT n.m.

FOUISSEUR, EUSE adj. et n.m. (Animal) qui creuse la terre.

FOULAGE n.m. Action de fouler du raisin, des étoffes.

FOULANI n.m. Langue peuhle.

FOULANT, E adj.

FOULARD n.m.

FOULE n.f.

FOULÉE n.f.

FOULER v. **10.**

FOULERIE n.f. *Techn.* Atelier ou machine à fouler.

FOULEUR, EUSE n. Personne qui foule des étoffes.

FOULING n.m. Colonie d'organismes vivants incrustés sur la coque d'un navire.

FOULOIR n.m. Appareil pour fouler les draps, les peaux, le raisin.

FOULON n.m. Machine servant au foulage.

FOULONNAGE n.m.

FOULONNER v. **10.** Fouler (le cuir).

FOULONNIER n.m. Propriétaire de foulons.

FOULQUE n.f. Oiseau échassier vivant dans les roseaux.

FOULTITUDE n.f. *Fam.* Grand nombre.

FOULURE n.f.

FOUR n.m.

FOURBE adj. et n.

FOURBERIE n.f.

FOURBI n.m. *Fam.* Ensemble d'objets sans valeur.

FOURBIR v. **40.** Astiquer. – Préparer soigneusement.

FOURBISSAGE n.m.

FOURBISSEUR n.m. Celui qui polit les armes blanches.

FOURBU, E adj.

FOURBURE n.f. *Vét.* Inflammation du pied du cheval.

FOURCHE n.f.

FOURCHÉE n.f. Quantité prise avec une fourche.

FOURCHER v. **10.** Manipuler avec une fourche. – Se diviser en forme de fourche.

FOURCHET n.m. *Vét.* Maladie du pied des ruminants.

FOURCHETÉE n.f.

FOURCHETTE n.f.

FOURCHETTÉE n.f.

FOURCHON n.m. Dent d'une fourche, d'une fourchette.

FOURCHU, E adj.

FOURGON n.m. Véhicule. – Long tisonnier.

FOURGONNER v. **10.** Remuer la braise. – Fouiller.

FOURGONNETTE n.f. Petite camionnette.

FOURGUE n.m. *Arg.* Receleur.

FOURGUER v. **10.** *Arg.* Vendre à un receleur. – Refiler.

FOURIÉRISME n.m. Doctrine sociale de Fourier.

FOURIÉRISTE adj. et n.

FOURME n.f. Fromage bleu du centre de la France.

FOURMI n.f.

FOURMILIER n.m. Mammifère édenté qui capture les insectes avec sa langue.

FOURMILIÈRE n.f.

FOURMILION n.m. Insecte qui capture les fourmis.

FOURMILLANT, E adj. Grouillant.

FOURMILLEMENT n.m.

FOURMILLER v. **(p.p.inv.) 10.** S'agiter. – Abonder.

FOURNAISE n.f.

FOURNEAU, X n.m.

FOURNÉE n.f.

FOURNIER, ÈRE 1. n.m. Oiseau d'Amérique du Sud. 2. n. *Anc.* Personne qui tenait un four à pain.

FOURNIL [-ni(l)] n.m. Local de boulangerie.

FOURNIMENT n.m. Équipement d'un soldat.

FOURNIR v. **40.**

FOURNISSEMENT n.m. *Dr.* Action d'établir des lots.

FOURNISSEUR, EUSE n.

FOURNITURE n.f.

FOURRAGE n.m.

FOURRAGER v. **17.** Fouiller en mettant du désordre. – Dévaster.

FOURRAGER, ÈRE 1. adj. Qui produit du fourrage. 2. n.f. Charrette. – Insigne militaire.

FOURRAGEUR n.m. *Mil.* Cavalier qui allait chercher le fourrage.

FOURRE n.f. *Helv.* Taie d'oreiller. – Enveloppe protectrice.

FOURRÉ, E adj. et n.m.

FOURREAU, X n.m.

FOURRER v. **10.**

FOURREUR, EUSE n.

FOURRIER n.m. *Mil.* Sous-officier chargé du matériel d'une unité.

FOURRIÈRE n.f. Lieu de dépôt d'objets saisis.

FOURRURE n.f.

FOURVOIEMENT n.m.

FOURVOYER v. **27.** Égarer, détourner.

FOUTA n.f. Au Maghreb, serviette de couleurs vives utilisée au hammam.

FOUTAGE n.m. *Fam. Foutage de gueule :* action de se moquer de quelqu'un.

FOUTAISE n.f.

FOUTEAU, X n.m. Hêtre.

FOUTEUR, EUSE n. *Arg.* Personne qui fout (la pagaille).

FOUTIMASSER v. **(p.p.inv.) 10.** *Helv., Fam.* Perdre son temps.

FOUTOIR n.m. *Fam.* Grand désordre.

FOUTOU n.m. *Afr.* Boulette de légumes et de fruits.

FOUTRAL, E, ALS adj. *Fam.* Extraordinaire.

FOUTRAQUE adj. *Fam.* Excentrique, fou.

FOUTRE 1. n.m. *Fam.* Sperme. 2. interj. *Fam.* Fichtre !

FOUTRE v. déf. **109.**

FOUTREMENT adv. *Fam.* Beaucoup.

FOUTRIQUET n.m. *Fam.* Personne insignifiante.

FOUTU, E adj.

FOVÉA n.f. Dépression de la rétine.

FOVÉAL, E, AUX adj. Relatif à la fovéa.

FOX n.m. Race de chiens.

FOXÉ, E adj. (Goût) aigre de certains vins américains.

FOYALAIS, E adj. De Fort-de-France (Martinique).

FOYARD [fwayar] n.m. → **fayard.**

FOYER n.m.

FRAC n.m. Habit de cérémonie.

FRACAS n.m.

FRACASSANT, E adj.

FRACASSEMENT n.m.

FRACASSER v. **10.**

FRACTAL, E, ALS adj. *Math.* Dont la forme est très irrégulière.

FRACTION n.f.

FRACTIONNAIRE adj. *Math.* Relatif aux fractions.

FRACTIONNEL, ELLE adj. Qui tend à diviser.

FRACTIONNEMENT n.m.

FRACTIONNER v. **10.** Diviser.

FRACTIONNISME n.m. *Pol.* Tendance à briser l'unité d'un groupe.

FRACTIONNISTE adj. et n.

FRACTURAIRE adj. Relatif à une fracture.

FRACTURATION n.f. *Techn.* Méthode de stimulation de la production d'un puits de pétrole.

FRACTURE n.f.

FRACTURER v. **10.**

FRAGILE adj.

FRAGILEMENT adv.

FRAGILISANT, E adj.

FRAGILISATION n.f.

FRAGILISER v. **10.**

FRAGILITÉ n.f.

FRAGMENT n.m.

FRAGMENTAIRE adj.

FRAGMENTATION n.f.

FRAGMENTER v. **10.** Partager, morceler.

FRAGON n.m. Arbrisseau épineux (petit houx).

FRAGRANCE n.f. *Litt.* Parfum agréable.

FRAGRANT, E adj. *Litt.* Parfumé.

FRAI n.m. Ponte des œufs, chez les poissons.

FRAÎCHE → **frais.**

FRAÎCHEMENT adv.

FRAÎCHEUR n.f.

FRAÎCHIN n.m. Odeur de poisson frais.

FRAÎCHIR v. **(p.p.inv.) 40.** Devenir frais.

FRAIRIE n.f. *Vx.* Partie de plaisir, banquet.

FRAIS, FRAÎCHE adj., n.m., n.m.pl., n.f. et adv.

FRAISAGE n.m.

FRAISE n.f.

FRAISER v. **10.** 1. *Techn.* Aléser, évaser. 2. **(= fraser)** Rouler (de la pâte).

FRAISERAIE n.f. Terrain planté de fraisiers.

FRAISETTE n.f. Petite collerette.

FRAISEUR, EUSE n.m. et n.f. Ouvrier, machine qui fraise.

FRAISICULTEUR, TRICE n. Cultivateur de fraises.

FRAISIER n.m.

FRAISIÈRE n.f. → **fraiseraie.**

FRAISIÉRISTE n. → **fraisiculteur.**

FRAISIL [-zi(l)] n.m. Cendre de charbon.

FRAISOIR n.m. Vilebrequin pour fraiser.

FRAISURE n.f. Évasement d'un orifice.

FRAKÉ n.m. *Afr.* Arbre dont le bois est le limba.

FRAMBOISE n.f.

FRAMBOISER v. **10.** Parfumer à la framboise.

FRAMBOISERAIE n.f.

FRAMBOISIER n.m.

FRAMÉE n.f. *Hist.* Javelot des Francs.

FRAMIRÉ n.m. Arbre africain au bois jaune.

FRANC n.m.

FRANC, FRANCHE adj.

FRANC, FRANQUE adj.

FRANÇAIS, E adj. et n.m.

FRANCFORT n.f. Saucisse de Francfort.

FRANCFORTAIS, E adj. De Francfort-sur-le-Main (Allemagne).

FRANCFORTOIS, E adj. → **francfortais.**

FRANCHE → **franc.**

FRANCHEMENT adv.

FRANCHIR v. **40.**

FRANCHISAGE n.m. *Dr.* Contrat entre un fabricant et un commerçant.

FRANCHISE n.f.

FRANCHISÉ, E n. *Dr.* Bénéficiaire d'une franchise.

FRANCHISER v. **10.** Pour une entreprise, autoriser (un tiers) à utiliser sa marque.

FRANCHISEUR n.m. *Dr.* Celui qui accorde une franchise.

FRANCHISING [fr-an-chayzing] n.m. → **franchisage.**

FRANCHISSABLE adj.

FRANCHISSEMENT n.m.

FRANCHOUILLARD, E adj. et n. *Péj.* Qui a les défauts traditionnellement attribués au Français moyen.

FRANCIEN, ENNE adj. et n.m. Relatif à un dialecte de la langue d'oïl.

FRANCILIEN, ENNE adj. De l'Île-de-France.

FRANCIQUE n.m. et adj. Langue des anciens Francs.

FRANCISANT, E n. Spécialiste du français.

FRANCISATION n.f.

FRANCISCAIN, E adj. et n. De l'ordre de Saint-François d'Assise.

FRANCISER v. **10.** Doter (un mot) d'une forme française.

FRANCISME n.m. *Québ.* Tournure propre au français de France.

FRANCISQUE n.f. *Hist.* Hache des Francs.

FRANCISTE n. Spécialiste de langue française.

FRANCITÉ n.f. Caractère de ce qui est français.

FRANCIUM n.m. Métal radioactif.

FRANCO adv. Sans frais de port.

FRANCOLIN n.m. Oiseau d'Afrique, voisin de la perdrix.

FRANCONIEN, ENNE adj. De la Franconie (Allemagne).

FRANCOPHILE adj. et n.

FRANCOPHILIE n.f.

FRANCOPHOBE adj. et n.

FRANCOPHOBIE n.f.

FRANCOPHONE adj. et n.

FRANCOPHONIE n.f.

FRANCOPHONISER v. **10.** *Québ.* Amener (un organisme) à employer plus de francophones.

FRANGE n.f.

FRANGEANT, E adj. (Récif) qui borde la terre ferme.

FRANGER v. **17.** Garnir de franges.

FRANGIN, E n. *Fam.* Frère, sœur.

FRANGIPANE n.f. Parfum. – Pâtisserie parfumée aux amandes.

FRANGIPANIER n.m. Arbrisseau exotique.

FRANGLAIS, E n.m. et adj. Ensemble des néologismes d'origine anglaise dans le français.

FRANQUE → **franc.**

FRANQUETTE | (À LA BONNE) loc. Sans façon.

FRANQUISME n.m. Système politique instauré par Franco (Espagne).

FRANQUISTE adj. et n.

FRANSQUILLON n.m. *Belg.* Personne qui parle le français avec affectation. – Flamand francophone.

FRANSQUILLONNER v. **(p.p.inv.) 10.**

FRAPE n.f. **(= frappe)** *Fam.* Voyou.

FRAPPADINGUE adj. et n. *Fam.* Fou.

FRAPPAGE n.m. Frappe des monnaies.

FRAPPANT, E adj.

FRAPPE n.f. 1. Action de frapper. 2. → **frape.**

FRAPPEMENT n.m.

FRAPPER v. **10.**

FRAPPEUR, EUSE adj. et n.

FRASER v. **10.** → **fraiser** 2.

FRASIL [-zi(l)] n.m. *Québ.* Pellicule de glace qui se forme sur l'eau.

FRASQUE n.f. Écart de conduite.

FRATER [-èr] n.m. *Vx.* Frère lai.

FRATERNEL, ELLE adj.

FRATERNELLEMENT adv.

FRATERNISATION n.f.

FRATERNISER v. **(p.p.inv.) 10.**

FRATERNITÉ n.f.

FRATRICIDE adj. et n. Qui tue son frère ou sa sœur.

FRATRIE n.f. Ensemble des frères et sœurs d'une famille.

FRAUDATOIRE adj.

FRAUDE n.f.

FRAUDER v. **10.**

FRAUDEUR, EUSE adj. et n.

FRAUDULEUSEMENT adv.

FRAUDULEUX, EUSE adj.

FRAXINELLE n.f. Plante du Midi.

FRAYAGE n.m. *Physiol.* Phénomène par lequel le passage du flux nerveux est facilité.

FRAYÉE n.f. Ornière dans une chaussée.

FRAYEMENT n.m. *Vét.* Inflammation de la peau.

FRAYER v. **24.** Tracer (un chemin). – Se reproduire, en parlant des poissons.

FRAYÈRE n.f. Lieu de reproduction des poissons.

FRAYEUR n.f.

FRAYOIR n.m. *Vén.* Marque laissée sur un arbre contre lequel un cerf frotte ses bois.

FRAYURE n.f. *Vén.* Action de frotter ses bois.

FREAK [frik] n. *Fam.* Marginal, drogué.

FREDAINE n.f. *Fam.* Écart de conduite.

FRÉDÉRICTONNAIS, E adj. De Fredericton (Canada).

FREDON n.m. Variation vocale, roulade.

FREDONNEMENT n.m.

FREDONNER v. **10.**

FREELANCE [fri-] adj. et n. Qui travaille de manière indépendante.

FREERIDE [frirayd] n.m. Ski ou snowboard hors-piste.

FREESIA [frézya] n.m. Plante ornementale à fleurs.

FREESTYLE [fristayl] n.m. Pratique d'un sport de glisse où le style compte plus que la vitesse.

FREEWARE [friwèr] n.m. *Inf.* Logiciel gratuit.

FREEZER [frizeur] n.m. Congélateur.

FRÉGATAGE n.m. Renflement de la coque d'un navire.

FRÉGATE n.f.

FRÉGATER v. **10.** Modifier (un bateau) en affinant ses formes.

FRÉGATON n.m. *Fam.* Capitaine de frégate.

FREIN n.m.

FREINAGE n.m.

FREINER v. **10.**

FREINEUR, EUSE n. *Sp.* Équipier d'un bobsleigh.

FREINTE n.f. Perte de valeur d'une marchandise pendant le transport.

FRELATAGE n.m.

FRELATER v. **10.** Falsifier (une substance).

FRÊLE adj.

FRELON n.m.

FRELUCHE n.f. Petite houppe de soie sortant d'un bouton.

FRELUQUET n.m. *Fam.* Jeune homme d'apparence frêle. – *Litt.* Jeune homme frivole et prétentieux.

FRÉMIR v. **(p.p.inv.) 40.**

FRÉMISSANT, E adj.

FRÉMISSEMENT n.m.

FRÊNAIE n.f. Lieu planté de frênes.

FRÉNATEUR, TRICE adj. et n.m. *Physiol.* Qui freine l'activité d'organes.

FRÊNE n.m.

FRÉNÉSIE n.f.

FRÉNÉTIQUE adj. et n.

FRÉNÉTIQUEMENT adv.

FRÊNETTE n.f. Boisson fermentée à base de feuilles de frêne.

FRÉON n.m. (Nom déposé) Fluide frigorifique.

FRÉQUEMMENT adv.

FRÉQUENCE n.f.

FRÉQUENCEMÈTRE n.m. *Électr.* Appareil pour mesurer la fréquence d'un courant.

FRÉQUENT, E adj.

FRÉQUENTABLE adj.

FRÉQUENTATIF, IVE adj. et n.m. *Ling.* Qui marque la répétition.

FRÉQUENTATION n.f.

FRÉQUENTER v. **10.**

FRÉQUENTIEL, ELLE adj.

FRÈRE adj.m. et n.m.

FRÉRÈCHE n.f. *Hist.* Communauté familiale du Midi.

FRÉROT n.m. *Fam.* Petit frère.

FRESQUE n.f.

FRESQUISTE n. Peintre de fresques.

FRESSURE n.f. Ensemble des viscères d'un animal.

FRET n.m. Cargaison. – Transport de marchandises.

FRÉTER v. **12.** Louer (un véhicule).

FRÉTEUR n.m. Armateur.

FRÉTILLANT, E adj.

FRÉTILLEMENT n.m.

FRÉTILLER v. **(p.p.inv.) 10.**

FRETIN n.m.

FRETTAGE n.m.

FRETTE n.f. Anneau métallique de renforcement. – Ornement d'une moulure.

FRETTER v. **10.** Renforcer par une frette.

FREUDIEN, ENNE adj. et n. *Psych.* Relatif au freudisme.

FREUDISME n.m. *Psych.* Théorie sur le fonctionnement psychique développée par Freud.

FREUX n.m. Oiseau voisin du corbeau.

FRIABILITÉ n.f.

FRIABLE adj.

FRIAND, E adj. et n.m.

FRIANDISE n.f.

FRIBOURG n.m. Fromage suisse.

FRIBOURGEOIS, E adj. Du canton de Fribourg (Suisse).

FRIC n.m.

FRICADELLE n.f. *Belg.* Boulette de viande hachée.

FRICANDEAU, X n.m. Tranche de veau lardée.

FRICASSE n.f. *Helv.* Grand froid.

FRICASSÉE n.f. Ragoût de viande blanche. – *Belg.* Œufs au lard.

FRICASSER v. **10.** Accommoder (une viande) en sauce.

FRICATIF, IVE adj. et n.f. *Phon.* Qui se prononce par frottement de l'air contre les dents ou les lèvres.

FRICHE n.f.

FRICHTI n.m. *Fam.* Repas.

FRICOT n.m. *Fam.* Mets préparé grossièrement.

FRICOTAGE n.m.

FRICOTER v. **10.** *Fam.* Manigancer.

FRICOTEUR, EUSE n.

FRICTION n.f.

FRICTIONNEL, ELLE adj.

FRICTIONNER v. **10.**

FRIDOLIN n.m. *Péj.* Allemand.

FRIGIDAIRE n.m. (Nom déposé).

FRIGIDARIUM n.m. *Antiq. rom.* Salle des thermes où l'eau était froide.

FRIGIDE adj.

FRIGIDITÉ n.f.

FRIGO n.m.

FRIGOLITE n.f. (Nom déposé) *Belg.* Matière isolante.

FRIGORIE n.f. Unité thermique utilisée dans l'industrie du froid.

FRIGORIFÈRE n.m. Radiateur dans lequel circule un liquide réfrigérant.

FRIGORIFIER v. **15.** Soumettre au froid pour conserver.

FRIGORIFIQUE adj. et n.m.

FRIGORIGÈNE adj. et n.m. Qui engendre le froid.

FRIGORISTE n. et adj. Technicien en appareils frigorifiques.

FRILEUSEMENT adv.

FRILEUX, EUSE adj. et n.

FRILOSITÉ n.f. Comportement frileux, timoré.

FRIMAIRE n.m. Mois du calendrier républicain.

FRIMAS n.m. Brouillard froid.

FRIMASSER v. **10.** *Québ.* Produire du givre. – *Québ. Se frimasser :* se couvrir de givre.

FRIME n.f. *Fam.* Apparence trompeuse.

FRIMER v. **10.** *Fam.* Chercher à épater. – *Arg.* Regarder.

FRIMEUR, EUSE adj. et n.

FRIMOUSSE n.f. *Fam.* Visage d'enfant.

FRINGALE n.f.

FRINGANT, E adj. Vif, élégant.

FRINGILLIDÉ [l] n.m. Passereau, type pinson.

FRINGUE n.f.

FRINGUER v. **10.**

FRIOULAN, E adj. Du Frioul (Italie).

FRIPE n.f. Chiffon, vieux vêtement.

FRIPER v. **10.** Froisser.

FRIPERIE n.f. Commerce de fripes.

FRIPIER, ÈRE n.

FRIPON, ONNE adj. et n.

FRIPONNER v. **10.** Duper.

FRIPONNERIE n.f. Espièglerie.

FRIPOUILLE n.f.

FRIPOUILLERIE n.f.

FRIQUÉ, E adj. et n. *Fam.* Qui a beaucoup d'argent.

FRIQUET n.m. Moineau des champs.

FRIRE v. déf. **134.**

FRISAGE n.m.

FRISANT, E adj. (Lumière) qui effleure.

FRISBEE [frizbi] n.m. (Nom déposé) Jeu pratiqué avec un disque.

FRISE n.f.

FRISÉ, E adj., n.m. et n.f.

FRISELÉE n.f. **(= frisolée)** Maladie de la pomme de terre.

FRISELIS n.m. *Litt.* Frémissement doux.

FRISER v. **10.** Mettre en boucles. – Effleurer.

FRISETTE n.f. Petite boucle.

FRISKO n.m. (Nom déposé) *Belg.* Crème glacée enrobée de chocolat, fixée sur un bâtonnet.

FRISOLÉE n.f. → **friselée.**

FRISON, ONNE adj., n.m. et n.f. De la Frise (Pays-Bas).

FRISOTTANT, E adj.

FRISOTTER v. **10.** Friser légèrement.

FRISOTTIS n.m. → **frisette.**

FRISQUET, ETTE adj.

FRISSON n.m.

FRISSONNANT, E adj.

FRISSONNEMENT n.m.

FRISSONNER v. **(p.p.inv.) 10.**

FRISTOUILLER v. **10.** Frire.

FRISURE n.f. Façon de friser.

FRITE n.f.

FRITER (SE) v. **10 (= fritter)** *Fam.* Avoir une altercation avec quelqu'un.

FRITERIE n.f.

FRITEUSE n.f.

FRITILLAIRE [l] n.f. Plante bulbeuse à fleurs décoratives.

FRITON n.m. Résidu de graisse fondue.

FRITOT n.m. Petit beignet salé.

FRITTAGE n.m.

FRITTE n.f. Mélange de sable et de soude utilisé en céramique.

FRITTER v. **10.** *Mét.* Agglomérer (des poudres métalliques). – *Se fritter :* → **friter.**

FRITURE n.f.

FRITURIER, ÈRE n. Personne qui fait ou vend de la friture.

FRITZ n.m. *Péj.* Allemand.

FRIVOLE adj.

FRIVOLEMENT adv.

FRIVOLITÉ n.f.

FROC n.m. Vêtement de moine. – *Fam.* Pantalon.

FROCARD n.m. *Vx.* Moine.

FRŒBÉLIEN, ENNE [fröbély-in] adj. et n. *Belg.* Relatif à l'éducation en école maternelle.

FROID, FROIDE adj. et n.m.

FROIDEMENT adv.

FROIDEUR n.f.

FROIDURE n.f. Temps froid.

FROISSABLE adj.

FROISSANT, E adj. Désobligeant.

FROISSEMENT n.m.

FROISSER v. **10.**

FROISSURE n.f. Trace sur un objet froissé.

FRÔLEMENT n.m.

FRÔLER v. **10.**

FRÔLEUR, EUSE adj. et n.

FROLIC n.m. En Acadie, grande fête populaire.

FROMAGE n.m.

FROMAGÉ, E adj. Accommodé au fromage.

FROMAGEON n.m. Fromage de chèvre.

FROMAGER, ÈRE adj. et n.

FROMAGERIE n.f.

FROMEGI [fromji] n.m. **(= fromgi)** *Fam.* Fromage.

FROMENT n.m.

FROMENTAL, E, AUX 1. adj. Relatif au froment. 2. n.m. Avoine fourragère.

FROMENTÉE n.f. Bouillie de farine de froment.

FROMETON [fromt-on] n.m. **(= fromton)** *Fam.* Fromage.

FROMGI n.m. → **fromegi.**

FROMTON n.m. → **frometon.**

FRONCE n.f.

FRONCEMENT n.m.

FRONCER v. **13.**

FRONCIS n.m. Ensemble des fronces sur un tissu.

FRONDAISON n.f. Apparition des feuilles sur les arbres.

FRONDE n.f.

FRONDER v. **10.** Critiquer en raillant.

FRONDEUR, EUSE adj. et n.

FRONSAC n.m. Vin de Bordeaux.

FRONT n.m.

FRONTAIL n.m. Partie du harnais du cheval.

FRONTAL, E, AUX adj.

FRONTALEMENT adv.

FRONTALIER, ÈRE adj. et n. Qui travaille chaque jour au-delà d'une frontière.

FRONTALITÉ n.f. *Antiq.* Pour une statue, fait de se présenter de face.

FRONTEAU, X n.m. Bandeau frontal de certaines religieuses. – Petit fronton.

FRONTIÈRE n.f.

FRONTIGNAN n.m. Vin muscat de l'Hérault.

FRONTISME n.m.

FRONTISPICE n.m. Façade principale. – Titre principal d'un livre.

FRONTISTE adj. et n. *Pol.* Relatif au Front national.

FRONTON n.m. Couronnement triangulaire d'un édifice. – Mur de pelote basque.

FROTTAGE n.m.

FROTTANT, E adj. Soumis à un frottement.

FROTTEMENT n.m.

FROTTER v. **10.**

FROTTEUR, EUSE adj. et n.

FROTTIS n.m. *Méd.* Étalement d'une préparation à analyser au microscope.

FROTTOIR n.m. Surface permettant l'inflammation des allumettes par friction.

FROUER v. **(p.p.inv.) 10.** À la chasse, imiter le cri de la chouette.

FROUFROU n.m. Léger bruit dû à un froissement.

FROUFROUTANT, E adj.

FROUFROUTEMENT n.m.

FROUFROUTER v. **(p.p.inv.) 10.**

FROUILLER v. **(p.p.inv.) 10.** *Helv.* Tricher.

FROUSSARD, E adj. et n.

FROUSSE n.f. *Fam.* Peur.

FRUCTICULTEUR, TRICE n.

FRUCTIDOR n.m. Mois du calendrier républicain.

FRUCTIFÈRE adj. Qui produit des fruits.

FRUCTIFIANT, E adj.

FRUCTIFICATEUR, TRICE adj.

FRUCTIFICATION n.f.

FRUCTIFIER v. **(p.p.inv.) 15.** Produire des fruits.

FRUCTOSE n.m. Sucre d'origine végétale.

FRUCTUEUSEMENT adv.

FRUCTUEUX, EUSE adj. Avantageux.

FRUCTUS n.m. *Dr.* Droit de percevoir les fruits d'une propriété.

FRUGAL, E, AUX adj. Sobre, simple.

FRUGALEMENT adv.

FRUGALITÉ n.f.

FRUGIVORE adj. et n.m. Qui se nourrit de fruits.

FRUIT n.m.

FRUITAGE n.m. *Vx.* Ensemble de fruits variés.

FRUITÉ, E adj.

FRUITERIE n.f. Commerce de fruits.

FRUITICULTEUR, TRICE n.

FRUITIER, ÈRE adj. et n.

FRUMENTACÉ, E adj. *Bot.* Cultivé pour ses graines comestibles.

FRUMENTAIRE adj. *Hist.* Relatif aux céréales.

FRUSQUES n.f.pl. *Fam.* Vieux vêtements.

FRUSQUIN n.m. *Vx.* Argent, possessions.

FRUSTE adj. et n. Rustre, sans culture.

FRUSTRANT, E adj.

FRUSTRATION n.f.

FRUSTRATOIRE adj.

FRUSTRER v. **10.** Priver de ce qui est dû.

FRUSTULE n.m. Enveloppe siliceuse de certaines algues.

FRUTESCENT, E adj. (Plante) à tige ligneuse.

FUCACÉE n.f. Algue marine brune, type fucus.

FUCALE n.f. Algue, type fucacée.

FUCHSIA [fuksya] ou [fuchya] n.m. Arbrisseau à fleurs rouges.

FUCHSIEN, ENNE [fuksy-in] adj. *Math.* (Fonction) qui reste invariable dans certaines transformations.

FUCHSINE [fuksin] n.f. Matière colorante rouge.

FUCUS n.m. Algue brune.

FUDGE [feudj] n.m. *Québ.* Confiserie fondante aromatisée au chocolat.

FUÉGIEN, ENNE adj. De la Terre de Feu (Amérique du Sud).

FUEL [fyoul] n.m. → **fioul.**

FUERO [fwérô] n.m. *Hist.* Ancienne charte espagnole.

FUGACE adj. Qui ne dure pas.

FUGACITÉ n.f.

FUGITIF, IVE adj. et n.

FUGITIVEMENT adv.

FUGU [fougou] n.m. Poisson comestible japonais.

FUGUE n.f.

FUGUÉ, E adj. *Mus.* En style de fugue.

FUGUER v. **10.** *Fam.* Faire une fugue.

FUGUEUR, EUSE adj. et n. *Psych.* Qui a tendance à faire des fugues.

FÜHRER [fureur] n.m. *Hist.* Titre pris par Hitler.

FUIE n.f. Petit pigeonnier.

FUIR v. **53.**

FUITE n.f.

FUITER v. **(p.p.inv.) 10.** *Fam.* Être divulgué.

FULFULDÉ [foulfoul-] n.m. → **foulani.**

FULGORE n.m. Insecte considéré, à tort, comme lumineux.

FULGURAL, E, AUX adj. Qui concerne la foudre.

FULGURANCE n.f. → **fulguration.**

FULGURANT, E adj. Qui frappe vivement.

FULGURATION n.f. Éclair sans tonnerre.

FULGURER v. **(p.p.inv.) 10.** *Litt.* Briller d'un vif éclat.

FULGURITE n.f. Concrétion produite par la foudre.

FULIGINEUX, EUSE adj. Qui ressemble à de la suie.

FULIGULE n.m. Canard plongeur au plumage terne.

FULL [foul] n.m. Au poker, ensemble formé d'un brelan et d'une paire.

FULLERÈNE n.m. Variété cristalline de carbone.

FULMAR n.m. Oiseau marin, voisin du pétrel.

FULMICOTON n.m. Explosif à base de cellulose.

FULMINANT, E adj. Menaçant.

FULMINATE n.m. *Chim.* Sel détonant.

FULMINATION n.f. *Rel.* Condamnation.

FULMINATOIRE adj.

FULMINER v. **10.** S'emporter. – Formuler (des imprécations) avec violence.

FULMINIQUE adj. *Chim.* Qui fait détoner.

FUMABLE adj.

FUMAGE n.m. Action de fumer une terre.

FUMAGINE n.f. Maladie des plantes, caractérisée par un dépôt noir.

FUMAISON n.f. Exposition d'aliments à la fumée, pour les conserver.

FUMANT, E adj.

FUMARIACÉE n.f. Plante, type fumeterre.

FUMARIQUE adj. *Acide fumarique :* acide intervenant dans le métabolisme cellulaire.

FUMÉ, E adj., n.m. et n.f.

FUMER v. **10.**

FUMERIE n.f. Lieu où l'on fume l'opium.

FUMEROLLE n.f. Émanation de gaz volcanique.

FUMEROLLIEN, ENNE adj. Riche en fumerolles.

FUMERON n.m. Morceau de bois insuffisamment carbonisé et qui fume.

FUMERONNER v. **(p.p.inv.) 10.** Fumer comme un fumeron.

FUMET n.m. Odeur agréable de cuisson.

FUMETERRE n.f. Plante des champs à fleurs roses.

FUMETTE n.f. *Fam.* Action de fumer du haschisch.

FUMEUR, EUSE n.

FUMEUX, EUSE adj.

FUMIER n.m.

FUMIGATEUR n.m. Appareil pour faire des fumigations.

FUMIGATION n.f. Production d'une fumée ou d'une vapeur désinfectante.

FUMIGATOIRE adj.

FUMIGÈNE adj. et n.m. Qui produit de la fumée.

FUMIGER v. **17.** Exposer à une vapeur pour désinfecter.

FUMISTE 1. n. et adj. Personnage peu sérieux. 2. n. Installateur d'appareils de chauffage.

FUMISTERIE n.f. Action dépourvue de sérieux.

FUMIVORE adj. et n.m. Qui absorbe la fumée.

FUMIVORITÉ n.f.

FUMOIR n.m.

FUMURE n.f. *Agr.* Engrais.

FUN [feun] 1. n.m. Flotteur court de planche à voile. 2. adj. *Fam.* Amusant.

FUNAMBULE n.

FUNAMBULESQUE adj.

FUNBOARD [feunbord] n.m. → **fun** 1.

FUNDUS [f-on-dus] n.m. *Anat.* Partie de l'estomac.

FUNE n.f. Cordage qui sert à remorquer un chalut.

FUNÈBRE adj.

FUNÉRAILLES n.f.pl.

FUNÉRAIRE adj.

FUNÉRARIUM n.m. Lieu de réunion avant des obsèques.

FUNESTE adj.

FUNESTEMENT adv.

FUNICULAIRE 1. adj. Relatif au cordon ombilical. 2. n.m. Chemin de fer mû par câble.

FUNICULE n.m. *Bot.* Cordon entre l'ovule et le placenta.

FUNIN n.m. *Mar.* Cordage non goudronné.

FUNK [feunk] n.m. et adj. Musique de rock issue du funky.

FUNKY [feunki] n.m. et adj. Musique de jazz d'origine américaine.

FUR I n.m. *Au fur et à mesure :* à mesure.

FURANE n.m. **(= furanne)** *Chim.* Composé carboné existant dans le goudron de sapin.

FURANNE n.m. → **furane.**

FURAX adj. *Fam.* Furieux.

FURCULA n.f. Os en forme d'Y, chez les oiseaux.

FURET n.m.

FURETAGE n.m.

FURETER v. **(p.p.inv.) 21** (je furète...) Chasser au furet. – Fouiller partout.

FURETEUR, EUSE adj. et n.

FUREUR n.f.

FURFURACÉ, E adj. *Méd.* Qui a l'aspect du son de blé.

FURFURAL, S n.m. **(= furfurol)** *Chim.* Composé carboné toxique utilisé dans l'industrie.

FURFUROL n.m. → **furfural.**

FURIA n.f. Impétuosité.

FURIBARD, E adj. *Fam.* Furieux.

FURIBOND, E adj.

FURIE n.f.

FURIEUSEMENT adv.

FURIEUX, EUSE adj. et n.

FURIOSO adj. *Mus.* Violent.

FUROLE n.f. *Vx.* Feu follet.

FURONCLE n.m.

FURONCULEUX, EUSE adj. et n.

FURONCULOSE n.f. Éruption de furoncles.

FUROSÉMIDE [s] n.m. *Pharm.* Diurétique puissant.

FURTIF, IVE adj.

FURTIVEMENT adv.

FURTIVITÉ n.f.

FUSAIN n.m. Arbrisseau. – Charbon en bois de fusain servant à dessiner.

FUSAINISTE n. **(= fusiniste)** Artiste qui dessine au fusain.

FUSAÏOLE n.f. *Anc.* Poids assurant la rotation d'un fuseau à main, pendant le filage.

FUSANT, E adj. et n.m.

FUSARIOSE n.f. Maladie des plantes.

FUSCINE n.f. *Antiq. rom.* Fourche à trois dents. – *Biol.* Pigment noir de la rétine.

FUSEAU, X n.m.

FUSÉE n.f.

FUSEL n.m. Sous-produit de la fermentation alcoolique des glucides.

FUSELAGE n.m.

FUSELER v. **22** (je fuselle...) Tailler en fuseau.

FUSÉOLOGIE n.f. Science et technique des fusées.

FUSER v. **(p.p.inv.** mais **fusée** n.f.) **10.** Jaillir.

FUSETTE n.f. Tube pour enrouler du fil à coudre.

FUSIBILITÉ n.f.

FUSIBLE adj. et n.m. Qui peut fondre.

FUSIFORME adj. En forme de fuseau.

FUSIL n.m.

FUSILIER n.m. Militaire armé d'un fusil.

FUSILLADE n.f.

FUSILLER v. **10.**

FUSILLEUR n.m.

FUSILLI [f(o)uzili] n.m. Pâte alimentaire torsadée.

FUSINISTE n. → **fusainiste.**

FUSION n.f.

FUSIONNEL, ELLE adj. *Psych.* (Relation) où sujet et objet ne sont pas différenciés.

FUSIONNEMENT n.m.

FUSIONNER v. **10.**

FUSTANELLE n.f. Courte jupe masculine (Grèce).

FUSTET n.m. Arbrisseau à houppes plumeuses.

FUSTIBALE n.f. *Antiq.* Fronde emmanchée au bout d'un bâton.

FUSTIGATION n.f.

FUSTIGER v. **17.** Fouetter. – Critiquer vivement.

FUSTINE n.f. Matière tinctoriale jaune, produite par le bois du fustet.

FÛT n.m.

FUTAIE n.f. Forêt de grands arbres.

FUTAILLE n.f. Tonneau pour le vin.

FUTAINE n.f. Étoffe pelucheuse.

FUTAL, S n.m. *Arg.* Pantalon.

FUTÉ, E adj. et n.

FUTILE adj.

FUTILEMENT adv.

FUTILITÉ n.f.

FUTON n.m. Matelas japonais.

FUTSAL, S [foutsal] n.m. Football à cinq pratiqué en salle.

FUTUNIEN, ENNE adj. De Futuna (Océanie).

FUTUR, E adj. et n.

FUTURIBLE adj. et n. Qui fait des recherches sur le futur.

FUTURISME n.m. Doctrine esthétique.

FUTURISTE adj. et n. Qui évoque l'avenir.

FUTUROLOGIE n.f.

FUTUROLOGIQUE adj.

FUTUROLOGUE n. Personne qui fait des recherches sur le futur.

FUXÉEN, ENNE adj. De Foix.

FUYANT, E adj. et n.m.

FUYARD, E adj. et n.

GABA n.m. *Physiol.* Neuromédiateur.

GABARDINE n.f. Manteau imperméable.

GABARE n.f. **(= gabarre)** Embarcation pour le transport des marchandises sur les rivières.

GABARIAGE n.m. Action de construire un gabarit.

GABARIER n.m. **(= gabarrier)** Patron de gabare.

GABARIER v. **15.** Construire selon un gabarit.

GABARIT n.m. Modèle. – Appareil de mesure.

GABARRE n.f. → **gabare.**

GABARRIER n.m. → **gabarier** n.m.

GABBRO n.m. Roche éruptive.

GABEGIE n.f. Désordre, gaspillage.

GABELLE n.f. *Anc.* Impôt sur le sel.

GABELOU n.m. *Péj.* Douanier.

GABIE n.f. *Mar.* Plateforme fixée en haut d'un mât.

GABIER n.m. Matelot chargé de la manœuvre.

GABION n.m. *Mil.* Panier rempli de terre servant de protection. – Abri pour les chasseurs.

GABIONNAGE n.m.

GABIONNER v. **10.** *Mil.* Protéger au moyen de gabions.

GABLE ou **GÂBLE** n.m. Pignon décoratif ajouré.

GABONAIS, E adj. Du Gabon (Afrique centrale).

GABORONAIS, E adj. De Gaborone (Botswana).

GÂCHAGE n.m.

GÂCHE n.f. Partie de serrure. – Outil de maçon.

GÂCHER v. **10.**

GÂCHETTE n.f.

GÂCHEUR, EUSE adj. et n.

GÂCHIS n.m.

GADE n.m. → **gadidé.**

GADELIER n.m. **(= gadellier)** *Québ.* Arbuste qui produit des gadelles.

GADELLE n.f. *Québ.* Groseille.

GADELLIER n.m. → **gadelier.**

GADGET n.m.

GADGÉTISER v. **10.** Équiper de gadgets.

GADIDÉ n.m. Poisson marin, type morue.

GADIFORME n.m. Poisson, type gadidé.

GADIN n.m. *Fam.* Chute.

GADITAN, E adj. De Cadix (Espagne).

GADJÉ **|** → **gadjo.**

GADJI n. → **gadjo.**

GADJO (pl. **GADJÉ** ou **GADJOS**) n. **(= gadji)** Nom donné par les gitans aux non-gitans.

GADOLINIUM n.m. Métal rare.

GADOUE n.f. Engrais composé d'ordures. – Boue.

GADOUILLE n.f. *Fam.* Boue.

GADROUILLER v. **(p.p.inv.) 10.** *Helv.* Patauger dans la boue.

GAÉLIQUE adj. et n.m. Des Gaëls, peuple celtique d'Irlande ou d'Écosse.

GAFFE n.f. Perche munie d'un croc. – *Fam.* Maladresse.

GAFFER v. **10.** Accrocher avec une gaffe. – *Fam.* Commettre une maladresse.

GAFFEUR, EUSE adj. et n.

GAG n.m.

GAGA adj. et n.

GAGAKU [-kou] n.m. Musique de cour de l'Empire japonais.

GAGAOUZE adj. D'un peuple de Moldavie.

GAGE n.m.

GAGER v. **17.**

GAGERIE n.f. *Dr. Saisie-gagerie :* saisie pratiquée avant un jugement pour garantir une créance.

GAGEUR, EUSE n. *Dr.* Qui garantit.

GAGEURE [-jur] n.f. Action qui ressemble à un pari ingagnable.

GAGISTE adj. et n. *Dr.* Qui détient une garantie.

GAGMAN (pl. **GAGMEN** ou **GAGMANS**) n.m. *Cin.* Auteur de gags.

GAGMEN | → **gagman.**

GAGNABLE adj.

GAGNAGE n.m. *Vx.* Pâturage. – Champ fréquenté par le gibier.

GAGNANT, E adj. et n.

GAGNER v. **10.**

GAGNERIE n.f. → **gagnage.**

GAGNEUR, EUSE adj. et n.

GAGUESQUE adj. *Fam.* Qui tient du gag.

GAI, GAIE adj. et n.

GAÏAC n.m. Arbre d'Amérique centrale, au bois dur.

GAÏACOL n.m. Extrait de la résine de gaïac.

GAIEMENT adv. **(= gaîment).**

GAIETÉ n.f. **(= gaîté).**

GAILLAC n.m. Vin du Tarn.

GAILLARD, E adj. et n.

GAILLARDEMENT adv.

GAILLARDIE n.f. Plante ornementale.

GAILLARDISE n.f. Écrit, propos grivois.

GAILLET n.m. Plante herbacée.

GAILLETERIE n.f. Houille en morceaux.

GAILLETIN n.m. Morceau de charbon.

GAILLETTE n.f. Gros morceau de charbon.

GAÎMENT adv. → **gaiement.**

GAIN n.m.

GAINAGE n.m.

GAINANT, E adj.

GAINE n.f.

GAINER v. **10.** Revêtir d'une gaine.

GAINERIE n.f. Fabrique, commerce de gaines.

GAINIER, ÈRE n. Personne qui fabrique ou vend des gaines.

GAÎTÉ n.f. → **gaieté.**

GAIZE n.f. Variété de grès.

GAL, S n.m. Unité de mesure d'accélération.

GALA n.m.

GALACTAGOGUE adj. et n.m. Qui favorise la sécrétion du lait.

GALACTIQUE adj. Relatif à la Galaxie.

GALACTOGÈNE adj. et n.m. → **galactagogue.**

GALACTOMÈTRE n.m. Instrument qui mesure la densité du lait.

GALACTOPHORE adj. (Canal) qui conduit le lait au mamelon.

GALACTOPOÏÈSE n.f. Sécrétion de lait.

GALACTORRHÉE n.f. *Méd.* Écoulement anormal de lait.

GALACTOSE n.m. Sucre obtenu par hydrolyse du lactose.

GALACTOSÉMIE n.f. Maladie du nouveau-né dont le sang contient du galactose.

GALACTOSIDASE n.f. *Biochim.* Lactase.

GALAGO n.m. Petit lémurien d'Afrique.

GALALITHE n.f. (Nom déposé) Ancienne matière plastique.

GALAMMENT adv.

GALANDAGE n.m. Mur léger de briques.

GALANGA n.m. Plante dont le rhizome sert de condiment.

GALANT, E adj. et n.m.

GALANTERIE n.f.

GALANTIN n.m. *Vx.* Galant ridicule.

GALANTINE n.f. Pâté enrobé de gelée.

GALAPIAT n.m. Vaurien.

GALATE adj. De la Galatie (Asie Mineure).

GALATHÉE n.f. Crustacé décapode.

GALAXIE n.f. Voie lactée. – Nébuleuse.

GALBANUM n.m. Résine végétale.

GALBE n.m.

GALBER v. **10.**

GALE n.f.

GALÉACE n.f. **(= galéasse)** *Anc.* Galère à rames et à voiles.

GALÉASSE n.f. → **galéace.**

GALÉJADE n.f.

GALÉJER v. **(p.p.inv.) 12.** Raconter des histoires inventées ou déformées.

GALÈNE n.f. Sulfure naturel de plomb.

GALÉNIQUE adj. *Méd., Pharm.* Relatif à la méthode de Galien.

GALÉNISME n.m. Doctrine médicale de Galien.

GALÉNISTE n. Spécialiste de la mise en forme d'un médicament pour le présenter à la vente.

GALÉODE n.m. Arachnide venimeux des pays chauds.

GALÉOPITHÈQUE n.m. Mammifère insectivore pouvant planer.

GALÉOPSIS [-s] n.m. Plante herbacée.

GALÈRE n.f.

GALÉRER v. **(p.p.inv.) 12.** *Fam.* S'échiner pour un mince profit.

GALERIE n.f.

GALÉRIEN n.m.

GALERISTE n. Personne qui tient une galerie d'art.

GALERNE n.f. Vent du nord-ouest.

GALÉRUQUE n.f. Insecte nuisible aux arbres.

GALET n.m.

GALETAGE n.m. *Mét.* Usinage par l'action de galets en rotation.

GALETAS [galta] n.m. Logement misérable sous les combles.

GALETER v. **20** (je galette...) *Techn.* Usiner (des métaux) au moyen de galets en rotation.

GALETTE n.f.

GALETTEUX, EUSE adj. *Fam.* Riche.

GALEUX, EUSE adj. et n.

GALGAL, S n.m. Tumulus celtique.

GALHAUBAN n.m. *Mar.* Cordage.

GALIBI, E adj. D'un peuple de Guyane.

GALIBOT n.m. *Min.* Jeune manœuvre au service des voies.

GALICIEN, ENNE 1. adj. De la Galice (Espagne). – De la Galicie (Europe centrale). 2. n.m. Dialecte espagnol.

GALIDIA n.f. **(= galidie)** Petit carnassier de Madagascar.

GALIDIE n.f. → **galidia.**

GALILÉEN, ENNE adj. De Galilée (Palestine).

GALIMAFRÉE n.f. Fricassée peu ragoûtante.

GALIMATIAS [-tya] n.m. Discours, écrit confus.

GALION n.m. *Anc.* Grand navire de transport.

GALIOTE n.f. Bateau à voiles hollandais.

GALIPETTE n.f.

GALIPOT n.m. Résine du pin maritime.

GALIPOTER v. **10.** *Mar.* Enduire de galipot.

GALLA n.m. Langue parlée en Éthiopie et au Kenya.

GALLE n.f. *Bot.* Excroissance due à des parasites.

GALLEC n.m. → **gallo.**

GALLÉRIE n.f. Insecte qui fait des dégâts dans la cire des ruches.

GALLEUX, EUSE adj. *Chim.* Relatif aux composés du gallium.

GALLICAN, E n. et adj. Partisan de l'indépendance de l'Église de France par rapport à Rome.

GALLICANISME n.m.

GALLICISME n.m. Tournure propre au français.

GALLICOLE adj. (Insecte) qui habite une galle.

GALLIFORME n.m. → **gallinacé.**

GALLINACÉ, E n.m. et adj. Oiseau, type coq.

GALLINULE n.f. Poule d'eau.

GALLIQUE adj. (Acide) provenant de la galle.

GALLIUM n.m. Métal voisin de l'aluminium.

GALLO n.m. **(= gallot)** Dialecte parlé dans l'est de la Bretagne.

GALLODROME n.m. Arène pour combats de coqs.

GALLOIS, E adj. et n.m. Du pays de Galles.

GALLOMANIE n.f. Admiration pour tout ce qui est français.

GALLON n.m. Unité de capacité.

GALLOT n.m. → **gallo.**

GALLUP [galeup] n.m. *Vx.* Sondage.

GALOCHE n.f. Chaussure à semelle de bois.

GALON n.m.

GALONNER v. **10.**

GALONNIER, ÈRE adj. et n. Qui fabrique ou vend des galons.

GALOP n.m.

GALOPADE n.f.

GALOPANT, E adj.

GALOPER v. **10.** Mettre (sa monture) au galop.

GALOPEUR, EUSE adj. et n.

GALOPIN, E n.

GALOUBET n.m. Petite flûte méridionale.

GALUCHAT n.m. Peau de raie ou de squale utilisée en gainerie.

GALURE n.m. *Fam.* Chapeau.

GALURIN n.m. → **galure.**

GALVANIQUE adj. Relatif au galvanisme.

GALVANISATION n.f.

GALVANISER v. **10.** Recouvrir (un métal) d'une couche d'un autre métal. – Enthousiasmer.

GALVANISME n.m. Action des courants électriques continus sur les organes vivants.

GALVANO n.m. *Impr.* Cliché obtenu par galvanoplastie.

GALVANOCAUTÈRE n.m. *Méd.* Cautère chauffé par un courant électrique.

GALVANOMÈTRE n.m. Appareil qui mesure les courants électriques faibles.

GALVANOPLASTIE n.f. Dépôt électrolytique sur un support.

GALVANOTYPE n.m. → **galvano.**

GALVANOTYPIE n.f. *Impr.* Reproduction électrochimique de gravures.

GALVAUDAGE n.m.

GALVAUDER v. **10.** Gâcher par un usage mauvais ou répété.

GALVAUDEUX, EUSE n. Propre à rien.

GAMATE n.f. Auge de maçon.

GAMAY n.m. **(= gamet)** Cépage.

GAMBA n.f. Grosse crevette.

GAMBADE n.f.

GAMBADER v. **(p.p.inv.) 10.**

GAMBADEUR, EUSE n.

GAMBE n.f. *Mar.* Filin.

GAMBERGE n.f.

GAMBERGER v. **17.** Combiner, manigancer.

GAMBETTE 1. n.m. Échassier. 2. n.f. *Fam.* Jambe.

GAMBIEN, ENNE adj. De Gambie (Afrique occidentale).

GAMBILLE n.f. *Fam.* Danse.

GAMBILLER v. **(p.p.inv.) 10.** *Fam.* Danser.

GAMBISTE n. Musicien qui joue de la viole de gambe.

GAMBIT [-bi] n.m. Aux échecs, sacrifice volontaire d'une pièce.

GAMBUSIE n.f. Poisson qui détruit les larves de moustiques.

GAMELAN n.m. En Asie, orchestre d'instruments à percussion.

GAMELLE n.f.

GAMELLER (SE) v. **10.** *Fam.* Tomber.

GAMET n.m. → **gamay.**

GAMÉTANGE n.m. Organe dans lequel se forment les gamètes des champignons, des algues.

GAMÈTE n.m. *Biol.* Élément reproducteur mâle ou femelle.

GAMÉTIQUE adj.

GAMÉTOCYTE n.m. *Biol.* Cellule produisant un ovule ou un spermatozoïde.

GAMÉTOGENÈSE n.f.

GAMÉTOPHYTE n.m. *Bot.* Organisme issu d'une spore et destiné à former les gamètes.

GAMIN, E adj. et n.

GAMINER v. **(p.p.inv.) 10.** Faire le gamin.

GAMINERIE n.f.

GAMMA I n.m. Lettre grecque.

GAMMAGLOBULINE n.f. Substance protéique du plasma sanguin.

GAMMAGRAPHIE n.f. Étude des corps opaques par les rayons gamma.

GAMMARE n.m. Crevette d'eau douce.

GAMMATHÉRAPIE n.f.

GAMME n.f.

GAMMÉE adj.f. (Croix) dont les quatre branches se terminent en gamma majuscule.

GAMMON [-mon] n.m. Au backgammon, partie double.

GAMOPÉTALE adj. et n.f. (Fleur) à pétales soudés.

GAMOSÉPALE adj. (Fleur) à sépales soudés.

GAMOU n.m. *Sén.* Fête musulmane.

GAN [gan] n.m. Dialecte chinois.

GANACHE n.f. et adj. Mâchoire inférieure du cheval. – Sot.

GANACHERIE n.f. *Vx.* Sottise.

GANADERIA [dé] n.f. *Taur.* Élevage.

GANDIN n.m. Jeune homme d'une élégance affectée.

GANDOURA n.f. Tunique arabe sans manches.

GANG n.m.

GANGA n.m. Oiseau voisin du pigeon.

GANGÉTIQUE adj. Relatif au Gange.

GANGLION n.m.

GANGLIONNAIRE adj.

GANGLIONNÉ, E adj.

GANGLIOPLÉGIQUE adj. et n.m. *Pharm.* Qui réduit l'influx nerveux au niveau des ganglions.

GANGRÈNE n.f. Mortification et putréfaction des tissus.

GANGRENER v. **11.**

GANGRENEUX, EUSE adj.

GANGSTER n.m.

GANGSTÉRISME n.m.

GANGUE n.f. Substance qui entoure un minerai.

GANGUÉ, E adj. Entouré d'une gangue.

GANJA [g-an-dja] n.f. Cannabis.

GANOÏDE n.m. Poisson, type esturgeon.

GANSE n.f. Cordonnet.

GANSER v. **10.**

GANSETTE n.f. Petite ganse.

GANT n.m.

GANTELÉE n.f. Plante dont les fleurs sont en doigt de gant.

GANTELET n.m. Gant d'armure, de fauconnerie.

GANTELINE n.f. → **gantelée.**

GANTER v. **10.**

GANTERIE n.f.

GANTIER, ÈRE adj. et n.

GANTOIS, E adj. De Gand (Belgique).

GAP n.m. Décalage, retard.

GAPENÇAIS, E adj. De Gap.

GAPERON n.m. Fromage d'Auvergne.

GÂPETTE n.f. *Fam.* Casquette.

GARAGE n.m.

GARAGISTE n.

GARAMOND [-m-on] n.m. Caractère d'imprimerie.

GARANÇAGE n.m.

GARANCE n.f. et adj. Plante à la racine rougeâtre. – Teinture.

GARANCER v. **13.**

GARANCERIE n.f. Lieu où l'on garance les étoffes.

GARANCEUR, EUSE n.

GARANCIÈRE n.f. Champ semé de garance.

GARANT, E adj. et n.

GARANTIE n.f.

GARANTIR v. **40.**

GARBURE n.f. Soupe épaisse du Sud-Ouest.

GARCE n.f.

GARCETTE n.f. *Mar.* Cordage. – *Anc.* Coiffure.

GARÇON n.m.

GARÇONNE n.f. Jeune fille indépendante.

GARÇONNET n.m.

GARÇONNIER, ÈRE 1. adj. Qui a des allures de garçon. 2. n.f.

GARDE n.m. et n.f.

GARDÉNAL, S n.m. (Nom déposé) Barbiturique.

GARDÉNIA n.m. Arbuste aux fleurs blanches.

GARDER v. **10.**

GARDERIE n.f.

GARDEUR, EUSE n. Personne qui garde les animaux.

GARDIAN n.m. Gardien d'animaux en Camargue.

GARDIANE n.f. Ragoût provençal au vin.

GARDIEN, ENNE adj. et n.

GARDIENNAGE n.m.

GARDIENNÉ, E adj. Dont la surveillance est assurée par un gardien.

GARDOIS, E adj. Du Gard.

GARDON n.m. Poisson d'eau douce.

GARE n.f. et interj.

GARENNE 1. n.f. Bois fréquenté par les lapins. 2. n.m. Lapin.

GARER v. **10.**

GARGAMELLE n.f. *Fam.* Gorge.

GARGANTUA n.m. Gros mangeur.

GARGANTUESQUE adj.

GARGARISER (SE) v. **10.**

GARGARISME n.m.

GARGOTE n.f.

GARGOTER v. **(p.p.inv.) 10.** Faire de la mauvaise cuisine.

GARGOTIER, ÈRE n.

GARGOUILLADE n.f. *Chor.* Saut de chat.

GARGOUILLE n.f. *Arch.* Dégorgeoir en forme de figure fantastique.

GARGOUILLEMENT n.m.

GARGOUILLER v. **(p.p.inv.) 10.** Faire le bruit de l'eau tombant d'une gargouille.

GARGOUILLIS n.m.

GARGOULETTE n.f. Vase poreux où l'eau se rafraîchit.

GARGOUSSE n.f. Charge de poudre à canon.

GARI n.m. *Afr.* Farine de manioc.

GARIBALDIEN, ENNE adj. et n. Relatif à Garibaldi.

GARIGUETTE n.f. Variété de fraise.

GARIMPEIRO [impé] n.m. Au Brésil, chercheur d'or.

GARNEMENT n.m.

GARNI, E adj. et n.m.

GARNIÉRITE n.f. Minerai de nickel.

GARNIR v. **40.**

GARNISON n.f.

GARNISSAGE n.m.

GARNISSEUR, EUSE n.

GARNITURE n.f.

GARONNAIS, E adj. Relatif à la Garonne.

GAROU n.m. Arbrisseau à fleurs blanches.

GARRIGUE n.f. Végétation broussailleuse.

GARROCHER v. **10.** *Québ.* Lancer.

GARROT n.m.

GARROTTAGE n.m.

GARROTTER v. **10.**

GARS n.m.

GARUM n.m. *Antiq. rom.* Sauce très relevée.

GARZETTE n.f. Espèce d'aigrette (oiseau).

GASCON, ONNE adj. et n.m.

GASCONNADE n.f. Fanfaronnade.

GASCONNER v. **(p.p.inv.) 10.** Parler avec un accent gascon. – Dire des gasconnades.

GASCONNISME n.m. Mot, tournure gascons.

GASOIL n.m. **(= gazole).**

GASPACHO [-tchô] n.m. Potage froid.

GASPARD n.m. *Fam.* Rat.

GASPÉSIEN, ENNE adj. De la Gaspésie (Québec).

GASPI n.m. *Fam.* Gaspillage.

GASPILLAGE n.m.

GASPILLER v. **10.**

GASPILLEUR, EUSE adj. et n.

GASTÉRALE n.f. Champignon, type géaster.

GASTÉROMYCÈTE n.m. → **gastromycète.**

GASTÉROPODE n.m. Mollusque, type escargot.

GASTRALGIE n.f. Douleur au niveau de l'estomac.

GASTRALGIQUE adj.

GASTRECTOMIE n.f. Ablation de l'estomac.

GASTRINE n.f. Hormone qui facilite la digestion.

GASTRIQUE adj.

GASTRITE n.f. Inflammation de la muqueuse de l'estomac.

GASTRO n.f. *Fam.* Gastroentérite ou gastroentérologie.

GASTROENTÉRITE n.f.

GASTROLÂTRE adj. et n. Qui ne vit que pour manger.

GASTROMYCÈTE n.m. Champignon.

GASTRONOME n.

GASTRONOMIE n.f.

GASTRONOMIQUE adj.

GASTROPLASTIE n.f. *Chir.* Traitement de l'obésité par la pose d'un anneau gastrique.

GASTROPODE n.m. → **gastéropode.**

GASTROSCOPE n.m. Endoscope destiné à l'examen de l'estomac.

GASTROSCOPIE n.f.

GASTROTOMIE n.f. *Chir.* Ouverture de l'estomac.

GASTRULA n.f. *Biol.* Stade embryonnaire des vertébrés.

GASTRULATION n.f. *Biol.* Transformation de l'embryon.

GÂTEAU, X n.m.

GÂTER v. **10.**

GÂTERIE n.f.

GÂTEUR, EUSE n. Personne qui gâte (un enfant).

GÂTEUX, EUSE adj. et n.

GÂTIFIER v. **(p.p.inv.) 15.** Devenir gâteux.

GÂTINE n.f. Terre marécageuse et stérile.

GATINOIS, E adj. De Gatineau (Québec).

GÂTION, ONNE [t] n. *Helv.* Enfant trop gâté.

GÂTISME n.m.

GATTE n.f. *Mar.* Emplacement où sont lovées les chaînes d'ancre.

GATTER v. **10.** *Helv.* Manquer (l'école).

GATTILIER n.m. Arbrisseau méditerranéen.

GAUCHE adj., n.m. et n.f.

GAUCHEMENT adv.

GAUCHER, ÈRE adj. et n.

GAUCHERIE n.f.

GAUCHIR v. **40.** Déformer.

GAUCHISANT, E adj. et n. Qui a des idées de gauche.

GAUCHISME n.m.

GAUCHISSEMENT n.m. Action de gauchir.

GAUCHISTE adj. et n.

GAUCHO [gô(t)chô] n.m. Gardien de troupeau argentin.

GAUDE n.f. *Bot.* Variété de réséda.

GAUDIR (SE) v. **40.** *Vx.* Se réjouir, se moquer.

GAUDRIOLE n.f. Propos leste. – Rapports intimes.

GAUFRAGE n.m.

GAUFRE n.f.

GAUFRER v. **10.** Garnir (une étoffe) de motifs en relief.

GAUFRERIE n.f.

GAUFRETTE n.f.

GAUFREUR, EUSE n. Ouvrier qui gaufre.

GAUFRIER n.m. Moule à gaufres.

GAUFROIR n.m. Fer à gaufrer.

GAUFRURE n.f. Empreinte résultant du gaufrage.

GAULAGE n.m.

GAULE n.f.

GAULÉE n.f. Ce qu'on a abattu avec une gaule.

GAULEITER [gôlayteur] n.m. Chef de district de l'Allemagne nazie.

GAULER v. **10.** Battre (un arbre) avec une gaule pour faire tomber les fruits.

GAULETTE n.f. À la Réunion, bambou servant de canne à pêche.

GAULIS n.m. Branche de taillis. – Taillis dont les pousses ont grandi.

GAULLIEN, ENNE adj. Relatif au général de Gaulle.

GAULLISME n.m.

GAULLISTE adj. et n.

GAULOIS, E adj., n.m. et n.f.

GAULOISEMENT adv. Avec une gaieté un peu libre.

GAULOISERIE n.f. Plaisanterie leste.

GAULTHERIA [té] n.m. Arbrisseau de l'Amérique du Nord.

GAULTHÉRIE n.f. → **gaultheria.**

GAUMAIS, E adj. De la Gaume (Belgique).

GAUPE n.f. *Vx.* Femme de mauvaise vie.

GAUR n.m. Buffle sauvage asiatique.

GAUSS n.m. Ancienne unité d'induction magnétique.

GAUSSER (SE) v. **10.** Se moquer ouvertement.

GAUSSERIE n.f. Moquerie.

GAUSSEUR, EUSE adj. et n.

GAUSSIEN, ENNE adj. Relatif aux travaux de Gauss.

GAUSSMÈTRE n.m. Appareil de mesure des champs magnétiques.

GAVAGE n.m.

GAVE n.m. Torrent pyrénéen.

GAVER v. **10.**

GAVEUR, EUSE n. Personne qui gave les volailles.

GAVIAL, S n.m. Reptile crocodilien.

GAVIIFORME n.m. Oiseau, type plongeon.

GAVOT, E 1. adj. De la région de Gap. 2. n. Montagnard des Alpes.

GAVOTTE n.f. Danse à deux temps.

GAVROCHE n. et adj. Gamin frondeur.

GAY n. et adj. Homosexuel.

GAYAL, S n.m. Buffle de l'Asie du Sud-Est.

GAZ n.m.

GAZAGE n.m.

GAZANIA n.m. Plante vivace à grands capitules.

GAZAOUI, E adj. De Gaza (Palestine).

GAZE n.f.

GAZÉIFICATION n.f.

GAZÉIFIER v. **15.**

GAZÉIFORME adj.

GAZELLE n.f.

GAZER v. **10.**

GAZETIER, ÈRE n. *Anc.* Personne qui publie une gazette.

GAZETTE n.f.

GAZEUX, EUSE adj.

GAZIER, ÈRE 1. adj. Relatif au gaz. 2. n.m. Employé du gaz.

GAZINIÈRE n.f. Cuisinière à gaz.

GAZODUC n.m. Conduite pour le transport du gaz.

GAZOGÈNE n.m. Appareil qui transforme un corps solide en gaz.

GAZOLE n.m. → **gasoil.**

GAZOLINE n.f. Essence légère.

GAZOMÈTRE n.m. Réservoir à gaz.

GAZOMÉTRIE n.f. Mesure des volumes gazeux.

GAZON n.m.

GAZONNAGE n.m.

GAZONNANT, E adj. (Plante) formant un gazon.

GAZONNEMENT n.m.

GAZONNER v. **10.** Revêtir de gazon.

GAZONNEUX, EUSE adj.

GAZOU n.m. *Québ.* Instrument de musique folklorique.

GAZOUILLANT, E adj.

GAZOUILLEMENT n.m.

GAZOUILLER v. **10.** Chanter en murmurant.

GAZOUILLEUR, EUSE adj.

GAZOUILLIS n.m.

GEAI n.m. Oiseau au plumage bigarré.

GÉANT, E adj. et n.

GÉANTISTE n. Skieur qui pratique le slalom géant.

GÉASTER [-èr] n.m. Champignon globuleux.

GECKO [jékô] n.m. Lézard aux doigts adhésifs.

GEEK [gik] n. Personne passionnée par un domaine précis.

GÉGÈNE n.f. Torture par l'électricité.

GÉHENNE n.f. L'enfer, dans la Bible. – Torture.

GEIGNANT, E adj.

GEIGNARD, E adj. et n.

GEIGNEMENT n.m.

GEINDRE n.m. (= **gindre)** Ouvrier boulanger.

GEINDRE v. **(p.p.inv.) 92.**

GEISHA [gè(y)cha] n.f. Chanteuse et danseuse japonaise.

GEL n.m.

GÉLASIEN, ENNE n.m. et adj. *Géol.* Étage du pliocène.

GÉLATINE n.f.

GÉLATINÉ, E adj.

GÉLATINEUX, EUSE adj.

GÉLATINIFORME adj. *Méd.* Semblable à de la gélatine.

GÉLATINOBROMURE n.m. *Chim.* Bromure d'argent en suspension dans la gélatine.

GELÉE n.f.

GELER v. **23** (je gèle...).

GÉLIF, IVE adj. Qui peut se fendre sous l'action du gel.

GÉLIFIANT, E adj. et n.m. Qui produit la gélification.

GÉLIFICATION n.f.

GÉLIFIER v. **15.** *Chim.* Transformer en gel.

GÉLIFRACTION n.f. Fractionnement des roches par alternance de gel et de dégel.

GELINE n.f. *Vx.* Poule.

GÉLINOTTE n.f. Sorte de perdrix.

GÉLISOL [s] n.m. Sol soumis au gel.

GÉLITURBATION n.f. *Géol.* Modification due au gel.

GÉLIVATION n.f. → **gélifraction.**

GÉLIVITÉ n.f. Fait d'être gélif.

GÉLIVURE n.f. Fente due au gel dans les arbres et les pierres.

GÉLOLEVURE n.f. Levure cultivée sur gélose.

GÉLOSE n.f. Substance gélatineuse extraite d'algues des mers de Chine.

GÉLULE n.f.

GELURE n.f. Lésion due au froid.

GÉMEAU, GÉMELLE, GÉMEAUX adj. et n. *Vx.* Jumeau.

GÉMELLAIRE adj. Relatif aux jumeaux.

GÉMELLE → **gémeau.**

GÉMELLÉ, E adj. Jumelé.

GÉMELLIPARE adj. Qui accouche de jumeaux.

GÉMELLIPARITÉ n.f.

GÉMELLITÉ n.f. Cas où se présentent des jumeaux.

GÉMINATION n.f.

GÉMINER v. **10.** Grouper deux à deux.

GÉMIR v. **40.** *Litt.* Exprimer d'une voix plaintive.

GÉMISSANT, E adj.

GÉMISSEMENT n.m.

GEMMAGE n.m.

GEMMAIL, GEMMAUX n.m. Vitrail sans plomb.

GEMMATION n.f. Développement des bourgeons.

GEMMAUX → **gemmail.**

GEMME n.f. et adj. Pierre précieuse. - Bourgeon. - Résine.

GEMMÉ, E adj. Orné de pierres précieuses.

GEMMER v. **10.** Entailler (un pin) pour recueillir la résine.

GEMMEUR, EUSE n.

GEMMIFÈRE adj. Qui porte des bourgeons.

GEMMIPARE adj. → **gemmifère.**

GEMMIPARITÉ n.f. *Zool.* Reproduction par bourgeonnement.

GEMMOLOGIE n.f. Étude des pierres précieuses.

GEMMOLOGIQUE adj.

GEMMOLOGISTE n.

GEMMOLOGUE n.

GEMMOTHÉRAPIE n.f. Traitement par dilutions infinitésimales de bourgeons.

GEMMULE n.f. *Bot.* Premier bourgeon.

GÉMONIES n.f.pl. *Antiq. rom.* Escalier où l'on exposait les corps des suppliciés. - Opprobre.

GÉNAL, E, AUX adj. Qui appartient aux joues.

GÊNANT, E adj.

GENCIVE n.f.

GENDARME n.

GENDARMER (SE) v. **10.**

GENDARMERIE n.f.

GENDARMESQUE adj.

GENDARMETTE n.f. *Fam.* Femme gendarme.

GENDELETTRE n.m. *Fam.* Homme, femme de lettres.

GENDRE n.m.

GÈNE n.m. Élément du chromosome.

GÊNE n.f.

GÉNÉALOGIE n.f.

GÉNÉALOGIQUE adj.

GÉNÉALOGISTE n.

GENÉPI ou **GÉNÉPI** n.m. Fleur de montagne. - Liqueur.

GÊNER v. **10.**

GÉNÉRAL, E, AUX adj. et n.

GÉNÉRALAT n.m. Dignité de supérieur d'un ordre religieux.

GÉNÉRALEMENT adv.

GÉNÉRALISABLE adj.

GÉNÉRALISANT, E adj.

GÉNÉRALISATEUR, TRICE adj.

GÉNÉRALISATION n.f.

GÉNÉRALISER v. **10.**

GÉNÉRALISSIME n.m. Commandant suprême.

GÉNÉRALISTE adj. et n. Qui fait de la médecine générale.

GÉNÉRALITÉ n.f.

GÉNÉRATEUR, TRICE adj., n.m. et n.f. Qui engendre, produit.

GÉNÉRATIF, IVE adj.

GÉNÉRATION n.f.

GÉNÉRATIONNEL, ELLE adj. Qui concerne une génération.

GÉNÉRER v. **12.** Engendrer, produire.

GÉNÉREUSEMENT adv.

GÉNÉREUX, EUSE adj.

GÉNÉRIQUE adj. et n.m.

GÉNÉROSITÉ n.f.

GENÈSE n.f. Origine et élaboration.

GÉNÉSIAQUE adj. Relatif à la Genèse, à une genèse.

GÉNÉSIQUE adj. Relatif à la génération.

GENÊT n.m. Arbrisseau à fleurs jaunes.

GÉNÉTHLIAQUE adj. Relatif à l'horoscope.

GÉNÉTICIEN, ENNE n.

GENÊTIÈRE n.f. Terrain couvert de genêts.

GÉNÉTIQUE adj. et n.f. Qui concerne l'hérédité.

GÉNÉTIQUEMENT adv.

GÉNÉTISME n.m. *Psych.* Théorie selon laquelle la perception de l'espace n'est pas innée.

GÉNÉTISTE adj. et n.

GENETTE n.f. Petit mammifère carnivore.

GÊNEUR, EUSE n.

GENEVOIS, E adj. De Genève (Suisse).

GENÉVRETTE n.f. Boisson à base de genièvre.

GENÉVRIER, ÈRE 1. n.m. Arbrisseau. 2. n.f. Lieu planté de genévriers.

GÉNIAL, E, AUX adj.

GÉNIALEMENT adv.

GÉNIALITÉ n.f.

GÉNICULÉ, E adj. En forme de coude.

GÉNIE n.m.

GÉNIEN, ENNE adj. Qui appartient au menton.

GENIÈVRE n.m. Genévrier. - Fruit du genévrier. - Eau-de-vie.

GENIÈVRERIE n.f. Fabrique de genièvre.

GÉNIQUE adj. Relatif aux gènes.

GÉNISSE n.f. Jeune vache.

GÉNITAL, E, AUX adj.

GÉNITALITÉ n.f. *Biol.* Capacité de reproduction.

GÉNITEUR, TRICE n. Personne ou animal qui engendre.

GÉNITIF n.m. *Ling.* Cas indiquant la possession.

GÉNITOIRE n.f. *Arg.* Testicule.

GENNAKER [jènakèr] n.m. *Mar.* Grande voile avant.

GÉNOCIDAIRE adj. et n.

GÉNOCIDE n.m. Extermination d'une population.

GÉNOCIDER v. **10.** Exterminer par un génocide.

GÉNOCIDEUR, EUSE adj. et n.

GÉNOIS, E 1. adj. De Gênes (Italie). 2. n.m. Grand foc. 3. n.f. Gâteau.

GÉNOME n.m. *Biol.* Ensemble des gènes portés par les chromosomes de l'espèce.

GÉNOMIQUE adj. et n.f.

GÉNOTHÈQUE n.f. *Biol.* Banque de génotypes.

GÉNOTHÉRAPIE n.f. *Biol.* Thérapie génique.

GÉNOTOXICITÉ n.f.

GÉNOTOXIQUE adj. *Biol.* Qui provoque la lésion des acides nucléiques.

GÉNOTYPAGE n.m. *Biol.* Détermination du génotype.

GÉNOTYPE n.m. *Biol.* Ensemble des caractères hérités.

GÉNOTYPIQUE adj.

GENOU, GENOUX n.m.

GENOUILLÉ, E adj. *Anat. Corps genouillé :* saillie de l'arrière du thalamus.

GENOUILLÈRE n.f. Protection du genou.

GÉNOVÉFAIN, GÉNOVÉFINE n. Religieux de l'ordre de Sainte-Geneviève.

GÉNOVÉFINE → **génovéfain.**

GENRE n.m.

GENS n.m.pl. ou f.pl.

GENS [j-in-s] (pl. **GENTES** [j-in-tès]) n.f. *Antiq. rom.* Ensemble des descendants d'un ancêtre commun.

GENT [j-an] n.f. (inv. mais **gent** adj.) Nation, race.

GENT, GENTE adj. *Litt., Vx.* Joli, gentil.

GENTAMICINE n.f. Antibiotique.

GENTAMYCINE n.f. → **gentamicine.**

GENTES → **gens** n.f. et **gent** adj.

GENTIANACÉE [j-an-sya-] n.f. Plante dicotylédone, type gentiane.

GENTIANE [j-an-syan] n.f. Plante amère.

GENTIL, ILLE adj. et n.m.

GENTILÉ n.m. Mot qui désigne la population d'un lieu.

GENTILHOMME, GENTILSHOMMES n.m.

GENTILHOMMERIE n.f.

GENTILHOMMIÈRE n.f. Petit château campagnard.

GENTILICE [j-an-tilis] adj. et n.m. *Antiq. rom.* (Nom) propre à la gens.

GENTILITÉ n.f. Ensemble des nations païennes.

GENTILLESSE n.f.

GENTILLET, ETTE adj. Assez gentil.

GENTILSHOMMES → **gentilhomme.**

GENTIMENT adv.

GENTLEMAN (pl. **GENTLEMEN** ou **GENTLEMANS**) n.m.

GENTLEMEN | → **gentleman.**

GENTRIES → **gentry.**

GENTRIFICATION [j-an-] n.f. Tendance à l'embourgeoisement d'un quartier populaire.

GENTRY (pl. **GENTRIES** ou **GENTRYS**) [djèntri] n.f. Petite noblesse anglaise, non titrée.

GÉNUFLECTEUR, TRICE adj. et n. Qui fait des génuflexions.

GÉNUFLEXION n.f. Action de fléchir le genou.

GÉO n.f.

GÉOBIOLOGIE n.f. Étude des rapports de l'évolution géologique de la Terre avec la vie.

GÉOBOTANIQUE n.f. Étude de la distribution des végétaux à la surface du sol.

GÉOCENTRIQUE adj.

GÉOCENTRISME n.m. Théorie faisant de la Terre le centre de l'Univers.

GÉOCHIMIE n.f. Science de la composition chimique de la Terre.

GÉOCHIMIQUE adj.

GÉOCHIMISTE n.

GÉOCHRONOLOGIE n.f. *Géol.* Étude de l'âge de la Terre et des roches.

GÉOCROISEUR n.m. Astéroïde dont l'orbite croise celle de la Terre.

GÉODE n.f. Roche creuse tapissée intérieurement de cristaux.

GÉODÉSIE n.f. Science de la forme et des dimensions de la Terre.

GÉODÉSIEN, ENNE n.

GÉODÉSIQUE adj. et n.f.

GÉODYNAMIQUE n.f. et adj. Étude de l'évolution de la Terre.

GÉOGLYPHE n.m. *Archéol.* Réseau de lignes tracé au sol, caractéristique de la civilisation nazca (Pérou).

GÉOGRAPHE n.

GÉOGRAPHIE n.f.

GÉOGRAPHIQUE adj.

GÉOÏDE n.m. Surface de la Terre à l'altitude zéro.

GEÔLE [jôl] n.f. Prison.

GEÔLIER, ÈRE [jôl-] n.

GÉOLOCALISATION n.f.

GÉOLOCALISER v. **10.** Déterminer (une position géographique) à l'aide d'un GPS.

GÉOLOGIE n.f.

GÉOLOGIQUE adj.

GÉOLOGIQUEMENT adv.

GÉOLOGUE n.

GÉOMAGNÉTIQUE adj.

GÉOMAGNÉTISME n.m. Magnétisme terrestre.

GÉOMANCIE n.f. Divination par l'observation d'une poignée de terre jetée au sol.

GÉOMANCIEN, ENNE n.

GÉOMARKETING n.m. Marketing local.

GÉOMATIQUE n.f. Traitement informatique des données géographiques.

GÉOMÉTRAL, E, AUX adj. et n.m. (Dessin) qui représente un objet sans tenir compte de la perspective.

GÉOMÈTRE n.

GÉOMÉTRIDÉ n.m. Papillon nocturne.

GÉOMÉTRIE n.f.

GÉOMÉTRIQUE adj.

GÉOMÉTRIQUEMENT adv.

GÉOMÉTRISATION n.f.

GÉOMÉTRISER v. **10.** *Bx-arts.* Représenter à l'aide de formes géométriques.

GÉOMÉTRISME n.m. Expression artistique fondée sur l'utilisation de formes géométriques.

GÉOMORPHOLOGIE n.f. *Géol.* Description et évolution du relief.

GÉOMORPHOLOGUE n.

GÉOPÉLIE n.f. Petit pigeon de Malaisie et d'Australie.

GÉOPHAGE adj. et n. Qui mange de la terre.

GÉOPHAGIE n.f.

GÉOPHILE n.m. Mille-pattes.

GÉOPHONE n.m. Appareil décelant les bruits du sous-sol.

GÉOPHYSICIEN, ENNE n.

GÉOPHYSIQUE n.f. et adj. Étude des propriétés physiques de la Terre.

GÉOPHYTE n.f. Plante dont ne subsistent que des organes souterrains pendant l'hiver.

GÉOPOLITICIEN, ENNE n.

GÉOPOLITIQUE n.f. et adj. Étude des rapports entre la géographie et la politique des États.

GÉORGIEN, ENNE 1. adj. De la Géorgie. 2. n.m. Langue du Caucase.

GÉORGIQUE adj. Qui concerne les travaux des champs.

GÉOSCIENCE n.f. Science de la Terre.

GÉOSPHÈRE n.f. Partie externe de la Terre.

GÉOSTATION n.f. Station scientifique terrestre.

GÉOSTATIONNAIRE adj. (Satellite artificiel) qui suit le mouvement de la Terre et paraît immobile.

GÉOSTATIQUE n.f. Équilibre du globe terrestre.

GÉOSTATISTIQUE n.f. *Min.* Étude des gisements par la statistique.

GÉOSTRATÉGIE n.f. Influence de la géographie sur la stratégie des États.

GÉOSTRATÉGIQUE adj.

GÉOSTROPHIQUE adj. (Vent) circulant parallèlement aux isobares.

GÉOSYNCHRONE adj. (Satellite artificiel) dont la période de révolution est identique à celle de la rotation de la Terre.

GÉOSYNCLINAL, E, AUX adj. et n.m. *Géol.* Qui concerne une vaste dépression terrestre occupée par un océan.

GÉOTAXIE n.f. *Biol.* Orientation dans le sens de la pesanteur.

GÉOTECHNICIEN, ENNE n.

GÉOTECHNIQUE n.f. et adj. Étude de la nature des sols en fonction d'applications techniques.

GÉOTECTONIQUE n.f. et adj. *Géol.* Étude des relations entre les grands ensembles structuraux.

GÉOTEXTILE n.m. Textile non tissé utilisé dans le génie civil.

GÉOTHERMAL, E, AUX adj. Dont la chaleur est due au séjour ou au passage dans la Terre.

GÉOTHERMIE n.f. Chaleur interne de la Terre.

GÉOTHERMIQUE adj.

GÉOTHERMOMÈTRE n.m. Donnée ou élément permettant d'évaluer la température lors d'un phénomène géologique.

GÉOTHERMOMÉTRIE n.f.

GÉOTROPISME n.m. Orientation des parties d'une plante due à la pesanteur.

GÉOTRUPE n.m. Insecte du groupe des bousiers.

GÉPHYRIEN n.m. *Zool.* Annélide marin.

GÉRABLE adj.

GÉRANCE n.f.

GÉRANIACÉE n.f. → **géraniée.**

GÉRANIALE n.f. Plante à fleurs, type géraniée.

GÉRANIÉE n.f. Plante, type capucine et géranium.

GÉRANIOL n.m. *Chim.* Alcool terpénique.

GÉRANIUM n.m.

GÉRANT, E n.

GERBAGE n.m.

GERBANT, E adj. *Fam.* Qui donne envie de vomir.

GERBE n.f.

GERBÉE n.f. Botte de paille.

GERBER v. **10.** Mettre en gerbes.

GERBERA [-éra] n.m. Plante à très belles fleurs.

GERBEUR, EUSE n. et adj. Appareil de levage.

GERBIER, ÈRE 1. n.m. Meule. 2. n.f. Charrette qui transporte les gerbes.

GERBILLE n.f. Petit rongeur africain.

GERBILLON n.m. Petite gerbe.

GERBOISE n.f. Petit rongeur.

GERCEMENT n.m.

GERCER v. **13.**

GERÇURE n.f.

GÉRER v. **12.**

GÉREUR n.m. Aux Antilles, contremaître d'une plantation de cannes à sucre.

GERFAUT n.m. Rapace.

GÉRIATRE n. Spécialiste des maladies de la vieillesse.

GÉRIATRIE n.f.

GÉRIATRIQUE adj.

GERMAIN, E adj. et n.

GERMANDRÉE n.f. Petite plante.

GERMANIQUE adj. et n.m.

GERMANISANT, E n. → **germaniste.**

GERMANISATION n.f.

GERMANISER v. **10.** Rendre allemand.

GERMANISME n.m. Tournure propre à l'allemand. – Emprunt à l'allemand.

GERMANISTE n. Spécialiste de l'allemand.

GERMANITÉ n.f. Caractère de ce qui est allemand.

GERMANIUM n.m. Métal.

GERMANOPHILE adj. et n. Qui aime les Allemands.

GERMANOPHILIE n.f.

GERMANOPHOBE adj. et n. Hostile aux Allemands.

GERMANOPHOBIE n.f.

GERMANOPHONE adj. et n.

GERMANOPRATIN, E adj. De Saint-Germain-des-Prés (Paris).

GERME n.m.

GERMÉ, E adj.

GERMEN [-mèn] n.m. *Biol.* Ensemble des éléments reproducteurs.

GERMER v. **10.**

GERMICIDE adj. et n.m. Qui tue les germes.

GERMINAL, E, AUX adj. Relatif au germe ou au germen.

GERMINAL, S n.m. Mois du calendrier républicain.

GERMINATEUR, TRICE adj.

GERMINATIF, IVE adj. Germinal.

GERMINATION n.f. *Bot.* Développement du germe.

GERMOIR n.m. Récipient destiné à recevoir les graines que l'on veut faire germer.

GERMON n.m. Thon blanc.

GÉROMÉ n.m. Fromage des Vosges.

GÉRONDIF n.m. *Ling.* En latin, déclinaison de l'infinitif. – En français, participe présent précédé de *en.*

GÉRONTE n.m. Vieillard crédule, dans la comédie classique.

GÉRONTISME n.m. Domination des vieillards.

GÉRONTOCRATIE n.f. Gouvernement par des vieillards.

GÉRONTOCRATIQUE adj.

GÉRONTOLOGIE n.f. *Méd.* Étude du vieillissement.

GÉRONTOLOGIQUE adj.

GÉRONTOLOGISTE n.

GÉRONTOLOGUE n.

GÉRONTOPHILE adj. et n. Qui est attiré sexuellement par les vieillards.

GÉRONTOPHILIE n.f.

GERRIS [-is] n.m. Araignée d'eau.

GERSEAU, X n.m. *Mar.* Cordage qui renforce une poulie.

GERSOIS, E adj. Du Gers.

GERZEAU, X n.m. Nielle des blés.

GÉSIER n.m. Dernière poche de l'estomac des oiseaux.

GÉSINE **|** n.f. *En gésine :* sur le point d'accoucher.

GÉSIR v. déf. (**gis, gisaient, gisais, gisait, gisant, gisent, gisez, gisiez, gisions, gisons, gît**) Être couché.

GESNÉRIACÉE n.f. Plante tropicale, type gloxinia.

GESSE n.f. Plante grimpante.

GESTALT [gèch-] n.f. *Psych.* Représentation d'un phénomène traité comme un tout plutôt que comme un ensemble de parties.

GESTALTISME [gèch-] n.m. *Psych.* Théorie qui privilégie les ensembles structurés.

GESTALTISTE [gèch-] adj. et n.

GESTANT, E adj. (Femelle) en gestation.

GESTAPISTE [gès-] adj. et n.m.

GESTAPO [gès-] n.f. Police politique de l'Allemagne nazie.

GESTATION n.f.

GESTATIONNEL, ELLE adj.

GESTATOIRE adj. *Chaise gestatoire :* chaise à porteurs utilisée par le pape.

GESTE 1. n.m. 2. n.f. *Médiév.* Cycle de poèmes épiques.

GESTICULANT, E adj.

GESTICULATION n.f.

GESTICULER v. **(p.p.inv.) 10.**

GESTION n.f.

GESTIONNAIRE adj. et n.

GESTIQUE n.f. → **gestualité.**

GESTUALITÉ n.f. Ensemble des gestes expressifs.

GESTUEL, ELLE 1. adj. Qui concerne les gestes, les mouvements. 2. n.f. → **gestualité.**

GETTER [géteur] n.m. *Phys.* Substance utilisée dans un tube électronique pour y parfaire le vide.

GEWURZTRAMINER [gévurtstraminer] n.m. Cépage blanc d'Alsace.

GEX n.m. Fromage du Jura au lait de vache.

GEYSER [jèzèr] n.m. Source d'eau chaude intermittente.

GEYSÉRITE [jèz-] n.f. Roche qui se forme dans les dépôts des geysers.

GHANÉEN, ENNE adj. Du Ghana (Afrique occidentale).

GHASSOUL [ra-] n.m. (= **rassoul, rhassoul**) Argile utilisée pour les soins de la peau et des cheveux.

GHETTO n.m.

GHETTOÏSATION n.f.

GHETTOÏSER v. **10.** Enfermer dans un ghetto.

GHILDE [g-] n.f. (= **gilde, guilde**) *Médiév.* Corporation.

GIANDUJA [djandouya] n.m. Pâte de chocolat et de noisettes finement broyées.

GIAOUR [jyaour] n.m. *Anc.*, *Péj.* Nom donné par les Turcs aux non-musulmans, aux chrétiens.

GIBBÉRELLINE n.f. *Bot.* Hormone naturelle végétale.

GIBBÉRELLIQUE adj.

GIBBEUX, EUSE adj. Bossu.

GIBBON n.m. Singe asiatique dépourvu de queue.

GIBBOSITÉ n.f. *Méd.* Bosse.

GIBBSITE n.f. Hydroxyde d'aluminium.

GIBECIÈRE n.f. Sac pour transporter le gibier.

GIBELET n.m. Foret pour percer les barriques.

GIBELIN, E n. et adj. *Hist.* Italien partisan des empereurs germaniques.

GIBELOTTE n.f. Fricassée de lapin au vin blanc.

GIBERNE n.f. *Anc.* Boîte à cartouches.

GIBET n.m. Potence.

GIBIER n.m.

GIBOULÉE n.f.

GIBOYER v. **27.** Chasser.

GIBOYEUX, EUSE adj.

GIBUS [-s] n.m. Chapeau claque.

GICLÉE n.f.

GICLEMENT n.m.

GICLER v. (**p.p.inv.** mais **giclée** n.f.) **10.**

GICLEUR n.m.

GICLURE n.f. Tache laissée par ce qui a giclé.

GIDIEN, ENNE adj. De Gide (écrivain français).

GIFLE n.f.

GIFLER v. **10.**

GIFT [g-] n.m. *Méd.* Technique de fécondation artificielle.

GIGA n.m. → **gigaoctet.**

GIGABIT [-t] n.m. *Inf.* Approximativement un milliard de bits.

GIGABYTE [-bayt] n.m. *Inf.* Approximativement un milliard de bytes.

GIGAFLOPS [-flops] n.m. *Inf.* Unité de mesure de la puissance d'un système.

GIGAHERTZ n.m. Un milliard de hertz.

GIGANTESQUE adj.

GIGANTESQUEMENT adv.

GIGANTISME n.m.

GIGANTOMACHIE n.f. Combat mythologique des géants contre les dieux.

GIGANTOSTRACÉ n.m. Grand invertébré fossile.

GIGAOCTET n.m. *Inf.* Approximativement un milliard d'octets.

GIGAWATT n.m. *Électr.* Un milliard de watts.

GIGOGNE adj. Se dit d'objets qui s'emboîtent les uns dans les autres.

GIGOLETTE n.f. *Fam.* Fille délurée.

GIGOLO n.m. Jeune amant entretenu.

GIGONDAS [-s] n.m. Vin du Vaucluse.

GIGOT n.m.

GIGOTÉ, E adj. (= **gigotté**) (Animal) aux cuisses en forme de gigot.

GIGOTEMENT n.m.

GIGOTER v. **10.**

GIGOTEUSE n.f. Sac de couchage pour bébé.

GIGOTTÉ, E adj. → **gigoté.**

GIGUE n.f. Jambe. – Danse à deux temps.

GIGUER v. **10.** *Québ.* Exécuter (une danse) comme une gigue.

GIGUEUR, EUSE n.

GILDE [g-] n.f. → **ghilde.**

GILET n.m.

GILETIER, ÈRE 1. n. Personne qui fabrique des gilets. 2. n.f. Chaîne de montre.

GILLE n.m. Niais. – Bouffon.

GIMBLETTE n.f. Petite pâtisserie en forme d'anneau.

GIMMICK [gimik] n.m. Astuce, truc publicitaire.

GIN [djin] n.m.

GINDRE n.m. → **geindre** n.m.

GINGEMBRE n.m. Plante dont le rhizome sert de condiment.

GINGIVAL, E, AUX adj. Relatif aux gencives.

GINGIVITE n.f. Inflammation des gencives.

GINGLARD n.m. → **ginglet.**

GINGLET n.m. (= **ginguet**) Vin un peu acide.

GINGUET, ETTE adj. et n.m. → **ginglet.**

GINKGO [jinkô] n.m. Arbre de Chine.

GINSENG [jinsèng] n.m. Racine très tonique.

GIOBERTITE n.f. Carbonate naturel de magnésium.

GIORNO | (A) [dj(y)ornô] loc. (Éclairage) aussi brillant que la lumière du jour.

GIOTTESQUE adj. et n. Qui se rapporte à Giotto, peintre italien.

GIRAFE n.f.

GIRAFEAU, X n.m. Petit de la girafe.

GIRAFFIDÉ n.m. (= **girafidé**) Mammifère, type girafe.

GIRAFIDÉ n.m. → **giraffidé.**

GIRAFON n.m. → **girafeau.**

GIRANDOLE n.f. Candélabre. – Faisceau de fusées.

GIRASOL [s] n.m. Variété d'opale bleutée.

GIRATION n.f. (= **gyration**) Rotation.

GIRATOIRE adj.

GIRAUMON n.m. (= **giraumont**) Courge.

GIRAUMONT n.m. → **giraumon.**

GIRAVIATION n.f. Construction des giravions.

GIRAVION n.m. Aéronef, type hélicoptère.

GIRELLE n.f. Poisson de la Méditerranée.

GIRIE n.f. Jérémiade.

GIRL [geurl] n.f.

GIRODYNE n.m. Giravion dont un moteur sert à la sustentation, et l'autre à la propulsion.

GIROFLE n.m. Bouton desséché des fleurs du giroflier.

GIROFLÉE n.f.

GIROFLIER n.m. Arbre exotique.

GIROLLE n.f. Champignon comestible.

GIRON n.m. Partie du corps allant de la ceinture aux genoux quand on est assis.

GIROND, E adj. Bien en chair.

GIRONDIN, E adj. De la Gironde.

GIRONNÉ, E adj. et n.m. *Hér.* (Écu) divisé en huit triangles.

GIRONNER v. **10.** *Arch.* Dessiner (un escalier en colimaçon).

GIROUETTE n.f.

GIS, GISAIENT, GISAIS, GISAIT → **gésir.**

GISANT, E 1. adj. Couché. 2. n.m. Statue représentant un mort couché.

GISELLE n.f. *Text.* Mousseline.

GISEMENT n.m.

GISENT, GISEZ, GISIEZ, GISIONS, GISONS, GÎT → **gésir.**

GÎTAGE n.m. Ensemble des pièces de bois supportant un parquet.

GITAN, E adj. et n.

GÎTE n.m. et n.f.

GÎTER v. **10.** Mettre dans un gîte. – *Mar.* S'incliner.

GÎTOLOGIE n.f. Étude des gisements minéraux.

GÎTOLOGUE n.

GITON n.m. Jeune homme entretenu par un homosexuel.

GIVRAGE n.m.

GIVRANT, E adj.

GIVRE n.m.

GIVRER v. **10.**

GIVREUX, EUSE adj. (Pierre précieuse) ayant des traces d'éclat.

GIVRURE n.f. Défaut d'une pierre givreuse.

GLABELLE n.f. Espace nu entre les sourcils.

GLABRE adj. Sans barbe, sans poils.

GLAÇAGE n.m. Apprêt donné à une étoffe, un papier.

GLAÇANT, E adj. Qui intimide.

GLACE n.f.

GLACER v. **13.**

GLACERIE n.f. Fabrication et commerce de verre plat ou de crème glacée.

GLACEUR, EUSE 1. n.m. Ouvrier qui fait le glaçage. 2. n.f. *Phot.* Machine qui fait le glaçage.

GLACEUX, EUSE adj. Givreux.

GLACIAIRE adj.

GLACIAIRISME n.m. Escalade pratiquée sur les glaciers.

GLACIAIRISTE n.

GLACIAL, E (pl. **GLACIALS** ou **GLACIAUX**) adj.

GLACIALEMENT adv.

GLACIATION n.f.

GLACIEL, ELLE adj. et n.m. *Québ.* Relatif aux glaces flottantes.

GLACIER, ÈRE n.m. et n.f.

GLACIÉRISME n.m. → **glaciairisme.**

GLACIÉRISTE n.

GLACIOLOGIE n.f. Étude des glaciers.

GLACIOLOGIQUE adj.

GLACIOLOGUE n.

GLACIS n.m. Pente douce. – Couche de peinture transparente.

GLAÇON n.m.

GLAÇURE n.f. Enduit qui vitrifie.

GLADIATEUR, TRICE n.

GLAGEON n.m. Variété de marbre rose.

GLAGLA interj.

GLAGOLITIQUE adj. (Écriture) de la littérature slave du XIe s.

GLAÏEUL n.m.

GLAIRE n.f. Sécrétion blanchâtre et gluante.

GLAIRER v. **10.** Lustrer (une couverture de livre) avec du blanc d'œuf.

GLAIREUX, EUSE adj.

GLAIRURE n.f. Blanc d'œuf servant à glairer.

GLAISE adj.f. et n.f.

GLAISER v. **10.** Amender (un sol) avec de la glaise.

GLAISEUX, EUSE 1. adj. 2. n. *Péj.* Paysan.

GLAISIÈRE n.f. Terrain d'où l'on tire la glaise.

GLAIVE n.m.

GLAMOUR n.m. Charme sensuel de certaines stars hollywoodiennes.

GLAMOUREUX, EUSE adj.

GLANAGE n.m.

GLAND n.m.

GLANDAGE n.m. Lieu où l'on recueille les glands.

GLANDE n.f.

GLANDÉE n.f. Récolte des glands.

GLANDER v. (**p.p.inv.** mais **glandée** n.f.) **10.** *Fam.* Perdre son temps.

GLANDEUR, EUSE n. Personne qui glande.

GLANDOUILLER v. (**p.p.inv.**) **10.** → **glander.**

GLANDULAIRE adj.

GLANDULE n.f. *Méd.* Petite glande.

GLANDULEUX, EUSE adj. → **glandulaire.**

GLANE n.f. Poignée d'épis glanés.

GLANEMENT n.m.

GLANER v. **10.**

GLANEUR, EUSE n.

GLANURE n.f. Ce que l'on glane.

GLAPIR v. **40.** Crier d'une voix aiguë.

GLAPISSANT, E adj.

GLAPISSEMENT n.m.

GLARÉOLE n.f. Échassier (hirondelle des marais).

GLARONNAIS, E adj. Du canton de Glaris (Suisse).

GLAS n.m.

GLASNOST n.f. *Hist.* En URSS, politique de transparence de la vie publique.

GLASS (pl. **GLASSES**) n.m. *Arg.*, *Vx.* Verre d'une boisson alcoolisée.

GLASSES → **glass.**

GLATIR v. (**p.p.inv.**) **40.** Crier, en parlant de l'aigle.

GLAUCOMATEUX, EUSE adj.

GLAUCOME n.m. Maladie de l'œil due à une hypertension interne du globe oculaire.

GLAUCONIE n.f. (**= glauconite**) Silicate.

GLAUCONITE n.f. → **glauconie.**

GLAUCOPHANE n.m. Pierre volcanique bleue.

GLAUQUE adj. Vert bleuâtre.

GLAVIOT n.m. *Fam.* Crachat.

GLAVIOTER v. **10.** *Fam.* Insulter. – Cracher.

GLÈBE n.f. *Litt.* Sol cultivé.

GLÉCHOME [k] n.m. (**= glécome**) Sorte de lierre.

GLÉCOME n.m. → **gléchome.**

GLEDITSCHIA [glé-] n.m. Févier.

GLÈNE n.f. Cavité arrondie d'un os. – *Mar.* Portion de cordage.

GLÉNER v. **12.** *Mar.* Lover (un cordage).

GLÉNOÏDAL, E, AUX adj. → **glénoïde.**

GLÉNOÏDE adj. (Cavité articulaire) qui s'emboîte sur un os.

GLEY [glè] n.m. Sol gorgé d'eau en permanence.

GLIAL, E, AUX adj. *Anat.* (Tissu conjonctif) mêlé au tissu nerveux.

GLIDE [ay] n.m. ou f. Semi-voyelle.

GLIE n.f. *Anat.* Constituant du tissu nerveux.

GLINGLIN n.m. *Helv.*, *Fam.* Petit doigt.

GLIOBLASTOME n.m. Tumeur maligne du cerveau.

GLIOME n.m. Tumeur du système nerveux.

GLISCHROÏDE [glisk-] adj. et n. *Psych.* Se dit de l'attitude mentale des épileptiques.

GLISCHROÏDIE [glisk-] n.f.

GLISSADE n.f.

GLISSAGE n.m. Descente des bois abattus sur les flancs d'une montagne.

GLISSANCE n.f. État d'une surface à très faible coefficient de frottement.

GLISSANDO n.m. *Mus.* Technique vocale ou instrumentale consistant à faire entendre tous les sons possibles entre deux notes.

GLISSANT, E adj.

GLISSE n.f.

GLISSEMENT n.m.

GLISSER v. **10.**

GLISSEUR, EUSE n.

GLISSIÈRE n.f.

GLISSOIR n.m. Petit couloir permettant le glissage.

GLISSOIRE n.f. Sentier de glace.

GLOBAL, E, AUX adj.

GLOBALEMENT adv.

GLOBALISANT, E adj.

GLOBALISATEUR, TRICE adj.

GLOBALISATION n.f.

GLOBALISER v. **10.** Réunir en un tout.

GLOBALISME n.m. *Philos.* Conception selon laquelle un ensemble possède des propriétés que ses composants n'ont pas.

GLOBALISTE adj. Qui considère un sujet dans son ensemble.

GLOBALITÉ n.f. Qualité de ce qui forme un tout.

GLOBE n.m.

GLOBICÉPHALE n.m. Mammifère marin.

GLOBIGÉRINE n.f. *Zool.* Protozoaire.

GLOBINE n.f. Protéine de l'hémoglobine du sang.

GLOBIQUE adj. (Engrenage) dont les dents concaves sont en forme d'arc de cercle.

GLOBULAIRE 1. adj. 2. n.f. Plante à fleurs bleues.

GLOBULE n.m.

GLOBULEUX, EUSE adj. Qui a la forme d'un globe. – Dont le globe est saillant.

GLOBULIN n.m. Petit élément du sang.

GLOBULINE n.f. Protéine du sang.

GLOCKENSPIEL [glokenchpil] n.m. *Mus.* Instrument à percussion.

GLOIRE n.f.

GLOME n.m. Plaque cornée du sabot des équidés.

GLOMÉRIS [-s] n.m. Sorte de cloporte.

GLOMÉRULAIRE adj. *Anat.* Relatif au glomérule.

GLOMÉRULE n.m. *Anat.* Corpuscule, en particulier du rein. – *Bot.* Inflorescence.

GLOMÉRULOPATHIE n.f. Lésion du glomérule du rein.

GLORIA n.m. Prière de louange. – Café mêlé d'eau-de-vie.

GLORIETTE n.f. Petit pavillon dans un parc.

GLORIEUSEMENT adv.

GLORIEUX, EUSE adj. et n.

GLORIFIANT, E adj.

GLORIFICATEUR, TRICE adj. et n.

GLORIFICATION n.f.

GLORIFIER v. **15.**

GLORIOLE n.f. Vaine gloire.

GLORIOSA n.m. Plante grimpante ornementale.

GLOSE n.f. Explication, commentaire. – Critique malveillante.

GLOSER v. **10.** Expliquer par une glose. – Critiquer de manière malveillante.

GLOSS n.m. Fard qui fait briller.

GLOSSAIRE n.m. Lexique.

GLOSSATEUR n.m. Auteur de gloses.

GLOSSECTOMIE n.f. Amputation de la langue.

GLOSSÉMATIQUE n.f. Théorie linguistique.

GLOSSETTE n.f. (Nom déposé) Comprimé qui fond sous la langue.

GLOSSINE n.f. Mouche tsé-tsé, qui donne la maladie du sommeil.

GLOSSITE n.f. Inflammation de la langue.

GLOSSODYNIE n.f. *Méd.* Douleur sur la langue.

GLOSSOLALIE n.f. *Méd.* Déformation du langage.

GLOSSOTOMIE n.f. Incision de la langue.

GLOTTAL, E, AUX adj. *Phon.* (Consonne) émise par la glotte.

GLOTTE n.f. Orifice du larynx.

GLOTTIQUE adj.

GLOUGLOU n.m.

GLOUGLOUTER v. **(p.p.inv.) 10.** Produire des glouglous.

GLOUSSANT, E adj.

GLOUSSEMENT n.m.

GLOUSSER v. **(p.p.inv.) 10.** Pousser de petits cris.

GLOUTERON n.m. Plante des décombres.

GLOUTON, ONNE adj. et n.

GLOUTONNEMENT adv.

GLOUTONNERIE n.f.

GLOXINIA n.m. Plante d'intérieur américaine.

GLU n.f. Colle extraite du houx.

GLUANT, E adj.

GLUAU, X n.m. Branche couverte de glu pour prendre les oiseaux.

GLUCAGON n.m. Hormone sécrétée par le pancréas.

GLUCIDE n.m. Hydrate de carbone.

GLUCIDIQUE adj.

GLUCINE n.f. Oxyde de glucinium.

GLUCINIUM n.m. *Vx.* Béryllium.

GLUCOCORTICOÏDE n.m. Corticoïde qui agit sur les glucides.

GLUCOLIPIDE n.m. Lipide contenant du glucose.

GLUCOMÈTRE n.m. Instrument servant à mesurer la concentration en sucre d'un moût.

GLUCONÉOGENÈSE n.f. Synthèse biologique du glucose.

GLUCONIQUE adj. (Acide) formé par oxydation du glucose.

GLUCOSE n.m. Glucide de saveur sucrée.

GLUCOSÉ, E adj.

GLUCOSERIE n.f. Fabrique de glucose.

GLUCOSIDE n.m. Substance végétale constituée de glucose.

GLUER v. **10.** Enduire de glu. – Coller.

GLUI n.m. *Vx.* Paille de seigle servant de chaume.

GLUME n.f. *Bot.* Enveloppe des fleurs et des graines des graminées.

GLUMELLE n.f. *Bot.* Enveloppe verdâtre des fleurs des graminées.

GLUON n.m. *Phys.* Particule.

GLUTAMATE n.m. Sel de l'acide glutamique.

GLUTAMINE n.f. Amide de l'acide glutamique.

GLUTAMIQUE adj. *Acide glutamique :* acide aminé présent dans les tissus nerveux.

GLUTATHION n.m. *Biochim.* Peptide protégeant les cellules contre les agents oxydants.

GLUTEN [glutèn] n.m. Substance azotée présente dans la farine des céréales.

GLUTINEUX, EUSE adj. Visqueux.

GLYCÉMIE n.f. Taux de glucose dans le sang.

GLYCÉMIQUE adj.

GLYCÉRIDE n.m. ou f. Ester de la glycérine.

GLYCÉRIE n.f. Plante herbacée aquatique.

GLYCÉRINE n.f.

GLYCÉRINER v. **10.**

GLYCÉRIQUE adj. (Acide) formé par l'oxydation de la glycérine.

GLYCÉROL n.m. Glycérine.

GLYCÉROLÉ n.m. Médicament à base de glycérine.

GLYCINE n.f. Plante grimpante.

GLYCOCOLLE n.m. Sucre de gélatine.

GLYCOGÈNE n.m. Glucide emmagasiné dans le foie et les muscles.

GLYCOGENÈSE n.f. Formation du glucose dans le foie.

GLYCOGÉNIE n.f. → **glycogenèse.**

GLYCOGÉNIQUE adj. Relatif au glycogène.

GLYCOGÉNOGENÈSE n.f. Formation du glycogène.

GLYCOL n.m. Diol.

GLYCOLIPIDE n.m. → **glucolipide.**

GLYCOLIQUE adj. (Acide) dérivé de l'oxydation du glycol.

GLYCOLYSE n.f. Utilisation du glucose par l'organisme.

GLYCOLYTIQUE adj.

GLYCOMÈTRE n.m. → **glucomètre.**

GLYCOPROTÉINE n.f. Combinaison de protéines et de glucides.

GLYCOPROTÉIQUE adj.

GLYCORÉGULATION n.f. Régulation du taux de sucre dans le sang.

GLYCOSURIE n.f. Présence de sucre dans les urines.

GLYCOSURIQUE adj. et n.

GLYPHE n.m. *Arch.* Ciselure.

GLYPTIQUE n.f. Gravure sur pierres fines.

GLYPTODON n.m. **(= glyptodonte)** Mammifère édenté fossile.

GLYPTODONTE n.m. → **glyptodon.**

GLYPTOGRAPHIE n.f. Étude des pierres gravées de l'Antiquité.

GLYPTOLOGIE n.f. → **glyptographie.**

GLYPTOTHÈQUE n.f. Musée de pierres gravées ou de sculptures.

GNANGNAN adj. et n. Mou et sans énergie.

GNAPHALE [gn-] n.m. Plante voisine de l'edelweiss.

GNAQUE [nyak] n.f. **(= niaque)** *Fam.* Combativité, mordant.

GNAULE n.f. **(= gniole, gnôle, niaule, niôle)** *Fam.* Eau-de-vie.

GNEISS [gnès] n.m. Roche composée de feldspath, de quartz et de mica.

GNEISSEUX, EUSE [gnès-] adj.

GNEISSIQUE [gnès-] adj.

GNÈTE [gnèt] n.f. Liane des régions tropicales.

GNÉTOPHYTE [gn-] n.f. Plante, type gnète.

GNETUM [gnétom] n.m. → **gnète.**

GNIOLE n.f. → **gnaule.**

GNIOUF [nyouf] n.m. **(= gnouf)** *Arg.* Prison.

GNOCCHI [nyoki] n.m. Boulette de semoule de blé.

GNOGNOTE **|** n.f. **(= gnognotte)** *C'est de la gnognote :* c'est une chose sans valeur.

GNOGNOTTE **|** n.f. → **gnognote.**

GNÔLE n.f. → **gnaule.**

GNOME [gnôm] n.m. Petit génie difforme. – Homme petit et contrefait.

GNOMIQUE [gnomik] adj. *Antiq.* (Poésie) composée de sentences, de maximes.

GNOMON [gnom-on] n.m. Cadran solaire primitif.

GNOMONIQUE [gnomonik] n.f. et adj. Art de tracer des cadrans solaires.

GNON n.m. *Fam.* Coup.

GNOSE [gnôz] n.f. Connaissance parfaite des choses divines.

GNOSÉOLOGIE [gn-] n.f. *Philos.* Théorie de la connaissance.

GNOSÉOLOGIQUE [gn-] adj.

GNOSIE [gn-] n.f. Perception d'un objet par les sens.

GNOSIQUE [gn-] adj. Relatif à la gnosie.

GNOSTICISME [gn-] n.m. *Rel.* Doctrine chrétienne fondée sur la gnose (du Ier au IIIe s.).

GNOSTIQUE [gn-] n. et adj. Adepte du gnosticisme.

GNOU [gnou] n.m. Antilope d'Afrique.

GNOUF [nyouf] n.m. → **gniouf.**

GO n.m. Jeu d'origine chinoise.

GO (TOUT DE) loc. (inv. mais **go** n.m.) Directement.

GOAL, S n.m.

GOBAGE n.m. Remous fait à la surface de l'eau par un poisson happant un insecte.

GOBELET n.m.

GOBELETERIE n.f. Fabrication de gobelets.

GOBELETIER, ÈRE n.

GOBELIN n.m. Tapisserie de la manufacture des Gobelins.

GOBEMOUCHE n.m. Petit passereau migrateur.

GOBER v. **10.**

GOBERGER (SE) v. **17.** Prendre ses aises. – Faire bonne chère.

GOBEUR, EUSE n. Personne crédule, naïve.

GOBICHONNER v. **10.** *Vx.* Festoyer.

GOBIE n.m. Poisson muni d'une ventouse.

GOBILLE n.f. Bille de pierre.

GODAGE n.m.

GODAILLER v. **(p.p.inv.) 10.** Faire des faux plis.

GODASSE n.f.

GODÉ, E adj. *Québ.* (Vêtement, jupe) à godets.

GODELUREAU, X n.m. Jeune élégant un peu fat.

GODEMICHÉ n.m. Phallus artificiel.

GODENDART n.m. *Québ.* Grosse scie.

GODER v. **10.** Faire des faux plis.

GODET n.m.

GODÉTIA [-sya] n.m. Plante ornementale.

GODICHE adj. et n. *Fam.* Niais et maladroit.

GODICHON, ONNE adj. et n. → **godiche.**

GODILLE n.f. Aviron placé à l'arrière d'une embarcation. – À skis, enchaînement de virages rapprochés.

GODILLER v. **(p.p.inv.) 10.**

GODILLEUR, EUSE n.

GODILLOT n.m. Gros soulier.

GODIVEAU, X n.m. Boulette de viande pochée.

GODRON n.m. Ornement de forme ovale en creux ou en saillie.

GODRONNAGE n.m.

GODRONNER v. **10.** Orner de godrons.

GOÉLAND n.m.

GOÉLETTE n.f. Petit navire à deux mâts.

GOÉMON n.m. Algues marines.

GOÉMONIER, ÈRE adj. Relatif au goémon.

GOETHÉEN, ENNE [göt-] adj. De Goethe (écrivain allemand).

GOETHITE [götit] n.f. Hydroxyde de fer.

GOÉTIE [-si] n.f. *Antiq.* Magie noire.

GOGER v. **17.** *Helv.* Couver (une maladie).

GOGLU n.m. Passereau de l'Amérique du Nord.

GOGO n.m. Naïf, confiant.

GOGO (À) loc. (inv. mais **gogo** n.m.) En abondance.

GOGOL, E adj. et n. *Fam.* Débile, stupide.

GOGUENARD, E adj. Railleur, moqueur.

GOGUENARDISE n.f.

GOGUENOT n.m. *Fam.* Vase de nuit.

GOGUES n.m.pl. *Fam.* Latrines.

GOGUETTE n.f. Réjouissance.

GOÏ (pl. **GOÏM** ou **GOÏS**) n. et adj. **(= goy)** Nom donné par les juifs aux non-juifs.

GOÏM ❙ → **goï.**

GOINFRE adj. et n.

GOINFRER (SE) v. **10.**

GOINFRERIE n.f.

GOITRE n.m. Augmentation de volume de la glande thyroïde.

GOITREUX, EUSE adj. et n.

GOLDEN [-èn] n.f. Variété de pomme.

GOLÉE n.f. *Helv.* Gorgée.

GOLEM n.m. Dans la tradition juive, automate qui peut être doué de vie.

GOLF n.m.

GOLFE n.m.

GOLFER v. **(p.p.inv.) 10.** Jouer au golf.

GOLFEUR, EUSE n.

GOLFIQUE adj. Relatif au golf.

GOLGI ❙ n.m. *Biol.* Organite cellulaire.

GOLIATH n.m. Géant.

GOLMOTE n.f. **(= golmotte)** Champignon comestible.

GOLMOTTE n.f. → **golmote.**

GOMARISME n.m. Doctrine protestante rigoriste de Gomar (XVIe et XVIIe s.).

GOMARISTE adj. et n.

GOMBO n.m. Plante tropicale. – Fruit de cette plante.

GOMÉNOL n.m. (Nom déposé) Essence végétale antiseptique.

GOMÉNOLÉ, E adj. Qui contient du Goménol.

GOMINA n.f. (Nom déposé) Pommade pour les cheveux.

GOMINER v. **10.**

GOMMAGE n.m.

GOMMANT, E adj. Qui gomme la peau.

GOMME n.f.

GOMMER v. **10.**

GOMMETTE n.f. Petite pastille de papier collant.

GOMMEUX, EUSE adj. et n.

GOMMIER n.m. Arbre produisant de la gomme.

GOMMIFÈRE adj. **(= gummifère)** Qui produit de la gomme.

GOMMOSE n.f. Maladie des végétaux, qui se traduit par un écoulement de gomme.

GOMORRHÉEN, ENNE adj. et n.f. Relatif à l'homosexualité féminine.

GOMPHIDE n.m. Champignon voisin du bolet.

GON n.m. Unité de mesure d'angle plan.

GONADE n.f. Glande sexuelle.

GONADIQUE adj.

GONADOSTIMULINE n.f. Hormone hypophysaire.

GONADOTROPE adj. Qui agit sur les gonades.

GONADOTROPHINE n.f. Hormone d'origine placentaire.

GONADOTROPINE n.f. → **gonadotrophine.**

GONAKIÉ n.m. (= **gonakier**) Arbre africain dont les gousses sont utilisées pour tanner le cuir.

GONAKIER n.m. → **gonakié.**

GONALGIE n.f. Douleur du genou.

GONANGE n.m. *Zool.* Polype reproducteur.

GONARTHROSE n.f. Arthrose du genou.

GOND n.m.

GONDOLAGE n.m.

GONDOLANT, E adj.

GONDOLE n.f.

GONDOLEMENT n.m.

GONDOLER v. **10.** Déformer. – Se tordre de rire.

GONDOLIER, ÈRE n.

GONE n.m. À Lyon, enfant des rues.

GONELLE n.f. (= **gonnelle**) Poisson des côtes rocheuses.

GONFALON n.m. (= **gonfanon**) *Médiév.* Étendard de guerre.

GONFALONIER n.m. Porteur du gonfalon. – Ancien magistrat des républiques italiennes.

GONFANON n.m. → **gonfalon.**

GONFANONIER n.m. → **gonfalonier.**

GONFLABLE adj.

GONFLAGE n.m.

GONFLANT, E adj.

GONFLEMENT n.m.

GONFLER v. **10.**

GONFLETTE n.f. *Péj.* Musculation visant à augmenter au maximum le volume des muscles.

GONFLEUR n.m.

GONG n.m.

GONGORISME n.m. *Litt.* Préciosité du style.

GONGORISTE adj. et n.

GONIO n.m. *Aéron., Mar.* Appareil de radiorepérage.

GONIOMÈTRE n.m. Instrument qui mesure les angles.

GONIOMÉTRIE n.f.

GONIOMÉTRIQUE adj.

GONNELLE n.f. → **gonelle.**

GONOCHORIQUE [k] adj.

GONOCHORISME [k] n.m. *Biol.* Séparation complète des sexes dans les espèces animales.

GONOCOCCIE [-ksi] n.f. Blennorragie.

GONOCOCCIQUE [ksi] adj.

GONOCOQUE n.m. Bactérie pathogène.

GONOCYTAIRE adj.

GONOCYTE n.m. Cellule embryonnaire des animaux.

GONOPHORE n.m. → **gonange.**

GONORRHÉE n.f. *Méd.* Blennorragie.

GONOSOME n.m. *Biol.* Type de chromosome.

GONOZOÏDE n.m. → **gonange.**

GONZE n.m. *Arg.* Homme, gars.

GONZESSE n.f.

GOODWILL [goudwil] n.m. Montant excédant la valeur comptable d'un actif, d'une société.

GOPAK n.m. (= **hopak**) Danse populaire ukrainienne.

GOPURA n.m. Tour pyramidale des temples de l'Inde du Sud.

GORD n.m. Dispositif de pêche fluviale composé de perches et d'un filet.

GORDIEN adj.m. *Nœud gordien :* problème insoluble.

GORE adj. et n.m. (Film) fantastique et sanglant.

GORÉEN, ENNE adj. De Gorée, île du Sénégal.

GORET n.m. Jeune cochon.

GORFOU n.m. Oiseau palmipède de l'Antarctique.

GORGE n.f.

GORGÉE n.f.

GORGEON n.m. *Arg.* Verre, consommation.

GORGER v. **17.** Remplir avec excès.

GORGERET n.m. Aiguillon d'abeille.

GORGERETTE n.f. Collerette. – Fauvette à tête noire.

GORGERIN n.m. Partie du casque qui protégeait la gorge. – *Arch.* Base d'un chapiteau dorique.

GORGET n.m. Rabot de menuisier.

GORGONAIRE n.m. → **gorgone.**

GORGONE n.f. Polype des mers chaudes, à forme arborescente.

GORGONZOLA n.m. Fromage italien.

GORGOTON n.m. *Québ.* Gosier.

GORILLE n.m.

GORON n.m. Vin rouge valaisan.

GOSETTE n.f. *Belg.* Chausson aux pommes.

GOSIER n.m.

GOSPEL n.m. Chant religieux des Noirs américains.

GOSPLAN [gospl-an] n.m. *Hist.* En URSS, organe central de la planification.

GOSSE n.

GOSSER v. **10.** *Québ.* Travailler (le bois) avec un couteau.

GOTH, GOTHE adj. *Hist.* Relatif à un peuple de la Germanie.

GOTHA n.m. Ensemble d'aristocrates, de personnalités.

GOTHIQUE adj., n.m. et n.f.

GOTIQUE n.m. Langue germanique ancienne.

GOTON n.f. *Vx.* Femme de mauvaise vie.

GOUACHE n.f.

GOUACHER v. **10.** Peindre à la gouache.

GOUAILLE n.f. Raillerie vulgaire.

GOUAILLER v. **10.** Railler.

GOUAILLERIE n.f. → **gouaille.**

GOUAILLEUR, EUSE adj.

GOUALANTE n.f. *Arg.* Chanson populaire.

GOUALEUSE n.f. *Arg.*, *Vx.* Chanteuse des rues.

GOUAPE n.f. *Fam.* Voyou.

GOUDA n.m. Fromage de Hollande.

GOUDOU n.f. *Fam.* Lesbienne.

GOUDRON n.m.

GOUDRONNAGE n.m.

GOUDRONNER v. **10.**

GOUDRONNERIE n.f.

GOUDRONNEUR, EUSE 1. n.m. Ouvrier qui fait du goudronnage. 2. n.f. Machine servant à goudronner.

GOUDRONNEUX, EUSE adj.

GOUDRONNIER n.m. Celui qui fabrique ou vend du goudron.

GOUET [gwè] n.m. Nom vulgaire de l'arum.

GOUFFRE n.m.

GOUGE n.f. Ciseau du charpentier.

GOUGER v. **17.** Canneler avec une gouge.

GOUGÈRE n.f. Brioche au fromage.

GOUGNAFIER n.m. *Fam.* Bon à rien.

GOUILLE n.f. *Helv.* Mare, flaque d'eau.

GOUINE n.f. *Fam.* Femme homosexuelle.

GOUJAT, E n.

GOUJATERIE n.f.

GOUJON n.m. Petit poisson d'eau douce.

GOUJONNER v. **10.** Fixer au moyen de chevilles.

GOUJONNETTE n.f. Filet de sole.

GOUJONNIÈRE adj.f. *Perche goujonnière :* grémille.

GOUJURE n.f. Cannelure de poulie.

GOULACHE n.m. ou f. **(= goulasch, goulash)** Ragoût de bœuf au paprika, d'origine hongroise.

GOULAFE adj. et n. **(= goulafre)** *Belg.* Goinfre.

GOULAFRE adj. et n. → **goulafe.**

GOULAG n.m. *Hist.* Camp de concentration soviétique.

GOULASCH n.m. ou f. → **goulache.**

GOULASH n.m. ou f. → **goulache.**

GOULE n.f. Vampire femelle des légendes orientales.

GOULÉE n.f. Grosse gorgée.

GOULET n.m. Passage étroit.

GOULETTE n.f. **(= goulotte)** Petite rigole pour l'écoulement des eaux.

GOULEYANT, E adj. *Fam.* (Vin) frais et léger.

GOULOT n.m.

GOULOTTE n.f. → **goulette.**

GOULU, E adj. et n.

GOULÛMENT adv.

GOUM n.m. *Mil.* Unité supplétive marocaine, au temps du protectorat.

GOUMIER n.m. Militaire d'un goum.

GOUPIL [goupi(l)] n.m. *Vx.* Renard.

GOUPILLE n.f. Cheville, broche métallique.

GOUPILLER v. **10.**

GOUPILLON n.m. Aspersoir d'eau bénite. – Brosse à nettoyer les bouteilles.

GOUR n.m. 1. *Géogr.* Petit plateau en forme de butte, au Sahara. 2. **(= gur)** Groupe de langues nigéro-congolaises.

GOURA n.m. Pigeon portant une huppe sur la tête.

GOURAMI n.m. Poisson exotique d'aquarium.

GOURANCE n.f. **(= gourante)** *Fam.* Erreur.

GOURANTE n.f. → **gourance.**

GOURBET n.m. Plante des dunes (oyat).

GOURBI n.m. Habitation sommaire des Arabes.

GOURBIVILLE n.m. Au Maghreb, bidonville.

GOURD, GOURDE 1. adj. Engourdi par le froid. 2. n.f.

GOURDIN n.m.

GOUREN [-r-in] n.m. Lutte traditionnelle bretonne.

GOURER (SE) v. **10.**

GOURGANDINE n.f. Femme de mauvaise vie.

GOURGANE n.f. *Québ.* Fève des marais.

GOURMADE n.f. *Vx.* Coup de poing.

GOURMAND, E adj. et n.

GOURMANDER v. **10.** Réprimander.

GOURMANDISE n.f.

GOURMANTCHÉ, E adj. D'un peuple du Burkina.

GOURME n.f. *Vx.* Impétigo. – *Vét.* Maladie des voies respiratoires des équidés.

GOURMÉ, E adj. Guindé, compassé.

GOURMET n.m.

GOURMETTE n.f. Chaînette du mors d'un cheval. – Bracelet de métal à mailles plates.

GOURNABLE n.f. *Mar.* Petite pièce de bois destinée à fixer les bordages.

GOURNABLER v. **10.** *Mar.* Fixer avec des gournables.

GOURO adj. D'un peuple de Côte d'Ivoire.

GOUROU n.m. **(= guru).**

GOUROUNSI adj. et n.m. **(= gurunsi)** D'un peuple d'Afrique occidentale.

GOUSSAUT adj.m. et n.m. (Cheval) trapu, vigoureux.

GOUSSE n.f.

GOUSSET n.m. Poche du gilet. – Petite console soutenant une tablette. – Figure héraldique.

GOÛT n.m.

GOÛTER v. **10.**

GOÛTER n.m.

GOÛTEUR, EUSE n.

GOÛTEUX, EUSE adj. Qui a du goût.

GOUTTE n.f.

GOUTTELETTE n.f.

GOUTTER v. **(p.p.inv.) 10.** Couler goutte à goutte.

GOUTTEREAU, X adj.m. (Mur) qui porte une gouttière.

GOUTTEUR n.m. *Méd.* Dispositif assurant un goutte-à-goutte.

GOUTTEUX, EUSE adj. et n. Atteint de la goutte.

GOUTTIÈRE n.f.

GOÛTU, E adj. *Fam.* Goûteux.

GOUVERNABLE adj.

GOUVERNAIL n.m.

GOUVERNANCE n.f. Action de gouverner.

GOUVERNANT, E adj. et n.

GOUVERNE n.f.

GOUVERNEMENT n.m.

GOUVERNEMENTAL, E, AUX adj.

GOUVERNER v. **10.**

GOUVERNEUR (f. **GOUVERNEURE** ou **GOUVERNEUSE**) n.

GOUVERNORAT n.m.

GOY (pl. **GOYIM, GOYM** ou **GOYS**) n. et adj. → **goï.**

GOYAVE n.f.

GOYAVIER n.m. Arbre fruitier des régions tropicales.

GOYESQUE [go-] adj. De Goya (peintre espagnol).

GOYIM **I** → **goy.**

GOYM **I** → **goy.**

GRAAL, S n.m. Symbole du salut spirituel.

GRABAT n.m. Lit misérable.

GRABATAIRE adj. et n. (Malade) qui ne quitte pas le lit.

GRABATISATION n.f. *Méd.* Fait de devenir grabataire.

GRABEN [graben] n.m. *Géol.* Fossé entre deux blocs.

GRABONS n.m.pl. **(= greubons)** Ce qui reste attaché au fond d'une casserole, après cuisson d'un mets.

GRABUGE n.m.

GRÂCE n.f. et interj.

GRACIABLE adj.

GRACIER v. **15.**

GRACIEUSEMENT adv.

GRACIEUSETÉ n.f.

GRACIEUX, EUSE adj.

GRACILE adj. Mince et fragile.

GRACILITÉ n.f.

GRACIOSO 1. n.m. Bouffon du théâtre espagnol. 2. adv. **(= grazioso)** *Mus.* Avec grâce.

GRADATEUR n.m. *Électr.* Variateur.

GRADATION n.f.

GRADE n.m.

GRADÉ, E adj. et n.

GRADER [gradeur] n.m. Engin mobile servant à niveler un terrain.

GRADER v. **10.** *Helv.* Accéder à un grade supérieur.

GRADIENT n.m. Taux de variation d'un élément météorologique.

GRADIN n.m.

GRADINE n.f. Ciseau de tailleur de pierre.

GRADUALISME n.m. Volonté de réformer graduellement.

GRADUALISTE adj.

GRADUALITÉ n.f.

GRADUAT n.m. *Belg.* Cycle d'études techniques.

GRADUATEUR n.m. *Électr.* Commutateur de transformateur.

GRADUATION n.f.

GRADUÉ, E adj. et n.

GRADUEL, ELLE 1. adj. 2. n.m. Chant liturgique.

GRADUELLEMENT adv.

GRADUER v. **10.**

GRADUS n.m. Dictionnaire de poésie latine.

GRAFF n.m. Graffiti pictural.

GRAFFEUR, EUSE n. Auteur de graffs.

GRAFFITER v. **10.** Couvrir de graffitis.

GRAFFITEUR, EUSE n.

GRAFFITI n.m.

GRAFIGNER v. **10.** *Québ.* Égratigner.

GRAILLEMENT n.m. Cri de la corneille.

GRAILLER v. **10.** Crier, en parlant de la corneille. – *Fam.* Manger.

GRAILLON n.m. Graisse brûlée à odeur désagréable.

GRAILLONNER v. **(p.p.inv.) 10.** Prendre une odeur de graillon. – *Fam.* Expulser des crachats épais.

GRAIN n.m.

GRAINAGE n.m. **(= grenage)** Transformation d'une surface lisse en surface grenue.

GRAINE n.f.

GRAINER v. **10 (= grener)** Réduire en grains.

GRAINETERIE n.f. Magasin où l'on vend des semences.

GRAINETIER, ÈRE adj. et n.

GRAINEUR, EUSE n. **(= greneur)** *Impr.* Ouvrier qui effectue le grainage.

GRAINIER, ÈRE adj. Relatif aux graines.

GRAISSAGE n.m.

GRAISSE n.f.

GRAISSER v. **10.**

GRAISSEUR, EUSE adj. et n.m.

GRAISSEUX, EUSE adj.

GRAM I n.m. *Méd.* Solution permettant de colorer et de différencier les microbes.

GRAMEN [-mèn] n.m. Herbe à gazon.

GRAMINACÉE n.f. → **graminée.**

GRAMINALE n.f. Plante, type graminée.

GRAMINÉE n.f. et adj.f. Plante monocotylédone, type céréales.

GRAMMAGE n.m. Poids du papier au mètre carré.

GRAMMAIRE n.f.

GRAMMAIRIEN, ENNE n.

GRAMMATICAL, E, AUX adj.

GRAMMATICALISER v. **10.** Doter (un élément linguistique) d'une fonction grammaticale.

GRAMMATICALITÉ n.f. Conformité à la grammaire.

GRAMMATISTE n.m. *Antiq. gr.* Celui qui enseignait à lire et à écrire.

GRAMME n.m.

GRAMOPHONE n.m. (Nom déposé) *Vx.* Phonographe.

GRANA n.m. Variété de parmesan.

GRAND, GRANDE adj. et n.

GRANDELET, ETTE adj. Qui devient grand.

GRANDEMENT adv.

GRANDESSE n.f. Titre de grand d'Espagne.

GRANDET, ETTE adj. Plutôt grand.

GRANDEUR n.f.

GRANDILOQUENCE n.f.

GRANDILOQUENT, E adj. Pompeux, emphatique.

GRANDIOSE adj.

GRANDIR v. **40.**

GRANDISSANT, E adj.

GRANDISSEMENT n.m.

GRANDISSIME adj. Très grand.

GRANGE n.f.

GRANGÉE n.f. Contenu d'une grange.

GRANIT n.m. **(= granite).**

GRANITE n.m. → **granit.**

GRANITÉ, E adj. et n.m.

GRANITER v. **10.** Peindre en imitant le granit.

GRANITEUX, EUSE adj.

GRANITIER n.m. Ouvrier qui taille le granit.

GRANITIQUE adj.

GRANITO n.m. (Nom déposé) Revêtement ayant l'apparence du granit.

GRANITOÏDE adj. Qui a l'aspect du granit.

GRANIVORE adj. et n.m. Qui se nourrit de graines.

GRANNY n.f. Variété de pomme.

GRANOCLASSEMENT n.m. Répartition, selon la taille, des éléments de certains sédiments.

GRANULAIRE adj. Composé de petits grains.

GRANULAT n.m. Ensemble des matériaux inertes constituant les bétons et les mortiers.

GRANULATION n.f.

GRANULE 1. n.m. Petit grain. 2. n.f. Petite tache brillante du Soleil.

GRANULÉ, E adj. et n.m.

GRANULER v. **10.** Réduire en petits grains.

GRANULEUX, EUSE adj.

GRANULIE n.f. *Méd.* Forme aiguë de tuberculose.

GRANULITE n.f. Roche composée de feldspath et de mica.

GRANULOCYTAIRE adj.

GRANULOCYTE n.m. Globule blanc polynucléaire.

GRANULOME n.m. Petite tumeur bénigne.

GRANULOMÉTRIE n.f. Mesure des particules d'une roche.

GRANULOMÉTRIQUE adj.

GRANUM n.m. *Biol.* Structure cellulaire végétale.

GRAPEFRUIT [grèpfrout] n.m. Pamplemousse.

GRAPHE n.m. *Math.* Système de couples d'éléments vérifiant une relation donnée.

GRAPHÈME n.m. *Ling.* Unité graphique minimale.

GRAPHÈNE n.m. Cristal de carbone extrêmement résistant.

GRAPHEUR n.m. *Inf.* Logiciel de gestion de graphiques.

GRAPHIE n.f. Écriture d'un mot.

GRAPHIOSE n.f. Maladie de l'orme.

GRAPHIQUE adj., n.m. et n.f.

GRAPHIQUEMENT adv.

GRAPHISME n.m. Caractère particulier d'une écriture, d'un dessin.

GRAPHISTE n. Spécialiste des arts graphiques.

GRAPHITAGE n.m.

GRAPHITE n.m. Carbone presque pur.

GRAPHITER v. **10.** Enduire de graphite.

GRAPHITEUX, EUSE adj.

GRAPHITIQUE adj.

GRAPHITISATION n.f. Traitement thermique des fontes.

GRAPHOLOGIE n.f.

GRAPHOLOGIQUE adj.

GRAPHOLOGUE adj. et n.

GRAPHOMANE n.

GRAPHOMANIE n.f. Besoin pathologique d'écrire.

GRAPHOMÈTRE n.m. *Vx.* Instrument de mesure des angles sur un terrain.

GRAPHORRHÉE n.f. → **graphomanie.**

GRAPPA n.f. Eau-de-vie de raisin, en Italie.

GRAPPE n.f.

GRAPPILLAGE n.m.

GRAPPILLER v. **10.** Cueillir, prendre çà et là.

GRAPPILLEUR, EUSE n.

GRAPPILLON n.m. Petite grappe.

GRAPPIN n.m. Petite ancre à plusieurs branches recourbées.

GRAPTOLITE n.m. Invertébré fossile.

GRAS, GRASSE adj., n.m. et adv.

GRASSEMENT adv.

GRASSERIE n.f. Maladie du ver à soie.

GRASSET n.m. Partie du membre postérieur des équidés.

GRASSETTE n.f. Plante carnivore des terrains marécageux.

GRASSEYANT, E adj.

GRASSEYEMENT n.m.

GRASSEYER v. **25.** Prononcer (les *r*) d'une façon gutturale.

GRASSOIS, E adj. De Grasse.

GRASSOUILLET, ETTE adj.

GRATELLE n.f. (= **grattelle**) Démangeaison. – Petite méduse.

GRATERON n.m. (= **gratteron**) Plante accrochante, type gaillet.

GRATICULATION n.f.

GRATICULER v. **10.** Quadriller (un dessin) pour le reproduire en le réduisant.

GRATIFIANT, E adj. Qui procure une satisfaction.

GRATIFICATION n.f. Prime accordée en plus d'une rémunération.

GRATIFIER v. **15.**

GRATIN n.m.

GRATINÉ, E adj. et n.f.

GRATINER v. **10.**

GRATIOLE [-syol] n.f. Plante herbacée des prés humides.

GRATIS [-s] adv. (= **gratos**) *Fam.* Gratuitement.

GRATITUDE n.f.

GRATON n.m. (= **gratton**) Résidu de graisse fondue.

GRATOS [-s] adv. → **gratis.**

GRATOUILLER v. **10.**

GRATTAGE n.m.

GRATTE n.f.

GRATTELLE n.f. → **gratelle.**

GRATTEMENT n.m.

GRATTER v. **10.**

GRATTERON n.m. → **grateron.**

GRATTEUR, EUSE n.

GRATTEUX, EUSE 1. adj. *Québ.* Avare. 2. n.m. *Québ.* Billet de loterie à résultat instantané.

GRATTOIR n.m.

GRATTON n.m. → **graton.**

GRATTOUILLEMENT n.m.

GRATTOUILLER v. **10.**

GRATTURE n.f. Débris provenant du grattage.

GRATUICIEL n.m. *Inf.* Logiciel gratuit.

GRATUIT, E adj.

GRATUITÉ n.f.

GRATUITEMENT adv.

GRAU (pl. **GRAUS** ou **GRAUX**) n.m. Chenal entre un étang et la mer, dans le Midi.

GRAVATIER n.m. Ouvrier qui débarrasse un chantier de ses gravats.

GRAVATS n.m.pl.

GRAVE adj., n.m., n.f. et adv.

GRAVELAGE n.m.

GRAVELÉE n.f. Cendre de lie de vin.

GRAVELER v. **22** (je gravelle...) Couvrir de gravier.

GRAVELEUX, EUSE adj. Qui contient du gravier. – Grivois.

GRAVELIN n.m. Type de chêne.

GRAVELLE n.f. *Vx.* Calcul rénal.

GRAVELOT n.m. Petit échassier d'Europe.

GRAVELURE n.f. Propos grivois.

GRAVEMENT adv.

GRAVER v. **10.**

GRAVES n.m. Vin de Bordeaux.

GRAVETTIEN, ENNE adj. et n.m. *Archéol.* Du paléolithique supérieur.

GRAVEUR, EUSE n.

GRAVIDE adj. Qui porte un fœtus ou un embryon.

GRAVIDIQUE adj. Relatif à la grossesse.

GRAVIDITÉ n.f. État d'une femelle ou d'un utérus gravides.

GRAVIER, ÈRE 1. n.m. 2. n.f. Carrière de gravier.

GRAVIFIQUE adj. *Phys.* Relatif à la pesanteur.

GRAVILLON n.m.

GRAVILLONNAGE n.m.

GRAVILLONNER v. **10.** Couvrir de gravillons.

GRAVILLONNEUSE n.f.

GRAVIMÈTRE n.m.

GRAVIMÉTRIE n.f. Mesure de l'intensité de la pesanteur.

GRAVIMÉTRIQUE adj.

GRAVIR v. **40.**

GRAVISPHÈRE n.f. Région où l'attraction d'un astre est supérieure à celle des astres voisins.

GRAVISSIME adj.

GRAVITAIRE adj. Relatif à la gravité.

GRAVITANT, E adj.

GRAVITATION n.f. *Phys.* Attraction qui s'exerce entre les corps.

GRAVITATIONNEL, ELLE adj.

GRAVITÉ n.f.

GRAVITER v. **(p.p.inv.) 10.** Évoluer autour d'un centre d'attraction.

GRAVITON n.m. *Phys.* Particule hypothétique qui serait responsable de la gravitation.

GRAVLAX n.m. Saumon cru mariné.

GRAVOIR n.m. Instrument qui sert à graver.

GRAVOIS n.m.pl. Gravats.

GRAVURE n.f.

GRAY n.m. *Phys.* Unité de dose de radiation absorbée.

GRAZIOSO adv. → **gracioso** 2.

GRÉ n.m.

GRÉAGE n.m. → **gréement.**

GRÈBE n.m. Oiseau palmipède des étangs.

GRÉBICHE n.f. **(= grébige, gribiche)** Numéro d'ordre d'un manuscrit qui va être imprimé.

GRÉBIGE n.f. → **grébiche.**

GREC, GRECQUE 1. adj. 2. n.m. 3. n.f. Ornement architectural. – Scie de relieur.

GRÉCISER v. **10.** Doter (un mot) d'une forme grecque.

GRÉCITÉ n.f. Caractère de ce qui est grec.

GRECQUAGE n.m.

GRECQUE → **grec.**

GRECQUER v. **10.** Scier à l'aide d'une grecque.

GREDIN, E n. Individu malhonnête.

GREDINERIE n.f.

GRÉEMENT n.m. Ensemble des cordages d'un navire.

GREEN [grin] n.m. Espace gazonné autour d'un trou de golf.

GRÉER v. **16.** Garnir d'un gréement.

GRÉEUR n.m. Celui qui pose le gréement d'un navire.

GREFFAGE n.m.

GREFFE 1. n.m. Lieu où l'on conserve les minutes des procès. 2. n.f. *Agr., Méd.* Insertion d'une pousse, d'un organe.

GREFFER v. **10.**

GREFFEUR, EUSE n.

GREFFIER, ÈRE n.

GREFFOIR n.m. Couteau à greffer.

GREFFON n.m. Partie d'un végétal ou d'un organe destinée à être greffée.

GRÉGAIRE adj. Qui vit en groupe, qui tend à suivre le groupe.

GRÉGARINE n.f. *Zool.* Protozoaire parasite de l'intestin des animaux.

GRÉGARISME n.m. Tendance à vivre en groupe.

GRÈGE 1. adj. (Soie) brute. 2. n.m. Couleur tirant sur le gris.

GRÉGEOIS adj.m. *Hist. Feu grégeois :* mélange inflammable qui avait la propriété de brûler sur l'eau.

GRÉGORIEN, ENNE adj. Relatif au pape Grégoire Ier. – *Chant grégorien :* plain-chant.

GRÈGUES n.f.pl. *Vx.* Haut-de-chausses.

GRÊLE adj. et n.f.

GRÊLÉ, E adj. Marqué par la variole.

GRÊLER v. **10.**

GRELET n.m. Grillon.

GRÊLEUX, EUSE adj. (Temps, saison) où la grêle menace.

GRELIN n.m. *Mar.* Cordage.

GRÊLON n.m.

GRELOT n.m.

GRELOTTANT, E adj.

GRELOTTEMENT n.m.

GRELOTTER v. **(p.p.inv.) 10.**

GRELUCHE n.f. *Péj.* Femme.

GRELUCHON n.m. *Vx.* Amant de cœur d'une femme entretenue.

GRÉMIAL, AUX n.m. *Anc.* Étoffe posée sur les genoux d'un évêque en train d'officier, quand il s'assoit.

GRÉMIL n.m. Plante appelée communément *herbe aux perles*.

GRÉMILLE n.f. Poisson d'eau douce.

GRENACHE n.m. Cépage du Languedoc-Roussillon.

GRENADAGE n.m.

GRENADE n.f.

GRENADER v. **10.** Attaquer à la grenade.

GRENADEUR n.m. *Mil.* Appareil utilisé pour le lancement des grenades sous-marines.

GRENADIEN, ENNE adj. De la Grenade (Antilles).

GRENADIER, ÈRE 1. n.m. Arbrisseau méditerranéen. – Soldat. 2. n.f. Anneau reliant le canon au fût d'un fusil.

GRENADILLE n.f. Passiflore des régions tropicales.

GRENADIN, E 1. adj. De Grenade (Espagne). 2. n.m. Œillet. 3. n.f. Sirop.

GRENAGE n.m. → **grainage.**

GRENAILLAGE n.m.

GRENAILLE n.f. Métal réduit en petits grains.

GRENAILLER v. **10.** Réduire en grenaille.

GRENAISON n.f. *Bot.* Formation des graines.

GRENAT 1. n.m. Pierre fine d'un rouge sombre. 2. adj. Rouge foncé.

GRENÉ, E adj. Qui présente des grains à la vue ou au toucher.

GRENELER v. **22** (je grenelie...) Marquer de petits grains ou de points très rapprochés.

GRENER v. **11.** → **grainer.**

GRÈNETIS n.m. Bordure en forme de grains des monnaies et des médailles.

GRENEUR, EUSE n. → **graineur.**

GRENIER n.m.

GRENOBLOIS, E adj. De Grenoble.

GRENOUILLAGE n.m.

GRENOUILLE n.f.

GRENOUILLER v. **(p.p.inv.) 10.** *Fam.* Se livrer à des magouilles.

GRENOUILLÈRE n.f. Marécage où vivent des grenouilles. – Combinaison de bébé.

GRENOUILLETTE n.f. Renoncule aquatique. – Petite tumeur sous la langue.

GRENU, E adj. et n.m. Dont le grain est visible.

GRENURE n.f. Aspect grainé.

GRÈS n.m.

GRÉSAGE n.m.

GRÉSER v. **12.** Polir avec de la poudre de grès.

GRÈSERIE n.f. Fabrique de poterie de grès.

GRÉSEUX, EUSE adj. De la nature du grès.

GRÉSIÈRE n.f. Carrière de grès.

GRÉSIL [grézi(l)] n.m. 1. Pluie congelée formée de petits grains de glace. 2. **(= groisil)** Déchets de verre.

GRÉSILLEMENT n.m.

GRÉSILLER v. **(p.p.inv.) 10.** Tomber, en parlant du grésil. – Crépiter.

GRÉSILLON n.m. Charbon en petits morceaux.

GRÉSOIR n.m. Instrument de vitrier.

GRESSIN n.m. Petit pain fin et friable.

GREUBONS n.m.pl. → **grabons.**

GRÈVE n.f.

GREVER v. **11.** Accabler, surcharger.

GREVILLEA [gréviléa] n.m. Arbuste ornemental.

GRÉVISTE adj. et n.

GREYHOUND [grèaound] n.m. Lévrier.

GRIBICHE 1. adj. (Sauce vinaigrette) additionnée d'œuf dur et de fines herbes. 2. n.f. *Helv., Québ.* Femme acariâtre. 3. n.f. → **grébiche.**

GRIBOUILLAGE n.m.

GRIBOUILLE n.m. *Fam.* Naïf qui se précipite dans des ennuis plus graves que ceux qu'il veut éviter.

GRIBOUILLER v. **10.**

GRIBOUILLEUR, EUSE n.

GRIBOUILLIS n.m.

GRIÈCHE adj. *Pie grièche :* passereau au plumage bicolore.

GRIEF n.m.

GRIÈVEMENT adv.

GRIFFADE n.f. Coup de griffe.

GRIFFAGE n.m.

GRIFFE n.f.

GRIFFER v. **10.**

GRIFFEUR, EUSE adj. et n.

GRIFFOIR n.m. Accessoire sur lequel un chat d'appartement fait ses griffes.

GRIFFON n.m. Animal fabuleux de l'Antiquité. – Chien à poil rude et broussailleux.

GRIFFONNAGE n.m.

GRIFFONNEMENT n.m.

GRIFFONNER v. **10.**

GRIFFONNEUR, EUSE n.

GRIFFTON n.m. **(= grifton, griveton)** *Fam.* Simple soldat.

GRIFFU, E adj. Armé de griffes.

GRIFFURE n.f.

GRIFTON n.m. → **griffton.**

GRIGNARD, E adj. (Animal) dont les incisives supérieures sont en retrait par rapport aux incisives inférieures.

GRIGNER v. **(p.p.inv.) 10.** Faire des faux plis.

GRIGNON n.m. *Vx.* Extrémité bien cuite d'un pain.

GRIGNOTAGE n.m.

GRIGNOTEMENT n.m.

GRIGNOTER v. **10.**

GRIGNOTEUR, EUSE adj. et n.

GRIGNOTINE n.f. *Québ.* Amuse-gueule salé.

GRIGNOTIS n.m. Taille hachurée faite par le graveur.

GRIGOU n.m. Avare.

GRIGRI n.m. Amulette, fétiche.

GRIL n.m. Ustensile de cuisine servant à griller la viande ou le poisson.

GRILL n.m. Restaurant où l'on sert des grillades.

GRILLADE n.f.

GRILLADERIE n.f. *Québ.* Rôtisserie.

GRILLADIN n.m. (= **grillardin**) Cuisinier chargé des grillades.

GRILLAGE n.m.

GRILLAGER v. **17.**

GRILLAGEUR n.m. Fabricant ou poseur de grillage.

GRILLARDIN n.m. → **grilladin.**

GRILLE n.f.

GRILLER v. **10.**

GRILLOIR n.m. Gril à l'intérieur d'un four ménager.

GRILLON n.m.

GRIMAÇANT, E adj.

GRIMACE n.f.

GRIMACER v. **13.** Dire ou faire (quelque chose) en grimaçant.

GRIMACIER, ÈRE adj. et n. Qui fait des grimaces. – Hypocrite.

GRIMAGE n.m. Maquillage de théâtre.

GRIMAUD n.m. *Vx.* Mauvais écrivain.

GRIMER v. **10.**

GRIMOIRE n.m. *Médiév.* Livre de magie. – Ouvrage illisible, indéchiffrable.

GRIMPANT, E adj.

GRIMPÉE n.f. Côte rude et pénible.

GRIMPER n.m. *Sp.* Exercice de montée à la corde.

GRIMPER v. **10.**

GRIMPEREAU, X n.m. Passereau grimpeur.

GRIMPETTE n.f. *Fam.* Chemin en pente raide.

GRIMPEUR, EUSE adj. et n.

GRIMPION, ONNE n. *Helv.* Arriviste.

GRINÇANT, E adj.

GRINCEMENT n.m.

GRINCER v. **(p.p.inv.) 13.**

GRINCHE adj. (= **gringe**) *Helv.* Grincheux.

GRINCHER v. **(p.p.inv.) 10.** Grogner.

GRINCHEUX, EUSE adj. et n.

GRINGALET n.m. *Fam.* Petit homme chétif.

GRINGE adj. → **grinche.**

GRINGO [gringô] n.m. *Péj.* Terme par lequel les Latino-Américains désignent les Américains des États-Unis.

GRINGUE **I** n.m. *Fam. Faire du gringue à quelqu'un :* lui faire des avances.

GRINTA [grinta] n.f. *Sp.* Rage de vaincre.

GRIOT, OTTE n. *Afr.* Poète ambulant.

GRIOTTE n.f. Variété de cerise acide.

GRIOTTIER n.m. Variété de cerisier.

GRIP n.m. *Sp.* Revêtement qui assure la prise en mains d'une raquette ou d'un club.

GRIPETTE n.m. *Québ.* Enfant coléreux.

GRIPPAGE n.m. *Méc.* Fonctionnement défectueux dû au frottement de deux surfaces.

GRIPPAL, E, AUX adj. Relatif à la grippe.

GRIPPE n.f.

GRIPPÉ, E adj. et n.

GRIPPEMENT n.m. → **grippage.**

GRIPPER v. **10.**

GRIS, GRISE adj. et n.m.

GRISAILLE n.f.

GRISAILLER v. **10.** Peindre en gris. – Devenir gris.

GRISANT, E adj.

GRISARD n.m. Peuplier gris.

GRISÂTRE adj.

GRISBI n.m. *Arg.* Argent.

GRISÉ n.m. Teinte grise donnée à une gravure, un tableau.

GRISÉOFULVINE n.f. Substance antifongique.

GRISER v. **10.**

GRISERIE n.f.

GRISET n.m. Petit requin gris de la Méditerranée.

GRISETTE n.f. *Vx.* Jeune ouvrière un peu coquette.

GRISOLLEMENT n.m.

GRISOLLER v. **(p.p.inv.) 10.** Chanter, en parlant de l'alouette.

GRISON, ONNE 1. adj. Du canton des Grisons (Suisse). 2. n.m. Âne.

GRISONNANT, E adj.

GRISONNEMENT n.m.

GRISONNER v. **(p.p.inv.) 10.**

GRISOTTE n.f. Broderie à jour d'un bas.

GRISOU n.m. Gaz explosif qui se dégage dans les mines de houille.

GRISOUMÈTRE n.m. Appareil de mesure du grisou.

GRISOUTEUX, EUSE adj. Qui contient du grisou.

GRIVE n.f.

GRIVELÉ, E adj. Tacheté de gris et de blanc comme la grive.

GRIVELER v. **22** (je grivelle...) Partir sans payer sa note de restaurant ou d'hôtel.

GRIVÈLERIE n.f.

GRIVELEUR, EUSE n.

GRIVELURE n.f. Mélange de blanc, de gris et de brun.

GRIVET n.m. Singe vert.

GRIVETON n.m. → **griffton.**

GRIVNA n.f. **(= hrivna)** Unité monétaire de l'Ukraine.

GRIVOIS, E adj. et n. Licencieux, d'une gaieté un peu leste.

GRIVOISERIE n.f.

GRIZZLI n.m. **(= grizzly)** Ours gris des montagnes Rocheuses.

GRIZZLY n.m. → **grizzli.**

GRŒNENDAEL [gronèndal] n.m. Chien de berger à poil noir.

GROENLANDAIS, E adj. Du Groenland.

GROG n.m. Boisson chaude au rhum.

GROGGY ❙ adj. Étourdi, assommé par les coups.

GROGNARD, E 1. adj. Ronchonneur. 2. n.m. Soldat de la Vieille Garde de Napoléon Ier.

GROGNASSE n.f. Femme laide. – Prostituée.

GROGNASSER v. **(p.p.inv.) 10.** *Fam.* Émettre des grognements.

GROGNE n.f.

GROGNEMENT n.m.

GROGNER v. **10.** Grommeler.

GROGNERIE n.f.

GROGNEUR, EUSE adj. et n.

GROGNON, ONNE adj. et n.

GROGNONNER v. **(p.p.inv.) 10.** → **grognasser.**

GROIE n.f. Sol caillouteux fait d'argile.

GROIN n.m. Museau des porcins.

GROISIL [grwazi(l)] n.m. → **grésil** 2.

GROLE n.f. **(= grolle)** *Fam.* Chaussure.

GROLLE n.f. → **grole.**

GROMMELER v. **22** (je grommelle...) Murmurer entre ses dents.

GROMMELLEMENT n.m.

GRONDANT, E adj.

GRONDEMENT n.m.

GRONDER v. **10.**

GRONDERIE n.f.

GRONDEUR, EUSE adj.

GRONDIN n.m. Poisson marin au museau proéminent.

GROOM n.m. Jeune employé en livrée dans les hôtels.

GROOVE [ou] n.m. et adj. Style musical.

GROS, GROSSE adj., n. et adv.

GROSCHEN [-chèn] n.m. Ancienne unité monétaire divisionnaire de l'Autriche.

GROSEILLE n.f.

GROSEILLIER n.m.

GROSSERIE n.f. Fabrication des tables à jeux, des coffres pour l'argenterie, etc.

GROSSESSE n.f.

GROSSEUR n.f.

GROSSIER, ÈRE adj.

GROSSIÈREMENT adv.

GROSSIÈRETÉ n.f.

GROSSIR v. **40.**

GROSSISSANT, E adj.

GROSSISSEMENT n.m.

GROSSISTE n. Marchand en gros.

GROSSOYER v. **27.** Copier (une pièce juridique).

GROTESQUE adj. et n.m.

GROTESQUEMENT adv.

GROTTE n.f.

GROUILLANT, E adj.

GROUILLEMENT n.m.

GROUILLER v. **10.**

GROUILLOT n.m. *Fam.* Jeune employé chargé de faire les courses.

GROUP n.m. *Vx.* Sac cacheté contenant de l'argent qu'on envoie d'un endroit à un autre.

GROUPAGE n.m. Rassemblement de colis pour une même destination.

GROUPAL, E, AUX adj. *Psych.* Relatif au groupe.

GROUPE n.m.

GROUPEMENT n.m.

GROUPER v. **10.**

GROUPEUR, EUSE n. Transporteur qui groupe des colis.

GROUPIE n. Personne qui admire une star de la musique pop.

GROUPUSCULAIRE adj.

GROUPUSCULE n.m.

GROUSE n.f. Oiseau des montagnes d'Écosse.

GROWLER [grôleur] n.m. Bloc de glace détaché d'un iceberg.

GRRR interj. Évoque le grondement d'un chien.

GRUAU, X n.m. Grain de céréale broyé. – Farine de froment très pure.

GRUE n.f.

GRUERIE n.f. *Féod.* Privilège du roi sur les bois.

GRUÉRIEN, ENNE adj. De la Gruyère (Suisse).

GRUGEOIR n.m. Outil de peintre verrier.

GRUGER v. **17.** Duper, voler.

GRUIDÉ n.m. Oiseau, type grue.

GRUIFORME n.m. Oiseau, type gruidé.

GRULETTE ▌ n.f. *Helv., Fam. Avoir la grulette :* avoir la tremblote.

GRUME n.f. Tronc d'arbre abattu non écorcé.

GRUMEAU, X n.m.

GRUMELER (SE) v. **22** (je me grumelle...) Se mettre en grumeaux.

GRUMELEUX, EUSE adj.

GRUMELURE n.f. Petit trou dans une pièce de métal fondu.

GRUMIER n.m. Camion adapté au transport des grumes.

GRUNGE [greunj] n.m. et adj. Style vestimentaire et musical des années 1990.

GRUON n.m. Petit de la grue.

GRUPPETTI ▌ → **gruppetto.**

GRUPPETTO (pl. **GRUPPETTI** ou **GRUPPETTOS**) [ou] n.m. *Mus.* Ornement musical de trois ou quatre notes groupées.

GRUTAGE n.m.

GRUTER v. **10.** Déplacer au moyen d'une grue.

GRUTIER, ÈRE n. Personne manœuvrant une grue.

GRUYER, ÈRE adj. (Faucon) qui chasse la grue.

GRUYÈRE n.m.

GRYPHÉE n.f. Mollusque voisin de l'huître.

GUACAMOLE [gwa-] n.m. Purée d'avocats.

GUADELOUPÉEN, ENNE adj. De la Guadeloupe (Antilles).

GUAI [gè] adj.m. (Hareng) sans œufs ni laitance.

GUANACO [gwa-] n.m. Lama sauvage d'Amérique du Sud.

GUANINE [gwa-] n.f. *Biochim.* Base azotée des acides nucléiques.

GUANO [gwa-] n.m. Engrais constitué d'excréments d'oiseaux marins.

GUANOSINE [gwa-] n.f. *Biochim.* Nucléoside à base de guanine.

GUARANA [gwa-] n.m. Liane d'Amérique du Sud fournissant un stimulant.

GUARANI [gwa-] 1. adj. Du Paraguay. 2. n.m. Langue indienne.

GUARANI [gwa-] (pl. **GUARANIES** [-nyès] ou **GUARANIS**) n.m. Unité monétaire du Paraguay.

GUARANIES [gwaranyès] → **guarani** n.m.

GUATÉMALIEN, ENNE adj. De Ciudad Guatemala (Guatemala).

GUATÉMALTÈQUE adj. Du Guatemala (Amérique centrale).

GUÉ n.m. et interj.

GUÉABLE adj. Qu'on peut traverser à gué.

GUÈBRE n. et adj. Adepte de la religion de Zoroastre, en Iran.

GUÈDE n.f. Pastel bleu des teinturiers.

GUÉER v. **16.** Passer (un cours d'eau) à gué.

GUÉGUERRE n.f. *Fam.* Petite guerre.

GUEILLE n.f. *Fam.* Chiffon, haillon.

GUELFE n. et adj. *Hist.* Partisan des papes, en Italie.

GUELTA n.f. Au Maghreb, réserve naturelle d'eau.

GUELTE n.f. Prime accordée à un vendeur au prorata de ses ventes.

GUENILLE n.f.

GUENILLEUX, EUSE adj. et n.

GUENILLOU n.m. *Québ.* Personne mal habillée.

GUENON n.f.

GUÉPARD n.m.

GUÊPE n.f.

GUÊPIER n.m.

GUÊPIÈRE n.f. Corset qui amincit la taille.

GUERBA n.f. Dans les régions sahariennes, outre en peau de chèvre.

GUÈRE adv. **(= guères).**

GUÈRES adv. *Vx.* → **guère.**

GUÉRET n.m. Terre labourée et non ensemencée.

GUÉRÉTOIS, E adj. De Guéret.

GUÉRÉZA n.m. Singe au pelage noir et blanc.

GUÉRIDON n.m. Petite table ronde.

GUÉRILLA n.f.

GUÉRILLERO n.m.

GUÉRIR v. **40.**

GUÉRISON n.f.

GUÉRISSABLE adj.

GUÉRISSEUR, EUSE n.

GUÉRITE n.f. Abri de sentinelle.

GUERNESIAIS, E adj. De Guernesey (une des îles Anglo-Normandes).

GUERRE n.f.

GUERRIER, ÈRE adj. et n.

GUERROYER v. **27.** Combattre (quelqu'un).

GUERROYEUR, EUSE adj. et n.

GUESDISME [gèd-] n.m.

GUESDISTE [gèd-] adj. De Guesde (homme politique français).

GUET n.m.

GUETALI [é] n.m. À la Réunion, terrasse couverte.

GUÈTE n.f. Tourelle de guetteur dans un château fort. – Pièce de menuiserie.

GUÊTRE n.f.

GUÊTRER v. **10.** Revêtir de guêtres.

GUÊTRON n.m. *Vx.* Guêtre courte.

GUETTER v. **10.**

GUETTEUR, EUSE n.

GUEULANTE n.f. *Fam.* Grande clameur.

GUEULARD, E adj. et n.

GUEULE n.f.

GUEULEMENT n.m.

GUEULER v. **10.** Crier.

GUEULETON n.m.

GUEULETONNER v. **(p.p.inv.) 10.**

GUEULOIR n.m. *Fam.* Endroit où sont déclamés des textes.

GUEUSAILLE n.f. Troupe de gueux.

GUEUSE n.f. 1. Lingot de fonte. 2. **(= gueuze)** Bière belge forte et aigre.

GUEUSER v. **10.** Mendier. – Vivre misérablement.

GUEUSERIE n.f. Condition de gueux.

GUEUX, GUEUSE adj. et n. (Personne) qui vit de mendicité.

GUEUZE n.f. → **gueuse** 2.

GUÈZE n.m. Langue liturgique éthiopienne.

GUGUS [-s] n.m. **(= guguss, gugusse)** Clown, pitre.

GUGUSS [-s] n.m. → **gugus.**

GUGUSSE n.m. → **gugus.**

GUI n.m. Plante parasite de certains arbres.

GUIB n.m. Petite antilope d'Afrique.

GUIBOLE n.f. **(= guibolle)** *Fam.* Jambe.

GUIBOLLE n.f. → **guibole.**

GUIBRE n.f. *Mar.* Construction destinée à l'attache du beaupré.

GUICHE n.f. Mèche de cheveux en forme d'accroche-cœur.

GUICHET n.m.

GUICHETIER, ÈRE n.

GUIDAGE n.m.

GUIDANCE n.f. Aide donnée aux enfants en difficulté avec leur entourage.

GUIDE n.

GUIDEAU, X n.m. Filet de pêche en forme de sac.

GUIDER v. **10.**

GUIDEROPE n.m. *Aéron.* Cordage d'un aérostat, agissant comme un frein.

GUIDON n.m.

GUIDOUNE n.f. *Québ.* Femme facile, prostituée.

GUIFETTE n.f. Petite sterne (oiseau).

GUIGNARD, E adj. et n. Malchanceux.

GUIGNE n.f. Déveine. – Variété de cerise.

GUIGNER v. **10.** Lorgner du coin de l'œil.

GUIGNETTE n.f. Petite serpe.

GUIGNIER n.m. Variété de cerisier produisant les guignes.

GUIGNOL n.m.

GUIGNOLADE n.f. Situation grotesque, burlesque.

GUIGNOLÉE n.f. *Québ.* Quête effectuée pendant les fêtes.

GUIGNOLET n.m. Liqueur à base de guignes.

GUIGNON n.m. Malchance.

GUILDE n.f. → **ghilde.**

GUILLAUME n.m. Rabot servant à réaliser les moulures.

GUILLEDOU **I** n.m. *Courir le guilledou :* chercher des aventures galantes.

GUILLEMET n.m.

GUILLEMETER v. **20** (je guillemette...) Mettre entre guillemets.

GUILLEMOT n.m. Oiseau palmipède.

GUILLERET, ETTE adj. Vif et gai.

GUILLOCHAGE n.m.

GUILLOCHE n.f. Burin à guillocher.

GUILLOCHER v. **10.** Orner de lignes gravées.

GUILLOCHEUR, EUSE n.

GUILLOCHIS n.m.

GUILLOCHURE n.f.

GUILLON n.m. *Helv.* Bouchon d'un tonneau.

GUILLOTINE n.f.

GUILLOTINEMENT n.m.

GUILLOTINER v. **10.**

GUILLOTINEUR, EUSE n.

GUIMAUVE n.f.

GUIMBARDE n.f. Vieille voiture. – Petit instrument de musique à languette métallique.

GUIMPE n.f. Pièce de lingerie féminine couvrant le cou et la poitrine.

GUIMPER v. **10.** *Text.* Torsader.

GUINCHE n.m. ou f.

GUINCHER v. **(p.p.inv.) 10.** *Fam.* Danser.

GUINDAGE n.m.

GUINDAILLE n.f. *Belg.* Beuverie d'étudiants.

GUINDAILLER v. **(p.p.inv.) 10.** *Belg.* Participer à une beuverie d'étudiants.

GUINDAILLEUR, EUSE n.

GUINDANT n.m. Hauteur d'une voile.

GUINDÉ, E adj.

GUINDEAU, X n.m. *Mar.* Treuil sur lequel s'enroule la chaîne d'ancre.

GUINDER v. **10.** *Mar.* Hisser au moyen d'une machine.

GUINDERESSE n.f. *Mar.* Gros cordage.

GUINÉE n.f. Ancienne monnaie anglaise.

GUINÉEN, ENNE adj. De Guinée (Afrique occidentale).

GUINGOIS (DE) loc. De travers.

GUINGUETTE n.f. Café où l'on danse en plein air.

GUIPAGE n.m.

GUIPER v. **10.** Torsader. – Entourer (un fil électrique) d'un isolant.

GUIPOIR n.m. Outil pour faire des torsades.

GUIPON n.m. *Mar.* Balai.

GUIPURE n.f. Dentelle très ajourée.

GUIRLANDE n.f.

GUISARME n.f. *Médiév.* Arme munie d'une lame et de crochets.

GUISE | n.f.

GUITARE n.f.

GUITARISTE n.

GUITARISTIQUE adj.

GUITOUNE n.f. *Fam.* Tente.

GUIVRE n.f. *Hér.* Serpent.

GUIVRÉ, E adj. *Hér.* Orné de guivres.

GUJARATI [goudj-] n.m. Langue indo-aryenne.

GULDEN [guldèn] n.m. Autre nom du florin, ancienne unité monétaire des Pays-Bas.

GUMMIFÈRE [gom-] adj. → **gommifère.**

GUNITAGE n.m.

GUNITE n.f. Enduit spécial de béton projeté sous pression.

GUNITER v. **10.** Recouvrir de gunite.

GUNITEUSE n.f.

GÜNZ n.m. *Géol.* Première grande glaciation alpine du quaternaire.

GUPPIES → **guppy.**

GUPPY (pl. **GUPPIES** ou **GUPPYS**) n.m. Poisson tropical d'ornement.

GUR [ou] n.m. → **gour** 2.

GURDWARA [gourdwara] n.m. Lieu de culte des sikhs (Inde).

GURU [gourou] n.m. → **gourou.**

GURUNSI [gourou-] adj. et n.m. → **gourounsi.**

GUS [-s] n.m. **(= guss, gusse)** *Arg.* Type.

GUSS n.m. → **gus.**

GUSSE n.m. → **gus.**

GUSTATIF, IVE adj. Relatif au goût.

GUSTATION n.f. Perception des saveurs.

GUSTOMÉTRIE n.f. Mesure de l'acuité du sens du goût.

GUTTIFÉRACÉE n.f. Plante dicotylédone, type millepertuis.

GUTTIFÉRALE n.f. Plante dicotylédone, type thé ou millepertuis.

GUTTIFÈRE n.f. → **guttiféracée.**

GUTTURAL, E, AUX adj. et n.f. Qui vient de la gorge. – Rauque.

GUYANAIS, E adj. De Guyane (Amérique du Sud).

GUYANIEN, ENNE adj. De la Guyana (Amérique du Sud).

GUYOT 1. n.m. Volcan sous-marin. 2. n.f. Variété de poire.

GUZLA [ou] n.f. Sorte de violon en usage en Europe centrale.

GWERZ [gwèrts] n.m. ou f. Chant traditionnel breton.

GYM n.f.

GYMKHANA n.m. Course d'obstacles.

GYMNASE n.m. Salle de gymnastique. – *Helv.* Lycée.

GYMNASIAL, E, AUX adj. *Helv.* Relatif au gymnase.

GYMNASIARQUE n.m. Magistrat dirigeant un gymnase, établissement d'éducation de la Grèce antique.

GYMNASIEN, ENNE n. *Helv.* Élève de gymnase.

GYMNASTE n.

GYMNASTIQUE adj. et n.f.

GYMNIQUE adj. et n.f. Relatif à la gymnastique.

GYMNOCARPE adj. *Bot.* Dont le fruit n'est enveloppé d'aucun organe accessoire.

GYMNOSOPHIE [s] n.f. Doctrine des gymnosophistes.

GYMNOSOPHISTE [s] n.m. Ascète d'une ancienne secte hindoue.

GYMNOSPERME adj. et n.f. (Arbre) dont les graines sont contenues dans un fruit ouvert.

GYMNOTE n.m. Anguille de l'Amérique du Sud.

GYNANDRIE n.f. *Bot.* Disposition d'une fleur dont les étamines sont soudées au pistil. – Présence chez une femme de certains caractères sexuels masculins.

GYNÉCÉE n.m. *Antiq.* Appartement des femmes.

GYNÉCO n.

GYNÉCOLOGIE n.f. Médecine de la femme.

GYNÉCOLOGIQUE adj.

GYNÉCOLOGISTE n.

GYNÉCOLOGUE n.

GYNÉCOMASTIE n.f. *Méd.* Développement anormal des glandes mammaires chez l'homme.

GYNÉRIUM n.m. Roseau à grand panache blanc.

GYNOGENÈSE n.f. *Biol.* Fécondation où le spermatozoïde ne joue que le rôle d'activeur.

GYNOGÉNÉTIQUE adj.

GYNOSTÈME n.m. Partie de l'orchidée qui porte les étamines et le stigmate.

GYPAÈTE n.m. Rapace diurne.

GYPSAGE n.m. Addition de gypse à certains ciments.

GYPSE n.m. Sulfate naturel de calcium hydraté.

GYPSERIE n.f. *Arch.* Décor de plâtre ou de stuc.

GYPSEUX, EUSE adj.

GYPSIER n.m. *Helv.* Plâtrier, peintre.

GYPSOMÈTRE n.m. Appareil de mesure du sulfate de potassium dans les vins.

GYPSOPHILE n.f. Plante herbacée à fleurs blanches.

GYRATION n.f. → **giration.**

GYRIN n.m. Insecte coléoptère des étangs.

GYROBROYEUR n.m. Appareil servant à débroussailler les sous-bois.

GYROBUS n.m. *Anc.* Autobus utilisant l'énergie cinétique d'un disque tournant à grande vitesse.

GYROCOMPAS n.m. Compas gyroscopique.

GYROLASER [-lazèr] n.m. Gyromètre utilisant un laser.

GYROMAGNÉTIQUE adj. *Phys. Rapport gyromagnétique :* rapport du moment magnétique d'une particule à son moment cinétique.

GYROMÈTRE n.m. Appareil indiquant les variations de direction.

GYROMITRE n.m. Champignon qui ressemble à une morille.

GYROPHARE n.m. Phare rotatif des véhicules prioritaires.

GYROPILOTE n.m. Pilote automatique.

GYROS [jiros] n.m. Viande rôtie sur une broche verticale, spécialité grecque.

GYROSCOPE n.m. *Phys.* Appareil muni d'un gyrostat prouvant la rotation de la Terre.

GYROSCOPIQUE adj.

GYROSTAT n.m. *Phys.* Tout solide animé d'un mouvement de rotation rapide autour de son axe.

GYROSTATIQUE adj.

GYROTRAIN n.m. Train monorail dont la stabilité est assurée par un gyrostat.

GYROVAGUE n.m. *Hist.* Moine errant.

HA ['] interj.

HABANERA ['abanéra] n.f. Danse espagnole.

HABILE adj.

HABILEMENT adv.

HABILETÉ n.f.

HABILITATION n.f.

HABILITÉ n.f. Aptitude légale.

HABILITER v. **10.** Autoriser.

HABILLABLE adj.

HABILLAGE n.m.

HABILLEMENT n.m.

HABILLER v. **10.**

HABILLEUR, EUSE n.

HABIT n.m.

HABITABILITÉ n.f.

HABITABLE adj.

HABITACLE n.m.

HABITANT, E n.

HABITAT n.m.

HABITATION n.f.

HABITER v. **10.**

HABITUATION n.f. *Psych.* Accoutumance.

HABITUDE n.f.

HABITUEL, ELLE adj.

HABITUELLEMENT adv.

HABITUER v. **10.**

HABITUS [-s] n.m. *Méd.* Aspect extérieur du corps.

HÂBLER v. **(p.p.inv.) 10.** Parler avec vantardise.

HÂBLERIE ['] n.f.

HÂBLEUR, EUSE ['] adj. et n.

HABSBOURGEOIS, E adj. Des Habsbourg (dynastie autrichienne).

HACHAGE ['] n.m.

HACHE ['] n.f.

HACHEMENT ['] n.m.

HACHÉMITE ['] adj. (Dynastie) issue de Mahomet.

HACHER ['] v. **10.**

HACHEREAU, X ['] n.m. Petite hache en forme de marteau.

HACHETTE ['] n.f. Petite hache.

HACHEUR, EUSE ['] 1. n.m. *Électr.* Dispositif qui règle la tension d'un courant continu. 2. n.f. Hachoir mécanique.

HACHIS ['] n.m.

HACHISCH ['] n.m. → **haschisch.**

HACHOIR ['] n.m.

HACHURE ['] n.f.

HACHURER ['] v. **10.**

HACIENDA [asyènda] n.f. En Amérique latine, grand domaine agricole.

HACKER ['akeur] n.m. **(= hackeur)** Pirate informatique.

HACKEUR, EUSE ['] n. → **hacker.**

HACKLE ['akeul] n.m. Plume de coq destinée au montage des mouches artificielles pour la pêche.

HACQUEBUTE ['] n.f. **(= haquebute)** Arquebuse.

HADAL, E, AUX ['] adj. Relatif aux grandes profondeurs océaniques.

HADDOCK ['] n.m. Aiglefin fumé.

HADÉEN, ENNE n.m. et adj. *Géol.* Premier éon (le plus ancien).

HADITH ['] n.m. *Rel.* Récit traditionnel sur Mahomet.

HADJ ['] 1. n.m. **(= hadjdj)** Pèlerinage à La Mecque. 2. n.m. **(= hadji)** Musulman qui a fait un pèlerinage à La Mecque.

HADJDJ ['adj] n.m. → **hadj** 1.

HADJI ['] n.m. → **hadj** 2.

HADRON ['] n.m. *Phys.* Particule.

HADRONIQUE ['] adj.

HAFNIUM ['] n.m. Métal rare.

HAFSIDE ['] adj. D'une dynastie musulmane de Tunisie (du XIIIe au XVIe s.).

HAGARD, E ['] adj.

HAGGIS ['agis] n.m. Panse de mouton farcie, plat national écossais.

HAGIOGRAPHE n. et adj. Auteur qui écrit la vie des saints.

HAGIOGRAPHIE n.f.

HAGIOGRAPHIQUE adj.

HAGIOLOGIE n.f. Ensemble des ouvrages hagiographiques.

HAGUENOIS, E ['] adj. De La Haye (Pays-Bas).

HAGUENOVIEN, ENNE ['] adj. De Haguenau.

HAHNIUM ['] n.m. *Vx.* Dubnium.

HAÏDA ['] adj. D'un peuple amérindien du Canada.

HAÏDOUC ['] n.m. **(= haïdouk, heiduque)** *Hist.* Homme d'armes hongrois.

HAÏDOUK ['] n.m. → **haïdouc.**

HAIE ['] n.f.

HAÏK ['] n.m. Grand voile dont s'enveloppent les musulmanes.

HAÏKAÏ ['aykay] n.m. Forme poétique japonaise.

HAÏKU ['aykou] n.m. Poème japonais de trois vers.

HAILLON ['] n.m.

HAILLONNEUX, EUSE ['] adj.

HAINE ['] n.f.

HAINEUSEMENT ['] adv.

HAINEUX, EUSE ['] adj.

HAINTENY ['aynténi] n.m. Poème malgache.

HAINUYER, ÈRE ['] adj. **(= hennuyer)** Du Hainaut (Belgique).

HAÏR ['] v. **41.**

HAIRE ['] n.f. Vêtement grossier porté par esprit de mortification.

HAÏSSABLE ['] adj.

HAÏTIEN, ENNE adj.

HAJE ['] n.m. Naja (serpent à lunettes).

HAKA ['] n.m. Chant tribal maori.

HAKKA ['] n.m. Dialecte chinois.

HALAGE ['] n.m.

HALAKHA ['alahra] n.f. **(= halakhah)** Dans le judaïsme, ensemble des règles qui régissent la vie quotidienne.

HALAKHAH ['alahra] n.f. → **halakha.**

HALAL **I** ['] adj. **(= hallal)** (Viande d'un animal) tué selon les rites musulmans.

HALBI ['] n.m. Boisson normande, faite de pommes et de poires fermentées.

HALBRAN ['] n.m. Jeune canard sauvage.

HALBRENÉ, E ['] adj. *Zool.* Qui a les pennes rompues.

HÂLE ['] n.m.

HALECRET ['] n.m. Corps d'armure.

HALEINE n.f.

HALENÉE n.f. Bouffée d'une haleine forte.

HALENER ['alné] v. **11.** Flairer, en parlant du chien.

HALER ['] v. **10.** Tirer à l'aide d'un cordage.

HÂLER ['] v. **10.** Brunir (la peau).

HALETANT, E ['] adj.

HALÈTEMENT ['] n.m.

HALETER ['] v. **(p.p.inv.) 21** (je halète...).

HALETTE ['] n.f. *Luxemb.* Coiffe de femme.

HALEUR, EUSE ['] n.

HALICTE ['] n.m. Petite abeille.

HALIEUTE n. Spécialiste de la pêche en mer.

HALIEUTIQUE adj. et n.f. Qui concerne l'art de la pêche.

HALIGONIEN, ENNE adj. De Halifax (Canada).

HALIOTIDE n.f. → **haliotis.**

HALIOTIS [-s] n.m. Mollusque gastéropode.

HALIPLE n.m. Insecte coléoptère aquatique.

HALITE n.f. Sel gemme.

HALITUEUX, EUSE adj. *Vx.* Moite.

HALL ['ôl] n.m.

HALLAGE ['] n.m. Redevance à payer pour vendre aux halles.

HALLAL **I** ['] adj. → **halal.**

HALLALI n.m. *Vén.* Cri de chasse ou sonnerie de cor signalant que la bête est aux abois.

HALLE ['] n.f.

HALLEBARDE ['] n.f. Hampe munie d'une hache et d'un crochet.

HALLEBARDIER ['] n.m.

HALLIER ['] n.m. Groupe de buissons touffus.

HALLOWEEN ['alowin] n.f. Fête traditionnelle anglo-saxonne (31 octobre).

HALLSTATTIEN, ENNE ['alchtaty-in] adj. et n.m. Relatif au premier âge du fer.

HALLUCINANT, E adj.

HALLUCINATION n.f.

HALLUCINATOIRE adj.

HALLUCINER v. **10.**

HALLUCINOGÈNE adj. et n.m.

HALLUCINOSE n.f. *Méd.* Hallucination consciente.

HALO ['] n.m.

HALOBIOS [-ôs] n.m. Ensemble des êtres qui vivent dans les mers.

HALOGÉNATION n.f.

HALOGÈNE adj. et n.m. *Chim.* Se dit du chlore et des éléments de la même famille.

HALOGÉNER v. **12.** *Chim.* Introduire des halogènes dans (une molécule).

HALOGÉNURE n.m. Combinaison chimique contenant un halogène.

HALOGRAPHIE n.f. Étude des sels.

HÂLOIR ['] n.m. Cave d'affinage à fromages.

HALOMORPHE adj. (Sol) à forte teneur en sel.

HALON n.m. Dérivé d'hydrocarbure utilisé comme liquide extincteur ou frigorifique.

HALOPÉRIDOL n.m. *Pharm.* Neuroleptique.

HALOPHILE adj. et n.f. (Plante) qui vit en milieu salé.

HALOPHYTE adj. et n.f. → **halophile.**

HALOTHANE n.m. Liquide anesthésique.

HALTE ['] n.f. et interj.

HALTÈRE n.m.

HALTÉROPHILE adj. et n.

HALTÉROPHILIE n.f.

HALVA ['] n.m. Confiserie orientale.

HAMAC ['] n.m.

HAMADA ['] n.f. Plateau rocheux du désert.

HAMADRYADE n.f. Nymphe des bois.

HAMADRYAS [-s] n.m. Grand singe.

HAMALLISME ['] n.m. Confrérie musulmane fondée au Mali.

HAMALLISTE ['] n. Adepte du hamallisme.

HAMAMÉLIDACÉE n.f. Arbre ou arbuste, type hamamélis.

HAMAMÉLIS [-s] n.m. Arbrisseau d'Amérique du Nord.

HAMBOURGEOIS, E ['] adj. De Hambourg (Allemagne).

HAMBURGER ['an-bourgeur] ou ['ambeurgeur] n.m.

HAMEAU, X ['] n.m.

HAMEÇON n.m.

HAMEÇONNAGE n.m. Technique de fraude par voie électronique.

HAMEÇONNER v. **10.** Garnir (une ligne) d'hameçons.

HAMEÇONNEUR, EUSE n. Personne qui pratique l'hameçonnage.

HAMMAM ['] n.m. Établissement de bains turcs.

HAMMERLESS ['amèrlès] n.m. Fusil de chasse.

HAMPE ['] n.f. Manche qui supporte un drapeau.

HAMSTER ['] n.m. Mammifère rongeur.

HAN ['-an] adj. Relatif à une dynastie chinoise.

HAN ['-an] interj. et n.m. (inv. mais **han** adj.) Cri sourd émis en frappant.

HANAFI ['] n.m. **(= hanafite)** Adepte du hanafisme.

HANAFISME ['] n.m. École juridique de l'islam sunnite.

HANAFITE ['] n. et adj. → **hanafi.**

HANAP ['] n.m. *Médiév.* Vase à boire.

HANBALI ['] n.m. **(= hanbalite)** Adepte du hanbalisme.

HANBALISME ['] n.m. École juridique de l'islam sunnite.

HANBALITE ['] n. et adj. → **hanbali.**

HANCHE ['] n.f.

HANCHEMENT ['] n.m. Mouvement de la hanche.

HANCHER ['] v. **10.** *Bx-arts.* Représenter (un personnage) dans un mouvement faisant saillir une hanche.

HAND ['an-d] n.m. *Fam.* Handball.

HANDBALL ['an-dbal] n.m.

HANDBALLEUR, EUSE ['an-dbal-] n.

HANDICAP ['] n.m.

HANDICAPANT, E ['] adj.

HANDICAPÉ, E ['] adj. et n.

HANDICAPER ['] v. **10.**

HANDICAPEUR ['] n.m. *Hipp.* Commissaire chargé d'établir les handicaps.

HANDISPORT ['] adj. Qui concerne les sports pratiqués par les handicapés physiques.

HANGAR ['] n.m.

HANGUL ['an-goul] n.m. Alphabet servant à transcrire le coréen.

HANNETON ['] n.m.

HANNETONNAGE ['] n.m.

HANNETONNER ['] v. **10.** *Agr.* Débarrasser (une région) des hannetons.

HANOÏEN, ENNE ['] adj. De Hanoi (Vietnam).

HANOUKKA ['] n.f. Fête juive.

HANOVRIEN, ENNE ['] adj. De Hanovre (Allemagne).

HANSART ['] n.m. Couperet, hachoir.

HANSE ['] n.f. *Hist.* Association de marchands ou de cités marchandes.

HANSÉATE ['] adj. et n. Relatif aux villes de la Hanse.

HANSÉATIQUE ['] adj. Relatif à la Hanse de la Baltique.

HANTAVIRUS ['] n.m. Virus causant des fièvres hémorragiques.

HANTER ['] v. **10.**

HANTISE ['] n.f.

HAOUSSA ['] n.m. Langue d'Afrique occidentale.

HAPALIDÉ n.m. Singe d'Amérique.

HAPAX n.m. → **apax.**

HAPLOBIONTE n.m. → **haplonte.**

HAPLOÏDE adj. (Cellule reproductrice) ne contenant qu'un exemplaire de chaque chromosome, et non pas une paire.

HAPLOÏDIE n.f.

HAPLOLOGIE n.f. Prononciation d'une seule de deux syllabes semblables successives.

HAPLONTE n.m. Être vivant dont le cycle de reproduction est haploïde.

HAPLOPHASE n.f. *Biol.* Phase du cycle de reproduction où les cellules sont haploïdes.

HAPPEMENT ['] n.m.

HAPPENING ['] n.m. Spectacle avec participation active du public.

HAPPER ['] v. **10.**

HAPTÈNE n.m. Substance qui, combinée à une protéine, peut devenir immunogène.

HAPTIQUE adj. *Psych.* Relatif au toucher.

HAPTONOMIE n.f. Méthode de communication par contact tactile.

HAPTONOMIQUE adj.

HAQUEBUTE ['] n.f. → **hacquebute.**

HAQUENÉE ['akné] n.f. Petit cheval facile à monter.

HAQUET ['] n.m. *Vx.* Charrette pour transporter des tonneaux.

HARAKIRI ['] n.m.

HARAM ['] n.m. et adj. Dans l'islam, interdit religieux, territoire sacré.

HARANGUE ['] n.f. Discours solennel.

HARANGUER ['] v. **10.**

HARANGUEUR, EUSE ['] n.

HARARAIS, E ['] adj. De Harare (Zimbabwe).

HARAS ['ara] n.m. Établissement d'élevage et de reproduction des chevaux.

HARASSANT, E ['] adj.

HARASSEMENT ['] n.m.

HARASSER ['] v. **10.**

HARCELANT, E ['] adj.

HARCÈLEMENT ['] n.m.

HARCELER ['] v. **22** ou **23** (je harcelle... ou je harcèle...).

HARCELEUR, EUSE ['] n.

HARD ['] 1. adj. et n.m. *Mus.* (Rock) simple et brutal. - (Pornographie) explicite. 2. n.m. *Fam.* Hardware.

HARDCORE ['] n.m. Style musical.

HARDE ['] 1. n.f. Troupeau d'animaux. - Lien pour attacher des chiens. 2. n.f.pl. *Litt.* Vêtements pauvres et vieux.

HARDER ['] v. **10.** *Vén.* Attacher (des chiens).

HARDEUR, EUSE ['] n. Acteur de films pornographiques.

HARDI, E ['] adj. et interj.

HARDIESSE ['] n.f.

HARDIMENT ['] adv.

HARDWARE ['ardwèr] n.m. *Inf.* Ensemble des éléments matériels de l'ordinateur.

HAREM ['] n.m.

HARENG ['] n.m.

HARENGAISON ['] n.f. Pêche du hareng.

HARENGÈRE ['] n.f. Marchande de poisson. - Femme querelleuse.

HARENGUET ['] n.m. Poisson voisin du hareng (sprat).

HARENGUEUX ['] n.m. → **harenguier.**

HARENGUIER ['] n.m. Bateau pour la pêche au hareng.

HARET ['] adj.m. et n.m. (Chat) resté ou devenu sauvage.

HARFANG ['arf-an] n.m. Chouette blanche.

HARGNE ['] n.f.

HARGNEUSEMENT ['] adv.

HARGNEUX, EUSE ['] adj.

HARICOT ['] n.m.

HARIDELLE ['] n.f. Cheval maigre.

HARIRA ['] n.f. Soupe marocaine.

HARISSA ['] n.m. ou f. Sauce piquante qui accompagne le couscous.

HARKA ['] n.f. *Hist.* En Algérie, troupe de supplétifs renforçant l'armée française.

HARKI, E ['] n.m. et adj. *Hist.* Militaire algérien servant dans une harka.

HARLE ['] n.m. Canard plongeur.

HARMATTAN n.m. Vent sec et chaud du Sahara.

HARMONICA n.m.

HARMONICISTE n. Joueur d'harmonica.

HARMONICORDE n.m. Sorte d'harmonium.

HARMONIE n.f.

HARMONIEUSEMENT adv.

HARMONIEUX, EUSE adj.

HARMONIQUE adj., n.m. ou f.

HARMONIQUEMENT adv.

HARMONISATION n.f.

HARMONISER v. **10.**

HARMONISTE n. Musicien connaissant les règles de l'harmonie.

HARMONIUM n.m. Petit orgue.

HARNACHEMENT ['] n.m.

HARNACHER ['] v. **10.** Équiper d'un harnais.

HARNACHEUR ['] n.m. *Vx.* Ouvrier qui fait des harnais. – Personne qui harnache des chevaux.

HARNAIS ['] n.m.

HARNOIS ['] n.m. *Vx.* Harnais.

HARO ['] interj.

HARPAGON n.m. Homme avare.

HARPAIL ['] n.m. **(= harpaille)** Troupeau de biches.

HARPAILLE ['] n.f. → **harpail.**

HARPE ['] n.f.

HARPER ['] v. **10.** Prendre (des poissons) avec une ligne à plusieurs hameçons.

HARPIE ['] n.f. Mégère. – Rapace.

HARPISTE ['] n. Joueur de harpe.

HARPOISE ['] n.f. Fer recourbé à l'extrémité d'un harpon.

HARPON ['] n.m.

HARPONNAGE ['] n.m.

HARPONNEMENT ['] n.m.

HARPONNER ['] v. **10.**

HARPONNEUR ['] n.m.

HARRAGA | ['] n.m.pl. Jeunes adultes algériens poussés à l'exil par l'absence de perspectives d'avenir.

HARRIER ['] n.m. Chien courant dressé pour la chasse au lièvre.

HARRISME ['] n.m. Religion chrétienne prêchée, en Côte d'Ivoire, par le prédicateur libérien Harris.

HARRISTE ['] n. Adepte du harrisme.

HART ['ar] n.f. Corde pour pendre. – Pendaison.

HARUSPICE n.m. → **aruspice.**

HASARD ['] n.m.

HASARDER ['] v. **10.**

HASARDEUSEMENT ['] adv.

HASARDEUX, EUSE ['] adj.

HASARDISATION ['] n.f. Méthode de sélection au hasard.

HASCH ['] n.m. Haschisch.

HASCHICH ['] n.m. → **haschisch.**

HASCHISCH ['] n.m. **(= hachisch, haschich).**

HASCHISCHIN ['achich-in] n.m. Personne qui fume du haschisch.

HASE ['] n.f. Femelle du lièvre.

HASSANIYA ['] adj. et n.m. (Dialecte) arabe de Mauritanie et du Mali.

HASSELTOIS, E ['] adj. De Hasselt (Belgique).

HASSID (pl. **HASSIDIM** ou **HASSIDS**) ['] n.m. Adepte du hassidisme.

HASSIDIM | ['] → **hassid.**

HASSIDIQUE ['] adj.

HASSIDISME ['] n.m. Courant religieux juif.

HASSIUM ['] n.m. Élément chimique artificiel.

HAST n.m. **(= haste)** *Vx.* Lance, javelot.

HASTAIRE n.m. *Antiq. rom.* Soldat armé d'un hast.

HASTATI | n.m.pl. Hastaires.

HASTE n.f. → **hast.**

HASTÉ, E adj. *Bot.* En forme de fer de lance.

HÂTE ['] n.f.

HÂTELET ['] n.m. → **attelet.**

HÂTELETTE ['] n.f. → **hâtelle.**

HÂTELLE ['] n.f. Morceau de viande rôtie.

HÂTER ['] v. **10.**

HÂTEREAU, X ['] n.m. Boulette de viande rôtie.

HÂTIER ['] n.m. Grand chenet sur lequel on place des broches à rôtir.

HÂTIF, IVE ['] adj.

HÂTIVEAU, X ['] n.m. *Vx.* Fruit ou légume hâtif.

HÂTIVEMENT ['] adv.

HATTÉRIA ['] n.m. Reptile d'Océanie.

HÂTURE ['] n.f. Pièce métallique pour arrêter un pêne, un verrou.

HAUBAN ['] n.m. *Mar.* Cordage ou câble qui maintient un mât latéralement.

HAUBANAGE ['] n.m.

HAUBANER ['] v. **10.** Fixer par des haubans.

HAUBERGEON ['] n.m. *Médiév.* Petit haubert.

HAUBERT ['] n.m. *Médiév.* Cotte de mailles.

HAUSSE ['] n.f.

HAUSSEMENT ['] n.m.

HAUSSER ['] v. **10.**

HAUSSIER, ÈRE ['] 1. adj. et n. *Fin.* Qui spécule à la hausse. 2. n.f. → **aussière.**

HAUSSMANNIEN, ENNE adj. Relatif à la politique d'urbanisme du baron Haussmann.

HAUT, HAUTE ['] adj., n.m., n.f. et adv.

HAUTAIN, E ['] 1. adj. 2. n.m. **(= hautin)** Vigne qui croît en hauteur. – Échalas qui la soutient.

HAUTAINEMENT ['] adv.

HAUTBOIS ['] n.m. Instrument de musique.

HAUTBOÏSTE ['ôboïst] n.

HAUTEMENT ['] adv.

HAUTERIVIEN, ENNE ['] n.m. et adj. *Géol.* Étage du crétacé inférieur.

HAUTESSE ['] n.f. *Hist.* Titre honorifique donné notamment au sultan.

HAUTEUR ['] n.f.

HAUTIN ['] n.m. → **hautain** 2.

HAUTURIER, ÈRE ['] adj. Relatif à la haute mer.

HAÜYNE ['ôïn] n.f. Aluminosilicate de sodium.

HAVAGE ['] n.m.

HAVANAIS, E ['] adj. De La Havane (Cuba).

HAVANE ['] 1. n.m. Tabac. 2. adj. Couleur tabac.

HÂVE ['] adj. Pâle et maigre.

HAVENEAU, X ['] n.m. Filet de pêche.

HAVENET ['] n.m. → **haveneau.**

HAVER ['] v. **10.** *Min.* Découper parallèlement aux strates.

HAVEUR, EUSE ['] n.m. et n.f.

HAVIR ['] v. **40.** Brûler (un mets) à l'extérieur sans cuire l'intérieur.

HAVRAIS, E ['] adj. Du Havre.

HAVRE ['] n.m.

HAVRESAC ['] n.m. Sac de militaire.

HAVRIT ['-i] n.m. *Min.* Ensemble des fragments détachés par une haveuse.

HAWAÏEN, ENNE adj. (= **hawaiien).**

HAWAIIEN, ENNE adj. → **hawaïen.**

HAYON ['ay-on] ou ['èy-on] n.m. Panneau arrière mobile d'un véhicule.

HAZAN ['] n.m. Chantre de synagogue.

HAZARA ['] adj. D'un peuple d'Afghanistan.

HÉ ['] interj.

HEAUME ['] n.m. *Médiév.* Casque.

HEAUMIER, ÈRE ['] n. *Médiév.* Fabricant de heaumes.

HEBDO n.m. *Fam.* Hebdomadaire.

HEBDOMADAIRE adj. et n.m.

HEBDOMADIER, ÈRE n. Religieux chargé d'une fonction pendant une semaine.

HÉBÉLOME n.m. Champignon peu apprécié.

HÉBÉPHRÈNE adj. et n.

HÉBÉPHRÉNIE n.f. *Méd.* Forme de schizophrénie.

HÉBÉPHRÉNIQUE adj. et n.

HÉBERGEMENT n.m.

HÉBERGER v. **17.**

HÉBERGEUR, EUSE n.m. et adj. *Inf.* Société hébergeant des sites internet.

HÉBERTISME n.m. Méthode d'éducation physique.

HÉBERTISTE adj. et n.

HÉBÉTEMENT ou **HÉBÈTEMENT** n.m.

HÉBÉTER v. **12.**

HÉBÉTUDE n.f.

HÉBOÏDOPHRÉNIE n.f. *Méd.* Forme de schizophrénie.

HÉBRAÏQUE adj. Relatif aux Hébreux.

HÉBRAÏSANT, E n. et adj. Spécialiste de l'hébreu.

HÉBRAÏSER v. **10.** Doter d'un caractère hébraïque.

HÉBRAÏSME n.m. Tournure propre à l'hébreu.

HÉBRAÏSTE n. et adj. → **hébraïsant.**

HÉBREU, X adj.m. et n.m.

HÉCATOMBE n.f.

HECTARE n.m.

HECTIQUE adj. *Méd.* Se dit d'une fièvre prolongée.

HECTISIE n.f. → **étisie.**

HECTO n.m. *Fam.* Hectogramme ou hectolitre.

HECTOGRAMME n.m.

HECTOLITRE n.m.

HECTOMÈTRE n.m.

HECTOMÉTRIQUE adj.

HECTOPASCAL, S n.m. *Phys.* Unité de pression.

HECTOPIÈZE n.f. Ancienne unité de pression.

HECTOWATT n.m.

HÉDÉRACÉE n.f. Plante, type lierre.

HÉDONIQUE adj.

HÉDONISME n.m. Doctrine axée sur la recherche du plaisir.

HÉDONISTE adj. et n.

HÉDONISTIQUE adj.

HÉDYCHIUM [-kyom] n.m. Plante ornementale.

HÉGÉLIANISME [g] n.m.

HÉGÉLIEN, ENNE [g] n. et adj. Adepte de la philosophie de Hegel.

HÉGÉMONIE n.f. Suprématie.

HÉGÉMONIQUE adj.

HÉGÉMONISME n.m. Tendance à exercer une hégémonie.

HÉGIRE n.f. Ère de l'islam.

HEIDUQUE ['éduk] n.m. → **haïdouc.**

HEIMATLOS ['aymatlôs] adj. et n. *Vx.* Apatride.

HEIMATLOSAT ['aymatlôza] n.m. Situation juridique d'un heimatlos.

HEIN ['] interj.

HÉLAS ['] interj.

HÉLÉPOLE n.f. *Antiq.* Machine de guerre en forme de tour.

HÉLER ['] v. **12.**

HÉLIANTHE n.m. Tournesol.

HÉLIANTHÈME n.m. Plante à fleurs jaunes.

HÉLIANTHEMUM n.m. → **hélianthème.**

HÉLIANTHINE n.f. *Chim.* Composé qui permet de savoir si un milieu est acide ou basique.

HÉLIAQUE adj. (Astre) qui se lève ou se couche en même temps que le Soleil.

HÉLIASTE n.m. *Antiq. gr.* Juré membre de l'héliée.

HÉLICASE n.f. Enzyme permettant de séparer les deux brins des acides nucléiques.

HÉLICE n.f.

HÉLICHRYSUM n.m. Immortelle à fleurs jaunes.

HÉLICICULTEUR, TRICE n.

HÉLICICULTURE n.f. Élevage des escargots.

HÉLICIDÉ n.m. Mollusque, type escargot.

HÉLICIER n.m. Ouvrier qui fabrique des hélices.

HÉLICO n.m.

HÉLICOÏDAL, E, AUX adj. En forme d'hélice.

HÉLICOÏDE n.m. et adj. Surface engendrée par un mouvement hélicoïdal.

HÉLICON n.m. Instrument à vent qui se porte autour du cou.

HÉLICOPTÈRE n.m.

HÉLIÉE n.f. *Antiq. gr.* Tribunal athénien dont les audiences commençaient au lever du Soleil.

HÉLIGARE n.f. Gare d'hélicoptères.

HÉLIO n.f. → **héliogravure.**

HÉLIOCENTRIQUE adj.

HÉLIOCENTRISME n.m. Théorie de Copernic faisant du Soleil le centre du monde.

HÉLIOCHROMIE n.f. *Vx.* Photographie des couleurs.

HÉLIODORE n.m. Pierre fine.

HÉLIOGRAPHE n.m. Appareil qui enregistre l'ensoleillement.

HÉLIOGRAPHIE n.f. *Astr.* Description du Soleil. - *Techn.* Photogravure.

HÉLIOGRAPHIQUE adj.

HÉLIOGRAVEUR, EUSE n.

HÉLIOGRAVURE n.f. Procédé de photogravure.

HÉLIOMARIN, E adj. (Thérapie) mettant à profit le soleil et l'air marin.

HÉLIOMÈTRE n.m. Lunette astronomique.

HÉLION n.m. *Phys.* Noyau de l'atome d'hélium.

HÉLIOPAUSE n.f. Limite externe de l'héliosphère.

HÉLIOSISMOLOGIE n.f. Étude des mouvements sismiques du Soleil.

HÉLIOSPHÈRE n.f. Région de l'espace où s'exerce le champ magnétique du Soleil.

HÉLIOSTAT n.m. *Phys.* Instrument d'optique.

HÉLIOSYNCHRONE adj. (Orbite d'un satellite artificiel) dont le plan fait un angle constant par rapport à l'axe Terre-Soleil.

HÉLIOTHÉRAPIE n.f. Traitement par la lumière solaire.

HÉLIOTHÉRAPIQUE adj.

HÉLIOTROPE n.m. Plante dont la fleur se tourne vers le Soleil.

HÉLIOTROPINE n.f. *Chim.* Ester utilisé en parfumerie.

HÉLIOTROPIQUE adj.

HÉLIOTROPISME n.m. Orientation d'un végétal vers le Soleil.

HÉLIPORT n.m. Aéroport pour hélicoptères.

HÉLIPORTAGE n.m.

HÉLIPORTER v. **10.** Transporter par hélicoptère.

HÉLISKI n.m. Ski dont les adeptes sont déposés en haut des pistes par hélicoptère.

HÉLISTATION n.f. Plateforme pour hélicoptères.

HÉLITRANSPORTÉ, E adj.

HÉLITREUILLAGE n.m.

HÉLITREUILLER v. **10.** Treuiller à l'aide d'un hélicoptère.

HÉLIUM n.m. *Chim.* Corps simple gazeux.

HÉLIX n.m. Pourtour du pavillon de l'oreille. - *Zool.* Escargot.

HELLADIQUE adj. Relatif à la Grèce de l'âge du bronze.

HELLÉBORE n.m. → **ellébore.**

HELLÈNE adj. De la Grèce antique.

HELLÉNIQUE adj. De Grèce.

HELLÉNISANT, E n. et adj. Spécialiste du grec.

HELLÉNISATION n.f.

HELLÉNISER v. **10.**

HELLÉNISME n.m. Civilisation grecque. - *Ling.* Tournure propre au grec.

HELLÉNISTE n.

HELLÉNISTIQUE adj.

HELLO ['] interj.

HELMINTHE n.m. Ver parasite.

HELMINTHIASE n.f. Maladie causée par les helminthes.

HELMINTHIQUE adj.

HELMINTHOÏDE adj. En forme de ver.

HELMINTHOLOGIE n.f. Étude des vers parasites.

HÉLOBIALE n.f. Plante aquatique.

HÉLODÉE n.f. → **élodée.**

HÉLODERME n.m. Lézard.

HÉLOPHYTE n.f. Plante des marécages.

HELSINKIEN, ENNE adj. D'Helsinki (Finlande).

HELVELLE n.f. Champignon des bois.

HELVÈTE adj. *Hist.* De l'Helvétie.

HELVÉTIEN, ENNE [-sy-in] adj.

HELVÉTIQUE adj. De la Suisse.

HELVÉTISME n.m. Tournure propre aux Suisses.

HEM ['] interj.

HÉMAGGLUTININE n.f. *Biol.* Variété d'immunoglobuline.

HÉMANGIOME n.m. Angiome constitué de vaisseaux sanguins.

HÉMARTHROSE n.f. *Méd.* Épanchement de sang dans une articulation.

HÉMATÉMÈSE n.f. Vomissement de sang.

HÉMATHIDROSE n.f. Suintement de sang par la peau.

HÉMATIDROSE n.f. → **hémathidrose.**

HÉMATIE [-si] ou [-ti] n.f. Globule rouge du sang.

HÉMATINE n.f. Pigment ferrugineux du sang.

HÉMATIQUE adj. Relatif au sang.

HÉMATITE n.f. Minerai de fer rouge.

HÉMATOBIE n.m. Mouche tsé-tsé, qui donne la maladie du sommeil.

HÉMATOCÈLE n.f. Tumeur enkystée formée d'un épanchement de sang.

HÉMATOCRITE n.m. Rapport du volume de globules rouges et du plasma sanguin.

HÉMATOGÈNE adj. D'origine sanguine.

HÉMATOLOGIE n.f. Étude du sang.

HÉMATOLOGIQUE adj.

HÉMATOLOGISTE n.

HÉMATOLOGUE n.

HÉMATOME n.m.

HÉMATOPHAGE adj. (Insecte) qui se nourrit de sang.

HÉMATOPOÏÈSE n.f. Formation des globules sanguins.

HÉMATOPOÏÉTIQUE adj.

HÉMATOSE n.f. *Physiol.* Transformation du sang veineux en sang artériel.

HÉMATOZOAIRE n.m. Parasite du sang.

HÉMATURIE n.f. Émission de sang par l'urine.

HÈME n.m. *Biol.* Constituant ferreux de l'hémoglobine.

HÉMÉRALOPE adj. et n. *Méd.* Qui voit mal quand la lumière est faible.

HÉMÉRALOPIE n.f.

HÉMÉROCALLE n.f. Plante liliacée.

HÉMIALGIE n.f. Douleur dans une moitié de la tête.

HÉMIANOPSIE n.f. Perte de la vue d'un seul côté.

HÉMICELLULOSE n.f. *Biochim.* Constituant de la membrane des végétaux.

HÉMICORDÉ n.m. Invertébré marin.

HÉMICRÂNIE n.f. → **hémialgie.**

HÉMICYCLE n.m. Espace en forme de demi-cercle.

HÉMICYLINDRIQUE adj. Qui est en forme de demi-cylindre.

HÉMIÈDRE adj. Se dit de cristaux dont la symétrie est la moitié de celle de leur réseau cristallin.

HÉMIÉDRIE n.f.

HÉMIÉDRIQUE adj. → **hémièdre.**

HEMIGRAMMUS n.m. Poisson d'Amazonie.

HÉMINE n.f. Substance dérivée de l'hémoglobine. – *Antiq.* Mesure de capacité.

HÉMINÉE n.f. *Antiq.* Étendue de terrain dont l'ensemencement nécessitait une hémine de grain.

HÉMIOLE n.f. *Mus.* Division rythmique des mesures.

HÉMIONE n.m. Équidé d'Asie tenant de l'âne et du cheval.

HÉMIOXYDE n.m. Oxyde où un atome d'oxygène est lié à deux atomes d'un autre corps.

HÉMIPARASITE n.m. Plante parasite qui produit elle-même une partie de son alimentation.

HÉMIPARÉSIE n.f. Légère paralysie d'un côté du corps.

HÉMIPLÉGIE n.f. Paralysie d'une moitié du corps.

HÉMIPLÉGIQUE adj. et n.

HÉMIPTÈRE n.m. et adj. Insecte, type punaise ou puceron.

HÉMIPTÉROÏDE n.m. → **hémiptère.**

HÉMISPHÈRE n.m.

HÉMISPHÉRIQUE adj.

HÉMISTICHE n.m. *Poét.* Moitié d'un alexandrin.

HÉMISYNTHÈSE n.f. *Chim.* Synthèse associant une fermentation et un processus chimique.

HÉMITROPE adj. Se dit de cristaux identiques s'associant de façon régulière.

HÉMITROPIE n.f.

HÉMOBIOLOGIE n.f. Discipline médicale concernant la transfusion sanguine.

HÉMOCHROMATOSE n.f. *Méd.* Excès de fer dans l'organisme.

HÉMOCOMPATIBLE adj. Dont le groupe sanguin est compatible avec un autre.

HÉMOCULTURE n.f. *Méd.* Technique d'analyse bactériologique.

HÉMOCYANINE n.f. Matière protéique composant le sang des mollusques.

HÉMODIALYSE n.f. *Méd.* Procédé d'épuration du sang.

HÉMODIALYSÉ, E n.

HÉMODILUTION n.f. *Méd.* Dilution du sang.

HÉMODYNAMIQUE n.f. et adj. Étude de la circulation du sang.

HÉMODYNAMOMÈTRE n.m. Appareil servant à mesurer la pression sanguine.

HÉMOGÉNIE n.f. Petite hémorragie provoquant des taches rouges sur la peau.

HÉMOGÉNIQUE adj. et n.

HÉMOGLOBINE n.f. Pigment des globules rouges du sang.

HÉMOGLOBINURIE n.f. Présence d'hémoglobine dans l'urine.

HÉMOGRAMME n.m. Examen du sang.

HÉMOLYMPHE n.f. *Biol.* Sang des invertébrés.

HÉMOLYSE n.f. Destruction des globules rouges.

HÉMOLYSINE n.f. Substance provoquant l'hémolyse.

HÉMOLYTIQUE adj.

HÉMOPATHIE n.f. Toute maladie du sang.

HÉMOPHILE adj. et n. Dont le sang se coagule mal.

HÉMOPHILIE n.f.

HÉMOPROTÉINE n.f. *Biochim.* Protéine du sang.

HÉMOPTYSIE n.f. Crachement de sang.

HÉMOPTYSIQUE adj. et n.

HÉMORRAGIE n.f.

HÉMORRAGIQUE adj.

HÉMORROÏDAIRE adj. et n.

HÉMORROÏDAL, E, AUX adj.

HÉMORROÏDE n.f. Varice des veines de l'anus.

HÉMOSIDÉROSE n.f. Accumulation anormale de fer dans le sang.

HÉMOSTASE n.f. (= **hémostasie**) *Méd.* Arrêt d'une hémorragie.

HÉMOSTASIE n.f. → **hémostase.**

HÉMOSTATIQUE adj. et n.m. (Agent) qui arrête l'hémorragie.

HÉMOTHORAX n.m. Épanchement de sang dans la plèvre.

HÉMOVIGILANCE n.f. Surveillance de la transfusion sanguine.

HÉNAURME adj. Variante plaisante de *énorme*.

HENDÉCAGONE [in-dé-] n.m. *Math.* Polygone qui a onze angles et onze côtés.

HENDÉCASYLLABE [in-dé-] adj. et n.m. Qui a onze syllabes.

HENDIADIS [èndyadis] n.m. (= **hendiadyin, hendiadys**) *Rhét.* Remplacement d'une expression unique par deux noms coordonnés.

HENDIADYIN [èndyadin] n.m. → **hendiadis.**

HENDIADYS [èndyadis] n.m. → **hendiadis.**

HENNÉ ['] n.m. Arbuste. - Teinture tirée de cet arbuste.

HENNIN ['] n.m. *Hist.* Coiffure féminine haute et conique.

HENNIR ['] v. **(p.p.inv.) 40.**

HENNISSANT, E ['] adj.

HENNISSEMENT ['] n.m.

HENNUYER, ÈRE ['] adj. → **hainuyer.**

HENRY ['] n.m. Unité d'inductance électrique.

HEP ['] interj.

HÉPARINE n.f. Substance anticoagulante extraite du foie.

HÉPATALGIE n.f. Douleur au foie.

HÉPATIQUE 1. adj. et n. Relatif au foie. - Qui souffre du foie. 2. n.f. Plante cryptogame.

HÉPATISATION n.f. *Méd.* Lésion d'un tissu qui lui donne l'aspect du foie.

HÉPATISME n.m. Insuffisance hépatique.

HÉPATITE n.f. Maladie du foie.

HÉPATOCÈLE n.f. Hernie du foie.

HÉPATOCYTE n.m. Cellule du foie.

HÉPATOLOGIE n.f. Étude du foie.

HÉPATOLOGIQUE adj.

HÉPATOLOGUE n.

HÉPATOMÉGALIE n.f. Augmentation du volume du foie.

HÉPATONÉPHRITE n.f. Atteinte simultanée du foie et du rein.

HÉPATOPANCRÉAS n.m. Organe de certains vertébrés.

HEPTACORDE adj. et n.m. *Mus.* Qui a sept cordes.

HEPTAÈDRE n.m. Solide à sept faces.

HEPTAÉDRIQUE adj.

HEPTAGONAL, E, AUX adj.

HEPTAGONE n.m. *Math.* Polygone qui a sept angles et sept côtés.

HEPTAMÈTRE adj. et n.m. *Poét.* Qui a sept pieds.

HEPTANE n.m. Hydrocarbure servant de solvant.

HEPTARCHIE n.f. *Hist.* Nom des sept royaumes germains de l'Angleterre.

HEPTASYLLABE adj. et n.m. Qui a sept syllabes.

HEPTATHLÈTE n. Sportif qui pratique l'heptathlon.

HEPTATHLON n.m. Épreuve d'athlétisme comportant sept spécialités.

HEPTATHLONIEN, ENNE n. → **heptathlète.**

HÉRALDIQUE adj. et n.f. Relatif au blason, aux armoiries.

HÉRALDISTE n.

HÉRAULTAIS, E [-ltè] adj. De l'Hérault.

HÉRAUT ['] n.m. *Médiév.* Messager.

HERBACÉ, E adj. Qui a l'apparence, les caractères de l'herbe.

HERBAGE n.m.

HERBAGEMENT n.m. Action d'herbager.

HERBAGER, ÈRE n. Éleveur qui herbage.

HERBAGER v. **17.** Mettre à paître.

HERBAGEUX, EUSE adj. Couvert d'herbages.

HERBE n.f.

HERBER v. **10.** *Vx.* Étendre (un drap) sur l'herbe.

HERBERIE n.f. *Vx.* Lieu où l'on herbe le linge.

HERBETTE n.f. *Vx.* Herbe courte et menue.

HERBEUX, EUSE adj.

HERBICIDE adj. et n.m.

HERBICOLE adj. Qui vit dans l'herbe.

HERBIER n.m.

HERBIVORE adj. et n.m.

HERBORISATEUR, TRICE n.

HERBORISATION n.f.

HERBORISÉ, E adj. → **arborisé.**

HERBORISER v. **10.** Recueillir des plantes pour les étudier.

HERBORISTE n.

HERBORISTERIE n.f. Commerce de plantes médicinales.

HERBU, E adj. Couvert d'herbe.

HERCHAGE ['] n.m. **(= herschage).**

HERCHER ['] v. **(p.p.inv.) 10 (= herscher)** Pousser un wagonnet dans la mine.

HERCHEUR, EUSE ['] n. **(= herscheur).**

HERCULE n.m.

HERCULÉEN, ENNE adj.

HERCYNIEN, ENNE adj. *Géol.* Relatif aux plissements du primaire.

HÈRE ['] n.m. Homme misérable. – Jeune cerf.

HÉRÉDITAIRE adj.

HÉRÉDITAIREMENT adv.

HÉRÉDITÉ n.f.

HÉRÉDO n. et adj. Hérédosyphilis.

HÉRÉDOCONTAGION n.f. *Vx.* Transmission héréditaire de germes pathogènes.

HÉRÉDOSYPHILIS n.f. *Vx.* Syphilis dite héréditaire.

HEREFORD ['èrford] n. et adj. Race de bovins.

HÉRÉSIARQUE n. Auteur ou propagateur d'une hérésie.

HÉRÉSIE n.f.

HÉRÉTICITÉ n.f. Caractère de ce qui est hérétique.

HÉRÉTIQUE adj. et n.

HÉRISSEMENT ['] n.m.

HÉRISSER ['] v. **10.**

HÉRISSON ['] n.m.

HÉRISSONNE ['] adj.f. et n.f. (Chenille de papillon) poilue.

HÉRISSONNER ['] v. **10.** Couvrir de mortier sans égaliser.

HÉRITABILITÉ n.f.

HÉRITABLE adj. *Biol.* (Caractère) qui peut se transmettre génétiquement.

HÉRITAGE n.m.

HÉRITER v. **10.**

HÉRITIER, ÈRE n.

HERMANDAD [èrm-an-dad] n.f. *Médiév.* Fédération de villes espagnoles.

HERMAPHRODISME n.m.

HERMAPHRODITE adj. et n. Bisexué.

HERMÉNEUTIQUE adj. et n.f. *Philos.* (Science) qui a pour objet l'interprétation des textes.

HERMÈS n.m. Statue du dieu Hermès.

HERMÉTICITÉ n.f.

HERMÉTIQUE adj. et n.f.

HERMÉTIQUEMENT adv.

HERMÉTISME n.m.

HERMÉTISTE n. *Anc.* Personne versée dans les doctrines ésotériques des alchimistes.

HERMINE n.f. Mammifère proche de la belette.

HERMINETTE n.f. 1. Fourrure d'été de l'hermine. 2. → **erminette.**

HERMITAGE n.m. Cru des Côtes du Rhône.

HERMITIEN, ENNE adj. Relatif aux découvertes du mathématicien Hermite.

HERNIAIRE ['] adj.

HERNIE ['] n.f. Sortie d'un organe hors de sa cavité naturelle.

HERNIÉ, E ['] adj. Qui fait hernie.

HERNIEUX, EUSE ['] adj. et n. Atteint d'une hernie.

HÉRO n.f. *Fam.* Héroïne (drogue).

HÉROÏCITÉ n.f. Fait d'être héroïque.

HÉROÏCOMIQUE adj. (Littérature) qui tient de l'héroïque et du comique.

HÉROÏDE n.f. *Litt.* Épître en vers qui fait parler un héros.

HÉROÏNE n.f.

HÉROÏNOMANE adj. et n.

HÉROÏNOMANIE n.f.

HÉROÏQUE adj.

HÉROÏQUEMENT adv.

HÉROÏSATION n.f.

HÉROÏSER v. **10.** Transformer en héros.

HÉROÏSME n.m.

HÉRON ['] n.m. Oiseau échassier.

HÉRONNEAU, X ['] n.m. Jeune héron.

HÉRONNIER, ÈRE ['] 1. adj. (Faucon) dressé à la chasse au héron. 2. n.f. Ensemble de nids de hérons.

HÉROS ['] n.m.

HERPE n.f. *Mar., Anc.* Pièce de bois du garde-corps.

HERPÈS n.m. *Méd.* Affection cutanée.

HERPÉTIQUE adj. et n.

HERPÉTISME n.m. Prédisposition à certaines maladies de la peau.

HERPÉTOLOGIE n.f. *Zool.* Étude des reptiles.

HERPÉTOLOGIQUE adj.

HERPÉTOLOGISTE n.

HERSAGE ['] n.m.

HERSCHAGE ['] n.m. → **herchage.**

HERSCHER ['] v. **(p.p.inv.) 10.** → **hercher.**

HERSCHEUR, EUSE ['] n. → **hercheur.**

HERSE ['] n.f. Outil agricole.

HERSER ['] v. **10.**

HERSEUR, EUSE ['] adj. et n.

HERTZ ['] n.m. *Phys.* Unité de mesure de la fréquence d'un phénomène périodique.

HERTZIEN, ENNE ['] adj. Relatif aux ondes électromagnétiques.

HERVE ['] n.m. Fromage belge.

HESBIGNON, ONNE ['] adj. De la Hesbaye (Belgique).

HÉSITANT, E adj. et n.

HÉSITATION n.f.

HÉSITER v. **(p.p.inv.) 10.**

HESSOIS, E ['] adj. De la Hesse (Allemagne).

HÉSYCHASME [k] n.m. École de spiritualité de l'Église orthodoxe.

HÉTAÏRE n.f. *Antiq. gr.* Courtisane.

HÉTAIRIE n.f. **(= hétérie)** Société politique ou littéraire de la Grèce antique ou moderne.

HÉTAÏRISME n.m. Condition, mœurs des hétaïres.

HÉTÉRIE n.f. → **hétairie.**

HÉTÉRO n. *Fam.* Hétérosexuel.

HÉTÉROCENTRIQUE adj. *Psych.* (Caractère) tourné vers l'extérieur.

HÉTÉROCÈRE n.m. Papillon de nuit.

HÉTÉROCERQUE adj. (Nageoire caudale) qui a deux lobes inégaux.

HÉTÉROCHROMIE n.f. Coloration différente des deux yeux.

HÉTÉROCLITE adj.

HÉTÉROCYCLE n.m. *Chim.* Composé organique.

HÉTÉROCYCLIQUE adj.

HÉTÉRODONTE adj. *Zool.* Qui possède plusieurs sortes de dents.

HÉTÉRODONTIE [-si] n.f.

HÉTÉRODOXE adj. et n. Non orthodoxe.

HÉTÉRODOXIE n.f.

HÉTÉRODYNE adj. et n.f. *Électron.* Générateur d'ondes de haute fréquence.

HÉTÉROGAME adj. *Biol.* (Espèce) se reproduisant par union de deux gamètes différents.

HÉTÉROGAMÉTIQUE adj.

HÉTÉROGAMIE n.f.

HÉTÉROGÈNE adj.

HÉTÉROGÉNÉITÉ n.f.

HÉTÉROGENÈSE n.f. *Biol.* Alternance régulière de deux générations à caractères différents.

HÉTÉROGÉNIE n.f. *Vx.* Génération spontanée.

HÉTÉROGREFFE n.f. *Chir.* Greffe où le donneur et le receveur sont de deux espèces différentes.

HÉTÉROGYNE adj. (Insecte) ayant plusieurs castes de femelles.

HÉTÉROLOGUE adj. De structure, d'origine ou d'espèce différente.

HÉTÉROMÉTABOLE adj. (Insecte) à métamorphoses progressives.

HÉTÉROMORPHE adj. *Zool.* Qui présente des formes très différentes chez une même espèce.

HÉTÉROMORPHIE n.f.

HÉTÉROMORPHISME n.m.

HÉTÉRONOME adj. *Philos.* Qui reçoit ses lois de l'extérieur.

HÉTÉRONOMIE n.f.

HÉTÉRONYME adj. *Ling.* (Mot) du même champ sémantique mais de racine différente.

HÉTÉROPHORIE n.f. *Méd.* Trouble de la vision.

HÉTÉROPLASTIE n.f. → **hétérogreffe.**

HÉTÉROPLASTIQUE adj.

HÉTÉROPODE n.m. Gastéropode au pied transformé en nageoire.

HÉTÉROPROTÉINE n.f. Protéine complexe.

HÉTÉROPTÈRE n.m. Insecte, type punaise.

HÉTÉROSEXUALITÉ n.f.

HÉTÉROSEXUEL, ELLE adj. et n.

HÉTÉROSIDE n.m. *Biochim.* Glucide formé d'oses et d'une substance non glucidique.

HÉTÉROSIS [-zis] n.f. *Biol.* Accroissement de la vigueur observé chez les hybrides.

HÉTÉROSPHÈRE n.f. Couche de l'atmosphère.

HÉTÉROTHERME adj. et n. (Animal) dont la température varie avec celle du milieu.

HÉTÉROTROPHE adj. *Biol.* Qui se nourrit de substances organiques élaborées par un autre organisme.

HÉTÉROTROPHIE n.f.

HÉTÉROXÈNE adj. et n.m. *Biol., Zool.* (Parasite) dont le développement se fait sur plusieurs hôtes.

HÉTÉROZYGOTE adj. et n. *Biol.* Dont les chromosomes homologues possèdent des gènes différents.

HÉTÉROZYGOTIE [-si] ou [-ti] n.f.

HETMAN [ètm-an] ou [ètman] n.m. *Hist.* Chef des armées de Pologne. – *Hist.* Chef des cosaques en Ukraine.

HETMANAT n.m.

HÊTRAIE ['] n.f. Lieu planté de hêtres.

HÊTRE ['] n.m.

HETTANGIEN, ENNE n.m. et adj. *Géol.* Étage du jurassique inférieur.

HEU ['] interj.

HEUCHERA [é] n.m. **(= heuchère)** Plante à fleurs ornementales.

HEUCHÈRE n.f. → **heuchera.**

HEUR n.m. Bonne fortune.

HEURE n.f.

HEUREUSEMENT adv.

HEUREUX, EUSE adj. et n.

HEURISTIQUE adj. et n.f. *Philos.* Susceptible de servir à la découverte de faits vérifiables.

HEURT ['] n.m.

HEURTER ['] v. **10.**

HEURTOIR ['] n.m. Marteau de porte.

HÉVÉA n.m. Arbre dont on tire le latex.

HEXACHLOROPHÈNE n.m. Antiseptique externe.

HEXACHLORURE n.m. Chlorure à six atomes de chlore.

HEXACORALLIAIRE n.m. *Zool.* Cnidaire, type anémone de mer.

HEXACORDE n.m. *Mus.* Gamme de six notes.

HEXADÉCANE n.m. Hydrocarbure.

HEXADÉCIMAL, E, AUX adj. Qui a pour base le nombre seize.

HEXAÈDRE n.m. et adj. Solide à six faces.

HEXAÉDRIQUE adj.

HEXAFLUORURE n.m. Fluorure à six atomes de fluor.

HEXAGONAL, E, AUX adj. et n.m.

HEXAGONE n.m. *Math.* Polygone qui a six angles et six côtés.

HEXAGRAMME n.m. Dans la divination chinoise, figure fondée sur la combinaison de six traits.

HEXAMÈTRE adj. et n.m. *Poét.* Qui a six pieds.

HEXAMIDINE n.f. *Pharm.* Antiseptique.

HEXANE n.m. Hydrocarbure.

HEXANEDIOÏQUE adj. (Acide gras) entrant dans la synthèse du Nylon.

HEXANOÏQUE adj. (Acide gras) à six atomes de carbone.

HEXAPODE adj. et n.m. *Zool.* Qui a six pattes.

HEXASTYLE adj. et n.m. *Arch.* Qui a six colonnes de front.

HEXOGÈNE n.m. Explosif.

HEXOSE n.m. *Biochim.* Ose à six atomes de carbone.

HI ['] interj. Onomatopée du rire.

HIATAL, E, AUX adj. Relatif à un hiatus.

HIATUS [(')yatus] n.m. *Ling.* Succession de voyelles désagréable à l'oreille.

HIBERNAL, E, AUX adj.

HIBERNANT, E adj.

HIBERNATION n.f.

HIBERNER v. **(p.p.inv.) 10.** *Zool.* Passer l'hiver en hibernation.

HIBERNIE n.f. Papillon qui apparaît l'hiver dans les forêts.

HIBISCUS n.m. Arbre tropical.

HIBOU, HIBOUX ['] n.m.

HIC **|** ['] n.m.

HICKORY ['] n.m. Noyer blanc d'Amérique.

HIDALGO n.m. Noble espagnol.

HIDEUR ['] n.f. Laideur.

HIDEUSEMENT ['] adv.

HIDEUX, EUSE ['] adj.

HIDJAB ['] n.m. **(= hijab)** Foulard islamique.

HIDROSADÉNITE n.f. Abcès d'une glande sudoripare.

HIE ['] n.f. Outil de paveur.

HIÈBLE n.f. **(= yèble)** Petit sureau à baies noires.

HIÉMAL, E, AUX adj. Relatif à l'hiver.

HIÉMATION n.f. Action de passer l'hiver. – Propriété qu'ont certaines plantes de pousser en hiver.

HIEMENT n.m. Action de hier.

HIER ['yé] v. **15.** Enfoncer (un pavé) avec une hie.

HIER adv.

HIÉRARCHIE ['] n.f.

HIÉRARCHIQUE ['] adj.

HIÉRARCHISATION ['] n.f.

HIÉRARCHISER ['] v. **10.**

HIÉRARQUE ['] n.m. Titre honorifique religieux. – Chef.

HIÉRATIQUE adj. Relatif aux choses sacrées. – D'une raideur solennelle.

HIÉRATIQUEMENT adv.

HIÉRATISME n.m.

HIÉRODULE n.m. *Antiq. gr.* Esclave attaché à un temple.

HIÉROGAMIE n.f. Couple formé d'un dieu et d'une déesse.

HIÉROGLYPHE ['] n.m. Caractère de l'écriture des anciens Égyptiens.

HIÉROGLYPHIQUE ['] adj.

HIÉROGRAMMATE ['] n.m. *Antiq.* Scribe.

HIÉRONYMITE n.m. Religieux disciple de saint Jérôme.

HIÉROPHANTE n.m. *Antiq. gr.* Prêtre.

HIÉROSOLYMITE ['] adj. De Jérusalem (Israël).

HIFI **|** ['ifi] n.f. Haute-fidélité.

HIGHLANDER ['ayl-an-deur] n.m. Habitant des Highlands (Écosse). – Soldat écossais.

HIGHLIFE ['aylayf] n.m. Musique d'Afrique occidentale.

HIGOUMÈNE n.m. Supérieur d'un monastère orthodoxe.

HIHAN ['] n.m. et interj. Braiment.

HIJAB ['idjab] n.m. → **hidjab.**

HILAIRE ['] adj. *Anat.* Relatif au hile.

HILARANT, E adj.

HILARE adj.

HILARITÉ n.f.

HILBERTIEN, ENNE adj. Relatif aux théories du mathématicien Hilbert.

HILE ['] n.m. *Anat.* Point d'attache d'un vaisseau à un viscère.

HILOIRE n.f. Bordure verticale d'un panneau empêchant l'eau de pénétrer à l'intérieur d'un navire.

HILOTE n.m. **(= ilote)** *Antiq. gr.* Esclave d'État à Sparte.

HILOTISME n.m. **(= ilotisme)** *Antiq. gr.* Condition d'hilote.

HIMALAYEN, ENNE adj.

HIMALAYISME n.m. Pratique de l'alpinisme dans l'Himalaya.

HIMALAYISTE adj. et n.

HIMATION [imatyon] n.m. *Antiq. gr.* Manteau.

HINAYANA adj. (Bouddhisme) attaché à la tradition.

HINDI, E ['indi] n.m. et adj. Langue officielle de l'Inde.

HINDOU, E adj. et n. **(= indou).**

HINDOUISME n.m. Religion brahmanique de l'Inde.

HINDOUISTE adj. et n.

HINDOUSTANI, E n.m. et adj. → **hindi.**

HINTERLAND [intèrl-an-d] n.m. *Géogr.* Arrière-pays.

HIP interj.

HIPPARCHIE n.f. *Antiq. gr.* Division de cavalerie.

HIPPARION n.m. Mammifère ongulé fossile.

HIPPARQUE n.m. *Antiq. gr.* Commandant d'une hipparchie.

HIPPEIS [-éïs] → **hippeus.**

HIPPEUS [-éus] (pl. **HIPPEIS** [-éïs]) n.m. *Antiq. gr.* Membre de la cavalerie.

HIPPIATRE n.m.

HIPPIATRIE n.f. *Vx.* Art de soigner les chevaux.

HIPPIATRIQUE n.f. → **hippiatrie.**

HIPPIE ['] adj. et n. **(= hippy).**

HIPPIQUE adj.

HIPPISME n.m.

HIPPO n.m. *Fam.* Hippopotame.

HIPPOCAMPE n.m.

HIPPOCASTANACÉE n.f. Plante, type marronnier d'Inde.

HIPPOCRATIQUE adj.

HIPPOCRATISME n.m. Médecine d'Hippocrate.

HIPPODROME n.m.

HIPPOGRIFFE n.m. Animal fabuleux mi-cheval, mi-griffon.

HIPPOLOGIE n.f. Étude du cheval.

HIPPOLOGIQUE adj.

HIPPOLOGUE n.

HIPPOMOBILE adj. (Véhicule) mû par des chevaux.

HIPPOPHAÉ n.m. Arbrisseau argenté.

HIPPOPHAGE adj. et n. Qui mange de la viande de cheval.

HIPPOPHAGIE n.f.

HIPPOPHAGIQUE adj. (Boucherie) chevaline.

HIPPOPOTAME n.m.

HIPPOPOTAMESQUE adj.

HIPPOTECHNIE n.f. Technique de l'élevage et du dressage de chevaux.

HIPPOTRAGUE n.m. Bovidé d'Afrique australe.

HIPPURIQUE adj. Se dit d'un acide présent dans l'urine des herbivores.

HIPPY (pl. **HIPPIES** ou **HIPPYS**) ['] adj. et n. → **hippie.**

HIRAGANA n.m. Écriture syllabique japonaise.

HIRCIN, E adj. Relatif au bouc.

HIRONDEAU, X n.m. Jeune hirondelle.

HIRONDELLE n.f.

HIRSUTE adj.

HIRSUTISME n.m. *Méd.* Développement excessif du système pileux.

HIRUDINE n.f. Sécrétion des sangsues servant d'anticoagulant.

HIRUDINÉE n.f. Annélide, type sangsue.

HIRUNDINIDÉ n.m. Passereau, type hirondelle.

HISPANIQUE adj. De l'Espagne.

HISPANISANT, E n. Spécialiste de la civilisation et de la langue espagnoles.

HISPANISATION n.f.

HISPANISER v. **10.**

HISPANISME n.m. Tournure propre à la langue espagnole.

HISPANISTE n. et adj. → **hispanisant.**

HISPANITÉ n.f.

HISPANOPHONE adj. et n.

HISPIDE adj. *Bot.* Couvert de poils rugueux.

HISSAGE ['] n.m.

HISSER ['] v. **10.**

HISTAMINE n.f. *Biol.* Substance organique.

HISTAMINIQUE adj.

HISTIDINE n.f. Acide aminé.

HISTIOCYTAIRE adj.

HISTIOCYTE n.m. *Biol.* Cellule libre du tissu conjonctif.

HISTOCHIMIE n.f. *Biol.* Étude chimique des tissus organiques.

HISTOCOMPATIBLE adj. *Biol.* Se dit d'un tissu qui, lors d'une greffe, peut être substitué à un autre.

HISTOGENÈSE n.f. *Biol.* Formation des tissus organiques.

HISTOGRAMME n.m. Type de graphique.

HISTOIRE n.f.

HISTOLOGIE n.f. *Biol.* Étude des tissus organiques.

HISTOLOGIQUE adj.

HISTOLYSE n.f. *Physiol.* Destruction des tissus vivants.

HISTONE n.f. Protéine végétale et animale.

HISTOPLASMOSE n.f. *Méd.* Infection due à un champignon parasite.

HISTORICISME n.m. Tendance à expliquer les faits par l'histoire.

HISTORICISTE adj. et n.

HISTORICITÉ n.f. Caractère de ce qui est historique.

HISTORIEN, ENNE n.

HISTORIER v. **15.** Enjoliver de petits ornements.

HISTORIETTE n.f.

HISTORIOGRAMME n.m. *Stat.* Courbe chronologique.

HISTORIOGRAPHE n. Celui qui écrit l'histoire de son temps.

HISTORIOGRAPHIE n.f.

HISTORIQUE adj. et n.m.

HISTORIQUEMENT adv.

HISTORISANT, E adj. Qui situe les phénomènes dans leur perspective historique.

HISTORISME n.m. → **historicisme.**

HISTRION n.m. Bouffon.

HISTRIONIQUE adj.

HISTRIONISME n.m. *Psych.* Tendance à attirer l'attention sur soi.

HIT ['] n.m. *Fam.* Grand succès musical ou cinématographique.

HITCHCOCKIEN, ENNE adj. D'Alfred Hitchcock.

HITLÉRIEN, ENNE adj. et n.

HITLÉRISME n.m.

HITTISTE n. En Algérie, jeune chômeur.

HITTITE ['] adj. et n.m. *Hist.* Relatif aux Hittites, peuple d'Asie Mineure.

HIVER n.m.

HIVERNAGE n.m. Saison des pluies dans les régions chaudes. – Séjour à l'abri pendant l'hiver.

HIVERNAL, E, AUX adj. et n.f.

HIVERNANT, E adj. et n.

HIVERNEMENT n.m. *Québ.* Action d'hiverner.

HIVERNER v. **10.** Passer l'hiver à l'abri. – Mettre à l'étable pour l'hiver.

HO ['] interj.

HOAX ['ôks] n.m. Canular véhiculé par internet.

HOAZIN [oaz-in] n.m. Oiseau primitif d'Amérique centrale.

HOBBIES ['] → **hobby.**

HOBBY (pl. **HOBBIES** ou **HOBBYS**) ['] n.m. Passe-temps favori.

HOBEREAU, X ['] n.m. Petit faucon. – Gentilhomme campagnard.

HOCA ['] n.m. *Anc.* Jeu voisin du loto.

HOCCO ['] n.m. Oiseau tenant de la pintade et du faisan.

HOCHEMENT ['] n.m.

HOCHEPOT ['] n.m. Ragoût.

HOCHEQUEUE ['] n.m. Bergeronnette.

HOCHER ['] v. **10.**

HOCHET ['] n.m.

HOCKEY ['] n.m.

HOCKEYEUR, EUSE ['] n.

HODJATOLESLAM n.m. Titre chiite.

HODOGRAPHE n.m. Courbe décrite par un mouvement.

HOGAN ['ogan] n.m. Maison ronde des Indiens navajos.

HOIR n.m. *Vx.* Héritier.

HOIRIE n.f. *Vx.* Héritage.

HOKI ['] n.m. Poisson du Pacifique.

HOLÀ | ['] interj. et n.m.

HOLDING ['] n.m. ou f. Société qui groupe plusieurs entreprises.

HOLISME n.m. *Philos.* Doctrine considérant chaque phénomène comme faisant partie d'un tout.

HOLISTE adj. et n.

HOLISTIQUE adj.

HOLLANDAIS, E ['] adj., n.m. et n.f.

HOLLANDE ['] n.m. Fromage.

HOLLYWOODIEN, ENNE ['] adj.

HOLMIUM n.m. Métal rare.

HOLOCAUSTE n.m. Sacrifice.

HOLOCÈNE n.m. et adj. *Géol.* Quatrième époque du néogène (la plus récente).

HOLOCÉPHALE n.m. Poisson cartilagineux des grandes profondeurs.

HOLOCRINE adj. *Physiol.* (Glande) dont la sécrétion est issue de la destruction de la cellule qui la contient.

HOLOCRISTALLIN, E adj. (Roche) composée de cristaux.

HOLOÈDRE adj. et n.m. *Chim.* (Cristal) à réseau cristallin symétrique.

HOLOÉDRIE n.f.

HOLOGAMIE n.f. Mode de reproduction sexuée chez les organismes inférieurs.

HOLOGRAMME n.m. Image obtenue par holographie.

HOLOGRAPHE adj. **(= olographe)** *Dr.* (Testament) écrit en entier de la main du testateur.

HOLOGRAPHIE n.f. Procédé de photographie.

HOLOGRAPHIER v. **15.** Photographier par holographie.

HOLOGRAPHIQUE adj.

HOLOMÉTABOLE adj. (Insecte) qui a une métamorphose complète.

HOLOMÈTRE n.m. Instrument qui sert à prendre la hauteur d'un point au-dessus de l'horizon.

HOLOMORPHE adj. *Math.* Se dit d'un type de fonction.

HOLOPHRASTIQUE adj. (Langue) où une phrase s'exprime par un seul mot.

HOLOPROTÉINE n.f. Protéine constituée uniquement d'acides aminés.

HOLORIME adj. **(= olorime)** *Litt.* (Vers) homophone du vers précédent.

HOLOSIDE n.m. *Biochim.* Glucide composé uniquement d'oses.

HOLOSTÉE n.f. Plante herbacée à fleurs blanches.

HOLOSTÉEN n.m. Poisson d'eau douce.

HOLOTHURIE n.f. Échinoderme des fonds marins.

HOLOTRICHE n.m. *Zool.* Protozoaire recouvert de cils.

HOLOTYPE n.m. *Bot., Zool.* Spécimen servant à décrire une espèce.

HOLSTEIN ['olchtayn] n.f. Race de vaches.

HOLSTER ['olstèr] n.m. Baudrier pour camoufler une arme à feu sous l'aisselle.

HOLTER ['oltèr] n.m. Type d'électrocardiogramme.

HOMARD ['] n.m.

HOMARDERIE ['] n.f. Vivier de homards.

HOMARDIER ['] n.m. Bateau aménagé pour pêcher le homard.

HOMBRE [on-br] n.m. Ancien jeu de cartes.

HOME ['] n.m. Centre d'accueil, d'hébergement.

HOMELAND ['] n.m. Territoire bantou, en Afrique du Sud.

HOMÉLIE n.f. Sermon.

HOMÉOMORPHE adj. Se dit de cristaux de forme analogue.

HOMÉOMORPHISME n.m.

HOMÉOPATHE adj. et n.

HOMÉOPATHIE n.f. Méthode thérapeutique.

HOMÉOPATHIQUE adj.

HOMÉOSTASIE n.f. *Biol.* Capacité d'autorégulation des organismes.

HOMÉOSTAT n.m. Appareil simulant l'homéostasie.

HOMÉOSTATIQUE adj.

HOMÉOTHERME adj. et n.m. *Zool.* Dont la température reste constante.

HOMÉOTHERMIE n.f.

HOMÉOTIQUE adj. Relatif à un type de gène d'embryon.

HOMÉRIQUE adj. Épique.

HOMESPUN ['ômspeun] n.m. Tissu écossais.

HOMICIDE adj. et n.

HOMILÉTIQUE n.f. Partie de la rhétorique qui traite de l'éloquence en chaire.

HOMINIDÉ n.m. Primate supérieur dont la forme ultime est l'Homo sapiens.

HOMINIEN n.m. Mammifère actuel ou fossile, type homme.

HOMININÉ n.m. Primate ancêtre de l'homme.

HOMINISATION n.f.

HOMINISÉ, E adj. Passé du stade de primate à celui d'homme.

HOMINOÏDE n.m. et adj. Primate supérieur.

HOMMAGE n.m.

HOMMASSE adj. et n.

HOMME n.m.

HOMMOS ['omos] n.m. **(= houmous)** Purée de pois chiches à l'huile de sésame.

HOMO adj. et n. *Fam.* Homosexuel.

HOMOCENTRE n.m. *Math.* Centre commun à plusieurs cercles.

HOMOCENTRIQUE adj.

HOMOCERQUE adj. (Nageoire caudale) qui a deux lobes égaux.

HOMOCHROMIE n.f. Similitude de couleur entre un animal et son milieu.

HOMOCINÉTIQUE adj. *Méc.* (Liaison) entre deux arbres non en ligne.

HOMOCYCLIQUE adj. *Chim.* (Composé organique) dont les chaînes fermées sont constituées de carbone.

HOMODONTE adj. *Zool.* Qui n'est pourvu que d'un seul type de dents.

HOMOFOCAL, E, AUX adj. *Math.* Se dit de courbes qui ont le même foyer.

HOMOGAME adj. (Inflorescence) ne comprenant que des fleurs du même sexe.

HOMOGAMÉTIQUE adj. *Biol.* (Sexe) dont les gamètes sont tous du même type.

HOMOGAMIE n.f.

HOMOGÈNE adj.

HOMOGÉNÉIFIER v. **15.**

HOMOGÉNÉISATEUR, TRICE adj. et n.

HOMOGÉNÉISATION n.f.

HOMOGÉNÉISER v. **10.**

HOMOGÉNÉITÉ n.f.

HOMOGRAPHE adj. et n.m. Qui s'écrit de la même façon.

HOMOGRAPHIE n.f.

HOMOGRAPHIQUE adj.

HOMOGREFFE n.f. Greffe où le donneur et le receveur sont de la même espèce.

HOMOLATÉRAL, E, AUX adj. Qui concerne le même côté du corps.

HOMOLOGABLE adj.

HOMOLOGATION n.f.

HOMOLOGIE n.f. Qualité de ce qui est homologue.

HOMOLOGIQUE adj.

HOMOLOGUE adj. et n.

HOMOLOGUER v. **10.**

HOMOMORPHIE n.f. *Zool., Bot.* Mimétisme.

HOMOMORPHIQUE adj.

HOMOMORPHISME n.m. *Math.* Type de morphisme.

HOMONCULE n.m. **(= homuncule)** Petit homme.

HOMONYME adj. et n.

HOMONYMIE n.f.

HOMONYMIQUE adj.

HOMOPARENTAL, E, AUX adj.

HOMOPARENTALITÉ n.f. Exercice des droits parentaux par un couple de personnes du même sexe.

HOMOPHILE n.m. et adj. Homosexuel masculin.

HOMOPHILIE n.f.

HOMOPHOBE adj. et n. Hostile à l'homosexualité.

HOMOPHOBIE n.f.

HOMOPHONE adj. et n.m. *Mus.* Qui a le même son. – *Ling.* (Mot) ayant la même prononciation qu'un autre, mais d'orthographe et de sens différents.

HOMOPHONIE n.f.

HOMOPHONIQUE adj.

HOMOPTÈRE n.m. Insecte, type cigale.

HOMORYTHMIQUE adj. *Mus.* (Composition) où les différentes voix chantent à l'unisson.

HOMOSEXUALITÉ n.f.

HOMOSEXUEL, ELLE adj. et n.

HOMOSPHÈRE n.f. Couche inférieure de l'atmosphère.

HOMOTHERME adj. et n.m. Dont la température est homogène et constante.

HOMOTHERMIE n.f.

HOMOTHÉTIE [-si] ou [-ti] n.f. Transformation géométrique.

HOMOTHÉTIQUE adj.

HOMOZYGOTE adj. et n. Dont les chromosomes homologues possèdent les mêmes gènes.

HOMOZYGOTIE [-si] ou [-ti] n.f.

HOMUNCULE [om-on-kul] n.m. → **homoncule.**

HONCHET n.m. **(= jonchet)** Bâtonnet utilisé dans un jeu d'adresse.

HONDURIEN, ENNE ['] adj. Du Honduras (Amérique centrale).

HONGKONGAIS, E ['] adj. De Hongkong.

HONGRE ['] adj.m. et n.m. (Cheval) châtré.

HONGRER ['] v. **10.** Châtrer (un cheval).

HONGREUR ['] n.m.

HONGROIERIE ['] n.f. Action d'hongroyer.

HONGROIS, E ['] adj. et n.m.

HONGROYAGE ['] n.m.

HONGROYER ['] v. **27.** Tanner (du cuir) avec de l'alun et du sel.

HONGROYEUR ['] n.m.

HONING ['] n.m. *Méc.* Finition d'une pièce par abrasion.

HONNÊTE adj.

HONNÊTEMENT adv.

HONNÊTETÉ n.f.

HONNEUR n.m.

HONNIR ['] v. **40.** Couvrir publiquement de honte.

HONORABILITÉ n.f.

HONORABLE adj.

HONORABLEMENT adv.

HONORAIRE adj. Qui porte un titre sans exercer la fonction.

HONORAIRES n.m.pl.

HONORARIAT n.m.

HONORER v. **10.**

HONORIFIQUE adj.

HONTE ['] n.f.

HONTEUSEMENT ['] adv.

HONTEUX, EUSE ['] adj.

HOOLIGAN ['ouligan] n.m. **(= houligan)** Voyou qui se livre à la violence et au vandalisme, particulièrement dans les stades.

HOOLIGANISME ['] n.m.

HOP ['] interj.

HOPAK ['] n.m. → **gopak.**

HOPI ['] adj. D'un peuple amérindien.

HÔPITAL, AUX n.m.

HOPLITE n.m. *Antiq. gr.* Fantassin pesamment armé.

HOPLOSTÈTE n.m. Poisson à chair savoureuse.

HOQUET ['] n.m.

HOQUETER ['] v. **(p.p.inv.) 20** (je hoquette...).

HOQUETON ['] n.m. *Hist.* Veste à manches courtes, portée par les hommes d'armes.

HORA ['] n.f. Danse traditionnelle roumaine.

HORAIRE adj. et n.m.

HORDE ['] n.f.

HORDÉACÉ, E adj. Relatif à l'orge.

HORDÉINE n.f. Protéine tirée de l'orge.

HORECA [é] n.m. *Belg.* Secteur de l'hôtellerie, de la restauration et des cafés.

HORION ['] n.m. Coup violent.

HORIZON n.m.

HORIZONTAL, E, AUX adj. et n.f.

HORIZONTALEMENT adv.

HORIZONTALITÉ n.f.

HORLOGE n.f.

HORLOGER, ÈRE adj. et n.

HORLOGERIE n.f.

HORMIS ['] prép. Excepté.

HORMONAL, E, AUX adj.

HORMONE n.f.

HORMONER v. **10.** Piquer (un animal) aux hormones.

HORMONOTHÉRAPIE n.f.

HORNBLENDE ['ornbl-in-d] n.f. Silicate d'aluminium et de fer.

HORODATAGE n.m.

HORODATER v. **10.** Marquer de la date et de l'heure.

HORODATEUR, TRICE adj. et n.m.

HOROGRAPHIE n.f. Art de faire des cadrans solaires.

HOROGRAPHIQUE adj.

HOROMÉTRIE n.f. Mesure du temps.

HOROPTÈRE n.m. *Opt.* Lieu géométrique du champ visuel où il y a fusion binoculaire.

HOROSCOPE n.m.

HORREUR n.f.

HORRIBLE adj.

HORRIBLEMENT adv.

HORRIFIANT, E adj.

HORRIFIER v. **15.**

HORRIFIQUE adj.

HORRIPILANT, E adj.

HORRIPILATEUR adj.m. (Muscle) dont la contraction dresse le poil.

HORRIPILATION n.f. Érection des poils.

HORRIPILER v. **10.** Exaspérer.

HORS ['] prép. et adv.

HORSAIN ['] n.m. **(= horsin)** Étranger au village, qui occupe une résidence secondaire.

HORSEBALL ['orsbôl] n.m. Sport équestre collectif.

HORSIN ['] n.m. → **horsain.**

HORST ['] n.m. *Géol.* Portion de terrain soulevée entre deux failles.

HORTENSIA n.m. Arbrisseau ornemental.

HORTICOLE adj.

HORTICULTEUR, TRICE n.

HORTICULTURE n.f. Culture des jardins.

HORTILLON n.m. Maraîcher qui cultive un marais.

HORTILLONNAGE n.m.

HORTILLONNEUR n.m. → **hortillon.**

HOSANNA n.m. *Rel.* Chant d'action de grâces.

HOSPICE n.m.

HOSPITALIER, ÈRE adj. et n.

HOSPITALISATION n.f.

HOSPITALISER v. **10.**

HOSPITALISME n.m. *Psych.* Syndrome résultant d'un placement prolongé en institution.

HOSPITALITÉ n.f.

HOSPODAR n.m. *Hist.* Titre des princes vassaux du sultan de Turquie.

HOST n.m. **(= ost)** *Médiév.* Armée.

HOSTA n.m. Plante ornementale.

HOSTEAU, X n.m. **(= hosto, osto)** *Fam.* Hôpital.

HOSTELLERIE n.f.

HOSTIE n.f.

HOSTILE adj.

HOSTILEMENT adv.

HOSTILITÉ n.f.

HOSTO n.m. → **hosteau.**

HOT ['] n.m. et adj. Jazz expressif et coloré des années 1925-1930.

HOTDOG ['] n.m.

HÔTE, HÔTESSE n.

HÔTEL n.m.

HÔTELIER, ÈRE adj. et n.

HÔTELLERIE n.f.

HÔTESSE → **hôte.**

HOTLINE ['otlayn] n.f. Service d'assistance téléphonique aux utilisateurs d'un produit.

HOTTE ['] n.f.

HOTTÉE ['] n.f. Contenu d'une hotte.

HOTTENTOT, E ['] adj. D'un peuple nomade de Namibie (Afrique australe).

HOTTER ['] v. **10.** Transporter dans une hotte.

HOTTEREAU, X ['] n.m. → **hotteret.**

HOTTERET ['] n.m. Petite hotte.

HOTTEUR, EUSE ['] n. Personne qui porte une hotte.

HOTU ['] n.m. Poisson d'eau douce à chair fade.

HOU ['] interj.

HOUACHE ['] n.f. **(= houaiche)** Sillage d'un navire.

HOUAGE ['] n.m.

HOUAICHE ['] n.f. → **houache.**

HOUARI ['] n.m. *Mar.* Type de voile.

HOUBLON ['] n.m.

HOUBLONNAGE ['] n.m.

HOUBLONNER ['] v. **10.** Additionner (une boisson) de houblon.

HOUBLONNIER, ÈRE ['] adj. et n. Relatif au houblon.

HOUDAN ['] n.f. Poule d'une race créée à Houdan.

HOUE ['] n.f. Pioche à fer large et recourbé.

HOUER ['] v. **10.** *Vx.* Labourer à la houe.

HOUILLE ['] n.f.

HOUILLER, ÈRE ['] adj., n.m. et n.f.

HOUILLEUX, EUSE ['] adj. *Vx.* Qui contient de la houille.

HOUKA ['] n.m. Pipe orientale à long tuyau flexible.

HOULA ['] interj. Marque la surprise.

HOULE ['] n.f.

HOULETTE ['] n.f. Bâton de berger.

HOULEUX, EUSE ['] adj.

HOULIGAN ['ouligan] n.m. → **hooligan.**

HOULIGANISME ['] n.m.

HOULQUE ['] n.f. **(= houque)** Sorte d'avoine.

HOUMOUS ['oumous] n.m. → **hommos.**

HOUNGAN ['oungan] n.m. En Haïti, prêtre vaudou.

HOUP [(')oup] interj.

HOUPPE ['] n.f.

HOUPPELANDE ['] n.f. Grande cape.

HOUPPER ['] v. **10.** Garnir de houppes.

HOUPPETTE ['] n.f. Petite houppe.

HOUPPIER ['] n.m. Sommet d'un arbre ébranché.

HOUQUE ['] n.f. → **houlque.**

HOURD ['our] n.m. *Médiév.* Estrade pour tournois. - *Médiév.* Galerie de bois au sommet d'un mur de fortification.

HOURDAGE ['] n.m. Maçonnerie en moellons.

HOURDER ['] v. **10.** Maçonner grossièrement.

HOURDIS ['] n.m. Maçonnerie qui garnit les intervalles entre les solives d'un plancher.

HOURI ['] n.f. Femme divinement belle.

HOURQUE ['] n.f. *Anc.* Bateau de transport hollandais.

HOURRA ['] n.m. et interj. **(= hourrah, hurrah).**

HOURRAH ['] n.m. et interj. → **hourra.**

HOURVARI ['] n.m. *Litt.* Vacarme.

HOUSARD ['] n.m. *Vx.* → **hussard.**

HOUSE ['aous] n.f. Musique populaire électronique.

HOUSEAU, X ['] n.m. Jambière.

HOUSPILLER ['] v. **10.** Accabler de reproches.

HOUSPILLEUR, EUSE ['] adj. et n.

HOUSSAGE ['] n.m.

HOUSSAIE ['] n.f. Lieu planté de houx.

HOUSSE ['] n.f.

HOUSSER ['] v. **10.** Couvrir d'une housse.

HOUSSIÈRE ['] n.f. → **houssaie.**

HOUSSINE ['] n.f. *Vx.* Baguette de houx.

HOUSSINER ['] v. **10.** *Vx.* Frapper avec une houssine.

HOUSSOIR ['] n.m. Balai de houx.

HOUX ['] n.m.

HOVA ['] adj. Relatif à une population de Madagascar.

HOVERCRAFT [oveurkraft] n.m. Aéroglisseur.

HOVERPORT [oveurport] n.m. Port pour hovercrafts.

HOYAU, X ['oyô] ou ['wayô] n.m. Petite houe.

HRIVNA n.f. → **grivna.**

HUARD ['] n.m. **(= huart)** *Québ., Zool.* Plongeon arctique.

HUART ['] n.m. → **huard.**

HUAXTÈQUE ['ou-] adj. D'un peuple précolombien du Mexique.

HUB ['eub] n.m. *Inf.* Concentrateur. - Aéroport faisant fonction de plaque tournante.

HUBLOT ['] n.m.

HUBRIS [-s] n.f. *Litt.* Démesure, excès.

HUCHE ['] n.f. Grand coffre de bois.

HUCHER ['] v. **10.** Appeler en criant.

HUCHET ['] n.m. Petit cor de chasse.

HUCHIER ['] n.m. *Anc.* Celui qui fabrique des huches.

HUE ['] interj.

HUÉE ['] n.f.

HUER ['] v. **10.**

HUERTA ['wèrta] n.f. Plaine irriguée, en Espagne.

HUGOLIEN, ENNE adj. De Victor Hugo.

HUGUENOT, E ['] n. et adj. *Hist.* Surnom donné aux calvinistes.

HUHAU ['] interj. Cri du charretier pour faire aller son cheval à droite.

HUI adv. (inv. mais **huis** n.m.) *Vx.* Aujourd'hui.

HUILAGE n.m.

HUILE n.f.

HUILER v. **10.**

HUILERIE n.f.

HUILEUX, EUSE adj.

HUILIER, ÈRE adj. et n.m. Relatif à l'huile.

HUIS n.m. *Vx.* Porte.

HUISSERIE n.f. Partie fixe d'une porte.

HUISSIER, ÈRE n.

HUIT ❙ ['] adj.num.card.

HUITAIN ['] n.m. Poème, strophe de huit vers.

HUITAINE ['] n.f.

HUITANTAINE ['] n.f. *Helv.* Quatre-vingts environ.

HUITANTE ❙ ['] adj.num.card. *Helv.* Quatre-vingts.

HUITANTIÈME ['] adj.num.ord. *Helv.* Quatre-vingtième.

HUITIÈME ['] adj.num.ord.

HUITIÈMEMENT ['] adv.

HUÎTRE n.f.

HUÎTRIER, ÈRE adj., n.m. et n.f.

HULLOIS, E ['ulwa] adj. De Hull (Québec).

HULOTTE ['] n.f. Rapace nocturne.

HULULEMENT ['] n.m. **(= ululement).**

HULULER ['] v. **(p.p.inv.) 10 (= ululer)** Crier, en parlant des oiseaux de nuit.

HUM ['] interj.

HUMAGE ['] n.m. Action de humer.

HUMAGNE n.m. Vin valaisan.

HUMAIN, E adj. et n.m.

HUMAINEMENT adv.

HUMANISATION n.f.

HUMANISER v. **10.** Rendre plus humain.

HUMANISME n.m. Doctrine qui met l'accent sur l'homme et son épanouissement.

HUMANISTE adj. et n.

HUMANITAIRE adj. et n. Qui recherche le bien de l'homme.

HUMANITARISME n.m. Doctrine humanitaire utopique.

HUMANITARISTE adj. et n.

HUMANITÉ n.f.

HUMANOÏDE adj. et n. À forme humaine.

HUMBLE adj. et n.

HUMBLEMENT adv.

HUMECTAGE n.m.

HUMECTATION n.f.

HUMECTER v. **10.** Rendre humide.

HUMECTEUR n.m. Appareil pour humecter les étoffes.

HUMER ['] v. **10.** Aspirer pour sentir.

HUMÉRAL, E, AUX adj. Relatif à l'humérus.

HUMÉRUS n.m. Os du bras.

HUMEUR n.f.

HUMICOLE adj. *Biol.* Qui vit dans l'humus.

HUMIDE adj.

HUMIDEX n.m. et adj. *Québ.* Indice météorologique exprimant l'effet combiné de la chaleur et de l'humidité.

HUMIDIFICATEUR adj.m. et n.m.

HUMIDIFICATION n.f.

HUMIDIFIER v. **15.**

HUMIDIFUGE adj. Qui absorbe l'humidité.

HUMIDIMÈTRE n.m.

HUMIDITÉ n.f.

HUMIFÈRE adj. Riche en humus.

HUMIFICATION n.f. Transformation en humus.

HUMILIANT, E adj.

HUMILIATION n.f.

HUMILIER v. **15.**

HUMILITÉ n.f.

HUMIQUE adj. Relatif à l'humus.

HUMORAL, E, AUX adj. Relatif aux humeurs du corps.

HUMORISME n.m. *Méd., Anc.* Doctrine fondée sur les humeurs (sang, atrabile, bile, pituite).

HUMORISTE n. Personne qui a de l'humour.

HUMORISTIQUE adj.

HUMOUR n.m.

HUMUS n.m. Matière qui résulte de la décomposition des végétaux.

HUN ['] adj. Relatif aux Huns, ancien peuple d'Asie

HUNE ['] n.f. *Mar.* Plateforme au sommet d'un mât

HUNIER ['] n.m. Voile carrée.

HUNNIQUE ['] adj. Relatif aux Huns.

HUNTER ['eunteur] n.m. Cheval de chasse.

HUPPE ['] n.f.

HUPPÉ, E ['] adj.

HURDLER ['eurdleur] n.m. **(= hurdleur)** *Sp.* Coureur de haies.

HURDLEUR, EUSE ['eurdleur] n. → **hurdler.**

HURE ['] n.f. Tête de certains animaux.

HURLANT, E ['] adj.

HURLEMENT ['] n.m.

HURLER ['] v. **10.**

HURLEUR, EUSE ['] 1. adj. et n. Qui hurle. 2. n.m. Singe d'Amérique du Sud.

HURLUBERLU, E n. Extravagant.

HURON, ONNE ['] 1. adj. et n. Grossier, malotru. 2. adj. D'un peuple amérindien.

HURONIEN, ENNE ['] adj. *Géol.* Relatif à un plissement antécambrien.

HURRAH ['oura] n.m. et interj. → **hourra.**

HURRICANE ['eurikèn] n.m. Cyclone.

HUSKIES ['] → **husky.**

HUSKY (pl. **HUSKIES** ou **HUSKYS**) ['euski] n.m. Race de chiens de traîneau.

HUSSARD ['] n.m. (= **housard**) Militaire de cavalerie légère.

HUSSARDE ['] n.f. Danse hongroise.

HUSSITE ['] n. *Rel.* Disciple du réformateur tchèque Hus.

HUTIN ['] adj.m. *Vx.* Entêté.

HUTINET ['] n.m. *Vx.* Petit maillet de tonnelier.

HUTOIS, E ['] adj. De Huy (Belgique).

HUTTE ['] n.f.

HUTU, E ['outou] adj. D'un peuple d'Afrique centrale.

HYACINTHE n.f. Pierre précieuse.

HYADES n.f.pl. Groupe de sept étoiles de la constellation du Taureau.

HYALIN, E adj. Qui a l'apparence du verre.

HYALITE n.f. Variété d'opale.

HYALOCLASTITE n.f. Verre d'origine volcanique.

HYALOÏDE adj. Qui a la transparence du verre.

HYALOPLASME n.m. Substance du cytoplasme.

HYALURONIQUE adj. *Acide hyaluronique :* substance naturelle aux propriétés hydratantes et lubrifiantes.

HYBRIDATION n.f.

HYBRIDE n.m. et adj. Animal ou végétal issu d'un croisement.

HYBRIDER v. **10.** *Biol.* Croiser (deux variétés).

HYBRIDEUR, EUSE n. Créateur d'hybrides.

HYBRIDISME n.m. *Biol.* État d'hybride.

HYBRIDITÉ n.f. *Biol.* Caractère d'hybride.

HYBRIDOME n.m. Amas cellulaire hybride produit en laboratoire.

HYDARTHROSE n.f. *Méd.* Épanchement de liquide dans une articulation.

HYDATIDE n.f. Larve du tænia.

HYDATIFORME adj. *Méd.* En forme d'hydatide.

HYDATIQUE adj. Qui contient des hydatides.

HYDNE n.m. Champignon comestible des bois.

HYDRACIDE n.m. Acide ne renfermant pas d'oxygène.

HYDRAIRE n.m. Animal marin à tentacules.

HYDRAMNIOS [-s] n.m. *Méd.* Augmentation du volume de liquide amniotique.

HYDRANGÉA n.m. (= **hydrangée**) Plante, type hortensia.

HYDRANGÉE n.f. *Québ.* → **hydrangéa.**

HYDRANT, E n. *Helv.* Borne d'incendie.

HYDRANTHE n.m. *Zool.* Polype nourricier, dans une colonie d'hydraires.

HYDRARGIE n.f. *Méd.* Intoxication par le mercure.

HYDRARGYRE n.m. Ancien nom du mercure.

HYDRARGYRISME n.m. → **hydrargie.**

HYDRASTIS [-s] n.m. Plante herbacée.

HYDRATABLE adj.

HYDRATANT, E adj. et n.m.

HYDRATATION n.f.

HYDRATE n.m. *Chim.* Composé contenant de l'eau.

HYDRATER v. **10.** Humidifier.

HYDRAULE n.f. *Antiq.* Instrument de musique, précurseur de l'orgue.

HYDRAULICIEN, ENNE n. et adj. Ingénieur spécialiste en hydraulique.

HYDRAULICITÉ n.f. Rapport caractérisant le débit annuel d'un cours d'eau.

HYDRAULIQUE adj. et n.f.

HYDRAVION n.m.

HYDRAZINE n.f. *Chim.* Combustible formé d'azote et d'hydrogène.

HYDRE n.f. Petit animal d'eau douce.

HYDRÉMIE n.f. Augmentation anormale de la teneur en eau du sang.

HYDRIE n.f. *Archéol.* Grand vase grec à eau.

HYDRIQUE adj. Relatif à l'eau.

HYDROBASE n.f. Base pour hydravions.

HYDROBIOLOGIE n.f. Science consacrée aux organismes aquatiques.

HYDROCARBONATE n.m. Carbonate hydraté.

HYDROCARBONÉ, E adj.

HYDROCARBURE n.m. Composé de carbone et d'hydrogène.

HYDROCÈLE n.f. *Méd.* Accumulation de liquide dans le scrotum.

HYDROCÉPHALE adj. et n. Qui a une quantité anormalement élevée de liquide dans le cerveau.

HYDROCÉPHALIE n.f.

HYDROCHARIDACÉE [k] n.f. Plante d'eau douce.

HYDROCHARITACÉE [k] n.f. → **hydrocharidacée.**

HYDROCLASSEUR n.m. Appareil utilisé pour séparer des produits en suspension dans l'eau.

HYDROCORTISONE n.f. Hormone (cortisol).

HYDROCOTYLE n.f. Plante ombellifère des lieux humides.

HYDROCRAQUAGE n.m. Procédé de raffinage de produits pétroliers.

HYDROCRAQUEUR n.m.

HYDROCUTER v. **10.** Rendre inconscient par hydrocution.

HYDROCUTION n.f. *Méd.* Syncope d'un baigneur.

HYDRODYNAMIQUE adj. et n.f. Qui concerne le mouvement des liquides.

HYDROÉLECTRIQUE adj.

HYDROFILICALE n.f. Plante aquatique.

HYDROFOIL [-foyl] n.m. Embarcation rapide, munie de patins.

HYDROFUGATION n.f.

HYDROFUGE adj. et n.m. Qui préserve de l'humidité.

HYDROFUGER v. **17.**

HYDROGEL n.m. *Chim.* Gel obtenu en milieu aqueux.

HYDROGÉNATION n.f.

HYDROGÈNE n.m.

HYDROGÉNER v. **12.** Combiner avec l'hydrogène.

HYDROGÉOLOGIE n.f. Géologie des eaux souterraines.

HYDROGÉOLOGIQUE adj.

HYDROGÉOLOGUE n.

HYDROGLISSEUR n.m. Bateau propulsé par une hélice aérienne.

HYDROGRAPHE n.

HYDROGRAPHIE n.f. Science qui étudie les eaux du globe.

HYDROGRAPHIQUE adj.

HYDROHÉMIE n.f. → **hydrémie.**

HYDROLASE n.f. Enzyme.

HYDROLAT n.m. Eau distillée aromatisée.

HYDROLÉ n.m. Médicament, type potion, collyre.

HYDROLITHE n.f. *Chim.* Hydrure de calcium.

HYDROLOGIE n.f. Étude des propriétés des eaux du globe.

HYDROLOGIQUE adj.

HYDROLOGISTE n.

HYDROLOGUE n.

HYDROLYSABLE adj.

HYDROLYSAT n.m. Corps obtenu par hydrolyse.

HYDROLYSE n.f. *Chim.* Décomposition par l'eau.

HYDROLYSER v. **10.**

HYDROMASSAGE n.m. Massage par jet d'eau.

HYDROMÉCANIQUE adj. Mû par l'eau.

HYDROMEL n.m. Boisson faite d'eau et de miel.

HYDROMÉTÉORE n.m. Pluie, neige ou brouillard.

HYDROMÈTRE 1. n.f. Araignée d'eau. 2. n.m. Instrument de mesure.

HYDROMÉTRIE n.f. Étude du débit des cours d'eau.

HYDROMÉTRIQUE adj.

HYDROMINÉRAL, E, AUX adj. Relatif aux eaux minérales.

HYDRONÉPHROSE n.f. Trouble de fonctionnement du rein.

HYDRONIUM n.m. *Chim.* Oxonium en solution aqueuse.

HYDRONYMIE n.f. Étude des noms de cours d'eau.

HYDRONYMIQUE adj.

HYDROPÉRICARDE n.m. *Méd.* Accumulation de liquide dans le péricarde.

HYDROPEROXYDE n.m. *Chim.* Composé oxygéné.

HYDROPHILE 1. adj. Qui absorbe l'eau. 2. n.m. Insecte vivant dans les mares.

HYDROPHOBE adj. *Chim.* Que l'eau ne mouille pas.

HYDROPHOBIE n.f. *Méd.* Peur morbide de l'eau.

HYDROPHONE n.m. Détecteur immergé d'ondes acoustiques.

HYDROPHORE adj. *Bx-arts.* (Nymphe) portant un vase dont l'eau s'écoule.

HYDROPHYTE n.f. Plante aquatique.

HYDROPIQUE adj. et n. Atteint d'hydropisie.

HYDROPISIE n.f. Accumulation de liquide dans l'organisme.

HYDROPLANE n.m. *Vx.* Hydroglisseur.

HYDROPONIQUE adj. (Culture artificielle) dans de l'eau contenant des sels nutritifs.

HYDROPTÈRE n.m. → **hydrofoil.**

HYDROPULSEUR n.m. Petite douche buccodentaire.

HYDROQUINONE n.f. Composé utilisé comme révélateur photographique.

HYDROSILICATE n.m. *Chim.* Silicate hydraté.

HYDROSOL [s] n.m. *Chim.* Suspension formée avec l'eau.

HYDROSOLUBLE adj. Soluble dans l'eau.

HYDROSPEED [-spid] n.m. Nage en eau vive, pratiquée sur une sorte de luge.

HYDROSPHÈRE n.f. Partie liquide de la croûte terrestre.

HYDROSTATIQUE adj. et n.f. Relatif à l'équilibre des liquides.

HYDROTECHNIQUE adj. Qui concerne l'écoulement et la distribution des eaux.

HYDROTHÉRAPEUTE n.

HYDROTHÉRAPIE n.f.

HYDROTHÉRAPIQUE adj.

HYDROTHERMAL, E, AUX adj. Relatif aux eaux thermales.

HYDROTHORAX n.m. *Méd.* Épanchement dans la plèvre.

HYDROTIMÈTRE n.m. Burette graduée.

HYDROTIMÉTRIE n.f. Mesure de la dureté de l'eau.

HYDROTIMÉTRIQUE adj.

HYDROTRAITEMENT n.m. Méthode d'épuration d'un produit pétrolier.

HYDROXYDE n.m. Combinaison d'un oxyde et d'eau.

HYDROXYLAMINE n.f. Base dérivée de l'ammoniac.

HYDROXYLATION n.f. Fixation d'un hydroxyle sur une molécule.

HYDROXYLE n.m. Radical chimique.

HYDROZOAIRE n.m. *Zool.* Cœlentéré à forme fixe ou libre.

HYDRURE n.m. Composé d'hydrogène et d'un corps simple.

HYÈNE n.f.

HYÉNIDÉ n.m. Mammifère carnivore, type hyène.

HYGIAPHONE n.m. (Nom déposé) Plaque transparente perforée séparant des personnes qui se parlent.

HYGIÈNE n.f.

HYGIÉNIQUE adj.

HYGIÉNIQUEMENT adv.

HYGIÉNISTE n. Spécialiste de l'hygiène.

HYGROMA n.m. *Méd.* Inflammation au niveau des articulations.

HYGROMÈTRE n.m. Appareil servant à mesurer l'humidité de l'air.

HYGROMÉTRICITÉ n.f. Teneur de l'air ou d'un gaz en humidité.

HYGROMÉTRIE n.f.

HYGROMÉTRIQUE adj.

HYGROPHILE adj. *Biol.* Qui recherche l'humidité.

HYGROPHOBE adj. *Biol.* Qui fuit l'humidité.

HYGROPHORE n.m. Champignon.

HYGROSCOPE n.m. *Phys.* Appareil donnant les variations d'humidité.

HYGROSCOPIE n.f.

HYGROSCOPIQUE adj. *Phys.* Qui absorbe l'humidité de l'air.

HYGROSTAT n.m. Appareil maintenant l'humidité constante.

HYLÉTIQUE adj. *Philos.* Relatif à la matière.

HYLIDÉ n.m. Grenouille, type rainette.

HYLOBATIDÉ n.m. Singe, type gibbon.

HYLOCHÈRE n.m. Grand sanglier africain.

HYLOZOÏSME n.m. Doctrine attribuant à la matière une vie propre.

HYMEN n.m. *Anat.* Membrane qui obstrue le vagin d'une femme vierge.

HYMÉNÉE n.m. *Litt.* Mariage.

HYMÉNIUM n.m. *Bot.* Couche protégeant les spores des champignons.

HYMÉNOMYCÈTE n.m. Champignon, type bolet.

HYMÉNOPTÈRE n.m. et adj. Insecte, type abeille, guêpe ou fourmi.

HYMNE n.m. et n.f.

HYMNIQUE adj.

HYOÏDE n.m. et adj. Os situé au-dessus du larynx.

HYOÏDIEN, ENNE adj.

HYPALLAGE n.f. *Rhét.* Figure de style.

HYPE ['ayp] n.f. et adj. La pointe de la mode.

HYPER n.m. Hypermarché.

HYPERACIDITÉ n.f. *Méd.* Acidité excessive.

HYPERACOUSIE n.f. *Méd.* Sensibilité excessive au bruit.

HYPERACTIF, IVE adj. et n.

HYPERACTIVITÉ n.f.

HYPERALGÉSIE n.f. Augmentation de la sensibilité à la douleur.

HYPERALGÉSIQUE adj. et n.

HYPERALGIE n.f. Sensibilité excessive à la douleur.

HYPERALGIQUE adj.

HYPERAPPEL n.m. *Inf.* Appel d'un logiciel à partir d'un autre.

HYPERAZOTÉMIE n.f. Excès de déchets azotés dans le sang.

HYPERBARE adj. Dont la pression est supérieure à la pression atmosphérique.

HYPERBATE n.f. *Rhét.* Figure de style inversant l'ordre des mots.

HYPERBOLE n.f. *Rhét.* Exagération. – *Math.* Courbe.

HYPERBOLIQUE adj.

HYPERBOLOÏDE n.m. *Math.* Forme de quadrique.

HYPERBORÉEN, ENNE adj. *Litt.* De l'extrême Nord.

HYPERCALCÉMIE n.f. Excès de calcium dans le sang.

HYPERCAPNIE n.f. *Méd.* Excès de gaz carbonique dans le sang.

HYPERCHROME adj. Fortement coloré.

HYPERCHROMIE n.f.

HYPERCOMPLEXE adj. *Math.* Se dit d'une forme de nombre complexe.

HYPERCORRECT, E adj. *Ling.* (Forme) fautive par souci de correction exagéré.

HYPERCORRECTION n.f.

HYPERCRITIQUE adj. et n.f.

HYPERDULIE ❙ n.f. *Culte d'hyperdulie :* culte rendu à la Vierge.

HYPERÉMIE n.f. (= **hyperhémie**) *Méd.* Congestion.

HYPERÉMOTIF, IVE adj.

HYPERÉMOTIVITÉ n.f.

HYPERESPACE n.m. *Math.* Espace fictif.

HYPERESTHÉSIE n.f. *Psych.* Sensibilité exagérée.

HYPERFIN, E adj. *Phys.* Se dit d'un type d'interaction entre un électron et le noyau atomique.

HYPERFOCAL, E, AUX adj. *Phot.* (Distance) minimale pour obtenir la netteté.

HYPERFRÉQUENCE n.f. Fréquence très élevée.

HYPERGAMIE n.f. Mariage entre deux personnes de conditions sociales différentes.

HYPERGENÈSE n.f. *Biol.* Développement exagéré d'une structure.

HYPERGLYCÉMIANT, E adj.

HYPERGLYCÉMIE n.f. Excès de glucose dans le sang.

HYPERGOL n.m. Type de propergol.

HYPERGOLIQUE adj. Se dit de l'ensemble du carburant d'un moteur-fusée.

HYPERHÉMIE n.f. → **hyperémie.**

HYPÉRICACÉE n.f. Plante, type millepertuis.

HYPERINFLATION n.f.

HYPERKALIÉMIE n.f. Excès de potassium dans le sang.

HYPERLIEN n.m. *Inf.* Lien associé à un élément d'un document hypertexte.

HYPERLIPÉMIE n.f. Excès de lipides dans le sang.

HYPERLIPIDÉMIE n.f. → **hyperlipémie.**

HYPERMARCHÉ n.m.

HYPERMÉDIA n.m. *Inf.* Technique permettant de passer d'un document à un autre.

HYPERMÉNORRHÉE n.f. *Méd.* Excès d'écoulement menstruel.

HYPERMÈTRE adj. *Poét.* Qui a un pied de plus que la mesure normale.

HYPERMÉTROPE adj. et n. Qui voit mal les objets rapprochés.

HYPERMÉTROPIE n.f.

HYPERMNÉSIE n.f. *Psych.* Exaltation anormale de la mémoire.

HYPERNATRÉMIE n.f. Excès de sodium dans le sang.

HYPERNERVEUX, EUSE adj. et n.

HYPÉRON n.m. *Phys.* Particule de masse supérieure à celle des nucléons.

HYPERONYME n.m. *Ling.* Nom dont le sens inclut celui d'autres noms.

HYPERONYMIE n.f.

HYPEROSTOSE n.f. *Méd.* Épaississement d'un ou plusieurs os.

HYPERPARASITE adj. et n.m. *Biol.* (Parasite) vivant aux dépens d'un autre parasite.

HYPERPHAGIE n.f. *Méd.* Boulimie.

HYPERPHAGIQUE adj. et n.

HYPERPLAN n.m. *Math.* Espace vectoriel.

HYPERPLASIE n.f. *Méd.* Développement excessif d'un tissu.

HYPERPLASIQUE adj.

HYPERPUISSANCE n.f.

HYPERRÉALISME n.m. Courant artistique américain.

HYPERRÉALISTE adj. et n.

HYPERSÉCRÉTION n.f.

HYPERSENSIBLE adj. et n.

HYPERSOMNIAQUE adj. et n.

HYPERSOMNIE n.f. *Méd.* Excès de sommeil.

HYPERSONIQUE adj. *Aéron.* (Vitesse) plusieurs fois supérieure à la vitesse du son.

HYPERSTATIQUE adj. *Phys.* Soumis à des forces très élevées.

HYPERSTHÉNIE n.f. *Méd.* Fonctionnement exagéré de certains organes.

HYPERTÉLIE n.f. *Biol.* Développement exagéré d'un caractère anatomique.

HYPERTÉLIQUE adj.

HYPERTENDU, E adj. et n.

HYPERTENSEUR adj.m. Qui provoque une hypertension.

HYPERTENSIF, IVE adj. et n.

HYPERTENSION n.f.

HYPERTEXTE n.m. et adj. *Inf.* Technique de recherche documentaire.

HYPERTEXTUALITÉ n.f.

HYPERTEXTUEL, ELLE adj.

HYPERTHERMIE n.f. *Méd.* Fièvre.

HYPERTHYROÏDIE n.f. *Méd.* Activité exagérée de la thyroïde.

HYPERTONIE n.f. *Méd.* Augmentation du tonus musculaire.

HYPERTONIQUE adj. et n.

HYPERTROPHIE n.f. *Méd.* Développement anormal d'un organe.

HYPERTROPHIER v. **15.**

HYPERTROPHIQUE adj.

HYPERURICÉMIE n.f. Taux excessif d'acide urique dans le sang.

HYPERVITAMINOSE n.f. *Méd.* Excès de vitamines.

HYPÈTHRE adj. et n.m. (Temple) à ciel ouvert.

HYPHE n.m. ou f. *Bot.* Appareil végétatif des champignons.

HYPHOLOME n.m. Champignon poussant sur les souches.

HYPNAGOGIQUE adj. Qui concerne l'endormissement.

HYPNE n.f. *Bot.* Mousse commune.

HYPNOGÈNE adj. Qui provoque le sommeil.

HYPNOÏDE adj. *Psych.* Qui a l'apparence du sommeil.

HYPNOLOGIE n.f. *Physiol.* Étude du sommeil.

HYPNOLOGUE n.

HYPNOPOMPIQUE adj. Qui concerne le réveil.

HYPNOSE n.f.

HYPNOTHÉRAPEUTE n.

HYPNOTHÉRAPIE n.f. Thérapie par l'hypnose.

HYPNOTIQUE adj. et n.m.

HYPNOTISER v. **10.**

HYPNOTISEUR, EUSE adj. et n.

HYPNOTISME n.m.

HYPOACOUSIE n.f. *Méd.* Diminution de l'acuité auditive.

HYPOALGÉSIE n.f. *Méd.* Diminution de la sensibilité à la douleur.

HYPOALLERGIQUE adj. et n.m. (Substance) qui diminue les risques d'allergie.

HYPOCAGNE n.f. (= **hypokhâgne**) *Arg.* Classe qui prépare à la cagne.

HYPOCALCÉMIE n.f. Insuffisance de calcium dans le sang.

HYPOCALORIQUE adj. Pauvre en calories.

HYPOCAPNIE n.f. *Méd.* Diminution du taux de gaz carbonique dans le sang.

HYPOCAUSTE n.m. *Archéol.* Système de chauffage dans les thermes romains.

HYPOCENTRE n.m. *Géol.* Foyer réel d'un séisme.

HYPOCHLOREUX, EUSE adj. Qui contient moins d'oxygène que l'acide chloreux.

HYPOCHLORHYDRIE n.f. *Méd.* Trouble de la sécrétion gastrique.

HYPOCHLORITE n.m. *Chim.* Sel.

HYPOCHONDRE [k] n.m. Partie de l'abdomen.

HYPOCHONDRIAQUE [k] adj. et n.

HYPOCHONDRIE [k] n.f. *Psych.* Anxiété à propos de sa propre santé.

HYPOCHROME adj. Faiblement coloré.

HYPOCHROMIE n.f.

HYPOCONDRE n.m. → **hypochondre.**

HYPOCONDRIAQUE adj. et n.

HYPOCONDRIE n.f. → **hypochondrie.**

HYPOCORISTIQUE adj. et n.m. *Ling.* Se dit de diminutifs affectueux.

HYPOCOTYLE n.m. *Bot.* Partie de la tige située au-dessous des cotylédons.

HYPOCRAS [-s] n.m. Vin sucré parfumé à la cannelle.

HYPOCRISIE n.f.

HYPOCRITE adj. et n.

HYPOCRITEMENT adv.

HYPOCYCLOÏDAL, E, AUX adj.

HYPOCYCLOÏDE n.f. *Math.* Type de courbe.

HYPODERME n.m. Partie profonde de la peau. – Mouche parasite des ruminants.

HYPODERMIQUE adj.

HYPODERMOSE n.f. *Vét.* Affection cutanée des bovins.

HYPOESTHÉSIE n.f. Trouble de la sensibilité.

HYPOGASTRE n.m. Partie de l'abdomen.

HYPOGASTRIQUE adj.

HYPOGÉ, E adj. *Biol.* Qui se développe sous terre.

HYPOGÉE n.m. *Archéol.* Sépulture souterraine.

HYPOGLOSSE adj. et n. (Nerf) qui innerve la langue.

HYPOGLYCÉMIANT, E adj. et n.m.

HYPOGLYCÉMIE n.f. Insuffisance de glucose dans le sang.

HYPOGLYCÉMIQUE adj.

HYPOGYNE adj. *Bot.* Qui est inséré sous l'ovaire.

HYPOÏDE adj. Se dit de certains engrenages coniques.

HYPOKALIÉMIE n.f. Insuffisance de potassium dans le sang.

HYPOKHÂGNE n.f. → **hypocagne.**

HYPOLAÏS n.m. Petit passereau.

HYPOLIPÉMIANT, E adj.

HYPOLIPÉMIE n.f. Insuffisance de lipides dans le sang.

HYPOLIPIDÉMIANT, E adj.

HYPOLIPIDÉMIE n.f. → **hypolipémie.**

HYPOMANE n. *Psych.* Excité.

HYPOMANIAQUE adj.

HYPOMANIE n.f.

HYPONATRÉMIE n.f. Insuffisance de sodium dans le sang.

HYPONEURIEN, ENNE adj. et n.m. (Invertébré) dont la chaîne nerveuse est ventrale.

HYPONOMEUTE n.m. Petit papillon à chenille nuisible.

HYPONYME n.m. *Ling.* Nom dont le sens est inclus dans celui d'un autre nom plus général.

HYPOŒSTROGÉNIE [èstro] n.f. *Méd.* Sécrétion insuffisante d'œstrogènes.

HYPOPHOSPHATE n.m. Sel de l'acide hypophosphorique.

HYPOPHOSPHITE n.m. *Chim.* Sel.

HYPOPHOSPHOREUX, EUSE adj. Se dit de l'acide le moins oxygéné du phosphore.

HYPOPHYSAIRE adj.

HYPOPHYSE n.f. Glande endocrine.

HYPOPLASIE n.f. *Méd.* Développement insuffisant d'un tissu.

HYPOPLASIQUE adj.

HYPOSCENIUM [sé] n.m. *Archéol.* Dessous de la scène d'un théâtre.

HYPOSÉCRÉTION n.f. *Méd.* Sécrétion inférieure à la normale.

HYPOSODÉ, E adj. *Méd.* Pauvre en sel.

HYPOSPADIAS [-s] n.m. Malformation de l'urètre.

HYPOSTASE n.f. *Rel.* Chacune des trois personnes de la Trinité, considérée comme distincte des deux autres.

HYPOSTASIER v. **15.** *Philos.* Considérer, à tort, (une abstraction) comme une réalité.

HYPOSTATIQUE adj. *Rel.* (Union) des natures humaine et divine du Christ.

HYPOSTHÉNIE n.f. *Méd.* Affaiblissement d'un organe, de l'organisme.

HYPOSTYLE adj. *Archéol.* Dont le plafond est soutenu par des colonnes.

HYPOSULFITE n.m. *Chim.* Sel utilisé en photographie.

HYPOSULFUREUX, EUSE adj. (Acide) composé de soufre, d'oxygène et d'hydrogène.

HYPOTAUPE n.f. Classe de mathématiques supérieures.

HYPOTENDU, E adj. et n. Qui a une tension artérielle trop faible.

HYPOTENSEUR n.m. et adj.m. Médicament pour diminuer la tension artérielle.

HYPOTENSIF, IVE adj. Relatif à l'hypotension.

HYPOTENSION n.f. Tension artérielle trop faible.

HYPOTÉNUSE n.f. Côté opposé à l'angle droit d'un triangle rectangle.

HYPOTHALAMIQUE adj.

HYPOTHALAMUS n.m. Région du cerveau.

HYPOTHÉCABLE adj.

HYPOTHÉCAIRE adj.

HYPOTHÉNAR adj. et n.m. (Saillie) du côté interne de la paume de la main.

HYPOTHÈQUE n.f.

HYPOTHÉQUER v. **12.**

HYPOTHERMIE n.f. *Méd.* Abaissement de la température du corps.

HYPOTHÈSE n.f.

HYPOTHÉTIQUE adj.

HYPOTHYROÏDIE n.f. *Méd.* Insuffisance de fonctionnement de la thyroïde.

HYPOTHYROÏDISME n.m. → **hypothyroïdie.**

HYPOTONIE n.f. *Méd.* Baisse de la tonicité musculaire. - *Biol.* État d'une solution saline moins concentrée que celle du plasma sanguin.

HYPOTONIQUE adj. et n.

HYPOTRÈME n.m. Poisson sélacien, type raie, torpille.

HYPOTROPHIE n.f. Retard de croissance.

HYPOTROPHIQUE adj. et n.

HYPOTYPOSE n.f. *Rhét.* Description animée.

HYPOVENTILATION n.f. *Méd.* Diminution de la ventilation pulmonaire.

HYPOVITAMINOSE n.f. *Méd.* Carence en vitamines.

HYPOXÉMIE n.f. Insuffisance d'oxygène dans le sang.

HYPOXIE n.f. Privation d'oxygène.

HYPOXIQUE adj.

HYPSOMÈTRE n.m. Instrument mesurant l'altitude par ébullition de l'eau.

HYPSOMÉTRIE n.f. Mesure et représentation du relief terrestre.

HYPSOMÉTRIQUE adj.

HYRACOÏDE n.m. Mammifère, type daman.

HYSOPE n.f. Arbrisseau méditerranéen.

HYSTÉRECTOMIE n.f. Ablation de l'utérus.

HYSTÉRÈSE n.f. *Phys.* Retard de l'effet sur la cause.

HYSTÉRÉSIS [-zis] n.f. → **hystérèse.**

HYSTÉRIE n.f.

HYSTÉRIFORME adj. Qui rappelle l'hystérie.

HYSTÉRIQUE adj. et n.

HYSTÉRISER v. **10.** Exprimer de façon hystérique.

HYSTÉROGRAPHIE n.f. *Méd.* Radiographie de l'utérus.

HYSTÉROMÈTRE n.m.

HYSTÉROMÉTRIE n.f. Mesure de la profondeur de l'utérus.

HYSTÉROSCOPIE n.f. Examen de l'utérus.

HYSTÉROTOMIE n.f. *Méd.* Section du muscle utérin.

IAKOUTE adj. **(= yakoute)** D'un peuple turco-mongol.

IAMBE n.m. *Poét.* Pied formé d'une brève et d'une longue.

IAMBIQUE adj.

IATROGÈNE adj. (Maladie) provoquée par un médicament.

IATROGÉNIQUE adj. → **iatrogène.**

IBÈRE adj. et n.m. De l'Ibérie, ancien nom de la péninsule formée par l'Espagne et le Portugal.

IBÉRIDE n.f. → **ibéris.**

IBÉRIEN, ENNE adj. → **ibère.**

IBÉRIQUE adj. → **ibère.**

IBÉRIS [-s] n.m. Plante ornementale.

IBIDEM adv. Au même endroit.

IBIS n.m. Oiseau échassier.

IBN n.m. Mot arabe signifiant *fils.*

IBO adj. **(= igbo)** D'un peuple du Nigeria.

IBUPROFÈNE n.m. Médicament analgésique.

ICAQUE n.f. Fruit de l'icaquier.

ICAQUIER n.m. Arbrisseau américain.

ICARIEN, ENNE adj. Relatif à Icare ou à l'Icarie, île de la mer Égée.

ICAUNAIS, E adj. De l'Yonne.

ICEBERG [aysbèrg] ou [isbèrg] n.m.

ICEFIELD [aysfild] n.m. Grand champ de glace.

ICELLE adj.dém. et pr.dém. *Vx.* Celle-ci.

ICELUI (pl. **ICEUX**) adj.dém. et pr.dém. *Vx.* Celui-ci.

ICEUX → **icelui.**

ICHNEUMON [k] n.m. Insecte hyménoptère.

ICHNEUMONIDÉ [k] n.m. Insecte, type ichneumon.

ICHNOLOGIE [k] n.f. Étude des traces laissées par les animaux.

ICHOR [ikor] n.m. *Vx.* Sang purulent.

ICHOREUX, EUSE [k] adj.

ICHTHUS [iktus] n.m. **(= ichthys)** Transcription du monogramme grec du Christ.

ICHTHYOSE [iktyôz] n.f. **(= ichtyose)** Maladie de la peau.

ICHTHYS [iktis] n.m. → **ichthus.**

ICHTYOCOLLE [k] n.f. Colle de poisson.

ICHTYOÏDE [k] adj. Qui ressemble à un poisson.

ICHTYOL [k] n.m. Huile utilisée en dermatologie.

ICHTYOLOGIE [k] n.f. Étude des poissons.

ICHTYOLOGIQUE [k] adj.

ICHTYOLOGISTE [k] n.

ICHTYOLOGUE [k] n.

ICHTYOPHAGE [k] adj. et n. Qui se nourrit de poissons.

ICHTYORNIS [iktyornis] n.m. Oiseau fossile du crétacé.

ICHTYOSAURE [k] n.m. Reptile marin fossile.

ICHTYOSE [k] n.f. → **ichthyose.**

ICHTYOSTÉGA [k] n.m. Amphibien fossile.

ICI adv.

ICOGLAN n.m. *Hist.* Officier du sultan.

ICÔNE n.f. Peinture religieuse dans l'Église orthodoxe. – *Inf.* Représentation symbolique.

ICONICITÉ n.f. *Inf.* Adéquation de l'icône à ce qu'elle représente.

ICONIQUE adj. Relatif à l'image.

ICONOCLASME n.m. Doctrine des iconoclastes.

ICONOCLASTE 1. n. Chrétien byzantin opposé au culte des images pieuses. 2. adj. Destructeur d'images, de traditions.

ICONOCLASTIE n.f.

ICONOGÈNE n.m. Sel de sodium employé en photographie.

ICONOGRAPHE n.

ICONOGRAPHIE n.f. Étude des représentations figurées d'un même sujet.

ICONOGRAPHIQUE adj.

ICONOLÂTRE n. Personne qui rend un culte aux images saintes.

ICONOLÂTRIE n.f.

ICONOLOGIE n.f. Science de l'interprétation de l'image artistique.

ICONOLOGIQUE adj.

ICONOLOGISTE n. → **iconologue.**

ICONOLOGUE n. Spécialiste d'iconologie.

ICONOSCOPE n.m. Tube de prise de vues d'une caméra de télévision.

ICONOSTASE n.f. Dans les églises orthodoxes, grande cloison ornée d'icônes.

ICONOTHÈQUE n.f. Lieu où sont conservées les images, les photos.

ICOSAÉDRAL, E, AUX adj.

ICOSAÈDRE n.m. *Math.* Polyèdre à vingt faces.

ICTÈRE n.m. *Méd.* Jaunisse.

ICTÉRIDÉ n.m. Petit passereau d'Amérique tropicale.

ICTÉRIQUE adj. et n.

ICTUS n.m. Affection morbide brutale.

IDE n.m. Poisson rouge d'eau douce.

IDÉAL, E (pl. **IDÉALS** ou **IDÉAUX**) adj. et n.m.

IDÉALEMENT adv.

IDÉALISATEUR, TRICE adj. et n.

IDÉALISATION n.f.

IDÉALISER v. **10.**

IDÉALISME n.m. Aspiration à un idéal.

IDÉALISTE adj. et n.

IDÉALITÉ n.f. Caractère de ce qui est idéal.

IDÉATION n.f. Formation et enchaînement des idées.

IDÉE n.f.

IDÉEL, ELLE adj. Relatif à l'idée.

IDEM adv. De même.

IDEMPOTENT, E [idèmpot-an] adj. *Math.* (Matrice carrée) égale à toutes ses puissances.

IDENTIFIABLE adj.

IDENTIFIANT n.m.

IDENTIFICATEUR, TRICE 1. adj. Qui sert à identifier. 2. n.m. *Inf.* Symbole d'une variable ou d'une fonction.

IDENTIFICATION n.f.

IDENTIFICATOIRE adj.

IDENTIFIER v. **15.**

IDENTIFIEUR n.m. → **identificateur** 2.

IDENTIQUE adj.

IDENTIQUEMENT adv.

IDENTITAIRE adj.

IDENTITÉ n.f.

IDÉOGRAMME n.m. Signe graphique exprimant une idée ou un mot.

IDÉOGRAPHIE n.f. Système d'écriture au moyen d'idéogrammes.

IDÉOGRAPHIQUE adj.

IDÉOLOGIE n.f. Système d'idées, de préjugés propres à un groupe social.

IDÉOLOGIQUE adj.

IDÉOLOGIQUEMENT adv.

IDÉOLOGISATION n.f. Attribution d'un caractère idéologique.

IDÉOLOGUE n. Personne qui s'attache de manière systématique à une doctrine.

IDÉOMOTEUR, TRICE adj. *Psych.* (Mouvement) déclenché par une représentation mentale.

IDES n.f.pl. *Antiq. rom.* Division du mois.

IDIOLECTAL, E, AUX adj.

IDIOLECTE n.m. Ensemble des habitudes de langage propres à un seul individu.

IDIOMATIQUE adj.

IDIOME n.m. Langue propre à une communauté.

IDIOPATHIE n.f. *Méd.* Maladie qui ne dépend d'aucune autre.

IDIOPATHIQUE adj.

IDIOPHONE n.m. *Mus.* Instrument dont la structure produit le son lors d'un impact.

IDIOSYNCRASIE n.f. Réaction propre à chaque individu.

IDIOSYNCRASIQUE adj.

IDIOSYNCRATIQUE adj.

IDIOT, E adj. et n.

IDIOTEMENT adv.

IDIOTIE n.f.

IDIOTIFIER v. **15.** Rendre idiot.

IDIOTISME n.m. Construction particulière à une langue.

IDOINE adj. *Litt.* Convenable, propre à.

IDOLÂTRE adj. et n.

IDOLÂTRER v. **10.**

IDOLÂTRIE n.f. Culte des idoles. – Amour excessif.

IDOLÂTRIQUE adj.

IDOLE n.f.

IDRISSIDE adj. D'une dynastie musulmane du Maroc (du VIIIe au Xe s.).

IDYLLE n.f. Petit poème pastoral. – Amour tendre et naïf.

IDYLLIQUE adj.

IF n.m. Arbre à feuillage persistant.

IFTAR n.m. Pendant le ramadan, premier repas pris après le coucher du Soleil.

IGAME n.m. *Anc.* Inspecteur général de l'Administration en mission extraordinaire.

IGAMIE n.f. *Anc.* Circonscription d'un igame.

IGBO adj. → **ibo.**

IGLOO [iglou] n.m. (= **iglou**).

IGLOU n.m. → **igloo.**

IGNACIEN, ENNE adj. D'Ignace de Loyola (fondateur de l'ordre des Jésuites).

IGNAME [inyam] ou [ignam] n.f. Plante des régions chaudes, dont le rhizome est comestible.

IGNARE adj. et n. Ignorant, sans instruction.

IGNÉ, E [igné] ou [inyé] adj. Qui a les caractères du feu.

IGNICOLE n. et adj. Adorateur du feu.

IGNIFÈRE adj. Qui porte le feu.

IGNIFUGATION n.f.

IGNIFUGE adj. et n.m. Qui rend ininflammable.

IGNIFUGEANT, E adj. et n.m.

IGNIFUGER v. **17.**

IGNIMBRITE [ign-in-brit] n.f. Roche volcanique.

IGNIPONCTURE n.f. → **ignipuncture.**

IGNIPUNCTURE n.f. Cautérisation par une aiguille rougie à blanc.

IGNITION n.f. État d'un corps en combustion.

IGNITRON n.m. Tube à gaz redresseur de courant.

IGNIVOME adj. Qui vomit du feu.

IGNIVORE adj. Qui avale le feu.

IGNOBLE adj.

IGNOBLEMENT adv.

IGNOMINIE n.f. Infamie, déshonneur.

IGNOMINIEUX, EUSE adj.

IGNORANCE n.f.

IGNORANT, E adj. et n.

IGNORANTIN n.m. et adj.m. *Péj.* Frère des Écoles chrétiennes.

IGNORANTISME n.m. Doctrine qui considère l'instruction comme nuisible.

IGNORANTISTE adj. et n.

IGNORER v. **10.**

IGUANE [gw] n.m. Reptile saurien de l'Amérique tropicale.

IGUANIDÉ [gw] n.m. Reptile, type iguane.

IGUANODON [gw] n.m. Reptile fossile du crétacé.

IGUE n.f. Puits naturel.

IJOLITE n.f. Roche plutonique.

IKASTOLA n.f. École où l'on enseigne en basque.

IKAT [-t] n.m. Étoffe malaise.

IKEBANA [é] n.m. Art floral japonais.

IL, ILS pr.pers.

ÎLE n.f.

ILÉAL, E, AUX adj. Relatif à l'iléon.

ILÉITE n.f. Inflammation de l'iléon.

ILÉOCÆCAL, E, AUX [sé] adj. *Anat.* Relatif à l'iléon et au cæcum.

ILÉOCOLIQUE adj. *Anat.* Qui concerne à la fois l'iléon et le côlon.

ILÉON n.m. Troisième segment de l'intestin grêle.

ÎLET n.m. Petite île. – Hameau, aux Antilles.

ÎLETTE n.f. Petite île.

ILÉUS n.m. *Méd.* Occlusion intestinale.

ILIAQUE adj. Relatif aux flancs.

ÎLIEN, ENNE adj. et n. Qui habite une île.

ILION n.m. Segment supérieur de l'os iliaque.

ILLÉGAL, E, AUX adj.

ILLÉGALEMENT adv.

ILLÉGALITÉ n.f.

ILLÉGITIME adj.

ILLÉGITIMEMENT adv.

ILLÉGITIMITÉ n.f.

ILLETTRÉ, E adj. et n.

ILLETTRISME n.m. État de ceux qui sont illettrés.

ILLICÉITÉ n.f. Caractère illicite.

ILLICITE adj.

ILLICITEMENT adv.

ILLICO adv. Sur-le-champ.

ILLIMITÉ, E adj.

ILLIPÉ n.m. Arbre asiatique dont les graines fournissent une sorte de beurre.

ILLIQUIDITÉ n.f. *Écon.* Manque de moyens de paiement.

ILLISIBILITÉ n.f.

ILLISIBLE adj.

ILLISIBLEMENT adv.

ILLITE n.f. Roche argileuse.

ILLOCUTIONNAIRE adj. → **illocutoire.**

ILLOCUTOIRE adj. *Ling.* (Parole) qui réalise simultanément l'action qu'elle exprime.

ILLOGIQUE adj.

ILLOGIQUEMENT adv.

ILLOGISME n.m.

ILLUMINATION n.f.

ILLUMINÉ, E adj. et n. Visionnaire.

ILLUMINER v. **10.**

ILLUMINISME n.m. Doctrine mystique de certains illuminés.

ILLUMINISTE adj. et n.

ILLUSION n.f.

ILLUSIONNER v. **10.** Tromper par l'effet d'une illusion.

ILLUSIONNISME n.m.

ILLUSIONNISTE n. Prestidigitateur.

ILLUSOIRE adj. Trompeur.

ILLUSOIREMENT adv.

ILLUSTRATEUR, TRICE n.

ILLUSTRATIF, IVE adj.

ILLUSTRATION n.f.

ILLUSTRE adj.

ILLUSTRÉ, E adj. et n.m.

ILLUSTRER v. **10.**

ILLUSTRISSIME adj. Très illustre. – Titre donné à certaines personnalités.

ILLUTATION n.f.

ILLUTER v. **10.** *Méd.* Enduire de boue.

ILLUVIAL, E, AUX adj.

ILLUVIATION n.f. *Géol.* Accumulation, dans une couche du sol, d'éléments dissous.

ILLUVION n.f. *Géol.* Couche du sol résultant du processus d'illuviation.

ILLUVIUM n.m. → **illuvion.**

ILLYRIEN, ENNE adj. De l'Illyrie, dans les Balkans.

ILLYRISME n.m. *Hist.* Mouvement nationaliste croate.

ILMÉNITE n.f. Oxyde naturel de fer et de titane.

ILOMBA n.m. *Afr.* Arbre tropical au bois blanc.

ÎLOT n.m.

ÎLOTAGE n.m. Division d'une ville ou d'un quartier en îlots.

ILOTE n.m. 1. → **hilote.** 2. Homme complètement asservi.

ÎLOTIER, ÈRE n. Responsable d'un îlot de maisons.

ILOTISME n.m. → **hilotisme.**

IMAGE n.f.

IMAGER v. **17.** Orner d'images. – Orner de métaphores.

IMAGERIE n.f. Commerce des images. – Ensemble d'images autour d'un même thème.

IMAGEUR, EUSE adj. et n.m. (Dispositif) qui permet d'obtenir une image.

IMAGIER, ÈRE n. *Vx.* Personne qui fabrique ou vend des images. – *Médiév.* Sculpteur, miniaturiste.

IMAGINABLE adj.

IMAGINAIRE adj. et n.m.

IMAGINAL, E, AUX adj. *Biol.* Relatif à l'imago.

IMAGINATIF, IVE adj. et n.

IMAGINATION n.f.

IMAGINER v. **10.**

IMAGISME n.m. Mouvement poétique anglo-saxon.

IMAGISTE adj. et n.

IMAGO 1. n.m. *Biol.* Forme adulte de l'insecte. 2. n.f. *Psych.* Représentation du père ou de la mère fixée dans l'inconscient.

IMAGOÏQUE adj. *Psych.* Relatif à l'imago.

IMAM n.m. **(= iman)** Chef religieux musulman.

IMAMAT n.m. **(= imanat)** Dignité d'imam.

IMAN [im-an] n.m. → **imam.**

IMANAT n.m. → **imamat.**

IMBATTABLE adj.

IMBÉCILE adj. et n.

IMBÉCILEMENT adv.

IMBÉCILITÉ n.f.

IMBÉCILLITÉ n.f.

IMBERBE adj. Sans barbe.

IMBIBER v. **10.**

IMBIBITION n.f.

IMBITABLE adj. **(= imbittable)** *Arg.* Incompréhensible.

IMBITTABLE adj. → **imbitable.**

IMBRICATION n.f.

IMBRIQUER v. **10.**

IMBROGLIO [-olyô] ou [-ogliyô] n.m. Situation embrouillée.

IMBRÛLABLE adj.

IMBRÛLÉ, E adj. et n.m. (Corps) non brûlé complètement.

IMBU, E adj. Rempli, pénétré de.

IMBUVABLE adj.

IMIDAZOLE n.m. *Chim.* Composé azoté.

IMIDE n.m. Composé chimique.

IMINE n.f. *Chim.* Composé aminé.

IMIPRAMINE n.f. Médicament antidépresseur.

IMITABLE adj.

IMITATEUR, TRICE adj. et n.

IMITATIF, IVE adj.

IMITATION n.f.

IMITER v. **10.**

IMMACULÉ, E adj. Sans tache.

IMMAÎTRISABLE [in-m-] adj.

IMMANENCE n.f.

IMMANENT, E adj. *Philos.* Contenu dans la nature d'un être.

IMMANENTISME n.m. *Philos.* Affirmation de l'immanence du divin dans la nature ou dans l'homme.

IMMANENTISTE adj.

IMMANGEABLE [in-m-] adj.

IMMANQUABLE [in-m-] adj.

IMMANQUABLEMENT [in-m-] adv.

IMMARCESCIBLE adj. *Bot.* Qui ne peut pas se flétrir.

IMMARIABLE [in-m-] adj. Difficile à marier.

IMMATÉRIALISME n.m. *Philos.* Négation de l'existence de la matière.

IMMATÉRIALISTE n.

IMMATÉRIALITÉ n.f.

IMMATÉRIEL, ELLE adj.

IMMATRICULATION n.f.

IMMATRICULER v. **10.**

IMMATURATION n.f. *Psych.* Trouble du processus de maturation.

IMMATURE adj. Qui n'a pas atteint sa maturité.

IMMATURITÉ n.f.

IMMÉDIAT, E adj. et n.m.

IMMÉDIATEMENT adv.

IMMÉDIATETÉ n.f.

IMMELMANN [mèl] n.m. *Aéron.* Figure d'acrobatie.

IMMÉMORIAL, E, AUX adj. Très ancien.

IMMENSE adj.

IMMENSÉMENT adv.

IMMENSITÉ n.f.

IMMENSURABLE adj. Qui ne peut pas être mesuré.

IMMERGER v. **17.** Plonger dans un liquide.

IMMÉRITÉ, E adj.

IMMERSIF, IVE adj. Qui se produit par immersion.

IMMERSION n.f. Action de plonger un corps dans un liquide.

IMMETTABLE [in-m-] adj.

IMMEUBLE adj. et n.m.

IMMIGRANT, E adj. et n.

IMMIGRATION n.f.

IMMIGRÉ, E adj. et n.

IMMIGRER v. **10.**

IMMINENCE n.f.

IMMINENT, E adj.

IMMISCER (S') v. **13.** S'ingérer.

IMMIXTION [imiksy-on] n.f. Action de s'immiscer.

IMMOBILE adj.

IMMOBILIER, ÈRE adj. et n.m.

IMMOBILISATION n.f.

IMMOBILISER v. **10.**

IMMOBILISME n.m. Opposition à tout progrès.

IMMOBILISTE adj. et n.

IMMOBILITÉ n.f.

IMMODÉRATION n.f.

IMMODÉRÉ, E adj.

IMMODÉRÉMENT adv.

IMMODESTE adj.

IMMODESTEMENT adv.

IMMODESTIE n.f.

IMMOLATEUR, TRICE n.

IMMOLATION n.f.

IMMOLER v. **10.**

IMMONDE adj.

IMMONDICE n.f.

IMMONTRABLE [in-m-] adj.

IMMORAL, E, AUX adj.

IMMORALEMENT adv.

IMMORALISME n.m. Mépris des valeurs morales.

IMMORALISTE adj. et n.

IMMORALITÉ n.f.

IMMORTALISATION n.f.

IMMORTALISER v. **10.**

IMMORTALITÉ n.f.

IMMORTEL, ELLE adj., n.m. et n.f.

IMMOTIVÉ, E adj. Injustifié.

IMMUABILITÉ n.f.

IMMUABLE adj.

IMMUABLEMENT adv.

IMMUN, E adj. et n. *Méd.* Qui est immunisé ou qui confère l'immunité.

IMMUNISANT, E adj.

IMMUNISATION n.f.

IMMUNISER v. **10.** Mettre à l'abri d'un mal.

IMMUNITAIRE adj. *Méd.* Relatif à l'immunité.

IMMUNITÉ n.f. *Dr.* Exemption. – *Biol.* Résistance d'un organisme à l'infection.

IMMUNOCHIMIE n.f. Étude des facteurs chimiques dans les processus immunitaires.

IMMUNOCOMPÉTENT, E adj. Doué de propriétés immunitaires.

IMMUNODÉPRESSIF, IVE adj. Qui inhibe les réactions immunitaires.

IMMUNODÉPRIMÉ, E adj. et n. Dont les réactions immunitaires sont anormales.

IMMUNOGÈNE adj. Qui produit l'immunité.

IMMUNOGÉNÉTIQUE n.f. et adj. *Biol.* Étude de la formation des substances immunogènes.

IMMUNOGLOBULINE n.f. Globuline du plasma sanguin qui agit comme anticorps.

IMMUNOLOGIE n.f. *Biol.* Étude de l'immunité.

IMMUNOLOGIQUE adj.

IMMUNOLOGISTE n.

IMMUNOSTIMULANT, E adj. et n.m.

IMMUNOTHÉRAPIE n.f. Traitement préventif à l'aide de sérums.

IMMUNOTOLÉRANCE n.f.

IMMUNOTOLÉRANT, E adj. Qui ne réagit pas aux antigènes.

IMMUTABILITÉ n.f. Caractère de ce qui est immuable.

IMPACT n.m.

IMPACTANT, E adj. Influent.

IMPACTER v. **10.** Influencer.

IMPACTION n.f. *Méd.* Rupture d'un os avec enfoncement d'un côté et saillie de l'autre.

IMPACTITE n.f. Roche formée par l'impact d'une météorite.

IMPAIR, E adj. et n.m.

IMPALA [impala] n.m. Antilope d'Afrique.

IMPALPABLE adj.

IMPALUDATION n.f.

IMPALUDÉ, E adj. et n. Atteint par le paludisme.

IMPANATION n.f. *Rel.* Coexistence du pain et du corps de Jésus-Christ dans l'eucharistie.

IMPARABLE adj.

IMPARDONNABLE adj.

IMPARFAIT, E adj. et n.m.

IMPARFAITEMENT adv.

IMPARIDIGITÉ, E adj. et n.m. Qui a un nombre impair de doigts.

IMPARIPENNÉ, E adj. *Bot.* Dont le pétiole se termine par une foliole impaire.

IMPARITÉ n.f. Caractère de ce qui est impair.

IMPARTAGEABLE adj.

IMPARTIAL, E, AUX adj.

IMPARTIALEMENT adv.

IMPARTIALITÉ n.f.

IMPARTIR v. **40.** Donner en partage. – Attribuer.

IMPARTITION n.f.

IMPASSABLE adj. Infranchissable.

IMPASSE n.f.

IMPASSIBILITÉ n.f.

IMPASSIBLE adj.

IMPASSIBLEMENT adv.

IMPATIEMMENT adv.

IMPATIENCE n.f.

IMPATIENS [-sy-an-s] n.f. *Bot.* Autre nom de la balsamine.

IMPATIENT, E adj. et n.

IMPATIENTANT, E adj.

IMPATIENTER v. **10.**

IMPATRIÉ, E n. et adj. Salarié travaillant en France pour une entreprise étrangère.

IMPATRONISATION n.f.

IMPATRONISER v. **10.** Introduire en maître. – Imposer.

IMPAVIDE adj. Qui n'a pas peur.

IMPAVIDITÉ n.f.

IMPAYABLE adj.

IMPAYÉ, E adj. et n.m.

IMPEACHMENT [impitchmènt] n.m. Procédure de mise en accusation d'un élu, aux États-Unis.

IMPEC adj. et adv.

IMPECCABILITÉ n.f.

IMPECCABLE adj.

IMPECCABLEMENT adv.

IMPÉCUNIEUX, EUSE adj. Qui manque d'argent.

IMPÉCUNIOSITÉ n.f.

IMPÉDANCE n.f. *Électr.* Équivalent, pour le courant alternatif, de la résistance pour le courant continu.

IMPÉDANCEMÈTRE n.m.

IMPEDIMENTA **|** [in-pédim-in-ta] n.m.pl. Ce qui contribue à entraver une action.

IMPÉNÉTRABILITÉ n.f.

IMPÉNÉTRABLE adj.

IMPÉNITENCE n.f.

IMPÉNITENT, E adj. Qui refuse de se repentir.

IMPENSABLE adj.

IMPENSÉ, E n.m. et adj. *Philos.* Ce qui n'a pas encore été pensé.

IMPENSES n.f.pl. *Dr.* Dépenses faites pour l'entretien d'un immeuble.

IMPER n.m. *Fam.* Imperméable.

IMPÉRATIF, IVE adj. et n.m.

IMPÉRATIVEMENT adv.

IMPÉRATRICE n.f.

IMPERCEPTIBLE adj.

IMPERDABLE 1. adj. 2. n.f. *Helv.* Épingle de nourrice.

IMPERFECTIBLE adj. Qui ne peut pas être perfectionné.

IMPERFECTIF, IVE adj. et n.m. *Ling.* (Terme) exprimant une action considérée dans sa durée.

IMPERFECTION n.f.

IMPERFORATION n.f. *Méd.* Occlusion permanente d'un canal ou d'un orifice naturel.

IMPERFORÉ, E adj. et n.m. *Méd.* (Partie du corps) qui n'est pas perforée, alors qu'elle devrait l'être.

IMPÉRIAL, E, AUX adj. et n.f.

IMPÉRIALEMENT adv.

IMPÉRIALISME n.m.

IMPÉRIALISTE adj. et n.

IMPÉRIEUSEMENT adv.

IMPÉRIEUX, EUSE adj. Autoritaire.

IMPÉRISSABLE adj.

IMPÉRITIE [-si] n.f. Incapacité dans la fonction qu'on exerce.

IMPERIUM [pé] n.m. *Antiq. rom.* Pouvoir suprême de certains magistrats.

IMPERMANENCE n.f. Concept bouddhique selon lequel rien n'est immuable.

IMPERMÉABILISER v. **10.**

IMPERMÉABILITÉ n.f.

IMPERMÉABLE adj. et n.m.

IMPERSONNALITÉ n.f.

IMPERSONNEL, ELLE adj.

IMPERTINEMMENT adv.

IMPERTINENCE n.f.

IMPERTINENT, E adj. et n.

IMPERTURBABLE adj.

IMPESANTEUR n.f. Apesanteur.

IMPÉTIGINEUX, EUSE adj. Relatif à l'impétigo.

IMPÉTIGO n.m. Maladie contagieuse de la peau.

IMPÉTRANT, E n. *Dr.* Personne qui a obtenu un titre, un diplôme, une charge.

IMPÉTRATION n.f.

IMPÉTRER v. **12.** *Dr.* Obtenir à la suite d'une demande.

IMPÉTUEUSEMENT adv.

IMPÉTUEUX, EUSE adj. Violent et rapide.

IMPÉTUOSITÉ n.f.

IMPIE adj. et n.

IMPIÉTÉ n.f.

IMPITOYABILITÉ n.f.

IMPITOYABLE adj.

IMPITOYABLEMENT adv.

IMPLACABILITÉ n.f.

IMPLACABLE adj. Qui ne se laisse pas fléchir.

IMPLAÇABLE adj.

IMPLACABLEMENT adv.

IMPLANT n.m. *Méd.* Élément introduit sous la peau à des fins thérapeutiques.

IMPLANTABLE adj.

IMPLANTATION n.f.

IMPLANTER v. **10.** Introduire de façon durable.

IMPLANTOLOGIE n.f. Partie de la stomatologie qui traite des implants dentaires.

IMPLÉMENTATION n.f.

IMPLÉMENTER v. **10.** Installer (un programme) sur un ordinateur.

IMPLEXE adj. *Litt.* Dont l'intrigue est compliquée.

IMPLICATION n.f.

IMPLICITE adj.

IMPLICITEMENT adv.

IMPLIQUANT, E adj. (Activité) où il faut s'impliquer.

IMPLIQUER v. **10.**

IMPLORANT, E adj.

IMPLORATION n.f.

IMPLORER v. **10.** Supplier.

IMPLOSER v. **(p.p.inv.) 10.**

IMPLOSIF, IVE adj. et n.f. *Phon.* (Consonne) prononcée avec moins de force à la fin d'une syllabe.

IMPLOSION n.f. Irruption brutale d'un fluide dans une enceinte à faible pression.

IMPLUVIUM n.m. *Antiq. rom.* Bassin destiné à recevoir les eaux de pluie.

IMPOLARISABLE adj.

IMPOLI, E adj. et n.

IMPOLIMENT adv.

IMPOLITESSE n.f.

IMPOLITIQUE adj. Qui n'a pas le sens politique.

IMPONDÉRABILITÉ n.f.

IMPONDÉRABLE 1. adj. Dont le poids est si faible qu'il ne peut être mesuré. 2. n.m. Événement imprévisible.

IMPOPULAIRE adj.

IMPOPULARITÉ n.f.

IMPORT n.m. *Belg.* Montant (d'une facture).

IMPORTABLE adj.

IMPORTANCE n.f.

IMPORTANT, E adj. et n.

IMPORTATEUR, TRICE adj. et n.

IMPORTATION n.f.

IMPORTER v. **10.**

IMPORTUN, E adj. et n.

IMPORTUNÉMENT adv.

IMPORTUNER v. **10.**

IMPORTUNITÉ n.f.

IMPOSABLE adj.

IMPOSANT, E adj.

IMPOSER v. **10.**

IMPOSEUR, EUSE n. et adj. *Impr.* Ouvrier chargé de la mise en place des pages.

IMPOSITION n.f.

IMPOSSIBILITÉ n.f.

IMPOSSIBLE adj. et n.m.

IMPOSTE n.f. Pierre en saillie d'une arcade. – Partie supérieure d'une porte ou d'une fenêtre.

IMPOSTEUR n.m.

IMPOSTURE n.f.

IMPÔT n.m.

IMPOTENCE n.f.

IMPOTENT, E adj. et n. Qui se meut avec difficulté.

IMPRATICABILITÉ n.f.

IMPRATICABLE adj.

IMPRÉCATEUR, TRICE n.

IMPRÉCATION n.f. Malédiction contre quelqu'un.

IMPRÉCATOIRE adj.

IMPRÉCIS, E adj. et n.m.

IMPRÉCISION n.f.

IMPRÉDICTIBLE adj.

IMPRÉGNABLE adj.

IMPRÉGNATION n.f.

IMPRÉGNER v. **12.**

IMPRENABLE adj.

IMPRÉPARATION n.f.

IMPRESARII ❙ → **imprésario.**

IMPRÉSARIO (pl. **IMPRESARII** ou **IMPRÉSARIOS**) [s] ou [z] n.m.

IMPRESCRIPTIBLE adj. Qui n'est pas susceptible de prescription.

IMPRESSIF, IVE adj. *Litt.* Qui relève de l'impression, de la subjectivité.

IMPRESSION n.f.

IMPRESSIONNABLE adj.

IMPRESSIONNANT, E adj.

IMPRESSIONNER v. **10.**

IMPRESSIONNISME n.m.

IMPRESSIONNISTE adj. et n.

IMPRÉVISIBILITÉ n.f.

IMPRÉVISIBLE adj.

IMPRÉVISION n.f. Manque de prévision.

IMPRÉVOYANCE n.f.

IMPRÉVOYANT, E adj. et n.

IMPRÉVU, E adj. et n.m.

IMPRIMABILITÉ n.f. Ensemble des qualités d'un papier à imprimer.

IMPRIMABLE adj.

IMPRIMANT, E adj. et n.f.

IMPRIMATUR ❙ [-tur] n.m. Autorisation d'imprimer un ouvrage, délivrée par l'autorité ecclésiastique.

IMPRIMÉ, E adj. et n.m.

IMPRIMER v. **10.**

IMPRIMERIE n.f.

IMPRIMEUR, EUSE adj., n.m. et n.f.

IMPRO n.f. *Fam.* Improvisation.

IMPROBABILITÉ n.f.

IMPROBABLE adj.

IMPROBATEUR, TRICE adj. et n. Qui désapprouve.

IMPROBATION n.f.

IMPROBITÉ n.f. Manque de probité.

IMPRODUCTIF, IVE adj. et n.

IMPRODUCTIVITÉ n.f.

IMPROMPTU, E adj., n.m. et adv.

IMPRONONÇABLE adj.

IMPROPRE adj.

IMPROPREMENT adv.

IMPROPRIÉTÉ n.f.

IMPROUVABLE adj.

IMPROUVER v. **10.** *Vx.* Désapprouver.

IMPROVISATEUR, TRICE adj. et n.

IMPROVISATION n.f.

IMPROVISER v. **10.**

IMPROVISTE ❙ **(À L')** loc.

IMPRUDEMMENT adv.

IMPRUDENCE n.f.

IMPRUDENT, E adj. et n.

IMPUBÈRE adj. et n. Qui n'a pas encore atteint l'âge de la puberté.

IMPUBERTÉ n.f.

IMPUBLIABLE adj.

IMPUDEMMENT adv.

IMPUDENCE n.f.

IMPUDENT, E adj. et n. Effronté, cynique.

IMPUDEUR n.f.

IMPUDICITÉ n.f.

IMPUDIQUE adj. et n.

IMPUDIQUEMENT adv.

IMPUISSANCE n.f.

IMPUISSANT, E adj. et n.

IMPULSER v. **10.** Pousser, favoriser.

IMPULSIF, IVE adj. et n.

IMPULSION n.f.

IMPULSIONNEL, ELLE adj.

IMPULSIVEMENT adv.

IMPULSIVITÉ n.f.

IMPUNÉMENT adv.

IMPUNI, E adj.

IMPUNISSABLE adj.

IMPUNITÉ n.f.

IMPUR, E adj.

IMPUREMENT adv.

IMPURETÉ n.f.

IMPUTABILITÉ n.f. *Dr.* Responsabilité de l'auteur d'un délit.

IMPUTABLE adj.

IMPUTATION n.f.

IMPUTER v. **10.** Attribuer (un acte répréhensible). – Affecter à un poste comptable.

IMPUTRESCIBLE adj. Qui ne peut se putréfier.

IN I adj. *Fam.* À la mode.

INABORDABLE adj.

INABOUTI, E adj.

INABRITÉ, E adj.

INABROGEABLE adj.

INACCENTUÉ, E adj.

INACCEPTABLE adj.

INACCEPTATION n.f.

INACCEPTÉ, E adj.

INACCESSIBILITÉ n.f.

INACCESSIBLE adj.

INACCOMPLI, E adj.

INACCORDABLE adj.

INACCOUTUMANCE n.f.

INACCOUTUMÉ, E adj.

INACHEVÉ, E adj. et n.m.

INACHÈVEMENT n.m.

INACTIF, IVE adj. et n.

INACTINIQUE adj. *Phys.* (Rayonnement) qui n'a aucune action chimique.

INACTION n.f.

INACTIVATION n.f.

INACTIVER v. **10.**

INACTIVITÉ n.f.

INACTUALITÉ n.f.

INACTUEL, ELLE adj.

INADAPTABLE adj.

INADAPTATION n.f.

INADAPTÉ, E adj. et n.

INADÉQUAT, E adj.

INADÉQUATION n.f.

INADMISSIBILITÉ n.f.

INADMISSIBLE adj.

INADVERTANCE n.f. Défaut d'attention.

INAFFECTIF, IVE adj. et n. *Psych.* Qui paraît n'éprouver aucun sentiment.

INAFFECTIVITÉ n.f.

INALIÉNABILITÉ n.f.

INALIÉNABLE adj. *Dr.* Qui ne peut être aliéné.

INALIÉNATION n.f.

INALIÉNÉ, E adj. *Dr.* Qui n'est pas aliéné.

INALLIABLE adj. *Techn.* Qui ne peut s'allier à un autre métal.

INALPAGE n.m. → **inalpe.**

INALPE n.f. *Helv.* Montée des troupeaux à l'alpage.

INALPER (S') v. **10.** Monter dans les alpages avec les troupeaux.

INALTÉRABILITÉ n.f.

INALTÉRABLE adj.

INALTÉRÉ, E adj.

INAMENDABLE adj. Qui ne peut être amélioré.

INAMICAL, E, AUX adj.

INAMICALEMENT adv.

INAMISSIBLE adj. *Rel.* (Grâce) qui ne peut se perdre.

INAMOVIBILITÉ n.f.

INAMOVIBLE adj.

INANALYSABLE adj.

INANIMÉ, E adj.

INANITÉ n.f. Inutilité, état de ce qui est vain.

INANITION n.f. Épuisement dû au manque de nourriture.

INAPAISABLE adj.

INAPAISÉ, E adj.

INAPERÇU, E adj.

INAPPARENT, E adj.

INAPPÉTENCE n.f. Défaut d'appétit. – Manque d'attirance pour.

INAPPLICABLE adj.

INAPPLICATION n.f.

INAPPLIQUÉ, E adj.

INAPPRÉCIABLE adj.

INAPPRÉCIÉ, E adj.

INAPPRIVOISABLE adj.

INAPPRIVOISÉ, E adj.

INAPPROCHABLE adj.

INAPPROPRIÉ, E adj.

INAPTE adj. et n.

INAPTITUDE n.f.

INARRANGEABLE adj.

INARRÊTABLE adj.

INARTICULABLE adj.

INARTICULATION n.f.

INARTICULÉ, E adj.

INASSIMILABLE adj.

INASSIMILÉ, E adj.

INASSOUVI, E adj.

INASSOUVISSABLE adj.

INASSURABLE adj.

INATTAQUABLE adj.

INATTEIGNABLE adj.

INATTENDU, E adj. et n.m.

INATTENTIF, IVE adj.

INATTENTION n.f.

INAUDIBLE adj.

INAUGURAL, E, AUX adj.

INAUGURATEUR, TRICE n.

INAUGURATION n.f.

INAUGURER v. **10.**

INAUTHENTICITÉ n.f.

INAUTHENTIQUE adj. et n.m.

INAVOUABLE adj.

INAVOUÉ, E adj.

INCA adj. Relatif aux Incas, population précolombienne de l'Amérique du Sud.

INCALCULABLE adj.

INCANDESCENCE n.f.

INCANDESCENT, E adj.

INCANTATEUR, TRICE adj. et n.

INCANTATION n.f. Formule magique visant à obtenir un effet surnaturel.

INCANTATOIRE adj.

INCAPABLE adj. et n.

INCAPACITANT, E adj. et n.m. *Mil.* (Produit toxique) provoquant une incapacité temporaire.

INCAPACITÉ n.f.

INCARCÉRABLE adj.

INCARCÉRATION n.f.

INCARCÉRER v. **12.** Mettre en prison.

INCARNADIN, E adj. D'un incarnat pâle.

INCARNAT, E adj. et n.m. Rouge clair.

INCARNATION n.f.

INCARNER v. **10.**

INCARTADE n.f. Écart de conduite.

INCASABLE adj.

INCASIQUE adj. → **inca.**

INCASSABLE adj.

INCENDIAIRE adj. et n.

INCENDIE n.m.

INCENDIER v. **15.**

INCENTIVES n.m.pl. *Psych.* Facteurs de stimulation de nos activités.

INCÉRATION n.f. Action d'imprégner de cire, de donner la consistance de la cire.

INCERTAIN, E adj.

INCERTITUDE n.f.

INCESSAMMENT adv.

INCESSANT, E adj.

INCESSIBILITÉ n.f.

INCESSIBLE adj. *Dr.* Qui ne peut être cédé.

INCESTE adj. et n.

INCESTUEUSEMENT adv.

INCESTUEUX, EUSE adj. et n.

INCH (pl. **INCHES** ou **INCHS**) [inch] n.m. Unité de longueur anglo-saxonne.

INCHANGÉ, E adj.

INCHANGEABLE adj.

INCHANTABLE adj. Impossible à chanter.

INCHAUFFABLE adj.

INCHAVIRABLE adj.

INCHES [inch] → **inch.**

INCHIFFRABLE adj.

INCHOATIF, IVE [k] adj. et n.m. *Ling.* (Verbe) qui marque le début d'une action.

INCIDEMMENT adv.

INCIDENCE n.f. Rencontre de deux corps. – Conséquence, répercussion.

INCIDENT, E adj., n.m. et n.f.

INCINÉRABLE adj.

INCINÉRATEUR n.m. Appareil servant à incinérer.

INCINÉRATION n.f.

INCINÉRER v. **12.** Réduire en cendres.

INCIPIT | [in-sipit] n.m. Premiers mots d'un ouvrage.

INCIRCONCIS, E adj. et n.

INCIRCONCISION n.f.

INCISE n.f. et adj.f. *Ling.* Proposition indépendante très courte intercalée dans une phrase.

INCISER v. **10.**

INCISIF, IVE adj. et n.f.

INCISION n.f.

INCISIVEMENT adv.

INCISURE n.f. Découpure irrégulière.

INCITANT, E adj. et n.m.

INCITATEUR, TRICE adj. et n.

INCITATIF, IVE adj. Propre à inciter.

INCITATION n.f.

INCITER v. **10.**

INCIVIL, E adj. Qui manque de civilité.

INCIVILEMENT adv.

INCIVILISABLE adj.

INCIVILITÉ n.f.

INCIVIQUE adj. et n.

INCIVISME n.m. Manque de civisme.

INCLASSABLE adj.

INCLÉMENCE n.f.

INCLÉMENT, E adj. (Climat) rigoureux.

INCLINABLE adj.

INCLINAISON n.f.

INCLINANT, E adj. (Cadran solaire) tracé sur un plan oblique.

INCLINATION n.f.

INCLINER v. **10.**

INCLINOMÈTRE n.m. Appareil servant à mesurer l'inclinaison.

INCLUANT n.m. *Ling.* Nom dont le sens inclut celui d'autres noms.

INCLURE v. **144.**

INCLUS, E adj.

INCLUSIF, IVE adj. Qui renferme en soi.

INCLUSION n.f.

INCLUSIVEMENT adv. Y compris.

INCOAGULABLE adj.

INCOERCIBILITÉ n.f.

INCOERCIBLE adj. Qu'on ne peut réprimer ou retenir.

INCOGNITO n.m. et adv.

INCOHÉRENCE n.f.

INCOHÉRENT, E adj.

INCOHÉSION n.f. Manque de cohésion.

INCOLLABLE adj.

INCOLORE adj.

INCOMBER v. déf. (**incomba, incombaient, incombait, incombant, incombassent, incombât, incombe, incombé, incombent, incombera, incomberaient, incomberait, incombèrent, incomberont**).

INCOMBURANT, E adj. *Chim.* Qui ne permet pas la combustion.

INCOMBUSTIBLE adj.

INCOMMENSURABLE adj. et n.m. Qui n'a pas de commune mesure. – Considérable, immense.

INCOMMODANT, E adj.

INCOMMODE adj.

INCOMMODÉMENT adv.

INCOMMODER v. **10.**

INCOMMODITÉ n.f.

INCOMMUNICABLE adj.

INCOMMUTABILITÉ n.f.

INCOMMUTABLE adj. *Dr.* Qui ne peut changer de propriétaire.

INCOMPARABLE adj.

INCOMPATIBILITÉ n.f.

INCOMPATIBLE adj.

INCOMPÉTENCE n.f.

INCOMPÉTENT, E adj.

INCOMPLET, ÈTE adj.

INCOMPLÈTEMENT adv.

INCOMPLÉTUDE n.f. *Log.* Caractère d'une théorie contenant une proposition indécidable.

INCOMPRÉHENSIF, IVE adj.

INCOMPRÉHENSION n.f.

INCOMPRESSIBLE adj.

INCOMPRIS, E adj. et n.

INCONCEVABLE adj. et n.m.

INCONCILIABLE adj.

INCONDITIONNÉ, E adj. et n.m. Qui n'est soumis à aucune condition.

INCONDITIONNEL, ELLE adj. et n. Qui n'admet aucune condition.

INCONDUITE n.f. Mauvaise conduite.

INCONEL n.m. (Nom déposé) Alliage de nickel, de chrome et de fer.

INCONFORT n.m.

INCONFORTABLE adj.

INCONGELABLE adj.

INCONGRU, E adj. Contraire au savoir-vivre. – Inconvenant.

INCONGRUITÉ n.f.

INCONGRÛMENT adv.

INCONJUGABLE adj.

INCONNAISSABLE adj. et n.m.

INCONNAISSANCE n.f. Absence de connaissance.

INCONNU, E adj. et n.

INCONSCIEMMENT adv.

INCONSCIENCE n.f.

INCONSCIENT, E adj. et n.

INCONSÉQUEMMENT adv.

INCONSÉQUENCE n.f. Manque de réflexion, de cohérence.

INCONSÉQUENT, E adj.

INCONSIDÉRÉ, E adj. Qui n'a pas été considéré. – Irréfléchi.

INCONSIDÉRÉMENT adv.

INCONSISTANCE n.f.

INCONSISTANT, E adj.

INCONSOLABLE adj.

INCONSOLÉ, E adj. et n.

INCONSOMMABLE adj.

INCONSTANCE n.f.

INCONSTANT, E adj.

INCONSTATABLE adj.

INCONSTRUCTIBLE adj.

INCONTESTABLE adj.

INCONTESTÉ, E adj.

INCONTINENCE n.f. Manque de retenue. – Perte du contrôle des sphincters.

INCONTINENT, E 1. adj. Qui manque de continence. 2. adv. Sur-le-champ.

INCONTOURNABLE adj. et n.m. Dont il faut absolument tenir compte.

INCONTRÔLABLE adj.

INCONTRÔLÉ, E adj.

INCONVENANCE n.f.

INCONVENANT, E adj.

INCONVÉNIENT n.m.

INCONVERSIBLE adj. *Log.* (Proposition) dont la réciproque est fausse.

INCONVERTIBLE adj. Qui ne peut être converti. – Qui ne peut être échangé.

INCOORDINATION n.f.

INCORPORABILITÉ n.f.

INCORPORABLE adj.

INCORPORALITÉ n.f. → **incorporéité.**

INCORPORANT, E adj. (Système grammatical) où les pronoms sont incorporés aux racines verbales.

INCORPORATION n.f.

INCORPORÉITÉ n.f. État des êtres incorporels.

INCORPOREL, ELLE adj. Qui n'a pas d'existence matérielle.

INCORPORER v. **10.**

INCORRECT, E adj.

INCORRECTEMENT adv.

INCORRECTION n.f.

INCORRIGIBILITÉ n.f.

INCORRIGIBLE adj.

INCORRUPTIBLE adj. Qui ne se corrompt pas ou ne se laisse pas corrompre.

INCOTERM n.m. En commerce international, obligations et responsabilités respectives de l'acheteur et du vendeur.

INCRÉDIBILITÉ n.f.

INCRÉDULE adj. et n.

INCRÉDULITÉ n.f.

INCRÉÉ, E adj. *Rel.* Qui existe sans avoir été créé.

INCRÉMENT n.m. *Math.* Accroissement élémentaire d'une variable ou d'une fonction.

INCRÉMENTATION n.f.

INCRÉMENTER v. **10.** *Inf.* Augmenter (une variable) d'une quantité constante.

INCRÉMENTIEL, ELLE adj.

INCREVABLE adj.

INCRIMINABLE adj.

INCRIMINATION n.f.

INCRIMINER v. **10.** Considérer comme responsable.

INCROCHETABLE adj.

INCROYABLE adj. et n.m.

INCROYABLEMENT adv.

INCROYANCE n.f.

INCROYANT, E adj. et n.

INCRUSTANT, E adj. Qui recouvre d'une croûte minérale.

INCRUSTATION n.f.

INCRUSTER v. **10.** Insérer dans une surface. – Implanter durablement.

INCRUSTEUR, EUSE n. Ouvrier spécialisé dans les ouvrages incrustés.

INCUBATEUR, TRICE 1. adj. (Organe) où se fait l'incubation. 2. n.m. Couveuse.

INCUBATION n.f.

INCUBE n.m. Démon mâle.

INCUBER v. **10.** Couver. – Mettre à couver.

INCUIT, E 1. adj. Peu ou pas cuit. 2. n.m. Ciment ou plâtre insuffisamment chauffé.

INCULCATION n.f.

INCULPABLE adj.

INCULPATION n.f.

INCULPER v. **10.**

INCULQUER v. **10.** Faire pénétrer dans l'esprit de façon durable.

INCULTE adj.

INCULTIVABLE adj.

INCULTIVÉ, E adj.

INCULTURE n.f. Absence de culture intellectuelle.

INCUNABLE adj. et n.m. (Ouvrage imprimé) datant de l'origine de l'imprimerie.

INCURABILITÉ n.f.

INCURABLE adj. et n.

INCURABLEMENT adv.

INCURIE n.f. Manque de soin.

INCURIEUX, EUSE adj. Qui ne manifeste aucune curiosité.

INCURIOSITÉ n.f.

INCURSION n.f.

INCURVATION n.f.

INCURVER v. **10.** Rendre courbe.

INCUS, E adj. (Face d'une médaille) frappée en creux.

INDAGUER v. **(p.p.inv.) 10.** *Belg.* Enquêter.

INDANSABLE adj.

INDATABLE adj.

INDE n.m. Bleu foncé tirant sur le violet.

INDÉBOULONNABLE adj.

INDÉBROUILLABLE adj.

INDÉCACHETABLE adj.

INDÉCELABLE adj.

INDÉCEMMENT adv.

INDÉCENCE n.f.

INDÉCENT, E adj.

INDÉCHIFFRABLE adj.

INDÉCHIRABLE adj.

INDÉCIDABILITÉ n.f.

INDÉCIDABLE adj. *Log.* (Proposition) qui ne peut être ni démontrée ni réfutée.

INDÉCIS, E adj. et n.

INDÉCISION n.f.

INDÉCLINABLE adj.

INDÉCODABLE adj.

INDÉCOLLABLE adj.

INDÉCOMPOSABLE adj.

INDÉCROCHABLE adj.

INDÉCROTTABLE adj.

INDÉFECTIBILITÉ n.f.

INDÉFECTIBLE adj. Qui ne peut cesser d'être.

INDÉFENDABLE adj.

INDÉFINI, E adj. et n.m.

INDÉFINIMENT adv.

INDÉFINISSABLE adj.

INDÉFORMABILITÉ n.f.

INDÉFORMABLE adj.

INDÉFRICHABLE adj.

INDÉFRISABLE adj. et n.f.

INDÉHISCENCE n.f.

INDÉHISCENT, E adj. *Bot.* (Fruit ou graine) qui ne s'ouvre pas spontanément à maturité.

INDÉLÉBILE adj. Qui ne peut s'effacer.

INDÉLÉBILITÉ n.f.

INDÉLIBÉRÉ, E adj. Qui est fait sans réflexion.

INDÉLICAT, E adj.

INDÉLICATEMENT adv.

INDÉLICATESSE n.f.

INDÉMAILLABLE n.m. et adj. Textile dont les mailles ne peuvent se défaire.

INDÉMÊLABLE adj.

INDEMNE adj.

INDEMNISABLE adj.

INDEMNISATION n.f.

INDEMNISER v. **10.**

INDEMNITAIRE adj. et n.

INDEMNITÉ n.f.

INDÉMODABLE adj.

INDÉMONTABLE adj.

INDÉMONTRABLE adj.

INDÈNE n.m. Hydrocarbure.

INDÉNIABLE adj.

INDÉNIABLEMENT adv.

INDÉNOMBRABLE adj.

INDÉNOUABLE adj.

INDENTATION n.f. Échancrure d'un littoral.

INDENTER v. **10.** Disposer (un paragraphe) en retrait.

INDÉPASSABLE adj.

INDÉPENDAMMENT adv.

INDÉPENDANCE n.f.

INDÉPENDANT, E adj.

INDÉPENDANTISME n.m.

INDÉPENDANTISTE adj. et n.

INDÉRACINABLE adj.

INDÉRÉGLABLE adj.

INDESCRIPTIBLE adj.

INDÉSIRABLE adj. et n.

INDESTRUCTIBLE adj.

INDÉTECTABLE adj.

INDÉTERMINABLE adj.

INDÉTERMINATION n.f. Imprécision. – Indécision.

INDÉTERMINÉ, E adj. et n.m.

INDÉTERMINISME n.m. *Philos.* Doctrine qui nie le déterminisme.

INDÉTERMINISTE adj. et n.

INDÉTRÔNABLE adj.

INDEVINABLE adj.

INDEX n.m.

INDEXABLE adj.

INDEXAGE n.m.

INDEXATION n.f.

INDEXER v. **10.** Faire varier (une valeur) en fonction d'un indice de référence.

INDEXEUR, EUSE n. Personne qui réalise un index.

INDIANISATION n.f.

INDIANISER v. **10.** Doter du caractère indien.

INDIANISME n.m. Étude des langues et des civilisations de l'Inde.

INDIANISTE n.

INDIANOLOGIE n.f. Étude des Indiens d'Amérique.

INDIC n.m. *Fam.* Indicateur de police.

INDICAN n.m. *Chim.* Glucoside contenu dans l'indigo et dans l'urine.

INDICATEUR, TRICE adj. et n.

INDICATIF, IVE adj. et n.m.

INDICATION n.f.

INDICE n.m.

INDICER v. **13.** *Inf.* Doter (une variable) d'un indice.

INDICIAIRE adj. Qui se rapporte à un indice.

INDICIBLE adj. Qu'on ne peut exprimer.

INDICIBLEMENT adv.

INDICIEL, ELLE adj. Qui a valeur d'indice.

INDICTION n.f. *Rel.* Convocation d'un concile.

INDIEN, ENNE 1. adj. 2. n.f. Toile de coton imprimée.

INDIENNERIE n.f. *Text.* Fabrication ou commerce des indiennes.

INDIFFÉREMMENT adv.

INDIFFÉRENCE n.f.

INDIFFÉRENCIÉ, E adj.

INDIFFÉRENT, E adj. et n.

INDIFFÉRENTISME n.m. Indifférence en matière de politique ou de religion.

INDIFFÉRENTISTE adj.

INDIFFÉRER v. **12.** Laisser indifférent.

INDIGÉNAT n.m. Population indigène d'une région. – Régime administratif appliqué aux indigènes d'une colonie.

INDIGENCE n.f. Grande pauvreté.

INDIGÈNE adj. et n.

INDIGÉNISME n.m. Politique d'intégration appliquée par les États d'Amérique latine aux Indiens.

INDIGÉNISTE adj. et n.

INDIGENT, E adj. et n.

INDIGESTE adj.

INDIGESTIBLE adj. Qui ne peut être digéré.

INDIGESTION n.f.

INDIGÈTE adj. *Antiq. rom.* (Divinité) propre à un pays ou à une ville.

INDIGNATION n.f.

INDIGNE adj.

INDIGNEMENT adv.

INDIGNER v. **10.**

INDIGNITÉ n.f.

INDIGO n.m. et adj. Substance colorante bleu foncé.

INDIGOTERIE n.f. Usine de préparation de l'indigo.

INDIGOTIER n.m. Arbrisseau tropical dont les feuilles donnent l'indigo.

INDIGOTINE n.f. Principe colorant de l'indigo.

INDIQUER v. **10.**

INDIRECT, E adj.

INDIRECTEMENT adv.

INDISCERNABLE adj.

INDISCIPLINABLE adj.

INDISCIPLINE n.f.

INDISCIPLINÉ, E adj.

INDISCRET, ÈTE adj. et n.

INDISCRÈTEMENT adv.

INDISCRÉTION n.f.

INDISCUTABLE adj.

INDISCUTÉ, E adj.

INDISPENSABLE adj. et n.m.

INDISPONIBILITÉ n.f.

INDISPONIBLE adj.

INDISPOSER v. **10.**

INDISPOSITION n.f.

INDISSOCIABLE adj.

INDISSOLUBILITÉ n.f.

INDISSOLUBLE adj.

INDISTINCT, E adj.

INDISTINCTEMENT adv.

INDIUM n.m. Métal blanc, voisin de l'aluminium.

INDIVIDU n.m.

INDIVIDUALISER v. **10.**

INDIVIDUALISME n.m.

INDIVIDUALISTE adj. et n.

INDIVIDUALITÉ n.f.

INDIVIDUATION n.f. Ce qui distingue un individu d'un autre de la même espèce.

INDIVIDUEL, ELLE adj. et n.

INDIVIS, E adj. *Dr.* Possédé en commun par plusieurs personnes.

INDIVISAIRE n. *Dr.* Personne se trouvant dans l'indivision.

INDIVISÉMENT adv.

INDIVISIBILITÉ n.f.

INDIVISIBLE adj.

INDIVISIBLEMENT adv.

INDIVISION n.f. *Dr.* État de ce qui est indivis.

INDOCHINOIS, E adj.

INDOCILE adj.

INDOCILITÉ n.f.

INDOL n.m. **(= indole)** Composé chimique présent dans certaines essences de fleurs.

INDOLACÉTIQUE adj. (Acide) permettant la croissance des végétaux.

INDOLE n.m. → **indol.**

INDOLEMMENT adv.

INDOLENCE n.f.

INDOLENT, E adj. et n. Qui ne fait aucun effort, qui agit avec mollesse.

INDOLORE adj.

INDOMÉTACINE n.f. Anti-inflammatoire dérivé de l'indole.

INDOMPTABLE adj.

INDOMPTÉ, E [in-d-on-(p)té] adj.

INDONÉSIEN, ENNE adj. et n.m. De l'Indonésie (Asie du Sud-Est).

INDOOR ▌ [indor] adj. *Sp.* (Compétition) disputée en salle.

INDOPHÉNOL n.m. Matière colorante bleue.

INDOU, E adj. → **hindou.**

INDRI n.m. Mammifère lémurien de Madagascar.

INDRICOTHÉRIUM n.m. Mammifère fossile, proche du rhinocéros.

INDRIEN, ENNE adj. De l'Indre.

INDU, E adj. Qui va contre l'usage.

INDUBITABLE adj. Dont on ne peut pas douter.

INDUBITABLEMENT adv.

INDUCTANCE n.f. *Électr.* Quotient d'un flux induit par l'intensité du courant inducteur.

INDUCTEUR, TRICE adj. et n.m. Qui produit un champ électromagnétique.

INDUCTIBLE adj. (Enzyme) dont la synthèse est produite par la présence d'un inducteur.

INDUCTIF, IVE adj. (Raisonnement) qui procède par induction. - *Électr.* Qui se rapporte à l'induction.

INDUCTION n.f. *Log.* Raisonnement qui va du particulier au général. - *Électr.* Transmission à distance d'énergie électrique ou magnétique.

INDUCTOMÈTRE n.m. Appareil qui mesure les courants induits.

INDUIRE v. **135.** Pousser à. - Inférer. - *Électr.* Produire l'induction.

INDUIT, E 1. adj. (Courant) produit par induction. 2. n.m. Organe d'une machine électrique.

INDULGENCE n.f. Facilité à pardonner. - *Rel.* Rémission des peines temporelles.

INDULGENCIER v. **15.** *Rel.* Investir (un acte, un objet) d'un pouvoir d'indulgence.

INDULGENT, E adj.

INDULINE n.f. Colorant bleu dérivé de l'aniline.

INDULT n.m. Privilège accordé par le pape.

INDÛMENT adv.

INDURATION n.f.

INDURER v. **10.** *Méd.* Durcir.

INDUSIE n.f. *Bot.* Repli de la feuille de fougère destiné à protéger une spore.

INDUSIEN, ENNE 1. n.m. et adj. *Géol.* Étage du trias inférieur. 2. adj. De l'Indus.

INDUSTRIALISER v. **10.**

INDUSTRIALISME n.m. Prépondérance donnée à l'industrie.

INDUSTRIALISTE adj.

INDUSTRIE n.f.

INDUSTRIEL, ELLE adj. et n.m.

INDUSTRIEUX, EUSE adj. Habile et actif.

INDUVIE n.f. *Bot.* Cupule qui protège la base du fruit.

INDUVIÉ, E adj.

INÉBRANLABLE adj.

INÉCHANGEABLE adj.

INÉCOUTABLE adj.

INÉCOUTÉ, E adj.

INÉDIT, E adj. et n.m.

INÉDUCABLE adj.

INEFFABLE adj. et n.m. Inexprimable.

INEFFABLEMENT adv.

INEFFAÇABLE adj.

INEFFAÇABLEMENT adv.

INEFFICACE adj.

INEFFICACEMENT adv.

INEFFICACITÉ n.f.

INEFFICIENT, E adj. Sans effet, sans résultat.

INÉGAL, E, AUX adj.

INÉGALABLE adj.

INÉGALÉ, E adj.

INÉGALEMENT adv.

INÉGALITAIRE adj. Fondé sur l'inégalité.

INÉGALITÉ n.f.

INÉLASTIQUE adj.

INÉLÉGAMMENT adv.

INÉLÉGANCE n.f.

INÉLÉGANT, E adj.

INÉLIGIBILITÉ n.f.

INÉLIGIBLE adj. Qui ne remplit pas les conditions requises pour être élu.

INÉLUCTABILITÉ n.f.

INÉLUCTABLE adj. et n.m.

INÉLUCTABLEMENT adv.

INÉMOTIVITÉ n.f.

INEMPLOI n.m. Par euphémisme, chômage.

INEMPLOYABLE adj.

INEMPLOYÉ, E adj.

INÉNARRABLE adj. D'un comique difficile à décrire.

INENTAMABLE adj. Que rien ne peut entamer.

INENTAMÉ, E adj.

INENVISAGEABLE adj.

INÉPROUVÉ, E adj.

INEPTE adj. Sot, absurde.

INEPTIE n.f.

INÉPUISABLE adj.

INÉPUISABLEMENT adv.

INÉPUISÉ, E adj.

INÉQUATION n.f. *Math.* Inégalité conditionnelle entre deux quantités contenant des variables.

INÉQUITABLE adj. Injuste.

INÉQUITÉ n.f. Injustice.

INERME adj. *Bot.* Qui n'a ni aiguillons ni épines. – *Zool.* Qui n'a pas de crochets.

INERTAGE n.m.

INERTE adj.

INERTER v. **10.** Enrober (des déchets toxiques).

INERTIE n.f.

INERTIEL, ELLE adj. Qui se rapporte à l'inertie.

INESCOMPTABLE adj.

INESPÉRÉ, E adj.

INESSENTIEL, ELLE adj.

INESTHÉTIQUE adj. Laid.

INESTIMABLE adj.

INÉTENDU, E adj. Immatériel.

INÉVITABLE adj. et n.m.

INÉVITABLEMENT adv.

INEXACT, E adj.

INEXACTEMENT adv.

INEXACTITUDE n.f.

INEXAUCÉ, E adj.

INEXCITABILITÉ n.f.

INEXCITABLE adj.

INEXCUSABLE adj.

INEXCUSABLEMENT adv.

INEXÉCUTABLE adj.

INEXÉCUTÉ, E adj.

INEXÉCUTION n.f. Défaut d'exécution.

INEXERCÉ, E adj.

INEXHAUSTIBLE adj. Qui ne peut être épuisé.

INEXIGIBILITÉ n.f.

INEXIGIBLE adj.

INEXISTANT, E adj.

INEXISTENCE n.f.

INEXORABILITÉ n.f.

INEXORABLE adj.

INEXORABLEMENT adv.

INEXPÉRIENCE n.f.

INEXPÉRIMENTÉ, E adj.

INEXPERT, E adj.

INEXPIABLE adj. Qui ne peut être expié. – Sans pitié.

INEXPIÉ, E adj.

INEXPLICABLE adj. et n.m.

INEXPLIQUÉ, E adj.

INEXPLOITABLE adj.

INEXPLOITÉ, E adj.

INEXPLORABLE adj.

INEXPLORÉ, E adj.

INEXPLOSIBLE adj.

INEXPRESSIF, IVE adj.

INEXPRIMABLE adj. et n.m.

INEXPRIMÉ, E adj.

INEXPUGNABLE adj. Qui ne peut être pris par la force.

INEXPULSABLE adj.

INEXTENSIBILITÉ n.f.

INEXTENSIBLE adj.

INEXTINGUIBLE adj. Qu'on ne peut éteindre ou apaiser.

INEXTIRPABLE adj.

INEXTRICABILITÉ n.f.

INEXTRICABLE adj.

INFAILLIBILISTE n. et adj. *Rel.* Partisan du dogme de l'infaillibilité papale.

INFAILLIBILITÉ n.f.

INFAILLIBLE adj.

INFAILLIBLEMENT adv.

INFAISABILITÉ n.f.

INFAISABLE adj.

INFALSIFIABLE adj.

INFAMANT, E adj. Déshonorant.

INFÂME adj. Abject, honteux, vil.

INFAMIE n.f.

INFANT, E n. Titre des enfants puînés des rois d'Espagne et du Portugal.

INFANTERIE n.f.

INFANTICIDE adj. et n.

INFANTILE adj. et n.

INFANTILISANT, E adj.

INFANTILISATION n.f.

INFANTILISER v. **10.**

INFANTILISME n.m.

INFARCIR (S') v. **40.** *Méd.* Se transformer en nécrose hémorragique.

INFARCTUS n.m. *Méd.* Lésion d'un tissu ou d'un organe due à l'obstruction d'un vaisseau.

INFATIGABILITÉ n.f.

INFATIGABLE adj.

INFATIGABLEMENT adv.

INFATUATION n.f.

INFATUER (S') v. **10.** S'enticher.

INFÉCOND, E adj. Stérile.

INFÉCONDITÉ n.f.

INFECT, E adj.

INFECTANT, E adj.

INFECTER v. **10.**

INFECTIEUX, EUSE adj.

INFECTIOLOGIE n.f. *Méd.* Étude des maladies infectieuses.

INFECTIOLOGUE n.

INFECTION n.f.

INFECTIOSITÉ n.f. Pouvoir infectieux.

INFECTIVITÉ n.f. → **infectiosité.**

INFÉLICITÉ n.f. Malheur.

INFÉODATION n.f.

INFÉODER v. **10.** Attacher par des liens de dépendance.

INFÈRE adj. *Bot.* (Ovaire) situé au-dessous des autres parties de la fleur.

INFÉRENCE n.f.

INFÉRENTIEL, ELLE adj.

INFÉRER v. **12.** Tirer (une conséquence) d'un fait tenu pour vrai.

INFÉRIEUR, E adj. et n.

INFÉRIEUREMENT adv.

INFÉRIORISATION n.f.

INFÉRIORISER v. **10.** Sous-estimer.

INFÉRIORITÉ n.f.

INFERNAL, E, AUX adj.

INFÉROVARIÉ, E adj. (Plante) dont l'ovaire est infère.

INFERTILE adj.

INFERTILITÉ n.f.

INFESTATION n.f.

INFESTER v. **10.**

INFEUTRABLE adj.

INFIBULATION n.f.

INFIBULER v. **10.** Empêcher (une femme) de pratiquer le coït en lui cousant la vulve.

INFICHU, E adj. *Fam.* Incapable.

INFIDÈLE adj. et n.

INFIDÈLEMENT adv.

INFIDÉLITÉ n.f.

INFILTRAT n.m. *Méd.* En radiologie, opacité d'un tissu ou d'un organe.

INFILTRATION n.f.

INFILTRER v. **10.**

INFIME adj.

INFINI, E adj. et n.m.

INFINIMENT adv.

INFINITÉ n.f.

INFINITÉSIMAL, E, AUX adj.

INFINITIF, IVE 1. n.m. Forme nominale du verbe. 2. adj. De la nature de l'infinitif.

INFINITUDE n.f. Qualité de ce qui est infini.

INFIRMATIF, IVE adj.

INFIRMATION n.f. *Dr.* Annulation d'une décision prise par une juridiction inférieure.

INFIRME adj. et n.

INFIRMER v. **10.** Affaiblir. – Annuler.

INFIRMERIE n.f.

INFIRMIER, ÈRE adj. et n.

INFIRMITÉ n.f.

INFIXE n.m. *Ling.* Élément qui s'insère au milieu d'un mot.

INFLAMMABILITÉ n.f.

INFLAMMABLE adj.

INFLAMMATEUR n.m. Dispositif produisant l'inflammation.

INFLAMMATION n.f.

INFLAMMATOIRE adj.

INFLATION n.f.

INFLATIONNISME n.m. Politique inflationniste.

INFLATIONNISTE adj. et n.

INFLÉCHIR v. **40.** Courber, modifier.

INFLÉCHISSABLE adj.

INFLÉCHISSEMENT n.m.

INFLEXIBILITÉ n.f.

INFLEXIBLE adj.

INFLEXIBLEMENT adv.

INFLEXION n.f. Action de fléchir, de dévier.

INFLIGER v. **17.**

INFLORESCENCE n.f. Mode de groupement des fleurs sur une plante.

INFLUENÇABILITÉ n.f.

INFLUENÇABLE adj.

INFLUENCE n.f.

INFLUENCER v. **13.**

INFLUENT, E adj.

INFLUENZA [in-flu-an-za] ou [in-flu-èn-za] n.f. *Vx.* Grippe.

INFLUER v. **10.** *Vx.* Faire pénétrer. – Exercer une action.

INFLUX n.m. *Physiol.* Propagation de l'excitation nerveuse.

INFO n.f. *Fam.* Information.

INFOBULLE n.f. *Inf.* Bulle d'information.

INFOGÉRANCE n.f. Gestion d'un système d'information par un prestataire extérieur.

INFOGRAPHE n.

INFOGRAPHIE n.f. (Nom déposé) *Inf.* Technique de représentation graphique d'informations.

INFOGRAPHIQUE adj.

INFOGRAPHISTE n.

INFONDÉ, E adj.

INFORMATEUR, TRICE n.

INFORMATICIEN, ENNE n.

INFORMATIF, IVE adj. Qui a pour but d'informer.

INFORMATION n.f.

INFORMATIONNEL, ELLE adj. Qui concerne l'information.

INFORMATIQUE adj. et n.f.

INFORMATISABLE adj.

INFORMATISATION n.f.

INFORMATISER v. **10.** Doter d'équipements informatiques.

INFORME adj.

INFORMEL, ELLE adj. et n. (Art) qui refuse de représenter des formes réelles. – Officieux, sans cérémonie.

INFORMER v. **10.**

INFORMULABLE adj.

INFORMULÉ, E adj.

INFOROUTE n.f. Autoroute de l'information.

INFORTUNE n.f.

INFORTUNÉ, E adj. et n.

INFOTHÈQUE n.f. Centre d'information multimédia.

INFOUTU, E adj. *Fam.* Incapable.

INFRA adv. Ci-dessous.

INFRACAMBRIEN, ENNE adj. et n.m. *Géol.* Situé sous les dernières couches fossilifères du cambrien.

INFRACTION n.f.

INFRADIEN, ENNE adj. (Rythme biologique) de moins de 24 heures.

INFRALIMINAIRE adj. → **infraliminal.**

INFRALIMINAL, E, AUX adj. *Psych.* Qui n'atteint pas le seuil de la conscience.

INFRALITTORAL, E, AUX adj. (Domaine littoral) submergé en permanence.

INFRANCHISSABLE adj.

INFRANGIBLE adj. Qui ne peut être brisé.

INFRAROUGE adj. et n.m. *Phys.* (Rayon du spectre solaire) situé en deçà du rouge.

INFRASON n.m. Son de basse fréquence inaudible pour l'homme.

INFRASONORE adj. Relatif aux infrasons.

INFRASTRUCTURE n.f.

INFRÉQUENTABLE adj.

INFROISSABILISER v. **10.**

INFROISSABILITÉ n.f.

INFROISSABLE adj.

INFRUCTUEUX, EUSE adj.

INFULE n.f. *Antiq. rom.* Bandelette sacrée portée par les prêtres.

INFUMABLE adj.

INFUNDIBULUM [in-f-on-dibulom] n.m. *Anat.* Partie d'organe en forme d'entonnoir.

INFUS, E adj. Inné.

INFUSER v. **10.**

INFUSETTE n.f. (Nom déposé) Sachet tout préparé de tisane à infuser.

INFUSIBILITÉ n.f.

INFUSIBLE adj. Qui ne peut être fondu.

INFUSION n.f.

INFUSOIRE n.m. *Zool.* Protozoaire cilié.

INGAGNABLE adj.

INGAMBE adj. Alerte dans ses mouvements.

INGÉLIF, IVE adj. Qui ne se fend pas sous l'action du gel.

INGÉNIER (S') v. **15.**

INGÉNIERIE n.f. Ensemble des études relatives à un projet industriel.

INGÉNIERISTE n.

INGÉNIEUR, E n.

INGÉNIEUSEMENT adv.

INGÉNIEUX, EUSE adj. Plein d'invention, astucieux.

INGÉNIOSITÉ n.f.

INGÉNU, E adj. et n. Naïf, candide.

INGÉNUITÉ n.f.

INGÉNUMENT adv.

INGÉRABLE adj. Impossible à gérer.

INGÉRENCE n.f.

INGÉRER v. **12.**

INGESTION n.f. Introduction dans l'estomac.

INGOUCHE [ing-] adj. D'Ingouchie (Russie).

INGOUVERNABLE adj.

INGRAT, E adj. et n.

INGRATEMENT adv.

INGRATITUDE n.f.

INGRÉDIENT n.m.

INGRESQUE adj. Qui se rapporte à Ingres (peintre français du XIXe s.).

INGRESSION n.f. *Géogr.* Inondation d'une région.

INGRISME n.m. Art d'Ingres ou de ses disciples.

INGRISTE adj. → **ingresque.**

INGUÉRISSABLE adj.

INGUINAL, E, AUX [gwi] adj. *Anat.* Relatif à l'aine.

INGURGITATION n.f.

INGURGITER v. **10.**

INHABILE adj.

INHABILEMENT adv.

INHABILETÉ n.f. Maladresse.

INHABILITÉ n.f. *Dr.* Incapacité légale.

INHABITABLE adj.

INHABITÉ, E adj.

INHABITUÉ, E adj.

INHABITUEL, ELLE adj.

INHALABLE adj.

INHALATEUR, TRICE adj. et n.m.

INHALATION n.f.

INHALER v. **10.** Aspirer par les voies respiratoires.

INHALOTHÉRAPIE n.f. *Québ.* Traitement des fonctions cardio-respiratoires.

INHARMONIE n.f.

INHARMONIEUX, EUSE adj.

INHARMONIQUE adj.

INHÉRENCE n.f.

INHÉRENT, E adj. Lié intimement à quelque chose.

INHIBANT, E adj.

INHIBER v. **10.** Arrêter ou ralentir (un processus).

INHIBITEUR, TRICE 1. adj. Qui inhibe. 2. n.m. Substance qui freine ou empêche une réaction chimique.

INHIBITIF, IVE adj. → **inhibiteur** 1.

INHIBITION n.f. Blocage d'un processus psychique.

INHIBITOIRE adj. → **inhibiteur** 1.

INHOMOGÈNE adj. Non homogène.

INHOSPITALIER, ÈRE adj. Peu accueillant.

INHOSPITALITÉ n.f.

INHUMAIN, E adj.

INHUMAINEMENT adv.

INHUMANITÉ n.f. Cruauté.

INHUMATION n.f. Enterrement.

INHUMER v. **10.**

INIMAGINABLE adj.

INIMITABLE adj.

INIMITÉ, E adj.

INIMITIÉ n.f.

ININFLAMMABLE adj.

ININTELLIGENCE n.f.

ININTELLIGENT, E adj.

ININTELLIGIBLE adj.

ININTÉRESSANT, E adj.

ININTÉRÊT n.m.

ININTERROMPU, E adj.

ININTERRUPTION n.f.

INIQUE adj. D'une injustice criante.

INIQUEMENT adv.

INIQUITÉ n.f.

INITIAL, E, AUX adj. et n.f.

INITIALEMENT adv.

INITIALER v. **10.** *Québ.* Parapher.

INITIALISATION n.f.

INITIALISER v. **10.** Préparer (un ordinateur) avant sa mise en service.

INITIATEUR, TRICE adj. et n. Qui initie quelqu'un. – Qui ouvre une voie nouvelle.

INITIATION n.f.

INITIATIQUE adj. Relatif à l'initiation.

INITIATIVE n.f.

INITIER v. **15.**

INJECTABLE adj.

INJECTER v. **10.** Introduire par pression.

INJECTEUR, TRICE adj. et n.m.

INJECTIF, IVE adj. *Math.* Qualifie une application d'un ensemble A dans un ensemble B.

INJECTION n.f.

INJOIGNABLE adj.

INJONCTIF, IVE adj. et n.m. *Ling.* (Mode verbal) qui transmet l'ordre ou l'interdiction.

INJONCTION n.f. Ordre exprès.

INJOUABLE adj.

INJURE n.f.

INJURIER v. **15.**

INJURIEUSEMENT adv.

INJURIEUX, EUSE adj.

INJUSTE adj.

INJUSTEMENT adv.

INJUSTICE n.f.

INJUSTIFIABLE adj.

INJUSTIFIÉ, E adj.

INLANDSIS [inl-an-dsis] n.m. Glacier des régions polaires.

INLASSABLE adj.

INLASSABLEMENT adv.

INLAY [inlè] n.m. Obturation métallique d'une cavité dentaire.

INLOUABLE adj.

INNÉ, E adj. Qui existe dès la naissance.

INNÉISME n.m. Doctrine fondée sur la croyance aux idées innées.

INNÉISTE adj. et n.

INNÉITÉ n.f. Caractère de ce qui est inné.

INNERVANT, E adj. (Gaz) qui paralyse le système nerveux.

INNERVATION n.f. *Anat.* Mode de distribution des nerfs dans une région du corps.

INNERVER v. **10.**

INNOCEMMENT adv.

INNOCENCE n.f.

INNOCENT, E adj. et n.

INNOCENTER v. **10.**

INNOCUITÉ n.f. Caractère de ce qui n'est pas nuisible.

INNOMBRABLE adj.

INNOMÉ, E adj. (= **innommé**) Qui n'a pas reçu de nom.

INNOMINÉ, E adj. *Anat.* (Os, artère) iliaque.

INNOMMABLE adj.

INNOMMÉ, E adj. → **innomé.**

INNOVANT, E adj.

INNOVATEUR, TRICE adj. et n.

INNOVATION n.f.

INNOVER v. **10.** Introduire (une nouveauté).

INNU, E [inou] adj. D'un peuple amérindien.

INOBSERVABLE adj.

INOBSERVANCE n.f. Défaut d'observance (des prescriptions religieuses, morales, médicales).

INOBSERVATION n.f. Fait de ne pas observer une règle, un contrat.

INOBSERVÉ, E adj.

INOCCUPATION n.f.

INOCCUPÉ, E adj. et n.

INOCULABILITÉ n.f.

INOCULABLE adj.

INOCULATEUR, TRICE adj. et n.

INOCULATION n.f.

INOCULER v. **10.** Introduire (un germe) dans l'organisme.

INOCULUM n.m. *Biol.* Substance inoculée.

INOCYBE n.m. Champignon à lamelles.

INODORE adj.

INOFFENSIF, IVE adj.

INONDABLE adj.

INONDATION n.f.

INONDER v. **10.**

INOPÉRABLE adj.

INOPÉRANT, E adj.

INOPINÉ, E adj.

INOPINÉMENT adv.

INOPPORTUN, E adj.

INOPPORTUNÉMENT adv.

INOPPORTUNITÉ n.f.

INOPPOSABILITÉ n.f. *Dr.* Impossibilité de faire valoir un droit.

INOPPOSABLE adj. *Dr.* Qui ne peut pas être opposé.

INORGANIQUE adj. Qui n'a pas la constitution d'un être vivant. – Qui est minéral.

INORGANISABLE adj.

INORGANISATION n.f.

INORGANISÉ, E adj. et n.

INOTROPE adj. Relatif à la contractilité du cœur.

INOUBLIABLE adj.

INOUÏ, E adj.

INOX n.m. (Nom déposé).

INOXYDABLE adj. et n.m.

INPUT [inpout] n.m. *Inf.* Donnée en entrée.

INQUALIFIABLE adj.

INQUANTIFIABLE adj.

INQUART [in-kar] n.m. Alliage d'un quart d'or et de trois quarts d'argent.

INQUARTATION n.f. → **inquart.**

INQUIET, ÈTE adj. et n.

INQUIÉTANT, E adj.

INQUIÉTER v. **12.**

INQUIÉTUDE n.f.

INQUILIN, E [ki] adj. et n.m. *Biol.* (Espèce) vivant dans ou sur une autre, mais sans la parasiter.

INQUILISME [ki] n.m.

INQUISITEUR, TRICE adj. et n.m.

INQUISITIF, IVE adj. *Vx.* Qui s'enquiert.

INQUISITION n.f. Enquête acharnée et arbitraire. – *Hist.* Juridiction ecclésiastique chargée de poursuivre l'hérésie.

INQUISITOIRE adj. *Dr.* (Procédure) dirigée par le juge.

INQUISITORIAL, E, AUX adj. Relatif à l'Inquisition. – Vexatoire.

INRACONTABLE adj.

INRATABLE adj.

INRAYABLE adj.

INSAISISSABLE adj.

INSALIFIABLE adj. *Chim.* Qui ne peut donner un sel.

INSALISSABLE adj.

INSALIVATION n.f. Imprégnation des aliments par la salive.

INSALUBRE adj. Malsain.

INSALUBRITÉ n.f.

INSANE adj. Fou.

INSANITÉ n.f. Manque de bon sens. – Propos stupide.

INSAPONIFIABLE adj. *Chim.* Qui n'est pas altéré par une saponification.

INSATIABILITÉ n.f.

INSATIABLE adj.

INSATIABLEMENT adv.

INSATISFACTION n.f.

INSATISFAISANT, E adj.

INSATISFAIT, E adj. et n.

INSATURABLE adj.

INSATURÉ, E adj. *Chim.* Non saturé.

INSCRIPTIBLE adj. *Math.* Qui peut être inscrit dans une figure.

INSCRIPTION n.f.

INSCRIRE v. **130.**

INSCRIVANT, E n. *Dr.* Personne qui demande l'inscription d'une hypothèque.

INSCULPER v. **10.** Marquer d'un poinçon.

INSÉCABILITÉ n.f.

INSÉCABLE adj. Qui ne peut être coupé.

INSECTARIUM n.m. Établissement où l'on élève des insectes.

INSECTE n.m.

INSECTICIDE adj. et n.m.

INSECTIFUGE adj. et n.m.

INSECTIVORE adj. et n.m.

INSÉCURISANT, E adj.

INSÉCURISER v. **10.** Remplir d'un sentiment d'insécurité.

INSÉCURITAIRE adj.

INSÉCURITÉ n.f.

INSELBERG [insèlbèrg] n.m. *Géogr.* Butte isolée au milieu d'une plaine.

INSÉMINATEUR, TRICE adj. et n.

INSÉMINATION n.f.

INSÉMINER v. **10.** Féconder artificiellement.

INSENSÉ, E adj. et n.

INSENSIBILISER v. **10.**

INSENSIBILITÉ n.f.

INSENSIBLE adj.

INSENSIBLEMENT adv.

INSÉPARABILITÉ n.f.

INSÉPARABLE adj. et n.

INSÉPARABLEMENT adv.

INSÉRABLE adj. Qui peut être inséré.

INSÉRER v. **12.** Mettre dans, intercaler.

INSERMENTÉ adj.m. et n.m. *Hist.* (Prêtre) ayant refusé de prêter serment à la Constitution civile du clergé.

INSERT [in-sèr] n.m. Séquence intercalée dans une émission de télévision en direct.

INSERTION n.f.

INSIDIEUSEMENT adv.

INSIDIEUX, EUSE adj. Qui tend un piège.

INSIGHT [insayt] n.m. *Psych.* Intuition.

INSIGNE 1. adj. Remarquable, éclatant. 2. n.m. Signe extérieur distinctif.

INSIGNIFIANCE n.f.

INSIGNIFIANT, E adj.

INSINCÈRE adj.

INSINCÉRITÉ n.f.

INSINUANT, E adj.

INSINUATION n.f.

INSINUER v. **10.**

INSIPIDE adj.

INSIPIDITÉ n.f.

INSISTANCE n.f.

INSISTANT, E adj.

INSISTER v. **(p.p.inv.) 10.**

INSITUABLE adj.

INSOCIABILITÉ n.f.

INSOCIABLE adj.

INSOIGNABLE adj.

INSOLATEUR n.m. Appareil servant à utiliser l'énergie thermique des rayons solaires.

INSOLATION n.f.

INSOLEMMENT adv.

INSOLENCE n.f.

INSOLENT, E adj. et n.

INSOLER v. **10.** Exposer aux rayons du soleil.

INSOLITE adj. et n.m.

INSOLUBILISER v. **10.** *Chim.* Rendre insoluble.

INSOLUBILITÉ n.f.

INSOLUBLE adj.

INSOLVABILITÉ n.f.

INSOLVABLE adj. et n.

INSOMNIAQUE adj. et n.

INSOMNIE n.f.

INSOMNIEUX, EUSE adj. et n.

INSONDABLE adj.

INSONORE adj.

INSONORISATION n.f.

INSONORISER v. **10.**

INSONORITÉ n.f.

INSORTABLE adj.

INSOUCIANCE n.f.

INSOUCIANT, E adj. et n.

INSOUCIEUX, EUSE adj.

INSOULEVABLE adj.

INSOUMIS, E 1. adj. Rebelle. 2. n.m. Déserteur.

INSOUMISSION n.f.

INSOUPÇONNABLE adj.

INSOUPÇONNÉ, E adj.

INSOUTENABLE adj.

INSPECTER v. **10.**

INSPECTEUR, TRICE n.

INSPECTION n.f.

INSPECTORAT n.m. Charge d'inspecteur.

INSPIRANT, E adj.

INSPIRATEUR, TRICE adj. et n.

INSPIRATION n.f.

INSPIRATOIRE adj. *Méd.* Relatif à l'inspiration.

INSPIRER v. **10.**

INSTABILITÉ n.f.

INSTABLE adj. et n.

INSTALLATEUR, TRICE n.

INSTALLATION n.f.

INSTALLER v. **10.**

INSTAMMENT adv.

INSTANCE n.f. Demande pressante. – Organisme ayant un pouvoir de décision. – Procédure judiciaire.

INSTANT, E 1. adj. Pressant. 2. n.m.

INSTANTANÉ, E adj. et n.m.

INSTANTANÉITÉ n.f.

INSTANTANÉMENT adv.

INSTAR ❙ loc. *À l'instar de :* à l'exemple de, à la manière de.

INSTAURATEUR, TRICE n.

INSTAURATION n.f.

INSTAURER v. **10.** Établir pour la première fois, fonder.

INSTI n. **(= instit)** *Fam.* Instituteur.

INSTIGATEUR, TRICE n.

INSTIGATION n.f.

INSTIGUER v. **10.** *Belg.* Pousser (quelqu'un) à faire quelque chose.

INSTILLATEUR [l] n.m. *Méd.* Sonde qui instille.

INSTILLATION [l] n.f.

INSTILLER [l] v. **10.** Faire pénétrer lentement (une substance).

INSTINCT n.m.

INSTINCTIF, IVE adj. et n.

INSTINCTIVEMENT adv.

INSTINCTIVITÉ n.f.

INSTINCTUEL, ELLE adj. *Psych.* Qui se rapporte à l'instinct.

INSTIT n. → **insti.**

INSTITUER v. **10.**

INSTITUT n.m.

INSTITUTES [-tès] n.f.pl. *Antiq. rom.* Manuel de droit.

INSTITUTEUR, TRICE n.

INSTITUTION n.f.

INSTITUTIONNEL, ELLE adj.

INSTRUCTEUR, TRICE adj. et n.

INSTRUCTIF, IVE adj.

INSTRUCTION n.f.

INSTRUIRE v. **135.**

INSTRUMENT n.m.

INSTRUMENTAIRE adj. *Dr.* (Témoin) dont la signature est nécessaire pour valider un acte.

INSTRUMENTAL, E, AUX 1. adj. *Mus.* Écrit pour des instruments. 2. n.m. *Ling.* Cas indiquant le moyen.

INSTRUMENTALISER v. **10.** Considérer comme instrument.

INSTRUMENTATION n.f.

INSTRUMENTER v. **10.** *Mus.* Orchestrer. – *Dr.* Établir un acte public.

INSTRUMENTISTE n. Personne qui joue d'un instrument.

INSU ❙ loc. *À l'insu de :* sans qu'on le sache.

INSUBMERSIBLE adj.

INSUBORDINATION n.f. Refus d'obéissance.

INSUBORDONNÉ, E adj. Indiscipliné.

INSUCCÈS n.m.

INSUFFISAMMENT adv.

INSUFFISANCE n.f.

INSUFFISANT, E adj.

INSUFFLATEUR, TRICE adj. et n.m. *Méd.* (Instrument) qui insuffle de l'air ou des médicaments dans l'appareil respiratoire.

INSUFFLATION n.f.

INSUFFLER v. **10.** Introduire en soufflant. – Inspirer (un sentiment).

INSULA [insoula] n.f. *Antiq.* Îlot d'habitation.

INSULAIRE adj. et n. Qui habite une île.

INSULARISME n.m. Caractère insulaire.

INSULARITÉ n.f. État ou caractère d'un pays formé d'îles.

INSULINASE n.f. Enzyme du foie.

INSULINE n.f. Hormone du pancréas.

INSULINÉMIE n.f. Taux sanguin d'insuline.

INSULINIQUE adj.

INSULTANT, E adj.

INSULTE n.f.

INSULTER v. **10.**

INSULTEUR, EUSE adj. et n.

INSUPPORTABLE adj.

INSUPPORTER v. **10.** Gêner (quelqu'un) au point de lui être insupportable.

INSURGER (S') v. **17.** Se révolter, se dresser contre.

INSURMONTABLE adj.

INSURPASSABLE adj.

INSURRECTION n.f.

INSURRECTIONNEL, ELLE adj.

INTACT, E adj.

INTACTILE adj. Qui n'est pas perçu par le toucher.

INTAILLE n.f. Pierre gravée en creux.

INTAILLER v. **10.** Graver en creux.

INTANGIBILITÉ n.f.

INTANGIBLE adj. Qu'on ne peut toucher. – Qui doit rester intact.

INTARISSABLE adj.

INTÉGRABILITÉ n.f.

INTÉGRABLE adj.

INTÉGRAL, E, AUX adj. et n.f.

INTÉGRALEMENT adv.

INTÉGRALITÉ n.f.

INTÉGRANT, E adj. Qui fait partie d'un tout.

INTÉGRASE n.f. Enzyme qui facilite l'intégration d'un virus dans le génome d'une cellule hôte.

INTÉGRATEUR, TRICE n. Personne qui assemble des systèmes informatiques.

INTÉGRATIF, IVE adj. Qui vise à l'intégration.

INTÉGRATION n.f.

INTÈGRE adj.

INTÈGREMENT adv.

INTÉGRER v. **12.** Faire entrer dans un ensemble.

INTÉGRISME n.m. *Rel.* Doctrine prônant le respect intransigeant de la tradition.

INTÉGRISTE adj. et n.

INTÉGRITÉ n.f. État d'une chose restée intacte. – Probité.

INTELLECT n.m. Faculté de penser, de connaître.

INTELLECTION n.f. Acte de l'intellect.

INTELLECTUALISER v. **10.** Donner un caractère intellectuel.

INTELLECTUALITÉ n.f. Ensemble des facultés intellectuelles.

INTELLECTUEL, ELLE adj. et n.

INTELLIGEMMENT adv.

INTELLIGENCE n.f.

INTELLIGENT, E adj.

INTELLIGENTSIA n.f. L'ensemble des intellectuels d'un pays.

INTELLIGENTZIA n.f. → **intelligentsia.**

INTELLIGIBILITÉ n.f.

INTELLIGIBLE adj. et n.m. Qu'on peut comprendre facilement.

INTELLO adj. et n.

INTELLOCRATE n. Intellectuel au pouvoir.

INTEMPÉRANCE n.f.

INTEMPÉRANT, E adj. Excessif. – Qui abuse de la boisson.

INTEMPÉRIE n.f.

INTEMPESTIF, IVE adj. Qui se produit mal à propos.

INTEMPORALITÉ n.f.

INTEMPOREL, ELLE adj. Qui échappe au temps. – Immatériel.

INTENABLE adj.

INTENDANCE n.f.

INTENDANT, E n. Personne chargée de gérer des biens qui ne lui appartiennent pas. – Fonctionnaire dirigeant certains services publics.

INTENSE adj.

INTENSÉMENT adv.

INTENSIF, IVE adj. et n.m.

INTENSIFICATION n.f.

INTENSIFIER v. **15.**

INTENSION n.f. Ensemble des caractères spécifiques d'un concept.

INTENSIONNEL, ELLE adj.

INTENSITÉ n.f.

INTENSIVEMENT adv.

INTENTER v. **10.** Entreprendre (une action en justice) contre quelqu'un.

INTENTION n.f.

INTENTIONNALITÉ n.f. *Philos.* Principe selon lequel la conscience est toujours orientée vers un objet.

INTENTIONNÉ, E adj.

INTENTIONNEL, ELLE adj.

INTER [in-tèr] n.m. *Fam.* → **interurbain** 2.

INTERACTIF, IVE adj. (Média) permettant un échange avec le public.

INTERACTION n.f. Action réciproque.

INTERACTIONNEL, ELLE adj.

INTERACTIVEMENT adv.

INTERACTIVITÉ n.f.

INTERAFRICAIN, E adj. Relatif à l'ensemble du continent africain.

INTERAGIR v. **(p.p.inv.) 40.** Exercer une action réciproque.

INTERALLEMAND, E adj. Qui concernait les deux Allemagnes.

INTERALLIÉ, E adj. Qui concerne les nations alliées dans leurs rapports mutuels.

INTERAMÉRICAIN, E adj. Commun à plusieurs États de l'Amérique.

INTERARABE adj. Commun aux pays arabes.

INTERARMÉES adj. Commun à plusieurs armées (terre, air, mer).

INTERARMES adj. Commun à plusieurs armes de l'armée de terre (artillerie, infanterie, etc.).

INTERASTRAL, E, AUX adj. Situé entre les astres.

INTERATTRACTION n.f. Attraction mutuelle des individus dans un groupe.

INTERBANCAIRE adj. Qui concerne les rapports entre banques.

INTERBANCARITÉ n.f.

INTERCALAIRE adj. et n.m. Qui est inséré, intercalé.

INTERCALATION n.f.

INTERCALER v. **10.**

INTERCANTONAL, E, AUX adj.

INTERCÉDER v. **(p.p.inv.) 12.** Intervenir en faveur d'un tiers.

INTERCELLULAIRE adj. *Anat.* (Espace) compris entre les cellules.

INTERCEPTER v. **10.**

INTERCEPTEUR n.m. Avion de chasse qui s'oppose à l'incursion d'un avion ennemi.

INTERCEPTION n.f.

INTERCESSEUR n.m. Celui qui intercède.

INTERCESSION n.f. Action d'intercéder.

INTERCHANGEABLE adj.

INTERCLASSE n.m. Intervalle entre deux cours.

INTERCLASSEMENT n.m.

INTERCLASSER v. **10.** *Inf.* Classer (des fichiers de plusieurs séries) en une série unique.

INTERCLASSEUSE n.f. *Inf.* Machine destinée à classer les cartes perforées.

INTERCLUBS adj.

INTERCOM n.m. Système de téléphonie à courte distance.

INTERCOMMUNAL, E, AUX adj. Qui concerne plusieurs communes.

INTERCOMMUNION n.f. Communion entre membres d'Églises différentes.

INTERCONNECTER v. **10.** Relier (plusieurs réseaux électriques) entre eux.

INTERCONNEXION n.f.

INTERCOSTAL, E, AUX adj. *Anat.* Situé entre les côtes.

INTERCOTIDAL, E, AUX adj. → **intertidal.**

INTERCOURS n.m. → **interclasse.**

INTERCOURSE n.f. Droit mutuel d'utiliser certains ports pour les navires de deux pays.

INTERCULTURE n.f. Période qui sépare la récolte d'une culture et le semis de la suivante.

INTERCULTUREL, ELLE adj.

INTERCURRENT, E adj. (Maladie) qui survient pendant la durée d'une autre.

INTERDENTAIRE adj. Qui est entre les dents.

INTERDÉPENDANCE n.f.

INTERDÉPENDANT, E adj. Se dit des choses qui dépendent les unes des autres.

INTERDICTION n.f.

INTERDIGITAL, E, AUX adj. *Anat.* Situé entre les doigts.

INTERDIRE v. **128.**

INTERDIT, E adj. et n.

INTÉRESSANT, E adj. et n.

INTÉRESSÉ, E adj. et n.

INTÉRESSEMENT n.m. Action d'intéresser le personnel aux bénéfices d'une entreprise.

INTÉRESSER v. **10.**

INTÉRÊT n.m.

INTERETHNIQUE adj.

INTERFAÇAGE n.m.

INTERFACE n.f. Limite commune permettant les échanges entre plusieurs systèmes.

INTERFACER v. **13.** Mettre en relation (plusieurs systèmes) grâce à une interface.

INTERFACIAL, E, AUX adj. Relatif à une interface.

INTERFÉCOND, E adj. Qui se reproduit par croisement.

INTERFÉCONDITÉ n.f.

INTERFÉDÉRAL, E, AUX adj. Qui concerne plusieurs fédérations.

INTERFÉRENCE n.f. Superposition de deux phénomènes vibratoires. – Rencontre.

INTERFÉRENT, E adj.

INTERFÉRENTIEL, ELLE adj.

INTERFÉRER v. **(p.p.inv.) 12.** Créer des interférences. – Se gêner mutuellement.

INTERFÉROGRAMME n.m. Cliché obtenu par un interféromètre.

INTERFÉROMÈTRE n.m. *Phys.* Appareil de mesure des franges d'interférence.

INTERFÉROMÉTRIE n.f.

INTERFÉRON n.m. Protéine qui s'oppose au développement d'un virus.

INTERFLUVE n.m. Relief séparant deux vallées.

INTERFOLIAGE n.m.

INTERFOLIER v. **15.** Relier (un livre) en insérant des feuillets blancs entre les pages.

INTERFRANGE n.m. *Opt.* Espace entre deux franges consécutives.

INTERGALACTIQUE adj. *Astr.* Situé entre les galaxies.

INTERGLACIAIRE adj. Situé entre deux glaciations.

INTERGROUPE adj. et n.m. Qui réunit des parlementaires de différents partis pour l'étude d'un problème.

INTERHUMAIN, E adj.

INTÉRIEUR, E adj. et n.m.

INTÉRIEUREMENT adv.

INTÉRIM n.m.

INTÉRIMAIRE adj. et n.

INTERINDIVIDUEL, ELLE adj. Qui concerne les rapports entre plusieurs individus.

INTERINDUSTRIEL, ELLE adj.

INTÉRIORISATION n.f.

INTÉRIORISER v. **10.** Garder à l'intérieur de soi.

INTÉRIORITÉ n.f. Caractère de ce qui est intérieur.

INTERJECTIF, IVE adj. *Ling.* Qui a le caractère d'une interjection.

INTERJECTION n.f.

INTERJETER v. **20** (j'interjette...) *Dr.* Introduire (un appel).

INTERLEUKINE n.f. *Biol.* Substance intervenant dans la réaction immunitaire.

INTERLIGNAGE n.m.

INTERLIGNE n.m. *Impr.* Espace entre deux lignes.

INTERLIGNER v. **10.**

INTERLINÉAIRE adj. Écrit dans l'interligne.

INTERLINGUAL, E, AUX adj. *Ling.* Qui s'effectue entre langues étrangères.

INTERLOCK n.m. Textile indémaillable.

INTERLOCUTEUR, TRICE n.

INTERLOCUTOIRE adj. et n.m. *Dr.* (Jugement) qui demande un supplément d'instruction avant le jugement définitif.

INTERLOPE adj. Louche, frauduleux.

INTERLOQUER v. **10.** Décontenancer, laisser sans voix.

INTERLUDE n.m. Intermède entre deux parties d'un spectacle.

INTERMARIAGE n.m. *Ethn.* Mariage entre consanguins.

INTERMAXILLAIRE adj. *Anat.* Situé entre les deux maxillaires supérieurs.

INTERMÈDE n.m.

INTERMÉDIAIRE adj. et n.

INTERMÉDIATION n.f. *Fin.* Fonction bancaire transformant les dépôts en prêts.

INTERMÉTALLIQUE adj. Composé de deux ou plusieurs métaux.

INTERMEZZO [in-tèrmédzô] n.m. Intermède musical.

INTERMINABLE adj.

INTERMISSION n.f. *Méd.* Intervalle entre deux accès de fièvre.

INTERMITTENCE n.f.

INTERMITTENT, E adj. et n.

INTERMODAL, E, AUX adj. *Québ.* Relatif à plusieurs modes de transport.

INTERMODALITÉ n.f.

INTERMUSCULAIRE adj.

INTERNALISATION n.f. Inclusion dans les charges d'une entreprise du coût de la pollution et des nuisances dues à son activité.

INTERNALISER v. **10.** Intégrer (une activité), jusqu'alors confiée à un prestataire extérieur. - Pratiquer l'internalisation.

INTERNAT n.m.

INTERNATIONAL, E, AUX adj. et n.

INTERNAUTE n. Utilisateur du réseau internet.

INTERNE adj. et n.

INTERNÉGATIF n.m. Film négatif.

INTERNEMENT n.m.

INTERNER v. **10.**

INTERNET n.m. Interconnexion de réseaux informatiques.

INTERNISTE n. Médecin généraliste de haut niveau.

INTERNONCE n.m. Représentant du pape dans un État non catholique.

INTEROCÉANIQUE adj.

INTÉROCEPTEUR, TRICE adj. et n.m. *Physiol.* (Récepteur nerveux) qui réagit aux excitations venues de l'intérieur du corps.

INTÉROCEPTIF, IVE adj. *Physiol.* (Sensibilité) qui reçoit ses informations du milieu interne de l'organisme.

INTÉROCEPTIVITÉ n.f.

INTEROCULAIRE adj. *Anat.* Situé entre les deux yeux.

INTEROPÉRABLE adj. *Mil., Inf.* Compatible.

INTEROSSEUX, EUSE adj.

INTERPARIÉTAL, E, AUX adj. *Anat.* Situé entre les pariétaux.

INTERPELER v. **22** (j'interpelle...) **(= interpeller).**

INTERPELLATEUR, TRICE n.

INTERPELLATIF, IVE adj. Relatif à une interpellation.

INTERPELLATION n.f.

INTERPELLER [-pelé] v. **10.** → **interpeler.**

INTERPÉNÉTRER (S') v. déf. **31.**

INTERPERSONNEL, ELLE adj.

INTERPHASE n.f. *Biol.* Espace de temps compris entre deux divisions successives d'une cellule.

INTERPHONE n.m. (Nom déposé) Appareil de communication téléphonique intérieure.

INTERPLANÉTAIRE adj.

INTERPOLATEUR, TRICE n.

INTERPOLATION n.f.

INTERPOLER v. **10.** Insérer (un élément étranger) dans un texte. – *Math.* Intercaler (des valeurs intermédiaires) dans une série de valeurs connues.

INTERPOSER v. **10.**

INTERPOSITIF n.m. *Cin.* Copie positive.

INTERPOSITION n.f.

INTERPRÉTABLE adj.

INTERPRÉTANT, E adj. et n. *Psych.* Qui interprète les faits de façon erronée.

INTERPRÉTARIAT n.m.

INTERPRÉTATEUR, TRICE adj. et n.

INTERPRÉTATIF, IVE adj. Qui sert à l'interprétation.

INTERPRÉTATION n.f.

INTERPRÈTE n.

INTERPRÉTER v. **12.**

INTERPRÉTEUR n.m. *Inf.* Logiciel d'interprétation.

INTERPROFESSION n.f. Groupe de professions d'un secteur économique.

INTERQUARTILE adj. *Stat.* (Intervalle) entre quartiles, dans une série.

INTERRACIAL, E, AUX adj.

INTERRÉACTION n.f. Réaction réciproque.

INTERRÉGIONAL, E, AUX adj.

INTERRÈGNE n.m. Intervalle entre deux règnes ou deux gouvernements successifs.

INTERRELATION n.f. Relation entre des individus, des groupes.

INTERRELIGIEUX, EUSE adj. Qui concerne les relations entre religions.

INTERRO n.f.

INTERROGATEUR, TRICE adj. et n.

INTERROGATIF, IVE adj., n.m. et n.f.

INTERROGATION n.f.

INTERROGATOIRE n.m.

INTERROGEABLE adj.

INTERROGER v. **17.**

INTERROI n.m. *Antiq. rom.* Magistrat chargé de l'intérim entre deux consulats.

INTERROMPRE v. **120.**

INTERRONÉGATIF, IVE adj.

INTERRUPTEUR, TRICE adj. et n.m.

INTERRUPTIF, IVE adj. Qui produit une interruption.

INTERRUPTION n.f.

INTERSAISON n.f. Intervalle de temps entre deux saisons.

INTERSCOLAIRE adj.

INTERSECTÉ, E adj. *Math.* Coupé.

INTERSECTION n.f.

INTERSESSION n.f. Intervalle entre deux sessions parlementaires.

INTERSEXUALITÉ n.f. Sexualité ambivalente.

INTERSEXUÉ, E adj. et n.m. Qui présente des caractères des deux sexes.

INTERSEXUEL, ELLE adj. et n.m. → **intersexué.**

INTERSIDÉRAL, E, AUX adj. Situé entre les astres.

INTERSIGNE n.m. Relation mystérieuse entre deux faits.

INTERSPÉCIFIQUE adj. *Biol.* Relatif aux rapports entre espèces.

INTERSTELLAIRE adj. Situé entre les étoiles.

INTERSTICE n.m. Petit espace vide entre deux parties d'un tout.

INTERSTITIEL, ELLE adj. *Anat.* Situé dans les interstices d'un tissu.

INTERSUBJECTIF, IVE adj. Qui se produit entre deux personnes.

INTERSYNDICAL, E, AUX adj. et n.f.

INTERTEXTUALITÉ n.f.

INTERTEXTUEL, ELLE adj. *Litt.* (Relation) entre des textes différents.

INTERTIDAL, E, AUX adj. *Géogr.* Qualifie la zone comprise entre les limites extrêmes des marées.

INTERTITRE n.m. Texte inséré dans le cours d'un film muet.

INTERTRIBAL, E (pl. **INTERTRIBALS** ou **INTERTRIBAUX**) adj.

INTERTRIGO n.m. *Méd.* Dermatose située dans les plis de la peau.

INTERTROPICAL, E, AUX adj. Situé entre les tropiques.

INTERURBAIN, E 1. adj. Qui fait communiquer plusieurs villes. 2. n.m. Réseau téléphonique reliant plusieurs villes entre elles.

INTERVALLAIRE adj.

INTERVALLE n.m.

INTERVENANT, E adj. et n. Qui intervient dans un procès, une réunion.

INTERVENIR v. **42.**

INTERVENTION n.f.

INTERVENTIONNEL, ELLE adj. (Examen radiologique) effectué simultanément à un traitement.

INTERVERSION n.f. Renversement de l'ordre habituel.

INTERVERTÉBRAL, E, AUX adj. Situé entre deux vertèbres.

INTERVERTIR v. **40.**

INTERVIEW n.m. ou f.

INTERVIEWER [-vyouveur] n.m.

INTERVIEWER [-vyouvé] v. **10.**

INTERVIEWEUR, EUSE [-vyouveur] n.

INTERVOCALIQUE adj. Situé entre deux voyelles.

INTERZONAL, E, AUX adj.

INTERZONE adj. Commun à plusieurs zones.

INTESTAT adj. et n. *Dr.* Qui n'a pas fait de testament.

INTESTIN, E adj. et n.m.

INTESTINAL, E, AUX adj.

INTI [inti] n.m. Ancienne unité monétaire du Pérou.

INTIFADA [inti-] n.f. Guérilla pratiquée avec des jets de pierres.

INTIMATION n.f. *Dr.* Assignation en appel.

INTIME adj. et n.

INTIMEMENT adv.

INTIMER v. **10.** Assigner en justice. – Notifier avec autorité.

INTIMIDABLE adj.

INTIMIDANT, E adj.

INTIMIDATEUR, TRICE adj.

INTIMIDATION n.f.

INTIMIDER v. **10.**

INTIMISME n.m.

INTIMISTE adj. et n. Qui exprime des sentiments intimes. – Qui peint des scènes d'intérieur.

INTIMITÉ n.f.

INTINE n.f. Couche interne du grain de pollen.

INTISSÉ, E adj. et n.m. (Papier peint) qui ne nécessite pas d'encollage.

INTITULÉ n.m. Titre d'un livre, d'une loi.

INTITULER v. **10.**

INTOLÉRABLE adj.

INTOLÉRABLEMENT adv.

INTOLÉRANCE n.f.

INTOLÉRANT, E adj. et n.

INTOLÉRANTISME n.m.

INTONATIF, IVE adj. *Phon.* Relatif à l'intonation.

INTONATION n.f. *Phon.* Courbe de tonalité d'un énoncé.

INTOUCHABLE adj. et n.

INTOUCHÉ, E adj.

INTOX n.f. *Fam.* Intoxication des esprits.

INTOXICANT, E adj.

INTOXICATION n.f.

INTOXIQUER v. **10.**

INTRACARDIAQUE adj. *Méd.* Qui concerne l'intérieur du cœur.

INTRACELLULAIRE adj. *Biol.* Qui se trouve à l'intérieur d'une cellule.

INTRACÉRÉBRAL, E, AUX adj. *Anat.* Relatif à l'intérieur du cerveau.

INTRACRÂNIEN, ENNE adj. *Biol.* Qui se trouve dans la boîte crânienne.

INTRADERMIQUE adj. et n.f. *Méd.* Situé dans le derme.

INTRADERMO n.f. Réaction inflammatoire cutanée.

INTRADOS [-dô] n.m. Surface intérieure concave d'une voûte, d'une aile d'avion.

INTRADUISIBLE adj.

INTRAITABLE adj.

INTRAMONTAGNARD, E adj. Situé à l'intérieur d'une chaîne de montagnes.

INTRAMUSCULAIRE adj.

INTRANET n.m. *Inf.* Réseau interne à une entreprise.

INTRANQUILLE adj.

INTRANQUILLITÉ n.f. *Litt.* Agitation, désordre.

INTRANSIGEANCE n.f.

INTRANSIGEANT, E adj. et n.

INTRANSITIF, IVE adj. et n.m.

INTRANSITIVITÉ n.f.

INTRANSMISSIBLE adj.

INTRANSPORTABLE adj.

INTRANT n.m. *Écon.* Élément entrant dans la production d'un bien. – *Québ., Inf.* Donnée en entrée.

INTRANUCLÉAIRE adj. *Phys.* Situé à l'intérieur du noyau de l'atome.

INTRAOCULAIRE adj.

INTRARACHIDIEN, ENNE adj. *Anat.* Relatif à l'intérieur du rachis.

INTRASPÉCIFIQUE adj. *Biol.* Qui se produit au sein d'une espèce particulière.

INTRAVEINEUX, EUSE adj. et n.f.

INTRÉPIDE adj. et n.

INTRÉPIDEMENT adv.

INTRÉPIDITÉ n.f.

INTRICATION n.f. État de ce qui est emmêlé.

INTRIGANT, E adj. et n.

INTRIGUE n.f.

INTRIGUER v. **10.**

INTRINSÈQUE adj. Qui appartient à l'essence de, inhérent à.

INTRINSÈQUEMENT adv.

INTRIQUER v. **10.** Rendre complexe, entremêler.

INTRO n.f. *Fam.* Introduction.

INTRODUCTEUR, TRICE n.

INTRODUCTIF, IVE adj.

INTRODUCTION n.f.

INTRODUIRE v. **135.**

INTROÏT [in-troït] n.m. *Rel.* Chant marquant le début de la messe.

INTROJECTION n.f. *Psych.* Processus par lequel le sujet incorpore à son *moi* des images d'objets extérieurs.

INTROMISSION n.f. Introduction d'un corps dans un autre.

INTRON n.m. *Biochim.* Séquence non codante d'un gène.

INTRONISATION n.f.

INTRONISER v. **10.** Installer sur le trône.

INTRORSE adj. et n.f. *Bot.* (Étamine) dont l'anthère s'ouvre vers l'intérieur.

INTROSPECTER (S') v. **10.**

INTROSPECTIF, IVE adj.

INTROSPECTION n.f. *Psych.* Étude du sujet par lui-même.

INTROUVABLE adj.

INTROVERSION n.f. *Psych.* Tendance à se replier sur soi-même.

INTROVERTI, E adj. et n. *Psych.* Porté à l'introversion.

INTRUS, E adj. et n.

INTRUSIF, IVE adj.

INTRUSION n.f.

INTUBATION n.f. *Méd.* Introduction d'un tube semi-rigide dans la trachée.

INTUBER v. **10.** *Méd.* Soumettre (un patient) à l'intubation.

INTUITER v. **10.** Pressentir par intuition.

INTUITIF, IVE adj. et n.

INTUITION n.f.

INTUITIONNISME n.m. *Philos.* Doctrine selon laquelle la connaissance repose avant tout sur l'intuition.

INTUITIONNISTE adj. et n.

INTUITIVEMENT adv.

INTUMESCENCE n.f.

INTUMESCENT, E adj. Qui commence à enfler.

INTUSSUSCEPTION n.f. *Méd.* Invagination intestinale.

INUIT, E [inwit] 1. adj. et n.m. Esquimau. 2. → **inuk.**

INUK [ou] (pl. **INUIT** [inwit] ou **INUKS**) adj. Esquimau.

INUKSHUK [inoukchouk] n.m. (= **inuksuk**) Monument inuit servant de point de repère.

INUKSUK [inouksouk] n.m. → **inukshuk.**

INUKTITUT [inouktitout] n.m. Langue des Inuits.

INULE n.f. Plante à fleurs jaunes.

INULINE n.f. Substance voisine de l'amidon et contenue dans le rhizome de certaines fleurs.

INUSABLE adj.

INUSITÉ, E adj.

INUSUEL, ELLE adj.

INUTILE adj. et n.

INUTILEMENT adv.

INUTILISABLE adj.

INUTILISATION n.f.

INUTILISÉ, E adj.

INUTILITÉ n.f.

INVAGINATION n.f.

INVAGINER (S') v. **10.** *Méd.* Se replier vers l'intérieur, en parlant d'un organe.

INVAINCU, E adj.

INVALIDANT, E adj.

INVALIDATION n.f.

INVALIDE adj. et n.

INVALIDER v. **10.** Déclarer nul. – Rendre invalide.

INVALIDITÉ n.f.

INVAR n.m. (Nom déposé) Acier au nickel.

INVARIABILITÉ n.f.

INVARIABLE adj.

INVARIABLEMENT adv.

INVARIANCE n.f.

INVARIANT, E adj. et n.m. Qui se conserve dans une transformation mathématique ou physique.

INVASIF, IVE adj. *Méd.* Qui lèse. – Qui envahit.

INVASION n.f.

INVECTIVE n.f.

INVECTIVER v. **10.** Injurier.

INVENDABLE adj.

INVENDU, E adj. et n.m.

INVENGÉ, E adj.

INVENTAIRE n.m.

INVENTER v. **10.**

INVENTEUR, TRICE n.

INVENTIF, IVE adj.

INVENTION n.f.

INVENTIVITÉ n.f.

INVENTORIAGE n.m.

INVENTORIER v. **15.** Dénombrer, recenser.

INVÉRIFIABLE adj.

INVÉRIFIÉ, E adj.

INVERSABLE adj.

INVERSE adj., n.m. et n.f.

INVERSEMENT adv.

INVERSER v. **10.**

INVERSEUR n.m. Appareil servant à changer le sens d'un courant électrique.

INVERSIBLE adj. *Math.* (Élément) qui admet un élément inverse.

INVERSIF, IVE adj. *Ling.* Dont l'ordre des mots est inversé.

INVERSION n.f.

INVERTASE n.f. *Biochim.* Enzyme qui transforme le saccharose en glucose et en fructose.

INVERTÉBRÉ, E adj. et n.m.

INVERTI, E adj. et n.

INVERTINE n.f. *Vx.* → **invertase.**

INVERTIR v. **40.** Renverser symétriquement.

INVESTIGATEUR, TRICE adj. et n.

INVESTIGATION n.f.

INVESTIGUER v. **10.** Soumettre (un sujet) à une enquête.

INVESTIR v. **40.** Cerner. – Engager des capitaux.

INVESTISSEMENT n.m.

INVESTISSEUR, EUSE adj. et n.

INVESTITURE n.f. Mise en possession d'un pouvoir, d'une autorité, d'un droit.

INVÉTÉRER (S') v. **12.** Se fortifier, s'enraciner avec le temps.

INVINCIBILITÉ n.f.

INVINCIBLE adj.

INVINCIBLEMENT adv.

INVIOLABILITÉ n.f.

INVIOLABLE adj.

INVIOLABLEMENT adv.

INVIOLÉ, E adj.

INVISIBILITÉ n.f.

INVISIBLE adj. et n.m.

INVISIBLEMENT adv.

INVITANT, E adj.

INVITATION n.f.

INVITATOIRE adj. et n.f. *Rel.* (Antienne) qui se chante à matines.

INVITE n.f.

INVITER v. **10.**

INVITEUR, EUSE adj. et n.

INVIVABLE adj.

INVOCATEUR, TRICE n. Personne qui invoque.

INVOCATION n.f. Prière.

INVOCATOIRE adj.

INVOLONTAIRE adj.

INVOLUCELLE n.m. *Bot.* Involucre secondaire.

INVOLUCRE n.m. Couronne de bractées entourant la base d'une fleur.

INVOLUCRÉ, E adj.

INVOLUTÉ, E adj. *Bot.* Roulé en dedans.

INVOLUTIF, IVE adj.

INVOLUTION n.f. *Biol.* Régression d'un organe, d'une tumeur, etc.

INVOQUER v. **10.**

INVRAISEMBLABLE adj. et n.m.

INVRAISEMBLANCE n.f.

INVULNÉRABILITÉ n.f.

INVULNÉRABLE adj.

IODATE n.m. Sel de l'acide iodique.

IODE n.m. Corps simple très volatil.

IODER v. **10.** Couvrir d'iode.

IODEUX, EUSE adj. *Chim.* Qui est dérivé de l'iode trivalent.

IODHYDRIQUE adj.m. (Acide) formé d'iode et d'hydrogène.

IODIQUE adj.

IODISME n.m. Intoxication par l'iode.

IODLER v. **(p.p.inv.) 10 (= iouler, jodler, yodler)** Vocaliser sans paroles.

IODLEUR, EUSE n. **(= jodleur, yodleur).**

IODOFORME n.m. Antiseptique composé d'iode et d'alcool.

IODURE n.m. Sel de l'acide iodhydrique.

IODURÉ, E adj.

ION n.m. Atome ou groupe d'atomes portant une charge électrique.

IONIEN, ENNE adj. et n.m. De l'Ionie (Asie Mineure).

IONIQUE adj. *Antiq. gr.* (Ordre d'architecture) caractérisé par un chapiteau flanqué de deux volutes. – Relatif aux ions.

IONISANT, E adj.

IONISATION n.f.

IONISER v. **10.** Transformer (des atomes) en ions.

IONISEUR n.m. Appareil servant à purifier l'air.

IONISME n.m. Philosophie grecque de l'école ionienne.

IONOGRAMME n.m. Tableau de concentration des ions dans le plasma sanguin.

IONONE n.f. Cétone utilisée en parfumerie.

IONOPLASTIE n.f. Dépôt métallique produit par un courant électrique.

IONOSPHÈRE n.f. Couche supérieure, fortement ionisée, de l'atmosphère.

IONOSPHÉRIQUE adj.

IOTA I n.m. Lettre grecque. – Le plus petit détail.

IOTACISME n.m. *Ling.* Évolution d'une voyelle ou d'une diphtongue vers le son *i.*

IOULER v. **(p.p.inv.) 10.** → **iodler.**

IOURTE n.f. **(= yourte)** Tente en feutre des Mongols.

IPÉ n.m. Arbre d'Amérique tropicale, au bois dur.

IPÉCA n.m. Racine vomitive.

IPÉCACUANA [ipékakwana] n.m. → **ipéca.**

IPÉCACUANHA [ipékakwana] n.m. → **ipéca.**

IPOMÉE n.f. Plante grimpante, type volubilis.

IPPON [ipon] n.m. Action décisive provoquant l'arrêt d'un combat de judo.

IPSÉITÉ n.f. *Philos.* Caractère de ce qui appartient à soi.

IPSILATÉRAL, E, AUX adj. Qui concerne le même côté du corps.

IQALUMMIUQ [ikaloumiouk] adj. D'Iqaluit (Canada).

IRAKIEN, ENNE adj. et n.m. **(= iraqien, iraquien)** De l'Irak (Asie occidentale).

IRANIEN, ENNE adj. et n.m. De l'Iran (Asie occidentale).

IRAQIEN, ENNE adj. et n.m. → **irakien.**

IRAQUIEN, ENNE adj. et n.m. → **irakien.**

IRASCIBILITÉ n.f.

IRASCIBLE adj. Qui se met facilement en colère.

IRE n.f. *Vx.* Colère.

IRÉNIQUE adj. Dont le but est de rétablir la paix entre chrétiens.

IRÉNISME n.m.

IRIDACÉE n.f. Plante monocotylédone, type iris.

IRIDECTOMIE n.f. *Chir.* Excision d'une partie de l'iris.

IRIDÉE n.f. → **iridacée.**

IRIDESCENT, E adj. *Litt.* Qui a des reflets irisés.

IRIDIÉ, E adj. *Chim.* Allié à l'iridium.

IRIDIEN, ENNE adj. *Anat.* Relatif à l'iris.

IRIDIUM n.m. Métal blanc, extrêmement dur et inaltérable.

IRIDOLOGIE n.f. *Méd.* Diagnostic fondé sur l'observation de l'iris.

IRIDOLOGIQUE adj.

IRIDOLOGUE n.

IRIEN, ENNE adj. *Méd.* Relatif à l'iris.

IRIS n.m. Membrane colorée de l'œil. – Plante de la famille des iridacées.

IRISABLE adj. (Corps) qui disperse la lumière en rayons colorés.

IRISATION n.f.

IRISER v. **10.** Colorer aux couleurs de l'arc-en-ciel.

IRITIS [-s] n.f. *Méd.* Inflammation de l'iris.

IRLANDAIS, E adj. et n.m.

IROKO n.m. Arbre africain.

IRONE n.f. Principe odorant de la racine d'iris.

IRONIE n.f.

IRONIQUE adj.

IRONIQUEMENT adv.

IRONISER v. **(p.p.inv.) 10.**

IRONISTE n. *Vx.* Humoriste.

IROQUOIEN, ENNE [irokoy-in] adj. et n.m. (Langue) iroquoise.

IROQUOIS, E adj. et n.m. D'un peuple amérindien.

IROULÉGUY n.m. Vin du Pays basque.

IRRACHETABLE adj.

IRRACONTABLE adj.

IRRADIANT, E adj.

IRRADIATEUR n.m. Équipement pour irradier.

IRRADIATION n.f.

IRRADIER v. **15.** Se propager en rayonnant à partir d'un centre. – Exposer aux radiations.

IRRAISONNABLE adj. Qui n'est pas doué de raison.

IRRAISONNÉ, E adj.

IRRATIONALISME n.m. Doctrine qui s'oppose au rationalisme.

IRRATIONALISTE adj. et n.

IRRATIONALITÉ n.f.

IRRATIONNEL, ELLE adj. et n.m.

IRRATTRAPABLE adj.

IRRÉALISABLE adj.

IRRÉALISÉ, E adj.

IRRÉALISME n.m.

IRRÉALISTE adj. et n.

IRRÉALITÉ n.f. Caractère de ce qui est irréel.

IRRECEVABILITÉ n.f.

IRRECEVABLE adj. Qui ne peut être accepté.

IRRÉCONCILIABLE adj.

IRRÉCOUVRABLE adj. *Dr.* Qu'on ne peut recouvrer.

IRRÉCUPÉRABLE adj.

IRRÉCUSABLE adj.

IRRÉDENTISME n.m. *Hist.* Mouvement italien de revendications territoriales (fin du XIXe s.).

IRRÉDENTISTE adj. et n.

IRRÉDUCTIBILITÉ n.f.

IRRÉDUCTIBLE adj.

IRRÉEL, ELLE adj. et n.m.

IRRÉFLÉCHI, E adj.

IRRÉFLEXION n.f. Étourderie, manque de réflexion.

IRRÉFORMABLE adj.

IRRÉFRAGABLE adj. Qu'on ne peut contredire.

IRRÉFRÉNABLE adj.

IRRÉFUTABILITÉ n.f.

IRRÉFUTABLE adj.

IRRÉFUTABLEMENT adv.

IRRÉFUTÉ, E adj.

IRRÉGULARITÉ n.f.

IRRÉGULIER, ÈRE adj. et n.m.

IRRÉGULIÈREMENT adv.

IRRÉLIGIEUX, EUSE adj. Sans religion. – Hostile à la religion.

IRRÉLIGION n.f.

IRRÉLIGIOSITÉ n.f.

IRRÉMÉDIABLE adj.

IRRÉMISSIBLE adj. *Litt.* Qui ne mérite pas de pardon.

IRREMPLAÇABLE adj.

IRRÉPARABLE adj. et n.m.

IRRÉPARABLEMENT adv.

IRRÉPÉTIBLE adj. Se dit des frais de justice exclus des dépens.

IRRÉPRÉHENSIBLE adj. Qu'on ne peut blâmer.

IRREPRÉSENTABLE adj. Inimaginable.

IRRÉPRESSIBLE adj. Qu'on ne peut réprimer.

IRRÉPROCHABLE adj.

IRRÉSISTIBILITÉ n.f.

IRRÉSISTIBLE adj.

IRRÉSOLU, E adj. et n.

IRRÉSOLUMENT adv.

IRRÉSOLUTION n.f.

IRRESPECT n.m.

IRRESPECTUEUX, EUSE adj.

IRRESPIRABLE adj.

IRRESPONSABLE adj. et n.

IRRÉTRÉCISSABLE adj.

IRRÉVÉRENCE n.f. Manque de respect.

IRRÉVÉRENCIEUX, EUSE adj.

IRRÉVERSIBILITÉ n.f.

IRRÉVERSIBLE adj.

IRRÉVOCABILITÉ n.f.

IRRÉVOCABLE adj. et n.m. Qui ne peut être révoqué. – Définitif.

IRRÉVOCABLEMENT adv.

IRRIGABLE adj.

IRRIGANT n.m. Agriculteur qui irrigue ses terres.

IRRIGATEUR, TRICE 1. adj. Qui irrigue. 2. n.m. *Méd.* Instrument servant à injecter un liquide dans l'organisme.

IRRIGATION n.f.

IRRIGUER v. **10.**

IRRITABILITÉ n.f.

IRRITABLE adj.

IRRITANT, E adj. et n.m.

IRRITATIF, IVE adj. *Méd.* Qui irrite.

IRRITATION n.f.

IRRITER v. **10.**

IRRORATION n.f. Aspersion.

IRRUPTION n.f. Entrée soudaine et brutale.

ISABELLE adj. et n.m. Couleur café au lait. – Cheval de cette couleur.

ISALLOBARE n.f. *Météor.* Courbe joignant les points de la Terre où la pression a varié de la même façon.

ISARD n.m. Chamois des Pyrénées.

ISARIEN, ENNE adj. De l'Oise.

ISATIS [izatis] n.m. Plante contenant un colorant bleu (pastel). – Renard bleu des régions arctiques.

ISBA n.f. Habitation en bois du nord de l'Europe.

ISCHÉMIE [isk-] n.f. Arrêt ou insuffisance de la circulation sanguine dans un organe.

ISCHÉMIQUE [isk-] adj. et n.

ISCHIATIQUE [isk-] adj. *Anat.* Qui se rapporte à l'ischion.

ISCHION [isk-] n.m. Segment inférieur de l'os iliaque.

ISENTROPIQUE adj. *Phys.* Dont l'entropie reste constante.

ISERAN, E adj. De l'Isère.

ISÉROIS, E adj. → **iseran.**

ISIAQUE adj. Qui se rapporte à Isis, divinité de l'Égypte ancienne.

ISLAM n.m. Religion musulmane.

ISLAMIQUE adj.

ISLAMISANT, E n. Spécialiste de l'islam.

ISLAMISATION n.f.

ISLAMISER v. **10.** Convertir à l'islam.

ISLAMISME n.m. *Vx.* Religion musulmane.

ISLAMISTE adj. et n.

ISLAMITÉ n.f. Caractère de ce qui est musulman.

ISLAMOLOGIE n.f.

ISLAMOLOGIQUE adj.

ISLAMOLOGUE n.

ISLAMOPHOBE adj. Hostile à l'islam, aux musulmans.

ISLAMOPHOBIE n.f.

ISLANDAIS, E adj. et n.m. D'Islande.

ISMAÉLIEN, ENNE n. (= **ismaïlien)** Membre d'une secte chiite.

ISMAÉLISME n.m.

ISMAÉLITE adj. et n. Qui concerne les Arabes descendant d'Ismaël.

ISMAÏLIEN, ENNE n. → **ismaélien.**

ISO I n.m. *Phot.* Échelle de sensibilité.

ISOBARE adj., n.m. et n.f. D'égale pression atmosphérique.

ISOBARYCENTRE n.m. *Math.* Centre de gravité calculé à partir d'une répartition uniforme de poids.

ISOBATHE adj. et n.f. De même profondeur.

ISOBUTANE n.m. Hydrocarbure.

ISOBUTÈNE n.m. Hydrocarbure.

ISOCARDE n.m. Mollusque dont la coquille a la forme d'un cœur.

ISOCARÈNE adj. Se dit de navires qui ont des carènes de même capacité.

ISOCÈLE adj. *Math.* Qui a deux côtés égaux.

ISOCHIMÈNE [k] adj. et n.f. Dont la température moyenne en hiver est la même.

ISOCHORE [k] adj. Relatif à des volumes égaux.

ISOCHROMATIQUE adj. Dont la couleur est uniforme.

ISOCHRONE adj. De durée égale.

ISOCHRONIQUE adj. → **isochrone.**

ISOCHRONISME n.m.

ISOCLINAL, E, AUX adj. *Géol.* (Pli) dont les deux flancs sont parallèles.

ISOCLINE adj. et n.f. (Ligne) joignant les points de la Terre ayant la même inclinaison magnétique.

ISOCLINIQUE adj. → **isocline.**

ISODOME adj. *Arch.* Dont toutes les pierres sont égales.

ISODYNAME adj. (Aliment) dont la valeur énergétique est équivalente à celle d'un autre.

ISODYNAMIE n.f.

ISODYNAMIQUE adj.

ISOÉDRIQUE adj. (Cristal) dont les facettes sont semblables.

ISOÉLECTRIQUE adj. Électriquement neutre.

ISOÈTE n.m. Petite plante des lacs.

ISOFLAVONE n.f. *Biochim.* Type de polyphénol.

ISOGAME adj. *Biol.* (Espèce) se reproduisant par union de deux gamètes semblables.

ISOGAMIE n.f.

ISOGLOSSE adj. et n.f. *Ling.* (Ligne) reliant des lieux où l'on observe des phénomènes de langue identiques.

ISOGLUCOSE n.m. Glucose tiré du maïs.

ISOGONAL, E, AUX adj. → **isogone.**

ISOGONE adj. Qui a des angles égaux.

ISOGONIQUE adj. et n.f. (Ligne) joignant les points de la Terre ayant la même déclinaison magnétique.

ISOGREFFE n.f. *Méd.* Greffe entre deux individus génétiquement identiques.

ISOHYÈTE adj. et n.f. Où les précipitations moyennes pour une période donnée sont les mêmes.

ISOHYPSE adj. et n.f. D'altitude égale.

ISOÏONIQUE adj. Qui a la même quantité d'ions.

ISOLABLE adj.

ISOLANT, E adj. et n.m.

ISOLAT n.m. Groupe ethnique isolé.

ISOLATEUR, TRICE adj. et n.m.

ISOLATION n.f.

ISOLATIONNISME n.m. Attitude d'isolement politique et économique.

ISOLATIONNISTE adj. et n.

ISOLEMENT n.m.

ISOLÉMENT adv. (inv. mais **isolement** n.m.).

ISOLER v. **10.**

ISOLEUCINE n.f. Acide aminé.

ISOLOGUE adj. *Chim.* Se dit de corps organiques qui ont des propriétés voisines.

ISOLOIR n.m.

ISOMÉRASE n.f. Enzyme.

ISOMÈRE adj. et n.m. *Chim.* De même formule, mais de propriétés différentes.

ISOMÉRIE n.f.

ISOMÉRIQUE adj. → **isomère.**

ISOMÉRISATION n.f.

ISOMÉRISER v. **10.** *Chim.* Transformer (une substance) en un de ses isomères.

ISOMÉTRIE n.f. *Math.* Transformation qui conserve les distances.

ISOMÉTRIQUE adj.

ISOMORPHE adj. *Chim.* De forme cristalline voisine.

ISOMORPHIE n.f.

ISOMORPHISME n.m.

ISONIAZIDE n.m. Médicament antituberculeux.

ISONOMIE n.f. Similitude du mode de cristallisation.

ISOOCTANE n.m. *Chim.* Isomère de l'octane.

ISOPÉRIMÈTRE adj. Dont les périmètres sont égaux.

ISOPET [-è] n.m. **(= ysopet)** *Médiév.* Recueil de fables.

ISOPHASE adj. *Techn.* Qui présente des phases de durée égale.

ISOPODE adj. et n.m. (Crustacé) dont les pattes sont toutes semblables.

ISOPRÈNE n.m. Hydrocarbure qui donne une sorte de caoutchouc.

ISOPRÉNIQUE adj.

ISOPTÈRE n.m. Insecte dont les ailes ont la même longueur.

ISOREL n.m. (Nom déposé) Panneau fait de particules de bois agglomérées.

ISOSÉISTE [izos-] adj. et n.f. **(= isosiste)** Où l'intensité d'un séisme est la même.

ISOSISTE [izos-] adj. et n.f. → **isoséiste.**

ISOSPIN [-spin] n.m. *Phys.* Grandeur concernant certaines particules atomiques.

ISOSTASIE n.f. État d'équilibre des divers compartiments de l'écorce terrestre.

ISOSTATIQUE adj.

ISOSYLLABIQUE adj. Qui a le même nombre de syllabes.

ISOTHÉRAPIE n.f. *Méd.* Méthode thérapeutique apparentée à l'homéopathie et à la biothérapie.

ISOTHERME adj. et n.f. Dont la moyenne des températures est la même.

ISOTHERMIE n.f. Uniformité de la température du corps quelle que soit la température extérieure.

ISOTHERMIQUE adj.

ISOTONE adj. *Phys.* Se dit d'atomes qui ont le même nombre de neutrons, mais un nombre différent de protons.

ISOTONIE n.f. État de deux solutions ayant la même concentration moléculaire.

ISOTONIQUE adj.

ISOTOPE adj. et n.m. Se dit d'éléments chimiques identiques, mais de masses atomiques différentes.

ISOTOPIE n.f.

ISOTOPIQUE adj.

ISOTRON n.m. Appareil de séparation des isotopes.

ISOTROPE adj. *Phys.* Dont les propriétés sont identiques dans toutes les directions.

ISOTROPIE n.f.

ISRAÉLIEN, ENNE adj. De l'État d'Israël.

ISRAÉLITE adj. et n. De la religion juive.

ISSA adj. D'un peuple d'Afrique orientale.

ISSANT, E adj. *Hér.* (Figure d'animal) dont seule la partie supérieure du corps est représentée.

ISSU, E adj. et n.f.

ISTHME [ism] n.m. Bande de terre resserrée entre deux mers et réunissant deux terres.

ISTHMIQUE [ismik] adj.

ISTRÉEN, ENNE adj. D'Istres.

ITALIA n.m. Raisin de table, à gros grains.

ITALIANISANT, E adj. et n.

ITALIANISATION n.f.

ITALIANISER v. **10.**

ITALIANISME n.m. *Ling.* Tournure propre à la langue italienne.

ITALIANISTE n. Spécialiste de la langue et de la civilisation italiennes.

ITALIEN, ENNE adj. et n.m.

ITALIQUE adj. et n.m.

ITEM 1. n.m. Élément d'un ensemble. 2. adv. De même, en outre.

ITÉRATIF, IVE adj. et n.m. Répété plusieurs fois.

ITÉRATION n.f. Répétition.

ITÉRATIVEMENT adv.

ITÉRER v. **12.** *Vx.* Recommencer.

ITHOS [-s] n.m. *Anc.* Partie de la rhétorique traitant des mœurs, par opposition au pathos.

ITHYPHALLIQUE adj. *Bx-arts.* Qui représente un pénis en érection.

ITINÉRAIRE adj. et n.m.

ITINÉRANCE n.f.

ITINÉRANT, E adj. et n.

ITOU adv. *Fam.* Aussi, de même.

IULE n.m. Sorte de mille-pattes.

IVE n.f. Plante sauvage à fleurs jaunes.

IVETTE n.f. → **ive.**

IVOIRE n.m.

IVOIRERIE n.f. Art de l'ivoirier.

IVOIRIEN, ENNE adj. De Côte d'Ivoire (Afrique occidentale).

IVOIRIER, ÈRE n. Artisan qui travaille l'ivoire.

IVOIRIN, E adj. Qui a la couleur ou l'apparence de l'ivoire.

IVOIRITÉ n.f. *Pol.* Appartenance à l'entité nationale ivoirienne.

IVRAIE n.f. Graminée nuisible aux céréales.

IVRE adj.

IVRESSE n.f.

IVRESSOMÈTRE n.m. *Québ.* Éthylotest.

IVROGNE adj. et n.

IVROGNERIE n.f.

IVROGNESSE n.f. *Vx.* Femme ivrogne.

IWAN [iwan] n.m. Salle voûtée quadrangulaire de certaines mosquées.

IXAGE n.m.

IXER v. **10.** Classer (un film) dans la catégorie X.

IXIA n.f. Plante bulbeuse à belles fleurs.

IXIÈME adj. (= **xième**) Énième.

IXODE n.m. *Zool.* Nom scientifique de la tique.

JAB [djab] n.m. À la boxe, petit direct.

JABIRU n.m. Oiseau échassier.

JABLAGE n.m.

JABLE n.m. Rainure dans les douves des tonneaux.

JABLER v. **10.** Rainurer (les douves d'un tonneau).

JABLEUSE n.f. Machine pour jabler.

JABLIÈRE n.f. → **jabloir.**

JABLOIR n.m. **(= jabloire)** Outil servant à jabler.

JABLOIRE n.f. → **jabloir.**

JABORANDI n.m. Arbre exotique dont on extrait une substance sudorifique.

JABOT n.m.

JABOTAGE n.m.

JABOTER v. **(p.p.inv.) 10.** Piailler, bavarder.

JABOTEUR, EUSE n.

JACAMAR n.m. Oiseau d'Amérique tropicale.

JACANA n.m. Oiseau échassier tropical.

JACAPUCAYO n.m. Arbre d'Amérique tropicale.

JACARANDA n.m. Arbre tropical utilisé en ébénisterie.

JACASSE n.f. *Fam.* Pie.

JACASSEMENT n.m.

JACASSER v. **(p.p.inv.) 10.** Crier, en parlant de la pie. – Bavarder.

JACASSERIE n.f.

JACASSEUR, EUSE adj. et n.

JACASSIER, ÈRE adj. et n.

JACÉE n.f. Plante à fleurs mauves.

JACENT, E adj. *Dr.* Dont personne ne revendique la propriété.

JACHÈRE n.f. Terre laissée au repos.

JACINTHE n.f.

JACISTE n. et adj. Membre de la Jeunesse agricole chrétienne.

JACK [djak] n.m. Commutateur dans un standard téléphonique.

JACKET [jakèt] n.f. **(= jaquette)** Couronne dentaire.

JACKPOT [jakpot] n.m. Gros lot.

JACKSONISME n.m. *Méd.* Théorie prônant une hiérarchie des fonctions nerveuses.

JACO n.m. **(= jacot, jacquot)** *Fam.* Perroquet gris.

JACOBÉE n.f. Plante herbacée (séneçon).

JACOBIEN, ENNE adj. Relatif aux travaux du mathématicien Jacobi.

JACOBIN, E n. et adj. *Hist.* Républicain révolutionnaire intransigeant.

JACOBINISME n.m.

JACOBITE n. et adj. *Rel.* Membre d'une secte orientale. – *Hist.* Partisan de Jacques II, en Angleterre.

JACOBUS n.m. Ancienne monnaie d'or anglaise.

JACONAS [-a(s)] n.m. *Anc.* Étoffe de coton.

JACOT n.m. → **jaco.**

JACQUARD n.m. Métier à tisser. – Tricot à dessins géométriques.

JACQUARDÉ, E adj. (Étoffe) fabriquée au jacquard.

JACQUELINE n.f. → **jaquelin.**

JACQUEMART n.m. **(= jaquemart)** Automate qui frappe les heures sur une cloche.

JACQUERIE n.f. *Hist.* Insurrection paysanne.

JACQUES n.m. Niais.

JACQUET n.m. 1. Jeu qui se joue avec des dés et des pions. 2. (= **jaquet**) *Vx.* Écureuil.

JACQUIER n.m. (= **jaquier**) Arbre tropical.

JACQUOT n.m. → **jaco.**

JACTANCE n.f. Bavardage vaniteux.

JACTER v. **10.** *Fam.* Parler.

JACTEUR, EUSE adj. et n.

JACULATOIRE adj. *Oraison jaculatoire :* prière courte et fervente.

JACUZZI [jakouzi] n.m. (Nom déposé) Petit bassin à remous.

JADE n.m. Pierre fine verte.

JADÉITE n.f. Variété de jade.

JADIS adv.

JAGUAR n.m.

JAGUARONDI [gwa] n.m. Chat sauvage d'Amérique tropicale.

JAILLIR v. **40.** *Être jailli :* être sorti impétueusement.

JAILLISSANT, E adj.

JAILLISSEMENT n.m.

JAÏN, E [jaïn] n. et adj. → **djaïn.**

JAÏNA [jaïna] n. et adj. → **djaïn.**

JAÏNISME [jaïnism] n.m. → **djaïnisme.**

JAIS n.m. Variété de lignite noire.

JAKARTANAIS, E [dja-] adj. De Jakarta (Indonésie).

JALAP n.m. Plante d'Amérique à propriété purgative.

JALE n.f. Grande jatte.

JALON n.m.

JALONNEMENT n.m.

JALONNER v. **10.**

JALONNEUR, EUSE adj. et n.

JALOUSE → **jaloux.**

JALOUSEMENT adv.

JALOUSER v. **10.**

JALOUSIE n.f.

JALOUX, JALOUSE adj. et n.

JAM [djam] n.f. *Fam.* Jam-session, réunion de jazzmen.

JAMAÏCAIN, E adj. (= **jamaïquain**) De la Jamaïque.

JAMAÏQUAIN, E adj. → **jamaïcain.**

JAMAIS adv.

JAMBAGE n.m. Trait vertical d'une lettre.

JAMBALAYA [(d)j-an-balaya] n.m. Plat à base de riz, de viande ou de fruits de mer, spécialité louisianaise.

JAMBART n.m. *Vx.* Jambière.

JAMBE n.f.

JAMBÉ, E adj. *Vx. Bien jambé :* qui a une jambe bien faite.

JAMBETTE n.f. Petite jambe. – Pièce de charpente.

JAMBIER, ÈRE 1. adj. Relatif à la jambe. 2. n.m. Muscle. 3. n.f. Pièce d'armure.

JAMBON n.m.

JAMBONNEAU, X n.m.

JAMBONNETTE n.f. Cuisse de volaille désossée, cuite au bouillon.

JAMBOREE [-ré] ou [-ri] n.m. Réunion internationale de scouts.

JAMBOSE n.f. Baie rouge, fruit du jambosier.

JAMBOSIER n.m. Arbre de l'Inde.

JAMEROSE n.f. → **jambose.**

JAMEROSIER n.m. → **jambosier.**

JAN [j-an] n.m. Table du jeu de trictrac.

JANGADA [j-an-gada] n.f. Grand radeau brésilien.

JANISSAIRE n.m. *Hist.* Soldat d'élite de l'armée turque.

JANOTISME n.m. (= **jeannotisme**) *Vx.* Construction maladroite d'une phrase, provoquant des équivoques.

JANSÉNISME n.m. *Rel.* Doctrine sur la grâce et la prédestination.

JANSÉNISTE adj. et n.

JANTE n.f.

JANTHINE n.f. Mollusque gastéropode.

JANTIER, ÈRE n. Machine pour assembler les jantes.

JANTILLE [-iy] n.f. Aube de la roue d'un moulin hydraulique.

JANVIER n.m.

JAPON n.m. Porcelaine du Japon.

JAPONAIS, E adj. et n.m.

JAPONAISERIE n.f. Objet d'art originaire du Japon.

JAPONERIE n.f. → **japonaiserie.**

JAPONISANT, E n. Spécialiste de la civilisation japonaise.

JAPONISER v. **10.** Rendre japonais.

JAPONISME n.m. Goût pour les objets japonais.

JAPONISTE n.

JAPPEMENT n.m.

JAPPER v. **(p.p.inv.) 10.** Aboyer, en parlant des petits chiens.

JAPPEUR, EUSE adj. et n.

JAQUE n.m. Fruit du jacquier.

JAQUELIN, E n. (= **jacqueline**) Large cruche en grès.

JAQUEMART n.m. → **jacquemart.**

JAQUET n.m. → **jacquet** 2.

JAQUETTE n.f. 1. Veste. 2. → **jacket.**

JAQUIER n.m. → **jacquier.**

JAR n.m. **(= jard)** Sable du fond des rivières.

JARD n.m. → **jar.**

JARDE n.f. *Vét.* Tumeur au jarret d'un cheval.

JARDIN n.m.

JARDINAGE n.m.

JARDINER v. **10.** Exploiter (une forêt) en pratiquant une coupe sélective.

JARDINERIE n.f. Magasin de matériel de jardin.

JARDINET n.m.

JARDINEUX, EUSE adj. (Pierre précieuse) qui présente des défauts.

JARDINIER, ÈRE adj. et n.

JARDINISTE n. Dessinateur de jardins.

JARDON n.m. → **jarde.**

JARGON n.m.

JARGONAPHASIE n.f. Trouble du langage.

JARGONNER v. **(p.p.inv.) 10.** Parler en jargon.

JARGONNESQUE adj.

JARGONNEUR, EUSE n.

JARGONNEUX, EUSE adj. (Texte) qui emploie un jargon scientifique.

JARNICOTON interj. *Vx.* Juron familier.

JARNIGOINE n.f. *Québ.* Intelligence.

JAROSSE n.f. **(= jarousse)** Plante grimpante (gesse).

JAROUSSE n.f. → **jarosse.**

JAROVISATION n.f. *Agr.* Traitement de graines par le froid pour provoquer une floraison précoce.

JARRE n.f.

JARRET n.m.

JARRETÉ, E adj. (Quadrupède) dont les membres postérieurs sont tournés en dedans.

JARRETELLE n.f.

JARRETER v. **20** (je jarrette...) Garnir de jarretières. – Former un coude.

JARRETIÈRE n.f.

JARS [jar] n.m. Mâle de l'oie.

JARTER v. **10.** *Fam.* Exclure.

JAS [ja] n.m. *Mar.* Barre transversale d'une ancre.

JASANT, E adj. *Québ.* Qui aime jaser.

JASEMENT n.m.

JASER v. **10.** Jacasser. – *Québ.* Raconter.

JASERAN n.m. **(= jaseron)** Cotte de mailles. – Chaîne de cou.

JASERON n.m. → **jaseran.**

JASETTE n.f. *Québ.* Causerie informelle.

JASEUR, EUSE adj. et n.

JASIONE n.f. Plante à petites fleurs bleues.

JASMIN n.m. Arbuste à fleurs blanches ou jaunes.

JASMINÉ, E adj. Parfumé au jasmin.

JASPE n.m. Roche de couleurs vives.

JASPER v. **10.** Bigarrer pour imiter le jaspe.

JASPINER v. **10.** *Fam.* Parler. – Bavarder.

JASPURE n.f. Aspect jaspé.

JASS [yas] n.m. **(= yass)** *Helv.* Jeu de cartes.

JASSER [yasé] v. **(p.p.inv.) 10 (= yasser)** *Helv.* Jouer au jass.

JASSEUR, EUSE [yas-] n. **(= yasseur).**

JATAKA n.m. *Rel.* Récit des vies antérieures du Bouddha.

JATI n.m. En Inde, caste ou sous-caste.

JATTE n.f.

JATTÉE n.f. Contenu d'une jatte.

JAUGE n.f.

JAUGEAGE n.m.

JAUGER v. **17.** Mesurer avec une jauge. – Apprécier.

JAUGEUR, EUSE n.

JAUMIÈRE n.f. *Mar.* Conduit pour faire passer l'axe du gouvernail.

JAUNASSE adj. *Péj.* Jaunâtre.

JAUNÂTRE adj.

JAUNE adj., n. et adv.

JAUNET, ETTE 1. adj. 2. n.m. *Vx.* Pièce d'or.

JAUNIR v. **40.**

JAUNISSAGE n.m. *Techn.* Application d'une couleur jaune aux endroits non recouverts par la dorure.

JAUNISSANT, E adj.

JAUNISSE n.f.

JAUNISSEMENT n.m.

JAVA n.f.

JAVANAIS, E adj. et n.m. De Java (Asie).

JAVART n.m. *Vét.* Tumeur sur la jambe du cheval.

JAVASCRIPT n.m. (Nom déposé) *Inf.* Langage de programmation.

JAVEAU, X n.m. Île de sable formée par le débordement d'un cours d'eau.

JAVEL I n.f. *Eau de Javel.*

JAVELAGE n.m. Mise en javelles.

JAVELER v. **22** (je javelle...) Mettre en javelles.

JAVELEUR, EUSE n.

JAVELINE n.f. Petit javelot.

JAVELLE n.f. Brassée de céréales.

JAVELLISABLE adj.

JAVELLISANT, E adj. et n.m.

JAVELLISATION n.f.

JAVELLISER v. **10.** Purifier par addition d'eau de Javel.

JAVELOT n.m.

JAVOTTE n.f. Bavarde. – Masse de fer dans laquelle est encastrée une grosse enclume.

JAYET n.m. → **jais.**

JAZZ n.m.

JAZZIQUE adj.

JAZZISTIQUE adj.

JAZZMAN (pl. **JAZZMEN** ou **JAZZMANS**) n.m.

JAZZMEN ❙ → **jazzman.**

JAZZY ❙ adj.

JE ❙ pr.pers. et n.m.

JEAN [djin] ou **JEANS** [djins] n.m.

JEANNETTE n.f. Petite planche à repasser.

JEANNOIS, E adj. Du Lac-Saint-Jean (Québec).

JEANNOTISME n.m. → **janotisme.**

JÉCISTE n. et adj. Membre de la Jeunesse étudiante chrétienne.

JECTISSE adj.f. **(= jetisse)** (Terre) remuée.

JEEP [djip] n.f. (Nom déposé).

JÉJUNAL, E, AUX adj.

JÉJUNUM n.m. *Anat.* Partie de l'intestin grêle.

JENNÉRIEN, ENNE adj. Relatif au vaccin antivariolique de Jenner.

JENNY [(d)jéni] n.f. Machine à filer le coton.

JÉRÉMIADE n.f. Lamentation qui importune.

JEREZ [hrérès] n.m. **(= xérès)** Vin blanc espagnol.

JERK n.m. Danse saccadée.

JERKER v. **(p.p.inv.) 10.** Danser le jerk.

JÉROBOAM n.m. Bouteille de champagne de trois litres.

JÉRÔMIEN, ENNE adj. De Saint-Jérôme (Québec).

JERRICAN n.m. **(= jerricane, jerrycan)** Gros bidon pour carburants.

JERRICANE n.m. → **jerrican.**

JERRYCAN n.m. → **jerrican.**

JERSEY n.m. Tissu à mailles. – Pull.

JERSIAIS, E adj. De Jersey (une des îles Anglo-Normandes).

JÉRUSALÉMITE adj.

JÉSUITE 1. n.m. Membre de la Compagnie de Jésus. 2. adj. et n. *Péj.* Hypocrite.

JÉSUITIQUE adj.

JÉSUITIQUEMENT adv.

JÉSUITISME n.m.

JÉSUS 1. n.m. Représentation du Christ enfant. – Gros saucisson. 2. adj. (Papier) de grand format.

JET n.m.

JET [djèt] n.m. Avion à réaction.

JETABLE adj.

JETAGE n.m. *Zool.* Sécrétion nasale purulente.

JETÉ, E n.m. et n.f.

JETER ❙ n.m. *Tir au jeter :* tir exécuté par surprise.

JETER v. **20** (je jette...).

JETEUR, EUSE n. *Jeteur de sort :* sorcier.

JETISSE adj.f. → **jectisse.**

JETON n.m.

JETONNIER n.m. *Fam.* Académicien.

JETTATURA [djètatoura] n.f. En Italie, action de jeter un mauvais sort.

JEU, X n.m.

JEUDI n.m.

JEUN ❙ **(À)** loc.

JEUNE adj. et n.

JEÛNE n.m.

JEUNEMENT adv. *Vén.* Nouvellement.

JEÛNER v. **(p.p.inv.) 10.**

JEUNESSE n.f.

JEUNET, ETTE adj. *Fam.* Jeune.

JEÛNEUR, EUSE n.

JEUNISME n.m. Tendance à exalter la jeunesse.

JEUNISTE adj.

JEUNOT, OTTE adj. et n. *Fam.* Jeune et naïf.

JÈZE n. et adj. *Fam.* Jésuite.

JIGGER [djigeur] ou [djigèr] n.m. Appareil utilisé pour le traitement et la teinture des tissus.

JIHAD [dji-] n.m. → **djihad.**

JIHADISME [dji-] n.m. → **djihadisme.**

JIHADISTE [dji-] adj. et n. → **djihadiste.**

JINGLE [djingeul] n.m. Thème musical accompagnant un message publicitaire.

JINGXI [jinksi] n.m. Spectacle artistique chinois.

JINISME n.m. → **djaïnisme.**

JIVARO adj. D'un peuple de l'Amazonie.

JIVE [djayv] n.m. Danse latine de compétition.

JOAILLERIE n.f.

JOAILLIER, ÈRE adj. et n.

JOB [djob] n.m.

JOBARD, E adj. et n. Crédule, naïf.

JOBARDER v. **10.** Duper, tromper.

JOBARDERIE n.f. Naïveté.

JOBARDISE n.f. → **jobarderie.**

JOBASTRE adj. et n. Naïf, un peu fou.

JOBELIN n.m. *Hist.* Argot des gueux.

JOBISTE [djob-] n. *Belg.* Étudiant ayant un job.

JOCASSE n.f. Grosse grive.

JOCISME n.m.

JOCISTE n. et adj. Membre de la Jeunesse ouvrière chrétienne.

JOCKEY n.

JOCKO n.m. et adj.m. Petit pain long.

JOCRISSE n.m. *Vx.* Benêt qui se laisse duper.

JODEL [yodel] n.m. **(= yodel)** Chant fondé sur le changement de registre vocal.

JODHPUR [jodpur] n.m. Pantalon de cavalier.

JODLER [yodlé] v. **(p.p.inv.) 10. → iodler.**

JODLEUR, EUSE [yod-] n. **→ iodleur.**

JOGGER [djogeur] n.m. ou f. Chaussure de jogging.

JOGGER [djogé] v. **(p.p.inv.) 10.** Faire du jogging.

JOGGEUR, EUSE [djog-] n.

JOGGING [djoging] n.m. Course à pied.

JOHANNAIS, E adj. De Saint-Jean-sur-Richelieu (Québec).

JOHANNIQUE adj. *Rel.* Relatif à l'apôtre Jean.

JOHANNISBERG n.m. Vin blanc valaisan.

JOHANNITE n. et adj. *Rel.* Membre d'une secte chrétienne d'Orient.

JOICE [jwas] adj. *Fam.* Content, heureux.

JOIE n.f.

JOIGNABILITÉ n.f.

JOIGNABLE adj.

JOINDRE v. **93.**

JOINT, JOINTE adj. et n.m.

JOINTAGE n.m. Action de jointer.

JOINTEMENT n.m. Action de joindre.

JOINTER v. **10.** *Techn.* Assembler.

JOINTIF, IVE adj. Qui joint.

JOINTIVEMENT adv.

JOINTOIEMENT n.m.

JOINTOYER v. **27.** *Techn.* Pourvoir (une maçonnerie) de joints.

JOINTOYEUR, EUSE n.

JOINTURE n.f. Point d'articulation.

JOJO n.m. *Affreux jojo :* enfant terrible.

JOJOBA n.m. Arbuste d'Amérique.

JOKARI n.m. (Nom déposé) Jeu de plage.

JOKER n.m.

JOLI, E adj. et n.m.

JOLIESSE n.f.

JOLIET, ETTE adj. Assez joli.

JOLIETTAIN, E adj. De Joliette (Québec).

JOLIMENT adv.

JOLIVETÉ n.f. Trait d'esprit.

JOMON n.m. Période néolithique du Japon.

JONAGOLD n.f. Variété de pomme.

JONC n.m.

JONCACÉE n.f. Plante, type jonc.

JONCER v. **13.** Garnir de jonc, canner.

JONCHAIE n.f. Lieu où croissent les joncs.

JONCHÉE n.f. Amas qui jonche le sol.

JONCHEMENT n.m.

JONCHER v. **10.**

JONCHERAIE n.f. **→ jonchaie.**

JONCHÈRE n.f. **→ jonchaie.**

JONCHET n.m. **→ honchet.**

JONCTION n.f.

JONGLAGE n.m.

JONGLER v. **(p.p.inv.) 10.**

JONGLERIE n.f.

JONGLEUR, EUSE n.

JONKHEER [jonkèr] n.m. Noble hollandais.

JONQUE n.f. Voilier asiatique.

JONQUILLE n.f.

JORAN n.m. Vent frais soufflant sur le Jura.

JORDANIEN, ENNE adj. De la Jordanie.

JORURI n.m. Genre dramatique japonais.

JOSEPH adj. et n.m. (Papier-filtre) mince et transparent.

JOSÉPHISME n.m. *Hist.* Doctrine politique anticléricale de Joseph II.

JOSÉPHISTE adj. et n.

JOTA [hrota] n.f. Danse populaire espagnole.

JOTTEREAU, X n.m. *Mar.* Pièce de bois fixée à un mât.

JOUABILITÉ n.f. Agrément que procure un jeu vidéo.

JOUABLE adj.

JOUAILLER v. **(p.p.inv.) 10.** Jouer sans passion.

JOUAL, E [jwal] (pl. **JOUALS** ou **JOUAUX**) n.m. et adj. *Québ.* Argot franco-anglais parlé au Québec.

JOUBARBE n.f. Petite plante grasse.

JOUE n.f.

JOUÉE n.f. *Techn.* Côté d'une embrasure.

JOUER v. **10.**

JOUERIE [jouri] n.f. *Helv.* Façon de jouer.

JOUET n.m.

JOUETTE adj. et n.f. *Belg.* Qui ne pense qu'à jouer.

JOUEUR, EUSE adj. et n.

JOUFFLU, E adj.

JOUG n.m.

JOUIR v. **(p.p.inv.) 40.**

JOUISSANCE n.f.

JOUISSANT, E adj.

JOUISSEUR, EUSE adj. et n.

JOUISSIF, IVE adj.

JOUJOU, JOUJOUX n.m. Petit jouet.

JOUJOUTHÈQUE n.f. *Québ.* Ludothèque.

JOULE n.m. *Phys.* Unité d'énergie.

JOUR n.m.

JOURNADE n.f. *Hist.* Cotte à longues manches.

JOURNAL, AUX n.m.

JOURNALEUX, EUSE n. *Fam., Péj.* Journaliste.

JOURNALIER, ÈRE adj. et n.

JOURNALISER v. **10.** Inscrire (des écritures comptables) sur un livre de comptes.

JOURNALISME n.m.

JOURNALISTE n.

JOURNALISTIQUE adj.

JOURNÉE n.f.

JOURNELLEMENT adv.

JOUTE n.f. *Hist.* Combat courtois.

JOUTER v. **(p.p.inv.) 10.**

JOUTEUR, EUSE n.

JOUVENCE n.f. *Litt.* Jeunesse.

JOUVENCEAU, JOUVENCELLE, JOUVENCEAUX n. *Vx.* Jeune homme, jeune fille.

JOUVENCELLE → **jouvenceau.**

JOUXTER v. **10.** Avoisiner.

JOVIAL, E (pl. **JOVIALS** ou **JOVIAUX**) adj.

JOVIALEMENT adv.

JOVIALITÉ n.f.

JOVIEN, ENNE adj. Relatif à la planète Jupiter.

JOYAU, X n.m.

JOYEUSEMENT adv.

JOYEUSETÉ n.f.

JOYEUX, EUSE adj. et n.m.

JOYSTICK [djoystik] n.m. *Inf.* Manette de jeu.

JUBARTE n.f. Baleine à bosse (mégaptère).

JUBÉ n.m. Tribune élevée, dans certaines églises.

JUBILAIRE adj. et n. Relatif à un jubilé.

JUBILANT, E adj.

JUBILATION n.f. Joie vive.

JUBILATOIRE adj. *Fam.* Qui provoque la jubilation.

JUBILÉ n.m.

JUBILER v. **(p.p.inv.) 10.** Éprouver une joie très vive.

JUCHÉE n.f. Lieu où juchent les faisans.

JUCHER v. **10.** Se percher. – Placer très haut.

JUCHOIR n.m.

JUDAÏCITÉ n.f.

JUDAÏQUE adj.

JUDAÏSANT, E adj. et n.

JUDAÏSATION n.f.

JUDAÏSER v. **10.** Convertir au judaïsme.

JUDAÏSME n.m.

JUDAÏTÉ n.f. **(= judéité)** Ensemble des caractéristiques des juifs.

JUDAS [-a] n.m. Traître. – Petite fenêtre pour épier.

JUDD [youd] n.m. *Luxemb.* Viande de porc fumée.

JUDÉEN, ENNE adj. De Judée (Palestine).

JUDÉITÉ n.f. → **judaïté.**

JUDELLE n.f. Oiseau échassier (foulque).

JUDÉOPHOBE adj. et n. Antisémite.

JUDÉOPHOBIE n.f.

JUDICATURE n.f. Charge de juge.

JUDICIAIRE adj.

JUDICIAIREMENT adv.

JUDICIARISATION n.f.

JUDICIARISER v. **10.** Confier (une procédure) à la justice.

JUDICIEUSEMENT adv.

JUDICIEUX, EUSE adj.

JUDO n.m.

JUDOGI [g] n.m. Kimono de judoka.

JUDOKA, JUDOKATE n.

JUDOKATE → **judoka.**

JUGAL, E, AUX adj. *Anat.* Relatif à la joue.

JUGE n.

JUGÉ n.m. (inv. mais **juger** v.) → **juger** n.m.

JUGEABLE adj.

JUGEMENT n.m.

JUGEOTE n.f. *Fam.* Jugement sain.

JUGER ▎n.m. *Au juger :* approximativement.

JUGER v. **17.**

JUGEUR, EUSE n. *Litt.* Personne qui prétend juger de tout.

JUGLANDACÉE n.f. Grand arbre, type noyer.

JUGLANDALE n.f. Arbre, type juglandacée.

JUGULAIRE 1. adj. *Anat.* De la gorge. 2. n.f.

JUGULER v. **10.** Empêcher de se développer.

JUIF, JUIVE adj. et n.

JUILLET n.m.

JUILLETTISTE n. Personne qui prend ses vacances au mois de juillet.

JUIN n.m.

JUIVERIE n.f. *Anc.* Quartier juif, ghetto.

JUJITSU n.m. Art martial japonais.

JUJUBE n.m. Fruit du jujubier. – Pâte extraite de ce fruit.

JUJUBIER n.m. Arbuste épineux du Midi.

JUKEBOX [dj(o)ukboks] n.m.

JULEP n.m. Potion sucrée servant de base à des médicaments.

JULES n.m. *Fam.* Souteneur. – Petit ami.

JULIE n.f. *Arg.* Petite amie. – *Helv.* Journal local.

JULIEN, ENNE 1. adj. Relatif à Jules César. 2. n.f. Plante ornementale. – Préparation de légumes émincés.

JULIÉNAS [-s] n.m. Vin du Beaujolais.

JULOT n.m. → **jules.**

JUMAR n.m. (Nom déposé) Variété d'autobloqueur utilisé par les alpinistes.

JUMBO [djeumbô] n.m. *Min.* Chariot sur rails portant une perforatrice.

JUMEAU, JUMELLE, JUMEAUX adj. et n.

JUMEL adj.m. Qualifie une variété de coton égyptien.

JUMELAGE n.m.

JUMELER v. **22** (je jumelle...) Coupler.

JUMELLE → **jumeau.**

JUMENT n.f.

JUMENTÉ n.m. *Anc.* Mammifère ongulé, type cheval.

JUMENTERIE n.f. Haras pour juments poulinières.

JUMP [djeump] n.m. Au bridge, enchère à saut.

JUMPER [djeumpé] v. **(p.p.inv.) 10.** Effectuer un jump.

JUMPER [djeumpeur] n.m. Cheval apte au saut. – Corsage en forme de chasuble.

JUMPING [djeumping] n.m. Concours hippique de sauts d'obstacles.

JUNCO [djeunkô] n.m. Passereau d'Amérique du Nord.

JUNGIEN, ENNE [young-] adj. De Jung (psychiatre suisse).

JUNGLE n.f.

JUNIOR adj. et n.

JUNK [djeunk] n. et adj. **(= junkie, junky)** *Fam.* Drogué.

JUNKER [younkeur] n.m. *Hist.* Gentilhomme terrien allemand.

JUNKIE [djeunki] n. et adj. → **junk.**

JUNKY (pl. **JUNKIES** ou **JUNKYS**) [djeunki] n. et adj. → **junk.**

JUNONIEN, ENNE adj. De la déesse Junon.

JUNTE [j-un-t] n.f. Gouvernement militaire autoritaire issu d'un coup d'État.

JUPE n.f.

JUPETTE n.f.

JUPIER, ÈRE n. Tailleur spécialisé dans les jupes.

JUPITER n.m. *Jupiter chaud :* planète gazeuse extrasolaire.

JUPITÉRIEN, ENNE adj. Relatif à la planète Jupiter. – Impérieux et dominateur.

JUPON n.m.

JUPONNER v. **10.** Soutenir (une jupe) par un jupon.

JURABLE adj. *Féod.* (Fief) pour lequel était exigé un serment de fidélité.

JURANÇON n.m. Vin des Pyrénées-Atlantiques.

JURANDE n.f. *Hist.* Charge particulière dans les corporations de métiers.

JURASSIEN, ENNE adj. Du Jura.

JURASSIQUE n.m. et adj. *Géol.* Deuxième période du mésozoïque.

JURAT n.m. *Médiév.* Magistrat municipal dans certaines régions.

JURATOIRE adj. *Caution juratoire :* serment de se représenter en justice.

JURÉ, E adj. et n.

JUREMENT n.m. *Vx.* Blasphème.

JURER v. **10.**

JUREUR, EUSE n.

JURIDICTION n.f.

JURIDICTIONNEL, ELLE adj.

JURIDIQUE adj.

JURIDIQUEMENT adv.

JURIDISME n.m. Attachement strict à la règle de droit.

JURISCONSULTE n.m. Spécialiste du droit.

JURISPRUDENCE n.f. Ensemble des décisions de justice constituant une source de droit.

JURISPRUDENTIEL, ELLE adj.

JURISTE n.

JURON n.m.

JURY n.m.

JUS n.m.

JUSANT n.m. Marée descendante.

JUSÉE n.f. Liquide acide provenant du lessivage du tan.

JUSQUE prép. et conj. **(= jusques).**

JUSQUES prép. et conj. *Vx.* → **jusque.**

JUSQUIAME n.f. Plante toxique des décombres.

JUSSIÆA [jusyéa] n.m. **(= jussiée, jussieua)** Plante d'ornement exotique et aquatique.

JUSSIÉE n.f. → **jussiæa.**

JUSSIEUA [jusyöa] n.m. → **jussiæa.**

JUSSIF, IVE adj. et n.m. *Ling.* (Forme verbale) indiquant un ordre.

JUSSION n.f. *Hist.* Ordre du roi à des cours de justice.

JUSTAUCORPS n.m. *Hist.* Pourpoint serré à la taille.

JUSTE adj., n. et adv.

JUSTEMENT adv.

JUSTESSE n.f.

JUSTICE n.f.

JUSTICIABILITÉ n.f.

JUSTICIABLE adj. et n. Qui relève de la justice.

JUSTICIER, ÈRE adj. et n.

JUSTIFIABLE adj.

JUSTIFIANT, E adj. *Rel.* Qui rend juste.

JUSTIFICATEUR, TRICE adj. et n.

JUSTIFICATIF, IVE adj. et n.m.

JUSTIFICATION n.f.

JUSTIFIER v. **15.**

JUTE n.m.

JUTER v. **(p.p.inv.) 10.** Rendre du jus.

JUTEUX, EUSE adj. et n.m.

JUVÉNAT n.m. Stage dans certains ordres religieux.

JUVÉNILE adj.

JUVÉNILITÉ n.f.

JUXTALINÉAIRE adj. (Texte traduit) où les deux versions sont présentées en parallèle.

JUXTAPOSABLE adj.

JUXTAPOSER v. **10.**

JUXTAPOSITION n.f.

JUXTATROPICAL, E, AUX adj. Situé près des tropiques.

KA n.m. 1. **(= kaon)** *Phys.* Particule. 2. Dans la religion égyptienne, élément de la personnalité.

KABARDE adj. D'un peuple du Caucase.

KABARY n.m. À Madagascar, discours, palabre.

KABBALE n.f. **(= cabale)** Interprétation mystique juive de la Bible.

KABBALISTE n. **(= cabaliste)** Spécialiste de la kabbale.

KABBALISTIQUE adj. Mystérieux, magique.

KABIC n.m. **(= kabig)** Veste de drap à capuchon.

KABIG n.m. → **kabic.**

KABIYÈ adj. et n.m. **(= kabyè)** D'un peuple du Togo.

KABOULI, E adj. **(= kaboulien)** De Kaboul (Afghanistan).

KABOULIEN, ENNE adj. → **kabouli.**

KABUKI [ou] n.m. Genre théâtral japonais.

KABYÈ adj. et n.m. → **kabiyè.**

KABYLE adj. et n.m. De Kabylie (Algérie).

KACHA n.f. **(= kache)** Plat populaire russe.

KACHE n.f. → **kacha.**

KADAÏF n.m. Pâtisserie orientale utilisant des filaments de pâte.

KADDISH n.m. **(= qaddich)** Prière juive.

KADI n.m. → **cadi.**

KAFIR n. Infidèle, pour les musulmans orthodoxes.

KAFKAÏEN, ENNE adj. Inquiétant et absurde.

KAGOU n.m. → **cagou.**

KAÏNITE n.f. Engrais potassique.

KAIROUANAIS, E adj. De Kairouan (Tunisie).

KAISER [kayzeur] ou [kèzèr] n.m. *Hist.* Empereur d'Allemagne.

KAKATOÈS n.m. → **cacatoès.**

KAKAWI n.m. → **cacaoui.**

KAKÉMONO n.m. Peinture japonaise qui se déroule verticalement.

KAKI 1. n.m. Fruit du plaqueminier. 2. adj. Verdâtre.

KALACHNIKOV [-f] n.m. ou f. Fusil de guerre soviétique.

KALANCHOÉ [kal-an-koé] n.m. Plante exotique ornementale.

KALÉ n. et adj. Gitan.

KALÉIDOSCOPE n.m. Cylindre à miroirs donnant des images symétriques et changeantes.

KALÉIDOSCOPIQUE adj.

KALI n.m. Plante à feuilles épineuses.

KALICYTIE n.f. *Biol.* Taux de potassium dans les tissus.

KALIÉMIE n.f. *Biol.* Taux de potassium dans le sang.

KALIUM n.m. *Vx.* Potassium.

KALMIA n.m. Arbuste d'Amérique du Nord.

KALMOUK, E adj. et n.m. De Kalmoukie (Russie).

KAMALA n.m. Plante asiatique dont on extrait un ténifuge.

KAMI n.m. Être supérieur, dans la religion shinto, au Japon.

KAMICHI n.m. Oiseau d'Amazonie à longues pattes.

KAMIKAZE 1. n.m. Pilote d'avion suicide. 2. n. Personne téméraire.

KAMMERSPIEL [kamerchpil] n.m. Technique dramatique recherchant le réalisme.

KAMPALAIS, E adj. De Kampala (Ouganda).

KAMPTOZOAIRE n.m. Animal marin microscopique.

KAN [k-an] n.m. (= **khan**) Titre princier mongol. – Caravansérail.

KANA n.m. Signe de l'écriture japonaise.

KANAK, E n. et adj. → **canaque.**

KANANGAIS, E adj. De Kananga (République démocratique du Congo).

KANAT n.m. (= **khanat**) Fonction juridique de kan.

KANDJAR n.m. (= **kandjlar, kanglar**) Poignard oriental.

KANDJLAR n.m. → **kandjar.**

KANGLAR n.m. → **kandjar.**

KANGOUROU n.m.

KANJI [k-an-dji] n.m. Signe de l'écriture japonaise.

KANNARA n.m. → **canara.**

KANOUN n.m. 1. → **canoun.** 2. (= **qanoun, qanun**) Cithare du Proche-Orient.

KANTIEN, ENNE [-sy-in] adj. Relatif à la philosophie de Kant.

KANTISME n.m. Philosophie de Kant.

KANTISTE adj. et n. → **kantien.**

KAOLACKOIS, E adj. De Kaolack (Sénégal).

KAOLIANG [kaoly-an] n.m. Graminée alimentaire tropicale, variété de sorgho.

KAOLIN n.m. Roche argileuse.

KAOLINIQUE adj.

KAOLINISATION n.f.

KAOLINISER v. **10.** Transformer en kaolin.

KAOLINITE n.f. Sorte d'argile.

KAON n.m. → **ka.**

KAPO n.m. → **capo.**

KAPOK n.m. Fibre végétale très légère.

KAPOKIER n.m. Arbre asiatique dont le fruit fournit le kapok.

KAPPA ❙ n.m. Lettre grecque.

KARAÏTE adj. et n. → **caraïte.**

KARAKUL n.m. → **caracul.**

KARAOKÉ n.m. Divertissement consistant à chanter sur une musique préenregistrée.

KARATÉ n.m. Art martial d'origine japonaise.

KARATÉKA n. Personne qui pratique le karaté.

KARBAU (pl. **KARBAUS** ou **KARBAUX**) n.m. (= **kérabau**) Buffle de Malaisie.

KAREN [karèn] adj. D'un peuple de la Birmanie et de la Thaïlande.

KARIOKINÈSE n.f. Mode usuel de division de la cellule vivante.

KARITÉ n.m. Arbre du Soudan (arbre à beurre).

KARKADÉ n.m. *Afr.* Variété d'hibiscus. – *Afr.* Boisson tirée de cette plante.

KARMA n.m. (= **karman**) Dogme de la religion hindouiste établissant les conséquences de l'acte.

KARMAN [-man] n.m. → **karma.**

KARMIQUE adj. Relatif au karma.

KARPATIQUE adj. Relatif aux Carpates (Europe centrale).

KARST n.m. Région calcaire à forte érosion chimique.

KARSTIFICATION n.f.

KARSTIQUE adj.

KART n.m. Petit véhicule automobile de compétition.

KARTING n.m.

KASAÏEN, ENNE [s] adj. Du Kasaï (République démocratique du Congo).

KASCHER ❙ [-èr] adj. → **cacher** adj.

KASHER ❙ [-èr] adj. → **cacher** adj.

KASHROUT [-t] n.f. Ensemble des prescriptions alimentaires du judaïsme.

KASSITE adj. *Hist.* Relatif à un ancien peuple de Mésopotamie.

KAT [-t] n.m. (= **khat, qat**) Arbuste d'Arabie dont les feuilles contiennent une substance hallucinogène.

KATA n.m. Dans les arts martiaux, succession codifiée de prises.

KATAKANA n.m. Écriture syllabique japonaise.

KATANA n.m. Sabre japonais.

KATANGAIS, E adj. Du Katanga (République démocratique du Congo).

KATCHINA n.m. Être surnaturel chez les Amérindiens.

KATHAK n.m. Danse du nord de l'Inde.

KATHAKALI n.m. Théâtre indien musical et dansé.

KATIOUCHA n.f. Lance-roquettes.

KAVA n.m. (= **kawa**) Poivrier de Polynésie. – Boisson enivrante tirée de ce poivrier.

KAWA n.m. → **kava.**

KAWI n.m. Ancienne langue javanaise.

KAYAC n.m. → **kayak.**

KAYAK n.m. (= **kayac**).

KAYAKABLE adj. *Québ.* Où l'on peut faire du kayak.

KAYAKISTE n.

KAZAKH, E adj. et n.m. Du Kazakhstan.

KAZATCHOK n.m. Danse ukrainienne jadis pratiquée par les cosaques.

KÉA n.m. Perroquet originaire de Nouvelle-Zélande.

KÉBAB n.m. Viande grillée et coupée en morceaux.

KEEPSAKE [kipsèk] n.m. Album-cadeau de l'époque romantique.

KEFFIEH [kéfyé] n.m. (= **kéfié**) Turban des Bédouins.

KÉFIÉ n.m. → **keffieh.**

KÉFIR n.m. (= **képhir, képhyr**) Boisson obtenue par fermentation du petit-lait.

KEFTA n.f. Boulette de viande hachée, spécialité nord-africaine.

KEIRETSU [kèyrètsou] n.m. *Écon.* Conglomérat japonais.

KEIRIN [kèyrin] n.m. Course cycliste sur piste.

KELVIN [kèlvin] n.m. et adj. *Phys.* Unité thermodynamique de température.

KÉMALISME n.m. Courant politique turc.

KÉMALISTE adj. et n.

KÉMIA n.f. Amuse-gueule nord-africain.

KEN [kèn] n.m. Préfecture, au Japon.

KENA [kéna] n.f. (= **quena**) Flûte andine.

KENDO [kèndô] n.m. Art martial japonais.

KÉNOTRON n.m. *Électr.* Appareil pour redresser un courant alternatif.

KENTIA [kèntya] ou [k-in-sya] n.m. Palmier australien.

KENTROPHYLLE n.m. Gros chardon à fleurs jaunes.

KENTUCKYEN, ENNE [kèn-] adj. Du Kentucky (États-Unis).

KÉNYAN, E adj. Du Kenya (Afrique orientale).

KENYAPITHÈQUE n.m. Primate fossile trouvé au Kenya.

KÉPHIR n.m. → **kéfir.**

KÉPHYR n.m. → **kéfir.**

KÉPI n.m.

KÉPLÉRIEN, ENNE adj. Relatif à l'astronome Kepler.

KÉRABAU (pl. **KÉRABAUS** ou **KÉRABAUX**) n.m. → **karbau.**

KÉRATINE n.f. Protéine qui constitue la substance fondamentale des poils, ongles, etc.

KÉRATINISATION n.f.

KÉRATINISER v. **10.** *Physiol.* Transformer en kératine. – *Pharm.* Enrober de kératine.

KÉRATINOCYTE n.m. Cellule épidermique qui sécrète la kératine.

KÉRATIQUE adj. Relatif à la cornée.

KÉRATITE n.f. *Méd.* Inflammation de la cornée.

KÉRATOCÈLE n.f. *Méd.* Hernie d'une membrane de l'œil.

KÉRATOCÔNE n.m. *Méd.* Déformation de la cornée.

KÉRATOME n.m. *Méd.* Kératose d'aspect tumoral.

KÉRATOPLASTIE n.f. *Méd.* Greffe de la cornée.

KÉRATOSE n.f. *Méd.* Épaississement de la couche cornée de l'épiderme.

KÉRATOTOMIE n.f. *Méd.* Section de la cornée.

KERMA n.m. Grandeur mesurant le rayonnement absorbé par la matière.

KERMÈS n.m. Cochenille. – Petit chêne du Midi.

KERMESSE n.f.

KERN n.m. *Belg.* Conseil ministériel restreint.

KÉROGÈNE n.m. Matière organique contenue dans les schistes bitumineux.

KÉROSÈNE n.m. Combustible liquide.

KERRIA n.m. (= **kerrie**) Arbuste ornemental japonais.

KERRIE n.f. → **kerria.**

KET [kèt] n.m. *Belg.* Gamin de Bruxelles, malicieux et frondeur.

KÉTAMINE n.f. Anesthésiant, drogue.

KETCH n.m. Voilier à deux mâts.

KETCHUP n.m.

KETMIE n.f. Arbrisseau tropical, type hibiscus.

KEUF n.m. *Fam.* Policier.

KEUM n.m. *Fam.* Homme, jeune homme.

KÉVATRON n.m. *Phys.* Accélérateur de particules.

KEVLAR n.m. (Nom déposé) Fibre aramide légère.

KEYNÉSIANISME n.m.

KEYNÉSIEN, ENNE [kènézy-in] adj. Relatif à la théorie économique de Keynes.

KHÂGNE n.f. → **cagne.**

KHÂGNEUX, EUSE n. → **cagneux** 2.

KHALIFAT n.m. → **califat.**

KHALIFE n.m. → **calife.**

KHALKHA n.m. Langue officielle de Mongolie.

KHAMMÈS n.m. Au Maghreb, métayer qui reçoit le cinquième des revenus de la terre qu'il cultive.

KHAMMESSAT n.m.

KHAMSIN [hramsin] n.m. → **chamsin.**

KHAN [k-an] n.m. → **kan.**

KHANAT n.m. → **kanat.**

KHARIDJI n.m. (= **kharidjite**) Adepte du kharidjisme.

KHARIDJISME n.m. Doctrine musulmane rigoriste.

KHARIDJITE n. et adj. → **kharidji.**

KHARTOUMAIS, E adj. De Khartoum (Soudan).

KHAT [kat] n.m. → **kat.**

KHÉDIVAL, E, AUX adj. (= **khédivial**) Qui dépend du khédive.

KHÉDIVAT n.m. (= **khédiviat**) Fonction du khédive.

KHÉDIVE n.m. *Hist.* Titre porté par le vice-roi d'Égypte.

KHÉDIVIAL, E, AUX adj. → **khédival.**

KHÉDIVIAT n.m. → **khédivat.**

KHI I n.m. Lettre grecque.

KHMER, KHMÈRE adj. et n.m. Cambodgien.

KHOBZ [hrôbz] n.m. En Algérie, pain.

KHOIN [koyn] n.m. Ensemble de langues parlées dans le sud de l'Afrique.

KHOISAN, E [koysan] n.m. et adj. → **khoin.**

KHÔL n.m. (= **koheul, kohol**) Fard noirâtre d'Orient.

KIBBOUTZ (pl. **KIBBOUTZIM**) n.m. Exploitation agricole communautaire en Israël.

KIBBOUTZIM ▌→ **kibboutz.**

KIBBOUTZNIK n. Membre d'un kibboutz.

KIBITZ n. Au bridge, spectateur.

KIBITZER v. **10.** Regarder (un bridgeur en train de jouer).

KICHENOTTE n.f. Coiffe vendéenne.

KICK n.m. Dispositif de mise en marche d'une motocyclette avec le pied.

KICKBOXING n.m. Boxe pratiquée avec les poings et les pieds.

KICKER [kikeur] n.m. *Belg.* Baby-foot.

KID n.m. *Fam.* Enfant, gamin.

KIDNAPPAGE n.m.

KIDNAPPER v. **10.**

KIDNAPPEUR, EUSE n.

KIDNAPPING n.m.

KIEF [kyèf] n.m. Repos absolu, béatitude.

KIESELGUHR [kizèlg(o)ur] n.m. (= **kieselgur**) Roche siliceuse formée de débris fossiles.

KIESELGUR [kizèlg(o)ur] n.m. → **kieselguhr.**

KIESÉRITE [kyézérit] n.f. Sulfate de magnésium.

KIÉVIEN, ENNE adj. De Kiev (Ukraine).

KIF n.m. Chanvre indien, marijuana.

KIFER v. **10** (= **kiffer**) *Fam.* Apprécier.

KIFFER v. **10.** → **kifer.**

KIFKIF ▌adj. *Fam.* Pareil.

KIGALOIS, E adj. De Kigali (Rwanda).

KIKI n.m. *Fam.* Gorge, gosier.

KIKIWI n.m. Petit oiseau chanteur guyanais.

KIKONGO n.m. Langue bantoue congolaise.

KIL n.m. *Fam.* Litre de vin.

KILIM n.m. Tapis d'Orient.

KILO n.m.

KILOBASE n.f. *Biol.* Unité mesurant la longueur des fragments d'ADN ou d'ARN.

KILOBIT [-t] n.m. *Inf.* 1 024 bits.

KILOBYTE [-bayt] n.m. *Inf.* 1 024 bytes.

KILOCALORIE n.f. *Phys.* Mille calories.

KILOCYCLE n.m. → **kilohertz.**

KILOEURO n.m. Mille euros.

KILOFRANC n.m. *Anc.* Mille francs.

KILOGRAMME n.m.

KILOGRAMMÈTRE n.m. *Phys.* Ancienne unité de mesure de travail.

KILOHERTZ n.m. *Phys.* Mille hertz.

KILOHM n.m. *Électr.* Mille ohms.

KILOJOULE n.m. *Phys.* Mille joules.

KILOMÉTRAGE n.m.

KILOMÈTRE n.m.

KILOMÉTRER v. **12.**

KILOMÉTRIQUE adj.

KILOOCTET n.m. *Inf.* 1 024 octets.

KILOPASCAL, S n.m. *Phys.* Mille pascals.

KILOTONNE n.f. Unité de puissance d'une charge nucléaire.

KILOTONNIQUE adj.

KILOVAR n.m. *Phys.* Mille vars.

KILOVOLT n.m. *Électr.* Mille volts.

KILOWATT n.m.

KILOWATTHEURE n.m.

KILT n.m.

KIMBANGUISME n.m. Mouvement messianique africain.

KIMBANGUISTE adj. et n.

KIMBERLITE [k-in-bèrlit] n.f. Variété de roche pouvant contenir du diamant.

KIMMÉRIDGIEN, ENNE adj. et n.m. *Géol.* Se dit d'un étage du jurassique supérieur.

KIMONO adj. et n.m.

KINA n.f. Unité monétaire de Papouasie-Nouvelle-Guinée.

KINASE n.f. Enzyme qui en active une autre.

KINÉ n. → **kinésiste.**

KINESCOPE n.m. Caméra qui enregistre les images télévisées.

KINÉSIE n.f. Activité musculaire.

KINÉSIQUE adj. Relatif à la kinesthésie.

KINÉSISTE n. *Belg.* Kinésithérapeute.

KINÉSITHÉRAPIE n.f.

KINESTHÉSIE n.f. Sensation interne des mouvements du corps.

KINESTHÉSIQUE adj.

KINÉTOSCOPE n.m. Appareil inventé par Edison pour reconstituer le mouvement.

KININE n.f. Hormone vasodilatatrice.

KINKAJOU n.m. Mammifère carnassier d'Amérique du Sud.

KINOIS, E adj. De Kinshasa (République démocratique du Congo).

KINOISERIE n.f. *Péj.* Trait de caractère propre aux habitants de Kinshasa.

KINYARWANDA n.m. Langue officielle du Rwanda.

KIOSQUE n.m.

KIOSQUIER, ÈRE n. Personne qui gère un kiosque à journaux.

KIOSQUISTE n. → **kiosquier.**

KIP n.m. Unité monétaire du Laos.

KIPPA n.f. Calotte portée par les juifs pratiquants.

KIPPER [kipeur] n.m. Hareng fumé et salé.

KIPPOUR n.m. Fête juive de pénitence.

KIR n.m. (Nom déposé) Apéritif fait de vin blanc et de cassis.

KIRGHIZ, E adj. et n.m. Du Kirghizistan.

KIRIBATIEN, ENNE [-sy-in] adj. De Kiribati (Océanie).

KIRPAN n.m. Poignard symbolique porté par les sikhs.

KIRSCH n.m. Eau-de-vie de cerise.

KIRUNDI [ou] n.m. Langue officielle du Burundi.

KIT n.m. Ensemble d'éléments à assembler.

KITCH | n.m. et adj. **(= kitsch)** Style esthétique de mauvais goût, parfois apprécié.

KITCHENETTE n.f. Petite cuisine.

KITE [kayt] n.m. *Fam.* Kitesurf.

KITESURF [kaytseurf] n.m. Sport nautique où le planchiste est tiré par une sorte de cerf-volant.

KITESURFEUR, EUSE [kayt-] n.

KITSCH | n.m. et adj. → **kitch.**

KITTITIEN, ENNE [-sy-in] adj. De Saint-Kitts (Antilles).

KIVA n.f. Chambre cérémonielle des Indiens pueblos.

KIWI n.m. Oiseau de Nouvelle-Zélande. – Fruit exotique.

KLAXON n.m. (Nom déposé).

KLAXONNER v. **10.** Avertir au moyen d'un Klaxon.

KLEENEX [klinèks] n.m. (Nom déposé).

KLEPHTE n.m. → **clephte.**

KLEPTOMANE adj. et n. Qui ne peut s'empêcher de commettre des vols.

KLEPTOMANIE n.f.

KLEVENER [klévenèr] n.m. Cépage blanc d'Alsace.

KLEZMER [klèzmèr] n.m. et adj. Musique traditionnelle des juifs d'Europe de l'Est.

KLIPPE n.f. *Géol.* Lambeau de roche dure recouvrant une roche plus tendre.

KLYSTRON n.m. *Phys.* Tube électronique servant d'amplificateur.

KNACK n.f. Saucisse de Strasbourg.

KNAUTIE n.f. Plante médicinale et ornementale.

KNESSET n.f. Parlement de l'État d'Israël.

KNICKER [nikeur] n.m. Pantalon serré au-dessous du genou.

KNICKERBOCKERS [nikeurbokeur] n.m.pl. → **knicker.**

KNÖDEL [knödèl] n.m. Boulette de pâte enrichie de viande ou de poisson.

KNOUT [-t] n.m. Fouet russe à lanières.

KOALA n.m. Animal grimpeur d'Australie ressemblant à un ourson.

KOAN [koan] n.m. Dans le bouddhisme zen, énigme constituant un objet de méditation.

KOB n.m. → **cob** 1.

KOBOLD n.m. Génie familier de la mythologie germanique.

KOCHIA n.m. Plante ornementale.

KODAK n.m. (Nom déposé) Appareil photographique.

KODIAK n.m. Grand ours brun d'Amérique du Nord.

KOHEUL n.m. → **khôl.**

KOHOL n.m. → **khôl.**

KOÏ n.m. Carpe, poisson ornemental du Japon.

KOINÈ [koynè] n.f. *Antiq.* Langue commune de Grèce.

KOKA n.m. Au judo, avantage minimum.

KOLA n.m. → **cola.**

KOLATIER n.m. → **colatier.**

KOLINSKI [kol-in-ski] n.m. Fourrure de loutre de Sibérie.

KOLKHOZ n.m. **(= kolkhoze)** *Hist.* Exploitation agricole collective en URSS.

KOLKHOZE n.m. → **kolkhoz.**

KOLKHOZIEN, ENNE adj. et n.

KOMBU [kombou] n.m. Dans la cuisine japonaise, algue qui a l'aspect de lanières brunes.

KOMMANDANTUR n.f. *Hist.* Siège du commandement de l'armée d'occupation allemande.

KOMSOMOL, E n. *Hist.* Membre de l'organisation de la jeunesse communiste en URSS.

KONDO n.m. Sanctuaire d'un monastère bouddhique.

KONGO adj. D'un peuple d'Afrique centrale.

KONKANI n.m. Langue parlée dans la région de Goa (Inde).

KONZERN [k-on-tsèrn] n.m. Entente économique entre plusieurs entreprises.

KOOKABURRA [koukaboura] n.m. Oiseau australien dont le cri ressemble à un rire.

KOP n.m. *Sp.* Groupe de supporters exaltés.

KOPECK n.m. Unité monétaire divisionnaire de la Russie.

KOPPA | n.m. Ancienne lettre grecque.

KORA n.f. Harpe-luth africaine.

KORÊ n.f. → **coré.**

KORFBALL [-bal] n.m. Sport collectif mixte proche du basketball.

KORISTE n. Joueur de kora.

KORITÉ n.f. *Afr.* Fête musulmane marquant la fin du ramadan.

KORRIGAN, E n. Nain ou fée des légendes bretonnes.

KORTHALS [kortals] n.m. Chien de chasse à poil rude.

KOSOVAR, E [s] adj. Du Kosovo.

KOT [kot] n.m. *Belg.* Chambre louée à un étudiant.

KOTER v. **(p.p.inv.) 10.** *Belg.* Vivre en kot.

KOTEUR, EUSE n. *Belg.* Étudiant vivant en kot.

KOTO n.m. *Mus.* Instrument oriental à cordes pincées.

KOUBA n.f. **(= koubba)** Monument élevé sur la tombe d'un marabout.

KOUBBA n.f. → **kouba.**

KOUDOU n.m. → **coudou.**

KOUDOURROU n.m. *Archéol.* Borne de pierre.

KOUFFA n.m. → **couffa.**

KOUGLOF n.m. Gâteau alsacien.

KOULAK n.m. *Hist.* Paysan riche en URSS.

KOULIBIAC n.m. Pâté russe.

KOUMIS [-s] n.m. **(= koumys)** Lait fermenté de jument, en Asie centrale.

KOUMYS [-s] n.m. → **koumis.**

KOUPREY n.m. Bœuf sauvage asiatique.

KOURGANE n.m. *Archéol.* Tumulus russe.

KOUROI ❙ [-roy] → **kouros.**

KOUROS (pl. **KOUROI** [-roy]) n.m. → **couros.**

KOWEÏTI, E adj. **(= koweïtien)** Du Koweït.

KOWEÏTIEN, ENNE [-sy-in] adj. → **koweïti.**

KRAAL, S n.m. Village indigène, en Afrique du Sud.

KRACH [-k] n.m. Débâcle financière.

KRAFT n.m. Papier d'emballage résistant.

KRAK n.m. → **crac** 1.

KRAKEN [krakèn] n.m. Monstre marin des légendes scandinaves.

KREML n.m. → **kremlin.**

KREMLIN n.m. *Hist.* Partie centrale fortifiée d'une ville russe.

KREMLINOLOGIE n.f. Étude des actions des dirigeants soviétiques.

KREMLINOLOGIQUE adj.

KREMLINOLOGUE n.

KREUTZER [krötsèr] ou [krödzèr] n.m. **(= kreuzer)** Ancienne monnaie divisionnaire allemande.

KREUZER [krötsèr] ou [krödzèr] n.m. → **kreutzer.**

KRIEGSPIEL [krigchpil] n.m. Jeu de simulation d'opérations militaires.

KRIEK [krik] n.f. Bière belge.

KRILL n.m. Petit crustacé formant le plancton.

KRISHNAÏSME n.m. *Rel.* Dans l'hindouisme, culte de Krishna.

KRISS n.m. → **criss.**

KRONPRINZ [kronprints] n.m. *Hist.* Titre du prince héritier allemand.

KROUMIR n.m. *Fam. Vieux kroumir :* ancêtre.

KRU [krou] adj. et n.m. D'un peuple du Liberia et de Côte d'Ivoire.

KRYPTON n.m. Gaz rare.

KSAR (pl. **KSOUR** ou **KSARS**) n.m. Village fortifié, au Sahara.

KSATRIYA [kchatriya] n.m. **(= kshatriya)** Membre de la deuxième caste hindoue (guerrier).

KSHATRIYA [kchatriya] n.m. → **ksatriya.**

KSI ❙ n.m. **(= xi)** Lettre grecque.

KSOUR ❙ → **ksar.**

KUFIQUE n.m. et adj. → **coufique.**

KUGELHOPF [kouglof] n.m. → **kouglof.**

KUMMEL n.m. Liqueur aromatisée au cumin.

KUMQUAT [koumkwat] n.m. Arbuste voisin du mandarinier. – Son fruit.

KUNA [ou] n.f. Unité monétaire de la Croatie.

KUNDALINI [ou] n.f. Au yoga, énergie latente éveillée par la méditation.

KURDE adj. et n.m. Du Kurdistan (Asie).

KURSAAL, S [kursal] n.m. *Vx.* Dans une ville d'eaux, salle de réunion pour les curistes.

KURU [kourou] n.m. Encéphalite.

KVAS [kvas] n.m. **(= kwas)** Boisson slave à base d'orge.

KWA n.m. Groupe de langues nigéro-congolaises.

KWACHA n.m. Unité monétaire de la Zambie.

KWANZA n.m. Unité monétaire de l'Angola.

KWAS [kvas] n.m. → **kvas.**

KWASHIORKOR [kwachyorkor] n.m. Syndrome de dénutrition infantile.

KYAT [-t] n.m. Unité monétaire de Birmanie.

KYMOGRAPHE n.m. *Méd.* Appareil qui enregistre le mouvement des organes.

KYMOGRAPHIE n.f.

KYMRIQUE adj. et n.m. → **cymrique.**

KYRIE ❙ [kiriyé] n.m. Invocation qui se fait pendant la messe.

KYRIELLE n.f.

KYSTE n.m. *Méd.* Petite poche close qui s'est formée dans une cavité.

KYSTIQUE adj.

KYU [kyou] n.m. Grade, dans les arts martiaux japonais.

KYUDO [kyoudô] n.m. Tir à l'arc japonais.

LA art., pr.pers. et n.m.

LÀ adv. et interj.

LABADENS [labad-in-s] n.m. *Vx.* Camarade de collège.

LABANOTATION n.f. Système de notation chorégraphique.

LABARUM n.m. *Hist.* Étendard romain.

LABBE n.m. Grand oiseau marin, voisin du goéland.

LABDANUM n.m. **(= ladanum)** Gomme-résine utilisée en parfumerie.

LABEL n.m. Marque garantissant la qualité d'un produit.

LABÉLISATION n.f.

LABÉLISER v. **10** **(= labelliser)** Marquer (un produit) d'un label.

LABELLE n.m. Partie de la fleur d'orchidée.

LABELLISATION n.f.

LABELLISER v. **10.** → **labéliser.**

LABEUR n.m.

LABFERMENT n.m. Enzyme provoquant la coagulation du lait.

LABIACÉE n.f. *Vx.* → **lamiacée.**

LABIAL, E, AUX adj. et n.f. Relatif aux lèvres.

LABIALISATION n.f.

LABIALISER v. **10.** Prononcer en arrondissant les lèvres.

LABIÉ, E 1. adj. *Bot.* Qui a la forme de lèvres. 2. n.f. → **lamiacée.**

LABILE adj. *Chim., Psych.* Instable.

LABILITÉ n.f.

LABIODENTAL, E, AUX adj. et n.f. *Phon.* (Consonne) prononcée avec la lèvre inférieure et les incisives supérieures (*f* et *v*, par exemple).

LABIOPALATAL, E, AUX adj. et n.f. *Phon.* (Consonne) prononcée avec projection des lèvres, la langue touchant le devant du palais.

LABIUM n.m. *Zool.* Lèvre inférieure des insectes.

LABO n.m. *Fam.* Laboratoire.

LABORANTIN, E n. Personne qui travaille dans un laboratoire.

LABORATOIRE n.m.

LABORIEUSEMENT adv.

LABORIEUX, EUSE adj. et n.

LABOUR n.m.

LABOURABLE adj.

LABOURAGE n.m.

LABOURER v. **10.**

LABOUREUR n.m.

LABRADOR n.m. Chien d'arrêt à poil ras.

LABRADORIEN, ENNE adj. Du Labrador (Canada).

LABRADORITE n.f. Minéral à reflets chatoyants.

LABRE n.m. Poisson marin comestible.

LABRET n.m. *Afr.* Ornement que certaines femmes portent à la lèvre.

LABRI n.m. **(= labrit)** Chien de berger à poil frisé.

LABRIDÉ n.m. Poisson osseux, type labre.

LABRIT [-i] n.m. → **labri.**

LABYRINTHE n.m.

LABYRINTHIEN, ENNE adj.

LABYRINTHIFORME adj. Qualifie l'organe de respiration aérienne de certains poissons.

LABYRINTHIQUE adj.

LABYRINTHITE n.f. *Méd.* Inflammation de l'oreille interne.

LABYRINTHODON n.m. Grand batracien fossile.

LABYRINTHODONTE n.m. → **labyrinthodon.**

LAC n.m.

LAÇAGE n.m.

LACANIEN, ENNE adj. De Lacan (psychanalyste français).

LACAUNE n. et adj. Mouton originaire du Tarn.

LACCASE n.f. Enzyme oxydante.

LACCOLITE n.m. (= **laccolithe**) *Géol.* Gonflement du relief formé par une roche volcanique.

LACCOLITHE n.f. → **laccolite.**

LACÉDÉMONIEN, ENNE adj. *Antiq. gr.* De Sparte.

LACEMENT n.m.

LACER v. **13.**

LACÉRATION n.f.

LACÉRER v. **12.**

LACERIE n.f. (= **lasserie**) Vannerie souple en paille, en osier.

LACERTIDÉ n.m. → **lacertien.**

LACERTIEN n.m. Reptile, type lézard.

LACERTILIEN n.m. → **lacertien.**

LACET n.m.

LACEUR, EUSE n. Personne qui fabrique des filets.

LÂCHAGE n.m.

LÂCHE adj. et n.

LÂCHEMENT adv.

LÂCHER v. **10.**

LÂCHER n.m.

LÂCHETÉ n.f.

LÂCHEUR, EUSE n.

LACINIÉ, E adj. *Bot.* Qui présente des découpures profondes.

LACIS n.m. Réseau entrelacé.

LACK n.m. (= **lakh**) Mot indien signifiant 100 000.

LACONIEN, ENNE adj. De Laconie (Grèce antique).

LACONIQUE adj. Concis, qui parle peu.

LACONIQUEMENT adv.

LACONISME n.m.

LACQUEMANT [lakm-an] n.m. *Belg.* Gaufrette fourrée de sirop.

LACRYMAL, E, AUX adj. Relatif aux larmes.

LACRYMATOIRE n.m. et adj. Vase funéraire.

LACRYMOGÈNE adj.

LACS [la] n.m. Nœud coulant utilisé comme piège.

LACTAIRE 1. n.m. Champignon des bois. 2. adj. Qui a rapport au lait.

LACTALBUMINE n.f. Protéine du lait.

LACTAME n.m. *Chim.* Nom générique de certains amides.

LACTARIUM n.m. Centre où l'on recueille le lait maternel.

LACTASE n.f. *Chim.* Enzyme qui convertit le lactose en glucose.

LACTATE n.m. Sel de l'acide lactique.

LACTATION n.f.

LACTÉ, E adj. Relatif au lait.

LACTESCENCE n.f.

LACTESCENT, E adj. Qui contient un suc laiteux.

LACTIFÈRE adj. Qui conduit le lait.

LACTIQUE adj. (Acide) qui apparaît dans certaines fermentations.

LACTOBACILLE n.m. Bactérie qui transforme les sucres en acide lactique.

LACTODENSIMÈTRE n.m. Appareil de mesure de la densité du lait.

LACTODUC n.m. Conduit pour le transport du lait.

LACTOFLAVINE n.f. Vitamine B2.

LACTOGÈNE adj. (Hormone) qui stimule la sécrétion du lait.

LACTOMÈTRE n.m. → **lactodensimètre.**

LACTONE n.f. *Chim.* Nom générique de certains esters.

LACTOSE n.m. Sucre contenu dans le lait.

LACTOSÉRUM n.m. Petit-lait.

LACTUCARIUM n.m. Suc laiteux narcotique.

LACUNAIRE adj.

LACUNE n.f.

LACUNEUX, EUSE adj.

LAÇURE n.f. Partie d'un corsage fermée par un lacet.

LACUSTRE adj. Qui vit sur les bords d'un lac.

LAD n.m. Garçon d'écurie.

LADANG [lad-an-g] n.m. Culture sur brûlis (Asie).

LADANUM n.m. → **labdanum.**

LADIES → **lady.**

LADIN n.m. Groupe de langues romanes des Alpes centrales.

LADINIEN, ENNE n.m. et adj. *Géol.* Étage du trias moyen.

LADINO n.m. Dialecte des Juifs expulsés d'Espagne.

LADITE (pl. **LESDITES**) adj.f.

LADRE adj. et n. Avare. – Lépreux.

LADRERIE n.f. Avarice. – Hôpital pour lépreux.

LADRESSE n.f. *Vx.* Lépreuse.

LADY (pl. **LADIES** ou **LADYS**) n.f.

LÆTARE [létaré] n.m. *Rel.* Quatrième dimanche du carême.

LAGAN n.m. *Mar.* Épave flottante.

LAGIDE adj. D'une dynastie d'Égypte (du IIIe au Ier s. av. J.-C.).

LAGOMORPHE n.m. Mammifère, type lapin.

LAGON n.m. Étendue d'eau à l'intérieur d'un atoll.

LAGOPÈDE n.m. Perdrix des neiges.

LAGOPHTALMIE n.f. *Méd.* Raccourcissement anormal des paupières.

LAGOTHRIX n.m. (= **lagotriche**) Singe laineux.

LAGOTRICHE n.m. → **lagothrix.**

LAGUIOLE [layol] n.m. Fromage d'Auvergne.

LAGUIS [lagi] n.m. Cordage muni d'un nœud coulant.

LAGUNAGE n.m. Création de bassins d'épuration.

LAGUNAIRE adj.

LAGUNE n.f. Étendue d'eau retenue derrière un cordon littoral.

LAHAR n.m. Coulée boueuse de flanc de volcan.

LAI, LAIE 1. adj. Laïque. 2. n.m. Poème du Moyen Âge.

LAÏC, LAÏQUE adj. et n.

LAÏCARD, E n. et adj. *Fam., Péj.* Fervent partisan de la laïcité.

LAÏCAT n.m. Ensemble des chrétiens non ecclésiastiques.

LAÎCHE n.f. Plante des marais.

LAÏCISATION n.f.

LAÏCISER v. **10.** Rendre laïc.

LAÏCISME n.m. Doctrine insistant sur le rôle des laïques.

LAÏCISTE adj. et n.

LAÏCITÉ n.f.

LAID, LAIDE adj. et n.m.

LAIDEMENT adv.

LAIDERON, ONNE n. Jeune femme laide.

LAIDEUR n.f.

LAIE n.f. Femelle du sanglier. – Sentier en forêt.

LAIMARGUE n.f. Requin du Groenland.

LAINAGE n.m.

LAINE n.f.

LAINER n.m. Velouté.

LAINER v. **10.** Rendre moelleux (un tissu de laine).

LAINERIE n.f. Fabrication des étoffes de laine. – Atelier.

LAINEUR, EUSE n. Ouvrier qui laine.

LAINEUX, EUSE adj.

LAINIER, ÈRE adj. et n. Relatif à la laine.

LAÏQUE adj. et n.

LAIRD [lèrd] n.m. Propriétaire terrien, en Écosse.

LAISSE n.f.

LAISSER v. **10.**

LAIT n.m.

LAITAGE n.m.

LAITANCE n.f. Sperme de poisson.

LAITÉ, E adj. Qui a de la laitance.

LAITERIE n.f.

LAITERON n.m. Plante contenant un latex blanc.

LAITEUX, EUSE adj.

LAITIER, ÈRE adj. et n.

LAITON n.m. Alliage de cuivre et de zinc.

LAITONNAGE n.m.

LAITONNER v. **10.** Garnir de fils de laiton. – Recouvrir de laiton.

LAITUE n.f.

LAÏUS n.m. *Fam.* Discours.

LAÏUSSER v. **(p.p.inv.) 10.** Faire de longs discours.

LAÏUSSEUR, EUSE n.

LAIZE n.f. Largeur d'une étoffe entre ses deux lisières.

LAKH n.m. → **lack.**

LAKISTE adj. et n. Se dit de certains poètes romantiques anglais qui fréquentaient le district des Lacs.

LALA interj. Exprime la lassitude.

LALALA interj. Exprime le fredonnement.

LALLATION n.f. Défaut de prononciation du *l.*

LAMA n.m. Moine bouddhiste tibétain. – Ruminant andin.

LAMAGE n.m.

LAMAÏQUE adj. Relatif au lamaïsme.

LAMAÏSME n.m. Forme de bouddhisme.

LAMAÏSTE adj. et n.

LAMANAGE n.m. *Mar.* Amarrage d'un navire à quai.

LAMANEUR n.m. *Mar.* Ouvrier chargé du lamanage.

LAMANTIN n.m. Mammifère aquatique herbivore.

LAMARCKIEN, ENNE adj. et n.

LAMARCKISME n.m. Théorie transformiste de l'évolution des êtres vivants.

LAMARTINIEN, ENNE adj. De Lamartine.

LAMASERIE n.f. Couvent de lamas (Tibet).

LAMB [lamb] n.m. Lutte sénégalaise.

LAMBA n.m. Sorte de paréo, élément principal du costume traditionnel malgache.

LAMBADA n.f. Danse brésilienne.

LAMBDA n.m. *Anat.* Fontanelle postérieure du crâne. – Lettre grecque.

LAMBDACISME n.m. → **lallation.**

LAMBDOÏDE adj. Qui a la forme d'un lambda.

LAMBEAU, X n.m.

LAMBEL n.m. *Hér.* Brisure à la partie supérieure de l'écu.

LAMBI n.m. Mollusque des Antilles.

LAMBIC n.m. **(= lambick)** Bière belge très alcoolisée.

LAMBICK n.m. → **lambic.**

LAMBIN, E adj. et n.

LAMBINAGE n.m.

LAMBINER v. **(p.p.inv.) 10.** Agir avec lenteur.

LAMBLIA n.f. Parasite intestinal.

LAMBLIASE n.f. Parasitose intestinale.

LAMBOURDE n.f. Pièce de bois supportant un parquet.

LAMBREQUIN n.m. Ornement de décoration.

LAMBRIS n.m. Revêtement en bois d'un plafond, d'un mur.

LAMBRISSAGE n.m.

LAMBRISSER v. **10.** Revêtir de lambris.

LAMBRUCHE n.f. **(= lambrusque)** Vigne sauvage.

LAMBRUSCO [ou] n.m. Vin rouge italien pétillant.

LAMBRUSQUE n.f. → **lambruche.**

LAMBSWOOL [l-an-bswoul] n.m. Laine d'agneau.

LAME n.f.

LAMÉ, E adj. et n.m. (Tissu) orné de minces lames d'or ou d'argent.

LAMELLAIRE adj.

LAMELLATION n.f. Technique de reconstitution d'éléments en bois.

LAMELLE n.f.

LAMELLÉ, E adj.

LAMELLEUX, EUSE adj.

LAMELLIBRANCHE n.m. Mollusque bivalve, type moule, huître.

LAMELLICORNE adj. et n.m. (Coléoptère) à antennes en lamelles.

LAMELLIFORME adj.

LAMELLIROSTRE adj. et n.m. (Palmipède) au bec garni de lamelles.

LAMELLOPHONE n.m. Instrument de musique à languettes que l'on pince avec les doigts.

LAMENTABLE adj.

LAMENTABLEMENT adv.

LAMENTATION n.f.

LAMENTER (SE) v. **10.**

LAMENTO [mèn] n.m. *Mus.* Air triste.

LAMER v. **10.** Usiner (une surface plane) avec une lame.

LAMIACÉE n.f. **(= labiacée)** Plante à feuilles odorantes, type menthe, sauge, lavande.

LAMIALE n.f. Plante, type lamiacée.

LAMIE n.f. Monstre fabuleux. – Grand requin.

LAMIER n.m. Plante herbacée vivace.

LAMIFIÉ, E adj. et n.m. Constitué de plusieurs couches.

LAMINAGE n.m.

LAMINAIRE 1. adj. (Écoulement) qui s'effectue par glissement de couches de fluide les unes sur les autres. 2. n.f. Algue brune.

LAMINECTOMIE n.f. *Méd.* Résection des lames vertébrales.

LAMINER v. **10.**

LAMINERIE n.f.

LAMINEUR, EUSE adj. et n.

LAMINEUX, EUSE adj. *Anat.* Disposé en lames parallèles.

LAMINOIR n.m.

LAMPADAIRE n.m.

LAMPADOPHORE adj. et n. *Antiq.* Qui porte des flambeaux.

LAMPANT, E adj. (Pétrole) propre à alimenter une lampe.

LAMPARO n.m. Phare utilisé par les pêcheurs.

LAMPAS [-a(s)] n.m. Étoffe de soie à dessins en relief.

LAMPASSÉ, E adj. *Hér.* (Quadrupède) dont la langue est d'un émail particulier.

LAMPE n.f.

LAMPÉE n.f. Grande gorgée de liquide.

LAMPEMÈTRE n.m. Appareil mesurant les caractéristiques des tubes électroniques.

LAMPER v. **10.** *Fam.* Boire avidement.

LAMPERON n.m. Petit réceptacle contenant la mèche d'une lampe.

LAMPIER n.m. *Anc.* Lustre.

LAMPION n.m.

LAMPISTE n. *Vx.* Personne chargée de l'entretien des lampes.

LAMPISTERIE n.f. Lieu d'entrepôt des lanternes.

LAMPOURDE n.f. Plante herbacée.

LAMPRILLON n.m. Larve de lamproie.

LAMPROIE n.f. Vertébré aquatique primitif.

LAMPROPHYRE n.m. *Géol.* Roche éruptive.

LAMPSANE n.f. Plante herbacée.

LAMPYRE n.m. Ver luisant.

LAMPYRIDÉ n.m. Insecte, type lampyre.

LANAUDOIS, E adj. De Lanaudière (Québec).

LANÇAGE n.m. Enfoncement d'un pieu par injection d'eau.

LANCE n.f.

LANCÉ, E adj. et n.f.

LANCEMENT n.m.

LANCÉOLÉ, E adj. Terminé en forme de lance.

LANCER v. **13.**

LANCER n.m.

LANCETTE n.f. Petit instrument de chirurgie.

LANCEUR, EUSE n.

LANCIER n.m. *Hist.* Soldat armé de la lance.

LANCINANT, E adj.

LANCINATION n.f.

LANCINEMENT n.m.

LANCINER v. **10.** Faire souffrir par élancements.

LANÇON n.m. Anguille de sable.

LAND [l-an-d] (pl. **LÄNDER** [lènder] ou **LANDS**) n.m. Subdivision administrative de l'Allemagne.

LANDAIS, E adj. Des Landes.

LANDAMMANN [l-an-daman] n.m. *Helv.* Chef de gouvernement cantonal.

LANDAU, S n.m.

LANDAULET n.m. Ancienne automobile.

LANDE n.f.

LÄNDER ❙ [lènder] → **Land.**

LANDERNEAU ❙ n.m. Milieu étroit et fermé.

LANDGRAVE [l-an-dgrav] n.m. *Hist.* Titre princier en Allemagne.

LANDGRAVIAT [l-an-dgravya] n.m. État gouverné par un landgrave.

LANDIER n.m. Grand chenet de cuisine.

LANDOLPHIA n.f. Liane fournissant le caoutchouc.

LANDOLPHIE n.f. → **landolphia.**

LANDRACE n.m. Race de porcs.

LANDSGEMEINDE [l-an-dsgémaynd] n.f. Assemblée législative de certains cantons suisses.

LANDSTURM [l-an-dchtourm] n.m. Subdivision militaire, dans les pays germaniques.

LANDTAG [l-an-dtag] n.m. Assemblée délibérante, dans les pays germaniques.

LANDWEHR [l-an-dvèr] n.f. Subdivision militaire, dans les pays germaniques.

LANERET n.m. Mâle du faucon lanier.

LANGAGE n.m.

LANGAGIER, ÈRE adj. Relatif au langage.

LANGE n.m.

LANGER v. **17.**

LANGHIEN, ENNE n.m. et adj. *Géol.* Étage du miocène.

LANGOUREUSEMENT adv.

LANGOUREUX, EUSE adj.

LANGOUSTE n.f.

LANGOUSTIER, ÈRE n. Filet ou bateau pour pêcher la langouste.

LANGOUSTINE n.f.

LANGRES n.m. Fromage de Haute-Marne.

LANGUE n.f.

LANGUÉ, E adj. *Hér.* (Oiseau) dont la langue est d'un émail particulier.

LANGUEDOCIEN, ENNE adj. Du Languedoc.

LANGUETTE n.f.

LANGUEUR n.f.

LANGUEYAGE n.m.

LANGUEYER v. **25.** Garnir (les tuyaux d'orgue) de languettes métalliques.

LANGUIDE adj. *Litt.* Languissant.

LANGUIER n.m. *Médiév.* Pièce d'orfèvrerie en forme d'arbre.

LANGUIR (SE) v. **40.** S'ennuyer.

LANGUISSAMMENT adv.

LANGUISSANT, E adj.

LANGUR n.m. Singe, type entelle.

LANICE adj. *Vx.* Qui provient de la laine.

LANIER n.m. Faucon femelle dressé pour la chasse.

LANIÈRE n.f.

LANIFÈRE adj. **(= lanigère)** Couvert d'un duvet laineux.

LANIGÈRE adj. → **lanifère.**

LANIIDÉ n.m. Passereau, type pie-grièche.

LANISTE n.m. *Antiq. rom.* Maître des gladiateurs.

LANLAIRE adv. *Envoyer quelqu'un se faire lanlaire :* envoyer promener.

LANOLINE n.f. Graisse de suint de mouton.

LANSQUENET n.m. *Hist.* Mercenaire allemand.

LANTANA n.m. Arbuste exotique.

LANTANIER n.m. → **lantana.**

LANTERNE n.f.

LANTERNEAU, X n.m. Construction basse ajourée surélevant un toit.

LANTERNER v. **10.** Flâner. – Faire attendre.

LANTERNERIE n.f. *Vx.* Propos futile.

LANTERNIER n.m. *Anc.* Allumeur de lanternes.

LANTERNON n.m. Petite lanterne.

LANTHANE n.m. Métal rare.

LANTHANIDE n.m. Nom générique des métaux des terres rares.

LANTURLU n.m. Mot qui marque une réponse évasive.

LANUGINEUX, EUSE adj. De la nature de la laine.

LANUGO n.m. Revêtement pileux de l'embryon.

LAO n.m. Langue du Laos.

LAOBÉ adj. et n. *Afr.* D'une caste spécialisée dans le travail du bois.

LAOGAI [laogay] n.m. En Chine, système concentrationnaire.

LAONNOIS, E [lanwa] adj. De Laon.

LAOTIEN, ENNE [-sy-in] adj. et n.m. Du Laos.

LAPACHO [-tchô] n.m. Arbre d'Amérique du Sud.

LAPALISSADE n.f. Vérité évidente.

LAPAROSCOPIE n.f. *Méd.* Examen endoscopique de l'abdomen.

LAPAROSCOPIQUE adj.

LAPAROTOMIE n.f. *Chir.* Incision dans l'abdomen.

LAPEMENT n.m.

LAPER v. **10.**

LAPEREAU, X n.m. Jeune lapin.

LAPIAZ n.m. *Géogr.* Ciselure creusée par le ruissellement en terrain calcaire.

LAPICIDE n.m. Ouvrier qui grave une pierre.

LAPIDAIRE 1. adj. Relatif aux pierres. – Concis. 2. n. Tailleur de pierres fines.

LAPIDATION n.f.

LAPIDER v. **10.** Attaquer à coups de pierres.

LAPIDEUR, EUSE n.

LAPIDIFICATION n.f.

LAPIDIFIER v. **15.** *Géol.* Transformer en pierre.

LAPIÉ n.m. → **lapiaz.**

LAPILLI ou **LAPILLIS** [lapili] n.m.pl. Pierres de lave projetées par un volcan.

LAPIN, E n.

LAPINER v. **(p.p.inv.) 10.** Mettre bas, en parlant de la lapine.

LAPINIÈRE n.f. Lieu d'élevage de lapins.

LAPINISME n.m. *Fam.* Fécondité excessive.

LAPIS [-s] n.m. Pierre fine de couleur bleue.

LAPLACIEN, ENNE adj. et n. De Laplace (savant français).

LAPON (f. **LAPONE** ou **LAPONNE**) adj. et n.m.

LAPPING n.m. Opération de finition de pièces mécaniques.

LAPS, LAPSE 1. adj. Qui a quitté la religion catholique. 2. n.m.

LAPSI **|** n.m.pl. *Hist.* Chrétiens qui renièrent leur foi.

LAPSUS n.m.

LAPTOT [-tô] n.m. *Afr., Vx.* Piroguier, débardeur.

LAQUAGE n.m.

LAQUAIS n.m. *Anc.* Valet qui portait la livrée.

LAQUE 1. n.f. 2. n.m. Objet d'art en laque.

LAQUELLE, LESQUELLES → **lequel.**

LAQUER v. **10.**

LAQUEUR, EUSE n. Ouvrier qui décore des ouvrages au moyen de laques.

LAQUEUX, EUSE adj. De la nature de la laque.

LARAIRE n.m. *Antiq. rom.* Sanctuaire domestique pour le culte des lares.

LARBIN n.m. *Fam.* Domestique.

LARCIN n.m. Petit vol.

LARD n.m.

LARDACÉ, E adj. *Méd.* (Tissu) ayant l'aspect du lard.

LARDAGE n.m.

LARDER v. **10.**

LARDOIRE n.f. Grosse aiguille servant à larder.

LARDON n.m.

LARDONNER v. **10.** Tailler (un morceau de lard) en lardons.

LARE n.m. et adj. *Antiq. rom.* Divinité protégeant le foyer.

LARGABLE adj.

LARGAGE n.m.

LARGE adj., n.m. et adv.

LARGEMENT adv.

LARGESSE n.f.

LARGET n.m. Produit de laminage.

LARGEUR n.f.

LARGHETTO [largètô] n.m. et adv. *Mus.* Mouvement moins lent qu'un largo.

LARGO n.m. et adv. *Mus.* Mouvement ample et large.

LARGONJI n.m. Argot où la consonne initiale des mots est remplacée par un *l.*

LARGUER v. **10.**

LARGUEUR n.m. *Aéron.* Spécialiste chargé du parachutage.

LARI n.m. Unité monétaire de la Géorgie.

LARIDÉ n.m. Oiseau, type goéland, mouette.

LARIFORME n.m. *Vx.* Charadriiforme.

LARIGOT n.m. Flûte rustique. – Série de tuyaux d'orgue.

LARIX n.m. Nom scientifique du mélèze.

LARME n.f.

LARMIER n.m. Saillie d'une corniche. – Glande oculaire des cervidés.

LARMOIEMENT n.m.

LARMOYANT, E adj.

LARMOYER v. **(p.p.inv.) 27.**

LARMOYEUR, EUSE adj. et n.

LARRON (f. **LARRONNE** ou **LARRONNESSE**) n. *Litt.* Voleur.

LARRONNESSE → **larron.**

LARSEN [-èn] n.m. Sifflement dû à une oscillation parasite dans une installation acoustique.

LARVAIRE adj.

LARVE n.f.

LARVÉ, E adj.

LARVICIDE adj. et n.m. (Produit) destructeur de larves.

LARVICOLE adj. *Zool.* Qui vit dans le corps des larves.

LARYNGAL, E, AUX adj. et n.f. *Phon.* (Consonne) dont le point d'articulation se situe au niveau du larynx.

LARYNGÉ, E adj. Relatif au larynx.

LARYNGECTOMIE n.f. Ablation du larynx.

LARYNGECTOMISER v. **10.**

LARYNGIEN, ENNE adj. → **laryngé.**

LARYNGITE n.f. Inflammation du larynx.

LARYNGOLOGIE n.f. Étude du larynx et de sa pathologie.

LARYNGOLOGIQUE adj.

LARYNGOLOGISTE n.

LARYNGOLOGUE n.

LARYNGOPHONE n.m. Microphone appliqué sur le cou et qui fonctionne grâce aux vibrations du larynx.

LARYNGOSCOPE n.m. Appareil de laryngoscopie.

LARYNGOSCOPIE n.f. Examen du larynx.

LARYNGOTOMIE n.f. Incision dans le larynx.

LARYNX n.m. Organe de la phonation.

LAS, LASSE adj.

LAS [las] interj.

LASAGNE n.f.

LASCAR n.m. Individu malin.

LASCIF, IVE adj. Enclin à la volupté.

LASCIVEMENT adv.

LASCIVETÉ n.f. **(= lascivité).**

LASCIVITÉ n.f. → **lasciveté.**

LASER [lazèr] n.m. *Phys.* Amplificateur de radiations lumineuses cohérentes.

LASSANT, E adj.

LASSER v. **10.**

LASSERIE n.f. → **lacerie.**

LASSI n.m. Boisson indienne à base de yaourt.

LASSITUDE n.f.

LASSO n.m.

LASTEX n.m. (Nom déposé) Fil de caoutchouc recouvert de fibres textiles.

LASTING n.m. Étoffe de laine.

LASURAGE n.m.

LASURE n.f. Produit de finition pour le bois.

LASURER v. **10.**

LATANIER n.m. Palmier.

LATENCE n.f.

LATENT, E adj. Qui n'est pas apparent.

LATÉRAL, E, AUX adj. et n.f.

LATÉRALEMENT adv.

LATÉRALISATION n.f. Acquisition d'une latéralité.

LATÉRALISÉ, E adj. Qui a acquis une latéralité.

LATÉRALITÉ n.f. Dominance fonctionnelle d'un côté du corps sur l'autre.

LATERE ❙ (A) [latéré] loc. *Légat a latere :* ambassadeur du pape.

LATÉRISATION n.f. Transformation des roches en latérite.

LATÉRITE n.f. Roche rougeâtre de la zone tropicale humide.

LATÉRITIQUE adj.

LATÉRITISATION n.f. → **latérisation.**

LATEX n.m. Liquide sécrété par certains végétaux (hévéa, pissenlit, etc.).

LATHYRISME n.m. Intoxication par la farine de gesse.

LATICIFÈRE adj. et n.m. Qui contient ou sécrète du latex.

LATICLAVE n.m. *Antiq. rom.* Tunique de sénateur. – Bande pourpre ornant celle-ci.

LATIF n.m. *Ling.* Cas indiquant la direction ou le but.

LATIFOLIÉ, E adj. *Bot.* Qui a de larges feuilles.

LATIFUNDIA ❙ → **latifundium.**

LATIFUNDIAIRE adj.

LATIFUNDISTE n. Grand propriétaire terrien.

LATIFUNDIUM [latif-on-dyom] (pl. **LATIFUNDIA** ou **LATIFUNDIUMS**) n.m. Grand domaine agricole.

LATIN, E adj. et n.m.

LATINA → **latino.**

LATINISANT, E adj. et n.

LATINISATION n.f.

LATINISER v. **10.** Doter d'un caractère latin.

LATINISME n.m.

LATINISTE n.

LATINITÉ n.f. Caractère latin.

LATINO (f. **LATINA**) adj. et n. Originaire d'Amérique du Sud.

LATITUDE n.f.

LATITUDINAIRE adj. et n. *Rel.* Qui étend le salut à tout le genre humain.

LATITUDINAL, E, AUX adj. (Plan vertical) qui coupe un navire dans sa plus grande largeur.

LATOMIE n.f. *Antiq.* Carrière servant de prison.

LATRIE ❙ n.f. *Culte de latrie :* culte qui n'est rendu qu'à Dieu.

LATRINES n.f.pl.

LATRODECTE n.m. Araignée venimeuse.

LATS [lats] n.m. Unité monétaire de la Lettonie.

LATTAGE n.m.

LATTE n.f.

LATTER v. **10.** Garnir de lattes.

LATTIS n.m. Garniture de lattes.

LAUDANISÉ, E adj. Qui contient du laudanum.

LAUDANUM n.m. Médicament à base d'opium.

LAUDATEUR, TRICE n. Louangeur.

LAUDATIF, IVE adj. Élogieux.

LAUDES n.f.pl. Prière liturgique matinale.

LAUDIEN, ENNE adj. *Anc.* De Saint-Lô.

LAURACÉE n.f. Arbre ou arbuste, type laurier.

LAURÉ, E adj. Couronné de lauriers.

LAURÉAT, E adj. et n.

LAURENTIEN, ENNE [-sy-in] adj. Des Laurentides (Québec).

LAURÉOLE n.f. Plante, type daphné.

LAURIER n.m.

LAUSANNOIS, E adj. De Lausanne (Suisse).

LAUSE n.f. **(= lauze)** Pierre plate utilisée comme dalle ou comme couverture.

LAUZE n.f. → **lause.**

LAVABILITÉ n.f.

LAVABLE adj.

LAVABO n.m.

LAVADAIRE n.m. **(= lavadère)** *Afr.* Domestique chargé de laver et repasser le linge.

LAVADÈRE n.m. → **lavadaire.**

LAVAGE n.m.

LAVALLIÈRE n.f. et adj. Cravate souple à large nœud.

LAVALLOIS, E adj. De Laval (France et Québec).

LAVANDE n.f.

LAVANDERAIE n.f. Champ de lavande.

LAVANDIÈRE n.f. Femme qui lave le linge. - Bergeronnette grise.

LAVANDIN n.m. Hybride de lavande et d'aspic.

LAVANT, E adj.

LAVARET n.m. Poisson des lacs.

LAVASSE n.f. Soupe, sauce, boisson qui contient trop d'eau.

LAVATÈRE n.m. Plante herbacée ornementale.

LAVATORIES → **lavatory.**

LAVATORY (pl. **LAVATORIES** ou **LAVATORYS**) n.m. *Vx.* Lavabo public.

LAVE n.f.

LAVEMENT n.m.

LAVER v. **10.**

LAVERIE n.f. Blanchisserie. - Lieu où on lave le minerai.

LAVETTE n.f.

LAVEUR, EUSE n.

LAVIGNON n.m. Mollusque bivalve.

LAVIS n.m. Coloriage avec une couleur délayée dans l'eau.

LAVOGNE n.f. Dans les Causses, mare aménagée servant d'abreuvoir.

LAVOIR n.m.

LAVRA n.f. Monastère orthodoxe.

LAVURE n.f. Eau de vaisselle.

LAWRENCIUM [lôr-an-syom] n.m. Élément chimique.

LAWSONIA [lôsonya] n.m. Arbuste qui fournit le henné.

LAXATIF, IVE adj. et n.m.

LAXISME n.m. Tolérance excessive.

LAXISTE adj. et n.

LAXITÉ n.f. État de ce qui est lâche.

LAYAGE n.m. Taillage d'une pierre.

LAYER v. **24.** Aménager (une forêt) en y traçant des laies.

LAYETIER n.m. Ouvrier qui fabrique des coffres.

LAYETTE n.f. Trousseau du nouveau-né.

LAYEUR n.m. Personne qui trace une laie.

LAYON n.m. Sentier forestier.

LAZARET n.m. Lieu d'isolement et de contrôle sanitaire.

LAZARISTE n.m. Membre d'un ordre missionnaire.

LAZE adj. D'un peuple géorgien vivant en Turquie.

LAZULITE n.f. Phosphate naturel d'aluminium et de magnésium.

LAZURITE n.f. Constituant principal du lapis.

LAZZARONE [ladzaroné] (pl. **LAZZARONI** ou **LAZZARONES**) n.m. *Hist.* À Naples, homme du bas peuple.

LAZZARONI ‖ → **lazzarone.**

LAZZI [la(d)zi] n.m. Plaisanterie bouffonne.

LE, LA, LES art. et pr.pers.

LÉ n.m. Largeur d'une étoffe entre ses deux lisières.

LEADER n. **(= leadeur).**

LEADERSHIP n.m. Fonction de leader.

LEADEUR, EUSE n. → **leader.**

LEASING [lizing] n.m. Système de financement par location.

LEBEL n.m. Fusil de petit calibre.

LÉCANORE n.f. Lichen.

LÉCHAGE n.m.

LÈCHEFRITE n.f. Ustensile de cuisine.

LÈCHEMENT n.m.

LÉCHER v. **12.**

LÉCHERIE n.f. *Vx.* Gourmandise.

LÉCHEUR, EUSE adj. et n.

LÉCHOUILLER v. **10.** *Fam.* Lécher lentement.

LÉCITHINE n.f. Lipide des tissus animaux et végétaux.

LECKERLI [lèkerli] n.m. Variété de pain d'épice, fabriqué à Bâle.

LEÇON n.f.

LÉCRELET n.m. *Vx.* → **leckerli.**

LECTEUR, TRICE n.

LECTINE n.f. Protéine végétale à propriétés insecticides.

LECTIONNAIRE n.m. *Rel.* Livre contenant des textes latins à lire ou à chanter.

LECTISTERNE n.m. *Antiq. rom.* Cérémonie religieuse.

LECTORAT n.m. Ensemble des lecteurs d'un journal.

LECTURE n.f.

LÉCYTHE n.m. *Archéol.* Vase grec.

LED [lèd] n.f. Diode électroluminescente.

LEDIT, LADITE (pl. **LESDITS, LESDITES**) adj.

LÉDONIEN, ENNE adj. De Lons-le-Saunier.

LÉGAL, E, AUX adj.

LÉGALEMENT adv.

LÉGALISATION n.f.

LÉGALISER v. **10.**

LÉGALISME n.m.

LÉGALISTE n. et adj. Partisan de la légalité.

LÉGALITÉ n.f.

LÉGAT n.m. Représentant du pape.

LÉGATAIRE n. Bénéficiaire d'un legs.

LÉGATION n.f. Représentation diplomatique en l'absence d'ambassade.

LEGATO [é] n.m. et adv. *Mus.* Signe indiquant qu'il faut lier les notes.

LÈGE adj. (Navire) sans chargement.

LÉGENDAIRE adj.

LÉGENDE n.f.

LÉGENDER v. **10.** Accompagner (une illustration) d'une légende.

LÉGER, ÈRE adj.

LÉGÈREMENT adv.

LÉGÈRETÉ n.f.

LEGGINGS [légings] n.f.pl. **(= leggins)** Jambières.

LEGGINS [légins] n.f.pl. → **leggings.**

LEGHORN [légorn] n.f. Race de poules pondeuses.

LÉGIFÉRER v. **(p.p.inv.) 12.** Établir des lois.

LÉGINE n.f. Poisson des mers australes.

LÉGION n.f.

LEGIONELLA [lé-] n.f. Bactérie provoquant la légionellose.

LÉGIONELLE n.f. → **legionella.**

LÉGIONELLOSE n.f. Maladie infectieuse grave.

LÉGIONNAIRE n.

LÉGISLATEUR, TRICE adj. et n. Qui établit les lois.

LÉGISLATIF, IVE adj., n.m. et n.f.

LÉGISLATION n.f.

LÉGISLATIVEMENT adv.

LÉGISLATURE n.f. Corps législatif d'un pays. – Durée de son exercice.

LÉGISTE n. et adj. Spécialiste des lois.

LÉGITIMAIRE adj. Relatif à la fraction d'une succession réservée aux héritiers légitimes.

LÉGITIMATION n.f.

LÉGITIME adj. et n.f.

LÉGITIMEMENT adv.

LÉGITIMER v. **10.**

LÉGITIMISME n.m.

LÉGITIMISTE adj. et n. Qui défend une dynastie légitime.

LÉGITIMITÉ n.f.

LEGO n.m. (Nom déposé) Jeu de construction en plastique.

LEGS [lè(g)] n.m. Don fait par testament.

LÉGUER v. **12.**

LÉGUME n.m. et n.f.

LÉGUMIER, ÈRE adj. et n.

LÉGUMINE n.f. Caséine végétale contenue dans les graines de certaines légumineuses.

LÉGUMINEUX, EUSE adj. et n.f. (Plante) qui a pour fruit une gousse.

LEHM n.m. Limon argileux qui résulte de la décalcification du lœss.

LEI ❙ [lèy] → **leu.**

LEIBNIZIEN, ENNE [laybnitsy-in] adj. De Leibniz (savant allemand).

LÉIOMYOME n.m. Tumeur musculaire bénigne.

LÉIPOA n.m. Gros oiseau d'Australie.

LEIPZIGOIS, E adj. De Leipzig (Allemagne).

LEISHMANIA [lèchmanya] n.f. *Zool.* Protozoaire parasite.

LEISHMANIE n.f. → **leishmania.**

LEISHMANIOSE n.f. Affection causée par les leishmanias.

LEITMOTIV (pl. **LEITMOTIVE** ou **LEITMOTIVS**) [lètmotiv] ou [laytmotif] n.m.

LEITMOTIVE ❙ → **leitmotiv.**

LEK n.m. Unité monétaire de l'Albanie.

LEM n.m. Module lunaire destiné à l'alunissage.

LÉMANIQUE adj. Relatif au lac Léman.

LEMMATISATION n.f.

LEMMATISER v. **10.** Regrouper (des formes lexicales différentes) en une seule entrée de dictionnaire.

LEMME n.m. *Math.* Proposition préliminaire à la démonstration d'un théorème.

LEMMING n.m. Mammifère rongeur.

LEMNACÉE n.f. Plante, type lentille d'eau.

LEMNISCATE n.f. *Math.* Type de courbe.

LEMPIRA [lèmpira] n.m. Unité monétaire du Honduras.

LÉMUR n.m. Maki.

LÉMURE n.m. *Antiq. rom.* Spectre d'un mort.

LÉMURIDÉ n.m. Primate, type maki.

LÉMURIEN n.m. Primate, type maki, tupaja.

LÉMURIES n.f.pl. *Antiq. rom.* Fêtes religieuses destinées à apaiser les lémures.

LENDEMAIN n.m.

LENDIT [l-an-di] n.m. *Médiév.* Foire qui se tenait dans la plaine Saint-Denis (au nord de Paris).

LÉNIFIANT, E adj.

LÉNIFIER v. **15.** Adoucir.

LÉNINISME n.m. *Pol.* Doctrine de Lénine.

LÉNINISTE adj. et n.

LÉNITIF, IVE adj. et n.m. Qui calme.

LENSOIS, E adj. De Lens.

LENT, LENTE adj.

LENTE n.f. Œuf de pou.

LENTEMENT adv.

LENTEUR n.f.

LENTICELLE n.f. Pore de l'écorce des arbres.

LENTICULAIRE adj. En forme de lentille.

LENTICULE n.f. *Bot.* Lentille d'eau.

LENTICULÉ, E adj. → **lenticulaire.**

LENTIFORME adj. → **lenticulaire.**

LENTIGINE n.f. → **lentigo.**

LENTIGO n.m. Grain de beauté.

LENTILLE n.f.

LENTILLON n.m. *Bot.* Variété de lentille.

LENTIN n.m. Champignon comestible japonais.

LENTISQUE n.m. Pistachier.

LENTIVIRUS n.m. Virus à action lente.

LENTO [lèntô] n.m. et adv. *Mus.* Mouvement lent.

LÉONAIS, E adj. et n.m. Du pays de Léon, en Bretagne.

LÉONARD, E adj. → **léonais.**

LEONBERG [léonbèrg] n.m. Gros chien allemand.

LEONE [léon] n.f. Unité monétaire de la Sierra Leone.

LÉONIN, E adj. Propre au lion. – (Contrat) qui avantage excessivement une des deux parties. – *Poét.* (Vers) dont les hémistiches riment ensemble.

LÉONTINE n.f. *Vx.* Chaîne de montre portée autour du cou.

LÉONTOCÉPHALE adj. et n. *Archéol.* (Divinité) à tête de lion.

LÉONTODON n.m. Plante voisine du pissenlit.

LÉONURE n.m. Plante à fleurs roses.

LÉOPARD n.m.

LÉOPARDÉ, E adj. Dont la peau est tachetée.

LÉOTARD n.m. *Québ.* Maillot de danse.

LÉPIDODENDRON n.m. Arbre fossile.

LÉPIDOLITE n.m. Mica lithinifère.

LÉPIDOLITHE n.m. → **lépidolite.**

LÉPIDOPTÈRE n.m. et adj. Insecte à métamorphoses complètes.

LÉPIDOSAURIEN [s] n.m. Reptile.

LÉPIDOSIREN [-èn] n.m. Poisson d'Amazonie.

LÉPIDOSIRÈNE n.m. → **lépidosiren.**

LÉPIDOSTÉE n.m. Poisson des rivières et des lacs des États-Unis.

LÉPIOTE n.f. Champignon des bois et des prés.

LÉPISME n.m. Insecte gris des lieux humides.

LÉPISOSTÉE n.m. → **lépidostée.**

LÉPORIDÉ n.m. Mammifère, type lapin.

LÈPRE n.f.

LÉPREUX, EUSE adj. et n.

LÉPROLOGIE n.f. Étude de la lèpre.

LÉPROLOGISTE n.m.

LÉPROLOGUE n.m.

LÉPROMATEUX, EUSE adj. Relatif à un léprome.

LÉPROME n.m. *Méd.* Tumeur nodulaire.

LÉPROSERIE n.f. Hôpital pour lépreux.

LEPTA | → **lepton** [-ton].

LEPTE n.m. *Zool.* Larve de trombidion.

LEPTINE n.f. Protéine jouant un rôle dans l'obésité.

LEPTIS [-s] n.m. Mouche carnassière.

LEPTOCÉPHALE n.m. Forme larvaire de l'anguille et du congre.

LEPTOLITHIQUE n.m. et adj. Période du paléolithique supérieur.

LEPTOMÉNINGE n.f. Une des deux méninges molles du cerveau.

LEPTON [-ton] (pl. **LEPTA** ou **LEPTONS**) n.m. En Grèce, centième partie de l'euro.

LEPTON n.m. *Phys.* Particule.

LEPTONIQUE adj.

LEPTOSOME adj. et n. Au corps longiligne.

LEPTOSPIRE n.m. Bactérie pathogène.

LEPTOSPIROSE n.f. Affection due au leptospire.

LEPTOTÈNE adj. et n.m. *Biol. Stade leptotène :* premier stade de la méiose.

LEPTURE n.m. Coléoptère longicorne.

LEPTYNITE n.f. Roche métamorphique.

LEQUEL, LAQUELLE (pl. **LESQUELS, LESQUELLES**) pr.relat. et int.

LERCH adv. (= **lerche**) *Arg. Pas lerch :* pas beaucoup.

LERCHE adv. → **lerch.**

LÉROT n.m. Petit rongeur, voisin du loir.

LES → **le.**

LÈS [lè] prép. (= **lez**) *Vx.* À côté de, près de.

LESBIANISME n.m. Homosexualité féminine.

LESBIEN, ENNE 1. adj. De l'île de Lesbos (mer Égée). 2. adj. et n.f. Relatif à l'homosexualité féminine.

LESBISME n.m. → **lesbianisme.**

LESDITES → **ladite.**

LESDITS → **ledit.**

LÉSER v. **12.**

LÉSINER v. **(p.p.inv.) 10.**

LÉSINERIE n.f. Épargne mesquine.

LÉSINEUR, EUSE adj. et n.

LÉSION n.f.

LÉSIONNAIRE adj. *Dr.* Relatif à une lésion.

LÉSIONNEL, ELLE adj. *Méd.* Relatif à une lésion.

LÉSIONNER (SE) v. **10.**

LESOTHAN, E [lé-] adj. Du Lesotho (Afrique australe).

LESQUELLES → **lequel.**

LESQUELS → **lequel.**

LESSIVABLE adj.

LESSIVAGE n.m.

LESSIVE n.f.

LESSIVER v. **10.**

LESSIVEUR, EUSE n.

LESSIVIEL, ELLE adj. Relatif à la lessive.

LESSIVIER n.m. Fabricant de lessive.

LEST n.m.

LESTAGE n.m.

LESTE adj.

LESTEMENT adv.

LESTER v. **10.**

LET I adj. *Sp.* (Balle de service) qui touche le filet.

LÉTAL, E, AUX adj. Qui entraîne la mort.

LÉTALITÉ n.f. Mortalité.

LETCHI [lètchi] n.m. (= **litchi, lychee**) Arbre tropical – Fruit de cet arbre.

LÉTHARGIE n.f.

LÉTHARGIQUE adj.

LÉTHÉEN, ENNE adj. *Antiq.* Relatif au Léthé, fleuve des Enfers.

LETTE adj. et n.m. → **letton.**

LETTON (f. **LETTONE** ou **LETTONNE**) adj. et n.m. De Lettonie.

LETTRAGE n.m.

LETTRE n.f.

LETTRÉ, E adj. et n.

LETTRER v. **10.** Marquer avec des lettres.

LETTREUR, EUSE n. *Québ.* Graphiste spécialisé dans l'écriture des panneaux et des enseignes.

LETTREUX, EUSE n. *Fam.* Littéraire.

LETTRINE n.f. Lettre majuscule commençant un chapitre ou un paragraphe.

LETTRISME n.m. En poésie, école littéraire qui met l'accent sur la sonorité ou la disposition des lettres.

LETTRISTE adj. et n.

LEU (pl. **LEI** [lèy] ou **LEUS**) n.m. Unité monétaire de la Roumanie.

LEUCANIE n.f. Papillon nocturne.

LEUCÉMIE n.f.

LEUCÉMIQUE adj. et n.

LEUCINE n.f. *Biol.* Acide aminé.

LEUCITE n.f. Silicate d'aluminium et de potassium.

LEUCOBLASTE n.m. *Méd.* Type de cellules proliférant au cours d'une leucémie.

LEUCOBRYUM n.m. Mousse poussant au pied des arbres.

LEUCOCYTAIRE adj.

LEUCOCYTE n.m. Globule blanc du sang et de la lymphe.

LEUCOCYTOSE n.f. Augmentation du nombre des globules blancs du sang.

LEUCODERME adj. et n. Dont la peau est blanche.

LEUCODERMIE n.f. Dépigmentation de la peau.

LEUCODYSTROPHIE n.f. *Méd.* Affection neurologique.

LEUCOMA n.m. (= **leucome**) *Méd.* Tache blanche sur la cornée.

LEUCOME n.m. → **leucoma.**

LEUCOPÉNIE n.f. Diminution du nombre des globules blancs du sang.

LEUCOPLASIE n.f. *Méd.* Affection des muqueuses.

LEUCOPLASTE n.m. *Bot.* Plaste sans pigment.

LEUCOPOÏÈSE n.f. Formation des leucocytes.

LEUCOPOÏÉTIQUE adj.

LEUCORRHÉE n.f. Pertes blanches, chez la femme.

LEUCOSE n.f. Leucémie.

LEUCOTOMIE n.f. Opération de neurochirurgie cérébrale.

LEUDE n.m. *Hist.* Sujet d'un roi mérovingien.

LEUR pr.pers.

LEUR, LEURS adj.poss. et pr.poss.

LEURRE n.m.

LEURRER v. **10.**

LEV [lèv] ou [lèf] (pl. **LEVA** [léva] ou **LEVS**) n.m. Unité monétaire de la Bulgarie.

LEVA [léva] → **lev.**

LEVAGE n.m.

LEVAIN n.m.

LEVALLOISIEN, ENNE adj. et n.m. Se dit d'un stade du paléolithique moyen.

LEVANT, E adj. et n.m.

LEVANTIN, E adj. Originaire des pays de la Méditerranée orientale.

LEVÉ, E adj., n.m. et n.f.

LEVER v. **11.**

LEVER n.m.

LEVEUR, EUSE n. Ouvrier de papeterie.

LEVIER n.m.

LÉVIGATION n.f.

LÉVIGER v. **17.** Réduire en poudre.

LÉVIRAT n.m. *Hist.* Obligation qu'avait un homme d'épouser la veuve de son frère mort sans enfant.

LÉVIROSTRE adj. et n.m. *Zool.* Qui a le bec peu puissant.

LEVIS adj.m. *Vx.* Qu'on lève.

LÉVISIEN, ENNE adj. De Lévis (Québec).

LÉVITATION n.f. État d'un corps soulevé du sol sans appui naturel.

LÉVITE n.m. Ministre du culte israélite.

LÉVITER v. **(p.p.inv.) 10.** Se soulever par lévitation.

LÉVITIQUE adj. *Rel.* Relatif aux lévites.

LÉVOGYRE adj. Qui dévie à gauche le plan de polarisation de la lumière.

LEVRAUT n.m. **(= levreau)** Jeune lièvre.

LÈVRE n.f.

LEVREAU, X n.m. → **levraut.**

LEVRETTE n.f. Femelle du lévrier.

LEVRETTÉ, E adj. (Chien) de taille mince comme un lévrier.

LEVRETTER v. **10.** Mettre bas, en parlant de la femelle du lièvre.

LÉVRIER n.m.

LEVRON, ONNE n. Jeune ou petit lévrier.

LÉVULOSE n.m. Fructose.

LEVURAGE n.m.

LEVURE n.f.

LEVURER v. **10.** Ensemencer de levures pour obtenir une fermentation alcoolique.

LEVURIER n.m. Fabricant ou commerçant de levure de bière.

LEXÈME n.m. *Ling.* Unité minimale de signification.

LEXICAL, E, AUX adj. Qui concerne le vocabulaire.

LEXICALISATION n.f.

LEXICALISER v. **10.** Transformer (une expression) en unité lexicale.

LEXICOGRAPHE n. Auteur de dictionnaires.

LEXICOGRAPHIE n.f. Science de la composition des dictionnaires.

LEXICOGRAPHIQUE adj.

LEXICOLOGIE n.f. Branche de la linguistique qui étudie le vocabulaire.

LEXICOLOGIQUE adj.

LEXICOLOGUE n.

LEXIE n.f. Toute unité lexicale.

LEXIQUE n.m.

LEXIS [-s] n.f. Énoncé logique considéré indépendamment de sa vérité.

LEZ [lè] prép. → **lès.**

LÉZARD n.m.

LÉZARDE n.f. Crevasse.

LÉZARDER v. **10.**

LI n.m. Mesure itinéraire chinoise.

LIAGE n.m.

LIAIS n.m. Pierre calcaire dure.

LIAISON n.f.

LIAISONNER v. **10.** Combler (des joints) avec du ciment.

LIANE n.f.

LIANESCENT, E adj. Qui a l'aspect d'une liane.

LIANT, E adj. et n.m.

LIARD n.m. Ancienne monnaie française.

LIARDER v. **(p.p.inv.) 10.** *Vx.* Lésiner.

LIAS [-s] n.m. *Géol.* Jurassique inférieur.

LIASIQUE adj. Relatif au lias.

LIASSE n.f.

LIBAGE n.m. Moellon pour fondations.

LIBANAIS, E adj.

LIBANISATION n.f. Fragmentation d'un État.

LIBATION n.f. *Rel.* Offrande rituelle d'un liquide.

LIBECCIO [libètchyô] n.m. Vent du sud-ouest soufflant sur les côtes ligures, provençales et corses.

LIBELLE n.m. Écrit diffamatoire.

LIBELLÉ n.m.

LIBELLER v. **10.** Rédiger dans les formes.

LIBELLISTE n. Auteur de libelles.

LIBELLULE n.f.

LIBER [-èr] n.m. *Bot.* Tissu végétal où circule la sève.

LIBÉRABLE adj. et n.m.

LIBÉRAL, E, AUX adj. et n.

LIBÉRALEMENT adv.

LIBÉRALISATION n.f.

LIBÉRALISER v. **10.**

LIBÉRALISME n.m. Doctrine économique préconisant la libre entreprise.

LIBÉRALITÉ n.f. Générosité. – Don.

LIBÉRATEUR, TRICE adj. et n.

LIBÉRATION n.f.

LIBÉRATOIRE adj. *Dr.* Qui libère d'une obligation, d'une dette.

LIBÉRER v. **12.**

LIBÉRIEN, ENNE adj. Du Liberia (Afrique occidentale). – *Bot.* Relatif au liber.

LIBÉRINE n.f. *Biochim.* Hormone de l'hypothalamus.

LIBÉRISTE adj. et n. Relatif au vol à voile.

LIBÉRO n.m. Au football, défenseur évoluant librement.

LIBÉROLIGNEUX, EUSE adj. Composé de liber et de bois.

LIBERTAIRE n. et adj. Partisan de la liberté absolue. – Anarchiste.

LIBERTÉ n.f.

LIBERTICIDE adj. Qui porte atteinte à la liberté.

LIBERTIN, E adj. et n. Qui mène une vie dissolue.

LIBERTINAGE n.m.

LIBERTY n.m. et adj. (Nom déposé) Étoffe légère.

LIBIDINAL, E, AUX adj. Relatif à la libido.

LIBIDINEUX, EUSE adj. et n. Vicieux, licencieux.

LIBIDO n.f. *Psych.* Énergie de la pulsion sexuelle.

LIBOURET n.m. Ligne pour pêcher en mer.

LIBRAIRE n.

LIBRAIRIE n.f.

LIBRATION n.f. *Astr.* Balancement de la Lune.

LIBRE adj.

LIBREMENT adv.

LIBRETTI | → **libretto.**

LIBRETTISTE n. Auteur de libretti.

LIBRETTO (pl. **LIBRETTI** ou **LIBRETTOS**) n.m. *Mus.* Livret.

LIBREVILLOIS, E adj. De Libreville (Gabon).

LIBYEN, ENNE adj.

LIBYQUE adj. Du désert de Libye.

LICE n.f. 1. Femelle d'un chien de chasse. 2. Champ clos pour joutes de plein air. 3. **(= lisse)** Partie d'un métier à tisser.

LICÉITÉ n.f. *Dr.* État de ce qui est licite.

LICENCE n.f.

LICENCIABLE adj. et n.

LICENCIEMENT n.m.

LICENCIER v. **15.**

LICENCIEUSEMENT adv.

LICENCIEUX, EUSE adj. Grivois.

LICHEN [-kèn] n.m. Végétal formé par l'association d'un champignon et d'une algue.

LICHÉNIFICATION [ké] n.f. *Méd.* Épaississement de la peau consécutif à une dermatose.

LICHÉNIQUE [ké] adj.

LICHER v. **10.** *Fam.* Boire.

LICHETTE n.f. Petit morceau. – *Belg.* Attache servant à suspendre un vêtement.

LICHEUR, EUSE n.

LICIER, ÈRE n. **(= lissier)** Ouvrier qui monte les lices d'un métier à tisser.

LICITATION n.f. *Dr.* Vente publique d'un bien indivis.

LICITATOIRE adj. *Dr.* Relatif à la licitation.

LICITE adj. Permis par la loi.

LICITEMENT adv.

LICITER v. **10.** *Dr.* Vendre par licitation.

LICOL n.m. **(= licou)** Pièce de harnais.

LICORNE n.f. Animal fabuleux ayant une corne au milieu du front.

LICOU n.m. → **licol.**

LICTEUR n.m. *Antiq. rom.* Garde qui précédait les grands magistrats.

LIDAR n.m. Radar par rayonnement laser.

LIDO n.m. *Géogr.* Cordon littoral.

LIDOCAÏNE n.f. (Nom déposé) Anesthésiant local.

LIE n.f. Dépôt d'un liquide.

LIED [lid] (pl. **LIEDER** [-eur] ou **LIEDS**) n.m. Chant ou mélodie des pays germaniques.

LIEDER | [lideur] → **lied.**

LIÈGE n.m.

LIÉGEOIS, E adj. De Liège (Belgique).

LIÉGER v. **18.** Garnir (un filet de pêche) de liège.

LIÉGEUR n.m. Ouvrier qui récolte le liège.

LIÉGEUX, EUSE adj. Qui a l'apparence du liège.

LIEMENT [lim-an] n.m. Action de lier.

LIEN n.m.

LIER v. **15.**

LIERNE n.f. Pièce de charpente.

LIERRE n.m.

LIESSE n.f. Allégresse.

LIEU, S n.m. Poisson voisin du merlan.

LIEU, X n.m.

LIEUDIT n.m.

LIEUE n.f.

LIEUR, LIEUSE n.

LIEUTENANCE n.f.

LIEUTENANT, E n.

LIÈVRE n.m.

LIFT n.m. *Sp.* Effet donné à une balle.

LIFTER v. **10.**

LIFTEUR, EUSE n.

LIFTIER, ÈRE n. Personne qui manœuvre un ascenseur.

LIFTING n.m. Opération de chirurgie esthétique.

LIGAMENT n.m.

LIGAMENTAIRE adj.

LIGAMENTEUX, EUSE adj.

LIGAND [lig-an] n.m. Molécule ou ion unis à un atome central.

LIGASE n.f. Enzyme qui catalyse l'union entre deux molécules.

LIGATURE n.f.

LIGATURER v. **10.**

LIGE adj. Entièrement dévoué (à une personne ou un parti).

LIGÉRIEN, ENNE adj. Relatif à la Loire.

LIGHT **I** [layt] adj. (Boisson, aliment) allégé.

LIGIE n.f. Crustacé marin.

LIGNAGE n.m. Nombre de lignes d'un texte imprimé. – Groupe de personnes descendant d'un ancêtre commun.

LIGNAGER, ÈRE adj. et n. *Dr. anc. Retrait lignager :* droit des parents d'un défunt sur un bien vendu par celui-ci à un tiers.

LIGNARD n.m. *Hist.* Soldat de l'infanterie de ligne avant 1914.

LIGNE n.f.

LIGNÉE n.f.

LIGNER v. **10.** Marquer de lignes.

LIGNEROLLE n.f. Petit filin.

LIGNETTE n.f. Ligne de pêche légère.

LIGNEUL n.m. Fil enduit de poix, à l'usage des cordonniers.

LIGNEUR n.m. Bateau équipé pour la pêche à la ligne.

LIGNEUX, EUSE adj. De la nature du bois.

LIGNICOLE adj. *Zool.* Qui vit dans le bois.

LIGNIFICATION n.f.

LIGNIFIER (SE) v. **15.** Se transformer en bois.

LIGNINE n.f. Substance qui imprègne le tissu ligneux.

LIGNITE n.m. Charbon naturel fossile.

LIGNIVORE adj. *Zool.* Qui se nourrit de bois.

LIGNOMÈTRE n.m. *Impr.* Règle graduée utilisée en typographie.

LIGOT n.m. Petit fagot de bûchettes servant d'allume-feu.

LIGOTAGE n.m.

LIGOTER v. **10.**

LIGUE n.f.

LIGUER v. **10.**

LIGUEUR, EUSE n. Membre d'une ligue.

LIGULE n.f. *Bot.* Languette que porte la feuille des graminées.

LIGULÉ, E adj. *Bot.* Qui a la forme d'une languette.

LIGULIFLORE adj. et n.f. (Plante) à fleurs ligulées.

LIGURE adj. De la Ligurie (Italie).

LIGURIEN, ENNE adj. → **ligure.**

LILANGENI [lilangéni] n.m. Unité monétaire du Swaziland.

LILAS adj. et n.m.

LILIACÉE n.f. Plante, type lis.

LILIAL, E, AUX adj. Relatif au lis.

LILIIFLORE n.f. Plante, type liliacée.

LILLIPUTIEN, ENNE [-sy-in] adj. et n. Très petit.

LILLOIS, E adj. De Lille.

LILONGWAIS, E [w] adj. De Lilongwe (Malawi).

LIMACE n.f.

LIMAÇON n.m.

LIMAGE n.m.

LIMAILLE n.f. Ensemble des parcelles de métal détachées par une lime.

LIMAN n.m. Lagune isolée par un cordon littoral barrant partiellement un estuaire.

LIMANDE n.f. Poisson plat.

LIMBA [limba] n.m. **(= limbo)** Bois africain.

LIMBAIRE adj. *Bot.* Relatif au limbe.

LIMBE 1. n.m. *Bot.* Partie de la feuille ou du pétale. – *Astr.* Bord d'un astre. 2. n.m.pl. Dans la religion catholique, séjour des âmes des justes et des enfants morts sans baptême.

LIMBIQUE adj. *Anat.* (Système) de structures nerveuses.

LIMBO [limbô] n.m. 1. Danse antillaise pratiquée sous une barre de plus en plus basse. 2. → **limba.**

LIMBOURGEOIS, E adj. Du Limbourg (Belgique).

LIME n.f.

LIMÉNIEN, ENNE adj. De Lima (Pérou).

LIMEQUAT [limékwat] n.m. *Bot.* Hybride de limettier et de kumquat.

LIMER v. **10.**

LIMERICK n.m. *Litt.* Petite pièce comique anglaise en vers.

LIMETTE n.f. Fruit du limettier.

LIMETTIER n.m. Variété de citronnier.

LIMEUR, EUSE adj. et n.

LIMICOLE adj. *Zool.* Qui vit dans la vase.

LIMIER n.m. Chien de chasse. – Détective.

LIMINAIRE adj. 1. Placé en tête d'un ouvrage. 2. *Psych.* À peine perceptible.

LIMINAL, E, AUX adj. → **liminaire** 2.

LIMITABLE adj.

LIMITANT, E adj.

LIMITATIF, IVE adj.

LIMITATION n.f.

LIMITATIVEMENT adv.

LIMITE adj. et n.f.

LIMITER v. **10.**

LIMITEUR n.m. *Techn.* Dispositif empêchant une grandeur de dépasser certaines limites.

LIMITROPHE adj.

LIMIVORE adj. *Zool.* Qui se nourrit dans le limon du fond des eaux.

LIMNÉE n.f. **(= lymnée)** Mollusque d'eau douce.

LIMNICULTURE n.f. Aquiculture.

LIMNIMÈTRE n.m. Appareil qui mesure le niveau d'un cours d'eau.

LIMNIMÉTRIE n.f.

LIMNIQUE adj. *Biol.* Se dit des milieux lacustres.

LIMNOLOGIE n.f. Étude des lacs.

LIMNOLOGIQUE adj.

LIMOGEAGE n.m.

LIMOGER v. **17.**

LIMON n.m. Dépôt sédimentaire amené par les eaux courantes. – Pièce d'attelage.

LIMONADE n.f.

LIMONADIER, ÈRE n. Fabricant de limonade.

LIMONAGE n.m Apport de limon à des terres pauvres.

LIMONAIRE n.m. Orgue de Barbarie.

LIMONÈNE n.m. Hydrocarbure.

LIMONER v. **10.** Débarrasser (un aliment) de ses impuretés avant la cuisson.

LIMONEUX, EUSE adj. Qui contient du limon.

LIMONIER, ÈRE 1. adj. et n.m. (Cheval) destiné à l'attelage. 2. n.f. Partie d'attelage.

LIMONITE n.f. Minerai de fer.

LIMOSELLE n.f. Plante des endroits humides.

LIMOUGEAUD, E adj. De Limoges.

LIMOUSIN, E adj. Du Limousin (région de Limoges).

LIMOUSINAGE n.m. Maçonnerie faite avec des moellons et du mortier.

LIMOUSINE n.f. Pèlerine de berger. – Voiture.

LIMOUSINER v. **10.** Construire en limousinage.

LIMPIDE adj.

LIMPIDITÉ n.f.

LIMULE n.f. *Zool.* Arthropode marin.

LIN n.m.

LINACÉE n.f. Plante, type lin.

LINAIGRETTE n.f. Plante des marais.

LINAIRE n.f. Lin sauvage.

LINCEUL n.m.

LINÇOIR n.m. **(= linsoir)** Pièce de charpente.

LINDANE n.m. Insecticide.

LINDOR n.m. Sept de carreau, au jeu de nain jaune.

LINÉAIRE 1. adj. Qui se rapporte aux lignes, spécialement à la ligne droite. 2. n.m. Rayon disponible pour la présentation d'une marchandise, dans un magasin.

LINÉAIREMENT adv.

LINÉAL, E, AUX adj. Relatif aux lignes d'un dessin.

LINÉAMENT n.m. Ébauche.

LINÉARISATION n.f.

LINÉARITÉ n.f.

LINÉATURE n.f. Nombre de lignes contenues dans une image télévisée.

LINÉIQUE adj. (Grandeur) rapportée à l'unité de longueur.

LINER [layneur] n.m. Paquebot de ligne.

LINETTE n.f. Graine de lin.

LINGA [l-in-ga] n.m. **(= lingam)** Symbole phallique du dieu indien Siva.

LINGALA [lingala] n.m. Langue bantoue.

LINGAM [l-in-gam] n.m. → **linga.**

LINGE n.m.

LINGER, ÈRE adj. et n.

LINGERIE n.f.

LINGETTE n.f. Petite serviette.

LINGOT n.m.

LINGOTER v. **10.** Couler (un métal) en lingot.

LINGOTIER, ÈRE 1. n.m. Casier de rangement utilisé en typographie. 2. n.f. Moule à lingot.

LINGUAL, E, AUX [gwa] adj. Relatif à la langue.

LINGUATULE [gwa] n.f. Arthropode parasite des voies respiratoires de certains vertébrés.

LINGUE n.f. Poisson de mer.

LINGUET n.m. *Mar.* Pièce qui empêche un cabestan de tourner dans le mauvais sens.

LINGUETTE n.f. *Pharm.* Comprimé qui fond sous la langue.

LINGUIFORME [gwi] adj. En forme de langue.

LINGUINE [lingwiné] n.f. Pâte alimentaire longue et plate.

LINGUISTE [gwi] n. Spécialiste de l'étude scientifique des langues.

LINGUISTIQUE [gwi] adj. et n.f.

LINGULE n.f. Brachiopode fixé dans le sable par un pédoncule.

LINIER, ÈRE adj. Relatif au lin.

LINIMENT n.m. Pommade pour frictions.

LINKAGE [linkédj] n.m. *Biol.* Association de deux caractères génétiques.

LINKS [links] n.m.pl. Terrain de golf.

LINNÉEN, ENNE adj. *Bot.* Relatif au système de Linné.

LINO n.m. *Fam.* Linoléum.

LINOGRAVURE n.f. Gravure en relief sur linoléum.

LINOLÉINE n.f. Glycéride de l'acide linoléique.

LINOLÉIQUE adj. (Acide) gras.

LINOLÉUM n.m.

LINON n.m. Fine toile de lin.

LINOTTE n.f. Passereau chanteur.

LINOTYPE n.f. (Nom déposé) *Impr.* Machine à composer.

LINOTYPIE n.f.

LINOTYPISTE n.

LINSANG [l-in-s-an-g] n.m. Carnassier d'Asie.

LINSOIR n.m. → **linçoir.**

LINTEAU, X n.m. Pièce horizontale placée au-dessus d'une ouverture de porte ou de fenêtre.

LINTER [lintèr] n.m. Duvet de cellulose adhérant aux graines de cotonnier.

LION, LIONNE n.

LIONCEAU, X n.m.

LIPARIDÉ n.m. Papillon de nuit.

LIPARIS [-s] n.m. Poisson. – Papillon de nuit.

LIPASE n.f. Enzyme.

LIPÉMIE n.f. Taux de lipides dans le sang.

LIPIDE n.m. Graisse organique.

LIPIDÉMIE n.f. → **lipémie.**

LIPIDIQUE adj.

LIPIZZAN n.m. Cheval apte au dressage.

LIPOASPIRATION n.f. *Méd.* Liposuccion.

LIPOCHROME n.m. Pigment donnant une coloration jaunâtre aux lipides.

LIPODYSTROPHIE n.f. *Méd.* Affection du tissu adipeux.

LIPOGENÈSE n.f. *Biochim.* Formation des graisses dans l'organisme.

LIPOGRAMMATIQUE adj.

LIPOGRAMME n.m. *Litt.* Œuvre littéraire caractérisée par l'absence totale d'une ou de plusieurs lettres.

LIPOÏDE adj. et n.m. Qui a l'apparence de la graisse.

LIPOÏDIQUE adj. *Méd.* Relatif à la graisse.

LIPOLYSE n.f. Destruction des graisses dans l'organisme.

LIPOLYTIQUE adj.

LIPOMATOSE n.f. *Méd.* Affection due aux lipomes.

LIPOME n.m. Tumeur bénigne du tissu graisseux.

LIPOPHILE adj. Qui absorbe les substances grasses.

LIPOPHOBE adj. Réfractaire aux corps gras.

LIPOPROTÉINE n.f. Combinaison d'une protéine et d'un lipide.

LIPOPROTÉIQUE adj.

LIPOSARCOME n.m. Tumeur formée de tissu graisseux et de tissu embryonnaire.

LIPOSOLUBLE adj. Soluble dans les graisses.

LIPOSOME [z] n.m. *Biol.* Vésicule artificielle microscopique.

LIPOSUCCION n.f. *Méd.* Ponction ou aspiration de graisse superflue.

LIPOSUCER v. **13.**

LIPOTHYMIE n.f. Perte de connaissance.

LIPOTROPE adj. Qui se fixe sur les graisses.

LIPOVACCIN n.m. Vaccin où les microbes tués sont en suspension dans un liquide huileux.

LIPPE n.f. Lèvre inférieure épaisse et proéminente.

LIPPÉE n.f. *Litt.* Bon repas.

LIPPU, E adj. Qui a de grosses lèvres.

LIPSCHITZIEN, ENNE adj. *Math.* Se dit d'un type de fonction.

LIQUATION [kwa] n.f. Séparation de deux métaux par échauffement.

LIQUÉFACTEUR n.m. Appareil pour liquéfier.

LIQUÉFACTION n.f.

LIQUÉFIABLE adj.

LIQUÉFIANT, E adj.

LIQUÉFIER v. **15.**

LIQUETTE n.f. *Fam.* Chemise.

LIQUEUR n.f.

LIQUIDABLE adj.

LIQUIDAMBAR n.m. Arbre exotique.

LIQUIDATEUR, TRICE adj. et n.

LIQUIDATIF, IVE adj.

LIQUIDATION n.f.

LIQUIDE adj. et n.m.

LIQUIDER v. **10.**

LIQUIDIEN, ENNE adj. Relatif aux liquides.

LIQUIDITÉ n.f.

LIQUOREUX, EUSE adj.

LIQUORISTE n. Fabricant ou marchand de liqueurs.

LIRE n.f. Ancienne unité monétaire de l'Italie.

LIRE v. **126.**

LIRETTE n.f. Mode de tissage artisanal.

LIRON n.m. Lérot.

LIS n.m. **(= lys).**

LISAGE n.m. Technique du dessin sur tissu.

LISBOÈTE adj. → **lisbonnais.**

LISBONNAIS, E adj. De Lisbonne (Portugal).

LISBONNIN, E adj. → **lisbonnais.**

LISE n.f. Sable mouvant.

LISERAGE ou **LISÉRAGE** n.m. Fil dont on entoure un dessin de broderie.

LISERÉ ou **LISÉRÉ** n.m. Ruban dont on borde un vêtement.

LISERER ou **LISÉRER** v. **11** ou **12.** Garnir d'un liseré.

LISERON n.m. Plante grimpante.

LISETTE n.f. *Zool.* Petit maquereau.

LISEUR, EUSE adj. et n.

LISIBILITÉ n.f.

LISIBLE adj.

LISIBLEMENT adv.

LISIER n.m. Mélange humide d'excréments d'animaux, servant d'engrais.

LISIÈRE n.f.

LISP n.m. *Inf.* Langage de programmation utilisé en intelligence artificielle.

LISSAGE n.m.

LISSANT, E adj. Qui lisse les cheveux, la peau.

LISSE 1. adj. 2. n.f. → **lice** 3.

LISSER v. **10.**

LISSEUR, EUSE n. Personne qui lisse une étoffe, du papier.

LISSIER, ÈRE n. → **licier.**

LISSOIR n.m. Instrument pour lisser.

LISTAGE n.m.

LISTE n.f.

LISTEAU, X n.m. → **listel.**

LISTEL n.m. Petite moulure plate ou saillante.

LISTER v. **10.** Mettre en liste.

LISTERIA [é] n.f. Bactérie provoquant la listériose.

LISTÉRIOSE n.f. Maladie infectieuse.

LISTING n.m. *Inf.* Sortie sur imprimante.

LISTON n.m. → **listel.**

LISTRAC n.m. Vin de Bordeaux.

LIT n.m.

LITAGE n.m. Alternance de couches sédimentaires.

LITANIE n.f.

LITANIQUE adj.

LITAS [-s] n.m. Unité monétaire de la Lituanie.

LITCHI n.m. → **letchi.**

LITEAU, X n.m. Pièce de bois de faible section servant à soutenir. – Raie de couleur dans le linge de maison.

LITÉE n.f. Réunion d'animaux dans un même repaire.

LITER v. **10.** Disposer par couches.

LITERIE n.f.

LITHAM n.m. **(= litsam)** Voile dont les musulmanes se couvrent le bas du visage.

LITHARGE n.f. Oxyde de plomb.

LITHERGOL n.m. Combustible pour fusée.

LITHIASE n.f. *Méd.* Formation de calculs.

LITHIASIQUE adj. et n.

LITHINE n.f. Oxyde de lithium.

LITHINÉ, E adj. et n.m. Qui contient de la lithine.

LITHINIFÈRE adj. Qui contient du lithium.

LITHIQUE adj. Relatif à la pierre.

LITHIUM n.m. Métal alcalin.

LITHO n.f. *Fam.* Lithographie.

LITHOBIE n.m. Myriapode vivant sous les pierres.

LITHOCHROMIE n.f. *Anc.* Lithographie en couleurs.

LITHODOME n.m. Mollusque lithophage.

LITHOGÈNE adj. Qui produit des pierres.

LITHOGENÈSE n.f. *Géol.* Formation des roches.

LITHOGRAPHE n.

LITHOGRAPHIE n.f. Reproduction par impression d'un dessin tracé sur de la pierre.

LITHOGRAPHIER v. **15.**

LITHOGRAPHIQUE adj.

LITHOLOGIE n.f. Science qui étudie les pierres.

LITHOLOGIQUE adj.

LITHOPÉDION n.m. Fœtus mort et calcifié.

LITHOPHAGE adj. et n.m. Qui ronge la pierre.

LITHOPHANIE n.f. Translucidité de la porcelaine due à des variations d'épaisseur.

LITHOPHYTE n.f. Plante qui vit sur les rochers.

LITHOPONE n.m. Mélange de sulfure de zinc et de sulfate de baryum.

LITHOSOL [s] n.m. *Géol.* Sol peu évolué.

LITHOSPHÈRE n.f. Partie solide de la sphère terrestre.

LITHOSPHÉRIQUE adj.

LITHOTHAMNIUM n.m. Algue marine calcifiée.

LITHOTOMIE n.f. *Chir., Anc.* Section des calculs vésiculaires en fragments.

LITHOTRIPSIE n.f. → **lithotritie.**

LITHOTRIPTEUR n.m. → **lithotriteur.**

LITHOTRITEUR n.m. Appareil réalisant la lithotritie.

LITHOTRITIE [-si] ou [-ti] n.f. *Méd.* Réduction des calculs urinaires.

LITHUANIEN, ENNE adj. et n.m. → **lituanien.**

LITIÈRE n.f.

LITIGANT, E adj. *Vx., Dr.* Qui plaide.

LITIGE n.m.

LITIGIEUX, EUSE adj.

LITISPENDANCE n.f. *Dr.* Fait de porter un litige simultanément devant deux tribunaux.

LITORNE n.f. Grive.

LITOTE n.f. *Rhét.* Figure qui consiste à dire moins pour faire entendre plus.

LITRAGE n.m. Quantité exprimée en litres.

LITRE n.m.

LITRER v. **10.** Mesurer au litre.

LITRON n.m. *Fam.* Litre de vin.

LITSAM n.m. → **litham.**

LITTÉRAIRE adj. et n.

LITTÉRAIREMENT adv.

LITTÉRAL, E, AUX adj.

LITTÉRALEMENT adv.

LITTÉRALITÉ n.f. Conformité à la lettre d'un texte.

LITTÉRARITÉ n.f. Caractère littéraire d'un texte.

LITTÉRATEUR, TRICE n. Homme, femme de lettres.

LITTÉRATURE n.f.

LITTORAL, E, AUX adj. et n.m.

LITTORINE n.f. Mollusque, type bigorneau.

LITUANIEN, ENNE adj. et n.m. **(= lithuanien)** De la Lituanie.

LITURGIE n.f.

LITURGIQUE adj.

LITURGISTE n.m. Spécialiste de la liturgie.

LITUUS n.m. *Antiq. rom.* Bâton augural recourbé.

LIURE n.f. Câble, cordage servant à lier.

LIVARDE n.f. *Mar.* Vergue tendant une voile aurique.

LIVAROT n.m. Fromage à pâte molle.

LIVE **I** [layv] adj. et n.m. (Enregistrement) effectué en public.

LIVÈCHE n.f. Plante ombellifère.

LIVEDO [é] n.m. *Méd.* Tache violacée sur la peau.

LIVET n.m. Ligne de jonction du pont et de la coque d'un navire.

LIVIDE adj.

LIVIDITÉ n.f.

LIVING n.m.

LIVOURNAIS, E adj. De Livourne (Italie).

LIVRABLE adj.

LIVRAISON n.f.

LIVRE n.m. et n.f.

LIVRÉE n.f. Tenue de domestique.

LIVRER v. **10.**

LIVRESQUE adj.

LIVRET n.m.

LIVREUR, EUSE n.

LIXIVIAT n.m. Résultat liquide d'une substance lixiviée.

LIXIVIATION n.f.

LIXIVIER v. **15.** Traiter (une substance) pour extraire ses constituants solubles.

LJUBLJANAIS, E [lyoublya-] adj. De Ljubljana (Slovénie).

LLANOS [lyanôs] n.m.pl. Grande plaine herbeuse en Amérique du Sud.

LLOYD n.m. Nom adopté par des compagnies d'assurances.

LOADER [lôdeur] n.m. Excavatrice et chargeuse.

LOASE n.f. *Méd.* Affection sous-cutanée due à un ver parasite.

LOB n.m.

LOBAIRE adj. *Anat.* Relatif à un lobe.

LOBBIES → **lobby.**

LOBBY (pl. **LOBBIES** ou **LOBBYS**) n.m. Groupe de pression.

LOBBYING n.m. → **lobbyisme.**

LOBBYISME n.m. **(= lobbysme)** Action menée par un lobby.

LOBBYISTE n. **(= lobbyste)** Membre d'un lobby.

LOBBYSME n.m. → **lobbyisme.**

LOBBYSTE n. → **lobbyiste.**

LOBE n.m.

LOBÉ, E adj. Divisé en lobes.

LOBECTOMIE n.f. *Chir.* Ablation d'un lobe du poumon.

LOBELIA [é] n.f. **(= lobélie)** Plante exotique.

LOBÉLIE n.f. → **lobelia.**

LOBÉLINE n.f. Alcaloïde de la lobélie.

LOBER v. **10.**

LOBI, E adj. D'un peuple du Burkina et de Côte d'Ivoire.

LOBOTOMIE n.f. Opération de neurochirurgie cérébrale.

LOBOTOMISER v. **10.**

LOBULAIRE adj. Relatif à un lobule. – Formé de lobules.

LOBULE n.m. *Anat.* Petit lobe.

LOBULÉ, E adj. → **lobulaire.**

LOBULEUX, EUSE adj. Composé de lobules.

LOCAL, E, AUX adj. et n.m.

LOCALEMENT adv.

LOCALIER n.m. Journaliste chargé de la rubrique locale.

LOCALISABLE adj.

LOCALISATEUR, TRICE adj. et n.m.

LOCALISATION n.f.

LOCALISER v. **10.**

LOCALISME n.m. Repli sur la vie locale.

LOCALISTE adj.

LOCALITÉ n.f.

LOCATAIRE n.

LOCATEUR, TRICE n. Personne qui exécute un ouvrage défini par un contrat d'entreprise.

LOCATIF, IVE 1. adj. 2. n.m. *Ling.* Cas indiquant le lieu.

LOCATION n.f.

LOCAVORE n. et adj. Personne qui ne consomme que des fruits et des légumes locaux pour respecter l'environnement.

LOCH [lok] n.m. Appareil de mesure de la vitesse d'un navire. – Lac, en Écosse.

LOCHE n.f. Poisson de rivière. – Limace.

LOCHER v. **10.** Secouer (un arbre) pour en faire tomber les fruits.

LOCHIES [lochi] n.f.pl. Écoulement utérin consécutif à l'accouchement.

LOCI ❙ [k] ou [s] → **locus.**

LOCKISTE adj. De Locke (philosophe anglais).

LOCKOUT [lokaout] n.m. Fermeture d'une entreprise par l'employeur en réponse à une grève.

LOCKOUTER [lokaouté] v. **10.**

LOCO n.f. *Fam.* Locomotive.

LOCOMOBILE n.f. Machine à vapeur.

LOCOMOTEUR, TRICE adj.

LOCOMOTIF, IVE 1. adj. Relatif à la locomotion. 2. n.f.

LOCOMOTION n.f.

LOCORÉGIONAL, E, AUX adj. *Méd.* (Anesthésie) locale.

LOCOTRACTEUR n.m. Petite locomotive de manœuvre.

LOCULAIRE adj. *Bot.* Partagé en loges.

LOCULÉ, E adj. → **loculaire.**

LOCULEUX, EUSE adj. → **loculaire.**

LOCUS (pl. **LOCI** [k] ou [s]) n.m. *Biol.* Site du gène sur le chromosome.

LOCUSTE n.f. Criquet migrateur.

LOCUSTELLE n.f. Petite fauvette au chant strident.

LOCUTEUR, TRICE n. *Ling.* Personne qui parle.

LOCUTION n.f.

LODEN [lodèn] n.m. Lainage épais. – Manteau.

LODGE n.m. En Afrique, hôtel de style anglais.

LODS [lô] n.m.pl. *Féod.* Redevance perçue par le seigneur lorsqu'un paysan vendait une terre.

LOEMPIA [leumpya] ou [loumpya] n.m. ou f. Beignet fourré au soja.

LŒSS [lös] n.m. *Géol.* Limon fertile.

LŒSSIQUE [lös-] adj.

LOF n.m. Côté du navire frappé par le vent.

LOFER v. **(p.p.inv.) 10.** *Mar.* Gouverner plus près du vent.

LOFT n.m. Atelier, entrepôt transformé en logement.

LOG n.m. *Fam.* Logarithme.

LOGANIACÉE n.f. Arbuste, type buddleia.

LOGARITHME n.m. Fonction mathématique.

LOGARITHMIQUE adj.

LOGATOME n.m. Suite de sons caractéristiques d'une langue, mais sans signification.

LOGE n.f.

LOGEABLE adj.

LOGEMENT n.m.

LOGER v. **17.**

LOGETTE n.f. *Arch.* Petite loggia.

LOGEUR, EUSE n.

LOGGIA [lodjya] n.f.

LOGICIEL, ELLE n.m. et adj. *Inf.* Ensemble de programmes.

LOGICIEN, ENNE n. Spécialiste de la logique.

LOGICISME n.m. Attitude philosophique qui met l'accent sur la logique des raisonnements.

LOGIGRAMME n.m. *Inf.* Schéma de circuit logique.

LOGIGRILLE n.f. Jeu de déduction.

LOGIN [login] n.m. *Inf.* Identifiant, pseudonyme.

LOGIQUE adj. et n.f.

LOGIQUEMENT adv.

LOGIS n.m.

LOGISTE n. Élève des Beaux-Arts qui concourt en loge.

LOGISTICIEN, ENNE n.

LOGISTIQUE n.f. et adj. Organisation des moyens nécessaires à une armée pour mener des opérations.

LOGITHÈQUE n.f. *Inf.* Bibliothèque de logiciels.

LOGO n.m. Élément graphique caractérisant une marque commerciale.

LOGOGRAMME n.m. Dessin correspondant à une notion ou à une séquence phonique.

LOGOGRAPHE n.m. *Antiq.* Historien.

LOGOGRAPHIE n.f. Écriture utilisant des logogrammes.

LOGOGRAPHIQUE adj.

LOGOGRIPHE n.m. Énigme fondée sur des mots. – Langage obscur.

LOGOMACHIE n.f. Assemblage de mots creux dans un raisonnement.

LOGOMACHIQUE adj.

LOGOPATHIE n.f. *Méd.* Trouble du langage.

LOGOPÈDE n. *Belg.* Praticien exerçant la logopédie.

LOGOPÉDIE n.f. Traitement des défauts de langage.

LOGOPÉDIQUE adj.

LOGOPÉDISTE n.

LOGORRHÉE n.f. Flux de paroles.

LOGORRHÉIQUE adj.

LOGOS [-s] n.m. *Philos.* Divinité suprême des stoïciens.

LOGOTHÈTE n.m. *Hist.* Dans l'Empire byzantin, administrateur des finances.

LOGOTYPE n.m. → **logo.**

LOGUER (SE) v. **10.** *Inf.* Se connecter.

LOI n.f.

LOIN adv.

LOINTAIN, E adj. et n.m.

LOINTAINEMENT adv.

LOIR n.m. Mammifère rongeur.

LOISIBLE adj. *Vx.* Permis.

LOISIR n.m.

LOKOUM n.m. **(= loukoum)** Confiserie orientale.

LOLETTE n.f. *Helv.* Tétine pour nourrisson.

LOLITA n.f. *Fam.* Nymphette.

LOLLARD n.m. *Hist.* Membre d'une secte de pénitents.

LOLO n.m. *Fam.* Lait. - Sein.

LOMBAGO n.m. **(= lumbago).**

LOMBAIRE adj. et n.f. Relatif aux lombes.

LOMBALGIE n.f. Douleur de la région lombaire.

LOMBALGIQUE adj.

LOMBARD, E adj. et n.m. De la Lombardie (Italie).

LOMBARTHROSE n.f. Arthrose des vertèbres lombaires.

LOMBES n.f.pl. *Anat.* Régions postérieures symétriques du tronc.

LOMBOSACRÉ, E [s] adj. *Anat.* Relatif au sacrum et à la dernière vertèbre lombaire.

LOMBOSCIATIQUE n.f. *Méd.* Sciatique associée à une lombalgie.

LOMBOSTAT n.m. Corset pour soutenir la colonne vertébrale.

LOMBRIC n.m. Ver de terre.

LOMBRICOÏDE adj. Qui ressemble à un ver de terre.

LOMBRICOLE adj. Relatif à la lombriculture.

LOMBRICULTURE n.f. Élevage de lombrics pour la production d'engrais.

LOMÉCHUSE [k] n.f. Petit coléoptère.

LOMÉEN, ENNE adj. De Lomé (Togo).

LOMO n.m. Plat de porc, spécialité espagnole.

LOMPE n.m. **(= lump)** Poisson des mers froides.

LONDONIEN, ENNE adj. De Londres (Angleterre).

LONDRÈS [l-on-drès] n.m. Cigare cubain.

LÔNE n.f. Bras ou ancien méandre du Rhône.

LONG, LONGUE adj., n.m. et n.f.

LONGANE n.m. Fruit exotique voisin du letchi.

LONGANIER n.m. Arbre qui produit le longane.

LONGANIMITÉ n.f. Patience pour supporter les offenses.

LONGANISTE n.m. À l'île Maurice, sorcier guérisseur.

LONGE n.f. Corde pour attacher un cheval.

LONGEOLE n.f. *Helv.* Saucisse de porc.

LONGER v. **17.**

LONGÈRE n.f. En Bretagne, alignement de maisons.

LONGERON n.m. Pièce maîtresse d'une charpente.

LONGÉVITÉ n.f.

LONGICORNE n.m. et adj. Insecte coléoptère.

LONGILIGNE adj. et n. Qui a des membres allongés et minces.

LONGIMÉTRIE n.f. *Vx.* Mesure des distances entre des points inaccessibles.

LONGIPENNE adj. et n.m. *Zool.* Qui a de longues ailes.

LONGIROSTRE adj. et n.m. *Zool.* Qui a un long bec.

LONGITUDE n.f.

LONGITUDINAL, E, AUX adj.

LONGOTTE n.f. Tissu de coton épais.

LONGRINE n.f. Pièce de charpente.

LONGTEMPS adv.

LONGUE → **long.**

LONGUEMENT adv.

LONGUET, ETTE 1. adj. *Fam.* Un peu trop long. 2. n.m. Petit pain long et mince.

LONGUEUILLOIS, E adj. De Longueuil (Québec).

LONGUEUR n.f.

LOOCH [lok] n.m. *Pharm.* Médicament sirupeux.

LOOFA [loufa] n.m. **(= luffa)** Courge d'Asie et d'Afrique.

LOOK n.m. Aspect, allure, style.

LOOKÉ, E adj. Qui possède un look spécial.

LOOPING [louping] n.m. Acrobatie aérienne.

LOPE n.f. *Fam.* Homme veule.

LOPETTE n.f. → **lope.**

LOPHOBRANCHE n.m. Poisson téléostéen, type hippocampe.

LOPHOPHORE n.m. *Zool.* Couronne de tentacules de certains invertébrés marins. – Faisan d'Asie.

LOPHOPHORIEN n.m. Animal pourvu d'un lophophore buccal.

LOPIN n.m.

LOQUACE [k] adj.

LOQUACITÉ [k] n.f.

LOQUE n.f.

LOQUET n.m.

LOQUETEAU, X n.m. Petit loquet.

LOQUETER v. **(p.p.inv.) 20** (je loquette...) Agiter un loquet pour indiquer qu'on veut entrer.

LOQUETEUX, EUSE adj. Vêtu de loques.

LORAN n.m. Procédé de radionavigation.

LORANTHACÉE n.f. Plante parasite, type gui.

LORANTHUS n.m. Plante parasite.

LORD [lor(d)] n.m. Titre de noblesse, en Grande-Bretagne.

LORDOSE n.f. *Méd.* Déviation de la colonne vertébrale.

LORETTE n.f. *Vx.* Jeune femme élégante et de mœurs légères.

LORGNER v. **10.**

LORGNETTE n.f.

LORGNEUR, EUSE n.

LORGNON n.m.

LORI n.m. Petit perroquet.

LORICAIRE n.m. Petit poisson des fleuves d'Amérique du Sud.

LORIENTAIS, E adj. De Lorient.

LORIOT n.m. Passereau.

LORIQUET n.m. Perroquet de Nouvelle-Guinée.

LORIS [-s] n.m. Primate nocturne de l'Inde.

LORISIDÉ [s] n.m. Singe, type loris.

LORISIFORME [s] n.m. Singe, type lorisidé.

LORRAIN, E adj. et n.m.

LORRIES → **lorry.**

LORRY (pl. **LORRIES** ou **LORRYS**) n.m. Petit chariot poussé sur une voie ferrée.

LORS adv.

LORSQUE conj.

LOS [lô] n.m. Louange, renommée.

LOSANGE n.m.

LOSANGÉ, E adj. Divisé en losanges.

LOSANGIQUE adj. En forme de losange.

LOSER [louzeur] n.m. *Fam.* Perdant, raté.

LOT n.m.

LOTE n.f. **(= lotte)** Poisson à la chair estimée.

LOTERIE n.f.

LOTIER n.m. Plante fourragère.

LOTION n.f.

LOTIONNER v. **10.** Frictionner avec une lotion.

LOTIR v. **40.** Diviser en lots.

LOTISSEMENT n.m.

LOTISSEUR, EUSE n.

LOTO n.m.

LOTOIS, E adj. Du Lot.

LOTTA n.f. *Hist.* Volontaire féminine de l'armée finlandaise.

LOTTE n.f. → **lote.**

LOTUS n.m. Nénuphar d'Égypte. – Lotier.

LOUABLE adj.

LOUAGE n.m.

LOUANGE n.f.

LOUANGER v. **17.**

LOUANGEUR, EUSE adj. et n. Flatteur.

LOUBAR n.m. **(= loubard)** *Fam.* Jeune délinquant.

LOUBARD, E n. → **loubar.**

LOUBAVITCH n. et adj. Juif ultraorthodoxe.

LOUBINE n.f. Bar (poisson).

LOUCEDÉ | (EN) loc. *Fam.* En douce.

LOUCHE adj., n.m. et n.f.

LOUCHÉBÈME n.m. Argot parlé par les bouchers.

LOUCHÉE n.f. Contenu d'une louche.

LOUCHEMENT n.m. → **loucherie.**

LOUCHER v. (**p.p.inv.** mais **louchée** n.f.) **10.**

LOUCHERBEM [louchébèm] n.m. → **louchébème.**

LOUCHERIE n.f. Strabisme.

LOUCHET n.m. Bêche à fer étroit.

LOUCHEUR, EUSE n.

LOUCHIR v. **(p.p.inv.) 40.** Se troubler, en parlant d'un liquide.

LOUCHON, ONNE n. *Fam.* Personne qui louche.

LOUER v. **10.**

LOUEUR, EUSE n.

LOUF adj. *Fam.* Fou.

LOUFIAT n.m. *Fam.* Garçon de café.

LOUFOQUE adj. et n.

LOUFOQUERIE n.f.

LOUFTINGUE adj. et n. *Fam.* Loufoque.

LOUGRE n.m. Petit bateau à trois mâts.

LOUIS n.m. Ancienne monnaie d'or.

LOUISE n.f. *Helv., Fam.* Femme.

LOUISIANAIS, E adj. De la Louisiane (États-Unis).

LOUKOUM n.m. → **lokoum.**

LOULOU n.m. *Fam.* Jeune voyou. – Petit chien

LOULOU (f. **LOULOUTE** ou **LOULOUTTE**) n. *Fam.* Garçon, fille.

LOULOUTE → **loulou** n.

LOULOUTTE → **loulou** n.

LOUP n.m.

LOUPAGE n.m.

LOUPE n.f.

LOUPER v. **10.**

LOUPIAC n.m. Vin de Bordeaux.

LOUPIOT (f. **LOUPIOTE** ou **LOUPIOTTE**) n. Enfant.

LOUPIOTE n.f. *Fam.* Petite lampe.

LOURD, LOURDE adj., n.m. et n.f.

LOURDAIS, E adj. De Lourdes.

LOURDAUD, E adj. et n.

LOURDEMENT adv.

LOURDER v. **10.** *Fam.* Mettre à la porte.

LOURDERIE n.f. Faute de lourdaud.

LOURDEUR n.f.

LOURDINGUE adj. et n. *Fam.* Lourdaud.

LOURDISE n.f. → **lourderie.**

LOURE n.f. *Médiév.* Cornemuse. – Danse des XVIIe et XVIIIe s.

LOURER v. **10.** *Mus.* Lier (des notes) en appuyant sur la première.

LOUSSE adj. *Québ.* Non serré, lâche.

LOUSTIC n.m. Farceur.

LOUTRE n.f.

LOUTRERIE n.f. Organisation de la chasse aux loutres.

LOUTRIER n.m. Personne qui capture les loutres.

LOUVANISTE adj. De Louvain (Belgique).

LOUVE n.f.

LOUVER v. **10.** Soulever avec une pince à deux branches.

LOUVET, ETTE adj. Qui a un pelage de loup.

LOUVETEAU, X n.m.

LOUVETER v. **(p.p.inv.) 20** (je louvette...) Mettre bas, en parlant de la louve.

LOUVETERIE n.f. Chasse aux loups.

LOUVETIER n.m. *Vx.* Officier chargé de la louveterie.

LOUVIÉROIS, E adj. De La Louvière (Belgique).

LOUVOIEMENT n.m.

LOUVOYAGE n.m.

LOUVOYER v. **(p.p.inv.) 27.** Naviguer contre le vent.

LOVELACE [lovlas] n.m. *Litt.* Séducteur.

LOVER v. **10.** Enrouler en spirale.

LOXODROMIE n.f. *Mar.* Courbe coupant les méridiens.

LOXODROMIQUE adj.

LOYAL, E, AUX adj.

LOYALEMENT adv.

LOYALISME n.m.

LOYALISTE adj. et n.

LOYAUTÉ n.f.

LOYER n.m.

LOZÉRIEN, ENNE adj. De la Lozère.

LUANDAIS, E adj. De Luanda (Angola).

LUBIE n.f. *Fam.* Fantaisie.

LUBRICITÉ n.f.

LUBRIFIANT, E adj. et n.m.

LUBRIFICATEUR, TRICE adj. et n.m.

LUBRIFICATION n.f.

LUBRIFIER v. **15.** Graisser.

LUBRIQUE adj.

LUBRIQUEMENT adv.

LUCANE n.m. Insecte coléoptère.

LUCANIDÉ n.m. Coléoptère, type lucane.

LUCANIEN, ENNE adj. De la Lucanie (Italie).

LUCANISTE n. Adepte du cerf-volant.

LUCANOPHILE n. → **lucaniste.**

LUCARNE n.f.

LUCERNAIRE 1. n.m. Office religieux célébré à l'heure où l'on allume les lampes. 2. n.f. Méduse.

LUCERNOIS, E adj. De Lucerne (Suisse).

LUCIDE adj.

LUCIDEMENT adv.

LUCIDITÉ n.f.

LUCIFÉRASE n.f. Enzyme propre aux animaux lumineux.

LUCIFÉRIEN, ENNE adj. Démoniaque.

LUCIFÉRINE n.f. Substance présente chez les animaux lumineux.

LUCIFUGE adj. Qui fuit la lumière.

LUCILIE n.f. Mouche verte.

LUCIMÈTRE n.m. Appareil de mesure du rayonnement lumineux.

LUCIOLE n.f. Insecte coléoptère lumineux.

LUCITE n.f. Maladie de la peau provoquée par les rayons solaires.

LUCQUOIS, E adj. De Lucques (Italie).

LUCRATIF, IVE adj.

LUCRATIVEMENT adv.

LUCRE n.m. Profit.

LUDDISME n.m. Action des luddites.

LUDDITE n.m. *Hist.* En Angleterre, ouvrier adversaire du machinisme.

LUDICIEL n.m. *Inf.* Logiciel de jeu.

LUDION n.m. *Phys.* Appareil de démonstration de la pression dans un liquide.

LUDIQUE adj.

LUDISME n.m. Comportement ludique.

LUDOÉDUCATIF, IVE adj. Qui éduque par le jeu.

LUDOLOGUE n. Inventeur de jeux pour les médias.

LUDOSPACE n.m. Voiture semi-utilitaire destinée aux loisirs.

LUDOTHÉCAIRE n.

LUDOTHÈQUE n.f. Centre de prêt de jeux.

LUDWIGIA [ludvigya] n.m. *Bot.* Jussiæa.

LUÉTINE n.f. *Biol.* Substance extraite de cultures du tréponème.

LUETTE n.f. Appendice charnu prolongeant le bord postérieur du voile du palais.

LUEUR n.f.

LUFFA [loufa] n.m. → **loofa.**

LUGE n.f.

LUGER [lujèr] n.m. Pistolet automatique.

LUGER v. **17.** Faire de la luge. – *Helv. Se luger :* échouer à un examen.

LUGEUR, EUSE n.

LUGUBRE adj.

LUGUBREMENT adv.

LUI pr.pers.

LUIRE v. **(p.p.inv.) 137.**

LUISANCE n.f. Caractère de ce qui luit.

LUISANT, E adj. et n.m.

LUISETTE n.f. Saule argenté.

LULU n.m. Alouette des bois.

LUMA n.m. Petit-gris (escargot).

LUMACHELLE n.f. Roche calcaire constituée de débris de coquilles.

LUMACHELLIQUE adj.

LUMBAGO [l-un-bagô] ou [l-on-bagô] n.m. → **lombago.**

LUMEN [lumèn] n.m. Unité de mesure du flux lumineux.

LÛMES → **lire 126.**

LUMIÈRE n.f.

LUMIGNON n.m. Petite lampe.

LUMINAIRE n.m.

LUMINANCE n.f. *Phys.* Caractéristique d'un rayonnement.

LUMINESCENCE n.f. *Phys.* Émission de lumière par excitation particulière.

LUMINESCENT, E adj.

LUMINEUSEMENT adv.

LUMINEUX, EUSE adj.

LUMINIFÈRE adj. Qui transporte la lumière.

LUMINISME n.m. Utilisation des effets de la lumière en peinture.

LUMINISTE adj. et n.

LUMINOPHORE n.m. Substance utilisée dans les tubes cathodiques.

LUMINOSITÉ n.f.

LUMINOTHÉRAPIE n.f. Traitement de la dépression par exposition à une lumière artificielle.

LUMITYPE n.f. Machine à composer photographique.

LUMP [l-un-p] n.m. → **lompe.**

LUNAIRE 1. adj. 2. n.f. Plante ornementale.

LUNAISON n.f. Espace de temps entre deux nouvelles lunes.

LUNAPARK n.m. *Belg.* Salle de jeux électroniques.

LUNATIQUE adj. et n.

LUNCH (pl. **LUNCHES** ou **LUNCHS**) [l-un-ch] ou [leun(t)ch] n.m.

LUNCHER [l-un-ché] ou [leun(t)ché] v. **(p.p.inv.) 10.**

LUNCHES → **lunch.**

LUNDI n.m.

LUNE n.f.

LUNÉ, E adj.

LUNETIER, ÈRE adj. et n. **(= lunettier).**

LUNETTE n.f.

LUNETTÉ, E adj. *Fam.* Qui porte des lunettes.

LUNETTERIE n.f.

LUNETTIER, ÈRE adj. et n. → **lunetier.**

LUNISOLAIRE adj. Relatif à la Lune et au Soleil.

LUNULE n.f. Tache blanche à la base de l'ongle.

LUNULÉ, E adj. En forme de lunule.

LUNURE n.f. Défaut dans le bois.

LUO [lwo] adj. D'un peuple d'Afrique de l'Est.

LUPANAR n.m. Maison de prostitution.

LUPERCALES n.f.pl. *Antiq. rom.* Fêtes annuelles.

LUPERQUE n.m. *Antiq. rom.* Prêtre qui célébrait les lupercales.

LUPIN n.m. Plante fourragère.

LUPIQUE adj. et n. *Méd.* Atteint de lupus.

LUPOME n.m. *Méd.* Lésion du lupus tuberculeux.

LUPULIN n.m. Poudre extraite du houblon.

LUPULINE n.f. Luzerne sauvage.

LUPUS n.m. Maladie de la peau.

LURENT → **lire 126.**

LURETTE ❙ n.f. *Il y a belle lurette :* il y a bien longtemps.

LUREX n.m. (Nom déposé) Fil à tricoter gainé de polyester.

LURON, ONNE n. Personne joyeuse.

LUSAKOIS, E adj. De Lusaka (Zambie).

LUSHOIS, E adj. De Lubumbashi (République démocratique du Congo).

LUSIN n.m. (= **luzin**) *Mar.* Ligne d'amarrage faite de cordages.

LUSITAIN, E adj. *Hist.* Portugais.

LUSITANIEN, ENNE adj. → **lusitain.**

LUSOPHONE adj. et n. Qui parle le portugais.

LUSSE... → **lire 126.**

LUSTRAGE n.m.

LUSTRAL, E, AUX adj. Qui purifie.

LUSTRANT, E adj.

LUSTRATION n.f. *Antiq.* Rite de purification.

LUSTRE n.m.

LUSTRER v. **10.** Rendre brillant.

LUSTRERIE n.f. Fabrication de lustres.

LUSTREUR, EUSE n.

LUSTRINE n.f. Étoffe de coton.

LUSTROIR n.m. Outil servant à nettoyer les vitres.

LUSTUCRU n.m. Pauvre diable.

LUT [lut] n.m. Enduit très résistant.

LUTAGE n.m.

LUTÉAL, E, AUX adj. Relatif au corps jaune de l'ovaire.

LUTÉCIEN, ENNE adj. De Lutèce (aujourd'hui Paris).

LUTÉCIUM n.m. (= **lutétium**) Métal du groupe des terres rares.

LUTÉINE n.f. Hormone favorisant la gestation.

LUTÉINIQUE adj. → **lutéal.**

LUTÉINISANT, E adj. (Hormone) qui agit sur le fonctionnement des glandes sexuelles.

LUTÉINISATION n.f. Modification hormonale.

LUTER v. **10.** Boucher avec du lut.

LUTÉTIEN, ENNE [-sy-in] n.m. et adj. *Géol.* Étage de l'éocène.

LUTÉTIUM n.m. → **lutécium.**

LUTH n.m.

LUTHÉRANISME n.m. Doctrine de Luther.

LUTHERIE n.f. Commerce de luthier.

LUTHÉRIEN, ENNE adj. et n.

LUTHIER, ÈRE n. Fabricant de violons.

LUTHISTE n. Joueur de luth.

LUTIN, E adj. et n.m.

LUTINER v. **10.** Taquiner, peloter.

LUTINERIE n.f.

LUTRAIRE n.f. Grand mollusque bivalve.

LUTRIN n.m. Pupitre d'église.

LUTTE n.f.

LUTTER v. **(p.p.inv.) 10.**

LUTTEUR, EUSE n.

LUTZ [l(o)uts] n.m. Saut piqué d'un patineur artistique.

LUX n.m. Unité de mesure d'éclairement.

LUXATION n.f.

LUXE n.m.

LUXEMBOURGEOIS, E adj.

LUXEMBOURGISME n.m. Tournure propre aux Luxembourgeois.

LUXER v. **10.**

LUXMÈTRE n.m. Appareil de mesure de l'éclairement.

LUXUEUSEMENT adv.

LUXUEUX, EUSE adj.

LUXURE n.f. Recherche des plaisirs sexuels.

LUXURIANCE n.f.

LUXURIANT, E adj. Qui pousse avec abondance.

LUXURIEUX, EUSE adj. Sensuel.

LUZERNE n.f.

LUZERNIÈRE n.f. Champ de luzerne.

LUZIN n.m. → **lusin.**

LUZULE n.f. Plante des prés et des bois.

LYCANTHROPE n. *Psych.* Personne qui se prend pour un loup.

LYCANTHROPIE n.f.

LYCAON n.m. Mammifère carnivore d'Afrique.

LYCÉE n.m.

LYCÉEN, ENNE adj. et n.

LYCÈNE n.f. Papillon diurne bleu.

LYCÉNIDÉ n.m. Papillon, type lycène.

LYCHEE [litchi] n.m. → **letchi.**

LYCHNIS [-knis] n.m. Plante herbacée.

LYCIEN, ENNE adj. *Hist.* De Lycie (Asie Mineure).

LYCOPE n.m. Plante à petites fleurs blanches (patte-de-loup).

LYCOPÈNE n.m. *Bot.* Pigment rouge.

LYCOPERDON n.m. Champignon (vesse-de-loup).

LYCOPHYTE n.m. Plante, type lycopode.

LYCOPODE n.m. Plante cryptogame (pied-de-loup).

LYCOPODIACÉE n.f. Plante, type lycopode.

LYCOPODIALE n.f. Plante, type lycopodiacée.

LYCOSE n.f. Araignée coureuse, type tarentule.

LYCRA n.m. (Nom déposé) Textile synthétique.

LYDDITE n.f. Explosif.

LYDIEN, ENNE adj. *Hist.* De Lydie (Asie Mineure).

LYMNÉE n.f. → **limnée.**

LYMPHANGIOME n.m. Angiome d'un vaisseau lymphatique.

LYMPHANGITE n.f. Inflammation des vaisseaux lymphatiques.

LYMPHATIQUE adj. et n.

LYMPHATISME n.m. État de déficience constitutionnelle.

LYMPHE n.f. Liquide organique.

LYMPHOBLASTE n.m. Cellule du tissu lymphoïde.

LYMPHOBLASTIQUE adj.

LYMPHOCYTAIRE adj.

LYMPHOCYTE n.m. Variété de globules blancs.

LYMPHOCYTOPÉNIE n.f. → **lymphopénie.**

LYMPHOCYTOSE n.f. Augmentation du nombre de lymphocytes.

LYMPHOGRAPHIE n.f. Examen radiologique du système lymphatique.

LYMPHOÏDE adj. Relatif aux ganglions lymphatiques.

LYMPHOKINE n.f. Protéine utilisée en immunologie.

LYMPHOME n.m. *Méd.* Tumeur maligne du tissu lymphoïde.

LYMPHOPÉNIE n.f. Diminution du nombre de lymphocytes.

LYMPHOPOÏÈSE n.f. Formation des lymphocytes.

LYMPHOSARCOME n.m. Tumeur du tissu lymphoïde.

LYNCHAGE n.m.

LYNCHER v. **10.** Exécuter sans jugement.

LYNCHEUR, EUSE adj. et n.

LYNX n.m. Mammifère carnassier.

LYONNAIS, E adj. De Lyon.

LYOPHILE adj. Qui peut subir une dessiccation à basse température.

LYOPHILISAT n.m. Produit de la lyophilisation.

LYOPHILISATEUR n.m. Appareil qui lyophilise.

LYOPHILISATION n.f. Dessiccation à basse température.

LYOPHILISER v. **10.**

LYOPHOBE adj. Qui n'est pas lyophile.

LYRE n.f.

LYRER v. **(p.p.inv.) 10.** *Québ.* Pleurnicher longtemps sur le même ton.

LYRIC n.m. Couplet de music-hall.

LYRIQUE adj. et n.

LYRIQUEMENT adv.

LYRISME n.m. Expression exaltée des sentiments.

LYS n.m. → **lis.**

LYSAT n.m. Produit d'une lyse.

LYSE n.f. Destruction d'éléments organiques (cellules, bactéries, etc.).

LYSER v. **10.** Détruire par lyse.

LYSERGAMIDE n.m. Composé à propriétés hallucinatoires.

LYSERGIDE n.m. Drogue hallucinogène (LSD).

LYSERGIQUE adj. (Acide) extrait de l'ergot de seigle.

LYSIMAQUE n.f. Plante herbacée.

LYSINE n.f. Acide aminé.

LYSOSOMAL, E, AUX adj. **(= lysosomial).**

LYSOSOME n.m. *Biol.* Organite cellulaire.

LYSOSOMIAL, E, AUX adj. → **lysosomal.**

LYSOZYME n.m. Enzyme bactéricide.

LYTHRACÉE n.f. Plante dicotylédone, type henné, salicaire.

LYTIQUE adj. Qui provoque la lyse.

MA → **mon.**

MAAR n.m. Cratère volcanique.

MAASTRICHTIEN, ENNE [k] n.m. et adj. *Géol.* Étage du crétacé supérieur.

MAATJE [matche] n.m. *Belg.* Jeune hareng.

MABOUL, E adj. et n.

MABOULISME n.m.

MAC n.m. *Arg.* Souteneur.

MACABO n.m. *Cam.* Variété de taro.

MACABRE adj.

MACACHE adv. *Fam.* Pas du tout.

MACADAM n.m.

MACADAMIA n.m. Noisetier d'Australie. – Son fruit.

MACADAMISAGE n.m.

MACADAMISER v. **10.**

MACANAIS, E adj. De Macao (Chine).

MACANÉEN, ENNE adj. → **macanais.**

MACAQUE 1. n.m. Petit singe. 2. n. *Fam.* Personne très laide.

MACAREUX n.m. Sorte de pingouin.

MACARON n.m.

MACARONADE n.f. Plat de macaronis, spécialité sétoise.

MACARONÉE n.f. Poème burlesque pseudo-latin.

MACARONI n.m.

MACARONIQUE adj. Relatif à une macaronée.

MACASSAR n.m. Huile parfumée. – Ébène.

MACCARTHYSME n.m. Anticommunisme prôné par l'Américain McCarthy, dans les années 1950.

MACCARTHYSTE adj. et n.

MACCARTISME n.m. → **maccarthysme.**

MACCARTISTE adj. et n.

MACCHABÉE n.m. *Fam.* Cadavre.

MACCHIAIOLI **|** n.m.pl. Groupe de peintres italiens du XIXe s.

MACÉDOINE n.f.

MACÉDONIEN, ENNE adj. et n.m. *Hist.* De la Macédoine (Balkans).

MACÉRATEUR, TRICE 1. adj. Qui provoque la macération. 2. n.m. Récipient où s'opère une macération.

MACÉRATION n.f.

MACÉRER v. **12.** Laisser tremper.

MACERON n.m. Plante à fleurs jaunes.

MACFARLANE n.m. *Anc.* Manteau d'homme sans manches.

MACH **|** [mak] Nombre exprimant le rapport d'une vitesse à celle du son.

MACHAON [k] n.m. Grand papillon aux ailes jaunes tachetées de noir.

MÂCHE n.f. Salade à petites feuilles.

MÂCHEFER n.m. Scorie provenant de la combustion de la houille.

MÂCHEMENT n.m.

MÂCHER v. **10.**

MACHETTE n.f. Grand coutelas.

MÂCHEUR, EUSE n.

MACHIAVEL [k] n.m. Homme politique sans scrupule.

MACHIAVÉLIEN, ENNE [k] adj. De Machiavel.

MACHIAVÉLIQUE [k] adj.

MACHIAVÉLISME [k] n.m.

MACHICOT n.m. *Vx.* Mauvais chantre d'église.

MACHICOTAGE n.m.

MACHICOTER v. **(p.p.inv.) 10.** *Mus.* Remplir par des notes de fantaisie les intervalles notés.

MÂCHICOULIS [-i] n.m. *Médiév.* Galerie en encorbellement.

MACHIN n.m.

MACHINAL, E, AUX adj.

MACHINALEMENT adv.

MACHINATEUR, TRICE n. Auteur d'une machination.

MACHINATION n.f.

MACHINE n.f.

MACHINER v. **10.** Préparer en intriguant.

MACHINERIE n.f.

MACHINISME n.m. Substitution de machines à la main-d'œuvre.

MACHINISTE n. Opérateur de machines.

MACHINO n.m. *Fam., Cin.* Technicien qui s'occupe de la caméra.

MACHISME [(t)ch] n.m. Comportement du macho.

MACHISTE [(t)ch] adj. et n. → **macho.**

MACHMÈTRE [k] n.m. *Aéron.* Instrument mesurant la vitesse d'un mobile par rapport à la vitesse du son.

MACHO [tch] adj. et n.m. Qui se croit supérieur de par sa condition de mâle.

MÂCHOIRE n.f.

MÂCHOIRON n.m. *Afr.* Poisson, type silure.

MÂCHON n.m. À Lyon, repas léger. – Restaurant où l'on sert ce repas.

MÂCHONNEMENT n.m.

MÂCHONNER v. **10.**

MÂCHOUILLER v. **10.**

MÂCHURE n.f. Partie du drap, du velours, où le poil est écrasé.

MÂCHURER v. **10.** Barbouiller de noir. – Déchirer.

MACIS [-i] n.m. Capsule de la noix de muscade.

MACKINTOSH n.m. *Vx.* Manteau imperméable.

MACLAGE n.m.

MACLE n.f. Association de cristaux.

MACLER v. **10.** Brasser (du verre en fusion) dans un creuset.

MÂCON n.m. Vin de Bourgogne.

MAÇON, ONNE adj. et n.

MAÇONNAGE n.m.

MÂCONNAIS, E adj. De Mâcon.

MAÇONNER v. **10.**

MAÇONNERIE n.f.

MAÇONNIQUE adj. Qui appartient à la franc-maçonnerie.

MACOUTE adj.m. et n.m. *Tonton macoute :* en Haïti, membre de la police parallèle.

MACQUAGE n.m.

MACQUE n.f. **(= maque)** Outil servant à broyer le chanvre.

MACQUER v. **10.** Broyer (du chanvre).

MACRAMÉ n.m. Dentelle faite de cordonnets.

MACRE n.f. Plante aquatique.

MACREUSE n.f. Canard. – Viande maigre de l'épaule du bœuf.

MACRO n.f. *Inf.* Instruction complexe.

MACROBIOTE adj. et n. Végétarien.

MACROBIOTIQUE adj. et n.f. (Cuisine) végétarienne.

MACROCÉPHALE adj. et n. *Méd.* Dont le crâne est anormalement gros.

MACROCÉPHALIE n.f.

MACROCHEIRE [-kèr] n.m. Crabe géant du Pacifique.

MACROCOSME n.m. *Philos.* L'Univers, par rapport au microcosme (l'homme).

MACROCOSMIQUE adj.

MACROCYSTE n.m. Algue.

MACROCYSTIS [-s] n.m. → **macrocyste.**

MACROCYTAIRE adj.

MACROCYTE n.m. Globule rouge anormalement gros.

MACROCYTOSE n.f. Augmentation de la taille des globules rouges.

MACRODACTYLE adj. *Anthr.* Qui a de longs doigts.

MACRODÉCISION n.f. Décision économique prise par un groupe ou par l'État.

MACROÉCONOMIE n.f. Étude des faits économiques globaux.

MACROÉCONOMIQUE adj.

MACROÉCONOMISTE n.

MACROÉVOLUTION n.f. *Biol.* Évolution sur une longue période.

MACROFAUNE n.f. Faune observable à l'œil nu.

MACROGLOBULINE n.f. Globuline anormalement lourde.

MACROGLOSSIE n.f. Hypertrophie de la langue.

MACROGRAPHIE n.f. Étude d'un solide à l'œil nu.

MACROGRAPHIQUE adj.

MACROLIDE n.m. Antibiotique.

MACROMOLÉCULE n.f.

MACROMUTATION n.f. Mutation importante sur un chromosome.

MACRONUCLÉUS n.m. Le plus grand des deux noyaux des protozoaires.

MACRONUTRIMENT n.m. Élément nutritif indispensable à l'organisme.

MACROORDINATEUR n.m. Gros ordinateur.

MACROPHAGE adj. et n.m. (Globule blanc) qui détruit des particules étrangères.

MACROPHOTO n.f. Image photographique de grande dimension.

MACROPLANCTON n.m. Plancton dont les éléments sont relativement gros.

MACROPODE adj. et n. (Poisson) à longues nageoires.

MACROPODIDÉ n.m. Marsupial, type kangourou.

MACROPSIE n.f. *Méd.* Illusion qui fait voir les objets plus grands qu'ils ne le sont.

MACROSCÉLIDE n.m. Petit mammifère insectivore.

MACROSCÉLIDIDÉ n.m. Petit mammifère insectivore, type macroscélide.

MACROSCOPIQUE adj. Qui se voit à l'œil nu.

MACROSÉISME n.m. Séisme perçu sans l'aide d'instruments.

MACROSÉISMIQUE adj.

MACROSISMIQUE adj.

MACROSOCIOLOGIE n.f. Étude de la société dans sa globalité.

MACROSPORANGE n.m. *Bot.* Sporange produisant des macrospores.

MACROSPORE n.f. Grosse spore de certains cryptogames.

MACROSTRUCTURE n.f. Ensemble des structures essentielles.

MACROULE n.f. Autre nom de la foulque, échassier.

MACROURE n.m. Crustacé à gros abdomen, type écrevisse, homard.

MACTRE n.m. Mollusque bivalve comestible.

MACULA n.f. Dépression de la rétine (tache jaune).

MACULAGE n.m.

MACULAIRE adj. Relatif à la macula.

MACULATION n.f.

MACULATURE n.f. Feuille maculée à l'impression.

MACULE n.f. Souillure. – *Méd.* Tache cutanée rouge.

MACULER v. **10.**

MACULEUX, EUSE adj. *Méd.* (Peau) présentant des macules.

MACUMBA [ou] n.f. Culte proche du vaudou, pratiqué au Brésil.

MACVIN n.m. Vin de liqueur du Jura.

MADAME (pl. **MADAMES** ou **MESDAMES**) n.f.

MADAPOLAM n.m. Tissu de coton épais.

MADÉCASSE adj. *Vx.* Malgache.

MADELEINE n.f. Gâteau léger.

MADELEINETTE n.f. Petite madeleine.

MADELINIENNE → **madelinot.**

MADELINOT (f. **MADELINOTE** ou **MADELINIENNE**) adj. Des îles de la Madeleine (Québec).

MADELONNETTE n.f. *Anc.* Religieuse s'occupant des filles repenties.

MADEMOISELLE (pl. **MESDEMOISELLES**) n.f.

MADÈRE n.m. Vin de l'île de Madère.

MADÉRIEN, ENNE adj. De Madère (Portugal).

MADÉRISATION n.f.

MADÉRISER (SE) v. **10.** Prendre un goût de madère, par oxydation, en parlant du vin.

MADICOLE adj. *Zool., Bot.* Qui vit sur des roches à fleur d'eau.

MADIRAN n.m. Vin des Hautes-Pyrénées.

MADISON [-son] n.m. Danse.

MADONE n.f.

MADOURAIS n.m. Langue indonésienne.

MADRAGUE n.f. Enceinte de filets pour pêcher le thon.

MADRAS [-s] n.m. Étoffe à chaîne de soie et trame de coton.

MADRASA [s] n.f. **(= medersa)** Collège religieux musulman.

MADRÉ, E adj. et n. Rusé.

MADRÉPORAIRE n.m. Animal marin, type madrépore.

MADRÉPORE n.m. Animal marin qui construit le corail.

MADRÉPORIEN, ENNE adj.

MADRÉPORIQUE adj.

MADRIER n.m. Grosse pièce de bois.

MADRIGAL, AUX n.m. Petit poème galant.

MADRIGALISTE n.

MADRILÈNE adj. De Madrid (Espagne).

MADRURE n.f. Forme sinueuse des veines du bois.

MAELSTRÖM [malström] n.m. **(= malstrom)** Gouffre, tourbillon.

MAËRL [maèrl] n.m. **(= merl)** Sable utilisé pour l'amendement des sols.

MAESTOSO [maèstôzô] adv. *Mus.* Lentement et majestueusement.

MAESTRIA [maèstriya] n.f. Maîtrise et perfection dans l'exécution d'une œuvre.

MAESTRO [maèstrô] n.m. Compositeur, chef d'orchestre célèbre.

MAFÉ n.m. **(= maffé)** *Afr.* Ragoût de viande ou de poisson.

MAFFÉ n.m. → **mafé.**

MAFFIA n.f. **(= mafia).**

MAFFIEUX, EUSE adj. **(= mafieux)** De la Mafia.

MAFFIOSI I → **maffioso.**

MAFFIOSO (pl. **MAFFIOSI** ou **MAFFIOSOS**) n.m. **(= mafioso)** Membre de la Mafia.

MAFFLU, E adj. *Vx.* Joufflu.

MAFIA n.f. → **maffia.**

MAFIEUX, EUSE adj. → **maffieux.**

MAFIOSI | → **mafioso.**

MAFIOSO (pl. **MAFIOSI** ou **MAFIOSOS**) n.m. → **maffioso.**

MAGANER v. **10.** *Québ.* User, détériorer.

MAGASIN n.m.

MAGASINAGE n.m.

MAGASINER v. **10.** *Québ.* Acheter au meilleur prix, en visitant plusieurs magasins.

MAGASINEUR, EUSE n. *Québ.* Personne qui magasine.

MAGASINIER, ÈRE n. Personne qui gère des stocks.

MAGAZINE n.m.

MAGDALÉNIEN, ENNE adj. et n.m. *Anthr.* Du paléolithique supérieur.

MAGE 1. n.m. Prêtre. – Magicien. 2. adj.m. **(= maje)** *Hist. Juge mage :* lieutenant du sénéchal.

MAGENTA [maj-in-ta] adj. et n.m. Rouge violacé.

MAGHRÉBIN, E adj. **(= maugrabin, maugrebin).**

MAGHZEN [magzèn] ou [marzèn] n.m. **(= makhzen)** Administration marocaine.

MAGICIEN, ENNE n.

MAGIE n.f.

MAGIQUE adj.

MAGIQUEMENT adv.

MAGISTER [-èr] n.m. *Fam., Vx.* Pédant.

MAGISTÈRE n.m. Autorité doctrinale, morale ou intellectuelle.

MAGISTRAL, E, AUX adj.

MAGISTRALEMENT adv.

MAGISTRAT, E n.

MAGISTRATURE n.f.

MAGMA n.m. *Géol.* Masse minérale visqueuse profonde.

MAGMATIQUE adj.

MAGMATISME n.m. *Géol.* Formation des magmas.

MAGNAN [many-an] n.m. Ver à soie.

MAGNANARELLE [nya] n.f. Provençale élevant les vers à soie.

MAGNANERIE [nya] n.f. Bâtiment où l'on élève les vers à soie.

MAGNANIER, ÈRE [nya] n. Personne qui élève les vers à soie.

MAGNANIME [nya] adj. Généreux et clément.

MAGNANIMEMENT [nya] adv.

MAGNANIMITÉ [nya] n.f.

MAGNARELLE [nya] n.f. → **magnanarelle.**

MAGNAT [-gna] ou [-nya] n.m. Personnage important.

MAGNER (SE) [-nyé] v. **10.** *Fam.* Se dépêcher.

MAGNÉSIE [nyé] n.f. Oxyde de magnésium.

MAGNÉSIEN, ENNE [nyé] adj. Qui contient du magnésium.

MAGNÉSIOTHERMIE [nyé] n.f. Procédé métallurgique.

MAGNÉSITE [nyé] n.f. Carbonate de magnésium.

MAGNÉSIUM [nyé] n.m. Métal blanc argenté.

MAGNET [manyèt] n.m. Objet décoratif muni d'un aimant.

MAGNÉTIQUE adj.

MAGNÉTIQUEMENT adv.

MAGNÉTISABLE adj.

MAGNÉTISANT, E adj.

MAGNÉTISATION n.f.

MAGNÉTISER v. **10.** Aimanter. – Attirer.

MAGNÉTISEUR, EUSE n.

MAGNÉTISME n.m.

MAGNÉTITE n.f. Oxyde de fer magnétique.

MAGNÉTO n.f. Génératrice de courant électrique continu.

MAGNÉTOCASSETTE n.m.

MAGNÉTOCHIMIE n.f. Science du magnétisme des corps chimiques.

MAGNÉTOMÈTRE n.m. Instrument qui mesure l'intensité des champs magnétiques.

MAGNÉTOMÉTRIE n.f.

MAGNÉTOMÉTRIQUE adj.

MAGNÉTOMOTEUR, TRICE adj. *Force magnétomotrice :* somme des différences de potentiel magnétique.

MAGNÉTON n.m. Unité élémentaire utilisée en physique atomique.

MAGNÉTOPAUSE n.f. Limite externe de la magnétosphère.

MAGNÉTOPHONE n.m.

MAGNÉTOSCOPE n.m.

MAGNÉTOSCOPER v. **10.**

MAGNÉTOSCOPIE n.f.

MAGNÉTOSPHÈRE n.f. Région de l'espace où s'exerce le champ magnétique d'une planète.

MAGNÉTOSTATIQUE n.f. et adj. Science des aimants naturels et artificiels.

MAGNÉTOTHÉRAPIE n.f. Traitement de la douleur à l'aide d'aimants.

MAGNÉTRON n.m. Tube émettant des ondes radioélectriques ultracourtes.

MAGNICIDE n.m. Meurtre d'un personnage célèbre.

MAGNIFICAT ‖ [magnifikat] n.m. Cantique de la Vierge Marie.

MAGNIFICENCE n.f.

MAGNIFICENT, E adj.

MAGNIFIER v. **15.** Vanter.

MAGNIFIQUE adj.

MAGNIFIQUEMENT adv.

MAGNITUDE [nyi] n.f. Mesure de l'éclat d'un astre.

MAGNOLIA [nyo] n.m. Arbre ornemental à grandes fleurs.

MAGNOLIACÉE [nyo] n.f. Plante, type magnolia.

MAGNOLIALE [nyo] n.f. Plante, type magnoliacée, annonacée.

MAGNOLIER [nyo] n.m. → **magnolia.**

MAGNUM [-gnom] n.m. Bouteille d'un litre et demi.

MAGOT n.m. Argent caché. – Singe, type macaque.

MAGOUILLAGE n.m.

MAGOUILLE n.f.

MAGOUILLER v. **10.**

MAGOUILLEUR, EUSE adj. et n.

MAGRET n.m. Filet de canard.

MAGYAR, E [g] adj. et n.m. Hongrois.

MAHALEB n.m. Cerisier sauvage.

MAHARADJA n.m. (= **maharadjah, maharaja, maharajah**) Prince indien.

MAHARADJAH n.m. → **maharadja.**

MAHARAJA [-dja] n.m. → **maharadja.**

MAHARAJAH [-dja] n.m. → **maharadja.**

MAHARANÉ n.f. (= **maharani**) Princesse indienne.

MAHARANI n.f. → **maharané.**

MAHATMA n.m. Titre donné à une personnalité spirituelle hindoue.

MAHAYANA adj. (Bouddhisme) spéculatif.

MAHDI n.m. Équivalent musulman du Messie.

MAHDISME n.m. Mouvement religieux musulman.

MAHDISTE adj. et n.

MAHOMÉTAN, E adj. et n. *Anc.* Musulman.

MAHOMÉTISME n.m.

MAHONIA n.m. Arbuste ornemental.

MAHONNE n.f. Chaland de port.

MAHORAIS, E adj. De Mayotte (océan Indien).

MAHOUS, MAHOUSSE adj. (= **maous**) *Arg.* Gros.

MAHOUSSE → **mahous.**

MAHRATTE n.m. (= **marathe, marathi**) Langue indienne.

MAI n.m.

MAÏA n.m. Grand crabe (araignée de mer).

MAICHE n.m. Marécage côtier en Louisiane.

MAIE n.f. Huche.

MAÏEUR, E n. (= **mayeur**) *Belg.* Bourgmestre.

MAÏEUTICIEN, ENNE n. Personne qui pratique les accouchements.

MAÏEUTIQUE n.f. *Philos.* Art d'accoucher les esprits des vérités qu'ils portent en eux.

MAIGRE adj. et n.

MAIGRELET, ETTE adj. → **maigriot.**

MAIGREMENT adv.

MAIGREUR n.f.

MAIGRICHON, ONNE adj. → **maigriot.**

MAIGRIOT, OTTE adj. Un peu maigre.

MAIGRIR v. **40.** Amincir.

MAIL [may] n.m. Maillet utilisé dans un jeu de boules. – Promenade publique.

MAILING [méling] n.m. Prospection commerciale par lettres.

MAILLAGE n.m. Disposition en réseau.

MAILLANT, E adj. (Filet de pêche) qui laisse échapper les petits poissons.

MAILLE n.f.

MAILLECHORT [maychor] n.m. Alliage qui imite l'argent.

MAILLER v. **10.** Fixer par des mailles.

MAILLET n.m.

MAILLETAGE n.m.

MAILLETER v. **20** (je maillette...) *Anc.* Garnir de clous (la carène d'un navire).

MAILLETON n.m. *Agr.* Bouture de l'année.

MAILLOCHAGE n.m. Écrasement de la base d'une bouture, pour favoriser la sortie des racines.

MAILLOCHE n.f. Gros maillet de bois.

MAILLON n.m.

MAILLOT n.m.

MAILLOTIN n.m. Pressoir à olives.

MAILLURE n.f. Tache dans le bois.

MAIN n.f.

MAINATE n.m. Passereau qui imite la parole humaine.

MAINFRAME [mènfrèm] n.m. Puissant ordinateur.

MAINLEVÉE n.f. *Dr.* Acte qui met fin à une saisie, une opposition.

MAINMISE n.f.

MAINMORTABLE adj.

MAINMORTE n.f. *Médiév.* Droit du seigneur à hériter de ses vassaux. – État des biens appartenant à des communautés.

MAINT, MAINTE adj. et pr.indéf.

MAINTENANCE n.f.

MAINTENANT adv.

MAINTENEUR n.m. *Hist.* Dignitaire des jeux Floraux de Toulouse.

MAINTENIR v. **42.**

MAINTIEN n.m.

MAÏOLIQUE n.f. **(= majolique)** Faïence italienne de la Renaissance, originaire de Majorque.

MAÏORAL, E, AUX adj. **(= mayoral)** *Belg.* Relatif au bourgmestre.

MAÏORAT n.m. **(= mayorat)** *Belg.* Fonction de bourgmestre.

MAIRE n.

MAIRESSE n.f. *Vx.* Femme maire.

MAIRIE n.f.

MAIS adv. et conj.

MAÏS n.m.

MAÏSERIE [maïzri] n.f. Usine où l'on traite le maïs pour en extraire la fécule et le glucose.

MAÏSICOLE adj. Relatif à la culture du maïs.

MAÏSICULTEUR, TRICE n.

MAÏSICULTURE n.f.

MAISON n.f.

MAISONNÉE n.f.

MAISONNERIE n.f. Magasin qui vend des articles pour l'équipement de la maison.

MAISONNETTE n.f.

MAISTRANCE n.f. **(= mestrance)** Cadre des sous-officiers de la Marine nationale.

MAITRANK n.m. Apéritif à base de vin.

MAÎTRE, MAÎTRESSE adj. et n.

MAÎTRESSE → **maître.**

MAÎTRISABLE adj.

MAÎTRISARD, E n. *Afr.* Titulaire d'une maîtrise universitaire.

MAÎTRISE n.f.

MAÎTRISER v. **10.**

MAÏZENA n.f. (Nom déposé) Farine de maïs.

MAJE adj.m. → **mage** 2.

MAJESTÉ n.f.

MAJESTUEUSEMENT adv.

MAJESTUEUX, EUSE adj.

MAJEUR, E adj., n.m. et n.f.

MAJOLIQUE n.f. → **maïolique.**

MAJONG [-g] n.m. Jeu chinois apparenté aux dominos.

MAJOR adj. et n.

MAJORAL, AUX n.m. Membre du mouvement de défense de la langue provençale (félibrige).

MAJORANT, E 1. adj. *Math.* Se dit d'une forme de série. 2. n.m. *Math.* Type d'élément d'un ensemble.

MAJORAT n.m. *Hist.* Dans la noblesse, bien inaliénable transmis, avec le titre, au fils aîné.

MAJORATION n.f.

MAJORDOME n.m. Maître d'hôtel d'une grande maison.

MAJORER v. **10.**

MAJORETTE n.f.

MAJORITAIRE adj.

MAJORITAIREMENT adv.

MAJORITÉ n.f.

MAJORQUIN, E adj. De Majorque (îles Baléares).

MAJUSCULE adj. et n.f.

MAKAIRE n.m. Marlin (poisson osseux).

MAKÉMONO n.m. **(= makimono)** Peinture japonaise qui se déroule horizontalement.

MAKHZEN [makzèn] n.m. → **maghzen.**

MAKI n.m. Primate à longue queue.

MAKILA n.m. Canne ferrée.

MAKIMONO n.m. → **makémono.**

MAKORÉ n.m. *Afr.* Grand arbre tropical.

MAKOSSA n.m. Musique et danse camerounaises.

MAKROUD n.m. Pâtisserie tunisienne.

MAKTOUB n.m. et interj. **(= mektoub)** Au Maghreb, fatalité.

MAL (pl. **MALS** ou **MAUX**) n.m. et adv.

MALABAR n.m. *Fam.* Homme grand et fort.

MALABÉEN, ENNE adj. De Malabo (Guinée équatoriale).

MALABSORPTION n.f. Trouble digestif.

MALACHITE [k] n.f. Pierre ornementale verte.

MALACIE n.f. *Méd.* Trouble de l'appétit.

MALACOLOGIE n.f. Étude des mollusques.

MALACOLOGIQUE adj.

MALACOLOGUE n.

MALACOPTÉRYGIEN n.m. Poisson osseux à nageoires molles.

MALACOSTRACÉ n.m. Crustacé évolué.

MALADE adj. et n.

MALADIE n.f.

MALADIF, IVE adj.

MALADIVEMENT adv.

MALADRERIE n.f. *Médiév.* Hôpital pour lépreux.

MALADRESSE n.f.

MALADROIT, E adj. et n.

MALADROITEMENT adv.

MALAGA n.m. Vin ou raisin de Málaga (Espagne).

MALAIMÉ, E adj. et n.

MALAIRE adj. Relatif à la joue.

MALAIS, E adj. et n.m. D'un peuple asiatique.

MALAISE n.m.

MALAISÉ, E adj.

MALAISÉMENT adv.

MALAISIEN, ENNE adj. **(= malaysien)** De la Malaisie (Asie du Sud-Est).

MALAMUTE n.m. Chien de traîneau.

MALANDRE n.f. *Vét.* Dermatose du cheval. – Nœud pourri des bois de construction.

MALANDREUX, EUSE adj.

MALANDRIN n.m. *Hist.* Bandit du XIVe s. – Brigand.

MALANGA n.m. Sorte de patate douce, aux Antilles.

MALAPPRIS, E adj. et n.

MALARD n.m. **(= malart)** Canard sauvage mâle.

MALARIA n.f.

MALARIOLOGIE n.f. Étude du paludisme.

MALART n.m. → **malard.**

MALAVISÉ, E adj. Qui agit sans discernement.

MALAWIEN, ENNE [-wi-in] adj. Du Malawi (Afrique australe).

MALAWITE [w] adj. → **malawien.**

MALAXAGE n.m.

MALAXATION n.f.

MALAXER v. **10.**

MALAXEUR adj.m. et n.m.

MALAYALAM [mala-] n.m. Langue indienne.

MALAYSIEN, ENNE adj. → **malaisien.**

MALBAR (f. **MALBARAISE**) n. À la Réunion, Indien non musulman.

MALBARAISE → **malbar.**

MALBÂTI, E adj. et n. (Personne) mal faite.

MALBEC n.m. Cépage rouge.

MALBOUFFE n.f.

MALCHANCE n.f.

MALCHANCEUX, EUSE adj. et n.

MALCOMMODE adj.

MALCONTENT, E adj. et n. *Vx.* Mécontent.

MALDIVIEN, ENNE adj. Des îles Maldives (océan Indien).

MALDONNE n.f. Mauvaise donne, aux cartes.

MÂLE adj. et n.m.

MALÉDICTION n.f.

MALEFAIM n.f. *Vx.* Très grande faim.

MALÉFICE n.m. Pratique magique visant à nuire.

MALÉFIQUE adj.

MALÉIQUE adj. *Acide maléique :* acide utilisé dans la fabrication de matières plastiques.

MALÉKI n.m. **(= malékite, malikite)** Adepte du malékisme.

MALÉKISME n.m. **(= malikisme)** École juridique de l'islam sunnite.

MALÉKITE n. et adj. → **maléki.**

MALEMORT n.f. *Vx.* Mort tragique, cruelle.

MALENCONTRE n.m. ou f. *Vx.* Malheur.

MALENCONTREUX, EUSE adj.

MALENDURANT, E adj. *Québ.* Impatient.

MALENGUEULÉ, E adj. et n. *Québ., Fam.* Malappris.

MALENTENDANT, E adj. et n.

MALENTENDU n.m.

MALEPESTE 1. n.f. *Vx.* Mauvaise peste. 2. interj.

MALFAÇON n.f.

MALFAIRE v. déf. (Ne s'emploie qu'à l'infinitif) Nuire.

MALFAISANCE n.f.

MALFAISANT, E adj.

MALFAITEUR n.m.

MALFAMÉ, E adj.

MALFORMATIF, IVE adj. D'une malformation.

MALFORMATION n.f.

MALFRAT n.m. *Arg.* Truand.

MALGACHE adj. et n.m. De Madagascar.

MALGRACIEUX, EUSE adj.

MALGRÉ prép.

MALHABILE adj.

MALHABILEMENT adv.

MALHERBE n.f. Mauvaise herbe.

MALHERBOLOGIE n.f. *Agr.* Étude des mauvaises herbes et des moyens de les détruire.

MALHEUR n.m. et interj.

MALHEUREUSEMENT adv.

MALHEUREUX, EUSE adj. et n.

MALHONNÊTE adj. et n.

MALHONNÊTEMENT adv.

MALHONNÊTETÉ n.f.

MALI n.m. *Belg.* Déficit.

MALICE n.f.

MALICIEUSEMENT adv.

MALICIEUX, EUSE adj. et n.

MALIEN, ENNE adj. Du Mali (Afrique occidentale).

MALIGNE → **malin.**

MALIGNEMENT adv.

MALIGNITÉ n.f.

MALIKISME n.m. → **malékisme.**

MALIKITE n. et adj. → **maléki.**

MALIN, MALIGNE adj. et n.

MALINE n.f. Grande marée.

MALINES n.f. Dentelle très fine.

MALINGRE adj.

MALINKÉ, E [mal-in-ké] adj. et n.m. D'un peuple d'Afrique occidentale.

MALINOIS, E 1. adj. De Malines (Belgique). 2. n.m. Chien de berger à poil court fauve.

MALINTENTIONNÉ, E adj. et n.

MALIQUE adj. (Acide) que l'on extrait des pommes et des fruits acides.

MALITORNE adj. et n. Maladroit.

MALLARMÉEN, ENNE adj. De Mallarmé (poète français).

MALLE n.f.

MALLÉABILISER v. **10.**

MALLÉABILITÉ n.f.

MALLÉABLE adj.

MALLÉOLAIRE adj.

MALLÉOLE n.f. Apophyse du tibia ou du péroné.

MALLETIER, ÈRE n. Ouvrier qui fabrique des malles, des mallettes.

MALLETTE n.f.

MALLOPHAGE n.m. Insecte parasite.

MALM n.m. *Géol.* Jurassique supérieur.

MALMENAGE n.m.

MALMENER v. **11.**

MALMIGNATTE n.f. Araignée venimeuse.

MALNUTRITION n.f.

MALOCCLUSION n.f. *Méd.* Défaut de fermeture des maxillaires.

MALODORANT, E adj.

MALOLACTIQUE adj. (Fermentation du vin) qui transforme l'acide malique en acide lactique.

MALONIQUE adj. (Acide) obtenu par oxydation de l'acide malique.

MALOSSOL n.m. Mode de préparation de condiments.

MALOTRU, E n. Grossier personnage.

MALOUF n.m. Genre musical d'Afrique du Nord.

MALOUIN, E adj. De Saint-Malo.

MALOYA [lo] n.m. Danse créole de la Réunion.

MALPÈQUE n.f. *Québ.* Variété d'huîtres.

MALPIGHIE [-gi] n.f. Arbrisseau exotique (cerisier des Antilles).

MALPLAISANT, E adj. et n.

MALPOLI, E adj. et n.

MALPOSITION n.f. Position anormale d'une dent.

MALPROPRE adj. et n.

MALPROPREMENT adv.

MALPROPRETÉ n.f.

MALSAIN, E adj.

MALSÉANCE n.f. Impolitesse, grossièreté.

MALSÉANT, E adj.

MALSONNANT, E adj. *Litt.* Malséant.

MALSTROM [malstrom] n.m. → **maelström.**

MALT n.m.

MALTAGE n.m.

MALTAIS, E 1. adj. et n.m. De Malte. 2. n.f. Variété d'orange.

MALTASE n.f. Enzyme qui décompose le maltose en glucose.

MALTER v. **10.** Convertir (de l'orge) en malt.

MALTERIE n.f. Fabrique de malt.

MALTEUR adj.m. et n.m.

MALTHUSIANISME n.m.

MALTHUSIANISTE adj. et n.

MALTHUSIEN, ENNE adj. et n. Qui tend à restreindre la natalité ou la production.

MALTOSE n.m. Sucre provenant de l'amidon.

MALTÔTE n.f. *Hist.* Impôt extraordinaire.

MALTÔTIER n.m. Celui qui percevait la maltôte.

MALTRAITANCE n.f. Mauvais traitements.

MALTRAITANT, E adj.

MALTRAITER v. **10.**

MALURE n.m. Petite fauvette d'Australie.

MALUS n.m.

MALVACÉE n.f. Plante dicotylédone, type mauve, rose trémière.

MALVALE n.f. Plante dicotylédone, type malvacée.

MALVEILLANCE n.f.

MALVEILLANT, E adj. et n.

MALVENU, E adj.

MALVERSATION n.f. Détournement de fonds dans l'exercice d'une fonction.

MALVOISIE 1. n.m. Vin grec très doux. 2. n.f. Nom valaisan du pinot gris.

MALVOYANCE n.f.

MALVOYANT, E adj. et n.

MAMA n.f. *Afr.* Bonne d'enfants. – Femme âgée.

MAMALIGA n.f. En Roumanie, bouillie de maïs.

MAMAMOUCHI n.m. Personne qui se donne des airs de grandeur.

MAMAN n.f.

MAMBA n.m. Gros serpent venimeux d'Afrique.

MAMBO n.m. Danse cubaine, proche de la rumba.

MAMÉ n.f. **(= mamée, mamet)** Dans le Midi, grand-mère.

MAMÉE n.f. → **mamé.**

MAMELLE n.f.

MAMELON n.m.

MAMELONNAIRE adj.

MAMELONNÉ, E adj.

MAMELOUK, E n.m. et adj. **(= mameluk)** *Hist.* Soldat égyptien. - Cavalier de la Garde de Napoléon Ier.

MAMELU, E adj. *Fam.* Qui a de grosses mamelles.

MAMELUK, E [ou] n.m. et adj. → **mamelouk.**

MAMET n.f. → **mamé.**

MAMIE n.f. **(= mammy, mamy)** Grand-mère.

MAMILLAIRE [l] 1. adj. Relatif au mamelon. 2. n.f. Cactacée couverte de mamelons épineux.

MAMMA n.f. *Fam.* Matrone.

MAMMAIRE adj. Relatif aux mamelles.

MAMMALIEN, ENNE adj. Relatif aux mammifères.

MAMMALOGIE n.f. Étude des mammifères.

MAMMALOGIQUE adj.

MAMMALOGISTE n.

MAMMECTOMIE n.f. Ablation du sein.

MAMMIFÈRE adj. et n.m.

MAMMISI n.m. Sanctuaire annexe des grands temples ptolémaïques.

MAMMITE n.f. Inflammation de la glande mammaire.

MAMMOGRAPHIE n.f. Radiographie de la glande mammaire.

MAMMOPLASTIE n.f. Chirurgie esthétique du sein.

MAMMOTEST n.m. Test de dépistage du cancer du sein.

MAMMOUTH n.m.

MAMMY n.f. → **mamie.**

MAMOURS n.m.pl. Démonstration de tendresse.

MAMY n.f. → **mamie.**

MAN [m-an] n.m. Larve du hanneton.

MANA n.m. Puissance surnaturelle dans certaines religions polynésiennes.

MANADE n.f. Troupeau de chevaux, de taureaux, en Camargue.

MANADIER n.m. Éleveur de manade.

MANAGEMENT n.m. Technique de direction ou de gestion.

MANAGER [-djeur] ou [-djèr] n.m. **(= manageur).**

MANAGER [-(d)jé] v. **17.** Diriger.

MANAGÉRIAL, E, AUX adj. Relatif au management.

MANAGEUR, EUSE n. → **manager** n.m.

MANAGUAYEN, ENNE [gwa] adj. De Managua (Nicaragua).

MANAMÉEN, ENNE adj. De Manama (Bahreïn).

MANANT n.m. *Hist.* Villageois, paysan. - Homme grossier.

MANAT n.m. Unité monétaire de l'Azerbaïdjan et du Turkménistan.

MANCEAU, MANCELLE, MANCEAUX 1. adj. Du Mans. 2. n.f. Attache joignant le collier d'un cheval au limon de la voiture.

MANCELLE → **manceau.**

MANCENILLE [-sniy] n.f. Fruit du mancenillier, qui ressemble à une pomme d'api.

MANCENILLIER n.m. Arbre d'Amérique.

MANCHE n.m. et n.f.

MANCHERON n.m. Poignée de charrue.

MANCHETTE n.f.

MANCHOIS, E adj. De la Manche.

MANCHON n.m. Fourreau permettant de se réchauffer les mains. - Gaine.

MANCHONNER v. **10.** En cuisine, parer (une pièce de viande) en dégageant l'extrémité de l'os.

MANCHOT, E adj. et n.

MANCHOU, E adj. et n.m. **(= mandchou)** De la Mandchourie (nord-est de la Chine).

MANCIE n.f. Divination.

MANCIPATION n.f. *Antiq. rom., Dr.* Acte de transfert de la propriété.

MANDALA n.m. Représentation symbolique de l'Univers, dans les religions orientales.

MANDALE n.f. *Arg.* Gifle.

MANDANT, E n. *Dr.* Personne qui confère un mandat.

MANDARIN n.m.

MANDARINAL, E, AUX adj. Relatif aux mandarins.

MANDARINAT n.m.

MANDARINE adj. et n.f.

MANDARINIER n.m. Arbrisseau.

MANDAT n.m.

MANDATAIRE n. Celui qui agit au nom d'un autre. - Intermédiaire.

MANDATEMENT n.m.

MANDATER v. **10.**

MANDATURE n.f. Durée d'un mandat politique.

MANDCHOU, E adj. et n.m. → **manchou.**

MANDÉ n.m. Groupe de langues nigéro-congolaises.

MANDÉEN, ENNE n. et adj. Adepte d'une religion gnostique du Proche-Orient.

MANDÉISME n.m. Doctrine des mandéens.

MANDEMENT n.m. Écrit adressé par un évêque aux fidèles.

MANDER v. **10.** *Litt.* Faire venir. - Informer par un message.

MANDIBULAIRE adj.

MANDIBULATE n.m. Animal muni d'antennes et de mandibules.

MANDIBULE n.f. Mâchoire inférieure de l'homme. – Pièce buccale d'insecte, de crustacé.

MANDILLE n.f. *Vx.* Manteau court de laquais.

MANDINGUE n.m. et adj. → **mandé.**

MANDOLE n.f. **(= mandore)** *Anc.* Petit luth.

MANDOLINE n.f.

MANDOLINISTE n.

MANDORE n.f. → **mandole.**

MANDORLE n.f. *Bx-arts.* Forme ovale dans laquelle apparaît le Christ.

MANDRAGORE n.f. Plante dont la racine ressemble à un corps humain.

MANDRILL [m-an-dril] n.m. Grand singe à museau bariolé de bleu et de rouge.

MANDRIN n.m. Dispositif de serrage. – Outil cylindrique pour agrandir ou égaliser un trou.

MANDRINAGE n.m.

MANDRINER v. **10.** Travailler (une pièce) avec un mandrin.

MANDUCATION n.f. Action de manger.

MANÉCANTERIE n.f. École de chant liturgique.

MANÈGE n.m.

MANÉGER v. **18.** Dresser (des chevaux) pour le manège.

MÂNES n.m.pl. *Antiq. rom.* Âmes des morts.

MANETON n.m. Partie d'un vilebrequin où s'articule la bielle.

MANETTE n.f.

MANGA n.m. Bande dessinée japonaise.

MANGABEY n.m. Singe d'Afrique tropicale.

MANGAKA n. Dessinateur ou auteur de mangas.

MANGANATE n.m. *Chim.* Sel.

MANGANÈSE n.m. Métal dur et cassant.

MANGANEUX, EUSE adj. Se dit d'un oxyde de manganèse.

MANGANIDE n.m. Minéral, type manganèse.

MANGANIN n.m. **(= Manganine)** Alliage de cuivre, de manganèse et de nickel.

MANGANINE n.f. (Nom déposé) → **manganin.**

MANGANIQUE adj. Se dit d'un anhydride et d'un oxyde de manganèse.

MANGANITE n.m. *Chim.* Sel dérivant de l'anhydride manganeux.

MANGEABLE adj.

MANGEAILLE n.f.

MANGEOIRE n.f.

MANGEOTER v. **10.** → **mangeotter.**

MANGEOTTER v. **10 (= mangeoter)** Grignoter.

MANGER n.m.

MANGER v. **17.**

MANGERIE n.f. *Litt.* Action de manger beaucoup.

MANGETOUT n.m. et adj.m. Variété de pois ou de haricot.

MANGEUR, EUSE n.

MANGEURE [m-an-jur] n.f. *Vx.* Endroit mangé (d'un pain, d'un livre, etc.).

MANGLE n.f. Fruit du manglier.

MANGLIER n.m. Variété de palétuvier.

MANGO n.m. Fruit du mangotier.

MANGONNEAU, X n.m. *Hist.* Machine de guerre du Moyen Âge.

MANGOTIER n.m. Manguier non greffé.

MANGOUSTAN n.m. Fruit du mangoustanier.

MANGOUSTANIER n.m. Arbre des régions tropicales.

MANGOUSTE n.f. Petit mammifère carnivore.

MANGOUSTIER n.m. → **mangoustanier.**

MANGROVE n.f. Formation marécageuse constituée de palétuviers.

MANGUE n.f. Fruit à pulpe jaune savoureuse.

MANGUIER n.m. Arbre tropical.

MANHATTAN [-tan] n.m. Cocktail à base de whisky, de vermout et de bitter.

MANIABILITÉ n.f.

MANIABLE adj.

MANIAGE n.m. Action de pétrir l'argile avant le moulage.

MANIAQUE adj. et n.

MANIAQUERIE n.f.

MANICHÉEN, ENNE [k] adj. et n. *Rel.* Qui croit en la coexistence et l'opposition du bien et du mal. – (Analyse, description, personnage) sans nuances.

MANICHÉISME [k] n.m.

MANICHORDION [k] n.m. → **manicorde.**

MANICLE n.f. **(= manique)** Gant de protection.

MANICORDE n.m. Ancien instrument de musique à cordes frappées.

MANIE n.f.

MANIEMENT n.m.

MANIER v. **15.**

MANIÈRE n.f.

MANIÉRÉ, E adj.

MANIÉRISME n.m. Manque de naturel. – Tendance artistique de la Renaissance italienne.

MANIÉRISTE adj. et n.

MANIEUR, EUSE n.

MANIF n.f.

MANIFESTANT, E n.

MANIFESTATION n.f.

MANIFESTE adj. et n.m.

MANIFESTEMENT adv.

MANIFESTER v. **10.**

MANIFOLD n.m. Carnet permettant d'établir des copies, au moyen de papier carbone.

MANIGANCE n.f.

MANIGANCER v. **13.**

MANIGUETTE n.f. Graine de l'amome, de saveur poivrée.

MANILLAIS, E adj. De Manille (Philippines).

MANILLE n.f. Jeu de cartes. – Anneau.

MANILLER v. **10.** *Mar.* Assembler avec des manilles.

MANILLEUR, EUSE n. Joueur de manille.

MANILLON n.m. As, à la manille.

MANIOC n.m. Arbrisseau dont la racine donne le tapioca.

MANIP n.f. **(= manipe)** *Fam.* Manipulation.

MANIPE n.f. → **manip.**

MANIPULABLE adj.

MANIPULATEUR, TRICE n.

MANIPULATION n.f.

MANIPULE n.m. Le tiers d'une cohorte romaine. – *Rel.* Ornement liturgique.

MANIPULER v. **10.**

MANIPURI [ou] n.m. Style de danse indienne.

MANIQUE n.f. → **manicle.**

MANITOBAIN, E adj. Du Manitoba (Canada).

MANITOU n.m. Dieu ou esprit, dans certaines tribus amérindiennes. – Personnage influent.

MANIVEAU, X n.m. Petit panier d'osier plat.

MANIVELLE n.f.

MANNE n.f. *Rel.* Nourriture miraculeuse. – Exsudation végétale. – Grand panier d'osier.

MANNEQUIN n.m.

MANNEQUINAT n.m. Profession de mannequin.

MANNETTE n.f. Petite manne.

MANNITE n.f. Substance organique provenant de la manne du frêne.

MANNITOL n.m. → **mannite.**

MANNOIS, E adj. De l'île de Man (Royaume-Uni).

MANNOSE n.m. Glucide dérivé de la mannite.

MANOCONTACT n.m. Capteur.

MANODÉTENDEUR n.m. Dispositif abaissant la pression d'un gaz.

MANŒUVRABILITÉ n.f.

MANŒUVRABLE adj.

MANŒUVRE n.m. et n.f.

MANŒUVRER v. **10.**

MANŒUVRIER, ÈRE adj. et n. Habile à faire manœuvrer, à manœuvrer.

MANOGRAPHE n.m. Manomètre enregistreur.

MANOIR n.m.

MANOMÈTRE n.m. Instrument mesurant la pression d'un fluide.

MANOMÉTRIE n.f.

MANOMÉTRIQUE adj.

MANON n.m. *Belg.* Friandise pralinée.

MANOQUAGE n.m.

MANOQUE n.f. Petite botte de feuilles de tabac.

MANOQUER v. **10.** Mettre (du tabac) en manoques.

MANOSQUIN, E adj. De Manosque.

MANOSTAT n.m. Appareil maintenant une pression constante.

MANOU n.m. En Nouvelle-Calédonie, paréo.

MANOUCHE n. et adj. Gitan nomade.

MANOUVRIER, ÈRE n. Manœuvre.

MANQUANT, E adj. et n.

MANQUE n.m.

MANQUEMENT n.m.

MANQUER v. **10.**

MANSA n.m. *Hist.* Empereur du Mali.

MANSARDE n.f.

MANSARDÉ, E adj.

MANSE n.m. ou f. *Médiév.* Unité d'exploitation agricole.

MANSION n.f. *Médiév.* Partie d'un décor de théâtre.

MANSUÉTUDE n.f.

MANTA n.f. *Zool.* Grande raie.

MANTAIS, E adj. De Mantes-la-Jolie.

MANTE n.f. Insecte carnassier.

MANTEAU, X n.m.

MANTELÉ, E adj. *Zool.* Dont le dos a une couleur différente de celle du reste du corps.

MANTELET n.m. Manteau court. – *Mar.* Volet.

MANTELINE n.f. *Médiév.* Petit vêtement porté sur l'armure.

MANTELLIQUE adj. Relatif au manteau de la Terre.

MANTELURE n.f. Pelage du dos d'un chien, différent du reste de la robe.

MANTILLE n.f. Longue écharpe de dentelle portée sur la tête.

MANTIQUE n.f. Pratique de la divination.

MANTISSE n.f. Partie décimale d'un logarithme.

MANTOUAN, E adj. De Mantoue (Italie).

MANTRA n.m. Mot ou phrase sacrés, dans l'hindouisme et le bouddhisme.

MANUALITÉ n.f. Emploi prédominant d'une main par rapport à l'autre.

MANUBRIUM n.m. *Anat.* Partie supérieure du sternum.

MANUCURE n.

MANUCURER v. **10.**

MANUCURIE n.f.

MANUEL, ELLE adj. et n.

MANUÉLIN, E adj. (Style) architectural et décoratif complexe du Portugal.

MANUELLEMENT adv.

MANUFACTURABLE adj.

MANUFACTURE n.f.

MANUFACTURER v. **10.**

MANUFACTURIER, ÈRE adj. et n.

MANUMISSION n.f. *Hist.* Affranchissement d'un esclave, d'un serf.

MANUSCRIT, E adj. et n.m.

MANUTENTION n.f.

MANUTENTIONNER v. **10.**

MANUTERGE n.m. Linge avec lequel le prêtre s'essuie les mains à la messe.

MANX n.m. Race de chats sans queue.

MANZANILLA [m-an-zanilya] n.m. Vin liquoreux d'Espagne.

MAO adj. et n. *Fam.* Maoïste.

MAOHI n. et adj. En Polynésie française, personne, culture ayant les caractères de la tradition.

MAOÏSME n.m.

MAOÏSTE adj. et n.

MAORI, E adj. et n.m. Relatif à une population de la Nouvelle-Zélande.

MAOUS, MAOUSSE adj. → **mahous.**

MAOUSSE → **maous.**

MAPPAGE n.m. → **mappe.**

MAPPE n.f. *Inf.* Représentation de la localisation de données dans une mémoire d'ordinateur pour en faciliter l'accès.

MAPPEMONDE n.f.

MAPPER v. **10.**

MAPUCHE adj. D'un peuple du Chili.

MAPUTAIS, E [ou] adj. De Maputo (Mozambique).

MAQAM n.m. Mode musical arabe.

MAQUE n.f. → **macque.**

MAQUÉE n.f. *Belg.* Fromage blanc.

MAQUER v. **10.** *Fam.* Exploiter (une prostituée). – *Belg.* Frapper, assommer.

MAQUERAISON n.f. Saison de la pêche au maquereau.

MAQUEREAU, MAQUERELLE, MAQUEREAUX n.

MAQUEREAUTER v. **10.** Prostituer.

MAQUERELLE → **maquereau.**

MAQUERELLER v. **10.** → **maquereauter.**

MAQUETTAGE n.m.

MAQUETTE n.f.

MAQUETTER v. **10.** *Impr.* Présenter (un projet d'ouvrage) sous forme de maquette.

MAQUETTISME n.m. Construction de modèles réduits.

MAQUETTISTE n.

MAQUIGNON, ONNE n. Marchand de chevaux.

MAQUIGNONNAGE n.m.

MAQUIGNONNER v. **10.** Maquiller (un animal) pour camoufler ses défauts.

MAQUILLAGE n.m.

MAQUILLER v. **10.**

MAQUILLEUR, EUSE n.

MAQUIS n.m. Formation végétale touffue.

MAQUISARD, E n. Résistant qui appartenait à un maquis, pendant la Seconde Guerre mondiale.

MARA n.m. Rongeur d'Amérique du Sud.

MARABOUT n.m. Saint personnage islamique. – Oiseau échassier. – Sorcier africain.

MARABOUTAGE n.m.

MARABOUTER v. **10.** *Afr.* Envoûter.

MARABOUTIQUE adj.

MARABOUTISME n.m. Courant islamique fondé sur le culte des marabouts.

MARACA n.f. *Mus.* Instrument formé d'une coque contenant des grains durs.

MARACUDJA [-koudja] n.m. **(= maracuja)** Fruit de la Passion.

MARACUJA [-koudja] n.m. → **maracudja.**

MARAE [-aé] n.m. Ancien lieu de culte polynésien.

MARAGING **I** [marédjing] adj. (Acier très dur) constitué de fer et de nickel.

MARAÎCHAGE n.m. Culture maraîchère.

MARAÎCHER, ÈRE n. et adj. Producteur de légumes.

MARAÎCHIN, E adj. et n. Des marais de l'ouest de la France.

MARAIS n.m.

MARANS [mar-an] n.f. et adj. Poule pondant de gros œufs.

MARANTA n.m. **(= marante)** Plante tropicale.

MARANTACÉE n.f. Plante, type maranta.

MARANTE n.f. → **maranta.**

MARASME n.m.

MARASQUE n.f. Cerise.

MARASQUIN n.m. Liqueur faite avec la marasque.

MARATHE n.m. → **mahratte.**

MARATHI n.m. → **mahratte.**

MARATHON n.m.

MARATHONIEN, ENNE n.

MARÂTRE n.f. Belle-mère. – Mauvaise mère.

MARAUD, E n. *Vx.* Personne méprisable.

MARAUDAGE n.m.

MARAUDER v. **10.** Chaparder.

MARAUDEUR, EUSE adj. et n.

MARAVÉDIS [-i] n.m. Ancienne monnaie espagnole.

MARBRE n.m.

MARBRER v. **10.** Décorer de veines imitant le marbre.

MARBRERIE n.f.

MARBREUR, EUSE n. Personne qui marbre le papier, les reliures.

MARBRIER, ÈRE 1. adj. Relatif au marbre. 2. n.m. Ouvrier qui travaille le marbre. 3. n.f. Carrière de marbre.

MARBRURE n.f. Imitation des veines du marbre. – Marque sur la peau.

MARC [mar] n.m.

MARCAIRE n.m. *Anc.* Domestique s'occupant de la vacherie et de la fromagerie.

MARCAIRERIE n.f. Local où l'on fait les fromages cuits, dans les Vosges.

MARCASITE [s] n.f. **(= marcassite)** Sulfure naturel de fer.

MARCASSIN n.m. Jeune sanglier.

MARCASSITE n.f. → **marcasite.**

MARCEL n.m. Maillot de corps sans manches.

MARCELINE n.f. Étoffe de soie légère.

MARCESCENCE n.f.

MARCESCENT, E adj. *Bot.* Qui se flétrit sans se détacher.

MARCESCIBLE adj. *Litt.* Susceptible de se flétrir.

MARCHAND, E adj. et n.

MARCHANDAGE n.m.

MARCHANDER v. **10.**

MARCHANDEUR, EUSE n.

MARCHANDISAGE n.m. Promotion commerciale d'un produit.

MARCHANDISATION n.f.

MARCHANDISE n.f.

MARCHANDISER v. **10.** Traiter comme une marchandise.

MARCHANDISEUR, EUSE n.

MARCHANT, E adj.

MARCHANTIA [-tya] n.f. Plante des lieux humides.

MARCHANTIALE [tya] n.f. Plante, type marchantia.

MARCHANTIE [-ti] n.f. → **marchantia.**

MARCHE n.f.

MARCHÉ n.m.

MARCHÉAGE n.m. Technique de la vente.

MARCHEPIED n.m.

MARCHER n.m. Au basketball et au handball, faute.

MARCHER v. **(p.p.inv.) 10.**

MARCHETTE n.f. *Québ.* Siège roulant pour bébés.

MARCHEUR, EUSE adj. et n.

MARCIONISME n.m. *Rel.* Hérésie du IIe s.

MARCONI n.m. *Mar.* Grand-voile triangulaire.

MARCOPHILE n. et adj. Collectionneur d'oblitérations.

MARCOPHILIE n.f.

MARCOTTAGE n.m.

MARCOTTE n.f. Branche qui prend racine.

MARCOTTER v. **10.** Multiplier par marcottes.

MARDI n.m.

MARE n.f.

MARÉCAGE n.m.

MARÉCAGEUX, EUSE adj.

MARÉCHAL, E, AUX n.

MARÉCHALAT n.m.

MARÉCHALERIE n.f. Atelier du maréchal-ferrant.

MARÉCHAUSSÉE n.f. *Fam.* Gendarmerie.

MARÉE n.f.

MARÉGRAMME n.m. Courbe tracée par un marégraphe.

MARÉGRAPHE n.m. Instrument enregistrant la hauteur des marées.

MARELLE n.f.

MAREMMATIQUE adj.

MAREMME n.f. En Italie, terrain marécageux.

MARÉMOTEUR, TRICE adj. Relatif à la force motrice des marées.

MARENGO [mar-in-gô] 1. n.m. Drap à fond noir. 2. adj. Se dit d'une façon d'accommoder du veau, du poulet.

MARENNES n.f. Huître.

MARÉOMÈTRE n.m. → **marégraphe.**

MAREYAGE n.m.

MAREYEUR, EUSE n. Marchand de produits de la mer.

MARFIL n.m. *Vx.* Ivoire non travaillé.

MARGAILLE n.f. *Belg.* Bagarre.

MARGARINE n.f.

MARGARINERIE n.f.

MARGARINIER n.m.

MARGARITA n.m. ou f. Cocktail à base de tequila.

MARGAUDER v. **(p.p.inv.) 10 (= margoter, margotter)** Crier, en parlant de la caille.

MARGAUX n.m. Vin de Médoc.

MARGAY [-è] n.m. Chat sauvage de l'Amérique du Sud.

MARGE n.f.

MARGELLE n.f. Pierre formant le rebord d'un puits.

MARGEOIR n.m. *Impr.* Instrument servant à marger le papier.

MARGER v. **17.** Placer (une feuille à imprimer) en ménageant une marge.

MARGEUR, EUSE n. Ouvrier qui marge.

MARGINAL, E, AUX adj. et n.

MARGINALEMENT adv.

MARGINALISATION n.f.

MARGINALISER v. **10.**

MARGINALISME n.m. Théorie économique.

MARGINALISTE adj. et n.

MARGINALITÉ n.f.

MARGINER v. **10.** Annoter.

MARGIS [-i] n.m. *Arg., Mil.* Maréchal des logis.

MARGOT n.f. Pie. - *Fam.* Bavarde.

MARGOTER v. **(p.p.inv.) 10. → margauder.**

MARGOTIN n.m. *Vx.* Petit fagot.

MARGOTTER v. **(p.p.inv.) 10. → margauder.**

MARGOUILLAT n.m. Lézard d'Afrique.

MARGOUILLIS n.m. Mélange de boue et d'ordures.

MARGOULETTE n.f. *Fam.* Bouche, mâchoire.

MARGOULIN, E n. Petit trafiquant sans scrupule.

MARGOUSIER n.m. Mélia (arbre asiatique).

MARGRAVE, MARGRAVINE n. *Hist.* Titre de certains princes d'Allemagne.

MARGRAVIAT n.m.

MARGRAVINE n.f. **→ margrave.**

MARGRITIN n.m. Rocaille fine servant à l'ornementation des jardins.

MARGUERITE n.f.

MARGUILLIER, ÈRE [-giyé] n. *Vx.* Membre du conseil d'administration d'une église.

MARI n.m.

MARIABLE adj.

MARIACHI [-tchi] n.m. Musicien itinérant, au Mexique.

MARIAGE n.m.

MARIAL, E (pl. **MARIALS** ou **MARIAUX**) adj. Relatif à la Vierge Marie.

MARIANISTE n.m. *Rel.* Membre d'un institut clérical voué à l'éducation.

MARIER v. **15.**

MARIEUR, EUSE n.

MARIGOT n.m. Bras mort d'une rivière tropicale.

MARIHUANA [marirwana] n.f. **→ marijuana.**

MARIJUANA [marirwana] n.f. **(= marihuana)** Chanvre indien.

MARIMBA [marimba] n.m. Xylophone africain.

MARIN, E adj., n.m. et n.f.

MARINA n.f. Ensemble immobilier construit en bord de mer.

MARINADE n.f. Saumure qui sert à mariner.

MARINAGE n.m.

MARINE n.m. Soldat d'élite américain ou anglais.

MARINER v. **10.** Tremper dans de la saumure, pour conserver et assaisonner.

MARINGOTE n.f. **(= maringotte)** Petite voiture hippomobile à deux roues.

MARINGOTTE n.f. **→ maringote.**

MARINGOUIN n.m. Moustique.

MARINIER, ÈRE adj. et n.

MARINISME n.m. *Litt.* Préciosité du style.

MARIOL adj. et n. **(= mariole, mariolle)** *Fam.* Malin.

MARIOLE adj. et n. **→ mariol.**

MARIOLLE adj. et n. **→ mariol.**

MARIOLOGIE n.f. Partie de la théologie catholique concernant la Vierge Marie.

MARIONNETTE n.f.

MARIONNETTISTE n.

MARISQUE n.f. Cicatrice d'une hémorroïde.

MARISTE n. Membre d'une congrégation religieuse vouée à la Vierge Marie.

MARITAL, E, AUX adj. *Dr.* Qui appartient au mari.

MARITALEMENT adv.

MARITIME adj.

MARITORNE n.f. Femme laide, malpropre.

MARIVAUDAGE n.m.

MARIVAUDER v. **(p.p.inv.) 10.** S'exprimer avec une galanterie raffinée ou affectée.

MARJOLAINE n.f. Plante aromatique.

MARK n.m.

MARKETER [ke] v. **20** (je markette...) Commercialiser (un produit) en utilisant les techniques du marketing.

MARKETEUR, EUSE [ke] n.

MARKETING [ké] n.m. Ensemble des techniques de la vente et de l'étude de marché.

MARKKA (pl. **MARKKAA** ou **MARKKAS**) n.m. Ancienne unité monétaire de la Finlande.

MARKKAA | **→ markka.**

MARLE n.m. **(= marlou)** *Fam.* Souteneur.

MARLI n.m. Bord intérieur d'un plat, d'une assiette.

MARLIN n.m. Poisson osseux des mers chaudes.

MARLOU n.m. **→ marle.**

MARMAILLE n.f.

MARMELADE n.f.

MARMENTEAU, X adj.m. et n.m. (Bois de haute futaie) qu'on ne coupe pas.

MARMITAGE n.m.

MARMITE n.f.

MARMITÉE n.f. Contenu d'une marmite.

MARMITER v. **10.** *Vx.* Bombarder.

MARMITON n.m.

MARMONNEMENT n.m.

MARMONNER v. **10 (= marmotter)** Murmurer confusément et entre les dents.

MARMORÉEN, ENNE adj. Qui a l'apparence du marbre.

MARMORISATION n.f.

MARMORISER v. **10.** Transformer en marbre.

MARMOT n.m.

MARMOTTAGE n.m.

MARMOTTE n.f.

MARMOTTEMENT n.m.

MARMOTTER v. **10.** → **marmonner.**

MARMOTTEUR, EUSE adj. et n.

MARMOTTIER n.m. Prunier de Briançon.

MARMOUSET n.m. Figurine grotesque. – Petit garçon.

MARNAGE n.m.

MARNAIS, E adj. De la Marne.

MARNE n.f. Mélange de calcaire et d'argile.

MARNER v. **10.** Amender (un sol) avec de la marne.

MARNEUR n.m. Celui qui marne les terres.

MARNEUX, EUSE adj. Qui contient de la marne.

MARNIÈRE n.f. Carrière de marne.

MAROCAIN, E adj.

MAROILLES [marwal] n.m. **(= marolles)** Fromage à pâte molle.

MAROLLES n.m. → **maroilles.**

MAROLLIEN n.m. Argot d'un quartier de Bruxelles.

MARONAGE n.m. Droit de couper du bois de charpente, dans une forêt.

MARONITE adj. et n. (Fidèle) d'une Église orientale catholique.

MARONNER v. **(p.p.inv.) 10.** Maugréer.

MAROQUIN n.m. Peau de chèvre tannée.

MAROQUINAGE n.m.

MAROQUINER v. **10.** Apprêter (une peau) de façon à imiter le maroquin.

MAROQUINERIE n.f.

MAROQUINIER, ÈRE n.

MAROTIQUE adj. Qui imite le style du poète Marot.

MAROTTE n.f.

MAROUETTE n.f. Oiseau échassier.

MAROUFLAGE n.m.

MAROUFLE n.f. Colle forte.

MAROUFLER v. **10.** Coller.

MAROUTE n.f. Plante (camomille puante).

MARQUAGE n.m.

MARQUANT, E adj.

MARQUE n.f.

MARQUER v. **10.**

MARQUÉSAN, E adj. Des îles Marquises (Polynésie).

MARQUETER v. **20** (je marquette...) Revêtir de lamelles de bois décoratives.

MARQUETERIE n.f. Assemblage de lamelles de bois.

MARQUETEUR, EUSE n.

MARQUEUR, EUSE n.

MARQUIS, E n.

MARQUISAT n.m.

MARQUISIEN, ENNE adj. → **marquésan.**

MARQUOIR n.m. Instrument pour marquer.

MARRAINE n.f.

MARRAKCHI, E adj. De Marrakech (Maroc).

MARRANE n. *Hist.* Juif ibère converti de force.

MARRANT, E adj.

MARRE adv. *Fam. En avoir marre :* en avoir assez.

MARRER (SE) v. **10.**

MARRI, E adj. *Litt.* Fâché.

MARRON, ONNE 1. adj. *Hist.* (Esclave) enfui. – Clandestin. 2. n.m.

MARRONNAGE n.m. État d'un esclave marron.

MARRONNER v. **(p.p.inv.) 10.** *Hist.* Devenir, être un esclave marron.

MARRONNIER n.m.

MARRUBE n.m. Plante aromatique.

MARS n.m.

MARSALA n.m. Vin doux sicilien.

MARSANNE n.f. Cépage blanc.

MARSAULT n.m. **(= marseau)** Saule qui vit au bord de l'eau.

MARSEAU, X n.m. → **marsault.**

MARSEILLAIS, E adj.

MARSHAL, S n.m. Aux États-Unis, policier fédéral.

MARSHALLAIS, E adj. Des îles Marshall (Océanie).

MARSHMALLOW [marchmalô] n.m. Confiserie à base de guimauve.

MARSOUIN n.m. Mammifère cétacé voisin du dauphin. – *Hist.* Fantassin de l'armée coloniale.

MARSOUINAGE n.m.

MARSOUINER v. **(p.p.inv.) 10.** *Mar.* S'enfoncer et se cabrer comme un marsouin.

MARSUPIAL, E, AUX n.m. et adj. Mammifère, type kangourou.

MARSUPIUM n.m. Poche ventrale des marsupiaux.

MARTAGON n.m. Lis rose.

MARTE n.f. **(= martre)** Mammifère carnassier à fourrure estimée.

MARTEAU, X adj. et n.m.

MARTEL | n.m. *Se mettre martel en tête :* se tracasser.

MARTELAGE n.m.

MARTÈLEMENT n.m.

MARTELER v. **23** (je martèle...).

MARTELET n.m. Petit marteau.

MARTELEUR adj.m. et n.m.

MARTELLEMENT n.m.

MARTENSITE [mart-in-sit] n.f. Composant de l'acier.

MARTENSITIQUE adj.

MARTIAL, E, AUX adj.

MARTIALEMENT adv.

MARTIEN, ENNE adj. et n.

MARTIN n.m. Passereau.

MARTINET n.m.

MARTINGALE n.f. Bande de tissu horizontale, placée dans le dos d'un vêtement.

MARTINI n.m. (Nom déposé).

MARTINIQUAIS, E adj. De la Martinique (Antilles).

MARTINISME n.m. Doctrine mystique chrétienne.

MARTRE n.f. → **marte.**

MARTYR, E adj. et n.

MARTYRE n.m. Mort, souffrances du martyr.

MARTYRISER v. **10.**

MARTYRIUM n.m. Monument où se trouve le tombeau d'un martyr.

MARTYROLOGE n.m. Liste des martyrs.

MARXIEN, ENNE adj. Relatif à Marx.

MARXISANT, E adj.

MARXISATION n.f.

MARXISER v. **10.**

MARXISME n.m.

MARXISTE adj. et n.

MARXOLOGIE n.f.

MARXOLOGUE n.

MARYLAND [maril-an-d] n.m. Tabac.

MAS [ma(s)] n.m. Ferme, en Provence.

MASAI [masay] adj. D'un peuple du Kenya et de la Tanzanie.

MASALA [s] n.m. Mélange d'épices indiennes.

MASCARA n.m. Fard pour les cils.

MASCARADE n.f.

MASCARET n.m. Vague déferlante qui remonte un fleuve lors d'une forte marée.

MASCARON n.m. *Arch.* Masque sculpté.

MASCARPONE n.m. Fromage frais italien.

MASCATAIS, E adj. De Mascate (Oman).

MASCOGNE n.f. *Helv.* Tricherie.

MASCOTTE n.f.

MASCULIN, E adj. et n.m.

MASCULINISATION n.f.

MASCULINISER v. **10.**

MASCULINISME n.m. État d'une femme qui présente certains des caractères sexuels de l'homme.

MASCULINITÉ n.f.

MASER [mazèr] n.m. Sorte de laser produisant des ondes non lumineuses.

MASÉROIS, E adj. De Maseru (Lesotho).

MASET n.m. **(= mazet)** Petit bâtiment provençal.

MASKINONGÉ n.m. *Québ.* Brochet.

MASKOUTAIN, E adj. De Saint-Hyacinthe (Québec).

MASO adj. et n. *Fam.* Masochiste.

MASOCHISME n.m.

MASOCHISTE adj. et n.

MASQUAGE n.m.

MASQUANT, E adj. (Substance) qui masque l'utilisation d'un produit dopant.

MASQUE n.m.

MASQUER v. **10.**

MASSACRANT, E adj.

MASSACRE n.m.

MASSACRER v. **10.**

MASSACREUR, EUSE n.

MASSAGE n.m.

MASSALIOTE adj. De Massilia (aujourd'hui Marseille).

MASSE n.f.

MASSELOTTE n.f. Métal excédentaire qui adhère à une pièce de fonderie.

MASSEPAIN n.m. Pâte d'amande.

MASSER v. **10.**

MASSÉTER [-èr] n.m. et adj.m. Muscle élévateur de la joue.

MASSETTE n.f. Herbe aquatique. – Gros marteau.

MASSEUR, EUSE n.

MASSICOT n.m. Machine à rogner le papier. – Oxyde de plomb.

MASSICOTAGE n.m.

MASSICOTER v. **10.** Couper au massicot.

MASSICOTEUR n.m.

MASSIER, ÈRE n. *Bx arts.* Élève qui s'occupe des dépenses communes.

MASSIF, IVE adj. et n.m.

MASSIFICATION n.f.

MASSIFIER v. **15.** Transformer en phénomène de masse.

MASSIQUE adj. *Phys.* Qui concerne la masse.

MASSIVEMENT adv.

MASSIVETÉ n.f. **(= massivité).**

MASSIVITÉ n.f. → **massiveté.**

MASSORAH n.f. **(= massore)** Exégèse juive de la Bible.

MASSORE n.f. → **massorah.**

MASSORÈTE n.m. Auteur de massorahs.

MASSORÉTIQUE adj.

MASSOTHÉRAPEUTE n.

MASSOTHÉRAPIE n.f. Traitement par massage.

MASSUE n.f.

MASTABA n.m. *Antiq.* Monument funéraire égyptien.

MASTAIRE n.m. *Vx.* → **master.**

MASTARD n.m. *Fam.* Costaud.

MASTECTOMIE n.f. Ablation du sein.

MASTÉGUER v. **12.** *Fam.* Mastiquer.

MASTER [-èr] n.m. **(= mastaire)** Grade universitaire de haut niveau.

MASTÈRE n.m. Diplôme décerné par les grandes écoles.

MASTIC n.m.

MASTICAGE n.m. Action de joindre avec du mastic.

MASTICATEUR, TRICE adj. et n.m.

MASTICATION n.f.

MASTICATOIRE adj. et n.m.

MASTIFF n.m. Chien à corps trapu, voisin du dogue.

MASTIGADOUR n.m. *Vét.* Substance que l'on donne à mâcher aux chevaux.

MASTIQUER v. **10.**

MASTITE n.f. Inflammation de la glande mammaire.

MASTOC adj. et n. *Fam.* Lourd, grossier.

MASTOCYTE n.m. Cellule du tissu conjonctif.

MASTODONTE n.m. Mammifère fossile voisin de l'éléphant.

MASTOÏDE adj. et n.f. (Éminence) de l'os temporal.

MASTOÏDIEN, ENNE adj.

MASTOÏDITE n.f. Inflammation de l'apophyse mastoïde.

MASTOLOGIE n.f. *Méd.* Étude des seins.

MASTOLOGUE n.

MASTOPATHIE n.f. Affection des seins.

MASTOSE n.f. Lésion du sein.

MASTROQUET n.m. *Fam.* Détaillant en vins.

MASTURBATEUR, TRICE adj. et n.

MASTURBATION n.f.

MASTURBATOIRE adj.

MASTURBER v. **10.**

MASURE n.f. Petite habitation délabrée.

MASURIUM n.m. Élément chimique artificiel.

MAT, MATE adj. et n.m. Qui ne brille pas ou ne résonne pas.

MÂT n.m.

MATABICHE n.m. *Afr.* Pot-de-vin, bakchich.

MATADOR n.m.

MATAF n.m. *Fam.* Matelot.

MATAGE n.m. Façonnage au marteau.

MATAMATA n.f. Grosse tortue d'Amérique du Sud.

MATAMORE n.m. Fanfaron.

MATCH (pl. **MATCHES** ou **MATCHS**) n.m.

MATCHER v. **10.** Affronter dans un match.

MATCHES → **match.**

MATCHICHE n.f. Danse brésilienne.

MATÉ n.m. Sorte de houx.

MATEFAIM n.m. Crêpe épaisse.

MATELAS n.m.

MATELASSAGE n.m.

MATELASSER v. **10.**

MATELASSIER, ÈRE n.

MATELASSURE n.f. Matériau de rembourrage pour matelas.

MATELOT n.m.

MATELOTAGE n.m. *Mar.* Travail du gabier.

MATELOTE n.f. Poisson accommodé au vin rouge et aux oignons.

MATER [-èr] n.f. *Fam.* Mère.

MATER v. **10.**

MÂTER v. **10.** *Mar.* Équiper de mâts.

MÂTEREAU, X n.m. Petit mât.

MATÉRIALISATION n.f.

MATÉRIALISER v. **10.**

MATÉRIALISME n.m.

MATÉRIALISTE adj. et n.

MATÉRIALITÉ n.f. Qualité de ce qui est matériel.

MATÉRIAU, X n.m.

MATÉRIEL, ELLE adj. et n.m.

MATÉRIELLEMENT adv.

MATERNAGE n.m.

MATERNEL, ELLE adj. et n.f.

MATERNELLEMENT adv.

MATERNER v. **10.** Soigner, traiter comme son propre enfant.

MATERNISER v. **10.** Traiter (du lait de vache) pour reproduire la composition du lait maternel.

MATERNITÉ n.f.

MATERNOLOGIE n.f. *Méd.* Étude des problèmes liés à la relation mère-enfant et de leurs solutions.

MATÉTÉ n.m. Aux Antilles, plat à base de crabe et de riz.

MATEUR, EUSE n. *Fam.* Voyeur.

MATH n.f.pl. **(= maths).**

MATHÉMATICIEN, ENNE n.

MATHÉMATIQUE adj. et n.f.

MATHÉMATISATION n.f.

MATHÉMATISER v. **10.** Traiter à l'aide de procédés mathématiques.

MATHEUX, EUSE n.

MATHS n.f.pl. → **math.**

MATHURIN n.m. *Hist.* Religieux.

MATHUSALEM n.m. Bouteille de champagne de six litres.

MATIÈRE n.f.

MATIÉRISME n.m. *Bx-arts.* Accent mis sur la matière que travaille l'artiste.

MATIÉRISTE adj. et n.

MATIF n.m. *Fin.* Marché à terme international.

MATIFIANT, E adj.

MATIFIER v. **15.** Rendre (la peau) mate.

MATIN n.m.

MÂTIN, E 1. n. Personne malicieuse. 2. n.m. Gros chien de garde.

MATINAL, E, AUX adj.

MATINALEMENT adv.

MATINÉE n.f.

MÂTINER v. **10.** Couvrir (une chienne de race), en parlant d'un chien de race commune.

MATINES n.f.pl. Office nocturne récité juste avant le jour.

MATINEUX, EUSE adj. et n. *Vx.* Matinal.

MATINIER, ÈRE adj. *Vx.* Du matin.

MATIR v. **40.** Rendre mat.

MATITÉ n.f. Qualité de ce qui est mat.

MATOIR n.m. Outil pour matir.

MATOIS, E adj. et n. Rusé.

MATOISERIE n.f.

MATON, ONNE n. *Arg.* Gardien de prison.

MATORRAL, S n.m. Formation végétale méditerranéenne.

MATOS [-ôs] n.m. *Fam.* Matériel.

MATOU n.m.

MATOUTOU n.m. → **matété.**

MATRAQUAGE n.m.

MATRAQUE n.f.

MATRAQUER v. **10.**

MATRAQUEUR, EUSE n.

MATRAS [-a] n.m. Vase employé en chimie.

MATRIARCAL, E, AUX adj.

MATRIARCAT n.m. Organisation sociale où l'autorité est détenue par la mère.

MATRIARCHE n.f. Femme qui joue un rôle prépondérant dans la famille.

MATRIÇAGE n.m.

MATRICAIRE n.f. Camomille odorante.

MATRICE n.f. *Vx.* Utérus. – Moule en creux ou en relief.

MATRICER v. **13.** *Techn.* Former à l'aide d'une matrice.

MATRICIDE n.m. *Litt.* Crime de celui, de celle qui a tué sa mère.

MATRICIEL, ELLE adj. Relatif aux matrices.

MATRICLAN n.m. *Ethn.* Clan fondé sur la filiation matrilinéaire.

MATRICULE 1. n.f. Registre. 2. n.m. et adj. Numéro d'inscription.

MATRICULER v. **10.** Identifier par un numéro matricule.

MATRILIGNAGE n.m. *Ethn.* Filiation par les femmes.

MATRILINÉAIRE adj. *Ethn.* (Filiation) qui ne reconnaît que l'ascendance maternelle.

MATRILOCAL, E, AUX adj. *Ethn.* (Type de résidence) où les époux habitent près des parents de la femme.

MATRIMONIAL, E, AUX adj.

MATRIOCHKA n.f. Poupée gigogne russe de bois peint.

MATRONE n.f. *Antiq. rom.* Femme mariée. – Femme corpulente et vulgaire.

MATRONYME n.m. Nom de famille transmis par la mère.

MATRONYMIQUE adj.

MATTE n.f. *Mét.* Substance résultant de la première fusion d'un minerai.

MATTHIOLE n.f. Plante ornementale (giroflée rouge ou violier).

MATU n.f. *Helv., Fam.* Baccalauréat.

MATURASE n.f. Enzyme.

MATURATION n.f.

MATURE adj. Arrivé à maturité.

MÂTURE n.f. *Mar.* Ensemble des mâts, vergues et cordages.

MATURER v. **10.** Durcir (un alliage).

MATURITÉ n.f.

MATUTINAL, E, AUX adj. *Litt.* Matinal.

MAUBÈCHE n.f. Grand bécasseau.

MAUDIRE v. **138.**

MAUGRABIN, E adj. *Vx.* → **maghrébin.**

MAUGREBIN, E adj. *Vx.* → **maghrébin.**

MAUGRÉER v. **16.** Manifester son mécontentement. - Grommeler.

MAUL n.m. Au rugby, mêlée debout spontanée.

MAURANDIA n.m. **(= maurandie)** Plante herbacée d'origine mexicaine.

MAURANDIE n.f. → **maurandia.**

MAURE adj. **(= more)** *Hist.* De l'ancienne Mauritanie (actuel Maghreb).

MAURELLE n.f. *Bot.* Tournesol des teinturiers.

MAURESQUE adj. **(= moresque)** Relatif aux Maures.

MAURICIEN, ENNE adj. De l'île Maurice (océan Indien). - De Mauricie (Québec).

MAURISTE n.m. *Rel.* Bénédictin.

MAURITANIEN, ENNE adj. De la Mauritanie (Afrique occidentale).

MAURRASSIEN, ENNE adj. De Maurras (homme politique français).

MAUSER [môzèr] n.m. Fusil à répétition.

MAUSOLÉE n.m. Grand monument funéraire.

MAUSSADE adj.

MAUSSADEMENT adv.

MAUSSADERIE n.f.

MAUVAIS, E adj., n. et adv.

MAUVAISETÉ n.f. Méchanceté.

MAUVE 1. n.f. Plante à fleurs roses ou violacées. 2. adj. et n.m. Couleur violet pâle.

MAUVÉINE n.f. *Anc.* Colorant violet.

MAUVIETTE n.f. *Vx.* Alouette devenue grasse. - Personne maladive.

MAUVIS [-i] n.m. Petite grive.

MAX n.m. *Fam.* Maximum.

MAXI adj. et n.m. (Vêtement) très long.

MAXILLAIRE n.m. et adj. Os de la mâchoire.

MAXILLE [-l] n.f. Mâchoire d'insecte, de crustacé.

MAXILLIPÈDE [l] n.m. Appendice des crustacés.

MAXILLOFACIAL, E, AUX adj. Qui concerne les mâchoires et la face.

MAXIMA | → **maximum.**

MAXIMAL, E, AUX adj.

MAXIMALISATION n.f.

MAXIMALISER v. **10.** → **maximiser.**

MAXIMALISME n.m. Recherche des solutions extrêmes.

MAXIMALISTE adj. et n.

MAXIMANT, E adj. *Math.* (Variable) qui rend une fonction maximale.

MAXIME n.f.

MAXIMISATION n.f.

MAXIMISER v. **10.** Porter au maximum.

MAXIMUM (pl. **MAXIMA** ou **MAXIMUMS**) adj. et n.m.

MAXWELL n.m. *Anc.* Unité de flux magnétique.

MAYA 1. adj. Relatif à une civilisation précolombienne. 2. n.m. Langue.

MAYDAY | [mèdè] Appel de détresse.

MAYE [mè] n.f. Auge de pierre recueillant l'huile d'olive d'un pressoir.

MAYEN [-in] n.m. *Helv.* Pâturage d'altitude moyenne avec bâtiment.

MAYENÇAIS, E adj. De Mayence (Allemagne).

MAYENNAIS, E adj. De la Mayenne.

MAYEUR, E n. → **maïeur.**

MAYO n.f. *Fam.* Mayonnaise.

MAYONNAISE n.f.

MAYORAL, E, AUX adj. → **maïoral.**

MAYORAT n.m. → **maïorat.**

MAZAGRAN n.m. Récipient de porcelaine épaisse, en forme de verre.

MAZAMA n.m. Cerf américain.

MAZARIN n.m. Gâteau aux amandes.

MAZARINADE n.f. *Hist.* Pamphlet contre Mazarin.

MAZDÉEN, ENNE adj. Relatif au mazdéisme.

MAZDÉISME n.m. Religion de l'Iran ancien.

MAZÉAGE n.m.

MAZER v. **10.** Soumettre (de la fonte) à un premier affinage.

MAZET n.m. → **maset.**

MAZETTE 1. n.f. Personne qui manque d'énergie. 2. interj. *Vx.* Exclamation d'étonnement, d'admiration.

MAZOT [-ô] n.m. *Helv.* Petit bâtiment rural.

MAZOUK n.f. Musique et danse traditionnelles de la Martinique.

MAZOUT n.m.

MAZOUTAGE n.m.

MAZOUTER v. **10.** Polluer par le mazout.

MAZURKA n.f. Danse à trois temps d'origine polonaise.

MBABANAIS, E adj. De Mbabane (Swaziland).

MBALAKH [mbalahr] n.m. **(= mbalax)** *Sén.* Danse rythmée par le tam-tam.

MBALAX [mbalahr] n.m. → **mbalakh.**

McINTOSH | [makintoch] n.f. Variété de pomme.

ME pr.pers.

MÉANDRE n.m.

MÉANDREUX, EUSE adj.

MÉANDRINE n.f. Madrépore dont le squelette est disposé en rangées sinueuses.

MÉAT n.m. *Anat., Bot.* Cavité.

MÉATOSCOPIE n.f. *Méd.* Examen d'un méat.

MEC n.m.

MÉCANICIEN, ENNE n.

MÉCANICISME n.m. *Philos.* Théorie d'explication de la nature par les seules lois de cause à effet.

MÉCANICISTE adj. et n.

MÉCANIQUE adj. et n.f.

MÉCANIQUEMENT adv.

MÉCANISATION n.f.

MÉCANISER v. **10.**

MÉCANISME n.m.

MÉCANISTE adj. et n. *Philos.* Qui pense que les phénomènes sont dus à une combinaison de mouvements physiques.

MÉCANO n.m.

MÉCANOGRAPHE n.

MÉCANOGRAPHIE n.f. Utilisation de machines dans le travail de bureau.

MÉCANOGRAPHIQUE adj.

MÉCANORÉCEPTEUR n.m. Structure nerveuse réceptrice.

MÉCANOTHÉRAPIE n.f. Kinésithérapie effectuée par des moyens mécaniques.

MÉCATRONIQUE n.f. Symbiose de la mécanique et de l'électronique.

MECCANO n.m. (Nom déposé) Jeu de construction.

MÉCÉNAT n.m.

MÉCÈNE n.m.

MÉCHAGE n.m.

MÉCHAMMENT adv.

MÉCHANCETÉ n.f.

MÉCHANT, E adj. et n.

MÈCHE n.f.

MÉCHER v. **12.** Assainir (un tonneau) en y faisant brûler une mèche soufrée.

MÉCHEUX, EUSE adj. (Laine brute) formant des mèches.

MÉCHOUI n.m.

MÉCHOUIA [-ya] n.f. Salade de légumes grillés, spécialité tunisienne.

MECHTA n.f. Hameau algérien ou tunisien.

MÉCOMPTE n.m. Espérance trompée.

MÉCONDUIRE (SE) v. **135.** *Belg.* Se conduire mal.

MÉCONDUITE n.f.

MÉCONIAL, E, AUX adj.

MÉCONIUM n.m. Matières fécales expulsées peu après la naissance.

MÉCONNAISSABLE adj.

MÉCONNAISSANCE n.f.

MÉCONNAÎTRE v. **102.**

MÉCONNU, E adj. et n.

MÉCONTENT, E adj. et n.

MÉCONTENTEMENT n.m.

MÉCONTENTER v. **10.**

MÉCOPTÈRE n.m. Insecte, type panorpe.

MÉCOPTÉROÏDE n.m.

MECQUE n.f. Lieu privilégié où s'exerce une activité.

MÉCRÉANCE n.f.

MÉCRÉANT, E adj. et n. Impie.

MECTON n.m. *Fam.* Mec.

MÉDAILLABLE adj. et n.

MÉDAILLE n.f.

MÉDAILLER v. **10.**

MÉDAILLEUR n.m. Graveur en médailles.

MÉDAILLIER n.m. Collection de médailles.

MÉDAILLISTE n. Collectionneur de médailles.

MÉDAILLON n.m.

MÈDE adj. *Hist.* De la Médie (Iran actuel).

MÉDECIN n.

MÉDECINE n.f.

MEDERSA [médèrsa] n.f. → **madrasa.**

MÉDIA n.m.

MÉDIAGRAPHIE n.f. Bibliographie étendue aux médias.

MÉDIAL, E, AUX 1. adj. (Lettre) placée au milieu. 2. n.f. *Stat.* Valeur partageant un total en deux groupes égaux.

MÉDIAMAT [-t] n.m. (Nom déposé) Système de mesure de l'audience à la télévision.

MÉDIAN, E adj. et n.f. Qui est au milieu.

MÉDIANOCHE [-och] n.m. Repas après minuit.

MÉDIANTE n.f. *Mus.* Troisième degré d'une gamme.

MÉDIAPLANNEUR n.m. Publicitaire qui décide quels médias et supports il faut utiliser.

MÉDIAPLANNING n.m. Choix des supports en vue d'une campagne de publicité.

MÉDIASCOPE n.m. Appareil qui enregistre les réactions des téléspectateurs.

MÉDIASCOPIE n.f.

MÉDIASTIN n.m. Espace du thorax qui sépare les poumons.

MÉDIAT, E adj. Qui agit indirectement.

MÉDIATEUR, TRICE adj. et n.

MÉDIATHÉCAIRE n.

MÉDIATHÈQUE n.f. Centre conservant les différents supports des médias.

MÉDIATION n.f.

MÉDIATIQUE adj. Relatif aux médias.

MÉDIATIQUEMENT adv.

MÉDIATISATION n.f.

MÉDIATISER v. **10.** Diffuser par les médias.

MÉDIATOR n.m. *Mus.* Accessoire servant à toucher les cordes de certains instruments.

MÉDIATURE n.f. Office, locaux d'un médiateur.

MÉDICAL, E, AUX adj.

MÉDICALEMENT adv.

MÉDICALISATION n.f.

MÉDICALISER v. **10.** Doter d'une infrastructure médicale.

MÉDICAMENT n.m.

MÉDICAMENTER v. **10.** Traiter (un malade) par des médicaments.

MÉDICAMENTEUX, EUSE adj.

MÉDICASTRE n.m. *Péj.* Médecin.

MÉDICAT n.m. Concours de médecin des hôpitaux.

MÉDICATION n.f. Emploi de médicaments.

MÉDICINAL, E, AUX adj.

MÉDICINIER n.m. Plante tropicale à graines purgatives.

MÉDICOLÉGAL, E, AUX adj. Relatif à la médecine légale.

MÉDICOSOCIAL, E, AUX adj. Relatif à la médecine sociale.

MÉDIÉVAL, E, AUX adj.

MÉDIÉVISME n.m. Étude du Moyen Âge.

MÉDIÉVISTE n.

MÉDIMNE n.m. *Antiq. gr.* Mesure de capacité.

MÉDINA n.f. Partie ancienne d'une ville arabe.

MÉDIOCRATIE n.f. Gouvernement des médiocres.

MÉDIOCRE adj. et n.

MÉDIOCREMENT adv.

MÉDIOCRITÉ n.f.

MÉDIOPALATAL, E, AUX adj. et n.f. *Phon.* (Consonne) prononcée avec la partie médiane du palais.

MÉDIQUE adj. Mède.

MÉDIRE v. (**p.p.inv.** mais **méditer** v.) **128.**

MÉDISANCE n.f.

MÉDISANT, E adj. et n.

MÉDITATIF, IVE adj. et n.

MÉDITATION n.f.

MÉDITER v. **10.**

MÉDITERRANÉ, E adj. et n.f. *Vx., Géogr.* Qui est au milieu des terres.

MÉDITERRANÉEN, ENNE adj.

MÉDIUM n.

MÉDIUMNIQUE adj. Propre aux médiums.

MÉDIUMNITÉ n.f. Aptitude à être médium.

MÉDIUS n.m. Le doigt du milieu de la main.

MEDLEY [mèdlè] n.m. *Mus.* Pot-pourri.

MÉDOC n.m. Vin de Bordeaux.

MÉDOCAIN, E adj. Du Médoc.

MÉDULLA n.f. Partie centrale d'un organe.

MÉDULLAIRE adj. Relatif à la moelle.

MÉDULLEUX, EUSE adj. *Bot.* (Organe) qui renferme de la moelle.

MÉDULLOSURRÉNAL, E, AUX adj. Qui concerne la partie centrale de la glande surrénale.

MÉDUSE n.f.

MÉDUSER v. **10.**

MEETING n.m.

MÉFAIT n.m.

MÉFIANCE n.f.

MÉFIANT, E adj. et n.

MÉFIER (SE) v. **15.**

MÉFORME n.f.

MÉGA n.m. → **mégaoctet.**

MÉGABASE n.f. *Biol.* Unité mesurant la longueur des fragments d'ADN ou d'ARN.

MÉGABIT [-t] n.m. *Inf.* Approximativement un million de bits.

MÉGABYTE [-bayt] n.m. *Inf.* Approximativement un million de bytes.

MÉGACARYOCYTE n.m. Cellule géante de la moelle osseuse.

MÉGACÉPHALIE n.f. *Méd.* Développement anormal du volume de la tête.

MÉGACÉROS [-s] n.m. Ruminant fossile du quaternaire.

MÉGACHILE [k] n.f. Abeille solitaire.

MÉGACÔLON n.m. *Méd.* Dilatation du gros intestin.

MÉGACYCLE n.m. *Phys.* Un million de cycles.

MÉGAFLOPS [-flops] n.m. *Inf.* Unité de mesure de la puissance d'un système.

MÉGAHERTZ n.m. *Phys.* Un million de hertz.

MÉGAJOULE n.m. *Phys.* Un million de joules.

MÉGALÉRYTHÈME n.m. Maladie éruptive bénigne.

MÉGALITHE n.m. Grand monument de pierre brute.

MÉGALITHIQUE adj.

MÉGALITHISME n.m. Coutume d'édifier des mégalithes, chez certains peuples.

MÉGALO adj. et n. *Fam.* Mégalomane.

MÉGALOBLASTE n.m. *Biol.* Cellule mère de globules rouges, anormalement développée.

MÉGALOBLASTIQUE adj.

MÉGALOCÉPHALIE n.f. → **mégacéphalie.**

MÉGALOCYTAIRE adj.

MÉGALOCYTE n.m. *Biol.* Globule rouge provenant d'un mégaloblaste.

MÉGALOMANE adj. et n.

MÉGALOMANIAQUE adj.

MÉGALOMANIE n.f. Folie des grandeurs.

MÉGALOPOLE n.f. → **mégapole.**

MÉGALOPOLIS n.f. → **mégapole.**

MÉGALOPTÈRE n.m. Insecte à larve aquatique, type sialis.

MÉGALOSAURE n.m. Grand reptile fossile.

MÉGAOCTET n.m. *Inf.* Approximativement un million d'octets.

MÉGAPHONE n.m. Porte-voix.

MÉGAPIXEL n.m. *Techn.* Un million de pixels.

MÉGAPODE n.m. Oiseau australien aux longs doigts.

MÉGAPOLE n.f. Énorme agglomération.

MÉGAPTÈRE n.m. Cétacé à longues nageoires.

MÉGARDE n.f. *Vx.* Faute d'attention.

MÉGARIQUE adj. *Antiq. gr.* Relatif à l'école philosophique de Mégare.

MÉGARON n.m. *Archéol.* Pièce principale avec foyer central.

MÉGASTORE n.m. Grande surface spécialisée.

MÉGATHÉRIUM n.m. Grand mammifère fossile.

MÉGATONNE n.f. Unité de puissance d'une charge nucléaire.

MÉGATONNIQUE adj. (Bombe) dont la puissance est égale ou supérieure à une mégatonne.

MÉGAWATT n.m. Un million de watts.

MÉGÈRE n.f.

MÉGIE n.f. Action de mégir.

MÉGIR v. **40 (= mégisser)** Tanner avec de l'alun.

MÉGIS [-i] n.m. Bain de cendre et d'alun.

MÉGISSAGE n.m. → **mégie.**

MÉGISSER v. **10.** → **mégir.**

MÉGISSERIE n.f. Industrie, commerce des peaux mégissées.

MÉGISSIER adj.m. et n.m. (Ouvrier) qui mégit.

MÉGOHM n.m. *Électr.* Un million d'ohms.

MÉGOHMMÈTRE n.m. *Électr.* Appareil de mesure de très grandes résistances.

MÉGOT n.m.

MÉGOTAGE n.m.

MÉGOTER v. **10.** Donner chichement.

MÉGOTEUR, EUSE n.

MÉHALLA n.f. En Afrique du Nord, colonne en expédition.

MÉHARA | → **méhari.**

MÉHARÉE n.f. Voyage à dos de méhari.

MÉHARI (pl. **MÉHARA** ou **MÉHARIS**) n.m. Dromadaire dressé pour les courses rapides.

MÉHARISTE n.

MEIJI [mèyji] adj. *Ère meiji :* au Japon, ère moderne (1868-1912).

MEILLEUR, E adj. et n.

MÉIOSE n.f. *Biol.* Mode de division de la cellule.

MÉIOTIQUE adj.

MEISTRE [mèstr] n.m. **(= mestre)** *Hist. Meistre de camp :* commandant d'un régiment.

MEITNERIUM [maytnéryom] n.m. Élément chimique artificiel.

MÉJANAGE n.m. Classement des laines.

MÉJUGER v. **17.**

MEKNASSI, E adj. De Meknès (Maroc).

MEKTOUB n.m. et interj. → **maktoub.**

MÉL n.m. Messagerie électronique.

MÉLÆNA [méléna] n.m. **(= méléna)** Émission anale de sang noir.

MÉLAMINE n.f. *Chim.* Polymère servant à fabriquer des résines synthétiques.

MÉLAMINÉ, E adj. Recouvert de mélamine.

MÉLAMPYRE n.m. Plante parasite des céréales.

MÉLANCOLIE n.f.

MÉLANCOLIQUE adj. et n.

MÉLANÉSIEN, ENNE adj. et n.m. De la Mélanésie, division de l'Océanie.

MÉLANGE n.m.

MÉLANGER v. **17.**

MÉLANGEUR, EUSE n.

MÉLANINE n.f. Pigment brun de la peau, des cheveux ou de l'iris.

MÉLANIQUE adj.

MÉLANISME n.m. *Biol.* Aptitude à fabriquer de la mélanine. – *Méd.* Coloration trop foncée de la peau.

MÉLANOCYTE n.m. Cellule épidermique qui sécrète la mélanine.

MÉLANODERME adj. et n. Qui a la peau noire.

MÉLANODERMIE n.f. *Méd.* Mélanisme.

MÉLANOME n.m. Tumeur formée de cellules contenant de la mélanine.

MÉLANOSE n.f. *Méd.* Accumulation de mélanine dans les tissus.

MÉLANOSTIMULINE n.f. Hormone.

MÊLANT, E adj. *Québ.* Qui embrouille.

MÉLASSE n.f.

MÉLATONINE n.f. *Biol.* Amine de l'épiphyse.

MELBA I adj.

MELCHIOR [k] n.m. Alliage (maillechort).

MELCHITE [k] n. et adj. **(= melkite)** *Hist.* Chrétien de Syrie.

MELDOIS, E adj. De Meaux.

MÊLÉ, E adj. et n.f.

MÉLÉAGRINE n.f. Huître perlière.

MÊLÉCASSE n.m. Mélange d'eau-de-vie et de cassis.

MÉLÉNA n.m. → **mélæna.**

MÊLER v. **10.**

MÉLÈZE n.m. Conifère.

MÉLIA n.m. Arbre asiatique à fleurs odorantes.

MÉLIACÉE n.f. Arbre, type mélia, acajou.

MÉLILOT n.m. Plante utilisée en pharmacie et en parfumerie.

MÉLINITE n.f. Explosif.

MÉLIORATIF, IVE adj. et n.m. *Ling.* Qui présente sous un jour favorable.

MÉLIPHAGE n.m. Passereau qui se nourrit de miel.

MÉLIPHAGIDÉ n.m. Passereau, type méliphage.

MÉLIQUE adj. (Poésie) lyrique et chorale.

MÉLISMATIQUE adj.

MÉLISME n.m. *Mus.* Ornement enrichissant une mélodie.

MÉLISSE n.f. Plante recherchée par les abeilles (citronnelle).

MÉLITOCOCCIE [-ksi] n.f. Brucellose.

MÉLITTE n.f. Mélisse des bois.

MELKITE n. et adj. → **melchite.**

MELLAH n.m. Au Maroc, ghetto juif.

MELLIFÈRE adj. Qui produit ou qui concerne le miel.

MELLIFICATION n.f. Élaboration du miel par les abeilles.

MELLIFIQUE adj. Qui fait du miel.

MELLIFLU, E adj. Suave comme le miel.

MELLITE n.m. Médicament au miel.

MÉLO adj. et n.m.

MÉLODICA n.m. Petit instrument de musique à touches.

MÉLODIE n.f.

MÉLODIEUSEMENT adv.

MÉLODIEUX, EUSE adj.

MÉLODIQUE adj.

MÉLODISTE n. Compositeur qui s'attache à la mélodie.

MÉLODRAMATIQUE adj.

MÉLODRAMATISER v. **10.**

MÉLODRAME n.m.

MÉLOÉ n.m. Coléoptère noir ou bleu.

MÉLOÏDÉ n.m. Insecte, type méloé.

MÉLOMANE adj. et n.

MÉLOMANIE n.f. Amour passionné de la musique.

MÉLOMÈLE n.m. Monstre ayant des membres surnuméraires.

MÉLOMÉLIE n.f.

MELON n.m.

MÉLONGÈNE n.f. **(= mélongine)** Aubergine.

MÉLONGINE n.f. → **mélongène.**

MELONNÉ, E adj. En forme de melon.

MELONNIÈRE n.f. Endroit où l'on cultive le melon.

MÉLOPÉE n.f. Déclamation. – Chant monotone.

MÉLOPHAGE n.m. Mouche parasite des moutons.

MELTEM n.m. Vent du nord qui souffle sur la mer Égée en été.

MELUNAIS, E adj. De Melun.

MÉLUSINE n.f. Feutre à longs poils utilisé en chapellerie.

MEMBRANAIRE adj. Relatif aux membranes cellulaires.

MEMBRANE n.f.

MEMBRANEUX, EUSE adj.

MEMBRANOPHONE n.m. *Mus.* Instrument dont le son est produit par la vibration d'une membrane.

MEMBRANULE n.f. *Anat.* Petite membrane.

MEMBRE n.m.

MEMBRÉ, E adj. *Bien membré, mal membré :* qui a les membres bien ou mal faits.

MEMBRON n.m. *Arch.* Baguette servant d'ourlet dans une toiture mansardée.

MEMBRU, E adj. Qui a de gros membres.

MEMBRURE n.f. Ensemble des membres.

MÊME adj., n.m., pr.indéf. et adv.

MÉMÉ n.f.

MÊMEMENT adv.

MÉMENTO [mém-in-tô] n.m. Agenda. – Aide-mémoire.

MÉMÉRAGE n.m.

MÉMÈRE n.f.

MÉMÉRER v. **(p.p.inv.) 12.** *Québ.* Bavarder.

MÉMO n.m. Note.

MÉMOIRE n.m. et n.f.

MÉMORABLE adj.

MÉMORABLEMENT adv.

MÉMORANDUM n.m.

MÉMORATION n.f. Évocation d'un souvenir.

MÉMORIAL, AUX n.m. Recueil de faits mémorables. – Monument commémoratif.

MÉMORIALISTE n. Auteur de mémoires historiques.

MÉMORIEL, ELLE adj. Relatif à la mémoire.

MÉMORISABLE adj.

MÉMORISATION n.f.

MÉMORISER v. **10.** Fixer dans sa mémoire.

MEMPHITE [mèm-] adj. De Memphis (Égypte ancienne).

MENAÇANT, E adj.

MENACE n.f.

MENACER v. **13.**

MÉNADE n.f. *Antiq. gr.* Bacchante.

MÉNAGE n.m.

MÉNAGEMENT n.m.

MÉNAGER v. **17.**

MÉNAGER, ÈRE adj. et n.

MÉNAGERIE n.f.

MÉNAGISTE n. Personne qui fabrique ou vend des appareils électroménagers.

MENANT, E adj. (Partie d'une courroie) qui transmet l'effort moteur à un élément semblable.

MÉNARCHE n.f. *Physiol.* Apparition des premières règles.

MENCHEVIK [mènchévik] adj. et n. **(= menchevique)** *Hist.* (Social-démocrate) opposé aux bolcheviks.

MENCHEVIQUE [mènchévik] adj. et n. → **menchevik.**

MENDÉLÉVIUM [m-in-] n.m. Élément chimique.

MENDÉLIEN, ENNE [m-in-] adj. Relatif au mendélisme.

MENDÉLISME [m-in-] n.m. *Biol.* Théorie de l'hérédité.

MENDIANT, E adj. et n.

MENDICITÉ n.f.

MENDIER v. **15.**

MENDIGOT, E n. *Fam.* Mendiant.

MENDIGOTER v. **10.** *Vx.* Quêter comme un mendiant.

MENDOIS, E adj. De Mende.

MENDOLE n.f. Poisson osseux.

MENEAU, X n.m. *Arch.*, *Anc.* Montant ou traverse en pierre divisant une baie.

MENÉE n.f.

MENER v. **11.**

MÉNESTREL n.m. *Médiév.* Musicien et chanteur ambulant.

MÉNÉTRIER n.m. *Anc.* Musicien de village faisant danser.

MENEUR, EUSE n.

MENHIR n.m. Monument mégalithique vertical d'un seul bloc.

MÉNIANE n.f. *Arch.* Balcon ou petite terrasse faisant saillie.

MENIN, E [mé-] n. *Hist.* En Espagne, jeune noble attaché à une cour princière.

MÉNINGE n.f. Chacune des trois membranes entourant les centres nerveux.

MÉNINGÉ, E adj. Relatif aux méninges.

MÉNINGIOME n.m. Tumeur méningée.

MÉNINGITE n.f.

MÉNINGITIQUE adj.

MÉNINGOCOCCIE [-ksi] n.f. Infection due au méningocoque.

MÉNINGOCOQUE n.m. Bactérie pathogène.

MÉNISCAL, E, AUX adj.

MÉNISCITE n.f. Affection d'un ménisque.

MÉNISCOGRAPHIE n.f. Radiographie d'un ménisque.

MÉNISQUE n.m. Lame de cartilage située entre les os du genou.

MENNONITE n. et adj. Membre d'une secte anabaptiste.

MÉNOLOGE n.m. Livre liturgique de l'Église grecque.

MENON n.m. Chèvre du Levant. – Bouc qui conduit un troupeau en transhumance.

MÉNOPAUSE n.f.

MÉNOPAUSÉE adj.f.

MÉNOPAUSIQUE adj.

MÉNOPOME n.f. Salamandre aquatique du sud des États-Unis.

MENORA [é] n.f. **(= ménorah)** Chandelier à sept branches, du culte hébraïque.

MÉNORAH n.f. → **menora.**

MÉNORRAGIE n.f. *Méd.* Exagération de l'écoulement menstruel.

MÉNORRAGIQUE adj.

MÉNOTAXIE n.f. Réaction d'orientation provoquée chez un animal par un stimulus éloigné.

MENOTTAGE n.m.

MENOTTE n.f.

MENOTTER v. **10.**

MENS → **mentir 44.**

MENSE n.f. Revenu ecclésiastique.

MENSONGE n.m.

MENSONGER, ÈRE adj.

MENSONGÈREMENT adv.

MENSTRUATION n.f.

MENSTRUÉ, E adj. Qui a ses règles.

MENSTRUEL, ELLE adj.

MENSTRUES n.f.pl. *Vx.* Règles de la femme.

MENSUALISATION n.f.

MENSUALISER v. **10.**

MENSUALITÉ n.f.

MENSUEL, ELLE adj. et n.m.

MENSUELLEMENT adv.

MENSUR [mènzour] n.f. *Anc.* Duel au sabre chez les étudiants allemands.

MENSURATION n.f.

MENTAL, E, AUX adj. et n.m.

MENTALEMENT adv.

MENTALISATION n.f.

MENTALISER v. **10.** *Psych.* Se représenter mentalement.

MENTALISME n.m. *Philos.* Étude de la psychologie fondée sur l'introspection.

MENTALITÉ n.f.

MENTERIE n.f.

MENTEUR, EUSE adj. et n.

MENTHANE n.m. Hydrocarbure.

MENTHE n.f.

MENTHOL n.m. Alcool extrait de l'essence de menthe.

MENTHOLÉ, E adj.

MENTHYLE n.m. Radical contenu dans le menthol.

MENTION n.f.

MENTIONNER v. **10.**

MENTIR v. **(p.p.inv.) 44.**

MENTISME n.m. *Psych.* Succession rapide de pensées ou d'images empêchant l'attention.

MENTON n.m.

MENTONNET n.m. Pièce métallique saillante.

MENTONNIER, ÈRE adj. et n.f. Relatif au menton.

MENTOR, E n. Personne expérimentée qui aide un débutant.

MENTORAT n.m. *Québ.* Aide apportée par un mentor.

MENTORÉ, E n. *Québ.* Personne qui bénéficie de l'aide d'un mentor.

MENU, E adj., n.m. et adv.

MENUET n.m.

MENUISAGE n.m.

MENUISER v. **10.** Amincir (du bois).

MENUISERIE n.f.

MENUISIER, ÈRE n.

MÉNURE n.m. Passereau d'Australie (oiseau-lyre).

MÉNYANTHE n.m. Plante aquatique (trèfle d'eau).

MÉO adj. D'un peuple de l'Asie du Sud-Est.

MÉPHITIQUE adj. Puant, toxique.

MÉPHITISME n.m. Corruption de l'air.

MÉPLAT, E 1. adj. Nettement plus large qu'épais. 2. n.m. Partie relativement plane d'une chose.

MÉPRENDRE (SE) v. **91.**

MÉPRIS n.m.

MÉPRISABLE adj.

MÉPRISANT, E adj.

MÉPRISE n.f.

MÉPRISER v. **10.**

MÉPROBAMATE n.m. Tranquillisant.

MER n.f.

MÉRANTI n.m. Arbre tropical asiatique.

MERBAU, X n.m. Arbre d'Asie au bois dur.

MERCANTI n.m. Commerçant malhonnête.

MERCANTILE adj. Caractérisé par l'appât du gain.

MERCANTILISER v. **10.**

MERCANTILISME n.m. *Hist.* Doctrine économique prônant l'accumulation d'or et d'argent.

MERCANTILISTE adj. et n.

MERCAPTAN n.m. *Chim.* Composé d'odeur fétide.

MERCATICIEN, ENNE n.

MERCATIQUE n.f. Marketing.

MERCATO n.m. *Sp.* Période de transfert de joueurs.

MERCENAIRE adj. et n.

MERCENARIAT n.m.

MERCERIE n.f.

MERCERISAGE n.m.

MERCERISER v. **10.** Traiter (du coton) pour lui donner l'aspect de la soie.

MERCERISEUSE n.f. Machine qui mercerise.

MERCHANDISER [mèrch-an-dayzeur] n.m. Spécialiste du merchandising.

MERCHANDISING [mèrch-an-dayzing] n.m. Promotion commerciale d'un produit.

MERCI n.m., n.f. et interj.

MERCIER, ÈRE n. et adj. Commerçant en mercerie.

MERCREDI n.m.

MERCURE n.m.

MERCURESCÉINE n.f. Antiseptique rouge.

MERCUREUX, EUSE adj. Se dit des composés du mercure monovalent.

MERCUREY n.m. Vin de Bourgogne.

MERCURIALE n.f. *Hist.* Assemblée des cours de justice. – Plante laxative. – Cours des denrées vendues sur un marché public.

MERCURIEL, ELLE adj. Qui contient du mercure.

MERCURIEN, ENNE adj. De la planète Mercure.

MERCURIQUE adj. Se dit des composés du mercure bivalent.

MERCUROCHROME n.m. (Nom déposé).

MERDAILLON n.m. *Fam.* Enfant malpropre.

MERDE n.f. et interj.

MERDER v. **10.** *Fam.* Ne pas réussir.

MERDEUX, EUSE adj. et n.

MERDIER n.m.

MERDIQUE adj.

MERDOIE adj. Se dit d'une couleur entre le vert et le jaune.

MERDOUILLER v. **(p.p.inv.) 10. → merdoyer.**

MERDOYER v. **(p.p.inv.) 27.** *Fam.* S'empêtrer dans des explications. – Être dans une situation difficile.

MÈRE adj.f. et n.f.

MÉREAU, X n.m. *Anc.* Jeton de contrôle.

MÉRENGUÉ [mér-in-gé] n.m. Danse antillaise.

MÉRENS [mér-in-s] n.m. Race de poneys de l'Ariège.

MERGUEZ [-gèz] n.f.

MERGULE n.m. Oiseau voisin du pingouin.

MÉRICARPE n.m. Portion de certains fruits.

MÉRIDIEN, ENNE adj., n.m. et n.f.

MÉRIDIONAL, E, AUX adj.

MÉRINA adj. D'un peuple de Madagascar.

MERINGAGE n.m.

MERINGUE n.f.

MERINGUER v. **10.** Garnir de meringue.

MÉRINIDE adj. D'une dynastie musulmane du Maroc (du XIIIe au XVe s.).

MÉRINOS [-ôs] n.m. Mouton à laine longue et fine.

MERISE n.f. Fruit du merisier.

MERISIER n.m. Cerisier sauvage.

MÉRISMATIQUE adj.

MÉRISME n.m. *Ling.* Trait distinctif minimal des phonèmes.

MÉRISTÉMATIQUE adj.

MÉRISTÈME n.m. Zone d'accroissement des végétaux.

MÉRITANT, E adj.

MÉRITE n.m.

MÉRITER v. **10.**

MÉRITOCRATIE n.f. Hiérarchie fondée sur le mérite.

MÉRITOCRATIQUE adj.

MÉRITOIRE adj.

MÉRITOIREMENT adv.

MERL n.m. **→ maërl.**

MERLAN n.m.

MERLE n.m.

MERLEAU, X n.m. Jeune merle.

MERLETTE n.f. Femelle du merle.

MERLIN n.m. Marteau utilisé pour assommer les bovins. – Hache.

MERLON n.m. Portion de mur entre deux créneaux.

MERLONNER v. **10.** Entourer (un dépôt d'explosifs) de levées de terre.

MERLOT n.m. Cépage du Bordelais.

MERLU n.m. **(= merluche)** Poisson (colin).

MERLUCHE n.f. **→ merlu.**

MÉROÏTIQUE adj. *Hist.* De Méroé (Soudan).

MÉROSTOME n.m. *Zool.* Arthropode.

MÉROU n.m. Gros poisson osseux.

MÉROVINGIEN, ENNE adj. Relatif à une dynastie de rois francs.

MERRAIN n.m. Bois servant à faire les douves des tonneaux.

MERROUTAGE n.m. Transport par la mer et par la route.

MÉRULE n.m. ou f. Champignon qui attaque le bois.

MERVEILLE n.f.

MERVEILLEUX, EUSE adj., n.m. et n.f.

MÉRYCISME n.m. Régurgitation pathologique d'aliments.

MERZLOTA n.f. Sol gelé en permanence.

MES → mon.

MESA [méza] n.f. Plateau formé des restes d'une coulée volcanique.

MÉSADAPTÉ, E adj. et n.

MÉSAISE n.m. *Litt.* Gêne.

MÉSALLIANCE n.f.

MÉSALLIER (SE) v. **15.** Épouser une personne de condition inférieure.

MÉSANGE n.f.

MÉSANGEAI n.m. Oiseau voisin du geai.

MÉSANGETTE n.f. Piège à trébuchet pour prendre les petits oiseaux.

MÉSAVENTURE n.f.

MÉSAXONIEN adj.m. et n.m. (Mammifère à sabots) ayant un nombre impair de doigts à chaque patte.

MESCAL, S n.m. **(= mezcal)** Boisson alcoolisée mexicaine, à base de yucca.

MESCALINE n.f. Alcaloïde hallucinogène extrait du peyotl.

MESCLUN n.m. Mélange de feuilles de salades.

MESDAMES → madame.

MESDEMOISELLES → mademoiselle.

MÉSEMBRYANTHÈME n.m. Plante méditerranéenne à feuilles charnues.

MÉSENCÉPHALE n.m. Partie moyenne du cerveau chez l'embryon.

MÉSENCHYMATEUX, EUSE adj.

MÉSENCHYME n.m. Tissu conjonctif de l'embryon.

MÉSENTENTE n.f.

MÉSENTÈRE n.m. Repli du péritoine.

MÉSENTÉRIQUE adj.

MÉSESTIMATION n.f.

MÉSESTIME n.f. *Litt.* Mauvaise opinion que l'on a de quelqu'un.

MÉSESTIMER v. **10.**

MÉSINTELLIGENCE n.f.

MESMÉRIEN, ENNE adj. Relatif à la théorie de Mesmer sur le magnétisme animal.

MESMÉRISME n.m.

MÉSOBLASTE n.m. Feuillet de l'embryon.

MÉSOBLASTIQUE adj.

MÉSOCARPE n.m. Zone médiane d'un fruit.

MÉSOCÔLON n.m. Repli du péritoine qui unit le côlon à la paroi abdominale.

MÉSODERME n.m. → **mésoblaste.**

MÉSODERMIQUE adj.

MÉSOÉCONOMIE n.f. Science économique intermédiaire entre la macroéconomie et la microéconomie.

MÉSOLITHIQUE n.m. et adj. Époque de l'âge de la pierre.

MÉSOLOGIE n.f. Étude des interactions entre les organismes et le milieu où ils vivent.

MÉSOMÈRE adj. *Chim.* (Composé) intermédiaire entre deux formes isomères.

MÉSOMÉRIE n.f.

MÉSOMORPHE adj. *Géol.* (État de la matière) intermédiaire entre l'état amorphe et l'état cristallin.

MÉSON n.m. *Phys.* Particule.

MÉSOPAUSE n.f. Surface de séparation entre la mésosphère et la thermosphère.

MÉSOPHYTE adj. et n.f. (Plante) vivant dans des conditions d'humidité moyenne.

MÉSOPOTAMIEN, ENNE adj. *Hist.* De la Mésopotamie (Irak et Iran actuels).

MÉSOSCAPHE n.m. Engin d'exploration des mers de profondeur moyenne.

MÉSOSPHÈRE n.f. Région de l'atmosphère située entre la stratosphère et la thermosphère.

MÉSOTHÉLIOME n.m. Tumeur du mésothélium.

MÉSOTHÉLIUM n.m. *Biol.* Tissu tapissant la surface interne de certaines membranes.

MÉSOTHÉRAPEUTE n.

MÉSOTHÉRAPIE n.f. Thérapeutique consistant en injections minimes de médicaments.

MÉSOTHORAX n.m. Deuxième division du thorax des insectes.

MÉSOTHORIUM n.m. *Méd.* Isotope du thorium utilisé en radiothérapie.

MÉSOZOAIRE n.m. Petit animal primitif.

MÉSOZOÏQUE n.m. et adj. Ère géologique.

MESQUIN, E adj.

MESQUINEMENT adv.

MESQUINERIE n.f.

MESS n.m.

MESSAGE n.m.

MESSAGER, ÈRE n.

MESSAGERIE n.f.

MESSALINE n.f. *Vx.* Débauchée.

MESSE n.f.

MESSÉANT, E adj. *Vx.* Malséant.

MESSEIGNEURS → **monseigneur.**

MESSEOIR v. déf. (**messéant, messeyaient, messeyait, messied, messiée, messiéent, messiéra, messiéraient, messiérait, messiéront**) Être malséant.

MESSER [-èr] n.m. *Vx.* Messire.

MESSEYAIENT, MESSEYAIT → **messeoir.**

MESSIANIQUE adj. Relatif au Messie.

MESSIANISME n.m. Attente et espérance du Messie.

MESSIANISTE adj.

MESSICOLE adj. (Plante) des champs de céréales.

MESSIDOR n.m. Mois du calendrier républicain.

MESSIE n.m.

MESSIED, MESSIÉE, MESSIÉENT → **messeoir.**

MESSIER n.m. *Vx.* Garde champêtre.

MESSIÉRA, MESSIÉRAIENT, MESSIÉRAIT, MESSIÉRONT → **messeoir.**

MESSIEURS → **monsieur.**

MESSIN, E adj. De Metz.

MESSINIEN, ENNE 1. n.m. et adj. *Géol.* Étage du miocène. 2. adj. De Messine (Italie).

MESSIRE n.m.

MESTRANCE n.f. → **maistrance.**

MESTRE n.m. → **meistre.**

MESURABLE adj.

MESURAGE n.m.

MESURE n.f.

MESURÉMENT adv. Avec mesure.

MESURER v. **10.**

MESURETTE n.f. *Fam.* Mesure, décision sans grande portée.

MESUREUR, EUSE n.

MÉSUSAGE n.m. *Litt.* Mauvais usage.

MÉSUSER v. **(p.p.inv.) 10.** Faire un mauvais usage.

MÉTA n.m. (Nom déposé) Combustible solide.

MÉTABOLE adj. et n.m. (Insecte) qui subit une métamorphose.

MÉTABOLIQUE adj. Du métabolisme.

MÉTABOLISER v. **10.** Transformer (une substance) au cours d'un métabolisme.

MÉTABOLISME n.m. Ensemble des transformations que les êtres vivants font subir aux molécules de leurs aliments.

MÉTABOLITE n.m. Substance organique qui résulte du métabolisme.

MÉTACARPE n.m. Partie du squelette de la main.

MÉTACARPIEN, ENNE adj. et n.m.

MÉTACENTRE n.m. Point idéal dans la théorie de l'équilibre des navires.

MÉTACENTRIQUE adj.

MÉTACHLAMYDÉE [kla] n.f. Plante dicotylédone aux pétales soudés.

MÉTACOGNITION [gn] n.f. Connaissance de soi-même.

MÉTADONE n.f. **(= méthadone)** Succédané de la morphine utilisé dans certaines cures de désintoxication.

MÉTAGALAXIE n.f. Ensemble de l'Univers observable.

MÉTAGRAMME n.m. Jeu où il faut trouver une série de mots dont une seule lettre change.

MÉTAIRIE n.f. *Agr.* Domaine exploité par métayage.

MÉTAL, AUX n.m.

MÉTALANGAGE n.m. → **métalangue.**

MÉTALANGUE n.f. Langue spéciale qui décrit une langue naturelle.

MÉTALDÉHYDE n.m. Polymère servant de combustible.

MÉTALEPSE n.f. *Rhét.* Figure de style.

MÉTALLERIE n.f. Fabrication et pose d'ouvrages métalliques.

MÉTALLIER, ÈRE n. Spécialiste de la métallerie.

MÉTALLIFÈRE adj.

MÉTALLIQUE adj.

MÉTALLISATION n.f.

MÉTALLISER v. **10.** Doter d'un éclat métallique. – Revêtir d'une couche de métal.

MÉTALLISEUR adj.m. et n.m.

MÉTALLO n.m. *Fam.* Ouvrier métallurgiste.

MÉTALLOCHIMIE n.f. Partie de la chimie qui concerne les métaux.

MÉTALLOCHROMIE n.f. Technique de coloration de la surface des métaux.

MÉTALLOGÉNIE n.f. Science qui étudie la formation des gisements métalliques.

MÉTALLOGÉNIQUE adj.

MÉTALLOGRAPHE n. Spécialiste de métallographie.

MÉTALLOGRAPHIE n.f. Étude de la structure et des propriétés des métaux.

MÉTALLOÏDE n.m. *Chim.* Élément non métallique.

MÉTALLOÏDIQUE adj.

MÉTALLOPHONE n.m. Instrument de musique à lames percutées.

MÉTALLOPROTÉINE n.f. *Biol.* Protéine combinée à un métal.

MÉTALLURGIE n.f.

MÉTALLURGIQUE adj.

MÉTALLURGISTE adj. et n.m.

MÉTALOGIQUE adj. et n.f. (Discipline) qui sert de base à la logique.

MÉTAMÈRE n.m. et adj. *Zool.* Unité anatomique (anneau, segment).

MÉTAMÉRIE n.f. Caractéristique des animaux dont le corps est composé de métamères.

MÉTAMÉRIQUE adj.

MÉTAMÉRISATION n.f. Formation des métamères.

MÉTAMÉRISÉ, E adj.

MÉTAMORPHIQUE adj.

MÉTAMORPHISER v. **10.** *Géol.* Transformer par métamorphisme.

MÉTAMORPHISME n.m. *Géol.* Cristallisation d'une roche sous l'effet de la pression ou de la chaleur.

MÉTAMORPHOSABLE adj.

MÉTAMORPHOSE n.f.

MÉTAMORPHOSER v. **10.**

MÉTAMYÉLOCYTE n.m. Cellule de la moelle osseuse.

MÉTAPHASE n.f. Deuxième phase de la division cellulaire.

MÉTAPHORE n.f. *Rhét.* Figure de style.

MÉTAPHORIQUE adj.

MÉTAPHORISER v. **10.** Exprimer par une métaphore.

MÉTAPHRASE n.f. Traduction libre.

MÉTAPHYSAIRE adj.

MÉTAPHYSE n.f. Partie d'un os long située entre la diaphyse et l'épiphyse.

MÉTAPHYSICIEN, ENNE n.

MÉTAPHYSIQUE n.f. et adj. *Philos.* Réflexion ayant pour objet la connaissance absolue de l'être en tant qu'être.

MÉTAPLASIE n.f. Transformation d'un tissu vivant en un autre.

MÉTAPSYCHIQUE adj. et n.f. Qui concerne des phénomènes psychiques inexpliqués.

MÉTAPSYCHOLOGIE n.f. Psychologie qui va au-delà des données de l'expérience.

MÉTASTABLE adj. *Chim.* (Système) à faible vitesse de transformation et d'apparence stable.

MÉTASTASE n.f. Dissémination de cellules cancéreuses.

MÉTASTASER v. **10.** Contaminer par des métastases.

MÉTASTATIQUE adj. Relatif aux métastases.

MÉTATARSE n.m. Ensemble des os formant la plante du pied.

MÉTATARSIEN, ENNE adj. et n.m.

MÉTATHÉORIE n.f. *Log.* Étude des propriétés d'un système à l'aide d'une métalangue.

MÉTATHÉRIEN n.m. Marsupial, type kangourou.

MÉTATHÈSE n.f. *Ling.* Déplacement d'une ou plusieurs lettres ou syllabes à l'intérieur d'un mot.

MÉTATHORAX n.m. Troisième division du thorax des insectes.

MÉTAYAGE n.m. *Agr.* Système où l'exploitant partage récoltes et fruits avec le propriétaire.

MÉTAYER, ÈRE n.

MÉTAZOAIRE n.m. Animal pluricellulaire.

MÉTEIL n.m. Mélange de seigle et de froment.

MÉTEMPSYCHOSE n.f. → **métempsycose.**

MÉTEMPSYCOSE n.f. Réincarnation de l'âme dans un corps humain, un animal ou une plante.

MÉTENCÉPHALE n.m. Partie de l'encéphale embryonnaire.

MÉTÉO adj. et n.f.

MÉTÉORE n.m.

MÉTÉORIQUE adj.

MÉTÉORISATION n.f. Modification des roches au contact de l'atmosphère.

MÉTÉORISER v. **10.** *Méd.* Gonfler (l'abdomen) par l'accumulation d'un gaz.

MÉTÉORISME n.m. *Méd.* Ballonnement du ventre.

MÉTÉORITE n.m. ou f.

MÉTÉORITIQUE adj.

MÉTÉOROLOGIE n.f.

MÉTÉOROLOGIQUE adj.

MÉTÉOROLOGISTE n.

MÉTÉOROLOGUE n.

MÉTÈQUE n.m. *Antiq. gr.* Étranger.

MÉTHACRYLATE n.m. Ester de l'acide méthacrylique.

MÉTHACRYLIQUE adj. (Acide carboxylique) servant à la fabrication de verres de sécurité.

MÉTHADONE n.f. → **métadone.**

MÉTHANAL, S n.m. *Chim.* Aldéhyde formique.

MÉTHANE n.m. Constituant essentiel du gaz naturel.

MÉTHANIER, ÈRE n.m. et adj. Navire qui transporte du méthane liquéfié.

MÉTHANIQUE adj.

MÉTHANISATION n.f.

MÉTHANISER v. **10.** Transformer (des déchets) en méthane.

MÉTHANODUC n.m. Pipeline servant au transport du gaz naturel.

MÉTHANOGÈNE n.m. et adj. Archéobactérie.

MÉTHANOÏQUE adj. *Acide méthanoïque :* acide formique.

MÉTHANOL n.m. Alcool méthylique.

MÉTHÉMOGLOBINE n.f. Hémoglobine oxydée qui ne transporte pas l'oxygène.

MÉTHIONINE n.f. *Biol.* Acide aminé soufré.

MÉTHODE n.f.

MÉTHODIQUE adj.

MÉTHODIQUEMENT adv.

MÉTHODISME n.m. Mouvement religieux protestant.

MÉTHODISTE adj. et n.

MÉTHODOLOGIE n.f. Étude des méthodes scientifiques.

MÉTHODOLOGIQUE adj.

MÉTHYLACRYLIQUE adj. → **méthacrylique.**

MÉTHYLAMINE n.f. *Chim.* Composé basique.

MÉTHYLE n.m. *Chim.* Radical dérivé du méthane.

MÉTHYLÈNE n.m. Alcool méthylique.

MÉTHYLIQUE adj. *Chim.* (Composé) dérivé du méthane.

MÉTHYLORANGE n.m. *Chim.* Colorant qui permet de savoir si un milieu est acide ou basique.

METICAL, S n.m. Unité monétaire du Mozambique.

MÉTICULEUSEMENT adv.

MÉTICULEUX, EUSE adj.

MÉTICULOSITÉ n.f.

MÉTIER n.m.

MÉTIS, ISSE adj. et n.

MÉTISSAGE n.m.

MÉTISSER v. **10.**

MÉTONIEN adj.m. (Cycle) qui met en accord l'année lunaire et l'année solaire.

MÉTONYMIE n.f. *Rhét.* Expression d'un concept par un concept différent qui en est indissociable.

MÉTONYMIQUE adj.

MÉTOPE n.f. *Arch.* Partie d'une frise dorique.

MÉTOPIQUE adj. *Anat.* Relatif au front.

MÉTRAGE n.m.

MÈTRE n.m.

MÉTRER v. **12.** Mesurer au mètre.

MÉTREUR, EUSE n.

MÉTRICIEN, ENNE n. *Poét.* Spécialiste de la métrique.

MÉTRIQUE 1. adj. Relatif au mètre. 2. n.f. *Poét.* Étude des éléments du vers.

MÉTRISABLE adj. *Math.* Se dit d'une forme d'espace topologique.

MÉTRISATION n.f. Conversion au système métrique.

MÉTRITE n.f. Inflammation de l'utérus.

MÉTRO n.m.

MÉTROLOGIE n.f. Science des mesures.

MÉTROLOGIQUE adj.

MÉTROLOGISTE n.

MÉTROLOGUE n.

MÉTROMANE n.

MÉTROMANIE n.f. *Vx.* Manie de composer des vers.

MÉTRONOME n.m.

MÉTRONOMIQUE adj.

MÉTROPOLE n.f.

MÉTROPOLISATION n.f. Renforcement de la puissance des grandes métropoles.

MÉTROPOLITAIN, E adj. et n.

MÉTROPOLITE n.m. Prélat de l'Église orthodoxe.

MÉTRORRAGIE n.f. Hémorragie utérine.

MÉTRORRHAGIE n.f. → **métrorragie.**

MÉTROSEXUEL, ELLE n.m. et adj. Jeune citadin très soucieux de son apparence.

METS n.m.

METTABLE adj.

METTEUR, EUSE n.

METTON n.m. Lait caillé fermenté servant à préparer la cancoillotte.

METTRE v. **101.**

MEUBLANT, E adj. *Dr.* Qui sert à meubler.

MEUBLE adj. et n.m.

MEUBLÉ, E adj. et n.m.

MEUBLER v. **10.**

MEUF n.f. *Fam.* Femme.

MEUGLEMENT n.m.

MEUGLER v. **(p.p.inv.) 10.**

MEUH interj.

MEULAGE n.m.

MEULARD, E n. Grosse meule à aiguiser.

MEULE n.f.

MEULER v. **10.**

MEULERIE n.f. Endroit où l'on taille les meules à aiguiser.

MEULETON n.m. Petite meule à aiguiser.

MEULETTE n.f. → **meulon.**

MEULEUSE n.f. Machine à meuler.

MEULIER, ÈRE 1. adj. Relatif aux meules. 2. n.f. Roche sédimentaire.

MEULON n.m. Petite meule de foin.

MEUNERIE n.f. Industrie de la fabrication des farines.

MEUNIER, ÈRE adj. et n.

MEURETTE n.f. Sauce au vin rouge et aux croûtons.

MEURON n.m. *Helv.* Mûre sauvage.

MEURSAULT n.m. Vin de Beaune.

MEURTIAT [-tya] n.m. *Min.* Mur de pierres sèches.

MEURTRE n.m.

MEURTRIER, ÈRE adj. et n.

MEURTRIR v. **40.**

MEURTRISSURE n.f.

MEUS → **mouvoir 77.**

MEUSIEN, ENNE adj. De la Meuse.

MEUT → **mouvoir 77.**

MEUTE n.f.

MEUVE... → **mouvoir 77.**

MÉVENDRE v. **90.** *Vx.* Vendre à perte.

MÉVENTE n.f.

MEXICAIN, E adj.

MÉZAIL n.m. *Médiév.* Visière mobile d'un casque.

MEZCAL, S n.m. → **mescal.**

MÉZÉ [médzé] n.m. **(= mezze)** Amuse-gueule grec, libanais ou turc.

MÉZIG ǀ pr.pers. **(= mézigue)** *Arg.* Moi.

MÉZIGUE ǀ pr.pers. → **mézig.**

MÉZOUED n.m. En Tunisie, sorte de cornemuse. – Musique populaire utilisant cet instrument.

MEZOUZA [mé-] n.f. Dans le judaïsme, étui contenant deux prières, placé près de la porte d'entrée.

MEZZANINE n.f. Niveau aménagé sous un plafond.

MEZZE [médzé] n.m. → **mézé.**

MEZZO [mèdzô] 1. n.m. Voix de femme plus grave que le soprano. 2. n.f. Femme ayant cette voix.

MEZZOTINTO ǀ [mèdzôtintô] n.m. Gravure à l'eau-forte permettant les demi-teintes.

MI n.m. (inv. mais **mettre** v.).

MIAM interj.

MIAOU n.m.

MIASMATIQUE adj.

MIASME n.m. Émanation provenant de déchets en décomposition.

MIAULEMENT n.m.

MIAULER v. **(p.p.inv.) 10.**

MIAULEUR, EUSE adj.

MICA n.m.

MICACÉ, E adj. De la nature du mica.

MICANITE n.f. Isolant fait de mica aggloméré.

MICASCHISTE n.m. Roche composée de mica et de quartz.

MICASCHISTEUX, EUSE adj.

MICELLAIRE adj.

MICELLE n.f. Particule colloïdale.

MICHE n.f.

MICHELINE n.f. Autorail sur pneus.

MICHETON n.m. *Arg.* Client d'une prostituée.

MICHETONNER v. **(p.p.inv.) 10.** *Arg.* Se prostituer occasionnellement.

MICMAC n.m.

MICMAC, MICMAQUE adj. D'un peuple amérindien.

MICMAQUE → **micmac** adj.

MICOCOULIER n.m. Grand arbre du Midi.

MICONIA n.m. Arbuste tropical ornemental.

MICOQUIEN, ENNE adj. et n.m. Se dit d'un stade du paléolithique inférieur.

MICRO n.m. et n.f.

MICROALGUE n.f.

MICROALVÉOLE n.f.

MICROAMPÈRE n.m. *Électr.* Millionième d'ampère.

MICROANALYSE n.f. Forme d'analyse chimique.

MICROBALANCE n.f. Balance extrêmement sensible.

MICROBE n.m.

MICROBICIDE adj. et n.m. Qui tue les microbes.

MICROBIEN, ENNE adj.

MICROBILLE n.f. Particule obtenue par micronisation.

MICROBIOLOGIE n.f. Étude des microbes.

MICROBIOLOGIQUE adj.

MICROBIOLOGISTE n.

MICROBOUTURAGE n.m. Technique de multiplication des végétaux.

MICROBRASSERIE n.f. *Québ., Helv.* Brasserie artisanale.

MICROBUS n.m. Petit autobus.

MICROCARTE n.f. Élément constitutif d'un ordinateur.

MICROCASSETTE n.f.

MICROCÈBE n.m. Petit lémurien malgache.

MICROCENTRALE n.f. Petite centrale hydroélectrique exploitant une chute d'eau.

MICROCÉPHALE adj. et n. *Méd.* Dont le crâne est anormalement petit.

MICROCÉPHALIE n.f.

MICROCHIMIE n.f. Chimie traitant des quantités infimes de matière.

MICROCHIMIQUE adj.

MICROCHIROPTÈRE [k] n.m. Petite chauve-souris.

MICROCHIRURGIE n.f.

MICROCINÉMA n.m. Tournage de sujets microscopiques.

MICROCIRCUIT n.m.

MICROCLIMAT n.m.

MICROCLIMATIQUE adj.

MICROCLINE n.m. Feldspath potassique.

MICROCONTACT n.m. Interrupteur électrique très sensible.

MICROCOPIE n.f. Reproduction fortement réduite.

MICROCOPIER v. **15.**

MICROCOQUE n.m. Bactérie pathogène.

MICROCOSME n.m. Monde en abrégé.

MICROCOSMIQUE adj.

MICROCOUPURE n.f. *Électron.* Très courte baisse de tension.

MICROCRÉDIT n.m. Prêt d'un faible montant.

MICROCRISTAL, AUX n.m.

MICROCURIE n.m. *Phys.* Millionième de curie.

MICROCUVETTE n.f. Microalvéole d'un disque laser.

MICROCYTOSE n.f. Diminution de la taille des globules rouges, cause d'anémie.

MICRODÉCISION n.f. *Écon.* Décision individuelle.

MICRODISSECTION n.f.

MICROÉCONOMIE n.f. Étude des agents individuels en économie.

MICROÉCONOMIQUE adj.

MICROÉDITION n.f. Édition informatisée pour de petits tirages.

MICROÉLECTRODE n.f.

MICROENTREPRISE n.f. Entreprise employant moins de dix salariés.

MICROÉVOLUTION n.f. *Biol.* Évolution mineure.

MICROFARAD [-d] n.m. *Électr.* Millionième de farad.

MICROFAUNE n.f. Faune de très petite taille.

MICROFIBRE n.f.

MICROFICHAGE n.m.

MICROFICHE n.f. Microfilm.

MICROFICHER v. **10.**

MICROFILAIRE n.f. Embryon de filaire, ver parasite.

MICROFILM n.m.

MICROFILMER v. **10.**

MICROFINANCE n.f. Système d'épargne qui accorde des microcrédits.

MICROFISSURE n.f.

MICROFLORE n.f. Flore microbienne.

MICROFORME n.f. *Phot.* Image très réduite.

MICROGLIE n.f. *Biol.* Variété de tissu conjonctif.

MICROGLOBULINE n.f. Protéine du sang.

MICROGLOSSAIRE n.m. Vocabulaire spécifique d'une activité.

MICROGRAMME n.m. Millionième de gramme.

MICROGRAPHIE n.f. Étude de petits objets au microscope.

MICROGRAPHIQUE adj.

MICROGRAVITÉ n.f. *Phys.* Quasi-absence de gravité.

MICROGRENU, E adj. (Roche) formée de petits cristaux.

MICROHISTOIRE n.f. Courant de l'histoire qui étudie les individus et les petites communautés.

MICROHM n.m. *Électr.* Millionième d'ohm.

MICROLITE n.m. Petit élément cristallisé des roches éruptives.

MICROLITHE n.m. Petit silex taillé.

MICROLITHIQUE adj.

MICROLITIQUE adj.

MICROMÉCANIQUE n.f.

MICROMÉTÉORITE n.f.

MICROMÈTRE n.m. Appareil mesurant de petits objets fortement grossis. – Millionième de mètre.

MICROMÉTRIE n.f.

MICROMÉTRIQUE adj.

MICROMODULE n.m. *Électron.* Très petit circuit imprimé.

MICROMOTEUR n.m.

MICROMUTATION n.f. Mutation ponctuelle sur un chromosome.

MICRON n.m. *Anc.* Millionième de mètre.

MICRONÉSIEN, ENNE adj. De Micronésie (archipel du Pacifique).

MICRONIQUE adj. Qui se mesure en microns.

MICRONISATION n.f.

MICRONISER v. **10.** Réduire (un solide) en particules.

MICRONOYAU, X n.m. → **micronucléus.**

MICRONUCLÉUS n.m. Le plus petit des deux noyaux des protozoaires.

MICRONUTRIMENT n.m. Oligoélément.

MICROORDINATEUR n.m.

MICROORGANISME n.m.

MICROPESANTEUR n.f. → **microgravité.**

MICROPHAGE n.m. Cellule qui détruit des éléments très petits.

MICROPHONE n.m.

MICROPHONIQUE adj.

MICROPHYSIQUE n.f. Étude des atomes, des particules élémentaires.

MICROPILULE n.f. Pilule contraceptive ne contenant que des progestatifs.

MICROPIPETTE n.f. Pipette pour micro-injections.

MICROPLANCTON n.m. Plancton dont les éléments sont très petits.

MICROPODIFORME n.m. Oiseau à très petites pattes, type martinet.

MICROPORE n.m. Pore microscopique d'un tissu, d'un papier.

MICROPOREUX, EUSE adj. Dont les pores sont très petits.

MICROPROCESSEUR n.m. *Inf.* Circuit intégré.

MICROPROGRAMME n.m. *Inf.* Programme d'un processeur.

MICROPSIE n.f. *Méd.* Illusion qui fait voir les objets plus petits qu'ils ne le sont.

MICROPYLE n.m. Orifice de l'ovule des plantes.

MICROSATELLITE n.m. Très petit satellite artificiel.

MICROSCOPE n.m.

MICROSCOPIE n.f.

MICROSCOPIQUE adj.

MICROSECONDE n.f. Millionième de seconde.

MICROSÉISME n.m. Séisme perçu seulement au moyen d'instruments.

MICROSÉISMIQUE adj.

MICROSILLON adj. et n.m.

MICROSOCIÉTÉ n.f.

MICROSOCIOLOGIE n.f.

MICROSONDE n.f. Sonde permettant d'analyser un volume de matière très réduit.

MICROSPHÈRE n.f. *Biol.* Petite sphère.

MICROSPORANGE n.m. *Bot.* Sporange produisant des microspores.

MICROSPORE n.f. *Bot.* Petite spore mâle.

MICROSPORIDIE n.f. Protozoaire parasite des insectes.

MICROSTRUCTURE n.f. Structure microscopique.

MICROTECHNIQUE n.f. Technique de fabrication de petits objets.

MICROTHERMIE n.f. *Phys.* Millionième de thermie.

MICROTOME n.m. Instrument qui découpe de minces tranches dans les tissus animaux ou végétaux.

MICROTRACTEUR n.m. Petit tracteur pour le jardinage.

MICROTUBULE n.m. Constituant du squelette cellulaire.

MICROVILLOSITÉ n.f. *Anat.* Petite saillie de la surface des cellules.

MICROVOITURE n.f. Voiturette.

MICTION n.f. Action d'uriner.

MICTIONNEL, ELLE adj.

MIDI n.m.

MIDINETTE n.f. Jeune fille sentimentale et naïve.

MIDRASH (pl. **MIDRASHIM** ou **MIDRASHS**) n.m. Méthode d'exégèse rabbinique de la Bible.

MIDRASHIM | → **midrash.**

MIDSHIP n.m. Aspirant, dans la Marine nationale.

MIDSHIPMAN (pl. **MIDSHIPMEN** ou **MIDSHIPMANS**) n.m. → **midship.**

MIDSHIPMEN | → **midshipman.**

MIE n.f.

MIEL n.m.

MIELLAT n.m. Produit sucré élaboré par les insectes parasites de certaines plantes.

MIELLÉ, E 1. adj. Propre au miel. 2. n.f. → **miellure.**

MIELLEUSEMENT adv.

MIELLEUX, EUSE adj.

MIELLURE n.f. Nectar butiné rapporté par les abeilles.

MIEN, MIENNE adj.poss., pr.poss. et n.m.

MIETTE n.f.

MIEUX n.m. et adv.

MIÈVRE adj. D'une grâce puérile et fade.

MIÈVREMENT adv.

MIÈVRERIE n.f.

MIÈVRETÉ n.f.

MIGMATITE n.f. Roche métamorphique.

MIGNARD, E adj. *Litt.* D'une délicatesse affectée.

MIGNARDER v. **10.** Traiter, exécuter avec une délicatesse affectée.

MIGNARDISE n.f.

MIGNON, ONNE adj. et n.

MIGNONNEMENT adv.

MIGNONNET, ETTE adj. et n.

MIGNOTER v. **10.** Cajoler.

MIGRAINE n.f.

MIGRAINEUX, EUSE adj. et n.

MIGRANT, E adj. et n.

MIGRATEUR, TRICE adj. et n.m.

MIGRATION n.f.

MIGRATOIRE adj.

MIGRER v. **(p.p.inv.) 10.**

MIHRAB n.m. Dans une mosquée, niche indiquant la direction de La Mecque.

MIJAURÉE n.f. Femme affectée et ridicule.

MIJOTAGE n.m.

MIJOTER v. **10.**

MIJOTEUSE n.f.

MIKADO n.m. Empereur du Japon. – Jeu de bâtonnets.

MIL 1. adj.num.card. **(= mille).** 2. n.m. **(= millet)** Céréale d'Afrique noire.

MILADIES → **milady.**

MILADY (pl. **MILADIES** ou **MILADYS**) n.f. Titre donné en France à une dame anglaise.

MILAN n.m. Rapace.

MILANAIS, E adj. De Milan (Italie).

MILANDRE n.m. Petit requin.

MILANEAU, X n.m. Petit milan.

MILDIOU n.m. Maladie de la vigne.

MILDIOUSÉ, E adj.

MILE [mayl] n.m. Mesure de longueur anglo-saxonne.

MILER [mayleur] n.m. *Sp.* Athlète spécialiste du demi-fond.

MILIAIRE adj. et n.f. *Méd.* (Éruption) qui ressemble à un grain de mil.

MILICE n.f.

MILICIEN, ENNE n.

MILIEU, X n.m.

MILITAIRE adj. et n.

MILITAIREMENT adv.

MILITANCE n.f. Militantisme.

MILITANT, E adj. et n.

MILITANTISME n.m.

MILITARISATION n.f.

MILITARISER v. **10.**

MILITARISME n.m.

MILITARISTE adj. et n.

MILITER v. **(p.p.inv.) 10.**

MILIUM n.m. Petit kyste blanc.

MILKBAR n.m. Bar où les boissons sont à base de lait.

MILKSHAKE [-chèk] n.m. Boisson réfrigérée à base de lait.

MILLADE [y] n.f. Petit mil.

MILLAGE [l] n.m. *Québ.* Distance en milles.

MILLAS [-yas] n.m. **(= millasse, milliasse)** Gâteau de farine de maïs.

MILLASSE [y] n.f. → **millas.**

MILLE 1. adj.num.card. → **mil** 1. – 2. n.m.

MILLEFEUILLE n.m.

MILLEFIORI | [milléfyori] n.m. Bibelot de verre orné intérieurement de mosaïque colorée.

MILLÉNAIRE adj. et n.m.

MILLÉNARISME n.m. Mouvement religieux chrétien.

MILLÉNARISTE adj. et n.

MILLENIUM n.m. Âge d'or attendu par les millénaristes.

MILLEPATTE n.m.

MILLEPERTUIS n.m. Plante dont les feuilles paraissent percées de petits trous.

MILLÉPORE n.m. *Zool.* Polypier calcaire.

MILLERAIE [milrè] n.m. Velours à côtes fines.

MILLERANDAGE [mil-] n.m. Arrêt accidentel de la maturation du raisin.

MILLERANDÉ, E [mil-] adj. (Grain de raisin) atteint de millerandage.

MILLÉSIME n.m.

MILLÉSIMER v. **10.**

MILLET [miyè] n.m. → **mil** 2.

MILLIAIRE adj. et n.m. *Antiq. rom.* (Borne) indiquant les milles.

MILLIAMPÈRE n.m.

MILLIARD n.m.

MILLIARDAIRE adj. et n.

MILLIARDIÈME adj.num.ord.

MILLIASSE [y] n.m. ou f. → **millas.**

MILLIBAR n.m.

MILLICURIE n.m. Millième de curie.

MILLIÈME adj.num.ord.

MILLIER n.m.

MILLIGRAMME n.m.

MILLILITRE n.m.

MILLIME n.m. Unité monétaire divisionnaire de la Tunisie.

MILLIMÈTRE n.m.

MILLIMÉTRER v. **12.** Graduer en millimètres.

MILLIMÉTRIQUE adj.

MILLIMICRON n.m.

MILLION n.m.

MILLIONIÈME adj.num.ord.

MILLIONNAIRE adj. et n.

MILLIREM n.m. *Biol.* Millième de rem.

MILLISECONDE n.f.

MILLITHERMIE n.f.

MILLIVOLT n.m.

MILLIVOLTMÈTRE n.m.

MILONGA n.f. Danse argentine, proche du tango.

MILORD n.m.

MILOUIN n.m. Canard des régions froides.

MIME n.

MIMER v. **10.**

MIMESIS [mimézis] n.f. Imitation ou représentation de la réalité.

MIMÉTIQUE adj.

MIMÉTISME n.m.

MIMI n.m. et adj. Chat. – Caresse.

MIMINE n.f. *Fam.* Main.

MIMIQUE adj. et n.f.

MIMIVIRUS n.m. Virus géant à ADN.

MIMODRAME n.m. Pantomime.

MIMOGRAPHE n.m. *Vx.* Auteur de mimes.

MIMOLETTE n.f. Fromage.

MIMOLOGIE n.f. Imitation de la voix et des gestes.

MIMOSA n.m.

MIMOSACÉE n.f. → **mimosée.**

MIMOSÉE n.f. Plante légumineuse, type mimosa.

MIMOSOÏDÉE n.f. → **mimosée.**

MIN [min] n.m. Dialecte chinois.

MINABLE adj. et n.

MINABLEMENT adv.

MINAGE n.m.

MINAHOUET [-wè] n.m. *Mar.* Petit outil de bois.

MINARET n.m. Tour de mosquée.

MINAUDER v. **(p.p.inv.) 10.** Faire des manières pour séduire.

MINAUDERIE n.f.

MINAUDIER, ÈRE adj. et n.

MINBAR [minbar] n.m. Chaire d'une mosquée.

MINCE adj. et interj.

MINCEUR n.f.

MINCIR v. **40.**

MINÇOLET, ETTE adj. *Helv.* Très mince, chétif.

MINDEL [mindèl] n.m. *Géol.* Deuxième grande glaciation alpine du quaternaire.

MINE n.f.

MINER v. **10.**

MINERAI n.m.

MINÉRAL, E, AUX adj. et n.m.

MINÉRALIER n.m. Cargo transportant des minerais.

MINÉRALISATEUR, TRICE adj. et n.m. Qui transforme un métal en minerai.

MINÉRALISATION n.f.

MINÉRALISER v. **10.** Modifier (de l'eau) par apport minéral. – Transformer en minerai.

MINÉRALITÉ n.f. Qualité de minéral.

MINÉRALOGIE n.f. Science des minéraux.

MINÉRALOGIQUE adj.

MINÉRALOGISTE n.

MINÉRALURGIE n.f. Production de minéraux à partir de minerais.

MINERVAL, S n.m. *Belg.* Frais de scolarité.

MINERVE n.f. Appareil orthopédique qui maintient le cou. – Machine à imprimer.

MINERVISTE n.m. *Impr.* Ouvrier qui actionne une minerve.

MINERVOIS n.m. Vin du Languedoc.

MINESTRONE n.m. Soupe italienne.

MINET, ETTE n.

MINEUR, E adj. et n.

MINEUR, EUSE adj. (Insecte) qui creuse les feuilles.

MING [ming] adj. Relatif à une dynastie chinoise.

MINI adj. et n.m. (Vêtement) très court.

MINIATURE adj. et n.f.

MINIATURÉ, E adj.

MINIATURISATION n.f.

MINIATURISER v. **10.**

MINIATURISTE n. et adj. Artiste qui peint des miniatures.

MINIBAR n.m. (Nom déposé) Petit réfrigérateur pour boissons.

MINIBUS n.m. Petit autocar.

MINICAR n.m. → **minibus.**

MINICASSETTE n.f.

MINICHAÎNE n.f.

MINIDISQUE n.m. CD de petit format.

MINIDOSE n.f.

MINIER, ÈRE adj. Relatif aux mines.

MINIGOLF n.m.

MINIJUPE n.f.

MINIMA | → **minimum.**

MINIMAL, E, AUX adj.

MINIMALISATION n.f.

MINIMALISER v. **10.** Réduire jusqu'au seuil minimal.

MINIMALISME n.m. Recherche d'une solution minimale.

MINIMALISTE adj.

MINIMANT, E adj. *Math.* Qui est à son point minimal.

MINIME adj. et n.

MINIMESSAGE n.m. Bref message écrit sur l'écran d'un téléphone mobile.

MINIMEX n.m. *Belg.* Allocation garantissant un minimum de moyens d'existence.

MINIMEXÉ, E adj. et n. *Belg.* Qui bénéficie du minimex.

MINIMISATION n.f.

MINIMISER v. **10.**

MINIMUM (pl. **MINIMA** ou **MINIMUMS**) adj. et n.m.

MINIPILULE n.f. Pilule contraceptive faiblement dosée.

MINISATELLITE n.m. Petit satellite artificiel.

MINISPACE n.m. Monospace compact à usage urbain.

MINISTÈRE n.m.

MINISTÉRIAT n.m. *Hist.* Sous l'Ancien Régime, gouvernement fondé sur la prépondérance d'un ministre.

MINISTÉRIEL, ELLE adj.

MINISTRABLE adj. et n. Susceptible de devenir ministre.

MINISTRE n.

MINITEL n.m. (Nom déposé).

MINITÉLISTE n. Utilisateur du Minitel.

MINITRIP n.m. Voyage de courte durée.

MINIUM n.m. Peinture antirouille.

MINIVAGUE n.f. Permanente.

MINNESANG [minesang] n.m. *Hist.* Poésie courtoise allemande.

MINNESÄNGER [minesèngèr] n.m. Trouvère allemand.

MINNESINGER [minesingèr] n.m. → **minnesänger.**

MINOEN, ENNE [mino-in] adj. et n.m. *Antiq.* Relatif à l'histoire de la Crète de l'époque archaïque.

MINOIS n.m.

MINON n.m. *Helv.* Petit chat. – Flocon de poussière.

MINORANT, E 1. adj. *Math.* Se dit d'une forme de série. 2. n.m. *Math.* Type d'élément d'un ensemble.

MINORAT n.m. *Rel.* Titre et fonctions d'un clerc qui a reçu les ordres mineurs.

MINORATIF, IVE adj. Qui minore.

MINORATION n.f.

MINORER v. **10.**

MINORISER v. **10.** Mettre en minorité.

MINORITAIRE adj. et n.

MINORITÉ n.f.

MINORQUIN, E adj. De Minorque (îles Baléares).

MINOT, E 1. n. En Provence, gamin. 2. n.m. Farine de blé dur.

MINOTERIE n.f.

MINOTIER, ÈRE n. Meunier.

MINOU n.m.

MINOUCHER v. **10.** *Québ.* Caresser.

MINOUNE n.f. *Québ.* Vieille voiture.

MINQUE n.f. *Belg.* Halle aux poissons.

MINSKOIS, E [mins-] adj. De Minsk (Biélorussie).

MINUIT n.m.

MINUS n.

MINUSCULE adj. et n.f.

MINUTAGE n.m.

MINUTAIRE adj. *Dr.* Qui a le caractère d'une minute.

MINUTE n.f. Unité de temps. – *Dr.* Original d'un document.

MINUTER v. **10.**

MINUTERIE n.f.

MINUTEUR n.m.

MINUTIE n.f.

MINUTIER n.m. *Dr.* Registre contenant les minutes.

MINUTIEUSEMENT adv.

MINUTIEUX, EUSE adj.

MIOCÈNE n.m. et adj. *Géol.* Première époque du néogène.

MIOCHE n.

MIPS [mips] n.m. *Inf.* Unité (un million d'instructions par seconde).

MIQUELET n.m. *Hist.* Franc-tireur catalan.

MIR n.m. Village de la Russie tsariste.

MIRABELLE n.f.

MIRABELLIER n.m.

MIRABILIS [-s] n.m. Plante herbacée à grandes fleurs (belle-de-nuit).

MIRACIDIUM n.m. Forme larvaire de certains vers.

MIRACLE n.m.

MIRACULÉ, E adj. et n.

MIRACULEUSEMENT adv.

MIRACULEUX, EUSE adj.

MIRADOR n.m. Tour d'observation et de guet.

MIRAGE n.m.

MIRAUD, E adj. et n. **(= miro)** *Fam.* Bigleux.

MIRBANE | n.f. *Essence de mirbane :* nitrobenzène.

MIRE n.f.

MIREPOIX n.f. et adj. Préparation que l'on ajoute à certains plats pour en relever la saveur.

MIRER v. **10.**

MIRETTE n.f. *Fam.* Œil.

MIREUR, EUSE n. Personne qui examine les œufs à contre-jour.

MIRIFIQUE adj.

MIRIFIQUEMENT adv.

MIRLIFLOR n.m. **(= mirliflore)** Jeune élégant.

MIRLIFLORE n.m. → **mirliflor.**

MIRLITON n.m. *Mus.* Roseau creux muni d'une membrane aux deux bouts.

MIRMIDON n.m. **(= myrmidon)** Homme chétif et sans personnalité.

MIRMILLON n.m. *Antiq. rom.* Gladiateur.

MIRO adj. et n. → **miraud.**

MIROBOLANT, E adj.

MIRODROME n.m. Salle de peep-show.

MIROIR n.m.

MIROITANT, E adj.

MIROITÉ, E adj. (Cheval bai) dont la croupe a des taches brillantes.

MIROITEMENT n.m.

MIROITER v. **10.**

MIROITERIE n.f.

MIROITIER, ÈRE n.

MIRONTON n.m. **(= miroton)** Ragoût de viande aux oignons.

MIROTON n.m. → **mironton.**

MISAINE n.f. *Mar.* Voile basse du mât de l'avant.

MISANDRE adj. et n.f. (Femme) qui méprise les hommes.

MISANDRIE n.f.

MISANTHROPE adj. et n.

MISANTHROPIE n.f.

MISANTHROPIQUE adj.

MISCELLANÉES n.f.pl. Recueil d'études, d'articles variés.

MISCIBILITÉ n.f.

MISCIBLE adj. Qui peut former un mélange homogène.

MISE n.f.

MISER v. **10.**

MISÉRABILISME n.m. *Litt.* Goût systématique pour la représentation de la misère humaine.

MISÉRABILISTE adj. et n.

MISÉRABLE adj. et n.

MISÉRABLEMENT adv.

MISÈRE n.f.

MISÉRÉRÉ [z] n.m. Psaume.

MISÉREUX, EUSE adj. et n.

MISÉRICORDE n.f. et interj.

MISÉRICORDIEUX, EUSE adj.

MISFIT [-t] n.m. Au bridge, absence de fit.

MISO [z] adj. et n. *Fam.* Misogyne.

MISO [s] n.m. Pâte de soja fermentée.

MISOGAMIE n.f. *Psych.* Aversion à l'égard du mariage.

MISOGYNE adj. et n.

MISOGYNIE n.f.

MISONÉISME n.m. Hostilité à la nouveauté.

MISONÉISTE adj. et n.

MISPICKEL [-èl] n.m. Composé naturel d'arsenic, de soufre et de fer.

MISS (pl. **MISSES**) n.f.

MISSEL n.m.

MISSES → **miss.**

MISSILE n.m.

MISSILIER n.m. Militaire spécialiste des missiles.

MISSION n.f.

MISSIONNAIRE adj. et n.

MISSIONNER v. **10.** Charger (quelqu'un) d'une mission.

MISSIVE adj.f. et n.f.

MISTELLE n.f. Moût de raisin dont la fermentation a été arrêtée.

MISTER [-eur] n.m. Mot anglais signifiant *monsieur.*

MISTIGRI n.m. Chat.

MISTON, ONNE n. *Fam.* Gamin.

MISTOUFLE n.f. *Vx.* Misère.

MISTRAL, S n.m.

MISTRESS [mistris] ou [misiz] n.f. Mot anglais signifiant *madame.*

MITA n.f. *Hist.* Travail obligatoire imposé aux Indiens par les Espagnols.

MITAGE n.m. Éparpillement anarchique de constructions.

MITAINE n.f. Gant s'arrêtant aux premières phalanges.

MITAN n.m. *Vx., Fam.* Milieu.

MITARD n.m. *Fam.* Cachot d'une prison.

MITE n.f.

MITER (SE) v. **10.**

MITEUSEMENT adv.

MITEUX, EUSE adj. et n.

MITHRACISME n.m. → **mithraïsme.**

MITHRAÏSME n.m. Culte de Mithra, dieu iranien.

MITHRIACISME n.m. → **mithraïsme.**

MITHRIAQUE adj. Relatif au culte de Mithra.

MITHRIDATISER v. **10.** Immuniser contre un poison.

MITHRIDATISME n.m.

MITIGATION n.f. *Dr.* Adoucissement (d'une peine).

MITIGER v. **17.** Adoucir.

MITIGEUR n.m. Robinet mélangeur.

MITOCHONDRIAL, E, AUX [k] adj.

MITOCHONDRIE [k] n.f. *Biol.* Corpuscule cellulaire.

MITOGÈNE adj. et n.m. (Substance) qui induit la mitose.

MITON n.m. *Médiév.* Gantelet.

MITONNER v. **10.** Faire mijoter.

MITOSE n.f. *Biol.* Mode de division de la cellule.

MITOTIQUE adj. *Biol.* Relatif à la mitose.

MITOYEN, ENNE adj.

MITOYENNETÉ n.f.

MITRAILLADE n.f.

MITRAILLAGE n.m.

MITRAILLE n.f.

MITRAILLER v. **10.**

MITRAILLETTE n.f.

MITRAILLEUR, EUSE n.m. et n.f.

MITRAL, E, AUX adj. et n.f. *Anat.* (Valvule du cœur) en forme de mitre.

MITRE n.f. *Rel.* Haute coiffure triangulaire.

MITRÉ, E adj. *Rel.* Qui a le droit de porter la mitre.

MITRON n.m. Apprenti boulanger.

MITSVA (pl. **MITSVOT** [-ot] ou **MITSVAS**) n.f. Dans le judaïsme, règle, commandement, bonne action.

MITSVOT ‖ [-ot] → **mitsva.**

MIX n.m. → **mixage.**

MIXAGE n.m. Mélange de plusieurs bandes sonores.

MIXER v. **10.**

MIXER [-eur] n.m. **(= mixeur).**

MIXEUR, EUSE 1. n. Technicien spécialiste du mixage. 2. n.m. → **mixer** n.m.

MIXITÉ n.f.

MIXTE adj.

MIXTÈQUE adj. D'un peuple du Mexique.

MIXTILIGNE adj. *Math.* Formé de droites et de courbes.

MIXTION [kst] n.f. *Pharm.* Mélange.

MIXTIONNER [kst] v. **10.** *Pharm.* Mélanger.

MIXTURE n.f.

MMM interj. Miam !

MNÈME n.m. *Psych.* Trace laissée dans le cerveau par un événement (engramme).

MNÉMONIQUE adj. et n.f. Relatif à la mémoire.

MNÉMOTECHNIE n.f. Art de développer la mémoire.

MNÉMOTECHNIQUE adj. et n.f.

MNÉSIQUE adj. Relatif à la mémoire.

MOA n.m. Dinornis (grand oiseau fossile).

MOABITE adj. *Hist.* Du pays de Moab (Transjordanie).

MOAI [-ay] n.m. Statue géante de l'île de Pâques.

MOAMBE [mo-an-b] n.f. *Afr.* Préparation de poulet.

MOB n.f. *Fam.* Cyclomoteur.

MOBBING n.m. Harcèlement psychologique sur le lieu de travail.

MOBILE adj. et n.m.

MOBILHOME n.m. Autocaravane.

MOBILIER, ÈRE adj. et n.m.

MOBILISABLE adj. et n.m.

MOBILISATEUR, TRICE adj.

MOBILISATION n.f.

MOBILISER v. **10.**

MOBILISME n.m. *Géol.* Théorie de la dérive des continents.

MOBILISTE adj. et n.

MOBILITÉ n.f.

MOBILOPHONE n.m. Émetteur-récepteur de radio.

MOBINAUTE n. Internaute qui utilise un téléphone mobile pour accéder à internet.

MOBLOT n.m. *Vx., Fam.* Soldat de la Garde nationale mobile.

MOBYLETTE n.f. (Nom déposé).

MOCASSIN n.m.

MOCHARD, E adj. *Fam.* Assez moche.

MOCHE adj.

MOCHETÉ n.f.

MOCO n.m. **(= moko)** *Arg.* Marin du sud de la France.

MODAL, E, AUX adj. et n.f. Relatif aux modes du verbe.

MODALISATION n.f.

MODALISER v. **10.** *Ling.* Nuancer (un énoncé).

MODALITÉ n.f. Forme particulière d'un fait.

MODE n.m. et n.f.

MODELABLE adj.

MODELAGE n.m.

MODELÉ n.m. *Bx-arts.* Relief des formes. – *Géogr.* Relief.

MODÈLE adj. et n.m.

MODELER v. **23** (je modèle...).

MODELEUR, EUSE n. et adj. Sculpteur qui utilise de la terre, de la cire.

MODÉLISATEUR, TRICE n.

MODÉLISATION n.f.

MODÉLISER v. **10.** Présenter sous forme de modèle.

MODÉLISME n.m.

MODÉLISTE adj. et n. Qui construit des modèles réduits.

MODEM n.m. *Inf.* Appareil servant à transmettre l'information.

MODÉNAIS, E adj. De Modène (Italie).

MODÉNATURE n.f. *Arch.* Traitement ornemental qui détermine la plastique d'une construction.

MODÉRABLE adj

MODÉRANTISME n.m. Attitude politique des modérés.

MODÉRANTISTE adj. et n.

MODÉRATEUR, TRICE adj. et n.

MODÉRATION n.f.

MODERATO n.m. et adv. *Mus.* Mouvement modéré.

MODÉRÉ, E adj. et n.

MODÉRÉMENT adv.

MODÉRER v. **12.**

MODERNE adj. et n.m.

MODERNISATEUR, TRICE adj. et n.

MODERNISATION n.f.

MODERNISER v. **10.**

MODERNISME n.m.

MODERNISTE adj. et n.

MODERNITÉ n.f.

MODESTE adj. et n.

MODESTEMENT adv.

MODESTIE n.f.

MODEUX, EUSE adj. et n. *Fam.* Qui travaille dans la mode. – *Fam.* Qui est toujours à la dernière mode.

MODICITÉ n.f.

MODIF n.f. *Fam.* Modification.

MODIFIABLE adj.

MODIFIANT, E adj.

MODIFICATEUR, TRICE adj. et n.

MODIFICATIF, IVE adj. et n.m.

MODIFICATION n.f.

MODIFIER v. **15.**

MODILLON n.m. *Arch.* Ornement saillant placé sous une corniche.

MODIQUE adj.

MODIQUEMENT adv.

MODISTE n. Personne qui confectionne et vend des chapeaux féminins.

MODULABLE adj.

MODULAIRE adj. Relatif au module. – Construit à l'aide de modules.

MODULANT, E adj. *Mus.* Qui produit une modulation.

MODULARITÉ n.f.

MODULATEUR, TRICE adj. et n.m. *Phys.* (Appareil) qui module.

MODULATION n.f.

MODULE n.m. Élément constitutif d'un ensemble.

MODULER v. **10.** Faire varier, adapter.

MODULO **I** *Math.* Préposition introduisant un type de relation d'équivalence entre deux nombres entiers.

MODULOR n.m. (Nom déposé) *Arch.* Système de mesure réglant les proportions d'un ouvrage.

MOELLE [mwal] n.f.

MOELLEUSEMENT [mwa-] adv.

MOELLEUX, EUSE [mwa-] adj. et n.m.

MOELLON [mwa-] n.m. Pierre de construction de petite dimension.

MOELLONAGE [mwa-] n.m. Construction en moellons.

MOELLONNAGE [mwa-] n.m. → **moellonage.**

MOERE [mwèr] n.f. Lagune asséchée et cultivée.

MŒURS n.f.pl.

MOFETTE n.f. *Géol.* Émanation de gaz carbonique.

MOFFLER v. **10** (= **mofler**) *Belg.* Recaler à un examen.

MOFLER v. **10.** → **moffler.**

MOGETTE n.f. (= **mojette**) Haricot blanc sec.

MOGHOL, E adj. (= **mogol**) (Dynastie mongole) qui régna sur l'Inde du XVIe au XIXe s.

MOGOL, E adj. → **moghol.**

MOHAIR n.m. Étoffe fabriquée avec le poil de la chèvre angora.

MOHAWK [moak] adj. D'un peuple amérindien.

MOHICAN, E adj. D'un peuple amérindien.

MOHO n.m. Discontinuité entre la croûte et le manteau de la Terre.

MOI pr.pers. et n.m. (inv. mais **mois** n.m.).

MOIE n.f. (= **moye**) Partie tendre dans une pierre dure.

MOIGNON n.m. Ce qui reste d'un membre ou d'une branche coupés.

MOINDRE adj.

MOINDREMENT adv. Si peu que ce soit.

MOINE n.m.

MOINEAU, X n.m.

MOINERIE n.f. *Péj.* L'ensemble des moines.

MOINILLON n.m. Jeune moine.

MOINS n.m., adv. et prép.

MOIRAGE n.m.

MOIRE n.f. Étoffe chatoyante.

MOIRÉ, E adj. et n.m.

MOIRER v. **10.** Donner l'aspect de la moire.

MOIREUR, EUSE n.

MOIRURE n.f.

MOIS n.m.

MOISAGE n.m.

MOISE n.f. *Techn.* Couple de pièces jumelles qui maintiennent d'autres pièces assemblées.

MOÏSE n.m. Berceau d'osier capitonné.

MOISER v. **10.** Assembler à l'aide de moises.

MOISI, E adj. et n.m.

MOISIR v. **40.**

MOISISSURE n.f.

MOISSAC n.m. Raisin de table du Tarn-et-Garonne.

MOISSINE n.f. Morceau de sarment cueilli avec la grappe de raisin.

MOISSON n.f.

MOISSONNAGE n.m.

MOISSONNER v. **10.**

MOISSONNEUR, EUSE adj. et n.

MOITE adj.

MOITEUR n.f.

MOITIÉ n.f.

MOITIR v. **40.** Rendre moite.

MOJETTE n.f. → **mogette.**

MOJITO [mohritô] n.m. Cocktail à base de rhum.

MOKA n.m. Variété de café.

MOKO n.m. → **moco.**

MOL I → **mou.**

MOLAIRE 1. n.f. 2. adj. *Chim.* Relatif à la mole.

MOLALITÉ n.f. *Chim.* Concentration molaire massique.

MOLARD n.m. (= **mollard**) *Fam.* Crachat.

MOLARDER v. (**p.p.inv.**) **10** (= **mollarder**) *Fam.* Cracher.

MOLARITÉ n.f. *Chim.* Concentration molaire volumique.

MOLASSE n.f. (= **mollasse**) Grès tendre.

MOLASSIQUE adj.

MOLDAVE adj. De Moldavie (Europe centrale).

MOLE n.f. *Chim.* Unité de quantité de matière.

MÔLE n.m. Jetée protégeant l'entrée d'un port.

MOLÉCULAIRE adj.

MOLÉCULARITÉ n.f. *Chim.* Nombre de molécules participant aux diverses phases d'une réaction.

MOLÉCULE n.f.

MOLÈNE n.f. Plante herbacée.

MOLESKINE n.f. Toile cirée imitant le cuir.

MOLESTER v. **10.** Traiter avec brutalité.

MOLETAGE n.m.

MOLETER v. **20** (je molette...) *Techn.* Strier avec une molette.

MOLETOIR n.m. Molette pour polir les glaces.

MOLETTE n.f. *Techn.* Roulette.

MOLIÈRE n.m. Récompense théâtrale.

MOLIÉRESQUE adj. Relatif à Molière.

MOLINISME n.m. *Rel.* Hypothèse théologique de la prédestination proposée par Molina (XVIe s.).

MOLINISTE adj. et n.

MOLINOSISME n.m. *Rel.* Doctrine de Molinos (XVIIe s.), qui est à l'origine du quiétisme.

MOLINOSISTE adj. et n.

MOLLACHU, E adj. et n. *Helv., Fam.* Mollasson.

MOLLAH n.m. **(= mulla, mullah)** Spécialiste du droit canonique dans l'islam.

MOLLARCHIE n.f. Gouvernement dirigé par les mollahs.

MOLLARD n.m. → **molard.**

MOLLARDER v. **(p.p.inv.) 10.** → **molarder.**

MOLLASSE 1. adj. et n. *Fam.* Mou, sans énergie. 2. n.f. → **molasse.**

MOLLASSERIE n.f.

MOLLASSIQUE adj.

MOLLASSON, ONNE adj. et n. *Fam.* Mou, sans énergie.

MOLLE → **mou.**

MOLLEMENT adv.

MOLLESSE n.f.

MOLLET, ETTE adj. et n.m.

MOLLETIÈRE adj.f. et n.f. (Bande de toile) que l'on enroule autour de la jambe.

MOLLETON n.m.

MOLLETONNER v. **10.**

MOLLETONNEUX, EUSE adj.

MOLLIR v. **40.**

MOLLISOL [s] n.m. Partie superficielle d'un sol gelé.

MOLLO adv. *Fam.* Doucement.

MOLLUSCICIDE [-skisid] adj. et n.m. (Produit) qui détruit les mollusques.

MOLLUSCUM n.m. *Méd.* Tumeur fibreuse de la peau.

MOLLUSQUE n.m.

MOLOCH [-k] n.m. Lézard d'Australie couvert de grosses écailles.

MOLOSSE n.m. Gros chien de garde.

MOLOSSOÏDE n.m. et adj. Chien massif.

MOLTO adv. *Mus.* Beaucoup.

MOLURE n.m. Python réticulé.

MOLUSSON n.m. Petite péniche.

MOLY n.m. Variété d'ail.

MOLYBDATE n.m. Sel de l'acide molybdique.

MOLYBDÈNE n.m. Métal blanc dur et cassant.

MOLYBDÉNITE n.f. Sulfure naturel de molybdène.

MOLYBDIQUE adj. *Chim.* Se dit des composés du molybdène.

MOLYSMOLOGIE n.f. Étude des pollutions.

MOMBIN n.m. Fruit d'un arbre de l'Amérique tropicale.

MÔME adj. et n.

MOMENT n.m.

MOMENTANÉ, E adj.

MOMENTANÉMENT adv.

MOMERIE n.f. *Litt.* Affectation de sentiments qu'on n'éprouve pas.

MÔMERIE n.f. *Fam.* Enfantillage.

MOMIE n.f.

MÔMIER, ÈRE n. et adj. *Helv., Péj.* Bigot, puritain.

MOMIFICATION n.f.

MOMIFIER v. **15.**

MÔMIGNARD, E n. *Fam., Vx.* Petit enfant.

MÔMINETTE n.f. *Fam.* Fillette.

MOMORDIQUE n.f. Plante grimpante aux fruits colorés.

MON, MA, MES adj.poss.

MÔN [môn] adj. D'un groupe de langues d'Asie du Sud-Est.

MONACAL, E, AUX adj.

MONACHISME [ch] n.m. État de moine. – Institution monastique.

MONACO n.m. Ancienne monnaie. – Boisson.

MONADE n.f. *Philos.* Substance simple et active dont sont composés les choses et les êtres.

MONADELPHE adj. *Bot.* Dont les étamines sont soudées entre elles.

MONADISME n.m. → **monadologie.**

MONADOLOGIE n.f. *Philos.* Système selon lequel l'Univers est composé de monades.

MONANDRE adj. *Bot.* Qui n'a qu'une étamine.

MONARCHIE n.f.

MONARCHIEN n.m. *Hist.* Partisan d'une monarchie à l'anglaise.

MONARCHIQUE adj.

MONARCHISER v. **10.** Transformer en monarchie.

MONARCHISME n.m. Doctrine des partisans de la monarchie.

MONARCHISTE adj. et n.

MONARDE n.f. Plante herbacée d'Amérique du Nord à fleurs rouges.

MONARQUE n.m.

MONASTÈRE n.m.

MONASTIQUE adj.

MONAURAL, E, AUX adj. Qui transmet le son par un seul canal. – Relatif à une seule oreille.

MONAZITE n.f. Phosphate naturel de cérium et de thorium.

MONBAZILLAC n.m. Vin blanc de Dordogne.

MONCEAU, X n.m.

MONCTONIEN, ENNE adj. De Moncton (Canada).

MONDAIN, E adj. et n.

MONDANITÉ n.f.

MONDE n.m.

MONDER v. **10.** Nettoyer en éliminant les parties inutiles.

MONDEUSE n.f. Cépage rouge cultivé en Savoie.

MONDIAL, E, AUX adj.

MONDIALEMENT adv.

MONDIALISATION n.f.

MONDIALISER v. **10.**

MONDIALISME n.m. Doctrine tendant à unir tous les pays du monde.

MONDIALISTE adj. et n.

MONDIALITÉ n.f.

MONDOVISION n.f. Transmission d'images dans le monde entier par satellites.

MONÉGASQUE adj. De Monaco.

MONEL n.m. (Nom déposé) Alliage de cuivre et de nickel.

MONÈME n.m. *Ling.* Unité minimale de signification.

MONEP n.m. *Fin.* Marché d'options.

MONÈRE n.f. Être vivant constitué d'une seule cellule sans noyau.

MONERGOL n.m. Carburant destiné au moteur d'une fusée.

MONÉTAIRE adj.

MONÉTARISATION n.f.

MONÉTARISME n.m. Doctrine fondée sur le rôle que joue la monnaie dans la régulation de l'économie.

MONÉTARISTE adj. et n.

MONÉTIQUE n.f. (Nom déposé) Ensemble des moyens informatiques automatisant les transactions monétaires.

MONÉTISATION n.f.

MONÉTISER v. **10.** Transformer en monnaie.

MONGOL, E adj. et n.m. De Mongolie (Asie centrale).

MONGOLIEN, ENNE adj. et n. Relatif au mongolisme. – Atteint de mongolisme.

MONGOLIQUE adj. → **mongol.**

MONGOLISME n.m. Maladie congénitale associée à des malformations physiques.

MONGOLOÏDE adj. Qui rappelle le mongolisme.

MONIAL, E, AUX 1. adj. *Vx.* Monacal. 2. n.f. Religieuse cloîtrée.

MONILIA n.m. **(= monilie)** Champignon qui pourrit les fruits.

MONILIASE n.f. Mycose causée par le candida.

MONILIE n.m. → **monilia.**

MONILIFORME adj. *Anat.* Qui ressemble à un chapelet.

MONILIOSE n.f. Maladie des fruits due au monilia.

MONISME n.m. *Philos.* Doctrine soutenant que la réalité est constituée par un seul principe.

MONISTE adj. et n.

MONITEUR, TRICE n.

MONITION n.f. *Rel.* Avertissement adressé par l'autorité ecclésiastique.

MONITOIRE n.m. et adj. *Hist.* Monition forçant les témoins d'un délit à témoigner.

MONITOR n.m. *Mar., Anc.* Cuirassé américain de moyen tonnage.

MONITORAGE n.m. → **monitoring.**

MONITORAT n.m.

MONITORER v. **10.** Surveiller à l'aide d'un appareil électronique.

MONITORING n.m. *Méd.* Technique de surveillance électronique.

MONNAIE n.f.

MONNAYABLE adj.

MONNAYAGE n.m. Fabrication de la monnaie.

MONNAYER v. **24.**

MONNAYEUR n.m. Appareil qui fait automatiquement la monnaie.

MONO n.m. et n.f. *Fam.* Monoski, monotype, moniteur, monophonie, etc.

MONOACIDE n.m. *Chim.* Corps qui ne possède qu'un seul atome d'hydrogène acide par molécule.

MONOAMINE n.f. *Chim.* Corps ne possédant qu'une fonction amine.

MONOATOMIQUE adj. (Molécule) ne comprenant qu'un seul atome.

MONOBASE n.f. *Chim.* Corps n'ayant qu'une fois la fonction base.

MONOBASIQUE adj.

MONOBLASTE n.m. *Biol.* Cellule souche du monocyte.

MONOBLOC adj. et n.m. D'un seul bloc.

MONOBRIN adj. et n.m. *Text.* (Brin) formé d'un seul filament.

MONOCÂBLE adj. et n.m.

MONOCAMÉRAL, E, AUX adj.

MONOCAMÉRALISME n.m. → **monocamérisme.**

MONOCAMÉRISME n.m. Système politique à une seule assemblée.

MONOCARPIQUE adj. *Bot.* Qui ne fleurit ou ne fructifie qu'une seule fois, puis meurt.

MONOCATÉNAIRE adj. *Biochim.* Se dit d'un type de macromolécule.

MONOCELLULAIRE adj.

MONOCÉPAGE adj. et n.m. (Vin) issu d'un seul cépage.

MONOCHROMATEUR n.m. *Phys.* Système fournissant une radiation monochromatique.

MONOCHROMATIQUE adj. *Phys.* D'une seule fréquence.

MONOCHROME adj. D'une seule couleur.

MONOCHROMIE n.f.

MONOCINÉTIQUE adj. *Phys.* Se dit de particules ayant la même vitesse.

MONOCLE n.m.

MONOCLINAL, E, AUX adj. *Géol.* Dont les couches appartiennent au même pli.

MONOCLINIQUE adj. (Prisme) de forme oblique à base losange.

MONOCLONAL, E, AUX adj. *Biol.* Issu d'un même clone.

MONOCOLORE adj.

MONOCOQUE adj. et n.m.

MONOCORDE 1. adj. Monotone. 2. n.m. Instrument de musique à une seule corde.

MONOCORDISTE n. *Mus.* Joueur de monocorde.

MONOCORPS adj. (Véhicule) monobloc.

MONOCOTYLÉDONE adj. et n.f. (Plante) dont l'embryon ne renferme qu'un seul cotylédon.

MONOCRATIE n.f. Système politique dans lequel le pouvoir est exercé par un seul homme.

MONOCRATIQUE adj.

MONOCRISTAL, AUX n.m. Cristal élémentaire.

MONOCRISTALLIN, E adj.

MONOCULAIRE adj. Relatif à un seul œil.

MONOCULTURE n.f.

MONOCYCLE adj. et n.m. (Vélo) à une seule roue.

MONOCYCLIQUE adj. *Physiol.* (Espèce) ne présentant qu'un cycle sexuel par an.

MONOCYLINDRE adj. et n.m.

MONOCYLINDRIQUE adj.

MONOCYTE n.m. Leucocyte mononucléaire.

MONODIE n.f. Chant à une seule voix.

MONODIQUE adj.

MONODOSE n.f. et adj. Dose pour un usage unique.

MONŒCIE [monési] n.f. *Bot.* État d'une plante monoïque.

MONOGAME adj. Qui n'a qu'un seul conjoint.

MONOGAMIE n.f.

MONOGAMIQUE adj.

MONOGATARI n.m. Genre littéraire japonais.

MONOGÈNE adj. *Math.* Qualifie un type de fonction.

MONOGÉNIQUE adj. (Maladie génétique) due à une anomalie d'un seul gène.

MONOGÉNISME n.m. Théorie d'après laquelle l'espèce humaine proviendrait d'un seul couple initial.

MONOGÉNISTE adj.

MONOGRADE adj. (Huile) ayant un seul degré de viscosité.

MONOGRAMME n.m. Chiffre composé d'une lettre initiale ou de plusieurs lettres entrelacées.

MONOGRAMMISTE n. Artiste dont on ne connaît pas le nom, mais seulement le monogramme.

MONOGRAPHIE n.f. Ouvrage constitué par l'étude détaillée d'un seul sujet.

MONOGRAPHIQUE adj.

MONOÏ [monoy] n.m. Huile parfumée, d'origine tahitienne.

MONOÏDE n.m. *Math.* Type d'ensemble.

MONOÏDÉIQUE adj. Relatif au monoïdéisme.

MONOÏDÉISME n.m. *Psych.* Concentration de l'esprit sur une idée fixe.

MONOÏQUE adj. (Plante) dont le même pied porte des fleurs mâles et des fleurs femelles.

MONOKINI n.m.

MONOLINGUE adj. et n.

MONOLINGUISME n.m.

MONOLITHE adj. et n.m. Formé d'un seul bloc de pierre.

MONOLITHIQUE adj.

MONOLITHISME n.m.

MONOLOGUE n.m.

MONOLOGUER v. **(p.p.inv.) 10.**

MONOLOGUEUR n.m.

MONOMANE adj. et n.

MONOMANIAQUE adj. et n.

MONOMANIE n.f. *Vx.* Délire partiel.

MONÔME n.m. *Math.* Expression algébrique à un seul terme. – Défilé d'étudiants.

MONOMÈRE adj. et n.m. *Chim.* (Corps) constitué de molécules simples.

MONOMÉTALLISME n.m. Système monétaire à un seul étalon (généralement l'or).

MONOMÉTALLISTE adj. et n.

MONOMÈTRE adj. *Poét.* Constitué de vers d'une seule espèce.

MONOMOTEUR, TRICE adj. et n.m.

MONONUCLÉAIRE adj. et n.m. (Globule blanc) à un seul noyau.

MONONUCLÉÉ, E adj. (Cellule) à un seul noyau.

MONONUCLÉOSE n.f. *Méd.* Augmentation anormale des mononucléaires dans le sang.

MONOPARENTAL, E, AUX adj. (Famille) où il n'y a qu'un seul parent.

MONOPARENTALITÉ n.f.

MONOPARTISME n.m. Système politique à parti unique.

MONOPHASÉ, E adj. et n.m.

MONOPHONIE n.f. Transmission d'un son par un seul canal.

MONOPHONIQUE adj.

MONOPHTONGUE n.f. *Phon.* Voyelle se prononçant d'une seule émission de voix.

MONOPHYLÉTIQUE adj. Se dit d'êtres vivants censés dériver d'un ancêtre commun.

MONOPHYSISME n.m. *Rel.* Doctrine qui ne reconnaît qu'une seule nature au Christ.

MONOPHYSITE adj. et n.

MONOPLACE adj. et n.m. ou f.

MONOPLAN n.m. et adj. Avion à un seul plan de sustentation.

MONOPLÉGIE n.f. Paralysie d'un seul membre.

MONOPOLE n.m.

MONOPOLEUR, EUSE n. et adj. Bénéficiaire d'un monopole.

MONOPOLISATEUR, TRICE n.

MONOPOLISATION n.f.

MONOPOLISER v. **10.**

MONOPOLISTE adj. et n. Qui détient un monopole.

MONOPOLISTIQUE adj.

MONOPOLY n.m. (Nom déposé) Jeu de société.

MONOPOSTE adj. (Ordinateur) à un seul écran.

MONOPRIX n.m. (Nom déposé).

MONOPROCESSEUR adj.m. et n.m. (Ordinateur) qui possède une seule unité de traitement.

MONOPSONE n.m. *Écon.* Marché où il n'y a qu'un acheteur face à un grand nombre de vendeurs.

MONOPTÈRE adj. et n.m. *Arch.* (Temple circulaire) à une seule rangée de colonnes.

MONORAIL adj. et n.m.

MONORCHIDE [k] adj. Qui n'a qu'un seul testicule.

MONORCHIDIE [k] n.f.

MONORÉACTEUR adj. et n.m.

MONORIME adj. et n.m.

MONOSACCHARIDE n.m. *Biochim.* Ose.

MONOSÉMIE n.f. Caractère d'un mot qui n'a qu'un seul sens.

MONOSÉMIQUE adj.

MONOSÉPALE adj. (Fleur) à sépales soudés.

MONOSKI n.m.

MONOSKIEUR, EUSE n.

MONOSOC adj. et n.m. (Charrue) à un seul soc.

MONOSPACE n.m. Véhicule monocorps spacieux.

MONOSPERME adj. *Bot.* Qui ne renferme qu'une seule graine.

MONOSPERMIE n.f. Pénétration d'un seul spermatozoïde dans l'ovule.

MONOSTABLE adj. et n.m. Qualifie certains montages électroniques.

MONOSTYLE adj. *Arch.* À une seule colonne.

MONOSUBSTITUÉ, E adj. *Chim.* Obtenu en remplaçant, dans une molécule, un atome par un autre.

MONOSULFITE n.m. Sulfite de sodium.

MONOSYLLABE adj. et n.m.

MONOSYLLABIQUE adj.

MONOSYLLABISME n.m.

MONOTÂCHE adj. (Ordinateur) qui ne peut effectuer qu'une tâche à la fois.

MONOTHÉIQUE adj.

MONOTHÉISME n.m. *Rel.* Doctrine qui n'admet qu'un seul Dieu.

MONOTHÉISTE adj. et n.

MONOTHÉLISME n.m. Hérésie qui n'admettait en Jésus-Christ que la seule volonté divine.

MONOTHÉRAPIE n.f. Thérapie ne recourant qu'à un seul médicament.

MONOTOCARDE n.m. Mollusque gastéropode, type cône.

MONOTONE adj.

MONOTONIE n.f.

MONOTRACE adj. (Train d'atterrissage) dont les roues sont situées dans l'axe du fuselage.

MONOTRÈME n.m. et adj. Mammifère ovipare terrestre ou aquatique.

MONOTROPE n.m. Plante parasite du pin.

MONOTYPE n.m. Procédé d'impression artistique. – Yacht de compétition d'un type donné.

MONOVALENT, E adj.

MONOXÈNE adj. et n.m. *Zool.* (Parasite) dont le développement entier se fait sur un seul hôte.

MONOXYDE n.m. Oxyde à un seul atome d'oxygène.

MONOXYLE adj. Fait d'une seule pièce de bois.

MONOZYGOTE adj. et n. *Biol.* Se dit de jumeaux issus du même œuf.

MONROVIEN, ENNE adj. De Monrovia (Liberia).

MONSEIGNEUR (pl. **MESSEIGNEURS** ou **NOSSEIGNEURS**) n.m.

MONSIEUR (pl. **MESSIEURS**) n.m.

MONSIGNOR (pl. **MONSIGNORI** ou **MONSIGNORS**) n.m. **(= monsignore)** Prélat de la cour papale.

MONSIGNORE [-é] (pl. **MONSIGNORI** ou **MONSIGNORES**) n.m. → **monsignor.**

MONSIGNORI **|** → **monsignor** et **monsignore.**

MONSTERA n.m. Plante grimpante d'appartement.

MONSTRANCE n.f. *Rel.* Pièce d'orfèvrerie qui servait à exposer l'hostie.

MONSTRATION n.f. Action de montrer.

MONSTRE adj. et n.m.

MONSTRESSE n.f. Féminin de *monstre*, employé par plaisanterie.

MONSTRILLIDÉ [l] n.m. Crustacé.

MONSTRUEUSEMENT adv.

MONSTRUEUX, EUSE adj.

MONSTRUOSITÉ n.f.

MONT n.m.

MONTABLE adj.

MONTAGE n.m.

MONTAGNAIS, E adj. D'un peuple amérindien.

MONTAGNARD, E adj. et n.

MONTAGNE n.f.

MONTAGNETTE n.f.

MONTAGNEUX, EUSE adj.

MONTAISON n.f. Migration et période de frai des saumons.

MONTALBANAIS, E adj. De Montauban.

MONTANISME n.m. *Rel.* Hérésie du IIe s.

MONTANISTE adj. et n.

MONTANT, E adj. et n.m.

MONTBÉLIARD, E n. et adj. Race de bovins.

MONTE n.f. Action de monter à cheval. – Accouplement des animaux d'élevage.

MONTÉ, E adj. et n.f.

MONTÉNÉGRIN, E adj. et n.m. Du Monténégro.

MONTER v. **10.**

MONTÉRÉGIEN, ENNE adj. De la Montérégie (Québec).

MONTEUR, EUSE n.

MONTÉVIDÉEN, ENNE adj. De Montevideo (Uruguay).

MONTGOLFIÈRE n.f. Aérostat.

MONTICOLE n.m. Passereau voisin du merle.

MONTICULE n.m.

MONTIEN, ENNE [-sy-in] n.m. et adj. *Géol., Vx.* Étage du paléocène.

MONTJOIE n.m. *Vx.* Monceau de pierres servant de jalon.

MONTLUÇONNAIS, E adj. De Montluçon.

MONTMARTROIS, E adj. De Montmartre (Paris).

MONTMORENCY n.f. Variété de cerise acide.

MONTMORILLONITE n.f. Silicate naturel d'aluminium.

MONTOIR n.m. Grosse pierre pour monter sur un cheval.

MONTOIS, E adj. De Mont-de-Marsan. – De Mons (Belgique).

MONTPELLIÉRAIN, E adj. De Montpellier.

MONTRABLE adj.

MONTRACHET [m-on-rachè] n.m. Vin blanc de Bourgogne.

MONTRE n.f.

MONTRÉALAIS, E adj. De Montréal (Québec).

MONTRER v. **10.**

MONTREUILLOIS, E adj. De Montreuil.

MONTREUR, EUSE n.

MONTREUSIEN, ENNE adj. De Montreux (Suisse).

MONTUEUX, EUSE adj. *Litt.* (Relief) accidenté.

MONTURE n.f.

MONUMENT n.m.

MONUMENTAL, E, AUX adj.

MONUMENTALITÉ n.f.

MOORÉ [moré] n.m. Langue nigéro-congolaise du Burkina.

MOQUER v. **10.**

MOQUERIE n.f.

MOQUETTE n.f.

MOQUETTER v. **10.**

MOQUETTISTE n. Poseur de moquette.

MOQUEUR, EUSE adj. et n.

MOQUEUSEMENT adv.

MOR n.m. Humus très acide.

MORACÉE n.f. Plante dicotylédone, type figuier.

MORAILLE n.f. Tenaille de maréchal-ferrant.

MORAILLER v. **10.** Pincer avec des morailles.

MORAILLON n.m. Pièce métallique de la charnière d'un coffre.

MORAINE n.f. Débris de roche entraînés puis déposés par un glacier.

MORAINIQUE adj.

MORAL, E, AUX adj., n.m. et n.f.

MORALEMENT adv.

MORALISANT, E adj.

MORALISATEUR, TRICE adj. et n.

MORALISATION n.f.

MORALISER v. **10.**

MORALISEUR, EUSE n.

MORALISME n.m. Tendance à tout ramener à une morale étroite.

MORALISTE adj. et n.

MORALITÉ n.f.

MORASSE n.f. Dernière épreuve d'un journal avant l'impression.

MORATOIRE adj. et n.m. *Dr.* (Décision) qui accorde un délai.

MORATORIUM n.m. → **moratoire.**

MORAVE adj. De Moravie (République tchèque).

MORBAQUE n.m. *Fam.* Morpion.

MORBIDE adj. Relatif à la maladie. – Malsain.

MORBIDESSE n.f. *Bx-arts.* Délicatesse dans le modelé des chairs.

MORBIDITÉ n.f.

MORBIER n.m. Fromage du Jura. – *Helv.* Horloge à poids.

MORBIHANNAIS, E adj. Du Morbihan.

MORBILLEUX, EUSE adj. Relatif à la rougeole.

MORBLEU interj. *Vx.* Juron marquant la colère.

MORBUS n.m. *Choléra morbus :* gastroentérite.

MORCE n.f. *Helv.* Bouchée.

MORCEAU, X n.m.

MORCELABLE adj.

MORCELER v. **22** (je morcelle...).

MORCELLEMENT n.m.

MORDACHE n.f. Plaque malléable placée entre les mâchoires d'un étau pour serrer un objet sans l'endommager.

MORDACITÉ n.f. *Litt.* Caractère de ce qui est mordant.

MORDANÇAGE n.m.

MORDANCER v. **13.** Imprégner (un tissu) d'un mordant pour le teindre.

MORDANT, E 1. adj. 2. n.m. Substance qui rend une étoffe propre à la teinture.

MORDÉE n.f. *Québ.* Bouchée, morsure.

MORDELLE n.f. Petit coléoptère vivant sur les fleurs.

MORDEUR, EUSE adj. (Poisson) prêt à mordre.

MORDICANT, E adj. Âcre, caustique.

MORDICUS adv. Obstinément.

MORDIENNE interj. Morbleu !

MORDIEU interj. → **morbleu.**

MORDILLAGE n.m.

MORDILLEMENT n.m.

MORDILLER v. **10.**

MORDORER v. **10.** Teinter de brun avec des reflets dorés.

MORDORURE n.f.

MORDRE v. **90.**

MORDU, E adj. et n.

MORDVE adj. De Mordovie (Russie).

MORE adj. → **maure.**

MOREAU, MORELLE, MOREAUX adj. et n. (Cheval) d'un noir luisant.

MORELLE 1. n.f. Plante dicotylédone, type tomate, pomme de terre. 2. adj. et n. → **moreau.**

MORÈNE n.f. Plante aquatique.

MORESQUE adj. → **mauresque.**

MORFAL, E, ALS adj. et n. *Fam.* Qui a un énorme appétit.

MORFALER v. **10.** Manger gloutonnement.

MORFIL n.m. Barbe de métal restant sur le tranchant d'une lame affûtée.

MORFILAGE n.m.

MORFILER v. **10.** → **émorfiler.**

MORFLER v. **10.** *Fam.* Encaisser (un coup).

MORFONDRE (SE) v. **90.**

MORGANATIQUE adj. (Mariage) contracté entre un prince et une femme de rang inférieur.

MORGANITE n.f. Pierre fine de couleur rose.

MORGELINE n.f. Mouron des oiseaux.

MORGON n.m. Vin du Beaujolais.

MORGUE n.f.

MORGUENNE interj. → **mordienne.**

MORGUER v. **10.** *Litt.* Traiter avec arrogance.

MORGUIENNE interj. → **mordienne.**

MORIBOND, E adj. et n.

MORICAUD, E adj. et n. *Fam.* Qui a le teint très foncé.

MORIGÉNER v. **12.** Réprimander.

MORILLE n.f. Champignon comestible.

MORILLON n.m. Canard sauvage d'Europe.

MORINGA n.m. Arbre tropical.

MORIO n.m. Papillon brun et jaune.

MORION n.m. Casque utilisé aux XVIe et XVIIe s.

MORISQUE n. et adj. Musulman d'Espagne converti de force au catholicisme (XVIe s.).

MORMON, E n. et adj. Membre d'une secte religieuse fondée au XIXe s. aux États-Unis.

MORMONISME n.m.

MORNA n.f. Musique mélancolique du Cap-Vert.

MORNAY n.f. Sauce béchamel au gruyère.

MORNE adj.

MORNÉ, E adj. *Hér.* (Animal) représenté sans langue, dents, ongles ou bec.

MORNIFLE n.f. *Fam.* Gifle.

MORONAIS, E adj. De Moroni (Comores).

MOROSE adj.

MOROSITÉ n.f.

MORPHÉMATIQUE adj. Relatif au morphème.

MORPHÈME n.m. *Ling.* Unité minimale de signification.

MORPHINE n.f.

MORPHING n.m. *Cin.* Transformation électronique d'une image.

MORPHINIQUE adj.

MORPHINISME n.m. Intoxication chronique par la morphine.

MORPHINOMANE adj. et n.

MORPHINOMANIE n.f.

MORPHISME n.m. *Math.* Correspondance de structures.

MORPHO n.m. Beau papillon d'Amérique tropicale.

MORPHOGÈNE adj. *Physiol.* Qui intervient dans la croissance.

MORPHOGENÈSE n.f.

MORPHOLOGIE n.f. *Biol.* Étude de la forme extérieure des êtres. – *Ling.* Étude de la forme des mots.

MORPHOLOGIQUE adj.

MORPHOMÉTRIE n.f. Mesure de la forme d'un être vivant.

MORPHOMÉTRIQUE adj.

MORPHOSYNTAXE n.f. *Ling.* Étude des formes associées à la syntaxe.

MORPHOTYPE n.m. Aspect général du corps.

MORPION n.m.

MORS n.m.

MORSE n.m.

MORSURE n.f.

MORT, MORTE adj. et n.

MORT n.f.

MORTADELLE n.f. Gros saucisson d'origine italienne.

MORTAISAGE n.m.

MORTAISE n.f. Entaille faite dans une pièce de bois, qui reçoit le tenon d'une autre pièce.

MORTAISER v. **10.**

MORTAISEUR, EUSE n.

MORTALITÉ n.f.

MORTEAU, X n.m. Saucisse fumée.

MORTEL, ELLE adj. et n.

MORTELLEMENT adv.

MORTIER n.m.

MORTIFÈRE adj. *Fam.* Mortel. – Ennuyeux.

MORTIFIANT, E adj.

MORTIFICATION n.f.

MORTIFIER v. **15.** *Rel.* Faire souffrir dans un esprit de pénitence. – Humilier.

MORTINATALITÉ n.f. Proportion des enfants mort-nés par rapport au nombre des naissances.

MORTUAIRE adj. et n.f.

MORUE n.f.

MORULA n.f. *Biol.* Stade embryonnaire des vertébrés.

MORUTIER, ÈRE 1. adj. Relatif à la morue. 2. n.m. Bateau ou personne pêchant la morue.

MORVANDEAU, MORVANDELLE, MORVANDEAUX adj. Du Morvan.

MORVANDELLE → **morvandeau** et **morvandiau.**

MORVANDIAU, MORVANDELLE, MORVANDIAUX adj. → **morvandeau.**

MORVANDIOT, E adj. → **morvandeau.**

MORVE n.f. *Vét.* Maladie infectieuse des équidés. – Sécrétion qui s'écoule des narines.

MORVEUX, EUSE adj. et n.

MOS [môs] n.m. Composant de circuit intégré.

MOSAÏCULTURE n.f. Culture où des plantes de diverses couleurs produisent un effet de mosaïque.

MOSAÏQUE 1. adj. Relatif à Moïse. 2. n.f.

MOSAÏQUER v. **10.** Rendre méconnaissable (une zone d'image télévisée).

MOSAÏSME n.m. Ensemble des prescriptions religieuses reçues de Moïse.

MOSAÏSTE n. Personne qui fait des mosaïques.

MOSAN, E adj. De la Meuse.

MOSCOUTAIRE adj. et n. *Péj.* (Communiste) accusé de recevoir des mots d'ordre de Moscou.

MOSCOVITE adj. De Moscou (Russie).

MOSELLAN, E adj. De la Moselle.

MOSELLE n.m. Vin de la vallée de la Moselle.

MOSETTE n.f. **(= mozette)** Pèlerine de certains ecclésiastiques.

MOSHAV n.m. En Israël, communauté agricole.

MOSQUÉE n.f.

MOSQUITO adj. D'un peuple amérindien.

MOSSI, E adj. D'un peuple du Burkina.

MOSTELLE n.f. **(= motelle)** Loche de mer.

MOT n.m.

MOTACILLIDÉ n.m. Passereau, type bergeronnette.

MOTARD, E n.

MOTEL n.m.

MOTELLE n.f. → **mostelle.**

MOTET n.m. Pièce de musique vocale religieuse.

MOTEUR, TRICE adj., n.m. et n.f.

MOTIF n.m.

MOTILE adj. Qui peut se mouvoir.

MOTILITÉ n.f.

MOTION n.f.

MOTIONNER v. **(p.p.inv.) 10.** *Vx.* Déposer une motion.

MOTIVANT, E adj.

MOTIVATION n.f.

MOTIVATIONNEL, ELLE adj.

MOTIVER v. **10.**

MOTO n.f.

MOTOBALL [-bôl] n.m. Football qui se joue à moto.

MOTOBINEUSE n.f. Machine à biner.

MOTOCISTE n. Vendeur et réparateur de motocycles.

MOTOCROSS n.m.

MOTOCROTTE n.f. *Fam.* Moto équipée pour le ramassage des excréments canins.

MOTOCULTEUR n.m.

MOTOCULTURE n.f. Utilisation d'engins motorisés pour l'agriculture.

MOTOCYCLE n.m.

MOTOCYCLETTE n.f.

MOTOCYCLISME n.m.

MOTOCYCLISTE adj. et n.

MOTOFAUCHEUSE n.f.

MOTOGODILLE n.f. *Mar.* Moteur amovible qui se place à l'arrière d'une embarcation.

MOTOMARINE n.f. *Québ.* Scooter des mers.

MOTONAUTIQUE adj.

MOTONAUTISME n.m. Navigation sur des embarcations à moteur.

MOTONEIGE n.f. *Québ.* Petit véhicule à chenilles ayant des skis à l'avant.

MOTONEIGISME n.m.

MOTONEIGISTE n.

MOTONEURONE n.m. Neurone qui innerve une fibre musculaire.

MOTOPAVER [-eur] n.m. **(= motopaveur)** Engin de travaux publics utilisé dans le bitumage des chaussées.

MOTOPAVEUR n.m. → **motopaver.**

MOTOPOMPE n.f.

MOTOPROPULSEUR adj.m.

MOTORGRADER [-eur] n.m. Appareil de terrassement qui décape le sol.

MOTORHOME n.m. Autocaravane.

MOTORISATION n.f.

MOTORISER v. **10.**

MOTORISTE n. Spécialiste de la réparation des moteurs et des automobiles.

MOTORSHIP n.m. Navire de commerce à moteur Diesel.

MOTOSKI n.f. → **motoneige.**

MOTOTAXI n.f. Moto faisant office de taxi.

MOTOTRACTEUR n.m.

MOTRICE n.f.

MOTRICITÉ n.f. Ensemble des fonctions permettant les mouvements du corps.

MOTTE n.f.

MOTTER (SE) v. **10.** Se cacher derrière les mottes, en parlant d'un animal.

MOTTEUX n.m. Passereau.

MOTTON n.m. *Québ.* Grumeau.

MOTUS interj. Silence !

MOU ou **MOL |, MOLLE** adj., n.m. et adv.

MOUAIS interj. *Fam.* Oui dubitatif.

MOUCHAGE n.m.

MOUCHARABIÉ n.m. → **moucharabieh.**

MOUCHARABIEH [-byé] n.m. Balcon grillagé en bois, dans les pays musulmans.

MOUCHARD, E n.

MOUCHARDAGE n.m.

MOUCHARDER v. **10.**

MOUCHE n.f.

MOUCHER v. **10.**

MOUCHEROLLE n.f. Gobemouche d'Amérique.

MOUCHERON n.m.

MOUCHERONNER v. **(p.p.inv.) 10.** Saisir des moucherons à la surface de l'eau, en parlant des poissons.

MOUCHET n.m. Petit passereau.

MOUCHETER v. **20** (je mouchette...) Parsemer de petites taches. – Émousser (la pointe d'un fleuret).

MOUCHETIS n.m. Crépi à l'aspect granuleux.

MOUCHETTE n.f. Rabot de menuisier servant à faire les moulures.

MOUCHETURE n.f. Tache naturelle sur la peau ou le plumage de certains animaux.

MOUCHEUR, EUSE n. Adepte de la pêche à la mouche.

MOUCHOIR n.m.

MOUCHURE n.f. Mucosité du nez.

MOUCLADE n.f. Préparation de moules à la crème.

MOUDJAHID (pl. **MOUDJAHIDDIN**, **MOUDJAHIDIN**, **MOUDJAHIDINE** ou **MOUDJAHIDS**) n.m. Combattant d'un groupe de libération islamique.

MOUDJAHIDDIN | [-din] → **moudjahid.**

MOUDJAHIDIN | [-din] → **moudjahid.**

MOUDJAHIDINE | → **moudjahid.**

MOUDRE v. **98.**

MOUE n.f.

MOUETTE n.f.

MOUFETER [moufté] v. **(p.p.inv.) 10** (je moufete...) **(= moufter)** *Fam.* Protester.

MOUFETTE n.f. **(= mouffette)** Petit mammifère carnassier d'Amérique.

MOUFFETTE n.f. → **moufette.**

MOUFLAGE n.m.

MOUFLE 1. n.m. Partie réfractaire d'un four. 2. n.f.

MOUFLER v. **10.** Maintenir parallèles (deux murs) au moyen de barres métalliques.

MOUFLET, ETTE n. *Fam.* Enfant.

MOUFLON n.m. Mammifère ruminant des montagnes.

MOUFTER v. **(p.p.inv.) 10.** → **moufeter.**

MOUILLABILITÉ n.f.

MOUILLABLE adj.

MOUILLADE n.f. Mouillage des feuilles de tabac pour les assouplir.

MOUILLAGE n.m.

MOUILLANCE n.f. Propriété d'un mouillant.

MOUILLANT, E adj. et n.m. (Produit) permettant à un liquide d'imprégner ou de s'étaler plus facilement.

MOUILLASSER v. déf. (**mouillassa, mouillassait, mouillassât, mouillasse, mouillassé, mouillassera, mouillasserait**) *Fam.* Bruiner.

MOUILLEMENT n.m.

MOUILLER v. **10.**

MOUILLÈRE n.f. Partie de champ habituellement humide.

MOUILLETTE n.f.

MOUILLEUR, EUSE 1. n.m. *Mar.* Appareil qui permet le mouillage d'une ancre. 2. adj.f. *Anc.* (Boîte) remplie d'eau pour ramollir des fils de pêche.

MOUILLOIR n.m. Récipient servant à humecter.

MOUILLON n.m. *Helv.* Eau répandue, humidité.

MOUILLURE n.f. Action de mouiller.

MOUISE n.f. *Fam.* Misère.

MOUJIK n.m. Paysan russe.

MOUJINGUE n. *Fam.* Enfant.

MOUKÈRE n.f. (**= mouquère**) *Arg.* Femme.

MOULABLE adj.

MOULAGE n.m.

MOULANT, E adj.

MOULE n.m. et n.f.

MOULER v. **10.**

MOULEUR, EUSE n. Ouvrier qui fait des moulages.

MOULIÈRE n.f. Lieu d'élevage des moules.

MOULIN n.m.

MOULINAGE n.m.

MOULINER v. **10.** Tordre ensemble (des fils textiles). – Broyer à l'aide d'un moulin.

MOULINET n.m.

MOULINETTE n.f. (Nom déposé).

MOULINEUR, EUSE n. Ouvrier travaillant au moulinage du textile.

MOULINIER, ÈRE n. → **moulineur.**

MOULINOIS, E adj. De Moulins.

MOULISTE n.m. *Techn.* Fabricant de moules.

MOULOUD n.m. (**= Mulud**) Fête anniversaire de la naissance de Mahomet, chez les musulmans.

MOULT | adj. (**= moultes**) *Vx.* Beaucoup.

MOULTES adj.f.pl. → **moult.**

MOULU, E adj.

MOULÛMES → **moudre 98.**

MOULURAGE n.m.

MOULURATION n.f. Ensemble des moulures d'un ouvrage.

MOULURE n.f.

MOULURER v. **10.**

MOULURIER, ÈRE n. Ouvrier qui réalise des moulures.

MOULUSSE..., MOULUT... → **moudre 98.**

MOUMOUTE n.f. *Fam.* Perruque.

MOUND [m(a)ound] n.m. *Archéol.* Grand tumulus précolombien.

MOUNDA n.m. (**= munda**) Langue du centre de l'Inde.

MOUQUÈRE n.f. → **moukère.**

MOURANT, E adj. et n.

MOURIDE adj. et n. Du mouridisme.

MOURIDISME n.m. *Afr.* Doctrine d'une confrérie musulmane.

MOURIR v. **62.**

MOUROIR n.m. *Péj.* Hospice de vieillards.

MOURON n.m. Plante herbacée. – *Fam.* Souci.

MOURRE n.f. Ancien jeu de hasard se jouant avec les doigts.

MOURVÈDRE n.m. Cépage rouge du Midi.

MOUSCAILLE | n.f. *Arg. Être dans la mouscaille :* être dans la misère.

MOUSCRONNOIS, E [moukro-] adj. De Mouscron (Belgique).

MOUSMÉ n.f. Jeune fille, au Japon.

MOUSQUET n.m. Ancienne arme à feu.

MOUSQUETADE n.f. *Vx.* Décharge de mousquets.

MOUSQUETAIRE n.m. *Hist.* Cavalier de la maison du roi de France (XVIIe s.).

MOUSQUETERIE n.f. → **mousquetade.**

MOUSQUETON n.m. Ancien fusil court et gros. – Crochet fermé par un ressort.

MOUSSAGE n.m. Traitement du latex pour le rendre spongieux.

MOUSSAILLON n.m. *Fam.* Petit mousse.

MOUSSAKA n.f. Préparation culinaire à base d'aubergines et de viande.

MOUSSANT, E adj.

MOUSSE adj., n.m. et n.f.

MOUSSEAU, X adj.m. (**= moussot**) *Vx.* (Pain) de gruau.

MOUSSELINE 1. n.f. Étoffe fine et transparente. 2. adj.

MOUSSER v. **10.** Produire de la mousse. – *Québ.* Promouvoir.

MOUSSERON n.m. Petit champignon comestible.

MOUSSEUX, EUSE adj. et n.m.

MOUSSOIR n.m. Petit ustensile de cuisine servant à faire mousser.

MOUSSON n.f.

MOUSSOT adj.m. → **mousseau.**

MOUSSU, E adj.

MOUSTAC n.m. Singe d'Afrique.

MOUSTACHE n.f.

MOUSTACHU, E adj. et n.m.

MOUSTÉRIEN, ENNE adj. et n.m. Se dit d'un stade du paléolithique moyen.

MOUSTIER n.m. **(= moutier)** *Vx.* Monastère.

MOUSTIQUAIRE n.f.

MOUSTIQUE n.m.

MOÛT n.m. Jus de raisin non fermenté.

MOUTARD n.m. *Fam.* Petit garçon.

MOUTARDE adj. et n.f.

MOUTARDELLE n.f. Plante utilisée comme assaisonnement.

MOUTARDER v. **10.** Assaisonner de moutarde.

MOUTARDIER n.m. Fabricant de moutarde. – Petit récipient dans lequel on sert la moutarde.

MOUTIER n.m. → **moustier.**

MOUTON, ONNE adj. et n.m.

MOUTONNAGE n.m.

MOUTONNANT, E adj.

MOUTONNÉ, E adj.

MOUTONNEMENT n.m.

MOUTONNER v. **10.**

MOUTONNERIE n.f. Caractère moutonnier.

MOUTONNEUX, EUSE adj.

MOUTONNIER, ÈRE adj. Qui imite sans discernement.

MOUTURE n.f.

MOUVAISON n.f. Premier binage donné à la vigne.

MOUVANCE n.f. Sphère d'influence.

MOUVANT, E adj.

MOUVEMENT n.m.

MOUVEMENTÉ, E adj.

MOUVEMENTER v. **10.** Modifier (un compte bancaire) en changeant son montant.

MOUVETTE n.f. *Vx.* Cuillère en bois.

MOUVOIR v. **77.**

MOVIOLA n.f. *Cin.* Visionneuse utilisée pour le montage.

MOX n.m. Combustible nucléaire.

MOXA n.m. *Méd.* Procédé de cautérisation d'origine chinoise.

MOXIBUSTION n.f. *Méd.* Traitement par moxa.

MOYE [mwa] n.f. → **moie.**

MOYÉ, E [mwayé] adj. Qui présente des moies.

MOYEN, ENNE adj., n.m. et n.f.

MOYENÂGEUX, EUSE adj.

MOYENNANT prép.

MOYENNEMENT adv.

MOYENNER v. **10.** *Vx.* Procurer en servant d'intermédiaire.

MOYER v. **27.** Scier (une pierre de taille) en deux parties égales.

MOYETTE [mwayèt] n.f. *Agr.* Petite meule de blé.

MOYEU, X n.m.

MOZABITE adj. **(= mzabite)** Du Mzab (Sahara septentrional).

MOZAMBICAIN, E adj. Du Mozambique (Afrique australe).

MOZARABE 1. adj. et n. *Hist.* (Chrétien d'Espagne) sous la domination musulmane. 2. adj. Se dit de l'art chrétien espagnol influencé par l'islam (Xe et XIe s.).

MOZARTIEN, ENNE [-sy-in] adj. et n.

MOZETTE n.f. → **mosette.**

MOZZARELLA [dza] n.f. Fromage italien.

MOZZARELLE [dza] n.f. → **mozzarella.**

MU n.m. *Phys.* Muon (particule). – Lettre grecque.

MUANCE n.f. Changement de la voix quand elle mue.

MUCHER v. **10 (= musser)** *Vx.* Cacher.

MUCILAGE n.m. Substance végétale spongieuse.

MUCILAGINEUX, EUSE adj.

MUCINE n.f. Constituant du mucus.

MUCITE n.f. Inflammation d'une muqueuse.

MUCOLYTIQUE adj. et n.m. *Pharm.* Qui dissout les mucosités.

MUCOR n.m. Moisissure blanche.

MUCORACÉE n.f. Champignon, type mucor.

MUCORALE n.f. Champignon agent de moisissures.

MUCORINÉE n.f. *Vx.* → **mucoracée.**

MUCOSITÉ n.f. Sécrétion des muqueuses.

MUCOVISCIDOSE n.f. *Méd.* Sécrétion anormale des muqueuses.

MUCRON n.m. *Bot.* Petite pointe.

MUCRONÉ, E adj. *Bot.* Pourvu d'un mucron.

MUCUS n.m. Sécrétion visqueuse provenant des muqueuses.

MUDÉJAR, E 1. adj. et n. Musulman d'Espagne. 2. adj. Se dit de l'art chrétien espagnol influencé par l'islam (du XIIe au XVIe s.).

MUDRA [ou] n.f. Geste rituel des mains dans les danses de l'Inde.

MUE n.f.

MUER v. **10.**

MUESLI [mwèsli] ou [musli] n.m. **(= musli)** Mélange de céréales et de fruits.

MUET, ETTE adj. et n.

MUEZZIN [mwédzin] n.m. Fonctionnaire musulman qui appelle à la prière du haut du minaret d'une mosquée.

MUFFIN [meufin] n.m. Pâtisserie anglaise.

MUFLE adj. et n.m.

MUFLERIE n.f.

MUFLIER n.m. Plante d'ornement.

MUFTI n.m. (= **muphti**) Interprète de la loi musulmane.

MUG [meug] n.m. Grosse tasse décorée, à anse.

MUGE n.m. Poisson de mer.

MUGILIDÉ n.m. Poisson, type mulet.

MUGIR v. **40.** Crier en émettant un bruit sourd et prolongé.

MUGISSANT, E adj.

MUGISSEMENT n.m.

MUGUET n.m.

MUGUETER v. **20** (je muguette...) *Vx.* Courtiser.

MUID [mwi] n.m. Ancienne unité de mesure de capacité.

MULARD, E n. et adj. Variété de canard.

MULASSE n.f. Jeune mule.

MULASSERIE n.f. Élevage de mules.

MULASSIER, ÈRE adj. Relatif au mulet.

MULÂTRE adj. et n. Né d'un Noir et d'une Blanche, ou d'une Noire et d'un Blanc.

MULÂTRESSE n.f. *Vx.* Femme mulâtre.

MULCH [meultch] n.m. Couche de fumier, de compost, destinée à protéger les plantations.

MULCHING [meultching] n.m. Épandage de mulch.

MULE n.f.

MULET n.m.

MULETA [moulèta] n.f. *Taur.* Morceau d'étoffe rouge avec lequel le matador provoque le taureau.

MULETIER, ÈRE adj. et n.

MULETTE n.f. Moule de rivière.

MULHOUSIEN, ENNE adj. De Mulhouse.

MULL [mul] n.m. Type d'humus non acide.

MULLA [moula] n.m. → **mollah.**

MULLAH [moula] n.m. → **mollah.**

MULLIDÉ n.m. Poisson, type rouget.

MULON n.m. Tas de sel extrait d'un marais salant.

MULOT n.m. Petit rongeur des champs.

MULSION n.f. Action de traire.

MULTIBRAS adj. (Suspension) à plusieurs bras.

MULTIBRIN adj. *Électron.* Composé de plusieurs brins.

MULTIBROCHE adj.

MULTICÂBLE adj. et n.m.

MULTICARTE adj. (Voyageur de commerce) qui représente plusieurs maisons.

MULTICAULE adj. *Bot.* Qui a de nombreuses tiges.

MULTICELLULAIRE adj.

MULTICOLORE adj.

MULTICONDUCTEUR, TRICE adj. *Électron.* Constitué de plusieurs conducteurs.

MULTICOQUE adj. et n.m.

MULTICOUCHE adj.

MULTICRITÈRE adj.

MULTICULTUREL, ELLE adj.

MULTIDIFFUSÉ, E adj.

MULTIDIFFUSION n.f. Diffusion par plusieurs réseaux.

MULTIETHNIQUE adj.

MULTIFACTORIEL, ELLE adj.

MULTIFENÊTRE adj. *Inf.* (Logiciel) permettant l'utilisation simultanée de plusieurs fenêtres sur un écran.

MULTIFILAIRE adj. Constitué de plusieurs fils.

MULTIFLORE adj.

MULTIFONCTION adj.

MULTIFORME adj.

MULTIGÉNIQUE adj.

MULTIGESTE adj. et n.f. (Femme) ayant déjà eu une ou plusieurs grossesses.

MULTIGRADE adj. (Huile de graissage) utilisée en toute saison.

MULTIJOUEUR adj. Qui permet de jouer en réseau.

MULTILATÉRAL, E, AUX adj.

MULTILINÉAIRE adj. *Math.* Se dit d'un type de fonction.

MULTILINÉARITÉ n.f.

MULTILINGUE adj.

MULTILINGUISME n.m.

MULTILOBÉ, E adj.

MULTILOCULAIRE adj. *Bot.* Divisé en plusieurs loges.

MULTIMÉDIA adj. et n.m.

MULTIMÈTRE n.m. *Électr.* Ensemble regroupant différents appareils de mesure.

MULTIMODAL, E, AUX adj. Relatif à plusieurs modes de transport.

MULTIMODALITÉ n.f.

MULTIMODE adj. (Ordinateur) qui travaille à différentes vitesses de transfert.

MULTINATIONAL, E, AUX adj. et n.f.

MULTINÉVRITE n.f. Névrite touchant plusieurs troncs nerveux.

MULTINOMIAL, E, AUX adj. *Math.* Se dit d'une loi de statistique.

MULTINORME adj. (Récepteur de télévision) qui reçoit des émissions de normes différentes.

MULTIPARE adj. et n.f. Qui a plusieurs petits à la fois. – Qui a plusieurs enfants.

MULTIPARITÉ n.f.

MULTIPARTISME n.m. Système politique où plusieurs partis coexistent.

MULTIPARTITE adj.

MULTIPLE adj. et n.m.

MULTIPLET n.m. *Phys.* Ensemble de niveaux d'énergie voisins.

MULTIPLEX adj. et n.m. (Dispositif) qui permet la transmission de plusieurs communications sur une seule voie.

MULTIPLEXAGE n.m.

MULTIPLEXE n.m. Cinéma à salles multiples.

MULTIPLEXER v. **10.** Transmettre en multiplex.

MULTIPLEXEUR n.m.

MULTIPLIABLE adj.

MULTIPLICANDE n.m. Nombre qui est multiplié par un autre.

MULTIPLICATEUR, TRICE adj. et n.m.

MULTIPLICATIF, IVE adj. Qui multiplie.

MULTIPLICATION n.f.

MULTIPLICITÉ n.f.

MULTIPLIER v. **15.**

MULTIPLIEUR n.m. Organe de calculateur effectuant le produit de deux nombres.

MULTIPOINT adj. (Serrure) à plusieurs pênes.

MULTIPOLAIRE adj.

MULTIPOLARITÉ n.f.

MULTIPOSTE adj. et n.m. (Ordinateur) connecté à plusieurs postes de travail.

MULTIPRISE n.f. Prise électrique multiple.

MULTIPROCESSEUR adj.m. et n.m. (Ordinateur) qui possède plusieurs unités de traitement.

MULTIPROGRAMMÉ, E adj. → **multitâche.**

MULTIPROPRIÉTÉ n.f. Régime de copropriété à temps partiel.

MULTIRACIAL, E, AUX adj.

MULTIRÉSISTANCE n.f.

MULTIRÉSISTANT, E adj. (Bactérie) qui résiste aux antibiotiques habituels.

MULTIRISQUE adj.

MULTISALLE adj.

MULTISERVICE adj.

MULTISOC adj. et n.m. (Charrue) à plusieurs socs.

MULTISOUPAPES adj.

MULTISPORT adj. Qui concerne plusieurs sports.

MULTISTADES adj. *Chim.* Se dit d'un type de synthèse.

MULTISTANDARD adj. et n.m. → **multinorme.**

MULTISUPPORT adj. et n.m. (Contrat d'assurance-vie) dont un des supports est constitué de valeurs boursières.

MULTITÂCHE adj. (Ordinateur) permettant le multitraitement.

MULTITRAITEMENT n.m. *Inf.* Exécution simultanée de plusieurs tâches par plusieurs processeurs d'un même ordinateur.

MULTITUBE adj.

MULTITUBULAIRE adj. (Chaudière) constituée de nombreux tubes.

MULTITUDE n.f.

MULTIUSAGE adj.

MULTIVARIÉ, E adj. *Stat.* Se dit d'un type d'analyse.

MULTIVIBRATEUR n.m. Circuit électronique à deux états stables et pouvant basculer de l'un à l'autre.

MULTIVOIE adj. et n.m. → **multiplex.**

MULUD [mouloud] n.m. → **Mouloud.**

MÛMES → **mouvoir 77.**

MUMUSE ❙ n.f. *Faire mumuse :* s'amuser.

MUNDA [ou] n.m. → **mounda.**

MUNGO [moungô] n.m. Petit haricot qui se consomme surtout à l'état de germes (appelés *germes de soja).*

MUNICHOIS, E [k] adj. De Munich (Allemagne).

MUNICIPAL, E, AUX adj. et n.f.pl.

MUNICIPALISER v. **10.**

MUNICIPALISME n.m. Système de gouvernement fondé sur l'administration municipale.

MUNICIPALITÉ n.f.

MUNICIPE n.m. *Antiq. rom.* Ville annexée par Rome, mais indépendante administrativement.

MUNIFICENCE n.f.

MUNIFICENT, E adj. *Litt.* Très généreux.

MUNIR v. **40.**

MUNITION n.f.

MUNITIONNAIRE n.m. *Hist.* Fournisseur de vivres et de munitions aux armées.

MUNITIONNER v. **10.** *Vx.* Approvisionner en munitions.

MUNSTER n.m. Fromage fermenté à pâte molle.

MUNTJAC [m-un-tjak] n.m. Petit cerf du Sud-Est asiatique.

MUON n.m. *Phys.* Particule.

MUONIQUE adj. Relatif au muon.

MUPHTI n.m. → **mufti.**

MUQARNAS [moukarna] n.m.pl. Niches de l'architecture islamique.

MUQUEUX, EUSE 1. adj. Relatif aux mucosités. 2. n.f. *Anat.* Membrane.

MUR n.m.

MÛR, MÛRE adj.

MURAGE n.m. Action de murer.

MÛRAIE n.f. Plantation de mûriers.

MURAILLE n.f.

MURAILLEMENT n.m.

MURAILLER v. **10.** Soutenir par un mur.

MURAL, E, AUX adj.

MURAL, S n.m. Peinture murale.

MURALISME n.m. Mouvement artistique mexicain caractérisé par de grandes peintures murales.

MURALISTE n.

MÛRE n.f.

MÛREMENT adv.

MURÈNE n.f. Poisson méditerranéen très vorace.

MURÉNIDÉ n.m. Poisson cylindrique, type murène.

MURER v. **10.**

MÛRERAIE n.f. → **mûraie.**

MURET, ETTE n. Petit mur.

MURETIN n.m. → **muret.**

MUREX n.m. Mollusque gastéropode de la Méditerranée.

MURGER (SE) v. **17.** *Fam.* Se saouler.

MURGER [murjé] n.m. Tas de pierres extraites des champs.

MURIATE n.m. *Chim.* Ancien nom des chlorures.

MURIATIQUE adj. (Acide) chlorhydrique.

MURIDÉ n.m. Petit mammifère rongeur, type rat.

MÛRIER n.m.

MURIN, E adj. Relatif au rat, au mulot.

MÛRIR v. **40.** Devenir ou rendre mûr.

MÛRISSAGE n.m.

MÛRISSANT, E adj.

MÛRISSEMENT n.m.

MÛRISSERIE n.f. Lieu où l'on fait mûrir des fruits.

MURMEL n.m. Marmotte dont la fourrure est utilisée en pelleterie.

MURMURANT, E adj.

MURMURE n.m.

MURMURER v. **10.**

MÛRON n.m. Mûre, fruit de la ronce.

MURRHE n.f. *Antiq.* Matière irisée précieuse.

MURRHIN, E adj. *Antiq.* (Vase) fait de murrhe.

MUSACÉE n.f. Plante monocotylédone, type bananier.

MUSAGÈTE adj.m. *Antiq. Apollon musagète :* conducteur des Muses.

MUSARAIGNE n.f. Petit mammifère vorace.

MUSARD, E adj. et n. Qui passe son temps à muser.

MUSARDER v. **(p.p.inv.) 10.**

MUSARDERIE n.f.

MUSARDEUR, EUSE adj.

MUSARDISE n.f.

MUSC n.m. Substance odorante extraite des glandes de certains cervidés.

MUSCADE n.f. et adj. Fruit du muscadier, utilisé comme épice.

MUSCADELLE n.f. Poire d'hiver à goût musqué.

MUSCADET n.m. Vin blanc sec de la région de Nantes.

MUSCADIER n.m. Arbrisseau des régions tropicales.

MUSCADIN n.m. Sous le Directoire, jeune royaliste élégant.

MUSCADINE n.f. Chocolat fourré.

MUSCARDIN n.m. Sorte de petit loir.

MUSCARDINE n.f. Maladie cryptogamique des vers à soie.

MUSCARI n.m. Petite jacinthe.

MUSCARINE n.f. Alcaloïde toxique de certains champignons.

MUSCARINIQUE adj.

MUSCAT, E adj. et n.m. (Raisin) à saveur musquée.

MUSCHELKALK [mouchèlkalk] n.m. *Géol., Vx.* Trias moyen.

MUSCICAPIDÉ n.m. Passereau, type gobemouche.

MUSCICOLE adj. *Zool.* Qui vit dans les mousses.

MUSCIDÉ n.m. Insecte, type mouche.

MUSCINAL, E, AUX adj. Relatif aux mousses.

MUSCINÉE n.f. Végétal, type mousse.

MUSCLE n.m.

MUSCLER v. **10.**

MUSCOVITE n.f. Mica blanc.

MUSCU n.f. *Fam.* Musculation.

MUSCULAIRE adj.

MUSCULATION n.f.

MUSCULATURE n.f.

MUSCULEUX, EUSE adj.

MUSE n.f.

MUSÉAL, E, AUX adj. Relatif à un musée.

MUSEAU, X n.m.

MUSÉE n.m.

MUSÉIFIER v. **15.** *Péj.* Transformer en musée.

MUSELAGE n.m.

MUSELER v. **22** (je muselle...).

MUSELET n.m. Armature métallique qui maintient le bouchon des bouteilles de champagne.

MUSELIÈRE n.f.

MUSELLEMENT n.m.

MUSÉOGRAPHE n.

MUSÉOGRAPHIE n.f. Science de l'organisation des musées.

MUSÉOGRAPHIQUE adj.

MUSÉOLOGIE n.f. → **muséographie.**

MUSÉOLOGIQUE adj.

MUSÉOLOGUE n.

MUSER v. (**p.p.inv.** mais **musée** n.m.) **10.** S'attarder à des bagatelles. – *Belg.* Fredonner.

MUSEROLLE n.f. Partie de la bride du cheval.

MUSETTE n.m. et n.f.

MUSÉUM n.m. Musée des sciences naturelles.

MUSHER [meucheur] n.m. Conducteur de chiens de traîneau.

MUSICAL, E, AUX adj.

MUSICAL, S n.m. Comédie musicale.

MUSICALEMENT adv.

MUSICALITÉ n.f.

MUSICASSETTE n.f. (Nom déposé).

MUSICIEN, ENNE adj. et n.

MUSICOGRAPHE n.

MUSICOGRAPHIE n.f.

MUSICOGRAPHIQUE adj.

MUSICOLOGIE n.f.

MUSICOLOGIQUE adj.

MUSICOLOGUE n.

MUSICOS [-s] n. *Fam.* Musicien intermittent.

MUSICOTHÉRAPIE n.f. Psychothérapie par la musique.

MUSIQUE n.f.

MUSIQUER v. **10.** Mettre en musique. – Jouer de la musique.

MUSIQUETTE n.f. Musique sans valeur artistique.

MUSLI n.m. → **muesli.**

MUSOIR n.m. *Mar.* Extrémité d'une jetée.

MUSQUER v. **10.** Parfumer au musc.

MUSSER v. **10.** → **mucher.**

MUSSIF, IVE adj. *Or mussif :* sulfure d'étain qui a l'éclat de l'or.

MUSSIPONTAIN, E adj. De Pont-à-Mousson.

MUSSITATION n.f. *Psych.* Trouble de la parole.

MUSSOLINIEN, ENNE adj. De Mussolini.

MUST [meust] n.m. *Fam.* Ce qu'il faut faire pour être à la mode.

MUSTANG [must-an-g] n.m. Cheval sauvage d'Amérique.

MUSTÉLIDÉ n.m. Mammifère carnivore, type belette.

MUSULMAN, E adj. et n.

MUTABILITÉ n.f.

MUTABLE adj. *Biol.* Susceptible de changer.

MUTAGE n.m. Action d'arrêter la fermentation d'un moût.

MUTAGÈNE adj. Capable de provoquer des mutations.

MUTAGENÈSE n.f. *Biol.* Apparition de mutations.

MUTANT, E adj. et n. Ayant subi une mutation.

MUTATEUR n.m. Redresseur électrique.

MUTATION n.f.

MUTATIONNEL, ELLE adj.

MUTATIONNISME n.m. Théorie explicative de l'évolution par la mutation.

MUTATIONNISTE adj. et n.

MUTAZILISME n.m.

MUTAZILITE n.m. *Hist.* Partisan d'une doctrine théologique musulmane.

MUTER v. **10.**

MUTILANT, E adj.

MUTILATEUR, TRICE adj. et n.

MUTILATION n.f.

MUTILER v. **10.**

MUTIN, E adj. et n.

MUTINER (SE) v. **10.**

MUTINERIE n.f.

MUTIQUE adj. *Méd.* Qui présente un mutisme.

MUTISME n.m. Absence pathologique ou volontaire de parole.

MUTITÉ n.f. *Méd.* Impossibilité de parler.

MUTUALISATION n.f.

MUTUALISER v. **10.** Mettre (quelque chose) en commun.

MUTUALISME n.m.

MUTUALISTE adj. et n.

MUTUALITÉ n.f.

MUTUEL, ELLE adj. et n.f.

MUTUELLEMENT adv.

MUTUELLISME n.m. Principe d'entraide réciproque.

MUTUELLISTE adj. et n.

MUTULE n.f. *Arch.* Ornement de la corniche, dans l'ordre dorique.

MYALGIE n.f. Douleur musculaire.

MYALGIQUE adj.

MYASTHÉNIE n.f. *Méd.* Tendance excessive à la fatigue musculaire.

MYASTHÉNIQUE adj.

MYATONIE n.f. *Méd.* Disparition du tonus musculaire.

MYCÉLIEN, ENNE adj. Relatif au mycélium.

MYCÉLIUM n.m. Appareil végétatif des champignons.

MYCÈNE n.m. Champignon peu apprécié.

MYCÉNIEN, ENNE 1. adj. *Antiq.* Relatif à Mycènes (Grèce). 2. n.m. Très ancien dialecte grec.

MYCÉTOME n.m. *Méd.* Tuméfaction inflammatoire provoquée par un champignon parasite.

MYCOBACTÉRIE n.f. Bactérie proche de certains champignons.

MYCODERME n.m. Levure qui se développe à la surface des boissons fermentées.

MYCODERMIQUE adj.

MYCOLOGIE n.f. Étude des champignons.

MYCOLOGIQUE adj.

MYCOLOGUE n.

MYCOPHAGE adj. et n. Qui se nourrit de champignons.

MYCOPLASME n.m. Germe pathogène.

MYCORHIZAL, E, AUX adj.

MYCORHIZE n.m. ou f. *Biol.* Champignon qui vit en symbiose avec les racines d'un végétal.

MYCORHIZIEN, ENNE adj.

MYCOSE n.f. *Méd.* Affection causée par des champignons parasites.

MYCOSIQUE adj.

MYCOSIS [-zis] n.m. *Méd.* Affection cutanée.

MYCOTOXINE n.f. Toxine provenant d'un champignon ou d'une moisissure.

MYDRIASE n.f. Dilatation de la pupille.

MYDRIATIQUE adj. et n.m.

MYE n.f. Mollusque bivalve comestible.

MYÉLENCÉPHALE n.m. Structure nerveuse de l'embryon.

MYÉLINE n.f. Constituant de la gaine des cellules nerveuses.

MYÉLINIQUE adj.

MYÉLINISÉ, E adj. Enrobé de myéline.

MYÉLITE n.f. Inflammation de la moelle épinière.

MYÉLOBLASTE n.m. *Biol.* Cellule de la moelle osseuse.

MYÉLOCYTE n.m. *Biol.* Cellule de la moelle osseuse.

MYÉLOGRAMME n.m. *Méd.* Examen des cellules de la moelle osseuse.

MYÉLOGRAPHIE n.f. Radiographie de la moelle épinière.

MYÉLOÏDE adj. Relatif à la moelle osseuse.

MYÉLOMATOSE n.f. *Méd.* Affection maligne de la moelle osseuse.

MYÉLOME n.m. Tumeur de la moelle osseuse.

MYÉLOPATHIE n.f. Affection de la moelle épinière.

MYÉLOSARCOME n.m. Tumeur de la moelle osseuse.

MYGALE n.f. Grande araignée des régions chaudes.

MYIASE n.f. Lésion de la peau provoquée par des larves de mouches.

MYLAR n.m. (Nom déposé) Fibre synthétique de polyester.

MYLONITE n.f. *Géol.* Roche écrasée, réduite à un grain très fin.

MYOBLASTE n.m. Cellule dont dérivent les fibres musculaires.

MYOCARDE n.m. Muscle du cœur.

MYOCARDIE n.f. Maladie du myocarde.

MYOCARDIOPATHIE n.f. Maladie du cœur.

MYOCARDIQUE adj.

MYOCARDITE n.f. Inflammation du myocarde.

MYOCASTOR n.m. → **myopotame.**

MYOCLONIE n.f. Contraction involontaire d'un muscle.

MYOFIBRILLE n.f. Petite fibre contractile du tissu musculaire.

MYOGLOBINE n.f. Protéine du muscle.

MYOGRAMME n.m. Enregistrement des contractions musculaires.

MYOGRAPHE n.m. Appareil qui enregistre les contractions musculaires.

MYOGRAPHIE n.f.

MYOLOGIE n.f. Étude des muscles.

MYOLOGIQUE adj.

MYOME n.m. Tumeur bénigne du tissu musculaire.

MYOMECTOMIE n.f. *Chir.* Ablation d'un myome.

MYOMÈTRE n.m. *Anat.* Muscle utérin.

MYOMORPHE n.m. Mammifère, type rat.

MYOPATHE adj. et n. Dont les muscles s'atrophient.

MYOPATHIE n.f.

MYOPATHIQUE adj.

MYOPE adj. et n.

MYOPIE n.f.

MYOPOTAME n.m. Rongeur de l'Amérique du Sud.

MYORELAXANT, E adj. et n.m. Qui produit une détente musculaire.

MYORELAXATION n.f.

MYOSINE n.f. Constituant protéique des myofibrilles.

MYOSIS [myôzis] n.m. *Méd.* Rétrécissement de la pupille.

MYOSITE n.f. *Méd.* Inflammation du tissu musculaire.

MYOSOTIS n.m.

MYOTIQUE adj. Relatif au myosis.

MYOTONIE n.f. Difficulté à décontracter ses muscles.

MYRIADE n.f.

MYRIAMÈTRE n.m. Unité de longueur de dix mille mètres.

MYRIAPODE n.m. Mille-pattes.

MYRICA n.m. Arbrisseau odorant.

MYRICACÉE n.f. Plante dicotylédone, type myrica.

MYRIOPHYLLE n.m. ou f. Plante des eaux stagnantes.

MYRISTICACÉE n.f. Arbre ou arbuste des régions tropicales, type muscadier.

MYRMÉCOLOGIE n.f. Étude des fourmis.

MYRMÉCOLOGUE n.

MYRMÉCOPHILE adj. et n. *Biol.* Qui vit en association avec les fourmis.

MYRMÉLÉONIDÉ n.m. Insecte, type fourmilion.

MYRMIDON n.m. → **mirmidon.**

MYROBALAN n.m. **(= myrobolan)** *Vx.* Fruit purgatif originaire de l'Inde.

MYROBOLAN n.m. → **myrobalan.**

MYROSINE n.f. Enzyme des graines de moutarde.

MYROXYLE n.m. Arbre résineux d'Amérique du Sud.

MYROXYLON n.m. → **myroxyle.**

MYRRHE n.f. Résine aromatique produite par le balsamier.

MYRTACÉE n.f. Plante dicotylédone, type myrte.

MYRTALE n.f. Plante, type myrtacée.

MYRTE n.m. Arbuste à feuilles persistantes et à fleurs blanches.

MYRTIFORME adj. Qui a la forme d'une feuille de myrte.

MYRTILLE n.f. Baie noire comestible.

MYRTILLIER n.m. Arbrisseau donnant des myrtilles.

MYSIDACÉ n.m. Crustacé de haute mer.

MYSTAGOGIE n.f. Initiation aux mystères sacrés.

MYSTAGOGUE n.m.

MYSTÈRE n.m.

MYSTÉRIEUSEMENT adv.

MYSTÉRIEUX, EUSE adj.

MYSTICÈTE n.m. Mammifère cétacé.

MYSTICISME n.m.

MYSTICITÉ n.f.

MYSTIFIABLE adj.

MYSTIFIANT, E adj.

MYSTIFICATEUR, TRICE adj. et n.

MYSTIFICATION n.f.

MYSTIFIER v. **15.**

MYSTIQUE adj. et n.

MYSTIQUEMENT adv.

MYTHE n.m.

MYTHIFICATION n.f.

MYTHIFIER v. **15.** Doter d'un caractère mythique.

MYTHIQUE adj.

MYTHO adj. et n. *Fam.* Mythomane.

MYTHOGRAPHE n.m. Auteur d'études sur les mythes.

MYTHOGRAPHIE n.f.

MYTHOLOGIE n.f.

MYTHOLOGIQUE adj.

MYTHOLOGUE n.

MYTHOMANE adj. et n.

MYTHOMANIAQUE adj.

MYTHOMANIE n.f. *Psych.* Tendance pathologique à la fabulation.

MYTILICOLE adj.

MYTILICULTEUR, TRICE n.

MYTILICULTURE n.f. Élevage des moules.

MYTILIDÉ n.m. Mollusque, type moule.

MYTILOTOXINE n.f. Toxine contenue dans le foie de certaines moules.

MYXINE n.f. Poisson vermiforme parasite des autres poissons.

MYXŒDÉMATEUX, EUSE [ksé] adj. et n.

MYXŒDÈME [ksé] n.m. *Méd.* Œdème dû à l'insuffisance de la fonction thyroïdienne.

MYXOMATOSE n.f. Maladie infectieuse du lapin.

MYXOME n.m. Tumeur molle bénigne.

MYXOMYCÈTE n.m. Champignon inférieur d'aspect gélatineux.

MYXOVIRUS n.m. Virus, tel celui de la grippe.

MZABITE adj. → **mozabite.**

NA interj.

NAAN [nan] n.m. **(= nan)** Galette de pain (cuisine indienne).

NABAB n.m. Titre de l'Inde musulmane. – Homme très riche.

NABATÉEN, ENNE adj. *Hist.* Relatif à un peuple du nord de l'Arabie.

NABI n.m. Prophète hébreu. – Peintre postimpressionniste du XIXe s.

NABISME n.m. Théorie picturale des nabis.

NABLA n.m. Signe mathématique.

NABLE n.m. *Mar.* Trou d'évacuation d'eau.

NABOT, E n. *Péj.* Personne très petite.

NABUCHODONOSOR n.m. Bouteille de champagne de quinze litres.

NAC n.m. Animal de compagnie exotique ou sauvage.

NACARAT n.m. Rouge clair aux reflets de nacre.

NACELLE n.f.

NACHO [natchô] n.m. Crêpe de farine de maïs, spécialité mexicaine.

NACRE n.f.

NACRER v. **10.** Traiter pour donner l'aspect de la nacre.

NACRURE n.f. Blancheur semblable à celle de la nacre.

NADIR n.m. Point le plus bas de la sphère céleste.

NADIRAL, E, AUX adj.

NÆVI | → **nævus.**

NÆVUS [névus] (pl. **NÆVI**) n.m. Grain de beauté.

NAFÉ n.m. Fruit de la ketmie.

NAGA (f. **NAGI** [g]) n. Génie indien à buste humain et corps de serpent.

NAGAÏKA n.f. **(= nahaïka)** Fouet de cuir des cosaques.

NAGARI n.f. Écriture moderne du sanscrit.

NAGE n.f.

NAGEOIRE n.f.

NAGEOTER v. **(p.p.inv.) 10.** Nager avec difficulté.

NAGER v. **17.**

NAGEUR, EUSE adj. et n.

NAGI [g] → **naga.**

NAGUÈRE adv. **(= naguères).**

NAGUÈRES adv. *Vx.* → **naguère.**

NAHAÏKA n.f. → **nagaïka.**

NAHUA adj. *Hist.* (Amérindien) émigré vers le Mexique.

NAHUATL n.m. Dialecte aztèque.

NAÏADACÉE n.f. Plante aquatique, type naïade.

NAÏADE n.f. Nymphe des eaux. – Plante aquatique.

NAIAS [nayas] n.m. *Bot.* Naïade.

NAÏF, ÏVE adj. et n.

NAIN, NAINE adj. et n.

NAIRA [nèra] n.m. Unité monétaire du Nigeria.

NAIROBIEN, ENNE adj. De Nairobi (Kenya).

NAISSAGE n.m. Élevage de jeunes animaux.

NAISSAIN n.m. Ensemble des larves de certains mollusques, avant leur fixation.

NAISSANCE n.f.

NAISSANT, E adj.

NAISSEUR n.m. Éleveur de jeunes animaux.

NAÎTRE v. **103.**

NAÏVEMENT adv.

NAÏVETÉ n.f.

NAJA n.m. Serpent à lunettes.

NAKFA n.f. Unité monétaire de l'Érythrée.

NAMIBIEN, ENNE adj. De Namibie (Afrique australe).

NAMUROIS, E adj. De Namur (Belgique).

NAN [nan] n.m. → **naan.**

NANA n.f.

NANAN n.m. Friandise.

NANAR n.m. *Fam.* Mauvais film.

NANCÉIEN, ENNE adj. De Nancy.

NANDINIE n.f. Mammifère carnivore d'Afrique tropicale.

NANDOU n.m. Grand oiseau coureur.

NANDROLONE n.f. Anabolisant.

NANIFIER v. **15.** → **naniser.**

NANISER v. **10.** Traiter (une plante) pour l'empêcher de grandir.

NANISME n.m. Infirmité des nains.

NANKIN n.m. Tissu de coton jaune.

NANOFARAD [-d] n.m. *Électr.* Milliardième de farad.

NANOMATÉRIAU, X n.m. *Techn.* Matériau utilisé dans les nanotechnologies.

NANOMÈTRE n.m. Milliardième de mètre.

NANOMÉTRIQUE adj.

NANOMONDE n.m. Monde des nanotechnologies.

NANOPARTICULE n.f. *Phys.* Particule de taille nanométrique.

NANOPHYSIQUE n.f. Étude de la fabrication d'objets à l'échelle de l'atome.

NANORÉSEAU, X n.m. (Nom déposé) Réseau informatique local.

NANOSCIENCE n.f. Science de l'extrêmement petit.

NANOSECONDE n.f. Milliardième de seconde.

NANOTECHNOLOGIE n.f. Technique qui permet d'intervenir à l'échelle de l'atome.

NANOTUBE n.m. Structure de carbone extrêmement fine.

NANSOUK n.m. **(= nanzouk)** Tissu de coton léger.

NANTAIS, E adj. De Nantes.

NANTERRIEN, ENNE adj. De Nanterre.

NANTERROIS, E adj. → **nanterrien.**

NANTI, E adj. et n.

NANTIR v. **40.** Munir. – *Dr.* Garantir.

NANTISSEMENT n.m. Garantie de paiement d'une dette.

NANTUA n.f. Sauce béchamel à l'écrevisse.

NANZOUK n.m. → **nansouk.**

NAOS [-s] n.m. *Antiq.* Salle centrale du temple.

NAPALM n.m. Essence gélifiée.

NAPÉE n.f. Nymphe des bois et des prés.

NAPEL n.m. Aconit des montagnes.

NAPHTA n.m. Distillat du pétrole.

NAPHTALÈNE n.m. Hydrocarbure aromatique.

NAPHTALINE n.f. Naphtalène impur.

NAPHTAZOLINE n.f. Médicament qui décongestionne les muqueuses.

NAPHTE n.m. Pétrole brut.

NAPHTÈNE n.m. Hydrocarbure.

NAPHTOL n.m. Phénol antiseptique.

NAPOLÉON n.m. Pièce d'or de vingt francs.

NAPOLÉONIEN, ENNE adj.

NAPOLITAIN, E adj. De Naples (Italie).

NAPPAGE n.m.

NAPPE n.f.

NAPPER v. **10.** Couvrir de sauce.

NAPPERON n.m.

NAQUÎMES, NAQUIRENT, NAQUIS..., NAQUIT... → **naître 103.**

NARBONNAIS, E adj. De Narbonne.

NARCÉINE n.f. Alcaloïde de l'opium.

NARCISSE n.m. Plante à fleurs jaunes ou blanches.

NARCISSIQUE adj. Relatif au narcissisme.

NARCISSIQUEMENT adv.

NARCISSISME n.m. Amour exclusif de soi.

NARCO n.m. *Fam.* Narcotrafiquant.

NARCOANALYSE n.f. *Méd.* Investigation de l'inconscient d'un sujet en narcose.

NARCODOLLAR n.m. Profit réalisé par les trafiquants de stupéfiants.

NARCOLEPSIE n.f. *Méd.* Accès de sommeil.

NARCOLEPTIQUE adj. et n.

NARCOMANE n. *Québ.* Toxicomane.

NARCOSE n.f. Sommeil artificiel.

NARCOTHÉRAPIE n.f. Traitement par la narcose.

NARCOTINE n.f. Alcaloïde de l'opium.

NARCOTIQUE adj. et n.m. (Substance) qui provoque le sommeil.

NARCOTISME n.m. Toxicomanie due aux substances narcotiques.

NARCOTRAFIC n.m. Trafic de drogue.

NARCOTRAFIQUANT, E n. Trafiquant de drogue.

NARD n.m. Graminée aromatique des prés.

NARGHILÉ n.m. **(= narghileh, narguilé)** Pipe orientale.

NARGHILEH n.m. → **narghilé.**

NARGUER v. **10.**

NARGUILÉ n.m. → **narghilé.**

NARINE n.f.

NARQUOIS, E adj. Malicieux.

NARQUOISEMENT adv.

NARRATAIRE n. Dans un récit, personne à laquelle s'adresse le narrateur.

NARRATEUR, TRICE n.

NARRATIF, IVE adj.

NARRATION n.f.

NARRATIVITÉ n.f. Qualité de la narration.

NARRATOLOGIE n.f. Étude de la narration.

NARRATOLOGIQUE adj.

NARRER v. **10.**

NARSE n.f. Marécage du Massif central.

NARTHEX n.m. *Arch.* Portique devant une nef.

NARVAL, S n.m. Cétacé arctique.

NASAL, E, AUX adj.

NASALISATION n.f.

NASALISER v. **10.** Prononcer avec un son nasal.

NASALITÉ n.f. Caractère du son nasal.

NASARD n.m. Série de tuyaux d'orgue qui permet de modifier le timbre de sons émis par une autre série.

NASARDE n.f. *Vx.* Chiquenaude sur le nez.

NASDAQ n.m. (Nom déposé) Marché boursier américain spécialisé dans les technologies de pointe.

NASE 1. n.m. **(= naze)** *Arg.* Nez. 2. adj. **(= naze)** *Fam.* Cassé, hors d'usage.

NASEAU, X n.m. Narine d'animal.

NASHI n.m. Poire chinoise.

NASILLARD, E adj.

NASILLEMENT n.m.

NASILLER v. **10.** Prononcer en parlant du nez.

NASILLEUR, EUSE n.

NASIQUE 1. n.m. Singe à nez long et mou. 2. n.m. ou f. Grande couleuvre de l'Inde.

NASITORT [-tor] n.m. Cresson alénois.

NASKAPI, E adj. D'un peuple amérindien.

NASONNEMENT n.m.

NASONNER v. **10.** Nasiller.

NASSE n.f.

NASTIE n.f. Réaction rapide d'un végétal.

NATAL, E, ALS adj.

NATALISTE adj. Qui favorise la natalité.

NATALITÉ n.f.

NATATION n.f.

NATATOIRE adj. Qui sert à la nage.

NATEL **|** n.m. (Nom déposé) *Helv.* Téléphone portable.

NATICE n.f. Mollusque des plages de l'Europe occidentale.

NATIF, IVE adj. et n.

NATION n.f.

NATIONAL, E, AUX adj. et n.f.

NATIONALEMENT adv.

NATIONALISABLE adj.

NATIONALISATION n.f.

NATIONALISER v. **10.**

NATIONALISME n.m.

NATIONALISTE adj. et n.

NATIONALITÉ n.f.

NATIVEMENT adv. Naturellement.

NATIVISME n.m. *Psych.* Théorie selon laquelle la perception de l'espace et du temps est innée.

NATIVISTE adj. et n.

NATIVITÉ n.f.

NATOUFIEN, ENNE adj. et n.m. Se dit d'un stade du mésolithique de Palestine.

NATRÉMIE n.f. Taux de sodium dans le sang.

NATRIUM n.m. Ancien nom du sodium.

NATRON n.m. Carbonate de sodium.

NATRONITE n.f. Nitrate naturel de sodium.

NATRUM n.m. → **natron.**

NATTAGE n.m.

NATTE n.f.

NATTER v. **10.** Tresser en nattes.

NATTIER, ÈRE n. Fabricant, vendeur de nattes.

NATURALISATION n.f.

NATURALISER v. **10.**

NATURALISME n.m. Mouvement artistique proche du réalisme (XIXᵉ s.).

NATURALISTE adj. et n.

NATURALITÉ n.f. Caractère naturel.

NATURE adj. et n.f.

NATUREL, ELLE adj. et n.m.

NATURELLEMENT adv.

NATURISME n.m. Retour à la nature. – Nudisme.

NATURISTE adj. et n.

NATUROPATHE n. Médecin qui traite par des moyens naturels.

NATUROPATHIE n.f.

NATUROPATHIQUE adj.

NAUCORE n.f. Punaise d'eau.

NAUFRAGE n.m.

NAUFRAGÉ, E adj. et n.

NAUFRAGER v. **17.**

NAUFRAGEUR, EUSE n. Personne qui provoque un naufrage. – Personne qui cause la ruine d'autrui.

NAUMACHIE n.f. *Antiq.* Spectacle d'un combat naval.

NAUPATHIE n.f. Mal de mer.

NAUPATHIQUE adj.

NAUPLIUS n.m. Crustacé au stade larvaire.

NAURUAN, E adj. De l'État de Nauru (Océanie).

NAUSÉABOND, E adj.

NAUSÉE n.f.

NAUSÉEUX, EUSE adj.

NAUTILE n.m. Mollusque des mers chaudes.

NAUTIQUE adj.

NAUTISME n.m. Ensemble des sports nautiques.

NAUTONIER, ÈRE n. *Litt.* Personne qui conduit un navire.

NAVAJA [navahra] n.f. Long couteau espagnol.

NAVAJO [navahro] adj. D'un peuple amérindien.

NAVAL, E, ALS adj.

NAVALISATION n.f. Emploi d'une arme terrestre ou aérienne sur un bateau.

NAVARIN n.m. Ragoût de mouton.

NAVARQUE n.m. *Antiq. gr.* Commandant d'une flotte.

NAVARRAIS, E adj. De Navarre.

NAVARRIN, E adj. → **navarrais.**

NAVE n.m. *Arg.* Niais.

NAVEL n.f. Variété d'orange.

NAVET n.m.

NAVETTE n.f.

NAVETTER v. **(p.p.inv.) 10.** *Belg.* Faire quotidiennement la navette entre son domicile et son lieu de travail.

NAVETTEUR, EUSE n.

NAVICELLE n.f. Bateau italien.

NAVICERT [-sèr(t)] n.m. Permis de navigation.

NAVICULAIRE adj. *Anat.* En forme de nacelle.

NAVICULE n.f. Algue microscopique.

NAVIGABILITÉ n.f.

NAVIGABLE adj.

NAVIGANT, E adj. et n.

NAVIGATEUR, TRICE n.

NAVIGATION n.f.

NAVIGUER v. **(p.p.inv.) 10.**

NAVIPLANE n.m. Aéroglisseur.

NAVIRE n.m.

NAVISPHÈRE n.f. Instrument de navigation en forme de sphère céleste.

NAVRANT, E adj.

NAVREMENT n.m. *Litt.* Grande tristesse.

NAVRER v. **10.**

NAY [nè] n.m. **(= ney)** Flûte du Proche-Orient.

NAZAIRIEN, ENNE adj. De Saint-Nazaire.

NAZARÉEN, ENNE adj. De Nazareth (Israël).

NAZCA adj. et n. (Culture) précolombienne.

NAZE n.m. et adj. → **nase.**

NAZI, E adj. et n.

NAZIFICATION n.f.

NAZIFIER v. **15.** Rendre nazi.

NAZILLON, ONNE n. *Fam., Péj.* Jeune nazi, néonazi.

NAZISME n.m.

NDAMA n. et adj. Race bovine africaine.

NDÉBÉLÉ n.m. Langue officielle de l'Afrique du Sud.

NDOLÉ n.m. Au Cameroun, plat composé de feuilles cuites accompagnées de viande ou de poisson.

NE adv.

NÉ, NÉE adj.

NÉANDERTALIEN, ENNE adj. et n.m. Se dit d'un type d'homme fossile.

NÉANMOINS adv.

NÉANT n.m.

NÉANTHROPIEN, ENNE adj. et n.m. Se dit d'un type d'homme fossile postérieur au néandertalien.

NÉANTISATION n.f.

NÉANTISER v. **10.** Anéantir.

NEBKA n.f. **(= nebkha)** Petite dune protégée par une touffe de végétation.

NEBKHA n.f. → **nebka.**

NÉBULAIRE adj. Relatif à un amas de matières cosmiques.

NÉBULEUSEMENT adv.

NÉBULEUX, EUSE adj. et n.f.

NÉBULISATION n.f.

NÉBULISER v. **10.** Vaporiser.

NÉBULISEUR n.m. Vaporisateur.

NÉBULOSITÉ n.f.

NÉCESSAIRE adj. et n.m.

NÉCESSAIREMENT adv.

NÉCESSITANT, E adj. *Rel.* (Grâce) qui contraint.

NÉCESSITÉ n.f.

NÉCESSITER v. **10.**

NÉCESSITEUX, EUSE adj. et n.

NECK n.m. *Géol.* Piton correspondant à une ancienne cheminée volcanique.

NÉCRO n.f. *Fam.* Article nécrologique.

NÉCROBIE n.f. Insecte nécrophage.

NÉCROBIOSE n.f. Nécrose massive.

NÉCROLOGE n.m. Liste de morts.

NÉCROLOGIE n.f.

NÉCROLOGIQUE adj.

NÉCROLOGUE n. Auteur de nécrologies.

NÉCROMANCIE n.f. Évocation des morts pour connaître l'avenir.

NÉCROMANCIEN, ENNE n. → **nécromant.**

NÉCROMANT, E n. Personne qui pratique la nécromancie.

NÉCROPHAGE adj. Qui se nourrit de cadavres.

NÉCROPHAGIE n.f.

NÉCROPHILE adj. et n. Qui éprouve un plaisir sexuel au contact de cadavres.

NÉCROPHILIE n.f.

NÉCROPHOBE adj. et n. Qui craint les cadavres.

NÉCROPHOBIE n.f.

NÉCROPHORE n.m. Insecte qui pond sur des cadavres qu'il a enterrés.

NÉCROPOLE n.f. *Antiq.* Vaste cimetière monumental.

NÉCROPSIE n.f. *Anc.* Autopsie.

NÉCROSE n.f. *Méd.* Mortification.

NÉCROSER v. **10.**

NÉCROSIQUE adj. → **nécrotique.**

NÉCROTIQUE adj. Relatif à la nécrose.

NECTAIRE n.m. *Bot.* Glande produisant le nectar.

NECTAR n.m. Vin excellent. - *Bot.* Liquide sécrété par les nectaires.

NECTARIFÈRE adj. Qui sécrète le nectar.

NECTARINE n.f. Pêche lisse dont la chair n'adhère pas au noyau.

NECTARINIIDÉ n.m. Passereau qui se nourrit de nectar.

NECTARIVORE adj. Qui se nourrit de nectar.

NECTON n.m. Ensemble des animaux marins capables de nager.

NECTRIA n.m. Champignon parasite des arbres.

NEEM [nim] n.m. **(= nim)** Arbre originaire de l'Inde.

NÉERLANDAIS, E adj. et n.m. Des Pays-Bas.

NÉERLANDOPHONE adj. et n.

NEF n.f.

NÉFASTE adj.

NÈFLE n.f. Fruit du néflier.

NÉFLIER n.m. Arbre des régions tempérées.

NÉGATEUR, TRICE adj. et n. *Litt.* Qui a l'habitude de nier.

NÉGATIF, IVE adj., n.m. et n.f.

NÉGATION n.f.

NÉGATIONNISME n.m. Doctrine niant le génocide des Juifs.

NÉGATIONNISTE adj. et n.

NÉGATIVEMENT adv.

NÉGATIVISME n.m. Refus de tout, érigé en système.

NÉGATIVITÉ n.f. Caractère de ce qui est négatif.

NÉGATON n.m. *Vx., Phys.* Électron.

NÉGATOSCOPE n.m. Écran lumineux servant à examiner des radiographies.

NÉGLIGÉ n.m.

NÉGLIGEABLE adj.

NÉGLIGEMMENT adv.

NÉGLIGENCE n.f.

NÉGLIGENT, E adj. et n.

NÉGLIGER v. **17.**

NÉGOCE n.m.

NÉGOCIABILITÉ n.f.

NÉGOCIABLE adj.

NÉGOCIANT, E n.

NÉGOCIATEUR, TRICE n.

NÉGOCIATION n.f.

NÉGOCIER v. **15.**

NÉGONDO [nég-on-dô] n.m. **(= negundo)** Érable américain.

NÈGRE adj.

NÈGRE, NÉGRESSE n.

NÉGRESSE → **nègre** n.

NÉGRIER, ÈRE adj. et n.m. Relatif à la traite des Noirs.

NÉGRILLE n.m. *Anc.* Pygmée.

NÉGRILLON, ONNE n. *Vx., Péj.* Enfant noir.

NÉGRITUDE n.f. Fait d'être Noir.

NÉGRO n. et adj. *Péj. et raciste.* Personne de couleur noire.

NÉGROÏDE adj. et n. Qui caractérise les Noirs.

NÉGUENTROPIE n.f. Entropie négative.

NEGUNDO [nég-on-dô] n.m. → **négondo.**

NÉGUS n.m. *Hist.* Titre des rois d'Éthiopie.

NEIGE n.f.

NEIGEOTER v. déf. (**neigeota, neigeotait, neigeotât, neigeote, neigeoté, neigeotera, neigeoterait**).

NEIGER v. déf. (**neige, neigé, neigea, neigeait, neigeât, neigera, neigerait**).

NEIGEUX, EUSE adj.

NELL n.m. *Helv.* Neuf d'atout, au jass.

NÉLOMBO [nél-on-bô] n.m. **(= nelumbo)** Lotus hindou.

NELUMBO [nél-on-bô] n.m. → **nélombo.**

NEM [nèm] n.m. Petite crêpe fourrée, spécialité asiatique.

NÉMALE n.m. Algue rouge gélatineuse.

NÉMALION n.m. → **némale.**

NÉMATHELMINTHE n.m. Ver parasite.

NÉMATICIDE adj. et n.m. (Substance) qui détruit les nématodes.

NÉMATIQUE adj. Se dit de molécules se déplaçant parallèlement.

NÉMATOBLASTE n.m. *Zool.* Cellule des cnidaires.

NÉMATOCÈRE n.m. Insecte, type moustique.

NÉMATOCYSTE n.m. Organe urticant des cnidaires.

NÉMATODE n.m. Ver parasite.

NÉMÉEN, ENNE adj. De Némée (Grèce antique).

NÉMERTE n.m. ou f. Ver plat marin.

NÉMERTIEN [-sy-in] n.m. Ver, type némerte.

NEMI [némi] n.m. *Psych.* Test destiné à évaluer l'âge mental des enfants de 3 à 12 ans.

NÉMORAL, E, AUX adj. Qui vit dans les forêts.

NEMROD n.m. *Litt.* Grand chasseur.

NÉNÉ n.m. *Fam.* Sein.

NENETS [nénèts] adj. D'un peuple de Sibérie.

NÉNETTE n.f. *Fam.* Tête. – Femme.

NÉNIES n.f.pl. *Antiq.* Chants funèbres.

NENNI adv. Non.

NÉNUPHAR n.m.

NÉO n.m. *Méd., Fam.* Cancer.

NÉOBLASTE n.m. Cellule régénératrice des annélides.

NÉOCAPITALISME n.m. Capitalisme qui ne s'appuie plus sur la propriété du capital.

NÉOCAPITALISTE adj. et n.

NÉOCELTIQUE adj. Se dit des langues celtiques modernes.

NÉOCLASSICISME n.m. Retour au classicisme.

NÉOCLASSIQUE adj.

NÉOCOLONIALISME n.m. Colonialisme visant à la domination économique.

NÉOCOLONIALISTE adj. et n.

NÉOCOMIEN, ENNE n.m. et adj. *Géol.* Groupement d'étages du crétacé inférieur.

NÉOCOMMUNISME n.m.

NÉOCOMMUNISTE adj. et n.

NÉOCONSERVATEUR, TRICE adj. et n. *Pol.* D'un courant de pensée d'origine américaine.

NÉOCORTEX n.m. Écorce cérébrale des mammifères.

NÉOCORTICAL, E, AUX adj. Relatif au néocortex.

NÉOCRITICISME n.m. *Philos.* Doctrine issue du kantisme.

NÉODARWINIEN, ENNE adj.

NÉODARWINISME n.m. Théorie de l'évolution qui explique la sélection naturelle par les mutations.

NÉODYME n.m. Métal rare.

NÉOFASCISME n.m.

NÉOFASCISTE adj. et n.

NÉOFORMATION n.f. Formation de tissu nouveau chez un être vivant.

NÉOFORMÉ, E adj. Qui résulte d'une néoformation.

NÉOGÈNE n.m. et adj. *Géol.* Période la plus récente du tertiaire.

NÉOGLUCOGENÈSE n.f. Synthèse biologique du glucose.

NÉOGNATHE [gn] n.m. Oiseau dont le sternum est muni d'un bréchet.

NÉOGOTHIQUE adj. et n.m. (Style) inspiré du gothique.

NÉOGRAMMAIRIEN, ENNE adj. et n. Se dit d'une école de linguistes allemands (fin du XIXe s.).

NÉOGREC, NÉOGRECQUE adj. Qui concerne le grec moderne.

NÉOGRECQUE → **néogrec.**

NÉOKANTIEN, ENNE [-sy-in] adj. et n.

NÉOKANTISME n.m. Philosophie inspirée du kantisme.

NÉOLIBÉRAL, E, AUX adj. et n.

NÉOLIBÉRALISME n.m. *Écon.* Libéralisme qui admet une intervention limitée de l'État.

NÉOLITHIQUE adj. et n.m. Qui concerne l'époque la plus récente de l'âge de la pierre.

NÉOLITHISATION n.f. *Anthr.* Passage des sociétés préhistoriques du stade de la prédation à celui de l'agriculture et de la sédentarisation.

NÉOLOCAL, E, AUX adj. *Ethn.* (Type de résidence) où les époux n'habitent pas près de leurs parents.

NÉOLOGIE n.f. Processus de formation des mots nouveaux.

NÉOLOGIQUE adj.

NÉOLOGISER v. **(p.p.inv.) 10.** Créer des néologismes.

NÉOLOGISME n.m.

NÉOMÉNIE n.f. *Antiq.* Jour de la nouvelle lune.

NÉOMORTALITÉ n.f. Mortalité des nouveau-nés.

NÉOMYCINE n.f. Antibiotique qui s'applique localement.

NÉON n.m. Gaz rare.

NÉONATAL, E (pl. **NÉONATALS** ou **NÉONATAUX**) adj. Qui concerne les nouveau-nés.

NÉONATALOGIE n.f. *Méd.* Étude des nouveau-nés.

NÉONATOLOGIE n.f. → **néonatalogie.**

NÉONAZI, E adj. et n.

NÉONAZISME n.m. *Pol.* Mouvement d'extrême droite qui s'inspire du nazisme.

NÉOPHOBIE n.f. Hostilité à tout ce qui est nouveau.

NÉOPHYTE n. et adj. Nouveau baptisé. – Adepte récent.

NÉOPILINA n.m. Mollusque des mers chaudes.

NÉOPLASIE n.f. *Méd.* Formation d'un nouveau tissu.

NÉOPLASIQUE adj.

NÉOPLASME n.m. Tumeur.

NÉOPLASTICISME n.m. Doctrine de l'art abstrait (XXe s.).

NÉOPLASTIE n.f. *Méd.* Restauration de tissus détruits.

NÉOPLATONICIEN, ENNE adj. et n.

NÉOPLATONISME n.m. Philosophie inspirée du platonisme.

NÉOPOSITIVISME n.m. Positivisme du XXe s.

NÉOPOSITIVISTE adj. et n.

NÉOPRÈNE n.m. (Nom déposé) Caoutchouc synthétique.

NÉOPROMU, E adj. et n. *Sp.* Qui vient d'être promu.

NÉORÉALISME n.m. École cinématographique italienne (1946-1953).

NÉORÉALISTE adj. et n.

NÉORURAL, E, AUX n. Citadin installé à la campagne pour y exercer son activité.

NÉOTECTONIQUE n.f. *Géol.* Tectonique du quaternaire.

NÉOTÈNE n.m. *Biol.* Animal présentant la néoténie.

NÉOTÉNIE n.f. *Biol.* Persistance de caractères larvaires.

NÉOTÉNIQUE adj.

NÉOTHOMISME n.m. Philosophie inspirée du thomisme.

NÉOTTIE n.f. Orchidée sans chlorophylle.

NÉOVAISSEAU, X n.m. *Méd.* Vaisseau sanguin d'origine pathologique.

NÉOVASCULAIRE adj. Relatif à un néovaisseau.

NÉOVITALISME n.m. *Biol.* Doctrine qui s'inspire du vitalisme.

NÉOZOÏQUE adj. et n.m. *Géol.* Se dit maintenant du tertiaire.

NÉPALAIS, E adj. et n.m. Du Népal.

NÉPALI n.m. Langue du Népal.

NÈPE n.f. Insecte des eaux stagnantes.

NÉPENTHÈS [nép-in-tès] n.m. *Antiq. gr.* Remède magique contre la tristesse.

NÉPER [-èr] n.m. Unité mesurant les rapports de deux grandeurs radioélectriques.

NÉPÉRIEN, ENNE adj. *Math.* (Logarithme) inventé par Neper.

NEPETA [népéta] n.f. **(= népète)** Plante à odeur forte.

NÉPÈTE n.f. → **nepeta.**

NÉPHÉLÉMÉTRIE n.f. Mesure de la concentration d'une émulsion.

NÉPHÉLINE n.f. Aluminosilicate de sodium.

NÉPHÉLINIQUE adj.

NÉPHÉLION n.m. Légère opacité de la cornée.

NÉPHÉLOMÉTRIE n.f. → **néphélémétrie.**

NÉPHRECTOMIE n.f. *Chir.* Ablation d'un rein.

NÉPHRÉTIQUE adj. Qui concerne les reins.

NÉPHRIDIE n.f. Organe excréteur des invertébrés.

NÉPHRITE n.f. Maladie inflammatoire du rein.

NÉPHRITIQUE adj.

NÉPHROGRAPHIE n.f. Radiographie du rein.

NÉPHROLOGIE n.f. Étude des reins.

NÉPHROLOGIQUE adj.

NÉPHROLOGUE n.

NÉPHRON n.m. Unité sécrétrice du rein.

NÉPHROPATHIE n.f. → **néphrite.**

NÉPHROPEXIE n.f. Fixation chirurgicale du rein.

NÉPHROSE n.f. Affection chronique du rein.

NÉPHROSTOMIE n.f. Opération qui dévie les urines du rein vers la peau.

NÉPHROTIQUE adj.

NÉPOTISME n.m. Favoritisme à l'égard d'un parent.

NEPTUNIEN, ENNE adj.

NEPTUNISME n.m. Théorie qui donne à toute roche une origine marine.

NEPTUNIUM n.m. Métal radioactif.

NERD [neurd] n. Personne asociale, obsédée par un domaine précis.

NÉRÉ n.m. *Afr.* Arbre dont les graines et les racines ont des effets thérapeutiques.

NÉRÉIDE n.f. Ver marin vivant dans la vase.

NÉRÉIS [-éïs] n.m. ou f. → **néréide.**

NERF n.m.

NÉRITE n.f. Mollusque gastéropode.

NÉRITIQUE adj. (Dépôt marin) constitué de graviers.

NÉROLI n.m. Huile extraite de la fleur d'oranger.

NÉRONIEN, ENNE adj. Relatif à Néron.

NERPRUN n.m. Arbuste à fruits noirs.

NERVALIEN, ENNE adj. De Nerval.

NERVATION n.f. Disposition des nervures d'une feuille, d'une aile d'insecte.

NERVEUSEMENT adv.

NERVEUX, EUSE adj. et n.

NERVI n.m. Tueur.

NERVIN, E adj. *Vx.* Qui stimule les nerfs.

NERVOSISME n.m. Anxiété.

NERVOSITÉ n.f.

NERVURAGE n.m. *Méc.* Réseau des nervures d'une pièce.

NERVURE n.f.

NERVURER v. **10.** Orner de nervures.

NESCAFÉ n.m. (Nom déposé).

NESTORIANISME n.m.

NESTORIEN, ENNE n. et adj. *Rel.* Hérétique du ve s.

NET, NETTE adj., n.m. et adv.

NETCAM n.f. Caméra diffusant en direct des images sur internet.

NETÉCONOMIE [nèt-] n.f. Économie utilisant les services d'internet.

NÉTIQUETTE n.f. *Inf.* Ensemble des règles de savoir-vivre sur internet.

NETSUKE [nètsuké] n.m. Au Japon, bouton sculpté servant d'attache.

NETTEMENT adv.

NETTETÉ n.f.

NETTOIEMENT n.m.

NETTOYABLE adj.

NETTOYAGE n.m.

NETTOYANT, E adj. et n.m.

NETTOYER v. **27.**

NETTOYEUR, EUSE n.

NETWORK [nètweurk] n.m. Aux États-Unis, réseau de télévision.

NEUCHÂTEL n.m. Vin neuchâtelois.

NEUCHÂTELOIS, E adj. De Neuchâtel (Suisse).

NEUF, NEUVE adj., n.m. et adj.num.card.

NEUFCHÂTEL [nöchatèl] n.m. Fromage au lait de vache.

NEUMATIQUE adj. Relatif aux neumes.

NEUME n.m. *Anc.* Signe de notation musicale.

NEUNEU, S adj. et n. *Fam.* Niais, sot.

NEURAL, E, AUX adj. Relatif au système nerveux.

NEURAMINIDASE n.f. *Méd.* Enzyme qui détecte les virus.

NEURASTHÉNIE n.f.

NEURASTHÉNIQUE adj. et n.

NEURINOME n.m. Tumeur des nerfs périphériques.

NEUROBIOCHIMIE n.f. → **neurochimie.**

NEUROBIOLOGIE n.f. Étude du système nerveux.

NEUROBIOLOGIQUE adj.

NEUROBIOLOGISTE n.

NEUROBLASTE n.m. Cellule nerveuse embryonnaire.

NEUROBLASTOME n.m. Tumeur du système nerveux des jeunes enfants.

NEUROCHIMIE n.f. Biochimie du système nerveux.

NEUROCHIMIQUE adj.

NEUROCHIRURGIE n.f. Chirurgie du système nerveux.

NEUROCHIRURGIEN, ENNE n.

NEURODÉPRESSEUR n.m. Médicament qui ralentit l'activité cérébrale.

NEUROENDOCRINE adj. Relatif aux relations entre le système nerveux et les glandes endocrines.

NEUROFIBRILLE n.f. Fibrille des neurones.

NEUROGÈNE adj. Du système nerveux.

NEUROHORMONE n.f. Hormone sécrétée par les cellules nerveuses.

NEUROLEPTIQUE adj. et n.m. (Médicament) agissant sur les psychoses.

NEUROLOGIE n.f. Branche de la médecine qui étudie le système nerveux.

NEUROLOGIQUE adj.

NEUROLOGISTE n.

NEUROLOGUE n.

NEUROMÉDIATEUR n.m. Substance qui transmet l'influx nerveux.

NEUROMOTEUR, TRICE adj. Du système nerveux, en tant que régulateur de l'activité motrice.

NEUROMUSCULAIRE adj.

NEURONAL, E, AUX adj. Relatif au neurone.

NEURONE n.m. Cellule nerveuse indivisible.

NEURONIQUE adj. → **neuronal.**

NEUROPATHIE n.f. Affection du système nerveux.

NEUROPATHIQUE adj.

NEUROPATHOLOGIE n.f. Pathologie du système nerveux.

NEUROPEPTIDE n.m. Substance chimique du système nerveux.

NEUROPLASTICITÉ n.f. Aptitude du cerveau à se transformer à des fins d'adaptation.

NEUROPLÉGIQUE adj. et n.m. Qui paralyse le système nerveux.

NEUROPSYCHIATRE n. Spécialiste de neurologie et de psychiatrie.

NEUROPSYCHIQUE adj. (Trouble) psychologique à caractère nerveux.

NEURORADIOLOGIE n.f. Radiologie du système nerveux central.

NEUROSCIENCE n.f. Science du système nerveux.

NEUROSÉCRÉTION n.f. Sécrétion des cellules nerveuses.

NEUROTENSINE n.f. *Physiol.* Neuromédiateur.

NEUROTOMIE n.f. Section d'un cordon nerveux.

NEUROTONIE n.f. *Méd.* Déséquilibre neurovégétatif.

NEUROTONIQUE adj. et n.

NEUROTOXICITÉ n.f.

NEUROTOXINE n.f. Toxine qui agit sur le système nerveux.

NEUROTOXIQUE adj.

NEUROTROPE adj. (Germe) qui se fixe sur le système nerveux.

NEUROTROPISME n.m.

NEUROVÉGÉTATIF, IVE adj. Qui règle le fonctionnement des viscères.

NEURULA n.f. *Biol.* Stade embryonnaire des vertébrés.

NEUSTON n.m. Ensemble des organismes flottant à la surface des milieux aquatiques.

NEUSTRIEN, ENNE adj. De Neustrie (ancien royaume franc).

NEUTRALISABLE adj.

NEUTRALISANT, E adj.

NEUTRALISATION n.f.

NEUTRALISER v. **10.**

NEUTRALISME n.m. Refus de s'intégrer à un bloc politique.

NEUTRALISTE adj. et n.

NEUTRALITÉ n.f.

NEUTRE adj. et n.

NEUTRINO n.m. *Phys.* Particule de charge électrique nulle et de masse infime.

NEUTROGRAPHIE n.f. Radiographie effectuée à l'aide de neutrons.

NEUTRON n.m. *Phys.* Particule de charge électrique nulle.

NEUTRONIQUE adj. Relatif aux neutrons.

NEUTRONOGRAPHIE n.f. → **neutrographie.**

NEUTROPÉNIE n.f. *Méd.* Diminution du nombre de certains globules blancs.

NEUTROPHILE adj. et n. *Méd.* (Cellule) ayant une affinité pour les colorants neutres.

NEUVAIN n.m. Poème, strophe de neuf vers.

NEUVAINE n.f. Prières faites pendant neuf jours consécutifs.

NEUVE → **neuf.**

NEUVIÈME adj.num.ord.

NEUVIÈMEMENT adv.

NÉVÉ n.m. Neige durcie.

NEVERSOIS, E adj. De Nevers.

NEVEU, X n.m.

NÉVICIEN, ENNE adj. De Nevis (Antilles).

NÉVRALGIE n.f.

NÉVRALGIQUE adj.

NÉVRAXE n.m. Cerveau et moelle épinière.

NÉVRILÈME n.m. Gaine qui enveloppe les nerfs.

NÉVRITE n.f. Lésion d'un nerf.

NÉVRITIQUE adj.

NÉVRODERMITE n.f. *Méd.* Affection cutanée chronique.

NÉVROGLIE n.f. *Anat.* Tissu glial.

NÉVROME n.m. Tumeur d'un nerf.

NÉVROPATHE adj. et n.

NÉVROPATHIE n.f. Névrose.

NÉVROPTÈRE n.m. Insecte à quatre ailes nervurées.

NÉVROPTÉROÏDE n.m. Insecte, type névroptère.

NÉVROSE n.f.

NÉVROSÉ, E adj. et n.

NÉVROSIQUE adj. → **névrotique.**

NÉVROTIQUE adj. Relatif à la névrose.

NÉVROTOMIE n.f. → **neurotomie.**

NEWS [nyouz] n.m. Hebdomadaire d'informations.

NEWSLETTER [nyouzlèteur] n.f. Lettre d'information envoyée à des internautes.

NEWSMAGAZINE [nyouz-] n.m. → **news.**

NEWTON n.m. Unité de mesure de force.

NEWTONIEN, ENNE adj. *Phys.* Relatif au système de Newton.

NEY [nè] n.m. → **nay.**

NEZ n.m.

NGULTRUM [ngoultroum] n.f. Unité monétaire du Bhoutan.

NI conj.

NIABLE adj. Qui peut être nié.

NIACINE n.f. Vitamine B.

NIAIS, E adj. et n. Sot.

NIAISAGE n.m. *Québ.* Perte de temps, flânerie.

NIAISEMENT adv.

NIAISER v. **10.** *Québ.* Ridiculiser. – *Québ.* Faire l'idiot.

NIAISERIE n.f.

NIAISEUX, EUSE adj. et n. *Québ.* Niais, sot.

NIAMÉYEN, ENNE adj. De Niamey (Niger).

NIANGON n.m. Arbre tropical africain.

NIAOULI n.m. Arbre de Nouvelle-Calédonie.

NIAQUE n.f. → **gnaque.**

NIAULE n.f. → **gnaule.**

NIB adv. Rien.

NIBAR n.m. **(= nibard)** *Fam.* Sein.

NIBARD n.m. → **nibar.**

NICAM n.m. Procédé de codage du son.

NICARAGUAYEN, ENNE [gwa] adj. Du Nicaragua.

NICHE n.f.

NICHÉE n.f.

NICHER v. **10.**

NICHET n.m. Œuf factice pour faire pondre les poules.

NICHEUR, EUSE adj. (Oiseau) qui construit un nid.

NICHOIR n.m. Cage où les oiseaux couvent.

NICHON n.m.

NICHROME n.m. (Nom déposé) Alliage de nickel, de chrome et de fer.

NICKEL n.m. Métal.

NICKELAGE n.m.

NICKELER v. **22** (je nickelle...).

NICKÉLIFÈRE adj. Qui contient du nickel.

NICKÉLINE n.f. Arséniure naturel de nickel.

NICKELURE n.f.

NICNAC n.m. *Belg.* Petit biscuit sec.

NICODÈME n.m. Nigaud.

NIÇOIS, E adj. De Nice.

NICOL n.m. *Opt.* Instrument utilisé dans les expériences de polarisation.

NICOLAÏSME n.m. *Rel.* Doctrine hérétique gnostique (Ier s.).

NICOLAÏTE n.m. Adepte du nicolaïsme.

NICOSIEN, ENNE adj. De Nicosie (Chypre).

NICOTINAMIDE n.m. Vitamine B3 ou PP.

NICOTINE n.f.

NICOTINIQUE adj.

NICOTINISME n.m. → **nicotisme.**

NICOTISME n.m. Tabagisme.

NICTATION n.f. *Zool., Méd.* Clignotement des paupières.

NICTITANT, E adj. (Paupière d'oiseau) qui se déplace horizontalement devant l'œil.

NICTITATION n.f. → **nictation.**

NID n.m.

NIDA n.m. Matériau à structure alvéolaire.

NIDANGE n.m. (Nom déposé) Long manteau de bébé muni d'une capuche.

NIDATION n.f. Implantation de l'œuf dans la muqueuse utérine.

NIDICOLE adj. (Oiseau) qui quitte le nid tardivement.

NIDIFICATEUR, TRICE adj. et n.

NIDIFICATION n.f.

NIDIFIER v. **(p.p.inv.) 15.** Construire son nid.

NIDIFUGE adj. (Oiseau) qui quitte le nid très jeune.

NIDOREUX, EUSE adj. Qui a une odeur d'œuf pourri.

NIDWALDIEN, ENNE [v] adj. Du demi-canton de Nidwald (Suisse).

NIÉBÉ n.m. *Afr.* Variété de haricot.

NIÈCE n.f.

NIELLAGE n.m. Incrustation d'une pièce d'orfèvrerie.

NIELLE 1. n.f. Maladie de l'épi. 2. n.m. Incrustation d'émail noir.

NIELLER v. **10.** Gâter par la nielle. – Orner de nielles.

NIELLEUR, EUSE n. et adj. Graveur de nielles.

NIELLURE n.f. → **niellage.**

NIELSBOHRIUM [nils-] n.m. *Vx.* Bohrium.

NIÈME [ènyèm] adj. et n. → **énième.**

NIER v. **15.**

NIET ❙ [nyèt] adv. et n.m.

NIETZSCHÉEN, ENNE [nitch-] adj. et n. Relatif à la philosophie de Nietzsche.

NIF n.m. **(= nife)** Noyau hypothétique de la Terre, formé de nickel et de fer.

NIFE [nifé] n.m. → **nif.**

NIGAUD, E adj. et n.

NIGAUDERIE n.f.

NIGELLE n.f. Plante à fleurs bleues.

NIGÉRIAN, E adj. Du Nigeria (Afrique occidentale).

NIGÉRIEN, ENNE adj. Du Niger (Afrique occidentale).

NIGRITIQUE adj. Relatif aux Noirs.

NIHILISME n.m. Négation de toute croyance.

NIHILISTE adj. et n.

NILGAU, X n.m. **(= nilgaut)** Antilope d'Asie à cornes courtes.

NILGAUT [nilgô] n.m. → **nilgau.**

NILLE [niy] 1. n.f. Bobine mobile autour de la poignée d'une manivelle. 2. n.f.pl. *Helv.* Articulations des doigts.

NILOTIQUE adj. Relatif au Nil.

NILPOTENT, E adj. *Math.* (Matrice carrée) dont l'une des puissances est nulle.

NIM n.m. → **neem.**

NIMBE n.m. Auréole.

NIMBER v. **10.**

NIMBOSTRATUS n.m. Nuage bas et gris.

NIMBUS n.m. Nuage d'un gris sombre.

NÎMOIS, E adj. De Nîmes.

NINAS [ninas] n.m. Cigarillo.

NINETIES [nayntiz] n.f.pl. Années 1990.

NINJA [ninja] n.m. En Orient, maître des arts martiaux.

NIOBIUM n.m. Métal gris d'acier.

NIÔLE n.f. → **gnaule.**

NIOLO n.m. Fromage corse au lait de brebis.

NIOLU, E adj. et n. *Helv.* Niais, sot.

NIORTAIS, E adj. De Niort.

NIPPE n.f. *Fam.* Vêtement.

NIPPER v. **10.**

NIPPON (f. **NIPPONE** ou **NIPPONNE**) adj. Du Japon.

NIQAB n.m. Voile intégral muni d'une fente pour les yeux, que portent certaines musulmanes.

NIQUE n.f. Signe de moquerie ou de mépris.

NIQUEDOUILLE adj. et n. Nigaud.

NIQUER v. **10.** *Arg.* Posséder sexuellement.

NIRVANA n.m. Extinction de la douleur. – Béatitude.

NISSART n.m. Dialecte de langue d'oc de Nice.

NIT [nit] n.m. *Phys.* Unité de luminance.

NITESCENCE n.f. Lueur.

NITOUCHE n.f. Personne qui affecte des airs d'innocence.

NITRANT, E adj.

NITRATATION n.f. Transformation d'un nitrite en nitrate.

NITRATE n.m. Sel de l'acide nitrique.

NITRATER v. **10.** Additionner de nitrate.

NITRATION n.f. Traitement chimique par l'acide nitrique.

NITRE n.m. *Anc.* Salpêtre.

NITRER v. **10.** Traiter par l'acide nitrique.

NITREUX, EUSE adj. Qui contient du nitre.

NITRIÈRE n.f. Lieu d'où l'on extrait les nitrates.

NITRIFIANT, E adj.

NITRIFICATEUR, TRICE adj.

NITRIFICATION n.f.

NITRIFIER v. **15.** Transformer en nitrate.

NITRILE n.m. Composé organique.

NITRIQUE adj. Azotique.

NITRITE n.m. Sel de l'acide nitreux.

NITRO n.f. *Fam.* Nitroglycérine.

NITROBACTER [-tèr] n.m. Bactérie aérobie du sol.

NITROBACTÉRIE n.f. → **nitrobacter.**

NITROBENZÈNE n.m. Dérivé nitré du benzène.

NITROBENZINE n.f. → **nitrobenzène.**

NITROCELLULOSE n.f. Ester nitrique de la cellulose.

NITROGÉNASE n.f. Enzyme.

NITROGÈNE n.m. *Anc.* Azote.

NITROGLYCÉRINE n.f. Ester nitrique de la glycérine.

NITROPHILE adj. (Plante) qui a besoin de beaucoup de nitrates.

NITROSAMINE n.f. *Chim.* Substance cancérigène.

NITROSATION n.f. Première phase de la nitrification.

NITROSER v. **10.** Commencer à nitrifier.

NITROSOMONAS [-s] n.m. Bactérie provoquant la nitrosation.

NITROSYLE n.m. Oxyde nitrique.

NITROTOLUÈNE n.m. Dérivé nitré du toluène.

NITRURATION n.f.

NITRURE n.m. Combinaison de l'azote avec un métal.

NITRURER v. **10.** Traiter (un alliage ferreux) pour le durcir superficiellement.

NITRYLE n.m. Azotyle.

NIVAL, E, AUX adj. Relatif à la neige.

NIVATION n.f. Influence de la neige sur la formation du relief.

NIVE n.f. Torrent pyrénéen.

NIVÉAL, E, AUX adj. Qui fleurit pendant l'hiver.

NIVEAU, X n.m.

NIVELAGE n.m.

NIVELER v. **22** (je nivelle...).

NIVELETTE n.f. Petit niveau à voyant.

NIVELEUR, EUSE adj. et n.

NIVELLE n.f. Niveau à bulle d'air.

NIVELLEMENT n.m.

NIVELLOIS, E adj. De Nivelles (Belgique).

NIVÉOLE n.f. Plante voisine du perce-neige.

NIVERNAIS, E adj. De la Nièvre. – De Nevers.

NIVEROLLE n.f. Petit passereau des montagnes.

NIVICOLE adj. *Zool., Bot.* Qui vit dans la neige.

NIVOGLACIAIRE adj. (Cours d'eau) alimenté par la neige et les glaciers.

NIVOLOGIE n.f. Étude scientifique de la neige.

NIVOLOGIQUE adj.

NIVOLOGUE n.

NIVOPLUVIAL, E, AUX adj. (Cours d'eau) alimenté par la neige et la pluie.

NIVÔSE n.m. Mois du calendrier républicain.

NIVOSITÉ n.f. *Géogr.* Rapport des précipitations solides aux précipitations totales.

NIXE n.f. Nymphe des eaux de la mythologie germanique.

NIZAM n.m. Titre des souverains d'Hyderabad (Inde).

NIZERÉ [nizré] n.m. Essence de roses blanches.

NÔ n.m. Drame japonais poétique, musical et dansé.

NOBEL n. Personne qui a reçu le prix Nobel.

NOBÉLISABLE adj. et n.

NOBÉLISER v. **10.** Récompenser par un prix Nobel.

NOBÉLIUM n.m. Élément chimique transuranien.

NOBILIAIRE adj. et n.m. Qui appartient à la noblesse.

NOBILITAS [-s] n.f. *Antiq. rom.* Parti aristocratique.

NOBLAILLON, ONNE n. → **nobliau.**

NOBLE adj. et n.

NOBLEMENT adv.

NOBLESSE n.f.

NOBLIAU, X n.m. *Péj.* Homme de petite noblesse.

NOCE n.f.

NOCER v. **(p.p.inv.) 13.** *Fam.* Faire bombance.

NOCEUR, EUSE n. *Fam.* Fêtard.

NOCHER n.m. *Litt.* Celui qui conduit une barque.

NOCHÈRE n.f. Conduite de planches pour l'écoulement des eaux pluviales.

NOCICEPTEUR n.m. *Physiol.* Récepteur stimulé par la douleur.

NOCICEPTIF, IVE adj.

NOCICEPTION n.f. *Physiol.* Sensibilité à la douleur.

NOCIF, IVE adj.

NOCIVITÉ n.f.

NOCTAMBULE n.

NOCTAMBULISME n.m.

NOCTIFLORE adj. *Bot.* Qui fleurit la nuit.

NOCTILUQUE n.f. *Zool.* Protozoaire qui rend la mer lumineuse la nuit.

NOCTUELLE n.f. Papillon de nuit.

NOCTUIDÉ n.m. Papillon de nuit.

NOCTULE n.f. Chauve-souris.

NOCTURNAL, AUX n.m. *Rel.* Office de nuit.

NOCTURNE adj., n.m. et n.f.

NOCUITÉ n.f. *Méd.* Nocivité.

NODAL, E, AUX adj. Qui forme un nœud.

NODOSITÉ n.f. *Méd., Bot.* Excroissance.

NODULAIRE adj. Relatif aux nœuds.

NODULE n.m. Petite nodosité.

NODULEUX, EUSE adj. Qui a beaucoup de petits nœuds.

NOËL n.m.

NOÉMATIQUE adj. Relatif à un noème.

NOÈME n.m. *Philos.* Ce qui est pensé.

NOÈSE n.f. *Philos.* Acte de penser.

NOÉTIQUE adj. *Philos.* Intellectuel et non affectif.

NŒUD n.m.

NOIR, NOIRE adj. et n.

NOIRÂTRE adj.

NOIRAUD, E adj. et n.

NOIRCEUR n.f.

NOIRCIR v. **40.**

NOIRCISSEMENT n.m.

NOIRCISSEUR, EUSE n. *Fam.* Écrivain trop fécond.

NOIRCISSURE n.f.

NOISE n.f. *Anc.* Querelle.

NOISERAIE n.f. Lieu planté de noyers ou de noisetiers.

NOISETIER n.m.

NOISETTE n.f.

NOISETTINE n.f. Petit gâteau aux noisettes.

NOIX n.f.

NOLIS [noli] n.m. Fret.

NOLISEMENT n.m.

NOLISER v. **10.** Affréter.

NOLITION n.f. *Philos.* Action de ne pas vouloir.

NOM n.m.

NOMA n.m. *Méd.* Gangrène de la région de la joue.

NOMADE adj. et n.

NOMADISATION n.f.

NOMADISER (SE) v. **10.** Devenir nomade.

NOMADISME n.m.

NOMBRABLE adj. Que l'on peut compter.

NOMBRE n.m.

NOMBRER v. **10.** Compter.

NOMBREUX, EUSE adj.

NOMBRIL n.m.

NOMBRILISME n.m. Égocentrisme.

NOMBRILISTE adj. et n.

NOME n.m. Division de l'ancienne Égypte.

NOMENCLATEUR, TRICE adj. et n.

NOMENCLATURE n.f. Ensemble des termes techniques d'une science.

NOMENKLATURA n.f. Ensemble des privilégiés.

NOMENKLATURISTE n. Membre de la nomenklatura.

NOMINAL, E, AUX adj. Relatif au nom.

NOMINALEMENT adv.

NOMINALISATION n.f.

NOMINALISER v. **10.** *Ling.* Transformer (une phrase) en un groupe nominal.

NOMINALISME n.m. *Philos.* Négation des idées générales.

NOMINALISTE adj. et n.

NOMINATIF, IVE 1. adj. Qui contient des noms. 2. n.m. *Ling.* Cas sujet.

NOMINATION n.f.

NOMINATIVEMENT adv.

NOMINER v. **10.** Sélectionner pour un prix, une distinction.

NOMINETTE n.f. *Belg.* Bandelette identifiant le propriétaire d'un vêtement.

NOMMAGE n.m. *Inf.* Désignation de l'adresse d'un site internet.

NOMMÉMENT adv.

NOMMER v. **10.**

NOMOGRAMME n.m. Graphique coté qui remplace les calculs.

NOMOGRAPHE n.m. Auteur d'un recueil de lois.

NOMOGRAPHIE n.f. Mode de calcul à l'aide de graphiques.

NOMOLOGIE n.f. Science des lois.

NOMOLOGIQUE adj.

NOMOTHÈTE n.m. *Antiq.* Législateur.

NON ❙ adv. et n.m.

NONAGÉNAIRE adj. et n.

NONAGÉSIME n.m. et adj. *Astr.* Point de l'écliptique qui est à 90° des points où ce cercle coupe le plan horizontal.

NONANTAINE n.f. *Belg., Helv.* Quatre-vingt-dix environ.

NONANTE ❙ adj.num.card. *Belg., Helv.* Quatre-vingt-dix.

NONANTIÈME adj.num.ord.

NONCE n.m. Ambassadeur du pape.

NONCHALAMMENT adv.

NONCHALANCE n.f.

NONCHALANT, E adj. et n.

NONCHALOIR n.m. Nonchalance.

NONCIATURE n.f. Fonction de nonce.

NONE 1. n.f. *Antiq. rom.* Quatrième partie du jour. 2. n.f.pl. *Antiq.* rom. Cinquième ou septième jour de certains mois.

NONIDI n.m. Neuvième jour de la décade, dans le calendrier républicain.

NONNE n.f.

NONNETTE n.f. *Fam.* Jeune religieuse.

NONOBSTANT prép. et adv. Malgré.

NONOS [-s] n.m. *Fam.* Os.

NONPAREIL, EILLE adj. Sans égal.

NONSENSE [nonsèns] n.m. Genre littéraire anglais.

NONUPLE adj. et n.m.

NONUPLER v. **10.** Multiplier par neuf.

NOOLOGIQUE adj. (Science) ayant pour objet le monde de l'esprit.

NOOSPHÈRE n.f. Monde de la pensée, chez Teilhard de Chardin.

NOPAL, S n.m. Opuntia à rameaux aplatis.

NORADRÉNALINE n.f. Hormone voisine de l'adrénaline.

NORADRÉNERGIQUE adj. Relatif à la noradrénaline.

NORAMIDOPYRINE n.f. Analgésique.

NORD ❙ adj. et n.m.

NORDÉ n.m. **(= nordet)** *Mar.* Vent du nord-est.

NORDET n.m. → **nordé.**

NORDICITÉ n.f. *Québ.* Caractère nordique (d'un lieu, d'une région).

NORDIQUE adj.

NORDIR v. **(p.p.inv.) 40.** → **anordir.**

NORDISTE n. et adj. Partisan des États du Nord, pendant la guerre de Sécession.

NORI n.m. Algue séchée utilisée dans la cuisine japonaise.

NORIA n.f. Machine à godets qui élève l'eau.

NORIEN, ENNE n.m. et adj. *Géol.* Étage du trias supérieur.

NORMAL, E, AUX adj. et n.f.

NORMALEMENT adv.

NORMALIEN, ENNE n. Élève d'une école normale.

NORMALISATEUR, TRICE adj. et n.

NORMALISATION n.f.

NORMALISER v. **10.**

NORMALITÉ n.f. État de ce qui est normal.

NORMAND, E adj.

NORMATIF, IVE adj. Dont on dégage des règles.

NORMATIVISME n.m. Attitude normative.

NORMATIVISTE adj. et n.

NORMATIVITÉ n.f.

NORME n.f.

NORMER v. **10.** Fixer selon une norme.

NORMOGRAPHE n.m. Appareil permettant d'écrire des lettres, des chiffres, des symboles.

NOROIS, E 1. adj. et n.m. **(= norrois)** (Langue) scandinave ancienne. 2. n.m. **(= noroît)** Vent du nord-ouest.

NOROÎT n.m. → **norois** 2.

NORROIS, E adj. et n.m. → **norois** 1.

NORVÉGIEN, ENNE adj. et n.m. De Norvège.

NOS → **notre.**

NOSÉMOSE n.f. Maladie de l'appareil digestif des abeilles.

NOSOCOMIAL, E, AUX adj. *Méd.* (Infection) contractée en milieu hospitalier.

NOSOCONIOSE n.f. Maladie due aux poussières.

NOSOGRAPHIE n.f. Description des maladies.

NOSOGRAPHIQUE adj.

NOSOLOGIE n.f. Classification des maladies.

NOSOLOGIQUE adj.

NOSOPHOBIE n.f. Crainte d'attraper une maladie.

NOSSEIGNEURS → **monseigneur.**

NOSTALGIE n.f.

NOSTALGIQUE adj. et n.

NOSTALGIQUEMENT adv.

NOSTOC n.m. Algue gélatineuse.

NOSTRAS [-s] adj.m. *Choléra nostras :* diarrhée saisonnière.

NOTABILITÉ n.f. Personne en vue.

NOTABLE adj. et n.m.

NOTABLEMENT adv. Beaucoup.

NOTAIRE n.

NOTAIRESSE n.f. Femme d'un notaire.

NOTAMMENT adv.

NOTARIAL, E, AUX adj.

NOTARIAT n.m. Fonction de notaire.

NOTARIÉ, E adj. (Acte) passé devant notaire.

NOTATEUR, TRICE n. Technicien qui retranscrit une œuvre chorégraphique.

NOTATION n.f. Action de représenter, de noter.

NOTE n.f.

NOTEBOOK n.m. Ordinateur de la taille d'un bloc-notes.

NOTER v. **10.**

NOTHOFAGUS n.m. Hêtre de l'hémisphère Sud.

NOTICE n.f.

NOTIFICATIF, IVE adj. Qui sert à notifier.

NOTIFICATION n.f.

NOTIFIER v. **15.**

NOTION n.f.

NOTIONNEL, ELLE adj.

NOTOCORDE n.f. *Anat.* Chorde dorsale.

NOTOIRE adj.

NOTOIREMENT adv.

NOTONECTE n.f. Insecte des mares.

NOTORIÉTÉ n.f.

NOTRE (pl. **NOS**) adj.poss.

NÔTRE (pl. **NÔTRES**) pr.poss., adj.poss. et n.m.pl.

NOTULE n.f. Remarque sur un point de détail.

NOUAGE n.m. Action de nouer.

NOUAISON n.f. *Bot.* Formation du fruit.

NOUAKCHOTTOIS, E adj. De Nouakchott (Mauritanie).

NOUBA n.f. Bombance.

NOUC n.m. **(= noucle)** En Acadie, nœud.

NOUCHI n.m. En Côte d'Ivoire, argot dérivé du français.

NOUCLE n.m. → **nouc.**

NOUE n.f. Terre à herbages. – Angle rentrant formé par deux pans de toit.

NOUEMENT n.m. *Vx.* Action de nouer.

NOUER v. **10.**

NOUET n.m. *Vx.* Linge noué contenant une substance à infuser.

NOUEUR n.m. Dispositif de nouage.

NOUEUX, EUSE adj.

NOUGAT n.m.

NOUGATINE n.f. Nougat dur caramélisé.

NOUILLE adj. et n.f.

NOUKTA n.f. Au Maghreb, histoire drôle.

NOULET n.m. Pièce de charpente.

NOUMÉEN, ENNE adj. De Nouméa (Nouvelle-Calédonie).

NOUMÉNAL, E, AUX adj.

NOUMÈNE n.m. *Philos.* Chez Kant, concept de la chose en soi, par opposition au phénomène.

NOUNOU n.f. Nourrice.

NOUNOURS n.m. Ours en peluche.

NOURRAIN n.m. Alevin mis dans un étang pour le repeupler.

NOURRICE n.f.

NOURRICERIE n.f. Lieu où l'on engraisse les bestiaux.

NOURRICIER, ÈRE adj.

NOURRIR v. **40.**

NOURRISSAGE n.m. Élevage des bestiaux.

NOURRISSANT, E adj.

NOURRISSEMENT n.m. Apport supplémentaire de miel ou de sucre à la ruche.

NOURRISSEUR n.m. Celui qui nourrit des vaches pour vendre leur lait.

NOURRISSON n.m.

NOURRITURE n.f.

NOUS pr.pers.

NOUURE n.f. → **nouaison.**

NOUVEAU ou **NOUVEL** ❙, **NOUVELLE, NOUVEAUX** adj. et n.

NOUVEAUTÉ n.f.

NOUVEL ❙ → **nouveau.**

NOUVELLE → **nouveau.**

NOUVELLEMENT adv.

NOUVELLISTE n. Auteur de nouvelles.

NOVA (pl. **NOVAE** [nové] ou **NOVAS**) n.f. Étoile invisible qui devient brusquement brillante.

NOVAE ❙ [nové] → **nova.**

NOVATEUR, TRICE adj. et n. Qui innove.

NOVATION n.f. *Dr.* Substitution d'un nouveau titre de créance à un ancien.

NOVATOIRE adj. Relatif à la novation.

NOVELETTE n.f. *Mus.* Pièce pour piano.

NOVÉLISATION n.f.

NOVÉLISER v. **10 (= novelliser)** Transformer (un scénario) en roman.

NOVELLE n.f. *Dr. rom.* Édit venu s'ajouter à un code antérieur.

NOVELLISATION n.f.

NOVELLISER v. **10.** → **novéliser.**

NOVEMBRE n.m.

NOVER v. **10.** *Dr.* Renouveler (une obligation).

NOVI n. *Fam.* Dans le Midi, nouveau marié.

NOVICE adj. et n.

NOVICIAT n.m. Temps d'épreuve imposé à un candidat à la vie religieuse.

NOVILLADA [noviyada] n.f. Course de taureaux pour novilleros.

NOVILLERO [noviyérô] n.m. Jeune torero.

NOVILLO [noviyô] n.m. *Taur.* Jeune taureau.

NOVLANGUE n.f. Langue de bois.

NOVO | (DE) loc. De manière spontanée.

NOVOCAÏNE n.f. Anesthésique local (procaïne).

NOVOTIQUE n.f. Ensemble des techniques et des phénomènes économiques liés aux microprocesseurs et à l'informatique.

NOYADE n.f.

NOYAGE n.m. *Techn.* Action d'immerger.

NOYAU, X n.m.

NOYAUTAGE n.m.

NOYAUTER v. **10.** Infiltrer (un groupe).

NOYAUTEUR, EUSE 1. n.m. Ouvrier qui réalise les noyaux des moules de fonderie. 2. n.f. Machine.

NOYER n.m.

NOYER v. **27.**

NOYERAIE [nwayrè] n.f. Plantation de noyers.

NU, NUE adj., n.m. et n.f.

NUAGE n.m.

NUAGEUX, EUSE adj.

NUAISON n.f. *Mar.* Durée d'un même vent, d'un même climat.

NUANCE n.f.

NUANCEMENT n.m.

NUANCER v. **13.**

NUANCIER n.m. Présentoir de coloris.

NUBA [ou] adj. D'un peuple du Soudan.

NUBIEN, ENNE adj. De la Nubie (nord du Soudan et sud de l'Égypte).

NUBILE adj. En âge d'être marié.

NUBILITÉ n.f.

NUBUCK [nubuk] n.m. Cuir de bovin ayant l'apparence du daim.

NUCAL, E, AUX adj. Relatif à la nuque.

NUCELLAIRE adj. Relatif au nucelle.

NUCELLE n.m. Partie principale de l'ovule d'une angiosperme.

NUCLÉAIRE adj. et n.m.

NUCLÉARISATION n.f.

NUCLÉARISER v. **10.** Convertir à l'énergie nucléaire.

NUCLÉARISTE n. Partisan du nucléaire.

NUCLÉASE n.f. Enzyme.

NUCLÉÉ, E adj. *Biol.* Qui possède un ou plusieurs noyaux.

NUCLÉIDE n.m. **(= nuclide)** Noyau atomique.

NUCLÉINE n.f. Protéine complexe.

NUCLÉIQUE adj. (Acide) qui est un des composants fondamentaux de la cellule.

NUCLÉOCAPSIDE n.f. Enveloppe des virus.

NUCLÉOCRATE n. *Péj.* Technocrate du nucléaire.

NUCLÉOLE n.m. Corps sphérique à l'intérieur du noyau des cellules.

NUCLÉOLYSE n.f. Procédé pour traiter les hernies discales.

NUCLÉON n.m. *Phys.* Particule constituant le noyau d'un atome.

NUCLÉONIQUE adj.

NUCLÉOPHILE adj. et n.m. (Molécule ou ion) pouvant donner une paire d'électrons.

NUCLÉOPROTÉIDE n.m. Combinaison d'un acide nucléique et d'une protéine basique.

NUCLÉOPROTÉINE n.f. → **nucléoprotéide.**

NUCLÉOSIDE n.m. *Biochim.* Combinaison d'un ose avec une base azotée.

NUCLÉOSOME n.m. Élément de base de la chromatine.

NUCLÉOSYNTHÈSE n.f. Formation d'éléments chimiques par réactions nucléaires dans les astres.

NUCLÉOTIDE n.m. *Biochim.* Molécule résultant de la phosphorylation d'un nucléoside.

NUCLÉOTIDIQUE adj.

NUCLÉUS n.m. *Hist.* Noyau de silex.

NUCLIDE n.m. → **nucléide.**

NUCULE n.f. *Bot.* Akène à paroi très dure. – Mollusque bivalve.

NUDIBRANCHE n.m. Mollusque gastéropode marin.

NUDISME n.m.

NUDISTE adj. et n.

NUDITÉ n.f.

NUÉE n.f. Gros nuage.

NUEMENT adv. **(= nûment)** *Anc.* Sans déguisement.

NUER v. **10.** Assortir (des couleurs).

NUGGET [neugèt] n.m. Croquette.

NUIRE v. **(p.p.inv.) 136.**

NUISANCE n.f. Élément qui provoque l'inconfort.

NUISETTE n.f. Chemisette de nuit.

NUISIBILITÉ n.f.

NUISIBLE adj. et n.m.

NUISIBLEMENT adv.

NUIT n.f.

NUITAMMENT adv.

NUITARD, E n. *Fam.* Travailleur de nuit.

NUITÉE n.f.

NUITEUX, EUSE n. Noctambule.

NUL, NULLE adj., n. et pr.indéf.

NULLARD, E adj. et n. Sans valeur, incompétent.

NULLEMENT adv.

NULLIPARE adj. et n.f. (Femme) qui n'a pas eu d'enfant.

NULLITÉ n.f.

NÛMENT adv. → **nuement.**

NUMÉRAIRE n.m. et adj. Monnaie légale.

NUMÉRAL, E, AUX adj. et n.m.

NUMÉRATEUR n.m. Terme supérieur d'une fraction.

NUMÉRATIF, IVE adj. Qui sert à la numération.

NUMÉRATION n.f. Façon d'écrire les nombres.

NUMÉRIQUE adj.

NUMÉRIQUEMENT adv.

NUMÉRISABLE adj.

NUMÉRISATION n.f.

NUMÉRISER v. **10.** *Inf.* Exprimer sous forme numérique.

NUMÉRISEUR n.m. *Inf.* Dispositif de numérisation.

NUMÉRO n.m.

NUMÉROLOGIE n.f. Divination pratiquée à l'aide de l'analyse numérique des nom, prénom, date de naissance, etc., des personnes qui en sont l'objet.

NUMÉROLOGIQUE adj.

NUMÉROLOGUE n.

NUMÉROTAGE n.m.

NUMÉROTATION n.f.

NUMÉROTER v. **10.**

NUMÉROTEUR, EUSE n.m. et adj. Appareil pour numéroter.

NUMIDE adj. *Antiq.* De la Numidie (Afrique du Nord).

NUMISMATE n. Spécialiste de la monnaie et des médailles.

NUMISMATIQUE adj. et n.f.

NUMMULAIRE n.f. Plante dont les feuilles rondes évoquent la monnaie.

NUMMULITE n.f. *Zool., Géol.* Protozoaire fossile du tertiaire.

NUMMULITIQUE adj.

NUNATAK n.m. Pointement rocheux isolé, au Groenland.

NUNAVIMIUQ [nounavimiouk] adj. Du Nunavik (Québec).

NUNAVUMIUQ [nounavoumiouk] adj. Du Nunavut (Canada).

NUNCHAKU [nounchakou] n.m. Fléau d'armes japonais.

NUNCUPATIF, IVE [-on-] adj. *Dr. rom.* (Testament) fait par simple déclaration devant témoins.

NUNCUPATION [-on-] n.f. *Dr. rom.* Déclaration solennelle de testateur.

NUNUCHE adj. et n.f. *Fam.* Un peu niais.

NUPTIAL, E, AUX adj.

NUPTIALITÉ n.f. Proportion de mariages dans un pays.

NUQUE n.f.

NURAGHE [nouragé] (pl. **NURAGHI** ou **NURAGHES**) n.m. *Hist.* Tour tronconique sarde.

NURAGHI ❙ → **nuraghe.**

NURAGIQUE [nourajik] adj. Relatif à la civilisation qui érigea les nuraghes (du Xᵉ s. au VIᵉ s. av. J.-C.).

NURSAGE n.m. → **nursing.**

NURSE n.f.

NURSERIE n.f. **(= nursery).**

NURSERY (pl. **NURSERIES** ou **NURSERYS**) n.f. → **nurserie.**

NURSING n.m. Soins donnés aux malades alités.

NUTATION n.f. Balancement périodique de l'axe de rotation de la Terre.

NUTRICIER, ÈRE adj. Nutritif.

NUTRIMENT n.m. Aliment directement assimilable.

NUTRITHÉRAPIE n.f. Thérapie par les nutriments.

NUTRITIF, IVE adj.

NUTRITION n.f.

NUTRITIONNEL, ELLE adj.

NUTRITIONNISTE n. Spécialiste de la diététique.

NYALA n.m. Antilope d'Afrique du Sud.

NYCTAGINACÉE n.f. Plante apétale.

NYCTALE n.f. Rapace nocturne.

NYCTALOPE adj. et n. Qui voit mieux la nuit que le jour.

NYCTALOPIE n.f.

NYCTHÉMÉRAL, E, AUX adj. Qui a la durée du nycthémère.

NYCTHÉMÈRE n.m. Durée de 24 heures comprenant un jour et une nuit.

NYCTURIE n.f. Élimination d'urine à prédominance nocturne.

NYLON n.m. (Nom déposé).

NYMPHAL, E (pl. **NYMPHALS** ou **NYMPHAUX**) adj. Relatif à une nymphe d'insecte.

NYMPHALIDÉ n.m. Papillon diurne.

NYMPHE n.f. Déesse d'un rang inférieur. – Stade de la métamorphose des insectes.

NYMPHÉA n.m. Nénuphar.

NYMPHÉACÉE n.f. Plante aquatique, type nénuphar.

NYMPHÉE n.m. *Antiq.* Lieu dédié aux nymphes.

NYMPHETTE n.f. Adolescente aguichante.

NYMPHO n.f. et adj.f. *Fam.* Nymphomane.

NYMPHOMANE n.f. et adj.f. Obsédée sexuelle.

NYMPHOMANIE n.f.

NYMPHOSE n.f. Lente transformation d'une larve.

NYSTAGMUS n.m. Oscillation pathologique des yeux.

NYSTATINE n.f. Antibiotique antifongique.

OARISTYS [-s] n.f. *Litt.* Entretien amoureux.

OASIEN, ENNE adj. et n. Relatif aux oasis.

OASIS n.f.

OBA n.m. *Hist.* Roi du Bénin.

OBDUCTION n.f. *Géol.* Chevauchement de la croûte continentale par la croûte océanique.

OBÉCHÉ n.m. Grand arbre africain.

OBÉDIENCE n.f. Fidélité, adhésion.

OBÉDIENCIER n.m. Religieux soumis à l'autorité d'un supérieur.

OBÉDIENTIEL, ELLE adj.

OBÉIR v. **40.** *Être obéi :* être écouté, respecté.

OBÉISSANCE n.f.

OBÉISSANT, E adj.

OBEL n.m. **(= obèle)** Signe marquant une interpolation, dans un manuscrit ancien.

OBÈLE n.m. → **obel.**

OBÉLISQUE n.m. Pierre taillée en forme de pyramide élancée.

OBÉRER v. **12.** Accabler d'une lourde charge financière.

OBÈSE adj. et n.

OBÉSITÉ n.f.

OBI n.f. Ceinture de soie portée sur le kimono, au Japon.

OBIER n.m. Arbuste appelé aussi *boule-de-neige.*

OBIT [-t] n.m. Service funéraire.

OBITUAIRE adj. et n.m. (Registre) comportant la liste des obits célébrés dans une église.

OBJECTAL, E, AUX adj. *Psych.* Relatif à l'objet.

OBJECTER v. **10.**

OBJECTEUR, TRICE n.

OBJECTIF, IVE adj. et n.m.

OBJECTION n.f.

OBJECTIVABLE adj.

OBJECTIVATION n.f.

OBJECTIVEMENT adv.

OBJECTIVER v. **10.** Transformer en réalité objective.

OBJECTIVISME n.m. Croyance à l'existence d'une réalité objective.

OBJECTIVISTE adj. et n.

OBJECTIVITÉ n.f.

OBJET n.m.

OBJURGATION n.f. Exhortation pressante à ne pas faire quelque chose.

OBLADE n.f. Poisson osseux.

OBLAT, E n. Laïque qui vit dans une communauté religieuse. – Religieux de certains ordres.

OBLATIF, IVE adj. *Psych.* Qui fait passer les besoins d'autrui avant les siens.

OBLATION n.f. Offrande religieuse.

OBLATIVITÉ n.f.

OBLATURE n.f. État, situation d'oblat.

OBLIGATAIRE 1. adj. Constitué par des obligations. 2. n. Propriétaire d'obligations.

OBLIGATION n.f.

OBLIGATOIRE adj.

OBLIGATOIREMENT adv.

OBLIGÉ, E adj. et n.

OBLIGEAMMENT adv.

OBLIGEANCE n.f.

OBLIGEANT, E adj. Serviable.

OBLIGER v. **17.**

OBLIQUE adj. et n.f.

OBLIQUEMENT adv.

OBLIQUER v. **(p.p.inv.) 10.**

OBLIQUITÉ [kwi] n.f.

OBLITÉRATEUR, TRICE adj. et n.m.

OBLITÉRATION n.f.

OBLITÉRER v. **12.**

OBLONG, OBLONGUE adj. De forme allongée.

OBLONGUE → **oblong.**

OBNUBILATION n.f.

OBNUBILER v. **10.** Obséder, fasciner.

OBOLE n.f. Petite contribution en argent.

OBOMBRER v. **10.** *Litt.* Couvrir d'ombre.

OBSCÈNE adj.

OBSCÉNITÉ n.f.

OBSCUR, E adj.

OBSCURANTISME n.m.

OBSCURANTISTE adj. et n.

OBSCURATION n.f. Obscurcissement dû à une éclipse.

OBSCURCIR v. **40.**

OBSCURCISSEMENT n.m.

OBSCURÉMENT adv.

OBSCURITÉ n.f.

OBSÉCRATION n.f. Prière instante.

OBSÉDANT, E adj.

OBSÉDER v. **12.**

OBSÉQUENT, E adj. *Géogr.* (Cours d'eau) qui coule en sens inverse des strates du terrain.

OBSÈQUES n.f.pl.

OBSÉQUIEUSEMENT adv.

OBSÉQUIEUX, EUSE adj. Servile.

OBSÉQUIOSITÉ n.f.

OBSERVABILITÉ n.f.

OBSERVABLE adj.

OBSERVANCE n.f. Obéissance à une règle religieuse.

OBSERVANTIN, E adj. et n. (Religieux) de stricte observance.

OBSERVATEUR, TRICE adj. et n.

OBSERVATION n.f.

OBSERVATIONNEL, ELLE adj. Fondé sur l'observation.

OBSERVATOIRE n.m.

OBSERVER v. **10.**

OBSESSIF, IVE adj.

OBSESSION n.f.

OBSESSIONNEL, ELLE adj. et n.

OBSIDIENNE n.f. Roche volcanique.

OBSIDIONAL, E, AUX adj. Relatif au siège d'une ville.

OBSOLESCENCE n.f.

OBSOLESCENT, E adj. En désuétude.

OBSOLÈTE adj. Qui n'est plus en usage.

OBSTACLE n.m.

OBSTÉTRICAL, E, AUX adj.

OBSTÉTRICIEN, ENNE n.

OBSTÉTRIQUE n.f. Partie de la médecine qui traite de l'accouchement.

OBSTINATION n.f.

OBSTINÉMENT adv.

OBSTINER (S') v. **10.**

OBSTINEUR, EUSE adj. et n. **(= obstineux)** *Québ.* Qui s'obstine.

OBSTINEUX, EUSE adj. et n. → **obstineur.**

OBSTRUCTIF, IVE adj. *Méd.* Qui cause une obstruction.

OBSTRUCTION n.f.

OBSTRUER v. **10.**

OBTEMPÉRER v. **(p.p.inv.) 12.** Obéir.

OBTENIR v. **42.**

OBTENTEUR, TRICE n. Créateur d'une variété végétale.

OBTENTION n.f.

OBTURATEUR, TRICE adj. et n.m.

OBTURATION n.f.

OBTURER v. **10.**

OBTUS, E adj. (Angle) de plus de 90°. – (Esprit) borné.

OBTUSANGLE [z] adj. (Triangle) qui a un angle obtus.

OBTUSION n.f. *Psych.* Lenteur d'esprit.

OBUS n.m.

OBUSIER n.m.

OBVENIR v. **42.** *Dr.* Échoir.

OBVERS, E n. Avers d'une médaille, opposé au revers.

OBVIER v. **(p.p.inv.) 15.** Prévenir, porter remède d'avance.

OBWALDIEN, ENNE [v] adj. Du demi-canton d'Obwald (Suisse).

OC adv. *Langue d'oc :* ensemble des dialectes du sud de la France.

OCARINA n.m. Petit instrument de musique à vent.

OCCASE n.f. *Fam.* Occasion.

OCCASION n.f.

OCCASIONNALISME n.m. *Philos.* Doctrine des causes occasionnelles.

OCCASIONNEL, ELLE adj.

OCCASIONNER v. **10.**

OCCIDENT n.m.

OCCIDENTAL, E, AUX adj.

OCCIDENTALISER v. **10.**

OCCIDENTALISME n.m.

OCCIDENTALISTE n. et adj. *Hist.* Membre de l'intelligentsia russe du XIXe s., partisan d'une évolution à l'occidentale.

OCCIPITAL, E, AUX adj. De l'occiput.

OCCIPUT [-t] n.m. Partie inférieure et postérieure de la tête.

OCCIRE v. déf. (**occis, occise, occises**) Tuer.

OCCITAN, E adj. et n.m. Relatif à l'Occitanie, pays de la langue d'oc.

OCCITANISME n.m. Défense de la culture occitane.

OCCITANISTE adj. et n.

OCCLURE v. **144.** *Méd.* Fermer (un orifice).

OCCLUSAL, E, AUX adj. *Méd.* Relatif à une occlusion.

OCCLUSIF, IVE adj. et n.f.

OCCLUSION n.f.

OCCULTATION n.f.

OCCULTE adj.

OCCULTER v. **10.** Cacher, rendre peu visible.

OCCULTISME n.m. Pratique des sciences occultes.

OCCULTISTE adj. et n.

OCCUPANT, E adj. et n.

OCCUPATION n.f.

OCCUPATIONNEL, ELLE adj. (Psychothérapie) centrée sur la réadaptation sociale.

OCCUPER v. **10.**

OCCURRENCE n.f. Circonstance, occasion. – *Ling.* Apparition d'un mot dans un texte.

OCCURRENT, E adj. *Rel.* (Fête) qui tombe le même jour qu'une autre.

OCÉAN n.m.

OCÉANAUTE n. Explorateur sous-marin.

OCÉANE adj.f.

OCÉANIDE n.f. *Antiq.* Nymphe de la mer.

OCÉANIEN, ENNE adj. De l'Océanie.

OCÉANIQUE adj.

OCÉANITE n.f. Petit oiseau marin.

OCÉANOGRAPHE n.

OCÉANOGRAPHIE n.f. Étude des océans.

OCÉANOGRAPHIQUE adj.

OCÉANOLOGIE n.f. → **océanographie.**

OCÉANOLOGIQUE adj.

OCÉANOLOGUE n.

OCELLE n.m. Œil simple des insectes. – Tache ronde sur une aile d'insecte, un plumage, etc.

OCELLÉ, E adj. Marqué d'ocelles.

OCELOT [oslô] n.m. Félidé sauvage à la robe ocellée.

OCHRACÉ, E [okr-] adj. D'un brun-jaune clair.

OCHRONOSE [okr-] n.f. *Méd.* Affection caractérisée par la coloration de certaines régions de la peau.

OCRE adj. et n.f.

OCRER v. **10.**

OCREUX, EUSE adj. De couleur ocre.

OCTAÈDRE adj. et n.m. *Math.* (Solide) à huit faces.

OCTAÉDRIQUE adj.

OCTAL, E, AUX adj. Qui a pour base le nombre huit.

OCTANE n.m. Hydrocarbure.

OCTANOÏQUE adj. (Acide gras) à huit atomes de carbone.

OCTANT n.m. *Math.* Huitième partie du cercle.

OCTANTE ▌ adj.num.card. *Vx.* Quatre-vingts.

OCTANTIÈME adj.num.ord.

OCTASTYLE adj. (**= octostyle**) *Arch.* Qui a huit colonnes de front.

OCTAVE n.f. *Rel.* Période de huit jours suivant une fête principale. – *Mus.* Intervalle entre deux notes, portant le même nom, dans deux gammes successives.

OCTAVIER v. **15.** *Mus.* Jouer à l'octave supérieure.

OCTAVIN n.m. Petite flûte jouant une octave plus haut que la grande flûte.

OCTAVO adv. Huitièmement.

OCTAVON, ONNE adj. et n. Né de parents dont l'un est un quarteron et l'autre, un Blanc.

OCTET [-è] n.m. *Inf.* Élément d'information de huit bits.

OCTET [-èt] n.m. (**= octette**) Orchestre de jazz de huit musiciens.

OCTETTE n.m. → **octet** [-èt].

OCTIDI n.m. Huitième jour de la décade, dans le calendrier républicain.

OCTOBRE n.m.

OCTOCORALLIAIRE n.m. *Zool.* Cnidaire à huit tentacules, type corail.

OCTODON n.m. Rongeur herbivore.

OCTOGÉNAIRE adj. et n.

OCTOGONAL, E, AUX adj.

OCTOGONE n.m. *Math.* Polygone qui a huit angles et huit côtés.

OCTOPODE adj. et n.m. Qui a huit pieds.

OCTOSTYLE adj. → **octastyle.**

OCTOSYLLABE adj. et n.m.

OCTOSYLLABIQUE adj.

OCTROI n.m. Action d'octroyer. – Droit d'entrée qui taxait certaines marchandises. – Bureau où se payait ce droit.

OCTROYER v. **27.**

OCTUOR n.m. *Mus.* Composition pour huit instruments.

OCTUPLE adj. et n.m.

OCTUPLER v. **10.** Multiplier par huit.

OCULAIRE adj. et n.m.

OCULARISTE n. Spécialiste de prothèse oculaire.

OCULÉ, E adj. *Zool.* Qui possède des taches en forme d'œil.

OCULI | → **oculus.**

OCULISTE n.

OCULOGYRE adj. Relatif à la rotation latérale des yeux.

OCULOMOTEUR, TRICE adj. Relatif à la motricité des yeux.

OCULUS (pl. **OCULI**) n.m. *Arch.* Petite ouverture ronde.

OCYTOCINE n.f. Hormone de l'hypophyse.

OCYTOCIQUE adj.

ODALISQUE n.f. Femme d'un harem.

ODE n.f.

ODELETTE n.f. Petite ode.

ODÉON n.m. *Antiq.* Édifice consacré à la musique.

ODEUR n.f.

ODIEUSEMENT adv.

ODIEUX, EUSE adj.

ODOLOGIE n.f. Étude scientifique de la voix chantée.

ODOMÈTRE n.m. Appareil mesurant la distance parcourue par une voiture ou un piéton.

ODOMÉTRIE n.f.

ODONATE n.m. Insecte à larve aquatique, type libellule.

ODONTALGIE n.f. Mal de dents.

ODONTALGIQUE adj.

ODONTOCÈTE n.m. Cétacé ayant des dents, type cachalot.

ODONTOÏDE adj. *Anat.* En forme de dent.

ODONTOLOGIE n.f. Partie de la médecine qui traite des dents.

ODONTOLOGIQUE adj.

ODONTOLOGISTE n.

ODONTOMÈTRE n.m. En philatélie, appareil servant à mesurer le nombre de dents d'un timbre.

ODORANT, E adj.

ODORAT n.m.

ODORIFÉRANT, E adj.

ODORISANT n.m.

ODORISATION n.f.

ODORISER v. **10.** Doter (un gaz) d'une odeur caractéristique.

ODORISEUR n.m. Appareil servant à odoriser.

ODYSSÉE n.f. Voyage riche en aventures.

ŒCUMÉNICITÉ [é-] n.f.

ŒCUMÉNIQUE [é-] adj.

ŒCUMÉNISME [é-] n.m. Mouvement qui préconise l'union de toutes les Églises chrétiennes.

ŒCUMÉNISTE [é-] adj. et n.

ŒDÉMATEUX, EUSE [é-] adj.

ŒDÉMATIÉ, E [é-] adj. (Organe) atteint par un œdème.

ŒDÈME [é-] n.m. *Méd.* Gonflement pathologique du tissu sous-cutané.

ŒDICNÈME [é-] n.m. Oiseau échassier.

ŒDIPE [é-] n.m. *Psych.* Attachement sexuel d'un enfant à son parent du sexe opposé.

ŒDIPIEN, ENNE [é-] adj.

ŒIL (pl. **ŒILS** ou **YEUX**) n.m.

ŒILLADE n.f. Clin d'œil de connivence furtif.

ŒILLARD n.m. Ouverture qui reçoit l'axe d'une roue de moulin.

ŒILLÈRE n.f.

ŒILLET n.m.

ŒILLETON n.m. Rejeton, bourgeon de certaines plantes. – Dispositif de visée.

ŒILLETONNAGE n.m.

ŒILLETONNER v. **10.** *Bot.* Multiplier (une plante) en replantant ses œilletons.

ŒILLETTE n.f. Pavot produisant une huile comestible.

ŒKOUMÈNE [é-] n.m. → **écoumène.**

ŒNANTHE [é-] n.f. Ombellifère vénéneuse.

ŒNANTHIQUE [é-] adj. Relatif au bouquet des vins.

ŒNILISME [é-] n.m. **(= œnolisme)** Alcoolisme dû au vin.

ŒNOLIQUE [é-] adj. *Acide œnolique :* acide coloré contenu dans les vins rouges.

ŒNOLISME [é-] n.m. → **œnilisme.**

ŒNOLOGIE [é-] n.f. Étude du vin.

ŒNOLOGIQUE [é-] adj.

ŒNOLOGUE [é-] n.

ŒNOMÈTRE [é-] n.m. Instrument servant à mesurer le taux d'alcool des vins.

ŒNOMÉTRIE [é-] n.f.

ŒNOMÉTRIQUE [é-] adj.

ŒNOPHILE [é-] adj. et n. Qui aime le vin.

ŒNOTECHNIE [é-] n.f. Art de fabriquer le vin.

ŒNOTHÈQUE [é-] n.f. Magasin de vente de vins.

ŒNOTHERA [é-] n.m. **(= œnothère)** Plante ornementale.

ŒNOTHÉRACÉE [é-] n.f. Plante, type fuchsia.

ŒNOTHÈRE [é-] n.m. → **œnothera.**

ŒRSTED [eurstèd] n.m. *Phys.* Ancienne unité d'intensité magnétique.

ŒRSTITE [eurstit] n.f. Acier au titane et au cobalt.

ŒSOPHAGE [é-] n.m.

ŒSOPHAGIEN, ENNE [é-] adj.

ŒSOPHAGIQUE [é-] adj.

ŒSOPHAGITE [é-] n.f. Inflammation de l'œsophage.

ŒSOPHAGOSCOPE [é-] n.m. Instrument destiné à l'examen endoscopique de l'œsophage.

ŒSOPHAGOSCOPIE [é-] n.f.

ŒSTRADIOL [è-] n.m. → **estradiol.**

ŒSTRAL, E, AUX [è-] adj. Relatif à l'œstrus.

ŒSTRE [è-] n.m. Grosse mouche parasite de certains mammifères.

ŒSTRIDÉ [è-] n.m. Mouche, type œstre.

ŒSTRIOL [è-] n.m. → **estriol.**

ŒSTROGÈNE [è-] adj. et n.m. → **estrogène.**

ŒSTROGÉNIQUE [è-] adj.

ŒSTRONE [è-] n.f. → **estrone.**

ŒSTRUS [èstrus] n.m. *Biol.* Période de l'ovulation pendant laquelle la fécondation est possible.

ŒUF n.m.

ŒUFRIER n.m. Récipient pour faire cuire les œufs à la coque.

ŒUVÉ, E adj. (Poisson femelle) qui porte des œufs.

ŒUVRE n.m. et n.f.

ŒUVRER v. **(p.p.inv.) 10.** *Litt.* Travailler.

ŒUVRETTE n.f. *Fam.* Œuvre sans importance.

OFF ❙ adj. *Cin.* (Voix, son) dont la source n'est pas visible sur l'écran.

OFFENSANT, E adj.

OFFENSE n.f.

OFFENSER v. **10.**

OFFENSEUR n.m.

OFFENSIF, IVE adj. et n.f.

OFFENSIVEMENT adv.

OFFERTOIRE n.m. *Rel.* Partie de la messe où le prêtre offre le pain et le vin.

OFFICE n.m. et n.f.

OFFICIAL, AUX n.m. Juge ecclésiastique.

OFFICIALISATION n.f.

OFFICIALISER v. **10.**

OFFICIALITÉ n.f. Siège de l'official.

OFFICIANT, E adj. et n.

OFFICIEL, ELLE adj. et n.

OFFICIELLEMENT adv.

OFFICIER v. **(p.p.inv.) 15.** Célébrer un office religieux.

OFFICIER n.m.

OFFICIÈRE n.f. Femme officier dans l'Armée du Salut.

OFFICIEUSEMENT adv.

OFFICIEUX, EUSE adj.

OFFICINAL, E, AUX adj. (Médicament) préparé par avance en pharmacie.

OFFICINE n.f. Pharmacie. – Lieu où se trame quelque chose.

OFFRANDE n.f.

OFFRANT n.m. *Le plus offrant :* celui qui offre le plus haut prix.

OFFRE n.f.

OFFREUR, EUSE n.

OFFRIR v. **46.**

OFFSET [ofsèt] n.m., n.f. et adj. Procédé d'impression.

OFFSETTISTE n.

OFFSHORE adj. et n.m. Se dit de l'ensemble des techniques d'exploitation du pétrole en mer.

OFFUSQUER v. **10.** Choquer, scandaliser.

OFLAG n.m. Camp d'officiers prisonniers en Allemagne (Seconde Guerre mondiale).

OGAM n.m. **(= ogham)** La plus ancienne écriture celtique connue.

OGAMIQUE adj. **(= oghamique).**

OGHAM n.m. → **ogam.**

OGHAMIQUE adj. → **ogamique.**

OGIVAL, E, AUX adj.

OGIVE n.f.

OGNETTE n.f. **(= onglette)** Petit outil de graveur.

OGRE, OGRESSE n.

OGRESSE → **ogre.**

OH interj.

OHÉ interj.

OHM n.m. Unité de mesure de résistance électrique.

OHMIQUE adj.

OHMMÈTRE n.m.

OÏDIE n.f. Bouture de champignon.

OÏDIUM n.m. Champignon parasite de certains végétaux, en particulier de la vigne.

OIE n.f.

OIGNE... → **oindre 93.**

OIGNON n.m.

OIGNONADE n.f. Mets dans lequel entrent beaucoup d'oignons.

OIGNONIÈRE n.f. Plantation d'oignons.

OÏL [oyl] adv. *Langue d'oïl :* ensemble des dialectes du nord de la France.

OILLE [oy] n.f. *Vx.* Potage ou ragoût de viandes et de légumes.

OINDRE v. **93.** Enduire d'une substance grasse.

OING [w-in] n.m. **(= oint)** *Vx.* Graisse servant à oindre.

OINT, OINTE 1. adj. et n. 2. n.m. → **oing.**

OISEAU, X n.m.

OISELER v. **22** (j'oiselle...) Dresser (un oiseau) pour le vol. – Tendre des pièges aux oiseaux.

OISELET n.m.

OISELEUR, EUSE n. Personne qui prend des oiseaux au piège.

OISELIER, ÈRE n. Personne qui élève et vend des oiseaux.

OISELLE n.f. Jeune fille naïve.

OISELLERIE n.f. Commerce d'oiselier.

OISEUX, EUSE adj. Inutile, vain.

OISIF, IVE adj. et n.

OISILLON n.m.

OISIVEMENT adv.

OISIVETÉ n.f.

OISON n.m. Petit de l'oie.

OJIBWA [ojibwa] adj. **(= ojibway)** D'un peuple amérindien.

OJIBWAY [ojibwè] adj. → **ojibwa.**

OKA n.m. Fromage canadien.

OKAPI n.m. Ruminant d'Afrique.

OKOUMÉ n.m. Arbre d'Afrique, au bois rose, utilisé en menuiserie.

OKRA n.m. Gombo (plante tropicale).

OLA n.f. Vague humaine formée par les spectateurs d'un stade.

OLÉ interj. **(= ollé).**

OLÉACÉE n.f. Arbre des régions chaudes ou tempérées, type olivier.

OLÉAGINEUX, EUSE adj. et n.m. De la nature de l'huile, qui contient de l'huile.

OLÉANDOMYCINE n.f. Antibiotique.

OLÉANDRE n.m. Laurier-rose.

OLÉASTRE n.m. Olivier sauvage.

OLÉATE n.m. Sel de l'acide oléique.

OLÉCRANE n.m. *Anat.* Apophyse du cubitus, formant le coude.

OLÉCRANIEN, ENNE adj.

OLÉFIANT, E adj. **(= oléifiant)** *Chim.* Qui produit de l'huile.

OLÉFINE n.f. Hydrocarbure éthylénique.

OLÉICOLE adj.

OLÉICULTEUR, TRICE n.

OLÉICULTURE n.f. Culture de l'olivier.

OLÉIFÈRE adj. Dont on extrait de l'huile.

OLÉIFIANT, E adj. → **oléfiant.**

OLÉIFORME adj. Qui a la consistance de l'huile.

OLÉINE n.f. *Chim.* Ester entrant dans la composition de nombreux corps gras.

OLÉIQUE adj. *Acide oléique :* acide organique des huiles et des graisses.

OLENEKIEN, ENNE [oléné-] n.m. et adj. *Géol.* Étage du trias inférieur.

OLÉODUC n.m. Canalisation pour le transport du pétrole.

OLÉOLAT n.m. Huile d'essences végétales.

OLÉOMÈTRE n.m. → **élaiomètre.**

OLÉOPNEUMATIQUE adj. (Suspension) utilisant l'huile sous pression.

OLÉORÉSINE n.f. Mélange de résine et d'huile exsudé par certaines plantes.

OLÉRONAIS, E adj. De l'île d'Oléron.

OLÉUM n.m. Liquide huileux formé d'anhydride sulfurique partiellement déshydraté.

OLFACTIF, IVE adj.

OLFACTION n.f. Odorat.

OLFACTOMÈTRE n.m.

OLFACTOMÉTRIE n.f. Mesure de l'odeur.

OLIBAN n.m. Encens.

OLIBRIUS n.m. *Fam.* Fanfaron. – Excentrique.

OLIFANT n.m. **(= oliphant)** *Médiév.* Cor d'ivoire des chevaliers.

OLIGARCHIE n.f. Régime politique dans lequel le pouvoir appartient à un nombre restreint de personnes.

OLIGARCHIQUE adj.

OLIGARQUE n.m. Membre d'une oligarchie.

OLIGISTE n.m. et adj. Oxyde naturel de fer.

OLIGOCÈNE n.m. et adj. *Géol.* Troisième époque du paléogène.

OLIGOCHÈTE [k] n.m. Ver de terre.

OLIGOCLASE n.f. *Géol.* Feldspath.

OLIGODENDROCYTE n.m. *Physiol.* Cellule de la névroglie.

OLIGODENDROGLIE n.f. *Physiol.* Ensemble des cellules gliales à prolongements courts et peu nombreux.

OLIGOÉLÉMENT n.m. Élément minéral nécessaire à la vie.

OLIGOMÈRE adj. et n.m. *Chim.* (Polymère) dont la molécule est formée d'un nombre réduit de molécules.

OLIGOMÉRIQUE adj.

OLIGOPEPTIDE n.m. Peptide.

OLIGOPHRÈNE n. et adj. Arriéré mental.

OLIGOPHRÉNIE n.f.

OLIGOPOLE n.m. *Écon.* Marché dans lequel un petit nombre d'entreprises ont le monopole de l'offre.

OLIGOPOLISTIQUE adj.

OLIGOPSONE n.m. *Écon.* Marché où il y a peu d'acheteurs face à beaucoup de vendeurs.

OLIGOSACCHARIDE n.m. *Chim.* Composé formé d'oses.

OLIGOSPERMIE n.f. *Méd.* Nombre réduit de spermatozoïdes dans le sperme.

OLIGOTHÉRAPIE n.f. Traitement par oligoéléments.

OLIGOTROPHE adj. *Biol.* (Milieu aquatique) pauvre en matières organiques.

OLIGURIE n.f. Diminution de la quantité d'urine éliminée.

OLIM ǀ n.m. *Hist.* Nom des anciens registres du parlement de Paris.

OLIPHANT n.m. → **olifant.**

OLISBOS [-s] n.m. *Bx-arts.* Phallus géant.

OLIVACÉ, E adj. De couleur olive.

OLIVADE n.f. Récolte d'olives.

OLIVAIE n.f. Lieu planté d'oliviers.

OLIVAIRE adj. En forme d'olive.

OLIVAISON n.f. Récolte des olives.

OLIVÂTRE adj.

OLIVE adj. et n.f.

OLIVERAIE n.f. → **olivaie.**

OLIVERIE n.f. Moulin à huile d'olive.

OLIVET n.m. Fromage de l'Orléanais.

OLIVÉTAIN, E n. Religieux de l'ordre du Mont-Olivet (Sienne, Italie).

OLIVETTE n.f. Variété de raisin à grains longs. – Tomate à fruit allongé.

OLIVEUR, EUSE n. Cueilleur d'olives.

OLIVIER n.m.

OLIVINE n.f. Variété de roche de couleur olive.

OLLAIRE adj. Qualifie une pierre tendre utilisée en poterie.

OLLÉ interj. → **olé.**

OLMÈQUE adj. D'un peuple du Mexique.

OLOGRAPHE adj. → **holographe.**

OLORIME adj. → **holorime.**

OLYMPE n.m. *Poét.* Le ciel, séjour des dieux.

OLYMPIADE n.f. Intervalle de quatre ans entre les jeux Olympiques.

OLYMPIEN, ENNE adj. Relatif à l'Olympe. – Majestueux et serein.

OLYMPIQUE adj.

OLYMPISME n.m. Organisation, institution des jeux Olympiques.

OM ǀ n.m. Mantra qui, prononcé, constitue le symbole sonore de l'absolu.

OMANAIS, E adj. Du sultanat d'Oman (Arabie).

OMBELLALE n.f. Plante aux fleurs en ombelles.

OMBELLE n.f. Mode d'inflorescence où les fleurs divergent comme les rayons d'un parasol.

OMBELLÉ, E adj.

OMBELLIFÉRACÉE n.f. → **ombellifère.**

OMBELLIFÈRE adj. et n.f. (Plante) dont les fleurs sont disposées en ombelles.

OMBELLIFORME adj.

OMBELLULE n.f. Ombelle partielle faisant partie d'une ombelle composée.

OMBILIC n.m. *Anat.* Nombril.

OMBILICAL, E, AUX adj.

OMBILIQUÉ, E adj. Pourvu d'un ombilic.

OMBLE n.m. Poisson d'eau douce à la chair délicate.

OMBRAGE n.m.

OMBRAGER v. **17.**

OMBRAGEUSEMENT adv.

OMBRAGEUX, EUSE adj. (Cheval) qui a peur de son ombre. – Défiant, susceptible.

OMBRE 1. n.m. Sorte de saumon. 2. n.f.

OMBRELLE n.f.

OMBRER v. **10.** Agrémenter (un tableau) en dessinant des ombres.

OMBRETTE n.f. Oiseau échassier d'Afrique.

OMBREUX, EUSE adj.

OMBRIEN, ENNE adj. et n.m. De l'Ombrie (Italie).

OMBRINE n.f. Poisson de la Méditerranée.

OMBROPHILE adj. Se dit de la forêt tropicale humide.

OMBUDSMAN [ombudsman] n.m. Personne chargée de défendre les droits des citoyens face aux pouvoirs publics.

OMÉGA ǀ n.m. Dernière lettre de l'alphabet grec.

OMELETTE n.f.

OMERTA n.f. Loi du silence imposée par la mafia.

OMETTRE v. **101.**

OMEYYADE adj. D'une dynastie musulmane (VIIe et VIIIe s.).

OMICRON ǀ [-kron] n.m. Lettre grecque.

OMIS, E adj. et n.m.

OMISSION n.f.

OMMATIDIE n.f. *Zool.* Élément de l'œil composé des arthropodes.

OMNIBUS adj. et n.m.

OMNICOLORE adj.

OMNIDIRECTIF, IVE adj. (Antenne) ayant les mêmes propriétés dans toutes les directions.

OMNIPOLAIRE adj. Dont les propriétés restent identiques quel que soit le pôle.

OMNIPOTENCE n.f.

OMNIPOTENT, E adj. Tout-puissant.

OMNIPRATICIEN, ENNE n. et adj. Médecin généraliste.

OMNIPRÉSENCE n.f.

OMNIPRÉSENT, E adj.

OMNISCIENCE n.f.

OMNISCIENT, E adj. Qui sait tout.

OMNISPORTS adj.

OMNIUM n.f. *Belg.* Assurance tous risques.

OMNIVORE adj. et n. Qui se nourrit d'aliments d'origine animale et végétale.

OMOPLATE n.f.

OMRA n.f. Pèlerinage à La Mecque effectué en dehors de la période rituelle.

ON I pr.indéf.

ONAGRACÉE n.f. Plante, type onagre, fuchsia.

ONAGRAIRE n.f. → **onagre** 2.

ONAGRARIACÉE n.f. *Vx.* → **onagracée.**

ONAGRARIÉE n.f. *Vx.* → **onagracée.**

ONAGRE 1. n.m. Équidé intermédiaire entre le cheval et l'âne. 2. n.f. Plante ornementale.

ONANISME n.m. Masturbation.

ONANISTE adj.

ONC adv. **(= oncques, onques)** *Vx.* Jamais.

ONCE n.f. Ancienne mesure de poids. – Grand félin d'Asie.

ONCHOCERCOSE [on-kosèrkôz] n.f. Maladie parasitaire de l'homme et des animaux.

ONCIAL, E, AUX adj. et n.f. Qualifie une ancienne écriture romaine à grandes lettres majuscules.

ONCIDIUM n.m. Orchidée d'Amérique tropicale.

ONCLE n.m.

ONCOGÈNE adj. et n.m. Cancérigène.

ONCOGENÈSE n.f. Cancérogenèse.

ONCOLOGIE n.f. Cancérologie.

ONCOLOGIQUE adj.

ONCOLOGISTE n.

ONCOLOGUE n.

ONCOTIQUE adj. **(= onkotique)** Relatif aux tumeurs.

ONCQUES adv. → **onc.**

ONCTION n.f. *Rel.* Application d'huile sainte. – Friction de la peau avec une pommade. – Douceur du geste ou de la parole.

ONCTUEUSEMENT adv.

ONCTUEUX, EUSE adj.

ONCTUOSITÉ n.f.

ONDATRA n.m. Rat musqué (sorte de castor).

ONDE n.f.

ONDÉ, E adj. et n.f.

ONDELETTE n.f. *Math.* Outil d'analyse.

ONDEMÈTRE n.m. Appareil de mesure des ondes électromagnétiques.

ONDIN, E n. Génie des eaux.

ONDINISME n.m. *Psych.* Érotisation des fonctions urinaires.

ONDOIEMENT n.m. Ondulation. – Baptême réduit à l'ablution d'eau.

ONDOYANT, E adj.

ONDOYER v. **27.** Baptiser. – S'élever et s'abaisser alternativement.

ONDULANT, E adj.

ONDULATION n.f.

ONDULATOIRE adj. Qui se propage par ondes.

ONDULER v. **10.**

ONDULEUR n.m. Convertisseur de courant continu en courant alternatif.

ONDULEUX, EUSE adj.

ONÉREUSEMENT adv.

ONÉREUX, EUSE adj. Cher, coûteux.

ONGLE n.m.

ONGLÉ, E 1. adj. Pourvu d'ongles. 2. n.f. Engourdissement des doigts par le froid.

ONGLERIE n.f. Ensemble des soins donnés aux ongles.

ONGLET n.m. Entaille où l'on peut placer l'ongle.

ONGLETTE n.f. → **ognette.**

ONGLIER n.m. Nécessaire de toilette pour les ongles.

ONGLON n.m. Sabot des mammifères ongulés.

ONGUENT [on-g-an] n.m. Pommade à base de corps gras.

ONGUICULE [g(w)i] n.m. *Zool.* Petit ongle.

ONGUICULÉ, E [g(w)i] adj. et n.m. *Zool.* Dont les doigts sont terminés par des griffes ou des ongles.

ONGUIFORME [g(w)i] adj. En forme d'ongle.

ONGULÉ, E adj. et n.m. (Mammifère) dont les doigts sont terminés par des sabots.

ONGULIGRADE adj. et n.m. (Animal) qui marche sur des sabots.

ONIRIQUE adj. De la nature du rêve.

ONIRISME n.m. *Psych.* Activité mentale pathologique faite d'hallucinations et de délires.

ONIROGÈNE adj. et n.m. Hallucinogène.

ONIROLOGIE n.f. *Psych.* Étude des rêves.

ONIROLOGUE n.m.

ONIROMANCIE n.f. Divination par les songes.

ONIROMANCIEN, ENNE adj. et n.

ONIROTHÉRAPIE n.f. Psychothérapie utilisant les songes.

ONKOTIQUE adj. → **oncotique.**

ONLAY [onlè] n.m. Incrustation d'or recouvrant la dent.

ONLINE [onlayn] adj. *Inf.* En ligne.

ONOMASIOLOGIE [z] n.f. *Ling.* Étude des significations, en allant de l'idée à l'expression.

ONOMASIOLOGIQUE adj.

ONOMASTIQUE n.f. et adj. *Ling.* Étude des noms propres.

ONOMATOPÉE n.f.

ONOMATOPÉIQUE adj.

ONQUES adv. → **onc.**

ONTARIEN, ENNE adj. De l'Ontario (Canada).

ONTIQUE adj. *Philos.* (Connaissance) qui se rapporte aux objets du monde.

ONTOGENÈSE n.f. → **ontogénie.**

ONTOGÉNÉTIQUE adj.

ONTOGÉNIE n.f. *Biol.* Développement général de l'individu.

ONTOGÉNIQUE adj.

ONTOLOGIE n.f. *Philos.* Étude de l'être dans son essence.

ONTOLOGIQUE adj.

ONTOLOGIQUEMENT adv.

ONTOLOGISME n.m. Doctrine qui affirme que la connaissance de Dieu est naturelle à l'homme.

ONTOLOGISTE n.

ONUSIEN, ENNE adj. De l'ONU (Organisation des Nations unies).

ONYCHOMYCOSE [ko] n.f. *Méd.* Infection des ongles provoquée par un champignon.

ONYCHOPHAGIE [ko] n.f. Habitude de se ronger les ongles.

ONYCHOPHORE [ko] n.m. Limace des pays chauds.

ONYCHOSE [kô] n.f. Trouble de la croissance des ongles.

ONYX n.m. Variété d'agate à couches colorées.

ONYXIS [-s] n.m. *Méd.* Inflammation de l'ongle.

ONZAIN n.m. Poème, strophe de onze vers.

ONZE ❙ adj.num.card.

ONZIÈME adj.num.ord.

ONZIÈMEMENT adv.

OOCYTE n.m. (= **ovocyte**) *Biol.* Gamète femelle qui n'a pas accompli sa maturation.

OOGAMIE n.f. *Bot.* Mode de reproduction des mousses.

OOGENÈSE n.f. (= **ovogenèse**) *Biol.* Formation de l'oocyte dans les ovaires.

OOGONE n.f. *Bot.* Organe où se forment les gamètes femelles chez certains végétaux.

OOLITE n.m. ou f. (= **oolithe**) Variété de calcaire formée de grains sphériques.

OOLITHE n.m. ou f. → **oolite.**

OOLITHIQUE adj. (= **oolitique**).

OOLITIQUE adj. → **oolithique.**

OOMYCÈTE n.m. Champignon.

OOSPHÈRE n.f. *Bot.* Gamète femelle des végétaux.

OOSPORE n.f. *Bot.* Œuf des algues et des champignons.

OOTHÈQUE n.f. *Zool.* Enveloppe renfermant les œufs de certains insectes.

OPACIFIANT, E adj.

OPACIFICATION n.f.

OPACIFIER v. **15.** Rendre opaque.

OPACIMÈTRE n.m. Appareil servant à étudier l'opacité de certaines substances.

OPACIMÉTRIE n.f.

OPACITÉ n.f.

OPALE n.f. Pierre fine à reflets irisés.

OPALESCENCE n.f.

OPALESCENT, E adj. Qui a une teinte d'opale.

OPALIN, E 1. adj. Opalescent. 2. n.f. Matière translucide imitant l'opale.

OPALISATION n.f.

OPALISER v. **10.** Rendre translucide et laiteux comme l'opale.

OPAQUE adj.

OPE n.m. ou f. *Arch.* Trou destiné à recevoir une poutre.

OPÉABLE adj. et n.f. *Fin.* (Société) susceptible d'être l'objet d'une offre publique d'achat.

OPEN adj. et n.m. (Compétition) ouverte aux amateurs et aux professionnels.

OPENFIELD [opeunfild] n.m. *Géogr.* Campagne.

OPÉRA n.m.

OPÉRABLE adj.

OPÉRANDE n.m. *Math.* Élément d'une opération.

OPÉRANT, E adj.

OPÉRATEUR, TRICE n.

OPÉRATION n.f.

OPÉRATIONNEL, ELLE adj.

OPÉRATIQUE adj. Relatif à l'opéra.

OPÉRATOIRE adj.

OPERCULAIRE adj. Qui fait office d'opercule.

OPERCULE n.m. Couvercle.

OPERCULÉ, E adj.

OPÉRER v. **12.**

OPÉRETTE n.f.

OPÉRON n.m. *Biol.* Ensemble de gènes impliqués dans une même fonction.

OPHICLÉIDE n.m. *Mus.* Gros instrument à vent.

OPHIDIEN, ENNE 1. adj. De la nature du serpent. 2. n.m. Serpent.

OPHIOGLOSSE n.m. Fougère des lieux humides.

OPHIOGRAPHIE n.f. → **ophiologie.**

OPHIOLÂTRIE n.f. Culte des serpents.

OPHIOLITE n.f. *Géol.* Ensemble de roches éruptives vertes.

OPHIOLITIQUE adj.

OPHIOLOGIE n.f. Étude des serpents.

OPHIOPHAGE adj. et n.m. Qui se nourrit de serpents.

OPHITE n.m. Marbre de couleur foncée.

OPHIURE n.f. *Zool.* Sorte d'étoile de mer.

OPHIURIDE n.m. → **ophiure.**

OPHRYS [ofris] n.m. Variété d'orchidée.

OPHTALMIE n.f. Inflammation de l'œil.

OPHTALMIQUE adj.

OPHTALMO n.

OPHTALMOLOGIE n.f.

OPHTALMOLOGIQUE adj.

OPHTALMOLOGISTE n.

OPHTALMOLOGUE n.

OPHTALMOMÈTRE n.m. Instrument mesurant la courbure de la cornée.

OPHTALMOMÉTRIE n.f.

OPHTALMOSCOPE n.m. Instrument servant à examiner le fond de l'œil.

OPHTALMOSCOPIE n.f.

OPIACER v. **13.** Additionner d'opium.

OPIAT n.m. *Pharm.* Préparation à base de miel et d'opium.

OPILION n.m. *Zool.* Faucheux.

OPIMES adj.f.pl. *Antiq. rom. Dépouilles opimes :* armes d'un général ennemi tué.

OPINEL n.m. (Nom déposé) Couteau pliant à manche de bois.

OPINER v. **(p.p.inv.) 10.** Acquiescer.

OPINIÂTRE adj. Tenace, persistant.

OPINIÂTREMENT adv.

OPINIÂTRER (S') v. **10.**

OPINIÂTRETÉ n.f.

OPINION n.f.

OPIOÏDE adj. *Biochim.* (Peptide) ayant le même effet que la morphine.

OPIOMANE adj. et n. Qui s'adonne à l'opium.

OPIOMANIE n.f.

OPISTHOBRANCHE n.m. Mollusque marin.

OPISTHODOME n.m. Partie postérieure d'un temple grec.

OPISTHOGLYPHE adj. (Serpent venimeux) dont les crochets sont à l'arrière de la mâchoire.

OPISTHOGRAPHE adj. (Manuscrit) écrit recto verso.

OPISTHOTONOS [-nos] n.m. Contracture généralisée provoquée par le tétanos.

OPIUM n.m.

OPODELDOCH [-k] n.m. Pommade analgésique.

OPONCE n.m. → **opuntia.**

OPONTIACÉE n.f. Cactacée.

OPOPANAX n.m. **(= opoponax)** Ombellifère des régions chaudes.

OPOPONAX n.m. → **opopanax.**

OPOSSUM n.m. Marsupial recherché pour sa fourrure.

OPOTHÉRAPIE n.f. *Méd.* Traitement à base d'extraits d'organes.

OPOTHÉRAPIQUE adj.

OPPIDA | → **oppidum.**

OPPIDUM (pl. **OPPIDA** ou **OPPIDUMS**) n.m. Place forte.

OPPORTUN, E adj.

OPPORTUNÉMENT adv.

OPPORTUNISME n.m.

OPPORTUNISTE adj. et n.

OPPORTUNITÉ n.f.

OPPOSABILITÉ n.f.

OPPOSABLE adj. Qui peut être opposé à. – *Dr.* Qu'on peut faire valoir contre un tiers.

OPPOSANT, E adj. et n.

OPPOSER v. **10.**

OPPOSITE n.m. *Vx.* Côté opposé.

OPPOSITION n.f.

OPPOSITIONNEL, ELLE adj. et n.

OPPRESSANT, E adj.

OPPRESSER v. **10.** Gêner en rendant la respiration difficile. – Angoisser.

OPPRESSEUR adj.m. et n.m.

OPPRESSIF, IVE adj.

OPPRESSION n.f.

OPPRIMANT, E adj.

OPPRIMER v. **10.**

OPPROBRE n.m. Honte, humiliation.

OPSINE n.f. Protéine de la rétine.

OPSOMANE n. Personne qui a un goût morbide pour un aliment, ou une catégorie d'aliments.

OPSOMANIE n.f.

OPSONINE n.f. Anticorps du sang.

OPSONIQUE adj.

OPTATIF, IVE adj. et n.m. *Ling.* (Mode du verbe) qui exprime le souhait.

OPTER v. **(p.p.inv.) 10.**

OPTICIEN, ENNE adj. et n.

OPTIMA ‖ → **optimum.**

OPTIMAL, E, AUX adj.

OPTIMALISATION n.f.

OPTIMALISER v. **10.**

OPTIMISATION n.f.

OPTIMISER v. **10.**

OPTIMISME n.m.

OPTIMISTE adj. et n.

OPTIMUM (pl. **OPTIMA** ou **OPTIMUMS**) n.m. et adj. Le meilleur.

OPTION n.f.

OPTIONNEL, ELLE adj.

OPTIQUE adj. et n.f.

OPTOMÈTRE n.m. Appareil qui mesure les défauts optiques de l'œil.

OPTOMÉTRIE n.f.

OPTOMÉTRIQUE adj.

OPTOMÉTRISTE n.

OPTOTYPE n.m. Motif ou caractère destiné au contrôle de la qualité de la vue.

OPTRAKEN n.m. À skis, flexion des jambes au sommet d'une bosse.

OPTRONIQUE n.f. et adj. *Mil.* Application de l'électronique à la détection, à la poursuite et au guidage d'engins.

OPULENCE n.f.

OPULENT, E adj.

OPUNTIA [op-on-sya] n.m. Plante grasse de la famille des cactacées.

OPUNTIALE [op-on-syal] n.f. Cactacée, type opuntia.

OPUS [-s] n.m. Numéro d'un morceau de musique dans une œuvre complète.

OPUSCULE n.m. Petit livre.

OR n.m. et conj.

ORACLE n.m.

ORAGE n.m.

ORAGEUSEMENT adv.

ORAGEUX, EUSE adj.

ORAISON n.f. Prière.

ORAL, E, AUX adj. et n.m.

ORALEMENT adv.

ORALISER v. **10.** Dire à haute voix.

ORALITÉ n.f. Caractère oral.

ORANAIS, E adj. D'Oran (Algérie).

ORANGE adj., n.m. et n.f.

ORANGÉ, E adj. et n.m.

ORANGEADE n.f.

ORANGEAT n.m. Écorce d'orange confite.

ORANGER n.m.

ORANGER v. **17.**

ORANGERAIE n.f.

ORANGERIE n.f. Serre où les orangers sont mis à l'abri.

ORANGETTE n.f. Petite orange amère.

ORANGISME n.m. Doctrine des partisans de la dynastie d'Orange.

ORANGISTE adj. et n.

ORANT, E n. et adj. Statue d'un personnage en prière.

ORATEUR, TRICE n.

ORATOIRE 1. adj. Relatif à l'éloquence. 2. n.m. Chapelle.

ORATORIEN n.m. Membre d'une congrégation religieuse.

ORATORIO n.m. Composition musicale avec récitatifs et orchestre.

ORBE 1. adj. (Mur) sans ouverture. 2. n.m. Surface circulaire.

ORBICOLE adj. Qu'on peut trouver en tous points du globe.

ORBICULAIRE adj. Rond.

ORBITAIRE adj. Relatif à l'orbite de l'œil.

ORBITAL, E, AUX 1. adj. Relatif à une orbite. 2. n.f. Volume situé autour d'un noyau atomique.

ORBITE n.f.

ORBITÈLE n.f. Araignée.

ORBITER v. **(p.p.inv.) 10.** Graviter sur une orbite déterminée.

ORBITEUR n.m. Élément principal d'un satellite.

ORBITOGRAPHIE n.f. Enregistrement de la trajectoire des satellites artificiels.

ORCANÈTE n.f. **(= orcanette)** Plante du Midi dont on extrait un colorant rouge.

ORCANETTE n.f. → **orcanète.**

ORCÉINE n.f. Colorant rouge extrait de l'orseille.

ORCHESTIQUE [k] n.f. *Antiq. gr.* Art de la danse.

ORCHESTRAL, E, AUX adj.

ORCHESTRATEUR, TRICE n.

ORCHESTRATION n.f.

ORCHESTRE n.m.

ORCHESTRER v. **10.**

ORCHIALGIE [k] n.f. Douleur des testicules.

ORCHIDACÉE n.f. Plante à fleurs très décoratives, type orchidée.

ORCHIDALE n.f. Plante monocotylédone, type orchidacée.

ORCHIDÉE n.f.

ORCHIDOPHILE n. Amateur d'orchidées.

ORCHIDOPHILIE n.f.

ORCHIS [orkis] n.m. Variété d'orchidée.

ORCHITE [k] n.f. *Méd.* Inflammation des testicules.

ORDALIE n.f. *Médiév.* Épreuve judiciaire (jugement de Dieu).

ORDALIQUE adj. *Psych.* Se dit d'une prise de risque mortel par un adolescent.

ORDI n.m. *Fam.* Ordinateur.

ORDINAIRE adj. et n.m.

ORDINAIREMENT adv.

ORDINAL, E, AUX adj. Adjectif numéral tel que *premier, deuxième,* etc.

ORDINAND n.m. Celui qui doit recevoir la prêtrise.

ORDINANT n.m. Évêque qui confère l'ordination.

ORDINARIAT n.m. *Rel.* Fonction de l'évêque diocésain.

ORDINATEUR, TRICE adj. et n.m.

ORDINATICIEN, ENNE n. Informaticien.

ORDINATION n.f. *Rel.* Action de conférer le sacrement de l'ordre.

ORDINOGRAMME n.m. *Inf.* Représentation graphique d'un programme.

ORDO | n.m. Calendrier liturgique.

ORDONNABLE adj. *Math.* Qui peut être ordonné.

ORDONNANCE n.f.

ORDONNANCEMENT n.m.

ORDONNANCER v. **13.**

ORDONNANCIER n.m. Registre officiel d'une pharmacie. – Bloc d'ordonnances médicales.

ORDONNATEUR, TRICE n. et adj. Personne qui met en ordre.

ORDONNÉ, E adj. et n.f.

ORDONNER v. **10.**

ORDOVICIEN, ENNE n.m. et adj. *Géol.* Deuxième période du paléozoïque.

ORDRE n.m.

ORDRÉ, E adj. *Helv.* Ordonné.

ORDURE n.f.

ORDURIER, ÈRE adj.

ÖRE [öre] n.m. Unité monétaire divisionnaire de plusieurs pays scandinaves.

ORÉADE n.f. *Antiq. gr.* Nymphe des montagnes.

ORÉE n.f.

OREILLARD, E 1. adj. Aux oreilles longues et pendantes. 2. n.m. Petite chauve-souris aux oreilles énormes.

OREILLE n.f.

OREILLER n.m.

OREILLETTE n.f. *Anat.* Cavité du cœur.

OREILLON 1. n.m. Partie du casque qui protégeait l'oreille. 2. n.m.pl. Maladie infectieuse.

ORÉMUS n.m. *Rel.* Prière, oraison.

ORÉOPITHÈQUE n.m. Primate fossile.

ORES adv. *D'ores et déjà :* dès maintenant.

ORFÈVRE n.

ORFÉVRÉ, E adj. Façonné par un orfèvre.

ORFÈVRERIE n.f.

ORFRAIE n.f. Aigle à queue blanche.

ORFROI n.m. Broderie d'or sur un vêtement liturgique.

ORGANDI n.m. Mousseline de coton apprêtée.

ORGANE n.m.

ORGANEAU, X n.m. *Mar.* Anneau de fixation d'un câble.

ORGANELLE n.f. → **organite.**

ORGANICIEN, ENNE n. et adj. Spécialiste de chimie organique.

ORGANICISME n.m. *Méd., Psych.* Théorie selon laquelle toute maladie est causée par la lésion d'un organe.

ORGANICISTE adj. et n.

ORGANIER, ÈRE n. Facteur d'orgues.

ORGANIGRAMME n.m. Tableau des rapports hiérarchiques dans une organisation. – *Inf.* Représentation graphique d'un programme.

ORGANIQUE adj.

ORGANIQUEMENT adv.

ORGANISABLE adj.

ORGANISATEUR, TRICE adj. et n.

ORGANISATION n.f.

ORGANISATIONNEL, ELLE adj.

ORGANISER v. **10.**

ORGANISEUR n.m. Ordinateur de poche.

ORGANISME n.m.

ORGANISTE n. Personne qui joue de l'orgue.

ORGANITE n.m. *Biol.* Constituant de la cellule.

ORGANOCHLORÉ, E adj. et n.m. (Produit organique) dérivé du chlore.

ORGANOGENÈSE n.f. *Biol.* Formation et développement des organes d'un être vivant.

ORGANOGÉNÉTIQUE adj.

ORGANOLEPTIQUE adj. (Propriété d'un aliment, d'un médicament) qui affecte le goût, l'odorat.

ORGANOLOGIE n.f. Étude des instruments de musique.

ORGANOLOGIQUE adj.

ORGANOMAGNÉSIEN n.m. et adj.m. Composé organique à liaison carbone-magnésium.

ORGANOPHOSPHORÉ, E adj. et n.m. (Produit organique) dérivé du phosphore.

ORGANOSOL [s] n.m. Solution colloïdale dans un milieu liquide organique.

ORGANOTHÉRAPIE n.f. → **opothérapie.**

ORGANSIN n.m. Fil de soie torse.

ORGANSINAGE n.m.

ORGANSINER v. **10.** Tordre deux fois (des fils de soie) pour obtenir de l'organsin.

ORGANSINEUR n.m.

ORGANUM n.m. *Médiév.* Polyphonie inspirée du plain-chant.

ORGANZA n.m. Étoffe aux couleurs changeantes.

ORGASME n.m. Le plus haut point du plaisir sexuel.

ORGASMIQUE adj.

ORGASTIQUE adj. → **orgasmique.**

ORGE n.m. et n.f.

ORGEAT [orja] n.m. Sirop d'orge ou d'amandes.

ORGELET n.m. Petit furoncle sur le bord de la paupière.

ORGIAQUE adj. *Litt.* Relatif aux orgies.

ORGIASME n.m. Célébration des orgies dans le culte de Dionysos.

ORGIASTE n.

ORGIE n.f.

ORGUE n.m.

ORGUEIL n.m.

ORGUEILLEUX, EUSE adj. et n.

ORIBUS n.m. *Vx.* Chandelle de résine.

ORICHALQUE [k] n.m. *Antiq.* Métal précieux.

ORIEL n.m. *Arch.* Fenêtre en saillie.

ORIENT n.m.

ORIENTABLE adj.

ORIENTAL, E, AUX adj.

ORIENTALISER v. **10.**

ORIENTALISME n.m. Étude des civilisations orientales.

ORIENTALISTE adj. et n.

ORIENTATION n.f.

ORIENTEMENT n.m.

ORIENTER v. **10.**

ORIENTEUR, EUSE n. et adj. Conseiller en orientation scolaire et professionnelle.

ORIFICE n.m.

ORIFLAMME n.f. Bannière d'apparat.

ORIGAMI n.m. Art du papier plié, au Japon.

ORIGAN n.m. Plante aromatique (marjolaine).

ORIGINAIRE adj.

ORIGINAIREMENT adv.

ORIGINAL, E, AUX adj. et n.

ORIGINALEMENT adv.

ORIGINALITÉ n.f.

ORIGINE n.f.

ORIGINEL, ELLE adj.

ORIGINELLEMENT adv.

ORIGINER (S') v. **10.** Provenir.

ORIGNAL, AUX n.m. Élan du Canada.

ORILLON n.m. *Mar.* Partie en saillie d'un bastion.

ORIN n.m. *Mar.* Câble reliant un objet immergé à une bouée.

ORIOLE n.m. Passereau d'Amérique.

ORIOLIDÉ n.m. Passereau, type loriot.

ORIPEAU, X 1. n.m. Lame de cuivre ayant l'apparence de l'or. 2. n.m.pl. Vêtements voyants et usés.

ORIYA n.m. Langue indo-aryenne.

ORLE n.m. *Hér.* Filet qui suit le bord de l'écu.

ORLÉANAIS, E adj. D'Orléans.

ORLÉANISME n.m.

ORLÉANISTE adj. et n. *Hist.* Qui soutient les prétentions de la maison d'Orléans au trône de France.

ORLON n.m. (Nom déposé) Textile synthétique.

ORMAIE n.f. **(= ormoie)** Lieu planté d'ormes.

ORME n.m.

ORMEAU, X n.m. 1. Jeune orme. 2. Mollusque marin.

ORMET n.m. → **ormeau** 2.

ORMIER n.m. → **ormeau** 2.

ORMILLE n.f. Très jeune orme.

ORMOIE n.f. → **ormaie.**

ORNAIS, E adj. De l'Orne.

ORNE n.m. Frêne du sud de l'Europe.

ORNEMANISTE n. Spécialiste des motifs décoratifs.

ORNEMENT n.m.

ORNEMENTAL, E, AUX adj.

ORNEMENTATION n.f.

ORNEMENTER v. **10.**

ORNER v. **10.**

ORNIÉRAGE n.m. Formation d'ornières sur une chaussée.

ORNIÈRE n.f.

ORNITHISCHIEN [-tisky-in] n.m. Reptile dinosaurien.

ORNITHOGALE n.m. Plante bulbeuse.

ORNITHOLOGIE n.f. Étude des oiseaux.

ORNITHOLOGIQUE adj.

ORNITHOLOGISTE n.

ORNITHOLOGUE n.

ORNITHOMANCIE n.f. *Antiq.* Divination par le chant ou le vol des oiseaux.

ORNITHOPHILIE n.f. Intérêt pour les oiseaux.

ORNITHORYNQUE n.m. Mammifère d'Australie à bec de canard et pattes palmées.

ORNITHOSE n.f. Maladie infectieuse transmise par certains oiseaux.

OROBANCHACÉE [k] n.f. Plante, type orobanche.

OROBANCHE n.f. Plante sans chlorophylle vivant en parasite sur des racines.

OROBE n.m. Plante légumineuse.

OROGÈNE n.m. Type de chaîne de montagnes.

OROGENÈSE n.f. → **orogénie.**

OROGÉNIE n.f. Formation d'un orogène.

OROGÉNIQUE adj.

OROGRAPHIE n.f. Étude du relief terrestre.

OROGRAPHIQUE adj.

OROMÉTRIE n.f. Mesure du relief du sol.

OROMO adj. D'un peuple d'Éthiopie.

ORONGE n.f. Champignon (amanite).

ORONYMIE n.f. Étude des noms de montagnes.

ORONYMIQUE adj.

OROPHARYNX n.m. *Anat.* Partie moyenne du pharynx.

ORPAILLAGE n.m. Extraction des paillettes d'or par lavage.

ORPAILLEUR, EUSE n. Chercheur d'or.

ORPHELIN, E adj. et n.

ORPHELINAGE n.m. Situation d'une ruche privée de sa reine.

ORPHELINAT n.m.

ORPHÉON n.m. Chorale.

ORPHÉONIQUE adj.

ORPHÉONISTE n.

ORPHIE n.f. Poisson à bec pointu.

ORPHIQUE adj. *Antiq. gr.* Relatif à Orphée.

ORPHISME n.m. Secte religieuse de la Grèce antique.

ORPIMENT n.m. Sulfure naturel d'arsenic.

ORPIN n.m. Plante à feuilles charnues.

ORQUE n.m. ou f. Mammifère cétacé (épaulard).

ORSEILLE n.f. Lichen des côtes rocheuses de la Méditerranée.

ORTEIL n.m.

ORTHÈSE n.f. Appareil qui remédie à une déficience physique.

ORTHOCENTRE n.m. *Math.* Point de rencontre des trois hauteurs d'un triangle.

ORTHOCENTRIQUE adj.

ORTHODONTIE [-si] n.f. *Méd.* Traitement des anomalies de la position des dents.

ORTHODONTIQUE adj.

ORTHODONTISTE n.

ORTHODOXE adj. et n.

ORTHODOXIE n.f.

ORTHODROMIE n.f. Chemin le plus court entre deux points du globe.

ORTHODROMIQUE adj.

ORTHOÉPIE n.f. *Phon.* Science de la prononciation correcte des mots.

ORTHOGENÈSE n.f. *Biol.* Théorie selon laquelle l'évolution est prédéterminée.

ORTHOGÉNIE n.f. *Méd.* Contrôle des naissances.

ORTHOGÉNIQUE adj.

ORTHOGÉNISME n.m. *Méd.* Science de l'orthogénie.

ORTHOGONAL, E, AUX adj. Qui forme un angle droit.

ORTHOGONALEMENT adv.

ORTHOGONALITÉ n.f.

ORTHOGRAPHE n.f.

ORTHOGRAPHIER v. **15.**

ORTHOGRAPHIQUE adj.

ORTHONORMAL, E, AUX adj. → **orthonormé.**

ORTHONORMÉ, E adj. *Math.* À vecteurs de base perpendiculaires et de même longueur.

ORTHOPÉDAGOGIE n.f. Pédagogie qui traite les troubles d'apprentissage.

ORTHOPÉDAGOGUE n.

ORTHOPÉDIE n.f. *Méd.* Traitement des anomalies du squelette et des articulations.

ORTHOPÉDIQUE adj.

ORTHOPÉDISTE adj. et n.

ORTHOPHONIE n.f. *Méd.* Rééducation du langage.

ORTHOPHONIQUE adj.

ORTHOPHONISTE n.

ORTHOPHOSPHATE n.m. Sel de l'acide phosphorique.

ORTHOPNÉE n.f. *Méd.* Gêne respiratoire en position couchée.

ORTHOPTÈRE n.m. et adj. Insecte broyeur, type criquet.

ORTHOPTÉROÏDE n.m. Insecte, type orthoptère.

ORTHOPTIE [-psi] n.f. *Méd.* Gymnastique oculaire.

ORTHOPTIQUE adj. et n.f.

ORTHOPTISTE n.

ORTHORHOMBIQUE adj. (Prisme droit) dont la base est un losange.

ORTHOSCOPIQUE adj. *Phot.* (Objectif) non déformant.

ORTHOSE n.f. Feldspath potassique.

ORTHOSTATE n.m. *Arch.* Chacun des blocs formant l'assise d'un mur.

ORTHOSTATIQUE adj. Relatif à la station debout.

ORTHOSTATISME n.m. *Méd.* Station debout.

ORTHOTROPE adj. *Bot.* (Ovule) droit.

ORTIE n.f.

ORTIVE adj.f. *Amplitude ortive :* arc de l'horizon entre la direction de l'est et celle d'une étoile à son lever.

ORTOLAN n.m. Petit oiseau à chair très estimée.

ORVALE n.f. Variété de sauge.

ORVET n.m. Petit saurien dépourvu de pattes.

ORVIÉTAN n.m. Drogue en vogue au XVIIe s.

ORWELLIEN, ENNE adj. D'Orwell (écrivain anglais).

ORYCTE n.m. Scarabée dont la tête porte une corne verticale.

ORYCTÉROPE n.m. Mammifère d'Afrique.

ORYX n.m. Antilope aux cornes recourbées.

OS n.m.

OSCABRION n.m. Mollusque marin (chiton).

OSCAR n.m. Récompense cinématographique.

OSCARISER v. **10.** Récompenser par un oscar.

OSCIÈTRE n.m. Caviar.

OSCILLAIRE n.f. Variété d'algue.

OSCILLANT, E adj.

OSCILLATEUR n.m. Appareil produisant des oscillations mécaniques ou électriques.

OSCILLATION n.f.

OSCILLATOIRE adj.

OSCILLER v. **(p.p.inv.) 10.**

OSCILLOGRAMME n.m.

OSCILLOGRAPHE n.m. Appareil qui enregistre les variations d'une grandeur physique en fonction du temps.

OSCILLOMÈTRE n.m. *Méd.* Instrument de mesure des oscillations de la tension artérielle.

OSCILLOSCOPE n.m. → **oscillographe.**

OSCINE n.m. Oiseau chanteur.

OSCULATEUR, TRICE adj. *Math.* Qui présente un contact d'au moins trois points avec une courbe.

OSCULATION n.f. *Math.* Contact entre courbes ou surfaces osculatrices.

OSCULE n.m. *Zool.* Pore des éponges.

OSE n.m. *Biochim.* Glucide simple.

OSEILLE n.f.

OSER v. **10.**

OSERAIE n.f. Lieu planté d'osiers.

OSIDE n.m. *Biochim.* Glucide composé.

OSIER n.m.

OSIÉRICULTURE n.f. Culture de l'osier.

OSIRIEN, ENNE adj. D'Osiris (divinité égyptienne).

OSMANLI, E adj. et n.m. Ottoman.

OSMIE n.f. Abeille solitaire.

OSMIQUE adj. (Acide) dérivé de l'osmium.

OSMIUM n.m. Métal gris-bleu dur et cassant.

OSMIURE n.m. *Chim.* Composé d'osmium et d'un corps simple.

OSMOMÈTRE n.m. *Phys.* Appareil de mesure de la pression osmotique.

OSMONDE n.f. Variété de fougère.

OSMOSE n.f. *Phys.* Phénomène de diffusion entre deux milieux séparés par une membrane.

OSMOTIQUE adj. Relatif à l'osmose.

OSQUE adj. et n.m. D'un ancien peuple de l'Italie centrale.

OSSATURE n.f.

OSSÉINE n.f. *Biol.* Constituant de l'os.

OSSELET n.m.

OSSEMENTS n.m.pl.

OSSÈTE adj. et n.m. De l'Ossétie (Caucase).

OSSEUX, EUSE adj.

OSSIANIQUE adj. *Litt.* Qui se rapporte à Ossian, barde légendaire écossais.

OSSIANISME n.m.

OSSICULE n.m. *Zool.* Petit os.

OSSIFÈRE adj. *Géol.* Qui contient des os.

OSSIFICATION n.f.

OSSIFIER v. **15.**

OSSU, E adj. Qui a de gros os.

OSSUAIRE n.m. Lieu où sont conservés des ossements humains.

OST n.m. → **host.**

OSTÉALGIE n.f. Douleur osseuse.

OSTÉICHTHYEN [-ikty-in] n.m. → **ostéichtyen.**

OSTÉICHTYEN [-ikty-in] n.m. Poisson osseux.

OSTÉITE n.f. Inflammation du tissu osseux.

OSTENDAIS, E adj. D'Ostende (Belgique).

OSTENSIBLE adj. Visible.

OSTENSIBLEMENT adv.

OSTENSIF, IVE adj. *Log.* (Explication) par le geste.

OSTENSION n.f. *Rel.* Exposition de reliques.

OSTENSOIR n.m. *Rel.* Pièce d'orfèvrerie qui sert à exposer l'hostie.

OSTENTATEUR, TRICE adj. *Litt.* Ostentatoire.

OSTENTATION n.f.

OSTENTATOIRE adj.

OSTÉOBLASTE n.m. *Biol.* Cellule osseuse.

OSTÉOCHONDRITE [k] n.f. → **ostéochondrose.**

OSTÉOCHONDROSE [k] n.f. Inflammation des cartilages.

OSTÉOCLASIE n.f. *Chir.* Fracture volontaire d'un os pour remédier à une malformation.

OSTÉOCLASTE n.m. *Biol.* Grande cellule de la moelle osseuse.

OSTÉOCYTE n.m. Cellule du tissu osseux.

OSTÉOGÈNE adj. Qui forme les os.

OSTÉOGENÈSE n.f. Ossification.

OSTÉOGÉNIE n.f. → **ostéogenèse.**

OSTÉOLOGIE n.f. Partie de l'anatomie qui traite des os.

OSTÉOLOGIQUE adj.

OSTÉOLOGUE n.

OSTÉOLYSE n.f. Usure pathologique du tissu osseux.

OSTÉOMALACIE n.f. Ramollissement des os.

OSTÉOME n.m. Tumeur bénigne de l'os.

OSTÉOMYÉLITE n.f. Inflammation simultanée de l'os et de la moelle osseuse.

OSTÉONÉCROSE n.f. *Méd.* Nécrose d'un fragment de tissu osseux.

OSTÉOPATHE n. Personne qui soigne par des manipulations.

OSTÉOPATHIE n.f. Affection osseuse. – Thérapie manuelle.

OSTÉOPATHIQUE adj.

OSTÉOPÉNIE n.f. *Méd.* Diminution de la densité osseuse.

OSTÉOPHYTE n.m. Prolifération pathologique du tissu osseux.

OSTÉOPLASTIE n.f. *Chir.* Restauration d'un os à l'aide d'une greffe.

OSTÉOPOROSE n.f. *Méd.* Raréfaction du tissu osseux.

OSTÉOPOROTIQUE adj. et n.

OSTÉOPRATICIEN, ENNE n. → **ostéopathe.**

OSTÉOSARCOME n.m. Tumeur maligne des os.

OSTÉOSE n.f. Maladie des os due à un trouble de la nutrition.

OSTÉOSYNTHÈSE n.f. *Chir.* Réunion de fragments d'os par une plaque métallique.

OSTÉOTOMIE n.f. Résection chirurgicale d'un os.

OSTIAK n.m. **(= ostyak)** Langue finno-ougrienne de Sibérie.

OSTINATO n.m. *Mus.* Phrase mélodique répétitive.

OSTIOLE n.m. *Bot.* Petit orifice.

OSTO n.m. → **hosteau.**

OSTRACA | → **ostracon.**

OSTRACÉ, E adj. De la nature de l'huître.

OSTRACISER v. **10.** Bannir, exclure.

OSTRACISME n.m.

OSTRACODE n.m. Petit crustacé.

OSTRACON [-kon] (pl. **OSTRACA** ou **OSTRACONS**) n.m. **(= ostrakon)** *Antiq.* Tesson de poterie servant de support à l'écriture ou au dessin.

OSTRAKA | → **ostrakon.**

OSTRAKON [-kon] (pl. **OSTRAKA** ou **OSTRAKONS**) n.m. → **ostracon.**

OSTRÉICOLE adj.

OSTRÉICULTEUR, TRICE n.

OSTRÉICULTURE n.f. Élevage des huîtres.

OSTRÉIDÉ n.m. Mollusque, type huître.

OSTROGOT, E 1. adj. **(= ostrogoth)** Relatif aux Ostrogoths, ancien peuple germanique. 2. n.m. **(= ostrogoth)** *Fam.* Individu grossier ou bizarre.

OSTROGOTH, E adj. et n.m. → **ostrogot.**

OSTROGOTHIQUE adj. → **ostrogot** 1.

OSTRYA n.m. Arbre voisin du charme.

OSTYAK n.m. → **ostiak.**

OTAGE n.

OTALGIE n.f. Douleur d'oreille.

OTALGIQUE adj.

OTARIE n.f.

ÔTER v. **10.**

OTHELLO n.m. (Nom déposé) Jeu de société.

OTIDIDÉ n.m. Oiseau, type outarde.

OTIQUE adj. *Anat.* Relatif à l'oreille.

OTITE n.f.

OTOCYON n.m. Canidé sauvage d'Afrique.

OTOCYSTE n.m. *Zool.* Petite cavité renfermant un otolithe.

OTOLITHE n.m. ou f. *Anat.* Concrétion minérale de l'oreille interne.

OTOLITHIQUE adj.

OTOLOGIE n.f. Étude de l'oreille.

OTOLOGIQUE adj.

OTOMI n.m. Langue indienne d'Amérique centrale.

OTORHINO n. *Fam.* Spécialiste des maladies des oreilles, du nez et du larynx.

OTORRAGIE n.f. Hémorragie par l'oreille.

OTORRHÉE n.f. *Méd.* Écoulement par l'oreille.

OTOSCLÉROSE n.f. Otospongiose.

OTOSCOPE n.m. Appareil permettant d'examiner le conduit auditif.

OTOSCOPIE n.f.

OTOSPONGIOSE n.f. Affection de l'oreille.

OTTAVIEN, ENNE adj. D'Ottawa (Canada).

OTTOMAN, E 1. adj. Relatif aux Ottomans (Turcs). 2. n.m. Étoffe à grosses côtes. 3. n.f. Canapé.

OTTONIEN, ENNE adj. *Hist.* Relatif à l'art allemand des Xᵉ et XIᵉ s.

OU conj.

OÙ | adv. et pr.relat.

OUABAÏNE n.f. Extrait végétal tonicardiaque.

OUACHE interj. *Québ.* Exprime le dégoût.

OUAGALAIS, E adj. De Ouagadougou (Burkina).

OUAH interj.

OUAILLE n.f. *Litt.* Fidèle.

OUAIS interj. *Fam.* Oui.

OUANANICHE n.f. *Québ.* Saumon d'eau douce.

OUAOUARON n.m. Grenouille géante du Canada.

OUARINE n.m. Singe hurleur.

OUASSOU n.m. Grosse écrevisse antillaise.

OUATAGE n.m.

OUATE n.f.

OUATER v. **10.**

OUATERIE n.f. Industrie de la fabrication de l'ouate.

OUATEUX, EUSE adj. Doux comme de l'ouate.

OUATINE n.f. Étoffe molletonnée servant à doubler certains vêtements.

OUATINER v. **10.**

OUBLI n.m.

OUBLIABLE adj.

OUBLIER v. **15.**

OUBLIETTE n.f.

OUBLIEUX, EUSE adj.

OUBYKH n.m. Ancienne langue caucasienne.

OUCH [aoutch] interj. *Québ.* Exprime la douleur.

OUCHE n.f. Terre fertile.

OUD n.m. **(= ud)** Luth arabe.

OUDLER [-eur] n.m. Chacune des trois cartes importantes, au jeu de tarot.

OUDMOURTE adj. Des Oudmourtes (peuple de Russie).

OUED n.m. Cours d'eau temporaire en Afrique du Nord.

OUEST | adj. et n.m.

OUF adj. et n. *Fam.* Fou.

OUF interj. (inv. mais **ouf** adj. et n.)

OUGANDAIS, E adj. De l'Ouganda (Afrique orientale).

OUGARITIQUE adj. et n.m. *Antiq.* (Langue) utilisée en Phénicie.

OUGRIEN, ENNE adj. et n.m. Se dit d'un groupe de langues de Sibérie.

OUGUIYA n.m. Unité monétaire de Mauritanie.

OUH interj.

OUI adv. et n.m. (inv. mais **ouïr** v.).

OUICHE interj. Marque l'incrédulité.

OUÏE [wi] n.f.

OUÏGHOUR, E [ouï-] adj. et n.m. **(= ouïgour)** Des Ouïghours (peuple turc de Chine).

OUÏGOUR, E [ouï-] adj. et n.m. → **ouïghour.**

OUILLAGE n.m.

OUILLE interj. (inv. mais **ouiller** v.).

OUILLER v. **10.** Remplir (un tonneau) de vin pour compenser l'évaporation.

OUILLÈRE n.f. **(= ouillière, oullière)** Culture intercalée entre des rangées de vigne.

OUILLIÈRE n.f. → **ouillère.**

OUIN interj. Onomatopée évoquant des pleurs.

OUÏR v. déf. (**ouï, ouïe, ouïes, ouïs, oyant, oyez**).

OUISTITI n.m.

OUKASE n.m. **(= ukase)** *Hist.* Édit du tsar. – Décision arbitraire.

OULÉMA n.m. **(= uléma)** Docteur de la loi musulmane.

OULIPIEN, ENNE adj. et n. Relatif à l'Oulipo, groupe d'écrivains pratiquant une littérature expérimentale.

OULLIÈRE n.f. → **ouillère.**

OUMIAK n.m. Embarcation des Esquimaux.

OUMMA n.f. **(= umma)** Dans l'islam, communauté des croyants.

OUNCE [aouns] n.f. Unité de masse anglo-saxonne.

OUOLOF [wolof] n.m. et adj. **(= wolof)** Langue parlée au Sénégal.

OUPS interj. *Fam.* Exprime la surprise face à une gaffe.

OURAGAN n.m.

OURALIEN, ENNE adj. De l'Oural.

OURAQUE n.m. *Anat.* Cordon fibreux entre l'ombilic et la vessie, qui est un reliquat embryonnaire.

OURDIR v. **40.** Tramer.

OURDISSAGE n.m. Préparation des fils de chaîne avant le tissage.

OURDISSEUR, EUSE n.

OURDISSOIR n.m. *Text.* Appareil où l'on étend les fils de la chaîne.

OURDOU, E n.m. et adj. → **urdu.**

OURÉBI n.m. Petite antilope d'Afrique.

OURLER v. **10.**

OURLET n.m.

OURLIEN, ENNE adj. *Méd.* Relatif aux oreillons.

OURS n.m.

OURSE n.f.

OURSIN n.m.

OURSINADE n.f. Plat à base d'oursins.

OURSON, ONNE n.

OUST interj. **(= ouste).**

OUSTACHI, E n. et adj. *Hist.* Nationaliste croate.

OUSTE interj. → **oust.**

OUT **|** [aout] adv. et adj.

OUTAOUAIS, E adj. De l'Outaouais (Québec).

OUTARDE n.f. Gros oiseau échassier.

OUTARDEAU, X n.m.

OUTDOOR [aoutdor] n.m. Ensemble des activités de plein air.

OUTIL n.m.

OUTILLAGE n.m.

OUTILLER v. **10.**

OUTILLEUR, EUSE n.

OUTING [aouting] n.m. Révélation publique de l'homosexualité d'une personne, contre son gré.

OUTLAW [aoutlô] n.m. Hors-la-loi.

OUTPLACEMENT [aout-] n.m. Ensemble des techniques de recherche d'un nouvel emploi pour des salariés licenciés.

OUTPUT [aoutpout] n.m. *Inf.* Donnée en sortie. - *Écon.* Résultat d'une production.

OUTRAGE n.m.

OUTRAGEANT, E adj.

OUTRAGER v. **17.** Offenser, insulter.

OUTRAGEUSEMENT adv.

OUTRAGEUX, EUSE adj.

OUTRANCE n.f.

OUTRANCIER, ÈRE adj.

OUTRE n.f., prép. et adv.

OUTRECUIDANCE n.f. Confiance exagérée en soi-même.

OUTRECUIDANT, E adj.

OUTREMER 1. n.m. Lapis-lazuli. 2. adj. D'un bleu intense.

OUTREPASSÉ, E adj. *Arch. Arc outrepassé :* arc qui dépasse le demi-cercle.

OUTREPASSER v. **10.**

OUTRER v. **10.**

OUTRIGGER [aoutrigeur] n.m. Embarcation à rames, destinée aux courses.

OUTSIDER [aoutsaydeur] n.m.

OUVALA n.f. *Géogr.* Vaste dépression.

OUVERT, E adj.

OUVERTEMENT adv.

OUVERTURE n.f.

OUVRABILITÉ n.f. Propriété d'un béton de se laisser manipuler facilement.

OUVRABLE adj.

OUVRAGE n.m. ou f.

OUVRAGER v. **17.** Enrichir d'ornements.

OUVRAISON n.f. Préparation des matières premières textiles.

OUVRANT, E adj. et n.m.

OUVREAU, X n.m. Ouverture d'un four de verrier.

OUVRER v. **10.** Façonner, mettre en œuvre.

OUVREUR, EUSE n.

OUVRIER, ÈRE adj. et n.

OUVRIÉRISME n.m. Tendance à donner la priorité aux revendications ouvrières.

OUVRIÉRISTE adj. et n.

OUVRIR v. **46.**

OUVROIR n.m. Atelier de couture dans les communautés de religieuses.

OUZBEK, E adj. et n.m. **(= uzbek)** De l'Ouzbékistan.

OUZO n.m. Liqueur d'anis d'origine grecque.

OVAIRE n.m.

OVALAIRE adj. *Méd.* De forme à peu près ovale.

OVALBUMINE n.f. Protéine du blanc d'œuf.

OVALE adj. et n.m.

OVALIE n.f. Région où l'on joue au rugby.

OVALISATION n.f.

OVALISER v. **10.**

OVARIECTOMIE n.f. *Chir.* Ablation d'un ovaire.

OVARIEN, ENNE adj.

OVARITE n.f. Inflammation des ovaires.

OVATE n.m. *Hist.* Prêtre gaulois.

OVATION n.f.

OVATIONNER v. **10.**

OVE n.m. *Arch.* Ornement en forme d'œuf.

OVÉ, E adj.

OVERDOSE [oveur-] n.f. Dose excessive de drogue.

OVERDOSÉ, E [oveur-] adj. Administré en quantité excessive. - Saturé.

OVERDRIVE [oveurdrayv] n.m. *Techn.* Surmultiplicateur d'une boîte de vitesses.

OVIBOS [-s] n.m. Bovidé appelé aussi *bœuf musqué.*

OVICAPRE n.m. Hybride stérile du bélier et de la chèvre, ou du bouc et de la brebis.

OVICULE n.m. *Arch.* Petit ove.

OVIDÉ n.m. *Vx.* Oviné.

OVIDUCTE n.m. *Anat.* Conduit de sortie de l'œuf.

OVIFORME adj. En forme d'œuf.

OVIN, E adj. et n.m. Relatif au mouton.

OVINÉ n.m. Mammifère ruminant, type mouton.

OVIPARE adj. et n. Qui se reproduit par des œufs.

OVIPARITÉ n.f.

OVIPOSITEUR n.m. Organe de fécondation des insectes.

OVISCAPTE n.m. → **ovipositeur.**

OVNI n.m. Objet volant non identifié.

OVOCYTE n.m. → **oocyte.**

OVOGENÈSE n.f. → **oogenèse.**

OVOGÉNIE n.f. → **oogenèse.**

OVOGONIE n.f. Cellule femelle dont la croissance n'est pas commencée.

OVOÏDAL, E, AUX adj. En forme d'œuf.

OVOÏDE adj. → **ovoïdal.**

OVOTESTIS [-s] n.m. *Zool.* Glande hermaphrodite.

OVOTIDE n.m. *Biol.* Gamète femelle.

OVOVIVIPARE adj. et n. Dont les œufs éclosent à l'intérieur du corps de la mère.

OVOVIVIPARITÉ n.f.

OVULAIRE adj.

OVULATION n.f.

OVULATOIRE adj.

OVULE n.m.

OVULER v. **(p.p.inv.) 10.**

OXACIDE n.m. **(= oxyacide)** Acide contenant de l'oxygène.

OXALATE n.m. Sel de l'acide oxalique.

OXALIDACÉE n.f. Plante dicotylédone, type oxalide.

OXALIDE n.f. *Bot.* Variété d'oseille.

OXALIQUE adj. *Acide oxalique :* acide qui se trouve dans l'oseille.

OXALIS [-s] n.m. → **oxalide.**

OXAMIDE n.m. Diamide de l'acide oxalique.

OXER [oksèr] n.m. Obstacle de concours hippique.

OXFORD n.m. Toile de coton.

OXFORDIEN, ENNE adj. D'Oxford (Angleterre).

OXHYDRIQUE adj. Qui contient de l'hydrogène et de l'oxygène.

OXHYDRYLE n.m. Radical chimique.

OXIME n.f. Composé chimique.

OXO I adj. *Chim.* Qualifie un procédé de synthèse donnant des composés oxygénés.

OXONIEN, ENNE adj. → **oxfordien.**

OXONIUM n.m. Ion univalent à base d'oxygène.

OXTAIL [okstèyl] n.m. Potage à base de queue de bœuf.

OXYACÉTYLÉNIQUE adj. (Chalumeau) fonctionnant avec un mélange d'oxygène et d'acétylène.

OXYACIDE n.m. → **oxacide.**

OXYCARBONÉ, E adj. (Hémoglobine) combinée à l'oxyde de carbone.

OXYCHLORURE n.m. Combinaison d'un corps avec l'oxygène et le chlore.

OXYCOUPAGE n.m. Découpage des tôles par oxydation.

OXYCOUPEUR adj.m.

OXYCRAT [-a] n.m. *Antiq.* Boisson composée de vinaigre et d'eau.

OXYDABILITÉ n.f.

OXYDABLE adj.

OXYDANT, E adj. et n.m.

OXYDASE n.f. Enzyme.

OXYDATIF, IVE adj. Relatif à une oxydation.

OXYDATION n.f.

OXYDE n.m.

OXYDER v. **10.**

OXYDÉRURGIE n.f. Procédé sidérurgique.

OXYDIMÉTRIE n.f. *Chim.* Dosage d'un oxydant.

OXYDORÉDUCTASE n.f. Enzyme.

OXYDORÉDUCTEUR, TRICE adj.

OXYDORÉDUCTION n.f. *Chim.* Réaction dans laquelle un élément est oxydé et l'autre réduit.

OXYGÉNABLE adj.

OXYGÉNANT, E adj. Qui produit l'oxygénation.

OXYGÉNASE n.f. Enzyme.

OXYGÉNATEUR n.m.

OXYGÉNATION n.f.

OXYGÈNE n.m.

OXYGÉNER v. **12.**

OXYGÉNOTHÉRAPIE n.f. Traitement par inhalation d'oxygène.

OXYHÉMOGLOBINE n.f. *Physiol.* Combinaison d'hémoglobine et d'oxygène.

OXYLITHE n.m. ou f. Dioxyde de sodium.

OXYMEL n.m. *Vx.* Médicament composé de miel et de vinaigre.

OXYMÉTRIE n.f. Détermination de la quantité d'acide dans une substance.

OXYMORE n.m. *Rhét.* Alliance de deux mots contradictoires.

OXYMORON n.m. → **oxymore.**

OXYSULFURE n.m. Composé d'oxygène et de soufre.

OXYTON adj.m. et n.m. *Ling.* (Mot) dont l'accent tonique est sur la dernière syllabe.

OXYTONNE n.m. (Nom déposé) Installation de production et de stockage d'oxygène.

OXYURE n.m. Ver parasite de l'intestin.

OXYUROSE n.f. Parasitose due aux oxyures.

OYANT → **ouïr.**

OYAT n.m. Graminée utilisée pour la fixation des dunes.

OYE [wa] n.f. *Vx.* Oie.

OYEZ → **ouïr.**

OZALID n.m. (Nom déposé) *Impr.* Épreuve en positif tirée sur du papier sensibilisé.

OZÈNE n.m. *Méd.* Affection de la muqueuse nasale.

OZÉNEUX, EUSE adj.

OZOCÉRITE n.f. (= **ozokérite**) Hydrocarbure.

OZOKÉRITE n.f. → **ozocérite.**

OZONATEUR n.m. → **ozoniseur.**

OZONATION n.f.

OZONE n.m. Variété d'oxygène.

OZONER v. **10.** → **ozoniser.**

OZONEUR n.m. → **ozoniseur.**

OZONIDE n.m. Composé d'ozone.

OZONISATEUR n.m. → **ozoniseur.**

OZONISATION n.f.

OZONISER v. **10.** Transformer en ozone. – Purifier à l'ozone.

OZONISEUR n.m. Appareil de préparation de l'ozone.

OZONOMÉTRIE n.f. Dosage de l'ozone dans l'oxygène ou dans l'air.

OZONOSPHÈRE n.f. Couche de l'atmosphère contenant de l'ozone.

P
3

PACA n.m. Gros rongeur d'Amérique tropicale.

PACAGE n.m. Action de faire paître. – Pâturage.

PACAGER v. **17.** Faire paître.

PACANE n.f. **(= pécan)** Fruit du pacanier.

PACANIER n.m. Arbre du sud des États-Unis.

PACEMAKER [pèsmèkeur] n.m. Stimulateur cardiaque.

PACÉNIEN, ENNE adj. De La Paz (Bolivie).

PACFUNG [pakf-on] n.m. **(= packfung)** Alliage naturel de cuivre, de nickel et de zinc.

PACHA n.m.

PACHALIK n.m. Territoire administré par un pacha.

PACHINKO [tchin] n.m. Sorte de billard vertical japonais.

PACHTO n.m. **(= pachtou)** Langue afghane.

PACHTOU n.m. → **pachto.**

PACHTOUN, E adj. D'un peuple d'Asie centrale.

PACHYDERME n.m.

PACHYDERMIE n.f. *Méd.* Épaississement de la peau.

PACHYDERMIQUE adj.

PACHYURE [pakyur] n.m. Type de musaraigne.

PACIFIANT, E adj.

PACIFICATEUR, TRICE adj. et n.

PACIFICATION n.f.

PACIFIER v. **15.**

PACIFIQUE adj.

PACIFIQUEMENT adv.

PACIFISME n.m.

PACIFISTE adj. et n.

PACK n.m. Masse de glaces flottantes. – Ensemble des avants, au rugby.

PACKAGE [pakèdj] ou [pakadj] n.m. Ensemble indissociable de marchandises ou de services.

PACKAGER [pakadjeur] n.m. **(= packageur)** Sous-traitant d'un éditeur.

PACKAGEUR [pakajeur] n.m. → **packager.**

PACKAGING [pakadjing] n.m. Technique d'emballage et de conditionnement de produits.

PACKFUNG [pakf-on] n.m. → **pacfung.**

PACOTILLE n.f.

PACQUAGE n.m. **(= paquage).**

PACQUER v. **10 (= paquer)** Mettre (du poisson salé) en baril.

PACS [paks] n.m. Contrat de vie commune.

PACSER (SE) v. **10.** Conclure un pacs.

PACSON n.m. **(= paqson, paxon)** *Arg.* Paquet.

PACTE n.m.

PACTISER v. **(p.p.inv.) 10.** Conclure un accord. – Transiger.

PACTOLE n.m. *Litt.* Source de richesse.

PADAN, E adj. De la plaine du Pô (Italie).

PADDING n.m. Rembourrage des épaules d'un vêtement.

PADDOCK n.m. *Hipp.* Enceinte réservée, où les chevaux sont promenés.

PADDY n.m. Riz non décortiqué.

PADICHA n.m. **(= padichah, padischah)** Titre honorifique d'un sultan.

PADICHAH n.m. → **padicha.**

PADINE n.f. Algue brune.

PADISCHAH n.m. → **padicha.**

PADOU n.m. **(= padoue)** Ruban fabriqué à Padoue (Italie).

PADOUAN, E adj. De Padoue (Italie).

PADOUE n.m. → **padou.**

PADRE [-é] n.m. Prêtre, dans les pays latins.

PÆAN [pé-an] n.m. (= **péan)** *Antiq. gr.* Hymne guerrier.

PAELLA [paél(y)a] n.f.

PAF 1. adj. *Fam.* Ivre. 2. interj.

PAGAIE [pagè] n.f.

PAGAILLE n.f.

PAGAILLEUX, EUSE adj.

PAGANISER v. **10.** Rendre païen.

PAGANISME n.m. *Hist.* Nom donné par les chrétiens aux cultes polythéistes.

PAGAYER v. **(p.p.inv.) 24.**

PAGAYEUR, EUSE n.

PAGE n.m. et n.f.

PAGEL n.m. (= **pagelle)** Poisson marin (daurade).

PAGELLE n.f. → **pagel.**

PAGEOT n.m. (= **pajot)** *Fam.* Lit.

PAGEOTER (SE) v. **10.** *Fam.* Se mettre au lit.

PAGER [pajeur] n.m. (= **pageur)** Récepteur de poche destiné à capter des messages.

PAGER (SE) v. **17.** → **pageoter.**

PAGEUR n.m. → **pager** n.m.

PAGHJELLA [gyè] n.m. Chant polyphonique corse.

PAGI ‖ [g] → **pagus.**

PAGINATION n.f.

PAGINER v. **10.** Numéroter (un ouvrage) page par page.

PAGING [pajing] n.m. Système de communication utilisant le pager.

PAGNE n.m. Morceau d'étoffe drapé autour des hanches.

PAGNON n.m. Drap noir fabriqué à Sedan.

PAGNOT n.m. *Fam.* Lit.

PAGNOTER (SE) v. **10.** *Fam.* Se mettre au lit.

PAGODE n.f.

PAGODON n.m. Petite pagode.

PAGRE n.m. Poisson marin voisin de la daurade.

PAGURE n.m. Crustacé (bernard-l'ermite).

PAGUS (pl. **PAGI** [g]) n.m. *Antiq. rom.* Canton rural de Gaule.

PAHLAVI n.m. (= **pehlvi)** Ancienne langue iranienne.

PAHOEHOE [paôô] n.m. *Géol.* Coulée de lave à surface lisse.

PAICHE n.m. Grand poisson d'eau douce d'Amérique du Sud.

PAIDOLOGIE n.f. Pédagogie de l'enfant.

PAIE n.f. (= **paye).**

PAIEMENT n.m. (= **payement).**

PAÏEN, ENNE adj. et n.

PAIERIE n.f. Bureau d'un trésorier-payeur.

PAILLAGE n.m.

PAILLARD, E adj. et n.

PAILLARDEMENT adv.

PAILLARDER (SE) v. **10.** *Arg.* S'amuser.

PAILLARDISE n.f.

PAILLASSE 1. n.f. Sac bourré de paille utilisé comme matelas. 2. n.m. Clown.

PAILLASSON n.m.

PAILLASSONNAGE n.m.

PAILLASSONNER v. **10.** *Agr.* Couvrir de claies, de paille.

PAILLE adj. et n.f.

PAILLÉ, E adj. Couleur de paille. – (Produit sidérurgique) qui a un défaut.

PAILLER n.m. Grenier à paille.

PAILLER v. **10.** Garnir de paille.

PAILLET n.m. *Mar.* Natte pour protéger des frottements.

PAILLETAGE n.m.

PAILLETER v. **20** (je paillette...) Orner de paillettes.

PAILLETEUR, EUSE n. Personne qui recueille les paillettes d'or dans les sables aurifères.

PAILLETTE n.f.

PAILLEUR, EUSE n. Personne qui vend, qui transporte de la paille.

PAILLEUX, EUSE adj. (Fumier) dont la paille n'est pas suffisamment décomposée.

PAILLIS n.m. *Agr.* Couche de paille placée comme protection.

PAILLON n.m. Manchon de paille pour entourer les bouteilles. – Lamelle de métal, en bijouterie.

PAILLONNER v. **10.** Étamer.

PAILLOT n.m. Petite paillasse.

PAILLOTE n.f. Hutte de paille.

PAIN n.m.

PAINTBALL [pèyntbôl] n.m. Sport où les joueurs cherchent à s'éliminer en tirant des billes de peinture.

PAIR, PAIRE adj., n.m. et n.f.

PAIRAGE n.m. En télévision, défaut de l'image.

PAIRESSE n.f. Femme d'un pair. – Femme titulaire d'une pairie.

PAIRIE n.f. Titre, dignité de pair.

PAIRLE n.m. *Hér.* Pièce en forme d'Y.

PAIS → **paître 104.**

PAISIBILITÉ n.f.

PAISIBLE adj.

PAISIBLEMENT adv.

PAISSANCE n.f. *Dr.* Action de faire paître.

PAISSANT, E adj.

PAISSE... → **paître 104.**

PAISSEAU, X n.m. Échalas (pieu).

PAISSON n.f. Fait de paître les glands au bois, en parlant des porcs.

PAÎT → **paître 104.**

PAÎTRE v. déf. **(p.p.inv.) 104.**

PAIX n.f.

PAJOT n.m. → **pageot.**

PAKISTANAIS, E adj.

PAL, S n.m. Pieu. – *Hér.* Pièce verticale de l'écu.

PALA n.f. Batte de pelote basque. – Variété de pelote basque.

PALABRE n.m. ou f.

PALABRER v. **(p.p.inv.) 10.** Discourir interminablement.

PALABREUR, EUSE n. *Afr.* Querelleur.

PALACE n.m.

PALADIN n.m. *Médiév.* Seigneur de la suite de Charlemagne.

PALAFITTE n.m. *Archéol.* Construction lacustre.

PALAIS n.m.

PALAISIEN, ENNE adj. De Palaiseau.

PALAMISME n.m. Doctrine théologique de Palamas (XIVe s.).

PALAN n.m. Appareil de levage.

PALANCHE n.f. Pièce de bois servant à porter deux seaux sur les épaules.

PALANÇON n.m. Pièce de bois qui retient le torchis.

PALANGRE n.f. Corde où sont fixées des lignes munies d'hameçons.

PALANGRIER n.m. Bateau équipé de palangres.

PALANGROTTE n.f. Ligne plombée pour la pêche en mer.

PALANQUÉE n.f. *Mar.* Ensemble des marchandises portées par un palan.

PALANQUER v. **10.** Lever avec un palan.

PALANQUIN n.m. Chaise à porteurs, en Asie.

PALASTRE n.m. **(= palâtre)** Boîte contenant le mécanisme d'une serrure.

PALATAL, E, AUX adj. et n.f. *Phon.* (Phonème) articulé dans la partie antérieure du palais.

PALATALISATION n.f.

PALATALISER v. **10.** *Phon.* Modifier (un son) en déplaçant son point d'articulation vers le palais.

PALATIAL, E, AUX [s] adj. Relatif à un palais.

PALATIN, E 1. adj. *Anat.* Relatif au palais. 2. n.m. *Hist.* Dignitaire de Hongrie, de Pologne.

PALATINAT n.m. *Hist.* Territoire gouverné par un palatin.

PALÂTRE n.m. → **palastre.**

PALAUAN, E adj. Du Palau (Océanie).

PALE n.f. 1. Partie d'une hélice, d'un aviron. 2. **(= palle)** Linge sacré.

PÂLE adj.

PALÉANTHROPIEN, ENNE adj. et n. Relatif à un groupe d'hominidés fossiles.

PALÉARCTIQUE adj. (Région) qui englobe l'Europe, la moitié nord de l'Asie et l'Afrique du Nord.

PALÉE n.f. Rang de pieux fichés dans le sol.

PALEFRENIER, ÈRE n. Personne qui soigne les chevaux.

PALEFROI n.m. *Médiév.* Cheval de parade.

PALÉMON n.m. Crevette rose.

PALÉOASIATIQUE adj. (Langue) parlée en Sibérie.

PALÉOBIOLOGIE n.f. Science des formes de vie disparues.

PALÉOBOTANIQUE n.f. Étude des plantes fossiles.

PALÉOBOTANISTE n.

PALÉOCÈNE n.m. *Géol.* Première époque du paléogène.

PALÉOCHRÉTIEN, ENNE adj. (Art) des premiers chrétiens.

PALÉOCLIMAT n.m. Climat d'une ancienne époque géologique.

PALÉOCLIMATIQUE adj.

PALÉOÉCOLOGIE n.f. Étude du mode de vie des animaux fossiles.

PALÉOGÈNE n.m. *Géol.* Première période du cénozoïque.

PALÉOGÉOGRAPHIE n.f. Géographie des époques anciennes de la Terre.

PALÉOGRAPHE adj. et n.

PALÉOGRAPHIE n.f. Étude des anciennes écritures.

PALÉOGRAPHIQUE adj.

PALÉOHISTOLOGIE n.f. Étude des tissus animaux fossiles.

PALÉOLITHIQUE adj. et n.m. Relatif à l'époque préhistorique la plus ancienne.

PALÉOLOGUE n. Spécialiste des langues anciennes.

PALÉOMAGNÉTIQUE adj.

PALÉOMAGNÉTISME n.m. Champ magnétique terrestre aux différentes époques géologiques.

PALÉONTOLOGIE n.f. Étude des fossiles.

PALÉONTOLOGIQUE adj.

PALÉONTOLOGISTE n.

PALÉONTOLOGUE n.

PALÉOPATHOLOGIE n.f. Étude des pathologies observées sur des fossiles ou des ossements.

PALÉORELIEF n.m. Ancien relief recouvert de sédiments.

PALÉOSIBÉRIEN, ENNE adj. → **paléoasiatique.**

PALÉOSOL [s] n.m. *Géol.* Sol ancien formé dans des conditions aujourd'hui disparues.

PALÉOTHÉRIUM n.m. Mammifère fossile.

PALÉOZOÏQUE n.m. et adj. Ère géologique.

PALÉOZOOLOGIE n.f. Paléontologie animale.

PALERMITAIN, E adj. De Palerme (Italie).

PALERON n.m. Morceau de bœuf ou de porc, situé près de l'omoplate.

PALESTINIEN, ENNE adj.

PALESTRE n.f. *Antiq.* Gymnase.

PALET n.m. Pièce ou pierre arrondie qu'on lance dans certains jeux, comme la marelle ou le hockey.

PALETA [é] n.f. Balle de pelote basque. - Variété de pelote basque.

PALETHNOLOGIE n.f. Étude des peuples préhistoriques.

PALETOT n.m. Vêtement de dessus.

PALETTE n.f.

PALETTISABLE adj.

PALETTISATION n.f.

PALETTISER v. **10.** Empiler (des marchandises) sur des plateaux de chargement.

PALETTISEUR n.m. Appareil pour palettiser.

PALÉTUVIER n.m. Arbre tropical.

PÂLEUR n.f.

PALI, E n.m. et adj. Ancienne langue religieuse de l'Inde.

PALICARE n.m. **(= palikare, pallicare, pallikare)** *Hist.* Soldat grec luttant contre les Turcs.

PÂLICHON, ONNE adj. Un peu pâle.

PALICINÉSIE n.f. *Méd.* Répétition involontaire de gestes.

PALIER n.m.

PALIÈRE adj.f. (Porte) qui s'ouvre sur un palier.

PALIFICATION n.f.

PALIFIER v. **15.** Affermir (un terrain) par des pilotis.

PALIKARE n.m. → **palicare.**

PALILALIE n.f. Trouble de la parole.

PALIMPSESTE n.m. Parchemin manuscrit, réutilisé après effacement.

PALINDROME n.m. Mot ou groupe de mots que l'on peut lire dans les deux sens.

PALINGÉNÉSIE n.f. *Philos.* Répétition périodique des mêmes événements.

PALINGÉNÉSIQUE adj.

PALINODIE n.f. Changement d'opinion.

PALINODIQUE adj.

PÂLIR v. **40.**

PALIS [-i] n.m. Pieu enfoncé pour former une clôture.

PALISSADE n.f.

PALISSADER v. **10.** Entourer d'une palissade.

PALISSADIQUE adj. *Bot.* (Tissu) à cellules étroites et serrées.

PALISSAGE n.m. Action de palisser.

PALISSANDRE n.m. Bois exotique.

PÂLISSANT, E adj.

PALISSER v. **10.** *Agr.* Fixer (un arbre en espalier) à son support.

PALISSON n.m. Instrument pour assouplir les peaux.

PALISSONNER v. **10.** Travailler (les peaux) au palisson.

PALISSONNEUR n.m.

PALIURE n.m. Arbrisseau épineux.

PALLADIANISME n.m. Style architectural influencé par Palladio.

PALLADIEN, ENNE adj. Relatif à Palladio, architecte italien (XVIe s.).

PALLADIUM n.m. *Antiq.* Objet sacré censé sauvegarder une cité. - Métal blanc.

PALLE n.f. → **pale** 2.

PALLÉAL, E, AUX adj. *Zool.* Relatif au manteau des mollusques.

PALLIATIF, IVE adj. et n.m. Qui n'a qu'une efficacité apparente.

PALLIATION n.f. Action de pallier.

PALLICARE n.m. → **palicare.**

PALLIDECTOMIE n.f. *Chir., Anc.* Destruction du pallidum.

PALLIDUM n.m. Structure du cerveau contrôlant le tonus.

PALLIER v. **15.** Résoudre de façon provisoire.

PALLIKARE n.m. → **palicare.**

PALLIUM n.m. Ornement sacerdotal. - *Antiq. rom.* Manteau.

PALMACÉE n.f. Palmier.

PALMAIRE adj. Relatif à la paume de la main.

PALMARÈS n.m.

PALMARIUM n.m. Serre destinée à la culture des palmiers.

PALMATIFIDE adj. → **palmifide.**

PALMATILOBÉ, E adj. → **palmilobé.**

PALMATISÉQUÉ, E adj. → **palmiséqué.**

PALMATURE n.f. *Méd.* Difformité de la main.

PALME n.f.

PALMÉ, E adj.

PALMER [-èr] n.m. Instrument pour mesurer de faibles épaisseurs.

PALMER v. **10.** Aplatir (la tête d'une aiguille) pour y percer le chas.

PALMERAIE n.f. Plantation de palmiers.

PALMETTE n.f. *Arch.* Ornement en forme de palme.

PALMIER n.m.

PALMIFIDE adj. *Bot.* (Feuille) à nervures palmées.

PALMILOBÉ, E adj. *Bot.* (Feuille palmée) aux divisions arrondies.

PALMIPARTI (f. **PALMIPARTIE** ou **PALMIPARTITE**) adj. *Bot.* (Feuille palmée) dont les divisions n'atteignent pas la base du limbe.

PALMIPARTITE → **palmiparti.**

PALMIPÈDE adj. et n.m.

PALMISÉQUÉ, E adj. *Bot.* (Feuille palmée) dont les divisions atteignent la base du limbe.

PALMISTE n.m. Variété de palmier.

PALMITATE n.m. Sel de l'acide palmitique.

PALMITE n.m. Moelle du palmier.

PALMITINE n.f. *Chim.* Substance présente dans l'huile de palme.

PALMITIQUE adj.m. *Acide palmitique :* acide gras, abondant dans les huiles végétales.

PALMURE n.f. *Zool.* Membrane qui relie les doigts.

PALOIS, E adj. De Pau.

PALOMBE n.f. Pigeon ramier.

PALOMBIÈRE n.f. Filet ou hutte pour la chasse à la palombe.

PALOMINO n.m. Cheval d'Amérique du Nord. – Cépage.

PALONNIER n.m. *Aéron.* Pièce de commande du gouvernail.

PALOT n.m. Bêche étroite.

PÂLOT, OTTE adj.

PALOTAGE n.m.

PALOTER v. **10.** Remuer (la terre) avec un palot.

PALOTEUR n.m.

PALOURDE n.f. Mollusque comestible.

PALOX n.m. (Nom déposé) Grande caisse pour contenir des fruits ou des légumes.

PALPABILITÉ n.f.

PALPABLE adj.

PALPATION n.f.

PALPE n.m. Appendice buccal des arthropodes.

PALPÉBRAL, E, AUX adj. Relatif aux paupières.

PALPER n.m. *Méd.* Palpation.

PALPER v. **10.**

PALPEUR n.m. Capteur placé dans certains appareils de mesure.

PALPITANT, E adj.

PALPITATION n.f.

PALPITER v. **(p.p.inv.) 10.**

PALPLANCHE n.f. *Min.* Madrier servant au boisage des galeries.

PALSAMBLEU interj. *Vx.* Juron familier.

PALTOQUET n.m. *Fam.* Homme grossier et prétentieux.

PALU n.m. *Fam.* Paludisme.

PALUCHE n.f. *Fam.* Main.

PALUCHER v. **10.** *Arg.* Caresser.

PALUD [-u] n.m. **(= palude, palus)** *Vx.* Marais.

PALUDARIUM n.m. Local destiné à l'élevage d'animaux amphibies.

PALUDE n.m. → **palud.**

PALUDÉEN, ENNE adj. et n. Relatif au paludisme.

PALUDICOLE adj. *Biol.* Qui vit dans les marais.

PALUDIER, ÈRE n. Ouvrier des marais salants.

PALUDINE n.f. Mollusque des étangs.

PALUDIQUE adj. et n. → **paludéen.**

PALUDISME n.m. Maladie parasitaire tropicale.

PALUDOLOGIE n.f. Étude du paludisme.

PALUDOLOGUE n.

PALUS [-u] n.m. → **palud.**

PALUSTRE adj. Relatif aux marais.

PALYNOLOGIE n.f. *Bot.* Étude des pollens.

PALYNOLOGIQUE adj.

PALYNOLOGUE n.

PÂMER (SE) v. **10.**

PÂMOISON n.f. Évanouissement.

PAMPA n.f. Prairie d'Amérique du Sud.

PAMPÉRO n.m. Vent violent soufflant sur la pampa.

PAMPHLET n.m. Court écrit satirique.

PAMPHLÉTAIRE n.

PAMPILLE n.f. *Anc.* Frange servant d'ornement vestimentaire.

PAMPLEMOUSSE n.m. ou f.

PAMPLEMOUSSIER n.m.

PAMPRE n.m. Rameau de vigne.

PAN n.m. et interj.

PANACE n.m. **(= panax)** Plante asiatique fournissant le ginseng.

PANACÉE n.f. Remède universel.

PANACHAGE n.m.

PANACHE n.m.

PANACHER v. **10.**

PANACHURE n.f. Tache colorée sur fond de couleur différente.

PANADE n.f. Soupe au pain. – *Fam.* Misère.

PANAFRICAIN, E adj.

PANAFRICANISME n.m. *Pol.* Doctrine visant à l'unité africaine.

PANAIRE adj. Relatif au pain.

PANAIS n.m. Plante à racine comestible.

PANAMA n.m. Chapeau souple.

PANAMÉEN, ENNE adj. **(= panamien)** De la République de Panamá (Amérique centrale).

PANAMÉRICAIN, E adj.

PANAMÉRICANISME n.m. *Pol.* Doctrine visant à placer toutes les nations américaines sous l'influence des États-Unis.

PANAMIEN, ENNE adj. → **panaméen.**

PANARABE adj.

PANARABISME n.m. *Pol.* Doctrine visant à réunir les peuples arabes.

PANARD, E 1. adj. (Cheval) qui a les pieds tournés en dehors. 2. n.m. *Fam.* Pied.

PANARIS n.m.

PANATELA n.m. **(= panatella)** Cigare long et mince.

PANATELLA n.m. → **panatela.**

PANATHÉNÉES n.f.pl. *Antiq. gr.* Fêtes en l'honneur d'Athéna.

PANATHÉNIEN, ENNE adj.

PANAX n.m. → **panace.**

PANCA n.m. **(= panka)** Écran mobile fixé au plafond, servant de ventilateur.

PANCAKE [pankèk] n.m. Grosse crêpe.

PANCALISME n.m. *Philos.* Doctrine considérant le beau comme valeur suprême.

PANCANADIEN, ENNE adj. Qui concerne l'ensemble du Canada.

PANCAPITALISME n.m. Doctrine tendant à faire progressivement des salariés les propriétaires de leur entreprise.

PANCARTAGE n.m. Affichage public.

PANCARTE n.f.

PANCETTA [p-an-tchéta] n.f. Charcuterie italienne.

PANCHROMATIQUE adj. *Phot.* Sensible à toutes les couleurs.

PANCHRONIQUE adj. (Phénomène linguistique) persistant.

PANCLASTITE n.f. Explosif liquide.

PANCOSMISME n.m. *Philos.* Doctrine selon laquelle toute réalité est matérielle.

PANCRACE n.m. *Antiq. gr.* Sport combinant la lutte et le pugilat.

PANCRÉAS [-s] n.m.

PANCRÉATECTOMIE n.f. *Chir.* Ablation du pancréas.

PANCRÉATINE n.f. Enzyme du pancréas.

PANCRÉATIQUE adj.

PANCRÉATITE n.f. Inflammation du pancréas.

PANDA n.m.

PANDANUS n.m. Arbuste des régions chaudes.

PANDECTES n.f.pl. *Dr. rom.* Recueil de décisions juridiques.

PANDÈMES n.f.pl. *Antiq. gr.* Fêtes où l'on servait des repas publics.

PANDÉMIE n.f. Épidémie dans une zone géographique très étendue.

PANDÉMIQUE adj.

PANDÉMONIUM n.m. Capitale supposée de l'enfer. – Lieu de corruption, de désordre.

PANDICULATION n.f. Action de s'étirer en bâillant.

PANDIT [-t] n.m. Titre donné aux érudits, en Inde.

PANDORE n.m. *Fam.* Gendarme.

PANDOUR n.m. *Hist.* Soldat hongrois irrégulier.

PANÉGYRIQUE n.m. Éloge.

PANÉGYRISTE n.

PANEL n.m. Échantillon sociologique destiné à une enquête d'opinion.

PANÉLISÉ, E n. et adj. **(= panéliste)** Membre d'un panel.

PANÉLISTE n. → **panélisé.**

PANER v. **10.**

PANERÉE n.f. *Vx.* Contenu d'un panier.

PANETERIE n.f. Lieu où l'on conserve le pain.

PANETIER n.m. *Hist.* Officier chargé du pain.

PANETIÈRE n.f. Sac ou meuble où l'on met du pain.

PANETON n.m. Petit panier pour la pâte à pain.

PANETTONE n.m. Gâteau italien.

PANEUROPÉEN, ENNE adj. Relatif à l'unité européenne.

PANGA n.m. Poisson d'élevage de l'Asie du Sud-Est.

PANGERMANIQUE adj.

PANGERMANISME n.m. *Pol.* Doctrine visant à réunir les populations germaniques.

PANGERMANISTE adj. et n.

PANGOLIN n.m. Mammifère édenté couvert d'écailles.

PANGRAMME n.m. Phrase comportant toutes les lettres de l'alphabet.

PANHELLÉNIQUE adj.

PANHELLÉNISME n.m. *Pol.* Doctrine visant à réunir tous les Grecs.

PANIC n.m. Variété de millet.

PANICAUT n.m. Plante des terres incultes (chardon bleu).

PANICULE n.f. *Bot.* Inflorescence en grappe.

PANICULÉ, E adj.

PANICUM n.m. Millet.

PANIER n.m.

PANIÈRE n.f. Grande corbeille à anses.

PANIFIABLE adj.

PANIFICATION n.f.

PANIFIER v. **15.** Transformer en pain.

PANINI n.m. Sandwich italien servi chaud.

PANIQUANT, E adj.

PANIQUARD, E n. Personne qui s'affole.

PANIQUE adj. et n.f.

PANIQUER v. **10.** Affoler.

PANISLAMIQUE adj.

PANISLAMISME n.m. *Pol.* Doctrine visant à réunir tous les peuples musulmans.

PANISSE n.f. Préparation provençale à base de farine de pois chiches.

PANJABI n.m. **(= pendjabi)** Langue du Pendjab (Inde).

PANKA n.m. → **panca.**

PANLOGISME n.m. *Philos.* Doctrine selon laquelle tout s'explique par des relations logiques.

PANMIXIE n.f. Absence de sélection naturelle.

PANNE n.f.

PANNÉ, E adj. et n. *Fam.* Sans argent.

PANNEAU, X n.m. Pièce de menuiserie. – Étoffe ou filet pour la chasse.

PANNEAUTAGE n.m.

PANNEAUTER v. **10.** Chasser avec des panneaux.

PANNEAUTEUR n.m.

PANNEQUET n.m. Crêpe sucrée épaisse.

PANNERESSE n.f. Pierre ou brique d'un mur ayant sa face la plus longue en parement.

PANNETON n.m. Partie de la clef qui entre dans la serrure.

PANNICULE n.m. *Anat.* Couche de tissu adipeux sous la peau.

PANNONIEN, ENNE adj. De Pannonie (aujourd'hui Hongrie).

PANONCEAU, X n.m. Petit panneau.

PANOPHTALMIE n.f. Inflammation généralisée du globe oculaire.

PANOPLIE n.f.

PANOPTIQUE adj. (Prison) dont on peut voir tout l'intérieur, d'un poste d'observation.

PANORAMA n.m.

PANORAMIQUE adj. et n.m.

PANORAMIQUER v. **(p.p.inv.) 10.** *Cin.* Faire une prise de vue panoramique.

PANORPE n.f. Insecte à ailes membraneuses.

PANOSSE n.f. *Helv.* Serpillière.

PANOSSER v. **10.** *Helv.* Nettoyer avec une serpillière.

PANOUFLE n.f. Peau de mouton garnissant le dessus d'un sabot.

PANOUILLE n.f. *Fam.* Petit rôle.

PANPSYCHISME n.m. *Philos.* Doctrine selon laquelle toute matière a une nature spirituelle.

PANSAGE n.m.

PANSE n.f.

PANSEMENT n.m.

PANSER v. **10.**

PANSEUR, EUSE n.

PANSLAVE adj. Qui concerne tous les Slaves.

PANSLAVISME n.m. *Pol.* Doctrine visant à réunir tous les Slaves.

PANSLAVISTE adj. et n.

PANSPERMIE n.f. Théorie selon laquelle la vie sur la Terre vient d'une autre planète.

PANSU, E adj.

PANTACLE n.m. **(= pentacle)** Talisman en forme d'étoile.

PANTACOURT n.m. Pantalon qui arrive à mi-mollet.

PANTAGRUÉLIQUE adj. (Repas) très copieux, digne de Pantagruel.

PANTALON n.m.

PANTALONNADE n.f. Farce d'un goût douteux.

PANTE n.m. *Vx., Arg.* Individu facile à duper.

PANTELANT, E adj.

PANTELER v. **(p.p.inv.) 22** (je pantelle...) Haleter.

PANTÈNE n.f. **(= pantenne)** Filet utilisé pour la capture des oiseaux.

PANTENNE n.f. → **pantène.**

PANTET n.m. *Helv.* Pan de chemise.

PANTHÉE adj.f. (Statue) qui réunit les attributs de plusieurs divinités.

PANTHÉISME n.m. *Philos.* Système qui tend à diviniser la nature.

PANTHÉISTE adj. et n.

PANTHÉON n.m. Temple consacré à tous les dieux. – Monument à la mémoire d'hommes célèbres.

PANTHÉONISER v. **10.** Faire entrer au Panthéon.

PANTHÈRE adj. et n.f.

PANTIÈRE n.f. → **pantène.**

PANTIES → **panty.**

PANTIN n.m.

PANTOCRATOR n.m. et adj. Tout-puissant (surnom donné à Zeus).

PANTOGRAPHE n.m. Instrument servant à reproduire un dessin. – *Ch. de f.* Dispositif de captage du courant.

PANTOIRE n.f. *Mar.* Cordage fixé à un mât et terminé par une boucle.

PANTOIS, E adj. Stupéfait.

PANTOMÈTRE n.m. Instrument de mesure d'angle.

PANTOMIME n.f. Art de s'exprimer par gestes.

PANTOPODE n.m. Petit arthropode marin.

PANTOTHÉNIQUE adj. *Acide pantothénique :* vitamine B5.

PANTOUFLAGE n.m.

PANTOUFLARD, E adj. et n.

PANTOUFLE n.f.

PANTOUFLER v. **(p.p.inv.) 10.** Passer dans le privé, en parlant d'un haut fonctionnaire.

PANTOUFLIER, ÈRE n. Fabricant de pantoufles.

PANTOUM n.m. Poème d'origine malaise à forme fixe.

PANTOUTE adv. *Québ., Fam.* Pas du tout.

PANTY (pl. **PANTIES** ou **PANTYS**) n.m. Gaine-culotte qui va jusqu'aux genoux.

PANURE n.f. Chapelure.

PANURGISME n.m. Conformisme.

PANZER [p-an-dzèr] n.m. *Hist.* Engin blindé de l'armée allemande.

PAON, PAONNE [p-an, pan] n.

PAONNEAU, X [panô] n.m. Jeune paon.

PAP ❙ adj.m. *Nœud pap :* nœud papillon.

PAPA n.m.

PAPABLE adj.m. Susceptible d'être élu pape.

PAPAÏNE n.f. Enzyme extraite du papayer.

PAPAL, E, AUX adj.

PAPAMOBILE n.f. Voiture blindée du pape.

PAPARAZZI [-dzi] n.m. **(= paparazzo)** *Péj.* Journaliste de la presse à sensation.

PAPARAZZO [-dzo] (pl. **PAPARAZZI** ou **PAPARAZZOS**) n.m. → **paparazzi.**

PAPAUTÉ n.f.

PAPAVER [-èr] n.m. Pavot.

PAPAVÉRACÉE n.f. Plante à pétales séparés, type pavot.

PAPAVÉRINE n.f. Alcaloïde de l'opium.

PAPAYE [-pay] n.f. Fruit comestible, de la taille d'un melon.

PAPAYER [-payé] n.m. Arbre exotique.

PAPE n.m.

PAPEGAI [papgè] n.m. Oiseau artificiel utilisé comme cible.

PAPELARD, E 1. adj. et n. Hypocrite. 2. n.m. *Fam.* Papier.

PAPELARDISE n.f. Hypocrisie.

PAPERASSE n.f.

PAPERASSERIE n.f.

PAPERASSIER, ÈRE adj. et n.

PAPESSE n.f. Femme pape, selon une légende.

PAPET n.m. *Helv.* Mets traditionnel du canton de Vaud.

PAPETERIE n.f.

PAPETIER, ÈRE adj. et n.

PAPETTE n.f. *Helv.* Bouillie.

PAPI n.m. **(= papy)** *Fam.* Grand-père.

PAPIER n.m.

PAPILIONACÉ, E 1. adj. *Bot.* (Corolle) en forme de papillon. 2. n.f. Légumineuse, type haricot.

PAPILIONÉE n.f. Plante légumineuse, type glycine.

PAPILIONIDÉ n.m. Papillon.

PAPILLAIRE [l] adj.

PAPILLE [-iy] n.f. Petite éminence à la surface d'une muqueuse.

PAPILLEUX, EUSE [-iyö] adj. Semé de papilles.

PAPILLIFÈRE [il] adj. Qui porte des papilles.

PAPILLOMAVIRUS [iyom] n.m. Virus responsable de certains papillomes.

PAPILLOME [-iyom] n.m. Tumeur bénigne de la peau.

PAPILLON n.m.

PAPILLONNAGE n.m.

PAPILLONNANT, E adj.

PAPILLONNEMENT n.m.

PAPILLONNER v. **(p.p.inv.) 10.** Folâtrer, virevolter.

PAPILLONNEUR, EUSE n. Spécialiste de nage papillon.

PAPILLOTAGE n.m.

PAPILLOTANT, E adj.

PAPILLOTE n.f.

PAPILLOTEMENT n.m.

PAPILLOTER v. **10.** Garnir de papillotes. – Scintiller. – Cligner des yeux.

PAPION n.m. Singe, type babouin.

PAPISME n.m. *Hist., Péj.* Nom donné par les protestants à l'Église catholique romaine.

PAPISTE n.

PAPIVORE n. *Fam.* Grand lecteur.

PAPOOSE [ou] n.m. Petit Indien.

PAPOTAGE n.m.

PAPOTER v. **(p.p.inv.) 10.**

PAPOU, E adj. De Papouasie (Nouvelle-Guinée).

PAPOUILLE n.f. *Fam.* Chatouillement.

PAPOUNET n.m. *Fam.* Papa.

PAPRIKA n.m.

PAPULE n.f. Petite éminence sur la peau.

PAPULEUX, EUSE adj.

PAPY n.m. → **papi.**

PAPYROLOGIE n.f. Étude des papyrus.

PAPYROLOGIQUE adj.

PAPYROLOGUE n.

PAPYRUS n.m. Plante des bords du Nil. – Manuscrit.

PAQSON n.m. → **pacson.**

PAQUAGE n.m. → **pacquage.**

PÂQUE n.f. Fête juive.

PAQUEBOT n.m.

PAQUER v. **10.** → **pacquer.**

PÂQUERETTE n.f.

PÂQUES n.m. et n.f.pl.

PAQUET n.m.

PAQUETAGE n.m.

PAQUETER v. **20** (je paquette...).

PAQUETEUR, EUSE n. Personne qui fait des paquets.

PÂQUIS n.m. *Vx.* Pâturage.

PAR 1. n.m. Terme de golf. 2. prép.

PARA n.m. *Fam.* Parachutiste.

PARABANCAIRE adj. Qui est proche du milieu bancaire.

PARABASE n.f. *Antiq.* Harangue du coryphée, dans une comédie grecque.

PARABELLUM n.m. Pistolet automatique.

PARABEN [-èn] n.m. (= **parabène**) Conservateur alimentaire et cosmétique.

PARABÈNE n.m. → **paraben.**

PARABIOSE n.f. *Biol.* Greffe expérimentale consistant à souder deux animaux.

PARABOLE n.f.

PARABOLÉ, E n. et adj. Au Maghreb, personne qui dispose d'une antenne parabolique.

PARABOLIQUE adj.

PARABOLIQUEMENT adv.

PARABOLOÏDE n.m. *Math.* Quadrique dépourvue de centre.

PARACENTÈSE [-s-in-tèz] n.f. *Chir.* Ponction d'une cavité pleine de liquide.

PARACÉTAMOL n.m. Médicament analgésique.

PARACHÈVEMENT n.m.

PARACHEVER v. **11.**

PARACHIMIE n.f. Secteur des produits dérivés de l'industrie chimique.

PARACHIMIQUE adj.

PARACHRONISME n.m. Faute de chronologie.

PARACHUTABLE adj.

PARACHUTAGE n.m.

PARACHUTAL, E, AUX adj. *Zool.* (Vol) freiné par le déploiement de membranes.

PARACHUTE n.m.

PARACHUTER v. **10.**

PARACHUTISME n.m.

PARACHUTISTE adj. et n.

PARACLET [-klè] n.m. *Rel.* Le Saint-Esprit.

PARACLINIQUE adj. (Examen médical) non fondé sur l'observation.

PARACOMMERCIAL, E, AUX adj. Se dit d'activités commerciales non soumises à la concurrence.

PARADE n.f.

PARADER v. **(p.p.inv.) 10.**

PARADEUR, EUSE n. Personne qui aime à parader.

PARADIGMATIQUE adj.

PARADIGME n.m. *Ling.* Mot donné comme modèle de déclinaison ou de conjugaison.

PARADIS n.m.

PARADISIAQUE adj.

PARADISIER n.m. Oiseau de Nouvelle-Guinée.

PARADOR n.m. En Espagne, hôtel d'État.

PARADOS [-dô] n.m. *Mil.* Terrassement protégeant des projectiles venant de l'arrière.

PARADOXAL, E, AUX adj.

PARADOXALEMENT adv.

PARADOXE n.m.

PARAFE n.m. **(= paraphe).**

PARAFER v. **10 (= parapher).**

PARAFEUR n.m. (= **parapheur**) Registre où est placé le courrier avant la signature.

PARAFFINAGE n.m.

PARAFFINE n.f.

PARAFFINER v. **10.** Enduire de paraffine.

PARAFISCAL, E, AUX adj.

PARAFISCALITÉ n.f. Ensemble des taxes non comptabilisées au budget de l'État.

PARAFOUDRE n.m. Paratonnerre.

PARAGE 1. n.m. Action d'apprêter de la viande. 2. n.m.pl. Environs.

PARAGRAPHE n.m.

PARAGRÊLE n.m. *Agr.* Dispositif de protection contre la grêle.

PARAGUAYEN, ENNE adj. Du Paraguay (Amérique du Sud).

PARAISON n.f. Masse de verre fondu.

PARAÎTRE v. **102.**

PARALANGAGE n.m. Moyen de communication naturel (mime, geste).

PARALEXIE n.f. *Méd.* Difficulté à lire (cécité verbale).

PARALITTÉRAIRE adj.

PARALITTÉRATURE n.f. Littérature marginale.

PARALLACTIQUE adj. Relatif à la parallaxe.

PARALLAXE n.f. Angle entre deux droites menant d'un objet à deux points d'observation.

PARALLÈLE adj., n.m. et n.f.

PARALLÈLEMENT adv.

PARALLÉLÉPIPÈDE n.m.

PARALLÉLIPIPÈDE n.m.

PARALLÉLISME n.m.

PARALLÉLOGRAMME n.m.

PARALOGIQUE adj.

PARALOGISME n.m. Raisonnement faux.

PARALYMPIQUE adj. Relatif aux jeux Olympiques pour handicapés.

PARALYSANT, E adj.

PARALYSER v. **10.**

PARALYSIE n.f.

PARALYTIQUE adj. et n.

PARAMAGNÉTIQUE adj.

PARAMAGNÉTISME n.m. Propriété des corps qui s'aimantent très faiblement.

PARAMÉCIE n.f. *Zool.* Organisme unicellulaire d'eau douce.

PARAMÉDICAL, E, AUX adj.

PARAMÉTRABLE adj.

PARAMÉTRAGE n.m.

PARAMÈTRE n.m.

PARAMÉTRER v. **12.** Remplacer (certaines données) par des paramètres.

PARAMÉTRIQUE adj.

PARAMIDOPHÉNOL n.m. *Phot.* Révélateur.

PARAMILITAIRE adj. et n.

PARAMINOPHÉNOL n.m. → **paramidophénol.**

PARAMNÉSIE n.f. Trouble de la mémoire.

PARAMNÉSIQUE adj.

PARAMORPHINE n.f. Alcaloïde de l'opium.

PARAMYXOVIRUS n.m. Virus, tel celui de la rougeole ou des oreillons.

PARANÉOPLASIQUE adj. *Méd.* (Trouble) qui apparaît parallèlement à un cancer.

PARANGON n.m. *Litt.* Modèle, type.

PARANGONNAGE n.m.

PARANGONNER v. **10.** *Impr.* Aligner (des caractères de corps différents).

PARANO 1. n.f. Paranoïa. 2. adj. et n. Paranoïaque.

PARANOÏA n.f. *Psych.* Délire de la persécution.

PARANOÏAQUE adj. et n.

PARANOÏDE adj. (Délire) proche de la paranoïa.

PARANORMAL, E, AUX adj.

PARANTHROPE n.m. Anthropoïde d'Afrique du Sud.

PARAPENTE n.m. *Sp.* Parachute conçu pour sauter du sommet d'une montagne.

PARAPENTISTE n.

PARAPET n.m.

PARAPÉTROLIER, ÈRE adj. (Activité) liée à l'industrie pétrolière.

PARAPHARMACIE n.f. Ensemble des produits non pharmaceutiques vendus en pharmacie.

PARAPHASIE n.f. Trouble du langage.

PARAPHE n.m. → **parafe.**

PARAPHER v. **10.** → **parafer.**

PARAPHERNAL, E, AUX adj. *Dr.* (Apport de l'épouse) non compris dans la dot.

PARAPHEUR n.m. → **parafeur.**

PARAPHIMOSIS [-zis] n.m. *Méd.* Étranglement du gland par le prépuce.

PARAPHLÉBITE n.f. *Méd.* Inflammation du tissu entourant une veine.

PARAPHRASE n.f. Développement explicatif d'un texte.

PARAPHRASER v. **10.**

PARAPHRASEUR, EUSE n.

PARAPHRASTE n.m. Auteur de paraphrases.

PARAPHRASTIQUE adj.

PARAPHRÈNE adj. et n. *Méd.* Dont l'imagination délire.

PARAPHRÉNIE n.f.

PARAPHRÉNIQUE adj.

PARAPHYSE n.f. *Bot.* Filament stérile des organes reproducteurs des champignons.

PARAPLÉGIE n.f. *Méd.* Paralysie des membres inférieurs.

PARAPLÉGIQUE adj. et n.

PARAPLUIE n.m.

PARAPODE n.m. *Zool.* Appendice latéral des vers marins.

PARAPSYCHIQUE adj. Qui concerne des phénomènes psychiques inexpliqués.

PARAPSYCHOLOGIE n.f. Étude des phénomènes parapsychiques.

PARAPSYCHOLOGUE n.

PARAPUBLIC, PARAPUBLIQUE adj. *Écon.* Proche du secteur public.

PARAPUBLIQUE → **parapublic.**

PARAQUAT [-kwat] n.m. Herbicide et défoliant.

PARASCÈVE n.f. Veille du sabbat, dans la religion juive.

PARASCIENCE n.f. Discipline sans fondement rationnel.

PARASCOLAIRE adj. En marge de l'école.

PARASÉLÈNE n.f. Cercle lumineux observé parfois autour de la Lune.

PARASEXUALITÉ n.f. *Biol.* Sexualité primitive (des bactéries, par exemple).

PARASISMIQUE adj. Qui résiste aux effets des séismes.

PARASITAGE n.m.

PARASITAIRE adj.

PARASITE adj. et n.m.

PARASITER v. **10.**

PARASITICIDE adj. et n.m.

PARASITIQUE adj.

PARASITISME n.m.

PARASITOÏDE adj. et n.m. *Zool.* (Organisme) qui peut stériliser ou tuer son hôte.

PARASITOLOGIE n.f. Étude des parasites.

PARASITOLOGIQUE adj.

PARASITOLOGUE n.

PARASITOSE n.f. Maladie due à un parasite.

PARASOL n.m.

PARASOLEIL n.m. *Phot.* Dispositif qui évite les reflets.

PARASOLIER n.m. Arbre tropical africain.

PARASTATAL, E, AUX adj. et n.m. *Belg.* (Organisme) semi-public.

PARASYMPATHIQUE adj. et n.m. (Élément du système nerveux) qui règle le fonctionnement des viscères.

PARASYNTHÉTIQUE adj. et n.m. *Ling.* (Mot) composé par addition d'un préfixe et d'un suffixe à un radical.

PARATAXE n.f. *Ling.* Juxtaposition de phrases sans liaison.

PARATEXTE n.m. Ensemble des textes d'accompagnement d'un livre.

PARATHORMONE n.f. Hormone de la glande parathyroïde.

PARATHYROÏDE n.f. et adj. Glande endocrine.

PARATHYROÏDIEN, ENNE adj.

PARATONNERRE n.m.

PARÂTRE n.m. Beau-père. - Mauvais père.

PARATUBERCULOSE n.f. *Vét.* Entérite des ruminants.

PARATYPHIQUE adj. et n. Atteint de paratyphoïde.

PARATYPHOÏDE n.f. et adj. Maladie infectieuse.

PARAVALANCHE n.m. Protection contre les avalanches.

PARAVENT n.m.

PARAVERBAL, E, AUX adj. Relatif à un paralangage.

PARBLEU interj. *Vx.* Juron marquant l'évidence.

PARC n.m.

PARCAGE n.m. Action de parquer. - *Agr.* Méthode de fertilisation.

PARCE | (QUE) loc.

PARCELLAIRE adj. Constitué de parcelles.

PARCELLARISER v. **10.** Morceler.

PARCELLE n.f.

PARCELLEMENT n.m.

PARCELLER v. **10.** Diviser (une propriété) en parcelles.

PARCELLISATION n.f.

PARCELLISER v. **10.** → **parcellariser.**

PARCHEMIN n.m.

PARCHEMINER v. **10.** Rendre semblable à du parchemin.

PARCHEMINERIE n.f. Fabrique où l'on prépare le parchemin.

PARCHEMINEUX, EUSE adj. Qui a l'aspect du parchemin.

PARCHEMINIER, ÈRE n. Personne qui prépare le parchemin.

PARCHET n.m. *Helv.* Parcelle de vignoble.

PARCIMONIE n.f. Économie mesquine.

PARCIMONIEUX, EUSE adj.

PARCLOSE n.f. Baguette permettant de maintenir une vitre non mastiquée.

PARCMÈTRE n.m. **(= parcomètre).**

PARCOMÈTRE n.m. → **parcmètre.**

PARCOTRAIN n.m. *Ch. de f.* Parking mis à la disposition des voyageurs.

PARCOURIR v. **51.**

PARCOURS n.m.

PARDESSUS n.m.

PARDI interj. → **parbleu.**

PARDIEU interj. → **parbleu.**

PARDON n.m.

PARDONNABLE adj.

PARDONNER v. **10.**

PARÉAGE n.m. **(= pariage)** *Féod.* Convention entre deux seigneurs de rangs inégaux.

PARÈDRE adj. et n. (Divinité) associée au culte d'une autre divinité.

PARÉGORIQUE adj. et n.m. (Médicament) à base d'opium, contre les douleurs intestinales.

PAREIL, EILLE adj., n. et adv.

PAREILLEMENT adv.

PARÉLIE n.m. **(= parhélie)** Phénomène lumineux dû à la réfraction des rayons solaires dans des cristaux de glace.

PAREMENT n.m.

PAREMENTER v. **10.** Revêtir d'un parement.

PAREMENTURE n.f. Doublure des revers d'un manteau.

PARÉMIOLOGIE n.f. Étude des proverbes.

PARENCHYMATEUX, EUSE [ch] adj.

PARENCHYME [ch] n.m. *Anat.* Tissu d'un organe. - *Bot.* Tissu végétal.

PARENT, E adj. et n.

PARENTAGE n.m. Ensemble des parents. - Parenté.

PARENTAL, E, AUX 1. adj. 2. n.f.pl. → **parentalies.**

PARENTALIES n.f.pl. *Antiq. rom.* Fêtes en l'honneur des morts.

PARENTALITÉ n.f. Fonction de parent.

PARENTÉ n.f.

PARENTÈLE n.f. Ensemble des parents.

PARENTÉRAL, E, AUX adj. *Méd.* Qui est introduit dans l'organisme autrement que par voie digestive.

PARENTHÈSE n.f.

PARÉO n.m. Pagne tahitien.

PARER v. **10.**

PARÈRE n.m. *Dr.* Certificat attestant l'existence d'un usage.

PARÉSIE n.f. *Méd.* Paralysie légère.

PARESSE n.f.

PARESSER v. **(p.p.inv.) 10.**

PARESSEUSEMENT adv.

PARESSEUX, EUSE adj. et n.

PARESTHÉSIE n.f. *Méd.* Trouble de la sensibilité.

PARÉTIEN, ENNE adj. De Pareto (économiste italien).

PARÉTIQUE adj. et n. Atteint de parésie.

PAREUR, EUSE n. Ouvrier qui donne le dernier apprêt à un travail.

PARFAIRE v. **122.** Achever.

PARFAIT, E adj. et n.m.

PARFAITEMENT adv.

PARFILAGE n.m.

PARFILER v. **10.** Effiler (un tissu précieux) pour récupérer l'or et l'argent.

PARFOIS adv.

PARFONDRE v. **90.** *Techn.* Incorporer (des matières colorantes) à un émail par fusion.

PARFUM n.m.

PARFUMER v. **10.**

PARFUMERIE n.f.

PARFUMEUR, EUSE n.

PARHÉLIE n.m. → **parélie.**

PARI n.m.

PARIA 1. n.m. En Inde, individu hors caste. 2. n. Personne rejetée par tous.

PARIADE n.f. Parade nuptiale des oiseaux.

PARIAGE n.m. → **paréage.**

PARIAN n.m. Porcelaine à grain fin.

PARIDÉ n.m. Passereau, type mésange.

PARIDIGITÉ, E adj. et n.m. *Zool.* Qui a un nombre pair de doigts à chaque membre.

PARIDIGITIDÉ, E adj. et n.m. → **paridigité.**

PARIER v. **15.**

PARIÉTAIRE n.f. Plante qui pousse sur les murs.

PARIÉTAL, E, AUX adj. *Anat.* (Os) de la voûte du crâne.

PARIEUR, EUSE n.

PARIGOT, E adj. *Fam.* Parisien.

PARIPENNÉ, E adj. *Bot.* (Feuille pennée) se terminant par deux folioles opposées.

PARISETTE n.f. Plante des bois à baies bleuâtres.

PARISIANISER v. **10.**

PARISIANISME n.m. Tendance à n'accorder d'importance qu'à ce qui se fait à Paris.

PARISIANISTE adj.

PARISIEN, ENNE adj.

PARISIS [-i] adj. *Hist.* (Monnaie) qui se frappait à Paris.

PARISYLLABE adj. *Ling.* (Mot latin) qui a le même nombre de syllabes au nominatif et au génitif singuliers.

PARISYLLABIQUE adj. → **parisyllabe.**

PARITAIRE adj. Dont les parties en présence sont représentées à égalité.

PARITARISME n.m. Gestion des problèmes sociaux par des organismes paritaires.

PARITÉ n.f.

PARJURE adj. et n.

PARJURER (SE) v. **10.**

PARKA n.m. ou f. Manteau court imperméable.

PARKÉRISATION n.f. (Nom déposé).

PARKÉRISER v. **10.** Protéger (un métal) de l'oxydation.

PARKING n.m.

PARKINSON n.m. *Méd.* Maladie caractérisée par des tremblements.

PARKINSONIEN, ENNE adj. et n. Atteint d'un parkinson.

PARKINSONISME n.m. → **parkinson.**

PARLABLE adj. *Québ.* (Personne) d'un abord facile.

PARLANDO n.m. *Mus.* Interprétation vocale imitant la langue parlée.

PARLANT, E adj. et n.m.

PARLEMENT n.m.

PARLEMENTAIRE adj. et n.

PARLEMENTARISME n.m. Régime parlementaire.

PARLEMENTER v. **(p.p.inv.) 10.**

PARLER n.m.

PARLER v. **10.**

PARLEUR, EUSE n.

PARLOIR n.m.

PARLOPHONE n.m. (Nom déposé) *Belg.* Interphone.

PARLOTE n.f. **(= parlotte)** Conversation vaine.

PARLOTER v. **(p.p.inv.) 10.** Tenir des parlotes.

PARLOTTE n.f. → **parlote.**

PARLURE n.f. *Québ.* Façon de s'exprimer propre à quelqu'un, à un groupe.

PARME adj. et n.m. De couleur mauve.

PARMÉLIE n.f. *Bot.* Lichen.

PARMENTIER adj. et n.m. *Hachis parmentier :* hachis de viande mélangé à une purée de pommes de terre.

PARMENTIÈRE n.f. *Vx.* Pomme de terre.

PARMESAN, E 1. adj. De Parme (Italie). 2. n.m. Fromage.

PARMI prép.

PARNASSE n.m. Mouvement littéraire (XIXe s.).

PARNASSIEN, ENNE 1. adj. et n. Qui appartient au Parnasse. 2. n.m. Papillon de montagne.

PARODIE n.f.

PARODIER v. **15.**

PARODIQUE adj.

PARODISTE n.

PARODONTAL, E, AUX adj.

PARODONTE n.m. Ensemble des tissus de soutien des dents.

PARODONTIE [-si] n.f. Parodontologie.

PARODONTISTE n. Spécialiste du parodonte.

PARODONTITE n.f. Inflammation du parodonte.

PARODONTOLOGIE n.f.

PARODONTOLOGUE n.

PARODONTOLYSE n.f. Lésion du parodonte.

PARODONTOPATHIE n.f. Affection du parodonte.

PARODONTOSE n.f. Affection chronique du parodonte.

PAROI n.f.

PAROIR n.m. Instrument pour apprêter les étoffes, le cuir.

PAROISSE n.f.

PAROISSIAL, E, AUX adj.

PAROISSIEN, ENNE n.

PAROLE n.f. et interj.

PAROLI n.m. Au jeu, action de doubler la mise antérieure.

PAROLIER, ÈRE n.

PARONOMASE n.f. *Rhét.* Rapprochement de paronymes.

PARONYME adj. et n.m. (Mot) voisin d'un autre par la consonance, mais différent par le sens.

PARONYMIE n.f.

PARONYMIQUE adj.

PARONYQUE n.f. Plante censée guérir les panaris.

PAROS [-s] n.m. Marbre blanc.

PAROTIDE n.f. et adj.f. Glande salivaire.

PAROTIDIEN, ENNE adj.

PAROTIDITE n.f. Inflammation de la parotide.

PAROUSIE n.f. *Rel.* Retour glorieux du Christ à la fin des temps.

PAROXYSMAL, E, AUX adj.

PAROXYSME n.m.

PAROXYSMIQUE adj.

PAROXYSTIQUE adj.

PAROXYTON adj.m. et n.m. *Ling.* (Mot) dont l'accent tonique est sur l'avant-dernière syllabe.

PARPAILLOT, E n. *Péj.* Protestant français. – Impie.

PARPAING [parp-in] n.m. Pierre occupant toute l'épaisseur d'un mur.

PARQUEMENT n.m.

PARQUER v. **10.**

PARQUET n.m.

PARQUETAGE n.m.

PARQUETER v. **20** (je parquette...) Garnir d'un parquet.

PARQUETERIE n.f. Fabrication de parquets.

PARQUETEUR, EUSE n.m. et n.f.

PARQUETIER, ÈRE n. Magistrat du parquet.

PARQUEUR, EUSE n. Personne qui s'occupe des huîtres d'un parc. – Personne qui garde des bestiaux.

PARQUIER, ÈRE n. → **parqueur.**

PARRAIN n.m.

PARRAINAGE n.m.

PARRAINER v. **10.**

PARRAINEUR, EUSE n. Sponsor.

PARRICIDE adj. et n.

PARSE adj. (= **parsi**) Adepte de la religion de Zoroastre, en Inde.

PARSEC n.m. *Astr.* Unité de distance.

PARSEMER v. **11.**

PARSI, E adj. → **parse.**

PARSISME n.m. Religion des parsis.

PART n.f.

PARTAGE n.m.

PARTAGEABLE adj.

PARTAGEANT, E n. *Dr.* Personne qui participe à un partage.

PARTAGER v. **17.**

PARTAGEUR, EUSE adj. Qui partage volontiers.

PARTAGEUX, EUSE n. et adj. *Vx.* Partisan du partage des biens.

PARTANCE n.f. *Vx.* Moment du départ.

PARTANT, E adj., n. et conj.

PARTENAIRE n.

PARTENARIAL, E, AUX adj.

PARTENARIAT n.m.

PARTERRE n.m.

PARTHE n.m. et adj. Langue iranienne.

PARTHENAIS, E n. et adj. Race bovine de Poitou-Charentes.

PARTHÉNOCARPIE n.f. *Bot.* Développement du fruit sans qu'il y ait eu fécondation.

PARTHÉNOGENÈSE n.f. Reproduction sans fécondation.

PARTI, E adj., n.m. et n.f.

PARTIAIRE [s] adj. *Dr.* Qui partage les récoltes avec le propriétaire.

PARTIAL, E, AUX adj.

PARTIALEMENT adv.

PARTIALITÉ n.f.

PARTICIPANT, E adj. et n.

PARTICIPATIF, IVE adj. Relatif à une participation financière.

PARTICIPATION n.f.

PARTICIPE n.m.

PARTICIPER v. **(p.p.inv.) 10.**

PARTICIPIAL, E, AUX adj. *Ling.* Relatif au participe.

PARTICULAIRE adj. *Phys., Chim.* Formé de particules.

PARTICULARISER v. **10.** Différencier par des caractères particuliers.

PARTICULARISME n.m.

PARTICULARISTE adj. et n. Qui veut conserver ses caractères originaux.

PARTICULARITÉ n.f.

PARTICULE n.f.

PARTICULIER, ÈRE adj. et n.

PARTIEL, ELLE adj. et n.m.

PARTIELLEMENT adv.

PARTIES → **party.**

PARTINIUM n.m. Alliage d'aluminium, de tungstène et de magnésium.

PARTIR v. **44.**

PARTISAN (f. **PARTISANE** ou **PARTISANTE**) adj. et n.

PARTISANERIE n.f. Esprit partisan.

PARTISANNERIE n.f. → **partisanerie.**

PARTISANTE → **partisan.**

PARTITA (pl. **PARTITE** [-té] ou **PARTITAS**) n.f. Pièce musicale (suite de danses ou de variations).

PARTITE adj. *Hér., Vx.* Partagé en deux.

PARTITE [-té] (inv. mais **partite** adj.) → **partita.**

PARTITEUR n.m. Appareil pour répartir l'eau d'irrigation.

PARTITIF, IVE adj. et n.m. *Ling.* Qui désigne une partie d'un tout.

PARTITION n.f.

PARTITIONNER v. **10.** *Inf.* Découper (la mémoire d'un ordinateur) en sous-ensembles opérationnels.

PARTON n.m. *Phys.* Constituant hypothétique du nucléon.

PARTOUSARD, E n.

PARTOUSE n.f. **(= partouze)** *Fam.* Ébats sexuels à plus de deux personnes.

PARTOUSER v. **(p.p.inv.) 10 (= partouzer).**

PARTOUSEUR, EUSE n.

PARTOUT adv.

PARTOUZARD, E n.

PARTOUZE n.f. → **partouse.**

PARTOUZER v. **(p.p.inv.) 10.** → **partouser.**

PARTOUZEUR, EUSE n.

PARTURIENTE n.f. *Méd.* Femme qui accouche.

PARTURITION n.f. *Méd.* Accouchement.

PARTY (pl. **PARTIES** ou **PARTYS**) n.f. Fête, réception.

PARULIDÉ n.m. Passereau, type paruline.

PARULIE n.f. *Méd.* Abcès des gencives.

PARULINE n.f. Fauvette d'Amérique.

PARURE n.f.

PARURERIE n.f. Bijouterie de fantaisie.

PARURIER, ÈRE n. Fabricant d'accessoires de couture.

PARUTION n.f.

PARVENIR v. **42.**

PARVENU, E n.

PARVIS n.m.

PAS n.m. et adv.

PASCAL, E (pl. **PASCALS** ou **PASCAUX**) adj. Relatif à la fête de Pâques.

PASCAL, S n.m. *Phys.* Unité de contrainte. – *Inf.* Langage de programmation.

PASCALIEN, ENNE adj. Relatif aux idées de Pascal.

PASCUAN, E adj. De l'île de Pâques.

PASDARAN [-ran] n.m. En Iran, gardien de la révolution.

PASEO [-séô] n.m. Défilé des toreros dans l'arène.

PASHMINA n.m. Laine provenant du duvet d'une chèvre de l'Himalaya.

PASIONARIA n.f. Militante exaltée.

PASQUIN n.m. *Vx.* Bouffon.

PASQUINADE n.f. *Vx.* Raillerie bouffonne.

PASQUINER v. **10.** *Vx.* Railler.

PASSABLE adj.

PASSABLEMENT adv.

PASSACAILLE n.f. *Mus.* Danse lente.

PASSADE n.f. Caprice passager.

PASSAGE n.m.

PASSAGER, ÈRE adj. et n.

PASSAGÈREMENT adv.

PASSANT, E adj. et n.

PASSATION n.f.

PASSAVANT n.m. *Dr.* Document autorisant la circulation de marchandises.

PASSE n.m. et n.f.

PASSÉ, E adj., n.m., n.f. et prép.

PASSÉISME n.m. Attachement au passé.

PASSÉISTE adj. et n.

PASSEMENT n.m. Galon décoratif.

PASSEMENTER v. **10.** Orner de passements.

PASSEMENTERIE n.f.

PASSEMENTIER, ÈRE adj. et n.

PASSEPOIL n.m. Liseré bordant les coutures d'un uniforme.

PASSEPOILER v. **10.**

PASSEPORT n.m.

PASSER v. **10.**

PASSERAGE n.f. Plante qui passait pour guérir la rage.

PASSEREAU, X n.m. Petit oiseau chanteur arboricole.

PASSERELLE n.f.

PASSÉRIFORME n.m. → **passereau.**

PASSERILLAGE n.m. Augmentation de la teneur en sucre du jus d'un raisin trop mûr.

PASSERILLÉ, E adj.

PASSERINE n.f. Passereau d'Amérique.

PASSERINETTE n.f. Fauvette des jardins.

PASSEROSE n.f. Rose trémière.

PASSET n.m. *Belg.* Petit escabeau.

PASSETTE n.f. Petite passoire.

PASSEUR, EUSE n.

PASSIBLE adj.

PASSIF, IVE adj. et n.m.

PASSIFLORACÉE n.f. Plante, type passiflore.

PASSIFLORE n.f. Plante tropicale (fleur de la Passion).

PASSIFLORINE n.f. *Chim.* Substance extraite de la racine de passiflore.

PASSIM adv. À divers endroits d'un ouvrage.

PASSING n.m. Au tennis, balle rapide évitant un adversaire monté au filet.

PASSION n.f.

PASSIONISTE n.m. Membre d'une congrégation de missionnaires (XVIIIe s.).

PASSIONNAIRE n.m. *Rel.* Livre contenant le récit de la Passion.

PASSIONNANT, E adj.

PASSIONNEL, ELLE adj.

PASSIONNÉMENT adv.

PASSIONNER v. **10.**

PASSIONNETTE n.f. *Vx.* Amourette.

PASSIONNISTE n.m. → **passioniste.**

PASSIVATION n.f.

PASSIVEMENT adv.

PASSIVER v. **10.** Rendre (un métal) moins sensible aux agents chimiques.

PASSIVITÉ n.f.

PASSOIRE n.f.

PASTAGA n.m. *Arg.* Pastis.

PASTEL adj. et n.m.

PASTELLER v. **10.** Dessiner au pastel.

PASTELLISTE n. Artiste qui travaille au pastel.

PASTENAGUE n.f. Poisson plat à longue queue.

PASTÈQUE n.f.

PASTEUR n.m.

PASTEURE n.f. *Québ.* Féminin de *pasteur.*

PASTEURELLA n.f. Bactérie pathogène.

PASTEURELLOSE n.f. *Vét.* Infection due à une pasteurella.

PASTEURIEN, ENNE adj. et n. Relatif aux théories de Pasteur.

PASTEURISATEUR n.m.

PASTEURISATION n.f.

PASTEURISER v. **10.** Stériliser (un liquide) par chauffage.

PASTICHAGE n.m.

PASTICHE n.m.

PASTICHER v. **10.** Imiter (le style d'un auteur).

PASTICHEUR, EUSE n.

PASTILLAGE n.m. Décoration de confiserie, en pâte de sucre.

PASTILLE n.f.

PASTILLER v. **10.** Marquer de pastilles en guise de repères.

PASTILLEUR, EUSE n. Personne qui fabrique des pastilles.

PASTIS n.m.

PASTISSER v. **10.** *Fam.* Tripoter. – *Fam.* Barbouiller.

PASTORAL, E, AUX adj. et n.f.

PASTORALEMENT adv.

PASTORALISME n.m. Mode d'exploitation agricole.

PASTORAT n.m. Fonction de pasteur.

PASTORIEN, ENNE adj. et n. → **pasteurien.**

PASTOUREAU, PASTOURELLE, PASTOUREAUX 1. n. Petit berger. 2. n.f. *Médiév.* Genre lyrique.

PASTOURELLE → **pastoureau.**

PASTRAMI n.m. Noix de bœuf fumée.

PAT [-t] n.m. et adj. Coup du jeu d'échecs qui entraîne la nullité de la partie.

PATACA n.f. Unité monétaire de Macao.

PATACHE n.f. Petit navire de surveillance. – Diligence peu confortable.

PATACHON n.m. *Anc.* Conducteur de patache. – *Vx. Vie de patachon :* vie dissolue.

PATAFIOLER v. déf. (Seule autre forme : **patafiole**) *Fam. Que le diable te patafiole ! :* ... te confonde !

PATAGIUM n.m. Membrane permettant à certains mammifères de voler.

PATAGON, ONNE adj. De la Patagonie (Amérique du Sud).

PATAOUÈTE n.m. *Fam.* Parler populaire des Français d'Algérie.

PATAPHYSIQUE n.f. et adj. Science qui apporte des solutions imaginaires à des problèmes généraux.

PATAPOUF n.m. *Fam.* Enfant, homme lourdaud.

PATAQUÈS [-kès] n.m. Mauvaise liaison. – Faute de langage.

PATARAFE n.f. *Québ.* Affront, injure.

PATARAS [-a] n.m. *Mar.* Hauban arrière.

PATARASSE n.f. *Mar.* Instrument pour réparer la coque.

PATARD n.m. *Hist.* Ancienne monnaie régionale.

PATARIN n.m. Hérétique italien (XIIe et XIIIe s.).

PATAS [-s] n.m. Singe roux d'Afrique.

PATATE n.f.

PATATOÏDE n.m. Surface dont le contour évoque celui d'une pomme de terre.

PATATRAS interj.

PATAUD, E adj. et n.

PATAUGAS [-s] n.m. ou f. (Nom déposé) Chaussure de randonnée en toile.

PATAUGEAGE n.m.

PATAUGEOIRE n.f. Petit bassin pour la baignade des enfants.

PATAUGER v. **(p.p.inv.) 17.**

PATAUGEUR, EUSE n.

PATCH n.m. *Méd.* Petit pansement adhésif.

PATCHOULI n.m. Plante aromatique d'Asie. – Parfum.

PATCHWORK [patchweurk] n.m. Assemblage de morceaux de tissus.

PÂTE n.f.

PÂTÉ n.m.

PÂTÉE n.f.

PATELIN, E 1. adj. Hypocrite. 2. n.m. Village.

PATELINAGE n.m.

PATELINER v. **10.** Agir de façon hypocrite. – Amadouer.

PATELINERIE n.f.

PATELLAIRE adj. *Physiol.* (Réflexe) rotulien.

PATELLE n.f. Mollusque à coquille conique.

PATÈNE n.f. *Rel.* Petit plat destiné à recevoir l'hostie.

PATENÔTRE n.f. Prière marmonnée à voix basse.

PATENT, E 1. adj. Évident. 2. n.f. Taxe professionnelle.

PATENTABLE adj. Assujetti à la patente.

PATENTAGE n.m. Trempe spéciale des fils d'acier.

PATENTÉ, E adj.

PATENTER v. **10.** Soumettre à la patente.

PATENTEUX, EUSE adj. et n. *Québ.* Se dit d'un bricoleur ingénieux.

PATER [-èr] n.m. Prière. – *Fam.* Père.

PATÈRE n.f. Support fixé à un mur.

PATERFAMILIAS n.m. Père autoritaire.

PATERNALISME n.m.

PATERNALISTE adj. et n.

PATERNE adj. D'une bienveillance doucereuse.

PATERNEL, ELLE adj. et n.m.

PATERNELLEMENT adv.

PATERNITÉ n.f.

PÂTEUSEMENT adv.

PÂTEUX, EUSE adj.

PATHÉTIQUE adj. et n.m.

PATHÉTIQUEMENT adv.

PATHÉTISME n.m.

PATHIE n.f. *Zool.* Réaction de fuite.

PATHOGÈNE adj. Qui peut provoquer une maladie.

PATHOGENÈSE n.f. → **pathogénie.**

PATHOGÉNICITÉ n.f. Pouvoir pathogène.

PATHOGÉNIE n.f. Étude des causes et du développement des maladies.

PATHOGÉNIQUE adj.

PATHOGNOMONIQUE adj. (Symptôme) propre à une maladie.

PATHOLOGIE n.f.

PATHOLOGIQUE adj.

PATHOLOGISTE adj. et n.

PATHOMIMIE n.f. *Psych.* Simulation volontaire de symptômes.

PATHOS [-s] n.m. Pathétique affecté.

PATIBULAIRE adj. Inquiétant.

PATIEMMENT adv.

PATIENCE n.f.

PATIENT, E adj. et n.

PATIENTÈLE n.f. Ensemble des patients d'un médecin.

PATIENTER v. **(p.p.inv.) 10.**

PATIN n.m.

PATINAGE n.m.

PATINE n.f.

PATINER v. **10.**

PATINETTE n.f. Trottinette.

PATINEUR, EUSE n.

PATINOIRE n.f.

PATIO [-tyô] ou [-syô] n.m. Cour intérieure.

PÂTIR v. **(p.p.inv.) 40.**

PÂTISSAGE n.m.

PÂTISSER v. **10.** Travailler (la pâte).

PÂTISSERIE n.f.

PÂTISSIER, ÈRE adj. et n.

PÂTISSOIRE n.f. Tablette pour faire de la pâtisserie.

PÂTISSON n.m. Courge.

PATOCHE n.f. *Fam.* Grosse main.

PATOIS, E adj. et n.m.

PATOISANT, E adj. et n. Qui s'exprime en patois.

PATOISER v. **(p.p.inv.) 10.** Parler patois.

PÂTON n.m. Morceau de pâte.

PATOU n.m. Gros chien de berger pyrénéen.

PATOUILLAGE n.m.

PATOUILLARD n.m. Mauvais bateau.

PATOUILLER v. **10.** Tripoter. – Patauger.

PATOUILLET n.m. Malaxeur qui pétrit la pâte à céramique.

PATRAQUE adj.

PÂTRE n.m.

PATRIARCAL, E, AUX adj.

PATRIARCALEMENT adv.

PATRIARCAT n.m. Organisation sociale où l'autorité est détenue par le père.

PATRIARCHE n.m. Vieillard vénérable. – Titre d'évêque dans certaines Églises.

PATRICE n.m. *Hist.* Dignitaire de l'Empire romain.

PATRICIAL, E, AUX adj.

PATRICIAT n.m. *Hist.* Dignité de patrice.

PATRICIEN, ENNE n. et adj. *Hist.* Aristocrate romain.

PATRICLAN n.m. *Ethn.* Clan fondé sur la filiation patrilinéaire.

PATRIE n.f.

PATRIGOT n.m. *Helv.* Boue.

PATRIGOTER v. **(p.p.inv.) 10.** *Helv.* Patauger dans la boue.

PATRILIGNAGE n.m. *Ethn.* Filiation par les hommes.

PATRILINÉAIRE adj. *Ethn.* (Filiation) qui ne reconnaît que l'ascendance paternelle.

PATRILOCAL, E, AUX adj. *Ethn.* (Type de résidence) où les époux habitent près des parents du mari.

PATRIMOINE n.m.

PATRIMONIAL, E, AUX adj.

PATRIMONIO n.m. Vin du nord de la Corse.

PATRIOTARD, E adj. et n. *Fam., Péj.* D'un patriotisme excessif.

PATRIOTE adj. et n.

PATRIOTIQUE adj.

PATRIOTIQUEMENT adv.

PATRIOTISME n.m.

PATRISTIQUE n.f. et adj. Étude de la doctrine des Pères de l'Église (du IIe au VIIe s.).

PATRO n.m. Mouvement de jeunesse d'inspiration chrétienne.

PATROLOGIE n.f. Collection des œuvres des Pères de l'Église.

PATRON, ONNE n.

PATRONAGE n.m.

PATRONAL, E, AUX adj.

PATRONAT n.m.

PATRONEUX, EUSE n. *Québ.* Personne qui pratique le patronage.

PATRONNAGE n.m. Création du patron d'un vêtement.

PATRONNER v. **10.** Soutenir par son patronage.

PATRONNESSE adj.f.

PATRONNIER, ÈRE n. *Text.* Personne qui fabrique des patrons.

PATRONYME n.m. Nom de famille.

PATRONYMIQUE adj.

PATROUILLE n.f.

PATROUILLER v. **10.** Parcourir en effectuant une mission de surveillance.

PATROUILLEUR, EUSE n.

PATTE n.f.

PATTÉ, E adj. *Hér.* Dont les extrémités s'élargissent.

PATTEMOUILLE n.f. Linge humide utilisé pour repasser les vêtements.

PATTERN n.m. Modèle simplifié d'une structure.

PATTIER, ÈRE n. *Vx.* Chiffonnier.

PATTINSONAGE [patins-] n.m. Procédé de séparation de l'argent et du plomb.

PATTU, E adj. Qui a de grosses pattes.

PÂTURABLE adj. Qui peut être utilisé comme pâture.

PÂTURAGE n.m.

PÂTURE n.f.

PÂTURER v. **10.** Paître. – Brouter.

PÂTURIN n.m. Graminée des prés.

PATURON n.m. Partie du bas de la jambe du cheval.

PAUCHOUSE n.f. (= **pochouse**) Matelote de poissons de rivière.

PAUCIFLORE adj. Qui ne porte que peu de fleurs.

PAUILLAC n.m. Vin de Bordeaux.

PAULETTE n.f. *Hist.* Impôt annuel permettant au titulaire d'une charge d'en jouir comme d'un bien privé.

PAULIEN, ENNE adj. *Dr.* (Action judiciaire) intentée par un créancier contre un débiteur frauduleux.

PAULINIEN, ENNE adj. Relatif à saint Paul.

PAULINISME n.m. Doctrine de saint Paul.

PAULISTE 1. n.m. Membre d'une congrégation religieuse américaine. 2. adj. De São Paulo (Brésil).

PAULOWNIA [pôlonya] n.m. Arbre ornemental exotique.

PAUME n.f.

PAUMÉ, E adj. et n.

PAUMELLE n.f. Orge. - Ferrure qui pivote sur un gond. - Gant en cuir.

PAUMER v. **10.** *Fam.* Perdre.

PAUMIER, ÈRE 1. n. Maître de jeu de paume. 2. n.m. Daim de cinq ans.

PAUMOYER v. **27.** *Mar.* Haler (un câble) à la main.

PAUMURE n.f. Partie élargie des bois d'un cervidé.

PAUPÉRISATION n.f.

PAUPÉRISER v. **10.** Appauvrir (une population).

PAUPÉRISME n.m. État de pauvreté d'une population.

PAUPIÈRE n.f.

PAUPIETTE n.f.

PAUSE n.f.

PAUSER v. **(p.p.inv.) 10.** Faire une pause.

PAUVRE adj. et n.

PAUVREMENT adv.

PAUVRESSE n.f. *Vx.* Femme pauvre.

PAUVRET, ETTE adj. et n.

PAUVRETÉ n.f.

PAVAGE n.m.

PAVANE n.f. Danse noble et lente.

PAVANER (SE) v. **10.**

PAVÉ n.m.

PAVEMENT n.m.

PAVER v. **10.**

PAVESAN, E adj. De Pavie (Italie).

PAVEUR, EUSE n.

PAVIE n.f. Variété de pêche.

PAVILLON n.m.

PAVILLONNAIRE adj. Relatif aux pavillons d'habitation.

PAVILLONNERIE n.f. *Mar.* Atelier de confection de pavillons et de drapeaux.

PAVILLONNEUR n.m. Ouvrier qui confectionne des pavillons.

PAVIMENTEUX, EUSE adj. Qui a l'aspect d'un pavage.

PAVLOVIEN, ENNE adj. Relatif aux théories de Pavlov.

PAVOIS n.m. *Hist.* Grand bouclier. - *Mar.* Ensemble de pavillons.

PAVOISEMENT n.m.

PAVOISER v. **10.** Garnir de drapeaux. - Manifester une grande joie.

PAVOT n.m.

PAWNEE [pôni] adj. D'un peuple amérindien.

PAXILLE [-l] n.m. Champignon vénéneux.

PAXON n.m. → **pacson.**

PAYABLE adj.

PAYANT, E adj.

PAYE n.f. → **paie.**

PAYEMENT n.m. → **paiement.**

PAYER v. **24.**

PAYEUR, EUSE n.

PAYS, E 1. n.m. 2. n. Personne du même pays.

PAYSAGE n.m.

PAYSAGÉ, E adj. Aménagé de façon à évoquer un paysage naturel.

PAYSAGER, ÈRE adj.

PAYSAGISME n.m.

PAYSAGISTE adj. et n.

PAYSAN, ANNE adj. et n.

PAYSANNAT n.m. *Écon.* Ensemble des paysans d'une région.

PAYSANNERIE n.f. Ensemble des paysans.

PÉAGE n.m.

PÉAGER, ÈRE n. *Vx.* → **péagiste.**

PÉAGISTE n. Personne qui perçoit le péage.

PÉAN n.m. → **pæan.**

PEANUT [pineut] n.f. *Fam.* Arachide. - *Fam.* Bagatelle.

PEAU, X n.f.

PEAUCIER adj.m. et n.m. (Muscle) qui prend l'une de ses insertions à la peau.

PEAUFINAGE n.m.

PEAUFINER v. **10.** Fignoler.

PEAUSSERIE n.f. Commerce de peaux.

PEAUSSIER n.m. Ouvrier qui prépare les peaux.

PÉBRINE n.f. Maladie des vers à soie.

PÉBROC n.m. **(= pébroque)** *Arg.* Parapluie.

PÉBROQUE n.m. → **pébroc.**

PEC adj.m. *Hareng pec :* hareng fraîchement salé.

PÉCAÏRE interj. → **pechère.**

PÉCAN n.m. → **pacane.**

PÉCARI n.m. Cochon sauvage d'Amérique.

PECCABLE adj. *Rel.* Susceptible de pécher.

PECCADILLE n.f. Faute légère.

PECCAMINEUX, EUSE adj. *Litt.* De la nature du péché.

PECCANT, E adj. *Méd., Anc. Humeur peccante :* humeur corrompue.

PÊCHABLE adj. Dont la pêche est autorisée.

PECHBLENDE [pèchbl-in-d] n.f. Minerai d'uranium.

PÊCHE n.f.

PÉCHÉ n.m.

PÉCHER v. **(p.p.inv.** mais **pêcher** v.) **12.**

PÊCHER n.m.

PÊCHER v. **10.**

PECHÈRE interj. **(= peuchère)** Marque la commisération.

PÉCHERESSE → **pécheur.**

PÊCHERIE n.f. Lieu de pêche.

PÊCHETTE n.f. Filet à écrevisses.

PÉCHEUR, ERESSE n.

PÊCHEUR, EUSE n.

PÊCHU, E adj. *Fam.* En forme, dynamique.

PÉCLOTER v. **(p.p.inv.) 10.** *Helv.* Avoir une santé chancelante.

PECNOT, OTTE n. **(= péquenaud, péquenot)** *Péj.* Paysan.

PÉCOPTÉRIS [-s] n.m. Fougère fossile.

PÉCORE 1. n.f. Femme prétentieuse. 2. n. *Péj.* Paysan.

PECORINO n.m. Fromage italien.

PECQUE n.f. *Vx., Fam.* Pécore.

PECTASE n.f. Enzyme présente dans les fruits.

PECTEN [-èn] n.m. Coquille Saint-Jacques.

PECTINE n.f. Substance végétale utilisée comme épaississant dans l'industrie alimentaire.

PECTINÉ, E adj. (Muscle) de la cuisse. – En forme de peigne.

PECTINIDÉ n.m. Mollusque, type pecten.

PECTIQUE adj. *Acide pectique :* acide présent dans les fruits mûrs.

PECTORAL, E, AUX 1. adj. Relatif à la poitrine. 2. n.m. Ornement liturgique.

PECTOSE n.f. Composé glucidique que l'on trouve dans les fruits et les racines.

PÉCULAT n.m. *Dr.* Détournement des deniers publics.

PÉCULE n.m. Argent économisé peu à peu.

PÉCUNE n.f. *Vx.* Argent.

PÉCUNIAIRE adj. Qui a rapport à l'argent.

PÉCUNIAIREMENT adv.

PÉDAGOGIE n.f.

PÉDAGOGIQUE adj.

PÉDAGOGIQUEMENT adv.

PÉDAGOGUE adj. et n.

PÉDALAGE n.m.

PÉDALE n.f.

PÉDALÉE n.f. En cyclisme, tour de pédale.

PÉDALER v. **(p.p.inv.** mais **pédalée** n.f.) **10.**

PÉDALEUR, EUSE n.

PÉDALIER n.m.

PÉDALO n.m. (Nom déposé).

PÉDANT, E adj. et n.

PÉDANTERIE n.f. Affectation d'érudition.

PÉDANTESQUE adj. Propre au pédant.

PÉDANTISME n.m. → **pédanterie.**

PÉDÉ n.m.

PÉDÉGÉ n.m.

PÉDÉGÈRE n.f. *Fam.* Femme P-DG.

PÉDÉRASTE n.m.

PÉDÉRASTIE n.f.

PÉDÉRASTIQUE adj.

PÉDÈSE n.f. *Phys.* Mouvement brownien.

PÉDESTRE adj.

PÉDESTREMENT adv.

PÉDIATRE n.

PÉDIATRIE n.f.

PÉDIATRIQUE adj.

PEDIBUS [pédibus] adv. À pied.

PÉDICELLAIRE n.m. Pince des oursins.

PÉDICELLE n.m. *Bot.* Ramification du pédoncule.

PÉDICELLÉ, E adj.

PÉDICULAIRE 1. adj. Relatif aux poux. 2. n.f. Plante des prés.

PÉDICULE n.m. *Bot.* Support allongé.

PÉDICULÉ, E adj.

PÉDICULOSE n.f. Lésion de la peau due aux poux.

PÉDICULOSÉ, E adj.

PÉDICURE n.

PÉDICURIE n.f. Métier de pédicure.

PÉDIEUX, EUSE adj. *Anat.* Relatif au pied.

PEDIGREE [pédigré] n.m. Généalogie d'un animal de race.

PÉDILUVE n.m. Petit bassin dans lequel on se rince les pieds avant d'entrer dans une piscine.

PÉDIMANE n.m. *Zool.* Animal dont le pouce des membres postérieurs est opposable aux autres doigts.

PÉDIMENT n.m. *Géol.* Surface d'érosion au pied d'un relief.

PÉDIPALPE n.m. Appendice propre aux arachnides.

PÉDIPLAINE n.f. Étendue plane en région aride.

PÉDODONTIE [-si] n.f. Chirurgie dentaire pour les enfants.

PÉDOGENÈSE n.f. Mode d'évolution des sols.

PÉDOLOGIE n.f. Étude des sols.

PÉDOLOGIQUE adj.

PÉDOLOGUE n.

PÉDOMÈTRE n.m. **(= podomètre)** Appareil enregistrant le nombre de pas d'un piéton.

PÉDONCULAIRE adj.

PÉDONCULE n.m. *Anat.* Structure reliant deux organes. - *Bot.* Queue d'une fleur.

PÉDONCULÉ, E adj.

PÉDOPHILE adj. et n. (Adulte) attiré sexuellement par les enfants.

PÉDOPHILIE n.f.

PÉDOPHILIQUE adj.

PÉDOPSYCHIATRE n.

PÉDOPSYCHIATRIE n.f. Étude des troubles mentaux des enfants.

PÉDUM n.m. *Antiq. rom.* Bâton en forme de crosse, attribut de divinités champêtres.

PÈDZER v. **(p.p.inv.) 10.** *Helv.* Coller, adhérer. - Traîner.

PEDZOUILLE n. *Fam.* Rustre.

PEELING [pi-] n.m. Traitement esthétique du visage par desquamation.

PÉGASE n.m. Poisson volant.

PEGMATITE n.f. Roche granitique.

PÉGOSITÉ n.f. Qualité d'une colle instantanée.

PÉGOT n.m. Couche gluante qui se forme à la surface du roquefort après salage.

PÈGRE n.f.

PÉGUER v. **12.** Poisser, coller.

PÉGUEUX, EUSE adj. (Colle) instantanée.

PEHLVI n.m. → **pahlavi.**

PEIGNAGE n.m. Démêlage des fibres textiles.

PEIGNE n.m.

PEIGNER v. **10.**

PEIGNETTE n.f. *Helv.* Personne tatillonne ou avare.

PEIGNEUR, EUSE adj. et n. Qui démêle les fibres textiles.

PEIGNIER n.m. Fabricant de peignes.

PEIGNOIR n.m.

PEIGNURE n.f. *Québ.* Coiffure.

PEILLE n.f. Chiffon utilisé pour fabriquer du papier.

PEINARD, E adj. **(= pénard).**

PEINARDEMENT adv.

PEINDRE v. **92.**

PEINE n.f.

PEINER v. **10.**

PEINTRE n.

PEINTURAGE n.m.

PEINTURE n.f.

PEINTURER v. **10.** Barbouiller de peinture.

PEINTURLURAGE n.m.

PEINTURLURER v. **10.** *Fam.* Peindre avec des couleurs criardes.

PÉJORATIF, IVE adj. et n.m.

PÉJORATION n.f.

PÉJORATIVEMENT adv.

PÉJORER v. **10.** Déprécier. - Aggraver (une situation).

PÉKAN n.m. Marte du Canada.

PÉKET [pèkè] n.m. **(= péquet)** *Belg.* Eau-de-vie.

PÉKIN n.m. 1. Étoffe de soie. 2. **(= péquin)** *Arg., Mil.* Civil.

PÉKINÉ, E adj. et n.m. (Tissu) à rayures alternativement brillantes et mates.

PÉKINOIS, E 1. adj. De Pékin (Chine). 2. n.m. Petit chien.

PÉKINOLOGUE n. Spécialiste de politique chinoise.

PEKOE [pékô] n.m. Thé noir de qualité supérieure.

PELADE n.f. Chute maladive des cheveux.

PELAGE n.m.

PÉLAGIANISME n.m.

PÉLAGIE n.f. Grande méduse luminescente.

PÉLAGIEN, ENNE adj. et n. Relatif au moine Pélage (IVe et Ve s.) et à sa doctrine.

PÉLAGIQUE adj. Relatif à la haute mer.

PELAGOS [pélagos] n.m. Faune vivant en haute mer.

PÉLAMIDE n.f. **(= pélamyde)** Bonite. - Serpent venimeux.

PÉLAMYDE n.f. → **pélamide.**

PELANT, E adj. *Belg.* Ennuyeux.

PELARD adj.m. et n.m. (Bois) dont on a ôté l'écorce pour produire du tan.

PÉLARDON n.m. Fromage de chèvre.

PÉLARGONIUM n.m. Plante voisine du géranium.

PÉLASGIEN, ENNE [laj] adj. Relatif aux Pélasges, peuple de l'antiquité préhellénique.

PÉLASGIQUE [laj] adj. → **pélasgien.**

PELÉ, E adj. et n.m.

PÉLÉCANIFORME n.m. Oiseau, type pélican.

PÉLÉCYPODE n.m. Mollusque bivalve, type moule, huître.

PÉLÉEN, ENNE adj. (Volcan) à lave visqueuse.

PELER v. **23** (je pèle...).

PÈLERIN n.m.

PÈLERINAGE n.m.

PÈLERINE n.f.

PÉLIADE n.f. Vipère à museau arrondi.

PÉLICAN n.m. Oiseau dont le bec porte une grande poche.

PELISSE n.f.

PELLAGRE n.f. Maladie due à un manque de vitamines.

PELLAGREUX, EUSE adj. et n.

PELLE n.f.

PELLER v. **10.** *Helv.* Pelleter.

PELLET [pélè] n.m. *Méd.* Comprimé placé sous la peau. – *Mét.* Petite boule de minerai de fer.

PELLETAGE n.m.

PELLETÉE n.f.

PELLETER v. **20** (je pellette...) Remuer à la pelle.

PELLETERIE n.f. Commerce de fourrures.

PELLETEUR, EUSE 1. n. Ouvrier qui travaille avec une pelle. 2. n.f. Engin de travaux publics.

PELLETIER, ÈRE n. Personne qui prépare et vend des fourrures.

PELLETIÉRINE n.f. *Chim.* Alcaloïde extrait du grenadier.

PELLETISATION n.f. *Mét.* Mise en boulettes d'un minerai pulvérisé.

PELLICULAGE n.m.

PELLICULAIRE adj.

PELLICULE n.f.

PELLICULER v. **10.** *Impr.* Recouvrir d'une pellicule de protection.

PELLICULEUX, EUSE adj.

PELLOCHE n.f. **(= péloche)** *Fam., Cin., Phot.* Pellicule.

PELLUCIDE adj. Qui laisse passer la lumière.

PÉLOBATE n.m. Crapaud fouisseur.

PÉLOCHE n.f. → **pelloche.**

PÉLODYTE n.m. Petit crapaud fouisseur.

PÉLOPONNÉSIEN, ENNE adj. Du Péloponnèse (Grèce).

PELOTAGE n.m.

PELOTARI n.m. Joueur de pelote basque.

PELOTE n.f.

PELOTER v. **10.**

PELOTEUR, EUSE adj. et n.

PELOTON n.m.

PELOTONNEMENT n.m.

PELOTONNER v. **10.**

PELOUSARD n.m. *Fam.* Habitué de la pelouse des champs de courses.

PELOUSE n.f.

PELTA n.f. **(= pelte)** *Antiq. gr.* Petit bouclier.

PELTASTE n.m. *Antiq. gr.* Fantassin léger.

PELTE n.f. → **pelta.**

PELTÉ, E adj. *Bot.* (Feuille) dont le pétiole est fixé au milieu du limbe.

PELUCHAGE n.m. Défaut d'une feuille de papier.

PELUCHE n.f.

PELUCHÉ, E adj. **(= pluché)** Velu, en parlant d'un tissu.

PELUCHER v. **10 (= plucher)** Devenir pelucheux, en parlant d'un tissu.

PELUCHEUX, EUSE adj. **(= plucheux).**

PELURE adj. et n.f.

PÉLUSIAQUE adj. Relatif au bras oriental du Nil.

PELVIEN, ENNE adj. *Anat.* Relatif au bassin.

PELVIGRAPHIE n.f. *Méd.* Radiographie du bassin.

PELVIMÈTRE n.m. Appareil servant à mesurer le bassin osseux de la femme.

PELVIMÉTRIE n.f.

PELVIPÉRITONITE n.f. *Méd.* Inflammation du péritoine du bassin.

PELVIS [-s] n.m. *Anat.* Bassin.

PEMBINA [p-in-bina] n.m. **(= pimbina)** *Québ.* Fruit de l'obier.

PEMMICAN n.m. Préparation de viande séchée.

PEMPHIGOÏDE n.f. Maladie rare de la peau.

PEMPHIGUS [-s] n.m. Maladie rare qui affecte la partie superficielle de la peau.

PÉNAL, E, AUX adj. et n.m. *Dr.* Relatif aux infractions et aux peines.

PÉNALEMENT adv.

PÉNALISANT, E adj.

PÉNALISATION n.f.

PÉNALISER v. **10.**

PÉNALISTE n. Spécialiste de droit pénal.

PÉNALITÉ n.f.

PENALTIES → **penalty.**

PENALTY (pl. **PENALTIES** ou **PENALTYS**) n.m.

PÉNARD, E adj. → **peinard.**

PÉNARDEMENT adv.

PÉNATES n.m.pl. *Antiq. rom.* Divinités du foyer. – *Fam.* Maison, foyer.

PENAUD, E adj.

PENCE **I** [pèns] → **penny.**

PENCHANT n.m.

PENCHER v. **10.**

PENDABLE adj.

PENDAGE n.m. *Géol.* Pente d'une couche.

PENDAISON n.f.

PENDANT, E adj., n.m. et prép.

PENDARD, E n. *Fam.* Vaurien.

PENDELOQUE n.f. Bijou suspendu à une boucle d'oreille. - Ornement suspendu à un lustre.

PENDENTIF n.m.

PENDERIE n.f.

PENDILLER v. **(p.p.inv.) 10.** Être suspendu et osciller.

PENDILLON n.m. Tige qui transmet le mouvement au balancier d'une horloge.

PENDJABI [pèndjabi] n.m. → **panjabi.**

PENDOIR n.m. Crochet de boucherie.

PENDOUILLER v. **(p.p.inv.) 10.** *Fam.* Pendre mollement.

PENDRE v. **90.**

PENDULAIRE adj.

PENDULE n.m. et n.f.

PENDULER v. **10.** Osciller au bout d'une corde d'alpinisme. - En organisation du travail, prendre (des temps) de façon sommaire pour obtenir des ordres de grandeur.

PENDULETTE n.f.

PENDULIER, ÈRE n. Spécialiste des mouvements d'horlogerie.

PÊNE n.m. Pièce mobile d'une serrure.

PÉNÉLOPE n.f. Oiseau tropical à plumage sombre.

PÉNÉPLAINE n.f. *Géogr.* Ancienne montagne aplanie.

PÉNÉTRABILITÉ n.f.

PÉNÉTRABLE adj.

PÉNÉTRANCE n.f. *Biol.* Fréquence avec laquelle un gène se manifeste.

PÉNÉTRANT, E 1. adj. 2. n.f. Autoroute entrant au cœur d'une ville.

PÉNÉTRATEUR n.m. Dispositif d'exploration qui s'ancre à la surface d'un astre.

PÉNÉTRATION n.f.

PÉNÉTRER v. **12.**

PÉNÉTROMÈTRE n.m. Instrument de mesure de la dureté d'un corps.

PÉNIBILITÉ n.f.

PÉNIBLE adj.

PÉNIBLEMENT adv.

PÉNICHE n.f.

PÉNICHETTE n.f. Petite péniche de tourisme.

PÉNICILLE [-l] n.m. Champignon formant des moisissures.

PÉNICILLÉ, E [l] adj. *Biol.* En forme de pinceau.

PÉNICILLINASE [l] n.f. Enzyme.

PÉNICILLINE n.f.

PÉNICILLIUM n.m. → **pénicille.**

PÉNIEN, ENNE adj. Relatif au pénis.

PÉNIL [-l] n.m. Éminence pubienne, chez la femme (mont de Vénus).

PÉNINSULAIRE adj.

PÉNINSULE n.f.

PÉNIS n.m.

PÉNITENCE n.f.

PÉNITENCERIE n.f. *Rel.* Tribunal ecclésiastique de Rome.

PÉNITENCIER n.m.

PÉNITENT, E n. *Rel.* Personne qui confesse ses péchés.

PÉNITENTIAIRE adj.

PÉNITENTIAL, E, AUX adj. *Rel.* (Psaume) de pénitence.

PÉNITENTIEL, ELLE adj. *Rel.* Relatif à la pénitence.

PENNAGE n.m. Plumage des oiseaux de proie, qui se renouvelle.

PENNE n.f. Longue plume de l'aile ou de la queue des oiseaux.

PENNÉ, E adj. *Bot.* Dont les folioles sont disposées comme les barbes d'une plume.

PENNIES → **penny.**

PENNIFORME adj. En forme de plume.

PENNISETUM [pènisétom] n.m. Graminée tropicale.

PENNON n.m. 1. *Médiév.* Drapeau porté au bout d'une lance. 2. **(= penon)** *Mar.* Petite girouette.

PENNSYLVANIEN, ENNE adj. De la Pennsylvanie (États-Unis).

PENNY (pl. **PENCE** [pèns], **PENNIES** ou **PENNYS**) n.m. Unité monétaire divisionnaire du Royaume-Uni.

PÉNOLOGIE n.f. Étude scientifique des peines en vue de réduire la récidive.

PÉNOMBRE n.f.

PENON [pe-] n.m. → **pennon** 2.

PENSABLE adj.

PENSANT, E adj.

PENSÉE n.f.

PENSER n.m. Faculté de penser.

PENSER v. **10.**

PENSEUR, EUSE n.

PENSIF, IVE adj.

PENSION n.f.

PENSIONNAIRE n.

PENSIONNAT n.m.

PENSIONNER v. **10.**

PENSIVEMENT adv.

PENSUM [p-in-som] n.m. Travail écrit, long et ennuyeux.

PENTACLE [p-in-] n.m. → **pantacle.**

PENTACORDE [p-in-] n.m. *Antiq.* Lyre à cinq cordes.

PENTACRINE [p-in-] n.m. Échinoderme des fonds marins.

PENTADACTYLE [p-in-] adj. Qui a cinq doigts.

PENTADÉCAGONE [p-in-] n.m. *Math.* Polygone qui a quinze angles et quinze côtés.

PENTAÈDRE [p-in-] adj. et n.m. (Solide) à cinq faces.

PENTAGONAL, E, AUX [p-in-] adj.

PENTAGONE [p-in-] n.m. *Math.* Polygone qui a cinq angles et cinq côtés.

PENTAMÈRE [p-in-] adj. et n.m. *Biol.* Dont certains organes sont en cinq parties.

PENTAMÈTRE [p-in-] adj. et n.m. *Poét.* Qui a cinq pieds.

PENTANE [p-in-] n.m. Hydrocarbure.

PENTANOL [p-in-] n.m. *Chim.* Alcool.

PENTAPÉTALE [p-in-] adj. *Bot.* Qui a cinq pétales.

PENTAPOLE [p-in-] n.f. *Antiq.* Union de cinq villes.

PENTARADIÉ, E [p-in-] adj. Pentamère.

PENTARCHIE [p-in-] n.f. *Antiq.* Gouvernement de cinq chefs.

PENTARQUE [p-in-] n.m. *Antiq.* Membre d'une pentarchie.

PENTATEUQUE [p-in-] n.m. Ensemble des cinq premiers livres de la Bible.

PENTATHLÈTE [p-in-] n. Sportif qui pratique le pentathlon.

PENTATHLON [p-in-] n.m. Compétition comportant cinq épreuves.

PENTATHLONIEN, ENNE [p-in-] n. → **pentathlète.**

PENTATOME [p-in-] n.m. ou f. *Zool.* Punaise.

PENTATONIQUE [p-in-] adj. *Mus.* Formé de cinq tons.

PENTAVALENT, E [p-in-] adj. Relatif à un type de liaison chimique.

PENTE n.f.

PENTECÔTE n.f.

PENTECÔTISME n.m. Secte protestante qui met l'accent sur les manifestations du Saint-Esprit.

PENTECÔTISTE adj. et n.

PENTÉDÉCAGONE [p-in-] n.m. → **pentadécagone.**

PENTHIOBARBITAL, S [p-in-] n.m. Barbiturique hypnotique.

PENTHODE [p-in-] n.f. (= **pentode**) Tube électronique à cinq électrodes.

PENTHOTAL, S [p-in-] n.m. → **penthiobarbital.**

PENTHOUSE [pèntaous] n.m. Appartement luxueux construit sur une toiture-terrasse.

PENTHRITE [p-in-] n.f. (= **pentrite**) Explosif.

PENTODE [p-in-] n.f. → **penthode.**

PENTOSE [p-in-] n.m. *Biochim.* Ose à cinq atomes de carbone.

PENTRITE [p-in-] n.f. → **penthrite.**

PENTU, E adj.

PENTURE n.f. Ferrure sur une porte.

PENTY [pènti] n.m. Petite maison bretonne au toit pointu.

PÉNULTIÈME adj. et n.f. Avant-dernier.

PÉNURIE n.f.

PÉON [pé-on] (pl. **PÉONES** [péonès] ou **PÉONS**) n.m. Paysan d'Amérique du Sud.

PÉONES [péonès] → **péon.**

PEOPLE [pipeul] n.m. et adj. (= **pipole**) Célébrité prisée des médias.

PEOPOLISATION [pi-] n.f. Médiatisation de la vie privée, des politiciens en particulier.

PÉOTTE n.f. *Hist.* Grande gondole de l'Adriatique.

PEP ou **PEPS** [-s] n.m. *Fam.* Dynamisme.

PÉPÉ n.m.

PÉPÉE n.f.

PÉPÈRE adj. et n.m.

PÉPÉRIN n.m. *Géol.* Roche volcanique.

PÉPÈTES n.f.pl. (= **pépettes**) *Fam.* Argent.

PÉPETTES n.f.pl. → **pépètes.**

PÉPIE n.f. *Vét.* Pellicule sur la langue des oiseaux.

PÉPIEMENT n.m.

PÉPIER v. **(p.p.inv.) 15.** Pousser de petits cris, en parlant des jeunes oiseaux.

PÉPIN n.m.

PÉPINE n.f. *Québ.* Excavatrice.

PÉPINIÈRE n.f.

PÉPINIÉRISTE adj. et n.

PÉPITE n.f.

PÉPLOS [-s] n.m. → **péplum.**

PÉPLUM n.m. *Antiq.* Tunique de femme.

PÉPON n.m. Fruit, type courge ou melon.

PÉPONIDE n.m. → **pépon.**

PEPPERMINT [pépeurmint] n.m. Liqueur de menthe.

PEPPERONI [pépéroni] n.m. Saucisson épicé.

PEPSINE n.f. Enzyme du suc gastrique.

PEPTIDASE n.f. Enzyme agissant sur les peptides.

PEPTIDE n.m. Molécule formée d'acides aminés.

PEPTIDIQUE adj.

PEPTIQUE adj. Relatif à la pepsine.

PEPTONE n.f. Produit de la digestion des viandes.

PEPTONISATION n.f. Dégradation des viandes.

PÉQUENAUD, E n. → **pecnot.**

PÉQUENOT, OTTE n. → **pecnot.**

PÉQUET [pèkè] n.m. → **péket.**

PÉQUIN n.m. → **pékin** 2.

PÉQUISTE adj. et n. *Québ.* (Membre) du parti québécois.

PERACIDE n.m. *Chim.* Acide fortement oxygéné.

PÉRAIL n.m. Fromage crémeux du Rouergue.

PÉRAMÈLE n.m. Petit marsupial d'Australie.

PERBORATE n.m. Sel de bore. – Détergent.

PERÇAGE n.m.

PERCALE n.f. Tissu de coton.

PERCALINE n.f. Toile de coton pour les doublures.

PERÇANT, E adj.

PERCÉE n.f.

PERCEMENT n.m.

PERCEPT n.m. *Philos.* Objet de perception.

PERCEPTEUR, TRICE n.

PERCEPTIBILITÉ n.f.

PERCEPTIBLE adj.

PERCEPTIBLEMENT adv.

PERCEPTIF, IVE adj.

PERCEPTION n.f.

PERCEPTIONNISME n.m. Théorie selon laquelle la connaissance repose sur la perception immédiate de la réalité.

PERCEPTUEL, ELLE adj. Relatif à la perception.

PERCER v. **13.**

PERCERETTE n.f. → **percette.**

PERCET n.m. *Helv.* Perçoir.

PERCETTE n.f. Petite vrille.

PERCEUR, EUSE n.

PERCEVABLE adj.

PERCEVOIR v. **70.**

PERCHAGE n.m. Affinage du cuivre.

PERCHAUDE n.f. *Québ.* Perche d'eau douce.

PERCHE n.f.

PERCHER v. **10.**

PERCHERON, ONNE 1. adj. Du Perche. 2. n. Cheval de trait.

PERCHEUR, EUSE adj. (Oiseau) qui a l'habitude de se percher.

PERCHIS n.m. Jeune futaie.

PERCHISTE n.

PERCHLORATE n.m. Sel dérivé du chlore.

PERCHLORIQUE adj.m. *Acide perchlorique :* le plus oxygéné des acides du chlore.

PERCHLORURE n.m. Dérivé du chlore.

PERCHMAN [-man] n.m. *Cin.* Technicien qui tient la perche du micro.

PERCHOIR n.m.

PERCIDÉ n.m. Poisson, type perche.

PERCIFORME n.m. et adj. Poisson, type percidé.

PERCIPIENT n.m. Personne qui reçoit d'une autre une information télépathique.

PERCLUS, E adj. Qui a de la peine à se mouvoir.

PERCNOPTÈRE n.m. Petit vautour.

PERÇOIR n.m. Outil pour percer.

PERCOLATEUR n.m. Machine à café.

PERCOLATION n.f. Circulation d'un fluide à travers une substance, par la pression.

PERCOLER v. **10.** *Chim.* Filtrer.

PERCOMORPHE n.m. et adj. *Vx.* Perciforme.

PERÇU, E adj. et n.m.

PERÇÛMES, PERÇURENT, PERÇUSSE... → **percevoir 70.**

PERCUSSIF, IVE adj. *Mus.* Qui concerne ou évoque un instrument à percussion.

PERCUSSION n.f.

PERCUSSIONNISTE n.

PERÇUT... → **percevoir 70.**

PERCUTANÉ, E adj. *Pharm.* Qui traverse la peau.

PERCUTANT, E adj.

PERCUTER v. **10.**

PERCUTEUR n.m. Pièce d'arme à feu.

PERCUTIRÉACTION n.f. *Méd.* Réaction cutanée suite à une injection percutanée.

PERDABLE adj.

PERDANT, E adj. et n.

PERDITANCE n.f. *Électr.* Conductance des résistances d'isolement.

PERDITION n.f.

PERDRE v. **90.**

PERDREAU, X n.m.

PERDRIGON n.m. Variété de prune.

PERDRIX n.f.

PERDURABLE adj. Éternel.

PERDURER v. **(p.p.inv.) 10.** Durer longtemps.

PÈRE n.m.

PÉRÉGRIN n.m. *Dr. rom.* Étranger vivant à Rome.

PÉRÉGRINATION n.f. *Vx.* Voyage lointain. – Allées et venues incessantes.

PÉRÉGRINER v. **(p.p.inv.) 10.**

PÉREMPTION n.f. *Dr.* Prescription.

PÉREMPTOIRE adj. Catégorique.

PÉREMPTOIREMENT adv.

PÉRENNANT, E adj. *Bot.* (Organe) qui peut vivre plusieurs années.

PÉRENNE adj. Permanent.

PÉRENNISATION n.f.

PÉRENNISER v. **10.** Rendre éternel.

PÉRENNITÉ n.f. Caractère de ce qui dure toujours.

PÉRÉQUATION n.f. Répartition équitable des charges.

PERESTROÏKA [pérès-] n.f. *Hist.* En URSS, politique de restructuration économique.

PERF n.f. *Fam.* Performance. – *Fam.* Perfusion.

PERFECTIBILITÉ n.f.

PERFECTIBLE adj. Qui peut être amélioré.

PERFECTIF, IVE adj. *Ling.* Qui aboutit à son terme.

PERFECTION n.f.

PERFECTIONNER v. **10.**

PERFECTIONNISME n.m.

PERFECTIONNISTE adj. et n.

PERFECTO n.m. (Nom déposé) Blouson de cuir.

PERFIDE adj. et n.

PERFIDEMENT adv.

PERFIDIE n.f.

PERFOLIÉ, E adj. *Bot.* (Feuille) enveloppant la tige qui la porte.

PERFORAGE n.m.

PERFORANT, E adj.

PERFORATEUR, TRICE adj. et n.

PERFORATION n.f.

PERFORER v. **10.**

PERFOREUSE n.f.

PERFORMANCE n.f.

PERFORMANT, E adj.

PERFORMATIF, IVE adj. et n.m. *Ling.* (Verbe) dont l'énoncé constitue l'action à laquelle il se réfère.

PERFORMER [-eur] n. **(= performeur)** Personne qui réalise une performance.

PERFORMER v. **(p.p.inv.) 10.** Obtenir d'excellents résultats.

PERFORMEUR, EUSE n. → **performer** n.

PERFRINGENS [pèrfr-in-j-in-s] adj. et n.m. (Bacille) responsable d'infections graves.

PERFUSER v. **10.** Traiter (un malade) par injection lente et continue.

PERFUSION n.f.

PERGÉLISOL [s] n.m. → **permagel.**

PERGOLA n.f. Petite construction de jardin.

PÉRI, E adj. *Hér.* (Pièce) très réduite et placée au centre.

PÉRIANTHAIRE adj.

PÉRIANTHE n.m. *Bot.* Ensemble des enveloppes florales.

PÉRIARTÉRITE n.f. Inflammation du tissu qui entoure les artères.

PÉRIARTHRITE n.f. *Méd.* Inflammation d'une articulation.

PÉRIARTICULAIRE adj. *Méd.* Qui siège autour d'une articulation.

PÉRIASTRE n.m. Point de l'orbite d'un astre le plus proche de l'astre autour duquel il gravite.

PÉRIBOLE n.m. *Antiq. gr.* Enceinte de sanctuaire.

PÉRICARDE n.m. *Anat.* Membrane entourant le cœur.

PÉRICARDIQUE adj.

PÉRICARDITE n.f. *Méd.* Inflammation du péricarde.

PÉRICARPE n.m. *Bot.* Enveloppe des graines du fruit.

PÉRICHONDRE [k] n.m. *Anat.* Membrane entourant certains cartilages.

PÉRICLITER v. **(p.p.inv.) 10.**

PÉRICRÂNE n.m. *Anat.* Membrane qui entoure la surface externe du crâne.

PÉRICYCLE n.m. *Bot.* Zone externe du cylindre central de la tige.

PÉRIDERME n.m. Tissu, liège qui entoure les tiges et les racines.

PÉRIDINIEN n.m. Organisme unicellulaire aquatique à flagelles.

PÉRIDOT n.m. Pierre semi-précieuse.

PÉRIDOTITE n.f. Roche volcanique ultrabasique.

PÉRIDURAL, E, AUX adj. et n.f. *Méd.* (Anesthésie) du bassin.

PÉRIF n.m. **(= périph)** *Fam.* Boulevard périphérique.

PÉRIGÉE n.m. Point de l'orbite d'un astre le plus proche de la Terre.

PÉRIGLACIAIRE adj. (Zone) proche des glaciers.

PÉRIGORDIEN, ENNE n.m. et adj. Période paléolithique caractérisée par des outils en silex et en os.

PÉRIGOURDIN, E adj. Du Périgord ou de Périgueux.

PÉRIGUEUX n.m. Pierre noire très dure.

PÉRIHÉLIE n.m. Point de l'orbite d'une planète le plus proche du Soleil.

PÉRIL n.m.

PÉRILLEUSEMENT adv.

PÉRILLEUX, EUSE adj.

PÉRIMER (SE) v. **10.** Perdre sa valeur après un certain délai.

PÉRIMÈTRE n.m.

PÉRIMÉTRIQUE adj.

PÉRINATAL, E (pl. **PÉRINATALS** ou **PÉRINATAUX**) adj. Qui précède et suit la naissance.

PÉRINATALITÉ n.f. Période entourant la naissance.

PÉRINATALOGIE n.f.

PÉRINÉAL, E, AUX adj.

PÉRINÉE n.m. *Anat.* Région située entre l'anus et les parties génitales.

PÉRINÉORRAPHIE n.f. *Chir.* Reconstitution du périnée.

PÉRIODE n.f.

PÉRIODICITÉ n.f.

PÉRIODIQUE adj. et n.m.

PÉRIODIQUEMENT adv.

PÉRIODISATION n.f.

PÉRIOSTE n.m. *Anat.* Membrane qui entoure les os.

PÉRIOSTITE n.f. Inflammation du périoste.

PÉRIPATE n.m. Sorte de limace des pays chauds.

PÉRIPATÉTICIEN, ENNE 1. adj. et n. Disciple d'Aristote. 2. n.f. Prostituée.

PÉRIPATÉTIQUE adj.

PÉRIPATÉTISME n.m. Philosophie d'Aristote.

PÉRIPÉTIE n.f.

PÉRIPH n.m. → **périf.**

PÉRIPHÉRIE n.f.

PÉRIPHÉRIQUE adj. et n.m.

PÉRIPHLÉBITE n.f. → **paraphlébite.**

PÉRIPHRASE n.f. *Rhét.* Expression d'une notion par plusieurs mots au lieu d'un seul.

PÉRIPHRASER v. **(p.p.inv.) 10.**

PÉRIPHRASTIQUE adj.

PÉRIPLE n.m.

PÉRIPTÈRE adj. et n.m. *Arch.* (Bâtiment) entouré d'un rang de colonnes.

PÉRIR v. **40.**

PÉRISCOLAIRE adj. Qui complète l'enseignement scolaire.

PÉRISCOPE n.m.

PÉRISCOPIQUE adj. (Dispositif optique) à grand champ visuel.

PÉRISÉLÈNE n.m. Périastre d'un satellite de la Lune.

PÉRISPERME n.m. *Bot.* Tissu de réserve de certaines graines.

PÉRISPLÉNITE n.f. *Méd.* Inflammation du péritoine au niveau de la rate.

PÉRISSABLE adj.

PÉRISSODACTYLE n.m. et adj. Mammifère ongulé, type cheval.

PÉRISSOIRE n.f. Embarcation légère manœuvrée à la pagaie.

PÉRISSOLOGIE n.f. *Rhét.* Procédé d'insistance par répétition.

PÉRISTALTIQUE adj.

PÉRISTALTISME n.m. *Physiol.* Ensemble des ondes de contractions musculaires du tube digestif.

PÉRISTOME n.m. *Bot., Zool.* Zone bordant une ouverture.

PÉRISTYLE n.m. Colonnade entourant une cour.

PERITEL [pé-] n.f. (Nom déposé) Connecteur électronique.

PÉRITÉLÉPHONIE n.f. Ensemble des services et appareils associés à un poste téléphonique.

PÉRITÉLÉVISION n.f. Ensemble des dispositifs qui peuvent être raccordés à un téléviseur.

PÉRITEXTE n.m. Ce qui accompagne un texte sans en faire partie (préface, notes).

PÉRITHÈCE n.m. *Bot.* Organe de fructification des champignons.

PÉRITOINE n.m. *Anat.* Membrane qui tapisse la cavité abdominale.

PÉRITONÉAL, E, AUX adj.

PÉRITONITE n.f. *Méd.* Inflammation du péritoine.

PÉRITYPHLITE n.f. *Méd.* Inflammation du péritoine autour du cæcum.

PÉRIURBAIN, E adj. Proche d'une ville.

PERLAGE n.m.

PERLAN n.m. Vin blanc genevois.

PERLANT, E adj. (Vin) qui forme de fines bulles quand on le verse.

PERLE n.f.

PERLÉ, E adj.

PERLÈCHE n.f. *Méd.* Inflammation de la commissure des lèvres.

PERLER v. **10.**

PERLICULTEUR, TRICE n.

PERLICULTURE n.f. Élevage d'huîtres perlières.

PERLIER, ÈRE adj.

PERLIMPINPIN **|** n.m. *Poudre de perlimpinpin :* poudre magique des charlatans.

PERLINGUAL, E, AUX adj. (Administration des médicaments) par la muqueuse buccale.

PERLITE n.f. Roche volcanique. – Constituant des alliages ferreux.

PERLOIR n.m. Outil d'orfèvre.

PERLON n.m. Poisson de l'Atlantique et de la Méditerranée.

PERLOT n.m. Petite huître.

PERLOUSE n.f. **(= perlouze)** *Arg.* Perle.

PERLOUZE n.f. → **perlouse.**

PERLURE n.f. Petite inégalité des bois d'un cerf.

PERM n.f. **(= perme)** *Fam., Mil.* Permission.

PERMACULTURE n.f. Mode de culture favorisant une production écologique de la nourriture.

PERMAFROST n.m. → **permagel.**

PERMAGEL n.m. Sol gelé en permanence.

PERMALLOY [-loy] ou [-lwa] n.m. (Nom déposé) Alliage de fer et de nickel.

PERMANENCE n.f.

PERMANENCIER, ÈRE n. Personne qui assure une permanence.

PERMANENT, E adj. et n.

PERMANENTER v. **10.** Soumettre à une permanente.

PERMANGANATE n.m. Sel dérivé du manganèse.

PERMANGANIQUE adj. (Acide) dérivé du manganèse.

PERME n.f. → **perm.**

PERMÉABILISER v. **10.**

PERMÉABILITÉ n.f.

PERMÉABLE adj.

PERMÉANCE n.f. *Électr.* Perméabilité d'un circuit à un flux magnétique.

PERMÉASE n.f. *Biochim.* Enzyme.

PERMETTRE v. **101.**

PERMIEN, ENNE n.m. et adj. *Géol.* Sixième période du paléozoïque.

PERMIS n.m.

PERMISSIF, IVE adj. Très ou trop tolérant.

PERMISSION n.f.

PERMISSIONNAIRE n.

PERMISSIVITÉ n.f.

PERMITTIVITÉ n.f. *Électr.* Caractéristique d'un milieu non conducteur.

PERMSÉLECTIF, IVE adj. *Chim.* (Membrane) à perméabilité sélective.

PERMUTABILITÉ n.f.

PERMUTABLE adj.

PERMUTANT, E n. Personne qui change d'emploi avec une autre.

PERMUTATION n.f.

PERMUTER v. **10.**

PERNICIEUSEMENT adv.

PERNICIEUX, EUSE adj. Nocif, nuisible.

PERNICIOSITÉ n.f. Caractère d'une maladie dont l'évolution est grave.

PERNOD [-nô] n.m. (Nom déposé) Apéritif anisé.

PÉRONÉ n.m. Os long et grêle de la jambe.

PÉRONIER, ÈRE adj. et n.m. (Muscle) qui s'attache au sommet du péroné.

PÉRONISME n.m. Tendance politique inspirée par l'Argentin Perón.

PÉRONISTE adj. et n.

PÉRONNELLE n.f. *Fam.* Femme bavarde.

PÉRONOSPORACÉE n.f. Champignon, type mildiou.

PÉRONOSPORALE n.f. Champignon, type péronosporacée.

PÉRORAISON n.f. Conclusion d'un discours.

PÉRORER v. **(p.p.inv.) 10.** Discourir de façon prétentieuse.

PÉROREUR, EUSE n.

PÉROT n.m. Arbre préservé, qui a deux fois l'âge de la coupe.

PÉROVSKITE n.f. Minéral composé d'oxyde de calcium et de titane.

PEROXYDASE n.f. Enzyme.

PEROXYDATION n.f.

PEROXYDE n.m. *Chim.* Combinaison contenant beaucoup d'oxygène.

PEROXYDER v. **10.** *Chim.* Transformer en peroxyde.

PEROXYSOME n.m. *Biol.* Organite cellulaire.

PERPENDICULAIRE adj. et n.f.

PERPÈTE | (À) loc. **(= perpette)** *Fam.* À perpétuité.

PERPÉTRATION n.f.

PERPÉTRER v. **12.** Commettre (un acte criminel).

PERPETTE | (À) loc. → **perpète (à).**

PERPÉTUATION n.f.

PERPÉTUEL, ELLE adj.

PERPÉTUELLEMENT adv.

PERPÉTUER v. **10.** Faire durer longtemps.

PERPÉTUITÉ n.f.

PERPIGNANAIS, E adj. De Perpignan.

PERPLEXE adj.

PERPLEXITÉ n.f.

PERQUISITEUR n.m.

PERQUISITION n.f.

PERQUISITIONNER v. **10.**

PERRÉ n.m. Revêtement de protection en pierre.

PERRIÈRE n.f. *Hist.* Machine de guerre lançant des pierres.

PERRON n.m.

PERROQUET n.m.

PERRUCHE n.f.

PERRUQUE n.f.

PERRUQUER v. **10.** Coiffer d'une perruque. – Emmêler (une ligne de pêche).

PERRUQUIER, ÈRE n.

PERS [pèr], **PERSE** adj. D'une couleur intermédiaire entre le bleu et le vert.

PERSAN, E adj. et n.m. De Perse (après la conquête arabe).

PERSE adj. et n.m. De Perse (avant la conquête arabe).

PERSÉCUTER v. **10.**

PERSÉCUTEUR, TRICE adj. et n.

PERSÉCUTION n.f.

PERSÉIDE n.f. *Astr.* Étoile filante qui semble venir de la constellation de Persée.

PERSEL n.m. Sel dérivant d'un peroxyde.

PERSÉVÉRANCE n.f.

PERSÉVÉRANT, E adj. et n.

PERSÉVÉRATION n.f. *Méd.* Persistance d'un trouble qui n'a plus de cause physiologique.

PERSÉVÉRER v. **(p.p.inv.) 12.** Persister dans une résolution.

PERSICAIRE n.f. Plante des lieux humides.

PERSICOT n.m. Liqueur à base de noyaux de pêches.

PERSIENNE n.f.

PERSIFFLAGE n.m.

PERSIFFLER v. **10 (= persifler)** *Litt.* Ridiculiser.

PERSIFFLEUR, EUSE adj. et n.

PERSIFLAGE n.m.

PERSIFLER v. **10. → persiffler.**

PERSIFLEUR, EUSE adj. et n.

PERSIL [-i] n.m.

PERSILLADE [iy] n.f. Assaisonnement à base de persil.

PERSILLER [iy] v. **10.**

PERSILLÈRE [iy] n.f. Récipient pour cultiver du persil.

PERSIQUE adj. De l'ancienne Perse.

PERSISTANCE n.f.

PERSISTANT, E adj.

PERSISTER v. **(p.p.inv.) 10.**

PERSO adj. *Fam.* Personnel, individualiste.

PERSONALE n.f. Plante à fleurs, type muflier.

PERSONÉ, E adj. (Fleur) fermée par une saillie interne, et qui a l'aspect d'un masque de théâtre.

PERSONNAGE n.m.

PERSONNALISABLE adj.

PERSONNALISER v. **10.**

PERSONNALISME n.m. Philosophie qui fait de la personne la valeur suprême.

PERSONNALISTE adj. et n.

PERSONNALITÉ n.f.

PERSONNE n.f. et pr.indéf.

PERSONNEL, ELLE adj. et n.m.

PERSONNELLEMENT adv.

PERSONNIFIER v. **15.** Représenter sous les traits d'une personne.

PERSPECTIF, IVE adj. et n.f. Qui représente en perspective.

PERSPECTIVISME n.m. *Philos.* Doctrine de Nietzsche selon laquelle la connaissance est relative aux besoins vitaux.

PERSPICACE adj.

PERSPICACITÉ n.f.

PERSPIRATION n.f. Ensemble des échanges respiratoires qui se font par la peau.

PERSUADER v. **10.**

PERSUASIF, IVE adj.

PERSUASION n.f.

PERSUASIVEMENT adv.

PERSULFATE n.m. Sel obtenu par électrolyse d'un sulfate.

PERSULFURE n.m. Composé qui contient plus de soufre que le sulfure normal.

PERSULFURÉ, E adj.

PERTE n.f.

PERTINEMMENT adv.

PERTINENCE n.f.

PERTINENT, E adj.

PERTUIS n.m. Ouverture dans une digue. – Détroit entre deux îles.

PERTUISANE n.f. Hallebarde.

PERTUISANIER n.m. *Hist.* Soldat armé d'une pertuisane.

PERTURBANT, E adj.

PERTURBATEUR, TRICE adj. et n.

PERTURBATION n.f.

PERTURBER v. **10.**

PÉRUGIN, E adj. De Pérouse (Italie).

PÉRUVIEN, ENNE adj. Du Pérou (Amérique du Sud).

PERVENCHE n.f. et adj. Plante à fleurs bleues.

PERVERS, E adj. et n.

PERVERSEMENT adv.

PERVERSION n.f.

PERVERSITÉ n.f.

PERVERTIR v. **40.**

PERVERTISSEMENT n.m.

PERVERTISSEUR, EUSE adj. et n.

PERVIBRAGE n.m.

PERVIBRATEUR n.m. Instrument pour pervibrer.

PERVIBRATION n.f.

PERVIBRER v. **10.** Vibrer (du béton).

PESADE n.f. Mouvement du cheval qui se dresse sur les pieds de derrière.

PESAGE n.m.

PESAMMENT adv.

PESANT, E adj. et n.m.

PESANTEUR n.f.

PESÉE n.f.

PESER v. **11.**

PESETA [pézéta] ou [péséta] n.f. Ancienne unité monétaire de l'Espagne.

PESETTE n.f. Petite balance de précision.

PESEUR, EUSE n. Vérificateur de pesées.

PESHMERGA n.m. Résistant afghan. – Résistant kurde.

PESO [pézô] ou [pésô] n.m. Unité monétaire de plusieurs pays d'Amérique latine.

PESON n.m. Instrument de pesage à ressort.

PESSAH [pèsahr] n.m. Pâque juive.

PESSAIRE n.m. Diaphragme anticonceptionnel. – *Méd.* Anneau qui maintient l'utérus en place.

PESSE n.f. Herbe aquatique.

PESSEREAU, X n.m. → **pesse.**

PESSIÈRE n.f. Lieu planté d'épicéas.

PESSIMISME n.m.

PESSIMISTE adj. et n.

PESTE n.f.

PESTER v. **(p.p.inv.) 10.** Manifester son mécontentement.

PESTEUX, EUSE adj. Relatif à la peste.

PESTICIDE adj. et n.m.

PESTIFÉRÉ, E adj. et n.

PESTILENCE n.f. Odeur infecte.

PESTILENTIEL, ELLE adj.

PESTO n.m. Sauce italienne au basilic.

PET n.m.

PÉTAGE n.m. *Fam. Pétage de plombs :* coup de folie.

PÉTAINISME n.m. *Hist.* Attitude des partisans du maréchal Pétain.

PÉTAINISTE adj. et n.

PÉTALE n.m.

PÉTALISME n.m. *Antiq. gr.* Procédure de bannissement, à Syracuse.

PÉTALOÏDE adj. Qui ressemble à un pétale.

PÉTANQUE n.f.

PÉTANQUEUR, EUSE n.

PÉTANT, E adj.

PÉTAOCTET n.m. *Inf.* Approximativement un million de milliards d'octets.

PÉTARADANT, E adj.

PÉTARADE n.f.

PÉTARADER v. **(p.p.inv.) 10.**

PÉTARD n.m.

PÉTARDER v. **10.** Faire sauter avec des pétards.

PÉTARDIER, ÈRE adj. et n. *Arg.* Irascible.

PÉTASE n.m. *Antiq. gr.* Chapeau à large bord.

PÉTASITE n.m. Plante herbacée vivace.

PÉTASSE n.f. *Fam.* Prostituée.

PÉTASSER v. **10.** *Fam.* Rapiécer.

PÉTAUDIÈRE n.f. Lieu, groupe où règne l'anarchie.

PÉTAURE n.m. Marsupial volant d'Australie.

PÉTAURISTE n.m. Grand écureuil volant.

PETCHI [pètchi] n.m. *Helv.* Grand désordre.

PÉTÉCHIAL, E, AUX adj.

PÉTÉCHIE n.f. *Méd.* Tache rouge sur la peau, due à une hémorragie cutanée.

PÉTER v. **12.**

PÈTESEC **|** adj. et n. (Personne) autoritaire au ton hargneux.

PÉTEUR, EUSE n. Personne qui a l'habitude de péter.

PÉTEUX, EUSE n. et adj. *Fam.* Poltron. – *Fam.* Prétentieux.

PÉTILLANCE n.f.

PÉTILLANT, E adj.

PÉTILLEMENT n.m.

PÉTILLER v. **(p.p.inv.) 10.**

PÉTIOLE [s] n.m. *Bot.* Partie qui rattache la feuille à la tige.

PÉTIOLÉ, E [s] adj.

PETIOT, E adj. et n.

PETIT, E adj., n. et adv.

PETITEMENT adv.

PETITESSE n.f.

PÉTITION n.f.

PÉTITIONNAIRE n.

PÉTITIONNEMENT n.m.

PÉTITIONNER v. **(p.p.inv.) 10.**

PÉTITOIRE adj. et n.m. *Dr.* (Action) relative à l'exercice d'un droit immobilier.

PETITOU, PETITOUNE n. et adj. *Fam.* Dans le Midi, petit enfant.

PETITOUNE → **petitou.**

PÉTOCHARD, E n. *Fam.* Froussard.

PÉTOCHE n.f. *Fam.* Peur.

PÉTOIRE n.f. *Fam.* Mauvais fusil.

PÉTOLE n.f. *Helv.* Crotte de chèvre ou d'un autre animal.

PÉTOMANE n. *Vx.* Artiste de variété capable de moduler ses pets.

PETON n.m. *Fam.* Petit pied.

PÉTONCLE n.m. Mollusque bivalve comestible.

PÉTOUILLER v. **(p.p.inv.) 10.** *Helv.* Traîner, lambiner.

PÉTOULET n.m. *Arg.* Cul.

PÉTRARQUISANT, E adj. (Poète) qui imite Pétrarque.

PÉTRARQUISER v. **(p.p.inv.) 10.** *Litt.* Imiter Pétrarque.

PÉTRARQUISME n.m. Imitation de la poésie de Pétrarque.

PÉTRARQUISTE adj. et n.

PÉTRÉ, E adj. Couvert de pierres.

PÉTREL n.m. Oiseau marin palmipède.

PÉTREUX, EUSE adj. *Anat.* Relatif au rocher de l'os temporal.

PÉTRIFIANT, E adj.

PÉTRIFICATION n.f. Imprégnation par des composés minéraux. – Immobilisation.

PÉTRIFIER v. **15.** Changer en pierre. – Frapper de stupeur.

PÉTRIN n.m.

PÉTRIR v. **40.**

PÉTRISSABLE adj.

PÉTRISSAGE n.m.

PÉTRISSEUR, EUSE adj. et n. Qui pétrit la pâte à pain.

PÉTROCHIMIE n.f. Chimie des dérivés du pétrole.

PÉTROCHIMIQUE adj.

PÉTROCHIMISTE n.

PÉTRODOLLAR n.m. Dollar provenant de la vente du pétrole.

PÉTROGALE n.m. Petit kangourou.

PÉTROGENÈSE n.f. *Géol.* Formation des roches.

PÉTROGLYPHE n.m. *Archéol.* Signe gravé sur la roche.

PÉTROGRAPHE n.

PÉTROGRAPHIE n.f. *Géol.* Étude de la formation et de la composition des roches.

PÉTROGRAPHIQUE adj.

PÉTROLE n.m.

PÉTROLER v. **10.** *Vx.* Incendier au pétrole.

PÉTROLETTE n.f. *Fam.* Petite motocyclette.

PÉTROLEUR, EUSE 1. n. Personne qui envenime les rapports humains. 2. n.f. *Hist.* Femme qui allumait des incendies avec du pétrole, pendant la Commune de Paris.

PÉTROLIER, ÈRE adj. et n.m.

PÉTROLIFÈRE adj.

PÉTROLOCHIMIE n.f. → **pétrochimie.**

PÉTROLOCHIMIQUE adj.

PÉTROLOCHIMISTE n.

PÉTROLOGIE n.f. → **pétrographie.**

PÉTROLOGIQUE adj.

PÉTROLOGUE n.

PÉTULANCE n.f.

PÉTULANT, E adj. Vif, impétueux.

PÉTUN n.m. *Vx.* Tabac.

PÉTUNER v. **(p.p.inv.) 10.** *Vx.* Priser du tabac.

PÉTUNIA n.m. Fleur ornementale.

PÉTUNSÉ n.m. Variété de feldspath, utilisé en Chine pour fabriquer la porcelaine.

PETZOUILLE n. → **pedzouille.**

PEU adv.

PEUCÉDAN n.m. Plante herbacée vivace.

PEUCHÈRE interj. → **pechère.**

PEUH interj.

PEUHL, PEUHLE adj. et n.m. **(= peul)** Relatif aux Peuhls (Afrique occidentale).

PEUL, PEULE adj. et n.m. → **peuhl.**

PEULVEN [pölvèn] n.m. Menhir.

PEUPLADE n.f.

PEUPLE n.m.

PEUPLEMENT n.m.

PEUPLER v. **10.**

PEUPLERAIE n.f. Lieu planté de peupliers.

PEUPLIER n.m.

PEUR n.f.

PEUREUSEMENT adv.

PEUREUX, EUSE adj. et n.

PEYOTL n.m. Cactacée du Mexique contenant la mescaline.

PÈZE n.m. *Arg.* Argent.

PÉZIZALE n.f. Champignon, type pézize.

PÉZIZE n.f. Champignon comestible.

PFENNIG (pl. **PFENNIGE** [-ge] ou **PFENNIGS**) n.m. Ancienne unité monétaire divisionnaire de l'Allemagne.

PFENNIGE ❙ [-ge] → **pfennig.**

PFF interj. **(= pfft, pfut).**

PFFT interj. → **pff.**

PFUT interj. → **pff.**

PHACÉLIE n.f. Plante herbacée à fleurs bleues.

PHACO n.m. *Afr., Fam.* Phacochère.

PHACOCHÈRE n.m. Mammifère africain proche du sanglier.

PHACOMATOSE n.f. Maladie congénitale qui affecte la peau et le système nerveux.

PHACOMÈTRE n.m. → **focomètre.**

PHAÉTON n.m. Petite calèche à quatre roues. – Oiseau palmipède des mers tropicales.

PHAGE n.m. Bactériophage.

PHAGÉDÉNIQUE adj.

PHAGÉDÉNISME n.m. *Méd.* Extension continue d'un ulcère.

PHAGOCYTAGE n.m.

PHAGOCYTAIRE adj.

PHAGOCYTE n.m. *Physiol.* Cellule capable de digérer des particules étrangères.

PHAGOCYTER v. **10.** Détruire par phagocytose.

PHAGOCYTOSE n.f. Destruction des microbes par certaines cellules vivantes.

PHALÆNOPSIS [falénopsis] n.m. Orchidée.

PHALANGE n.f. Os des doigts et des orteils. – *Antiq. gr.* Formation de combat.

PHALANGER n.m. Mammifère marsupial d'Australie.

PHALANGÈRE n.f. Plante ornementale.

PHALANGETTE n.f. *Anat.* Phalange qui porte l'ongle.

PHALANGIEN, ENNE adj. *Anat.* Relatif aux phalanges.

PHALANGINE n.f. *Anat.* Deuxième phalange du doigt ou de l'orteil.

PHALANGISTE adj. et n. *Hist.* (Membre) de la Phalange espagnole.

PHALANSTÈRE n.m. Association de travailleurs, dans le système de Fourier.

PHALANSTÉRIEN, ENNE adj. et n.

PHALAROPE n.m. Petit échassier pouvant nager.

PHALÈNE n.m. ou f. Grand papillon nocturne.

PHALÈRE n.f. Papillon nocturne.

PHALLINE n.f. Principe toxique de certains champignons vénéneux.

PHALLIQUE adj. Relatif au phallus.

PHALLO n.m. *Fam.* Phallocrate.

PHALLOCENTRIQUE adj.

PHALLOCENTRISME n.m. Tendance à ramener tout à la symbolique du phallus.

PHALLOCRATE adj. et n.m. (Homme) qui se considère supérieur à la femme.

PHALLOCRATIE n.f.

PHALLOCRATIQUE adj.

PHALLOÏDE adj. En forme de phallus.

PHALLOTOXINE n.f. *Biochim.* Toxine produite par certains champignons.

PHALLUS n.m. Pénis en érection.

PHANATRON n.m. **(= phanotron)** *Électron.* Tube à vapeur de mercure.

PHANÈRE n.m. *Anat.* Élément protecteur de l'épiderme (ongle, plume, sabot...).

PHANÉROGAME adj. et n. (Plante) qui se reproduit par des fleurs et des graines.

PHANÉROZOÏQUE n.m. et adj. *Géol.* Quatrième éon (le plus récent).

PHANIE n.f. Unité définissant la grandeur de la sensation de lumière.

PHANOTRON n.m. → **phanatron.**

PHANTASME n.m. → **fantasme.**

PHANTASMER v. **10.** → **fantasmer.**

PHARAMINEUX, EUSE adj.

PHARAON, ONNE n.

PHARAONESQUE adj.

PHARAONIEN, ENNE adj.

PHARAONIQUE adj.

PHARE n.m.

PHARILLON n.m. Réchaud suspendu à l'avant d'un bateau et dont le feu attire le poisson.

PHARISAÏQUE adj.

PHARISAÏSME n.m.

PHARISIEN, ENNE adj. et n. *Hist.* Qui observe strictement la Loi juive. – Qui pratique une piété, une vertu ostentatoires.

PHARMACEUTIQUE adj.

PHARMACIE n.f.

PHARMACIEN, ENNE n.

PHARMACODYNAMIE n.f. Étude de l'action des médicaments sur l'organisme.

PHARMACOGNOSIE [gn] n.f. Étude de la toxicité des substances d'origine naturelle.

PHARMACOLOGIE n.f. Étude des médicaments.

PHARMACOLOGIQUE adj.

PHARMACOLOGISTE n.

PHARMACOLOGUE n.

PHARMACOMANIE n.f. Consommation abusive de médicaments.

PHARMACOPÉE n.f. Recueil officiel des médicaments.

PHARYNGAL, E, AUX adj. et n.f. *Phon.* (Consonne) articulée en poussant la racine de la langue vers l'arrière.

PHARYNGÉ, E adj. Relatif au pharynx.

PHARYNGIEN, ENNE adj. → **pharyngé.**

PHARYNGITE n.f.

PHARYNGOSCOPE n.m. Instrument permettant l'examen du pharynx.

PHARYNGOSCOPIE n.f.

PHARYNX n.m. *Anat.* Partie du corps où les voies digestives croisent les voies respiratoires.

PHASAGE n.m. Détermination des différentes phases d'un processus.

PHASCOLOME n.m. Marsupial d'Australie (wombat).

PHASCOLOMIDÉ n.m. Petit mammifère d'Australie, type phascolome.

PHASE n.f.

PHASEMÈTRE n.m. *Phys.* Appareil pour mesurer la différence de phase.

PHASIANIDÉ n.m. Oiseau gallinacé, type faisan.

PHASIQUE adj. (Phénomène neurologique) ayant une activité périodique.

PHASME n.m. Insecte ressemblant aux tiges sur lesquelles il vit.

PHASMIDÉ n.m. Insecte, type phasme.

PHASMOPTÈRE n.m. → **phasmidé.**

PHATIQUE adj. (Fonction du langage) destinée non à communiquer, mais à entretenir un contact.

PHELLODERME n.m. *Bot.* Tissu végétal qui se forme sous l'écorce.

PHELLOGÈNE adj. *Bot.* Qui produit le liège.

PHÉNAKISTICOPE n.m. → **phénakistiscope.**

PHÉNAKISTISCOPE n.m. Ancien appareil qui donne l'illusion du mouvement.

PHÉNANTHRÈNE n.m. Hydrocarbure utilisé dans l'industrie des colorants.

PHÉNATE n.m. Sel de l'acide phénique.

PHENCYCLIDINE [f-in-si-] n.f. Anesthésique et stupéfiant.

PHÉNÉTIQUE adj. (Méthode de classification des êtres vivants) fondée sur des ressemblances entre eux.

PHÉNICIEN, ENNE adj. et n.m. *Antiq.* De Phénicie (Asie Mineure).

PHÉNICOPTÈRE n.m. *Zool.* Flamant.

PHÉNIQUE adj. *Acide phénique :* phénol.

PHÉNIQUÉ, E adj. Additionné d'acide phénique.

PHÉNIX n.m. 1. Oiseau mythologique. 2. Personne unique en son genre. 3. (= **phœnix**) Variété de palmier.

PHÉNOBARBITAL, S n.m. Médicament sédatif.

PHÉNOCOPIE n.f. *Biol.* Modification du phénotype.

PHÉNOCRISTAL, AUX n.m. *Géol.* Cristal de grande dimension, dans une roche volcanique.

PHÉNOL n.m. Dérivé oxygéné du benzène.

PHÉNOLATE n.m. → **phénate.**

PHÉNOLIQUE adj. Qui se rapporte à un phénol.

PHÉNOLOGIE n.f. Étude de l'influence du climat sur les phénomènes biologiques périodiques.

PHÉNOLOGIQUE adj.

PHÉNOLPHTALÉINE n.f. *Chim.* Colorant indicateur.

PHÉNOMÉNAL, E, AUX adj.

PHÉNOMÉNALEMENT adv.

PHÉNOMÉNALISME n.m. → **phénoménisme.**

PHÉNOMÉNALITÉ n.f. *Philos.* Nature du phénomène.

PHÉNOMÈNE n.m.

PHÉNOMÉNISME n.m. *Philos.* Doctrine selon laquelle la connaissance humaine est limitée à celle des phénomènes.

PHÉNOMÉNISTE adj. et n.

PHÉNOMÉNOLOGIE n.f. *Philos.* Description des phénomènes en vue de découvrir les structures de la conscience.

PHÉNOMÉNOLOGUE n.

PHÉNOPLASTE n.m. Résine artificielle obtenue à partir du phénol.

PHÉNOTHIAZINE n.f. Dérivé soufré et aminé du phénol.

PHÉNOTYPE n.m. *Biol.* Ensemble des caractères visibles, manifestant l'interaction du génotype et du milieu.

PHÉNOTYPIQUE adj.

PHÉNYLALANINE n.f. Acide aminé présent dans de nombreuses protéines.

PHÉNYLBUTAZONE n.f. Médicament analgésique et anti-inflammatoire.

PHÉNYLCÉTONURIE n.f. Maladie héréditaire provoquant des troubles neurologiques.

PHÉNYLE n.m. Radical dérivé du benzène.

PHÉNYLIQUE adj.

PHÉNYLPYRUVIQUE adj. *Acide phénylpyruvique :* acide toxique dérivé de la phénylalanine.

PHÉOPHYCÉE n.f. Algue marine brune.

PHÉROMONE n.f. (= **phérormone**) Substance émise par un animal, porteuse d'informations pour des congénères.

PHÉRORMONE n.f. → **phéromone.**

PHI | n.m. Lettre grecque.

PHILADELPHIEN, ENNE adj. De Philadelphie (États-Unis).

PHILANTHE n.m. Insecte hyménoptère.

PHILANTHROPE n.

PHILANTHROPIE n.f.

PHILANTHROPIQUE adj.

PHILANTHROPISME n.m.

PHILATÉLIE n.f.

PHILATÉLIQUE adj.

PHILATÉLISTE n.

PHILHARMONIE n.f. Association de musiciens.

PHILHARMONIQUE adj.

PHILHELLÈNE n. et adj. *Hist.* Partisan de l'indépendance grecque.

PHILHELLÉNISME n.m.

PHILIBEG n.m. → **filibeg.**

PHILIPPIN, E 1. adj. Des Philippines. 2. n.f. Jeu qui se joue avec deux amandes.

PHILIPPIQUE n.f. *Litt.* Discours violent contre quelqu'un.

PHILISTIN, E adj. et n.m. (Personne) vulgaire et inculte.

PHILISTINISME n.m. *Litt.* Manque de goût.

PHILO n.f.

PHILODENDRON n.m. Plante d'ornement à feuilles digitées.

PHILOLOGIE n.f. Étude d'une langue par l'analyse critique des textes.

PHILOLOGIQUE adj.

PHILOLOGUE n.

PHILOSOPHALE adj.f. *Pierre philosophale :* substance censée transmuer les métaux en or.

PHILOSOPHE adj. et n.

PHILOSOPHER v. **(p.p.inv.) 10.** Raisonner.

PHILOSOPHIE n.f.

PHILOSOPHIQUE adj.

PHILOSOPHISME n.m. Abus de philosophie.

PHILOTECHNIQUE adj. Destiné à encourager les arts et les sciences.

PHILTRE n.m. Breuvage magique.

PHIMOSIS [-zis] n.m. *Méd.* Étroitesse anormale du prépuce.

PHISHING n.m. Hameçonnage.

PHLÉBITE n.f. *Méd.* Inflammation d'une veine.

PHLÉBOGRAPHIE n.f. *Méd.* Radiographie des veines.

PHLÉBOLITHE n.m. *Méd.* Dépôt de calcaire dans la paroi d'une veine.

PHLÉBOLOGIE n.f. *Méd.* Étude des veines.

PHLÉBOLOGUE n.

PHLÉBORRAGIE n.f. *Méd.* Hémorragie veineuse.

PHLÉBOTHROMBOSE n.f. *Méd.* Phlébite.

PHLÉBOTOME n.m. Insecte diptère qui peut transmettre des maladies infectieuses.

PHLÉBOTOMIE n.f. *Méd.* Incision d'une veine.

PHLEGMASIE n.f. *Méd.*, *Anc.* Inflammation.

PHLEGMON n.m. → **flegmon.**

PHLEGMONEUX, EUSE adj.

PHLÉOLE n.f. → **fléole.**

PHLOÈME n.m. Tissu végétal où circule la sève.

PHLOGISTIQUE n.m. *Chim.*, *Anc.* Fluide imaginaire expliquant la combustion.

PHLOMIS [-s] n.m. Arbuste à feuilles persistantes.

PHLOX n.m. Plante à fleurs de couleurs vives.

PHLYCTÈNE n.f. *Méd.* Ampoule cutanée remplie de sérosité.

PHNOMPENHOIS, E [pn-] adj. De Phnom Penh (Cambodge).

PHÔ n.m. Soupe vietnamienne.

PHOBIE n.f. Crainte excessive.

PHOBIQUE adj. et n.

PHOCÉEN, ENNE adj. De Phocée (Asie Mineure). – De Marseille.

PHOCIDÉ n.m. Mammifère marin, type phoque.

PHOCIDIEN, ENNE adj. De Phocide (Grèce antique).

PHOCOMÈLE adj. et n.

PHOCOMÉLIE n.f. *Méd.* Malformation congénitale où les pieds et les mains sont reliés directement au tronc.

PHŒNIX [fé-] n.m. → **phénix** 3.

PHOLADE n.f. Mollusque bivalve.

PHOLCODINE n.f. Médicament qui calme la toux.

PHOLIDOTE n.m. Mammifère édenté, type pangolin.

PHOLIOTE n.f. Champignon poussant à la base des arbres.

PHOLQUE n.m. Araignée à très longues pattes.

PHONATEUR, TRICE adj. (Organe) qui émet la voix.

PHONATION n.f. Émission de la voix.

PHONATOIRE adj. → **phonateur.**

PHONE n.m. *Phys.* Unité d'intensité sonore.

PHONÉMATIQUE adj. et n.f. Relatif aux phonèmes.

PHONÈME n.m. *Ling.* Élément sonore du langage.

PHONÉMIQUE adj. et n.f. → **phonématique.**

PHONÉTICIEN, ENNE n.

PHONÉTIQUE adj. et n.f.

PHONÉTIQUEMENT adv.

PHONÉTISME n.m. *Ling.* Ensemble des caractères phonétiques d'une langue.

PHONIATRE n. Médecin qui traite les troubles de la voix.

PHONIATRIE n.f.

PHONIE n.f. Transmission de messages parlés.

PHONIQUE adj.

PHONO n.m.

PHONOCAPTEUR, TRICE adj. Qui permet de lire la gravure d'un disque.

PHONOGÉNIE n.f. Aptitude d'une voix à être bien enregistrée.

PHONOGÉNIQUE adj.

PHONOGRAMME n.m. *Ling.* Signe représentant un ou plusieurs sons.

PHONOGRAPHE n.m.

PHONOGRAPHIE n.f.

PHONOGRAPHIQUE adj.

PHONOLITE n.m. ou f. **(= phonolithe)** Roche volcanique qui résonne sous le choc.

PHONOLITHE n.m. ou f. → **phonolite.**

PHONOLITHIQUE adj.

PHONOLITIQUE adj.

PHONOLOGIE n.f. Étude de la fonction des phonèmes.

PHONOLOGIQUE adj.

PHONOLOGUE n.

PHONOMÉTRIE n.f. Mesure d'intensité des sons.

PHONOMÉTRIQUE adj.

PHONON n.m. Quantité minimale d'énergie acoustique.

PHONOTHÈQUE n.f. Lieu où sont conservés des documents sonores.

PHOQUE n.m.

PHORÉSIE n.f. Phénomène par lequel un animal se fait transporter par un autre sans lui nuire.

PHORMION n.m. Plante vivace fournissant des fibres textiles.

PHORMIUM n.m. → **phormion.**

PHOSGÈNE n.m. Gaz toxique.

PHOSPHATAGE n.m.

PHOSPHATASE n.f. Enzyme.

PHOSPHATATION n.f. Procédé de protection d'alliages ferreux.

PHOSPHATE n.m. Sel de l'acide phosphorique.

PHOSPHATER v. **10.** Fertiliser par des engrais à base de phosphate.

PHOSPHATIER, ÈRE adj. Qui concerne le phosphate.

PHOSPHATURIE n.f. *Méd.* Élimination des phosphates par l'urine.

PHOSPHÈNE n.m. Sensation lumineuse produite par pression sur l'œil.

PHOSPHINE n.f. Composé organique dérivé de l'hydrogène phosphoré.

PHOSPHITE n.m. Sel de l'acide phosphoreux.

PHOSPHOCALCIQUE adj. Qui se rapporte au phosphore et au calcium.

PHOSPHOLIPIDE n.m. Lipide combiné au phosphore.

PHOSPHOPROTÉIDE n.m. Protéine renfermant de l'acide phosphorique.

PHOSPHOPROTÉINE n.f. → **phosphoprotéide.**

PHOSPHORE n.m.

PHOSPHORÉ, E adj.

PHOSPHORÉMIE n.f. Teneur en phosphore du sang.

PHOSPHORER v. **10.** Travailler intellectuellement.

PHOSPHORESCENCE n.f.

PHOSPHORESCENT, E adj.

PHOSPHOREUX, EUSE adj.

PHOSPHORIQUE adj.

PHOSPHORISATION n.f. Formation du phosphate de calcium dans l'organisme animal.

PHOSPHORISME n.m. Intoxication par le phosphore.

PHOSPHORITE n.f. Phosphate naturel de calcium.

PHOSPHORYLASE n.f. *Biochim.* Enzyme.

PHOSPHORYLATION n.f.

PHOSPHORYLE n.m. Radical dérivé de l'acide phosphorique.

PHOSPHORYLER v. **10.** *Biochim.* Pourvoir (un composé organique) d'un radical phosphoryle.

PHOSPHURE n.m. Combinaison du phosphore avec un autre corps simple.

PHOT n.m. *Phys.* Ancienne unité d'éclairement.

PHOTO adj. et n.f.

PHOTOBACTÉRIE n.f. Bactérie phosphorescente.

PHOTOBIOLOGIE n.f. Étude de l'action de la lumière sur les êtres vivants.

PHOTOCALQUE n.m. Image photographique d'un dessin sur papier calque.

PHOTOCATALYSE n.f. *Chim.* Catalyse provoquée par la lumière.

PHOTOCATHODE n.f. Cathode d'une cellule photoélectrique.

PHOTOCELLULE n.f. Cellule photoélectrique.

PHOTOCHIMIE n.f. Étude des réactions chimiques produites par la lumière.

PHOTOCHIMIQUE adj.

PHOTOCHROME adj. → **photochromique.**

PHOTOCHROMIQUE adj. *Opt.* (Verre) dont la teinte varie avec l'intensité du soleil.

PHOTOCHROMISME n.m. Propriété de certains corps de changer de couleur selon l'intensité lumineuse.

PHOTOCOMPOSER v. **10.** Reproduire (un texte) en le photographiant.

PHOTOCOMPOSEUR, EUSE n.m. et n.f.

PHOTOCONDUCTEUR, TRICE adj. *Électr.* Dont la résistance varie sous l'effet de la lumière.

PHOTOCONDUCTION n.f.

PHOTOCOPIE n.f.

PHOTOCOPIER v. **15.**

PHOTOCOPIEUR, EUSE n.

PHOTOCOPILLAGE n.m. Photocopie illégale d'un document.

PHOTODIODE n.f. *Électron.* Diode sensible aux rayonnements lumineux.

PHOTOÉLASTICITÉ n.f. Propriété qu'ont certaines substances de devenir biréfringentes par déformation élastique.

PHOTOÉLECTRIQUE adj.

PHOTOÉLECTRON n.m. Électron émis par effet photoélectrique.

PHOTOÉMETTEUR, TRICE adj. Qui émet des électrons sous l'effet de la lumière.

PHOTOÉMISSION n.f.

PHOTOFISSION n.f. *Phys.* Fission d'un atome sous l'effet de photons.

PHOTOGÈNE adj. *Biol.* Qui produit de la lumière.

PHOTOGENÈSE n.f. → **photogénie.**

PHOTOGÉNIE n.f. *Biol.* Production de lumière.

PHOTOGÉNIQUE adj. Qui paraît plus beau en photo qu'au naturel.

PHOTOGÉOLOGIE n.f. Établissement de cartes géologiques par photos aériennes.

PHOTOGLYPTIE n.f. *Anc.* Procédé d'impression typographique.

PHOTOGRAMME n.m. Épreuve photographique positive.

PHOTOGRAMMÉTRIE n.f. Détermination de la dimension d'un objet photographié par la mesure des perspectives.

PHOTOGRAPHE n.

PHOTOGRAPHIE n.f.

PHOTOGRAPHIER v. **15.**

PHOTOGRAPHIQUE adj.

PHOTOGRAVEUR, EUSE n.

PHOTOGRAVURE n.f. Procédé de gravure en relief.

PHOTOLECTURE n.f. Lecture de signes par moyens optiques.

PHOTOLOGIE n.f. → **photobiologie.**

PHOTOLYSE n.f. Décomposition chimique par la lumière.

PHOTOMAGNÉTIQUE adj. Qui dépend à la fois de la lumière et du magnétisme.

PHOTOMATON n.m. (Nom déposé) Appareil qui prend et développe automatiquement des photos.

PHOTOMÉCANIQUE adj. (Procédé d'impression) dans lequel on utilise un cliché photographique.

PHOTOMÈTRE n.m. Appareil de mesure de l'intensité lumineuse.

PHOTOMÉTRIE n.f.

PHOTOMÉTRIQUE adj.

PHOTOMONTAGE n.m. Assemblage de plusieurs photographies en une seule image.

PHOTON n.m. *Phys.* Particule spécifique de la lumière.

PHOTONIQUE adj.

PHOTOPÉRIODE n.f. *Biol.* Durée du jour.

PHOTOPÉRIODIQUE adj.

PHOTOPÉRIODISME n.m. *Biol.* Ensemble des phénomènes liés à la succession des jours et des nuits.

PHOTOPHOBIE n.f. Crainte de la lumière.

PHOTOPHORE adj. et n.m. Qui porte une source lumineuse.

PHOTOPILE n.f. Dispositif transformant la lumière en courant électrique.

PHOTOPOLYMÈRE adj. (Plastique) sensibilisé dans la masse.

PHOTORÉCEPTEUR, TRICE n.m. et adj. *Physiol.* Cellule réceptrice visuelle.

PHOTOREPORTAGE n.m.

PHOTOREPORTER n.

PHOTORÉSISTANCE n.f. *Électron.* Type de résistor.

PHOTORÉSISTANT, E adj. → **photoconducteur.**

PHOTOROMAN n.m.

PHOTOSENSIBLE adj. Sensible aux rayons lumineux.

PHOTOSPHÈRE n.f. Couche supérieure lumineuse du Soleil.

PHOTOSTAT n.m. Photocopie.

PHOTOSTOPPEUR, EUSE n. Personne qui photographie les passants.

PHOTOSTYLE n.m. *Inf.* Crayon optique.

PHOTOSYNTHÈSE n.f. *Biol.* Procédé de transformation du gaz carbonique par les plantes.

PHOTOSYSTÈME n.m. *Biochim.* Réactif photochimique.

PHOTOTACTISME n.m. *Biol.* Réaction des êtres unicellulaires à la lumière.

PHOTOTAXIE n.f. *Biol.* Réaction d'orientation par rapport à la lumière.

PHOTOTHÈQUE n.f. Collection d'archives photographiques.

PHOTOTHÉRAPIE n.f. *Méd.* Traitement par la lumière.

PHOTOTRANSISTOR n.m. Transistor utilisant l'effet photoélectrique.

PHOTOTROPHE adj. (Plante) qui utilise la lumière pour se nourrir.

PHOTOTROPISME n.m. *Bot.* Réaction d'orientation par rapport à la lumière.

PHOTOTYPE n.m. Image photographique directe.

PHOTOTYPIE n.f. Procédé d'impression à l'encre grasse.

PHOTOVOLTAÏQUE adj. Qui transforme la lumière en courant électrique.

PHRAGMITE n.m. Graminée, type roseau. - Fauvette des marais.

PHRASE n.f.

PHRASÉ n.m. *Mus.* Façon d'exprimer le discours musical.

PHRASÉOLOGIE n.f. Ensemble des expressions propres à une langue.

PHRASÉOLOGIQUE adj.

PHRASER v. **10.** *Litt.* Parler, écrire de manière affectée.

PHRASEUR, EUSE n.

PHRASTIQUE adj. *Ling.* Relatif à la phrase.

PHRATRIE n.f. *Antiq. gr.* Division de la tribu en familles.

PHRÉATIQUE adj. (Nappe d'eau) qui a un lit souterrain.

PHRÉNIQUE adj. *Anat.* Relatif au diaphragme.

PHRÉNOLOGIE n.f. Étude du caractère d'après la forme du crâne.

PHRÉNOLOGIQUE adj.

PHRÉNOLOGUE n.

PHRYGANE n.f. Insecte dont la larve construit autour d'elle des fourreaux.

PHRYGIEN, ENNE adj. *Hist.* De Phrygie (Asie Mineure).

PHTALATE n.m. Sel ou ester de l'acide phtalique.

PHTALÉINE n.f. Substance colorante.

PHTALIQUE adj. (Acide) dérivé du benzène.

PHTIRIASE n.f. Maladie de la peau provoquée par des phtirius.

PHTIRIASIS [-zis] n.m. → **phtiriase.**

PHTIRIUS n.m. Pou du pubis.

PHTISIE n.f. *Vx.* Tuberculose pulmonaire.

PHTISIOLOGIE n.f. Étude de la tuberculose.

PHTISIOLOGIQUE adj.

PHTISIOLOGUE n.

PHTISIQUE adj. et n.

PHYCOCYANINE n.f. *Bot.* Pigment bleu.

PHYCOÉRYTHRINE n.f. Pigment des algues rouges.

PHYCOLOGIE n.f. Étude scientifique des algues.

PHYCOLOGIQUE adj.

PHYCOMYCÈTE n.m. Champignon parasite.

PHYLA ▌→ **phylum.**

PHYLACTÈRE n.m. Petit étui renfermant des versets de la Bible, porté par les juifs. – Bulle, dans une bande dessinée.

PHYLARQUE n.m. *Antiq. gr.* Président d'une tribu. – Commandant d'un escadron de cavalerie.

PHYLÉTIQUE adj. Relatif à un phylum.

PHYLLADE n.m. Schiste dur et luisant.

PHYLLIE n.f. Insecte ressemblant à une feuille verte.

PHYLLODE n.m. *Bot.* Pétiole aplati qui remplace une feuille.

PHYLLOPHAGE adj. et n.m. (Animal) qui se nourrit de feuilles.

PHYLLOPODE n.m. Crustacé primitif.

PHYLLOTAXIE n.f. *Bot.* Disposition des feuilles sur la tige.

PHYLLOXÉRA n.m. Maladie de la vigne.

PHYLLOXÉRÉ, E adj. Atteint du phylloxéra.

PHYLLOXÉRIEN, ENNE adj.

PHYLLOXÉRIQUE adj.

PHYLOGENÈSE n.f. *Biol.* Développement des espèces au cours de l'évolution.

PHYLOGÉNÉTIQUE adj.

PHYLOGÉNIE n.f. → **phylogenèse.**

PHYLOGÉNIQUE adj.

PHYLUM (pl. **PHYLA** ou **PHYLUMS**) n.m. *Biol.* Lignée génétique complexe (embranchement).

PHYSALIE n.f. Méduse ayant une vésicule pleine d'air qui lui sert de flotteur.

PHYSALIS [fizalis] n.m. Plante dont la baie est enfermée dans un calice en forme de vessie.

PHYSE n.f. Petit mollusque d'eau douce.

PHYSIATRE n. *Québ.* Médecin traitant les troubles locomoteurs.

PHYSIATRIE n.f.

PHYSICALISME n.m. Théorie prônant l'universalisme du langage de la physique.

PHYSICIEN, ENNE n.

PHYSICOCHIMIE n.f.

PHYSICOCHIMIQUE adj.

PHYSICOCHIMISTE n.

PHYSIOCRATE n. Économiste du XVIIIe s. considérant l'agriculture comme principale source de richesse.

PHYSIOCRATIE n.f.

PHYSIOCRATIQUE adj.

PHYSIOGNOMONIE n.f. *Vx.* Étude du caractère d'après les traits du visage.

PHYSIOGRAPHIE n.f. *Géogr.* Étude du relief.

PHYSIOLOGIE n.f. Science qui étudie le fonctionnement d'un organisme vivant.

PHYSIOLOGIQUE adj.

PHYSIOLOGISTE n.

PHYSIONOMIE n.f.

PHYSIONOMIQUE adj.

PHYSIONOMISTE adj. et n.

PHYSIOTHÉRAPIE n.f. *Méd.* Traitement par des agents naturels.

PHYSIQUE adj., n.m. et n.f.

PHYSIQUEMENT adv.

PHYSISORPTION n.f. *Chim.* Absorption par des actions physiques.

PHYSOSTIGMA n.m. Plante volubile exotique à graines toxiques.

PHYSOSTOME n.m. Poisson dont la vessie natatoire est reliée à l'œsophage.

PHYTÉLÉPHAS [-s] n.m. Palmier dont la graine fournit le corozo.

PHYTHORMONE n.f. Hormone végétale.

PHYTOBIOLOGIE n.f. Biologie végétale.

PHYTOCHIMIE n.f. Étude chimique des plantes.

PHYTOCHROME n.m. *Bot.* Pigment photosensible.

PHYTOCIDE adj. et n.m. (Produit) susceptible de tuer les végétaux.

PHYTOCOSMÉTIQUE n.m. Produit de beauté à base d'extraits végétaux.

PHYTOÉCOLOGIE n.f. Étude de l'environnement dans ses rapports avec la végétation.

PHYTOFLAGELLÉ n.m. Organisme unicellulaire chlorophyllien à flagelles.

PHYTOGÈNE adj. Qui tire son énergie des végétaux.

PHYTOGÉOGRAPHE n.

PHYTOGÉOGRAPHIE n.f. Étude de la distribution des plantes sur la Terre.

PHYTOHORMONE n.f. → **phythormone.**

PHYTOPARASITE n.m. Parasite d'une plante.

PHYTOPATHOLOGIE n.f. Étude des maladies des plantes.

PHYTOPHAGE adj. et n. Qui se nourrit de matières végétales.

PHYTOPHARMACIE n.f. Étude et préparation de produits pour traiter les maladies des plantes.

PHYTOPHTHORA n.m. Champignon parasite des végétaux.

PHYTOPHTORA n.m. → **phytophthora.**

PHYTOPLANCTON n.m. Plancton végétal.

PHYTOPTE n.m. Acarien parasite de la vigne.

PHYTOSANITAIRE adj. Relatif aux soins à donner aux végétaux.

PHYTOSOCIOLOGIE n.f. Étude des associations végétales.

PHYTOSTÉROL n.m. Stérol d'origine végétale.

PHYTOTHÉRAPEUTE n.

PHYTOTHÉRAPIE n.f. Traitement des maladies par les plantes.

PHYTOTOXICITÉ n.f.

PHYTOTOXIQUE adj. Toxique pour les végétaux.

PHYTOTRON n.m. Laboratoire réalisant les conditions de croissance des végétaux.

PHYTOZOAIRE n.m. Animal à symétrie rayonnée qui ressemble à une plante.

PI n.m. *Phys.* Pion (particule). – Lettre grecque.

PIACULAIRE adj. Relatif à une expiation.

PIAF n.m. *Fam.* Moineau.

PIAFFANT, E adj.

PIAFFEMENT n.m.

PIAFFER n.m. Figure d'équitation de haute école.

PIAFFER v. **(p.p.inv.) 10.**

PIAFFEUR, EUSE adj.

PIAILLARD, E adj. et n.

PIAILLEMENT n.m.

PIAILLER v. **(p.p.inv.) 10.** Pousser de petits cris aigus, en parlant des oiseaux.

PIAILLERIE n.f.

PIAILLEUR, EUSE adj. et n.

PIAN n.m. Maladie tropicale provoquant des lésions cutanées.

PIANISSIMI I → **pianissimo.**

PIANISSIMO (pl. **PIANISSIMI** ou **PIANISSIMOS**) n.m. et adv.

PIANISTE n.

PIANISTIQUE adj. Relatif au piano.

PIANO n.m. et adv.

PIANOFORTE [-é] n.m. Instrument à cordes frappées, ancêtre du piano.

PIANOLA n.m. (Nom déposé) Piano mécanique.

PIANOTAGE n.m.

PIANOTER v. **10.** Jouer maladroitement (un air) au piano.

PIAPIATER v. **(p.p.inv.) 10.** *Fam.* Bavarder.

PIASSAVA n.m. Palmier dont on extrait des fibres textiles.

PIASTRE n.f. Unité monétaire de divers pays. – *Québ.* Billet de un dollar.

PIAULE n.f.

PIAULEMENT n.m.

PIAULER v. **(p.p.inv.) 10.** Pousser des cris aigus, en parlant des oiseaux.

PIAUTE n.f. *Helv.* Jambe.

PIAZZA [pyadza] n.f. Place piétonnière.

PIBALE n.f. Jeune anguille.

PIBLE I (À) loc. *Mar.* (Mât) d'une seule pièce.

PIBROCK n.m. Cornemuse écossaise.

PIC n.m. Oiseau grimpeur. – Sommet montagneux en pointe. – Sorte de pioche.

PICA n.m. *Méd.* Goût morbide pour des substances non comestibles.

PICADOR n.m. *Taur.* Cavalier qui fatigue le taureau avec une pique.

PICAGE n.m. *Vét.* Maladie des volailles sous-alimentées.

PICAILLON 1. n.m. Ancienne monnaie du Piémont (Italie). 2. n.m.pl. *Fam.* Argent.

PICARD, E adj. et n.m. De Picardie.

PICARDAN n.m. **(= picardant)** Vin muscat du bas Languedoc.

PICARDANT n.m. → **picardan.**

PICAREL n.m. Poisson de la Méditerranée.

PICARESQUE adj. *Litt.* (Roman, pièce de théâtre) dont le héros est un aventurier.

PICARO n.m. *Litt.* Aventurier.

PICASSIEN, ENNE adj. De Picasso (peintre espagnol).

PICCALILLI n.m. Condiment.

PICCOLO n.m. **(= picolo)** Petite flûte. – Vin clairet.

PICHENETTE n.f. Petit coup donné avec le doigt.

PICHET n.m.

PICHOLINE [k] n.f. Variété d'olive verte.

PICHOU n.m. *Québ.* Mocassin.

PICIDÉ n.m. Oiseau, type picvert.

PICIFORME n.m. Oiseau, type pic, toucan.

PICKLES [pikeuls] n.m.pl. Condiments macérés dans du vinaigre.

PICKPOCKET n.m.

PICKUP [pikeup] n.m. *Vx.* Électrophone. – Petite camionnette à plateau découvert.

PICODON n.m. Fromage de chèvre.

PICOFARAD [-d] n.m. *Électr.* Millionième de millionième de farad.

PICOLER v. **10.**

PICOLEUR, EUSE adj. et n.

PICOLO n.m. → **piccolo.**

PICON n.m. (Nom déposé) Apéritif.

PICORER v. **10.**

PICOSECONDE n.f. Millionième de millionième de seconde.

PICOSSER v. **10.** *Québ.* Picorer.

PICOT n.m. Petite pointe sur du bois mal coupé. – Marteau de carrier. – Filet de pêche.

PICOTAGE n.m.

PICOTEMENT n.m.

PICOTER v. **10.**

PICOTIN n.m. Ration d'avoine pour un cheval.

PICOUILLE n.f. *Québ.* Cheval maigre, haridelle.

PICOULET n.m. *Helv.* Ronde du folklore romand.

PICPOUL n.m. **(= piquepoul)** Cépage du Midi.

PICRATE n.m. Sel de l'acide picrique. – Mauvais vin.

PICRIDE n.f. → **picris.**

PICRIDIUM n.m. Plante méditerranéenne.

PICRIQUE adj. (Acide) obtenu par l'action de l'acide nitrique sur le phénol.

PICRIS [-s] n.m. Plante commune à fleurs jaunes.

PICROCHOLIN, E [ko] adj. (Guerre) dérisoire.

PICTE adj. et n.m. D'un ancien peuple d'Écosse.

PICTOGRAMME n.m. Dessin stylisé destiné à visualiser des renseignements non écrits.

PICTOGRAPHIE n.f. Écriture utilisant les pictogrammes.

PICTOGRAPHIQUE adj.

PICTORIALISME n.m. *Bx-arts.* Mouvement pratiquant la photographie comme œuvre d'art (fin du XIXe s.).

PICTORIALISTE adj. et n.

PICTURAL, E, AUX adj.

PICVERT [pivèr] n.m. **(= pivert).**

PIDGIN [pidjin] n.m. Mélange d'anglais et de diverses langues d'Extrême-Orient.

PIE adj. et n.f.

PIÈCE n.f.

PIÉCETTE n.f.

PIED n.m.

PIÉDESTAL, AUX n.m.

PIEDMONT [pyém-on] n.m. **(= piémont)** *Géogr.* Glacis alluvial au pied d'une chaîne de montagnes.

PIÉDOUCHE n.m. Petit piédestal.

PIÉDROIT n.m. *Arch.* Montant vertical d'une voûte.

PIÉFORT n.m. Pièce de monnaie frappée pour servir de modèle.

PIÈGE n.m.

PIÉGEAGE n.m.

PIÉGER v. **18.**

PIÉGEUR, EUSE n.

PIÉGEUX, EUSE adj. Truffé de pièges.

PIÉMONT n.m. → **piedmont.**

PIÉMONTAIS, E adj. et n.m. Du Piémont (Italie).

PIER [pir] n.m. Quai perpendiculaire à l'axe d'un fleuve.

PIERCER [pirsé] v. **13.** Soumettre à un piercing.

PIERCEUR, EUSE [pirs-] n.

PIERCING [pirsing] n.m. Percement de la peau pour y fixer un bijou.

PIÉRIDE n.f. Papillon à ailes blanches.

PIERIS [pyéris] n.m. Arbuste ornemental.

PIERRAGE n.m. Procédé de finition de surfaces métalliques.

PIERRAILLE n.f.

PIERRE n.f.

PIERRÉE n.f. Conduit en pierres sèches.

PIERRERIES n.f.pl. Pierres précieuses.

PIERRETTE n.f. Petite pierre.

PIERREUX, EUSE adj.

PIERRIER n.m. Amas de pierres. – *Hist.* Machine de guerre.

PIERROT n.m. Personnage de théâtre. – Moineau.

PIERRURE n.f. Partie des bois d'un cerf qui entoure les racines, et qui a un aspect pierreux.

PIÉTAILLE n.f. Infanterie. – Ensemble des subalternes.

PIÉTÉ n.f.

PIÉTEMENT ou **PIÈTEMENT** n.m. Ensemble des pieds d'un meuble.

PIÉTER v. **12.** Courir, en parlant des oiseaux. – *Se piéter :* se hausser sur ses pieds.

PIÉTIN n.m. Maladie des céréales.

PIÉTINANT, E adj.

PIÉTINEMENT n.m.

PIÉTINER v. **10.**

PIÉTISME n.m. *Hist.* Mouvement luthérien prônant la piété personnelle.

PIÉTISTE adj. et n.

PIÉTON, ONNE adj. et n.

PIÉTONNIER, ÈRE adj.

PIÉTONNISATION n.f.

PIÉTONNISER v. **10.** Transformer (un secteur urbain) en voie piétonnière.

PIÉTRAIN n.m. et adj.m. Race belge de porcs.

PIÈTRE adj.

PIÈTREMENT adv.

PIEU, X n.m.

PIEUSEMENT adv.

PIEUTER (SE) v. **10.** *Fam.* Se coucher.

PIEUVRE n.f.

PIEUX, PIEUSE adj.

PIÈZE n.f. Ancienne unité de pression.

PIÉZOÉLECTRIQUE adj. (Cristal) polarisé par la pression ou la traction.

PIÉZOGRAPHE n.m. *Phys.* Appareil pour mesurer de faibles pressions.

PIÉZOGRAPHIE n.f.

PIÉZOMÈTRE n.m. *Phys.* Instrument pour mesurer la compressibilité des liquides.

PIÉZOMÉTRIE n.f.

PIÉZOMÉTRIQUE adj. (Surface) supérieure de l'eau d'une nappe aquifère.

PIF n.m. et interj.

PIFER v. **10 (= piffer)** *Fam.* Supporter, tolérer.

PIFFER v. **10.** → **pifer.**

PIFOMÈTRE n.m. *Fam.* Intuition, flair.

PIFOMÉTRIQUE adj.

PIGE n.f.

PIGEON n.m.

PIGEONNAGE n.m. Pose de plâtre par poignées.

PIGEONNANT, E adj. (Soutien-gorge) qui maintient la poitrine haute.

PIGEONNE n.f.

PIGEONNEAU, X n.m.

PIGEONNER v. **10.** *Fam.* Tromper.

PIGEONNIER n.m.

PIGER v. **17.**

PIGISTE n. Journaliste payé à l'article.

PIGMENT n.m.

PIGMENTAIRE adj.

PIGMENTATION n.f.

PIGMENTER v. **10.** Colorer avec un pigment.

PIGNADA n.f. **(= pignade)** Pinède.

PIGNADE n.f. → **pignada.**

PIGNATELLE n.f. Beignet au fromage.

PIGNE n.f. Pomme de pin.

PIGNER v. **10.** *Fam.* Battre. – *Fam.* Pleurnicher.

PIGNOCHER v. **10.** Peindre avec soin. – Manger sans appétit.

PIGNON n.m.

PIGNORATIF, IVE adj. *Dr.* (Contrat) concernant un prêt sur gage.

PIGNOUF, E n. Personne mal élevée.

PIGOUILLER v. **10.** En Acadie, tisonner.

PILAF n.m. **(= pilau, pilaw)** Préparation de riz.

PILAGE n.m.

PILAIRE adj. Relatif aux poils.

PILASTRE n.m. *Arch.* Pilier en saillie.

PILAU, S [pilô] n.m. → **pilaf.**

PILAW [pilav] n.m. → **pilaf.**

PILCHARD n.m. Variété de sardine.

PILE n.f. et adv.

PILER v. **10.**

PILET n.m. Canard sauvage.

PILEUR, EUSE n. Ouvrier qui pile.

PILEUX, EUSE adj. Relatif aux poils.

PILIER n.m.

PILIFÈRE adj. *Bot.* Pourvu de poils.

PILIFORME adj. En forme de poil ou de cheveu.

PILIPINO n.m. → **filipino.**

PILLAGE n.m.

PILLARD, E adj. et n.

PILLER v. **10.**

PILLEUR, EUSE n.

PILOCARPE n.m. Arbre exotique dont on extrait une substance sudorifique.

PILOCARPINE n.f. Alcaloïde extrait du pilocarpe.

PILON n.m.

PILONNAGE n.m.

PILONNER v. **10.**

PILORI n.m. Poteau où l'on exposait les condamnés.

PILOSÉBACÉ, E adj. Relatif au poil et à la glande sébacée.

PILOSELLE [z] n.f. Plante herbacée (épervière).

PILOSISME n.m. Développement anormal des poils.

PILOSITÉ n.f. Ensemble des poils.

PILOT n.m. Gros pieu pour pilotis.

PILOTAGE n.m.

PILOTE n.

PILOTER v. **10.**

PILOTIN n.m. Élève officier dans la marine marchande.

PILOTIS n.m. Ensemble des pieux soutenant une construction en terrain meuble.

PILOU n.m. Tissu de coton pelucheux.

PILPIL n.m. (Nom déposé) *Afr.* Blé complet concassé.

PILPOUL n.m. *Rel.* Discussion subtile sur un point de doctrine hébraïque.

PILS [pils] n.f. *Belg.* Bière.

PILULAIRE 1. adj. En forme de pilule. 2. n.m. *Vét.* Instrument pour administrer des pilules.

PILULE n.f.

PILULIER n.m. *Pharm.* Instrument pour fabriquer les pilules. – Boîte à pilules.

PILUM n.m. *Antiq. rom.* Javelot.

PIMBÊCHE n.f.

PIMBINA n.m. → **pembina.**

PIMENT n.m.

PIMENTADE n.f. Plat de poisson, spécialité guyanaise.

PIMENTER v. **10.**

PIMPANT, E adj. Coquet, élégant.

PIMPRENELLE n.f. Plante des prés à fleurs rouges.

PIN n.m.

PINACÉE n.f. Arbre résineux, type pin.

PINACLE n.m. Faîte d'un édifice.

PINACOTHÈQUE n.f. Musée de peinture.

PINAILLAGE n.m.

PINAILLER v. **(p.p.inv.) 10.** Ergoter.

PINAILLEUR, EUSE adj. et n.

PINARD n.m. *Fam.* Vin.

PINARDIER n.m. Navire transporteur de vin. – Grossiste en vin.

PINASSE n.f. Bateau de pêche.

PINASTRE n.m. Pin maritime.

PINÇAGE n.m.

PINÇARD, E adj. et n. (Cheval) qui s'appuie sur l'avant du sabot en marchant.

PINCE n.f.

PINCÉ, E adj. et n.f.

PINCEAU, X n.m.

PINCEAUTAGE n.m.

PINCEAUTER v. **10.** Retoucher avec un pinceau.

PINCELIER n.m. Double récipient utilisé par le peintre.

PINCEMENT n.m.

PINCER v. **13.**

PINCETTE n.f.

PINCEUR, EUSE adj. et n.

PINCHARD, E adj. et n. (Cheval) dont la robe est gris de fer.

PINÇON n.m.

PINÇURE n.f. Sensation d'être pincé.

PINDARIQUE adj. À la manière de Pindare, poète grec du Ve s. av. J.-C.

PINDARISER v. **(p.p.inv.) 10.** Écrire ou parler d'une manière lyrique et emphatique.

PINDARISME n.m.

PINE n.f. *Arg.* Pénis.

PINÉAL, E, AUX adj. *Anat.* Relatif à l'épiphyse. – *Zool. Œil pinéal :* organe visuel des reptiles.

PINEAU, X n.m. Vin de liqueur charentais.

PINÈDE n.f. Lieu planté de pins.

PINÈNE n.m. Hydrocarbure terpénique.

PINERAIE n.f. → **pinède.**

PINGOUIN n.m.

PINGRE adj. et n.

PINGRERIE n.f.

PINIÈRE n.f. → **pinède.**

PINNE n.f. Grand mollusque à coquille triangulaire.

PINNIPÈDE n.m. Mammifère carnivore adapté à la vie aquatique.

PINNOTHÈRE n.m. Petit crabe.

PINNULE n.f. *Opt.* Plaque métallique située sur chaque extrémité d'un instrument de visée.

PINOCYTOSE n.f. *Biol.* Inclusion d'une gouttelette de liquide dans une cellule.

PINOT n.m. Cépage français.

PINOTTE n.f. *Québ., Fam.* Peanut.

PINSCHER [pinchèr] n.m. Race de chiens.

PINSON n.m.

PINTADE n.f.

PINTADEAU, X n.m.

PINTADINE n.f. Huître perlière.

PINTE n.f.

PINTER v. **10.** *Fam.* Boire beaucoup.

PINTOCHER v. **(p.p.inv.) 10.** *Helv.* S'enivrer.

PINYIN [pinyin] n.m. Système de notation phonétique chinois.

PIOCHAGE n.m.

PIOCHE n.f.

PIOCHER v. **10.**

PIOCHEUR, EUSE n.

PIOLET n.m. Canne d'alpiniste.

PION, PIONNE 1. n.m. 2. n. *Fam.* Surveillant.

PIONCÉE n.f. *Helv., Fam.* Sommeil profond.

PIONCER v. **(p.p.inv.** mais **pioncée** n.f.) **13.**

PIONCEUR, EUSE n.

PIONNER v. **(p.p.inv.) 10.** Aux dames, aux échecs, échanger des pions.

PIONNIER, ÈRE n.

PIORNER v. **(p.p.inv.) 10.** *Helv.* Pleurnicher.

PIOUPIOU n.m. *Fam.* Soldat.

PIPA n.m. Grand amphibien d'Amérique.

PIPE n.f.

PIPEAU, X n.m. Flûte champêtre.

PIPELET, ETTE n. *Fam.* Concierge.

PIPELINE [piplin] ou [payplayn] n.m. Canalisation pour le transport des fluides.

PIPER v. **10.** Truquer (un dé).

PIPÉRACÉE n.f. Plante dicotylédone, type poivrier.

PIPERADE [pé] n.f. Spécialité culinaire basque.

PIPERESSE → **pipeur.**

PIPERIE n.f. *Litt.* Tromperie.

PIPÉRIN, E n. Alcaloïde du poivrier.

PIPÉRONAL, S n.m. *Chim.* Ester utilisé en parfumerie.

PIPETTE n.f.

PIPEUR (f. **PIPERESSE** ou **PIPEUSE**) n. *Vx.* Tricheur.

PIPI n.m.

PIPIDÉ n.m. Amphibien primitif, type pipa.

PIPIER, ÈRE adj. et n. Relatif à la fabrication des pipes.

PIPISTRELLE n.f. Chauve-souris commune.

PIPIT [-t] n.m. (= **pitpit**) Passereau.

PIPO n. *Vx.*, *Arg.* Polytechnicien.

PIPOLE [pipôl] n.m. et adj. → **people.**

PIPOLISATION n.f. → **peopolisation.**

PIQUAGE n.m.

PIQUANT, E adj. et n.m.

PIQUE n.m. et n.f.

PIQUÉ, E adj. et n.m.

PIQUENIQUE n.m.

PIQUENIQUER v. **(p.p.inv.) 10.**

PIQUENIQUEUR, EUSE n.

PIQUEPOUL n.m. → **picpoul.**

PIQUER v. **10.**

PIQUERIE n.f. *Québ.* Lieu où l'on se drogue.

PIQUET n.m.

PIQUETAGE n.m.

PIQUETER v. **20** (je piquette...) Jalonner de piquets. - Parsemer de points.

PIQUETEUR, EUSE n. *Québ.* Personne qui participe à un piquet de grève.

PIQUETTE n.f.

PIQUEUR, EUSE 1. adj. *Zool.* Qui pique. 2. n. Personne qui pique à la machine.

PIQUEUX n.m. *Vén.* Valet qui s'occupe des chevaux.

PIQUIER n.m. *Hist.* Soldat armé d'une pique.

PIQUOIR n.m. Aiguille pour percer de petits trous les contours d'un dessin.

PIQUOUSE n.f. (= **piquouze**) *Fam.* Piqûre.

PIQUOUZE n.f. → **piquouse.**

PIQÛRE n.f.

PIRANHA [-n(y)a] n.m. (= **piraya**) Poisson carnassier d'Amérique du Sud.

PIRATAGE n.m.

PIRATE adj. et n.m.

PIRATER v. **10.**

PIRATERIE n.f.

PIRAYA n.m. → **piranha.**

PIRE adj. et n.m.

PIRIFORME adj. En forme de poire.

PIROGUE n.f.

PIROGUIER n.m. Conducteur de pirogue.

PIROJKI n.m. (= **pirojok**) Petit pâté farci, spécialité russe.

PIROJOK (pl. **PIROJKI** ou **PIROJOKS**) n.m. → **pirojki.**

PIROLE n.f. (= **pyrole**) Plante des lieux humides.

PIROPLASMOSE n.f. *Zool.* Affection transmissible à l'homme.

PIROUETTE n.f.

PIROUETTEMENT n.m. Suite de pirouettes.

PIROUETTER v. **(p.p.inv.) 10.**

PIS adj., n.m. et adv.

PISAN, E adj. De Pise (Italie).

PISCIACAIS, E adj. De Poissy.

PISCICOLE adj.

PISCICULTEUR, TRICE n.

PISCICULTURE n.f. Élevage de poissons.

PISCIFORME adj. En forme de poisson.

PISCINE n.f.

PISCINISTE n. Installateur de piscines.

PISCIVORE adj. et n. Qui se nourrit de poissons.

PISCO n.m. Eau-de-vie d'Amérique du Sud.

PISÉ n.m. Matériau rudimentaire de construction.

PISIFORME n.m. Os du poignet.

PISOLITE n.f. (= **pisolithe**) *Géol.* Concrétion calcaire de la grosseur d'un pois.

PISOLITHE n.f. → **pisolite.**

PISOLITHIQUE adj.

PISOLITIQUE adj.

PISSALADIÈRE n.f. Tarte provençale aux oignons et aux anchois.

PISSAT n.m. Urine de certains animaux.

PISSE n.f.

PISSEMENT n.m.

PISSENLIT n.m.

PISSER v. **10.**

PISSETTE n.f. Instrument produisant un jet.

PISSEUR, EUSE n.

PISSEUX, EUSE adj.

PISSOIR n.m. *Fam.* Urinoir.

PISSOTER v. **(p.p.inv.) 10.**

PISSOTIÈRE n.f.

PISSOU n.m. *Fam.* Urine.

PISTACHE adj. et n.f.

PISTACHIER n.m. Arbre résineux.

PISTAGE n.m.

PISTARD, E n. Coureur cycliste sur piste.

PISTE n.f.

PISTER v. **10.** Suivre, épier.

PISTEUR, EUSE n. Surveillant des pistes de ski.

PISTIL n.m. Organe femelle d'une fleur.

PISTILLAIRE [l] adj. Relatif au pistil.

PISTOLE n.f. Ancienne monnaie d'or.

PISTOLER v. **10.** Peindre au pistolet.

PISTOLERO [é] n.m. Franc-tireur.

PISTOLET n.m.

PISTOLEUR n.m.

PISTOLIER, ÈRE n. Sportif qui tire au pistolet.

PISTON n.m.

PISTONNAGE n.m.

PISTONNER v. **10.**

PISTOU n.m. Basilic broyé, aromatisé d'ail.

PITA n.m. ou f. **(= pitta)** Pain non levé, souvent fourré.

PITANCE n.f. *Fam.* Subsistance journalière.

PITBULL [pitb(o)ul] n.m. Chien trapu et féroce.

PITCH n.m. Au golf, balle qui reste à l'endroit où elle est tombée.

PITCHOUN, E n. et adj. **(= pitchounet)** *Fam.* Dans le Midi, petit enfant.

PITCHOUNET, ETTE n. et adj. → **pitchoun.**

PITCHPIN [pitchp-in] n.m. Pin d'Amérique du Nord, employé en ébénisterie.

PITE n.f. Matière textile extraite d'un agave du Mexique.

PITEUSEMENT adv.

PITEUX, EUSE adj.

PITHÉCANTHROPE n.m. *Anthr.* Primate fossile.

PITHIATIQUE adj. et n.

PITHIATISME n.m. *Psych.* Trouble induit et guéri par la suggestion.

PITHIVIERS n.m. Gâteau aux amandes.

PITIÉ n.f.

PITON n.m.

PITONNAGE n.m.

PITONNER v. **10.** *Sp.* Équiper (une paroi rocheuse) de pitons. - *Québ.* Zapper.

PITONNEUX, EUSE n. *Québ.* Zappeur.

PITOU n.m. *Québ.* Chien. - *Québ.* Terme affectueux.

PITOUNE n.f. *Québ.* Bois de flottage.

PITOYABLE adj.

PITOYABLEMENT adv.

PITPIT [pitpit] n.m. → **pipit.**

PITRE n.m.

PITRERIE n.f.

PITTA n.f. → **pita.**

PITTORESQUE adj. et n.m.

PITTORESQUEMENT adv.

PITTOSPORUM n.m. Arbuste d'Australie.

PITUITAIRE adj. (Membrane) qui tapisse les fosses nasales.

PITUITE n.f. Vomissement glaireux.

PITUITER v. **(p.p.inv.) 10.** Crier, en parlant de la caille.

PITUITEUX, EUSE adj. et n. Qui a de la pituite.

PITYRIASIS [-zis] n.m. *Méd.* Dermatose à desquamation.

PIU [pyou] adv. *Mus.* Plus.

PIVE n.f. *Helv.* Fruit des conifères.

PIVERT n.m. → **picvert.**

PIVOINE n.f.

PIVOT n.m.

PIVOTANT, E adj.

PIVOTEMENT n.m.

PIVOTER v. **10.** Tourner autour d'un axe. - Couper (un arbre) en ménageant un creux dans la souche.

PIXEL n.m. *Techn.* Le plus petit élément d'une image.

PIXÉLISATION n.f.

PIXÉLISER v. **10 (= pixelliser)** Transformer (une image numérique) pour rendre ses pixels visibles.

PIXELLISATION n.f.

PIXELLISER v. **10.** → **pixéliser.**

PIZZA n.f.

PIZZAIOLI ❙ → **pizzaiolo.**

PIZZAIOLO (pl. **PIZZAIOLI** ou **PIZZAIOLOS**) n.m. Cuisinier qui prépare des pizzas.

PIZZERIA n.f.

PIZZICATI ❙ → **pizzicato.**

PIZZICATO (pl. **PIZZICATI** ou **PIZZICATOS**) n.m. *Mus.* Morceau exécuté en pinçant, avec les doigts, les cordes d'un instrument à archet.

PLAÇABLE adj.

PLACAGE n.m. **(= plaquage)** Au rugby, action de plaquer.

PLACARD n.m.

PLACARDAGE n.m.

PLACARDER v. **10.**

PLACARDEUR n.m.

PLACARDISER v. **10.** *Fam.* Écarter, reléguer.

PLACE n.f.

PLACEAU, X n.m. Parcelle de forêt réservée à l'expérimentation.

PLACEBO [sé] n.m. *Pharm.* Substance inactive substituée à un médicament.

PLACEMENT n.m.

PLACENTA n.m. Masse charnue reliant l'embryon à l'utérus chez la plupart des mammifères.

PLACENTAIRE 1. adj. 2. n.m. *Zool.* Mammifère pourvu d'un placenta.

PLACENTATION n.f. Formation du placenta.

PLACENTIN, E adj. De Plaisance (Italie).

PLACER [-èr] n.m. Gisement d'or, de diamant, etc.

PLACER v. **13.**

PLACET [-sè] n.m. *Dr.* Copie des conclusions de l'avocat remise au greffier.

PLACETTE n.f. Petite place.

PLACEUR, EUSE n.

PLACIDE adj.

PLACIDEMENT adv.

PLACIDITÉ n.f.

PLACIER, ÈRE n. Représentant de commerce.

PLACODERME n.m. Poisson cuirassé fossile.

PLACOTAGE n.m.

PLACOTER v. **10.** *Québ.* Raconter.

PLACOTEUR, EUSE n.

PLACOTEUX, EUSE n.

PLAÇURE n.f. *Impr.* Mise au point des cahiers d'un livre avant la reliure.

PLAF interj.

PLAFOND n.m.

PLAFONNAGE n.m.

PLAFONNANT, E adj.

PLAFONNEMENT n.m.

PLAFONNER v. **10.** Pourvoir (une pièce) d'un plafond. – Atteindre son maximum.

PLAFONNEUR n.m. et adj.m. Plâtrier.

PLAFONNIER n.m. Éclairage fixé au plafond.

PLAGAL, E, AUX adj. (Mode musical médiéval) commençant une quarte au-dessous du mode principal.

PLAGE n.f.

PLAGIAIRE n.

PLAGIAT n.m.

PLAGIER v. **15.**

PLAGIOCLASE n.m. Feldspath contenant du calcium et du sodium.

PLAGISTE n. Gérant d'une plage payante.

PLAID [plèd] n.m. Couverture de voyage à carreaux.

PLAID [plè] n.m. *Hist.* Assemblée judiciaire ou politique à l'époque franque.

PLAIDABLE adj.

PLAIDANT, E adj.

PLAIDER v. **10.**

PLAIDEUR, EUSE n.

PLAIDOIRIE n.f.

PLAIDOYER n.m.

PLAIE n.f.

PLAIGNANT, E adj. et n.

PLAIGNARD, E adj. et n. *Québ.* Geignard.

PLAIN, PLAINE 1. adj. Égal, uni. 2. n.f.

PLAINDRE v. **94.**

PLAINTE n.f.

PLAINTIF, IVE adj.

PLAINTIVEMENT adv.

PLAIRE v. (**p.p.inv.** mais **plus** n.m. et adv.) **139.**

PLAISAMMENT adv.

PLAISANCE n.f. Navigation pratiquée pour l'agrément.

PLAISANCIEN, ENNE n.m. et adj. *Géol.* Étage du pliocène.

PLAISANCIER, ÈRE n.

PLAISANT, E adj. et n.m.

PLAISANTER v. **10.** Railler gentiment.

PLAISANTERIE n.f.

PLAISANTIN n.m.

PLAISIR n.m.

PLAN, PLANE adj., n.m. et n.f.

PLANAGE n.m. Action de rendre plan.

PLANAIRE n.f. Ver plat d'eau douce.

PLANANT, E adj. *Fam.* Euphorisant.

PLANARISATION n.f. *Électron.* Technique permettant de réaliser des semi-conducteurs très minces.

PLANCHE n.f.

PLANCHÉIAGE n.m.

PLANCHÉIER v. **15.** Garnir de planches.

PLANCHER v. **(p.p.inv.) 10.** Être interrogé à un examen.

PLANCHER n.m.

PLANCHETTE n.f.

PLANCHISTE n. Sportif qui pratique la planche à voile.

PLANÇON n.m. *Agr.* Branche utilisée comme bouture.

PLANCTON n.m. Ensemble des microorganismes vivant en suspension dans l'eau.

PLANCTONIQUE adj.

PLANCTONIVORE adj. Qui se nourrit de plancton.

PLANCTOPHAGE adj. → **planctonivore.**

PLANÉITÉ n.f. Caractère de ce qui est plan.

PLANELLE n.f. *Helv.* Carreau de carrelage.

PLANER v. **10.** *Techn.* Rendre plan. – *Zool.*, *Aéron.* Se maintenir en l'air.

PLANÉTAIRE adj. et n.m.

PLANÉTAIREMENT adv.

PLANÉTARISATION n.f. Universalisation.

PLANÉTARIUM n.m. Représentation de la voûte céleste.

PLANÈTE n.f.

PLANÉTISATION n.f. → **planétarisation.**

PLANÉTOÏDE n.m. Petite planète.

PLANÉTOLOGIE n.f. Étude des planètes.

PLANÉTOLOGIQUE adj.

PLANÉTOLOGUE n.

PLANEUR, EUSE 1. n.m. Avion sans moteur. 2. n.f. *Techn.* Machine à planer les métaux.

PLANÈZE n.f. *Géogr.* Plateau de basalte volcanique.

PLANIFIABLE adj.

PLANIFICATEUR, TRICE adj. et n.

PLANIFICATION n.f.

PLANIFIER v. **15.**

PLANIMÉTRAGE n.m.

PLANIMÈTRE n.m. Instrument qui sert à mesurer les aires planes.

PLANIMÉTRIE n.f.

PLANIMÉTRIQUE adj.

PLANIPENNE n.m. Insecte, type fourmilion.

PLANISME n.m. Doctrine prônant la planification des activités économiques et politiques.

PLANISPHÈRE n.m. Carte représentant le globe terrestre en projection plane.

PLANISTE adj. et n. Relatif au planisme.

PLANITUDE n.f. État d'une planche plane.

PLANNEUR, EUSE n. Publicitaire spécialiste de stratégie des marchés.

PLANNING n.m. Plan de travail.

PLANOIR n.m. Ciseau à bout aplati.

PLANORBE n.f. Mollusque gastéropode d'eau douce.

PLANQUE n.f.

PLANQUER v. **10.**

PLANSICHTER [pl-an-sichtèr] n.m. *Techn.* Blutoir mécanique.

PLANT n.m.

PLANTAGE n.m.

PLANTAGINACÉE n.f. Plante dicotylédone, type plantain.

PLANTAIN n.m. Plante commune, dont la semence nourrit les oiseaux captifs.

PLANTAIRE adj. Relatif à la plante du pied.

PLANTARD n.m. → **plançon.**

PLANTATION n.f.

PLANTE n.f.

PLANTER v. **10.**

PLANTEUR, EUSE n.

PLANTIGRADE adj. et n.m. *Zool.* Qui marche sur toute la plante du pied.

PLANTOIR n.m. Outil servant à faire des trous dans la terre pour y mettre des plants.

PLANTON n.m. Sentinelle, soldat de service.

PLANTULE n.f. Embryon de plante.

PLANTUREUSEMENT adv.

PLANTUREUX, EUSE adj.

PLAQUAGE n.m. 1. *Techn.* Action de recouvrir un matériau ordinaire d'un matériau précieux. 2. → **placage.**

PLAQUE n.f.

PLAQUÉ n.m. Métal ou bois commun recouvert d'une matière plus précieuse.

PLAQUEMINE n.f. Fruit du plaqueminier (kaki).

PLAQUEMINIER n.m. Arbre des régions chaudes.

PLAQUER v. **10.**

PLAQUETTAIRE adj. *Méd.* Relatif aux plaquettes sanguines.

PLAQUETTE n.f.

PLAQUEUR, EUSE n. Ouvrier qui réalise des travaux de plaquage.

PLAQUIS n.m. Revêtement de pierre ou de marbre.

PLAQUISTE n. Ouvrier qui pose des panneaux préfabriqués.

PLASMA n.m. *Physiol.* Partie liquide du sang ou de la lymphe. – *Phys.* Gaz fortement ionisé.

PLASMAGÈNE adj. et n.m. *Phys.* Qui engendre un plasma.

PLASMAPHÉRÈSE n.f. Séparation du plasma des globules du sang.

PLASMATIQUE adj. *Physiol.* Relatif au plasma.

PLASMIDE n.m. *Biol.* Élément génétique des bactéries.

PLASMIFIER v. **15.** *Phys.* Transformer (un gaz) en plasma.

PLASMINE n.f. *Biochim.* Enzyme.

PLASMIQUE adj. *Phys.* Formé de plasma.

PLASMOCYTAIRE adj.

PLASMOCYTE n.m. *Biol.* Cellule conjonctive pathologique.

PLASMOCYTOSE n.f. *Méd.* Prolifération de plasmocytes.

PLASMODE n.m. *Biol.* Cellule à plusieurs noyaux.

PLASMODIUM n.m. *Zool.* Protozoaire responsable du paludisme.

PLASMOLYSE n.f. Réaction d'une cellule vivante plongée dans une solution hypertonique.

PLASMOPARA n.m. Champignon parasite de la vigne.

PLASTE n.m. Organite de la cellule végétale.

PLASTIC n.m. Explosif.

PLASTICAGE n.m. Action de plastiquer.

PLASTICIEN, ENNE n. Artiste pratiquant un art plastique. – Spécialiste de la chirurgie plastique.

PLASTICINE n.f. Pâte à modeler.

PLASTICITÉ n.f.

PLASTICULTURE n.f. *Agr.* Culture qui recourt aux protections en matière plastique.

PLASTIE n.f. *Chir.* Intervention réparatrice.

PLASTIFIANT, E adj. et n.m. *Chim.* (Produit) qui rend souple une matière plastique.

PLASTIFICATION n.f.

PLASTIFIER v. **15.**

PLASTIGEL n.m. *Chim.* Matière devenue plastique sous l'effet d'un plastifiant gélifié.

PLASTIQUAGE n.m. → **plasticage.**

PLASTIQUE adj., n.m. et n.f.

PLASTIQUEMENT adv.

PLASTIQUER v. **10.** Faire sauter au plastic.

PLASTIQUEUR, EUSE n. Auteur d'attentat au plastic.

PLASTISOL [s] n.m. *Chim.* Émulsion de résine dans un plastifiant.

PLASTOC n.m. *Fam.* Plastique.

PLASTRON n.m. Protection que porte un escrimeur sur la poitrine.

PLASTRONNER v. **10.** Garnir d'un plastron. – Prendre une attitude fière.

PLASTURGIE n.f. Transformation des matières plastiques.

PLASTURGISTE n.

PLAT, PLATE adj., n.m. et n.f.

PLATANACÉE n.f. Grand arbre, type platane.

PLATANAIE n.f. Lieu planté de platanes.

PLATANE n.m.

PLATANISTE n.m. Dauphin primitif de l'Inde.

PLATEAU, X n.m.

PLATEBANDE n.f.

PLATÉE n.f. Contenu d'un plat. – Maçonnerie de fondation.

PLATEFORME n.f.

PLATELAGE n.m. Plancher de charpente.

PLATELONGE n.f. Longe pour chevaux difficiles.

PLATEMENT adv.

PLATERESQUE adj. *Arch.* (Style) baroque de la Renaissance espagnole.

PLATERIE n.f. Pièce céramique plate, prête pour la cuisson.

PLATEURE n.f. *Min.* Couche de faible pente.

PLATHELMINTHE n.m. Ver plat.

PLATIER n.m. *Géogr.* Haut-fond susceptible d'émerger.

PLATIÈRE n.f. Terrain plat au pied d'une colline.

PLATINAGE n.m.

PLATINE adj., n.m. et n.f.

PLATINER v. **10.** Recouvrir de platine. – Teinter en blond très pâle.

PLATINIFÈRE adj. Qui contient du platine.

PLATINISER v. **10.** → **platiner.**

PLATINITE n.f. Alliage de fer et de nickel.

PLATINOÏDE n.m. *Chim.* Métal rare qui accompagne le platine dans son minerai.

PLATINOTYPIE n.f. Procédé de photographie.

PLATITUDE n.f.

PLATODE n.m. Ver plat.

PLATONICIEN, ENNE adj. et n. Relatif à la philosophie de Platon.

PLATONIQUE adj. (Amour) idéal, non charnel.

PLATONIQUEMENT adv.

PLATONISME n.m. Philosophie de Platon et de ses disciples.

PLÂTRAGE n.m.

PLÂTRAS n.m. Débris de matériaux de construction.

PLÂTRE n.m.

PLÂTRER v. **10.**

PLÂTRERIE n.f. Entreprise de fabrication du plâtre.

PLÂTREUX, EUSE adj.

PLÂTRIER adj.m. et n.m. Qui travaille le plâtre.

PLÂTRIÈRE n.f. Carrière de pierre à plâtre.

PLATYRHINIEN n.m. Singe, type ouistiti.

PLATYRRHINIEN n.m. → **platyrhinien.**

PLAUSIBILITÉ n.f.

PLAUSIBLE adj.

PLAUSIBLEMENT adv.

PLAYLIST [plè-] n.f. Liste de morceaux musicaux programmés sur une radio ou téléchargés sur internet.

PLAYMATE [plémèt] n.f. Jeune femme qui pose dans la presse de charme.

PLAYOFF [plèof] n.m. *Sp.* Phase finale d'une compétition.

PLAYON n.m. **(= pleyon)** *Agr.* Instrument utilisé pour couper les céréales.

PLÉBAIN n.m. **(= pléban)** *Rel., Vx.* Chef d'un clergé paroissial.

PLÉBAN n.m. → **plébain.**

PLÈBE n.f. *Antiq. rom.* Bas peuple.

PLÉBÉIEN, ENNE adj. et n.

PLÉBISCITAIRE adj.

PLÉBISCITE n.m.

PLÉBISCITER v. **10.** Élire, approuver massivement.

PLÉCOPTÈRE n.m. Insecte à larve aquatique.

PLECTOGNATHE [gn] n.m. Poisson osseux, type poisson-lune.

PLECTRE n.m. *Mus.* Accessoire servant à toucher les cordes de certains instruments.

PLÉIADE n.f. Groupe de personnes remarquables.

PLEIN, PLEINE adj., n.m., prép. et adv.

PLEINEMENT adv.

PLÉIOTROPIE n.f. *Biol.* Propriété qu'a un gène d'affecter plusieurs organes.

PLÉISTOCÈNE n.m. et adj. *Géol.* Troisième époque du néogène.

PLÉNIER, ÈRE adj. (Assemblée) où tous les membres sont convoqués.

PLÉNITUDE n.f.

PLÉNUM n.m. Réunion plénière d'une assemblée.

PLÉONASME n.m. Répétition de mots ayant le même sens.

PLÉONASTIQUE adj.

PLÉSIOMORPHE adj. *Biol.* Se dit d'un type de caractère ancestral.

PLÉSIOMORPHIE n.f.

PLÉSIOSAURE n.m. Reptile marin fossile.

PLÉTHORE n.f. Surabondance.

PLÉTHORIQUE adj.

PLEUR n.m.

PLEURAGE n.m. Déformation du son d'un appareil électroacoustique.

PLEURAL, E, AUX adj. Relatif à la plèvre.

PLEURANT, E 1. adj. *Vx.* Qui pleure. 2. n.m. Sculpture représentant un personnage qui pleure.

PLEURARD, E adj. et n. Pleurnicheur.

PLEURER v. **10.**

PLEURÉSIE n.f. Inflammation de la plèvre.

PLEURÉTIQUE adj. et n. Relatif à la pleurésie.

PLEUREUR, EUSE 1. adj. (Arbre) à feuillage retombant. 2. n. *Vx.* Personne qui pleure facilement.

PLEURITE n.f. Pleurésie sans épanchement.

PLEURNICHAGE n.m.

PLEURNICHARD, E adj. et n.

PLEURNICHEMENT n.m.

PLEURNICHER v. **(p.p.inv.) 10.**

PLEURNICHERIE n.f.

PLEURNICHEUR, EUSE adj. et n.

PLEUROBRANCHE n.m. Mollusque gastéropode.

PLEURODÈLE n.m. Amphibien voisin de la salamandre.

PLEURODYNIE n.f. Douleur au thorax.

PLEURONECTE n.m. Poisson plat, type sole.

PLEURONECTIDÉ n.m. → **pleuronecte.**

PLEUROPNEUMONIE n.f. Inflammation de la plèvre et des poumons.

PLEUROTE n.m. Champignon à lames, qui vit sur le bois.

PLEUROTOMIE n.f. *Chir.* Incision dans la plèvre.

PLEUTRE n.m. et adj. Lâche.

PLEUTRERIE n.f.

PLEUVASSER v. déf. (**pleuvassa, pleuvassait, pleuvassât, pleuvasse, pleuvassé, pleuvassera, pleuvasserait**).

PLEUVINER v. déf. (**pleuvina, pleuvinait, pleuvinât, pleuvine, pleuviné, pleuvinera, pleuvinerait**) **(= pluviner).**

PLEUVIOTER v. déf. (**pleuviota, pleuviotait, pleuviotât, pleuviote, pleuvioté, pleuviotera, pleuvioterait**) **(= pleuvoter).**

PLEUVOIR v. déf. (**pleut, pleuvaient, pleuvait, pleuvant, pleuve, pleuvent, pleuvra, pleuvraient, pleuvrait, pleuvront, plu, plurent, plussent, plut, plût**).

PLEUVOTER v. déf. **(pleuvota, pleuvotait, pleuvotât, pleuvote, pleuvoté, pleuvotera, pleuvoterait) → pleuvioter.**

PLÈVRE n.f. *Anat.* Membrane qui enveloppe les poumons.

PLEXIGLAS n.m. (Nom déposé).

PLEXUS n.m. *Anat.* Amas de nerfs ou de vaisseaux.

PLEYON n.m. 1. → **playon.** 2. **(= plion)** Rameau d'osier servant à faire des liens.

PLI n.m.

PLIABLE adj.

PLIAGE n.m.

PLIANT, E adj. et n.m.

PLIE n.f. Poisson plat comestible.

PLIEMENT n.m.

PLIENSBACHIEN, ENNE [pliènsbaky-in] n.m. et adj. *Géol.* Étage du jurassique inférieur.

PLIER v. **15.**

PLIEUR, EUSE n.

PLINT [plint] n.m. Engin de gymnastique.

PLINTHE n.f. Bande garnissant le bas d'un mur.

PLIOCÈNE n.m. et adj. *Géol.* Deuxième époque du néogène.

PLIOIR n.m. Lame servant à plier ou couper du papier.

PLION n.m. → **pleyon** 2.

PLIOSAURE n.m. Reptile marin fossile.

PLIQUE n.f. *Méd., Vx.* Enchevêtrement des cheveux.

PLISSAGE n.m.

PLISSÉ n.m. Assemblage de plis.

PLISSEMENT n.m.

PLISSER v. **10.**

PLISSEUR, EUSE n. Personne qui réalise des plissés.

PLISSURE n.f. → **plissé.**

PLIURE n.f.

PLOC 1. n.m. Duvet provenant de la fabrication du drap. 2. interj. Onomatopée évoquant la chute.

PLOCÉIDÉ n.m. Passereau, type moineau.

PLOIEMENT n.m.

PLOMB n.m.

PLOMBAGE n.m.

PLOMBAGINACÉE n.f. Herbe vivace.

PLOMBAGINE n.f. Graphite dont on fait les mines de crayon.

PLOMBAGINÉE n.f. → **plombaginacée.**

PLOMBE n.f. *Arg.* Heure.

PLOMBÉ, E 1. adj. 2. n.f. **(= plommée)** Fléau garni de plomb.

PLOMBÉMIE n.f. Présence de plomb dans le sang.

PLOMBER v. **10.**

PLOMBERIE n.f.

PLOMBEUR n.m. Celui qui plombe les marchandises. – Rouleau pour tasser la terre.

PLOMBEUX, EUSE adj. Qui contient du plomb.

PLOMBIER, ÈRE n.

PLOMBIÈRES n.f. Glace aux fruits confits.

PLOMBIFÈRE adj. Qui contient du plomb.

PLOMBOIR n.m. Instrument de dentiste.

PLOMBURE n.f. Armature de plomb d'un vitrail.

PLOMMÉE n.f. → **plombé** 2.

PLONGE n.f.

PLONGEANT, E adj.

PLONGÉE n.f.

PLONGEMENT n.m.

PLONGEOIR n.m.

PLONGEON n.m.

PLONGER v. **17.**

PLONGEUR, EUSE n.

PLOT n.m. *Électr.* Pièce métallique faisant contact.

PLOUC n. et adj. **(= plouk)** *Péj.* Paysan, balourd.

PLOUF n.m. et interj. Bruit de chute dans l'eau.

PLOUK n. et adj. → **plouc.**

PLOUTOCRATE n. Personnage puissant par sa fortune.

PLOUTOCRATIE n.f. Gouvernement par les riches.

PLOUTOCRATIQUE adj.

PLOYABLE adj.

PLOYAGE n.m.

PLOYER v. **27.**

PLUCHÉ, E adj. → **peluché.**

PLUCHER v. **10.** → **pelucher.**

PLUCHES n.f.pl. Épluchures ou épluchage de légumes.

PLUCHEUX, EUSE adj. → **pelucheux.**

PLUIE n.f.

PLUMAGE n.m.

PLUMAISON n.f. Action de plumer un oiseau.

PLUMARD n.m.

PLUMASSERIE n.f. Commerce de plumes.

PLUMASSIER, ÈRE n. Personne qui prépare et vend des plumes.

PLUMBAGO n.m. Plante ornementale à fleurs bleues.

PLUME n.f.

PLUMEAU, X n.m. Touffe de plumes.

PLUMER v. **10.**

PLUMET n.m. Garniture de plumes, sur une coiffure.

PLUMETÉ, E adj. Qui imite la plume.

PLUMETIS [plumti] n.m. Point de broderie.

PLUMETTE n.f. Petite plume.

PLUMEUR, EUSE n. Personne qui plume la volaille.

PLUMEUX, EUSE adj. Qui ressemble à des plumes.

PLUMIER n.m. Boîte pour crayons, stylos.

PLUMITIF n.m. Greffier, bureaucrate. – Mauvais écrivain.

PLUMULE n.f. *Zool.* Petite plume formant le duvet.

PLUPART | (LA) n.f.

PLURAL, E, AUX adj. Qui contient plusieurs unités.

PLURALISATION n.f.

PLURALISER v. **10.** Mettre au pluriel. – Rendre pluriel.

PLURALISME n.m. Conception admettant la diversité des tendances.

PLURALISTE adj. et n.

PLURALITÉ n.f. Multiplicité.

PLURENT → **plaire 139.**

PLURIACTIF, IVE adj. Qui a plusieurs activités.

PLURIACTIVITÉ n.f.

PLURIANNUALITÉ n.f.

PLURIANNUEL, ELLE adj. Qui dure plusieurs années.

PLURICAUSAL, E (pl. **PLURICAUSALS** ou **PLURICAUSAUX**) adj. Qui a plusieurs causes.

PLURICELLULAIRE adj. *Biol.* Composé de plusieurs cellules.

PLURICULTUREL, ELLE adj.

PLURIEL, ELLE adj. et n.m.

PLURIETHNIQUE adj.

PLURILATÉRAL, E, AUX adj. *Dr.* Qui concerne plusieurs parties.

PLURILINGUE adj.

PLURILINGUISME n.m.

PLURINATIONAL, E, AUX adj.

PLURINOMINAL, E, AUX adj. (Scrutin) où l'on vote pour plusieurs candidats.

PLURINUCLÉÉ, E adj. *Biol.* (Cellule) à plusieurs noyaux.

PLURIPARTISME n.m. *Pol.* Système où il y a coexistence de plusieurs partis.

PLURIPARTITE adj.

PLURISÉCULAIRE adj. Qui a duré plusieurs siècles.

PLURIVALENCE n.f.

PLURIVALENT, E adj. Qui peut recevoir plusieurs valeurs. - *Chim.* Qui a plusieurs valences.

PLURIVOCITÉ n.f.

PLURIVOQUE adj. Qui a plusieurs sens.

PLUS n.m. et adv.

PLUSIEURS adj.pl. et pr.indéf.pl.

PLUSSE..., PLUT... → **plaire 139.**

PLUTON n.m. *Géol.* Masse de magma profond.

PLUTONIEN, ENNE adj. Relatif au dieu Pluton.

PLUTONIGÈNE adj. *Phys.* Qui produit du plutonium.

PLUTONIQUE adj. *Géol.* (Roche) formée dans le magma profond.

PLUTONISME n.m. *Anc.* Théorie de la formation de la croûte terrestre par le feu intérieur.

PLUTONISTE adj. et n.

PLUTONIUM n.m. Métal radioactif.

PLUTÔT adv.

PLUVIAL, E, AUX adj.

PLUVIAN n.m. Oiseau échassier de la région du Nil.

PLUVIER n.m. Oiseau échassier d'Europe.

PLUVIEUX, EUSE adj.

PLUVINER v. déf. (**pluvina, pluvinait, pluvinât, pluvine, pluviné, pluvinera, pluvinerait**) → **pleuviner.**

PLUVIOMÈTRE n.m.

PLUVIOMÉTRIE n.f.

PLUVIOMÉTRIQUE adj.

PLUVIONIVAL, E, AUX adj. *Géogr.* (Régime) caractérisé par la prédominance des pluies sur les neiges.

PLUVIÔSE n.m. Mois du calendrier républicain.

PLUVIOSITÉ n.f. Quantité de pluie tombée en un lieu pendant un temps donné.

PNEU, S n.m.

PNEUMALLERGÈNE n.m. *Méd.* Agent provoquant une allergie respiratoire.

PNEUMATIQUE adj. et n.m.

PNEUMATOLOGIE n.f. *Philos.* Étude de l'âme et des esprits en général.

PNEUMATOPHORE n.m. *Bot.* Organe respiratoire des racines de certains arbres.

PNEUMECTOMIE n.f. → **pneumonectomie.**

PNEUMO n.m. *Fam.* Pneumothorax.

PNEUMOCONIOSE n.f. Maladie pulmonaire.

PNEUMOCOQUE n.m. Bactérie pathogène.

PNEUMOCYSTOSE n.f. Affection du poumon, une des complications du sida.

PNEUMOGASTRIQUE n.m. et adj.m. *Anat.* Nerf innervant une grande partie du corps.

PNEUMOGRAPHIE n.f. Description du poumon.

PNEUMOLOGIE n.f. Étude du poumon et de ses maladies.

PNEUMOLOGIQUE adj.

PNEUMOLOGUE n.

PNEUMOMÉDIASTIN n.m. *Méd.* Épanchement gazeux dans le médiastin.

PNEUMONECTOMIE n.f. Ablation du poumon.

PNEUMONIE n.f.

PNEUMONIQUE adj. et n.

PNEUMOPATHIE n.f. Affection du poumon.

PNEUMOPÉRITOINE n.m. Présence de gaz dans le péritoine.

PNEUMOTHORAX n.m. *Méd.* Insufflation de gaz dans la cavité pleurale.

POACÉE n.f. Graminée.

POCHADE n.f. Peinture ou œuvre littéraire exécutée rapidement.

POCHAGE n.m.

POCHARD, E adj. et n.

POCHARDER (SE) v. **10.** *Fam.* S'enivrer.

POCHARDISE n.f. Ivrognerie.

POCHE n.f.

POCHER v. **10.**

POCHETÉE n.f. Bêtise. - Personne niaise.

POCHETRON, ONNE [pochtr-on] n. **(= pochtron)** *Fam.* Ivrogne.

POCHETTE n.f.

POCHEUSE n.f. Ustensile de cuisine servant à pocher les œufs.

POCHOIR n.m. *Techn.* Plaque ajourée permettant de colorier des formes données.

POCHOIRISTE n. Personne qui fait des dessins au pochoir.

POCHON n.m. Petite poche attachée à la ceinture. - *Helv.* Louche.

POCHOTHÈQUE n.f. Librairie spécialisée dans la vente des livres de poche.

POCHOUSE n.f. → **pauchouse.**

POCHTRON, ONNE n. → **pochetron.**

POCO adv. *Mus.* Un peu.

PODAGRAIRE n.f. Mauvaise herbe.

PODAGRE adj. et n. *Vx.* Atteint de la goutte.

PODAIRE n.f. *Math.* Type de courbe.

PODAL, E, AUX adj. *Méd.* Relatif au pied.

PODCAST n.m. Fichier sonore ou vidéo diffusé sur internet.

PODCASTABLE adj.

PODCASTER v. **10.** Diffuser (un podcast).

PODCASTEUR, EUSE n.

PODCASTING n.m.

PODESTAT n.m. *Hist.* Premier magistrat de certaines villes italiennes.

PODGORICIEN, ENNE adj. De Podgorica (Monténégro).

PODIA | → **podion.**

PODIATRE n. *Québ.* Pédicure.

PODIATRIE n.f.

PODIATRIQUE adj.

PODICIPÉDIDÉ n.m. Oiseau aquatique, type grèbe.

PODIE n.m. (= **podion**) *Zool.* Ventouse des échinodermes.

PODION (pl. **PODIA** ou **PODIONS**) n.m. → **podie.**

PODIUM n.m.

PODOLITHE n.m. Pierre érodée par le piétinement.

PODOLOGIE n.f. *Méd.* Étude du pied.

PODOLOGIQUE adj.

PODOLOGUE n.

PODOMÈTRE n.m. → **pédomètre.**

PODOSCAPHE n.m. *Vx.* Canot de plaisance.

PODOTACTILE adj. (Revêtement de sol en relief) qui éveille l'attention des malvoyants.

PODZOL n.m. Sol cendreux des régions froides et humides.

PODZOLIQUE adj.

PODZOLISATION n.f.

PODZOLISER v. **10.** *Géol.* Transformer (un sol) en podzol.

PŒCILE [pé-] n.m. *Antiq. gr.* Portique orné de peintures.

PŒCILOTHERME [pé-] adj. et n.m. (Animal) dont la température varie avec celle du milieu.

PŒCILOTHERMIE n.f.

POÊLAGE n.m.

POÊLE n.m. et n.f.

POÊLÉE n.f. Contenu d'une poêle.

POÊLER v. **10.** Cuire à la poêle.

POÊLERIE n.f. Industrie ou commerce du poêlier.

POÊLIER, ÈRE n. Spécialiste en poêles de chauffage.

POÊLON n.m.

POÈME n.m.

POÉSIE n.f.

POÈTE n.

POÉTEREAU, X n.m. Mauvais poète.

POÉTESSE n.f.

POÉTIQUE adj. et n.f.

POÉTIQUEMENT adv.

POÉTISATION n.f.

POÉTISER v. **10.**

POGNE n.f. *Fam.* Main.

POGNER v. **10.** *Québ., Fam.* Attraper.

POGNON n.m.

POGO n.m. Danse aux mouvements désordonnés et brusques.

POGONOPHORE n.m. Animal marin vermiforme.

POGROM n.m. (= **pogrome**) Massacre organisé contre une communauté juive.

POGROME n.m. → **pogrom.**

POGROMISTE n. Personne participant à un pogrom.

POIDS n.m.

POIGNANT, E adj.

POIGNARD n.m.

POIGNARDER v. **10.**

POIGNE n.f.

POIGNÉE n.f.

POIGNER v. **10.** *Québ.* Saisir.

POIGNET n.m.

POÏKILOTHERME [poy-] adj. et n.m. → **pœcilotherme.**

POÏKILOTHERMIE [poy-] n.f.

POIL n.m.

POILADE n.f. *Fam.* Franche rigolade.

POILANT, E adj.

POILER (SE) v. **10.** *Fam.* Rire.

POILU, E adj. et n.m.

POINÇON n.m.

POINÇONNAGE n.m.

POINÇONNEMENT n.m.

POINÇONNER v. **10.**

POINÇONNEUR, EUSE n.

POINDRE v. **93.** Piquer. – Sortir de terre.

POING n.m.

POINSETTIA n.m. Plante ornementale.

POINT n.m. et adv.

POINTAGE n.m.

POINTAL, AUX n.m. Pièce de charpente.

POINTE n.f.

POINTEAU, X n.m. Outil servant à marquer la place d'un trou à percer.

POINTEMENT n.m. *Bot.* Apparition, développement.

POINTER [pw-in-tèr] ou [pw-in-teur] n.m. Chien d'arrêt.

POINTER v. **10.**

POINTEROLLE n.f. Petit pic de mineur.

POINTEUR, EUSE n.

POINTIL [-l] n.m. **(= pontil)** Outil de verrier.

POINTILLAGE n.m.

POINTILLÉ n.m.

POINTILLER v. **10.**

POINTILLEUX, EUSE adj.

POINTILLISME n.m. *Bx-arts.* Procédé consistant à peindre par très petites touches.

POINTILLISTE adj. et n.

POINTOIS, E adj. De Pointe-à-Pitre (Guadeloupe).

POINTU, E adj., n.m. et adv.

POINTURE n.f.

POIRE n.f.

POIRÉ n.m. Boisson fermentée à base de poires.

POIREAU, X n.m.

POIREAUTER v. **(p.p.inv.) 10 (= poiroter).**

POIRÉE n.f. Variété de bette.

POIRIER n.m.

POIROTER v. **(p.p.inv.) 10. → poireauter.**

POIS n.m.

POISCAILLE n.m. ou f. *Fam.* Poisson.

POISE n.m. ou f. Unité de viscosité dynamique.

POISEUILLE n.m. Unité valant dix poises.

POISON n.m.

POISSARD, E 1. adj. Qui imite le langage du bas peuple. 2. n.f. Femme grossière.

POISSE n.f.

POISSER v. **10.** Enduire de poix. – Salir avec une matière gluante.

POISSEUX, EUSE adj.

POISSON n.m.

POISSONNERIE n.f.

POISSONNEUX, EUSE adj.

POISSONNIER, ÈRE n.

POITEVIN, E adj. Du Poitou.

POITRAIL n.m.

POITRINAIRE adj. et n. *Vx.* Tuberculeux.

POITRINE n.f.

POITRINIÈRE n.f. Pièce de harnais.

POIVRADE n.f. Sauce au poivre, au sel et au vinaigre.

POIVRAGE n.m.

POIVRE n.m.

POIVRER v. **10.**

POIVRIER, ÈRE 1. n.m. 2. n.f. Plantation de poivriers.

POIVRON n.m.

POIVROT, E n.

POIX n.f. Matière visqueuse à base de résine ou de goudron.

POKER n.m.

POLACRE n.f. *Anc.* Bateau de la Méditerranée.

POLAIRE adj. et n.f.

POLAQUE n.m. *Hist.* Cavalier polonais.

POLAR n.m. *Fam.* Roman policier.

POLARD, E adj. et n. Obsédé, préoccupé.

POLARIMÈTRE n.m. Instrument de mesure de la lumière polarisée.

POLARIMÉTRIE n.f.

POLARISABLE adj.

POLARISANT, E adj. *Phys.* Qui polarise (la lumière).

POLARISATEUR, TRICE adj. **→ polarisant.**

POLARISATION n.f.

POLARISCOPE n.m. Appareil d'optique.

POLARISER v. **10.** Dévier (des rayons lumineux) par réfraction ou réflexion.

POLARISEUR adj.m. et n.m. **→ polarisant.**

POLARITÉ n.f. *Phys.* Propriété de présenter deux pôles opposés.

POLAROGRAPHIE n.f. *Chim.* Enregistrement des courbes de polarisation.

POLAROID [-oïd] n.m. (Nom déposé) Appareil de photo à développement instantané.

POLATOUCHE n.m. Écureuil volant.

POLDER [-dèr] n.m. *Géogr.* Zone littorale asséchée et exploitée.

POLDÉRIEN, ENNE adj. Des Polders (Belgique).

POLDÉRISATION n.f.

POLDÉRISER v. **10.** Transformer en polder.

PÔLE n.m.

POLÉMARCHIE n.f. *Antiq. gr.* Fonction de polémarque.

POLÉMARQUE n.m. *Antiq. gr.* Magistrat à hautes fonctions militaires.

POLÉMIQUE adj. et n.f.

POLÉMIQUER v. **(p.p.inv.) 10.**

POLÉMISTE n.

POLÉMOLOGIE n.f. Étude de la guerre.

POLÉMOLOGIQUE adj.

POLÉMOLOGUE n.

POLÉMONIACÉE n.f. Herbe d'Amérique.

POLENTA [polènta] n.f. Bouillie de farine de maïs (Italie) ou de châtaignes (Corse).

POLI, E adj. et n.m.

POLICE n.f.

POLICEMAN (pl. POLICEMEN ou POLICEMANS) n.m.

POLICEMEN I → **policeman.**

POLICER v. **13.** Civiliser.

POLICHINELLE n.m.

POLICIER, ÈRE adj. et n.

POLICLINIQUE n.f. Centre de consultations médicales, sans hospitalisation.

POLICOLOGIE n.f. Étude de l'organisation de la police.

POLIMENT adv.

POLIO n. Abréviation de poliomyélite ou poliomyélitique.

POLIOMYÉLITE n.f.

POLIOMYÉLITIQUE adj. et n.

POLIORCÉTIQUE adj. et n.f. *Mil.* Relatif à l'art d'assiéger les villes.

POLIR v. **40.**

POLISSABLE adj.

POLISSAGE n.m.

POLISSEUR, EUSE n.

POLISSOIR n.m. Instrument pour polir.

POLISSOIRE n.f. Brosse à reluire.

POLISSON, ONNE adj. et n.

POLISSONNER v. **(p.p.inv.) 10.** Se comporter en polisson.

POLISSONNERIE n.f.

POLISSURE n.f. Résultat du polissage.

POLISTE n.m. ou f. Guêpe.

POLITESSE n.f.

POLITICAILLERIE n.f.

POLITICARD, E adj. et n.

POLITICIEN, ENNE adj. et n.

POLITICOLOGIE n.f.

POLITICOLOGUE n.

POLITIQUE adj. et n.

POLITIQUEMENT adv.

POLITIQUER v. **(p.p.inv.) 10.** Discuter de politique.

POLITISATION n.f.

POLITISER v. **10.**

POLITISTE n. Politologue.

POLITOLOGIE n.f. Étude des phénomènes politiques.

POLITOLOGIQUE adj.

POLITOLOGUE n.

POLJÉ [polyé] n.m. *Géogr.* Vaste dépression dans les régions karstiques.

POLKA n.f.

POLLAKIURIE n.f. Besoin d'uriner fréquemment.

POLLEN n.m.

POLLICITATION n.f. *Dr.* Offre non encore acceptée.

POLLINIE n.f. Masse de grains de pollen.

POLLINIFÈRE adj. *Bot.* Qui porte le pollen.

POLLINIQUE adj. Relatif au pollen.

POLLINISATEUR, TRICE adj.

POLLINISATION n.f.

POLLINISER v. **10.** Féconder (une fleur) en transportant le pollen.

POLLINOSE n.f. *Méd.* Allergie due aux pollens.

POLLUANT, E adj. et n.m.

POLLUER v. **10.**

POLLUEUR, EUSE adj. et n.

POLLUTION n.f.

POLO n.m.

POLOCHON n.m. Traversin.

POLOÏSTE n.m. Joueur de polo.

POLONAIS, E adj., n.m. et n.f.

POLONIUM n.m. Métal radioactif.

POLTRON, ONNE adj. et n.

POLTRONNERIE n.f.

POLY n.m. *Fam.* Cours polycopié.

POLYACIDE n.m. *Chim.* Corps qui a plusieurs fonctions acide.

POLYACRYLIQUE adj. *Chim.* (Résine) synthétique.

POLYADDITION n.f. *Chim.* Réaction de polymérisation.

POLYAKÈNE adj. et n.m. (Fruit) formé de plusieurs akènes.

POLYALCOOL n.m. → **polyol.**

POLYAMIDE n.m. Corps obtenu par l'association d'un polyacide avec une polyamine.

POLYAMINE n.f. Corps qui a plusieurs fonctions amine.

POLYANDRE adj. (Femme) qui a plusieurs maris. – (Plante) qui a plusieurs étamines.

POLYANDRIE n.f.

POLYANDRIQUE adj.

POLYARCHIE n.f. Système politique où le pouvoir est réparti sur plusieurs personnes.

POLYARTHRITE n.f. *Méd.* Inflammation de plusieurs articulations.

POLYATOMIQUE adj. Qui comporte plusieurs atomes.

POLYBASIQUE adj. Qui a plusieurs fonctions base.

POLYBUTADIÈNE n.m. Polymère du butadiène.

POLYCARBONATE n.m. Matière plastique.

POLYCARPIQUE 1. adj. *Bot.* Dont la fleur possède plusieurs carpelles. 2. n.f. Plante (ranale).

POLYCENTRIQUE adj. Qui a plusieurs centres de décision.

POLYCENTRISME n.m.

POLYCÉPHALE adj. Qui a plusieurs têtes.

POLYCHÈTE [k] n.m. ou f. Ver marin.

POLYCHLORURE n.m. *Polychlorure de vinyl :* classe de matières plastiques.

POLYCHROÏSME n.m. Phénomène de variation de couleur d'un corps transparent selon l'angle sous lequel on le regarde.

POLYCHROME adj. De plusieurs couleurs.

POLYCHROMIE n.f.

POLYCLINIQUE n.f. Établissement hospitalier.

POLYCONDENSAT n.m. *Chim.* Résultat d'une condensation suivie d'une polymérisation.

POLYCOPIE n.f.

POLYCOPIER v. **15.**

POLYCOURANT **I** adj. (Locomotive) qui fonctionne avec plusieurs types de courant.

POLYCULTURE n.f. Diversification des cultures dans une région.

POLYCYCLIQUE adj. *Chim.* Qui a plusieurs cycles.

POLYDACTYLE adj. et n.

POLYDACTYLIE n.f. *Méd.* Présence de doigts surnuméraires.

POLYDIPSIE n.f. *Méd.* Besoin de boire fréquemment.

POLYÈDRE adj. et n.m. (Solide) à faces planes.

POLYÉDRIQUE adj.

POLYÉLECTROLYTE n.m. et adj. *Chim.* Polymère.

POLYEMBRYONIE n.f. Formation de plusieurs embryons à partir d'un œuf unique.

POLYESTER n.m. Matière obtenue en combinant des polyacides avec des alcools ou des glycols.

POLYÉTHER [-èr] n.m. *Chim.* Polymère.

POLYÉTHYLÈNE n.m. Matière plastique.

POLYFONCTIONNEL, ELLE adj. Qui possède plusieurs fonctions.

POLYGALA n.m. **(= polygale)** Plante herbacée (herbe à lait).

POLYGALE n.m. → **polygala.**

POLYGAME adj. et n.m.

POLYGAMIE n.f.

POLYGAMIQUE adj.

POLYGÉNIQUE adj.

POLYGÉNISME n.m. *Biol.* Doctrine selon laquelle la vie serait apparue en des lieux ou à des époques différents.

POLYGÉNISTE adj. et n.

POLYGLOBULIE n.f. *Méd.* Augmentation du nombre des globules rouges.

POLYGLOTTE adj. et n.

POLYGONACÉE n.f. Plante apétale, type oseille.

POLYGONAL, E, AUX adj. Qui a plusieurs angles.

POLYGONATION n.f. Méthode de topographie.

POLYGONE n.m. *Math.* Figure plane limitée par des segments de droite.

POLYGONISATION n.f. Formation de figures polygonales lors du chauffage d'un métal.

POLYGRAPHE n. Auteur qui écrit sur des sujets variés.

POLYGRAPHIE n.f.

POLYGYNE adj. et n. Qui a plusieurs épouses. – (Colonie d'insectes) ayant plusieurs reines.

POLYGYNIE n.f.

POLYHANDICAPÉ, E adj. et n. Qui présente plusieurs infirmités.

POLYHOLOSIDE n.m. *Biochim.* Glucide composé d'un grand nombre d'oses.

POLYINSATURÉ, E adj. Se dit de certaines huiles.

POLYIODURE n.m. Type d'ion négatif.

POLYLOBÉ, E adj. *Arch.* Qui a plusieurs lobes.

POLYMÉRASE n.f. *Biochim.* Enzyme.

POLYMÈRE adj. et n.m. *Chim.* (Composé) dont la molécule résulte de l'association de molécules d'un autre corps.

POLYMÉRIE n.f. *Chim.* Réaction entre deux molécules dont l'une est un polymère de l'autre.

POLYMÉRIQUE adj.

POLYMÉRISABLE adj.

POLYMÉRISATION n.f.

POLYMÉRISER v. **10.** Transformer (un corps) en un polymère.

POLYMÉTALLIQUE adj. Se dit de certaines concrétions du fond des océans.

POLYMORPHE adj. Qui se présente sous plusieurs formes.

POLYMORPHIE n.f.

POLYMORPHISME n.m.

POLYNÉSIEN, ENNE adj. et n.m.

POLYNÉVRITE n.f. Inflammation de plusieurs nerfs.

POLYNÔME n.m. *Math.* Somme algébrique de monômes.

POLYNOMIAL, E, AUX adj.

POLYNUCLÉAIRE adj. et n.m. (Globule blanc) dont le noyau paraît multiple.

POLYNUCLÉOTIDE n.m. *Biochim.* Composé formé d'un grand nombre de nucléotides.

POLYOL n.m. Corps qui a plusieurs fonctions alcool.

POLYOLÉFINE n.f. Fibre synthétique.

POLYOSIDE n.m. → **polyholoside.**

POLYPE n.m. *Méd.* Tumeur pédiculée bénigne. – Animal marin.

POLYPEPTIDE n.m. *Chim.* Molécule résultant de la combinaison de plusieurs acides aminés.

POLYPEPTIDIQUE adj.

POLYPÉTALE adj. Qui a plusieurs pétales.

POLYPEUX, EUSE adj.

POLYPHASÉ, E adj. *Électr.* Qui comporte plusieurs phases.

POLYPHÉNOL n.m. *Chim.* Corps qui a plusieurs fonctions phénol.

POLYPHONE adj. (Écho) qui répète les sons plusieurs fois.

POLYPHONIE n.f. *Mus.* Emploi simultané de plusieurs voix ou plusieurs instruments.

POLYPHONIQUE adj.

POLYPHONISTE n.

POLYPHOSPHATE n.m. Phosphate utilisé contre le tartre ou comme additif alimentaire.

POLYPIER n.m. *Zool.* Squelette calcaire sécrété par des polypes vivant en colonie.

POLYPLACOPHORE n.m. Mollusque marin, type chiton.

POLYPLOÏDE adj. et n. *Biol.* (Noyau cellulaire) dans lequel le nombre des chromosomes s'est multiplié.

POLYPLOÏDIE n.f.

POLYPNÉE n.f. Accélération du rythme respiratoire.

POLYPODE n.m. Fougère commune.

POLYPODIACÉE n.f. Fougère, type polypode.

POLYPORE n.m. Champignon des arbres.

POLYPORÉE n.f. Champignon, type bolet.

POLYPOSE n.f. *Méd.* Multiplication de polypes.

POLYPROPÈNE n.m. → **polypropylène.**

POLYPROPYLÈNE n.m. Fibre synthétique.

POLYPTÈRE n.m. Poisson osseux des fleuves d'Afrique.

POLYPTYQUE n.m. *Bx-arts.* Tableau à plusieurs volets.

POLYRIBOSOME n.m. → **polysome.**

POLYSACCHARIDE n.m. *Biochim.* Polyholoside.

POLYSÉMIE n.f. Caractère d'un mot qui a plusieurs sens.

POLYSÉMIQUE adj.

POLYSOC adj. (Charrue) à plusieurs socs.

POLYSOME n.m. *Biochim.* Ensemble de ribosomes.

POLYSTYLE adj. *Arch.* Qui a plusieurs colonnes.

POLYSTYRÈNE n.m. Matière plastique.

POLYSULFURE n.m. Composé contenant plus de soufre que le sulfure normal.

POLYSYLLABE adj. et n.m.

POLYSYLLABIQUE adj. et n.m.

POLYSYNODIE n.f. *Hist.* Gouvernement composé de plusieurs conseils.

POLYSYNTHÉTIQUE adj. (Langue) où les éléments de la phrase sont soudés.

POLYTECHNICIEN, ENNE n.

POLYTECHNIQUE adj. Qui embrasse plusieurs sciences.

POLYTHÉISME n.m.

POLYTHÉISTE adj. et n. Qui croit en plusieurs dieux.

POLYTHÈNE n.m. (Nom déposé) Matière plastique.

POLYTHÉRAPIE n.f. Thérapie antisida.

POLYTHERME n.m. et adj. Navire permettant de transporter des marchandises à des températures différentes.

POLYTONAL, E (pl. **POLYTONALS** ou **POLYTONAUX**) adj. *Mus.* Qui superpose des mélodies de tonalités différentes.

POLYTONALITÉ n.f.

POLYTOXICOMANE n.

POLYTOXICOMANIE n.f.

POLYTRANSFUSÉ, E adj. et n. Qui a reçu des transfusions multiples.

POLYTRAUMATISÉ, E adj. et n. *Méd.* Qui présente plusieurs lésions.

POLYTRAUMATISME n.m.

POLYTRIC n.m. Mousse commune des bois.

POLYTROPIQUE adj. *Phys.* Dont l'entropie varie.

POLYURÉTHANE n.m. Matière plastique.

POLYURÉTHANNE n.m. → **polyuréthane.**

POLYURIE n.f. Émission excessive d'urine.

POLYURIQUE adj. et n.

POLYVALENCE n.f.

POLYVALENT, E adj., n.m. et n.f.

POLYVINYLE n.m. Polymère de composés vinyliques.

POLYVINYLIQUE adj.

POLYVITAMINE n.f.

POMBE [pombé] n.m. *Afr.* Sorte de bière.

POMÉLO n.m. Pamplemousse.

POMÉRANIEN, ENNE adj. De Poméranie (Europe balte).

POMERIUM [é] n.m. (= **pomœrium**) *Antiq. rom.* Enceinte sacrée entourant une ville.

POMEROL n.m. Vin de Bordeaux.

POMICULTEUR, TRICE n. Personne qui cultive des arbres produisant des fruits à pépins.

POMICULTURE n.f.

POMMADE n.f.

POMMADER v. **10.**

POMMARD n.m. Vin de Bourgogne.

POMME n.f.

POMMÉ, E adj. De forme arrondie.

POMMEAU, X n.m.

POMMELÉ, E adj. Couvert de petits nuages. – (Cheval) marqué de taches rondes, grises et blanches.

POMMELER (SE) v. **22** (je me pommelle...).

POMMER v. **10.** Se former en pomme, en parlant des choux ou des salades.

POMMERAIE n.f. Lieu planté de pommiers.

POMMETÉ, E adj. **(= pommetté)** *Hér.* Orné de petites pommes.

POMMETTE n.f.

POMMETTÉ, E adj. → **pommeté.**

POMMIER n.m.

POMOCULTEUR, TRICE n. → **pomiculteur.**

POMOCULTURE n.f.

POMŒRIUM [é] n.m. → **pomerium.**

POMOLOGIE n.f. Partie de l'arboriculture étudiant les fruits à pépins.

POMOLOGIQUE adj.

POMOLOGISTE n.

POMOLOGUE n.

POMPADOUR I adj. et n.m. Dans le style rococo de la marquise de Pompadour.

POMPAGE n.m.

POMPANT, E adj. *Fam.* Fatigant.

POMPE n.f.

POMPÉIEN, ENNE adj. Relatif à Pompéi (Italie).

POMPER v. **10.**

POMPETTE adj. *Fam.* Ivre.

POMPEUR, EUSE n. Ouvrier qui pompe, vidange.

POMPEUSEMENT adv.

POMPEUX, EUSE adj.

POMPIER, ÈRE adj. et n.

POMPIÉRISME n.m. *Bx-arts.* Style pompier, emphatique.

POMPILE n.m. Insecte hyménoptère.

POMPISTE n.

POMPON n.m.

POMPONNER v. **10.**

PONANT n.m. *Litt.* Occident. – Vent d'ouest.

PONANTAIS, E adj. et n. (Marin) des côtes de l'Atlantique.

PONÇAGE n.m.

PONCE adj. et n.f.

PONCEAU, X 1. n.m. et adj. Coquelicot. 2. n.m. Petit pont.

PONCELET n.m. *Phys.* Unité de puissance.

PONCER v. **13.**

PONCEUR, EUSE n.

PONCEUX, EUSE adj. De la nature de la pierre ponce.

PONCHO [p-on-(t)chô] n.m. Manteau d'Amérique du Sud.

PONCIF n.m. Lieu commun, cliché.

PONCTION n.f.

PONCTIONNER v. **10.**

PONCTUALITÉ n.f.

PONCTUATION n.f.

PONCTUEL, ELLE adj.

PONCTUELLEMENT adv.

PONCTUER v. **10.**

PONDAISON n.f. Époque de la ponte chez les oiseaux.

PONDÉRABILITÉ n.f.

PONDÉRABLE adj. Qui peut être pesé.

PONDÉRAL, E, AUX adj. Relatif au poids.

PONDÉRATEUR, TRICE adj.

PONDÉRATION n.f. Modération, juste équilibre.

PONDÉRER v. **12.** Équilibrer.

PONDÉREUX, EUSE adj. et n.m. Très lourd.

PONDEUR, EUSE adj. et n.f.

PONDOIR n.m. Endroit destiné à la ponte.

PONDRE v. **90.**

PONETTE n.f. Jument poney.

PONEY n.m.

PONGÉ n.m. **(= pongée)** Taffetas léger.

PONGÉE n.m. → **pongé.**

PONGIDÉ n.m. Singe anthropoïde, type chimpanzé.

PONGISTE n. Joueur de ping-pong.

PONOT, E adj. Du Puy-en-Velay.

PONT n.m.

PONTAGE n.m. Remplacement par un pont veineux d'un segment artériel obstrué.

PONTE n.m. et n.f.

PONTÉDÉRIA n.m. Plante aquatique d'Amérique du Nord.

PONTÉNÉGRIN, E adj. De Pointe-Noire (Congo).

PONTER v. **10.** Réunir par un pont ou un pontage. – Au jeu, parier contre le banquier.

PONTET n.m. Partie d'une arme à feu.

PONTIER, ÈRE n. Personne qui manœuvre un pont mobile.

PONTIFE n.m.

PONTIFIANT, E adj.

PONTIFICAL, E, AUX adj. et n.m.

PONTIFICAT n.m.

PONTIFIER v. **(p.p.inv.) 15.** Prendre des airs d'importance.

PONTIL [-l] n.m. → **pointil.**

PONTOISIEN, ENNE adj. De Pontoise.

PONTON n.m.

PONTONNIER n.m. Soldat employé à la construction de ponts militaires.

PONTUSEAU, X [z] n.m. Élément de machine à papier.

POOL [poul] n.m. Groupement de producteurs ou de travailleurs.

POP n.m. ou f. et adj. Style musical dérivant du rock et du folk.

POPAH n.m. En Polynésie, Européen, Blanc.

POPCORN n.m.

POPE n.m. Prêtre orthodoxe slave.

POPELINE n.f. Étoffe légère.

POPINÉE n.f. En Nouvelle-Calédonie, femme canaque.

POPLITÉ, E adj. *Anat.* Qui appartient au jarret.

POPOTE adj. et n.f.

POPOTIN n.m.

POPULACE n.f.

POPULACIER, ÈRE adj.

POPULAGE n.m. Renonculacée (souci d'eau).

POPULAIRE adj.

POPULAIREMENT adv.

POPULARISATION n.f.

POPULARISER v. **10.**

POPULARITÉ n.f.

POPULATION n.f.

POPULATIONNISTE adj. Favorable à l'accroissement de la population.

POPULÉUM n.m. *Pharm.* Onguent calmant.

POPULEUX, EUSE adj.

POPULICULTEUR, TRICE n.

POPULICULTURE n.f. Culture du peuplier.

POPULISME n.m. Mouvement littéraire qui s'attache à décrire les milieux populaires.

POPULISTE adj. et n.

POPULO n.m.

POQUER v. **10.** Au jeu de boules, jeter sa boule en l'air pour qu'elle retombe sans rouler. – *Québ.* Marquer de coups, meurtrir.

POQUET n.m. *Agr.* Trou dans lequel on dépose plusieurs semences.

PORACÉ, E adj. **(= porracé)** De la couleur d'un poireau, verdâtre.

PORC n.m.

PORCELAINE n.f.

PORCELAINIER, ÈRE adj. et n.

PORCELET n.m.

PORCHAISON n.f. *Vén.* Saison où le sanglier est gras.

PORCHE n.m.

PORCHER, ÈRE n. Gardien de porcs.

PORCHERIE n.f.

PORCIN, E adj. et n.m.

PORE n.m.

POREUX, EUSE adj.

PORION n.m. Contremaître dans une mine de charbon.

PORNO adj. et n.m.

PORNOGRAPHE n.

PORNOGRAPHIE n.f.

PORNOGRAPHIQUE adj.

POROPHORE n.m. *Chim.* Composé entrant dans la fabrication de matériaux poreux.

POROSITÉ n.f. État de ce qui est poreux.

PORPHYRA n.f. Algue rouge.

PORPHYRE n.m. Roche volcanique.

PORPHYRIE n.f. *Méd.* Trouble du métabolisme.

PORPHYRINE n.f. Constituant de l'hémoglobine et de la chlorophylle.

PORPHYRIQUE adj.

PORPHYROGÉNÈTE adj. et n. *Hist.* (Enfant d'empereur byzantin) né pendant le règne de son père.

PORPHYROÏDE adj. Qui a l'apparence du porphyre.

PORQUE n.f. Pièce de renfort d'une coque de navire.

PORRACÉ, E adj. → **poracé.**

PORREAU, X n.m. *Vx.* Poireau.

PORRECTION n.f. *Rel.* Présentation par l'évêque d'un objet liturgique pour le faire toucher.

PORRIDGE n.m. Bouillie de flocons d'avoine.

PORT n.m.

PORTABILITÉ n.f.

PORTABLE adj. et n.m.

PORTAGE n.m.

PORTAGER v. **17.** *Québ.* Porter (une embarcation) là où l'on ne peut naviguer.

PORTAGEUR n.m.

PORTAIL n.m.

PORTAL, E, AUX adj. *Anat.* Relatif à la veine porte.

PORTANCE n.f. *Aéron.* Poussée verticale de l'air.

PORTANT, E 1. adj. 2. n.m. Montant qui soutient un décor de théâtre.

PORTATIF, IVE adj.

PORTE adj.f. et n.f.

PORTÉ, E adj., n.m. et n.f.

PORTEFAIX n.m. *Vx.* Ouvrier qui portait des fardeaux. - Homme grossier et brutal.

PORTEFEUILLE n.m.

PORTELONE n.m. Porte de chargement d'un navire.

PORTEMANTEAU, X n.m.

PORTEMENT n.m. *Rel. Portement de Croix :* représentation de Jésus portant sa croix.

PORTEMINE n.m.

PORTEMONNAIE n.m.

PORTER [-èr] n.m. Bière brune anglaise.

PORTER n.m. *Chor.* Mouvement au cours duquel le danseur soulève sa partenaire.

PORTER v. **10.**

PORTERIE n.f. Loge de portier, de concierge.

PORTEUR, EUSE adj. et n.

PORTFOLIO n.m. Boîte d'estampes ou de photographies, à tirage limité.

PORTIER, ÈRE adj., n.m. et n.f.

PORTILLON n.m.

PORTION n.f.

PORTIONNABLE adj.

PORTIONNAIRE adj. et n. *Dr.* Qui a droit à une part d'héritage.

PORTIONNER v. **10.** Présenter (un produit alimentaire) en portions individuelles.

PORTIQUE n.m.

PORTLAND [portl-an-d] n.m. *Techn.* Ciment artificiel.

PORTLANDIEN, ENNE n.m. et adj. *Géol., Vx.* Étage du jurassique.

PORTO n.m.

PORTOR n.m. Marbre noir veiné de jaune.

PORTORICAIN, E adj. De Porto Rico (Antilles).

PORTRAIT n.m.

PORTRAITISTE n.

PORTRAITURER v. **10.**

PORTUAIRE adj.

PORTUGAIS, E adj., n.m. et n.f.

PORTULAN n.m. Carte marine des premiers navigateurs.

PORTUNE n.m. Crabe comestible.

POSADA [z] ou [s] n.f. *Vx.* Auberge espagnole.

POSE n.f.

POSÉMENT adv.

POSEMÈTRE n.m. *Phot.* Appareil servant à mesurer le temps de pose.

POSER v. **10.**

POSEUR, EUSE adj. et n.

POSIDONIE n.f. Plante aquatique des côtes méditerranéennes.

POSITIF, IVE adj. et n.m.

POSITION n.f.

POSITIONNEL, ELLE adj.

POSITIONNEMENT n.m.

POSITIONNER v. **10.**

POSITIONNEUR n.m. *Techn.* Appareil de mise en position de pièces mécaniques.

POSITIONNISTE n. Employé de banque qui calcule les positions des comptes.

POSITIVEMENT adv.

POSITIVER v. **10.** Améliorer, rendre positif.

POSITIVISME n.m. *Philos.* Doctrine accordant la priorité à l'expérience et à la connaissance scientifiques.

POSITIVISTE adj. et n.

POSITIVITÉ n.f.

POSITON n.m. (**= positron**) *Phys.* Antiparticule de l'électron.

POSITONIUM n.m. *Phys.* Association momentanée d'un positon et d'un négaton.

POSITRON n.m. → **positon.**

POSITRONIUM n.m. → **positonium.**

POSOLOGIE n.f. Quantité et rythme d'administration d'un médicament prescrit.

POSOLOGIQUE adj.

POSSÉDANT, E adj. et n.

POSSÉDÉ, E adj. et n.

POSSÉDER v. **12.**

POSSESSEUR n.m.

POSSESSEURE n.f. *Québ.* Féminin de *possesseur.*

POSSESSIF, IVE adj. et n.m.

POSSESSION n.f.

POSSESSIONNEL, ELLE adj. *Dr.* Qui marque la possession.

POSSESSIVITÉ n.f. *Psych.* Fait d'être possessif.

POSSESSOIRE adj. *Dr.* Relatif à la possession.

POSSIBILITÉ n.f.

POSSIBLE adj. et n.m.

POSSIBLEMENT adv.

POST n.m. *Inf.* Message publié sur un blog et qui sera enrichi des commentaires postés par les visiteurs.

POSTAGE n.m. Expédition du courrier.

POSTAL, E, AUX adj.

POSTCHÈQUE n.m. (Nom déposé) Chèque de voyages.

POSTCLASSIQUE adj.

POSTCOLONIAL, E, AUX adj.

POSTCOMBUSTION n.f. Combustion supplémentaire qui augmente la poussée d'un turboréacteur.

POSTCOMMUNION n.f. *Rel.* Oraison qui suit la communion.

POSTCOMMUNISME n.m.

POSTCOMMUNISTE adj. et n.

POSTCURE n.f. Surveillance médicale postérieure à un traitement intensif.

POSTDATE n.f. Date postérieure à la date réelle.

POSTDATER v. **10.**

POSTDOC n. *Fam.* Postdoctorant ou postdoctorat.

POSTDOCTORAL, E, AUX adj. (Période) qui suit l'obtention du grade de docteur.

POSTDOCTORANT, E n. Chercheur qui, après son doctorat, fait un stage dans un laboratoire.

POSTDOCTORAT n.m. Stage d'un postdoctorant.

POSTE n.m. et n.f.

POSTÉLECTORAL, E, AUX adj.

POSTER v. **10.**

POSTER [-èr] n.m.

POSTÉRIEUR, E adj. et n.m.

POSTÉRIEUREMENT adv.

POSTERIORI | (A) loc.

POSTÉRIORITÉ n.f.

POSTÉRISER v. **10.** Reproduire en poster.

POSTÉRITÉ n.f.

POSTFACE n.f. Commentaire placé à la fin d'un livre.

POSTFACER v. **13.**

POSTGLACIAIRE adj. Qui suit une période glaciaire.

POSTHITE n.f. *Méd.* Inflammation du prépuce.

POSTHUME adj.

POSTHYPOPHYSE n.f. *Anat.* Lobe postérieur de l'hypophyse.

POSTICHE adj. et n.m. Factice, artificiel.

POSTICHEUR, EUSE n. Fabricant, vendeur de postiches.

POSTIER, ÈRE n.

POSTILLON n.m.

POSTILLONNER v. **(p.p.inv.) 10.**

POSTINDUSTRIEL, ELLE adj.

POSTLUDE n.m. Conclusion d'une pièce musicale.

POSTMODERNE adj. et n.

POSTMODERNISME n.m. Forme d'art contemporain.

POSTMODERNITÉ n.f. Réaction contre la modernité.

POSTNATAL, E (pl. **POSTNATALS** ou **POSTNATAUX**) adj.

POSTOPÉRATOIRE adj.

POSTPÉNAL, E, AUX adj. Qui suit une condamnation pénale.

POSTPOSER v. **10.** *Ling.* Placer après. – *Belg.* Remettre à plus tard.

POSTPOSITION n.f. Préposition placée après le mot qu'elle régit.

POSTPRANDIAL, E, AUX adj. *Méd.* Qui se produit après les repas.

POSTPRODUCTION n.f. *Cin.* Phase qui suit le tournage.

POSTROMANTIQUE adj.

POSTSCOLAIRE adj.

POSTSÉRIEL, ELLE adj. Se dit d'un style musical.

POSTSONORISER v. **10.**

POSTSYNCHRONISER v. **10.**

POSTULANT, E n.

POSTULAT n.m. Principe de base indémontrable.

POSTULATION n.f. *Dr.* Action de postuler.

POSTULER v. **10.** Solliciter (un emploi). – Poser comme postulat. – *Dr.* Représenter un plaideur.

POSTURAL, E, AUX adj. Relatif à la position du corps dans l'espace.

POSTURE n.f.

POT n.m.

POTABILITÉ n.f.

POTABLE adj.

POTACHE n.m. *Fam.* Collégien.

POTAGE n.m.

POTAGER, ÈRE adj. et n.m.

POTALE n.f. *Belg.* Petite niche abritant une statuette.

POTAMOCHÈRE n.m. Porc sauvage d'Afrique.

POTAMOGÉTON n.m. → **potamot.**

POTAMOGÉTONACÉE n.f. Plante aquatique, type potamot.

POTAMOLOGIE n.f. Hydrologie fluviale.

POTAMOT [-o] n.m. Plante herbacée aquatique.

POTARD n.m. *Fam., Vx.* Pharmacien.

POTASSE n.f. Hydroxyde de potassium.

POTASSER v. **10.**

POTASSEUR, EUSE n. Bûcheur.

POTASSIQUE adj.

POTASSIUM n.m. Métal léger, mou et oxydable.

POTE n.m.

POTEAU, X n.m.

POTÉE n.f.

POTELÉ, E adj.

POTELET n.m. Petit poteau.

POTELLE n.f. Petite excavation dans une mine.

POTENCE n.f.

POTENCÉ, E adj. *Hér.* En forme de potence.

POTENTAT n.m. Souverain absolu. – Homme puissant.

POTENTIALISER v. **10.** Rendre (un médicament) plus efficace.

POTENTIALITÉ n.f.

POTENTIEL, ELLE adj. et n.m.

POTENTIELLEMENT adv.

POTENTILLE [-tiy] n.f. Plante des terrains incultes.

POTENTIOMÈTRE n.m. *Électr.* Appareil de mesure des différences de potentiel. – *Électr.* Résistance réglable.

POTERIE n.f.

POTERNE n.f. Porte dérobée dans une fortification.

POTESTATIF, IVE adj. *Dr.* Qui dépend de la volonté des parties contractantes.

POTICHE n.f.

POTIER, ÈRE n.

POTIMARRON n.m. Courge originaire de Chine.

POTIN n.m.

POTINER v. **(p.p.inv.) 10.** *Fam.* Médire.

POTINIER, ÈRE adj. et n.

POTION n.f.

POTIQUET n.m. *Belg.* Petit pot.

POTIRON n.m.

POTLATCH n.m. *Anthr.* Échange de dons entre groupes sociaux rivaux.

POTOMANIE n.f. *Méd.* Besoin de boire beaucoup.

POTOMÈTRE n.m. Appareil pour mesurer la quantité d'eau absorbée par une plante.

POTOROU n.m. Petit mammifère marsupial (rat-kangourou).

POTSDAMIEN, ENNE n.m. et adj. *Géol., Vx.* Étage du primaire.

POTTO n.m. Lémurien arboricole d'Afrique.

POTTOCK [potyok] n.m. **(= pottok)** Poney du Pays basque.

POTTOK [potyok] n.m. → **pottock.**

POTU, E adj. *Helv.* Boudeur, renfrogné.

POU, POUX n.m.

POUACRE adj. et n. *Vx.* Sale et laid. – *Vx.* Avare.

POUAH interj.

POUBELLE n.f.

POUCE n.m. et interj.

POUCER v. **(p.p.inv.) 13.** *Québ.* Faire de l'autostop.

POUCETTES n.f.pl. Chaînette pour attacher ensemble les pouces d'un prisonnier.

POUCEUR, EUSE n. *Québ.* Autostoppeur.

POUCIER n.m. Doigtier pour protéger le pouce.

POUDING [pouding] n.m. **(= pudding).**

POUDINGUE n.m. Roche formée de cailloux cimentés naturellement.

POUDRAGE n.m.

POUDRE n.f.

POUDRER v. **10.**

POUDRERIE n.f.

POUDRETTE n.f. Engrais composé d'excréments broyés.

POUDREUX, EUSE adj. et n.f.

POUDRIER n.m.

POUDRIÈRE n.f.

POUDRIN n.m. Embrun.

POUDROIEMENT n.m.

POUDROYER v. **(p.p.inv.) 27.** S'élever en poussière.

POUET [pwèt] interj. Onomatopée qui évoque le son d'un Klaxon.

POUF n.m. et interj.

POUFFER v. **(p.p.inv.) 10.**

POUFFIASSE n.f. **(= poufiasse).**

POUFIASSE n.f. → **pouffiasse.**

POUGNER v. **(p.p.inv.) 10.** *Helv.* Tricher.

POUH interj. Exprime le mépris, le dégoût.

POUILLARD n.m. Jeune faisan ou jeune perdreau.

POUILLÉ n.m. *Hist.* Registre des biens ecclésiastiques d'une région.

POUILLERIE n.f. Saleté, misère.

POUILLES n.f.pl. *Vx.* Insultes, reproches.

POUILLEUX, EUSE adj. et n.

POUILLOT n.m. Passereau voisin de la fauvette.

POUILLY n.m. Vin blanc.

POUJADISME n.m. Attitude corporatiste revendicative.

POUJADISTE adj. et n.

POULAGA n.m. *Péj.* Policier.

POULAILLER n.m.

POULAIN n.m.

POULAINE n.f. Plateforme située à l'avant d'un navire. – *Anc.* Chaussure à longue pointe relevée.

POULAMON n.m. *Québ.* Petit poisson des chenaux.

POULARD n.m. et adj.m. Variété de blé.

POULARDE n.f. Jeune poule engraissée.

POULBOT n.m. Enfant de Montmartre, effronté et attendrissant.

POULE n.f.

POULET n.m.

POULETTE adj. et n.f.

POULICHE n.f. Jument non adulte.

POULIE n.f.

POULIETHÉRAPIE n.f. Méthode de kinésithérapie utilisant des poids et des poulies.

POULINAGE n.m.

POULINER v. **(p.p.inv.) 10.** Mettre bas, en parlant de la jument.

POULINIÈRE adj.f. et n.f. (Jument) destinée à la reproduction.

POULIOT n.m. Variété médicinale de menthe. – *Agr.* Treuil à l'arrière d'une charrette.

POULOT, OTTE n. Terme d'amitié donné à un enfant.

POULPE n.m.

POULS n.m.

POULSARD n.m. Cépage rouge du Jura.

POUM interj.

POUMON n.m.

POUND [paound] n.m. Unité de poids britannique, valant 454 g (une livre).

POUPARD, E n. Bébé gras et joufflu.

POUPART n.m. Tourteau.

POUPE n.f. Arrière d'un navire.

POUPÉE n.f.

POUPELIN n.m. Pâtisserie constituée de pâte à choux garnie.

POUPIN, E adj. Qui a les traits rebondis.

POUPON, ONNE n.

POUPONNAGE n.m.

POUPONNER v. **10.** Dorloter.

POUPONNIÈRE n.f.

POUPOULE n.f. *Fam.* Terme d'affection, en parlant d'une femme.

POUR ❙ prép. et n.m.

POURBOIRE n.m.

POURCEAU, X n.m. *Litt.* Porc.

POURCENTAGE n.m.

POURCHASSER v. **10.**

POURCOMPTE n.m. Acte garantissant que les marchandises seront vendues pour le compte de l'expéditeur.

POURFENDEUR, EUSE n.

POURFENDRE v. **90.** Fendre d'un coup de sabre. – *Litt.* Attaquer.

POURGHÈRE n.m. ou f. Arbuste tropical.

POURIM n.m. Fête juive.

POURLÉCHER v. **12.**

POURLICHE n.m. *Fam.* Pourboire.

POURPARLER n.m.

POURPIER n.m. Plante charnue, dont une espèce est comestible.

POURPOINT n.m. *Anc.* Vêtement masculin.

POURPRE adj., n.m. et n.f.

POURPRÉ, E adj.

POURPRIN, E adj. *Vx.* Pourpré.

POURQUOI ❙ adv. et n.m.

POURRIDIÉ n.m. Maladie de la vigne et des arbres fruitiers.

POURRIEL n.m. *Québ., Inf.* Courriel publicitaire non sollicité.

POURRIR v. **40.**

POURRISSABLE adj.

POURRISSAGE n.m. Transformation des chiffons en pâte à papier par macération.

POURRISSANT, E adj.

POURRISSEMENT n.m.

POURRISSOIR n.m. Endroit où s'opère le pourrissage.

POURRITURE n.f.

POURSUITE n.f.

POURSUITEUR, EUSE n. *Sp.* Cycliste spécialiste des courses de poursuite.

POURSUIVABLE adj. *Dr.* (Affaire) pouvant faire l'objet de poursuites.

POURSUIVANT, E adj. et n.

POURSUIVEUR n.m.

POURSUIVRE v. **145.**

POURTANT adv.

POURTOUR n.m.

POURVOI n.m. *Dr.* Demande d'annulation d'un jugement introduite auprès d'une juridiction supérieure.

POURVOIR v. **73.**

POURVOIRIE n.f. *Québ.* Entreprise au service des chasseurs et des pêcheurs.

POURVOYEUR, EUSE n. Personne qui fournit quelque chose.

POURVU (QUE) loc.

POUSSAGE n.m. Propulsion d'un ensemble de chalands par un bateau à moteur.

POUSSAH n.m. Figurine lestée qui revient toujours en position verticale. – Homme gros et laid.

POUSSE n.f.

POUSSÉ, E adj. et n.f.

POUSSER v. **10.**

POUSSETTE n.f.

POUSSEUR n.m. Bateau à moteur assurant le poussage.

POUSSIER n.m. Poussière de charbon.

POUSSIÈRE n.f.

POUSSIÉREUX, EUSE adj.

POUSSIF, IVE adj.

POUSSIN n.m.

POUSSINE n.f. *Helv.* Poulette.

POUSSINIÈRE n.f. Cage à poussins.

POUSSIVEMENT adv.

POUSSOIR n.m.

POUTARGUE n.f. → **boutargue.**

POUTINE n.f. Alevins de sardines et d'anchois. - *Québ.* Frites au fromage.

POUTOU n.m. *Fam.* Baiser.

POUTOUNER v. **10.** *Fam.* Dans le Midi, embrasser.

POUTRAGE n.m. Assemblage de poutres.

POUTRAISON n.f. → **poutrage.**

POUTRE n.f.

POUTRELLE n.f.

POUTSER v. **10 (= poutzer)** *Helv.* Nettoyer.

POUTURE n.f. Engraissement du bétail en étable.

POUTZER [-tsé] v. **10.** → **poutser.**

POUVOIR v. déf. (**p.p.inv.** mais **puer** v.) ***76.***

POUVOIR n.m.

POUZZOLANE [(d)z] n.f. Pierre volcanique utilisée en construction.

POYA [po-] n.f. *Helv.* Montée à l'alpage.

PRACRIT [-i] n.m. **(= prakrit)** Langue commune de l'Inde ancienne.

PRACTICE n.m. Terrain ou salle d'entraînement pour le golf.

PRADELLE n.f. Prairie naturelle, dans les pays occitans.

PRAESIDIUM [pré-] n.m. **(= présidium)** *Hist.* Présidence du Conseil suprême des Soviets.

PRAGMATIQUE adj. Fondé sur l'action, l'efficacité.

PRAGMATIQUEMENT adv.

PRAGMATISME n.m. Doctrine selon laquelle la valeur pratique est le critère de la vérité.

PRAGMATISTE adj. et n.

PRAGOIS, E adj. **(= praguois)** De Prague (République tchèque).

PRAGUOIS, E adj. → **pragois.**

PRAÏEN, ENNE adj. De Praia (îles du Cap-Vert).

PRAIRE n.f. Mollusque comestible.

PRAIRIAL, S n.m. Mois du calendrier républicain.

PRAIRIE n.f.

PRAKRIT [-i] n.m. → **pracrit.**

PRALIN n.m. *Agr.* Boue mélangée d'engrais. - Préparation sucrée utilisée en confiserie.

PRALINAGE n.m.

PRALINE n.f. Amande enrobée de sucre cuit. - *Belg.* Bonbon au chocolat.

PRALINÉ, E n.m. et adj. Mélange de chocolat et de pralines.

PRALINER v. **10.** *Agr.* Enrober (une racine, une graine) de pralin. - En confiserie, fourrer, parfumer au pralin.

PRAME n.f. Barque permettant d'accéder à un bateau.

PRANDIAL, E, AUX adj. *Méd.* Relatif aux repas.

PRAO n.m. Bateau de Malaisie à balancier unique.

PRASE n.m. Quartz vert. - Cristal de roche teinté.

PRASÉODYME [z] n.m. Métal jaune clair.

PRATICABILITÉ n.f.

PRATICABLE adj. et n.m.

PRATICIEN, ENNE n.

PRATICITÉ n.f. Caractère de ce qui est pratique.

PRATIQUANT, E adj. et n.

PRATIQUE adj. et n.f.

PRATIQUEMENT adv.

PRATIQUER v. **10.**

PRAXIE n.f. *Psych.* Coordination motrice.

PRAXINOSCOPE n.m. Ancien appareil qui donne l'illusion du mouvement.

PRAXIQUE adj. Relatif à la praxis.

PRAXIS [-s] n.f. *Philos.* Activité volontaire visant à transformer le monde.

PRAXITHÉRAPIE n.f. Thérapeutique par l'activité.

PRÉ n.m.

PRÉACCENTUATION n.f. *Électron.* Augmentation des amplitudes d'un signal.

PRÉACCORD n.m. Accord préalable.

PRÉADAMISME n.m. Doctrine selon laquelle Adam n'est pas le premier homme.

PRÉADAMITE 1. adj. Antérieur à Adam. 2. n. Adepte du préadamisme.

PRÉADAPTATION n.f. *Biol.* Ensemble de caractères rendant une espèce apte à occuper un milieu différent.

PRÉADHÉSION n.f. Phase initiale d'un processus d'adhésion.

PRÉADO n.

PRÉADOLESCENCE n.f.

PRÉADOLESCENT, E n.

PRÉAFFRANCHI, E adj. (Enveloppe) vendue avec l'affranchissement approprié.

PRÉALABLE adj. et n.m.

PRÉALABLEMENT adv.

PRÉALLUMAGE n.m.

PRÉALPIN, E adj. Relatif aux Préalpes.

PRÉAMBULE n.m.

PRÉAMPLI n.m. Amplificateur de tension entre une source et un amplificateur de puissance.

PRÉANNONCE n.f. Signal d'avertissement pour trains rapides.

PRÉAU, X n.m.

PRÉAVIS n.m.

PRÉAVISER v. **10.**

PRÉBENDE n.f. Revenu attaché à une fonction.

PRÉBENDÉ, E adj. et n.m. Qui jouit d'une prébende.

PRÉBENDIER n.m. Titulaire d'une prébende.

PRÉBIOTIQUE adj. Se dit des molécules qui ont rendu possible la vie sur Terre.

PRÉCAIRE adj.

PRÉCAIREMENT adv.

PRÉCAMBRIEN, ENNE n.m. et adj. *Géol.* Première période de l'histoire de la Terre.

PRÉCAMPAGNE n.f. Période précédant une campagne électorale.

PRÉCANCÉREUX, EUSE adj.

PRÉCARISATION n.f.

PRÉCARISER v. **10.** Rendre précaire, peu durable.

PRÉCARITÉ n.f.

PRÉCATIF, IVE adj. Qui exprime la prière.

PRÉCAUTION n.f.

PRÉCAUTIONNER (SE) v. **10.** *Litt.* Prendre des précautions.

PRÉCAUTIONNEUX, EUSE adj.

PRÉCÉDEMMENT adv.

PRÉCÉDENT, E adj. et n.m.

PRÉCÉDER v. **12.**

PRÉCEINTE n.f. *Mar.* Bordage formant ceinture au-dessus de la ligne de flottaison.

PRÉCELLENCE n.f. *Litt.* Supériorité.

PRÉCEPTE n.m.

PRÉCEPTEUR, TRICE n. Éducateur à domicile.

PRÉCEPTORAL, E, AUX adj.

PRÉCEPTORAT n.m.

PRÉCÉRAMIQUE adj. Se dit d'un stade du néolithique.

PRÉCESSION n.f. Mouvement de rotation de l'axe d'un gyroscope autour d'un point fixe.

PRÉCHAMBRE n.f. Chambre auxiliaire dans un moteur à combustion.

PRÉCHAUFFAGE n.m.

PRÉCHAUFFER v. **10.**

PRÉCHAUFFEUR n.m. Four situé en tête d'une installation de raffinage.

PRÊCHE n.m. Sermon.

PRÊCHER v. **10.**

PRÊCHEUR, EUSE adj. et n.

PRÉCIEUSEMENT adv.

PRÉCIEUX, EUSE adj. et n.

PRÉCIOSITÉ n.f.

PRÉCIPICE n.m.

PRÉCIPITAMMENT adv.

PRÉCIPITATION n.f.

PRÉCIPITÉ, E adj. et n.m.

PRÉCIPITER v. **10.**

PRÉCIPUT [-t] n.m. *Dr.* Droit de prélever une partie des biens avant de procéder au partage.

PRÉCIPUTAIRE adj.

PRÉCIS, E adj. et n.m.

PRÉCISÉMENT adv.

PRÉCISER v. **10.**

PRÉCISION n.f.

PRÉCISIONNISME n.m. Tendance à la précision des formes dans la peinture figurative américaine (1920-1930).

PRÉCITÉ, E adj. Cité précédemment.

PRÉCLASSIQUE adj.

PRÉCLINIQUE adj. (Enseignement) qui précède la formation clinique.

PRÉCOCE adj.

PRÉCOCEMENT adv.

PRÉCOCITÉ n.f.

PRÉCOGNITION n.f. Prémonition.

PRÉCOLOMBIEN, ENNE adj. *Hist.* Antérieur à la venue de Christophe Colomb en Amérique.

PRÉCOMBUSTION n.f. Phase précédant la combustion dans un moteur Diesel.

PRÉCOMMANDE n.f. Commande d'un produit avant sa mise sur le marché.

PRÉCOMMANDER v. **10.**

PRÉCOMPTE n.m. Retenue à valoir sur les impôts à payer.

PRÉCOMPTER v. **10.** Retenir à titre de précompte.

PRÉCONCEPTION n.f.

PRÉCONCEVOIR v. **70.**

PRÉCONÇU, E adj.

PRÉCONISATEUR, TRICE n.

PRÉCONISATION n.f.

PRÉCONISER v. **10.** Recommander. – *Rel.* Nommer (un évêque).

PRÉCONISEUR n.m. *Rel.* Celui qui préconise un évêque.

PRÉCONSCIENT, E adj. et n.m. *Psych.* Susceptible de devenir conscient.

PRÉCONTRAINT, E adj., n.m. et n.f. *Techn.* (Béton) traité par compression.

PRÉCORDIAL, E, AUX adj. *Méd.* Situé en avant du cœur.

PRÉCORDIALGIE n.f. *Méd.* Douleur dans la région précordiale.

PRÉCUIRE v. **135.**

PRÉCUISSON n.f.

PRÉCURSEUR adj.m. et n.m.

PRÉCURSEURE adj.f. et n.f. *Québ.* Féminin de *précurseur.*

PRÉDATÉ, E adj.

PRÉDATEUR, TRICE adj. et n.

PRÉDATION n.f.

PRÉDÉCÉDER v. **12.** *Dr.* Mourir avant.

PRÉDÉCÈS n.m. Décès antérieur à celui d'une autre personne.

PRÉDÉCESSEUR n.m.

PRÉDÉCESSEURE n.f. *Québ.* Féminin de *prédécesseur.*

PRÉDÉCOUPER v. **10.**

PRÉDÉFINIR v. **40.**

PRÉDÉLINQUANCE n.f.

PRÉDÉLINQUANT, E n.

PRÉDELLE n.f. *Bx-arts.* Soubassement d'un retable.

PRÉDESTINATION n.f.

PRÉDESTINER v. **10.**

PRÉDÉTERMINANT, E adj.

PRÉDÉTERMINER v. **10.**

PRÉDÉTERMINISME n.m. *Philos.* Doctrine considérant les événements comme prévus par Dieu.

PRÉDICABLE adj. *Log.* Qui peut être appliqué à un sujet.

PRÉDICANT n.m. Prédicateur itinérant.

PRÉDICAT n.m. *Ling.* Élément central de la phrase. – *Ling.* Ancien nom de l'attribut.

PRÉDICATEUR, TRICE n.

PRÉDICATIF, IVE adj. Relatif au prédicat.

PRÉDICATION n.f. Action de prêcher.

PRÉDICTIBILITÉ n.f.

PRÉDICTIBLE adj.

PRÉDICTIF, IVE adj.

PRÉDICTION n.f.

PRÉDIGÉRÉ, E adj.

PRÉDILECTION n.f.

PRÉDIQUER v. **10.** *Ling.* Assortir d'un prédicat.

PRÉDIRE v. **128.**

PRÉDISPOSANT, E adj.

PRÉDISPOSER v. **10.**

PRÉDISPOSITION n.f.

PRÉDOMINANCE n.f.

PRÉDOMINANT, E adj.

PRÉDOMINER v. **(p.p.inv.) 10.**

PRÉÉLECTORAL, E, AUX adj.

PRÉÉLÉMENTAIRE adj. (Enseignement) dispensé en classes maternelles.

PRÉEMBALLÉ, E adj.

PRÉÉMINENCE n.f.

PRÉÉMINENT, E adj.

PRÉEMPTER v. **10.** *Dr.* Faire jouer un droit de préemption pour acquérir (quelque chose).

PRÉEMPTIF, IVE adj. *Dr.* Qui relève de la préemption.

PRÉEMPTION n.f. *Dr.* Priorité accordée à un acheteur potentiel.

PRÉENCOLLÉ, E adj.

PRÉENREGISTRER v. **10.**

PRÉÉTABLIR v. **40.**

PRÉEXCELLENCE n.f. Primauté accordée à l'excellence.

PRÉEXISTANT, E adj.

PRÉEXISTENCE n.f.

PRÉEXISTER v. **(p.p.inv.) 10.**

PRÉFABRICATION n.f.

PRÉFABRIQUER v. **10.**

PRÉFACE n.f.

PRÉFACER v. **13.**

PRÉFACIER, ÈRE n. Auteur d'une préface.

PRÉFECTORAL, E, AUX adj.

PRÉFECTURE n.f.

PRÉFÉRABLE adj.

PRÉFÉRABLEMENT adv.

PRÉFÉRENCE n.f.

PRÉFÉRENTIEL, ELLE adj.

PRÉFÉRER v. **12.**

PRÉFET n.m.

PRÉFÈTE n.f.

PRÉFEUILLAISON n.f. Période qui précède la feuillaison.

PRÉFIGURATION n.f.

PRÉFIGURER v. **10.**

PRÉFINANCEMENT n.m.

PRÉFINANCER v. **13.** Financer (un projet) avant sa réalisation.

PRÉFIX, E adj. *Dr.* Fixé d'avance.

PRÉFIXAL, E, AUX adj. Relatif à un préfixe.

PRÉFIXATION n.f. *Ling.* Adjonction d'un préfixe.

PRÉFIXE n.m.

PRÉFIXER v. **10.** *Ling.* Pourvoir d'un préfixe. – *Dr.* Fixer d'avance.

PRÉFIXION n.f. *Dr.* Fixation d'un délai.

PRÉFLORAISON n.f. *Bot.* Disposition des pièces florales dans le bouton.

PRÉFOLIAISON n.f. *Bot.* Disposition des feuilles dans le bourgeon.

PRÉFOLIATION n.f. → **préfoliaison.**

PRÉFORMAGE n.m. *Text.* Procédé de fabrication.

PRÉFORMATER v. **10.** Formater à l'avance.

PRÉFORMATION n.f. *Biol.* Théorie selon laquelle l'organisme préexiste en miniature dans le germe.

PRÉFORMER v. **10.**

PRÉFORMISME n.m. → **préformation.**

PRÉFOURRIÈRE n.f. Lieu où sont amenées les voitures avant d'être mises en fourrière.

PRÉFRONTAL, E, AUX adj. *Anat.* De l'avant du front.

PRÉGÉNITAL, E, AUX adj. *Psych.* Qualifie un stade de la sexualité infantile.

PRÉGLACIAIRE adj. *Géol.* Qui précède une période glaciaire.

PRÉGNANCE n.f.

PRÉGNANT, E adj. Qui s'impose à l'esprit.

PRÉHELLÉNIQUE adj. *Hist.* Qui précède l'invasion dorienne (XIIe s. av. J.-C.).

PRÉHENSEUR adj.m. Qui sert à la préhension.

PRÉHENSIBLE adj. (Organe) qui peut saisir.

PRÉHENSILE adj. → **préhensible.**

PRÉHENSION n.f. Action de saisir, de prendre.

PRÉHISPANIQUE adj. Précolombien.

PRÉHISTOIRE n.f.

PRÉHISTORIEN, ENNE n.

PRÉHISTORIQUE adj.

PRÉHOMINIEN n.m. Ancêtre de l'homme.

PRÉINDUSTRIEL, ELLE adj.

PRÉINSCRIPTION n.f.

PRÉINSCRIRE v. **130.**

PRÉISLAMIQUE adj.

PRÉJUDICE n.m.

PRÉJUDICIABLE adj.

PRÉJUDICIAUX adj.m.pl. *Dr.* (Frais) à payer avant de faire appel.

PRÉJUDICIÉ, E n. *Belg.* Victime d'un préjudice.

PRÉJUDICIEL, ELLE adj. *Dr.* Qui doit être jugé préalablement par une autre juridiction.

PRÉJUDICIER v. **15.** *Vx.* Léser.

PRÉJUGÉ n.m.

PRÉJUGER v. **17.** Juger prématurément.

PRÉLART n.m. Bâche imperméabilisée.

PRÉLASSER (SE) v. **10.**

PRÉLAT n.m.

PRÉLATIN, E adj. et n.m. Antérieur à la civilisation latine.

PRÉLATURE n.f. Dignité de prélat.

PRÉLAVAGE n.m.

PRÉLAVER v. **10.**

PRÊLE ou **PRÈLE** n.f. Plante des lieux humides.

PRÉLEGS [-lè(g)] n.m. Legs à prélever avant le partage.

PRÉLÈVEMENT n.m.

PRÉLEVER v. **11.**

PRÉLIMINAIRE adj. et n.m.

PRÉLOGIQUE adj. *Psych.* (Stade de l'enfance) qui ne respecte pas encore les règles de la logique.

PRÉLUDE n.m.

PRÉLUDER v. **(p.p.inv.) 10.** Se produire préalablement à un autre événement.

PRÉMÂCHÉ, E adj. *Fam.* Facilement compréhensible.

PRÉMATURÉ, E adj. et n.

PRÉMATURÉMENT adv.

PRÉMATURITÉ n.f.

PRÉMÉDICATION n.f. *Méd.* Traitement préalable à une opération.

PRÉMÉDIQUER v. **10.**

PRÉMÉDITATION n.f.

PRÉMÉDITER v. **10.**

PRÉMÉNOPAUSE n.f.

PRÉMENSTRUEL, ELLE adj. *Méd.* Qui précède la période des règles.

PRÉMICES n.f.pl. Commencement, début.

PREMIER, ÈRE adj. et n.

PREMIÈREMENT adv.

PRÉMILITAIRE adj.

PRÉMISSE n.f. Fait dont découle une conséquence.

PREMIUM [prémyom] n.m. En Bourse, prix d'une option.

PRÉMIX n.m. Mélange de soda et d'alcool.

PRÉMOLAIRE n.f. Dent située entre la canine et les molaires.

PRÉMONITION n.f.

PRÉMONITOIRE adj.

PRÉMONTRÉ, E n. Membre d'un ordre de chanoines réguliers.

PRÉMOURANT, E n. *Dr.* Personne qui meurt la première.

PRÉMUNIR v. **40.**

PRÉMUNITION n.f. *Méd.* Résistance à l'infection.

PRENABLE adj.

PRENANT, E adj.

PRÉNATAL, E (pl. **PRÉNATALS** ou **PRÉNATAUX**) adj.

PRENDRE v. **91.**

PRENEUR, EUSE adj. et n.

PRÉNOM n.m.

PRÉNOMMER v. **10.**

PRÉNOTATION n.f.

PRÉNOTER v. **10.** Notifier (une opération bancaire) avant sa réalisation.

PRÉNOTION n.f. *Philos.* Connaissance spontanée précédant toute réflexion.

PRÉNUPTIAL, E, AUX adj.

PRÉOBJECTAL, E, AUX adj. *Psych.* (Stade) qui précède la distinction sujet-objet.

PRÉOBLITÉRÉ adj.m. et n.m. (Timbre) oblitéré à l'avance.

PRÉOCCUPANT, E adj.

PRÉOCCUPATION n.f.

PRÉOCCUPER v. **10.**

PRÉŒDIPIEN, ENNE [préé-] adj. *Psych.* Antérieur au stade du complexe d'Œdipe.

PRÉOLYMPIQUE adj.

PRÉOPÉRATOIRE adj. *Chir.* Qui précède une intervention.

PRÉORAL, E, AUX adj. *Zool.* Situé en avant de la bouche.

PRÉPA n.f. *Fam.* Classe préparatoire.

PRÉPAIEMENT n.m.

PRÉPALATAL, E, AUX adj. *Phon.* (Phonème) articulé en avant du palais (*ch* et *j*, par exemple).

PRÉPARATEUR, TRICE n.

PRÉPARATIF n.m.

PRÉPARATION n.f.

PRÉPARATOIRE adj.

PRÉPARER v. **10.**

PRÉPAYER v. **24.**

PRÉPENSION n.f. *Belg.* Préretraite.

PRÉPENSIONNER v. **10.** *Belg.* Mettre à la préretraite.

PRÉPONDÉRANCE n.f.

PRÉPONDÉRANT, E adj.

PRÉPOSÉ, E n.

PRÉPOSER v. **10.**

PRÉPOSITIF, IVE adj. *Ling.* Relatif à une préposition.

PRÉPOSITION n.f.

PRÉPOSITIONNEL, ELLE adj. → **prépositif.**

PRÉPOSITIVEMENT adv.

PRÉPOTENCE n.f. *Vx.* Toute-puissance.

PRÉPRESSE n.m. *Impr.* Ensemble des opérations informatiques préalables à l'impression.

PRÉPRODUCTION n.f. Étape qui précède le tournage d'un film.

PRÉPROGRAMMÉ, E adj. (Ordinateur) programmé à l'avance.

PRÉPSYCHOSE n.f. *Psych.* État pathologique pouvant évoluer vers une psychose.

PRÉPSYCHOTIQUE adj. et n.

PRÉPUBÈRE adj.

PRÉPUBERTÉ n.f.

PRÉPUBLICATION n.f. Publication d'un texte dans un périodique, avant sa parution définitive en volume.

PRÉPUCE n.m. *Anat.* Peau qui recouvre le gland de la verge.

PRÉPUTIAL, E, AUX adj.

PRÉRAPHAÉLISME n.m. Mouvement pictural anglais du XIXe s. prônant l'imitation des prédécesseurs de Raphaël.

PRÉRAPHAÉLITE adj. et n.

PRÉRAPPORT n.m.

PRÉRASAGE n.m.

PRÉRÉFLEXIF, IVE adj. *Philos.* (Forme de conscience) qui accompagne spontanément la connaissance.

PRÉRÉGLABLE adj.

PRÉRÉGLAGE n.m.

PRÉRÉGLER v. **12.**

PRÉREINE n.f. Larve d'abeille ayant reçu tardivement une alimentation de reine.

PRÉREMPLI, E adj.

PRÉRENTRÉE n.f. Période qui précède la rentrée scolaire.

PRÉREQUIS, E n.m. et adj. Connaissances préalables exigées.

PRÉRETRAITE n.f.

PRÉRETRAITÉ, E n.

PRÉROGATIVE n.f.

PRÉROMAN, E adj. Qui précède l'art roman.

PRÉROMANTIQUE adj.

PRÉROMANTISME n.m.

PRÈS adv.

PRÉSAGE n.m.

PRÉSAGER v. **17.**

PRÉSALAIRE n.m. Salaire qui, selon certains, devrait être versé aux étudiants.

PRÉSALÉ n.m. Mouton élevé dans les prés voisins de la mer.

PRÉSANCTIFIÉ, E adj. et n.m. *Rel.* Consacré d'avance.

PRESBYACOUSIE n.f. Surdité progressive due à l'âge.

PRESBYOPHRÉNIE n.f. *Psych.* Forme de démence sénile.

PRESBYOPIE n.f. Presbytie.

PRESBYTE adj. et n. Qui voit mal de près, par défaut d'accommodation.

PRESBYTÉRAL, E, AUX adj. Qui concerne le prêtre.

PRESBYTÈRE n.m.

PRESBYTÉRIAT n.m. Classe des prêtres, chez les premiers chrétiens.

PRESBYTÉRIEN, ENNE n. et adj. Protestant calviniste.

PRESBYTIE n.f.

PRESCIENCE n.f. Connaissance de l'avenir.

PRESCIENT, E adj.

PRÉSCIENTIFIQUE adj. Antérieur à l'apparition de la science.

PRÉSCOLAIRE adj.

PRESCRIPTEUR, TRICE n. Personne qui recommande un produit, des soins.

PRESCRIPTIBLE adj.

PRESCRIPTIF, IVE adj.

PRESCRIPTION n.f.

PRESCRIRE v. **130.**

PRÉSÉANCE n.f. Droit d'être placé avant les autres.

PRÉSÉLECTEUR n.m.

PRÉSÉLECTION n.f.

PRÉSÉLECTIONNER v. **10.**

PRÉSENCE n.f.

PRÉSÉNESCENCE n.f. *Méd.* Période de régression physiologique.

PRÉSÉNILE adj.

PRÉSENT, E adj. et n.

PRÉSENTABLE adj.

PRÉSENTATEUR, TRICE n.

PRÉSENTATIF n.m. *Ling.* Mot ou expression qui met en relief une phrase.

PRÉSENTATION n.f.

PRÉSENTEMENT adv.

PRÉSENTER v. **10.**

PRÉSENTIEL, ELLE adj. et n.m. (Formation) fondée sur la présence simultanée du formateur et des personnes formées.

PRÉSENTOIR n.m.

PRÉSÉRIE n.f. Série limitée précédant la production en série proprement dite.

PRÉSERVATEUR, TRICE adj.

PRÉSERVATIF, IVE adj. et n.m.

PRÉSERVATION n.f.

PRÉSERVER v. **10.**

PRÉSIDENCE n.f.

PRÉSIDENT, E n.

PRÉSIDENTIABLE adj. et n.

PRÉSIDENTIALISER v. **10.** *Pol.* Doter (un chef d'État) de pouvoirs accrus.

PRÉSIDENTIEL, ELLE adj. et n.f.pl.

PRÉSIDER v. **10.**

PRÉSIDIAL, E, AUX 1. n.m. *Hist.* Tribunal d'appel créé en 1552 par Henri II. 2. adj. Relatif à un présidial.

PRÉSIDIALITÉ n.f. *Hist.* Juridiction d'un présidial.

PRÉSIDIUM n.m. → **praesidium.**

PRÉSOCRATIQUE [s] adj. et n.m. (Philosophe grec) antérieur à Socrate.

PRÉSOMPTIF, IVE adj. (Héritier) appelé à succéder.

PRÉSOMPTION n.f. Jugement fondé sur des indices et non sur des preuves. – Haute opinion de soi.

PRÉSOMPTUEUX, EUSE adj. et n.

PRÉSONORISATION n.f. Play-back.

PRÉSONORISER v. **10.**

PRESQUE adv.

PRESSAGE n.m.

PRESSANT, E adj.

PRESSE n.f.

PRESSENTIMENT n.m.

PRESSENTIR v. **44.**

PRESSER v. **10.**

PRESSEUR, EUSE adj. *Techn.* Qui exerce une pression.

PRESSIER n.m. Ouvrier qui travaille à une presse.

PRESSING n.m. Établissement où l'on nettoie et repasse les vêtements.

PRESSION n.f.

PRESSIONNÉ, E adj. (Vêtement) fermé par des boutons-pression.

PRESSOIR n.m.

PRESSOSTAT n.m. Dispositif servant à maintenir une pression constante.

PRESSPAHN n.m. *Électr.* Matériau servant d'isolant.

PRESSURAGE n.m.

PRESSURER v. **10.** Presser pour extraire le jus. – Exploiter (quelqu'un).

PRESSUREUR, EUSE n. Exploiteur.

PRESSURISATION n.f.

PRESSURISER v. **10.** *Aéron.* Maintenir à une pression normale.

PRESTANCE n.f.

PRESTANT n.m. *Mus.* Série de tuyaux d'orgue sur laquelle s'accordent les autres.

PRESTATAIRE n.

PRESTATION n.f.

PRESTE adj. Rapide et agile.

PRESTEMENT adv.

PRESTER v. **10.** *Belg.* Fournir, accomplir (une prestation).

PRESTESSE n.f. Qualité d'une personne preste.

PRESTIGE n.m.

PRESTIGIEUX, EUSE adj.

PRESTISSIMI | → **prestissimo.**

PRESTISSIMO (pl. **PRESTISSIMI** ou **PRESTISSIMOS**) n.m. et adv. *Mus.* Morceau très rapide.

PRESTO 1. n.m. *Mus.* Mouvement rapide. 2. adv. *Mus.* Vite.

PRÉSTRATÉGIQUE adj. *Mil.* (Armement) nucléaire tactique.

PRÉSUMABLE adj.

PRÉSUMER v. **10.**

PRÉSUPPOSER v. **10.**

PRÉSUPPOSITION n.f.

PRÉSURE n.f. Enzyme qui fait cailler le lait.

PRÉSURER v. **10.** Cailler au moyen de la présure.

PRÊT, PRÊTE adj. et n.m.

PRÊTABLE adj.

PRÉTANTAINE **I** n.f. *Courir la prétantaine :* vagabonder, chercher l'aventure galante.

PRÉTENDANT, E n.

PRÉTENDRE v. **90.**

PRÉTENDU, E adj.

PRÉTENDUMENT adv.

PRÉTENSIONNEUR n.m. Dispositif qui tend une ceinture de sécurité.

PRÉTENTAINE **I** n.f. → **prétantaine.**

PRÉTENTIARD, E adj. et n. *Fam.* Prétentieux.

PRÉTENTIEUX, EUSE adj. et n.

PRÉTENTION n.f.

PRÊTER v. **10.**

PRÉTÉRIT [-t] n.m. *Ling.* Temps passé de l'anglais et de l'allemand.

PRÉTÉRITER v. **10.** *Helv.* Désavantager, léser.

PRÉTÉRITION n.f. *Rhét.* Procédé par lequel on feint de ne pas vouloir dire ce qu'en fait on dit clairement.

PRÉTEST n.m. Test préalable, en publicité.

PRÉTEUR n.m. *Antiq. rom.* Magistrat.

PRÊTEUR, EUSE adj. et n.

PRÉTEXTE 1. n.m. 2. n.f. et adj.f. *Antiq. rom.* Toge portée par les magistrats et les adolescents.

PRÉTEXTER v. **10.**

PRETINTAILLE n.f. *Anc.* Ornement du vêtement féminin.

PRÉTIRER v. **10.** Tirer (une donne de bridge, une partie de Scrabble) à l'avance.

PRÉTOIRE n.m. Salle d'audience d'un tribunal.

PRÉTORIAL, E, AUX adj. Relatif au prétoire ou au préteur.

PRÉTORIEN, ENNE 1. adj. Relatif au préteur. 2. adj. et n.m. *Antiq. rom.* (Soldat) attaché à la garde de l'empereur.

PRÊTRAILLE n.f. *Péj., Vx.* Le clergé.

PRÉTRAITÉ, E adj.

PRÉTRAITEMENT n.m.

PRÉTRANCHÉ, E adj.

PRÊTRE n.m.

PRÊTRESSE n.f.

PRÊTRISE n.f.

PRÉTURE n.f. Charge de préteur.

PREUVE n.f.

PREUX adj.m. et n.m. *Vx.* Brave.

PRÉVALENCE n.f. Proportion de cas de maladie dans une population et dans un temps donnés.

PRÉVALENT, E adj. Prédominant.

PRÉVALOIR v. **79.**

PRÉVARICATEUR, TRICE adj. et n.

PRÉVARICATION n.f.

PRÉVARIQUER v. **(p.p.inv.) 10.** Manquer aux devoirs de sa charge.

PRÉVENANCE n.f.

PRÉVENANT, E adj.

PRÉVENIR v. **42.**

PRÉVENTE n.f. Vente anticipée.

PRÉVENTEUR n.m. Spécialiste de la prévention des accidents.

PRÉVENTIF, IVE adj.

PRÉVENTION n.f.

PRÉVENTIVEMENT adv.

PRÉVENTOLOGIE n.f. Étude des possibilités de prévention des accidents et maladies.

PRÉVENTORIUM n.m. Établissement de soins pour les personnes menacées de tuberculose.

PRÉVENU, E n.

PRÉVERBE n.m. *Ling.* Préfixe apposé devant un verbe.

PRÉVISIBILITÉ n.f.

PRÉVISIBLE adj.

PRÉVISION n.f.

PRÉVISIONNEL, ELLE adj.

PRÉVISIONNISTE n. Spécialiste de la prévision économique.

PRÉVOIR v. **72.**

PRÉVÔT n.m. *Hist.* Magistrat.

PRÉVÔTAL, E, AUX adj.

PRÉVÔTÉ n.f. Fonction, juridiction de prévôt.

PRÉVOYANCE n.f.

PRÉVOYANT, E adj.

PRÉVU, E adj. et n.m.

PRIABONIEN, ENNE n.m. et adj. *Géol.* Étage de l'éocène.

PRIANT, E n. et adj. Statue d'un personnage en prière.

PRIAPÉE n.f. *Antiq.* Fête en l'honneur de Priape. – Poésie licencieuse.

PRIAPIQUE adj. *Méd.* Relatif au priapisme.

PRIAPISME n.m. *Méd.* Érection persistante et douloureuse.

PRIER v. **15.**

PRIÈRE n.f.

PRIEUR, E n. et adj. Supérieur de couvent.

PRIEURAL, E, AUX adj. Qui concerne un prieur.

PRIEURÉ n.m. Communauté religieuse dirigée par un prieur. – Église de cette communauté.

PRIMAGE n.m. *Techn.* Entraînement d'eau par la vapeur, dans une chaudière.

PRIMAIRE adj., n.m. et n.f.

PRIMAL, E, AUX adj. *Psych.* (Thérapie) qui se propose de guérir les névroses au moyen de cris.

PRIMARITÉ n.f. Caractère de ce qui est primaire ou premier.

PRIMAT n.m. Titre honorifique de certains évêques.

PRIMATE n.m.

PRIMATIAL, E, AUX [s] 1. adj. Relatif au primat. 2. n.f. Église d'un primat.

PRIMATIE [-si] n.f. Dignité de primat.

PRIMATOLOGIE n.f. Étude des primates.

PRIMATOLOGUE n.

PRIMATURE n.f. *Afr., Pol.* Services du Premier ministre.

PRIMAUTÉ n.f.

PRIME adj. et n.f.

PRIMER v. **10.**

PRIMEROSE n.f. Rose trémière.

PRIMESAUTIER, ÈRE adj. Au comportement spontané.

PRIMEUR n.f.

PRIMEURISTE n. Cultivateur, marchand de primeurs.

PRIMEVÈRE n.f.

PRIMIDI n.m. Premier jour de la décade, dans le calendrier républicain.

PRIMIGESTE adj. et n.f. (Femme) enceinte pour la première fois.

PRIMIPARE adj. et n.f. Qui met au monde pour la première fois.

PRIMIPARITÉ n.f.

PRIMIPILAIRE n.m. → **primipile.**

PRIMIPILE n.m. *Antiq. rom.* Premier centurion d'une légion.

PRIMITIF, IVE adj. et n.m.

PRIMITIVEMENT adv.

PRIMITIVISME n.m. Caractère des sociétés primitives.

PRIMO adv.

PRIMOACCÉDANT, E n. Personne qui accède pour la première fois à la propriété.

PRIMODÉLINQUANT, E n. Délinquant appréhendé pour la première fois.

PRIMOGÉNITURE n.f. *Dr.* Antériorité de naissance entraînant certains droits.

PRIMORDIAL, E, AUX adj.

PRIMULACÉE n.f. Plante dicotylédone, type primevère.

PRINCE n.m.

PRINCEPS [-s] adj. Se dit de la première édition d'un ouvrage.

PRINCESSE n.f.

PRINCIER, ÈRE adj.

PRINCIÈREMENT adv.

PRINCIPAL, E, AUX adj. et n.m.

PRINCIPALAT n.m. Fonction de principal dans un collège.

PRINCIPALEMENT adv.

PRINCIPAT n.m. Dignité de prince.

PRINCIPAUTÉ n.f.

PRINCIPE n.m.

PRINCIPIEL, ELLE adj. Qui relève d'un principe essentiel.

PRINTANIER, ÈRE adj.

PRINTANISATION n.f. *Agr.* Traitement de graines par le froid pour provoquer une floraison précoce.

PRINTEMPS n.m.

PRIODONTE n.m. Tatou géant de l'Amérique du Sud.

PRION n.m. *Biol.* Particule infectieuse capable de se multiplier.

PRIORAT n.m. Fonction de prieur.

PRIORI | (A) loc.

PRIORISATION n.f.

PRIORISER v. **10.** Classer (des tâches) par ordre de priorité.

PRIORITAIRE adj. et n.

PRIORITAIREMENT adv.

PRIORITÉ n.f.

PRIS, PRISE adj. et n.f.

PRISCILLIANISME n.m. Doctrine fondée par Priscillien (évêque espagnol du IVe s.) et prônant l'ascétisme.

PRISER v. **10.** *Litt.* Apprécier. – Aspirer (du tabac) par le nez.

PRISEUR, EUSE n. Personne qui prise du tabac.

PRISMATIQUE adj. Relatif au prisme.

PRISME n.m. *Math.* Polyèdre dont les deux bases sont des polygones égaux et parallèles.

PRISON n.f.

PRISONNIER, ÈRE adj. et n.

PRISUNIC n.m. (Nom déposé).

PRIVADOIS, E adj. De Privas.

PRIVATDOCENT [privados-in-t] n.m. Professeur d'université qui donne un cours libre (Allemagne, Autriche, Suisse).

PRIVATDOZENT [privados-in-t] n.m. → **privatdocent.**

PRIVATIF, IVE adj. *Dr.* Exclusif. – *Ling.* Qui marque la privation.

PRIVATION n.f.

PRIVATIQUE n.f. Utilisation de supports de communication indépendamment d'un réseau officiel.

PRIVATISABLE adj. et n.f.

PRIVATISATION n.f.

PRIVATISER v. **10.**

PRIVATISTE n. Spécialiste du droit privé.

PRIVAUTÉ n.f. Familiarité.

PRIVÉ, E adj. et n.m.

PRIVER v. **10.**

PRIVILÈGE n.m.

PRIVILÉGIER v. **15.**

PRIX n.m.

PRO n. et adj. *Fam.* Professionnel.

PROACTIF, IVE adj. *Psych.* Qui a un effet sur quelque chose qui vient après.

PROBA n.f. *Fam., Math.* Probabilité.

PROBABILISME n.m. *Philos.* Doctrine selon laquelle il n'existe pas de vérité absolue, mais seulement des opinions plus ou moins probables.

PROBABILISTE adj. et n.

PROBABILITÉ n.f.

PROBABLE adj.

PROBABLEMENT adv.

PROBANT, E adj. Convaincant.

PROBATION n.f. *Rel.* Temps qui précède le noviciat. – *Dr.* Suspension conditionnelle d'une peine.

PROBATIONNAIRE n. *Dr.* Condamné soumis à la probation.

PROBATIQUE adj.f. *Antiq.* (Piscine) destinée à la purification des victimes offertes en sacrifice.

PROBATOIRE adj. Relatif à la probation.

PROBE adj. Honnête.

PROBIOTIQUE n.m. et adj. Supplément alimentaire contenant des microorganismes.

PROBITÉ n.f.

PROBLÉMATIQUE adj. et n.f.

PROBLÉMATISER v. **10.** Transformer en problème général.

PROBLÈME n.m.

PROBLÉMISTE n. Personne qui compose des problèmes, des jeux.

PROBOSCIDIEN n.m. Mammifère ongulé muni d'une trompe, type éléphant.

PROCAÏNE n.f. Anesthésiant local.

PROCARYOTE adj. et n.m. *Biol.* (Être unicellulaire) dont le noyau et le cytoplasme ne sont pas séparés.

PROCÉDÉ n.m.

PROCÉDER v. **(p.p.inv.) 12.**

PROCÉDURAL, E, AUX adj.

PROCÉDURE n.f.

PROCÉDURIER, ÈRE adj. et n. Qui aime la chicane.

PROCÈS n.m.

PROCESS n.m. Processus de fabrication.

PROCESSEUR n.m. Organe d'un ordinateur qui interprète et exécute.

PROCESSIF, IVE adj. et n. Procédurier. – *Psych.* Pathologiquement revendicatif.

PROCESSION n.f.

PROCESSIONNAIRE adj. et n.f. Se dit de chenilles qui se déplacent en file indienne.

PROCESSIONNAL, AUX n.m. *Rel.* Recueil des prières récitées aux processions.

PROCESSIONNEL, ELLE adj. Relatif aux processions.

PROCESSUS n.m.

PROCHAIN, E adj., n.m. et n.f.

PROCHAINEMENT adv.

PROCHE adj. et n.m.

PROCHINOIS, E n. et adj. Partisan de la Chine.

PROCHORDÉ [k] n.m. **(= procordé)** Petit animal marin.

PROCIDENCE n.f. *Méd.* Descente d'un organe ou d'une partie anatomique.

PROCLAMATEUR, TRICE n.

PROCLAMATION n.f.

PROCLAMER v. **10.**

PROCLISE n.f. Prononciation d'un mot comme s'il faisait partie du mot suivant.

PROCLITIQUE adj. et n.m.

PROCLIVE adj. *Zool.* (Incisive inférieure) inclinée vers l'avant.

PROCONSUL n.m. *Antiq. rom.* Consul gouvernant une province.

PROCONSULAIRE adj.

PROCONSULAT n.m.

PROCORDÉ n.m. → **prochordé.**

PROCRASTINATION n.f.

PROCRASTINER v. **10.** *Litt.* Remettre au lendemain.

PROCRÉATEUR, TRICE adj. et n.

PROCRÉATIF, IVE adj.

PROCRÉATION n.f.

PROCRÉATIQUE n.f. Science de la procréation artificielle.

PROCRÉER v. **16.**

PROCTALGIE n.f. Douleur anale.

PROCTITE n.f. Inflammation du rectum.

PROCTOLOGIE n.f. *Méd.* Spécialité qui traite des maladies du rectum et de l'anus.

PROCTOLOGIQUE adj.

PROCTOLOGUE n.

PROCTORRHÉE n.f. *Méd.* Écoulement anal.

PROCURATEUR n.m. *Hist.* Magistrat de l'Empire romain et des Républiques de Gênes et de Venise.

PROCURATIE [-si] n.f. *Hist.* Palais des procurateurs, à Venise.

PROCURATION n.f.

PROCURATOIRE adj. Relatif à une procuration.

PROCURATRICE n.f. *Dr.* Femme agissant en vertu d'une procuration.

PROCURER v. **10.**

PROCUREUR, E n.

PROCYONIDÉ n.m. Mammifère carnivore, type raton laveur.

PRODIGALITÉ n.f.

PRODIGE n.m.

PRODIGIEUSEMENT adv.

PRODIGIEUX, EUSE adj.

PRODIGUE adj. et n.

PRODIGUER v. **10.**

PRODROME n.m. Signe avant-coureur.

PRODROMIQUE adj.

PRODUCTEUR, TRICE adj. et n.

PRODUCTIBILITÉ n.f.

PRODUCTIBLE adj.

PRODUCTIF, IVE adj.

PRODUCTION n.f.

PRODUCTIQUE n.f. Ensemble des méthodes visant à accroître la productivité.

PRODUCTIVISME n.m.

PRODUCTIVISTE adj.

PRODUCTIVITÉ n.f.

PRODUIRE v. **135.**

PRODUIT n.m.

PROÈDRE n.m. *Antiq. gr.* Président d'une assemblée.

PROÉMINENCE n.f.

PROÉMINENT, E adj.

PROF n.

PROFANATEUR, TRICE adj. et n.

PROFANATION n.f.

PROFANE adj. et n.

PROFANER v. **10.**

PROFECTIF, IVE adj. *Dr.* Qui provient des ascendants.

PROFÉRER v. **12.**

PROFÈS [-è], **PROFESSE** adj. et n. (Religieux) qui a prononcé ses vœux.

PROFESSER v. **10.**

PROFESSEUR, E n.

PROFESSION n.f.

PROFESSIONNEL, ELLE adj. et n.

PROFESSORAL, E, AUX adj.

PROFESSORAT n.m.

PROFIL n.m.

PROFILAGE n.m.

PROFILÉ, E adj. et n.m.

PROFILER v. **10.**

PROFILEUR, EUSE n. Personne qui établit le profil psychologique d'un criminel.

PROFILOGRAPHE n.m. Appareil enregistrant le profil d'une chaussée.

PROFIT n.m.

PROFITABILITÉ n.f.

PROFITABLE adj.

PROFITABLEMENT adv.

PROFITANT, E adj. *Fam.* Qui procure un profit.

PROFITER v. **(p.p.inv.) 10.**

PROFITEROLE n.f. Petit chou glacé arrosé de chocolat chaud.

PROFITEUR, EUSE n.

PROFOND, E adj. et adv.

PROFONDÉMENT adv.

PROFONDEUR n.f.

PROFUS, E adj. *Litt.* Abondant.

PROFUSÉMENT adv.

PROFUSION n.f.

PROGÉNITURE n.f.

PROGÉNOTE n.m. Ancêtre hypothétique de certains êtres vivants.

PROGERIA [jé] n.f. Maladie génétique provoquant un vieillissement prématuré du corps de l'enfant.

PROGESTATIF, IVE adj. et n.m. *Biol.* (Substance) qui favorise la gestation.

PROGESTÉRONE n.f. Hormone progestative.

PROGICIEL n.m. *Inf.* Programme d'intérêt général.

PROGLOTTIS [-s] n.m. *Zool.* Anneau d'un ver cestode.

PROGNATHE [gn] adj. et n. Qui a les mâchoires proéminentes.

PROGNATHISME [gn] n.m.

PROGRAMMABLE adj.

PROGRAMMATEUR, TRICE adj. et n.

PROGRAMMATHÈQUE n.f. Ensemble de programmes informatiques.

PROGRAMMATION n.f.

PROGRAMMATIQUE adj. Qui concerne un programme.

PROGRAMME n.m.

PROGRAMMER v. **10.**

PROGRAMMEUR, EUSE n. *Inf.* Spécialiste de la mise au point de programmes.

PROGRAMMISTE n. Personne qui programme un chantier.

PROGRÈS n.m.

PROGRESSER v. **(p.p.inv.) 10.**

PROGRESSIF, IVE adj.

PROGRESSION n.f.

PROGRESSISME n.m.

PROGRESSISTE adj. et n. Qui a des idées politiques et sociales avancées.

PROGRESSIVEMENT adv.

PROGRESSIVITÉ n.f.

PROHIBER v. **10.**

PROHIBITIF, IVE adj.

PROHIBITION n.f.

PROIE n.f.

PROJECTEUR n.m.

PROJECTIF, IVE adj. Se dit des propriétés conservées par une figure géométrique, quand on la projette sur un plan.

PROJECTILE n.m.

PROJECTION n.f.

PROJECTIONNISTE n. Technicien chargé de la projection des films.

PROJECTURE n.f. *Arch.* Saillie.

PROJET n.m.

PROJETABLE adj. (Unité militaire) capable d'intervenir rapidement et à longue distance.

PROJETER v. **20** (je projette...).

PROJETEUR, EUSE n. Technicien qui établit des projets.

PROJO n.m. *Fam.* Projecteur.

PROLABÉ, E adj. *Méd.* Atteint de prolapsus.

PROLACTINE n.f. Hormone de la lactation.

PROLAMINE n.f. Protéine végétale.

PROLAN n.m. Substance produite par le placenta pendant la grossesse.

PROLAPSUS n.m. *Méd.* Descente d'un organe.

PROLÉGOMÈNES n.m.pl. Longue introduction d'un ouvrage. – Notions préliminaires à une science.

PROLEPSE n.f. *Rhét.* Procédé consistant à réfuter par avance une objection.

PROLÉTAIRE adj. et n.

PROLÉTARIAT n.m.

PROLÉTARIEN, ENNE adj.

PROLÉTARISATION n.f.

PROLÉTARISER v. **10.**

PROLIFÉRANT, E adj.

PROLIFÉRATIF, IVE adj.

PROLIFÉRATION n.f.

PROLIFÉRER v. **(p.p.inv.) 12.**

PROLIFICITÉ n.f.

PROLIFIQUE adj.

PROLIGÈRE adj. Qui porte un germe.

PROLINE n.f. Acide aminé.

PROLIXE adj. Bavard.

PROLIXEMENT adv.

PROLIXITÉ n.f.

PROLO n. *Fam.* Prolétaire.

PROLOG n.m. *Inf.* Langage de programmation utilisé en intelligence artificielle.

PROLOGUE n.m.

PROLONGATEUR, TRICE adj. et n. Qui prolonge.

PROLONGATION n.f.

PROLONGE n.f. Corde pour l'arrimage de marchandises. – *Mil.* Remorque servant au transport des munitions.

PROLONGEMENT n.m.

PROLONGER v. **17.**

PROMENADE n.f.

PROMENER v. **11.**

PROMENEUR, EUSE n.

PROMENOIR n.m.

PROMESSE n.f.

PROMÉTHAZINE n.f. *Pharm.* Antihistaminique.

PROMÉTHÉEN, ENNE adj. Relatif à Prométhée et à son mythe.

PROMÉTHÉUM n.m. Métal rare.

PROMÉTHIUM n.m. → **prométhéum.**

PROMETTEUR, EUSE adj.

PROMETTRE v. **101.**

PROMEUS, PROMEUT, PROMEUVE... → **promouvoir 85.**

PROMIS, E adj. et n.

PROMISCUE adj.f. *Dr.* Qui a le caractère de la promiscuité ou de la communauté.

PROMISCUITÉ n.f.

PROMO n.f. *Fam.* Promotion.

PROMONTOIRE n.m.

PROMOTEUR, TRICE n.

PROMOTION n.f.

PROMOTIONNAIRE n. *Afr.* Camarade de promotion.

PROMOTIONNEL, ELLE adj.

PROMOTIONNER v. **10.** Promouvoir (un produit).

PROMOUVOIR v. **85.**

PROMPT, PROMPTE adj.

PROMPTEMENT adv.

PROMPTEUR n.m. Appareil faisant défiler les textes lus par les présentateurs face à la caméra de télévision.

PROMPTITUDE n.f.

PROMU, E adj. et n.

PROMULGATEUR, TRICE n.

PROMULGATION n.f.

PROMULGUER v. **10.** Publier officiellement (une loi).

PROMÛMES, PROMURENT, PROMUSSE..., PROMUT... → **promouvoir 85.**

PROMYÉLOCYTE n.m. Cellule de la moelle osseuse.

PRONAOS [-s] n.m. *Antiq. gr.* Partie antérieure d'un temple.

PRONATEUR, TRICE adj. et n.m. (Muscle) permettant la pronation.

PRONATION n.f. Mouvement de rotation de la main et de l'avant-bras.

PRÔNE n.m. *Rel., Vx.* Ensemble des annonces faites par le prêtre à la fin de la messe.

PRÔNER v. **10.**

PRÔNEUR, EUSE n. Personne qui vante, qui recommande.

PRONOM n.m.

PRONOMINAL, E, AUX adj.

PRONOMINALEMENT adv.

PRONONÇABLE adj.

PRONONCÉ, E adj. et n.m.

PRONONCER v. **13.**

PRONONCIATION n.f.

PRONOSTIC n.m.

PRONOSTIQUE adj. *Méd.* Qui concerne un pronostic.

PRONOSTIQUER v. **10.**

PRONOSTIQUEUR, EUSE n.

PRONUCLÉUS n.m. Noyau d'un gamète en cours de fécondation.

PRONUNCIAMIENTO [pronounsyamyèntô] n.m. Coup d'État.

PROPADIÈNE n.m. Hydrocarbure (allène).

PROPAGANDE n.f.

PROPAGANDISME n.m.

PROPAGANDISTE adj. et n.

PROPAGATEUR, TRICE adj. et n.

PROPAGATION n.f.

PROPAGER v. **17.**

PROPAGULE n.f. *Bot.* Ensemble de cellules assurant la multiplication végétative des mousses.

PROPANE n.m. Hydrocarbure utilisé comme combustible.

PROPANIER n.m. Navire équipé pour le transport du propane.

PROPANODUC n.m. Canalisation pour le transport du propane liquide.

PROPANOL n.m. Alcool dérivé du propane.

PROPAROXYTON adj. et n.m. *Ling.* (Mot) dont l'accent tonique est sur l'antépénultième syllabe.

PROPÉDEUTE n. et adj. *Anc.* Élève de propédeutique.

PROPÉDEUTIQUE n.f. *Anc.* Première année d'études en faculté.

PROPÈNE n.m. Hydrocarbure.

PROPENSION n.f. Tendance naturelle.

PROPERGOL n.m. *Chim.* Corps dont la transformation libère une grande énergie, utilisé dans la propulsion des fusées.

PROPFAN [-fan] n.m. Hélice tournant à très grande vitesse.

PROPHARMACIEN, ENNE n. Médecin autorisé à délivrer des médicaments, faute de pharmacien.

PROPHASE n.f. Première phase de la division cellulaire.

PROPHÈTE, PROPHÉTESSE n.

PROPHÉTESSE → **prophète.**

PROPHÉTIE n.f.

PROPHÉTIQUE adj.

PROPHÉTIQUEMENT adv.

PROPHÉTISER v. **10.**

PROPHÉTISME n.m. Ensemble des faits relatifs aux prophètes.

PROPHYLACTIQUE adj.

PROPHYLAXIE n.f. Ensemble de mesures préventives contre les maladies.

PROPICE adj.

PROPITHÈQUE n.m. Mammifère lémurien malgache.

PROPITIATION [-syasy-on] n.f. *Rel.* Action de rendre la divinité propice aux humains.

PROPITIATOIRE [sya] adj.

PROPOLIS [-s] n.f. Matière résineuse utilisée par les abeilles pour colmater la ruche.

PROPORTION n.f.

PROPORTIONNEL, ELLE adj. et n.f.

PROPORTIONNER v. **10.**

PROPOS n.m.

PROPOSABLE adj.

PROPOSANT, E n.

PROPOSER v. **10.**

PROPOSITION n.f.

PROPOSITIONNEL, ELLE adj. *Log.* Relatif aux propositions.

PROPRE adj. et n.m.

PROPREMENT adv.

PROPRET, ETTE adj.

PROPRETÉ n.f.

PROPRÉTEUR n.m. *Antiq. rom.* Magistrat chargé du gouvernement d'une province.

PROPRÉTURE n.f. Dignité de propréteur.

PROPRIÉTAIRE n.

PROPRIÉTÉ n.f.

PROPRIO n. *Fam.* Propriétaire.

PROPRIOCEPTEUR n.m. *Physiol.* Récepteur de la sensibilité des os, des muscles, des tendons.

PROPRIOCEPTIF, IVE adj. *Physiol.* (Sensibilité) qui renseigne l'organisme sur ses attitudes et mouvements.

PROPRIOCEPTION n.f.

PROPULSER v. **10.**

PROPULSEUR n.m.

PROPULSIF, IVE adj.

PROPULSION n.f.

PROPYLE n.m. *Chim.* Radical dérivé du propane.

PROPYLÉE n.m. *Antiq. gr.* Porte monumentale ou vestibule à colonnes.

PROPYLÈNE n.m. → **propène.**

PROPYLIQUE adj. Qui a le radical propyle.

PRORATA ❙ n.m. *Au prorata de :* en proportion de.

PROROGATIF, IVE adj. Qui proroge.

PROROGATION n.f.

PROROGER v. **17.** Reporter à une date ultérieure, prolonger au-delà de la date d'expiration.

PROSAÏQUE adj. Plat, vulgaire.

PROSAÏQUEMENT adv.

PROSAÏSME n.m.

PROSATEUR, TRICE n. Auteur qui écrit en prose.

PROSCENIUM [-sényom] n.m. Avant-scène d'un théâtre.

PROSCIUTTO [chou] n.m. Jambon italien.

PROSCRIPTEUR n.m.

PROSCRIPTION n.f. *Antiq. rom.* Condamnation sans jugement. – Interdiction.

PROSCRIRE v. **130.** Interdire.

PROSCRIT, E adj. et n.

PROSE n.f.

PROSECTEUR n.m. *Méd.* Celui qui prépare les dissections pour un cours d'anatomie.

PROSECTORAT n.m. Fonction de prosecteur.

PROSÉLYTE n. Nouvel adepte d'une religion, d'une doctrine.

PROSÉLYTIQUE adj.

PROSÉLYTISME n.m.

PROSENCÉPHALE n.m. Partie de l'encéphale.

PROSIMIEN [s] n.m. Petit primate arboricole nocturne, type maki.

PROSIT [-zit] interj. Mot que prononcent les gens qui trinquent.

PROSOBRANCHE n.m. Mollusque gastéropode, type bigorneau.

PROSODIE n.f. *Poét.* Ensemble des règles de la métrique.

PROSODIQUE adj.

PROSOMA [s] n.m. **(= prosome)** *Zool.* Ensemble soudé de la tête et du thorax, chez certains invertébrés.

PROSOME [s] n.m. → **prosoma.**

PROSOPAGNOSIE [gn] n.f. *Méd.* Incapacité de reconnaître un visage.

PROSOPOPÉE n.f. *Rhét.* Procédé par lequel on prête la parole à des animaux ou à des objets.

PROSPECT [-pè] ou [-pèkt] n.m. Client potentiel.

PROSPECTER v. **10.**

PROSPECTEUR, TRICE adj. et n.

PROSPECTIF, IVE adj. et n.f. Tourné vers l'avenir.

PROSPECTION n.f.

PROSPECTIVISTE n. et adj. Spécialiste de prospective.

PROSPECTUS n.m.

PROSPÈRE adj.

PROSPÉRER v. **(p.p.inv.) 12.**

PROSPÉRITÉ n.f.

PROSTAGLANDINE n.f. Substance hormonale présente dans de nombreux tissus.

PROSTATE n.f. Glande de l'appareil génital masculin.

PROSTATECTOMIE n.f. Ablation de la prostate.

PROSTATIQUE 1. adj. Relatif à la prostate. 2. n.m. Malade souffrant de la prostate.

PROSTATISME n.m. Ensemble de troubles liés à l'adénome de la prostate.

PROSTATITE n.f. Inflammation de la prostate.

PROSTERNATION n.f.

PROSTERNEMENT n.m.

PROSTERNER (SE) v. **10.**

PROSTHÈSE n.f. *Ling.* Adjonction d'un élément non étymologique en tête d'un mot.

PROSTHÉTIQUE adj.

PROSTITUER v. **10.**

PROSTITUTION n.f.

PROSTITUTIONNEL, ELLE adj.

PROSTRATION n.f.

PROSTRÉ, E adj. Très abattu.

PROSTYLE adj. et n.m. (Temple) dont seule la face antérieure est pourvue de colonnes.

PROTACTINIUM n.m. Métal radioactif.

PROTAGONISTE n. Personne qui a le rôle principal dans une affaire.

PROTAL, S n.m. *Fam.* Proviseur.

PROTAMINE n.f. Protéine simple.

PROTANDRE adj. (Fleur hermaphrodite) dont les étamines arrivent à maturité avant le pistil.

PROTANDRIE n.f.

PROTASE n.f. *Ling.* Proposition subordonnée conditionnelle qui annonce la principale.

PROTE n.m. *Impr.* Chef d'atelier.

PROTÉAGINEUX, EUSE adj. et n.m. (Plante) riche en protéines et en amidon.

PROTÉASE n.f. Enzyme hydrolysant les protéines.

PROTECTEUR, TRICE adj. et n.

PROTECTION n.f.

PROTECTIONNISME n.m. *Écon.* Système protégeant un pays contre la concurrence étrangère.

PROTECTIONNISTE adj. et n.

PROTECTORAT n.m. *Hist.* Régime par lequel un État exerce autorité et contrôle sur un autre État.

PROTÉE n.m. Amphibien des eaux souterraines.

PROTÉGEABLE adj.

PROTÉGER v. **18.**

PROTÉIDE n.m. *Vx.* → **protéine.**

PROTÉIFORME adj. Qui peut prendre toutes les formes.

PROTÉINASE n.f. *Biochim.* Protéase.

PROTÉINE n.f. **(= protéide, protide)** Macromolécule constituée d'acides aminés.

PROTÉINÉ, E adj.

PROTÉINIQUE adj. → **protéique.**

PROTÉINOGRAMME n.m. *Méd.* Graphique affichant certaines données des protéines.

PROTÉINURIE n.f. Présence de protéines dans l'urine.

PROTÉIQUE adj. Relatif aux protéines.

PROTÈLE n.m. Carnassier d'Afrique, voisin de l'hyène.

PROTÉOLYSE n.f. Décomposition des protéines sous l'action d'enzymes.

PROTÉOLYTIQUE adj.

PROTÉOME n.m. *Biol.* Ensemble des protéines produites par le génome.

PROTÉOMIQUE n.f. Étude des protéines à des fins médicales.

PROTÉOSYNTHÈSE n.f. Synthèse des protéines.

PROTÉRANDRE adj. → **protandre.**

PROTÉRANDRIE n.f.

PROTÉROGLYPHE adj. (Serpent venimeux) dont les crochets sont à l'avant de la mâchoire.

PROTÉROGYNE adj. → **protogyne.**

PROTÉROGYNIE n.f.

PROTÉROZOÏQUE n.m. et adj. *Géol.* Troisième éon.

PROTESTABLE adj.

PROTESTANT, E adj. et n.

PROTESTANTISME n.m.

PROTESTATAIRE adj. et n.

PROTESTATION n.f.

PROTESTER v. **10.** S'opposer à. – Attester avec force et solennité.

PROTÊT [-tè] n.m. *Dr.* Acte établi par un huissier, constatant un refus de payer.

PROTEUS [-éus] n.m. Bactérie intestinale.

PROTHALLE n.m. Chez les fougères, germination à partir de laquelle se développe la plante.

PROTHÈSE n.f.

PROTHÉSISTE n.

PROTHÉTIQUE adj. Relatif à la prothèse.

PROTHORACIQUE adj.

PROTHORAX n.m. Premier segment du thorax des insectes.

PROTHROMBINE n.f. Substance du sang intervenant dans la coagulation.

PROTIDE n.m. *Vx.* → **protéine.**

PROTIDIQUE adj.

PROTIQUE adj. (Acide) formé par libération d'un proton.

PROTISTE n.m. Être unicellulaire, type amibe.

PROTISTOLOGIE n.f. Étude des protistes.

PROTO n.m. *Fam.* Prototype.

PROTOCELLULE n.f. *Biol.* Cellule entourée d'une membrane rudimentaire, qui est peut-être à l'origine de la vie.

PROTOCHORDÉ [k] n.m. → **protocordé.**

PROTOCOCCALE n.f. Algue verte unicellulaire, type protococcus.

PROTOCOCCUS n.m. Algue verte unicellulaire.

PROTOCOLAIRE adj.

PROTOCOLE n.m.

PROTOCOLER v. **10.** *Inf., Méd.* Définir, décrire.

PROTOCORDÉ n.m. Animal voisin des vertébrés inférieurs, type ascidie.

PROTOÉTOILE n.f. Étoile formée de matière interstellaire condensée.

PROTOGALAXIE n.f. Galaxie en voie de formation.

PROTOGINE n.f. Granite des Alpes.

PROTOGYNE adj. (Fleur hermaphrodite) dont le pistil arrive à maturité avant les étamines.

PROTOGYNIE n.f.

PROTOHISTOIRE n.f. Période de transition entre la préhistoire et l'histoire.

PROTOHISTORIEN, ENNE n.

PROTOHISTORIQUE adj.

PROTOMÉ n.m. *Archéol.* Élément décoratif représentant une tête d'animal ou d'homme.

PROTOMÈRE n.m. *Biochim.* Monomère protéique.

PROTON n.m. *Phys.* Particule de charge électrique positive.

PROTONÉMA n.m. *Bot.* Chez les mousses, filament à l'origine de la tige.

PROTONIQUE adj. Relatif au proton.

PROTONOTAIRE n.m. *Rel.* Dignitaire de la cour romaine qui n'est pas évêque.

PROTOPHYTE n.m. ou f. Végétal unicellulaire.

PROTOPLANÈTE n.f. Planète en voie de formation.

PROTOPLASMA n.m. Constituant de la cellule vivante.

PROTOPLASME n.m. → **protoplasma.**

PROTOPLASMIQUE adj.

PROTOPLASTE n.m. *Biol.* Cellule végétale ou bactérienne sans parois rigides.

PROTOPTÈRE n.m. Poisson africain à respiration branchiale et pulmonaire.

PROTOSTOMIEN n.m. Invertébré dont la chaîne nerveuse est ventrale.

PROTOTHÉRIEN n.m. Mammifère ovipare terrestre ou aquatique.

PROTOTYPAGE n.m. Réalisation de prototypes.

PROTOTYPE n.m.

PROTOTYPER v. **10.**

PROTOTYPIQUE adj.

PROTOURE n.m. Insecte primitif vivant dans le sol.

PROTOXYDE n.m. Oxyde le moins oxygéné d'un élément.

PROTOZOAIRE n.m. Animal unicellulaire.

PROTRACTILE adj. Qui peut être étiré vers l'avant.

PROTUBÉRANCE n.f.

PROTUBÉRANT, E adj.

PROTUBÉRANTIEL, ELLE adj.

PROTUTEUR, TRICE n. *Dr.* Personne qui gère les biens d'un mineur sans en être le tuteur.

PROU adv. *Litt.* Beaucoup.

PROUDHONIEN, ENNE adj. et n. Relatif à Proudhon, adepte de Proudhon (socialiste français du XIXᵉ s.).

PROUE n.f. Avant d'un navire.

PROUESSE n.f.

PROUSTIEN, ENNE adj. De Proust.

PROUT [-t] n.m. ou f. et interj. *Fam.* Pet.

PROUVABLE adj.

PROUVER v. **10.**

PROVÉDITEUR n.m. *Hist.* Officier public de l'ancienne République de Venise.

PROVENANCE n.f.

PROVENÇAL, E, AUX adj. et n.m.

PROVENÇALISME n.m.

PROVENÇALISTE n.

PROVENDE n.f. Nourriture donnée aux animaux.

PROVENIR v. **42.**

PROVERBE n.m.

PROVERBIAL, E, AUX adj.

PROVERBIALEMENT adv.

PROVIDENCE n.f.

PROVIDENTIEL, ELLE adj.

PROVIGNAGE n.m. *Agr.* Marcottage de la vigne.

PROVIGNEMENT n.m. → **provignage.**

PROVIGNER v. **10.** Marcotter (la vigne). – Se multiplier par provins.

PROVIN n.m. Sarment de vigne que l'on enterre pour qu'il prenne racine.

PROVINCE n.f.

PROVINCIAL, E, AUX 1. adj. et n. Qui habite la province. 2. n.m. Supérieur d'un ensemble de plusieurs maisons religieuses.

PROVINCIALAT n.m. *Rel.* Fonction de provincial.

PROVINCIALISME n.m.

PROVIRUS n.m. Virus intégré à une cellule hôte.

PROVISEUR, E n.

PROVISION n.f.

PROVISIONNEL, ELLE adj.

PROVISIONNER v. **10.**

PROVISOIRE adj. et n.m.

PROVISOIREMENT adv.

PROVISORAT n.m. Fonction de proviseur.

PROVITAMINE n.f. Substance susceptible d'être transformée en vitamine par l'organisme.

PROVO n. Aux Pays-Bas, jeune contestataire.

PROVOC n.f. *Fam.* Provocation.

PROVOCANT, E adj.

PROVOCATEUR, TRICE adj. et n.

PROVOCATION n.f.

PROVOLONE n.m. Fromage italien.

PROVOQUER v. **10.**

PROXÉMIQUE n.f. Étude de la façon dont l'homme utilise l'espace.

PROXÈNE n.m. *Antiq. gr.* Celui qui devait aide et protection aux étrangers.

PROXÉNÈTE n. Personne qui tire profit de la prostitution d'autrui.

PROXÉNÉTISME n.m.

PROXIMAL, E, AUX adj. *Zool., Bot.* (Partie d'un appendice) la plus proche du point d'attache.

PROXIMITÉ n.f.

PROXY n.m. *Inf.* Serveur qui stocke les pages les plus demandées par les abonnés à un fournisseur d'accès.

PROYER n.m. Passereau (bruant).

PRUCHE n.f. Sapin du Canada.

PRUDE adj. et n.

PRUDEMMENT adv.

PRUDENCE n.f.

PRUDENT, E adj. et n.

PRUDENTIEL, ELLE adj. Se dit des règles de prudence applicables en comptabilité.

PRUDERIE n.f.

PRUDHOMMAL, E, AUX adj.

PRUDHOMME n.m. Magistrat élu qui règle les différends entre employeurs et employés.

PRUDHOMMERIE n.f. Caractère d'un individu médiocre et vaniteux.

PRUDHOMMESQUE adj. Prétentieux et ridicule.

PRUDHOMMIE n.f.

PRUINE n.f. Fine pellicule poudreuse à la surface de certains fruits.

PRUINEUX, EUSE adj.

PRUNE n.f.

PRUNEAU, X n.m.

PRUNELAIE n.f. Terrain planté de pruniers.

PRUNELÉE n.f. Confiture de prunes.

PRUNELIER n.m. **(= prunellier)** Prunier sauvage.

PRUNELLE n.f.

PRUNELLIDÉ n.m. Passereau chanteur.

PRUNELLIER n.m. → **prunelier.**

PRUNIER n.m.

PRUNUS n.m. Prunier ornemental.

PRURIGINEUX, EUSE adj. *Méd.* Qui cause des démangeaisons.

PRURIGO n.m. *Méd.* Affection cutanée provoquant des démangeaisons.

PRURIT [-t] n.m. *Méd.* Vive démangeaison.

PRUSSE n.m. En Acadie, épicéa.

PRUSSIATE n.m. Ancien nom du cyanure.

PRUSSIEN, ENNE adj. De la Prusse.

PRUSSIK n.m. *Sp.* Nœud spécial utilisé en alpinisme.

PRUSSIQUE adj.m. *Acide prussique :* toxique violent.

PRYTANE n.m. *Antiq. gr.* Magistrat.

PRYTANÉE n.m. *Antiq. gr.* Édifice public où se réunissaient les prytanes. – Collège militaire.

PSALLETTE n.f. École de musique religieuse.

PSALLIOTE n.m. ou f. Champignon comestible.

PSALMISTE n.m. Auteur de psaumes.

PSALMODIER v. **15.** Réciter des psaumes sur une seule note. – Débiter de manière monotone.

PSALMODIQUE adj.

PSALTÉRION n.m. Ancien instrument de musique à cordes pincées.

PSAMMITE n.m. Grès argileux riche en mica.

PSAUME n.m.

PSAUTIER n.m. Recueil de psaumes.

PSCHENT [pskènt] n.m. Coiffure des pharaons.

PSCHITT 1. n.m. *Fam.* Atomiseur. 2. interj.

PSEUDARTHROSE n.f. *Méd.* Absence de consolidation d'une fracture.

PSEUDO n.m. *Fam.* Pseudonyme.

PSEUDOBULBAIRE adj. *Méd.* Relatif à un type de paralysie faciale.

PSEUDOMEMBRANE n.f. *Méd.* Exsudat pathologique des muqueuses.

PSEUDOMONAS [-s] n.m. Bactérie parfois pathogène.

PSEUDONYME n.m.

PSEUDOPODE n.m. Prolongement rétractile locomoteur d'organismes unicellulaires.

PSEUDOSCIENCE n.f. Savoir dépourvu de rigueur scientifique.

PSEUDOTUMEUR n.f.

PSI **|** n.m. Lettre grecque.

PSILOCYBE n.m. Champignon hallucinogène d'Amérique centrale.

PSILOCYBINE n.f. Substance hallucinogène.

PSILOPA n.m. Mouche dont la larve vit près des puits de pétrole.

PSILOPHYTE n.m. Plante, type psilotum.

PSILOTUM n.m. Plante primitive tropicale.

PSITT interj. **(= psst, pst).**

PSITTACIDÉ n.m. Oiseau, type perroquet.

PSITTACIFORME n.m. Oiseau, type psittacidé.

PSITTACISME n.m. Répétition mécanique de notions non assimilées.

PSITTACOSE n.f. Maladie infectieuse transmise par les perroquets.

PSOAS [-s] n.m. Muscle qui permet la flexion de la cuisse sur le bassin.

PSOQUE n.m. Petit insecte vivant sous les feuilles.

PSORALÈNE n.m. Substance provoquant une sensibilisation à la lumière.

PSORE n.f. Gale.

PSORIASIQUE adj.

PSORIASIS [-zis] n.m. Maladie de la peau.

PSST interj. → **psitt.**

PST interj. → **psitt.**

PSY n. *Fam.* Psychanalyste, psychiatre, psychologue.

PSYCHANALYSE n.f.

PSYCHANALYSER v. **10.**

PSYCHANALYSTE n.

PSYCHANALYTIQUE adj.

PSYCHASTHÉNIE n.f. Névrose provoquant un affaiblissement de la volonté.

PSYCHASTHÉNIQUE adj. et n.

PSYCHÉ [ch] n.f. Grand miroir. – Ensemble des phénomènes psychiques.

PSYCHÉDÉLIQUE [k] adj.

PSYCHÉDÉLISME [k] n.m. État de rêve éveillé provoqué par certains hallucinogènes.

PSYCHIATRE n.

PSYCHIATRIE n.f.

PSYCHIATRIQUE adj.

PSYCHIATRISER v. **10.** Soumettre abusivement à un traitement psychiatrique.

PSYCHIQUE adj.

PSYCHIQUEMENT adv.

PSYCHISME n.m.

PSYCHO n.f. *Fam.* Psychologie.

PSYCHOACTIF, IVE adj. (Substance chimique) qui agit sur l'activité mentale.

PSYCHOAFFECTIF, IVE adj. (Processus mental) qui fait intervenir l'affectivité.

PSYCHOBIOLOGIE n.f. Méthode biologique appliquée à l'étude de faits psychiques.

PSYCHOCHIRURGIE n.f. Intervention chirurgicale sur le cerveau.

PSYCHOCRITIQUE n. et adj. Critique littéraire utilisant des méthodes psychanalytiques.

PSYCHODRAME n.m. Psychothérapie de groupe.

PSYCHODYNAMIQUE adj. Se dit des thérapies d'inspiration psychanalytique.

PSYCHOGÈNE adj. D'origine psychique.

PSYCHOGENÈSE n.f. Étude des causes psychiques des troubles du comportement.

PSYCHOGÉNÉTIQUE n.f. Étude de l'acquisition des formes de pensée chez l'enfant.

PSYCHOGÉNIE n.f. → **psychogenèse.**

PSYCHOKINÈSE n.f. En parapsychologie, action de l'esprit sur la matière.

PSYCHOKINÉSIE n.f. → **psychokinèse.**

PSYCHOKINÉTIQUE adj.

PSYCHOLEPTIQUE adj. et n.m. *Pharm.* Qui calme les fonctions psychiques.

PSYCHOLINGUISTE n. Spécialiste de la psychologie du langage.

PSYCHOLOGIE n.f.

PSYCHOLOGIQUE adj.

PSYCHOLOGISME n.m. Tendance à ramener tout à la psychologie.

PSYCHOLOGUE adj. et n.

PSYCHOMÉTRICIEN, ENNE n.

PSYCHOMÉTRIE n.f. Ensemble des méthodes de mesure des phénomènes psychologiques.

PSYCHOMÉTRIQUE adj.

PSYCHOMOTEUR, TRICE adj. Qui concerne à la fois les fonctions psychiques et motrices.

PSYCHOMOTRICIEN, ENNE n. Spécialiste de la psychomotricité.

PSYCHOMOTRICITÉ n.f.

PSYCHONÉVROSE n.f. Trouble mental intermédiaire entre la psychose et la névrose.

PSYCHOPATHE n.

PSYCHOPATHIE n.f. Trouble mental se manifestant par un comportement antisocial.

PSYCHOPATHIQUE adj.

PSYCHOPÉDAGOGIE n.f.

PSYCHOPÉDAGOGUE n.

PSYCHOPHYSIQUE n.f. Étude des rapports entre l'activité physiologique et le psychisme.

PSYCHOPOMPE adj. et n.m. *Antiq.* Qui conduit les âmes des morts.

PSYCHORIGIDE adj. et n.

PSYCHORIGIDITÉ n.f. Incapacité de s'adapter aux situations nouvelles.

PSYCHOSE n.f.

PSYCHOSENSORIEL, ELLE adj. (Phénomène) hallucinatoire.

PSYCHOSOCIAL, E, AUX adj. Relatif à la psychologie dans la vie sociale.

PSYCHOSOMATIQUE adj. et n.f. Qui concerne à la fois le corps et l'esprit.

PSYCHOSTASIE n.f. Pesée de l'âme du défunt, dans le rituel de l'Égypte ancienne.

PSYCHOSTIMULANT, E adj. et n.m.

PSYCHOTECHNIQUE n.f. et adj. Utilisation de tests dans un examen psychologique.

PSYCHOTHÉRAPIE n.f. Thérapie par procédé psychique.

PSYCHOTIQUE adj. et n. Atteint de psychose.

PSYCHOTONIQUE adj. et n.m. *Pharm.* Qui stimule l'activité cérébrale.

PSYCHOTROPE adj. et n.m. *Pharm.* Qui agit sur le psychisme.

PSYCHROMÈTRE n.m. Appareil pour mesurer l'humidité de l'air.

PSYCHROMÉTRIE n.f.

PSYCHROMÉTRIQUE adj.

PSYCHROPHILE adj. et n.m. *Biol.* (Microorganisme) adapté à des températures de 0 à 25 °C.

PSYLLE n.m. ou f. Petite cigale.

PSYLLIDÉ n.m. Insecte, type psylle.

PSYLLIUM n.m. Graine de plantain, qui a des propriétés laxatives.

PTÉRANODON n.m. Reptile fossile volant.

PTÉRIDOPHYTE n.m. Plante sans graines, type fougère.

PTÉRIDOSPERMALE n.f. Plante fossile à feuilles de fougère.

PTÉRIDOSPERMÉE n.f. → **ptéridospermale.**

PTÉROBRANCHE n.m. Petit animal aquatique vivant en colonies.

PTÉRODACTYLE n.m. Reptile fossile volant.

PTÉROPODE n.m. Gastéropode marin nageur.

PTÉROSAURE n.m. → **ptérosaurien.**

PTÉROSAURIEN [s] n.m. Reptile du secondaire, adapté au vol.

PTÉRYGOÏDE adj. et n.f. *Anat.* (Apophyse) située sur la face inférieure du sphénoïde.

PTÉRYGOÏDIEN, ENNE adj. et n.m. (Muscle) permettant de mastiquer.

PTÉRYGOTE n.m. Insecte ailé.

PTÉRYGOTUS n.m. Animal aquatique fossile.

PTOLÉMAÏQUE adj. *Antiq.* Relatif aux Ptolémées (souverains grecs d'Égypte).

PTOMAÏNE n.f. Substance toxique formée par la décomposition des matières organiques.

PTÔSE n.f. *Méd.* Descente d'un organe.

PTÔSIS [-zis] n.m. *Méd.* Chute de la paupière supérieure.

PTYALINE n.f. Enzyme de la salive.

PTYALISME n.m. *Méd.* Salivation abondante.

PUANT, E adj.

PUANTEUR n.f.

PUB [peub] n.m.

PUB [pub] n.f.

PUBALGIE n.f. Inflammation des tendons de la symphyse pubienne.

PUBÈRE adj. et n.

PUBERTAIRE adj.

PUBERTÉ n.f.

PUBESCENCE n.f.

PUBESCENT, E adj. *Bot.* Garni de poils très fins.

PUBIEN, ENNE adj.

PUBIS n.m.

PUBLIABLE adj.

PUBLIC, PUBLIQUE adj. et n.m.

PUBLICAIN n.m. *Antiq. rom.* Personne chargée de recouvrer les impôts.

PUBLICATION n.f.

PUBLICIEL n.m. *Québ., Inf.* Logiciel public.

PUBLICISTE n.

PUBLICITAIRE adj. et n.

PUBLICITÉ n.f.

PUBLIER v. **15.**

PUBLIPHILE adj. et n. Qui aime la publicité.

PUBLIPHONE n.m. (Nom déposé) Cabine téléphonique utilisable avec une carte de paiement.

PUBLIPOSTAGE n.m. Prospection de marché ou vente par voie postale.

PUBLIQUE → **public.**

PUBLIQUEMENT adv.

PUBLIREPORTAGE n.m. Publicité rédactionnelle.

PUBLIVORE n. et adj. (Nom déposé) *Fam.* Amateur de spots publicitaires.

PUÇAGE n.m. Action de pucer.

PUCCINIA [puksinya] n.m. (= **puccinie**) Champignon parasite des végétaux.

PUCCINIE [puksini] n.f. → **puccinia.**

PUCE n.f.

PUCEAU, PUCELLE, PUCEAUX adj. et n.

PUCELAGE n.m.

PUCELLE → **puceau.**

PUCER v. **13.** Munir (une console de jeu, un animal) d'une puce électronique.

PUCERON n.m.

PUCHE n.f. Filet à crevettes.

PUCHEUX n.m. Grande cuiller utilisée dans le raffinage du sucre.

PUCIER n.m. *Fam.* Lit.

PUCK [peuk] n.m. Palet, au hockey sur glace.

PUDDING [pouding] n.m. → **pouding.**

PUDDLAGE [peud-] n.m.

PUDDLER [peud-] v. **10.** *Anc.* Affiner (de la fonte) pour obtenir du fer ou de l'acier doux.

PUDDLEUR [peud-] n.m.

PUDEUR n.f.

PUDIBOND, E adj. D'une pudeur excessive.

PUDIBONDERIE n.f.

PUDICITÉ n.f. *Litt.* Pudeur.

PUDIQUE adj.

PUDIQUEMENT adv.

PUEBLO [pwéblô] adj. D'un peuple amérindien.

PUER v. **10.** Exhaler (une mauvaise odeur).

PUÉRICULTEUR, TRICE n.

PUÉRICULTURE n.f.

PUÉRIL, E adj.

PUÉRILEMENT adv.

PUÉRILISME n.m. *Psych.* Comportement puéril d'un adulte.

PUÉRILITÉ n.f.

PUERPÉRAL, E, AUX adj. *Méd.* Relatif aux femmes en couches.

PUFFIN n.m. Oiseau de haute mer.

PUGILAT n.m.

PUGILISTE n.m. Boxeur.

PUGILISTIQUE adj.

PUGNACE [gn] adj. Combatif.

PUGNACITÉ [gn] n.f.

PUÎNÉ, E adj. et n. Né après un frère ou une sœur.

PUIS adv.

PUISAGE n.m.

PUISARD n.m. Petit puits qui recueille les eaux usées et les eaux de pluie.

PUISATIER adj.m. et n.m. (Ouvrier) qui creuse des puits.

PUISEMENT n.m.

PUISER v. **10.**

PUISETTE n.f. Récipient de cuisine qui servait à puiser de l'eau.

PUISQUE conj.

PUISSAMMENT adv.

PUISSANCE n.f.

PUISSANT, E adj. et n.m.

PUITS n.m.

PUJA [poudja] n.f. Dans l'hindouisme, adoration d'une image sacrée.

PULA n.m. ou f. Unité monétaire du Botswana.

PULICAIRE n.f. Plante herbacée à fleurs jaunes.

PULL n.m.

PULLMAN [ou] n.m. Wagon de luxe.

PULLOROSE n.f. Maladie infectieuse des volailles.

PULLULATION n.f.

PULLULEMENT n.m.

PULLULER v. **(p.p.inv.) 10.**

PULMONAIRE 1. adj. 2. n.f. Plante herbacée à fleurs bleues.

PULMONÉ n.m. Mollusque respirant par un poumon, type escargot.

PULPAIRE adj. Relatif à la pulpe dentaire.

PULPE n.f. Partie charnue de certains fruits ou légumes. – Tissu conjonctif de la cavité dentaire.

PULPECTOMIE n.f. Dévitalisation d'une dent.

PULPEUX, EUSE adj.

PULPITE n.f. Inflammation de la pulpe dentaire.

PULQUE [poulké] n.m. Boisson fermentée du Mexique.

PULSANT, E adj. Qui produit des pulsations.

PULSAR n.m. *Astr.* Source de rayonnement qui serait une étoile tournant sur elle-même.

PULSATEUR, TRICE adj. Qui produit des pulsations à intervalles réguliers.

PULSATIF, IVE adj. *Méd.* Qui cause des pulsations.

PULSATILE adj. Qui est animé de pulsations.

PULSATILLE [-l] n.f. Sorte d'anémone.

PULSATION n.f.

PULSER v. **10.** Rejeter à l'extérieur par pression.

PULSION n.f.

PULSIONNEL, ELLE adj. *Psych.* Relatif aux pulsions.

PULSOMÈTRE n.m. Pompe fonctionnant par pression de la vapeur d'eau.

PULSORÉACTEUR n.m. *Aéron.* Type de réacteur à combustion discontinue.

PULTACÉ, E adj. *Méd.* Qui a la consistance d'une bouillie.

PULTRUSION n.f. Technique de formage.

PULVÉRIN n.m. Poudre à canon très fine.

PULVÉRISABLE adj.

PULVÉRISATEUR n.m.

PULVÉRISATION n.f.

PULVÉRISER v. **10.**

PULVÉRISEUR n.m. Machine agricole servant à réduire les mottes.

PULVÉRULENCE n.f.

PULVÉRULENT, E adj. Qui est à l'état de poudre.

PUMA n.m. Mammifère carnassier.

PUNA n.f. Haute plaine des Andes.

PUNAISE n.f.

PUNAISER v. **10.**

PUNCH [p-on-ch] n.m. Boisson alcoolisée à base de rhum.

PUNCH (pl. **PUNCHES** ou **PUNCHS**) [peunch] n.m. Qualité d'un boxeur qui porte des coups décisifs.

PUNCHES → **punch** [peunch].

PUNCHEUR, EUSE n.

PUNCTUM ❙ [p-on-ktom] n.m. Point de l'espace marquant un seuil de vision.

PUNCTURE [p-on-ktur] n.f. Piqûre, en acupuncture.

PUNICACÉE n.f. Arbre ou arbuste, type grenadier.

PUNIQUE adj. Relatif aux Carthaginois.

PUNIR v. **40.**

PUNISSABLE adj.

PUNISSEUR, EUSE adj. et n.

PUNITIF, IVE adj.

PUNITION n.f.

PUNK, PUNKETTE adj. et n.

PUNKETTE → **punk.**

PUNT [pount] n.f. Ancienne unité monétaire de l'Irlande.

PUNTARELLE [p-on-] n.f. Fragment de corail dont on fait des bijoux.

PUNTILLERO [pountiyérô] n.m. *Taur.* Celui qui est chargé d'achever le taureau.

PUPAZZI ▌ → **pupazzo.**

PUPAZZO [poupadzô] (pl. **PUPAZZI** ou **PUPAZZOS**) n.m. Marionnette italienne.

PUPE n.f. *Zool.* Nymphe de diptère.

PUPILLAIRE [l] adj. *Dr.* Qui concerne un pupille. - *Anat.* Qui concerne la pupille.

PUPILLARITÉ [l] n.f. *Dr.* État de l'enfant en tutelle.

PUPILLE [-iy] 1. n. Orphelin placé sous l'autorité d'un tuteur. 2. n.f. Orifice central de l'iris de l'œil.

PUPINISATION n.f. Introduction de bobines d'induction dans les lignes téléphoniques.

PUPIPARE adj. (Insecte) dont les petits naissent à l'état de nymphe.

PUPITRE n.m.

PUPITREUR, EUSE n. Technicien travaillant au pupitre d'un ordinateur.

PUR, PURE adj. et n.

PUREAU, X n.m. Partie non recouverte d'une tuile, d'une ardoise.

PURÉE n.f.

PUREMENT adv.

PURETÉ n.f.

PURGATIF, IVE adj. et n.m.

PURGATION n.f.

PURGATOIRE n.m.

PURGE n.f.

PURGEOIR n.m. Bassin pour filtrer l'eau.

PURGER v. **17.**

PURGEUR n.m. Dispositif qui purge une canalisation.

PURIFIANT, E adj.

PURIFICATEUR, TRICE adj. et n.

PURIFICATION n.f.

PURIFICATOIRE 1. adj. 2. n.m. Linge liturgique.

PURIFIER v. **15.**

PURIN n.m. Partie liquide du fumier.

PURINE n.f. *Biochim.* Composé azoté.

PURINER v. **10.** *Helv.* Recouvrir (un champ) de purin.

PURIQUE adj. *Biochim.* (Base azotée) dérivant de la purine.

PURISME n.m. Souci excessif de pureté du langage.

PURISTE adj. et n.

PURITAIN, E adj. et n.

PURITANISME n.m.

PURO [p(o)u-] n.m. Cigare fait d'un tabac d'une seule et même origine.

PUROT n.m. Fosse à purin.

PUROTIN n.m. *Fam.* Celui qui est dans la misère.

PURPURA n.m. Petite hémorragie provoquant des taches rouges sur la peau.

PURPURIN, E 1. adj. *Litt.* De couleur pourpre. 2. n.f. Colorant extrait de la garance.

PURPURIQUE adj. Relatif au purpura.

PURULENCE n.f.

PURULENT, E adj. Qui contient du pus.

PUS n.m.

PUSEYISME [pyouz-] ou [puz-] n.m. *Rel.* Mouvement qui rapprocha certains anglicans du catholicisme.

PUSEYISTE [pyouz-] ou [puz-] adj. et n.

PUSILLANIME [l] adj. et n. Qui manque de courage.

PUSILLANIMITÉ [l] n.f.

PUSTULE n.f. Bulle sur la peau, qui contient du pus.

PUSTULÉ, E adj.

PUSTULEUX, EUSE adj.

PUSTULOSE n.f. Éruption de pustules.

PUT [pout] n.m. *Fin.* Option de vente.

PUTAIN n.f. et interj.

PUTASSER v. **(p.p.inv.) 10.** *Fam.* Se prostituer. - *Fam.* Fréquenter les prostituées.

PUTASSIER, ÈRE adj. *Fam.* Relatif aux prostituées. - Servile.

PUTATIF, IVE adj. *Dr. Père, enfant putatif* : personne supposée être le père, l'enfant de quelqu'un.

PUTATIVEMENT adv.

PUTE n.f.

PUTIER n.m. **(= putiet)** Merisier à grappes.

PUTIET [putyè] n.m. → **putier.**

PUTOIS n.m.

PUTONGHUA [pout-on-gwa] n.m. Langue chinoise officielle.

PUTRÉFACTION n.f.

PUTRÉFIABLE adj.

PUTRÉFIER v. **15.** Faire pourrir.

PUTRESCENCE n.f. État d'un corps en putréfaction.

PUTRESCENT, E adj.

PUTRESCIBILITÉ n.f.

PUTRESCIBLE adj. Qui peut pourrir.

PUTRESCINE n.f. *Biochim.* Diamine nauséabonde.

PUTRIDE adj. Produit par la putréfaction.

PUTRIDITÉ n.f.

PUTSCH [poutch] n.m. Coup d'État.

PUTSCHISTE adj. et n. Qui participe à un coup d'État.

PUTT [peut] n.m. Au golf, coup joué sur le green.

PUTTER [peuteur] n.m. Au golf, club utilisé pour jouer un putt.

PUTTER [peuté] v. **10.** Faire rouler (une balle de golf) sur le green.

PUTTI ǀ → **putto.**

PUTTING [peuting] n.m. → **putt.**

PUTTO (pl. **PUTTI** ou **PUTTOS**) [ou] n.m. *Bx-arts.* Bébé nu, angelot.

PUVATHÉRAPIE n.f. Méthode de traitement de certaines dermatoses.

PUY n.m. Montagne volcanique, dans le Massif central.

PUYDOMOIS, E adj. Du Puy-de-Dôme.

PUZZLE [peuzl] n.m.

PYCNIQUE adj. et n. Dont le physique est caractérisé par la rondeur.

PYCNOGONIDE n.m. Animal marin ressemblant à une araignée.

PYCNOMÈTRE n.m. Appareil servant à mesurer la densité.

PYCNOSE n.f. *Biol.* Altération du noyau de la cellule.

PYCNOTIQUE adj.

PYÉLITE n.f. Inflammation de la muqueuse du rein.

PYÉLONÉPHRITE n.f. *Méd.* Infection du rein et du bassinet.

PYGARGUE n.m. Aigle à queue blanche.

PYGMALION n.m. Créateur, mentor.

PYGMÉE adj.

PYGMÉEN, ENNE adj.

PYJAMA n.m.

PYLÔNE n.m.

PYLORE n.m. Orifice situé entre l'estomac et le duodénum.

PYLORIQUE adj.

PYOCYANIQUE adj. et n.m. (Bacille) produisant du pus de couleur bleue.

PYODERMITE n.f. Lésion cutanée infectieuse.

PYOGÈNE adj. *Méd.* Qui fait suppurer.

PYORRHÉE n.f. *Méd.* Écoulement de pus.

PYRACANTHA n.m. Arbuste (buisson-ardent).

PYRALE n.f. Papillon crépusculaire dont la chenille est nuisible aux végétaux.

PYRALÈNE n.m. Composé chimique servant à l'isolation des transformateurs électriques.

PYRAMIDAL, E, AUX adj.

PYRAMIDE n.f.

PYRAMIDÉ, E adj.

PYRAMIDER v. **10.** Disposer en pyramide.

PYRAMIDION n.m. *Archéol.* Petite pyramide terminant un obélisque.

PYRANNE n.m. Composé chimique.

PYRÈNE n.m. Hydrocarbure extrait du goudron de houille.

PYRÉNÉEN, ENNE adj.

PYRÉNÉISME n.m. Alpinisme dans les Pyrénées.

PYRÉNÉISTE n.

PYRÉNÉITE n.f. Grenat noir des Pyrénées.

PYRÉNOMYCÈTE n.m. Moisissure.

PYRÈTHRE n.m. Chrysanthème sauvage fournissant un insecticide puissant.

PYRÉTHRINE n.f. Substance vermicide et insecticide.

PYRÉTIQUE adj. Relatif à la fièvre.

PYRÉTOTHÉRAPIE n.f. *Méd.* Traitement par une fièvre artificielle.

PYREX n.m. (Nom déposé) Verre très résistant à la chaleur.

PYREXIE n.f. *Méd.* Fièvre élevée.

PYRIDINE n.f. *Chim.* Composé cyclique utilisé comme solvant organique.

PYRIDOXAL, S n.m. *Biochim.* Aldéhyde.

PYRIDOXINE n.f. Vitamine B6.

PYRIMIDINE n.f. *Biochim.* Composé azoté.

PYRIMIDIQUE adj. *Biochim.* (Base azotée) dérivant de la pyrimidine.

PYRITE n.f. Sulfure naturel de fer.

PYROCLASTIQUE adj. (Roche) engendrée par accumulation de projections volcaniques.

PYROCORISE n.m. Punaise rouge des bois.

PYROÉLECTRICITÉ n.f. *Phys.* Modification de la charge électrique sous l'effet de la chaleur.

PYROÉLECTRIQUE adj.

PYROFLAM n.m. (Nom déposé) Verre résistant à la flamme.

PYROGALLIQUE adj.m. *Acide pyrogallique :* pyrogallol.

PYROGALLOL n.m. Phénol utilisé comme révélateur photographique.

PYROGÉNATION n.f. Réaction chimique produite par la chaleur.

PYROGÈNE adj. Qui provoque la fièvre.

PYROGRAPHE n.m. Appareil électrique utilisé en pyrogravure.

PYROGRAVER v. **10.** Décorer (du bois) avec une pointe métallique portée au rouge.

PYROGRAVEUR, EUSE n.

PYROGRAVURE n.f.

PYROLE n.f. → **pirole.**

PYROLIGNEUX, EUSE adj. et n.m. *Chim.* Obtenu par distillation du bois.

PYROLUSITE n.f. Bioxyde naturel de manganèse.

PYROLYSE n.f. Décomposition chimique par la chaleur.

PYROLYSER v. **10.**

PYROMANCIE n.f. Méthode de divination par observation de flammes.

PYROMANE n.

PYROMANIE n.f.

PYROMÉCANISME n.m. Mécanisme utilisant l'énergie d'une explosion.

PYROMÈTRE n.m. Instrument pour mesurer les températures élevées.

PYROMÉTRIE n.f.

PYROMÉTRIQUE adj.

PYROPHORE n.m. Substance qui s'enflamme au contact de l'air.

PYROPHORIQUE adj.

PYROPHOSPHATE n.m. Sel de l'acide pyrophosphorique.

PYROPHYTE n.f. et adj. Plante capable de résister aux incendies.

PYROSCAPHE n.m. Premier bateau à vapeur.

PYROSIS [-zis] n.m. *Méd.* Sensation de brûlure dans l'œsophage.

PYROSPHÈRE n.f. Nom donné autrefois au noyau de la Terre, supposé en fusion.

PYROSTATIQUE adj. Qui stabilise l'action de la chaleur.

PYROSULFURIQUE adj. (Acide) obtenu en chauffant l'acide sulfurique.

PYROTECHNICIEN, ENNE n.

PYROTECHNIE n.f. Science des matières explosives.

PYROTECHNIQUE adj.

PYROXÈNE n.m. *Géol.* Silicate présent dans les roches éruptives.

PYROXÉNIQUE adj.

PYROXYLE n.m. Produit résultant de l'action de l'acide nitrique sur du bois.

PYROXYLÉ, E adj. À base de nitrocellulose.

PYRRHIQUE n.f. *Antiq. gr.* Danse guerrière.

PYRRHOCORE n.m. → **pyrocorise.**

PYRRHOCORIS [-s] n.m. → **pyrocorise.**

PYRRHONIEN, ENNE adj. et n. Qui concerne la doctrine du philosophe Pyrrhon (IVe et IIIe s. av. J.-C.).

PYRRHONISME n.m.

PYRRHOTITE n.f. Sulfure naturel de fer.

PYRROL n.m. **(= pyrrole)** *Chim.* Composé azoté.

PYRROLE n.m. → **pyrrol.**

PYRROLIQUE adj.

PYRUVIQUE adj. *Acide pyruvique :* acide produit lors de la dégradation des sucres.

PYTHAGORICIEN, ENNE adj. et n.

PYTHAGORIQUE adj.

PYTHAGORISME n.m. Doctrine de Pythagore (VIe et Ve s. av. J.-C.).

PYTHIE n.f. *Antiq. gr.* Prophétesse rendant des oracles.

PYTHIEN, ENNE adj.

PYTHIQUE adj. *Antiq. gr.* Relatif à Apollon, vainqueur du serpent Python.

PYTHON n.m.

PYTHONIDÉ n.m. Serpent, type python.

PYTHONISSE n.f. *Antiq. gr.* Femme douée du don de prophétie.

PYURIE n.f. Présence de pus dans l'urine.

PYXIDE n.f. *Archéol.* Boîte à couvercle. – *Bot.* Capsule s'ouvrant par un couvercle.

QADDICH n.m. → **kaddish.**

QANOUN n.m. → **canoun** ou **kanoun** 2.

QANUN [ou] n.m. → **kanoun** 2.

QARAÏTE adj. et n. → **caraïte.**

QASIDA [s] n.f. Poème arabe.

QAT [-t] n.m. → **kat.**

QATARI, E adj. (= **qatarien**) Du Qatar (péninsule Arabique).

QATARIEN, ENNE adj. → **qatari.**

QIBLA n.f. Direction de La Mecque.

QIN [kin] 1. n.m. Cithare chinoise à sept cordes. 2. adj. D'une dynastie chinoise (IIIe s. av. J.-C.).

QING [king] adj. D'une dynastie chinoise (du XVIIe au XXe s.).

QUAD [kwad] n.m. Roller dont les roues ne sont pas en ligne. – Moto à quatre roues.

QUADEUR, EUSE [kwa-] n. Conducteur d'un quad.

QUADO [kwadô] n.m. En République démocratique du Congo, réparateur de pneus.

QUADRA [k(w)a-] adj. et n. *Fam.* Quadragénaire.

QUADRAGÉNAIRE [k(w)a-] adj. et n.

QUADRAGÉSIMAL, E, AUX [k(w)a-] adj.

QUADRAGÉSIME [k(w)a-] n.f. *Rel., Anc.* Premier dimanche du carême.

QUADRANGLE [k(w)a-] n.m. *Math.* Polygone à quatre angles.

QUADRANGULAIRE [k(w)a-] adj.

QUADRANT [ka-] n.m. *Math.* Quart de la circonférence.

QUADRAT [ka-] n.m. Carré de terrain qui sert d'échantillon dans l'étude de la végétation.

QUADRATIQUE [k(w)a-] adj. *Math.* (Équation) du second degré.

QUADRATURE [k(w)a-] n.f. *Math.* Construction d'un carré d'une surface égale à celle d'une figure donnée.

QUADRETTE [k(w)a-] n.f. *Sp.* Équipe de quatre joueurs.

QUADRI [k(w)a-] n.f. *Fam.* Quadriphonie. – Quadrichromie.

QUADRICEPS [k(w)a-] n.m. Muscle de la cuisse.

QUADRICHROMIE [k(w)a-] n.f. Impression en quatre couleurs.

QUADRICOLORE [k(w)a-] adj.

QUADRIENNAL, E, AUX [k(w)a-] adj. Qui dure quatre ans. – Qui revient tous les quatre ans.

QUADRIFIDE [k(w)a-] adj. *Bot.* Divisé en quatre parties.

QUADRIFOLIÉ, E [k(w)a-] adj. *Bot.* Dont les feuilles sont groupées par quatre.

QUADRIGE [k(w)a-] n.m. *Antiq.* Char attelé de quatre chevaux de front.

QUADRIJUMEAU, X [k(w)a-] adj.m. *Anat. Tubercule quadrijumeau :* chacun des quatre mamelons d'une structure cérébrale.

QUADRILATÉRAL, E, AUX [k(w)a-] adj.

QUADRILATÈRE [k(w)a-] n.m. *Math.* Polygone qui a quatre côtés.

QUADRILLAGE [ka-] n.m.

QUADRILLE [ka-] n.m. *Anc.* Troupe de cavaliers dans un carrousel. – Danse à quatre couples (XVIIIe s.).

QUADRILLER [ka-] v. **10.**

QUADRILLION [k(w)a-] n.m. Un million de trillions.

QUADRILOBE [k(w)a-] n.m. *Arch.* Motif formé de quatre lobes.

QUADRILOBÉ, E [k(w)a-] adj.

QUADRIMESTRE [k(w)a-] n.m. Durée de quatre mois.

QUADRIMESTRIEL, ELLE [k(w)a-] adj.

QUADRIMOTEUR [k(w)a-] adj.m. et n.m.

QUADRIPARTI, E [k(w)a-] adj. Qui est divisé en quatre parties ou en quatre partis.

QUADRIPARTITE [k(w)a-] adj. → **quadriparti.**

QUADRIPHONIE [k(w)a-] n.f. Reproduction du son au moyen de quatre canaux.

QUADRIPHONIQUE [k(w)a-] adj.

QUADRIPLACE [k(w)a-] adj. et n.m.

QUADRIPLÉGIE [k(w)a-] n.f. Paralysie des quatre membres.

QUADRIPLÉGIQUE [k(w)a-] adj. et n.

QUADRIPOLAIRE [k(w)a-] adj. Qui a quatre pôles.

QUADRIPÔLE [k(w)a-] n.m. *Électr.* Réseau à deux accès constitués chacun de deux bornes.

QUADRIQUE [k(w)a-] n.f. *Math.* Surface représentée par une équation du second degré.

QUADRIRÉACTEUR [k(w)a-] adj.m. et n.m.

QUADRIRÈME [k(w)a-] n.f. *Antiq.* Navire à quatre rangs de rames.

QUADRISYLLABE [k(w)a-] adj. et n.m.

QUADRIVALENCE [k(w)a-] n.f.

QUADRIVALENT, E [k(w)a-] adj. *Chim.* Qui a une valence de quatre.

QUADRIVIUM [k(w)a-] n.m. *Médiév.* Ensemble des quatre arts mathématiques (arithmétique, musique, géométrie, astronomie).

QUADRUMANE [k(w)a-] adj. et n.m. *Zool.* Qui a quatre mains.

QUADRUPÈDE [k(w)a-] adj. et n.

QUADRUPÉDIE [k(w)a-] n.f.

QUADRUPLE [k(w)a-] adj. et n.m.

QUADRUPLÉ, E [k(w)a-] n.

QUADRUPLEMENT [k(w)a-] n.m.

QUADRUPLER [k(w)a-] v. **10.**

QUADRUPLET [k(w)a-] n.m. *Math.* Ensemble de quatre éléments pris dans un ordre déterminé.

QUADRUPLEX [k(w)a-] n.m. Système télégraphique permettant l'expédition simultanée de quatre dépêches.

QUADRUPÔLE [k(w)a-] n.m. Ensemble de quatre pôles utilisé dans les accélérateurs de particules.

QUAHOG [ka-] n.m. *Québ., Zool.* Clam.

QUAI n.m.

QUAKER, QUAKERESSE [kwè-] n. Membre d'une secte protestante.

QUAKERESSE [kwèkrès] → **quaker.**

QUAKERISME [kwè-] n.m.

QUALIF n.f. *Sp., Fam.* Qualification.

QUALIFIABLE adj.

QUALIFIANT, E adj.

QUALIFICATEUR n.m. *Hist.* Théologien du Saint-Office chargé d'analyser les crimes.

QUALIFICATIF, IVE adj. et n.m.

QUALIFICATION n.f.

QUALIFIER v. **15.**

QUALITATIF, IVE adj. et n.m.

QUALITATIVEMENT adv.

QUALITÉ n.f.

QUALITICIEN, ENNE n. Personne chargée de vérifier la qualité d'un produit.

QUAND adv. et conj.

QUANT **|** **(À)** loc.

QUANTA **|** [k(w)-an-] → **quantum.**

QUANTEUR n.m. → **quantificateur.**

QUANTIÈME n.m. Jour du mois, désigné par un numéro.

QUANTIFIABLE adj.

QUANTIFICATEUR n.m. *Math., Log.* Symbole liant une variable à une quantité ou à une proposition.

QUANTIFICATION n.f.

QUANTIFIER v. **15.** Chiffrer.

QUANTILE n.m. *Stat.* Valeur qui partage une distribution en effectifs égaux.

QUANTIQUE [k(w)-an-] adj. *Phys.* Relatif aux quanta.

QUANTITATIF, IVE adj. et n.m.

QUANTITÉ n.f.

QUANTON [k(w)-an-] n.m. *Phys.* Particule.

QUANTUM (pl. **QUANTA** ou **QUANTUMS**) [k(w)-an-] n.m. Quantité fixée. – *Phys.* Quantité minimale d'énergie pouvant être émise.

QUARANTAINE n.f.

QUARANTE **|** adj.num.card.

QUARANTENAIRE adj. Qui dure quarante ans. – Relatif à une quarantaine sanitaire.

QUARANTIÈME adj.num.ord.

QUARDERONNER v. **10.** *Arch.* Tailler en quart-de-rond.

QUARK [kwark] n.m. *Phys.* Particule.

QUARRABLE adj. *Math.* Se dit d'un ensemble de points du plan admettant une aire.

QUARRE n.f. *Vx.* Épaisseur d'un objet plat.

QUART, QUARTE adj., n.m. et n.f.

QUARTAGE n.m. *Min.* Réduction de volume d'une roche, sans modification de sa teneur moyenne.

QUARTAGER v. **17.** Labourer pour la quatrième fois.

QUARTANIER n.m. *Vén.* Sanglier de quatre ans.

QUARTANNIER n.m. → **quartanier.**

QUARTATION n.f. Alliage d'un quart d'or et de trois quarts d'argent.

QUARTAUT n.m. Petit tonneau.

QUARTEFEUILLE n.f. *Hér.* Fleur à quatre feuilles.

QUARTELETTE n.f. Petite ardoise.

QUARTENIER n.m. *Anc.* Officier chargé de la surveillance d'un quartier.

QUARTER v. **10.** *Min.* Réduire par quartage.

QUARTERON, ONNE 1. n. Métis aux trois quarts blanc. 2. n.m. Petit nombre. – *Vx.* Vingt-cinq.

QUARTET [kwartèt] n.m. **(= quartette)** Orchestre de jazz de quatre musiciens.

QUARTETTE [kwa-] n.m. → **quartet.**

QUARTETTISTE [kwa-] n.m. Musicien d'un quartette.

QUARTIDI [kwa-] n.m. Quatrième jour de la décade, dans le calendrier républicain.

QUARTIER n.m.

QUARTILAGE [kwa-] n.m. *Stat.* Division en quatre classes de même effectif.

QUARTILE [kwa-] n.m. *Stat.* Chacune des trois valeurs qui divisent une distribution en quatre parties égales.

QUARTIQUE [kwa-] n.f. *Math.* Type de courbe.

QUARTO [kwa-] adv. Quatrièmement.

QUARTZ n.m.

QUARTZEUX, EUSE adj. De la nature du quartz.

QUARTZIFÈRE adj. Qui contient du quartz.

QUARTZIQUE adj.

QUARTZITE n.m. Roche siliceuse employée pour empierrer des routes.

QUASAR [k(w)a-] n.m. *Astr.* Source d'ondes hertziennes comparable à une étoile.

QUASI [kazi] 1. n.m. Morceau de la cuisse du veau. 2. adv. Presque.

QUASIMENT adv.

QUASIMODO n.f. *Rel.* Dimanche après Pâques.

QUASSIA [k(w)a-] n.m. Arbuste tropical dont le bois fournit un extrait tonique.

QUASSIER [k(w)a-] n.m. → **quassia.**

QUASSINE [k(w)a-] n.f. Alcaloïde extrait du bois de quassia.

QUATER [kwatèr] adv. Pour la quatrième fois.

QUATERNAIRE [kwa-] adj. et n.m.

QUATERNE [kwa-] n.m. Au loto, ensemble de quatre numéros sortis sur la même ligne.

QUATERNION [kwa-] n.m. *Math.* Nombre appartenant à un ensemble incluant les nombres complexes.

QUATORZE | adj.num.card.

QUATORZIÈME adj.num.ord.

QUATORZIÈMEMENT adv.

QUATRAIN n.m. Poème, strophe de quatre vers.

QUATRE | adj.num.card.

QUATRIÈME adj.num.ord.

QUATRIÈMEMENT adv.

QUATRILLION [k(w)a-] n.m. → **quadrillion.**

QUATTROCENTISTE [kwatrôtchèntist] n. Artiste du quattrocento.

QUATTROCENTO [kwatrôtchèntô] n.m. Le XVe siècle italien.

QUATUOR [kwa-] n.m.

QUE | pr.relat., pr.int., conj. et adv.

QUÉBÉCISER v. **10.** *Québ.* Doter d'une identité ou d'une spécificité québécoise.

QUÉBÉCISME n.m.

QUÉBÉCOIS, E adj. et n.m.

QUÉBRACHO [kébratchô] n.m. Arbre d'Amérique du Sud, riche en tanin.

QUECHUA [kétchwa] n.m. **(= quichua)** Langue indienne du Pérou et de la Bolivie.

QUEL, QUELLE adj.

QUELCONQUE adj.

QUÉLÉA n.m. Passereau africain.

QUELQUE adj.indéf. et adv.

QUELQUEFOIS adv.

QUÉMANDER v. **10.**

QUÉMANDEUR, EUSE n.

QUENA [kéna] n.f. → **kena.**

QUENELLE n.f.

QUÉNETTE n.f. Fruit antillais.

QUENOTTE n.f. *Fam.* Dent d'enfant.

QUENOUILLE n.f. *Text.* Bâton entouré d'une matière à filer.

QUENOUILLÉE n.f. Quantité de matière textile nécessaire pour garnir une quenouille.

QUÉQUETTE n.f.

QUÉRABLE adj. *Dr.* Qu'on doit aller chercher à domicile.

QUERCINOIS, E adj. Du Quercy.

QUERCITRIN n.m. → **quercitrine.**

QUERCITRINE n.f. Colorant jaune tiré de l'écorce du quercitron.

QUERCITRON n.m. Chêne d'Amérique du Nord.

QUERCYNOIS, E adj. → **quercinois.**

QUERELLE n.f.

QUERELLER (SE) v. **10.**

QUERELLEUR, EUSE adj. et n.

QUÉRIR v. déf. (Ne s'emploie qu'à l'infinitif) *Litt.* Chercher avec l'intention d'amener.

QUÉRULENCE n.f.

QUÉRULENT, E adj. et n. *Psych.* Qui revendique de façon pathologique.

QUÈSACO [kézakô] adv. *Fam.* Qu'est-ce que c'est ?

QUESTEUR [kè-] n.m. *Antiq. rom.* Magistrat. – Membre du bureau d'une assemblée parlementaire.

QUESTION n.f.

QUESTIONNAIRE n.m.

QUESTIONNEMENT n.m.

QUESTIONNER v. **10.**

QUESTIONNEUR, EUSE adj. et n.

QUESTURE [kè-] n.f. *Antiq. rom.* Charge de questeur. – Bureau des questeurs d'une assemblée.

QUÉTAINE adj. *Québ.* De mauvais goût.

QUÉTAINERIE n.f. *Québ.* Action quétaine.

QUÊTE n.f.

QUÊTER v. **10.**

QUÊTEUR, EUSE n.

QUÊTEUX, EUSE adj. et n. *Québ.* Mendiant.

QUETSCHE [kwètch] n.f. Grosse prune dont on fait une eau-de-vie.

QUETSCHIER [kwè-] n.m.

QUETTE n.f. *Helv.* Petite tresse de cheveux.

QUETZAL, S [kè-] n.m. Oiseau du Mexique.

QUETZAL [kè-] (pl. **QUETZALES** [-lès] ou **QUETZALS**) n.m. Unité monétaire du Guatemala.

QUETZALES [-lès] → **quetzal.**

QUEUE n.f.

QUEUSOT n.m. Tube de verre servant à faire le vide dans une ampoule électrique.

QUEUTAGE n.m.

QUEUTER v. **(p.p.inv.) 10.** Au billard, pousser au lieu de frapper.

QUEUX n.m. *Maître queux :* cuisinier.

QUI **I** pr.relat. et int.

QUIA **I** **(À)** [kwiya] loc. *Être à quia :* n'avoir rien à répondre.

QUICAGEON n.m. **(= quiquageon, quiquajon)** *Helv.* Abri à claire-voie dans un jardin.

QUICHE n.f.

QUICHENOTTE n.f. Coiffe vendéenne.

QUICHUA [kitchwa] n.m. → **quechua.**

QUICK [kwik] n.m. Revêtement dur de certains courts de tennis.

QUICONQUE **I** pr.relat. et indéf.

QUID **I** [kwid] pr.int. *Fam.* Quoi ?

QUIDAM [k(w)i-] n.m. Personne dont on ignore le nom.

QUIDDITÉ [k(w)i-] n.f. *Philos.* Essence d'une chose.

QUIESCENCE [kwiès-an-s] n.f.

QUIESCENT, E [kwiès-an] adj. (Insecte) qui, dans un milieu défavorable, cesse de se développer.

QUIET, QUIÈTE adj. *Litt.* Tranquille, calme.

QUIÉTISME n.m. Doctrine mystique où la perfection réside dans la quiétude de l'âme.

QUIÉTISTE adj. et n.

QUIÉTUDE n.f.

QUIGNON n.m. Gros croûton de pain.

QUILLARD n.m. Voilier. – Soldat libéré du service militaire.

QUILLE n.f.

QUILLER v. **10.** *Fam.* Lancer, jeter.

QUILLEUR, EUSE n. *Québ.* Joueur de quilles.

QUILLIER n.m. Grande vrille utilisée par les charrons.

QUILLON n.m. Chacun des bras de la croix dans la garde d'une épée.

QUILT [k(w)ilt] n.m. Couverture traditionnelle en patchwork d'Amérique du Nord.

QUIMBOIS n.m. Aux Antilles, sortilège.

QUIMBOISEUR n.m. Aux Antilles, sorcier.

QUIMPÉROIS, E adj. De Quimper.

QUINAIRE adj. Qui a pour base le nombre cinq.

QUINAUD, E adj. *Vx., Litt.* Confus, honteux.

QUINCAILLE n.f. Tout ustensile domestique métallique.

QUINCAILLERIE n.f.

QUINCAILLIER, ÈRE n.

QUINCONCE n.m. Réunion de cinq objets, dont quatre sont placés à chaque angle d'un carré, et un au milieu.

QUINCONCIAL, E, AUX adj.

QUINCY [k-in-si] n.m. Vin blanc du Berry.

QUINDÉCEMVIR [k(w)-in-] n.m. *Antiq. rom.* Magistrat préposé à la garde des livres sacrés.

QUINDÉCIMVIR [k(w)-in-] n.m. → **quindécemvir.**

QUINE n.m. Au loto, ensemble de cinq numéros sortis sur la même ligne.

QUINÉ, E adj. *Bot.* Disposé cinq par cinq.

QUINIDINE n.f. *Pharm.* Un des alcaloïdes contenus dans l'écorce de quinquina.

QUININE n.f. *Pharm.* Un des alcaloïdes contenus dans l'écorce de quinquina.

QUINOA n.m. Céréale cultivée en Amérique du Sud.

QUINOLA n.m. Valet de cœur, au jeu de reversi.

QUINOLÉINE n.f. *Chim.* Composé extrait du goudron de houille et des alcaloïdes du quinquina.

QUINOLÉIQUE adj.

QUINOLONE n.f. Antibiotique.

QUINONE n.f. Tout composé benzénique ayant deux fonctions cétone.

QUINQUA adj. et n. *Fam.* Quinquagénaire.

QUINQUAGÉNAIRE adj. et n.

QUINQUAGÉSIME n.f. *Rel., Anc.* Dimanche précédant le carême.

QUINQUENNAL, E, AUX adj.

QUINQUENNAT n.m. Durée de cinq ans.

QUINQUET n.m. Ancienne lampe à huile. – *Fam.* Œil.

QUINQUIN n.m. *Fam.* Enfant.

QUINQUINA n.m. Arbre tropical dont l'écorce fournit la quinine et la cinchonine.

QUINT, QUINTE adj. Cinquième.

QUINTAINE n.f. *Anc.* Poteau cible pour s'exercer à la lance.

QUINTAL, AUX n.m. Cent kilogrammes.

QUINTE n.f.

QUINTEFEUILLE 1. n.f. Herbe rampante. – *Hér.* Fleur à cinq pétales. 2. n.m. Rosace à cinq lobes.

QUINTESSENCE n.f.

QUINTESSENCIER v. **15.** Raffiner à l'extrême.

QUINTET [-èt] n.m. **(= quintette)** Orchestre de jazz de cinq musiciens.

QUINTETTE n.m. → **quintet.**

QUINTEUX, EUSE adj. (Toux) qui se produit par quintes. – *Litt.* Capricieux.

QUINTIDI [k(w)-in-] n.m. Cinquième jour de la décade, dans le calendrier républicain.

QUINTIL n.m. Strophe de cinq vers.

QUINTILLION [k(w)-in-] n.m. Un million de quatrillions.

QUINTO [k(w)-in-tô] adv. Cinquièmement.

QUINTOLET n.m. *Mus.* Groupe de cinq notes.

QUINTOYER v. **(p.p.inv.) 27.** Produire une note plus haute que la note normale, en parlant d'un instrument à vent.

QUINTUPLE adj. et n.m.

QUINTUPLÉ, E n.

QUINTUPLER v. **10.**

QUINZAINE n.f.

QUINZE | adj.num.card.

QUINZIÈME adj.num.ord.

QUINZIÈMEMENT adv.

QUINZISTE n. Joueur de rugby à quinze.

QUINZOMADAIRE n.m. *Fam.* Journal paraissant toutes les deux semaines.

QUIPO [kipô] n.m. **(= quipou, quipu)** *Hist.* Série de cordelettes servant de code chez les Incas.

QUIPOU [kipou] n.m. → **quipo.**

QUIPROQUO n.m.

QUIPU [kipou] n.m. → **quipo.**

QUIQUAGEON n.m. → **quicageon.**

QUIQUAJON n.m. → **quicageon.**

QUIRAT [kira] n.m. *Dr.* Part dans la propriété d'un navire indivis.

QUIRATAIRE n. Propriétaire d'un quirat.

QUIRITE [kwi-] n.m. *Antiq. rom.* Citoyen résidant à Rome.

QUISCALE [kwi-] n.m. Oiseau d'Amérique centrale.

QUITÉNIEN, ENNE adj. De Quito (Équateur).

QUITTANCE n.f.

QUITTANCER v. **13.** *Dr.* Déclarer (quelqu'un) quitte d'une dette.

QUITTE adj.

QUITTER v. **10.**

QUITUS [ki-] n.m. *Dr.* Acte de reconnaissance d'une bonne gestion.

QUIZ [kwiz] n.m. Jeu par questions et réponses.

QUOI | pr.relat. et int.

QUOIQUE conj.

QUOLIBET n.m. Plaisanterie, raillerie.

QUORUM [k(w)o-] n.m. Nombre de membres nécessaire pour qu'une assemblée puisse délibérer.

QUOTA [k(w)o-] n.m. Pourcentage déterminé.

QUOTIDIEN, ENNE adj. et n.m.

QUOTIDIENNEMENT adv.

QUOTIDIENNETÉ n.f.

QUOTIENT n.m. *Math.* Résultat d'une division.

QUOTITÉ n.f. *Dr.* Montant d'une quote-part à payer ou à recevoir.

QWERTY | adj. (Clavier) anglais.

QWERTZ adj. (Clavier) suisse romand.

R

RA n.m. (inv. mais **ras** adj.) Roulement bref de tambour.

RAAG n.m. **(= raga)** Mode mélodique hindou.

RAB n.m. **(= rabe)** *Fam.* Rabiot.

RABAB n.m. **(= rebab)** Instrument de musique arabe à cordes.

RABÂCHAGE n.m.

RABÂCHEMENT n.m.

RABÂCHER v. **10.**

RABÂCHEUR, EUSE adj. et n.

RABAIS n.m.

RABAISSEMENT n.m.

RABAISSER v. **10.**

RABAN n.m. *Mar.* Morceau de cordage.

RABANE n.f. Tissu de fibres de raphia.

RABASSE n.f. Truffe, en Provence.

RABASSENAGE n.m. *Min.* Remise à section d'une galerie dont le sol a gonflé.

RABAT n.m.

RABATTABLE adj.

RABATTAGE n.m.

RABATTANT, E adj. *Min.* (Exploitation) qui se rapproche de la galerie principale.

RABATTEMENT n.m.

RABATTEUR, EUSE n.

RABATTOIR n.m. *Techn.* Outil pour détacher les plaques d'ardoise.

RABATTRE v. **100.**

RABBI n.m. Titre donné aux docteurs de la Loi juive.

RABBIN n.m.

RABBINAT n.m.

RABBINIQUE adj.

RABBINISME n.m. Enseignement, doctrine des rabbins.

RABDOMANCIE n.f. Divination à l'aide de baguettes.

RABE n.m. → **rab.**

RABELAISIEN, ENNE adj. Digne de Rabelais.

RABIBOCHAGE n.m.

RABIBOCHER v. **10.** *Fam.* Raccommoder, réconcilier.

RABIOLE n.f. *Québ.* Variété de navet blanc.

RABIOT n.m.

RABIOTAGE n.m.

RABIOTER v. **10.** *Fam.* Prendre (une portion) en supplément.

RABIQUE adj. Relatif à la rage.

RÂBLE n.m. Dos du lièvre et du lapin.

RÂBLÉ, E adj. Petit et large d'épaules.

RÂBLER v. **10.** *Techn.* Ratisser pour épurer (du verre, un métal en fusion).

RÂBLURE n.f. Rainure de fixation tout au long de la quille d'un navire en bois.

RABONNIR v. **40.** Rendre ou devenir meilleur.

RABOT n.m.

RABOTAGE n.m.

RABOTEMENT n.m.

RABOTER v. **10.**

RABOTEUR, EUSE n.m. et n.f.

RABOTEUX, EUSE adj. Inégal, rude.

RABOUDINAGE n.m.

RABOUDINER v. **10.** *Québ., Fam.* Rafistoler.

RABOUGRIR (SE) v. **40.**

RABOUGRISSEMENT n.m.

RABOUILLÈRE n.f. Terrier de lapin.

RABOUILLEUR, EUSE n. *Vx.* Personne qui trouble l'eau pour pêcher.

RABOUTAGE n.m.

RABOUTER v. **10.** Assembler bout à bout.

RABROUEMENT n.m.

RABROUER v. **10.** Traiter avec rudesse.

RABROUEUR, EUSE adj. et n.

RAC ❙ n.m. *Belg., Fam. Être en rac :* être en rade.

RACA interj. *Vx.* Terme de mépris.

RACAGE n.m. *Mar.* Collier évitant le frottement entre le mât et la vergue.

RACAHOUT [rakaout] n.m. *Anc.* Aliment composé de farines variées.

RACAILLE n.f. Ensemble de voyous.

RACCARD n.m. *Helv.* Grange à blé.

RACCOMMODABLE adj.

RACCOMMODAGE n.m.

RACCOMMODEMENT n.m.

RACCOMMODER v. **10.**

RACCOMMODEUR, EUSE n.

RACCOMPAGNATEUR, TRICE n. *Québ.* Personne qui reconduit quelqu'un à son domicile, pour des raisons de sécurité.

RACCOMPAGNEMENT n.m.

RACCOMPAGNER v. **10.**

RACCORD n.m.

RACCORDEMENT n.m.

RACCORDER v. **10.**

RACCOURCI n.m.

RACCOURCIR v. **40.**

RACCOUTUMER v. **10.**

RACCROC n.m. Coup de chance.

RACCROCHAGE n.m.

RACCROCHEMENT n.m.

RACCROCHER v. **10.**

RACCROCHEUR, EUSE adj. Qui attire l'attention.

RACCUSER v. **10.** *Belg.* Dénoncer.

RACE n.f.

RACÉ, E adj.

RACÉMEUX, EUSE adj. *Bot.* Dont les fleurs sont disposées en grappes.

RACÉMIQUE adj. *Chim.* (Mélange) composé de deux formes cristallisées symétriques.

RACÉMISATION n.f. *Chim.* Réaction produisant un mélange racémique.

RACER [réseur] ou [rasèr] n.m. Canot automobile rapide.

RACHAT n.m.

RACHETABLE adj.

RACHETER v. **21** (je rachète...).

RACHI n.f. Anesthésie du bassin et des membres inférieurs.

RACHIALGIE n.f. Douleur au rachis.

RACHIANALGÉSIE n.f. → **rachi.**

RACHIANESTHÉSIE n.f. → **rachi.**

RACHIDIEN, ENNE adj. Relatif à la colonne vertébrale.

RACHIS [-s] n.m. Colonne vertébrale.

RACHITIQUE adj. et n.

RACHITISME n.m.

RACIAL, E, AUX adj.

RACIALEMENT adv.

RACINAGE n.m. Dessin imitant la texture du bois sur la reliure d'un livre.

RACINAIRE adj. *Bot.* Qui concerne les racines.

RACINAL, AUX n.m. Grosse pièce de charpente.

RACINE n.f.

RACINER v. **10.** Prendre racine. – Orner d'un racinage.

RACINIEN, ENNE adj. De Racine.

RACIOLOGIE n.f. Étude des phénomènes raciaux.

RACISME n.m.

RACISTE adj. et n.

RACK n.m. Meuble de rangement pour appareils électroniques.

RACKET n.m. Extorsion de fonds par la violence.

RACKETEUR, EUSE [kè] n. (**= racketter, racketteur).**

RACKETTER v. **10.**

RACKETTER [-kèteur] n.m. → **racketeur.**

RACKETTEUR, EUSE n. → **racketeur.**

RACLAGE n.m.

RACLE n.f. Outil servant à racler.

RACLÉE n.f.

RACLEMENT n.m.

RACLER v. **10.**

RACLETTE n.f.

RACLEUR, EUSE n.

RACLOIR n.m.

RACLURE n.f.

RACOLAGE n.m.

RACOLER v. **10.**

RACOLEUR, EUSE adj. et n.

RACONTABLE adj.

RACONTAR n.m.

RACONTER v. **10.**

RACONTEUR, EUSE n.

RACOON [ou] n.m. Raton laveur.

RACORNIR v. **40.**

RACORNISSEMENT n.m.

RACRAPOTER (SE) v. **10.** *Belg., Fam.* Se recroqueviller.

RAD n.m. *Phys.* Unité de mesure de radiations absorbées.

RADAR n.m.

RADARASTRONOMIE n.f. Technique du radar appliquée à l'étude des astres.

RADARISTE n. Spécialiste des radars.

RADE n.f.

RADEAU, X n.m.

RADER v. **10.** *Vx.* Mesurer ras (une céréale, du sel) en éliminant ce qui dépasse.

RADEUSE n.f. *Arg., Vx.* Prostituée.

RADIAIRE adj. Disposé en rayons.

RADIAL, E, AUX 1. adj. Relatif au radius. 2. n.f. Voie allant du centre d'une ville vers la périphérie.

RADIAN n.m. *Math.* Unité de mesure d'angle.

RADIANCE n.f. *Vx.* Rayonnement.

RADIANT, E 1. adj. Qui émet des radiations. 2. n.m. Point du ciel d'où semblent provenir les étoiles filantes.

RADIATEUR n.m.

RADIATIF, IVE adj. *Phys.* Qui concerne les radiations.

RADIATION n.f.

RADICAL, E, AUX adj. et n.

RADICALAIRE adj. Relatif à un radical chimique.

RADICALEMENT adv.

RADICALISATION n.f.

RADICALISER v. **10.** Rendre plus extrême, plus intransigeant.

RADICALISME n.m.

RADICALITÉ n.f. Caractère de ce qui est radical.

RADICANT, E adj. (Plante) dont la tige peut émettre des racines.

RADICELLE n.f. Petite racine.

RADICOTOMIE n.f. *Chir.* Section d'une racine nerveuse rachidienne.

RADICULAIRE adj. Relatif à la racine.

RADICULALGIE n.f. Douleur provenant de la racine d'un nerf rachidien.

RADICULE n.f. *Bot.* Partie de l'embryon qui deviendra la racine.

RADICULITE n.f. *Méd.* Inflammation de la racine d'un nerf rachidien.

RADIER n.m. Dalle servant de fondation.

RADIER v. **15.** Rayer d'une liste, d'un registre.

RADIESTHÉSIE n.f. Sensibilité hypothétique à certaines radiations. – Procédé de détection.

RADIESTHÉSIQUE adj.

RADIESTHÉSISTE n.

RADIEUSEMENT adv.

RADIEUX, EUSE adj.

RADIFÈRE adj. Qui contient du radium.

RADIN, E adj. et n.

RADINER (SE) v. **10.** *Fam.* Arriver.

RADINERIE n.f.

RADINISME n.m. Radinerie.

RADIO adj., n.m. et n.f.

RADIOACTIF, IVE adj.

RADIOACTIVATION n.f.

RADIOACTIVITÉ n.f.

RADIOALIGNEMENT n.m. *Aéron.* Dispositif de guidage à l'aide de radiobalises.

RADIOALTIMÈTRE n.m. Appareil qui mesure l'altitude d'un avion.

RADIOAMATEUR n.m.

RADIOASTRONOME n.

RADIOASTRONOMIE n.f. Étude du rayonnement radioélectrique des astres.

RADIOBALISAGE n.m.

RADIOBALISE n.f. Émetteur qui signalise une voie aérienne ou maritime.

RADIOBALISER v. **10.**

RADIOBIOLOGIE n.f. Étude de l'action des radiations sur les êtres vivants.

RADIOBIOLOGIQUE adj.

RADIOCARBONE n.m. *Archéol.* Carbone radioactif, utilisé pour la datation.

RADIOCASSETTE n.f.

RADIOCHIMIE n.f. Science des radioéléments.

RADIOCHIMIQUE adj.

RADIOCOBALT n.m. Isotope radioactif du cobalt.

RADIOCOMMANDE n.f.

RADIOCOMMANDER v. **10.**

RADIOCOMPAS n.m. *Aéron.* Compas d'orientation permettant de conserver un cap.

RADIOCONDUCTEUR n.m. *Phys.* Conducteur sensible à l'action des ondes électromagnétiques.

RADIODERMITE n.f. Lésion de la peau due à l'action des rayons X.

RADIODÉTECTION n.f.

RADIODIAGNOSTIC n.m. *Méd.* Diagnostic par rayons X.

RADIODIFFUSER v. **10.**

RADIODIFFUSEUR n.m.

RADIODIFFUSION n.f.

RADIOÉCOLOGIE n.f. Partie de l'écologie qui étudie les effets des rayonnements ionisants sur l'environnement.

RADIOÉLECTRIQUE adj.

RADIOÉLÉMENT n.m. Élément chimique radioactif.

RADIOFRÉQUENCE n.f.

RADIOGALAXIE n.f. Galaxie émettant un rayonnement radioélectrique intense.

RADIOGÉNIQUE adj. Qui passe bien à la radio.

RADIOGONIOMÈTRE n.m. *Aéron., Mar.* Appareil de radiorepérage.

RADIOGRAMME n.m. Message transmis par radio.

RADIOGRAPHIE n.f.

RADIOGRAPHIER v. **15.**

RADIOGRAPHIQUE adj.

RADIOGUIDAGE n.m.

RADIOGUIDER v. **10.**

RADIOLAIRE n.m. *Zool.* Protozoaire marin.

RADIOLARITE n.f. Roche sédimentaire d'origine marine.

RADIOLÉSION n.f. *Méd.* Lésion due à des radiations.

RADIOLOGIE n.f.

RADIOLOGIQUE adj.

RADIOLOGISTE n.

RADIOLOGUE n.

RADIOLYSE n.f. Destruction d'un corps par l'action de radiations ionisantes.

RADIOMESSAGERIE n.f. Service de radiocommunication.

RADIOMÈTRE n.m. Appareil mesurant l'intensité d'un rayonnement lumineux.

RADIOMÉTRIE n.f.

RADIOMÉTRIQUE adj.

RADIONAVIGANT, E n. *Mar., Aéron.* Technicien qui assure les liaisons radio.

RADIONAVIGATION n.f.

RADIONÉCROSE n.f. *Méd.* Destruction d'un tissu par rayons X.

RADIONUCLÉIDE n.m. *Phys.* Nucléide radioactif.

RADIONUCLIDE n.m. → **radionucléide.**

RADIOPATHOLOGIE n.f. *Méd.* Discipline traitant les troubles dus aux irradiations.

RADIOPHARE n.m. → **radiobalise.**

RADIOPHONIE n.f.

RADIOPHONIQUE adj.

RADIOPROTECTION n.f. Protection contre les rayonnements ionisants.

RADIORÉCEPTEUR n.m.

RADIOREPÉRAGE n.m.

RADIOREPORTAGE n.m.

RADIOREPORTER n.m.

RADIOREPORTEUR, TRICE n.

RADIORÉSISTANCE n.f. Perte de sensibilité d'une tumeur aux radiations ionisantes.

RADIORÉVEIL n.m.

RADIOROMAN n.m. *Québ.* Feuilleton radiophonique.

RADIOSCOPIE n.f.

RADIOSCOPIQUE adj.

RADIOSENSIBLE adj. Sensible à l'action des rayons X.

RADIOSONDAGE n.m.

RADIOSONDE n.f. Émetteur transporté par ballon et donnant au sol des informations météorologiques.

RADIOSOURCE n.f. Astre émettant un rayonnement radioélectrique.

RADIOTECHNIQUE adj. et n.f.

RADIOTÉLÉGRAMME n.m.

RADIOTÉLÉPHONE n.m.

RADIOTÉLÉPHONIE n.f.

RADIOTÉLESCOPE n.m.

RADIOTÉLÉVISÉ, E adj.

RADIOTÉLÉVISION n.f.

RADIOTHÉRAPEUTE n.

RADIOTHÉRAPIE n.f. Traitement par rayons X.

RADIOTHÉRAPIQUE adj.

RADIOTOXICITÉ n.f.

RADIOTOXIQUE adj. et n.m. (Corps) émettant des rayonnements toxiques pour l'organisme.

RADIOTROTTOIR n.m. ou f. *Afr., Fam.* Rumeur publique.

RADIQUE adj. (Lésion) provoquée par une radiothérapie.

RADIS n.m.

RADIUM n.m.

RADIUMTHÉRAPIE n.f.

RADIUS n.m. Un des deux os de l'avant-bras.

RADJA n.m. **(= radjah, raja, rajah)** Prince indien.

RADJAH n.m. → **radja.**

RADOIRE n.f. Instrument qui sert à rader.

RADÔME n.m. Dôme de protection d'une antenne radar.

RADON n.m. Élément gazeux radioactif.

RADOTAGE n.m.

RADOTER v. **10.** Rabâcher.

RADOTEUR, EUSE n.

RADOUB [-dou] n.m. Réparation ou entretien de la coque d'un navire.

RADOUBAGE n.m.

RADOUBER v. **10.**

RADOUCIR v. **40.**

RADOUCISSEMENT n.m.

RADSOC n. et adj. *Fam.* Radical-socialiste.

RADULA n.f. Langue râpeuse d'un mollusque.

RAFALE n.f.

RAFALER v. **(p.p.inv.) 10.** *Québ.* Souffler en rafales.

RAFFERMIR v. **40.**

RAFFERMISSANT, E adj.

RAFFERMISSEMENT n.m.

RAFFINAGE n.m.

RAFFINAT n.m. Produit pétrolier raffiné.

RAFFINEMENT n.m.

RAFFINER v. **10.**

RAFFINERIE n.f.

RAFFINEUR, EUSE n.

RAFFINOSE n.f. *Chim.* Glucide végétal.

RAFFLE n.f. Partie centrale d'une grappe.

RAFFLESIA [é] n.m. **(= rafflésie)** Plante d'Insulinde à très grandes fleurs.

RAFFLÉSIACÉE n.f. Plante dicotylédone, type rafflesia.

RAFFLÉSIE n.f. → **rafflesia.**

RAFFOLER v. **(p.p.inv.) 10.**

RAFFUT n.m. *Fam.* Vacarme, tapage.

RAFFÛTAGE n.m. Action d'affûter de nouveau.

RAFFÛTER v. **10.** Au rugby, écarter un adversaire de la main. – Affûter de nouveau.

RAFIAU, X n.m. **(= rafiot)** *Fam.* Vieux bateau.

RAFIOT n.m. → **rafiau.**

RAFISTOLAGE n.m.

RAFISTOLER v. **10.**

RAFLE n.f.

RAFLER v. **10.**

RAFRAÎCHIR v. **40.**

RAFRAÎCHISSANT, E adj.

RAFRAÎCHISSEUR n.m. *Anc.* Récipient pour rafraîchir.

RAFRAÎCHISSOIR n.m. → **rafraîchisseur.**

RAFT n.m. Descente sportive d'un cours d'eau en canot pneumatique.

RAFTEUR, EUSE n. Sportif qui pratique le raft.

RAFTING n.m. → **raft.**

RAGA n.m. → **raag.**

RAGAGE n.m. *Mar.* Usure d'un cordage par frottement.

RAGAILLARDIR v. **40.** Rendre plus vigoureux.

RAGE n.f.

RAGEANT, E adj.

RAGER v. **(p.p.inv.) 17.**

RAGEUR, EUSE adj.

RAGEUSEMENT adv.

RAGGAMUFFIN [ragameufin] n.m. Style musical associant rap et reggae.

RAGLAN n.m. et adj. Vêtement à manches droites remontant jusqu'à l'encolure.

RAGNAGNAS [-a] n.m.pl. *Fam.* Règles, menstrues.

RAGONDIN n.m. Rongeur d'Amérique du Sud dont la fourrure est estimée.

RAGOT, E 1. adj. Petit et gros. 2. n.m. Bavardage malveillant. – Jeune sanglier.

RAGOTER v. **(p.p.inv.) 10.** *Fam.* Colporter des ragots.

RAGOUGNASSE n.f. *Fam.* Mauvais ragoût.

RAGOÛT n.m.

RAGOÛTANT, E adj. Appétissant.

RAGRAFER v. **10.**

RAGRÉAGE n.m.

RAGRÉER v. **16.** Apporter les dernières finitions à. – Ravaler.

RAGRÉMENT n.m. Action de ragréer.

RAGTIME [-taym] n.m. Musique syncopée et rapide, ancêtre du jazz.

RAGUER v. **10.** *Mar.* User par frottement.

RAI n.m. Rayon.

RAÏ [ray] n.m. et adj. Musique populaire d'Algérie.

RAÏA [raya] n.m. **(= raya, rayia)** *Hist.* Sujet non musulman, dans l'Empire ottoman.

RAID n.m.

RAIDE adj. et adv.

RAIDER [rèdeur] n.m. Personne qui cherche à prendre le contrôle de sociétés.

RAIDEUR n.f.

RAIDILLON n.m.

RAIDIR v. **40.**

RAIDISSEMENT n.m.

RAIDISSEUR n.m. Appareil permettant de tendre les fils de fer d'une clôture.

RAIE n.f.

RAIFORT n.m. Plante dont la racine est utilisée comme condiment. – Gros radis noir.

RAIL n.m.

RAILLER v. **10.**

RAILLERIE n.f.

RAILLEUR, EUSE adj. et n.

RAILLEUSEMENT adv.

RAILROUTE n.m. et adj. Transport par voie ferrée et routière.

RAINER v. **10.** Strier (du bois, du cuir).

RAINETTE n.f. 1. Petite grenouille arboricole. 2. **(= rénette)** *Techn.* Outil à pointe recourbée.

RAINURAGE n.m. Tracé de rainures antidérapantes.

RAINURE n.f.

RAINURER v. **10.**

RAIPONCE n.f. Campanule comestible.

RAIRE v. déf. **(p.p.inv.) 121 (= réer)** Crier, en parlant du cerf.

RAÏS [raïs] n.m. Chef d'État arabe, particulièrement en Égypte.

RAISIN n.m.

RAISINÉ n.m. Confiture composée de jus de raisin et de fruits variés.

RAISINÉE n.f. *Helv.* Vin cuit.

RAISINET n.m. *Helv.* Groseille rouge.

RAISON n.f.

RAISONNABLE adj.

RAISONNABLEMENT adv.

RAISONNANT, E adj.

RAISONNEMENT n.m.

RAISONNER v. **10.**

RAISONNEUR, EUSE adj. et n.

RAIT → **raire 121.**

RAJA [radja] n.m. → **radja.**

RAJAH [radja] n.m. → **radja.**

RAJASTHANI [radj-] n.m. Langue parlée au Rajasthan (Inde).

RAJEUNIR v. **40.**

RAJEUNISSANT, E adj.

RAJEUNISSEMENT n.m.

RAJIFORME n.m. Poisson, type raie.

RAJOUT n.m.

RAJOUTER v. **10.**

RAJPUT [rajpout] adj. D'un peuple de l'Inde.

RAJUSTEMENT n.m.

RAJUSTER v. **10 (= réajuster).**

RAKI n.m. Eau-de-vie orientale parfumée à l'anis.

RAKU [-ou] n.m. Poterie cuite à basse température.

RÂLANT, E adj.

RÂLE n.m. Oiseau échassier. – Respiration rauque des agonisants.

RÂLEMENT n.m.

RALENTI, E adj. et n.m.

RALENTIR v. **40.**

RALENTISSEMENT n.m.

RALENTISSEUR n.m.

RÂLER v. **(p.p.inv.) 10.**

RÂLEUR, EUSE adj. et n.

RALINGUE n.f. *Mar.* Cordage auquel on coud les bords d'une voile pour les renforcer.

RALINGUER v. **10.** *Mar.* Munir de ralingues. – Battre, en parlant d'une voile.

RALLER v. **(p.p.inv.) 10.** Crier, en parlant du cerf.

RALLIDÉ n.m. Oiseau aux ailes courtes, type râle, poule d'eau.

RALLIEMENT n.m.

RALLIER v. **15.**

RALLIFORME n.m. Oiseau échassier, type rallidé.

RALLONGE n.f.

RALLONGEMENT n.m.

RALLONGER v. **17.**

RALLUMER v. **10.**

RALLYE n.m.

RAM **|** n.f. *Inf.* Mémoire vive.

RAMADAN n.m. Mois de jeûne chez les musulmans.

RAMADANESQUE adj.

RAMAGE n.m. Dessin de rameaux sur une étoffe. – Chant des oiseaux.

RAMAGER v. **17.** Couvrir de ramages. – Chanter, en parlant des oiseaux.

RAMANCHER v. **10.** *Québ., Fam.* Rafistoler.

RAMANCHEUR, EUSE n. *Québ.* Guérisseur, rebouteux.

RAMANCHEUX, EUSE n. → **ramancheur.**

RAMAPITHÈQUE n.m. Fossile d'hominoïde.

RAMAS [-a] n.m. Ramassis.

RAMASSAGE n.m.

RAMASSÉ, E adj. Trapu. – Concis.

RAMASSEMENT n.m.

RAMASSER v. **10.**

RAMASSETTE n.f. *Belg.* Petite pelle à poussière.

RAMASSEUR, EUSE n.

RAMASSIS n.m.

RAMASSOIRE n.f. *Helv.* Petite pelle à poussière.

RAMBARDE n.f. Rampe formant un garde-fou.

RAMBOUR n.m. Variété de pommier.

RAMBOUTAN n.m. Variété de letchi.

RAMDAM [ramdam] n.m. *Fam.* Vacarme, tapage.

RAME n.f.

RAMEAU, X n.m.

RAMÉE n.f. *Litt.* Ensemble de branches entrelacées.

RAMEN [-èn] n.m. Variété de nouilles japonaises.

RAMENARD, E adj. *Fam.* Prétentieux.

RAMENDER v. **10.** Amender de nouveau. – Réparer. – Redorer.

RAMENDEUR, EUSE n.

RAMENER n.m. Attitude du cheval dont la tête est verticale.

RAMENER v. **11.**

RAMEQUIN n.m. Petit récipient pour la cuisson au four.

RAMER v. **10.** Soutenir (une plante grimpante). – Manœuvrer la rame.

RAMEREAU, X n.m. **(= ramerot)** Jeune ramier.

RAMEROT n.m. → **ramereau.**

RAMESCENCE n.f. Disposition en rameaux.

RAMETTE n.f. Ensemble de feuilles de papier de petit format.

RAMEUR, EUSE n.

RAMEUTER v. **10.** Ramener, rassembler.

RAMEUX, EUSE adj. Qui a beaucoup de rameaux.

RAMI n.m. Jeu de cartes.

RAMIE n.f. Plante d'Extrême-Orient, dont on tire des fibres textiles.

RAMIER n.m. et adj.m. Gros pigeon très commun dans les villes.

RAMIFICATION n.f.

RAMIFIER v. **15.**

RAMILLE n.f. Ensemble de petits rameaux.

RAMIN n.m. Arbre d'Indonésie au bois clair.

RAMINGUE adj. (Cheval) qui se défend contre l'éperon.

RAMOLLIR v. **40.**

RAMOLLISSANT, E adj.

RAMOLLISSEMENT n.m.

RAMOLLO adj. et n. *Fam.* Gâteux, mou, avachi.

RAMONAGE n.m.

RAMONER v. **10.**

RAMONEUR n.m.

RAMPANT, E adj. et n.m.

RAMPE n.f.

RAMPEAU, X n.m. Au jeu, coup destiné à départager deux adversaires.

RAMPEMENT n.m.

RAMPER v. **(p.p.inv.) 10.**

RAMPON n.m. *Helv.* Mâche, doucette.

RAMPONEAU, X n.m. **(= ramponneau)** Coup violent.

RAMPONNEAU, X n.m. → **ramponeau.**

RAMULE n.f. Ramille.

RAMURE n.f. Ensemble des branches d'un arbre.

RANALE n.f. Plante dicotylédone, type bouton-d'or.

RANATRE n.f. Insecte des eaux stagnantes.

RANCARD n.m. **(= rancart, rencard, rencart)** *Arg.* Renseignement confidentiel. – Rendez-vous.

RANCARDER v. **10 (= rencarder)** *Arg.* Renseigner. – Convier à un rendez-vous.

RANCART n.m. 1. → **rancard.** 2. **(= rencart)** *Mettre au rancart :* mettre au rebut.

RANCE adj. et n.m.

RANCESCIBLE adj. Qui peut rancir.

RANCH (pl. **RANCHES** ou **RANCHS**) [r-an-(t)ch] n.m. Aux États-Unis, ferme d'élevage.

RANCHE n.f. Barre transversale servant d'échelon sur une poutre verticale.

RANCHER [r-an-ché] n.m. Échelle à un seul montant.

RANCHES → **ranch.**

RANCHO [r-an-(t)chô] n.m. Grande ferme d'élevage en Amérique du Sud.

RANCIO n.m. Vin doux qu'on a laissé vieillir.

RANCIR v. **40.**

RANCISSEMENT n.m.

RANCISSURE n.f.

RANCŒUR n.f.

RANÇON n.f.

RANÇONNEMENT n.m.

RANÇONNER v. **10.**

RANÇONNEUR, EUSE n.

RANCUNE n.f.

RANCUNEUX, EUSE adj. et n. *Vx., Litt.* Rancunier.

RANCUNIER, ÈRE adj. et n.

RAND [r-an-d] n.m. Unité monétaire de l'Afrique du Sud.

RANDO n.f. *Fam.* Randonnée.

RANDOMISATION n.f.

RANDOMISER v. **10.** *Stat.* Tirer au hasard (les éléments d'un échantillon).

RANDONNÉE n.f.

RANDONNER v. (**p.p.inv.** mais **randonnée** n.f.) **10.** Faire une randonnée.

RANDONNEUR, EUSE n.

RANG n.m.

RANGÉ, E adj. et n.f.

RANGEMENT n.m.

RANGER [r-an-djeur] n.m. Soldat d'un corps d'élite de l'armée américaine. – Scout.

RANGER v. **17.**

RANI n.f. Épouse d'un radja.

RANIDÉ n.m. Batracien, type grenouille.

RANIMABLE adj.

RANIMATION n.f.

RANIMER v. **10 (= réanimer).**

RANTANPLAN interj. **(= rataplan)** Roulement de tambour.

RANZ [r-an] ou [r-an-z] n.m. Air populaire des pâtres suisses.

RAOUT [raout] n.m. Réunion mondaine.

RAP n.m. Style musical très rythmé, aux paroles scandées.

RAPACE adj. et n.m.

RAPACITÉ n.f.

RÂPAGE n.m.

RAPAILLER v. **10.** *Québ., Fam.* Rassembler (des objets épars).

RAPATRIABLE adj.

RAPATRIAGE n.m. *Vx.* Réconciliation.

RAPATRIEMENT n.m.

RAPATRIER v. **15.**

RAPATRONNAGE n.m.

RAPATRONNER v. **10.** Rapprocher (un tronc) de sa souche, pour l'identifier.

RÂPE n.f.

RAPER v. **10. (= rapper)** Chanter dans le style rap.

RÂPER v. **10.**

RAPERCHER v. **10.** *Helv.* Récupérer.

RÂPERIE n.f. Lieu où l'on râpe les betteraves pour en extraire le jus.

RAPETASSAGE n.m.

RAPETASSER v. **10.** *Fam.* Raccommoder grossièrement.

RAPETISSEMENT n.m.

RAPETISSER v. **10.**

RAPEUR, EUSE n. **(= rapper, rappeur).**

RÂPEUX, EUSE adj.

RAPHAÉLESQUE adj. Relatif au peintre Raphaël.

RAPHAÉLIQUE adj. → **raphaélesque.**

RAPHÉ n.m. *Anat.* Ligne saillante de la peau, qui ressemble à une couture.

RAPHIA n.m. Palmier d'Afrique qui fournit une fibre solide.

RAPHIALE n.f. Forêt marécageuse de raphias.

RAPHIDE n.m. *Bot.* Faisceau d'aiguilles cristallines, dans certaines cellules végétales.

RAPIA adj. et n. **(= rapiat)** *Fam.* Avare.

RAPIAT, E adj. et n. → **rapia.**

RAPICOLER v. **10.** *Helv.* Ravigoter.

RAPIDE adj. et n.m.

RAPIDEMENT adv.

RAPIDITÉ n.f.

RAPIDO adv. **(= rapidos)** *Fam.* Rapidement.

RAPIDOS [-s] adv. → **rapido.**

RAPIÉÇAGE n.m.

RAPIÈCEMENT n.m.

RAPIÉCER v. **14.**

RAPIÈRE n.f. Épée longue et effilée.

RAPIETTE n.f. Lézard des murailles.

RAPIN n.m. *Péj.* Artiste peintre.

RAPINE n.f. Vol, pillage.

RAPINER v. **10.**

RAPINERIE n.f.

RAPLAPLA adj. Fatigué. – Aplati.

RAPLATIR v. **40.**

RAPLOMBER (SE) v. **10.** *Québ.* Retrouver son équilibre.

RAPOINTIR v. **40 (= rappointir)** Retailler (la pointe d'un outil).

RAPOINTIS n.m. **(= rappointis)** Pointe de métal enfoncée dans du bois pour retenir le plâtre.

RAPPAREILLER v. **10.** Assortir de nouveau.

RAPPARIEMENT n.m.

RAPPARIER v. **15.** Réassortir, pour former une paire.

RAPPEL n.m.

RAPPELABLE adj.

RAPPELÉ, E adj. et n.

RAPPELER v. **22** (je rappelle...).

RAPPER [-eur] n.m. → **rapeur.**

RAPPER v. **10.** → **raper.**

RAPPEUR, EUSE n. → **rapeur.**

RAPPLIQUER v. **10.** Appliquer de nouveau. – *Fam.* Revenir.

RAPPOINTIR v. **40.** → **rapointir.**

RAPPOINTIS n.m. → **rapointis.**

RAPPONDRE v. **90.** *Fam.* Rassembler, nouer.

RAPPONSE n.f. *Fam.* Couture, rapiéçage.

RAPPORT n.m.

RAPPORTABLE adj.

RAPPORTAGE n.m.

RAPPORTER v. **10.**

RAPPORTEUR (f. **RAPPORTEURE** ou **RAPPORTEUSE**) n. Personne chargée du compte rendu d'un procès ou d'un projet de loi.

RAPPORTEUR, EUSE adj. et n. Mouchard.

RAPPRENDRE v. **91 (= réapprendre).**

RAPPRÊTER v. **10.** *Text.* Traiter (une étoffe) une seconde fois.

RAPPROCHAGE n.m. Taille d'une haie.

RAPPROCHEMENT n.m.

RAPPROCHER v. **10.**

RAPPROPRIER v. **15.** Rendre propre, nettoyer.

RAPPROVISIONNER v. **10.**

RAPPUYER v. **28.**

RAPSODE n.m. **(= rhapsode)** *Antiq. gr.* Chanteur épique ambulant.

RAPSODIE n.f. **(= rhapsodie)** *Antiq. gr.* Chant épique. – Composition musicale brillante sur des thèmes populaires.

RAPSODIQUE adj.

RAPT n.m.

RAPTUS n.m. *Psych.* Décharge affective brutale exposant à des réactions graves et incontrôlées.

RÂPURE n.f.

RAQUER v. **10.** *Fam.* Payer.

RAQUETTE n.f.

RAQUETTEUR, EUSE n. Personne qui se déplace sur la neige à l'aide de raquettes.

RARE adj.

RARÉFACTION n.f.

RARÉFIABLE adj.

RARÉFIER v. **15.**

RAREMENT adv.

RARESCENT, E adj. *Litt.* Qui se raréfie.

RARETÉ n.f.

RARISSIME adj.

RAS, RASE adj., n.m. et adv.

RASADE n.f. Contenu d'un verre plein à ras bord.

RASAGE n.m.

RASANCE n.f. *Mil.* Rapport entre la hauteur de la trajectoire d'un projectile et celle de l'objectif visé.

RASANT, E adj.

RASCASSE n.f. Poisson de la Méditerranée.

RASEMENT n.m. Action de raser, d'abattre.

RASER v. **10.**

RASETEUR, EUSE n. **(= razeteur)** Personne qui, dans une arène, tente d'arracher une cocarde fixée sur la tête d'un taureau.

RASETTE n.f. Petit soc de charrue.

RASEUR, EUSE n.

RASH (pl. **RASHES** ou **RASHS**) n.m. *Méd.* Éruption cutanée de courte durée.

RASHES → **rash.**

RASIBUS adv. *Fam.* À ras.

RASKOL n.m. *Hist.* Schisme religieux russe du XVIIe s.

RASOIR adj. et n.m.

RASPOUTITSA n.f. Dégel.

RASSASIANT, E adj.

RASSASIEMENT n.m.

RASSASIER v. **15.**

RASSEMBLEMENT n.m.

RASSEMBLER v. **10.**

RASSEMBLEUR, EUSE n.

RASSEOIR v. **81.**

RASSÉRÉNER v. **12.** Ramener à la sérénité.

RASSIR v. **40.** Devenir rassis.

RASSIS, E adj.

RASSISSEMENT n.m.

RASSORTIMENT n.m.

RASSORTIR v. **40 (= réassortir).**

RASSOUL n.m. → **ghassoul.**

RASSURANT, E adj.

RASSURER v. **10.**

RASTA adj. et n. → **rastaquouère** et **rastafari.**

RASTAFARI adj. et n. (Mouvement culturel) propre aux Noirs des Antilles.

RASTAQUOUÈRE n.m. *Péj.* Étranger dont le train de vie luxueux est suspect.

RASTEL n.m. Dans le Midi, réunion de gens à qui on offre à boire.

RAT n.m.

RATA n.m. *Fam.* Mauvais ragoût.

RATAFIA n.m. Liqueur de fruits.

RATAGE n.m.

RATAPLAN interj. → **rantanplan.**

RATATINER v. **10.**

RATATOUILLE n.f.

RATATOUILLER v. **(p.p.inv.) 10.** *Fam.* Avoir des ratés.

RATE n.f.

RATÉ, E adj. et n.

RÂTEAU, X n.m.

RATEL n.m. Mammifère carnassier, voisin du blaireau.

RÂTELAGE n.m.

RÂTELÉE n.f.

RÂTELER v. **22** (je râtelle...) Ramasser avec un râteau.

RÂTELEUR, EUSE n.

RÂTELIER n.m.

RÂTELURES n.f.pl.

RATER v. **10.**

RATIBOISER v. **10.** *Fam.* Rafler. – Détruire.

RATICHE n.f. *Arg.* Dent.

RATICHON n.m. *Fam., Péj.* Prêtre.

RATICIDE n.m.

RATIER adj.m. et n.m. (Chien) qui chasse les rats.

RATIÈRE n.f. Piège à rats.

RATIFICATION n.f.

RATIFIER v. **15.**

RATINAGE n.m.

RATINE n.f. Étoffe de drap dont le poil, tiré en dehors, est frisé.

RATINER v. **10.** Traiter (une étoffe) pour lui donner l'aspect de la ratine.

RATINEUSE n.f. Machine à ratiner les étoffes.

RATING n.m. *Mar.* Indice permettant de classer les différents types de voiliers. – *Fin.* Indice de classement.

RATIO [rasyô] n.m. Rapport entre deux valeurs économiques.

RATIOCINATION [rasyô-] n.f.

RATIOCINER [rasyô-] v. **(p.p.inv.) 10.** Se perdre en raisonnements subtils et interminables.

RATIOCINEUR, EUSE [rasyô-] n.

RATION n.f.

RATIONAL, AUX n.m. *Antiq.* Ornement d'étoffe porté par le grand prêtre, chez les Hébreux.

RATIONALISATION n.f.

RATIONALISER v. **10.**

RATIONALISME n.m. Doctrine selon laquelle toute connaissance vient de la raison.

RATIONALISTE adj. et n.

RATIONALITÉ n.f. Caractère de ce qui est rationnel.

RATIONNAIRE adj. et n. Qui a droit à une ration.

RATIONNEL, ELLE adj.

RATIONNELLEMENT adv.

RATIONNEMENT n.m.

RATIONNER v. **10.**

RATISSAGE n.m.

RATISSER v. **10.**

RATISSETTE n.f. Outil de briquetier.

RATISSOIRE n.f. Outil de jardinage.

RATITE n.m. Oiseau coureur, type autruche.

RATON n.m.

RATONADE n.f. → **ratonnade.**

RATONNADE n.f. **(= ratonade)** *Fam., Péj.* Violence exercée contre les Maghrébins.

RATONNER v. **10.** *Fam., Péj.* Soumettre à une ratonnade.

RATONNEUR, EUSE n.

RATOUREUR, EUSE adj. et n. **(= ratoureux)** *Québ., Fam.* Rusé, malin.

RATOUREUX, EUSE adj. et n. → **ratoureur.**

RATTACHEMENT n.m.

RATTACHER v. **10.**

RATTACHISME n.m.

RATTACHISTE n. et adj. *Belg.* Partisan du rattachement de la Wallonie à la France.

RATTAQUER v. **10.**

RATTE n.f. Petite pomme de terre.

RATTRAPABLE adj.

RATTRAPAGE n.m.

RATTRAPER v. **10.**

RATURAGE n.m.

RATURE n.f.

RATURER v. **10.**

RAUBASINE n.f. *Pharm.* Alcaloïde hypotenseur.

RAUCHAGE n.m.

RAUCHER v. **10.** *Min.* Remettre (une galerie) à section.

RAUCHEUR n.m.

RAUCITÉ n.f. Caractère d'une voix rauque.

RAUGMENTER v. **10.**

RAUQUE adj.

RAUQUEMENT n.m. Feulement, cri rauque.

RAUQUER v. **(p.p.inv.) 10.** Crier, en parlant du tigre.

RAUWOLFIA [rôvolfya] n.m. ou f. Arbuste de l'Inde.

RAVAGE n.m.

RAVAGER v. **17.**

RAVAGEUR, EUSE adj. et n.

RAVAL, S n.m. *Min.* Approfondissement d'un puits.

RAVALEMENT n.m.

RAVALER v. **10.**

RAVALEUR n.m. Ouvrier spécialisé en ravalement.

RAVAUDAGE n.m.

RAVAUDER v. **10.** Raccommoder.

RAVAUDEUR, EUSE n.

RAVE n.f. Plante potagère.

RAVE [rèv] n.f. Grande fête dansante tenue secrète.

RAVELIN n.m. *Vx.* Fortification en demi-lune.

RAVENALA n.m. Arbre de Madagascar (arbre du voyageur).

RAVENELLE n.f. Plante crucifère, type giroflée ou moutarde des champs.

RAVENNATE adj. De Ravenne (Italie).

RAVER [rèveur] n. **(= raveur)** Personne qui participe à une rave.

RAVEUR, EUSE [rèveur] n. → **raver.**

RAVIER n.m. Petit plat à hors-d'œuvre.

RAVIÈRE n.f. Champ semé de raves.

RAVIGOTANT, E adj.

RAVIGOTE n.f. Sauce vinaigrette relevée, mêlée d'œufs durs écrasés.

RAVIGOTER v. **10.** *Fam.* Rendre plus vigoureux.

RAVILIR v. **40.** Rabaisser, rendre vil.

RAVIN n.m.

RAVINE n.f. Petit ravin.

RAVINEMENT n.m.

RAVINER v. **10.** Creuser (le sol) de ravines.

RAVIOLE n.f. Pâte alimentaire fourrée de fromage.

RAVIOLI n.m.

RAVIR v. **40.**

RAVISER (SE) v. **10.** Changer d'avis.

RAVISSANT, E adj.

RAVISSEMENT n.m.

RAVISSEUR, EUSE adj. et n.

RAVITAILLEMENT n.m.

RAVITAILLER v. **10.**

RAVITAILLEUR, EUSE adj. et n.

RAVIVAGE n.m.

RAVIVER v. **10.**

RAVOIR v. déf. (Ne s'emploie qu'à l'infinitif).

RAY [rè] n.m. Culture sur brûlis, en Extrême-Orient.

RAYA [raya] n.m. → **raïa.**

RAYAGE n.m.

RAYEMENT n.m.

RAYER v. **24.**

RAYÈRE n.f. Ouverture étroite dans une tour.

RAYIA [raya] n.m. → **raïa.**

RAYON n.m.

RAYONNAGE n.m.

RAYONNANT, E adj.

RAYONNE n.f. Fil ou étoffe de viscose.

RAYONNÉ, E 1. adj. Disposé en rayons. 2. n.m. *Anc.* Animal à symétrie axiale.

RAYONNEMENT n.m.

RAYONNER v. **10.**

RAYONNEUR n.m. Dispositif d'un semoir mécanique qui trace des rayons pour les semences.

RAYONNISME n.m. Courant pictural abstrait russe.

RAYONNISTE adj. et n.

RAYURE n.f.

RAZ n.m. Courant marin violent dans un passage étroit.

RAZETEUR, EUSE n. → **raseteur.**

RAZZIA [(d)z] n.f. Incursion dans le but de piller.

RAZZIER [(d)z] v. **15.**

RBATI, E adj. De Rabat (Maroc).

RÉ **|** n.m.

RÉA n.m. Roue de poulie creusée d'une gorge.

RÉABONNEMENT n.m.

RÉABONNER v. **10.**

RÉABSORBER v. **10.**

RÉABSORPTION n.f.

RÉAC adj. et n. Réactionnaire.

RÉACCLIMATER v. **10.**

RÉACCOUTUMANCE n.f.

RÉACCOUTUMER v. **10.**

RÉACTANCE n.f. Élément de circuit électrique qui déphase un courant alternatif.

RÉACTANT n.m. *Chim.* Réactif.

RÉACTEUR, TRICE n.

RÉACTIF, IVE 1. adj. Qui réagit. 2. n.m. *Chim.* Substance qui révèle la nature d'un corps.

RÉACTION n.f.

RÉACTIONNAIRE adj. et n.

RÉACTIONNEL, ELLE adj.

RÉACTIVATION n.f.

RÉACTIVER v. **10.**

RÉACTIVITÉ n.f. Aptitude à réagir.

RÉACTOGÈNE adj. et n.m. *Méd.* Qui déclenche une réaction d'hypersensibilité.

RÉACTUALISATION n.f.

RÉACTUALISER v. **10.**

RÉADAPTATION n.f.

RÉADAPTER v. **10.**

RÉADMETTRE v. **101.**

RÉADMISSION n.f.

RÉAFFECTATION n.f.

RÉAFFECTER v. **10.**

RÉAFFILIER v. **15.**

RÉAFFIRMATION n.f.

RÉAFFIRMER v. **10.**

RÉAGENCEMENT n.m.

RÉAGENCER v. **13.**

RÉAGINE n.f. Anticorps.

RÉAGIR v. **(p.p.inv.) 40.**

RÉAJUSTEMENT n.m.

RÉAJUSTER v. **10.** → **rajuster.**

RÉAL, E, AUX 1. adj. et n.f. *Hist.* (Galère) réservée au roi. 2. n.m. Ancienne monnaie espagnole.

REAL [réal] (pl. **RÉIS** [réïs] ou **REALS**) n.m. Unité monétaire du Brésil.

RÉALÉSAGE n.m.

RÉALÉSER v. **12.**

RÉALGAR n.m. Sulfure naturel d'arsenic.

RÉALIGNEMENT n.m.

RÉALIGNER v. **10.**

RÉALIMENTER v. **10.**

RÉALISABLE adj.

RÉALISATEUR, TRICE n.

RÉALISATION n.f.

RÉALISER v. **10.**

RÉALISME n.m.

RÉALISTE adj. et n.

RÉALISTEMENT adv. D'une manière réaliste.

RÉALITÉ n.f.

REALPOLITIK [réal-] n.f. Politique où l'efficacité prime l'idéologie.

RÉALPOLITIQUE n.f. → **realpolitik.**

RÉAMÉNAGEMENT n.m.

RÉAMÉNAGER v. **17.**

RÉAMORCER v. **13.**

RÉANIMABLE adj.

RÉANIMATEUR, TRICE n.

RÉANIMATION n.f.

RÉANIMER v. **10.** → **ranimer.**

RÉAPPARAÎTRE v. **102.**

RÉAPPARITION n.f.

RÉAPPRENDRE v. **91.** → **rapprendre.**

RÉAPPROPRIATION n.f.

RÉAPPROPRIER (SE) v. **15.**

RÉAPPROVISIONNER v. **10.**

RÉARGENTER v. **10.**

RÉARMEMENT n.m.

RÉARMER v. **10.**

RÉARRANGEMENT n.m.

RÉARRANGER v. **17.**

RÉASSIGNATION n.f.

RÉASSIGNER v. **10.**

RÉASSORT n.m. Ensemble des marchandises destinées au réassortiment.

RÉASSORTIMENT n.m.

RÉASSORTIR v. **40.** → **rassortir.**

RÉASSURANCE n.f.

RÉASSURER v. **10.** Assurer (une compagnie d'assurances) pour tout ou partie des risques qu'elle couvre.

RÉASSUREUR n.m.

RÉATTRIBUER v. **10.**

RÉATTRIBUTION n.f.

RÉAUMUR I adj. *Degré Réaumur :* unité de mesure de température.

REBAB n.m. → **rabab.**

REBAISSER v. **10.**

REBAPTISER v. **10.**

RÉBARBATIF, IVE adj.

REBÂTIR v. **40.**

REBATTEMENT n.m. *Hér.* Répétition des pièces ou des partitions de l'écu.

REBATTRE v. **100.**

REBATTU, E adj. Répété à satiété.

REBEC n.m. Instrument de musique médiéval ressemblant à un violon.

REBELLE adj. et n.

REBELLER (SE) v. **10.**

RÉBELLION n.f.

REBELOTE n.f. et interj. Annonce de la répétition d'une action.

RÉBÉTIKO n.m. Genre musical chanté grec.

REBEU (pl. **REBEUS** ou **REBEUX**) adj. et n. **(= reubeu)** *Fam.* Arabe.

REBIBE n.f. *Helv.* Copeau de fromage.

REBIFFER (SE) v. **10.**

REBIQUER v. **(p.p.inv.) 10.** *Fam.* Se dresser.

REBLANCHIR v. **40.**

REBLOCHON n.m. Fromage de Savoie.

REBOBINER v. **10.**

REBOIRE v. **125.**

REBOISEMENT n.m.

REBOISER v. **10.**

REBOND n.m.

REBONDEUR n.m. Au basketball, joueur chargé de récupérer les ballons sous le panier.

REBONDI, E adj. Arrondi, dodu.

REBONDIR v. **40.**

REBONDISSEMENT n.m.

REBONJOUR interj.

REBONSOIR interj.

REBOOTER [ou] v. **10.** Redémarrer (un système informatique).

REBORD n.m.

REBORDER v. **10.**

REBOT n.m. Jeu de pelote basque.

REBOUCHAGE n.m.

REBOUCHER v. **10.**

REBOUILLEUR n.m. Échangeur de chaleur.

REBOURS (À) loc.

REBOUTEMENT n.m.

REBOUTER v. **10.** Remettre (un membre démis) par des procédés empiriques.

REBOUTEUR, EUSE n. **(= rebouteux).**

REBOUTEUX, EUSE n. → **rebouteur.**

REBOUTONNER v. **10.**

REBRAGUETTER v. **10.**

REBRANCHER v. **10.**

REBRAS n.m. Revers d'une manche.

REBRODER v. **10.**

REBROUSSEMENT n.m.

REBROUSSER v. **10.**

REBRÛLER v. **10.** Soumettre (un objet en verre) à haute température pour en arrondir les bords.

REBU, REBUE → **reboire 125.**

REBUFFADE n.f. Accueil désagréable, refus brutal.

REBÛMES, REBURENT → **reboire 125.**

RÉBUS [-s] n.m.

REBUSE n.f. *Helv.* Retour du froid.

REBUSSE… → **reboire 125.**

REBUT n.m.

REBUTANT, E adj.

REBUTER v. **10.**

RECACHETER v. **20** (je recachette…).

RECADRAGE n.m.

RECADRER v. **10.**

RECALAGE n.m.

RECALCIFICATION n.f.

RECALCIFIER v. **15.** Enrichir en calcium.

RÉCALCITRANT, E adj. et n.

RECALCUL n.m.

RECALCULER v. **10.**

RECALER v. **10.**

RECALIBRAGE n.m.

RECALIBRER v. **10.**

RECAPITALISER v. **10.** Reconstituer le capital (d'une société).

RÉCAPITULATIF, IVE adj. et n.m.

RÉCAPITULATION n.f.

RÉCAPITULER v. **10.**

RECARBURATION n.f. *Mét.* Restitution de carbone à l'acier.

RECARBURÉ, E adj. *Mét.* Qui a subi la recarburation.

RECARDER v. **10.**

RECARRELAGE n.m.

RECARRELER v. **22** (je recarrelle…).

RECASEMENT n.m.

RECASER v. **10.**

RECASSER v. **10.**

RECAUSER v. **(p.p.inv.) 10.** Causer de nouveau de quelque chose.

RECAVER (SE) v. **10.** Au poker, reprendre de l'argent.

RECÉDER v. **12.**

RECEL n.m.

RECELER ou **RECÉLER** v. **23** ou **12** (je recèle…).

RECELEUR, EUSE n.

RÉCEMMENT adv.

RÉCENCE n.f. Caractère de ce qui est récent.

RECENSEMENT n.m.

RECENSER v. **10.** Dénombrer officiellement.

RECENSEUR, EUSE adj. et n.

RECENSION n.f. Vérification d'un manuscrit ancien. – Compte rendu d'un ouvrage.

RÉCENT, E adj.

RECENTRAGE n.m.

RECENTRER v. **10.**

RECÉPAGE n.m.

RECÉPER v. **12.** Couper (un arbre) à ras pour favoriser la pousse de rejets.

RÉCÉPISSÉ n.m.

RÉCEPTACLE n.m. Lieu où sont rassemblées des choses de diverses provenances.

RÉCEPTEUR, TRICE adj. et n.m.

RÉCEPTIF, IVE adj.

RÉCEPTION n.f.

RÉCEPTIONNAIRE n.

RÉCEPTIONNER v. **10.**

RÉCEPTIONNISTE n.

RÉCEPTIVITÉ n.f.

RECERCLAGE n.m.

RECERCLER v. **10.**

RECÈS [resè] n.m. **(= recez)** Procès-verbal des délibérations de la diète germanique.

RÉCESSIF, IVE adj. *Biol.* (Gène) qui ne se manifeste qu'en l'absence du gène contraire.

RÉCESSION n.f. Régression, retour en arrière.

RÉCESSIVITÉ n.f. Caractère d'un gène récessif.

RECETTE n.f.

RECEVABILITÉ n.f.

RECEVABLE adj.

RECEVANT, E adj. *Québ.* Accueillant, hospitalier.

RECEVEUR, EUSE n.

RECEVOIR v. **70.**

RECEZ [resè] n.m. → **recès.**

RECHAMPI ou **RÉCHAMPI** n.m. Filet de peinture décoratif.

RECHAMPIR ou **RÉCHAMPIR** v. **40.** Faire ressortir (un ornement) sur un fond.

RECHAMPISSAGE ou **RÉCHAMPISSAGE** n.m.

RECHANGE n.m.

RECHANGER v. **17.**

RECHANTER v. **10.**

RECHAPAGE n.m.

RECHAPER v. **10.** Réparer (un pneu) en appliquant une nouvelle couche de caoutchouc.

RÉCHAPPÉ, E n. Rescapé.

RÉCHAPPER v. **10.** Se sortir d'un danger.

RECHARGE n.f.

RECHARGEABLE adj.

RECHARGEMENT n.m.

RECHARGER v. **17.**

RECHASSER v. **10.**

RÉCHAUD n.m.

RÉCHAUFFAGE n.m.

RÉCHAUFFEMENT n.m.

RÉCHAUFFER v. **10.**

RÉCHAUFFEUR n.m. *Techn.* Appareil qui récupère la chaleur.

RÉCHAUFFOIR n.m. *Anc.* Four maintenant les aliments au chaud.

RECHAUSSEMENT n.m.

RECHAUSSER v. **10.**

RÊCHE adj. Rude, âpre.

RECHERCHE n.f.

RECHERCHER v. **10.**

RECHERCHISTE n. *Québ.* Documentaliste.

RECHIGNÉ, E adj. Maussade.

RECHIGNEMENT n.m.

RECHIGNER v. **10.**

RECHRISTIANISER v. **10.**

RECHUTE n.f.

RECHUTER v. **(p.p.inv.) 10.**

RÉCIDIVANT, E adj.

RÉCIDIVE n.f.

RÉCIDIVÉ, E adj. *Méd.* Réapparu.

RÉCIDIVER v. **10.** Commettre de nouveau le même délit. – *Méd.* Réapparaître, en parlant d'une maladie.

RÉCIDIVISME n.m.

RÉCIDIVISTE adj. et n.

RÉCIDIVITÉ n.f. Tendance d'une maladie à se manifester de nouveau.

RÉCIF n.m.

RÉCIFAL, E, AUX adj. Relatif aux récifs.

RECINGLE n.f. **(= résingle)** Outil d'orfèvre pour redresser les formes bosselées.

RÉCIPIENDAIRE n. Personne qui est reçue solennellement dans une compagnie. – Personne qui reçoit un diplôme universitaire.

RÉCIPIENT n.m.

RÉCIPROCITÉ n.f.

RÉCIPROQUE adj. et n.f.

RÉCIPROQUEMENT adv.

RÉCIPROQUER v. **10.** *Belg.* Formuler (des vœux) en retour.

RÉCIT n.m.

RÉCITAL, S n.m.

RÉCITANT, E n.

RÉCITATIF n.m.

RÉCITATION n.f.

RÉCITER v. **10.**

RECK n.m. *Helv.* Barre fixe en gymnastique.

RÉCLAMANT, E n.

RÉCLAMATION n.f.

RÉCLAME n.f.

RÉCLAMER v. **10.**

RECLASSEMENT n.m.

RECLASSER v. **10.**

RECLOUER v. **10.**

RECLUS, E adj. et n. Qui vit à l'écart du monde.

RÉCLUSION n.f. État d'une personne enfermée. – Emprisonnement.

RÉCLUSIONNAIRE n. *Dr.* Personne qui subit la réclusion.

RÉCOGNITIF, IVE [gn] adj. *Dr.* (Acte) par lequel on reconnaît une obligation.

RÉCOGNITION [gn] n.f. Reconnaissance et identification d'une personne, d'un objet.

RECOIFFER v. **10.**

RECOIN n.m.

RÉCOLEMENT n.m.

RÉCOLER v. **10.** Vérifier par un nouvel examen.

RECOLLAGE n.m.

RÉCOLLECTION n.f. *Rel.* Action de se recueillir.

RECOLLEMENT n.m.

RECOLLER v. **10.**

RÉCOLLET n.m. Religieux réformé.

RÉCOLTABLE adj.

RÉCOLTANT, E adj. et n.

RÉCOLTE n.f.

RÉCOLTER v. **10.**

RÉCOLTEUR, EUSE n. Ouvrier qui récolte le caoutchouc.

RECOMBINAISON n.f.

RECOMBINANT, E adj. Qui résulte d'une recombinaison génétique.

RECOMBINER v. **10.**

RECOMMANDABLE adj.

RECOMMANDATAIRE n. *Dr.* Personne qui a garanti une créance due par un tiers.

RECOMMANDATION n.f.

RECOMMANDER v. **10.**

RECOMMENCEMENT n.m.

RECOMMENCER v. **13.**

RECOMPARAÎTRE v. **(p.p.inv.) 102.**

RÉCOMPENSE n.f.

RÉCOMPENSER v. **10.**

RECOMPILER v. **10.**

RECOMPOSABLE adj.

RECOMPOSER v. **10.**

RECOMPOSITION n.f.

RECOMPTAGE n.m.

RECOMPTER v. **10.**

RECONCENTRER v. **10.**

RÉCONCILIABLE adj.

RÉCONCILIATEUR, TRICE n.

RÉCONCILIATION n.f.

RÉCONCILIER v. **15.**

RECONDAMNER v. **10.**

RECONDITIONNER v. **10.**

RECONDUCTIBLE adj. Qui peut être reconduit, renouvelé.

RECONDUCTION n.f.

RECONDUIRE v. **135.**

RECONDUITE n.f.

RECONFIGURATION n.f.

RECONFIGURER v. **10.**

RECONFIRMER v. **10.**

RÉCONFORT n.m.

RÉCONFORTANT, E adj.

RÉCONFORTER v. **10.**

RECONGELER v. **23** (je recongèle...).

RECONNAISSABLE adj.

RECONNAISSANCE n.f.

RECONNAISSANT, E adj.

RECONNAÎTRE v. **102.**

RECONNECTER v. **10.**

RECONQUÉRIR v. **43.**

RECONQUÊTE n.f.

RECONSIDÉRATION n.f.

RECONSIDÉRER v. **12.**

RECONSOLIDER v. **10.**

RECONSTITUANT, E adj. et n.m.

RECONSTITUER v. **10.**

RECONSTITUTION n.f.

RECONSTRUCTEUR, TRICE adj. (Chirurgie) réparatrice.

RECONSTRUCTION n.f.

RECONSTRUIRE v. **135.**

RECONTACTER v. **10.**

RECONVENTION n.f. *Dr.* Demande présentée par le défendeur contre le demandeur.

RECONVENTIONNEL, ELLE adj.

RECONVERSION n.f.

RECONVERTIR v. **40.** Adapter à de nouveaux besoins.

RECONVOQUER v. **10.**

RECOPIAGE n.m.

RECOPIER v. **15.**

RECOQUILLER v. **10.** Mettre en forme de coquille, recroqueviller.

RECORD n.m.

RECORDAGE n.m.

RECORDER v. **10.**

RECORDMAN (pl. **RECORDMEN** ou **RECORDMANS**) n.m.

RECORDMEN ❙ → **recordman.**

RECORDWOMAN (pl. **RECORDWOMEN** ou **RECORDWOMANS**) n.f.

RECORDWOMEN ❙ → **recordwoman.**

RECORRIGER v. **17.**

RECORS n.m. *Anc.* Personne qui accompagnait un huissier pour servir de témoin.

RECOUCHER v. **10.**

RECOUDRE v. **97.**

RECOUPAGE n.m.

RECOUPEMENT n.m.

RECOUPER v. **10.**

RECOUPETTE n.f. *Techn.* Farine grossière utilisée pour la fabrication de l'amidon.

RECOUPONNER v. **10.** *Fin.* Regarnir (un titre) de coupons.

RECOURANT, E n. *Helv., Dr.* Auteur d'un recours.

RECOURBEMENT n.m.

RECOURBER v. **10.**

RECOURBURE n.f.

RECOURIR v. **51.**

RECOURS n.m.

RECOUSE... → **recoudre 97.**

RECOUVRABLE adj.

RECOUVRAGE n.m. Action de recouvrir.

RECOUVREMENT n.m. Action de recouvrer ou de recouvrir.

RECOUVRER v. **10.** Récupérer. – Percevoir (des sommes dues).

RECOUVRIR v. **46.**

RECRACHER v. **10.**

RÉCRÉ n.f.

RÉCRÉANCE n.f. *Dr.* Jouissance provisoire d'un revenu en litige.

RÉCRÉATIF, IVE adj.

RECRÉATION n.f.

RÉCRÉATION n.f.

RECRÉER v. **16.**

RÉCRÉER v. **16.**

RÉCRÉMENT n.m. *Vx.* Sécrétion qui reste à l'intérieur du corps, comme la bile.

RECRÉPIR v. **40.**

RECRÉPISSAGE n.m.

RECREUSER v. **10.**

RÉCRIER (SE) v. **15.** *Litt.* S'exclamer sous l'effet de l'émotion.

RÉCRIMINATEUR, TRICE adj. et n.

RÉCRIMINATION n.f.

RÉCRIMINATOIRE adj.

RÉCRIMINER v. **(p.p.inv.) 10.** Critiquer amèrement.

RÉCRIRE v. **130 (= réécrire).**

RECRISTALLISER v. **10.**

RÉCRITURE n.f. **(= réécriture).**

RECROISER v. **10.**

RECROÎTRE v. **107.**

RECROQUEVILLER (SE) v. **10.**

RECROTZON n.m. *Helv.* Fête villageoise qui suit le week-end de la bénichon.

RECRU, E adj. À bout de forces.

RECRUDESCENCE n.f.

RECRUDESCENT, E adj.

RECRUE n.f.

RECRUTEMENT n.m.

RECRUTER v. **10.**

RECRUTEUR, EUSE adj. et n.

RECTA adv. *Fam.* Ponctuellement.

RECTAL, E, AUX adj. Relatif au rectum.

RECTANGLE adj. et n.m.

RECTANGULAIRE adj.

RECTEUR, TRICE n. Universitaire qui dirige une académie.

RECTIFIABLE adj.

RECTIFICATEUR, TRICE adj. et n.m.

RECTIFICATIF, IVE adj. et n.m.

RECTIFICATION n.f.

RECTIFIER v. **15.**

RECTIFIEUR, EUSE n.

RECTILIGNE adj. et n.m.

RECTILINÉAIRE adj. *Phot.* (Objectif) qui ne déforme pas l'image.

RECTION n.f. *Ling.* Propriété qu'a le verbe d'être accompagné d'un complément (direct ou indirect).

RECTITE n.f. Inflammation du rectum.

RECTITUDE n.f. Droiture, rigueur.

RECTO n.m.

RECTOCOLITE n.f. Inflammation du rectum et du côlon.

RECTORAL, E, AUX adj. Relatif au recteur.

RECTORAT n.m. Charge de recteur.

RECTORRAGIE n.f. Émission anale de sang rouge.

RECTOSCOPE n.m. Endoscope pour l'examen du rectum.

RECTOSCOPIE n.f.

RECTOSIGMOÏDE n.m. Partie terminale du côlon.

RECTOSIGMOÏDIEN, ENNE adj.

RECTRICE n.f. Plume de la queue des oiseaux.

RECTUM n.m. Dernière partie du gros intestin aboutissant à l'anus.

REÇU, E n.

RECUEIL n.m.

RECUEILLEMENT n.m.

RECUEILLIR v. **47.**

RECUIRE v. **135.**

RECUISSON n.f. Opération consistant à réchauffer du verre.

RECUIT n.m. Chauffage d'un produit métallurgique.

RECUL n.m.

RECULADE n.f.

RECULÉ, E adj. Éloigné.

RECULEMENT n.m.

RECULER v. **10.**

RECULOIR ❙ n.m. *Sp. Sur le reculoir :* en position de repli.

RECULON n.m. *Québ.* Pellicule qui se détache de la peau autour des ongles.

RECULONS (À) loc.

RECULOTTER v. **10.**

REÇÛMES → **recevoir 70.**

RÉCUP n.f. *Fam.* Récupération.

RÉCUPÉRABLE adj.

RÉCUPÉRATEUR, TRICE adj. et n.

RÉCUPÉRATION n.f.

RÉCUPÉRER v. **12.**

RÉCURAGE n.m.

RÉCURER v. **10.**

RÉCURRENCE n.f.

RÉCURRENT, E adj. Qui revient, qui se répète.

RÉCURSIF, IVE adj. Qui peut être répété un nombre indéfini de fois.

RÉCURSIVITÉ n.f.

RÉCURSOIRE adj. *Dr.* Qui ouvre un recours.

RÉCUSABLE adj.

RÉCUSATION n.f.

RÉCUSER v. **10.** *Dr.* Refuser d'accepter comme juge, témoin, expert, etc.

REÇUSSE..., REÇUT... → **recevoir 70.**

RECYCLABILITÉ n.f.

RECYCLABLE adj.

RECYCLAGE n.m.

RECYCLER v. **10.**

RECYCLEUR, EUSE n.

RÉDACTEUR, TRICE n.

RÉDACTION n.f.

RÉDACTIONNEL, ELLE adj. et n.m.

REDAN n.m. **(= redent)** *Arch.* Découpure ornementale en forme de dent. – Ouvrage de fortification.

REDDITION n.f. Capitulation.

REDÉCOLLAGE n.m.

REDÉCOLLER v. **(p.p.inv.) 10.**

REDÉCORER v. **10.**

REDÉCOUPAGE n.m.

REDÉCOUPER v. **10.**

REDÉCOUVERTE n.f.

REDÉCOUVRIR v. **46.**

REDÉFAIRE v. **122.**

REDÉFINIR v. **40.**

REDÉFINITION n.f.

REDEMANDER v. **10.**

REDÉMARRAGE n.m.

REDÉMARRER v. **10.**

RÉDEMPTEUR, TRICE adj. et n. Qui rachète, qui sauve.

RÉDEMPTION n.f. Rachat, régénération.

RÉDEMPTORISTE n.m. Religieux d'un ordre missionnaire.

RÉDEMPTORISTINE n.f.

REDENT n.m. → **redan.**

REDENTÉ, E adj. *Arch.* (Ornement) formé de trois arcs de cercle se coupant deux à deux.

REDÉPLOIEMENT n.m.

REDÉPLOYER v. **27.**

REDÉPOSER v. **10.**

REDESCENDRE v. **90.**

REDESSINER v. **10.**

REDEVABLE adj. et n. Qui est débiteur de.

REDEVANCE n.f.

REDEVENIR v. **42.**

REDEVOIR v. **75.**

RÉDHIBITION n.f. *Dr.* Annulation de la vente d'une chose entachée d'un vice rédhibitoire.

RÉDHIBITOIRE adj. Qui constitue un empêchement radical.

RÉDIE n.f. Forme larvaire d'un ver parasite.

REDIF n.f. **(= rediff)** *Fam.* Rediffusion d'une émission télévisée.

REDIFF n.f. → **redif.**

REDIFFUSER v. **10.**

REDIFFUSION n.f.

RÉDIGER v. **17.**

REDIMENSIONNER v. **10.** *Helv.* Restructurer (une entreprise).

RÉDIMER v. **10.** *Rel.* Racheter.

REDINGOTE n.f.

RÉDINTÉGRATION n.f. *Psych.* Reconstitution d'un état psychologique antérieur.

REDIRE v. **127.**

REDIRECTION n.f.

REDIRIGER v. **17.**

REDISCUTER v. **10.**

REDISEUR, EUSE n. Personne qui rabâche.

REDISTRIBUER v. **10.**

REDISTRIBUTEUR, TRICE adj. Qui vise à une meilleure redistribution des revenus.

REDISTRIBUTIF, IVE adj. → **redistributeur.**

REDISTRIBUTION n.f.

REDITE n.f.

REDONDANCE n.f. Abondance superflue. – *Inf., Techn.* Duplication pour pallier une défaillance éventuelle.

REDONDANT, E adj.

REDONDER v. **(p.p.inv.) 10.** Être redondant.

REDONNER v. **10.**

REDORER v. **10.**

REDORMIR v. **50.**

REDOUBLANT, E n.

REDOUBLEMENT n.m.

REDOUBLER v. **10.**

REDOUL [redoul] n.m. Arbuste méditerranéen.

REDOUTABLE adj.

REDOUTABLEMENT adv.

REDOUTE n.f. Petit ouvrage de fortification.

REDOUTER v. **10.**

REDOUX n.m. Radoucissement de la température en saison froide.

REDOWA [rédova] n.f. Danse ancienne à trois temps.

REDOX [ré-] adj. *Chim.* (Réaction) comprenant simultanément oxydation et réduction.

REDRESSAGE n.m.

REDRESSEMENT n.m.

REDRESSER v. **10.**

REDRESSEUR, EUSE adj. et n.

REDÛ, REDUE → **redevoir 75.**

RÉDUC n.f. *Fam.* Réduction.

RÉDUCTASE n.f. Enzyme.

RÉDUCTEUR, TRICE adj. et n.m.

RÉDUCTIBILITÉ n.f.

RÉDUCTIBLE adj.

RÉDUCTION n.f.

RÉDUCTIONNISME n.m. *Philos.* Théorie qui réduit un phénomène complexe à ses éléments les plus simples.

RÉDUCTIONNISTE adj. et n.

RÉDUIRE v. **135.**

RÉDUIT, E adj. et n.m.

REDÛMES → **redevoir 75.**

RÉDUPLICATIF, IVE adj. et n.m.

RÉDUPLICATION n.f. Répétition, redoublement.

REDURENT, REDUSSE..., REDUT... → **redevoir 75.**

RÉDUVE n.m. Punaise ailée.

REDYNAMISATION n.f.

REDYNAMISER v. **10.**

RÉÉCHELONNEMENT n.m.

RÉÉCHELONNER v. **10.** Répartir (le remboursement d'une dette) sur une période plus longue.

RÉÉCOUTER v. **10.**

RÉÉCRIRE v. **130.** → **récrire.**

RÉÉCRITURE n.f. → **récriture.**

RÉÉDIFICATION n.f.

RÉÉDIFIER v. **15.**

RÉÉDITER v. **10.**

RÉÉDITION n.f.

RÉÉDUCATION n.f.

RÉÉDUQUER v. **10.**

RÉEL, ELLE adj. et n.m.

RÉÉLECTION n.f.

RÉÉLIGIBILITÉ n.f.

RÉÉLIGIBLE adj.

RÉÉLIRE v. **126.**

RÉELLEMENT adv.

RÉEMBAUCHER v. **10** (= **rembaucher).**

RÉÉMETTEUR n.m.

RÉÉMETTRE v. **101.**

RÉEMPLOI n.m. (= **remploi).**

RÉEMPLOYER v. **27** (= **remployer).**

RÉEMPRUNTER v. **10** (= **remprunter).**

RÉENCHANTER v. **10.**

RÉENGAGEMENT n.m.

RÉENGAGER v. **17** (= **rengager).**

RÉENREGISTRER v. **10.**

RÉENSEMENCEMENT n.m.

RÉENSEMENCER v. **13.**

RÉENTENDRE v. **90.**

RÉENVISAGER v. **17.**

RÉÉQUILIBRAGE n.m.

RÉÉQUILIBRER v. **10.**

RÉÉQUIPER v. **10.**

RÉER v. **(p.p.inv.) 16.** → **raire.**

RÉESCOMPTE n.m.

RÉESCOMPTER v. **10.**

RÉESSAYAGE n.m. (= **ressayage).**

RÉESSAYER v. **24** (= **ressayer).**

RÉÉTUDIER v. **15.**

RÉÉVALUATION n.f.

RÉÉVALUER v. **10.**

RÉEXAMEN n.m.

RÉEXAMINER v. **10.**

RÉEXÉCUTER v. **10.**

RÉEXPÉDIER v. **15.**

RÉEXPÉDITION n.f.

RÉEXPLIQUER v. **10.**

RÉEXPORTATION n.f.

RÉEXPORTER v. **10.**

REFAÇONNER v. **10.**

RÉFACTION n.f. Rabais sur des marchandises non conformes.

REFACTURER v. **10.**

REFAIRE v. **122.**

RÉFECTION n.f. Action de refaire, de remettre à neuf.

RÉFECTOIRE n.m. Salle à manger d'une communauté.

REFENDRE v. **90.** Scier en long.

RÉFÉRÉ n.m. *Dr.* Procédure d'urgence.

RÉFÉRENCE n.f.

RÉFÉRENCEMENT n.m.

RÉFÉRENCER v. **13.** Munir d'une référence.

RÉFÉRENDAIRE 1. adj. Relatif à un référendum. 2. n.m. Magistrat à la Cour des comptes.

RÉFÉRENDUM n.m.

RÉFÉRENT, E n.m. et adj. Ce à quoi on se réfère.

RÉFÉRENTIEL, ELLE adj. et n.m.

RÉFÉRER v. **12.**

REFERMABLE adj.

REFERMENTATION n.f. Deuxième fermentation de certaines boissons.

REFERMENTER v. **10.**

REFERMER v. **10.**

REFILER v. **10.**

REFINANCEMENT n.m.

REFINANCER v. **13.**

REFIXER v. **10.**

RÉFLÉCHIR v. **40.**

RÉFLÉCHISSANT, E adj.

RÉFLECTEUR adj.m. et n.m.

RÉFLECTIF, IVE adj. *Physiol.* Qui concerne les réflexes.

RÉFLECTIVITÉ n.f. *Physiol.* Propriété du corps de réagir par réflexes.

RÉFLECTORISÉ, E adj. Qui réfléchit la lumière des phares d'automobile.

REFLET n.m.

REFLÉTER v. **12.**

REFLEURIR v. **40.**

REFLEURISSEMENT n.m.

REFLEX adj. et n.m. *Phot., Cin.* (Appareil) où l'image, grâce à un miroir, est renvoyée sur un verre dépoli.

RÉFLEXE adj. et n.m.

RÉFLEXIBILITÉ n.f.

RÉFLEXIBLE adj. Qui peut être réfléchi.

RÉFLEXIF, IVE adj. *Philos.* Propre à la réflexion sur soi-même. – *Math.* (Relation) dans laquelle tout élément est en relation avec lui-même.

RÉFLEXION n.f.

RÉFLEXIVEMENT adv.

RÉFLEXIVITÉ n.f. *Math.* Propriété d'une relation réflexive.

RÉFLEXOGÈNE adj. Qui provoque un réflexe.

RÉFLEXOGRAMME n.m. Graphique d'un réflexe.

RÉFLEXOLOGIE n.f. Étude des réflexes.

RÉFLEXOTHÉRAPIE n.f. *Méd.* Provocation de réflexes présumés bénéfiques, loin d'une zone atteinte.

REFLUER v. **(p.p.inv.) 10.**

REFLUX n.m.

REFONDATEUR, TRICE n.

REFONDATION n.f.

REFONDER v. **10.**

REFONDRE v. **90.**

REFONTE n.f.

REFORESTATION n.f. Reboisement.

RÉFORMABLE adj.

REFORMAGE n.m. Procédé de raffinage d'une essence.

REFORMATER v. **10.**

RÉFORMATEUR, TRICE adj. et n.

RÉFORMATION n.f. *Dr.* Action de corriger.

RÉFORME n.f.

REFORMER v. **10.**

RÉFORMER v. **10.**

RÉFORMETTE n.f. *Péj.* Réforme insuffisante.

REFORMEUR n.m. Installation de traitement de l'essence non raffinée.

REFORMING n.m. → **reformage.**

RÉFORMISME n.m. Doctrine visant à transformer la société par des réformes.

RÉFORMISTE adj. et n.

REFORMULER v. **10.**

REFOUILLEMENT n.m.

REFOUILLER v. **10.** Évider, creuser.

REFOULEMENT n.m.

REFOULER v. **10.**

REFOULEUR n.m. Appareil qui refoule.

REFOULOIR n.m. *Anc.* Tige servant à pousser le boulet dans la gueule du canon.

REFOURGUER v. **10.** *Fam.* Refiler, vendre en abusant.

REFOUTRE v. déf. **109.**

RÉFRACTAIRE adj. et n. Insoumis.

RÉFRACTER v. **10.** Dévier (un rayon lumineux ou une onde) par le passage d'un milieu dans un autre.

RÉFRACTEUR, TRICE adj. et n.m.

RÉFRACTIF, IVE adj. Qui produit la réfraction.

RÉFRACTION n.f.

RÉFRACTIONNISTE n. *Méd.* Spécialiste des troubles de réfraction de l'œil.

RÉFRACTOMÈTRE n.m. *Phys.* Instrument de mesure des indices de réfraction.

RÉFRACTOMÉTRIE n.f. *Phys.* Ensemble des techniques de mesure des indices de réfraction.

REFRAIN n.m.

RÉFRANGIBILITÉ n.f.

RÉFRANGIBLE adj. Susceptible d'être réfracté.

RÉFRÈNEMENT n.m.

RÉFRÉNER v. **12.** Réprimer.

RÉFRIGÉRANT, E adj. et n.m.

RÉFRIGÉRATEUR n.m.

RÉFRIGÉRATION n.f.

RÉFRIGÉRER v. **12.**

RÉFRINGENCE n.f.

RÉFRINGENT, E adj. Qui réfracte la lumière.

REFROIDIR v. **40.**

REFROIDISSEMENT n.m.

REFROIDISSEUR n.m.

REFUGE n.m.

RÉFUGIER (SE) v. **15.**

REFUMER v. **10.**

REFUS n.m.

REFUSABLE adj.

REFUSER v. **10.**

RÉFUTABILITÉ n.f.

RÉFUTABLE adj.

RÉFUTATION n.f.

RÉFUTER v. **10.** Repousser à l'aide d'arguments solides.

REFUZNIK n. *Hist.* Juif soviétique non autorisé à émigrer.

REG n.m. *Géogr.* Désert caillouteux.

REGAGNER v. **10.**

REGAIN n.m.

RÉGAL, S n.m.

RÉGALADE n.f. Feu vif. – *Boire à la régalade :* sans que le récipient touche les lèvres.

RÉGALAGE n.m. Action de régaler.

RÉGALEC n.m. Grand poisson argenté.

RÉGALEMENT n.m. → **régalage.**

RÉGALER v. **10.**

RÉGALIEN, ENNE adj. Attaché à la souveraineté royale.

REGARD n.m.

REGARDABLE adj.

REGARDANT, E adj. Qui regarde à la dépense.

REGARDER v. **10.**

REGARDEUR, EUSE n.

REGARNIR v. **40.**

RÉGATE n.f. Course de voiliers.

RÉGATER v. **(p.p.inv.) 10.** Participer à une régate.

RÉGATIER, ÈRE n.

REGAZONNER v. **10.**

REGEL n.m.

REGELER v. **23** (je regèle...).

RÉGENCE n.f. et adj. Gouvernement intérimaire d'une monarchie.

REGENCY **I** [réjènsi] adj. Style anglais du début du XIXe s.

RÉGENDAT n.m. *Belg.* Cycle d'études sanctionné par le diplôme de régent.

RÉGÉNÉRANT, E adj.

RÉGÉNÉRATEUR, TRICE adj. et n.

RÉGÉNÉRATIF, IVE adj.

RÉGÉNÉRATION n.f.

RÉGÉNÉRER v. **12.**

RÉGENT, E n.

RÉGENTER v. **10.** Diriger de manière trop autoritaire.

REGGAE [régé] n.m. et adj. Musique jamaïcaine.

RÉGICIDE n. Meurtre ou meurtrier d'un roi.

RÉGIE n.f.

REGIMBEMENT n.m.

REGIMBER ou **SE REGIMBER** v. **10.** Résister, refuser d'obéir.

REGIMBEUR, EUSE n.

RÉGIME n.m.

RÉGIMENT n.m.

RÉGIMENTAIRE adj.

REGINGLARD n.m. Vin aigrelet.

RÉGINOIS, E adj. De Régina (Canada).

RÉGION n.f.

RÉGIONAL, E, AUX adj.

RÉGIONALEMENT adv.

RÉGIONALISATION n.f.

RÉGIONALISER v. **10.**

RÉGIONALISME n.m.

RÉGIONALISTE adj. et n.

RÉGIONNEMENT n.m. *Math.* Délimitation d'une zone du plan.

RÉGIR v. **40.**

RÉGISSEUR, EUSE n. Personne qui gère une propriété. – Personne qui organise matériellement une représentation théâtrale, le tournage d'un film.

REGISTRAIRE n. *Québ.* Employé administratif dans un établissement d'enseignement.

REGISTRATION n.f.

REGISTRE n.m.

REGISTRER v. **10.** *Mus.* Interpréter (une œuvre) en utilisant les différents registres de l'orgue ou du clavecin.

RÉGLABLE adj.

RÉGLAGE n.m.

RÈGLE n.f.

RÈGLEMENT n.m.

RÉGLEMENTAIRE adj.

RÉGLEMENTARISME n.m. Excès de réglementation.

RÉGLEMENTARISTE adj. et n.

RÉGLEMENTATION n.f.

RÉGLEMENTER v. **10.**

RÉGLER v. **12.**

RÉGLET n.m. Moulure étroite.

RÉGLETTE n.f.

RÉGLEUR, EUSE n.

RÉGLISSE n.m. ou f.

RÉGLO adj. *Fam.* Loyal, qui respecte la règle.

RÉGLOIR n.m. Instrument utilisé pour tracer des lignes sur du papier.

RÉGLURE n.f. Manière de tracer des lignes.

RÉGNANT, E adj.

RÈGNE n.m.

RÉGNER v. **(p.p.inv.) 12.**

RÉGNIÉ n.m. Vin du Beaujolais.

RÉGOLITE n.m. *Géol.* Débris de roches sous-jacentes.

REGOMMAGE n.m.

REGOMMER v. **10.** *Helv.* Rechaper (un pneu).

REGONFLAGE n.m.

REGONFLEMENT n.m.

REGONFLER v. **10.**

REGORGEMENT n.m.

REGORGER v. **(p.p.inv.) 17.**

REGRAT n.m. *Anc.* Vente de menues denrées, de sel.

REGRATTAGE n.m.

REGRATTER v. **10.** Nettoyer en grattant.

REGRATTIER, ÈRE n. *Anc.* Personne qui faisait le commerce de regrat.

REGRÉER v. **16.** Équiper (un bateau) de nouveaux gréements.

REGREFFER v. **10.**

RÉGRESSER v. **(p.p.inv.) 10.**

RÉGRESSIF, IVE adj. Qui va en arrière.

RÉGRESSION n.f.

REGRET n.m.

REGRETTABLE adj.

REGRETTABLEMENT adv.

REGRETTER v. **10.**

REGRÈVEMENT n.m. Augmentation de l'impôt.

REGRIMPER v. **10.**

REGROS n.m. Grosse écorce de chêne, dont on fait le tan.

REGROSSIR v. **40.** Modifier (une gravure) en élargissant ses hachures.

REGROUPEMENT n.m.

REGROUPER v. **10.**

RÉGULAGE n.m. Dépôt d'une couche de régule sur du métal.

RÉGULARISABLE adj.

RÉGULARISATION n.f.

RÉGULARISER v. **10.**

RÉGULARITÉ n.f.

RÉGULATEUR, TRICE adj. et n.m.

RÉGULATION n.f.

RÉGULE n.m. Alliage à base de plomb ou d'étain.

RÉGULER v. **10.** Faire fonctionner correctement (un appareil).

RÉGULIER, ÈRE adj., n.m. et n.f.

RÉGULIÈREMENT adv.

RÉGUR n.m. Sol noir de l'Inde.

RÉGURGITATION n.f.

RÉGURGITER v. **10.** Faire revenir (des aliments) dans la bouche.

RÉHABILITABLE adj.

RÉHABILITATION n.f.

RÉHABILITER v. **10.**

RÉHABITUER v. **10.**

REHAUSSAGE n.m.

REHAUSSEMENT n.m.

REHAUSSER v. **10.**

REHAUSSEUR adj.m. et n.m. (Siège) destiné à rehausser un enfant assis dans un véhicule.

REHAUT n.m. *Bx-arts.* Touche plus claire, destinée à faire contraste.

RÉHOBOAM n.m. Bouteille de champagne de quatre litres et demi.

RÉHYDRATATION n.f.

RÉHYDRATER v. **10.**

REICHSMARK [raychsmark] n.m. Ancienne unité monétaire allemande.

REICHSTAG [raychstag] n.m. *Hist.* Assemblée législative allemande.

RÉIFICATION n.f.

RÉIFIER v. **15.** Transformer en chose.

RÉIMPLANTATION n.f.

RÉIMPLANTER v. **10.**

RÉIMPORTATION n.f.

RÉIMPORTER v. **10.**

RÉIMPOSER v. **10.**

RÉIMPOSITION n.f.

RÉIMPRESSION n.f.

RÉIMPRIMER v. **10.**

RÉIMPUTATION n.f.

RÉIMPUTER v. **10.**

REIN n.m.

RÉINCARCÉRATION n.f.

RÉINCARCÉRER v. **12.**

RÉINCARNATION n.f.

RÉINCARNER (SE) v. **10.**

RÉINCORPORER v. **10.**

RÉINDEXER v. **10.**

REINE n.f.

REINETTE n.f. Variété de pomme.

RÉINFECTER v. **10.**

RÉINFECTION n.f.

RÉINITIALISER v. **10.**

RÉINJECTER v. **10.**

RÉINSCRIPTIBLE adj. (Support) sur lequel on peut réenregistrer.

RÉINSCRIPTION n.f.

RÉINSCRIRE v. **130.**

RÉINSÉRER v. **12.**

RÉINSERTION n.f.

RÉINSTALLATION n.f.

RÉINSTALLER v. **10.**

RÉINSTAURER v. **10.**

RÉINTÉGRABLE adj.

RÉINTÉGRANDE n.f. *Dr.* Action ouverte à qui est dépossédé par la violence.

RÉINTÉGRATION n.f.

RÉINTÉGRER v. **12.**

RÉINTERPRÉTER v. **12.**

RÉINTRODUCTION n.f.

RÉINTRODUIRE v. **135.**

RÉINVENTER v. **10.**

RÉINVENTION n.f.

RÉINVESTIR v. **40.**

RÉINVITER v. **10.**

REIS [réïs] n.m. Titre honorifique turc.

RÉIS [réïs] → **real** n.m.

RÉITÉRANT, E adj. et n. (Délinquant) qui a été interpellé plusieurs fois.

RÉITÉRATIF, IVE adj.

RÉITÉRATION n.f.

RÉITÉRER v. **12.** Répéter, renouveler.

REÎTRE [rètr] n.m. *Hist.* Cavalier allemand mercenaire. – Soudard.

REJAILLIR v. **40.** *Être rejailli* : être ressorti impétueusement.

REJAILLISSEMENT n.m.

RÉJECTION n.f. *Zool.* Régurgitation.

REJET n.m.

REJETABLE adj.

REJETER v. **20** (je rejette...).

REJETON, ONNE n.

REJOINDRE v. **93.**

REJOINTOIEMENT n.m.

REJOINTOYER v. **27.** *Techn.* Pourvoir (une maçonnerie) de nouveaux joints.

REJOINTOYEUR, EUSE n.

REJOUER v. **10.**

RÉJOUIR v. **40.**

RÉJOUISSANCE n.f.

RÉJOUISSANT, E adj.

REJUGER v. **17.**

RELACER v. **13.**

RELÂCHE n.m. ou f.

RELÂCHEMENT n.m.

RELÂCHER v. **10.**

RELAIS n.m.

RELAISSER (SE) v. **10.** *Vén.* S'arrêter, en parlant d'un animal poursuivi.

RELANCE n.f.

RELANCER v. **13.**

RELANCEUR, EUSE n. Au tennis, joueur qui reçoit la balle du serveur.

RELAPS, E adj. et n. *Rel.* Retombé dans l'hérésie.

RELARGAGE n.m.

RÉLARGIR v. **40.** Élargir davantage.

RELARGUER v. **10.** Disperser dans l'environnement (des éléments jusque-là confinés).

RELATER v. **10.**

RELATIF, IVE adj., n.m. et n.f.

RELATION n.f.

RELATIONNEL, ELLE adj.

RELATIONNISTE n. *Québ.* Spécialiste des relations publiques.

RELATIVEMENT adv.

RELATIVISATION n.f.

RELATIVISER v. **10.**

RELATIVISME n.m. *Philos.* Doctrine qui admet la relativité de toute connaissance.

RELATIVISTE adj. et n.

RELATIVITÉ n.f.

RELAVAGE n.m.

RELAVER v. **10.**

RELAX adj. (= **relaxe**) *Fam.* Détendu, décontracté.

RELAXANT, E adj.

RELAXATION n.f.

RELAXE 1. n.f. *Dr.* Abandon des poursuites contre un prévenu. 2. adj. → **relax.**

RELAXER v. **10.**

RELAXINE n.f. Hormone produite pendant la grossesse.

RELAYER v. **24.**

RELAYEUR, EUSE n. Participant à une course de relais.

RELECTEUR, TRICE n.

RELECTURE n.f.

RELÉGABLE adj.

RELÉGATION n.f.

RELÉGUER v. **12.**

RELENT n.m.

RELEVABLE adj.

RELEVAGE n.m.

RELEVAILLES n.f.pl. *Rel.* Bénédiction donnée à une femme relevant de couches.

RELÈVE n.f.

RELEVÉ, E adj. et n.m.

RELÈVEMENT n.m.

RELEVER v. **11.**

RELEVEUR, EUSE adj. et n.

RELIAGE n.m. Assemblage d'un tonneau.

RELIEF n.m.

RELIER v. **15.**

RELIEUR, EUSE adj. et n.

RELIFTER v. **10.** Rénover.

RELIGIEUSEMENT adv.

RELIGIEUX, EUSE adj. et n.

RELIGION n.f.

RELIGIONNAIRE n. *Hist.* Protestant.

RELIGIOSITÉ n.f.

RELIQUAIRE n.m. Coffret contenant des reliques.

RELIQUAT n.m.

RELIQUE n.f.

RELIRE v. **126.**

RELISH [relich] n.f. *Québ.* Condiment aux cornichons.

RELIURE n.f.

RELOCALISATION n.f.

RELOCALISER v. **10.** Placer ailleurs.

RELOGEMENT n.m.

RELOGER v. **17.**

RELOOKAGE n.m.

RELOOKER v. **10.** *Fam.* Moderniser.

RELOOKEUR, EUSE n.

RELOOKING n.m.

RELOQUETER [relokté] v. **10** (je reloquete...) *Belg.* Nettoyer avec une serpillière.

RELOU, E adj. *Fam.* Sans finesse, stupide.

RELOUER v. **10.**

RÉLUCTANCE n.f. *Électr.* Résistance d'un circuit magnétique au passage d'un flux.

RELUIRE v. **(p.p.inv.) 137.**

RELUISANT, E adj.

RELÛMES → **relire 126.**

RELUQUER v. **10.**

RELURENT, RELUSSE..., RELUT... → **relire 126.**

RELUTIF, IVE adj. *Fin.* Qui augmente le rendement d'une action.

REM n.m. Unité d'évaluation de l'effet biologique des radiations.

REMÂCHER v. **10.**

REMAILLAGE n.m.

REMAILLER v. **10 (= remmailler)** Raccommoder (un filet, un tricot) en reconstituant les mailles.

REMAILLEUR, EUSE n.

REMAKE [rimèk] n.m. Nouvelle version d'une œuvre.

RÉMANENCE n.f. Persistance d'un phénomène après disparition de sa cause.

RÉMANENT, E adj. Qui subsiste.

REMANGER v. **17.**

REMANIABLE adj.

REMANIEMENT n.m.

REMANIER v. **15.**

REMAQUILLER v. **10.**

REMARCHER v. **(p.p.inv.) 10.**

REMARIAGE n.m.

REMARIER (SE) v. **15.**

REMARQUABLE adj.

REMARQUABLEMENT adv.

REMARQUE n.f.

REMARQUER v. **10.**

REMASTÉRISATION n.f.

REMASTÉRISER v. **10.** Numériser (un disque enregistré sous forme analogique).

REMASTICAGE n.m.

REMASTIQUER v. **10.**

REMBALLAGE n.m.

REMBALLER v. **10.**

REMBARQUEMENT n.m.

REMBARQUER v. **10.**

REMBARRER v. **10.** *Fam.* Repousser brutalement.

REMBAUCHER v. **10.** → **réembaucher.**

REMBLAI n.m.

REMBLAIEMENT n.m. *Géol.* Dépôt d'alluvions.

REMBLAVER v. **10.** Réensemencer.

REMBLAYAGE n.m.

REMBLAYER v. **24.**

REMBLAYEUSE n.f. Machine qui remblaie.

REMBOBINAGE n.m.

REMBOBINER v. **10.**

REMBOÎTAGE n.m.

REMBOÎTEMENT n.m.

REMBOÎTER v. **10.**

REMBOUGER v. **17.** Remplir (un tonneau) à mesure que le niveau baisse.

REMBOURRAGE n.m.

REMBOURRER v. **10.**

REMBOURREUR, EUSE n.

REMBOURRURE n.f. Matière servant à rembourrer.

REMBOURSABLE adj.

REMBOURSEMENT n.m.

REMBOURSER v. **10.**

REMBRANESQUE adj. Qui rappelle Rembrandt (peintre hollandais du XVIIe s.).

REMBRAYER v. **(p.p.inv.) 24.**

REMBRUNIR (SE) v. **40.** S'assombrir.

REMBRUNISSEMENT n.m.

REMBUCHEMENT n.m. → **rembucher** n.m.

REMBUCHER n.m. *Vén.* Rentrée du gibier dans le bois.

REMBUCHER v. **10.** *Vén.* Faire rentrer (du gibier) dans le bois.

REMÈDE n.m.

REMÉDIABLE adj.

REMÉDIATION n.f. Soutien pédagogique.

REMÉDIER v. **(p.p.inv.) 15.**

REMÊLER v. **10.**

REMEMBREMENT n.m.

REMEMBRER v. **10.** Regrouper (des parcelles de terre).

REMÉMORATION n.f.

REMÉMORER v. **10.** Remettre en mémoire.

REMERCIEMENT n.m.

REMERCIER v. **15.**

RÉMÉRÉ n.m. *Dr.* Droit de rachat, dans un délai déterminé, d'une chose vendue.

REMESURER v. **10.**

REMETTANT n.m. *Fin.* Personne qui remet une valeur à sa banque.

REMETTRE v. **101.**

REMEUBLER v. **10.**

RÉMIGE n.f. Grande plume de l'aile d'un oiseau.

REMILITARISER v. **10.**

RÉMINISCENCE n.f.

REMISAGE n.m.

REMISE n.f.

REMISER v. **10.**

REMISIER, ÈRE n. Intermédiaire entre un agent de change et un client.

RÉMISSIBLE adj. Digne de pardon.

RÉMISSION n.f. Pardon des péchés, remise de peine. – Accalmie (dans une maladie).

RÉMITTENCE n.f. *Méd.* Rémission.

RÉMITTENT, E adj. Qui s'atténue par intervalles.

REMIX n.m. *Mus.* Nouvelle version réalisée par des moyens informatiques.

REMIXAGE n.m.

REMIXER v. **10.**

RÉMIZ n.m. Petite mésange.

REMMAILLAGE n.m.

REMMAILLER v. **10.** → **remailler.**

REMMAILLEUR, EUSE n.

REMMAILLOTER v. **10.**

REMMANCHER v. **10.**

REMMENER v. **11.**

REMMOULAGE [r-an-] n.m.

REMMOULER [r-an-] v. **10.** En fonderie, assembler (les différentes parties d'un moule).

REMNOGRAMME n.m. *Méd.* Image obtenue par remnographie.

REMNOGRAPHIE n.f. *Méd.* Procédé de reconstitution des images anatomiques.

REMOBILISATION n.f.

REMOBILISER v. **10.**

REMODELAGE n.m.

REMODELER v. **23** (je remodèle...).

RÉMOIS, E adj. De Reims.

REMONTAGE n.m.

REMONTANT, E adj. et n.m.

REMONTÉE n.f.

REMONTER v. **10.**

REMONTEUR, EUSE n.

REMONTOIR n.m.

REMONTRANCE n.f.

REMONTRANT n.m. *Hist.* En Hollande, calviniste arminien.

REMONTRER v. **10.**

RÉMORA n.m. Poisson qui se fixe à un plus gros et le nettoie de ses parasites.

REMORDRE v. **90.**

REMORDS n.m.

REMORQUABLE adj.

REMORQUAGE n.m.

REMORQUE n.f.

REMORQUER v. **10.**

REMORQUEUR, EUSE adj. et n.m.

REMOTIVATION n.f.

REMOTIVER v. **10.**

REMOUDRE v. **98.**

REMOUILLAGE n.m.

REMOUILLER v. **10.**

RÉMOULADE n.f. Mayonnaise relevée de moutarde et de fines herbes.

REMOULAGE n.m. Farine de deuxième mouture.

REMOULER v. **10.**

RÉMOULEUR, EUSE n. Personne qui aiguise les instruments tranchants.

REMOULUT... → **remoudre 98.**

REMOUS n.m.

REMPAILLAGE n.m.

REMPAILLER v. **10.**

REMPAILLEUR, EUSE n.

REMPAQUETER v. **20** (je rempaquette...).

REMPART n.m.

REMPIÉTEMENT ou **REMPIÈTEMENT** n.m.

REMPIÉTER v. **12.** Renforcer (un mur) en réparant son pied.

REMPILER v. **10.** Empiler de nouveau. – Se rengager.

REMPLAÇABLE adj.

REMPLAÇANT, E n.

REMPLACEMENT n.m.

REMPLACER v. **13.**

REMPLAGE n.m. Dans l'art gothique, armature de pierre entre les vitraux d'une rosace.

REMPLIER v. **15.** Replier (une étoffe) pour la border.

REMPLIR v. **40.**

REMPLISSAGE n.m.

REMPLISSEUR, EUSE n. Ouvrier qui peint sur faïence ou sur porcelaine.

REMPLOI n.m. → **réemploi.**

REMPLOYER v. **27.** → **réemployer.**

REMPLUMER (SE) v. **10.**

REMPOCHER v. **10.**

REMPOISSONNER v. **10.** Repeupler de poissons.

REMPORTER v. **10.**

REMPOTAGE n.m.

REMPOTER v. **10.**

REMPRUNTER v. **10.** → **réemprunter.**

REMUABLE adj.

REMUAGE n.m. Action de remuer du blé, des bouteilles de champagne.

REMUANT, E adj.

REMUEMENT n.m.

REMUER v. **10.**

REMUEUR, EUSE n. Personne qui remue les idées.

REMUGLE n.m. Odeur de renfermé.

RÉMUNÉRATEUR, TRICE adj.

RÉMUNÉRATION n.f.

RÉMUNÉRATOIRE adj.

RÉMUNÉRER v. **12.**

RENÂCLER v. **(p.p.inv.) 10.** Renifler bruyamment. – Rechigner.

RENAISSANCE n.f.

RENAISSANT, E adj.

RENAÎTRE v. déf. **105.**

RÉNAL, E, AUX adj. Relatif aux reins.

RENAQUIS..., RENAQUIT... → **renaître 105.**

RENARD n.m.

RENARDE n.f.

RENARDEAU, X n.m.

RENARDER v. **(p.p.inv.) 10.** Agir avec la ruse d'un renard.

RENARDIÈRE n.f. Tanière du renard.

RENATURATION n.f. *Biochim.* Retour à l'état natif d'une protéine dénaturée.

RENAUDER v. **(p.p.inv.) 10.** *Fam.*, *Vx.* Se plaindre.

RENCAISSAGE n.m.

RENCAISSEMENT n.m.

RENCAISSER v. **10.**

RENCARD n.m. → **rancard.**

RENCARDER v. **10.** → **rancarder.**

RENCART n.m. 1. → **rancard.** 2. → **rancart** 2.

RENCHAÎNER v. **10.**

RENCHAUSSER v. **10.** Recouvrir de terre (la base d'une plante).

RENCHÉRI, E adj. et n. *Vx.* Dédaigneux.

RENCHÉRIR v. **40.**

RENCHÉRISSEMENT n.m.

RENCHÉRISSEUR, EUSE n.

RENCOGNER (SE) v. **10.** Se blottir dans un coin.

RENCONTRE n.f.

RENCONTRER v. **10.**

RENDEMENT n.m.

RENDORMIR v. **50.**

RENDOSSER v. **10.**

RENDRE v. **90.**

RENDU, E adj. et n.m.

RENDZINE [r-in-dzin] n.f. Sol calcaire peu lessivé.

RÊNE n.f.

RENÉGAT, E n. Personne qui renie sa religion.

RENÉGOCIABLE adj.

RENÉGOCIATION n.f.

RENÉGOCIER v. **15.**

RENEIGER v. déf. (**reneige, reneigé, reneigea, reneigeait, reneigeât, reneigera, reneigerait**).

RÉNETTE n.f. → **rainette** 2.

RÉNETTER v. **10.** *Techn.* Tailler (le sabot d'un cheval) avec la rénette.

RENFAÎTAGE n.m.

RENFAÎTER v. **10.** Réparer (un toit) en changeant le faîte.

RENFERMÉ, E adj. et n.m.

RENFERMEMENT n.m.

RENFERMER v. **10.**

RENFILER v. **10.**

RENFLAMMER v. **10.**

RENFLEMENT n.m.

RENFLER v. **10.** Rendre bombé.

RENFLOUAGE n.m.

RENFLOUEMENT n.m.

RENFLOUER v. **10.**

RENFONCEMENT n.m.

RENFONCER v. **13.**

RENFORÇAGE n.m.

RENFORÇATEUR n.m. *Phot.* Bain de renforcement des contrastes.

RENFORCEMENT n.m.

RENFORCER v. **13.**

RENFORCIR v. **40.** *Québ., Fam.* Fortifier.

RENFORMIR v. **40.** Remettre (un mur) en état et le crépir.

RENFORT n.m.

RENFROGNEMENT n.m.

RENFROGNER (SE) v. **10.**

RENGAGEMENT n.m.

RENGAGER v. **17.** → **réengager.**

RENGAINE n.f.

RENGAINER v. **10.** Remettre dans la gaine.

RENGORGEMENT n.m.

RENGORGER (SE) v. **17.** Avancer la gorge. – Faire l'important.

RENGRAISSER v. **10.** Faire redevenir gras.

RENGRÈNEMENT n.m.

RENGRENER ou **RENGRÉNER** v. **11** ou **12.** Remplir de nouveau de grain. – Engager de nouveau dans un engrenage.

RENIEMENT n.m.

RENIER v. **15.**

RENIFLARD n.m. Appareil d'évacuation de vapeur d'eau, de vapeur d'huile.

RENIFLEMENT n.m.

RENIFLER v. **10.**

RENIFLETTE n.f. *Fam.* Drogue.

RENIFLEUR, EUSE adj. et n.

RÉNIFORME adj. *Bot.* En forme de rein.

RÉNINE n.f. Enzyme sécrétée par le rein.

RENIPPER v. **10.** *Québ.* Embellir.

RÉNITENCE n.f.

RÉNITENT, E adj. *Méd.* Résistant à la pression.

RENNAIS, E adj. De Rennes.

RENNE n.m.

RENOM n.m.

RENOMMÉ, E adj. et n.f.

RENOMMER v. **10.**

RENON n.m. *Belg.* Résiliation d'un contrat.

RENONÇANT, E n. Ascète, dans l'hindouisme.

RENONCE n.f. Aux cartes, fait de ne pas fournir la couleur demandée.

RENONCEMENT n.m.

RENONCER v. **13.** Abandonner. – *Belg.* Résilier, congédier.

RENONCIATAIRE n. *Dr.* Personne en faveur de qui on renonce à un droit, à un bien.

RENONCIATEUR, TRICE n. *Dr.* Personne qui renonce à un droit, à un bien.

RENONCIATION n.f.

RENONCULACÉE n.f. Plante, type renoncule.

RENONCULE n.f. Plante, type bouton d'or.

RENOTER v. **10.** *Québ.* Rabâcher.

RENOTEUR, EUSE n.

RENOUÉE n.f. Plante à tige noueuse.

RENOUEMENT n.m.

RENOUER v. **10.**

RENOUVEAU, X n.m.

RENOUVELABLE adj.

RENOUVELANT, E n. *Rel.* Enfant qui renouvelle ses vœux de baptême.

RENOUVELER v. **22** (je renouvelle...).

RENOUVELLEMENT n.m.

RÉNOVATEUR, TRICE adj. et n.

RÉNOVATION n.f.

RÉNOVER v. **10.**

RENQUILLER v. **10.** *Arg.* Rempocher.

RENSEIGNEMENT n.m.

RENSEIGNER v. **10.**

RENTABILISABLE adj.

RENTABILISATION n.f.

RENTABILISER v. **10.**

RENTABILITÉ n.f.

RENTABLE adj.

RENTAMER v. **10.** *Vx.* Recommencer.

RENTE n.f.

RENTER v. **10.** *Vx.* Doter d'une rente.

RENTIER, ÈRE n.

RENTOILAGE n.m.

RENTOILER v. **10.** Restaurer (un tableau) en le fixant sur une toile neuve.

RENTOILEUR, EUSE n.

RENTRAGE n.m. Action de rentrer quelque chose.

RENTRAIRE v. déf. **121.** → **rentrayer.**

RENTRAITURE n.f. Couture faite en rentrayant.

RENTRANT, E adj. (Angle) supérieur à 180°.

RENTRAYAGE n.m.

RENTRAYER v. **24.** Réparer (une étoffe déchirée) de façon à ce que la couture soit invisible.

RENTRAYEUR, EUSE adj. et n.

RENTRÉ, E adj. et n.f.

RENTRER v. **10.**

RENUMÉROTER v. **10.**

RENVERSABLE adj.

RENVERSANT, E adj.

RENVERSE n.f.

RENVERSEMENT n.m.

RENVERSER v. **10.**

RENVIDAGE n.m.

RENVIDER v. **10.** Enrouler (du fil) sur une bobine.

RENVIDEUR, EUSE n.

RENVOI n.m.

RENVOYER v. **36.**

RENVOYEUR, EUSE n. Joueur de tennis qui ne prend pas de risques.

RÉOCCUPATION n.f.

RÉOCCUPER v. **10.**

RÉOPÉRER v. **12.**

RÉORCHESTRATION n.f.

RÉORCHESTRER v. **10.**

RÉORDINATION n.f. *Rel.* Seconde ordination (lorsque la première est nulle).

RÉORDONNER v. **10.** Ordonner de nouveau (un prêtre).

RÉORGANISATEUR, TRICE adj. et n.

RÉORGANISATION n.f.

RÉORGANISER v. **10.**

RÉORIENTATION n.f.

RÉORIENTER v. **10.**

RÉOUVERTURE n.f.

RÉOUVRIR v. **46 (= rouvrir).**

RÉOXYGÉNER v. **12.**

REPAIRE n.m.

REPAIRER v. **(p.p.inv.) 10.** *Vén.* Être au gîte.

REPAÎTRE v. **102.**

RÉPANDRE v. **90.**

RÉPARABLE adj.

REPARAÎTRE v. **102.**

RÉPARATEUR, TRICE adj. et n.

RÉPARATION n.f.

RÉPARATOIRE adj.

RÉPARER v. **10.**

REPARLER v. **10.**

REPARTAGER v. **17.**

RÉPARTEMENT n.m. *Dr.* Répartition de l'impôt entre les circonscriptions.

REPARTIE [re-] ou [ré-] n.f.

REPARTIR v. **44.** 1. Partir de nouveau. 2. [re-] ou [ré-] Répliquer vivement.

RÉPARTIR v. **40.** Partager et distribuer selon des conventions.

RÉPARTITEUR, TRICE n.

RÉPARTITION n.f.

REPARUTION n.f.

REPAS n.m.

REPASSAGE n.m.

REPASSER v. **10.**

REPASSEUR, EUSE 1. n.m. Affûteur. 2. n.f.

REPAVAGE n.m.

REPAVEMENT n.m.

REPAVER v. **10.**

REPAYER v. **24.**

REPÊCHAGE n.m.

REPÊCHER v. **10.**

REPEIGNER v. **10.**

REPEINDRE v. **92.**

REPENCHER v. **10.**

REPENDRE v. **90.**

REPENSER v. **10.**

REPENTANCE n.f.

REPENTANT, E adj.

REPENTIGNOIS, E adj. De Repentigny (Québec).

REPENTIR n.m.

REPENTIR (SE) v. **44.**

REPÉRABLE adj.

REPÉRAGE n.m.

REPERÇAGE n.m.

REPERCER v. **13.**

RÉPERCUSSION n.f.

RÉPERCUTABLE adj.

RÉPERCUTER v. **10.**

REPERDRE v. **90.**

REPÈRE n.m.

REPÉRER v. **12.**

RÉPERTOIRE n.m.

RÉPERTORIER v. **15.**

REPESER v. **11.**

RÉPÉTER v. **12.**

RÉPÉTEUR n.m. Amplificateur téléphonique.

RÉPÉTITEUR, TRICE n. *Vx.* Personne qui donne des leçons particulières.

RÉPÉTITIF, IVE adj.

RÉPÉTITION n.f.

RÉPÉTITIVEMENT adv.

RÉPÉTITIVITÉ n.f.

RÉPÉTITORAT n.m. *Vx.* Fonction de répétiteur.

REPÉTRIR v. **40.**

REPEUPLEMENT n.m.

REPEUPLER v. **10.**

REPIC n.m. Bonification au jeu de piquet.

REPIPER v. **10.** *Helv., Fam.* Répliquer.

REPIQUAGE n.m.

REPIQUE n.f. *Phot.* Retouche au pinceau ou au crayon.

REPIQUER v. **10.**

REPIQUEUSE n.f. Machine agricole pour mettre en terre des jeunes plants.

RÉPIT n.m.

REPLACEMENT n.m.

REPLACER v. **13.**

REPLANTATION n.f.

REPLANTER v. **10.**

REPLAT n.m. *Géogr.* Adoucissement de la pente d'un versant.

REPLÂTRAGE n.m.

REPLÂTRER v. **10.**

REPLET, ÈTE adj. Grassouillet.

RÉPLÉTIF, IVE adj. *Méd.* Qui sert à remplir.

RÉPLÉTION n.f. *Méd.* État d'un organe rempli.

REPLEUVOIR v. déf. (**repleut, repleuvait, repleuve, repleuvra, repleuvrait, replu, replut, replût**).

REPLI n.m.

REPLIABLE adj.

RÉPLICATIF, IVE adj. Relatif à la réplication.

RÉPLICATION n.f. *Biol.* Reproduction du matériel génétique sous une même forme.

REPLIEMENT n.m.

REPLIER v. **15.**

RÉPLIQUE n.f.

RÉPLIQUER v. **10.** Répondre vivement.

REPLISSER v. **10.**

REPLOIEMENT n.m.

REPLONGER v. **17.**

REPLOYER v. **27.** *Vx.* Replier.

REPLU, REPLUT → **repleuvoir.**

REPOINTER v. **10.**

REPOLIR v. **40.**

REPOLISSAGE n.m.

RÉPONDANT, E n. Garant.

RÉPONDEUR, EUSE adj. et n.m.

RÉPONDRE v. **90.**

RÉPONS [rép-on] n.m. *Rel.* Chant d'un soliste répété par le chœur.

RÉPONSE n.f.

REPOPULATION n.f.

REPORT n.m.

REPORTAGE n.m.

REPORTER n.

REPORTER v. **10.**

REPORTEUR, TRICE n. *Techn.* Ouvrier qui reporte les dessins. – Reporter-cameraman.

REPOS n.m.

REPOSANT, E adj.

REPOSE n.f.

REPOSER v. **10.**

REPOSITIONNABLE adj.

REPOSITIONNER v. **10.**

REPOSOIR n.m. Autel provisoire où l'on dépose le saint sacrement lors d'une procession.

REPOUDRER v. **10.**

REPOURVOIR v. **73.** *Helv.* Affecter (quelqu'un) à un poste.

REPOUSSAGE n.m. *Mét.* Procédé de mise en forme à froid.

REPOUSSANT, E adj.

REPOUSSE n.f.

REPOUSSEMENT n.m.

REPOUSSER v. **10.**

REPOUSSOIR n.m. Chose ou personne qui en fait valoir une autre par contraste.

REPRÉCISER v. **10.**

RÉPRÉHENSIBLE adj.

RÉPRÉHENSION n.f. Blâme.

REPRENDRE v. **91.**

REPRENEUR, EUSE n. Personne qui reprend une entreprise.

REPRÉSAILLES n.f.pl.

REPRÉSENTABLE adj.

REPRÉSENTANT, E n.

REPRÉSENTATIF, IVE adj.

REPRÉSENTATION n.f.

REPRÉSENTER v. **10.**

RÉPRESSEUR n.m. *Biol.* Molécule hypothétique qui limite la production des enzymes selon les besoins.

RÉPRESSIBLE adj. Qui peut être réprimé.

RÉPRESSIF, IVE adj.

RÉPRESSION n.f.

RÉPRIMANDE n.f.

RÉPRIMANDER v. **10.**

RÉPRIMER v. **10.**

REPRINT [reprint] n.m. Réédition par procédé photographique.

REPRIS, E n.m. et n.f.

REPRISAGE n.m.

REPRISER v. **10.**

REPRISEUSE n.f. Ouvrière qui reprise.

RÉPROBATEUR, TRICE adj.

RÉPROBATION n.f.

REPROCHABLE adj. Qui mérite des reproches. – *Dr.* Récusable.

REPROCHE n.m.

REPROCHER v. **10.**

REPRODUCTEUR, TRICE adj. et n.m.

REPRODUCTIBLE adj.

REPRODUCTIF, IVE adj.

REPRODUCTION n.f.

REPRODUIRE v. **135.**

REPROFILAGE n.m.

REPROFILER v. **10.**

REPROGRAMMATION n.f.

REPROGRAMMER v. **10.**

REPROGRAPHIE n.f. Ensemble des techniques de reproduction de documents.

REPROGRAPHIER v. **15.**

REPROGRAPHIQUE adj.

RÉPROUVABLE adj.

RÉPROUVÉ, E adj. et n.

RÉPROUVER v. **10.** Blâmer.

REPS [rèps] n.m. Tissu d'ameublement à côtes.

REPTATION n.f. Action de ramper.

REPTILE n.m.

REPTILIEN, ENNE adj.

REPU, E adj.

RÉPUBLICAIN, E adj. et n.

RÉPUBLICANISER v. **10.**

RÉPUBLICANISME n.m. Attachement à la république.

REPUBLICATION n.f.

REPUBLIER v. **15.**

RÉPUBLIQUE n.f.

RÉPUDIATION n.f.

RÉPUDIER v. **15.**

RÉPUGNANCE n.f.

RÉPUGNANT, E adj.

RÉPUGNER v. **10.** Dégoûter.

RÉPULSIF, IVE adj. et n.m. Qui repousse.

RÉPULSION n.f.

REPÛMES, REPURENT, REPUSSE..., REPUT... → **repaître 102.**

RÉPUTATION n.f.

RÉPUTER v. **10.** *Litt.* Estimer, juger.

REQUALIFICATION n.f.

REQUALIFIER v. **15.**

REQUÉRABLE adj. *Dr.* Qu'on doit réclamer en personne.

REQUÉRANT, E adj. et n. Qui réclame en justice.

REQUÉRIR v. **43.**

REQUÊTE n.f.

REQUÊTER v. **10.** *Vén.* Chercher de nouveau, en parlant des chiens.

REQUIEM **I** n.m. Prière pour les morts.

REQUIN n.m.

REQUINQUER v. **10.** *Fam.* Rendre plus vigoureux.

REQUIS, E adj. et n.m.

RÉQUISIT [-t] n.m. *Philos.* Hypothèse, préalable.

RÉQUISITION n.f.

RÉQUISITIONNER v. **10.**

RÉQUISITOIRE n.m.

RÉQUISITORIAL, E, AUX adj. *Dr.* Qui tient du réquisitoire.

REQUITTER v. **10.**

REROUTAGE n.m.

REROUTER v. **10.** *Inf.* Réorienter.

RESALER v. **10.**

RESALIR v. **40.**

RESARCELÉ, E adj. *Hér.* Bordé d'un filet.

RESCAPER v. **10.** *Québ.* Sauver d'un danger.

RESCINDABLE adj.

RESCINDANT, E adj. *Dr.* Qui permet d'annuler.

RESCINDER v. **10.** *Dr.* Annuler (une convention, un jugement).

RESCISION n.f. Annulation.

RESCISOIRE adj. → **rescindant.**

RESCOUSSE n.f. *Vx.* Reprise d'un navire saisi par l'ennemi.

RESCRIPTION n.f. *Vx.* Ordre écrit donné pour toucher une somme d'argent.

RESCRIT n.m. *Antiq. rom.* Réponse de l'empereur. – Décret. – Lettre du pape.

RÉSEAU, X n.m.

RÉSEAUTAGE n.m.

RÉSEAUTER v. **10.** Mettre (des équipements) en réseau.

RÉSÉCABLE adj. *Chir.* Qui peut être réséqué.

RÉSECTION [s] n.f. *Chir.* Action de réséquer.

RÉSÉDA n.m. Plante à fleurs très odorantes.

RESEMER [s] v. **11 (= ressemer).**

RÉSÉQUER [s] v. **12.** *Chir.* Enlever, amputer.

RÉSERPINE n.f. *Pharm.* Alcaloïde hypotenseur extrait de la racine du rauwolfia.

RÉSERVATAIRE adj. et n. (Héritier) qu'on ne peut écarter d'une succession.

RÉSERVATION n.f.

RÉSERVE n.f.

RÉSERVER v. **10.**

RÉSERVISTE n. Militaire de réserve.

RÉSERVOIR n.m.

RÉSIDANAT n.m. Fonction hospitalière assurée par des étudiants en médecine.

RÉSIDANT, E adj. et n. Qui réside dans un lieu.

RÉSIDENCE n.f.

RÉSIDENT, E n. Personne qui réside dans un pays qui n'est pas le sien.

RÉSIDENTIEL, ELLE adj.

RÉSIDER v. **(p.p.inv.) 10.**

RÉSIDU n.m.

RÉSIDUAIRE adj. *Litt.* Qui forme un résidu.

RÉSIDUEL, ELLE adj.

RÉSIGNABLE adj. (Fonction, charge) qui peut être résignée.

RÉSIGNATAIRE n.m. *Dr.* Personne à qui on a abandonné un office, un bénéfice.

RÉSIGNATION n.f.

RÉSIGNER v. **10.** *Dr.* Abandonner. – Se soumettre.

RÉSILIABLE adj.

RÉSILIATION n.f.

RÉSILIENCE n.f.

RÉSILIENT, E adj. *Phys.* Résistant au choc.

RÉSILIER v. **15.** Rompre (un contrat).

RÉSILLE n.f. Filet dont on enveloppe les cheveux.

RÉSINE n.f.

RÉSINÉ, E adj. et n.m. (Vin) additionné de résine.

RÉSINER v. **10.** Enduire de résine.

RÉSINEUX, EUSE adj. et n.m.

RÉSINGLE [z] n.f. → **recingle.**

RÉSINIER, ÈRE 1. n. Personne qui récolte la résine. 2. adj. Relatif à la résine.

RÉSINIFÈRE adj.

RÉSINIQUE adj. (Acide) de la résine de pin.

RÉSIPISCENCE [si] n.f. *Rel.* Reconnaissance et repentir d'une faute.

RÉSISTANCE n.f.

RÉSISTANT, E adj. et n.

RÉSISTER v. **(p.p.inv.) 10.**

RÉSISTIBLE adj.

RÉSISTIF, IVE adj. Doué d'une résistance électrique.

RÉSISTIVITÉ n.f.

RÉSISTOR n.m. *Électron.* Composant transformant en chaleur l'énergie électrique qu'il consomme.

RESITUER v. **10.**

RESOCIALISATION n.f.

RESOCIALISER v. **10.** Réinsérer dans la vie sociale.

RÉSOLU, E adj.

RÉSOLUBLE adj. *Dr.* Qui peut être annulé.

RÉSOLUMENT adv.

RÉSOLUTIF, IVE adj. et n.m. (Médicament) qui calme une inflammation.

RÉSOLUTION n.f.

RÉSOLUTOIRE adj. Qui entraîne l'annulation d'un contrat.

RÉSOLVANCE n.f. *Opt.* Aptitude d'un instrument à évaluer la plus petite dimension possible.

RÉSOLVANT, E 1. adj. *Pharm.* Résolutif. 2. n.f. *Math.* Équation qui facilite la résolution d'une autre.

RÉSONANCE n.f. **(= résonnance).**

RÉSONANT, E adj. **(= résonnant)** *Phys.* Qui vibre avec une fréquence différente de sa fréquence naturelle.

RÉSONATEUR, TRICE n.m. et adj. Appareil qui vibre par résonance.

RÉSONNANCE n.f. → **résonance.**

RÉSONNANT, E adj. → **résonant.**

RÉSONNEMENT n.m.

RESONNER v. **10.** *Belg.* Rappeler (quelqu'un) au téléphone.

RÉSONNER v. (**p.p.inv.** mais **resonner** v.) **10.**

RÉSORBABLE adj.

RÉSORBER v. **10.**

RÉSORCINE n.f. Diphénol dérivé du benzène.

RÉSORCINOL n.m. → **résorcine.**

RÉSORPTION n.f. Disparition totale ou partielle.

RÉSOUDRE v. **95.**

RESPECT n.m.

RESPECTABILISER v. **10.**

RESPECTABILITÉ n.f.

RESPECTABLE adj.

RESPECTER v. **10.**

RESPECTIF, IVE adj.

RESPECTIVEMENT adv.

RESPECTUEUX, EUSE adj.

RESPIRABILITÉ n.f. Capacité d'un vêtement à évacuer l'humidité.

RESPIRABLE adj.

RESPIRANT, E adj. (Tissu) qui ne retient pas la transpiration.

RESPIRATEUR n.m. Appareil permettant la respiration artificielle.

RESPIRATION n.f.

RESPIRATOIRE adj.

RESPIRER v. **10.**

RESPLENDIR v. **(p.p.inv.) 40.**

RESPLENDISSANT, E adj.

RESPONSABILISER v. **10.**

RESPONSABILITÉ n.f.

RESPONSABLE adj. et n.

RESQUILLAGE n.m.

RESQUILLE n.f.

RESQUILLER v. **10.** Obtenir illégalement.

RESQUILLEUR, EUSE n.

RESSAC [re-] n.m. Retour violent des vagues qui heurtent un obstacle.

RESSAIGNER v. **10.** *Vx., Méd.* Saigner de nouveau (un malade).

RESSAISIR v. **40.**

RESSAISISSEMENT n.m.

RESSASSAGE n.m.

RESSASSER v. **10.** Remâcher, répéter.

RESSASSEUR, EUSE n.

RESSAT [resa] n.m. *Helv.* Banquet de vendangeurs.

RESSAUT n.m. *Arch.* Avancée d'un mur.

RESSAUTER v. **10.**

RESSAYAGE n.m. → **réessayage.**

RESSAYER v. **24.** → **réessayer.**

RESSEMBLANCE n.f.

RESSEMBLANT, E adj.

RESSEMBLER v. **(p.p.inv.) 10.**

RESSEMELAGE n.m.

RESSEMELER v. **22** (je ressemelle...).

RESSEMER v. **11.** → **resemer.**

RESSENTIMENT n.m.

RESSENTIR v. **44.**

RESSERRAGE n.m.

RESSERRE n.f. Abri.

RESSERREMENT n.m.

RESSERRER v. **10.**

RESSERVIR v. **52.**

RESSORT n.m.

RESSORTIR v. **44.** Sortir de nouveau.

RESSORTIR v. (**p.p.inv.** mais **ressortir** v. **44**) **40.** *Dr.* Être du ressort, de la compétence.

RESSORTISSANT, E n. Personne relevant d'un État qui n'est pas celui où elle réside.

RESSOUDER v. **10.**

RESSOURCE n.f.

RESSOURCEMENT n.m.

RESSOURCER (SE) v. **13.** Revenir à ses sources.

RESSOURCERIE n.f. Centre de récupération d'objets d'encombrants.

RESSOUVENIR n.m.

RESSOUVENIR (SE) v. **42.**

RESSUAGE n.m. Affinage d'un métal brut par fusion partielle.

RESSUER v. **10.** Soumettre (un métal) au ressuage. – Suinter.

RESSUI [rè-] n.m. *Vén.* Lieu où les bêtes se sèchent.

RESSURGIR v. **40 (= resurgir)** *Être ressurgi :* être réapparu brutalement.

RESSUSCITER v. **10.**

RESSUYAGE n.m.

RESSUYER v. **28.** *Vx.* Faire sécher.

RESTANQUE n.f. En Provence, champ en terrasse.

RESTANT, E adj. et n.m.

RESTAU (pl. **RESTAUS** ou **RESTAUX**) n.m. **(= resto).**

RESTAURANT n.m.

RESTAURATEUR, TRICE n.

RESTAURATION n.f.

RESTAURER v. **10.**

RESTAUROUTE n.m.

RESTE n.m.

RESTER v. **10.**

RESTITUABLE adj. *Dr.* Que l'on doit restituer.

RESTITUER v. **10.**

RESTITUTION n.f.

RESTITUTOIRE adj. Relatif à une restitution.

RESTO n.m. → **restau.**

RESTOROUTE n.m.

RESTREINDRE v. **92.**

RESTRICTIF, IVE adj.

RESTRICTION n.f.

RESTRINGENT, E adj. et n.m. *Vx.* Astringent.

RESTRUCTURATION n.f.

RESTRUCTURER v. **10.**

RESTYLAGE n.m.

RESTYLER v. **10.**

RESUCÉE n.f. *Fam.* Chose déjà vue, entendue, goûtée.

RÉSULTANT, E adj. et n.f.

RÉSULTAT n.m.

RÉSULTER v. déf. (**résulta, résultaient, résultait, résultant, résultassent, résultât, résulte, résulté, résultée, résultées, résultent, résultera, résulteraient, résulterait, résultèrent, résulteront, résultés**) *Être résulté :* être issu.

RÉSUMÉ n.m.

RÉSUMER v. **10.**

RESURCHAUFFE n.f.

RESURCHAUFFER v. **10.**

RESURCHAUFFEUR n.m. Appareil servant à resurchauffer.

RÉSURGENCE n.f.

RÉSURGENT, E adj. (Eau) réapparaissant à l'air libre après un trajet souterrain.

RESURGIR v. **40. → ressurgir.**

RÉSURRECTION n.f.

RÉSURRECTIONNEL, ELLE adj.

RETABLE n.m. Construction verticale décorée, placée derrière un autel.

RÉTABLIR v. **40.**

RÉTABLISSEMENT n.m.

RETAILLER v. **10.**

RÉTAIS, E adj. **(= rhétais)** De l'île de Ré.

RÉTAMAGE n.m.

RÉTAMER v. **10.** Étamer de nouveau.

RÉTAMEUR n.m.

RETAPAGE n.m.

RETAPE n.f. *Fam.* Racolage.

RETAPER v. **10.**

RETAPISSER v. **10.**

RETARD n.m.

RETARDANT, E adj. et n.m. (Produit) qui ralentit la combustion, lors des incendies de forêt.

RETARDATAIRE adj. et n.

RETARDATEUR, TRICE adj.

RETARDÉ, E adj. et n.

RETARDEMENT n.m.

RETARDER v. **10.**

RETASSURE n.f. Cavité constituant un défaut, dans une pièce métallique.

RETÂTER v. **10.**

RETAXER v. **10.**

RETEINDRE v. **92.**

RETÉLÉPHONER v. **10.**

RETENDOIR n.m. Outil qui règle la tension des cordes d'un piano.

RETENDRE v. **90.**

RETENIR v. **42.**

RETENTER v. **10.**

RÉTENTEUR, TRICE adj. Qui retient.

RÉTENTION n.f. Action de retenir.

RÉTENTIONNAIRE n. *Dr.* Personne qui exerce un droit de rétention.

RETENTIR v. **(p.p.inv.) 40.**

RETENTISSANT, E adj.

RETENTISSEMENT n.m.

RETENU, E adj. et n.f.

RETERÇAGE n.m. **(= retersage).**

RETERCER v. **13 (= reterser)** Labourer de nouveau (la vigne).

RETERSAGE n.m. **→ reterçage.**

RETERSER v. **10. → retercer.**

RÉTIAIRE [rétyèr] ou [résyèr] n.m. *Antiq. rom.* Gladiateur armé d'un filet et d'un trident.

RÉTICENCE n.f.

RÉTICENT, E adj.

RÉTICULAIRE adj. En forme de réseau.

RÉTICULATION n.f. *Phot.* Plissement de la gélatine d'une émulsion.

RÉTICULE n.m. Petit sac. – Croisement de deux fils à angle droit qui détermine un axe de visée.

RÉTICULÉ, E adj. *Anat.* Nervuré.

RÉTICULER v. **10.** *Chim.* Relier en réseau (des chaînes de polymères).

RÉTICULINE n.f. Protéine présente dans les fibres élastiques du tissu conjonctif.

RÉTICULOCYTE n.m. *Biol.* Hématie filamenteuse.

RÉTICULOSE n.f. Maladie des tissus de la rate et des ganglions lymphatiques.

RÉTICULUM n.m. *Biol.* Réseau formé par les fibrilles de certaines cellules.

RÉTIF, IVE adj. Récalcitrant.

RETIGER v. **(p.p.inv.) 17.** *Québ.* Produire de nouvelles tiges.

RÉTINAL, S n.m. *Biol.* Aldéhyde de la vitamine A.

RÉTINE n.f.

RÉTINIEN, ENNE adj.

RÉTINITE n.f. Inflammation de la rétine.

RÉTINOÏDE n.m. *Chim.* Substance dérivée du rétinol.

RÉTINOÏQUE adj. *Pharm.* (Acide) dérivé de la vitamine A.

RÉTINOL n.m. Vitamine A1.

RÉTINOPATHIE n.f. Affection de la rétine.

RÉTIQUE adj. et n.m. **(= rhétique)** De Rhétie, ancienne région des Alpes centrales.

RETIRABLE adj.

RETIRAGE n.m. Nouveau tirage.

RETIRAISON n.f. Enlèvement d'une marchandise.

RETIRATION n.f. Impression du verso d'une page déjà imprimée.

RETIREMENT n.m.

RETIRER v. **10.**

RETISSAGE n.m.

RETISSER v. **10.**

RÉTIVETÉ n.f. **(= rétivité)** Caractère d'une monture, d'une personne rétive.

RÉTIVITÉ n.f. **→ rétiveté.**

RETOMBANT, E adj.

RETOMBÉE n.f.

RETOMBEMENT n.m.

RETOMBER v. **10.**

RETONDRE v. **90.**

RETOQUAGE n.m.

RETOQUER v. **10.** *Fam.* Rejeter, repousser.

RETORDAGE n.m.

RETORDEMENT n.m.

RETORDEUR, EUSE n.

RETORDOIR n.m. **(= retorsoir)** *Text.* Appareil servant à retordre.

RETORDRE v. **90.** *Text.* Tordre ensemble (plusieurs fils).

RÉTORQUABLE adj.

RÉTORQUER v. **10.**

RETORS, E adj. *Text.* Tordu plusieurs fois. – Rusé.

RÉTORSION n.f. Vengeance.

RETORSOIR n.m. → **retordoir.**

RETOUCHABLE adj.

RETOUCHE n.f.

RETOUCHER v. **10.**

RETOUCHEUR, EUSE n.

RETOUPER v. **10.** Reprendre (un ouvrage de poterie manqué).

RETOUR n.m.

RETOURNAGE n.m. Action de retourner un vêtement.

RETOURNEMENT n.m.

RETOURNER v. **10.**

RETRACER v. **13.**

RÉTRACTABILITÉ n.f. Aptitude d'un matériau à varier de volume.

RÉTRACTABLE adj.

RÉTRACTATION n.f.

RÉTRACTER v. **10.**

RÉTRACTEUR n.m. *Chir.* Écarteur.

RÉTRACTIBILITÉ n.f. → **rétractabilité.**

RÉTRACTIBLE adj.

RÉTRACTIF, IVE adj. Qui produit une rétraction

RÉTRACTILE adj. (Griffe) qu'un animal peut rentrer.

RÉTRACTILITÉ n.f.

RÉTRACTION n.f. *Zool., Méd.* Contraction.

RETRADUCTION n.f.

RETRADUIRE v. **135.** Traduire en partant d'une traduction.

RETRAIRE v. déf. **121.** *Vx.* Reprendre (un bien) moyennant remboursement des frais encourus.

RETRAIT, E n.m. et n.f.

RETRAITANT, E n. Personne qui fait une retraite spirituelle.

RETRAITÉ, E adj. et n.

RETRAITEMENT n.m.

RETRAITER v. **10.** *Chim.* Traiter de nouveau.

RETRANCHEMENT n.m.

RETRANCHER v. **10.**

RETRANSCRIPTION n.f.

RETRANSCRIRE v. **130.**

RETRANSMETTEUR n.m.

RETRANSMETTRE v. **101.**

RETRANSMISSION n.f.

RETRAVAILLER v. **10.**

RETRAVERSER v. **10.**

RETRAYAIS, RETRAYAIT → **retraire 121.**

RETRAYANT, E adj. et n. (Cohéritier) qui rachète une part d'héritage vendue à un tiers.

RETRAYÉ, E adj. et n. (Tiers) qui doit revendre un bien à un retrayant.

RETRAYEZ, RETRAYIEZ, RETRAYIONS, RETRAYONS → **retraire 121.**

RÉTRÉCIR v. **40.**

RÉTRÉCISSEMENT n.m.

RÉTREINDRE v. **92.** *Mét.* Modeler, diminuer par martelage.

RÉTREINT n.m. **(= rétreinte)** *Mét.* Action de rétreindre.

RÉTREINTE n.f. → **rétreint.**

RETREMPE n.f. *Mét.* Nouvelle trempe.

RETREMPER v. **10.**

RÉTRIBUER v. **10.**

RÉTRIBUTION n.f.

RETRIEVER [rétriveur] n.m. Chien qui rapporte le gibier.

RÉTRO adj. et n.m.

RÉTROACTES n.m.pl. *Belg.* Antécédents d'une affaire.

RÉTROACTIF, IVE adj.

RÉTROACTION n.f. Effet rétroactif. – *Inf.* Action en retour.

RÉTROACTIVEMENT adv.

RÉTROACTIVITÉ n.f.

RÉTROAGIR v. **(p.p.inv.) 40.** *Litt.* Agir sur le passé.

RÉTROCÉDER v. **12.** Rendre, revendre.

RÉTROCESSION n.f.

RÉTROCHARGEUSE n.f. *Techn.* Chargeuse dont le godet se remplit à l'avant et se vide à l'arrière.

RÉTROCOMMISSION n.f. Commission versée à l'acheteur après la transaction.

RÉTROCONTRÔLE n.m. *Inf.* Action en retour.

RÉTROCROISEMENT n.m. *Biol.* Croisement d'un hybride avec un individu de même race qu'un de ses parents.

RÉTROÉCLAIRAGE n.m. *Électron.* Technique d'éclairage par l'arrière.

RÉTROÉCLAIRÉ, E adj.

RÉTROFLÉCHI, E adj. *Bot.*, *Méd.* Incliné vers l'arrière.

RÉTROFLEXE adj. et n.f. *Phon.* (Consonne) articulée avec la langue tournée vers l'arrière de la bouche.

RÉTROFLEXION n.f. *Méd.* Inclinaison d'une partie d'un organe vers l'arrière.

RÉTROFUSÉE n.f. Fusée servant à freiner un engin spatial.

RÉTROGRADATION n.f.

RÉTROGRADE adj.

RÉTROGRADER v. **10.** Faire reculer dans la hiérarchie.

RÉTROGRESSION n.f. Mouvement en arrière.

RÉTROPÉDALAGE n.m.

RÉTROPLANNING n.m. Planning élaboré à partir de la date prévue de fin du travail.

RÉTROPOSITION n.f. *Méd.* Déviation d'un organe vers l'arrière.

RÉTROPROJECTEUR n.m. Appareil projetant des documents sur un écran placé derrière un conférencier.

RÉTROPROJECTION n.f.

RÉTROPROPULSION n.f. Freinage par rétrofusée.

RÉTROSPECTIF, IVE adj. et n.f. Qui se rapporte au passé.

RÉTROSPECTION n.f. Action de remonter du présent vers le passé.

RETROUSSAGE n.m. Essuyage léger d'une planche de gravure.

RETROUSSEMENT n.m.

RETROUSSER v. **10.**

RETROUSSIS n.m. Partie retroussée d'un vêtement.

RETROUVABLE adj.

RETROUVAILLE n.f. Action de retrouver ce qu'on avait perdu.

RETROUVER v. **10.**

RÉTROVERSION n.f. *Méd.* Inclinaison d'un organe vers l'arrière.

RÉTROVIRAL, E, AUX adj.

RÉTROVIRUS n.m. Virus, notamment celui du sida.

RÉTROVISEUR n.m.

RETS [rè] n.m. *Litt.* Filet.

RETSINA n.m. Vin grec.

RETUBER v. **10.** Regarnir (une chaudière) de tubes.

REUBEU (pl. **REUBEUS** ou **REUBEUX**) adj. et n. → **rebeu.**

REUILLY n.m. Vin blanc du Berry.

RÉUNIFICATION n.f.

RÉUNIFIER v. **15.**

RÉUNION n.f.

RÉUNIONITE n.f. Manie de faire des réunions.

RÉUNIONNAIS, E adj. De la Réunion (océan Indien).

RÉUNIONNITE n.f. → **réunionite.**

RÉUNIR v. **40.**

RÉUNISSAGE n.m. *Text.* Action de réunir des fils.

RÉUNISSEUSE n.f. *Text.* Machine qui assemble deux ou plusieurs fils.

RÉUSSIR v. **40.**

RÉUSSITE n.f.

RÉUTILISABLE adj.

RÉUTILISATION n.f.

RÉUTILISER v. **10.**

REVACCINATION n.f.

REVACCINER v. **10.**

REVAILLE, REVAILLENT → **revaloir 78.**

REVALOIR v. **78.** Rendre (la pareille).

REVALORISATION n.f.

REVALORISER v. **10.**

REVANCHARD, E adj. et n.

REVANCHE n.f.

REVANCHER (SE) v. **10.** *Vx.* Se venger.

REVANCHISME n.m.

REVASCULARISER v. **10.** *Méd.* Munir (un organe) de nouveaux vaisseaux.

RÊVASSER v. **(p.p.inv.) 10.**

RÊVASSERIE n.f.

RÊVASSEUR, EUSE adj. et n.

RÊVE n.m.

REVÊCHE adj. Rébarbatif, bourru.

RÉVEIL n.m.

RÉVEILLER v. **10.**

RÉVEILLEUR, EUSE n.

RÉVEILLON n.m.

RÉVEILLONNER v. **(p.p.inv.) 10.**

RÉVEILLONNEUR n.m.

RÉVÉLATEUR, TRICE adj. et n.m.

RÉVÉLATION n.f.

RÉVÉLER v. **12.**

REVENANT, E n.

REVENDEUR, EUSE n.

REVENDICATEUR, TRICE n.

REVENDICATIF, IVE adj.

REVENDICATION n.f.

REVENDIQUER v. **10.**

REVENDRE v. **90.**

REVENIR v. **42.**

REVENTE n.f.

REVENU n.m.

RÊVER v. **10.**

RÉVERBÉRANT, E adj.

RÉVERBÉRATION n.f.

RÉVERBÈRE n.m.

RÉVERBÉRER v. **12.** Renvoyer (la lumière, la chaleur, le son).

REVERCHER v. **10.** Souder (une pièce d'étain) pour en boucher les trous.

REVERCHON n.m. Variété de bigarreau.

REVERDIR v. **40.**

REVERDISSAGE n.m. *Techn.* Immersion des peaux en rivière.

REVERDISSEMENT n.m. Action de reverdir.

REVERDOIR n.m. Petite cuve employée en brasserie.

RÉVÉRENCE n.f.

RÉVÉRENCIEL, ELLE adj. *Vx.* Inspiré par le respect.

RÉVÉRENCIEUX, EUSE adj.

RÉVÉREND, E n. et adj. *Rel.* Titre d'honneur.

RÉVÉRENDISSIME adj.

RÉVÉRER v. **12.**

RÊVERIE n.f.

REVÉRIFIER v. **15.**

REVERNIR v. **40.**

REVERNISSAGE n.m.

REVERS n.m.

RÉVERSAL, E, AUX adj. *Dr.* (Acte) confirmant un engagement précédent.

REVERSEMENT n.m. Transfert de fonds.

REVERSER v. **10.**

REVERSI n.m. Jeu de cartes où il faut faire le moins possible de levées.

RÉVERSIBILITÉ n.f.

RÉVERSIBLE adj.

RÉVERSION n.f. *Dr.* Retour d'un bien au donateur après la mort du bénéficiaire.

REVERSOIR n.m. Barrage par-dessus lequel l'eau se déverse en nappe.

RÉVERTANT n.m. *Biol.* Type de gène mutant.

REVÊTEMENT n.m.

REVÊTIR v. **45.**

RÊVEUR, EUSE adj. et n.

RÊVEUSEMENT adv.

REVIENT **|** n.m. *Prix de revient :* coût total d'un produit.

REVIF n.m. Montée de la marée.

REVIGORANT, E adj.

REVIGORATION n.f.

REVIGORER v. **10.** Rendre plus vigoureux.

REVIRAGE n.m. Élimination périodique de la croûte du roquefort.

REVIREMENT n.m.

REVIRER v. **10.** *Québ.* Retourner.

RÉVISABLE adj.

RÉVISER v. **10.**

RÉVISEUR, EUSE n.

RÉVISION n.f.

RÉVISIONNEL, ELLE adj. Relatif à une révision.

RÉVISIONNISME n.m. Remise en cause d'une doctrine politique.

RÉVISIONNISTE adj. et n.

REVISITER v. **10.**

REVISSAGE n.m.

REVISSER v. **10.**

REVITALISANT, E adj.

REVITALISATION n.f.

REVITALISER v. **10.**

REVIVAL, S [revival] ou [rivayveul] n.m. Résurgence d'un mouvement religieux, d'une mode, d'un style.

REVIVIFICATION n.f.

REVIVIFIER v. **15.**

REVIVISCENCE n.f.

REVIVISCENT, E adj. *Bot., Zool.* Qui reprend vie une fois humidifié.

REVIVRE v. **146.**

RÉVOCABILITÉ n.f.

RÉVOCABLE adj.

RÉVOCATION n.f.

RÉVOCATOIRE adj. Qui révoque.

REVOICI prép.

REVOILÀ prép.

REVOIR **|** n.m.

REVOIR v. **71.**

REVOLER v. **10.** Voler de nouveau. – Dérober de nouveau.

RÉVOLTANT, E adj.

RÉVOLTE n.f.

RÉVOLTER v. **10.**

RÉVOLU, E adj. Achevé. – Qui n'existe plus.

RÉVOLUTION n.f.

RÉVOLUTIONNAIRE adj. et n.

RÉVOLUTIONNER v. **10.**

REVOLVER n.m.

RÉVOLVÉRISER v. **10.** Tuer, blesser avec un revolver.

REVOLVING **|** [ré-] adj. *Crédit revolving :* crédit dont le taux est révisable périodiquement.

RÉVOQUER v. **10.**

REVOTER v. **10.**

REVOULOIR v. **80.**

REVOYURE | n.f.

REVUE n.f.

REVUISTE n. Auteur de saynètes de music-hall.

RÉVULSANT, E adj.

RÉVULSER v. **10.** *Litt.* Bouleverser (le visage, les yeux). – *Méd.* Faire affluer le sang.

RÉVULSIF, IVE adj. et n.m.

RÉVULSION n.f. *Méd.* Afflux de sang provoqué localement pour soulager une congestion.

REWRITER [rerayteur] n. (= **rewriteur**) Personne qui réécrit un texte destiné à la publication.

REWRITER [rerayté] v. **10.** Réécrire.

REWRITEUR (f. **REWRITEUSE** ou **REWRITRICE**) [rerayt-] n. → **rewriter** n.

REWRITING [rerayting] n.m. Action de réécrire.

REXISME n.m. *Hist.* Mouvement politique belge (1935-1945).

REXISTE adj. et n.

REZ prép. *Vx.* Au niveau de, au ras de.

REZZOU [rèdzou] n.m. Groupe armé faisant une razzia.

RHABDOMANCIE n.f. Divination à l'aide de baguettes.

RHABDOMANCIEN, ENNE n.

RHABILLAGE n.m.

RHABILLEMENT n.m.

RHABILLER v. **10.**

RHABILLEUR, EUSE n. Ouvrier qui remet en état.

RHAMNACÉE n.f. Plante à fleurs, type nerprun.

RHAPSODE n.m. → **rapsode.**

RHAPSODIE n.f. → **rapsodie.**

RHAPSODIQUE adj.

RHASSOUL n.m. → **ghassoul.**

RHÉ n.m. *Anc.* Unité de fluidité.

RHÉIFORME n.m. Grand oiseau coureur, type nandou.

RHÈME n.m. *Ling.* Partie de l'énoncé qui apporte une information sur le thème.

RHÉNAN, E adj. Du Rhin.

RHÉNIUM n.m. Métal blanc voisin du manganèse.

RHÉOBASE n.f. Intensité électrique minimale capable d'exciter une fibre nerveuse.

RHÉOLOGIE n.f. Branche de la physique qui étudie la viscosité, la plasticité.

RHÉOLOGIQUE adj.

RHÉOLOGUE n.

RHÉOMÈTRE n.m. Appareil qui règle le débit des fluides.

RHÉOPHILE adj. (Animal, plante) adapté à la vie dans les torrents.

RHÉOSTAT n.m. *Électr.* Résistance variable qui permet de modifier l'intensité d'un courant.

RHÉOSTATIQUE adj.

RHÉOTAXIE n.f. *Zool.* Réaction de locomotion due à un courant d'eau.

RHÉOTROPISME n.m. *Bot.* Réaction d'orientation due à un courant d'eau.

RHÉSUS n.m. Singe, type macaque.

RHÉTAIS, E adj. → **rétais.**

RHÉTEUR n.m. *Antiq.* Personne qui enseignait l'éloquence.

RHÉTIEN, ENNE [-sy-in] n.m. et adj. *Géol.* Étage du trias supérieur.

RHÉTIQUE adj. et n.m. → **rétique.**

RHÉTO n.f. *Belg.* Classe de terminale.

RHÉTORICIEN, ENNE n. et adj. Spécialiste de rhétorique.

RHÉTORIQUE n.f. Art de l'éloquence.

RHÉTORIQUEUR n.m. *Grand rhétoriqueur :* poète de cour du XVe s.

RHEXISTASIE n.f. *Géol.* Période de grande érosion due au manque de végétation.

RHINANTHE n.m. Plante des prés.

RHINENCÉPHALE n.m. Division du système nerveux central.

RHINGRAVE n.m. *Hist.* Prince allemand de la région rhénane.

RHINGRAVIAT n.m.

RHINITE n.f. Coryza, rhume.

RHINO 1. n.m. *Fam.* Rhinocéros. 2. n.f. *Fam.* Rhinopharyngite.

RHINOCÉROS n.m.

RHINOLARYNGITE n.f. Inflammation de la muqueuse nasale et du larynx.

RHINOLOGIE n.f. Étude des affections nasales.

RHINOLOPHE n.m. Chauve-souris ayant un appendice sur le nez.

RHINOPHARYNGÉ, E adj. Relatif au rhinopharynx.

RHINOPHARYNGIEN, ENNE adj. → **rhinopharyngé.**

RHINOPHARYNGITE n.f. Rhume.

RHINOPHARYNX n.m. Partie du pharynx qui communique avec les fosses nasales.

RHINOPLASTIE n.f. Opération qui refait ou remodèle le nez.

RHINORRHÉE n.f. *Méd.* Écoulement de liquide par les narines.

RHINOSCOPE n.m. Appareil pour la rhinoscopie.

RHINOSCOPIE n.f. Examen des fosses nasales.

RHINOVIRUS n.m. Virus responsable du rhume.

RHIZOBIUM n.m. Bactérie des légumineuses qui fixe l'azote.

RHIZOCARPÉ, E adj. (Plante) dont les organes reproducteurs sont sur les racines.

RHIZOCTONE n.m. Champignon parasite de certaines plantes.

RHIZOCTONIE n.f. → **rhizoctone.**

RHIZOFLAGELLÉ n.m. Organisme unicellulaire à flagelles ou à pseudopodes.

RHIZOÏDE n.m. Filament qui fixe les algues, les lichens.

RHIZOMATEUX, EUSE adj. (Plante) qui possède des rhizomes.

RHIZOME n.m. Tige souterraine de certaines plantes.

RHIZOPHAGE adj. *Zool.* Qui mange des racines.

RHIZOPHORE n.m. Variété de palétuvier (manglier).

RHIZOPODE n.m. Organisme unicellulaire, type amibe.

RHIZOPUS n.m. Champignon cause de moisissure.

RHIZOSPHÈRE n.f. Partie du sol traversée par les racines des plantes.

RHIZOSTOME n.m. Méduse.

RHIZOTOME n.m. Instrument servant à couper les racines.

RHIZOTOMIE n.f. *Chir.* Section des racines des nerfs.

RHÔ I n.m. Lettre grecque.

RHODAMINE n.f. Matière colorante rouge.

RHODANIEN, ENNE adj. Du Rhône.

RHODÉSIEN, ENNE adj. De Rhodésie (aujourd'hui Zimbabwe).

RHODIAGE n.m.

RHODIEN, ENNE adj. De Rhodes, île de la mer Égée.

RHODIER v. **15.** Revêtir de rhodium.

RHODINOL n.m. Alcool que l'on trouve dans l'essence de rose.

RHODITE n.m. Insecte hyménoptère.

RHODIUM n.m. Métal ressemblant au platine.

RHODODENDRON n.m. Arbrisseau à grandes fleurs.

RHODOÏD n.m. (Nom déposé) Matière plastique transparente incombustible.

RHODONITE n.f. Silicate de manganèse.

RHODOPHYCÉE n.f. Algue marine rouge.

RHODOPSINE n.f. Pigment de la rétine.

RHOMBE n.m. *Vx.* Losange. – Instrument de musique qui ronfle par rotation rapide.

RHOMBENCÉPHALE n.m. Structure nerveuse de l'embryon.

RHOMBIQUE adj. En forme de losange.

RHOMBOÈDRE n.m. Parallélépipède dont les faces sont des losanges.

RHOMBOÉDRIQUE adj.

RHOMBOÏDAL, E, AUX adj. En forme de losange.

RHOMBOÏDE n.m. et adj. Muscle du dos en forme de losange.

RHÔNALPIN, E adj. De la Région Rhône-Alpes.

RHOPALOCÈRE n.m. Papillon diurne.

RHOTACISME n.m. *Méd.* Impossibilité de prononcer les *r.*

RHOVYL n.m. (Nom déposé) Fibre synthétique.

RHUBARBE n.f.

RHUM n.m.

RHUMATISANT, E adj. et n.

RHUMATISMAL, E, AUX adj.

RHUMATISME n.m.

RHUMATO n. *Fam.* Rhumatologue.

RHUMATOÏDE adj. (Douleur) analogue à celle des rhumatismes.

RHUMATOLOGIE n.f.

RHUMATOLOGIQUE adj.

RHUMATOLOGISTE n.

RHUMATOLOGUE n.

RHUMB [r-on-b] n.m. **(= rumb)** *Mar.* Trente-deuxième partie de la rose des vents d'un compas.

RHUME n.m.

RHUMER [romé] v. **10.** Additionner de rhum.

RHUMERIE [romri] n.f. Usine où l'on fabrique le rhum.

RHYNCHITE [k] n.m. *Zool.* Charançon.

RHYNCHOCÉPHALE [ko] n.m. Reptile primitif.

RHYNCHONELLE [k] n.f. Coquillage fossile.

RHYNCHOTE [k] n.m. *Anc.* Insecte, type punaise ou puceron.

RHYOLITE n.f. **(= rhyolithe)** Roche volcanique.

RHYOLITHE n.f. → **rhyolite.**

RHYTIDOME n.m. Partie morte de l'écorce des arbres.

RHYTINE n.f. Grand mammifère sirénien disparu.

RHYTON n.m. *Antiq.* Coupe en forme de corne ou de tête d'animal.

RIA n.f. Vallée fluviale envahie par la mer.

RIAD [r(i)yad] n.m. **(= ryad)** Maison marocaine traditionnelle.

RIAL, S n.m. Unité monétaire de l'Iran.

RIANT, E adj.

RIBAMBELLE n.f.

RIBAT [-t] n.m. Couvent fortifié au Maghreb.

RIBAUD, E adj. et n. *Médiév.* Débauché.

RIBAUDEQUIN n.m. *Anc.* Engin équipé de plusieurs petits canons.

RIBÉSIACÉE n.f. → **ribésiée.**

RIBÉSIÉE n.f. *Vx.* Plante, type groseillier.

RIBLAGE n.m.

RIBLER v. **10.** Aiguiser, polir.

RIBLON n.m. Déchet métallique.

RIBOFLAVINE n.f. Vitamine B2.

RIBONUCLÉASE n.f. Enzyme pancréatique.

RIBONUCLÉIQUE adj. (Acide) contenant du ribose.

RIBORD n.m. Sur les navires en bois, partie du bordage.

RIBOSE n.m. *Chim.* Sucre.

RIBOSOMAL, E, AUX adj.

RIBOSOME n.m. Constituant de la cellule qui assure la synthèse des protéines.

RIBOSOMIQUE adj.

RIBOT adj.m. (Lait) fermenté artificiellement.

RIBOTE n.f. Ripaille.

RIBOUIS n.m. *Vx., Fam.* Soulier usagé.

RIBOULANT, E adj.

RIBOULDINGUE n.f. Partie de plaisir.

RIBOULER v. **(p.p.inv.) 10.** *Fam., Vx. Ribouler des yeux :* rouler les yeux d'un air stupéfait.

RIBOVIRUS n.m. Virus à ARN.

RIBOZYME n.m. Fragment d'acide ribonucléique.

RICAIN, E adj. et n. *Fam.* Américain.

RICANANT, E adj.

RICANEMENT n.m.

RICANER v. **(p.p.inv.) 10.**

RICANEUR, EUSE adj. et n.

RICARD n.m. (Nom déposé) Apéritif anisé.

RICCIE [riksi] n.f. *Bot.* Plante qui croît dans les endroits humides.

RICERCARE [ritchèrkaré] (pl. **RICERCARI** ou **RICERCARES**) n.m. Pièce musicale libre composée de variations.

RICERCARI | → **ricercare.**

RICHARD, E n.

RICHE adj. et n.

RICHELIEU (pl. **RICHELIEUS** ou **RICHELIEUX**) n.m. Chaussure basse.

RICHEMENT adv.

RICHERISME n.m. *Rel.* Tendance dure du gallicanisme (XVIe et XVIIe s.).

RICHESSE n.f.

RICHI n.m. **(= rishi)** Homme saint, dans la tradition hindoue.

RICHISSIME adj.

RICIN n.m. Plante à feuilles palmées.

RICINÉ, E adj. Imprégné d'huile de ricin.

RICKETTSIE n.f. Bactérie parasite.

RICKETTSIOSE n.f.

RICKSHAW [rikchô] n.m. En Asie, petit véhicule de transport tiré par un cycliste.

RICOCHER v. **(p.p.inv.) 10.**

RICOCHET n.m.

RICOTTA n.f. Fromage italien.

RICTUS n.m.

RIDAGE n.m. *Mar.* Action de tendre, de raidir.

RIDE n.f.

RIDÉ, E 1. adj. 2. n.f. Filet à alouettes.

RIDEAU, X n.m.

RIDELLE n.f. Châssis à claire-voie qui se fixe de chaque côté d'un camion.

RIDEMENT n.m. Action de rider.

RIDER v. **10.**

RIDICULE adj. et n.m.

RIDICULEMENT adv.

RIDICULISATION n.f.

RIDICULISER v. **10.**

RIDOIR n.m. *Mar.* Appareil qui permet le ridage d'un cordage.

RIDULE n.f. Petite ride.

RIEL [ryèl] n.m. Unité monétaire principale du Cambodge.

RIEMANNIEN, ENNE [ri-] adj. Propre à Riemann, mathématicien allemand du XIXe s.

RIEN n.m., pr.indéf. et adv.

RIESLING [risling] n.m. Cépage blanc d'Alsace, d'Allemagne.

RIEUR, EUSE adj. et n.

RIF n.m. **(= riffe, riffle)** *Arg.* Combat.

RIFAIN, E adj. Du Rif, montagnes du Maroc.

RIFAMPICINE n.f. Antibiotique antituberculeux.

RIFF n.m. Motif musical répété, dans un morceau de jazz.

RIFFE n.m. → **rif.**

RIFFLE n.m. → **rif.**

RIFIFI n.m. *Arg.* Bagarre.

RIFLARD n.m. Rabot, lime. – *Fam.* Parapluie.

RIFLE n.m. Carabine à canon rayé.

RIFLER v. **10.** Raboter, limer.

RIFLETTE n.f. → **rif.**

RIFLOIR n.m. Lime.

RIFT n.m. Fracture de l'écorce terrestre.

RIGATONI n.m. Grosse pâte alimentaire tubulaire.

RIGAUDON n.m. **(= rigodon)** *Anc.* Danse vive et gaie.

RIGIDE adj.

RIGIDEMENT adv.

RIGIDIFIER v. **15.**

RIGIDITÉ n.f.

RIGODON n.m. → **rigaudon.**

RIGOIS, E adj. De Riga (Lettonie).

RIGOLADE n.f.

RIGOLAGE n.m. Creusement de rigoles d'irrigation.

RIGOLARD, E adj. et n.

RIGOLE n.f.

RIGOLER v. **(p.p.inv.) 10.**

RIGOLEUR, EUSE adj. et n.

RIGOLLOT n.m. (Nom déposé) Cataplasme à la farine de moutarde.

RIGOLO, RIGOLOTE adj. et n.

RIGOLOTE → **rigolo.**

RIGORISME n.m.

RIGORISTE adj. et n.

RIGOTTE n.f. Fromage de chèvre et de vache.

RIGOUREUSEMENT adv.

RIGOUREUX, EUSE adj.

RIGUEUR n.f.

RIKIKI adj. **(= riquiqui)** Petit, étriqué.

RIKIO n.m. *Afr.* Arbre dont le bois est imputrescible.

RILLETTES n.f.pl.

RILLONS n.m.pl. Résidus frits de graisse de porc ou d'oie.

RILSAN n.m. (Nom déposé) Fibre synthétique.

RIMAILLER v. **10.** Écrire en mauvais vers.

RIMAILLEUR, EUSE n.

RIMAYE [-ay] ou [-è] n.f. Crevasse entre un glacier et la paroi rocheuse.

RIMBALDIEN, ENNE adj. De Rimbaud.

RIME n.f.

RIMER v. **10.** Mettre en vers.

RIMEUR, EUSE n.

RIMMEL n.m. (Nom déposé) Fard pour les cils.

RIMOUSKOIS, E adj. De Rimouski (Québec).

RINÇAGE n.m.

RINCEAU, X n.m. *Arch.* Ornement constitué de tiges qui s'enroulent.

RINCÉE n.f. Pluie torrentielle.

RINCER v. **13.**

RINCETTE n.f. Eau-de-vie bue dans une tasse, après le café.

RINCEUR, EUSE 1. adj. Qui rince. 2. n.f. Rince-bouteille.

RINÇURE n.f. Eau ayant servi à rincer.

RINFORZANDO [rinfors-an-dô] adv. *Mus.* En renforçant, en passant du piano au forte.

RING n.m. Estrade pour combat de boxe. – *Belg.* Boulevard périphérique.

RINGARD, E 1. adj. et n. Dépassé, médiocre. 2. n.m. Grand tisonnier.

RINGARDAGE n.m.

RINGARDER v. **10.** Remuer (du combustible).

RINGARDISATION n.f.

RINGARDISE n.f.

RINGARDISER v. **10.**

RINGGIT [ringit] n.m. Unité monétaire principale de la Malaisie.

RINGUETTE n.f. *Québ.* Hockey sur glace féminin.

RIO n.m. Cours d'eau.

RIOJA [ryôhra] n.m. Vin rouge d'Espagne.

RIOTER v. **(p.p.inv.) 10.** *Vx.* Rire doucement.

RIOULE n.f. *Helv., Fam.* Fête, noce.

RIPAGE n.m.

RIPAILLE n.f.

RIPAILLER v. **(p.p.inv.) 10.**

RIPAILLEUR, EUSE n.

RIPATON n.m. *Fam.* Pied.

RIPE n.f. Outil en forme de S pour tailler la pierre.

RIPEMENT n.m.

RIPER v. **10.** Gratter avec une ripe. – Glisser.

RIPEUR n.m. Éboueur.

RIPICOLE adj. Qui vit au bord des cours d'eau.

RIPIENO [pyé] n.m. *Mus.* Jeu de l'ensemble de l'orchestre, dans certains concertos.

RIPISYLVE n.f. et adj. Végétation arborée qui borde un cours d'eau.

RIPOLIN n.m. (Nom déposé) Peinture laquée.

RIPOLINER v. **10.**

RIPOSTE n.f.

RIPOSTER v. **10.** Répondre (quelque chose) avec véhémence.

RIPOU (pl. **RIPOUS** ou **RIPOUX**) n.m. et adj. *Fam.* Policier corrompu.

RIPPER [-eur] n.m. **(= rippeur)** Engin de travaux publics qui défonce les terrains durs.

RIPPEUR n.m. → **ripper.**

RIPUAIRE adj. *Hist.* Qualifie certains peuples des bords du Rhin.

RIQUIQUI adj. → **rikiki.**

RIRE v. **(p.p.inv.) 129.**

RIRE n.m.

RIS [ri] n.m.

RISBAN n.m. *Anc.* Terrain fortifié défendant l'entrée d'un port.

RISBERME n.f. Talus qui protège un ouvrage hydraulique.

RISÉE n.f.

RISER [rizèr] ou [rayzeur] n.m. Canalisation d'une plateforme de forage.

RISETTE n.f.

RISHI n.m. → **richi.**

RISIBLE adj.

RISIBLEMENT adv.

RISORIUS n.m. et adj. Petit muscle des commissures des lèvres.

RISOTTO n.m. Riz à la tomate et au parmesan.

RISQUE n.m.

RISQUER v. **10.**

RISS n.m. *Géol.* Troisième grande glaciation alpine du quaternaire.

RISSOLE n.f. Beignet de pâte feuilletée farci. – Filet à petites mailles.

RISSOLER v. **10.**

RISTOURNE n.f.

RISTOURNER v. **10.**

RISTRETTE n.m. **(= ristretto)** *Helv.* Petite tasse de café très fort.

RISTRETTO n.m. → **ristrette.**

RIT [rit] n.m. *Vx., Rel.* → **rite.**

RITAL, E, ALS n. *Fam., Péj.* Italien.

RITARDANDO adv. *Mus.* En retardant le mouvement.

RITE n.m. **(= rit).**

RITOURNELLE n.f. Phrase musicale répétée avant chaque couplet.

RITUALISATION n.f.

RITUALISER v. **10.** Codifier par des rites.

RITUALISME n.m. *Rel.* Tendance à donner de l'importance aux rites.

RITUALISTE adj. et n.

RITUEL, ELLE adj. et n.m.

RITUELLEMENT adv.

RIVAGE n.m.

RIVAL, E, AUX adj. et n.

RIVALISER v. **(p.p.inv.) 10.**

RIVALITÉ n.f.

RIVE n.f.

RIVELAINE n.f. Pic de mineur.

RIVER v. **10.** Assembler au moyen de rivets.

RIVERAIN, E adj. et n.

RIVERAINETÉ n.f. Droit des riverains.

RIVESALTES n.m. Vin blanc du Roussillon.

RIVET n.m.

RIVETAGE n.m.

RIVETER v. **20** (je rivette...) → **river.**

RIVETEUSE n.f. Machine pour poser des rivets.

RIVEUR, EUSE n.

RIVIÈRE n.f.

RIVOIR n.m. Machine à river.

RIVULAIRE n.f. Algue bleue.

RIVURE n.f. Action de river.

RIXDALE n.f. Ancienne monnaie d'Europe centrale et du Nord.

RIXE n.f. Querelle violente.

RIYADIEN, ENNE adj. De Riyad (Arabie saoudite).

RIYAL, S n.m. **(= ryal)** Unité monétaire de l'Arabie saoudite.

RIZ n.m.

RIZERIE n.f. Usine où l'on traite le riz.

RIZETTE n.f. *Helv.* Brosse à poils durs.

RIZICOLE adj. Relatif à la culture du riz.

RIZICULTEUR, TRICE n.

RIZICULTURE n.f.

RIZIÈRE n.f.

ROADIE [rôdi] n. Technicien itinérant qui accompagne un artiste en tournée.

ROADSTER [rôdstèr] n.m. *Vx.* Automobile décapotable.

ROANNAIS, E adj. De Roanne.

ROB n.m. 1. Extrait de suc de fruit. 2. **(= robre)** Partie de bridge.

ROBAGE n.m. Action de rober.

ROBE n.f.

ROBELAGE n.m. → **robage.**

ROBER v. **10.** Entourer (les cigares) d'une feuille de tabac.

ROBERT n.m. *Fam.* Sein de femme.

ROBERVAL, S n.f. Balance à deux fléaux.

ROBEUSE n.f. Ouvrière, machine qui robe.

ROBIN n.m. *Litt.* Magistrat.

ROBINE n.f. *Québ.* Alcool dénaturé.

ROBINET n.m.

ROBINETIER, ÈRE n.

ROBINETTERIE n.f.

ROBINEUX, EUSE n. *Québ.* Clochard qui boit de la robine.

ROBINIER n.m. Arbre à fleurs en grappes, voisin de l'acacia.

ROBINSON n.m. Personne qui vit dans la nature, en solitaire.

ROBINSONNADE n.f. Récit d'aventures.

ROBORATIF, IVE adj. Fortifiant.

ROBOT n.m.

ROBOTICIEN, ENNE n.

ROBOTIQUE adj. et n.f.

ROBOTISATION n.f.

ROBOTISER v. **10.** Transformer en robot. – Équiper en robots.

ROBRE n.m. → **rob** 2.

ROBURITE n.f. Explosif.

ROBUSTA n.m. Variété de café.

ROBUSTE adj.

ROBUSTEMENT adv.

ROBUSTESSE n.f.

ROC n.m.

ROCADE n.f. Route qui relie deux routes principales. – *Mil.* Voie de communication parallèle au front.

ROCAILLAGE n.m. Revêtement en rocaille.

ROCAILLE n.f. et adj. Terrain caillouteux. – Revêtement de pierres et de coquillages cimentés.

ROCAILLEUR n.m. Cimentier qui fait de la rocaille.

ROCAILLEUX, EUSE adj. Plein de cailloux. – Heurté, rauque.

ROCAMADOUR n.m. Petit fromage rond et plat.

ROCAMBOLE n.f. Variété d'ail ou d'oignon.

ROCAMBOLESQUE adj. Extravagant.

ROCCELLA [ks] n.f. **(= rocelle)** Lichen poussant sur les pierres.

ROCELLE n.f. → **roccella.**

ROCHAGE n.m. Dégagement des gaz dissous dans du métal en fusion.

ROCHASSIER, ÈRE n. Alpiniste qui escalade les rochers.

ROCHE n.f.

ROCHELAIS, E adj. De La Rochelle.

ROCHER n.m.

ROCHER v. **10.** Saupoudrer de borax (deux pièces métalliques à souder). – Mousser, en parlant de la bière qui fermente.

ROCHET n.m. Surplis porté par les prélats. – *Text.* Bobine.

ROCHEUX, EUSE adj.

ROCHIER n.m. Poisson vivant près des rochers.

ROCK adj. et n.m.

ROCKABILLY [-li] n.m. Première forme du rock.

ROCKER [-eur] n.m. **(= rockeur).**

ROCKET [-èt] n.f. **(= roquette)** Projectile autopropulsé.

ROCKEUR, EUSE n. → **rocker.**

ROCKSTAR n.f. Star du rock.

ROCOCO adj. et n.m. (Style, objet) tarabiscoté. – Vieillot.

ROCOU n.m. Colorant rouge orangé.

ROCOUER v. **10.** Teindre avec du rocou.

ROCOUYER n.m. Arbuste tropical dont les graines fournissent le rocou.

RODAGE n.m.

RÔDAILLER v. **(p.p.inv.) 10.** Rôder, traîner.

RODÉO n.m. Fête du marquage du bétail.

RODER v. **10.**

RÔDER v. **(p.p.inv.** mais **roder** v.) **10.**

RÔDEUR, EUSE n.

RODOIR n.m. Outil pour polir.

RODOMONT n.m. Fanfaron.

RODOMONTADE n.f.

RODRIGUAIS, E adj. De Rodrigues (océan Indien).

ROENTGEN [reuntgèn] n.m. **(= röntgen)** Unité de radiation.

ROENTGENIUM [reuntgényom] n.m. Élément chimique artificiel.

RŒSTI ou **RŒSTIS** [röchti] n.m.pl. **(= rösti, röstis)** *Helv.* Pommes de terre rissolées.

ROGATIONS n.f.pl. Prières publiques pour les récoltes et les travaux des champs.

ROGATOIRE adj. *Dr.* Relatif à une demande.

ROGATOIREMENT adv. Par voie rogatoire.

ROGATON n.m. Reste d'un repas, rebut.

ROGNAGE n.m.

ROGNE n.f.

ROGNER v. **10.**

ROGNEUR, EUSE n. Ouvrier qui rogne le papier.

ROGNEUX, EUSE adj. *Helv., Fam.* Coléreux.

ROGNOIR n.m. Outil pour rogner le papier.

ROGNON n.m.

ROGNONNADE n.f. Longe de veau cuite avec le rognon dans sa graisse.

ROGNONNER v. **(p.p.inv.) 10.** *Fam.* Bougonner.

ROGNURE n.f. Résidu du rognage.

ROGOMME n.m. *Vx.* Eau-de-vie.

ROGUE 1. adj. Arrogant. 2. n.f. Œufs de poissons employés comme appât.

ROGUÉ, E adj. (Poisson femelle) qui porte des œufs.

ROHART n.m. Ivoire de morse.

ROI n.m.

ROIDE adj. *Vx.* Raide.

ROIDEUR n.f. *Vx.* Raideur.

ROIDIR v. **40.** *Vx.* Raidir.

ROILLER [royé] v. **10.** *Helv.* Battre, frapper. – Pleuvoir.

ROITELET n.m. Petit passereau.

RÔLAGE n.m. Conditionnement du tabac à chiquer.

ROLANDIQUE adj. *Méd.* Relatif à une région du cerveau.

RÔLE n.m.

RÔLISTE n. Amateur de jeux de rôle.

ROLLE n.m. Rollier.

ROLLER [-eur] n.m. Chaussure à roulettes.

ROLLEUR, EUSE n. Adepte du roller.

ROLLIER n.m. Oiseau voisin du geai.

ROLLMOPS [-mops] n.m. Filet de hareng enroulé autour d'un cornichon et mariné au vin blanc.

ROLLOT n.m. Fromage picard.

ROLLS n.f. Le summum du luxe, pour un type de produit.

ROM adj. Qui appartient au peuple tsigane.

ROM n.f. (inv. mais **rom** adj.) *Inf.* Mémoire morte.

ROMAGNOL, E adj. De la Romagne (Italie).

ROMAIN, E adj. et n.f.

ROMAÏQUE n.m. et adj. **(= roméique)** Grec moderne parlé.

ROMAN, E adj. et n.m.

ROMANCE 1. n.m. Poème espagnol. 2. n.f.

ROMANCER v. **13.**

ROMANCERO [rom-an-sérô] n.m. *Hist.* Ensemble de poèmes épiques espagnols.

ROMANCHE n.m. et adj. Langue romane parlée en Suisse.

ROMANCIER, ÈRE n.

ROMAND, E adj. (Partie de la Suisse) où l'on parle français.

ROMANÉE n.m. Vin de Bourgogne.

ROMANESCO n.m. Variété de chou-fleur.

ROMANESQUE adj. et n.m.

ROMANI n.m. Langue du peuple tsigane.

ROMANICHEL, ELLE n. *Péj.* Tsigane.

ROMANISANT, E adj. (Culte chrétien) se rapprochant du rite romain.

ROMANISATION n.f.

ROMANISER v. **10.** Forcer à adopter la civilisation romaine ou la langue latine.

ROMANISME n.m. Doctrine de l'Église romaine.

ROMANISTE n.

ROMANITÉ n.f. Civilisation romaine.

ROMANO n. → **romanichel.**

ROMANTICISME n.m. Terme employé par Stendhal pour désigner le romantisme.

ROMANTIQUE adj. et n.

ROMANTISER v. **10.** Rendre romantique.

ROMANTISME n.m.

ROMARIN n.m. Arbrisseau aromatique.

ROMAZAVA n.m. Plat national malgache.

ROMBIÈRE n.f. Femme d'âge mûr, un peu prétentieuse.

ROMÉIQUE n.m. et adj. → **romaïque.**

ROMPRE v. **120.**

ROMPU, E adj.

ROMSTEAK n.m. **(= romsteck, rumsteak, rumsteck)** Viande de bœuf provenant de la croupe.

ROMSTECK n.m. → **romsteak.**

RONCE n.f.

RONCERAIE n.f. Terrain envahi par les ronces.

RONCEUX, EUSE adj. (Bois) ayant des veines arrondies.

RONCHON, ONNE adj. et n.

RONCHONNEAU, X n.m. *Vx.* Officier bougon.

RONCHONNEMENT n.m.

RONCHONNER v. **(p.p.inv.) 10.**

RONCHONNEUR, EUSE adj. et n.

RONCHONNOT n.m. → **ronchonneau.**

RONCHOPATHIE [k] n.f. Ronflement pathologique.

RONCIER, ÈRE n. Buisson de ronces.

ROND, RONDE adj., n.m., n.f. et adv.

RONDACHE n.f. Bouclier rond.

RONDADE n.f. *Sp.* Prise d'élan en acrobatie au sol.

RONDEAU, X n.m. Poème sur deux rimes.

RONDEL n.m. *Vx.* Poème sur deux rimes.

RONDELET, ETTE adj.

RONDELLE n.f.

RONDEMENT adv.

RONDEUR n.f.

RONDIER n.m. **(= rônier)** Sorte de palmier.

RONDIN n.m.

RONDIR v. **40.** Tailler (des ardoises).

RONDO n.m. *Mus.* Pièce alternant refrain et couplets.

RONDOUILLARD, E adj.

RONÉO n.f. (Nom déposé) Machine qui reproduit à l'aide de stencils.

RONÉOTER v. **10.**

RONÉOTYPER v. **10.**

RÔNERAIE n.f. *Afr.* Plantation de rondiers.

RONFLANT, E adj.

RONFLEMENT n.m.

RONFLER v. **(p.p.inv.) 10.**

RONFLETTE n.f. *Fam.* Petit somme.

RONFLEUR, EUSE n.

RONGEANT, E adj.

RONGEMENT n.m.

RONGER v. **17.**

RONGEUR, EUSE adj. et n.m.

RÔNIER n.m. → **rondier.**

RÔNIN n.m. Samouraï en quête d'aventures.

RONRON n.m.

RONRONNEMENT n.m.

RONRONNER v. **(p.p.inv.) 10.**

RONSARDISER v. **(p.p.inv.) 10.** Écrire à la manière de Ronsard.

RÖNTGEN [reuntgèn] n.m. → **roentgen.**

RÖNTGENTHÉRAPIE [reuntgèn-] n.f. Traitement par les rayons X.

ROOF n.m. **(= rouf)** Superstructure formant le dessus de la cabine d'un bateau.

ROOFING n.m. *Belg.* Revêtement imperméable pour toits et terrasses.

ROOIBOS [roïbos] n.m. Arbuste d'Afrique du Sud dont les feuilles sont consommées en infusion.

ROOKERIE [roukri] n.f. **(= rookery, roquerie)** *Zool.* Rassemblement de manchots.

ROOKERY (pl. **ROOKERIES** ou **ROOKERYS**) [roukri] n.f. → **rookerie.**

ROOTER [routeur] n.m. Engin de travaux publics qui défonce les terrains durs.

ROQUE n.m. Aux échecs, coup qui déplace en même temps le roi et la tour.

ROQUEFORT n.m. Fromage au lait de brebis.

ROQUELAURE n.f. *Anc.* Manteau d'homme.

ROQUENTIN n.m. *Vx.* Vieillard jouant au jeune homme.

ROQUER v. **(p.p.inv.) 10.** Aux échecs, exécuter un roque.

ROQUERIE n.f. → **rookerie.**

ROQUET n.m.

ROQUETIN n.m. *Text.* Petite bobine.

ROQUETTE n.f. 1. **(= rouquette)** Plante que l'on mange en salade. 2. → **rocket.**

ROQUILLE n.f. *Québ.* Mesure de capacité.

RORQUAL, S [kw] n.m. Mammifère marin, voisin de la baleine.

RORSCHACH [rorcha] ou [rorchahr] n.m. *Psych.* Test de personnalité.

ROS [rô] n.m. *Text.* Peigne.

ROSACE n.f.

ROSACÉ, E 1. adj. De couleur rose. 2. n.f. Plante, type rosier.

ROSAGE n.m. Plante à fleurs roses. – Teinture artisanale du coton.

ROSAIRE n.m. Grand chapelet.

ROSALBIN n.m. Petit cacatoès d'Australie.

ROSALE n.f. Plante, type rosacée.

ROSALIE n.f. Coléoptère bleu.

ROSANILINE n.f. Alcaloïde dont les dérivés sont des colorants.

ROSAT | adj. *Pharm.* (Préparation) contenant de l'essence ou des pétales de roses.

ROSÂTRE adj.

ROSBIF n.m.

ROSE adj., n.m. et n.f.

ROSÉ, E adj., n.m. et n.f.

ROSEAU, X n.m.

ROSELET n.m. Hermine ayant son pelage d'été roux.

ROSELIER, ÈRE 1. adj. Qui produit des roseaux. 2. n.f. Lieu couvert de roseaux.

ROSELIN n.m. Petit passereau au plumage brun orné de rose.

ROSÉOLE n.f. *Méd.* Éruption de taches rouges.

ROSER v. **10.** Colorer de rose.

ROSERAIE n.f. Terrain planté de rosiers.

ROSETTE n.f.

ROSEUR n.f. Couleur rose.

ROSEVAL, S n.f. Variété de pomme de terre.

ROSICRUCIEN, ENNE adj. Relatif à la Rose-Croix, fraternité mystique.

ROSIER n.m.

ROSIÈRE n.f. *Anc.* Jeune fille vertueuse que l'on récompense.

ROSIÉRISTE n. Horticulteur qui cultive des rosiers.

ROSIFÈRE adj. Qui apporte la rosée.

ROSIR v. **40.**

ROSISSEMENT n.m.

ROSSARD, E adj. et n. Malveillant.

ROSSE adj. et n.f.

ROSSÉE n.f. *Fam.* Volée de coups.

ROSSER v. **10.**

ROSSERIE n.f.

ROSSIGNOL n.m.

ROSSINANTE n.f. *Litt.* Cheval maigre.

ROSSOLIS [-li] n.m. Plante carnivore.

RÖSTI ou **RÖSTIS** [röchti] n.m.pl. → **rœsti.**

ROSTRAL, E, AUX adj. (Colonne) ornée d'éperons de navires et rappelant une victoire navale.

ROSTRE n.m. *Antiq.* Éperon de navire. – Pièce buccale d'un insecte.

ROT n.m.

RÔT n.m. *Anc.* Rôti.

ROTACÉ, E adj. *Bot.* En forme de roue.

ROTACTEUR n.m. Commutateur rotatif.

ROTANG [rot-an-g] n.m. Palmier qui fournit le rotin.

ROTANGLE n.m. **(= rotengle)** Poisson aux yeux et aux nageoires rouges.

ROTARIEN, ENNE n. et adj. Membre du Rotary (club international).

ROTARY n.m. Appareil de forage par rotation.

ROTATEUR, TRICE adj. et n.m. (Muscle) qui permet aux os de tourner sur leur axe.

ROTATIF, IVE 1. adj. Qui agit en tournant. 2. n.f. Presse à imprimer.

ROTATION n.f.

ROTATIONNEL, ELLE adj.

ROTATIVISTE n. *Impr.* Ouvrier qui conduit une rotative.

ROTATOIRE adj. Relatif à une rotation.

ROTAVIRUS n.m. Virus à ARN.

ROTE n.f. Tribunal du Saint-Siège.

ROTENGLE n.m. → **rotangle.**

ROTÉNONE n.f. Insecticide végétal.

ROTER v. **(p.p.inv.) 10.**

ROTEUR, EUSE n.

RÔTI, E adj., n.m. et n.f.

ROTIFÈRE n.m. Petit ver d'eau douce dont la bouche est entourée d'une couronne de cils.

ROTIN n.m.

RÔTIR v. **40.**

RÔTISSAGE n.m.

RÔTISSERIE n.f.

RÔTISSEUR, EUSE n.

RÔTISSOIRE n.f.

ROTOGRAVURE n.f. Procédé d'héliogravure.

ROTONDE n.f. Bâtiment circulaire à colonnes et à dôme.

ROTONDITÉ n.f. Sphéricité.

ROTOPLOT n.m. *Fam.* Sein de femme.

ROTOR n.m. *Électr.* Partie tournante d'une machine.

ROTOTO n.m. *Fam.* Rot de bébé.

ROTRING n.m. (Nom déposé) Stylo à pointe tubulaire.

ROTROUENGE n.f. **(= rotruenge)** *Médiév.* Poème à une seule rime.

ROTRUENGE n.f. → **rotrouenge.**

ROTTWEILER [rotvayleur] n.m. Chien de garde allemand.

ROTTWEILLER [rotvayleur] n.m. → **rottweiler.**

ROTULE n.f.

ROTULIEN, ENNE adj. Relatif à la rotule.

ROTURE n.f. Condition de celui qui n'est pas noble.

ROTURIER, ÈRE adj. et n.

ROUABLE n.m. Perche à crochet utilisée par les boulangers. – Râteau.

ROUAGE n.m.

ROUAN, ANNE 1. adj. et n.m. (Cheval) aux poils rouges, blancs et noirs. 2. n.f. Outil pour dégrossir le bois.

ROUANNETTE n.f. Petite rouanne.

ROUBAISIEN, ENNE adj. De Roubaix.

ROUBIGNOLE n.f. *Fam.* Testicule.

ROUBINE n.f. Terrain argileux raviné par le ruissellement.

ROUBLARD, E adj. et n. Rusé.

ROUBLARDISE n.f.

ROUBLE n.m. Unité monétaire de la Russie.

ROUBLER v. **10.** *Afr.* Tromper, escroquer.

ROUCHI n.m. Patois picard.

ROUCOULADE n.f.

ROUCOULANT, E adj.

ROUCOULEMENT n.m.

ROUCOULER v. **10.** Dire ou chanter langoureusement.

ROUCOULIS n.m. Roucoulade.

ROUDOUDOU n.m. Caramel coulé dans une petite boîte en bois.

ROUE n.f.

ROUÉ, E adj. et n.

ROUELLE n.f. Tranche épaisse de cuisseau de veau.

ROUENNAIS, E [rwa-] adj. De Rouen.

ROUENNERIE [rwa-] n.f. Toile de coton de couleur.

ROUENNIER, ÈRE [rwa-] n. Fabricant de rouennerie.

ROUER v. **10.**

ROUERGAT, E adj. Du Rouergue.

ROUERIE [rouri] n.f. Ruse.

ROUET n.m. *Text.* Machine à filer.

ROUETTE n.f. Branche fine servant de lien.

ROUF n.m. → **roof.**

ROUFLAQUETTE n.f. Patte de cheveux descendant sur la joue.

ROUGAIL n.m. **(= rougaille)** Préparation servant d'accompagnement (cuisine créole).

ROUGAILLE n.f. → **rougail.**

ROUGE adj., n. et adv.

ROUGEÂTRE adj.

ROUGEAUD, E adj. et n.

ROUGEOIEMENT n.m.

ROUGEOLE n.f.

ROUGEOLEUX, EUSE adj. et n.

ROUGEOT n.m. Maladie de la vigne.

ROUGEOYANT, E adj.

ROUGEOYER v. **(p.p.inv.) 27.**

ROUGET, ETTE 1. adj. Un peu rouge. 2. n.m. Poisson.

ROUGEUR n.f.

ROUGH [reuf] n.m. Bordure non entretenue d'un golf. – Esquisse.

ROUGIR v. **40.**

ROUGISSANT, E adj.

ROUGISSEMENT n.m.

ROUILLE adj. et n.f.

ROUILLER v. **10.**

ROUILLEUSE n.f. *Min.* Machine faisant des rouillures.

ROUILLURE n.f. Effet de la rouille. – *Min.* Coupure.

ROUIR v. **40.** Traiter (du lin, du chanvre) pour en isoler les fibres.

ROUISSAGE n.m.

ROUISSOIR n.m. Lieu où l'on rouit.

ROULADE n.f. Tranche de viande roulée et garnie. – Succession de notes chantées sur une seule syllabe.

ROULAGE n.m.

ROULANT, E adj., n.m. et n.f.

ROULÉ, E adj. et n.m.

ROULEAU, X n.m.

ROULEAUTÉ, E adj. **(= roulotté)** (Petit ourlet) à bords finement roulés.

ROULEMENT n.m.

ROULER v. **10.**

ROULETTE n.f.

ROULEUR, EUSE adj. et n.m.

ROULIER n.m. *Anc.* Voiturier. – Navire chargé et déchargé par engin roulant.

ROULIS n.m.

ROULISSE n.f. *Min.* Base élargie du revêtement d'un puits.

ROULOIR n.m. Outil pour rouler les bougies.

ROULOTTAGE n.m. Vol d'objets dans les voitures en stationnement.

ROULOTTE n.f.

ROULOTTÉ, E adj. → **rouleauté.**

ROULOTTER v. **10.** Ourler (un tissu) en roulant finement son bord.

ROULOTTIER, ÈRE n. Voleur qui pratique le roulottage.

ROULURE n.f. *Fam.* Femme facile.

ROUMAIN, E adj. et n.m.

ROUMANOPHONE adj. et n.

ROUMÉGUER v. **(p.p.inv.) 12.** *Fam.* Dans le Midi, râler.

ROUMI, E n. Chrétien, pour les musulmans.

ROUND [r(a)ound] n.m.

ROUPETTE n.f. *Fam.* Testicule.

ROUPIE n.f. *Vx.* Goutte au nez. – Unité monétaire de plusieurs pays d'Asie.

ROUPILLER v. **(p.p.inv.) 10.**

ROUPILLEUR, EUSE n.

ROUPILLON n.m.

ROUQUETTE n.f. → **roquette** 1.

ROUQUIN, E adj. et n.

ROUSCAILLER v. **(p.p.inv.) 10.** *Fam.* Rouspéter.

ROUSPÉTANCE n.f.

ROUSPÉTER v. **(p.p.inv.) 12.**

ROUSPÉTEUR, EUSE adj. et n.

ROUSQUILLE n.f. Biscuit en forme de couronne, spécialité catalane.

ROUSSANE n.f. Cépage blanc du Sud-Est.

ROUSSÂTRE adj.

ROUSSE → **roux.**

ROUSSEAU, X n.m. Daurade rose.

ROUSSEAUISTE adj. De Jean-Jacques Rousseau.

ROUSSELÉ, E adj. et n.

ROUSSELER v. **22** (je rousselle...) *Québ.* Se couvrir de taches de rousseur.

ROUSSELET n.m. Variété de poire rougeâtre.

ROUSSEROLE n.f. → **rousserolle.**

ROUSSEROLLE n.f. Passereau voisin de la fauvette.

ROUSSETTE n.f. Petit squale comestible. – Chauve-souris.

ROUSSEUR n.f.

ROUSSI n.m.

ROUSSILLONNAIS, E adj. Du Roussillon.

ROUSSIN n.m. Grand cheval de guerre. – *Arg.* Policier.

ROUSSIR v. **40.**

ROUSSISSEMENT n.m.

ROUSSISSURE n.f.

ROUSTE n.f. *Fam.* Raclée.

ROUSTIR v. **40.** *Fam.* Voler (quelqu'un).

ROUSTON n.m. *Fam.* Testicule.

ROUTAGE n.m.

ROUTARD, E n.

ROUTE n.f.

ROUTER v. **10.** Répartir (le courrier) selon la destination.

ROUTEUR, EUSE n.

ROUTIER, ÈRE adj. et n.

ROUTINE n.f.

ROUTINÉ, E adj. *Belg.* Routinier.

ROUTINIER, ÈRE adj. et n.

ROUVERAIN adj.m. **(= rouverin)** (Fer) impur.

ROUVERIN adj.m. → **rouverain.**

ROUVIEUX n.m. *Vét.* Gale du cheval, du chien.

ROUVRAIE n.f. Lieu planté de rouvres.

ROUVRE n.m. Variété de chêne.

ROUVRIR v. **46.** → **réouvrir.**

ROUX, ROUSSE adj. et n.

ROUYNORANDIEN, ENNE [rw-in-nor-] adj. De Rouyn-Noranda (Québec).

ROWING [rowing] n.m. Sport de l'aviron.

ROYAL, E, AUX adj. et n.f.

ROYALEMENT adv.

ROYALISME n.m.

ROYALISTE adj. et n.

ROYALTIES [-ti(z)] n.f.pl. Ce qui est dû au propriétaire d'un brevet, d'un gisement de pétrole.

ROYAUME n.m.

ROYAUMER (SE) v. **10.** *Helv.* Se prélasser.

ROYAUTÉ n.f.

RU n.m. *Litt.* Ruisseau.

RUADE n.f.

RUANDAIS, E adj. → **rwandais.**

RUBAN n.m.

RUBANÉ, E adj. En forme de ruban, fait de rubans.

RUBANER v. **10.** Orner de rubans.

RUBANERIE n.f. Industrie, commerce de rubans.

RUBANEUR, EUSE adj. Qui met en rubans les matières textiles.

RUBANIER, ÈRE adj. Relatif à la fabrication des rubans.

RUBATO [rou-] adj., n.m. et adv. *Mus.* (Morceau) exécuté avec une grande liberté rythmique.

RUBÉFACTION n.f.

RUBÉFIANT, E adj. et n.m.

RUBÉFIER v. **15.** *Méd.* Faire rougir (la peau) par irritation.

RUBELLITE n.f. Variété de tourmaline, pierre précieuse.

RUBÉNIEN, ENNE adj. Qui rappelle Rubens.

RUBÉOLE n.f. Maladie ressemblant à la rougeole.

RUBÉOLEUX, EUSE adj. et n.

RUBÉOLIQUE adj. et n.

RUBESCENT, E adj. *Méd.* Qui devient rouge.

RUBIACÉE n.f. Plante, type gardénia.

RUBICAN adj.m. (Cheval) à robe semée de poils blancs.

RUBICELLE n.f. Rubis de couleur claire.

RUBICOND, E adj. (Visage) rouge.

RUBIDIUM n.m. Métal blanc et mou.

RUBIETTE n.f. Oiseau à plumage rouge.

RUBIGINEUX, EUSE adj. Couvert de rouille.

RUBINE n.f. *Vx.* Sulfure rouge.

RUBIS n.m.

RUBRIQUAGE n.m. Ensemble des rubriques d'un journal ou d'un site internet.

RUBRIQUE n.f.

RUBRIQUER v. **10.** Mettre en rubrique, donner une rubrique à.

RUCHE n.f.

RUCHÉ n.m. Bande d'étoffe plissée ou froncée.

RUCHÉE n.f. Population d'une ruche.

RUCHER n.m. Ensemble de ruches.

RUCHER v. **10.** Garnir d'un ruché.

RUCLON n.m. *Helv.* Dépotoir de jardin.

RUDBECKIA n.m. (= **rudbeckie**) Plante ornementale jaune.

RUDBECKIE n.f. → **rudbeckia.**

RUDE adj.

RUDEMENT adv.

RUDENTER v. **10.** *Arch.* Orner (le bas d'une colonne) de torsades.

RUDENTURE n.f.

RUDÉRAL, E, AUX adj. *Bot.* Qui croît dans les décombres.

RUDÉRATION n.f. Pavage en cailloux ou en petites pierres.

RUDESSE n.f.

RUDIMENT n.m.

RUDIMENTAIRE adj.

RUDISTE n.m. Mollusque bivalve fossile.

RUDOIEMENT n.m.

RUDOLOGIE n.f. Étude des déchets.

RUDOYER v. **27.**

RUE n.f.

RUÉE n.f.

RUEILLOIS, E [ruèywa] adj. De Rueil-Malmaison.

RUELLE n.f.

RUER v. **10.**

RUFFIAN n.m. (= **rufian**) Aventurier sans scrupule.

RUFFLETTE n.f. (Nom déposé) Galon servant à accrocher des rideaux.

RUFIAN n.m. → **ruffian.**

RUFISQUOIS, E adj. De Rufisque (Sénégal).

RUFIYAA n.f. Unité monétaire des îles Maldives.

RUGBY n.m.

RUGBYMAN (pl. **RUGBYMEN** ou **RUGBYMANS**) n.m.

RUGBYMEN | → **rugbyman.**

RUGBYSTIQUE adj.

RUGINATION n.f.

RUGINE n.f. *Chir.*, *Anc.* Instrument qui sert à racler les os.

RUGINER v. **10.**

RUGIR v. **40.** Proférer avec violence.

RUGISSANT, E adj.

RUGISSEMENT n.m.

RUGOSITÉ n.f.

RUGUEUX, EUSE adj. et n.m.

RUILER v. **10.** Raccorder (un joint) avec du plâtre.

RUINE n.f.

RUINER v. **10.**

RUINEUSEMENT adv.

RUINEUX, EUSE adj.

RUINIFORME adj. (Roche) à laquelle l'érosion a donné un aspect de ruine.

RUINISTE n. Peintre de ruines.

RUINURE n.f. Entaille faite dans un poteau pour donner prise à la maçonnerie.

RUISSEAU, X n.m.

RUISSELANT, E adj.

RUISSELER v. **(p.p.inv.) 22** (je ruisselle...).

RUISSELET n.m.

RUISSELLEMENT n.m.

RUMB [r-on-b] n.m. → **rhumb.**

RUMBA n.f.

RUMEN [rumèn] n.m. *Zool.* Panse.

RUMEUR n.f.

RUMEX n.m. Plante, type oseille.

RUMINANT, E adj. et n.m.

RUMINATION n.f.

RUMINER v. **10.**

RUMSTEAK [rom-] n.m. → **romsteak.**

RUMSTECK [rom-] n.m. → **romsteak.**

RUNABOUT [reunabaout] n.m. Petit canot rapide.

RUNE n.f. Caractère des anciens alphabets germaniques et scandinaves.

RUNIQUE adj. Relatif aux runes.

RUOLZ [-ols] n.m. Alliage utilisé en orfèvrerie.

RUPÉLIEN, ENNE n.m. et adj. *Géol.* Étage de l'oligocène.

RUPER v. **10.** *Helv.* Dévorer.

RUPESTRE adj. *Bot.* Qui croît dans les roches. – (Peinture) réalisée sur des rochers.

RUPIAH n.f. Unité monétaire de l'Indonésie.

RUPICOLE n.m. Grand passereau (coq de roche).

RUPIN, E adj. et n. *Fam.* Riche.

RUPINER v. **10.** *Fam.* Bien réussir (un examen).

RUPTEUR n.m. Dispositif qui interrompt le courant dans un système d'allumage électrique.

RUPTURE n.f.

RURAL, E, AUX adj. et n.

RURALISME n.m. Idéalisation de la vie rurale.

RURALISTE adj. et n.

RURALITÉ n.f. Appartenance au monde rural.

RURBAIN, E adj. Relatif au développement des banlieues.

RURBANISATION n.f.

RUSE n.f.

RUSÉ, E adj. et n.

RUSER v. **10.**

RUSH (pl. **RUSHES** ou **RUSHS**) [reuch] n.m. Effort final, afflux.

RUSHES [reuch] n.m.pl. 1. *Cin.* Prises de vue que l'on passe avant le montage. 2. → **rush.**

RUSSE adj. et n.m.

RUSSIFICATION n.f.

RUSSIFIER v. **15.**

RUSSISER v. **10.**

RUSSOPHILE adj. et n.

RUSSOPHOBE adj. et n.

RUSSOPHONE adj. et n.

RUSSULE n.f. Champignon à lames.

RUSTAUD, E adj. et n. Grossier, lourd.

RUSTAUDERIE n.f. Conduite d'un rustaud.

RUSTICAGE n.m.

RUSTICITÉ n.f.

RUSTINE n.f. (Nom déposé).

RUSTIQUE 1. adj. De la campagne, simple. 2. n.m. Hache de tailleur de pierre.

RUSTIQUER v. **10.** Tailler (une pierre) avec un rustique.

RUSTRE adj. et n.

RUT n.m.

RUTABAGA n.m. Plante dont la base de la tige est comestible.

RUTACÉE n.f. Plante dicotylédone, type citronnier.

RUTHÈNE adj. *Vx.* Ukrainien.

RUTHÉNIUM n.m. Métal voisin de l'étain.

RUTHÉNOIS, E adj. De Rodez.

RUTHERFORDIUM [rutèrfordyom] n.m. Élément chimique artificiel.

RUTILANCE n.f.

RUTILANT, E adj.

RUTILE n.m. Oxyde naturel de titane.

RUTILEMENT n.m.

RUTILER v. **(p.p.inv.) 10.** Briller d'un éclat très vif.

RUTINE n.f. Composé végétal ayant des propriétés vitaminiques.

RUTOSIDE n.m. → **rutine.**

RUZ [ru] n.m. Type de vallée du relief jurassien.

RWANDAIS, E adj. **(= ruandais)** Du Rwanda (Afrique centrale).

RYAD [r(i)yad] n.m. → **riad.**

RYAL, S n.m. → **riyal.**

RYE [ray] n.m. Whisky canadien.

RYOKAN [ryokan] n.m. Au Japon, auberge traditionnelle.

RYTHME n.m.

RYTHMER v. **10.**

RYTHMICIEN, ENNE n. Spécialiste du rythme des vers grecs ou latins.

RYTHMICITÉ n.f.

RYTHMIQUE adj. et n.f.

RYTHMIQUEMENT adv.

SA → **son.**

SAANEN [sanen] n.f. Chèvre de race suisse.

SABAR n.m. Type de tambour sénégalais.

SABAYON n.m. Crème à base d'œufs, de sucre et de vin.

SABBAT n.m. 1. **(= shabbat)** Jour de repos des juifs. 2. Assemblée nocturne de sorcières.

SABBATAIRE n.m. Juif converti au christianisme, mais observant le sabbat.

SABBATHIEN, ENNE n. *Hist.* Membre d'une secte chrétienne fondée au IVe s.

SABBATIQUE adj.

SABÉEN, ENNE 1. adj. Du pays de Saba (sud de la péninsule Arabique). 2. n. Membre d'une secte islamique.

SABÉISME n.m. Religion des sabéens.

SABELLE n.f. Ver marin.

SABELLIANISME n.m. *Rel.* Hérésie de Sabellius (IIIe s.).

SABELLIEN, ENNE adj. et n.

SABIN, E 1. adj. Relatif aux Sabins, ancien peuple d'Italie. 2. n.f. Genévrier d'Europe méridionale.

SABIR n.m. Langue formée d'éléments disparates. – Charabia.

SABLAGE n.m.

SABLE adj. et n.m.

SABLÉ, E adj. et n.m.

SABLER v. **10.**

SABLERIE n.f. Atelier où l'on prépare les sables de moulage.

SABLEUR, EUSE n.m. et n.f.

SABLEUX, EUSE adj.

SABLIER, ÈRE adj., n.m. et n.f.

SABLINE n.f. Plante à fleurs blanches.

SABLON n.m. Sable à grains fins.

SABLONNER v. **10.** Couvrir de sable.

SABLONNEUX, EUSE adj.

SABLONNIÈRE n.f. Lieu d'où l'on tire le sablon.

SABODET n.m. Saucisson à cuire, spécialité lyonnaise.

SABORD n.m. *Mar.* Ouverture servant de passage à la bouche des canons, ou d'orifice d'aération.

SABORDAGE n.m.

SABORDEMENT n.m.

SABORDER v. **10.**

SABOT n.m.

SABOTAGE n.m.

SABOTER v. **10.**

SABOTERIE n.f. Fabrique de sabots.

SABOTEUR, EUSE n.

SABOTIER, ÈRE n.

SABOULER v. **10.** *Vx.* Malmener, bousculer.

SABRA n. et adj. Juif né en Israël.

SABRAGE n.m. Opération visant à débarrasser les peaux de mouton des impuretés contenues dans la laine.

SABRE n.m.

SABRER v. **10.**

SABRETACHE n.f. *Anc.* Sac plat attaché au ceinturon des cavaliers.

SABREUR, EUSE n. Escrimeur au sabre.

SABURRAL, E, AUX adj. *Méd.* (Langue) recouverte de saburre.

SABURRE n.f. *Méd., Anc.* Matière blanchâtre qui recouvre la langue, dans certaines affections digestives.

SAC n.m.

SACCADE n.f.

SACCADER v. **10.** Rendre irrégulier.

SACCAGE n.m.

SACCAGEMENT n.m.

SACCAGER v. **17.**

SACCAGEUR, EUSE n.

SACCHARASE n.f. *Biochim.* Enzyme qui transforme le saccharose en glucose et en fructose.

SACCHARATE n.m. Combinaison du saccharose avec un oxyde métallique.

SACCHAREUX, EUSE adj. De la nature du sucre.

SACCHARIDE n.m. *Vx.* Glucide.

SACCHARIDÉ n.m. Médicament à base de sucre.

SACCHARIFÈRE adj. Qui contient du sucre.

SACCHARIFIABLE adj.

SACCHARIFIER v. **15.** Changer en sucre.

SACCHARIMÈTRE n.m. Instrument qui mesure la teneur d'un liquide en sucre.

SACCHARIMÉTRIE n.f.

SACCHARIN, E 1. adj. De la nature du sucre. 2. n.f. Substance édulcorante.

SACCHARINÉ, E adj.

SACCHARIQUE adj. (Acide) obtenu par oxydation du saccharose.

SACCHAROÏDE adj. Qui a l'apparence du sucre.

SACCHAROLÉ n.m. Médicament qui contient du sucre.

SACCHAROMYCES [-misès] n.m. Levure produisant la fermentation alcoolique.

SACCHAROSE n.m. Glucide du sucre de canne et de betterave.

SACCHARURE n.m. Médicament en granulés sucrés.

SACCIFORME [ksi] adj. Qui a la forme d'un sac.

SACCULE n.m. Cavité de l'oreille interne.

SACCULIFORME adj. *Biol.* En forme de vésicule.

SACCULINE n.f. Crustacé parasite des crabes.

SACERDOCE n.m.

SACERDOTAL, E, AUX adj.

SACHÉE n.f. Contenu d'un sac.

SACHEM n.m. Chef de tribu, chez les Amérindiens.

SACHERIE n.f. Industrie des sacs d'emballage.

SACHET n.m.

SACOCHE n.f.

SACOLÉVA n.m. (= **sacolève**) Navire caboteur du Levant.

SACOLÈVE n.f. → **sacoléva.**

SACOME n.m. *Arch.* Moulure en saillie.

SACQUEBUTE n.f. (= **saqueboute, saquebute**) *Médiév.* Lance armée d'un fer crochu, servant à désarçonner.

SACQUER v. **10** (= **saquer**) Renvoyer. – Punir sévèrement.

SACRAL, E, AUX adj. Qui a un caractère sacré.

SACRALISATION n.f.

SACRALISER v. **10.** Rendre sacré.

SACRALITÉ n.f. Caractère sacré.

SACRAMENTAIRE n.m. *Médiév.* Livre de prières. - Hérétique.

SACRAMENTAL, AUX n.m. *Rel.* Rite sacré pour obtenir un effet d'ordre spirituel.

SACRAMENTEL, ELLE adj. Relatif à un sacrement.

SACRANT, E adj. *Québ., Fam.* Contrariant.

SACRE n.m.

SACRÉ, E adj. et n.m.

SACREBLEU interj. *Vx., Fam.* Juron.

SACREDIEU interj. → **sacrebleu.**

SACREMENT n.m.

SACRÉMENT adv. (inv. mais **sacrement** n.m.).

SACRER v. **10.**

SACRET n.m. Grand faucon mâle.

SACRIFICATEUR, TRICE n.

SACRIFICATOIRE adj.

SACRIFICE n.m.

SACRIFICIEL, ELLE adj. Propre à un sacrifice religieux.

SACRIFIER v. **15.**

SACRILÈGE adj. et n.

SACRIPANT n.m. Vaurien.

SACRISTAIN n.m. Préposé à l'entretien d'une église.

SACRISTAINE n.f. → **sacristine.**

SACRISTI interj. (= **sapristi).**

SACRISTIE n.f.

SACRISTINE n.f. Préposée à l'entretien d'une église.

SACRUM n.m. *Anat.* Os du bassin.

SADDUCÉEN, ENNE n. et adj. (= **saducéen**) *Hist.* Membre d'une secte juive rivale des pharisiens.

SADHU [-ou] n.m. Ascète, en Inde.

SADIEN, ENNE adj. Du marquis de Sade.

SADIQUE adj. et n.

SADIQUEMENT adv.

SADISME n.m.

SADO adj. et n. *Fam.* Sadique ou sadomasochiste.

SADOMASO adj. et n. *Fam.* Sadomasochiste.

SADOMASOCHISME n.m.

SADOMASOCHISTE adj. et n.

SADUCÉEN, ENNE n. et adj. → **sadducéen.**

SAFARI n.m.

SAFOU n.m. *Afr.* Fruit comestible du safoutier.

SAFOUTIER n.m. *Afr.* Grand arbre tropical.

SAFRAN n.m. et adj. Crocus produisant un aromate et un colorant. – *Mar.* Partie du gouvernail.

SAFRANÉ, E adj. D'un jaune safran.

SAFRANER v. **10.** Assaisonner au safran.

SAFRANIÈRE n.f. Plantation de safran.

SAFRANINE n.f. *Chim.* Matière colorante, violette ou rouge.

SAFRE n.m. Oxyde de cobalt.

SAGA n.f. Récit de la littérature scandinave. – Épopée familiale.

SAGACE adj. Clairvoyant.

SAGACITÉ n.f.

SAGAIE n.f. **(= zagaie)** Javelot de certains peuples.

SAGARD n.m. Ouvrier de scierie, dans les Vosges.

SAGE adj. et n.

SAGEMENT adv.

SAGESSE n.f.

SAGETTE n.f. *Vx.* Flèche. – *Bot.* Sagittaire.

SAGINA n.f. **(= sagine)** Plante herbacée naine à fleurs blanches.

SAGINE n.f. → **sagina.**

SAGITTAIRE 1. n.m. *Antiq. rom.* Archer. 2. n.f. Plante d'eau douce.

SAGITTAL, E, AUX adj. En forme de flèche.

SAGITTÉ, E adj. *Bot.* En forme de fer de lance.

SAGOU n.m. Fécule extraite du sagoutier.

SAGOUIN, E 1. n.m. Petit singe d'Amérique du Sud. 2. n. Personne malpropre.

SAGOUTIER n.m. Palmier d'Asie.

SAGUENAYEN, ENNE [sagné-in] adj. **(= saguenéen)** Du Saguenay (Québec).

SAGUENÉEN, ENNE adj. → **saguenayen.**

SAGUM [sagom] n.m. *Antiq. rom.* Manteau court.

SAHARIEN, ENNE adj. et n.f.

SAHEL n.m. En Afrique, zone de transition entre le désert et la zone tropicale humide. – Vent du désert.

SAHÉLIEN, ENNE adj.

SAHIB n.m. Monsieur, en Inde.

SAHRAOUI, E adj. Du Sahara occidental.

SAÏ [saï] n.m. Petit singe d'Amérique du Sud.

SAIE n.f. *Antiq. rom.* Manteau court. – Petite brosse d'orfèvre.

SAIETTER [sèyèté] v. **10.** Nettoyer avec une saie.

SAÏGA n.m. Antilope des steppes.

SAIGNANT, E adj.

SAIGNÉE n.f.

SAIGNEMENT n.m.

SAIGNER v. **10.**

SAIGNEUR, EUSE n. et adj. Personne qui saigne les porcs.

SAIGNEUX, EUSE adj. Taché de sang.

SAIGNOIR n.m. Couteau servant à saigner les animaux.

SAILLANT, E adj. et n.m.

SAILLIE n.f.

SAILLIR v. déf. (**sailli, saillie, saillies, saillira, sailliraient, saillirait, saillirent, sailliront, saillis, saillissaient, saillissait, saillissant, saillisse, saillissent, saillit, saillît**) Couvrir (une femelle).

SAILLIR v. déf. (**saillaient, saillait, saillant, saille, saillent, saillera, sailleraient, saillerait, sailleront, sailli, saillirent, saillissent, saillit, saillît**) Déborder, dépasser.

SAÏMIRI n.m. Petit singe à longue queue.

SAIN, SAINE adj.

SAINBOIS n.m. Arbrisseau du Midi à fleurs odorantes.

SAINDOUX n.m.

SAINEMENT adv.

SAINFOIN n.m. Plante herbacée cultivée comme fourrage.

SAINT, SAINTE adj. et n.

SAINTEMENT adv.

SAINTETÉ n.f.

SAINTONGEAIS, E adj. De la Saintonge.

SAINTPAULIA n.m. Plante ornementale (violette du Cap).

SAISI, E adj. et n.

SAISINE n.f. *Dr.* Fait de saisir une juridiction. – *Mar.* Cordage.

SAISIR v. **40.**

SAISISSABLE adj.

SAISISSANT, E 1. adj. 2. n.m. *Dr.* Celui qui pratique une saisie.

SAISISSEMENT n.m.

SAISON n.f.

SAISONNALITÉ n.f. Caractère de ce qui est saisonnier.

SAISONNIER, ÈRE adj. et n.

SAÏTE adj. *Hist.* Relatif à Saïs, ville de l'Égypte ancienne.

SAJOU n.m. Singe d'Amérique à longue queue.

SAKÉ n.m. Boisson alcoolisée japonaise.

SAKI n.m. Singe d'Amérique à épaisse fourrure.

SAKIEH [sakyé] n.f. En Égypte, machine hydraulique actionnée par des bœufs.

SAKTI [ch-] n.f. → **çakti.**

SAKTISME [ch-] n.m. → **çaktisme.**

SAL, S n.m. Grand arbre de l'Inde.

SALACE adj. Lubrique.

SALACITÉ n.f.

SALADE n.f.

SALADELLE n.f. *Bot.* Lavande de mer.

SALADERIE n.f. Restaurant où l'on sert des salades.

SALADERO [é] n.m. Cuir de bœuf, préparé dans une saumure.

SALADIER, ÈRE 1. n.m. 2. n. *Arg.* Personne qui provoque la confusion par ses mensonges.

SALAFISME n.m. Courant intégriste de l'islam.

SALAFISTE adj. et n.

SALAGE n.m.

SALAIRE n.m.

SALAISON n.f.

SALAISONNERIE n.f. Industrie de la salaison.

SALAISONNIER, ÈRE n.

SALAM n.m. *Afr.* Prière rituelle musulmane.

SALAMALEC 1. n.m. Révérence, chez les musulmans. 2. n.m.pl. Politesses exagérées.

SALAMANDRE n.f. Batracien voisin du lézard.

SALAMI n.m.

SALANGANE n.f. Petit oiseau d'Asie et d'Océanie.

SALANQUE n.f. Dans le Roussillon, terre alluviale peu salée ou dessalée.

SALANT adj.m. et n.m.

SALARIAL, E, AUX adj.

SALARIAT n.m.

SALARIER v. **15.**

SALAT [-t] n.f. Prière musulmane, dite cinq fois par jour.

SALAUD, E adj. et n. **(= salop).**

SALBANDE n.f. *Min.* Enduit argileux situé sur les bords d'un filon.

SALCHOW [-kô] n.m. Saut de patinage artistique.

SALE adj.

SALÉ, E adj. et n.m.

SALEGY [èg] n.m. Musique traditionnelle malgache.

SALEMENT adv.

SALEP n.m. Aliment tiré des tubercules desséchés de certaines orchidées.

SALER v. **10.**

SALERON n.m. Partie creuse d'une salière.

SALERS [-èrs] n.m. Fromage du Cantal.

SALÉSIEN, ENNE adj. et n. De la congrégation religieuse fondée par saint Jean Bosco.

SALETÉ n.f.

SALEUR, EUSE n. Personne qui prépare des salaisons.

SALICACÉE n.f. Arbre, type saule.

SALICAIRE n.f. Plante des lieux humides.

SALICINE n.f. Glucoside extrait de l'écorce de saule.

SALICINÉE n.f. *Vx.* → **salicacée.**

SALICIONAL, S n.m. Série de tuyaux d'orgue d'un timbre doux.

SALICOLE adj. Relatif à l'industrie du sel.

SALICOQUE n.f. Crevette rose.

SALICORNE n.f. Plante des marais salants.

SALICOSIDE n.m. → **salicine.**

SALICULTEUR, TRICE adj.

SALICULTURE n.f. Exploitation des marais salants.

SALICYLATE n.m. Sel de l'acide salicylique.

SALICYLÉ, E adj. Relatif à l'acide salicylique.

SALICYLIQUE adj. *Acide salicylique :* puissant antiseptique.

SALIDIURÉTIQUE adj. et n.m. (Diurétique) qui facilite l'élimination de certains chlorures.

SALIEN, ENNE adj. *Hist.* Relatif aux Francs Saliens, peuple germanique du ve s.

SALIÈRE n.f.

SALIFÈRE adj. Qui renferme du sel.

SALIFIABLE adj. *Chim.* Qui peut fournir un sel.

SALIFICATION n.f. *Chim.* Formation d'un sel.

SALIFIER v. **15.** *Chim.* Transformer en sel.

SALIGAUD, E n.

SALIGNON n.m. Pain de sel obtenu par évaporation des eaux d'une fontaine salée.

SALIN, E adj., n.m. et n.f.

SALINAGE n.m. Concentration d'une saumure.

SALINGUE adj. *Fam.* Très sale.

SALINIER, ÈRE adj. et n. Relatif à la production du sel.

SALINISATION n.f. Augmentation de la teneur en sel.

SALINITÉ n.f.

SALIQUE adj. → **salien.**

SALIR v. **40.**

SALISSANT, E adj.

SALISSON n.f. *Fam.* Petite fille malpropre.

SALISSURE n.f.

SALIVAIRE adj.

SALIVANT, E adj. Qui fait saliver.

SALIVATION n.f.

SALIVE n.f.

SALIVER v. **(p.p.inv.) 10.**

SALLE n.f.

SALMANAZAR n.m. Bouteille de champagne de neuf litres.

SALMIGONDIS [-i] n.m. Assemblage disparate.

SALMIS [-i] n.m. Ragoût de pièces de gibier rôties.

SALMONELLA n.f. Bactérie infectant l'intestin.

SALMONELLE n.f. → **salmonella.**

SALMONELLOSE n.f. *Méd.* Infection, type typhoïde.

SALMONICOLE adj.

SALMONICULTEUR, TRICE n. Éleveur de saumons.

SALMONICULTURE n.f.

SALMONIDÉ n.m. Poisson, type saumon.

SALMONIFORME n.m. Poisson, type salmonidé.

SALOIR n.m. Récipient dans lequel on prépare des salaisons.

SALOL n.m. Antiseptique.

SALOMÉ n.m. Escarpin à bride en forme de T.

SALOMONAIS, E adj. Des îles Salomon (Océanie).

SALON n.m.

SALONARD, E n. **(= salonnard)** *Péj.* Mondain, snob.

SALONICIEN, ENNE adj. De Salonique (Grèce).

SALONNARD, E n. → **salonard.**

SALONNIER, ÈRE 1. adj. Propre à l'esprit mondain. 2. n. *Vx.* Journaliste attaché au Salon des arts.

SALOON n.m. Bar du Far West américain.

SALOP [salô] n.m. → **salaud.**

SALOPARD, E n.

SALOPE n.f.

SALOPER v. **10.** *Fam.* Faire très mal (un travail).

SALOPERIE n.f.

SALOPETTE n.f.

SALOPIAU, X n.m. **(= salopiaud, salopiot)** *Fam.* Salaud.

SALOPIAUD n.m. → **salopiau.**

SALOPIOT n.m. → **salopiau.**

SALPE n.f. Petit animal marin, en forme de cylindre creux.

SALPÊTRAGE n.m.

SALPÊTRE n.m. Nitrate de certains métaux.

SALPÊTRER v. **10.** Couvrir de salpêtre.

SALPÊTRERIE n.f. Fabrique de salpêtre.

SALPÊTREUX, EUSE adj.

SALPÊTRIER, ÈRE 1. n.m. Ouvrier fabriquant le salpêtre. 2. n.f. Fabrique de salpêtre, dans un arsenal.

SALPÊTRISATION n.f.

SALPICON n.m. Préparation culinaire dont on garnit les croûtes feuilletées.

SALPINGIEN, ENNE adj. Relatif à la trompe utérine.

SALPINGITE n.f. *Méd.* Inflammation d'une trompe de l'utérus.

SALPINGOGRAPHIE n.f. Radiographie des trompes utérines.

SALSA n.f. Musique afro-cubaine.

SALSE n.f. *Géol.* Dégagement de boue par pression des gaz souterrains.

SALSEPAREILLE n.f. Arbuste tropical et méditerranéen.

SALSERO [é] n. Musicien qui joue de la salsa.

SALSIFIS n.m. Plante dont la racine est comestible.

SALSOLACÉE n.f. Plante apétale, type épinard.

SALTARELLE n.f. Danse populaire italienne.

SALTATION n.f. Technique des sauts chorégraphiques. – Déplacement des particules d'un liquide.

SALTATIONNISME n.m. Théorie sur l'évolution des espèces.

SALTATOIRE adj. Qui sert à sauter.

SALTIMBANQUE n.

SALTIQUE n.f. Araignée sauteuse.

SALTO n.m. *Sp.* Saut périlleux.

SALUBRE adj.

SALUBRITÉ n.f.

SALUER v. **10.**

SALURE n.f. Teneur en sel.

SALUT n.m. et interj.

SALUTAIRE adj.

SALUTAIREMENT adv.

SALUTATION n.f.

SALUTISTE adj. et n. De l'Armée du Salut.

SALVADORIEN, ENNE adj. Du Salvador (Amérique centrale).

SALVAGNIN n.m. Vin rouge vaudois.

SALVATEUR, TRICE adj. *Litt.* Qui sauve.

SALVE n.f.

SAMARA n.m. Sandale à lanière.

SAMARE n.f. *Bot.* Fruit sec ailé.

SAMARITAIN, E 1. adj. De la Samarie (Palestine). 2. n.m. *Helv.* Secouriste.

SAMARIUM n.m. Métal rare.

SAMBA n.f.

SAMBO n.m. Sport tenant de la lutte et du judo.

SAMBOÏSTE n. Lutteur de sambo.

SAMBUCA [sambouka] n.f. Anisette italienne.

SAMBUQUE n.f. *Médiév.* Pont mobile utilisé pour l'attaque des châteaux forts.

SAME [sam] n.m. Langue des Lapons.

SAMEDI n.m.

SAMIEN, ENNE adj. De l'île de Samos (Grèce).

SAMIT [-i] n.m. *Hist.* Étoffe orientale à trame de soie.

SAMIZDAT [-t] n.m. *Hist.* En URSS, diffusion clandestine des ouvrages interdits.

SAMMIES → **sammy.**

SAMMY (pl. **SAMMIES** ou **SAMMYS**) n.m. *Fam.* Soldat américain de la Première Guerre mondiale.

SAMNITE n.m. *Antiq. rom.* Gladiateur.

SAMOAN, E adj. Des îles Samoa (Océanie).

SAMOLE n.m. Plante herbacée des marais.

SAMOS [-s] n.m. Vin muscat de l'île de Samos (Grèce).

SAMOSA [-sa] n.m. **(= samoussa)** Beignet farci, spécialité indienne.

SAMOURAÏ n.m. **(= samurai)** Guerrier japonais de la société féodale.

SAMOUSSA n.m. → **samosa.**

SAMOVAR n.m. Bouilloire russe pour la préparation du thé.

SAMOYÈDE n.m. Langue finno-ougrienne. – Chien de traîneau.

SAMPAN n.m. **(= sampang)** Petite embarcation chinoise.

SAMPANG [s-an-p-an] n.m. → **sampan.**

SAMPI **I** n.m. Caractère grec servant à noter le nombre 900.

SAMPLER [s-an-plé] v. **10.** *Mus.* Échantillonner.

SAMPLER [s-an-pleur] n.m. **(= sampleur)** Dispositif permettant d'insérer des extraits de musique de variété dans une nouvelle production.

SAMPLEUR n.m. → **sampler** n.m.

SAMPLING [s-an-pling] n.m. *Mus.* Échantillonnage.

SAMPOT [-ô] n.m. Pièce d'étoffe enveloppant la taille, en Asie.

SAMSARA n.m. Dans l'hindouisme et le bouddhisme, cycle des réincarnations.

SAMU n.m. Service hospitalier mobile d'urgence.

SAMURAI [samouray] n.m. → **samouraï.**

SANA n.m. *Fam.* Sanatorium.

SANATORIAL, E, AUX adj. Relatif au sanatorium.

SANATORIUM n.m. Établissement de cure destiné aux tuberculeux.

SANCERRE n.m. Vin blanc du Berry.

SANCTIFIANT, E adj.

SANCTIFICATEUR, TRICE adj. et n.

SANCTIFICATION n.f.

SANCTIFIER v. **15.**

SANCTION n.f.

SANCTIONNABLE adj.

SANCTIONNER v. **10.**

SANCTUAIRE n.m.

SANCTUARISATION n.f.

SANCTUARISER v. **10.** Doter (un territoire) d'un caractère de sanctuaire.

SANCTUS n.m. *Rel.* Chant de louange à Dieu.

SANDALE n.f.

SANDALETTE n.f.

SANDALIER, ÈRE n.

SANDARAQUE n.f. Résine extraite d'un thuya, utilisée dans les vernis.

SANDERLING [s-an-dèrl-in] n.m. Oiseau échassier vivant sur les côtes.

SANDINISME n.m. Mouvement nationaliste marxiste du Nicaragua.

SANDINISTE adj. et n.

SANDIX [s-an-diks] n.m. **(= sandyx)** *Archéol.* Colorant minéral rouge utilisé pour teindre les étoffes.

SANDJAK n.m. *Anc.* Subdivision territoriale, en Turquie.

SANDOW [s-an-dô] n.m. (Nom déposé) Câble en caoutchouc utilisé pour fixer ou pour lancer des objets.

SANDRE n.m. Poisson osseux, type perche.

SANDWICH (pl. **SANDWICHES** ou **SANDWICHS**) adj. et n.m.

SANDWICHER v. **10.** Prendre en sandwich.

SANDWICHERIE n.f.

SANDWICHES → **sandwich.**

SANDYX [s-an-diks] n.m. → **sandix.**

SANFORISAGE n.m. Traitement visant à rendre un tissu de coton irrétrécissable.

SANG n.m.

SANGLAGE n.m.

SANGLANT, E adj.

SANGLE n.f.

SANGLER v. **10.**

SANGLIER n.m.

SANGLON n.m. Courroie de harnais.

SANGLOT n.m.

SANGLOTEMENT n.m.

SANGLOTER v. **(p.p.inv.) 10.**

SANGO n.m. Langue officielle de la République centrafricaine.

SANGRIA n.f.

SANGSUE n.f.

SANGUET n.m. **(= sanguette, sanquet, sanquette)** Préparation culinaire à base de sang.

SANGUETTE n.f. → **sanguet.**

SANGUIN, E adj. et n.f.

SANGUINAIRE 1. adj. 2. n.f. Plante contenant un latex rouge toxique.

SANGUINOLENT, E adj.

SANGUISORBE [s] n.f. Plante herbacée à fleurs roses ou pourpres.

SANHÉDRIN [sanédr-in] n.m. *Hist.* Tribunal religieux juif, dans la Palestine antique.

SANICLE n.f. **(= sanicule)** Plante à fleurs en ombelles.

SANICULE n.f. → **sanicle.**

SANIE n.f. *Méd.* Matière purulente.

SANIEUX, EUSE adj. Qui contient de la sanie.

SANISETTE n.f. (Nom déposé) Édicule abritant des toilettes publiques.

SANITAIRE adj. et n.m.pl.

SANITAIREMENT adv.

SANQUET n.m. → **sanguet.**

SANQUETTE n.f. → **sanguet.**

SANS prép.

SANSCRIT, E n.m. et adj. **(= sanskrit)** Langue sacrée brahmanique.

SANSCRITIQUE adj.

SANSCRITISME n.m. Science qui a trait à la connaissance du sanscrit.

SANSCRITISTE n.

SANSEVIÈRE n.f. Plante tropicale qui fournit une fibre textile.

SANSKRIT, E adj. et n.m. → **sanscrit.**

SANSKRITIQUE adj.

SANSKRITISME n.m. → **sanscritisme.**

SANSKRITISTE n.

SANSONNET n.m. Étourneau.

SANTAL (pl. **SANTALS** ou **SANTAUX**) n.m. Arbuste d'Asie dont le bois est utilisé en parfumerie et en ébénisterie.

SANTALACÉE n.f. Plante dicotylédone, type santal.

SANTALINE n.f. Colorant extrait du bois de santal.

SANTÉ n.f.

SANTERIA [é] n.f. Culte répandu dans les Caraïbes.

SANTIAG n.f. Botte à talon oblique.

SANTOLINE n.f. Arbrisseau aromatique méditerranéen.

SANTOMÉEN, ENNE adj. De São Tomé et Príncipe (Afrique).

SANTON, E 1. n. *Vx.* Ascète musulman. 2. n.m. Figurine ornant les crèches de Noël, en Provence.

SANTONIEN, ENNE n.m. et adj. *Géol.* Étage du crétacé supérieur.

SANTONINE n.f. Substance vermifuge.

SANTONNIER, ÈRE n. Artisan qui fabrique des santons.

SANTOUR n.m. **(= santur)** Cithare orientale.

SANTUR [ou] n.m. → **santour.**

SANVE n.f. Moutarde sauvage.

SANZA [sanza] ou [s-an-za] n.f. *Afr.* Instrument de musique à languettes que l'on pince avec les doigts.

SAOLA n.m. Mammifère ruminant primitif.

SAOUDIEN, ENNE adj. **(= séoudien)** De l'Arabie saoudite.

SAOUDITE adj. **(= séoudite)** Relatif à l'Arabie saoudite.

SAOUL, SAOULE adj. **(= soûl).**

SAOULANT, E adj. **(= soûlant)** *Fam.* Ennuyeux.

SAOULARD, E adj. et n. **(= soûlard, soûlaud, soûlot).**

SAOULER v. **10 (= soûler).**

SAOULERIE n.f. **(= soûlerie).**

SAPAJOU n.m. → **sajou.**

SAPE n.f.

SAPELLI n.m. Grand arbre tropical d'Afrique.

SAPEMENT n.m.

SAPÈQUE n.f. *Anc.* Monnaie chinoise de faible valeur.

SAPER v. **10.**

SAPERDE n.f. Coléoptère longicorne dont la larve vit dans le bois.

SAPERLIPOPETTE interj.

SAPERLOTTE interj.

SAPEUR n.m. Soldat du génie.

SAPHÈNE adj. et n.f. *Anat.* (Veine) des membres inférieurs.

SAPHIQUE adj. Relatif à Sapho, au saphisme. – *Antiq.* (Vers) de onze syllabes.

SAPHIR adj. et n.m.

SAPHISME n.m. Homosexualité féminine.

SAPIDE adj. Qui a de la saveur.

SAPIDITÉ n.f.

SAPIENCE [sapy-an-s] n.f. *Vx.* Sagesse.

SAPIENTIAL, E, AUX [sapy-in-syal] adj. et n.m.pl. *Rel.* Se dit de cinq livres de l'Ancien Testament qui renferment des maximes morales.

SAPIENTIEL, ELLE [sapy-in-syèl] adj. Qui concerne les écrits sapientiaux.

SAPIN n.m.

SAPINAGE n.m. *Québ.* Branches de conifère.

SAPINDACÉE n.f. Plante exotique, type letchi.

SAPINE n.f. Planche de sapin. – Appareil de levage. – Baquet en bois de sapin.

SAPINEAU, X n.m. Jeune sapin.

SAPINETTE n.f. Épicéa d'Amérique du Nord.

SAPINIÈRE n.f.

SAPITEUR n.m. *Mar.* Expert chargé d'estimer des marchandises.

SAPONACÉ, E adj. De la nature du savon.

SAPONAIRE n.f. Plante à fleurs roses odorantes.

SAPONASE n.f. Enzyme.

SAPONÉ n.m. *Pharm.* Association d'une substance active avec une solution de savon.

SAPONIFIABLE adj.

SAPONIFICATION n.f.

SAPONIFIER v. **15.** Transformer en savon. – *Chim.* Décomposer (un ester) par une base.

SAPONINE n.f. Glucoside de la saponaire.

SAPONITE n.f. Silicate naturel de magnésium et d'aluminium.

SAPOTACÉE n.f. Plante tropicale, type sapotier.

SAPOTE n.f. Fruit comestible du sapotier.

SAPOTIER n.m. Arbre des Antilles.

SAPOTILLE n.f. → **sapote.**

SAPOTILLIER [-tiyé] n.m. → **sapotier.**

SAPPAN n.m. Arbre d'Asie cultivé pour son bois, utilisé en teinture.

SAPRISTI interj. → **sacristi.**

SAPROPEL n.m. **(= sapropèle)** *Géol.* Boue organique propice à la formation du pétrole.

SAPROPÈLE n.m. → **sapropel.**

SAPROPÉLIQUE adj.

SAPROPHAGE adj. et n.m. *Zool.* Qui se nourrit de matières organiques en décomposition.

SAPROPHILE adj. *Biol.* Attiré par la putréfaction.

SAPROPHYTE adj. et n.m. (Végétal) qui vit aux dépens de matières organiques en décomposition.

SAPROPHYTIQUE adj.

SAPROPHYTISME n.m.

SAQUEBOUTE n.f. → **sacquebute.**

SAQUEBUTE n.f. → **sacquebute.**

SAQUER v. **10.** → **sacquer.**

SAR n.m. **(= sargue)** Poisson comestible de la Méditerranée.

SARABANDE n.f. Danse. – Tapage.

SARAJÉVIEN, ENNE [yé] adj. De Sarajevo (Bosnie-Herzégovine).

SARANCOLIN n.m. Marbre des Pyrénées.

SARANGI [g] n.m. Vièle indienne.

SARBACANE n.f. Long tube qui sert à lancer, en soufflant, de petits projectiles.

SARCASME n.m.

SARCASTIQUE adj.

SARCASTIQUEMENT adv.

SARCELLE n.f. Canard sauvage.

SARCELLOIS, E adj. De Sarcelles.

SARCINE n.f. Bactérie dont les éléments sont groupés en masses cubiques.

SARCLAGE n.m.

SARCLER v. **10.** Désherber avec un sarcloir.

SARCLETTE n.f. Petit sarcloir.

SARCLEUR, EUSE n.

SARCLOIR n.m. Outil servant à sarcler.

SARCLURE n.f. Ensemble des mauvaises herbes arrachées en sarclant.

SARCOÏDE n.f. et adj. *Méd.* Lésion cutanée.

SARCOÏDOSE n.f. *Méd.* Affection caractérisée par des nodules sarcoïdes.

SARCOMATEUX, EUSE adj.

SARCOME n.m. Tumeur conjonctive maligne.

SARCOMÈRE n.m. *Anat.* Segment de fibre musculaire.

SARCOPHAGE n.m.

SARCOPHILE n.m. Marsupial carnivore (diable de Tasmanie).

SARCOPLASMA n.m. Cytoplasme des fibres musculaires.

SARCOPLASME n.m. → **sarcoplasma.**

SARCOPLASMIQUE adj.

SARCOPTE n.m. Acarien parasite des mammifères.

SARCORAMPHE n.m. Condor.

SARDANAPALESQUE adj. Digne de Sardanapale (roi légendaire assyrien).

SARDANE n.f. Danse populaire catalane.

SARDE adj. et n.m. De Sardaigne (Italie).

SARDINE n.f.

SARDINELLE n.f. Petite sardine.

SARDINERIE n.f. Usine où l'on prépare des conserves de sardines.

SARDINIER, ÈRE adj. et n. Relatif à la pêche ou à l'industrie de la sardine.

SARDOINE n.f. Pierre fine brune ou rouge.

SARDONIQUE adj. D'une ironie méchante.

SARDONIQUEMENT adv.

SARDONYX n.f. Agate blanche et orangée.

SARGASSE n.f. Algue brune flottante.

SARGUE n.m. → **sar.**

SARI n.m. En Inde, costume féminin composé d'une pièce de coton ou de soie.

SARIGUE n.f. Mammifère marsupial d'Amérique.

SARIN [sarin] ou [sar-in] n.m. Gaz de combat.

SARISSE n.f. *Antiq. gr.* Longue lance.

SARLADAIS, E adj. (Pomme de terre) sautée dans la graisse d'oie, relevée d'ail et de persil.

SARMATE adj. D'un ancien peuple nomade du sud de la Russie actuelle.

SARMENT n.m. Jeune rameau de vigne.

SARMENTER v. **10.** Débarrasser (une vigne) des sarments, après la taille.

SARMENTEUX, EUSE adj.

SAROD [-d] n.m. **(= sarode)** Instrument de musique de l'Inde.

SARODE n.m. → **sarod.**

SARODISTE n. Personne qui joue du sarod.

SARON n.m. *Mus.* Instrument à lames.

SARONG [sar-on-(g)] n.m. Jupe portée en Malaisie.

SAROS [-s] n.m. Période de dix-huit ans et onze jours, qui règle le retour des éclipses.

SAROUAL, S n.m. **(= sarouel)** Large pantalon des régions sahariennes.

SAROUEL n.m. → **saroual.**

SARRACENIA n.m. Plante exotique dont les feuilles capturent des insectes.

SARRACÉNIE n.f. → **sarracenia.**

SARRACÉNIQUE adj. *Médiév.* Relatif aux populations musulmanes d'Orient.

SARRANCOLIN n.m. → **sarancolin.**

SARRASIN, E 1. adj. et n. *Médiév.* Musulman. 2. n.m. Plante cultivée pour ses graines alimentaires. 3. n.f. Herse placée entre le pont-levis et la porte d'un château fort.

SARRAU, S n.m. Large blouse de travail.

SARREBRUCKOIS, E adj. De Sarrebruck (Allemagne).

SARRÈTE n.f. **(= sarrette, serrette)** Plante vivace, type chardon.

SARRETTE n.f. → **sarrète.**

SARRIETTE n.f. Plante aromatique.

SARROIS, E adj. De la Sarre (Allemagne).

SARRUSSOPHONE n.m. Instrument à vent utilisé dans les fanfares.

SART [sar] n.m. Terre déboisée pour être défrichée.

SARTHOIS, E adj. De la Sarthe.

SARTRIEN, ENNE adj. De Sartre.

SAS [sas] n.m. Tamis. – Partie d'écluse.

SASHIMI n.m. Plat japonais de poisson cru.

SASKATCHEWANAIS, E adj. De la Saskatchewan (Canada).

SASSAFRAS [-a] n.m. Arbre d'Amérique dont les feuilles sont employées comme condiment.

SASSAGE n.m.

SASSANIDE adj. D'une dynastie perse (du IIIe au VIIe s.).

SASSEMENT n.m.

SASSENAGE n.m. Fromage à pâte ferme.

SASSER v. **10.** Passer (de la farine) au sas.

SASSEUR, EUSE n.

SATANÉ, E adj.

SATANIQUE adj.

SATANIQUEMENT adv.

SATANISME n.m. Culte de Satan.

SATANISTE adj. et n.

SATAY [-è] n.m. **(= saté)** Sauce aux arachides, spécialité indonésienne. – Brochette de viande ou de poisson marinée dans cette sauce.

SATÉ n.m. → **satay.**

SATELLISABLE adj.

SATELLISATION n.f.

SATELLISER v. **10.** Mettre en orbite. – Réduire (un pays) à la condition de satellite.

SATELLITAIRE adj. Relatif aux satellites artificiels.

SATELLITE adj. et n.m.

SATI 1. n.f. Veuve qui s'immole sur le bûcher, en Inde. 2. n.m. Sacrifice de cette veuve.

SATIATION [sasyasy-on] n.f. *Psych.* Satisfaction d'un besoin.

SATIÉTÉ [syé] n.f.

SATIN n.m.

SATINAGE n.m.

SATINER v. **10.** Lustrer.

SATINETTE n.f. Étoffe de coton et de soie.

SATINEUR, EUSE adj. et n. Qui satine des étoffes, du papier.

SATIRE n.f.

SATIRIQUE adj. et n.

SATIRIQUEMENT adv.

SATIRISER v. **10.** Railler.

SATIRISTE n.

SATISFACTION n.f.

SATISFACTOIRE adj. Qui expie les fautes commises.

SATISFAIRE v. **122.**

SATISFAISANT, E adj.

SATISFECIT ❙ [-fésit] n.m. Attestation de satisfaction.

SATISFIABILITÉ n.f.

SATISFIABLE adj. *Log.* (Expression à une ou plusieurs variables) qui devient vraie sous certaines conditions.

SATORI n.m. Élévation spirituelle, dans le bouddhisme zen.

SATRAPE n.m. *Hist.* Gouverneur de province, chez les Perses. – Despote.

SATRAPIE n.f. *Hist.* Province gouvernée par un satrape.

SATRAPIQUE adj.

SATURABILITÉ n.f.

SATURABLE adj.

SATURANT, E adj.

SATURATEUR n.m. Humidificateur.

SATURATION n.f.

SATURER v. **10.**

SATURNALE n.f. Débauche.

SATURNE n.m. Plomb, pour les alchimistes.

SATURNIE n.f. Papillon de nuit.

SATURNIEN, ENNE adj. Relatif à Saturne.

SATURNIN, E adj. *Méd.* Provoqué par le plomb.

SATURNISME n.m. *Méd.* Intoxication par le plomb.

SATYRE n.m.

SATYRIASIQUE adj.

SATYRIASIS [-zis] n.m. *Psych.* État permanent d'excitation sexuelle.

SATYRIQUE adj.

SATYRISME n.m. Comportement de satyre.

SAUCE n.f.

SAUCÉ, E 1. adj. *Antiq.* (Monnaie) recouverte d'une couche d'argent. 2. n.f. *Fam.* Averse.

SAUCER v. **13.**

SAUCETTE n.f. *Québ.* Courte visite. – *Québ.* Baignade rapide.

SAUCIER n.m. Cuisinier chargé des sauces.

SAUCIÈRE n.f.

SAUCIFLARD n.m. *Fam.* Saucisson.

SAUCISSE n.f.

SAUCISSON n.m.

SAUCISSONNAGE n.m.

SAUCISSONNER v. **10.** Manger sur le pouce. – Ficeler comme un saucisson.

SAUCISSONNEUR, EUSE n.

SAUCISSONNIER n.m. *Afr.* Arbre tropical dont le fruit a la forme d'un saucisson.

SAUDADE [s(a)ôdad] n.f. Sentiment de nostalgie qui s'exprime dans le fado.

SAUF, SAUVE adj. et prép.

SAUGE n.f. Plante utilisée en médecine, en cuisine et comme ornement.

SAUGRENU, E adj.

SAULAIE n.f. **(= saussaie)** Lieu planté de saules.

SAULE n.m.

SAULÉE n.f. Rangée de saules.

SAUMÂTRE adj. Qui a un goût salé, amer.

SAUMON adj. et n.m.

SAUMONÉ, E adj. (Poisson) dont la chair est rose orangé.

SAUMONEAU, X n.m. Jeune saumon.

SAUMONETTE n.f. Nom commercial de la roussette.

SAUMONEUX, EUSE adj. Où les saumons abondent.

SAUMUR n.m. Vin de la Loire.

SAUMURAGE n.m.

SAUMURE n.f. Préparation très salée, dans laquelle on conserve des aliments.

SAUMURER v. **10.** Conserver dans la saumure.

SAUMUROIS, E adj. De Saumur.

SAUNA n.m.

SAUNAGE n.m. Récolte du sel dans un marais salant.

SAUNAISON n.f. → **saunage.**

SAUNER v. **(p.p.inv.) 10.** Produire du sel.

SAUNIER n.m. Exploitant de saline.

SAUNIÈRE n.f. *Anc.* Coffre où l'on conservait le sel.

SAUPE n.m. Poisson végétarien.

SAUPIQUET n.m. Sauce piquante.

SAUPOUDRAGE n.m.

SAUPOUDRER v. **10.**

SAUPOUDREUR, EUSE adj. et n. Qui sert à saupoudrer.

SAUPOUDROIR n.m. Ustensile de pâtisserie.

SAUR adj.m. **(= sauret)** (Hareng) salé, puis fumé.

SAURAGE n.m.

SAUREL n.m. Poisson voisin du maquereau.

SAURER v. **10 (= saurir)** Faire sécher à la fumée.

SAURET n.m. *Belg.* Hareng saur.

SAURIEN n.m. Reptile, type lézard.

SAURIN n.m. Hareng nouvellement séché.

SAURIR v. **40.** → **saurer.**

SAURIS [-i] n.m. Saumure de hareng.

SAURISCHIEN [-sky-in] n.m. Reptile dinosaurien.

SAURISSAGE n.m. Action de saurer.

SAURISSERIE n.f. Établissement où l'on saure les harengs.

SAURISSEUR, EUSE n. Spécialiste du saurage des harengs.

SAUROPHIDIEN n.m. Reptile écailleux, type lézard et serpent.

SAUROPODE n.m. Grand reptile dinosaurien.

SAUROPSIDÉ n.m. Vertébré ayant des caractères reptiliens.

SAUSSAIE n.f. → **saulaie.**

SAUSSURIEN, ENNE adj. De Saussure (linguiste suisse).

SAUT n.m.

SAUTAGE n.m. *Min.* Explosion provoquée d'une mine ou d'une carrière.

SAUTE n.f. Changement brusque.

SAUTÉ, E adj. et n.m.

SAUTELLE n.f. Marcotte faite avec un seul sarment.

SAUTER v. **10.**

SAUTEREAU, X n.m. Dans le clavecin, languette mobile qui fait vibrer la corde.

SAUTERELLE n.f.

SAUTERIAU, X n.m. Variété de criquet.

SAUTERIE n.f.

SAUTERNES n.m. Vin blanc de Bordeaux.

SAUTEUR, EUSE adj. et n.

SAUTIER n.m. *Helv.* Fonctionnaire du Parlement du canton de Genève.

SAUTILLAGE n.m.

SAUTILLANT, E adj.

SAUTILLEMENT n.m.

SAUTILLER v. **(p.p.inv.) 10.**

SAUTOIR n.m.

SAUVAGE adj. et n.

SAUVAGEMENT adv.

SAUVAGEON, ONNE 1. n.m. Jeune arbre non greffé. 2. n. Enfant farouche.

SAUVAGERIE n.f.

SAUVAGESSE n.f. Femme peu civilisée.

SAUVAGIN, E 1. adj. et n.m. (Goût, odeur) de certains gibiers d'eau. 2. n.f. Ensemble des oiseaux au goût sauvagin.

SAUVE → **sauf.**

SAUVEGARDE n.f.

SAUVEGARDER v. **10.**

SAUVER v. **10.**

SAUVETAGE n.m.

SAUVETÉ n.f. *Hist.* Bourgade rurale servant d'asile.

SAUVETERRIEN, ENNE adj. et n.m. Se dit d'une période du mésolithique.

SAUVETEUR, EUSE n.

SAUVETTE | (À LA) loc. À la hâte.

SAUVEUR, EUSE adj. et n.

SAUVIGNON n.m. Cépage blanc du Bordelais.

SAVAGNIN n.m. Cépage blanc du Jura.

SAVAMMENT adv.

SAVANE n.f.

SAVANISATION n.f. Transformation d'une forêt en savane.

SAVANT, E adj. et n.

SAVARIN n.m. Gâteau en pâte levée.

SAVART n.m. Unité de différence de hauteur des sons musicaux.

SAVATE n.f.

SAVATER v. **10.** *Fam.* Frapper à coups de pied.

SAVETIER, ÈRE n. *Anc.* Cordonnier.

SAVEUR n.f.

SAVOIR v. **74.**

SAVOIR n.m.

SAVOISIEN, ENNE adj. De la Savoie.

SAVON n.m.

SAVONNAGE n.m.

SAVONNÉE n.f. *Belg.* Eau savonneuse.

SAVONNER v. **10.**

SAVONNERIE n.f. Usine où l'on fabrique du savon.

SAVONNETTE n.f.

SAVONNEUR, EUSE n. Personne qui polit une glace.

SAVONNEUX, EUSE adj.

SAVONNIER, ÈRE adj. et n.m. Relatif au savon.

SAVOURER v. **10.**

SAVOUREUSEMENT adv.

SAVOUREUX, EUSE adj.

SAVOYARD, E adj. De la Savoie.

SAX n.m. **(= saxo)** *Fam.* Saxophone.

SAXATILE adj. *Bot., Zool.* Qui vit sur les rochers.

SAXE n.m. Porcelaine de Saxe.

SAXHORN n.m. *Mus.* Instrument à vent en cuivre.

SAXICOLE adj. et n. *Bot.* Qui vit sur les rochers.

SAXIFRAGACÉE n.f. Plante à fleurs, type hortensia.

SAXIFRAGE n.f. Plante herbacée qui pousse au milieu des pierres.

SAXO n.m. → **sax.**

SAXON, ONNE adj. De la Saxe (Allemagne).

SAXONIEN, ENNE n.m. et adj. *Géol., Vx.* Étage du permien.

SAXOPHONE n.m.

SAXOPHONISTE n.

SAYNÈTE [sènèt] n.f. Petite pièce de théâtre.

SAYON [sèy-on] n.m. *Antiq.* Casaque de paysan ou de guerrier.

SBIRE n.m. Homme chargé des basses besognes.

SBRINZ [sbrints] n.m. Fromage suisse.

SCABIEUX, EUSE 1. adj. *Méd.* Relatif à la gale. 2. n.f. Plante utilisée pour soigner la gale.

SCABINAL, E, AUX adj. *Belg.* Relatif à l'échevin.

SCABREUX, EUSE adj.

SCAFERLATI n.m. Tabac finement coupé.

SCALAIRE 1. adj. *Math.* (Grandeur) entièrement définie par sa mesure. 2. n.m. Poisson exotique.

SCALANT, E adj. *Math.* Dont les parties ont la même forme que le tout.

SCALDE n.m. Ancien poète scandinave.

SCALDIEN, ENNE adj. De la région de l'Escaut.

SCALDIQUE adj. Relatif aux scaldes.

SCALÈNE 1. adj. *Math.* (Triangle) quelconque. 2. adj. et n.m. *Anat.* (Muscle) du cou et du haut du dos.

SCALOGRAMME n.m. Tableau statistique représentatif des attitudes d'un groupe social.

SCALP n.m.

SCALPEL n.m. Instrument de chirurgie.

SCALPER v. **10.**

SCAMPI n.m. Grosse crevette.

SCAN [skan] n.m. Image produite par un scanner.

SCANDALE n.m.

SCANDALEUSEMENT adv.

SCANDALEUX, EUSE adj.

SCANDALISER v. **10.**

SCANDER v. **10.**

SCANDINAVE adj.

SCANDINAVISME n.m. Mouvement fondé sur l'idée de communauté des peuples scandinaves.

SCANDIUM n.m. Métal rare très léger.

SCANDIX [sk-an-diks] n.m. Plante ombellifère (peigne de Vénus).

SCANNAGE n.m.

SCANNER v. **10.** Lire avec un lecteur optique.

SCANNER [-èr] n.m. (= **scanneur**) Appareil de télédétection ou de radiodiagnostic.

SCANNÉRISATION n.f.

SCANNÉRISER v. **10.** → **scanner v.**

SCANNEUR n.m. → **scanner** n.m.

SCANOGRAPHE n.m. → **scanner** n.m.

SCANOGRAPHIE n.f. Radiographie par scanner.

SCANOGRAPHIQUE adj.

SCANSION n.f. Façon de scander.

SCAPHANDRE n.m.

SCAPHANDRIER n.m.

SCAPHITE n.m. Mollusque fossile du crétacé.

SCAPHOÏDE adj. et n.m. Se dit de deux petits os de la main et du pied.

SCAPHOPODE n.m. Mollusque à coquille en forme de tube.

SCAPULA n.f. *Zool.* Partie de l'omoplate.

SCAPULAIRE 1. adj. Relatif à l'épaule. 2. n.m. Pièce du costume de certains religieux.

SCAPULALGIE n.f. Douleur de l'épaule.

SCAPULOHUMÉRAL, E, AUX adj. Relatif à l'omoplate et à l'humérus.

SCAPULOMANCIE n.f. Divination par l'interprétation des os éclatés à la chaleur.

SCARABÉE n.m.

SCARABÉIDÉ n.m. Insecte coléoptère à antennes en lamelles, type hanneton.

SCARE n.m. Poisson des récifs coralliens.

SCARIEUX, EUSE adj. *Bot.* Membraneux et translucide.

SCARIFIAGE n.m.

SCARIFICATEUR n.m.

SCARIFICATION n.f.

SCARIFIER v. **15.** Inciser.

SCARLATINE n.f.

SCARLATINEUX, EUSE adj. et n.

SCAROLE n.f. → **escarole.**

SCAT [skat] n.m. Style vocal propre au jazz.

SCATO adj. *Fam.* Scatologique.

SCATOL n.m. (= **scatole**) *Chim.* Composé à odeur de matière fécale, qui provient de la putréfaction de protéines.

SCATOLE n.m. → **scatol.**

SCATOLOGIE n.f. Propos où il est question d'excréments.

SCATOLOGIQUE adj.

SCATOPHAGE adj. et n.m. (Insecte) qui se nourrit d'excréments.

SCATOPHILE adj. *Biol.* Qui vit sur les excréments.

SCEAU, X n.m.

SCÉLÉRAT, E adj. et n.

SCÉLÉRATESSE n.f. *Litt.* Méchanceté.

SCELLAGE n.m.

SCELLÉ n.m.

SCELLEMENT n.m.

SCELLER v. **10.**

SCENARII | → **scénario.**

SCÉNARIMAGE n.m. Résumé graphique du scénario d'un film.

SCÉNARIO (pl. **SCENARII** ou **SCÉNARIOS**) n.m.

SCÉNARISATION n.f.

SCÉNARISER v. **10.** Mettre sous forme de scénario.

SCÉNARISTE n.

SCÉNARISTIQUE adj. Du scénario d'un film.

SCÈNE n.f.

SCÉNIQUE adj.

SCÉNIQUEMENT adv.

SCÉNOGRAPHE n. Personne qui organise la scène et l'espace théâtral.

SCÉNOGRAPHIE n.f.

SCÉNOGRAPHIQUE adj.

SCÉNOLOGIE n.f. Art de la mise en scène théâtrale.

SCÉNOPÉGIES n.f.pl. *Hist.* Fête juive des Tabernacles.

SCEPTICISME n.m.

SCEPTIQUE adj. et n.

SCEPTIQUEMENT adv.

SCEPTRE n.m. Bâton de commandement.

SCHABRAQUE n.f. → **chabraque.**

SCHADER v. **(p.p.inv.) 10.** *Helv., Fam.* Aller vite.

SCHAFFHOUSOIS, E adj. Du canton de Schaffhouse (Suisse).

SCHAH n.m. → **chah.**

SCHAKO n.m. **(= shako)** *Anc.* Coiffure militaire rigide à visière.

SCHAPPE n.f. *Text.* Bourre de soie.

SCHAPSKA n.m. → **chapska.**

SCHEIDAGE [chè-] n.m.

SCHEIDER [chèdé] v. **10.** *Min.* Trier (des morceaux de minerai).

SCHEIDEUR n.m.

SCHEIK [chèk] n.m. → **cheik.**

SCHEIKH [chèk] n.m. → **cheik.**

SCHELEM [chlèm] n.m. → **chelem.**

SCHELINGUER v. **(p.p.inv.) 10.** → **chlinguer.**

SCHELLING n.m. *Vx.* → **schilling.**

SCHÉMA n.m.

SCHÉMATIQUE adj.

SCHÉMATIQUEMENT adv.

SCHÉMATISATION n.f.

SCHÉMATISER v. **10.**

SCHÉMATISME n.m.

SCHÈME n.m. Structure d'ensemble d'un processus.

SCHÉOL [chéol] n.m. **(= shéol)** Séjour des morts, dans la Bible.

SCHERZANDO [skèrdzandô] adv. *Mus.* Vivement et gaiement.

SCHERZI **|** [skèrdzi] → **scherzo.**

SCHERZO [skèrdzô] (pl. **SCHERZI** ou **SCHERZOS**) n.m. et adv. *Mus.* Morceau vif et gai.

SCHIBBOLETH [chibolèt] n.m. *Litt.* Épreuve qui doit faire juger de la capacité d'une personne.

SCHIEDAM [skidam] n.m. Eau-de-vie au genièvre.

SCHILLING n.m. **(= schelling)** Ancienne unité monétaire de l'Autriche.

SCHINDER v. **(p.p.inv.) 10.** → **chinder.**

SCHIPPERKE [chkipèrke] n.m. Petit chien noir.

SCHISMATIQUE adj. et n.

SCHISME n.m. Scission dans une religion, un groupe.

SCHISTE n.m. Toute roche qui se débite en feuilles.

SCHISTEUX, EUSE adj.

SCHISTOÏDE adj. Qui ressemble à du schiste.

SCHISTOSITÉ n.f. État d'une roche divisible en feuilles.

SCHISTOSOME [chi-] n.m. Ver parasite du système veineux.

SCHISTOSOMIASE [chi-] n.f. Maladie provoquée par un schistosome.

SCHIZO n. *Fam.* Schizophrène, fou.

SCHIZOGAMIE n.f. *Biol.* Mode de reproduction asexuée par division, chez les annélides.

SCHIZOGENÈSE n.f. *Biol.* Variété de schizogamie.

SCHIZOGONIE n.f. *Biol.* Mode de multiplication des sporozoaires.

SCHIZOÏDE adj. et n. *Psych.* Qui se replie sur lui-même.

SCHIZOÏDIE n.f.

SCHIZOMÉTAMÉRIE n.f. *Biol.* Mode de reproduction par bourgeonnement, chez certains annélides.

SCHIZONÉVROSE n.f. Forme de psychose.

SCHIZOPHASIE n.f. *Psych.* Trouble du langage parlé.

SCHIZOPHRÈNE adj. et n. *Psych.* Qui a perdu le contact avec le monde extérieur.

SCHIZOPHRÉNIE n.f.

SCHIZOPHRÉNIQUE adj.

SCHIZOSE n.f. *Psych.* Schizophrénie peu évolutive marquée par des crises d'excitation.

SCHIZOTHYME adj. et n. → **schizoïde.**

SCHIZOTHYMIE n.f.

SCHIZOTHYMIQUE adj. et n.

SCHLAGUE n.f. *Hist.* Punition militaire en usage en Allemagne.

SCHLAMM n.m. Résidu très fin provenant du concassage des minerais.

SCHLASS 1. adj. *Fam.* Ivre. 2. n.m. *Arg.* Couteau.

SCHLEM n.m. → **chelem.**

SCHLEU, SCHLEUE, SCHLEUS adj. et n. → **chleuh** 2.

SCHLICH [chlik] n.m. Minerai broyé, prêt pour la fusion.

SCHLINGUER v. **(p.p.inv.) 10.** → **chlinguer.**

SCHLITTAGE n.m.

SCHLITTE n.f. Traîneau glissant sur des rondins et servant à descendre le bois des montagnes.

SCHLITTER v. **10.** Transporter (du bois) au moyen d'une schlitte.

SCHLITTEUR adj.m. et n.m.

SCHMILBLICK n.m. *Fam.* Truc, situation.

SCHNAPS n.m. *Fam.* Eau-de-vie de grain.

SCHNAUZER [chn(a)ôzèr] n.m. Chien à poil dur, voisin du griffon.

SCHNICK n.m. *Fam.* Mauvaise eau-de-vie.

SCHNOCK adj. et n. → **chnoque.**

SCHNOQUE adj. et n. → **chnoque.**

SCHNORCHEL [chnorkèl] n.m. **(= schnorkel)** Tube permettant à un sous-marin d'aspirer l'air nécessaire à ses moteurs Diesel.

SCHNORKEL n.m. → **schnorchel.**

SCHNOUF n.f. → **chnouf.**

SCHNOUFF n.f. → **chnouf.**

SCHOFAR [chofar] n.m. → **chofar.**

SCHOLIASTE [sko-] n.m. **(= scoliaste)** Auteur de scholies.

SCHOLIE [sko-] n.f. **(= scolie)** *Antiq.* Note grammaticale, critique ou historique sur un texte.

SCHOONER [chouneur] ou [skouneur] n.m. Petit navire à deux mâts.

SCHORRE [chor] n.m. Partie haute des vasières littorales.

SCHPROUM n.m. *Fam.* Bagarre.

SCHUPO [choupô] n.m. *Anc.* Agent de police allemand.

SCHUSS [chous] n.m. et adv. Descente directe, à skis.

SCHWA [chva] n.m. → **chva.**

SCHWYZOIS, E [chvitswa] adj. Du canton de Schwyz (Suisse).

SCIABLE adj.

SCIAGE n.m.

SCIALYTIQUE n.m. (Nom déposé) Dispositif d'éclairage utilisé en chirurgie.

SCIANT, E adj.

SCIAPHILE adj. *Biol.* Qui préfère l'ombre.

SCIATALGIE n.f. Douleur due à une irritation du nerf sciatique.

SCIATIQUE 1. adj. Relatif à la hanche. 2. n.f. Affection du nerf sciatique.

SCIE n.f.

SCIEMMENT adv.

SCIENCE n.f.

SCIÈNE n.f. Poisson osseux, à chair très estimée.

SCIÉNIDÉ n.m. Poisson osseux, type sciène.

SCIENTIFICITÉ n.f.

SCIENTIFIQUE adj. et n.

SCIENTISME n.m. *Philos.* Doctrine professant la puissance absolue de la science.

SCIENTISTE adj. et n.

SCIENTOLOGIE n.f. Doctrine présentée comme une philosophie religieuse appliquée.

SCIENTOLOGUE adj. et n. Relatif à la scientologie.

SCIER v. **15.**

SCIERIE n.f.

SCIEUR, EUSE n.m. et n.f.

SCILLE [sil] n.f. Plante bulbeuse à usage pharmaceutique.

SCINCIDÉ n.m. **(= scincoïde)** Petit reptile saurien, type scinque.

SCINCOÏDE n.m. → **scincidé.**

SCINDER v. **10.**

SCINQUE n.m. Reptile voisin du lézard.

SCINTIGRAMME n.m. *Méd.* Silhouette d'un organe, obtenue par scintigraphie.

SCINTIGRAPHIE n.f. *Méd.* Méthode d'exploration par injection d'une substance radioactive.

SCINTIGRAPHIQUE adj.

SCINTILLANT, E adj.

SCINTILLATEUR n.m. *Phys.* Appareil permettant de détecter des particules par scintillation.

SCINTILLATION n.f.

SCINTILLEMENT n.m.

SCINTILLER v. **(p.p.inv.) 10.**

SCINTILLOGRAMME n.m. → **scintigramme.**

SCINTILLOMÈTRE n.m. *Phys.* Appareil permettant de détecter les radiations.

SCIOGRAPHIE n.f. *Antiq.* Art de peindre les ombres du clair-obscur.

SCION n.m. Jeune branche de l'année. – Extrémité fine d'une canne à pêche.

SCIOTTE n.f. Scie à main des marbriers.

SCIRPE n.m. Plante des lieux humides, à feuilles plates.

SCISSILE adj. (Roche) qui peut être fendue en lamelles.

SCISSION n.f.

SCISSIONNER v. **(p.p.inv.) 10.** Faire scission.

SCISSIONNISME n.m.

SCISSIONNISTE n. et adj. Dissident d'un parti.

SCISSIPARE adj. (Être unicellulaire) qui se reproduit en se divisant.

SCISSIPARITÉ n.f.

SCISSOMÈTRE n.m. Appareil servant à mesurer la cohésion d'un sol.

SCISSURE n.f. *Anat.* Fente naturelle à la surface de certains organes.

SCITAMINALE n.f. Plante monocotylédone, type bananier.

SCIURE n.f.

SCIURIDÉ n.m. Mammifère rongeur, type écureuil.

SCLÉRAL, E, AUX adj. Relatif à la membrane externe du globe oculaire.

SCLÉRANTHE n.m. Plante des lieux rocailleux, à fleurs verdâtres.

SCLÈRE n.f. Blanc de l'œil.

SCLÉRENCHYME n.m. *Bot.* Tissu végétal de soutien.

SCLÉREUX, EUSE adj. *Méd.* Épaissi, fibreux.

SCLÉRODERME n.m. Champignon substitut de la truffe.

SCLÉRODERMIE n.f. Maladie qui durcit la peau.

SCLÉROGÈNE adj. *Méd.* Qui engendre la formation de tissu scléreux.

SCLÉROMÈTRE n.m. Appareil servant à mesurer la dureté des solides.

SCLÉROPHYLLE adj. *Bot.* Qui a des feuilles dures, bien adaptées à la sécheresse.

SCLÉROPROTÉINE n.f. Protéine peu soluble dans l'eau.

SCLÉROSANT, E adj.

SCLÉROSE n.f. *Méd.* Induration pathologique. – Incapacité à s'adapter.

SCLÉROSER v. **10.**

SCLÉROTE n.m. Tubercule souterrain de certains champignons.

SCLÉROTHÉRAPIE n.f. Traitement des varices.

SCLÉROTIQUE n.f. Membrane externe du globe oculaire.

SCOLAIRE adj. et n.m.

SCOLAIREMENT adv.

SCOLARISABLE adj.

SCOLARISATION n.f.

SCOLARISER v. **10.**

SCOLARITÉ n.f.

SCOLASTICAT n.m. Maison où les jeunes religieux font leurs études de théologie.

SCOLASTIQUE 1. adj. et n.f. (Philosophie) fondée sur la logique formelle. 2. n.m. Philosophe scolastique.

SCOLEX n.m. Extrémité antérieure du tænia.

SCOLIASTE n.m. → **scholiaste.**

SCOLIE n.f. → **scholie.**

SCOLIOSE n.f. Déviation de la colonne vertébrale.

SCOLIOTIQUE adj. et n.

SCOLOPACIDÉ n.m. Échassier, type bécasse.

SCOLOPENDRE n.f. Fougère à feuilles en fer de lance. – Mille-pattes des régions chaudes.

SCOLYME n.m. Plante à racines comestibles ressemblant à un chardon.

SCOLYTE n.m. Coléoptère creusant des galeries sous l'écorce des arbres.

SCOMBRIDÉ n.m. Poisson osseux de haute mer, type thon.

SCONE [skôn] n.m. Petit gâteau anglais.

SCONSE [sk-on-s] n.m. **(= skons, skunks, skuns)** Fourrure de la moufette.

SCOOP [skoup] n.m. Information importante donnée en exclusivité.

SCOOTER n.m.

SCOOTÉRISTE n.

SCOPA n.f. Jeu de cartes italien.

SCOPE n.m. (Nom déposé) *Fam.* CinémaScope.

SCOPIE n.f. *Méd., Fam.* Radioscopie.

SCOPITONE n.m. (Nom déposé) *Anc.* Jukebox avec projection de petits films.

SCOPOLAMINE n.f. *Pharm.* Alcaloïde extrait de la mandragore.

SCORBUT [-t] n.m. Maladie due à une carence en vitamines C.

SCORBUTIQUE adj. et n.

SCORE n.m.

SCORER v. **10.** *Sp.* Marquer (un point, un but).

SCOREUR, EUSE n.

SCORIACÉ, E adj. De la nature des scories.

SCORIE n.f. Résidu solide d'opérations métallurgiques.

SCORIFIER v. **15.** Réduire en scories.

SCORPÈNE n.f. *Zool.* Poisson venimeux comestible (rascasse).

SCORPÉNIDÉ n.m. Poisson, type scorpène.

SCORPIOÏDE adj. (Inflorescence) dont les rameaux floraux sont tous du même côté.

SCORPION n.m.

SCORPIONIDE n.m. Arthropode, type scorpion.

SCORSONÈRE n.f. Variété de salsifis.

SCORZONÈRE n.f. → **scorsonère.**

SCOTCH (pl. **SCOTCHES** ou **SCOTCHS**) n.m. Whisky écossais.

SCOTCH n.m. (Nom déposé) Ruban adhésif.

SCOTCHER v. **10.** Coller avec du Scotch.

SCOTCHES → **scotch.**

SCOTIE n.f. *Arch.* Moulure concave à la base d'une colonne.

SCOTISME n.m. Doctrine du théologien Duns Scot (XIIIe s.).

SCOTISTE adj. et n.

SCOTOME n.m. *Méd.* Tache apparaissant dans le champ visuel.

SCOTOMISATION n.f.

SCOTOMISER v. **10.** *Psych.* Faire disparaître du champ de la conscience.

SCOTOPIE n.f. Vision nocturne.

SCOTOPIQUE adj.

SCOTTISH n.f. Danse écossaise.

SCOUBIDOU n.m. Tresse de lacets en plastique.

SCOUMOUNE n.f. *Arg.* Malchance.

SCOURED [skaourèd] n.m. Laine lavée directement sur le dos du mouton.

SCOUT, SCOUTE adj. et n.

SCOUTISME n.m.

SCRABBLE n.m. (Nom déposé).

SCRABBLER v. **(p.p.inv.) 10.**

SCRABBLESQUE adj.

SCRABBLEUR, EUSE n.

SCRAMASAXE n.m. *Hist.* Arme de guerre des Francs.

SCRAPBOOK [ou] n.m. Album souvenir comportant des photos, des dessins, du texte.

SCRAPBOOKING [ou] n.m. Confection d'un scrapbook.

SCRAPER [skrapeur] n.m. (= **scrapeur**) Engin de terrassement.

SCRAPEUR n.m. → **scraper.**

SCRAPIE n.f. Maladie du mouton.

SCRATCH (pl. **SCRATCHES** ou **SCRATCHS**) 1. adj. et n.m. *Sp.* Qui ne bénéficie d'aucun handicap. 2. n.m. Mouvement rythmique du chanteur de rap.

SCRATCHER v. **10.** *Sp.* Éliminer (un concurrent absent).

SCRATCHES → **scratch.**

SCRATCHING n.m. → **scratch** 2.

SCRIBAN n.m. (= **scribanne**) Secrétaire à tiroirs, surmonté d'un corps d'armoire.

SCRIBANNE n.f. → **scriban.**

SCRIBE n.m.

SCRIBOUILLAGE n.m.

SCRIBOUILLARD, E n. *Péj.* Employé aux écritures.

SCRIBOUILLER v. **10.**

SCRIBOUILLEUR, EUSE n. Écrivain médiocre.

SCRIPOPHILE n.

SCRIPOPHILIE n.f. Collection d'actions qui ne sont plus cotées en Bourse.

SCRIPT n.m. Document financier. – Type d'écriture simplifiée. – Scénario de film.

SCRIPTE n. *Cin.* Personne qui note tous les détails relatifs à chaque prise de vues.

SCRIPTEUR, TRICE n. *Ling.* Auteur d'un message écrit, par opposition à *locuteur.*

SCRIPTOPHILE n.

SCRIPTOPHILIE n.f. Collection d'actions cotées en Bourse.

SCRIPTORIUM n.m. *Hist.* Dans un monastère, atelier de réalisation de manuscrits.

SCRIPTURAIRE adj. Relatif à l'Écriture sainte.

SCRIPTURAL, E, AUX adj. *Ling.* Relatif à l'écriture.

SCROFULAIRE n.f. Plante du bord des eaux.

SCROFULARIACÉE n.f. Plante, type scrofulaire.

SCROFULE n.f. Inflammation d'origine tuberculeuse (écrouelles).

SCROFULEUX, EUSE adj. et n.

SCROGNEUGNEU, X 1. n.m. Vieux bougon. 2. interj.

SCROTAL, E, AUX adj. Relatif au scrotum.

SCROTUM n.m. *Anat.* Enveloppe cutanée des testicules.

SCRUB [skreub] n.m. Brousse épaisse d'Australie.

SCRUBBER [skreubeur] n.m. Tour d'épuration de gaz.

SCRUPULE n.m.

SCRUPULEUSEMENT adv.

SCRUPULEUX, EUSE adj.

SCRUTATEUR, TRICE adj. et n.

SCRUTATION n.f. *Inf.* Opération d'enregistrement d'un texte par un lecteur optique.

SCRUTER v. **10.**

SCRUTIN n.m.

SCULL [skeul] n.m. *Sp.* Embarcation pour des rameurs tenant un aviron dans chaque main.

SCULPTAGE n.m.

SCULPTER v. **10.**

SCULPTEUR (f. **SCULPTEURE**, **SCULPTEUSE** ou **SCULPTRICE**) n.

SCULPTURAL, E, AUX adj.

SCULPTURE n.f.

SCUTA | → **scutum.**

SCUTELLAIRE n.f. Plante herbacée des lieux humides.

SCUTIFORME adj. En forme d'écusson.

SCUTUM (pl. **SCUTA** ou **SCUTUMS**) n.m. *Antiq. rom.* Bouclier. – *Zool.* Partie du thorax des insectes.

SCYLIORHINIDÉ [si-] n.m. Requin, type roussette.

SCYLLARE n.m. Crustacé décapode marin.

SCYPHOMÉDUSE [si-] n.f. Grande méduse urticante.

SCYPHOZOAIRE [si-] n.m. → **scyphoméduse.**

SCYTHE [sit] adj. *Antiq.* Relatif aux Scythes, peuple du sud de la Russie actuelle.

SCYTHIQUE [si-] adj. → **scythe.**

SE pr.pers.

SEABORGIUM [siborgyom] n.m. Élément chimique artificiel.

SÉANCE n.f.

SÉANT, E adj. et n.m.

SEAU, X n.m.

SÉBACÉ, E adj. Relatif au sébum.

SÉBASTE n.m. Poisson des mers tempérées, type rascasse.

SÉBILE n.f. Écuelle de bois.

SEBKA n.f. (= **sebkha, sebkra**) *Géogr.* Lac d'eau salée, dans les régions désertiques.

SEBKHA n.f. → **sebka.**

SEBKRA n.f. → **sebka.**

SÉBORRHÉE n.f. Hypersécrétion de sébum.

SÉBORRHÉIQUE adj.

SÉBUM n.m. Sécrétion grasse des glandes cutanées.

SEC, SÈCHE adj., n.m., n.f. et adv.

SÉCABLE adj. Qui peut être coupé.

SECAM [sé-] n.m. Procédé français de télévision en couleurs.

SÉCANT, E adj. et n.f. *Math.* Qui coupe (une ligne, un plan).

SÉCATEUR n.m.

SECCO n.m. *Afr.* Palissade faite de tiges tressées.

SÉCESSION n.f.

SÉCESSIONNISME n.m.

SÉCESSIONNISTE adj. et n.

SÉCHAGE n.m.

SÉCHANT, E adj.

SÈCHE → **sec.**

SÈCHEMENT adv.

SÉCHER v. **12.**

SÉCHERESSE n.f.

SÉCHERIE n.f. Lieu où l'on sèche certaines marchandises.

SÉCHEUR, EUSE n. Dispositif de séchage.

SÉCHOIR n.m.

SECOND, E adj., n.m. et n.f.

SECONDAIRE adj. et n.m.

SECONDAIREMENT adv.

SECONDANT, E n. Aux échecs, assistant d'un champion.

SECONDARITÉ n.f.

SECONDEMENT adv.

SECONDER v. **10.**

SECONDO [g] n.m. *Helv.* Immigré de deuxième génération.

SECOUAGE n.m.

SECOUEMENT n.m.

SECOUER v. **10.**

SECOUEUR, EUSE n. Crible d'une batteuse qui récupère les grains restés dans la paille.

SECOURABLE adj. Qui porte volontiers secours.

SECOUREUR, EUSE adj. et n. Qui aime secourir.

SECOURIR v. **51.**

SECOURISME n.m.

SECOURISTE n.

SECOURS n.m.

SECOUSSE n.f.

SECRET, ÈTE adj. et n.m.

SECRÉTAGE n.m. *Techn.* Frottage des peaux pour faciliter le feutrage.

SECRÉTAIRE n.

SECRÉTAIRERIE n.f.

SECRÉTARIAT n.m.

SECRÈTEMENT adv.

SECRÉTER v. **12.** *Techn.* Frotter (une peau) avec une solution de nitrate de mercure.

SÉCRÉTER v. **12.** Produire par sécrétion.

SECRÉTEUR n.m. Ouvrier qui pratique le secrétage.

SÉCRÉTEUR (f. **SÉCRÉTEUSE** ou **SÉCRÉTRICE**) adj. Qui sert à la sécrétion.

SÉCRÉTINE n.f. Hormone intervenant dans le système digestif.

SÉCRÉTION n.f.

SÉCRÉTOIRE adj. Relatif à la sécrétion.

SECTAIRE adj. et n. Intolérant.

SECTARISME n.m.

SECTATEUR, TRICE n. Adepte d'une secte.

SECTE n.f.

SECTEUR n.m.

SECTION n.f.

SECTIONNAIRE n. Sous la Révolution française, nom donné aux membres des sections de Paris.

SECTIONNEMENT n.m.

SECTIONNER v. **10.**

SECTIONNEUR n.m. Appareil permettant d'interrompre un circuit électrique.

SECTORIEL, ELLE adj. Relatif à un secteur.

SECTORIELLEMENT adv.

SECTORISATION n.f.

SECTORISER v. **10.** Répartir en secteurs.

SÉCU n.f. *Fam.* Sécurité sociale.

SÉCULAIRE adj.

SÉCULAIREMENT adv.

SÉCULARISATION n.f.

SÉCULARISER v. **10.** Rendre à la vie laïque.

SÉCULARITÉ n.f. État du prêtre séculier.

SÉCULIER, ÈRE adj. et n.m. Laïque. – (Clergé) qui n'appartient pas à un ordre religieux.

SÉCULIÈREMENT adv.

SECUNDO [seg-on-dô] adv.

SÉCURISANT, E adj.

SÉCURISATION n.f.

SÉCURISER v. **10.**

SECURIT [sékurit] n.m. (Nom déposé) Verre de sécurité.

SÉCURITAIRE adj.

SÉCURITÉ n.f.

SEDAN n.m. Drap fin et uni, fabriqué à Sedan.

SÉDATIF, IVE adj. et n.m. *Pharm.* Qui calme.

SÉDATION n.f. *Méd.* Apaisement.

SÉDENTAIRE adj. et n.

SÉDENTAIREMENT adv.

SÉDENTARISATION n.f.

SÉDENTARISER v. **10.**

SÉDENTARITÉ n.f.

SÉDIMENT n.m. *Géol.* Dépôt formé par les agents d'érosion. – Dépôt dans un liquide.

SÉDIMENTAIRE adj.

SÉDIMENTATION n.f. Dépôt de sédiments.

SÉDIMENTER (SE) v. **10.** Se déposer.

SÉDIMENTOLOGIE n.f.

SÉDIMENTOLOGUE n.

SÉDITIEUSEMENT adv.

SÉDITIEUX, EUSE adj. et n.

SÉDITION n.f. Révolte contre une autorité établie.

SÉDON n.m. **(= sédum)** Plante à feuilles charnues (orpin).

SÉDUCTEUR, TRICE adj. et n.

SÉDUCTION n.f.

SÉDUIRE v. **135.**

SÉDUISANT, E adj.

SÉDUM [sédom] n.m. → **sédon.**

SÉDUNOIS, E adj. De Sion (Suisse).

SEERSUCKER [sirseukeur] n.m. Tissu de coton légèrement gaufré.

SÉFARADE n. et adj. **(= sefardi, sépharade)** Juif des pays méditerranéens.

SEFARDI (pl. **SEFARDIM** ou **SEFARDIS**) [sé-] n. et adj. → **séfarade.**

SEFARDIM ‖ → **sefardi.**

SEFIROT ‖ [séfirot] n.f.pl. Dans la kabbale, manifestations de l'essence divine.

SÉGA n.m. Musique de l'île Maurice et de la Réunion.

SÉGALA n.m. Terre à seigle, sur les plateaux du Massif central.

SÉGATIER, ÈRE n. Compositeur, chanteur ou danseur de séga.

SEGHIA [ségya] n.f. **(= seguia)** Canal d'irrigation, en Afrique du Nord.

SEGMENT n.m.

SEGMENTAIRE adj.

SEGMENTAL, E, AUX adj. *Ling.* Relatif à un segment de la langue parlée.

SEGMENTATION n.f.

SEGMENTER v. **10.**

SÉGOVIEN, ENNE adj. De Ségovie (Espagne).

SÉGRAIRIE n.f. Possession indivise d'un bois.

SÉGRAIS n.m. Bois isolé, exploité à part.

SÉGRÉGABILITÉ n.f. *Techn.* Tendance qui pousse les grains les plus gros d'un mélange à se séparer sous l'action de la pesanteur.

SÉGRÉGATIF, IVE adj. Qui favorise la ségrégation.

SÉGRÉGATION n.f.

SÉGRÉGER v. **17 (= ségréguer)** Mettre à l'écart.

SÉGRÉGUER v. **10.** → **ségréger.**

SÉGUEDILLE n.f. Chanson et danse populaires espagnoles.

SEGUIA [ségya] n.f. → **seghia.**

SEGUIDILLA [ségidiya] n.f. → **séguedille.**

SEHTAR [sétar] n.m. **(= setar)** Petit luth iranien.

SEICHE n.f. Mollusque à tentacules. – Oscillation du niveau d'eau d'un lac.

SÉIDE n.m. Homme d'un dévouement aveugle et fanatique.

SEIGLE n.m.

SEIGNEUR n.m.

SEIGNEURIAGE n.m. *Hist.* Droit du seigneur de battre monnaie.

SEIGNEURIAL, E, AUX adj.

SEIGNEURIE n.f. Autorité d'un seigneur.

SEILLE n.f. *Vx.* Grand récipient en bois.

SEILLON n.m. *Vx.* Petit baquet peu profond.

SEIME [sèm] n.f. *Vét.* Maladie du sabot du cheval.

SEIN n.m.

SEINE n.f. **(= senne)** Filet de pêche.

SEING n.m. *Dr.* Signature.

SEINOMARIN, E adj. De Seine-Maritime.

SÉISMAL, E, AUX adj. **(= sismal)** (Ligne) qui suit l'ordre d'ébranlement, dans un séisme.

SÉISME n.m.

SÉISMICITÉ n.f. **(= sismicité)** Fréquence des tremblements de terre.

SÉISMIQUE adj. **(= sismique).**

SÉISMOGRAMME n.m.

SÉISMOGRAPHE n.m. Instrument qui enregistre les mouvements de l'écorce terrestre.

SÉISMOLOGIE n.f. Étude des tremblements de terre.

SEIZAIN n.m. Poème, strophe de seize vers.

SEIZE ‖ adj.num.card.

SEIZIÈME adj.num.ord.

SEIZIÈMEMENT adv.

SEIZIÉMISME n.m. Étude du XVIe siècle littéraire français.

SÉJOUR n.m.

SÉJOURNER v. **(p.p.inv.) 10.**

SEL n.m.

SÉLACIEN, ENNE n.m. et adj. Poisson marin à squelette cartilagineux, type requin.

SÉLAGINELLE n.f. Plante des forêts tropicales.

SÉLANDIEN, ENNE n.m. et adj. *Géol.* Étage du paléocène.

SÉLECT, E adj.

SÉLECTER v. **10.** Sélectionner.

SÉLECTEUR, TRICE adj. et n.m.

SÉLECTIF, IVE adj.

SÉLECTION n.f.

SÉLECTIONNABLE adj.

SÉLECTIONNER v. **10.**

SÉLECTIONNEUR, EUSE n.

SÉLECTIONNISME n.m. *Biol.* Théorie selon laquelle l'évolution se fait par sélection naturelle.

SÉLECTIVEMENT adv.

SÉLECTIVITÉ n.f.

SÉLÉNATE n.m. **(= séléniate)** Sel de l'acide sélénique.

SÉLÈNE adj. Relatif à la Lune.

SÉLÉNHYDRIQUE adj.m. (Acide) dérivé du sélénium.

SÉLÉNIATE n.m. → **sélénate.**

SÉLÉNIÉ, E adj. Qui contient du sélénium.

SÉLÉNIEN, ENNE 1. adj. Relatif à la Lune. 2. n. Habitant supposé de la Lune.

SÉLÉNIEUX, EUSE adj. (Acide, oxyde) dérivé du sélénium.

SÉLÉNIQUE adj. (Acide, oxyde) dérivé du sélénium.

SÉLÉNITE 1. n. Habitant supposé de la Lune. 2. n.m. Sel de l'acide sélénieux.

SÉLÉNITEUX, EUSE adj. Qui contient du sulfate de calcium.

SÉLÉNIUM n.m. Corps simple solide, analogue au soufre.

SÉLÉNIURE n.m. Combinaison du sélénium avec un corps simple.

SÉLÉNODONTE adj. (Ruminant) dont les molaires présentent des lobes en forme de croissant.

SÉLÉNOGRAPHIE n.f. Description de la surface de la Lune.

SÉLÉNOGRAPHIQUE adj.

SÉLÉNOLOGIE n.f. Étude de la Lune.

SÉLÉNOLOGUE n.

SÉLEUCIDE adj. D'une dynastie hellénistique (du IVe au Ier s. av. J.-C.).

SELF n.m. Restaurant self-service.

SELLAGE n.m.

SELLE n.f.

SELLER v. **10.**

SELLERIE n.f.

SELLETTE n.f. Petit siège de bois sur lequel on faisait s'asseoir un accusé.

SELLIER n.m. Fabricant et marchand de selles.

SELON prép.

SELTZ [sèls] n.f. *Eau de Seltz :* eau gazeuse acidulée.

SELVA n.f. **(= selve)** Forêt vierge équatoriale.

SELVE n.f. → **selva.**

SEMAILLE n.f. Action de semer.

SEMAINE n.f.

SEMAINIER, ÈRE 1. n. Personne qui assure un service pendant une semaine. 2. n.m. Agenda.

SÉMANTÈME n.m. *Ling.* Élément du mot porteur de son contenu sémantique.

SÉMANTICIEN, ENNE n.

SÉMANTIQUE adj. et n.f. *Ling.* Qui a trait au sens.

SÉMANTIQUEMENT adv.

SÉMANTISME n.m. Sens contenu dans une unité linguistique.

SÉMAPHORE n.m. Dispositif qui permet de communiquer par signaux optiques.

SÉMAPHORIQUE adj.

SÉMAPHORISTE n.

SÉMASIOLOGIE n.f. *Ling.* Étude des significations.

SÉMASIOLOGIQUE adj.

SEMBLABLE adj. et n.

SEMBLABLEMENT adv.

SEMBLANT n.m.

SEMBLER v. **(p.p.inv.) 10.**

SÈME n.m. *Ling.* Unité minimale de signification.

SÉMÉIOLOGIE n.f. *Méd.* Étude des symptômes des maladies.

SÉMÉIOLOGIQUE adj.

SÉMÉIOTIQUE n.f. et adj. → **sémiotique.**

SEMELAGE n.m. Dessous d'une chaussure.

SEMELLE n.f.

SÉMÈME n.m. *Ling.* Ensemble des sèmes constituant le sens d'un mot.

SEMENCE n.f.

SEMENCIER, ÈRE 1. adj. Relatif aux semences. 2. n.m. Producteur ou vendeur de semences.

SEMER v. **11.**

SEMESTRE n.m.

SEMESTRIEL, ELLE adj.

SEMEUR, EUSE n.

SÉMILLANT, E adj. *Litt.* Vif et gai.

SÉMILLON n.m. Cépage blanc du Bordelais.

SÉMINAIRE n.m.

SÉMINAL, E, AUX adj. Relatif à la semence.

SÉMINARISTE n.m.

SÉMINIFÈRE adj. *Anat.* Qui conduit le sperme.

SEMINOLE [sé-] adj. D'un peuple amérindien.

SÉMINOME n.m. Tumeur maligne du testicule.

SÉMIOLOGIE n.f. *Méd.* Étude des symptômes des maladies. – *Ling.* Science des signes.

SÉMIOLOGIQUE adj.

SÉMIOLOGUE n.

SÉMIOMÉTRIE n.f. Méthode d'analyse de la personnalité fondée sur l'étude des réactions à une sélection de mots.

SÉMIOTICIEN, ENNE n.

SÉMIOTIQUE n.f. et adj. *Ling.* Science des signes.

SÉMIQUE adj. *Ling.* Relatif au sème.

SEMIS n.m.

SÉMITE adj. et n. Qui appartient au groupe ethnique dont l'ancêtre serait Sem, fils de Noé.

SÉMITIQUE adj.

SÉMITISANT, E n. Personne qui étudie les langues et les civilisations sémitiques.

SÉMITISME n.m. Ensemble des caractères propres aux Sémites.

SEMNOPITHÈQUE n.m. Grand singe d'Asie.

SEMOIR n.m.

SEMONCE n.f.

SEMONCER v. **13.** Réprimander.

SEMOULE n.f.

SEMOULERIE n.f. Usine où l'on fabrique des semoules.

SEMOULIER, ÈRE n.

SEMPERVIRENT, E [s-in-pèrvir-an] adj. *Bot.* Toujours vert.

SEMPERVIVUM [s-in-pèrvivom] n.m. *Bot.* Joubarbe.

SEMPITERNEL, ELLE adj. Éternel.

SEMPLE [s-an-pl] n.m. Ensemble de cordes tendues d'un métier à tisser.

SEMTEX n.m. (Nom déposé) Explosif.

SEN n.m. Unité monétaire divisionnaire du Japon.

SÉNAIRE n.m. Vers latin de six pieds.

SÉNARMONTITE n.f. Oxyde naturel d'antimoine.

SÉNAT n.m.

SÉNATEUR, TRICE n.

SÉNATORERIE n.f. Dotation accordée à un sénateur, sous Napoléon.

SÉNATORIAL, E, AUX adj.

SENAU (pl. **SENAUS** ou **SENAUX**) [senô] n.m. Ancien navire à deux mâts.

SÉNÉ n.m. Légumineuse dont on extrait une drogue laxative.

SÉNÉCHAL, AUX n.m. *Hist.* Officier de la cour.

SÉNÉCHAUSSÉE n.f. Étendue de la juridiction d'un sénéchal.

SÉNEÇON [sèns-on] n.m. Plante herbacée (mauvaise herbe).

SÉNÉGALAIS, E adj.

SÉNÉGALI n.m. Petit passereau africain.

SÉNÉGALISATION n.f.

SÉNÉGALISER v. **10.** Rendre sénégalais.

SÉNÉGALISME n.m. Expression propre au français du Sénégal.

SÉNÉGAMBIEN, ENNE adj. *Hist.* De Sénégambie. – Qui concerne le Sénégal et la Gambie.

SENELLIER n.m. → **cenellier.**

SÉNESCENCE n.f. *Méd.* Vieillissement normal de l'organisme.

SÉNESCENT, E adj.

SÉNESTRE adj. *Zool.* (Coquille) qui s'enroule vers la gauche.

SÉNESTRÉ, E adj. *Hér.* Accompagné d'une pièce secondaire du côté gauche de l'écu.

SÉNESTROCHÈRE [ch] ou [k] n.m. *Hér.* Bras gauche représenté sur un écu.

SÉNESTRORSUM ǀ adj. et adv. Qui va dans le sens contraire à celui des aiguilles d'une montre.

SÉNEVÉ [sènvé] n.m. → **sanve.**

SÉNEVOL [sènvol] n.m. Nom générique d'éthers à base de soufre, d'azote et de carbone.

SÉNILE adj.

SÉNILISME n.m. Vieillissement prématuré.

SÉNILITÉ n.f.

SENIOR adj. et n.

SÉNIORAT n.m. *Hist.* Qualité d'aîné.

SÉNIORIE n.f. *Belg.* Maison de retraite.

SÉNIORITÉ n.f. *Ethn.* Prééminence fondée sur l'ancienneté.

SENNE n.f. → **seine.**

SENNEUR n.m. Chalutier qui utilise des sennes.

SÉNOLOGIE n.f. *Méd.* Étude des maladies du sein.

SÉNOLOGUE n.

SÉNONAIS, E adj. De Sens.

SÉNONIEN, ENNE n.m. et adj. *Géol.* Groupement d'étages du crétacé supérieur.

SEÑORITA n.m. Petit cigare.

SÉNOUFO adj. D'un peuple de Côte d'Ivoire, du Mali et du Burkina.

SENS n.m.

SENSA adj. (**= sensas, sensass**) *Fam.* Sensationnel.

SENSAS adj. → **sensa.**

SENSASS adj. → **sensa.**

SENSATION n.f.

SENSATIONNEL, ELLE adj. et n.m.

SENSATIONNISME n.m. → **sensualisme.**

SENSATIONNISTE adj. et n.

SENSÉ, E adj.

SENSÉMENT adv.

SENSEUR n.m. *Techn.* Capteur.

SENSIBILISANT, E adj. et n.m.

SENSIBILISATEUR, TRICE adj. et n.m.

SENSIBILISATION n.f.

SENSIBILISER v. **10.**

SENSIBILITÉ n.f.

SENSIBLE adj.

SENSIBLEMENT adv.

SENSIBLERIE n.f.

SENSILLE [-iy] n.f. Poil d'insecte sensible à certaines vibrations.

SENSITIF, IVE adj. et n. Qui conduit l'influx nerveux sensoriel vers le cerveau. – D'une sensibilité excessive.

SENSITIVITÉ n.f.

SENSITOMÈTRE n.m.

SENSITOMÉTRIE n.f. *Phot.* Étude des propriétés des surfaces sensibles.

SENSITOMÉTRIQUE adj.

SENSORIALITÉ n.f.

SENSORIEL, ELLE adj.

SENSORIMÉTRIE n.f. *Psych.* Mesure de la sensation.

SENSORIMÉTRIQUE adj.

SENSORIMOTEUR, TRICE adj. *Physiol.* Qui concerne à la fois les fonctions sensorielles et la motricité.

SENSUALISME n.m. *Philos.* Doctrine selon laquelle toutes nos connaissances proviennent de nos sensations.

SENSUALISTE adj. et n.

SENSUALITÉ n.f.

SENSUEL, ELLE adj. et n.

SENSUELLEMENT adv.

SENTE n.f. Petit sentier.

SENTENCE n.f.

SENTENCIEUX, EUSE adj.

SENTEUR n.f.

SENTIER n.m.

SENTIMENT n.m.

SENTIMENTAL, E, AUX adj. et n.

SENTIMENTALISME n.m.

SENTIMENTALISTE adj.

SENTIMENTALITÉ n.f.

SENTINE n.f. *Mar.* Partie de la cale où s'amassent les eaux.

SENTINELLE n.f.

SENTIR v. **44.**

SEOIR v. déf. (**séant, seyaient, seyait, seyant, sied, siée, siéent, siéra, siéraient, siérait, siéront**) Convenir.

SÉOUDIEN, ENNE adj. → **saoudien.**

SÉOUDITE adj. → **saoudite.**

SÉOULIEN, ENNE adj. De Séoul (Corée du Sud).

SEP n.m. Pièce de la charrue qui porte le soc.

SÉPALE n.m. *Bot.* Pièce du calice d'une fleur.

SÉPALOÏDE adj. *Bot.* En forme de sépale.

SÉPARABILITÉ n.f.

SÉPARABLE adj.

SÉPARATEUR, TRICE adj. et n.m.

SÉPARATIF, IVE adj.

SÉPARATION n.f.

SÉPARATISME n.m.

SÉPARATISTE adj. et n.

SÉPARÉMENT adv.

SÉPARER v. **10.**

SÉPHARADE n. et adj. → **séfarade.**

SÉPIA n.f. et adj. Liquide sécrété par la seiche. – Matière colorante.

SÉPIOLE n.f. Petite seiche comestible.

SÉPIOLITE n.f. Silicate naturel de magnésium.

SEPPUKU [sépoukou] n.m. Au Japon, suicide par éventration.

SEPS [sèps] n.m. Lézard à pattes très courtes.

SEPSIS [-s] n.m. Septicémie.

SEPT ❙ adj.num.card.

SEPTAIN [sèt-in] n.m. Poème, strophe de sept vers.

SEPTAL, E, AUX [sèptal] adj. Relatif à un septum.

SEPTANTAINE n.f. *Belg.*, *Helv.* Soixante-dix environ.

SEPTANTE ❙ adj.num.card. *Belg.*, *Helv.* Soixante-dix.

SEPTANTIÈME adj.num.ord.

SEPTEMBRAL, E, AUX adj. De septembre.

SEPTEMBRE n.m.

SEPTEMBRISADES n.f.pl. Massacre de prisonniers dans les prisons parisiennes en septembre 1792.

SEPTEMBRISEUR n.m. Personne qui prit part aux septembrisades.

SEPTEMVIR n.m. *Antiq. rom.* Membre d'une commission chargée du partage des terres.

SEPTÉNAIRE n.m. Durée de sept jours.

SEPTENNAL, E, AUX adj. Qui dure sept ans.

SEPTENNALITÉ n.f.

SEPTENNAT n.m.

SEPTENTRION n.m. *Litt.* Le Nord.

SEPTENTRIONAL, E, AUX adj.

SEPTET [-èt] n.m. (**= septette**) Orchestre de jazz de sept musiciens.

SEPTETTE n.m. → **septet.**

SEPTICÉMIE n.f. Maladie causée par la généralisation d'une infection.

SEPTICÉMIQUE adj.

SEPTICITÉ n.f. Caractère septique.

SEPTICOPYOHÉMIE n.f. Forme de septicémie accompagnée d'abcès.

SEPTIDI n.m. Septième jour de la décade, dans le calendrier républicain.

SEPTIÈME adj.num.ord.

SEPTIÈMEMENT adv.

SEPTILIEN, ENNE adj. De Sept-Îles (Québec).

SEPTIME n.f. Position de l'arme, en escrime.

SEPTIMO adv. Septièmement.

SEPTIQUE adj. Qui cause une infection.

SEPTMONCEL [sèm-on-sèl] n.m. Fromage du Jura.

SEPTOLET n.m. *Mus.* Groupe de sept notes.

SEPTOMYCÈTE n.m. Champignon, type ascomycète.

SEPTUAGÉNAIRE adj. et n.

SEPTUAGÉSIME n.f. *Rel.* Période de soixante-dix jours avant Pâques.

SEPTUM [sèptom] n.m. *Anat.* Cloison séparant deux cavités.

SEPTUOR n.m. *Mus.* Composition à sept parties.

SEPTUPLE adj. et n.m.

SEPTUPLER v. **10.** Multiplier par sept.

SÉPULCRAL, E, AUX adj.

SÉPULCRE n.m. *Litt.* Tombeau.

SÉPULTURE n.f.

SÉQUANAIS, E [kw] adj. D'un peuple de la Gaule.

SÉQUANE [kw] adj. → **séquanais.**

SÉQUANIEN, ENNE [kw] adj. → **séquanais.**

SÉQUELLE n.f.

SÉQUENÇAGE n.m.

SÉQUENCE n.f.

SÉQUENCER v. **13.** *Biochim.* Analyser (une protéine) pour déterminer l'ordre d'enchaînement de ses acides aminés.

SÉQUENCEUR n.m. *Inf.* Organe de commande d'un ordinateur.

SÉQUENTIEL, ELLE adj.

SÉQUESTRATION n.f.

SÉQUESTRE n.m.

SÉQUESTRER v. **10.**

SEQUIN n.m. Ancienne monnaie d'or de Venise.

SÉQUOIA [sékoya] n.m. Conifère de grande taille.

SÉRAC n.m. Chaos de blocs de glace, sur un glacier.

SÉRAIL n.m. Palais du sultan dans l'Empire ottoman.

SÉRAN n.m. Instrument qui sert à sérancer.

SÉRANÇAGE n.m.

SÉRANCER v. **13.** Diviser (le lin) pour le filer.

SÉRANCEUR, EUSE n.

SÉRANÇOIR n.m. → **séran.**

SÉRANCOLIN n.m. Marbre des Pyrénées.

SÉRAPÉUM n.m. *Archéol.* Nécropole des taureaux Apis, en Égypte.

SÉRAPHIN, E 1. n.m. Ange. 2. adj. *Québ.* Avare.

SÉRAPHIQUE adj. Propre aux séraphins. – Angélique.

SERBE adj.

SERDAB n.m. *Archéol.* Salle qui contient les statues du mort, dans les tombes égyptiennes.

SERDEAU, X n.m. *Hist.* Officier de bouche à la table du roi de France.

SÉRÉ n.m. *Helv.* Fromage blanc, maigre et compact.

SEREIN, E adj.

SEREINEMENT adv.

SÉRÉNADE n.f.

SÉRENDIPITÉ n.f. Découverte scientifique accidentelle.

SÉRÉNISSIME adj. Titre donné à certains princes.

SÉRÉNITÉ n.f.

SÉRÈRE adj. D'un peuple du Sénégal.

SÉRÉSIEN, ENNE adj. De Seraing (Belgique).

SÉREUX, EUSE adj. Qui a les caractères du sérum ou de la sérosité.

SERF, SERVE adj. et n. *Féod.* Qui dépend d'un seigneur.

SERFOUAGE n.m.

SERFOUETTE n.f. Outil de jardinier.

SERFOUIR v. **40.** Sarcler à la serfouette.

SERFOUISSAGE n.m. → **serfouage.**

SERGE n.f. Tissu léger de laine.

SERGÉ n.m. Armure pour le tissage d'étoffes à côtes obliques.

SERGENT, E n.

SERGETTE n.f. Petite serge.

SERIAL, S [sé-] n.m. Feuilleton télévisé.

SÉRIALISME n.m. Caractère de la musique sérielle.

SÉRIALITÉ n.f. *Philos.* Selon Sartre, situation de séparation entre les hommes.

SÉRIATION n.f. Action de sérier.

SÉRICICOLE adj.

SÉRICICULTEUR, TRICE n.

SÉRICICULTURE n.f. Élevage des vers à soie.

SÉRICIGÈNE adj. Qui produit de la soie.

SÉRICIGRAPHIE n.f. → **sérigraphie.**

SÉRICINE n.f. Protéine gélatineuse de la soie.

SÉRICITE n.f. Variété de mica blanc.

SÉRIE n.f.

SÉRIEL, ELLE adj. Qui forme une série.

SÉRIER v. **15.** Classer.

SÉRIEUSEMENT adv.

SÉRIEUX, EUSE adj. et n.m.

SÉRIGRAPHIE n.f. Procédé d'impression à l'aide d'une trame de soie.

SÉRIGRAPHIER v. **15.**

SÉRIGRAPHIQUE adj.

SERIN, E n. Petit oiseau. – Niais.

SÉRINE n.f. Acide aminé constitutif des protéines.

SERINER v. **10.**

SERINETTE n.f. Boîte à musique pour susciter le chant des oiseaux.

SERINGA n.m. (= **seringat**) Arbuste à fleurs blanches odorantes.

SERINGAGE n.m. Arrosage en pluie fine.

SERINGAT n.m. → **seringa.**

SERINGUE n.f.

SERINGUEIRO [séringwérô] n.m. → **seringuero.**

SERINGUER v. **10.** Arroser avec une seringue.

SERINGUERO [séringwérô] n.m. Ouvrier qui récolte le caoutchouc, au Brésil.

SÉRIOLE n.f. Grand poisson de mer.

SÉRIQUE adj. Relatif au sérum sanguin.

SERLIENNE n.f. *Arch.* Type de triplet, ensemble de trois baies.

SERMENT n.m.

SERMON n.m.

SERMONNAIRE n.m. Recueil de sermons. – Auteur de sermons.

SERMONNER v. **10.**

SERMONNEUR, EUSE adj. et n.

SÉROCONVERSION n.f. Apparition d'une séropositivité.

SÉRODIAGNOSTIC n.m. Diagnostic fondé sur l'analyse du sérum.

SÉROGROUPE n.m. Groupe sérologique.

SÉROLOGIE n.f. Étude des sérums.

SÉROLOGIQUE adj.

SÉROLOGISTE n.

SÉRONÉGATIF, IVE adj. et n.

SÉRONÉGATIVITÉ n.f.

SÉROPOSITIF, IVE adj. et n.

SÉROPOSITIVITÉ n.f.

SÉROSITÉ n.f. Liquide organique sécrété dans certaines membranes séreuses, comme la plèvre.

SÉROTHÉRAPIE n.f. *Méd.* Méthode de traitement par les sérums.

SÉROTHÉRAPIQUE adj.

SÉROTINE n.f. Chauve-souris.

SÉROTONINE n.f. *Physiol.* Neuromédiateur.

SÉROTYPE n.m. Ensemble des caractères biologiques qui permettent de définir un être vivant.

SÉROVACCINATION n.f. Vaccination où l'on associe un sérum au vaccin.

SERPE n.f.

SERPENT n.m.

SERPENTAIRE 1. n.m. Rapace d'Afrique. 2. n.f. Plante, type arum.

SERPENTEAU, X n.m. Petit serpent. – Pièce d'artifice à mouvement sinueux.

SERPENTEMENT n.m.

SERPENTER v. **(p.p.inv.) 10.**

SERPENTIFORME adj.

SERPENTIN n.m. Accessoire de cotillon. – Tube en spirale.

SERPENTINE n.f. Roche vert sombre.

SERPETTE n.f. Petite serpe.

SERPIGINEUX, EUSE adj. *Méd.* (Affection cutanée) qui progresse de façon sinueuse.

SERPILLÈRE n.f.

SERPILLIÈRE n.f.

SERPOLET n.m. Plante aromatique.

SERPULE n.f. Ver marin construisant un tube calcaire.

SERRAGE n.m.

SERRAN n.m. Poisson des côtes rocheuses, voisin du mérou.

SERRANIDÉ n.m. Poisson marin côtier, type mérou.

SERRANT, E adj. *Belg.* (Vêtement) qui serre.

SERRATE adj. *Antiq. rom.* (Monnaie) à bordure dentelée.

SERRATI | → **serratus.**

SERRATULE n.f. Plante à fleurs pourpres.

SERRATUS (pl. **SERRATI**) adj. → **serrate.**

SERRAVALLIEN, ENNE n.m. et adj. *Géol.* Étage du miocène.

SERRE n.f.

SERRÉ, E adj. et adv.

SERREMENT n.m.

SERRER v. **10.**

SERRETTE n.f. → **sarrète.**

SERRICULTURE n.f. Culture sous serre.

SERRISTE n. Exploitant de serres.

SERRURE n.f.

SERRURERIE n.f.

SERRURIER, ÈRE n.

SERTÃO [sèrt-an] ou [sèrtao] n.m. Zone semi-aride du nord-est du Brésil.

SERTE n.f. Enchâssement des pierres fines.

SERTIR v. **40.** Encastrer dans une monture.

SERTISSAGE n.m.

SERTISSEUR, EUSE adj. et n.

SERTISSURE n.f. Manière dont une pierre est sertie.

SÉRUM n.m.

SÉRUMALBUMINE n.f. Albumine du sérum sanguin.

SERVAGE n.m. État de serf.

SERVAL, S n.m. Félin d'Afrique.

SERVANT adj.m. et n.m.

SERVANTE n.f.

SERVE → **serf.**

SERVENTOIS n.m. (= **sirvente, sirventès**) Poème satirique provençal qui traite de l'actualité.

SERVEUR, EUSE n.

SERVIABILITÉ n.f.

SERVIABLE adj.

SERVICE n.m.

SERVIETTE n.f.

SERVILE adj. Excessivement soumis. – Sans originalité.

SERVILEMENT adv.

SERVILITÉ n.f.

SERVIR v. **52.**

SERVITE n.m. Membre d'un ordre religieux mendiant.

SERVITEUR n.m.

SERVITUDE n.f.

SERVOCOMMANDE n.f. Mécanisme auxiliaire qui amplifie l'effort de l'homme.

SERVODIRECTION n.f. Servocommande de direction.

SERVOFREIN n.m. Servocommande de freinage.

SERVOMÉCANISME n.m. Mécanisme conçu pour réaliser seul un programme d'actions.

SERVOMOTEUR n.m. Moteur assurant le réglage d'un organe dans un servomécanisme.

SERVOVALVE n.f. Valve commandée par servomoteur.

SES → **son.**

SÉSAME n.m. Plante oléagineuse originaire de l'Inde. – Formule magique d'accès.

SÉSAMIE n.f. Papillon de nuit du Midi.

SÉSAMOÏDE n.m. et adj. Petit os du pied ou de la main.

SESBANIA n.m. (= **sesbanie**) Arbrisseau cultivé en Inde.

SESBANIE n.f. → **sesbania.**

SESQUIALTÈRE [kwi] adj. *Math.* Qui est dans le rapport de 1,5 à 1.

SESQUIOXYDE [kwi] n.m. Oxyde de certains éléments chimiques.

SESQUITERPÈNE [kwi] n.m. Hydrocarbure.

SESSILE adj. *Bot.* Inséré directement sur la tige.

SESSION n.f.

SESTERCE n.m. *Antiq. rom.* Monnaie d'argent ou de bronze.

SET n.m.

SÉTACÉ, E adj. *Biol.* Qui a la forme d'une soie de porc.

SETAR [sétar] n.m. → **sehtar.**

SÉTÉRÉE n.f. *Anc.* Surface que l'on peut ensemencer avec un setier de grains.

SETIER [se-] n.m. *Anc.* Mesure de capacité.

SÉTIFIEN, ENNE adj. De Sétif (Algérie).

SÉTOIS, E adj. De Sète.

SÉTON n.m. *Méd.* Mèche pour drainer une plaie.

SETTER [sétèr] n.m. Chien d'arrêt à poil long.

SEUIL n.m.

SEUILLAGE n.m. *Électron.* Opération relative à la transmission d'une image.

SEUL, SEULE adj. et n.

SEULEMENT adv.

SEULET, ETTE adj.

SÈVE n.f.

SEVENTIES [sévèntiz] n.f.pl. Années 1970.

SÉVÈRE adj.

SÉVÈREMENT adv.

SÉVÉRITÉ n.f.

SÉVEUX, EUSE adj. Se dit d'un vin puissant.

SÉVICES n.m.pl.

SÉVILLAN, E adj. De Séville (Espagne).

SÉVIR v. **(p.p.inv.) 40.**

SEVRAGE n.m.

SEVRER v. **11.**

SÈVRES n.m. Porcelaine fabriquée à Sèvres.

SÉVRIENNE n.f. Élève de l'École normale supérieure (autrefois à Sèvres).

SÉVRUGA [ou] n.m. Caviar.

SEXAGE n.m. Tri des jeunes animaux d'après leur sexe.

SEXAGÉNAIRE adj. et n.

SEXAGÉSIMAL, E, AUX adj. Qui a pour base le nombre soixante.

SEXAGÉSIME n.f. *Rel., Anc.* Deuxième dimanche avant le carême.

SEXE n.m.

SEXENNAL, E, AUX adj. Qui dure six ans. – Qui revient tous les six ans.

SEXISME n.m.

SEXISTE adj. et n.

SEXOLOGIE n.f.

SEXOLOGIQUE adj.

SEXOLOGUE n.

SEXONOMIE n.f. Étude des lois biologiques régissant la répartition des sexes.

SEXOTHÉRAPEUTE n.

SEXOTHÉRAPIE n.f. Traitement des troubles sexuels.

SEXPARTITE adj. *Arch.* (Voûte) composée de six parties.

SEXTANT n.m. *Mar.* Instrument permettant de mesurer la hauteur des astres.

SEXTE n.f. *Rel.* Partie de l'office divin, célébrée à la sixième heure du jour (midi).

SEXTET [-èt] n.m. **(= sextette)** Orchestre de jazz de six musiciens.

SEXTETTE n.m. → **sextet.**

SEXTIDI n.m. Sixième jour de la décade, dans le calendrier républicain.

SEXTILLION n.m. Un million de quintillions.

SEXTINE n.f. Poème composé de six strophes de six vers et d'un tercet.

SEXTO adv. Sixièmement.

SEXTOLET n.m. *Mus.* Groupe de six notes.

SEXTOY [-toy] n.m. Accessoire destiné au plaisir sexuel.

SEXTUOR n.m. *Mus.* Composition à six parties.

SEXTUPLE adj. et n.m.

SEXTUPLÉ, E n.

SEXTUPLER v. **10.** Multiplier par six.

SEXUALISATION n.f.

SEXUALISER v. **10.**

SEXUALISME n.m. Sexualité érigée en principe.

SEXUALITÉ n.f.

SEXUÉ, E adj.

SEXUEL, ELLE adj.

SEXUELLEMENT adv.

SEXY **|** adj.

SEYAIENT, SEYAIT → **seoir.**

SEYANT, E adj.

SEYCHELLOIS, E adj. Des Seychelles (océan Indien).

SEYVAL, S n.m. Cépage adapté au climat québécois.

SÉZIG **|** pr.pers. → **cézig.**

SÉZIGUE **|** pr.pers. → **cézig.**

SFAXIEN, ENNE adj. De Sfax (Tunisie).

SFORZANDO adv. *Mus.* En renforçant l'intensité.

SFUMATO [sfou-] n.m. *Bx-arts.* Modelé vaporeux chez certains peintres.

SGRAFFITE n.m. *Bx-arts.* Procédé de décoration murale.

SHABBAT [-t] n.m. → **sabbat** 1.

SHABIEN, ENNE adj. Du Shaba, aujourd'hui Katanga (République démocratique du Congo).

SHABOUOT [-t] n.m. Fête juive.

SHAH n.m. → **chah.**

SHAHNAÏ n.m. **(= shana)** Hautbois de l'Inde.

SHAKER [chèkeur] n.m. **(= shakeur)** Récipient pour préparer des cocktails.

SHAKESPEARIEN, ENNE adj.

SHAKEUR [chèk-] n.m. → **shaker.**

SHAKO n.m. → **schako.**

SHAKTI n.f. → **çakti.**

SHAKTISME n.m. → **çaktisme.**

SHAMA n.m. Passereau chanteur d'Asie.

SHAMAN [-man] n.m. → **chaman.**

SHAMISEN [chamizèn] n.m. Instrument de musique japonais.

SHAMPOING n.m. **(= shampooing).**

SHAMPOOINER v. **10.**

SHAMPOOINEUR, EUSE n.

SHAMPOOING n.m. → **shampoing.**

SHAMPOUINER v. **10.**

SHAMPOUINEUR, EUSE n.

SHAN adj. → **chan.**

SHANA n.m. → **shahnaï.**

SHANTOUNG n.m. → **chantoung.**

SHANTUNG [ou] n.m. → **chantoung.**

SHAREWARE [chèrwèr] n.m. *Inf.* Logiciel en libre essai, qui devient payant si on l'utilise régulièrement.

SHARKA n.f. Maladie virale des arbres fruitiers.

SHARPEÏ [-pèy] n.m. Race chinoise de chiens.

SHARPIE n.m. Petit voilier à fond plat.

SHAVING [chè-] n.m. Procédé de finition de pièces mécaniques.

SHAWINIGANAIS, E adj. De Shawinigan (Québec).

SHAWNEE [chôni] adj. D'un peuple amérindien.

SHED n.m. Toit d'usine en dents de scie.

SHEKEL [chékèl] n.m. Unité monétaire principale d'Israël.

SHELF n.m. Plateforme flottante de glace d'eau douce d'origine continentale.

SHÉOL n.m. → **schéol.**

SHÉRARDISATION n.f. Procédé de protection de l'acier.

SHERBROOKOIS, E [ou] adj. De Sherbrooke (Québec).

SHÉRIF n.m.

SHERPA n.m. Guide ou porteur indigène, dans l'Himalaya.

SHERRIES → **sherry.**

SHERRY (pl. **SHERRIES** ou **SHERRYS**) n.m. Nom anglais donné au vin de Xérès.

SHETLAND n.m. Tissu de laine. – Race de poneys.

SHIATSU [-ou] n.m. Thérapie consistant à appliquer les doigts sur le corps du malade.

SHIDO n.m. Pénalité, au judo.

SHIFT n.m. Période de la journée de travail des dockers.

SHIGELLE n.f. Bactérie responsable de la shigellose.

SHIGELLOSE n.f. Forme grave de la dysenterie.

SHIITAKÉ n.m. Champignon comestible japonais.

SHIKHARA n.m. **(= sikhara)** *Médiév.* Sanctuaire en forme de tour, en Inde.

SHILLING n.m. Ancienne unité monétaire divisionnaire anglaise.

SHILOM n.m. → **chilom.**

SHIMMY n.m. Oscillation anormale des roues d'une automobile.

SHINGLE [chingeul] n.m. Élément de couverture de toit imitant l'ardoise.

SHINTO [chintô] n.m. Religion propre au Japon.

SHINTOÏSME n.m. → **shinto.**

SHINTOÏSTE adj. et n.

SHIPCHANDLER [chipch-an-dleur] n.m. Marchand d'articles de marine.

SHIRTING [cheurting] n.m. Tissu de coton utilisé pour la lingerie.

SHISHA n.f. → **chicha.**

SHIT [-t] n.m. *Arg.* Haschisch.

SHIVAÏSME n.m. → **çivaïsme.**

SHIVAÏTE n. et adj. → **çivaïte.**

SHOCKING ❙ adj. Choquant.

SHOGI [g] n.m. Jeu d'échecs japonais.

SHOGOUN n.m. **(= shogun)** *Hist.* Dictateur militaire japonais.

SHOGOUNAL, E, AUX adj. **(= shogunal).**

SHOGOUNAT n.m. **(= shogunat)** Autorité du shogoun.

SHOGUN [ou] n.m. → **shogoun.**

SHOGUNAL, E, AUX [ou] adj. → **shogounal.**

SHOGUNAT [ou] n.m. → **shogounat.**

SHONA n.m. Langue bantoue du Zimbabwe.

SHOOT n.m.

SHOOTER v. **10.**

SHOPPING n.m.

SHORT n.m.

SHORTHORN [chortorn] n. et adj. Race de bovins.

SHORTIES → **shorty.**

SHORTY (pl. **SHORTIES** ou **SHORTYS**) n.m. Short court.

SHOSHONE adj. D'un peuple amérindien.

SHOW n.m.

SHOWBIZ n.m.

SHOWMAN (pl. **SHOWMEN** ou **SHOWMANS**) n.m. Artiste doué pour les spectacles en public.

SHOWMEN ❙ → **showman.**

SHOWROOM n.m. Salle d'exposition de produits commerciaux ou industriels.

SHRAPNEL n.m. **(= shrapnell)** Obus chargé de balles.

SHRAPNELL n.m. → **shrapnel.**

SHTETL [chtéteul] n.m. *Hist.* Bourgade juive d'Europe centrale.

SHUDRA [ou] n.m. **(= sudra)** Membre de la quatrième caste hindoue (artisan).

SHUNT [ch-un-t] n.m. *Électr.* Dérivation.

SHUNTAGE [ch-un-taj] n.m.

SHUNTER [ch-un-té] v. **10.**

SI conj., adv. et n.m. (inv. mais **sis** adj.).

SIAL, S n.m. *Géol.* Couche superficielle du globe terrestre.

SIALAGOGUE adj. et n.m. *Méd.* Qui augmente la production de salive.

SIALIQUE adj. *Géol.* Du sial.

SIALIS [-s] n.m. Insecte abondant près des eaux.

SIALORRHÉE n.f. *Méd.* Sécrétion excessive de salive.

SIAMANG [syam-an-g] n.m. Grand singe d'Asie.

SIAMOIS, E adj. et n.

SIBÉRIEN, ENNE adj.

SIBILANCE n.f.

SIBILANT, E adj. *Méd.* Qui produit un sifflement.

SIBYLLE [-l] n.f. *Antiq.* Femme inspirée prédisant l'avenir.

SIBYLLIN, E adj. Obscur, difficile à comprendre.

SIC adv.

SICAIRE n.m. *Litt.* Tueur à gages.

SICAV ❙ n.f. Société d'investissement à capital variable.

SICCATIF, IVE adj. et n.m. Qui accélère le séchage.

SICCATIVITÉ n.f. Aptitude à sécher rapidement.

SICCITÉ [ks] n.f. Qualité de ce qui est sec.

SICILIEN, ENNE adj., n.m. et n.f.

SICLE n.m. Poids et monnaie, chez les Hébreux.

SICLÉE n.f. → **ciclée.**

SICLER v. (**p.p.inv.** mais **siclée** n.f.) **10.** → **cicler.**

SICULE adj. D'un ancien peuple de Sicile.

SIDA n.m.

SIDAÏQUE adj. et n. *Péj.* → **sidatique.**

SIDATIQUE adj. et n. **(= sidaïque)** Atteint du sida.

SIDÉEN, ENNE adj. et n. → **sidatique.**

SIDÉNOLOGIE n.f. → **sidologie.**

SIDÉRAL, E, AUX adj. Relatif aux astres.

SIDÉRANT, E adj.

SIDÉRATION n.f. *Méd.* Suspension brusque des forces vitales, sous l'effet d'un choc.

SIDÉRER v. **12.**

SIDÉRITE n.f. Météorite constituée de fer et de nickel.

SIDÉROGRAPHIE n.f. Art de graver sur fer, sur acier.

SIDÉROLITE n.f. Variété de météorite.

SIDÉROLITHE n.f. → **sidérolite.**

SIDÉROLITHIQUE adj. et n.m. *Géol.* (Formation tertiaire) riche en minerai de fer.

SIDÉROLITIQUE adj. et n.m. → **sidérolithique.**

SIDÉROPHILE adj. *Chim.* (Élément) qui a une affinité pour le fer.

SIDÉROPHILINE n.f. *Biochim.* Protéine qui transporte le fer dans le sang.

SIDÉROSE n.f. Carbonate naturel de fer. – Maladie due à l'inhalation d'oxyde de fer.

SIDÉROSTAT n.m. Instrument qui permet de suivre le déplacement d'un astre.

SIDÉROXYLON n.m. Arbre tropical au bois très dur.

SIDÉRURGIE n.f.

SIDÉRURGIQUE adj.

SIDÉRURGISTE n.

SIDI n.m. Mot arabe signifiant *monsieur.*

SIDOLOGIE n.f. *Méd.* Étude et traitement du sida.

SIDOLOGUE n.

SIÈCLE n.m.

SIED, SIÉE, SIÉENT → **seoir.**

SIÈGE n.m.

SIÉGER v. **(p.p.inv.) 18.**

SIEMENS [simèns] ou [zimèns] n.m. Unité de conductance électrique.

SIEN, SIENNE adj.poss., pr.poss. et n.m.

SIENNOIS, E adj. De Sienne (Italie).

SIÉRA, SIÉRAIENT, SIÉRAIT, SIÉRONT → **seoir.**

SIERRA n.f. Chaîne de montagnes, dans les pays de langue espagnole.

SIESTE n.f.

SIESTER v. **(p.p.inv.) 10.**

SIEUR n.m. *Péj., Dr.* Monsieur.

SIEVERT [siveurt] n.m. Unité de mesure de l'effet biologique des radiations.

SIFFLAGE n.m. *Vét.* Respiration bruyante d'équidés malades.

SIFFLANT, E adj. et n.f.

SIFFLEMENT n.m.

SIFFLER v. **10.**

SIFFLET n.m.

SIFFLEUR, EUSE adj. et n.

SIFFLEUX n.m. *Québ.* Marmotte.

SIFFLOTEMENT n.m.

SIFFLOTER v. **10.**

SIFILET n.m. Oiseau de paradis à plumage noir.

SIGILLAIRE [l] 1. adj. Relatif aux sceaux. 2. n.f. Arbre fossile du carbonifère.

SIGILLÉ, E [l] adj. Marqué d'un sceau.

SIGILLOGRAPHIE [l] n.f. Étude des sceaux.

SIGISBÉE n.m. *Litt.* Chevalier servant d'une dame.

SIGLAISON n.f. Formation de sigles.

SIGLE n.m.

SIGLÉ, E adj. Orné d'un sigle.

SIGMA n.m. *Phys.* Particule de la famille des hypérons. – Lettre grecque.

SIGMOÏDE 1. adj. En forme de sigma. 2. n.m. Partie du gros intestin.

SIGMOÏDITE n.f. *Méd.* Inflammation du sigmoïde.

SIGNAL, AUX n.m.

SIGNALEMENT n.m.

SIGNALER v. **10.**

SIGNALÉTIQUE adj. et n.f.

SIGNALEUR, EUSE n. Personne chargée du service des signaux.

SIGNALISATION n.f.

SIGNALISER v. **10.** Munir d'une signalisation.

SIGNARE n.f. *Hist.* Au Sénégal, mulâtresse concubine d'un Blanc.

SIGNATAIRE n.

SIGNATURE n.f.

SIGNE n.m.

SIGNER v. **10.**

SIGNET n.m. Petit ruban fixé au dos d'un livre relié, qui sert de repère.

SIGNIFIANCE n.f. *Litt.* Signification.

SIGNIFIANT, E 1. adj. Plein de sens. 2. n.m. *Ling.* Forme concrète du signe.

SIGNIFICATIF, IVE adj.

SIGNIFICATION n.f.

SIGNIFIÉ n.m. *Ling.* Contenu du signe.

SIGNIFIER v. **15.**

SIGNOFILE n.m. *Helv.* Clignotant.

SIKASSOIS, E adj. De Sikasso (Mali).

SIKH, SIKHE n. et adj. Adepte du sikhisme.

SIKHARA [chi-] n.m. → **shikhara.**

SIKHISME n.m. Religion du Pendjab (Inde).

SIL n.m. Argile.

SILANE n.m. Composé hydrogéné du silicium.

SILENCE n.m.

SILENCEUR n.m. → **Silentbloc.**

SILENCIEUSEMENT adv.

SILENCIEUX, EUSE adj. et n.m.

SILÈNE n.m. Plante herbacée au calice en forme d'outre.

SILENTBLOC [sil-an-tblok] n.m. (Nom déposé) Bloc en caoutchouc pour absorber les vibrations.

SILER v. **(p.p.inv.) 10.** *Québ.* Produire un son aigu.

SILÉSIEN, ENNE adj. De Silésie (Pologne).

SILEX n.m.

SILHOUETTAGE n.m. *Phot.* Retouche autour d'un portrait.

SILHOUETTE n.f.

SILHOUETTER v. **10.** Dessiner en silhouette.

SILICAGEL n.m. *Chim.* Gel de silice.

SILICATE n.m. Minéral à base de silice.

SILICATÉ, E adj. Qui contient du silicate.

SILICE n.f. Oxyde naturel de silicium.

SILICEUX, EUSE adj.

SILICICOLE adj. *Bot.* Qui prospère sur les sols siliceux.

SILICIQUE adj. (Acide) dérivé de la silice.

SILICIUM n.m. Corps simple de couleur grise.

SILICIURE n.m. Composé d'un métal et de silicium.

SILICONE n.f. Matière plastique dérivée du silicium.

SILICONER v. **10.** Enduire ou remplir de silicone.

SILICOSE n.f. Maladie due à l'inhalation de poussière de silice.

SILICOSÉ, E adj. et n.

SILICOTIQUE adj. Relatif à la silicose.

SILICULE n.f. *Bot.* Silique courte.

SILIONNE n.f. Fil de verre microscopique.

SILIQUE n.f. *Bot.* Fruit sec qui s'ouvre par quatre fentes.

SILLAGE n.m.

SILLET [siyè] n.m. *Mus.* Pièce de support des cordes d'un instrument.

SILLIMANITE [sili-] n.f. Silicate d'aluminium.

SILLON n.m.

SILLONNER v. **10.**

SILO n.m.

SILOTAGE n.m. Mise en silo.

SILPHE n.m. Insecte coléoptère.

SILPHIDÉ n.m. Insecte, type silphe.

SILPHIUM n.m. Grande plante ornementale.

SILT n.m. Sable très fin.

SILURE n.m. Grand poisson d'eau douce.

SILURIDÉ n.m. Poisson d'eau douce, type silure.

SILURIEN, ENNE n.m. et adj. *Géol.* Troisième période du paléozoïque.

SILURIFORME n.m. Poisson, type siluridé.

SILVANER [-èr] n.m. **(= sylvaner)** Cépage blanc. – Vin produit par ce cépage.

SILVES n.f.pl. Petits poèmes latins.

SILY n.m. **(= syli)** Ancienne unité monétaire de la Guinée.

SIMA n.m. *Géol.* Couche intermédiaire de l'écorce terrestre.

SIMAGRÉE n.f. Grimace, manière.

SIMAROUBE n.m. **(= simaruba)** Arbre tropical dont l'écorce a des propriétés apéritives.

SIMARRE n.f. Robe ancienne. – Soutane d'intérieur.

SIMARUBA [ou] n.m. → **simaroube.**

SIMARUBACÉE n.f. Arbre tropical, type simaruba.

SIMBLEAU, X n.m. *Techn.* Cordeau pour tracer de grands cercles.

SIMIEN, ENNE adj. et n.m. Relatif au singe.

SIMIESQUE adj. Qui rappelle le singe.

SIMIIFORME n.m. Singe, type babouin, ouistiti.

SIMILAIRE adj.

SIMILARITÉ n.f.

SIMILI 1. n.m. Imitation d'une matière. 2. n.f. Similigravure.

SIMILICUIR n.m.

SIMILIGRAVURE n.f. Procédé permettant d'obtenir des clichés tramés.

SIMILISAGE n.m.

SIMILISER v. **10.** Traiter (un article de coton) pour lui donner du brillant.

SIMILISTE n.m. Spécialiste en similigravure.

SIMILITUDE n.f.

SIMILOR n.m. Métal imitant l'or.

SIMMENTAL, S [èn] n.f. Race bovine suisse.

SIMONIAQUE adj. et n. Coupable de simonie.

SIMONIE n.f. *Rel.* Trafic d'objets sacrés.

SIMOUN n.m. Vent chaud du désert.

SIMPLE adj. et n.m.

SIMPLEMENT adv.

SIMPLET, ETTE adj.

SIMPLEX n.m. *Inf.* Mode de transmission dans un seul sens.

SIMPLEXE n.m. *Math.* Type d'ensemble.

SIMPLICITÉ n.f.

SIMPLIFIABLE adj.

SIMPLIFICATEUR, TRICE adj.

SIMPLIFICATION n.f.

SIMPLIFIER v. **15.**

SIMPLISME n.m. Tendance à simplifier de manière excessive.

SIMPLISSIME adj.

SIMPLISTE adj. et n.

SIMULACRE n.m.

SIMULATEUR, TRICE n.

SIMULATION n.f.

SIMULER v. **10.**

SIMULIE n.f. Insecte qui transmet des parasites au bétail.

SIMULTANÉ, E adj. et n.f.

SIMULTANÉISME n.m. *Litt.* Procédé de narration qui présente, sans transition, des événements simultanés.

SIMULTANÉITÉ n.f.

SIMULTANÉMENT adv.

SINAGOT n.m. *Anc.* Bateau breton.

SINANTHROPE n.m. *Anthr.* Individu fossile découvert en Chine.

SINAPISER v. **10.** *Méd.* Additionner de moutarde.

SINAPISME n.m. Cataplasme à base de farine de moutarde.

SINCÈRE adj.

SINCÈREMENT adv.

SINCÉRITÉ n.f.

SINCIPITAL, E, AUX adj. Du sinciput.

SINCIPUT [-t] n.m. *Anat.* Sommet de la tête.

SINDHI, E [sindi] adj. et n.m. Du Sind (Pakistan).

SINÉCURE n.f.

SINÉMURIEN, ENNE n.m. et adj. *Géol.* Étage du jurassique inférieur.

SINGALETTE n.f. Mousseline de coton utilisée pour faire des patrons.

SINGAPOURIEN, ENNE adj. De Singapour.

SINGE n.m.

SINGER v. **17.**

SINGERIE n.f.

SINGLE [singeul] n.m. et adj. Compartiment de wagon-lit ou chambre d'hôtel pour une seule personne. – Disque à un seul morceau par face.

SINGLET [s-in-glè] n.m. *Belg.* Maillot de corps.

SINGLETON n.m. 1. **(= singlette)** Carte qui est seule de sa couleur dans la main d'un joueur. 2. *Math.* Ensemble à un seul élément.

SINGLETTE n.f. → **singleton** 1.

SINGSPIEL [singchpil] n.m. Pièce de théâtre allemande.

SINGULARISATION n.f.

SINGULARISER v. **10.**

SINGULARITÉ n.f.

SINGULET n.m. Électron unique pouvant réaliser une liaison chimique entre deux atomes.

SINGULIER, ÈRE adj. et n.m.

SINGULIÈREMENT adv.

SINIGRINE n.f. Principe actif de la farine de moutarde.

SINISANT, E n. Spécialiste de la Chine ou du chinois.

SINISATION n.f. Expansion de la civilisation chinoise.

SINISER v. **10.**

SINISTRALITÉ n.f. Taux de sinistres.

SINISTRE adj. et n.m.

SINISTRÉ, E adj. et n.

SINISTREMENT adv.

SINISTROSE n.f. Pessimisme excessif.

SINITÉ n.f. Ensemble des caractères de la civilisation chinoise.

SINOC adj. et n. → **cinoque.**

SINOLOGIE n.f. Étude de la civilisation chinoise.

SINOLOGIQUE adj.

SINOLOGUE n.

SINON conj.

SINOPHILE adj. et n. Qui aime les Chinois.

SINOPHILIE n.f.

SINOPHOBE adj. et n. Hostile aux Chinois.

SINOPHOBIE n.f.

SINOPLE n.m. *Hér.* Couleur verte.

SINOQUE adj. et n. → **cinoque.**

SINTER [s-in-tèr] n.m. Mâchefer de minerai obtenu à haute température.

SINTÉRISATION n.f.

SINTÉRISER v. **10.** Agglomérer (des particules) par traitement thermique.

SINUÉ, E adj. *Bot.* Dont le contour est sinueux.

SINUER v. **10.** Être sinueux, serpenter.

SINUEUX, EUSE adj.

SINUOSITÉ n.f.

SINUS n.m. *Anat.* Cavité, canal. – *Math.* Fonction trigonométrique d'un angle ou d'un arc.

SINUSAL, E, AUX adj. Relatif au sinus du cœur. – (Rythme cardiaque) normal.

SINUSIEN, ENNE adj. *Anat.* Relatif à un sinus.

SINUSITE n.f.

SINUSOÏDAL, E, AUX adj.

SINUSOÏDE n.f. *Math.* Courbe représentant les variations du sinus.

SIONISME n.m. Mouvement politique dont l'objet fut la constitution d'un État juif.

SIONISTE adj. et n.

SIOUX adj.

SIPHOÏDE adj. En forme de siphon.

SIPHOMYCÈTE n.m. Champignon inférieur.

SIPHON n.m.

SIPHONAPTÈRE n.m. Insecte sans ailes, type puce.

SIPHONNAGE n.m.

SIPHONNÉ, E adj. *Fam.* Fou.

SIPHONNEMENT n.m.

SIPHONNER v. **10.**

SIPHONOGAMIE n.f. Mode de fécondation des plantes supérieures.

SIPHONOPHORE n.m. Petite méduse de haute mer.

SIPO n.m. Très grand arbre d'Afrique.

SIR [seur] n.m. Titre honorifique anglais.

SIRDAR n.m. *Hist.* Général anglais commandant l'armée égyptienne.

SIRE n.m. Titre honorifique.

SIRÈNE n.f.

SIRÉNIEN n.m. Mammifère herbivore aquatique, type lamantin.

SIREX n.m. Insecte hyménoptère.

SIRLI n.m. Alouette d'Afrique du Nord.

SIROCCO n.m. **(= siroco)** Vent sec et chaud du Sahara.

SIROCO n.m. → **sirocco.**

SIROP n.m.

SIROPERIE n.f. *Belg.* Fabrique de sirop.

SIROTER v. **10.**

SIROTEUR, EUSE adj. et n.

SIRTAKI n.m. Danse grecque.

SIRUPEUX, EUSE adj.

SIRVENTE n.m. → **serventois.**

SIRVENTÈS [-s] n.m. → **serventois.**

SIS, SISE adj. *Dr.* Situé.

SISAL, S n.m. Agave du Mexique.

SISMAL, E, AUX adj. → **séismal.**

SISMICITÉ n.f. → **séismicité.**

SISMIQUE adj. → **séismique.**

SISMOGÉNIQUE adj. Qui cause des séismes.

SISMOGRAMME n.m.

SISMOGRAPHE n.m. Instrument qui enregistre les mouvements de l'écorce terrestre.

SISMOGRAPHIE n.f.

SISMOGRAPHIQUE adj.

SISMOLOGIE n.f. Étude des tremblements de terre.

SISMOLOGIQUE adj.

SISMOLOGUE n.

SISMOMÉTRIE n.f. Technique d'enregistrement des ondes sismiques.

SISMOTHÉRAPIE n.f. Traitement par électrochocs.

SISSONE n.m. ou f. **(= sissonne)** *Chor.* Saut suivi d'une retombée sur un seul pied.

SISSONNE n.m. ou f. → **sissone.**

SISTERSHIP n.m. Navire semblable à un autre.

SISTRE n.m. *Anc.* Instrument de musique à percussion.

SISYMBRE [siz-] n.m. Plante herbacée à fleurs jaunes.

SITAR n.m. Instrument de musique indien, à cordes pincées.

SITARISTE n.

SITCOM n.m. ou f. Comédie de situation destinée à la télévision.

SITE n.m.

SITIOMANIE [tyo] n.f. *Psych.* Boulimie.

SITOGONIOMÈTRE n.m. *Mil.* Instrument servant à mesurer l'angle formé par le plan horizontal et la direction visée.

SITOLOGIE n.f.

SITOLOGUE n. Spécialiste de l'étude des sites.

SITOSTÉROL n.m. Substance organique présente dans le blé.

SITÔT adv.

SITTÈLE n.f. **(= sittelle)** Passereau qui grimpe sur les troncs.

SITTELLE n.f. → **sittèle.**

SITTIDÉ n.m. Oiseau, type sittèle.

SITUATION n.f.

SITUATIONNEL, ELLE adj.

SITUATIONNISME n.m. Mouvement universitaire contestataire des années 1960.

SITUATIONNISTE adj. et n.

SITUER v. **10.**

SIUM n.m. Plante aquatique.

SIVAÏSME [ch-] n.m. → **çivaïsme.**

SIVAÏTE [ch-] n. et adj. → **çivaïte.**

SIVAPITHÈQUE n.m. Primate fossile.

SIX adj.num.card.

SIXAIN [siz-] n.m. **(= sizain)** Poème, strophe de six vers.

SIXIÈME adj.num.ord.

SIXIÈMEMENT adv.

SIXTE n.f. *Mus.* Intervalle de six degrés.

SIXTIES [-iz] n.f.pl. Années 1960.

SIXTUS n.m. *Helv.* Épingle à cheveux.

SIZAIN n.m. → **sixain.**

SIZAINE n.f. Groupe de six garçons ou de six filles, chez les scouts.

SIZERIN n.m. Passereau des forêts des régions froides.

SKA n.m. Musique jamaïcaine.

SKAÏ n.m. (Nom déposé) Matériau synthétique imitant le cuir.

SKAT [-t] n.m. Jeu de cartes d'origine allemande.

SKATE [skèt] n.m. Planche à roulettes.

SKATEBOARD [skètbord] n.m. → **skate.**

SKATEUR, EUSE [skèt-] n.

SKATING [skèting] n.m. Patinage à roulettes.

SKEET [skit] n.m. *Sp.* Tir sur des plateaux d'argile.

SKELETON [skeléton] n.m. *Sp., Anc.* Long toboggan qui glisse sur une piste de neige.

SKETCH (pl. **SKETCHES** ou **SKETCHS**) n.m.

SKETCHES → **sketch.**

SKI n.m.

SKIABLE adj.

SKIASCOPIE n.f. Examen qui permet de déterminer le degré de réfraction de l'œil.

SKICROSS n.m. (Nom déposé) Sport où plusieurs skieurs s'affrontent sur un parcours bosselé.

SKIER v. **(p.p.inv.) 15.**

SKIEUR, EUSE n.

SKIF n.m. **(= skiff)** *Sp.* Bateau très étroit à un seul rameur.

SKIFEUR, EUSE n. **(= skiffeur)** Rameur de skif.

SKIFF n.m. → **skif.**

SKIFFEUR, EUSE n. → **skifeur.**

SKIMMIA n.m. Arbuste ornemental.

SKIN [skin] n. Jeune marginal xénophobe au crâne rasé.

SKINHEAD [skinèd] n. → **skin.**

SKIP n.m. *Min.* Benne commandée par un treuil.

SKIPPER v. **10.** Barrer (un voilier).

SKIPPER [skipeur] n. **(= skippeur)** Barreur d'un bateau à voiles.

SKIPPEUR, EUSE n. → **skipper** n.

SKONS [sk-on-s] n.m. → **sconse.**

SKOPIOTE adj. De Skopje (Macédoine).

SKUA n.m. Grand oiseau palmipède de l'Arctique.

SKUNKS [sk-on-s] n.m. → **sconse.**

SKUNS [sk-on-s] n.m. → **sconse.**

SKYDOME [skaydôm] n.m. (Nom déposé) Hublot de plafond.

SKYSURF [skay-] n.m. Saut en chute libre d'un surfeur équipé d'un parachute.

SKYSURFEUR, EUSE [skay-] n.

SLALOM n.m.

SLALOMER v. **(p.p.inv.) 10.**

SLALOMEUR, EUSE n.

SLAM n.m. Art d'expression poétique et corporelle.

SLAMEUR, EUSE n.

SLANG [sl-an-g] n.m. Argot anglais.

SLAPSTICK n.m. Petit film plein de gags.

SLASH (pl. **SLASHES** ou **SLASHS**) n.m. Barre oblique (/).

SLASHES → **slash.**

SLAVE adj. et n.m.

SLAVISANT, E n. → **slaviste.**

SLAVISER v. **10.** Rendre slave.

SLAVISME n.m. Expression particulière aux langues slaves.

SLAVISTE n. Spécialiste des langues slaves.

SLAVISTIQUE n.f. Étude des langues slaves.

SLAVON, ONNE 1. adj. De Slavonie (Croatie). 2. n.m. Langue liturgique des Slaves orthodoxes.

SLAVOPHILE adj. et n.

SLEEPING n.m. *Vx.* Wagon-lit.

SLICE [slays] n.m. Au golf, au tennis, effet donné à une balle frappée latéralement.

SLICER [slaysé] v. **13.** *Sp.* Frapper (une balle) en lui donnant un effet de slice.

SLIKKE n.f. Partie basse des vasières littorales.

SLIM n.m. et adj. Pantalon très moulant.

SLIP n.m.

SLIVOVITZ n.m. Eau-de-vie de prune d'Europe centrale.

SLOCHE n.f. **(= slush)** *Québ.* Neige fondante souvent mêlée de sel ou de sable.

SLOGAN n.m.

SLOOP [sloup] n.m. Petit navire à un mât.

SLOUGHI [slougi] n.m. Lévrier d'Afrique.

SLOVAQUE adj. et n.m. De Slovaquie.

SLOVÈNE adj. et n.m. De Slovénie.

SLOW n.m.

SLURP interj.

SLUSH [sloch] n.f. → **sloche.**

SMACK n.m. et interj. Baiser sonore.

SMALA n.f. **(= smalah)** Famille et équipages d'un chef arabe. – *Fam.* Famille nombreuse.

SMALAH n.f. → **smala.**

SMALT n.m. Verre coloré en bleu.

SMALTINE n.f. **(= smaltite)** Arséniure naturel de cobalt (bleu de cobalt).

SMALTITE n.f. → **smaltine.**

SMARAGDIN, E adj. De couleur émeraude.

SMARAGDITE n.f. Minéral vert émeraude.

SMART ❙ adj. Élégant.

SMARTPHONE n.m. Téléphone mobile multifonction.

SMASH (pl. **SMASHES** ou **SMASHS**) [-(t)ch] n.m. *Sp.* Coup violent qui rabat une balle haute.

SMASHER [-(t)ché] v. **10.** *Sp.* Frapper (une balle) violemment de haut en bas.

SMASHES → **smash.**

SMASHEUR, EUSE [(t)ch] n.

SMECTIQUE adj. (Argile) qui sert à dégraisser la laine.

SMEGMA n.m. *Physiol.* Sécrétion blanchâtre qui se dépose dans les replis des organes génitaux.

SMIC n.m. Salaire minimum.

SMICARD, E n. Personne qui ne touche que le salaire minimum.

SMILAX n.m. Plante, type salsepareille, liseron.

SMILEY [smaylè] n.m. *Inf.* Association de caractères typographiques évoquant un visage expressif.

SMILLAGE [smiyaj] n.m.

SMILLE [smiy] n.f. Marteau à deux pointes.

SMILLER [smiyé] v. **10.** Tailler (une pierre) avec une smille.

SMITHSONITE [smitsonit] n.f. Carbonate naturel de zinc.

SMOCKÉ, E adj. (Vêtement) garni de smocks.

SMOCKS [smok] n.m.pl. Fronces.

SMOG n.m. Mélange de brouillard et de fumée au-dessus des régions industrielles.

SMOKING n.m.

SMOLT n.m. Petit saumon de printemps.

SMOOTHIE [smousi] n.m. Boisson à base de jus de fruits et de fruits mixés.

SMORREBROD [smorbrod] n.m. Canapé servant de hors-d'œuvre, en Scandinavie.

SMORZANDO [smorts-an-dô] n.m. et adv. *Mus.* Passage exécuté en diminuant le son.

SMURF [smeurf] n.m. Danse très rythmée.

SMURFER v. **(p.p.inv.) 10.** Danser le smurf.

SMURFEUR, EUSE n.

SNACK n.m.

SNEAKER [snikeur] n.m. ou f. Sandale de toile à semelle en caoutchouc.

SNIF interj. **(= sniff)** Exprime un bruit de reniflement.

SNIFER v. **10 (= sniffer)** *Fam.* Priser (une drogue).

SNIFEUR, EUSE n. **(= sniffeur).**

SNIFF interj. → **snif.**

SNIFFER v. **10.** → **snifer.**

SNIFFEUR, EUSE n. → **snifeur.**

SNIPER [snaypeur] n.m. Tireur embusqué.

SNOB adj. et n.

SNOBER v. **10.** Traiter de haut.

SNOBINARD, E adj. et n.

SNOBINETTE adj.f. et n.f. (Jeune femme) snob.

SNOBISME n.m.

SNOOKER [snoukeur] n.m. Billard à 21 boules de couleurs variées.

SNOREAU, X n.m. *Québ.* Enfant espiègle.

SNOWBOARD [snôbord] n.m. Surf des neiges.

SNOWBOARDEUR, EUSE [snôbordeur] n.

SNOWPARK n.m. Zone enneigée réservée aux surfeurs.

SOAP [sôp] n.m. Feuilleton télévisé populaire.

SOBRE adj.

SOBREMENT adv.

SOBRIÉTÉ n.f.

SOBRIQUET n.m.

SOC n.m.

SOCCA n.f. Galette de farine de pois chiches, spécialité niçoise.

SOCCER [sokeur] n.m. Nom sous lequel les Nord-Américains désignent le football.

SOCHALIEN, ENNE adj. De Sochaux.

SOCIABILISER v. **10.** Rendre sociable.

SOCIABILITÉ n.f.

SOCIABLE adj.

SOCIAL, E, AUX adj. et n.m.

SOCIALEMENT adv.

SOCIALISANT, E adj. et n.

SOCIALISATION n.f.

SOCIALISER v. **10.** Déposséder des propriétaires au profit d'une collectivité. – Adapter à la vie de groupe.

SOCIALISME n.m.

SOCIALISTE adj. et n.

SOCIALITÉ n.f. Instinct social.

SOCIALO adj. et n. *Fam.* Socialiste.

SOCIATRIE n.f. *Psych.* Thérapie du comportement social.

SOCIÉTAIRE n. Personne qui fait partie d'une société.

SOCIÉTAL, E, AUX adj. Relatif à la vie sociale.

SOCIÉTARIAT n.m. Qualité de sociétaire.

SOCIÉTÉ n.f.

SOCINIANISME n.m. *Rel.* Doctrine hérétique de l'Italien Socin (XVIe s.).

SOCINIEN, ENNE n. et adj. Adepte du socinianisme.

SOCIO n.f. *Fam.* Sociologie.

SOCIOBIOLOGIE n.f.

SOCIOBIOLOGIQUE adj.

SOCIOBIOLOGISTE n.

SOCIOCENTRISME n.m. Tendance à accorder trop d'importance à la dimension sociale.

SOCIOCRITIQUE n.f. Recherche de l'idéologie non explicitée, dans des textes littéraires.

SOCIOCULTUREL, ELLE adj. Qui concerne les structures sociales et la culture.

SOCIODRAMATIQUE adj.

SOCIODRAME n.m. Forme de psychodrame.

SOCIOÉCONOMIQUE adj.

SOCIOGENÈSE n.f. *Psych.* Origine sociale de troubles psychiques.

SOCIOGRAMME n.m. Représentation des relations entre les individus d'un groupe.

SOCIOLECTE n.m. Parler propre à un groupe social.

SOCIOLINGUISTE n. Spécialiste de la sociologie du langage.

SOCIOLOGIE n.f. Étude des phénomènes sociaux.

SOCIOLOGIQUE adj.

SOCIOLOGISME n.m. Tendance à tout ramener à la sociologie.

SOCIOLOGISTE adj. et n.

SOCIOLOGUE n.

SOCIOMÉTRIE n.f. Technique d'évaluation des relations entre individus.

SOCIOMÉTRIQUE adj.

SOCIOPATHE n. Psychopathe.

SOCIOPATHIE n.f. *Psych.* Pathologie d'origine sociale.

SOCIOPOLITIQUE adj.

SOCIOTECHNIQUE n.f. et adj. Étude des rapports entre les aspects sociaux et techniques du travail.

SOCIOTHÉRAPIE n.f. Thérapie visant à intégrer un individu dans un groupe.

SOCKET [sokè] n.m. **(= socquet, soquet)** *Belg.* Douille électrique à pas de vis.

SOCLE n.m.

SOCQUE n.m. *Antiq.* Chaussure basse des acteurs de comédie.

SOCQUET [sokè] n.m. → **socket.**

SOCQUETTE n.f. Chaussette s'arrêtant à la cheville.

SOCRATIQUE adj. De Socrate.

SODA n.m.

SODABI n.m. *Afr.* Alcool de palme.

SODALITE n.f. *Géol.* Aluminosilicate naturel bleu.

SODÉ, E adj. Qui contient de la soude.

SODIQUE adj. Qui contient du sodium.

SODIUM n.m. Métal très répandu dans la nature à l'état de sel.

SODOKU [-kou] n.m. Maladie infectieuse transmise par les rongeurs.

SODOMIE n.f. Coït anal.

SODOMISER v. **10.**

SODOMITE n.m. Celui qui pratique la sodomie.

SŒUR adj.f. et n.f.

SŒURETTE n.f.

SOFA n.m.

SOFFITE n.m. Plafond à caissons. – Face inférieure d'un linteau.

SOFIOTE adj. De Sofia (Bulgarie).

SOFT 1. adj. et n.m. (Film) plus érotique que pornographique. 2. n.m. *Fam.* Software.

SOFTBALL [-bôl] n.m. Sport voisin du baseball.

SOFTWARE [-wèr] n.m. *Inf.* Logiciel.

SOI pr.pers. et n.m.

SOIE n.f.

SOIERIE n.f.

SOIF n.f.

SOIFFARD, E n. *Fam.* Personne qui aime boire.

SOIGNABLE adj.

SOIGNANT, E adj. et n.

SOIGNER v. **10.**

SOIGNEUR, EUSE n.

SOIGNEUSEMENT adv.

SOIGNEUX, EUSE adj.

SOIN n.m.

SOIR n.m.

SOIRÉE n.f.

SOISSONNAIS, E adj. De Soissons.

SOISSONS n.m. Gros haricot blanc.

SOIT conj. et adv.

SOIXANTAINE n.f.

SOIXANTE **I** adj.num.card.

SOIXANTIÈME adj.num.ord.

SOJA n.m. **(= soya)** Plante oléagineuse grimpante.

SOL n.m.

SOLAGE n.m. *Québ.* Fondations, assise d'une maison.

SOLAIRE adj. et n.m.

SOLANACÉE n.f. Plante gamopétale, type pomme de terre.

SOLARIGRAPHE n.m. Appareil de mesure du rayonnement solaire.

SOLARISATION n.f.

SOLARISER v. **10.** Chauffer (un immeuble) à l'énergie solaire.

SOLARIUM n.m.

SOLDANELLE n.f. Plante de montagne, à fleurs violettes.

SOLDAT n.m.

SOLDATE n.f. Femme soldat.

SOLDATESQUE 1. adj. Rude comme un soldat. 2. n.f. Troupe de soldats brutaux et indisciplinés.

SOLDE n.m. et n.f.

SOLDER v. **10.**

SOLDERIE n.f. Magasin dont les articles sont soldés.

SOLDEUR, EUSE n. Personne qui fait le commerce d'articles en solde.

SOLE n.f.

SOLEA [soléa] (pl. **SOLEARES** [-rès] ou **SOLEAS**) n.f. Musique populaire andalouse.

SOLÉAIRE n.m. et adj. Muscle de la jambe.

SOLEARES [soléarès] → **solea.**

SOLÉCISME n.m. Faute de syntaxe.

SOLEIL n.m.

SOLEN [-èn] n.m. Mollusque bivalve (couteau).

SOLENNEL, ELLE adj.

SOLENNELLEMENT adv.

SOLENNISER v. **10.**

SOLENNITÉ n.f.

SOLÉNOGLYPHE adj. (Serpent venimeux) dont les crochets sont mobiles.

SOLÉNOÏDAL, E, AUX adj.

SOLÉNOÏDE n.m. *Électr.* Fil métallique enroulé sur un cylindre, provoquant un champ magnétique.

SOLERET n.m. Partie de l'armure protégeant le pied.

SOLETTE n.f. Petite sole.

SOLEUROIS, E adj. Du canton de Soleure (Suisse).

SOLEX n.m. (Nom déposé) Cyclomoteur.

SOLFATARE n.f. Terrain volcanique émettant des vapeurs de soufre.

SOLFATARIEN, ENNE adj.

SOLFÈGE n.m.

SOLFIER v. **15.** Chanter en nommant les notes.

SOLI | → **solo.**

SOLICITOR n.m. Homme de loi anglais.

SOLIDAGE n.f. (= **solidago**) Plante herbacée à fleurs jaunes.

SOLIDAGO n.m. → **solidage.**

SOLIDAIRE adj.

SOLIDAIREMENT adv.

SOLIDARISATION n.f.

SOLIDARISER (SE) v. **10.**

SOLIDARITÉ n.f.

SOLIDE adj. et n.m.

SOLIDEMENT adv.

SOLIDIFICATION n.f.

SOLIDIFIER v. **15.**

SOLIDITÉ n.f.

SOLIER, ÈRE n. Professionnel du bâtiment qui pose des revêtements sur le sol ou sur les murs.

SOLIFLORE n.m. Vase pour une seule fleur.

SOLIFLUCTION n.f. → **solifluxion.**

SOLIFLUXION n.f. *Géogr.* Glissement de la partie superficielle du sol, lors du dégel.

SOLIFUGE n.m. Grand arachnide velu.

SOLILOQUE n.m. Monologue.

SOLILOQUER v. **(p.p.inv.) 10.** Se parler à soi-même.

SOLIN n.m. Enduit qui assure l'étanchéité d'un toit.

SOLING n.m. Voilier olympique à trois équipiers.

SOLIPÈDE adj. et n.m. *Zool.* Dont le pied n'a qu'un doigt terminé par un sabot.

SOLIPSISME n.m. *Philos.* Doctrine selon laquelle le sujet pensant est la seule réalité.

SOLIPSISTE adj. et n.

SOLISTE n.

SOLITAIRE adj. et n.

SOLITAIREMENT adv.

SOLITON n.m. *Phys.* Onde qui se propage sans déformation.

SOLITUDE n.f.

SOLIVE n.f. Pièce de charpente horizontale.

SOLIVEAU, X n.m. Petite solive.

SOLLICITATION n.f.

SOLLICITER v. **10.**

SOLLICITEUR, EUSE n.

SOLLICITUDE n.f.

SOLMISATION n.f. *Mus.* Action de solfier sur une gamme de six notes.

SOLO (pl. **SOLI** ou **SOLOS**) adj. et n.m.

SOLOGNOT, E adj. De la Sologne.

SOLSTICE n.m. Époque de l'année où la durée du jour est la plus courte ou la plus longue.

SOLSTICIAL, E, AUX adj.

SOLUBILISATION n.f.

SOLUBILISER v. **10.** Rendre soluble.

SOLUBILITÉ n.f.

SOLUBLE adj.

SOLUTÉ n.m. *Chim.* Corps dissous dans un solvant.

SOLUTION n.f.

SOLUTIONNER v. **10.**

SOLUTRÉEN, ENNE adj. et n.m. Se dit d'une période du paléolithique supérieur.

SOLVABILISER v. **10.** Rendre solvable (un débiteur).

SOLVABILITÉ n.f.

SOLVABLE adj.

SOLVANT n.m.

SOLVATATION n.f. Association des molécules d'un corps dissous avec celles de son solvant.

SOLVATE n.m. Combinaison d'un corps dissous avec son solvant.

SOLVATÉ, E adj.

SOM n.m. Unité monétaire du Kirghizistan.

SOMA n.m. *Biol.* Ensemble des cellules non reproductrices.

SOMALI, E adj. et n.m. **(= somalien)** De Somalie (Afrique orientale).

SOMALIEN, ENNE adj. → **somali.**

SOMAN [soman] ou [som-an] n.m. Gaz de combat.

SOMATION n.f. *Biol.* Modification acquise, non transmissible par hérédité.

SOMATIQUE adj. Qui concerne le corps. – Relatif au soma.

SOMATIQUEMENT adv.

SOMATISATION n.f.

SOMATISER v. **10.** *Psych.* Transformer (un trouble psychique) en trouble organique.

SOMATOSTATINE n.f. Hormone qui inhibe la somatotrophine.

SOMATOTROPE adj. (Hormone) qui agit sur la croissance.

SOMATOTROPHINE n.f. Hormone somatotrope.

SOMATOTROPINE n.f. → **somatotrophine.**

SOMBE [sombé] n.m. *Afr.* Mets à base de feuilles de manioc pilées.

SOMBRE adj.

SOMBREMENT adv.

SOMBRER v. **(p.p.inv.) 10.**

SOMBRERO n.m. Chapeau de feutre à large bord.

SOMESTHÉSIE n.f. Ensemble de perceptions tactiles.

SOMESTHÉSIQUE adj.

SOMITE n.m. *Biol.* Segment embryonnaire.

SOMMABLE adj. *Math.* Dont on peut calculer la somme.

SOMMAIRE adj. et n.m.

SOMMAIREMENT adv.

SOMMATION n.f.

SOMME n.m. et n.f.

SOMMEIL n.m.

SOMMEILLANT, E adj.

SOMMEILLER v. **(p.p.inv.) 10.**

SOMMEILLEUX, EUSE adj. et n.m. Qui a tendance à s'endormir.

SOMMELIER, ÈRE n. Personne chargée du service des vins, dans un restaurant.

SOMMELLERIE n.f. Fonction de sommelier.

SOMMER v. **10.**

SOMMET n.m.

SOMMIER n.m.

SOMMITAL, E, AUX adj. Relatif au sommet (d'un mur, d'un édifice).

SOMMITÉ n.f.

SOMNAMBULE adj. et n.

SOMNAMBULIQUE adj.

SOMNAMBULISME n.m.

SOMNIFÈRE adj. et n.m.

SOMNILOQUIE n.f. Émission de sons durant le sommeil.

SOMNOLENCE n.f.

SOMNOLENT, E adj.

SOMNOLER v. **(p.p.inv.) 10.**

SOMONI n.m. Unité monétaire du Tadjikistan.

SOMPTUAIRE adj. (Dépense) excessive.

SOMPTUEUSEMENT adv.

SOMPTUEUX, EUSE adj.

SOMPTUOSITÉ n.f.

SON, SA, SES adj.poss.

SON n.m.

SONAGRAMME n.m. Représentation graphique du spectre de la voix.

SONAGRAPHE n.m. Appareil permettant d'analyser les sons du langage.

SONAL, S n.m. Thème musical accompagnant un message publicitaire.

SONAR n.m. Appareil de détection sous-marine par ultrasons.

SONATE n.f.

SONATINE n.f. Petite sonate facile.

SONDAGE n.m.

SONDAGIER, ÈRE adj. Relatif aux sondages d'opinion.

SONDE n.f.

SONDER v. **10.**

SONDEUR, EUSE n.

SONE n.m. Unité de mesure de la sensation sonore.

SONÉGIEN, ENNE adj. De Soignies (Belgique).

SONG [s-on-g] adj. D'une dynastie chinoise (du Xᵉ au XIIIᵉ s.).

SONGE n.m.

SONGÉ, E adj. *Québ., Fam.* Réfléchi, intelligent.

SONGER v. **17.**

SONGERIE n.f. Pensée vague, rêverie.

SONGEUR, EUSE adj.

SONGHAÏ [sonray] adj. et n.m. **(= songhay)** D'un peuple du Mali et du Niger.

SONGHAY [sonray] adj. et n.m. → **songhaï.**

SONIE n.f. Intensité de la sensation sonore.

SONINKÉ, E [sôninké] adj. et n.m. D'un peuple d'Afrique occidentale.

SONIQUE adj. Qui concerne la vitesse du son.

SONNAILLE n.f. Clochette attachée au cou des bestiaux.

SONNAILLER n.m. Animal qui marche le premier, dans un troupeau.

SONNAILLER v. **(p.p.inv.) 10.** *Péj.* Sonner.

SONNANT, E adj.

SONNER v. **10.**

SONNERIE n.f.

SONNET n.m.

SONNETTE n.f.

SONNEUR, EUSE n. *Vx.* Musicien.

SONO n.f.

SONOMÈTRE n.m. Appareil de mesure des sensations sonores.

SONOMÉTRIE n.f.

SONORE adj.

SONORISATION n.f.

SONORISER v. **10.**

SONORITÉ n.f.

SONOTHÈQUE n.f. Collection d'enregistrements de bruits.

SONOTONE n.m. (Nom déposé) Appareil destiné aux malentendants.

SOPALIN n.m. (Nom déposé) Papier absorbant à usage ménager.

SOPHISME n.m. Raisonnement faux malgré une apparence de logique.

SOPHISTE 1. n.m. *Antiq. gr.* Philosophe et maître de rhétorique. 2. n. Personne qui use de sophismes.

SOPHISTICATION n.f.

SOPHISTIQUE 1. adj. De la nature du sophisme. 2. n.f. *Antiq. gr.* Mouvement de pensée des sophistes.

SOPHISTIQUER v. **10.** Perfectionner à l'extrême.

SOPHORA n.m. Arbre ornemental d'Asie.

SOPHROLOGIE n.f. Technique de relaxation fondée sur l'hypnose.

SOPHROLOGIQUE adj.

SOPHROLOGUE n.

SOPHRONIQUE adj. Relatif à la sophrologie.

SOPOR n.m. *Méd.* Sommeil lourd, voisin du coma.

SOPOREUX, EUSE adj.

SOPORIFIQUE adj. et n.m.

SOPRANE n. **(= soprano)** Personne ayant une voix de soprano.

SOPRANI **|** → **soprano.**

SOPRANISTE n.m. Chanteur adulte qui a conservé une voix de soprano.

SOPRANO (pl. **SOPRANI** ou **SOPRANOS**) 1. n.m. La plus élevée des voix de femme ou de jeune garçon. 2. n. → **soprane.**

SOQUET n.m. → **socket.**

SORABE adj. D'un peuple slave.

SORBE n.f. Fruit du sorbier.

SORBET n.m.

SORBETIÈRE n.f.

SORBIER n.m. Arbre dont certaines variétés portent des baies comestibles.

SORBIQUE adj. (Acide) utilisé comme agent de conservation.

SORBITOL n.m. Polyol extrait des baies de sorbier.

SORBONNARD, E n. *Fam.* Étudiant, professeur en Sorbonne.

SORCELLERIE n.f.

SORCIER, ÈRE adj. et n.

SORDIDE adj.

SORDIDEMENT adv.

SORDIDITÉ n.f.

SORE n.m. *Bot.* Groupe de sporanges, chez les fougères.

SORGHO n.m. Graminée d'Afrique, alimentaire et fourragère.

SORICIDÉ n.m. Mammifère insectivore, type musaraigne.

SORITE n.m. Suite de syllogismes.

SORNETTE n.f.

SORORAL, E, AUX adj. *Litt.* Relatif à la sœur.

SORORAT n.m. *Anthr.* Système selon lequel un veuf doit épouser une sœur cadette de sa femme défunte.

SORORITÉ n.f. Solidarité entre femmes.

SORPTION n.f. *Chim., Phys.* Absorption ou rétention d'un gaz dans un solide.

SORT n.m.

SORTABLE adj.

SORTANT, E adj. et n.

SORTE n.f.

SORTEUR, EUSE n. et adj. **(= sorteux)** Noceur.

SORTEUX, EUSE n. et adj. → **sorteur.**

SORTIE n.f.

SORTILÈGE n.m.

SORTIR **|** n.m.

SORTIR v. **44.**

SORTIR v. déf. (**sorti, sortie, sorties, sortira, sortiraient, sortirait, sortirent, sortiront, sortis, sortissaient, sortissait, sortissant, sortisse, sortissent, sortit, sortît**) *Dr.* Obtenir, avoir.

SOSIE n.m.

SOSTENUTO [ténou] adv. *Mus.* De façon soutenue.

SOT, SOTTE adj. et n.

SOTCH n.m. *Géogr.* Grande dépression fermée.

SOTÉRIOLOGIE n.f. *Rel.* Doctrine du salut par un rédempteur.

SOTHO n.m. Langue bantoue d'Afrique du Sud.

SOTIE n.f. **(= sottie)** *Litt.* Farce satirique médiévale.

SOTTEMENT adv.

SOTTIE n.f. → **sotie.**

SOTTISE n.f.

SOTTISIER n.m. Recueil de phrases ridicules.

SOU n.m.

SOUABE adj. De la Souabe (sud de l'Allemagne).

SOUAGE n.m. **(= suage)** Ourlet bordant une pièce d'orfèvrerie.

SOUAHÉLI, E n.m. et adj. **(= swahéli, swahili)** Langue bantoue parlée dans l'est de l'Afrique.

SOUBASSEMENT n.m.

SOUBISE n.f. Bordure tressée de certaines tenues militaires.

SOUBRESAUT n.m.

SOUBRETTE n.f. *Fam.* Femme de chambre.

SOUBREVESTE n.f. *Anc.* Veste militaire sans manches.

SOUCHE n.f.

SOUCHET n.m. Plante du bord des eaux. – Canard à bec large.

SOUCHETAGE n.m. Inspection des souches après une coupe.

SOUCHETTE n.f. Champignon poussant sur les souches.

SOUCHONG [souch-on-(g)] n.m. Thé noir de Chine.

SOUCI n.m.

SOUCIER (SE) v. **15.**

SOUCIEUSEMENT adv.

SOUCIEUX, EUSE adj.

SOUCOUPE n.f.

SOUDABILITÉ n.f.

SOUDABLE adj.

SOUDAGE n.m. Opération de soudure.

SOUDAIN, E adj. et adv.

SOUDAINEMENT adv.

SOUDAINETÉ n.f.

SOUDAN n.m. *Vx.* Sultan.

SOUDANAIS, E adj. Du Soudan (Afrique orientale).

SOUDANIEN, ENNE adj. → **soudanais.**

SOUDANT, E adj. (Température) à laquelle on porte le fer pour le souder.

SOUDARD n.m. Homme grossier et brutal.

SOUDE n.f.

SOUDER v. **10.**

SOUDEUR, EUSE n.

SOUDIER, ÈRE 1. adj. Relatif à la soude. 2. n.f. Fabrique de soude.

SOUDOYER v. **27.**

SOUDURE n.f.

SOUE n.f. Étable à porcs.

SOUFFLAGE n.m. Procédé de fabrication de verrerie. – *Mar.* Renflement de la carène.

SOUFFLANT, E 1. adj. 2. n.f. Grand ventilateur.

SOUFFLARD n.m. *Géogr.* Jet de vapeur d'eau, en région volcanique.

SOUFFLE n.m.

SOUFFLÉ, E adj. et n.m.

SOUFFLEMENT n.m.

SOUFFLER v. **10.**

SOUFFLERIE n.f.

SOUFFLET n.m.

SOUFFLETER v. **20** (je soufflette...) *Litt.* Gifler.

SOUFFLETIER n.m. Ouvrier qui fabrique des soufflets d'orgue.

SOUFFLETTE n.f. *Techn.* Bulle d'air, boursouflure.

SOUFFLEUR, EUSE n.

SOUFFLURE n.f. Cavité remplie de gaz, formée au cours de la solidification d'une masse.

SOUFFRANCE n.f.

SOUFFRANT, E adj.

SOUFFRETEUX, EUSE adj. Chétif, malingre.

SOUFFRIR v. **46.**

SOUFI, E n. et adj. → **sufi.**

SOUFISME n.m. → **sufisme.**

SOUFRAGE n.m.

SOUFRE adj. et n.m.

SOUFRER v. **10.** Traiter avec du soufre.

SOUFREUR, EUSE n.

SOUFRIÈRE n.f. Lieu d'où l'on extrait le soufre.

SOUFROIR n.m. Local où l'on blanchit la laine par soufrage.

SOUHAIT n.m.

SOUHAITABLE adj.

SOUHAITER v. **10.**

SOUILLARD n.m. Trou percé dans une pierre pour l'écoulement des eaux.

SOUILLARDE n.f. Baquet à lessive. – Arrière-cuisine.

SOUILLER v. **10.**

SOUILLON, ONNE n. Personne malpropre.

SOUILLURE n.f.

SOUIMANGA n.m. Passereau d'Afrique aux couleurs éclatantes.

SOUK n.m. Marché, dans les pays arabes.

SOUKHOT [-t] n.m. **(= soukkot)** Fête juive.

SOUKKOT [-t] n.m. → **soukhot.**

SOUKOUSS n.m. Musique du Congo, inspirée de la rumba.

SOUL [sol] n.f. et adj. Musique des Noirs américains.

SOÛL, SOÛLE adj. et n.m. → **saoul.**

SOULAGEMENT n.m.

SOULAGER v. **17.**

SOULANE n.f. Versant d'une montagne exposé au soleil.

SOÛLANT, E adj. → **saoulant.**

SOÛLARD, E adj. et n. → **saoulard.**

SOÛLAUD, E n. → **saoulard.**

SOULCIE n.m. Oiseau voisin du moineau.

SOÛLER v. **10.** → **saouler.**

SOÛLERIE n.f. → **saoulerie.**

SOULÈVEMENT n.m.

SOULEVER v. **11.**

SOULIER n.m.

SOULIGNAGE n.m.

SOULIGNEMENT n.m.

SOULIGNER v. **10.**

SOÛLOGRAPHE n. *Fam.* Ivrogne.

SOÛLOGRAPHIE n.f.

SOÛLON, ONNE n. et adj. *Québ.* Ivrogne.

SOÛLOT, E n. → **saoulard.**

SOULTE n.f. *Dr.* Somme d'argent qui, dans un partage ou un échange, compense une inégalité.

SOUM n.m. Unité monétaire de l'Ouzbékistan.

SOUMAINTRAIN n.m. Fromage de l'Yonne.

SOUMBALA n.m. *Afr.* Condiment tiré des fruits du néré.

SOUMETTRE v. **101.**

SOUMISSION n.f.

SOUMISSIONNAIRE n. *Dr.* Personne qui soumissionne.

SOUMISSIONNER v. **10.** *Dr.* Proposer (ses services ou ses produits) moyennant certains engagements.

SOUNA n.f. **(= sounna, sunna)** Chez les musulmans, tradition qui rapporte les paroles et actions de Mahomet.

SOUNDANAIS n.m. Langue indonésienne.

SOUNNA n.f. → **souna.**

SOUPANE n.f. *Québ.* Bouillie de farine d'avoine.

SOUPAPE n.f.

SOUPÇON n.m.

SOUPÇONNABLE adj.

SOUPÇONNER v. **10.**

SOUPÇONNEUX, EUSE adj.

SOUPE n.f.

SOUPENTE n.f.

SOUPER n.m.

SOUPER v. **(p.p.inv.) 10.**

SOUPESER v. **11.**

SOUPEUR, EUSE n.

SOUPIÈRE n.f.

SOUPIR n.m.

SOUPIRAIL, SOUPIRAUX n.m.

SOUPIRANT, E adj. et n.m.

SOUPIRAUX → **soupirail.**

SOUPIRER v. **10.** Exprimer avec des soupirs.

SOUPLE adj.

SOUPLEMENT adv.

SOUPLESSE n.f.

SOUQUENILLE [soukniy] n.f. *Vx.* Longue blouse.

SOUQUER v. **10.** *Mar.* Raidir (un cordage). – Tirer sur les avirons.

SOURATE n.f. **(= surate)** Chapitre du Coran.

SOURCE n.f.

SOURCELLERIE n.f. Pratique du sourcier.

SOURCER v. **13.** Assortir (une citation) de références précises.

SOURCEUR, EUSE n. Personne qui exploite des sources d'idées.

SOURCIER, ÈRE n. Personne qui découvre les sources souterraines.

SOURCIL [-i] n.m.

SOURCILIER, ÈRE adj. Relatif aux sourcils.

SOURCILLER v. **(p.p.inv.) 10.**

SOURCILLEUX, EUSE adj.

SOURD, SOURDE adj. et n.

SOURDEMENT adv.

SOURDINE n.f.

SOURDINGUE adj. et n. *Fam.* Sourd.

SOURDRE v. déf. (**sourd, sourdaient, sourdait, sourdent**) Sortir de terre, en parlant de l'eau.

SOURIANT, E adj.

SOURICEAU, X n.m.

SOURICIER, ÈRE 1. n.m. et adj.m. Animal qui attrape les souris. 2. n.f. Piège.

SOURIRE v. **(p.p.inv.) 129.**

SOURIRE n.m.

SOURIS n.f.

SOURNOIS, E adj. et n.

SOURNOISEMENT adv.

SOURNOISERIE n.f. Dissimulation hypocrite.

SOUS prép.

SOUSCRIPTEUR, TRICE n.

SOUSCRIPTION n.f.

SOUSCRIRE v. **130.**

SOUSLIK n.m. Écureuil terrestre.

SOUSSIEN, ENNE adj. De Sousse (Tunisie).

SOUSSIGNÉ, E adj. et n.

SOUSSOU adj. et n.m. D'un peuple de Guinée.

SOUSTRACTEUR n.m. Organe de calcul permettant d'effectuer une différence.

SOUSTRACTIF, IVE adj. *Math.* Relatif à la soustraction.

SOUSTRACTION n.f.

SOUSTRAIRE v. déf. **121.**

SOUTACHE n.f. Galon pour orner des uniformes ou des vêtements féminins.

SOUTACHER v. **10.** Orner de soutaches.

SOUTANE n.f.

SOUTANELLE n.f. Redingote à collet droit servant de soutane.

SOUTASSE n.f. *Belg., Helv.* Soucoupe.

SOUTE n.f.

SOUTENABLE adj.

SOUTENANCE n.f. Action de soutenir une thèse de doctorat.

SOUTENANT, E 1. n.m. Personne qui soutient une thèse de doctorat. 2. adj. *Québ.* Nourrissant.

SOUTÈNEMENT n.m. Dispositif destiné à soutenir.

SOUTENEUR, EUSE n.

SOUTENIR v. **42.**

SOUTENU, E adj.

SOUTERRAIN, E adj. et n.m.

SOUTERRAINEMENT adv.

SOUTIEN n.m.

SOUTIER n.m. Matelot qui alimente en charbon les chaufferies d'un navire.

SOUTIF n.m. *Fam.* Soutien-gorge.

SOUTIRAGE n.m.

SOUTIRER v. **10.** Transvaser (un liquide) d'un récipient dans un autre.

SOUTIREUSE n.f. Appareil servant à soutirer la bière.

SOUTRA n.m. **(= sutra)** Dans l'hindouisme, texte du rituel et de la morale.

SOUTRAGE n.m. Enlèvement périodique de la végétation qui tapisse le sol d'une forêt.

SOUVENANCE n.f. Souvenir lointain.

SOUVENIR n.m.

SOUVENIR (SE) v. **42.**

SOUVENT adv.

SOUVERAIN, E adj. et n.

SOUVERAINEMENT adv.

SOUVERAINETÉ n.f.

SOUVERAINISME n.m. Doctrine des partisans d'une Europe constituée de nations souveraines.

SOUVERAINISTE adj. et n.

SOUVLAKI n.m. En Grèce, brochette de viande.

SOVIET [-èt] n.m. *Hist.* Conseil de délégués, en URSS.

SOVIÉTIQUE adj.

SOVIÉTISATION n.f.

SOVIÉTISER v. **10.** *Hist.* Soumettre à l'influence de l'Union soviétique.

SOVIÉTOLOGIE n.f.

SOVIÉTOLOGUE n. Spécialiste de la politique soviétique.

SOVKHOZ n.m. **(= sovkhoze)** *Hist.* Ferme modèle d'État, en URSS.

SOVKHOZE n.m. → **sovkhoz.**

SOVNARKHOZ n.m. *Hist.* Conseil chargé de la gestion de l'économie, en URSS.

SOVNARKHOZE n.m. → **sovnarkhoz.**

SOYA n.m. → **soja.**

SOYER, ÈRE adj. Relatif à la soie.

SOYEUX, EUSE adj. et n.m.

SPA n.m. Bain bouillonnant à remous.

SPACIEUSEMENT adv.

SPACIEUX, EUSE adj.

SPADASSIN n.m. Homme d'épée. – Tueur à gages.

SPADICE n.m. *Bot.* Inflorescence d'un palmier constituée par un épi enveloppé dans une bractée.

SPADICIFLORE n.f. Plante aux fleurs groupées en spadices, type palmier.

SPAETZLE [chpètzle] n.m. **(= spaetzli, spätzle, spätzli)** Petite pâte en lanière.

SPAETZLI [chpètzli] n.m. → **spaetzle.**

SPAGHETTI n.m.

SPAHI n.m. Membre d'un ancien régiment de cavalerie française, en Algérie.

SPALAX n.m. Rongeur d'Europe centrale.

SPALLATION n.f. *Phys.* Éclatement du noyau d'un atome par bombardement corpusculaire.

SPALTER [-èr] n.m. Brosse de peintre servant à imiter le bois.

SPAM n.m. Courriel publicitaire non sollicité.

SPAMMEUR, EUSE n. et adj. Personne qui envoie des spams.

SPAMMING n.m. Envoi massif de spams.

SPANANDRIE n.f. *Zool.* Rareté des mâles dans une espèce à reproduction par parthénogenèse.

SPANIOMÉNORRHÉE n.f. *Méd.* Cycle menstruel anormalement long.

SPARADRAP n.m.

SPARAGE n.f. *Québ., Fam.* Gesticulation ridicule.

SPARDECK n.m. *Mar.* Pont supérieur ininterrompu de l'avant à l'arrière.

SPARE [spèr] n.m. Au bowling, action de renverser toutes les quilles avec deux boules.

SPARGANIER n.m. Plante aquatique.

SPARGOUTE n.f. → **espargoute.**

SPARIDÉ n.m. Poisson marin, type daurade.

SPARKLET [-èt] n.m. Capsule contenant du gaz carbonique, servant à faire de l'eau de Seltz.

SPART [-t] n.m. **(= sparte)** Graminée, type alfa, dont on fait des cordages.

SPARTAKISME n.m. Mouvement politique allemand (de 1914 à 1919).

SPARTAKISTE adj. et n.

SPARTE n.m. → **spart.**

SPARTÉINE n.f. Alcaloïde extrait du spart, utilisé comme tonicardiaque.

SPARTERIE n.f. Ouvrage tressé en fibre végétale.

SPARTIATE [-syat] 1. adj. De Sparte (Grèce antique). 2. n.f. Sandale à lanières.

SPASME n.m.

SPASMODIQUE adj.

SPASMOLYTIQUE adj. et n.m. *Pharm.* Qui supprime les spasmes.

SPASMOPHILE adj. et n. *Méd.* Sujet aux crampes, aux malaises, aux crises d'agitation.

SPASMOPHILIE n.f.

SPASMOPHILIQUE adj.

SPASTICITÉ n.f.

SPASTIQUE adj. *Méd.* Accompagné de spasmes.

SPAT [-t] n.m. *Math.* Unité d'angle solide, comprenant la totalité de l'espace autour d'un point.

SPATANGUE n.m. Oursin en forme de cœur.

SPATH [-t] n.m. Minerai pierreux à structure lamelleuse.

SPATHE n.f. *Bot.* Bractée entourant l'épi, chez les spadices.

SPATHIQUE adj. De la nature du spath.

SPATIABILISER v. **10.** → **spatialiser.**

SPATIAL, E, AUX adj.

SPATIALISATION n.f.

SPATIALISER v. **10.** Adapter aux conditions de l'espace.

SPATIALITÉ n.f. Caractère de ce qui est spatial.

SPATIOLOGIE n.f. Science de l'espace.

SPATIONAUTE n. Astronaute.

SPATIONAUTIQUE n.f. Astronautique.

SPATIONEF n.m. Vaisseau spatial.

SPATIOTEMPOREL, ELLE adj.

SPATULE n.f.

SPATULÉ, E adj. En forme de spatule.

SPÄTZLE [chpètzle] n.m. → **spaetzle.**

SPÄTZLI [chpètzli] n.m. → **spaetzle.**

SPEAKEASIES → **speakeasy.**

SPEAKEASY (pl. **SPEAKEASIES** ou **SPEAKEASYS**) [spikizi] n.m. *Hist.* Aux États-Unis, bar clandestin de l'époque de la prohibition.

SPEAKER, SPEAKERINE n.

SPEAKERINE → **speaker.**

SPÉCIAL, E, AUX adj. et n.f.

SPÉCIALEMENT adv.

SPÉCIALISATION n.f.

SPÉCIALISER v. **10.**

SPÉCIALISTE n.

SPÉCIALITÉ n.f.

SPÉCIATION n.f. *Biol.* Apparition de différences entre deux espèces voisines.

SPÉCIEUSEMENT adv.

SPÉCIEUX, EUSE adj. Destiné à induire en erreur, sous une apparence de vérité.

SPÉCIFICATION n.f.

SPÉCIFICITÉ n.f.

SPÉCIFIER v. **15.**

SPÉCIFIQUE adj.

SPÉCIFIQUEMENT adv.

SPÉCIMEN adj. et n.m.

SPÉCIOSITÉ n.f.

SPECK n.m. Longe de porc fumée, spécialité italienne.

SPECTACLE n.m.

SPECTACULAIRE adj.

SPECTATEUR, TRICE n.

SPECTRAL, E, AUX adj.

SPECTRE n.m.

SPECTROCHIMIQUE adj. (Analyse chimique) basée sur l'étude du spectre de la vapeur d'une substance.

SPECTROGRAMME n.m. Photographie d'un spectre lumineux.

SPECTROGRAPHE n.m. Appareil servant à enregistrer les spectres lumineux.

SPECTROGRAPHIE n.f.

SPECTROMÈTRE n.m. Appareil servant à enregistrer et à mesurer les spectres.

SPECTROMÉTRIE n.f.

SPECTROMÉTRIQUE adj.

SPECTROSCOPE n.m.

SPECTROSCOPIE n.f. *Phys.* Étude des spectres formés par différents rayonnements.

SPECTROSCOPIQUE adj.

SPÉCULAIRE 1. adj. Relatif au miroir. 2. n.f. Plante herbacée à fleurs violettes.

SPÉCULATEUR, TRICE n.

SPÉCULATIF, IVE adj.

SPÉCULATION n.f.

SPÉCULATIVEMENT adv.

SPÉCULAUS [-ôs] n.m. **(= spéculos, spéculoos)** *Belg.* Biscuit au sucre candi.

SPÉCULER v. **(p.p.inv.) 10.**

SPÉCULOOS [-ôs] n.m. → **spéculaus.**

SPÉCULOS [-ôs] n.m. → **spéculaus.**

SPÉCULUM n.m. *Méd.* Instrument servant à explorer certaines cavités.

SPEECH (pl. **SPEECHES** ou **SPEECHS**) n.m. Discours.

SPEECHES → **speech.**

SPEED n.m. *Arg.* Amphétamine.

SPEEDER v. **10.** Droguer. – Faire agir avec hâte.

SPEEDWAY [spidwè] n.m. Course de motos sur cendrée.

SPEISS [spès] n.m. Minerai de nickel, après grillage.

SPÉLÉO n.f. *Fam.* Spéléologie.

SPÉLÉOLOGIE n.f.

SPÉLÉOLOGIQUE adj.

SPÉLÉOLOGUE n.

SPÉLÉONAUTE n. Explorateur qui séjourne en milieu souterrain.

SPENCER [spènseur] n.m. Veste courte sans basques.

SPÉOS [-s] n.m. *Archéol.* Temple égyptien creusé dans le roc.

SPERGULAIRE n.f. Plante voisine de la spergule.

SPERGULE n.f. Petite plante à feuilles en lanières.

SPERMACETI n.m. Substance huileuse qui se trouve dans la tête du cachalot.

SPERMAPHYTE n.m. Plante à organes de reproduction apparents.

SPERMATHÈQUE n.f. Organe des femelles de certains insectes qui conserve le sperme du mâle.

SPERMATICIDE adj. et n.m. → **spermicide.**

SPERMATIDE n.m. ou f. *Biol.* Gamète mâle immature.

SPERMATIE [-si] n.f. *Bot.* Spore à un seul noyau de certains champignons.

SPERMATIQUE adj. Relatif au sperme.

SPERMATOCYTE n.m. Cellule germinale mâle.

SPERMATOGENÈSE n.f. Formation des cellules reproductrices mâles.

SPERMATOGONIE n.f. *Zool.* Cellule sexuelle mâle.

SPERMATOPHORE n.m. *Zool.* Organe contenant les spermatozoïdes.

SPERMATOPHYTE n.m. → **spermaphyte.**

SPERMATOZOÏDE n.m.

SPERME n.m.

SPERMICIDE adj. et n.m. (Substance) qui détruit les spermatozoïdes.

SPERMINE n.f. *Biochim.* Polyamine extraite du sperme.

SPERMOGONIE n.f. *Bot.* Appareil producteur des spermaties.

SPERMOGRAMME n.m. *Méd.* Examen du sperme.

SPERMOPHILE n.m. Écureuil d'Amérique.

SPET [spè] n.m. Poisson voisin du barracuda.

SPETSNAZ [spètsnaz] n.f.pl. Forces spéciales russes.

SPHACÈLE n.m. *Méd.* Tissu nécrosé qui se détache d'une plaie.

SPHAGNALE [gn] n.f. Mousse aquatique, type sphaigne.

SPHAIGNE n.f. Mousse aquatique, qui se transforme en tourbe.

SPHÈNE n.m. Minerai naturel de calcium.

SPHÉNISCIDÉ n.m. Oiseau marin, type manchot.

SPHÉNISCIFORME n.m. Oiseau marin, type sphéniscidé.

SPHÉNISQUE n.m. Manchot (oiseau).

SPHÉNODON n.m. Reptile d'Océanie (hattéria).

SPHÉNOÏDAL, E, AUX adj.

SPHÉNOÏDE n.m. et adj. Os de la tête, à la base du crâne.

SPHÈRE n.f.

SPHÉRICITÉ n.f.

SPHÉRIQUE adj.

SPHÉROÏDAL, E, AUX adj.

SPHÉROÏDE n.m. Solide proche de la sphère.

SPHÉROÏDIQUE adj.

SPHÉROÏDISATION n.f. Formation de graphite pendant l'élaboration de la fonte.

SPHÉROMÈTRE n.m. Instrument de mesure de la courbure des surfaces sphériques.

SPHÉRULE n.f. Petite sphère.

SPHEX n.m. Insecte hyménoptère qui paralyse ses proies.

SPHINCTER [-tèr] n.m. *Anat.* Muscle annulaire qui resserre un canal naturel.

SPHINCTÉRIEN, ENNE adj.

SPHINGE n.f. Sphinx à buste de femme.

SPHINGIDÉ n.m. Papillon à longue trompe, type sphinx.

SPHINX n.m. Monstre de la mythologie. – Personnage énigmatique. – Papillon nocturne.

SPHYGMOGRAMME n.m. *Méd.* Tracé du pouls.

SPHYGMOGRAPHE n.m. *Méd.* Instrument servant à enregistrer le pouls.

SPHYRÈNE n.f. Poisson marin vorace, type barracuda.

SPI n.m. → **spinnaker.**

SPIC n.m. → **aspic** 2.

SPICA n.m. *Méd.* Bandage croisé, appliqué à la racine d'un membre.

SPICCATO adv. *Mus.* En détachant les notes.

SPICIFORME adj. *Bot.* En forme d'épi.

SPICILÈGE n.m. Recueil de documents, de notes, d'observations.

SPICULE n.m. *Zool.* Élément épineux du squelette des éponges.

SPIDER [spidèr] n.m. *Vx.* Coffre aménagé à l'arrière d'un cabriolet et qui peut recevoir des passagers.

SPIEGEL [chpigeul] n.m. Alliage employé dans la fabrication de l'acier.

SPILITE n.f. *Géol.* Basalte vert.

SPIN [spin] n.m. *Phys.* Rotation d'une particule élémentaire sur elle-même ou autour d'un centre de gravité.

SPINACKER [spinèkeur] n.m. → **spinnaker.**

SPINAL, E, AUX adj. Relatif à l'épine dorsale.

SPINALIEN, ENNE adj. D'Épinal.

SPINELLE n.m. Aluminate naturel de magnésium, utilisé en joaillerie.

SPINESCENT, E adj. *Bot.* Couvert d'épines.

SPINNAKER [spinèkeur] n.m. **(= spinacker)** *Mar.* Grande voile triangulaire d'avant.

SPINOSAURE n.m. Dinosaure proche du crocodile.

SPINOSISME n.m. *Philos.* Doctrine de Spinoza.

SPINOSISTE adj. et n.

SPINOZISME n.m. → **spinosisme.**

SPINOZISTE adj. et n.

SPINTRONIQUE n.f. Électronique de spin.

SPINULE n.f. *Bot.* Petite épine.

SPIONCELLE n.f. Petit passereau.

SPIRACLE n.m. *Zool.* Chez les têtards, orifice d'évacuation de l'eau des branchies.

SPIRAL, E, AUX 1. adj. Roulé en spirale. 2. n.m. Petit ressort d'horlogerie. 3. n.f.

SPIRALÉ, E adj.

SPIRANT, E adj. et n.f. *Phon.* (Consonne) qui produit une résonance de l'air au point d'articulation.

SPIRE n.f. Tour complet d'une spirale.

SPIRÉE n.f. Plante herbacée à fleurs décoratives et odorantes.

SPIRIFER [-èr] n.m. Brachiopode fossile de l'ère primaire.

SPIRILLE [-iy] n.m. *Biol.* Bactérie en forme de filament spiralé.

SPIRILLOSE [l] n.f. Maladie provoquée par un spirille.

SPIRITAIN n.m. Religieux d'une congrégation missionnaire.

SPIRITE n. et adj. Adepte du spiritisme.

SPIRITISME n.m. Science occulte fondée sur la manifestation des esprits.

SPIRITUAL, S [spiritwôl] n.m. Chant religieux des Noirs américains.

SPIRITUALISER v. **10.** Doter de spiritualité.

SPIRITUALISME n.m. *Philos.* Doctrine qui considère l'esprit comme réalité première.

SPIRITUALISTE adj. et n.

SPIRITUALITÉ n.f.

SPIRITUEL, ELLE adj. et n.m.

SPIRITUELLEMENT adv.

SPIRITUEUX, EUSE adj. et n.m.

SPIROCHÈTE [k] n.m. *Biol.* Bactérie en forme de long filament spiralé.

SPIROCHÉTOSE [k] n.f. Maladie provoquée par un spirochète.

SPIROGRAPHE n.m. Ver marin vivant dans le sable vaseux.

SPIROGYRE n.f. Algue verte d'eau douce.

SPIROÏDAL, E, AUX adj. En forme de spirale.

SPIROMÈTRE n.m. Instrument servant à mesurer la capacité pulmonaire.

SPIROMÉTRIE n.f.

SPIROMÉTRIQUE adj.

SPIRORBE n.m. Petit ver marin qui construit un tube calcaire.

SPIROU n.m. *Belg.* Écureuil. – *Belg.* Enfant espiègle.

SPIRULINE n.f. Algue bleue des eaux saumâtres d'Afrique.

SPITANT, E adj. **(= spittant)** *Belg.* Vif, enjoué.

SPITTANT, E adj. → **spitant.**

SPITZ [spits] n.m. Chien nordique à museau pointu.

SPLANCHNIQUE [k] adj. *Anat.* Relatif aux viscères.

SPLANCHNOLOGIE [k] n.f. Partie de l'anatomie qui traite des viscères.

SPLASH interj. Onomatopée exprimant le bruit d'une chute dans l'eau.

SPLEEN [splin] n.m. *Litt.* Mélancolie.

SPLEENÉTIQUE adj. et n. Relatif au spleen.

SPLENDEUR n.f.

SPLENDIDE adj.

SPLENDIDEMENT adv.

SPLÉNECTOMIE n.f. *Chir.* Ablation de la rate.

SPLÉNÉTIQUE adj. et n. → **spleenétique.**

SPLÉNIQUE adj. *Anat.* Qui concerne la rate.

SPLÉNITE n.f. *Méd.* Inflammation de la rate.

SPLÉNIUS n.m. *Anat.* Muscle de la base postérieure du cou.

SPLÉNOMÉGALIE n.f. *Méd.* Augmentation du volume de la rate.

SPLÉNOMÉGALIQUE adj.

SPOILER [spoyleur] n.m. Dispositif placé sous le pare-chocs avant d'une automobile, pour améliorer l'aérodynamisme.

SPOLIATEUR, TRICE adj. et n.

SPOLIATION n.f.

SPOLIER v. **15.**

SPONDAÏQUE adj. *Poét., Antiq.* (Vers de six pieds) dont le cinquième est un spondée.

SPONDÉE n.m. *Poét., Antiq.* Pied composé de deux syllabes longues.

SPONDIAS [-s] n.m. Arbre fruitier exotique.

SPONDYLARTHRITE n.f. Arthrite de la colonne vertébrale.

SPONDYLARTHROSE n.f. Arthrose de la colonne vertébrale.

SPONDYLE n.m. Mollusque bivalve. – *Vx.* Vertèbre.

SPONDYLITE n.f. Inflammation d'une vertèbre.

SPONDYLOSE n.f. → **spondylarthrose.**

SPONGIAIRE n.m. Animal aquatique primitif, type éponge.

SPONGICULTURE n.f. Culture de l'éponge en parcs.

SPONGIEUX, EUSE adj.

SPONGIFORME adj. D'aspect spongieux.

SPONGILLE [-iy] n.f. *Zool.* Éponge d'eau douce.

SPONGIOSITÉ n.f.

SPONSOR n.m.

SPONSORAT n.m. Parrainage.

SPONSORING n.m. → **sponsorat.**

SPONSORISATION n.f.

SPONSORISER v. **10.** Soutenir financièrement à des fins publicitaires.

SPONTANÉ, E adj.

SPONTANÉISME n.m. Doctrine politique ou sociale privilégiant la spontanéité des masses ou de l'individu.

SPONTANÉISTE adj. et n.

SPONTANÉITÉ n.f.

SPONTANÉMENT adv.

SPONTANISME n.m. Théorie de la génération spontanée.

SPOOLER [spouleur] n.m. *Inf.* Programme d'archivage de listes sur disque.

SPORADICITÉ n.f.

SPORADIQUE adj. Qui existe ici et là, ou de temps en temps.

SPORADIQUEMENT adv.

SPORANGE n.m. *Bot.* Organe qui renferme les spores chez les cryptogames.

SPORE n.f. Cellule reproductrice des cryptogames et de certains protozoaires.

SPORIDIE n.f. Spore de certains champignons.

SPORIFÈRE adj. Qui produit des spores.

SPOROCYSTE n.m. Organe qui renferme les spores chez les cryptogames.

SPOROGONE n.m. Partie de la plante, productrice des spores.

SPOROPHYTE n.m. Végétal porteur de spores.

SPOROTRICHE n.m. Champignon microscopique.

SPOROTRICHOSE [k] n.f. *Méd.* Mycose provoquée par un sporotriche.

SPOROZOAIRE n.m. *Zool.* Protozoaire parasite se reproduisant par spores.

SPORT adj. et n.m.

SPORTIF, IVE adj. et n.

SPORTIVEMENT adv.

SPORTIVITÉ n.f.

SPORTSMAN (pl. **SPORTSMEN** ou **SPORTSMANS**) n.m. *Vx.* Celui qui pratique ou aime le sport.

SPORTSMEN ❙ → **sportsman.**

SPORTSWEAR [-wèr] adj. et n.m. **(= sportwear)** (Vêtement de sport) confortable et élégant à la fois.

SPORTSWOMAN (pl. **SPORTSWOMEN** ou **SPORTSWOMANS**) n.f.

SPORTSWOMEN ❙ → **sportswoman.**

SPORTULE n.f. *Antiq. rom.* Don fait par le patron à ses clients.

SPORTWEAR [-wèr] adj. et n.m. → **sportswear.**

SPORULATION n.f.

SPORULER v. **(p.p.inv.) 10.** Former des spores.

SPOT n.m.

SPOULE n.m. Mode d'exploitation d'un ordinateur en multiprogrammation.

SPOUTNIK n.m. Satellite artificiel soviétique.

SPRAT [-t] n.m. Petit poisson, voisin du hareng.

SPRAY [sprè] n.m. Aérosol.

SPRAYER [sprè-] v. **24.** *Helv.* Pulvériser, vaporiser.

SPRECHGESANG [chpréchgésang] n.m. Style de chant imitant l'expression parlée.

SPRINGBOK [springbok] n.m. Antilope d'Afrique du Sud.

SPRINGER [springeur] n.m. Chien de chasse.

SPRINKLER [sprinkleur] n.m. Arroseur rotatif.

SPRINT n.m.

SPRINTER [-eur] n.m. **(= sprinteur).**

SPRINTER v. **(p.p.inv.) 10.**

SPRINTEUR, EUSE n. → **sprinter** n.m.

SPRUE n.f. Affection intestinale chronique.

SPUMANTE [spoumanté] n.m. Vin mousseux italien.

SPUME n.f. *Méd.* Liquide organique qui ressemble à de l'écume.

SPUMESCENT, E adj. De la nature de l'écume.

SPUMEUX, EUSE adj. Rempli d'écume.

SPUMOSITÉ n.f.

SPYWARE [spaywèr] n.m. *Inf.* Logiciel espion.

SQUALE [skw-] n.m. Poisson sélacien, type requin.

SQUALIDÉ [skw-] n.m. Requin, type aiguillat.

SQUALIFORME [skw-] n.m. Poisson, type squalidé.

SQUAMATE [skw-] n.m. Reptile écailleux, type lézard et serpent.

SQUAME [skw-] n.f. Lamelle qui se détache de la peau.

SQUAMÉ, E [skw-] adj. *Vx., Litt.* Couvert d'écailles.

SQUAMEUX, EUSE [skw-] adj. *Méd.* Couvert de squames.

SQUAMIFÈRE [skw-] adj. *Zool.* Couvert d'écailles.

SQUAMULE [skw-] n.f. Petite écaille.

SQUARE n.m.

SQUASH [skwach] n.m.

SQUAT [skwat] n.m. Fait de squatter. – Logement du squatter.

SQUATINA [skw-] n.m. **(= squatine)** Requin inoffensif (ange de mer).

SQUATINE [skw-] n.f. → **squatina.**

SQUATTER [skwateur] n.m. **(= squatteur).**

SQUATTER [skw-] v. **10.** Occuper illicitement (un logement vide).

SQUATTÉRISER [skw-] v. **10.** → **squatter** v.

SQUATTEUR, EUSE [skw-] n. → **squatter** n.m.

SQUAW [skwô] n.f.

SQUEEZE [skwiz] n.m. Au bridge, coup qui force l'adversaire à se défausser d'une carte utile.

SQUEEZER [skwizé] v. **10.** Au bridge, obliger (l'adversaire) à se défausser.

SQUELETTE n.m.

SQUELETTIQUE adj.

SQUILLE [skiy] n.f. Crustacé comestible.

SQUIRE [skwayeur] n.m. En Angleterre, titre nobiliaire le moins élevé.

SQUIRRE [skir] n.m. **(= squirrhe)** Tumeur cancéreuse.

SQUIRREUX, EUSE [ski-] adj. **(= squirrheux).**

SQUIRRHE [skir] n.m. → **squirre.**

SQUIRRHEUX, EUSE [ski-] adj. → **squirreux.**

SRAS [sras] n.m. Infection pulmonaire.

STABILE n.m. Construction sculpturale non mobile.

STABILIMÈTRE n.m. *Méd.* Appareil qui mesure les déplacements du centre de gravité du corps.

STABILISANT, E adj. et n.m.

STABILISATEUR, TRICE adj. et n.m.

STABILISATION n.f.

STABILISER v. **10.**

STABILITÉ n.f.

STABLE adj.

STABULATION n.f. Séjour du bétail en étable.

STACCATI **|** → **staccato.**

STACCATO (pl. **STACCATI** ou **STACCATOS**) n.m. et adv. *Mus.* Morceau joué en détachant les notes.

STADE n.m.

STADHOUDER [-èr] n.m. → **stathouder.**

STADIA n.f. Instrument de mesure des distances.

STADIAIRE 1. adj. Qui concerne les stades. 2. n. → **stadier.**

STADIER, ÈRE n. **(= stadiaire)** Personne chargée de la sécurité dans un stade.

STAFF n.m. Ensemble des dirigeants. – Matériau composé de plâtre et de fibres végétales.

STAFFER v. **10.** Construire en staff.

STAFFEUR, EUSE n. Ouvrier qui staffe.

STAGE n.m.

STAGFLATION n.f. *Écon.* État d'inflation accompagné de stagnation de la production.

STAGIAIRE n.

STAGNANT, E [gn] adj.

STAGNATION [gn] n.f.

STAGNER [gn] v. **(p.p.inv.) 10.**

STAKHANOVISME n.m. *Hist.* En URSS, augmentation du rendement fondée sur l'émulation.

STAKHANOVISTE adj. et n.

STAKNING n.m. Technique de ski de fond.

STALACTITE n.f. Concrétion calcaire se formant à partir de la voûte d'une grotte.

STALAG n.m. *Hist.* En Allemagne, camp de prisonniers de guerre (Seconde Guerre mondiale).

STALAGMITE n.f. Concrétion calcaire se formant à partir du sol d'une grotte.

STALAGMITIQUE adj.

STALAGMOMÈTRE n.m. *Phys.* Instrument de mesure de la masse des gouttes.

STALAGMOMÉTRIE n.f. Mesure de la tension superficielle d'un liquide.

STALINIEN, ENNE adj. et n.

STALINISME n.m.

STALLE n.f. Siège garnissant le chœur d'une église. – Compartiment dans une écurie.

STAMBOULIOTE adj. D'Istanbul (Turquie).

STAMINAL, E, AUX adj. *Bot.* Relatif aux étamines.

STAMINÉ, E adj. (Fleur) qui ne possède que des étamines.

STAMINIFÈRE adj. Qui porte des étamines.

STAMM [chtam] n.m. *Helv.* Lieu de réunions.

STANCE n.f. *Litt.* Groupe de vers, strophe.

STAND n.m.

STANDARD adj. et n.m.

STANDARDISATION n.f.

STANDARDISER v. **10.**

STANDARDISTE n.

STANDING n.m.

STANDISTE n. Concepteur, réalisateur de stands d'exposition.

STANNATE n.m. Sel d'un acide stannique.

STANNEUX, EUSE adj. *Chim.* Qui contient de l'étain bivalent.

STANNIFÈRE adj. Qui contient de l'étain.

STANNIQUE adj. *Chim.* Qui contient de l'étain quadrivalent.

STAPHISAIGRE n.f. Plante herbacée vénéneuse (herbe aux poux).

STAPHYLÉACÉE n.f. Arbre ou arbuste, type staphylier.

STAPHYLIER n.m. Arbuste (faux pistachier).

STAPHYLIN, E 1. adj. *Anat.* Qui appartient à la luette. 2. n.m. Insecte coléoptère.

STAPHYLOCOCCIE [-ksi] n.f. *Méd.* Infection par un staphylocoque.

STAPHYLOCOQUE n.m. Bactérie pathogène.

STAPHYLOME n.m. Tumeur de la cornée.

STAR n.f.

STARETS [-èts] n.m. (= **stariets**) Homme d'une grande sainteté, dans l'ancienne Russie.

STARIE n.f. → **estarie.**

STARIETS [-yèts] n.m. → **starets.**

STARIFICATION n.f.

STARIFIER v. **15.** → **stariser.**

STARISATION n.f.

STARISER v. **10.** Transformer en star.

STARKING n.f. Variété de pomme.

STARLETTE n.f.

STAROSTE n.m. *Hist.* Représentant élu d'une communauté civile, en Russie.

STARTER [-èr] n.m.

STASE n.f. Arrêt ou ralentissement de la circulation d'un liquide organique.

STAT [-t] n.f. *Fam.* Statistique.

STATÈRE n.m. *Antiq. gr.* Unité de poids et de monnaie.

STATHOUDER [-èr] n.m. Gouverneur de province, dans les Pays-Bas espagnols.

STATHOUDÉRAT n.m. Dignité de stathouder.

STATICE n.m. ou f. Plante ornementale à fleurs roses.

STATIF, IVE 1. adj. *Ling.* Qui exprime la notion de durée. 2. n.m. Socle.

STATINE n.f. Médicament contre le cholestérol.

STATION n.f.

STATIONNAIRE 1. adj. 2. n.m. Navire de guerre affecté à la surveillance.

STATIONNARITÉ n.f.

STATIONNEMENT n.m.

STATIONNER v. **10.**

STATIQUE adj. et n.f.

STATIQUEMENT adv.

STATISME n.m. État de ce qui est statique.

STATISTICIEN, ENNE n.

STATISTIQUE adj. et n.f.

STATISTIQUEMENT adv.

STATOCYSTE n.m. *Physiol.* Organe sensible à la pesanteur.

STATOR n.m. *Techn.* Partie fixe d'une machine tournante.

STATORÉACTEUR n.m. Réacteur sans organe mobile.

STATTHALTER [-èr] n.m. Gouverneur allemand de l'Alsace-Lorraine (1879-1918).

STATUAIRE adj. et n.

STATUE n.f.

STATUER v. **10.** Décider avec autorité.

STATUETTE n.f.

STATUFIER v. **15.**

STATURE n.f.

STATUS [-s] n.m. Rang social.

STATUT n.m.

STATUTAIRE adj.

STATUTAIREMENT adv.

STAUROTIDE n.f. Silicate d'aluminium et de fer.

STAWUG [stavug] n.m. Pas de marche, en ski de fond.

STAYER [stèyeur] n.m. Coureur cycliste de demi-fond (derrière moto).

STEAK n.m.

STEAMER [stimeur] n.m. Navire à vapeur.

STÉARATE n.m. Sel ou ester de l'acide stéarique.

STÉARINE n.f. Constituant principal des graisses animales.

STÉARINERIE n.f. Fabrique de stéarine.

STÉARINIER n.m. Fabricant de stéarine.

STÉARIQUE adj. *Acide stéarique :* acide gras extrait du suif.

STÉARYLE n.m. Radical chimique.

STÉATITE n.f. Silicate de magnésium naturel.

STÉATOME n.m. *Vx.* Tumeur graisseuse bénigne.

STÉATOPYGE adj. Qui a les fesses adipeuses.

STÉATOPYGIE n.f.

STÉATOSE n.f. *Méd.* Accumulation de graisse dans les cellules.

STEENBOK [stènbok] n.m. **(= steinbock)** Petite antilope d'Afrique du Sud.

STEEPLE [stipl] n.m. **(= stiple)** *Sp.* Course d'obstacles.

STÉGANOGRAPHIE n.f. *Inf.* Procédé de cryptage.

STÉGANOPODE n.m. Oiseau, type pélican ou cormoran.

STÉGOCÉPHALE n.m. Amphibien fossile.

STEGOMYA [sté-] n.f. **(= stegomyia, stégomyie)** Moustique des régions chaudes, qui propage la fièvre jaune.

STEGOMYIA [stégomya] n.f. → **stegomya.**

STÉGOMYIE [-mii] n.f. → **stegomya.**

STÉGOSAURE n.m. Grand reptile fossile.

STEGOSORUS [stégozorus] n.m. → **stégosaure.**

STEINBOCK [stènbok] n.m. → **steenbok.**

STÈLE n.f. Monument monolithe.

STELLAGE n.m. Marché à terme, à la Bourse.

STELLAIRE 1. adj. Relatif aux étoiles. 2. n.f. Plante herbacée à fleurs blanches.

STELLÉRIDE n.m. *Zool.* Étoile de mer.

STELLIONAT n.m. *Dr.* Fraude consistant à vendre ou hypothéquer un bien dont on n'est pas propriétaire.

STELLIONATAIRE n. et adj. *Dr.* Auteur d'un stellionat.

STELLITE n.m. (Nom déposé) Alliage à haute teneur en cobalt.

STEM n.m. **(= stemm)** Façon de virer, en ski.

STEMM n.m. → **stem.**

STEMMATE n.m. Œil simple des larves d'insectes.

STENCIL [stèn-] n.m. Papier spécial servant à polycopier.

STENCILISTE [stèn-] n. Spécialiste de la dactylographie sur stencil.

STENDHALIEN, ENNE adj. De Stendhal.

STÉNO n.f. *Fam.* Sténographie.

STÉNODACTYLO n.

STÉNOGRAMME n.m. Texte sténographié.

STÉNOGRAPHE n.

STÉNOGRAPHIE n.f.

STÉNOGRAPHIER v. **15.**

STÉNOGRAPHIQUE adj.

STÉNOHALIN, E adj. *Zool.* Qui vit dans des eaux à salinité constante.

STÉNOPÉ n.m. *Phot.* Trou dans une paroi de chambre noire, faisant office d'objectif.

STÉNOSAGE n.m. Traitement des fibres cellulosiques par le formol.

STÉNOSE n.f. *Méd.* Rétrécissement d'un canal ou d'un orifice.

STÉNOSER v. **10.**

STÉNOTHERME adj. (Animal marin) qui exige un milieu à température constante.

STÉNOTYPE n.f. Machine à sténographier.

STÉNOTYPER v. **10.**

STÉNOTYPIE n.f.

STÉNOTYPISTE n.

STENT [stènt] n.m. Petite prothèse interne.

STENTOR n.m. *Zool.* Protozoaire d'eau douce en forme de trompe. – *Voix de stentor :* voix très forte.

STEP n.m. En aérobic, marche sur laquelle on monte.

STÉPHANOIS, E adj. De Saint-Étienne.

STEPPAGE n.m. *Méd.* Anomalie de la marche due à la paralysie de certains muscles.

STEPPE n.f. Grande plaine inculte.

STEPPER [-eur] n.m. **(= steppeur)** Cheval de trot à l'allure vive.

STEPPEUR n.m. → **stepper.**

STEPPIQUE adj. De la steppe.

STÉRADIAN n.m. Unité d'angle solide.

STÉRAGE n.m.

STERCORAIRE adj. *Biol.* Qui vit sur les excréments ou qui s'en nourrit.

STERCORAL, E, AUX adj. Relatif aux excréments.

STERCORITE n.f. Phosphate naturel extrait du guano.

STERCULIACÉE n.f. Plante tropicale, type cacaotier.

STÈRE n.m. Mesure de volume valant un mètre cube.

STÉRÉO adj. et n.f.

STÉRÉOBATE n.m. *Arch.* Soubassement sans moulure.

STÉRÉOCHIMIE n.f. Partie de la chimie qui étudie l'arrangement tridimensionnel des atomes dans les molécules.

STÉRÉOCHIMIQUE adj.

STÉRÉOCHROMIE n.f. Procédé de fixation des couleurs à l'eau, sur un mur.

STÉRÉODUC n.m. (Nom déposé) *Techn.* Conduit pour matières solides.

STÉRÉOGNOSIE [gn] n.f. *Physiol.* Perception tactile des volumes.

STÉRÉOGRAMME n.m. Cliché photographique double permettant la vision stéréoscopique.

STÉRÉOGRAPHIE n.f. Représentation des solides par projection sur un plan.

STÉRÉOGRAPHIQUE adj.

STÉRÉOMÉTRIE n.f. Partie de la géométrie consacrée à la mesure des volumes.

STÉRÉOMÉTRIQUE adj.

STÉRÉOPHONIE n.f.

STÉRÉOPHONIQUE adj.

STÉRÉORÉGULIER, ÈRE adj. *Chim.* Se dit d'un type de polymère.

STÉRÉOSCOPE n.m. Instrument d'optique produisant l'impression de relief.

STÉRÉOSCOPIE n.f. Vision du relief obtenue par stéréoscope.

STÉRÉOSCOPIQUE adj.

STÉRÉOSPONDYLE n.m. Amphibien fossile.

STÉRÉOTAXIE n.f. *Méd.* Technique de repérage précis des structures du cerveau.

STÉRÉOTAXIQUE adj.

STÉRÉOTOMIE n.f. Science de la taille et de la coupe des matériaux.

STÉRÉOTOMIQUE adj.

STÉRÉOTYPE n.m.

STÉRÉOTYPER v. **10.** Répéter invariablement (un geste, une expression).

STÉRÉOTYPIE n.f.

STÉRÉOVISION n.f. Vision qui donne l'impression de relief.

STÉRER v. **12.** Mesurer en stères.

STERFPUT [-t] n.m. *Belg.* Puisard.

STÉRIDE n.m. *Biol.* Corps gras présent dans les tissus.

STÉRILE adj. et n.m.

STÉRILEMENT adv.

STÉRILET n.m. Dispositif contraceptif féminin.

STÉRILISANT, E adj.

STÉRILISATEUR, TRICE adj. et n.m.

STÉRILISATION n.f.

STÉRILISER v. **10.**

STÉRILISTE n. Partisan de la stérilisation sexuelle.

STÉRILITÉ n.f.

STÉRIQUE adj. Relatif à la représentation spatiale d'un composé chimique.

STERLET [-è] n.m. Esturgeon producteur de caviar.

STERLING adj. et n.m. *Livre sterling :* unité monétaire principale du Royaume-Uni.

STERNAL, E, AUX adj. *Anat.* Relatif au sternum.

STERNBERGIA n.f. Plante ornementale à fleurs jaunes.

STERNE n.f. Oiseau marin.

STERNITE n.m. *Zool.* Partie ventrale des anneaux, chez les arthropodes.

STERNUM n.m. Os du thorax.

STERNUTATION n.f. Éternuement.

STERNUTATOIRE adj. Qui provoque l'éternuement.

STÉROÏDE adj. et n.m. (Corps organique) dérivé d'un stérol.

STÉROÏDIEN, ENNE adj.

STÉROÏDIQUE adj.

STÉROL n.m. Substance organique contenue dans de nombreuses hormones et vitamines.

STÉROLIQUE adj. Relatif au stérol.

STERTOR n.m. *Méd.* Respiration bruyante et ronflante.

STERTOREUX, EUSE adj. *Méd.* Accompagné de ronflement.

STÉTHOSCOPE n.m.

STETSON [-son] n.m. (Nom déposé) Chapeau texan à larges bords.

STEVIA [é] n.f. Plante d'Amérique du Sud au fort pouvoir sucrant.

STEWARD [styouward] ou [stiwart] (f. **STEWARDESS**) n. Personne qui s'occupe des passagers d'un avion ou d'un paquebot.

STEWARDESS → **steward.**

STHÈNE n.m. *Phys.* Unité de force.

STHÉNIE n.f. *Méd., Anc.* État de bon fonctionnement.

STHÉNIQUE adj. *Méd.* Qui paraît fort, dynamique.

STIBIÉ, E adj. *Pharm.* Qui contient de l'antimoine.

STIBINE n.f. Sulfure naturel d'antimoine.

STICHOMYTHIE [k] n.f. *Poét.* Dialogue où les interlocuteurs se répondent vers par vers.

STICK n.m. Canne flexible. – Conditionnement d'un produit sous forme de bâtonnet.

STICKER [-eur] n.m. Autocollant.

STIGMA n.m. Corpuscule sensible à la lumière, chez certains êtres unicellulaires.

STIGMATE n.m.

STIGMATEUR n.m. Dispositif optique auxiliaire du microscope électronique.

STIGMATIQUE adj. *Opt.* Qui donne une image nette d'un point.

STIGMATISANT, E adj.

STIGMATISATION n.f.

STIGMATISER v. **10.** Marquer de stigmates. – Blâmer.

STIGMATISME n.m. Qualité d'un système optique stigmatique.

STIGMOMÈTRE n.m. Dispositif de mise au point de certains appareils photographiques.

STILB n.m. *Phys.* Unité de luminance.

STILLATION [l] n.f. Écoulement goutte à goutte.

STILLATOIRE [l] adj.

STILLIGOUTTE [l] n.m. Compte-gouttes.

STILTON [-ton] n.m. Fromage anglais.

STIMUGÈNE adj. et n.m. *Pharm.* Qui stimule les défenses de l'organisme.

STIMULANT, E adj. et n.m.

STIMULATEUR, TRICE adj. et n.

STIMULATION n.f.

STIMULER v. **10.**

STIMULI | → **stimulus.**

STIMULINE n.f. *Physiol.* Substance organique ayant pour rôle de stimuler une fonction.

STIMULUS (pl. **STIMULI**) n.m. *Physiol.* Élément activateur.

STIPE n.m. *Bot.* Tige ou tronc non ramifiés.

STIPENDIER v. **15.** Avoir à sa solde. – Payer en vue d'une besogne méprisable.

STIPITÉ, E adj. *Bot.* Qui est porté par un stipe.

STIPLE [stipl] n.m. → **steeple.**

STIPULAIRE adj. Qui a rapport aux stipules.

STIPULANT, E adj. et n. *Dr.* Qui participe à la signature d'un contrat, d'une convention.

STIPULATION n.f.

STIPULE n.f. *Bot.* Appendice situé au point d'insertion de la feuille.

STIPULER v. **10.** *Dr.* Énoncer (une clause, une condition).

STOCHASTIQUE [k] 1. adj. Qui relève du hasard. 2. n.f. *Math.* Calcul des probabilités.

STOCK n.m.

STOCKABLE adj.

STOCKAGE n.m.

STOCKER v. **10.**

STOCKFISCH n.m. Poisson salé et séché.

STOCKHOLMOIS, E adj. De Stockholm (Suède).

STOCKISTE n. Détenteur d'un stock.

STŒCHIOMÉTRIE [stékyo-] n.f. Partie de la chimie qui étudie la combinaison des corps.

STOÏCIEN, ENNE adj. et n.

STOÏCISME n.m. *Philos.* Doctrine selon laquelle le bonheur est dans la vertu et le courage.

STOÏQUE adj.

STOÏQUEMENT adv.

STOKER [-èr] ou [-eur] n.m. Dispositif qui alimente en charbon une locomotive à vapeur.

STOKES [stôks] n.m. *Phys.* Unité de mesure de viscosité cinématique.

STOLON n.m. Tige rampante qui s'enracine et produit de nouvelles plantes.

STOLONIAL, E, AUX adj. Relatif au stolon.

STOLONIFÈRE adj.

STOMACAL, E, AUX adj. Relatif à l'estomac.

STOMACHIQUE [ch] adj. et n.m. *Méd., Pharm.* Propre à traiter l'estomac.

STOMATE n.m. Pore de l'épiderme des végétaux.

STOMATIQUE adj.

STOMATITE n.f. Inflammation buccale.

STOMATO n. *Fam.* Stomatologue.

STOMATOLOGIE n.f. Étude des maladies de la bouche et des dents.

STOMATOLOGIQUE adj.

STOMATOLOGISTE n.

STOMATOLOGUE n.

STOMATOPLASTIE n.f. Chirurgie plastique pratiquée sur la bouche. – Élargissement chirurgical du col de l'utérus.

STOMATORRAGIE n.f. *Méd.* Hémorragie buccale.

STOMATORRAGIQUE adj.

STOMATOSCOPE n.m. Instrument destiné à l'examen de la bouche.

STOMIE n.f. Création d'un anus ou d'un méat artificiel.

STOMISER v. **10.** Soumettre (un patient) à une stomie.

STOMOCORDÉ n.m. Animal marin primitif.

STOMOXE n.m. Mouche nuisible pour le bétail.

STONE | [ô] adj. Sous l'effet de la drogue. – Fou.

STOP n.m. et interj.

STOPPAGE n.m. Réfection de la trame d'un tissu déchiré.

STOPPER v. **10.**

STOPPEUR, EUSE adj. et n.

STORAX n.m. (= **styrax**) Arbrisseau exotique. – Baume qui en est tiré.

STORE n.m.

STORISTE n. Fabricant ou vendeur de stores.

STOT [stô] n.m. *Min.* Minerai laissé sur place pour protéger une installation.

STOTINKA (pl. **STOTINKI** ou **STOTINKAS**) n.f. Unité monétaire divisionnaire de la Bulgarie.

STOTINKI | → **stotinka.**

STOUPA n.m. (= **stupa**) Monument funéraire bouddhique.

STOUT [staout] n.m. Bière brune anglaise.

STRABIQUE adj. et n.

STRABISME n.m. Fait de loucher.

STRADIOT n.m. → **estradiot.**

STRADIOTE n.m. → **estradiot.**

STRADIVARIUS n.m. Violon fabriqué par Stradivari.

STRADOGRAPHE n.m. Instrument servant à mesurer la rugosité d'un revêtement routier.

STRAMOINE n.f. Plante vénéneuse.

STRAMONIUM n.f. → **stramoine.**

STRANGULATION n.f.

STRANGULER v. **10.** *Fam.* Étrangler.

STRAPONTIN n.m. Siège d'appoint.

STRAPPING n.m. Bandage.

STRAS [-s] n.m. (= **strass**) Verre imitant la pierre précieuse.

STRASBOURGEOIS, E adj. De Strasbourg.

STRASS n.m. → **stras.**

STRASSE n.f. Rebut de soie.

STRATAGÈME n.m.

STRATE n.f. Couche de terrain. – Échantillon d'un sondage.

STRATÈGE n.m.

STRATÉGIE n.f.

STRATÉGIQUE adj.

STRATÉGIQUEMENT adv.

STRATÉGISTE n.m. *Vx.* Stratège.

STRATIFICATION n.f.

STRATIFIER v. **15.**

STRATIGRAPHIE n.f. *Géol.* Étude de la stratification du sol.

STRATIGRAPHIQUE adj.

STRATIOME [-tyom] n.m. Grosse mouche vivant sur les plantes aquatiques.

STRATIOMYS [-tyomis] n.m. → **stratiome.**

STRATOCUMULUS n.m. Ensemble de nuages minces.

STRATOPAUSE n.f. Limite séparant la stratosphère de la mésosphère.

STRATOSPHÈRE n.f. Couche intermédiaire de l'atmosphère.

STRATOSPHÉRIQUE adj.

STRATOTYPE n.m. Endroit servant de référence à un étage géologique.

STRATOVISION n.f. Diffusion d'émissions télévisées à partir d'avions en haute altitude.

STRATOVOLCAN n.m. Volcan formé de couches de lave et de cendres.

STRATUM n.m. *Méd., Biol.* Couche de l'épiderme.

STRATUS n.m. Nuage en forme de couche uniforme grise.

STREAKER [strikeur] n.m. Individu qui court nu dans un lieu public.

STREAKING [striking] n.m.

STREAMING [striming] n.m. *Inf.* Technique de diffusion des fichiers audio et vidéo.

STRÉLITZIA [-tsya] n.m. Plante ornementale.

STRELITZIE [strélitsi] n.m. → **strélitzia.**

STREPSIPTÈRE n.m. Insecte parasite d'autres insectes.

STREPTOBACILLE n.m. Bacille qui présente des colonies en chaînettes.

STREPTOCOCCIE [-ksi] n.f. *Méd.* Infection par un streptocoque.

STREPTOCOCCIQUE [ksi] adj.

STREPTOCOQUE n.m. Bactérie pathogène.

STREPTOMYCÈTE n.m. Organisme microscopique appartenant au règne des bactéries.

STREPTOMYCINE n.f. Antibiotique.

STRESS n.m.

STRESSANT, E adj.

STRESSER v. **10.**

STRETCH n.m. et adj. (Nom déposé) *Text.* Procédé de traitement des tissus.

STRETCHING n.m. *Sp.* Mise en condition physique fondée sur l'étirement.

STRETTE n.f. *Mus.* Partie d'une fugue.

STRIATION n.f. Disposition en stries. – Action de strier.

STRICT, STRICTE adj.

STRICTEMENT adv.

STRICTION n.f. Constriction, diminution de section.

STRIDENCE n.f.

STRIDENT, E adj.

STRIDOR n.m. *Méd.* Bruit aigu produit par l'inspiration.

STRIDULANT, E adj.

STRIDULATION n.f.

STRIDULÉ, E adj. Strident.

STRIDULER v. **10.** Produire un bruit aigu, en parlant de certains insectes.

STRIDULEUX, EUSE adj. Relatif au stridor.

STRIE n.f.

STRIER v. **15.** Marquer de stries, de raies.

STRIGA n.f. Herbe tropicale, parasite des cultures.

STRIGE n.f. (= **stryge**) Sorte de vampire, à la fois femme et chienne.

STRIGIDÉ n.m. Rapace nocturne, type chouette.

STRIGIFORME n.m. Rapace nocturne, type strigidé.

STRIGILE n.m. *Antiq.* Racloir pour frotter la peau. – *Archéol.* Motif décoratif en S.

STRIKE [strayk] n.m. Au bowling, action de renverser toutes les quilles avec une seule boule.

STRING n.m. Cache-sexe réduit au minimum.

STRIOSCOPIE n.f. Technique photographique pour l'étude des sillages produits dans l'air par des projectiles.

STRIOSCOPIQUE adj.

STRIP n.m. *Fam.* Striptease.

STRIPAGE n.m. *Phys.* Réaction nucléaire dans laquelle un nucléon est arraché à un noyau et capté par un autre.

STRIPPER [-eur] n.m. *Chir.* Tire-veine.

STRIPPER v. **10.** *Techn.* Traiter (un liquide) pour en extraire les éléments les plus volatils.

STRIPPING n.m. *Techn.* Fait de stripper. – *Méd.* Ablation de varices.

STRIPTEASE n.m.

STRIPTEASEUR, EUSE n.

STRIURE n.f. État de ce qui est strié.

STRIX n.m. Rapace nocturne, type hulotte.

STROBILE n.m. *Bot.* Inflorescence en cône. – *Zool.* Larve de méduse.

STROBORAMA n.m. Stroboscope très rapide.

STROBOSCOPE n.m. Appareil qui permet de modifier la vitesse apparente d'objets en mouvement.

STROBOSCOPIE n.f. Mode d'observation d'un mouvement périodique rapide.

STROBOSCOPIQUE adj.

STROMA n.m. *Anat.* Tissu conjonctif.

STROMATOLITE n.m. Roche fossile du précambrien.

STROMATOLITHE n.m. → **stromatolite.**

STROMBE n.m. Mollusque des mers chaudes.

STROMBOLIEN, ENNE adj. (Éruption volcanique) où alternent les coulées de lave et les explosions.

STRONGLE n.m. (= **strongyle**) Ver parasite des mammifères.

STRONGYLE n.m. → **strongle.**

STRONGYLOSE n.f. Maladie parasitaire du bétail, due au strongle.

STRONTIANE [-syan] n.f. Oxyde de strontium.

STRONTIUM [-syom] n.m. Métal jaune.

STROPHAIRE n.m. Champignon à chapeau.

STROPHANTE n.m. Liane des régions tropicales.

STROPHANTINE n.f. Alcaloïde extrait du strophante.

STROPHANTUS n.m. → **strophante.**

STROPHE n.f.

STRUCTURABLE adj.

STRUCTURAL, E, AUX adj. Relatif à la structure ou au structuralisme.

STRUCTURALISME n.m. Approche scientifique qui met l'accent sur les rapports existant entre les éléments.

STRUCTURALISTE adj. et n.

STRUCTURANT, E adj.

STRUCTURATION n.f.

STRUCTURE n.f.

STRUCTUREL, ELLE adj. Relatif à une structure.

STRUCTURER v. **10.**

STRUCTUROLOGIE n.f. Partie de la géologie qui étudie les roches.

STRUDEL [strudèl] ou [chtroudel] n.m. Pâtisserie viennoise.

STRUME n.f. *Vx.* Scrofule. – Goitre.

STRUTHIONIDÉ n.m. Oiseau coureur, type autruche.

STRUTHIONIFORME n.m. → **struthionidé.**

STRYCHNÉE [k] n.f. Arbre tropical qui produit la noix vomique.

STRYCHNINE [k] n.f. Alcaloïde extrait de la noix vomique.

STRYCHNOS [-knôs] n.m. → **strychnée.**

STRYGE n.f. → **strige.**

STUC n.m. Matériau imitant le marbre.

STUCAGE n.m.

STUCATEUR n.m. Ouvrier travaillant le stuc.

STUD [steud] n.m. Poker où certaines cartes sont découvertes.

STUDENT [studènt] n.m. *Belg.* Étudiant.

STUDETTE n.f. Petit studio.

STUDIEUSEMENT adv.

STUDIEUX, EUSE adj.

STUDIO n.m.

STUKA [chtouka] n.m. *Hist.* Bombardier allemand.

STUP n.m. *Fam.* Stupéfiant.

STUPA [ou] n.m. → **stoupa.**

STUPÉFACTION n.f.

STUPÉFAIRE v. déf. (**stupéfait, stupéfaite, stupéfaites, stupéfaits**).

STUPÉFAIT, E adj.

STUPÉFIANT, E adj. et n.m.

STUPÉFIER v. **15.**

STUPEUR n.f.

STUPIDE adj.

STUPIDEMENT adv.

STUPIDITÉ n.f.

STUPOREUX, EUSE adj. *Psych.* Relatif à la stupeur.

STUPRE n.m. *Litt.* Débauche honteuse.

STUQUER v. **10.** Enduire de stuc.

STURNIDÉ n.m. Passereau, type étourneau.

STYLE n.m.

STYLER v. **10.**

STYLET n.m. Petit poignard. – Instrument de chirurgien.

STYLICIEN, ENNE n. Spécialiste de stylique.

STYLIQUE n.f. Esthétique industrielle (design).

STYLISATION n.f.

STYLISER v. **10.**

STYLISME n.m. Recherche du style. – Profession de styliste.

STYLISTE n. Concepteur de formes nouvelles. - Écrivain au style brillant.

STYLISTICIEN, ENNE n.

STYLISTIQUE n.f. et adj. *Ling.* Étude scientifique du style.

STYLITE n.m. Ermite vivant au sommet d'une colonne.

STYLO n.m.

STYLOBATE n.m. *Arch.* Soubassement supportant une colonnade.

STYLOGRAPHE n.m.

STYLOGRAPHIQUE adj.

STYLOÏDE adj. *Anat.* En forme de stylet.

STYLOMINE n.m. Portemine.

STYPTIQUE n.m. et adj. *Méd.* Astringent puissant.

STYRACACÉE n.f. Arbre ou arbuste, type styrax.

STYRAX n.m. → **storax.**

STYRÈNE n.m. Hydrocarbure benzénique.

STYROL n.m. → **styrène.**

STYROLÈNE n.m. → **styrène.**

SU, SUE adj. et n.m.

SUAGE n.m. → **souage.**

SUAIRE n.m. Linceul.

SUANT, E adj.

SUAVE adj.

SUAVEMENT adv.

SUAVITÉ n.f.

SUBADULTE adj. et n.m. (Animal) presque adulte.

SUBAÉRIEN, ENNE adj. Relatif à la couche inférieure de l'atmosphère.

SUBAIGU, SUBAIGUË adj. *Méd.* (État pathologique) moins accusé que l'état aigu.

SUBALPIN, E adj. Situé en bordure des Alpes.

SUBALTERNE adj. et n.

SUBANTARCTIQUE adj. Situé immédiatement au nord de l'Antarctique.

SUBAQUATIQUE adj. Qui s'opère sous l'eau.

SUBARCTIQUE adj. Situé immédiatement au sud de l'Arctique.

SUBARIDE adj. *Géogr.* Presque aride.

SUBATOMIQUE adj. Relatif à toute partie constitutive de l'atome.

SUBCARENCE n.f. *Méd.* Carence bénigne.

SUBCARPATIQUE adj. Situé au pied des Carpates.

SUBCELLULAIRE adj. *Biol.* (Particule) située à l'intérieur de la cellule.

SUBCONSCIENCE n.f.

SUBCONSCIENT, E adj. et n.m.

SUBDÉLÉGATION n.f.

SUBDÉLÉGUER v. **12.** Charger (un tiers) d'une mission pour laquelle on a soi-même été délégué.

SUBDÉSERTIQUE adj. Proche des conditions du désert.

SUBDIVISER v. **10.**

SUBDIVISION n.f.

SUBDUCTION n.f. Enfoncement d'une plaque géologique sous une autre.

SUBÉQUATORIAL, E, AUX adj. Proche des conditions équatoriales.

SUBER [-èr] n.m. Liège.

SUBÉREUX, EUSE adj. De la nature du liège.

SUBÉRINE n.f. Substance organique du liège.

SUBFÉBRILE adj. *Méd.* Légèrement fiévreux.

SUBINTRANT, E adj. *Méd.* (Mal) dont un accès survient avant la fin du précédent.

SUBIR v. **40.**

SUBIT, E adj.

SUBITEMENT adv.

SUBITO adv. *Fam.* Subitement.

SUBJACENT, E adj. *Litt.* Sous-jacent.

SUBJECTIF, IVE adj.

SUBJECTILE n.m. *Techn.* Surface à peindre.

SUBJECTIVEMENT adv.

SUBJECTIVISME n.m. Tendance à tout juger d'un point de vue individuel.

SUBJECTIVISTE adj. et n.

SUBJECTIVITÉ n.f.

SUBJONCTIF, IVE adj. et n.m.

SUBJUGUER v. **10.**

SUBKILOTONNIQUE adj. (Charge nucléaire) inférieure à une kilotonne.

SUBLER v. **10.** En Acadie, siffler.

SUBLIMATION n.f.

SUBLIME adj. et n.m.

SUBLIMEMENT adv.

SUBLIMER v. **10.** *Chim.* Transformer (un solide) en gaz. – *Psych.* Transformer (une pulsion, une passion) en quelque chose de pur, d'idéal.

SUBLIMINAIRE adj. *Psych.* Qui n'atteint pas le seuil de la conscience.

SUBLIMINAL, E, AUX adj. Subliminaire. – (Publicité) qui vise l'inconscient du consommateur.

SUBLIMITÉ n.f.

SUBLINGUAL, E, AUX adj. *Anat.* Situé sous la langue.

SUBLUNAIRE adj. Situé entre la Terre et la Lune.

SUBMERGER v. **17.**

SUBMERSIBLE adj. et n.m. Qui peut être submergé.

SUBMERSION n.f.

SUBNARCOSE n.f. Narcose incomplète.

SUBODORER v. **10.** Pressentir.

SUBORBITAL, E, AUX adj. (Mouvement ou vitesse d'un engin spatial) sur le point d'être mis sur orbite.

SUBORDINATION n.f.

SUBORDONNANT, E adj. et n.m. *Ling.* Qui crée un lien de subordination.

SUBORDONNÉ, E adj. et n.

SUBORDONNER v. **10.**

SUBORNATION n.f.

SUBORNER v. **10.** Corrompre.

SUBORNEUR, EUSE n.

SUBPŒNA [subpéna] n.m. *Québ.*, *Dr.* Assignation.

SUBPOLAIRE adj. Proche du pôle.

SUBPRIME [seubpraym] n.m. Prêt hypothécaire à risque.

SUBRÉCARGUE n.m. Sur un navire, représentant de l'armateur.

SUBREPTICE adj. Furtif.

SUBREPTICEMENT adv.

SUBREPTION n.f. *Dr. anc.* Obtention frauduleuse d'un privilège.

SUBROGATEUR adj.m.

SUBROGATIF, IVE adj.

SUBROGATION n.f.

SUBROGATOIRE adj.

SUBROGÉ, E n.

SUBROGER v. **17.** *Dr.* Substituer.

SUBSAHARIEN, ENNE adj. Proche du Sahara.

SUBSÉQUEMMENT adv.

SUBSÉQUENT, E adj. *Litt.* Qui suit.

SUBSIDE n.m.

SUBSIDENCE n.f. *Géol.* Affaissement de l'écorce terrestre.

SUBSIDIAIRE adj.

SUBSIDIAIREMENT adv.

SUBSIDIARITÉ n.f. Délégation des pouvoirs dans une fédération.

SUBSIDIATION n.f.

SUBSIDIER v. **15.** *Belg.* Subventionner.

SUBSISTANCE n.f.

SUBSISTANT, E adj. et n.

SUBSISTER v. **(p.p.inv.) 10.**

SUBSONIQUE adj. *Aéron.* Dont la vitesse est inférieure à celle du son.

SUBSPONTANÉ, E adj. *Bot.* (Espèce) qui prospère dans le milieu où elle a été introduite.

SUBSTANCE n.f.

SUBSTANTIALISME n.m. Philosophie qui admet l'existence de la substance, de la chose en soi.

SUBSTANTIALISTE adj. et n.

SUBSTANTIALITÉ n.f. *Philos.* Caractère de ce qui est une substance.

SUBSTANTIEL, ELLE adj.

SUBSTANTIF, IVE adj. et n.m.

SUBSTANTIFIQUE adj. *Litt.*, *Vx. La substantifique moelle :* l'essentiel dans un écrit.

SUBSTANTIVATION n.f.

SUBSTANTIVEMENT adv.

SUBSTANTIVER v. **10.** *Ling.* Pourvoir (un mot) d'une valeur substantive.

SUBSTITUABILITÉ n.f.

SUBSTITUABLE adj.

SUBSTITUANT n.m. Atome qui se substitue à un autre dans une molécule.

SUBSTITUER v. **10.**

SUBSTITUT, E n.

SUBSTITUTIF, IVE adj.

SUBSTITUTION n.f.

SUBSTRAT n.m. Ce qui sert de base, de support.

SUBSTRATUM n.m. → **substrat.**

SUBSTRUCTION n.f. Partie basse d'une ancienne construction, conservée dans les fondations d'une construction nouvelle.

SUBSTRUCTURE n.f. → **substruction.**

SUBSUMER v. **10.** *Philos.* Considérer (un individu, une espèce) par rapport à un ensemble.

SUBSURFACE n.f. Couche du sol qui se trouve immédiatement sous la surface.

SUBTERFUGE n.m. Échappatoire, ruse.

SUBTIL, E adj.

SUBTILEMENT adv.

SUBTILISATION n.f.

SUBTILISER v. **10.**

SUBTILITÉ n.f.

SUBTROPICAL, E, AUX adj. Proche des tropiques.

SUBULÉ, E adj. *Bot.*, *Zool.* Terminé en pointe.

SUBURBAIN, E adj. Proche de la ville.

SUBURBICAIRE adj. Relatif aux sept diocèses qui entourent Rome.

SUBVENIR v. **(p.p.inv.) 42.**

SUBVENTION n.f.

SUBVENTIONNEL, ELLE adj.

SUBVENTIONNER v. **10.**

SUBVERSIF, IVE adj.

SUBVERSION n.f.

SUBVERSIVEMENT adv.

SUBVERTIR v. **40.** *Litt.* Bouleverser, renverser (l'ordre établi).

SUC n.m.

SUCCÉDANÉ, E adj. et n.m.

SUCCÉDER v. **(p.p.inv.) 12.**

SUCCENTURIÉ, E adj. *Ventricule succenturié :* renflement du tube digestif, chez les oiseaux.

SUCCÈS n.m.

SUCCESSEUR, E n.

SUCCESSIBILITÉ n.f.

SUCCESSIBLE adj. *Dr.* Qui peut légalement succéder.

SUCCESSIF, IVE adj.

SUCCESSION n.f.

SUCCESSIVEMENT adv.

SUCCESSORAL, E, AUX adj. *Dr.* Relatif à une succession.

SUCCIN [ks] n.m. Ambre jaune.

SUCCINCT, E adj.

SUCCINCTEMENT adv.

SUCCINIQUE [ks] adj. (Acide) extrait du succin.

SUCCION [(k)s] n.f.

SUCCISE [ks] n.f. Plante des lieux humides, aux fleurs bleues.

SUCCOMBER v. **(p.p.inv.) 10.**

SUCCUBE n.m. ou f. Démon femelle.

SUCCULENCE n.f.

SUCCULENT, E adj.

SUCCURSALE n.f.

SUCCURSALISME n.m. Organisation de petits magasins en réseau.

SUCCURSALISTE adj.

SUCCUSSION [k] n.f. *Méd.* Technique qui consiste à secouer le thorax pendant l'auscultation, pour déceler un épanchement éventuel.

SUCEMENT n.m.

SUCEPIN n.m. Plante parasite du pin.

SUCER v. **13.**

SUCETTE n.f.

SUCEUR, EUSE adj. et n.

SUÇOIR n.m. *Bot., Zool.* Organe de succion.

SUÇON n.m.

SUÇOTEMENT n.m.

SUÇOTER v. **10.**

SUCRAGE n.m.

SUCRANT, E adj.

SUCRASE n.f. Enzyme.

SUCRATE n.m. *Chim.* Sucre combiné à un oxyde basique.

SUCRE n.m.

SUCRER v. **10.**

SUCRERIE n.f.

SUCRETTE n.f. (Nom déposé) Comprimé de sucre de synthèse.

SUCRIER, ÈRE adj. et n.m.

SUCRIN n.m. et adj.m. Variété de melon sucré.

SUCRINE n.f. Variété de laitue.

SUD I n.m.

SUDAMINA n.m. Éruption cutanée due à la sueur.

SUDARABIQUE n.m. et adj. Langue sémitique proche de l'arabe.

SUDATION n.f. Transpiration.

SUDATOIRE adj. Accompagné de sueur.

SUDÈTE adj. D'une région d'Europe centrale.

SUDISTE n. et adj. *Hist.* Partisan des États du Sud, lors de la guerre de Sécession.

SUDOKISTE n.

SUDOKU n.m. Jeu de logique.

SUDORAL, E, AUX adj. Relatif à la sueur.

SUDORIFÈRE adj. → **sudoripare.**

SUDORIFIQUE adj. et n.m. Qui provoque la sudation.

SUDORIPARE adj. Qui sécrète ou conduit la sueur.

SUDRA [chou-] n.m. → **shudra.**

SUÈDE n.m. Cuir dont le côté chair est à l'extérieur.

SUÉDÉ, E adj. (Tissu) traité pour lui donner l'aspect du suède.

SUÉDINE n.f. Étoffe imitant le suède.

SUÉDOIS, E adj. et n.m.

SUÉE n.f.

SUER v. **10.**

SUET I [suè(t)] n.m. *Mar.* Sud-est.

SUETTE n.f. Maladie fébrile accompagnée de sudation abondante.

SUEUR n.f.

SUFFÈTE n.m. *Antiq.* Magistrat suprême de Carthage.

SUFFIRE v. **(p.p.inv.) 133.**

SUFFISAMMENT adv.

SUFFISANCE n.f.

SUFFISANT, E adj. et n.

SUFFIXAL, E, AUX adj.

SUFFIXATION n.f. *Ling.* Dérivation par des suffixes.

SUFFIXE n.m. *Ling.* Élément ajouté après la racine d'un mot.

SUFFIXER v. **10.**

SUFFOCANT, E adj.

SUFFOCATION n.f.

SUFFOLK n.m. Race de moutons.

SUFFOQUER v. **10.**

SUFFRAGANT, E 1. adj.m. et n.m. (Évêque) dépendant de l'archevêque. 2. n. Personne qui a droit de suffrage.

SUFFRAGE n.m.

SUFFRAGETTE n.f. *Hist.* En Grande-Bretagne, militante pour le droit de vote des femmes (XIXe et XXe s.).

SUFFUSION n.f. *Méd.* Épanchement d'un liquide organique sous la peau.

SUFI [ou] n.m. **(= soufi)** Adepte du sufisme.

SUFISME [ou] n.m. **(= soufisme)** Courant mystique de l'islam.

SUGGÉRER v. **12.**

SUGGESTIBILITÉ n.f.

SUGGESTIBLE adj. Sensible à la suggestion.

SUGGESTIF, IVE adj. Évocateur.

SUGGESTION n.f.

SUGGESTIONNER v. **10.** Influencer.

SUGGESTIVITÉ n.f.

SUICIDAIRE adj. et n.

SUICIDANT, E adj. et n. (Personne) qui vient de tenter de se suicider.

SUICIDE adj. et n.m.

SUICIDER (SE) v. **10.**

SUIDÉ n.m. Mammifère ongulé, type porc.

SUIE n.f.

SUIF n.m. Graisse de ruminant.

SUIFER v. **10 (= suiffer)** Enduire de suif.

SUIFFER v. **10.** → **suifer.**

SUIFFEUX, EUSE adj. De la nature du suif.

SUIFORME n.m. Mammifère, type suidé.

SUINT n.m. Matière grasse qui imprègne la laine des moutons.

SUINTANT, E adj.

SUINTEMENT n.m.

SUINTER v. **10.** Suer.

SUINTINE n.f. Produit préparé à partir du suint.

SUISSE adj. et n.m.

SUITE n.f.

SUITÉE adj.f. (Femelle) suivie de son petit.

SUIVANT, E adj., n. et prép.

SUIVEUR, EUSE adj. et n.m.

SUIVI, E adj. et n.m.

SUIVISME n.m. Adhésion à une idéologie sans esprit critique.

SUIVISTE adj. et n.

SUIVRE v. **145.**

SUJET, ETTE adj. et n.

SUJÉTION n.f. Soumission à une domination.

SUKIYAKI [ou] n.m. Mets japonais.

SULCATURE n.f. *Géol.* Trace en forme de sillon.

SULCIFORME adj. En forme de sillon.

SULFACIDE n.m. Dérivé d'un oxacide obtenu par substitution du soufre à l'oxygène.

SULFAMIDE n.m. *Pharm.* Tout composé organique azoté et soufré.

SULFATAGE n.m. Épandage de sulfate sur les cultures.

SULFATATION n.f. *Techn.* Formation d'une couche de sulfate.

SULFATE n.m. Sel de l'acide sulfurique.

SULFATÉ, E adj. Qui contient un sulfate.

SULFATER v. **10.** Traiter (les cultures, le bois) au moyen de sulfate.

SULFATEUR, EUSE 1. n. Personne qui sulfate la vigne. 2. n.f. Machine pour sulfater. – *Fam.* Mitraillette.

SULFHÉMOGLOBINE n.f. Composé formé par la combinaison de l'hémoglobine avec l'hydrogène sulfuré.

SULFHYDRIQUE adj.m. (Acide) formé de soufre et d'hydrogène.

SULFHYDRISME n.m. Intoxication par l'hydrogène sulfuré.

SULFHYDRYLE n.m. *Chim.* Radical univalent.

SULFINISATION n.f. Cémentation au soufre.

SULFITAGE n.m.

SULFITE n.m. Sel de l'acide sulfureux.

SULFITER v. **10.** Additionner d'anhydride sulfureux.

SULFOCARBONATE n.m. Sel de l'acide sulfocarbonique.

SULFOCARBONIQUE adj. (Acide) dérivé de l'acide carbonique par substitution du soufre à l'oxygène.

SULFOCHROMIQUE adj. D'un mélange d'acides sulfurique et chromique.

SULFONATION n.f.

SULFONE n.f. Tout composé formé par l'action de l'acide sulfurique sur des composés carbonés.

SULFONER v. **10.** Transformer en un type de composé benzénique.

SULFONIQUE adj. *Chim.* Se dit d'un type d'acide organique.

SULFOSEL n.m. Combinaison de deux sulfures.

SULFOVINIQUE adj. (Acide) produit par l'action de l'acide sulfurique sur l'alcool.

SULFOXYDE n.m. Composé organique.

SULFURAGE n.m.

SULFURATION n.f.

SULFURE n.m. Composé de soufre avec un corps simple.

SULFURER v. **10.** Combiner avec du soufre. – *Agr.* Traiter (le sol, la vigne) au sulfure de carbone.

SULFUREUX, EUSE adj. Qui a la nature du soufre ou qui en contient.

SULFURIQUE adj. (Acide) dérivé du soufre.

SULFURISÉ, E adj. Traité à l'acide sulfurique.

SULIDÉ n.m. Oiseau marin, type fou de Bassan.

SULKIES → **sulky.**

SULKY (pl. **SULKIES** ou **SULKYS**) [sulki] n.m. *Hipp.* Voiture légère pour les courses de trot attelé.

SULPICIEN, ENNE adj. et n.m. Relatif à la congrégation de Saint-Sulpice.

SULPIRIDE n.m. Médicament agissant au niveau du cerveau.

SULTAN n.m.

SULTANAT n.m.

SULTANE n.f.

SULVINITE n.f. Gaz de combat utilisé pendant la Première Guerre mondiale.

SUMAC n.m. Arbre exotique dont la gomme-résine est utilisée dans l'industrie.

SUMÉRIEN, ENNE 1. adj. *Hist.* Relatif au peuple de Sumer (basse Mésopotamie). 2. n.m. La plus ancienne des langues écrites.

SÛMES → **savoir 74.**

SUMMUM n.m.

SUMO [s(o)u-] n.m. Lutte japonaise.

SUMOTORI [s(o)u-] n.m. Lutteur qui pratique le sumo.

SUNDAE [seundè] n.m. Coupe de crème glacée garnie.

SUNLIGHT [seunlayt] n.m. *Cin.* Projecteur puissant.

SUNNA [s(o)una] n.f. → **souna.**

SUNNISME n.m. Mouvement islamique orthodoxe.

SUNNITE adj. et n.

SUP I adj. *Fam.* Supérieur ou supplémentaire.

SUPER v. **10.** Aspirer, gober.

SUPER adj. et n.m.

SUPERACIDE n.m. Milieu d'acidité élevée.

SUPERALLIAGE n.m.

SUPERAMAS n.m. *Astr.* Amas d'amas de galaxies.

SUPERBE adj. et n.f.

SUPERBEMENT adv.

SUPERBÉNÉFICE n.m.

SUPERBOMBE n.f.

SUPERCARBURANT n.m.

SUPERCARRÉ adj.m. (Moteur) dont les cylindres ont un alésage supérieur à la course des pistons.

SUPERCHAMPION, ONNE n.

SUPERCHERIE n.f.

SUPERCIMENT n.m. Ciment artificiel très résistant.

SUPERCLASSE n.f. *Zool.* Catégorie de classement des êtres vivants.

SUPERCRITIQUE adj. *Aéron.* (Profil d'aile) permettant de voler à une allure proche de la vitesse du son.

SUPÈRE adj. *Bot.* (Ovaire) situé au-dessus des autres parties de la fleur.

SUPÉRETTE n.f. Petit supermarché.

SUPERFAMILLE n.f. Niveau de la classification des êtres vivants, inférieur au sous-ordre.

SUPERFÉTATION n.f. *Litt.* Redondance. – *Biol.* Fécondation d'une femelle portant déjà un embryon.

SUPERFÉTATOIRE adj. *Litt.* Superflu.

SUPERFICIALITÉ n.f.

SUPERFICIE n.f.

SUPERFICIEL, ELLE adj.

SUPERFIN, E adj. Extrêmement fin.

SUPERFINITION n.f. Finition donnée à une surface métallique.

SUPERFLIC n.m. *Fam.* Policier spécialisé dans la lutte contre le grand banditisme.

SUPERFLU, E adj. et n.m.

SUPERFLUIDE adj. *Phys.* (Hélium) rendu très fluide par de très basses températures.

SUPERFLUIDITÉ n.f.

SUPERFLUITÉ n.f. Caractère de ce qui est superflu.

SUPERFORME n.f.

SUPERFORTERESSE n.f. Avion de bombardement américain.

SUPERGÉANT, E 1. adj. et n.f. (Étoile) géante peu dense. 2. n.m. Épreuve de ski alpin.

SUPERGRAND n.m.

SUPERHÉTÉRODYNE n.m. et adj. Type de récepteur radioélectrique.

SUPÉRIEUR, E adj. et n.

SUPÉRIEUREMENT adv.

SUPERINTENDANT n.m. Surintendant.

SUPÉRIORITÉ n.f.

SUPERLATIF, IVE adj. et n.m.

SUPERLATIVEMENT adv.

SUPERLÉGER n.m. Boxeur pesant entre 61 et 63,5 kg.

SUPERLOURD n.m. Boxeur pesant plus de 85 kg.

SUPERLUMINIQUE adj. *Astr.* Qui dépasse, en apparence, la vitesse de la lumière.

SUPERMÂLE n.m. Insecte ayant une anomalie chromosomique.

SUPERMALLOY [-loy] ou [-lwa] n.m. (Nom déposé) Alliage de nickel, de molybdène et de fer.

SUPERMAN (pl. **SUPERMEN** ou **SUPERMANS**) n.m.

SUPERMARCHÉ n.m.

SUPERMEN I → **superman.**

SUPERMOLÉCULE n.f. Réunion d'au moins deux molécules en interaction.

SUPERNANA n.f.

SUPERNOVA (pl. SUPERNOVAE [-nové] ou SUPERNOVAS) n.f. Étoile dont l'éclat devient soudain très grand.

SUPERNOVAE ‖ [-nové] → **supernova.**

SUPERORDINATEUR n.m. Ordinateur très puissant.

SUPERORDRE n.m. Niveau de la classification des êtres vivants, situé entre la classe et l'ordre.

SUPEROVARIÉ, E adj. *Bot.* Dont l'ovaire est supère.

SUPEROVULATION n.f. Ovulation multiple provoquée.

SUPEROXYDE n.m. Radical chimique très réactif.

SUPERPÉTROLIER n.m.

SUPERPHOSPHATE n.m. Engrais artificiel.

SUPERPLASTICITÉ n.f.

SUPERPLASTIQUE adj. (Matériau) susceptible de subir de fortes déformations sans rupture.

SUPERPLUME n.m. Boxeur pesant entre 57 et 59 kg.

SUPERPOSABLE adj.

SUPERPOSER v. **10.**

SUPERPOSITION n.f.

SUPERPRÉFET n.m. *Anc.* Inspecteur général de l'Administration, en mission extraordinaire.

SUPERPRIVILÈGE n.m. *Dr.* Garantie accordée aux salariés d'une entreprise en liquidation.

SUPERPRODUCTION n.f.

SUPERPROFIT n.m.

SUPERPUISSANCE n.f.

SUPERRÉACTION n.f. Procédé spécial de réception des ondes radioélectriques.

SUPERSONIQUE adj.

SUPERSTAR n.f.

SUPERSTITIEUX, EUSE adj. et n.

SUPERSTITION n.f.

SUPERSTRAT [-a] n.m. Dans une langue, traces attestant l'influence d'une autre langue disparue.

SUPERSTRUCTURE n.f.

SUPERTANKER [-eur] n.m. Pétrolier de grande capacité.

SUPERVISER v. **10.**

SUPERVISEUR, EUSE n.

SUPERVISION n.f.

SUPERWELTER n.m. Boxeur pesant entre 67 et 71 kg.

SUPERWOMAN (pl. SUPERWOMEN ou SUPERWOMANS) n.f.

SUPERWOMEN ‖ → **superwoman.**

SUPIN n.m. *Ling.* Forme nominale du verbe latin.

SUPINATEUR n.m. et adj.m. Muscle de l'avant-bras.

SUPINATION n.f. Mouvement de rotation de la main et de l'avant-bras.

SUPION n.m. Petite seiche.

SUPPLANTATION n.f.

SUPPLANTER v. **10.**

SUPPLÉANCE n.f.

SUPPLÉANT, E adj. et n.

SUPPLÉER v. **16.** *Litt.* Remplacer, combler.

SUPPLÉMENT n.m.

SUPPLÉMENTAIRE adj.

SUPPLÉMENTATION n.f. Apport supplémentaire de vitamines, de minéraux à l'organisme.

SUPPLÉMENTER v. **10.** *Ch. de f.* Modifier (un billet) moyennant un supplément de prix.

SUPPLÉTIF, IVE adj. et n.m. Qui supplée.

SUPPLÉTOIRE adj. *Dr.* (Serment) que peut prêter une des parties, en cas d'insuffisance de preuves.

SUPPLIANT, E adj. et n.

SUPPLICATION n.f.

SUPPLICE n.m.

SUPPLICIER v. **15.**

SUPPLIER v. **15.**

SUPPLIQUE n.f.

SUPPO n.m. *Fam.* Suppositoire.

SUPPORT n.m.

SUPPORTABLE adj.

SUPPORTER v. **10.**

SUPPORTER, TRICE n. (= **supporteur).**

SUPPORTEUR, TRICE n. → **supporter** n.

SUPPOSABLE adj.

SUPPOSÉMENT adv.

SUPPOSER v. **10.**

SUPPOSITION n.f.

SUPPOSITOIRE n.m.

SUPPÔT n.m. *Litt.* Complice dans le mal.

SUPPRESSEUR adj.m. et n.m. (Gène) qui supprime une réaction immunitaire.

SUPPRESSION n.f.

SUPPRIMABLE adj.

SUPPRIMER v. **10.**

SUPPURANT, E adj.

SUPPURATIF, IVE adj. et n.m. *Méd.* Qui provoque l'écoulement du pus.

SUPPURATION n.f.

SUPPURÉ, E adj. Qui produit ou contient du pus.

SUPPURER v. **10.** Produire du pus.

SUPPUTATION n.f.

SUPPUTER v. **10.** Calculer, apprécier.

SUPRA adv. Plus haut, ci-dessus.

SUPRACONDUCTEUR, TRICE adj. et n.m.

SUPRACONDUCTION n.f. *Phys.* Disparition de la résistivité électrique de certains métaux, à très basse température.

SUPRALIMINAIRE adj. *Psych.* Supérieur au seuil de perception.

SUPRALUMINIQUE adj. → **superluminique.**

SUPRANATIONAL, E, AUX adj.

SUPRASEGMENTAL, E, AUX adj. *Phon.* (Information ou rythme) qui porte sur plusieurs phonèmes.

SUPRASENSIBLE adj. Que les sens ne perçoivent pas.

SUPRATERRESTRE adj.

SUPREMA ‖ → **supremum.**

SUPRÉMATIE n.f.

SUPRÉMATISME n.m. Théorie du peintre russe Malevitch et de ses disciples (début du XXe s.).

SUPRÊME adj. et n.m.

SUPRÊMEMENT adv.

SUPREMUM (pl. **SUPREMA** ou **SUPREMUMS**) n.m. *Math.* Type d'élément d'un ensemble.

SUR, SURE adj. et prép.

SÛR, SÛRE adj.

SURABONDAMMENT adv.

SURABONDANCE n.f.

SURABONDANT, E adj.

SURABONDER v. **(p.p.inv.) 10.**

SURACCUMULATION n.f. *Écon.* Excès d'accumulation de capital.

SURACTIF, IVE adj. Rendu plus actif, plus efficace.

SURACTIVER v. **10.**

SURACTIVITÉ n.f.

SURAH n.m. Soie indienne.

SURAIGU, SURAIGUË adj.

SURAJOUTER v. **10.**

SURAL, E, AUX adj. *Anat.* Relatif au mollet.

SURALIMENTATION n.f.

SURALIMENTER v. **10.**

SURANDOUILLER n.m. Andouiller que portent certains cerfs.

SURANNÉ, E adj. Démodé, désuet.

SURARBITRE n.m. *Dr.* Arbitre chargé de départager des arbitres en désaccord.

SURARMEMENT n.m.

SURARMER v. **10.**

SURATE [ou] n.f. → **sourate.**

SURBAISSEMENT n.m.

SURBAISSER v. **10.**

SURBAU, X n.m. *Mar.* Structure verticale encadrant une écoutille.

SURBOOKÉ, E adj.

SURBOOKING n.m. Surréservation.

SURBOUM n.f.

SURBOUT n.m. Pièce de bois pivotante d'un engin de levage.

SURBRILLANCE n.f. *Inf.* Marque indiquant qu'un texte affiché sur l'écran est sélectionné.

SURCAPACITÉ n.f. *Écon.* Capacité de production supérieure aux besoins.

SURCHARGE n.f.

SURCHARGER v. **17.**

SURCHAUFFE n.f.

SURCHAUFFER v. **10.**

SURCHAUFFEUR n.m. Appareil pour surchauffer de la vapeur.

SURCHEMISE n.f. Chemise épaisse portée sur un pull.

SURCHOIX n.m. Première qualité.

SURCLASSEMENT n.m.

SURCLASSER v. **10.**

SURCOMPENSATION n.f. *Écon.* Compensation entre caisses publiques. – *Psych.* Recherche d'une revanche dans un domaine où une infériorité est ressentie.

SURCOMPENSER v. **10.** *Psych.* Surmonter (une déficience) en réussissant particulièrement dans un domaine qui semblait inaccessible.

SURCOMPOSÉ, E adj. *Ling.* (Temps passé) conjugué avec deux auxiliaires *(quand j'ai eu fini).*

SURCOMPRESSÉ, E adj.

SURCOMPRESSION n.f.

SURCOMPRIMER v. **10.**

SURCONSOMMATION n.f.

SURCONTRE n.m.

SURCONTRER v. **10.** Au bridge, contrer (un adversaire qui vient de contrer).

SURCOSTAL, E, AUX adj. (Muscle) inséré sur les côtes.

SURCOT [-ô] n.m. *Médiév.* Robe de dessus.

SURCOTE n.f. *Fin.* Cote supérieure à la normale.

SURCOTER v. **10.**

SURCOUPE n.f.

SURCOUPER v. **10.** Aux cartes, couper avec un atout supérieur à celui qui vient d'être joué.

SURCOÛT n.m.

SURCREUSEMENT n.m. *Géol.* Excavation de certaines parties des lits glaciaires.

SURCROÎT n.m.

SURCUIT n.m. Chaux ayant subi un excès de cuisson.

SURDENSITÉ n.f. Densité trop élevée.

SURDENT n.f. Dent surnuméraire.

SURDÉTERMINANT, E adj.

SURDÉTERMINER v. **10.** *Psych.* Déterminer (quelque chose) par plus de motifs qu'il n'est nécessaire.

SURDÉVELOPPÉ, E adj.

SURDIMENSIONNER v. **10.**

SURDIMUTITÉ n.f. État du sourd-muet.

SURDIPLÔMÉ, E adj. et n. Trop qualifié pour un emploi donné.

SURDITÉ n.f.

SURDORER v. **10.** Revêtir d'une double couche d'or.

SURDOS n.m. Pièce de harnais qui soutient les traits.

SURDOSAGE n.m.

SURDOSE n.f. Dose excessive de drogue.

SURDOSER v. **10.** Administrer (des médicaments) en dose excessive.

SURDOUÉ, E adj. et n.

SUREAU, X n.m. Arbuste dont les tiges ont une moelle importante.

SUREFFECTIF n.m.

SURÉLÉVATION n.f.

SURÉLEVER v. **11.**

SURELLE n.f. Oseille.

SUREMBALLAGE n.m. Emballage supplémentaire permettant de présenter des produits en nombre.

SÛREMENT adv.

SURÉMINENT, E adj. *Litt.* Très éminent.

SURÉMISSION n.f. Émission excessive de billets de banque.

SUREMPLOI n.m.

SURENCHÈRE n.f.

SURENCHÉRIR v. **(p.p.inv.) 40.**

SURENCHÉRISSEUR, EUSE n.

SURENCOMBRÉ, E adj.

SURENCOMBREMENT n.m.

SURENDETTEMENT n.m.

SURENDETTER (SE) v. **10.**

SURENT → **savoir 74.**

SURENTRAÎNEMENT n.m.

SURENTRAÎNER v. **10.**

SURÉPAISSEUR n.f.

SURÉQUIPEMENT n.m.

SURÉQUIPER v. **10.**

SURÉROGATION n.f. *Litt.* Ce qu'on fait au-delà de ce qu'on doit.

SURÉROGATOIRE adj.

SURESTARIE n.f. Délai supplémentaire nécessaire au chargement d'un navire.

SURESTIMATION n.f.

SURESTIMER v. **10.**

SURET, ETTE adj. Un peu acide.

SÛRETÉ n.f.

SURÉVALUATION n.f.

SURÉVALUER v. **10.**

SUREXCITABILITÉ n.f.

SUREXCITABLE adj.

SUREXCITANT, E adj.

SUREXCITATION n.f.

SUREXCITER v. **10.**

SUREXPLOITATION n.f.

SUREXPLOITER v. **10.**

SUREXPOSER v. **10.**

SUREXPOSITION n.f.

SURF n.m.

SURFAÇAGE n.m.

SURFACE n.f.

SURFACER v. **13.** Polir (une surface).

SURFACEUSE n.f. Machine pour surfacer.

SURFACIQUE adj. *Math.* Qui se rapporte à une surface.

SURFACTANT, E n.m. et adj. *Chim., Méd.* Substance qui augmente les propriétés mouillantes d'un liquide.

SURFACTURATION n.f.

SURFACTURER v. **10.**

SURFAIRE v. **122.** Proposer à un prix exagéré.

SURFAIT, E adj. Dont la valeur a été surestimée.

SURFAIX n.m. Pièce de harnais.

SURFER v. **(p.p.inv.) 10.**

SURFEUR, EUSE n.

SURFIL n.m.

SURFILAGE n.m.

SURFILER v. **10.** Border (un tissu) d'un fil pour éviter l'effilochage.

SURFIN, E adj. De qualité supérieure.

SURFINIA n.m. (Nom déposé) Pétunia qui fleurit abondamment.

SURFONDU, E adj. En état de surfusion.

SURFUSION n.f. État d'un corps qui reste liquide au-dessous de sa température de congélation.

SURGÉ n. *Fam.* Surveillant général.

SURGÉLATEUR n.m.

SURGÉLATION n.f.

SURGELÉ, E adj. et n.m.

SURGELER v. **23** (je surgèle...).

SURGÉNÉRATEUR, TRICE adj. et n.m. *Phys.* (Réacteur nucléaire) qui produit plus de matière fissible qu'il n'en consomme.

SURGÉNÉRATION n.f.

SURGEON n.m. Rejeton qui pousse au pied d'un arbre.

SURGEONNER v. **(p.p.inv.) 10.** Produire des surgeons.

SURGIR v. **40.** *Être surgi :* être apparu brusquement.

SURGISSEMENT n.m.

SURGONFLER v. **10.**

SURGRAS, SURGRASSE adj. (Cosmétique) très gras.

SURHAUSSEMENT n.m.

SURHAUSSER v. **10.**

SURHOMME n.m.

SURHUMAIN, E adj.

SURHUMAINEMENT adv.

SURHUMANITÉ n.f. Condition de surhomme.

SURI, E adj.

SURICATE n.m. **(= surikate)** Mangouste d'Afrique du Sud.

SURIKATE n.m. → **suricate.**

SURIMI n.m. Pâte de chair de poisson vendue sous forme de bâtonnets.

SURIMPOSER v. **10.** Frapper d'un surcroît d'impôt.

SURIMPOSITION n.f.

SURIMPRESSION n.f.

SURIN n.m. Jeune pommier non greffé. – *Arg.* Couteau.

SURINAMAIS, E adj. Du Suriname (Amérique du Sud).

SURINAMIEN, ENNE adj. → **surinamais.**

SURINER v. **10.** *Arg.* Poignarder.

SURINEUR, EUSE n.

SURINFECTER (SE) v. **10.**

SURINFECTION n.f. Infection survenant chez un sujet déjà malade.

SURINFORMATION n.f.

SURINFORMER v. **10.**

SURINTENDANCE n.f.

SURINTENDANT, E n. Personne chargée du service social dans certaines entreprises.

SURINTENSITÉ n.f. *Électr.* Intensité anormalement forte.

SURINVESTIR v. **40.** *Psych., Fin.* Investir exagérément.

SURIR v. **40.** Aigrir.

SURJALÉE adj.f. *Mar.* (Ancre) dont la chaîne fait un tour sur le jas, et qui risque de déraper.

SURJALER v. (**p.p.inv.** mais **surjalée** adj.f.) **10.** *Mar.* Faire un tour sur le jas, en parlant d'une chaîne d'ancre.

SURJECTIF, IVE adj.

SURJECTION n.f. *Math.* Application d'un ensemble dans un autre.

SURJET n.m. Point de couture réunissant deux lisières.

SURJETER v. **20** (je surjette...) Coudre en surjet.

SURJETEUSE n.f. Machine à surjeter.

SURJEU, X n.m. Jeu d'acteur qui surjoue.

SURJOUER v. **10.** Jouer (un rôle) avec outrance.

SURLENDEMAIN n.m.

SURLIER v. **15.** Ligaturer (un cordage) pour empêcher ses éléments de se séparer.

SURLIGNAGE n.m.

SURLIGNER v. **10.**

SURLIGNEUR n.m. Feutre à encre lumineuse destiné à faire ressortir une partie d'un texte.

SURLIURE n.f.

SURLONGE n.f. Morceau de l'échine du bœuf.

SURLOUER v. **10.** Donner ou prendre en location à un prix trop haut.

SURLOYER n.m.

SURMÉDIATISER v. **10.** Médiatiser excessivement.

SURMÉDICALISER v. **10.** Médicaliser à l'excès.

SURMENAGE n.m.

SURMENANT, E adj.

SURMENER v. **11.**

SURMOI **|** n.m. *Psych.* Instance de la personnalité jouant le rôle de juge et de censeur.

SURMOÏQUE adj. Relatif au surmoi.

SURMONTABLE adj.

SURMONTER v. **10.**

SURMONTOIR n.m. Élément de publicité surmontant un produit en promotion.

SURMORTALITÉ n.f.

SURMOULAGE n.m.

SURMOULE n.m. Moule réalisé à partir d'un moulage.

SURMOULER v. **10.** Mouler (une figure) à partir d'un surmoule.

SURMULET n.m. Poisson marin, voisin du rouget.

SURMULOT n.m. Rat d'égout.

SURMULTIPLIÉ, E adj. et n.f. (Rapport d'une boîte de vitesse) qui permet au moteur de tourner moins vite que l'arbre de transmission.

SURNAGER v. **(p.p.inv.) 17.**

SURNATALITÉ n.f.

SURNATURALISME n.m. Croyance au surnaturel.

SURNATUREL, ELLE adj. et n.m.

SURNOM n.m.

SURNOMBRE n.m. Nombre supérieur au nombre prévu.

SURNOMMER v. **10.**

SURNOTER v. **10.** Trop bien noter.

SURNUMÉRAIRE adj. Qui est en trop.

SURNUMÉRARIAT n.m. *Anc.* Fonction d'un employé intérimaire.

SURNUTRITION n.f.

SUROFFRE n.f.

SUROÎT n.m. Vent du sud-ouest. – Chapeau de marin cachant la nuque.

SUROS [-ô] ou [-os] n.m. *Vét.* Tumeur osseuse, chez le cheval.

SUROXYDATION n.f.

SUROXYDER v. **10.**

SUROXYGÉNÉ, E adj.

SURPASSEMENT n.m.

SURPASSER v. **10.**

SURPATTE n.f. *Fam., Vx.* Surboum.

SURPÂTURAGE n.m. Exploitation excessive des pâturages.

SURPAYER v. **24.**

SURPÊCHE n.f. Pêche excessive, qui épuise les fonds.

SURPEUPLÉ, E adj.

SURPEUPLEMENT n.m.

SURPIQUAGE n.m.

SURPIQUER v. **10.** Garnir (un vêtement) d'une piqûre décorative.

SURPIQÛRE n.f.

SURPLACE n.m.

SURPLIS n.m. Vêtement liturgique porté sur la soutane.

SURPLOMB n.m.

SURPLOMBANT, E adj.

SURPLOMBEMENT n.m.

SURPLOMBER v. **10.**

SURPLUS n.m.

SURPOIDS n.m.

SURPOPULATION n.f.

SURPRENANT, E adj.

SURPRENDRE v. **91.**

SURPRESSION n.f.

SURPRIME n.f.

SURPRISE n.f.

SURPRODUCTEUR, TRICE adj.

SURPRODUCTION n.f.

SURPRODUIRE v. **135.**

SURPROTECTEUR, TRICE adj.

SURPROTECTION n.f.

SURPROTÉGER v. **18.**

SURPUISSANCE n.f.

SURPUISSANT, E adj.

SURQUALIFIÉ, E adj.

SURRÉACTION n.f.

SURRÉAGIR v. **(p.p.inv.) 40.** Réagir de façon excessive.

SURRÉALISME n.m.

SURRÉALISTE adj. et n.

SURRÉALITÉ n.f. *Litt.* Ce qui est au-delà de la réalité courante.

SURRECTION n.f. *Géol.* Soulèvement d'une portion de l'écorce terrestre.

SURRÉEL, ELLE adj. et n.m. *Litt.* Au-delà du réel.

SURRÉGÉNÉRATEUR, TRICE adj. et n.m. → **surgénérateur.**

SURRÉGÉNÉRATION n.f. → **surgénération.**

SURRÉGIME n.m.

SURREMISE n.f. Remise additionnelle consentie à l'acheteur de grandes quantités.

SURRÉNAL, E, AUX adj. et n.f. *Anat.* Situé au-dessus du rein.

SURRÉNALIEN, ENNE adj. → **surrénal.**

SURRÉNALITE n.f. Inflammation des glandes surrénales.

SURREPRÉSENTÉ, E adj.

SURRÉSERVATION n.f.

SURROUND **|** [seur(a)ound] n.m. et adj. Ambiance sonore obtenue par l'utilisation de plusieurs enceintes.

SURSALAIRE n.m.

SURSATURANT, E adj.

SURSATURATION n.f.

SURSATURER v. **10.**

SURSAUT n.m.

SURSAUTER v. **(p.p.inv.) 10.**

SURSÉANCE n.f. *Dr.* Délai pendant lequel une affaire est sursise.

SURSEMER v. **11.** Semer dans une terre déjà ensemencée.

SURSEOIR v. **82.** Différer, remettre à plus tard.

SURSIMULATION n.f. *Psych.* Exagération d'une douleur réelle.

SURSIS, E 1. → **surseoir 82.** – 2. n.m.

SURSITAIRE n.

SURSOLIDE n.m. *Anc.* Quatrième puissance d'une grandeur.

SURSOUFFLAGE n.m. *Techn.* Alimentation forcée en air soufflé.

SURSTOCK n.m.

SURSTOCKAGE n.m.

SURSTOCKER v. **10.**

SURTAUX n.m. Taux excessif.

SURTAXE n.f.

SURTAXER v. **10.**

SURTEMPS n.m. *Québ.* Temps de travail fourni en supplément des heures normales.

SURTENSION n.f.

SURTITRAGE n.m.

SURTITRE n.m. Titre complémentaire placé au-dessus du titre principal.

SURTITRER v. **10.**

SURTOILÉ, E adj. (Voilier) muni d'une importante surface de voile.

SURTONDRE v. **90.** Couper (les extrémités de la laine) après le lavage des peaux.

SURTONTE n.f.

SURTOUT 1. n.m. *Vx.* Vêtement que l'on passe pardessus les autres. 2. adv.

SURTRAVAIL, SURTRAVAUX n.m. Selon Marx, travail supplémentaire, non rémunéré.

SURTRAVAUX → **surtravail.**

SURVALEUR n.f. Excès de valeur (d'une monnaie).

SURVALORISATION n.f.

SURVALORISER v. **10.** Surévaluer.

SURVEILLANCE n.f.

SURVEILLANT, E n.

SURVEILLER v. **10.**

SURVENANCE n.f. Fait de survenir.

SURVENANT, E n. Personne qui survient à l'improviste.

SURVENDRE v. **90.** Vendre au-dessus du prix normal.

SURVENIR v. **42.**

SURVENTE n.f. Vente à un prix excessif.

SURVENTER v. déf. (**surventa, surventait, surventât, survente, surventé, surventera, surventerait**) Augmenter de force, en parlant du vent.

SURVESTE n.f.

SURVÊT [-èt] n.m. *Fam.* Survêtement.

SURVÊTEMENT n.m.

SURVIE n.f.

SURVIRAGE n.m.

SURVIRER v. **(p.p.inv.) 10.** Déraper par l'arrière, en parlant d'une voiture qui vire.

SURVIREUR, EUSE adj.

SURVITAMINÉ, E adj.

SURVITESSE n.f.

SURVITRAGE n.m. Vitrage supplémentaire qui améliore l'isolation.

SURVIVANCE n.f.

SURVIVANT, E adj. et n.

SURVIVRE v. **146.** *Survivre quelqu'un :* demeurer en vie après lui.

SURVOL n.m.

SURVOLER v. **10.**

SURVOLTAGE n.m.

SURVOLTER v. **10.**

SURVOLTEUR n.m. *Électr.* Dispositif permettant de survolter le courant.

SUS adv.

SUSCEPTIBILITÉ n.f.

SUSCEPTIBLE adj.

SUSCITER v. **10.**

SUSCRIPTION n.f.

SUSCRIRE v. **130.** Inscrire (une adresse) sur une lettre.

SUSDÉNOMMÉ, E adj. et n. Susnommé.

SUSDIT, E adj. et n.

SUSHI [ou] n.m. Mets japonais.

SUSMENTIONNÉ, E adj.

SUSNOMMÉ, E adj. et n.

SUSPECT, E adj. et n.

SUSPECTER v. **10.**

SUSPENDRE v. **90.**

SUSPENS (EN) [susp-an] loc. Non résolu.

SUSPENSE [suspèns] n.m.

SUSPENSEUR 1. adj.m. *Anat.* Qui soutient. 2. n.m. *Bot.* Organe de la graine en formation.

SUSPENSIF, IVE adj. *Dr.* Qui suspend l'exécution d'un jugement.

SUSPENSION n.f.

SUSPENSOÏDE adj. *Chim.* (Colloïde) qui, après évaporation, ne retrouve pas son état colloïdal.

SUSPENSOIR n.m. Bandage destiné à soutenir les testicules.

SUSPENTE n.f. Corde servant à soutenir une vergue, un parachute, une nacelle.

SUSPICIEUSEMENT adv.

SUSPICIEUX, EUSE adj.

SUSPICION n.f.

SUSSE… → **savoir 74.**

SUSTENTATEUR, TRICE adj.

SUSTENTATION n.f. Action de soutenir, de maintenir en équilibre.

SUSTENTER v. **10.** Nourrir.

SUSURRANT, E adj.

SUSURRATION n.f.

SUSURREMENT n.m.

SUSURRER v. **10.**

SUSVISÉ, E adj. Indiqué ci-dessus.

SÛTES → **savoir 74.**

SUTRA [ou] n.m. → **soutra.**

SUTURAL, E, AUX adj.

SUTURE n.f. *Chir.* Couture.

SUTURER v. **10.**

SUZERAIN, E n. et adj. *Féod.* Seigneur dont dépendent les vassaux.

SUZERAINETÉ n.f.

SUZETTE n.f. et adj. Crêpe parfumée à l'orange.

SVASTIKA n.m. **(= swastika)** Symbole religieux hindou, en forme de croix gammée.

SVELTE adj.

SVELTESSE n.f.

SWAHÉLI, E n.m. et adj. → **souahéli.**

SWAHILI, E n.m. et adj. → **souahéli.**

SWAP n.m. *Fin.* Échange.

SWAPPER v. **10.** *Fin.* Échanger.

SWASTIKA [sv-] n.m. → **svastika.**

SWAZI, E adj. Du Swaziland (Afrique australe).

SWEAT [swit] ou [swèt] n.m. *Fam.* Sweatshirt.

SWEATER [switeur] ou [swèteur] n.m. Gilet de laine ou de coton.

SWEATSHIRT [switcheurt] ou [swètcheurt] n.m.

SWEEPSTAKE [swipstèk] n.m. Loterie où l'on tire au sort les chevaux participant à une course.

SWING n.m. Style de jazz.

SWINGANT, E adj.

SWINGUER v. **(p.p.inv.) 10.**

SWITCH (pl. **SWITCHES** ou **SWITCHS**) n.m. *Techn.* Commutateur en réseau.

SWITCHER v. **10.** *Sp.* Effectuer une permutation.

SWITCHES → **switch.**

SYBARITE adj. et n. Qui mène une vie voluptueuse.

SYBARITIQUE adj.

SYBARITISME n.m.

SYCOMORE n.m. Variété d'érable (faux platane).

SYCONE n.m. Fruit charnu, type figue.

SYCOPHANTE n.m. *Antiq. gr.* Délateur.

SYCOSIS [sikôzis] n.m. *Méd.* Infection de la peau au voisinage des poils.

SYÉNITE n.f. Roche éruptive.

SYLI n.m. → **sily.**

SYLLABAIRE n.m. Livre pour l'apprentissage de la lecture.

SYLLABATION n.f. *Ling.* Décomposition en syllabes.

SYLLABE n.f.

SYLLABIQUE adj.

SYLLABISME n.m. Système d'écriture où chaque syllabe est représentée par un caractère.

SYLLABUS n.m. Recueil des questions tranchées par l'autorité ecclésiastique.

SYLLEPSE n.f. *Ling.* Accord selon le sens, et non selon les règles grammaticales.

SYLLEPTIQUE adj.

SYLLOGISME n.m. *Log.* Raisonnement déductif.

SYLLOGISTIQUE adj. et n.f.

SYLPHE n.m. Génie de l'air des mythologies celte et germanique.

SYLPHIDE n.f. Sylphe femelle. – Femme gracieuse.

SYLVAIN, E 1. adj. Qui passe sa vie dans les forêts. 2. n.m. Génie des forêts, dans la mythologie latine.

SYLVANER [-èr] n.m. → **silvaner.**

SYLVE n.f. *Litt.* Forêt.

SYLVESTRE adj. Propre à la forêt.

SYLVICOLE adj.

SYLVICULTEUR, TRICE n.

SYLVICULTURE n.f. Entretien et exploitation des forêts.

SYLVIE n.f. Anémone des bois.

SYLVIIDÉ n.m. Petit passereau des bois, type fauvette.

SYLVINE n.f. Chlorure de potassium naturel.

SYLVINITE n.f. Chlorure de potassium naturel, utilisé comme engrais.

SYLVITE n.f. Minerai de potasse.

SYMBIONTE n.m. **(= symbiote)** *Biol.* Membre d'une symbiose.

SYMBIOSE n.f. *Biol.* Association, mutuellement profitable, de deux êtres vivants.

SYMBIOTE n.m. → **symbionte.**

SYMBIOTIQUE adj.

SYMBOLE n.m.

SYMBOLIQUE adj., n.m. et n.f.

SYMBOLIQUEMENT adv.

SYMBOLISATION n.f.

SYMBOLISER v. **10.**

SYMBOLISME n.m.

SYMBOLISTE adj. et n.

SYMÉTRIE n.f.

SYMÉTRIQUE adj. et n.

SYMÉTRIQUEMENT adv.

SYMÉTRISATION n.f.

SYMÉTRISER v. **10.**

SYMPA adj.

SYMPATHECTOMIE n.f. *Chir.* Ablation d'un nerf ou d'un ganglion du système sympathique.

SYMPATHICOTONIE n.f. *Méd.* Prédominance du système nerveux sympathique, entraînant de l'hypertension et de la tachycardie.

SYMPATHIE n.f.

SYMPATHIQUE adj. et n.m.

SYMPATHIQUEMENT adv.

SYMPATHISANT, E adj. et n.

SYMPATHISER v. **(p.p.inv.) 10.**

SYMPATHOLYTIQUE adj. et n.m. *Physiol.* (Agent) qui entrave l'action du système sympathique.

SYMPATRIQUE adj. Se dit des espèces vivant ensemble mais sans s'hybrider.

SYMPHONIE n.f.

SYMPHONIQUE adj.

SYMPHONIQUEMENT adv.

SYMPHONISTE n. Personne qui compose ou exécute des symphonies.

SYMPHORINE n.f. Arbrisseau à fleurs roses et à fruits blancs.

SYMPHYSAIRE adj.

SYMPHYSE n.f. *Anat.* Articulation peu mobile.

SYMPLECTIQUE adj. *Biol.* Entrelacé avec un autre corps.

SYMPOSION n.m. → **symposium.**

SYMPOSIUM n.m. Congrès de spécialistes.

SYMPTOMATIQUE adj.

SYMPTOMATOLOGIE n.f.

SYMPTÔME n.m.

SYNAGOGAL, E, AUX adj.

SYNAGOGUE n.f.

SYNALÈPHE n.f. Fusion de deux syllabes dans la prononciation.

SYNALLAGMATIQUE adj. *Dr.* Qui comporte une obligation réciproque pour les parties.

SYNANTHÉRÉ, E 1. adj. *Bot.* Dont les étamines sont soudées par leurs anthères. 2. n.f. *Bot.*, *Vx.* Composacée.

SYNAPOMORPHIE n.f. Caractère commun à deux organismes ayant la même origine.

SYNAPSE n.f. *Physiol.* Région de contact entre deux neurones.

SYNAPTASE n.f. Enzyme contenue dans l'amande.

SYNAPTIQUE adj.

SYNARCHIE n.f. Gouvernement assuré par plusieurs chefs.

SYNARTHROSE n.f. *Anat.* Articulation fixe entre deux os.

SYNASE n.f. Enzyme.

SYNCHONDROSE [k] n.f. *Anat.* Articulation fixe de deux os réunis par un cartilage.

SYNCHRO n.m. Dispositif permettant de synchroniser les vitesses d'un véhicule.

SYNCHRONE adj. Qui a lieu en même temps. – Qui a la même fréquence.

SYNCHRONICITÉ n.f. Apparition simultanée d'événements indépendants.

SYNCHRONIE n.f. *Ling.* État d'une langue à un moment donné, indépendamment de son évolution.

SYNCHRONIQUE adj.

SYNCHRONISATION n.f.

SYNCHRONISER v. **10.**

SYNCHRONISEUR, EUSE n.m. et n.f.

SYNCHRONISME n.m.

SYNCHROTRON n.m. *Phys.* Accélérateur de particules de grande puissance.

SYNCHROTRONIQUE adj.

SYNCINÉSIE n.f. *Méd.* Trouble moteur où un membre reproduit involontairement les mouvements de l'autre membre.

SYNCITIUM [-tyom] n.m. **(= syncytium)** *Biol.* Masse cytoplasmique comportant plusieurs noyaux.

SYNCLINAL, E, AUX n.m. et adj. *Géol.* Pli concave.

SYNCOPAL, E, AUX adj.

SYNCOPE n.f.

SYNCOPER v. **10.** *Mus.* Déplacer (un temps faible) sur un temps fort, en le prolongeant.

SYNCRÉTIQUE adj.

SYNCRÉTISME n.m. *Philos.* Mélange de plusieurs doctrines ou systèmes.

SYNCRÉTISTE adj. et n.

SYNCRISTALLISER v. **(p.p.inv.) 10.** *Chim.* Cristalliser ensemble.

SYNCYTIAL, E, AUX [-tyal] adj.

SYNCYTIUM [-tyom] n.m. → **syncitium.**

SYNDACTYLE adj. *Biol.* Qui a les doigts soudés.

SYNDACTYLIE n.f.

SYNDERME n.m. Cuir artificiel.

SYNDIC n.m.

SYNDICAL, E, AUX adj.

SYNDICALISATION n.f.

SYNDICALISER v. **10.**

SYNDICALISME n.m.

SYNDICALISTE adj. et n.

SYNDICAT n.m.

SYNDICATAIRE n. et adj. Membre d'un syndicat de propriétaires.

SYNDICATION n.f. Regroupement de banques sur une ou plusieurs opérations financières.

SYNDIQUER v. **10.**

SYNDROME n.m. Ensemble de symptômes constituant une entité clinique.

SYNECDOQUE n.f. *Rhét.* Figure de style consistant à prendre la partie pour le tout, et inversement.

SYNÉCHIE n.f. *Méd.* Accolement pathologique de deux tissus ou organes normalement séparés.

SYNÉCOLOGIE n.f. Étude des relations entre les espèces vivantes.

SYNECTIQUE n.f. *Psych.* Méthode de stimulation de la création intellectuelle.

SYNÉRÈSE n.f. *Ling.* Fusion phonétique de deux voyelles contiguës en une diphtongue.

SYNERGIDE n.f. *Biol.* Cellule végétale.

SYNERGIE n.f. Action coordonnée de plusieurs moyens vers un même but.

SYNERGIQUE adj.

SYNERGISTE adj. (Muscle) qui travaille en association avec un autre.

SYNESTHÉSIE n.f. *Psych.* Association spontanée de sensations relevant de systèmes de stimulation différents.

SYNGNATHE [gn] n.m. Poisson marin à corps et museau allongés.

SYNGNATHIDÉ [gn] n.m. Poisson marin, type syngnathe, hippocampe.

SYNODAL, E, AUX adj.

SYNODE n.m. *Rel.* Assemblée d'ecclésiastiques.

SYNODIQUE adj. Qui concerne une conjonction d'astres.

SYNŒCISME [siné-] n.m. *Antiq.* Réunion de plusieurs bourgs en une cité.

SYNONYME adj. et n.m.

SYNONYMIE n.f.

SYNONYMIQUE adj.

SYNOPSE n.f. *Rel.* Ouvrage où les Évangiles sont présentés en parallèle.

SYNOPSIE n.f. *Méd.* Synesthésie dans laquelle l'audition d'un son produit une perception de couleur.

SYNOPSIS n.m. ou f. Ébauche de scénario.

SYNOPTIQUE adj.

SYNOSTOSE n.f. *Anat.* Soudure de deux os.

SYNOVECTOMIE n.f. *Chir.* Ablation d'une synoviale.

SYNOVIAL, E, AUX 1. adj. Relatif à la synovie. 2. n.f. Membrane séreuse tapissant les cavités articulaires.

SYNOVIE n.f. *Méd.* Liquide qui lubrifie les articulations.

SYNOVIORTHÈSE n.f. *Méd.* Traitement par destruction de la synoviale malade.

SYNOVITE n.f. Inflammation d'une synoviale.

SYNTACTICIEN, ENNE n. *Ling.* Spécialiste de la syntaxe.

SYNTACTIQUE adj. et n.f. Relatif à la syntaxe.

SYNTAGMATIQUE adj. et n.f.

SYNTAGME n.m. *Ling.* Élément constitutif de la phrase, comportant un ou plusieurs mots.

SYNTAXE n.f. Partie de la grammaire étudiant les rapports entre les éléments de la phrase.

SYNTAXIQUE adj.

SYNTAXIQUEMENT adv.

SYNTHÉ n.m. *Fam.* Synthétiseur.

SYNTHÈSE n.f.

SYNTHÉTASE n.f. Enzyme.

SYNTHÉTIQUE adj.

SYNTHÉTIQUEMENT adv.

SYNTHÉTISABLE adj.

SYNTHÉTISANT, E adj.

SYNTHÉTISER v. **10.**

SYNTHÉTISEUR n.m.

SYNTHÉTISME n.m. Technique picturale utilisant de grands aplats de couleur aux contours bien cernés.

SYNTONE adj. *Psych.* (Individu) en harmonie avec son milieu.

SYNTONIE n.f. *Phys.* Accord de circuits électriques fonctionnant sur la même fréquence. – *Psych.* Aptitude à vivre en harmonie avec son milieu.

SYNTONISATEUR n.m. *Québ.* Syntoniseur.

SYNTONISATION n.f.

SYNTONISER v. **10.** Mettre (deux circuits) en état de syntonie.

SYNTONISEUR n.m. Tuner.

SYPHILIDE n.f. *Méd.* Manifestation cutanée de la syphilis.

SYPHILIGRAPHE n. Spécialiste de la syphilis.

SYPHILIGRAPHIE n.f.

SYPHILIS n.f.

SYPHILITIQUE adj. et n.

SYPHILOGRAPHE n. → **syphiligraphe.**

SYPHILOGRAPHIE n.f.

SYRACUSAIN, E adj. De Syracuse (Italie).

SYRAH n.f. Cépage rouge du sud de la France.

SYRIAQUE n.m. Langue sémitique dérivée de l'araméen.

SYRIEN, ENNE adj. De la Syrie (Asie occidentale).

SYRINGE n.f. *Antiq.* Tombe royale d'Égypte.

SYRINGOMYÉLIE n.f. Affection de la moelle épinière.

SYRINX n.f. Organe du chant, chez les oiseaux.

SYRPHE n.m. Mouche à abdomen jaune et noir, commune sur les fleurs.

SYRPHIDÉ n.m. Insecte diptère, type syrphe.

SYRRHAPTE n.m. Oiseau des steppes asiatiques.

SYRTE n.f. Région côtière sablonneuse.

SYSTÉMATICIEN, ENNE n. *Biol.* Spécialiste de la classification des espèces.

SYSTÉMATIQUE adj. et n.f.

SYSTÉMATISATION n.f.

SYSTÉMATISER v. **10.**

SYSTÉMATISME n.m. Caractère systématique.

SYSTÈME n.m.

SYSTÉMICIEN, ENNE n. et adj. Spécialiste de la systémique.

SYSTÉMIQUE 1. adj. Relatif à un système pris dans son ensemble. 2. n.f. Étude des systèmes complexes.

SYSTOLE n.f. *Physiol.* Contraction du cœur.

SYSTOLIQUE adj.

SYSTYLE adj. et n.m. *Arch.* Dont l'espace entre colonnes est de deux diamètres.

SYZYGIE n.f. Opposition ou conjonction de la Lune avec le Soleil.

SZLACHTA [chlakta] n.f. Petite noblesse polonaise.

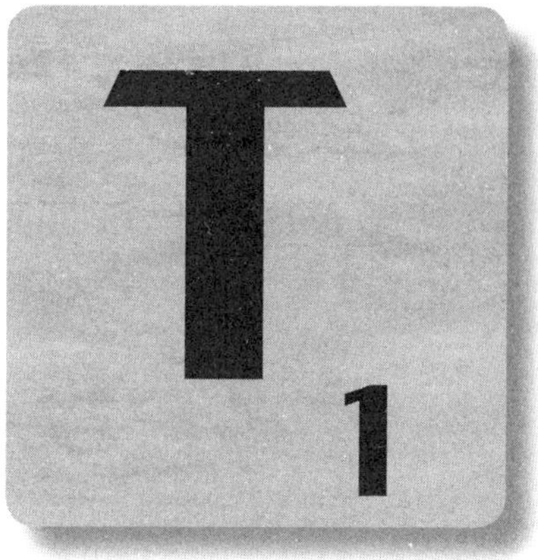

TA → **ton.**

TAAL, S [tal] n.m. **(= tala)** Structure savante de la musique hindoue.

TABAC adj. et n.m.

TABACOLOGIE n.f. Étude du tabagisme et de sa prévention.

TABACOLOGUE n.

TABACOMANIE n.f.

TABACULTEUR, TRICE n.

TABAGIE n.f.

TABAGIQUE adj.

TABAGISME n.m.

TABALA n.m. Tam-tam maure hémisphérique.

TABANIDÉ n.m. Mouche, type taon.

TABAR n.m. **(= tabard)** *Médiév.* Manteau court et large qui se portait sur l'armure.

TABARD n.m. → **tabar.**

TABASCO n.m. (Nom déposé) Sauce aux piments rouges.

TABASKI n.f. Fête africaine.

TABASSAGE n.m.

TABASSER v. **10.** *Fam.* Rouer de coups.

TABATIÈRE n.f.

TABELLAIRE adj. (Reproduction) qui se faisait avec des planches gravées.

TABELLE n.f. *Helv.* Liste.

TABELLION n.m. *Vx.* Officier public chargé d'établir des actes notariés.

TABERNACLE n.m.

TABÈS [-ès] n.m. Forme de syphilis caractérisée par l'incoordination des mouvements.

TABÉTIQUE adj. et n. Relatif au tabès.

TABLA n.m. Instrument de musique indien à double percussion.

TABLAR n.m. **(= tablard)** *Helv.* Étagère.

TABLARD n.m. → **tablar.**

TABLATURE n.f. Notation alphanumérique des sons musicaux.

TABLE n.f.

TABLEAU, X n.m.

TABLEAUTIN n.m. Petit tableau.

TABLÉE n.f. Ensemble des personnes prenant un repas à la même table.

TABLER v. (**p.p.inv.** mais **tablée** n.f.) **10.**

TABLETIER, ÈRE n. Fabricant de divers articles en bois (damiers, échiquiers, etc.).

TABLETTAGE n.m.

TABLETTE n.f.

TABLETTER v. **10.** *Québ.* Enterrer (un dossier).

TABLETTERIE n.f. Fabrication de petits objets.

TABLEUR n.m. *Inf.* Logiciel permettant de créer et de manipuler des tableaux sur un écran.

TABLIER, ÈRE 1. n. *Afr.* Vendeur des rues. 2 n.m.

TABLOÏD adj. et n.m. **(= tabloïde)** (Journal) dont le format est la moitié du format habituel.

TABLOÏDE adj. et n.m. → **tabloïd.**

TABOR n.m. *Anc.* Bataillon de soldats marocains.

TABORITE n. *Hist.* Hussite rigoriste, dans la Bohême du XVe s.

TABOU, E adj. et n.m.

TABOUER v. **10.** Rendre tabou.

TABOUISATION n.f.

TABOUISER v. **10.** → **tabouer.**

TABOULÉ n.m. Salade libanaise composée de blé concassé, de tomates et de menthe.

TABOURET n.m.

TABULAIRE adj. En forme de table.

TABULATEUR n.m. Dispositif d'une machine de bureau permettant de former des colonnes, des tableaux.

TABULATION n.f.

TABULATRICE n.f. *Inf.* Machine utilisant des cartes perforées.

TABULÉ n.m. Animal marin fossile.

TABULER v. **10.** Passer (des cartes perforées) à la tabulatrice.

TABUN [-oun] n.m. Gaz de combat.

TAC n.m. et interj. Bruit sec.

TACAUD n.m. Poisson voisin de la morue.

TACCA n.m. Plante tropicale donnant une fécule comestible.

TACCACÉE n.f. Plante monocotylédone, type tacca.

TACET [tasèt] n.m. *Mus.* Silence d'un instrument, d'une voix.

TACHE n.f.

TÂCHE n.f.

TACHELHIT [tachlit] n.m. Dialecte berbère parlé par les Chleuhs.

TACHÉOGRAPHE [k] n.m. Appareil servant à établir des cartes ou des plans.

TACHÉOMÈTRE [k] n.m. Instrument permettant de faire le relevé rapide d'un plan.

TACHÉOMÉTRIE [k] n.f.

TACHER v. **10.**

TÂCHER v. (**p.p.inv.** mais **tacher** v.) **10.**

TÂCHERON, ONNE n. Ouvrier payé à la tâche. – Personne qui effectue un travail pénible et ingrat.

TACHETER v. **20** (je tachette...).

TACHETURE n.f.

TACHINA [k] n.m. (**= tachine**) Mouche noire commune.

TACHINE [k] n.m. ou f. → **tachina.**

TACHINIDÉ [k] n.m. Mouche dont la larve parasite de nombreux insectes.

TACHISCOPIQUE [k] adj. Relatif à un tachistoscope.

TACHISME n.m. *Bx-arts.* Tendance de la peinture abstraite caractérisée par la projection de taches.

TACHISTE adj. et n.

TACHISTOSCOPE [k] n.m. Appareil de mesure de la perception visuelle.

TACHKENTOIS, E [kèn] adj. De Tachkent (Ouzbékistan).

TACHOGRAPHE [k] n.m. Appareil de télédétection ou de radiodiagnostic (scanner).

TACHYARYTHMIE [k] n.f. *Méd.* Irrégularité des battements du cœur.

TACHYCARDIE [k] n.f. *Méd.* Accélération anormale des battements du cœur.

TACHYGENÈSE [k] n.f. *Biol.* Développement direct de l'embryon, sans formes larvaires.

TACHYGÉNÉTIQUE [k] adj.

TACHYGRAPHE [k] n.m. Enregistreur de vitesse.

TACHYGRAPHIE [k] n.f.

TACHYGRAPHIQUE [k] adj.

TACHYMÈTRE [k] n.m. Appareil de mesure des vitesses continues.

TACHYMÉTRIE [k] n.f.

TACHYMÉTRIQUE [k] adj.

TACHYON [k] n.m. Particule hypothétique plus rapide que la lumière.

TACHYPHAGIE [k] n.f. Déglutition trop rapide.

TACHYPHÉMIE [k] n.f. *Psych.* Accélération anormale du débit du langage.

TACHYPHYLAXIE [k] n.f. Immunisation rapide.

TACHYPSYCHIE [k] n.f. *Psych.* Accélération anormale des processus psychiques.

TACITE adj.

TACITEMENT adv.

TACITURNE adj.

TACITURNITÉ n.f.

TACLE n.m. Au football, glissade en avant destinée à déposséder l'adversaire du ballon.

TACLER v. **10.** Déposséder (l'adversaire) du ballon par un tacle.

TACO n.m. Galette de maïs fourrée de mets pimentés.

TACON n.m. Jeune saumon. – *Helv.* Pièce servant à réparer un vêtement.

TACONEOS [takonéos] n.m.pl. Martèlement des talons, dans le flamenco.

TACOT n.m.

TACT n.m.

TACTICIEN, ENNE n.

TACTICITÉ n.f. Structure géométrique régulière d'un polymère.

TACTILE adj. Relatif au toucher.

TACTIQUE adj. et n.f.

TACTIQUEMENT adv.

TACTISME n.m. *Biol.* Réaction d'orientation d'êtres vivants, sous l'action d'agents chimiques ou physiques.

TADJIK, E adj. et n.m. Du Tadjikistan.

TADORNE n.m. Canard migrateur très coloré.

TAEKWONDO [tékw-on-dô] n.m. Sport de combat coréen.

TAEL [taèl] n.m. Ancienne monnaie chinoise.

TÆNIA [ténya] n.m. (= **ténia**) Ver solitaire.

TÆNIASIS [tényazis] n.m. (= **téniasis**) *Méd.* Parasitose due au tænia.

TAF n.m. *Fam.* Travail, emploi.

TAFFE n.f. *Fam.* Bouffée de cigarette.

TAFFETAS n.m. Toile de soie légère.

TAFIA n.m. Eau-de-vie de canne à sucre.

TAG n.m. Graffiti.

TAGAL, S n.m. (= **tagalog**) Langue officielle des Philippines.

TAGALOG n.m. → **tagal.**

TAGÈTE n.m. (= **tagetes, tagette**) Œillet d'Inde.

TAGETES [tajétès] n.m. → **tagète.**

TAGETTE n.m. → **tagète.**

TAGGER [-eur] n.m. (= **tagueur**).

TAGGER v. **10** (= **taguer**).

TAGINE n.m. (= **tajine**) Ragoût de viande et de légumes, en Afrique du Nord.

TAGLIATELLE [talya-] n.f. Pâte alimentaire en forme de lanière.

TAGME n.m. *Zool.* Tête, thorax ou abdomen.

TAGUER v. **10.** → **tagger v.**

TAGUEUR, EUSE n. → **tagger** n.m.

TAHITIEN, ENNE adj. et n.m.

TAÏAUT interj. (= **tayaut**) Cri du chasseur à la vue du gibier.

TAIE n.f.

TAÏGA n.f. Formation végétale des régions froides, à base de conifères.

TAIJI [tay(t)chi] n.m. Symbole chinois représentant le principe originel de l'Univers.

TAÏKONAUTE n. En Chine, astronaute.

TAILLABLE adj. *Hist.* Qui payait la taille, impôt direct sous l'Ancien Régime.

TAILLADE n.f.

TAILLADER v. **10.**

TAILLAGE n.m. Usinage de certaines pièces métalliques.

TAILLANDERIE n.f.

TAILLANDIER n.m. Artisan qui fabrique des outils destinés à tailler, à couper.

TAILLANT n.m. Tranchant d'une lame.

TAILLAULE n.f. *Helv.* Sorte de pain au lait sucré.

TAILLE n.f.

TAILLÉ, E 1. adj. 2. adj. et n.m. *Hér.* (Écu) divisé par une diagonale.

TAILLER v. **10.**

TAILLERIE n.f. Taille des pierres précieuses. – Atelier où s'effectue ce travail.

TAILLEUR, EUSE n.

TAILLIS n.m.

TAILLOIR n.m. *Arch.* Couronnement d'un chapiteau.

TAILLOLE n.f. Large ceinture de laine.

TAIN n.m. Amalgame d'étain, qui sert à l'étamage des glaces.

TAÏNO adj. D'un peuple amérindien des Antilles.

TAIRE v. **123.**

TAISEUX, EUSE adj. et n. Peu causant.

TAÏWANAIS, E adj. De Taïwan (Asie orientale).

TAJINE n.m. → **tagine.**

TAKA n.m. Unité monétaire du Bangladesh.

TAKAHÉ n.m. Gros oiseau de Nouvelle-Zélande.

TALA n.m. → **taal.**

TALAIRE adj. (Vêtement) qui descend jusqu'aux talons.

TALAPOIN n.m. Moine bouddhiste.

TALC n.m.

TALCSCHISTE n.m. Roche contenant surtout du schiste.

TALEB n.m. (pl. **TOLBA** ou **TALEBS**) Étudiant d'une école coranique.

TALED n.m. (= **talet, taleth, talith, talleth, tallith**) Châle de prière, dans la religion juive.

TALEGGIO [talèdjyô] n.m. Fromage de Lombardie (Italie).

TALENT n.m.

TALENTUEUSEMENT adv.

TALENTUEUX, EUSE adj.

TALER v. **10.** Meurtrir (un fruit).

TALET [talèt] n.m. → **taled.**

TALETH n.m. → **taled.**

TALÈVE n.m. Oiseau échassier sédentaire.

TALIBAN, E n. et adj. En Afghanistan, étudiant en théologie islamique.

TALIBÉ n.m. *Afr.* Élève d'une école coranique.

TALION n.m. Punition équivalant à l'offense, dans la législation hébraïque.

TALIPOT n.m. (= **tallipot**) Palmier du sud de l'Inde.

TALISMAN n.m.

TALISMANIQUE adj.

TALITH n.m. → **taled.**

TALITRE n.m. Petit crustacé sauteur (puce de mer).

TALLAGE n.m.

TALLE n.f. *Agr.* Rejet qui pousse à la base d'une plante.

TALLER v. (**p.p.inv.**) **10.** Donner naissance à des talles.

TALLETH n.m. → **taled.**

TALLIPOT n.m. → **talipot.**

TALLITH n.m. → **taled.**

TALMOUSE n.f. Tartelette au fromage.

TALMUD n.m. Recueil de commentaires rabbiniques.

TALMUDIQUE adj.

TALMUDISTE n. Savant qui se consacre à l'étude du Talmud.

TALOCHAGE n.m.

TALOCHE n.f.

TALOCHER v. **10.**

TALON n.m.

TALONNADE n.f. *Sp.* Coup de pied donné avec le talon.

TALONNAGE n.m.

TALONNEMENT n.m.

TALONNER v. **10.**

TALONNETTE n.f.

TALONNEUR, EUSE n. *Sp.* Joueur qui frappe la balle du talon.

TALONNIÈRE n.f. Aile que Mercure portait aux talons.

TALPACK n.m. *Hist.* Bonnet d'astrakan des chasseurs à cheval, sous le second Empire.

TALQUAGE n.m.

TALQUER v. **10.**

TALQUEUX, EUSE adj.

TALURE n.f. Meurtrissure d'un fruit.

TALUS n.m.

TALUS [-s] adj.m. *Pied talus :* pied bot dont le talon porte seul à terre.

TALUTAGE n.m.

TALUTER v. **10.** Dresser en talus.

TALWEG [talvèg] n.m. **(= thalweg)** *Géogr.* Ligne de plus grande pente d'une vallée. – *Météor.* Zone de basses pressions entre deux zones de hautes pressions.

TAMA n.m. *Afr.* Tambour d'aisselle.

TAMACHEQ n.m. Dialecte berbère parlé par les Touaregs.

TAMANDUA n.m. Petit fourmilier, proche du tamanoir.

TAMANOIR n.m. Mammifère édenté d'Amérique du Sud.

TAMARIN n.m. Tamaris. – Fruit du tamarinier. – Petit singe d'Amérique du Sud.

TAMARINADE n.f. Boisson à base de gousses de tamarin.

TAMARINIER n.m. Grand arbre des régions tropicales.

TAMARIS [-s] n.m. **(= tamarix)** Arbrisseau du littoral méditerranéen.

TAMARIX n.m. → **tamaris.**

TAMAZIGHT [-zirt] ou [-zig] n.m. **(= tamazirt)** Langue berbère.

TAMAZIRT n.m. → **tamazight.**

TAMBOUILLE n.f. *Fam.* Cuisine médiocre.

TAMBOUR n.m.

TAMBOURIN n.m.

TAMBOURINAGE n.m.

TAMBOURINAIRE n. Joueur de tambourin, en Provence.

TAMBOURINEMENT n.m.

TAMBOURINER v. **10.**

TAMBOURINEUR, EUSE n.

TAMBOUYÉ n.m. Batteur de tambour antillais.

TAMIA n.m. Petit écureuil d'Amérique du Nord.

TAMIER n.m. Plante grimpante commune dans les haies.

TAMIL, E adj. et n.m. **(= tamoul)** Des Tamils (groupe ethnique de l'Inde).

TAMIS n.m.

TAMISAGE n.m.

TAMISER v. **10.**

TAMISERIE n.f. Fabrication et commerce de tamis.

TAMISEUR, EUSE n.

TAMISIER, ÈRE n. Fabricant de tamis.

TAMOUL, E adj. et n.m. → **tamil.**

TAMOURÉ n.m. Danse polynésienne.

TAMPICO n.m. Crin végétal provenant d'un agave du Mexique.

TAMPON n.m.

TAMPONNADE n.f. *Méd.* Compression brutale du muscle cardiaque.

TAMPONNAGE n.m.

TAMPONNEMENT n.m.

TAMPONNER v. **10.**

TAMPONNEUR, EUSE adj.

TAMPONNIER n.m. → **tamponnoir.**

TAMPONNOIR n.m. Mèche d'acier servant à faire des trous dans un mur.

TAN n.m. Écorce de chêne pulvérisée, employée dans le tannage des peaux.

TANAGRA n.m. ou f. *Archéol.* Statuette de jeune femme, en terre cuite.

TANAISIE n.f. Plante commune à propriétés vermifuges.

TANANARIVIEN, ENNE adj. D'Antananarivo (Madagascar).

TANCER v. **13.** Réprimander.

TANCHE n.f. Poisson des étangs.

TANDEM n.m.

TANDÉMISTE n.

TANDIS (QUE) loc.

TANDOOR [o(u)] n.m. En Inde, four en terre.

TANDOORI [o(u)] n.m. Viande, poulet marinés cuits dans un tandoor.

TANGA n.m. Sous-vêtement qui cache le pubis tout en découvrant une grande partie des fesses.

TANGAGE n.m.

TANGARA n.m. Passereau aux couleurs vives.

TANGELO [t-an-jélô] n.m. Hybride de mandarine et de pomélo.

TANGENCE n.f.

TANGENT, E adj. et n.f.

TANGENTER v. **10.** *Fam.* Friser, frôler.

TANGENTIEL, ELLE adj.

TANGERINE n.f. Variété de mandarine.

TANGÉROIS, E adj. De Tanger (Maroc).

TANGIBILITÉ n.f.

TANGIBLE adj. Qui peut être perçu par le toucher.

TANGIBLEMENT adv.

TANGO 1. n.m. 2. adj. D'un orangé vif.

TANGON n.m. Poutre placée en dehors d'un navire, perpendiculairement à la coque.

TANGRAM n.m. Puzzle chinois.

TANGUE n.f. Dépôt calcaire vaseux du littoral de la Manche, utilisé comme engrais.

TANGUER v. **(p.p.inv.) 10.**

TANGUIÈRE n.f. Endroit où l'on recueille la tangue.

TANIÈRE n.f.

TANIN n.m. **(= tannin)** Substance extraite du tan.

TANIQUE adj. **(= tannique)** Qui contient du tanin.

TANISAGE n.m. **(= tannisage).**

TANISER v. **10 (= tanniser)** Additionner de tan ou de tanin.

TANK n.m.

TANKA n.m. Image pieuse peinte sur tissu, au Tibet et au Népal.

TANKER [-eur] n.m. Bateau-citerne pour produits pétroliers.

TANKISTE n.m. Militaire servant dans un tank.

TANNAGE n.m.

TANNANT, E adj.

TANNAT n.m. Cépage rouge du Sud-Ouest.

TANNE n.f. Petit kyste cutané.

TANNÉ, E 1. adj. 2. n.f. Vieux tan dépourvu de son tanin. – Volée de coups.

TANNER v. **10.**

TANNERIE n.f.

TANNEUR, EUSE n.

TANNIN n.m. → **tanin.**

TANNIQUE adj. → **tanique.**

TANNISAGE n.m. → **tanisage.**

TANNISER v. **10.** → **taniser.**

TANREC n.m. **(= tenrec)** Mammifère insectivore au corps couvert de piquants.

TANSAD [t-an-sad] n.m. Siège arrière d'une moto.

TANT adv.

TANTALE n.m. Métal dur, peu fusible. – Oiseau tropical, voisin de la cigogne.

TANTE n.f.

TANTIÈME 1. adj. Qui représente une fraction d'une grandeur. 2. n.m. Pourcentage.

TANTINE n.f.

TANTINET ❙ n.m.

TANTÔT adv.

TANTOUSE n.f. **(= tantouze)** *Péj.* Homosexuel.

TANTOUZE n.f. → **tantouse.**

TANTRA n.m. Livre sacré hindou.

TANTRIQUE adj. Relatif au tantrisme.

TANTRISME n.m. Ensemble de croyances et de rites issus des tantras.

TANZANIEN, ENNE adj. De Tanzanie (Afrique orientale).

TAO n.m. → **dao.**

TAOÏSME n.m. Religion populaire chinoise.

TAOÏSTE adj. et n.

TAON [t-an] n.m. Mouche qui suce le sang de l'homme et du bétail.

TAPAGE n.m.

TAPAGER v. **(p.p.inv.) 17.** Faire du tapage.

TAPAGEUR, EUSE adj.

TAPAGEUSEMENT adv.

TAPANT, E adj.

TAPE n.f.

TAPÉ, E adj. et n.f.

TAPECUL [tapku] n.m. Voiture inconfortable. – Petite voile arrière de certaines embarcations.

TAPEMENT n.m.

TAPENADE n.f. Préparation provençale à base d'olives, de câpres et d'anchois.

TAPER v. **10.**

TAPETTE n.f.

TAPEUR, EUSE n. *Fam.* Emprunteur.

TAPHOPHILIE n.f. *Psych.* Attrait morbide pour les tombes et les cimetières.

TAPIN n.m. *Vx.* Joueur de tambour. – *Fam. Faire le tapin :* se prostituer en racolant.

TAPINER v. **(p.p.inv.) 10.** *Fam.* Faire le tapin.

TAPINEUSE n.f. Femme qui fait le tapin.

TAPINOIS (EN) loc. En cachette, sournoisement.

TAPIOCA n.m. Fécule de manioc.

TAPIR n.m. Gros mammifère des régions tropicales, à courte trompe.

TAPIR (SE) v. **40.** Se dissimuler en se blottissant.

TAPIS n.m.

TAPISSAGE n.m. *Québ.* Pose du papier peint.

TAPISSANT, E adj. *Bot.* Qui recouvre bien le sol.

TAPISSER v. **10.**

TAPISSERIE n.f.

TAPISSEUR, EUSE n. *Québ.* Spécialiste de la pose du papier peint.

TAPISSIER, ÈRE n.

TAPOCHER v. **10.** *Québ.* Frapper.

TAPON n.m. Morceau de chiffon roulé en boule formant bouchon.

TAPONNAGE n.m.

TAPONNER v. **10.** *Québ.* Manipuler, palper.

TAPONNEUR, EUSE n.

TAPOTAGE n.m.

TAPOTEMENT n.m.

TAPOTER v. **10.**

TAPOUILLE n.f. Petit bateau de pêche des côtes guyanaises.

TAPURE n.f. *Méc.* Fissure d'une pièce métallique.

TAPUSCRIT n.m. Texte dactylographié.

TAQUAGE n.m.

TAQUER v. **10.** *Impr.* Niveler (des caractères) avec un taquoir. – *Impr.* Égaliser (des feuilles de papier).

TAQUET n.m. *Techn.* Butée.

TAQUIN, E adj. et n.

TAQUINER v. **10.**

TAQUINERIE n.f.

TAQUOIR n.m. *Impr.* Morceau de bois qui sert à niveler les caractères.

TAR ou **TÂR** n.m. Grand luth iranien.

TARA n.m. *Afr.* Lit, siège fait de branches entrecroisées.

TARABISCOT n.m. Petite cavité entre deux moulures sur bois. – Rabot servant à la creuser.

TARABISCOTAGE n.m.

TARABISCOTER v. **10.** Orner de tarabiscots.

TARABUSTER v. **10.** Houspiller, harceler.

TARAF n.m. Orchestre à cordes tsigane.

TARAGE n.m. Action de tarer.

TARAMA n.m. Hors-d'œuvre grec à base d'œufs de cabillau.

TARANTASS n.m. *Anc.* Carriole russe à quatre roues.

TARARAGE n.m.

TARARE n.m. *Agr.* Appareil servant à nettoyer les grains, après le battage.

TARASQUE n.f. Animal monstrueux des légendes provençales.

TARATATA interj.

TARAUD n.m. Outil servant à faire un filetage à l'intérieur d'un trou.

TARAUDAGE n.m.

TARAUDANT, E adj.

TARAUDER v. **10.** Percer en filetant. – *Litt.* Tourmenter, harceler.

TARAUDEUR, EUSE n.

TARAVELLE n.f. Plantoir à vigne.

TARBAIS, E adj. De Tarbes.

TARBOUCH n.m. **(= tarbouche)** *Anc.* Turban rouge orné d'un gland de soie.

TARBOUCHE n.m. → **tarbouch.**

TARD ▌ adv. et n.m.

TARDENOISIEN, ENNE adj. et n.m. Se dit d'un stade du paléolithique supérieur.

TARDER v. **(p.p.inv.) 10.**

TARDIF, IVE adj.

TARDIGRADE n.m. Mammifère fossile d'Amérique du Sud. – Animal articulé minuscule.

TARDILLON, ONNE n. *Fam.* Dernier-né ayant une grande différence d'âge avec ses frères et sœurs.

TARDIVEMENT adv.

TARDIVETÉ n.f. *Agr.* Croissance tardive.

TARE n.f.

TARÉ, E adj. et n.

TARENTAIS, E n. et adj. Race bovine adaptée à la montagne.

TARENTE n.f. Reptile saurien du Midi (gecko).

TARENTELLE n.f. Air de danse très rapide du sud de l'Italie.

TARENTIN, E adj. De Tarente (Italie).

TARENTULE n.f. Grosse araignée venimeuse.

TARER v. **10.** Peser (un emballage) avant de le remplir.

TARET n.m. Petit mollusque qui attaque le bois des navires.

TARGE n.f. *Médiév.* Petit bouclier.

TARGETTE n.f.

TARGUER (SE) v. **10.**

TARGUI, E adj. Relatif à un peuple nomade du Sahara.

TARGUM [-goum] n.m. Traduction araméenne de l'Ancien Testament.

TARICHEUTE [k] n.m. Embaumeur, dans l'ancienne Égypte.

TARIÈRE n.f. Grande vrille de charpentier. – *Zool.* Organe permettant à certaines femelles d'insectes de déposer leurs œufs dans des trous.

TARIF n.m.

TARIFAIRE adj.

TARIFER v. **10 (= tarifier).**

TARIFICATION n.f.

TARIFIER v. **15. → tarifer.**

TARIFITE n.m. Dialecte berbère du Rif (Maroc).

TARIN n.m. Petit passereau. - *Fam.* Nez.

TARINE n.f. **→ tarentais.**

TARIQA n.f. Dans l'islam, communauté mystique.

TARIR v. **40.**

TARISSABLE adj.

TARISSEMENT n.m.

TARLATANE n.f. Étoffe de coton transparente et très aérée.

TARLOUSE n.f. **(= tarlouze)** *Arg.* Homosexuel.

TARLOUZE n.f. **→ tarlouse.**

TARMAC n.m. Béton bitumineux utilisé comme revêtement de chaussée.

TARMACADAM n.m. Matériau de revêtement des routes.

TARNAIS, E adj. Du Tarn.

TARO n.m. Plante tropicale dont le tubercule est comestible.

TAROLOGIE n.f. Divination par les tarots.

TAROLOGUE n.

TAROT n.m. Jeu de cartes servant aussi à la divination.

TAROTÉ, E adj. (Carte) dont le dos est marqué de compartiments en grisaille.

TAROTEUR, EUSE n. Joueur de tarot.

TARPAN n.m. Cheval sauvage d'Asie centrale.

TARPON n.m. Grand poisson des côtes de Floride.

TARSE n.m. Région postérieure du squelette du pied. – Extrémité des pattes des insectes.

TARSECTOMIE n.f. *Chir.* Ablation des os du tarse.

TARSIEN, ENNE 1. adj. Relatif au tarse. 2. n.m. Mammifère primate, type tarsier.

TARSIER n.m. Mammifère insectivore de Malaisie.

TARSIIFORME n.m. Primate, type tarsier.

TARTAN n.m. Étoffe de laine écossaise.

TARTANE n.f. Petit navire à voile de la Méditerranée.

TARTARE adj. et n.m.

TARTARIN n.m. Personnage fanfaron et hâbleur.

TARTARINADE n.f. *Fam.* Vantardise.

TARTE adj. et n.f.

TARTELETTE n.f.

TARTEMPION n.m. *Fam., Péj.* Individu quelconque.

TARTIFLETTE n.f. Plat savoyard.

TARTIGNOLE adj. **→ tartignolle.**

TARTIGNOLLE adj. *Fam.* Sans intérêt, ridicule.

TARTINADE n.f. *Québ.* Préparation pour tartines.

TARTINE n.f.

TARTINER v. **10.**

TARTIR v. **(p.p.inv.) 40.** *Arg.* Déféquer.

TARTRAGE n.m. Addition d'acide tartrique au vin pour en activer la fermentation.

TARTRATE n.m. Sel de l'acide tartrique.

TARTRE n.m.

TARTRÉ, E adj.

TARTREUX, EUSE adj. De la nature du tartre.

TARTRIQUE adj. *Acide tartrique :* acide que l'on trouve dans la lie du vin.

TARTUFE n.m. **(= tartuffe)** Hypocrite.

TARTUFERIE n.f.

TARTUFFE n.m. **→ tartufe.**

TARTUFFERIE n.f.

TARZAN n.m. *Fam.* Homme athlétique, musclé.

TAS n.m.

TASER [tazèr] n.m. (Nom déposé) Pistolet à décharges électriques, destiné à paralyser temporairement.

TASMANIEN, ENNE adj. De Tasmanie (Australie).

TASSAGE n.m.

TASSE n.f.

TASSEAU, X n.m. Pièce de bois à faible section servant à soutenir.

TASSEMENT n.m.

TASSER v. **10.**

TASSETTE n.f. Pièce d'armure qui protégeait les cuisses.

TASSILI n.m. *Géogr.* Plateau de grès, au Sahara.

TASTEVIN n.m. Petit récipient pour goûter le vin.

TAT [tat] n.m. *Psych.* Test de personnalité.

TATA n.f.

TATAMI n.m. Tapis sur lequel se pratiquent les arts martiaux.

TATANE n.f. *Fam.* Chaussure.

TATAOUINAGE n.m.

TATAOUINER v. **(p.p.inv.) 10.** *Québ., Fam.* Tergiverser.

TATAR, E adj. et n.m. Relatif aux Tatars, peuple de Russie.

TÂTER v. **10.**

TÂTEUR, EUSE adj. et n.

TATI n.f. **(= tatie)** *Fam.* Tante.

TATIE n.f. **→ tati.**

TATILLON, ONNE adj. et n.

TATILLONNAGE n.m.

TATILLONNER v. **(p.p.inv.) 10.**

TATIN n.f. et adj.f. Tarte caramélisée.

TÂTONNANT, E adj.

TÂTONNEMENT n.m.

TÂTONNER v. **(p.p.inv.) 10.**

TÂTONS (À) loc.

TATOU n.m. Mammifère édenté de l'Amérique tropicale, au corps recouvert d'une carapace.

TATOUAGE n.m.

TATOUER v. **10.**

TATOUEUR, EUSE n.

TATOUILLE n.f. *Fam.* Raclée.

TAU n.m. (inv. mais **taux** n.m.) Lettre grecque.

TAUD [tô] n.m. **(= taude)** *Mar.* Abri en grosse toile.

TAUDE n.f. → **taud.**

TAUDER v. **10.** *Vx.* Couvrir d'un taud.

TAUDIS n.m.

TAULARD, E n. **(= tôlard)** *Fam.* Détenu.

TAULE n.f. **(= tôle)** *Fam.* Prison.

TAULIER, ÈRE n. **(= tôlier)** *Fam.* Patron d'un hôtel.

TAUON n.m. *Phys.* Particule.

TAUPE n.f. Petit mammifère fouisseur. – *Arg.* Classe de préparation aux grandes écoles scientifiques.

TAUPÉ, E adj. (Feutre) traité à la façon d'une fourrure de taupe.

TAUPER v. **10.** *Helv., Fam.* Taper (quelqu'un), lui emprunter de l'argent.

TAUPIER, ÈRE 1. n.m. Ouvrier agricole chargé de la destruction des taupes. 2. n.f. Piège à taupes.

TAUPIN n.m. Coléoptère. – *Arg.* Élève de taupe.

TAUPINÉE n.f. Petit monticule de terre qu'une taupe élève en fouillant.

TAUPINIÈRE n.f. → **taupinée.**

TAURE n.f. Génisse.

TAUREAU, X n.m.

TAURIDES n.f.pl. Groupe d'étoiles filantes.

TAURILLON n.m. Jeune taureau.

TAURIN, E adj. Relatif aux taureaux.

TAUROBOLE n.m. *Antiq.* Sacrifice expiatoire dans lequel le prêtre était arrosé du sang d'un taureau égorgé.

TAUROMACHIE n.f.

TAUROMACHIQUE adj.

TAUTOCHRONE adj. *Phys.* Qui a lieu dans des temps égaux.

TAUTOGRAMME n.m. Texte dont tous les mots commencent par la même lettre.

TAUTOLOGIE n.f. Répétition d'une même idée en des termes différents. – *Log.* Proposition vraie quelle que soit la valeur de vérité de ses composants.

TAUTOLOGIQUE adj.

TAUTOLOGUE n. *Log.* Personne qui professe ou étudie les tautologies.

TAUTOMÈRE adj. *Chim.* (Corps composé) existant sous plusieurs formes de structures différentes.

TAUTOMÉRIE n.f.

TAUX n.m.

TAUZIN n.m. Chêne à feuilles cotonneuses.

TAVAILLON n.m. **(= tavillon)** Latte de bois utilisée dans la couverture d'un toit.

TAVAÏOLLE [tavayol] n.f. *Rel.* Linge liturgique.

TAVEL n.m. Vin rosé du Gard.

TAVELAGE n.m. Maladie des pommes et des poires, qui se tachent.

TAVELER v. **22** (je tavelle...) Marquer de petites taches.

TAVELURE n.f.

TAVERNE n.f.

TAVERNIER, ÈRE n.

TAVILLON n.m. → **tavaillon.**

TAXA → **taxum.**

TAXABLE adj.

TAXACÉE n.f. Conifère, type if.

TAXAGE n.m. *Québ.* Action d'extorquer.

TAXATEUR, TRICE n. et adj. Personne qui fixe une taxe.

TAXATIF, IVE adj. *Dr.* Taxable.

TAXATION n.f.

TAXAUDIER n.m. **(= taxodier)** Conifère des marais de Virginie.

TAXE n.f.

TAXER v. **10.**

TAXI n.m.

TAXIARQUE n.m. *Antiq. gr.* Commandant d'un bataillon de l'infanterie athénienne.

TAXIDERMIE n.f. Art d'empailler des animaux morts.

TAXIDERMIQUE adj.

TAXIDERMISTE n.

TAXIE n.f. *Biol.* Réaction d'orientation d'êtres vivants, sous l'action d'agents chimiques ou physiques.

TAXIMAN [-man] (pl. **TAXIMEN** ou **TAXIMANS**) n.m. *Belg., Afr.* Chauffeur de taxi.

TAXIMEN | → **taximan.**

TAXIMÈTRE n.m.

TAXINÉE n.f. *Vx.* → **taxacée.**

TAXINOMIE n.f. **(= taxonomie)** *Biol.* Théorie de la classification des êtres vivants.

TAXINOMIQUE adj.

TAXINOMISTE n.

TAXIPHONE n.m. (Nom déposé) Téléphone à pièces.

TAXISTE n.m. En Tunisie, chauffeur de taxi.

TAXIWAY [-wè] n.m. Voie de circulation des avions, sur un aéroport.

TAXODIACÉE n.f. Conifère, type séquoia, taxaudier.

TAXODIER n.m. → **taxaudier.**

TAXODIUM n.m. → **taxaudier.**

TAXOL n.m. Substance extraite de l'if.

TAXON n.m. *Biol.* Toute unité taxinomique (famille, genre, espèce).

TAXONOMIE n.f. → **taxinomie.**

TAXONOMIQUE adj.

TAXONOMISTE n.

TAXUM (pl. **TAXA** ou **TAXUMS**) n.m. → **taxon.**

TAXUS n.m. If.

TAYAUT interj. → **taïaut.**

TAYLORIEN, ENNE adj. Relatif au taylorisme.

TAYLORISATION n.f.

TAYLORISER v. **10.** Convertir au taylorisme.

TAYLORISME n.m. Système d'organisation rationnelle du travail.

TBILISSIEN, ENNE adj. De Tbilissi (Géorgie).

TCHADANTHROPE n.m. Homme fossile découvert au Tchad.

TCHADIEN, ENNE adj. et n.m. Du Tchad (Afrique centrale).

TCHADIQUE adj. D'un groupe de langues parlées au Tchad et au Nigeria.

TCHADOR n.m. Voile noir porté par les femmes, en Iran.

TCHADRI n.m. Voile grillagé des Afghanes.

TCHAN [tchan] adj. → **chan.**

TCHAO interj. → **ciao.**

TCHAPALO n.m. *Afr.* Bière de mil ou de sorgho.

TCHAPALOTIÈRE n.f. Fabricante et marchande de tchapalo.

TCHARCHAF n.m. Voile noir porté par les femmes, en Turquie.

TCHAT [-t] n.m. → **chat** [tchat].

TCHATCHE n.f. *Fam.* Bagout.

TCHATCHER v. **10.** *Fam.* Parler.

TCHATCHEUR, EUSE n.

TCHATTER v. **(p.p.inv.) 10.** → **chatter.**

TCHATTEUR, EUSE n. → **chatteur.**

TCHÉCOSLOVAQUE adj.

TCHÉKISTE n. *Hist.* Agent de la Tcheka (police politique soviétique).

TCHÈQUE adj. et n.m.

TCHÉRÉMISSE n.m. Langue de la région de la Volga.

TCHERKESSE adj. et n.m. D'un peuple du Caucase.

TCHERNOZEM n.m. *Géogr.* Terre noire très fertile de la Russie méridionale.

TCHERNOZIOM n.m. → **tchernozem.**

TCHERVONETS [-èts] (pl. **TCHERVONTSY**) n.m. Ancienne monnaie russe.

TCHERVONTSY ❙ → **tchervonets.**

TCHÉTCHÈNE adj. et n.m. De Tchétchénie (Russie).

TCHETNIK n. et adj. *Hist.* Nationaliste serbe.

TCHIN [tchin] interj. S'emploie pour trinquer.

TCHITOLA n.m. Bois d'Afrique utilisé en menuiserie.

TCHOUKTCHE adj. D'un peuple de Sibérie.

TCHOUVACHE adj. De Tchouvachie (Russie).

TE pr.pers.

TÉ n.m. Objet ayant la forme d'un T majuscule.

TEAM [tim] n.m. Équipe sportive.

TEASER [tizeur] n.m. Publicité accrocheuse.

TEASING [tizing] n.m. Annonce qui précède une campagne publicitaire dans le but d'intriguer.

TEC ❙ n.f. Tonne d'équivalent charbon.

TECHNÈME n.m. Élément technique minimal.

TECHNÉTIUM [-syom] n.m. Élément chimique obtenu artificiellement.

TECHNÉTRONIQUE adj. Fondé sur la technologie et l'électronique.

TECHNICIEN, ENNE adj. et n.

TECHNICISATION n.f.

TECHNICISER v. **10.**

TECHNICISME n.m. Tendance à privilégier la technique.

TECHNICISTE adj.

TECHNICITÉ n.f.

TECHNICOLOR n.m. (Nom déposé).

TECHNIQUE adj. et n.f.

TECHNIQUEMENT adv.

TECHNISER v. **10.**

TECHNO n.f. et adj. Musique populaire rapide et répétitive.

TECHNOCRATE n.

TECHNOCRATIE n.f. Système politique où le pouvoir de décision appartient à des techniciens.

TECHNOCRATIQUE adj.

TECHNOCRATISER v. **10.**

TECHNOCRATISME n.m.

TECHNOLOGIE n.f.

TECHNOLOGIQUE adj.

TECHNOLOGISTE n.

TECHNOLOGUE n.

TECHNOPHILE adj. (Espèce animale) qui s'adapte facilement à la civilisation technique.

TECHNOPHOBE adj. et n. Hostile au progrès technique.

TECHNOPOLE n.f. Site aménagé pour accueillir les entreprises de haute technologie.

TECHNOPÔLE n.m. → **technopole.**

TECHNOSCIENCE n.f. Ensemble de recherches, d'applications concernant certaines sciences ou techniques.

TECHNOSTRUCTURE n.f. Ensemble des technocrates de l'administration, des grandes entreprises.

TECK n.m. **(= tek)** Arbre tropical.

TECKEL n.m. Chien, type basset.

TECKTONIK n.f. **(= tektonik)** Danse saccadée pratiquée sur de la musique techno.

TECTIBRANCHE n.m. Mollusque marin.

TECTITE n.f. Fragment de roche vitreuse.

TECTONIQUE n.f. et adj. Partie de la géologie qui étudie les déformations de l'écorce terrestre.

TECTONOPHYSIQUE n.f. Science de la formation des structures géologiques.

TECTRICE adj.f. et n.f. (Plume) recouvrant la base de l'aile et la queue des oiseaux.

TEDDY n.m. Peluche synthétique imitant la fourrure.

TEE [ti] n.m. *Sp.* Cheville sur laquelle on place la balle de golf avant de la frapper.

TEENAGER [tinèdjeur] n. Adolescent.

TEESHIRT [ticheurt] n.m.

TEFAL, S [té-] n.m. (Nom déposé) Matière antiadhésive.

TEFILLIM **I** [téfilim] n.m.pl. **(= tefillin, tephillim, tephillin)** Bandelettes portées par les juifs pendant leurs prières.

TEFILLIN **I** [téfilin] n.m.pl. → **tefillim.**

TEFLON [té-] n.m. (Nom déposé) Matière plastique très résistante.

TÉFLONISÉ, E adj.

TÉGÉNAIRE n.f. Araignée commune.

TÉGÉVISTE n. Conducteur de TGV.

TÉGUMENT n.m. Ce qui recouvre le corps de l'homme et des animaux (poils, peau, plumes). - Enveloppe d'une graine.

TÉGUMENTAIRE adj.

TÉHÉRANAIS, E adj. De Téhéran (Iran).

TEIGNE n.f.

TEIGNEUX, EUSE adj. et n.

TEILLAGE n.m. **(= tillage).**

TEILLE n.f. **(= tille)** Liber du tilleul. - Écorce de la tige de chanvre.

TEILLER v. **10 (= tiller)** Débarrasser (le chanvre) de sa teille.

TEILLEUR, EUSE n. **(= tilleur).**

TEINDRE v. **92.**

TEINT, TEINTE adj., n.m. et n.f.

TEINTANT, E adj.

TEINTER v. **10.**

TEINTURE n.f.

TEINTURERIE n.f.

TEINTURIER, ÈRE n.

TÉJU n.m. Tupinambis (grand lézard).

TEK n.m. → **teck.**

TÉKÉ, E adj. D'un peuple du Congo et du Gabon.

TEKNIVAL, S n.m. Festival de musique techno.

TEKTONIK n.f. → **tecktonik.**

TEL, TELLE adj. et pr.indéf.

TÉLAMON n.m. *Antiq.* Statue supportant une corniche.

TÉLANGIECTASIE n.f. *Méd.* Dilatation de petits vaisseaux capillaires.

TELAVIVIEN, ENNE [tèl-] adj. De Tel-Aviv (Israël).

TÉLÉ n.f.

TÉLÉACHAT n.m.

TÉLÉACHETEUR, EUSE n.

TÉLÉACTEUR, TRICE n. → **télévendeur.**

TÉLÉAFFICHAGE n.m. Affichage d'informations d'actualité commandé à distance.

TÉLÉALARME n.f.

TÉLÉASSISTANCE n.f. Service d'assistance à distance destiné aux personnes seules.

TÉLÉASTE n. Réalisateur d'émissions de télévision.

TÉLÉAVERTISSEUR n.m. *Québ.* Appareil de radiomessagerie.

TÉLÉBENNE n.f. Téléphérique composé de petites cabines.

TÉLÉBOUTIQUE n.f. (Nom déposé) Magasin d'exposition des divers matériels téléphoniques.

TÉLÉCABINE n.f. → **télébenne.**

TÉLÉCARTE n.f. (Nom déposé) Carte à mémoire utilisable dans les cabines téléphoniques.

TÉLÉCENTRE n.m. Lieu où le public a accès à des moyens informatiques et de télécommunications.

TÉLÉCHARGEABLE adj.

TÉLÉCHARGEMENT n.m.

TÉLÉCHARGER v. **17.** *Inf.* Charger (un fichier) à distance.

TÉLÉCHARGEUR, EUSE n.

TÉLÉCHIRURGIE n.f. Chirurgie réalisée à l'aide d'un robot télécommandé.

TÉLÉCINÉMA n.m. Appareil transmettant, par télévision, un film de cinéma.

TÉLÉCOMMANDE n.f.

TÉLÉCOMMANDER v. **10.**

TÉLÉCOM adj. et n.f.

TÉLÉCONFÉRENCE n.f. Conférence par télécommunication entre des interlocuteurs se trouvant dans des lieux différents.

TÉLÉCONSEILLER, ÈRE n. Personne qui traite les appels téléphoniques du public.

TÉLÉCOPIE n.f. Procédé permettant de transmettre rapidement un document en fac-similé.

TÉLÉCOPIER v. **15.**

TÉLÉCOPIEUR n.m.

TÉLÉCRAN n.m. Très grand écran de télévision.

TÉLÉDÉCLARANT, E n.

TÉLÉDÉCLARATION n.f. Déclaration (de revenus) effectuée sur internet.

TÉLÉDÉCLARER v. **10.**

TÉLÉDÉTECTION n.f. Détection à distance d'informations concernant la surface de la Terre.

TÉLÉDIAGNOSTIC n.m.

TÉLÉDICTAGE n.m. Transmission par ondes courtes, destinée à la presse.

TÉLÉDIFFUSER v. **10.**

TÉLÉDIFFUSION n.f.

TÉLÉDYNAMIE n.f. Transmission de la force à distance.

TÉLÉDYNAMIQUE adj.

TÉLÉÉCRITURE n.f. Système de transmission rapide d'informations graphiques.

TÉLÉFAX n.m. (Nom déposé) Fax.

TÉLÉFÉRAGE n.m. → **téléphérage.**

TÉLÉFÉRIQUE adj. et n.m.

TÉLÉFILM n.m.

TÉLÉGA n.f. **(= télègue)** *Anc.* Chariot russe à quatre roues.

TÉLÉGÉNIE n.f.

TÉLÉGÉNIQUE adj. Qui passe bien à la télévision.

TÉLÉGESTION n.f. Gestion à distance par télétraitement.

TÉLÉGRAMME n.m.

TÉLÉGRAPHE n.m.

TÉLÉGRAPHIE n.f.

TÉLÉGRAPHIER v. **15.**

TÉLÉGRAPHIQUE adj.

TÉLÉGRAPHISTE adj. et n.

TÉLÈGUE n.f. → **téléga.**

TÉLÉGUIDAGE n.m.

TÉLÉGUIDER v. **10.**

TÉLÉIMPRESSION n.f.

TÉLÉIMPRIMEUR n.m. Appareil permettant l'impression à distance.

TÉLÉJOURNAL, AUX n.m. *Québ.* Journal télévisé.

TÉLÉKINÉSIE n.f. En parapsychologie, déplacement d'objets à distance et sans contact.

TÉLÉMAINTENANCE n.f. Maintenance à distance d'un véhicule spatial.

TÉLÉMARK n.m. *Vx.* Virage à skis, en position fendue.

TÉLÉMARKETING n.m. Vente par téléphone.

TÉLÉMATIQUE n.f. et adj. Technique associant les télécommunications et l'informatique.

TÉLÉMATISATION n.f.

TÉLÉMATISER v. **10.**

TÉLÉMÉCANICIEN n.m. *Vx., Mil.* Spécialiste des télécommunications.

TÉLÉMÉCANIQUE n.f.

TÉLÉMÉDECINE n.f. Médecine exercée à distance.

TÉLÉMERCATIQUE n.f. → **télémarketing.**

TÉLÉMESSAGE n.m. Bref message alphanumérique transmis par téléphone portable.

TÉLÉMESSAGERIE n.f. Messagerie électronique.

TÉLÉMESURE n.f. Transmission à distance du résultat d'une mesure.

TÉLÉMÈTRE n.m. Appareil d'optique donnant la distance entre un observateur et un objet éloigné.

TÉLÉMÉTRER v. **12.**

TÉLÉMÉTREUR, EUSE adj. et n.

TÉLÉMÉTRIE n.f.

TÉLÉMÉTRIQUE adj.

TÉLENCÉPHALE n.m. *Anat.* Structure nerveuse de l'embryon.

TÉLÉNOMIE n.f. **(= téléonomie)** *Biol.* Étude des lois de la finalité.

TELENOVELA [télénovéla] n.f. Feuilleton télévisé d'Amérique latine.

TÉLÉOBJECTIF n.m.

TÉLÉOLOGIE n.f. *Philos.* Étude de la finalité.

TÉLÉOLOGIQUE adj.

TÉLÉONOMIE n.f. → **télénomie.**

TÉLÉONOMIQUE adj.

TÉLÉOPÉRATEUR, TRICE n. Personne qui travaille pour une entreprise au moyen d'un téléphone.

TÉLÉOSAURE n.m. Crocodile fossile.

TÉLÉOSTÉEN n.m. Poisson osseux, type brochet, carpe, etc.

TÉLÉPAIEMENT n.m. Paiement à distance.

TÉLÉPATHE adj. et n.

TÉLÉPATHIE n.f.

TÉLÉPATHIQUE adj.

TÉLÉPÉAGE n.m. Péage autoroutier automatique.

TÉLÉPHAGE n. et adj. Personne qui regarde beaucoup la télévision.

TÉLÉPHÉRAGE n.m. Transport au moyen de câbles aériens.

TÉLÉPHÉRIQUE adj. et n.m.

TÉLÉPHONAGE n.m. *Techn.* Transmission des télégrammes par téléphone.

TÉLÉPHONE n.m.

TÉLÉPHONER v. **10.**

TÉLÉPHONIE n.f.

TÉLÉPHONIQUE adj.

TÉLÉPHONISTE n.

TÉLÉPOINTAGE n.m. Dispositif de pointage à distance des canons d'un navire.

TÉLÉPORT n.m. Équipement de télécommunications mis à la disposition d'une entreprise qui s'installe sur un site.

TÉLÉPORTATION n.f.

TÉLÉPORTER v. **10.** Transporter sans déplacement physique.

TÉLÉPROMPTEUR n.m. Appareil faisant défiler les textes lus par les présentateurs face à la caméra de télévision.

TÉLÉRADAR n.m. Émission ou réception d'une image radar par télévision.

TÉLÉRADIO n.f. Radiographie obtenue en éloignant la source des rayons du corps à radiographier.

TÉLÉRÉALITÉ n.f. Émission télévisée où l'on filme la vie quotidienne de personnes sélectionnées.

TÉLÉREPORTAGE n.m.

TÉLÉREPORTER n.

TÉLÉROMAN n.m. *Québ.* Feuilleton télévisé.

TÉLÉSCAPHE n.m. Téléphérique sous-marin.

TÉLESCOPAGE n.m.

TÉLESCOPE n.m.

TÉLESCOPER v. **10.**

TÉLESCOPIQUE adj.

TÉLÉSCRIPTEUR n.m.

TÉLÉSECRÉTARIAT n.m.

TÉLÉSERVICE n.m. Service télématique.

TÉLÉSIÈGE n.m.

TÉLÉSKI n.m. Remonte-pente.

TÉLÉSOUFFLEUR n.m. → **téléprompteur.**

TÉLÉSPECTATEUR, TRICE n.

TÉLESTHÉSIE n.f. Télépathie.

TÉLÉSUITE n.f. Téléfilm découpé en épisodes.

TÉLÉTACHYMÈTRE [k] n.m. Instrument déterminant à distance la vitesse d'un véhicule.

TÉLÉTEL n.m. (Nom déposé) Système français de vidéographie interactive.

TÉLÉTEX n.m. (Nom déposé) Communication à distance entre machines de traitement de textes.

TÉLÉTEXTE n.m. Procédé permettant l'affichage de textes sur un écran de téléviseur à partir d'une ligne téléphonique.

TÉLÉTHÈQUE n.f. Lieu où l'on conserve les documents d'archives de télévision.

TÉLÉTHON n.m. Émission télévisée faisant appel à la générosité publique.

TÉLÉTOXIE n.f. Intoxication à distance d'une espèce par les substances toxiques d'une autre espèce.

TÉLÉTOXIQUE adj. (Produit toxique) qui se répand dans le milieu ambiant.

TÉLÉTRAITEMENT n.m. *Inf.* Traitement à distance de l'information.

TÉLÉTRANSMETTRE v. **101.**

TÉLÉTRAVAIL, TÉLÉTRAVAUX n.m. Organisation des tâches, hors du lieu de travail, grâce à la télématique.

TÉLÉTRAVAILLER v. **(p.p.inv.) 10.**

TÉLÉTRAVAILLEUR, EUSE n.

TÉLÉTRAVAUX → **télétravail.**

TÉLÉTYPE n.m. (Nom déposé) → **téléimprimeur.**

TÉLÉUNIVERSITÉ n.f. *Québ.* Université qui enseigne à distance.

TÉLEUTOSPORE n.f. Spore de la rouille du blé.

TÉLÉVANGÉLISTE n. Aux États-Unis, prédicateur qui utilise la télévision pour des émissions religieuses.

TÉLÉVENDEUR, EUSE n. Vendeur par téléphone.

TÉLÉVENTE n.f.

TÉLÉVÉRITÉ n.f. Émission télévisée où les participants racontent leur vie intime.

TÉLÉVISER v. **10.**

TÉLÉVISEUR n.m.

TÉLÉVISION n.f.

TÉLÉVISUEL, ELLE adj.

TÉLEX n.m.

TÉLEXER v. **10.**

TÉLEXISTE n.

TELL n.m. *Archéol.* Tumulus formé par des ruines.

TELLEMENT adv.

TELLIÈRE n.m. et adj. Format de papier.

TELLINE n.f. Mollusque bivalve.

TELLURATE n.m. Sel de l'acide tellurique.

TELLURE n.m. Corps simple employé en alliage avec des métaux.

TELLUREUX, EUSE adj.

TELLURHYDRIQUE adj.m. (Acide) composé de tellure et d'hydrogène.

TELLURIEN, ENNE adj. → **tellurique.**

TELLURIQUE adj. Qui concerne la Terre. – *Chim.* Composé d'oxygène et de tellure.

TELLURISME n.m. Influence de la nature du sol sur le caractère des hommes.

TELLUROMÈTRE n.m. Appareil de mesure des résistances des prises de terre.

TELLURURE n.m. *Chim.* Combinaison du tellure avec un autre élément.

TÉLOCHE n.f. *Fam.* Télévision.

TÉLOGÈNE adj. *Biol.* Se dit de la phase de dépérissement d'un tissu.

TÉLOLÉCITHE adj. *Biol.* (Ovule) dont le vitellus est d'un volume considérable.

TÉLOLÉCITHIQUE adj.

TÉLOMÈRE n.m. Extrémité d'un chromosome.

TÉLOPHASE n.f. Dernière phase de la division cellulaire.

TÉLOUGOU n.m. **(= telugu)** Langue de l'Inde.

TELSON n.m. Dernier anneau de l'abdomen des crustacés.

TELUGU [télougou] n.m. → **télougou.**

TEMENOS [téménos] n.m. *Antiq.* Aire sacrée d'un sanctuaire.

TÉMÉRAIRE adj. et n.

TÉMÉRAIREMENT adv.

TÉMÉRITÉ n.f.

TÉMISCABITIBIEN, ENNE adj. De l'Abitibi-Témiscamingue (Québec).

TÉMOIGNAGE n.m.

TÉMOIGNER v. **10.**

TÉMOIN adj. et n.m.

TEMPE n.f.

TEMPERA [t-an-péra] n.f. *Bx-arts.* Couleur additionnée d'eau et d'un agglutinant. – Procédé de peinture avec cette détrempe.

TEMPÉRAMENT n.m.

TEMPÉRAMENTAL, E, AUX adj.

TEMPÉRANCE n.f. Modération des désirs. – Sobriété.

TEMPÉRANT, E adj.

TEMPÉRATURE n.f.

TEMPÉRER v. **12.**

TEMPÊTE n.f.

TEMPÊTER v. **(p.p.inv.) 10.**

TEMPÉTUEUX, EUSE adj.

TEMPI **|** → **tempo.**

TEMPLE n.m.

TEMPLIER, ÈRE n.m. et adj. *Hist.* Chevalier de l'ordre religieux et militaire du Temple.

TEMPO [tèmpô] ou [t-in-pô] (pl. **TEMPI** ou **TEMPOS**) n.m.

TEMPORAIRE adj.

TEMPORAIREMENT adv.

TEMPORAL, E, AUX adj. Relatif aux tempes.

TEMPORALITÉ n.f. *Philos.* Caractère de ce qui existe dans le temps.

TEMPOREL, ELLE adj. et n.m.

TEMPORELLEMENT adv.

TEMPORISATEUR, TRICE adj. et n.

TEMPORISATION n.f.

TEMPORISER v. **10.** Retarder.

TEMPRANILLO [tèmpranilyô] n.m. Cépage rouge espagnol.

TEMPS n.m.

TEMPURA [tèmpoura] n.f. Beignet de légumes ou de poisson (cuisine japonaise).

TENABLE adj.

TENACE adj.

TENACEMENT adv.

TÉNACITÉ n.f.

TENAILLANT, E adj.

TENAILLE n.f.

TENAILLEMENT n.m.

TENAILLER v. **10.**

TENANCIER, ÈRE n.

TENANT, E adj. et n.m.

TENDANCE n.f.

TENDANCIEL, ELLE adj. Qui indique une tendance.

TENDANCIEUX, EUSE adj.

TENDANT, E adj. *Vx.* Qui tend à.

TENDELLE n.f. Collet pour prendre les grives.

TENDER [t-an-dèr] n.m. *Anc.* Wagon contenant le combustible et l'eau nécessaires à l'alimentation d'une locomotive à vapeur.

TENDERIE n.f. Capture d'oiseaux au moyen de pièges.

TENDEUR, EUSE n.

TENDINEUX, EUSE adj. Relatif aux tendons. – Qui contient des tendons.

TENDINITE n.f. Inflammation d'un tendon.

TENDOIR n.m. Séchoir à linge.

TENDON n.m. *Anat.* Cordon fibreux par lequel un muscle s'insère sur un os.

TENDRE adj. et n.

TENDRE v. **90.**

TENDREMENT adv.

TENDRESSE n.f.

TENDRETÉ n.f. Qualité de ce qui est tendre (viande, légumes).

TENDRON n.m. *Fam.* Très jeune fille. – Cartilage des côtes de certains animaux de boucherie.

TENDU, E adj.

TÉNÈBRES n.f.pl.

TÉNÉBREUSEMENT adv.

TÉNÉBREUX, EUSE adj.

TÉNÉBRION n.m. Insecte coléoptère.

TÉNÉBRIONIDÉ n.m. Coléoptère, type ténébrion.

TÉNELIEN, ENNE adj. De Terre-Neuve et Labrador (Canada).

TÈNEMENT n.m. *Féod.* Terre tenue par un tenancier moyennant redevance.

TÉNESME n.m. *Méd.* Tension spasmodique des sphincters.

TENEUR n.f.

TENEUR, EUSE n.

TENEURMÈTRE n.m. Appareil mesurant la teneur d'une substance en certains composants.

TENGE [tèngé] n.m. Unité monétaire du Kazakhstan.

TÉNIA n.m. → **tænia.**

TÉNIASIS [-zis] n.m. → **tæniasis.**

TÉNICIDE adj. et n.m. (Médicament) qui détruit le tænia.

TÉNIFUGE adj. et n.m. (Médicament) qui provoque l'expulsion du tænia.

TENIR v. **42.**

TENNIS n.m. et n.f.

TENNISMAN (pl. **TENNISMEN** ou **TENNISMANS**) n.m.

TENNISMEN ❙ → **tennisman.**

TENNISTIQUE adj.

TENNISWOMAN (pl. **TENNISWOMEN** ou **TENNISWOMANS**) n.f.

TENNISWOMEN ❙ → **tenniswoman.**

TENNO n.m. Titre de l'empereur du Japon.

TÉNOIS, E adj. Des Territoires du Nord-Ouest (Canada).

TENON n.m. Extrémité d'une pièce de charpente qui s'emboîte dans une partie creuse.

TENONNAGE n.m.

TENONNER v. **10.** Façonner (une pièce de bois) en pratiquant un tenon.

TENONNEUSE n.f. Machine-outil exécutant des tenons.

TÉNOR n.m.

TENORINI ❙ → **ténorino.**

TÉNORINO (pl. **TENORINI** ou **TÉNORINOS**) n.m. Ténor très léger.

TÉNORISANT, E adj. Proche d'une voix de ténor.

TÉNORISER v. **10.** Chanter dans un registre de ténor.

TÉNORITE n.f. Oxyde naturel de cuivre.

TÉNOTOMIE n.f. Section chirurgicale d'un tendon.

TENREC n.m. → **tanrec.**

TENSEUR 1. adj. et n.m. (Muscle) qui produit une tension. 2. n.m. Grandeur mathématique à plusieurs composantes.

TENSIOACTIF, IVE adj. *Chim.* Qui modifie la tension superficielle d'un liquide.

TENSIOACTIVITÉ n.f.

TENSIOMÈTRE n.m. Appareil de mesure de la pression artérielle.

TENSION n.f.

TENSIONNEL, ELLE adj. *Méd.* De la tension artérielle.

TENSON n.f. *Médiév.* Poème lyrique en forme de dialogue.

TENSORIEL, ELLE adj. *Math.* Qui concerne les tenseurs.

TENTACULAIRE adj.

TENTACULE n.m.

TENTANT, E adj.

TENTATEUR, TRICE adj. et n.

TENTATION n.f.

TENTATIVE n.f.

TENTE n.f.

TENTER v. **10.**

TENTHRÈDE n.f. Insecte hyménoptère (mouche à scie).

TENTURE n.f.

TENU, E adj., n.m. et n.f.

TÉNU, E adj. Extrêmement mince.

TÉNUIROSTRE adj. et n.m. (Passereau) au bec long et pointu.

TÉNUITÉ n.f. Caractère de ce qui est ténu.

TENURE n.f. *Féod.* Étendue ou dépendance d'un fief.

TENUTO [ténoutô] adv. *Mus.* Mot indiquant que les sons doivent être soutenus et non détachés.

TEOCALI n.m. **(= teocalli)** *Archéol.* Pyramide précolombienne généralement couronnée d'un temple.

TEOCALLI n.m. → **teocali.**

TÉORBE n.m. **(= théorbe)** Grand luth en usage du XVIe au XVIIIe s.

TEP ❙ n.f. Tonne d'équivalent pétrole.

TÉPALE n.m. *Bot.* Pièce du périanthe de certaines fleurs.

TEPHILLIM ❙ [téfilim] n.m.pl. → **tefillim.**

TEPHILLIN ❙ [téfilin] n.m.pl. → **tefillim.**

TÉPHRA n.m. *Géol.* Ensemble des produits volcaniques autres que la lave.

TÉPHRITE n.f. Roche volcanique.

TEPHROSIA [té-] n.f. **(= téphrosie)** Légumineuse des pays tropicaux.

TÉPHROSIE n.f. → **tephrosia.**

TÉPIDARIUM n.m. *Antiq. rom.* Salle des thermes où l'eau était tiède.

TEPUI [tépwi] n.m. Haut plateau vénézuélien isolé depuis des siècles.

TEQUILA n.f. Alcool d'agave du Mexique.

TER adv.

TÉRAFLOPS [-flops] n.m. *Inf.* Unité de mesure de la puissance d'un système.

TÉRAGONE n.m. Polygone possédant un grand nombre de côtés.

TÉRANGA n.f. *Sén.* Hospitalité.

TÉRAOCTET n.m. *Inf.* Approximativement mille milliards d'octets.

TÉRASPIC n.m. Plante ornementale.

TÉRATOGÈNE adj. Qui provoque des malformations congénitales.

TÉRATOGENÈSE n.f. → **tératogénie.**

TÉRATOGÉNIE n.f. Étude de l'origine des malformations congénitales.

TÉRATOLOGIE n.f. *Biol.* Science qui traite des malformations congénitales.

TÉRATOLOGIQUE adj.

TÉRATOLOGISTE n.

TÉRATOLOGUE n.

TÉRATOME n.m. Tumeur des cellules reproductrices.

TÉRAWATT n.m. Un million de millions de watts.

TERBINE n.f. Hydroxyde de terbium.

TERBIUM n.m. Métal rare.

TERCER v. **13 (= terser, tiercer)** Labourer pour la troisième fois.

TERCET n.m. Strophe de trois vers.

TÉRÉBELLE n.f. Ver marin.

TÉRÉBELLUM n.m. → **térébelle.**

TÉRÉBENTHÈNE n.m. Hydrocarbure.

TÉRÉBENTHINE n.f. Résine tirée de divers conifères.

TÉRÉBINTHACÉE n.f. Arbre des régions chaudes, type manguier.

TÉRÉBINTHE n.m. Pistachier des régions méditerranéennes.

TÉRÉBIQUE adj. (Acide) provenant de l'oxydation de l'essence de térébenthine par l'acide nitrique.

TÉRÉBRANT, E adj. Qui perfore. – (Douleur) très violente.

TÉRÉBRATION n.f. *Méd.* Perforation.

TÉRÉBRATULE n.f. Animal marin à coquille ovale.

TÉRÉPHTALATE n.m. Polyester utilisé comme textile.

TÉRÉPHTALIQUE adj. (Acide) isomère de l'acide phtalique, servant à la préparation des fibres textiles.

TERFÈS n.f. **(= terfesse, terfèze)** Grosse truffe d'Afrique du Nord.

TERFESSE n.f. → **terfès.**

TERFÈZE n.f. → **terfès.**

TERGAL, S n.m. (Nom déposé) Fibre synthétique de polyester.

TERGAL, E, AUX adj. *Zool.* Relatif au dos.

TERGITE n.m. *Zool.* Pièce dorsale des anneaux des arthropodes.

TERGIVERSATION n.f.

TERGIVERSER v. **(p.p.inv.) 10.**

TERIYAKI [té-] n.f. Sauce japonaise.

TERLENKA [tèrlènka] n.m. (Nom déposé) Fibre synthétique originaire des Pays-Bas.

TERMAILLAGE n.m. *Écon.* Décalage des termes de paiement dans les transactions internationales.

TERME n.m.

TERMINAISON n.f.

TERMINAL, E, AUX adj., n.m. et n.f.

TERMINATEUR n.m. *Astr.* Ligne de séparation des parties claire et obscure de la Lune.

TERMINER v. **10.**

TERMINISME n.m. *Philos.* Négation des idées générales.

TERMINOLOGIE n.f.

TERMINOLOGIQUE adj.

TERMINOLOGUE n.

TERMINUS n.m.

TERMITE n.m. Insecte isoptère très nuisible vivant en société.

TERMITÉ, E adj. Rongé par les termites.

TERMITIÈRE n.f.

TERNAIRE adj. Qui se compose de trois unités.

TERNE adj.

TERNIR v. **40.**

TERNISSEMENT n.m.

TERNISSURE n.f.

TERPÈNE n.m. Hydrocarbure.

TERPÉNIQUE adj.

TERPÉNOÏDE n.m. Dérivé des terpènes.

TERPINE n.f. *Chim.* Hydrate de l'essence de térébenthine.

TERPINÉOL n.m. **(= terpinol)** Composé de la terpine, utilisé en parfumerie.

TERPINOL n.m. → **terpinéol.**

TERRAFUNGINE [-f-on-jin] n.f. Antibiotique.

TERRAGE n.m. *Féod.* Redevance sur certains produits agricoles.

TERRAIN n.m.

TERRAMARE n.f. Type d'habitat préhistorique, en Italie du Nord.

TERRAPLANE n.m. (Nom déposé) Aéroglisseur.

TERRAQUÉ, E adj. *Vx.* Composé de terre et d'eau, en parlant du globe terrestre.

TERRARIUM n.m. Lieu d'élevage de reptiles et de batraciens.

TERRASSE n.f.

TERRASSEMENT n.m.

TERRASSER v. **10.**

TERRASSIER n.m.

TERRAZZO [-dzô] n.m. *Québ.* Procédé de revêtement.

TERRE n.f.

TERREAU, X n.m.

TERREAUTAGE n.m.

TERREAUTER v. **10.** *Agr.* Entourer ou recouvrir de terreau.

TERREBONNIEN, ENNE adj. De Terrebonne (Québec).

TERREFORT n.m. Sol argileux, dans le sud-ouest de la France.

TERRER v. **10.**

TERRESTRE adj.

TERREUR n.f.

TERREUX, EUSE adj.

TERRI n.m. → **terril.**

TERRIBLE adj.

TERRIBLEMENT adv.

TERRICOLE adj. Qui vit dans la terre.

TERRIEN, ENNE adj. et n.

TERRIER, ÈRE 1. n.m. Gîte de certains animaux. 2. n. Race de chiens.

TERRIFIANT, E adj.

TERRIFIER v. **15.**

TERRIGÈNE adj. (Dépôt marin) d'origine continentale.

TERRIL [téri(l)] n.m. **(= terri)** Amoncellement des déblais d'une mine.

TERRINE n.f.

TERRINÉE n.f. Contenu d'une terrine.

TERRIR v. **(p.p.inv.) 40.** *Vx.* Arriver à terre.

TERRITOIRE n.m.

TERRITORIAL, E, AUX adj., n.m. et n.f.

TERRITORIALITÉ n.f.

TERRITORIEN, ENNE adj. D'un des trois territoires du Canada.

TERROIR n.m.

TERRORISANT, E adj.

TERRORISER v. **10.**

TERRORISME n.m.

TERRORISTE adj. et n.

TERSER v. **10.** → **tercer.**

TERTIAIRE adj. et n.

TERTIAIRISATION n.f. *Écon.* Développement du secteur tertiaire.

TERTIARISATION n.f. → **tertiairisation.**

TERTIARISME n.m. *Méd.* Troisième phase d'une évolution.

TERTIO adv.

TERTRE n.m.

TERVUEREN [tèrvurèn] n.m. Chien de berger.

TÉRYLÈNE n.m. (Nom déposé) Fibre synthétique de fabrication anglaise.

TERZETTO [tèrdzètô] n.m. *Mus.* Petite composition pour trois voix ou trois instruments.

TES → **ton.**

TESLA [tèsla] n.m. *Électr.* Unité d'induction magnétique.

TESSELLE n.f. Élément de base d'une mosaïque.

TESSÈRE n.f. *Antiq. rom.* Jeton de bois ou d'ivoire.

TESSINOIS, E adj. Du canton du Tessin (Suisse).

TESSITURE n.f. *Mus.* Registre d'une voix.

TESSON n.m. Débris de verre, de poterie.

TEST n.m. *Zool.* Coquille, carapace. – Procédé d'évaluation, épreuve.

TESTABILITÉ n.f.

TESTABLE adj.

TESTACÉ, E adj. *Zool.* De la nature du test.

TESTACELLE n.f. Mollusque à aspect de limace.

TESTAGE n.m. *Zool.* Méthode permettant d'apprécier les qualités d'un reproducteur.

TESTAMENT n.m.

TESTAMENTAIRE adj.

TESTATEUR, TRICE n. Auteur d'un testament.

TESTER v. **10.**

TESTEUR, EUSE n.

TESTICULAIRE adj.

TESTICULE n.m.

TESTIMONIAL, E, AUX adj. *Dr.* Qui repose sur des témoignages.

TESTING n.m. Moyen de lutte contre les discriminations.

TESTOLOGIE n.f. *Psych.* Conception et interprétation des tests.

TESTON n.m. Ancienne monnaie d'argent.

TESTOSTÉRONE n.f. Principale hormone mâle.

TÊT [tè] n.m. *Chim.* Coupelle en terre réfractaire.

TÊT [tèt] n.m. Premier jour du calendrier vietnamien.

TÉTANIE n.f. *Méd.* Syndrome caractérisé par des crises de contractures musculaires.

TÉTANIQUE adj. et n.

TÉTANISATION n.f.

TÉTANISER v. **10.** Soumettre (un muscle) à des contractions tétaniques.

TÉTANISME n.m. → **tétanie.**

TÉTANOS n.m.

TÊTARD n.m.

TÊTE n.f.

TÊTEAU, X n.m. *Bot.* Extrémité d'une maîtresse branche.

TÉTÉE n.f.

TÉTER v. **12.**

TÉTERELLE n.f. *Méd.* Petit appareil appliqué sur le sein d'une nourrice, pour tirer le lait artificiellement.

TÊTIÈRE n.f. Partie supérieure de la bride d'un cheval. – *Mar.* Partie supérieure d'une voile carrée.

TÉTIN n.m. *Vx.* Mamelon du sein.

TÉTINE n.f.

TÉTON n.m.

TÉTONNIÈRE n.f. *Fam.* Femme qui a une grosse poitrine.

TÉTRA n.m. Petit poisson osseux d'eau douce.

TÉTRACHLORURE n.m. *Chim.* Composé contenant quatre atomes de chlore.

TÉTRACORDE n.m. *Antiq. gr.* Intervalle de quatre degrés dans la gamme.

TÉTRACYCLINE n.f. Antibiotique.

TÉTRADACTYLE adj. *Zool.* Qui a quatre doigts au pied.

TÉTRADE n.f. *Bot.* Groupe de quatre grains de pollen collés et issus de la même cellule.

TÉTRADRACHME n.m. *Antiq. gr.* Pièce de quatre drachmes.

TÉTRADYNAME adj. *Bot.* (Androcée) qui comprend quatre grandes étamines et deux petites.

TÉTRAÈDRE n.m. *Math.* Polyèdre à quatre faces triangulaires.

TÉTRAÉDRIQUE adj.

TÉTRAGONE n.f. Plante voisine de l'épinard.

TÉTRAGRAMME n.m. *Rel.* Groupe de quatre lettres hébraïques composant le nom de Dieu.

TÉTRALINE n.f. Hydrocarbure utilisé dans les moteurs à injection.

TÉTRALOGIE n.f. Série de quatre œuvres dramatiques dont les sujets sont liés.

TÉTRAMÈRE adj. *Biol.* Divisé en quatre parties.

TÉTRAMÈTRE adj. et n.m. *Poét.* Qui a quatre pieds.

TÉTRANYQUE n.m. Acarien nuisible aux plantes cultivées.

TÉTRAPHONIE n.f. Reproduction du son au moyen de quatre canaux.

TÉTRAPLÉGIE n.f. Paralysie des quatre membres.

TÉTRAPLÉGIQUE adj. et n.

TÉTRAPLOÏDE adj. et n.m. *Biol.* (Cellule somatique) dont le nombre de chromosomes est de quatre au lieu de deux.

TÉTRAPLOÏDIE n.f.

TÉTRAPODE adj. et n.m. *Zool.* Qui a quatre pattes.

TÉTRAPTÈRE adj. *Zool.* Qui a quatre ailes.

TÉTRARCHAT [k] n.m. Dignité de tétrarque.

TÉTRARCHIE n.f. *Antiq. rom.* Organisation divisant l'État entre quatre empereurs.

TÉTRARQUE n.m. *Antiq. rom.* Gouverneur d'une région représentant le quart d'une province.

TÉTRAS [-a] n.m. Coq de bruyère.

TÉTRASTYLE adj. *Arch.* Qui a quatre colonnes de front.

TÉTRASYLLABE adj. et n.m.

TÉTRASYLLABIQUE adj.

TÉTRATOMICITÉ n.f.

TÉTRATOMIQUE adj. Dont la molécule est formée de quatre atomes.

TÉTRAVALENCE n.f.

TÉTRAVALENT, E adj. *Chim.* Quadrivalent.

TÉTRODE n.f. Tube électronique à quatre électrodes.

TÉTRODON n.m. Poisson exotique (poisson-globe).

TÉTRODOTOXINE n.f. Substance toxique produite par le tétrodon.

TÉTROSE n.m. *Biochim.* Ose à quatre atomes de carbone.

TETTE n.f. *Zool.* Bout de la mamelle des animaux.

TÊTU, E adj. et n.

TEUF n.f. *Fam.* Fête.

TEUFEUR, EUSE n. *Fam.* Fêtard.

TEURGOULE n.f. Variété normande de riz au lait.

TEUTON, ONNE adj. Relatif aux anciens Germains.

TEUTONIQUE adj. Relatif aux Teutons (peuple de l'ancienne Germanie).

TEUTONISME n.m. *Ling.* Tournure propre à la langue allemande.

TÉVÉ n.f. *Fam.* Télévision.

TEX n.m. Unité de mesure de masse linéique des fibres textiles.

TEXAN, E adj. Du Texas.

TEXTE n.m.

TEXTER v. **10.** *Québ.* Communiquer par texto.

TEXTILE adj. et n.m.

TEXTO 1. n.m. Bref message transmis par téléphone portable. 2. adv. *Fam.* Textuellement.

TEXTUEL, ELLE adj.

TEXTUELLEMENT adv.

TEXTURANT n.m. Produit destiné à donner aux aliments la texture désirée.

TEXTURATION n.f.

TEXTURE n.f.

TEXTURER v. **10.** Traiter (des fibres synthétiques) pour en améliorer la texture.

TEXTURISATION n.f.

TEXTURISER v. **10.** → **texturer.**

TÉZIG ▌pr.pers. **(= tézigue)** *Arg.* Toi.

TÉZIGUE ▌pr.pers. → **tézig.**

THAÏ, THAÏE [tay] adj. et n.m. Relatif aux Thaïs, peuples de l'Asie du Sud-Est.

THAÏLANDAIS, E adj. De la Thaïlande.

THALAMIQUE adj. Relatif au thalamus.

THALAMUS n.m. Partie de l'encéphale située à la base du cerveau.

THALASSÉMIE n.f. *Méd.* Forme grave d'anémie héréditaire.

THALASSÉMIQUE adj.

THALASSO n.f. *Fam.* Thalassothérapie.

THALASSOCRATIE n.f. *Hist.* Puissance fondée sur la maîtrise des mers.

THALASSOTOQUE adj. et n.m. (Poisson migrateur) qui va se reproduire en mer.

THALER [-èr] n.m. Ancienne monnaie d'argent allemande.

THALI n.m. En Inde, assortiment de plats, de l'entrée au dessert.

THALIDOMIDE n.f. Tranquillisant qui a été responsable de malformations congénitales.

THALLE n.m. Appareil végétatif des végétaux inférieurs (algues, lichens, etc.).

THALLIUM n.m. Métal blanc très malléable.

THALLOPHYTE n.f. Plante cryptogame, type champignon, algue, lichen.

THALWEG [talvèg] n.m. → **talweg.**

THANATOLOGIE n.f. Étude scientifique des différents aspects de la mort.

THANATOLOGIQUE adj.

THANATOLOGUE n.

THANATOPHOBIE n.f. Peur de la mort.

THANATOPRACTEUR, TRICE n.

THANATOPRAXIE n.f. Ensemble des techniques d'embaumement des corps.

THANATOS [-s] n.m. *Psych.* Pulsion de mort, dans les théories freudiennes.

THANATOSE n.f. Chez les insectes, moyen de défense consistant à feindre la mort.

THANE n.m. *Hist.* Homme libre, dans l'Angleterre anglo-saxonne.

THANÉTIEN, ENNE n.m. et adj. *Géol.* Étage du paléocène.

THANKSGIVING [s-an-ksgiving] n.m. Fête américaine célébrant la première récolte des colons anglais.

THAUMATURGE n. Personne qui fait ou prétend faire des miracles.

THAUMATURGIE n.f.

THAUMATURGIQUE adj.

THAZARD n.m. Poisson des mers chaudes, voisin du maquereau.

THÉ n.m.

THÉACÉE n.f. Plante dicotylédone, type thé.

THÉATIN n.m. Membre d'une congrégation religieuse fondée au XVIe s.

THÉÂTRAL, E, AUX adj.

THÉÂTRALEMENT adv.

THÉÂTRALISATION n.f.

THÉÂTRALISER v. **10.**

THÉÂTRALISME n.m. *Psych.* Tendance à se donner en spectacle.

THÉÂTRALITÉ n.f. *Litt.* Conformité d'une œuvre aux exigences scéniques du théâtre.

THÉÂTRE n.m.

THÉÂTREUX, EUSE n. Comédien sans talent.

THÉÂTROTHÉRAPIE n.f. *Psych.* Thérapie utilisant des méthodes proches de l'inspiration théâtrale.

THÉBAÏDE n.f. Lieu paisible et isolé, propre au recueillement.

THÉBAIN, E adj. De Thèbes (Égypte et Grèce).

THÉBAÏNE n.f. Alcaloïde de l'opium.

THÉBAÏQUE adj. *Vx.* Relatif à l'opium.

THÉBAÏSME n.m. *Vx.* Intoxication par l'opium.

THÉIER, ÈRE n.m. et n.f.

THÉINE n.f. Alcaloïde du thé, identique à la caféine.

THÉISME n.m. Consommation excessive de thé. – Doctrine prônant l'existence d'un Dieu unique, principe de l'Univers.

THÉISTE adj. et n. Relatif à l'existence d'un Dieu unique.

THÉLYTOQUE adj. *Biol.* (Parthénogenèse) n'engendrant que des femelles.

THÉMATIQUE 1. adj. Relatif à un thème. 2. n.f. Ensemble des thèmes (d'une œuvre, d'une école, d'une époque, etc.).

THÉMATIQUEMENT adv.

THÉMATISATION n.f.

THÉMATISER v. **10.** Centrer sur un ou plusieurs thèmes.

THÉMATISME n.m. *Philos.* Caractère des phénomènes dirigés par un thème.

THÈME n.m.

THÉNAR adj. et n.m. (Saillie) du côté externe de la paume de la main.

THÉOBROMINE n.f. Alcaloïde contenu dans le cacao et le thé.

THÉOCENTRISME n.m. Tendance à considérer Dieu et ses représentants comme centre du monde.

THÉOCRATIE n.f. Mode de gouvernement où le pouvoir, considéré comme émanant de Dieu, est exercé par ses représentants.

THÉOCRATIQUE adj.

THÉODICÉE n.f. *Philos.* Connaissance rationnelle de Dieu et de ses attributs.

THÉODOLITE n.m. Instrument muni d'une lunette, utilisé en géodésie et en astronomie.

THÉOGONIE n.f. Généalogie des dieux dans les religions polythéistes.

THÉOGONIQUE adj.

THÉOLOGAL, E, AUX adj. Relatif à la théologie.

THÉOLOGIE n.f. *Rel.* Étude de Dieu fondée sur les textes sacrés.

THÉOLOGIEN, ENNE n.

THÉOLOGIQUE adj.

THÉOLOGIQUEMENT adv.

THÉOPHANIE n.f. *Rel.* Manifestation sensible d'une divinité.

THÉOPHORE adj. (Nom) dans lequel entre le nom d'une divinité.

THÉOPHYLLINE n.f. Alcaloïde diurétique des feuilles de thé.

THÉORBE n.m. → **téorbe.**

THÉORÉMATIQUE adj.

THÉORÈME n.m.

THÉORÉTIQUE adj. Envisagé du point de vue théorique.

THÉORICIEN, ENNE n.

THÉORIE n.f.

THÉORIQUE adj.

THÉORIQUEMENT adv.

THÉORISATION n.f.

THÉORISER v. **10.** Mettre en théorie, présenter sous une forme théorique.

THÉOSOPHE n.

THÉOSOPHIE n.f. Mystique dont l'objet est la connaissance directe de Dieu.

THÉOSOPHIQUE adj.

THÈQUE n.f. *Bot., Anat.* Enveloppe, gaine.

THÉRAPEUTE n.

THÉRAPEUTIQUE adj. et n.f.

THÉRAPIE n.f.

THERAVADA [té-] adj. (Bouddhisme) attaché à la tradition.

THÉRIAQUE n.f. *Anc.* Préparation pharmaceutique considérée comme antidote.

THÉRIDION n.m. Araignée commune des plantes et des murs.

THERIDIUM [té-] n.m. → **théridion.**

THÉRIEN n.m. Mammifère évolué.

THERMAL, E, AUX adj.

THERMALISME n.m. Exploitation et utilisation thérapeutique des eaux de source.

THERMALISTE adj.

THERMALITÉ n.f. Nature des eaux thermales.

THERMES n.m.pl. *Antiq. rom.* Bains publics. – Établissement thermal.

THERMICIEN, ENNE n. Spécialiste de l'énergie thermique.

THERMICITÉ n.f. *Phys.* Échange de chaleur avec le milieu extérieur.

THERMIDOR n.m. Mois du calendrier républicain.

THERMIDORIEN, ENNE adj. et n. *Hist.* Se dit des députés coalisés contre Robespierre le 9 thermidor an II.

THERMIE n.f. Unité de quantité de chaleur.

THERMIQUE 1. adj. Relatif à la chaleur. 2. n.f. Partie de la physique qui traite de la chaleur.

THERMIQUEMENT adv.

THERMISATION n.f. Traitement thermique du lait.

THERMISER v. **10.**

THERMISTANCE n.f. *Électr.* Résistance qui varie en fonction inverse de la température.

THERMISTEUR n.m. → **thermistor.**

THERMISTOR n.m. *Phys.* Instrument de mesure de l'énergie rayonnante.

THERMITE n.f. Mélange de poudre d'aluminium et d'oxyde ferrique, utilisé dans un type de soudage.

THERMOCAUTÈRE n.m. *Chir.* Instrument à pointe incandescente servant à cautériser.

THERMOCHIMIE n.f. Étude des échanges thermiques qui accompagnent les réactions chimiques.

THERMOCHIMIQUE adj.

THERMOCLASTIE n.f. *Géol.* Effet des variations brutales de température sur les roches.

THERMOCLINE n.f. Couche d'eau dont la température varie avec la profondeur.

THERMOCOLLAGE n.m. *Techn.* Procédé de collage utilisant la chaleur.

THERMOCOLLANT, E adj.

THERMOCOPIE n.f. Procédé de reprographie utilisant la chaleur.

THERMOCOUPLE n.m. Circuit de production d'énergie électromotrice, formé de deux métaux différents.

THERMODYNAMIQUE n.f. et adj. Étude des relations entre les phénomènes mécaniques et calorifiques.

THERMOFORMAGE n.m. *Techn.* Mise en forme au moyen de la chaleur.

THERMOFORMER v. **10.**

THERMOGÈNE adj. Qui produit de la chaleur.

THERMOGENÈSE n.f. Production régulière de chaleur par les êtres vivants.

THERMOGÉNIE n.f. Ensemble des techniques de production d'énergie calorifique.

THERMOGÉNIQUE adj.

THERMOGRAMME n.m. *Techn.* Courbe inscrite sur le tambour d'un thermographe.

THERMOGRAPHE n.m. *Méd., Techn.* Thermomètre enregistreur.

THERMOGRAPHIE n.f.

THERMOGRAPHIQUE adj.

THERMOGRAVURE n.f. Procédé d'impression en relief, par chauffage.

THERMOHALIN, E adj. Relatif à la température et à la salinité des océans.

THERMOÏONIQUE adj. Se dit de l'émission d'électrons par un métal fortement chauffé.

THERMOLABILE adj. Qui se transforme sous l'effet d'une température déterminée.

THERMOLYSE n.f. Déperdition normale de chaleur par l'organisme.

THERMOMÉCANIQUE adj. Où des phénomènes thermiques et mécaniques sont en jeu simultanément.

THERMOMÈTRE n.m.

THERMOMÉTRIE n.f.

THERMOMÉTRIQUE adj.

THERMONUCLÉAIRE adj.

THERMOPAUSE n.f. Zone supérieure de l'atmosphère.

THERMOPHILE adj. et n.m. (Microorganisme) adapté à des températures élevées.

THERMOPILE n.f. Pile thermique.

THERMOPLASTIQUE adj. Qui devient malléable sous l'effet de la chaleur.

THERMOPLONGEUR n.m. Appareil portatif plongé dans de l'eau pour la chauffer.

THERMOPOMPE n.f. Pompe à chaleur.

THERMOPROPULSÉ, E adj.

THERMOPROPULSIF, IVE adj. Qui assure la propulsion par l'énergie thermique.

THERMORÉCEPTEUR n.m. *Anat.* Organe périphérique sensible aux températures.

THERMORÉSISTANT, E adj.

THERMOS [-ôs] n.m. ou f. (Nom déposé).

THERMOSCOPE n.m. Appareil indiquant des variations de température sans les mesurer.

THERMOSENSIBLE adj. Sensible à la chaleur.

THERMOSIPHON n.m. Appareil dans lequel la circulation d'eau est due à des différences de température.

THERMOSPHÈRE n.f. Couche supérieure de l'atmosphère.

THERMOSPHÉRIQUE adj.

THERMOSTABILITÉ n.f.

THERMOSTABLE adj. *Chim.* Stable sous l'action de la chaleur.

THERMOSTAT n.m. Appareil qui maintient une température constante.

THERMOSTATIQUE adj.

THERMOTACTISME n.m. Déplacement de certains organismes sous l'effet des variations de température.

THERMOTHÉRAPIE n.f. Emploi thérapeutique de la chaleur.

THERMOTROPISME n.m. *Biol.* Tropisme lié à la température.

THÉROMORPHE n.m. Reptile fossile de l'ère secondaire.

THÉROPODE n.m. Reptile fossile, type tyrannosaure.

THÉROPSIDÉ n.m. Vertébré tétrapode fossile.

THÉSARD, E n. *Fam.* Personne qui prépare une thèse.

THÉSAURISATION n.f.

THÉSAURISER v. **10.** Amasser (de l'argent) et le garder sans le faire fructifier.

THÉSAURISEUR, EUSE adj. et n.

THÉSAURUS [-zôrus] n.m. Lexique de philologie ou d'archéologie. – Lexique documentaire sur un sujet.

THÈSE n.f.

THESMOPHORIES n.f.pl. *Antiq. gr.* Fêtes en l'honneur de Déméter, déesse des moissons.

THESMOTHÈTE n.m. *Antiq. gr.* Magistrat chargé de la révision des lois.

THESSALIEN, ENNE adj. De Thessalie (Grèce).

THÊTA I n.m. Lettre grecque.

THÈTE n.m. *Antiq. gr.* Citoyen athénien de la classe la moins élevée.

THÉTIQUE adj. *Philos.* Qui concerne une thèse.

THÉURGE n. Personne qui prétend communiquer avec des esprits surnaturels.

THÉURGIE n.f.

THÉURGIQUE adj.

THIAMINE n.f. Vitamine B1.

THIAZINE n.f. Colorant bleu.

THIAZOLE n.m. *Chim.* Composé à cinq atomes, dont un de soufre et un d'azote.

THIBAUDE n.f. Doublure de moquette.

THIÉBOUDIENNE n.m. *Sén.* Riz au poisson.

THIESSOIS, E adj. De Thiès (Sénégal).

THINITE adj. De Thinis (Égypte ancienne).

THIOACIDE n.m. Composé acide dans lequel le soufre s'est substitué à l'oxygène.

THIOALCOOL n.m. → **thiol.**

THIOCARBONATE n.m. Produit résultant de la substitution du soufre à l'oxygène dans un carbonate.

THIOCYANATE n.m. Ion formé par la réaction du soufre sur un cyanure.

THIOF n.m. *Sén.* Variété de mérou.

THIOFÈNE n.m. **(= thiophène)** Composé organique à cinq atomes, dont un de soufre.

THIOL n.m. Alcool sulfuré.

THIONATE n.m. Sel d'un acide de la série thionique.

THIONINE n.f. Matière colorante bleue.

THIONIQUE adj. Se dit de tout acide oxygéné du soufre.

THIONVILLOIS, E adj. De Thionville.

THIOPENTAL, S n.m. Barbiturique hypnotique.

THIOPHÈNE n.m. → **thiofène.**

THIOSULFATE n.m. *Chim.* Hyposulfite.

THIOSULFURIQUE adj. *Chim.* Hyposulfureux.

THIXOTROPE adj. *Chim.* (Gel) qui se liquéfie quand on l'agite.

THIXOTROPIE n.f.

THIXOTROPIQUE adj.

THLASPI n.m. Plante herbacée des lieux incultes.

THOLOS [-s] n.f. Sépulture préhistorique. – Temple grec circulaire.

THOMAS n.m. *Fam., Vx.* Vase de nuit.

THOMISE n.m. Araignée à marche oblique.

THOMISIDÉ n.m. Araignée, type thomise.

THOMISME n.m. Doctrine théologique et philosophique de saint Thomas d'Aquin.

THOMISTE adj. et n.

THON n.m.

THONAIRE n.m. Grand filet pour pêcher le thon.

THONIER, ÈRE 1. adj. 2. n.m. Bateau pour pêcher le thon.

THONINE n.f. Thon de la Méditerranée.

THONONAIS, E adj. De Thonon-les-Bains.

THORA n.f. **(= Torah)** Nom donné par les juifs à la loi de Moïse.

THORACENTÈSE [-s-in-tèz] n.f. *Chir.* Ponction de la paroi thoracique pour évacuer du pus de la plèvre.

THORACIQUE adj.

THORACOCENTÈSE [-s-in-tèz] n.f. → **thoracentèse.**

THORACOPLASTIE n.f. *Chir.* Résection de côtes, dans certains cas de tuberculose pulmonaire.

THORACOTOMIE n.f. *Chir.* Ouverture du thorax.

THORAX n.m.

THORIANITE n.f. Oxyde d'uranium et de thorium.

THORINE n.f. Oxyde de thorium.

THORITE n.f. Silicate hydraté de thorium.

THORIUM n.m. Métal radioactif.

THORON n.m. Émanation du thorium.

THRACE adj. De la Thrace (région du sud-est de l'Europe).

THRAUPIDÉ n.m. Oiseau, type tangara.

THRÈNE n.m. *Antiq. gr.* Chant funèbre.

THRÉONINE n.f. Acide aminé indispensable à l'alimentation de l'homme.

THRIDACE n.f. Calmant extrait du suc de laitue.

THRILLER [srileur] ou [trileur] n.m. Film ou roman à suspense.

THRIPS [-s] n.m. Insecte parasite des jeunes feuilles.

THROMBINE n.f. Enzyme provoquant la coagulation du sang.

THROMBOCYTE n.m. *Anat.* Cellule sanguine sans noyau, qui joue un rôle dans la coagulation du sang (plaquette sanguine).

THROMBOKINASE n.f. *Anat.* Enzyme sécrétée par les thrombocytes.

THROMBOLYSE n.f. *Méd.* Résorption d'un caillot sanguin.

THROMBOLYTIQUE adj.

THROMBOPÉNIE n.f. *Méd.* Diminution anormale du nombre des plaquettes sanguines.

THROMBOPÉNIQUE adj.

THROMBOPHLÉBITE n.f. *Méd.* Inflammation des parois d'une veine avec formation de caillot.

THROMBOPLASTINE n.f. → **thrombokinase.**

THROMBOPOÏÈSE n.f. Formation des plaquettes sanguines.

THROMBOSE n.f. *Méd.* Formation de caillots dans les vaisseaux sanguins.

THROMBOTIQUE adj. et n.m. Qui provoque la thrombose.

THROMBUS n.m. *Méd.* Caillot sanguin dans un vaisseau.

THUG [tug] n.m. *Hist.* Membre d'une secte indienne qui pratiquait la strangulation rituelle.

THULIUM n.m. Métal rare.

THUNE n.f. **(= tune)** *Arg., Vx.* Pièce de cinq francs.

THURGOVIEN, ENNE adj. Du canton de Thurgovie (Suisse).

THURIFÉRAIRE n.m. *Rel.* Clerc qui porte l'encensoir. – Adulateur, flatteur.

THURINGIEN, ENNE adj. De Thuringe (Allemagne).

THURNE n.f. **(= turne)** *Fam.* Chambre.

THUYA n.m. Conifère utilisé comme arbre ornemental.

THYADE n.f. **(= thyiade)** *Antiq. gr.* Bacchante.

THYIADE n.f. → **thyade.**

THYLACINE n.m. Marsupial carnivore de Tasmanie, ressemblant à un loup.

THYM n.m.

THYMIDINE n.f. *Biochim.* Nucléoside à base de thymine.

THYMIE n.f. *Psych.* Humeur.

THYMINE n.f. *Biochim.* Base azotée des acides nucléiques.

THYMIQUE adj. Du thymus. – *Psych.* Qui concerne l'humeur.

THYMOCYTE n.m. Variété de globules blancs.

THYMOL n.m. Phénol aromatique extrait de certaines plantes (thym, serpolet, etc.).

THYMOLEPTIQUE n.m. et adj. *Méd.* Tranquillisant.

THYMUS n.m. *Anat.* Glande située à la base du cou, existant seulement chez l'enfant et les jeunes animaux.

THYRATRON n.m. *Électron.* Tube à gaz.

THYRÉOSTIMULINE n.f. *Méd.* Hormone stimulant la sécrétion de la glande thyroïde.

THYRÉOTROPE adj. *Méd.* Qui stimule la sécrétion de la glande thyroïde.

THYRISTOR n.m. *Électron.* Relais statique composé de semi-conducteurs.

THYRISTORISÉ, E adj. Muni d'un thyristor.

THYROGLOBULINE n.f. *Biol.* Protéine des vésicules thyroïdiennes.

THYROÏDE adj. et n.f. *Anat.* (Glande endocrine) située à la base du cou.

THYROÏDECTOMIE n.f. *Chir.* Ablation de la thyroïde.

THYROÏDIEN, ENNE adj.

THYROÏDISME n.m. Intoxication causée par des extraits thyroïdiens.

THYROÏDITE n.f. *Méd.* Inflammation de la thyroïde.

THYRONINE n.f. Acide aminé.

THYROTROPHINE n.f. Hormone de l'hypophyse.

THYROTROPINE n.f. → **thyrotrophine.**

THYROXINE n.f. Hormone de la thyroïde.

THYRSE n.m. Long bâton orné à son extrémité, attribut de Dionysos. – Grappe de fleurs en forme de pyramide.

THYSANOPTÈRE n.m. Insecte suceur minuscule, type thrips.

THYSANOURE n.m. Insecte sans ailes des lieux humides, type lépisme.

TIAFFE n.f. *Helv.* Forte chaleur.

TIAN n.m. En Provence, récipient de terre cuite. – Préparation culinaire faite dans ce récipient.

TIARE n.f. Coiffure d'apparat de l'ancien Orient. – Triple couronne du pape.

TIARÉ n.m. Plante de Polynésie à grandes fleurs parfumées.

TIBÉTAIN, E adj. et n.m. Du Tibet.

TIBIA n.m.

TIBIAL, E, AUX adj. Relatif au tibia.

TIBOUREN [-r-in] n.m. Cépage de Provence.

TIC n.m.

TICAL, S n.m. Ancienne unité monétaire de la Thaïlande.

TICHODROME [k] n.m. Passereau gris et rouge au long bec fin.

TICKET n.m.

TICSON n.m. *Fam.* Ticket.

TICTAC n.m.

TICTAQUER v. **(p.p.inv.) 10.** Faire entendre un tictac.

TIDIANE n. et adj. **(= tidjane)** *Afr.* Adepte du tidianisme.

TIDIANISME n.m. *Afr.* Doctrine d'une confrérie musulmane.

TIDJANE n. et adj. → **tidiane.**

TIDJANISME n.m. → **tidianisme.**

TIÉBOUDIENNE n.m. → **thiéboudienne.**

TIÉDASSE adj. D'une tiédeur désagréable.

TIÈDE adj., n. et adv.

TIÈDEMENT adv.

TIÉDEUR n.f.

TIÉDIR v. **40.**

TIÉDISSEMENT n.m.

TIELLE n.f. Tourte aux poulpes, spécialité sétoise.

TIEN, TIENNE adj.poss., pr.poss. et n.m.

TIENTO [tyèntô] n.m. Forme musicale espagnole du XVIe au XVIIIe s.

TIERÇAGE n.m. Fente du schiste ardoisier.

TIERCE → **tiers.**

TIERCÉ, E adj. *Hér.* (Écu) divisé en trois parties égales.

TIERCEFEUILLE n.f. *Hér.* Fleur à trois pétales.

TIERCÉISTE n.

TIERCELET n.m. Mâle de divers oiseaux de proie.

TIERCEMENT n.m. Action de tercer.

TIERCER v. **13.** → **tercer.**

TIERCERON n.m. *Arch.* Nervure de certaines voûtes gothiques.

TIERS, TIERCE adj., n.m. et n.f.

TIF n.m. **(= tiffe)** *Fam.* Cheveu.

TIFFE n.m. → **tif.**

TIFINAGH [-nar] n.m. Alphabet berbère.

TIFOSI n.m. **(= tifoso)** Supporter.

TIFOSO (pl. **TIFOSI** ou **TIFOSOS**) n.m. → **tifosi.**

TIGE n.f.

TIGELLE n.f. *Bot.* Partie de l'embryon qui donne la tige.

TIGER v. **(p.p.inv.) 17.** *Québ.* Produire des tiges.

TIGETTE n.f. *Arch.* Tige ornée de feuilles, dans le chapiteau corinthien.

TIGLON n.m. **(= tigron)** Hybride de lion et de tigre.

TIGNASSE n.f.

TIGRE n.m.

TIGRER v. **10.** Marquer de taches ou de rayures.

TIGRESSE n.f.

TIGRIDIA n.m. **(= tigridie)** Plante bulbeuse à belles fleurs.

TIGRIDIE n.f. → **tigridia.**

TIGRON n.m. → **tiglon.**

TIGRURE n.f. Tacheture, zébrure.

TIGUIDOU adv. *Québ., Fam.* Très bien, parfait.

TIKI n.m. Statue représentant un dieu polynésien.

TILAPIA n.m. Poisson osseux.

TILBURY n.m. Cabriolet léger à deux places, tiré par des chevaux.

TILDE n.m. Signe diacritique indiquant une nasalisation.

TILDÉ, E adj. (Lettre) surmontée d'un tilde.

TILIACÉE n.f. Arbre, type tilleul.

TILLAC n.m. *Anc.* Pont supérieur d'un navire.

TILLAGE n.m. → **teillage.**

TILLANDSIA [til-an-dsya] n.m. Plante dont une espèce fournit un crin végétal.

TILLANDSIE [til-an-dsi] n.f. → **tillandsia.**

TILLE n.f. → **teille.**

TILLER v. **10.** → **teiller.**

TILLEUL n.m.

TILLEUR, EUSE n. → **teilleur.**

TILSIT [-sit] n.m. Fromage suisse.

TILT n.m.

TILTER v. **(p.p.inv.) 10.** *Fam.* Comprendre brusquement.

TIMBALE n.f. Gobelet en métal. – Instrument de musique à percussion.

TIMBALIER n.m. Musicien qui joue des timbales.

TIMBRAGE n.m.

TIMBRE n.m.

TIMBRÉ, E adj. et n.

TIMBRER v. **10.**

TIMBREUR, EUSE n. et adj. Personne, machine qui imprime un timbre.

TIMIDE adj. et n.

TIMIDEMENT adv.

TIMIDITÉ n.f.

TIMING [tayming] n.m. Chronologie détaillée d'un processus.

TIMON n.m. Pièce de bois à l'avant d'un véhicule. – *Mar., Anc.* Gouvernail.

TIMONERIE n.f. *Mar.* Lieu où se trouve le gouvernail.

TIMONIER, ÈRE n. *Mar.* Matelot chargé des signaux ou de la barre.

TIMORAIS, E adj. De Timor (Asie du Sud-Est).

TIMORÉ, E adj. et n. Qui craint le risque.

TIN n.m. Pièce de bois soutenant la quille d'un navire en chantier.

TINAMOU n.m. Oiseau à ailes réduites de l'Amérique du Sud.

TINCAL, S n.m. Borate hydraté (borax).

TINCTORIAL, E, AUX adj. Relatif à la teinture.

TINE n.f. Récipient pour denrées alimentaires.

TINÉIDÉ n.m. Papillon, type mite.

TINETTE n.f. Grand récipient servant au transport des matières fécales.

TINTAMARRE n.m.

TINTEMENT n.m.

TINTER v. **10.** Faire retentir (le glas, le tocsin).

TINTIN interj.

TINTINNABULANT, E adj.

TINTINNABULER v. **(p.p.inv.) 10.** Sonner comme une clochette ou un grelot.

TINTINOPHILE n. Passionné de l'univers de Tintin.

TINTINOPHILIE n.f.

TINTOUIN n.m. Vacarme. – Tracas.

TIP n.m. *Luxemb.* Bon conseil.

TIPER v. **10 (= tipper)** *Helv.* Taper sur le clavier d'une caisse enregistreuse.

TIPI n.m. Tente servant d'habitation traditionnelle aux Amérindiens.

TIPPER v. **10.** → **tiper.**

TIPULE n.f. Grand moustique inoffensif.

TIQUE n.f. Parasite qui suce le sang des animaux.

TIQUER v. **(p.p.inv.) 10.**

TIQUETÉ, E adj. Marqué de petites taches.

TIQUETURE n.f.

TIQUEUR, EUSE adj. et n. Atteint d'un tic.

TIR n.m.

TIRADE n.f.

TIRAGE n.m.

TIRAILLEMENT n.m.

TIRAILLER v. **10.**

TIRAILLERIE n.f. Feu de tirailleurs.

TIRAILLEUR n.m.

TIRAMISU [-sou] n.m. Gâteau italien.

TIRANAIS, E adj. De Tirana (Albanie).

TIRANT n.m.

TIRASSE n.f. Filet à prendre les cailles, les perdrix. – *Mus.* Pédale d'orgue.

TIRE n.f.

TIRÉ, E adj. et n.m.

TIREBOUCHON n.m.

TIREBOUCHONNER v. **10.**

TIREFOND n.m. Anneau servant à suspendre un lustre. – Vis à tête carrée.

TIRELIRE n.f.

TIRER v. **10.**

TIRET n.m.

TIRETAINE n.f. Ancienne étoffe, généralement de laine.

TIRETTE n.f.

TIREUR, EUSE n.

TIROIR n.m.

TISANE n.f.

TISANERIE n.f. Local où l'on prépare les tisanes.

TISANIÈRE n.f. Pot à infusion.

TISER v. **(p.p.inv.) 10.** *Fam.* S'enivrer.

TISON n.m. Morceau de bois brûlé, encore incandescent.

TISONNER v. **10.** Attiser (un feu) en remuant les tisons.

TISONNIER n.m.

TISSAGE n.m.

TISSER v. **10.**

TISSERAND, E n.

TISSERIN n.m. Passereau qui tisse un nid suspendu.

TISSEUR, EUSE n.

TISSU, E 1. n.m. 2. adj. Tissé, au sens figuré.

TISSULAIRE adj. *Anat.* Relatif à un tissu.

TISSURE n.f. Entrecroisement de fils tissés.

TITAN n.m.

TITANE n.m. Métal blanc brillant.

TITANÉ, E adj. Qui contient du titane.

TITANESQUE adj.

TITANIQUE adj. Gigantesque. – Relatif au titane.

TITHONIEN, ENNE n.m. et adj. *Géol.* Étage du jurassique supérieur.

TITI n.m. *Fam.* Gamin de Paris, vif et effronté.

TITILLATION n.f.

TITILLER v. **10.**

TITISME n.m. *Hist.* Socialisme pratiqué par Tito en Yougoslavie.

TITISTE adj. et n.

TITRAGE n.m.

TITRAILLE n.f. *Fam.* Ensemble des titres et sous-titres d'un texte.

TITRE n.m.

TITRER v. **10.**

TITREUR, EUSE 1. n. *Impr.* Personne qui compose les titres. 2. n.f. *Impr.* Machine qui compose les titres.

TITRIMÉTRIE n.f. *Chim.* Mesure du titre d'une solution.

TITRIMÉTRIQUE adj.

TITRISATION n.f.

TITRISER v. **10.** Transformer (une créance) en titres négociables.

TITUBANT, E adj.

TITUBATION n.f.

TITUBER v. **(p.p.inv.) 10.**

TITULAIRE adj. et n.

TITULARISABLE adj.

TITULARISATION n.f.

TITULARISER v. **10.**

TITULATURE n.f. Titre porté par une personne, un groupe.

TITUS (À LA) loc. Se dit d'une coiffure très courte.

TJÄLE [tyèl] n.m. Partie du sol gelée en hiver.

TLEMCÉNIEN, ENNE [tlèm-] adj. De Tlemcen (Algérie).

TMÈSE n.f. *Ling.* Séparation entre deux mots généralement liés (*lors* même *que*).

TO ou **TÔ** n.m. *Afr.* Pâte de farine de mil.

TOARCIEN, ENNE n.m. et adj. *Géol.* Étage du jurassique inférieur.

TOAST n.m.

TOASTER v. **10.** Griller avec un toaster.

TOASTER [tôsteur] n.m. **(= toasteur)** Grille-pain.

TOASTEUR n.m. → **toaster** n.m.

TOBAGONIEN, ENNE adj. De Tobago (Antilles).

TOBOGGAN n.m.

TOBY n.m. Poisson des récifs coralliens.

TOC adj., n.m. et interj.

TOCADE n.f. **(= toquade)** *Fam.* Caprice, manie.

TOCANTE n.f. **(= toquante)** *Fam.* Montre.

TOCARD, E adj. et n.m. **(= toquard)** Personne incapable.

TOCCATA (pl. **TOCCATE** [-té] ou **TOCCATAS**) n.f. Pièce de musique pour instruments à clavier.

TOCCATE ❙ [-té] → **toccata.**

TOCOPHÉROL n.m. Vitamine E d'origine végétale.

TOCSIN n.m.

TOCSON, ONNE adj. et n. *Québ.* Têtu, rude. – *Helv.* Imbécile.

TODIER n.m. Petit oiseau des Antilles.

TOF ǀ adj. *Belg., Fam.* Super, extra.

TOFFEE [-i] n.m. Caramel anglais au lait.

TOFU [-ou] n.m. Pâté de soja japonais.

TOGE n.f.

TOGOLAIS, E adj. Du Togo (Afrique occidentale).

TOI ǀ pr.pers.

TOILAGE n.m. Fond sur lequel se détache le dessin d'une dentelle.

TOILE n.f.

TOILER v. **10.** Garnir, couvrir de toile.

TOILERIE n.f. Fabrication ou commerce de toiles.

TOILETTAGE n.m.

TOILETTE n.f.

TOILETTER v. **10.** Soigner (un animal), faire sa toilette.

TOILETTEUR, EUSE n.

TOILEUSE n.f. Ouvrière qui pique des toiles à la machine.

TOILIER, ÈRE 1. n. Fabricant de toile. 2. adj. Relatif à la toile.

TOISE n.f.

TOISER v. **10.**

TOISON n.f.

TOIT n.m.

TOITURE n.f.

TOKAI n.m. 1. [tokè] **(= tokay)** Ancien nom du pinot gris d'Alsace. 2. [tokay] **(= tokaj, tokay)** Vin liquoreux de Hongrie.

TOKAJ [tokay] n.m. → **tokai** 2.

TOKAMAK n.m. **(= tokomak)** Machine permettant d'étudier la fusion thermonucléaire.

TOKAY [tokè] n.m. → **tokai** 1. et 2.

TOKHARIEN, ENNE n.m. et adj. Ancienne langue d'Asie centrale.

TOKOMAK n.m. → **tokamak.**

TOKYOÏTE adj. **(= tokyote)** De Tokyo (Japon).

TOKYOTE adj. → **tokyoïte.**

TOLAR (pl. **TOLARJI** [-ryi] ou **TOLARS**) n.m. Ancienne unité monétaire de la Slovénie.

TÔLARD, E n. → **taulard.**

TOLARJI ǀ [-ryi] → **tolar.**

TOLBA ǀ → **taleb.**

TOLBUTAMIDE n.m. *Pharm.* Sulfamide actif contre le diabète.

TOLBUTAMINE n.f. → **tolbutamide.**

TÔLE n.f. 1. Produit sidérurgique plat. 2. → **taule.**

TÔLÉE adj.f. (Neige) fondue qui a regelé.

TÔLER v. **10.** *Québ.* Recouvrir de tôles.

TOLÉRABLE adj.

TOLÉRANCE n.f.

TOLÉRANT, E adj.

TOLÉRANTISME n.m. *Rel.* Tolérance théologique jugée excessive.

TOLÉRER v. **12.**

TÔLERIE n.f.

TOLET n.m. *Mar.* Cheville servant de point d'appui à l'aviron.

TOLETIÈRE n.f. *Mar.* Pièce de bois dans laquelle s'enfoncent les tolets.

TÔLIER, ÈRE n. 1. Ouvrier qui travaille la tôle. 2. → **taulier.**

TOLITE n.f. Explosif puissant.

TOLLÉ n.m.

TOLSTOÏEN, ENNE adj. De Tolstoï (écrivain russe).

TOLTÈQUE adj. D'un peuple du Mexique.

TOLU n.m. *Pharm.* Baume produit par un arbre de l'Amérique du Sud.

TOLUÈNE n.m. Hydrocarbure aromatique liquide.

TOLUIDINE n.f. Aniline dérivée du toluène.

TOLUOL n.m. Toluène brut.

TOM n.m. Tambour utilisé pour le jazz ou le rock.

TOMAHAWK [tomaôk] n.m. Hache de guerre des Amérindiens.

TOMAISON n.f. *Impr.* Indication du tome d'un ouvrage en plusieurs volumes.

TOMAN n.m. Ancienne monnaie d'or de la Perse.

TOMATE n.f.

TOMATÉ, E adj. Accommodé avec de la tomate.

TOMBAC n.m. Alliage de cuivre et de zinc.

TOMBAL, E (pl. **TOMBALS** ou **TOMBAUX**) adj. Relatif à la tombe.

TOMBANT, E adj.

TOMBE n.f.

TOMBÉ, E adj., n.m. et n.f.

TOMBEAU, X n.m.

TOMBELLE n.f. *Archéol.* Tombe formée d'une éminence de terre.

TOMBER n.m.

TOMBER v. **10.**

TOMBEREAU, X n.m.

TOMBEUR, EUSE n.

TOMBOLA n.f.

TOMBOLO n.m. *Géogr.* Isthme constitué de galets ou de sable.

TOME n.m.

TOMENTEUX, EUSE adj. *Bot.* Couvert d'une sorte de duvet.

TOMER v. **10.** *Impr.* Diviser ou marquer par tomes.

TOMETTE n.f. **(= tommette)** Petit carreau de terre cuite pour le dallage des sols.

TOMIEN, ENNE adj. Des territoires d'outre-mer.

TOMME n.f. Fromage de Savoie.

TOMMETTE n.f. → **tomette.**

TOMMIES → **tommy.**

TOMMY (pl. **TOMMIES** ou **TOMMYS**) n.m. *Fam.* Soldat anglais.

TOMODENSIMÈTRE n.m. Scanner.

TOMOGRAPHIE n.f. *Méd.* Radiographie précise et détaillée d'un plan de coupe d'organe.

TOMOGRAPHIQUE adj.

TON, TA, TES adj.poss.

TON n.m.

TONAL, E (pl. **TONALS** ou **TONAUX**) adj. Relatif à un ton ou à une tonalité.

TONALITÉ n.f.

TONCA n.f. **(= tonka)** Graine aromatique d'un arbre tropical.

TONDAGE n.m.

TONDAISON n.f. *Vx.* Tonte.

TONDEUR, EUSE n.

TONDO n.m. *Bx-arts.* Tableau rond.

TONDRE v. **90.**

TONDU, E adj. et n.

TONER [-èr] n.m. Encre en poudre.

TONÉTIQUE n.f. Partie de la phonétique qui étudie les tons.

TONFA n.m. Matraque à poignée latérale.

TONG [t-on-g] n.f. Sandale de plage en plastique.

TONGAN n.m. Langue polynésienne des îles Tonga.

TONGRIEN, ENNE adj. et n.m. *Géol.* Se dit d'une formation du cénozoïque.

TONGUIEN, ENNE adj. Des îles Tonga (Océanie).

TONIC n.m. Boisson à base de quinquina.

TONICARDIAQUE adj. et n.m. Qui tonifie le muscle du cœur.

TONICITÉ n.f. Tonus musculaire.

TONIE n.f. Caractère de la sensation auditive dépendant de la fréquence des sons.

TONIFIANT, E adj.

TONIFIER v. **15.**

TONIQUE adj., n.m. et n.f.

TONITRUANT, E adj. Qui fait un bruit de tonnerre.

TONITRUER v. **(p.p.inv.) 10.**

TONKA n.f. → **tonca.**

TONKINOIS, E adj. Du Tonkin (Vietnam).

TONLIEU, X n.m. *Féod.* Impôt sur les marchandises transportées.

TONNAGE n.m.

TONNANT, E adj.

TONNE n.f.

TONNEAU, X n.m.

TONNELAGE n.m. Ce qui concerne la tonnellerie.

TONNELET n.m.

TONNELIER n.m.

TONNELLE n.f. Petit pavillon couvert de verdure.

TONNELLERIE n.f.

TONNER v. **(p.p.inv.) 10.**

TONNERRE n.m. et interj.

TONOGRAPHIE n.f. Enregistrement des variations de la tension oculaire.

TONOLOGIE n.f. *Phon.* Étude des tons.

TONOMÉTRIE n.f. Mesure de la tension oculaire.

TONOMÉTRIQUE adj.

TONSILLAIRE [l] adj. Relatif aux amygdales.

TONSURE n.f.

TONSURER v. **10.**

TONTE n.f. Action de tondre. – Laine qu'on retire en tondant.

TONTINE n.f. *Fin.* Association d'épargnants. – Récipient permettant de transporter un arbuste emmotté.

TONTINER v. **10.** Garnir (une plante) d'une tontine.

TONTINIER, ÈRE adj. *Fin.* Relatif à une tontine.

TONTISSE adj. et n.f. (Bourre) qui provient de la tonture des draps.

TONTON n.m.

TONTURE n.f. Action de couper à ras les poils d'une étoffe.

TONUS n.m.

TOP n.m.

TOPAZE n.f. Pierre précieuse.

TOPER v. **10.** *Sp.* Frapper (une balle) au sommet.

TOPETTE n.f. Fiole longue et étroite.

TOPHACÉ, E adj. Relatif au tophus.

TOPHUS n.m. *Méd.* Dépôt d'urate autour des articulations d'un goutteux.

TOPIAIRE adj. et n.f. (Art de tailler les arbres) selon des formes variées.

TOPINAMBOUR n.m. Tubercule comestible.

TOPIQUE 1. adj. et n.m. (Médicament) à usage externe. 2. n.f. Modèle théorique de représentation du fonctionnement psychique.

TOPLESS adj. Qui a les seins nus.

TOPO n.m. *Fam.* Discours, exposé.

TOPOGRAPHE n.

TOPOGRAPHIE n.f. Représentation sur un plan des formes d'un terrain. – Relief.

TOPOGRAPHIQUE adj.

TOPOGUIDE n.m. Guide topographique pour randonneurs.

TOPOLOGIE n.f. Branche des mathématiques.

TOPOLOGIQUE adj.

TOPOMÉTRIE n.f. Ensemble des opérations nécessaires à la topographie.

TOPOMÉTRIQUE adj.

TOPONYME n.m. *Ling.* Nom de lieu.

TOPONYMIE n.f.

TOPONYMIQUE adj.

TOPONYMISTE n.m. *Ling.* Spécialiste de la toponymie.

TOPPING n.m. Au Scrabble Duplicate, formule de jeu consistant à réaliser une partie optimale en un temps minimum.

TOQUADE n.f. → **tocade.**

TOQUANTE n.f. → **tocante.**

TOQUARD, E adj. et n.m. → **tocard.**

TOQUE n.f.

TOQUÉ, E adj. et n.

TOQUER (SE) v. **10.** Avoir un vif engouement pour.

TOQUET n.m. Petite toque.

TORAH n.f. → **Thora.**

TORAILLER v. **(p.p.inv.) 10 (= torrailler)** *Helv.* Fumer beaucoup.

TORAJA [-dja] adj. D'un peuple d'Indonésie.

TORANA n.m. Portique d'un temple indien.

TORBALL [torbal] n.m. Sorte de football pour non-voyants.

TORCHE n.f.

TORCHER v. **10.**

TORCHÈRE n.f. Vase métallique dans lequel on faisait brûler des matières combustibles pour éclairer.

TORCHIS n.m. Matériau de construction formé de terre et de paille hachée.

TORCHON n.m.

TORCHONNER v. **10.** *Fam.* Bâcler.

TORCOL n.m. **(= torcou)** Oiseau grimpeur à cou très souple.

TORCOU n.m. → **torcol.**

TORDAGE n.m. Action de tordre en corde des fils textiles.

TORDANT, E adj.

TORDEUR, EUSE 1. n. Personne qui tord une matière textile. 2. n.f. Petit papillon.

TORDOIR n.m. Bâton ou garrot pour tordre, serrer une corde.

TORDRE v. **90.**

TORDU, E adj. et n.

TORE n.m. *Arch.* Moulure ronde. – *Math.* Type de surface ou de volume engendré par un cercle qui tourne autour d'un axe ne passant pas par son centre.

TORÉADOR n.m.

TORÉER v. **16.** Combattre (un taureau).

TORERA → **torero.**

TORERO (f. **TORERA**) [toré-] n.

TOREUTIQUE n.f. Art du ciselage et de la sculpture en métal.

TORGNOLE n.f. *Fam.* Gifle.

TORIES → **tory.**

TORII n.m. Portique d'un temple japonais.

TORIL [-l] n.m. Local où les taureaux sont enfermés avant la corrida.

TORIQUE adj. *Math.* En forme de tore.

TORMENTILLE n.f. *Bot.* Rosacée des bois et des prés.

TORNADE n.f.

TOROÏDAL, E, AUX adj. *Math.* Relatif à un tore.

TORON n.m. Cordage fait de plusieurs gros fils tordus ensemble.

TORONNER v. **10.** Assembler (des fils) en toron.

TORONNEUSE n.f. Machine pour tordre les torons d'un câble.

TORONTOIS, E adj. De Toronto (Canada).

TORPÉDO n.f. *Anc.* Automobile décapotable.

TORPEUR n.f.

TORPIDE adj. En état de torpeur. – *Méd.* (Lésion) qui n'évolue pas.

TORPILLAGE n.m.

TORPILLE n.f.

TORPILLER v. **10.**

TORPILLERIE n.f. *Mar.* Soute à torpilles.

TORPILLEUR n.m.

TORQUE n.m. *Archéol.* Collier rigide.

TORR n.m. Unité de pression.

TORRAILLER v. **(p.p.inv.) 10.** → **torailler.**

TORRÉE n.f. *Helv.* Barbecue.

TORRÉFACTEUR n.m.

TORRÉFACTION n.f.

TORRÉFIER v. **15.** Griller (des grains de café).

TORRENT n.m.

TORRENTICOLE adj. *Biol.* Qui vit dans les torrents.

TORRENTIEL, ELLE adj.

TORRENTUEUX, EUSE adj.

TORRIDE adj.

TORS (f. **TORSE** ou **TORTE**) 1. adj. Tordu. 2. n.m. *Text.* Action de tordre les fils.

TORSADE n.f.

TORSADER v. **10.**

TORSE n.m.

TORSEUR n.m. *Math.* Système de vecteurs.

TORSION n.f.

TORT n.m.

TORTE → **tors.**

TORTELLINI n.m. Pâte italienne farcie.

TORTICOLIS n.m.

TORTIL [-l] n.m. Cercle d'or autour duquel s'enroule un collier de perles.

TORTILLA [tortiya] n.f. En Espagne, omelette aux pommes de terre.

TORTILLAGE n.m.

TORTILLARD n.m. *Fam.* Petit train lent, au trajet tortueux.

TORTILLE n.f. Allée étroite et tortueuse.

TORTILLEMENT n.m.

TORTILLER v. **10.**

TORTILLÈRE n.f. → **tortille.**

TORTILLON n.m. Bourrelet qu'on pose sur la tête pour porter un fardeau. – Fuseau de papier enroulé.

TORTIONNAIRE n.

TORTIS [-i] n.m. *Vx.* Assemblage de brins tordus.

TORTONIEN, ENNE n.m. et adj. *Géol.* Étage du miocène.

TORTORER v. **10.** *Fam.*, *Vx.* Manger.

TORTRICIDÉ n.m. Petit papillon, type tordeuse.

TORTU, E 1. adj. Difforme. – Retors. 2. n.f.

TORTUEUSEMENT adv.

TORTUEUX, EUSE adj.

TORTUOSITÉ n.f.

TORTURANT, E adj.

TORTURE n.f.

TORTURER v. **10.**

TORVE adj. (Regard) oblique et menaçant.

TORY (pl. **TORIES** ou **TORYS**) n.m. et adj. Membre du parti conservateur, en Grande-Bretagne.

TORYSME n.m. Opinion, parti des tories.

TOSA n.m. Chien d'attaque japonais.

TOSCAN, E adj. et n.m. De la Toscane (Italie).

TOSQUE n.m. Dialecte albanais.

TOSS n.m. *Sp.* Tirage au sort.

TOSSER v. **(p.p.inv.) 10.** Frapper contre le quai sous l'effet de la houle, en parlant d'un navire.

TÔT adv.

TOTAL, E, AUX adj., n.m. et n.f.

TOTALEMENT adv.

TOTALISANT, E adj. *Philos.* Qui synthétise un grand nombre d'éléments.

TOTALISATEUR, TRICE adj. et n.m.

TOTALISATION n.f.

TOTALISER v. **10.**

TOTALISEUR n.m.

TOTALITAIRE adj.

TOTALITARISME n.m.

TOTALITÉ n.f.

TOTEM n.m. *Anthr.* Animal ou plante considérés comme ancêtres mythiques.

TOTÉMIQUE adj.

TOTÉMISATION n.f.

TOTÉMISER v. **10.** Doter (un scout) du nom d'un totem.

TOTÉMISME n.m. Organisation sociale fondée sur le totem.

TOTIPOTENCE n.f.

TOTIPOTENT, E adj. *Biol.* (Cellule embryonnaire) non différenciée, apte à former des tissus divers.

TOTO n.m. *Arg.* Pou.

TOTON n.m. Petite toupie.

TOTONAQUE adj. D'un peuple d'Amérique précolombienne.

TOUAGE n.m.

TOUAILLE n.f. *Vx.* Essuie-mains suspendu à un rouleau.

TOUAREG (f. **TOUARÈGUE**) adj. et n.m. Relatif à un peuple nomade du Sahara.

TOUARÈGUE → **touareg.**

TOUBAB n.m. *Afr.* Européen, Blanc.

TOUBIB n.

TOUCAN n.m. Oiseau grimpeur vivement coloré.

TOUCHABLE adj.

TOUCHANT, E adj. et prép.

TOUCHAU, X n.m. **(= touchaud, toucheau)** Dispositif permettant de déterminer le titre d'un bijou.

TOUCHAUD n.m. → **touchau.**

TOUCHE n.f.

TOUCHEAU, X n.m. → **touchau.**

TOUCHER v. **10.**

TOUCHER n.m.

TOUCHETTE n.f. Partie d'une guitare qui permet de produire les demi-tons.

TOUCHEUR, EUSE n. *Vx.* Personne qui conduit des bœufs.

TOUCOULEUR adj. et n.m. D'un peuple du Sénégal.

TOUÉE n.f. Longueur du câble qui sert à haler un bateau.

TOUER v. **10.** Remorquer (un bateau).

TOUEUR, EUSE n. et adj. Personne ou bateau qui toue.

TOUFFE n.f.

TOUFFEUR n.f. *Litt.* Atmosphère chaude, suffocante.

TOUFFU, E adj.

TOUILLAGE n.m.

TOUILLE n.f. Lamie (requin).

TOUILLER v. **10.** *Fam.* Remuer, agiter.

TOUILLETTE n.f. *Fam.* Bâtonnet destiné à remuer une boisson.

TOUILLEUR, EUSE adj. et n.

TOUJOURS adv.

TOULADI n.m. *Québ.* Grande truite d'eau douce.

TOULONNAIS, E adj. De Toulon.

TOULOUPE n.f. Pelisse que portent les paysans russes.

TOULOUSAIN, E adj. De Toulouse.

TOUNDRA n.f. Formation végétale discontinue des pays froids.

TOUNGOUSE adj. et n.m. **(= toungouze)** Se dit d'un groupe de langues de l'Asie du Nord.

TOUNGOUZE adj. et n.m. → **toungouse.**

TOUPAYE [-pay] n.m. **(= tupaïa, tupaja)** Mammifère insectivore d'Asie.

TOUPET n.m.

TOUPIE n.f.

TOUPILLAGE n.m.

TOUPILLER v. **10.** Décorer (du bois) de moulures et d'entailles.

TOUPILLEUR, EUSE n.

TOUPILLON n.m. *Litt.* Petite touffe de poils, de plumes.

TOUPIN n.m. *Helv.* Grosse cloche de vache.

TOUPINER v. **(p.p.inv.) 10.** *Vx.* Tourner sur soi comme une toupie.

TOUQUE n.f. Récipient de fer-blanc.

TOUR n.m. et n.f.

TOURACO n.m. Oiseau africain aux couleurs vives.

TOURAILLAGE n.m. Séchage de l'orge germée.

TOURAILLE n.f. Bâtiment où le malteur pratique le touraillage.

TOURAILLON n.m. Germe d'orge séché.

TOURAINE n.m. Vin d'Indre-et-Loire.

TOURANGEAU, TOURANGELLE, TOURANGEAUX adj. De Tours ou de la Touraine.

TOURANGELLE → **tourangeau.**

TOURANIEN, ENNE adj. et n.m. Qui concerne d'anciens peuples de la Russie du Sud et du Turkestan.

TOURBE n.f.

TOURBER v. **10.** Extraire la tourbe. – Sécher (du malt) en brûlant de la tourbe.

TOURBEUX, EUSE adj.

TOURBIER, ÈRE 1. adj. Qui concerne la tourbe. 2. n.f. Marécage où se forme la tourbe.

TOURBILLON n.m.

TOURBILLONNAIRE adj.

TOURBILLONNANT, E adj.

TOURBILLONNER v. **(p.p.inv.) 10.**

TOURD n.m. Poisson méditerranéen de couleurs vives.

TOURDE n.f. Grive.

TOURDILLE adj. (Cheval) gris-jaune.

TOURELLE n.f.

TOURER v. **10.** Préparer (une pâte) pour en faire de la pâte feuilletée.

TOURET n.m. *Techn.* Petit tour.

TOURIE n.f. Récipient de grès.

TOURIER, ÈRE adj. et n. (Religieux d'un couvent) chargé des relations avec l'extérieur.

TOURILLON n.m. *Techn.* Pièce cylindrique. – Cheville.

TOURILLONNER v. **10.** Assembler par des tourillons.

TOURILLONNEUSE n.f. Machine-outil.

TOURIN n.m. Potage à la tomate, dans le sud-ouest de la France.

TOURISME n.m.

TOURISTA n.f. **(= turista)** *Fam.* Diarrhée.

TOURISTE n.

TOURISTIQUE adj.

TOURLOUROU n.m. *Fam., Vx.* Soldat.

TOURMALINE n.f. Pierre fine.

TOURMENT n.m.

TOURMENTANT, E adj.

TOURMENTE n.f.

TOURMENTER v. **10.**

TOURMENTEUR, EUSE n. Bourreau qui torturait. – Persécuteur.

TOURMENTIN n.m. *Mar.* Petit foc.

TOURNAGE n.m.

TOURNAILLER v. **(p.p.inv.) 10.** Tourner sans but précis, rôder.

TOURNAISIEN, ENNE adj. De Tournai (Belgique).

TOURNANT, E adj., n.m. et n.f.

TOURNEBOULER v. **10.** *Fam.* Bouleverser.

TOURNEBRIDE n.m. *Vx.* Hôtellerie près d'un château, réservée aux domestiques et aux chevaux.

TOURNEBROCHE n.m. Rôtissoire. – Marmiton.

TOURNEDOS n.m.

TOURNÉE n.f.

TOURNEMAIN ❙ n.m. *En un tournemain :* en un instant.

TOURNEPIERRE n.m. Oiseau des côtes d'Europe occidentale.

TOURNER v. **10.**

TOURNERIE n.f. Fabrication d'objets tournés en bois.

TOURNESOL n.m.

TOURNETTE n.f. Plateau tournant, sur une scène de théâtre.

TOURNEUR, EUSE adj. et n.

TOURNEVIS n.m.

TOURNICOTER v. **(p.p.inv.) 10.** *Fam.* Tourner dans tous les sens.

TOURNIOLE n.f. *Méd.* Panaris.

TOURNIQUER v. **(p.p.inv.) 10.** Tournicoter.

TOURNIQUET n.m.

TOURNIS [-i] n.m. Vertige.

TOURNISSE n.f. Pièce de charpente.

TOURNOI n.m.

TOURNOIEMENT n.m.

TOURNOIS adj. *Anc.* (Monnaie) frappée à Tours.

TOURNOYANT, E adj.

TOURNOYER v. **(p.p.inv.) 27.**

TOURNURE n.f.

TOURNUS [-s] n.m. *Helv.* Ordre de succession, roulement.

TOURON [tour-on] ou [touron] n.m. Friandise espagnole faite de pâte d'amande.

TOURQUENNOIS, E adj. De Tourcoing.

TOURTE n.f. Tarte, pâté.

TOURTEAU, X n.m. Résidu de graines et de fruits oléagineux qui sert d'alimentation au bétail. - Gros crabe.

TOURTEREAU, X n.m. Jeune tourterelle.

TOURTERELLE n.f.

TOURTIÈRE n.f. Ustensile pour faire cuire des tourtes.

TOUS → **tout.**

TOUSELLE [z] n.f. Blé dont l'épi est dépourvu de barbes.

TOUSSAILLER v. **(p.p.inv.) 10.** Tousser légèrement et fréquemment.

TOUSSAINT n.f. *Rel.* Fête de tous les saints.

TOUSSER v. **(p.p.inv.) 10.**

TOUSSERIE n.f. *Vx.* Toux prolongée.

TOUSSEUR, EUSE adj. et n.

TOUSSOTEMENT n.m.

TOUSSOTER v. **(p.p.inv.) 10.**

TOUT, TOUTE (pl. **TOUS** ou **TOUTS**) adj.indéf., pr.indéf., n.m. et adv.

TOUTEFOIS adv.

TOUTIM ❙ n.m. **(= toutime)** *Arg. Et (tout) le toutim :* et tout le reste.

TOUTIME ❙ n.m. → **toutim.**

TOUTOU n.m.

TOUX n.f.

TOWNSHIP [taounchip] n.m. ou f. Ghetto noir, en Afrique du Sud.

TOXÉMIE n.f. Accumulation de toxines dans le sang.

TOXÉMIQUE adj.

TOXICITÉ n.f.

TOXICO n. *Fam.* Toxicomane.

TOXICODÉPENDANT, E adj. et n.

TOXICODERMIE n.f. → **toxidermie.**

TOXICOLOGIE n.f.

TOXICOLOGIQUE adj.

TOXICOLOGUE n.

TOXICOMANE adj. et n.

TOXICOMANIAQUE adj.

TOXICOMANIE n.f.

TOXICOMANOGÈNE adj.

TOXICOSE n.f. *Méd.* Infection intestinale du nourrisson.

TOXIDERMIE n.f. Lésion cutanée due à un médicament.

TOXINE n.f. Substance toxique élaborée par un organisme vivant.

TOXIQUE adj. et n.m.

TOXOCAROSE n.f. Maladie transmise par les animaux domestiques.

TOXOPLASME n.m. *Biol.* Parasite intracellulaire.

TOXOPLASMOSE n.f.

TRABAN n.m. Hallebardier.

TRABE n.f. Hampe d'un drapeau.

TRABÉCULE n.f. *Anat.* Fin prolongement d'un tissu, faisant saillie dans une cavité.

TRABÉE n.f. *Antiq. rom.* Toge de cérémonie.

TRABENDISTE [-bèndist] n.m. En Algérie, vendeur à la sauvette.

TRABENDO [-bèndô] n.m. En Algérie, contrebande.

TRABOULE n.f. À Lyon, passage étroit entre deux rues.

TRABOULER v. **(p.p.inv.) 10.** Passer par une traboule.

TRAC n.m.

TRAÇABILITÉ n.f. Possibilité de suivre un produit aux différents stades de sa transformation.

TRAÇABLE adj.

TRAÇAGE n.m.

TRAÇANT, E adj.

TRACAS n.m.

TRACASSANT, E adj.

TRACASSER v. **10.**

TRACASSERIE n.f.

TRACASSIER, ÈRE adj. et n.

TRACASSIN n.m. *Fam.* Humeur inquiète et agitée.

TRACE n.f.

TRACÉ n.m.

TRACELET n.m. **(= traceret)** Pointe à tracer.

TRACEMENT n.m.

TRACÉOLOGIE n.f. Étude des traces d'usure laissées sur les outils préhistoriques.

TRACER v. **13.**

TRACERET n.m. → **tracelet.**

TRACEUR, EUSE adj. et n. Qui trace, qui laisse une trace.

TRACHÉAL, E, AUX [k] adj. *Anat.* Relatif à la trachée.

TRACHÉE [ch] n.f. *Anat., Zool.* Partie de l'appareil respiratoire.

TRACHÉEN, ENNE [k] adj. *Zool.* Relatif à la trachée.

TRACHÉIDE [k] n.f. *Bot.* Organe conducteur de la sève des conifères.

TRACHÉITE [k] n.f.

TRACHÉOPHYTE [k] n.f. Plante vasculaire.

TRACHÉOSTOMIE [k] n.f. Type de trachéotomie.

TRACHÉOTOMIE [k] n.f. Ouverture de la trachée destinée à éviter l'asphyxie.

TRACHÉOTOMISER [k] v. **10.**

TRACHOME [k] n.m. Conjonctivite contagieuse.

TRACHYTE [k] n.m. Roche volcanique.

TRACHYTIQUE [k] adj.

TRACKER [-eur] n.m. Produit financier indexé sur un indice boursier.

TRACLET n.m. **(= traquelet)** *Helv., Fam.* Petit train.

TRAÇOIR n.m. → **tracelet.**

TRACT n.m.

TRACTABLE adj.

TRACTAGE n.m.

TRACTANDA n.m. *Helv.* Ordre du jour.

TRACTATION n.f.

TRACTER v. **10.**

TRACTEUR, TRICE adj. et n.m.

TRACTIF, IVE adj. Qui exerce une traction.

TRACTION n.f.

TRACTIONNAIRE n.m. *Ch. de f.* Agent du service de la traction.

TRACTOPELLE n.f. Tracteur équipé d'une pelle mécanique.

TRACTORISTE n. Conducteur d'un tracteur.

TRACTUS n.m. *Anat.* Ensemble de fibres ou d'organes qui se font suite.

TRADER [trèdeur] n.m. **(= tradeur)** *Fin.* Négociateur.

TRADESCANTIA [tradèsk-an-sya] n.m. Plante ornementale.

TRADEUR, EUSE [trèdeur] n. → **trader.**

TRADING [trèding] n.m. *Fin.* Activité du trader.

TRADIPRATICIEN, ENNE n. Médecin traditionnel.

TRADITEUR n.m. *Antiq. rom.* Chrétien qui livrait aux autorités les livres et les vases sacrés pour échapper à la mort.

TRADITION n.f.

TRADITIONALISME n.m.

TRADITIONALISTE adj. et n.

TRADITIONNAIRE adj. et n. (Juif) faisant appel au Talmud pour interpréter la Bible.

TRADITIONNEL, ELLE adj.

TRADITIONNISTE n.m. *Afr.* Personne qui transmet la tradition.

TRADUCTEUR, TRICE n.

TRADUCTION n.f.

TRADUIRE v. **135.**

TRADUISIBLE adj.

TRAFALGAR n.m. Événement catastrophique.

TRAFIC n.m.

TRAFICOTAGE n.m.

TRAFICOTER v. **10.**

TRAFICOTEUR, EUSE n.

TRAFIQUANT, E n.

TRAFIQUER v. **10.**

TRAFIQUEUR, EUSE n.

TRAGÉDIE n.f.

TRAGÉDIEN, ENNE n.

TRAGICOMÉDIE n.f.

TRAGICOMIQUE adj.

TRAGIQUE adj. et n.m.

TRAGIQUEMENT adv.

TRAGULIDÉ n.m. Ruminant primitif sans cornes.

TRAGUS [-s] n.m. Saillie située en avant de l'orifice auditif externe.

TRAHIR v. **40.**

TRAHISON n.f.

TRAIL [trèyl] n.m. Moto tout terrain.

TRAILLE n.f. Bac solidaire d'un câble, qui traverse un fleuve sous l'action du courant.

TRAIN n.m.

TRAÎNAGE n.m.

TRAÎNAILLER v. **10.** Traîner (quelque chose).

TRAÎNANT, E adj.

TRAÎNARD, E n.

TRAÎNASSER v. **10.** Traînailler.

TRAÎNE n.f.

TRAÎNEAU, X n.m.

TRAÎNÉE n.f.

TRAÎNEMENT n.m.

TRAÎNER v. **10.**

TRAÎNERIE n.f. *Québ.* Objet laissé à la traîne.

TRAÎNEUR, EUSE n.

TRAINGLOT n.m. **(= tringlot)** *Fam.* Militaire affecté au matériel de transport.

TRAINING [trèning] n.m.

TRAINTRAIN n.m. **(= trantran).**

TRAIRE v. déf. **121.**

TRAIT, TRAITE adj., n.m. et n.f.

TRAITABLE adj.

TRAITANT, E adj.

TRAITÉ n.m.

TRAITEMENT n.m.

TRAITER v. **10.**

TRAITEUR n.m.

TRAÎTRE, TRAÎTRESSE adj. et n.

TRAÎTRESSE → **traître.**

TRAÎTREUSEMENT adv.

TRAÎTRISE n.f.

TRAJECTOGRAPHIE n.f. Étude de la trajectoire d'un engin spatial ou d'un missile.

TRAJECTOIRE n.f.

TRAJET n.m.

TRALALA n.m. *Fam.* Luxe voyant, affecté.

TRÂLÉE n.f. Grand nombre.

TRALUIRE v. **(p.p.inv.) 137.** *Helv.* Devenir translucide, en parlant du raisin qui mûrit.

TRAM n.m.

TRAMAGE n.m.

TRAMAIL n.m. **(= trémail)** Filet de pêche formé de trois réseaux superposés.

TRAME n.f.

TRAMELOT n.m. *Helv.* Traminot.

TRAMER v. **10.**

TRAMEUR, EUSE n. *Text.* Ouvrier qui dispose les fils de trame.

TRAMINER [-èr] n.m. Vin d'Alsace.

TRAMINOT n.m. Employé de tramway.

TRAMONTANE n.f. Vent du nord-ouest, soufflant sur le Languedoc.

TRAMP [tr-an-p] n.m. Cargo qui navigue au hasard des affrètements.

TRAMPING n.m. Navigation pratiquée par les tramps.

TRAMPOLINE n.m. *Sp.* Toile tendue sur des ressorts et qui permet d'effectuer des sauts.

TRAMPOLINISTE n.

TRAMWAY [-wè] n.m.

TRANCHAGE n.m.

TRANCHANT, E adj. et n.m.

TRANCHE n.f.

TRANCHÉ, E adj. et n.f.

TRANCHEFIL n.m. Chaînette de métal placée à l'extrémité d'un mors.

TRANCHEFILE n.f. Galon brodé, collé au dos d'un livre relié.

TRANCHEFILER v. **10.**

TRANCHELARD n.m. Couteau à lame très longue.

TRANCHER v. **10.**

TRANCHET n.m. Lame qui sert à couper le cuir.

TRANCHEUR, EUSE n.

TRANCHOIR n.m. Couteau pour trancher.

TRANQUILLE adj.

TRANQUILLEMENT adv.

TRANQUILLISANT, E adj. et n.m.

TRANQUILLISER v. **10.**

TRANQUILLITÉ n.f.

TRANS [-s] adj. *Chim.* Relatif à la configuration spatiale d'un isomère.

TRANSACTINIDE n.m. Élément chimique radioactif.

TRANSACTION n.f.

TRANSACTIONNEL, ELLE adj.

TRANSAFRICAIN, E adj. Qui traverse l'Afrique.

TRANSALPIN, E adj. Situé au-delà des Alpes.

TRANSAMAZONIEN, ENNE adj. Qui traverse l'Amazonie.

TRANSAMINASE n.f. Enzyme.

TRANSANDIN, E adj. Qui traverse les Andes.

TRANSAT n.m. et n.f.

TRANSATLANTIQUE adj. et n.m.

TRANSBAHUTER v. **10.**

TRANSBORDEMENT n.m.

TRANSBORDER v. **10.**

TRANSBORDEUR adj.m. et n.m.

TRANSCANADIEN, ENNE adj. Qui traverse le Canada.

TRANSCASPIEN, ENNE adj. Situé au-delà de la mer Caspienne.

TRANSCAUCASIEN, ENNE adj. Situé au-delà du Caucase.

TRANSCENDANCE n.f.

TRANSCENDANT, E adj.

TRANSCENDANTAL, E, AUX adj.

TRANSCENDER v. **10.** *Philos.* Dépasser.

TRANSCODAGE n.m.

TRANSCODER v. **10.** Traduire dans un code différent.

TRANSCODEUR n.m.

TRANSCONTENEUR n.m. Navire qui transporte des containers.

TRANSCRIPTASE n.f. *Biochim.* Enzyme.

TRANSCRIPTEUR, TRICE n.

TRANSCRIPTION n.f.

TRANSCRIRE v. **130.**

TRANSCULTUREL, ELLE adj. Qui concerne les relations entre plusieurs cultures.

TRANSCUTANÉ, E adj.

TRANSDERMIQUE adj. Transcutané.

TRANSDUCTEUR n.m. Système qui transforme une grandeur physique donnée en une autre.

TRANSDUCTION n.f. Transformation d'une énergie en une énergie différente.

TRANSE n.f.

TRANSEPT [-sèpt] n.m. Galerie d'une église qui forme les bras de la croix.

TRANSEUROPÉEN, ENNE adj.

TRANSFECTION n.f. Production expérimentale d'un virus par infection d'une cellule.

TRANSFÉRABILITÉ n.f. Convertibilité d'une monnaie.

TRANSFÉRABLE adj.

TRANSFÉRASE n.f. Enzyme.

TRANSFÈREMENT n.m.

TRANSFÉRENTIEL, ELLE adj.

TRANSFÉRER v. **12.**

TRANSFERRINE n.f. *Biochim.* Protéine qui transporte le fer dans le sang.

TRANSFERT n.m.

TRANSFIGURATEUR, TRICE adj.

TRANSFIGURATION n.f.

TRANSFIGURER v. **10.**

TRANSFILER v. **10.** *Mar.* Joindre (deux morceaux de toile) bord à bord.

TRANSFINI, E adj. *Math. Nombre transfini :* nombre imaginé pour dénombrer les ensembles infinis.

TRANSFIXION n.f. *Chir.* Technique d'amputation.

TRANSFO n.m. *Fam.* Transformateur.

TRANSFORMABLE adj.

TRANSFORMANTE adj.f. *Géol.* (Faille) le long de laquelle deux plaques glissent l'une sur l'autre.

TRANSFORMATEUR, TRICE adj. et n.m.

TRANSFORMATION n.f.

TRANSFORMER v. **10.**

TRANSFORMISME n.m. *Biol.* Évolutionnisme.

TRANSFORMISTE adj. et n.

TRANSFRONTALIER, ÈRE adj.

TRANSFUGE n.

TRANSFUSER v. **10.** Injecter (le sang d'un donneur) à un malade.

TRANSFUSEUR n.m. Appareil qui permet la transfusion.

TRANSFUSION n.f.

TRANSFUSIONNEL, ELLE adj.

TRANSGÈNE n.m. Gène ajouté au patrimoine génétique.

TRANSGENÈSE n.f. Introduction d'un gène dans un ovule.

TRANSGÉNIQUE adj. (Être vivant) chez lequel on a introduit du matériel génétique supplémentaire.

TRANSGÉNOSE n.f. → **transgenèse.**

TRANSGENRE adj. et n. Relatif au transsexualisme ou au travestisme.

TRANSGRESSER v. **10.** Enfreindre (un ordre, une loi).

TRANSGRESSEUR n.m.

TRANSGRESSIF, IVE adj.

TRANSGRESSION n.f.

TRANSHORIZON ▌adj. (Radar) dont la portée n'est pas limitée par l'horizon.

TRANSHUMANCE n.f.

TRANSHUMANT, E adj.

TRANSHUMER v. **10.** Déplacer (un troupeau) selon la saison.

TRANSI, E adj.

TRANSIGER v. **(p.p.inv.) 17.**

TRANSILIEN ▌n.m. (Nom déposé) Service régional de transport de la SNCF en Île-de-France.

TRANSIR v. **40.**

TRANSISTOR n.m.

TRANSISTORISER v. **10.**

TRANSIT n.m.

TRANSITAIRE adj. et n.

TRANSITER v. **10.** Faire passer (des marchandises) en transit.

TRANSITIF, IVE adj.

TRANSITION n.f.

TRANSITIONNEL, ELLE adj.

TRANSITIVEMENT adv.

TRANSITIVITÉ n.f.

TRANSITOIRE adj.

TRANSITOIREMENT adv.

TRANSJURAN, E adj. Situé au-delà du Jura.

TRANSLATER v. **10.** Faire passer d'un lieu dans un autre.

TRANSLATEUR n.m. Partie d'un récepteur qui restitue un texte à partir des signaux reçus.

TRANSLATIF, IVE adj. *Dr.* Qui transfère une chose, un droit.

TRANSLATION n.f. Transfert.

TRANSLITÉRATION n.f.

TRANSLITÉRER v. **12.** Faire correspondre (un signe d'une écriture) à un signe d'une autre écriture.

TRANSLITTÉRER v. **12.** → **translitérer.**

TRANSLOCATION n.f. Aberration chromosomique.

TRANSLUCIDE adj.

TRANSLUCIDITÉ n.f.

TRANSLUMINAL, E, AUX adj. *Méd. Angioplastie transluminale :* technique de dilatation des sténoses artérielles.

TRANSMANCHE ❙ adj. Qui traverse la Manche.

TRANSMETTEUR (f. **TRANSMETTEUSE** ou **TRANSMETTRICE**) n.

TRANSMETTRE v. **101.**

TRANSMIGRATION n.f.

TRANSMIGRER v. **(p.p.inv.) 10.** Émigrer. – Passer d'un corps dans un autre, en parlant d'une âme.

TRANSMISSIBLE adj.

TRANSMISSION n.f.

TRANSMODULATION n.f. Déformation d'un signal radioélectrique.

TRANSMUABLE adj.

TRANSMUER v. **10 (= transmuter)** Changer (un métal vulgaire) en métal noble, par alchimie.

TRANSMUTABILITÉ n.f.

TRANSMUTABLE adj.

TRANSMUTANT, E adj. (Noyau atomique) qui se transforme en un autre.

TRANSMUTATION n.f.

TRANSMUTER v. **10.** → **transmuer.**

TRANSNATIONAL, E, AUX adj. International.

TRANSNEPTUNIEN, ENNE adj. (Objet céleste) dont l'orbite est au-delà de celle de Neptune.

TRANSOCÉANIEN, ENNE adj. Situé au-delà de l'océan.

TRANSOCÉANIQUE adj. → **transocéanien.**

TRANSPADAN, E adj. Situé au-delà du Pô (Italie).

TRANSPALETTE n.m. Petit chariot de manutention.

TRANSPARAÎTRE v. **(p.p.inv.) 102.**

TRANSPARENCE n.f.

TRANSPARENT, E adj. et n.m.

TRANSPERCEMENT n.m.

TRANSPERCER v. **13.**

TRANSPHRASTIQUE adj. *Ling.* Qui concerne le texte (ensemble constitué d'une suite de phrases).

TRANSPIRANT, E adj.

TRANSPIRATION n.f.

TRANSPIRER v. **10.** Exhaler (un liquide) par transpiration.

TRANSPLANT n.m. Organe qui doit être transplanté.

TRANSPLANTABLE adj.

TRANSPLANTATION n.f.

TRANSPLANTEMENT n.m.

TRANSPLANTER v. **10.**

TRANSPLANTEUR adj.m. et n.m.

TRANSPLANTOIR n.m. Outil qui sert à transplanter.

TRANSPOLAIRE adj. Qui passe par le pôle.

TRANSPONDEUR n.m. Récepteur-émetteur automatique.

TRANSPORT n.m.

TRANSPORTABLE adj.

TRANSPORTATION n.f. Déportation pénale.

TRANSPORTER v. **10.**

TRANSPORTEUR, EUSE adj. et n.m.

TRANSPOSABLE adj.

TRANSPOSER v. **10.**

TRANSPOSITEUR, TRICE adj. et n. *Mus.* (Instrument) qui transpose dans différents tons.

TRANSPOSITION n.f.

TRANSPOSON n.m. Élément génétique pouvant se déplacer à l'intérieur des chromosomes.

TRANSPYRÉNÉEN, ENNE adj.

TRANSRHÉNAN, E adj.

TRANSSAHARIEN, ENNE adj.

TRANSSEXUALISME n.m.

TRANSSEXUALITÉ n.f.

TRANSSEXUEL, ELLE adj. et n. Qui est persuadé d'appartenir au sexe opposé.

TRANSSIBÉRIEN, ENNE adj. et n.m.

TRANSSONIQUE adj. (Vitesse) voisine de celle du son.

TRANSSTOCKEUR n.m. Portique roulant qui sert à la manutention.

TRANSSUDAT n.m. *Méd.* Liquide proche du plasma, qui suinte au niveau d'une muqueuse.

TRANSSUDATION n.f.

TRANSSUDER v. **10.** Transpirer, émettre par transpiration.

TRANSTÉVÉRIN, E adj. *Antiq. rom.* (Quartier de Rome) situé sur la rive droite du Tibre.

TRANSURANIEN, ENNE adj. (Élément chimique) de numéro atomique supérieur à celui de l'uranium.

TRANSVASEMENT n.m.

TRANSVASER v. **10.**

TRANSVERSAL, E, AUX adj. et n.f.

TRANSVERSALITÉ n.f.

TRANSVERSE adj. Placé transversalement par rapport à l'axe du corps.

TRANSVESTISME n.m. → **travestisme.**

TRANSVIDER v. **10.** Transvaser.

TRANSYLVAIN, E adj. De la Transylvanie (Roumanie).

TRANSYLVANIEN, ENNE adj. → **transylvain.**

TRANTRAN n.m. → **traintrain.**

TRAPÈZE n.m.

TRAPÉZISTE n.

TRAPÉZOÈDRE n.m. Solide à faces trapézoïdales.

TRAPÉZOÏDAL, E, AUX adj. En forme de trapèze.

TRAPÉZOÏDE adj. et n.m. (Os du carpe) qui ressemble à un trapèze.

TRAPILLON n.m. **(= trappillon)** Ouverture dans le plancher de la scène, par où montent les décors.

TRAPP n.m. *Géol.* Plateau formé par des entassements de coulées de laves basaltiques.

TRAPPE n.f.

TRAPPER v. **10.** *Québ.* Chasser (les animaux à fourrure).

TRAPPEUR, EUSE n.

TRAPPILLON n.m. → **trapillon.**

TRAPPISTE n.m. Religieux appartenant à l'ordre de la Trappe.

TRAPPISTINE n.f. Religieuse appartenant à l'ordre de la Trappe.

TRAPU, E adj.

TRAQUE n.f.

TRAQUELET n.m. → **traclet.**

TRAQUENARD n.m.

TRAQUER v. **10.**

TRAQUET n.m. Passereau insectivore.

TRAQUEUR, EUSE n.

TRASH n.m. et adj. *Fam.* Tendance à utiliser le mauvais goût pour provoquer.

TRATTORIA n.f. Petit restaurant, en Italie.

TRAUMA n.m. Traumatisme.

TRAUMATIQUE adj.

TRAUMATISANT, E adj.

TRAUMATISER v. **10.**

TRAUMATISME n.m.

TRAUMATOLOGIE n.f.

TRAUMATOLOGIQUE adj.

TRAUMATOLOGISTE n.

TRAUMATOLOGUE n.

TRAVAIL, TRAVAUX n.m.

TRAVAIL, S n.m. Appareil avec lequel on immobilise un grand animal quand on le ferre ou le soigne.

TRAVAILLANT, E n. et adj. *Québ.* Ouvrier.

TRAVAILLER v. **10.**

TRAVAILLEUR, EUSE adj. et n.

TRAVAILLISME n.m. Mouvement politique anglais qui s'inspire du socialisme.

TRAVAILLISTE adj. et n.

TRAVAILLOTER v. **(p.p.inv.) 10.** *Fam.* Travailler peu.

TRAVAUX → **travail.**

TRAVÉE n.f. Rangée de bancs.

TRAVELAGE n.m. Ensemble des traverses d'une voie ferrée.

TRAVELING n.m. **(= travelling)** *Cin.* Déplacement de la caméra.

TRAVELLER [travleur] n.m. *Fam.* Chèque de voyage.

TRAVELLING n.m. → **traveling.**

TRAVELO n.m. *Fam.* Travesti.

TRAVERS n.m.

TRAVERSABLE adj.

TRAVERSANT, E adj. et n.m. *Helv.* (Appartement) qui donne sur les deux faces opposées d'un immeuble.

TRAVERSE n.f.

TRAVERSÉE n.f.

TRAVERSER v. **10.**

TRAVERSIER, ÈRE 1. adj. Qui traverse. – Disposé en travers. 2. n.m. *Québ.* Bac.

TRAVERSIN n.m. Coussin long et cylindrique.

TRAVERSINE n.f. Traverse d'une clôture.

TRAVERTIN n.m. Roche calcaire.

TRAVESTI, E adj. et n.m.

TRAVESTIR v. **40.** Déguiser.

TRAVESTISME n.m. Adoption de vêtements et d'habitudes du sexe opposé.

TRAVESTISSEMENT n.m.

TRAVIOLE | (DE) loc. *Fam.* De travers.

TRAX n.m. *Helv.* Bulldozer.

TRAYEUR, EUSE n.

TRAYON n.m. Extrémité du pis.

TRÉBUCHANT, E adj. Chancelant. – *Vx.* (Monnaie) qui a le bon poids.

TRÉBUCHEMENT n.m.

TRÉBUCHER v. **10.** Perdre l'équilibre. – Peser au trébuchet.

TRÉBUCHET n.m. Piège pour petits oiseaux. – Petite balance de précision.

TRÉCHEUR n.m. **(= trescheur)** *Hér.* Orle étroit figurant une tresse.

TRÉFILAGE n.m.

TRÉFILER v. **10.** *Mét.* Réduire (la section d'un fil) par traction à travers une filière.

TRÉFILERIE n.f.

TRÉFILEUR, EUSE n.

TRÈFLE n.m.

TRÉFLÉ, E adj. En forme de trèfle.

TRÉFLERIE n.f. **(= tréflière)** Champ de trèfle.

TRÉFLIÈRE n.f. → **tréflerie.**

TRÉFONCIER, ÈRE adj. *Dr.* Relatif à la redevance due au propriétaire du sol par l'exploitant d'une mine.

TRÉFONDS n.m. Ce qui est au-dessous du sol. – Ce qu'il y a de plus profond, de plus secret.

TRÉGOROIS, E adj. **(= trégorrois)** De Tréguier ou du Trégor (Bretagne).

TRÉGORROIS, E adj. → **trégorois.**

TRÉHALOSE n.m. Sucre de certains champignons.

TREILLAGE n.m.

TREILLAGER v. **17.** Entourer d'un treillage.

TREILLAGEUR n.m.

TREILLAGISTE n.m.

TREILLE n.f. Vigne qui s'élève contre un treillage.

TREILLIS n.m.

TREILLISSER v. **10.** Couvrir d'un treillis.

TREIZE **|** adj.num.card.

TREIZIÈME adj.num.ord.

TREIZIÈMEMENT adv.

TREIZISTE n. Joueur de rugby à treize.

TREK n.m. Randonnée pédestre en haute montagne.

TREKKEUR, EUSE n.

TREKKING n.m. → **trek.**

TRÉLINGAGE n.m. *Mar.* Gros filin.

TRÉMA n.m.

TRÉMAIL n.m. → **tramail.**

TRÉMATAGE n.m.

TRÉMATER v. **10.** Dépasser (un bateau) sur un cours d'eau.

TRÉMATODE n.m. Ver parasite.

TREMBLAIE n.f. Lieu planté de trembles.

TREMBLANT, E adj. et n.f.

TREMBLE n.m. Peuplier.

TREMBLÉ, E adj. Tracé par une main tremblante.

TREMBLEMENT n.m.

TREMBLER v. **10.**

TREMBLEUR, EUSE adj. et n.

TREMBLOTANT, E adj.

TREMBLOTE n.f.

TREMBLOTEMENT n.m.

TREMBLOTER v. **(p.p.inv.) 10.**

TRÉMELLE n.f. Champignon gélatineux apparaissant sur les branches mortes.

TRÉMIE n.f. *Techn.* Réservoir en forme de pyramide renversée.

TRÉMIÈRE adj.f. *Rose trémière* : variété de guimauve.

TRÉMOLITE n.f. Silicate naturel.

TRÉMOLO n.m. Répétition d'un même son avec un violon. – Tremblement de la voix.

TRÉMOUSSEMENT n.m.

TRÉMOUSSER (SE) v. **10.**

TREMPABILITÉ n.f. Aptitude d'un alliage à subir la trempe.

TREMPAGE n.m.

TREMPE n.f. *Mét.* Traitement thermique. – Valeur, qualité d'âme.

TREMPER v. **10.**

TREMPETTE n.f.

TREMPEUR n.m. et adj.m. Ouvrier qui trempe l'acier, le papier.

TREMPLIN n.m.

TRÉMULANT, E adj. et n.

TRÉMULATION n.f.

TRÉMULER v. **10.** *Litt.* Trembler. – Agiter.

TRÉNAIL n.m. Cheville utilisée dans la pose des voies de chemin de fer.

TRENCH [trènch] n.m. Vêtement imperméable.

TREND [trènd] n.m. *Écon.* Tendance à long terme.

TRENTAIN n.m. Série de trente messes dites pour un défunt.

TRENTAINE n.f.

TRENTE **|** adj.num.card.

TRENTENAIRE adj. Qui dure trente ans, qui existe depuis trente ans.

TRENTIÈME adj.num.ord.

TRENTIN, E adj. De Trente ou du Trentin (Italie).

TRÉPAN n.m. Instrument de chirurgie. – Outil pour forer.

TRÉPANATION n.f.

TRÉPANER v. **10.**

TRÉPANG [trép-an] n.m. **(= tripang)** Animal marin utilisé dans la cuisine chinoise.

TRÉPAS n.m.

TRÉPASSER v. **10.** *Être trépassé* : être décédé.

TRÉPHOCYTE n.m. *Méd.* Leucocyte qui produit des tréphones.

TRÉPHONE n.f. *Biol.* Substance nourricière active des extraits embryonnaires.

TRÉPIDANT, E adj.

TRÉPIDATION n.f.

TRÉPIDER v. **(p.p.inv.) 10.** Être agité de petites secousses rapides.

TRÉPIED n.m.

TRÉPIGNEMENT n.m.

TRÉPIGNER v. **10.** Frapper le sol des pieds. – Piétiner.

TRÉPIGNEUSE n.f. *Agr.* Manège à plan incliné actionné par des chevaux.

TRÉPOINTE n.f. Bande de cuir souple servant de renfort.

TRÉPONÉMATOSE n.f.

TRÉPONÈME n.m. Bactérie pathogène.

TRÈS adv.

TRÉSAILLE n.f. Pièce de bois qui maintient les ridelles d'une charrette.

TRESCHEUR n.m. → **trécheur.**

TRÉSOR n.m.

TRÉSORERIE n.f.

TRÉSORIER, ÈRE n.

TRESSAGE n.m.

TRESSAILLEMENT n.m.

TRESSAILLIR v. **(p.p.inv.) 48.**

TRESSAUTEMENT n.m.

TRESSAUTER v. **(p.p.inv.) 10.** Tressaillir vivement.

TRESSE n.f.

TRESSER v. **10.**

TRESSEUR, EUSE n.

TRÉTEAU, X n.m.

TREUIL n.m.

TREUILLAGE n.m.

TREUILLER v. **10.** Déplacer au moyen d'un treuil.

TRÊVE n.f.

TRÉVIRE n.f. *Mar.* Cordage servant à la manutention de charges cylindriques.

TRÉVIRER v. **10.** Déplacer à l'aide de trévires.

TRÉVISAN, E adj. De Trévise (Italie).

TRÉVISE n.f. Chicorée rouge.

TRI n.m.

TRIACIDE n.m. *Chim.* Corps qui a trois fonctions acide.

TRIADE n.f. Groupe de trois. – Société secrète chinoise criminelle.

TRIADIQUE adj.

TRIAGE n.m.

TRIAIRE n.m. *Antiq. rom.* Soldat de la légion combattant en troisième ligne.

TRIAL, S n.m. Sport motocycliste sur tous terrains.

TRIALCOOL n.m. → **triol.**

TRIALISTE n. Sportif qui pratique le trial.

TRIALLE n.f. Petit mollusque bivalve (donax).

TRIAMCINOLONE n.f. Anti-inflammatoire puissant.

TRIANDINE n.f. *Helv.* Fourche.

TRIANDRIE n.f. Caractère d'une plante ayant trois étamines.

TRIANGLE n.m.

TRIANGULAIRE adj.

TRIANGULATION n.f.

TRIANGULER v. **10.** Partager (une surface terrestre) en triangles, pour effectuer un relevé topographique.

TRIAS [-s] n.m. *Géol.* Première période du mésozoïque.

TRIASIQUE adj.

TRIATHLÈTE n. Sportif qui pratique le triathlon.

TRIATHLON n.m. *Sp.* Compétition comportant trois épreuves.

TRIATHLONIEN, ENNE n. → **triathlète.**

TRIATOMIQUE adj. Dont la molécule est formée de trois atomes.

TRIAZINE n.f. *Chim.* Composé azoté.

TRIBADE n.f. *Litt.* Lesbienne.

TRIBADISME n.m.

TRIBAL, E (pl. **TRIBALS** ou **TRIBAUX**) adj.

TRIBALISME n.m. Organisation sociale par tribus.

TRIBALISTE adj.

TRIBALLE n.f. Instrument avec lequel les fourreurs battent les peaux.

TRIBALLER v. **10.** Passer (les peaux) à la triballe.

TRIBART n.m. Collier de bâtons fixé au cou d'animaux pour les empêcher de traverser les haies.

TRIBASIQUE adj. *Chim.* Qui a trois fonctions base.

TRIBOÉLECTRIQUE adj. Dont l'électricité statique est produite par frottement.

TRIBOLOGIE n.f. Science et technologie des frottements.

TRIBOLOGIQUE adj.

TRIBOMÈTRE n.m. Instrument qui mesure les forces de frottement.

TRIBOMÉTRIE n.f.

TRIBORD n.m. Côté droit du navire, en regardant vers l'avant.

TRIBORDAIS n.m. Marin de la bordée de tribord.

TRIBOULET n.m. Tige dont se sert le bijoutier pour mesurer le diamètre d'une bague.

TRIBRAQUE n.m. En prosodie antique, pied formé de trois brèves.

TRIBU n.f.

TRIBULATION n.f.

TRIBUN n.m.

TRIBUNAL, AUX n.m.

TRIBUNAT n.m. *Antiq. rom.* Charge de tribun.

TRIBUNE n.f.

TRIBUNITIEN, ENNE [-sy-in] adj. Du tribun.

TRIBUT n.m.

TRIBUTAIRE adj.

TRIBUTE adj. *Antiq. rom. Comices tributes :* comices où les citoyens délibéraient par tribus.

TRIBUTYRINE n.f. *Chim.* Matière grasse du beurre.

TRIC n.m. **(= trick)** Au bridge, le septième pli et les suivants.

TRICALCIQUE adj. Qui renferme trois atomes de calcium.

TRICARBOXYLIQUE adj. *Biochim.* Relatif à un cycle fondamental de réactions métaboliques.

TRICARD, E n. **(= triquard)** *Arg.* Interdit de séjour.

TRICENNAL, E, AUX adj. De trente ans.

TRICENTENAIRE adj. et n.m.

TRICÉPHALE adj.

TRICEPS n.m. et adj. Muscle ayant trois faisceaux à son extrémité.

TRICÉRATOPS [-tops] n.m. Reptile fossile à trois cornes.

TRICHE n.f.

TRICHER v. **10.** *Vx.* Tromper.

TRICHERIE n.f.

TRICHEUR, EUSE n.

TRICHIASIS [trikyazis] n.m. *Méd.* Déviation de l'implantation des cils.

TRICHINAL, E, AUX [k] adj.

TRICHINE [k] n.f. Ver parasite de l'homme et du porc.

TRICHINÉ, E [k] adj. (Organe) envahi de trichines.

TRICHINEUX, EUSE [k] adj. (Animal) atteint de trichinose.

TRICHINOSE [k] n.f.

TRICHITE [k] n.f. Groupe de fins cristaux.

TRICHIURIDÉ [k] n.m. Poisson, type sabre.

TRICHLO [k] n.m. *Fam.* Solvant.

TRICHLORURE [k] n.m. *Chim.* Composé contenant trois atomes de chlore.

TRICHOCÉPHALE [k] n.m. Ver parasite.

TRICHOCÉPHALOSE [k] n.f. Maladie causée par le trichocéphale.

TRICHOGRAMME [k] n.m. Insecte parasite du ver de la pomme.

TRICHOLOGIE [k] n.f. Étude des cheveux et des poils.

TRICHOLOME [k] n.m. Champignon à lames.

TRICHOMA [k] n.m. **(= trichome)** Feutrage des cheveux.

TRICHOME [k] n.m. → **trichoma.**

TRICHOMONAS [trikomonas] n.m. Parasite vaginal et intestinal.

TRICHOPHYTIE [k] n.f. Maladie causée par le trichophyton.

TRICHOPHYTON [k] n.m. Champignon qui provoque des mycoses et la teigne.

TRICHOPTÈRE [k] n.m. Insecte à larve aquatique.

TRICHROME adj. (Image) dont les teintes sont obtenues à l'aide des trois couleurs primaires.

TRICHROMIE n.f.

TRICK n.m. → **tric.**

TRICKSTER [-eur] n.m. Personnage mythologique qui dérange l'ordre établi.

TRICLINIQUE adj. (Cristal) ne possédant pas d'axe de symétrie.

TRICLINIUM n.m. *Antiq. rom.* Lit à trois places. - Chambre à trois lits.

TRICOISES n.f.pl. Tenailles utilisées par le maréchal-ferrant.

TRICOLER v. **(p.p.inv.) 10.** En Acadie, tituber.

TRICOLORE adj. et n.

TRICÔNE n.m. Trépan de sondage à trois molettes dentées.

TRICONTINENTAL, E, AUX adj. Qui concerne l'Afrique, l'Asie et l'Amérique latine.

TRICORNE n.m.

TRICORPS adj. et n.m. (Voiture) à trois volumes : moteur, habitacle et coffre.

TRICOT n.m.

TRICOTAGE n.m.

TRICOTER v. **10.**

TRICOTETS [-tè] n.m.pl. Danse ancienne, gaie et rapide.

TRICOTEUR, EUSE n.

TRICOTIN n.m. Petite bobine qui permet de tricoter.

TRICOUNI n.m. (Nom déposé) Clou antidérapant fixé sur les chaussures d'alpiniste.

TRICOURANT I adj. Qui fonctionne sur trois types de courant.

TRICTRAC n.m. Jeu qui est l'ancêtre du jacquet et du backgammon.

TRICUSPIDE adj. (Valvule du cœur) composée de trois valves triangulaires.

TRICYCLE n.m.

TRICYCLIQUE adj. (Hydrocarbure) à trois cycles benzéniques.

TRIDACNE n.m. Mollusque bivalve géant.

TRIDACTYLE adj. *Zool.* Qui a trois doigts.

TRIDENT n.m.

TRIDENTÉ, E adj.

TRIDENTIN, E adj. Relatif au concile de Trente.

TRIDI n.m. Troisième jour de la décade, dans le calendrier républicain.

TRIDIMENSIONNEL, ELLE adj.

TRIÈDRE adj. et n.m. *Math.* Qui a trois faces.

TRIENNAL, E, AUX adj. Qui dure trois ans. – Qui revient tous les trois ans.

TRIENNAT n.m. Espace de trois ans.

TRIER v. **15.**

TRIÉRARQUE n.m. Commandant d'une trière.

TRIÈRE n.f. **(= trirème)** *Antiq. gr.* Navire de guerre à trois rangs de rameurs superposés.

TRIESTER [trièstèr] n.m. *Chim.* Corps à trois fonctions ester.

TRIESTIN, E adj. De Trieste (Italie).

TRIEUR, EUSE n.

TRIFIDE adj. *Bot.* Divisé en trois lobes.

TRIFLUVIEN, ENNE adj. De Trois-Rivières (Québec).

TRIFOLIÉ, E adj. (Feuille) composée de trois folioles, comme le trèfle.

TRIFOLIOLÉ, E adj. → **trifolié.**

TRIFOLIUM n.m. Trèfle.

TRIFONCTIONNEL, ELLE adj. Relatif à la trilogie des dieux indo-européens.

TRIFORIUM n.m. Galerie située au-dessus des bas-côtés d'une nef d'église.

TRIFOUILLER v. **10.** Fouiller sans méthode.

TRIGÉMELLAIRE adj. (Grossesse) à trois fœtus.

TRIGÉMINÉ, E adj. (Forme cristalline) comportant trois couples d'éléments.

TRIGLE n.m. Poisson marin au museau proéminent (grondin).

TRIGLIDÉ n.m. Poisson, type grondin.

TRIGLYCÉRIDE n.m. Ester du glycérol.

TRIGLYPHE n.m. *Arch.* Ornement de la frise dorique.

TRIGO n.f. *Fam.* Trigonométrie.

TRIGONE adj. et n.m. Triangulaire.

TRIGONELLE n.f. Variété de trèfle (fenugrec).

TRIGONOCÉPHALE n.m. Serpent voisin du crotale.

TRIGONOMÉTRIE n.f. *Math.* Étude des relations entre les éléments d'un triangle.

TRIGONOMÉTRIQUE adj.

TRIGRAMME n.m. Groupe de trois lettres.

TRIJUMEAU, X adj. et n.m. (Nerf crânien) qui se divise en trois branches.

TRILATÉRAL, E, AUX adj. *Vx.* Qui a trois côtés.

TRILINGUE adj. et n.

TRILITÈRE adj. **(= trilittère)** (Mot) de trois lettres.

TRILITTÈRE adj. → **trilitère.**

TRILLE n.m. *Mus.* Émission rapide et prolongée de deux notes voisines.

TRILLER v. **10.** Exécuter un trille. – Orner de trilles.

TRILLION n.m. Un million de billions.

TRILOBÉ, E adj. Partagé en trois lobes.

TRILOBITE n.m. Crustacé fossile de l'ère primaire.

TRILOCULAIRE adj. *Bot.* Divisé en trois loges.

TRILOGIE n.f. Série de trois œuvres dramatiques dont les sujets sont liés.

TRILOGIQUE adj.

TRILOGUE n.m. Réunion de trois instances européennes.

TRIMARAN n.m. Voilier ayant trois coques parallèles.

TRIMARD n.m. *Fam., Vx.* Chemin.

TRIMARDER v. **10.** *Fam., Vx.* Transporter.

TRIMARDEUR n.m.

TRIMBALAGE n.m.

TRIMBALEMENT n.m.

TRIMBALER v. **10 (= trimballer).**

TRIMBALLAGE n.m.

TRIMBALLEMENT n.m.

TRIMBALLER v. **10.** → **trimbaler.**

TRIMER v. **(p.p.inv.) 10.**

TRIMÈRE 1. adj. *Zool., Bot.* Qui présente un certain type de symétrie axiale. 2. n.m. *Chim.* Polymère.

TRIMESTRE n.m.

TRIMESTRIEL, ELLE adj. et n.m.

TRIMÉTAL, AUX n.m. Ensemble métallique formé de trois métaux ou alliages adhérant l'un à l'autre.

TRIMÈTRE n.m. *Antiq.* Vers composé de trois mesures.

TRIMEUR, EUSE n.

TRIMMER [-eur] ou [-èr] n.m. Flotteur de pêche autour duquel s'enroule le fil.

TRIMOTEUR adj.m. et n.m.

TRIMURTI n.f. Dans l'hindouisme, triple manifestation de l'Être suprême.

TRIN, TRINE adj. Triple, en parlant de Dieu en trois personnes.

TRINERVÉ, E adj. *Bot.* À trois nervures.

TRINGLE n.f.

TRINGLER v. **10.** Marquer d'une ligne droite. – *Arg.* Posséder (une femme).

TRINGLOT n.m. → **trainglot.**

TRINIDADIEN, ENNE adj. De l'île de la Trinité (Antilles).

TRINITAIRE adj. et n.

TRINITÉ n.f.

TRINITRATE n.m. Composé nitraté.

TRINITRINE n.f. *Pharm.* Solution de nitroglycérine, utilisée contre l'angine de poitrine.

TRINITROBENZÈNE n.m. Dérivé du benzène.

TRINITROTOLUÈNE n.m. Explosif (TNT).

TRINÔME n.m. Polynôme formé de trois termes.

TRINQUART n.m. *Mar., Anc.* Petit bateau de pêche.

TRINQUEBALLE n.m. Chariot à deux roues pour le transport d'objets allongés.

TRINQUER v. **(p.p.inv.) 10.**

TRINQUET n.m. *Mar.* Mât de misaine. – Pelote basque en salle.

TRINQUETTE n.f. *Mar.* Voile d'avant triangulaire.

TRINQUEUR, EUSE n.

TRIO n.m.

TRIODE n.f. Tube électronique à trois électrodes.

TRIOL n.m. *Chim.* Composé renfermant trois fonctions alcool.

TRIOLET n.m. *Litt.* Poème de huit vers, dont trois sont identiques. – *Mus.* Groupe de trois notes.

TRIOLISME n.m. Activité sexuelle impliquant trois partenaires.

TRIOMPHAL, E, AUX adj.

TRIOMPHALEMENT adv.

TRIOMPHALISME n.m.

TRIOMPHALISTE adj. et n.

TRIOMPHANT, E adj.

TRIOMPHATEUR, TRICE adj. et n.

TRIOMPHE n.m.

TRIOMPHER v. **(p.p.inv.) 10.**

TRIONYX n.m. Tortue aquatique carnivore des régions chaudes.

TRIOSE n.m. *Biochim.* Ose à trois atomes de carbone.

TRIP n.m. État hallucinatoire d'un drogué.

TRIPAILLE n.f. *Fam.* Amas de tripes.

TRIPALE adj. Qui a trois pales.

TRIPANG [trip-an] n.m. → **trépang.**

TRIPANT, E adj. *Québ.* Très excitant.

TRIPARTI, E adj. **(= tripartite)** Qui est divisé en trois parties ou en trois partis.

TRIPARTISME n.m. Association de trois partis politiques au pouvoir.

TRIPARTITE adj. et n.f. → **triparti.**

TRIPARTITION n.f. Division en trois parties.

TRIPATOUILLAGE n.m.

TRIPATOUILLER v. **10.**

TRIPATOUILLEUR, EUSE n.

TRIPE n.f.

TRIPER v. **(p.p.inv.) 10.** *Fam.* Prendre du plaisir.

TRIPERIE n.f.

TRIPETTE n.f. Petite tripe.

TRIPHASÉ, E adj.

TRIPHOSPHATE n.m. Molécule riche en énergie.

TRIPHTONGUE n.f. *Phon.* Syllabe unique composée de trois sons.

TRIPIER, ÈRE n.

TRIPLACE adj.

TRIPLAN n.m. Avion à trois plans de sustentation.

TRIPLE adj., n.m. et adv.

TRIPLÉ, E n.

TRIPLEMENT n.m. et adv.

TRIPLER v. **10.**

TRIPLET n.m. Ensemble de trois éléments.

TRIPLETTE n.f. *Sp.* Équipe de trois joueurs.

TRIPLEX n.m. Appartement sur trois niveaux.

TRIPLICATA n.m.

TRIPLOBLASTIQUE adj. *Zool.* Qui a trois membranes embryonnaires.

TRIPLOÏDE adj. et n. (Organisme) dont les cellules ont trois lots de chromosomes au lieu de deux.

TRIPLOÏDIE n.f.

TRIPLURE n.f. Étoffe renforcée qui donne du maintien à d'autres tissus.

TRIPODE adj. À trois pieds.

TRIPODIE n.f. Vers grec ou latin de trois pieds.

TRIPOLAIRE adj. *Phys.* Qui a trois pôles.

TRIPOLI n.m. Roche formée de débris de diatomées (diatomite).

TRIPOLITAIN, E adj. De Tripoli (Libye).

TRIPORTEUR n.m.

TRIPOT n.m. *Péj.* Maison de jeu.

TRIPOTAGE n.m.

TRIPOTÉE n.f.

TRIPOTER v. **10.**

TRIPOTEUR, EUSE n.

TRIPOUS n.m.pl. **(= tripoux)** Plat auvergnat composé de tripes et de pieds de mouton.

TRIPOUX n.m.pl. → **tripous.**

TRIPTYQUE n.m. *Bx-arts.* Œuvre en trois parties.

TRIQUARD, E n. → **tricard.**

TRIQUE n.f. *Fam.* Gros bâton.

TRIQUEBALLE n.m. → **trinqueballe.**

TRIQUER v. **10.** *Fam., Vx.* Battre à coups de trique.

TRIQUET n.m. Échelle double.

TRIQUÈTRE n.f. → **triscèle.**

TRIRÉACTEUR n.m.

TRIRECTANGLE adj. Qui a trois angles droits.

TRIRÈGNE n.m. Triple couronne du pape.

TRIRÈME n.f. → **trière.**

TRISAÏEUL, E n. Père, mère d'un bisaïeul.

TRISANNUEL, ELLE adj. Qui a lieu tous les trois ans.

TRISCÈLE n.m. (= **triskèle**) Motif décoratif celtique à trois éléments.

TRISECTEUR, TRICE adj. *Math.* Qui divise en trois parties égales.

TRISECTION n.f.

TRISKÈLE n.m. → **triscèle.**

TRISME n.m. *Méd.* Contracture des muscles masticatoires.

TRISMÉGISTE adj.m. *Hist.* Surnom du dieu Thot, signifiant *trois fois grand.*

TRISMIQUE adj. Relatif au trisme.

TRISMUS n.m. → **trisme.**

TRISOC adj. et n.m. (Charrue) à trois socs.

TRISOMIE n.f. *Biol.* Présence d'un chromosome surnuméraire dans une paire.

TRISOMIQUE adj. et n.

TRISSER v. **10.** Faire répéter trois fois de suite. - Crier, en parlant de l'hirondelle. - S'enfuir.

TRISSYLLABE adj. et n.m.

TRISSYLLABIQUE adj.

TRISTE adj.

TRISTEMENT adv.

TRISTESSE n.f.

TRISTOUNE adj. (= **tristounet**).

TRISTOUNET, ETTE adj. → **tristoune.**

TRISYLLABE adj. et n.m.

TRISYLLABIQUE adj.

TRITHÉRAPIE n.f. Emploi simultané de trois traitements contre le sida.

TRITICALE n.m. Hybride de blé et de seigle.

TRITIUM [trityom] n.m. Isotope radioactif de l'hydrogène.

TRITON n.m. *Antiq. gr.* Divinité de la mer. - Batracien. - Mollusque gastéropode.

TRITURABLE adj.

TRITURATEUR n.m.

TRITURATION n.f.

TRITURER v. **10.**

TRIUMVIR n.m. *Antiq. rom.* Membre d'un collège de trois magistrats.

TRIUMVIRAL, E, AUX adj.

TRIUMVIRAT n.m.

TRIVALENCE n.f.

TRIVALENT, E adj. Relatif à un type de liaison chimique.

TRIVALVE adj.

TRIVIAL, E, AUX adj.

TRIVIALEMENT adv.

TRIVIALITÉ n.f.

TRIVIUM n.m. *Médiév.* Groupe de trois arts libéraux (grammaire, rhétorique, dialectique).

TROC n.m.

TROCART n.m. *Chir.* Poinçon contenu dans une canule, qui sert à faire des ponctions.

TROCHAÏQUE [k] adj. et n.m. (Rythme, vers) dont le pied fondamental est le trochée.

TROCHANTER [trok-an-tèr] n.m. Chacune des deux tubérosités de la partie supérieure du fémur.

TROCHANTÉRIEN, ENNE [k] adj.

TROCHE 1. n.f. (= **troque**) Mollusque à coquille conique. 2. n.f.pl. *Vén.* Excréments à demi formés des cerfs.

TROCHÉE 1. n.m. *Poét.* Pied formé d'une syllabe longue et d'une brève. 2. n.f. Touffe de rameaux qui s'élève d'un arbre coupé.

TROCHET n.m. *Bot.* Groupe de fleurs ou de fruits.

TROCHILE [k] n.m. Colibri (oiseau-mouche).

TROCHILIDÉ [k] n.m. Oiseau, type colibri.

TROCHIN n.m. Petite tubérosité de l'extrémité supérieure de l'humérus.

TROCHISQUE n.m. Médicament moulé en cône, dont on enflamme la pointe pour faire des fumigations.

TROCHITER [-kitèr] n.m. Grosse tubérosité de l'extrémité supérieure de l'humérus.

TROCHLÉE [k] n.f. *Anat.* Surface articulaire en forme de poulie.

TROCHLÉEN, ENNE [k] adj. Relatif à la trochlée.

TROCHOPHORE [k] n.f. Larve en forme de toupie.

TROCHOSPHÈRE [k] n.f. → **trochophore.**

TROCHURE n.f. *Vén.* Quatrième andouiller.

TROÈNE n.m. Arbre à fleurs blanches en grappes.

TROGLOBIE adj. Qui vit exclusivement dans les grottes.

TROGLODYTE n.m. Personne qui habite une grotte. - Petit passereau insectivore.

TROGLODYTIQUE adj.

TROGNE n.f. *Fam.* Visage rubicond d'un buveur.

TROGNON n.m.

TROGON n.m. Oiseau tropical.

TROGONIDÉ n.m. Oiseau, type trogon.

TROGONIFORME n.m. → **trogonidé.**

TROÏKA n.f. En Russie, groupe de trois chevaux attelés de front. - Groupe de trois personnalités.

TROIS adj.num.card.

TROISIÈME adj.num.ord.

TROISIÈMEMENT adv.

TROLL n.m. Lutin du folklore scandinave.

TROLLE n.f. Manière de chasser le cerf.

TROLLEY n.m. Dispositif permettant la liaison entre un câble conducteur aérien et un véhicule à moteur.

TROLLEYBUS n.m.

TROMBE n.f.

TROMBIDION n.m. Petit invertébré dont la larve est l'aoûtat.

TROMBIDIOSE n.f. *Méd.* Rougeur, démangeaison provoquées par l'aoûtat.

TROMBINE n.f. *Fam.* Visage.

TROMBINOSCOPE n.m. *Fam.* Document contenant le portrait des membres d'une assemblée, d'un comité.

TROMBLON n.m. Fusil court à canon évasé.

TROMBONE n.m.

TROMBONISTE n.

TROMMEL n.m. Crible cylindrique servant à classer des matériaux selon leur grosseur.

TROMPE n.f.

TROMPER v. **10.**

TROMPERIE n.f.

TROMPETER v. **20** (je trompette...) Crier, en parlant de l'aigle, du cygne. – Claironner (une nouvelle).

TROMPETEUR n.m. *Vx.* Joueur de trompette.

TROMPETTE n.m. et n.f.

TROMPETTISTE n.

TROMPEUR, EUSE adj. et n.

TROMPEUSEMENT adv.

TROMPILLON n.m. *Arch.* Petite voûte.

TRONC n.m.

TRONCATION n.f. Abrègement d'un mot par suppression d'une ou plusieurs syllabes.

TRONCATURE n.f. État de ce qui est tronqué.

TRONCE n.f. Bille de bois.

TRONCHE n.f.

TRONCHER v. **10.** *Fam.* Posséder sexuellement.

TRONCHET n.m. Billot de bois du tonnelier, à trois pieds.

TRONÇON n.m.

TRONCONIQUE adj. En forme de tronc de cône.

TRONÇONNAGE n.m.

TRONÇONNEMENT n.m.

TRONÇONNER v. **10.**

TRONÇONNEUR, EUSE n.m. et n.f.

TRONCULAIRE adj. *Anat.* Relatif à un tronc nerveux ou vasculaire.

TRÔNE n.m.

TRÔNER v. **(p.p.inv.) 10.**

TRONQUER v. **10.**

TROP adv.

TROPE n.m. *Rhét.* Emploi d'un mot, d'une expression dans un sens figuré.

TROPÉOLACÉE n.f. Plante herbacée, type capucine.

TROPÉZIEN, ENNE adj. De Saint-Tropez.

TROPHALLAXIE n.f. Échange de nourriture au sein des sociétés d'insectes.

TROPHÉE n.m.

TROPHIQUE adj. *Biol.* Relatif à la nutrition des tissus.

TROPHOBLASTE n.m. *Biol.* Couche périphérique à fonction nourricière qui entoure l'œuf fécondé.

TROPHOBLASTIQUE adj.

TROPHONÉVROSE n.f. Ensemble de troubles trophiques non liés à des lésions nerveuses.

TROPICAL, E, AUX adj.

TROPICALISATION n.f.

TROPICALISER v. **10.** Rendre (un matériau) insensible à l'action du climat tropical.

TROPICALISME n.m. Mouvement musical brésilien contemporain.

TROPICALISTE adj. et n.

TROPIQUE n.m.

TROPISME n.m. *Bot.* Croissance orientée dans l'espace, sous l'influence d'une stimulation extérieure (lumière, pesanteur, etc.).

TROPOPAUSE n.f. Surface de séparation de la troposphère et de la stratosphère.

TROPOSPHÈRE n.f. Couche de l'atmosphère la plus voisine de la Terre.

TROPOSPHÉRIQUE adj.

TROQUE n.m. ou f. → **troche** 1.

TROQUER v. **10.**

TROQUET n.m. *Fam.* Café, bar.

TROQUEUR, EUSE n.

TROT n.m.

TROTSKISME n.m. *Pol.* Doctrine de Trotski.

TROTSKISTE adj. et n.

TROTSKYSME n.m.

TROTSKYSTE adj. et n.

TROTTE n.f.

TROTTER v. **10.** Aller au trot. – *Se trotter :* s'enfuir.

TROTTEUR, EUSE adj., n.m. et n.f.

TROTTIN n.m. *Fam., Vx.* Jeune employée qui fait des courses.

TROTTINEMENT n.m.

TROTTINER v. **(p.p.inv.) 10.**

TROTTINETTE n.f.

TROTTING n.m. *Hipp.* Élevage des trotteurs.

TROTTOIR n.m.

TROU n.m.

TROUBADE n.m. *Fam., Vx.* Soldat.

TROUBADOUR n.m. *Médiév.* Poète lyrique de langue d'oc.

TROUBLANT, E adj.

TROUBLE adj. et n.m.

TROUBLEAU, X n.m. → **truble.**

TROUBLER v. **10.**

TROUÉ, E adj. et n.f.

TROUER v. **10.**

TROUET n.m. *Belg.* Œillet de ceinture.

TROUFIGNON n.m. *Fam.* Anus.

TROUFION n.m. *Fam.* Simple soldat.

TROUILLARD, E adj. et n.

TROUILLE n.f.

TROUILLER v. **(p.p.inv.) 10.** *Belg.* Avoir la trouille.

TROUILLOMÈTRE ❙ n.m. *Fam. Avoir le trouillomètre à zéro :* avoir peur.

TROUPE n.f.

TROUPEAU, X n.m.

TROUPIALE n.m. Passereau d'Amérique, qui vit en bandes.

TROUPIER, ÈRE 1. adj. et n.m. *Fam.* Militaire. 2. n. *Québ.* Membre d'une équipe sportive.

TROUSSAGE n.m. Action de préparer une volaille en la ficelant.

TROUSSE n.f.

TROUSSEAU, X n.m.

TROUSSEQUIN n.m. Partie arrière d'une selle.

TROUSSER v. **10.**

TROUSSEUR n.m. *Fam.* Homme qui court les filles.

TROUVABLE adj.

TROUVAILLE n.f.

TROUVER v. **10.**

TROUVÈRE n.m. *Médiév.* Poète lyrique de langue d'oïl.

TROUVEUR, EUSE n.

TROY ❙ [troy] n.m. et adj. Système de poids anglo-saxon utilisé pour les matières précieuses.

TROYEN, ENNE adj.

TRUAND, E n.

TRUANDAGE n.m.

TRUANDER v. **10.** Voler, escroquer (quelqu'un).

TRUANDERIE n.f. *Vx.* Ensemble de truands.

TRUBLE n.f. Petit filet de pêche en forme de poche.

TRUBLION n.m. Individu qui sème le trouble.

TRUC n.m.

TRUCAGE n.m. **(= truquage).**

TRUCHEMENT n.m. *Vx.* Interprète. – *Par le truchement de :* par l'intermédiaire de.

TRUCIDER v. **10.** *Fam.* Tuer.

TRUCK [tr(e)uk] n.m. Wagon en plateforme.

TRUCMUCHE n. *Fam.* Truc.

TRUCULENCE n.f.

TRUCULENT, E adj. Vigoureux et haut en couleur.

TRUDGEON [treudjon] n.m. Ancienne nage.

TRUELLE n.f.

TRUELLÉE n.f.

TRUFFADE n.f. Plat auvergnat à base de cantal et de pommes de terre.

TRUFFE n.f.

TRUFFER v. **10.**

TRUFFICOLE adj. Relatif à la culture de la truffe.

TRUFFICULTEUR, TRICE n.

TRUFFICULTURE n.f.

TRUFFIER, ÈRE 1. adj. Relatif aux truffes. 2. n.f. Terrain où poussent les truffes.

TRUIE n.f.

TRUISME n.m. Vérité évidente.

TRUITE n.f.

TRUITÉ, E adj. Marqué de petites taches.

TRUITELLE n.f. Jeune truite.

TRUITICULTURE n.f. → **trutticulture.**

TRULLI ❙ → **trullo.**

TRULLO (pl. **TRULLI** ou **TRULLOS**) [ou] n.m. Construction rurale ronde, à toit conique, en Italie du Sud.

TRUMEAU, X n.m. *Arch.* Pan de mur entre deux fenêtres. – *Arch.* Pilier qui divise un portail gothique. – Jarret de bœuf.

TRUQUAGE n.m. → **trucage.**

TRUQUER v. **10.**

TRUQUEUR, EUSE n.

TRUQUISTE n.m. *Cin.* Personne chargée des truquages.

TRUSQUIN n.m. Outil qui sert à tracer, sur une pièce, des lignes parallèles à un bord.

TRUSQUINER v. **10.** Tracer (des lignes) au trusquin.

TRUST n.m.

TRUSTE n.f. → **trustis.**

TRUSTEE [treusti] n.m. Administrateur, mandataire, syndic.

TRUSTER v. **10.** Accaparer.

TRUSTEUR n.m.

TRUSTIS [trustis] n.f. Compagnonnage guerrier d'hommes libres, chez les Francs.

TRUTTICULTURE n.f. Élevage de truites.

TRYPANOSOME n.m. Parasite du sang.

TRYPANOSOMIASE n.f. Affection due à un trypanosome.

TRYPSINE n.f. Enzyme du suc pancréatique.

TRYPSINOGÈNE n.m. Substance qui se transforme en trypsine.

TRYPTAMINE n.f. *Biochim.* Amine.

TRYPTOPHANE n.m. *Biol.* Acide aminé indispensable à l'organisme.

TSAMPA n.f. Au Tibet, bouillie d'orge.

TSAR n.m. **(= czar, tzar)** *Hist.* Titre de certains souverains slaves.

TSARÉVITCH n.m. *Hist.* Fils du tsar.

TSARINE n.f. **(= tzarine).**

TSARISME n.m. **(= tzarisme).**

TSARISTE adj. et n. **(= tzariste).**

TSATSIKI n.m. **(= tzatziki)** Spécialité culinaire grecque.

TSÉTSÉ n.f. *Afr.* Mouche qui transmet la maladie du sommeil.

TSIGANE adj. et n.m. **(= tzigane).**

TSITSIT [-t] n.m. *Rel.* Fils blancs attachés au châle de prière des juifs orthodoxes.

TSONGA n.m. et adj. Langue officielle de l'Afrique du Sud.

TSUBA n.m. Garde, souvent très ouvragée, du sabre japonais.

TSUGA n.m. Conifère américain et asiatique.

TSUICA [tswi-] n.f. En Roumanie, eau-de-vie de prune.

TSUNAMI n.m. Onde océanique provoquée par un tremblement de terre.

TSWANA n.m. et adj. Langue officielle de l'Afrique du Sud.

TTORO [tyoro] n.m. Ragoût à base de poissons et de fruits de mer, spécialité basque.

TU pr.pers.

TUABLE adj.

TUAGE n.m. Abattage des bestiaux.

TUANT, E adj.

TUB [teub] n.m. Grande cuvette.

TUBA n.m.

TUBAGE n.m. *Méd.* Introduction d'un tube dans un canal naturel.

TUBAIRE adj. Relatif à la trompe d'Eustache ou à la trompe utérine.

TUBARD, E adj. et n. *Fam.* Tuberculeux.

TUBE n.m.

TUBELESS [tublès] adj. (Pneu) sans chambre à air.

TUBER v. **10.** Garnir (un puits de pétrole) de tubes.

TUBÉRACÉ, E 1. adj. En forme de truffe. 2. n.f. Champignon, type truffe.

TUBÉRALE n.f. Champignon, type tubéracée.

TUBERCULE n.m.

TUBERCULEUX, EUSE adj. et n.

TUBERCULIDE n.f. Lésion cutanée apparemment liée à la tuberculose.

TUBERCULINATION n.f. Injection de tuberculine à des animaux.

TUBERCULINE n.f. Liquide destiné au diagnostic de la tuberculose.

TUBERCULINER v. **10.** Soumettre (un animal) à une injection de tuberculine.

TUBERCULINIQUE adj.

TUBERCULINISER v. **10.** → **tuberculiner.**

TUBERCULISATION n.f. Envahissement d'un organisme par le bacille tuberculeux.

TUBERCULISER v. **10.** Rendre (un animal) tuberculeux à des fins expérimentales.

TUBERCULOÏDE adj. *Méd.* Qui ressemble à la tuberculose.

TUBERCULOSE n.f.

TUBÉREUX, EUSE 1. adj. Qui présente des tubercules. 2. n.f. Plante ornementale.

TUBÉRIFORME adj. En forme de truffe.

TUBÉRISATION n.f. Transformation en tubercules.

TUBÉRISÉ, E adj. Qui forme un tubercule.

TUBÉROSITÉ n.f. Renflement d'un os.

TUBICOLE adj. (Animal) qui vit dans un tube qu'il a édifié.

TUBIFEX n.m. Petit ver tubicole.

TUBING n.m. Descente de rivière sur chambres à air.

TUBIPORE n.m. Polypier des mers chaudes (orgue de mer).

TUBISTE n. Musicien qui joue du tuba.

TUBITÈLE adj. (Araignée) qui tisse un tube où elle se met à l'affût.

TUBULAIRE adj.

TUBULE n.m. *Anat.* Structure en forme de tube, dans le rein.

TUBULÉ, E adj. Qui présente une ou plusieurs tubulures.

TUBULEUX, EUSE adj. En forme de tube.

TUBULIDENTÉ n.m. Mammifère africain.

TUBULIFLORE adj. À fleurs tubuleuses.

TUBULINE n.f. *Biochim.* Protéine.

TUBULURE n.f. Ouverture destinée à être raccordée à un conduit. – Tuyauterie.

TUCARD, E n. Personne employée à des TUC (travaux d'utilité collective).

TUCISTE [k] n. → **tucard.**

TUDESQUE adj. *Vx.* Relatif aux Allemands.

TUDIEU interj. *Vx.* Juron.

TUER v. **10.**

TUERIE n.f.

TUEUR, EUSE n.

TUF n.m. Roche poreuse légère.

TUFEAU, X n.m. (= **tuffeau**) Calcaire crayeux utilisé en construction.

TUFFEAU, X n.m. → **tufeau.**

TUFIER, ÈRE adj. De la nature du tuf.

TUFTÉ, E adj. (Tapis) aux fils de velours ancrés par enduction.

TUGRIK n.m. Unité monétaire de la Mongolie.

TUILE n.f.

TUILEAU, X n.m. Fragment de tuile cassée.

TUILER v. **10.** Recouvrir de tuiles.

TUILERIE n.f.

TUILETTE n.f. Plaque réfractaire obturant un four de verrier.

TUILIER, ÈRE adj. et n.

TULARÉMIE n.f. Maladie infectieuse contagieuse.

TULIPE n.f.

TULIPIER n.m. Arbre dont les fleurs ressemblent à des tulipes.

TULLE n.m.

TULLERIE n.f. Commerce ou fabrication de tulle.

TULLIER, ÈRE adj. Relatif au tulle.

TULLISTE 1. n. Fabricant de tulle. 2. adj. → **tullois.**

TULLOIS, E adj. De Tulle.

TUMBA [ou] n.m. Tambour africain.

TUMBLING [teumbling] n.m. Sport voisin du trampoline.

TUMÉFACTION n.f.

TUMÉFIER v. **15.** *Méd.* Gonfler, enfler.

TÛMES → **taire 123.**

TUMESCENCE n.f.

TUMESCENT, E adj. (Organe) qui gonfle.

TUMEUR n.f.

TUMORAL, E, AUX adj. Relatif à une tumeur.

TUMORIGÈNE adj. Qui provoque la formation de tumeurs.

TUMULAIRE adj. Relatif aux tombeaux.

TUMULI **|** → **tumulus.**

TUMULTE n.m.

TUMULTUEUSEMENT adv.

TUMULTUEUX, EUSE adj.

TUMULUS (pl. **TUMULI**) n.m. *Archéol.* Amas artificiel élevé au-dessus d'une sépulture.

TUNAGE n.m. Clayonnage qui protège un terrain de l'action des eaux.

TUNE n.f. → **thune.**

TUNER [tunèr] ou [tuneur] n.m. Récepteur radio d'une chaîne haute-fidélité.

TUNGAR [t-un-gar] n.m. Redresseur de courants alternatifs.

TUNGSTATE n.m. Sel de l'acide tungstique.

TUNGSTÈNE n.m. Métal lourd.

TUNGSTIQUE adj. (Oxyde, acide) dérivé du tungstène.

TUNICELLE n.f. *Anc.* Vêtement liturgique porté par un prélat sous la chasuble.

TUNICIER n.m. Animal marin dont le corps est enveloppé d'une tunique.

TUNING [tuning] n.m. Modifications apportées à un véhicule de série pour qu'il soit au goût de son propriétaire.

TUNIQUE n.f.

TUNIQUÉ, E adj. *Bot.* Enveloppé d'une ou plusieurs tuniques.

TUNISIEN, ENNE adj. De Tunisie.

TUNISOIS, E [z] adj. De Tunis (Tunisie).

TUNNEL n.m.

TUNNELIER n.m. Engin servant à forer des tunnels.

TUPAÏA [tupaya] n.m. → **toupaye.**

TUPAJA [tupaya] n.m. → **toupaye.**

TUPI n.m. Langue indienne parlée au Brésil.

TUPINAMBIS [-s] n.m. Grand lézard carnassier de l'Amérique du Sud.

TUPPERWARE [teupeurwèr] n.m. (Nom déposé) Récipient étanche en plastique.

TUQUE n.f. *Québ.* Bonnet de laine orné d'un pompon.

TURBAN n.m.

TURBE n.f. *Antiq. Enquête par turbes :* enquête faite auprès des habitants sur un point de droit coutumier.

TÜRBE [turbé] n.m. (**= turbeh**) Mausolée islamique.

TURBEH [turbé] n.m. → **türbe.**

TURBELLARIÉ n.m. Ver plat vivant dans l'humidité.

TURBIDE adj. *Litt.* Se dit d'un liquide trouble.

TURBIDIMÈTRE n.m. Appareil qui mesure la turbidité.

TURBIDIMÉTRIE n.f.

TURBIDITÉ n.f. État d'un liquide trouble.

TURBIN n.m. *Fam.* Travail.

TURBINAGE n.m.

TURBINE n.f. Roue motrice actionnée par un fluide. – Essoreuse industrielle.

TURBINÉ, E adj. *Zool.* En forme de toupie, de cône.

TURBINELLE n.f. Mollusque gastéropode en forme de toupie.

TURBINER v. **10.** *Fam.* Trimer. – Purifier par l'action d'une turbine.

TURBITH n.m. Arbrisseau méditerranéen, dont la feuille est purgative.

TURBO n.m., n.f. et adj.

TURBOCOMPRESSÉ, E adj.

TURBODIESEL adj. et n.m. *Techn.* (Véhicule) équipé d'un moteur Diesel et d'une turbine.

TURBOFILTRE n.m. Filtre qui utilise un système centrifuge.

TURBOFORAGE n.m. Forage au moyen d'un trépan entraîné par une turbine.

TURBOMACHINE n.f. Appareil agissant sur un fluide à l'aide d'un rotor.

TURBOMOTEUR n.m. Turbine à gaz.

TURBOPAUSE n.f. Zone de transition entre l'homosphère et l'hétérosphère.

TURBOPOMPE n.f. Machine hydraulique servant à élever la pression du liquide qui la traverse.

TURBOPROPULSEUR n.m. *Aéron.* Turbine à gaz entraînant une hélice.

TURBORÉACTEUR n.m.

TURBOSOUFFLANTE n.f. *Mét.* Compresseur qui souffle l'air destiné au fonctionnement d'un haut fourneau.

TURBOT n.m.

TURBOTIÈRE n.f. Récipient pour faire cuire des turbots.

TURBOTIN n.m. Petit turbot.

TURBOTRAIN n.m. Train mû par une turbine à gaz.

TURBULENCE n.f.

TURBULENT, E adj.

TURBULETTE n.f. (Nom déposé) Sac de couchage pour bébé.

TURC, TURQUE adj. et n.m.

TURCIQUE adj. *Selle turcique :* cavité de l'os sphénoïde où est logée l'hypophyse.

TURCO n.m. *Vx., Fam.* Tirailleur algérien.

TURCOMAN, E adj. *Vx.* → **turkmène.**

TURCOPHONE adj. et n. De langue turque.

TURDIDÉ n.m. Passereau, type grive.

TURELURE n.f. Refrain de chanson.

TURENT → **taire 123.**

TURF n.m.

TURFISTE n.

TURGESCENCE n.f.

TURGESCENT, E adj. *Bot., Physiol.* Qui se gonfle.

TURGIDE adj. *Litt.* Enflé, boursouflé.

TURINOIS, E adj. De Turin (Italie).

TURION n.m. Jeune pousse, en particulier de l'asperge.

TURISTA [ou] n.f. → **tourista.**

TURKMÈNE adj. et n.m. Du Turkménistan.

TURLUPIN n.m. Bouffon, vaurien.

TURLUPINADE n.f. Plaisanterie de mauvais goût.

TURLUPINER v. **10.** *Fam.* Tourmenter.

TURLURETTE n.f. *Vx.* Refrain.

TURLUTAINE n.f. → **turlurette.**

TURLUTER v. **10.** *Québ.* Chantonner.

TURLUTTE n.f. Ustensile de pêche formé d'un morceau de plomb entouré d'hameçons.

TURLUTUTU interj.

TURNE n.f. → **thurne.**

TURNEP n.m. Variété de chou-rave.

TURNOVER [teurnoveur] n.m. Rotation du personnel.

TURONIEN, ENNE n.m. et adj. *Géol.* Étage du crétacé supérieur.

TURPIDE adj. *Litt.* Ignoble.

TURPIDEMENT adv.

TURPITUDE n.f.

TURQUE → **turc.**

TURQUERIE n.f. Œuvre représentant des scènes turques.

TURQUETTE n.f. Plante des lieux sablonneux.

TURQUIN adj.m. (Marbre italien) bleu veiné de blanc.

TURQUOISE n.m., n.f. et adj.

TURRICULÉ, E adj. *Zool.* En forme de petite tour.

TURRITELLE n.f. Mollusque gastéropode.

TURSAN n.m. Vin du Sud-Ouest.

TUSSAH n.m. **(= tussau, tussor, tussore)** Foulard ou étoffe de soie.

TUSSAU (pl. **TUSSAUS** ou **TUSSAUX**) n.m. → **tussah.**

TUSSE... → **taire 123.**

TUSSILAGE n.m. Plante herbacée commune.

TUSSIONS → **taire 123.**

TUSSOR n.m. → **tussah.**

TUSSORE n.m. → **tussah.**

TUT → **taire 123.**

TUTÉLAIRE adj. *Litt.* Qui protège.

TUTELLE n.f.

TÛTES → **taire 123.**

TUTEUR, TRICE n.

TUTEURAGE n.m.

TUTEURER v. **10.** *Agr.* Munir d'un tuteur.

TUTHIE n.f. **(= tutie)** Oxyde de zinc, qui résulte du traitement de certains minerais de plomb.

TUTIE [-ti] n.f. → **tuthie.**

TUTOIEMENT n.m.

TUTORAT n.m. Fonction de tuteur, dans l'éducation.

TUTORIEL, ELLE 1. adj. Relatif au tutorat. 2. n.m. *Inf.* Logiciel qui facilite l'apprentissage d'un programme.

TUTOYER v. **27.**

TUTOYEUR, EUSE adj. et n.

TUTSI, E [ou] adj. D'un peuple d'Afrique centrale.

TUTTI [touti] n.m. Ensemble des instruments de l'orchestre, par opposition au soliste.

TUTU n.m.

TUVALUAN, E adj. Du Tuvalu (Océanie).

TUYAU, X n.m.

TUYAUTAGE n.m.

TUYAUTER v. **10.**

TUYAUTERIE n.f.

TUYAUTEUR, EUSE n. Personne qui vend des tuyaux aux courses.

TUYÈRE [tuyèr] ou [twiyèr] n.f. Élément de canalisation.

TWEED [twid] n.m. Étoffe de laine cardée.

TWEEN [twin] n.m. (Nom déposé) Substance utilisée comme mouillant ou émulsif.

TWEETER [twiteur] n.m. Haut-parleur d'aigus.

TWILL [twil] n.m. Tissu à côtes obliques.

TWIN [twin] n.f. et adj. Chambre à deux lits séparés.

TWIRLING [twirling] n.m. Manipulation d'un bâton sur un fond musical.

TWIST n.m.

TWISTER v. **10.** Exécuter (une danse) comme un twist.

TWISTEUR, EUSE n.

TYCOON [taykoun] n.m. Magnat.

TYLENCHUS [til-in-kus] n.m. Ver nuisible aux cultures.

TYMPAN n.m.

TYMPANAL, E, AUX adj. et n.m. (Os) en forme d'anneau.

TYMPANIQUE adj. *Anat.* Relatif au tympan.

TYMPANISER v. **10.** *Litt.*, *Vx.* Critiquer, ridiculiser.

TYMPANISME n.m. *Méd.* Modification de la sonorité du thorax ou de l'abdomen, décelée à l'auscultation.

TYMPANON n.m. *Mus.* Instrument à cordes frappées (cymbalum).

TYMPANOPLASTIE n.f. Réparation chirurgicale du tympan perforé.

TYNDALLISATION n.f. Procédé de conservation par stérilisation.

TYPAGE n.m. Méthode de comparaison, en immunologie.

TYPE n.m.

TYPER v. **10.** Marquer d'une empreinte.

TYPESSE n.f. *Vx.*, *Fam.* Femme, fille.

TYPHA n.m. Plante herbacée aquatique.

TYPHACÉE n.f. Plante, type typha.

TYPHIQUE adj. et n. Atteint du typhus ou de la fièvre typhoïde.

TYPHLITE n.f. Inflammation du cæcum.

TYPHOBACILLOSE n.f. Tuberculose aiguë.

TYPHOÏDE adj. et n.f.

TYPHOÏDIQUE adj.

TYPHOMYCINE n.f. Antibiotique.

TYPHON n.m.

TYPHOSE n.f. Maladie des volailles.

TYPHUS n.m. Maladie contagieuse.

TYPICITÉ n.f.

TYPIQUE adj.

TYPIQUEMENT adv.

TYPO, TYPOTE n. *Fam.* Typographe.

TYPOCHROMIE n.f. Impression typographique en couleurs.

TYPOGRAPHE n.

TYPOGRAPHIE n.f.

TYPOGRAPHIER v. **15.** Imprimer par typographie.

TYPOGRAPHIQUE adj.

TYPOLOGIE n.f. Classification en types distincts de données empiriques.

TYPOLOGIQUE adj.

TYPOMÈTRE n.m. *Impr.* Règle graduée.

TYPON n.m. Film positif tramé, destiné à la confection de la plaque offset.

TYPOTE → **typo.**

TYPTOLOGIE n.f. Dans le spiritisme, moyen d'obtenir des communications par des coups frappés.

TYRAMINE n.f. *Biochim.* Amine.

TYRAN n.m.

TYRANNEAU, X n.m.

TYRANNICIDE n.

TYRANNIDÉ n.m. Gobemouche d'Amérique tropicale.

TYRANNIE n.f.

TYRANNIQUE adj.

TYRANNIQUEMENT adv.

TYRANNISER v. **10.**

TYRANNOSAURE n.m. Grand reptile fossile.

TYRIEN, ENNE adj. De Tyr, ville phénicienne.

TYROLIEN, ENNE adj. et n.f.

TYROSINASE n.f. Enzyme qui provoque l'oxydation de la tyrosine.

TYROSINE n.f. Acide aminé, constituant essentiel des protéines.

TYROTHRICINE n.f. Antibiotique d'usage externe, extrait d'un champignon.

TZAR [tsar] n.m. → **tsar.**

TZARÉVITCH [ts-] n.m. → **tsarévitch.**

TZARINE [ts-] n.f. → **tsarine.**

TZARISME [ts-] n.m. → **tsarisme.**

TZARISTE [ts-] adj. et n. → **tsariste.**

TZATZIKI [tsatsiki] n.m. → **tsatsiki.**

TZIGANE [ts-] adj. et n.m. → **tsigane.**

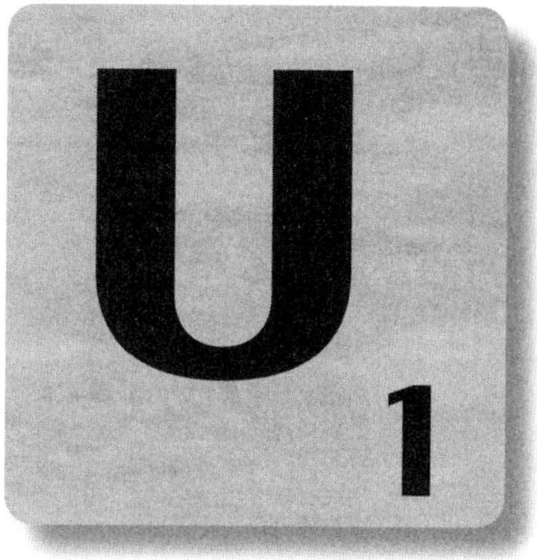

UBAC n.m. Versant d'une montagne exposé au nord.

UBÉRALE adj.f. (Fontaine) ornée de statues de femmes dont les seins font jaillir l'eau.

UBIQUISTE [kw] adj. et n. Qui a le don d'ubiquité.

UBIQUITAIRE [kw] adj. et n. → **ubiquiste.**

UBIQUITÉ [kw] n.f. Faculté d'être partout en même temps.

UBUESQUE adj. Grotesque et cruel, comme le personnage d'*Ubu roi.*

UCHRONIE n.f. *Litt.* Reconstruction fictive de l'histoire.

UCHRONIQUE adj.

UD [oud] n.m. → **oud.**

UFOLOGIE n.f. Étude des ovnis.

UFOLOGIQUE adj.

UFOLOGUE n.

UGNI [unyi] n.m. Cépage blanc.

UHLAN n.m. *Hist.* Lancier de l'armée allemande.

UKASE [ou-] n.m. → **oukase.**

UKRAINIEN, ENNE adj. et n.m. D'Ukraine.

UKULÉLÉ [(y)oukou-] n.m. Guitare hawaïenne.

ULCÉRATIF, IVE adj.

ULCÉRATION n.f.

ULCÈRE n.m.

ULCÉRER v. 12.

ULCÉREUX, EUSE adj.

ULCÉROÏDE adj. Qui ressemble à un ulcère.

ULÉMA [ou-] n.m. → **ouléma.**

ULIGINAIRE adj. → **uligineux.**

ULIGINEUX, EUSE adj. *Bot.* Qui vit dans les lieux humides.

ULLUCO n.m. **(= ullucu, ulluque)** Plante comestible d'Amérique du Sud.

ULLUCU n.m. → **ulluco.**

ULLUQUE n.m. → **ulluco.**

ULMACÉE n.f. Arbre aux fleurs apétales, type orme.

ULMAIRE n.f. Plante rosacée (reine-des-prés).

ULMISTE n. Pilote d'ULM (aéronef ultraléger motorisé).

ULNA n.f. Autre nom du cubitus.

ULNAIRE adj. *Anat.* Relatif au cubitus, os de l'avant-bras.

ULSTER [eulstèr] n.m. *Vx.* Long pardessus.

ULTÉRIEUR, E adj.

ULTÉRIEUREMENT adv.

ULTIMATUM n.m.

ULTIME adj.

ULTIMO adv. En dernier lieu.

ULTRA adj. et n. Qui professe des opinions extrêmes.

ULTRABASIQUE adj. (Roche) pauvre en silice.

ULTRACHIC adj.

ULTRACOURT, E adj.

ULTRADIEN, ENNE adj. (Rythme biologique) de plus de 24 heures.

ULTRAFILTRATION n.f.

ULTRAFILTRE n.m. Filtre extrêmement fin.

ULTRAFIN, E adj.

ULTRAGAUCHE n.f. *Pol.* Gauche à tendance anarchique.

ULTRALÉGER, ÈRE adj.

ULTRALIBÉRAL, E, AUX adj. et n.

ULTRAMARIN, E adj. De couleur outremer. – (Pays) d'outre-mer.

ULTRAMICROSCOPE n.m.

ULTRAMODERNE adj.

ULTRAMONTAIN, E adj. et n. Situé au-delà des Alpes. – *Rel.* Partisan du pouvoir absolu de la papauté.

ULTRAMONTANISME n.m.

ULTRAORTHODOXE adj. et n. Qui adhère à une tendance rigoriste du judaïsme.

ULTRAPLAT, E adj.

ULTRAPRESSION n.f.

ULTRAPROPRE adj.

ULTRAPROPRETÉ n.f.

ULTRARAPIDE adj.

ULTRARÉSISTANT, E adj.

ULTRAROYALISTE adj. et n.

ULTRASECRET, ÈTE adj.

ULTRASENSIBLE adj.

ULTRASON n.m.

ULTRASONIQUE adj. → **ultrasonore.**

ULTRASONORE adj. Relatif aux ultrasons.

ULTRAVIDE n.m.

ULTRAVIOLENCE n.f.

ULTRAVIOLET, ETTE adj. et n.m. *Phys.* (Rayon du spectre solaire) situé au-delà du violet.

ULTRAVIRUS n.m. *Vx.* Virus.

ULULATION n.f.

ULULEMENT n.m. → **hululement.**

ULULER v. **(p.p.inv.) 10.** → **hululer.**

ULVE n.f. Algue verte.

UMBANDA [oumb-an-da] n.m. Au Brésil, culte.

UMLAUT [oumlaôt] n.m. Signe diacritique de la langue allemande.

UMMA [ou-] n.f. → **oumma.**

UN, UNE art., pr.indéf., adj., n.m. et n.f.

UNAIRE adj. *Math.* (Opérateur) à un seul opérande.

UNANIME adj.

UNANIMEMENT adv.

UNANIMISME n.m. Mouvement littéraire du XXᵉ s. analysant la psychologie de larges groupes humains.

UNANIMISTE adj. et n.

UNANIMITÉ n.f.

UNAU (pl. **UNAUS** ou **UNAUX**) n.m. Mammifère arboricole d'Amérique tropicale.

UNCIFORME [on-] adj. *Anat.* En forme de crochet.

UNCINÉ, E [on-] adj. *Bot.* Terminé par un crochet.

UNDERGROUND [eundeurgraound] adj. et n.m. (Activité artistique) contestataire qui refuse les circuits commerciaux classiques.

UNETELLE **|** → **untel.**

UNGUÉAL, E, AUX [on-g(w)éal] adj. Relatif à l'ongle.

UNGUIFÈRE [on-gwi-] adj. Qui porte un ongle.

UNGUIS [on-gwis] n.m. *Anat.* Petit os de l'orbite.

UNI, E adj. et n.m.

UNIATE adj. et n. (Chrétien d'Orient) qui reconnaît l'autorité du pape.

UNIATISME n.m.

UNIAXE adj.

UNICAULE adj. *Bot.* Qui n'a qu'une tige.

UNICELLULAIRE adj.

UNICITÉ n.f.

UNICOLORE adj.

UNICORNE adj. Qui n'a qu'une seule corne.

UNIDIMENSIONNEL, ELLE adj.

UNIDIRECTIONNEL, ELLE adj.

UNIDOSE n.f. Dose pour un usage unique.

UNIÈME adj.num.ord.

UNIÈMEMENT adv.

UNIF n.f. (**= univ**) *Belg., Fam.* Université.

UNIFAMILIAL, E, AUX adj. *Belg., Québ.* (Habitation) à l'usage d'une seule famille.

UNIFICATEUR, TRICE adj. et n.

UNIFICATION n.f.

UNIFIER v. **15.**

UNIFILAIRE adj. Qui n'a qu'un seul fil électrique.

UNIFLORE adj. *Bot.* Qui ne porte qu'une fleur.

UNIFOLIÉ, E adj. *Bot.* Qui ne porte qu'une feuille.

UNIFORME adj. et n.m.

UNIFORMÉMENT adv.

UNIFORMISATION n.f.

UNIFORMISER v. **10.**

UNIFORMITÉ n.f.

UNIJAMBISTE adj. et n.

UNILATÉRAL, E, AUX adj.

UNILATÉRALEMENT adv.

UNILATÉRALISME n.m. Politique d'un État qui prend ses seuls intérêts en compte.

UNILATÉRALISTE adj. et n.

UNILINÉAIRE adj. *Ethn.* (Filiation) qui ne tient compte que de l'une des deux ascendances.

UNILINGUE adj.

UNILINGUISME n.m.

UNILOBÉ, E adj. *Bot.* Qui n'a qu'un lobe.

UNILOCULAIRE adj. *Bot.* Qui n'a qu'une loge.

UNIMENT adv.

UNIMODAL, E, AUX adj. *Stat.* (Distribution) qui comporte une seule valeur dominante.

UNINOMINAL, E, AUX adj. (Scrutin) qui porte sur un seul nom.

UNION n.f.

UNIONISME n.m.

UNIONISTE n. et adj. Partisan de l'union des provinces dans un État confédéré.

UNIOVULÉ, E adj. *Bot.* Qui n'a qu'un ovule.

UNIPARE adj. (Femelle) qui n'a qu'un seul petit à la fois.

UNIPERSONNEL, ELLE adj. (Verbe) qui ne s'emploie qu'à la troisième personne du singulier. – (Entreprise) constituée par un seul associé.

UNIPOLAIRE adj.

UNIPRIX n.m. (Nom déposé).

UNIQUE adj.

UNIQUEMENT adv.

UNIR v. **40.**

UNIRAMÉ, E adj. *Zool.* Qui n'a qu'une seule branche.

UNISEXE adj.

UNISEXUALITÉ n.f.

UNISEXUÉ, E adj. **(= unisexuel).**

UNISEXUEL, ELLE adj. → **unisexué.**

UNISSON n.m. Son unique émis par plusieurs voix ou instruments jouant ensemble.

UNITAIRE adj.

UNITARIEN, ENNE n. Membre d'une secte protestante qui nie la Trinité. – Partisan d'un système politique centralisé.

UNITARISME n.m.

UNITARISTE adj. et n.

UNITÉ n.f.

UNITIF, IVE adj. *Rel.* (Vie) de parfaite union avec Dieu.

UNIV [-f] n.f. *Belg.* → **unif.**

UNIVALENCE n.f.

UNIVALENT, E adj. Relatif à un type de liaison chimique.

UNIVALVE adj. (Mollusque) dont la coquille est d'une seule pièce.

UNIVERS n.m.

UNIVERSALISER v. **10.**

UNIVERSALISME n.m. Opinion qui ne reconnaît d'autre autorité que le consentement universel.

UNIVERSALISTE adj. et n.

UNIVERSALITÉ n.f.

UNIVERSAUX n.m.pl. *Philos.* Concepts universels. – *Ling.* Structures existant dans toutes les langues.

UNIVERSEL, ELLE adj.

UNIVERSELLEMENT adv.

UNIVERSIADE n.f. Jeux mondiaux universitaires.

UNIVERSITAIRE adj. et n.

UNIVERSITÉ n.f.

UNIVIBRATEUR n.m. *Vx.* Dispositif électronique.

UNIVITELLIN, E adj. *Biol.* Se dit de jumeaux issus d'un même œuf.

UNIVOCITÉ n.f. Caractère de ce qui est univoque.

UNIVOLTIN, E adj. Se dit d'insectes qui ne se reproduisent qu'une fois par an.

UNIVOQUE adj. Qui garde le même sens dans des emplois différents.

UNTEL |, UNETELLE | n.

UNTERWALDIEN, ENNE [ounteurv-] adj. Du canton d'Unterwald (Suisse).

UPAS [-s] n.m. Arbre de Java, dont le latex est un poison violent.

UPÉRISATION n.f.

UPÉRISER v. **10.** Stériliser (du lait) en le portant à très haute température.

UPPERCUT [upèrkut] n.m. Coup de poing donné de bas en haut.

UPSILON | [-lon] n.m. Lettre grecque.

UPWELLING [eupwèling] n.m. *Géogr.* Remontée d'eau froide profonde, le long des côtes.

URACILE n.m. *Biochim.* Base azotée des acides ribonucléiques.

URAÈTE n.m. Aigle d'Australie.

URÆUS [uréus] n.m. Figure de serpent symbolisant la puissance, dans l'ancienne Égypte.

URANAIS, E adj. Du canton d'Uri (Suisse).

URANATE n.m. Sel de l'acide uranique.

URANE n.m. Ancien nom de l'oxyde d'uranium.

URANEUX, EUSE adj. Dérivé de l'uranium.

URANIDE n.m. Élément chimique, type uranium, plutonium.

URANIE n.f. Grand papillon des régions chaudes.

URANIFÈRE adj. Qui contient de l'uranium.

URANINITE n.f. Minerai d'uranium.

URANIQUE adj. Relatif à l'uranium.

URANISME n.m. Homosexualité masculine.

URANISTE adj. Homosexuel.

URANITE n.f. Phosphate d'uranium.

URANIUM n.m.

URANOGRAPHIE n.f. *Vx.* Science de la description du ciel.

URANOPLASTIE n.f. *Chir.* Restauration du voile du palais.

URANOSCOPE n.m. Poisson osseux de la Méditerranée.

URANYLE n.m. Radical chimique.

URATE n.m. Sel de l'acide urique.

URBAIN, E adj.

URBANISABLE adj.

URBANISATION n.f.

URBANISER v. **10.**

URBANISME n.m.

URBANISTE adj. et n.

URBANISTIQUE adj. Relatif à l'urbanisme.

URBANITÉ n.f. Politesse affable.

URBANOLOGIE n.f. Étude de l'aménagement des villes.

URCÉOLE n.f. *Bot.* Utricule.

URCÉOLÉ, E adj. *Bot.* En forme de vase renflé.

URDU [ourdou] n.m. **(= ourdou)** Langue parlée au nord de l'Inde et au Pakistan.

URE n.m. Aurochs.

URÉASE n.f. Enzyme qui hydrolyse l'urée.

URÉDINALE n.f. → **urédinée.**

URÉDINÉE n.f. Champignon parasite des végétaux.

URÉDOSPORE n.f. Spore de la rouille du blé.

URÉE n.f. Déchet de matières azotées éliminé par le rein.

URÉIDE n.m. Composé dérivé de l'urée.

URÉIQUE adj.

URÉMIE n.f. Taux excessif d'urée dans le sang.

URÉMIQUE adj. et n.

URÉOGENÈSE n.f. Synthèse de l'urée.

URÉOTÉLIQUE adj. → **urotélique.**

URÉTÉRAL, E, AUX adj.

URETÈRE [urtèr] n.m. *Anat.* Chacun des deux canaux unissant les reins à la vessie.

URÉTÉRITE n.f. *Méd.* Inflammation des uretères.

URÉTÉROSTOMIE n.f. *Chir.* Abouchement d'un uretère à la peau.

URÉTHANE n.m. **(= uréthanne)** Ester de l'acide carbamique.

URÉTHANNE n.m. → **uréthane.**

URÉTRAL, E, AUX adj. Relatif à l'urètre.

URÈTRE n.m. *Anat.* Canal reliant la vessie au méat urinaire.

URÉTRITE n.f. Inflammation de l'urètre.

URGEMMENT adv.

URGENCE n.f.

URGENT, E adj. et n.m.

URGENTISSIME adj.

URGENTISTE n. Médecin spécialisé dans les urgences.

URGENTOLOGUE n. *Québ.* → **urgentiste.**

URGER v. déf. (**urge, urgé, urgea, urgeaient, urgeait, urgeant, urgeassent, urgeât, urgent, urgera, urgeraient, urgerait, urgèrent, urgeront**).

URGONIEN, ENNE adj. et n.m. *Géol., Vx.* Se dit d'un stade du crétacé inférieur.

URICÉMIE n.f. Taux d'acide urique dans le sang.

URICOTÉLIQUE adj. (Animal) dont l'excrétion azotée se fait sous forme d'acide urique.

URIDINE n.f. *Biochim.* Nucléoside à base d'uracile.

URINAIRE adj.

URINAL, AUX n.m. Vase dans lequel les malades alités urinent.

URINE n.f.

URINER v. **10.**

URINEUX, EUSE adj.

URINIFÈRE adj.

URINOIR n.m.

URIQUE adj. *Acide urique :* acide organique azoté.

URNE n.f.

UROBILINE n.f. Pigment biliaire colorant l'urine.

UROBILINOGÈNE n.m. Produit de dégradation d'un pigment biliaire.

UROBILINURIE n.f. Taux anormal d'urobiline dans les urines.

UROCHROME n.m. Principale substance colorante de l'urine.

UROCORDÉ n.m. Animal marin (tunicier).

URODÈLE n.m. Amphibien, type salamandre, triton.

UROGÉNITAL, E, AUX adj. Qui concerne à la fois l'appareil urinaire et l'appareil génital.

UROGRAPHIE n.f. Radiographie des voies urinaires.

UROKINASE n.f. Enzyme extraite de l'urine humaine.

UROLAGNIE n.f. *Psych.* Érotisation des fonctions urinaires.

UROLOGIE n.f. Étude des maladies des voies urinaires.

UROLOGIQUE adj.

UROLOGUE n.

UROMÈTRE n.m. Appareil qui mesure la densité de l'urine.

URONIQUE adj. *Chim.* Relatif à une variété d'acide.

UROPODE n.m. *Zool.* Appendice abdominal des crustacés.

UROPYGE n.m. *Zool.* Arachnide.

UROPYGIAL, E, AUX adj. Relatif au croupion des oiseaux.

UROPYGIEN, ENNE adj. → **uropygial.**

UROTÉLIQUE adj. (Animal) dont l'excrétion azotée se fait sous forme d'urée.

URSIDÉ n.m. Mammifère carnivore, type ours.

URSIN, E adj. De l'ours.

URSULINE n.f. Religieuse de l'ordre de Sainte-Ursule.

URTICACÉE n.f. Plante apétale, type ortie.

URTICAIRE n.f.

URTICALE n.f. Plante dicotylédone, type urticacée.

URTICANT, E adj. Qui produit une sensation analogue à celle de la piqûre d'ortie.

URTICATION n.f. Inflammation de la peau accompagnée d'une sensation de brûlure.

URUBU n.m. Vautour d'Amérique tropicale.

URUGUAYEN, ENNE adj. De l'Uruguay (Amérique du Sud).

URUS [-s] n.m. → **ure.**

US n.m.pl.

USABLE adj.

USAGE n.m.

USAGÉ, E adj.

USAGER, ÈRE n.

USANCE n.f. *Fin.* Terme fixé pour le paiement des effets de commerce.

USANT, E adj.

USER v. **10.**

USINABILITÉ n.f.

USINABLE adj.

USINAGE n.m.

USINE n.f.

USINER v. **10.** Façonner avec une machine-outil.

USINIER, ÈRE adj. *Vx.* Relatif à l'usine.

USITÉ, E adj.

USNÉE n.f. Lichen grisâtre.

USTENSILE n.m.

USTILAGINALE n.f. Champignon parasite des végétaux.

USTILAGINÉE n.f. → **ustilaginale.**

USUCAPION n.f. *Dr.* Acquisition d'une propriété par une occupation ininterrompue.

USUEL, ELLE adj. et n.m.

USUELLEMENT adv.

USUFRUCTUAIRE adj. *Dr.* De l'usufruit.

USUFRUIT n.m. *Dr.* Droit de jouir d'un bien dont on n'a pas la nue-propriété.

USUFRUITIER, ÈRE adj. et n.

USURAIRE adj.

USURAIREMENT adv.

USURE n.f.

USURIER, ÈRE n.

USURPATEUR, TRICE adj. et n.

USURPATION n.f.

USURPATOIRE adj.

USURPER v. **10.** S'approprier par violence ou par ruse.

USUS [uzus] n.m. *Dr.* Droit de jouir d'une chose dont on est propriétaire.

UT I n.m.

UTE adj. D'un peuple amérindien.

UTÉRIN, E adj. et n.

UTÉRUS n.m.

UTILE adj.

UTILEMENT adv.

UTILISABLE adj.

UTILISATEUR, TRICE n.

UTILISATION n.f.

UTILISER v. **10.**

UTILITAIRE adj.

UTILITARISME n.m.

UTILITARISTE adj. et n.

UTILITÉ n.f.

UTOPIE n.f.

UTOPIQUE adj.

UTOPISME n.m.

UTOPISTE adj. et n.

UTRAQUISTE [utrakwist] n. *Hist.* Hussite modéré, dans la Bohême du XVe s.

UTRICULAIRE n.f. Plante aquatique.

UTRICULE n.m. *Anat.* Cavité de l'oreille interne. – *Bot.* Organe en forme d'outre.

UTRICULEUX, EUSE adj. *Bot.* Pourvu d'utricules.

UVAL, E, AUX adj. Relatif au raisin.

UVÉE n.f. *Anat.* Membrane moyenne de l'œil.

UVÉITE n.f. Inflammation de l'uvée.

UVULA n.f. → **uvule.**

UVULAIRE adj. *Anat.* Relatif à la luette. – *Phon.* (Consonne) produite par l'action de la luette contre le dos de la langue.

UVULE n.f. **(= uvula)** *Anat.* Luette.

UXORILOCAL, E, AUX adj. *Ethn.* (Type de résidence) où les époux habitent près des parents de la femme.

UZBEK, E [ou-] adj. et n.m. → **ouzbek.**

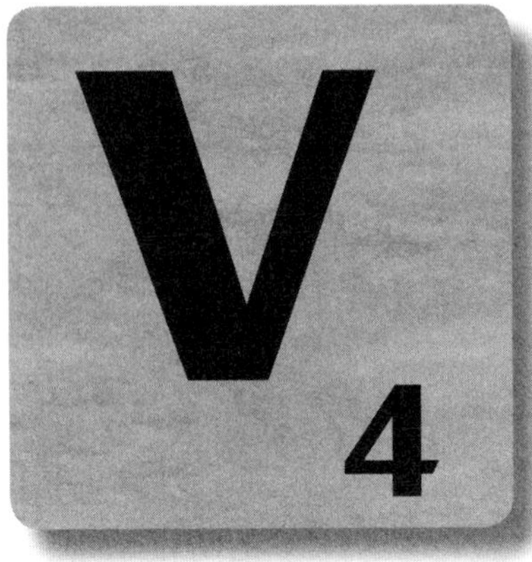

VA interj.

VACANCE n.f.

VACANCIER, ÈRE adj. et n.

VACANT, E adj.

VACARME n.m.

VACATAIRE adj. et n. Qui est employé à une fonction précise pour une période déterminée.

VACATION n.f. Temps consacré à l'accomplissement d'une fonction. – Rémunération de ce temps.

VACCAIRE n.f. Plante à fleurs roses.

VACCIN n.m.

VACCINABLE adj.

VACCINAL, E, AUX adj. Relatif au vaccin ou à la vaccine.

VACCINATEUR, TRICE adj. et n.

VACCINATION n.f.

VACCINE n.f. Maladie de la vache ou du cheval qui, inoculée à l'homme, l'immunise contre la variole.

VACCINELLE n.f. Éruption bénigne provoquée par un vaccin.

VACCINER v. **10.**

VACCINIDE n.f. Réaction cutanée après une vaccination contre la variole.

VACCINIER n.m. *Bot.* Airelle.

VACCINIFÈRE adj. (Animal) porteur de pustules, dont on prélève le pus pour préparer le vaccin antivariolique.

VACCINOGÈNE adj. Qui produit un vaccin.

VACCINOÏDE n.f. → **vaccinelle.**

VACCINOSTYLE n.m. *Méd.* Plume métallique servant à vacciner.

VACCINOTHÉRAPIE n.f. Utilisation d'un vaccin à des fins curatives.

VACHARD, E adj. *Fam.* Méchant.

VACHE adj. et n.f.

VACHEMENT adv.

VACHER, ÈRE n.

VACHER v. **10.** *Québ.* Paresser. – *Se vacher :* pour un ULM ou un planeur, se poser en rase campagne.

VACHERIE n.f.

VACHERIN n.m. Fromage de Suisse et du Jura. – Gâteau meringué à la chantilly.

VACHETTE n.f. Jeune vache. – Cuir de jeune vache.

VACIEU, X n.m. Ensemble des brebis ne produisant pas de lait.

VACILLANT, E adj.

VACILLATION n.f.

VACILLEMENT n.m.

VACILLER v. **(p.p.inv.) 10.**

VACIVE n.f. et adj.f. Brebis de moins de deux ans.

VACOA n.m. Arbuste dont les feuilles sont utilisées en vannerie.

VACUITÉ n.f. État de ce qui est vide.

VACUOLAIRE adj.

VACUOLE n.f. *Géol.* Cavité. – *Biol.* Cavité cellulaire remplie de liquide.

VACUOLISATION n.f.

VACUOLISER v. **10.** Transformer en vacuole.

VACUOME n.m. *Biol.* Ensemble des vacuoles d'une cellule.

VACUOMÈTRE n.m. Indicateur de vide.

VACUUM [vakuom] n.m. Vide.

VADROUILLE n.f.

VADROUILLER v. **(p.p.inv.) 10.**

VADROUILLEUR, EUSE n.

VAGABOND, E adj. et n.

VAGABONDAGE n.m.

VAGABONDER v. **(p.p.inv.) 10.**

VAGAL, E, AUX adj. Relatif au nerf pneumogastrique.

VAGILE adj. (Faune aquatique) qui rampe sur le fond.

VAGIN n.m.

VAGINAL, E, AUX adj.

VAGINALITE n.f. *Méd.* Inflammation de la tunique vaginale du testicule.

VAGINÉ, E adj. *Bot.* Gainé.

VAGINISME n.m. *Méd.* Contraction douloureuse des muscles du vagin.

VAGINITE n.f. Inflammation du vagin.

VAGIR v. **(p.p.inv.) 40.** Crier, en parlant du nouveau-né.

VAGISSANT, E adj.

VAGISSEMENT n.m.

VAGOLYTIQUE adj. *Méd.* Qui paralyse le nerf pneumogastrique.

VAGOTOMIE n.f. *Chir.* Section du nerf pneumogastrique.

VAGOTONIE n.f. *Méd.* Forte excitabilité du système nerveux vagal.

VAGOTONIQUE adj.

VAGUE adj., n.m. et n.f.

VAGUELETTE n.f.

VAGUEMENT adv.

VAGUEMESTRE n.m. Militaire qui assure le service postal dans l'armée.

VAGUER v. **(p.p.inv.) 10.** Errer sans but.

VAHINÉ n.f. Tahitienne.

VAIÇYA [vaïchya] n.m. **(= vaishya, vaisya)** Membre de la troisième caste hindoue (paysan ou commerçant).

VAIGRAGE n.m. *Mar.* Ensemble des vaigres.

VAIGRE n.f. Planche qui revêt la muraille intérieure d'un navire.

VAILLAMMENT adv.

VAILLANCE n.f.

VAILLANT, E adj.

VAILLANTIE [-ti] n.f. Plante des régions sèches.

VAILLE, VAILLENT → **valoir 78.**

VAIN, VAINE adj.

VAINCRE v. **140.**

VAINEMENT adv.

VAINQUEUR adj.m. et n.m.

VAINQUEURE adj.f. et n.f. *Québ.* Féminin de *vainqueur.*

VAIR n.m. *Vx.* Fourrure d'écureuil. – *Hér.* Une des fourrures de l'écu.

VAIRÉ, E adj. et n.m. *Hér.* Chargé de vair.

VAIRON 1. adj.m. *Yeux vairons :* yeux qui sont de couleur différente. 2. n.m. Petit poisson d'eau douce.

VAISHYA [vaïchya] n.m. → **vaiçya.**

VAISSEAU, X n.m.

VAISSELIER n.m. Buffet à étagères pour la vaisselle.

VAISSELLE n.f.

VAISSELLERIE n.f.

VAISYA [vaïchya] n.m. → **vaiçya.**

VAJRAYANA [vadjrayana] n.m. Bouddhisme du Tibet.

VAL (pl. **VALS** ou **VAUX**) n.m.

VALABLE adj.

VALABLEMENT adv.

VALAISAN, ANNE adj. Du Valais (Suisse).

VALANGINIEN, ENNE n.m. et adj. *Géol.* Étage du crétacé inférieur.

VALAQUE adj. De la Valachie (Roumanie).

VALDÉISME n.m. **(= valdisme)** *Rel.* Doctrine des vaudois.

VALDINGUER v. **(p.p.inv.) 10.** *Fam.* Tomber brutalement.

VALDISME n.m. → **valdéisme.**

VALDOISIEN, ENNE adj. Du Val-d'Oise.

VALDÔTAIN, E adj. Du Val d'Aoste (Italie).

VALENÇAY n.m. Fromage de chèvre du Berry.

VALENCE n.f. *Chim.* Nombre d'atomes d'hydrogène pouvant se combiner à un atome d'un corps quelconque. – Variété d'orange.

VALENCIA n.f. Variété d'orange.

VALENCIENNES n.f. Dentelle très fine.

VALENCIENNOIS, E adj. De Valenciennes.

VALENTIN, E n. Personne à qui l'on témoigne son amour le jour de la Saint-Valentin.

VALENTINITE n.f. Oxyde naturel d'antimoine.

VALENTINOIS, E adj. De Valence (France).

VALÉRIANACÉE n.f. Herbe, type valériane.

VALÉRIANE n.f. Plante des lieux humides.

VALÉRIANELLE n.f. Plante, type mâche.

VALÉRIANIQUE adj. → **valérique.**

VALÉRIQUE adj. *Acide valérique :* acide extrait de la valériane.

VALET n.m.

VALETAILLE n.f. *Péj.* Ensemble des valets d'une maison.

VALÉTUDINAIRE adj. et n. *Litt.* Qui a une mauvaise santé.

VALEUR n.f.

VALEUREUSEMENT adv.

VALEUREUX, EUSE adj.

VALGA I → **valgus.**

VALGUS (f. **VALGA I**) adj. *Méd.* (Jambe ou pied) dévié en dehors.

VALIDATION n.f.

VALIDE adj.

VALIDEMENT adv.

VALIDER v. **10.**

VALIDEUSE n.f. Appareil servant à enregistrer des bulletins de jeu.

VALIDITÉ n.f.

VALIHA n.m. Cithare traditionnelle malgache.

VALINE n.f. Acide aminé indispensable à la nutrition.

VALISE n.f.

VALISETTE n.f. Petite valise publicitaire.

VALIUM n.m. (Nom déposé) Tranquillisant.

VALKYRIE n.f. (= **walkyrie**) Déesse guerrière scandinave.

VALLÉE n.f.

VALLEUSE n.f. *Géogr.* Petite vallée en surplomb sur une falaise.

VALLISNÉRIE n.f. Plante des marais.

VALLON n.m.

VALLONNEMENT n.m.

VALLONNER v. **10.**

VALLONNEUX, EUSE adj.

VALOCHE n.f. *Fam.* Valise.

VALOIR v. **78.**

VALORISABLE adj.

VALORISANT, E adj.

VALORISATION n.f.

VALORISER v. **10.**

VALPOLICELLA [tch] n.m. Vin rouge d'Italie.

VALSE n.f.

VALSER v. **10.** Exécuter (une danse) comme une valse.

VALSEUR, EUSE n.

VALVAIRE adj. Relatif aux valves.

VALVE n.f.

VALVÉ, E adj. *Bot.* Composé de valves.

VALVULAIRE adj. Relatif aux valvules.

VALVULE n.f. *Anat.* Repli de la muqueuse qui empêche le reflux du sang dans les vaisseaux.

VALVULECTOMIE n.f. *Chir.* Excision d'une valvule cardiaque.

VALVULOPLASTIE n.f. *Chir.* Réparation d'une valvule cardiaque.

VALVULOTOMIE n.f. → **valvulectomie.**

VAMP n.f.

VAMPER v. **10.** Séduire par des allures de vamp.

VAMPIRE n.m.

VAMPIRIQUE adj.

VAMPIRISATION n.f.

VAMPIRISER v. **10.** Assujettir totalement.

VAMPIRISME n.m.

VAN n.m. Voiture pour le transport des chevaux. – Panier servant à vanner.

VANADATE n.m. Sel d'un acide vanadique.

VANADINITE n.f. Combinaison naturelle du plomb avec le chlore et le vanadium.

VANADIQUE adj. *Chim.* Se dit des composés du vanadium.

VANADIUM n.m. Métal gris-blanc très dur.

VANCOUVÉROIS, E adj. De Vancouver (Canada).

VANDA n.f. Orchidée à très grandes fleurs.

VANDALE n.m.

VANDALISER v. **10.** Saccager.

VANDALISME n.m.

VANDOISE n.f. Petit poisson d'eau douce voisin du gardon.

VANESSE n.f. Papillon diurne richement coloré, type vulcain.

VANGERON n.m. (= **vengeron**) *Helv.* Gardon.

VANILLE n.f.

VANILLER v. **10.** Parfumer à la vanille.

VANILLIER [-niyé] n.m. Plante grimpante produisant la vanille.

VANILLINE [l] n.f. Arôme de vanille.

VANILLINÉ, E [l] adj.

VANILLISME [l] n.m. Intoxication par la vanille.

VANILLON [-iy-on] n.m. Variété de vanille à petites gousses.

VANISAGE n.m. Tricotage qui mêle deux fils de nature différente.

VANISÉ, E adj. *Text.* (Fil) recouvert par un autre fil.

VANITÉ n.f.

VANITEUSEMENT adv.

VANITEUX, EUSE adj. et n.

VANITY n.m. Petite mallette pour accessoires de maquillage.

VANNAGE n.m.

VANNE n.f.

VANNÉ, E adj. *Fam.* Très fatigué.

VANNEAU, X n.m. Oiseau échassier.

VANNELLE n.f. (= **vantelle**) Petite vanne.

VANNER v. **10.** *Agr.* Secouer (du grain).

VANNERIE n.f. Art de travailler l'osier.

VANNET n.m. Filet de pêche.

VANNETAIS, E adj. De Vannes.

VANNETTE n.f. Petit panier servant à vanner l'avoine donnée aux chevaux.

VANNEUR, EUSE adj. et n.

VANNIER, ÈRE n. Ouvrier qui travaille l'osier.

VANNURE n.f. Résidus provenant du vannage des grains.

VANTAIL, VANTAUX n.m. Battant de porte ou de fenêtre.

VANTARD, E adj. et n.

VANTARDISE n.f.

VANTAUX → **vantail.**

VANTELLE n.f. → **vannelle.**

VANTER v. **10.**

VANTERIE n.f.

VANUATUAN, E adj. Du Vanuatu (Océanie).

VAPE n.f. *Fam.* Hébétude, malaise.

VAPEUR n.m. et n.f.

VAPOCRAQUAGE n.m. Raffinage d'hydrocarbures en présence de vapeur d'eau.

VAPOCRAQUEUR n.m. Installation de vapocraquage.

VAPORETTO n.m. À Venise, petit bateau à vapeur.

VAPOREUSEMENT adv.

VAPOREUX, EUSE adj.

VAPORISAGE n.m.

VAPORISATEUR n.m.

VAPORISATION n.f.

VAPORISER v. **10.**

VAQUER v. **(p.p.inv.) 10.** Être vacant. – S'occuper.

VAQUERO [k] n.m. Bouvier ou conducteur de taureaux de combat.

VAR n.m. *Phys.* Unité d'énergie réactive.

VARA **|** → **varus.**

VARAIGNE n.f. Ouverture par laquelle l'eau de mer pénètre dans un marais salant.

VARAN n.m. Grand reptile saurien des pays chauds.

VARANGUE n.f. Pièce de construction de la quille d'un navire.

VARAPPE n.f. Escalade de parois rocheuses.

VARAPPER v. **(p.p.inv.) 10.**

VARAPPEUR, EUSE n.

VARECH [-èk] n.m. Algues marines.

VARENNE n.f. Sol sableux.

VAREUSE n.f. Veste ample.

VARHEURE n.m. *Phys.* Unité d'énergie réactive.

VARHEUREMÈTRE n.m. Appareil de mesure de l'énergie réactive.

VARIABILITÉ n.f.

VARIABLE adj. et n.f.

VARIABLEMENT adv.

VARIANCE n.f. Nombre de facteurs déterminant l'équilibre d'un système physicochimique.

VARIANT, E adj. et n.f.

VARIATEUR n.m. Appareil permettant de faire varier une grandeur entre deux limites.

VARIATION n.f.

VARICE n.f.

VARICELLE n.f.

VARICOCÈLE n.f. *Méd.* Dilatation variqueuse.

VARICOSITÉ n.f. *Méd.* Petite formation variqueuse.

VARIER v. **15.**

VARIÉTAL, E, AUX adj. *Agr.* Relatif à une variété de plante.

VARIÉTÉ n.f.

VARIOCOUPLEUR n.m. *Électr.* Dispositif permettant de régler le couplage de deux circuits différents.

VARIOLE n.f. Maladie infectieuse très contagieuse.

VARIOLÉ, E adj. et n. Marqué de la variole.

VARIOLEUX, EUSE adj. et n. Atteint de la variole.

VARIOLIQUE adj.

VARIOLISATION n.f. *Anc.* Méthode d'immunisation contre la variole, antérieure à la vaccination.

VARIOMÈTRE n.m. *Électr.* Appareil qui mesure les inductances.

VARIORUM **|** n.m. *Vx.* Ouvrage accompagné de notes et commentaires.

VARIQUEUX, EUSE adj. Relatif aux varices.

VARISTANCE n.f. *Électr.* Céramique dont la résistance électrique varie selon la tension.

VARLET n.m. *Féod.* Jeune noble qui apprenait le métier des armes auprès d'un seigneur.

VARLOPAGE n.m.

VARLOPE n.f. Grand rabot pour aplanir le bois.

VARLOPER v. **10.**

VARMÈTRE n.m. Appareil servant à mesurer une puissance réactive.

VARNA n.m. Chacune des quatre castes hindouistes.

VAROIS, E adj. Du Var.

VARON n.m. **(= varron)** Larve parasite de la peau des bovins.

VARONNÉ, E adj. **(= varronné)** Attaqué par des varons.

VARROA n.m. Acarien parasite de l'abeille.

VARRON n.m. → **varon.**

VARRONNÉ, E adj. → **varonné.**

VARSOVIEN, ENNE adj. De Varsovie (Pologne).

VARUS (f. **VARA |**) adj. *Méd.* (Jambe ou pied) tourné en dedans.

VARVE n.f. *Géol.* Dépôt laissé par la fonte d'un glacier.

VASARD, E adj. Sablonneux et vaseux.

VASCULAIRE adj. *Anat.* Relatif aux vaisseaux.

VASCULARISATION n.f. *Anat.* Ensemble des vaisseaux sanguins d'un organe.

VASCULARISÉ, E adj. *Anat.* Pourvu de vaisseaux.

VASCULARITÉ n.f.

VASE n.m. et n.f.

VASECTOMIE n.f. **(= vasotomie)** *Chir.* Résection des canaux déférents, provoquant la stérilité.

VASECTOMISER v. **10.**

VASELINE n.f.

VASELINER v. **10.**

VASER (SE) v. **10.** *Québ.* Se couvrir de vase.

VASEUX, EUSE adj.

VASIÈRE n.f. Endroit vaseux. - Bassin d'un marais salant.

VASISTAS [vazistas] n.m.

VASODILATATEUR, TRICE adj. et n.m. Qui augmente le calibre des vaisseaux sanguins.

VASODILATATION n.f.

VASOMOTEUR, TRICE adj.

VASOMOTRICITÉ n.f. *Méd.* Variation de calibre des vaisseaux sanguins.

VASOPRESSEUR n.m. *Méd.* Substance qui contracte les artères.

VASOPRESSINE n.f. Hormone de l'hypophyse qui contracte les artères.

VASOTOMIE n.f. → **vasectomie.**

VASOUILLAGE n.m.

VASOUILLARD, E adj.

VASOUILLER v. **(p.p.inv.) 10.** *Fam.* S'embrouiller.

VASQUE n.f. Large cuvette d'une fontaine.

VASSAL, E, AUX adj. et n.

VASSALIQUE adj. Relatif à la vassalité.

VASSALISATION n.f.

VASSALISER v. **10.**

VASSALITÉ n.f. *Hist.* Dépendance d'un vassal envers son seigneur. - Asservissement.

VASSELAGE n.m. → **vassalité.**

VASSIVEAU, X n.m. Agneau de moins de deux ans.

VASTE adj.

VASTEMENT adv.

VASTITUDE n.f. *Litt.* Immensité.

VATICANE adj.f. Qui concerne le Vatican.

VATICINATEUR, TRICE n.

VATICINATION n.f.

VATICINER v. **(p.p.inv.) 10.** Prédire l'avenir, en parlant comme un oracle.

VATU n.m. Unité monétaire du Vanuatu.

VAU, X n.m. Pièce utilisée dans la construction d'une voûte.

VAUCHÉRIE n.f. Algue verte d'eau douce.

VAUCLUSIEN, ENNE adj. Du Vaucluse.

VAUDAIRE n.f. Vent du sud-est du lac Léman.

VAUDEVILLE n.m. Comédie légère, riche en intrigues.

VAUDEVILLESQUE adj.

VAUDEVILLISTE n. Auteur de vaudevilles.

VAUDEVIRE n.m. Chanson satirique, ancêtre du vaudeville.

VAUDOIS, E 1. adj. Du canton de Vaud (Suisse). 2. n. et adj. *Rel.* Membre d'une secte hérétique du XIIe s.

VAUDOU, E n.m. et adj. Culte animiste pratiqué par les Noirs des Antilles.

VAURIEN, ENNE adj. et n.

VAUTOUR n.m.

VAUTRAIT n.m. *Vén.* Équipage de chiens pour la chasse au sanglier.

VAUTRER (SE) v. **10.**

VAUVERT | loc. *Au diable vauvert :* très loin.

VAVASSAL, AUX n.m. Celui qui occupait le degré inférieur dans la noblesse féodale.

VAVASSEUR n.m. → **vavassal.**

VÉ n.m. *Méc.* Cale en forme de V.

VEAU, X n.m.

VÉCÉS n.m.pl. *Fam.* Cabinets.

VECTEUR, TRICE adj. et n.m.

VECTORIEL, ELLE adj.

VECTORISATION n.f. *Inf.* Adaptation d'un programme à un type d'ordinateur.

VÉCU, E adj. et n.m.

VÉDA n.m. Ensemble des premiers textes littéraires de l'Inde.

VEDANTA [é] n.m. Doctrine des Védas.

VEDETTARIAT n.m.

VEDETTE n.f.

VEDETTISATION n.f.

VEDETTISER v. **10.** Transformer en vedette.

VEDIKA [é] n.f. Balustrade entourant un monument funéraire bouddhique.

VÉDIQUE 1. adj. Relatif aux Védas. 2. n.m. Forme archaïque du sanscrit.

VÉDISME n.m. Forme primitive du brahmanisme.

VÉDUTISME n.m. Art pictural italien des paysages urbains (XVIIIe s.).

VÉDUTISTE n.m.

VÉGÉTAL, E, AUX adj. et n.m.

VÉGÉTALIEN, ENNE adj. et n.

VÉGÉTALISATION n.f.

VÉGÉTALISER v. **10.** Couvrir (une surface) de végétaux.

VÉGÉTALISME n.m. Alimentation constituée exclusivement de végétaux.

VÉGÉTALISTE adj. et n.

VÉGÉTARIEN, ENNE adj. et n.

VÉGÉTARISME n.m. Alimentation excluant l'usage des viandes.

VÉGÉTATIF, IVE adj.

VÉGÉTATION n.f.

VÉGÉTER v. **(p.p.inv.) 12.**

VÉHÉMENCE n.f.

VÉHÉMENT, E adj.

VÉHÉMENTEMENT adv.

VÉHICULAIRE adj. (Langue) qui permet la communication entre groupes linguistiques différents.

VÉHICULE n.m.

VÉHICULER v. **10.**

VÉHICULEUR n.m. Produit qui facilite la diffusion d'un colorant dans une fibre textile.

VEHMIQUE [vémik] adj. *Hist.* Relatif à la Vehme, organisation secrète de tribunaux allemands.

VEILLE n.f.

VEILLÉE n.f.

VEILLER v. **10.**

VEILLEUR, EUSE n.m. et n.f.

VEINAGE n.m.

VEINARD, E adj. et n.

VEINE n.f.

VEINER v. **10.** Orner en imitant les veines du bois ou du marbre.

VEINETTE n.f. Brosse de peintre utilisée pour veiner.

VEINEUX, EUSE adj.

VEINOSITÉ n.f. Petite veine superficielle.

VEINOTONIQUE adj. et n.m. *Pharm.* Qui augmente la tonicité des parois veineuses.

VEINULE n.f. Petite veine.

VEINURE n.f. Aspect veiné de certains matériaux.

VÊLAGE n.m. Action de mettre bas, en parlant des vaches.

VÉLAIRE adj. et n.f. *Phon.* (Voyelle ou consonne) articulée près du voile du palais.

VÉLANI n.m. Chêne qui fournit du tanin.

VÉLAR n.m. Plante ornementale et médicinale.

VÉLARISATION n.f. *Phon.* Action de rendre vélaire une consonne ou une voyelle palatales.

VÉLARIUM n.m. *Antiq.* Grande toile protégeant les spectacles à ciel ouvert.

VELCHE n. et adj. **(= welche, welsche)** *Anc.* Étranger, pour les Allemands.

VELCRO n.m. (Nom déposé).

VELD n.m. **(= veldt)** *Géogr.* Plateau herbeux, en Afrique du Sud.

VELDT n.m. → **veld.**

VÉLELLE n.f. Méduse pourvue d'une crête qui lui sert de flotteur.

VÊLEMENT n.m. → **vêlage.**

VÊLER v. **(p.p.inv.) 10.**

VELET n.m. Doublure du voile de dessous des religieuses.

VÊLEUSE n.f. Appareil qui facilite le vêlage.

VÉLIDELTISTE n. *Helv.* Adepte du vol libre sur une aile delta.

VÉLIE n.f. Punaise d'eau douce.

VÉLIGÈRE adj. *Zool.* Pourvu d'un voile.

VÉLIN n.m. Parchemin très fin. – Papier de qualité supérieure.

VÉLIPLANCHISTE n. Adepte de la planche à voile.

VÉLIQUE adj. Relatif aux voiles d'un bateau.

VÉLITE n.m. *Antiq. rom.* Soldat d'infanterie légère. – Soldat de Napoléon appartenant à une école de cadres.

VÉLIVOLE adj. et n. Relatif au vol à voile. – Qui pratique le vol à voile.

VÉLIVOLISTE adj. et n. → **vélivole.**

VELLAVE adj. Du Velay (Massif central).

VELLE n.f. Veau femelle.

VELLÉITAIRE adj. et n.

VELLÉITÉ n.f.

VÉLO n.m.

VÉLOCE adj.

VÉLOCEMENT adv.

VÉLOCIMÈTRE n.m. Appareil servant à mesurer la vitesse de recul d'un tube de canon.

VÉLOCIMÉTRIE n.f. Mesure des vitesses.

VÉLOCIPÈDE n.m. Ancêtre de la bicyclette.

VÉLOCIPÉDIQUE adj.

VÉLOCIRAPTOR n.m. Petit dinosaure agile et rapide.

VÉLOCISTE n. Spécialiste de la vente et de la réparation des cycles.

VÉLOCITÉ n.f.

VÉLOCROSS n.m.

VÉLODROME n.m.

VÉLOMOTEUR n.m.

VÉLOMOTORISTE n.

VÉLOPOUSSE n.m. Voiturette tirée par un vélo.

VÉLOROUTE n.f. Itinéraire réservé aux vélos.

VÉLOSKI n.m. Bicyclette montée sur skis.

VELOT n.m. Peau de veau mort-né servant à faire le parchemin.

VELOURS n.m.

VELOUTÉ, E adj. et n.m.

VELOUTEMENT n.m.

VELOUTER v. **10.** Rendre plus doux, plus onctueux.

VELOUTEUX, EUSE adj.

VELOUTIER n.m. Ouvrier qui fabrique du velours.

VELOUTINE n.f. Tissu de coton qui a l'aspect du velours.

VELTAGE n.m. Jaugeage des tonneaux.

VELTE n.f. Règle graduée servant à jauger les tonneaux.

VELU, E adj.

VÉLUM n.m. Grand voile servant de plafond ou de protection contre la lumière.

VELUX [é] n.m. (Nom déposé) Fenêtre de toit de la marque de ce nom.

VELVET [vèlvèt] n.m. Velours de coton.

VELVOTE n.f. Plante à feuilles velues.

VENAISON n.f. Chair de gros gibier.

VENAISSIN, E adj. Du Comtat Venaissin, région du Vaucluse actuel, qui appartint autrefois aux papes.

VÉNAL, E, AUX adj. Qui se vend pour de l'argent.

VÉNALEMENT adv.

VÉNALITÉ n.f.

VENANT, E adj. et n.

VENDA [vènda] n.m. Langue bantoue d'Afrique du Sud.

VENDABLE adj.

VENDANGE n.f.

VENDANGEOIR n.m. Hotte pour la vendange.

VENDANGEON n.m. Larve d'un acarien.

VENDANGER v. **17.**

VENDANGEROT n.m. → **vendangeoir.**

VENDANGETTE n.f. Grive.

VENDANGEUR, EUSE n.

VENDÉEN, ENNE adj. De Vendée.

VENDÉMIAIRE n.m. Mois du calendrier républicain.

VENDERESSE → **vendeur.**

VENDETTA n.f. Vengeance, en Corse.

VENDEUR (f. **VENDERESSE** ou **VENDEUSE**) n.

VENDÔME n.m. Fromage de vache.

VENDRE v. **90.**

VENDREDI n.m.

VENDU, E adj. et n.

VÈNE n.m. *Afr.* Arbre exploité pour son bois.

VENELLE n.f. Ruelle.

VÉNÉNEUX, EUSE adj.

VÉNÉNOSITÉ n.f.

VÉNÉRABLE adj. et n.

VÉNÉRABLEMENT adv.

VÉNÉRATION n.f.

VÉNÉRÉOLOGIE n.f. → **vénérologie.**

VÉNÉRER v. **12.**

VÉNÉRICARDE n.f. Mollusque en forme de cœur.

VÉNÉRIDÉ n.m. Mollusque bivalve.

VÉNERIE n.f. Art de la chasse à courre.

VÉNÉRIEN, ENNE adj.

VÉNÉROLOGIE n.f. Partie de la médecine qui traite des maladies vénériennes.

VÉNÉROLOGUE n.

VENET n.m. Barrage de filets de pêche en bord de mer.

VÉNÈTE adj. et n.m. D'un ancien peuple indo-européen.

VENETTE n.f. *Vx.* Peur.

VENEUR n.m. Celui qui dirige la chasse à courre.

VÉNÉZUÉLIEN, ENNE adj. Du Venezuela (Amérique du Sud).

VENGEANCE n.f.

VENGER v. **17.**

VENGERESSE → **vengeur.**

VENGERON n.m. → **vangeron.**

VENGEUR, ERESSE adj. et n.

VENIAT **|** [vényat] n.m. *Dr., Anc.* Ordre, pour un juge, de comparaître devant son supérieur.

VÉNIEL, ELLE adj. Sans gravité.

VÉNIELLEMENT adv.

VENIMEUX, EUSE adj.

VENIMOSITÉ n.f.

VENIN n.m.

VENIR v. **42.**

VÉNITIEN, ENNE adj. De Venise (Italie).

VENT n.m.

VENTAGE n.m. Vannage.

VENTAIL, VENTAUX n.m. **(= ventaille)** *Anc.* Ouverture d'un casque clos par où passait l'air.

VENTAILLE n.f. → **ventail.**

VENTAUX → **ventail.**

VENTE n.f.

VENTÉ, E adj. Où le vent n'est pas freiné par des obstacles naturels.

VENTEAU, X n.m. Ouverture par laquelle l'air pénètre dans une soufflerie.

VENTER v. déf. (**venta, ventait, ventât, vente, venté, ventera, venterait**).

VENTEUX, EUSE adj.

VENTILATEUR n.m.

VENTILATION n.f.

VENTILATOIRE adj. *Méd.* Respiratoire.

VENTILER v. **10.**

VENTILEUSE n.f. Abeille qui, par son battement d'ailes, maintient un courant d'air dans la ruche.

VENTILO n.m. *Fam.* Ventilateur.

VENTIS [-i] n.m.pl. Arbres abattus par le vent.

VENTÔSE n.m. Mois du calendrier républicain.

VENTOUSE n.f.

VENTRAL, E, AUX adj.

VENTRE n.m.

VENTREBLEU interj. Juron.

VENTRÈCHE n.f. Lard.

VENTRÉE n.f. *Fam.* Nourriture dont on s'emplit l'estomac.

VENTRICULAIRE adj.

VENTRICULE n.m. *Anat.* Cavité du cœur ou de l'encéphale.

VENTRIÈRE n.f. Sangle placée sous le ventre d'un cheval pour le soulever.

VENTRILOQUE adj. et n.

VENTRILOQUIE n.f.

VENTRIPOTENT, E adj. Qui a un gros ventre.

VENTRU, E adj.

VENTURI n.m. Tube servant à la mesure du débit des fluides.

VENTURON n.m. Passereau voisin du serin.

VENU, E adj. et n.

VÉNUS n.f. Mollusque marin, type praire.

VÉNUSIEN, ENNE adj. De la planète Vénus.

VÉNUSTÉ n.f. *Litt.* Beauté digne de Vénus.

VÉPÉCISTE n. Spécialiste de la vente par correspondance.

VÊPRÉE n.f. (**= vesprée**) *Vx.* Soirée.

VÊPRES n.f.pl. *Rel.* Heures de l'office.

VER n.m.

VÉRACE adj. *Litt.* Sincère.

VÉRACITÉ n.f.

VÉRAISON n.f. Début de maturité pour les fruits, et particulièrement le raisin.

VÉRANDA n.f.

VÉRATRE n.m. Plante vénéneuse.

VÉRATRINE n.f. Alcaloïde toxique produit par une variété de vératre.

VERBAL, E, AUX adj.

VERBALEMENT adv.

VERBALISATEUR, TRICE adj. et n.

VERBALISATION n.f.

VERBALISER v. **10.**

VERBALISME n.m. *Péj.* Abondance de paroles creuses.

VERBASCACÉE n.f. Plante dicotylédone des lieux incultes, type bouillon-blanc.

VERBATIM **|** n.m. Compte rendu fidèle.

VERBE n.m.

VERBÉNACÉE n.f. Plante dicotylédone, type verveine.

VERBEUSEMENT adv.

VERBEUX, EUSE adj. *Péj.* Qui dit les choses en trop de mots.

VERBIAGE n.m. Abondance de paroles inutiles.

VERBICRUCISTE n. Auteur de mots croisés.

VERBIGÉRATION n.f. *Psych.* Dévidage automatique de mots incohérents.

VERBOMANIE n.f. *Psych.* Tendance à parler de façon excessive.

VERBOQUET n.m. Cordage servant à guider un fardeau que l'on hisse.

VERBOSITÉ n.f. Défaut d'une personne verbeuse.

VERDAGE n.m. Engrais vert.

VERDÂTRE adj.

VERDELET, ETTE adj. (Vin) un peu vert, légèrement acide.

VERDET n.m. Nom commercial de divers acétates de cuivre.

VERDEUR n.f.

VERDICT n.m.

VERDIER n.m. Passereau à plumage verdâtre.

VERDIN n.m. Passereau d'un vert vif, du Sud-Est asiatique.

VERDIR v. **40.**

VERDISSAGE n.m. Action de verdir.

VERDISSANT, E adj.

VERDISSEMENT n.m. État de ce qui verdit.

VERDOIEMENT n.m.

VERDOYANT, E adj.

VERDOYER v. **(p.p.inv.) 27.**

VERDUNISATION n.f.

VERDUNISER v. **10.** Assainir (de l'eau) en y ajoutant du chlore.

VERDUNOIS, E adj. De Verdun (France et Québec).

VERDURE n.f.

VERDURIER, ÈRE n. *Belg.* Marchand des quatre-saisons.

VÉRÉTILLE n.m. Variété de corail des mers tempérées.

VÉREUX, EUSE adj.

VERGE n.f.

VERGÉ, E adj. (Étoffe ou papier) présentant des rayures.

VERGENCE n.f. *Opt.* Inverse de la distance focale.

VERGEOISE n.f. Sucre roux.

VERGER n.m.

VERGERETTE n.f. Plante herbacée (érigéron).

VERGETÉ, E adj. Marqué de raies, de vergetures.

VERGETIER n.m. Fabricant de vergettes, de brosses.

VERGETTE n.f. Petite verge. – Petite brosse.

VERGETURE n.f. Raie blanchâtre qui se forme sur la peau quand elle a été distendue.

VERGEURE [-jur] n.f. Rayure apparaissant dans le filigrane du papier vergé.

VERGLAÇANT, E adj.

VERGLACÉ, E adj.

VERGLACER v. déf. (**verglaça, verglaçait, verglaçât, verglace, verglacé, verglacera, verglacerait**).

VERGLAS n.m.

VERGNE n.m. (= **verne**) *Bot.* Aulne.

VERGOBRET n.m. *Hist.* Magistrat suprême, en Gaule.

VERGOGNE n.f. Honte.

VERGUE n.f. *Mar.* Pièce du mât qui soutient la voile.

VÉRIDICITÉ n.f.

VÉRIDIQUE adj.

VÉRIDIQUEMENT adv.

VÉRIF n.f. *Fam.* Vérification.

VÉRIFIABLE adj.

VÉRIFICATEUR, TRICE adj. et n.

VÉRIFICATIF, IVE adj. Qui sert de vérification.

VÉRIFICATION n.f.

VÉRIFIER v. **15.**

VÉRIFIEUR, EUSE n.

VÉRIN n.m. Appareil de levage de lourdes charges.

VÉRINE n.f. (= **verrine**) *Mar.* Filin muni d'un croc.

VÉRISME n.m. Mouvement artistique italien du XIXe s., proche du naturalisme français.

VÉRISTE adj. et n.

VÉRITABLE adj.

VÉRITABLEMENT adv.

VÉRITÉ n.f.

VERJUS n.m. Suc acide de raisin.

VERJUTER v. **10.** Préparer (une sauce) au verjus.

VERLAINIEN, ENNE adj. De Verlaine.

VERLAN n.m. Forme d'argot qui inverse les syllabes des mots.

VERMÉE n.f. Appât pour la pêche, constitué d'un amas de vers.

VERMEIL, EILLE adj. et n.m.

VERMET n.m. Mollusque marin.

VERMICELLE n.m.

VERMICIDE adj. et n.m. Qui tue les vers.

VERMICULAIRE adj. Qui a la forme d'un ver.

VERMICULÉ, E adj. *Bx-arts.* Orné de stries sinueuses.

VERMICULITE n.f. Argile dérivée du mica.

VERMICULURE n.f. *Bx-arts.* Ornement vermiculé.

VERMIDIEN n.m. *Zool.* Animal vermiforme.

VERMIFORME adj. Qui a la forme d'un ver.

VERMIFUGE adj. et n.m.

VERMIFUGER v. **17.** Traiter avec un vermifuge.

VERMILLE n.f. Ligne de fond pour la pêche aux anguilles.

VERMILLER v. **(p.p.inv.) 10.** Fouiller la terre avec le groin, en parlant du porc, du sanglier.

VERMILLON adj. et n.m.

VERMILLONNER v. **10.** Teindre en vermillon. – Fouiller la terre, en parlant du blaireau.

VERMINE n.f.

VERMINEUX, EUSE adj.

VERMINOSE n.f. Affection causée par des vers parasites.

VERMIS [-s] n.m. *Anat.* Partie médiane du cervelet.

VERMISSEAU, X n.m.

VERMIVORE adj.

VERMOULER (SE) v. **10.** Devenir vermoulu.

VERMOULU, E adj.

VERMOULURE n.f. Trace des vers dans le bois.

VERMOUT n.m. (= **vermouth**) Apéritif à base de vin.

VERMOUTH n.m. → **vermout.**

VERNACULAIRE adj. et n.m. (Langue) parlée seulement à l'intérieur d'une communauté.

VERNAL, E, AUX adj. Relatif au printemps.

VERNALISATION n.f. *Agr.* Traitement de graines par le froid pour provoquer une floraison précoce.

VERNATION n.f. *Bot.* Disposition des feuilles dans le bourgeon.

VERNE n.m. → **vergne.**

VERNI, E adj. et n.

VERNIER n.m. Instrument permettant de mesurer avec précision.

VERNIR v. **40.**

VERNIS n.m.

VERNISSAGE n.m.

VERNISSER v. **10.** Enduire (une poterie) de vernis.

VERNISSEUR, EUSE n.

VÉROLE n.f.

VÉROLER v. **10.** Pourrir.

VÉROLEUX, EUSE adj. et n. *Fam.* Boutonneux.

VÉRONAIS, E adj. De Vérone (Italie).

VÉRONAL, S n.m. Barbiturique puissant.

VÉRONIQUE n.f. Plante herbacée à fleurs bleues. – *Taur.* Passe exécutée avec la cape.

VERRANNE n.f. Fibre de verre discontinue.

VERRAT n.m. Porc mâle.

VERRE n.m.

VERRÉ, E 1. adj. Saupoudré de poudre de verre. 2. n.f. *Helv.* Vin d'honneur.

VERRERIE n.f.

VERRIER, ÈRE adj., n.m. et n.f.

VERRINE n.f. 1. → **vérine.** 2. Petit récipient en verre.

VERROTERIE n.f.

VERROU n.m.

VERROUILLAGE n.m.

VERROUILLER v. **10.**

VERROUILLEUR, EUSE n. Au rugby, joueur limitant la longueur de la ligne des avants, lors d'une touche.

VERRUCAIRE n.f. Variété de lichen.

VERRUCOSITÉ n.f. Verrue.

VERRUE n.f.

VERRUQUEUX, EUSE adj. En forme de verrue. – Couvert de verrues.

VERS n.m. et prép.

VERSAGE n.m. Premier labour donné aux jachères.

VERSAILLAIS, E adj. De Versailles.

VERSANT, E 1. n.m. 2. adj. *Québ.* Qui chavire facilement.

VERSATILE adj. Qui change facilement d'avis.

VERSATILITÉ n.f.

VERSEAU, X n.m. Signe du zodiaque. – *Arch.* Pente du dessus d'un entablement.

VERSEMENT n.m.

VERSER v. **10.**

VERSET n.m.

VERSEUR, EUSE adj.m. et n.

VERSICOLORE adj. De couleur changeante, aux couleurs variées.

VERSIFICATEUR, TRICE n.

VERSIFICATION n.f.

VERSIFIER v. **15.**

VERSION n.f.

VERSO n.m.

VERSOIR n.m. Partie de la charrue qui rejette la terre de côté.

VERSTE n.f. *Anc.* Mesure de longueur russe.

VERSUS [-s] prép. **(= vs)** Par opposition à.

VERT, VERTE adj., n.m. et n.f.

VERTÉBRAL, E, AUX adj.

VERTÈBRE n.f.

VERTÉBRÉ, E adj. et n.m.

VERTEMENT adv.

VERTEX n.m. Sommet du crâne.

VERTICAL, E, AUX adj., n.m. et n.f.

VERTICALEMENT adv.

VERTICALITÉ n.f.

VERTICILLE [-l] n.m. *Bot.* Ensemble d'organes semblables disposés en cercle autour d'un axe.

VERTICILLÉ, E [-lé] adj. Disposé en verticille.

VERTICITÉ n.f. *Phys.* Faculté pour un corps d'aller dans une certaine direction.

VERTIGE n.m.

VERTIGINEUX, EUSE adj.

VERTIGO n.m. *Vét.* Maladie du cheval ou du bœuf, caractérisée par des vertiges.

VERTISOL [s] n.m. Sol des pays chauds à fortes alternances saisonnières.

VERTU n.f.

VERTUBLEU interj. Ancien juron.

VERTUCHOU interj. → **vertubleu.**

VERTUDIEU interj. → **vertubleu.**

VERTUEUSEMENT adv.

VERTUEUX, EUSE adj.

VERTUGADIN n.m. Jupe bouffante. – Terrain gazonné, formant un amphithéâtre.

VERVE n.f.

VERVEINE n.f.

VERVELLE n.f. *Anc.* Rivet fixé sur le casque et qui servait à attacher un capuchon.

VERVET n.m. Singe d'Afrique à longue queue.

VERVEUX, EUSE 1. adj. Qui a de la verve. 2. n.m. Filet de pêche en forme d'entonnoir.

VERVIÉTOIS, E adj. De Verviers (Belgique).

VÉSANIE n.f. *Litt.* Maladie mentale.

VÉSANIQUE adj.

VESCE n.f. Plante à vrilles de la famille des papilionacées.

VÉSICAL, E, AUX adj. Relatif à la vessie.

VÉSICANT, E adj. et n.m. *Méd.* Qui fait naître des ampoules sur la peau.

VÉSICATION n.f. *Méd.* Formation d'ampoules cutanées.

VÉSICATOIRE adj. et n.m. (Médicament) qui provoque une vésication et agit comme révulsif.

VÉSICULAIRE adj. Relatif à une vésicule.

VÉSICULE n.f. Organe en forme de sac.

VÉSICULÉ, E adj. *Zool.* (Alevin) n'ayant pas encore résorbé sa vésicule vitelline.

VÉSICULEUX, EUSE adj. En forme de vésicule.

VESOU n.m. Jus brut de la canne à sucre.

VESPA n.f. (Nom déposé) Scooter.

VESPASIENNE n.f. Urinoir public.

VESPÉRAL, E, AUX 1. adj. Relatif au soir. 2. n.m. Livre liturgique de l'office du soir.

VESPERTILION n.m. Chauve-souris.

VESPÉTRO n.m. *Vx.* Liqueur médicinale à base de graines diverses.

VESPIDÉ n.m. Insecte hyménoptère, type guêpe.

VESPRÉE n.f. → **vêprée.**

VESSE n.f. *Fam.* Pet silencieux.

VESSER v. **(p.p.inv.) 10.** *Fam.* Émettre une vesse.

VESSIE n.f.

VESSIGON n.m. *Vét.* Tumeur au jarret d'un cheval.

VESTALE n.f. *Antiq. rom.* Prêtresse de Vesta, déesse du foyer.

VESTALIES n.f.pl. *Antiq. rom.* Fêtes en l'honneur de Vesta.

VESTE n.f.

VESTIAIRE n.m.

VESTIBULAIRE adj. *Anat.* Relatif au vestibule de l'oreille interne.

VESTIBULE n.m.

VESTIGE n.m.

VESTIGIAL, E, AUX adj.

VESTIMENTAIRE adj.

VESTIMENTIFÈRE n.m. et adj. Ver abyssal.

VESTON n.m.

VÉSULIEN, ENNE adj. De Vesoul.

VÉSUVIEN, ENNE adj. Du Vésuve (volcan d'Italie).

VÊTAGE n.m. Type de revêtement de mur.

VÉTÉCISTE n. Adepte du vélo tout chemin.

VÊTEMENT n.m.

VÉTÉRAN, E n.

VÉTÉRANCE n.f. État de vétéran.

VÉTÉRINAIRE adj. et n.

VÉTÉTISTE n. Adepte du vélo tout terrain.

VÉTILLARD, E adj.

VÉTILLE n.f. Bagatelle, chose sans importance.

VÉTILLER v. **(p.p.inv.) 10.** S'amuser à des vétilles.

VÉTILLEUX, EUSE adj.

VÊTIR v. **45.**

VÉTIVER [-èr] n.m. Graminée odorante de l'Inde. – Parfum extrait de cette plante.

VÉTO 1. n. *Fam.* Vétérinaire. 2. n.m.

VÊTURE n.f. *Rel.* Cérémonie de la prise d'habit.

VÉTUSTE adj. Vieux, dégradé.

VÉTUSTÉ n.f.

VEUF, VEUVE adj. et n.

VEUGLAIRE n.f. Canon ancien se chargeant par la culasse.

VEULE adj. Sans énergie, sans volonté.

VEULERIE n.f.

VEUVAGE n.m.

VEUVE → **veuf.**

VEXANT, E adj.

VEXATEUR, TRICE adj.

VEXATION n.f.

VEXATOIRE adj.

VEXER v. **10.**

VEXILLAIRE [l] n.m. *Antiq. rom.* Porte-étendard.

VEXILLE [-l] n.m. *Antiq. rom.* Étendard.

VEXILLOLOGIE [l] n.f. Étude des drapeaux et des pavillons.

VEXILLOLOGUE [l] n.

VEXILLUM [vèksilom] n.m. → **vexille.**

VIA prép.

VIABILISATION n.f.

VIABILISER v. **10.**

VIABILITÉ n.f. Aptitude à vivre. – Ensemble des travaux d'aménagement d'un terrain avant construction.

VIABLE adj.

VIADUC n.m.

VIAGER, ÈRE 1. adj. Qui dure pendant toute la vie. 2. n.m. Rente viagère.

VIANDE n.f.

VIANDER (SE) v. **10.** *Fam.* Avoir un accident grave.

VIANDEUX, EUSE adj. (Animal de boucherie) bien en chair.

VIATIQUE n.m. *Rel.* Communion donnée à un mourant. – Soutien, secours.

VIBICE n.f. *Méd.* Tache violacée sur la peau.

VIBOR n.m. **(= vibord)** *Mar.* Partie du navire qui borde le pont supérieur.

VIBORD n.m. → **vibor.**

VIBRAGE n.m.

VIBRANT, E adj. et n.f.

VIBRAPHONE n.m. Instrument de musique de jazz.

VIBRAPHONISTE n.

VIBRATEUR n.m.

VIBRATILE adj. Susceptible de vibrer.

VIBRATION n.f.

VIBRATO n.m. Légère ondulation du son, en musique vocale ou instrumentale.

VIBRATOIRE adj. Constitué par une suite de vibrations.

VIBRER v. **10.** *Techn.* Soumettre (du béton) à des vibrations pour en augmenter l'homogénéité.

VIBREUR n.m.

VIBRION n.m. Bactérie mobile pourvue de cils.

VIBRIONNANT, E adj.

VIBRIONNER v. **(p.p.inv.) 10.** *Fam.* Ne pas tenir en place.

VIBRIOSE n.f. *Vét.* Maladie due à un vibrion.

VIBRISSE n.f. Poil de l'intérieur des narines.

VIBROMASSAGE n.m.

VIBROMASSEUR n.m.

VIBURE ❙ n.f. *À toute vibure :* à toute vitesse.

VICAIRE n.m.

VICARIAL, E, AUX adj. Relatif au vicaire.

VICARIANCE n.f. *Biol.* Substitution fonctionnelle d'un organe à un autre.

VICARIANT, E adj. Qui remplace.

VICARIAT n.m. Fonction de vicaire.

VICE n.m.

VICELARD, E adj. et n.

VICENNAL, E, AUX adj. Qui dure vingt ans. – Qui revient tous les vingt ans.

VICENTIN, E adj. De Vicence (Italie).

VICÉSIMAL, E, AUX adj. Qui a pour base le nombre vingt.

VICHY n.m. Toile de coton à carreaux.

VICHYSME n.m. *Hist.* Opinion, doctrine des vichystes.

VICHYSSOIS, E adj. De Vichy.

VICHYSTE n. et adj. *Hist.* Partisan du gouvernement de Vichy.

VICIABLE adj.

VICIATEUR, TRICE adj. Qui vicie.

VICIATION n.f. Action de vicier, de se vicier.

VICIER v. **15.** Gâter, corrompre.

VICIEUSEMENT adv.

VICIEUX, EUSE adj. et n.

VICINAL, E, AUX adj. (Chemin, route) reliant des villages voisins.

VICINALITÉ n.f. État de chemin vicinal. – Ensemble des chemins vicinaux.

VICISSITUDE n.f.

VICOMTAL, E, AUX adj.

VICOMTE n.m.

VICOMTÉ n.f. Titre de noblesse. – Terre appartenant à un vicomte.

VICOMTESSE n.f.

VICTIMAIRE adj. Qui s'estime victime de la société et en attend réparation.

VICTIME n.f.

VICTIMISATION n.f.

VICTIMISER v. **10.**

VICTIMOLOGIE n.f. Branche de la criminologie qui s'intéresse aux victimes de crimes.

VICTIMOLOGIQUE adj.

VICTIMOLOGUE n.

VICTOIRE n.f.

VICTORIA 1. n.m. ou f. Plante aquatique. 2. n.f. Ancienne voiture découverte à quatre roues.

VICTORIEN, ENNE adj. *Hist.* Relatif à la reine Victoria de Grande-Bretagne.

VICTORIEUSEMENT adv.

VICTORIEUX, EUSE adj.

VICTUAILLE n.f. Aliment.

VIDAGE n.m.

VIDAME n.m. *Médiév.* Officier qui représentait un évêque dans ses fonctions temporelles.

VIDAMIE n.f. *Médiév.* Charge ou terre de vidame.

VIDANGE n.f.

VIDANGER v. **17.**

VIDANGEUR, EUSE n.

VIDE adj. et n.m.

VIDÉASTE n. Réalisateur de films vidéo.

VIDEAU, X n.m. Au backgammon, dé multiplicateur.

VIDELLE n.f. Instrument de pâtissier.

VIDÉO adj. et n.f.

VIDÉOCÂBLE n.m.

VIDÉOCASSETTE n.f.

VIDÉOCLIP n.m.

VIDÉOCLUB n.m.

VIDÉOCONFÉRENCE n.f. Conférence assurée par transmission vidéo.

VIDÉODISQUE n.m. Disque sur lequel sont enregistrés des programmes audiovisuels.

VIDÉOFRÉQUENCE n.f. Fréquence ayant les composantes spectrales d'un signal d'image de télévision.

VIDÉOGRAMME n.m. Programme audiovisuel enregistré sur un support.

VIDÉOGRAPHIE n.f. Technique d'affichage de textes ou d'images sur un écran.

VIDÉOGRAPHIQUE adj.

VIDÉOLECTEUR n.m. Appareil de lecture des vidéodisques.

VIDÉOPHONE n.m. → **visiophone.**

VIDÉOPHONIE n.f. Technique d'enregistrement et de retransmission sur écran du son et de l'image.

VIDÉOPROJECTEUR n.m.

VIDÉOPROJECTION n.f.

VIDÉOSPHÈRE n.f. Sphère de la communication qui privilégie l'image.

VIDÉOTEX n.m. et adj. Système de vidéographie assuré par le réseau téléphonique (Minitel).

VIDÉOTHÈQUE n.f. Lieu où sont entreposées des collections de documents vidéo.

VIDER v. **10.**

VIDEUR, EUSE n.

VIDICON n.m. Tube analyseur d'images de télévision.

VIDIMER v. **10.** *Dr.* Certifier par un vidimus.

VIDIMUS n.m. *Dr.* Attestation de conformité à un original.

VIDOIR n.m. Dépôt de vidanges.

VIDRECOME n.m. En Allemagne, grand verre que les convives se passaient de main en main.

VIDUITÉ n.f. *Dr.* Veuvage.

VIDURE n.f. Ce qu'on ôte en vidant un animal.

VIE n.f.

VIEIL I → **vieux.**

VIEILLARD, E n.

VIEILLE → **vieux.**

VIEILLERIE n.f.

VIEILLESSE n.f.

VIEILLIR v. **40.**

VIEILLISSANT, E adj.

VIEILLISSEMENT n.m.

VIEILLOT, OTTE adj.

VIÈLE n.f. Tout instrument de musique à cordes frottées.

VIELLE n.f. Vièle dont les cordes sont frottées par une roue mue par une manivelle.

VIELLER v. **(p.p.inv.) 10.** Jouer de la vielle.

VIELLEUR, EUSE n. **(= vielleux)** Joueur de vielle.

VIELLEUX, EUSE n. → **vielleur.**

VIENNOIS, E adj. De Vienne (France et Autriche).

VIENNOISERIE n.f. Brioche, croissant.

VIENTIANAIS, E adj. De Vientiane (Laos).

VIERGE adj. et n.f.

VIERZONNAIS, E adj. De Vierzon.

VIET adj. *Fam.* Vietnamien ou Viêt-cong.

VIETNAMIEN, ENNE adj. et n.m. Du Vietnam (Asie du Sud-Est).

VIEUX ou **VIEIL I, VIEILLE** adj. et n.

VIF, VIVE adj. et n.m.

VIGIE n.f.

VIGIL, E adj. *Méd.* Qui a lieu à l'état de veille.

VIGILAMMENT adv.

VIGILANCE n.f.

VIGILANT, E adj.

VIGILE 1. n.f. Veille d'une fête religieuse. 2. n.m.

VIGNE n.f.

VIGNEAU, X n.m. **(= vignot)** Petit coquillage comestible (bigorneau).

VIGNERON, ONNE adj. et n.

VIGNETAGE n.m. **(= vignettage)** *Phot.* Défaut qui se traduit par un assombrissement des angles ou des bords de l'image.

VIGNETER v. **20** (je vignette...) Décorer de vignettes. – *Phot.* Produire un vignetage.

VIGNETTAGE n.m. → **vignetage.**

VIGNETTE n.f.

VIGNETTISTE n. Dessinateur de vignettes.

VIGNETURE n.f. Motif ornemental représentant des feuilles de vigne.

VIGNOBLE n.m.

VIGNOT n.m. → **vigneau.**

VIGOGNE n.f. Lama d'Amérique du Sud. – Laine fine faite avec son poil.

VIGOUREUSEMENT adv.

VIGOUREUX, EUSE adj.

VIGOUSSE adj. *Helv., Fam.* Vigoureux.

VIGUERIE n.f. Fonction de viguier.

VIGUEUR n.f.

VIGUIER n.m. Magistrat dans le Midi sous l'Ancien Régime. – Magistrat en Andorre.

VIHARA n.m. Monastère bouddhique.

VIKING adj. Relatif aux Vikings, navigateurs scandinaves (du VIIIe au XIe s.).

VIL, VILE adj.

VILAIN, E adj., n.m. et adv.

VILAINEMENT adv.

VILAYET [vilayè] n.m. Division administrative en Turquie.

VILEBREQUIN n.m.

VILEMENT adv.

VILENIE [vil(é)ni] n.f. *Litt.* Action, parole vile.

VILIPENDER v. **10.** Dénoncer comme vil et méprisable.

VILLA n.f.

VILLAFRANCHIEN, ENNE n.m. et adj. *Géol.* Étage intermédiaire entre le tertiaire et le quaternaire.

VILLAGE n.m.

VILLAGEOIS, E adj. et n.

VILLAGISATION n.f. *Afr.* Regroupement forcé dans des villages.

VILLANELLE n.f. Chanson ou danse pastorale.

VILLE n.f.

VILLÉGIATEUR n.m.

VILLÉGIATURE n.f.

VILLÉGIATURER v. **(p.p.inv.) 10.**

VILLEURBANNAIS, E adj. De Villeurbanne.

VILLEUX, EUSE [l] adj. Couvert de poils.

VILLOSITÉ [l] n.f. État d'une surface velue. – *Anat.* Saillie filiforme tapissant certaines muqueuses.

VIMANA n.m. Tour pyramidale, dans l'Inde médiévale.

VIN n.m.

VINAGE n.m. Action de viner.

VINAIGRE n.m.

VINAIGRER v. **10.**

VINAIGRERIE n.f. Lieu où l'on fabrique du vinaigre.

VINAIGRETTE n.f.

VINAIGRIER n.m. Fabricant de vinaigre. – Petite jarre utilisée pour la fabrication du vinaigre domestique.

VINAIRE adj. Relatif au vin.

VINASSE n.f. *Fam.* Mauvais vin.

VINBLASTINE n.f. Alcaloïde de la pervenche.

VINCAMINE n.f. Alcaloïde de la pervenche.

VINCRISTINE n.f. Alcaloïde de la pervenche.

VINDAS [-a(s)] n.m. Petit treuil.

VINDICATIF, IVE adj. et n.

VINDICATIVEMENT adv.

VINDICTE n.f. *Litt.* Punition des crimes.

VINÉE n.f. Récolte ou lieu de fermentation du raisin.

VINER v. **10.** Additionner (le vin) d'alcool.

VINEUX, EUSE adj.

VINGT adj.num.card.

VINGTAINE n.f.

VINGTIÈME adj.num.ord.

VINGTIÈMEMENT adv.

VINICOLE adj. Relatif à la production du vin.

VINICULTURE n.f.

VINIFÈRE adj. Qui produit du vin.

VINIFICATEUR, TRICE n.

VINIFICATION n.f.

VINIFIER v. **15.**

VINIQUE adj. Du vin.

VINOSITÉ n.f. Caractère d'un liquide vineux.

VINTAGE n.m. Porto âgé d'au moins dix ans.

VINYL n.m. **(= vinyle)** Radical dérivé de l'éthylène. – Disque microsillon.

VINYLE n.m. → **vinyl.**

VINYLIQUE adj.

VINYLITE n.f. Substance utilisée pour la fabrication des disques microsillons.

VIOC, VIOQUE adj. et n. *Fam.* Vieux.

VIOGNIER n.m. Cépage blanc.

VIOL n.m.

VIOLACÉ, E 1. adj. D'une couleur tirant sur le violet. 2. n.f. Plante dicotylédone, type violette.

VIOLACER v. **13.**

VIOLAT adj.m. *Vx.* Qui contient de l'extrait de violette.

VIOLATEUR, TRICE n.

VIOLATION n.f.

VIOLÂTRE adj. → **violacé.**

VIOLE n.f. Instrument de musique à cordes et à archet.

VIOLEMMENT adv.

VIOLENCE n.f.

VIOLENT, E adj. et n.

VIOLENTER v. **10.** *Litt.* Contraindre par la force.

VIOLER v. **10.**

VIOLET, ETTE adj., n.m. et n.f.

VIOLETER v. **20** (je violette...) Teinter de violet.

VIOLEUR, EUSE n.

VIOLIER n.m. Giroflée rouge.

VIOLINE adj. et n.m. D'une couleur violet pourpre.

VIOLISTE n. Joueur de viole.

VIOLON n.m.

VIOLONCELLE n.m.

VIOLONCELLISTE n.

VIOLONÉ, E adj. *Bx-arts.* En forme de violon.

VIOLONER v. **10.** Interpréter au violon.

VIOLONEUX n.m. Violoniste de village.

VIOLONISTE n.

VIOQUE → **vioc.**

VIORNE n.f. Arbrisseau vivace, type laurier-tin.

VIPÈRE n.f.

VIPEREAU, X ou **VIPÉREAU, X** n.m. **(= vipériau)** Petite vipère.

VIPÉRIAU, X n.m. → **vipereau.**

VIPÉRIDÉ n.m. Serpent venimeux, type vipère.

VIPÉRIN, E 1. adj. Relatif à la vipère. 2. n.f. Plante velue des endroits incultes.

VIRAGE n.m.

VIRAGO n.f. Femme aux manières rudes, à l'allure masculine.

VIRAILLER v. **(p.p.inv.) 10.** *Québ.* Tourner en tous sens.

VIRAILLEUR, EUSE n. *Québ.* Personne qui perd son temps au travail.

VIRAL, E, AUX adj. Relatif à un virus.

VIRE n.f. Palier étroit sur une paroi de montagne.

VIRÉE n.f.

VIRELAI n.m. Poème médiéval.

VIRELANGUE n.m. Phrase difficile à prononcer, constituant un exercice de diction.

VIREMENT n.m.

VIRÉMIE n.f. *Méd.* Infection virale généralisée.

VIRÉO n.m. Petit passereau d'Amérique.

VIRER v. **10.**

VIRESCENCE n.f. *Bot.* Transformation des pièces florales en éléments foliacés.

VIRETON n.m. Flèche d'arbalète à mouvement rotatif.

VIREUR n.m. Mécanisme d'une machine tournante.

VIREUX, EUSE adj. Vénéneux.

VIREVOLTANT, E adj.

VIREVOLTE n.f.

VIREVOLTER v. **(p.p.inv.) 10.**

VIRGILIEN, ENNE adj. De Virgile (poète latin).

VIRGINAL, E, AUX adj.

VIRGINAL, S n.m. Instrument de musique à cordes et à touches de l'Angleterre du XVIe s.

VIRGINALEMENT adv.

VIRGINIE n.m. Tabac de Virginie.

VIRGINIEN, ENNE adj. De la Virginie (États-Unis).

VIRGINITÉ n.f.

VIRGULE n.f.

VIRGULER v. **10.** Marquer de virgules.

VIRIL, E adj.

VIRILEMENT adv.

VIRILISANT, E adj. et n.m.

VIRILISATION n.f. *Méd.* Apparition de caractères masculins chez la femme.

VIRILISER v. **10.**

VIRILISME n.m. → **virilisation.**

VIRILITÉ n.f.

VIRILOCAL, E, AUX adj. *Ethn.* (Type de résidence) où les époux habitent près des parents du mari.

VIRION n.m. *Biol.* Particule virale infectieuse.

VIROCIDE adj. et n.m. **(= virucide)** (Substance) qui détruit le pouvoir infectieux d'un virus.

VIROÏDE n.m. Agent pathogène responsable d'affections nerveuses.

VIROLAGE n.m.

VIROLE n.f. Bague de métal enserrant le manche d'un outil pour l'empêcher de se fendre.

VIROLER v. **10.** Garnir d'une virole.

VIROLET n.m. *Helv.* Petit virage.

VIROLIER, ÈRE n. Ouvrier qui fabrique des viroles.

VIROLOGIE n.f. Étude des virus.

VIROLOGIQUE adj.

VIROLOGISTE n.

VIROLOGUE n.

VIROPHAGE n.m. Virus qui infecte un autre virus et peut alors se répliquer.

VIROSE n.f. Maladie due à un virus.

VIROSTATIQUE adj. et n.m. (Agent) qui arrête le développement d'un virus.

VIRTUALISER v. **10.** Rendre virtuel.

VIRTUALITÉ n.f.

VIRTUEL, ELLE adj.

VIRTUELLEMENT adv.

VIRTUOSE n.

VIRTUOSITÉ n.f.

VIRUCIDE adj. et n.m. → **virocide.**

VIRULENCE n.f.

VIRULENT, E adj.

VIRULICIDE adj. et n.m. → **virocide.**

VIRURE n.f. *Mar.* File de bordages sur la carène d'un navire.

VIRUS n.m.

VIS n.f.

VISA n.m.

VISAGE n.m.

VISAGISME n.m. Mise en valeur de la beauté d'un visage.

VISAGISTE n.

VISCACHE n.f. Rongeur d'Amérique du Sud dont la fourrure est estimée.

VISCÉRAL, E, AUX adj.

VISCÉRALEMENT adv.

VISCÈRE n.m.

VISCOÉLASTICITÉ n.f.

VISCOÉLASTIQUE adj. (Solide) à la fois élastique et visqueux.

VISCOPLASTICITÉ n.f.

VISCOPLASTIQUE adj. (Solide) à la fois plastique et visqueux.

VISCORÉDUCTEUR n.m.

VISCORÉDUCTION n.f. Procédé de raffinage diminuant la viscosité d'un fioul.

VISCOSE n.f. Cellulose sodique servant à la fabrication de fibres textiles.

VISCOSIMÈTRE n.m.

VISCOSITÉ n.f.

VISÉE n.f.

VISER v. **10.**

VISEUR n.m.

VISHNOUISME n.m. **(= visnuisme)** Culte de Visnu, divinité hindouiste.

VISIBILITÉ n.f.

VISIBLE adj. et n.m.

VISIBLEMENT adv.

VISIÈRE n.f.

VISIGOTH, E adj. **(= wisigoth)** *Hist.* Relatif aux Visigoths, peuple danubien (du IVe au VIIe s.).

VISIGOTHIQUE adj. → **visigoth.**

VISIOCASQUE n.m. Appareil utilisé pour accéder à un environnement virtuel.

VISIOCONFÉRENCE n.f. → **vidéoconférence.**

VISION n.f.

VISIONIQUE n.f. Ensemble des techniques du traitement électronique des images.

VISIONNAGE n.m.

VISIONNAIRE adj. et n.

VISIONNEMENT n.m. *Québ.* Visionnage.

VISIONNER v. **10.**

VISIONNEUSE n.f.

VISIOPHONE n.m. Téléphone muni d'un écran de télévision.

VISIOPHONIE n.f.

VISIOPHONIQUE adj.

VISITABLE adj.

VISITANDINE n.f. Religieuse de l'ordre de la Visitation.

VISITATEUR, TRICE n. Personne qui inspecte, surveille.

VISITATION n.f. Visite de la Vierge Marie à Élisabeth, mère de Jean-Baptiste.

VISITE n.f.

VISITER v. **10.**

VISITEUR, EUSE n.

VISNAGE n.m. Fenouil annuel.

VISNUISME [vichnouism] n.m. → **vishnouisme.**

VISNUITE [vichnouit] adj. et n.

VISON n.m.

VISONNIÈRE n.f. Élevage de visons.

VISOU | n.m. *Québ. Avoir du visou :* être adroit.

VISQUEUX, EUSE adj.

VISSAGE n.m.

VISSER v. **10.**

VISSERIE n.f. Fabrique de vis, écrous, boulons. – Ensemble de ces articles.

VISSEUSE n.f. Appareil servant à visser.

VISTA n.f. *Sp.* Clairvoyance.

VISU | (DE) loc. Pour l'avoir vu.

VISUALISABLE adj.

VISUALISATION n.f.

VISUALISER v. **10.** Rendre visible. – Afficher sur un écran.

VISUEL, ELLE adj. et n.m.

VISUELLEMENT adv.

VIT [vi] n.m. *Vx.* Pénis.

VITACÉE n.f. Plante dicotylédone, type vigne.

VITAL, E, AUX adj.

VITALISME n.m. Doctrine biologique qui met l'accent sur un principe vital.

VITALISTE adj. et n.

VITALITÉ n.f.

VITAMINE n.f.

VITAMINER v. **10.**

VITAMINIQUE adj.

VITE adj. et adv.

VITELLIN, E adj. Relatif au vitellus.

VITELLUS n.m. *Biol.* Ensemble des réserves nutritives de l'œuf.

VITELOTTE [vitlot] n.f. Variété de pomme de terre.

VITESSE n.f.

VITICOLE adj. Relatif à la culture de la vigne.

VITICULTEUR, TRICE n.

VITICULTURE n.f.

VITILIGO n.m. *Méd.* Disparition partielle de la pigmentation de la peau.

VITIVINICOLE adj. Relatif à la culture de la vigne et à la fabrication du vin.

VITIVINICULTURE n.f.

VITOLE n.f. Format d'un cigare.

VITOULET n.m. *Belg.* Boulette de veau haché.

VITRAGE n.m.

VITRAIL, VITRAUX n.m.

VITRAIN n.m. Constituant du charbon.

VITRAUX → **vitrail.**

VITRE n.f.

VITRER v. **10.**

VITRERIE n.f. Fabrication ou commerce de vitres.

VITREUX, EUSE adj.

VITRIER, ÈRE 1. n.m. 2. n.f. Tige de métal utilisée dans la composition d'un vitrail.

VITRIFIABLE adj.

VITRIFICATEUR n.m. Substance utilisée pour vitrifier un sol.

VITRIFICATION n.f.

VITRIFIER v. **15.**

VITRINE n.f.

VITRIOL n.m.

VITRIOLAGE n.m.

VITRIOLER v. **10.**

VITRIOLEUR, EUSE n.

VITRIOLIQUE adj.

VITRIOT, E adj. De Vitry-sur-Seine.

VITROCÉRAMIQUE n.f. Céramique constituée de minuscules cristaux pris dans une masse vitreuse.

VITROPHANIE n.f. Autocollant apposé sur une vitre, lisible par transparence.

VITULAIRE adj. *Vét.* (Fièvre) qui affecte les vaches après le vêlage.

VITUPÉRATEUR, TRICE n.

VITUPÉRATION n.f.

VITUPÉRER v. **12.** Blâmer violemment.

VIVABLE adj.

VIVACE adj.

VIVACE [-tché] adj. et adv. (inv. mais **vivace** adj.) *Mus.* Vif, animé.

VIVACITÉ n.f.

VIVANDIER, ÈRE n. *Hist.* Personne qui suivait les troupes et les ravitaillait en vivres.

VIVANEAU, X n.m. Poisson tropical rouge.

VIVANT, E adj. et n.m.

VIVARAIS, E adj. et n.m. Du Vivarais (Massif central).

VIVARIUM n.m. Lieu destiné à la conservation de petits animaux vivants.

VIVAT [-a] n.m. et interj.

VIVE 1. n.f. Poisson aux épines venimeuses. 2. interj.

VIVEMENT adv. et interj.

VIVERRIDÉ n.m. Petit mammifère carnivore, type mangouste.

VIVEUR, EUSE adj. et n. Débauché.

VIVIDE adj. *Psych.* (Image mentale) qui s'impose à l'esprit.

VIVIDITÉ n.f.

VIVIER n.m.

VIVIFIANT, E adj.

VIVIFICATEUR, TRICE adj. et n.

VIVIFICATION n.f.

VIVIFIER v. **15.**

VIVIPARE adj. et n. (Animal) dont les petits naissent déjà développés.

VIVIPARITÉ n.f.

VIVISECTION n.f. Dissection d'un être vivant.

VIVOIR n.m. *Québ.* Salle de séjour.

VIVOTER v. **(p.p.inv.) 10.**

VIVRE v. **146.**

VIVRE n.m.

VIVRÉ, E adj. *Hér.* Dont les bords sont en dents de scie.

VIVRIER, ÈRE adj. Dont les produits sont destinés à l'alimentation.

VIZIR n.m. *Hist.* Ministre de l'Empire ottoman.

VIZIRAT n.m. Fonction de vizir.

VLAN interj.

VOANDZOU [vw-an-dzou] n.m. Légumineuse à graine souterraine.

VOBULATEUR n.m. *Électron.* Émetteur à fréquence variable.

VOCABLE n.m. Mot, terme, appellation.

VOCABULAIRE n.m.

VOCAL, E, AUX adj.

VOCALEMENT adv.

VOCALIQUE adj. Relatif aux voyelles.

VOCALISATEUR, TRICE n.

VOCALISATION n.f.

VOCALISE n.f.

VOCALISER v. **10.** Chanter (une série de notes) sur une seule voyelle.

VOCALISME n.m. Système des voyelles d'une langue.

VOCALISTE n. Chanteur de jazz.

VOCATIF n.m. *Ling.* Cas indiquant l'interpellation.

VOCATION n.f.

VOCATIONNEL, ELLE adj.

VOCÉRATRICE n.f. Femme qui chante un vocéro.

VOCERI **|** [é] → **vocéro.**

VOCÉRO (pl. **VOCERI** [é] ou **VOCÉROS**) n.m. Chant funèbre, en Corse.

VOCIFÉRANT, E adj.

VOCIFÉRATEUR, TRICE n.

VOCIFÉRATION n.f.

VOCIFÉRER v. **12.** Crier (des paroles) avec colère.

VOCODEUR n.m. *Inf.* Dispositif qui réalise la synthèse des sons pour fournir des réponses vocales.

VODKA n.f.

VŒU, X n.m.

VOGELPIK [vogelpik] n.m. *Belg.* Jeu de fléchettes.

VOGOUL n.m. et adj. **(= vogoule)** Langue parlée à l'est de l'Oural.

VOGOULE n.m. et adj. → **vogoul.**

VOGUE n.f.

VOGUER v. **(p.p.inv.) 10.**

VOICI prép. et adv.

VOIE n.f.

VOÏÉVODAT [voyévoda] n.m. **(= voïvodat)** Dignité de voïévode.

VOÏÉVODE [voyévod] n.m. **(= voïvode)** Haut dignitaire, en Europe orientale.

VOÏÉVODIE [voyévodi] n.f. **(= voïvodie)** Division territoriale en Pologne. – *Hist.* Gouvernement d'un voïévode.

VOILÀ prép. et adv.

VOILAGE n.m.

VOILE n.m. et n.f.

VOILEMENT n.m. Déformation, gauchissement.

VOILER v. **10.**

VOILERIE n.f. Atelier de confection et de réparation des voiles de bateaux.

VOILETTE n.f.

VOILEUX, EUSE n. *Fam.* Plaisancier.

VOILIER n.m.

VOILURE n.f.

VOIR v. **71.**

VOIRE adv. Et même.

VOIRIE n.f.

VOISÉ, E adj. *Phon.* (Phonème) qui s'accompagne de vibrations des cordes vocales.

VOISEMENT n.m.

VOISIN, E adj. et n.

VOISINAGE n.m.

VOISINER v. **(p.p.inv.) 10.**

VOITURAGE n.m.

VOITURE n.f.

VOITURÉE n.f.

VOITURER v. **10.**

VOITURETTE n.f.

VOITURIER, ÈRE 1. n.m. Conducteur de voiture. 2. adj. Relatif aux voitures.

VOITURIN n.m. *Vx.* Conducteur ou loueur de voitures attelées.

VOÏVODAT [voyvoda] n.m. → **voïévodat.**

VOÏVODE [voyvod] n.m. → **voïévode.**

VOÏVODIE [voyvodi] n.f. → **voïévodie.**

VOIX n.f.

VOL n.m.

VOLABLE adj. À qui on peut voler quelque chose.

VOLAGE adj.

VOLAILLE n.f.

VOLAILLER, ÈRE n. **(= volailleur)** Éleveur ou vendeur de volailles.

VOLAILLEUR, EUSE n. → **volailler.**

VOLANT, E adj. et n.m.

VOLANTÉ, E adj. (Vêtement) comportant un ou plusieurs volants.

VOLAPÜK n.m. Langue internationale artificielle.

VOLATIL, E adj. Qui se vaporise.

VOLATILE n.m.

VOLATILISABLE adj.

VOLATILISATION n.f.

VOLATILISER v. **10.**

VOLATILITÉ n.f. Aptitude pour un liquide à se volatiliser.

VOLCAN n.m.

VOLCANIQUE adj.

VOLCANISER v. **10.** Rendre volcanique.

VOLCANISME n.m. Ensemble des phénomènes volcaniques.

VOLCANOLOGIE n.f. Étude des phénomènes volcaniques.

VOLCANOLOGIQUE adj.

VOLCANOLOGUE n.

VOLE n.f. Aux cartes, coup qui consiste à faire toutes les levées.

VOLÉ, E adj. et n.

VOLÉMIE n.f. Volume sanguin total.

VOLÉMIQUE adj.

VOLER v. **10.**

VOLERIE n.f. Chasse qui se faisait avec des oiseaux de proie.

VOLET n.m.

VOLETANT, E adj.

VOLETER v. **(p.p.inv.) 20** (je volette...).

VOLETTEMENT n.m. Fait de voleter.

VOLEUR, EUSE adj. et n.

VOLIÈRE n.f.

VOLIGE n.f. Planche de bois mince.

VOLIGEAGE n.m.

VOLIGER v. **17.** Garnir de voliges.

VOLIS [-i] n.m. Cime d'un arbre cassée par le vent.

VOLITIF, IVE adj. Relatif à la volition.

VOLITION n.f. Acte par lequel s'exerce la volonté.

VOLLEY n.m.

VOLLEYBALL n.m.

VOLLEYER v. **25.** Au tennis, frapper (une balle) de volée.

VOLLEYEUR, EUSE n.

VOLNAY n.m. Vin de Bourgogne.

VOLONTAIRE adj. et n.

VOLONTAIREMENT adv.

VOLONTARIAT n.m.

VOLONTARISME n.m.

VOLONTARISTE adj. et n.

VOLONTÉ n.f.

VOLONTIERS adv.

VOLORÉCEPTEUR n.m. *Biochim.* Capteur sensible aux variations du volume sanguin.

VOLT n.m.

VOLTAGE n.m.

VOLTAÏQUE adj. *Électr.* Relatif à la pile inventée par Volta et au courant qu'elle produit.

VOLTAIRE n.m. Fauteuil à dossier haut.

VOLTAIRIANISME n.m. Philosophie de Voltaire. – Esprit anticlérical.

VOLTAIRIEN, ENNE adj. et n. Relatif à Voltaire ou à sa pensée.

VOLTAÏSATION n.f. *Méd., Vx.* Thérapie utilisant les courants voltaïques.

VOLTAMÈTRE n.m. *Électr.* Appareil produisant l'électrolyse.

VOLTAMPÈRE n.m. *Électr.* Unité de puissance apparente d'un courant alternatif.

VOLTE n.f. *Hipp.* Tour complet d'un cheval sur lui-même.

VOLTER v. **(p.p.inv.) 10.** *Hipp.* Exécuter une volte.

VOLTIGE n.f.

VOLTIGEMENT n.m.

VOLTIGER v. **(p.p.inv.) 17.**

VOLTIGEUR, EUSE 1. n. Acrobate. 2. n.m. *Hist.* Fantassin d'une compagnie d'élite.

VOLTMÈTRE n.m. *Électr.* Appareil mesurant la différence de potentiel d'un circuit.

VOLUBILE adj. Qui parle beaucoup et vite. – *Bot.* (Tige) qui s'enroule autour d'un support.

VOLUBILEMENT adv.

VOLUBILIS [-s] n.m. Liseron.

VOLUBILITÉ n.f. Abondance et rapidité de la parole.

VOLUCELLE n.f. Mouche qui ressemble à un bourdon.

VOLUCOMPTEUR n.m. Compteur indiquant la quantité de fluide débitée et le prix correspondant.

VOLUMATEUR, TRICE adj. Qui donne du volume à la chevelure.

VOLUME n.m.

VOLUMEN [-èn] n.m. Ensemble de manuscrits enroulés autour d'un bâtonnet.

VOLUMÈTRE n.m. Appareil qui permet de mesurer la densité des liquides.

VOLUMÉTRIE n.f. Mesure des volumes.

VOLUMÉTRIQUE adj.

VOLUMINEUX, EUSE adj.

VOLUMIQUE adj. *Phys.* Relatif à l'unité de volume.

VOLUPTÉ n.f.

VOLUPTUAIRE adj. *Dr.* (Dépense) de luxe.

VOLUPTUEUSEMENT adv.

VOLUPTUEUX, EUSE adj. et n.

VOLUTE n.f. Forme enroulée en spirale.

VOLVAIRE n.f. Champignon à volve.

VOLVATION n.f. *Zool.* Action de se rouler en boule pour se protéger.

VOLVE n.f. Membrane qui enveloppe tout ou partie d'un champignon.

VOLVOCALE n.f. Algue, type volvoce.

VOLVOCE n.m. **(= volvox)** Algue verte d'eau douce.

VOLVOX n.m. → **volvoce.**

VOLVULUS n.m. *Méd.* Torsion d'un organe entraînant une occlusion.

VOMER [-èr] n.m. *Anat.* Os du nez.

VOMÉRIEN, ENNE adj.

VOMI n.m.

VOMIQUE 1. adj. *Noix vomique :* fruit du vomiquier, qui contient de la strychnine. 2. n.f. Expectoration de mucosités venant du poumon.

VOMIQUIER n.m. Arbrisseau des régions tropicales.

VOMIR v. **40.**

VOMISSEMENT n.m.

VOMISSURE n.f.

VOMITIF, IVE adj. et n.m.

VOMITO n.m. *Vx.* Fièvre jaune.

VOMITOIRE n.m. *Antiq. rom.* Sortie d'un amphithéâtre.

VORACE adj.

VORACEMENT adv.

VORACITÉ n.f.

VORTEX n.m. Tourbillon dans un fluide.

VORTICELLE n.f. *Zool.* Protozoaire muni de cils.

VOS → **votre.**

VOSGIEN, ENNE adj. Des Vosges.

VOTANT, E n.

VOTATION n.f. Vote.

VOTE n.m.

VOTER v. **10.**

VOTIF, IVE adj. Fait pour accomplir un vœu.

VOTRE (pl. **VOS**) adj.poss.

VÔTRE (pl. **VÔTRES**) pr.poss., adj.poss. et n.m.pl.

VOUCHER [-èr] n.m. Bon émis par certaines agences et donnant droit à des services.

VOUER v. **10.**

VOUGE n.m. Serpe pour émonder les arbres. – *Médiév.* Arme à lame courbe.

VOUGEOT n.m. Vin de Bourgogne.

VOUIVRE n.f. Serpent fabuleux.

VOULOIR n.m. *Litt.* Acte de volonté.

VOULOIR v. **80.**

VOUS pr.pers.

VOUSOIEMENT [z] n.m.

VOUSOYER [z] v. **27.** → **vouvoyer.**

VOUSSEAU, X n.m. → **voussoir.**

VOUSSOIEMENT n.m.

VOUSSOIR n.m. *Arch.* Pierre taillée en coin dans une voûte, une arcade.

VOUSSOYER v. **27.** → **vouvoyer.**

VOUSSURE n.f. *Arch.* Cintre d'une voûte.

VOÛTAIN n.m. *Arch.* Portion de voûte.

VOÛTE n.f.

VOÛTEMENT n.m. *Arch.* Ensemble des voûtes.

VOÛTER v. **10.**

VOUVOIEMENT n.m.

VOUVOYER v. **27 (= vousoyer, voussoyer).**

VOUVRAY n.m. Vin blanc de Vouvray (Indre-et-Loire).

VOYAGE n.m.

VOYAGEAGE n.m. → **voyagement.**

VOYAGEMENT n.m. *Québ.* Allées et venues.

VOYAGER v. **(p.p.inv.) 17.**

VOYAGEUR, EUSE n.

VOYAGISTE n.m. Agent de voyages.

VOYANCE n.f.

VOYANT, E adj. et n.

VOYELLE n.f.

VOYER adj.m. *Anc. Agent voyer :* ingénieur du service vicinal.

VOYEUR, EUSE n.

VOYEURISME n.m.

VOYEURISTE adj.

VOYOU, VOYOUTE adj. et n.m.

VOYOUCRATIE n.f.

VOYOUTE → **voyou.**

VRAC n.m.

VRAI, VRAIE adj. et n.m.

VRAIMENT adv.

VRAISEMBLABLE adj. et n.m.

VRAISEMBLANCE n.f.

VRAQUIER n.m. Navire transportant des produits en vrac.

VRENELI [frènli] n.m. *Helv.* Pièce d'or de vingt francs.

VRILLAGE n.m.

VRILLE n.f.

VRILLÉ, E 1. adj. 2. n.f. Liseron des champs.

VRILLER v. **10.**

VRILLETTE n.f. Coléoptère qui creuse des galeries dans le bois.

VROMBIR v. **(p.p.inv.) 40.**

VROMBISSANT, E adj.

VROMBISSEMENT n.m.

VROOM interj. **(= vroum).**

VROUM interj. → **vroom.**

VS [vèrsus] prép. → **versus.**

VU, VUE adj., n.m., n.f. et prép.

VULCAIN n.m. Papillon rouge et noir.

VULCANALES n.f.pl. *Antiq. rom.* Fêtes en l'honneur de Vulcain.

VULCANIEN, ENNE adj. *Géol.* (Éruption volcanique) qui émet peu de lave, mais produit des explosions.

VULCANISATION n.f. Traitement du caoutchouc par le soufre pour améliorer sa résistance.

VULCANISER v. **10.**

VULCANOLOGIE n.f. Étude des phénomènes volcaniques.

VULCANOLOGIQUE adj.

VULCANOLOGUE n.

VULGAIRE adj. et n.m.

VULGAIREMENT adv.

VULGARISATEUR, TRICE adj. et n.

VULGARISATION n.f.

VULGARISER v. **10.** Rendre accessible à tous.

VULGARISME n.m. Terme ou expression vulgaire.

VULGARITÉ n.f.

VULGATE n.f. *Péj.* Idéologie vulgarisée.

VULGO adv. Vulgairement.

VULNÉRABILISER v. **10.**

VULNÉRABILITÉ n.f.

VULNÉRABLE adj.

VULNÉRAIRE 1. adj. et n.m. *Vx.* (Médicament) qui guérit les blessures. 2. n.f. Plante à fleurs, autrefois utilisée pour soigner les plaies.

VULNÉRANT, E adj. Qui blesse.

VULPIN, E 1. adj. Relatif au renard. 2. n.m. Plante fourragère (queue-de-renard).

VULTUEUX, EUSE adj. *Méd.* Rouge et gonflé.

VULTUOSITÉ n.f.

VULVAIRE 1. adj. Relatif à la vulve. 2. n.f. Plante à odeur fétide.

VULVE n.f. *Anat.* Ensemble des organes génitaux externes de la femme et des femelles de mammifères.

VULVITE n.f. Inflammation de la vulve.

VUMÈTRE n.m. Appareil de contrôle d'un signal électroacoustique.

VUVUZELA [vouvouzéla] n.m. ou f. Trompette utilisée par les supporters lors d'événements sportifs.

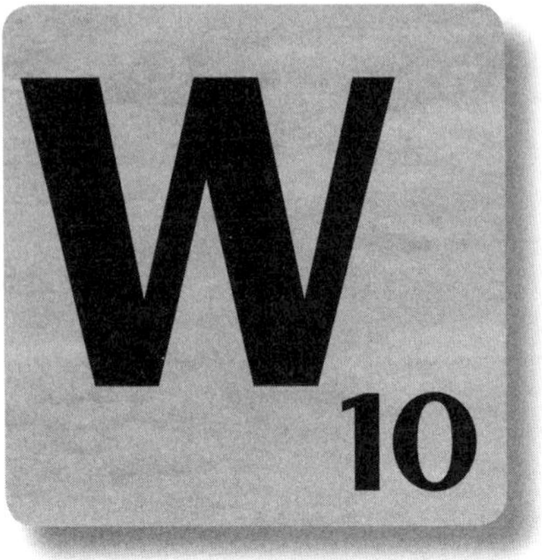

WACAPOU [w-] n.m. Arbre de Guyane dont le bois est utilisé en ébénisterie.

WAD [w-] n.m. Substance terreuse riche en manganèse.

WADING [wèding] n.m. Pêche en rivière pratiquée en entrant dans l'eau.

WAGAGE [w-] n.m. Limon de rivière utilisé comme engrais.

WAGNÉRIEN, ENNE [v-] adj. et n.

WAGNÉRISME [v-] n.m. Système musical de Wagner.

WAGON [v-] n.m.

WAGONNAGE [v-] n.m. Transport par wagon.

WAGONNÉE [v-] n.f. Contenu d'un wagon.

WAGONNET [v-] n.m.

WAGONNETTE [v-] n.f. Voiture utilitaire ancienne.

WAGONNIER [v-] n.m. Ouvrier chargé de la manœuvre des wagons.

WAHHABISME [waabism] n.m. Mouvement musulman réformiste, en Arabie.

WAHHABITE [waabit] adj. et n.

WAKAMÉ [w-] n.m. Algue marine comestible.

WAKEBOARD [wèkbord] n.m. Ski nautique pratiqué avec une planche de surf.

WALÉ [w-] n.m. → **awalé.**

WALI [w-] n.m. Fonctionnaire algérien.

WALKMAN [wôkman] n.m. (Nom déposé) Lecteur de cassettes portatif, muni d'écouteurs.

WALKYRIE [v-] n.f. → **valkyrie.**

WALLABIES → **wallaby.**

WALLABY (pl. **WALLABIES** ou **WALLABYS**) [w-] n.m. Kangourou de petite taille.

WALLACE [w-] n.f. Fontaine d'eau potable donnée à Paris par le philanthrope Richard Wallace.

WALLINGANT, E [w-] n. et adj. *Belg.* Partisan de l'autonomie de la Wallonie.

WALLISIEN, ENNE [w-] adj. Des îles Wallis (Polynésie).

WALLON, ONNE [w-] adj. et n.m.

WALLONISME [w-] n.m. Tournure propre au wallon.

WAMPUM [wampoum] n.m. Chez les Amérindiens, bijou formé de coquillages.

WAOUH [w-] interj. *Fam.* Exprime l'admiration, la jubilation.

WAP [w-] n.m. Technologie permettant de connecter un téléphone mobile à internet.

WAPITI [w-] n.m. Grand cerf d'Amérique du Nord.

WARGAME [wargèm] n.m. Jeu de société à base de stratégie militaire.

WARNING [w-] n.m. Feux de détresse sur une voiture.

WARRANT [war-an] n.m. Titre de garantie.

WARRANTAGE [w-] n.m.

WARRANTER [w-] v. **10.** Garantir par warrant.

WASABI [wazabi] n.m. Plante japonaise qui fournit un condiment.

WASHINGTONIA [wachingtonya] n.m. Grand palmier d'Amérique centrale.

WASHINGTONIEN, ENNE [w-] adj. De Washington (États-Unis).

WASP [w-] n. et adj. Aux États-Unis, Anglo-Saxon blanc et protestant.

WASSINGUE [was-in-g] n.f. Serpillière.

WATERBUCK [watèrbeuk] n.m. Antilope vivant près des points d'eau.

WATERCLOSET [watèrklôzèt] n.m.

WATERGANG [wateurg-an-g] n.m. Canal de drainage d'un polder.

WATERINGUE [watr-in-g] n.f. *Belg.* Assèchement des terres situées au-dessous du niveau de la mer.

WATERPROOF [watèrprouf] adj. et n.m. Imperméable.

WATERS [watèr] n.m.pl.

WATERZOEI [watèrzoy] n.m. **(= waterzoï, waterzooi)** *Belg.* Préparation de poulet ou de poisson.

WATERZOÏ [watèrzoy] n.m. → **waterzoei.**

WATERZOOI [watèrzoy] n.m. → **waterzoei.**

WATT [w-] n.m. Unité de puissance électrique.

WATTÉ, E [w-] adj. (Courant alternatif) dont l'intensité et la tension sont en phase.

WATTHEURE [w-] n.m.

WATTMAN (pl. **WATTMEN** ou **WATTMANS**) [w-] n.m. Conducteur de tramway.

WATTMEN | → **wattman.**

WATTMÈTRE [w-] n.m. *Électr.* Instrument mesurant la puissance électrique.

WAVRIEN, ENNE [w-] adj. De Wavre (Belgique).

WAX [w-] n.m. *Afr.* Tissu de coton imprimé.

WAYANG [way-an-g] n.m. En Indonésie, théâtre de marionnettes.

WEB [w-] n.m. Système d'accès au réseau internet.

WEBCAM [w-] n.f. Caméra diffusant en direct des images sur internet.

WEBCAMÉRA [w-] n.f. *Québ.* → **webcam.**

WEBER [vébèr] n.m. *Électr.* Unité de mesure du flux magnétique.

WEBLOG [w-] n.m. → **blog.**

WEBMASTER [wèbmasteur] n. **(= webmestre)** *Inf.* Administrateur de site internet.

WEBMESTRE [w-] n. → **webmaster.**

WEBRADIO [w-] n.f. Radio conçue pour être diffusée sur internet.

WEBTÉLÉ [w-] n.f. Chaîne de télévision diffusée sur internet.

WEBZINE [w-] n.m. Magazine diffusé sur internet.

WECH [wèch] adv. *Fam.* Comment ? Quoi ?

WEDGE [wèdj] n.m. Club de golf utilisé pour les coups d'approche.

WEHNELT [vénèlt] n.m. *Phys.* Électrode réglant un flux d'électrons.

WEIGELIA [végélya] n.m. Arbuste ornemental.

WELCHE [v-] n. et adj. → **velche.**

WELLINGTONIA [w-] n.m. Séquoia.

WELSCHE [v-] n. et adj. → **velche.**

WELTANSCHAUUNG [vèltanchaoung] n.f. *Philos.* Conception du monde ou de la vie.

WELTER [w-] n.m. En boxe, poids mi-moyen.

WELWITSCHIA [wèlwitchya] n.m. Plante du désert.

WENGÉ [vèngé] ou [wèngé] n.m. Arbre africain au bois dur et lourd.

WENZE [wènzé] n.m. En République démocratique du Congo, marché de quartier ou d'intérêt local.

WERGELD [vèrgèld] n.m. *Médiév.* Chez les Germains et les Francs, indemnité due par un meurtrier à la famille de sa victime.

WESLEYEN, ENNE [w-] n. et adj. Partisan de Wesley, fondateur du méthodisme.

WESTERN [w-] n.m.

WESTIE [w-] n.m. Petit chien blanc.

WESTPHALIEN, ENNE [v-] adj. et n.m. *Géol., Vx.* Se dit d'un étage du carbonifère.

WHARF [w-] n.m. *Mar.* Appontement qui s'avance dans la mer.

WHIG [w-] n.m. et adj. *Hist.* En Angleterre, membre du parti libéral.

WHIP [w-] n.m. Dans le système parlementaire britannique, député qui maintient la discipline du parti.

WHIPCORD [w-] n.m. Tissu à côtes fines.

WHIPPET [wipèt] n.m. Chien d'origine anglaise, proche du lévrier.

WHISKEY [wiski] n.m. Whisky irlandais.

WHISKIES → **whisky.**

WHISKY (pl. **WHISKIES** ou **WHISKYS**) [w-] n.m.

WHIST [w-] n.m. Jeu de cartes, ancêtre du bridge.

WIDGET [widjèt] n.m. *Inf.* Composant logiciel interactif d'une page web ou d'un système d'exploitation.

WIDIA [vidya] n.m. (Nom déposé) Aggloméré de carbures de métaux rares.

WIENERLI [vinèrli] n.m. *Helv.* Petite saucisse allongée.

WIFI | [wifi] n.m. *Inf.* Réseau local sans fil.

WIGWAM [wigwam] n.m. Tente des Amérindiens.

WIKI [w-] n.m. Site web dont les pages peuvent être modifiées par les visiteurs autorisés.

WILAYA [vila-] n.f. **(= willaya)** Division administrative de l'Algérie.

WILLAYA [vila-] n.f. → **wilaya.**

WILLIAMS [w-] n.f. Variété de poire.

WIMAX [w-] n.m. (Nom déposé) *Inf.* Norme de diffusion hertzienne à très haut débit.

WINCH (pl. **WINCHES** ou **WINCHS**) [winch] n.m. *Mar.* Petit treuil à manivelle.

WINCHES → **winch.**

WINCHESTER [w-] n.f. (Nom déposé) Carabine à répétition d'origine américaine.

WINCHEUR, EUSE [winch-] n. Sur un voilier, personne qui manœuvre un winch.

WINDSURF [windseurf] n.m. (Nom déposé) Type de planche à voile.

WINDSURFER [windseurfeur] n.

WINNIPÉGOIS, E [w-] adj. De Winnipeg (Canada).

WINNIPÉGUOIS, E [w-] adj. → **winnipégois.**

WINSTUB [vinchtoub] n.f. Débit de vin alsacien.

WINTERGREEN ❙ [winteurgrin] n.m. *Essence de wintergreen :* huile végétale utilisée en parfumerie.

WISHBONE [wichbôn] n.m. *Mar.* Vergue en forme d'arceau entourant une voile.

WISIGOTH, E [v-] adj. → **visigoth.**

WISIGOTHIQUE [v-] adj. → **visigoth.**

WITLOOF [witlof] n.f. Chicorée qui fournit l'endive.

WITZ [vits] n.m. *Helv.* Plaisanterie.

WOH [wô] interj. *Québ., Fam.* C'est assez !

WOK [w-] n.m. Poêle profonde utilisée en cuisine chinoise.

WOLFRAM [v-] n.m. Minerai de tungstène.

WOLFRAMITE [v-] n.f. → **wolfram.**

WOLOF [w-] n.m. et adj. → **ouolof.**

WOMBAT [v-on-ba] n.m. Marsupial d'Australie.

WOMBATIDÉ [v-on-ba-] n.m. Marsupial, type wombat.

WON [won] n.m. Unité monétaire de Corée.

WOOFER [woufeur] n.m. Haut-parleur de basses.

WORMIEN [v-] adj.m. *Os wormien :* petit os du crâne.

WU [vou] n.m. Dialecte chinois.

WÜRM [vurm] n.m. *Géol.* Quatrième grande glaciation alpine du quaternaire.

WÜRMIEN, ENNE [v-] adj. Relatif au würm.

WURTEMBERGEOIS, E [v-] adj. Du Wurtemberg (Allemagne).

WUSHU [wouchou] n.m. Art martial chinois.

WYANDOTTE [vy-an-dot] n. et adj. Race de poules pondeuses.

XALAM [hra-] n.m. *Sén.* Guitare traditionnelle.

XANTHÉLASMA [gz-] n.m. *Méd.* Tache jaune apparaissant sur la paupière.

XANTHIE [gz-] n.f. Papillon de nuit.

XANTHINE [gz-] n.f. Base organique qui colore l'urine.

XANTHIQUE [gz-] adj. (Acide) dérivant du sulfure de carbone.

XANTHODERME [gz-] adj. et n. Dont la peau est de couleur jaune.

XANTHOGÉNIQUE [gz-] adj. → **xanthique.**

XANTHOME [gz-] n.m. *Méd.* Nodosité jaunâtre de la peau, constituée de cholestérol.

XANTHOPHYCÉE [gz-] n.f. Algue de teinte jaune.

XANTHOPHYLLE [gz-] n.f. *Bot.* Pigment jaune des feuilles.

XANTHORIA [gz-] n.m. Lichen jaune orangé.

XÉNARTHRE n.m. Mammifère d'Amérique, type fourmilier.

XÉNÉLASIE n.f. *Antiq. gr.* Expulsion d'étrangers.

XÉNISME n.m. Mot emprunté occasionnellement à une langue étrangère.

XÉNOBIOTIQUE n.m. *Biol.* Toute substance étrangère à l'organisme.

XÉNOCRISTAL, AUX n.m. Cristal étranger à la roche dans laquelle il se trouve.

XÉNODEVISE n.f. *Fin.* Devise étrangère détenue en banque par un non-résident.

XÉNOGREFFE n.f. *Méd.* Greffe où donneur et receveur appartiennent à des espèces différentes.

XÉNOLITE n.f. Enclave dans une roche magmatique.

XÉNON n.m. Gaz rare.

XÉNOPE n.m. Amphibien anoure d'Afrique du Sud, utilisé dans les laboratoires d'analyse biologique.

XÉNOPHILE adj. et n. Qui aime les étrangers.

XÉNOPHILIE n.f.

XÉNOPHOBE adj. et n. Qui déteste les étrangers.

XÉNOPHOBIE n.f.

XÉRANTHÈME n.m. Plante herbacée (immortelle annuelle).

XÉRÈS n.m. → **jerez.**

XÉROCOPIE n.f. (Nom déposé) Procédé de copie.

XÉRODERMIE n.f. Affection de la peau qui s'accompagne de desquamation.

XÉROGRAPHIE n.f. Procédé de reproduction de documents sans contact.

XÉROGRAPHIQUE adj.

XÉROPHILE adj. (Plante) qui pousse en climat sec.

XÉROPHTALMIE n.f. *Méd.* Sécheresse de la cornée, provoquant son opacité.

XÉROPHYTE n.f. Plante adaptée à la sécheresse.

XÉROPHYTIQUE adj.

XÉRUS n.m. Mammifère rongeur des pays chauds, proche de l'écureuil.

XHOSA [kôsa] adj. D'un peuple de l'Afrique australe.

XI | n.m. → **ksi.**

XIANG [ksy-an-g] n.m. Dialecte chinois.

XIÈME [iksyèm] adj. → **ixième.**

XIMENIA [ks-] ou [gz-] n.m. **(= ximénie)** Arbrisseau des régions tropicales.

XIMÉNIE [ks-] ou [gz-] n.f. → **ximenia.**

XIPHO n.m. Poisson d'aquarium, originaire du Mexique.

XIPHOÏDE adj. *Anat.* (Appendice) de la partie inférieure du sternum. – *Bot.* En forme de glaive.

XIPHOÏDIEN, ENNE adj. *Anat.* Relatif à l'appendice xiphoïde.

XIPHOPHORE n.m. → **xipho.**

XOANON n.m. *Archéol.* Statue en bois de l'art grec primitif.

XYLÈME n.m. *Bot.* Tissu vivant des végétaux.

XYLÈNE n.m. Hydrocarbure.

XYLIDINE n.f. Amine dérivée du xylène.

XYLOCAMPE n.m. Lépidoptère.

XYLOCOPE n.m. Insecte voisin de l'abeille, qui creuse son nid dans le bois.

XYLOGRAPHE n. Graveur sur bois.

XYLOGRAPHIE n.f.

XYLOGRAPHIQUE adj.

XYLOGRAVURE n.f.

XYLOL n.m. Nom commercial du xylène.

XYLOPHAGE adj. et n. (Insecte) qui se nourrit de bois.

XYLOPHAGIE n.f.

XYLOPHÈNE n.m. (Nom déposé) Produit qui protège le bois de l'action des insectes.

XYLOPHONE n.m. *Mus.* Instrument à percussion.

XYLOPHONISTE n.

XYLOSE n.m. *Biochim.* Sucre de bois.

XYSTE n.m. *Antiq. gr.* Galerie couverte d'un gymnase.

YACHT [yôt] n.m. Navire de plaisance à voiles ou à moteur.

YACHTING [yôting] n.m.

YACHTMAN [yôtman] (pl. **YACHTMEN** ou **YACHTMANS**) n.m. (= **yachtsman**).

YACHTMEN | → **yachtman.**

YACHTSMAN [yôtman] (pl. **YACHTSMEN** ou **YACHTSMANS**) n.m. → **yachtman.**

YACHTSMEN | → **yachtsman.**

YACHTSWOMAN [yôtwoman] (pl. **YACHTSWOMEN** ou **YACHTSWOMANS**) n.f.

YACHTSWOMEN | → **yachtswoman.**

YACHTWOMAN [yôtwoman] (pl. **YACHTWOMEN** ou **YACHTWOMANS**) n.f.

YACHTWOMEN | → **yachtwoman.**

YACK n.m. (= **yak**) Ruminant du Tibet, au pelage long et épais.

YAK n.m. → **yack.**

YAKA n. Personne qui répète *y-a-qu'à*.

YAKITORI n.m. Brochette de viande (cuisine japonaise).

YAKOUTE adj. → **iakoute.**

YAKUSA [yakouza] n.m. (= **yakuza**) Au Japon, membre de la mafia.

YAKUZA [yakouza] n.m. → **yakusa.**

YAM ou **YAMS** [-s] n.m. Jeu de dés.

YAMBA [yam-] n.m. *Afr.* Cannabis.

YAMOUSSOUKROIS, E adj. De Yamoussoukro (Côte d'Ivoire).

YANG [y-an-g] n.m. Principe actif, complémentaire du yin, dans la cosmologie chinoise.

YANKEE [y-an-ki] n. et adj. Américain des États-Unis, de souche anglo-saxonne.

YAOUNDÉEN, ENNE adj. De Yaoundé (Cameroun).

YAOURT n.m. (= **yoghourt, yogourt**).

YAOURTIÈRE n.f.

YAPOCK n.m. (= **yapok**) Marsupial aquatique d'Amérique.

YAPOK n.m. → **yapock.**

YARD n.m. Mesure de longueur anglo-saxonne.

YASS n.m. → **jass.**

YASSA n.m. *Afr.* Ragoût aromatisé au citron.

YASSER v. (**p.p.inv.**) **10.** → **jasser.**

YASSEUR, EUSE n. → **jasseur.**

YATAGAN n.m. Sabre turc à lame courte et recourbée.

YAWL [yôl] n.m. Voilier à deux mâts.

YEARLING [yeurling] n.m. Cheval pur-sang âgé d'un an.

YÈBLE n.f. → **hièble.**

YELLOWKNIFIEN, ENNE [yèlônayfy-in] adj. De Yellowknife (Canada).

YÉMÉNITE adj. Du Yémen (péninsule Arabique).

YEN n.m. Unité monétaire principale du Japon.

YEOMAN [yoman] (pl. **YEOMEN** ou **YEOMANS**) n.m. *Hist.* Petit propriétaire, en Angleterre. – Membre de la yeomanry.

YEOMANRY [yomanri] n.f. Ancienne formation territoriale de cavalerie anglaise.

YEOMEN | → **yeoman.**

YERSINIA n.f. Bactérie pathogène.

YESHIVA (pl. **YESHIVOT** [-ot] ou **YESHIVAS**) n.f. École rabbinique.

YESHIVOT | [-ot] → **yeshiva.**

YET [yèt] n.m. Mollusque gastéropode d'Afrique occidentale.

YÉTI n.m. Humanoïde légendaire (abominable homme des neiges).

YEUSE n.f. Chêne vert.

YEUX → **œil.**

YÉYÉ adj. et n. (Style de musique) en vogue chez les jeunes, dans les années 1960.

YIDDISH n.m. et adj. Langue germanique parlée par certains juifs.

YIN [yin] n.m. Principe passif, complémentaire du yang, dans la cosmologie chinoise.

YOD n.m. *Phon.* Semi-voyelle palatale.

YODEL [yodel] n.m. → **jodel.**

YODLER v. **(p.p.inv.) 10.** → **iodler.**

YODLEUR, EUSE n. → **iodleur.**

YOGA n.m.

YOGHOURT n.m. → **yaourt.**

YOGI [g] n. Personne qui pratique le yoga.

YOGIQUE [g] adj. Relatif au yoga.

YOGOURT n.m. → **yaourt.**

YOHIMBEHE [yoïmbé] n.m. Arbre d'Afrique, de couleur violacée.

YOHIMBINE [yoïmbin] n.f. Alcaloïde de l'écorce de yohimbehe.

YOLE n.f. Embarcation effilée à rames.

YONNAIS, E adj. De La Roche-sur-Yon.

YORK n.m. *Fam.* Yorkshire.

YORKSHIRE [yorkcheur] n.m. Petit chien d'agrément.

YOROUBA adj. **(= yoruba)** D'un peuple du Nigeria.

YORUBA [rou] adj. → **yorouba.**

YOUGOSLAVE adj. *Hist.* De Yougoslavie.

YOUP interj.

YOUPALA n.m. Trotteur pour bébé.

YOUPI interj. **(= youpie, youppie).**

YOUPIE interj. → **youpi.**

YOUPPIE interj. → **youpi.**

YOURTE n.f. → **iourte.**

YOUTSE n.f. Chant modulé suisse.

YOUTSER v. **(p.p.inv.) 10.**

YOUYOU n.m. Petite embarcation portuaire. – Cri aigu des femmes arabes.

YOUYOUTER v. **(p.p.inv.) 10.** Émettre des youyous.

YOYOTER v. **(p.p.inv.) 10 (= yoyotter)** *Fam.* Perdre la tête, divaguer.

YOYOTTER v. **(p.p.inv.) 10.** → **yoyoter.**

YPÉRITE n.f. Gaz de combat suffocant.

YPONOMEUTE n.m. Petit papillon à chenille nuisible.

YPRÉAU, X n.m. Peuplier blanc.

YPRÉSIEN, ENNE adj. et n.m. *Géol.* Se dit d'un étage de l'éocène.

YPROIS, E adj. D'Ypres (Belgique).

YSOPET [-è] n.m. → **isopet.**

YTTERBINE n.f. Oxyde d'ytterbium.

YTTERBIUM n.m. Métal rare.

YTTRIA n.m. Oxyde d'yttrium.

YTTRIALITE n.f. Silicate d'yttrium.

YTTRIFÈRE adj. Qui contient de l'yttrium.

YTTRIQUE adj. Se dit des composés de l'yttrium.

YTTRIUM n.m. Métal rare.

YUAN [yuan] n.m. Unité monétaire principale de la Chine.

YUCCA [youka] n.m. Plante à hampe florale unique et à feuilles pointues.

YUE [youé] n.m. *Ling.* Cantonais.

YUKO [ou] n.m. Au judo, avantage.

YUKONNAIS, E [ou] adj. Du Yukon (Canada).

YUPPIE [youpi] n. Jeune cadre dynamique, aux États-Unis.

YUZU [youzou] n.m. Agrume japonais, voisin du citron vert.

YVELINOIS, E adj. Des Yvelines.

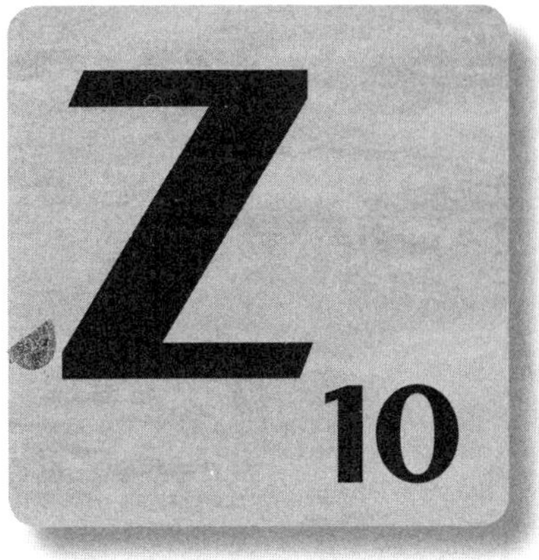

ZABRE n.m. Coléoptère nuisible aux céréales.

ZAGAIE n.f. → **sagaie.**

ZAGRÉBOIS, E adj. De Zagreb (Croatie).

ZAIBATSU [zaybatsou] n.m. *Écon.* Conglomérat japonais.

ZAIN adj.m. (Cheval ou chien) dont la robe uniforme n'a aucun poil blanc.

ZAÏRE n.m. Unité monétaire du Zaïre (aujourd'hui République démocratique du Congo).

ZAÏROIS, E adj. Du Zaïre (aujourd'hui République démocratique du Congo).

ZAKAT [-t] n.m. Aumône, dans la religion islamique.

ZAKOUSKI ou **ZAKOUSKIS** n.m.pl. Hors-d'œuvre variés russes.

ZAMAK n.m. (Nom déposé) Alliage de zinc, d'aluminium et de magnésium.

ZAMBIEN, ENNE adj. De la Zambie (Afrique australe).

ZAMIA n.m. Plante tropicale dont la moelle fournit une fécule comestible.

ZAMIER n.m. → **zamia.**

ZAMU [-ou] n.m. En Afrique centrale, veilleur de nuit.

ZANCLE n.m. Poisson des mers océaniennes.

ZANCLÉEN, ENNE n.m. et adj. *Géol.* Étage du pliocène.

ZANI [(d)zani] n.m. **(= zanni)** Bouffon de la comédie italienne.

ZANNI [(d)zani] n.m. → **zani.**

ZANZI n.m. → **zanzibar.**

ZANZIBAR n.m. Jeu de hasard à trois dés.

ZAOUÏA [zaouya] n.f. **(= zawiya)** Établissement religieux musulman.

ZAPATEADO [sapaté-] n.m. Danse espagnole rythmée par les talons du danseur.

ZAPATISME n.m. Mouvement politique mexicain.

ZAPATISTE adj. et n.

ZAPETTE n.f. **(= zappette)** *Fam.* Télécommande.

ZAPOTÈQUE adj. D'un peuple du Mexique.

ZAPPER v. **10.** Quitter (une chaîne de télévision) pour une autre en utilisant la télécommande.

ZAPPETTE n.f. → **zapette.**

ZAPPEUR, EUSE adj. et n.

ZAPPING n.m.

ZARABE n. À la Réunion, Indien musulman.

ZARB adj. **(= zarbi)** *Fam.* Bizarre.

ZARBI adj. → **zarb.**

ZARZUELA [sarswéla] n.f. Petit drame lyrique espagnol.

ZAWIYA [zawiya] n.f. → **zaouïa.**

ZAYDITE [zaïdit] adj. et n. Chiite du Yémen.

ZAZEN [-èn] n.m. Méditation en position assise pratiquée par les bouddhistes zen.

ZAZOU, E n. et adj. Jeune excentrique de la fin des années 1940, en France.

ZÈBRE n.m.

ZÉBRER v. **12.**

ZÉBRURE n.f.

ZÉBU n.m. Grand bœuf domestique portant une bosse sur le dos.

ZEC [zèk] n.f. *Québ.* Zone de chasse et de pêche contrôlée par l'État.

ZÉE n.m. Poisson comestible (saint-pierre).

ZEF n.m. *Arg.* Vent.

ZÉINE n.f. Protéine du maïs.

ZEITNOT [tsaytnôt] n.m. Aux échecs, manque de temps.

ZEK n.m. *Hist.* En URSS, prisonnier du goulag.

ZÉLANDAIS, E adj. De Zélande (Pays-Bas).

ZÉLATEUR, TRICE n. Personne animée d'un grand zèle.

ZÈLE n.m.

ZÉLÉ, E adj.

ZELKOVA n.m. Grand arbre ornemental.

ZELLIGE [zélij] n.m. *Bx-arts.* Au Maroc, brique émaillée.

ZÉLOTE n.m. *Hist.* Nationaliste juif du premier siècle, partisan de l'action violente.

ZÉMIDJAN n.m. Au Bénin et au Togo, mototaxi.

ZEMSTVO [zyèmstvô] n.m. Assemblée locale dans la Russie tsariste.

ZEN n.m. et adj. Secte bouddhique du Japon.

ZÉNANA n.m. Appartement des femmes, chez les musulmans de l'Inde. – Étoffe cloquée utilisée pour la confection de vêtements d'intérieur.

ZEND, ZENDE [z-in-d] adj. et n.m. Se dit de la langue des textes sacrés du mazdéisme.

ZÉNITH n.m.

ZÉNITHAL, E, AUX adj. Relatif au zénith.

ZÉNITUDE n.f. *Fam.* Calme, décontraction.

ZÉOLITE n.f. **(= zéolithe)** Silicate naturel de certaines roches volcaniques.

ZÉOLITHE n.f. → **zéolite.**

ZÉPHYR n.m. Brise agréable. – Tissu de coton fin.

ZÉPHYRIEN, ENNE adj.

ZÉPHYRINE n.f. *Vx.* Étoffe fabriquée dans le nord de la France.

ZEPPELIN n.m. Ancien ballon dirigeable allemand.

ZÉRO adj. et n.m.

ZÉROTAGE n.m.

ZÉROTER v. **10.** Calibrer (un thermomètre) pour en déterminer le zéro.

ZÉRUMBET [zér-on-bèt] n.m. Plante exotique voisine du gingembre.

ZEST I n.m. *Entre le zist et le zest :* expression marquant l'indécision.

ZESTE n.m. Écorce ou morceau d'écorce de l'orange ou du citron. – Cloison intérieure de la noix.

ZESTER v. **10.** Débarrasser (un agrume) de son zeste.

ZESTEUR n.m. Petit couteau à zester.

ZÊTA I [dzèta] n.m. → **dzêta.**

ZÉTACISME n.m. *Ling.* Transformation du son *s* en *z*.

ZÉTÈTE n.m. *Antiq. gr.* Magistrat chargé de recouvrer les créances de l'État.

ZÉTÉTIQUE n.m. *Philos., Vx.* Sceptique grec, disciple de Pyrrhon.

ZEUGITE n.m. *Antiq. gr.* Paysan qui servait comme hoplite en temps de guerre.

ZEUGMA n.m. **(= zeugme)** *Rhét.* Figure de style.

ZEUGME n.m. → **zeugma.**

ZEUZÈRE n.f. Papillon nocturne.

ZÉZAIEMENT n.m.

ZÉZAYER v. **(p.p.inv.) 24.**

ZÉZETTE n.f. *Fam.* Vagin. – *Fam.* Pénis.

ZIBELINE n.f. Marte de Sibérie à fourrure très recherchée.

ZICRAL, S n.m. (Nom déposé) Alliage d'aluminium utilisé dans la fabrication des skis.

ZIDOVUDINE n.f. Médicament antisida.

ZIEUTER v. **10 (= zyeuter)** *Fam.* Regarder.

ZIG n.m. **(= zigue)** *Fam.* Type, individu.

ZIGGOURAT [-t] n.f. *Archéol.* Temple pyramidal des anciens Babyloniens.

ZIGOMAR n.m. → **zig.**

ZIGONNER v. **(p.p.inv.) 10.** *Québ., Fam.* Hésiter.

ZIGOTEAU, X n.m. **(= zigoto).**

ZIGOTO n.m. → **zigoteau.**

ZIGOUIGOUI n.m. *Fam.* Pénis.

ZIGOUILLER v. **10.** *Fam.* Tuer.

ZIGOUNETTE n.f. *Fam.* Pénis.

ZIGUE n.m. → **zig.**

ZIGUINCHOROIS, E adj. De Ziguinchor (Sénégal).

ZIGZAG n.m.

ZIGZAGANT, E adj.

ZIGZAGUER v. **(p.p.inv.) 10.**

ZIMBABWÉEN, ENNE adj. Du Zimbabwe (Afrique australe).

ZINC [z-in-g] n.m.

ZINCAGE [z-in-gaj] n.m. **(= zingage)** Dépôt d'une couche protectrice de zinc.

ZINCATE n.m. Sel de l'anhydride de zinc.

ZINCIFÈRE n.m. → **zincique.**

ZINCIQUE adj. Qui contient du zinc.

ZINCOGRAPHIE n.f. Reproduction par impression d'un dessin tracé sur du zinc.

ZINDÉROIS, E adj. De Zinder (Niger).

ZINFANDEL [zinf-an-dèl] n.m. Cépage rouge californien.

ZINGAGE n.m. → **zincage.**

ZINGARI I [dzin-] → **zingaro.**

ZINGARO (pl. **ZINGARI** ou **ZINGAROS**) [dzin-] n.m. Tsigane.

ZINGIBÉRACÉE n.f. Plante des régions tropicales, type gingembre.

ZINGUER v. **10.** Recouvrir de zinc.

ZINGUERIE n.f. Métallurgie, commerce du zinc.

ZINGUEUR n.m.

ZINJANTHROPE n.m. Primate fossile.

ZINNEKE [zineke] n.m. *Belg.* Chien bâtard.

ZINNIA n.m. Plante à fleurs ornementales.

ZINZIN adj. et n.m. *Fam.* Bizarre, dérangé.

ZINZINULER v. **(p.p.inv.) 10.** Crier, en parlant de la mésange.

ZINZOLIN, E adj. D'une couleur violacée.

ZIP n.m. (Nom déposé) Fermeture à glissière.

ZIPPER v. **10.** Munir d'un Zip. – *Inf.* Compresser (un fichier).

ZIRABLE adj. En Acadie, dégoûtant.

ZIRCON n.m. Silicate de zirconium utilisé en joaillerie.

ZIRCONE n.f. Oxyde de zirconium.

ZIRCONITE n.f. Variété de zircon.

ZIRCONIUM n.m. Métal blanc ductile et malléable.

ZIRE | n.f. *Faire zire :* en Acadie, dégoûter.

ZIRIDE adj. D'une ancienne dynastie berbère.

ZIST | n.m. → **zest.**

ZIZANIA n.m. **(= zizanie)** Graminée aquatique des pays chauds.

ZIZANIE n.f. 1. → **zizania.** 2. Discorde.

ZIZI n.m. Petit passereau. – *Fam.* Pénis.

ZIZIQUE n.f. *Fam.* Musique.

ZIZYPHE n.m. Arbre du Midi (jujubier).

ZLABIA n.f. Beignet au miel.

ZLOTY n.m. Unité monétaire principale de la Pologne.

ZOANTHAIRE n.m. *Zool.* Polype de grande taille.

ZOANTHROPIE n.f. → **zoopathie.**

ZOB n.m. *Fam.* Pénis.

ZODIAC n.m. (Nom déposé) Canot en caoutchouc.

ZODIACAL, E, AUX adj.

ZODIAQUE n.m. Zone de la sphère céleste divisée en douze parties égales.

ZOÉ n.f. Forme larvaire de certains crustacés.

ZOÉCIE n.f. *Zool.* Enveloppe de certains invertébrés marins vivant en colonies.

ZOÏDE n.m. *Bot.* Cellule flagellée ou ciliée.

ZOÏLE n.m. *Litt.* Critique injuste et envieux.

ZOLIEN, ENNE adj. De Zola.

ZOMBI n.m. **(= zombie)** Dans le folklore antillais, mort vivant, revenant. – *Fam.* Personne amorphe.

ZOMBIE n.m. → **zombi.**

ZOMBIESQUE adj.

ZONA n.m. *Méd.* Éruption virale douloureuse.

ZONAGE n.m. Répartition d'un territoire en zones d'activités déterminées. – *Inf.* Répartition d'un ensemble d'informations.

ZONAL, E, AUX adj. *Géol.* Relatif à une zone de la Terre. – *Zool.* À bandes transversales colorées.

ZONALITÉ n.f. *Géogr.* Répartition des caractéristiques du milieu naturel selon les zones climatiques.

ZONARD, E n. et adj. *Fam.* Jeune marginal des banlieues pauvres.

ZONATION n.f. *Géogr.* Division de la Terre en zones.

ZONE n.f.

ZONÉ, E adj. Qui présente des zones d'aspects différents.

ZONER v. **10.** *Inf.* Partager (un ensemble d'informations) en portions homogènes.

ZONIER, ÈRE adj. et n. *Vx.* (Habitant) de la zone autour de Paris.

ZONING n.m. *Belg.* Zone industrielle.

ZONURE n.m. Reptile saurien carnivore d'Afrique du Sud.

ZOO n.m.

ZOOCHORE [k] adj. (Végétal) dont les graines sont dispersées par les animaux.

ZOOCHORIE [k] n.f.

ZOOFLAGELLÉ n.m. Organisme unicellulaire non chlorophyllien à flagelles.

ZOOGAMÈTE n.m. Gamète mobile.

ZOOGÈNE adj. D'origine animale.

ZOOGÉOGRAPHIE n.f. Étude de la répartition de la vie animale sur la Terre.

ZOOGÉOGRAPHIQUE adj.

ZOOGLÉE n.f. Substance gélatineuse constituée de bactéries agglutinées.

ZOOÏDE adj. (Fossile) qui porte l'empreinte d'un animal ou d'une partie d'animal.

ZOOLÂTRE adj. et n. Qui adore les animaux.

ZOOLÂTRIE n.f.

ZOOLITE n.m. **(= zoolithe)** Débris fossile ou pétrifié d'un animal.

ZOOLITHE n.m. → **zoolite.**

ZOOLOGIE n.f.

ZOOLOGIQUE adj.

ZOOLOGIQUEMENT adv.

ZOOLOGISTE n.

ZOOLOGUE n.

ZOOM n.m.

ZOOMABLE adj.

ZOOMER v. **10.** Filmer en utilisant un zoom.

ZOOMORPHE adj. Dont la forme rappelle celle d'un animal.

ZOOMORPHIQUE adj. → **zoomorphe.**

ZOOMORPHISME n.m. Métamorphose en animal.

ZOONOSE n.f. Maladie des animaux pouvant se transmettre à l'homme.

ZOOPATHIE n.f. *Psych.* Délire d'un malade qui se croit habité par un animal.

ZOOPATHIQUE adj.

ZOOPHAGE adj. et n.m. (Insecte) qui se nourrit de proies animales.

ZOOPHILE adj. et n. (Personne) qui a des relations sexuelles avec des animaux.

ZOOPHILIE n.f.

ZOOPHOBIE n.f. *Psych.* Angoisse liée à la présence d'animaux.

ZOOPHORE n.m. *Antiq.* Frise ornée d'animaux.

ZOOPHYTE n.m. Animal ayant l'aspect d'une plante.

ZOOPLANCTON n.m. Partie animale du plancton.

ZOOPSIE n.f. *Psych.* Hallucination dans laquelle le sujet voit des animaux terrifiants.

ZOOSÉMIOTIQUE n.f. Étude des communications animales.

ZOOSPORANGE n.m. *Bot.* Sporange renfermant des zoospores.

ZOOSPORE n.f. *Bot.* Spore mobile de certaines algues.

ZOOTAXIE n.f. Classification des animaux.

ZOOTECHNICIEN, ENNE n.

ZOOTECHNIE n.f. Étude des animaux domestiques en vue de l'amélioration des races.

ZOOTECHNIQUE adj.

ZOOTHÈQUE n.f. Musée d'animaux naturalisés.

ZOOTHÉRAPIE n.f. Thérapie qui exploite les bienfaits de la présence d'animaux.

ZOOTROPE n.m. Jouet donnant l'illusion du mouvement.

ZOREILLE n. *Fam.* Habitant de la Nouvelle-Calédonie ou de la Réunion né en France métropolitaine.

ZORILLE n.f. Mammifère carnassier à fourrure estimée.

ZOROASTRIEN, ENNE adj. et n. Relatif au zoroastrisme.

ZOROASTRISME n.m. Religion de l'Iran ancien.

ZOSTÈRE n.f. Plante vivace formant des prairies sous-marines.

ZOSTÉRIEN, ENNE adj. *Méd.* Relatif au zona.

ZOSTÉROPS [-rops] n.m. Petit oiseau, dit *oiseau-lunettes.*

ZOU interj.

ZOUAVE n.m.

ZOUGLOU n.m. Musique de Côte d'Ivoire.

ZOUGOIS, E adj. Du canton de Zoug (Suisse).

ZOUK n.m. Danse ou fête antillaise.

ZOUKER v. **(p.p.inv.) 10.** Danser le zouk.

ZOUKEUR, EUSE n.

ZOULOU, E adj.

ZOURNA n.f. Hautbois arabe.

ZOZO n.m. *Fam.* Niais.

ZOZOTEMENT n.m.

ZOZOTER v. **(p.p.inv.) 10.**

ZOZOTEUR, EUSE n.

ZUCCHETTE [zukèt] n.f. **(= zuchette)** Petite courge d'Italie.

ZUCHETTE [ch] ou [k] n.f. → **zucchette.**

ZUGZWANG [tsouktsv-an-g] n.m. Aux échecs, coup forcé.

ZUP n.f. Zone à urbaniser par priorité.

ZURICHOIS, E [k] adj. De Zurich (Suisse).

ZUT interj.

ZUTIQUE adj. Du groupe des zutistes.

ZUTISTE n. Membre d'un cercle de poètes qui disaient *zut* à tout (fin du XIXe s.).

ZWANZE n.f. *Belg.* Plaisanterie.

ZWANZER v. **(p.p.inv.) 10.** *Belg.* Plaisanter.

ZWANZEUR, EUSE n. *Belg.* Blagueur.

ZWIEBACK [tsvibak] n.m. *Helv.* Biscotte sucrée.

ZWINGLIANISME [zw-in-] n.m. Doctrine religieuse du réformateur suisse Zwingli (XVIe s.).

ZWINGLIEN, ENNE [zw-in-] n. et adj. Adepte du zwinglianisme.

ZYDECO [dé] n.m. ou f. Musique populaire, en Louisiane.

ZYEUTER v. **10.** → **zieuter.**

ZYGÈNE n.f. Petit papillon diurne.

ZYGNÉMA [gn] n.m. Algue des eaux stagnantes.

ZYGOMA n.m. *Anat.* Os de la pommette.

ZYGOMATIQUE 1. adj. *Anat.* Relatif à la pommette. 2. n.m. Muscle de la pommette.

ZYGOMORPHE adj. *Bot.* (Fleur) qui présente une symétrie bilatérale.

ZYGOMYCÈTE n.m. Moisissure.

ZYGOPÉTALE n.m. Variété d'orchidée.

ZYGOPETALUM [é] n.m. → **zygopétale.**

ZYGOPHYLLACÉE n.f. Plante dicotylédone, type gaïac.

ZYGOPTÈRE n.m. Insecte, type demoiselle.

ZYGOSPORE n.f. *Bot.* Œuf propre aux zygomycètes.

ZYGOTE n.m. *Biol.* Cellule résultant de la fusion de deux gamètes de sexes opposés.

ZYKLON n.m. Acide utilisé dans les chambres à gaz nazies.

ZYMASE n.f. Enzyme.

ZYMOGÈNE adj. et n.m. Qui produit une enzyme.

ZYMOLOGIE n.f. Étude chimique des fermentations.

ZYMOTECHNIE n.f. Étude des ferments et des fermentations.

ZYMOTIQUE adj. Relatif aux ferments solubles.

ZYTHON n.m. Bière fermentée de l'ancienne Égypte.

ZYTHUM n.m. → **zython.**

Règlements
et
adresses utiles

RÈGLEMENT DU SCRABBLE DUPLICATE DE COMPÉTITION EN VIGUEUR AU 1ER SEPTEMBRE 2010

CE RÈGLEMENT POURRA ÊTRE MIS À JOUR LE 1ER SEPTEMBRE DE CHAQUE ANNÉE. CONSULTEZ LE SITE INTERNET DE LA FISF POUR OBTENIR LA VERSION LA PLUS RÉCENTE.

Le Scrabble Duplicate est un système de jeu qui met les joueurs face aux mêmes tirages : à tout moment d'une partie, chaque joueur dispose des mêmes lettres que ses concurrents et se trouve confronté au même problème. Il en résulte que si, dans le Scrabble classique, un seul jeu suffit pour deux à quatre joueurs, il en faut un par joueur en Duplicate.

Comme pour le Scrabble classique, il faut former des mots entrecroisés sur une grille, à l'exemple des mots croisés, en employant des lettres de valeurs différentes ainsi que deux jokers (lettres blanches) qui peuvent être utilisés à la place de n'importe quelle lettre, de préférence en réalisant un « Scrabble », c'est-à-dire en plaçant ses sept lettres, ce qui vaut une prime de 50 points. En Duplicate, toutefois, il n'y a pas de stratégie de jeu comme en classique : il faut, à chaque coup, marquer le nombre de points le plus élevé possible, sans se soucier des coups suivants.

À l'issue de chaque coup, les joueurs marquent les points que leur rapporte la solution qu'ils ont eux-mêmes trouvée mais placent tous sur leur grille le même mot, correspondant à la solution maximale retenue (le « top »). Ainsi, avant chaque nouveau coup, tous les joueurs disposent de la même grille et bénéficient du même tirage.

Le gagnant d'une partie est celui qui obtient le plus de points sur l'ensemble de celle-ci ; les autres joueurs se classent en ordre décroissant de points.

On notera, enfin, que le Duplicate peut se jouer en solitaire, soit que le joueur tire ses lettres au hasard, soit qu'il rejoue, coup après coup, une partie antérieurement jouée en compétition ou tirée aléatoirement par un logiciel de jeu.

1. Règles de base

1.1. Formation et placement des mots

Pour chaque coup, chaque joueur doit former, avec une ou plusieurs lettres du tirage ainsi qu'avec les lettres du ou des mots déjà placés, un mot de deux lettres ou plus.

Le premier mot doit recouvrir la case étoilée centrale. Les mots suivants sont placés soit perpendiculairement, soit parallèlement à un mot déjà placé (dans ce cas, le ou les nouveaux mots créés simultanément doivent aussi être valables).

Les mots doivent toujours être écrits de gauche à droite ou de haut en bas.

Un mot déjà placé peut être prolongé par l'avant, par l'arrière ou simultanément par l'avant et l'arrière.

Grille type

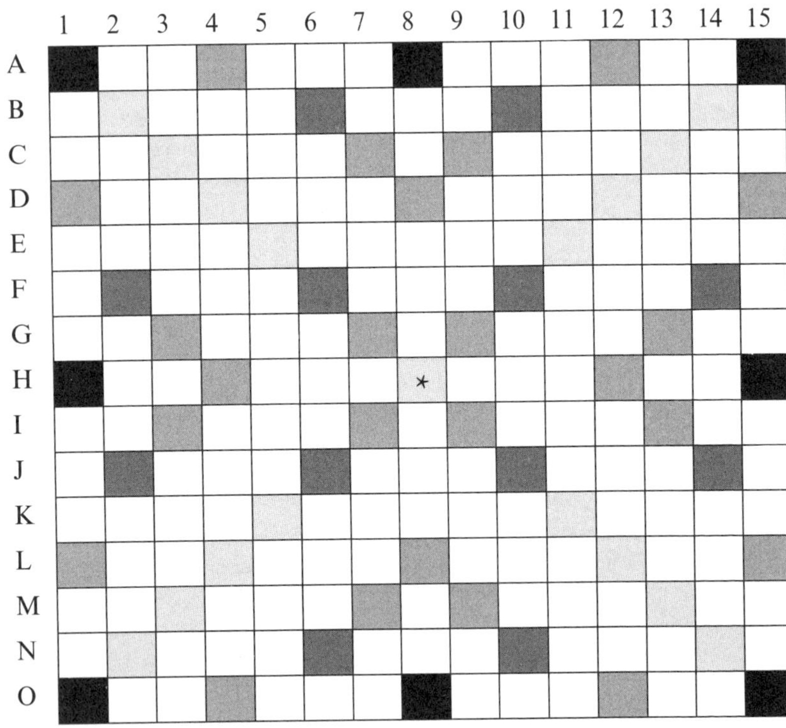

Les colonnes sont numérotées de 1 à 15 (de gauche à droite) et les lignes sont identifiées par une lettre de A à O (de haut en bas).

Une case est identifiée par la lettre de la ligne et le numéro de la colonne.

Lorsque la référence de la première lettre du mot commence par :

- une lettre, le mot se place horizontalement ;
- un chiffre ou un nombre, le mot se place verticalement.

1.2. Décompte des points

La valeur de chaque lettre est indiquée par un nombre. Les deux jokers sont de valeur nulle.

1.2.1. Incidence des cases de couleur

Le placement d'une lettre sur une case :
- bleu clair, double la valeur de la lettre ;
- bleu foncé, triple la valeur de la lettre ;
- rose, double la valeur du mot ;
- rouge, triple la valeur du mot.

Le placement d'un mot sur deux cases :
- roses, quadruple la valeur du mot ;
- rouges, nonuple la valeur du mot.

Le placement d'un mot sur trois cases rouges multiplie la valeur du mot par vingt-sept. Les règles se combinent le cas échéant. Dès qu'une case de couleur est recouverte, elle perd son effet multiplicateur pour les coups ultérieurs.

1.2.2. Mots formés simultanément

Lorsque deux ou plusieurs mots sont formés lors d'un même coup, les valeurs de chacun de ces mots se cumulent, la valeur de la ou des lettres communes est reprise dans chaque mot avec ses points de prime éventuels : si une lettre placée sur une case de couleur est commune à deux mots, le coefficient multiplicateur s'applique aux deux mots formés.

1.2.3. Bonification pour Scrabble

Tout joueur plaçant les sept lettres du tirage en un seul coup (Scrabble) reçoit une bonification de 50 points.

2. *Matériel de jeu*

2.1. Le matériel du joueur

Le matériel du joueur se compose normalement de :
- un jeu : une grille et les cent lettres et les deux jokers visibles ;
- des bulletins de jeu ;
- une feuille de route qui lui permet de noter ses solutions et ses scores ;
- éventuellement du papier de brouillon vierge.

Il lui est interdit :
- d'utiliser toute documentation écrite ou enregistrée ainsi que tout appareillage électronique ou informatique (y compris les calculatrices) ;
- d'écrire au crayon de papier, à l'encre délébile ou à l'encre de couleur rouge ou verte (stylo, Bic, feutre, etc.).

2.2. Le matériel du juge-arbitre

Le matériel du juge-arbitre se compose normalement de :
- un sac opaque dans lequel il a mis, après vérification, les cent lettres et les deux jokers ;
- un minuteur ou chronomètre pour mesurer le temps de jeu ;
- un *Officiel du Scrabble* (ODS), édition en vigueur, seul ouvrage de référence ;
- si possible, un ordinateur muni d'un logiciel de jeu (basé sur l'édition en vigueur de l'ODS) lui indiquant pour chaque coup la ou les solutions maximales ;
- une grille de jeu sur laquelle il placera les mots joués ;

• un (ou plusieurs) tableau(x) ou écran(s) vidéo, visible(s) et lisible(s), sur lequel (lesquels) sont placées, coup après coup, les lettres dans l'ordre où le juge-arbitre les énonce et les mots qu'il retient. La lettre dont un joker tient lieu doit être indiquée au tableau à l'aide d'une lettre d'une couleur différente ou de l'inscription de la lettre sur une plaque vierge.

3. *Procédures de jeu*

Avant le début de la partie, si le temps est réduit ou si la partie est de type « originale », les joueurs sont informés du type de partie et de ses modalités.

3.1. Tirage et annonce des lettres

Au premier coup, le juge-arbitre tire une à une et au hasard le nombre de lettres nécessaires qu'il annonce, dans l'ordre où elles ont été extraites, par référence aux mots types du tableau d'épellation ci-après, sous la forme « Pays-Lettre ». Aux coups suivants, il agit de même en tirant le nombre de lettres nécessaires pour compléter le tirage.

Pour chaque coup, le juge-arbitre annonce :

- le nombre de lettres du reliquat ou du rejet (s'il y a lieu) ;
- les lettres du reliquat (Pays seul) dans l'ordre alphabétique, joker en dernier ;
- les nouvelles lettres tirées sous la forme « Pays-Lettre » ;
- les lettres du tirage complet (Pays seul), en groupant les lettres identiques ;
- le début et la fin du temps de jeu.

Tableau d'épellation

Algérie	A	Hongrie	H	Océanie	O	Venezuela	V
Belgique	B	Italie	I	Portugal	P	Wallonie	W
Canada	C	Jordanie	J	Québec	Q	Xénophon	X
Danemark	D	Kenya	K	Roumanie	R	Yougoslavie	Y
Égypte	E	Luxembourg	L	Suisse	S	Zambie	Z
France	F	Maroc	M	Tunisie	T	Joker	?
Grèce	G	Norvège	N	Uruguay	U		

3.2. Validité et annonce des tirages

Chaque tirage doit comporter au minimum :

- pour les quinze premiers coups : deux voyelles et deux consonnes, si le reliquat le permet ;
- à partir du seizième coup (ou plus tôt du fait du reliquat) : une voyelle et une consonne.

Si tel n'est pas le cas, toutes les lettres du tirage sont remises dans le sac et de nouvelles lettres sont tirées, ceci jusqu'à ce que les conditions requises soient remplies. Pour l'appréciation du minimum de consonnes et de voyelles, le juge-arbitre peut considérer, à son gré, les jokers et la lettre Y comme voyelles ou comme consonnes. Cette liberté de choix n'est plus possible en fin de partie, lorsque le reliquat de lettres (sans joker ni Y) est constitué exclusivement de consonnes ou de voyelles (voir 3.6.).

3.3. Temps de jeu

Le temps de jeu accordé aux joueurs est de trois minutes par coup. Ce temps peut être réduit à deux minutes et trente secondes, à deux minutes (appelé « semi-rapide ») ou à une minute (appelé « blitz »).

Après avoir répété les lettres en jeu, le juge-arbitre déclenche le minuteur. À chaque coup, il signale aux joueurs les trois étapes : chrono – trente (ou vingt) secondes – terminé. Les termes peuvent varier, mais doivent toujours rester le plus succincts possible.

3.4. Choix et annonce des mots

À l'issue de chaque coup, le juge-arbitre annonce le mot qui représente le nombre de points le plus élevé, que ce mot ait été trouvé ou non par les joueurs.

En cas d'égalité de points entre plusieurs mots, il retient le mot le plus apte, selon lui, à ouvrir le jeu. Toutefois, si un ou plusieurs de ces mots n'utilisent pas le(s) joker(s), il a l'obligation de choisir ce mot ou l'un de ces mots.

Il annonce la solution retenue en indiquant successivement :

- le nombre de points ;
- le sens de placement (horizontal ou vertical ; au premier coup, le mot est impérativement placé horizontalement) ;
- la place, par indication alphanumérique de la première lettre du mot en se référant à la grille type (voir modèle en section 1.1.) ;
- le mot retenu en s'efforçant de respecter la prononciation indiquée dans l'ODS ;
- l'épellation de ce mot, y compris, s'il y a lieu, la lettre représentée par le joker (pour celle-ci, maintenue comme telle jusqu'à la fin de la partie, il fait référence au tableau d'épellation) ;
- s'il y a lieu, le ou les nouveaux mots formés au passage.

Il termine par une annonce de rappel condensée reprenant : le mot, la place, le score.

3.5. Bonification pour solo

Tout joueur réalisant seul, sur un coup quelconque, un score supérieur à celui de tous les autres joueurs, obtient une prime pour solo (même si, du fait d'une amélioration fournie par le logiciel utilisé, sa solution reste inférieure à celle effectivement retenue). Cette bonification est de 10 points si le nombre de joueurs est au moins de seize.

Le ou les solos sont annoncés par le juge-arbitre en fin de partie.

3.6. Fin de partie

Il est mis fin à la partie :

- soit lorsque toutes les lettres ont été tirées et placées sur la grille ;
- soit s'il n'est plus possible de placer de lettres ;
- soit si le reliquat de lettres est constitué en totalité par des voyelles ou des consonnes et en particulier s'il ne reste qu'une seule lettre à jouer (quelle qu'en soit la nature) ; toutefois, il ne peut être mis fin à la partie tant qu'il reste un joker et/ou le Y dans un reliquat de deux lettres ou plus ;
- en cas d'interruption continue de plus de 15 minutes ; si, à ce moment, moins de 15 coups (moins de 10 coups pour les parties originales) ont donné lieu à un ramassage de bulletins, les résultats déjà obtenus sont annulés ; dans le cas contraire, les résultats sont validés à l'issue du dernier coup ayant donné lieu à un ramassage.

Si une des éventuelles solutions équivalentes en points met fin à la partie, elle doit être retenue ; toutefois, la prescription relative à la conservation du joker reste à observer (voir 3.2.).

4. *Comment remplir un bulletin de jeu*

Le bulletin de jeu est le moyen par lequel le joueur communique sa solution à son arbitre-correcteur. Il y indique le mot qu'il joue, l'endroit où il joue ce mot et le score revendiqué. Le bulletin est donc un élément essentiel du jeu.

Bulletin type

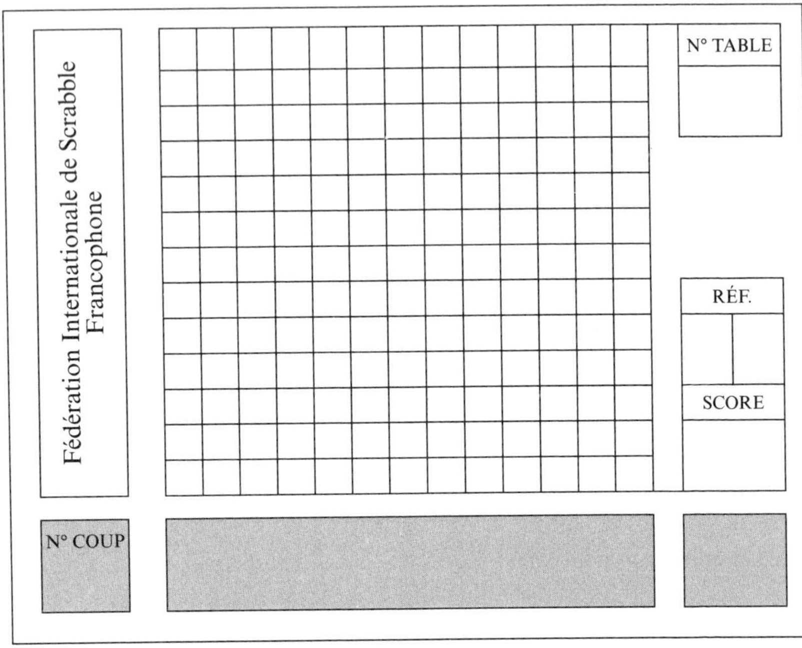

Le joueur écrit le mot joué et le raccord sur la partie quadrillée (qui représente une partie de la grille de jeu). La case en haut à droite sert à indiquer le numéro de table, la case médiane la référence alphanumérique (si le joueur a choisi ce système de notation et non le raccord), la case du bas le score du coup joué. Une partie grisée située en bas du bulletin est réservée à l'arbitrage.

4.1. Généralités

À l'expiration du temps de jeu réglementaire, et pas avant, le joueur doit lever son bulletin de jeu rempli au recto et comportant :

- le numéro de table du joueur ;
- le mot qu'il a retenu, écrit en entier (sauf 4.3.2.) et dans le sens où il veut le jouer sur la grille, en utilisant de préférence des lettres majuscules d'imprimerie lisibles ;
- la lettre dont tient lieu l'éventuel joker, s'il est utilisé, entourée d'un cercle ;
- sa référence, lisiblement rédigée, par indication alphanumérique (voir 4.2.) ou par lettres de raccord (voir 4.3.) ;
- le nombre de points revendiqués.

À partir du moment où l'arbitre annonce la fin du coup, le bulletin de jeu doit être levé par le joueur et ne peut en aucun cas être modifié ou échangé, pour quelque raison que ce soit. Le joueur n'a plus le droit d'écrire, même sur sa feuille de route, tant que le bulletin n'a pas été ramassé.

À partir du deuxième coup, pour indiquer le placement de son mot sur la grille, le joueur a l'obligation de choisir un des deux modes de référence : l'indication alphanumérique ou les lettres de raccord.

4.2. Localisation du mot joué par référence alphanumérique

4.2.1. La référence alphanumérique

Le joueur indique la position du mot joué en se référant aux repères alphanumériques de la grille type. Sur la grille, tout mot placé :

- horizontalement requiert une référence lettre-nombre (par exemple H 4, B 10) ;
- verticalement requiert une référence nombre-lettre (par exemple 5 H, 15 A).

Pour le premier coup, la référence alphanumérique n'est pas requise.

4.2.2. Le mot joué et sa référence

Le joueur doit :

- écrire son mot en entier horizontalement s'il est joué de gauche à droite ou verticalement s'il est joué de haut en bas ;
- écrire la référence alphanumérique qui correspond à la place de la première lettre de son mot.

S'il s'agit du prolongement par l'avant et/ou par l'arrière d'un mot de trois lettres ou plus, la règle devient la même que celle qui concerne les lettres de raccord ; il n'est donc pas tenu compte, dans ce cas, de l'indication alphanumérique.

4.3. Localisation du mot joué par lettres de raccord

4.3.1. La lettre de raccord

Une lettre de raccord est une lettre déjà placée sur la grille, reportée sur le bulletin de jeu et qui doit :

- soit faire partie du mot joué ;
- soit être adjacente par un de ses côtés à une des lettres du mot formé ;
- soit être adjacente par un de ses côtés à une lettre elle-même lettre de raccord.

Trois lettres de raccord au minimum doivent figurer sur le bulletin de jeu.

4.3.2. Le mot joué et son raccord

Le joueur doit :

- écrire son mot en entier horizontalement s'il est joué de gauche à droite ou verticalement s'il est joué de haut en bas ;
- écrire les lettres de raccord qui permettent de localiser l'emplacement du mot joué.

Le seul cas où le mot joué peut ne pas être écrit en entier est le prolongement par l'avant et/ou par l'arrière d'un mot de trois lettres ou plus. Dans ce cas, la (les) prolongation(s) doit (doivent) être écrite(s), la lettre du mot joué attenante à la prolongation ou à chaque prolongation doit être écrite et le nombre total de lettres de raccord doit toujours être d'au moins trois.

4.3.3. Cas où plusieurs emplacements sont possibles

Il peut arriver que le raccord par lettres ne permette pas de localiser exactement l'emplacement d'un mot. Si le score indiqué ne correspond à aucune place correcte bien déterminée, le score minimum est appliqué (en excluant la nullité).

4.4. Cas où les deux modes de référence sont utilisés

Le joueur a le choix entre les deux modes de référence, mais il ne doit utiliser que l'un des deux. S'il fait usage des deux modes de référence, il doit respecter les règles qui régissent ces deux modes, sauf s'il s'agit du prolongement d'un mot de trois lettres ou plus (voir 4.2.2.).

Si, par l'un des deux modes de référence, il prolonge un mot se trouvant sur la grille de manière erronée, il reçoit un zéro. Autrement, si seul un mode de référence est incorrect, il reçoit un avertissement et si les deux modes sont incorrects, il reçoit la sanction la moins sévère des deux.

5. *Correction des bulletins de jeu*

5.1. Validité des mots

Sont admis au Scrabble Duplicate tous les mots repris en tête d'article dans *l'Officiel du Scrabble* (ODS). Les flexions de ces mots (féminins, pluriels, formes verbales) sont admises si l'ODS les valide explicitement ou implicitement.

5.2. Manquements dont la sanction est un avertissement

Absence de score ou erreur de calcul des points du mot joué mais dont la référence par lettres de raccord ou la référence alphanumérique est correctement indiquée.

Au premier coup, le joueur obtient le score qui correspond au placement le plus avantageux du mot qu'il a joué ; si le score revendiqué est possible, il ne reçoit pas d'avertissement ; si le score est absent ou impossible, il reçoit un avertissement.

À partir du deuxième coup (sauf si le mot joué au premier coup ne comporte que deux lettres), raccord de deux lettres au lieu de trois.

À partir du deuxième coup, raccord erroné ne différant d'un raccord correct que par l'omission ou la modification d'une lettre, ou encore par l'inversion de deux lettres consécutives. Le raccord correct doit cependant être composé de trois lettres consécutives ou plus faisant partie d'un même mot déjà placé.

Absence, dans un mot joué, d'un cercle autour de la lettre dont le joker tient lieu, sauf si le joker est déjà posé sur la grille.

Encerclement dans le mot joué d'une autre lettre que celle dont le joker tient lieu.

Remise d'un bulletin de jeu sur lequel l'indication alphanumérique ou le sens dans lequel est écrit le mot joué sont inversés; au cas où le mot peut être joué horizontalement ou verticalement à partir de la case indiquée et en cas d'erreur de score, le score minimal est attribué.

Présentation du bulletin de jeu rendant sa lecture difficile (ratures, rédaction en travers, mots rayés et repris, signes divers...).

Motif disciplinaire.

5.3. Manquements dont la sanction est une pénalité de 5 points

À partir du deuxième coup, tout bulletin de jeu pour lequel le référencement est décalé d'une ligne et/ou d'une colonne par rapport à ce qu'il devrait être à condition que :

- le mot joué soit écrit en entier ;
- le score soit exactement celui de la solution correctement référencée ;
- le mot joué ne prolonge pas un mot de la grille de manière erronée ;
- le décalage ne forme pas ainsi une solution valide.

À partir du deuxième coup, absence sur le bulletin de la dernière lettre du mot joué si celle-ci est déjà sur la grille.

5.4. Manquements dont la sanction est la nullité

Absence de remise de bulletin de jeu.

Remise d'un unique bulletin de jeu vierge.
Remise de plusieurs bulletins de jeu non vierges.
Remise d'un bulletin de jeu écrit après le temps imparti.
Échange de bulletin de jeu après la deuxième sonnerie.
Remise d'un bulletin de jeu sur lequel le mot joué :
- ne peut être formé à partir des lettres du tirage ;
- n'est pas écrit en entier alors qu'il devrait l'être ;
- n'est pas raccordé ou référencé correctement, sauf si les deux modes de référence sont utilisés (voir 4.4.) ;
- ne répond pas aux prescriptions d'admissibilité ; il en est de même pour le ou les mots formés ou modifiés par l'adjonction d'une ou de plusieurs lettres à des mots déjà placés sur la grille ;
- est illisible.

Remise d'un bulletin de jeu sur lequel l'indication alphanumérique et le sens dans lequel est écrit le mot joué sont inversés (sauf dans le cas de la pose sur la grille d'une seule lettre formant simultanément un mot horizontal et vertical).

Remise d'un bulletin de jeu sur lequel la référence est illisible.
Motif disciplinaire grave.

5.5. Bulletin de jeu avec plusieurs manquements

Lors d'un coup, un joueur ne peut recevoir plus d'un avertissement : les avertissements ne sont pas cumulables et un avertissement ne se cumule pas avec une pénalité ou avec un zéro.

Toutefois, la règle énoncée ci-dessus ne s'applique pas à l'avertissement pour motif disciplinaire (par exemple pour bavardage) qui, lorsqu'il est donné, peut s'ajouter à un autre avertissement, à une pénalité ou à un zéro.

5.6. Bulletin de jeu avec plusieurs solutions et cas de coups joker

Si deux solutions ou plus sont portées sur le bulletin de jeu, seule la solution minimale (incluant la nullité) est retenue.

Si une ou plusieurs solutions (ou lettres) portées sur le bulletin de jeu sont rayées, elles sont considérées comme inexistantes.

Si l'absence ou l'erreur d'encerclement d'une lettre dont un joker tient lieu ne permet pas d'identifier clairement l'emplacement de celui-ci au sein du mot joué, et si le score indiqué ne correspond à aucune place correcte bien déterminée, le score minimum est appliqué. Au premier coup, le joueur obtient le score qui correspond à la position la moins avantageuse du joker mais avec le placement le plus avantageux du mot qu'il a joué (voir 5.2.).

5.7. Notification des sanctions

L'arbitre signale après chaque coup joué, sur le billet de correction, les avertissements, pénalités et nullités infligés. Il indique au joueur le(s) motif(s) de la décision.

Pour chaque joueur, les avertissements sont comptabilisés. Au quatrième (sixième en blitz et partie originale), il se voit retirer cinq points de pénalité. Il en va de même à chaque nouvel avertissement qui suit. Le cumul de ces pénalités est retiré en fin de partie et ceci, même si, pour une raison ou pour une autre, le joueur n'a pas reçu tous les billets de correction.

Lorsqu'un double arbitrage est pratiqué, le double arbitre transmet par le billet de correction les rectifications ou notifications de sanctions à l'arbitre qui les enregistre et envoie ce billet au joueur.

Il peut se produire que le joueur reçoive le billet de correction en retard ou qu'il soit rempli de façon incorrecte ou incomplète. Si de ce fait, le joueur rejoue ultérieurement (ou reforme en raccord) le même mot non admis, il n'y a pas de nouvelle nullité ; il se voit octroyer pour le ou les coups ultérieurs à cette nullité la moyenne des scores obtenus par les joueurs relevant de son arbitre (zéros inclus), sauf s'il a commis une autre erreur entraînant la nullité. Cette règle reste valable tant qu'il n'a pas été averti du motif de la nullité. Mais le joueur ne peut en aucun cas marquer plus de points que sa solution proposée.

Cette compensation n'est jamais accordée au joueur qui répète une faute due à un mauvais placement de mot sur sa grille ou à l'utilisation d'une lettre absente du tirage annoncé. Chaque joueur est responsable de sa grille et de ses lettres, qu'il peut contrôler à tout moment en se référant à un des tableaux témoins.

Toutes les sanctions sont notifiées. Cependant, ne nécessitent pas obligatoirement l'envoi d'un billet de correction : les avertissements relatifs à une erreur de score pour le mot retenu par le juge-arbitre, ainsi que les zéros pour une solution supérieure au top, sauf s'il apparaît important que le motif du zéro soit spécifiquement communiqué au joueur.

6. *Décisions arbitrales*

6.1. Retard

Quand un joueur en compétition individuelle (ou les deux joueurs, en compétition par paires) arrive en retard, tous les coups déjà joués lui (leur) sont comptés comme nuls.

6.2. Annulation d'un coup

Si, à l'issue d'un coup, il apparaît qu'aucun score positif n'est réalisable, le juge-arbitre remet toutes les lettres du coup dans le sac et procède à un nouveau tirage.

En cas d'erreur portant sur le chronométrage, l'épellation, le placement ou l'acceptation d'un mot, le juge-arbitre peut exceptionnellement décider d'annuler le coup en cause. Dans ce cas, les points afférents à ce coup sont annulés, toutes les lettres qui s'y rapportent (y compris le reliquat du coup précédent) sont remises dans le sac et sept nouvelles lettres sont tirées. Si les sept lettres du tirage sont identiques au coup rejeté, le juge-arbitre rejette de nouveau les lettres jusqu'à l'obtention d'un tirage différent.

6.3. Recours des joueurs et des arbitres

Toute décision prise par les arbitres correcteurs, juges-arbitres ou doubles arbitres, peut faire l'objet d'un recours de la part du ou des joueurs qui s'estiment lésés.

Le corps arbitral peut également être amené à saisir l'organisme de recours.

7. *Formules originales*

Ces formules sont toutes des variantes du Duplicate. Elles permettent d'organiser des manifestations originales et d'accroître ainsi la diversité et la richesse du jeu.

Certaines de ces formules peuvent être combinées. À l'issue du tournoi, et selon la formule choisie, le classement est effectué, au choix :

- par addition des points marqués à chacune des parties ;
- par addition des places à chacune des parties (1 point au 1er, 2 au 2e, etc. Le classement final se fait par ordre croissant du total des points de chaque joueur).

7.1. Partie « joker »

Les deux jokers sont préalablement extraits du sac par le juge-arbitre. À chaque coup, le juge-arbitre pioche six lettres (au lieu de sept) qui seront systématiquement accompagnées d'un joker. Si la solution retenue utilise le joker, ce dernier est remplacé par la lettre adéquate, à condition qu'elle soit encore présente dans le sac.

Dans le cas contraire, le premier joker reste sur la grille, et la partie continue avec le second, jusqu'à utilisation de celui-ci. La partie se termine alors en Duplicate habituel.

Le cas échéant, le juge-arbitre doit retenir une solution préservant le joker.

7.2. Parties « 7 sur 8 », « 7 et 8 », « 7, 8 et 9 »

Pour ces parties, souvent spectaculaires, le nombre de lettres présentes dans le tirage – et éventuellement le nombre de lettres que l'on peut poser – est supérieur à sept.

Il est possible d'associer ces parties à la formule « joker ».

Partie 7 sur 8 : les tirages sont composés de huit lettres, mais on ne peut en utiliser que sept au maximum. Si le joueur utilise sept lettres, la prime de Scrabble de 50 points est attribuée.

Partie 7 et 8 : les tirages sont composés de huit lettres. Si le joueur en utilise sept, il marque 50 points de prime. S'il utilise les huit, il marque 75 points de prime.

Partie 7, 8 et 9 : les tirages sont composés de neuf lettres. Si le joueur en utilise sept, il marque 50 points de prime. S'il en utilise huit, il marque 75 points de prime. S'il utilise les neuf, la prime est de 100 points.

7.3. Compétition « mort subite »

Ce type de compétition confronte plusieurs joueurs dans une épreuve à élimination directe : le(s) joueur(s) qui joue(nt) un coup inférieur en points à la solution maximale trouvée par au moins un autre joueur est (sont) éliminé(s). Le temps de jeu diminue progressivement :

- trois coups en 1 minute 20 secondes + 20 secondes ;
- trois coups en 1 minute + 20 secondes ;
- trois coups en 40 secondes + 20 secondes ;
- x coups en 20 secondes + 20 secondes.

Cette formule est utilisée dans les étapes du « Grand Chelem » et pour le départage des ex aequo à la fin d'une compétition.

7.4. Topping

Cette formule consiste en la réalisation d'une partie Duplicate optimale en un temps minimum.

Un joueur se positionne devant un jeu, et un juge-arbitre annonce le premier tirage d'une partie générée par un logiciel de Scrabble. Une fois ce tirage effectué, le chronomètre est déclenché. Le joueur annonce à voix haute ses propositions. Dès que l'une d'entre elles correspond au score maximum (top), l'arbitre la valide et elle est positionnée sur la grille. Sans temps mort, l'arbitre annonce le tirage suivant et ainsi de suite jusqu'à la fin de la partie. Si la solution n'est pas trouvée dans le temps imparti (généralement, une minute par coup), elle est donnée au joueur moyennant une pénalité de 20 secondes.

Cette formule peut aussi être pratiquée à plusieurs.

RÈGLEMENT DU SCRABBLE CLASSIQUE DE COMPÉTITION EN VIGUEUR AU 1ER SEPTEMBRE 2010

CE RÈGLEMENT POURRA ÊTRE MIS À JOUR LE 1ER SEPTEMBRE DE CHAQUE ANNÉE. CONSULTEZ LE SITE INTERNET DE LA FISF POUR OBTENIR LA VERSION LA PLUS RÉCENTE.

1. Généralités

Le Scrabble classique est un jeu de lettres qui se pratique à deux, trois ou quatre joueurs. Les parties opposant deux joueurs, assis l'un en face de l'autre, sont les seules pratiquées en compétition, c'est pourquoi le présent règlement ne traite que de celles-ci, mais les règles suivantes sont facilement applicables aux parties à trois ou quatre joueurs.

Le jeu consiste à former des mots entrecroisés sur une grille avec des lettres de valeurs différentes, les cases de couleur de la grille permettant de multiplier la valeur des lettres ou des mots. Le gagnant est celui qui cumule le plus grand nombre de points à l'issue de la partie.

2. Matériel de jeu

2.1. Le matériel des joueurs

Les joueurs ne sont pas autorisés à utiliser d'autre matériel de jeu que celui spécifié ci-dessous.

- Le plateau de jeu et les lettres :
  Les joueurs utilisent de préférence un jeu de taille standard, avec des jetons parfaitement lisses, muni d'un plateau alvéolé et tournant.
  Les joueurs doivent s'assurer avant le début de la partie que le jeu est complet (102 lettres dont deux « lettres blanches » également appelées « jokers »).
  Les lettres ne doivent porter aucun signe distinctif, en particulier les jokers doivent être propres et lisses.
  Les lettres sont placées dans un sac opaque et en bon état.
  S'il y a désaccord sur le choix du matériel de jeu, le litige est tranché par le directeur du tournoi.
- Les chevalets :
  Les joueurs peuvent utiliser un chevalet ou tout autre dispositif pour y placer leurs lettres, pourvu que celui-ci ne les cache pas entièrement afin qu'il soit possible à tout moment de les compter.
- La feuille de marque :
  L'organisateur fournit à chaque joueur, et à chaque partie, une feuille de marque permettant de noter les mots joués, les scores et les cumuls des scores.
  Les deux joueurs sont tenus de remplir leur feuille de marque, au moins en ce qui concerne les rubriques « mots joués » et « scores », afin de contrôler en fin de partie la concordance de leurs résultats.
  La feuille de marque mentionne également une liste récapitulative des 102 lettres du jeu, permettant aux joueurs, s'ils le souhaitent, de décompter les lettres jouées.
- Le bulletin de contestation :

L'organisateur fournit aux joueurs à chaque partie des bulletins de contestation en nombre suffisant, permettant de préciser le ou les mots contestés sur un coup (voir 5.).

- La feuille de match :
  L'organisateur fournit une feuille de match pour les deux joueurs. Cette feuille permet d'indiquer les lettres représentées par les jokers et les scores finaux obtenus. Les joueurs sont tenus de compléter et signer cette feuille à l'issue du match.
- La pendule :
  La durée des parties est contrôlée par une pendule, décomptant le temps de jeu de chaque joueur. En début de partie, les joueurs règlent la pendule sur le temps de jeu fixé par l'organisateur. S'il y a un litige sur le réglage ou l'utilisation de la pendule, il est fait appel à un arbitre.

2.2. Le matériel des arbitres

- Un *Officiel du Scrabble* (ODS), édition en vigueur, seul ouvrage de référence.
- Un ordinateur muni du logiciel de gestion de tournoi de Scrabble classique, permettant la saisie des noms des joueurs, la constitution des matchs, l'entrée des résultats et le calcul des cotes des joueurs selon les règlements *FISF* en vigueur.
- Une imprimante et/ou un vidéoprojecteur pour l'édition et l'affichage des matchs et des résultats.

3. *Début de partie*

3.1. Détermination du joueur qui commence

Le joueur qui commence la partie est en règle générale désigné par le logiciel de gestion du tournoi, de manière à équilibrer le nombre de fois où chaque joueur débute.

Dans le cas contraire, il est procédé à un tirage au sort. Chaque joueur tire une lettre ; celui qui obtient la lettre la plus proche de A commencera la partie. Si un joueur tire un joker, il procède à un nouveau tirage. Si les deux joueurs tirent la même lettre, ils procèdent à un nouveau tirage. Une fois déterminé le joueur qui commence la partie, les lettres ayant servi au tirage au sort sont replacées dans le sac.

Pour les matchs en deux manches gagnantes, le joueur qui n'a pas commencé la première partie entamera la deuxième. S'il y a une troisième manche, un nouveau tirage au sort ou une nouvelle désignation aura lieu.

3.2. Tirage des lettres

Le joueur qui commence la partie mélange les lettres du sac et tire ses sept premières lettres. Il passe le sac à son adversaire qui fait de même.

Pour tirer les lettres, le joueur place le sac à hauteur des yeux, de manière qu'aucun des deux joueurs ne puisse voir les lettres du sac. Les lettres sont tirées une par une et déposées faces cachées sur la table, de manière que l'autre joueur puisse contrôler que le nombre de lettres tirées soit le bon. Les joueurs s'astreignent à appliquer ces règles de tirage durant toute la partie.

3.3. Début effectif de la partie

Après avoir tiré sa dernière lettre, le joueur partant second déclenche la pendule. Les deux joueurs peuvent alors retourner leurs lettres, les conditions de jeu deviennent tacitement acceptées par les deux joueurs et la partie est alors réputée commencée.

4. *Le tour de jeu*

Chaque joueur a la possibilité, à son tour de jeu, de placer un mot, de passer son tour ou de rejeter une ou plusieurs lettres.

4.1. Placer un mot

4.1.1. Formation et placement des mots

Le joueur forme avec une ou plusieurs lettres de son tirage, ainsi qu'avec les lettres du ou des mots éventuellement placés, un mot de deux lettres ou plus.

Le premier mot doit recouvrir la case étoilée centrale. Les mots suivants sont placés soit perpendiculairement, soit parallèlement à un mot déjà placé.

Les mots doivent toujours être écrits de gauche à droite ou de haut en bas.

Un mot déjà placé peut être prolongé par l'avant, par l'arrière ou simultanément par l'avant et l'arrière.

Pendant son tour de jeu, un joueur est libre de poser et de reprendre librement ses lettres sur la grille, mais il ne doit pas déplacer les lettres jouées aux coups précédents.

4.1.2. Décompte des points

Chaque lettre a une valeur indiquée dans son angle inférieur droit, sauf les jokers, qui sont de valeur nulle.

- Incidence des cases de couleur:

  Le placement d'une lettre sur une case :
  - bleu clair, double la valeur de la lettre ;
  - bleu foncé, triple la valeur de la lettre;
  - rose, double la valeur du mot;
  - rouge, triple la valeur du mot.

  Le placement d'un mot sur deux cases :
  - roses, quadruple la valeur du mot;
  - rouges, nonuple la valeur du mot.

  Le placement d'un mot sur trois cases rouges multiplie la valeur du mot par vingt-sept.

  Les règles se combinent le cas échéant. Dès qu'une case de couleur est recouverte, elle perd son effet multiplicateur pour les coups ultérieurs.

- Mots formés simultanément:

  Lorsque deux ou plusieurs mots sont formés lors d'un même coup, les valeurs de chacun de ces mots se cumulent, la valeur de la ou des lettres communes est reprise dans chaque mot avec ses points de prime éventuels : si une lettre placée sur une case de couleur est commune à deux mots, le coefficient multiplicateur s'applique aux deux mots formés.

- Bonification pour Scrabble:

  Tout joueur plaçant ses sept lettres en un seul coup (« Scrabble ») reçoit une bonification de 50 points.

- Contestation de score:

  Les joueurs peuvent à tout moment contester le score d'un mot tant que la feuille de match n'est pas signée. Si les joueurs ne se mettent pas d'accord rapidement sur le score, on arrête la pendule et on fait régler le litige par un arbitre.

4.1.3. Annonce de la solution jouée

Le joueur dont c'est le tour doit poser sans ambiguïté son mot sur la grille, annoncer clairement le score revendiqué, tourner le jeu dans le sens de son adversaire, puis actionner la pendule.

Lorsqu'un joueur place un joker, il doit spécifier la lettre représentée (exemple : **A** de **ALGÉRIE**) et celle-ci doit être portée sur la feuille de match ; aucune annotation ne doit recouvrir les jokers. Il est de la responsabilité de son adversaire de s'assurer qu'il s'agit bien d'un joker. Si ce n'est pas le cas, une pénalité de 5 points est appliquée et le mot formé peut être contesté.

4.1.4. Fin du tour

Après avoir posé le mot, annoncé le score, tourné la grille dans le sens de son adversaire et actionné la pendule ou saisi le sac de lettres, l'une ou l'autre dernière action marquant effectivement la fin de son tour, le joueur extrait le nombre de lettres permettant de compléter son jeu à sept lettres – sauf dans le cas où il ne reste pas suffisamment de lettres, dans ce cas il prend ce qu'il reste.

4.2. Passer son tour

Il est possible, pour un joueur dont c'est le tour, de n'effectuer aucun mouvement. Ainsi, à n'importe quel moment, il peut passer son tour en annonçant clairement : « JE PASSE ». Après cette annonce, il tourne la grille dans le sens de son adversaire, et actionne la pendule pour terminer son tour. Cette phase de jeu doit être consignée sur les feuilles de marque.

Chaque joueur peut passer son tour autant de fois qu'il le souhaite au cours d'une partie. Toutefois, si les deux joueurs passent chacun leur tour trois fois consécutivement (donc six « JE PASSE »), la partie s'arrête et chaque joueur défalque de son cumul la valeur de ses lettres. Ceci est également valable, en début de partie, si aucun mot n'a été posé.

4.3. Changer une ou plusieurs lettres

Lorsqu'il reste au moins sept lettres dans le sac, il est possible, pour un joueur dont c'est le tour, de changer tout ou partie de ses lettres.

- Le joueur qui change de lettres ne peut pas en placer sur la grille dans le même tour.
- Le joueur doit annoncer « JE CHANGE *n* LETTRES », *n* étant le nombre de lettres qu'il désire changer. Il place *n* lettres faces cachées devant son adversaire, il tourne la grille dans le sens de son adversaire et actionne la pendule pour terminer son tour. Il tire ensuite *n* lettres dans le sac, puis remet les lettres qu'il rejette dans le sac.
- Le joueur ne peut pas changer plus ou moins de lettres que le nombre qu'il a annoncé.
- Cette opération doit être consignée sur les feuilles de marque.

5. *La contestation*

5.1. Validité des mots

Sont admis au Scrabble classique tous les mots repris en tête d'article dans l'édition de *l'Officiel du Scrabble* (ODS) en vigueur. Les flexions de ces mots (féminins, pluriels, formes verbales) sont admises si l'ODS les valide explicitement ou implicitement.

5.2. Procédure de contestation

Il est possible de contester le mouvement que l'adversaire vient d'opérer : dès que le tour du joueur A est fini (voir 4.1.4.) et avant qu'il n'ait découvert la première des lettres piochées, B peut contester un ou plusieurs des mots que A vient de jouer, c'est-à-dire contester le mot joué et/ou le(s) mot(s) formé(s) en raccord. Dans ce cas, la procédure est la suivante :

- B dit : « JE CONTESTE ».
- B arrête la pendule et appelle un arbitre.

• B remplit un bulletin de contestation en précisant bien quel(s) mot(s) il conteste.

L'arbitre montre le bulletin à A pour confirmation que ce(s) mot(s) vien(nen)t bien d'être joué(s). Après vérification dans l'ODS, l'arbitre indique sur le bulletin de contestation, en face de chaque mot contesté, s'il est admis ou non admis. L'arbitre ne prononce pas les mots, ne donne aucune indication sur leur nature et annonce les sanctions.

5.3. Sanctions

• Si tous les mots sont non admis, A reprend ses lettres, et passe son tour. C'est à B de jouer.
• Si tous les mots sont admis, B est pénalisé de cinq points par mot contesté. C'est à B de jouer.
• Si certains mots sont admis et d'autres non admis, A reprend ses lettres et passe son tour mais B est pénalisé de cinq points par mot contesté à tort. C'est à B de jouer.

5.4. Prolongement d'un mot non admis laissé sur la grille

Chaque coup est indépendant et il n'est pas tenu compte de l'historique de la partie. Il se peut qu'un mot non admis ait été laissé sur la grille, car non contesté. Si ce mot est prolongé par l'un des deux joueurs, le nouveau mot formé pourra être contesté comme n'importe quel autre mot.

6. Le chronométrage de la partie

• La pendule permet d'attribuer un crédit-temps à chaque joueur pour toute la partie. Chaque joueur gère comme il le souhaite son crédit-temps.
• Les joueurs n'actionnent pas la pendule pour eux-mêmes, mais pour leur adversaire.
• Chaque joueur est responsable du temps de son adversaire ; en cas d'oubli d'actionner la pendule, il lui est possible d'y remédier à tout moment, sans récupération du temps écoulé.
• En cours de partie, le joueur appuie sur la pendule sitôt qu'il a tourné la grille dans le sens de l'adversaire, et juste avant de tirer ses lettres.

7. La fin de partie

• Les différents types de fin de partie :

Reliquat épuisé : c'est la situation la plus courante qui se produit lorsqu'un joueur a épuisé toutes ses lettres et que le sac est vide. La valeur des lettres restant à l'adversaire est alors défalquée de son cumul et est ajoutée au cumul du joueur ayant terminé.

Blocage : il se peut que les joueurs ne trouvent plus de mots à jouer, et qu'il ne reste pas suffisamment de lettres dans le sac pour changer de lettres, dans ce cas chaque joueur défalque de son cumul la somme de la valeur des lettres qui lui restent.

Temps épuisé : lorsqu'un joueur a épuisé son crédit-temps, il est obligé de passer systématiquement son tour, mais a toujours la possibilité de contester. Son adversaire joue normalement tant qu'il lui reste du temps et des lettres : il tourne la grille et appuie sur la pendule pour finir son tour, mais n'a plus la possibilité de rejeter. Les conditions de *reliquat épuisé* s'appliquent s'il n'épuise pas son crédit-temps, sinon chacun défalque de son cumul la valeur des lettres qui lui restent.

Refus de jeu : si les deux joueurs ont passé chacun trois fois consécutivement sans qu'aucun mot n'ait été posé, chacun marque, en négatif, la valeur de la somme de ses lettres.

• Gain de la partie :

Une fois appliquées les éventuelles pénalités et les règles des différents types de fin de partie, le joueur qui a au moins un point de plus que l'autre est déclaré vainqueur de la partie. En cas d'égalité, ils sont déclarés ex aequo.

- Rédaction de la feuille de match :
  À l'issue de la partie, les joueurs remplissent la feuille de match : ils inscrivent leurs scores en regard de leurs noms. Ils signent tous deux la feuille qui, seule, fera foi du résultat du match. Le vainqueur de la partie est responsable de sa transmission à un arbitre.

8. *Discipline*

Le bon sens, la bonne foi et l'esprit sportif doivent prévaloir en toutes circonstances.

Les arbitres sont saisis de tous les litiges ordinaires et obligatoirement lors de contestations de mots joués. Ils interviennent en première instance, un joueur pouvant solliciter la décision du directeur de tournoi. Les arbitres sont les garants de l'application du présent règlement, ils peuvent infliger, dans l'échelle des sanctions, un simple avertissement, une pénalité de cinq points ou la perte de la partie. Ils exercent une mission de conseil, de surveillance et veillent au bon déroulement de l'épreuve.

Le directeur de tournoi est plus particulièrement chargé de l'organisation du tournoi et de sa bonne tenue. Il assure également un rôle disciplinaire et lui seul peut prononcer l'exclusion d'un joueur. Dans le cas d'un appel, lorsqu'un joueur conteste la décision d'un arbitre, il lui appartient de trancher en dernier recours. Il gère les problèmes non prévus par le présent règlement. D'une manière générale, le directeur du tournoi peut influer sur la durée du temps de réflexion, les sanctions et autres variables.

9. *Problèmes divers*

- Lettre(s) tirée(s) en trop :
  Dès qu'un joueur ou un arbitre s'aperçoit de l'erreur, la pendule est neutralisée.
  Si aucune des nouvelles lettres n'a été retournée, l'adversaire retire la ou les lettres en trop parmi les lettres qui viennent d'être tirées et le jeu continue sans pénalité.
  Si au moins une des lettres a été retournée, le joueur fautif place toutes ses lettres (y compris celles qu'il avait déjà dans son jeu) faces cachées devant l'adversaire, qui lui retire le nombre de lettres en trop. Le joueur fautif a une pénalité de 5 points par lettre tirée en trop. Cette pénalité doit figurer sur les feuilles de marque.
  Si un arbitre constate qu'un joueur place un mot ou effectue un rejet en ayant plus de 7 lettres, il le déclare perdant.
- Utilisation erronée d'un joker : voir 4.1.3.
- Grille bouleversée ou renversée :
  La pendule est arrêtée et un arbitre qui aidera à tout remettre en place est appelé. L'arbitre peut décider d'infliger une sanction au joueur qui a renversé le jeu, en particulier s'il l'a fait sciemment. Si le jeu ne peut pas être remis en place pour quelque raison, le joueur qui a renversé le jeu est déclaré perdant.
- Jeu incomplet :
  Si malgré la vérification initiale du jeu, il s'avère que la partie n'a pas été jouée avec les 102 lettres, les joueurs font appel au directeur du tournoi, qui, en règle générale, prendra acte des scores établis. Si une ou plusieurs lettres ont été sciemment éliminées par un joueur, le fautif sera sanctionné par la perte de la partie.
- Désaccord sur les totaux :
  Un arbitre est appelé pour régler le problème à l'aide des feuilles de marque. Si l'un des joueurs n'a pas tenu (ou a cessé de tenir) sa feuille de marque, il doit accepter le score donné par l'adversaire.
- Absence d'un joueur :
  Si un joueur est absent en début de partie, le directeur du tournoi peut décider de déclencher sa pendule. Le joueur est déclaré forfait quand la moitié de son crédit-temps est écoulée. Si le joueur se présente avant ce délai, la pendule est

neutralisée (en pause), les joueurs tirent leurs premières lettres et débutent la partie normalement.

- Pause dans le jeu :
  Exceptionnellement, un joueur peut demander à s'absenter quelques minutes. La pendule peut alors être neutralisée avec l'accord de son adversaire. Cette absence doit être signalée à un arbitre.
- Abandon :
  Tant qu'un joueur n'a pas dit distinctement : « J'ABANDONNE » à un arbitre, la partie continue normalement. Si le joueur part sans rien dire, son adversaire appelle l'arbitre, mais reste en place. L'arbitre prendra la décision d'une éventuelle sanction.
- Erreur d'arbitrage :
  En cas d'erreur d'un arbitre, notamment dans la vérification d'un mot, le directeur du tournoi peut décider qu'une partie doit être rejouée, dans la mesure du possible, notamment s'il s'agit de la dernière partie de la session ou du tournoi.

LE SCRABBLE EN CLUB

Vous aimez le Scrabble. Sans doute jouez-vous régulièrement, en famille, entre amis ou sur internet, en formule classique ou en Duplicate. Vous avez parcouru les règlements de compétition des pages précédentes et peut-être avez-vous été rebuté(e), en ressentant une grande distance par rapport à votre pratique personnelle ?

Il existe un niveau intermédiaire : le jeu dans un club. Plus « sérieux » qu'à la maison, mais moins rigoureux qu'en compétition. Il en existe probablement un ou plusieurs à proximité de chez vous. Vous trouverez dans les pages suivantes la liste des fédérations nationales, qui pourront vous fournir leurs coordonnées. Vous en trouverez aussi la liste détaillée sur les sites internet des fédérations nationales.

Selon les pays, la majorité des clubs joue en Scrabble Duplicate (Belgique, France, Québec, Suisse...) ou en Scrabble classique (pays francophones d'Afrique essentiellement). Toutefois, les deux formules cohabitent dans plusieurs clubs et le développement conjoint des deux formules est favorisé par la Fédération internationale.

Vous craignez d'être perdu(e) dans un club ? N'ayez crainte ! Vous connaissez probablement presque toutes les règles. La grille, la manière de compter les points sont les mêmes partout. Et, même si vous débutez, les principes de base s'apprennent en quelques minutes.

Vous jouez « seulement pour vous amuser » et le niveau ou la « mentalité » des joueurs de club vous effraie. Vous savez pourtant bien que les parties à la maison ne sont pas toujours les moins acharnées... Vous rencontrerez des compétiteurs certes, dont certains d'excellent niveau, mais aussi et surtout nombre de personnes cherchant uniquement un passe-temps agréable, dans un environnement convivial, permettant à certains de lutter contre la solitude ou de stimuler leurs capacités intellectuelles. Deux certitudes : vous serez partout bien reçu(e) et vous verrez votre jeu progresser rapidement au contact de joueurs chevronnés. Peut-être enfin que, en étant informé(e) des compétitions organisées ici ou là – il y en a pour tous les goûts, tous les âges et tous les niveaux –, vous vous piquerez au jeu et, qui sait, vous deviendrez le champion ou la championne de demain.

Si aucun club n'existe dans votre ville ou ne répond à vos attentes (horaires, mode de jeu...), pourquoi ne pas en créer un ? Votre fédération pourra vous aider à démarrer votre activité, n'hésitez pas à la contacter !

Si vous fréquentez ou dirigez un club non affilié à une fédération, pourquoi ne pas la rejoindre ? Cette affiliation ouvrira de nombreux avantages, aussi bien pour les joueurs que pour le club lui-même : des tarifs préférentiels pour l'achat de matériel, la possibilité de participer à des épreuves officielles, mais aussi et surtout la possibilité de rencontrer de nombreux autres joueurs.

En tout cas, il n'existe qu'un seul moyen de vous faire une opinion : ESSAYEZ !

LES FÉDÉRATIONS NATIONALES ET AUTRES ASSOCIATIONS DE SCRABBLE FRANCOPHONE

Les Fédérations Nationales de Scrabble Francophone sont au service de tous ceux qui aiment le Scrabble. Elles vous donneront tous les renseignements que vous pourriez désirer et vous indiqueront les clubs proches de votre domicile. Elles organisent des rencontres s'adressant à tous les amateurs, quels que soient leur âge et leur niveau : épreuves individuelles, interclubs, par paires, vermeils, cadets, juniors, initiations spécialement réservées aux néophytes... Elles s'attachent tout particulièrement à développer le Scrabble en milieu scolaire, où les nombreuses qualités pédagogiques de ce jeu sont de plus en plus largement reconnues.

Enfin, les Fédérations les plus importantes diffusent par abonnements des revues consacrées au Scrabble qui offrent à tous les amateurs, qu'ils fréquentent ou non les clubs, des parties à rejouer, des jeux d'entraînement, des conseils techniques pour progresser, des reportages et des informations.

Si vous vous intéressez au Scrabble, n'hésitez donc pas à contacter la Fédération de votre pays, que ce soit simplement pour recevoir un exemplaire gratuit de la revue, pour obtenir les adresses des clubs ou pour tout autre renseignement.

- FÉDÉRATION BELGE DE SCRABBLE
  Avenue Minerve, 33 – 1190 Bruxelles
  Tél. (32) 02 219 15 87 (de l'étranger, après le 32, omettre le 0)
  Mél fbsc@skynet.be
  Web http://www.fbsc.be
  Revue « Le Scrabbleur » (mensuelle, en ligne)

- FÉDÉRATION FRANÇAISE DE SCRABBLE
  50, rue Raynouard – 75016 Paris
  Tél. (33) 01 53 92 53 20 (de l'étranger, après le 33, omettre le 0)
  Fax (33) 01 53 92 53 29 (de l'étranger, après le 33, omettre le 0)
  Mél info@ffsc.fr
  Web http://www.ffsc.fr
  Revue « Scrabblerama » (mensuelle, 7 000 exemplaires)

- FÉDÉRATION QUÉBÉCOISE DES CLUBS DE SCRABBLE FRANCOPHONE
  4545, rue Pierre-de-Coubertin, C.P.1000, Succ. M – Montréal (Québec) – H1V3R2
  Tél. (1) 514 252 30 07
  Fax (1) 514 251 80 38
  Mél fqcsf@fqcsf.qc.ca
  Web http://www.fqcsf.qc.ca
  Revue « Écho Scrab » (trimestrielle, 2 000 exemplaires)

- FÉDÉRATION SUISSE DE SCRABBLE
  Chemin de Chenailleta, 10 – 2013 Colombier
  Tél. (41) 79 733 34 25
  Mél secretariat@fssc.ch
  Web http://www.fssc.ch
  Revue « Scrabblophile » (6 numéros par an et un agenda, 600 exemplaires)

- **FÉDÉRATION SÉNÉGALAISE DE SCRABBLE**
  Ouest foire face CICES – B.P. 4358 – Dakar
  Tél. (221) 77 638 32 89 ou (221) 77 182 45 36
  Fax (221) 33 820 62 82
  Mél fedsenscrabble@gmail.com ou mactardiallo@kapio.sn

- **SCRABBLEURS FRANCOPHONES D'ANGOLA**
  Mél muanzangomboabel@yahoo.fr ou basiliommig@hotmail.fr

- **FÉDÉRATION BÉNINOISE DE SCRABBLE**
  Immeuble SINAÏ – C/2068 Mènontin – 05 B.P. 1131 Akpakpa – Cotonou
  Tél. (229) 977 56 475 ou (229) 950 61 400
  Mél fenabescrabble@yahoo.fr ou eudesagbemavo@yahoo.fr
  Web http://www. beninscrabble.com

- **FÉDÉRATION BURKINABÉE DE SCRABBLE**
  Rue des Écoles – B.P. 59 – Ouagadougou 01
  Tél. (226) 78 16 45 97
  Mél lougue_issouf73@yahoo.fr

- **FÉDÉRATION CAMEROUNAISE DE SCRABBLE**
  Rue Sylvani – Imm. Cami Akwa – B.P. 3015 – Douala
  Tél. (237) 77 06 21 21 ou (237) 94 94 52 79
  Fax (237) 30 10 85 90
  Mél fecascrab@yahoo.fr
  Revue « Le Scrabbleur » (camerounais)

- **ASSOCIATION CENTRAFRICAINE DE SCRABBLE**
  Avenue Conjugo – Sango – B.P. 64 – Bangui
  Tél. (236) 75 03 38 10 ou (236) 77 06 30 01
  Mél centrafrique.scrabble@yahoo.fr

- **FÉDÉRATION CONGOLAISE DE SCRABBLE (BRAZZAVILLE)**
  Cercle Mess des officiers – B.P. 12012 – Brazzaville
  Tél. (242) 678 81 40 ou (242) 669 70 03
  Mél fecoscra@gmail.com ou toussaintgatse@yahoo.fr ou gomaclo2006@yahoo.fr

- **FÉDÉRATION CONGOLAISE DE SCRABBLE (KINSHASA)**
  FECOS – B.P. 7533 – Kinshasa 1 – RDC
  Tél. (243) 811 684 275 ou (243) 998 685 007
  Mél fecos@yahoo.fr

- **FÉDÉRATION GABONAISE DE SCRABBLE**
  Feu Rouge Akébé – B.P. 4586 – Libreville
  Tél. (241) 07 37 10 43 ou (241) 06 10 10 37 ou (241) 06 21 73 60
  Mél fgscrab@yahoo.fr
  Web http://www.scrabblegabonais.com

- **FÉDÉRATION GUINÉENNE DE SCRABBLE**
  Tél. (224) 64 22 21 95 ou (224) 64 25 81 75
  Mél guineescrabble@yahoo.fr ou hassangn@yahoo.fr ou yamsoum@yahoo.fr

- **FÉDÉRATION IVOIRIENNE DE SCRABBLE**
  Cocody (Attoban), villa 386 D – Abidjan
  25 B.P. 834 Abidjan 25 RCI
  Tél. (225) 03 65 11 00 ou (225) 21 00 26 62
  Fax (225) 22 43 27 17
  Mél fisi@fis.ci

- **ASSOCIATION LIBANAISE DE SCRABBLE**
  B.P. 175350 – Beyrouth
  Tél. (961) 325 25 75
  Fax (961) 498 48 71 ou (961) 498 24 92
  Web http://www.scrabliban.com

- **FÉDÉRATION LUXEMBOURGEOISE DE SCRABBLE**
  22, rue Goergen – 8028 Strassen
  Mél infos.flsc@internet.lu
  Web http://www.flsc.lu

- **ASSOCIATION DES SCRABBLEURS DE MADAGASCAR**
  Enceinte MIKOJA – Nanisana – B.P. 3689 – Antananarivo
  Tél. (261) 331 18 05 05 (secrétariat général)
  Mél ophir.vges@simicro.mg ou anitarajao@yahoo.fr

- **FÉDÉRATION MALIENNE DE SCRABBLE**
  FEMAS – B.P. 2209 – Bamako
  Tél. (223) 20 29 42 78 ou (223) 76 02 18 50
  Mél femasmali@yahoo.fr

- **ASSOCIATION MAROCAINE DE SCRABBLE**
  Lycée El Jabr – Oasis – Casablanca
  Mél benmohab@yahoo.com

- **ASSOCIATION MAURICIENNE DES SCRABBLEURS FRANCOPHONES**
  ASF – c/o Jean Desjardins (secrétaire) – 2, rés. les Colophanes – Queen Mary av. – Floréal
  Tél. (230) 697 88 80
  Mél mnjdesjardins@intnet.mu

- **FÉDÉRATION MAURITANIENNE DE SCRABBLE**
  B.P. 2706 – Nouakchott
  Tél. (222) 635 24 68 ou (222) 634 77 55 ou (222) 629 50 00
  Mél elybrahim@gmail.com

- **FÉDÉRATION NIGÉRIENNE DE SCRABBLE**
  B.P. 231 – Niamey
  Tél. (227) 96 88 26 62
  Mél wage_achirou@yahoo.fr

- **FÉDÉRATION ROUMAINE DE SCRABBLE**
  Str. Vasile Conta 16, sector 2 – 020954 Bucarest
  Tél. (40) ((0)21) 203 82 52 ou 256 81 78
  Fax (40) ((0)21) 316 94 00

Mél competitii@scrabblero.ro ou pall_stefan@yahoo.fr
Web http://www.scrabblero.ro
Revues « Scrabble-mania » (mensuelle, 100 exemplaires), « Le Hibou Bleu » (par courriel, en roumain)

- **ASSOCIATION DES CLUBS DE SCRABBLE FRANCOPHONE DU ROYAUME-UNI**
  13 Southdown road - Bognor Regis - West Sussex - Angleterre
  Tél. (44) 124 38 30 587
  Mél nick@moyart.freeserve.co.uk
  Web http://mysite.wanadoo-members.co.uk/acsf-ru/index.html

- **CLUB DES AS DU SCRABBLE (TCHAD)**
  B.P. 1243 N'Djamena
  Mél daiba@unicef.org

- **FÉDÉRATION TOGOLAISE DE SCRABBLE**
  B.P. 4403 - Lomé
  Tél. (228) 901 35 10 ou (228) 261 48 50 ou (228) 261 38 83
  Mél carlosaubin@yahoo.fr ou ftsf2003@yahoo.fr

- **ASSOCIATION TUNISIENNE DE SCRABBLE**
  1, rue El Mahrès - 2037 El Menzah 5 - Tunis
  Tél. (216) 23 27 88 23
  Fax (216) 71 75 62 28
  Mél astus@planet.tn

LA FÉDÉRATION INTERNATIONALE DE SCRABBLE FRANCOPHONE

Une association internationale au service de la francophonie

La Fédération Internationale regroupe l'ensemble des fédérations et associations nationales de Scrabble francophone qui ont demandé leur affiliation.

Son objet social est de « promouvoir et de régir sur le plan international la pratique sportive du jeu de Scrabble en langue française, dans le respect du bon usage de la langue française » (Art. 3 des Statuts). Pour ce faire, la FISF codifie les règles du jeu et de l'arbitrage, est l'auteur du présent ouvrage de référence, aide matériellement les fédérations nationales, facilite les échanges entre elles, promeut le Scrabble au niveau scolaire, organise chaque année les Championnats du Monde de Scrabble Francophone réservés aux sélectionnés nationaux et des compétitions internationales ouvertes à tous, et participe aux actions menées sur le plan international pour une MEILLEURE CONNAISSANCE DE LA LANGUE FRANÇAISE.

FÉDÉRATION INTERNATIONALE DE SCRABBLE FRANCOPHONE

Siège social :
Avenue Minerve, 33, B – 1190 Bruxelles (Belgique)

Points de contacts :
Courrier Rue Elva, 110, B – 4400 Flémalle (Belgique)
Tél. (32) 04 234 46 50 (de l'étranger, après le 32, omettre le 0)
Fax (32) 04 234 12 64 (de l'étranger, après le 32, omettre le 0)
Mél contact@fisf.net
Web http://www.fisf.net

Courrier des lecteurs :
Mél ods@fisf.net
Web http://ods.fisf.net

Imprimé en Italie par La Tipografica Varese S.p.A. - Varese
Dépôt légal : juin 2011
307022/01 - 11014702 - mai 2011